盧弼著

三國志集解

中華書局影印

圖書在版編目(CIP)數據

三國志集解/(西晋)陳壽撰;盧弼著. —北京:中華書局,
1982.12(2025.2重印)
ISBN 978-7-101-01019-0

Ⅰ.三… Ⅱ.①陳…②盧… Ⅲ.《三國志》-注釋
Ⅳ.K236.041

中國版本圖書館CIP數據核字(98)第08464號

責任印製:管 斌

三國志集解

〔西晋〕陳 壽 撰
盧 弼 著

*

中華書局出版發行
(北京市豐臺區太平橋西里38號 100073)
http://www.zhbc.com.cn
E-mail:zhbc@zhbc.com.cn
北京建宏印刷有限公司印刷

*

787×1092毫米 1/16 · 76¾印張
1982年12月第1版 2025年2月第7次印刷
印數:12601-12900册 定價:308.00元

ISBN 978-7-101-01019-0

影印說明

盧弼的《三國志集解》是目前關於《三國志》的最詳注本，是歷史教學科研工作者必備之書。由於過去印數較少，近年來許多讀者反映難以得到。爲滿足專業人員的需要，我們根據一九五七年古籍出版社的排印本影印出版。

中華書局編輯部

一九八一年十一月

上三國志注表
臣松之言臣聞智周則萬理自賓鑒遠則物無遺照雖盡性窮微深
不可識至於緒餘所寄則必接乎麤迹是以體備之量猶曰好察邇
言畜德之厚在於多識往行伏惟陛下（盧文弨三國志續考證曰南監本陛下二字上平下聖旨亦同毛本則否今案中間被詔奉旨等語南監本亦不提行從毛本可也弼按宋本亦提行此表爲劉宋時所上自以不提行爲是）道該淵極神超妙
物（宋本妙作眇）暉光日新郁哉彌盛雖一貫墳典怡心玄賾猶復降懷近
代（宋本代作誠誤）博觀興廢將以摠括前蹤貽誨來世臣前被詔（宋本被作奉）
使采三國異同以注陳壽國志壽書銓敘可觀事多審正誠游覽之
苑囿近世之嘉史然失在于略時有所脫漏臣奉旨尋詳務在周悉
上搜舊聞傍摭遺逸按三國雖歷年不遠而事關漢晉首尾所涉出

入百載注記分錯（宋本分作紛）每多舛互其壽所不載事宜存錄者則罔
不畢取（宋本畢作採）以補其闕或同說一事而辭有乖雜或出事本異疑
不能判竝皆抄內以備異聞若乃紕繆顯然（宋本繆作謬）言不附理則隨
違矯正以懲其妄其時事當否及壽之小失頗以愚意有所論辯（宋本辯作辨）
自就撰集已垂期月寫校始訖謹封上呈竊惟繢事以衆色成
文蜜蠭以兼采爲味故能使絢素有章甘踰本質臣寔頑乏（宋本乏作之誤）
顧慙二物雖自罄勵分絕藻績既謝淮南食時之敏又微狂簡斐然
之作（宋本微作徵）淹留無成祇穢翰墨不足以上酬聖旨少塞愆責愧懼
之深若墜淵谷謹拜表以聞隨用流汗臣松之誠惶誠恐頓首頓首
死罪謹言

元嘉六年七月二十四日中書侍郎西鄉侯臣裴松之上（宋本元嘉二字低一格錢大昕廿二史考異曰宋書南史俱失載西鄉侯）

陳壽三國史凡六十五篇總六十五卷 毛氏汲古閣本（後省稱毛本）卷首所題如是金陵局覆刻毛本（後省稱局本）改題陳壽三國志六十五卷余是書雖依據毛本然局本校改之善者多從之復以歷朝官私刊本及各家評校本參校分注於下

魏志三十卷 局本改作魏書蜀書吳書

蜀志一十五卷

吳志二十卷

裴松之注

三國志目錄

宋本元本馮夢禎本（卽南監本省稱馮本）吳氏西爽堂本（省稱吳本）目錄俱分上中下分載各書之前各自爲卷與毛本異宋元馮本第二行書晉平陽侯相陳壽撰毛本無之黃蕘圃藏書題識有宋咸平刊本吳志二十卷閩目錄牒文知爲專刻本盧文弨曰史漢三國目錄皆宋人無識者妄爲之南監本毛本雖亦沿訛而每卷標題尙如承祚之舊後人猶得考而復爲今本則無一不謬矣

魏書

十九卷

二十卷武文世王公 宋元本武文世王公五字大書下列諸王公作小字盧文弨曰夾行小書全無義例南監本皆大書弼按各本次序多不依本傳今改從南監本大書於下

三國志目錄

三國志集解序例

昔杜元凱專精左傳其集解序云古今言左氏春秋者多矣今其遺文可見者十數家大體轉相祖述預今所以爲異專修丘明之傳以釋經其有疑錯則備論而闕之以俟後賢分經之年與傳之年相附比其義類各隨而解之名曰經傳集解何平叔論語集解序云所見不同互有得失今集諸家之善記其姓名有不安者頗爲改易名曰論語集解裴世期上三國志注表云事宜存錄畢取以補其闕辭有乖雜抄內以備異聞言不附理矯正以懲其妄績事以衆色成文蜜蠭以兼采爲味故能使絢素有章甘逾本質其子龍駒史記集解序云采經傳百家並先儒之說删其游辭取其要實或義在可疑則數家兼列時見微意有所禆補譬嘒星之繼朝陽飛塵之集華嶽號曰集解未詳則闕諸氏所論玉律金科注家所宜奉爲圭臬者也

自晉灼集注班書（見顏師古漢書序例）顏監得所依據李賢招集諸儒同注范史菁英薈萃蔚然鉅觀松之父子注解馬陳（松之注三國志子駰著史記集解）網羅放失出自一門一爲龍門功臣一爲承祚諍友兩代閎儒千秋盛業師古章懷同垂不朽洵紹述之美譚藝林之佳話矣

近代纂輯羣推葵園兩漢注解禆益來學其郡國志注云國志宲補曾有私願設天假之年當已成書惜留闕遺全功未竟不佞治陳志有年爰踵前規纂成三國志集解六十五卷區區之愚亦猶葵園之意也

或謂陳志簡絜注釋宜詳裴注明通奚事詮解不知世期所採都爲魏晉名編流傳到今悉成故書雅記溫公通鑑擿取頗多身之音註亦極暢達（通鑑多採裴注胡氏於所採者多有注）理宜蒐羅藉便瀏覽注家有疏已成先例曲折剖判不厭求詳亦有裴注偶誤閒存商搉疑滯埽除敷暢厥指亦學者所有事也

不佞所據國志各本及徵引各注略見覆胡綏之先生書中（見本書附錄）王注兩漢身當清代推崇官本別具苦衷實則官本沿明北監之誤遠遜毛本盧抱經續考證抨擊官本之短洵爲諍臣當時顧忌竟未流布宋元舊刊可資參證閒有誤失貴能鑒別衢本初印已難饜意三朝修補益失廬山馮氏精校世稱善本（明南監馮夢禎校刊本沈家本校勘記即據此本）俗

書破體訛奪亦多西爽無足齒數陳本紕繆百端金陵翻雕汲古後勝於前世人貴遠賤近淺識盲從第悅皮相無足取焉

諸家箋注東潛最爲繁富然秕稗留遺愆違盈目隨文糾正無所隱飾推之衆說亦復云然或謂既知乖舛即宜芟除奚爲存錄徒穢篇章不知摭拾不周人疑闕漏匡矯不力慮失眞詮雖云辭費實非貿然

各家採錄羣籍悉冠以某氏所云其未加者皆不佞所徵引也古人謂文必已出者謂論箸之文也注家吸納衆流援引患不徵實耳不必盡出之己也不佞無似遠稽杜何二裴之說近仿葵園之例黽勉以赴頗竭寸心

拙稿纂成承綏之先生審閱十餘卷（綏之按語具錄書中）秋閒綏之南歸不獲質疑不佞才質駑鈍誤謬良多見聞狹隘采輯未詳異日續有所獲擬仿王氏范書集解校補例別本單行顏監班書注成時年六一不佞卒業是書齒亦相若自慙固陋何敢妄附前賢積歲編摩竊願希蹤曩哲大雅閎達幸匡不逮中華民國二十五年丙子重九日沔陽

盧弼撰

三國志集解序

昔章學誠之纂文史通義也泰半肊說余取其兩言曰六經皆史曰才學識三者兼必知史德前者本王通中說而類推之姑勿贅論後者本邱濬大學衍義補而小變之作史然注史亦何獨不然苟知史德作者何懼人禍天刑注者孰非蠭蠆萍實也吾友盧慎之評事鑽孽陳壽書有年成三國志集解六十五卷引偁浩博辯證詳明綜貫全文則評人每概夫生平述事務明其始末如行陳之鉤聯蟠曲各有條理稽譔成說則攷異必衷於一是知新輒得其大通如解牛之批郤導窾因其自然試以武文二紀言之如獻帝聘操三女據范書獻穆曹皇后紀三女爲憲節華後立節爲后證以本紀建安二十年帝立操中女爲后陳留王奐紀景元元年故漢獻帝夫人節薨知立爲后者乃節非憲不升壇卽阼據受禪碑爲辛未非庚午又據通鑑考異說知宋時所見陳志傳寫已誤十一月癸卯令葬士卒死亡與受禪事無涉惟一字爲衍文故下文書十一月癸酉抹去前文一字則前後皆貫惟庚午辛未相差一日他書作十一月受禪蓋未細認後文十一月字或襲誤本陳志或後人據誤本妄改諸說紛紛殊嫌詞費則國史有鉤稽建安元年費亭侯之封據類聚載獻帝兩詔及操上書正封爲襲字之誤注引魏武故事載操令稱孤祖父以及子桓兄弟五句乃歷序累世承恩之語舉子桓以概餘人下文封三子爲侯二句則別爲一事明子桓不當改子植又鄄城侯曹植誄據本傳黃初四年已徙封雍邱王乃七年仍稱鄄城侯是裴注之失則家乘有釐訂出關過中牟爲虎牢關非函谷關西入山攻毒等本屯卽西入

黑山非西山九江郡治所在自西漢東漢漢末及三國魏吳分據或治陰陵或劃入廬江或曰淮南而以治壽春居多剖析極細睢陽渠卽在睢陽故祀橋玄文云北望貴土乃商邱而非陳留袁尙若循西山來西山當卽鼓山亦卽滏山下文臨滏水爲營可證尙保祁山祁山卽濫口非今鞏昌府之祁山白狼山在石城平岡之東非在石城西非在凡城又非在今建昌劉備走夏口此夏口在江北兩漢江夏郡治西陵建安中江夏太守劉琦合江夏戰士萬人與備俱到夏口此後魏吳並置江夏郡文聘屯石陽別屯沔口嘉平閒荊州刺史王基表城上昶徙江夏治之以逼夏口而漢末及魏吳之江夏郡治非復漢治之舊操至赤壁此赤壁當在江南今言赤壁者有五漢陽漢川黃州嘉魚江夏當以嘉魚之赤壁爲合延康元年黃龍見譙譙本漢縣在今安徽潁州府亳州治水經獲水注有龍譙固無改譙縣爲龍譙國之事龍譙固在今河南歸德府虞城縣東北亦兩不相涉循蔡潁浮淮蓋自潁口入淮若蔡陽則阻礙山川無相入之理自譙循渦入淮此以今懷遠縣北之渦口爲入淮之口若至睢陵或至淮陰入淮則已至徐州界下文不必言從陸道幸徐凡此或準地望或案軍情或涉行蹤皆融會上下文而得則地理有講求呂布到乘氏爲其縣人李進所破李宋本作李據本書李典傳所稱知李爲乘氏大姓李乃誤字注引英雄記孔伷字公緒陳留人與孔宙字季將爲魯國人者不相涉引曹瞞傳有畦元進非卽畦固固字白兎前已爲史

渙斬於犬城又自注云潘勗字元茂陳留中牟人陳留二字誤本書衞覬傳河南潘勗下引郡國志及晉書本傳辯別極當則人物有攷覈其論官制謂洛陽縣有尉無都尉濟南國十餘縣因領縣時有增損故言餘以爲不定之詞大將軍位在公上公下視人爲轉移又或在太尉上軍師祭酒時操爲司空知此爲司空之軍師祭酒五官中郎將黃初後仍置散騎常侍司章表詔命手筆之事非不典事延康元年注引不令後有癸丑宣告督軍御史中丞司馬懿語謂督軍與御史中丞似爲兩官鉤析致爲分曉攷工政則建安二十一年注引魏書有車馬幸長水南門句謂渭水注之安門非長門長門與長水無涉安門亦與長水南門無涉文帝出長安門卽長門亭非長安城

之安門亦非長安門之長門黃初元年自注門曰承明謂建始殿在北宮爲後宮出入之門門曰承明直廬卽曰承明廬論斷亦見了當釋書目則謂注引曹瞞傳非被山作細讀類聚自見袁暐獻帝春秋雖曰不經頗資異聞爲通鑑所采魚豢魏略其西戎傳殊方絕域最爲翔實近張鵬一輯本所采諸傳甚多張華博物志卽博物記據鍾會傳注引記所載王粲事與今本志文同不得分記志爲二意指又復周密此類遽數之不能終其物而大要尤在不沒人之善以故於操則納張濟妻諸事以爲閨門紊亂宜國祚短促因燒營事盡殺百官以爲與屠戮徐州同一殘酷而盛稱其能用棗祗韓浩屯田之議曰知本有遠謀又稱其示攻董卓兵以天下形勢曰此取三面合圍

之計地理兵謀瞭如指掌所以爲一世之雄惜無周公管仲之志於丕則甄后之卒以爲開國之初不能容一婦人事涉離奇任城王之薨以爲實爲所害天性涼薄宜享國不永而以金策藏之石室歎爲善政災異勿劾三公推爲卓識后族不得與政卽引承祚語以表其賢而深慨齊王之廢高貴鄉公之卒皆假太后令以行貽謀雖臧莫之或守此之謂惡而知其美因孫權上書稱臣而以堅策爲豪俊謂麋竺能識英雄謂魏諷有才智不能以事之無成而貶於齊王芳紀何晏奏下引李光地何焯說謂爲平情之論於高貴鄉公紀幸太學問諸儒下謂知人論世不宜苛論於武宣卞皇后傳本倡家下謂倡樂不似後世之淫業賤流卞后一生傳無貶詞世說且列之賢媛不

能以深惡曹瞞而亦苛詞醜詆而王淩諸人傳特用李善文選注之例曰此皆魏之忠臣義士君子平情論事不以成敗相繩不佞攷訂事實不爲空論特發凡於此是尤深切著明者也是所謂史德也昔鄭君注禮往往駁正經文史自馬班已不能無舛陳書遂亦難免端賴後人訂補如太后及弘農王之殺非一時事此在史家爲類序之法有及字以爲聯屬卽以爲區異文義亦未釐然不得謂非失之略東略陳地陳實在兗州西南九月車駕之出據范書獻帝紀八月幸操營冀州之平由袁譚之破據獻紀操破譚於青州東字九字冀字疑有誤巴東巴西據本書張郃傳及劉璋傳不待以朴胡杜濩爲太守始置二郡下辯之役吳蘭被破其時兩軍相距陽平張飛等無走

漢中之理故通鑑但稱張飛馬超走今走下有漢中二字當衍至兵不滿萬裴注有疑詞然觀上文荀攸下文許攸說及荀彧傳所稱實爲以少敵衆鍾繇傳雖有送馬二千餘匹語當繇馬未至之先僅有六百餘騎又復何疑此則分別本傳之得失亦可云犂然有當於人心者矣（通鑑建安四年宋本書魏覬傳課鹽之策陳羣傳延康元年制九品官人之法彭城王傳黃初五年詔改諸王皆爲縣王陳意此雖大事而全書通爲傳體（詳後附記）故但分見各傳今本已竄改操丕等傳爲紀則以爲失書也亦宜）雖稽古同天鄭君本論語古義高貴鄉公主其說書疏以爲非篤論與本文違異此尙沿誤當引江聲尙書集注音疏孫星衍今古文注疏予有亂十人論語春秋古文尙書同釋文云本或有臣字非此於注引劉廙別傳未正當引劉寶楠正義馗古逵字尙少疏證當引馬瑞辰毛詩傳箋通釋（見兔罝篇凡經小學說頗繁此取其切合者）此類殆若干事顧炎武日知錄十三論曹植聞魏代漢發服悲哭以爲懿親之賢嚴元照蕙櫋雜記議曹植爲丕母弟上疏言恩隆父母爲失辭閻若璩困學紀聞箋十三稱後主誅李邈非他庸主及其毫髮朱琦古文彙鈔九十六載劉紹攽論又稱其任亮不少衰伊周不能得之於太甲成王語有分寸視袁枚勝齊桓之說爲優俞正燮癸巳存稿七以魏書李苗毛脩之兩傳論諸葛亮爲確當而下引裴度語李毛本抑亮得裴說而益見亮之高遠俞文豹吹劍錄謂亮不明大義不忠漢室四庫提要已斥其妄但其說宋入陶宗儀輟耕錄廿五陶書近頗盛行當申明提要以正後學惠棟九經古義十二譏陳壽未知營陵是姓順帝前已見於碑何至孔融時始改

氏爲是俞氏癸巳類稿十四言胡化經晉宋間撰裴松之託言魏明帝序又趙翼陔餘叢考六以赤壁肥水之戰武紀孫權傳先後互異而主權傳王應麟困學紀聞十三以王浚諸人雖敗而千載下猶有生氣今所見俱與之合似宜徵引其說此類殆又若干事全書度亦無多他日校補刊行益臻美善攷證之學無窮其體本然也書仿王祭酒兩漢書例視集解有過之視補注亦無不及足與王書鼎峙而三余見夫王氏荀子集解刊行而後從事子書者頗夥上焉者采錄王念孫雜志俞樾平議雖少發明而排比淸晰尙便繙檢下焉者據王俞說改易正文案語往往不舉出原書令人眯惑甚或就空泛之疏衍空泛之說襲他處徵實語全書中祇三四見鄙彼成書之易乃益歎此之成書匪易司馬遷論次傳記爲五帝紀曰非好學深思心知其意難爲淺見寡聞道范曄後漢書自序曰諸細意甚多自古體大而思精未有此雖注與作迥異而其意固已近之也己卯十二月立春前三日吳縣胡玉縉謹書於虎山橋畔之鄉高時年八十有一

附

案武紀稱操曰太祖建安元年封武平侯後稱公進爵爲魏王後稱王而稱公下無一語斡旋或繳明殊嫌倒置是文例之最不可通者陳壽何致出此或謂不如槪稱太祖陳氏又豈不知而竟遺斯巨謬斷無是理蓋經後人竄改也志本傳體無紀之一目猶漢

志高祖傳孝文傳之比而稱爲書以魏蜀吳鼎峙皆各未能渾一遂三國之無所謂帝某僞某也又係私史意在數十百年後傳之其人以明尊蜀微尙（詳後）不謂卒後卽由尙書郞范頵上表遂入於官今本非頵卽劉宋人改竄而以後說爲近何以言之頵任尙書郞當惠帝元康末未幾八王五胡俶擾殆無暇改易惟魏晉雖假禪讓爲攘奪皆未加害故君劉裕篡位廢恭帝爲零陵王旋卽以被掩殺之媚者以宋承晉統晉承魏統爲操諱飾實爲裕地步貿然改易致與原書大相違異而前後遂致不倫凡太祖字及劉備陰與董承等謀反吉本耿紀韋晃等反（據范書獻帝紀是起兵誅操凡若此類觀趙翼廿二史劄記論陳范二書書法不同條可見蓋後漢在三國前范成書在陳後百餘年雖未必全襲陳書而大意當亦不遠陳書經宋改范不爾者則以魏尙與宋接近後漢已隔兩朝人不經意殆天之假手於范以正操罪並以正後之凡爲操者也趙氏讀今本魏紀而不悟其文例之不可通一則曰創爲迴護之法再則曰不得不多所迴護而陳氏寃矣）董卓傳語在武紀之類是也其首行當如孫堅傳例書曹操字孟德沛國譙人也蓋相國參之後下稱曹丕曹叡不冠某帝字惟劉備劉禪稱先主後主爲異（詳後）其曹丕受禪後稱帝帝字皆丕字所改如孫權稱帝後仍書名之例權固自稱丕雖由漢禪實惡其迫脅篡奪所謂朕守空名以竊古義顧視前事猶有慚德者也蜀吳二志稱操爲曹公凡百數十見孫權傳云建安二十五年春正月曹公薨太子丕代爲丞相魏王改年爲延康冬魏嗣王稱尊號改元爲黃初二年四月劉備稱帝於蜀此數語爲特筆爲原本試思操已封魏王何以但稱曹公王之一字一若靳之於操甯

公之丕也者蓋惡其稱王後冠服制度已同於天子也然則不書武皇帝可知不書太祖亦可知大致武平侯以前太祖字原是操字方與下文稱公稱王融洽餘太祖字是公字方與蜀吳二志稱曹公灌注語在武紀武紀是操傳二字爲此書本傳體也丕本受禪何以不稱受禪踐帝位但云稱尊號一若出於自稱也者先主傳建安二十五年下亦有魏稱尊號語爲迫脅不容美以禪代也然則不書文帝可知餘帝字作丕亦可知趙翼以蜀後主卽位書是歲魏黃初四年吳孫亮卽位書是歲魏嘉平四年欲以見正統在魏不知此第表明蜀之建興元年吳之太元二年猶曩者中國紀年下注明卽西歷若干年不然武紀稱操起兵已吾曰是歲中平六年上文熹平光和下文初平興平皆漢帝紀年中平亦漢年將何以說先主後主之稱意欲帝蜀觀先主傳評云蓋有高祖之風楊戲傳稱戲著季漢輔臣贊並引贊語云世主能承高祖之始兆復皇漢之宗祀可以概見而不帝之者痛乎漢禪已爲丕奪先主自稱帝史法不能帝之也惟不能帝之遂三國之也此春秋謹嚴之恉也總之本係傳體無紀之一目又係私史非奉勅撰明乎此例就今竄改本讀之尙可得其庢略自誤以壽曾仕蜀先主後主之稱僅不忘故主而恉愈晦豈非讀陳志者一大憾事歟若夫總目顯係妄人僞撰四卷下注三少帝實非所施六卷下注列傳又爲贅設凡史

傳附見其人不妨多其目則往往略舉其要胕傳人又必有事可記今廿一卷王粲下臚列十有八人衞覬下潘勖王象但云與覬並以文章顯然猶可曰有文字關係六十二卷胡綜下徐詳但載其字與里而曰先綜死其目自可從略而書內本傳下一如總目（宋元本馮本分爲三目與今通行本異亦妄人增益之一證）斷爲妄人增益無疑凡此皆見前人似未盡道及儻俊哲洪秀偉彥之倫匡而正之則幸甚玉繩又書

覆胡綏之先生書

展誦惠書承示拙著三國志集解許以精深浩博在長沙王氏兩漢書注解之上且云考徵議論兼擅其勝地理尤精云云獎借逾量益增慚惶鄙衷所欲求教於大君子者在摘我謬誤免貽譏評此時不敢遽爲定本尚擬廣搜舊聞藉補疏陋承尤寵錫序言至爲忻躍謹抒積愫幸垂清聽昔年讀葵園祭酒兩漢注解謂其便益學人陳志簡絜裴注贍詳諸家疏證互有瑜瑕妄不自量擬踵王書綿歷歲時纂成巨帙藏山秘寶我愧弗知低回鄉賢前趣後步略述軼聞藉貢譾助不佞雅愛典籍性喜收藏某年偶得曹錫齡舊藏何義門評校馮夢禎刊本國志朱書細字工整異常（章實齋遺書中有湖北按察使馮廷丞家傳馮女適汾陽曹編脩錫齡云云汪容甫述學中有馮君碑銘所云亦同始知曹君本末是爲文字之緣）校訂精審多義門讀書記所無獲此珍籍草創權輿官私宋元刊本而外兼錄諸家校本有楊惺吾師舊藏批本二部（近藏北平北海公園松坡圖書館）不知誰氏手筆擇尤甄錄冠以或曰（採錄他書不知誰某者亦同此例）雖云存疑實不掠美又有顧千里校本（北京大學圖書館藏惜無印記未知確爲顧校否）盧抱經校本（南開大學木齋圖書館藏精鈔本盧文弨撰三國志續考證一卷）李越縵校本（北平圖書館藏札記已印行尚有多處爲印本所無拙著開卷所引卽是）朱邦衡校本劉家立校本沈均瑲校本沈家本校本（是書校語極精惜未刊行友人沈羹梅藏惟訛奪滿目校正數十百條歸之）及近日時賢校本或係手稿或爲傳鈔或假友人或謀估客隻義片辭苟有採獲援顏注漢書之例悉舉諸家姓字此可爲我公告者一也竹汀晦之昆仲濟美如論精覈弟遜於兄少章慕廬能見其大大宗補注精義無多安

溪侃侃義正辭嚴甌北西莊談鋒犀利稗安攷證多詳日月東潛注補包貫衆流侯姚藝文姚爲繁富沈引書目後來居先梁氏旁證喜摭異聞瑣言晚出持論衡平援鶉筆記非其專長孟慈職官頗稱明備洪謝吳楊詳述疆域劉氏知意專主實齋官本攷證剽竊何陳專攻明監所見已隘紀傳莫辨廉祿盧糜諸家成書短長互見被山曹瞞誤於句讀祁山遁走不辨山川事實倒顚年月歧異捧腹解頤指不勝屈具見篇中無俟縷述鉤稽探討剖辨詳明但析疑似期獲眞詮醜詆深文竊所不取此可爲我公告者二也馬彪續書郡國釐然沈約宋志頗詳三國攷訂沿革取材二書有清統志綱維目張援古證今可知得失或謂既釋今地宜遵時制不知今日版圖迄無成書

閎有坊本難資依據世事風雲日蹙百里地非甌脫勢等燕雲姑存告朔無忘在莒景范紀要悉準明志前賢可師非我作古此可爲我公告者三也輔嗣易注蔚爲大師方在妙齡怪其早慧鉤考本末尋厥由來伯喈萬卷都付仲宣家學淵源師承有自史無明文推勘可得王朗肅杜預盛行奉爲圭臬康成經說竟爾式微尊尚學術亦緣內寵里堂痛論不爲無因至若文舉已死尙錄遺文平叔云亡仍刊集解斯則直道猶存不似後世之焚燬者矣諸如此類摘抉隱微讀書得閒軼事可傳此可爲我公告者四也史家三長尤重史德尊論如是僕亦謂然曹掾魏諷誓殲阿瞞當時交游咸爲英俊傾動鄴都見賞元常陳褘敗謀孤忠鬱結淮南三賢前仆後繼志匡君國加以叛名毌丘勳績紀功丸都彥雲公休勇烈千古鄧艾耄年裹氈履險報國精忠允宜彰表子魚景興喪師失土文休反覆戀慕爵榮謬竊虛聲坐登台輔文和譎險士季譸張春秋筆伐黜貶奸回此則我公所謂誅姦諛於既死發潛德之幽光者也凡此諸端粗陳崖略如荷採錄撰入序言點石成金榮幸何似翹首舊京佇盼椽筆賀詩實不敢當既承高詠敢不拜嘉附呈覆王季薌書致家兄木齋書二通亦論國志事統祈教正

覆王季薌先生書

手教敬悉尊論糾葵園之失不啻示下走之良規葵園兩漢書注班書補注在先精力倘能貫串范書集解成於暮年又經兵亂轉徙假

門弟子之手違失繁多走所摘舉錄於書眉觸目皆是以葵園之博洽著述之閎富猶難逃後學之乘瑕抵隙走之無似其能免乎嘗論考訂諸家之失厥弊有四一曰成書之速二曰不檢原書沿訛襲誤三曰不察當時情勢詳稽年月四曰不審地望究用兵行師之塗略舉數端以資諸譚如拾遺記所載之賈景伯本東漢之經師趙東潛以爲同一賈逵遂指爲治河之賈梁道又如鄴下初平甄姬掩面事在建安九年子建年才十三詞客惑於宓妃留枕之豔辭遂疑陳思有不謹之嫌此眞千古奇寃應爲昭雪黃州赤壁誤自坡公南陽諸葛非其本貫世俗耳食未遑深論大別小別沔口魯口宜遠稽善長之注近參稚存之文洪志吳表創始維艱謝注楊補程功較易洪氏補志

謝號詳贍後來居上楊稱精核著墨無多然以涼州西平（本於晉志誤處極多）
郡之事實引爲汝南西平縣之資料謝既誤矣王復因之漢興一郡
置於建安之末見獻帝起居注李申耆輿地今釋竟闕其名漢之焦
先焦山志誤爲焦光欲以誇耀志乘不覺厚誣來者諸如此類指不
勝屈若今日有劉子玄將不知譏訶至何地矣至若魏明之崩年方
卅六溯厥誕降迹涉兩端袁胤曹嗣深滋疑竇此承祚渲繪之筆也
魏王魏公之號皆董昭所創此承祚誅心之論也子魚江東歸來勳
庸未建竟代文若坐躋三公一代偉人後世難繼此承祚之曲筆也
臨菑聞魏代漢發服悲哭見蘇則傳本傳不贅一辭此承祚之耆文
也是在讀者爲之發微抉隱互證旁通庶幾良史孤懷千秋同契又
如阿瞞家世難審本末宮省事祕莫識由來繡女濟妻再聯姻婭關
國母后本自倡家大書特書無所隱諱藉茲龜鑑以示方來上承馬
班文辭質美蔚宗藻麗莫能及焉管蠡所測率臆獲陳發盲振聾幸
垂明教

致伯兄木齋書

比來兩月朝夕治史欲罷不能今日始將魏志烏丸鮮卑東夷傳集
解卒業僅此一卷不計原文已盈百紙數月精力全萃於此初橐甫
竣心神怡然掩卷回思歷歷在目此中甘苦可得略言烏丸鮮卑密
邇邊陲紀載較詳程功尚易句驪濊貊夫餘沃沮立國有新舊之殊
疆域有廣狹之判失毫釐而謬千里混鴨淥而爲大同以李申耆楊

惺吾師之最精沿革亦多依違轉不若近人丁益甫之精至訂正三
韓之誤滿洲源流考多有特識前代紀錄惟宣和奉使高麗圖經稱
近翔實然輶軒采錄祇紀當時考獻徵文無關往古大抵古時四裔
交通悉由陸道涉及海外荒誕迷離蓬萊咫尺望若神仙傳信傳疑
差無左證隋唐以降往來頻繁載籍足徵版圖可考公度新志冠冕
羣流壽攜菁英充盈篇幅此補注東夷傳之大略也裴注引魏略西
戎傳足彌陳志之闕殊方絕域如數家珍古之大秦實爲羅馬聲教
所被遠暨歐西凡鄒衍所不能詳甘英所不能至靡不臚列異聞詳
述土物國凡數十言近三千詞約旨豐難能可貴按之今圖大端無
爽然欲加注釋必先熟讀兩漢西域傳蓋古之西域卽今之新疆南
北天山中亘戈壁西踰葱嶺東起玉門班書序述精密謹嚴後世紛
紛著作莫能越其範圍定遠父子久居彼邦道里遠邇勝兵多寡河
山險要城郭繕完耳聞目覩纖悉周知故能懋建殊勳播爲實錄
（范蔚宗西域傳本諸班勇西域風土記）每讀兩漢史傳益歎班氏祖孫父子兄妹弟昆文
才武略萃於一門不獨孟堅閎篇鉅製炳耀千古俯仰低徊爲之嚮
往者久之乾嘉諸儒考證精審星伯後起尤爲顯家文卿證補似近
穿鑿旁徵博考訂誤析疑纂輯成篇殺青可付此補注西戎傳之大
略也小齋靜寂晤對古人移晷忘餐爲狀至樂鐙下涉獵羣籍參閱
新著偶或倦極思寐解衣就寢寒冬夜永旋復起坐展卷娛目輒至
深更近人姚振宗有輯錄七略別錄佚文漢藝文志理董拾遺各若

于卷隋經籍志考證五十餘卷博覽閎通可與惺吾師相比肩者漢藝文志儒林傳可稱古代學術史爲學者必讀之書得此君疏證眞有益學人又閱疇人傳有江夏劉湘煃傳劉爲梅文鼎高足著述繁富而均失傳章實齋極稱之鄂人不能道其姓字窮畢生之精神以付諸無何有之鄉可謂天下之至愚然如弟之孳孳不輟者亦不自知其愚者之流也

魏書一 潘眉曰魏說文作巍收嵬部徐鉉曰今人省山以爲魏國之魏眉按魏蜀吳之魏本作巍故文帝紀注引易運期曰鬼在山禾女連王天下此魏有山字之證錢大昭曰古魏字作巍故有鬼在山禾女連之說說文巍从嵬委聲漢人作魏字或姓或郡皆有山字見於洪氏隸釋者不可勝計弼按本志武紀建安九年平鄴天子以曹公領冀州牧十八年以冀州之河東河內魏郡趙國中山常山鉅鹿安平甘陵平原十郡封爲魏公魏之建國始此史通稱謂篇云論王道則曹逆而劉順語國祚則魏促而吳長但以地處函夏人傳正朔度長絜短魏實居多李慈銘曰此書字及後蜀下吳下書字皆後人所妄加非承祚本有弼按蜀志楊戲傳云其所頌述今多載于蜀書董允傳注云魏書總名諸夏侯曹傳又陸雲與兄書云陳壽吳書有魏賜九錫文及分天下文華陽國志云壽乃鳩合三國史著魏吳蜀三書六十五篇號三國志是承祚本有書字李說非是又按宋元本馮本均作魏書北監本始改爲魏志官本承其誤

三國志一 宋元本馮本均作國志後同

武帝紀第一

官本考證張照曰史家之例帝曰本紀臣曰列傳始自馬遷述於班固晉書則以十六國爲載記歷代未之有改也惟三國志既無本紀之稱并無列傳之目不別異吳蜀以他稱統名之曰三國志然則陳壽之意亦可見矣鑿齒生於南宋其遇比於蜀漢故諄諄以正統與蜀作詩曰晉史自帝魏後賢盡更張豈眞掄陳壽哉今考證悉遵壽原書例不書紀傳等字盧文弨曰陳壽於魏諸帝皆曰紀吳蜀諸主皆曰傳今南雍本毛本每篇首題目皆陳壽所定其總目則後人妄撰耳史通云魏武雖曰人臣實同王者以未登帝位國不建元陳志權假漢志編爲魏紀又曰孫劉二帝其實紀也而呼之曰傳是壽書有紀有傳之證況目錄六卷下注云列傳而猥云紀傳不分良所未喻既不能改正舊刻總目之失（弼按指北監本）而當篇標題又復普爲更易以從之古意蕩然盡矣今知篇首舊題確爲陳壽本文者以其體例一本馬班且考之史通又復相應故也後有學者宜知今本之誤不當復仍其失又曰舊本皆作武帝紀今本改作武帝操不書紀所以自實其無紀傳之言謬妄如此古書之蟊賊也弼按盧說痛論官本之失不知官本實沿明北監本之訛也沈家本曰張說蓋據北監本每卷之首不書某紀某傳然南雍及毛本皆有紀傳字不知北監何以刪去考本書董卓袁紹公孫度荀攸賈詡鮑勛華歆程昱諸傳並有語在武紀之文列傳中稱語在某傳者尤不勝枚舉然則陳壽原書非無紀傳之目目錄六卷下明注列傳二字裴注中稱某紀某傳亦屢見張說非劉咸炘曰是書之有紀傳不必他徵卽一翻董卓傳卽云語在張楊傳語在武紀此固承祚原文也豈可掩乎弼按隋書經籍志云晉時巴西陳壽刪集三國之事惟魏帝爲紀其功臣並吳蜀之主並皆爲傳是唐時所見國志本有紀傳之名益證張說之誤又按王先謙漢書補注後漢書集解均依汲古本因附列己名參用官本是書一準王書列名之例惟陳壽實爲平陽侯相自署銜名見蜀志諸葛亮傳宋本馮本署銜亦如此裴松之上三國志注表自署中書侍郎西鄉侯今均從之又馮本裴注大字低格今亦依之

晉平陽侯相安漢陳壽撰

宋中書侍郎西鄉侯　聞喜裴松之　注

沔陽盧弼　集解

太祖武皇帝 史通稱謂篇云古者天子廟號祖有功而宗有德始自三代迄於兩漢名實相允今古共傳降及曹氏祖名多濫必無慚德其惟武王故陳壽國志獨呼武曰祖至於文明但稱帝而已自晉已還竊號者非一或承家之僻王或亡國之庸主猶曰祖宗孰云其可弼按劉知幾此論由後比較而言讀者無以辭害意官本考證李清植曰此書於曹操始稱太祖及漢帝遷許以操爲大將軍則改稱公蓋天子三公稱公也既進爵爲王則改稱王卽曹丕未篡之先亦稱王而已明其爲漢王公也爲漢王公而卒乃帝其爲篡也章矣陳壽仕晉而晉繼魏故微其辭以此知陳壽意中隱以正統予蜀如綱目之指故隋王通曰使陳壽不美於春秋遷固之罪言其體雖變史漢之舊而書法則容有合於春秋也紀昀曰此誤沿史記周秦本紀之例不託始於魏文而託始於曹操實不及魏書序紀之得體所謂可已而不已者也弼按曹魏開國與元魏情勢各殊當建安之際芟夷羣雄潛移國祚皆宜特書垂爲信史若如紀說拘於史例而無史識梁章鉅曰史通稱謂篇周之亶父季歷晉之仲達師昭位乃人臣跡參王者追尊建名比諸天子可也當塗所出宦官攜養帝號徒加人望不愜故國志所錄無異匹夫應書其人直云皇之祖考而已陳氏直筆頗子玄而著也

沛國譙人也 續漢志郡國志豫州沛國譙劉昭注譙平陽邑左傳僖二十三年楚所取乾谿在南趙一清曰曹參封河東平陽其後紹封食邑於沛之譙故曰譙平陽邑惠棟曰春秋傳僖二十三年楚伐陳取焦夷杜預注今譙縣焦譙古字通弼按一統志譙縣故城今安徽潁州府亳州治秦置譙縣漢屬沛郡後漢屬沛國豫州刺史治熹平五年黃龍見譙太史令單颺曰其國後當有王者興不及五十年亦當復見中平四年曹操生子丕於譙建安中置譙郡二十二年沛穆王林徙封譙改爲國延康元年黃龍復見譙既而丕大饗譙父老於邑東魏黃初元年以譙國與長安許昌鄴洛陽爲五都五年改封諸王爲縣王復還國爲郡吳增僅曰獻帝起居注建安十八年春三月省州併郡詳載豫州得八郡其時尚無譙郡名疑因建安十八年夏五月魏國既建乃特立譙郡比豐沛耳王粲詩既入譙郡界曠然消人憂當在建安二十一年從曹公征吳時作也互見許褚傳

姓曹諱操字孟德 潘眉曰班史帝紀不書諱班氏以漢人撰漢書故諱不書史記於前代本紀皆書名至高祖但書字此古例也陳壽在易姓後修史例得書諱姚範曰荀子勸學篇夫是之謂德操又陸德明禮記音義云魏武名操陳思王詩云修阪造雲日是不諱嫌名弼按司馬德操命名義亦同此世俗讀平聲者誤也節操貞操之操讀如造操作之操讀平聲例如左傳猶未能操刀而使割之類是也

漢相國參之後 漢書曹參傳參沛人高祖六年剖符賜參爵列侯食邑平陽世世勿絕孝惠九年代蕭何爲相國錢大昭曰漢郃陽令曹全碑以曹參爲出自曹叔振鐸以國爲氏魏武作家傳自云曹叔振鐸之後故陳思王作武帝誄云於穆武王胄稷胤周魏武與曹參同是沛人其爲參後似無疑矣然洪适所載費亭侯曹騰碑又云曹出自邾則與王沈魏書所云以姓爲氏之說同矣弼按本志蔣濟傳云侍中高堂隆以魏爲舜後推舜

配天濟以爲舜本姓嬀其苗曰田非曹之先著文詰隆裴松之云蔣濟郊議稱曹騰碑文云曹氏族出自邾魏書述曹氏胤緒亦如之魏武家傳自云曹叔振鐸之後陳思王誄曰冑稷胤周此其不同者也及至景初明帝從高堂隆議謂魏爲舜後後魏爲禪晉文稱昔我皇祖有虞則其異彌甚顧炎武日知錄二十三云漢時碑文所述氏族之始多不可據魏蔣濟郊議王沈魏書俱云曹出自邾魏武家傳陳思王誄則又云姬姓之後以國爲氏明帝從高堂隆議以魏爲舜後夫以一代之君而三易其祖豈不可笑況於士大夫乎

太祖一名吉利小字阿瞞太平御覽卷九十三引魏志注太祖上有曹瞞傳曰四字官本考證李龍官曰裴注所引皆有書名此爲脫落無疑弼按裴注無書名者爲自注如吳志張昭傳注論舊君諱事卽不引書名也

王沈魏書曰沈晉書作沉晉書沉傳沉字處道太原晉陽人也正元中典著作與荀顗阮籍共撰魏書多爲時諱未若陳壽之實錄也高貴鄉公好學號沉爲文籍先生及高貴鄉公將攻文帝召沉告之沉馳白帝不忠於主甚爲衆論所非隋書經籍志魏書四十八卷晉司空王沈撰史通直書篇云王沈魏書假回邪以竊位曲筆篇云王沈魏錄濫述貶甄之詔郭延年曰沈不忠於魏故甄后之貶濫述其事彰曹醜也又史通書事篇云王沈孫盛論王業則黨悖逆而誣忠義敘國家則抑正順而褒篡奪述風俗則矜夷狄而陋華夏正史篇云魏史黃初太和中始命尙書衛覬繆襲草創紀傳又命韋誕應璩王沈阮籍孫該傳玄復共撰定其後王沈獨就其業勒成魏書四十四卷多爲時諱殊非實錄章宗源隋書經籍志考證云水經潁水注引魏書郡國志疑沈書固有志特闕五行律歷也盧文弨曰裴注凡別引一書及自下意皆空一字

其先出於黃帝當高陽世陸終之子曰安是爲曹姓國語鄭語韋昭注云陸終第五子曰安爲曹姓封於鄒史記楚世家陸終生子六人五曰曹姓集解引世本曰曹姓者邾是也趙岐曰鄒本邾子之國

周武王克殷存先世之後封曹俠於邾俠宋元本馮本吳本作快唐書宰相世系表作挾均誤孔穎達曰譜云邾曹姓顓頊之後有六終產六子其第五子曰安邾卽安之後也周武王封其苗裔邾俠爲附庸居邾今魯國鄒縣是也顓頊卿家廟碑顓頊之孫祝融融孫安爲曹姓其裔邾武公名夷甫字顏

春秋之世與於盟會逮至戰國爲楚所滅馬驌曰路史云邾并於魯鄒滅於楚非一國也未詳孰是

子孫分流或家於沛漢高祖之起曹參以功封平陽侯漢書曹參傳參生獲魏王豹取平陽盡定魏地賜食邑平陽地理志河東郡平陽一統志平陽故城今山西平陽府臨汾縣西南

世襲爵土絕而復紹至今適嗣國於容城漢書地理志涿郡容城一統志容城故城今直隸保定府容城縣北十五里城子村漢書曹參傳哀帝時封參玄孫之孫本始爲平陽侯子宏嗣後漢書韋彪傳建初二年封曹參後曹湛爲平陽侯和帝紀永元三年詔曰曹相國後容城侯無嗣須景風紹封錢大昕曰班表韋傳皆云平陽侯此詔稱容城侯可疑侯康曰此必章帝建初二年復封曹湛已改國容城未幾又絕故詔云然韋傳偶沿舊名而誤耳據后紀明帝永平三年封皇女奴爲平陽公主建初八年公主子襲主爵爲平陽侯一地固不容兩封同時不應有兩平陽侯也趙一清曰紹封之後蓋仍平陽舊號而食邑於譙其後復續遂改號容城也弼按趙說誤侯說爲有據

桓帝世曹騰爲中常侍續漢志百官志中常侍千石本注曰宦者無員後增秩比二千石掌侍左右從入內宮贊導內衆事顧問應對給事弼按後漢書宦者傳序云漢興置中常侍官然亦引用士人以參其選中興之初宦官悉用閹人永平中始置員數中常侍四人小黃門十人迄乎延平中常侍增至十人小黃門二十人是中常侍有定員也與百官志不合惠棟曰衞宏漢舊儀云中常侍得出入臥內舉法省中省中卽禁中也成帝外家王禁貴重朝中諱禁曰省李祖楙曰西京初惟有常侍元成後始有中常侍之名然皆士人中興用宦者又稍異焉朱穆疏舊制侍中中常侍各一人省尙書事黃門侍郎一人傳發書奏皆用姓族自和熹太后以女主稱制不接公卿乃用閹人假貂璫之飾處常伯之任汎濫驕溢制愈乖矣是中興初尙用士人後改制則不復舊也

大長秋漢書百官公卿表將行秦官景帝中六年更名大長秋或用中人或用士人師古曰秋者收成之時長者恆久之義故以爲皇后官名中人奄人也續漢志百官志大長秋一人二千石中興常用宦者職掌奉宣中宮命凡給賜宗親及宗親當謁見者關通之中宮出則從後漢書順烈梁皇后紀陽嘉元年春有司奏立長秋宮

封費亭侯續漢志郡國志豫州沛國酇劉昭注引帝王世紀曰曹騰封費亭侯縣有費亭是也胡三省曰酇縣魏屬譙郡一統志酇縣故城今河南歸德府永城縣西南酇縣謝鍾英曰費亭當在今永城縣南弼按水經淮水注渙水又東逕酇縣故城南又東南逕費亭南漢建和元年封中常侍沛國曹騰爲侯國騰字季興譙人也永初中（後漢書質帝紀作本初通鑑同水經注作永初各本皆然弼按袁紹字本初若質帝年號本初紹必不以命字又按東漢安帝已有永初年號質帝不得又有此號則又當以本初爲是也）定桓帝策封亭侯此城卽其所食之邑也又陰溝水注濄水又東逕譙縣故城北城南有曹嵩冢冢北有碑碑北有廟堂廟北有二石闕闕北有圭碑題云漢故中常侍長樂太僕特進費亭侯曹君之碑（弼按據碑文騰官長樂太僕可補史傳之闕）隸釋載碑陰云惟建和元年七月二十二日己巳皇太后曰其遺費亭侯之國洪适曰嗚呼東漢之亡也以閹官雖小人道長作福作威履霜堅冰勢之必然者蓋上失其道爾高帝約非有功不侯自和帝封鄭衆而宦茅裂土者相踵至有同日十九侯者順帝又聽其養子襲爵騰用事省闥三十餘年其養子嵩至於竊位台輔至孫操遂問鼎矣

司馬彪續漢書曰晉書司馬彪傳彪字紹統高陽王睦長子博覽羣籍注莊子作九州春秋漢世中興迄于建安時無良史彪討論衆書綴其所聞起於世祖終於孝獻編年二百錄世十二通綜上下旁貫庶事爲紀志傳凡八十篇號曰續漢書隋書經籍志續漢書八十三卷晉祕書監司馬彪撰弼按彪書今僅存姚之駰輯本四卷汪文臺輯本五卷其八志附於范書至今尙存梁剡令劉昭注補續漢書八志序云司馬續書總爲八志王教之要國典之源粲然略備可得而知接繼班書通其流貫又云乃借舊志注以補之分爲三十卷以合范史四庫提要云自八志合併范書之後諸書徵引但題後漢書某志儒者或不知爲

司馬彪書也騰父節字元偉官本考證盧明楷曰宦官有曹節曹騰之父亦名節名同耳趙一清曰後漢書宦者傳曹節字漢豐南陽新野人疑彼是別一曾節此則宋書禮志所謂處士者也侯康曰後漢書皇后紀獻穆曹皇后諱節魏公曹操之中女也此書三少帝紀景元元年六月故漢獻帝夫人節薨若騰父名節操不應復以名其女梁章鉅曰藝文類聚卷九十四引續漢書曹騰父萌節萌字形相近或本作萌而誤作節歟周壽昌曰宦者曹節是南陽人曹騰爲沛人籍各異又曰孫盛雜語謂操鈔集諸家兵法名曰接要後人遂謂本名節要因避諱而易爲接殆不然矣弼按通典卷七十二云魏明帝太和三年六月詔曰自我魏室上承天序既發跡於高皇高皇之父處士君精神幽遠號稱罔記其令公卿會議號諡所云處士君卽節也餘見陳留王紀景元元年素以仁厚稱鄰人有亡豕者與節豕相類詣門認之節不與爭後所亡豕自還其家豕主人大慙送所認豕并辭謝節節笑而受之以上亦見太平御覽卷九百三十引續漢書曹節皆作曹萌由是鄉黨貴歎焉長子伯興次子仲興次子叔興騰字季興趙一清曰後漢書蔡衍傳劾奏河閒相曹鼎臧罪千萬鼎者中常侍騰之弟也一清案曹節四子騰最少不得更有弟或是其兄弼按本志曹洪傳注引魏書云洪伯父鼎爲尚書令是鼎爲曹騰之姪未知孰是又按水經陰溝水注譙郡有騰兄冢冢東有碑題漢故潁川太守曹君墓本志曹仁傳注引魏書云仁祖褒潁川太守卽其人是騰兄名褒可證少除黃門從官永寧元年鄧太后詔黃門令選中黃門從官年少溫謹者續漢志百官志黃門令一人六百石本注曰宦者主省中諸宦者丞從丞各一人本注曰宦者從丞主出入從中黃門比百石本注曰宦者無員後增比三百石掌給事禁中董巴曰禁門曰黃闥以中人主之故號曰黃門令李祖楙曰曹騰除黃門從官還小黃門從官疑卽從丞也配皇太子書後漢書曹騰傳安帝時除黃門從官順帝在東宮鄧太后以騰年少謹厚使侍皇太子書騰應其選太子特親愛騰飲食賞賜與衆有異順帝卽位爲小黃門續漢志百官志小黃門六百石宦者無員掌侍左右受尚書事上在內宮關通中外及中宮以下衆事諸公主及王太妃等有疾苦則使問之或曰漢之小黃門猶明之司禮監秉筆太監遷至中常侍大長秋在省闥三十餘年歷事四帝安順沖質四帝至桓帝時爲五帝矣未嘗有過好進達賢能終無所毀傷其所稱薦若陳留虞放續漢志郡國志兗州陳留郡治陳留一統志陳留故城今河南開封府陳留縣治後漢書虞延傳延字子大陳留東昏人延從曾孫放字子仲少爲太尉楊震門徒及震被讒自殺順帝初放詣闕追訟震罪由是知名桓帝時爲尚書以議誅大將軍梁冀功封都亭侯後爲司空坐水災免性疾惡宦官遂爲所陷靈帝初與長樂少府李膺等俱以黨事誅邊韶後漢書文苑傳邊韶字孝先陳留浚儀人弟子嘲曰邊孝先腹便便懶讀書但欲眠韶曰邊爲姓孝爲字腹便便五經笥但欲眠思經事寐與周公通夢靜與孔子同意師而可嘲出何典記嘲者大慙

桓帝時爲臨潁侯相徵拜太中大夫著作東觀後爲陳相卒官一統志韶墓在今開封府杞縣東三里南陽延固續漢志郡國志荆州南陽郡治宛一統志宛縣故城今河南南陽府南陽縣治後漢書延篤傳篤字叔堅南陽犨人少從潁川唐溪典受左氏傳又從馬融受業桓帝以博士徵拜議郎與朱穆邊韶共著作東觀從京兆尹後遭黨事禁錮永康元年卒於家弼按延固疑爲延篤之訛郡望相同篤固音亦相近御覽四百五十二引謝承書云延篤字叔固則固與篤或爲一人胡玉縉曰東漢杜操字伯度魏代避諱易爲杜度今延篤字叔固而稱延固正與之同例豈裴氏家諱邪張溫後漢書劉武傳章懷注引漢官儀曰溫字伯愼穰人也封互鄉侯太史奏言有大臣誅死董卓取溫笞殺於市而厭之弼按溫事又見本志董卓傳吳志張溫別爲一人弘農張奐續漢志郡國志司隸弘農郡治弘農一統志弘農故城今河南陝州靈寶縣南後漢書張奐傳奐字然明敦煌酒泉人以功內徙屬弘農華陰故始爲弘農人舉賢良對策第一拜議郎桓帝永壽元年遷安定屬國都尉後爲護匈奴中郎將以九卿秩督幽并涼三州及度遼烏桓二營三州清定論功當封奐不事宦官賞遂不行靈帝建寧元年振旅而還中常侍曹節等作亂矯制使奐率五營士圍殺陳蕃竇武等遷奐少府拜大司農以功封侯奐深病爲節所賣封還印綬以黨罪禁錮歸田里董卓遣縑百匹奐惡卓爲人不受光和四年卒年七十八潁川堂谿典等續漢志郡國志豫州潁川郡治陽翟一統志陽翟故城今河南開封府禹州治後漢書曹騰傳騰所進達皆海內名人陳留虞放邊韶南陽延固張溫弘農張奐潁川堂谿趙典等（何焯王鳴盛惠棟俱云趙字衍）蔡邕傳五官中郎將堂谿典章懷注堂谿姓也先賢行狀曰典字子度（延篤傳注作字季度）潁川人爲西鄂長延篤傳少從潁川唐溪典受左氏傳注引風俗通曰吳夫概王奔楚封唐谿因以爲氏唐與堂同先賢行狀曰延篤欲寫左氏傳無紙唐谿典以廢牋記與之篤以牋記紙不可寫傳乃借本諷之糧盡辭歸典曰卿欲寫傳何故辭歸篤曰已諷之矣典聞之歎曰嗟乎延生雖復端木聞一知二未足爲喻若使尼父更起於洙泗君當編名七十與游夏爭四也洪适曰石經自堂谿典以下別有趙馘數人竊意其間必有同時揮毫者皆致位公卿而不伐其善蜀郡太守因計吏修敬於騰續漢志郡國志益州蜀郡治成都一統志成都故城今四川成都府成都縣治續漢志百官志每郡置太守一人二千石歲盡遣吏上計禮儀志郡國計吏會陵最後親陵遣計吏益州刺史种暠郡國志益州廣漢郡雒刺史治吳增僅曰劉焉爲益州牧徙治緜竹後又徙治成都一統志雒廢縣在今四川成都府漢州北百官志每州刺史一人六百石錢大昕曰漢官制以委任爲重不依秩祿之多寡郡國守相皆二千石而刺史以六百石察之後漢書种暠傳暠字景伯河南洛陽人仲山甫之後舉孝廉辟太尉府舉高第順帝末爲侍御史出爲益州刺史在職三年宣恩遠夷開曉殊俗岷山雜落皆畏服漢德延熹四年遷司徒推達名臣橋玄皇甫規等爲稱職相在位三年年六十一薨於函谷關搜得其牋上太守并奏騰內臣外交所不當爲請免官治罪後漢書曹騰傳蜀郡太守因計吏賂遺於騰益州刺史种暠於斜谷間搜得其書上奏太守并以劾騰請下廷尉按罪弼按函谷關在弘農郡非益州刺

史轄地當以斜谷爲是上太守亦當從范書作上奏太守蓋上奏蜀郡太守路遺內臣之事也帝曰牋自外來騰書不出非其罪也乃寢暠奏騰不以介意常稱歎暠以爲得事上之節暠後爲司徒語人曰今日爲公乃曹常侍恩也後漢書种暠傳無此語暠數劾大將軍梁冀生平不肯阿附權貴決不爲此語也後漢書孫程傳章懷注東觀記自此以下十九人與程同功者皆斂其所承本系蓋當時史官懼程等威權故曲爲文飾王鳴盛曰曹騰宦者中之最姦狡誤國者而范書傳中不著其惡反多美詞以三國志注校之乃知皆司馬彪之文而蔚宗襲之司馬氏或因東觀記原文或魏代人潤色也騰之行事皆此類也桓帝卽位以騰先帝舊臣忠孝彰著封費亭侯加位特進宋書百官志特進前漢世所置前後二漢及魏晉以爲加官從本官車服無吏卒太和三年追尊騰曰高皇帝本志明帝紀太和三年夏六月戊申追尊高祖大長秋曰高皇帝夫人吳氏曰高皇后姜宸英曰內臣追尊皇帝惟此養子嵩嗣後漢書順帝紀陽嘉四年春二月丙子初聽中官得以養子爲後胡三省曰曹操階之遂移漢祚其所由來者漸矣弼按順帝童稚爲孫程等所擁立十九人同時封侯閹宦定策政柄潛移襲爵承蔭職爲厲階造端伊始君子所愼也官至太尉漢書百官公卿表太尉秦官金印紫綬掌武事應劭曰自上安下曰尉武官悉以爲稱續漢志百官志太尉公一人掌四方兵事功課歲盡卽奏其殿最而行賞罰後漢書曹騰傳嵩靈帝時貨賂中官及輸西園錢一億萬故位至太尉（華嶠書同）袁紹傳討曹操檄云父嵩乞匄攜養因臧買位輿金輦寶輸貨權門竊盜鼎司傾覆重器章懷注引續漢志曰靈帝時賣官嵩以貨得拜大司農大鴻臚代崔烈爲太尉水經陰溝水注譙郡城南有曹嵩冢莫能審其生出本末潘眉曰陳志於帝紀云莫能審其生出本末於列傳則以諸夏侯曹爲一卷顯以夏侯氏爲宗室矣弼按武紀云莫能審其生出本末三少帝紀云宮省事祕莫有知其所由來者卞皇后傳云文帝母本倡家此皆承祚之直筆也或曰疑以傳疑省多少呂政牛睿穢汙緗素也

續漢書曰嵩字巨高質性敦愼所在忠孝爲司隸校尉司隸校尉見後建安元年靈帝擢拜大司農大鴻臚續漢志百官志大司農一人中二千石掌諸錢穀金帛諸貨幣大鴻臚卿一人中二千石掌諸侯及四方歸義蠻夷周禮象胥干寶注曰今鴻臚應劭漢官儀曰鴻臚景帝置郊廟行禮贊九賓鴻聲臚傳之也代崔烈爲太尉後漢書崔駰傳烈有重名於北州歷位郡守九卿因傳母入錢五百萬得爲司徒論者嫌其銅臭後拜太尉及李傕入長安爲亂兵所殺弼按烈子州平見蜀志諸葛亮傳黃初元年追尊嵩曰太皇帝本志文帝紀黃初元年十一月癸酉追尊皇祖太王曰太皇帝

吳人作曹瞞傳唐書經籍志雜傳類曹瞞傳一卷吳人作藝文志雜傳記類曹瞞傳一卷章宗源隋書經籍志考證云曹瞞傳一卷不著錄案傳名曹瞞又係吳人所作其言操少好飛鷹走狗游蕩無度又佻易無威重好音樂及遺華歆

入宮收伏后事語皆質直不爲魏諱故世說注文選注所引皆稱操名類聚御覽所引亦或稱操惟魏志注多稱太祖自係裴松之所改非吳人原本侯康曰書出敵人之口故於曹操姦惡備載無遺世所傳操爲夏侯氏子及破壁收后等事皆出此書其中築沙城以渡渭一事裴松之頗有疑辭而終不敢斥爲非蓋其書紀事多實也梁章鉅曰裴注但言曹瞞傳爲吳人所作不著其名今書亦不傳明人小說家所演卽據此耳姚振宗曰按藝文類聚百穀部引被山曹瞞傳則作是傳者姓被名山吳人也書雖名傳實與魏人所作魏武本紀相類書中亦兼及衆人事與別傳記一人事蹟者不同弼按藝文類聚百穀部引風俗通云旅穀彌望野繭被山下接曹瞞傳云云是被山二字屬上句讀姚氏以被山爲姓名誤胡玉縉曰汪之昌輯曹瞞傳見靑學齋集及郭頒世語頒各本皆同毛本作班古蓋通用隋書經籍志魏晉世語十卷晉襄陽令郭頒撰舊唐志避太宗諱世作代新唐志作代說史略作世論論說二字均爲語字之訛初學記卷五地部石類引作魏晉俗語亦避世字諱作俗也本志三少帝紀正元二年注引世語大將軍奉天子征毌丘儉事裴松之謂檢諸書都無此事頒撰魏晉世語蹇乏全無宮商最爲鄙劣以時有異事故頗行於世干寶孫盛多采其言以爲晉書其中虛錯如此者往往有之世說方正篇注郭頒西晉人時世相近爲魏晉世語事多詳覈孫盛之徒皆采以著書並云嵩夏侯氏之子夏侯惇之叔父太祖於惇爲從父兄弟官本考證何焯曰夏侯惇之子楙尙清河公主淵子衡亦娶曹氏則謂嵩夏侯氏子者敵國傳聞蓋不足信姚範曰案陳氏以夏侯及諸曹同列一卷毋亦有是疑乎又按陳矯劉氏子而婚於劉頌則未得以吳人作傳而遂以爲妄也周壽昌曰陳矯本劉氏子出養於姑改姓陳氏後娶劉頌女頌與矯固近親也魏武擁全之特下令禁人誹議殆以同姓爲婚禁人議卽以便己私也弼按後漢書袁紹傳討曹操檄云操姦閹遺醜錢大昕曰姦當作贅漢書如淳注淮南俗賣子與人作奴婢名曰贅子操父嵩本夏侯氏爲中常侍曹騰養子故云贅也三國志注及文選並是贅字又按御覽引此弟下有也字

嵩生太祖太祖少機警有權數而任俠放蕩不治行業故世人未之奇也世說新語容止篇魏武將見匈奴使自以形陋不足雄遠國使崔季珪代帝自捉刀立牀頭既畢使間諜問之匈奴使答曰牀頭捉刀人乃英雄也劉孝標注引魏氏春秋曰武王姿貌短小而神明英發世說假譎篇魏武少時嘗與袁紹好爲游俠觀人新婚因潛入主人園中夜叫呼云有偸兒賊靑廬中人皆出觀魏武乃入抽刃刼新婦與紹還出失道墜枳棘中紹不能得動復大叫云偸兒在此紹遑迫自擲出遂與俱免又云魏武常言人欲危己己輒心動因語所親小人曰汝懷刃密來我側我必說心動執汝使行刑汝但勿言其使無他當厚相報執者信焉不以爲懼遂斬之此人至死不知也左右以爲實謀逆者挫氣矣又忿狷篇云魏武有一妓聲最清高而情性酷惡欲殺則愛才欲置則不堪於是選百人一時俱教少時還有一人聲及之便殺惡性者劉昭幼童傳云太祖幼而智勇年十歲常浴於譙水有蛟逼之自水奮擊蛟乃潛退浴畢而還弗之言也後有人見大蛟奔退太祖笑之曰吾爲蛇所擊而未懼斯畏蛇而恐邪衆問乃知咸驚異焉

曹瞞傳云太祖少好飛鷹走狗游蕩無度 盧文弨曰太祖之稱非曹瞞傳本文如此此傳作於吳人直斥其小字豈肯稱曰太祖此與下稱公稱王皆裴注隨正文爲稱耳 其叔父數言之於嵩太祖患之後逢叔父於路乃陽敗面喎口 潘眉曰一切經音義六引通俗文斜戾曰喎喎俗字正作咼許愼解字云咼口戾不正也梁章鉅曰玉篇咼口淮切口戾也喎同 叔父怪而問其故太祖曰卒中惡風叔父以告嵩嵩驚愕呼太祖太祖口貌如故嵩問曰叔父言汝中風已差乎太祖曰初不中風但失愛於叔父故見罔耳嵩乃疑焉自後叔父有所告嵩終不復信太祖於是益得肆意矣

唯梁國橋玄 後漢書橋玄傳玄字公祖梁國睢陽人靈帝光和元年官至太尉光和六年卒年七十五本志武紀建安七年治睢陽渠遣使以太牢祀橋玄續漢志郡國志豫州梁國睢陽一統志睢陽故城今河南歸德府商丘縣南惠棟曰橋或作喬見陳球碑古文通弼按寰宇記卷十二引魏志亦作喬 南陽何顒異焉 後漢書黨錮傳何顒字伯求南陽襄鄉人少游學洛陽郭林宗賈偉節等與之相好顒名太學黨事起多離其難顒廣設權計全免者甚衆及黨錮解顒辟司空府董卓逼顒爲長史不就與司空荀爽司徒王允等共謀卓會爽薨顒以它事爲卓所繫憂憤而卒初顒見曹操歎曰漢家將亡安天下者必此人也操以是嘉之嘗稱潁川荀彧王佐之器及彧爲尙書令遣人西迎叔父爽幷致顒屍而葬之爽冢傍顒別傳云顒有人倫鑒同郡張仲景總角造顒顒謂曰君用思精而韻不高將爲良醫卒如其言仲景名機郡國志荊州南陽郡襄鄉一統志襄鄉故城今湖北襄陽府棗陽縣東北顒事又見袁紹傳注引英雄記荀攸傳注引張璠漢紀

玄謂太祖曰天下將亂非命世之才不能濟也能安之者其在君乎 後漢書橋玄傳初曹操微時人莫知者嘗往候玄玄見而異焉謂曰今天下將亂安生民者其在君乎李膺傳子瓚位至東平相曹操微時瓚異其才謂子宣等曰時將亂矣天下英雄莫過曹操張孟卓與吾善袁本初汝外親雖爾勿依必歸曹氏諸子從之並免於亂世趙一淸曰識操於微時尙有汝南王儁弼按王儁事見武紀建安十三年注又有衞茲亦然見衞臻傳

魏書曰太尉橋玄世名知人覩太祖而異之曰吾見天下名士多矣未有若君者也君善自持吾老矣願以妻子爲託由是聲名益重 世說識鑒篇曹公少時見橋玄玄謂曰天下方亂羣雄虎爭撥而理之非君乎然君實亂世之英雄治世之姦賊恨吾老矣不見君富貴當以子孫相累劉孝標注以世說所言爲謬弼按劉注是若橋公謂爲姦賊魏武必不祀以太牢矣

續漢書曰玄字公祖嚴明有才略長於人物 張璠漢紀曰 隋書經籍志後漢紀三十卷張璠撰袁宏後漢紀自序曰予以暇日撰集爲後漢紀前史闕略多不次序錯謬同異誰使正之始見張璠所撰書其言漢末之事差詳故復探而益之本志三少帝紀裴注云張璠晉之令史撰後漢紀雖似未成辭藻可觀經典釋文易敘錄張璠集解十二卷璠安定人東晉秘書郎參著作 玄歷位中外 後漢書橋玄傳玄舉孝廉補洛陽左尉遷齊相再遷上谷太守漢陽太守徵爲司徒長史拜將作大匠爲度遼將軍假黃鉞靈帝初徵入爲河南尹轉少府大鴻臚遷司空轉司徒 以剛斷稱謙儉下士不以王爵私親光和中爲太尉以久病策罷拜太中大夫 續漢志百官志太中大夫千石韋昭辨釋名曰太中大夫在中最高大也 卒家貧乏產業柩無所殯當世以此稱爲名臣 後漢書橋玄傳玄性剛急無大體然謙謹下士子弟親宗無在大官者及卒家無居業喪無所殯當時稱之子羽官至任城相

世語曰玄謂太祖曰君未有名可交許子將 後漢書許劭傳劭字子將汝南平輿人續漢志郡國志豫州汝南郡平輿一統志平輿故城今河南汝寧府汝陽縣東南六十里劭事詳見本志卷二十三和洽傳注 太祖乃造子將子將納焉由是知名 後漢書許劭傳曹操微時常卑辭厚禮求爲己目劭鄙其人而不肯對操乃伺隙脅劭劭不得已曰君淸平之姦賊亂世之英雄操大悅而去初劭與從兄靖俱有高名好共覈論鄉黨人物每月輒更其品題故汝南俗有月旦評焉胡三省曰後置州郡中正本於此抱朴子曰漢末俗弊朋黨分部許子將之徒以口舌取戒爭訟議論門宗成讎故汝南人士無復定價而有月旦之評魏文帝深嫉之欲取其首爾乃奔波亡走殆至屠滅

孫盛異同雜語云 晉書孫盛傳盛字安國太原中都人博學善言名理于時殷浩擅名一時與抗論者惟盛而已起家佐著作郎補瀏陽令歷參陶侃庾亮庾翼桓溫軍事賜爵安懷縣侯進封吳昌縣侯累遷祕書監加給事中年七十二卒著魏氏春秋晉陽秋幷造詩賦論難復數十篇沈家本曰此書隋志不著錄唐志孫壽魏陽秋異同八卷疑卽此書夏侯玄呂虔姜維三人傳注世說識鑒篇假譎篇注並引孫盛雜語章宗源以爲省異同二字假譎篇注入張讓宅事與武紀注同自是一書其曰孫盛異同評又曰孫盛評者恐卽雜語之異名又裴注但稱孫盛曰而不著書名當亦是評語丁國鈞曰三國異同評異同雜語孫盛雜語疑皆一書黃逢元曰他傳注或引作孫盛雜事孫盛雜記皆是書篇名小異唐志譌作孫壽史略又譌作陳壽陳壽無撰魏陽秋異同之事弼按嚴可均全晉文引作魏氏春秋評魏氏春秋異同評至唐志之魏陽秋異同疑別爲一書高似孫史略於孫盛魏氏春秋二十卷下云又有魏陽秋異同八卷陳壽撰則明爲二書諸家以魏陽秋異同爲卽孫盛雜語皆沿章氏隋志考證而誤胡玉縉曰史略陳壽當爲孫壽之譌黃說是也 太祖嘗私入中常侍張讓宅 後漢書宦者傳張讓潁川人靈帝時遷中常侍封列侯殺大將軍何進劫天子走河上自投河死 讓覺之乃舞手戟於庭踰垣而出才武絕人莫之能害博覽羣書特好兵法抄集諸家兵法名曰接要 官本考證盧明楷曰接似應作節或以祖名節而諱之與何焯曰曹氏諱節故作接弼按周壽昌謂爲不然說見前侯康

日隋志作接要唐志作捷要御覽作輯要姚振宗曰御覽經史圖書綱目有魏武兵書輯略潘眉曰御覽引魏武兵書接要多占驗語弼按魏武有太公陰謀解三卷見隋志又有司馬法注見文選注

又注孫武十三篇皆傳於世

四庫提要曰史記孫子列傳載武之書十三篇而漢書藝文志乃載孫氏兵法八十二篇圖九卷故張守節正義以十三篇爲上卷又有中下二卷杜牧亦謂武書本數十萬言皆曹操削其繁剩筆其精粹以成此書然史記稱十三篇在漢志之前牧言未可爲據武書爲百代談兵之祖葉適以其人不見左傳疑其書爲春秋末戰國初山林處士所爲然史記載闔廬謂武曰子之十三篇吾盡觀之矣則確爲武所著也魏武孫子兵法序云吾觀兵書戰策多矣孫武所著深矣孫子者齊人也名武爲吳王闔廬作兵法一十三篇審計重舉明畫深圖不可相誣世人未之深亮訓說況文煩富行於世者失其旨要故撰爲略解焉又互見建安二十五年注

常問許子將我何如人子將不荅固問之子將曰子治世之能臣亂世之姦雄

胡三省曰言其才絕世也天下治則盡其能爲世用天下亂則逞其智爲時雄弼按二語實爲確論無愧汝南月旦之評蜀志許靖傳靖與曹公書云自竄蠻貊成闔十年昔在會稽得所貽書辭旨款密久要不忘是魏武與子將昆仲夙有雅故少年卽與名流結納可知其人胡玉縉曰二語恐孫盛因晉承魏祚有所避忌加以竄改當以范書許劭傳爲得其實後丕深嫉月旦欲取其首未始不由於此況劭本鄙操者乎

太祖大笑

年二十舉孝廉爲郎

續漢志百官志郡國舉孝廉郡口二十萬舉一人李祖楙曰漢書孝武元光元年初令郡國舉孝廉各一人與計偕拜郎中中廢中興和帝永元十四年復補郎官當時帝以所舉孝廉每與郡口不均乃從丁鴻議令郡口二十萬歲舉孝廉一人弼按百官志令史十八人劉昭注引決錄注曰故事尙書郎以令史久缺補之世祖始改用孝廉爲郎以孝廉丁邯補焉邯稱疾不就詔問實病羞爲郎乎對曰臣實不病恥以孝廉爲令史職耳蓋當時以舉孝廉爲榮以補郎史爲羞也

除洛陽北部尉

郡國志司隸河南尹雒陽一統志洛陽故城今河南省河南府洛陽縣東北二十里魚豢魏略曰漢火行也火忌水故洛去水而加隹魏於行次爲土土水之牡也故除隹而加水變雒爲洛孫志祖曰三國志詳節部下有都字弼按百官志郡有都尉縣有尉尉大縣二人小縣一人中興建武六年省諸郡都尉并職太守應劭曰每有劇賊郡臨時置都尉事訖罷之又曰大縣丞左右尉所謂命卿三人小縣一尉一丞命卿二人據此則洛陽爲縣不得有都尉孫說誤又按注稱入尉廨後建安十三年及二十一年注梁鵠以公爲北部尉又據後二十一年注引王隱晉書云司馬防舉魏武爲北部尉二十四年冬十月注脩治北部尉廨均無都字又按百官志劉昭注引漢官曰雒陽孝廉左尉四百石孝廉右尉四百石魏武以孝廉爲郎故得除洛陽尉也

遷頓丘令

師古曰以丘名縣也丘一成爲頓丘謂一頓而成也或曰成重也一重之丘也郡國志兗州東郡頓丘胡三省曰魏屬魏郡一統志頓丘故城今直隸大名府清豐縣西南百官志縣萬戶以上爲令不滿爲長弼按魏武爲頓丘令時年二十三見本志卷十九陳思王傳

曹瞞傳曰太祖初入尉廨繕治四門造五色棒

何焯曰依廣韻注棒應改棓

縣門左右各十餘枚有犯禁者不避豪彊皆棒殺之後數月靈帝愛幸小黃門蹇碩叔父夜行

後漢書靈帝紀中平五年八月初置西園八校尉樂資山陽公載記曰小黃門蹇碩爲上軍校尉虎賁中郎將袁紹爲中軍校尉屯騎校尉鮑鴻爲下軍校尉議郎曹操爲典軍校尉趙融爲助軍左校尉馮方爲助軍右校尉諫議大夫夏牟爲左校尉淳于瓊爲右校尉八校尉皆統於蹇碩袁宏後漢紀云碩壯健有武略故親任之使爲元帥典護諸將大將軍以下皆令屬焉

卽殺之京師斂迹莫敢犯者近習寵臣咸疾之然不能傷於是共稱薦之故遷爲頓丘令

徵拜議郎

續百官志議郎六百石無員漢官曰五十人無常員後漢書劉陶傳司徒東海陳耽與議郎曹操上言公卿所舉率黨其私所謂放鴟梟而囚鸞鳳其言忠切通鑑考異云耽已爲司徒不應與議郎同上言王沈魏書曰是歲以災異博問得失太祖因此上書切諫不云與耽同上言也

魏書曰太祖從妹夫㶏彊侯宋奇被誅

郡國志豫州汝南郡㶏彊一統志㶏強故城今河南許州臨潁縣東謝鍾英曰當在西華縣西梁章鉅曰宋奇之封不見於後漢書熊方補表亦失載考後漢書后紀靈帝宋皇后父酆封不其鄉侯光和元年后廢酆父子並被誅則㶏彊侯必宋皇后兄弟行也

從坐免官後以能明古學復徵拜議郎先是大將軍竇武太傅陳蕃謀誅閹官反爲所害

後漢書竇武傳武字游平扶風平陵人融玄孫延熹八年長女選入掖庭桓帝以爲貴人拜郎中貴人立爲皇后遷越騎校尉封槐里侯拜城門校尉多辟名士清身疾惡禮賂不通時內官專寵李膺杜密等爲黨事考逮武上疏諫上還印綬有詔原李膺杜密等靈帝立拜武爲大將軍與太傅陳蕃謀誅宦官共定計策天下雄俊知其風旨延頸企踵思奮智力會日食蕃復說武曰蕃以八十之年欲爲將軍除害可因日食斥罷宦官武乃白太后太后曰但當誅有罪豈可盡廢邪長樂五官史朱瑀盜發武奏乃夜召素所親壯健者謀誅武等武自殺陳蕃傳蕃字仲舉汝南平與人舉孝廉除郎中母憂去官太尉李固表薦徵拜議郎遷樂安太守時李膺爲青州刺史名有威政屬城聞風引去蕃獨以清績留後代楊秉爲太尉坐救李膺等免永康元年竇后臨朝詔曰前太尉陳蕃忠清直亮其以蕃爲太尉錄尙書事蕃與后父大將軍竇武同心盡力徵用名賢天下想望太平因與竇武謀誅宦官事泄爲曹節等矯詔所殺

太祖上書陳武等正直而見陷害姦邪盈朝善人壅塞其言甚切靈帝不能用是後詔書勑三府

崔寔政論曰三公乃天子之股肱掾屬則三公之喉舌故三府掾乃言行之本禍福之主及其遷除或朞月而長州郡或數年而至公卿

舉奏州縣政理無効民爲作謠言者

李賢曰謠言謂聽百姓風謠善惡而黜陟之也

免罷之三公傾邪皆希世見用貨

路並行 後漢書靈帝紀光和元年初開西邸賣官自關內侯虎賁羽林入錢各有差私令左右賣公卿公千萬卿五百萬劉陶傳光和五年詔公卿以謠言舉刺史二千石爲民蠹害者時太尉許馘司空張濟承望內官受取貨賂 強者爲怨不見舉奏弱者守道多被陷毀太祖疾之是歲以災異博問得失因此復上書切諫說三公所舉奏專回避貴戚之意奏上天子感悟以示三府責讓之諸以謠言徵者皆拜議郎是後政教日亂豪猾益熾多所摧毀太祖知不可匡正遂不復獻言

光和末黃巾起 後漢書靈帝紀中平元年春二月鉅鹿人張角自稱黃天其部師有三十六萬皆著黃巾同日反叛 拜騎都尉 續百官志騎都尉比二千石本注曰無員本監羽林騎 討潁川賊 後漢書皇甫嵩傳嵩儁各統一軍共討潁川黃巾嵩奔擊賊陳賊驚亂奔走會帝遣騎都尉曹操將兵適至嵩操與朱儁合兵更戰大破之 遷爲濟南相 續郡國志青州濟南國十城治東平陵一統志東平陵故城今山東濟南府歷城縣東續百官志每郡置太守一人二千石王國之相亦如之官本考證李清植曰按魏武故事所載十二月己亥令操先在濟南後徵爲都尉此拜騎都尉乃在濟南相之先似當以操自敘爲正弼按陳志不誤據後漢書皇甫嵩傳騎都尉曹操適至是時嵩討黃巾爲中平元年操年三十遷爲濟南相亦在是年故讓縣自明本志令云（此令見後建安十五年注）去官之後年紀尚少同歲中年有五十從此卻去二十年乃與同歲始舉者等正謂此也後徵爲都尉遷典軍校尉乃連類敘述之辭操爲典軍校尉在中平五年年已三十四矣 國有十餘縣 錢大昕曰續漢志濟南國領十縣或漢末更有增置之縣故云十餘縣潘眉曰餘字衍錢說非御覽九十三引魏志云國有十縣無餘字知宋本作國有十縣今本妄增餘字沈家本曰續志濟南郡十城不曰國國除爲郡之後屬縣亦割隸不同迨郡復爲國屬縣必有變更故得十餘縣恐餘字非衍文也（沈欽韓說同）弼按鮑刻本御覽有餘字不知潘氏所據何本宋本國志亦有餘字又按漢書地理志濟南郡十四縣後漢書濟南安王康傳建武三十年益濟南國六縣明帝創五縣章帝建初八年復還所削地桓帝永興元年國除河間孝王開傳靈帝熹平三年拜河間安王子康爲濟南王是濟南國領縣時有增省言餘者不定之詞 長吏多阿附貴戚贓汙狼籍於是奏免其八 御覽八下有九字 禁斷淫祀姦宄逃竄郡界肅然

魏書曰長吏受取貪饕依倚貴勢歷前相不見舉聞太祖至咸皆舉免小大震怖姦宄遁逃竄入他郡政教大行一郡清平初城陽景王劉章以有功于漢 卽誅諸呂之朱虛侯劉章也 故其國爲立祠青州諸郡轉相倣効 後漢書光武十王傳琅邪孝王京國中有城陽景王祠吏人奉祠神數下言宮中多不便利 濟南尤盛至六百餘祠賈人或假二千石輿服導從作倡樂 潘眉曰此卽後世迎神賽會之類 奢侈日甚民坐貧窮歷世長吏無敢禁絕者太祖到皆毀壞祠屋止絕官吏民不得祠祀及至秉政遂除姦邪鬼神之事世之淫祀由此遂絕

久之徵還爲東郡太守 郡國志兗州東郡治濮陽一統志濮陽故城今直隸大名府開州西南 不就稱疾歸鄉里 趙一清曰後漢書光武十王傳琅邪順王容初平元年遣弟邈至長安盛稱東郡太守曹操忠誠於帝操以此德於邈一清案操雖不就東郡之命當時猶以此稱之也杭世駿說同

魏書曰於是權臣專朝貴戚橫恣太祖不能違道取容數數干忤恐爲家禍遂乞留宿衞拜議郎常託疾病輒告歸鄉里築室城外 馮本作外城 春夏習讀書傳秋冬弋獵以自娛樂 水經陰溝水注云譙城東有曹太祖舊宅所在負郭對廛側隍臨水文帝以漢中平四年生於此上有青雲如車蓋終日乃解卽是處也御覽一百五十九引魏略云太祖於譙東五十里澤中築起精舍讀書射獵閉絕賓客卽謂之譙東元和志魏文帝祠在譙縣東五里卽太祖故宅一統志魏武故宅在亳州東又詳見建安十五年注

頃之冀州刺史王芬 續郡國志冀州常山國高邑刺史治光武卽位於此寰宇記後漢桓靈之間冀州刺史常治鄴一統志高邑故城今直隸趙州柏鄉縣北 南陽許攸 攸事見建安五年注又見本志卷六袁紹傳卷十荀彧傳卷十二崔琰傳注 沛國周旌等 續郡國志豫州沛國治相一統志相縣故城今安徽鳳陽府宿州西北 連結豪傑謀廢靈帝立合肥侯 合肥見後建安十三年錢大昭曰後漢書補表不詳其名不知始封之年康發祥曰蕢卓廢少帝之前又有王芬等謀而未成史備書之以見漢之末造如此 以告太祖 胡三省曰以此謀告操蓋亦知操之爲時雄矣趙紹祖曰天下事尙未可知以此告之宜其不從也 太祖拒之芬等遂敗 本志卷十三華歆傳王芬陰呼華歆陶丘洪共定計洪欲行歆止之詳見歆傳

司馬彪九州春秋曰 司馬彪事見前隋書經籍志九州春秋十卷司馬彪記漢末事史通六家篇云漢氏失馭英雄角力司馬彪錄其行事爲九州春秋州爲一篇合爲九卷尋其體統亦近代之國語也直齋書錄解題云彪記漢末州郡之亂司冀徐兗青荆揚涼益幽凡盜賊僭叛皆紀之章宗源曰司卽司隸不在九州之數白帖卷二十九引劉表攻西鄂事題魏九州春秋魏字誤增沈家本曰建安十八年詔書并十四州復爲九州彪之稱本此荀綽九州記亦同

於是陳蕃子逸後漢書陳蕃傳陳留朱震棄官收葬蕃尸匿其子逸事覺繫獄誓死不言故逸得免後赦黨人逸官至魯相惠棟曰田魯褒記云逸
字子游與術士平原襄楷後漢書襄楷傳楷字公矩平原濕陰人好學博古善天文陰陽之術桓帝時宦官專朝政刑暴亂又比失皇子災異
尤數延熹九年楷上疏切諫下獄靈帝即位太傅陳蕃舉方正不就中平中與荀爽鄭玄俱以博士徵不至卒于家會於芬坐楷曰天文不
利宦者黃門常侍貴族滅矣通鑑貴作眞逸喜芬曰若然者芬願驅除於是與攸等結謀
靈帝欲北巡河間舊宅胡三省曰帝先爲解瀆亭侯有舊宅在河間弼按藝文類聚六十四有靈帝河間舊廬碑河間張超撰芬等
謀因此作難上書言黑山賊攻劫郡縣求得起兵會北方有赤氣東西竟天太史上言
續百官志靈臺掌候日月星氣皆屬太史當有陰謀不宜北行帝乃止勅芬罷兵俄而徵之芬懼自殺
魏書載太祖拒芬辭曰夫廢立之事天下之至不祥也古人有權成敗計輕重而行之
者伊尹霍光是也胡三省曰此等語豈常人所能及哉伊尹懷至忠之誠據宰臣之勢處官司之上故
進退廢置計從事立及至霍光受託國之任藉宗臣之位內因太后秉政之重外有羣

卿同欲之勢昌邑即位日淺未有貴寵朝乏讜臣議出密近故計行如轉圜事成如摧
朽今諸君徒見曩者之易未覩當今之難局本覩作觀誤諸君自度結衆連黨何若七國合
肥之貴孰若吳楚而造作非常欲望必克不亦危乎盧文弨曰此事不可信廢立何事而昌言拒之操不如是之疎
也

金城邊章韓遂郡國志涼州金城郡治允吾一統志允吾故城今甘肅蘭州府皋蘭縣西北邊章韓遂事見後建安二十年注引典略殺
刺史郡守以叛後漢書靈帝紀中平元年湟中義從胡北宮伯玉與先零羌叛以金城人邊章韓遂爲軍帥攻殺護羌校尉伶徵金城太守陳
懿通鑑靈帝中平元年金城人邊章韓遂素著名西州羣盜誘而劫之使專任軍政攻燒州郡四年韓遂殺邊章及北宮伯玉李文侯擁兵十餘萬涼州刺史耿鄙率六
郡兵討遂行至狄道州別駕反應賊害鄙鄙司馬扶風馬騰亦擁兵反與韓遂合弼按魏武與韓遂父同歲孝廉又與遂同時儕輩交馬語京都舊故拊手歡笑見後建
安十六年是遂本爲世家子弟何以起而從賊蓋由國家昏亂羣盜迫脅初非本志也又當時攻殺刺史郡守不獨黃巾爲然（漁陽張純攻殺太守等亦在此時又幷
州殺刺史張壹見蜀志劉焉傳）如孫堅之殺荊州刺史王叡南陽太守張咨劉岱之殺東郡太守橋瑁張魯之殺漢中太守蘇固孫權之殺吳郡太守盛憲張猛之殺
雍州刺史邯鄲商袁紹之殺冀州牧壺壽袁術之殺揚州刺史陳溫李術之殺揚州刺史嚴象劉備之殺徐州刺史車胄比比皆是天下大亂互相殘殺綱紀蕩然可哀
也已衆十餘萬天下騷動徵太祖爲典軍校尉此西園八校尉之一注見前杭世駿曰操別傳云拜操典
軍都尉還譙沛士卒共叛襲擊之操得脫身亡走竄平河亭長舍稱曹濟南處士臥養足創八九日謂亭長曰曹濟南雖敗存亡未可知公幸能以車牛相送往還四五
日吾厚報公亭長乃以車牛送操未至譙數十里騎求操者多操開帳叱之皆大喜始悟是操會靈帝崩太子即位即少帝辯何后所生
太后臨朝大將軍何進毛本大作太誤與袁紹謀誅宦官太后不聽進乃召
董卓欲以脅太后黃恩彤曰何進何皇后之女弟也何皇后生皇子辯王貴人生皇子協靈帝以辯輕佻欲立協屬黃門蹇碩輔之帝崩碩謀
誅進而立協不果辯既即位何后臨朝進以銜碩之故謀誅宦官與陳蕃竇武事同情異以忠私之分也藉國事以快私讎鮮有不敗者況如進之優柔寡斷哉
魏書曰太祖聞而笑之曰閹豎之官何焯曰此注乃事後虛詞掠美厥祖何人斥言閹豎弼按通鑑作宦者之官古今
宜有但世主不當假之權寵使至於此既治其罪當誅元惡一獄吏足矣何必紛紛召
外將乎欲盡誅之事必宣露吾見其敗也後漢書何進傳中官在省闥者或數十年封侯貴寵進新當重任素敬憚之故事久

不決袁紹等爲畫策多召四方猛將及諸豪傑引兵向京城以脅太后進然之主簿陳琳諫曰將軍違經合道天人所順而反委釋利器更徵外助大兵聚會彊者
爲雄所謂倒持干戈授人以柄功必不成秪爲亂階進不聽弼按陳琳料事之明與魏武不謀而合英雄所見大略相同宜魏武之愛其才也詳見本志卷二十一
王粲傳

卓未至而進見殺卓到廢帝爲弘農王而立獻帝即廢少帝辯而立陳留王協也京
都大亂卓表太祖爲驍騎校尉趙一清曰續百官志大將軍營五部部校尉一人宋書百官志驍騎材官別有營一清案
此時無驍騎將軍曹公蓋以校尉典營兵也其後乃置驍騎將軍弼按續漢志宋書百官志皆有屯騎越騎步兵長水射聲五校尉宋志又云漢光武初改屯騎爲驍騎
建武十五年復舊漢東京五校典宿衛士魏晉猶領營兵五營校尉秩二千石欲與計事太祖乃變易姓名閒行
東歸

魏書曰太祖以卓終必覆敗遂不就拜逃歸鄉里從數騎過故人成皋呂伯奢郡國志司隸河
南尹成皋一統志成皋故城今河南開封府汜水縣西北水經注河水經成皋縣北縣治伾山上縈帶伾阜岸絕峻周高四十許丈即虎牢也一統志又云大伾山

在汜水縣西北一里弼按宦官呂強亦成皐人伯奢或爲其族人歟伯奢不在其子與賓客共劫太祖取馬及物太祖手刃擊殺數人 世語曰太祖過伯奢伯奢出行五子皆在馮本無在字誤備賓主禮太祖自以背卓命疑其圖己手劍夜殺八人而去 孫盛雜記曰太祖聞其食器聲以爲圖己遂夜殺之既而悽愴曰寧我負人無人負我遂行梁章鉅曰魏書世語大同小異雜記近是負人負我二語遂爲千古口實（鍾惺說同）周壽昌曰呂氏子弟賓客果有劫操之心則殺人已有備操一人何能敵之惟伯奢五子皆以父友待操並無機心操自疑故乘其不備而殺之耳負人負我滅絕天良正是天良不能昧處此事自以郭孫兩說爲確魏書全爲操文飾隱其惡以誣呂氏不足信也趙一清曰御覽卷四百七十八引梁祚魏國統曰初太祖過故人呂伯奢也遂行日暮道逢二人容貌威武太祖避之路二人笑曰觀君有奔懼之色何也太祖始覺其異乃悉告之臨別太祖解佩刀與之曰以此表吾丹心願二賢愼勿言（杭世駿引同）

出關過中牟郡國志司隸河南尹中牟一統志中牟故城今河南開封府中牟縣東錢儀吉曰趙氏云關卽函谷關也弼按魏武由洛陽東歸經成皐中牟而至陳留所出者爲虎牢關一統志重險則有虎牢在汜水縣一名成皐關故出關而至中牟若函谷關在洛陽之西非東行所經錢趙說均誤爲亭長所疑續百官志亭有亭長以禁盜賊執詣縣邑中或竊識之爲請得解

世語曰中牟疑是亡人見拘於縣時掾亦已被卓書唯功曹心知是太祖以世方亂不宜拘天下雄儁因白令釋之胡三省曰白中牟令也

卓遂殺太后及弘農王後漢書獻帝紀中平六年九月丙子董卓殺皇太后何氏初平元年正月癸酉董卓殺弘農王董卓傳廢帝爲弘農王遷太后於永樂宮遂以弒崩又云及聞東方兵起乃鴆殺弘農王通鑑中平六年九月丙子卓鴆殺何太后初平元年正月癸酉董卓使郞中令李儒鴆殺弘農王辯是卓殺何太后及弘農王非一時之事相距數月而陳志連類而書均繫於中平六年似失之略本志董卓傳云尋又殺王及何太后其失亦同太祖至陳留散家財合義兵將以誅卓冬十二月始起兵於己吾郡國志兗州陳留郡己吾一統志己吾故城今河南歸德府寧陵縣西南

世語曰陳留孝廉衞茲以家財資太祖使起兵衆有五千人衞茲事詳見本志卷二十二衞臻傳及注弼按糜竺以奴客金銀貨幣助劉備周瑜推道南大宅以舍孫策升堂拜母有無通共皆此識英雄於微時者也

是歲中平六年也

初平元年春正月後將軍袁術續百官志有前後左右將軍蔡質漢儀曰左右前後皆金紫位次上卿典京師兵衞四夷屯警袁術傳見後冀州牧韓馥後漢書靈帝紀中平五年改刺史新置牧劉焉傳焉以刺史威輕建議改置牧伯

英雄記曰隋書經籍志漢末英雄記八卷王粲撰殘闕梁有十卷唐經籍志漢書英雄記十卷王粲等撰（書字當爲末字之誤）姚振宗曰郡國志會稽郡注引英雄交爭記言初平三年事似卽此書本名英雄交爭記後人省交爭字加漢末字又其中不盡王粲一人之作故舊唐志題王粲等撰沈家本曰裴注但稱英雄記省文馥字文節潁川人爲御史中丞續百官志御史中丞一人千石御史大夫之丞也及御史大夫轉爲司空因別留中爲御史臺率後又屬少府互見鮑勛傳董卓舉爲冀州牧蜀志許靖傳董卓秉政拜尙書韓馥爲冀州牧侍中劉岱爲兗州刺史潁川張咨爲南陽太守陳留孔伷爲豫州刺史東郡張邈爲陳留太守于時冀州民人殷盛兵糧優足袁紹之在渤海郡國志冀州勃海郡治南皮一統志南皮故城今直隸天津府南皮縣東北馥恐其興兵遣數部從事守之不得動搖後漢書袁紹傳建安元年紹上書云引會英雄興師百萬飲馬孟津歃血漳河會故冀州牧韓馥懷挾逆謀欲專權勢絕臣軍糧不得踵係蓋謂此也續百官志部郡國從事每郡國各一人主督促文書察舉非法胡三省曰部從事部郡國從事也勃海一郡遣部從事數人守之恐紹起兵也弼按斯時首倡義者實爲臧洪說張邈兄弟約劉岱孔伷橋瑁始有酸棗之盟（詳見後臧洪傳）而橋瑁遂移書州郡矣東郡太守橋瑁詐作京師三公移書與州郡陳卓罪惡云見逼迫無以自救企望義兵解國患難馥得移請諸從事問曰今當助袁氏邪助董卓邪治中從事劉子惠曰續百官志諸州皆有從事史假佐其功曹從事爲治中從事後漢書袁紹傳作治中劉惠今興兵爲國何謂袁董馥自知言短而有慙色而疑作面子惠復言兵者凶事不可爲首今宜往視他州有發動者然後和之冀州於他州不爲弱也他人功未有在冀州之右者也馥然之後漢書袁紹傳章懷注引英雄記曰劉子惠中山人兗州刺史劉岱與其書道卓無道天下所共攻死在旦暮不足爲憂但卓死之後當復回師討文節擁強兵阿凶逆寧可得置封書與馥馥得此大懼歸咎子惠欲斬之別駕從事耿武等排閤伏子惠上願并見斬得不死作徒被赭衣埽除宮門外馥乃作書與紹道卓之惡聽其舉兵通鑑考異曰范書魏志俱有此事范書在舉兵之後魏志在舉兵之前若在舉兵後時紹已爲盟主馥何敢禁其發兵若在舉兵前則近是也今從魏志弼按馥爲冀州牧本董卓所舉勃海爲其所屬故鈐制紹之動搖迨內有三公之移書外有州郡之蜂起始聽

紹舉兵此殆逢紀所謂庸才耳

豫州刺史孔伷章懷注引九州春秋伷爲冑豫州刺史見賈逵傳吳增僅曰沈志豫州漢治譙魏治安成錢大昭據郡國志謂豫州刺史治譙魏武立譙郡改治汝南項縣案諸說各言一時事賈逵傳文帝出征逵從至譙以逵爲豫州刺史是魏初猶治譙明帝卽位時州軍在項是明帝時徙治項徙治安成當在正始嘉平之際

英雄記曰伷字公緒陳留人朱彝尊經義考卷二百八十五承師門內云泰山都尉魯孔伷季將下注云王粲漢末英雄記張璠漢紀伷字公緒弼按朱說誤范書孔融傳父伷泰山都尉伷爲陳留人孔融爲魯國人絕不相涉孔伷事見本志崔琰傳注引續漢書**張璠漢紀載鄭泰說卓云孔公緒能清談高論噓枯吹生**李賢曰枯者噓之使生生者吹之使枯言談論有所抑揚也

兗州刺史劉岱郡國志兗州山陽郡昌邑刺史治馬與龍曰興平中曹操領兗州牧徙治鄄城魏兗州自鄄城移治廩丘見寰宇記一統志昌邑故城今山東濟寧州金鄉縣西北四十里

岱劉繇之兄事見吳志後漢書劉寵傳岱字公山繇字正禮兄弟齊名稱董卓入洛陽岱從侍中出爲兗州刺史虛己愛物爲士人所附初

平三年青州黃巾賊入兗州岱擊之戰死獻帝紀黃巾擊殺岱於東平

河內太守王匡郡國志司隸河內郡治懷一統志懷縣故城今河南懷慶府武陟縣西南

英雄記曰匡字公節泰山人郡國志兗州泰山郡治奉高一統志奉高故城今山東泰安府泰安縣東北十七里**輕財好施以任俠聞辟大將軍何進府進符使匡於徐州發彊弩五百西詣京師**後漢書何進傳進使府掾太山王匡東發其郡強弩并召東郡太守橋瑁屯成皋弼按據何進傳東發其郡強弩之文當爲泰山郡泰山郡屬兗州裴注引英雄記之徐州當爲兗州之誤

會進敗匡還州里宋本元本馮本官本州作鄉弼按范書袁安傳見敬於州里荀淑傳州里稱其知人九州春秋韓遂語樊稠曰與足下州里人本志呂布傳王允以布州里壯健蓋當時稱鄉里爲州里作州不誤**起家拜河內太守**

謝承後漢書曰吳志妃嬪傳吳主權謝夫人會稽山陰人弟承武陵太守撰後漢書百餘卷會稽典錄曰承字偉平博學洽聞嘗所知見終身不忘隋書經籍志後漢書一百三十卷無帝紀吳武陵太守謝承撰章宗源曰史無帝紀惟聞此書北堂書鈔設官部引承書有風教傳亦創見也姚振宗曰隋志云無帝紀似謂其亡佚唐志多出三卷似卽帝紀之佚存者沈家本曰謝書有志輿服百官見史通地理見郡國志注有傳風教傳見書鈔東夷傳見御覽姚之駰曰謝書東漢第一良史凡所載忠義名卿及通賢逸士其芳言懿矩半爲范書所遺侯康曰匡謬正俗卷五謂承書失實洪亮吉亦云承書最有名又最先出而紕謬非一端姚之駰謂謝書極博蔚宗過爲刪除其說甚當蓋謝之勝范在此不及范之精嚴亦在此弼按謝書有姚之駰輯本四卷孫志祖輯本五卷（見讀書脞錄）汪文臺輯本八卷承撰後漢書事互見吳志妃嬪傳

匡少與蔡邕善邕事見後董卓傳注**其年爲卓軍所敗走還泰山收集勁勇得數千人欲與張邈合匡先殺執金吾胡母班**毛本胡作何誤續百官志執金吾一人二千石掌宮外戒司非常水火之事月三繞行宮外及主兵器吾猶禦也應劭曰執金革以禦非常胡母班事見本志袁紹傳注**班親屬不勝憤怒與太祖并勢共殺匡**官本考證李清植曰按後文所列諸人屯兵處獨缺王匡鮑信信名位微又其傳曰協規太祖其統屬於操無疑匡所以闕如必是見并於操如謝承之說弼按范書袁紹傳紹與王匡屯河內陳志或以匡在本境故不必言其屯兵之處耳本志董卓傳河內太守王匡遣泰山兵屯河陽津將以圖卓是匡有屯兵處可證李說殆未審耳又按本志卷二十三常林傳匡遣諸生於屬縣徼伺吏民罪負便收之考責錢穀贖罪稽遲則夷滅宗族以崇威嚴是匡自有取死之道謝書蓋竟言其事耳若謂起兵之初卽見并於操恐不然也沈家本曰鮑信時爲濟北相相與太守同爲二千石不得謂之名位微劉岱爲兗州刺史濟北屬兗州故信屬於岱至傳言協規太祖乃指信迎操爲兗州牧事非謂起兵時事

渤海太守袁紹陳留太守張邈東郡太守橋瑁胡三省曰瑁音冒何進召瑁屯成皋見前注

英雄記曰瑁字元偉玄族子玄事見前**先爲兗州刺史甚有威惠**續漢志五行志二劉昭注引應劭曰關東義兵先起於宋衞之郊東郡太守橋瑁負衆怙亂陵蔑同盟忿嫉同類以殞厥命陳留濟陰迎助謂爲離德棄好卽戎吏民殲之弼按此蓋指劉岱殺瑁事也事見後

山陽太守袁遺山陽郡治昌邑昌邑注見前蓋與兗州刺史同治

遺字伯業紹從兄後漢書袁紹傳注引英雄記曰遺紹從弟**爲長安令**郡國志司隸京兆尹長安一統志長安故城今陝西西安府長安縣西北十三里**河間張超嘗薦遺於太尉朱儁**此張超與後廣陵太守張超別爲一人後漢書文苑傳張超字子並河間鄚人留侯良之後有文才靈帝時從車騎將軍朱儁征黃巾爲別部司馬著賦頌碑文薦檄牋書謁文嘲凡十九篇超又善於草書妙絕時人世共傳之朱儁傳儁字公偉會稽上虞人熹平中舉孝廉光和元年拜交阯刺史以功封都亭侯及黃巾起與皇甫嵩討潁川汝南陳國諸賊悉破平之嵩歸功於儁進封西鄉侯拜右車騎將軍初平四年代周忠爲太尉**稱遺有冠世之懿幹時之量其忠允亮直固天所縱若乃包羅載籍**

管綜百氏登高能賦覩物知名求之今日邈焉靡儔事在超集隋書經籍志別部司馬張超集五卷亡嚴可均全後漢文輯超文凡五篇英雄記曰紹後用遺爲揚州刺史郡國志揚州九江郡歷陽刺史治劉昭注引漢官云刺史治壽春顧野王輿地記刺史先理歷陽後理壽春後又徙曲阿錢大昕曰劉注引漢官刺史治與志不同以予考之漢末州治實在壽春初平四年袁術殺揚州刺史陳温遂據淮南淮南卽壽春也志所書者順帝永和以前之制而應劭撰漢官在獻帝之世故有不同劉繇爲刺史又徙治曲阿羣雄交爭各據形便未可執一爲定也一統志歷陽故城今安徽和州治爲袁術所敗見後袁術傳注太祖稱長大而能勤學者唯吾與袁伯業耳語在文帝典論見後文紀注

濟北相鮑信郡國志兗州濟北國治盧一統志盧縣故城今山東濟南府長清縣南二十五里通鑑何進府掾王匡騎都尉鮑信皆泰山人進使還鄉里募兵信事見子勛傳見本志卷十二同時俱起兵衆各數萬趙一清曰後漢書崔寔傳寔從兄烈烈子鈞少交結英豪有名稱爲西河太守獻帝初鈞與袁紹俱起兵山東董卓以是收烈付郿獄錮之卷末裴注引傳子曰袁紹崔鈞之徒雖爲將帥皆著縑巾卽其人蓋亦與諸人同起兵者而承祚遺之弼按是時同起兵者尚有廣陵太守張超長沙太守孫堅靑州刺史焦和見後漢書袁紹傳臧洪傳袁宏後漢紀吳志孫堅傳又本志劉表傳表亦合兵軍襄陽蜀志先主傳注引英雄記云劉備亦起軍從討董卓推紹爲盟主太祖行奮武將軍洪飴孫曰奮武將軍一人第四品

二月卓聞兵起乃徙天子都長安卓留屯洛陽遂焚宮室是時紹屯河內邈岱瑁遺屯酸棗郡國志兗州陳留郡酸棗一統志酸棗故城今河南衛輝府延津縣北十五里後漢書袁紹傳紹與王匡屯河內伷屯潁川馥屯鄴餘軍咸屯酸棗是曹操鮑信俱屯酸棗也下文酸棗未易攻可證術屯南陽通鑑云術屯魯陽胡注魯陽屬南陽郡伷屯潁川馥在鄴郡國志冀州魏郡治鄴一統志鄴縣故城今河南彰德府臨漳縣西弼按當時屯兵形勢袁紹進兵在諸軍之前卓兵彊紹等莫敢先進太祖曰舉義兵以誅暴亂大衆已合諸君何疑向使董卓聞山東兵起倚王室之重據二周之險二周東西周也史記周本紀索隱云西周河南也東周鞏也高誘曰西周王城今河南東周成周故洛陽之地世本西周桓公居河南東周惠公居洛陽賈誼過秦論呑二周而亡諸侯李善注引史記曰始皇滅二周置三川郡通鑑作向使董卓倚

王室據舊京似不如陳志之明確魏武此言蓋謂向使卓初聞兵起卽據二周之險也東向以臨天下雖以無道行之猶足爲患今焚燒宮室劫遷天子海內震動不知所歸此天亡之時也一戰而天下定矣不可失也遂引兵西將據成皋由酸棗西進擬據成皋之險邈遣將衛茲分兵隨太祖到滎陽汴水郡國志司隸河南尹滎陽一統志滎陽故城在今河南開封府滎澤縣西南漢書高帝紀陳平灌嬰將十萬守滎陽宋祁曰滎舊本作熒王念孫曰凡史記漢書中滎陽字作滎者皆後人所改段玉裁古文尚書撰異云熒澤字古從火不從水周官經其川熒雒詩定之方中鄭箋及狄人戰於熒澤爾雅注圃田在熒澤皆從火玉篇焱部熒字下云亦熒陽縣漢韓勑後碑河南熒陽劉寬碑陰河南熒陽然則熒澤熒陽古無從水者經典史記漢書水經注熒字多作滎蓋天寶以前確知不當從水而其後淺人以爲水名不當從火遂爾紛紛改竄然善本亦時有存者謝鍾英曰班志汴水在滎陽西南水經注春秋晉楚戰於邲邲音卞鍾英案滎陽汴水卽渠水今滎陽縣北水經注渠水出滎陽北河是也遇卓將徐榮徐榮玄菟人爲董卓中郎將見公孫度傳與戰不利士卒死傷甚多衞茲戰死滎陽見本志衞臻傳太祖爲流矢所中所乘馬被創從弟洪以馬與太祖得夜遁去胡三省曰中竹仲翻被皮義翻創初良翻從才用翻弼按本志曹洪傳洪曰天下可無洪不可無君遂步從到汴水水經注濟水又東逕滎陽縣北曹太祖與徐榮戰不利曹洪授馬於此處也趙一清曰王嘉拾遺記曹洪武帝從弟家盈產業駿馬成羣武帝討董卓夜行失馬洪以其所乘馬讓帝其馬號曰白鵠此馬走時惟覺耳中風聲足似不踐地至汴水洪不能渡帝引洪上馬共濟行數百里瞬息而至馬足毛不濕時人謂乘風而行亦一代神駿也諺曰憑空虛躍曹家白鵠榮見太祖所將兵少力戰盡日謂酸棗未易攻也亦引兵還太祖到酸棗諸軍兵十餘萬日置酒高會不圖進取太祖責讓之因爲謀曰諸君聽吾計使勃海引河內之衆胡三省曰勃海謂袁紹也臨孟津郡國志司隸河內郡河陽杜預曰縣南孟津春秋傳云天王狩於河陽十三州志云治河上酈道元云孟津河也一統志孟津在今河南懷慶府孟縣南十八里書禹貢導河又東至於孟津水經注武王伐紂與八百諸侯咸同此盟故曰孟津亦曰盟津又曰富平津酸棗諸將守成皋據敖倉史記漢王軍滎陽取敖倉孟康曰敖地名在滎陽西北山上臨河有大倉郡國志河南尹滎陽有敖倉劉昭注周宣王狩於敖左傳宣十二年晉師在敖鄗之間秦立爲敖倉括地志敖倉在滎澤縣西北十五里塞轘轅太谷胡三省曰塞悉則翻轘音環李賢曰大谷轘轅在洛陽東南郡國志河南尹緱氏有轘轅關一統志轘轅關在今河南河南府偃師縣東南轘轅山上東接鞏縣南接登封縣界吳志孫破虜傳進

軍大谷拒雒九十里一統志大谷關在今河南府洛陽縣東南大谷口今爲水泉關兩岸陡絕山徑崎嶇可以成守何焯云太谷當作大谷弼按靈帝中平元年置八關都尉八關謂函谷廣成伊闕大谷轘轅旋門小平津孟津也**全制其險使袁將軍率南陽之軍**胡三省曰此謂袁術也弼按稱將軍者術時爲後將軍也趙一清曰袁術屯南陽而與紹不相能故不與河北之軍合操蓋謀兼用之**軍丹析入武關**郡國志南陽郡丹水故屬弘農析故屬弘農有武關在縣西一統志丹水故城在河南南陽府淅川縣西析縣故城在南陽府內鄉縣西北武關在陝西商州東寰宇記丹水漢因水名置縣今廢城在內鄉縣西南其城南臨丹水史記楚襄王元年秦發兵出武關取析漢置析縣因析水爲名戰國策蘇秦說楚威王曰秦一軍出武關則鄢郢動矣史記楚懷王三十年秦遣楚王書願會武關楚王至則閉武關遂與西至咸陽應劭曰武關秦南關通南陽文穎曰武關在析縣西百七十里弘農界商州志關在州東武關山下北接高山南臨絕澗去河南內鄉縣一百七十里**以震三輔**後漢書光武紀三輔豪傑共誅王莽章懷注三輔謂京兆左馮翊右扶風共在長安中分領諸縣也續百官志京兆尹左馮翊右扶風皆秩中二千石謂之三輔**皆高壘深壁勿與戰益爲疑兵示天下形勢以順誅逆可立定也**胡三省曰觀操之計但欲形格勢禁待其變起於下耳非主于戰也何焯曰此項羽戰河北高祖西入關之勢也卓兵方盛未挫于外故堅壁勿戰待內釁作而後乘之弼按魏武此策取三面合圍之計當時地利兵謀瞭如指掌此習讀書傳究心兵略之效

所以爲一世之雄惜其無周公管仲之志耳**今兵以義動持疑而不進失天下之望竊爲諸君恥之邈等不能用太祖兵少乃與夏侯惇等詣揚州募兵**惇時爲奮武將軍司馬見惇傳**刺史陳溫**陳溫事見後袁術傳及注溫爲術所殺此與陳泰之弟溫別爲一人**丹楊太守周昕**楊當作陽郡國志揚州丹陽郡治宛陵一統志宛陵故城今安徽寧國府宣城縣治袁術以吳景領丹陽太守討周昕據其郡見吳志妃嬪傳王朗使周昕與孫策戰策破昕斬之見吳志宗室傳昕事詳見吳孫靜傳注引會稽典錄**與兵四千餘人還到龍亢**郡國志豫州沛國龍亢一統志龍亢故城今安徽鳳陽府懷遠縣西七十五里曹洪傳揚州刺史陳溫素與洪善洪將家兵千餘人就溫募兵得廬江上甲二千人東到丹陽復得數千人與太祖會龍亢**士卒多叛**

魏書曰兵謀叛夜燒太祖帳太祖手劍殺數十人毛本十作千誤餘皆披靡史記項羽紀項王大呼馳下漢軍皆披靡正義云靡言精體低垂也乃得出營其不叛者五百餘人

至銍建平郡國志沛國銍建平一統志銍縣故城今鳳陽府宿州西南四十六里建平故城今河南歸德府永城縣西南**復收兵得千餘人進屯河內**胡三省曰從袁紹也**劉岱與橋瑁相惡岱殺瑁以王肱領東郡太守袁紹與韓馥謀立幽州牧劉虞爲帝**郡國志幽州廣陽郡治薊本燕國刺史治一統志薊縣故城今順天府大興縣西南虞事見本志卷八公孫瓚傳**太祖拒之**何焯曰以殺君討卓無故又改立君是二卓也

魏書載太祖答紹曰董卓之罪暴於四海吾等合大衆興義兵而遠近莫不嚮應此以義動故也今幼主微弱制於姦臣未有昌邑亡國之釁胡三省曰昌邑謂昌邑王賀也而一旦改易天下其孰安之諸君北面監本官本君作軍誤我自西向胡三省曰幽州在北長安在西故操云然何焯曰虞在幽州故云北面長安爲行在所故云西向

紹又嘗得一玉印於太祖坐中舉向其肘趙一清曰後漢書徐璆傳注舉璽向肘者乃是袁術逼奪孫堅妻之物魏武曰我在不聽汝乃至此其事爲有徵今以弟移作兄陳承祚之疎也沈欽韓曰紹之事在共討董卓時其云玉印不必定是傳國璽又術拘堅妻奪璽在堅歿後距討卓時已三年術在淮南何緣舉向曹操此注合二袁兩事爲一大謬弼按沈說是初平元年術在南陽與操隔絕術拘堅妻奪璽范書術傳在初平四年是時

術方與操戰於匡亭更無舉璽向操之事范書徐璆傳章懷注誤引衞宏之說趙氏又誤引此注陳志實不誤也（衞宏說見建安十三年注）**太祖由是笑而惡焉**

魏書曰太祖大笑曰吾不聽汝也紹復使人說太祖曰今袁公勢盛兵彊二子已長天下羣英孰踰於此何焯曰紹此時僅爲一郡守並未得韓馥冀州未應遽盛若此太祖不應由是益不直紹圖誅滅之

二年春紹馥遂立虞爲帝虞終不敢當夏四月卓還長安趙一清曰續五行志六月丙戌地震**秋七月袁紹脅韓馥取冀州**詳見紹傳**黑山賊于毒白繞眭固等**原注眭中隨反趙一清曰此裴注音釋後同弼按范書朱儁傳眭作畦固**十餘萬衆**後漢書朱儁傳賊帥常山人張燕輕勇趫捷故軍號曰飛燕乃與中山常山趙郡上黨河內諸山谷寇賊更相交通衆至百萬號曰黑山賊（本志卷八張燕傳同）杜佑曰漢朝歌縣西北有黑山趙一清曰寰宇記卷一黑山在封丘縣北三里（弼按里數似誤）曹學佺名勝志黑山一名墨山在淇縣西北五十里鬼子昔居於此弼按一統志黑山在河南衞輝府濬縣西北七十里周五十里名勝志

黑山多刜壁怪石迴溪曲澗盤鬱其中略魏郡魏郡治鄴注見前東郡王肱不能禦錢大昭曰東郡下當有太守二字

太祖引兵入東郡擊白繞於濮陽濮陽東郡治注見前東郡下破之袁紹因表太祖

爲東郡太守治東武陽郡國志兗州東郡東武陽一統志東武陽故城今山東曹州府朝城縣西（姚範云今東昌府朝城誤朝城不屬東昌）錢大昭曰東郡本治濮陽曹公改治故特書之臧洪爲東郡太守亦治東武陽

三年春太祖軍頓丘頓丘注見前毒等攻東武陽太祖乃引兵西入山攻

毒等本屯胡三省曰毒等時掠魏郡屯於西山蹶按曹公西入山者卽西入黑山也黑山爲毒等本屯胡注謂入西山似誤

魏書曰諸將皆以爲當還自救太祖曰孫臏救趙而攻魏史記孫武傳孫臏生阿鄄之閒孫武之後世子孫也魏伐趙趙請救於齊田忌欲引兵之趙孫子曰梁趙相攻輕兵銳卒必竭於外老弱罷於內君不若引兵疾走大梁彼必釋趙而自救是我一舉解趙之圍而收弊於魏也田忌從之大破梁軍耿弇欲走西安攻臨菑後漢書耿弇傳弇字伯昭扶風茂陵人張步弟藍將精兵二萬守西安諸郡太守合萬餘人守臨菑弇視西安城小而堅且藍兵又精臨菑名雖大而實易攻遂攻臨菑半日拔之章懷注西安縣名屬齊郡故城在今青州臨淄縣西北使賊

聞我西而還武陽自解也不還我能敗其本屯虜不能拔武陽必矣遂乃行

毒聞之棄武陽還趙一淸曰東武陽魏屬陽平郡至拓拔魏始去東字此云武陽蓋蒙上文而言也太祖要擊眭

固又擊匈奴於夫羅於內黃胡三省曰內黃縣屬魏郡陳留有外黃故加內一統志內黃故城今河南彰德府內黃縣西北姚範謂內黃今大名府屬誤皆大破之何焯曰烏巢之役袁氏之謀略同而成敗異焉故用兵貴知彼己也

魏書曰於夫羅者南單于子也潘眉曰於夫羅父南單于名羌渠見晉書劉元海傳後漢書南匈奴傳單于羌渠立十年子右賢王於夫羅立蹶按章懷注於扶羅前趙劉元海之祖元海爲亂晉之首中平中發匈奴兵於夫羅率以助漢會本國反殺

南單于於夫羅遂將其衆留中國因天下撓亂與西河白波賊合章懷注引薛瑩書曰黃巾郭泰等起於西河白波谷時謂之白波賊惠棟曰西河在洛陽北千二百里通鑑胡注據宋白續通典以爲在河南府河淸縣者非破太原河內郡國志幷州太原郡治晉陽一統志晉陽故城今山西太原府太原縣治河內注見前抄略諸郡爲寇

夏四月司徒王允與呂布毛本呂誤作李共殺卓卓將李傕郭汜等殺允攻

布布敗東出武關武關見前允布殺卓傕汜殺允事俱詳見後卓布傳傕等擅朝政靑州黃巾衆

百萬入兗州殺任城相鄭遂轉入東平郡國志兗州任城國治任城東平國治無鹽一統志任城故城今山東濟寧州治無鹽故城今山東泰安府東平州東二十里劉岱欲擊之鮑信諫曰今賊衆百萬百姓皆

震恐士卒無鬬志不可敵也觀賊衆羣輩相隨軍無輜重唯以鈔略

爲資今不若畜士衆之力先爲固守彼欲戰不得攻又不能其勢必

離散後選精銳據其要害擊之可破也岱不從遂與戰果爲所殺何焯曰光武擊銅馬于鄡賊數挑戰光武堅營自守有出鹵掠者輒擊取之絕其糧道積月餘日賊食盡夜遁去追至館陶大破之此成敗之可參質者也明季與流賊相持者皆不知此謀督促出戰遂皆爲劉岱之續

世語曰岱既死陳宮謂太祖曰陳宮字公臺東郡武陽人詳見本志呂布傳及裴注引魚氏典略又見後漢書呂布傳州今

無主而王命斷絕宮請說州中通鑑作宮請說州中綱紀胡注綱紀謂州別駕及治中諸從事也明府尋往牧之

操爲東郡太守宮爲東郡人故稱明府胡三省曰牧之謂爲州牧也資之以收天下此霸王之業也宮說別駕治中曰宋書百官志刺史官屬有別駕從事史一人從刺史行部治中從事史一人主財穀簿書杜佑曰舊解以爲別乘傳車故曰別駕應劭漢官曰功曹從事卽治中也治中注又見前天下分裂而州無主曹東郡命世之才也若迎以牧州必寧生民鮑信等亦謂

之然

信乃與州吏萬潛等至東郡迎太祖領兗州牧後漢書袁紹傳建安元年紹上書云黃巾十萬焚燒靑兗黑山張楊蹈藉冀城臣輒承制以議郎曹操權領兗州牧是操之牧兗州雖由陳宮鮑信等之推戴然亦假藉朝命也又按范書呂布傳注引典略云金尙京兆人獻帝初爲兗州刺史東之部而太祖已臨兗州尙依袁術是此時羣雄割據雖有朝命亦不承受也又紹傳云黃巾十萬與上文言黃巾百萬不合未知何以相懸若是觀下文受降卒三十餘萬則紹傳誤也遂進兵擊黃巾於壽張東郡國志東平國壽張一統志壽張故城今東平州西南

信力戰鬬死信力戰事見子勛傳注水經汶水注汶水又西至壽張故城東澍爲澤渚初平三年曹公擊黃巾於壽張東鮑信戰死於此僅

而破之

魏書曰太祖將步騎千餘人行視戰地卒抵賊營戰不利死者數百人引還賊尋前進黃巾爲賊久數乘勝兵皆精悍太祖舊兵少新兵不習練舉軍皆懼太祖被甲嬰冑親巡將士明勸賞罰衆乃復奮乘閒討擊賊稍折退賊乃移書太祖曰昔在濟南毀壞神壇操爲濟南相禁斷淫祀事見前其道乃與中黃太乙同宋本馮本監本乙作一潘眉曰太乙者天之貴神黃巾張角自稱黃天此中黃太乙當卽黃巾之美號似若知道今更迷惑漢行已盡黃家當立姚範曰黃巢後亦稱黃家天之大運非君才力所能存也太祖見檄書呵罵之數開示降路遂設奇伏晝夜會戰戰輒禽獲賊乃退走

購求信喪不得衆乃刻木如信形狀馮本無衆字通鑑同祭而哭焉追黃巾至濟北濟北注見前乞降冬受降卒三十餘萬男女百餘萬口收其精銳者號爲青州兵胡三省曰所降者青州黃巾也故號青州兵何焯曰魏武之強自此始袁術與紹有隙術求援於

公孫瓚瓚使劉備屯高唐單經屯平原陶謙屯發干以逼紹郡國志青州平原郡平原高唐兗州東郡發干一統志平原故城今山東濟南府平原縣西南五十里高唐故城今濟南府禹城縣西南境發干故城今山東東昌府堂邑縣西南劉備先後爲高唐令平原令領平原相見蜀志先主傳太祖與紹會擊皆破之何焯曰外爲紹用實所以保據兗州也弼按操是時納毛玠之言遣使至長安董昭鍾繇皆爲操道地詳玠昭繇傳

四年春軍鄄城郡國志兗州濟陰郡鄄城一統志鄄城故城今山東曹州府濮州東二十里通鑑作甄城胡三省曰甄音絹蜀本作鄄爲是水經注曰沇州舊治魏武創業始於此河上之邑最爲峻固續漢志兗州刺史治昌邑宋白曰漢獻帝於鄄城置兗州蓋曹操以刺史始治此嚴衍曰沇卽兗字趙一淸曰東漢兗州刺史本治昌邑魏武移治鄄城惠棟曰鄄衞邑從邑垔聲案漢隸字源鄄亦作甄古字通也春秋莊十四年單伯會齊侯于鄄杜預云今甄城荊州牧劉表斷術糧道郡國志荊州武陵郡漢壽刺史治南郡襄陽吳增僅曰荊州故治漢壽劉表領荊州治襄陽一統志漢壽故城今湖南常德府武陵縣東北六十里襄陽故城今湖北襄陽府襄陽縣治術引軍入陳留陳留注見前屯封丘郡國志兗州陳留郡封丘一統志封丘故城今河南衞輝府封丘縣治胡三省曰宋白云封丘古封國之地左傳所謂封父之繁弱是也漢爲封丘縣黑山餘賊及於

夫羅等佐之術使將劉詳屯匡亭郡國志陳留郡平丘有匡注曰匡人之亭曹公破袁術處一統志平丘故城今直隸大名府長垣縣西南五十里太祖擊詳術救之與戰大破之術退保封丘遂圍之未合術走襄邑郡國志陳留郡襄邑一統志襄邑故城今河南歸德府睢州西一里追到太壽趙一淸曰太壽不見於兩漢志大約在寧陵襄邑之閒詳夏侯惇傳決渠水灌城謝鍾英曰決睢陽渠水也夏侯惇傳斷太壽水作陂陂在今睢州東走寧陵郡國志豫州梁國寧陵一統志寧陵故城今歸德府寧陵縣南胡三省曰古寧城漢高祖改爲寧陵縣又追之走九江王先謙曰據淮水注秦立郡治壽春兼得廬江豫章之地故以九江名郡漢淮南王都壽春郡治亦當在此續志後漢治陰陵吳增僅曰九江郡治壽春謝鍾英曰壽春班志九江郡治沈志魏淮南郡治弼按九江郡西漢治壽春東漢治陰陵漢末治壽春三國魏吳分據吳割入廬江魏改曰淮南仍治壽春漢末揚州刺史亦治壽春一統志壽春故城今安徽鳳陽府壽州治夏太祖還軍定陶郡國志兗州濟陰郡治定陶本曹國古陶堯所居一統志定陶故城今山東曹州府定陶縣西北四里下邳闕宣聚衆數千人自稱天子郡國志徐州下邳國治下邳一統志下邳故城今江蘇徐州府邳州東三里謝鍾英曰今宿遷縣西一百里舊邳州是李賢曰風俗通云闕姓也承闕黨童子之後縱橫家有闕子著書顧炎武曰讖文言代漢者當塗高當塗而高者闕也故闕宣自稱天子孫

愐曰闕姓出下邳漢有荊州刺史闕翊通鑑考異云范書陶謙傳作闕宣徐州牧陶謙與共舉兵郡國志徐州東海郡郯刺史治吳增僅曰漢末徙治下邳一統志故郯城今山東沂州府郯城縣西二十里城冢記郯城周十餘里西南去邳州八十里今與邳州接界取泰山華費泰山任城俱見前漢書地理志泰山郡華王先謙曰續志後漢省吳卓信云後漢光武十王傳永平二年以華縣益琅邪是明帝時尚有華縣三國志稱臧霸泰山華人郭班世語言曹嵩在泰山華縣泰山尉孔宙碑陰所列門生故吏諸名亦有題泰山華者然則東漢原有華縣殆省併旋復耳郡國志兗州泰山郡費一統志華縣故城今山東沂州府費縣東北六十里費縣故城今費縣西北二十里班志費故魯季氏邑華費互見曹仁傳華又見臧霸傳秋太祖征陶謙下十餘城謙守城不敢出通鑑初平四年下邳闕宣聚衆數千人自稱天子陶謙擊殺之通鑑考異云魏志武紀言謙與宣共舉兵取泰山華費掠任城謙傳亦云謙始與合從後遂殺之并其衆按謙據有徐州託義勤王何藉宣數千之衆而與之合從蓋謙別將與宣共襲曹嵩故曹操以此爲謙罪而伐之耳牛運震讀史糾謬卷四曰謙亦州牧安有與賊黨聚兵略城之理據范書本傳乃知謙因賊勢盛以計取之初與連和而後遂幷之也是歲孫策受袁術使渡江數年閒遂有江東胡三省曰建業謂之江東弼按漢書項籍傳方今江西皆反顧炎武云大江自歷陽斜北下京口故有東西之名今所謂江北昔之所謂江西也故晉地理志以廬江九江自合肥以北至壽春皆謂之江西又按項籍傳召平謂項梁

曰江東已定宜急引兵西擊秦梁乃渡江而西謂渡江而北也
興平元年春太祖自徐州還初太祖父嵩去官後還譙董卓之亂避
難琅邪郡國志徐州琅邪國治開陽一統志開陽故城今山東沂州府蘭山縣北餘見卞后傳爲陶謙所害故太祖志
在復讎東伐曹嵩之死在初平四年陳志蓋追言之故曰初本志陶謙傳亦在初平四年通鑑同水經泗水注初平四年曹操攻徐州破之拔取慮睢陵夏丘等縣以其父避難被害於此屠其男女十萬泗水爲之不流自是數縣人無行跡亦爲暴矣本志荀彧傳注引曹瞞傳所云亦同本志陶謙傳注引吳書云曹公父於泰山被殺歸咎於謙欲伐謙而畏其彊乃表令州郡一時罷兵謙不奉詔曹公得謙上事知不罷兵乃進攻彭城是操雖報私讎亦假借王命遂誣謙與闕宣合謀應師出有名耳然以所過殘戮故郡縣皆叛應呂布孟卓公臺反顏爲敵非有文若仲德三城之固守操幾於不免矣
世語曰嵩在泰山華縣太祖令泰山太守應劭送家詣兗州劭兵未至陶謙密遣數千
騎掩捕嵩家以爲劭迎不設備謙兵至殺太祖弟德於門中後漢書宦者傳嵩子操起兵不肯相隨與少子疾避亂琅邪爲徐州刺史陶謙所殺趙一清曰嵩少子名疾或別爲一人嵩懼穿後垣先出其妾妾肥不能得出宋本馮本監本能作時

嵩逃於廁與妾俱被害闔門皆死劭懼棄官赴袁紹後太祖定冀州劭時已死後漢書應奉傳奉字世叔汝南南頓人子劭字仲遠少篤學博覽多聞靈帝時舉孝廉中平三年舉高第再遷六年拜太山太守初平二年黃巾三十萬衆入郡界劭連與賊戰賊皆退卻興平元年前太尉曹嵩及子德從琅邪入泰山劭遣兵迎之未到而徐州牧陶謙素怨嵩子操數擊之乃使輕騎追嵩德並殺之於郡界劭畏操誅棄郡奔冀州牧袁紹
韋曜吳書曰曜字弘嗣吳郡雲陽人曜本名昭史爲晉諱改之吳志有傳隋書經籍志吳書二十五卷韋昭撰本五十五卷梁有今殘闕唐經籍志編年類吳書五十五卷韋昭撰藝文志正史類韋昭吳書五十五卷史通正史篇吳大帝之季年始命撰吳書至少帝時更勑韋曜周昭薛瑩梁廣華覈訪求往事相與記述並作之中曜瑩爲首當歸命侯時昭廣先亡曜瑩徙黜史官久闕書遂無聞覈表請召曜瑩續成前史其後曜獨終其書定爲五十五卷沈家本云隋唐志作昭從其本名迨唐出全本至宋又亡據吳志本傳及薛瑩傳韋書未成華薛續成之史通云曜終其書殊非事實惟書非成於韋手而體例皆韋所定不爲孫和作紀乃其一端故書成仍屬韋耳章宗源曰昭書名吳自以吳爲主然裴注所引稱魏爲帝堅策權皓稱名竊疑稱名之法非昭原本
太祖迎嵩輜重百餘兩胡三省曰重直用翻兩音亮翻按此爲招禍之媒陶謙遣都尉張闓將騎二百
衞送闓於泰山華費閒殺嵩取財物因奔淮南太祖歸咎於陶謙故伐之後漢書陶謙傳初曹操父嵩避難琅邪時謙別將守陰平士卒利嵩財寶遂襲殺之錢大昕曰案應劭傳謂謙使輕騎追殺嵩二說互異當以謙傳爲正操欲吞倂徐部文致謙罪以爲出兵之名耳韋曜吳書謂歸罪於謙者得之沈家本曰裴注引世語吳書兩說當以吳書爲是
夏使荀彧程昱守鄄城復征陶謙拔五城遂略地至東海還過郯東海郡郯均見前謙將曹豹與劉備屯郯東曹豹後爲下邳相爲張飛所殺見本志呂布傳注引英雄記要太祖
太祖擊破之遂攻拔襄賁郡國志徐州東海郡襄賁一統志襄賁故城今山東沂州府蘭山縣西南百二十里所過
多所殘戮康發祥曰承祚魏志每多回護此言多所殘戮直筆也
孫盛曰夫伐罪弔民古之令軌罪謙之由而殘其屬部過矣何焯曰以報讎興師實志在幷兼所過殺戮所以不能定徐韓菼曰兗州甫定遽興忿兵幾失根本操之不危幸矣
會張邈與陳宮叛迎呂布郡縣皆應荀彧程昱保鄄城范東阿二縣
固守荀彧傳初平三年太祖領兗州牧彧常以司馬從興平元年太祖征陶謙任彧留事程昱傳太祖臨兗州以昱守壽張令太祖征徐州使昱與荀彧留守

鄄城郡國志兗州東郡東阿范一統志東阿故城今山東兗州府陽穀縣東北五十里阿城鎮范縣故城今山東曹州府范縣東南二十里二縣固守事詳見彧昱傳昱本東阿人黃巾之起有全城之功故東阿爲之固守太祖乃引軍還布到攻鄄城不能下西屯濮陽
太祖曰布一旦得一州不能據東平斷亢父泰山之道胡三省曰東平國當亢父泰山之道亢父本屬東平章帝元和元年分屬任城一統志亢父故城今山東濟寧州南五十里戰國策蘇秦所謂亢父之險車不得方軌騎不得比行是也弼按此卽阻操由徐州還兗州之道乘險要我而乃屯濮陽吾知其無能爲也遂進軍攻之布出
兵戰先以騎犯青州兵青州兵奔何焯曰所收黃巾精銳尙未習練猝遇勁敵則偏敗衆攜先犯之者由宮邈素知虛實也太祖陣亂馳突火出墜馬燒左手掌姜宸英曰不言燒東門不知何緣突火後民無榷冰同此書法是有意爲簡練沈家本曰陣中何自有火此語未明注引袁暐言燒東門足補史文之缺司馬樓異扶太祖上馬遂引去典韋傳太祖討呂布於濮陽布自搏戰韋將應募者數千人當之矢至如雨韋手持十餘戟大呼起所抵無不應手倒者布衆退會日暮太祖乃得引去
袁暐獻帝春秋曰沈家本曰隋志獻帝春秋十卷袁曄撰唐志同惟獻上多一漢字吳志陸瑁傳廣陵袁迪注迪孫曄字思光作獻帝春秋與隋

唐二志合續漢志注後漢書注文選注御覽諸書並作袁暐然裴氏他卷屢稱袁暐疑不能明也（弼按高似孫史略作袁曄）侯康曰裴注作袁暐所引凡二十餘條深不滿其書如袁紹傳注云樂資袁暐之徒竟爲何人未能識別然否而輕弄翰墨妄生異端以行其書正足以誣罔視聽疑誤後生實史籍之罪人達學之所不取馬超傳注云袁暐樂資等諸所記載穢雜虛謬殆不可勝言荀彧傳注斥其虛罔張紘傳注譏其虛錯皆毀詆之辭姚振宗曰暐祖迪與張紘過江當在獻帝初年下至吳亡凡九十餘年暐生長於吳故所作多傳聞異詞其人或未嘗入晉弼按袁氏書雖不經頗資異聞通鑑亦採之

太祖圍濮陽濮陽大姓田氏爲反間太祖得入城燒其東門示無反意及戰軍敗布騎得太祖而不知是問曰曹操何在太祖曰乘黃馬走者是也布騎乃釋太祖而追黃馬者門火猶盛太祖突火而出

未至營止諸將未與太祖相見皆怖太祖乃自力勞軍令軍中促爲攻具進復攻之胡三省曰既自力勞軍又促軍進攻者恐既敗之後士氣沮喪也勞力到翻復扶又翻與布相守百餘日蝗蟲起百姓大餓趙一清曰續五行志興平元年夏大蝗是時天下大亂秋長安旱是時李傕郭汜專權縱肆布糧食亦盡各引去秋九月太祖還鄄城布到乘氏胡三省曰乘氏縣屬濟陰郡應劭曰春秋魯敗宋師於乘丘卽其地宋白曰今濟州鉅野縣西南五十七里乘氏故城是也乘繩證翻一統志乘氏故城今山東曹州府鉅野縣界爲其縣人李進所破官本考證曰宋本作季進弼按本志李典傳典從父乾合賓客數千家在乘氏呂布之亂太祖遣乾還乘氏又云典宗族部曲三十餘家居乘氏徙部曲宗族萬三千餘口居鄴是李姓爲乘氏大姓弼所見宋元本皆作李不知官本何據也宋本誤字不必從東屯山陽於是紹使人說太祖欲連和王鳴盛曰紹宋本誤同元修本作爲疑僞字一云當作給亦通盧文弨曰紹疑作給朱邦衡曰紹上疑脫袁字弼按紹字不誤程昱傳袁紹使人說太祖連和欲使太祖遣家居鄴（通鑑同）姚範曰紹是時蓋欲招操而臣之也云連和者舊史諱之而承詐仍其文耳袁曹是時未搆兵何連和之有弼按姚說是臧洪傳衆人以爲袁曹方睦自無連和之可言程昱傳昱謂操慮之不深自度不能爲袁紹之下則紹之欲置操於鄴當日情勢可見太祖新失兗州軍食盡將許之程昱止太祖太祖從之詳見昱傳冬十月太祖至東阿是歲穀一斛五十餘萬錢人相食乃罷吏兵新募者陶謙死劉備代之

二年春襲定陶濟陰太守吳資保南城濟陰郡治定陶注見前顧祖禹曰濟陰城本定陶縣地或曰漢濟陰郡亦治此世謂之左城以在左山南也後魏謂之孝昌城沈欽韓曰退保南城或卽此處趙一清曰南城卽定陶之南城未拔會呂布至又擊破之夏布將薛蘭李封屯鉅野郡國志兗州山陽郡鉅野有大野澤劉昭注春秋西狩獲麟之所爾雅十藪魯有大野何承天云鉅野湖澤廣大南通洙泗北連淸濟舊縣故城正在澤中一統志鉅野故城今山東曹州府鉅野縣南太祖攻之布救蘭蘭敗布走遂斬蘭等李典傳布別駕薛蘭治中李封招李乾欲俱叛乾不聽遂殺乾太祖使乾子整將乾兵與諸將擊蘭封蘭封破從平兗州諸縣有功荀彧傳陶謙死太祖欲遂取徐州還乃定布荀彧謂河濟爲天下要地今已破李封薛蘭若分兵東擊陳宮一舉而布可破太祖乃止復與布戰分兵平諸縣布敗走兗州遂平是兗州之平荀彧程昱之功也布復從東緡郡國志山陽郡東緡一統志東緡故城今山東濟寧州金鄉縣東北二十里與陳宮將萬餘人來戰時太祖兵少設伏縱奇兵擊大破之夏侯惇傳太祖自徐州還惇從征呂布爲流矢所中傷左目魏略曰軍中呼爲盲夏侯

魏書曰於是兵皆出取麥在者不能千人元本能作及屯營不固太祖乃令婦人守陴悉兵拒之屯西有大隄其南樹木幽深布疑有伏乃相謂曰曹操多譎勿入伏中引軍屯南十餘里明日復來太祖隱兵隄裏出半兵隄外布益進乃令輕兵挑戰既合伏兵乃悉乘隄漢書音義曰乘登也步騎並進大破之獲其鼓車追至其營而還何焯曰布蓋使人躡伏見無兵乃復來操預料其然設伏以待布兵見乘隄者猝起出不意奪氣遂爲所敗也

布夜走太祖復攻拔定陶分兵平諸縣布東奔劉備備時代陶謙爲徐州牧張邈從布使其弟超將家屬保雍丘郡國志兗州陳留郡雍丘本杞國一統志雍丘故城今河南開封府杞縣治秋八月圍雍丘冬十月天子拜太祖兗州牧錢大昭曰初平三年鮑信與州吏萬潛等至東郡迎太祖領兗州牧蓋權領之耳至是爲眞弼按此董昭爲魏武作書與長安諸將各隨輕重致殷勤之效也十二月雍丘潰超自殺夷邈三族邈詣袁術請救爲其衆所殺兗州平毛本兗作袞誤遂東略陳地陳地在兗州西南此云東略東字疑誤郡國志豫州陳國治陳一統志陳縣故城今河南陳州府淮寧縣治是歲長安亂天子東遷敗

于曹陽 後漢書獻帝紀王師敗績幸曹陽蘇輿曰此沿春秋書法時天子無兵稱非其實也章懷注曹陽澗名在今陝州西南七里俗謂之七里澗崔浩曰自南山北通於河郡國志司隸弘農郡弘農有曹陽亭劉昭注引晉灼曰縣東十三里獻帝東歸敗處曹公改曰好陽王先謙曰曹陽在今河南陝州靈寶縣東縣志十里好陽鋪五見董卓傳 **渡河幸安邑** 郡國志司隸河東郡安邑一統志安邑故城今山西解州夏縣北范書董卓傳河內太守張楊貢餉帝乃都安邑

建安元年春正月太祖軍臨武平 郡國志陳國武平一統志武平故城今河南歸德府鹿邑縣西北四十里官本考證曰太平御覽無平字盧文弨曰武平縣名屬陳國正與下文陳相降相合此書言臨孟津官渡之類不一而足豈可以臨武爲地名乎沈家本曰上文東略陳地武平既爲陳屬縣則今本有平字爲是御覽多刪節或傳寫訛奪也弼按盧沈二說均是下文封武平侯卽此 **袁術所置陳相袁嗣降**

太祖將迎天子諸將或疑荀彧程昱勸之乃遣曹洪將兵西迎 文若之勸迎乃心漢室者也故彧傳詳載其勸迎之詞仲德之勸迎挾天子以令諸侯爲操謀者也與說操之殺劉備同一用意者也當時勸操迎漢帝者尙有丁沖操東詣許以沖爲司隸校尉見陳思王傳注引魏略沖丁儀丁廙之父也 **衞將軍董承與袁術將萇奴拒險** 通鑑作據險拒之

洪不得進 通鑑考異曰魏志此事在正月而荀彧傳迎天子在都許後今從傳趙一清曰後漢書董卓傳言董承患韓暹亂政潛召操此云承拒曹洪二文不同然召曹公本謀出楊奉董昭傳可審也 **汝南潁川黃巾何儀劉辟黃邵何曼等衆各數萬初應袁術又附孫堅二月太祖進軍討破之斬辟邵等** 官本考證李龍官曰建安五年汝南降賊劉辟等叛則此時未得斬也又于禁傳亦云斬辟邵等疑有誤何焯校本衍辟字良是錢大昕曰劉辟又見蜀先主傳紀文有誤沈家本曰此文疑本云斬邵等辟儀及衆皆降傳寫錯亂辟字誤在邵字之上 **儀及其衆皆降天子拜太祖建德將軍夏六月遷鎭東將軍** 趙一淸曰建德蓋雜號將軍也後不復置宋書百官志鎭東將軍後漢末魏武帝居之續百官志注獻帝以操爲南中郞將 **封費亭侯** 費亭注見卷首郡國志山陽郡湖陸劉昭注引地道記曰縣西有費亭城魏武帝初所封胡三省曰操祖曹騰封費亭侯養子嵩襲爵今以操襲嵩爵也郡國志沛國酇縣有費亭曹騰所封也晉地道記湖陸縣西有費亭城魏武所封何焯曰費亭乃曹騰故封劉昭注誤引地記馬與龍曰魏志建安元年封操費亭侯不云紹封知別一費亭何說非是趙一淸曰董昭傳云襲父爵費亭侯宜在沛國而湖陸縣注則又在山陽矣（錢儀吉說同）弼按劉昭注胡三省注皆引兩說趙錢亦然何馬則各持一說按董昭傳楊奉與諸將共表操爲鎭東將軍襲父爵費亭侯（通鑑同）或史文封字爲襲字之誤藝文類聚卷五十一載後漢獻帝兩詔一云今以操爲鎭東將軍領兗州牧襲父費亭侯嵩爵並印綬符策一云顯授上將鈇鉞之任復食舊土雙金之寵董統一州委成之重操上書讓費亭侯云既錄臣微功乃復退迷先臣（退宜作追）先臣雖有扶輦微勞不應受爵豈逮臣三葉是操之襲爵爲有據可以釋諸說之疑矣又因其奉迎有功且屯軍武平故轉瞬又封武平侯也 **秋七月楊奉韓暹** 毛本暹作還誤 **以天子還洛陽**

獻帝春秋曰天子初至洛陽幸城西故中常侍趙忠宅 後漢書宦者傳趙忠安平人桓帝時爲小黃門以與誅梁冀功封都鄉侯靈帝時遷中常侍領大長秋帝常云張常侍是我父趙常侍是我母宦官得志無所憚畏並起第宅擬則宮室靈帝崩張讓趙忠等殺何進袁紹勒兵斬忠 **使張楊繕治宮室名殿曰楊安殿** 後漢書獻帝紀八月辛丑幸南宮楊安殿董卓傳張楊以爲己功故因以楊名殿章懷注引獻帝起居注曰舊時宮殿悉壞倉卒之際拾摭故瓦材木工匠無法度之制所作並無足觀也 **八月帝乃還居**

奉別屯梁 郡國志司隸河南尹梁一統志梁縣故城今河南汝州西四十里 **太祖遂至洛陽衞京都暹遁走** 後漢書董卓傳暹矜功恣睢董承潛召操操乃詣闕貢獻稟公卿以下因奏韓暹張楊之罪暹懼誅單騎奔楊奉 **天子假太祖節鉞錄尚書事** 晉書職官志假節唯軍事得殺犯軍令者假黃鉞則總統內外諸軍矣錄尚書事位上公在三公上猶古冢宰總已之意趙一清曰此曹公創爲新制任兼內外總攬百揆故既假節鉞又錄尚書事也

獻帝紀曰 隋書經籍志漢靈獻二帝紀三卷漢侍中劉芳撰（芳爲艾之誤）殘缺梁有六卷唐經籍志漢靈獻二帝紀六卷劉艾撰唐藝文志同侯康曰隋志稱侍中考艾官侍中在獻帝興平年間（見後漢書獻帝紀）又爲陝令（見三國志董卓傳注）爲董卓長史（見後漢書董卓傳）爲宗正又以宗正使持節行御史大夫（見魏志武紀注）而隋志但稱侍中者豈著書在興平年間耶今考後漢書靈紀獻紀董卓傳注三國志武紀董卓張楊賈詡劉焉孫堅諸傳注屢引此書皆興平及建安初年事艾官至行御史大夫以後更不見其事蹟蓋未嘗入魏獻帝之名當是後人追加耳姚振宗曰袁紀建安元年八月封彭城相劉艾爲列侯是艾由侍中出爲彭城相封侯又入爲宗正也又曰章宗源輯初學記御覽引漢帝傳獻帝傳歸之劉艾自是以獻爲漢以紀爲傳稱引偶誤考獻帝傳載禪代衆事又言山陽公薨自是魏晉人作別爲一書艾既爲獻作紀又爲作傳是必不然（姚說見後漢藝文志卷二）餘詳建安二十一年獻帝傳注 **又領司隸校尉** 百官志司隸校尉一人比二千石孝武帝初立持節掌察舉百官以下及京師近郡犯法者元帝去節成帝省建武中復置并領一州李祖楙曰建安元年曹操領司隸校尉十八年省以所部分屬雍州蓋操於是年爲魏公因省 **洛陽殘破董昭等勸太祖都許** 郡國志豫州潁川郡許劉昭注引杜預曰獻帝徙都改許昌王應麟曰漢潁川許縣本許

國魏文帝改曰許昌春秋佐助期曰漢以許昌失天下酈元云魏承漢歷改名許昌證一淸曰許昌以魏黃初二年改劉昭注誤（周壽昌說同）一統志許昌故城今河南許州西南**九月車駕出轘轅而東**轘轅關見初平元年後漢書董卓傳注引獻帝春秋曰車駕出洛陽自轘轅而東楊奉韓暹引軍追之輕騎既至操設伏兵要於陽城山狹中大敗之後漢書獻紀八月庚申遷都許己巳幸曹操營（袁紀通鑑同）陳志繫於九月疑九字誤**以太祖爲大將軍**續百官志將軍不常置掌征伐背叛比公者四第一大將軍次驃騎將軍次車騎將軍次衛將軍又有前後左右將軍晉書職官志漢東京大將軍不常置爲之者皆擅朝權宋書百官志大將軍一人漢東京自爲官位在三司上韋昭辨釋名云大將軍將軍之大者漢時貴戚爲之或錄尙書事劉昭注引蔡質漢儀曰漢興置大將軍驃騎位次丞相車騎衛將軍左右前後皆金紫位次上卿**封武平侯**武平注見前水經陰溝水注濄水又東逕武平縣故城北魏武王初封於此終以武平華夏矣胡三省曰武平縣屬陳國此取其以神武平禍亂也藝文類聚卷五十一載操上書讓增封武平侯及費亭侯曰伏自三省委質頑素材志鄙下進無匡輔之功退有拾遺之美雖有犬馬微勞非獨臣力皆由部曲將校之助陛下前追念先臣微功使臣續襲爵土祖考蒙光照之榮臣受不貲之分未有絲髮以自報效昔齊侯欲更晏嬰之宅嬰曰臣之先容焉臣不足以繼之卒違公命以成私志臣自顧省不克負荷食舊爲幸雖上德在弘下有因割臣三葉累寵皆統極位義在殞越豈敢飾辭按據此書益證費亭侯之爲襲封矣**自天子西遷朝廷日亂至是宗廟社**

稷制度始立

張璠漢紀曰初天子敗於曹陽曹陽注見前**欲浮河東下侍中太史令王立曰**續百官志侍中比二千石掌侍左右贊導衆事顧問應對太史令一人六百石掌天時星曆袁宏後漢紀初平四年太史令王立奏曰日晷過度無有變色朝臣皆賀帝密令尙書候焉未晡一刻而蝕尙書賈詡奏立司候不明疑誤上下趙一淸曰王立卽賈詡所劾者宜其獻諛若此**自去春太白犯鎭星於牛斗過天津熒惑又逆行守北河不可犯也由是天子遂不北渡河將自軹關東出**一統志軹關在河南懷慶府濟源縣西北十五里關當軹道之險因曰軹關述征記太行八陘第一曰軹關陘**立又謂宗正劉艾曰**續百官志宗正卿一人中二千石掌序錄王國嫡庶之次及諸宗室親屬遠近**前太白守天關與熒惑會金火交會革命之象也漢祚終矣晉魏必有興者立後數言於帝曰天命有去就五行不常盛代火者土也承漢者魏也能安天下者曹姓也唯委任曹氏而已公聞之使人語立曰知公忠於朝廷**此而謂之曰忠直可謂忠於曹氏而已**然天道深遠幸勿多言**此時根基未固故戒勿多言逮羽翼已成則侈陳符命矣

天子之東也周壽昌曰三國志多複調建安元年天子之東也二年公自舞陰還也三年布之破劉備也張繡之叛也四年備之未東也六年紹之未破也八年公之去鄴而南也九年公之圍鄴也此調凡八見弼按此調甚多不止八見**奉自梁欲要之不及冬十月公征奉**以前俱稱太祖自此以下始稱公姜宸英曰前此無專官故稱太祖至此始改稱公何焯曰自爲大將軍後始稱公蓋天子三公稱公也王鳴盛曰武帝紀前段但稱太祖自建安元年爲大將軍則三公矣改稱爲公至二十一年進爵魏王則改稱王雖似有理愚以爲既爲作本紀躋之帝王之列自不如概稱太祖爲直截省卻多少葛藤至其後歐陽公於朱溫亦倣此例則殊覺無謂康發祥曰一紀中三異其稱何如始終稱太祖晉書稱司馬懿宣帝師景帝昭文帝最爲爽捷耳弼按稱公稱王所以著其篡之迹也文帝紀亦然由王而天子由臣而躋君位隱寓春秋筆伐之意此所以爲良史也**奉南奔袁術遂攻其梁屯拔之**後漢書董卓傳楊奉韓暹欲要遮車駕不及曹操擊之奉暹奔袁術遂縱暴揚徐間明年左將軍劉備誘奉斬之暹懼走還幷州道爲人所殺**於是以袁紹爲太尉紹恥班在公下不肯受**沈欽韓曰大將軍位在丞相下霍光奏廢昌邑王次于丞相揚敞之下後漢書竇憲傳云舊大將軍位在三公下置官屬依太尉公卿希旨奏憲位次太傅下三公上自後梁冀爲大將軍增舉高第茂才官屬倍於三公沿習已久故紹爲太尉猶恥其班在下也弼按續漢志云初武帝以衞青數征伐有功以爲大將軍欲尊寵之以古尊官唯有三公故置大司馬官號以冠之其後霍

光王鳳等皆然世祖中興吳漢以大將軍爲大司馬位在公下明帝初卽位以弟東平王蒼有賢才以爲驃騎將軍以王故位在公上和帝卽位以舅竇憲爲車騎將軍征匈奴位在公下還復有功遷大將軍位在公上是大將軍位之高下恆視人爲轉移又本志曹爽傳注引魏書云爽表曰臣位冠朝首處太尉懿之右時爽爲大將軍是漢魏之際又以大將軍在太尉之上矣**公乃固辭以大將軍讓紹**本志袁紹傳注引獻帝春秋曰紹恥班在太祖下怒曰曹操當死數矣我輒救存之今乃背恩挾天子以令我乎太祖聞而以大將軍讓於紹**天子拜公司空**續漢志司空公一人掌水土事**行車騎將軍**車騎將軍見前大將軍注後漢書獻紀云冬十一月丙戌曹操自爲司空行車騎將軍事百官總己以聽**是歲用棗祗韓浩等議始興屯田**程昱傳東阿令棗祗已率厲吏民拒城堅守任峻傳羽林監潁川棗祗建置屯田軍國之饒起於棗祗而成於峻又注引潁川文士傳曰祗本姓棘先人避難易爲棗夏侯惇傳韓浩河內人以忠勇顯官至中護軍掌禁兵封列侯又注引魏書曰浩字元嗣時大議損益浩以爲當急田何焯曰屯田議始祗浩成於峻淵（弼按卽夏侯淵）不憂運饋則可與賊持久伺變施巧勝算常在我矣弼按足食足兵立國要義諸葛武侯之屯田渭濱亦此意也魏武能用此議可謂知本矣方握國柄卽有遠謀見事之捷赴功之敏誠不可及

魏書曰自遭荒亂率乏糧穀諸軍並起無終歲之計饑則寇略飽則棄餘瓦解流離無

敵自破者 錢儀吉曰宋本自上有而字弼按宋元本無而字 不可勝數袁紹之在河北軍人仰食桑椹 馮本食作給胡三省曰椹桑實也其始生也色青熟則色黑可食椹音甚 袁術在江淮取給蒲蠃 胡三省曰蠃蚌屬盧戈翻 民人相食州里蕭條公曰夫定國之術在於彊兵足食秦人以急農兼天下 史記秦本紀孝公三年衛鞅說孝公內務耕稼孝公善之開阡陌天子致伯諸侯畢賀 孝武以屯田定西域 漢書趙充國傳充國上屯田便宜十二事西域傳自敦煌西至鹽澤往往起亭而輪臺渠犂皆有田卒數百人 此先代之良式也是歲乃募民屯田許下得穀百萬斛於是州郡例置田官所在積穀 續漢志劉昭注引魏志曰曹公置典農中郎將秩二千石典農都尉秩六百石或四百石典農校尉秩比二千石所主如中郎部分別而少爲校尉丞本志陳留王紀咸熙元年罷屯田官諸典農皆爲太守都尉皆爲令長是當時屯田之官分置於郡縣也餘詳見陳留王紀咸熙元年 征伐四方無運糧之勞遂兼滅羣賊克平天下 置田官事互見任峻傳

呂布襲劉備取下邳 下邳見前胡三省曰布去年奔備蓋屯於下邳之西 備來奔程昱說公曰觀劉備有雄才而甚得衆心終不爲人下不如早圖之 本志郭嘉傳注引傅子云嘉言於太

祖備終不爲人下其說與昱同又引魏書其說與昱相反通鑑從魏書弼按以郭嘉料事之明及後勸操之速征備又策劉表之必不能用備襲許之計合數事觀之其說必與昱同也又按董昭亦謂備勇而志大其說亦與昱同此皆爲操謀曹氏之忠臣也 公曰方今收英雄時也殺一人而失天下之心不可 蜀志先主傳是歲曹公表先主爲鎭東將軍封宜城亭侯先主與呂布戰敗走歸曹公曹公厚遇之以爲豫州牧

張濟自關中走南陽濟死從子繡領其衆 本志張繡傳繡武威祖厲人驃騎將軍濟族子也董卓敗濟與李傕等擊呂布爲卓報仇繡隨濟還建忠將軍封宣威侯濟屯弘農士卒飢餓南攻穰爲流矢所中死繡領其衆屯宛董卓傳濟爲驃騎將軍平陽侯屯弘農饑餓至南陽寇略爲穰人所殺從子繡攝其衆

二年春正月公到宛 南陽郡宛見前 張繡降既而悔之復反公與戰軍敗爲流矢所中長子昂弟子安民遇害 繡傳太祖南征軍淯水繡等舉衆降太祖納濟妻繡恨之太祖聞其不悅密有殺繡之計計漏繡掩襲太祖太祖軍敗二子沒繡還保穰典韋傳繡反襲太祖營太祖出戰不利韋戰死于禁傳繡復叛太祖與戰不利謂禁曰淯水之亂吾其急也文帝典論自敘時年十歲乘馬得脫則當時操軍大敗可知弼按操納濟妻又納何進子婦尹氏（見曹爽傳及注卽何晏之母）又納秦宜祿之妻（見曹爽傳注及關羽傳注）又爲子丕納袁熙妻甄氏（見后妃傳）既納張繡之族母矣又爲子均娶繡女閨門紊亂宜其國祚之促也又按劉備納劉瑁妻吳氏爲后孫權納陸尙妻徐氏爲妃不解當時風尙何以毫無顧忌如此且天下多美婦人何必娶人嫠歸乎周錫恩曰漢興呂娥姁爲高祖正后有辟陽之幸而薄后爲魏王豹妃再嫁而生文帝王后嫁金王孫生一女矣再嫁而生武帝儒者重言女節其義甚嚴其說起於南宋以後漢人或未之重也孝文孝武爲大漢令名之辟顧皆出於再醮之婦抑又奇已若衞皇后子夫以謳者進李夫人尹婕妤之屬皆以倡見奚足論哉（見傳魯堂文集讀外戚世家）周氏此論可與拙說相參證也趙一清曰昂字子修卽豐愍王有傳太祖之弟無聞東平靈王徽傳云奉叔父朗陵哀侯玉後樊安公均傳云奉叔父薊恭公彬後不知二人誰是安民之父弼按操弟一名德見前興平元年注一名疾見後漢書宦者傳昂事又見卞后傳注樊安公均卽取張繡女者也

魏書曰公所乘馬名絕影爲流矢所中傷頰及足并中公右臂 世語曰昂不能騎進馬於公公故免而昂遇害

公乃引兵還舞陰繡將騎來鈔公擊破之繡奔穰 郡國志荊州南陽郡舞陰穰一統志舞陰故城今河南南陽府泌陽縣西北穰縣故城今南陽府鄧州外城東南隅 與劉表合公謂諸將曰吾降張繡等

失不便取其質以至於此 周壽昌曰繡之悔降以操納其叔濟之妻也操之奸雄爲色所迷卒至兵敗身傷且以一子一姪殉之尙不自悔靦然對諸將云云猶是當時無賴行狀據文帝典論云建安初上南征荊州至宛張繡降旬日而反亡兄孝廉子修安民遇害余十歲乘馬得脫是此役文帝已在行中矣 吾知所以敗諸卿觀之自今已後不復敗矣 然則何以有赤壁之役殆英雄欺人語耳 遂還許

世語曰舊制三公領兵入見皆交戟叉頸而前初公將討張繡入覲天子時始復此制 公自此不復朝見 後漢書伏后紀自帝都許守位而已宿衞兵侍莫非曹氏黨舊姻戚議郞趙彥嘗爲帝陳言時策曹操惡而殺之其餘內外多見誅戮操後以事入見殿中帝不任其憤因曰君若能相輔則厚不爾幸垂恩相捨操失色俛仰求出舊儀三公領兵朝見令虎賁執刃挾之操出顧左右汗流浹背自後不敢復朝請

袁術欲稱帝於淮南使人告呂布布收其使上其書 本志呂布傳術欲結布爲援乃爲子索布女遣使韓胤以僭號議告布幷求迎婦沛國陳珪說布絕婚械送韓胤梟首許市 術怒攻布爲布所破秋九月術

侵陳陳縣見興平二年注公東征之術聞公自來棄軍走留其將橋蕤李豐梁綱樂就何焯曰樂就下當有拒公二字弼按范書袁術傳云留橋蕤拒操公到擊破蕤等皆斬之通鑑考異曰范書呂布傳云布生擒橋蕤此又一橋蕤將蕤被獲又還也然魏志呂布傳無橋蕤事當是范書誤術走渡淮公還許公之自舞陰還也南陽章陵諸縣復叛爲繡公遣曹洪擊之不利還屯葉郡國志南陽郡章陵葉一統志章陵故城今湖北襄陽府棗陽縣東葉縣故城今河南南陽府葉縣南三十里舊縣店數爲繡表所侵冬十一月公自南征至宛

魏書曰臨淯水淯水見于禁傳胡三省曰水經注淯水出弘農盧氏縣攻離山東逕宛縣南曹軍敗處也淯音育祠亡將士歔欷流涕衆皆感慟

表將鄧濟據湖陽郡國志南陽郡湖陽一統志湖陽故城在河南南陽府唐縣南八十里古蓼國地也攻拔之生禽濟湖陽降攻舞陰下之

三年春正月公還許初置軍師祭酒趙一清曰宋書百官志祭酒晉官也漢吳王濞爲劉氏祭酒夫祭祀以酒爲本長者主之故以祭酒爲稱漢之侍中魏之散騎常侍高功者並爲祭酒公府祭酒蓋因其名也一清案祭酒之稱周末有之史記荀卿三爲祭酒是也軍師祭酒本漢官見後漢書鄧禹傳曹公以建安元年拜司空故於三年置軍師祭酒然考之諸臣傳中無全稱軍師祭酒者荀攸爲軍師在建安三年以前無論矣後此郭嘉爲司空軍祭酒無師字勸進牋董昭結銜爲軍師祭酒而昭傳云拜司空軍祭酒則知嘉亦軍師祭酒也又牋以荀攸爲中軍師鍾繇爲前軍師涼茂爲左軍師毛玠爲右軍師征孫權表華歆爲軍師而非祭酒至王粲陳琳阮瑀路粹號軍謀祭酒皆記室之任杜襲以軍謀祭酒參太樂事其任益輕劉楨荀緯爲軍謀掾並軍謀之屬官想因軍師名位太尊故降而稱軍謀耶至爲丞相亦設丞相軍祭酒無軍師之號外此楊俊爲征南軍師趙儼爲征東軍師杜襲爲大將軍軍師則亦比於公府之職矣六朝時有軍諮祭酒蓋卽軍謀之易名耳弼按建安元年曹操爲司空建安三年初置軍師祭酒蓋司空之軍師祭酒也鄧禹拜前將軍禹傳之軍師祭酒前將軍之軍師祭酒也名同實異趙說似未允前無是官故云初置也郭嘉董昭爲司空軍師祭酒傳文無師字者避晉諱也至荀攸鍾繇以下諸人洪飴孫三國職官表有列爲丞相府屬者有列爲司空府屬者洪表又云司空府屬軍師祭酒一人第五品建安三年太祖爲漢司空時置或稱軍祭酒或稱軍謀祭酒皆避晉諱也三月公圍張繡於穰水經湍水注湍水又逕穰縣故城北又東南逕魏武故城之西南是建安三年曹公攻張繡之所築也夏五月劉表遣兵救繡以絕軍後荀攸傳攸曰繡仰食於表勢必離若急之必相救太祖不從表果救繡軍不利太祖謂攸曰不用君言至是

獻帝春秋曰袁紹叛卒詣公云田豐使紹早襲許若挾天子以令諸侯四海可指麾而定公乃解繡圍後漢書袁紹傳紹說操以許下埤溼洛陽殘破宜徙都甄城以就全實操拒之田豐說紹曰徙都旣不從宜早圖許奉迎天子不爾終爲人所禽悔無益也紹不從周壽昌曰叛卒此言雖以敗紹謀而啓操心操卒以此策定天下是亦天之所啓也

公將引還繡兵來官本考證云御覽來下有追字公軍不得進連營稍前公與荀彧書曰賊來追吾雖日行數里繡兵來追決不止日行數里疑有誤吾策之到安衆破繡必矣郡國志南陽郡安衆一統志安衆故城今南陽府鎮平縣東南水經湍水注湟水又東南逕安衆縣堨而爲陂謂之安衆港魏太祖破張繡於是處與荀彧書曰繡遏吾歸師迫我死地蓋於二水之間以爲沿涉之艱阻也又淯水注梅溪水出南陽宛縣北紫山南逕杜衍縣東土地墊下湍溪是注古人於安衆堨之令遊水是瀦謂之安衆港謝鍾英曰安衆港在安衆縣東北今南陽府城西南到安衆繡與表兵合守險公軍前後受敵公乃夜鑿險爲地道悉過輜重設奇兵會明賊謂公爲遁也悉軍

來追乃縱奇兵步騎夾攻大破之張繡用賈詡策收散卒追曹公果以勝還見賈詡傳秋七月公還許荀彧問公前以策賊必破何也公曰虜遏吾歸師而與吾死地戰兵法曰歸師勿遏又曰置之死地而後生吾是以知勝矣御覽是以作以是呂布復爲袁術使高順攻劉備高順事詳見呂布傳注引英雄記公遣夏侯惇救之不利備爲順所敗蜀志先主傳順復虜先主妻子送布九月公東征布荀攸傳注引魏書曰議者云表繡在後而遠襲呂布其危必也攸以爲表繡新破勢不敢動布若縱橫淮泗間豪傑必應之今乘其初叛衆心未一往可破也冬十月屠彭城郡國志徐州彭城國治彭城一統志故城今江蘇徐州府治洪亮吉曰地形志呂布自下邳與魏武相持築城於此元和郡縣志呂布城在呂梁西岸一名呂布固曹公城魏武所築在呂梁東岸謝鍾英曰呂布城在今徐州府銅山縣東五十里曹公城在今銅山縣東南五十六里獲其相侯諧進至下邳呂布傳注引先賢行狀曰太祖到下邳廣陵太守陳登率郡兵爲軍先驅布自將騎逆擊大破之獲其驍將成廉追至城下布恐欲降陳宮等沮其計求救於術勸布出戰戰又敗乃還固守攻之不下時公連

戰士卒罷欲還欲還者亦恐紹乘其後也用荀攸郭嘉計遂決泗沂水以灌城郡國志下邳注引戴延之西征記曰有沂水自城西西南注泗別下迴城南亦注泗舊有橋處張良與黃石公會此橋元和郡縣志下邳城有三重大城周十二里中城周四里魏武擒布於白門卽大城之門也魏武決泗水灌城卽此處胡三省曰泗水東南流過下邳縣西沂水南流亦至下邳縣西而南入於泗故併引二水以灌城水經注沂水於下邳縣北西流分爲二水一水於城北西南入泗一水逕城東屈從縣南亦注泗謂之小沂水水上有橋張良遇黃石公處也操於此處引沂泗灌城月

餘布將宋憲魏續等執陳宮舉城降魏武納秦宜祿妻杜氏在下邳城陷之時見明紀青龍元年注引魏氏春秋生禽布宮皆殺之通鑑考異曰范書布傳云灌其城三月魏志傳亦云圍之三月按操以十月至下邳及殺布共在一季不可言三月宜從魏志武紀趙一清曰後漢書獻帝紀斬布在十二月癸酉布傳亦云塹圍之三月是也弼按布傳縛陳宮者尙有侯成又按上文已云執陳宮下文云生擒布宮宮字疑衍布傳注引英雄記云布以魏續有外內之親悉奪高順所將兵以與續而續竟背之亦見布之無謀也太山盧文弨曰太當作泰范書避家諱作太不當從臧霸孫觀孫觀事見臧霸傳注引魏書吳敦尹禮昌豨宋本元本毛本官本豨作狶誤各聚衆布之破劉備也霸等悉從布互見荀攸傳注引魏書胡三省曰姓譜昌姓昌意之後豨許豈翻又音希布敗獲霸

等陳羣傳羣隨父紀避難徐州屬呂布破太祖辟羣爲司空西曹掾屬公厚納待遂割青徐二州附於海以委焉分琅邪東海北海爲城陽利城昌慮郡琅邪國見前興平元年注東海郡見前初平四年徐州牧注郡國志青州北海國治劇一統志劇縣故城今山東青州府昌樂縣西五十五里洪亮吉曰城陽郡漢置城陽國中興後省入北海魏復分北海置吳增僅曰獻帝起居注建安十八年省州併郡詳載徐州八郡其一城陽通鑑胡注云置郡時屬徐州後移屬青州與起居注合今據之謝鍾英曰寰宇記城陽郡徙理東武鄧艾傳艾嘉平中爲城陽太守一統志東武故城今山東青州府諸城縣治郡國志徐州東海郡利城昌慮洪亮吉曰利城漢舊縣建安三年魏武升縣作郡至文帝黃初六年利城郡兵蔡方等反殺太守徐質此後不復見疑因方反郡遂廢也昌慮漢舊縣建安三年升作郡十一年復舊謝鍾英曰省昌慮郡幷東海見魏氏春秋一統志利城故城今江蘇海州贛楡縣西北六十里昌慮故城今山東兗州府滕縣東南六十里餘見臧霸傳初公爲兗州以東平畢諶爲別駕東平見初平三年注晉吏部畢卓之父亦名諶別爲一人張邈之叛也邈劫諶母弟妻子公謝遣之曰卿老母在彼可去諶頓首無二心公嘉之爲之流涕既出遂亡歸及布破諶生得衆爲諶懼公曰夫人孝於其親者豈不亦忠

於君乎吾所求也何焯曰孟德待畢諶尙爾況昭烈之於元直乎以爲魯相郡國志豫州魯國治魯一統志魯縣故城今山東兗州府曲阜縣治

魏書曰袁紹宿與故太尉楊彪後漢書楊震傳震字伯起弘農華陰人曾孫彪字文先初舉孝廉州舉茂才辟公府皆不應熹平中徵拜議郎遷侍中京兆尹光和中黃門令王甫使門生於郡界辜榷官財物七千餘萬彪發其姦奏誅甫天下莫不愜心中平六年代董卓爲司空其冬代黃琬爲司徒卓大會公卿議遷都長安彪曰天下動之至易安之甚難卓因災異奏免琬彪等後從入關李郭之亂盡節衞主幾不免於害建安元年從東都許時袁術僭亂曹操言彪與術婚姻誣以欲圖廢置奏收下獄孔融救之得理出（彪子修事見陳思王傳及注）大長秋梁紹少府孔融續百官志少府卿一人中二千石掌中服御諸物衣服寶貨珍膳之屬孔融事見卷十二崔琰傳及注又見卷十荀彧傳注有隙欲使公以他過誅之公曰當今天下土崩瓦解雄豪並起馮本作豪傑並起輔相君長人懷怏怏各有自爲之心此上下相疑之秋也雖以無嫌待之猶懼未信如有所除則誰不自危且夫起布衣在塵垢之間爲庸人之所陵蹈各本蹈作陷何焯曰宋本作蹈可勝怨乎高祖赦雍齒之讎而羣

情以安監本情作臣如何忘之紹以爲公外託公義內實離異深懷怨望臣松之以爲楊彪亦曾爲魏武所困幾至於死孔融竟不免於誅戮宋本元本吳本戮作滅豈所謂先行其言而後從之哉非知之難其在行之信矣梁章鉅曰王士禎詠史詩云太息王髯劍前年殺孔融曾言赦雍齒地下愧袁公九曜齋筆記云操妒才嫉能孔融楊脩世有大小兒之目而操皆除之詩意蓋謂誅之無已也

四年春二月公還至昌邑昌邑見初平元年注趙一清曰山陽郡首昌邑刺史治蓋太守與刺史並治也張楊將楊醜殺楊眭固又殺醜此卽黑山賊之眭固見前初平二年以其衆屬袁紹屯射犬後漢書光武紀更始二年光武破赤眉於射犬注引續漢志云野王縣有射犬聚水經清水注長明溝水又東逕射犬城北漢大司馬張楊爲將楊醜所害眭固殺醜屯此一統志射犬城在今河南懷慶府河內縣東北夏四月進軍臨河使史渙曹仁渡河擊之史渙字公劉沛國人見卷九夏侯惇傳及注固使楊故長史薛洪河內太守繆尙潘眉曰繆當爲樛文選荀彧檄吳將校部曲云薛洪樛尙開城就化字正作樛从木旁李善注樛音留弼按董昭傳作繆留守自將兵北迎紹求救與渙仁相遇

犬城交戰大破之斬固（互見卷八張楊傳）公遂濟河圍射犬洪尙率衆降（董昭傳昭單身入城告喩洪尙等卽日舉衆降）封爲列侯還軍敖倉（敖倉見前初平元年注）以魏种爲河內太守（胡三省曰种音沖）屬以河北事初公舉种孝廉兗州叛（張邈舉兗州附呂布事見興平元年）公曰唯魏种且不棄孤也及聞种走公怒曰种不南走越北走胡不置汝也既下射犬生禽种公曰唯其才也（水經清水注不置汝也作不汝置也唯其才也作雖其才也）釋其縛而用之（何焯曰釋畢諶魏种而用之皆假以懷四方之士於時宿儒世冑大抵在河北漢南評所謂矯情任算不念舊惡指此類也）是時袁紹既并公孫瓚兼四州之地（青冀幽并四州也）衆十餘萬將進軍攻許諸將以爲不可敵（荀彧傳孔融謂彧曰紹地廣兵彊殆難克乎）公曰吾知紹之爲人志大而智小色厲而膽薄忌克而少威兵多而分畫不明將驕而政令不一土地雖廣糧食雖豐適足以爲吾奉也（操與紹少同游處又同爲西園校尉又同起兵討董卓故深知紹之爲人然當呂布縱橫淮泗張繡反覆南陽操亦慮紹之侵擾其後獨以兗豫抗天下六分之五故出入動靜異於尋常幾於失措迨兗州已平布死繡敗始得專力制紹故敢爲此壯言也）秋八月公進軍黎陽（郡國志冀州魏郡黎陽一統志黎陽故城今河南衛輝府濬縣東北范書鄧訓傳詔訓將黎陽營兵章懷注引漢官儀曰中興以幽豫并州兵克定天下故於黎陽立營以謁者監之弼按據此黎陽實爲重鎭也）使臧霸等入青州（通鑑使臧霸等將精兵入青州以扞東方胡注臧霸起於泰山稱雄於東方者也故使之爲扞袁氏雖欲自平原而東無能爲矣何焯曰入青州者擾紹之左以分其兵）破齊北海東安（郡國志青州齊國治臨菑刺史治徐州琅邪國東安北海見前一統志臨菑故城今山東青州府臨菑縣北八里東安故城今山東沂州府沂水縣南）留于禁屯河上九月公還許分兵守官渡（李賢曰官渡卽古之鴻溝也於滎陽下引河東南流在今中牟縣北官渡口是也裴松之北征記中牟臺下臨汴水是爲官渡袁紹曹操壘尙存酈元水經云黃蕩渠經曹公壘北有高臺謂之官渡臺在中牟城北俗謂之中牟臺杜佑曰鄭州中牟縣北十二里有中牟臺是爲官渡城袁曹相持之所一統志官渡城在今河南開封府中牟縣東北互見袁紹傳注）冬十一月張繡率衆降（袁紹遣人招繡賈詡勸繡降操見卷十賈詡傳）封列侯十二月公軍官渡袁術自敗於陳（陳縣見興平二年注）稍困袁譚自靑州遣迎之（袁譚時爲靑州刺史屯平原建安五年劉備走靑州隨譚到平原是也）

術欲從下邳北過（下邳見初平四年注）公遣劉備朱靈要之（蜀志先主傳先主從曹公還許表先主爲左將軍禮之愈重）會術病死程昱郭嘉聞公遣備言於公曰劉備不可縱（董昭亦言備勇而志大）公悔追之不及備之未東也陰與董承等謀反（後漢書獻帝紀建安五年春正月車騎將軍董承偏將軍王服越騎校尉种輯受密詔誅曹操事洩壬午曹操殺董承等夷三族袁宏後漢紀亦云承等謀殺曹操發覺伏誅是所謀者謀殺操也非反漢也而此云謀反與後二十三年吉本耿紀韋晃等反同一書法承祚之予人以口實者以此种輯前謀誅董卓見荀攸傳）至下邳遂殺徐州刺史車冑（通鑑考異曰蜀志先敘董承謀洩誅死備乃殺車冑魏志備殺車冑後明年董承乃死袁紀備據下邳亦在承死前蜀志誤也侯康曰蜀志繫此事於董承死後此則在承死前故通鑑考異謂蜀志誤關羽傳亦敘先主殺車冑於建安五年前與此紀合然竊意先主本與董承等密謀誅曹操假使其謀未洩必不先背曹操殺車冑恐當以先主傳爲是而餘皆誤也弼按本志袁紹傳敘備殺車冑在建安五年前范書袁紹傳五年左將軍劉備殺徐州刺史車冑互有異同未知孰是然就當日情勢論自以侯說爲近）舉兵屯沛（先主傳留關羽守下邳而身還小沛李賢曰高祖本泗水郡沛縣人及得天下改泗水爲沛郡小沛卽沛縣郡國志豫州沛國沛有泗水亭劉昭注亭有高祖碑班固爲文見固集水經泗水注泗水過沛縣東昔許由隱於沛澤卽此縣也縣取澤爲名一統志沛縣故城今江蘇徐州府沛縣東）遣劉岱王忠擊之不克（何焯曰兩劉岱俱字公山正禮之兄乃東萊牟平人初平三年與黃巾戰死此更是一人（錢大昭說同））

獻帝春秋曰備謂岱等曰使汝百人來其無如我何（通鑑無其字）曹公自來未可知耳

魏武故事曰（錢大昕曰魏武故事不詳撰人章宗源曰魏武故事卷亡不著錄武紀十五年二十三年及劉表袁紹陳思王各傳注並引之姚振宗曰魏武故事必是黃初後魏之臣子所編錄以爲臺閣掌故其後文明三少帝五朝亦必各有故事則諸書所引魏武故事魏舊事是也沈家本曰類聚人事部引魏武雜事未知亦卽此書否）岱字公山沛國人以司空長史（續百官志司空長史一人千石）從征伐有功封列侯

魏略曰王忠扶風人（郡國志司隸右扶風治槐里一統志槐里故城今陝西西安府興平縣東南十里）少爲亭長三輔亂忠饑乏噉人隨輩南向武關（武關見初平元年注）値婁子伯爲荊州遣迎北方客人忠不欲去因率等伍逆擊之（宋本伍作仵）奪其兵聚衆千餘人以歸公拜忠中郎將（續百官志五官中郎將一人比二千石左中郎將比二千石右中郎將比二千石李祖楙曰凡稱中郎將者蓋卽三署之郎將省其署名耳）從征討五官將知忠嘗

噉入因從駕出行令俳取冢間髑髏繫著忠馬鞍官本繫作擊誤以爲歡笑王忠爲揚武將軍都亭侯見建安十八年勸進文

廬江太守劉勳率衆降郡國志揚州廬江郡治舒吳增僅曰建安四年劉勳移治皖見吳志孫策傳注一統志舒縣故城今安徽廬州府廬江縣西封爲列侯勳事見司馬芝傳及注引魏略又見吳志孫策傳注引江表傳潘眉曰劉勳封華鄉侯見勸進表弼按衛覬諜𨻶之策與棗祗屯田之議同爲當時要政通鑑采衛覬傳編入建安四年武紀未書似失之

五年春正月董承等謀泄皆伏誅通鑑輯覽曰董承智不及王允而欲效圖卓之舉非獨自殺其身適足以危其主所謂志可矜而智不逮者也然操之得入本由董承與正名討賊者不可同日語矣公將自東征備諸將皆曰與公爭天下者袁紹也今紹方來而棄之東胡三省曰言紹方來寇乃棄而不顧而東征備也紹乘人後若何公曰夫劉備人傑也今不擊必爲後患何焯曰備有雄才加之宗室如與紹連兵備必襲許以迎天子衆心歸仰操事去矣故不得不急破之也

孫盛魏氏春秋云孫盛事見前隋書經籍志魏氏春秋二十卷孫盛撰新舊唐志卷同惟魏氏作魏武誤章宗源曰魏志武紀注引魏氏春秋裴松之謂語非其類又臧洪傳注松之謂酸棗之盟止有劉岱等五人魏氏春秋橫內劉表等數人皆非事實陳泰傳注松之謂孫盛諸所改易非別有異聞自以意製徒長虛妄愚按袁紹傳注引紹檄州郡文與文選後漢書所載詞句互有不同黃逢元曰荊楚歲時記六月伏日條案語水經渭水注續漢書志注書鈔初學記御覽屢引存又屢引魏氏春秋評或卽是書紀傳後評語答諸將曰劉備人傑也將生憂寡人　臣松之以爲史之記言既多潤色故前載所述有非實者矣後之作者又生意改之於失實也不亦彌遠乎凡孫盛製書多用左氏以易舊文如此者非一嗟乎後之學者將何取信哉且魏武方以天下勵志而用夫差分死之言尤非其類

袁紹雖有大志而見事遲必不動也郭嘉亦勸公郭嘉傳注引傅子云嘉勸太祖曰紹性遲而多疑來必不速備新起衆心未附急擊之必敗袁紹傳田豐說紹襲操紹不從遂東擊備破之生禽其將夏侯博備走奔紹獲其妻子劉備妻子再虜於呂布一虜於曹操爲布虜者失而復得爲操虜者不知所終史亦不詳其姓氏蜀志先主甘后傳先主數喪嫡室甘氏隨先主於荊州產後主據此則以前之妻子盡喪亡矣操長子昂死而有丕備嫡子死而有禪一能繼志一不克荷承先業所謂生子當如孫仲謀者不其然歟備將關羽屯下邳復進攻之羽降關羽傳曹公禽羽以歸拜爲偏將軍禮之甚厚昌狶叛爲備各本狶皆作豨誤局本不誤通鑑亦作狶胡三省曰據蜀志昌狶卽昌霸呂布之敗太山諸屯帥皆降於曹操獨狶反側於其間蓋自恃其才略過於臧霸之徒也又攻破之公還官渡紹卒不出果如魏武郭嘉所料後郭嘉策劉表不能用劉備襲許之計事亦相同

二月紹遣郭圖淳于瓊瓊爲西園八校尉之一見前顏良攻東郡太守劉延於白馬郡國志兗州東郡白馬一統志白馬故城今河南衛輝府滑縣東二十里趙一清曰袁紹遣顏良攻東郡太守劉延於白馬蓋是時縣爲東郡治東郡本治濮陽太祖爲東郡太守徙治東武至是又徙治白馬也濬滑間渡河處主河南而言則曰白馬主河北而言則曰黎陽互見袁紹傳注紹引兵至黎陽黎陽注見上年將渡河夏四月公北救延荀攸說公曰今兵少不敵分其勢乃可公到延津章懷注酈元水經注曰漢孝文時河決酸棗東潰金隄大發卒塞之武帝作瓠子之歌皆謂此口也又東北謂之延津胡三省曰杜預云陳留酸棗縣北有延津唐衛州新鄉縣有延津關關蓋在延津北岸曹操所向乃延津南岸一統志延津關在河南衛輝府新鄉縣東南互見袁紹傳于禁傳若

將渡兵向其後者紹必西應之延津在白馬黎陽之西然後輕兵襲白馬掩其不備顏良可禽也公從之紹聞兵渡卽分兵西應之公乃引軍兼行趣白馬胡三省曰趣良喻翻未至十餘里良大驚來逆戰使張遼關羽前登擊破斬良遂解白馬圍關羽傳羽望見良麾蓋策馬刺良於萬衆之中斬其首還張遼傳未載此事實爲羽一人之功徙其民循河而西紹於是渡河追公軍至延津南公勒兵駐營南阪下胡三省曰水經注白馬縣有神馬亭實中層峙南北二百步東西五十餘步自外耕耘墾斫削落平盡正南有陟躡陛下方軌西去白馬津可二十里南距白馬縣故城可五十里卽開山圖所謂白馬山也南阪其在山之南歟此時操兵循河已入酸棗界當考使登壘望之曰可五六百騎有頃復白騎稍多步兵不可勝數公曰勿復白乃令騎解鞍放馬是時白馬輜重就道諸將以爲敵騎多不如還保營荀攸曰此所以餌敵如何去之荀攸傳攸曰此所以禽敵柰何去之太祖目攸而笑遂以輜重餌賊賊競奔之陣亂乃縱步騎擊大破之紹騎將文醜與劉

備將五六千騎前後至諸將復白可上馬公曰未也有頃騎至稍多或分趣輜重公曰可矣乃皆上馬時騎不滿六百遂縱兵擊大破之斬醜良醜宋元本醜下又有良字誤皆紹名將也再戰悉禽紹軍大震通鑑作紹軍奪氣注三軍以氣爲主氣奪則其軍不振公還軍官渡紹進保陽武郡國志司隸河南尹陽武劉昭注秦始皇東遊至陽武博浪沙中爲盜所驚水經渠水注服虔曰博浪陽武南地名也張良爲韓報仇以金椎擊秦始皇不中中其副車於此一統志陽武故城今河南開封府陽武縣東南關羽亡歸劉備羽傳羽殺顏良曹公重加賞賜羽盡封所賜拜書告辭奔先主於袁軍八月紹連營稍前依沙埴爲屯趙一清曰方輿紀要卷四十七開封府陽武縣秦博浪沙地袁紹依沙埴爲屯或云即博浪沙水經渠水注渠水又左逕陽武縣故城南東爲官渡水又逕曹太祖壘北有高臺謂之官渡臺渡在中牟故世又謂之中牟臺建安五年太祖營官渡袁紹保陽武紹連營稍前依沙堆爲屯東西數十里公亦分營相禦合戰不利紹進臨官渡起土山地道以逼壘公亦起高臺以捍之即中牟臺也今臺北土山猶在山之東悉紹舊營遺基並存東西數十里范書袁紹傳章懷注引此作連營稍進前依沙埴東西四十里爲屯公亦分營與相當合戰不利

習鑿齒漢晉春秋曰晉書習鑿齒傳鑿齒字彥威襄陽人以文筆著稱荊州刺史温桓辟爲別駕出爲滎陽太守是時温覬覦非望鑿齒在郡著漢晉春秋以裁正之起漢光武終於晉愍帝於三國之時蜀以宗室爲正魏武雖受漢禪晉尚爲篡逆至文帝平蜀乃爲漢亡而晉始興焉引世祖諱炎興而爲禪受明天心不可以勢力強也凡五十四卷後以腳疾遂廢於里巷臨終上論晉宜越魏繼漢不應以魏後爲三恪也隋書經籍志漢晉陽秋四十七卷（晉簡文宣鄭太后諱阿春故改春秋爲陽秋）訖愍帝晉滎陽太守習鑿齒撰新舊唐志漢晉春秋五十四卷習鑿齒撰史通直書篇云當宣景開基之始曹馬搆紛之際或列營渭曲見屈武侯或發仗雲臺取傷成濟陳壽王隱咸杜口而無言陸機虞預各栖毫而靡述至習鑿齒乃申以死葛走達之說抽戈犯蹕之言歷代厚誣一朝如雪考斯人之書事蓋近古之遺直歟探賾篇云習鑿齒以魏爲僞國者蓋定邪正之途明順逆之理耳周濟晉略云自習氏創爲紬魏紹漢之說後世正統之論起焉習氏比魏于共工秦政夫共工秦政皆嘗統一區宇當以比晉不當比魏也魏晉之有天下以言人心均有未安習氏紬魏伸晉彼晉臣固然爾後世曷爲蝘之乎桀放鳴條厥後爲獯鬻箕子違難開國朝鮮申習氏之指皆當儕諸蜀漢然則商周盛朝將不得紀年矣許攸說紹曰公無與操相攻也急分諸軍持之而逕從他道迎天子則事立濟矣紹不從曰吾要當先圍取之攸怒後漢書袁紹傳許攸曰曹操兵少而悉師拒我許下餘守勢必空弱若分遣輕軍星行掩襲許拔則操爲成禽如其未潰可令首尾奔命破之必也紹不

能用

時公兵不滿萬傷者十二三

臣松之以爲魏武初起兵已有衆五千自後百戰百勝敗者十二三而已矣但一破黃巾受降卒三十餘萬餘所吞并不可悉紀雖征戰損傷未應如此之少也夫結營相守異於摧鋒決戰本紀云紹衆十餘萬屯營東西數十里魏太祖雖機變無方略不世出安有以數千之兵而得逾時相抗者哉以理而言竊謂不然紹爲屯數十里公能分營與相當此兵不得甚少一也紹若有十倍之衆理應當悉力圍守使出入斷絕而公使徐晃等擊其運車公又自出擊淳于瓊等揚旌往還曾無抵閡明紹力不能制是不得甚少二也諸書皆云公坑紹衆八萬馮本監本坑作抗誤或云七萬夫八萬人奔散非八千人所能縛而紹之大衆皆拱手就戮何緣力能制之是不得甚少三也將記述者欲以少

見奇非其實錄也何焯曰上固云分營相當矣此則但指自將之親兵也然亦必有一二萬人云不滿萬則非其實林國贊曰案本紀及曹仁曹洪鮑勛程昱任峻樂進衛臻滿寵等傳又孫堅孫靜傳注引會稽典錄彼時遣兵助操者實亡慮四萬餘人若張遼于禁李典李通許褚等各舉衆降而史未著其多少者不在數內裴說誠是張範傳今曹公欲以弊兵數千敵十萬之衆劉曄傳明公以步兵五千北破袁紹證以裴說均非事實弼按何林二說誠然然案上文荀攸說公曰今兵少不敵分其勢乃可下文許攸曰袁氏軍盛何以待之又案荀彧傳云公以十分居一之衆畫地而守又云此用奇之時不可失也（袁紀通鑑同）此皆爲操以少敵衆之證裴注所云似爲未審惟操所統數十萬衆未必悉屯許下何以不調赴官渡此則事之不無可疑者耳案鍾繇傳云公與紹相持繇爲司隸送馬二千餘匹以給軍本紀及世語並云公時有騎六百餘匹繇馬爲安在哉弼按鍾繇傳云繇送馬二千餘匹誤本因馬匹之少故操與繇書云得所送馬甚應其急且兩軍對峙時逾半年長安官渡相距甚遠繇馬未至之先僅有六百餘騎又復何疑裴注云云似未爲得

紹復進臨官渡起土山地道公亦於內作之以相應紹射營中矢如雨下行者皆蒙楯李賢曰楯今之旁排也楊雄羽獵賦曰蒙楯負羽獻帝春秋曰紹令軍中各持三尺繩曹操成禽但當縛之胡三省曰楯

食尹翻衆大懼時公糧少與荀彧書議欲還許後漢書荀彧傳議欲還許以致紹師李賢曰致猶至也兵法曰善戰者致人不致於人彧以爲紹悉衆聚官渡欲與公決勝敗公以至弱當至彊若不能制必爲所乘是天下之大機也且紹布衣之雄耳能聚人而不能用夫以公之神武明哲而輔以大順何向而不濟後漢書荀彧傳彧報曰今穀食雖少未若楚漢在滎陽成皋間也是時劉項莫肯先退者以爲先退則勢屈也公以十分居一之衆畫地而守之搤其喉而不得進已半年矣情見勢竭必將有變此用奇之時不可失也本志彧傳同公從之孫策聞公與紹相持乃謀襲許未發爲刺客所殺吳志孫策傳策陰欲襲許迎漢帝密治兵部署諸將未發會爲故吳郡太守許貢客所殺弼按孫策不亡於刺客周瑜不死於巴丘關羽不敗於臨沮皆可逐鹿中原爭雄天下則曹丕之簒或有待乎汝南降賊劉辟等叛應紹略許下紹使劉備助辟公使曹仁擊破之備走遂破辟屯劉辟事見建安元年注梁章鉅曰此事亦見蜀先主傳辟於建安元年已死何以復有此人或別有一劉辟也袁紹運穀車數千乘至公用荀攸計遣徐晃史渙邀擊大破之盡燒其車徐晃傳晃與史渙擊袁紹運車於故市功最多公與紹相拒連月雖比戰斬將然衆少糧盡士卒疲乏公謂運者曰卻十五日胡三省曰卻後也爲汝破紹不復勞汝矣冬十月紹遣運穀使淳于瓊等五人將兵萬餘人送之宿紹營北四十里御覽營上有軍字後漢書袁紹傳瓊等時宿烏巢去紹軍四十里章懷注烏巢在酸棗城東紹謀臣許攸貪財紹不能足御覽足作用來奔後漢書袁紹傳會攸家犯法審配收繫之攸不得志遂奔曹操因說公擊瓊等左右疑之荀攸賈詡勸公公乃留曹洪守自將步騎五千人夜往會明至瓊等望見公兵少出陣門外公急擊之瓊退保營遂攻之紹遣騎救瓊左右或言賊騎稍近請分兵拒之公怒曰賊在背後乃白士卒皆殊死戰大破瓊等皆斬之

曹瞞傳曰公聞攸來跣出迎之撫掌笑曰子卿遠來吾事濟矣胡三省曰許攸字子遠今呼爲子卿貴之也或曰操字攸曰子遠卿來吾事濟矣於文爲順既入坐謂公曰袁氏軍盛何以待之今有幾糧乎公曰尚可支一歲攸曰無是更言之又曰可支半歲攸曰足下不欲破袁氏耶何言之不實也公曰向言戲之耳其實可一月爲之柰何攸曰公孤軍獨守外無救援而糧穀已盡此危急之日也今袁氏輜重有萬餘乘在故市烏巢胡三省曰據水經烏巢澤在陳留酸棗縣東南惠棟曰晉太康地理記云烏巢澤在酸棗東南昔曹太祖納許攸之策破袁紹軍處也趙一清曰水經濟水注濟瀆又東逕酸棗縣之烏巢澤澤北有故市亭一清案故市漢縣屬河南郡後漢縣廢在今鄭州北弼按一統志烏巢澤在今河南衞輝府延津縣東南故市在今延津縣界趙氏所云爲故市廢縣在今鄭州西北三十五里與此故市無涉屯軍無嚴備今以輕兵襲之不意而至燔其積聚不過三日袁氏自敗也公大喜乃選精銳步騎皆用袁軍旗幟銜枚縛馬口監本口作曰誤夜從閒道出人抱束薪所歷道有問者語之曰袁公恐曹操鈔略後軍遣兵以益備聞者信以爲然皆自若既至圍屯大放火營中驚亂大破之盡燔其糧穀寶貨斬督將眭元進范書注引曹瞞傳作睢元進惠棟曰睢當作眭卽眭固也弼按眭固字白兔史渙斬於犬城見前建安四年又見張楊傳及注惠說誤騎督韓莒子呂威璜趙叡等首割得將軍淳于仲簡鼻未死殺士卒千餘人皆取鼻牛馬割唇舌以示紹軍將士皆恒懼時有夜得仲簡將以詣麾下公謂曰何爲如是仲簡曰勝負自天何用爲問乎公意欲不殺何焯曰瓊與魏武皆西園八校尉之一故欲活之許攸曰明旦鑒於鏡此益不忘人趙一清曰鑒鏡不忘謂己割其鼻也乃殺之

紹初聞公之擊瓊謂長子譚曰就彼攻瓊等盧文弨曰御覽攻作破吾攻拔其營彼固無所歸矣胡三省曰就卽也言卽使操破淳于瓊而我攻拔其營將無所歸也乃使張郃高覽攻曹洪潘眉曰荀彧檄吳將校部曲云張郃高奐舉事立功李善注魏志高覽此云高奐蓋有二名郃等聞瓊破遂來降紹衆大潰紹及譚棄軍走渡河追之不及盡收其輜重圖書珍寶虜其衆

獻帝起居注曰隋書經籍志漢獻帝起居注五卷又云今之存者有漢獻帝及晉代已來起居注皆近侍之臣所錄新舊唐志卷同章宗源曰三國
志注續漢志注後漢書注初學記職官部御覽職官部通典禮門注並引獻帝起
居注共數十事侯康曰唐六典漢獻帝及西晉以後諸帝皆有起居注皆史官所
錄魏志文紀注引一條稱曹操爲太祖則此書成於魏時也姚振宗曰起居注惟
天子得有此制獻帝自遜位之後自不得再有起居注起居所注自不得連及山
陽就封之後其記後事別有漢獻帝傳山陽公記諸書在焉書中稱太祖書名題
獻帝則碻爲魏人手筆史通云及在許都楊彪頗存注記意即是彪所存是書關
涉魏事故魏臣改其名曰太祖青龍之前亦當稱漢帝起居注其後乃加獻字耳公上言大將軍鄴侯袁紹前與冀州牧韓
馥立故大司馬劉虞局本大作人誤刻作金璽遣故任長畢瑜詣虞郡國志冀州鉅鹿郡任一統志任縣故城
今直隸順德府任縣東南續百官志縣萬戶以上爲令不滿爲長本志卷二十四王觀傳觀爲任令當是彼時戶口增加改稱令也爲說命錄之數
又紹與臣書云可都鄄城馮本監本鄄作甄鄄城見初平四年當有所立擅鑄金銀印孝廉計吏皆
往詣紹從弟濟陰太守敘與紹書云今海內喪敗天意實在我家神應有徵當在尊兄
南兄臣下欲使即位南兄言以年則北兄長以位則北兄重南兄謂術北兄謂紹便欲送璽會

曹操斷道紹宗族累世受國重恩而凶逆無道乃至於此輒勒兵馬與戰官渡乘聖朝
之威得斬紹大將淳于瓊等八人首遂大破潰紹與子譚輕身迸走凡斬首七萬餘級
輜重財物巨億
公收紹書中得許下及軍中人書皆焚之
魏氏春秋曰公云當紹之彊孤猶不能自保而況衆人乎胡三省曰此光武安反側之意英雄處事世雖相遠
若合符節弼按本志卷二十三趙儼傳注引魏略云太祖北拒袁紹時遠近莫不私遺牋記通意於紹者太祖使人搜閱紹記室惟不見李通書疏
冀州諸郡多舉城邑降者初桓帝時有黃星見於楚宋之分遼東殷
馗原注馗古逵字見三蒼弼按隋書經籍志三蒼三卷郭璞注秦相李斯作蒼頡篇漢楊雄作訓纂篇後漢郎中賈訪作滂喜篇（訪當作魴）故曰三蒼徐鉉
說文韻譜敘曰賈魴以三倉之書皆爲隸字隸字始廣而篆籀轉微姚振宗曰魴既
撰滂喜篇又隸寫合倉頡訓纂爲三倉三卷三倉之名自魴始沈家本曰漢志蒼頡
七章者秦丞相李斯所作也爰曆六章者車府令趙高所作也博學七章者太史令
胡母敬所作也漢興閭里書師合蒼頡爰曆博學三篇斷六十字以爲一章凡五十
五章並爲蒼頡篇玉海（四十四）引元魏江式曰李斯破大篆爲小篆造蒼頡九
章趙高造爰曆六章胡母敬造博學七章後人分五十五章三卷爲上卷至哀帝元
壽中楊子雲作訓纂爲中卷和帝永元中賈叔郎接記滂喜爲下卷故稱三蒼其說
與隋志同說文繫傳以蒼頡爰曆博學爲三蒼蓋本漢志爲說閻百詩曰三蒼之名
以隋志爲定蓋爰曆博學并於蒼頡已久而不復可別識矣
新唐志李斯等三蒼三卷郭璞解舊志斯作執者傳寫誤也善天文言後五十
歲當有眞人起於梁沛之閒其鋒不可當至是凡五十年而公破紹
天下莫敵矣趙一清曰續天文志建安五年十月辛亥有星孛於大梁冀州分野時袁紹在冀州其年十一月紹軍爲曹公所破七年夏紹死後
曹公遂取冀州弼按天文五行之說劉知幾史通辨之詳矣以後類此者不錄
六年夏四月揚兵河上擊紹倉亭軍胡三省曰紹蓋遣軍屯倉亭津一統志倉亭津在今山東曹州府范縣東
北古大河濟渡處久湮水經河水注河水於范縣東北流爲倉亭津述征記曰倉亭
津在范縣界去東阿六十里魏土地記曰津在武陽縣東北七十里津河濟名也本
志程昱傳昱遣別騎絕倉亭津陳宮至不得渡即此方輿紀要卷十六倉亭在直隸
大名府南樂縣西三十五里其地有倉帝陵及造書臺亭因以名或以爲山東范縣
之倉亭津誤矣是倉亭別爲一地非倉亭津也沈欽韓以倉亭津爲南樂之倉亭梁
章鉅又引其說均誤（南樂之倉亭一統志作蒼亭）謝鍾英曰倉亭津今曹州府

朝城縣東北破之紹歸復收散卒攻定諸叛郡縣九月公還許何焯曰紹地廣衆盛謀議
之士附者尙多其兵雖破未可取也故歸許以養威俟釁且以其閒翦劉備復起之勢得以全力徐收河北莫能牽制耳紹之未破也使劉
備略汝南汝南賊共都等應之錢大昕曰蜀先主傳作龔都龔與共古字通郤松年曰廣韻龔晉大夫龔堅後共鄭共叔
段後龔共雖通姓自有別遣蔡揚擊都不利爲都所破公南征備備聞公自行走奔
劉表都等皆散
七年春正月公軍譙譙見前令曰吾起義兵爲天下除暴亂舊土人民
死喪略盡國中終日行不見所識使吾悽愴傷懷其舉義兵以來將
士絕無後者求其親戚以後之授土田官給耕牛置學師以教之爲
存者立廟使祀其先人馮本祀作祝魂而有靈吾百年之後何恨哉遂至
浚儀治睢陽渠遣使以太牢祀橋玄胡三省曰浚儀縣屬陳留郡睢水於此縣首受蒗蕩渠水東過睢陽縣故

謂之睢陽渠睢音雖玄識操於微時故祀之趙一清曰續郡國志陳留郡浚儀本大梁劉昭引通俗文渠在浚儀曰莨蕩也方輿紀要卷四十七及卷五十云蓋因睢水而作渠睢水於浚儀首受莨蕩水東過睢陽故曰睢陽渠水經睢水注睢陽城北五六里便得漢太尉橋玄墓冢東有廟即曹氏孟德親酹處謝鍾英曰睢陽渠在今陳留縣東北四十里弼按一統志浚儀故城在今河南開封府祥符縣西北睢陽故城在今河南歸德府商丘縣南睢陽渠在睢陽故城東南胡注極爲明晰謝說謂在陳留誤方輿紀要於商丘陳留兩存其說蓋謂睢水所經非謂睢陽渠在兩地也趙氏因上文遂至浚儀之語遂引劉昭注以實之亦與睢陽渠無涉蓋操南征劉備還軍至譙操爲譙人橋玄爲睢陽人睢陽在譙縣之北故有奉命東征屯次鄉里北望貴土乃心陵墓之言且踐斗酒相酹之約故因治渠而祀玄則渠實在睢陽也梁章鉅曰操悽愴致祭以申宿懷水經注言操親酹據此則非遣使矣周壽昌曰祀文云北望貴土則明係遣使又宋書禮志云建安中遣使祀玄以太牢文帝黃初六年又以太牢祀之皆遣使非親祀水經注所云不過引爲遺蹟非事實也弼按後漢書橋玄傳云操經過玄墓輒悽愴致祭奠與本志遣使異未知孰是

褒賞令載公祀文曰故太尉橋玄范書玄作公誕敷明德汎愛博容范書作懿德高軌汎愛博容文選頭陀寺碑注引此文同國念明訓士思令謨靈幽體翳邈哉晞矣范書作幽靈潛翳緲哉緬矣吾以幼年范書吾作操逮升堂室特以頑鄙之姿爲大君子所納范書作特以頑質見納君子增榮益觀皆由獎助范書獎助作勗猶仲尼稱不如顏淵論語孔子謂子貢曰汝與回也孰愈子貢曰賜也何敢望回子曰吾與汝俱不如也李生之厚歎賈復後漢書賈復傳復少好學事舞陰李生李生奇之曰賈復將相之器也士死知己懷此無忘又承從容約誓之言徂逝之後范書作徂沒之後水經注同路有經由不以斗酒隻雞過相沃酹車過三步腹痛勿怪范書怪作怨水經注同雖臨時戲笑之言非至親之篤好胡肯爲此辭乎匪謂靈忿能詒己疾懷舊惟顧李賢曰惟思也念之悽愴奉命東征屯次鄉里北望貴土乃心陵墓沈銘彝曰此人臣墓亦稱陵與樊宏傳之稱敕趙咨傳之稱顧命古人文質今則當有所避矣裁致薄奠公其尚饗

進軍官渡紹自軍破後發病歐血夏五月死范書獻帝紀建安七年夏五月庚戌袁紹薨小子尚代譚自號車騎將軍屯黎陽秋九月公征之連戰譚尚數敗退固守郭緣生述征記曰黎陽城西袁譚城城南又有一城是曹公攻譚之所築

八年春三月攻其郭攻黎陽之郭也范書袁紹傳譚尚與操相拒於黎陽自九月至明年二月大戰城下乃出戰擊大破之譚尚夜遁夏四月進軍鄴趙一清曰續郡國志魏郡首鄴蓋郡治是時袁紹以州牧治此謝鍾英曰地形志冀州後漢治高邑袁紹曹操爲冀州治鄴魏晉治信都元和郡縣志黃初中以鄴爲五都之一始移冀州治信都一統志鄴縣故城今河南彰德府臨彰縣西范書袁紹傳譚尚夜遁還鄴操進軍尚逆擊破操胡三省曰此諸葛孔明所謂偪於黎陽時也必有破操軍事魏人諱而不書耳弼按本志紹傳云追至鄴收其麥拔陰安引軍還許郭嘉傳連戰數克諸將欲乘勝遂攻之郭嘉曰急之則相持緩之則爭心生不如南向荊州是操軍未敗也諸葛所謂偪於黎陽者蓋謂兩軍相持半年之久操軍不得前進耳五月還許留賈信屯黎陽己酉令曰文館詞林卷六百九十五載此令題曰魏武帝軍將敗抵罪令司馬法漢書藝文志禮類軍禮司馬法百五十五篇隋書經籍志司馬兵法三卷齊將司馬穰苴撰周禮疏云齊景公時大夫穰苴作司馬法史記穰苴傳云齊威王使大夫追論古者兵法而附穰苴於其中因號曰司馬穰苴兵法四庫總目提要云據穰苴傳是書乃齊國諸臣所追輯隋唐諸志以爲穰苴撰者誤也班固獨以此書入禮類豈非以其爲古來五禮之一歟張澍司馬法序曰古有司馬法非穰苴始作威王時附穰苴兵法於司馬法中非附司馬法於穰苴兵法中也周禮疏誤矣漢志百五十五篇今存五篇他書所引亦有不見五篇中者皆逸文也將軍死綏張澍司馬法逸文引此語魏書云綏卻也有前一尺無卻一寸文選任彥昇奏彈曹景宗文云臣聞將軍死綏咫步無卻李善曰司馬法將軍死綏杜預左傳文公十二年注古名退軍爲綏周壽昌曰裴氏此注亦本古說然案說文綏車中把也故禮記曲禮執策綏少儀車則脫綏又有良綏散綏儀禮士昏禮授綏既夕記約綏似古者多用車戰車前進無後退故將軍死綏借此綏字也又案禮記檀弓魯莊公及宋人戰於乘丘公隊佐車授綏足徵兵車之以綏爲進退也胡玉縉曰周說似是而非黃以周軍禮司馬灋考徵云綏讀如交綏之綏賈逵注其辟君三舍引司馬兵灋從遯不過三舍今本亦作從綏然則將軍死綏謂將兵者盡命於將退不逃亡也後人以交綏爲交戰死綏爲死於車綏之下殊失其義荀子議兵篇將死鼓御死轡士大夫死行列各死其所職也車綏何與於將軍而曰將軍死綏耶其說甚覈佐軍授綏亦欲隊者挽之而上耳未可傳會故趙括之母乞不坐括史記趙王將使趙括爲將其母上書曰括不可使將王曰母置之吾己決矣母曰王終遣之卽有不稱妾得無坐乎王許諾是古之將者軍破於外而家受罪於內也自命將征行但賞功而不罰罪非國典也其令諸將出征敗軍者抵罪失利者免官爵何焯曰始猶烏合故多寬假至此乃議罰爲立國經久之計

魏書載庚申令曰文館詞林題曰魏武帝論吏士行能令議者或以軍吏雖有功能德行不足堪任郡

國之選文館詞林無任字之字所謂可與適道未可與權文館詞林下有者也二字管仲曰使賢者食於能則上尊鬭士食於功則卒輕於死文館詞林無於字二者設於國則天下治文館詞林治作乂蓋許敬宗等奉勅編此書避唐諱也下同未聞無能之人不鬭之士並受祿賞而可以立功興國者也故明君不官無功之臣不賞不戰之士治平尚德行有事賞功能文館詞林治作太賞作貴論者之言一似管窺虎歟文館詞林作一似筒窺獸矣趙一清曰晉書王獻之傳有窺豹之語似因避唐諱而改梁章鉅曰此言窺虎今人但知窺豹矣

秋七月令曰文館詞林題曰魏武帝修學令喪亂已來十有五年蓋自中平六年計後生者不見仁義禮讓之風吾甚傷之其令郡國各修文學縣滿五百戶置校官選其鄉之俊造而教學之文館詞林俊造作雋選庶幾先王之道不廢而有以益於天下周壽昌曰曹氏父子文才超絕實非當日諸臣所及故尙知留心文學所謂仁義禮讓者不過借作開宗語其實何曾舉有篤行一人觀下十五年十九年之令卽可知其用人底裏

八月公征劉表軍西平胡三省曰西平縣屬汝南郡從郭嘉之謀也一統志西平故城今河南汝寧府西平縣西四十五里

公之去鄴而南也譚尚爭冀州譚爲尚所敗走保平原平原見初平三年注尚攻之急譚遣辛毗乞降請救辛毗至西平說操乃許譚平詳見本志卷二十五辛毗傳諸將皆疑荀攸勸公許之語詳攸傳

魏書曰公云我攻呂布表不爲寇官渡之役不救袁紹此自守之賊也宜爲後圖譚尚狡猾當乘其亂縱譚挾詐不終束手使我破尚偏收其地利自多矣乃許之據本志荀攸辛毗傳操欲先平荆州聞荀攸辛毗之言乃引軍北還與魏書異

公乃引軍還冬十月到黎陽爲子整與譚結婚本志卷二十有郿戴公子整傳

臣松之案紹死至此過周五月耳譚雖出後其伯不爲紹服三年而於再朞之內以行吉禮悖矣魏武或以權宜與之約言今云結婚未必便以此年成禮官本考證李淸植曰明年九月明記女還然後進軍則其成禮於此時必矣操譚烏得與論禮哉姜宸英曰譚尙兄弟爲仇豈知此禮魏武欲乘其亂而取亦不暇顧忌名教裴駁迂甚朱邦衡曰袁曹結婚乃彼此相餌之計周壽昌曰操不惜爲子結婚仇敵售其詐謀豈尙可繩以禮法弼按操爲子整娶袁譚之女爲子均娶張繡之女皆爲一時權謀之計至爲子丕納袁熙之妻則不免貽羞後世耳

尚聞公北乃釋平原還鄴東平呂曠呂詳叛尚東平見初平三年官本詳作翔本志袁紹傳作呂翔范書袁紹傳作高翔通鑑從之屯陽平郡國志兗州東郡陽平一統志陽平故城今山東東昌府莘縣治率其衆降封爲列侯

魏書曰譚之圍解陰以將軍印綬假曠曠受印送之范書袁紹傳譚復陰刻將軍印以假曠翔操知譚詐乃以子整娉譚女以安之而引軍還胡三省曰操本有伐尚因而取譚之心況復有誘曠翔之事乎聘其女爲子婦以安之所謂將欲取之必姑與之也公曰我固知譚之有小計也欲使我攻尚得以其閒略民聚衆比尚之破可得自彊以乘我弊也尚破我盛何弊之乘乎

九年春正月濟河遏淇水入白溝以通糧道水經淇水注淇水又南歷枋堰舊淇水口東流逕黎陽縣

界南入河漢建安九年魏武王於水口下大枋木以成堰遏淇水東入白溝以通漕運故時人號其處曰枋頭魏武開白溝因宿胥故瀆而加功淇水又東北流謂之白溝胡三省曰袁尚在鄴操將攻之故通糧道吳熙載曰淇水古由衞輝府濬縣西南八十里宿胥對岸入河今操欲通漕於鄴遂下枋斷淇水入河之口而決之使入白溝徑內黃臨漳入漳通鑑輯覽云今淇水入衞自濬縣以下謂之白溝王幼學馮智舒以爲宋遼分界之白溝其說非是二月尚復攻譚留蘇由審配守鄴公進軍到洹水戰國策蘇秦說趙肅侯令天下將相盟於洹水之上史記注應劭曰洹水在湯陰縣界瓚曰在今安陽縣北胡三省曰水經洹水出上黨泫氏縣東過隆慮縣北又東北出山徑鄴縣南洹于元翻又音桓一統志洹水在今彰德府北四里源出上黨故垣氏縣經林慮山而洑復瀑於善應高平二山自彰德府城西南遶而東下流入衞河本志袁紹傳到洹水去鄴五十里方輿紀要洹水在今彰德府臨漳縣西南四十里自安陽縣流入由降潘眉曰荀彧檄吳將校部曲云將軍蘇游反爲內應李善注游與由同既至攻鄴爲土山地道武安長尹楷屯毛城郡國志冀州魏郡武安一統志武安故城今彰德府武安縣西南（互見曹爽傳）毛城在武安縣西彰德府志毛城卽毛嶺在涉縣西四十五里本志卷十六倉慈傳注引魏略云令狐邵暫出到武安毛城中太祖破鄴遂圍毛城又本志卷十七徐晃傳別討毛城卽此通上黨糧道郡國志幷州上黨郡治長子元和志後漢末董卓作亂移理壺關一統志長子故城今山西潞安府長子縣城西本志紹傳以中子熙爲幽州甥高

幹爲幷州通上黨糧道者與高幹相應也下文沮鵠守邯鄲者與袁熙相應也

夏四月留曹洪攻鄴公自將擊楷破之而還尚將沮鵠守邯鄲郡國志冀州趙國邯鄲一統志邯鄲故城今直隸廣平府邯鄲縣西南十里胡三省曰沮子余翻邯鄲音寒丹

沮音菹河朔閒今猶有此姓鵠沮授子也紀昀曰裴注初意似亦欲如應劭之注漢書考究訓詁引證故實故於此沮鵠特注沮音菹又如獷平字則引續漢書郡國志注獷平縣名屬漁陽甬道字則引漢書高祖二年與楚戰築甬道贊旐字則引公羊傳先正字則引文侯之命釋位字則引左傳致屆字則引詩綏爰字率俾字督作字則皆引書料虔天刑字則引國語至蜀志郤正傳釋誨一篇句句引古事爲注至連數簡又如彭羕傳之革不訓老華佗傳之麏本似專秦宓傳之棘革異文少帝紀之叟更異字亦閒有所辨證其他傳文句則不盡然然如蜀志廖立傳首忽注其姓曰補救切魏志涼茂傳中忽引博物記注一綴字之類亦閒有之蓋欲爲之而未竟又惜所已成不欲刪棄故或詳或略或有或無亦頗爲例不純然網羅繁富凡六朝舊籍今所不傳者尚一一見其厓略故考證之家取材不竭云

又擊拔之何焯曰破楷則高幹幷州之援北斷拔邯鄲則袁熙幽州之援東絕擊楷自將者運道不通則堅城大衆有自潰之埶所係尤大也**易**

陽令韓範郡國志趙國易陽一統志易陽故城今直隸廣平府永年縣西十五里**涉長梁岐**郡國志魏郡沙一統志涉縣故城在今彰德府涉縣西北二里本漢沙縣後漢末始改曰涉王念孫曰水經濁漳清漳二水注並作涉趙東潛謂兩漢志本作沙至三國時始有涉名念孫案趙說非水經清漳水東過涉縣西屈從縣南注云地理志魏郡之屬縣也漳水於此有涉河之名蓋名因地變也是善長所見漢志本作涉不作沙且漳水至涉縣而有涉河之名則涉縣之名由來已久不然漳水何以無沙河之名乎魏志稱涉長梁岐則涉乃漢時舊名非自三國時始元和志云涉縣本漢舊縣因涉河水爲名亦不言本名沙縣後改爲涉也趙氏以兩漢志皆作沙遂謂涉縣本名沙今考王子侯表云離石侯綰後更爲涉侯則涉乃西漢舊名而今本兩漢志作沙皆傳寫之誤明矣**舉縣降**

賜爵關內侯徐晃傳易陽令韓範僞以城降而拒守晃爲陳成敗範悔晃輒降之既而言於太祖曰願公降易陽以示諸城則莫不望風**五**

月毀土山地道作圍塹決漳水灌城城中餓死者過半范書袁紹傳操乃鑿塹圍城周回四十里一夜濬之廣深二丈引漳水以灌之自五月至八月城中餓死者過半胡三省曰土山地道急攻也知非急攻可拔故鑿塹圍城絕其內外以久困之塹七豔翻水經注漳水過鄴縣西魏武堨以圍鄴一統志漳水東經臨漳縣西北流入直隸成安縣界弼按操攻太壽決渠水灌城攻下邳決泗沂水灌城攻鄴決漳水灌城善利用水者也周瑜赤壁之戰陸遜夷陵之役善利用火者也此皆兵謀家所不可不知者也

秋七月尚還救鄴諸將皆以爲此歸師人自爲戰不如避之兵法曰歸師勿遏**公曰尚從大道來當避之若循西山來者此成禽耳**胡三省曰從大道來則人懷救根本不顧勝敗有必死之志循山而來則其戰可前可卻人有依險自全之心無同力致命之意操所以料尚者如此兵法所謂觀敵之動者也趙一清曰西山當指太行山續郡國志魏郡鄴縣注引魏都賦注曰縣西北有鼓山時時自鳴鳴則兵案本傳有西唐山又鄴北太行山西北去不知山所極處亦如東海不知水所窮盡也謝鍾英曰西山當在今臨漳縣西北磁州南境弼按西山當即鼓山亦即滏山下文臨滏水爲營是也袁尚由平原西還救鄴冀州諸縣或降或拔故不能不繞道西山耳一統志鼓山在彰德府武安縣南三十里一名滏山魏書地形志臨漳有鼓山元和志鼓山亦名滏山滏水出焉亦名滏口即太行第四陘也山嶺高深實爲險阨

尚果循西山來臨滏水爲營郡國志鄴有滏水左思魏都賦曰北臨漳滏則冬夏異沼注云水經鄴西北滏水熱故名滏口元和志滏水出滏山泉源奮勇若滏之揚湯故以滏口名之一統志滏水在臨漳縣西十五里本志袁紹傳尚去鄴十七里臨滏水舉火以示城中滏水又互見袁紹傳注

曹瞞傳曰遺候者數部前後參之皆曰定從西道已在邯鄲公大喜會諸將曰孤已得冀州諸君知之乎皆曰不知公曰諸君方見不久也

夜遣兵犯圍公逆擊破走之遂圍其營未合尚懼故豫州刺史陰夔及陳琳乞降錢大昕曰故上當有遺字何焯說同趙一清曰袁紹傳有之**公不許爲圍益急尚夜遁保祁山**本志紹傳尚還走濫口范書作藍口章懷注安陽縣界有藍嵯山與鄴相近蓋藍山之口通典安陽縣有藍嵯山藍口藍山之口也顧祖禹曰藍嵯山在彰德府城西或謂之祁山諸葛公謂曹操危於祁連者蓋即藍口之戰云姚範曰尚保祁山祁山今鞏昌府西河縣東北弼按在今鞏昌府之祁山爲諸葛武侯用兵之地與此無涉姚說誤又互見袁紹傳濫口注

追擊之其將馬延張顗等臨陣降衆大潰尚走中山郡國志冀州中山國治盧奴水經滱水注盧奴城內西北隅有水淵而不流水色正黑俗名曰黑水池或云水黑曰盧不流曰奴故此城藉水以取名一統志盧奴故城今直隸定州治**盡獲其輜重得尚印綬節鉞**御覽三百五十六引魏武破袁尚上事云臣前上言逆賊袁尚還即厲精銳討之今尚人徒震蕩部曲喪守引兵遁亡臣陳軍被堅執銳朱旗震曜虎士雷譟望旗眩睛聞聲喪氣投戈解甲翕然沮壞尚單騎迸走捐棄僞節鉞大將軍邟鄉侯印各一枚兜鍪萬九千六百二十枚其矛楯弓戟不可勝數

使尚降人示其家城中崩沮八月審配兄子榮夜開所守城東門內兵范書紹傳審配以其兄子榮爲東門校尉榮夜開門內操兵水經濁漳水注鄴城有

七門東曰建春門胡三省曰內讀曰納配逆戰敗生禽配斬之配事詳見袁紹傳注鄴定公臨祀紹墓元和志袁紹墓在臨漳縣西北十六里哭之流涕慰勞紹妻還其家人寶物賜雜繒絮廩食之

孫盛云昔者先王之爲誅賞也將以懲惡勸善永彰鑒戒紹因世艱危遂懷逆謀上議神器下干國紀薦社汙宅古之制也而乃盡哀於逆臣之冢加恩於饕餮之室爲政之道於斯躓矣夫匿怨友人前哲所恥稅驂舊館義無虛涕苟道乖好絕何哭之有昔漢高失之於項氏魏武遵謬於此舉豈非百慮之一失也趙一清曰後漢書孔融傳曹操攻屠鄴城袁氏婦子多見侵略而操子丕私納袁熙妻甄氏融乃與操書稱武王伐紂以妲己賜周公操不悟後問出何經典對曰以今度之想當然耳觀此則史多飾詞孫盛之評殆爲贅述唐庚曰劉項受命懷王約爲兄弟而紹與操少相友善同起事而紹又爲盟主雖道乖好絕至於相傾然以公義討之以私恩哭之不以恩掩義亦不以義廢恩是古之道也何名爲失哉或曰操之破紹豈眞弔伐之舉而必薦社汙宅然後爲快耶孫氏之譏所謂强生議論甚無謂也弼按唐說迂趙氏與或說均是又按世說新語惑溺篇魏甄后惠而有色先爲袁熙妻甚獲寵曹公之屠鄴也令疾召甄左右白五官中郎將已將去公曰今年破賊正爲奴據此則所謂祀墓慰勞者皆僞也

初紹與公共起兵紹問公曰若事不輯則方面何所可據公曰足下意以爲何如紹曰吾南據河北阻燕代兼戎狄之衆南向以爭天下庶可以濟乎何焯曰紹見光武資河北以定海內故圖據之公曰吾任天下之智力以道御之無所不可

傅子曰晉書傅玄傳玄字休奕北地泥陽人祖燮漢漢陽太守父幹魏扶風太守（燮幹事見後建安十九年注）玄少孤貧博學善屬文魏時選入著作撰魏書封鶉觚男晉武帝受禪進爵爲子玄上疏曰魏武好法術而天下貴刑名魏文慕通達而天下賤守節其後綱維不攝而虛無放誕之論盈於朝野天下無復清議宜舉清遠有禮之臣以敦風節退虛鄙以懲不恪泰始四年爲御史中丞五年遷太僕轉司隸校尉免卒於家年六十二謚曰剛追封清泉侯玄少時避亂河內專心誦學後雖顯貴著述不廢撰論經國九流及三史故事評斷得失各爲區例名爲傅子爲內外中篇凡四部六錄合百四十首數十萬言幷文集百餘卷行於世玄初作內篇成示司空王沈沈曰省所著書言富理濟經綸政體存重儒教足以塞楊墨之流遁齊孫孟於往代也隋書經籍志傅子百二十卷晉司隸校尉傅玄撰唐志同四庫提要云宋崇文總目僅載二十三篇宋史藝文志僅載五卷其後惟遂初堂書目尚有其名元明之後藏書家遂不著錄今檢永樂大典中得文義完具者十二篇未全者十二篇總爲一卷其有大典未載見於他書者得四十餘條別爲附錄此書所論關切治道闡啓儒風精理名言往往而在論衡昌言皆當遜之嚴可均曰余以羣書治要所載二十四篇校大典本多出二千五百許字又從三國志注寫出六千三百餘字廣爲二卷又遍蒐各書爲補遺二卷

太祖又云答紹之言湯武之王豈同土哉若以險固爲資則不能應機而變化也郭嘉傳注引傅子云語在武紀此所云云當卽傅子之武紀中語也

九月令曰河北罹袁氏之難其令無出今年租賦重豪彊兼幷之法百姓喜悅

魏書載公令曰文館詞林題曰魏武帝收田租令有國有家者不患寡而患不均不患貧而患不安袁氏之治也使豪彊擅恣親戚兼幷下民貧弱代出租賦衒鬻家財不足應命文館詞林應命作畢貢審配宗族至乃藏匿罪人文館詞林至下有徵字屬上句讀爲逋逃主欲望百姓親附甲兵彊盛豈可得邪其收田租畝四升文館詞林其下有令字戶出絹二匹綿二斤而已他不得擅興發郡國守相明檢察之無令彊民有所隱藏而弱民兼賦也文館詞林令中民字皆作人治作乂均避唐諱

天子以公領冀州牧范書獻帝紀九年秋八月戊寅曹操大破袁尙平冀州自領冀州牧袁宏後漢紀或說操曰宜復古制置九州則所制者廣大天下服矣操將從之荀彧言宜天下大定乃議古制操曰微足下失之者多矣遂寢九州之議（本志彧傳同）本志董昭傳以昭爲冀州牧（當在建安四年）賈詡傳以詡爲冀州牧（亦在建安四年）冀州未平留參司空軍事河北平太祖領冀州牧徙詡爲太中大夫冀州未平以前則以昭詡爲牧既平以後則自領之公讓還兗州胡三省曰當時政自操出領則眞領而讓非眞讓也梁章鉅曰按下十三年云漢罷三公官置丞相御史大夫以公爲丞相又十八年云天子使御史大夫郗慮持節策命公爲魏公加九錫又二十一年云天子進公爵爲魏王書法並同而後漢書獻帝紀則曰曹公自領冀州牧自爲丞相自立爲魏公加九錫自進號爲魏王蓋陳志作於范書前且百餘年不能無所回護范書脩於宋時已隔兩朝可以據事直書其所值之時不同也或曰封殖之謀始此兗在

囊中故無嫌於讓也公之圍鄴也譚略取甘陵安平勃海河閒郡國志冀州清河國治甘陵安平國治信都河閒國治樂成劉昭注清河國桓帝建和二年改爲甘陵一統志甘陵故城今山東東昌府清平縣南信都故城今直隸冀州治樂成故城今河閒府獻縣東南勃海郡治南皮見初平元年注尙敗還中山譚攻之尙奔故安郡國志幽州涿郡故安一統志故安故城今直隸易州東南遂幷其衆公遺譚書責以負約與之絕婚至此而眞情畢露矣女還然後進軍胡三省曰袁尙破走操於是始討譚譚懼拔平原平原見初平三年注走保南皮十二月公入平原

略定諸縣

十年春正月攻譚破之斬譚誅其妻子冀州平曹純麾下騎斬譚首見曹仁傳趙一清曰鄴雖破而譚猶擾其衷偏故必斬譚而後書冀州平弼按范書獻帝紀十年春正月曹操破袁譚於靑州斬之則冀州平應作靑州平也

魏書曰公攻譚旦及日中不決公乃自執桴鼓士卒咸奮應時破陷英雄記曰操於南皮攻袁譚斬之操作鼓吹自稱萬歲於馬上舞本志卷十一王脩傳注引傅子曰太祖既誅袁譚梟其首令曰敢哭之者戮其妻子王脩哭之哀動三軍又見御覽卷四百二十

下令曰其與袁氏同惡者與之更始令民不得復私讎禁厚葬皆一之於法宋書禮志二云漢以後天下送死奢靡多作石室石獸碑銘等物建安十年魏武帝以天下彫弊下令不得厚葬又禁立碑魏高貴鄉公甘露二年大將軍參軍太原王倫卒倫兄俊作表德論以述倫遺美云祇畏王典不得爲銘乃撰錄行事就刊於墓之陰云爾此則碑禁尙嚴也此後復弛替是月袁熙大將焦觸張南等叛攻熙尙熙尙奔三郡烏丸觸等舉其縣降封爲列侯焦觸張南事詳見袁紹傳初討譚時民亡椎冰說見興平元年燒左手掌注康發祥曰此蓋言民苦椎冰道亡耳裴注分明

臣松之以爲討譚時川渠冰凍宋本冰作水使民椎冰以通船民憚役而亡

令不得降頃之亡民有詣門首者公謂曰聽汝則違令殺汝則誅首歸深自藏無爲吏所獲民垂泣而去後竟捕得或曰法有免首之科魏武既矜其情罪赦之可也既縱而復捕之進退無據非法之中弼按此與唐太宗之釋囚徒同一用意惟彼終赦此則終捕一寬一刻於此見之夏四月黑山賊張燕率其衆十餘萬降封爲列侯故安趙犢霍奴等故安注見上年殺幽州刺史涿郡太守三郡烏丸攻鮮于輔於獷平胡三省曰三郡烏丸遼西蹋頓遼東蘇僕延右北平烏延也服虔曰獷音鞏師古曰音九勇翻又音鑛弼按鮮于輔事見本志卷八公孫瓚傳及卷二十六田豫傳又見後建安十八年注

續漢書郡國志曰獷平縣名屬漁陽郡一統志獷平故城今直隸順天府密雲縣東北蓋在潮河西近古北口地潮河卽古鮑丘水也本志劉放傳漁陽王松據涿郡太祖克冀州放說松建安十年與松俱至乃以放參司空軍事胡三省曰此爲劉放因此管魏機密以亂魏張本

秋八月公征之斬犢等乃渡潞河郡國志漁陽郡潞一統志潞縣故城今順天府通州東以潞水爲名水經注鮑丘水逕潞縣故城西漢光武遣吳漢耿弇等破銅馬五幡於潞東卽此魏土地記云城西三十里有潞河是也救獷平烏丸奔走出塞

九月令曰文館詞林題曰整齊風俗令阿黨比周先聖所疾也論語君子周而不比小人比而不周集解云忠信爲周阿黨爲比聞冀州俗父子異部急就章分別部居不雜廁更相毀譽昔直不疑無兄

世人謂之盜嫂漢書直不疑傳不疑南陽人或毀不疑曰不疑狀貌甚美然特毋柰其善盜嫂何也不疑聞曰我乃無兄第五伯魚三娶孤女謂之撾婦翁范書第五倫傳倫字伯魚京兆長陵人建武二十七年補淮陽國醫工長從王朝京師帝戲謂倫曰聞卿爲吏篣婦公不過從兄飯寧有之邪倫對曰臣三娶妻皆無父少遭飢亂實不敢妄過人食帝大笑王鳳擅權谷永比之申伯漢書谷永傳永字子雲長安人是時委政元舅大將軍王鳳議者多歸咎焉永知鳳方見柄用陰欲自託迺言曰骨肉大臣有申伯之忠胡三省曰申伯宣王之舅谷永以之況王鳳也王商忠議張匡謂之左道漢書王商傳蜀郡張匡其人佞巧上書言丞相商作威作福執左道以亂政

此皆以白爲黑欺天罔君者也吾欲整齊風俗四者不除吾以爲羞冬十月公還鄴王鳴盛曰文帝紀黃初二年注引魏略以長安譙許昌鄴洛陽爲五都其實長安久不爲都譙特因是太祖故鄉聊目爲都皆非都也眞爲都者許鄴洛耳自建安元年操始自洛陽迎天子遷都許備見武帝紀中幷每有征伐事畢輒書公還許至九年滅袁氏之後則又還都於鄴矣紀雖於此下屢書公還鄴或書至鄴而尙未能直揭明數語使覩者醒眼（後漢書獻紀亦無此）至二十四年則書還洛陽二十五年又書至洛陽其下卽書王崩於洛陽至其子丕受禪卽眞位皆在洛蓋自操之末年又自鄴遷洛矣（沈約宋書三十三卷五行志魏文帝卽位自鄴遷洛終黃初不復還鄴）紀所書亦宜再加醒眼之句

予嘗恨新唐書本紀於武后中宗之在長安在洛陽全不分明陳壽意主簡嚴倘令讀者稍蒙昧較新唐書則已遠勝之弼按王氏意謂建安元年遷都許後又遷鄴遷洛陽而陳志范書均失載也不知魏略所云之五都爲魏之五都非漢之五都也書操還鄴者冀州牧本治鄴也還洛陽者軍行所至也武紀建安二十四年倘有軍還長安之文然則可謂遷都長安乎文紀延康元年築壇繁陽受禪黃初元年初營洛陽宮始幸洛陽是爲由許遷洛之證初不如王氏所云遷鄴遷洛也建安以後政柄固移曹氏然猶奉漢正朔不得以操之行止卽謂爲漢都之遷移也王氏爲失辭矣

初袁紹以甥高幹領幷州牧高幹字元才陳留圉人見本志高柔傳注又見袁紹傳及劉劭傳仲長統注郡國志幷州太原郡晉陽刺史治一統志晉陽故城今山西太原府太原縣治公之拔鄴幹降遂以爲刺史幹聞公討烏丸乃以州叛執上黨太守上黨注見上年舉兵守壺關口郡國志幷州上黨郡壺關上黨記曰關城都尉所治去郡六十里卽壺關一統志壺關故城今山西潞安府長治縣治壺口山下山川相錯地形如壺濁漳水注有壺口關故曰壺關又互見袁紹傳壺口關遣樂進李典擊之幹還守壺關城

十一年春正月公征幹幹聞之乃留其別將守城走入匈奴求救於單于單于不受匈奴事見初平三年注范書南匈奴傳會靈帝崩天下大亂單于將數千騎與白波賊寇河內諸郡乃止河東章懷注遂止河

東平陽也本志卷十六杜畿傳云會白騎攻東垣高幹入濩澤弼按濩澤縣屬河東郡高幹蓋由壺關而平陽而濩澤而上洛欲南奔劉表時豫州已爲操所據故繞道雍州也公圍壺關三月拔之上黨記曹公圍壺關起土山於西城內築界城遮之元和志壺關縣東南百二十里有曹公壘爲攻高幹時所築幹遂走荊州上洛都尉王琰捕斬之胡三省曰上洛縣前漢屬弘農後漢屬京兆曉關在縣西北故置都尉劉昫曰言縣在洛水之上故以爲名一統志上洛故城今陝西商州治弼按至是而幷州悉平操乃以梁習爲刺史邊境肅清長老稱詠詳見本志卷十五習傳上洛都尉又互見袁紹傳

秋八月公東征海賊管承至淳于郡國志青州北海國淳于一統志淳于故城今山東青州府安丘縣東北三十里遣樂進李典擊破之承走入海島割東海之襄賁郯戚以益琅邪省昌慮郡東海郡治郯見初平四年徐州牧注琅邪國治開陽見興平元年注昌慮郡建安三年置注見前郡國志東海郡襄賁戚一統志襄賁故城今山東沂州府蘭山縣西南百二十里戚縣故城今山東兗州府滕縣南七十里范書獻帝紀建安十一年立故琅邪王容子熙爲琅邪王齊北海阜陵下邳常山甘陵濟陰平原八國皆除胡三省曰八國皆除而獨立熙繼琅邪者容先遣弟邈至長安貢獻操時在東郡邈盛稱其忠誠操以此德容故爲容立後除八國者漸以弱漢宗室也趙一清曰東海郡郯刺史治亦太守治今割入琅邪未知太守更治何縣錢大昕曰光武封子彊爲東海王傳國最久中閒無改國爲郡之事續漢志東海郡郡字當爲國之訛洪頤煊曰東海恭王傳帝以彊廢不以過去就有禮故優以大封兼食魯郡是彊封東海而國都在魯故終東京之世魯稱國置相而東海仍爲郡錢說非也馬與龍曰彊都魯稱國故東海仍爲郡然終東京之世亦不別置守又云東海太守徐璆見魏志建安十三年注蓋自獻帝都許以後東海遂不屬魯矣弼按據洪馬二說可以釋趙錢之疑然據范書徐璆傳璆轉東海相是東海仍爲國錢說爲是又案琅邪王熙在位十一年坐謀欲過江被誅國除見范書光武十王傳

魏書載十月乙亥令曰文館詞林題曰魏武帝令掾屬等月旦各言過令嚴可均輯全三國文題曰求言令夫治世御衆文館詞林作化俗御衆建立輔弼誡在面從詩稱聽用我謀庶無大悔詩大雅抑篇之詩楚語衛武公作懿戒以自警韋昭曰懿讀爲抑斯實君臣懇懇之求也吾充重任每懼失中頻年以來不聞嘉謀豈吾開延不勤之咎邪自今以後諸掾屬治中別駕常以月旦各名其失文館詞林名作言吾將覽焉初學記卷二十一紙類載魏武令曰自今諸掾屬侍中別駕常以月朔各進得失紙書函封主者朝常給紙函各一

三郡烏丸承天下亂三郡上疑脫初字破幽州略有漢民合十餘萬戶袁紹

皆立其酋豪爲單于以家人子爲己女妻焉遼西單于蹋頓尤彊爲紹所厚故尚兄弟歸之數入塞爲害通鑑害作寇公將征之鑿渠自呼沲入泒水原注泒音孤馮本吳本泒作派錢大昕曰派當作泒从瓜得聲今譌爲支派字名平虜渠又從泃河口原注泃音句鑿入潞河名泉州渠以通海范書光武紀呼沲河注呼沲河舊在饒陽南至魏太祖曹操因饒河故瀆決令北注新溝水所以今在饒陽縣北胡三省曰說文泒水出鴈門葰人戍夫山東北入海水經注泃水出右北平無終縣西山西北流過平谷縣而東南流又南流入於潞河又東合泉州渠口曹操所築也渠東至海陽縣樂安亭南與濡水合而入於海泉州平谷二縣皆屬漁陽郡趙一清曰水經鮑丘水注引陳壽魏志曰曹太祖從泃口鑿渠逕雍奴泉州以通河海濡水注曰濡水自雍奴縣承鮑丘水東出謂之鹽關口魏太祖征蹋頓與泃口俱導世謂之新河陳壽魏志曰以通河海也道元兩引陳志俱有河海字與今書不同河卽呼沲河也吳熙載曰平虜渠在今直隸深州饒陽縣泉州渠在今順天府寶坻武清二縣境一統志平虜渠在今直隸天津府滄州北泉州渠在寶坻縣東南弼按吳說平虜渠在饒陽者言其源也一統志云在滄州者言其委也又按通海通鑑作通運玉海引此句下注云一云通運兩說皆通以通運爲勝蓋當時鑿渠意在通運與過淇水入白溝以通糧道用意相同董昭傳患軍糧難致鑿平虜泉州二渠入海通運昭所建也可證一統志泉州故城在武清縣東南平虜泉州二

渠互見董昭傳

十二年春二月公自淳于還鄴 淳于注見上年趙一清曰袁譚旣死尙熙遠遁尙有高幹偪彊肘腋旣斬幹而袁氏親屬盡矣乃始經營鄴都也 丁酉令曰 嚴可均題曰封功臣令 吾起義兵誅暴亂於今十九年 中平六年起兵於已吾至建安十二年爲十九年 所征必克豈吾功哉乃賢士大夫之力也天下雖未悉定吾當要與賢士大夫共定之而專饗其勞吾何以安焉其促定功行封 本志荀攸傳十二年大論功行封太祖曰忠正密謀撫寧內外文若是也公達其次也 於是大封功臣二十餘人皆爲列侯其餘各以次受封 何焯曰封功臣乃徐議自尊矣 及復死事之孤輕重各有差 復有償還報答歸反諸義又有蠲除賦役復除繇役諸義見於經注史傳者甚多漢書高帝紀復勿租稅二歲注復者除其賦役也皆復其身及戶勿事注復其身及一戶之內皆不徭役也漢書刑法志中試則復其戶注復謂免其賦稅也

魏書載公令曰 文館詞林題曰分租賜諸將令 昔趙奢竇嬰之爲將也受賜千金一朝散之 史記趙奢傳趙

王以奢子括爲將括母言於王曰大王及宗室所賞賜者奢盡以予軍吏士大夫受命之日不問家事竇嬰傳上拜嬰爲大將軍賜金千斤嬰乃言袁盎欒布諸名將賢士在家者進之所賜金陳之廊廡下軍吏過輒令財取爲用金無入家者 故能濟成大功永世流聲吾讀其文未嘗不慕其爲人也與諸將士大夫共從戎事 姜宸英曰士大夫謂將士也見李廣傳（弼按史記李廣傳廣軍士大夫一軍皆哭）趙一清曰邴原傳注引原別傳亦有此稱弼按上文引趙奢傳軍吏士大夫亦同 幸賴賢人不愛其謀羣士不遺其力是以夷險平亂 夷平也 而吾得竊大賞戶邑三萬追思竇嬰散金之義今分所受租與諸將掾屬及故戍於陳蔡者庶以疇答衆勞不擅大惠也宜差死事之孤以租穀及之若年殷用足租奉畢入將大與衆人悉共饗之

將北征三郡烏丸諸將皆曰袁尙亡虜耳夷狄貪而無親豈能爲尙用今深入征之劉備必說劉表以襲許萬一爲變事不可悔惟郭嘉策表必不能任備勸公行 郭嘉傳嘉曰表坐談客耳自知才不足以御備重任之則恐不能制輕任之則備不爲用雖虛國遠征公無憂矣太祖遂行至易嘉曰兵貴神速宜輕兵兼道以出掩其不意盧毓傳注引續漢書云太祖北征柳城過涿郡令告太守修盧植墓並致薄醊以彰厥德魏武於軍行之際猶知尊禮先賢後鍾會入蜀亦遣人祭諸葛亮之墓當時俗尙猶有式閭之遺風焉 夏五月至無終 胡三省曰無終縣屬右北平郡春秋無終子之國宋白曰無終唐爲薊州玉田縣惠棟曰魏土地記無終在右北平西北百三十里一統志漢無終故城今順天府薊州治唐無終故城今玉田縣治

秋七月大水傍海道不通 郁松年曰秋七月當在下引軍出盧龍塞上田疇傳舊北平郡治平岡道出盧龍則無終去盧龍不過數百里而無終乃出塞大道疇故云虜謂大軍當出無終操輕兵趨利五月至無終何故不進以至秋水梗道且操署路旁表曰方今暑夏道路不通大水不在秋明矣蓋操至無終適值大水頓軍久之始易道而進及出盧龍則已七月故以八月登白狼也弼按田疇傳疇隨軍次無終時方夏水雨而濱海洿下濘滯不通疇曰此道秋夏每常有水蓋軍行至無終適值夏雨軍不得進秋初已成大水傍海道不通始繞道盧龍耳 田疇請爲鄉導 胡三省曰鄉讀曰嚮弼按疇傳云太祖令疇將其衆爲鄉導與此云疇請爲鄉導異 公從之引軍出盧龍塞 水經濡水注濡水又東南逕盧龍塞塞道自無終縣東出渡濡水向林蘭陘東至清陘（清陘方輿紀要作青陘）盧龍之險峻坂縈折故有九崢之名矣（崢一作峥）濡水又東南逕盧龍故城東漢建安十二年魏武征蹋頓所築也方輿紀要卷十七盧龍塞在永平府西一百九十里有盧龍鎮土色黑山似龍形卽古盧龍塞云吳熙載曰盧龍疑今喜峯口謝鍾英曰濡水

今名熱河盧龍塞疑卽今龍井關塞道自遵化州東北出也弼按一統志灤河卽古濡水謝云今熱河誤喜峯口關在今永平府遷安縣西北一百七十里西南去遵化州七十里明時駐兵戍守爲薊邊重地龍井關在遷安縣西北一百九十里西接遵化州之洪山口陡峙邊外 塞外道絕不通乃塹山堙谷五百餘里 馮本官本塹作壍說文無壍字作塹是莊子外物篇然則廁足而墊之致黃泉釋文云墊本又作塹七念反掘也左傳襄二十五年井堙木刊堙塞也山海經北山經常銜西山之木石以堙於東海史記秦始皇本紀三十五年塹山堙谷直通之 經白檀 漢書地理志漁陽郡白檀李廣傳將軍其率師東轅彌節白檀一統志白檀故城在今承德府西南古北口東北一百四十里灤河之濱方輿紀要云白檀廢縣在密雲縣南案此後魏之白檀縣非漢之白檀也紀要誤吳熙載曰白檀今直隸承德府灤平縣謝鍾英曰曹公由徐無出塞歷白檀東南境耳其故城在灤平非軍行之地錢大昕通鑑注辯正云胡注白檀縣屬右北平郡宋白曰白檀故城在檀州燕樂縣界案漢志白檀縣屬漁陽郡非右北平也水經注濡水東南流逕漁陽白檀縣故城北濡水今灤水也白檀爲灤水所經當在今古北口外灤河之濱非唐之檀州地矣後漢省白檀縣元魏復置縣爲密雲郡治而郡實治提攜城則白檀亦治提攜非漢故縣矣宋白所稱亦後魏故城耳 歷平岡 漢書地理志右北平郡治平剛後漢北平郡移治土垠平岡縣省水經濡水注云盧龍東越清陘至凡城二百許里自凡城東北出趣平岡故城可百八十里向黃龍則五百里平岡在盧龍東北遠矣吳熙載曰平岡在今直隸永平府西北李兆洛曰在永平府盧龍縣東北四百里謝鍾英曰當在哈喇沁中旗

界楊守敬沿革圖在哈喇沁左旗弼按當以李楊二說爲是 **涉鮮卑庭** 胡三省曰此時鮮卑庭已在右北平郡界蓋慕容廆之先也 **東指柳城** 漢書地理志遼西郡柳城西部都尉治後漢省一統志柳城故城卽後魏及唐之營州遼金之興中府在今錦州邊界（楊圖同）通鑑輯覽柳城在今熱河塔子溝李兆洛曰柳城在今永平府境吳熙載曰在今奉天錦州府寧遠州謝鍾英曰在今承德府建昌縣北哈喇沁右翼界馬與龍曰當在建昌縣東北弼按據武紀及田疇傳準以地望以在錦州邊界爲是互見本志烏丸傳 **未至二百里虜乃知之尙熙與蹋頓遼西單于樓班右北平單于能臣抵之等** 錢大昕曰以烏丸鮮卑傳考之右北平單于乃烏延非能臣抵之其名能臣氏者則代郡烏丸非右北平也氏與抵音相近 **將數萬騎逆軍八月登白狼山** 漢書地理志右北平郡白狼師古曰有白狼山故以名縣胡三省曰水經注白狼山在右北平石城縣西烏丸傳逆戰於凡城則白狼山蓋在凡城一統志曹操登白狼山望柳城其山必高峻可俯覽二百里之遠今哈喇沁左翼東三十里白鹿山近之吳熙載曰白狼山在今永平府建昌縣謝鍾英曰熱河志在建昌縣南今名布祜圖山弼按水經大遼水注白狼水出右北平白狼縣東南又西北石城川水注之水出西南石城山東流逕石城縣故城南地理志右北平有石城縣北屈逕白鹿山西卽白狼山也據此則白狼山實在石城之東胡注引水經云白狼山在石城西者誤也田疇傳出盧龍歷平岡登白狼堆據此則白狼山實在平岡之東水經濡水注凡城東北出趣平岡可百八十里則

胡注云白狼山在凡城誤蓋白狼縣在石城平岡之西而白狼山實在石城平岡之東卽水經注與一統志所云卽白鹿山是也若如吳謝二說白狼山在今建昌縣則去柳城決不止二百里與當日情勢不符矣 **卒與虜遇** 胡三省曰卒讀曰猝 **衆甚盛公車重在後** 胡三省曰車重卽輜重 **被甲者少左右皆懼公登高望虜陣不整乃縱兵擊之使張遼爲先鋒虜衆大崩斬蹋頓及名王以下胡漢降者二十餘萬口** 水經大遼水注引英雄記曰曹操於是擊馬鞍於馬上作十片卽於此也博物志曰魏武於馬上逢獅子使格之殺傷甚衆王乃自率常從健兒數百人擊獅子吼呼奮越左右咸驚王忽見一物從林中出如貍超上王車軛上獅子將至此獸便跳上獅子頭上獅子卽伏不敢起於是遂殺之得獅子而還未至洛陽四十里洛中雞狗皆無鳴吠者也弼按操軍還鄴未至洛陽博物志所言似不足據 **遼東單于速僕丸** 胡三省曰速僕丸卽蘇僕延語有輕重耳錢大昕曰烏丸傳作蘇僕延譯音無定字也彼傳前稱烏丸大人蘇僕延後稱速附丸亦卽一人古音附如僕 **及遼西北平諸豪棄其種人與尙熙奔遼東衆尙有數千騎初遼東太守公孫康恃遠不服及公破烏丸或說公遂征之尙兄弟可禽也** 禽與擒同 **公曰吾方使康斬送尙熙首不煩兵矣九月公引兵自柳城還** 藝文類聚五十九北堂書鈔一百五十八載陳琳神武賦並序云建安十有二年大司空武平侯曹公東征烏丸六軍被甲雲輜萬乘治兵易水次於北平可謂神武奕奕有征無戰者已夫鬬巢穴者未可與論六合之廣游潢汙者又烏知滄海之深大人之量固非說者之所可識也佇盤桓以淹次乃申命而後征觀狄民之故土追大晉之遐蹤惡先縠之懲寇善魏絳之和戎受金石而弗伐蓋禮樂而思終陵九城而上濟起齊軌乎玉繩車軒轔於雷室騎浮厲乎雲宮暉曜連乎白日旍旄繼于電光旆既軼乎白狼殿未出乎盧龍威淩天地勢括十衝單鼓未伐虜已潰奔克俊馘首梟其魁雄爾乃總輯瓌珍茵毦幕幄攘瓔帶佩不飾雕琢華璫玉瑤金麟牙鹿文貝紫瑛縹碧玄綠黼錦繢組罽氈皮服弼按至是而袁紹所據之冀青幽并四州悉爲操有此陳琳所以有神武賦之作也

曹瞞傳曰時寒且旱二百里無復水軍又乏食殺馬數千匹以爲糧鑿地入三十餘丈乃得水 戰事在八月又値大雨之後何以云時寒且旱似不足信 **既還科問前諫者** 胡三省曰科條也問前諫者科其姓名也 **衆莫知其故人人皆懼公皆厚賞之曰孤前行乘危以徼倖雖得之天所佐也故不可以爲常** 宋元本故作顧通鑑同 **諸君之諫萬安之計是以相賞後勿難言之** 世說新語假譎篇魏武行役失汲道軍皆

渴乃令曰前有大梅林饒子甘酸可以解渴士卒聞之口皆出水乘此得及前源北堂書鈔卷一百一十八云曹操攻柳城不下周不疑進十計攻城卽下也 **康卽斬尙熙及速僕丸等傳其首** 本志牽招傳遼東送袁尙首縣在馬市招覩之悲感設祭頭下太祖義之舉爲茂才 **諸將或問公還而康斬送尙熙何也公曰彼素畏尙等吾急之則幷力緩之則自相圖其勢然也** 此與建安八年郭嘉謂袁譚袁尙急則相持緩則相爭情事相同 **十一月至易水** 郡國志涿郡故安易水出水經易水注易水逕故安城南城外東流世又謂易水爲故安河故安見前建安九年注 **代郡烏丸行單于普富盧** 郡國志幽州代郡治高柳一統志高柳故城今山西大同府陽高縣西北楊氏沿革圖高柳故城在陽高縣西南 **上郡烏丸行單于那樓** 郡國志并州上郡治膚施一統志膚施故城在今陝西綏德州東南五十里楊氏沿革圖膚施故城在今綏德州西北上先謙曰漢末郡廢建安十八年復禹貢九州上郡屬雍州見獻帝起居注漢末上郡郡縣皆廢見輿地廣記魏武省上郡見晉志及通典 **將其名王來賀** 田疇傳軍還入塞論功行封封疇亭侯邑五百戶疇悶讓使夏侯惇喻意疇曰疇負義逃竄之人耳豈可賣盧龍之塞以易賞祿哉 **十三年春正月公還鄴作玄武池以肄舟師** 原注肄以四反三蒼曰肄習也（三蒼注見前）水經洹

水注洹水西逕魏武玄武故苑苑舊有玄武池以肄舟楫有魚梁釣臺竹木灌叢今池林絕滅略無遺跡矣胡三省曰鄴城有玄武苑操鑿池其中弼按幽州既平將南征荊州故豫治水師惜北人不習水戰故終爲孫劉所敗耳一統志玄武池在河南彰德府臨漳縣西南

漢罷三公官置丞相御史大夫夏六月以公爲丞相 范書獻帝紀六月癸巳曹操自爲丞相八月丁未光祿勳郗慮爲御史大夫胡三省曰漢初以丞相御史大夫太尉爲三公哀帝元壽二年以大司馬大司徒大司空爲三公中興以來以太尉司徒司空爲三公今雖復置丞相御史而操自爲丞相事權出於一矣弼按操改官制及并十四州爲九州皆藉復古而自便私圖三公既罷孔融就戮既除同列又鋤異己此所謂託名漢相實漢賊也馬端臨曰後漢雖置三公而事歸臺閣尚書至魏晉以來三公遂爲具員故必擇老病不任事依違不侵權者居之東漢之末曹公爲丞相而三公則楊彪趙溫也東漢本不置丞相建安特置之以處曹操魏本不置丞相正始特置之以處司馬師昭丞相既不爲宰相之任而常爲嬗代之階弼按馬說於當日情勢誠然惟曹操爲丞相時楊彪趙溫已先後罷免魏於甘露三年始命司馬昭爲相國炎繼之馬氏云魏於正始置丞相以處司馬師昭均誤趙一清曰宋志魏武爲丞相以來置左右二長史而已此謂於漢舊儀之外別增二官非謂盡省前職也歷觀諸臣傳中多有爲參軍掾屬者一時人材無不網羅入府

獻帝起居注曰使太常徐璆卽授印綬 續百官志太常卿一人中二千石 御史大夫不領中丞置長史一人 御史中丞見初平元年注續百官志劉昭注建安十三年又罷司空置御史大夫御史大夫郗慮慮免不得補（弼按宋書百官志作不復補）荀綽晉百官表注曰獻帝置御史大夫職如司空不領侍御史沈約宋書百官志御史大夫有二丞其一曰御史丞其二曰御史中丞獻帝時更置御史大夫自置長史一人不復領中丞也

先賢行狀曰 隋書經籍志海內先賢傳四卷魏明帝時撰舊唐書經籍志海內先賢傳四卷魏明帝撰海內先賢行狀三卷李氏撰唐書藝文志海內先賢傳五卷魏明帝時撰李氏海內先賢行狀三卷三志所載不同如此世說新語德行篇注所引有先賢行狀有海內先賢傳是明爲兩書御覽人事部引四事稱海內先賢行狀職官部引一事稱漢魏先賢行狀一多海內二字一多漢魏二字葉德輝世說新語注引用書目先賢行狀亦稱潁川先賢行狀未知裴注所引究爲何書也 璆字孟平廣陵人 范書徐璆傳璆字孟玉廣陵海西人章懷注璆音仇本志和洽傳注引汝南先賢傳云廣陵徐孟本來臨汝南弼按作平作本均誤以作玉爲是郡國志徐州廣陵郡治廣陵一統志廣陵故城今江蘇揚州府東北 少履清爽立朝正色歷任城汝南東海三郡 三郡均見前 所在化行 范書璆傳璆遷荊州刺史董太后姊子張忠爲南陽太守璆舉奏忠臧餘一億又奏五郡太守及屬縣有臧汙者悉徵案罪威風大行後遷汝南太守轉東海相所在化行 被徵當還爲袁術所劫術僭號欲授以上公之位璆終不爲屈術死後璆得術璽致之漢朝拜衞尉太常 范書璆傳

獻帝還許以廷尉徵道爲袁術所劫璆曰龔勝鮑宣獨何人哉守之必死術不敢逼術死軍破璆得其盜國璽及還許上之并送前所假汝南東海二郡印綬章懷注引衞宏曰秦以前以金玉銀爲方寸璽秦以來天子獨稱璽又以玉羣下莫得用出藍田山題是李斯書其文曰受命於天既壽永昌號曰傳國璽漢高祖定三秦子嬰獻之高祖卽位乃佩之王莽篡位就元后求璽后乃出以投地上螭一角缺及莽敗時仍帶璽紱杜吳殺莽不知取璽公賓就斬莽首幷取璽更始將李松送上更始赤眉至高陵更始奉璽上赤眉建武三年盆子奉以上光武孫堅從桂陽入雒（弼按桂陽當爲南陽之誤）討董卓軍於城南見井中有五色光軍人莫敢汲堅乃浚得璽袁術有僭盜意乃拘堅妻求之術得璽舉以向肘魏武謂之曰我在不聽汝乃至此時璆得而獻之弼按此事互見初平元年注續百官志衞尉卿一人中二千石掌宮門衞士宮中徼循事 公爲丞相以位讓璆焉 范書璆傳璆後拜太常使持節拜曹操爲丞相操以相讓璆璆不敢當卒於官弼按操蓋以司空位讓璆也時罷司空置御史大夫職如司空注見前璆不就始以郗慮爲御史大夫也

秋七月公南征劉表八月表卒其子琮代屯襄陽劉備屯樊 郡國志荊州南郡襄陽荊州刺史劉表治此水經沔水注魏荊州刺史治襄陽蓋據魏初言之沈約云魏武平荊州分南郡編以北及南陽之山都立襄陽郡荊州圖云建安十三年曹操平荊州始置襄陽郡以地在襄山之陽故名一統志襄陽故城今湖北襄陽府治又互見劉表傳注樊城在襄陽縣北與襄陽隔水對峙 九月公到新野 郡國志荊州南陽郡新野王先謙曰三國魏改屬義陽郡荊州都督治新野見元和志正始中王昶督荊州以爲今屯宛去襄陽三百餘里諸軍散屯有急不能相赴乃表徙治新野見昶傳一統志新野故城今河南南陽府新野縣治南 琮遂降 范書劉表傳蒯越韓嵩傅巽等說琮歸降操軍到襄陽琮舉州請降（本志劉表傳同）此云公到新野琮遂降蓋操之前軍抵襄陽琮卽降矣 備走夏口 左傳昭公四年吳伐楚楚沈尹射奔命於夏汭杜預注夏汭漢水曲入江卽今夏口也水經江水注江水又東逕魯山南古翼際山也山有吳江夏太守陸渙所治城蓋取二水之名地理志曰夏水過郡入江故曰江夏也舊治安陸吳乃徙此山左卽沔水口黃鵠山東北對夏口城魏黃初二年孫權所築對岸則入沔津故城以夏口爲名亦沙羨縣治也庾仲雍曰夏口一曰沔口或曰魯口胡三省曰夏口以夏水得名沔口以沔水得名魯口以魯山得名實一處也其地在江北自孫權置夏口督屯江南故何尙之云夏口在荊江之中正對沔口賢注亦謂夏口戍在今鄂州於是相承以鄂州爲夏口而江北之夏口晦矣一統志漢口在湖北漢陽府漢陽縣東漢水入江之口也亦曰夏口沔口魯口梁履繩左通補釋引吳省欽曰華前臺十八云江夏故漢郡江大江夏漢也漢志武都東漢水一名沔至江夏入江謂之夏水杜預注夏汭漢水曲入江今夏口也漢水始出嶓冢爲漾南流爲沔襄陽以下爲夏左傳昭十三年沿夏欲入鄢鄢卽今宜城順流曰沿是宜城以上之漢亦曰夏舉尾以該首曰夏猶舉首以該尾曰沔也夏口卽沔口以其經魯山故亦曰魯口今曰漢口又江夏南郡二郡閒別有一夏水首受江東入沔行五百里其受江處爲夏首楚辭（哀郢）過夏首而西浮是已夏水爲荊之一沱今江陵中夏口是其

入漢處曰堵口今沔陽州長夏河是其合漢又東入江處卽爲夏口今漢口是弼按魏志文聘傳聘爲江夏太守屯沔口吳志魯肅傳肅子淑爲夏口督胡三省謂自孫權置夏口督屯江南而江北之夏口晦諸葛亮曰其智力不侔故限江自保權之不能越江猶魏賊之不能渡漢此數語於當日情勢最爲瞭然故沔北之安陸新市雲杜竟陵黃武中皆入魏與魏以漢水爲界文聘在江夏數十年名震敵國賊不敢侵見聘傳可證

公進軍江陵 郡國志荊州南郡治江陵一統志江陵故城今湖北荊州府江陵縣治 下令荊州吏民與之更始乃論荊州服從之功侯者十五人 卽蒯越等見表傳 以劉表大將文聘爲江夏太守使統本兵 江夏互見聘傳 郡國志荊州江夏郡治西陵建安中劉表以黃祖爲江夏太守治沙羨（見孫策傳注及范書劉表傳）時孫策亦以周瑜領江夏太守（見瑜傳及孫策傳注）祖死表子琦爲江夏太守（見表傳及諸葛亮傳）琦合江夏戰士萬人與劉備俱到夏口（見先主傳及諸葛亮傳）此後魏吳並置江夏郡文聘屯石陽別屯沔口在江夏數十年郡治安陸（見元和郡縣志）至嘉平中荊州刺史王基表城上昶徙江夏治之以逼夏口（見基傳）是漢末及魏吳之江夏郡治非復漢郡之舊矣（吳江夏郡治武昌）一統志西陵故城今湖北黃州府黃岡縣西北安陸故城今湖北德安府安陸縣治上昶故城今安陸縣西北（謝鍾英曰當在今孝感縣東南）石陽故城今德安府應城縣東南 引用荊州名士韓嵩鄧義等 韓嵩事見本志劉表傳注鄧義表傳作鄧羲范書作義劉表好士招誘有方關西兗豫學士歸者蓋有千數見范書表傳本志表傳太祖以蒯越爲光祿勳韓嵩大鴻臚鄧羲侍中劉先尙書令其餘多至大官

衞恆四體書勢序曰 衞恆字巨山晉書有傳又見本志衞覬傳注隋書經籍志四體書勢一卷晉長水校尉衞恆撰弼按晉書本傳全載序文裴注所引乃節錄也又分見本志劉劭傳注 上谷王次仲善隸書始爲楷法 郡國志幽州上谷郡治沮陽一統志沮陽故城今直隸宣化府懷來縣南唐張懷瓘書斷云按八分者秦羽人上谷王次仲所作也王愔云次仲始以古書方廣少波勢建初中以隸草作楷法字方八分言有模楷又蕭子良云靈帝時王次仲飾隸爲八分二家俱言後漢而兩帝不同且靈帝之前工八分者非一而云方廣殊非隸書既云古書豈得稱隸若驗方廣則篆籀有之變古爲方不知其謂也案序仙記云王次仲上谷人少有異志少年入學屢有靈奇年未弱冠變倉頡書爲今隸書始皇時官務煩多得次仲文簡略赴急之用甚喜遣使召之三徵不至始皇怒制檻車送之於道化爲大鳥出在檻外翻然長引落二翮於山上今爲大翮小翮山（弼按水經注所云與此略同）又魏土地記云沮陽縣城東北六十里有大翮小翮山又楊冏北都賦云王次仲匿術於秦皇落雙翮而冲天按數家之言明次仲是秦人既變倉頡書卽非效程邈隸也按蔡邕勸學篇上谷王次仲初變古形是也始皇之世出其數書小篆古形猶存其半八分已減小篆之半隸又減八分之半故知隸不能生八分矣本謂之楷書楷者法也式也模也孔子曰今世行之後世以爲楷式或云後漢亦有王次仲爲上谷太守非上谷人又楷隸初制大範幾同故後人惑之學者務之蓋其歲深漸若八

字分散又名之爲八分 至靈帝好書世多能者而師宜官爲最甚矜其能 晉書衞恆傳而師宜官爲最句下有大則一字徑丈小則方寸千言甚矜其能或時不持錢詣酒家飲因書其壁顧觀者以酬酒討錢足而滅之云云書斷云師宜官南陽人靈帝好書徵天下工書者於鴻都門至數百人八分稱宜官爲最性嗜酒或時空至酒家因書其壁以售之觀者雲集酤酒多售則鏟滅之後爲袁術將鉅鹿耿球碑術所立宜官書也 每書輒削焚其札 晉書衞恆傳作每書輒削而焚其柎（下札字亦作柎） 梁鵠乃益爲版而飲之酒候其醉而竊其札鵠卒以攻書 胡玉縉曰攻與工通盧文弨曰晉書無攻字 至選部尙書 晉書職官志後漢光武改常侍曹爲吏部曹主選舉祠祀事靈帝以侍中梁鵠爲選部尙書於此始見曹名及魏改選部爲吏部主選部事 於是公欲爲洛陽令鵠以爲北部尉 事見卷首又見後二十一年注趙一清曰續百官志注引漢官曰洛陽孝廉左右二尉蓋時以孝廉爲郎者居之曹公舉孝廉爲議郎正當作尉此云欲爲令非也 鵠後依劉表及荊州平公募求鵠鵠懼自縛詣門署軍假司馬 續百官志軍司馬一人比千石又有軍假司馬爲副貳 使在祕書 盧文弨曰晉書無使字 以勤書自效 何焯曰宋本晉苑菁華勤作勒 公嘗縣著帳中 縣讀曰懸 及以釘壁玩之謂勝宜官鵠字孟黃 何焯曰宋本黃作皇趙一清曰水經注書斷並作皇蓋古字通錢儀吉曰黃字是 安定人魏宮殿題署 毛本宮作公誤 皆鵠書也 水經穀水注自董卓焚宮殿魏太祖平荊州漢吏部尙書安定梁孟皇善師宜官八分體求以贖死太祖善其法常仰繫帳中愛翫之以爲勝宜官北宮牓題咸是鵠筆書斷云鵠字孟皇安定烏氏人少好書受法於師宜官以善八分書知名舉孝廉爲郎亦在鴻都門下遷選部靈帝重之魏武甚愛其書常懸帳中又以釘壁以爲勝宜官也於時邯鄲淳亦得次仲法淳宜爲小字鵠宜爲大字不如鵠之用筆盡勢也

皇甫謐逸士傳曰 晉書皇甫謐傳謐字士安幼名靜安定朝那人漢太尉嵩曾孫帶經而農博綜百家之言以著述爲務自號玄晏先生耽翫典籍忘寢與食時人謂之書淫太康三年卒年六十八撰帝王世紀年歷高士逸士列女等傳玄晏春秋並重於世隋書經籍志逸士傳一卷皇甫謐撰本志荀彧傳文選反招隱詩演連珠七啓陶徵士誄郭有道碑世說品藻篇排調篇各注均引此書書鈔十五御覽四百九十六唐劉賡稽瑞亦引之 汝南王儁字子文少爲范滂許章所識與南陽岑晊善 范滂字孟博汝南征羌人岑晊字公孝南陽棘陽人俱見後漢書黨錮傳 公之爲布衣特愛儁儁亦稱公有治世之具及袁紹與弟術喪母歸葬汝南 本志袁紹傳注引魏書云紹卽逢之庶子術異母弟也出後成爲子范書袁紹傳云紹遭母憂去官三年禮竟追感幼孤又行父服周壽昌曰案紹爲庶出此必其嫡母也獻帝春秋云董卓收紹母及姊妹嬰孩以上五十餘人下獄死足徵紹之生母慘死在後弼按據此則紹術之葬母爲其嫡母無疑 儁與公會之會者三

萬人公於外密語傳曰天下將亂爲亂魁者必此二人也何焯曰歷世持權賓客翕集其人又小有才鮮不爲亂者二袁卽前漢之王氏也欲濟天下爲百姓請命不先誅此二子亂今作矣傳曰如卿之言濟天下者舍卿復誰相對而笑傳爲人外靜而內明不應州郡三府之命三府三公府也注見前公車徵不到避地居武陵郡國志荆州武陵郡治臨沅一統志臨沅故城今湖南常德府武陵縣西鄙安璺曰在縣西南七十里歸傳者一百餘家帝之都許復徵爲尚書又不就劉表見紹彊陰與紹通傳謂表曰曹公天下之雄也必能興霸道繼桓文之功者也今乃釋近而就遠如有一朝之急遙望漢北之救不亦難乎表不從傳年六十四以壽終于武陵公聞而哀傷及平荆州自臨江而迎喪何焯曰宋本無而字改葬于江陵表爲先賢也

益州牧劉璋始受徵役遣兵給軍是時曹操兵威已及荆州故劉璋始受徵役璋先後遣陰溥張松致敬於曹公并送叟兵三百人卽所謂遣兵給軍也何焯曰時操駸駸有取蜀之勢**十二月孫權爲備攻合肥**郡國志揚州九江郡合肥曹魏以合肥爲重鎭魏明帝云先帝東置合肥南守襄陽西固祁山賊來輒破於三城之下者地必有所爭也水經施水注施水受肥于廣陽鄉東南流逕合肥縣應劭曰夏水出城父東南至此與肥合故曰合肥闞駰亦言出沛國城父東至此合爲肥余按川殊派別無沿注之理方知應闞二說非實證也蓋夏水暴長施合於肥故曰合肥也胡三省曰肥水北注淮而施水東南入灤湖已自分流惟夏月暴水漲溢則二水合於合肥縣界故合肥以此得名道元之說庶乎有徵通鑑地理通釋淮水與肥水合故日合肥一統志合肥故城今安徽廬州府合肥縣東北金斗城弼按吳志孫權傳權圍合肥在赤壁戰後（通鑑同）當日大敵在前順流而下非降則戰決無不迎敵而攻合肥之理合肥之役當在赤壁戰勝之後無可疑也孫盛之說爲允（孫說見下）**公自江陵征備至巴丘**郡國志荆州南郡華容雲夢澤在南劉昭注引杜預曰枝江縣有雲夢城江夏安陸縣東南有雲夢城或日華容縣東南亦有雲夢巴丘湖江南之雲夢也爾雅十藪楚有雲夢郭璞曰巴丘湖是也水經湘水篇云湘水北至巴丘山入于江酈注巴丘山在湘水右岸山有巴陵故城本吳之巴丘邸閣城也晉太康元年立巴陵縣於此城跨岡嶺濱阻三江杜佑曰巴陵漢下雋縣地古巴丘也有君山洞庭湖巴丘湖青草湖括地志云巴丘湖中有曹公州卽曹公爲孫權所敗燒舡處在巴陵縣南四十里謝鍾英曰洪亮吉據元和志謂吳分下雋立巴陵縣鍾英案郭嘉傳太祖征荆州還於巴丘遇疾疫燒船周瑜傳瑜卒於巴丘孫權傳建安十九年魯肅以萬人屯巴丘裴注巴丘今巴陵宗預傳東益巴丘之成朱績傳自巴丘上迄西陵孫皓傳右丞相或上鎭巴丘據國志及裴注吳未嘗改巴丘爲巴陵縣也輿地廣記太康元年以吳巴丘邸閣置巴陵縣

是巴陵晉縣洪氏從元和志謂吳所置非也一統志巴丘故城今湖南岳州府巴陵縣治互見蜀志宗預傳**遣張憙救合肥**蔣濟傳孫權傳憙均作喜（通鑑同）**權聞憙至乃走**見蔣濟傳此事通鑑編於建安十四年考異曰劉馥傳云攻圍百餘日孫權傳云踰月不能下由此言之權退必在十四年明矣**公至赤壁**赤壁所在聚訟紛如今據水經注通典元和郡縣志李賢注胡三省注方輿紀要所載以辨俗說之惑水經江水注云江水左逕上烏林南村居地名也又東逕下烏林南吳黃蓋敗魏武于烏林卽是處也江水左逕百人山南右逕赤壁山北昔周瑜與黃蓋詐魏武處所也（鄭蘇年云左逕者江北也右逕者南岸也）通典云括地志今鄂州蒲圻縣有赤壁山卽曹公敗處按三國志曹公自江陵征劉備至巴丘遂至赤壁孫權遣周瑜水軍數萬與備并力迎之曹公泊江北岸瑜部將黃蓋詐降戰艦數十艘因風縱火曹公大敗從華容道步歸退保南郡瑜等復敗之曹公留曹仁守江陵城自徑北歸而漢陽郡圖經云赤壁一名烏林在郡西北二百二十里在汊川縣西八十里跨汊南北此大誤也曹公既從江陵水軍沿流已至巴丘則今巴陵郡赤壁只在巴陵郡之下軍敗方還南郡劉備周瑜水軍追蹤並是大江之中與汊川西殊爲乖角今據括地志爲是當在巴陵江夏二郡界其漢陽圖經及流俗悉皆訛謬所以備錄國志以爲證據元和志云赤壁山在蒲圻縣西一百二十里北臨大江其北岸卽烏林與赤壁相對卽周瑜用黃蓋策焚曹公舟船敗走處故諸葛亮論曹公危於烏林是也又云赤壁草市在汊川縣西八十里古今地書多言此是曹公敗處今據三國志則赤壁不在汊川也（按吉甫引國志不錄）何則曹公既從江陵水軍至巴丘赤壁又在巴丘之下與汊川殊爲乖謬蓋汊川居人見崖岸赤色因呼爲赤壁非曹公敗處也李賢注云赤壁山名也在今鄂州蒲圻縣胡三省注云（弼按胡注所引與上文同者不錄）武昌志赤壁山在今嘉魚縣對江北之烏林黃州赤壁非是方輿紀要云赤壁山在嘉魚縣西七十里元和志謂山在蒲圻縣西者時未置嘉魚也（弼按五代南唐始置嘉魚縣）蘇軾指黃州赤鼻山爲赤壁誤矣時劉備據樊口進兵逆操遇於赤壁則赤壁當在樊口之上又赤壁初戰操軍不利引次江北則赤壁當在江南也今江漢閒言赤壁者有五漢陽漢川黃州嘉魚江夏也當以嘉魚之赤壁爲據又按胡珪云子瞻謫齊安時所遊乃黃州城外赤鼻磯當時誤以爲周郎赤壁耳東坡自書赤壁賦後云江漢之閒指赤壁者三一在漢水之側竟陵之東卽今復州一在齊安郡步下卽今黃州一在江夏西南二百里許今屬漢陽縣按三國志備與瑜等由夏口往而逆戰則赤壁非竟陵之東與齊安步下矣宋李璧詩赤壁危磯幾度過沙洲江上鬱嵯峨今人誤信黃州是猶賴水經能正訛可知東坡當日作賦時之誤矣又按尹民昭云周瑜言於孫權曰請得精兵三萬人進住夏口爲將軍破之夏口居黃州上流二百里若赤壁在黃州豈得言進夏口耶操既敗走華容北歸之路黃州直通汝潁最爲徑捷安得復經華容也則赤壁非黃州明矣（上二說見圖書集成方輿彙編山川典）楊惺吾師云有謂赤壁卽烏林者御覽（一百六十九）引荆州記臨漳山南峯謂之烏林亦謂之赤壁此以赤壁在江北又有謂赤壁在漢川縣西八十里者李吉甫已駁之御覽（七百七十一）引英雄記謂曹操北至江上欲從赤壁渡江無船作竹簰使部曲乘之從漢水下出大江浦口此亦以赤壁在江北然周瑜傳言遇曹公於赤壁初一交戰公軍敗退引次江北則赤壁在江南審矣

且張昭明言操得劉表水軍蒙衝闘艦以千數何謂無船然今嘉魚下有簰洲當亦因此得名文選注（三十）引盛宏之荆州記蒲圻縣沿江百里南岸有赤壁此元和志赤壁山在蒲圻縣西一百二十里所本在江南岸與操敗引次江北似合然此山自名蒲磯山故一統志駁之惟水經注在百人山南謂卽黄蓋詐魏武處而其上又云黄蓋敗魏武於烏林相去幾二百里遂疑其自相矛盾余以爲此不必疑也蓋操以水陸軍沿江而下聲言八十萬據周瑜傳注實有二十三四萬以二十三四萬之衆夫豈一二山林所能容且水經注言赤壁之下有大軍山小軍山又其下有黄軍浦水經注亦言是黄蓋屯軍所夫吳以三萬人拒操其屯兵已及百里蓋赤壁爲操前鋒所及烏林爲操後軍所止吳軍以蒙衝闘艦數十艘從南岸引次俱前同時發火（觀此則知自赤壁至烏林同時發火）是水經注所據於當時軍勢至合其他方志附會之辭正不必一一辨論也（楊說見晦明軒稿）一統志赤壁山在嘉魚縣東北江濱與江夏縣接界上去烏林且二百里自元和志以赤壁與烏林相對遂以爲在嘉魚縣西南蓋誤以古蒲磯山爲赤壁矣

與備戰不利 姚範曰此不言吳人使周瑜何也姜宸英曰赤壁大敗魏書諱之弼按赤壁之役詳見劉先主諸葛亮孫權周瑜諸傳所謂互文見義此陳志所以稱簡要也若云爲魏諱似失之 **於是大疫吏士多死者乃引軍還** 御覽卷十五引英雄記云曹公赤壁敗行至雲夢大澤中遇大霧迷失道路江表傳云周瑜破魏軍曹公復書與權曰赤壁之役值有疾病孤燒船自退横使周瑜虛獲此名（見周瑜傳注） **備遂有荆州江南諸郡** 先主傳先主南征四郡武陵長沙桂陽零陵皆降胡三省曰荆江之南岸則零陵桂陽武陵長沙四郡地也晉書地理志建安十三年魏武盡得荆州之地分南郡以北立襄陽郡又分南陽西界立南鄉郡分枝江以西立臨江郡及敗於赤壁南郡以南屬吳吳後遂與蜀分荆州於是南郡零陵武陵以西爲蜀江夏桂陽長沙三郡爲吳南陽襄陽南鄉三郡爲魏而荆州之名南北雙立蜀分南郡立宜都郡劉備沒後宜都武陵零陵南郡四郡之地悉復屬吳弼按赤壁戰後南郡以南劉備據有四郡晉志謂南郡以南屬吳其誤一建安二十四年孫權使呂蒙襲取荆州是時劉備尚存荆南已失晉志言備沒後四郡屬吳其誤二蓋備之有荆州江南四郡乃征討所得非盡由孫權所假建安二十年吳蜀連和分疆畫界逮呂蒙生釁盟好不終事實昭然晉志爲官書故錯違如此

山陽公載記曰 本志文紀黄初元年奉漢帝爲山陽公隋書經籍志山陽公載記十卷樂資撰章宗源曰史通雜述篇若陸賈楚漢春秋樂資山陽公載記此之謂偏記者也魏志袁紹傳注引書配事蜀志馬超傳注超呼備字事裴松之謂袁暐樂資記載穢雜虛謬愚按後漢書靈紀注載西園八校尉獻紀注郭汜攻李傕事可與劉艾靈獻紀互證又侍中臺崇作壺崇馮異傳注闕頓王作碓王董卓傳注段珪作殷珪可考范史之異姚振宗曰載記之目班氏始以繫平林新市公孫述隗囂之流卽後世霸史僞史之類山陽公乃亦被以此名所未喻也（姚說見隋書經籍志攷證卷十三）袁宏後漢紀序稱山陽公紀 **公船艦爲備所燒** 此關羽所謂烏林之役左將軍身在行閒戮力破魏者是也吳人專有其功可乎 **引軍從華容道步歸** 胡三省曰華容縣屬南郡從此道可至華容縣也杜佑曰古華容在竟陵郡監利縣一統志華容故城今湖北荆州府監利縣西北 **遇泥濘道不通天又大風悉使羸兵負草塡之** 胡三省曰濘乃定翻羸倫爲翻 **騎乃得過羸兵爲人馬所蹈藉陷泥中死者甚衆軍既得出公大喜諸將問之公曰劉備吾儔也但得計少晚向使早放火吾徒無類矣備尋亦放火而無所及** 孫盛異同評曰 異同評卽異同雜語注見前 按吳志劉備先破公軍然後權攻合肥而此記云權先攻合肥 記疑作紀 後有赤壁之事二者不同吳志爲是

十四年春三月軍至譙 譙見卷首胡三省曰自赤壁還也 **作輕舟治水軍秋七月自渦入淮** 胡三省曰班志淮陽扶溝縣渦水首受狼湯渠東至向入淮過郡三行千里水經注曰至下邳淮陵縣入淮（弼按胡注淮作睢）師古曰渦音戈又音瓜狼音浪湯音徒浪翻王先謙曰渦說文水經注並作濄字同趙一清曰今鳳陽府懷遠縣東北十五里有渦口城又東北四十五里有向城卽濄水入淮之處與漢志合故道元以經言下邳淮陵入淮爲非一統志渦水俗曰渦河在懷遠縣北一里自潁州府蒙城縣流入又東入淮謂之渦口魏志文帝紀黄初六年帝以舟師自譙循渦入淮 **出肥水** 一統志肥水在今安徽鳳陽府壽州鳳臺縣東北自廬州府合肥縣界西北流入至肥口北入淮俗曰東肥河 **軍合肥** 合肥見上年吳熙載曰自渦入淮出肥水軍合肥蓋歷今安徽鳳陽壽州至合肥也魏文帝浮淮賦序云（書鈔御覽浮作泝）建安十四年王師自譙東征大興水軍（軍一作運）泛舟萬艘時余從行始入淮口行泊東山（泊一作洎）覩師徒觀旌帆赫哉盛矣雖孝武盛唐之狩舳艫千里殊不過也乃作斯賦云泝淮水而南邁兮泛洪濤之湟波仰嵓岡之崇阻兮經東山之曲阿浮飛舟之萬艘兮建干將之銛戈揚雲旗之繽紛兮聆榜人之讙譁乃撞金鐘爰伐雷鼓白旄沖天黄鉞匽匽武將奮發驍騎赫怒於是驚風泛涌波駭衆帆張羣櫂起爭先遂進莫適相待（見書鈔一百三十七類聚八初學記六御覽七百七十） **辛未令曰自頃以來軍數征行或遇疫氣吏士死亡不歸家室怨曠百姓流離而仁者豈樂之哉不得已也其令死者家無基業不能自存者縣官勿絕廩長吏存恤撫循以稱吾意置揚州郡縣長吏** 本志劉馥傳太祖表馥爲揚州刺史馥單馬造合肥空城建立州治興治芍陂及茹陂七門吳塘諸堨建安十三年卒蔣濟傳大軍南征還以温恢爲揚州刺史濟爲別駕魏略時苗爲壽春令揚州治在其縣時蔣濟爲治中（見本志卷二十三常林傳裴注） **開芍陂屯田** 水經肥水篇肥水出九江成德縣廣陽鄉西西北入芍陂酈注芍陂

水上承淝水東北逕白芍亭東積而爲湖謂之芍陂陂周百二十許里在壽春縣南八十里言楚相孫叔敖所造魏太尉王淩與吳將張休戰於芍陂卽此處也陂有五門吐納川流陂水北逕孫叔敖祠下謂之芍陂瀆郡國志當塗縣注引皇覽云楚大夫子思造芍陂李賢曰芍陂今在壽州安豐縣東陂徑百里灌田萬頃華夷對境圖芍陂周回三百二十四里與陽泉大業並孫叔敖所作開溝引淠水爲子午渠開六門灌田萬頃何焯曰由此淮南遂爲重鎭一統志芍陂水在壽州南一名期思陂壽州志西自六安州龍穴山東自濠州橫石東南自龍池山其水悉會於陂

十二月軍還譙

十五年春下令曰自古受命及中興之君曷嘗不得賢人君子與之共治天下者乎文館詞林治作化避唐諱及其得賢也曾不出閭巷豈幸相遇哉上之人不求之耳不求文館詞林作求取今天下尚未定此特求賢之急時也孟公綽爲趙魏老則優不可以爲滕薛大夫此論語記孔子之言集解云公綽魯大夫趙魏皆晉卿家臣稱老公綽性寡欲趙魏貪賢家老無職故優滕薛小國大夫職煩故不可爲若必廉士而後可用則齊桓其何以霸世文館詞林世作乎亦避唐諱

今天下得無被褐懷玉而釣於渭濱者乎又得無盜嫂受金而未遇無知者乎文館詞林懷下有珠字未遇無知作未逢知遇史記齊太公世家呂尚以魚釣奸周西伯西伯遇於渭之陽載與俱歸立爲師陳丞相世家絳侯灌嬰等咸讒陳平曰臣聞平家居時盜其嫂受諸將金金多者得善處金少者得惡處漢王以讓魏無知無知曰楚漢相距臣進奇謀之士顧其計誠足以利國家不耳盜嫂受金何足疑乎二三子其佐我明揚仄陋書堯典曰明明揚仄陋揚舉也文館詞林仄作側唯才是舉吾得而用之是年初置丞相徵事二人以邴原王烈選補見邴原傳注引獻帝起居注顧炎武日知錄論兩漢風俗云漢自孝武表章六經之後師儒雖盛而大義未明故新莽居攝頌德獻符者偏於天下光武有鑒於此故尊崇節義敦厲名實所舉用者莫非經明行脩之人而風俗爲之一變至其末造朝政昏濁國事日非而黨錮之流獨行之輩依仁蹈義舍命不渝風雨如晦雞鳴不已三代以下風俗之美無尚於東京者而孟德既有冀州崇獎跅弛之士觀其下令再三至於求負汙辱之名見笑之行不仁不孝而有治國用兵之術者（建安二十二年八月令十五年春令十九年十二月令意皆同）於是權詐迭進姦逆萌生風俗又爲之一變夫以經術之治節義之防光武明章數世爲之而不足毀方敗常之俗孟德一人變之而有餘後之人君將樹之風聲納之軌物以善俗而作人不可不察乎此矣何焯曰王莽謂諸有藏及內惡未發者不以小疵妨大材此莽羅致屏棄不齒之人被以望外過恩使爲己用耳曹操亦謂若必廉士而後可用則齊桓其何以伯世纂賊所求往往必於其類以爲此屬皆計不反顧不得不奮効鳴吠以圖富貴一時乃可惟我所使也周壽昌曰漢制雜霸而求賢詔猶知以孝弟仁義爲重故黨錮之餘風節彌厲魏武此令專務狡詐蔑棄廉隅宜乎華歆王朗從逆諸臣靦然以老成自重幼安諸老屢徵不至亦早見其本顚而枝必壞也卒之立國甫及二世而廢纂相尋旋卽亡滅謂非魏武之有以啓之哉弼按顧何周諸說於風俗人心極有關繫誠爲名論然據毛玠傳云玠與崔琰並典選舉其所舉用皆清正之士雖於時有盛名而行不由本者終莫得進由是天下之士莫不以廉節自勵文帝爲五官將屬所親眷玠不奉命先賢行狀云玠典選舉拔貞實斥華僞四海翕然莫不勵行和洽傳云毛玠崔琰並以忠清幹事其選用先尚儉節據諸傳所載則當時選用之風尚可知似有不可以概論者然當羣雄割據之時不能不網羅倜儻不羈之士造端不愼流弊無窮魏武此令遂爲世所詬病矣

冬作銅爵臺水經濁漳水注漢高帝十二年置魏郡治鄴縣後分魏郡置東西部都尉故曰三魏魏武又以郡國之舊引漳流自城西東入逕銅雀臺下伏流入城東注謂之長明溝也城之西北有三臺皆因城爲之基巍然崇舉其高若山建安十五年魏武所起平坦略盡春秋古地云葵丘地名今鄴西三臺是也謂臺已平或更有見意所未詳中曰銅雀臺高十丈有屋百一間臺成命諸子登之並使爲賦陳思王下筆成章美捷當時南則金虎臺高八丈有屋百九間北曰冰井臺亦高八丈有屋百四十五間左思魏都賦曰三臺列峙而崢嶸者也御覽一百七十七引魏志曰武帝建安十五年作銅雀臺十八年作金虎臺又作冰井臺河南通志云銅雀臺在彰德府臨漳縣西魏曹操築并金虎冰井二臺相去各六十步其上復道樓閣相通中央懸絕鑄大銅雀高一丈五尺置之樓頂臨終遺令施繐帳於上朝脯使宮人歌吹帳中望吾西陵西陵操葬處也後樓臺俱毀土人掘地得瓦色頗青內平瑩印工人姓名皆八分隸書硯譜云人得此瓦爲硯數日不滲

魏武故事見建安四年注載公十二月己亥令曰嚴可均全三國文題曰讓縣自明本志令孤始舉孝廉年少年二十舉孝廉爲郎注見卷首自以本非巖穴知名之士恐爲海內人之所見凡愚通鑑作恐爲世人之所凡愚胡注恐時人以凡愚待之也欲爲一郡守好作政教以建名立譽各本均作建立名譽通鑑作以立名譽使世士明知之故在濟南始除殘去穢平心選舉違迕諸常侍以爲彊豪所忿通鑑以下有是字恐致家禍故以病還去官之後年紀尚少顧視同歲中同舉孝廉稱同歲魏武與韓遂父同歲孝廉是也盧文弨曰同歲如今同年也年有五十未名爲老內自圖之從此卻去二十年待天下清乃與同歲中始舉者等耳故以四時歸鄉里四疑作是胡玉縉曰四字似不誤觀下文欲秋夏讀書冬春射獵可見於譙東五十里築精舍注見卷首水經陰溝水注城東有曹太祖舊宅負郭對廛側隍臨水文帝延康元年幸譙大饗父老立壇於故宅壇前樹大饗碑碑之東北漚水南有譙定王碑據酈注所云負郭對廛則魏武故宅似不在譙東五十里所云側隍臨水卽渦水也又按元和志寰宇記俱云魏武築室於譙縣東五里與此言譙東五十里不

合似以五里爲是抑或居宅在譙東五里而精舍在譙東五十里耶欲秋夏讀書冬春射獵求底下之地欲以泥水自蔽絕賓客往來之望然不能得如意後徵爲都尉遷典軍校尉注見卷首意遂更欲爲國家討賊立功欲望封侯作征西將軍然後題墓道言漢故征西將軍曹侯之墓此其志也而遭值董卓之難興舉義兵是時合兵能多得耳然常自損不欲多之所以然者兵多意盛與強敵爭倘更爲禍始故汴水之戰數千後還到揚州更募亦復不過三千人見前初平元年林國贊曰操初起兵但鮑信一人已舉兵二萬助之衞茲曹仁曹洪亦共合兵得七千餘人然後進攻滎陽續到揚州更募又得四千餘人焉得如魏武故事所說此其本志有限也後領兗州破降黃巾三十萬衆見前初平三年又袁術僭號於九江下皆稱臣名門曰建號門衣被皆爲天子之制兩婦預爭爲皇后建安二年術僭號置公卿百官郊祀天地見范書術傳志計已定人有勸術使遂卽帝位露布天下答言曹公尚在未可也後孤討禽其四將謂術將橋蕤李豐梁綱樂就也獲其人衆遂使術窮亡解沮發病而死在建安四年及至袁紹據河北兵勢強盛孤自度勢實不敵之但計投死爲國以義滅身足垂於後幸而破紹梟其二子建安五年破紹十年斬譚十二年斬尚又劉表自以爲宗室包藏奸心乍前乍卻盧文弨曰當作卻以觀世事據有當州吳本官本當作荊孤復定之遂平天下何焯曰孫劉方睦而云遂平天下蓋其器限之也史家評操攻伐至克紹而止過此卽鼎足虎爭非復所能戡定矣身爲宰相漢書百官公卿表有相國丞相而無宰相之名然曹參傳始參微時與蕭何善及爲宰相有隙何武傳武爲郡吏太守何壽知武有宰相器後漢書李通傳自爲宰相謝病不視事是當時三公已有宰相之稱又漢書鮑宣傳宣鉤止丞相掾史摧辱宰相事下御史公孫賀等傳贊云若夫丞相御史兩府之士不能正議以輔宰相朱博傳何武建言今政事繁多宰相之材不能及古而丞相獨兼三公之事所以久廢不治宜建三公官此皆爲漢三公稱宰相之證錢大昭曰御史大夫亦稱宰相人臣之貴已極意望已過矣今孤言此若爲自大欲人言盡故無諱耳設使國家無有孤不知當幾人稱帝幾人稱王或者人見孤彊盛又性不信天命之事恐私心相評言有不遜之志胡三省曰言其將篡也妄相忖度每用耿耿胡三省曰毛公云耿耿猶儆儆也又憂也齊桓晉文所以垂稱至今日者以其兵勢廣大

猶能奉事周室也論語云三分天下有其二以服事殷周之德可謂至德矣夫能以大事小也昔樂毅走趙趙王欲與之圖燕樂毅伏而垂泣對曰臣事昭王猶事大王臣若獲戾放在他國沒世然後已不忍謀趙之徒隸況燕後嗣乎姚範曰此事未詳所本胡亥之殺蒙恬也恬曰自吾先人及至子孫積信於秦三世矣今臣將兵三十餘萬其勢足以背叛然自知必死而守義者不敢辱先人之教以忘先王也史記蒙恬傳以下有不字孤每讀此二人書未嘗不愴然流涕也孤祖父以至孤身皆當親重之任可謂見信者矣以及子桓兄弟過於三世矣元本馮本桓作植官本攷證何焯曰文類作子桓植字乃桓字傳寫之訛對臣下不以稱子之字爲嫌觀陳思王傳中諸令屢稱子建則此爲子桓決也錢大昕曰陳景雲云此令言前朝恩封三子爲侯固辭不受今更欲受之及明年三子並封植爲之首則分封植等在下令之先朝廷已有成命故自述世受漢恩有至於子植兄弟之語也封植等而不及丕者丕爲家嗣當襲父爵如桓階三子皆賜爵關內侯其長子祐以嗣子不封卽其證也或疑舍丕舉植紊長幼之序據陳思王傳注中載太祖令屢稱子建以證子植當爲子桓之譌殆不然矣潘眉曰張溥漢魏名家文集作子桓此義門所本然攷是時方封曹植曹據曹豹爲侯所謂前朝恩封三子爲侯是也植字不誤曹丕於十五年未受朝職至十六年始爲五官中郎將張何二家改子植爲子桓但據兄弟之次序不攷受爵之先後皆似是而實非者也周壽昌曰令中固有稱子號者然此正指子植兄弟卽植爲平原侯據爲范陽侯豹爲饒陽侯見十六年春正月注可證蓋操意丕以世子襲爵爲固然惟子植兄弟恩封出常制外故云及子植兄弟爲三世也沈家本曰曹操此令在十五年十二月己亥而曹植等封侯在十六年正月庚辰注中前朝恩封三子爲侯明指前事潘氏誤會其語遂謂是時方封非也何據兄弟次序改植爲桓其說正未可非且何云文類作子桓考三國文類乃宋人所作（不著名氏）皆採三國志之文故何據以訂正潘氏謂何本張書亦誤弼按諸說皆泥於下文封三子爲侯之語遂多不能自圓其說鄙意令言自孤祖父以至孤身以及子桓兄弟過於三世乃歷序累世承恩之語應指子桓言舉子桓可以概餘人亦與上文引蒙恬積信於秦三世之語相應至下文封三子爲侯固辭不受與介推避封申胥逃賞相應別爲一事文義兩不相蒙據此推論以作桓爲是孤非徒對諸君說此也嘗以語妻妾皆令深知此意孤謂之言顧我萬年之後汝曹皆當出嫁欲令傳道我心使它人皆知之欲明心迹何至令妻妾改嫁擇言不愼一至於此然臨終遺令賣履分香登臺奏伎閨房戀戀至死不忘乃知汝曹出嫁之言爲奸雄欺人之語孤此言皆肝鬲之要也胡三省曰鬲胷鬲也所以勤勤懇懇敍心腹者見周公有金縢之書以自明

恐人不信之故然欲孤便爾委捐所典兵衆以還執事歸就武平侯國馮本監本毛本滕作縢誤武王有疾周公欲以身代史錄其册祝之文藏於金縢之匱因以金縢名篇 武平見建安元年 實不可也何者誠恐己離兵爲人所禍也 上文但計投死爲國以義滅身之言皆欺人語耳 既爲子孫計又己敗則國家傾危是以不得慕虛名而處實禍此所不得爲也 黃恩彤曰方操夷袁紹下荆州天下大勢駸駸乎折而入於己惟其喪師赤壁十年精銳付之一炬孫權既雄據江東劉備復奄有荆楚鼎足勢成始知大物不能驟致鄴中下令鰓鰓以臣節自明其令中所云人見孤彊盛言有不遜之志此乃其肝鬲至言欲蓋彌彰者也陳志刪而不錄亦惡其言不由衷耳 前朝恩封三子爲侯固辭不受今更欲受之非欲復以爲榮欲以爲外援爲萬安計孤聞介推之避晉封申胥之逃楚賞 左傳晉侯賞從亡者介之推不言祿祿亦弗及楚子賞申包胥胥曰吾爲君非爲身也遂逃賞 未嘗不捨書而歎有以自省也奉國威靈仗鉞征伐推弱以克強處小而禽大意之所圖動無違事心之所慮何向不濟 然則汴水之戰何以爲流矢所中濮陽之圍何以墜馬燒掌淯水之難何以喪昂及安民烏林之役何以狽狽北歸潼關北渡何以爲馬超所困志驕氣盈言大而夸 遂蕩平天下不辱主

命可謂天助漢室非人力也然封兼四縣食戶三萬何德堪之江湖未靜 胡三省曰謂孫劉也 不可讓位至於邑土可得而辭今上還陽夏柘苦三縣 郡國志豫州陳國陽夏柘苦一統志陽夏故城今河南陳州府太康縣治柘縣故城今歸德府柘城縣治北苦縣故城今歸德府鹿邑縣東十里（謝鍾英曰當在亳州東南） 戶二萬但食武平萬戶且以分損謗議少減孤之責也 李安溪曰文詞絕調也惜出於操令人不喜讀耳

十六年春正月

魏書曰庚辰天子報減戶五千分所讓三縣萬五千封三子植爲平原侯據爲范陽侯豹爲饒陽侯 豹即沛穆王林解見武文世王公傳沛王傳潘眉曰武二十五子無名豹者攷十六年所封饒陽侯沛穆王林也豹即林之初名平原見初平三年郡國志幽州涿郡范陽冀州安平國饒陽一統志范陽故城今直隸保定府定興縣南四十里故城鎮饒陽故城今直隸深州饒陽縣東 食邑各五千戶

天子命公世子丕爲五官中郎將置官屬爲丞相副 續百官志五官中郎將一人比二千石主五官郎凡郎官皆主更直執戟宿衛諸殿門出充車騎唯議郎不在直中胡三省曰漢五官中郎將主五官郎而已未嘗置官屬也領屬光祿勳未嘗爲丞相副也趙一清曰魏晉更無其官殆以曹丕始居之故廢耳洪飴孫曰漢建安十六年文帝爲五官中郎將置官屬有長史涼茂邴原吳質（魏略）文學徐幹應瑒（王粲傳）劉廙蘇林（劉劭傳）夏侯尚司馬懿（蜀志注魏書）門下賊曹盧毓郭淮功曹常林踐阼以後不置弼按本志卷二十三裴潛傳注引魏略云嚴幹黃初中轉五官中郎將又本志卷十五梁習傳注引魏略云安東將軍司馬宣王西征路經弘農召太守劉類入爲五官中郎將據魏略所載是黃初後仍置五官中郎將洪飴孫謂文帝踐阼以後不置者誤也趙一清謂魏晉更無其官亦誤 太原商曜等以大陵叛 郡國志并州太原郡大陵一統志大陵故城今山西太原府文水縣東北二十五里吳增僅曰晉書北狄傳建安中魏武以匈奴中部居此弼按徐晃傳作太陵 遣夏侯淵徐晃圍破之張魯據漢中 郡國志益州漢中郡治南鄭一統志南鄭故城今陝西漢中府南鄭縣城東元和志後漢末張魯據漢中改漢中爲漢寧郡曹公討平之復爲漢中郡蜀先主破魏將夏侯妙才遂有其地爲重鎮魏延蔣琬姜維相繼屯守按漢中當巴蜀捍蔽故先主初得漢中謂人曰曹公雖來無能爲也南鄭互見張魯傳注 三月遣鍾繇討之公使淵等出河東與繇會 郡國志司隸河東郡治安邑一統志安邑故城今山西解州夏縣北 是時關中諸將疑繇欲自襲馬超遂與韓遂楊秋李堪

成宜等叛 宋本堪作堪官本考證曰監本作李堪後云斬成宜李堪等又馬超張魯傳皆作堪則作李堪誤也本志高柔傳太祖欲遣鍾繇等討張魯柔諫以爲今猥遣大兵西有韓遂馬超謂爲已舉將相扇動作逆宜先招集三輔三輔苟平漢中可傳檄而定也繇入關遂超等果反胡三省曰操舍關中而遠征張魯伐虢取虞之計也蓋欲討超遂而無名先張討魯之勢以速其反然後加兵耳 遣曹仁討之超等屯潼關 蜀志馬超傳注引典略云建安十六年超與關中侯選程銀李堪張橫梁興成宜馬玩楊秋韓遂等凡十部俱反其衆十萬同據河潼建立營陣左傳晉使詹嘉處瑕以守桃林之塞杜預注桃林在華陰縣東即潼關水經河水南至華陰潼關渭水從西來注之注云河在關內南流潼激關山因謂之潼關河水自潼關東北流水側有長坂謂之黃巷坂坂傍絕澗歷北出東嶠通謂之函谷關郭緣生記曰漢末之亂魏武征韓遂馬超連兵此地今河西有曹公壘通典潼關本名衝關河自龍門南流衝激華山故以爲名元和志潼關在華陰縣東北三十九里古桃林塞上躋高隅俯視洪流盤紆峻極實爲天險河之北岸則風陵津北至蒲關六十餘里河山之險迤邐相接寰宇記自函谷至於潼關高出雲表幽谷秘邃深林茂木白日成昏一統志潼關故城今陝西同州府潼關廳東南 公敕諸將關西兵精悍堅壁勿與戰秋七月公西征

魏書曰議者多言關西兵彊習長矛非精選前鋒則不可以當也公謂諸將曰戰在我

非在賊也賊雖皆長矛將使不得以刺諸君但觀之耳胡三省曰在我而不在敵故可以制勝此未易與常人言也

與超等夾關而軍公急持之而潛遣徐晃朱靈等夜渡蒲阪津據河西爲營胡三省曰蒲坂津在蒲坂縣西河西卽唐之蒲津關郡國志河東郡蒲坂一統志蒲坂故城在今山西蒲州府東南蒲津關在蒲州府永濟縣西黃河西岸一名臨晉關一名河關跨陝西地誠山陝之要隘也通鑑考異曰徐晃傳太祖至潼關恐不得渡召問晃晃曰公盛兵於此而賊不復別守蒲阪知其無謀也今假臣精兵渡蒲坂津爲軍先置以截其裏賊可禽也太祖曰善按武帝紀潛遣二將渡蒲坂皆太祖之謀而晃傳云皆晃之策蓋陳氏各欲稱其功美不相顧耳弼按畫策者晃遣晃者操據事直書各不相掩非不相顧也公自潼關北渡未濟超赴船急戰校尉丁斐因放牛馬以餌賊賊亂取牛馬公乃得渡丁斐字文侯丁謐之父見曹爽傳注引魏略許褚傳太祖將北渡臨濟河先渡兵獨與褚及虎士百餘人留南岸斷後超將步騎萬餘人來奔太祖軍矢下如雨褚乃扶太祖上船船工中流矢死褚左手舉馬鞍蔽太祖右手棹船僅乃得渡是日微褚幾危

曹瞞傳曰公將過河前隊適渡超等掩至公猶坐胡牀不起張郃等見事急共引公入船河水急比渡流四五里超等騎追射之矢下如雨諸將見軍敗不知公所在皆惶懼至見乃悲喜或流涕公大笑曰今日幾爲小賊所困乎沈欽韓曰幾爲小賊所困乃光武之語操引之以自解耳姚範曰此葛相所云殆死潼關也

循河爲甬道而南賊退拒渭口水經渭水篇渭水東過華陰縣北東入於河注云春秋之渭汭也左傳閔公二年虢公敗犬戎於渭汭杜預曰水之隈曲曰汭王肅云汭入也雍錄渭口在華陰縣東北三十五里胡三省曰前書渭水至船司空入河後漢省船司空屬華陰縣渭口之東卽潼關也一統志渭水自西安府渭南縣流經華州北又東逕華陰縣北入黃河其入河處謂之渭汭公乃多設疑兵潛以舟載兵入渭爲浮橋趙一清曰水經渭水注渭橋秦置亦曰便門橋舊有忖留神像後董卓入關遂焚此橋魏武更脩之橋廣三丈六尺忖留之像曹公乘馬見之驚又命下之弼按酈注所云之渭橋在長安魏武脩橋當在關中既平之後此時與馬超交戰載兵入渭所爲浮橋當在渭水入河之處距長安尙遠趙氏所引失之夜分兵結營於渭南賊夜攻營伏兵擊破之超等屯渭南遣信求割河以西請和通鑑信作使錢大昭曰信謂使者也史記韓世家陳軫說楚王發信臣多其車重其幣司馬相如諭巴蜀檄故遣信使曉諭百姓公不許九月進軍渡渭

曹瞞傳曰時公軍每渡渭輒爲超騎所衝突營不得立地又多沙不可築壘御覽多作純水經渭水注壘作城婁子伯說公曰婁圭字子伯見崔琰傳注今天寒可起沙爲城以水灌之可一夜而成官本攷證曰可一夜而成五字御覽作須臾冰堅如鐵石功不達曙百堵皆立雖金湯之固未能過也二十四字沈家本曰御覽凡三引此事七十四引與此同一百九十二引作一夜可立三百三十五引卽官本攷證所引語意較暢然御覽祇稱魏志不曰曹瞞傳也弼按水經渭水注作曹瞞傳可一夜而成作一宿而成公從之乃多作縑囊以運水夜渡兵作城水經渭水注作乃多作縑囊以堙水夜汲作城御覽一百九十二以運水三字作以盛土傴水比明城立崔琰傳注引吳書曰從破馬超等子伯功爲多曹公常歎曰子伯之計孤不及也方輿紀要卷五十四沙城在華州灞城縣東沮水側由是公軍盡得渡渭或疑于時九月水未應凍臣松之按魏書公軍八月至潼關閏月北渡河則其年閏八月也至此容可大寒邪

超等數挑戰又不許固請割地求送任子本志董卓傳韓遂馬騰自還涼州更相寇後騰入爲衛尉子超領其部曲十六年超與關中諸將及遂等反太祖征破之遂奔金城爲其將所殺超據漢陽騰坐夷三族蜀志馬超傳注引典略云馬騰之入使超領騰營徙其家屬皆詣鄴惟超獨留又按超傳超臨沒上疏云臣門宗二百餘口爲孟德所誅略盡據諸傳及典略所云是馬騰家屬已全徙鄴倘不足置信而超求送任子乃可信耶況超置父不顧（超謂韓約曰今超棄父以將軍爲父見張既傳注引魏略）而恤其子耶以操之明自不爲所紿矣公用賈詡計僞許之韓遂請與公相見公與遂父同歲孝廉錢大昭曰同歲卽今所謂同年也又與遂同時儕輩於是交馬語移時胡三省曰遂與樊稠交馬語而得以鄉稠與曹操交馬語乃以自鄉然後知遂之所以遇稠者非用數也若馬超等之疑遂則猶李傕之疑稠耳弼按魏武與遂交馬語時闕行在後太祖謂行曰當念作孝子見張既傳注引魏略又按韓樊交馬語事見本志董卓傳注引九州春秋不及軍事但說京都舊故拊手歡笑左傳襄公二十五年公拊楹而歌釋文拊拍也既罷超等問遂公何言遂曰無所言也超等疑之通鑑考異曰許褚傳太祖與韓遂馬超等會語左右皆不得從唯將褚超負其力陰欲前突太祖素聞褚勇疑從騎是褚乃問曰公有虎侯者安在太祖顧指褚超不敢動按時超不與遂同在彼故疑遂此說妄也弼

按馬超傳所載亦同或操與遂語時超距離稍遠故不聞其語也

魏書曰公後日復與遂等會語諸將曰公與虜交語不宜輕脫可爲木行馬以爲防遏漢官儀曰光祿大夫屬光祿勳門外特施行馬以旌別之公然之賊將見公悉於馬上拜秦胡觀者前後重沓胡三省曰重直龍翻通鑑釋文曰重沓重足着地也胡三省辨誤云漢書爲重足而立言人畏懼之甚不敢並足着地故重足而立也此謂人夙知曹操威名聚而觀之前後重沓安有重足着地之事哉公笑謂賊曰爾欲觀曹公邪馮本官本爾作汝亦猶人也非有四目兩口但多智耳胡前後大觀又列鐵騎五千爲十重陣精光曜日賊益震懼

他日公又與遂書多所點竄如遂改定者超等愈疑遂胡三省曰二者皆所以離之也公乃與克日會戰胡三省曰克日者剋定其日也先以輕兵挑之戰良久乃縱虎騎夾擊大破之何焯曰弱者出戰強者繼之其挑戰者乃游軍也斬成宜李堪等遂超等走涼州楊秋奔安定郡國志涼州安定郡治臨涇一統志臨涇故城今甘肅涇州鎮原縣南五十里弼按下文注引魏略楊秋封臨涇侯卽此關

中平諸將或問公曰初賊守潼關渭北道缺胡三省曰缺謂缺而不備也不從河東擊馮翊郡國志司隸左馮翊治高陵漢官解詁曰馮輔翊蕃故以爲名潘岳關中記曰三輔舊治長安城中長吏各在其縣治民光武東都之後扶風出治槐里馮翊出治高陵王先謙曰三國魏馮翊郡自建安初移治臨晉一統志高陵故城今陝西西安府高陵縣西南而反守潼關引日而後北渡何也公曰賊守潼關若吾入河東賊必引守諸津則西河未可渡吾故盛兵向潼關賊悉衆南守西河之備虛故二將得擅取西河二將徐晃朱靈也然後引軍北渡賊不能與吾爭西河者以有二將之軍也連車樹柵爲甬道而南

臣松之按漢高祖二年與楚戰滎陽京索之閒築甬道屬河以取敖倉粟滎陽敖倉見初平元年注郡國志司隸河南尹京劉昭注鄭共叔所居左傳云謂之京城大叔應劭曰有索亭楚漢戰京索一統志京縣故城今河南開封府滎陽縣東南二十一里應劭曰恐敵鈔輜重故築垣牆如街巷也今魏武不築垣牆但連車樹柵以扞兩面

既爲不可勝胡三省曰兵法先爲不可勝以待敵之可勝且以示弱渡渭爲堅壘虜至不出所以驕之也故賊不爲營壘而求割地吾順言許之所以從其意使自安而不爲備因畜士卒之力一旦擊之所謂疾雷不及掩耳胡三省曰淮南子之言兵之變化固非一道也始賊每一部到關中諸將凡十部注見前公輒有喜色賊破之後諸將問其故公答曰關中長遠若賊各依險阻征之不一二年不可定也今皆來集其衆雖多莫相歸服軍無適主胡三省曰適丁歷反一舉可滅爲功差易吾是以喜胡三省曰當此之時關西之兵最爲精彊而破於操者法制不一也冬十月軍自長安北征楊秋圍安定秋降復其爵位使留撫其民人

魏略曰舊唐書經籍志魏略三十八卷魚豢撰新唐書藝文志魚豢魏略五十卷史通正史篇魏時京兆魚豢私撰魏略事止明帝（張鵬一云其記載訖於陳留王奐時史通謂事止明帝殊非事實）又題目篇魚豢魏史巨細畢載蕪累甚多而勝之以略考名責實奚其爽歟又稱謂篇魚豢孫盛等沒吳蜀號諡呼

權備姓名高似孫史略曰魏氏別史五家蓋可與陳壽志參攷而互見亦一時記載之雋也而魚豢典略特爲有筆力錢大昕曰魚豢魏略今已不存其諸傳標目多與他史異如董遇等爲儒宗傳（王肅傳注）常林等爲清介傳（常林傳注）脂習等爲純固傳（王脩傳注）孫賓碩等爲勇俠傳（閻溫傳注）王思等爲苛吏傳（梁習傳注）田疇等爲知足傳（見梁書）東里袞爲游說傳（高貴鄉公紀注）王粲諸人合傳焦先扈累寒貧諸人合傳當亦有目今不可攷矣若秦朗孔桂之爲佞幸傳（明帝紀注）則沿遷固之舊目也章宗源曰魏略有紀志列傳自是正史之體文選景福殿賦注引魏略文紀初學記天部引五行志延康元年大霖雨五十餘日魏有天下乃舜將受大祚之應也列傳以賈逵李孚楊沛爲一卷（賈逵傳注）以徐福等十人共卷（裴潛傳注）陳壽志韓宣名都不見惟魏略有傳（同上）世說文學篇注引天竺城中有臨兒國通典邊防門注西夜並屬疏勒二事皆題魏略傳御覽人事部引短人國事寰宇記引莎車國事皆作西域傳豢之論贊實稱曰議裴注多引其詞而西戎傳議尤可考見弼按魏略西戎傳殊方記載最爲翔實近人張鵬一有魏略輯本錢氏所引之外所輯諸傳甚多餘詳建安二十年注引典略楊秋黃初中遷討寇將軍趙一清曰楊秋於延康年爲冠軍將軍與張郃討山賊鄭甘盧水叛胡見郭淮傳宋書百官志討寇將軍在四十號之列後漢及魏所置弼按上尊號奏云冠軍將軍好畤侯臣秋卽楊秋也位特進晉書職官志特進漢官也二漢及魏晉以加官從本官車服無吏卒封臨涇侯臨涇見前以壽終

十二月自安定還留夏侯淵屯長安

十七年春正月公還鄴天子命公贊拜不名入朝不趨劍履上殿禮記曲禮篇上云戶外有二屨言聞則入言不聞則不入又云毋踐屨又云侍坐於長者屨不上於堂解屨不敢當階就屨跪而舉之屏於側鄉長者而屨跪而遷屨俯而納屨玉藻篇云三爵而油油以退退則坐取屨隱辟而后屨坐左納右坐右納左左傳宣公十四年楚子聞之投袂而起屨及於窒皇劍及於寢門之外邵寶左觿云屨人進屨追及於窒皇前此未及屨也劍人進劍追及於寢門之外前此未及劍也蓋興師之速如此說苑晉平公置酒虒祁之堂令人召師曠師曠至履而上堂平公曰安有人臣履而上人主堂者乎賈誼新書二世胡亥下階視羣臣陳履狀善者因行踐敗漢官舊儀據見脫履公立席後答拜魏武春祠令云議者以爲祠廟上殿當解履吾受賜命帶劍不解履上殿今有事于廟而解履是尊先公而替王命敬父祖而簡君主故吾不敢解履上殿也徐乾古履議云正會大司馬問劍履上殿義徐言所以遂見從著履上殿將入見咸譏云古無履但有舄著舄上殿不宜著履按周禮天王赤舄黑舄后素葛履鄭君注曰複下曰舄單下曰履是則古有履也蔡謨答臺符分別履舄之名事曰被符小會儀注侍臣劍履升殿而摯虞決疑言劍舄履之名宜審謹案今時所謂履者自漢以前皆名爲屨左傳曰踊貴屨賤禮曰戶外有二屨不言二履賈誼曰冠雖敝不以苴屨亦不言苴履者猶足所踐履耳詩云糾糾葛屨可以履霜舄者一物之別名履者足踐之通稱先代以來優崇重臣言劍履則包舄也又

大臣升殿不唯朝會或私覲獨見臨時所著不必是舄故總言履以明不跣而已摯虞中朝宿臣多識往行親覲其禮退而書之即是晉之故典今決疑言舄者書時事也儀注言履者舉總名也尋文總意所稱雖異其制一也輟耕錄屨舄履考云古人舄屨履至階必脫唯著襪而入禮戶外有二屨是脫屨而入者也漢賜劍履上殿是不賜則不敢著履上殿明矣諫不行則納履而去納結也言納履則在外明矣是脫履而入者也**如蕭何故事**史記蕭相國世家令蕭何賜帶劍履上殿入朝不趨漢書蕭何傳同然均無贊拜不名之事康發祥曰此殊禮在漢不獨蕭何梁冀董卓亦然胡玉縉曰賜履上殿剏自漢高實本於周公之赤舄几几韓侯之玄袞赤舄詳馮景解春集蕭何於漢家勳實第一操之劍履上殿將奚取焉**馬超餘衆梁興等屯藍田**郡國志司隸京兆尹藍田出美玉一統志藍田故城今陝西西安府藍田縣西三十里**使夏侯淵擊平之**范書獻帝紀是年夏五月癸未誅衛尉馬騰夷三族袁紀通鑑同又見馬超傳注引典略**割河內之蕩陰朝歌林慮**一統志蕩陰故城今河南彰德府湯陰縣西南朝歌故城今河南衛輝府淇縣東北林慮故城今彰德府林縣治朝歌又見袁紹傳注引英雄記**東郡之衛國頓丘東武陽發干**頓丘見卷首東武陽見初平二年發干見初平三年一統志衛國故城今山東曹州府觀城縣治**鉅鹿之廮陶曲周南和**郡國志冀州鉅鹿郡治廮陶一統志廮陶故城今直隸趙州寧晉縣西南二十五里曲周故城今直隸廣平府曲周縣東北南和故城今直隸順德府南和縣治**廣平**

之任城趙一清曰續郡國志鉅鹿郡注云秦置建武十三年省廣平國以其縣屬漢書地理志任屬廣平國此時無廣平國而猶襲舊文何也廣平郡以魏黃初二年置亦不得於此先書之錢大昕曰光武并廣平國入鉅鹿郡此後未見復置疑廣平下衍一之字任城屬兗州不當以益魏郡蓋亦衍一城字或據劉昭注續漢志引此文作廣平之廣平任城似當時已有廣平郡然獻帝起居注建安十八年冀州部三十二郡不數廣平晉志亦云廣平郡魏置則劉注廣平之三字明是衍文不足據以爲證閩本後漢書無此三字也弼按趙錢二說均是自應以屬鉅鹿郡之廣平任二縣當之惟錢云屬兗州者不當以益魏郡則東郡固屬兗州河內亦屬司隸蓋當時惟割毘連魏郡之地以益之固不問其隸屬何州也任城在今山東濟寧州治與魏郡相距甚遠故決知其誤也一統志廣平故城今直隸廣平府雞澤縣東任縣故城今直隸順德府任縣東南**趙之襄國邯鄲易陽**趙國治邯鄲邯鄲易陽見建安九年一統志襄國故城今直隸順德府邢臺縣西南百泉村**以益魏郡**范書獻帝紀是年九月庚戌立皇子熙爲濟陰王懿爲山陽王邈爲濟北王敦爲東海王李賢注引山陽公載記曰時許靖在巴郡聞立諸王曰將欲歙之必姑張之將欲奪之必姑與之其孟德之謂乎**冬十月公征孫權**梁章鉅曰文選有陳孔璋檄吳將校部曲文當即此時所作淩廷堪曰此檄僅見文選陳志裴注皆未載按武紀建安十七年十九年二十一年皆有征孫權事此檄但云年月朔日而不明指何年荀彧傳建安十七年太祖征孫權彧疾留壽春薨此檄首稱尚書令彧告江東諸將校部曲則是荀彧尚存其爲建安十七年征權時無疑也然檄中所云皆彧薨以後之事未審檄

文何以詳載之若云是建安二十一年征吳之檄則距彧薨已五年檄首不應仍稱尚書令彧也竊恐彧字或誤然李善所見本已是彧字故注引彧傳以證之豈孔璋之檄是齊梁文士所擬作而昭明取以入選歟不然承祚世期何以不錄也張雲璈曰彧卒在十七年檄中夏侯淵討馬超在十八年討宋建在十九年韓遂之斬張魯之降在二十年皆在彧卒之後檄首列彧名未詳姜皋曰彧當是攸之譌武紀建安十八年注以荀攸爲尚書令然攸傳云從征孫權道薨注云時建安十九年則又與文中事不符疑攸卒於二十一年則於檄中情事皆合耳弼按文選載阮瑀爲曹公作書與孫權書云按兵守次遣書致意願仁君及孤虛心回意按此書當在十七年征權時所作是時尚欲招徠措詞甚婉至檄文之醜詆當爲後作即孫輔一事已可證其先後也（書中言輔爲權所執檄中則言權已殺輔也）書檄辭繁不錄

十八年春正月進軍濡須口寰宇記濡須水源出巢縣西巢湖東南入江與含山縣分中流爲界通鑑地理通釋濡水與和州含山縣分中流爲界濡須山在含山縣西南七十五里與無爲軍七寶山對峙中爲石梁鑿石通水山川險阻舊志亦名天河自巢湖東口流經巢縣南又東南經七寶濡須兩山間亦曰東關水胡三省云李賢曰濡須水名在今和州歷陽縣西南孫權夾水立隖狀如偃月杜佑曰濡須水在歷陽西南百八十里余據濡須水出巢湖在今無爲軍北二十五里濡須隖在今巢縣東南四十里一統志濡須水在今安徽廬州府巢縣南源出巢湖東南流經無爲州東入江濡須隖在無爲州東北五十里趙一清曰御覽七十五引續搜神記曰廬江箏笛浦浦中昔有大船覆水內魚人宿旁聞箏笛之聲及香氣氤氳是曹公載妓覆船於此弼按此爲不經之談船既覆沒

何來箏笛之聲神怪之說不足信也**攻破權江西營**胡三省曰大江東北流故自歷陽至濡須口皆謂之江西而建業謂之江東**獲權都督公孫陽乃引軍還**吳志孫權傳權相拒月餘曹公望權軍歎其整肅乃退注引吳歷云權爲牋與曹公說春水方生公宜速去乃撤軍退**詔書并十四州復爲九州**范書獻帝紀建安十八年春正月庚寅復禹貢九州章懷注引獻帝春秋曰時省幽并州以其郡國并於冀州省司隸校尉及涼州以其郡國并爲雍州省兗州并荆州益州（弼按兗當作交）於是有兗豫青徐荆揚冀益雍也九數雖同而禹貢無益州有梁州然梁益亦一地也續百官志五劉昭注引獻帝起居注曰建安十八年三月庚寅省州并郡復禹貢之九州冀州得魏郡安平鉅鹿河間清河博陵常山趙國勃海甘陵平原太原上黨西河安定雁門雲中五原朔方河東河內涿郡漁陽廣陽右北平上谷代郡遼東遼東屬國遼西玄菟樂浪凡三十二郡省司隸校尉以司隸部分屬豫州冀州雍州省涼州刺史以并雍州部郡得弘農京兆左馮翊右扶風上郡安定隴西漢陽北地武都武威金城西平西郡張掖張掖屬國酒泉敦煌西海漢興永陽東安南凡二十二郡省交州以其郡屬荆州荆州得交州之蒼梧南海九眞交趾日南與其舊所部南陽章陵南郡江夏武陵長沙零陵桂陽凡十三郡益州本部郡有廣漢漢中巴郡犍爲蜀郡牂柯越巂益州永昌犍爲屬國蜀郡屬國廣漢屬國今并得交州之鬱林合浦凡十四郡豫州部郡本有潁川陳國汝南沛國梁國魯國今并得河南滎陽都尉凡八郡徐州部郡得下邳廣陵彭城東海琅邪利城城陽東莞凡八郡青州得齊國北海東萊濟南樂安凡五郡（弼按據獻帝起居注所載省州并郡其列舉郡名者爲冀雍荆益豫徐青七州兗揚二州當無所增損其省并者司涼并幽交五州也與詔書并十四州爲九州適合胡三省曰十四州司豫冀兗徐青荆揚益梁（弼按梁當作涼）雍并幽交也復爲九州者割司州之河東河內馮翊扶風及幽并二州（弼按司州應作司隸下同）皆入冀州涼州所統悉入雍州又以司州之京兆入焉又以司州之弘農河南入豫州交州并入荆州則省司涼幽并（弼按并下當有交字）而復禹貢之九州矣此曹操自領冀州牧欲廣其所統以制天下耳趙一清曰郡國志首司隸次豫冀兗徐青荆揚益涼并幽交合得十三州與此云十四州不合獻帝春秋云省兗州然兗州未嘗省而又十三州之中獨不及交豈即兗州之訛歟蓋十四州當數雍州建安中分涼州置見晉書地理志趙翼曰荀彧傳建安九年或說曹操宜復古九州則冀州所制者廣大彧曰若是則冀州當得河東馮翊扶風西河幽并之地所奪者衆關右諸將必謂以次見奪將人人自保恐天下未易圖也操乃寢九州議至是乃重復之蓋是時幽并及關中皆已削平操自爲張本去年已割蕩陰等郡以益魏郡是年又以河東等十郡封操爲魏公可見復九州亦正爲禪代地也唐寅曰三桓譏魯作三軍合周禮矣其志乃欲卑公室而奪之權曹操諷漢復九州合禹貢矣其志乃欲廣冀州而益其地凡姦人之欲濟其邪謀者類能引經術而稱古誼既不可盡信亦不可全疑要在察之而已

夏四月至鄴五月丙申天子使御史大夫郗慮胡三省通鑑釋文辨誤曰史炤釋文郗綺戟切余謂丑之翻若綺戟切則郄字也史炤於字畫亦不審諦如此姓譜郗爲高平望姓**持節策命公爲魏公**策文選作册李善注引說文曰册符命也諸侯進受於王象其札一長一短中有二編也何焯曰關中定而後魏公九錫之事成矣魏公之命及丕禪受之際但錄册書而不著其僞讓承祚之微詞所以殊於他史也梁章鉅曰後漢書荀彧傳建安十七年董昭等欲共進操爵公九錫備物密以訪彧彧曰君子愛人以德不宜如此事遂寢操心不能平獻帝紀云曹操自立爲魏公加九錫蓋操之覬覦久矣蕭常續後漢書亦書操自爲之弼按文選册文前有制詔使持節丞相領冀州牧武平侯十四字

續漢書曰慮字鴻豫山陽高平人山陽郡見初平元年一統志高平故城今山東兗州府鄒縣西南**少受業於鄭玄建安初爲侍中**　**虞溥江表傳曰**晉書虞溥傳溥字允源高平昌邑人除鄱陽內史注春秋經傳撰江表傳及文章詩賦數十篇卒於洛時年六十二子勃過江上江表傳於元帝詔藏於秘書隋志不著錄舊唐志雜史類江表傳五卷虞溥撰新唐志雜史類作五卷雜傳記類作三卷魏志三少帝紀注云鄱陽內史虞溥著江表傳粗有條貫邵博聞見後錄曰予官長安時或云鄠杜民家有江表傳焚之世今無此書矣章宗源曰此書裴松之徵引最多皆述魏蜀吳事而吳事尤詳沈家本曰江表傳所錄有漢末人書名江表故詳於吳**獻帝嘗特見慮及少府孔融**融事詳見本志卷十二崔琰傳注**問融曰鴻豫何所優長融曰可與適道未可與權**論語孔子之言**慮舉笏曰融昔宰北海政散民流其權安在也遂與融互相長短以至不睦公以書和解之**范書融傳曹操以融名重天下外相容忍而潛忌正議慮鯁大業山陽郗慮承望風旨以微法奏免融官因顯明讎怨操故書激厲融融報書修好如初王補曰操書意在交搆非平怨也融答書正墮術中傳言寬容少忌信然**慮從光祿勳遷爲大夫**見前十三年注

曰朕以不德少遭愍凶文選愍作閔**越在西土遷於唐衞**李善曰獻帝初平元年遷都長安興平二年車駕東歸渡河幸安邑建安元年幸聞喜七月車駕至洛陽河東郡有安邑縣聞喜縣然自聞喜入洛必塗經河內河內本衞國河東本唐堯所封故曰唐衞也趙一清曰此衞即康成書注分衞爲并州之衞指常山之衞水也弼按獻帝由長安至洛陽安得至常山之衞水趙說誤**當此之時若綴旒然**

公羊傳曰君若贅旒然何休云沈家本曰漢志春秋家公羊傳十一卷原注公羊子齊人師古曰名高公羊傳何休序傳春秋者非一疏孔子至聖卻觀無窮知秦無道將必燔書故春秋之說口授子夏度秦至漢乃著竹帛故說題辭云傳我書者公羊高也戴弘序云子夏傳與公羊高高傳與其子平平傳與其子地地傳與其子敢敢傳與其子壽至漢景帝時壽乃共弟子齊人胡母子都著於竹帛與董仲舒皆見於圖讖是也又隱二年紀子伯莒子盟于密紀子伯者何無聞焉爾何休注言無聞者春秋有改周受命之制孔子畏時遠害又知秦將燔詩書其說口授相傳至漢公羊氏及弟胡母生等乃始記於竹

帛故有所失也四庫總目据此二說並稱觀傳中有子沈子曰子司馬子曰子女子曰子北宮子曰又有高子曰魯子曰蓋皆傳授之經師不盡出於公羊子定公元年傳正棺於兩楹之間二句穀梁傳引之直稱沈子不稱公羊是並其不著姓氏者亦不盡出公羊子且並有子公羊子曰尤不出於高之明證知傳確爲壽撰而胡母子都助成之舊本首署高名蓋未審也案此說似是而實非戴序上文言春秋之說孔子口授子夏下文云著於竹帛何注上文云其說口授相傳下文始記於竹帛皆無公羊壽作傳云之文是其爲實有已成之傳世相口授漢志以爲隱其書而不宣所以免時難也直至漢代景帝之時始登竹帛傳之於世則壽與子都之力正如論語爲孔子之言孟子爲孟子之言而實則門弟子記之遂得謂非孔孟之言邪春秋說題辭云傳我書者公羊高釋文引桓譚新論亦云齊人公羊高緣經文作傳此漢人皆以爲公羊高魏晉以後亦毫無異說至子沈子曰等云云自非傳之正文故特標名以別之卽子公羊子曰亦必非正傳所有故亦標子公羊子以別之又如穀梁引沈子自述公羊之語傳之者遽以屬之沈子亦此時有之事皆不足疑也隋志春秋公羊解詁十一卷漢諫議大夫何休注二唐志作十三卷釋文作十二卷宋志讀書志通考同釋文崇文目作二十二卷今本與徐彥疏合爲二十八卷 贅猶綴也 贅猶綴也四字各本皆在何休云之上誤局本改正文選注在何休云之下 旒旂旒也以旒譬者言爲下所執持東西也

宗廟乏祀社稷無位羣凶覬覦分裂諸夏文選六臣本作連城帶邑率土之民文選作一

人尺土朕無獲焉卽我高祖之命將墜於地朕用夙興假寐震悼於厥心曰惟祖惟父股肱先正

文侯之命曰亦惟先正鄭玄云 沈家本曰隋志古文尚書九卷釋文新舊唐志並同宋志不錄蓋已亡近人輯本有焦循禹貢鄭注釋二卷孫星衍有馬鄭尚書注輯二卷裴注所引盤庚君奭文侯之命皆不標尚書之名省文也 先正先臣謂公卿大夫也

其孰能恤朕躬文選無能字乃誘天衷誕育丞相保乂我皇家弘濟于艱難朕實賴之今將授君典禮其敬聽朕命昔者董卓初興國難羣后釋位監本官本后作臣以謀王室

左氏傳曰諸侯釋位以閒王政服虔曰 漢書序例云服虔字子愼滎陽人後漢尚書侍郎高平令九江太守沈家本曰隋志春秋左傳解誼三十一卷漢九江太守服虔注二唐志釋文並作三十卷宋志不錄蓋已亡後漢儒林傳服虔字子愼作春秋左氏傳解又以左傳駮何休之所駮六十條中平末拜九江太守免隋志所錄解詁之外有春秋左氏膏肓釋痾十卷春秋成長說九卷春秋塞難三卷梁有服虔杜預音三卷春秋漢議駮二卷服虔撰亡二唐志釋痾成長說塞難三書卷同而別有音隱一卷駮何氏春秋議駮十一卷則隋志以爲亡而後出者然釋文錄服虔音一卷不知隋志何以云亡也隋志云晉時左氏服虔杜預注俱立國學而唯傳服義至隋杜氏盛行服義浸微今殆無師說是唐初服氏不行侵尋到宋其書遂亡近人有馬宗槤李貽德左傳賈服注輯本韓暨傳注引春秋傳曰命我先人典司宗祏宗祏注曰宗廟所以藏主石室者乃莊十四年左傳文杜預注宗祏宗廟中藏主石室與所引注文所異者僅一二字裴氏不標何傳亦不言何人之注皆省文前卷引服虔注則此注當亦服注杜說亦本於服也 言諸侯釋其私政而佐王室

君則攝進首啓戎行此君之忠於本朝也後及黃巾反易天常侵我三州青冀兗也延及平民君又翦之以寧東夏此又君之功也韓暹楊奉專用威命君則致討克黜其難遂遷許都文選遷作建造我京畿設官兆祀不失舊物李善注周禮曰兆五帝於四郊鄭玄曰兆爲壇之營域也左氏傳伍員曰少康祀夏配天不失舊物天地鬼神於是獲乂爾雅釋詁乂治也此又君之功也袁術僭逆肆於淮南懾憚君靈用丕顯謀蘄陽之役事見前建安二年九月范書袁術傳術率兵擊陳國曹操自征之術走渡淮留橋蕤於蘄陽章懷注引水經曰蘄水

出江夏蘄春縣北山酈注卽蘄山也西南流經蘄山又南對蘄陽注於大江亦謂之蘄陽口胡三省曰術時侵陳操東征之術留橋蕤等拒操蕤等敗死術乃走渡淮蓋戰於淮外也安得至江夏之蘄陽哉此蓋沛國之蘄縣范史衍陽字耳趙一清曰胡氏本李善注善云蘄縣屬沛在陳之東謝鍾英曰水經注蘄水東南逕蘄縣縣在蘄水北故三國時稱蘄陽也（弼按見水經淮水注）一統志蘄縣故城在安徽鳳陽府宿州南蘄陽互見何夔傳注 橋蕤授首稜威南邁官本稜作棱盧文弨曰漢書李廣傳棱威憺乎鄰國術以隕潰文選邁作厲隕作殞此又君之功也迴戈東征呂布就戮乘轅將返張楊殂斃眭固伏罪張繡稽服此又君之功也袁紹逆亂天常文選作袁紹逆常謀危社稷憑恃其衆稱兵內侮當此之時王師寡弱天下寒心莫有固志君執大節袁宏紀執作秉精貫白日奮其武怒運其神策致屆官渡大殲醜類

詩曰致天之屆于牧之野鄭玄云 沈家本曰隋志毛詩二十卷漢河間太守毛萇傳鄭氏箋二唐志鄭玄箋毛詩詁訓二十卷釋文毛詩故訓傳二十卷鄭氏箋宋志同隋志毛詩二十卷毛萇傳鄭氏箋二唐志有毛萇傳十卷是唐時毛傳有單行者至鄭氏發明毛義自命曰箋孔疏引鄭氏

六藝論云注詩宗毛爲主毛義若隱略則更表明如有不同卽下己意使可識別然則鄭箋特因毛詩而表識其旁如今人之簽記故謂之箋其書本合於毛傳非別行也 屆極也鴻範曰鯀則殛死

俾我國家拯於危墜此又君之功也濟師洪河拓定四州 青冀幽幷也 袁譚高幹咸梟其首海盜奔迸 迸散也 黑山順軌此又君之功也烏丸三種 三郡烏丸也 崇亂二世 尚書周公曰乃大降罰崇亂有夏孔安國曰崇重也 袁尚因之逼據塞北束馬縣車 管子曰桓公征孤竹之君懸車束馬踰太行至卑耳之山史記封禪書桓公曰寡人北伐山戎過孤竹西伐大夏涉流沙束馬懸車上卑耳之山韋昭曰將上山纏束其馬懸鉤其車也 一征而滅此又君之功也劉表背誕 呂延濟曰誕欺也 不供貢職王師首路威風先逝百城八郡 范書劉表傳蒯越謂表曰南据江陵北守襄陽荊州八郡可傳檄而定也章懷注引漢官儀曰荊州管長沙零陵桂陽南陽江陵武陵南郡章陵等是也洪亮吉曰案諸地志皆不言章陵郡何時所置惟禰衡傳黃祖長子射爲章陵太守魏志趙儼傳太祖征荊州以儼領章陵太守劉表傳注引傅子言蒯越拜章陵太守事又在射儼前疑郡亦建安時所立也又江陵應作江夏表傳凡言江夏者三官儀作江陵誤沈家本曰郡國志荊州刺史部郡七縣邑侯國百一十七此云百城舉成數言至所稱八郡與續志不合章陵之名晉宋志皆不見不知何時立又何時省也武紀建安二年南陽章陵諸縣復叛爲繡獻帝起居注荊州有章陵郡（注見前九州下）吳增僅曰黃初三年封曹據爲章陵王其年徙封義陽王義陽似卽章陵之改名也又互見劉表傳注 交臂屈膝此又君之功也馬超成宜同惡相濟濱據河潼求逞所欲殄之渭南獻馘萬計遂定邊境 文選境作城（袁紀同） 撫和戎狄此又君之功也鮮卑丁零重譯而至單于白屋請吏率職 李善注鮮卑丁零二國名張華博物志北方五狄一曰匈奴二曰穢貊三曰密吉四曰簞于五曰白屋白屋今靺鞨簞于今契丹也本並以簞于爲單于疑字誤也簞音必計反劉淵林魏都賦注北羈單于白屋范曄後漢書單于謂耿恭曰若降者當封爲白屋王沈家本曰上文鮮卑丁零二國名與此句相對不當作單于李注是 此又君之功也君有定天下之功重之以明德班敘海內宣美風俗旁施勤教恤慎刑獄吏無苛政民無懷慝 文選無懷作不回杜預曰回慝惡也 敦崇帝族表繼絕世 文選表作援 舊德前功罔不咸秩雖伊尹格于皇天 尚書曰時則有若伊尹格于皇天 周公光

于四海方之蔑如也 毛萇曰蔑無也 朕聞先王並建明德胙之以土分之以民崇其寵章備其禮物所以藩衛王室左右厥世也其在周成管蔡不靜 文選靜作靖 懲難念功乃使邵康公賜齊太公履 文選賜作錫杜預曰召康公周大保召公奭也履所踐履之界 東至于海西至于河 孔穎達曰齊之西境當在九河之最西徒駭蓋是齊之西界其東至于海當盡樂安北海之東界也梁履繩曰今濟南東北境皆濱海青州之博興壽光濱渤海沂州之日照濱大海登萊二府三面距海當其北者爲渤海當其東南者大海也齊桓公時未能有登萊之地後滅萊則東盡於海矣西至於河是河在齊西北流也 南至于穆陵 顧棟高曰穆陵關在今青州府臨朐縣東南一百五里亦曰大峴關劉裕征慕容超過大峴關喜形于色卽此高士奇曰穆陵關在大峴山上山高七十丈周迴二十里道徑危惡一名破車峴其左右有長城書案二嶺峻狹僅容一軌故爲齊南天險梁履繩曰元和志穆陵關西至白沙關八十里在麻城縣西北一百里案穆陵關在穆陵山上或曰齊之四履南至穆陵卽此弼按一統志山東湖北均有穆陵關然春秋時齊地決不能至湖北麻城縣境當以在青州臨朐者爲是 北至于無棣 高士奇曰伏琛齊地記無棣在漢渤海高城縣隋改高城爲鹽山通典鹽山春秋之無棣邑也（姚培謙說同）顧棟高曰今直隸天津府慶雲縣山東武定府海豐縣皆春秋時無棣之地梁履繩曰無棣溝名今慶雲海豐皆與鹽山接壤皆有無棣溝然水經注無棣溝所逕郡縣非一不能盡指爲春秋之無棣也 五侯九伯 服虔云五侯公侯伯子男九伯九州之長也 實得征之 李善曰此左氏傳管仲對屈完之辭也弼按此管仲對楚使之言非對屈完之辭屈完與齊盟在後李注誤 世祚太師以表東海 左傳王使劉定公賜齊侯命曰世祚太師以表東海杜預曰表顯也 爰及襄王亦有楚人不供王職又命晉文登爲侯伯錫以二輅虎賁鈇鉞秬鬯弓矢 左傳僖公二十八年五月晉侯獻楚俘于王王策命晉侯爲侯伯賜之大輅之服戎輅之服彤弓一彤矢百玈弓矢千秬鬯一卣虎賁三百人杜預曰以策書命晉侯爲伯也周禮九命作伯大輅金輅也戎輅戎車也二輅各有服彤赤弓玈黑弓諸侯賜弓矢然後專征伐秬黑黍鬯香酒所以降神卣器名 大啟南陽世作盟主 左傳僖公二十五年晉侯朝王王與之陽樊溫原欑茅之田晉於是始啟南陽杜預曰在晉山南河北故曰南陽梁履繩曰南陽卽今太行山之南河內濟源脩武溫縣地（四縣並屬河南懷慶府）孟子遂有南陽趙注山南曰陽岱山之南謂之南陽也二南陽所指各不同文公元年晉使告於諸侯而伐衛及南陽然則南陽地極寬大不止晉有矣蓋本周圻內地文公始受之故曰啟馬融曰晉地自朝歌以北至中山爲東陽朝歌以南至軹爲南陽應劭曰河內殷國也周名之爲南陽徐廣曰河內脩武古曰南陽劉原父曰修武有古南陽城今河南修武縣北有南陽故城 故周室之不壞繄二國是賴今君稱丕

顯德丕大也明保朕躬奉答天命導揚弘烈綏爰九域袁宏紀爰作寧莫不率俾文選莫作罔盤庚曰綏爰有衆鄭玄曰盧文弨曰官本玄改作康成亦不盡改爰於也安隱於其衆也姜西溟曰隱卽穩字君奭曰海隅出日罔不率俾率循也俾使也四海之隅日出所照無不循度而可使也功高於伊周而賞卑於齊晉文選兩於字均作乎字朕甚恧焉恧女六切朕以眇眇之身託於兆民之上漢書文帝紀遺詔曰朕獲保宗廟以眇眇之身託於天下君王之上師古曰眇眇猶言細末也永思厥艱若涉淵冰盧文弨曰通志文選作水非君攸濟朕無任焉今以冀州之河東河內魏郡趙國中山常山鉅鹿安平甘陵平原凡十郡吳增僅曰甘陵郡故清河國郡國志注桓帝建和二年改爲甘陵范書獻帝紀建安十一年國除爲郡輿地廣記魏復爲清河郡沈家本曰是年幷十四州爲九州故冀州屬郡與續漢志不同然續百官志注冀州得郡三十二獨無中山豈彼注有譌奪歟弼按甘陵清河本爲一郡續百官志注引獻帝起居注冀州三十二郡中既有清河又有甘陵知其必有一誤矣

封君爲魏公元本吳本毛本無君字文選魏公下有使使持節御史大夫慮授君印綬册書金虎符第一至第五竹使符第一至第十凡三十一字梁章鉅曰蓋因前已云五月丙申天子使御史大夫郗慮持節云云而删也錫君玄土苴以白茅爰契爾龜用建冢社李善注尚書緯曰天子社東方青南方赤西方白北方黑上皆以黃土將封諸侯各取方土苴以白茅以爲社毛詩曰爰始爰謀爰契我龜毛萇曰契問也鄭玄曰契灼其龜毛詩曰乃立冢土戎醜攸行毛萇曰冢土大社也呂向曰諸侯有功則各以其方土賜之裹以白茅魏在北故云玄也爰於契灼也言於此灼汝龜以卜用立冢社也冢社立如天子社稷然也昔在周室畢公毛公入爲卿佐周邵師保出爲二伯外內之任君實宜之其以丞相領冀州牧如故文選如故下有今更下傳璽黻將朕命以允華夏其上故傳武平侯印綬今二十三字又加君九錫漢書武帝紀元朔元年有司奏議曰古者諸侯貢士一適謂之好德幷適謂之賢賢三適謂之有功廼加九錫應劭曰一曰車馬二曰衣服三曰樂器四曰朱戶五曰納陛六曰虎賁百人七曰鈇鉞八曰弓矢九曰秬鬯此皆天子制度尊之故事事錫與但數少耳張晏曰九錫經本無文周禮以爲九命春秋說有之臣瓚曰九錫備物伯者之盛禮齊桓晉文猶不能備今三進賢便受之似不然也當受進賢之一錫尙書大傳云三適謂之有功賜以車服弓矢是也師古曰總列九錫應說是也進賢一錫瓚說是也王莽傳公卿大夫等謹以六藝通義經文所見周官禮記宜於今者爲九命之錫師古曰禮含文嘉云九錫者車馬衣服樂懸朱戶納陛武賁鈇鉞弓矢秬鬯也後漢書獻帝紀建安十八年夏五月丙申曹操自立爲魏公加九錫章懷注引禮含文嘉所云九錫與上文同梁章鉅曰九錫之數莫先於公羊說蓋纂臣先以此爲竊國之資自王莽始然周禮有九儀九命之說書文侯之命有秬鬯彤弓之賚莫非後世藉口者若如韓詩外傳所云則文景之世已著九錫之說矣其敬聽朕命文選朕作後李注引左傳宰孔曰且有後命以君經緯禮律爲民軌儀使安職業無或遷志是用錫君大輅戎輅各一玄牡二駟君勸分務本穡人昏作文選穡人作嗇民李善注左傳臧文仲曰貶食省用務嗇勸分杜預曰勸分有無相濟也盤庚曰墮農自安不昏作勞鄭玄云昏勉也粟帛滯積大業惟興是用錫君袞冕之服吳本毛本袞作兗誤赤舃副焉李善注韋昭漢書注曰袞卷龍衣玄上纁下冕冠也周禮曰王之服屨赤舃青絇也胡三省注毛萇曰赤舃人君之盛屨也釋舃複履也鄭玄曰服下曰舃鄭衆曰舃有三等赤舃爲上冕服之舃君敦尙謙讓俾民興行少長有禮上下咸和是用錫君軒縣之

樂六佾之舞李善注周禮曰小胥掌正樂懸之位諸侯軒懸鄭司農曰軒懸去一面也左傳公問羽數於衆仲衆仲對曰諸侯用六杜預曰六六三十六人也呂尙注軒懸諸侯樂也佾也謂以舞爲行列有六行行六人也胡三省注周禮樂縣之位王宮縣諸侯軒縣鄭衆曰宮縣四面縣軒縣去其一面縣讀曰懸舞佾之數天子八諸侯六杜預曰八佾八八六十四人六佾六六三十六人服虔曰天子八八諸侯六八大夫四八士二八宋傳隆曰鄭伯納晉悼公女樂二八晉以一八賜魏絳此樂以八人爲列之證也佾音逸君翼宣風化爰發四方袁宏紀發作及遠人革面文選革作回李善注劇秦美新曰海方遐方回面內向華夏充實是用錫君朱戶以居服虔漢書注曰朱戶天子之禮也朱戶赤戶也君研其明哲思帝所難官才任賢羣善必舉是用錫君納陛以登漢書王莽傳朱戶納陛孟康曰納內也謂鑿殿基際爲陛不使露也師古曰孟說是也尊者不欲露而升陛故內之於霤下也陳景雲曰宋均禮含文嘉注云動作有禮納陛以安其體文選李周翰注納陛者致於殿兩階之閒便其上殿宋史呂端傳眞宗以端軀體宏大宮庭階戺稍峻特令梓人爲納陛是納陛爲安體而設信矣君秉國之鈞正色處中纖毫之惡靡不抑退是用錫君虎賁之士三百人尙書牧誓曰武王戎車三百兩虎賁三百人孔安國曰勇士稱也若虎賁獸言其猛也皆百夫長續百官志注云虎賁舊作虎奔言如虎之奔也王莽以古有

勇士孟賁故名焉君糾虔天刑章厥有罪

糾虔天刑語在國語韋昭注曰 沈家本曰漢志春秋家國語二十一篇左丘明著史通云左丘明既爲春秋內傳又稽逸文纂別說

分周魯齊晉鄭楚吳越八國事起周穆王終魯悼公爲外傳國語隋志春秋外傳國語二十二卷韋昭注又有賈逵注虞翻注孔晁注唐固注今惟韋注尙存爲二

十一卷首尾完具隋志作二十二卷誤 糾察也虔敬也刑法也

犯關干紀莫不誅殛 李善注左傳季孫盟臧氏曰無或如臧孫紇干國之紀犯門斬關 是用錫君鈇鉞各

一君龍驤虎視旁眺八維掩討逆節折衝四海是用錫君彤弓一彤

矢百旅弓十旅矢千君以溫恭爲基孝友爲德明允篤誠感於朕思

是用錫君秬鬯一卣圭瓚副焉 師古曰秬鬯香酒也卣中樽也音攸又音羊九反以圭爲勺末曰圭瓚呂延濟曰瓚杓也

以珪爲柄 魏國置丞相以下羣卿百僚皆如漢初諸侯王之制往欽哉 文選

往上有君字 ·敬服朕命簡恤爾衆時亮庶功 袁宏紀功作工 用終爾顯德對揚我

高祖之休命 呂向曰對當揚明休美也言當明我高祖之美命也

後漢尙書左丞潘勗之辭也 續百官志尙書六人六百石左右丞各一人四百石掌錄文書期會蔡質漢儀曰總典臺中綱紀無所不

統勗事詳見本志卷二十一衞覬傳及注康發祥曰策中將前事總敘瞭如指掌雖爲潘勗之辭必得操之授意方能委曲詳盡如此弼按勗策魏公九錫之文口

含天憲假託朝命終不能逃後世之清議至其從子岳搆慫懷太子之文趨利忘義更不足道矣 勗字元茂陳留中牟人 陳留中牟人似

誤說見衞覬傳注 魏書載公令曰夫受九錫廣開土宇周公其人也漢之異姓八王者與高

祖俱起布衣剙定王業其功至大吾何可比之前後三讓 藝文類聚五十三載操讓九錫表云臣功小德薄忝

寵已過進爵益土非臣所宜九錫大禮臣所不稱惶悸征營（征一作怔）心如炎灼歸情寫實冀蒙聽省不悟陛下復詔褒誘喻以伊周未見哀許臣聞事君之

道犯而勿欺量能處位計功受爵苟所不堪有損無從（損一作殞）加臣待罪上相民所具瞻而自過謬其謂臣何侯康曰注云前後三讓操集僅載其一表弼

按表文當爲第二次所上也 於是中軍師陵樹亭侯荀攸 宋本元本馮本作中軍師王淩謝亭侯荀攸官本攷證何焯曰王字衍文

淩謝當爲陵樹荀攸本傳冀州平太祖表封爲陵樹亭侯也陳景雲曰下文皆云攸等則王字衍文彥雲於太祖時未得爲中軍師也荀攸封陵樹亭侯此錯誤之

顯然者趙一淸曰下云攸等所大懼也明是公達爲首而非彥雲矣弼按彥雲此時資望尙淺不足統率羣僚參與機要公達爲軍師封侯俱見本傳局本已改正

前軍師東武亭侯鍾繇左軍師涼茂右軍師毛玠 中前左右軍師皆操所置鍾繇涼茂毛玠各見本傳 平虜將

軍華鄉侯劉勳 劉勳見建安四年又見司馬芝傳（司馬芝傳作征虜將軍）又見文紀評注引典論又見賈逵傳注引魏略楊沛傳及杜畿傳注

引杜氏新書又見吳志孫策傳注 建武將軍淸苑亭侯劉若 文帝紀注作輔國將軍淸苑亭侯劉若 伏波將軍高安

侯夏侯惇 惇傳作高安鄕侯 揚武將軍都亭侯王忠 王忠見建安四年注 奮威將軍樂鄕侯劉展 潘眉

曰當依典論作鄧展所謂願鄧將軍捐棄故伎更受要道者即其人也弼按見文紀評注引典論沈家本曰顏師古漢書敘例鄧展南陽人建安中爲奮威將軍封

高樂鄕侯然則樂鄕侯上奪高字 建忠將軍昌鄕亭侯鮮于輔 輔事見建安十年及本志公孫瓚傳魏公卿上尊號碑作虎牙將軍南昌

亭侯臣輔 奮武將軍安國亭侯程昱太中大夫都鄕侯賈詡 監本詡作翊誤詡傳作都亭侯詡後進爵魏壽鄕侯自以

作都亭侯爲是 軍師祭酒千秋亭侯董昭 昭傳作軍祭酒 都亭侯薛洪南鄕亭侯董蒙關內侯王

粲傅巽 巽事見傳嘏傳蘇則傳又見文紀注引獻帝傳及本志劉表傳注引傳子 祭酒王選袁渙 渙傳作丞相軍祭酒 王朗 朗傳作軍

祭酒 張承 承事見張範傳作丞相參軍祭酒 任藩杜襲 襲傳作丞相軍祭酒 中護軍國明亭侯曹洪中領軍萬

歲亭侯韓浩 本志荀彧傳表封彧爲萬歲亭侯子惲嗣侯胡三省曰九域志鄭州有萬歲亭荀彧所封也然則韓浩何以稱萬歲亭侯乎又按武文世

王公傳樂陵王茂傳建安二十二年封曹茂爲萬歲亭侯浩事見夏侯惇傳 行驍騎將軍安平亭侯曹仁領護軍將軍王

圖長史萬潛謝奐 文紀注作少府謝奐萬潛 袁霸等勸進曰自古三代胙臣以土受命中興封秩

輔佐皆所以褒功賞德爲國藩衞也往者天下崩亂羣凶豪起顚越跋扈之險不可忍

言明公奮身出命以徇其難誅二袁篡盜之逆滅黃巾賊亂之類殄夷首逆芟撥荒穢

沐浴霜露二十餘年書契以來未有若此功者昔周公承文武之迹受已成之業高枕

墨筆 管子霸形篇桓公令百官有司削方墨筆注云方謂版牘也凡此欲書其論定也韓詩外傳周舍欲見趙簡子簡子使問之對曰願爲諤諤之臣墨筆操

牘伺君之過 拱揖羣后商奄之勤不過二年呂望因三分有二之形據八百諸侯之勢 史記

周本紀武王興師是時諸侯不期而會盟津者八百諸侯 暫把旄鉞一時指麾然皆大啟土宇跨州衆國周公八

子並爲侯伯左傳僖公二十四年富辰曰凡蔣邢茅胙祭周公之胤也通志氏族略云蔣氏周公第三子伯齡所封之國也白牡騂剛郊祀天地詩魯頌白牡騂剛犧尊將將毛傳云騂赤也鄭箋云成王以周公功大命魯郊祭天其牲用赤牛純色與天子同也典策備物擬則王室榮章寵盛如此之弘也逺至漢興佐命之臣張耳吳芮其功至薄亦連城開地南面稱孤此皆明君達主行之於上賢臣聖宰受之於下三代令典漢帝明制今比勞則周呂逸計功則張吳微論制則齊魯重言地則長沙多然則魏國之封九錫之榮況於舊賞猶懷玉而被褐也且列侯諸將幸攀龍驥得竊微勞佩紫懷黃蓋以百數亦將因此傳之萬世而明公獨辭賞於上將使其下懷不自安上違聖朝歡心下失冠帶至望忘輔弼之大業信匹夫之細行攸等所大懼也陳仁錫曰抑周呂以伸操諸公貪一日富貴何不顧千秋何焯曰勗辭可以削略注復載勸進賤不亦贅乎於是公敕外爲章但受魏郡攸等復曰伏見魏國初封聖朝發慮稽謀羣寮然後策命而明公久違上指不即大禮今既虔奉詔命副順衆望又欲辭多

當少讓九受一是猶漢朝之賞不行而攸等之請未許也昔齊魯之封奄有東海疆域井賦四百萬家基隆業廣易於立功故能成翼戴之勳立一匡之績今魏國雖有十郡之名猶減於曲阜計其戶數不能參半以藩衛王室立垣樹屏猶未足也且聖上覽亡秦無輔之禍懲曩日震蕩之艱託建忠賢廢墜是爲願明公恭承帝命無或拒違公乃受命 魏略載公上書謝曰臣蒙先帝厚恩致位郎署受性疲怠盧文弨曰何改作殆意望畢足非敢希望高位庶幾顯達會董卓作亂義當死難故敢奮身出命摧鋒率衆遂値千載之運奉役目下當二袁炎沸侵侮之際陛下與臣寒心同憂顧瞻京師進受猛敵常恐君臣俱陷虎口誠不自意能全首領史記項羽本紀沛公謝項王曰然不自意能先入關破秦賴祖宗靈祐醜類夷滅得使微臣竊名其閒陛下加恩授以上相封爵寵祿局本祿作禮誤豐大弘厚生平之願實不望也口與心計幸且待罪保持列侯遺付子孫自託聖世永無憂責不意陛下乃發盛意開國備錫以貺愚臣地比齊魯禮同藩王非臣無功趙一清曰無微也無功謂微功也所宜膺據歸情上聞不蒙聽許嚴詔切至誠使臣心俯仰逼迫馮本官本偪作逼伏自惟省列在大臣命制王室身非己有豈敢自私遂其愚意亦將黜退令就初服今奉疆土備數藩翰非敢遠期慮有後世至於父子相誓終身灰軀盡命報塞厚恩天威在顏悚懼受詔

秋七月始建魏社稷宗廟晉書禮志上云漢至魏但太社有稷而官社無稷故常二社一稷也又云王制天子七廟諸侯以下各有等差漢獻帝建安十八年五月以河北十二郡封魏武帝爲魏公是年七月始建宗廟於鄴自以諸侯禮立五廟也後雖進爵爲王無所改易（宋書禮志同）宋書樂志二云魏俞兒舞歌四篇魏國初建所用後於太祖廟並作之王粲造天子娉公三女爲貴人范書皇后紀獻穆曹皇后諱節魏公曹操之中女也建安十八年操進三女憲節華爲夫人聘以束帛玄纁五萬匹十九年並拜爲貴人及伏皇后被弒明年立節爲皇后后在位七年魏氏既立以后爲山陽公夫人自後四十一年魏景元元年薨合葬禪陵王先謙曰續漢書云孝獻皇后丞相曹王操之女名憲建安十八年上納操二女憲節於後宮皆爲貴人

明年憲爲皇后帝禪位於魏憲拜山陽夫人見御覽百三十七先謙案憲無薨年節安得爲后禪位之後仍是憲拜夫人置節何地顯然謬誤所當駁正弼按本志武紀建安二十年春正月天子立公中女爲皇后三少帝紀景元元年夏六月己未故漢獻帝夫人節薨胡三省亦云操三女長憲次節次華節後立爲皇后是則立爲后者爲中女節非憲也王說誤梁章鉅曰此山陽公所以自結於曹也陳思王集有敘愁賦序云時家二女弟故漢皇帝聘以爲貴人家母見二弟愁思故令予作賦則非曹氏所甘心明矣弼按子建賦云委微軀於帝室充末列於椒房當是二女弟初爲貴人時所賦然則稱故漢皇帝何也此舉當出於操意梁說謂山陽欲自結於魏恐未必然董承謀泄之後嫌怨已深矣少者待年於國李賢曰留住於國以待年長

獻帝起居注曰使使持節行太常大司農安陽亭侯王邑晉書職官志使持節爲上持節次之假節爲下齋璧帛玄纁絹五萬匹之鄴納娉介者五人皆以議郎行大夫事副介一人

九月作金虎臺金虎臺見前銅爵臺注潘眉曰凡受九錫者必有金虎符第一至第五竹使符第一至第十公以是年受九錫金虎臺之作所以彰錫命也金虎臺去銅爵臺六十步鑿渠引漳水入白溝以通河水經淇水注白溝又東北逕羅勒城東又東北漳水注之謂之利漕口又濁漳水注魏太祖鑿渠引漳水東入清洹以通河漕名曰利漕渠白溝又見前建安九年注冬十月分魏郡爲東

西部置都尉十七年割河內東郡鉅鹿廣平所屬以益魏郡地既廣大故分爲東西部也水經濁漳水注分魏郡置東西部都尉故曰三魏本志文帝紀黃初二年以魏郡東部爲陽平郡西部爲廣平郡續百官志每屬國置都尉一人比二千石武帝又置三輔都尉建武六年省諸郡都尉并職太守唯邊郡往往置都尉及屬國都尉稍有分縣治民比郡

十一月初置尙書侍中六卿趙一淸曰此魏國之官也故曰初置宋書百官志尙書古官也魏世有吏部左民民曹五兵度支五曹尙書侍中本秦丞相史掌奏事直侍左右應對獻替魏晉以來置四人別加官不主數秩比二千石至六卿者按漢以太常光祿勳衞尉太僕廷尉大鴻臚宗正大司農少府爲九卿王國省廷尉少府宗正三卿此漢舊儀也然裴注於二十一年引魏書曰始置奉常宗正官二十二年引魏書曰初置衞尉官斯時九卿咸備其職且所省者亦非廷尉少府故始建國即以大理鍾繇爲相國大理廷尉也十九年注魏送貴人有少府則漢代王國所省之三卿儼然在列蓋始猶存謙益之名繼有帝制自爲之漸隨意置省元不拘拘於漢舊儀也六卿之名略見黃初元年所改

魏氏春秋曰以荀攸爲尙書令涼茂爲僕射尙書令見荀攸傳續百官志尙書令一人千石掌凡選署及奏下尙書文書衆事尙書僕射一人六百石署尙書事令不在則奏下衆事宋書百官志尙書令任總機衡僕射尙書分領諸曹應劭漢官儀僕射秦官也僕主也古者重武每官必有主射以督課之又曰僕射秩六百石銅印青綬公爲之加至二千石蔡質漢儀曰僕射主封門掌授廩假錢穀凡三公列卿將大夫五營校尉行複道中遇尙書

僕射左右丞郎御史中丞侍御史皆避車豫相迴避衞士傳不能迕臺官臺官過後乃得去 **毛玠崔琰常林徐奕何夔爲尙書**毛玠傳何夔傳均言爲尙書僕射 **王粲杜襲衞覬和洽爲侍中**胡三省曰自是以後侍中遂以四人爲定員

馬超在漢陽郡國志涼州漢陽郡治冀胡三省曰冀縣屬漢陽郡郡及涼州刺史治焉弼按涼州刺史本治隴靈帝中平以後至建安末治冀閻溫傳馬超圍州所治冀城楊阜傳惟冀城奉州郡固守是也一統志冀縣故城今甘肅鞏昌府伏羌縣南 **復因羌胡爲害氏王千萬叛應超**氏王千萬事詳見本志烏丸鮮卑東夷傳注引魏略西戎傳 **屯興國**一統志興國城在甘肅秦州秦安縣東北後漢初平中略陽氏帥阿貴自稱興國氏王建安十八年馬超據冀氏王千萬應超屯興國 **使夏侯淵討之**

十九年春正月始耕籍田漢書文帝紀詔曰夫農天下之本也其開籍田應劭曰古者天子耕籍田千畝爲天下先籍者帝王典籍之常也韋昭曰籍借也借民力以治之以奉宗廟且以勸率天下使務農也臣瓚曰景帝詔曰朕親耕后親桑本以躬親爲義不得以假借爲稱也籍蹈籍也師古曰瓚說是也續漢志禮儀志正月始耕天子三公九卿諸侯百官以次耕劉昭注引月令曰天子親載耒耜措之參保介之御閒帥三公九卿躬耕帝藉是攷之古禮徵之漢制皆應天子帥諸侯躬耕今史書始耕籍田乃魏公之耕於鄴非漢帝之耕於許是則求如政由季氏祭則寡人者亦不可得矣又按後文二十一年公親耕籍田則是年尙係遣代也又詳見明紀太和元年帝耕籍田注

南安趙衢漢陽尹奉等討超詳見閻溫楊阜傳郡國志漢陽郡注引秦州記曰中平五年分置南安郡寰宇記後漢末於豲道縣置南安郡一統志豲道故城在甘肅鞏昌府隴西縣東北渭水北謝鍾英曰當在鞏昌府城東南弼按班志郡國志均作獂道魏志龐悳傳作貆道魏略西戎傳作豲道小顏音完作獂道誤互見龐悳傳 **梟其妻子超奔漢中**漢中見建安十六年注 **韓遂徙金城**金城見卷首 **入氐王千萬部率羌胡萬餘騎與夏侯淵戰擊大破之遂走西平**西平郡互見齊王紀嘉平五年吳增僅曰通典元和志寰宇記云西平郡建安中置水經注謂魏黃初中置考魏志王修傳注引魏略郭憲建安中爲西平郡功曹又杜畿傳畿爲西平太守張既傳注引魏略云韓約使閻行別領西平郡考其時均在建安中則郡爲建安中置無疑弼按元和志云建安中分金城置西平郡胡三省說同一統志云西平郡故城今甘肅西寧縣治本漢臨羌縣地後漢末析置西都縣兼置西平郡 **淵與諸將攻興國屠之省安東永陽郡**盧文弨曰二郡不知何時置郡國志亦未詳錢大昕曰獻帝起居注初平四年分漢陽爲永陽郡安東之名則前志無之惟晉志載靈帝置南安郡亦漢陽郡地也續百官志注引獻帝起居注建安十八年復禹貢九州雍州領二十二郡東安南居其一予初疑爲南安之譌此紀上文有南安字似所省之安東亦即南安之譌矣然明帝紀太和二年天水南安安定三郡吏民叛則南安仍未并省也何承天以

爲南安郡魏分天水立然魏志亦無明文或者建安已省而復置於魏初乎趙一淸曰漢魏之際別無安東郡疑是東安之譌東安郡蓋分琅邪立不知置於何時續郡國志注引獻帝起居注初平四年分漢陽上郡爲永陽以鄉亭爲屬縣洪亮吉曰魏志建安四年使臧霸入青州破齊北海東安杜畿傳注引傅子郭智爲東安太守蓋漢末置郡吳增僅曰曹植傳注引摯虞文章志劉季緒名修劉表子官至東安太守東安置郡史無明文武紀建安十九年省安東永陽郡安東蓋東安之譌沈家本曰東安本琅邪屬縣故趙氏謂分琅邪立據杜畿傳注陳思王傳注皆建安中有東安郡之證則此文安東必爲東安互倒錢氏疑東安爲南安其說非魏時有南安郡不得云省馬與龍曰建安十九年因夏侯淵破羌胡省安東永陽郡地當在涼州與琅邪之東安無涉吳說非弼按省并之郡縣皆地域相連如後文省雲中定襄五原朔方郡是南安永陽皆漢末增設戰後蕭條故復省併晉書江統傳云魏武皇帝令將軍夏侯妙才討叛氐阿貴千萬等因拔棄漢中遂徙五都之種於秦川欲以弱寇彊國捍禦蜀虜可知當時之遷徙省併自有其故若徐州琅邪之東安與涼州之永陽毫不相涉錢說疑漢末省南安而復置於魏初較爲近情馬說亦是趙洪吳沈以安東爲東安似均誤 **安定太守毌丘興將之官**安定見建安十六年注興黃初中爲武威太守見子儉傳 **公戒之曰羌胡欲與中國通自當遣人來愼勿遣人往善人難得必將教羌胡妄有所請求因欲以自利不從便爲失異俗意從之則無益事與**

至遣校尉范陵至羌中陵果教羌使自請爲屬國都尉公曰吾預知當爾非聖也但更事多耳 梁章鉅曰此與前注引魏書非有四目兩口但多智耳語意相同

獻帝起居注曰 曰毛本作由誤 使行太常事大司農安陽亭侯王邑 各本無亭字官本考證曰安陽下疑脫亭字錢大昭曰策命魏公注亦引獻帝起居注作安陽亭侯此注疑脫弼按局本已改正 與宗正劉艾皆持節介者五人齎束帛駟馬及給事黃門侍郎 本志衞臻傳臻爲漢黃門侍郎會奉詔命娉貴人於魏續百官志黃門侍郎六百石掌侍從左右給事中關通中外及諸王朝見於殿中引王就坐李祖楙曰中郎給事黃門見趙熹傳皆侍郎官史通稱漢書有稱郎中給事黃門者（劉向傳）侍郎給事黃門者（孔光傳）給事黃門侍郎者（李尋傳）亦同官異稱之證 掖廷丞 續百官志掖庭令一人六百石宦者掌後宮貴人采女事左右丞應劭漢官儀曰掖庭謂後宮所處李祖楙曰漢書掖庭七丞 中常侍二人 毛本二作士誤 迎二貴人於魏公國二月癸亥又於魏公宗廟授二貴人印綬甲子詣魏公宮延秋門迎貴人升車魏遣郎中令 胡三省曰郎中令漢光祿勳之職弼按黃初元年仍改爲光祿勳袁渙傳魏國初建爲郎中令 少府 少府見建安三年注文紀延康元年注引魏書故少府謝渙萬潛 博

士 續百官志博士十四人比六百石掌教弟子國有疑事掌承問對 御府乘黃廐令 趙一清曰劉逵魏都賦注鄴城西下有乘黃廐宋書百官志乘黃令一人掌乘輿車及安車諸馬魏世置屬太常 丞相掾屬侍送貴人癸酉二貴人至洧倉中 自鄴至許無須十日蓋騶從衆多行程稽遲也趙一清曰水經洧水注洧水又東入汶倉城內俗以是水爲汶水故有汶倉之名非也蓋洧水之邸閣耳一統志洧倉城在河南許州東南 遣侍中丹將冗從虎賁前後駱驛往迎之乙亥二貴人入宮御史大夫中二千石將大夫議郎會殿中魏國二卿及侍中中郎二人與漢公卿並升殿宴 趙一清曰二卿卽郎中令少府也中郎虎賁中郎也

三月天子使魏公位在諸侯王上改授金璽赤紱遠游冠 漢書百官公卿表諸侯王金璽盭綬如淳曰盭音戾綠也以綠爲質晉灼曰盭草名似艾可染綠因以爲綬名師古曰璽之言信也古者印璽通名今則尊卑有別漢舊儀云諸侯王黃金璽橐佗鈕文曰璽謂刻云某王之璽俞樾曰據此知賜匈奴單于印稱璽比之於諸侯王也後漢徐璆傳注引衞宏曰秦以前以金玉銀爲方寸璽秦以來天子獨稱璽又以玉羣下莫敢用其說非也續漢志輿服志諸侯王赤綬徐廣曰太子及諸王金印龜紐纁朱綬弼按據此則前漢諸侯王爲綠綬後漢爲赤綬矣輿服志又云遠游冠制如通天有展筩橫之於前無山述諸王所服也楙從辰曰徐廣輿服雜注云天子雜服遠游冠五梁太子三梁是又不第爲諸王服矣又淮南子楚莊王通梁組纓高注通梁遠游冠也是此冠亦楚制弼按輿服志云通天冠高九寸正豎頂少邪卻乃直下爲鐵卷梁前有三展筩爲述乘輿所常服據此遠游冠所異於通天冠者無山述耳黃山曰徐廣輿服雜注通天冠高九寸黑介幘金博山徐爰釋問通天冠金博山蟬爲之謂之金顏是山卽金博山飾於冠前如幘前之有顏題也法冠以纚爲展筩遠游冠橫之於前其式未聞莊子天地篇皮弁鷸冠釋文鷸徐音述本又作鷸音同鳥名也一名翠出鬱林取其羽以飾冠說文無鷸遹述同字省鳥爲述猶卽令晨風之例也趙一清曰三者皆諸侯王之制曹公是時雖未膺王爵而已具其制度矣

獻帝起居注曰使左中郎將楊宣亭侯裴茂持節印授之 左中郎將見建安四年注茂爲裴潛之父見董卓傳又見裴潛傳注引魏略

秋七月公征孫權 吳志孫權傳建安十九年五月權征皖城閏月克之獲廬江太守朱光及參軍董和男女數萬口本志陳思王傳太祖征孫權使植留守鄴

九州春秋曰參軍傅幹諫曰治天下之大具有二文與武也用武則先威用文則先德

威德足以相濟而後王道備矣往者天下大亂上下失序明公用武攘之十平其九今未承王命者吳與蜀也吳有長江之險蜀有崇山之阻難以威服易以德懷愚以爲可且按甲寢兵息軍養士分土定封論功行賞若此則內外之心固有功者勸而天下知制矣然後漸興學校以導其善性而長其義節公神武震於四海若修文以濟之則普天之下無思不服矣今舉十萬之衆頓之長江之濱若賊負固深藏則士馬不能逞其能奇變無所用其權則大威有屈而敵心未能服矣惟明公思虞舜舞干戚之義 書大禹謨帝乃誕敷文德舞干羽於兩階孔傳云干楯也羽翳也皆舞者所執修闡文教舞文舞於賓主階間抑武事孔疏曰明堂位云朱干玉戚以舞大武戚斧也經言舞干羽卽亦舞武也傳言舞文者據器言之文武俱用爲舞而不用於敵也 全威養德以道制勝公不從軍遂無功幹字彥材 章懷注幹集曰幹字彥林幹事見鍾繇傳注引司馬彪戰略 北地人 范書傅燮傳燮字南容北地靈州人爲漢陽太守賊圍漢陽城中兵少糧盡燮猶固守子幹年十三從在官舍進諫燮呼幹小字曰別成汝知吾必死邪吾行何之必死於此汝有才智勉之麾左右進兵臨陣戰歿謚曰壯節侯幹知名位至扶

風太守晉書傳玄傳玄字休奕北地泥陽人祖燮漢陽太守父幹魏扶風太守郡國志涼州北地郡泥陽靈州靈州漢末廢泥陽漢末寄治馮翊見一統志幹有王命敘見藝文類聚卷十文多不錄北地泥陽又詳本志傅嘏傳注終於丞相倉曹屬續百官志倉曹主倉穀事有子曰玄玄事詳見前建安九年注

初隴西宋建郡國志涼州隴西郡治狄道一統志狄道故城今甘肅蘭州府狄道州西南范書獻帝紀作朱建錢大昕曰天文志作宋建董卓傳作宗建何焯校本作宗弼按夏侯淵傳張郃傳俱作宋建通鑑同自稱河首平漢王聚衆枹罕李賢曰建以居河上流故稱河首也胡三省曰枹罕縣前漢屬金城郡後漢屬隴西郡枹音膚賜支河首在金城河關之西廼自以居河上流故以爲號趙一清曰河首地名也水經河水注引司馬彪曰西羌者自析支以西濱於河首左右居鄧展曰枹音鈇罕一作旱小顏讀如本字一統志枹罕故城今甘肅蘭州府河州治吳增僅曰皇輿表引名勝志宋建因涼州亂據河湟魏武討平之枹罕諸縣廢爲曠野云云後姜維伐魏往往經此蓋諸縣廢於漢末及至蜀魏遂爲兩境棄地故城多爲氐羌所居改元置百官三十餘年遣夏侯淵自興國討之冬十月屠枹罕斬建涼州平淵傳斬建及所置丞相以下河西諸羌盡降隴右平公自合肥還十一月漢皇后伏氏坐昔與父故屯騎校尉完書云帝以董承被誅承事在建安四年怨恨公辭甚醜惡發聞后廢黜死兄弟皆伏法范書皇后紀獻帝伏皇后諱壽琅邪東武人大司徒湛八世孫也父完沈深有大度襲爵不其侯尚桓帝女陽安公主爲侍中初平元年后入掖庭爲貴人興平二年立爲皇后建安元年拜完輔國將軍儀比三司完以政在曹操自嫌尊戚乃上印綬拜中散大夫尋遷屯騎校尉十四年卒子興嗣（興一作典）董承女爲貴人操誅承而求貴人殺之帝以貴人有姙累爲請不能得后自是懷懼乃與父完書言操殘逼之狀令密圖之完不敢發至十九年事乃露泄操大怒遂逼帝廢后使御史大夫郗慮持節策收皇后璽綬又以尚書令華歆爲郗慮副勒兵入宮收后閉藏戶壁中歆就牽后出遂將后下暴室以憂崩所生二皇子皆酖殺之兄弟及宗族死者百餘人或曰陳志明書所坐操不臣之跡無可逃矣微詞亦特筆也彭孫貽曰伏后之弒古今未有陳壽書法強纔無義明操之惡憂帝之危有何醜惡不曰事泄而曰發聞誰發之誰聞之身實弒之而曰廢黜君黜后可也臣豈可黜后邪

曹瞞傳曰公遣華歆勒兵入宮收后后閉戶匿壁中歆壞戶發壁牽后出胡三省曰華子魚有名稱於時與邴原管寧號三人爲一龍歆爲龍頭原爲龍腹寧爲龍尾歆所爲乃爾邴原亦爲操爵所縻高尚其事獨管寧耳當時頭尾之論蓋以名位言也嗚呼帝時與御史大夫郗慮坐后被髮徒跣過執帝手曰不能復相活邪帝曰我亦不自知

命在何時也帝謂慮曰郗公胡三省曰漢御史大夫三公也故以呼之天下寧有是邪官本邪作乎遂將后殺之完及宗族死者數百人袁宏紀云后父完及宗族死者百有餘人官本考證何焯曰完字衍完死在十四年趙一清曰完疑作典典完之子也沈家本曰此注上文未言典不應突言典也弼按本志言坐昔與故屯騎校尉完書則完已前死此完字或爲兄弟字之訛寰宇記七云五女冢在許昌縣南二十里曹操弒皇后伏氏並姊妹四人葬於此山陽公載記曰劉備在蜀聞之遂發喪嚴衍資治通鑑補云伏氏自伏生至完歷十五世世傳經學清靜無競故東州號爲伏不鬭至是而國滅宗衰遂以不振嚴衍又爲華歆辨誣詳見華歆傳注顏師古漢書敘例云伏儼字景宏琅邪人孫星衍建立伏博士始末伏氏世系云十五世完十六世典十七世嚴注云當作儼注漢書姚振宗曰按世系伏儼乃完之孫其人當在魏世或非本支或幸而得全

十二月公至孟津孟津見初平元年天子命公置旄頭宮殿設鍾虡宋書卷十八禮志五云魏命晉王建天子旌旗置旄頭雲罕是知雲罕非旌旗也案周禮辨載法物無不詳究然無相風畢網旄頭之屬此非古制明矣何承天謂戰國並爭師旅數出懸烏之設務察風祲宜是秦矣晉武嘗問侍臣旄頭何義彭推對曰秦國有奇怪觸山截水無不崩潰唯畏旄頭故虎士服之則秦制也張華曰有是言而事不經臣謂壯士之怒髮踊衝冠義取於此摯虞決疑無所是非也徐爰曰彭張之說各言意義無所承據按天文畢昴之中謂之天街故車駕以畢罕前引畢方昴員因其象星經昴一名旄頭故使執之者冠皮毛之冠也晉書卷二十一禮志下云康帝建元元年納皇后褚氏而儀注陛者不設旄頭殿中御史奏令（宋書卷十四奏令作奏今）迎皇后依成恭皇后入宮御物而儀注至尊袞冕升殿旄頭不設求量處議郡國志武都郡故道注引干寶搜神記曰有奴特祠秦置旄頭騎起此趙一清曰周頌有瞽之詩云設業設虡毛傳書之植者爲虡爾雅釋器木謂之虡郭注縣鍾磬之木植者名虡弼按陸德明音義云虡音巨廣韻虡同簴飛虡天上神獸鹿頭龍身說文鍾鼓之柎也飾爲猛獸釋名云橫曰栒縱曰虡玉篇鍾磬之柎以猛獸爲飾也乙未令曰夫有行之士未必能進取進取之士未必能有行也陳平豈篤行蘇秦豈守信邪文館詞林進取作進趣下豈字作寧邪作也而陳平定漢業蘇秦濟弱燕史記蘇秦傳秦說齊王曰今燕雖弱小卽秦王之少婿也大王誠能聽臣計卽歸燕之十城燕無故而得十城必喜秦王知以己之故而歸燕之十城亦必喜此所謂棄仇讎而得石交者也王曰善乃歸燕之十城由此言之士有偏短庸可廢乎有司明思此義則士無遺滯官無廢業矣參閱十五年春令注何焯曰如此則所得者不過從亂如歸之徒雖取濟一時東漢二百年之善俗俄焉盡矣由此糵亂相循神州左衽豈非中國禮教信義爲操所斲喪而然耶又曰夫刑百姓之命也而軍中典獄者或非其人而任以三軍死生

之事吾甚懼之其選明達法理者使持典刑於是置理曹掾屬高柔傳魏國初建拜柔爲丞相理曹掾胡三省曰理曹漢公府無之蓋操所置

二十年春正月天子立公中女爲皇后詳見建安十八年注范書獻帝紀立貴人曹氏爲皇后賜天下男子爵人一級孝悌力田二級賜諸侯王公卿以下穀各有差皇后紀魏受禪遣使求璽綬后怒不與如此數輩后乃呼使者入親數讓之以璽綬抵軒下因涕泣橫流曰天不祚爾弼按通鑑考異辨此說爲妄詳見文紀延康元年注

省雲中定襄五原朔方郡郡置一縣領其民合以爲新興郡東漢雲中定襄五原朔方四郡隸屬幷州建安十八年省幷州入冀州二十年省幷四郡爲四縣合爲新興郡黃初元年復置幷州然縣名雖同非復四郡之故地今列舉於下故雲中郡在今山西歸化城土默特西黃河東岸新雲中縣在今山西代州崞縣西南七十里忻州西北境故定襄郡在今山西朔平府右玉縣南新定襄縣在今山西忻州定襄縣治故五原郡治九原在今烏喇忒旗北新九原縣在今山西忻州治亦卽新興郡治也故朔方郡治臨戎在今鄂爾多斯右翼後旗黃河向北流之東岸范書順帝紀永和五年九月徙朔方治五原輿地廣記朔方郡漢末沒于戎狄然新設之縣亦無朔方之名也太平寰宇記卷四十二云忻州卽漢太原郡之陽曲縣黃河千里一曲此當曲之陽故曰陽曲後漢末置新興郡十三州志云漢末大亂匈奴侵邊自定襄以西盡雲中鴈門之閒遂空建安中曹操集荒郡之戶以爲縣聚之九原界以立新興郡領九原等縣屬幷州卽此

三月公西征張魯至陳倉郡國志司隸右扶風陳倉劉昭注引三秦記秦武公都雍陳倉城是也水經渭水又東過陳倉縣西酈注云縣有陳倉山山上有陳寶雞鳴祠榮氏開山圖注伏羲生成紀徙治陳倉陳倉水出陳倉山下東南流注於渭水渭水又東與綏陽谿水合其水上承斜水水自斜谷分注綏陽谿北屆陳倉入渭水故諸葛亮與兄瑾書曰有綏陽小谷雖山崖絕險谿水縱橫難用行軍昔邏候往來要道通入今使前軍斫治此道以向陳倉足以扳連賊勢使不得分兵東行者也一統志陳倉故城在今陝西鳳翔府寶雞縣東二十里互見明紀太和二年

將自武都入氐郡國志涼州武都郡郡治下辨一統志下辨故城今甘肅階州成縣西華陽國志建興七年丞相諸葛亮平武都陰平二郡還屬益州亮及魏延姜維等多從此出秦川吳增僅曰建安二十四年先主取漢中以逼下辨魏武以武都孤遠徙郡小槐里以楊阜爲太守（見楊阜傳）太和初年又以韋誕爲太守（見晉書衞恆傳）時武都尙屬魏故置太守遙領迨蜀建興七年地遂入蜀胡三省曰武都本白馬氏所居之地武帝開以爲郡或曰氐字疑衍自武都入者謂自武都入漢中也武都下辨互見夏侯淵傳

氐人塞道先遣張郃朱靈等攻破之夏四月公自陳倉以出散關元和郡縣志散關在寶雞縣西南五十二里宋中興四朝志大散關爲秦蜀往來要道自關距和尙原纔咫尺兩山關控斗絕出可以攻入可以守實表裏之形勢也舊縣志大散關亦曰散關在縣西南大散嶺上爲秦蜀襟喉南山自藍田而

西至此方盡又西則隴首特起汧渭縈流關當山川之會南北之交北不得此無以啓梁益南不得此無以圖關中至河池郡國志武都郡河池縣一統志河池故城今甘肅秦州徽縣西十五里氐王竇茂衆萬餘人張郃傳作興和氐王竇茂恃險不服五月公攻屠之西平金城諸將麴演蔣石等西平見上年金城見武紀卷首通鑑麴作麯共斬送韓遂首斬遂首事見王脩傳注引魏略范書董卓傳遂走金城羌中爲其帳下所殺

典略曰隋書經籍志典略八十九卷魏郎中魚豢撰舊唐書經籍志典略五十卷魚豢撰杭世駿曰唐藝文志有魏略而無典略隋志無魏略裴注引魏略又引典略蓋一書也御覽直稱魏典略章宗源曰典略所載惟裴注章懷注專引漢末及三國事史記索隱（蘇秦傳）初學記書鈔文選魏都賦注御覽所引紀載既廣體裁亦雜與魏略斷代爲書者一爲正史一爲雜史杭大宗乃誤以爲一書姚振宗曰新唐志有魏略五十卷卷數與舊志典略同疑新志魏略是典略之誤又云魏略有紀志列傳自是正史體裁典略隋志列之史鈔一類中明是別爲一書杭氏以御覽引魏典略遂謂一書不知御覽稱魏典略者所以別於唐人之三國典略（見通考）且裴氏奉詔注書凡所稱引例必畫一必不使一書兩稱自貽詰問也又云隋志典略八十九卷卽舊唐志之魏略三十八卷典略五十卷也兩書合併凡八十八卷隋志或有錄一卷故多出一卷耳（姚氏前說見三國藝文志卷二後說見隋書經籍志考證卷十三）沈家本曰裴注引魚書最多其言漢末事如董卓袁紹公孫瓚呂布韓遂諸人凡未臣於魏者並稱典略昭烈亦在典略之中又如荀彧王粲陳琳阮瑀劉楨繁欽路粹諸人皆卒於建安中亦稱典略其言曹氏事則稱魏略是典略魏略實是二事其事相續其文相接故其書亦合行正如孔衍漢魏春秋本是一書而唐志分漢後漢魏爲三也隋錄典略而不復列魏略之名統言之也舊唐志分列典略魏略其卷數視隋志僅少一卷蓋析言之也新志刪正史類之魏略而改雜史類之典略爲魏略恐失其實李善文選亦分引典略魏略明非一書弼按魏略詳見建安十六年注

遂字文約始與同郡邊章俱著名西州范書董卓傳章懷注引獻帝春秋曰梁州（弼按梁應作涼）義從宋建王國等反詐金城郡降求見涼州大人故新安令邊允從事韓約約不見太守陳懿勸之使往國等便劫質約等數十人懿出國扶以到護羌營殺之而釋約允等隴西以愛憎露布冠約允名以爲賊州購約允各千戶侯約允被購約改爲遂允改爲章弼按韓遂事又見張既傳注章爲都督從事遂奉計詣京師何進宿聞其名特與相見遂說進使誅諸閹人引典略進不從乃求歸會涼州宋揚北宮玉等反范書靈紀董卓傳均作北宮伯玉舉章遂爲主章尋病卒范書董卓傳中平三年韓遂乃殺邊章及伯玉文侯擁兵十餘萬進圍隴西太守李相如反與遂連和共殺涼州刺史耿鄙而耿司馬扶風馬騰亦擁兵反叛據此則邊章之死爲韓遂所殺通鑑所載亦同而此言章病卒何也遂爲揚等所劫不得已遂阻兵爲亂積三十二年至

是乃死文選陳孔璋檄吳將校部曲文注引典略作積三十年建安二十年乃死年七十餘矣時曹操亦年六十一矣故與遂言同時儕輩也劉艾靈帝紀曰章一名元趙一清曰元是允之訛潘眉說同

秋七月公至陽平張魯使弟衛與將楊昂等據陽平關橫山築城十餘里攻之不能拔乃引軍還水經沔水注沔水東逕白馬戍南濜水入焉濜水北發武都氐中南逕張魯城東城因崤嶺周迴五里東臨峻谷杳然百尋西北二面連峯接崖莫究其極從南爲盤道登陟二里有餘庾仲雍謂山爲白馬塞東對白馬城一名陽平關濜水南流入沔謂之濜口其城西帶濜水南面沔川城側二水之交故亦曰濜口城杜佑曰陽平關在漢中褒城縣西北章懷注引周地圖記曰褒谷西北有古陽平關其地在今梁州褒城縣西北一統志白馬城在陝西漢中府沔縣西北卽漢陽平關也按今寧羌州界有陽平關蓋後代移置或謂卽白馬城非是在寧羌者爲古陽安關近代改置陽平關仍漢舊名耳明統志以爲卽古陽平關誤賊見大軍退其守備解散公乃密遣解𢢼高祚等乘險夜襲大破之斬其將楊任進攻衛衛等夜遁劉曄傳太祖征張魯旣至漢中山峻難登太祖曰吾軍少食不如速還曄策魯可克不如致攻遂進兵魯奔走漢中遂平張魯傳注引魏名臣奏載董昭表云武皇帝承涼州從事及武都降人之辭說張魯易攻及往臨履不如所聞攻陽平山上諸屯旣不時拔便欲拔軍截山而還又楊暨表云武皇帝征張魯對兵三日欲抽軍還天祚大魏魯守自壞又引世語云夜有野麋數千突壞衛營高祚等誤與衛衆遇衛以爲大軍見襲遂降通鑑考異曰董昭表所述必得實今從之何焯曰操誠善兵以諸傳考之獨此役幸成非實錄也魯潰奔巴中胡三省曰今興元府古漢中之地也興元之南有大行路通於巴州其路險峻三日而達於山頂其絕高處謂之孤雲兩角去天一握孤雲兩角二山名也今巴州漢巴郡宕渠縣之北界也三巴之地此居其中謂之中巴巴之北境有米倉山下視興元實孔道也一統志大巴山在南鄭縣南亦名巴嶺山元和志巴嶺在南鄭縣南一百九里東傍臨漢江與三峽相接山南卽古巴國舊志在南鄭縣南一百九十里西鄉縣西南一百五十里綿亙數百里冬夏積雪中包孤雲兩角米倉諸山南接四川巴州界米倉道在南鄭縣南通四川巴州境圖經張魯奔南山入巴中又張郃守漢中進軍宕渠皆由此道自興元經此達巴州不過五百里巴中互見張魯傳公軍入南鄭南鄭見建安十六年漢中郡注盡得魯府庫珍寶

魏書曰軍自武都山行千里升降險阻軍人勞苦公於是大饗莫不忘其勞

巴漢皆降復漢寧郡爲漢中范書劉焉傳朝廷拜張魯鎭夷中郎將領漢寧太守章懷注引袁山松書建安二十年置漢寧郡錢大昕曰曹公破張魯在建安二十年而魯領漢寧太守乃在其前則漢寧之名由來己久大率劉焉父子所表授耳山松書蓋據曹公破漢中之歲書之魏志建安二十年復漢寧郡爲漢中得其實矣沈濤曰據魏志復漢中在二十年則漢寧之置必在其前袁書以爲二十年置誤趙一清曰宋書州郡志建安二十年復漢寧郡爲漢中疑是此前改漢中曰漢寧也潘眉曰劉昭注引袁山松書云建安二十年復置漢寧郡知劉注所引爲誤弼按范書劉焉傳本志張魯傳俱言羣下欲尊魯爲漢寧王亦由先主之據有漢中羣下上先主爲漢中王也是早有漢寧之名章懷注劉昭注皆誤引袁書也分漢中之安陽西城爲西城郡局本下城字誤作域置太守宋書州郡志安康令漢安陽縣屬漢中漢末省魏復立屬魏興晉太康元年更名一統志安陽故城在今漢中府城固縣東按水經云漢水自城固又東過安陽縣南則漢安陽本在今城固東界自魏晉分屬西城改名安康乃漸徙而東今漢陰境有故城乃晉之安康非漢之安陽也馬與龍曰漢安陽縣地屬蜀非魏境所及魏復立屬魏興之安陽卽晉之安康距漢縣甚遠沈志以蒙漢安陽非是水經沔水注漢水又東逕西城縣故城南地理志漢中郡之屬縣也漢末爲西城郡建安二十四年劉備以申儀爲西城太守儀據郡降魏魏文帝改爲魏興郡治故西城縣之故城也謝鍾英曰建安二十年曹公分安陽西城爲西城郡是爲西城立郡之始建安二十四年先主以申儀爲西城太守是爲西城屬蜀之始黃初元年申儀降魏魏假儀魏興太守是爲西城還魏改名魏興之始一統志西城故城在陝西興安府西北分錫上庸郡置都尉潘眉曰郡字衍文蓋安陽錫上庸皆漢中屬縣魏武分安陽西城二縣置西城郡又分錫上庸二縣置都尉上庸本非郡不應有郡字錢氏考異云上庸太守申耽舉衆降則上庸亦置太守也眉按劉封傳注引魏略云申耽遣使詣曹公曹公使領上庸都尉是上庸置都尉之始至建安末上庸太守申耽舉衆降耽初爲都尉至是稱太守則已改爲郡矣先主命耽領太守如故是蜀以上庸爲郡也黃初元年倂於新城太和二年又立四年又省景初元年又立旋又廢至甘露四年分新城郡復置上庸郡此魏上庸郡廢置之顚末也當建安二十年錫上庸俱是縣不當有郡字弼按吳增僅說與此相同今參合兩說摘錄於此又按沈家本云續漢志劉昭注引袁山松書建安二十年分錫上庸爲上庸郡置都尉似此文郡字上奪爲上庸三字郡本置太守上庸雖爲郡而但置都尉故上文云爲西城郡下特書置太守而此書置都尉以別之他處史文立郡無言置太守者而此特言之爲下文而書也然則郡字非衍文此又一說也弼按郡國志云唯邊郡往往置都尉稍有分縣治民比郡據此則沈說亦可通一統志錫縣故城今陝西興安府白河縣東古麋國地左傳文公十一年楚伐麋至於錫穴是也上庸故城今湖北鄖陽府竹山縣東南古庸國書牧誓庸蜀羌髳微盧彭濮人是也八月孫權圍合肥合肥見建安十三年注張遼李典擊破之操先有密教見張遼傳是役權幾不免九月巴七姓夷王朴胡賨邑侯杜濩舉巴夷賨民來附范書南蠻傳板楯蠻渠帥羅朴督鄂度夕龔七姓不輸租賦餘戶乃歲入賨錢口四十華陽國志督作昝廣韻昝七感反姓也出蜀都風俗通云巴有賨人剽勇高祖募賨人定三秦所發賨人盧朴沓鄂度夕龔七姓不供租賦胡三省曰此所謂七姓夷王也范書南蠻傳又云歲令大人輸布一匹小口二丈是謂賨布章懷注賨牂冬反南蠻賦也揚雄蜀都賦東有巴賨綿亙百濮晉書李特載記巴

人呼賦爲賨因謂之賨人張魯居漢中以鬼道教百姓賨人敬信巫覡多往奉之魏武帝剋漢中李特祖將五百餘家歸之拜爲將軍遷於略陽北土復號之爲巴氏

孫盛曰朴音浮濩音戶

於是分巴郡以胡爲巴東太守濩爲巴西太守 三巴記云閬白二水東南流曲折三回如巴字故曰三巴華陽國志獻帝初平元年征東中郎將安漢趙穎（蜀志劉焉傳作趙韙）建議分巴爲二郡穎欲得巴舊名故白益州牧劉璋以墊江以上爲巴郡江南龐羲爲太守治安漢以江州至臨江爲永寧郡朐忍至魚復爲固陵郡巴遂分矣建安六年魚復蹇胤白璋爭巴名璋乃改永寧爲巴郡以固陵爲巴東徙羲爲巴西太守是爲三巴水經江水篇江水又東北至巴郡江州縣東酈注云江州縣故巴子之都秦置巴郡治江州漢獻帝初平元年分巴爲三郡於江州則永寧郡治也至建安六年劉璋納蹇胤之訟復爲巴郡以嚴顏爲守吳增僅曰試以今地明之從峽江泝流西上至夔府爲魚服又西上至雲陽爲朐忍此常氏所謂朐忍至魚服之固陵郡也由雲陽西南至忠州爲臨江又西南至重慶府爲江州此常氏所謂江州至臨江之永寧郡也自重慶泝嘉陵江北上至合州爲墊江又北至順慶府爲安漢又北至保寧府爲閬中此常氏所謂墊江以上之巴郡也建安十九年諸葛亮留關羽守荆州與張飛趙雲泝流克巴東此巴東卽固陵所改者也既克巴東遂至江州破巴郡太守嚴顏此巴郡卽永寧郡所改者也既下巴郡遂克巴西此巴西卽巴郡所改者也或曰魏武分巴郡爲巴東巴西似劉璋既分復合至魏武又復分者今考建安十八年法正上劉璋牋略言巴東巴西已爲先主所有十九年張郃別督諸軍降巴東巴西二郡其非魏武所置可知而魏志云於是始分者自張魯降魏三巴屬縣或有改省舊史書之承祚作志當據其文也錢大昕曰巴東巴西二郡乃劉璋所分久屬益州但遙假以名耳朴胡杜濩尋爲先主所殺曹公不能有其地也趙一清曰魏之分邑但有虛名以羈縻屬夷耳弼按通鑑與朴胡杜濩同降者有任約（華陽國志作袁約）是時以約爲巴郡太守胡三省云後三人皆爲劉備所破倪焯曰建安六年分置巴東巴西潘眉辨蔡邕未爲巴東太守其說甚當但武紀云建安二十年於是分巴郡爲巴東巴西亦誤也是年張魯初降張郃別督諸軍降巴東巴西二郡可知巴東巴西前已置郡不因以朴胡杜濩爲太守始立也一統志江州故城在今四川重慶府巴縣西漢巴郡治也閬中故城在今四川保寧府閬中縣西漢末巴西郡治也永安故城（卽漢魚服縣）今四川夔州府奉節縣東北漢末巴東郡治也巴東巴西二郡互見本志張郃傳及蜀志劉璋傳

皆封列侯天子命公承制封拜諸侯守相

孔衍漢魏春秋曰 晉書儒林傳孔衍字舒元魯國人孔子二十二世孫避地江東元帝引爲安東參軍中興初補中書郎領太子中庶子出爲廣陵相卒於官衍雖不以文才著稱而博覽過於賀循凡所撰述百餘萬言隋書經籍志漢魏春秋九卷孔舒元撰舊唐志漢春秋十卷後漢春秋六卷後魏春秋九卷孔衍撰新唐志同沈家本曰是書斷代分卷故唐志分列爲三其總名爲漢魏春秋宜一書惟隋志九卷而唐志分卷如此之多爲不可考耳黃逢元曰或有引作孔演者因七錄避梁武帝諱也 天子以公典任于外臨事之賞或宜速疾 御覽六百三十三于作守疾作乎 乃命公得承制封拜諸侯守相詔曰夫軍之大事在茲賞罰勸善懲惡宜不旋時故司馬法曰賞不逾日者欲民速覩爲善之利也昔在中興鄧禹入關承制拜軍祭酒李文爲河東太守來歙又承制拜高峻爲通路將軍察其本傳皆非先請明臨事刻印也斯則世祖神明 宋本則下有出字 權達損益 御覽作斯則世祖明權達變 蓋所用速示威懷而著鴻勳也 御覽作而克成洪勳者也 其春秋之義 御覽其作且 大夫出疆有專命之事苟所以利社稷安國家而已 御覽所作可 況君秉任二伯師尹九有實征夷夏軍行藩甸之外失得在於斯須之間 御覽失得作得失 停賞俟詔以滯世務 御覽世作時 固非朕之所圖也自今已後臨事所甄當加寵號者其便刻印章 御覽便作使 假授咸使忠義得相獎勵 御覽相作共 勿有疑焉

冬十月始置名號侯至五大夫與舊列侯關內侯凡六等以賞軍功

魏書曰置名號侯爵十八級關中侯爵十七級皆金印紫綬又置關內外侯十六級銅印龜紐墨綬五大夫十五級銅印環紐亦墨綬皆不食租與舊列侯關內侯凡六等 漢書百官公卿表爵一級曰公士二上造三簪褭四不更五大夫六官大夫七公大夫八公乘九五大夫十左庶長十一右庶長十二左更十三中更十四右更十五少上造十六大上造十七駟車庶長十八大庶長十九關內侯二十徹侯皆秦制以賞功勞徹侯金印紫綬避武帝諱曰通侯或曰列侯師古曰五大夫大夫之尊也關內侯言有侯號而居京畿無國邑也通侯言其爵位上通於天子也續漢書百官志關內侯承秦賜爵十九等爲關內侯無土寄食在所縣民租多寡各有戶數爲限劉昭注引如淳曰列侯出關就國侯但爵身其有家累者與之關內之邑食其租稅也劉劭爵制曰大夫以上至五大夫比大夫也關內侯者依古圻內子男之義也列侯者依古列國諸侯之義也錢大昕曰黃初元年以漢諸侯王爲崇德侯二年封孔羨爲宗聖侯皆名號侯也潘眉曰關內侯係舊爵非新置當作又置關外侯衍內字然關外侯不見紀傳李祖楙曰漢明帝卽位賜天下男子人二級三老孝弟力田人三級流民欲自占者人一級後各帝卽位及諸慶典據爲常憲是爵爲二十等非賜不得有也至安帝永初三年令吏民入錢穀得爲關內侯及五大夫等桓帝延熹二年占賣關內侯五大夫錢各有差由是開鬻爵之風弼按紀言始置則前此未有也蓋漢制爵凡二十級今始置名號侯爵十八級關中侯爵十七級關內外侯爵十六級五大夫爵十五級合舊列侯關內侯共六等因更

張舊制故特書之又按俞正燮癸巳類稿卷十一有關內侯說謂關內非指崤函其說甚辨文繁不錄惟俞氏引宋書禮志云關內關中及名號侯金印紫綬關外侯銀印青綬隋書百官志云梁陳制縣鄉亭關內關中又名號侯金印龜紐紫綬關外侯銀印珪紐青綬此關外侯之有明證者可以釋潘說之疑又按俞氏所引見隋書禮儀志六癸巳類稿作百官志誤 臣松之以爲今之虛封蓋自此始 趙一清曰困學記聞卷十二云漢書樊噲傳賜爵封號賢成君顏注云楚漢之際權設寵榮假其位號或得邑地或受空爵則虛封非始於建安也

十一月魯自巴中將其餘衆降 范書獻紀袁宏後漢紀皆作秋七月張魯降通鑑作十一月按陽平之役在七月魯奔巴中遣人慰喩乃始出降以時度之當在十一月也通鑑程銀侯選龐悳皆隨魯降胡注程銀侯選關中部帥也龐悳馬超將也渭南冀城之敗皆奔張魯 封魯及五子皆爲列侯 魯封閬中侯見魯傳及字疑衍范書劉焉傳作封魯五子及閻圃等皆爲列侯本志魯傳同 劉備襲劉璋取益州遂據巴中遣張郃擊之 蜀志先主傳建安十九年夏先主進圍城都數十日璋出降是備之有益州在十九年此因遣張郃擊備而追述之也是時劉曄司馬懿皆勸操破漢中之後進攻蜀操不從郃與巴西太守張飛戰於瓦口敗還南鄭 十二月公自南鄭還留夏侯淵屯漢中

是行也侍中王粲作五言詩以美其事曰從軍有苦樂但問所從誰所從神且武安得久勞師相公征關右 李善曰曹操爲丞相故曰相公 赫怒振天威一舉滅獯虜 服虔曰獯鬻堯時匈奴號也 再舉服羌夷西收邊地賊忽若俯拾遺陳賞越山嶽 文選山嶽作丘山 酒肉踰川坻 左傳晉侯投壺穆子曰有酒如淮有肉如坻寡君中此爲諸侯師 軍中多饒飫 文選作飫饒 人馬皆溢肥徒行兼乘還空出有餘資 何焯曰如此與作賊何異何如昌黎士飽而歌馬騰於槽八字爲有雅頌風格 拓土三千里 文選土作地 往返速如飛歌舞入鄴城所願獲無違 仲宣從軍詩五首此爲第一首之前半其二云桓桓東南征三云討彼東南夷四云率彼東南路五云朝入譙郡界當爲二十一年曹公討孫權至譙時所作裴注但摘取西征事耳

二十一年春二月公還鄴

魏書曰辛未有司以太牢告至策勳于廟甲午始春祠令曰議者以爲祠廟上殿當解履吾受錫命帶劍不解履上殿今有事于廟而解履是尊先公而替王命敬父祖而簡君主故吾不敢解履上殿也又臨祭就洗 御覽七百六十一就作執三禮曰洗高三尺口徑尺五寸足徑三尺士鐵大夫以上銅爲之諸侯白金飾天子黃金飾儀禮曰設洗於阼階東南 以手擬水而不盥夫盥以潔爲敬未聞擬向不盥之禮且祭神如神在 文館詞林六百九十五祭上有祭如在三字 故吾親受水而盥也又降神禮訖下階就幕而立 文館詞林幕作坐盧文弨曰宋本作蕞 須奏樂畢竟似若不愆烈祖 文館詞林愆作衍爾雅釋詁衍樂也 遲祭不速訖也 錢儀吉曰不字疑衍 故吾坐俟樂闋送神乃起也受胙納神 文館詞林神作袖下神字同 以授侍中此爲敬恭不終實也 官本考證云不終文類作終不 古者親執祭事故吾親納于神終抱而歸也仲尼曰雖違衆吾從下誠哉斯言也

三月壬寅公親耕籍田 詳見建安十九年始耕籍田注

魏書曰有司奏四時講武於農隙漢承秦制 宋書禮志一云建安二十一年魏國有司奏古四時講武皆於農隙漢西京承秦制 三時不講唯十月都試車馬幸長水南門 馬疑作駕續禮儀志注引此作車駕幸長安水南門趙一清曰水經渭水注長安城十二門南出東頭第二門本名安門亦曰鼎路門史記音義文帝出安門注云在霸陵縣有安門故亭即郡國志所謂長門亭也史記曰霸滻長水也弼按趙說誤以安門爲長門又誤以長門與長水混而爲一水經渭水注長安城十二門本諸三輔黃圖其所云安門與長水南門無涉其誤一也史記封禪書文帝出長安門集解引徐廣曰在霸陵如淳曰亭名也正義引括地志云長安門故亭在雍州萬年縣東北苑中後館陶公主長門園武帝以長門名宮即此漢書郊祀志文帝出長門郡國志霸陵有長門亭劉昭注前書文帝出長門據此則文帝所出者爲長安門漢書作長門趙說謂文帝出安門又以此爲長安城之安門其誤二也漢書東方朔傳帝姑館陶公主號竇太主獻長門園武帝大說更名竇太主園爲長門宮如淳曰園在長門長門在長安城東南園可以爲宿館處故獻之又外戚傳孝武陳皇后退居長門宮據此則公主后妃之所居決非講武閱兵之地趙說乃以霸陵之長門亭爲長安城之安門其誤三也史記封禪書灞產長水灃澇涇渭皆非大川索隱引百官表有長水校尉沈約宋書云營近長水因以爲名水經云長水出白鹿原今之荆溪是也兩京道里記曰荆谿本名長水後秦姚興避諱改是史記所云之長水與長門兩不相涉亦非長安門之長門趙氏刪易字句牽連附會其誤四也按漢書百官公卿表長水校尉掌長水宣曲胡騎續百官志注引韋昭曰長水校尉典胡騎廄近長水故以爲名長水既爲胡騎屯營當時或講武於此似爲近之 會五營士 續百官志北軍中候掌監五營又云監五營胡騎并長水 爲八陣進退名曰乘之 續禮儀志兵官皆肄孫吳兵法六十四陣名曰乘之劉昭注引月令孟冬講武習射御角力盧

植注曰角力如漢家乘之引關蹋踘之屬也 今金革未偃士民素習自今已後可無四時講武但以立秋擇吉日大朝車騎號曰治兵上合禮名下承漢制奏可 宋書禮志一奏可下有是冬治兵魏王親金鼓以令進退十三字蓋本魏書見後何焯曰春祠令講武奏儀然以天子議禮自處矣

夏五月天子進公爵爲魏王 范書獻帝紀二十一年夏四月甲午曹操自進號魏王本志董昭傳後太祖遂受魏公魏王之號皆昭所創

獻帝傳載詔曰 章宗源曰獻帝傳卷亡隋志不著錄魏志武紀注引詔詞文紀注禪代衆事明紀注秦朗父宜祿靑龍二年山陽公薨袁紹傳注續漢禮儀志注水經渭水注後漢書董卓傳注藝文類聚服飾部並引獻帝傳無撰人名惟初學記鳥部引題劉艾漢帝傳愚按漢志有高祖傳孝文傳艾旣爲獻作紀又更爲傳其名蓋仿於此御覽車部引獻帝傳董卓以地動問蔡邕事與魏志注所引獻帝紀同沈家本曰據此則獻帝傳卽獻帝紀非二書也他卷或作獻帝記或一卷之中紀記錯見記蓋紀之訛也姚振宗曰明紀靑龍二年注引獻帝傳則是書當成於是年之後又云初學記引稱漢帝傳似是劉艾書之本名至魏明帝靑龍二年山陽公薨之後乃更名獻帝傳入晉以後與靈帝紀合爲一帙乃定名靈獻二帝紀隋志云靈獻之世天下大亂史官失其常守博達之士愍其廢絕

各記聞見以備遺忘卽謂此也獻帝傳載山陽公薨事已入魏十四年或爲艾書所本有或出後人增補莫得而詳矣（姚氏前說見三國藝文志卷二後說見隋書經籍志考證卷十三與自撰後漢藝文志所云立說各異蓋前後所見不同也）互見建安元年獻帝紀注 自古帝王雖號稱相變爵等不同至乎褒崇元勳建立功德光啓氏姓延于子孫庶姓之與親 趙一清曰親上當有宗字 豈有殊焉昔我聖祖受命剙業肇基造我區夏 宋本夏作宇 鑒古今之制通爵等之差盡封山川以立藩屏使異姓親戚並列土地據國而王所以保乂天命安固萬嗣歷世承平臣主無事世祖中興而時有難易是以曠年數百無異姓諸侯王之位朕以不德繼序弘業遭率土分崩羣兇縱毒自西徂東辛苦卑約當此之際唯恐溺入於難以羞先帝之盛德賴皇天之靈俾君秉義奮身震迅神武捍朕於艱難獲保宗廟華夏遺民含氣之倫莫不蒙焉君勤過稷禹忠侔伊周而掩之以謙讓守之以彌恭是以往者初開魏國錫君土宇懼君之違命慮君之固辭故且懷志屈意封君爲上公欲以欽順高義須俟勳績韓遂宋建 盧文弨曰何校改宋作宗 南結巴蜀羣逆合從圖危社稷君復命將龍驤虎奮梟其元首屠其窟栖暨至西征陽平之役親擐甲胄深入險阻芟夷蝥賊殄其兇醜盪定西陲縣旌萬里聲教遠振寧我區夏 夏一作宇 蓋唐虞之盛三后樹功文武之興旦奭作輔二祖成業英豪佐命夫以聖哲之君事爲己任猶錫土班瑞以報功臣豈有如朕寡德仗君以濟而賞典不豐將何以答神祇慰萬民哉 何焯曰宋本民作方 今進君爵爲魏王使使持節行御史大夫宗正劉艾奉策璽玄土之社苴以白茅 玄土白茅見前十八年注 金虎符第一至第五竹使符第一至十 漢書文帝紀初與郡守爲銅虎符竹使符應劭曰銅虎符第一至第五國家當發兵遣使者至郡合符符合乃聽受之竹使符皆以竹箭五枚長五寸鐫刻篆書第一至第五張晏曰符以代古之圭璋從簡易也師古曰與郡守爲符者謂各分其半右留京師左以與之使音所吏反錢大昭曰說文琥發兵瑞玉爲虎文用兵取其威武故玉銅皆用虎 君其正王位以丞相領冀州牧如故其上魏公璽綬符策敬服朕命簡恤爾衆克綏庶績以揚我祖宗之休命魏王上書

三辭詔三報不許又手詔曰大聖以功德爲高美以忠和爲典訓故剙業垂名使百世可希行道制義使力行可効是以勳烈無窮休光茂著稷契載元首之聰明周邵因文武之智用雖經營庶官仰歎俯思其對豈有若君者哉朕惟古人之功美之如彼思君忠勤之績茂之如此是以每將鏤符析瑞陳禮命册寤寐慨然自忘守文之不德焉今君重違朕命固辭懇切非所以稱朕心而訓後世也其抑志撙節勿復固辭 四體書勢序曰梁鵠以公爲北部尉 見建安十三年注 曹瞞傳曰爲尚書右丞司馬建公所舉 尚書右丞見十八年尚書左丞潘勗注 及公爲王召建公到鄴與歡飲謂建公曰孤今日可復作尉否建公曰昔舉大王時適可作尉耳王大笑建公名防司馬宣王之父 司馬防事見本志卷十五司馬朗傳注引司馬彪序傳 臣松之按司馬彪序傳 沈家本曰司馬彪序傳隋唐志不著錄章宗源云當是續漢書分篇今按此注所引爲司馬防事司馬朗傳所引及朗事朗爲防長子懿之兄也懿之弟進進之子譙王遜遜之弟高陽王睦彪爲睦長子薄行爲睦所責故不得爲嗣彪撰續漢書仿班氏漢書

之例爲序傳然則序傳者續漢書之序傳非分篇也趙氏劄記別出序傳一目亦誤建公不爲右丞疑此不然而王隱晉書云趙王篡位欲奪祖爲帝博士馬平議稱京兆府君防爲京兆尹昔舉魏武帝爲北部尉賊不犯界如此則爲有徵

代郡烏丸行單于普富盧與其侯王來朝代郡烏丸見建安十二年注**天子命王女爲公主**以後稱王王女卽前云待年於國者**食湯沐邑**公羊隱八年傳諸侯皆有湯沐之邑焉注當沐浴潔齊以致其敬故謂之湯沐邑也師古曰凡言湯沐邑者謂以其賦稅供湯沐之具也續百官志公主所食湯沐曰國錢大昕曰國當作邑李祖楙曰漢書百官公卿表列侯所食縣曰國皇后公主所食曰邑

秋七月匈奴南單于呼廚泉將其名王來朝待以客禮遂留魏使右賢王去卑監其國匈奴南單于事見初平三年注後漢書南匈奴傳單于於扶羅立七年死弟呼廚泉立以兄被逐不得歸國數爲鮮卑所鈔建安元年獻帝自長安東歸右賢王去卑與白波賊帥韓暹等侍衞天子拒擊李傕郭汜及車駕還洛陽又徙遷許然後歸國二十一年單于來朝曹操因留於鄴而遣去卑歸監其國焉章懷注呼廚泉卽劉元海之叔祖留呼廚泉於鄴而遣去卑歸平陽監其五部國晉書劉元海載記於扶羅死弟呼廚泉立以於扶

羅子豹爲左賢王卽元海之父也魏武分其衆爲五部以豹爲左部帥胡三省曰分爲左右前後中五部分居幷州諸郡而監國者居平陽弼按右賢王匈奴官號見史記匈奴傳

八月以大理鍾繇爲相國建安十三年置丞相此漢之丞相也十八年魏國置丞相以下羣卿百僚皆如漢諸侯王之制此魏之丞相也二十一年改丞相爲相國黃初元年改相國爲司徒大理卽漢之廷尉鍾繇傳魏國初建繇爲大理黃初元年改大理爲廷尉

魏書曰始置奉常宗正官奉常卽漢之太常黃初元年改奉常爲太常

冬十月治兵趙一清曰方輿紀要卷四十九講武城在河南彰德府臨漳縣故鄴城北漳水上磁州南二十里亦有講武城皆曹操所築也

魏書曰王親執金鼓以令進退

遂征孫權趙一清曰文選阮瑀爲曹公作書與孫權當在此時梁章鉅說同弼按此書云離絕以來于今三年且言赤壁之役燒船自還而絕無一語言及二十年合肥之役權敗之事則是書當在十七年征權之時餘見十七年注**十一月至譙**范書獻帝紀是歲曹操殺瑯邪王熙國除

二十二年春正月王軍居巢郡國志揚州廬江郡居巢一統志居巢故城今安徽廬州府巢縣東北五里寰宇記古居巢城陷爲巢湖胡三省曰居巢縣春秋之巢國宋白云今無爲軍本巢縣之無爲鎭曹操攻吳築城於此無功而退因號曰無爲城臨濡須水上壖地秦漢爲居巢春秋但名巢辭有詳略耳趙一清曰劉昭注引廣志云有二大湖方輿紀要卷二十六巢湖在廬州府東五十里占合肥舒城廬江巢四縣之境建安中曹操數與孫氏爭衡於此諸葛武侯所謂四越巢湖不成者也一清案四越一在十四年一在十八年一在十九年幷此爲四而吳遂外託稱臣得肆意取荆州矣弼按一統志巢湖在巢縣西十里周迴四百餘里港汊大小三百六十納諸水以注大江爲淮西巨浸一名漅湖一曰焦湖通鑑考異云孫權傳曹公次居巢攻濡須並在去冬

二月趙一清曰續禮儀志引獻帝起居注曰建安二十二年二月壬申詔書絕立春寬緩詔書不復行弼按續禮儀志云立春之日下寬大書惠棟曰侯霸傳每春下寬大書霸所建也**進軍屯江西郝谿**謝鍾英曰郝谿在居巢東濡須之西弼按江西謂大江之西也又見前建安十八年引胡注**權在濡須口**濡須口見建安十八年注**築城拒守**胡三省曰孫權所保者十七年所築濡須塢也**遂逼攻之權退走**趙一清曰文選陳琳爲魏武檄吳將校部曲文卽在此時梁章鉅說同弼按檄中事實誠如趙梁所云惟梁氏又云在十七年征權時作則自相矛盾耳互見十七年注

三月王引軍還留夏侯惇曹仁張遼等屯居巢夏侯惇傳使惇都督二十六軍留居巢孫權傳權令都尉徐詳詣曹公請降公報使修好誓重結婚嚴衍資治通鑑補云有甘寧斫營之事以破操之膽隨卽使人請降以狃之此兵機也故操亦卽受其降而不與敵通鑑原文置權請降於班師之後夫操既班師權何畏於操而請降哉

夏四月天子命王設天子旌旗出入

稱警蹕十七年天子命公贊拜不名入朝不趨劍履上殿十八年封魏公加九錫十九年位在諸侯王上授金璽赤紱遠游冠置旄頭設鍾虡二十年承制封拜諸侯守相二十一年進封魏王二十二年設天子旌旗出入警蹕冕十二旒乘金根車轝凡刑賞大權冠服制度與天子無殊未有代德而有二王與王莽之居攝何異倘欲假託周文以欺天下後世眞可謂千古之奸雄矣續輿服志云天子建太常十有二斿九仞曳地日月升龍象天明也劉昭注引鄭衆曰太常九旗之畫日月者鄭玄曰七尺爲仞天子之旗高六丈三尺宋書禮志五引漢儀曰出稱警入稱蹕說者云車駕出則應稱警入則應稱蹕也而今俱唱之史臣以爲警者警戒也蹕者止行也今從乘輿而出者並警戒以備非常也從外而入乘輿相干者蹕而止之也

五月作泮宮宋書禮志一云漢獻帝建安二十二年魏國作泮宮于鄴城南

六月以軍師華歆爲御史大夫范書獻帝紀丞相軍師華歆爲御史大夫錢大昕曰魏志華歆傳魏國初建爲御史大夫是歆爲魏國之御史大夫非漢廷之御史大夫也劉昭注百官志云建安十三年罷司空置御史大夫御史大夫郗慮免不得補考建安十九年廢皇后伏氏郗慮尙在職至二十一年封魏王操則宗正劉艾行御史大夫事二十五年禪位則太常張音行御史大夫事然則郗慮以後漢廷無眞受御史大夫其說信矣魏志太祖紀書華歆爲御史大夫而不書郗慮郗慮爲漢臣歆爲魏臣故也歆之除授不當書於漢紀且使歆而得書則鍾繇爲相國何以轉不書乎蔚宗未達官制因有此誤

魏書曰初置衛尉官衛尉見建安十三年注趙一清曰合前歲所置二卿於是九卿官備與朝家相埒矣秋八月令曰昔伊摯傅說出於賤人伊尹名摯孟子伊尹以割烹要湯傅說舉于版築之閒管仲桓公賊也皆用之以興蕭何曹參縣吏也韓信陳平負汙辱之名有見笑之恥遂能成就王業聲著千載吳起貪將殺妻自信散金求官母死不歸然在魏秦人不敢東向在楚則三晉不敢南謀史記吳起傳齊人攻魯魯欲將吳起起取齊女爲妻而魯疑之起遂殺其妻以明不與齊也魯卒以爲將攻齊大破之魯人或惡吳起曰起爲人猜忍少時家累千金游仕不遂遂破其家其母死起終不歸魏文侯以起爲將擊秦拔五城楚悼王以起爲相南平百越北幷陳蔡卻三晉西伐秦今天下得無有至德之人放在民閒及果勇不顧臨敵力戰若文俗之吏高才異質或堪爲將守負汙辱之名見笑之行或不仁不孝而有治國用兵之術其各舉所知勿有所遺

冬十月趙一清曰後漢書獻帝紀二十二年冬有星孛於東北是歲大疫五行志注引魏文帝與吳質書曰昔年疾疫親故多離其災陳思王常說疫氣云家家有僵尸之痛室室有號泣之哀或闔門而殪或舉族而喪者一清案二十三年注疫癘在冬操是以有廩貸復家之令天子命王冕十有二旒乘金根車駕六馬設五時副車胡三省注引董巴輿服志曰金根車輪皆朱班重牙貳轂兩轄金薄繆龍爲輿倚較文虎伏軾龍首銜軛左右吉陽筩鸞雀立衡虡文畫輈羽蓋華蚤建大旂十二斿畫日月升龍駕六馬象鑣鏤鍚金鍐方釳插翟尾朱兼樊纓赤罽易茸金就十有二左纛以氂牛尾爲之在左騑馬軛上大如斗是爲德車五時車安立亦皆如之各如方色白馬者朱其髦尾爲朱鬣云所御駕六餘皆駕四後從爲副車鍐亡范翻釳許乙翻鐵孔也鍐馬首飾趙一清曰續輿服志冕冠垂旒前後邃延玉藻冕廣七寸長尺二寸前圓後方朱綠裏玄上前垂四寸後垂三寸係白玉珠爲十二旒以其綬采色爲組纓宋書禮志秦獨取殷制古曰桑根車秦曰金根車應劭漢官鹵簿圖乘輿大駕則御鳳皇車以金根爲副又五色安車五色立車名五乘建龍旂駕四馬施八鸞餘如金根之制其車各如方色所謂五時副車俗謂五帝車也又宋書禮志魏晉之制太子諸王公駕四今駕六馬則純乎帝制矣以五官中郎將丕爲魏太子劉備遣張飛馬超吳蘭等屯下辯下辯爲武都郡治見建安二十年武都注時劉備納法正之策將進兵漢中故分屯武都也遣曹洪拒之

二十三年春正月漢太醫令吉本續百官志太醫令一人六百石掌諸醫風俗通吉周尹吉甫之後漢有漢中太守吉恪趙一清曰後漢書耿秉傳作吉丕注或作平則本字誤也惠棟曰隸法丕平字相似三輔決錄又作本也三國志辨誤曰東漢杜操字伯度魏代避諱易爲杜度裴氏

引決錄注本子𨗳穆之字亦具載而獨逸本字殆亦以字易名如杜度之例故不可並書耶李慈銘曰丕本二字每易相亂如後漢書循吏傳劉寵父丕而續漢書作本是也弼按常林傳注引魏略鄧艾傳注引世語均作吉本或魏臣避文帝諱改丕爲本陳志仍其舊文也與少府耿紀司直韋晃等反袁宏紀作少府耿熙范書耿秉傳曾孫紀少有美名辟公府曹操甚敬異之稍遷少府紀以操將篡漢建安二十三年與太醫令吉丕丞相司直韋況晃暐謀起兵誅操不克夷三族于時衣冠盛門坐紀罹禍滅者衆矣攻許燒丞相長史王必營胡三省曰魏王操猶領漢丞相而居鄴故以必爲長史典兵督許

魏武故事載令曰領長史王必御覽二百四十八領作府是吾披荊棘時吏也忠能勤事心如鐵石國之良吏也蹉跌久未辟之捨騏驥而弗乘焉遑遑而更求哉杜襲傳有釋騏驥而不乘焉皇皇而更索二語蓋兩令皆有之故教辟之御覽故上有今字已署所宜便以領長史統事如故

必與潁川典農中郎將嚴匡討斬之胡三省曰潁川典農中郎將屯田許下弼按建安元年注引魏書云募民田許下州郡例置田官

三輔決錄注曰隋書經籍志三輔決錄七卷漢太僕趙岐撰摯虞注范書趙岐傳岐字邠卿京兆長陵人娶扶風馬融兄女爲京兆尹功曹先是中常侍唐衡兄玹爲京兆虎牙都尉岐數爲貶議後玹爲京兆尹收岐家屬宗親盡殺之岐逃難四方賣餅北海市中北海孫賓石藏之複壁中因赦乃出岐多所述作著孟子章句三輔決錄傳於時章懷注引決錄序曰三輔者本雍州之地世世徙公卿吏二千石及高貲皆以陪諸陵五方之俗雜會非一國之風不但繫於詩秦豳也其爲士好高尚義貴於名行近從建武以來暨于斯今其人既亡行乃可書玉石朱紫由此定矣故謂之決錄矣晉書摯虞傳虞字仲洽京兆長安人父模魏太僕卿虞少事皇甫謐才學通博著書不倦撰文章志四卷注解三輔決錄又撰古文章類聚區分爲三十卷名曰流別集各爲之論辭理愜當爲世所重史通書志篇曰譜牒之作盛於中古漢有趙岐三輔決錄晉有摯虞族姓記江左有兩王百家譜中原有方司殿格蓋氏族之事盡在是矣補注篇曰若摯虞之三輔決錄陳壽之季漢輔臣周處之陽羨風土常璩之華陽士女文言美詞列於章句委曲敘事存於細書章宗源曰據決錄自序並昔人徵引逸篇其書不類譜牒至摯虞之注與陳壽等三書亦不相侔史通所考未精也侯康曰據范書隗囂傳注所引其書似有韻語作贊魏志荀彧傳注稱岐作三輔決錄恐時人不盡其意故隱其書惟以示同郡嚴象則當時蓋甚自矜重今見於諸書所引者尚夥然每與摯虞注相紊沈家本曰裴注所引皆敘事之文蓋是虞注東漢風氣好以韻語品藻人物趙之決錄多取品藻之詞故簡虞注則詳敘事跡故繁此又錄與注之區別也張澍輯本序曰諸書所引錄與注不盡分晰余鈔撮特分別之茆泮林輯本得

決錄九十四事注三十六事黃奭亦有輯本時有京兆金禕字德禕范書獻帝紀注引決錄作字德偉盧文弨曰何校改作偉下同自以世爲漢臣自日磾討莽何羅忠誠顯著漢書金日磾傳日磾字翁叔本匈奴休屠王太子也沒入官輸黃門養馬武帝奇之拜馬監遷侍中光祿大夫莽何羅謀爲逆襄白刃從東廂上日磾投何羅殿下得禽縛之窮治伏辜繇是著忠孝節師古曰磾音丁奚反名節累葉覩漢祚將移謂可季興乃喟然發奮遂與耿紀韋晃吉本本子邈邈弟穆等結謀紀字季行少有美名爲丞相掾王甚敬異之遷侍中紀爲侍中見本志杜畿傳注引傅子守少府邈字文然穆字思然以禕慷慨有日磾之風又與王必善初學記引決錄云金禕爲郡上計留在許都時魏武使長史王必將兵衞天子於許都禕與必善必見禕有胡婢善射必嘗請之從後也因以聞之何焯曰聞宋本作閒若殺必欲挾天子以攻魏南援劉備蜀志先主傳先主南征四郡武陵太守金旋等皆降注引決錄注云金旋字元機京兆人領武陵太守爲備所攻刦死子禕弼按若旋爲備所攻刦死則禕之南援備似不近情當從陳志以旋降備爲是時關羽彊盛而王在鄴留必典兵督許中事文然等率雜人及家僮千餘人夜燒門攻必禕遣人爲內應射必中肩必不知攻者爲誰以素與禕

善走投禕夜喚德禕禕家不知是必謂爲文然等錯應曰王長史已死乎卿曹事立矣必乃更他路奔或曰必欲投禕官本考證曰或曰諸本誤作王曰以上下文考之當是兩說傳疑作或曰爲是盧文弨曰何校改作一其帳下督謂必曰今日事竟知誰門而投入乎扶必奔南城胡三省曰許昌之南城也會天明必猶在文然等衆散故敗後十餘日必竟以創死獻帝春秋曰收紀晃等將斬之紀呼魏王名曰恨吾不自生意竟爲羣兒所誤耳晃頓首搏頰以至於死山陽公載記曰王聞王必死盛怒召漢百官詣鄴令救火者左不救火者右衆人以爲救火者必無罪皆附左王以爲不救火者非助亂救火者宋本馮本監本官本者作乃實賊也皆殺之操爲漢相而召漢百官詣鄴目中尙有漢帝乎燒營之事罪及主謀可耳乃盡殺百官此與屠戮徐州同一殘酷者矣王必事又見呂布傳注引獻帝春秋曹洪破吳蘭斬其將任夔等是役爲曹休之功見休傳三月官本三作五誤張飛馬超走漢中通鑑無漢中二字胡三省曰情見勢屈宜其走也弼按是時夏侯淵屯兵漢中兩軍相拒於陽平飛等似無走漢中之理通鑑省此二字爲是陰

平氏彊端斬吳蘭傳其首郡國志益州廣漢屬國陰平道一統志陰平故城今甘肅階州文縣治夏四月代郡上谷烏丸無臣氏等叛代郡上谷見建安十二年十三年錢大昕曰任城王彰傳止言代郡烏丸反疑上谷二字衍無臣氏卽能臣氏之譌錢大昭曰烏丸傳但言代郡不言上谷疑衍上谷二字遣鄢陵侯彰討破之詳見任城王傳魏書載王令曰去冬天降疫癘民有凋傷軍興于外墾田損少吾甚憂之其令吏民男女女年七十以上無夫子若年十二以下無父母兄弟及目無所見手不能作足不能行而無妻子父兄產業者廩食終身幼者至十二止貧窮不能自贍者隨口給貸老耄須待養者年九十以上復不事家一人漢書王子侯表上德哀侯廣玄孫猛詔復家師古曰復家蠲賦役也

六月令曰宋書禮志二云魏武帝作終令古之葬者必居瘠薄之地其規西門豹祠西原上爲壽陵水經濁漳水注漳水自西門豹祠北逕趙閱馬臺西又北逕祭陌西戰國之世俗巫爲河伯取婦祭於此陌魏文侯時西門豹爲鄴令約諸三老曰爲河伯娶婦幸來告知至時三老廷掾賦歛百姓取錢百萬巫覡行里中有好女者祝當爲河伯婦以錢三萬聘女沐浴脂粉如嫁狀豹往會之呼婦視

之以爲非妙令巫嫗入報河伯投巫河中淫祀雖斷地留祭陌之稱焉因高爲基不封不樹周禮冢人掌公墓之地凡諸侯居左右以前卿大夫居後漢制亦謂之陪陵周禮冢人掌公墓之地辨其兆域而爲之圖先王之葬居中以昭穆爲左右凡諸侯居左右以前卿大夫士居後各以其族以爵等爲丘封之度與其樹數鄭注云王公曰丘諸臣曰封漢律曰列侯墳高四丈關內侯以下至庶人各有差弼按據此可破堪輿迷信之談其公卿大臣列將有功者宜陪壽陵其廣爲兆域使足相容秋七月治兵遂西征劉備是時備屯兵陽平關九月至長安劉廙傳太祖在長安欲親征蜀廙上疏諫太祖報曰今欲使吾坐行西伯之德恐非其人也冬十月宛守將侯音等反宛爲南陽郡治見前執南陽太守劫略民吏官本考證曰宋本民吏作吏民保宛初曹仁討關羽屯樊城樊城見建安十三年是月使仁圍宛

二十四年春正月仁屠宛斬音

曹瞞傳曰是時南陽閒苦繇役胡三省曰繇讀曰傜苦於供給曹仁之軍也音於是執太守東里襃三少

帝紀甘露四年詔云昔南陽郡山賊擾擾欲劫質故太守東里衮功曹應余獨身捍衮遂免於難余顚沛殞斃殺身濟君官本考證曰通鑑作東里衮胡三省曰鄭子產居東里支子以爲氏

與吏民共反與關羽連和南陽功曹宗子卿往說音曰（趙一清曰南陽功曹是應余弼按應余已死說音者爲宗子卿郡功曹不止一人也）足下順民心舉大事遠近莫不望風然執郡將逆而無益何不遣之吾與子共戮力比曹公軍來關羽兵亦至矣音從之卽釋遣太守子卿因夜踰城亡出遂與太守收餘民圍音會曹仁軍至共滅之（田豫傳豫遷南陽太守先是郡人侯音反衆數千人在山中爲羣盜前太守收其黨與五百餘人表奏皆當死豫悉破械遣之諸囚卽相告語一朝解散）

夏侯淵與劉備戰於陽平（陽平見建安二十年）爲備所殺（淵屯兵漢中已四年與備相拒亦踰年備有必得之心而淵持匹夫之勇淵既授首而備遂有漢中矣）三月王自長安出斜谷（郡國志司隸右扶風武功有斜谷劉昭注引西征賦注曰褒斜谷在長安西南南口褒北口斜長百七十里其水南流一統志斜谷在陝西鳳翔府郿縣西南史記貨殖傳巴蜀四塞然棧道千里無所不通唯褒斜綰轂其口華陽國志世祖遣臧宮征公孫述從斜谷道入蜀志諸葛亮傳建興六年揚聲由斜谷道取郿本志劉放傳注引孫資別傳資曰昔武皇帝數言南鄭直爲天獄中斜

谷道爲五百里石穴耳宋李文子蜀鑑斜谷中皆穴山架木而行方輿紀要卷五十六云褒斜道今之北棧南口曰褒在褒城縣北十里北口曰斜在鳳翔府郿縣西南三十里總計川陝相通之道谷長四百七十里昔秦惠王取蜀之道也互見曹眞傳）軍遮要以臨漢中（胡三省曰斜谷道險操恐爲備所邀截先以軍遮要害之處乃進臨漢中或曰遮要地名方輿紀要卷五十六云曹操城在漢中府北十七里蜀先主取漢中操馳救軍遮要以臨漢中卽此城也）遂至陽平備因險拒守（因一作固）

九州春秋曰時王欲還出令曰雞肋官屬不知所謂主簿楊修便自嚴裝人驚問修何以知之修曰夫雞肋棄之如可惜食之無所得以比漢中知王欲還也（修事詳見陳思王傳注引典略）

夏五月引軍還長安（先主傳先主曰曹公雖來無能爲也我必有漢川矣乃斂衆拒險終不交鋒曹公果引軍還先主遂有漢中何焯曰朱溫末路大敗於李存勗後嗣彌以不振乃知操之斂軍而退爲善持盈也）秋七月以夫人卞氏爲王后（毛本王作皇誤錢大昭曰太祖時爲魏王當作王后也）遣于禁助曹仁擊關羽八月漢水溢灌禁軍軍沒

羽獲禁遂圍仁使徐晃救之（于禁傳秋大霖雨漢水溢平地水數丈禁等七軍皆沒滿寵傳寵謂曹仁曰聞關羽遣別將已在郟下自許以南百姓擾擾今若遁去洪河以南非復國家有也關羽傳羽威震華夏曹公議徙許都以避其銳通鑑羽又遣別將圍將軍呂常於襄陽荆州刺史胡脩南鄉太守傅方皆降於羽當日情勢可見魏武還軍洛陽南救曹仁設無司馬懿蔣濟進權躡羽後之謀蜀吳之好如故則羽之得志未可知也）九月相國鍾繇坐西曹掾魏諷反免（胡三省曰此魏相國府之西曹掾也）

世語曰諷字子京沛人有惑衆才傾動鄴都鍾繇由是辟焉大軍未反（征漢中之軍尚未反鄴）諷潛結徒黨又與長樂衛尉陳禕謀襲鄴（趙一清曰漢書百官公卿表長樂建章甘泉衛尉皆掌其宮續百官志其中長信長樂宮者置少府一人及餘吏皆以宮名爲號長樂又有衛尉僕爲太僕皆二千石在少府上蕭常續後漢書曰諷潛結義勇之士與長樂衛尉陳禕列侯張泉等謀襲鄴誅操）未及期禕懼告之太子誅諷坐死者數十人（袁宏紀丞相掾魏諷謀誅曹操發覺伏誅諷有威名潛結義士坐死者數十人通鑑作連坐死者數千人各本皆同未知孰是本志劉廙傳廙弟偉爲諷所引當相坐誅太祖令曰叔向不坐弟虎特原不問王粲傳粲二子爲魏諷所引誅後絕互見鍾會傳注引博物記蜀志尹默傳宋仲子子與魏諷謀反伏誅蕭常續後漢書云宋忠字仲子南陽人其子與魏諷謀誅曹操不克父子俱遇

害又本志劉表傳注引傅子云魏諷以才智聞傅巽謂之必反劉曄傳注引傅子云魏諷有重名自卿相以下皆傾心交之曄一見諷謂爲必反張繡傳繡子泉坐與魏諷謀反誅毌丘儉傳注引魏書云魏諷反文欽坐與諷辭語相連下獄）王昶家誡曰（卽昶傳戒子姪書郭嘉傳注及御覽六百九十四均引作王昶家誡隋唐志不著錄）濟陰魏諷而此云沛人未詳（晉書鄭袤傳濟陰魏諷爲相國掾名重當世袤同郡任覽與結交袤以諷姦雄終必爲禍勸覽遠之及諷敗論者稱焉弼按據各傳所載諷之忠烈才智可知不能以其事之無成遂加貶詞也）

冬十月軍還洛陽（何焯曰陸機弔魏武帝文云當建安之三八實大命之所艱雖光昭於曩載將稅駕於此年憤西夏以鞠旅泝秦川而舉旗踰鎬京而不豫臨渭濱而有疑冀異日之云瘳彌四旬而成災詠歸塗以反旆登崤澠而朅來次洛汭而大漸指六軍曰念哉觀此則操實以西行不得志而發病及襄樊圍急狼狽還救僵息不遑登頓而死史不盡書耳又曰陸機此文與魏志不同史蓋諱言之也諸葛武侯正議云孟德以其譎勝之力舉數十萬之師救張郃於陽平勢窮慮悔僅能自脫辱其鋒銳之衆遂喪漢中之地深知神器不可妄獲旋還未至感毒而死以此互證知武侯之言也信弼按正議見諸葛亮傳注引亮集）

曹瞞傳曰王更修治北部尉廨令過於舊（洛陽北部尉見卷首）

孫權遣使上書以討關羽自效王自洛陽南征羽未至晃攻羽破之

羽走仁圍解王軍摩陂胡三省曰據水經摩陂在潁川郟縣縱廣可一十五里魏青龍元年有龍見於陂于是改曰龍陂一統志摩陂在河南汝州郟縣東南

魏略曰孫權上書稱臣稱說天命孫堅興兵討董卓孫策見袁術僭號卽與之相絕且欲陰襲許都奉迎漢帝此皆大義昭垂不愧江東豪俊以覩權之俯首孟德稱臣獻媚覥然無恥者有愧父兄多矣王以權書示外曰是兒欲踞吾著爐火上邪胡三省曰著直略翻蓋言漢以火德王權欲使操加其上也然操必以權書示外者正欲以觀衆心耳侍中陳羣尙書桓階奏曰漢自安帝以來政去公室國統數絕至於今者唯有名號尺土一民皆非漢有期運久已盡歷數久已終非適今日也是以桓靈之閒諸明圖緯者皆言漢行氣盡黃家當興殿下應期十分天下而有其九此言蓋失之夸當時蜀有益州吳有荆揚交廣安得謂十分天下有其九乎或以吳遣稱臣僅益州未服逡謂有其九耳以服事漢羣生注望胡三省曰注猶屬望遐邇怨歎是故孫權在遠稱臣此天人之應異氣齊聲臣愚以爲虞夏不以謙辭殷周不吝誅放畏天知命無所與讓也魏氏春

秋曰夏侯惇謂王曰天下咸知漢祚已盡異代方起自古以來能除民害爲百姓所歸者卽民主也今殿下卽戎三十餘年功德著於黎庶爲天下所依歸應天順民復何疑哉王曰施於有政是亦爲政魏武引孔子語而意則謂實權在握不必尸其名也若天命在吾吾爲周文王矣司馬光曰教化國家之急務也而俗吏慢之風俗天下之大事也而庸君忽之光武征伐四方日不暇給乃能敦尙經術賓延儒雅武功既成文德亦洽孝明孝章適追先志臨雍拜老橫經問道教立於上俗成於下風化之美未有若東漢之盛者也孝和以降貴戚擅權嬖倖用事賞罰無章賄賂公行然猶不至於亡者上有公卿大夫袁安楊震李固杜喬陳蕃李膺之徒面引廷爭用公義以扶其危下有布衣之士符融郭泰范滂許劭之流立私論以救其敗是以政治雖濁而風俗不衰不幸承陵夷頹敝之餘重以桓靈之昏虐保養姦回過於骨肉殄滅忠良甚於寇讎積多士之憤蓄海內之怒於是何進召戎董卓乘釁袁紹之徒從而構難遂使乘輿播遷宗廟丘墟王室蕩覆烝民塗炭大命隕絕不可復救然州郡擁兵專地者雖互相吞噬猶未嘗不以尊漢爲辭以魏武之暴戾彊伉加有大功於天下其蓄無君之心久矣乃至沒身不敢廢漢而自立豈其志之不欲哉猶畏名義而自抑也由是觀之教化安可慢風俗安可忽哉曹瞞傳及世語並云桓階勸王正位夏侯惇以爲宜先滅蜀蜀亡則吳服二方既定然後遵舜禹之軌王從之及至王薨惇追恨前言發病卒孫盛評曰夏侯惇恥爲漢官求受魏印桓階方惇有義直之節考其傳記世語爲妄矣

二十五年春正月至洛陽任城王彰傳太祖至洛陽得疾驛召彰未至太祖崩權擊斬羽傳其首

庚子王崩于洛陽年六十六姚範曰操生於漢桓帝永壽元年

世語曰太祖自漢中至洛陽起建始殿伐濯龍祠而樹血出御覽九百五十二引元中記曰百歲之樹其汁赤如血曹瞞傳曰王使工蘇越徙美梨掘之根傷盡出血御覽九百六十九引曹瞞別傳作根盡血出越白狀王躬自視而惡之以爲不祥還遂寢疾

遺令曰天下尙未安定未得遵古也葬畢皆除服其將兵屯戍者皆不得離屯部有司各率乃職斂以時服無藏金玉珍寶宋書禮志二載魏武臨終遺令曰百官臨殿中者十五舉音又云魏武以送終制衣服四篋題識其上春秋冬夏日有不諱隨時以斂金珥珠玉銅鐵之物一不得送文帝遵奉無所增加及受禪刻金

璽追加尊號不敢開埏乃爲石室藏璽埏首示陵中無金銀諸物也漢禮明器甚多至是皆省矣文選陸機弔魏武帝文序引遺令云吾在軍中持法是也至於小忿怒大過失不當效也又云吾婕妤伎人皆著銅爵臺於臺堂上施八尺牀繐帳朝脯上脯糒之屬月朝十五輒向帳作伎汝等時時登銅爵臺望吾西陵墓田又云餘香可分與諸夫人諸舍中無所爲學作履組賣也吾歷官所得綬皆著藏中吾餘衣裘可別爲一藏不能者兄弟共分之（世說新語言語篇注及御覽所引與此同者不錄）御覽引遺令云吾夜半覺小不佳至明日飲粥汗出服當歸湯（見八百五十九）又云吾有頭病自先著幘幘特大服如存時勿遺陸雲與兄書云一日案行視曹公器物有一介幘如吳幘（見六百八十七）趙一淸曰孫能傳剡溪漫筆云（弼按明孫能傳剡溪漫筆五卷見益智編附刻本）司馬溫公語劉元城昨看三國志識破一事曹操身後事孰有大於禪代遺令諄諄百言下至分香賣履家人婢妾無不處置詳盡而無一語及禪代事是實以天子遺子孫而身享漢臣之名操心直爲溫公剖出今魏志所載遺令寥寥數語其分香賣履處置家人婢妾皆無之裴松之注亦不載豈所見有別本邪弼按魏武遺令陳志僅摘錄關繫軍國數語觀陸機序見魏武遺令愾然歎息傷懷者久之則當時自有全文後乃散見各書非溫公所見魏志有別本也何焯曰萬年之後汝曹皆當出嫁此建安十五年作銅雀臺時令也柰何不從其治命乎弼按陸機弔魏武帝文序云持姬女而指季豹以示四子曰以累汝因泣下傷哉曩以天下自任今以愛子託人然而婉孌房闥之內綢繆家人之務則幾乎密與葉樹藩曰漢高祖手勅太子云吾得疾遂困以如意母子相累其餘諸兒皆自足立哀此兒猶小也（弼按此勅見古文苑卷五）嗚嗚兒女之情漢高

亦復不免何論阿瞞謚曰武王二月丁卯葬高陵胡三省曰高陵在鄴城西操令規西門豹祠西原上爲陵是也趙一清曰元和郡縣志魏武帝西陵在鄴縣西三十里楊奐山陵雜記曹操沒後恐人發其冢乃設疑冢七十二在漳河之上方輿紀要卷四十九操有疑冢七十二處在河南彰德府臨漳縣故鄴城北漳水上自講武城外森然彌望高者如小山布列直至磁州而止

魏書曰太祖自統御海內芟夷羣醜其行軍用師大較依孫吳之法而因事設奇譎敵制勝變化如神自作兵書十餘萬言官本作十萬餘言誤魏武兵法接要及孫子兵法注均見卷首隋書經籍志續孫子兵法二卷兵書略要九卷均魏武帝撰又魏武帝兵法一卷日本國人佐世見在書目魏武帝兵書十三卷諸將征伐皆以新書從事杜牧注孫子序曰曹公所注解十不釋一蓋惜其所得自爲新書爾蜀志先主傳注引益部耆舊雜記楊修以曹公所撰兵書示張松飮宴之閒一看便闇誦臨事又手爲節度從令者克捷違教者負敗與虜對陣意思安閒如不欲戰然及至決機乘勝氣勢盈溢故每戰必克軍無幸勝知人善察難眩以僞胡三省曰眩者目無常主難眩以僞謂人不能亂其明趙一清曰何云以操之難眩以僞而猶有孔桂之事弼按應作孔桂見明帝紀青龍元年注趙氏作孔珪當爲刊本之誤拔于禁樂進於行

陣之閒取張遼徐晃於亡虜之內皆佐命立功列爲名將其餘拔出細微登爲牧守者不可勝數是以刱造大業文武並施御軍三十餘年手不捨書錢儀吉曰硯北雜志曹公作倚案臥視讀書晝則講武策夜則思經傳登高必賦及造新詩被之管弦皆成樂章隋書經籍志魏武帝集二十六卷梁三十卷錄一卷梁又有武皇帝逸集十卷亡又魏武帝集新撰十卷文帝典論自序云上雅好詩書雖在軍旅手不釋卷文心雕龍時序篇云魏武以相王之尊雅愛詩章鍾嶸詩品云曹公古直甚有悲涼之句嚴可均全三國文輯存文一百五十篇馮惟訥詩紀輯存樂府十四篇二十一首才力絕人手射飛鳥躬禽猛獸嘗於南皮一日射雉獲六十三頭郝經續後漢書作三十六頭及造作宮室繕制器械宋本元本吳本制作治無不爲之法則皆盡其意趙一清曰崔豹古今注魏武帝以瑪瑙石爲馬勒車渠爲酒椀虞荔鼎錄魏武帝鑄一鼎於白鹿山高一丈紀征伐戰陣之能古文篆書四足更作鼎與太子名曰孝鼎晝刻古來孝子姓名雅性節儉不爲華麗後宮衣不錦繡本志崔琰傳注引世語云植妻衣繡太祖登臺見之以違制命還家賜死衛覬曰武皇帝時後宮衣不用錦繡見覬傳侍御履不二采帷帳屏風壞則補納茵蓐取溫無有緣飾攻城拔邑得美麗之物宋本美作靡

則悉以賜有功秦宜祿之妻何以不賜關羽王沈所云或多溢美之詞勳勞宜賞不吝千金無功望施分毫不與四方獻御與羣下共之常以送終之制襲稱之數繁而無益俗又過之故豫自制終亡衣服四篋而已沈家本曰御覽自下有爲字終上有送字無亡字案終亡當從御覽作送終御覽爲字則衍文也弼按魏武父子親見漢帝諸陵無不發掘故皆以厚葬爲戒傅子曰太祖愍嫁娶之奢僭公女適人皆以皁帳從婢不過十人世說新語賢媛篇云魏武帝崩文帝悉取武帝宮人自侍及帝病困卞后出看疾太后入戶見直侍並是昔日所愛幸者太后問何時來邪曰正伏魄時過因不復前而歎曰狗鼠不食汝餘死故應爾至山陵亦竟不臨張華博物志曰晉書張華傳華字茂先范陽方城人少孤貧自牧羊同郡盧欽見而器之鄉人劉放亦奇其才以女妻焉華學業優博圖緯方伎之書莫不詳覽贊伐吳功成封廣武縣侯當時詔誥皆所草定出爲幽州都督徵爲太常惠帝即位爲太子少傅楚王瑋誅華以首謀有功拜右光祿大夫侍中中書監封壯武郡公拜司空賈后誣太子華固爭得免死廢爲庶人華後爲趙王倫矯詔所殺年六十九家無餘財惟有文史天下奇祕悉在華所博物洽聞世無與比華著博物志十篇及文章並行於世王嘉拾遺記曰晉張華生挺聰慧好觀奇異圖緯之學撰博物志四百卷奏武帝帝曰卿才綜萬代博識無倫然記事採言亦多浮妄可更芟截浮疑分爲十卷隋書經籍志博物志十卷張華撰張公雜記一卷張華撰梁

有五卷與博物志相似小小不同雜記十一卷張華撰四庫提要云劉昭續漢志引博物記與博物志灼然二書弼按鍾會傳注引博物記所載王粲事與今本博物志相同實爲一書沈家本曰續漢志引博物記極多郡國志所引有四十八條邯鄲下稱張華曰知所引即張華書也提要欲分爲二未見其是丁國鈞曰北史常景傳有刪正博物志語是世所傳本已非張氏之舊段公路北戶錄及文選注所引多出今本之外疑據景未刪之舊笈也（弼按常景傳見魏書八十二北史無傳丁氏誤）漢世安平崔瑗瑗子實盧文弨曰實當作寔弘農張芝芝弟昶並善草書而太祖亞之晉書衛恆傳漢興而有草書不知作者姓名至章帝時齊相杜度號善作篇後有崔瑗崔寔亦皆稱工杜氏結字甚安而書體微瘦崔氏甚得筆勢而結字小疏弘農張伯英者因而轉精甚巧凡家之衣帛必書而後練之臨池學書池水盡黑下筆必爲楷則號怱怱不暇草書寸紙不見遺至今世尤寶其書韋仲將謂之草聖伯英弟文舒者次伯英張懷瓘書斷云崔瑗字子玉安平人官至濟北相文章蓋世善章草師於杜度點畫之開無不調暢伯英祖述之其骨力精熟過之也崔寔字子眞瑗之子也爲五原太守章草雅有父風張芝字伯英燉煌人徙居弘農華陰尤善章草又刱爲今草精熟神妙冠絕古今張昶字文舒伯英季弟書類伯英時人謂之亞聖魏武帝工章草雄逸絕倫子植亦工書桓譚蔡邕善音樂馮翊山子道王九眞郭凱等善圍棊太祖皆與埒能范書桓譚傳譚字君山沛國相人也父成帝時爲太樂令譚以父任爲郎因好音律善鼓琴性耆倡樂博學多通著

書言當世行事二十九篇號曰新論琴道一篇未成肅宗使班固續成之蔡邕傳邕字伯喈陳留圉人也少博學好辭章數術天文妙操音律善鼓琴吳人有燒桐以爨者邕聞火烈之聲知其良木因請而裁爲琴果有美音而其尾猶焦故時人名曰焦尾琴焉本志明紀青龍元年注孔桂性便辟曉博奕太祖愛之每在左右

又好養性法趙一清曰太霄經魏武帝爲九州置壇度道士三十五人文帝幸雍謁陳熾法師置道士五十人弼按隋書經籍志彭祖養性經一卷又彭祖養性一卷案下文亦解方藥之語當爲醫家之法趙說似誤亦解方藥招引方術之士廬江左慈譙郡華佗甘陵甘始陽城郄儉無不畢至華佗見後方伎傳左慈甘始郄儉俱見佗傳注又習啖野葛至一尺本草經曰鉤吻一名野葛味辛温生山谷桓譚新論曰余與劉子駿言養性無益其兄子伯玉曰天生殺人藥必有生人藥也余曰鉤吻不與人相宜故食則死非爲殺人生也嶺表錄異曰野葛毒草也俗呼胡蔓草誤食之則用羊血漿解之南方草木狀曰冶葛毒草也蔓生葉如羅勒光而厚一名胡蔓草寘毒者多雜以生蔬進之悟者速以藥解不爾半日輒死山羊食其苗卽肥而大亦如鼠食巴豆其大如㹠蓋物類有相伏也又曰蕹葉如落葵而小性冷味甘南人編葦爲筏作小孔浮於水上種子於水中則如萍根浮水面及長莖葉皆出葦筏孔中隨水上下南方之奇蔬也冶葛有大毒以蕹汁滴其苗當時萎死世傳魏武能啖冶葛至一尺云先食此菜亦得少多飲鴆酒　傅子曰漢末王公多委王服以幅巾爲雅幅巾詳見華歆傳是以袁紹

崔豹之徒官本考證曰豹當作鈞宋書禮志可據鈞與袁紹起兵山東見後漢書崔駰傳盧文弨曰此何屺瞻門人陳少章之說不當竄之而沒其名也雖爲將帥皆著縑巾魏太祖以天下凶荒資財乏匱擬古皮弁裁縑帛以爲帢宋書禮志五帢作㡊合于簡易隨時之義以色別其貴賤于今施行可謂軍容宋書禮志五作本施軍飾非國容也博物志漢中興士人皆冠葛巾建安中魏武造白帢於是遂廢惟二學書生猶著也中華古今注軍幘魏武所制以軍中服之輕便又作五色幘以表方面也曹瞞傳曰太祖爲人佻易無威重好音樂杭世駿曰樂府解題曰魏武帝宮人有盧女者故將軍陰叔之子也七歲入漢宮學鼓琴琴特鳴異善爲新聲倡優在側常以日達夕被服輕綃身自佩小鞶囊禮內則男鞶革女鞶絲注小囊盛帨巾者以盛手巾細物時或冠帢帽以見賓客每與人談論戲弄言誦盡無所隱杭世駿曰英雄記云操與劉備密言備泄于紹紹知操有圖國之意操自咋其舌流血以失言戒後世弼按此語見御覽三百六十七所引似不類王粲之言及歡悅大笑至以頭沒杯案中官本杯作桮誤肴膳皆沾汚巾幘其輕易如此然持法峻刻諸將有計畫勝出己者隨以法誅之本志崔琰傳太祖性忌有所不堪者魯國孔融南陽許攸婁圭皆以恃舊不虔見誅而琰最爲世所歎惜

至今寃之世說新語捷悟篇注引文士傳曰楊脩常白事知必有反覆教豫爲答對數紙以次牒之而行敕守者曰向白事必教出相反覆若按此次第連答之已而風吹紙亂守者不別而遂錯誤公怒推問脩慙懼然以所白甚有理終亦是脩後爲武帝所誅又互見陳思王傳注及故人舊怨亦皆無餘世說新語方正篇南陽宗世林魏武同時而甚薄其爲人不與之交及魏武作司空總朝政從容問宗曰可以交未答曰松柏之志猶存世林既以忤旨見疏位不配德楚國先賢傳宗承字世林南陽安衆人魏武屢造其門捉手請交拒而不納武帝平冀州從至鄴陳羣等皆爲之拜帝猶以舊情介意薄其位而優其禮其所刑殺輒對之垂涕嗟痛之終無所活初袁忠爲沛相嘗欲以法治太祖沛國桓邵亦輕之及在兗州陳留邊讓言議頗侵太祖太祖殺讓族其家范書文苑傳邊讓傳讓字文禮陳留浚儀人少辯博能屬文大將軍何進召署令史府掾孔融王朗並修刺候焉議郎蔡邕深敬之讓後以高才擢進累遷出爲九江太守初平中去官歸家恃才氣不屈曹操多輕侮之言建安中其鄉人有搆讓於操操告郡就殺之黃山曰御覽六百九十一引讓別傳孔融薦讓於武帝未知讓因融薦被辟不屈邪抑融知操忌讓籍薦以爲之開說也忠邵俱避難交州太祖遣使就太守士燮盡族之桓邵得出首拜謝於庭中太祖謂曰跪可解死邪遂殺之侯康曰御覽四百四十七引張輔名士優劣論曰魏武安忍無親若楊德祖之徒多見賊害孔

文舉桓文林等以宿恨見殺按桓文林者桓曄之字後漢書桓曄傳客交阯爲凶人所誣遂死於合浦獄不云死於曹操也疑張輔誤以桓邵作桓曄當從曹瞞傳爲正袁忠事附見後漢書袁閎傳但云浮海南投交阯獻帝都許徵爲衞尉未到卒亦不言爲曹操所殺或范書略之也黃山曰袁忠子祕既先死黃巾之難忠弟宏又不應徵辟終於家則忠族無幾矣且忠棄官避亂就令與桓邵同投交阯未必皆能以其族往操又何從盡族之乎況據桓榮傳初平中客交阯者爲桓曄初不名邵桓曄雖以誣死合浦獄亦無被族誅事自係曹瞞傳傳聞之誤嘗出軍行經麥中令士卒無敗麥犯者死騎士皆下馬付麥以相持梁章鉅曰御覽八百三十六引作持麥以相付文理較勝於是太祖馬騰入麥中敕主簿議罪主簿對以春秋之義罰不加於尊太祖曰制法而自犯之何以帥下然孤爲軍帥不可自殺請自刑因拔劍割髮以置地本志高柔傳時置校事盧洪趙達等使察羣下柔諫曰達等數以愛憎擅作威福宜檢治之太祖曰卿知達等恐不如吾要能刺舉而辦衆事昔叔孫通用羣盜良有以也達等後奸利發殺之以謝柔又有幸姬嘗從晝寢枕之臥告之曰須臾覺我姬見太祖臥安未卽寤及自覺棒殺之盧文弨曰何校改棒作棓世說新語假譎篇魏武常云我眠中不可妄近近便斫人亦不自覺左右宜深愼此後陽眠所幸一人竊以被覆之因便斫殺自爾每眠左右莫敢近者常討賊廩穀

不足私謂主者曰如何主者曰可以小斛以足之太祖曰善後軍中言太祖欺衆太祖謂主者曰特當借君死以厭衆不然事不解乃斬之取首題徇曰行小斛盜官穀斬之軍門世說新語假譎篇魏武行役失汲道軍皆渴乃令曰前有大梅林饒子甘酸可以解渴士卒聞之口皆出水乘此得及前源其酷虐變詐皆此之類也馮本無之字曹子建集武帝誄云於惟我王承運之衰神武震發羣雄殄夷拯民於下登帝太微德美旦奭功越彭韋九德光備萬國作師寢疾不興聖體長歸華夏飲淚黎庶含悲神翳功顯身沈名飛敢揚聖德表之素旗乃作誄曰於穆我王胄稷胤周賢聖是紹元懿允休先侯佐漢實惟平陽功成績著德昭二皇民以寧一興詠有章我王承統天姿時生年在志學謀過老成奮臂舊邦翻身上京袞與我王平交若神張陳背誓傲帝虐民擁徒百萬虎視朔濱我王赫怒戎車列陳武卒虓闞如雷如震攙搶北埽舉不浹辰紹遂奔北河朔是賓振旅京師帝嘉厥庸乃位丞相總攝三公進受上爵君臨魏邦九錫昭備大路火龍玄鑒靈蔡探幽洞微下無僞情姦不容非敦儉尚古不玩珠玉以身先下民以純樸聖性嚴毅手修清一唯善是嘉靡疏靡昵怒過雷霆喜踰春日萬國肅虔望風震慄既總庶政兼覽儒林躬著雅頌被之瑟琴茫茫四海我王康之微微漢嗣我王匡之羣傑扇動我王服之喁喁黎庶我王育之光有天下萬國作君虔奉本朝德美周文以寬克衆每征必舉四夷賓服功踰聖武翼帝王世神武鷹揚左鉞右旄威凌伊呂年踰耳順體愉志肅乾乾庶事氣過方叔宜並南嶽君國無

窮如何不弔禍鍾聖躬棄離臣子背世長終兆民號咷仰愬上穹既以約終令節不衰既卽梓宮躬御綴衣璽不存身唯絺是荷明器無飾陶素是嘉既次西陵幽闥啓路羣臣奉迎我王安厝窈窕玄宇三光不入潛闥一扃尊靈永蟄聖上臨穴哀號靡及羣臣陪臨佇立以泣去此昭昭于彼冥冥永棄兆民下君百靈千代萬葉曷時復形

評曰漢末天下大亂雄豪並起而袁紹虎眎四州彊盛莫敵太祖運籌演謀鞭撻宇內擥申商之法術該韓白之奇策官方授材各因其器矯情任算不念舊惡終能總御皇機克成洪業者惟其明略最優也抑可謂非常之人超世之傑矣袁山松曰獻帝天性慈愛弱而神惠若輔之以德眞守文令主也曹氏始於勤王終於滔天遂力制羣雄負鼎而趨然因其利器假而不返迴山倒海遂移天日昔田常假湯武而殺君操因堯舜而竊國所乘不同濟其盜賊之身一也善乎莊生之言竊鉤者誅竊國者爲諸侯諸侯之門仁義在焉信矣郝經曰堯舜以禪讓帝湯武以征伐王桓文以力而伯羿莽以盜而篡此自昔有天下國家之大端也桓靈之際天下已無漢矣操之機神權略不世出戡定禍亂康濟斯民慨然自爲豈不足王乃崎嶇詭譎陰賊險狠以西伯自處使其子爲舜禹之事將誰欺哉爲盜而惡盜之名則又羿莽之不若也嗚呼世衰道微自晉而下十餘代千有餘年往往有湯武之仁義桓文之功烈而終用操竊國之術自以爲得而不知其非悲夫或謂操取天下于盜手非取之于漢室不知操劫遷天子弒母后殺貴人酖皇子誅大臣戮名士自加九錫爲公爲王非取之漢室而孰取之哉諺曰巧詐不如拙誠有大功而以僞喪之者操是也操自謂智予謂不智也又曰操出贅閹龍斷暱昵詭人矜譎蔑文遙智假義勤王圖篡挾帝不作齊桓甘爲田常賊款盜模仍誤後王毋謂弗知代遠益彰

魏書一　三國志一

文帝紀第二

晉　平陽侯相安漢陳壽　撰

宋中書侍郎西鄉侯　聞喜裴松之　注

沔陽盧　弼　集解

文皇帝諱丕潘眉曰闞澤云不十爲丕字當作平今作丕者非胡玉縉曰潘說非也說文一部丕大也从一不聲段注丕隸書中直引長故云丕之字不十漢石經作平可證非與丕殊字也段說甚瞭潘氏以隸變駁篆文僨矣字子桓武帝太子也錢大昭曰文帝爲高祖明帝爲烈祖見景初詔中承祚文明二紀俱不稱祖蓋德不相副且無功可錄刪而不書史筆之謹嚴也中平四年冬生於譙趙一清曰寰宇記卷十二魏文帝祠在譙縣東五里初太祖以議郎告疾歸鄉里築室於此文帝生於此宅弼按魏武故宅詳見武紀卷首及建安十五年注

魏書曰帝生時有雲氣青色而圜如車蓋當其上終日望氣者以爲至貴之證非人臣之氣水經陰溝水注譙城東有曹太祖舊宅文帝以漢中平四年生於此上有青雲如車蓋終日乃解即是處也本志卞后傳注引魏書云后生時有黃氣滿室此皆讖緯附會之詞不足信也

年八歲能屬文有逸才遂博貫古今經傳諸子百家之書善騎射好擊劍文帝典論自序云時余年五歲上以世方擾亂教余學射六歲而知射又教余騎馬八歲而能騎射矣舉茂才不行

獻帝起居注曰建安十五年爲司徒趙溫所辟趙一清曰後漢書獻帝紀建安十三年春正月司徒趙溫免五疑當作三弼按通鑑考異云十三年罷三公官溫不至十五年也太祖表溫辟臣子弟選舉故不以實使侍中守光祿勳郗慮持節奉策免溫官官本郗作郄盧文弨曰郗音絺郄詵晉大夫郤縠之後郗鑒漢郗慮之後姓源既異音讀各殊不可因俗書而遂相混也郗慮事見武紀建安十八年注范書趙典傳典兄子謙謙弟溫相繼爲三公溫字子柔建安十三年以辟司空曹操子丕爲掾操怒奏溫辟忠臣子弟選舉不實免官惠棟曰忠臣猶中臣謂中朝臣也李固傳詔書禁侍中尚書中臣子弟不得爲吏察孝廉故操以是奏免溫也周壽昌曰功臣表陽都敬侯丁復注爲將軍忠臣侯亦有忠臣字時操封武平侯是知功臣列侯得稱忠臣必漢制如此不然操奏劾人豈自稱爲忠臣耶鮑昱傳帝報曰吾固欲令天下知忠臣之子復爲司隸也案昱父永封關內侯羊續傳續以忠臣子孫拜郎中按續先世並未以忠節著是世卿之家亦可稱忠臣吳芮傳高祖稱芮爲忠功臣之名忠臣或襲於此弼按周說近是惠說失之牽强若謂忠臣子弟不得爲吏察孝廉然則操何以舉孝廉乎此蓋操藉故去溫溫免之後乃罷三公大權操於一人矣

建安十六年爲五官中郎將副丞相二十二年立爲魏太子高堂隆傳文帝爲太子耽樂田獵晨出夜還棧潛諫止太子不悅自後游出差簡

魏略曰太祖不時立太子太子自疑陳思王傳植既以才見異丁儀丁廙楊修等爲之羽翼太祖狐疑幾爲太子者數矣然植任性而行文帝御之以術矯情自飾宮人左右並爲之說故遂定爲嗣又見崔琰毛玠邢顒賈詡傳是時有高元呂者善相人乃呼問之對曰其貴乃不可言問壽幾何元呂曰其壽至四十當有小苦過是無憂也後無幾而立爲王太子各本皆誤作皇太子馮本局本不誤至年四十而薨何焯曰此與朱建平李相類或所傳異也朱建平事見後方伎傳

太祖崩嗣位爲丞相魏王賈逵傳太祖崩洛陽逵典喪事鄢陵侯彰問逵先王璽綬所在逵正色曰太子在鄴國有儲副先王璽綬非君侯所宜問也遂奉梓宮還鄴陳矯傳太祖崩洛陽羣臣拘常以爲太子即位當須詔命矯曰王薨于外太子宜割哀即位以繫遠近之望明旦以王后令策太

子即位

袁宏漢紀晉書袁宏傳宏字彥伯侍中猷之孫（猷爲陳郡陽夏人）宏有逸才文章絕美少孤貧以運租自業謝尚鎮牛渚秋夜乘月微服泛江聞舫中諷詠乃宏誦其詠史詩迎與談論引參軍事遷桓溫記室入爲吏部郎出守東陽郡撰後漢紀三十卷宏自序云予嘗讀後漢書煩穢雜亂聊以暇日撰集爲後漢紀其所綴會漢紀謝承書司馬彪書華嶠書謝沈書漢山陽公記漢靈獻帝起居注漢名臣奏旁及諸郡耆舊先賢傳凡數百卷後見張璠所撰書差詳復探而益之隋書經籍志後漢紀三十卷袁彥伯撰史通正史篇袁宏依荀悅體著後漢紀三十篇世言漢中興史者唯袁范二家而已郡齋讀書志云宏在晉末爲一時文宗雖爲桓溫禮遇每不阿屈以東京史籍不倫謝承司馬彪之徒錯謬同異無所取正惟張璠紀差詳因參摭記傳以損益之比諸家號爲精密四庫提要云璠書已佚惟三國志注後漢書注閒引數條取與此書互勘互有詳略核其文義此書爲長體例雖仿荀悅而抉擇去取自出鑒裁抑又難於悅矣沈家本曰裴注但稱漢紀省文載漢帝詔曰魏太子丕昔皇天授乃顯考以翼我皇家遂攘除羣凶拓定九州弘功茂績光于宇宙朕用垂拱負扆書武成垂拱而天下治謂垂衣拱手也禮明堂位天子斧扆南鄉而立爲扆狀如屏風繡爲斧文天子依之而立負之而南面對諸侯也二十有餘載今本袁紀二作三誤蓋操遷帝都許二十五年也天不憖遺一老永

保余一人早世潛神哀悼傷切丕奕世宣明宜秉文武紹熙前緒今使使持節御史大夫華歆奉策詔授丕丞相印綬魏王璽紱領冀州牧方今外有遺虜遐夷未賓旗鼓猶在邊境干戈不得韜刃斯乃播揚洪烈立功垂名之秋也豈得修諒闇之禮晉書禮志云尚書杜預以爲古者天子諸侯之喪始同齊斬既葬除喪服諒闇以居心喪終制不與士庶同禮盧欽魏舒問預證據預曰傳稱三年之喪自天子達此謂天子絕朞唯有三年喪也非謂居喪衰服三年與士庶同也周公不言高宗服喪三年而云諒闇三年此釋服心喪之文也叔向不譏景王除喪而譏其燕樂已早明既葬應除而違諒闇之節也此皆既葬除服諒闇之證又云魏氏革命以既葬爲節合於古典然不垂心諒闇同譏前代周壽昌曰丕居操喪而詔謂爲諒闇蓋當時秉筆者已無一漢臣矣後晉武帝詔山濤曰山太常雖居諒闇則直以君詔其臣矣究曾閔之志哉其敬服朕命抑弭憂懷旁祇厥緒錢儀吉曰旁疑作方時亮庶功袁紀緒作序庶功作天功以稱朕意於戲可不免歟

尊王后曰王太后改建安二十五年爲延康元年范書獻帝紀三月改元延康胡三省曰此漢改元魏志也元年二月沈家本曰後漢書獻帝紀建安二十五年三月改元延康按三月始改元而書元年二月追書也操以正月卒則二月以後之事當繫於丕延康雖漢號而丕所改也

魏書載庚戌令曰關津所以通商旅池苑所以御災荒設禁重稅非所以便民其除池籞之禁漢書宣帝紀地節三年詔池籞未御幸者假與貧民蘇林曰折竹以繩緜連禁籞使人不得往來律名爲籞服虔曰籞在池水中作室可用棲鳥鳥入中則捕之應劭曰池者陂池也籞者禁苑也臣瓚曰籞者所以養鳥也設爲藩落周覆其上令鳥不得出猶苑之畜獸池之畜魚也輕關津之稅皆復什一辛亥賜諸侯王將相以下大將粟萬斛帛千匹金銀各有差等遣使者循行郡國有違理掊克暴虐者舉其罪

壬戌以太中大夫賈詡爲太尉漢書百官公卿表太中大夫秩比千石（續漢志同）太尉見武紀卷首續漢志太尉公一人掌四方兵事應劭曰自上安下曰尉武官悉以爲稱鄭玄注月令亦曰秦官尚書中候云舜爲太尉東晳據非秦官以此追難玄劉昭曰緯候衆書宗貴神詭出沒隱顯動挾誕怪圖讖紛僞其俗多矣太尉所職卽舜所掌遂以同掌追稱太尉乃中候之妄蓋非官之爲謬康成淵博自注中候裁及注禮而忘舜位豈其實哉廣徵之詒未探碩意弼按本志黃初二年日食奏免太尉詔有天地之眚勿復劾三公漢末魏武罷三公欲權歸於一人也魏復置三公將爲禪代之事也御史大夫華歆爲相國繼鍾繇之後大理王朗爲御史大夫置散騎常侍侍郎各四人胡三省曰散騎常侍秦官也秦置散騎又置中常侍散騎騎從乘輿車後中常侍得入禁中皆以爲加官漢東京初省散騎而中常侍用宦者至是初置散騎合之於中常侍爲一官曰散騎常侍掌規諫不典事貂璫插右騎而散從後遂爲顯職散騎侍郎自魏至晉與散騎常侍侍中黃門侍郎共平尚書奏事江左乃罷弼按胡氏所云本宋書百官志其云散騎常侍不典事本魏略按初學記引齊職儀云魏文帝復置散騎之職與中常侍合爲一官除中字直曰散騎常侍置四人典章表詔命手筆之事據此則散騎常侍非不典事也又按是時尚書陳羣制九品官人之法此爲國家選舉大政紀未書失之其宦人爲官者不得過諸署令胡三省曰謂左右中尚方中黃左右藏左校甄官奚官黃門掖庭永巷御府鉤盾中藏府內者等署也趙一清曰續百官志黃門令一人六百石黃門署長畫室署長玉堂署長各一人丙署長七人皆四百石宋書百官志黃門令魏晉以來四人弼按紀言諸署令以胡氏所列舉爲是爲金策著令藏之石室近懲五侯十常侍之禍此魏文之善政也初漢熹平五年黃龍見譙姚範曰桓帝建和元年亦書沛國言黃龍見譙光祿大夫橋玄玄事見武紀卷首玄熹平時爲光祿大夫續百官志光祿大夫比二千石漢官儀曰光祿大夫屬光祿勳門外特施行馬以旌別之荀綽晉百官表曰光祿大夫古官也職掌言議毗亮論道獻可替否贊揚德化問太史令單颺太史令見武紀建安元年注范書方術傳單颺字武宣山陽湖陸人善明天官算術舉孝廉稍遷太史令又蔡邕傳時妖異數見光和元年七月詔太史令單颺詣金商門引入崇德殿就問災異

此何祥也颺曰其國後當有王者興趙一清曰熹平之朝譙尚爲縣屬沛國占候者卽云其國若豫知當塗受命改制之事史氏多誣此其驗矣（說見水經獲水注）不及五十年亦當復見天事恒象此其應也內黃殷登內黃見武紀初平三年注默而記之至四十五年登尚在三月黃龍見譙趙一清曰宋書符瑞志延康元年三月黃龍見譙又郡國十三言黃龍見蓋魏以龍見爲受命之符至改譙縣爲龍譙國然以龍興亦以龍亡假託象兆後遂爲妖所謂其氣燄有以取之也龍譙國見水經獲水注梁章鉅錢儀吉說均同周壽昌曰延康元年三月黃龍見譙時改爲龍譙國見水經獲水注而陳志未載何也弼按宋書符瑞志歷舉黃龍白龍青龍黑龍出見者數十次其不足爲妖祥誠如趙說然趙周二氏謂改譙縣爲龍譙國見水經獲水注則二氏均誤按水經獲水注作獲水又東逕龍譙固並無改譙縣爲龍譙國之事且上文有獲水又東逕長樂固北則當時地名之稱某固者甚多又按龍譙固在今河南歸德府虞城縣東北譙縣在今安徽潁州府亳州治兩不相涉趙周二說眞瞽豎虛造矣登聞之曰單颺之言其驗茲乎姜宸英曰殷登默記當以此時獻之安知非附會符命以要爵賞者乎弼按武紀建安五年云桓帝時有黃星見於宋楚之分遼東殷馗言後五十年當有眞人起於梁沛之

間至是凡五十年而公破紹其事與此相類而皆驗於五十年之後其虛妄可知

魏書曰王召見登謂之曰昔成風聞楚丘之繇而敬事季友 左傳閔公二年成季之將生也桓公使卜楚丘之父卜之曰男也其名曰友在公之右爲公室輔及生有文在其手曰友遂以命之成風聞成季之繇乃事之而屬僖公焉故成季立之成風莊公之妾僖公之母也繇卦兆之占辭 鄧晨信少公之言而自納光武 范書鄧晨傳晨字偉卿南陽新野人王莽末宛人蔡少公頗學圖讖言劉秀當爲天子或曰是國師公劉秀乎光武戲曰何用知非僕邪坐者皆大笑晨心獨喜 登以篤老服膺占術記識天道豈有是乎

賜登穀三百斛遣歸家

己卯以前將軍夏侯惇爲大將軍 大將軍前將軍俱見武紀建安元年注 濊貊扶餘單于焉耆于闐王皆各遣使奉獻 濊貊諸國詳見烏丸鮮卑東夷傳及裴注引魏略西戎傳

魏書曰丙戌令史官奏修重黎羲和之職欽若昊天歷象日月星辰以奉天時 此尚書堯典之詞孔傳云重黎之後羲氏和氏世掌天地四時之官陸氏音義云重少昊之後黎高陽之後羲氏掌天官和氏掌地官 臣松之案魏書有

是言而不聞其職也 丁亥令曰故尚書僕射毛玠奉常王修涼茂郎中令袁渙少府謝奐萬潛 武紀建安十八年注作長史萬潛謝奐毛本吳本萬作方局本作方均誤 中尉徐奕國淵等 尚書僕射見武紀建安十八年注奉常見建安二十一年注郎中令見建安十九年注少府見建安三年注洪飴孫曰建安十八年魏國初置中尉黃初元年改爲執金吾執金吾見初平元年注

皆忠直在朝履蹈仁義並早卽世而子孫陵遲惻然愍之其皆拜子男爲郎中 續百官志五官郎中比三百石主更直執戟宿衞諸殿門出充車騎李祖楙曰宿衞要地故用郎官而郎非公卿校尉尚書諸臣子弟不得補凡稱除一人爲郎以一子爲郎者皆指三署諸郎非尚書郎之職也弼按徐奕傳注引魏書云詔以其族子統爲郎以奉奕後詔爲郎者卽拜郎中也又互見臧洪傳

夏四月丁巳饒安縣言白雉見 洪亮吉曰饒安漢舊縣元和志漢靈帝時於千童縣置饒安水經注云後漢改千童縣爲饒安縣今考千童縣中興後省靈帝蓋於千童故處立縣改名饒安也吳增僅曰據魏志文紀饒安白雉見注云賜勃海郡百戶牛酒則爲靈帝時置屬勃海尚可徵信趙一清曰方輿紀要卷十三北直滄州東北七十里有饒安城戰國時齊邑史記趙悼襄王四年龐煖攻齊取饒安漢爲千童縣地屬勃海郡後漢靈帝改置饒安縣於此一清案郡國志勃海郡無此縣蓋缺失也弼按曹贇封饒安王卽此見武文世王公傳北海悼王蕤傳李兆洛曰饒安故城今直隸天津府南皮縣東南八十里謝鍾英曰今天津府鹽山縣西南五十里

魏書曰賜饒安田租勃海郡百戶牛酒 勃海郡見武紀初平元年 大酺三日 漢書文帝紀酺五日服虔曰酺音蒲文穎曰音步漢律三人以上無故羣飲酒罰金四兩今詔橫賜得令會聚飲食五日也師古曰酺之爲言布也王德布於天下而合聚飲食爲酺字或作脯 太常以太牢祠宗廟 武紀建安二十一年注引魏書始置奉常文紀黃初元年十一月改奉常爲太常則此時應書奉常也

庚午大將軍夏侯惇薨

魏書曰王素服幸鄴東城門發哀 孫盛曰在禮天子哭同姓於宗廟門之外哭於城門失其所也 何焯曰魏未嘗以夏侯爲同姓故與之婚姻孫盛所議非也彭孫貽曰是時漢獻在御遽責曹丕以天子之禮不亦悖乎見茗香堂史論卷一周壽昌說同

五月戊寅天子命王追尊王祖太尉曰太王 王祖宋元本馮本作皇祖誤胡三省曰王祖漢太尉曹嵩也 夫人丁氏曰太王后 通典卷七十二魏文帝卽王位尚書令桓階等奏臣聞尊祖敬宗古之大義故六代之君未嘗不追崇始祖顯

彰所出先王應期撥亂啓魏大業然禰廟未有異號非崇孝敬示無窮之義也太尉公侯宜有尊號所以表功崇德發事顯名者也故易言乾坤皆曰大德言大人與天地合臣等以爲太尉公侯誕育聖哲以濟羣品可謂資始其功德之號莫過於太王詔曰前奏以朝車迎中常侍大長秋特進君侯神主然君侯不宜但依故爵乘朝車也禮有尊親之義爲可依諸王比更議博士祭酒孫欽等議案春秋之義五等諸侯卒葬皆稱公與王者之後宋公同號乃臣子褒崇其君父以此言之中常侍大長秋特進君侯誕育太王篤生武王奄有四方其功德之號莫過太王今迎神主宜乘王車又宜先遣使者上諡號爲太王於是漢帝追諡爲太王弼按桓階等奏謂太尉宜有尊號指曹嵩言也漢帝詔云大長秋特進君宜上諡號指曹騰言也奏與詔不相應似爲二事通典連類書之 封王子叡爲武德侯 水經河水注河水自武德縣漢獻帝延康元年封曹叡爲侯國卽魏明帝也郡國志司隸河內郡武德一統志武德故城今河南懷慶府武涉縣東南

魏略曰以侍中鄭稱爲武德侯傅 吉茂爲武德侯庶子見常林傳注引魏略 令曰龍淵太阿出昆吾之金 史記蘇秦傳龍淵太阿集解云吳越春秋曰楚王召風胡子而告之曰寡人聞吳有干將越有歐冶寡人欲因子請此二人作劍可乎風胡子曰可乃往見二人作劍一曰龍淵二曰太阿 和氏之璧由井里之田 晏子春秋曰和氏之璧井里之璞耳良工修之則爲萬國之寶韓子曰楚人卞和得玉璞於楚山獻厲王使玉人相之曰石也王以和爲慢刖右足及武王卽位又獻之復相曰石也刖左足及文王卽位和乃抱其璞而哭於楚山三日三夜泣盡繼

之以血王使玉人治之得寶玉焉名曰和氏之璧礱之以砥礪錯之以他山故能致連城之價爲命世之寶文館詞林六百九十五命世作曠代學亦人之砥礪也稱篤學大儒勉以經學輔侯宜旦夕入侍文館詞林六百九十五侍作授曜明其志何焯曰曜當作昭避晉諱改

是月馮翊山賊鄭甘王照率衆降皆封列侯馮翊見武紀建安十六年趙一清曰晉書地理志魏文帝卽位改京兆尹爲太守馮翊扶風各除左右

魏書曰初鄭甘王照及盧水胡率其屬來降范書西羌傳燒何豪時爲盧水胡所擊竇固傳固率酒泉敦煌張掖甲卒及盧水羌胡萬二千騎出酒泉塞章懷注湟水東經臨羌縣故城北又東盧溪水注之水出西南盧川卽其地也沈欽韓曰明志甘州衞東南有盧水亦曰沮渠川北史沮渠蒙遜世居張掖臨松盧水卽此川王得降書以示朝曰前欲有令吾討鮮卑者吾不從而降又有欲使吾及今秋討盧水胡者吾不聽今又降昔魏武侯一謀而當有自得之色見譏李悝荀子堯問篇魏武侯謀事而當羣臣莫能逮退朝而有喜色吳起進曰楚莊王謀事而當羣臣莫逮退朝而有憂色莊王曰諸侯自爲得師者王得友者霸得

疑者存自爲謀而莫己若者亡是以憂也楚莊王以憂而君以憙武侯逡巡再拜曰天使夫子振寡人之過也馬驌曰新序吳子同呂覽作李悝吾今說此非自是也徒以爲坐而降之其功大於動兵革也

酒泉黃華張掖張進等郡國志涼州酒泉郡治福祿張掖郡治觻得惠棟曰觻孟康音鹿得一作憙見廣韻一統志福祿故城今甘肅肅州治觻得故城今甘肅甘州府張掖縣城西北福祿互見龐淯傳各執太守以叛金城太守蘇則討進斬之金城郡見武紀卷首曹眞傳張進等反於酒泉眞遣費曜等討破之斬進等華降張既傳是時不置涼州自三輔拒西域皆屬雍州文帝卽王位初置涼州以安定太守鄒岐爲刺史張進執郡守舉兵拒岐黃華麴演各逐故太守舉兵應之張既進兵爲蘇則聲執故則得以有功弼按是役實爲蘇則之功詳見則傳曹眞張既遙爲聲勢而已本紀大書金城太守蘇則討進亦實錄也華後爲兗州刺史見王淩傳

六月辛亥治兵於東郊

魏書曰公卿相儀王御華蓋視金鼓之節宋書禮志作親令金鼓之節錢儀吉曰武紀建安二十二年冬十月治兵注引魏書云王親執金鼓以令進退宋書爲是

庚午遂南征是時孫權破關羽定荆州曹公表權領荆州牧權遣校尉梁寓奉貢曹孫方睦何以有南征之事何焯謂丕將行禪代之事託詞南征治兵以備非常誠然

魏略曰王將出征度支中郎將新平霍性上疏諫曰洪飴孫曰度支中郎將一人二千石掌諸軍兵田書鈔御覽引魏略云司農度支校尉掌諸軍兵田則度支中郎將職亦應同趙一清曰晉書地理志新平郡漢置續郡國志注引袁山松書曰興平元年分安定鶉觚右扶風之漆置新平郡方輿紀要卷五十四建安中置新平郡置漆縣又云興平元年分安定扶風置新平郡今陝西西安府邠州是也一統志漆縣故城今邠州治臣聞文王與紂之事是時天下括囊无咎易括囊无咎无譽正義曰括結也囊所以貯物閉其知而不用故曰括囊功不顯物故曰无譽不與物忤故曰无咎凡百君子莫肯用訊今大王體則乾坤廣開四聰使賢愚各建所規伏惟先王功無與比而今能言之類不稱爲德故聖人曰得百姓之歡心兵書曰戰危事也是以六國力戰彊秦承敝幽王不爭周道用興官本攷證曰幽王謂太王也監本作幽非文類宋本俱作幽今改正

愚謂大王且當委重本朝而守其雌抗威虎臥功業可成而今剏基馮本毛本今作令誤便復起兵兵者凶器必有凶擾擾則思亂亂出不意臣謂此危危於累卵昔夏啓隱神三年易有不遠而復論有不憚改誠願大王揆古察今深謀遠慮與三事大夫書三事暨大夫敬爾有官亂而有政胡三省曰古者謂三公爲三事詩曰三事大夫謂三公也算其長短臣沐浴先王之遇又初改政復受重任雖知言觸龍鱗阿諛近福竊感所誦危而不持奏通帝怒此時尚未受禪不應稱帝遣刺奸就考續百官志又置外刺刺奸主罪法竟殺之既而悔之追原不及何焯曰霍性所言凡近無可採危於累卵言之又過先王不稱爲德犯其所忌性之死非不幸也丕將行禪代之事治兵以備非常又欲飾其迹託之南征性不喻而贅言沮衆丕遂莫能容忍耳

秋七月庚辰令曰軒轅有明臺之議放勛有衢室之問皆所以廣詢于下也

管子曰漢書藝文志道家筦子八十六篇名夷吾相齊桓公九合諸侯不以兵車也有列傳師古曰筦讀與管同黃帝立明臺之議者

初學記十三藝文類聚十一引明臺作明堂上觀於兵也今本管子桓公問篇兵作賢或曰兵疑作賓蓋明堂朝會諸侯之所以賓禮親邦國故曰賓與下民字對堯有衢室之問者下聽於民也今本管子民作人下民字同當爲唐房玄齡注本所改御覽三十二引立作有無兩者字舜有告善之旌而主不蔽也禹立建鼓於朝而備訴訟也今本管子而備訴訟也作而備訊唉房注訊問也唉驚問也戴望曰三國志注作備訴訟於義爲長書鈔九引禹置敢諫之鼓湯有總街之庭以觀民非也今本管子作以觀人誹也武王有靈臺之囿今本管子囿作復房注復謂白也戴望曰類聚引作靈臺之宮與上總街之庭句相對初學記引作靈臺之候卽今本復字之譌而賢者進也此古聖帝明王所以有而勿失得而勿忘也

百官有司其務以職盡規諫將率陳軍法朝士明制度牧守申政事

搢紳考六藝吾將兼覽焉孫權遣使奉獻蜀將孟達率衆降達與副軍將軍劉封不協率部曲四千餘家降魏詳見明紀太和元年注引魏略武都氐王楊僕率種人內附居漢陽郡武都見武紀建安二十年漢陽見武紀建安十八年

魏略載王自手筆令曰吾前遣使宣國威靈官本攷證曰吾宋本作日而達卽來吾惟春秋褒儀父左傳隱公元年公及邾儀父盟于蔑曰儀父貴之也卽封拜達蜀志劉封傳魏文帝善達之姿才雄觀以爲散騎常侍建武將軍封陽平亭侯使還領新城太守郡國志益州漢中郡房陵注引巴漢志曰建安十三年別屬新城郡水經沔水注堵水東歷新城郡郡故漢中之房陵也漢末以爲房陵郡魏文帝合房陵上庸西城立以爲新城郡以孟達爲太守治房陵太平寰宇記卷一百四十三孟達既降魏魏文帝合三郡爲新城郡理上庸後移理房陵謝鍾英曰按劉封傳建安二十四年先主命孟達從秭歸北攻房陵殺房陵太守蒯祺陸遜傳建安二十四年攻房陵太守劉輔劉封傳孟達降魏文帝合房陵上庸西城三郡以達領新城太守是魏時始有新城郡巴漢志說非也又按晉書宣帝紀孟達叛吳蜀各遣其將向西城安橋木蘭塞以救達是孟達爲新城太守治西城故吳兵越房陵上庸而北酈注謂治房陵樂史謂治上庸皆誤吳增僅曰魏文帝合上庸西城房陵三郡置新城郡是時三郡尙屬蜀文帝蓋遙置郡名使達領之耳至是年冬月夏侯尙襲破劉封平三郡九縣於是以申儀爲魏興太守孟達爲新城太守據此推求其於西城故地置魏興以上庸房陵爲新城均黃初元年冬月事也馬與龍曰酈注謂治房陵據其後言之也弼按新城魏興上庸均詳見武紀建安二十年注新城又見明紀太和元年注一統志房陵故城今湖北鄖陽府房縣治近復有扶老攜幼首向王化者吾聞夙沙之民自縛其君以歸神農帝王世紀云諸侯夙沙氏叛不用命箕文諫而殺之炎帝退而修德夙沙之民自攻其君而歸炎帝幽國之衆襁負其子而入豳鎬史記周本紀云古公去豳止於岐下豳人舉國扶老攜弱盡復歸古公斯豈驅略迫脅之所致哉乃風化動其情而仁義感其衷歡心內發使之然也以此而推西南將萬里無外權備將與誰守死乎盧文弨曰與誰宜作誰與

甲午軍次於譙大饗六軍及譙父老百姓于邑東水經陰溝水注文帝以延康元年幸譙大饗父老立壇于故宅壇前樹碑碑題云大饗之碑隸釋卷十九載碑文云惟延康元年八月旬有八日辛未魏王龍興踐祚規恢鴻業構亮皇基萬邦統世忿吳夷之凶暴滅蜀虜之僭逆于赫斯怒（嚴可均全三國文于作王）順天致罰奮虓虎之校簡猛銳之卒爰整六軍率匈奴單于烏桓鮮卑引弓之類持戟百萬控弦千隊玄甲曜野華旗蔽日天動雷震星流電發戎備素辨役不更藉農夫安疇商不變肆是以士有拊譟之驩民懷惠康之德皇恩所漸無遠不至武師所加無彊不服故寬令西飛則蜀將東馳六旆南徂則吳黨委質二虜震驚魚爛階潰將氾自三江之流（全三國文自作舟）方軌卬來之阪斬吳夷以染鉞血蜀虜以釁鼓曜天威于遐裔復九圻之疆寓除生民之災孽去聖皇之宿憤次于舊邑觀釁而動築壇壝之宮置表著之位大饗六軍爰及譙縣父老男女臨饗之日陳兵清涂慶雲垂覆乃備僤禦

整法駕設天宮之列衛乘金華之鸞路建升龍于大常張天狼之威弧千乘風舉萬騎龍驤威靈之飾震曜康衢既登高壇蔭九增之華蓋處流蘇之幄坐陳旅酬之高會行無算之酣飲旨酒波流肴烝陵積瞽師設縣金奏讚樂六變既畢乃陳祕戲巴俞丸劍奇舞麗倒衝夾踰鋒上索蹹高鮁鼎緣橦舞輪擿鏡騁狗逐兎戲馬立騎之妙技白虎青鹿辟非辟邪魚龍靈龜國鎮之怪獸瓌變屈出異巧神化自卿校將守以下下及陪臺隸圉莫不歆淫宴喜咸懷醉飽雖夏啓均臺之饗周成岐陽之獀高祖邑中之會光武舊里之宴何以尙茲是以刊石立銘光示來葉其辭曰赫王師征南裔奮靈威震天外吳夷讋蜀虜竄區夏清八荒艾幸舊邦設高會皇德洽洪恩邁刊金石光萬世洪适曰大饗之碑篆額在亳州譙縣魏文帝延康元年立相傳爲梁鵠書碑字有不明者唐大中年亳守李暨再刻故有文可讀漢獻帝建安二十五年魏王曹操死其子丕嗣位改元延康魏志云丕以七月甲午軍次于譙大饗六軍是時漢鼎猶未移也丕不爲人臣而自用正朔刻之金石可謂無君之罪人也武王載西伯神主于軍中者弔民伐罪之師也丕以姦賊之心欲吞吳蠶蜀遂攘神器爾操之肉未寒而置酒高會酣歌無算金奏閒作祕戲畢陳誇辭諛語無所忌憚可謂無父之罪人也士大夫櫝藏其碑者特以字畫之故爾碑云八月至譙而史作七月亦不必多辨也弼按洪氏所論義正詞嚴惟謂丕不改元延康爲人臣而自用正朔刻之金石此語殊誤按范書獻帝紀建安二十五年三月改元延康是改元延康者乃漢帝之改元魏雖建國仍奉漢朔並未紀元何所庸改宋儒考訂之疏如是嚴可均曰聞人牟準魏敬侯碑陰云大饗碑衛覬文並書天下碑錄引圖經云曹子建文鍾繇書今姑錄入子建集侯考趙一清曰寰宇記卷十二大饗碑鍾繇篆額曹子建文梁鵠

書時人稱爲三絕困學紀聞卷十三舜禹有天下而不與焉魏文喜躍於爲嗣之初大饗於憂服之中不但以位爲樂而已其篡漢也哆然自以爲舜禹可以欺天下乎

魏書曰設伎樂百戲趙一清曰宋書樂志一魏晉訖江左猶有夏育扛鼎巨象行乳神龜抃舞背負靈岳桂樹白雪畫地成川之樂焉潘眉曰時所陳百戲備載大饗碑中令曰先王皆樂其所生盧文弨曰皆疑作樂禮不忘其本譙霸王之邦眞人本出其復譙租稅二年復除也三老吏民上壽日夕而罷丙申親祠譙陵宋書禮志三魏文帝親祠譙陵此漢禮也漢氏諸陵皆有園寢者承秦所爲也說者以爲古前廟後寢以象人君前有朝後有寢也廟以藏主四時祭祀寢有衣冠象生之具以薦新秦始出寢起於墓側漢因弗改陵上稱寢殿象生之具古寢之意也及魏武帝葬高陵有司依漢立陵上祭殿至文帝黃初三年乃詔曰先帝躬履節儉遺詔省約子以述父爲孝臣以繫事爲忠古不墓祭皆設於廟高陵上殿屋皆毀壞車馬還廄衣服藏府以從先帝儉德之志及文帝自作終制又曰壽陵無立寢殿造園邑自後至今陵寢遂絕

孫盛曰昔者先王之以孝治天下也內節天性外施四海存盡其敬亡極其哀思寢諒闇寄政冢宰故曰三年之喪自天子達于庶人夫然故在三之義惇臣子之恩篤雍熙之化隆經國之道固聖人之所以通天地厚人倫顯至教敦風俗斯萬世不

易之典百王服膺之制也是故喪禮素冠鄶人著庶見之譏毛詩鄶素冠刺不能三年也庶見素冠兮棘人欒欒兮毛傳云庶幸也素冠練冠也棘急也欒欒瘠貌鄭箋云覬幸一見素冠急於哀戚之人形貌欒欒然臞瘠也宰予降朞仲尼發不仁之歎論語宰我問三年之喪期已久矣子曰予之不仁也子貢忘戚君子以爲樂禍左傳莊公二十年王子頹享五大夫樂及徧舞鄭伯曰哀樂失時殃咎必至今王子頹歌舞不倦樂禍也魯侯易服君子知其不終左傳襄公三十一年昭公三易衰衰衽如故衰昭公十九年矣猶有童心君子是以知其不能終也豈不以墜至痛之誠心喪哀樂之大節者哉故雖三季之末七雄之弊胡三省曰三季謂三代之季也秦趙韓魏齊楚燕爲戰國七雄猶未有廢縗斬于旬朔之閒釋麻杖於反哭之日者也胡三省曰麻絰也居父喪苴杖禮既葬而反哭檀弓曰反哭升堂反諸其所作也反哭之弔也哀之至也反而亡焉失之矣於是爲甚逮於漢文變易古制人道之紀一旦而廢宋書禮志二云漢文帝始革三年喪制臨終詔曰天下吏民臨三日皆釋服自是之後天下遵令無復三年之禮案尸子禹治水爲喪法曰毀必杖哀必三年是則水不救也桐棺三寸制喪三日然則聖人之於急病必爲權制也但漢文治致升平四海寧宴廢禮開薄非也縗素奪於至尊四海散其遏密尙書舜典四海遏密八音孔傳云遏絕密靜也八音金石絲竹匏土革木

孔疏云四海之人皆絕靜八音而不復作樂也義感闕于羣后大化墜於君親雖心存貶約慮在經綸至于樹德垂聲崇化變俗固以道薄於當年以已同風頹於百代矣穨頹同且武王載主而牧野不陳晉襄墨縗而三帥爲俘史記周本紀武王觀兵至于盟津爲文王木主載以車中陳師牧野紂師皆倒兵以戰左傳僖公三十三年子墨衰絰敗秦師于殽獲百里孟明視西乞術白乙丙以歸杜注云晉文公未葬故襄公稱子以凶服從戎故墨之應務濟功服其焉害魏王既追漢制替其大禮處莫重之哀而設饗宴之樂居貽厥之始夏書曰有典有則貽厥子孫而墜王化之基及至受禪顯納二女獻帝禪詔云漢承堯運有傳聖之義釐降二女以嬪於魏弼按魏武崩文帝悉取武帝宮人自侍見武紀建安二十五年注引世說新語彼既無所顧忌則顯納二女不足爲怪也忘其至恤以誣先聖之典天心喪矣將何以終是以知王齡之不遐卜世之期促也

八月石邑縣言鳳皇集趙一清曰漢書地理志常山石邑方輿紀要卷十四石邑城在眞定府獲鹿縣西南漢縣後漢省一清案續郡國志無石邑縣此志有之疑是復立王先謙曰戰國趙地董關于行石邑山中見韓非子後入中山武靈王復攻取之見趙世家亦名石城秦拔之見廉頗傳秦楚之際

李良略地至此見陳餘傳一統志石邑故城今獲鹿縣東南

冬十一月癸卯令曰集古錄云魏受禪碑世傳爲梁鵠書而顏眞卿又以爲鍾繇書未知孰是按漢獻帝紀延康元年十月乙卯皇帝遜位魏王丕稱天子又按魏志是歲十一月葬士卒死亡者猶稱令是月丙午漢帝使張音奉璽綬庚午王升壇受禪癸酉奉漢帝爲山陽公而此碑云十月辛未受禪於漢三家之說皆不同今據裴注備列漢魏禪代詔策書令羣臣奏議甚詳蓋漢實以十月乙卯策詔魏王使張音奉璽綬而魏王辭讓往返三四而後受也又據侍中劉廙奏問太史令許芝今月十七日己未可治壇場又據尙書令桓階等奏云輒下太史令擇元辰今月二十九日可登壇受命蓋自十七日己未至二十九日正得辛未以此推之漢魏二紀皆謬獨此碑爲是也漢紀乙卯遜位者書其初命而略其辭讓往返遂失其實爾魏志十一月癸卯猶稱令者當是十月衍一字爾丙午張音奉璽綬者辭讓往返容有之也惟庚午升壇最爲繆爾癸卯去癸酉三十一日不得同爲十一月此尤繆也禪代大事也而二紀所書如此則史官之失以惑後世者可勝道哉官本作十月癸卯下令曰盧文弨曰十一月一字衍當存而論之今徑刪去而復妄增一下字則過矣官本攷證李龍官曰按後云黃初元年十一月癸酉一月中有癸卯不得又有癸酉且注中明云十月乙卯又云今月十七日己未又云今十月斗之建則癸卯乃十月朔也作十一月誤潘眉曰十一月當作十月後漢書獻帝紀建安二十五年冬十月乙卯皇帝遜位魏志文昭甄皇后傳黃初元年十月帝踐阼魏受禪碑十月辛未受禪於漢五代史張策傳曹公薨改元延康是歲十月文帝受禪是皆十月受禪之證紀先書十一月癸卯後又書十一月癸酉兩書十一月旣於文爲複而癸卯癸酉相

距三十一日亦無同在十一月之理宋書禮志云漢延康元年十一月禪帝位於魏册府元龜帝王部云延康元年十一月受禪並沿陳志之誤朱竹垞跋孔羨碑云魏受禪在延康元年十一月亦失於不效耳沈家本曰御覽引魏志而節其文曰延康元年十月升壇卽阼亦陳壽本作十月之證他書作十一月當據誤本陳志非陳之誤弼按通鑑云冬十月乙卯漢帝使張音奉璽綬于魏王辛未升壇受璽綬卽皇帝位十一月癸酉奉漢帝爲山陽公考異云陳志丙午行至曲蠡漢帝禪位庚午升壇卽阼袁紀亦云庚午魏王卽位按獻帝紀乙卯始發禪册二十九日登壇受命又文帝受禪碑至今尙在亦云辛未受禪陳志袁紀誤也是宋時所見陳志其誤已如是不必爲之諱也

諸將征伐士卒死亡者或未收斂吾甚哀之其告郡國給槥櫝殯斂送致其家官爲設祭

槥音衞漢書高祖八月令曰 此漢高祖八年十一月令此作八月誤 士卒從軍死爲槥應劭曰 應劭注漢書見黃初三年 槥小棺也今謂之櫝應璩百一詩曰槥車在道路征夫不得休陸機大墓賦曰觀細木而悶遲覩洪櫝而念槥

丙午行至曲蠡 郡國志豫州潁川郡潁陰劉昭注左傳文九年楚伐鄭師於狼淵杜預曰縣西有狼陂獻帝遣御史大夫張音奉皇帝璽綬策

書禪帝位於魏是文帝繼王位南巡在潁陰有司乃爲壇於潁陰庚午登壇魏相國華歆跪受璽綬以進於王王既受畢降壇視燎成禮而反帝王世紀云魏文帝登壇受禪於曲蠡之繁陽亭爲縣曰繁昌亦禹貢豫州之域今許之封內今潁川繁昌是也北征記曰城在許之南七十里東有臺高七丈方五十步臺南有壇高二丈方三十步卽受終之壇也水經潁水注潁水逕繁昌故縣北曲蠡之繁陽亭也魏書國志曰文帝以漢獻帝延康元年行至曲蠡登壇受禪于是地改元黃初其年以潁陰之繁陽亭爲繁昌縣城內有三臺時人謂之繁昌臺壇前有二碑昔魏文帝受禪于此自壇而降曰舜禹之事吾知之矣故其石銘曰遂於繁昌築靈壇也齋常續後漢書音義云潁川郡潁陰縣有繁陽亭先是曹丕使其黨逼獻帝禪位于己因南至潁陰陽不與知張音等奉璽綬于丕丕篡位于此因以其地爲繁昌縣一統志潁陰故城今河南許州治繁昌故城今許州臨潁縣西北弼按亦卽曲蠡所在也

漢帝以衆望在魏乃召羣公卿士

袁宏漢紀載漢帝詔曰 袁紀冬十月乙卯詔曰弼按十月乙卯詔見後嚴可均曰魏志魏覬傳云頃之還漢朝勸贊禪代之義爲文誥之詔是獻帝諸禪詔皆衞覬作也

朕在位三十有二載遭天下蕩覆幸賴祖宗之靈危而復存然仰瞻天文俯察民心炎精之數既終行運在乎曹氏是以前王既樹神武之績今王又光曜明德 今本袁紀曜作裕 以應其期是厤數昭明信可知矣夫大道之行天下爲公選賢與能故唐堯不私於厥子而名播於無窮朕羨而慕焉今其追踵堯典禪位于魏王

告祠高廟使兼御史大夫張音 盧文弨曰歐陽皆作愔或據碑文如此也 持節奉璽綬禪位册曰咨爾魏王昔者帝堯禪位于虞舜舜亦以命禹天命不于常惟歸有德漢道陵遲世失其序降及朕躬大亂茲昏 今本袁紀茲作滋 羣凶肆逆宇內顚覆 今本袁紀作宇宙顚覆 賴武王神武拯茲難於四方惟淸區夏以保綏我宗廟豈予一人獲乂俾九服實受其賜今王欽承前緒光于乃德恢文武之大業昭爾考之弘烈皇靈降瑞 今本袁紀靈作天 人神告徵誕惟亮采師錫朕命僉曰爾度克協于虞舜用率我唐典敬遜爾位於戲天之厤數在爾躬允執其中天祿永終君其祗順大禮 今本袁紀作君其祗奉大化 饗茲萬國以肅承天命 今本袁紀作以肅天道袁宏曰獻帝幼沖少遭凶亂流離播越罪不由己故老後生未有

過也其上者悲而思之懷匡復之志故助漢者協從背劉者衆乖此蓋民未忘義異乎秦漢之勢魏之討亂實因斯資旌旗所指則以伐罪爲名爵賞所加則以輔順爲首然則劉氏之德未泯忠義之徒未盡何言其亡也漢苟未亡則魏不可取今以不可取之實而冒揖讓之名因輔弼之功而當代德之號欲比德堯舜豈不誣哉

獻帝傳載禪代衆事曰左中郎將李伏表魏王曰昔先王初建魏國在境外者聞之未審皆以爲拜王武都李庶姜合羈旅漢中 武都見武紀建安二十年漢中見武紀建安十六年 謂臣曰必爲魏公未便王也定天下者魏公子桓神之所命當合符讖以應天人之位臣以合辭語鎭南將軍張魯魯亦問合知書所出合曰孔子玉版也 沈欽韓曰隋經籍志梁有孔老讖十二卷孔子王明鏡一卷後漢書張衡傳注遁甲開山圖曰禹游於東海得玉珪碧色長一尺二寸圜如日月以目照自達幽冥言此讖預知來數亦如玉珪故名爲玉版弼按張衡傳云永元中淸河宋景遂以歷紀推言水災而僞稱洞視玉版又云劉向父子領校祕書閱定九流亦無讖錄據此則孔子玉版之說爲無稽 天子厤數雖百世可知是後月餘有亡人來寫得册文卒如合辭合長於內學 內學見後引四庫提要論讖緯事 關右知名魯雖有懷國之心沈溺異道變化不果腐合之言後密與臣議策質國人不協

或欲西通魯即怒曰寧爲魏公奴不爲劉備上客也言發惻痛誠有由然合先迎王師往歲病亡於鄴 姜宸英曰張魯能爲鬼道又值合已死故附會以成篡奪之謀 自臣在朝每爲所親宣說此意時未有宜弗敢顯言殿下即位初年禎祥衆瑞日月而至有命自天昭然著見然聖德洞達符表豫明實乾坤挺慶萬國作孚臣每慶賀欲言合驗事君盡禮人以爲諂況臣名行穢賤入朝日淺言爲罪尤自抑而已今洪澤被四表靈恩格天地海內翕習殊方歸服兆應並集以揚休命始終允臧臣不勝喜舞謹具表通王令曰以示外薄德之人何能致此未敢當也斯誠先王至德通於神明固非人力也 魏王侍中劉廙辛毗劉曄尙書令桓階尙書陳矯陳羣給事黃門侍郎王毖董遇等言 趙一淸曰晉書禮志云太康元年東平王楙上言祖王昌父毖本居長沙有妻息漢末使入中國值吳叛仕魏爲黃門郎與前妻息死生隔絕更娶昌母今江表一統聞前母久喪當追成服求平議即此人也錢大昭曰董遇字季直見王朗傳 臣伏讀左中郎將李伏上事考圖緯之言以效神明之應稽之古代未

有不然者也故堯稱厤數在躬璇璣以明天道周武未戰而赤烏銜書 呂氏春秋文王之時天先見火赤烏銜丹書集於周社史記周本紀有火自上復於下至於王屋流爲烏其色赤官本攷證曰宋本作赤烏 漢祖未兆而神母告符 史記高祖本紀母曰劉媼嘗息大澤之陂夢與神遇已而有身 孝宣仄微字成木葉 漢書五行志（中之下）昭帝時上林苑中大柳樹斷仆地一朝起立生枝葉有蟲食其葉成文字曰公孫病已立後立宣帝帝本名病已 光武布衣名已勒讖 范書光武紀宛人李通等以圖讖說光武云劉氏復起李氏爲輔章懷注圖河圖也讖符命之書讖驗也言爲王者受命之徵驗也又光武紀論云初道士西門君惠李守等亦云劉秀當爲天子其王者受命信有符乎 是天之所命以著聖哲非有言語之聲芬芳之臭可得而知也徒縣象以示人微物以效意耳自漢德之衰漸染數世桓靈之末皇極不建暨于大亂二十餘年天之不泯誕生明聖以濟其難是以符讖先著以彰至德殿下踐阼未朞而靈象變于上羣瑞應于下四方不羈之民歸心向義惟懼在後雖典籍所傳未若今之盛也臣妾遠近莫不鳧藻 范書杜詩傳將帥和睦士卒鳧藻章懷注言其和睦歡悅如鳧之戲於水藻也劉陶傳是故靈臺有子來之人武旅有鳧藻之士章懷注鳧得水藻言喜悅也惠棟曰鄭氏太誓云惟丙午王還師前師乃鼓鈸譟師乃慆前歌後舞魏大饗碑云士有拊譟之歎拊譟與鈸譟同漢人讀爲鳧藻言如鳧之譟呼章懷注云如鳧之戲於藻非尙書之義也胡玉縉曰周禮大司馬車徒皆譟鄭注吏士鼓譟象攻敵剋勝而喜也譟讙也書曰前師乃鼓鈸譟亦謂喜也孫星衍尙書今古文注疏云字書無鈸字當爲拊文選馬季長長笛賦拊譟踴躍即用此文拊者拊手字同撫釋名云撫敷也敷手以拍之也王逸注天問云言武王三軍人人樂戰並前歌後舞鳧藻讙呼奮擊其翼鳧藻讙呼一云如鳥梟呼案鳧亦相假借字也據此則鳧藻二字其正字當爲拊譟言拍手讙呼也諸家泥假字爲釋皆非王鳴盛尙書後案云私心喜悅或有鼓或有鈸而讙譟孫詒讓周禮正義取之惟王以鼓拊並列與他文叚鳧藻爲拊譟者未融洽當以星衍說爲長 王令曰犂牛之駁似虎莠之幼似禾事有似是而非者今日是矣 此數語爲魏文虛僞之談辭然按諸當日情事則爲實錄 覩斯言事良重吾不德于是尙書僕射宣告官寮咸使聞知 姜宸英曰于是與下文氣不接疑譌 辛亥太史丞許芝 續百官志太史丞一人明堂及靈臺丞一人二百石二丞掌守明堂靈臺靈臺掌候日月星氣皆屬太史 條魏代漢見讖緯於魏王曰 四庫提要云儒者多稱讖緯其實讖自讖緯自緯非一類也讖者詭爲隱語預決吉凶史記秦本紀稱盧生奏錄圖書之語是其始也緯者經之支流衍及旁義史記自序引易失之毫釐差以千里漢書蓋寬饒傳引易五帝官天下三王家天下注注者均以爲易緯之文是

也蓋秦漢以來去聖日遠儒者推闡論說各自成書與經原不相比附如伏生尙書大傳董仲舒春秋陰陽核其文體即是緯書特以顯有主名故不能託諸孔子其他私相撰述漸雜以術數之言既不知作者爲誰因附會以神其說迨彌傳彌失又益以妖妄之詞遂與讖合而爲一然班固稱聖人作經賢者緯之楊侃稱緯書之類謂之祕經圖讖之類謂之內學河洛之書謂之靈篇胡應麟亦謂讖緯二書雖相表裏而實不同則緯與讖別前人固已分析之後人連類而譏非其實也 易傳曰聖人受命而王黃龍以戊己日見七月四日戊寅黃龍見此帝王受命之符瑞最著明者也又曰初六履霜陰始凝也 何焯曰此可爲無堅冰二字之證姚範曰本義已引此證加初六二字何指郭京易舉正言之 又有積蟲大穴天子之宮厥咎然今蝗蟲見應之也 蝗蟲亦爲符瑞則世無妖孽矣 又曰聖人以德親比天下仁恩浹普厥應麒麟以戊己日至厥應聖人受命又曰聖人清淨行中正賢人福至民從命 宋書符瑞志淨作靜無福字 厥應麒麟來春秋漢含孳曰漢以魏魏以徵春秋玉版讖曰 錢大昕曰即上文所云孔子玉版也 代赤者魏公子 元本馮本作赤眉官本考證曰宋本無眉字潘眉曰赤眉東漢賊號讖言代赤眉甚無謂也考宋書符瑞志引春秋玉版讖曰代赤者魏公子無眉字蓋漢火德屬赤故云代赤多眉字 春秋佐助期曰漢以許

昌失天下故白馬令李雲上事曰 白馬見武紀建安五年注 許昌氣見於當塗高當塗高者當昌於許當塗高者魏也 當塗高解見蜀志周羣傳 象魏者兩觀闕是也當道而高大者魏魏當代漢今魏基昌於許漢徵絕於許乃今效見如李雲之言許昌相應也佐助期又曰漢以蒙孫亡說者以蒙孫 宋書符瑞志孫下有直字 漢二十四帝童蒙愚昏 宋書昏作惑 以弱亡或以雜文爲蒙 毛本文作之誤錢大昕曰古書蒙與尨通詩秦風蒙伐有苑鄭云蒙尨也畫雜羽之文于伐故曰尨伐又邶風狐裘蒙戎春秋傳作尨茸故蒙有雜文之訓易雜卦傳蒙雜而著 其孫當失天下以爲漢帝非正嗣少時爲董侯 范書何后傳王美人生子協董太后自養之號曰董侯弼按協卽獻帝也 名不正蒙亂之荒惑其子孫以弱亡 盧文弨曰宋書無之字 孝經中黃讖曰日載東絕火光不橫一聖聰明 各本橫字下空格無一字宋本有之官本考證曰宋書絕作紀李清植曰火光者炎也炎漢之運至是而終宋書絕作紀非是不橫一者丕也故下文曰魏王姓諱見於圖讖也錢大昭曰說文曹獄之兩曹也在廷東从曰徐鍇曰以言辭治獄故从曰讖文以曰爲日此俗儒之誤周壽昌曰日載東曹也（孫志祖潘眉說同）絕火光火光者炎也言炎漢之運至是而絕也不橫一丕也所謂魏王姓諱著於圖讖者也辭義鄙淺不足道予謂卽以讖言之正謂曹氏絕於炎也炎卽晉武之諱也蓋於其興卽兆其亡矣 四百之外易姓而王天下歸功致太平居八甲共禮樂正萬民嘉樂家和雜此魏王之姓諱著見圖讖易運期讖曰言居東西有午兩日並光日居下其爲主反爲輔 宋書符瑞志反作及李清植曰主反爲輔者言漢反臣於魏也作及非是 五八四十黃氣受眞人出言午許字兩日昌字漢當以許亡魏當以許昌今際會之期在許是其大效也 錢大昕曰說文昌从日从曰不从兩日尹敏謂讖書中多近鄙別字如土乙力爲地人十四心爲德及此類皆是潘眉曰魏以土德王故曰黃氣受五八四十者魏享國年數自黃初元年庚子至甘露四年己卯得四十年次年司馬氏弒高貴鄉公矣又文帝年四十崩亦五八四十之數錢大昭曰言漢祚四百餘年運數已絕當有黃氣受之 易運期又曰鬼在山禾女連王天下 錢大昭曰古魏字作巍故有是說說文巍从嵬委聲漢人書魏字或姓或郡皆有山字見洪适隸釋者不可勝計 臣聞帝王者五行之精易姓之符代興之會以七百二十年爲一軌 潘眉曰軌者世軌也世軌有二一爲唐堯世軌以七百六十歲爲一軌一爲文王世軌以七百二十歲爲一軌其推算之法同 有德者過之 宋本元本馮本監本過作遇誤 至於八百無德者不及至四百載是以周家八百六十

七年夏家四百數十年漢行夏正迄今四百二十六歲 馮本監本六作二 又高祖受命數雖起乙未然其兆徵始於獲麟獲麟以來七百餘年天之厤數將以盡終帝王之興不常一姓太微中黃帝坐常明而赤帝坐常不見以爲黃家興而赤家衰凶亡之漸自是以來四十餘年又熒惑失色不明十有餘年建安十年彗星先除紫微二十三年復埽太微新天子氣見東南以來二十三年白虹貫日月蝕熒惑比年己亥壬子丙午日蝕皆水滅火之象也 盧文弨曰獻紀建安二十五年二月丁未朔日食續漢志晉志皆不載芝云丙午而紀作丁未互異潘眉曰丙午二字當衍宋書符瑞志載許芝曰建安二十一年五月朔己亥日蝕二十四年二月晦壬子日蝕日者陽精月爲侯王而以亥子日食皆水滅火之象也蓋日爲陽精亥子屬水故爲水滅火若丙午日蝕丙午屬火與亥子有別而曰水滅火其義不合宋志載許芝之言亦不及丙午後漢書獻帝紀載日食甚詳建安至延康日食凡八有己亥壬子而無丙午足證此丙午二字之誤梁章鉅曰御覽卷十一引魏略五行志云延康元年大霖雨五十餘日魏有天下乃霽魏將受祚之應也此亦水滅火之兆弼按日蝕可推算而得與五行生克無涉當時穿鑿傳會文飾篡竊不能欺天下後世也 殿下卽位初踐阼德配天地行合神明恩澤盈溢廣被四表格于上下是以黃龍數見鳳皇仍翔麒麟皆臻白虎効仁前後獻見於郊甸甘露醴泉奇獸神物衆瑞並出斯皆帝王受命易姓之符也昔黃帝受命風后受河圖 史記五帝本紀黃帝舉風后以治民鄭玄曰風后黃帝三公也漢書藝文志風后兵法十三篇圖三卷 舜禹有天下鳳皇翔洛出書湯之王白烏爲符 元本吳本毛本烏作鳥沈家本曰玉海一百九十九引作烏吳志張紘書曰殷湯有白鳩之祥宋書符瑞志白鳩成湯時來至則作烏爲是 文王爲西伯赤烏銜丹書 宋本元本吳本毛本烏作鳥誤解見前 武王伐殷白魚升舟高祖始起白蛇爲徵巨跡瑞應皆爲聖人興觀漢前後之大災今茲之符瑞察圖讖之期運揆河洛之所甄未若今大魏之最美也夫得歲星者道始興昔武王伐殷歲在鶉火有周之分野也高祖入秦五星聚東井有漢之分野也今茲歲星在大梁有魏之分野也而天之瑞應並集來臻四方歸附襁負而至兆民欣戴咸樂嘉慶春秋大傳曰 馬國翰曰春秋大傳撰人缺漢隋唐志均不著目其書亦佚惟史記三王世家褚少孫補傳引一節余知古渚宮舊事引一節褚在宣元之世已引其說則此

書爲漢初經師所撰弼按馬氏輯佚書未錄此注所引失之 周公何以不之魯蓋以爲雖有繼體守文之君不害聖人受命而王周公反政尸子以爲孔子非之以爲周公不聖不爲兆民也 汪繼培輯本尸子云昔周公反政孔子非之曰周公其不聖乎以天下讓不爲兆人也（見長短經懼戒篇）汪氏又云漢書藝文志雜家尸子二十篇隋唐志並同宋時全書已亡王應麟漢書攷證云李淑書目存四卷館閣書目止存二篇合爲一卷其本皆不傳近所傳者有震澤任氏本元和惠氏本陽湖孫氏本 京房作易傳曰 漢書儒林傳京房受易梁人焦延壽房以明災異得幸爲石顯所譖誅自有傳緜是易有京氏之學 凡爲王者惡者去之弱者奪之易姓改代天命應常人謀鬼謀百姓與能伏惟殿下體堯舜之聖明 宋本馮本聖作盛 膺七百之禪代當湯武之期運值天命之移授 馮本授作受誤 河洛所表圖讖所載坦然明白 元本馮本坦作昭 天下學士所共見也臣職在史官考符察徵圖讖效見際會之期謹以上聞王令曰昔文王三分天下有其二以服事殷仲尼歎其至德公旦履天子之籍聽天下之斷終然復子明辟書美其人 書洛誥周公拜手稽首曰朕復子明辟孔傳云周公盡禮致敬言我復還明君之政於子成王年二十成人故必歸政而退老 吾雖德不及二聖敢忘高山景行之義哉若夫唐堯舜禹之蹟皆以聖質茂德處之故能上和靈祇下寧萬姓流稱今日今吾德至薄也人至鄙也遭遇際會幸承先王遺業 宋本馮本官本監本遺作餘 恩未被四海澤未及天下雖傾倉竭府以振魏國百姓猶寒者未盡暖飢者未盡飽夙夜憂懼弗敢遑寧庶欲保全髮齒長守今日以沒于地以全魏國下見先王以塞負荷之責望狹志局守此而已雖屢蒙祥瑞當之戰惶五色無主若芝之言豈所聞乎心慄手悼 何焯曰悼疑作掉孫志祖曰悼慄也似不應作掉 書不成字辭不宣心 馮本監本官本心作口 吾閒作詩曰喪亂悠悠過紀白骨從橫萬里 馮本從作縱 哀哀下民靡恃吾將佐時整理復子明辟致仕 周公因成王之幼乃有復子明辟之事漢獻帝卽位三十餘年復子明辟眞不知所謂矣 庶欲守此辭以自終卒不虛言也宜宣示遠近使昭赤心於是侍中辛毗劉曄散騎常侍傅巽 巽事見武紀建安十八年注及蘇則傳傳嘏傳又見本志劉表傳注引傅子 衞臻尚書令桓階尚書陳矯陳

羣給事博士騎都尉蘇林董巴等 給事宋本元本馮本作給事中後文蘇林董巴上表亦稱給事中蘇林見劉劭傳注引魏略云爲博士給事中漢書百官公卿表給事中掌顧問應對位次中常侍博士秦官掌通古今秩比六百石續百官志騎都尉比二千石本監羽林騎劉昭注續漢志序云司馬續書總爲八志律歷之篇仍乎洪邕所構車服之本卽依董蔡所立謂續漢輿服志卽取蔡邕董巴所作也隋書經籍志大漢輿服志一卷魏博士董巴撰 奏曰伏見太史丞許芝上魏國受命之符令書懇切允執謙讓雖舜禹湯文義無以過然古先哲王所以受天命而不辭者誠急遵皇天之意副兆民之望弗得已也且易曰觀乎天文以察時變觀乎人文以化成天下又曰天垂象見吉凶聖人則之河出圖洛出書聖人效之以爲天文因人而變至於河洛之書著於洪範則殷周效而用之矣斯言誠帝王之明符天道之大要也是以由德應錄者代興於前失道數盡者迭廢於後傳譏萇弘欲支天之所壞 左傳定公元年晉女叔寬曰周萇弘將不免萇叔違天天之所壞不可支也哀公三年周人殺萇弘杜預曰天旣厭周德萇弘欲遷都以延其祚故曰違天王應麟曰以萇弘爲違天是人臣不當扶顚持危也 而說蔡墨雷乘乾之說 左傳昭公三十二年趙簡子問於史墨曰季氏出其君而民服焉諸侯與之君死於外而莫之或罪也對曰天生季氏以貳魯侯爲日久矣魯君世從其失季氏世脩其勤民忘君矣雖死於外其誰矜之社稷無常奉君臣無常位自古以然故詩曰高岸爲谷深谷爲陵三后之姓於今爲庶主所知也在易卦雷乘乾曰大壯天之道也杜預曰蔡墨晉大夫蔡史墨卽蔡墨又曰乾爲天子震爲諸侯而在乾上君臣易位猶臣大強壯若天上有雷也 明神器之存亡非人力所能建也 宋本官本建作違攷證云監本作建誤 今漢室衰替帝綱墮墜天子之詔歇滅無聞 操爲漢相而漢詔無聞誰之罪歟 皇天將捨舊而命新百姓旣去漢而爲魏昭然著明是可知也先王撥亂平世將建洪基至于殿下以至德當厤數之運卽位以來天應人事粲然大備神靈圖籍兼仍往古休徵嘉兆跨越前代是芝所取中黃運期姓緯之讖 錢大昭曰緯當作諱 斯文乃著於前世與漢並見由是言之天命久矣非殿下所得而拒之也神明之意候望禋享 書舜典禋于六宗說文禋潔祀也一曰精意以享爲禋 兆民顒顒咸注嘉願惟殿下覽圖籍之明文急天下之公義輒宣令外內布告州郡使知符命著明而殿下謙虛之意 而字疑誤 令曰下四方以明

孤款心是也至於覽餘辭豈余所謂哉毛本余作餘誤寧所堪哉諸卿指論未若吾自料之審也馮本吾作孤夫虛談謬稱鄙薄所弗當也且聞比來東征經郡縣歷屯田百姓面有飢色衣或裋褐不完裋各本皆作短官本作裋裋音豎褐音曷漢書貢禹傳禹上疏曰臣禹年老家貧妻子穅豆不贍裋褐不完師古曰裋者謂僮豎所著布長襦也褐毛布之衣也罪皆在孤是以上懃衆瑞下媿士民由斯言之德尙未堪偏王何言帝者也宜止息此議無重吾不德使逝之後不媿後之君子癸丑宣告羣寮督軍御史中丞司馬懿林國贊曰晉書宣帝紀稱魏文卽位帝爲丞相長史魏已受禪始爲督軍御史中丞殆非也陳志書卽位皆指卽王位本注所列職名如辛毗桓階鄭渾賈詡等竝以本志諸傳皆繫之文帝卽位之下與此適合不應懿爲督軍御史中丞獨以踐阼後之職名追書故知晉書爲誤弼按御史中丞見武紀初平元年注督軍與御史中丞似爲兩官晉書宣帝紀云黃初二年督軍官罷止云省督軍不云省督軍御史中丞也晉書職官志光武建武初征伐四方始權時置督軍御史事竟罷然亦非督軍御史中丞也李祖楙曰中興初征伐四方權置御史監軍曰督軍御史以他官監軍曰監軍使者事訖罷至桓靈後兵事日多復置之侍御史鄭渾羊祕鮑勛武周等續百官志侍御史十五人六百石掌察舉非法受公卿羣吏奏事有違失舉劾

之錢大昭曰渾勛自有傳武周字伯南見胡質傳注羊祕未聞弼按祕爲羊祜之伯父官至京兆太守見晉書羊祜傳言令如左伏讀太史丞許芝上符命事臣等聞有唐世衰天命在虞虞氏世衰天命在夏然則天地之靈厤數之運去就之符惟德所在故孔子曰鳳鳥不至河不出圖吾已矣夫今漢室衰自安和沖質以來國統屢絕桓靈荒淫祿去公室此乃天命去就非一朝一夕其所由來久矣殿下踐阼至德廣被格于上下天人感應符瑞並臻考之舊史未有若今日之盛夫大人者先天而天弗違後天而奉天時天時已至而猶謙讓者舜禹所不爲也故生民蒙救濟之惠羣類受育長之施今八方顒顒大小注望皇天乃眷神人同謀十分而九以委質義過周文所謂過恭也臣妾上下伏所不安令曰世之所不足者道義也所有餘者苟妄也常人之性賤所不足貴所有餘故曰不患無位患所以立孤雖寡德庶自免於常人之貴趙一清曰貴當作責夫石可破而不可奪堅丹可磨而不可奪赤劉子卷七大質章故

丹可磨而不可奪其色蘭可燔而不可滅其馨玉可碎而不可改其白金可銷而不可易其剛各抱自然之性非可強變者也義亦本此丹石微物尙保斯質況吾託士人之末列曾受教於君子哉且於陵仲子以仁爲富世說注引皇甫謐高士傳陳仲子字子終齊人兄戴相齊食祿萬鍾仲子以兄祿爲不義乃適楚居於陵柏成子高以義爲貴莊子天地篇堯治天下伯成子高立爲諸侯堯授舜舜授禹伯成子高辭爲諸侯而耕潘眉曰伯成作柏城與柏成並誤田疇傳注與莊子合沈家本曰柏伯成城古人往往通用鮑焦感子貢之言棄其蔬而槁死新序鮑焦衣弊膚見挈畚將蔬遇子貢於道子貢曰吾子何以至此也焦曰天下之遺德教者衆矣吾何以不至於此也子貢曰非其世者不生其利汙其君者不履其土今吾子汙其君而履其土非其世而將其蔬此誰之有哉鮑焦曰嗚呼吾聞賢者重進而輕退廉者易醜而輕死乃棄其蔬而立槁死於洛水之上薪者譏季札失辭皆委重而弗視韓詩外傳季子游於齊見遺金呼牧者取之牧者曰子居之高視之下貌之君子而言之野也吾有君不君有友不友當暑衣裘君疑取金者乎季子請問姓字牧者曰子皮相之士何足語姓字哉遂去吾獨何人昔周武大聖也使叔旦盟膠鬲於四內使召公約微子於共頭宋本元本召公作公召誤故伯夷叔齊相與笑之曰昔神農氏之有天下不以人之壞自成不以人之卑自高以爲周

之伐殷以暴也各本暴作恭誤呂氏春秋王使叔旦就膠鬲於次四內而與之盟曰加富三等就官一列爲三書同辭血之以牲埋一於四內皆以一歸又使保召公就微子開於共頭之下而與之盟曰世爲長侯守殷常祀相奉桑林宜私孟諸爲三書同辭血之以牲埋一於共頭之下皆以一歸伯夷叔齊聞之相視而笑曰譆異乎哉此非吾所謂道也昔者神農氏之有天下也時祀盡敬而不祈福也其於人也忠信盡治而無求焉樂正與爲正樂治與爲治不以人之壞自成也不以人之庳自高也今周見殷之僻亂也而遽爲之正與治上謀而行貨阻兵而保威也割牲而盟以爲信因四內與共頭以明行揚夢以說衆殺伐以要利以此紹殷是以亂易暴也吾德非周武而義慙夷齊庶欲遠苟安之失道立丹石之不奪邁於陵之所富蹈柏成之所貴執鮑焦之貞至遵薪者之淸節故曰三軍可奪帥匹夫不可奪志吾之斯志豈可奪哉 乙卯冊詔魏王禪代天下曰惟延康元年十月乙卯皇帝曰咨爾魏王夫命運否泰依德升降三代卜年著于春秋是以天命不于常帝王不一姓由來尙矣漢道陵遲爲日已久安順以降世失其序沖質短祚三世無嗣皇綱肇虧帝典頹沮暨于朕躬天降之災遭無妄厄運之會無應作无潘眉曰京房說无妄大旱之卦萬物皆死無所復望漢書

谷永傳遭无妄之卦運值百六之災厄韋昭吳書曰天地反易遭无妄之運值炎精幽昧之期變興輦轂禍由閹宦董卓
乘釁惡甚澆豷宋本豷作饐誤左傳襄公四年魏絳曰寒浞伯明氏之讒子弟也夷羿收之以爲己相浞因羿室生澆及豷少康滅澆于過后杼滅
豷于戈帝王世紀云寒浞襲有窮之號因羿之室生奡及豷奡多力能陸地行舟使奡帥師滅斟灌斟尋殺夏帝相封奡於過封豷於戈少康滅奡於過后杼滅豷
於戈有窮遂亡馬驌曰澆卽奡也劫遷省御太僕宮廟官本攷證朱良裘曰太僕二字於義無取或火撲之譌遂使九州幅
裂疆敵虎爭華夏鼎沸蝮蛇塞路當斯之時尺土非復漢有一夫豈復朕民幸賴武王
德膺符運奮揚神武芟夷兇暴清定區夏保乂皇家今王纘承前緒至德光昭御衡不
迷漢書律歷志云佐助旋機斟酌建指以齊七政故曰玉衡論語云立則見其參於前也在車則見其倚於衡也書舜典烈風雷雨弗迷孔傳云不有迷錯愆伏
也布德優遠聲教被四海仁風扇鬼區趙一清曰鬼區卽九區也古九鬼同字是以四方效珍人神
響應天之歷數實在爾躬昔虞舜有大功二十而放勛禪以天下大禹有疏導之績而
重華禪以帝位帝王世紀堯名放勛舜自重瞳故名重華漢承堯運有傳聖之義加順靈祇紹天明命釐

降二女以嬪于魏書堯典釐降二女于嬀汭嬪于虞孔傳云降下嬪婦也弼按操女適漢獻帝爲皇后獻帝女適曹丕本志后妃傳不見其名所
謂釐降二女者皆襲唐虞禪代之故事而已使使持節行御史大夫事太常音卽張音也奉皇帝璽綬王其
永君萬國敬御天威允執其中天祿允終敬之哉於是尚書令桓階等奏曰漢氏以天
子位禪之陛下前猶稱殿下此則直稱陛下矣陛下以聖明之德歷數之序承漢之禪允當天心
夫天命弗可得辭兆民之望弗可得違臣請會列侯諸將羣臣陪隸發璽書順天命具
禮儀列奏令曰當議孤終不當承之意而已猶獵還方有令尚書令等又奏曰昔堯舜
禪於文祖書舜典受終于文祖孔傳云文祖堯文德之祖廟至漢氏以師征受命畏天之威不敢怠遑便卽
位行在所之地雖云追不及待亦預定之計也今當受禪代之命宜會百寮羣司六軍之士皆在行
位使咸覩天命營中促狹可於平敞之處設壇場奉答休命臣輒與侍中常侍會議禮
儀太史官擇吉日訖復奏令曰吾殊不敢當之外亦何豫事也侍中劉廙常侍衞臻等

奏議曰漢氏遵唐堯公天下之議盧文弨曰議當作義陛下以聖德膺歷數之運天人同歡
宋本馮本歡作忻靡不得所宜順靈符速踐皇阼問太史丞許芝今月十七日己未直成可
受禪命各本直作宜官本考證盧明楷曰三少帝紀高貴鄉公注自敍始生禎祥曰乙未直成予生又曰厥日直成應嘉名也漢書王莽傳以戊辰直定卽
眞天子位師古曰以建除之次其日當定直成之義大抵如是作宜成似誤錢大昭曰魏文帝受禪以十月二十九日辛未直成日成定皆取吉祥周壽昌曰今日
者書以除危定執爲吉建滿平收爲次成開亦吉閉破則凶足知其法自漢已然莽信時日小數故取諸此也隋律歷志云後魏景明中并州人王顯達獻古銅權
一枚上銘八十一字中有戊辰直定四字作權亦莽是日所制也輒治壇場之處所當施行別奏令曰屬出見外便
設壇場斯何謂乎今當辭讓不受詔也但於帳前發璽書威儀如常且天寒罷作壇士
使歸既發璽書王令曰當奉還璽綬爲讓章吾豈奉此詔承此貺邪昔堯讓天下於許
由子州支甫舜亦讓於善卷石戶之農北人無擇或退而耕潁之陽或辭以幽憂之疾
或遠入山林莫知其處或攜子入海終身不返或以爲辱自投深淵莊子讓王篇堯以天下讓許由

許由不受又讓於子州支父子州支父曰以我爲天子猶之可也雖然我適有幽憂之病方且治之未暇治天下也高士傳許由字武仲陽城槐里人也堯讓天下
於許由許由不受而逃去於是遁耕於中岳潁水之陽箕山之下莊子舜以天下讓其友北人無擇北人無擇因自投清冷之淵舜以天下讓其友石戶之農石戶
之農夫負妻戴攜子以入於海終身不返也高士傳善卷者古之賢人也堯北面師之及舜又以天下讓卷卷不受去入深山莫知其處且顏斶懼太
樸之不完守知足之明分斶各本均作燭誤樸當作璞太宋本作天誤戰國策顏斶曰夫玉生於山制則破焉非弗寶貴矣然大璞不完
士生乎鄙野推選則祿焉非不尊遂也然而形神不全斶願得歸晚食以當肉安步以當車無罪以當貴清靜貞正以自虞再拜辭去君子曰斶知足矣歸眞反璞
則終身不辱王子搜樂丹穴之潛處被熏而不出各本熏作重誤莊子讓王篇越人三世弒其君王子搜患之逃乎丹穴而
越國無君求王子搜不得從之丹穴王子搜不肯出越人熏之以艾乘之王輿王子搜仰天而呼曰君乎君乎獨不可以舍我乎柳下惠不以三
公之位易其介語見孟子柳下惠魯大夫展禽居柳下而諡惠也宋本位作貴曾參不以晉楚之富易其仁曾子曰晉
楚之富不可及也彼以其富吾以吾仁彼以其爵我以吾義吾何慊乎哉亦見孟子韓詩外傳曾子親沒之後齊迎以相楚迎以令尹晉迎以上卿方是之時曾子
重其身而輕其祿斯九士者咸高節而尚義輕富而賤貴故書名千載于今稱焉求仁得仁

仁豈在遠孤獨何爲不如哉義有蹈東海而逝不奉漢朝之詔也亟爲上章還璽綬宣之天下使咸聞焉己未宣告羣寮下魏又下天下　輔國將軍清苑侯劉若等潘眉曰魏公卿上尊號奏作清苑鄉侯當以碑爲正攷劉若武帝時爲清苑亭侯至是進爵鄉侯矣百二十人上書曰伏讀令書深執克讓聖意懇惻至誠外昭臣等有所不安何者石戶北人匹夫狂狷行不合義事不經見者是以史遷謂之不然誠非聖明所當希慕且有虞不逆放勛之禪夏禹亦無辭位之語故傳曰舜陟帝位若固有之斯誠聖人知天命不可逆歷數弗可辭也伏惟陛下應乾符運至德發聞升昭于天是三靈降瑞人神以和休徵雜沓萬國響應雖欲勿用將焉避之而固執謙虛違天逆衆慕匹夫之微分背上聖之所蹈違經讖之明文信百氏之穿鑿非所以奉答天命光慰衆望也臣等昧死以請輒整頓壇場至吉日受命如前奏分別寫令宣下王令曰昔柏成子高辭夏禹而匿野注見前　顏闔辭魯幣而遠跡尙友錄顏闔魯人守道不仕魯君遣使致幣闔曰恐聽誤而遺使者罪不若審之使者還問復來求之則不得矣　夫以王者之重諸侯之貴而二子忽之何則其節高也故列士徇榮名義夫高貞介雖蔬食瓢飲樂在其中是以仲尼師王駘莊子魯有兀者王駘從之遊者與仲尼相若　而子產嘉申徒莊子申徒嘉兀者也而與子產同師於伯昏無人申徒嘉曰吾與夫子遊十九年矣而未嘗知吾兀者也今子與我游於形骸之內而我索子於形骸之外不亦過乎子產蹵然改容更額曰子無乃稱　今諸卿皆孤股肱腹心足以明孤而今咸若斯則諸卿遊於形骸之內而孤求爲形骸之外其不相知未足多怪亟爲上章還璽綬勿復紛紛也　輔國將軍等一百二十人又奏曰臣聞符命不虛見衆心弗可違馮本弗作不　故孔子曰周公其爲不聖乎以天下讓是天地日月輕去萬物也是以舜嚮天下不拜而受命今火德氣盡炎上數終帝遷明德祚隆大魏符瑞昭晳受命既固光天之下神人同應雖有虞儀鳳成周躍魚方今之事未足以喻而陛下違天命以飾小行逆人心以守私志上忤皇穹眷命之旨中忘聖人達節之數

下孤人臣翹首之望非所以揚聖道之高衢乘無窮之懿勳也臣等聞事君有獻可替否之道奉上有逆鱗固爭之義臣等敢以死請令曰太古聖王之治也馮本局本太作夫　至德合乾坤惠澤均造化禮教優乎昆蟲仁恩洽乎草木日月所照戴天履地含氣有生之類靡不被服清風沐浴玄德是以金革不起苛慝不作風雨應節禎祥觸類而見今百姓寒者未煖飢者未飽鰥者未室寡者未嫁權備尙存未可舞以干戚帝王世紀有苗氏負固不服舜乃修文教三年執干戚而舞之有苗請服　方將整以齊斧潘眉曰易旅卦釋文張軌注云齊斧黃鉞斧也晉書音義引張晏曰齊斧征伐斧也以整齊天下也　戎役未息於外士民未安於內耳未聞康哉之歌目未覩擊壤之戲嬰兒未可託於高巢餘糧未可以宿於田畝文類無以字解見後　人事未備至於此也文類於作如宋本同　夜未曜景星治未通眞人元本眞作貞　河未出龍馬山未出象車蓂莢未植階庭宋本庭作塗　萐莆未生庖廚王母未獻白環渠搜未見珍裘靈瑞未效又如彼也昔東戶季子容成大庭軒轅赫胥之君莊子胠篋篇子獨不知至德之世乎昔者容成氏大庭氏軒轅氏赫胥氏司馬云此皆古帝王也羅泌路史云庸成者垣墉城郭也羣玉之山庸成所守册府所在庸成是立故號曰庸成氏曰容成者非也方是時人結繩而用託嬰巢中棲糧隴首實有季子儀馬而產子身人也而尾蹏馬是爲三身之國子思子言東戶季子是也路史又云大庭氏之膺錄也適有嘉瑞都于曲阜故魯有大庭之庫又云軒轅氏作于空桑之北橫木爲軒直木爲轅號曰軒轅氏又云赫蘇氏是爲赫胥尊民而重事方是之時人居不知所爲行不知所之鼓腹而游含餔而嬉弼按此皆上古帝王荒邈難稽未可盡信　咸得以此就功勒名今諸卿獨不可少假孤精心竭慮以和天人以格至理使彼衆事備羣瑞效然後安乃議此乎何遽相媿相迫之如是也宋本媿作愧　速爲讓章上還璽綬無重吾不德也　侍中劉廙等奏曰伏惟陛下以大聖之純懿當天命之歷數觀天象則符瑞著明考圖緯則文義煥炳察人事則四海齊心稽前代則異世同歸而固拒禪命未踐尊位聖意懇惻臣等敢不奉詔輒具章遣使者奉令曰泰伯三以天下讓人無得而稱焉仲尼歎其至德孤獨何人　庚申魏王上書曰皇帝陛下奉被今月乙卯璽書

伏聽册命五內驚震精爽散越不知所處臣前上還相位退守藩國聖恩聽許臣雖無古人量德度身自定之志保己存性實其私願不寤陛下猥損過謬之命發不世之詔以加無德之臣且聞堯禪重華舉其克諧之德舜授文命 書大禹謨曰文命敷于四海陸德明音義先儒云文命禹名史記夏本紀夏禹名曰文命大戴禮記鯀產文命是爲禹 采其齊聖之美猶下咨四岳上觀璿璣今臣德非虞夏行非二君而承歷數之諸應選授之命內自揆撫無德以稱且許由匹夫猶拒帝位善卷布衣而逆虞詔臣雖鄙蔽敢忘守節以當大命不勝至願謹拜章陳情使行相國永壽少府冀土臣毛宗奏並上璽綬 晉書職官志太后三卿衞尉少府太僕漢置皆隨太后宮爲官號在同名卿上魏改漢制在九卿下本志后妃傳文帝尊卞后曰皇太后稱永壽宮漢書東方朔傳冀土愚臣忘生觸死宋書卷十四有都鄉侯冀土臣何琦陸雲盛德頌稱晉太子舍人冀土臣雲上書皇帝陛下 辛酉給事中博士蘇林董巴上表曰天有十二次以爲分野王公之國各有所屬周在鶉火魏在大梁歲星行歷十二次國 宋書符瑞志國上有所在二字 天子受命諸侯以封 李鍇尚史天文志云周官保章氏以星土辨九州之地所封封邑各有分星以觀妖祥而春秋傳曰參爲晉星商主大火國語亦有歲之所在則我有周之分野是分野之說所從來久矣康成則謂其書已亡所存非古數然則周官之所謂分星不知其何等也至以二十八宿分主九州則有疑焉夫恆星爲天體而二十八宿天體盡矣中國九州於地特十之一耳以周天之星囿於一隅之地是隘視天廣視中國如此以定妖祥未必然也 周文王始受命歲在鶉火 宋書符瑞志歲下有星字 至武王伐紂十三年歲星復在鶉火故春秋傳曰武王伐紂歲在鶉火歲之所在卽我有周之分野也昔光和七年歲在大梁武王始受命爲時將討黃巾 宋書符瑞志爲下無時字趙一清曰爲當作於 是歲改年爲中平元年建安元年歲復在大梁 錢大昕曰按古法歲星百四十四年而超一次依三統術漢元年歲在鶉首孝武太初元年歲在星紀至太始二年超壽星入大火則光武建武二十六年當超大火入析木獻帝興平元年當超析木入星紀依此推算中平元年歲當在元枵建安元年歲當在娵訾與蘇林等所言差二三次其故何在蓋後漢用四分術歲星日行四千七百卅五分之三百九十八約三百九十三年而超五次則每七十八九年卽超一次自漢元年歲在鶉首至中平之元凡三百九十年當超五次故中平初得在大梁也 始拜大將軍十三年復在大梁始拜丞相今二十五年歲復在大梁陛下受

命此魏得歲與周文王受命相應 宋書符瑞志王作武 今年青龍在庚子詩推度災曰庚者更也子者滋也 宋書符瑞志滋作玆 聖命天下治 宋書符瑞志作聖人制法天下治 又曰王者布德於子治成於丑此言今年天更命聖人制治天下 宋書符瑞志治作法 布德於民也魏以改制天下與時協矣 宋書符瑞志改作政時作詩潘眉曰上引詩推度災云云故當云與詩協宋志是作時字誤 顓頊受命歲在豕韋衞居其地亦在豕韋故春秋傳曰衞顓頊之墟也今十月斗之建則顓頊受命之分也始魏以十月受禪 宋書符瑞志無始字 此同符始祖受命之驗也魏之氏族出自顓頊與舜同祖見於春秋世家 本志明紀景初元年十月乙卯詔云曹氏系世出自有虞氏今祀圜丘以始祖帝舜配 舜以土德承堯之火今魏亦以土德承漢之火於行運會於堯舜授受之次 宋書符瑞志會作合 臣聞天之去就固有常分聖人當之昭然不疑故堯捐骨肉而禪有虞終無恡色 宋書符瑞志恡作吝 舜發壠畝而君天下 宋書符瑞志君作居彊按君字是 若固有之其相受授 馮本作授受 閒不替漏 宋書符瑞志作其相授閒不替漏刻 天下已傳矣所以急天命天下不可一日無君也 宋書符瑞志天下上有明字 今漢期運已終妖異絕之已審陛下受天之命符瑞告徵 告疑作吉 丁寧詳悉反覆備至雖言語相喻無以代此今既發詔書璽綬未御固執謙讓上逆天命下違民望 宋書符瑞志逆作稽望作情 臣謹按古之典籍參以圖緯魏之行運及天道所在卽尊之驗在於今年此月昭晰分明 晰宋志作晢宋志明下有謹條如左上文天有十二次云云在下文天下幸甚之下 唯陛下遷思易慮以時卽位顯告天帝而告天下 宋書符瑞志作顯告上帝布詔天下 然後改正朔易服色正大號天下幸甚令曰凡斯皆宜聖德 馮本皆作背 故曰苟非其人道不虛行天瑞雖彰須德而光吾德薄之人胡足以當之今讓冀見聽許外內咸使聞知 壬戌册詔曰皇帝問魏王言遣宗奉庚申書到所稱引聞之朕惟漢家世踰二十年過四百運周數終行祚已訖天心已移兆民望絕天之所廢有自來矣今大命有所底止神器當歸聖德違天不順逆衆不祥王其體有虞之盛德

應歷數之嘉會是以禎祥告符 宋本告作吉 圖讖表錄神人同應受命咸宜朕畏上帝致位于王天不可違衆不可拒且重華不逆堯命大禹不辭舜位若夫由卷匹夫不載聖籍固非皇材帝器所當稱慕今使音奉皇帝璽綬王其陟帝位無逆朕命以祗奉天心焉於是尚書令桓階等奏曰今漢使音奉璽書到臣等以爲天命不可稽神器不可瀆周武中流有白魚之應不待師期而大號已建舜受大麓 書舜典納于大麓孔傳云麓錄也納舜使大錄萬幾之政 桑蔭未移而已陟帝位 尸子有虞氏身有南畝妻有桑田 皆所以祗承天命若此之速也 史記堯崩三年之喪畢舜讓辟丹朱於南河之南何嘗亟登帝位也 故無固讓之義不以守節爲貴必道信於神靈符合於天地而已易曰其受命如響無有遠近幽深遂知來物非天下之至精 宋本吳本毛本精作賾 其孰能與於此今陛下應期運之數爲皇天所子而復稽滯於辭讓低回於大號非所以則天地之道副萬國之望臣等敢以死請輒敕有司修治壇場擇吉日受禪命發璽綬令曰冀三讓而不見聽何汲汲於斯乎 甲子魏王上書曰奉今月壬戌璽書 壬戌各本皆作戊戌誤官本攷證盧明楷曰十月中無戊戌前云壬戌册詔戊戌乃壬戌之譌 重被聖命伏聽册告肝膽戰悸不知所措天下神器禪代重事故堯將禪舜納于大麓舜之命禹玄圭告功 書禹貢禹錫玄圭告厥成功帝王世紀禹治水畢天賜玄珪 烈風不迷九州攸平詢事考言然後乃命而猶執謙讓于德不嗣況臣頑固質非二聖乃應天統受終明詔敢守微節歸志箕山不勝大願謹拜表陳情使并奉上璽綬 侍中劉廙等奏曰臣等聞聖帝不違時明主不逆人故易稱通天下之志斷天下之疑伏惟陛下體有虞之上聖承土德之行運當亢陽明夷之會應漢氏祚終之數合契皇極同符兩儀是以聖瑞表徵天下同應歷運去就深切著明論之天命無所與議比之時宜無所與爭故受命之期時清日晏曜靈施光休氣雲蒸是乃天道悅懌民心欣戴而仍見閉拒於禮何居且羣生不可一日無主 宋本可下有以字 神器不可以斯須無統故臣有違君以成業下有矯上以立事臣等敢不重以死請王令曰天下重器王者正統以聖德當之猶有懼心吾何人哉且公卿未至乏主斯豈小事且宜以待固讓之後乃當更議其可耳 丁卯册詔魏王曰天訖漢祚辰象著明朕祗天命致位于王仍陳歷數於詔策喻符運於翰墨神器不可以辭拒皇位不可以謙讓稽於天命至于再三且四海不可一日曠主萬機不可以斯須無統 宋本無作乏 故建大業者不拘小節知天命者不繫細物是以舜受大業之命而無遜讓之辭聖人達節不亦遠乎今使音奉皇帝璽綬王其欽承以答天下嚮應之望焉 相國華歆太尉賈詡御史大夫王朗及九卿上言曰 潘眉曰武帝紀建安十八年初置尚書侍中六卿二十一年置奉常宗正二卿二十二年又置衛尉卿是時魏已備九卿然攷魏公卿上尊號奏署名者奉常臣貞（邢貞）郎中令臣洽（和洽）衛尉臣昱（程昱）太僕臣夔（何夔）大理臣繇（鍾繇）大農臣霸（袁霸）少府臣林（常林）惟有七卿無大鴻臚宗正此云九卿亦約舉之耳 臣等被召到伏見太史丞許芝左中郎將李伏所

上圖讖符命侍中劉廙等宣敘衆心人靈同謀又漢朝知陛下聖化通于神明聖德參于虞夏因瑞應之備至聽歷數之所在遂獻璽綬固讓尊號能言之倫莫不抃舞河圖洛書天命瑞應人事協于天時民言協于天序而陛下性秉勞謙體尚克讓明詔懇切未肯聽許臣妾小人莫不伊邑 漢書成帝紀贊言之可爲於邑師古曰於邑短氣貌讀如本字後文伏讀詔書於悒益甚此作伊邑其義一也 臣等聞自古及今有天下者不常在乎一姓考以德勢則盛衰在乎彊弱論以終始則廢興在乎期運唐虞歷數不在厥子而在舜禹舜禹雖懷克讓之意迫羣后執玉帛而朝之兆民懷欣戴而歸之率土揚謳謠而詠之故其守節之拘不可得而常處達節之權不可得而久避是以或遜位而不恡或受禪而不辭不恡者未必厭皇寵不辭者未必渴帝祚各迫天命而不得以已既禪之後則唐氏之子爲賓于有虞虞氏之冑爲客于夏代然則禪代之義非獨受之者實應天福授之者亦與有餘慶

爲漢自章和之後世多變故稍以陵遲洎乎孝靈不恆其心虐賢害仁聚斂無度政在嬖豎視民如讐遂令上天震怒百姓從風如歸（風疑作亂）當時則四海鼎沸既沒則禍發宮庭寵勢並竭帝室遂卑若在帝舜之末節猶擇聖代而授之荆人抱玉璞猶思良工而刊之（楚人卞和得玉璞注見前）況漢國既往莫之能匡推器移君委之聖哲固其宜也漢朝委質既願禪禮之速定也天祚率土必將有主主率土者非陛下其孰能任之所謂論德無與爲比考功無推讓矣（何焯曰無下有脫字）天命不可久稽民望不可久違臣等慺慺不勝大願伏請陛下割撝謙之志修受禪之禮副人神之意慰外內之願令曰以德則孤不足以時則戎虜未滅若以羣賢之靈得保首領終君魏國於孤足矣若孤者胡足以辱四海至乎天瑞人事皆先王聖德遺慶孤何有焉是以未敢聞命　己巳魏王上書曰臣聞舜有賓于四門之勳（書舜典賓于四門四門穆穆孔傳云穆穆美也四門四方之門舜流四凶族四方諸侯來朝者舜賓迎之皆有美德無凶人）乃受禪於陶唐禹有存國七百之功（淮南子禹平治水土定千八百國）乃承祿於有虞臣以蒙蔽德非二聖猥當天統不敢聞命敢屢抗疏略陳私願庶章通紫庭得全微節情達宸極永守本志而音重復銜命申制詔臣臣實戰惕不發璽書而音迫於嚴詔不敢復命願陛下馳傳騁驛召音還臺（還御史臺也）不勝至誠謹使宗奉書　相國歆太尉詡御史大夫朗及九卿奏曰（隸釋載魏公卿上尊號奏云相國安樂鄉侯臣歆太尉都亭侯臣詡御史大夫安陵亭侯臣朗使持節行都督督軍車騎將軍□□臣仁輔國將軍淸苑鄉侯臣若虎牙將軍南昌亭侯臣輔輕車將軍都亭侯臣忠冠軍將軍好畤鄉侯臣秋渡遼將軍都亭侯臣柔衛將軍國明亭侯臣洪使持節行都督督軍鎭西將軍東鄉侯臣眞使持節行都督督軍領揚州刺史征東將軍安陽鄉侯臣休使持節行都督督軍征南將軍平陵亭侯臣尙使持節行都督督軍徐州刺史鎭東將軍武安鄉侯臣霸使持節左將軍中鄉侯臣郃使持節右將軍建鄉侯臣晃使持節前將軍都鄉侯臣遼使持節後將軍華鄉侯臣靈匈奴南單于臣泉奉常臣貞郎中令臣洽衛尉安國亭侯臣昱太僕臣夔大理東武亭侯臣繇大農臣霸少府臣林督軍御史將作大匠千秋亭侯臣照中領軍中陽鄉侯臣楙中護軍臣陟屯騎校尉都亭侯臣祖長水校尉關內侯臣淩步兵校尉關內侯臣福射聲校尉關內侯臣質振威將軍溼鄉亭侯臣題征

虜將軍都亭侯臣觸振武將軍尉猛亭侯臣當忠義將軍樂鄉亭侯臣生建節將軍平樂亭侯臣圃安衆將軍元就亭侯臣神翼衛將軍都亭侯臣衢討夷將軍成遷亭侯臣慎懷遠將軍關內侯臣巽綏邊將軍常樂亭侯臣俊安夷將軍高梁亭侯臣扈奮武將軍長安亭侯臣豐武衛將軍安昌亭侯臣緒等稽首言臣等前上言漢帝奉天命以固禪羣臣因天命以固請而陛下違天命以固辭臣等頑愚猶知其不可況神祇之心乎宜蒙納許以福海內欣戴之望而丁卯制書詔臣等曰以德則孤不足以時則虜未滅若以羣賢之靈得保首領終君魏國於孤足矣若孤者胡足以辱四海至乎天瑞人事皆先王聖德遺慶孤何有焉是以未敢聞命（弼按以上云云裴注未載今補錄於此以下臣等伏讀詔書云云與裴注同）王昶金石萃編云碑前段所列諸臣銜名徵有剝落然證之隸釋尙可全讀其著於魏志者臣歆即華歆臣詡即賈詡臣朗即王朗臣仁即曹仁（□□據本傳當是陳侯二字）臣洪即曹洪臣眞即曹眞臣休即曹休臣尙即夏侯尙臣霸即臧霸臣郃即張郃臣晃即徐晃臣遼即張遼臣洽即和洽臣昱即程昱臣夔即何夔臣繇即鍾繇臣林即常林臣昭即董昭臣褚即許褚皆有傳臣輔者鮮于輔臣柔者閻柔附公孫瓚傳臣秋者楊秋見郭淮傳大農臣霸者袁霸附袁渙傳臣巽者傅巽臣若者劉若並見武帝紀注臣忠者王忠見王粲傳注臣靈者朱靈見武帝紀及齊王芳紀臣貞即邢貞見文帝紀（元年改奉常爲太常故二年稱太常邢貞）臣淩即戴陵見文帝紀（陵當依碑作淩）臣圃即閻圃見張魯傳晉書閻纘傳云圃封平樂鄉侯蓋由亭侯進封鄉侯魏略所謂黃初中增圃爵邑是也臣泉即呼廚泉因來朝留魏見武帝紀餘如臣楙疑即夏侯楙惇之子附惇傳臣祖疑即郭祖見呂虔傳臣福疑即任福見文帝紀臣觸疑即焦觸見武帝紀臣衢疑即趙衢臣俊疑即李俊皆見楊阜傳其生平官爵與碑不甚相合或史有缺漏不敢質以爲實也臣生或以爲溫恢子攷恢在文帝時未有侯爵卒後賜恢子生爵關內侯則此樂鄉亭侯非溫生也臣質或以爲吳質攷王粲傳注太子與質書云烈祖龍飛或將或侯今惟吾子棲遲下仕則此關內侯非吳質也以及臣陟臣題臣當臣神臣愼臣扈臣豐並當闕疑以俟博攷也）臣等伏讀詔書於悒益甚（馮本悒作邑隸釋亦作邑）臣等聞易稱聖人奉天時論語云君子畏天命天命有去就然後帝者有禪代是以唐之禪虞命在爾躬（隸釋作命以在爾）虞之順唐謂之受終堯知天命去已故不得不禪舜舜知歷數在躬（隸釋少一舜字）故不敢不受不得不禪奉天時也不敢不受畏天命也漢朝雖承季末陵遲之餘猶務奉天命以則堯之道（隸釋無之字）是以顧禪帝位而歸二女而陛下正於大魏受命之初（隸釋無而字）抑虞夏之達節尙延陵之讓退而所枉者大（隸釋退作體無而字）所直者小所詳者輕所略者重中人凡士皆爲陛下陋之（宋本皆作猶）沒者有靈則重華必忿憤於蒼梧之神墓（隸釋蒼作倉史記舜崩於蒼梧之野葬於江南九疑）

是爲零陵禮記檀弓舜葬於蒼梧之野大禹必鬱悒於會稽之山陰隸釋禹作夏史記禹巡狩至于會稽而崩武王必不悅於商陵之玄宮矣隸釋商作高魏武葬高陵以作高爲是舜禹之忿悒爲強詞奪理魏武之不悅則如見肺肝矣是以臣等敢以死請且漢政在閹宦隸釋閹作奄各本宦作官誤祿去帝室七世矣遂集矢石於其宮殿而二京爲之丘墟隸釋墟作虛當是之時四海蕩覆天下分崩武王親衣甲而冠冑沐雨而櫛風爲民請命則活萬國爲世撥亂則致升平鳩民而立長築宮而置吏元元無過罔於前業官本於作干誤而始有造於華夏隸釋夏作裔陛下卽位光昭文德以翊武功勤恤民隱視之如傷懼者寧之勞者息之隸釋息作休寒者以煖饑者以充遠人以恩復隸釋恩服作德服寇敵以恩降邁恩種德光被四表翁方綱兩漢金石記云光被四表漢末之文已如此建安黃初間爲將相者必非臨文時甫就經師取料則其爲東漢以來傳誦如此之本無可疑者而戴東原必謂古本堯典作橫被四表橫轉寫作桄桄又脫誤爲光以此矜言復古其亦可以不必矣吳禪國山碑亦有格于上下光被八幽之文平心論之借使古本有作橫被者亦當兩存以相參質不必定斥光字之非況於義理光字更爲足乎稽古篤睦茂于放勛網漏吞舟弘乎周文隸釋弘乎作裕于史記酷吏傳網漏於吞舟之魚而吏治烝烝此云周文俟考胡玉縉曰網漏於吞舟之魚始見史記酷吏傳其文承上漢興而言蓋以喻漢之寬政漢書酷吏傳夔之作號爲罔漏吞舟之魚繹號爲二字似前無所因專屬諸漢刑法志云漢興之初雖有約法三章罔漏吞舟之魚其斥高帝也明矣王鏊述古詩曰漢弘吞舟網廉恥獨隱慝本遷固說也今華歆等以屬周文非誤記卽勸進不屑言漢高耳後漢書王龔傳附子暢傳功曹張敞奏記曰夫明哲之君網漏吞舟之魚然後三光明於上人物悅於下敞雖不言高祖亦不言周文也姑志所見俟識者審訂是以布政未朞人神並和皇天則降甘露而臻四靈后土則挺芝草而吐醴泉虎豹鹿兔皆素其色隸釋皆作咸雉鳩燕雀隸釋雀作爵亦白其羽連理之木同心之瓜五采之魚珍祥瑞物雜沓于其間者隸釋沓作遝無不畢備趙一淸曰御覽卷八百十四九百九及九百三十一引魏略曰文帝受禪野蠶成繭九尾狐見於譙郡神龜出於靈芝池宋符瑞志曰延康元年麒麟十見郡國延康元年四月丁巳饒安縣言白虎見又郡國二十七言白虎見黃初元年郡國十九言白鹿及白麋見魏文帝初郡國三十七言甘露降郡國二言醴泉出黃初元年郡國三言嘉禾生郡國二言木連理朱草生文昌殿側黃初中郡國十九言白兔見魏文帝初郡國十九言白雀白鳩見鑊中生赤魚劉逵魏都賦注曰延康元年芝草生於樂平郡黃初元年十一月黃龍高四五丈出雲中張口正赤澤馬

見於上黨郡瑞石靈圖出於張掖之柳谷延康元年三足鳥見於郡國古人有言微禹吾其魚乎微大魏則臣等之白骨交橫于曠野矣隸釋交上有旣字野作壄伏省羣臣外內前後章奏隸釋外內作內外所以陳敘陛下之符命者隸釋符作苻莫不條河洛之圖書據天地之瑞應隸釋據作授因漢朝之款誠宣萬方之景附可謂信矣省矣隸釋作可謂信矣著矣□矣裕矣高矣邵矣省字當爲著字之誤三王無以及五帝無以加民命之懸於魏政三十有餘年矣隸釋作民命之懸於魏邦民心之繫於魏政卅有餘年矣中州金石記云此是傳寫脫文此乃千世時至之會萬載一遇之秋達節廣度宜昭於斯際拘牽小節不施於此時隸釋拘牽作攣狹久稽天命官本久作仰罪在臣等輒營壇場具禮儀擇吉日昭告昊天上帝翁方綱曰昭上闕一字秩羣神之禮須禋祭畢會羣寮於朝堂議年號正朔服色當施行隸釋作當所以施行下接臣謹拜表朝堂臣歆臣詡臣朗臣仁臣若臣輔臣忠臣秋臣柔臣洪臣眞臣休臣尙臣霸臣郃臣晃臣遼臣靈臣泉臣貞臣治臣昱臣夔臣繇臣霸臣林臣照臣淋臣陟臣祖臣淩臣福臣質臣題臣觸臣當臣生臣圖臣神臣衞臣愼臣巽臣俊臣昺臣豊臣褚誠惶誠懼頓首頓首死罪死罪集古錄云魏公卿上尊號表唐賢多傳爲梁鵠書今人或謂非鵠也乃鍾繇書尙未知孰是也嗚呼漢魏之事讀其書者可爲之流涕也其鉅碑偉字其意惟恐傳之不遠也豈以後世爲可欺與不然不知恥者無所不爲乎隸釋云公卿上尊號奏篆額在潁昌相傳爲鍾繇書其中有大理東武亭侯臣繇者卽其人也曹氏父子睥睨漢祚非一朝夕勢極事就乃欲追大麓之蹤竊箕山之節後世果可欺乎又自比嬀汭納漢二女豐碑至今不磨所以播其惡於無窮也當時內外前後勸進之辭不一此蓋刻其最後一章魏志注中亦載此文有數字不同非史臣筆削之辭也皆當以碑爲正隸續云魏公卿上尊號奏篆額二行金石萃編云額題公卿將軍上尊號奏八字篆書陽文今在許州繁城鎭翁方綱曰魏上尊號奏亦名勸進碑今與受禪碑並在許州南三十里樊城鎭漢獻帝廟中二碑皆南向此在東側受禪碑西側也上復令曰昔者大舜飯糗茹草將終身焉斯則孤之前志也及至承堯禪被珍裘史記云堯乃賜舜絺衣與琴梁同書曰珍裘卽孟子所云袗衣也袗訓單無盛服之義當以珍裘爲正胡玉縉曰說文衣部袗禪衣也一曰盛服从衣㐱聲是袗字亦有盛服之意梁說非段玉裁注㐱本訓稠髮凡㐱聲字多爲濃厚上林賦磐石裖崖孟康曰裖致也以石致川之廉也是裖與㐱稹字義同孟子被袗衣袗衣亦當爲盛服趙云畫衣者不得其說姑依皋陶謨作絺言之段說甚瞭特未引珍裘以證盛服耳妻二女若固有之斯則順天命也羣公卿士誠以天命不可拒民望不可違孤亦曷以辭焉　庚午冊詔魏王曰昔堯以

配天之德秉六合之重猶覩歷運之數移於有虞委讓帝位忽如遺跡今天既訖我漢命乃眷北顧帝皇之業實在大魏宋本馮本在作有朕守空名以竊古義顧視前事猶有慙德何焯曰此四語爲追脅篡奪之實錄而王遜讓至於三四馮本讓作位毛本讓作漢朕用懼焉夫不辭萬乘之位者知命達節之數也虞夏之君處之不疑故勳烈垂於萬載美名傳於無窮今遣守尚書令侍中顗喻王趙一淸曰顗當作覬衞覬傳云稍遷尚書魏國既建拜侍中文帝卽王位徙爲尚書頃之還漢朝勸贊禪代之義爲文誥之詔此爲伯儒無疑也其速陟帝位以順天人之心副朕之大願於是尚書令桓階等奏曰今漢氏之命已四至宋本四作曰誤而陛下前後固辭臣等伏以爲上帝之臨聖德期運之隆大魏斯豈數載傳稱周之有天下非甲子之朝殷之去帝位非牧野之日也故詩序商湯追本玄王之至詩商頌玄王桓撥毛傳云玄王契也桓大撥治也鄭箋云承黑帝而立子故謂契爲玄王廣大其政治也述姬周上錄后稷之生謂后稷生於姜嫄文武之功起於后稷是以受命既固厥德不回漢氏衰廢行次已絕三

辰垂其徵史官著其驗耆老記先古之占百姓協謳謠之聲陛下應天受禪當速卽壇場柴燎上帝書舜典柴望秩於山川孔傳云燔柴祭天告至也名山大川如其秩次望祭之禮月令以共郊廟及百祀之薪燎詩小雅庭燎之光釋文云在地曰燎執之曰燭誠不宜久停神器拒億兆之願臣輒下太史令擇元辰今月二十九日可登壇受命請詔王公羣卿具條禮儀別奏令曰可

乃爲壇於繁陽繁陽見前曲蠡注隋書禮儀志魏受漢禪設壇於繁昌爲在行旅郊壇乃闕胡三省曰時南巡至潁川潁陰縣築壇於曲蠡之繁陽亭是年以繁陽爲繁昌縣庚午庚午日誤見前癸卯注王升壇卽阼百官陪位事訖降壇視燎成禮而反宋書禮志文帝成祀而反未有祖配之事通鑑考異曰范書云魏遣使求璽綬曹皇后不與如此數輩后乃呼使者以璽抵軒下因涕泣橫流曰天不祚爾左右莫能仰視按此乃前漢元后事且璽綬無容在曹后之所此說妄也弼按此紀及注屢言使張音奉璽綬往反再三羣臣共覩當爲實錄通鑑考異辨之是也曹后事詳見武紀建安十八年二十年改延康爲黃初宋書符瑞志有黃鳥銜丹書集於尚書臺於是改元爲黃初梁章鉅曰藝文類聚卷十引魏傳遐皇初頌云天子乃登彫輦戴羽蓋珮玉鏘鏘鑾聲噦噦拜上皇告受位兆休祚導神氣於是建皇初之上元發曠盪之明詔眚災肆赦盪滌瑕穢是當時黃初亦通作皇初大赦

獻帝傳曰辛未魏王登壇受禪盧文弨曰文帝實以辛未卽阼獻帝傳所紀是也公卿列侯諸將匈奴單于四夷朝者數萬人陪位燎祭天地五嶽四瀆爾雅釋山云泰山爲東嶽華山爲西嶽霍山爲南嶽恆山爲北嶽嵩高爲中嶽陸德明音義云泰山一名岱宗在兗州界漢在泰山博縣又云在奉高縣華山在豫州界漢在弘農華陰縣霍山一名衡山在荆州界漢在長沙湘南縣又云在廬江灊縣恆山在并州界漢在常山上曲陽縣以犯漢文帝諱改爲常山嵩高在豫州界漢在河南爾雅釋水云江河淮濟爲四瀆四瀆者發源注海者也曰皇帝臣丕敢用玄牡昭告于皇皇后帝書湯誥敢用玄牡敢昭告于上天神后漢歷世二十有四踐年四百二十有六四海困窮三綱不立宋本三作王五緯錯行靈祥並見推術數者慮之古道咸以爲天之歷數運終茲世凡諸嘉祥民神之意比昭有漢數終之極盧文弨曰何校疑比作皆魏家受命之符漢主以神器宜授於臣憲章有虞中庸仲尼祖述堯舜憲章文武致位于丕丕震畏天命雖休勿休羣公庶尹六事之人書甘誓大戰于甘乃召六卿王曰嗟六事之人孔傳云各有軍事故曰六事也鄭玄

曰變六卿言六事之人者言軍吏下及士卒也六卿之身及所部之人各有軍事故六事之人爲總呼之辭外及將士洎于蠻夷君長僉曰天命不可以辭拒神器不可以久曠羣臣不可以無主萬機不可以無統官本機作幾丕祗承皇象敢不欽承卜之守龜兆有大橫漢書文帝紀大臣使人迎代王代王卜之兆得大橫占曰大橫庚庚余爲天王夏啓以光于是代王乃詣長安應劭曰龜曰兆筮曰卦卜以荆灼龜文正橫也筮之三易周禮大卜掌三易之法一曰連山二曰歸藏三曰周易兆有革兆謹擇元日與羣僚登壇受帝璽綬告類于爾大神書舜典肆類于上帝孔疏云類祭名詩云是類是禡周禮肆師云類造上帝王制云天子將出類乎上帝所云類者皆是祭天之事言以事類而祭也唯而有神宋本神作禪誤尚饗永吉兆民之望祚于有魏世享遂制詔三公上古之始有君也必崇恩化以美風俗然百姓順教而刑辟厝焉今朕承帝王之緒其以延康元年爲黃初元年議改正朔易服色殊徽號同律度量承土行大赦天下自殊死以下諸不當得赦皆赦除之隸釋載魏受禪表云維黃初元年冬十月辛未皇帝受禪于漢氏上稽儀極下考前訓書契所錄帝王遺事義莫顯於禪德美莫盛於受終故書陳納于大麓傳稱歷數□□□是以降世且二百

年幾三千堯舜之事復存于今允皇代之上儀帝者之高致也故立斯表以昭德□義焉皇帝體乾剛之懿姿紹有虞之皇裔九德旣該欽明文塞齊光日月材兼三極及嗣位先皇龍興饗國撫柔烝民化以醇德崇在寬之政邁愷悌之教宣重光以照下擬陽春以播惠開禁倉散滯積冢臣□□□□之錫衆兆陪臺蒙賜饉之養興遺勳繼絕世廢忘之勞獲金爵之賞縲紲之孤食舊德之祿善無微而不旌功無細□□□□我士哀矜庶獄罷戍役焚丹書囹圄虛靜外無曠夫玄澤雲行罔不沾渥若夫覆載簡易剛柔允宜乾巛之德陰陽□□□□□類育物奮庸造化之道四時之功也寬容淵嘿恩洽羣黎皇戲之質堯舜之姿也孜孜業業邁德濟民伯禹之勞□□□□叡智神武料敵用兵殷湯之略周發之明也廣大配天地茂德苞衆聖鴻恩洽於區夏仁聲播於八荒雖象胥所□□□□□□和而來王是以休徵屢集和氣烟熅上降乾祉下發巛珍天關啓闢四靈具臻涌醴橫流山見黃人所以顯受命之□□□□□之期運也其餘甘露零於豐草野蠶繭於茂樹嘉禾神芝奇禽靈獸窮祥極瑞者朞月之間蓋七百餘見自金天以□□□□嘉祥之降未有若今之盛者也是以漢氏覩歷數之去已知神器之有歸稽唐禪虞紹天明命釐嬪二女欽授天位皇帝謙退讓德不嗣至于再至于三于是羣公卿士僉曰陛下聖德懿侔兩儀皇符昭晰受命咸宜且有熊之興地出大螾夏后承統木榮冬敷殷湯革命白狼銜鉤周武觀□□□□□方之今日未足以喻而猶以一至之慶寵神當時紹天卽祚負依而治況於大魏靈瑞若茲者乎蓋天命不可以辭□□□□□以意距大統不可久曠萬國不可以乏主宜順民神速承天序於是皇帝乃回思遷慮旁觀庶徵上在璿璣筮之周易卜

以守龜龜筮襲吉五反靡違乃覽公卿之議順皇天之命練吉日□□□□唐典之明憲遵大鹿之遺訓遂於繁昌築靈壇設壇宮階圭璧儲犧牲延公侯卿士常伯常任納言諸節岳牧邦君虎□□□□匈奴南單于東夷南蠻西戎北狄王侯君長之羣入自旗門咸旅于位皇帝乃受天子之籍冠通天襲袞龍穆穆皇皇物有其容上公策祝燔燎械樸告類上帝望秩五岳烟于六宗徧于羣神□□□晏祥風來臻乃詔有司大赦天下改元正始開皇綱闡帝載殊徽幟革器械脩廢官班瑞節同律量衡更姓改物勒崇垂鴻創□作則永保天祿傳之罔極洪适曰魏受禪表篆額在潁昌亦曰鍾繇書所謂表者蓋表揭其事非表奏之表也漢隸字源云受禪表黃初元年立在潁昌府臨潁縣魏文帝廟劉禹錫嘉話王朗文梁鵠書鍾繇鐫字謂之三絕嚴可均曰今據聞人牟準魏敬侯碑陰則受禪表衛覬撰並書按牟準去魏未遠語尤可信也金石後錄云丕直以己無愧於舜禹而是時公卿大臣又以天下後世爲可欺復勒此表說文云表識也所以揭其事而記之也成湯放桀曰予有慚德恐來世以爲口實魏之君臣良心陷匿至于乃爾遂借堯舜爲口實唐虞受禪果若是乎兩漢金石記云碑中有熊夏后云云蓋皆出於讖記東漢之儒競言讖諱卒致三分之際曹魏受禪孫吳封山皆託讖以爲文且欲以炫於後世斯經師之流弊史冊之炯戒也中州金石記云漢隸字源謂碑在魏文帝廟內今爲漢獻帝廟者後人毁斥文帝像復爲之也金石萃編云碑額題受禪表三字篆書陽文今在許州繁城鎭蛾術編云按表乃表揭其事特標黃初元年斯眞魏受命之第一事也較之大饗碑公卿上尊號奏行於漢延康未改新號時尤大彰明較著乃陳壽盡削不載所載惟漢帝册文不及百字（一弼按當作不及二百字）若蜀志於先主爲漢中王羣下上漢帝表先主爲漢中王上言漢帝及羣臣述符命上言先主卽位告天文均全載之（互見蜀志先主傳注弼按王鳴盛蛾術編論石刻事多收入金石萃編而蛾術編中無之）

魏氏春秋曰帝升壇禮畢顧謂羣臣曰舜禹之事吾知之矣

干寶搜神記曰 晉書干寶傳寶字令升新蔡人少勤學博覽書記以才器召爲著作郞王導薦領國史遷散騎常侍著晉紀三十卷性好陰陽術數留思京房夏侯勝等傳寶父先有所寵侍婢母甚妬忌及父亡母乃生推婢於墓中後十餘年母喪開墓而婢伏棺如生載還經日乃蘇言其父常取飲食與之恩情如生旣而嫁之生子寶以此遂撰集古今神祇靈異人物變化名爲搜神記凡三十卷以示劉惔惔曰卿可謂鬼之董狐隋志入史部雜傳舊唐志同新唐志入子部小說俱作三十卷宋志作搜神總記十卷崇文總目則云搜神總記十卷不著撰人名氏或云干寶撰非也四庫提要引胡應麟甲乙剩言云此不過從法苑御覽藝文初學書鈔諸書中錄出耳大抵後出異書皆此類也其說允矣今本存二十卷多竄以後事或爲後人所采輯也

宋大夫邢史子臣明於天道周敬王之三十七年景公問曰天道其何祥對曰後五十年 盧文弨曰十字衍宋書無之 五月丁亥臣將死死後五年五月丁卯吳將亡亡後五年君將終終後四百年邾王天下俄而皆如其言所謂邾王天下者謂魏之興也邾曹姓魏亦曹姓

皆邾之後其年數則錯未知邢史失其數邪將年代久遠注記者傳而有謬也

黃初元年 梁虞荔鼎錄文帝黃初元年鑄受禪鼎其文曰受祚鼎小篆書 十一月癸酉以河內之山陽邑萬戶奉漢帝爲山陽公 范書獻帝紀冬十月乙卯皇帝遜位魏王丕稱天子奉帝爲山陽公邑一萬戶位在諸侯王上奏事不稱臣受詔不拜以天子車服郊祀天地宗廟祖臘皆如漢制都山陽之濁鹿城章懷注山陽縣名屬河內郡濁鹿一名濁城亦名清陽城在今懷州修武縣東北元和志濁鹿故城在修武縣東北二十三里寰宇記濁鹿城周迴十五里一統志山陽故城在河南懷慶府修武縣西北三十五里獻帝陵在修武縣北三十五里濁鹿城後小風村名禪陵帝王世紀在濁城西北去濁城直行十一里斜行七里去山陽十五里范曄論曰傳稱鼎之爲器雖小而重故神之所寶不可奪移至今負而趨者此亦窮運之歸乎天厭漢德久矣山陽其何誅焉彭孫貽茗香堂史論云旣襲虞夏之迹名受漢帝之禪乃封帝爲山陽公在昔舜禹受終豈嘗削其帝號退就諸侯之國哉朱彝之云三代以下王莽以居攝學周公曹丕以禪讓學舜禹借經訓以文篡奪之迹讀之曷深浩歎 行漢正朔以天子之禮郊祭 御覽五百六十載魏文帝詔曰朕承符運受終革命其敬事山陽公如舜之宗堯有始有卒傳之無窮前羣司奏處正朔欲使一皆從魏制意所不安其令山陽公於其國中正朔服色祭祀禮樂自如漢 上書不稱臣京都有事於太廟 錢大昕曰晉史臣避景帝諱稱京師爲京

都或曰京邑弼按續百官志凡州所監都爲京都置尹一人二千石非避晉諱也

致胙封公之四子爲列侯後漢書獻帝紀云四皇子封王者皆降爲列侯本志衞臻傳時羣臣並頌魏德多抑損前朝臻獨明禪授之義稱揚漢美帝數目臻曰天下之珍當與山陽共之

追尊皇祖太王曰太皇帝考武王曰武皇帝潘眉曰是時刻金璽追加尊號不敢開埏乃爲石室藏璽埏首弼按互見武紀建安二十五年注

尊王太后曰皇太后時文帝欲追封太后父母因尚書陳羣奏而止事見后妃傳

賜男子爵人一級爲父後及孝悌力田人二級爵二十級見武紀建安二十年注漢書文帝紀賜民爵一級師古曰賜爵者謂一家之長得之也文帝紀又云賜天下民當爲父後者爵一級師古曰雖非己生正嫡但爲後者卽得賜爵何焯曰當爲父後正謂嫡長耳顏注非其曰非己生尤乖於理後漢書明帝紀賜天下男子爵人二級三老孝悌力田人三級章懷注前書音義曰男子者謂戶內之長也商鞅謂秦制爵二十級賜爵者有罪得贖貧者得賣與人三老孝悌力田三者皆鄉官之名三老高帝置孝悌力田高后置所以勸導鄉里助成風化也錢大昭曰自公士至公乘民之爵也生以爲祿位死以爲號謚凡言賜民爵者卽此自五大夫至徹侯則官之爵也

以漢諸侯王爲崇德侯崇德侯爲名號侯見武紀二十年注范書趙孝王良傳建安十八年徙珪爲博陵王魏初以爲崇德侯

列侯爲關中侯以潁陰之繁陽亭爲繁昌縣

注見前

封爵增位各有差改相國爲司徒御史大夫爲司空胡三省曰漢獻帝建安十三年罷三公官今復舊趙一清曰晉職官志太尉司徒司空古官也自漢歷魏置以爲三公弼按詳見武紀建安十三年注

奉常爲太常郎中令爲光祿勳大理爲廷尉奉常大理見武紀建安二十一年注郎中令見武紀建安十九年注

大農爲大司農近人某氏藏燉煌出土舊鈔吳志虞翻陸績張溫傳殘卷張溫傳大司農劉基作大農劉基遂謂吳承漢制大農爲漢官名大司農爲魏官名弼按漢書百官公卿表治粟內史秦官掌穀貨景帝後元年更名大農令武帝太初元年更名大司農王莽改曰羲和後更爲納言續百官志大司農卿一人中二千石是東漢復爲大司農見於各紀傳者甚多又按魏都賦注建安十八年魏國始置大農至黃初元年改大農爲大司農是大司農本漢官名大農爲魏官名顯然無誤某氏所云似不足據

郡國縣邑多所改易更授匈奴南單于呼廚泉魏璽綬賜青蓋車乘輿寶劍玉玦續輿服志皇太子皇子皆安車朱班輪青蓋金華蚤黑櫎文畫轓文輈金塗五末皇子爲王錫以乘之故曰王青蓋車本志董卓傳卓乘青蓋金華車注引獻帝紀蔡邕謂卓曰公乘青蓋車遠近以爲非宜卓改乘金華皁蓋車宋書禮志五云漢制自天子至于百官無不佩刀張衡東京賦紆黃組腰干將然則人君至士人又帶劍也續輿服志佩刀之飾至孝明皇帝乃爲大佩衡牙雙瑀璜皆以白玉乘輿落以白珠趙一清曰魏文賜呼廚泉青蓋車則諸王之乘也乘輿寶劍玉玦則逼近天子之制也蓋卽位之初以此寵異招徠之耳寰宇記卷四十二離石縣後漢末荒廢爲南單于庭左國城黃初三年復置

十二月初營洛陽宮戊午幸洛陽蓋自繁陽還洛陽也本志辛毗傳帝欲徙冀州士家十萬戶實河南辛毗力諫帝徙其半胡三省曰時營洛陽故欲徙冀州士卒家以實之郡國志司隸河南尹雒陽周時號成周劉昭注公羊傳曰成周者何東周也何休曰周道始成王之所都也摯虞曰古之周南今之雒陽晉書地理志光武都洛陽司隸所部與前漢不異魏氏受禪卽都漢宮置司州晉仍居魏都洛陽置尉五部三市東西七里南北九里東有建春東陽清明三門南有開陽平昌宣陽建陽四門西有廣陽西明閶闔三門北有大夏廣莫二門司隸校尉河南尹及百官列城內也一統志洛陽故城今河南河南府洛陽縣東北二十里漢書文帝紀上幸甘泉如淳曰蔡邕云天子車駕所至臣民以爲僥倖故曰幸

臣松之按諸書記是時帝居北宮以建始殿朝羣臣惠棟曰東京有南北宮相去七里中央作大屋複道三道行天子從中道從官夾左右十步一衞南宮有玉堂前後殿卻非殿宣室殿嘉德殿崇德殿雲臺殿九龍殿廣德殿安福殿龢歡殿銅馬殿敬法殿清涼殿鳳凰殿翔平殿竹殿黃龍千秋萬歲殿又侍中寺中黃門寺畫室署丙署及雲臺謻臺皆在南宮北宮有德陽殿章德殿章德前殿宣明殿溫明殿含德殿天祿殿壽安殿迎春殿永寧殿溫勅殿章臺殿章臺下殿又靈室掖庭永巷署朔平署增喜觀九子坊皆在北宮東觀在南宮白虎觀在北宮尚書闥在南宮尚方在北宮兩宮各有衞士主之尚書省在神仙門內太尉司徒司空府開陽城門內司徒府中有百官朝會殿五營校尉前後左右將軍府皆在城中舊文殘闕舉其大略如此耳弼按東京宮殿雖爲董卓所焚然當時舊址猶存故魏武至洛陽起建始殿魏文得於是朝羣臣也

門曰承明陳思王植詩曰謁帝承明廬是也漢書嚴助傳君厭承明之廬張晏曰承明廬在石渠閣外直宿所止曰廬沈欽韓曰說苑修文篇天子左右之路寢謂之承明何也曰承乎明堂之後者也或謂子建詩本此非承明門也裴注誤弼按文選李善注引陸機洛陽記云承明門後宮出入之門吾嘗怪謁帝承明廬問張公云魏明帝作建始殿朝會皆由承明門又按應璩百一詩云三入承明廬李善注璩初爲侍郎又爲常侍又爲侍中故云三入直廬在承明門側據此則建始殿在北宮故爲後宮出入之門門曰承明直廬曰承明廬也裴注不誤

至明帝時始於漢南宮崇德殿處起太極昭陽諸殿

魏書曰以夏數爲得天故卽用夏正而服色尚黃本志辛毗傳時議改正朔毗以魏氏遵舜禹之統應天順民至於湯武以戰伐定天下乃改正朔孔子曰行夏之時左氏傳曰夏數爲得天正何必期於相反帝善而從之胡三省曰自是之後遂皆以建寅爲正宋書禮志一云魏文帝雖受禪於漢而以夏數爲得天故黃初元年詔曰孔子稱行夏之時乘殷之輅服周之冕樂則韶武此聖人集羣代之美事爲後王制法也傳曰夏數爲得天朕承唐虞之美至於正朔當依虞夏故事若殊徽號異器械制禮樂易服色用牲幣自當隨土德之數每四時之季月服黃十八日臘以丑牲用白其飾節旄自當赤但節

轄黃耳其餘郊祀天地朝會四時之服宜如漢制宗廟所服一如周禮尚書令桓階等奏據三正周復之義國家承漢氏人正之後當受之以地正犧牲宜用白今從漢十三月正則犧牲不得獨改今新建皇統宜稽古典先代以從天命而告朔犧牲壹皆不改非所以明革命之義也詔曰服色如所奏其餘宜如虞承唐但臘日用丑耳此亦聖人之制也弼按明帝景初元年改正朔詳見明紀齊王芳正始元年復用夏正朔以建寅爲歲首詳見三少帝紀

魏略曰詔以漢火行也火忌水故洛去水而加佳魏於行次爲土宋本土作士誤**土水之牡也**毛本牡作土誤**水得土而乃流土得水而柔故除佳加水變雒爲洛**胡玉縉曰去水加佳爲肊造段玉裁經韻樓集伊雒字古不作洛攷謂古豫州之水作雒字雍州之水作洛字汪之昌青學齋集伊雒字古不作洛解謂洛水名是本字雒殆洛之借字說雖不同而各有徵引段說甚碻汪說亦通皆不取雒爲漢所改之說以此見姦雄欺人丕綽有父風也

是歲長水校尉戴陵諫不宜數行弋獵漢書百官公卿表長水校尉掌長水宣曲胡騎師古曰長水胡名也宣曲觀名胡騎之屯於宣曲者又曰長水校名宣曲宮名也並胡騎所屯今鄠縣東長水鄉卽舊營校之地見劉屈氂傳注續百官志長水校尉一人比二千石掌宿衛兵韋昭曰長水校尉典胡騎廄近長水故以爲名長水蓋關中小水名蔡質漢儀曰主長水宣曲胡騎漢官曰員吏百五十七人烏桓胡騎七百三十六人王先謙曰長水宣曲皆胡騎屯長水者謂之長水胡騎屯宣曲者謂之宣曲胡騎各爲營校劉屈氂傳如侯持節發長水及宣曲胡騎可證趙一清曰戴陵明帝時與張郃拒諸葛亮於上邽見蜀志諸葛亮傳注梁章鉅曰魏公卿上尊號奏有長水校尉關內侯臣淩當卽此人宋書五行志作戴凌皆一人也趙一清曰宋書禮志獵車一名闟豬車魏文帝改曰蹋虎車續輿服志蹋作闟

帝大怒陵減死罪一等宋書五行志一魏文帝居諒闇之始便數出遊獵體貌不重風尚通脫故戴凌以直諫抵罪鮑勛以迕旨極刑天下化之咸賤守節此貌之不恭也是以享國不永後祚短促本志鮑勛傳文帝將出遊獵勛停車上疏曰如何在諒闇之中修馳騁之事乎帝手毀其表而競行獵辛毗傳嘗從帝射雉帝曰射雉樂哉毗曰於陛下甚樂而於羣下甚苦帝默然後遂爲之稀出

二年春正月郊祀天地明堂范書光武帝紀中元元年初起明堂靈臺章懷注大戴禮云明堂者凡九室一室有四戶八牖三十六戶七十二牖以茅蓋上上圓下方赤綴戶也白綴牖也漢官儀曰明堂四面起土作壍上作橋壍中無水明堂去平城門二里所天子出從平城門先歷明堂迺至郊祀續祭祀志劉昭注鄭玄曰明堂者明政教之堂孝經援神契曰明堂上圓下方八窗四達布政之宮在國之陽晏子春秋曰明堂之制下之溫溼不能及也上之寒暑不能入也木土不鏤示民知節也呂氏春秋曰周明堂茅茨蒿柱土階三等以示儉節也新論曰天稱明故命曰明堂上圓法天下方法地八窗法八風四達法四時九室法九州十二坐法十二月三十六戶法三十六雨七十二牖法七十二風胡廣曰古之清廟以茅蓋屋所以示儉也今之明堂茅蓋之乃加瓦其上不忘古也（以上諸說見續祭祀志注）水經注云穀水又逕明堂北中元元年立尋其基構上圓下方九室重隅十二堂魏繆襲議曰漢有雲翹育命之舞不知所出舊以祀天今可兼以雲翹祀圜丘兼以育命祀方澤（見續祭祀志注）宋書禮志三云魏文帝黃初二年正月郊祀天地明堂是時魏都洛京而神祇兆域明堂靈臺皆因漢舊事

甲戌校獵至原陵范書明帝紀葬光武皇帝於原陵有司奏上尊廟曰世祖章懷注引帝王世紀曰原陵方三百二十步高六丈在臨平亭東南去洛陽十五里一統志漢世祖原陵在河南河南府孟津縣西弼按董卓發掘諸陵而原陵猶在當由薄葬之故**遣使者以太牢祠漢世祖**御覽五百六十魏文帝爲漢帝置守冢詔云爲武昭宣明帝置守冢各三百家

乙亥朝日于東郊宋書禮志一魏文帝詔曰漢氏不拜日于東郊而旦夕常於殿下東面拜日煩褻似家人之事非事天郊神之道也黃初二年正月乙亥朝日於東門之外按禮天子以春分朝日於東秋分夕月於西今正月非其時也續禮儀志劉昭注引魏文帝詔與此同南齊書禮志上所引較此爲詳晉書禮志上云黃初二年正月乙亥祀朝日於東郊之外違禮二分之義明帝太和元年二月丁亥祀朝日於東郊八月己丑祀夕月於西郊始得古禮

臣松之以爲禮天子以春分朝日秋分夕月尋此年正月郊祀馮本此作比誤**有月無日乙亥朝日則有日無月蓋文之脫也案明帝朝日夕月皆如禮文故知此紀爲誤者也**馮本

誤作脫潘眉曰明帝紀太和元年二月丁亥朝日用春分此乙亥朝日乃在正月與春分禮自別蓋是年二月無乙亥乙亥正月初四日也裴世期不通歷術故疑乙亥在二月遂以紀不書二月爲文之脫黃初元年十月大癸卯朔十一月小癸酉朔十二月大壬寅朔二年正月小壬申朔二月大辛丑朔是年六月小庚子朔下文云六月庚子初祀嶽瀆戊辰晦日有食之錢儀吉曰文帝雖有采周春分之詔（見南齊書禮志上）其實未嘗施行是歲祭日實以正月至太和乃用二分後先殊制不可強同裴氏不考當代禮制遂爲史有闕文疏已尙書大傳云古者帝王以正月迎朝日於東郊辭曰惟某年某月上日明光於上下勤施於四方旁作穆穆惟予一人某敬拜迎日東郊又爲知魏初之制非有取於伏氏之義與然不可得詳矣

初令郡國口滿十萬者歲察孝廉一人其有秀異無拘戶口續百官志凡郡國歲盡遣吏上計並舉孝廉郡口二十萬舉一人今令郡國口滿十萬舉一人是陪於漢制蓋籍此示恩也**辛巳分三公戶邑封子弟各一人爲列侯**御覽一百八十一引魏公奏事云爵雖列侯食邑不滿萬戶不得作第其舍在里中皆不稱宅**壬午復潁川郡一年田租**

魏書載詔曰潁川先帝所由起兵征伐也官渡之役四方瓦解遠近顧望而此郡守義

丁壯荷戈老弱負糧昔漢祖以秦中爲國本光武恃河內爲王基今朕復於此登壇受禪天以此郡翼成大魏

改許縣爲許昌縣許縣見武紀建安元年注元和志魏遷都洛陽宮室武庫猶在許昌以魏郡東部爲陽平郡西部爲廣平郡魏郡見武紀初平元年鄴縣注又見建安十七年十八年注水經淇水注白溝水北逕倉亭城西東去館陶縣故城十五里縣即春秋所謂冠氏魏陽平郡治也晉書地理志司州陽平郡治元城元和志魏於元城縣置陽平郡又云館陶縣漢屬魏郡魏文帝改屬陽平郡石趙移陽平郡理此洪亮吉補三國疆域志吳增僅三國郡縣表楊守敬三國郡縣圖均以館陶爲魏陽平郡治一統志館陶故城在今山東東昌府丘縣西南四十里元城故城在今直隸大名府元城縣東沙麓旁吳增僅曰洪志陽平縣建安十七年移屬魏郡然魏武紀建安十七年以諸郡增益魏郡無陽平縣洪氏誤也惟魏初旣以陽平立郡似陽平縣當隸本郡晉志陽平郡屬有陽平縣當是魏初立郡時自東郡移入趙一清曰晉志廣平郡治廣平魏書地形志魏廣平郡治曲梁一統志曲梁故城今直隸廣平府永年縣治廣平見武紀建安十七年注王先謙曰案一統志廣平前漢國魏置郡仍治廣平後魏移治曲梁元城三國魏爲陽平郡治晉因之石趙移治館陶後魏因之洪志吳表並以後魏爲曹魏非也

魏略曰改長安譙許昌鄴洛陽爲五都水經濁漳水注魏因漢祚復都洛陽以譙爲先人本國許昌爲漢之所居長安爲西京之遺迹鄴爲王業之本基故號五都也王鳴盛曰長安久不爲都譙因故鄉目爲都皆非都也眞爲都者許鄴洛耳餘說見武紀建安十年注立石表西界宜陽北循太行東北界陽平南循魯陽東界郯爲中都之地趙一清曰續郡國志弘農郡宜陽河內郡野王有太行山南陽郡魯陽東海郡郯袁紹傳陽平亭去鄴十七里謝鍾英曰水經洛水注昌澗水逕宜陽故郡南舊陽市邑故洛陽典農都尉治此後改爲郡杜氏新書杜恕去官營宜陽一合隖因其壍壘之固小大家焉一統志宜陽故城今河南府宜陽縣西野王故城今河南懷慶府河內縣治太行山一名五行山河內濟源修武三縣皆在其麓東接衛輝府輝縣界北接山西澤州府界括地志太行山南屬懷州北屬澤州又東北連亙河北諸州凡數千里爲天下之脊通鑑地理通釋秦漢之間稱山北山南山東山西者皆指太行太行在漢屬河內郡野王山陽之間今屬懷州在天下之中故指此山以表地勢焉一統志魯陽故城今河南汝州魯山縣治東海郡郯見武紀初平四年徐州牧注陽平見上又見武紀建安八年注趙氏指陽平亭誤令天下聽內徙復五年後又增其復

詔曰昔仲尼資大聖之才隸釋資作姿懷帝王之器當衰周之末無受命之運在魯衛之朝隸釋在作□生乎教化乎洙泗之上隸釋洙作汶悽悽焉遑遑焉隸釋悽悽作栖栖遑遑作皇皇潘眉曰悽悽論語作栖後漢書周黃徐姜申屠列傳贊悽悽碩人陵阿窮退注悽悽饑病貌文選答賓戲棲棲遑遑注棲遑不安居之意也悽悽訓饑病字義不合當从文選作棲从木旁棲與栖同欲屈已以存道貶身以救世於時王公終莫能用之隸釋於作當無之字乃退考五代之禮隸釋退作追脩素王之事因魯史而制春秋就太師而正雅頌俾千載之後莫不宗其文以述作隸釋宗作宋宋書禮志四同仰其聖以成謀隸釋仰作卬咨金石後錄云咨歎聲一字爲句東魏孔廟李仲璇碑亦有咨可謂開闢之儒聖無窮之文宗者矣意當時文體如此虞書二典用咨發端者甚多古人重其事重其詞則爲嗟歎之聲以聳人聽非若後世之用噫嘻吁等字止于悲涼感慨也金石存云爾雅釋詁茲斯咨呰已此也邢昺疏云咨與茲同漢隸字原云義作茲蓋非假借咨實有此義也可謂命世之大聖億載之師表者也隸釋無上之字也作已遭天下大亂百祀墮壞宋志壞作廢舊居之廟毀而不脩褒成之後絕而莫繼范書儒林傳孔僖傳漢平帝時封孔子後孔均爲褒成侯光武建武十三年復封均

子志爲褒成侯志子損和帝永元四年徙封褒亭侯世世相傳至獻帝初國絕闕里不聞講頌之聲漢書梅福傳今仲尼之廟不出闕里師古曰闕里孔子舊里也郡國志豫州魯國魯有闕里孔子所居四時不覩蒸嘗之位隸釋蒸作烝斯豈所謂崇禮報功盛德百世必祀者哉隸釋禮作化下有嗟乎朕甚閔焉其以議郎孔羨爲宗聖侯范書儒林傳孔僖傳李賢注魏封孔子二十一葉孫羨爲崇聖侯惠棟曰注作崇誤弼按宋書禮志四云晉武帝太始三年改封宗聖侯孔震爲奉聖亭侯可證李注作崇之誤邑百戶奉孔子祀令魯郡脩起舊廟置百戶吏卒以守衛之宋志戶作石隸釋百戶吏卒作百石吏卒金石文字記云魯相乙瑛置孔子廟百石吏卒碑百石吏卒者秩百石之卒史也漢書儒林傳郡國置五經百石卒史兒寬傳補廷尉文學卒史臣瓚曰漢注卒史秩百石是也若三輔卒史則二百石黃霸傳補左馮翊二百石卒史因其秩有不同故舉其石之多寡以別之水經注載此爲後人不通者改作百夫吏卒（弼按聚珍本水經泗水注作百石吏卒）杜氏通典作百戶吏卒三國志監本同侯康曰百戶吏卒當作百石卒史漢有孔廟置守廟百石卒史碑此蓋仍漢制也續百官志注引漢官曰河南尹百石卒史二百五十人何焯曰百戶吏卒是守衛之人與桓帝永興元年魯相乙瑛碑置孔子廟百石卒史不同彼以孔子孫爲之翁方綱曰洪氏所釋孔羨碑已作吏卒則此二字之誤自漢碑已然無惑乎三國志之作吏卒矣今諦視石本泐迹卒上一字似是史字未敢

臆定弼按作百戶吏卒或作百石卒史均可通若如隸釋作百石吏卒則殊費解矣又於其外廣爲室屋以居學者隸釋載魏脩孔子廟碑文云維黃初元年大魏受命胤軒轅之高縱紹虞氏之遐統應歷數以改物揚仁風以作教於是輯五瑞班宗彝鈞衡石同度量秩羣祀於無文順天時以布化既乃緝熙聖緒昭顯上世追存二代三恪之禮兼紹宣尼褒成之後以魯縣百戶命孔子廿一世孫議郎孔羨爲宗聖侯以奉孔子之祀制詔三公曰（詔文見紀不錄）於是魯之父老諸生遊士覩廟堂之始復觀俎豆之初設嘉聖靈於髣髴想貞祥之來集乃慨然而歎曰大道衰廢禮學滅絕卌餘年皇上懷仁聖之懿德兼二儀之化育廣大苞於無方□恩淪於不測故自受命以來天人咸和神氣烟熅嘉瑞踵武休徵屢臻殊俗解編髮而慕義遐夷越險阻而來賓雖大晧遊龍以君世虞氏儀鳳以臨民伯禹命玄宮而爲夏后西伯由岐社而爲周文尚何足稱於大魏哉若乃紹繼微絕興脩廢官疇咨稽古崇配乾坤允神明之所福祚宇內之所歡欣也豈徒魯邦而已哉爾乃感殷人路寢之義嘉先民泮宮之事以爲高宗僖公蓋嗣世之王諸侯之國耳猶著德於名頌騰聲乎千載況今聖皇肇造區夏創業垂統受命之日曾未下輿而褒崇大聖隆化如此能無頌乎乃作頌曰煌煌大魏受命溥將并體黃虞含夏苞商降釐下土上清三光羣祀咸秩靡事不綱嘉彼玄聖有邈其靈遭世霧亂莫顯其榮褒成既絕寢廟斯傾闕里蕭條靡歆靡馨我皇悼之尋其世武乃建宗聖以紹厥後脩復舊堂（藝文類聚三十八堂作廟宋本曹子建集同）豐其甍宇莘莘學徒爰居爰處王教既備羣小遄沮魯道以興永作憲矩洪聲登假神祇來和（藝文類聚和作祐宋本子建集作祜）休徵雜遝瑞我邦家內光區宇外被荒遐殊方重譯搏拊揚歌於赫四聖運世應期仲尼既沒文亦在茲彬彬我后越而五之並于億載如山之基洪适曰右魯孔子廟之碑篆額嘉祐中郡守張稚圭按圖經題曰魏陳思王曹植詞梁鵠書碑云元年而史作二年誤也孔傳傳注以羨爲崇聖侯亦誤也文帝履位之初首能尊崇先聖刊寫瑰琰知所本矣使其味素王之言行六經之道則豈止鼎峙之業而已哉魏隸可珍者四碑此爲之冠甚有石經論語筆法大饗碑蓋不相遠若繁昌二碑則自是一家亦有以爲梁鵠書者非也朱彝尊曰洪氏以碑文作元年而魏志作二年謂誤在史考魏王受禪在漢延康元年十一月既升壇即祚事訖改延康爲黃初而碑辭敘黃初元年大魏受命應歷數以改物秩羣祀於無文既乃緝熙聖緒昭顯上世則詔三公云云原受禪之始歲且將終碑有既乃之文則下詔在明年二月史未必誤錢大昕曰碑文稱追存二代三恪之禮兼紹宣尼褒成之後魏志祇載封孔子後詔書而不及存三恪事乃史之闕漏耳顧炎武曰封孔羨碑八分書今在曲阜縣孔子廟中後人刻其下曰陳思王曹植詞梁鵠書謬也弼按藝文類聚卷三十八載曹植孔子廟頌即此文之頌當有所本顧氏所云或未深考也春三月上文有春字此春字衍文加遼東太守公孫恭爲車騎將軍車騎將軍見武紀建安元年大將軍注初復五銖錢胡三省曰漢獻帝初平元年董卓壞五銖錢今復之潘眉曰漢世五銖錢行最久董卓壞之更鑄小錢至是始復是年因穀貴旋罷明帝太和元年復行夏四月以車騎將軍曹仁爲大將軍繼夏侯惇之位也五月鄭甘復叛上年甘降遣曹仁討

斬之六月庚子初祀五嶽四瀆五嶽四瀆注見前延康元年改元年爲黃初注引獻帝傳咸秩羣祀書舜典望秩于山川孔傳云如其秩次望祭之

魏書甲辰以京師宗廟未成帝親祠武皇帝于建始殿躬執饋奠如家人之禮宋書禮志三云魏文帝黃初二年六月以洛京宗廟未成乃祠武帝於建始殿何承天曰案禮將營宮室宗廟爲先庶人無廟故祭於寢帝者行之非禮甚矣胡三省曰建始殿帝所起以建國之始命名父爲士子爲天子祭以天子安有用家人禮者哉弼按武紀建安二十五年注引世語云太祖自漢中還洛陽起建始殿是建始殿爲魏武所起也胡注誤周壽昌曰魏文篡漢未周一年宮廟之修猝難治辦不能責其非禮也

丁卯夫人甄氏卒通鑑太祖之入鄴也帝爲五官中郎將見袁熙妻中山甄氏美而悅之太祖爲之聘焉生子叡及即位安平郭貴嬪有寵甄夫人留鄴不得見失意有怨言郭貴嬪譖之帝大怒六月丁卯遣使賜夫人死胡三省曰爲明帝立郭太后以憂崩張本弼按文帝爲五官中郎將在建安十六年平鄴在建安九年通鑑言太祖入鄴文帝爲五官中郎將誤也（蓋沿世說新語之誤）惟甄后之卒本傳言遣使賜死故書卒不書崩（他后皆書崩毛后賜死亦書卒）其致死之由史言后失意有怨言然參合前後情勢尚有數因列舉如下以資佐證據世說新語惑溺篇所載曹公屠鄴令疾召甄左右白五官中郎將已將去曹公有今年破賊正爲奴之語子桓之久不得立爲太子或亦以是之故郭后傳言文帝爲嗣郭后有謀大位既踐遷怒於甄其因一也甄后初納年方少艾逮至黃初色衰齒長郭后傳言甄后之死由郭后之寵其因二也明帝之崩時年卅六袁胤曹嗣深滋疑竇殺母留子藉以滅口其因三也（明紀注引魏末傳文帝射殺鹿母問對之語可玩味也）宮省事祕隱奧難窺開國之初而不能容一婦人事涉離奇讀史者不能不爲之推尋也戊辰晦日有食之有司奏免太尉胡三省曰仍東漢中世之制也詔曰災異之作以譴元首而歸過股肱豈禹湯罪己之義乎左傳臧文仲曰禹湯罪己其興也勃焉其令百官各虔厥職後有天地之眚勿復劾三公何焯曰自此遂無水旱劾三公之事燮理之意微矣弼按日月之蝕推算可得與政治無涉魏文下詔罪己不劾三公誠爲卓識然亦不失敬天戒懼之意至水旱之災則人事未盡實爲三公之責不能諉諸天時也秋八月孫權遣使奉章并遣于禁等還本志劉曄傳吳遣使稱藩朝臣皆賀曄曰吳必外迫內困然後發此使耳可因其窮襲而取之吳志虞翻傳注引吳書曰權與魏和欲遣禁還北翻曰禁身爲降虜又不能死不如斬以令三軍權不聽丁巳使太常邢貞持節拜權爲大將軍封吳王加九錫冬十月授楊彪光祿大夫光祿大夫見延康元年晉書職官志光祿大夫漢置無定員多以爲拜假

賵贈之使及監護喪事魏氏以來轉復優重不復以爲使命之官其諸公告老者皆家拜此位及在朝顯職復用加之

魏書曰己亥公卿朝朔旦并引故漢太尉楊彪待以客禮詔曰夫先王制几杖之賜所以賓禮黃耇褒崇元老也昔孔光卓茂皆以淑德高年受茲嘉賜（宋本賜作錫）公故漢宰臣乃祖以來世著名節（范書楊彪傳節作續）年過七十行不踰矩可謂老成人矣所宜寵異以章舊德其賜公延年杖及馮几（袁宏紀作其錫公延年杖及伏几胡三省曰馮讀曰憑）謁請之日（袁紀謁作延）便使杖入又可使著鹿皮冠彪辭讓不聽竟著布單衣皮弁以見（續輿服志皮弁以鹿皮爲之）

續漢書曰彪見漢祚將終自以累世爲三公恥爲魏臣遂稱足攣不復行（胡三省曰攣閭緣反牽縮也）積十餘年帝卽王位欲以爲太尉令近臣宣旨（范書楊彪傳魏文帝受禪欲以彪爲太尉先遣吏示旨）彪辭曰嘗以漢朝爲三公（袁紀作嘗已爲漢三公通鑑作嘗爲漢朝三公）值世衰亂不能立尺寸之益若復爲魏臣於國之選亦不爲榮也帝不奪其意黃初四年詔拜光祿大夫秩中二千石

朝見位次三公如孔光故事彪上章固讓帝不聽又爲門施行馬（胡三省曰魏晉之制三公及位從公門施行馬程大昌曰行馬者一木橫中兩木互穿以施四角施之於門以爲約禁也周禮謂之梐枑今官府前乂子是也）致吏卒以優崇之（通鑑致作置）年八十四以六年薨（袁宏曰王室大亂彪流離播越經歷艱難以身衞主不失中正天下以此重之胡三省曰楊彪有愧於龔勝多矣通鑑輯覽曰楊彪以漢三公不受魏爵託於大義自持則何不罵賊而死乎觀其於光祿大夫之拜賜几杖施行馬恬不知恥辭十萬而受萬尙得謂無虧全節耶既貪生復好名千秋以下正論難逃終於進退無據而已沈欽韓曰彪之苦節幽貞始終如一在魏代欲飾美談以掩纂迹耳錢大昕曰魏紀惟太傅太尉大司馬大將軍司徒司空驃騎大將軍車騎將軍衞將軍免除薨皆書楊彪爲光祿大夫朝見位次三公故特書之）子修事見陳思王傳

以穀貴罷五銖錢（胡三省曰復五銖錢無幾何而罷）

魏書曰十一月辛未鎭西將軍曹眞命衆將及州郡兵（宋書百官志鎭西將軍一人後漢初平三年韓遂居之）討破叛胡治元多盧水封賞等（盧水胡見前延康元年注本志張旣傳涼州盧水胡伊健妓妾治元多等反河西大擾旣大破之斬首獲生以萬數是平胡者張旣也）斬首五萬餘級獲生口十萬羊一百一十一萬口牛八萬河西遂平帝初聞胡決水灌顯美（郡國志涼州武威郡顯美一統志顯美故城今甘肅涼州府永昌縣東）謂左右諸將曰昔隗囂灌略陽（略陽各本皆誤作洛陽宋本元本吳本局本不誤郡國志涼州漢陽郡略陽一統志略陽故城今甘肅秦州秦安縣東北九十里互見夏侯淵傳）而光武因其疲敝進兵滅之（范書來歙傳建武八年歙從番須回中徑至略陽斬囂守將金梁因保其城囂大驚曰何其神也乃激水灌城光武大發關東兵自將上隴囂衆潰走）今胡決水灌顯美其事正相似破胡事今至不久旬日破胡告檄到上大笑曰吾策之於帷幕之內諸將奮擊於萬里之外其相應若合符契（馮本契作節）前後戰克獲虜未有如此也

己卯以大將軍曹仁爲大司馬（續百官志世祖卽位爲大司馬建武二十七年改爲太尉晉書職官志大司馬古官也漢制以冠大將軍驃騎車騎之上以代太尉之職故恆與太尉迭置不並列及魏有太尉而大司馬大將軍各自爲官位在三司上宋書百官志靈帝末以劉虞爲大司馬而太尉如故李祖楙曰光武紀建武二十七年司馬去大尋改太尉獻帝時李傕自爲大司馬與太尉並置而位在三公之右後以張楊爲大司馬太尉楊彪罷始不復置趙一清曰魏以曹仁爲大司馬而太尉如故惠棟曰韋昭辨釋名云大司馬者馬武也大總武事也訓馬爲武者取其健行也大司馬掌軍古者一車四馬故以馬名

官）

十二月行東巡（本志楊俊傳黃初二年車駕至宛以市不豐樂發怒收俊餘詳俊傳）是歲築陵雲臺（水經穀水注引洛陽記曰陵雲臺西有金市金市北對洛陽壘者也胡三省曰據水經陵雲臺在洛陽城中金市之東御覽一百七十七引楊龍驤洛陽記曰凌雲臺高二十三丈登之見孟津又一百七十八引述征記曰陵雲臺在明光殿西高八丈累墫作道通至臺上登迴眺究觀洛邑暨南望少室亦山丘之秀極也世說新語巧藝篇陵雲臺樓觀精巧先稱平衆木輕重然後造構乃無錙銖相負揭臺雖高峻常隨風搖動而終無傾倒之理魏明帝登臺懼其勢危別以大材扶持之樓卽穨壞論者謂輕重力偏故也劉注引洛陽宮殿簿曰陵雲臺上壁方十三丈高九尺樓方四丈高五丈棟去地十三丈五尺七寸五分王子年拾遺記曰魏文帝所愛美人薛靈芸常山人咸熙元年谷習出守常山郡得之以獻文帝文帝築土爲臺基高三十丈列燭於臺下名曰燭臺遠望如列星之墜地又曰魏明帝起凌雲臺躬自掘土羣臣皆負畚鍤天陰凍寒死者相枕弼按拾遺記所云皆不足據咸熙爲陳留王年號距黃初時已四十餘年則咸熙元年獻美人之說不攻自破本志高堂隆傳明帝飾金墉陵雲臺陵霄闕是陵雲臺爲魏文所築明帝修飾之耳拾遺記謂明帝起凌雲臺亦誤）

三年春正月（宋書禮志一云魏國初建事多兼闕故黃初三年始奉璧朝賀何承天云魏元會儀無存者）丙寅朔日有食之（宮本食作蝕盧文弨曰上文作食何焯曰日食正朝應在昭烈伐吳喪敗弼按此爲不明日月盈虧之理若謂應在人君羣雄鼎峙將何所應乎）庚

午行幸許昌宮詔曰今之計考通鑑作計孝胡三省曰計孝上計吏及孝廉也弼按續百官志歲盡遣吏上計并舉孝廉通鑑作計孝是也古之貢士也十室之邑必有忠信若限年然後取士范書順帝紀陽嘉元年初令郡國舉孝廉限年四十以上諸生通章句文吏能牋奏乃得應選左雄傳雄上言郡國孝廉古之貢士出則宰民宣協風教孔子曰四十不惑禮稱強仕請自今孝廉年不滿四十不得察舉弼按魏武年二十舉孝廉是未拘年四十以上之例也是呂尚周晉不顯於前世也胡三省曰呂尙年八十餘文王以爲師周太子晉少有令名弼按太子晉周靈王子尸子云太子晉生八年而服師曠其令郡國所選勿拘老幼儒通經術吏達文法到皆試用何焯曰左雄限年之法至此復變欲以誘進銳進之士壹志事已也有司糾故不以實者胡三省曰故不以實謂用意爲姦欺者

魏書曰癸亥孫權上書說劉備支黨四萬人馬二三千匹出秭歸郡國志荊州南郡秭歸杜預曰夔國水經江水注袁山松曰屈原有賢姊聞原放逐亦來歸喻令自寬全鄉人冀其見從因名曰秭歸卽離騷所謂女嬃嬋媛以詈余也縣城東北依山卽坂周迴二里高一丈五尺南臨大江故老相傳謂之劉備城蓋備征吳所築也縣北一百六十里有屈原故宅累石爲室基名其地曰樂平里宅之東北六十里有女嬃廟擣衣石猶存故宜都記曰秭歸蓋楚子熊繹之始國而屈原之鄉里也一統志秭歸故城今湖北宜昌府歸州治請往埽撲以克捷爲效帝報曰昔隗囂之弊禍發栒邑范書馮異傳諸將上隴爲隗囂所敗乃詔異軍栒邑未至囂使其將行巡乘勝取栒邑異卽馳兵欲先據之諸將皆曰虜兵盛而新乘勝不可與爭異曰虜若得栒邑三輔動搖是吾憂也潛往閉城偃旗鼓行巡不知馳赴之異卒擊鼓建旗而出大破之於是北地諸豪長悉率隗囂降郡國志司隸右扶風栒邑一統志故城在今陝西邠州三水縣東北子陽之禽變起扞關范書公孫述傳述字子陽李熊說述北據漢中杜襃斜之險東守巴郡拒扞關之口述遂使將軍任滿從閬中下江州東據扞關於是盡有益州之地建武十年拔巫及夷陵夷道因據荊門十一年征南大將軍岑彭攻之滿等大敗城邑皆開門降水經江水注江水自江關東逕弱關捍關捍關廩君浮夷水所置也弱關在建平秭歸界昔巴楚數相攻伐藉險置關以相防捍又云江水又東歷荊門虎牙之閒楚之西塞也漢建武十一年公孫述遣任滿等據險爲浮橋橫江以絕水路光武遣吳漢岑彭擊荊門直衝浮橋遂斬滿等章懷注引史記曰楚肅王爲捍關以拒蜀故基在今硤州巴山縣惠棟曰續漢志云巴郡魚復縣扞水有扞關李文子云史記張儀說楚曰秦西有巴蜀大船下水而浮一日三百餘里不至十日而拒扞關扞關驚則黔中巫郡非王之有矣史記索隱以爲扞關卽魚復江關今瞿唐關顏師古注輿地廣記郡縣志皆仍其說惟李賢以爲峽州巴山縣樂史寰宇記峽州長揚縣有古扞關城存卽巴山縣地此爲得之扞關實楚地史記稱楚肅王所築今巫郡江關乃屬巴地故張儀云拒

扞關則黔中巫郡非楚有拒抵也至若黔中巫郡皆在楚扞關之外也蓋扞關乃楚之扞關江關乃巴蜀之江關也述據扞關則荊門虎牙在扞關之內皆其設險之地豈肯先自隘而但守魚復之江關哉故辨之以正地理之闕弼按水經注扞關在江關之東確爲兩地無疑一統志古扞關在今湖北宜昌府長陽縣西瞿唐關在今四川夔州府奉節縣東卽古江關將軍其亢厲威武勉蹈奇功以稱吾意

二月鄯善龜茲于闐王各遣使奉獻鄯善龜茲于闐俱詳見本志卷三十裴注引魏略西戎傳龜茲音丘慈

詔曰西戎卽敘氐羌來王詩書美之頃者西域外夷並款塞內附應劭漢書注曰沈家本曰隋志漢書一百一十五卷漢護軍班固撰太山太守應劭集解漢書集解音義二十四卷應劭撰裴氏此卷上言漢書下稱應劭注他卷或但稱漢書音義不知是否仍用劭注隋志別有韋昭漢書音義七卷蕭該漢書音義十二卷也唐志班固漢書一百一十五卷不言何人注應劭漢書集解二十四卷與隋志同是應書本單行隋志所錄衆家音注亦各單行故卷各不同顏師古漢書敘例云漢書舊無注解唯服虔應劭等各爲音義自別施行至典午中朝爰有晉灼集爲一部凡十四卷又頗以意增益時辨前人當否號曰漢書集注屬永嘉喪亂金行播遷此書雖存不至江左是以爰自東晉迄于梁陳南方學者皆弗之見有臣瓚者莫知氏族考其時代亦在晉初又總集諸家音義稍以己之所見續廁其末舉駮前說喜引竹書自謂甄明非無差爽凡二十四卷分爲兩帙今之集解音義則是其書而後人見者不知臣瓚所作乃謂之應劭等集解王氏七志阮氏七錄並題云然斯不審耳據此則隋唐志所錄並是臣瓚書非應劭書特應注亦在中耳弼按應劭事見武紀興平元年注引世語劭集解漢書見王粲傳注引續漢志款叩也皆叩塞門來服從

其遣使者撫勞之是後西域遂通置戊己校尉戊己校尉治高昌見魏略西戎傳漢書百官公卿表戊己校尉元帝初元元年置師古曰甲乙丙丁庚辛壬癸皆有正位唯戊己寄治耳今所置校尉亦無常居故取戊己爲名也有戊校尉有己校尉一說戊己居中鎮覆四方今所置校尉亦處西域之中撫諸國也吳仁傑曰顏注百官表有戊校尉己校尉其究不然屯田始置校尉領護田卒但以屯田校尉爲稱後乃爲戊己校尉表初不言有戊校己校兩官獨烏孫傳云徙己校屯烏壘是特兵有戊校己校之分則彙戊己爲官稱也馬融傳校隊按部前後有屯甲乙相伍戊己爲堅注謂戊己居中堅也詩曰中田有廬蘇黃門謂田中爲廬以便田事二校之設自兵屯言之則以其中堅而命名可也然二校之外乃無所謂甲乙諸屯則其命名之意殆如詩所云取其居屯田之中以便田事而已晉書地理志獻帝時涼州數有亂河西五郡去州隔遠於是乃別以爲雍州魏時復分以爲涼州刺史領戊己校尉護西域如漢故事胡三省曰漢自安帝以後未嘗不欲通西域訖不能通今雖置戊己校尉亦不能如漢之屯田車師也

三月乙丑立齊公叡爲平原王叡卽明帝黃初二年爲齊公齊國見武紀建安四年平原見武紀初平三年帝弟鄢陵公彰等十一人皆

爲王鄢陵見任城王傳通鑑黃初二年皇弟鄢陵侯彰宛侯據魯陽侯宇譙侯林贊侯袞襄邑侯峻弘農侯幹壽春侯彪歷城侯徽平輿侯茂皆進爵爲公錢
大昕曰今以諸王傳攷之是年以皇弟封王者任城王彰章陵王據下邳王宇譙王林北海王袞陳留王峻河間王幹弋陽王彪廬江王徽凡九人紀云十一人似誤也
鄄城王植以四月戊申封與任城諸王不同日且是縣王非郡王（任城諸王皆由公進封惟植以罪貶侯故不得郡王）故不在此數又攷文帝子以黃初三年封王
者六人平原王叡河東王霖京兆王禮淮南王邕清河王貢廣平王儼本紀惟載叡霖二人亦未免闕漏初制封王之庶子爲鄉
公嗣王之庶子爲亭侯公之庶子爲亭伯晉書地理志公下有侯字通鑑胡注引此公下亦有侯字見卷
七十六周壽昌曰亭伯制終魏世未見其人晉書職官志定制非皇子不得封王其大國次國始封王之支子爲公承封王之支子爲侯繼承封王之支子爲伯小國五
千戶以上始封王之支子爲子不滿五千戶始封王之支子及始封公侯之支子皆爲男此承魏制而加詳無所謂亭伯也甲戌立皇子霖
爲河東王河東見武紀興平二年安邑注甲午行幸襄邑襄邑見武紀初平四年注夏四月戊申立
鄄城侯植爲鄄城王鄄城見武紀初平四年注通鑑是時諸侯王皆寄地空名而無其實王國各有老兵百餘人以爲守衛隔絕千里之
外不聽朝聘爲設防輔監國之官以伺察之雖有王侯之號而儕於匹夫皆思爲布衣而不能得法既峻切諸侯王過惡日聞弼按此皆魏文猜忌殘忍有以致之此任

城王之所以不得其死而陳思亦幾不免也癸亥行還許昌宮五月以荊揚江表八郡爲荊
州孫權領牧故也荊州江北諸郡爲郢州通鑑以江南八郡爲荊州江北諸郡爲郢州胡三省曰既以孫
權爲荊州牧統江南八郡故以江北諸郡治郢州吳自立則郢州廢矣閏月潘眉曰紀以閏月書于五月之下是年閏六月也孫權破
劉備於夷陵郡國志荊州南郡夷陵有荊門虎牙山劉昭注荊州記曰荊門江南虎牙江北虎牙有文如齒牙荊門上合下開水經江水注夷陵
故城南臨大江秦白起伐楚三戰而燒夷陵者也應劭曰夷山在西北蓋因山以名縣也吳黃武元年更名西陵後復曰夷陵宜都記曰自黃牛灘東入西陵界至峽口
百許里山水紆曲而兩岸高山重障非日中夜半不見日月絕壁或千許丈林木高茂猿鳴至清山谷傳響泠泠不絕所謂三峽此其一也荊州記自夷陵泝江二十里
入峽口名爲西陵峽長二十里吳志陸遜傳遜上疏曰夷陵要害國之關限雖爲易得亦復易失失之非徒損一郡之地荊州可憂胡三省曰自三峽下夷陵連山疊嶂
江行其中迴旋湍激至西陵峽口始漫爲平流夷陵正當峽口故以爲吳之關限一統志夷陵故城在今湖北宜昌府東湖縣東初帝聞備兵
東下與權交戰樹柵連營七百餘里謂羣臣曰備不曉兵豈有七百
里營可以拒敵者乎何焯曰兵勢惡分敵乘其間則救禦難苞原隰險阻而爲軍者潘眉

曰苞與包通易泰卦包荒釋文云本作苞姤卦包瓜子夏傳作苞瓜包有魚釋文云本作苞書禹貢草木漸包釋文云本作苞禮記樂記包之以虎皮史記樂書作苞
爲敵所禽此兵忌也孫權上事今至矣胡三省曰上事謂上奏言兵事也後十日破
備書到秋七月冀州大蝗民饑使尚書杜畿持節開倉廩以振之八
月蜀大將黃權率衆降蜀志黃權傳先主將東伐吳權請爲先驅先主不從以權爲鎮北將軍督江北軍以防魏師先主引退而
道隔絕權不得還故率將所領降於魏弼按夏侯尚傳尚領荊州刺史奏劉備別軍在上庸山道險難宜以奇兵出其不意遂擊破上庸平三郡九縣尚自上庸通道西
行七百餘里然則黃權之不得西還者或水道爲吳所阻陸路爲魏所制進退失據乎不然劉葛推誠相信何竟不戰而降也
魏書曰權及領南郡太守史郃等三百一十八人詣荊州刺史時荊州刺史爲夏侯尚奉上所
假印綬棨戟幢麾牙門鼓車權等詣行在所時魏文在許昌帝置酒設樂引見於承光殿
權郃等人人前自陳帝爲論說軍旅成敗去就之分諸將無不喜悅賜權金帛車馬衣
裘帷帳妻妾下及偏裨皆有差拜權爲侍中鎮南將軍封列侯權傳封育陽侯即日召使驂

乘及封史郃等四十二人皆爲列侯爲將軍郎將百餘人
九月甲午詔曰夫婦人與政胡三省曰與讀曰豫亂之本也自今以後羣臣不
得奏事太后后族之家不得當輔政之任又不得橫受茅土之爵胡三
省曰橫戶孟翻以此詔傳後世若有背違天下共誅之魏文因漢外戚擅權故有此詔承祚所謂鑒往易軌
於斯爲美者也然齊王之廢高貴鄉公之卒皆假太后令以行盈庭諸臣無一申引此詔以相糾正者何耶豈以曹魏開國本由篡盜君以此始亦以此終貽謀雖臧莫
之或守矣
孫盛曰夫經國營治必憑俊喆之輔賢達令德必居參亂之任故雖周室之盛有婦人
與焉然則坤道承天南面罔二三從之禮謂之至順至於號令自天子出奏事專行非
古義也昔在申呂實匡有周列女傳太姜者有呂氏之女太王娶以爲妃生太伯仲雍王季貞順率道靡有過失太王謀事遷徙必與
太姜韋昭注齊許申呂四岳之後太姜之家苟以天下爲心惟德是杖則親疏之授至公一也何至后族

而必斥遠之哉馮本哉作或誤二漢之季世王道陵遲故令外戚憑寵職爲亂階於此自時昏道喪於字疑衍運祚將移縱無王呂之難豈乏田趙之禍乎而後世觀其若此深懷酖毒之戒也酖字各本皆誤作酸局本作酖至於魏文遂發一概之詔可謂有識之爽言非帝者之宏議周壽昌曰魏取誡兩漢殷鑒不遠呂王既禍於前梁竇復害於後延至末造而何進召亂宗社遂移故文帝特頒以警後嗣何得謂非帝者之宏議哉

庚子立皇后郭氏文帝定爲嗣郭后有謀故雖無子而得立爲后棧潛上疏言因愛登后賤人暴貴帝不從賜天下男子爵人二級鰥寡篤癃及貧不能自存者賜穀冬十月甲子表首陽山東爲壽陵、水經河水注河水逕平縣北南對首陽山春秋所謂首戴也上有、夷齊廟元和志在偃師縣西北二十五里舊志卽邙山最高處去孟津縣東南三十里胡三省曰在洛陽東北作終制曰禮國君即位爲椑存不忘亡也馮本不作下誤

椑音扶歷反臣松之案禮天子諸侯之棺各有重數棺之親身者曰椑

昔堯葬穀林通樹之禹葬會稽農不易畝

呂氏春秋沈家本曰漢志雜家呂氏春秋二十六篇秦相呂不韋輯智略士作隋唐志二十六卷高誘注其題曰呂不韋撰非其實也今本亦二十六卷凡十二紀八覽六論紀所統子目六十一覽所統子目六十三論所統子目三十六實一百六十篇漢志但舉其綱耳堯葬於穀林通樹之郡國志兗州濟陰郡成陽有堯冢劉向曰堯葬濟陰丘壠山皇覽云堯冢在濟陰成陽皇甫謐云穀林卽成陽也括地志云堯陵在濮州雷澤縣西三里雷澤縣本漢城陽縣也郭緣生述征記云城陽縣東有堯冢亦曰堯陵有碑是也水經瓠子河注引帝王世紀曰堯葬濟陰成陽西北四十里是爲穀林墨子以爲堯葬蛩山之陰山海經謂堯葬狄山之陽二說各殊以爲成陽近是堯冢也又云成陽城西二里有堯陵陵南一里有堯母慶都陵一統志唐堯陵在山東曹州府菏澤縣東北五十里舊雷澤城西與濮州接界高四丈五尺廣二十餘丈上有廟舜葬於紀市廛不變其肆史記五帝本紀舜崩於蒼梧之野葬於江南九疑是爲零陵皇覽曰舜冢在零陵營浦縣其山九谿皆相似故曰九疑帝王世紀云舜南征崩于鳴條殯以瓦棺葬於蒼梧九疑山之陽是爲零陵謂之紀市論衡云舜葬蒼梧象爲之耕山海經蒼梧之山帝舜葬於陽帝丹朱葬于陰墨子舜道死葬南已之市郡國志荆州零陵郡營道南有九疑山劉昭注舜之所葬水經湘水注營水出營陽泠道縣南山西流逕九疑山下蟠基蒼梧之野峯秀數郡之間羅巖九舉各導一谿岫壑負阻異嶺同勢游者疑焉故曰九疑山大舜窆其陽商均葬其陰山南有舜廟前有石碑一統志帝舜陵在今湖南永州府寧遠縣東南永州府卽漢零陵郡寧遠縣卽漢營道縣也趙一清曰困學紀聞云蒼梧山在海州界近莒之紀九域志海州東海縣有蒼梧山山海經都州在海中郭璞注在東海朐縣界世傳此山自蒼梧徙來其說多不經未採禹葬會稽不變人徒漢書地理志會稽郡山陰會稽山在南上有禹冢禹井劉向傳禹葬會稽不改其列鄭氏曰不改樹木百物之列也如淳曰列隴也晉灼曰列肆也淮南子云舜葬蒼梧不變其肆言不煩於民也師古曰鄭說是淮南子云不變其肆肆故也沈欽韓曰呂覽安死篇舜葬于紀市不變其肆顏說非水經漸江水注會稽山上有禹冢昔大禹卽位十年東巡狩崩于會稽因而葬之山東有湮井去禹廟七里深不見底謂之禹井東遊者多探其穴越絕書禹巡狩大越死葬會稽葦槨桐棺穿壙七尺壇高三尺土階三等延袤一畝吳會分野記云禹年九十三崩葬山陰臨江之丘名曰宮陵一統志大禹陵在浙江紹興府會稽縣東南會稽山山在會稽縣東南十三里

故葬於山林則合乎山林封樹之制非上古也孔子家語相魯篇孔子初仕爲中都宰制爲養生送死之節因丘陵爲墳不封不樹王肅注不聚土起墳不植松柏漢書劉向傳易曰古之葬者厚衣之以薪藏之中野不封不樹吾無取焉壽陵因山爲體無爲封樹無立寢殿造園邑通神道夫葬也者藏也欲人之不得見也骨無痛痒之知冢非棲神之宅禮不墓祭欲存亡之

不黷也爲棺槨足以朽骨衣衾足以朽肉而已故吾營此丘墟不食之地欲使易代之後不知其處無施葦炭左傳成公二年八月宋文公卒始厚葬用蜃炭君子謂華元樂舉於是乎不臣杜預曰燒蛤爲炭以瘞壙周禮掌蜃掌斂互物蜃物以共闉壙之蜃鄭司農說以春秋傳曰始用蜃言僭天子也無藏金銀銅鐵一以瓦器合古塗車芻靈之義禮記檀弓曰塗車芻靈自古有之明器之道也孔子謂爲芻靈者善謂爲俑者不仁釋名曰束草爲人馬以神靈名之也續禮儀志云天子崩芻靈三十六匹鄭玄注禮記曰芻靈束茅爲人馬謂之芻靈神之類陸機士庶挽歌辭曰埏埴爲塗車束薪作芻靈棺但漆際會三過禮記喪大記曰君大棺八寸屬六寸椑四寸君裏棺用朱綠用雜金鐕君蓋用漆三衽三束飯含無以珠玉周禮天官冢宰曰太宰之職大喪贊贈玉含玉說文曰含送死口中玉也釋名曰含以米貝含其口中也禮記雜記下曰天子飯九貝諸侯七大夫五士三飯含也此蓋夏制周禮天子飯含用玉無施珠襦玉匣范書梁竦傳賜東園畫棺玉匣衣衾漢儀注王侯葬腰以下玉爲札長尺寬二寸半爲匣下至足綴以黃金縷爲之匣字或作柙也梁商傳衣衾飯唅玉匣珠貝之屬何益朽骨章懷注云唅口實也諸愚俗所爲也季孫以璵璠斂孔子歷級而救之譬之暴骸中原孔子家語子貢問篇第四十三季平子卒將以君之

璵璠斂贈以珠玉孔子初爲中都宰聞之歷級而救焉（歷級遽登階不聚足）曰送而以寶玉是猶曝尸於中原也其示民以姦利之端而有害於死者安用之且孝子不順情以危親忠臣不兆姦以陷君乃止左傳定公五年季平子卒陽虎將以璵璠斂杜預曰璵璠美玉君所佩也 宋公厚葬君子謂華元樂莒不臣 樂莒左傳作樂舉 以爲棄君於惡漢文帝之不發霸陵無求也 漢書文帝紀贊曰治霸陵皆瓦器不得以金銀銅錫爲飾因其山不起墳師古曰霸陵在長安東南晉書索琳傳三秦人尹桓解武等數千家盜發漢霸杜二陵多獲珍寶愍帝問琳曰漢陵中物何乃多邪琳對曰漢天子即位一年而爲陵天下供賦三分之一供宗廟一供賓客一充山陵漢武帝饗年久長比崩而茂陵不復容物其樹皆已可拱赤眉取陵中物不能減半于今猶有朽帛委積珠玉未盡此二陵是儉者耳亦百世之誡也敬齋古今黈卷四云應劭風俗通義載霸陵薄葬亦被發掘而其陵中物乃與前書本紀絕不同據劭琳之言知霸陵所謂薄葬者特比餘陵差少耳劭說與前書不同者前書蓋從史筆劭說蓋從所聞見容有一誤然質諸晉書則劭說爲得其實弼按據魏文此詔則霸陵未發掘應劭所云則霸陵亦被掘二說各殊然今本風俗通無此語似以魏文所云爲足據至索琳傳所云則晉愍帝時事也此可爲漢末未掘之證 光武之掘原陵封樹也 范書光武紀遺詔曰朕無益百姓皆如孝文皇帝制度務從約省明帝紀葬光武皇帝於原陵帝王紀曰原陵方三百二十步高六丈在臨平亭東南去洛陽十五里 霸陵之完功在釋之 漢書張釋之傳

文帝顧謂羣臣曰嗟乎以北山石爲槨用紵絮斮陳漆其閒豈可動哉左右皆曰善釋之曰使其中有可欲雖錮南山猶有隙使其中亡可欲雖亡石槨又何戚焉文帝稱善 原陵之掘罪在明帝是釋之忠以利君明帝愛以害親也忠臣孝子宜思仲尼丘明釋之之言鑒華元樂莒明帝之戒存於所以安君定親使魂靈萬載無危斯則賢聖之忠孝矣自古及今未有不亡之國亦無不掘之墓也 此眞千古通論 喪亂以來漢氏諸陵無不發掘至乃燒取玉匣金鏤 御覽五百五十五引西京雜記云漢帝及諸王葬皆珠襦玉匣形於鎧甲連以金縷匣上皆縷爲蛟龍鸞鳳龜麟之象時謂蛟龍玉匣 骸骨并盡是焚如之刑也豈不重痛哉禍由乎厚葬封樹桑霍爲我戒不亦明乎 漢書張延壽傳延壽孫臨亦謙儉每登閣殿常歎曰桑霍爲我戒豈不厚哉薄葬不起墳師古曰桑桑弘羊也霍霍禹也言以驕奢致禍也 其皇后及貴人以下不隨王之國者有終沒皆葬澗西前又以表其處矣蓋舜葬蒼梧二妃不從 禮記檀弓上云舜葬於蒼梧之野蓋三妃未之從也 延陵葬子遠在嬴博 禮記檀弓下云延陵季子適齊於其反也其長子死葬於嬴博之閒嬴博齊地泰山縣也 魂而有靈無不之也一澗之閒不足爲遠若違今詔妄有所變改造施吾爲戮尸地下戮而重戮死而重死臣子爲蔑死君父 盧文弨曰文類爲作而 不忠不孝使死者有知將不福汝其以此詔藏之宗廟副在尙書祕書三府 胡三省曰其副本在尙書及祕書及三公府也盧文弨曰文類書作省趙一淸曰隋書經籍志有魏朝雜詔二卷錄魏吳二志詔二卷梁有三國詔誥十卷皆有別行之書弼按趙氏所引見隋志總集類梁章鉅曰後人以此爲魏文之達而不知其爲憂生之嗟也魏文與吳質書云行年已長大所懷萬端時有所慮至乃通夜不瞑志意何時復類昔日已成老翁但未白頭耳時帝年方三十而歎老嗟衰如此宜應不十之兆矣平字爲不十吳闓澤語也弼按晉書禮志中云魏武葬高陵有司依漢立陵上祭殿至文帝黃初三年乃詔曰先帝躬履節儉遺詔省約子以述父爲孝臣以繼事爲忠古不墓祭皆設於廟高陵上殿皆毀壞車馬還廄衣服藏府以從先帝儉德之志文帝自作終制又曰壽陵無立寢殿造園邑自後園邑寢殿遂絕宋書禮志三同 是月孫權復叛復郢州爲荊州 胡三省曰是年二月置郢州吳畔復爲荊州弼按置郢州在五月胡云二月誤是年九月魏文有報孫權書見吳主傳又有責權詔見吳主傳注引魏略 帝自許

昌南征 文館詞林六百六十二載魏文帝伐吳詔云制詔昔軒轅不爲涿鹿之師則蚩尤之妖不滅唐堯不興丹水之陳則南蠻之難不平漢武不行呂嘉之罰則橫浦之表不附光武不加囂述之誅則隴蜀之亂不清故曰非威不服非兵不定孫權小醜憑江悖暴因有外心凶頑有性故奮武銳順行天誅驍驍龍驤猛將武步或修句踐潛涉之□頑或圖韓信夏□之詐愚接舡以水攻陳六軍以陸橫擊征南進運以圍江陵多獲舟舡斬首執俘降者盈路牛酒日征大司馬及征東諸將卷甲長驅其舟隊今已向濟今車駕自東爲之瞻鎭雲行天步乘釁而運賊進退道迫首尾有難不爲楚靈乾谿之潰將有彭寵蕭牆之變必自魚爛不復血刃宜愼終節動靜以聞 諸軍兵並進 是時三道進兵見吳主傳黃武元年 權臨江拒守十一月辛丑行幸宛庚申晦日有食之是歲穿靈芝池 水經穀水注渠水又東歷故金市南直千秋門右宮門也又枝流入石逗伏流注靈芝九龍池弼按黃初二年築陵雲臺三年穿靈芝池五年穿天淵池七年三月築九華臺已開明帝大治宮觀之漸矣

四年春正月詔曰喪亂以來兵革未戢天下之人互相殘殺今海內初定敢有私復讎者皆族之 藝文類聚三十三御覽四百八十一均載禁復私讎詔云喪亂以來兵革縱橫天下之人多相殘害者昔田橫殺酈商之兄張步害伏湛之子漢氏二祖下詔使不得相讎賈復寇恂私相怨憾至懷手劍之忿光武召而和之卒共同興而載今兵戈始息宇內初定

民之存者非流亡之孤則鋒刃之餘當相親愛養老長幼自今以後宿有讎怨者皆不得相讎敢有復私讎者皆族之 築南巡臺於宛 水經淯水注淯水又南逕宛城東秦白起伐楚取郢即以此地爲南陽郡改縣曰宛大城西南隅即古宛城也荊州刺史治故亦謂之荊州城今南陽郡治大城城西三里有古臺高三丈餘文帝黃初中南巡行所築也

三月丙申行自宛還洛陽宮癸卯月犯心中央大星 何焯曰四月癸巳漢昭烈帝崩弼按晉書天文志下云是年十二月丙子月犯心大星而丕權俱無恙然則又主何吉凶也何說不攻自破矣

魏書載 官本載作曰誤 丙午詔曰孫權殘害民物朕以寇不可長故分命猛將三道並征今征東諸軍與權黨呂範等水戰則斬首四萬獲船萬艘大司馬據守濡須 濡須見武紀建安十八年 其所禽獲亦以萬數中軍征南攻圍江陵 錢大昭曰三道謂曹休張遼臧霸出洞口曹仁出濡須曹眞夏侯尚張郃徐晃圍南郡也征東諸軍謂征東大將軍曹休也大司馬據守濡須謂曹仁也中軍征南攻圍江陵謂中軍大將軍曹眞征南大將軍夏侯尚也 左將軍張郃等舳艫直渡擊其南渚 曹眞傳眞與夏侯尚擊牛渚屯破之夏侯尚傳諸葛瑾渡入江中渚尚於下流潛渡破之 賊赴水溺死者數千人又爲地道攻城城中外雀鼠不得出入此几上肉耳而賊中癘氣疾病

夾江塗地恐相染汚昔周武伐殷旋師孟津 吳本毛本旋作施誤孟津見武紀初平元年 漢祖征隗囂還軍高平 范書光武紀建武八年帝自征囂河西太守竇融率五郡太守與車駕會高平潁川盜賊寇沒屬縣京師騷動帝自上邽晨夜東馳車駕還宮郡國志涼州安定郡高平一統志高平故城今甘肅平涼府固原州治弼按此與山陽之高平同名異地 皆知天時而度賊情也且成湯解三面之網 吳本毛本網誤作綱 天下歸仁今開江陵之圍以緩成死之禽且休力役罷省繇戍畜養士民咸得安息 張朵曰及江不得渡而歸此所謂大言欺衆耳弼按曹休傳督張遼等及諸州郡二十餘軍曹眞傳都督中外諸軍事是時全軍南征三道並進無功而還尚欲藉詔令粉飾究何益哉賈詡謂羣臣無備權之對其信然矣

丁未大司馬曹仁薨是月大疫 宋書五行志五云黃初四年三月宛許大疫死者萬數 夏五月有鵜鶘鳥集靈芝池 詩維鵜在梁不濡其翼毛傳云鵜洿澤鳥也梁水中之梁鵜在梁可謂不濡其翼乎鄭箋云鵜在梁當濡其翼而不濡者非其常也以喻小人在朝亦非其常爾雅鵜鴮鸅郭璞注今鵜鶘也好羣飛沈水食魚故名洿澤俗呼之爲淘河陸疏鵜水鳥形如鶚而極大喙長尺餘直而廣口中正赤頷下胡大如數升囊若小澤中有魚便羣共抒水滿胡而棄之令水竭盡魚在陸上乃共食之故曰淘河本草鳥大如蒼鵝頤下有皮袋容二升物展縮由袋中盛水以養魚身是水沫惟胸前有兩塊肉如拳云昔爲人竊肉入河化爲此鳥今猶有肉存也故名逃河莊子魚不畏網而畏鵜鶘網者公平無私鵜鶘有心故魚畏之 詔曰此詩人所謂汙澤也 元本吳本毛本詩誤作時 曹詩刺恭公遠君子而近小人 趙一清曰困學紀聞引葉氏云漢世文章未有引詩序者黃初四年詔曹詩刺遠君子近小人蓋詩序至此始行全祖望曰是時始立學官故也弼按范書儒林傳衞宏傳宏字敬仲東海人從謝曼卿受學因作毛詩序善得風雅之旨於今傳於世惠棟曰經籍志云毛萇善詩自謂子夏所傳先儒相承謂毛詩序子夏所創毛公及敬仲又加潤益九經古義云六經奧論云漢氏文字未有引詩序者惟魏黃初四年有曹共公遠君子近小人之語蓋詩序至是而始行葉氏說同棟案左傳襄二十九年季札見歌秦曰美哉此之謂夏聲服虔解誼云秦仲始有車馬禮樂之好侍御之臣戎車四牡田守之事與諸夏同風故曰夏聲此秦風車鄰序也太尉楊震疏云朝無小明之悔此小雅小明序也李尤漏刻銘云挈壺失職刺流此詩在齊風東方未明序也蔡邕獨斷載周頌三十一章盡錄詩序服楊李蔡皆東漢儒者當時已用詩序何嘗至黃初時始行邪自范史以詩序出自衞宏後人遂有斥詩序而用其詩說者爲辨而正之胡玉縉曰司馬相如難蜀父老云王事未有不始於憂勤而終於逸樂此魚麗序也是西漢人已引之孟子萬章篇說北山之詩云勞於王事而不得養父母即小序說也是戰國時人已引之一見陳啓源毛詩稽古編一見錢大昕十駕齋養新錄惠說尚未盡 今豈有賢智之士處於下位乎否則斯鳥何爲而至其博舉

天下儁德茂才獨行君子以答曹人之刺 晉書五行志中云黃初四年五月有鵜鶘鳥集靈芝池按劉向說此羽蟲之孽又青祥也詔舉儁德茂才於是楊彪管寧之徒咸見薦舉此所謂覩妖知懼者也宋書五行志二同

魏書曰辛酉有司奏造二廟立太皇帝廟大長秋特進侯與高祖合祭親盡以次毀特立武皇帝廟四時享祀爲魏太祖萬載不毀也 宋書禮志三云鄴廟所祠則文帝之高祖處士曾祖高皇祖太皇帝共一廟考太祖武皇帝特一廟百世不毀然則所祠止於親廟四室也至明帝太和三年洛京廟成則以親盡遷處士主置園邑使令丞奉薦而迎高皇以下神主共一廟猶爲四室而已

六月甲戌任城王彰薨於京都 任城王傳注引魏氏春秋云初彰問璽綬將有異志故來朝不得即見彰忿怒暴薨陳思王傳注引魏氏春秋云是時待遇諸國法峻任城王暴薨諸王懷友于之痛（參閱任城王傳注引世說新語）是任城王之死實爲魏文所害當時陳王亦幾不免天性涼薄宜其享國之不永也 甲申太尉賈詡薨太白晝見 晉書天文志下云黃初四年六月甲申太白晝見案劉向五行紀論曰太白少陰弱不得專行故以己未爲界不得經天而行經天則晝見其占爲兵喪爲不臣爲更王彊國弱小國彊是時孫權受魏爵號而稱兵拒守弼按孫

權背魏在黃初三年與四年之太白晝見何涉以是知天文五行符瑞諸志多不足據也

是月大雨伊洛溢流殺人民壞廬宅

趙一清曰水經伊水注伊闕左壁有石銘云黃初四年六月二十四日辛巳大出水舉高四丈五尺齊此已下蓋記水之漲減也晉書五行志上云黃初四年六月大雨霖伊洛溢至津陽城門漂數千家殺人初帝卽位自鄴遷洛營造宮室而不起宗廟太祖神主猶在鄴嘗於建始殿饗祭如家人之禮終黃初不復還鄴又郊社神祇未有定位此簡宗廟廢祭祀之罰也（何焯引宋書五行志四所載與此同）弼按簡宗廟廢祭祀爲一事不脩隄防又爲一事雖立宗廟而不治水利其瀆溢如故也雖無水旱之災而祭祀終不可廢也要當分別論之耳晉書傳祗傳祗爲滎陽太守自黃初大水之後河濟汎溢鄧艾嘗著濟河論開石門而通之至是復浸壞祗乃造沉萊堰至今兗豫無水患百姓爲立碑頌焉傳玄傳時頗有水旱之災玄上疏曰魏初未留意於水事先帝統百揆分河隄爲四部幷本凡五謁者以水功至大與農事並興非一人所周故也今謁者一人之力行天下諸水無時得徧可分爲五部使各精其方宜

魏書曰七月乙未馮本監本官本七月作十月誤晉書禮志上作七月大軍當出使太常以特牛一告祠於郊晉書禮志上云帝將東巡以大軍當出使太常以一特牛告祠南郊及文帝崩太尉鍾繇告祠南郊皆是有事於郊也江左則廢臣松之案魏郊祀奏中尚書盧毓議祀厲殃事宋本元本吳本作祀厲殃事何焯曰作祀厲殃事於文義較顯沈家本曰通典吉禮門魏

祀五郊六宗及厲殃亦其證云具犧牲祭器如前後師出告郊之禮如此則魏氏出師皆告郊也

秋八月丁卯以廷尉鍾繇爲太尉高柔傳黃初四年遷爲廷尉蓋繼鍾繇之後也

魏書曰有司奏改漢氏宗廟安世樂曰正世樂嘉至樂曰迎靈樂武德樂曰武頌樂昭容樂曰昭業樂局本容作榮誤雲翿舞曰鳳翔舞育命舞曰靈應舞武德舞曰武頌舞文昭舞曰大昭舞五行舞曰大武舞潘眉曰雲翿當依宋書樂志作雲翹文昭大昭兩昭字皆誤文昭當作文始大昭當作大韶兩漢有文始無文昭文始本韶樂故改文始爲大韶弼按宋書樂志一云魏武平荊州獲杜夔善八音常爲漢雅樂郎尤悉樂事於是使教定雅樂魏復先代古樂自夔始與本志杜夔傳相同

辛未校獵於滎陽滎陽見武紀初平元年蘇則傳則從行獵槎桎拔失鹿帝大怒悉收督吏將斬之則稽首曰陛下以獵戲多殺羣吏愚臣以爲不可敢以死請遂皆赦之遂東巡論征孫權功諸將已下進爵增戶各有差九月甲辰行幸許昌宮

魏書曰十二月丙寅賜山陽公夫人湯沐邑公女曼爲長樂郡公主食邑各五百戶錢大昭曰是時獻帝爲郡公其女安得爲郡主且郡亦無長樂之名此郡字疑或鄉或亭之譌趙一淸曰長樂郡亦是虛封弼按齊王芳紀嘉平五年追封郭修爲長樂鄉侯錢說是

是冬甘露降芳林園臣松之案芳林園卽今華林園齊王芳卽位改爲華林御覽百九十七引魏志曰有芳林園桐園芳林後避少帝諱改爲華林晉宮閣名洛陽有瓊圃園靈芝園鄴有鳴鶴園蒲陶園華林園弼按芳林園又見明紀青龍三年注

五年春正月初令謀反大逆乃得相告其餘皆勿聽治敢妄相告以其罪罪之是年詔改諸王皆爲縣王見彭城王據傳此國之大事又爲郡國沿革之變遷文紀何以不書三月行自許昌還洛陽宮夏四月立太學制五經課試之法置春秋穀梁博士范書光武紀建武五年初起太學車駕幸太學賜博士弟子各有差儒林傳光武中興愛好經術先訪儒雅立五經博士各以家法教授易有施孟梁丘京氏尙書歐陽大小夏侯詩齊魯韓禮大小戴春秋嚴顏凡十四博士太常差次總領焉章帝建初中詔高才生受古文尙書毛詩穀梁左氏春秋雖不立學官然皆擢高第爲講郎給事近署續

百官志博士十四人比六百石易四施孟梁丘京氏尙書三歐陽大小夏侯氏詩三齊魯韓氏禮二大小戴氏春秋二公羊嚴顏氏掌教弟子國有疑事掌承問對漢官儀博士秦官也博者博通今古士者辯于然否陸機洛陽記曰太學在洛陽城故開陽門外去宮八里講堂長十丈廣三丈摯虞決疑要注黃初五年立太學於洛陽時募學者始詣太學爲門人滿二歲試通一經者稱弟子不通一經者罷遣弟子滿二歲試通二經者補文學掌故滿三歲試通三經者擢高第爲太子舍人舍人滿二歲試通四經者擢其高第爲郎中郎中滿二歲能通五經者擢高第隨才敍用每試不通者各隨後輩復試試通如前補用本志王肅傳注引魏略儒宗傳序云從初平之元至建安之末天下分崩人懷苟且綱紀既衰儒道尤甚至黃初元年之後新主乃復始埽除太學之灰炭補舊石碑之缺壞備博士之員錄依漢甲乙以考課申告州郡有欲學者皆遣詣太學太學始開有弟子數百人胡三省曰博士課試之法始於漢武帝元朔五年平帝時歲課甲科四十人爲郎中乙科二十人爲太子舍人丙科四十人補文學掌故東都五經立十四博士皆以家法教授古文尙書毛詩穀梁左氏春秋雖不立學官然皆擢高第爲講郎給事近署順帝增甲乙之科員各十人

五月有司以公卿朝朔望日因奏疑事聽斷大政論辨得失秋七月行東巡幸許昌宮八月爲水軍親御龍舟循蔡潁浮淮胡三省曰魏收地形志陳留扶溝縣有蔡河水經蔡河自陳留浚儀東南流而入於潁潁水出潁川陽城縣少室山東南流至新陽與蔡河合又東南至愼縣東南入于淮吳熙載曰蔡河上流卽汴河

經河南開封府中牟祥符通許尉氏扶溝西華陳州府入潁卽沙河也潁水出河南河南府登封縣經密縣禹州新鄭長葛許州臨潁西華商水陳州府項城沈丘入安徽潁州阜陽潁上入淮在渦水南也趙一清曰漢書地理志南陽郡蔡陽應劭曰蔡水所出東入淮潁川郡陽城陽乾山潁水所出東至下蔡入淮方輿紀要卷二十一潁水在壽州西北四十里其入淮處謂之潁尾亦曰潁口魏主丕蓋自潁口入淮也弼按胡注合於古地吳說合於今地惟趙氏所引南陽郡蔡陽應說蔡水所出東入淮實與地勢不合蔡陽在今湖北棗陽縣西南與淮水阻礙山河實無相入之理應說既誤趙氏不審復沿其訛耳幸壽春壽春詳見武紀初平元年揚州刺史注又見初平四年九江郡注郡國志揚州九江郡壽春一統志壽春故城今安徽鳳陽府壽州治揚州界將吏士民犯五歲刑已下皆原除之九月遂至廣陵廣陵見武紀建安十三年注漢末廣陵郡治廣陵廣陵故城在今揚州府東北自三國魏吳分據漢郡遂廢魏廣陵郡徙治淮陰見通鑑胡注一統志淮陰故城今江蘇淮安府清河縣南劉曄傳黃初五年幸廣陵泗口命荊揚州諸軍並進水經淮水又東北至下邳淮陰縣西泗水從西北來流注之注淮泗之會卽角城也左右兩川翼夾二水決入之所所謂泗口也謝鍾英曰泗口在今清河縣北弼按據紀及劉曄傳則魏文浮淮至廣陵泗口實當日之淮陰今日之清河也然吳志孫權傳黃武三年九月魏文帝出廣陵望大江曰彼有人焉未可圖也注引干寶晉紀曰魏文帝在廣陵吳人臨江爲疑城自石城至于江乘一夕而成魏人自江西望甚憚之遂退軍徐盛傳盛建計從建業築圍圍上設假樓文帝到廣陵望圍愕然注引

魏氏春秋云文帝歎曰魏雖有武騎千羣無所用也據以上所云魏文已由泗口南進至廣陵廢郡卽今揚州府江都縣地若僅至泗口不能望大江亦不能望圍愕然臨流而歎也又按鮑勛傳六年秋帝欲征吳勛曰往年龍舟飄蕩隔在南岸聖躬蹈危臣下破膽據此則魏文已至大江中流矣赦青徐二州改易諸將守冬十月乙卯盧文弨曰宋志作十一月辛卯太白晝見行還許昌宮王朗傳注引魏書詔三公曰車駕當以今月中旬到譙淮漢衆軍亦各還反不臘西歸矣

魏書載癸酉詔曰近之不綏何遠之懷今事多而民少上下相弊以文法局本弊作敝百姓無所措其手足昔太山之哭者以爲苛政甚于猛虎禮記檀弓篇孔子過太山側有婦人哭於墓側者而哀夫子式而聽之使子路問之曰子之哭也壹似重有憂者而曰然昔者吾舅死於虎吾夫又死焉今吾子又死焉夫子曰何爲不去也曰無苛政子曰小子識之苛政猛於虎也吾備儒者之風服聖人之遺教豈可以目翫其辭行違其誡者哉廣議輕刑以惠百姓

十一月庚寅以冀州饑遣使者開倉廩振之戊申晦日有食之十二月詔曰先王制禮所以昭孝事祖大則郊社其次宗廟三辰五行名山大川非此族也不在祀典叔世衰亂崇信巫史至乃宮殿之內戶牖之閒無不沃酹甚矣其惑也自今其敢設非祀之祭宋書禮志四祀作禮巫祝之言皆以執左道論著于令典元本吳本毛本局本脫著于令典四字侯康曰通典吉禮門云魏祀五郊六宗及厲殃何晏議月令季春磔禳大儺非所以祀皇天也夫天道不諂不貳其命若之何禳之國有大故可祈于南郊至于祈禳自宜止於山川百物而已王肅云厲殃漢之淫祠耳日月有常位五帝有常典師曠自是樂祖無事于厲殃漢文除祕祝所以稱仁明也案二議不系年月或卽在是時乎弼按明帝青龍元年詔諸郡國山川不在祠典者勿祠何王之議究在何時未能定也是歲穿天淵池水經穀水注其水東注天淵池池中有魏文帝九華臺殿中悉是洛中故碑累之今造釣臺于其上池南直魏文帝茅茨堂前有茅茨碑是黃初中所立也其水自天淵池東出華林園

六年春二月遣使者巡行許昌以東盡沛郡沛國見武紀吳增僅曰漢末除國爲郡詳見司馬芝傳注問民所疾苦貧者振貸之漢書文帝紀其議所以振貸之師古曰振起也爲給貸之令其存立也諸振救振贍其義皆同今流

俗作從貝者非也

魏略載詔曰昔軒轅建四面之號尸子子貢問於孔子曰古者黃帝四面信乎孔子曰黃帝取合己者四人使治四方不謀而親不約而成大有成功此之謂四面也周武稱予有亂臣十人書泰誓之辭斯蓋先聖所以體國君民亮成天工多賢爲貴也今內有公卿以鎭京師外設牧伯以監四方至於元戎出征則軍中宜有柱石之賢帥輜重所在又宜有鎭守之重臣然後車駕可以周行天下無內外之慮吾今當征賊欲守之積年其以尚書令潁鄉侯陳羣爲鎭軍大將軍尚書僕射西鄉侯司馬懿爲撫軍大將軍宋書百官志鎭軍將軍一人魏以陳羣爲之撫軍將軍一人魏以司馬宣王爲之中鎭撫三號比四鎭趙一清曰下云給中軍兵騎六百人蓋初設此號以中軍將之兵給之也時曹眞爲中軍大將軍洪飴孫曰鎭軍大將軍一人第二品黃初六年置後不常設撫軍大將軍一人第二品黃初五年置弼按晉書宣帝紀黃初五年天子南巡觀兵吳疆帝留鎭許昌改封向鄉侯（向字疑當作西）轉撫軍假節領兵五千加給事中錄尚書事六年天子復大興舟師征吳復命帝居守內鎭百姓外供軍資臨行詔曰吾深以後事爲念故以委卿曹參雖有戰功而蕭何爲重使吾無西顧之憂不亦可

乎若吾臨江授諸將方略則撫軍當留許昌督後諸軍錄後臺文書事鎭軍隨車駕當董督衆軍錄行尙書事文館詞林六百六十二脫衆軍錄三字通鑑有之胡三省曰魏晉之制大將軍不開府者品秩第二其祿與特進同置長史司馬主簿諸曹官屬行尙書謂尙書之隨駕者後臺謂尙書臺之留許昌者也皆假節鼓吹晉書職官志使持節得殺二千石以下持節殺無官位人若軍事得與使持節同假節唯軍事得殺犯軍令者晉書樂志下云漢時有短簫鐃歌之樂列於鼓吹多序戰陣之事及魏受命改其十二曲使繆襲爲詞述以功德代漢宋書樂志一云鼓吹蓋短簫鐃哥蔡邕曰軍樂也黃帝岐伯所作以揚德建武勸士諷敵也周官曰師有功則愷樂左傳曰晉文公勝楚振旅凱而入司馬法曰得意則愷樂愷哥雍門周說孟嘗君鼓吹於不測之淵說者云鼓自一物吹自竽籟之屬非簫鼓合奏別爲一樂之名也然則短簫鐃哥此時未名鼓吹矣應劭漢鹵簿圖惟有騎執箛箛卽笳不云鼓吹而漢世有黃門鼓吹漢享宴食擧樂十三曲與魏世鼓吹長簫同長簫短簫伎錄並云絲竹合作執節者哥又建初錄云務成黃爵玄雲遠期皆騎吹曲非鼓吹曲此則列於殿庭者爲鼓吹今之從行鼓吹爲騎吹二曲異也又孫權觀魏武軍作鼓吹而還此又應是今之鼓吹魏晉世又假諸將帥及牙門曲蓋鼓吹斯則其時謂之鼓吹矣魏晉世給鼓吹甚輕牙門督將五校悉有鼓吹給中軍兵騎六百人吾欲去江數里築宮室往來其中見賊可擊之形便出奇兵擊之文館詞林無兵字若或未

可則當舒六軍以遊獵文館詞林舒作紓饗賜軍士

三月行幸召陵監本陵誤作陸漢書地理志汝南郡召陵師古曰卽桓公伐楚次於召陵者也召讀曰邵一統志召陵故城今河南許州郾城縣東三十五里元和志方輿紀要作四十五里通討虜渠胡三省曰通討虜渠以伐吳也顧祖禹曰討虜渠在郾城縣東五十里吳熙載曰疑河南陳州府商水縣之小汝水也乙巳還許昌宮幷州刺史梁習討鮮卑軻比能大破之梁習傳及鮮卑軻比能傳均未載此事辛未帝爲舟師東征時宮正鮑勛諫帝怒左遷勛爲治書執法見勛傳五月戊申幸譙壬戌熒惑入太微六月利成郡兵蔡方等以郡反利成見武紀建安三年注又見臧霸傳諸葛誕傳利城郡反推唐咨爲主咨後亡入吳殺太守徐質諸葛誕傳作徐箕遣屯騎校尉任福步兵校尉段昭續百官志屯騎校尉一人比二千石掌宿衛兵步兵校尉一人比二千石掌宿衛兵趙一清曰福昭蓋將禁旅以往也與靑州刺史討平之時王淩爲靑州刺史見淩傳呂虔傳虔遷徐州刺史討利城叛賊斬獲有功其見脅略及亡命者皆赦其罪秋七月立皇子鑒爲東武陽王東武陽見武紀初平二年八月

帝遂以舟師自譙循渦入淮此卽魏武自渦入淮之故道也詳見武紀建安十四年注胡三省曰水經陰溝水出河南陽武縣蒗蕩渠東南至沛爲渦水渦水東逕譙郡又東南至下邳淮陰縣入于淮弼按胡注於建安十四年引水經云至下邳睢陵入淮此注又云至淮陰入淮二者皆誤仍當以今懷遠縣北之渦口爲入淮之口也若至睢陵入淮或至淮陰入淮則已至徐州界下文卽不必言從陸道幸徐也從陸道幸徐九月築東巡臺冬十月行幸廣陵故城胡三省曰廣陵故城謂之蕪城今其處不可考趙一清曰方輿紀要卷二十三廣陵城在揚州府城東北後漢爲廣陵郡治三國移治淮陰而以故城爲邊邑後入於吳弼按廣陵見上年注卽今揚州府城東北之廣陵廢郡魏之廣陵既移治淮陰故謂前郡治爲故城胡注謂不可考殆未細審耳臨江觀兵戎卒十餘萬旌旗數百里或曰魏文始終有志於吳遂勝偏安暇逸者矣

魏書載帝於馬上爲詩曰方輿紀要卷二十二城子山在揚州府儀眞縣北六里山形如城魏文帝築樂遊臺立馬賦詩於此觀兵臨江水水流何湯湯戈矛成山林玄甲耀日光猛將懷暴怒膽氣正從橫誰云江水廣一葦可以航吳志孫權傳注引吳錄曰帝見波濤洶湧嘆曰嗟乎固天所以隔南北也潘眉曰李吉甫云廣陵在江都縣北四里州城正直其上大江

西北自六合縣界流入南對丹徒之京口舊闊四十里文帝詩曰誰云江水廣一葦可以杭正謂此處也不戰屈敵虜戢兵稱賢良古公宅岐邑實始翦殷商詩魯頌后稷之孫實維大王居岐之陽實始翦商孟獻營虎牢鄭人懼稽顙左傳襄公二年孟獻子曰請城虎牢以偪鄭知武子善之遂城虎牢鄭人乃成漢書地理志河南郡成皋故虎牢或曰制穆天子傳七萃之士生搏虎而獻天子天子畜之東虢是曰虎牢一統志成皋故城今河南開封府汜水縣西北充國務耕植先零自破亡漢書趙充國傳充國上屯田奏復上留田便宜十二事充國所降得五千餘人詔罷兵獨充國留屯田興農淮泗閒築室都徐方量宜運權略六軍咸悅康豈如東山詩悠悠多憂傷趙一清曰文選又有魏文雜詩云西北有浮雲亭亭如車蓋惜哉時不遇適與飄風會吹我東南行行行至吳會吳會非我鄉安能久留滯棄置勿復陳客子常畏人其心怯於吳人如此

是歲大寒水道冰舟不得入江乃引還蔣濟傳車駕幸廣陵濟表水道難通帝不從戰船數千皆滯不得行詳見濟傳十一月東武陽王鑒薨十二月行自譙過梁遣使以太牢祀故漢太尉橋玄梁國橋玄見武紀趙一清曰曹氏再世祀橋公

七年春正月晉書禮志上云魏文帝黃初七年正月命中宮蠶於北郊依周典也藝文類聚卷十五引魏章誕皇后親蠶頌曰於時明庶扇物鳥帑晉正躬耕帝藉邁德班令嘉柔桑之肇敷思郊廟之至敬命皇后以親蠶俾躬桑於郊坰攷時日於巫咸詔太卜以獻禎御坤德之大輅翳翠葆以揚旌爾乃皇英參乘塗山奉輿總姜任於後陳載樊衞於貳車千乘隱其雷動萬騎粲以星敷啓前路於三官命嵩尤而清衞遊青蚪於左角步素螭於右隅登崇壇而正位覿休氣於朝陽步雕輦而下降手柔條於公桑嬪妾肅以莅事職蠶植而承筐供副禕之六服昭孝敬於烝嘗盛華禮於中宇神化馳於八方乃延羣妾宴賜於前降至貴以逮下布愷悌之渥恩禮儀備序巾車囘轅班中黃之禁財散束帛之戔戔神澤沛以雨施洪恩布於膴原同頑慶於生民發三靈之永歡苞繁祜於萬國卷福釐以言旋美休祚於億載豈百世之曾玄將幸許昌許昌城南門無故自崩帝心惡之遂不入壬子行還洛陽宮三月築九華臺趙一清曰宋書后妃傳贊云漢氏昭陽之輪奐魏室九華之照耀則九華臺亦內宮游幸處也夏五月丙辰帝疾篤召中軍大將軍曹眞鎮軍大將軍陳羣征東大將軍曹休撫軍大將軍司馬宣王竝受遺詔輔嗣主宋書百官志魚豢曰四征魏武帝置秩二千石黃初中位次三公漢舊諸征與偏裨雜號同趙一清曰漢時已有征東征南征西之號是不始於魏武或至魏始備四征之號故魚豢曰鎮北魏黃初太

和中置是其例也又案晉書宣帝紀云於崇華殿之南堂竝受顧命輔政其時有陳羣曹眞無曹休且詔太子曰有間此三公者愼勿疑之則非四人可知卻曹休傳亦無受遺詔輔政之事洪飴孫曰中軍大將軍一人第二品黃初三年置後不常設遣後宮淑媛昭儀已下歸其家本志后妃傳淑媛位視御史大夫爵比縣公昭儀比縣侯世說新語賢媛篇載魏文悉取武帝宮人事見武紀建安二十五年注丁巳帝崩於嘉福殿時年四十本志朱建平傳建平相文帝壽八十至四十有小厄文帝年四十病困謂左右曰建平所言八十謂晝夜也吾其決矣頃之果崩弼按此與高元呂所言相同高元呂事見卷首注引魏略

魏書曰殯於崇華前殿官本作殿前盧文弨曰當作前殿

六月戊寅葬首陽陵寰宇記卷五魏文帝陵在河南偃師縣首陽山南廟在縣西北十八里自殯及葬皆以終制從事晉書禮志中云魏氏故事國有大喪羣臣凶服又云漢魏故事將葬設吉凶鹵簿皆有鼓吹又云大喪及大臣之喪執紼者輓歌

魏氏春秋曰監本官本氏作書誤明帝將送葬曹眞陳羣王朗等以暑熱固諫乃止孫盛曰

夫窀穸之事左傳襄公十三年楚子告大夫曰唯是春秋窀穸之事杜注云窀厚也穸夜也厚夜猶長夜長夜謂葬埋孝子之極痛也人倫之道於斯莫重故天子七月而葬同軌畢至杜預曰言同軌以別四夷之國夫以義感之情猶盡臨隧之哀況乎天性發中敦禮者重之哉魏氏之德仍世不基矣昔華元厚葬君子以爲棄君於惡羣等之諫棄孰甚焉

鄄城侯植爲誄曰陳思王傳黃初二年改封鄄城侯三年立爲鄄城王四年徙封雍丘王六年帝東征還過雍丘幸植宮是時當書雍丘王裴注書鄄城侯誤惟黃初七年五月七日潘眉曰帝以丁巳日崩推是年五月辛丑朔十七日乃得丁巳誄當云五月十七日今本脫十字也大行皇帝崩嗚呼哀哉于時天震地駭崩山隕霜陽精薄景五緯錯行宋書天文志一黃初四年二月癸卯月犯心大星十二月丙子月又犯心大星占曰心爲天王王者惡之七年五月文帝崩黃初四年月暈北斗占曰有大喪黃初五年十月歲星入太微逆行積百三十九日乃出占曰五星入太微從右入三十日以上人主有大憂黃初六年十月乙未有星孛于少微歷軒轅案占孛彗異狀其殃一也百姓呼嗟萬國悲傷各本呼作吁傷作悼若喪考妣恩過慕唐藝文類聚作思慕過唐擗踊郊野孝經擗踊哭泣仰想穹蒼藝文想作愬僉曰何辜早世隕喪嗚呼哀哉悲夫大行忽焉光滅永棄萬國雲往雨絕承問荒忽惛懵哽咽袖鋒抽刃歎自僵

斃宋本曹子建集斃作欲追慕三良甘心同穴感惟南風三國文類惟作恨惟以鬱滯終於偕沒指景自誓考諸先記尋之哲言生若浮寄胡玉縉曰古文苑劉歆遂初賦云抱奇內光自得眞兮寵幸浮寄奇無常兮文選魏文帝善哉行云人生如寄多憂何爲李善注尸子曰老萊子曰人生天地之閒寄也寄者固也惟德可論朝聞夕逝孔志所存皇雖一沒盧文弨曰一當作殪天祿永延何以述德表之素旃周禮春官司常通帛爲旃何以詠功宣之管弦乃作誄曰皓皓太素兩儀始分中和產物肇有人倫爰暨三皇實秉道眞降逮五帝繼以懿純三代制作踵武立勳季嗣不維網漏于秦吳本網作綱子建集同崩樂滅學儒坑禮焚二世而殲毛本二作三漢氏乃因弗求古訓嬴政是遵王綱帝典局本綱作網誤闃爾無聞馮本闃作閴求光幽昧宋本吳本求作末子建集同道究運遷乾坤迴歷子建集迴作回簡聖授賢乃眷大行屬以黎元龍飛啓祚合契上玄五行定紀各本五作正誤宋元本不誤改號革年明明赫赫受命于天仁風偃物德以禮宣祥維聖質藝文類聚祥作詳嶷在幼妍一作岐嶷幼齡庶幾六典庶一

作研 學不過庭潛心無罔亢志青冥 藝文類聚罔作內青冥作高明 才秀藻朗如玉之瑩聽察無嚮
瞻覩未形 藝文類聚嚮作饗（子建集同）覩作視 其剛如金其貞如瓊如冰之潔如砥之平爵公無私
藝文類聚公作功私作重 戮違無輕心鏡萬機攬照下情 攬一作鑒 思良股肱嘉昔伊呂搜揚側陋
舉湯代禹拔才巖穴取士蓬戶唯德是繁 繁一作索一作榮 弗拘禰祖宅土之表 各本土作士誤宋本
作土子建集同表一作中 道義是圖弗營厥險六合是虞齊契共遵下以純民 藝文類聚作宅土之中率民以漸道
義是圖弗營厥險六合通同齊契共檢導下以純民由樸儉 恢拓規矩 宋本拓作折子建集同 克紹前人科條品制褒貶
以因乘殷之輅行夏之辰金根黃屋 監本作黃根金屋誤 翠葆龍鱗紼冕崇麗衡紞維新尊
肅禮容矚之若神 藝文類聚矚作瞻 方牧妙舉欽於恤民虎將荷節鎮彼四鄰朱旗所勳九
壤被震 藝文類聚被作披 疇克不若孰敢不臣縣旌海表萬里無虞虜備凶徹 何焯云徹疑作轍
烏殪江岷權若涸魚 監本權作土誤宋本作擢子建集同當爲權字之譌 乾腊矯鱗 子建集作乾若脯鱗 肅慎納貢越

裳效珍條支絕域侍子內賓 子建集侍作來 德儕先皇功侔太古上靈降瑞黃初叔祜 何焯曰叔
疑作攸趙一清曰當作俶官本考證陳浩曰叔祜當作俶祜俶始也祜福也言黃初受禪始受福也 河龍洛龜淩波游下 下叶音戶 平鈞
應繩神鸞翔舞數莢階除系風扇暑皓獸素禽飛走郊野神鍾寶鼎 馮本鍾作鐘 形自舊
土雲英甘露瀸塗被宇 毛本瀸塗作纖圖誤爾雅釋水泉一見一否爲瀸 靈芝冒沼朱華陰渚 馮本陰作蔭
回回凱風祁祁甘雨稼穡豐登我稷我黍家佩惠君 詩大雅桑柔篇維此惠君民人所瞻鄭箋云惠順也維至德順
民之君爲百姓所瞻仰 戶蒙慈父圖致太和洽德全義 官本洽作浴 將登介山 潘眉曰子建集作將登泰山按介山
不誤司馬相如封禪文云以登介丘不亦恧乎介山猶介丘即謂泰山弼按宋本子建集作將登介山漢書司馬相如傳注服虔曰介大也丘山也言周以白魚爲
瑞登太山封禪不亦恧乎沈欽韓曰冊府元龜封禪三十五高宗乾封元年帝登於泰山封玉牒於介山按此則介山本山名服注非 先皇作儷鐫
石紀勳兼錄衆瑞方隆封禪歸功天地賓禮百靈勳命視規 此四字疑誤 望祭四嶽燎封
奉柴 書舜典歲二月東巡守至于岱宗柴望秩于山川孔傳云燔柴祭天告地至如其秩次望祭之 肅于南郊宗祀上帝三牲既

供夏禘秋嘗元侯佐祭獻璧奉璋鸞輿幽藹龍旂太常爰迄太廟鐘鼓鍠鍠 子建集鐘鼓作鐘皷
頌德詠功八佾鏘鏘皇祖既饗烈考來享神具醉止降茲福祥 局本作茲降誤 天地震蕩
大行康之三辰暗昧大行光之皇紘絕維大行綱之神器莫統大行當之禮樂廢弛
宋本弛作強 大行張之仁義陸沈大行揚之潛龍隱鳳大行翔之疏遜遐康 宋本元本馮本遜作狄趙
一清曰狄遜古通 大行匡之在位七載元功仍舉 藝文類聚元作九 將永太和 永一作承太一作大 絕迹三
五宜作物師長爲神主壽終金石等算東父 曹植遠游篇將歸謁東父一舉超流沙又驅車篇同壽東父年曠代永長生
如何奄忽摧身后土俾我煢煢靡瞻靡顧嗟嗟皇穹胡寧忍務 藝文類聚務作予 嗚呼哀哉
明監吉凶體遠存亡 藝文類聚遠作違 深垂典制申之嗣皇聖上虔奉是順是將乃剏玄宇
基爲首陽 爲一作於 擬迹穀林追堯慕唐 藝文類聚慕作纂 合山同陵 藝文類聚陵作阪 不樹不疆塗
車芻靈珠玉靡藏百神警侍 子建集侍作待 來賓幽堂耕禽田獸望魂之翔於是俟大隧之

致功兮練元辰之淑禎潛華體於梓宮兮馮正殿以居靈顧望嗣之號咷兮 望一作皇 存
臨者之悲聲悼晏駕之既疾兮 宋本疾作修元本吳本作候子建集同顧千里校本作往 感容車之速征 速一作修
浮飛魂於輕霄兮就黃壚以滅形 滅一作藏 背三光之昭晰兮歸玄宅之冥冥嗟一往之
不反兮痛閟闥之長扃杳遠臣之眇眇兮 馮本眇眇作渺渺 成凶諱以怛驚心孤絕而靡告
兮紛流涕而交頸 頸叶平 思恩榮以橫奔兮閡闕塞之嶢峥顧衰経以輕舉兮迫關防
之我嬰欲高飛而遙憩兮 子建集憩作愒 憚天網之遠經遙投骨於山足兮 文選潘岳寡婦賦注引顧
投骨於山足 報恩養於下庭慨拊心而自悼兮懼施重而命輕嗟微軀之是效兮甘九死而
忘生幾司命之役籍兮 元本役作役宋本馮本毛本作役吳本作沒沈家本曰說文篇韻無役字集韻同役 先黃髮而隕零
天蓋高而察卑兮冀神明之我聽獨鬱伊而莫愬兮追顧景而憐形 藝文類聚追作廹一作廻 奏
斯文以寫思兮結翰墨以敷誠嗚呼哀哉 文心雕龍誄碑篇詳夫誄之爲制蓋選言錄行傳體而頌文榮始而哀終又云陳思

叨名而體實繁緩文皇誄末旨言自陳其乖甚矣蓋謂杳遠臣之渺渺兮以下皆自陳之詞也
初帝好文學以著述爲務自所勒成垂百篇裴注引魏書云帝八歲能屬文有逸才遂博貫古今經傳
諸子百家之書（見本卷首）鍾嶸詩品曰文帝詩源出於李陵頗有仲宣之體則新奇百許篇率皆鄙質如偶語惟西北有浮雲十餘首殊美贍可翫始見其工矣不
然何以銓衡羣彥對揚厥弟者邪文心雕龍才略篇曰魏文之才洋洋清綺舊談抑之謂去植千里然子建思捷而才儁詩麗而表逸子桓慮詳而力緩故不競於先鳴
而樂府清越典論辨要迭用短長亦無懵焉但俗情抑揚雷同一響遂令文帝以位尊減才思王以勢窘益價未爲篤論也隋書經籍志魏文帝集十卷梁二十三卷唐
志十卷宋志魏文帝集一卷嚴可均全三國文輯本四卷典論一卷馮惟訥詩紀樂府詩四十二首又使諸儒撰集經傳隨類
相從凡千餘篇號曰皇覽本志劉劭傳黃初中受詔集五經羣書以類相從作皇覽楊俊傳注引魏略曰王象受詔撰皇覽使
象領秘書監象從延康元年始撰集數歲成藏於祕府合四十餘部部有數十篇通合八百餘萬字曹爽傳注引魏略曰桓範延康中與王象等典集皇覽御覽卷六百
一引三國典略曰祖珽等上言昔魏文帝命韋誕諸人撰著皇覽包括羣言區分義別史記索隱曰皇覽書名也記先代冢墓之處宜皇王之省覽故曰皇覽是魏人王
象繆襲等所撰史記集解引皇覽云延陵季子冢在毘陵縣暨陽鄉隋書經籍志皇覽一百二十卷繆卜等撰梁六百八十卷梁又有皇覽一百二十三卷何承天合皇

覽五十卷徐爰合皇覽目四卷又有皇覽鈔二十卷梁特進蕭琛鈔亡唐經籍志類事類皇覽一百二十二卷何承天撰又八十四卷徐爰并合藝文志類書類何承天
并合皇覽一百二十二卷徐爰并合皇覽八十四卷玉海藝文曰類事之書始於皇覽韋誕諸人撰侯康曰御覽禮儀部三十九引皇覽冢墓記二十餘條水經注引皇
覽十三條言冢墓者十之九冢墓蓋卽四十餘部中之一御覽卷五百九十又引皇覽記陰謀疑亦書中篇名也論語三省章釋文稱皇覽引魯讀六字則彙及經義此
魏文帝紀所謂撰集經傳隨類相從者蓋後世類書之濫觴故無所不包矣姚振宗曰皇覽當是千餘卷至梁存六百八十卷至隋存一百二十卷至唐惟有何徐兩家
鈔合本而魏時原本亡至宋并鈔合本亦亡又曰御覽數引皇覽逸禮卽漢志所謂禮古經多三十九篇劉子駿移書讓太常博士稱逸禮三十九是也王莽時立博士
漢末尙未亡故皇覽亦具載之又陳思王傳注臣松之按田巴事出魯連子亦見皇覽文多不載是皇覽中有魯連子又說邪中有繆襲尤射一篇亦是皇覽逸文其所
收集者多矣沈家本曰王象所撰集四十餘部部有數十篇與紀言千餘篇相合象時領秘書監故屬之象非象一人手撰也象之外可考者有劉劭繆卜繆襲桓範韋
誕諸人卽紀所謂諸儒也李善文選注引皇覽聖賢冢墓誌當是皇覽之一篇非別一書索隱所引亦卽是書但云記先代冢墓似皇覽專記此一事其說非也
魏書曰帝初在東宮疫癘大起時人彫傷帝深感歎與素所敬者大理王朗書曰此書當在
建安二十二年冬是時文帝方立爲魏太子王朗適繼鍾繇爲大理也生有七尺之形死唯一棺之土宋本元本吳本監本唯作

爲御覽棺作抔淮南子精神訓云吾生也有七尺之形吾死也有一棺之土唯立德揚名可以不朽其次莫如著篇籍疫
癘數起士人彫落文帝與吳質書云昔年疾疫親故多離其災徐陳應劉一時俱逝余獨何人能全其壽故論撰
所著典論詩賦蓋百餘篇集諸儒於肅城門內官本攷證曰御覽城作成講論大義侃侃無倦御覽
卷九百五十一載魏文帝與王朗書曰蚤𧌒雖細慮於安寢鼠至微猶毀郊牛又卷三百五十四與王朗書曰丕白不受江漢之珠而愛巴蜀之鉤此言難得之
貨寶不若易有之賤物常嘉漢文帝之爲君寬仁玄默務欲以德化民有賢聖之風趙一清曰水經渭水
注華山下有漢文帝廟廟有石闕數碑一碑是建安中立漢鎭遠將軍段煨更修祠堂碑文漢給事黃門侍郎張昶造昶自書之魏文帝又刊其碑陰二十餘字二
書有重名於海內時文學諸儒或以爲孝文雖賢其于聰明通達國體不如賈誼帝由是著
太宗論曰漢書景帝紀丞相臣嘉等奏孝文皇帝廟宜爲帝者太宗之廟昔有苗不賓重華舞以干戚尉佗稱帝
宋本佗作他孝文撫以恩德吳王不朝錫之几杖以撫其意而天下賴安乃弘三章之教
愷悌之化欲使曩時累息之民得闊步高談無危懼之心若賈誼之才敏籌畫國政特

賢臣之器管晏之資宋本資作姿豈若孝文大人之量哉御覽卷八十八引典論曰文帝慈孝寬弘仁厚躬修玄默
以儉帥下奉生送終事從約省美聲塞于宇宙仁風暢於四海又曰文帝思賢若於饑渴用人速於順流三年之中以孫權不服復班
太宗論于天下馮本班作頒明示不願征伐也力足以服尉佗而不用武者漢文是也力不足以制孫權而欲藉文字以折服
之魏文是也彼狡謀之孫仲謀其能俯首乎他日又從容言曰顧我亦有所不取於漢文帝者三殺薄昭
幸鄧通慎夫人衣不曳地集上書囊爲帳帷以爲漢文儉而無法舅后之家但當養育
以恩而不當假借以權旣觸罪法又不得不害矣其欲秉持中道以爲帝王儀表者如
此王念孫曰立木以示人謂之儀又謂之表說文檥幹也從木義聲經傳通作儀故爾雅云儀幹也呂氏春秋愼小篇注表柱也故德行足以率人者亦謂之儀
表緇衣是民之表也鄭注言民之從君如景逐表荀子君道篇君者儀也儀正而景正是儀卽表也管子形勢解篇法度者萬民之儀表也禮義者尊卑之儀表也
淮南主術篇言爲文章行爲儀表左傳文六年陳之藝極引之表儀或言儀表或言表儀其義一也胡沖吳歷曰吳志胡綜傳綜字偉則汝南固
始人子沖平和有文幹天紀中爲中書令吳錄曰沖後仕晉尙書郎吳郡太守舊唐書經籍志雜史類吳歷六卷胡沖撰新唐書藝文志雜史類胡沖吳朝人士品

秩狀八卷又吳歷六卷高似孫史略胡沖吳歷六卷黃逢元曰裴注屢引後漢袁術傳注文選奏彈曹景宗注辨亡論注御覽卷一百十八又四百六十七又六百六又八百十九均引之沈家本曰隋志不著錄 帝以素書所著典論及詩賦餉孫權又以紙寫一通與張昭 潘眉曰注引吳歷帝以素書所著典論及詩賦餉孫權後於孫權傳中又引之蜀先主傳兩引江表傳備立營於油口改名公安明帝紀及關羽傳兩載羽乞娶秦宜祿妻皆是重複不檢之病弼按孫權傳注引吳歷餉孫權典論及詩賦事乃序他事連類及之蜀先主傳兩引江表傳當爲傳鈔之訛明帝紀及關羽傳所載乞秦妻事一引魏氏春秋一引蜀記明爲兩書不爲重複潘說失之素書解見孫權傳

評曰文帝天資文藻下筆成章博聞彊識才藝兼該

典論 本志明帝紀太和四年詔太傅三公以文帝典論刻石立於廟門之外齊王芳紀注引搜神記云刊滅典論侯康曰抱樸子論仙篇魏文帝躬覽洽聞自呼於物無所不經謂天下無切玉之刀火浣之布及著典論嘗據言此事其間未期二物畢至帝乃歎息遽毀斯論康案齊王芳紀注但云無火浣布不及切玉刀毀論在齊王芳時不在文帝時與此亦異又按藝文類聚卷十六據卞蘭贊述太子表知是書成於爲太子時嚴可均曰隋志儒家典論五卷魏文帝撰舊新唐志同明帝時刊石詳搜神記又齊王芳紀注臣松之昔從征西至洛陽見典論石在太學者尚存御覽五百八十九引戴延之西征記典論六碑今四存二敗隋志小學類有一字石經典論一卷唐時石本亡至宋而寫本亦亡世所習見僅裴注之帝自敘及文選之論文而已孫馮翼嘗有輯本罣漏甚多又誤以典略當典論今覆檢各書寫出數十百事有篇名者十三聚其復重會其離散依意林次第之定著一卷其遺文墜句無所繫屬者附於後黃以周儆季雜箸子敘曰典論刻石太學與石經並列凡六碑晉亂已毀其二隋志著錄一卷非全碑也其簡編之書是時尚存隋志唐志子部儒家有典論五卷與意林所題合魏志言帝好著述自所勒成垂百篇此兼詩賦言之非典論有百篇也裴注引王沈魏書云論譔所著典論詩賦蓋百餘篇可證孫鳳卿輯是書以百篇卽典論非也典論篇數今不可知其篇目可考者曰姦讒曰內誡曰酒誨曰論文曰太子曰終制曰自敘七篇篇皆有序則其餘可知矣孫氏因文選載論文魏志注引論郤儉事謂典論分目皆以論爲篇題與各書所載篇目不合亦非也今依羣書治要及意林二書所錄次弟排比逸文其書首論禪讓次論學術三論漢帝得失四論政治五姦讒六內誡七酒誨八論劍九論文十論養生十一終制十二自敘學術爰取孫輯補遺刪複勒爲一卷後見嚴氏文曰復訂之 帝自敘曰初平之元董卓殺主鴆后 事在中平六年此云初平者下文皆述初平之事也殺主御覽作弑帝 盪覆王室是時四海既困中平之政兼惡卓之凶逆家家思亂人人自危山東牧守咸以春秋之義衛人討州吁于濮 左傳隱四年衛州吁弒君而立衛人殺之于濮 言人人皆得討賊於是大興義兵名豪大俠富室彊族飄揚

雲會萬里相赴兗豫之師戰于滎陽河內之甲軍於孟津卓遂遷大駕西都長安而山東大者連郡國中者嬰城邑 漢書蒯通傳范陽令先降而身死必將嬰城固守孟康曰嬰以城自繞王先謙曰文選曹植責躬詩李注引說文曰嬰繞也嬰城固守謂繞城守禦耳陳湯傳時康居兵萬餘騎分爲十餘處四面環城亦與相應環城猶繞城也訓爲以城自繞則非它皆類此 小者聚阡陌以還相吞滅 馮本滅作併 會黃巾盛于海岱 馮本官本監本岱作嶽誤 山寇暴於并冀 謂黑山賊及西河白波賊也 乘勝轉攻席卷而南鄉邑望煙而奔城郭覩塵而潰百姓死亡暴骨如莽 毛本骨作國誤 時余年五歲上以世方擾亂教余學射六歲而知射又教余騎馬 騎一作乘 八歲而能騎射矣 馮本能作知誤 以時之多故每征余常從 御覽作以時之多難故每征伐余乘馬常從 建安初上南征荊州至宛張繡降旬日而反亡兄孝廉子脩從兄安民遇害 事在建安二年 時余年十歲乘馬得脫夫文武之道各隨時而用生於中平之季長於戎旅之間是以少好弓馬于今不衰逐禽輒十里馳射常百步 藝文類聚七十四常作出御覽七百四十六無馳字作射常出 日多體健心每不厭 御覽九十三作日夕體倦心猶不厭 建安十年始定冀州濊貊貢良弓燕代獻名馬時歲之暮春句芒司節 禮記月令孟春之月其帝大皞其神句芒（仲春季春同）鄭注此倉精之君木官之臣大皞宓戲氏句芒少皞氏之子曰重爲木官 和風扇物弓燥手柔草淺獸肥與族兄子丹 曹眞字子丹 獵于鄴西終日手獲麞鹿九雉兔三十後軍南征次曲蠡 曲蠡見前延康元年 尚書令荀彧奉使犒軍見余談論之末彧言聞君善左右射此實難能余言執事未覩夫項發口縱俯馬蹄而仰月支也 赭白馬賦經玄蹄而雹散歷素支而冰裂注玄蹄馬蹄也素支月支也皆射帖名也言馬既良射者亦中故馬蹄雹散月支冰裂也邯鄲淳藝經馬射左邊爲月支二枚馬蹄三枚也曹植詩控弦破左的右發摧月支 彧喜笑曰 馮本笑作咲各本作笑均誤 乃爾余曰埒有常徑的有常所雖每發輒中非至妙也若馳平原 御覽九十三若下有夫字 赴豐草要狡獸 御覽七百四十六要作逐 截輕禽使弓不虛彎所中必洞斯則妙矣 御覽七百四十六作斯乃妙爾 時軍祭酒張京在坐顧彧拊手曰 拊擊也拍也書益稷篇予擊石拊石蔡傳云重擊曰擊輕擊曰拊御覽拊上有俱字 善余又學擊劍閱師多矣四方之法各異唯

京師爲善桓靈之間有虎賁王越善斯術書立政篇綴衣虎賁傳云虎賁以勇力事王續百官志虎賁中郎將主虎賁宿衞劉昭注前書武帝置期門平帝更名虎賁虎賁舊作虎奔言如虎之奔也孔安國曰若虎賁獸言甚猛稱于京師河南史阿言昔與越遊具得其法余從阿學之精熟御覽九百五十三之下有甚字嘗與平虜將軍劉勳劉勳事見武紀建安四年又見建安十八年注又見吳志孫策傳注奮威將軍鄧展等鄧展事見武紀建安十八年注所云奮威將軍樂鄉侯劉展卽鄧展也共飲初學記九飲下有酒字宿聞展善有手臂曉五兵周禮夏官司兵掌五兵五盾各辨其物與其等以待軍事鄭司農云五兵者戈殳戟酋矛夷矛又稱其能空手入白刃余與論劒良久謂言將軍法非也余顧嘗好之又得善術因求與余對時酒酣耳熱方食芊蔗藝文類聚八十七作干蔗御覽七百十又九百七十四作甘蔗潘眉曰芊蔗當爲竿蔗上林賦諸柘注曰諸柘甘柘也廣志作竿蔗一切經音義引通俗文荊州出竿蔗竿古寒反音干或又作甘蔗或又作干柘蓋諸柘甘柘甘蔗干柘竿蔗並通惟不作芊蔗耳御覽五百九十二引典論亦作芊蔗蓋沿誤久矣便以爲杖御覽三百四十二作便以習之下殿數交三中其臂左右大笑展意不平求更爲之余言吾法急屬難相中面故齊臂耳展言願復一交余知其欲突以取交中也因僞深進展果尋前余卻腳鄛正截其顙坐中驚視余還坐笑曰昔陽慶使淳于意去其故方更授以祕術史記倉公傳太倉公者齊太倉長臨菑人也姓淳于氏名意少而喜醫方術高后八年更受師同郡元里公乘陽慶慶年七十餘無子使意盡去其故方更悉以禁方予之傳黃帝扁鵲之脈書五色診病知人生死決嫌疑定可治及藥論甚精受之三年爲人治病決死生多驗然左右行游諸侯不以家爲家或不爲人治病病家多怨之者文帝四年中人上書言意以刑罪當傳西之長安意少女緹縈上書願入身爲官婢以贖父刑罪書聞上悲其意此歲中亦除肉刑法今余亦願鄧將軍捐棄故伎更受要道也一坐盡歡夫事不可自謂已長余少曉持複自謂無對俗名雙戟爲坐鐵室鑲楯爲蔽木戶御覽作兩鑲爲閑木戶後從陳國袁敏學以單攻複吳志周魴傳魴密表曰臣知無古人單複之術呂蒙傳注引江表傳曰當有單複每爲若神對家不知所出先曰先一作告曰一作日若逢敏於狹路直決耳余於他戲弄之事少所喜唯彈棊略盡其巧少爲之賦各本棊作碁藝文類聚七十四載魏文帝彈棊賦曰惟彈棊之嘉巧邈超絕其無儔苞上智之弘略允貫微而洞幽局則荊山妙璞發藻揚暉豐腹高隆庫根四頹平如砥礪滑若柔夷棊則玄木北幹素樹西枝洪纖若一修短無差象籌列植一據雙螭滑石

霧散雲布四垂然後直叩先縱二八次舉緣邊間造長邪迭取爾乃詳觀夫變化之理屈伸之形聯翩霹繹展轉盤縈或暇豫安存或窮困側傾或接黨連興或孤據偏停于時觀者莫不虛心竦踊慼側息而延佇或雷抃以大噱或戰悸而不能語昔京師先工有馬合鄉侯東方安世世說新語注引典論作昔京師少工有二焉合鄉侯東方世安張公子常恨不得與彼數子者對上雅好詩書文籍雖在軍旅手不釋卷每每定省御覽九十三作每定省從容常言人少好學則思專長則善忘長大而能勤學者唯吾與袁伯業耳袁遺字伯業山陽太守見武紀初平元年余是以少誦詩論及長而備歷五經四部史漢諸子百家之言靡不畢覽隋書經籍志雜傳家列異傳三卷魏文帝撰又曰魏文帝作列異以敍鬼物奇怪之事相繼而作者甚衆侯康曰裴氏注三國志凡兩引此書華歆傳引一條記歆自知當爲公蔣濟傳引一條記濟亡兒爲泰山錄事惟濟於齊王時始徙領軍將軍而書中已有濟爲領軍之語則非出自文帝又御覽卷七百七引一條景初時事卷八百八十四引一條甘露時事皆在文帝後豈後人又有增益邪又史記封禪書索隱引一條記秦穆公獲陳寶水經渭水注後漢書光武紀注引一條記秦文公時梓樹化爲牛則所載不獨時事也姚振宗曰唐經籍志雜傳家有列異傳三家張華撰唐藝文志小說家有張華列異傳一卷蓋張華續文帝書而後人合之御覽所引文帝後事當出張華初學記果木部引魏文帝列異傳言袁本初時事則實出文帝也隋志士操一卷魏文帝撰姚振宗曰魏武諱操而魏文著書不諱操未喻其故沈家本曰御覽九十三靡不畢覽下有所著書論詩賦凡六十篇至若智而能愚勇而能怯仁以接物恕以及下以付後之良史三十四字案自敘云所著凡六十篇與本紀自所勒成垂百篇及魏書所載與王朗書云百餘篇者不合博物志曰帝善彈棊能用手巾角時有一書生又能低頭以所冠著葛巾角撇棊世說新語巧藝篇彈棊始自魏宮內用妝奩戲文帝於此戲特妙用手巾角拂之無不中有客自云能帝使爲之客著葛巾角低頭拂棊妙踰於帝劉孝標注引傅玄彈棊賦敍曰漢成帝好蹴踘劉向以爲勞人體竭人力非至尊所宜御乃因其體作彈棊今觀其道蹴踘道也按玄此言則彈棊之戲其來久矣且梁冀傳冀善彈棊格五而此云起魏世謬矣若加之曠大之度勵以公平之誠邁志存道克廣德心則古之賢主何遠之有哉郝經曰漢獻帝流漂而東爲曹操所挾以爲盜資芟夷殘滅二十餘年操死丕直取自爲可也乃從容禪讓自以爲舜禹復出其自欺也甚矣且輕薄佻靡未除貴驕公子之習不矜細行隳敗禮律刻薄骨肉自戕本根亂亡基兆已在于是孔明詆爲土龍芻狗宜哉又曰臣篡君廢父竊子奪驕淫矜夸憲姦買惡斐斐謏伎沾沾淺識露根無基甫得已失

魏書三

明帝紀第三

晉平陽侯相安漢陳壽撰

宋中書侍郎西鄉侯聞喜裴松之注

沔陽盧弼集解

明皇帝諱叡字元仲文帝太子也生而太祖愛之常令在左右

魏書曰帝生數歲而有岐嶷之姿詩大雅生民篇克岐克嶷毛傳云岐知意也嶷識也鄭箋云能匍匐則岐岐然意有所知也其貌嶷嶷然有所識別也朱傳云岐嶷峻茂之貌武皇帝異之曰我基於爾三世矣每朝宴會同周禮春官大宗伯春見曰朝夏見曰宗秋見曰覲冬見曰遇時見曰會殷見曰同鄭注云時見者言無常期殷猶衆也與侍中近臣並列帷幄好學多識特留意於法理

年十五封武德侯裴注謂魏武以建安九年八月定鄴文帝始納甄后明帝應以十年生弼按信如裴說則至延康元年應作年十六也武德見文紀延康元年鄭稱爲武德侯傅見文紀延康元年注引魏略吉茂爲武德侯庶子見常林傳注引魏略黃初二年爲齊公三年爲平原王以其母誅甄后賜死在黃初二年故未建爲嗣盧文弨曰御覽嗣下有也字趙一清曰宜書甄后生帝

魏略曰文帝以郭后無子詔使子養帝帝以母不以道終意甚不平後不獲已乃敬事郭后旦夕因長御問起居郭后亦自以無子遂加慈愛晉書閻讚傳魏明帝因母得罪廢爲平原侯爲置家臣庶子師友文學皆取正人共相匡矯兢兢慎罰事父以孝父沒事母以謹聞于天下至今稱之弼按據此則甄后死後明帝不特未建爲嗣且廢爲侯可補陳志之闕

文帝始以帝不悅有意欲以他姬子京兆王爲嗣錢大昭曰京兆王禮徐姬子也故久不拜太子

魏末傳曰隋書經籍志魏末傳二卷梁又有魏末傳并魏氏大事六卷亡無撰人姓名唐志無章宗源曰魏志明紀注引射鹿子事類聚獸部御覽皇王部皇親部資產部世說言語篇注俱引之大同小異曹爽傳注何晏婦金鄉公主即晏同母妹臣松之按魏末傳此搢紳所不忍言雖楚王之妻嫂不是過也設令

此言出於舊史猶將莫之或信況底下之書乎案諸王公傳沛王出自杜夫人所生晏母姓尹公主若與沛王同生焉得與晏同母諸葛誕傳注誕殺樂綝表曰聖朝明臣臣卽魏臣不明臣臣卽吳臣諸語臣松之以爲魏末傳所言率皆鄙陋

帝嘗從文帝獵見子母鹿文帝射殺鹿母使帝射鹿子帝不從曰陛下已殺其母臣不忍復殺其子因涕泣文帝卽放弓箭以此深奇之而樹立之意定 世說言語篇注引此云文帝射鹿母應弦而倒復令帝射其子帝置弓泣曰陛下已殺其母臣不忍復殺其子文帝曰好語動人心遂定爲嗣梁章鉅曰此卽裴松之所謂甄后殺害事有明審者也弼按裴注此語見甄后傳注

七年夏五月帝病篤乃立爲皇太子 文帝九子其四已前死餘子皆短世東海王霖愛寵異於諸國而性又麤暴至病篤時始立明帝爲太子非本志也苦心圖纂厥後不昌天之報施其不爽乎 丁巳卽皇帝位 文帝以丁巳崩明帝卽於是日卽位

大赦尊皇太后曰太皇太后 卞后也 皇后曰皇太后 郭后也 諸臣封爵各有差

世語曰帝與朝士素不接 毛本素作數誤弼按上文注引魏書云每朝宴會同與侍中近臣並列帷幄此言與朝士素不接似兩說相歧

然細按之與近臣並列在魏武時黃初以後則與朝士不相接矣 卽位之後羣下想聞風采居數日獨見侍中劉曄語盡日衆人側聽曄既出問何如曄曰秦始皇漢孝武之儔才具微不及耳 梁章鉅曰傳評謂秦皇漢武宮館是營蓋卽採用曄語考靑龍以後始勤土木竟日之談已磬其蘊曄之遠識不可階矣

癸未追謚母甄夫人曰文昭皇后 詳見甄后傳癸未上應有六月文紀六月戊寅葬首陽陵癸未在戊寅後五日爲六月無疑蓋葬文帝後始追謚甄夫人也盧文弨曰癸未及下壬辰皆不當在五月中下八月上亦少秋字 壬辰立皇弟蕤爲陽平王 潘淑媛所生本傳作陽平縣王蓋黃初五年改封諸王皆爲縣王也

八月孫權攻江夏郡 江夏郡見武紀建安十三年 太守文聘堅守 胡三省注文聘時屯石陽祝穆曰魏初定荆州屯沔陽爲重鎭晉立沔陽縣江夏郡自上昶移理焉今臨漳山在漢陽軍西六十里晉沔陽縣治也意石陽卽此地弼按祝穆所云沔陽當爲沌陽之誤一統志沌陽故城在漢陽縣西元和志晉於沔州西臨漳山下置沌陽縣江夏郡自上昶移理焉又按文聘傳孫權以五萬衆自圍聘於石陽聘堅守不動權住二十餘日乃解去孫權傳亦云權聞魏文帝崩征江夏圍石陽據此則聘所堅守者實爲石陽與沌陽別爲一地

朝議欲發兵救之帝曰權習水戰所以敢下船陸攻者 嚴衍曰下船猶言捨船趙一清曰以上岸爲下船 幾掩不備也 通鑑幾作冀 今已與聘相持 通鑑持作拒 夫攻守勢倍終不敢久也 各本敢均作可宋本元本作敢通鑑同

先時遣治書侍御史荀禹慰勞邊方 晉書職官志漢宣帝幸宣室齋居而決事令侍御史二人治書侍側後因別置謂之治書侍御史蓋其始也宋書百官志治書侍御史掌舉劾官品第六以上漢宣帝齋居決事令侍御史二人治書因謂之治書御史漢東京使明法律者爲之天下讞疑事則以法律當其是非魏晉以來則分掌侍御史所掌諸曹若尙書二丞也洪飴孫曰荀禹北堂書鈔引魏氏春秋作荀寓弼按荀寓字景伯仕晉位至尙書見本志荀彧傳注非荀禹也洪說誤 禹到於江夏發所經縣兵及所從步騎千人乘山舉火 胡三省曰乘登也 權退走

辛巳立皇子冏爲清河王 趙一清曰冏諸王傳作貢弼按清河悼王貢爲文帝子黃初四年薨無子國除冏爲明帝子明帝子本志無傳趙說誤

吳將諸葛瑾張霸等寇襄陽撫軍大將軍司馬宣王討破之斬霸 晉書宣帝紀孫權圍江夏遣其將諸葛瑾張霸并攻襄陽帝督諸軍討權走之進擊敗瑾斬霸并首級千餘遷驃騎將軍 征東大將軍曹休又破其別將於尋陽 漢書高帝紀項梁盡召別將師古曰別將謂小將別在他所者郡國志揚州廬江郡尋陽南有九江東合爲大江胡三省

曰此江北之尋陽漢故縣地一統志尋陽故城今湖北黃州府黃梅縣北閻若璩曰漢尋陽縣在大江北今黃州府蘄州東潯水城是東晉成帝移於江南今九江府德化縣西十五里是杜佑云溫嶠所移也徐松曰廬江郡無江以南地洪氏亮吉立五證以明之錢氏謂在九江府城西者誤地理通釋云晉惠帝時分廬江武昌立尋陽郡治豫章之柴桑而尋陽之名亂成帝移江州治尋陽而江南之尋陽著江北之尋陽益晦久之遂廢尋陽入柴桑吳增僅曰吳志周瑜傳建安四年從攻皖城拔之復攻尋陽破劉勳此爲尋陽入吳之始其後皖城雖復入魏而尋陽依然屬吳十九年吳以呂蒙爲廬江太守屯尋陽是時尋陽屬廬江可知二十五年由廬江改屬武昌黃武二年又由武昌改隸蘄春蓋終吳之世未嘗屬魏也尋陽互見曹休傳又見吳志孫策傳注引江表傳 論功行賞各有差

冬十月清河王冏薨

十二月以太尉鍾繇爲太傅 晉書職官志太宰太傅太保周之三公官也魏初唯置太傅以鍾繇爲之 征東大將軍曹休爲大司馬中軍大將軍曹眞爲大將軍司徒華歆爲太尉 歆讓位於管寧帝不許遣繆襲喩指 司空王朗爲司徒鎭軍大將軍陳羣爲司空 吳志諸葛瑾傳孫權咨瑾曰叡不如丕猶丕不如操聞任陳長文曹子丹輩或文人諸生或宗室戚臣寧能御雄才虎將以制天下乎

撫軍大將軍司馬宣王爲驃騎大將軍 續百官志將軍不常置掌征伐背叛比公者四第一大將軍次驃騎

將軍次車騎將軍次衛將軍錢大昭曰太和元年詔驃騎將軍司馬宣王討之四年驃騎將軍司馬宣王爲大將軍驃騎下無大字疑衍文周壽昌曰懿本撫軍大將軍或因晉驃騎遂留大字此一時事故後仍舊制去大字又案其時鎮軍征東俱稱大將軍殆魏初制未定也弼按晉書宣帝紀亦作驃騎將軍

太和元年宋書禮志一魏明帝初司空王朗議古者有年數無年號漢初猶然或有世而改有中元後元改彌數中後之號不足故更假取美名非古也述春秋之事曰隱公元年則簡而易知載漢世之事曰建元元年則後不見宜若古稱元而已明帝不從乃詔曰先帝卽位之元則有延康之號受禪之初亦有黃初之稱今名年可也於是尚書奏易曰乾道變化各正性命保合太和乃利貞首出庶物萬國咸寧宜爲太和元年春正月郊祀武皇帝以配天宗祀文皇帝於明堂以配上帝侯康曰此有月無日晉宋禮志及通典皆作丁未漢制郊堂不同日舉行同日自此始南齊書禮志上載高堂隆表九日南郊十日北郊十一日明堂十二日宗廟蔡仲熊據此以爲魏郊堂不同日之證然是年則實同日或隆此議不見用或用在太和以後未可知也趙一清曰晉書禮志太和元年始宗祀文帝於明堂齊王亦行其禮今齊王紀不書分江夏南部置江夏南部都尉江夏郡見武紀建安十三年西平麴英反殺臨羌令西都長郡國志涼州金城郡臨羌一統志臨羌故城在甘肅西寧府西寧縣西西平郡故城今西寧縣治本漢臨羌縣地後漢末析置西都縣兼置西平郡吳增僅曰元和志魏分破羌立西都縣屬西平郡洪志不錄破羌縣沈志云西都魏分破羌立云分立明魏有破羌縣弼按西平郡見武紀建安十九年齊王紀嘉平五年遣將軍郝昭鹿磐討斬之二月辛未帝耕於藉田詳見武紀建安十九年始耕籍田注晉書禮志上云魏氏惟天子耕藉藩鎮闕諸侯百畝之禮及武帝末有司奏古諸侯耕藉田百畝躬執耒以奉社稷宗廟以勸率農功今諸王臨國宜依修耕藉之義然竟未施行宋書禮志四云魏氏三祖皆親耕藉此則先農無廢享也其禮無異聞宜從漢儀執事告祠以太牢宋書百官志籍田令一人丞一人掌耕宗廟社稷之田於周爲甸師漢文帝初立籍田置令丞各一人漢東京及魏並不置王先謙曰藉籍古書假借通用故藉或爲籍當正作耤說文耤下云帝耤千畝也古者使民如借故謂之耤从耒昔聲藉下云祭藉也一曰草不編狼藉籍下云簿書也辛巳立文昭皇后寢廟於鄴胡三省曰甄后賜死於鄴因葬焉丁亥朝日于東郊夏四月乙亥行五銖錢通典卷八云魏文帝黃初二年罷五銖錢使百姓以穀帛爲市買至明帝代（弼按代應作世避唐諱）以錢廢穀用既久人間巧僞漸多競溼穀以要利作薄絹以爲市雖處以嚴刑不能禁也司馬芝等舉朝大議以爲用錢非徒豐國亦所以省刑今若更鑄五銖於事爲便帝乃更立五銖錢至晉用之不聞有所改創甲申初營宗廟掘地得玉璽見甄后傳沈家本曰按後文三年十一月廟始成迎神主於鄴是文帝之世未嘗立廟矣而文紀黃初四年夏五月注魏書曰辛酉有司奏造二廟立太皇帝廟大長秋特進侯與高祖合祭親盡以次毀特立武皇帝廟四時享祀爲魏

太祖萬載不毀也是黃初時已立廟與此紀不符將無黃初時造廟于鄴此時始立於洛陽耶觀此紀云初洛陽宗廟未成神主在鄴廟此鄴有廟之證黃初四年六月大雨伊洛溢流殺人民壞廬舍宋書五行志云簡宗廟廢祭祀則水不潤下帝初卽位自鄴遷洛營造宮室而不起宗廟太祖神主猶在鄴常於建始殿饗祭如家人禮終黃初不復還鄴而員丘方澤南北郊社稷等神位未有定所此其罰也此又洛陽未有宗廟之證也顧操死於洛陽而神主在鄴者蓋操於建安十八年爲魏公卽立魏宗廟于鄴故死而神主亦送至鄴魏略言改長安譙許昌鄴洛陽爲五都可見文帝之世尚未定都故時而幸許時而幸洛終歲無常所既立廟于鄴自不必于洛陽別起宗廟至明帝定都洛陽自不得不別營宗廟宋書謂文帝不起宗廟者似未得其實惟廟在鄴而身未嘗至鄴則其簡宗廟廢祭祀誠難免譏議矣秋八月夕月於西郊梁章鉅曰八月下脫己丑二字宋書禮志可證錢大昭潘眉說同是年六月詔司馬懿屯宛加督荆豫二州諸軍事見晉書宣帝紀冬十月丙寅治兵於東郊焉耆王遣子入侍十一月立皇后毛氏晉書五行志上云初帝爲平原王納河南虞氏爲妃（弼按南應作內）及卽位不以爲后更立典虞車工卒毛嘉女爲后后本仄微非所宜升本志夏侯玄傳玄嘗進見與皇后弟毛曾並坐玄恥之不悅賜天下男子爵人二級鰥寡孤獨不能自存者賜穀是月下詔徵管寧十二月封后父毛嘉爲列侯毛后傳封嘉博平鄉侯新城太守孟達反新城郡詳見文紀延康元年注詔驃騎將軍司馬宣王討之

三輔決錄曰三輔決錄見武紀建安二十三年注伯郎涼州人名不令休其注曰伯郎姓孟名他范書宦者傳他作佗扶風人靈帝時中常侍張讓專朝政讓監奴典護家事他仕不遂乃盡以家財賂監奴與共結親積年家業爲之破盡衆奴皆慚問他所欲他曰欲得卿曹拜耳奴被恩久皆許諾時賓客求見讓者門下車常數百乘宋本無下字或累日不得通他最後到衆奴伺其至皆迎車而拜徑將他車獨入衆人悉驚謂他與讓善爭以珍物遺他他得之盡以賂讓讓大喜他又以蒲桃酒一斛遺讓漢書西域傳大宛國以蒲陶爲酒富人藏酒至萬餘石久者至數十歲不敗御覽九百七十二載魏文帝詔曰中國珍果甚多且復爲說蒲萄當其朱夏涉秋尚有餘暑醉酒宿醒掩露而食甘而不餶脆而不酸冷而不寒味長汁多除煩解餶又釀以爲酒甘於麴蘗善醉而易醒道之固以流涎咽唾況親食之卽他方之果寧有疋者據此則當時蒲萄酒之珍貴可知卽拜涼州刺史范書宦者傳張讓傳所載與此略同西域傳云靈帝建寧三年涼州刺史孟佗遣從事任涉將敦煌兵五百人與戊巳司馬曹寬西域長史張晏將焉耆龜茲車師

前後部合三萬餘人討疏勒攻植中城四十餘日不能下引去他生達達字子敬改字子度見劉封傳少入蜀其處蜀事迹在劉封傳在一作見御覽引司馬彪續漢書載孟他事與此同魏略曰達以延康元年率部曲四千餘家歸魏文帝時初卽王位旣宿知有達聞其來甚悅令貴臣有識察者往觀之還曰將帥之才也或曰卿相之器也王益欽達逆與達書曰近日有命未足達旨何者昔伊摯背商而歸周弼按應作伊摯背夏而歸商各本皆誤史記殷本紀伊尹去湯適夏旣醜有夏復歸于亳索隱云孫子兵書伊尹名摯孔安國亦曰伊摯百里去虞而入秦孟子百里奚虞人也晉假道於虞百里奚不諫知虞公之不可諫而去之秦弼按百里奚事左傳史記說苑論衡所載各殊當孟子時已傳聞異辭矣樂毅感鴟夷以蟬蛻史記樂毅列傳樂毅報燕惠王書云昔伍子胥說聽於闔閭而吳王遠迹至郢夫差弗是也賜之鴟夷而浮之江吳王不寤先論之可以立功故沈子胥而不悔子胥不蚤見主之不同量是以至於入江而不化王遵識逆順以去就范書隗囂傳王遵字子春霸陵人少豪俠有少辯雖與隗囂舉兵而常有歸漢意數勸囂遣子入侍囂不從故去焉皆審興廢之符效知成敗之必然故丹青畫其形容良史載其功勳聞卿姿度純茂器量優絕當騁能明時收名傳記今者

翻然濯鱗清流甚相嘉樂虛心西望依依若舊下筆屬辭歡心從之昔虞卿入趙再見取相史記虞卿列傳虞卿者游說之士也躡蹻擔簦說趙孝成王一見賜黃金百鎰白璧一雙再見爲趙上卿故號爲虞卿陳平就漢一覲參乘史記陳丞相世家漢王與平語而說之乃拜平爲都尉使爲參乘典護軍諸將盡讙孤今於卿情過於往故致所御馬物以昭忠愛又曰今者海內清定萬里一統三垂無邊塵之警中夏無狗吠之虞以是弛罔闊禁與世無疑保官空虛初無資任陳景雲曰資當作質魏制凡鎭守部曲將及外州長吏並納質任有家口應從坐者收繫保官時帝特欲撫慰孟達初附故爲此華言耳官本攷證引此作何焯說李慈銘曰保官當作保宮漢書百官公卿表少府屬官有居室武帝更爲保宮蘇武傳曰老母繫保宮又魏制郡縣分劇中平三等惟外劇郡長吏須納質任中平郡則不然見王觀傳卿來相就當明孤意愼勿令家人繽紛道路以親駭疏也若卿欲來相見且當先安部曲有所保固然後徐徐輕騎來東達旣至譙時魏文軍次於譙進見閑雅才辯過人衆莫不屬目又王近出乘小輦趙一清曰晉書輿服志輦自漢以來爲人君之乘魏晉御小輦出卽乘之執達手撫其背戲之曰卿得無爲劉備刺客邪遂與同

載又加拜散騎常侍領新城太守委以西南之任時衆臣或以爲待之太猥又不宜委以方任本志劉曄傳蜀將孟達率衆降達有容止才觀文帝甚器愛之曄以爲達有苟得之心而恃才好術必不能感恩懷義新城與吳蜀接連若有變態爲國生患晉書宣帝紀蜀將孟達之降也魏朝遇之甚厚帝以達言行傾巧不可任驟諫不見聽王聞之曰吾保其無他亦譬以蒿箭射蒿中耳達旣爲文帝所寵又與桓階夏侯尙親善及文帝崩時桓尙皆卒官本攷證云諸本均作桓尙誤應作階尙爲是達自以羈旅久在疆埸心不自安諸葛亮聞之陰欲誘達數書招之亮與達書詳見蜀志費詩傳華陽國志卷七云亮還至漢陽與魏降人李鴻相見說新城太守孟達委仰於亮無已亮方北圖欲招達爲外援謂參軍蔣琬從事費詩曰歸當有書與子度相聞（達字子度）又卷二云諸葛亮將北伐招達爲外援故貽書曰嗟乎孟子度邇者劉封侵凌足下以傷先帝待士之望慨然永歎每存足下平素之志豈虛託名載策者哉都護李嚴亦與書曰吾與孔明並受遺詔思得良伴吳王孫權亦招之達遂背魏通吳蜀表請馬弩於文帝撫軍司馬宣王以爲不可許帝曰吾爲天下主義不先負人當使吳蜀知吾心乃多與之過其所求御覽三百五十九引司馬彪戰略云太和元年諸葛亮從成都到漢中達又欲應亮遺亮玉玦織成障汗蘇合香使郭模詐降過魏興太守申儀與達有隙模語儀亮言玉玦者已決織成者言謀已成蘇合者言事已合達與相

報答魏興太守申儀與達有隙魏興見武紀建安二十年注密表達與蜀潛通帝未之信也司馬宣王遣參軍梁幾察之又勸其入朝達驚懼遂反晉書宣帝紀達連吳固蜀潛圖中國蜀相諸葛亮惡其反覆又慮其爲患達與魏興太守申儀有隙亮欲促其事乃遣郭模詐降過儀因漏泄其謀達聞其謀漏泄將舉兵帝恐達速發以書喩之曰將軍昔棄劉備託身國家國家委將軍以疆埸之任任將軍以圖蜀之事可謂心貫白日蜀人愚智莫不切齒於將軍諸葛亮欲相破惟苦無路耳模之所言非小事也亮豈輕之而令宣露此殆易知耳達得書大喜猶與不決帝乃潛軍進討諸將言達與二賊交構宜觀望而後動帝曰達無信義此其相疑之時也當及其未定促決之乃倍道兼行八日到其城下吳蜀各遣其將向西城安橋木闌塞以救達帝分諸將以距之初達與亮書曰宛去洛八百里去吾一千二百里聞吾舉事當表上天子比相反覆一月閒也則吾城已固諸軍足辦則吾所在深險司馬公必不自來諸將來吾無患矣及兵到達又告亮曰吾舉事八日而兵至城下何其神速也干寶晉紀曰寶事見文紀延康元年注引搜神記晉書寶傳寶著晉紀自宣帝迄于愍帝五十三年凡三十卷奏之其書簡略直而能婉咸稱良史隋書經籍志晉紀二十三卷干寶撰訖愍帝舊唐志作二十二卷又六十卷劉協注新唐志正史類干寶晉書二十二卷編年類干寶晉紀二十二卷劉協注干寶晉紀六十卷（新志二十二卷兩見疑爲重出）史通二體篇曰晉世干寶著書盛譽丘明深抑子長其義云能以三十卷之約括囊二百四十年之事靡有遺也論贊篇曰必擇其

善者則干寶范曄裴子野是其最也序例篇曰令升先覺遠迹丘明重立凡例勒成晉紀鄧孫以下遂躡其蹤史例中興於斯爲盛又曰干寶范曄理切而多功書事篇曰干寶之釋五志也體國經野之言則書之用兵征伐之權則書之忠臣烈士孝子貞婦之節則書之文誥專對之辭則書之才力技藝殊異則書之正史篇曰干寶撰晉紀自宣迄愍七帝五十二年凡二十二卷甚爲當時所稱章宗源曰干寶論武帝革命及晉紀總論昭明列於文選房喬修晉書全取總論而微有刪節高貴鄉公之弒通鑑從干寶而著於考異世說方正篇注亦引之選注所引有武紀惠紀懷紀愍紀

達初入新城登白馬塞毛本馬作雲水經沔水注魏文帝以孟達爲新城太守治房陵故縣有粉水縣居其上故曰上粉縣堵水之旁又有白馬山山石似馬望之逼眞側水謂之白馬塞孟達爲守登之而歎曰劉封申耽據金城千里而更失之乎爲上堵吟音韻哀切有惻人心今水次尚歌之隋書經籍志有孟達集三卷歎曰劉封申耽據金城千里而失之乎

二年春正月宣王攻破新城斬達傳其首

魏略曰宣王誘達將李輔及達甥鄧賢賢等開門納軍達被圍旬有六日而敗焚其首于洛陽四達之衢晉書宣帝紀上庸城三面阻水達於城外爲木柵以自固帝渡水破其柵直造城下八道攻之旬有六日達甥鄧賢將李輔等

開門出降斬達傳首京師

分新城之上庸武靈巫縣爲上庸郡錫縣爲錫郡靈宋本作陵各本皆誤何焯曰宋刻一本無巫字盧文弨曰無巫字非宋志作武陵巫縣錢大昕曰黃初元年並西城房陵上庸爲新城郡以孟達爲太守至是達誅復其地爲三也武靈當作武陵本前漢舊縣屬漢中後漢并省疑蜀先主更置也巫縣疑亦蜀所置晉志謂之北巫以南郡有巫縣也趙一清曰晉書地理志上庸郡統北巫蓋與吳建平郡之巫縣對立也吳增僅曰洪志上庸郡有北巫蓋據晉志案太和二年魏所分新城之巫上無北字吳雖有巫縣與魏分立無取南北以爲識別及晉武平吳始於巫縣之在北者加北字以別於南一統志武陵故城在湖北鄖陽府竹溪縣東謝鍾英曰巫縣地缺李兆洛曰當在湖北鄖陽府境上庸錫見武紀建安二十年注

蜀大將諸葛亮寇邊天水南安安定三郡吏民叛應亮天水見王肅傳注引魏略胡三省曰漢陽郡至晉方改爲天水史追書也洪亮吉曰晉地理志晉始復漢陽爲天水郡今考魏志曹眞等傳已作天水蓋由後言之吳增僅曰蜀志姜維傳諸葛亮向祁山天水太守出案行裴注引魏略云天水太守馬遵魏志鄧艾傳有天水太守王頎此不得云由後言之也志於文帝紀則書云武都氐王率種人內附居漢陽郡於明帝紀則書云天水南安安定三郡叛應亮以是證之凡史文於魏未代漢之先皆書漢陽而不書天水文帝即位之後則書天水而不書漢陽犂然有別蓋魏初已復舊名志失載耳謝鍾英曰黃初以前郡名漢陽黃初以後郡名天水蜀志法正傳正子邈官漢陽太守蜀承漢制故曰漢陽可爲魏改漢陽爲天水之證一統志漢陽郡魏復名天水洪氏引晉志孤證疑天水由後追書非也弼按吳謝云云誠足以正胡洪之誤案魏志閻溫傳溫爲天水西城人此在黃初以前魏略佞倖傳孔桂天水人此在建安初年蜀志馬超傳注引典略云桓帝時馬騰父子碩爲天水蘭干尉此在桓帝時然則將何辭以解乎漢陽郡見武紀建安十八年南安郡見武紀建安十九年安定郡見武紀建安十六年

魏書曰是時朝臣未知計所出帝曰亮阻山爲固祁山也今者自來既合兵書致人之術胡三省曰兵法云善戰者致人帝姑以此言安朝野之心耳且亮貪三郡知進而不知退今因此時破亮必也

乃部勒兵馬步騎五萬拒亮

遣大將軍曹眞都督關右並進兵右將軍張郃擊亮於街亭宋書百官志左右前後將軍周末官秦漢並因之光武建武七年省魏以來復置本志張郃傳云以郃爲左將軍不云爲右將軍也漢書地理志天水郡街泉郡國志涼州漢陽郡略陽有街泉亭劉昭注街泉故縣省寰宇記俗名漢街城在隴城縣東北六十里馬謖爲張郃敗處胡三省曰續漢志漢陽略陽縣有街泉亭前漢之街泉縣也省入略陽一統志

街泉廢縣略陽故城均在甘肅秦州秦安縣東北鞏昌府志今秦州東南七十里地名街子口即古街亭誤大破之亮敗走三郡平曹眞傳遣張郃擊亮將馬謖大破之三郡皆平張郃傳諸葛亮出祁山遣郃督諸軍拒亮將馬謖於街亭謖依阻南山不下據城郃絕其汲道擊大破之南安天水安定郡反應亮郃皆破平之

丁未行幸長安胡三省曰親帥師繼郃之後以張聲勢

魏略載帝露布天下並班告益州曰劉備背恩自竄巴蜀諸葛亮棄父母之國亮爲琅邪陽都人阿殘賊之黨神人被毒惡積身滅亮外慕立孤之名而內貪專擅之實劉升之兄弟趙一清曰後主傳字公嗣此云劉升之兄弟豈別字邪又後主小名阿斗與升之字亦合守空城而已亮又侮易益土虐用其民是以利狼宕渠高定青羌莫不瓦解爲亮仇敵蜀志後主傳建興元年越巂夷王高定背叛通鑑漢諸葛亮至南中所在戰捷亮由越巂入斬雍闓及高定益州永昌牂柯越巂四郡皆平此云瓦解爲仇者敵國之言不足置信趙一清曰青羌青衣羌也弼按諸葛亮傳注有竇叟青羌胡三省曰青羌亦羌之一種而亮反裘負薪裹盡毛殫刖趾適屨刻肌傷骨反更稱說自以爲能行兵於井底游步於牛蹄自朕即位三邊無事猶哀憐天下數遺兵革且欲養四海

之耆老長後生之孤幼先移風於禮樂次講武於農隙置亮畫外未以爲虞而亮懷李熊愚勇之智南宋本智作志范書公孫述傳功曹李熊說述宜改名號述於是自立爲蜀王都成都熊復說述宜卽大位述遂自立爲天子號成家以李熊爲大司徒不思荆邯度德之戒范書公孫述傳述騎都尉平陵人荆邯見東方漸平兵且西向宜以此時發國內精兵冀有大利述然邯言蜀人以爲不宜空國千里之外決成敗於一舉述乃止按述傳所載與此不合驅略吏民盜利祁山王師方振膽破氣奪馬謖高祥望旗奔敗高祥曹眞傳郭淮傳俱作高詳未知孰是郭淮傳太和二年蜀相諸葛亮出祁山遣將軍馬謖至街亭高詳屯列柳城張郃擊謖淮攻詳營皆破之謝鍾英曰柳城當與街亭相近虎臣逐北蹈尸涉血亮也小子震驚朕師猛銳踊躍咸思長驅朕惟率土莫非王臣師之所處荆棘生焉不欲使千室之邑忠信貞良與夫淫昏之黨共受塗炭共宋本作同故先開示以昭國誠勉思變化無滯亂邦巴蜀將吏士民諸爲亮所劫迫公卿以下皆聽束手

夏四月丁酉還洛陽宮

魏略曰是時譌言云帝已崩從駕羣臣迎立雍丘王植京師自卞太后羣公盡懼及帝還皆私察顏色卞太后悲喜欲推始言者帝曰天下皆言將何所推

赦繫囚非殊死以下乙巳論討亮功封爵增邑各有差五月大旱六月詔曰尊儒貴學王教之本也自頃儒官或非其人將何以宣明聖道其高選博士才任侍中常侍者申敕郡國貢士以經學爲先郡國貢士見文紀黃初三年漢書儒林傳序云丞相公孫弘等奏請爲博士官置弟子五十人復其身太常擇民年十八以上儀狀端正者補博士弟子郡國縣官有好文學敬長上肅政教順鄉里出入不悖所聞令相長丞上屬所二千石二千石謹察可者常與計偕詣太常得受業如弟子一歲皆輒課能通一藝以上補文學掌故缺其高第可以爲郎中太常籍奏卽有秀才異等輒以名聞秋九月曹休率諸軍至皖漢書地理志廬江郡皖郡國志揚州廬江郡皖吳志孫權傳建安十八年廬江九江蘄春廣陵戶十餘萬皆東渡江江西遂虛合肥以南惟有皖城十九年權克皖城自是屬吳胡三省曰皖水自霍山縣東南流三百四十里入大江謂之皖口王鳴盛曰晥从目後書馬援傳作晥从日李賢注晥今舒州懷寧縣俗作皖遂盛行幸漢書可考一統志皖縣故城今安徽安慶府懷寧縣治李兆洛曰今安慶府潛山縣治與吳將陸議戰於石亭周壽昌曰陸議卽陸遜也吳志題曰稱陸遜惟傳內云本名議而通傳祇稱遜無稱議此忽稱議而不稱遜令人疑別一人不可解此殆學史記漢書如周章忽稱周文之類或謂陸遜本以議著名原書皆作陸議因宋時避太宗嫌名凡宋本國志俱作遜閒有未改盡者仍爲議也弼按吳志陸遜傳遜字伯言本名議據此則字與名相應魏志稱議不誤本志青龍三年蜀志黃權傳俱稱陸議周氏引史記漢書周章周文例又謂避宋諱皆失之鑿矣胡三省曰時吳王在皖口遣陸遜等與曹休戰於石亭則其地當在今舒州懷寧桐城二縣之閒一統志古石亭在今潛山縣東北敗績趙一清曰晉書宣帝紀帝朝於京師天子問二虜宜討何者爲先對曰吳以中國不習水戰故敢散居東關凡攻敵必扼其喉而揕其心夏口東關賊之心喉若爲陸軍以向皖城引權東下爲水戰軍向夏口乘其虛而擊之此神兵從天而墮破之必矣蓋時怵於硤石之敗故魏君臣謀吳甚急仲達之言極中切要然亦以孔明尙在未敢議蜀兵家所謂知彼知己也弼按魏之攻吳三道進兵本用懿策曹眞統率無方遂有夾石之敗趙氏言魏君臣怵於硤石之役謀吳甚急則前後事實顚倒矣仲達此策蓋在攻破孟達之後街亭戰勝之前若馬謖已敗三郡俱平魏明必不詢二虜宜討何者爲先矣乙酉立皇子穆爲繁陽王庚子大司馬曹休薨休傳休戰不利上書謝罪帝遣慰喻休癰發背薨胡三省曰敗軍者必誅爲可以宗室而不問邪冬十月詔公卿近臣舉良將各一人十一月司徒王朗薨十二月

諸葛亮圍陳倉陳倉見武紀建安二十年太平寰宇記卷三十陳倉故城在寶雞縣東二十里曹眞遣將軍費曜等拒之曜曹眞傳作耀通鑑同

魏略曰先是使將軍郝昭築陳倉城會亮至圍昭不能拔曹眞傳眞以亮懲於祁山後出必從陳倉乃使將軍郝昭王生守陳倉治其城亮果圍陳倉已有備而不能克寰宇記卷三十陳倉有上下二城相連上城是秦文公築下城是郝昭築方輿紀要卷五十五陳倉城在寶雞縣東北二十里後漢興平二年樊稠敗韓遂追至陳倉此上城也魏太和二年郝昭守陳倉此下城也昭字伯道太原人太原見武紀初平三年爲人雄壯少入軍爲部曲督洪飴孫曰部曲督無員第七品數有戰功爲雜號將軍續百官志前後左右雜號將軍衆多皆主征伐事訖皆罷宋書百官志雜號將軍凡四十號洪飴孫曰官品云諸雜號宣威將軍以下皆第五品蓋將軍之無名號者遂鎭守河西十餘年民夷畏服亮圍陳倉使昭鄉人靳詳於城外遙說之昭於樓上應詳曰魏家科法卿所練也胡三省曰科條也練習也我之爲人卿所知也我受國恩多而門戶重卿無可言者但有必死耳卿還謝諸葛便可攻也寰宇記卷三十引魏略云太和中魏遣將軍郝昭築陳倉城適訖會諸葛

亮來攻亮本聞陳倉城惡及至怪其整頓聞知昭在其中大驚愕亮素聞昭在西有威名念攻之不易初太原靳詳少與昭相親後爲蜀所得及亮圍陳倉詳爲亮監軍使於城外呼昭喻之昭於樓上應詳曰魏家科法卿所練也我之爲人卿所知也曩時高剛守祁山坐不專意雖終得全於今誚議不止我必死矣卿還謝諸葛亮便可攻也詳以昭語告亮亮又使詳重說昭言人兵不敵無爲空自破滅昭謂詳曰前言已定矣我識卿耳箭不識也詳乃去亮自以有衆數萬而昭兵纔千餘人又度東救未能便到胡三省曰魏兵救陳倉者自東來故曰東救乃進兵攻昭起雲梯衝車以臨城昭於是以火箭逆射其雲梯杜佑曰以小瓢盛油冠矢端射城樓櫓板木上瓢敗油散因燒矢內簳中射油散處火立然復以油瓢續之則樓櫓盡焚謂之火箭梯然梯上人皆燒死昭又以繩連石磨胡三省曰磨石磑也壓其衝車衝車折亮乃更爲井闌百尺以射城中胡三省曰以木交構若井欄狀以土瓦塡塹宋本瓦作丸塹作壍通鑑同錢儀吉曰作瓦亦通欲直攀城昭又於內築重牆亮又爲地突胡三省曰地突地道也潘眉曰突如墨子備突之突墨子言城百步一突門突門各爲窯竈竇門中吏主塞突門用車兩輪以木束之塗其上維置突門內爲橐充竈伏柴艾寇卽入下輪而塞之鼓橐而熏之墨子所謂突係守城之突非攻城之突攻城者穿其城使若突門然亦可謂突也孫詒讓曰城百步一突門乃守者所爲疑突與穴略同但穴爲穴地突爲突城二者小異耳左傳襄公二十五年鄭伐陳宵突陳城杜注突穿也三國志魏明紀注載諸葛亮爲地突郝昭於城內穿地橫截之則突亦穴地矣黃安濤曰魏武攻鄴爲地道審配於內作塹以當之配將馮禮開突門內太祖兵配從城上以大石擊突中柵門柵門閉入者皆沒魏武爲地道通突門故馮禮得開突門內兵地道猶地突也欲踰出於城裏昭又於城內穿地橫截之晝夜相攻拒二十餘日亮無計救至引退張郃傳諸葛亮急攻陳倉帝驛馬召郃因問曰遲將軍到亮得無已得陳倉乎郃知亮懸軍無穀對曰比臣未到亮已走矣郃晨夜進至南鄭亮退方輿紀要卷五十五石鼻城在寶雞縣東北三十里諸葛武侯所築水經渭水注汧水對亮城武侯與郝昭相禦處也俗謂之石鼻寨亦曰靈壁又爲石壁祝穆曰石鼻寨行人自北入蜀者至此漸入山自蜀趨洛者至此漸出山故蘇軾詩云北客初來試新險蜀人從此送殘山也詔嘉昭善守賜爵列侯胡三省曰攻者不足守者有餘尙論其才則全城郤敵者其才非優於攻者也客主之勢異耳故曰用兵之術攻城最下及還帝引見慰勞之顧謂中書令孫資曰卿鄉里乃有爾曹快人孫資亦太原人與郝昭同郷里故云然爲將灼如此朕復何憂乎仍欲大用之會病亡遺令戒其子凱曰吾爲將知將不可爲也吾數發冢取其木以爲攻戰具又知厚葬無

益於死者也汝必斂以時服晉書輿服志魏已來名爲五時朝服又有四時朝服又有朝服自皇太子以下隨官受給且人生有處所耳馮本無耳字死復何在邪今去本墓遠東西南北在汝而已

遼東太守公孫恭兄子淵劫奪恭位遂以淵領遼東太守詳見公孫度傳時侍中劉曄言因其新立以兵臨之可不勞師而定明帝不從後淵竟反

三年夏四月是年春諸葛亮拔取武都陰平二郡夏四月孫權卽皇帝位改元黃龍魏志均未書元城王禮薨六月癸卯繁陽王穆薨錢大昭曰明帝子有清河王冏繁陽王穆安平哀王殷（追封諡）雖曰早薨然旣有封地自可於王公傳中備書今傳中但載武文不及明帝者以宮省事秘莫知其所由來亦由班史於孝惠後宮子三王三侯不書於表傳中也戊申追尊高祖大長秋曰高皇帝夫人吳氏曰高皇后通典卷七十二云明帝太和三年六月司空陳羣等議以爲周武追尊太王王季文王皆爲王是時周天子以王爲號追尊卽同故謂不以卑臨尊也魏以皇帝爲號今追號皇高祖中常侍大長秋特進君爲王乃以卑臨尊也故漢祖尊其父爲上皇自是以後諸侯爲帝者皆尊其父爲皇也大長秋特進君宜追號高皇載主宜以金根車可遣大鴻臚持節乘大使車從騶騎奉印綬卽鄴廟以太牢告祠從之（通典又引明帝詔及劉曄議已見本志劉曄傳不錄）侍中繆襲以爲元者一也首也氣之初也是以周文演易以冠四德仲尼作春秋以統三正又諡法曰行義悅人曰元尊仁貴德曰元處士君宜追加諡號曰元皇太傅鍾繇議案禮小記曰親親以三爲五以五爲九上殺下殺旁殺而親畢矣乃唐堯之所以敦敘于九族也其禮上殺於五非不孝敬於祖也下殺於五非不慈愛於其孫也旁殺於五非不篤友於昆弟也故爲族屬以禮殺之處士君其數在六於屬已盡其廟當毀其主當遷今若追崇帝王之號天下素不聞其受命之符則是武皇帝櫛風沐雨勤勞天下爲非功也推以人情普天率土不襲此議處士君明神不安此禮令諸博士以禮斷之其義可從詔從之何焯曰與其追尊曹騰自負其爲贅閹乞養不如丕之殺於禮矣此自爲叡不能生子而以加隆所後之親爲後來勸與下七月詔書連類而觀可以得其情矣秋七月詔曰禮皇后無嗣盧文弨曰文類皇作王是也此本左傳語擇建支子以繼大宗各本入均作太誤胡三省曰嫡子之出爲宗子庶子之出爲支子支岐出也則當纂正統而奉公義何得復顧私親哉錢大昕曰漢成帝立定陶王爲太子太后欲令傅太后丁姬十日一至太子家成帝曰太子承正統當共養陛下不得顧私親及哀帝卽位追尊定陶共皇師丹議禮子亡爵父之義爲人後者爲之子故爲所後服斬衰三年而降其父母朞明尊本祖而重正統也魏武帝未立太子崔琰言五官將仁孝聰明宜承正統齊王芳廢羣臣奏高貴鄉公文皇帝之孫宜承正統蓋古人言正統者皆主嫡子承祧及爲後大宗之義喪服傳云大宗者尊之統也又云正體於上又乃將所傳重也正統二

字實出於此後儒紛紛聚訟皆鄙書燕說也漢宣繼昭帝後加悼考以皇號漢書戾太子傳宣帝初即位詔曰故皇太子在湖未有號謚歲時祠其議謚置園邑有司奏請禮爲人後者爲之子也故降其父母不得祭尊祖之義也陛下爲孝昭帝後承祖宗之祀制禮不踰閑愚以爲親謚宜曰悼皇母曰悼后故皇太子謚曰戾史良娣曰戾夫人哀帝以外藩援立而董宏等稱引亡秦或誤時朝錢儀吉曰宋書禮志作或誤朝儀儀吉案或卽惑字弼按通鑑或作惑既尊恭皇立廟京都又寵藩妾使比長信敘昭穆於前殿並四位於東宮僭差無度人神弗祐而非罪師丹忠正之諫用致丁傅焚如之禍漢書哀帝紀孝哀皇帝元帝庶孫定陶恭王子也母曰丁姬年十七立爲皇太子成帝崩太子卽皇帝位尊定陶恭王爲恭皇尊定陶太后爲恭皇太后丁姬曰恭皇后各置左右詹事食邑如長信宮中宮建平二年詔曰定陶恭皇之號不宜復稱定陶尊恭皇太后曰帝太太后稱永信宮恭皇后曰帝太后稱中安宮外戚傳四太后各置少府太僕秩皆中二千石爲恭皇立寢廟於京師比宣帝父悼皇制度序昭穆於前殿師丹傳董宏上書言秦莊襄王母本夏氏而爲華陽夫人所子及卽位後俱稱太后宜立定陶恭王后爲皇太后丹與王莽共劾奏宏稱引亡秦誅誤聖朝非所宜言傅太后大怒要上必欲稱尊號於是追尊定陶恭王爲共皇尊傅太后爲共皇太后丁后爲共皇后自是之後相踵行之胡三省曰謂漢安帝尊父清河孝王爲孝德皇桓帝尊祖河閒孝王爲孝穆皇父蠡吾侯志爲孝崇皇靈帝尊祖河閒王淑爲孝元皇父解瀆亭侯萇爲孝仁皇其妃皆尊爲后也昔魯文逆祀罪由夏父左傳文公二年八月大事于太廟躋僖公逆祀也於是夏父弗忌爲宗伯尊僖公君子以爲失禮宋國非度譏在華元詳見文紀黃初三年注其令公卿有司深以前世行事爲戒後嗣萬一有由諸侯入奉大統則當明爲人後之義敢爲佞邪導諛時君妄建非正之號以干正統謂考爲皇稱妣爲后則股肱大臣誅之無赦其書之金策藏之宗廟著于令典胡三省曰帝無子知必以支孽爲後故豫下此詔以約飭爲人子爲人臣者何焯曰繼統之說魏明尚知之何後世之紛紛也稱皇不已而稱宗稱宗不已而祔享太廟蔑禮瀆倫甚矣或曰三少帝爲明帝後皆非其子異哉其早計也冬十月改平望觀曰聽訟觀水經穀水注其水自天淵池東出華林園逕聽訟觀南故平望觀也一統志平望觀在故洛陽城中帝常言獄者天下之性命也每斷大獄常幸觀臨聽之晉書刑法志魏明帝改士庶罰金之令男聽以罰金婦人加笞還從鞭督之例以其形體裸露故也是時承用秦漢舊律後人生意各爲章句叔孫宣郭令卿馬融鄭玄

諸儒章句十有餘家家數十萬言凡斷罪所當由用者合二萬六千二百七十二條七百七十三萬二千二百餘言言數益繁覽者益難天子於是下詔但用鄭氏章句不得雜用餘家通鑑尚書衛覬奏請置律博士帝從之又詔司空陳羣散騎常侍劉邵等刪約漢法制新律十八篇州郡令四十五篇尚書官令軍中令合百八十餘篇於正律九篇爲增於旁章科令爲省矣胡三省曰州郡令用之刺史太守尚書令用之於國軍中令用之於軍初洛陽宗廟未成神主在鄴廟韓暨傳時新都洛陽制度未備宗廟主祏皆在鄴都暨奏請迎鄴四廟神主建立洛陽廟十一月廟始成胡三省曰元年初營宗廟至是而成使太常韓暨持節迎高皇帝太皇帝武帝文帝神主於鄴胡三省曰高帝漢大長秋曹騰太帝漢太尉曹嵩十二月己丑至奉安神主於廟

臣松之按黃初四年有司奏立二廟太皇帝大長秋與文帝之高祖共一廟特立武帝廟百世不毀今此無高祖神主蓋以親盡毀也此則魏初唯立親廟祀四室而已至景初元年始定七廟之制宋書禮志三云鄴廟所祠則文帝之高祖處士曾祖高皇祖太皇帝共一廟考太祖武皇帝特一廟百世不毀然則所祠止於親廟四室也至明帝太和三年十一月洛京廟成則以親盡遷處士主置園邑使令丞奉薦而使行太傅太常韓暨行太廟宗正曹恪持節迎高皇以下神主共一廟猶爲四室而已至景初元年六月羣公有司始更奏定七廟之制按處士曹節也

孫盛曰事亡猶存祭如神在迎遷神主正斯宜矣

癸卯大月氏王波調遣使奉獻以調爲親魏大月氏王大月氏詳見本志卷三十裴注引魏略西戎傳

四年春二月壬午詔曰世之質文隨教而變胡三省曰謂殷尚質周尚文各隨教而變也兵亂以來經學廢絕後生進趣不由典謨胡三省曰二典三謨也豈訓導未洽御覽豈下有朕字將進用者不以德顯乎其郎吏學通一經才任牧民博士課試擢其高第者亟用其浮華不務道本者皆罷退之胡三省曰郎吏謂尚書郎也通鑑尚書瑯邪諸葛誕中書郎南陽鄧颺等結爲黨友更相題表行司徒事董昭上疏貴尚敦樸忠信之士乃免誕颺等官戊子詔太傅三公以文帝典論刻石立於廟門之外典論見文紀黃初七年注典論刻石事見齊王芳紀景初三年注水經穀水注穀水

又東逕國子太學石經北漢魏以來置太學于國子堂東漢靈帝光和六年刻石鏤碑載五經立于太學講堂前悉在東側蔡邕以熹平四年奏求正定六經文字靈帝許之邕乃自書丹於碑使工鐫刻立于太學門外魏正始中又立古篆隸三字石經樹之堂西石長八尺廣四尺列石于其下碑石四十八枚廣三十丈魏明帝又刊典論六碑附于其次洛陽伽藍記開陽門御道東有漢國子學堂堂前有三種字石經二十五碑表裏刻之寫春秋尚書二部作篆科斗隸三種字漢右中郎將蔡邕筆之餘迹也猶有十八碑餘皆殘毀復有石碑四十八枚亦表裏隸書寫周易尚書公羊禮記四部又讚學碑一所並在堂前魏文帝作典論六碑至太和十七年猶有四碑隋書經籍志一字石經典論一卷梁章鉅曰此舉實爲笑柄宜有火浣布之譏不但自序之貽口實也弼按魏明帝以典論附於經典之次開後世刊刻諭旨之端過於尊崇君父而不審其本質遂自忘其妄矣

癸巳以大將軍曹眞爲大司馬 繼曹休之後按休死於太和二年遲至四年始以眞繼之者何也

驃騎將軍司馬宣王爲大將軍遼東太守公孫淵爲車騎將軍 趙一清曰淵傳拜揚烈將軍宋書百官志揚烈將軍建安中以假公孫淵亦非也蓋誤以太和爲建安耳

夏四月太傅鍾繇薨六月戊子太皇太后崩 錢大昕曰武宣卞皇后傳云明帝即位尊太后曰太皇太后太和四年五月后崩七月合葬高陵此作六月異潘眉曰推太和四年五月無戊子當是后妃傳誤

丙申省上庸郡 上庸見武紀建安二十年又見前太和二年

秋七月武宣卞后祔葬於高陵 禮檀弓云周公蓋祔又云孔子曰魯人之祔也合之善夫鄭注祔謂合葬也高陵見武紀

詔大司馬曹眞大將軍司馬宣王伐蜀 晉書宣帝紀加大都督假黃鉞與曹眞伐蜀帝自西城斫沔而上遇雨班師互見蜀志後主傳建興八年

八月辛巳行東巡遣使者以特牛祠中嶽 宋書禮志二云古者天子巡狩布在方策秦漢巡幸多非舊典後漢諸帝頗有古禮焉魏文帝值參分初創方隅事多皇輿亟動略無寧歲蓋應時之務又非舊章也明帝凡三東巡所過存問高年恤人疾苦或賜穀帛有古巡幸之風焉一統志嵩山在河南府登封縣北古曰外方又名嵩高亦曰太室史記封禪書昔三代之君皆在河洛之閒故嵩高爲中嶽漢書武帝紀元封元年登嵩高以山下爲奉邑曰崇高白虎通中央之嶽加嵩高字者何中嶽居四方之中而高故曰嵩高也戴延之西征記東曰太室西曰少室相去十七里嵩高其總名也

魏書曰行過繁昌 繁昌見文紀黃初元年 **使執金吾臧霸行太尉事** 執金吾見武紀初平元年 **以特牛祠受禪壇** 范書光武紀建武元年光武命有司設壇場於鄗南千秋亭五成陌六月己未即皇帝位章懷注壇謂築土場謂除地秦法十里一亭南北爲阡東西爲陌其地在今趙州柏鄉縣章帝紀元和三年三月詔高邑令祠光武於即位壇郡國志冀州常山國高邑故鄗光武更名刺史治有千秋亭五成陌光武即位於此一統志高邑故城今直隸趙州柏鄉縣北

臣松之案漢紀章帝元和三年詔高邑縣祠即位壇五成陌比臘祠門戶 宋書禮志三無此五字 **此雖前代已行故事然爲壇以祀天而壇非神也今無事于上帝而致祀于虛壇** 馮本祀作祭 **求之義典未詳所據** 裴注所論誠然然據范書所載章帝詔高邑令祠光武於即位壇則所祠者爲光武非祠壇也裴說似失之

乙未幸許昌宮九月大雨伊洛河漢水溢詔眞等班師 華歆傳太和中遣曹眞從子午道伐蜀車駕東幸許昌歆上疏諫時秋大雨詔眞引軍還王肅傳太和四年大司馬曹眞征蜀肅上疏曰曹眞發已踰月而行裁半谷治道功夫戰士悉作是賊偏得以逸而待勞乃兵家之所憚也楊阜傳時大司馬曹眞伐蜀遇雨不進阜上疏曰諸軍始進便有天雨之患轉運之勞擔負之苦所費以多

冬十月乙卯行還洛陽宮庚申令罪非殊死聽贖各有差十一月太白犯歲星 晉書天文志月下有壬戌二字

十二月辛未改葬文昭甄后於朝陽陵 胡三省曰帝以舊陵庳下改葬朝陽陵亦在鄴

丙寅詔公卿舉賢良

五年春正月帝耕于藉田 侯康曰御覽五百三十七引繆襲許昌宮賦云太和六年春上旣躬耕帝藉則是時魏帝頻歲耕藉也陳志六年不書豈略之耶抑御覽誤五年爲六年耶又晉書禮志稱魏之三祖亦皆親耕據陳志則武帝明帝有耕藉事文帝獨無疑亦史略也

三月大司馬曹眞薨諸葛亮寇天水 天水見前太和二年 **詔大將軍司馬宣王拒之自去冬十月至此月不雨辛巳大雩** 禮月令仲夏之月命有司爲民祈祀山川百源大雩鄭注雩吁嗟求雨之祭也

夏四月鮮卑附義王軻比能率其種人及丁零大人兒禪詣幽州貢名馬 本志鮮卑傳文帝立比能爲附義王丁零詳見本志卷三十裴注引魏略西戎傳

復置護匈奴中郎將 續百官志使匈奴中郎將一人比二千石主護南單于李祖楙曰建武六年匈奴遣使奉獻使中郎將韓統報命中興與匈奴通始此十四年中郎將劉襄使匈奴報命此皆以中郎將權其事也二十六年遣中郎將段彬授南單于璽書設官府令入居雲中將兵屯西河美稷以衛護之乃置眞焉或稱護匈奴中郎將弼按魏陳泰田豫孫禮魯芝石鑒皆以并州刺史兼是官又按晉書五行志太和五年五月淸商殿災以妾爲妻之罰也按此指立毛后事事見太和元年

秋七月丙子以亮退走封爵增位各有差 蜀志諸葛亮傳建興九年亮復出祁山以木牛運糧盡退軍與魏將張郃交戰射殺郃裴注引漢晉春秋云亮

自逆宣王於上邽郭淮費曜等徼亮亮破之因大芟刈其麥又云宣王自案中道向亮亮使魏延高翔吳班赴拒大破之獲甲首三千級玄鎧五千領弓弩三千一百張宣王還保營據此則魏兵大敗而乃以亮退走封爵增位是眞賞罰不明掩耳自欺者矣

魏書曰初亮出議者以爲亮軍無輜重糧必不繼不擊自破無爲勞兵或欲自芟上邽左右生麥以奪賊食郡國志涼州漢陽郡上邽故屬隴西一統志上邽故城在今甘肅秦州西南水經注上邽縣舊天水郡治五城相接北城中有湖水其鄉民悉以板蓋屋詩所謂西戎板屋也錢坫曰上邽故城今秦州東南四十二里帝皆不從前後遣兵增宣王軍又勅使護麥宣王與亮相持賴得此麥以爲軍糧晉書宣帝紀諸葛亮寇天水圍將軍賈嗣魏平於祁山天子乃使帝西屯長安都督雍梁二州諸軍事統車騎將軍張郃後將軍費曜征蜀護軍戴淩雍州刺史郭淮等討亮亮聞大軍且至乃自率衆芟上邽之麥諸將皆懼帝曰亮慮多決少必安營自固然後芟麥吾得二日兼行足矣於是卷甲晨夜赴之亮望塵而遁追擊破之俘斬萬計天子使使者勞軍增封邑王鳴盛曰亮大舉北伐雖馬謖小挫於街亭而斬王雙走郭淮遂平武都陰平二郡安得被魏俘斬萬計邪懿從不敢與亮交鋒總以案兵不動爲長策遺之巾幗猶不知恥假託辛毗杖節止戰制中論之甚明此紀特晉人夸詞在當日爲國史固應爾爾今晉書成於唐人而猶仍其曲筆何也林國贊曰魏書此文非也是役李平譎稱糧盡召亮還懿強遣

張郃追之郃遂被殺漢晉春秋言武侯前後兩破魏軍魏既失一大將復盡喪軍資上邽麥亦適爲蜀有魏書云云其虛妄更不待辨但魏書自宜爲魏諱陳志亦云爾者其事涉司馬懿也又曰司馬懿畏蜀如虎甘受惡辱武侯前後五出惟街亭失利外此未嘗敗衂習鑿齒以晉人撰漢晉春秋略不爲司馬懿囘護誠所謂公道在人者其說當可信如晉書說則與習氏說相反且陳志猶載射殺張郃事彼則一字不及也胡三省曰懿實畏亮又以張郃嘗再拒亮名著關右不欲從其計及進而不敢戰情見勢屈爲諸將所笑弼按身之此論可爲王林二說之證

乙酉皇子殷生大赦藝文類聚四十五引夏侯玄皇胤賦曰在太和之五載肇皇胤之盛始時惟孟秋和氣淑清良辰既啓皇子誕生陳思王傳時法制待藩國峻迫太和五年植上疏求存問親戚詔報本無禁固諸國通問之詔已勑有司如王所訴植復上疏陳審舉之義帝輒優文答報八月詔曰古者諸侯朝聘所以敦睦親親協和萬國也先帝著令不欲使諸王在京都者謂幼主在位母后攝政防微以漸關諸盛衰也朕惟不見諸王十有二載胡三省曰惟思也自文帝黃初元年遣植等就國至是十二年悠悠之懷能不興思其令諸王及宗室公侯各將適子一人朝胡三省曰適讀曰嫡後有少主母后在宮者自如先帝令申明著于令監本令作今誤陳思王傳五年冬詔諸王朝六年正月晉書禮志下云魏制藩王不得朝覲魏明帝時有朝者皆由特恩不得以爲常冬宋本元本馮本官本無冬字誤十一月乙酉月犯軒轅大星戊戌晦日有蝕之晉書天文志中云明帝太和初太史令許芝奏日應蝕與太尉於靈星祈禳帝曰蓋聞人主政有不德則天懼之以災異所以譴告告使得自修也故日月薄蝕明治道有不當者朕即位以來既不能光明先帝聖德而施化有不合於皇神故上天有以寤之宜勑政自修有以報於神明天之於人猶父之於子未有父欲有責其子而可獻盛饌以求免也今外欲遣上公與太史令俱禳之於義未聞也羣公卿士大夫其各勉修厥職有可以補朕不逮者各封上之十二月甲辰月犯鎭星戊午太尉華歆薨

六年春二月錢大昭曰晉書天文志太和六年正月戊辰朔日有食之見吳歷又正始元年七月戊申朔三年四月戊戌朔六年四月壬子朔十月戊申朔九年正月乙未朔嘉平元年二月己未朔甘露四年七月戊子朔景元三年十一月己亥朔晉志並云日有蝕之史皆失書趙一清曰鼎錄太和六年鑄一鼎三足名曰萬壽鼎小篆書詔曰古之帝王封建諸侯所以藩屛王室也詩不云乎懷德維寧宗子維城詩大雅板之章大邦維屛大宗維翰懷德維寧宗子維城鄭箋云宗子謂王之適子也秦漢繼周

或彊或弱俱失厥中大魏創業諸王開國隨時之宜未有定制非所以永爲後法也其改封諸侯王皆以郡爲國黃初五年改封諸王皆爲縣王至是復改封諸王以郡爲國互見本志卷二十彭城王據傳錢大昕曰是年改封郡王者任城王楷（彰子）陳王植彭城王據燕王宇沛王林中山王袞陳留王峻琅邪王敏（范陽王矩子）趙王幹楚王彪東平王徽曲陽王茂北海王蕤東海王霖梁王悌（元城王禮嗣子）魯陽王溫（邯鄲王邕嗣子）凡十六人三月癸酉行東巡孫志祖曰文選景福殿賦注行下有幸字所過存問高年鰥寡孤獨賜穀帛乙亥月犯軒轅大星夏四月壬寅行幸許昌宮時帝愛女淑殤追謚平原懿公主葬於南陵將自臨送陳羣楊阜疏諫均不從甲子初進新果于廟侯康曰通典四十九引高堂隆云案舊典天子諸侯月有祭事其孟月則四時之祭也三牲黍稷時物咸備其仲月季月皆薦新之祭也大夫以上將之以羔或加以犬而已不備三牲也士以豚庶人則唯其時宜魚雁可也皆有黍稷禮器曰羔豚而祭百官皆足太牢而祭不必有餘羔豚則薦新之禮也太牢則時祭之禮也詩云四之日其蚤獻羔祭韭周之四月則夏之二月也月令仲春天子乃獻羔開冰季春之月天子始乘舟薦鮪仲夏之月天子乃嘗魚咸薦之寢廟此則仲月季月薦新之禮也五月皇子殷薨追封謚安平哀王秋七月以

衛尉董昭爲司徒 衛尉見武紀建安十三年昭太和四年行司徒事至是拜眞 九月行幸摩陂 摩陂見武紀建安二十四年胡三省曰史炤釋文云摩陂地名在古郟鄏卽漢之河南縣余按水經注摩陂在潁川郟縣縱廣可十五里此豈河南之郟鄏哉以下文治許昌宮觀之可以知史炤之謬矣許昌宮在潁川許縣魏改許縣曰許昌 治許昌宮 御覽五百三十七引繆襲許昌宮賦序云太和六年春上旣躬耕帝藉發趾乎千畝以率先萬國乃命羣牧守相述職班教順陽宣化烝黎允示訓德歌功觀事樂業是歲甘露降黃龍見海內有克捷之師方內有農穰之慶農有餘粟女有餘布還秋來享殊俗內附穆乎有太平之風 起景福承光殿 水經洧水注洧水東逕許昌縣春秋佐助期曰漢以許失天下及魏承漢歷遂改名許昌也城內有景福殿基魏明帝太和中造準價八百餘萬文選何晏景福殿賦云歲三月東巡狩至于許昌立景福之祕殿備皇居之制度遠而望之若摛朱霞而耀天文迫而察之若仰崇山而戴垂雲其南則有承光前殿賦政之宮雖咸池之壯觀夫何足以比讎典略曰魏明帝將東巡恐夏熱故許昌作殿名曰景福旣成命人賦之平叔遂有此作洛陽宮殿簿曰許昌宮景福殿七間承光殿七間 冬十月殄夷將軍田豫 胡三省曰殄夷將軍魏置然不在沈約志所謂四十號將軍之數趙一淸曰宋書百官志四十雜號無殄夷之名蓋一時之制 帥衆討吳將周賀於成山 胡三省曰班志成山在東萊郡不夜縣後漢省不夜縣括地志成山在萊州文登縣西北百九十里弼按西北應作東北詳見田豫傳注 殺賀 公孫淵數與吳通吳使周賀往遼東與淵相結賀還至成山爲豫所敗 十一月丙寅太白晝見有星孛于翼近太微上將星庚寅陳思王植薨 潘眉曰宋志載在十二月按十二月無庚寅魏志是也錢大昕曰諸王薨例不載諡此思字衍 十二月行還許昌宮

青龍元年春正月甲申青龍見郟之摩陂井中 摩陂見上年初學記卷三十引繆襲青龍賦云懿矣神龍其知惟時覽皇代之云爲襲九泉以潛處當仁聖而覿儀應令月之風律照嘉祥之赫戲敷華耀之珍體耀文采以陸離曠時代以稀出觀四靈而特奇是以見之者驚駭聞之者崩馳觀夫仙龍之爲形也蓋鴻洞輪碩豐盈修長容姿溫潤蜲蜿成章繁蚰蚪蟉不可度量遠而視之似朝日之陽邇而察之象列缺之光燄若鑒陽和映瑤瓊爵若望飛雲曳旗旒或蒙翠岱或類流星或如虹蜺之垂耀或似紅蘭之芳榮煥璘彬之瑰異實皇家之休靈奉陽春而介福賚乃國以嘉禎宋書符瑞志中云青龍見郟之摩陂井帝親與羣臣共觀之旣而詔畫工圖寫龍潛不見又五行志五云凡瑞興非時則爲妖孼況困於井非嘉祥矣魏以改年非也晉武不賀是也干寶曰自明帝終魏世青龍黃龍見者皆其主廢興之應也魏土運青木色也而不勝於金黃得位青失位之象也青龍多見者君德國運內相尅伐也故高貴鄉公卒敗于兵案劉向說龍貴象而困井中諸侯將有幽執之禍也魏世龍莫不在井此居上者逼制之應高貴鄉公著潛龍詩卽此旨也又云晉武帝太康五年正月癸卯二龍見于武庫井中帝見龍有喜色百僚將賀劉毅獨表曰昔龍降夏庭禍發周室龍見鄭門子產不賀帝答曰朕德政未修未有以膺受嘉祥遂不賀也孫盛曰龍水物也何與於人子產言之當矣但非其所處寔爲妖災夫龍以飛翔顯見爲美則潛伏幽處非休祥也潘眉曰摩陂只一處此獨言郟之摩陂者文有詳略也史炤之誤胡三省已辨之矣 二月丁酉幸摩陂觀龍於是改年改摩陂爲龍陂賜男子爵人二級 賜爵見武紀建安二十年注及文紀黃初元年注 鰥寡孤獨無出今年租賦三月甲子詔公卿舉賢良篤行之士各一人夏五月壬申 繆襲神芝贊曰青龍元年五月庚辰神芝生於長平之習陽許昌典農中郎將蔣充奉表以聞其色紫丹其質光曜高尺八寸五分散爲三十六莖枝幹連屬有似珊瑚之形詔御府匱而藏之具畫其形遂以名園爲之贊曰帝德允臻厨不難致煌煌神芝吐葩揚榮攢披其圖今握其形永章遐紀載之頌聲見藝文類聚九十八御覽八百七十三九百八十六 詔祀故大將軍夏侯惇大司馬曹仁車騎將軍程昱於太祖廟庭 錢大昭曰車騎將軍是程昱追贈之官生時止爲衛尉

魏書載詔曰昔先王之禮於功臣存則顯其爵祿 馮本無祿字 沒則祭於大蒸故漢氏功臣祀於廟庭 宋本元本馮本祀作祠 大魏元功之臣功勳優著終始休明者其皆依禮祀之 通典卷五十引高堂隆議曰案先典祭祀之禮皆依生前尊卑之敍以爲位次功臣配享于先王象生時侍讌燕禮大夫以上皆升堂以下則位于庭其餘則與君同牢至於俎豆薦羞唯君備公降于君卿大夫降于公士降于大夫使功臣配食于烝祭所以尊崇其德明其勳以勸嗣臣也議者欲從漢氏祭之于庭此爲貶損非寵異之謂也貴者取貴骨賤者取賤骨（原注凡牲體前貴後賤）今使配食者因君之牢以貴賤爲俎庶合事宜周志曰勇則害上不登于明堂共用謂之勇（原注共用死國用）言有勇而無義死不登堂而配食此卽配食之義位在堂之明審也下爲北面三公朝立之位耳燕則脫屨升堂不在庭也凡獻爵有十二九七五三之差君禮大夫三獻太祝令進三爵于配食者可也 於是以惇等配饗 何焯曰之字疑衍 戊寅北海王蕤薨閏月庚寅朔日有蝕之丁酉改封宗室女非諸王女皆爲邑主詔諸郡國山川不在祠典者勿祠 宋書禮志四作不在祀典者勿祠元本下祠字作祀 六月洛陽宮鞠室災 胡三省曰鞠室者畫地爲域以蹴鞠因以名室 保塞鮮卑大人步度根 本志鮮卑傳步度根保太原雁門郡黃初五年詣闕貢獻一心守邊 與叛鮮卑大人軻比能私通 鮮卑傳青龍元年比能誘步度根深

結和親彊按太和五年軻比能偕詣幽州貢名馬何以年餘之閒忽爾叛魏雖曰戎狄叛服無常然推究其故一由魏明帝之羈縻兩部（步度根軻比能）不勤遠略一由諸葛亮之招誘軻比能比能至故北地石城以應亮事見本志牽招傳及漢晉春秋可爲左證比能衆既彊盛遂誘步度根同叛魏也幷州刺史畢軌表輒出軍軌東平人見曹爽傳及裴注引魏略以外威比能內鎭步度根帝省表曰步度根以爲比能所誘以已古通用下以出軍以進軍同有自疑心今軌出軍適使二部驚合爲一何所威鎭乎促勑軌以出軍者愼勿越塞過句注也胡三省曰漢靈帝末羌胡大擾定襄雲中五原朔方上郡並流徙分散建安二十年集塞下荒地置新興郡自陘嶺以北並棄之故以句注爲塞酈劭曰句注山名在雁門郡陰館縣杜佑曰句注山卽雁門縣西陘嶺句伏儼音俱包愷音鉤一統志句注山在今山西代州西北呂氏春秋天下九塞句注其一晉咸寧元年句注碑曰蓋北方之險有盧龍飛狐句注爲之首天下之阻所以分別外內也漢高祖伐匈奴踰句注困於平城謂此地也李璋河東記句注以山形句轉水勢洑流而名亦曰陘嶺自雁門以南謂之陘南以北謂之陘北漢中平以後陘北之地皆爲荒外魏晉中並以句注爲塞分別外內實南北巨防新志在代州西北二十五里上爲太和嶺後爲白草溝比詔書到軌以進軍屯陰館郡國志幷州雁門郡陰館一統志陰館故城今代州西北四十里宋白曰後漢雁門郡理

陰館今句注山北下館城是潘眉曰句注在陰館明帝勑勿過句注而軌屯陰館則已在句注矣遣將軍蘇尚董弼追鮮卑比能遣子將千餘騎迎步度根部落與尚弼相遇戰於樓煩、郡國志雁門郡樓煩胡三省曰陰館樓煩二縣漢皆屬雁門郡而晉志無之蓋已棄之荒外矣一統志樓煩故城在今山西代州崞縣東十五里古樓煩國及漢所置樓煩縣俱在今雁門關北晉徙於此二將沒鮮卑傳臨陣害尚弼何焯曰沒上當有敗字步度根部落皆叛出塞與比能合寇邊遣驍騎將軍秦朗將中軍討之晉書職官志驍騎將軍游擊將軍並漢雜號將軍也魏置爲中軍宋書百官志下云驍騎將軍魏世置爲內軍有營兵高功者主之潘眉曰驍騎將軍掌禁軍故云將中軍中軍者禁軍也虜乃走漠北鮮卑傳步度根爲比能所殺青龍三年幽州刺史王雄遣勇士韓龍刺殺比能秋九月安定保塞匈奴大人胡薄居姿職等叛司馬宣王遣將軍胡遵等追討破降之胡遵安定臨涇人見鍾會傳注引晉諸公贊冬十月步度根部落大人戴胡阿狼泥等詣幷州降朗引軍還

魏氏春秋曰朗字元明新興人新興見武紀建安二十年晉書秦秀傳作新興雲中人獻帝傳曰裴注引書名各本皆空格此注未空當係魏氏春秋引獻帝傳也蜀志關羽傳注引蜀記載此事云此與魏氏春秋所說無異可證朗父名宜祿宋書百官志云有蒼頭字宜祿至漢丞相府每有所關白到閤輒傳呼宜祿以此爲常朗父名宜祿或與此偶合歟爲呂布使詣袁術術妻以漢宗室女其前妻杜氏留下邳下邳見武紀初平四年布之被圍關羽屢請於太祖求以杜氏爲妻太祖疑其有色及城陷太祖見之乃自納之武文世王公傳有杜夫人未知卽秦宜祿妻杜氏否杜夫人生沛穆王林又生金鄉公主何晏母尹氏亦爲魏武所納魏武妻晏以金鄉公主魏武謂秦朗爲假子魏文亦呼何晏爲假子二人皆隨母在公宮情事相同輾轉訛傳故世誤以金鄉公主爲晏同母妹也此事互見蜀志關羽傳注引蜀記又按文選陸機弔魏武文李善注引魏略曰太祖杜夫人生沛王豹及高城公主據此則杜夫人生二女不止金鄉公主一人也趙一淸曰此裴世期所謂底下之書何足據乎孟德自取其妻乃欲以之誣汙賢者哉宜祿歸降以爲銍長銍見武紀初平元年及劉備走小沛小沛見武紀建安四年張飛隨之過謂宜祿曰過銍縣也人取汝妻而爲之長乃蚩蚩若是邪隨我去乎宜祿從之數里悔欲還飛殺之朗隨母氏畜于公宮太祖甚愛之每坐席謂賓客曰世有人愛假子如孤者乎魏略曰朗遊遨諸侯閒歷武文之

世而無尤也及明帝卽位授以內官爲驍騎將軍給事中給事中見文紀延康元年每車駕出入朗常隨從時明帝喜發舉數有以輕微而致大辟者本志杜恕傳樂安廉昭頗好言事恕上疏極諫曰伏見尙書郎廉昭奏左丞曹璠以罰當關不依詔坐判問又云諸當坐者別奏陛下當思闡廣朝臣之心反使如廉昭者擾亂其閒臣懼大臣遂將容身保位坐觀得失爲來世戒也陛下又患臺閣禁令之不密人事請屬之不絕聽伊尹作迎客出入之制選司徒更惡吏以守寺門威禁由之實未得爲禁之本也夫糾擿姦宄忠事也然而世憎小人行之者以其不顧道理而苟求容進也朗終不能有所諫止又未嘗進一善人帝亦以是親愛每顧問之多呼其小字阿蘇宋本蘇作穌世說注引魏略作阿鱌數加賞賜爲起大第於京城中四方雖知朗無能爲益猶以附近至尊多賂遺之富均公侯景初二年注引漢晉春秋云劉放言陛下方病曹肇秦朗等便與才人侍疾者言戲乃免官世語曰朗子秀勁厲能直言爲晉武帝博士博士見文紀延康元年晉書秦秀傳秀字玄良少敦學行以忠直知名咸寧中爲博士何曾卒下禮官議謚秀議曰按謚法名與實爽曰繆怙亂肆行曰醜曾之行已皆與此同宜謚繆醜公時雖不同秀議而聞者懼焉秀性忌讒佞素輕鄙賈充及充薨秀議曰謚法昏亂紀度曰荒請謚荒公不從秀爲博士前後垂二十年卒於官魏略以朗與

孔桂俱在佞倖篇金陵局活字本魏略上空格今從之桂字叔林天水人也天水見前太和二年建安初數爲
將軍楊秋使詣太祖太祖表拜騎都尉騎都尉見文紀延康元年桂性便辟御覽作便姸曉博奕蹹
鞠范書梁冀傳能挽滿彈棊格五六博蹴鞠之戲章懷注引劉向別錄曰蹴鞠者傳言黃帝所作或曰起戰國之時蹴鞠兵埶也所以講武知有材也干祿字書
蹹通作蹋孟子蹴爾而與之趙岐注蹴蹋也故太祖愛之每在左右出入隨從桂察太祖意喜樂之時因
言次曲有所陳事多見從數得賞賜人多饋遺桂由此侯服玉食太祖既愛桂五官將
及諸侯亦皆親之其後桂見太祖久不立太子而有意於臨菑侯因更親附臨菑侯而
簡於五官將將甚銜之及太祖薨文帝卽王位未及致其罪黃初元年隨例轉拜駙馬
都尉漢書百官公卿表駙馬都尉掌駙馬武帝初置秩比二千石師古曰駙副馬也非正駕車皆爲副馬一曰駙近也疾也續百官志駙馬都尉比二千石無
員掌駙馬屬光祿勳而桂私受西域貨賂許爲人事事發有詔收問遂殺之魚豢曰爲上者
不慮授處下者不慮受然後外無伐檀之歎內無尸素之刺詩魏風伐檀篇小序曰伐檀刺貪也在位貪鄙

無功而受祿君子不得仕進爾雍熙之美著太平之律顯矣而佞倖之徒但姑息人主至乃無德而
榮無功而祿如是焉得不使中正日朘傾邪滋多乎以武皇帝之愼賞明皇帝之持法
而猶有若此等人而況下斯者乎
十二月公孫淵斬送孫權所遣使張彌許晏首吳志孫權傳嘉禾二年三月使太常張彌執金
吾許晏將軍賀達等將兵萬人金寶珍貨九錫備物乘海授淵大臣皆諫權終不聽淵果斬彌等送其首于魏沒其兵資以淵爲大司馬樂
浪公漢書地理志樂浪郡朝鮮應劭曰故朝鮮國箕子故都也師古曰樂音洛浪音狼大遼水注樂浪郡治朝鮮括地志高麗王險城卽古朝鮮一統志王險
城卽平壤城薛瓚曰王險在樂浪郡浿水之東漢初燕人衞滿渡浿水都王險武帝元封二年其孫右渠拒命遣將誅之取其地改置朝鮮縣樂浪郡治焉
世語曰幷州刺史畢軌送漢故渡遼將軍范明友鮮卑奴年三百五十歲言語飲食如
常人奴云霍顯光後小妻明友妻光前妻女漢書外戚傳孝宣霍皇后大司馬大將軍博陸侯光女也母顯使淳于衍
陰殺許后顯因爲成君衣補治入宮具勸光內之果立爲皇后霍光傳顯愛小女成君欲貴之私使乳醫淳于衍毒殺許后因勸光內成君代立爲后又云霍禹嗣
爲博陸侯太夫人顯改光時所自造塋制而侈大之初光愛幸監奴馮子都常與計事及顯寡居與子都亂晉灼曰漢語光嫡妻東閭氏生上官安夫人昭后之母
也東閭氏亡顯以婢代立素與馮殷姦也師古曰監奴謂奴之監知家務者也殷者子都之名周壽昌曰以情事推之疑東閭氏無子僅一女爲上官安妻顯生子
禹故光以爲後妻也弼按漢書霍光傳自昭帝時光兩女壻爲東西宮衞尉又云迺徙光女壻度遼將軍未央衞尉范明友爲光祿勳次壻諸吏中郎將羽林監任
勝出爲安定太守復徙光長女壻長樂衞尉鄧廣漢爲少府又有光中女壻趙平爲散騎騎都尉若據世語所云明友妻爲光前妻女則東閭氏所生不止一女也
惟霍光傳既云光長女爲上官桀子安妻則長女壻自爲上官安而本傳又云長女壻鄧廣漢者何也博物志漢末發范明友冢奴猶活明友霍光女壻說光家事
廢立之際多與漢書相似奴常遊走於民閒無止住處今不知所在或云尚在余聞之於人可信而目不可見也博物志曰時京邑有
一人失其姓名食噉兼十許人遂肥不能動其父曾作遠方長吏官徙送彼縣令故
義傳供食之傳疑作從一二年中一鄉中輒爲之儉博物志大司馬曹休所統中郎謝璋部曲義兵奚儂息女四歲病歿
故埋葬五日復生太和三年詔令休使父母同時送女來視其年四月三日病死四日埋葬至八日同墟入採桑聞生活今能飲酒如常弼按明紀太和二年九月
庚子大司馬曹休薨博物志云太和三年詔休送女不辨而知其妄矣傅子曰時太原發冢破棺棺中有一生婦人

御覽五百五十八作中有婦人將出與語生人也送之京師問其本事不知也御覽無此二語視其冢上樹
木可三十歲不知此婦人三十歲常生於地中邪御覽無於字邪作也將一朝欻生偶與發冢
者會也說文欻有所吹起也玉篇欻忽也御覽欻下有然字
二年春二月乙未太白犯熒惑錢大昕曰宋書天文志作己未按下文有癸酉乙未與癸酉相去三十九日不得在一月
當從宋志潘眉曰推是年二月無乙未當從沈志癸酉詔曰鞭作官刑所以糾慢怠也而頃多以
無辜死其減鞭杖之制著于令晉書刑法志魏明帝改士庶罰金之令男聽以罰金婦人加笞還從鞭督之例以其形體
裸露故也三月庚寅山陽公薨范書獻帝紀魏青龍二年三月庚寅山陽公薨自遜位至薨十有四年年五十四謚孝獻皇帝八月
壬申以漢天子禮儀葬于禪陵帝王紀曰禪陵在濁鹿城西北十里在今懷州修武縣北二十五里陵高二丈周回二百步劉澄之地記云以漢禪魏故以名焉何焯曰
山陽公薨書曰山陽以三月薨及秋而丞相亮適亦卒于渭濱天之于漢數訖於是矣王先謙曰獻帝棄位安受魏封范書於卒書薨而被以魏年號皆以示貶或疑當
準春秋公薨于乾侯例仍書帝崩然昭公孫齊魯固未嘗別立君也帝素服發哀遣使持節典護喪事己酉

大赦夏四月大疫崇華殿災胡三省曰是歲復修改崇華曰九龍殿引穀水過九龍前爲玉井綺欄蟾蜍含受神龍吐出弼按改崇華殿曰九龍殿爲青龍三年事事見後若此時已改名九龍則後不應復書崇華殿災也晉書五行志上云青龍二年四月崇華殿災延於南閣繕復之至三年七月此殿又災據此則崇華殿實二次被災也胡注謂是年改名九龍誤丙寅詔有司以太牢告祠文帝廟追謚山陽公爲漢孝獻皇帝葬以漢禮王肅傳肅議稱皇以配其謚明帝不從乃追謚曰漢孝獻皇帝

獻帝傳曰帝變服率羣臣哭之使使持節行司徒太常和洽弔祭又使持節行大司空大司農崔林監護喪事錢大昭曰是時不遣司徒董昭司空陳羣自往山陽而但以太常大司農行未免有名無實矣司空上大字疑衍

詔曰蓋五帝之事尙矣仲尼盛稱堯舜巍巍蕩蕩之功者以爲禪代乃大聖之懿事也山陽公深識天祿永終之運禪位文皇帝以順天命先帝命公行漢正朔郊天祀祖以天子之禮言事不稱臣此舜事堯之義也昔放勛殂落四海如喪考妣遏密八音陸德明音義云放勛堯名一云放勛堯字孔傳云殂落死也考妣父母也遏絕也密靜也八音金石絲竹匏土革木四夷絕音三年則華夏可知言盛德恩化所及者遠李巡曰殂落堯死之稱郭璞曰古死尊卑同稱故書堯曰殂落舜曰陟方乃死謂之殂落者蓋殂爲往也言人命盡而往落者言草木葉落也明喪葬之禮同於王者也今有司奏喪禮比諸侯王此豈古之遺制而先帝之至意哉今謚公漢孝獻皇帝使太尉具以一太牢告祠文帝廟曰叡聞夫禮也者反本修古不忘厥初是以先代之君尊尊親親咸有尙焉今山陽公寢疾棄國有司建言喪紀之禮視諸侯王叡惟山陽公昔知天命永終於己深觀歷數允在聖躬傳祚禪位尊我民主斯乃陶唐懿德之事也黃初受終命公于國行漢正朔郊天祀祖禮樂制度率乃漢舊斯亦舜禹明堂之義也上考遂初皇極攸建允熙克讓莫朗于茲蓋子以繼志嗣訓爲孝臣以配命欽述爲忠故詩稱匪棘其猶聿追來孝詩大雅文王有聲篇作匪棘其欲遹追來孝鄭箋云棘急也遹述也來勤也此非以急成從己之欲乃述追王季勤孝之行進其業也禮記禮器篇作詩云匪革其猶聿追來孝鄭注云革急也猶道也聿述也言文王改作者非必欲己之道乃追述先祖之業來居此爲孝胡玉縉曰棘革皆急之叚字欲聿正字猶遹亦叚字王引之經義述聞云遹辭也來往也孝者美德之通稱非謂孝弟之孝言所以作此都

邑者非急從己之欲也乃上追前世之美德欲成其功業也前世之美德故爲往孝猶言追孝於前文人耳下歷引古書訓往爲來之證其說甚得詩義箋注失之書曰前人受命茲不忘大功尙書大誥篇作敷前人受命茲不忘大功孔傳云在布陳文武受命在此不忘大功叡敢不奉承徽典以昭皇考之神靈今追謚山陽公曰孝獻皇帝册贈璽紱監本紱作綬官本同命司徒司空持節弔祭護喪光祿大鴻臚爲副將作大匠復土將軍營成陵墓及置百官羣吏車旗服章喪葬禮儀一如漢氏故事喪葬所供羣官之費皆仰大司農立其後嗣爲山陽公以通三統漢書律歷志故歷數三統范書周舉傳仰承三統章懷注天統地統人統謂之三統事見白虎通錢大昕曰三統術天統首曰甲子地統首甲辰人統首甲申合於天施地化人生之數故云胡玉縉曰此用今文春秋說蓋本於班鄭禮記郊特牲天子存二代之後猶尊賢也尊賢不過二代孔疏引異義公羊說存二代之後所以通天三統之義古春秋左氏說周家封夏殷二王之後以爲上公封黃帝堯舜之後謂之三恪許愼謹案云治魯詩丞相韋玄成治易施讎等說引外傳曰三王之樂可得觀乎知王者所封三代而已不與左氏說同鄭駮之云所存二王之後者命使郊天以天子之禮祭其始祖受命之王自行其正朔服色恪者敬也敬其先聖而封其後與諸侯無殊異何得比夏殷之後是鄭用今文春秋說白虎通三正篇云王者所以存二王之後何也所以尊先王通天下之三統也明天下非一家之有謹敬謙讓之至也故封之百里使得服其正色用其禮樂永事先祖詩曰厥作祼將常服黼冔言微子服殷之冠助祭於周也周頌曰有客有客亦白其馬此微子朝周也二王之後若有聖德受命而王當因其改之邪天下之所安得受命也非其運次者盧文弨校本云此有脫誤疑是當因其故抑改之邪下云天之所廢安得受命也且非其運次者蓋卽一姓不再興之義是班先用今文春秋說於以見魏之能緣飾經術矣永爲魏賓

於是贈册曰嗚呼昔皇天降戾於漢俾逆臣董卓播厥凶虐焚滅京都劫遷大駕于時六合雲擾姦雄熛起說文熛火飛也史記淮陰侯傳熛至風起帝自西京徂唯求定臻茲洛邑疇咨聖賢聿改乘轅又遷許昌武皇帝是依歲在玄枵皇帝肇征迄于鶉尾十有八載爾雅釋天玄枵虛也郭注云虛在正北埤雅南方朱鳥七宿曰鶉首鶉火鶉尾也陸德明音義云子爲玄枵巳爲鶉尾弼按建安元年爲丙子十八年爲癸巳故云歲在玄枵迄于鶉尾十有八載也羣寇殲殄九域咸乂惟帝念功祚茲魏國大啓土宇爰及文皇帝齊聖廣淵仁聲旁流柔遠能邇殊俗向義乾精承祚坤靈吐曜稽極玉衡尙書舜典在璿璣玉衡以齊七政孔傳云璿美玉璣衡王者正天文之器可運轉者七政日月五星各異政舜察天文齊七政以審己當天心與否允膺歷數度于軌儀克厭

帝心乃仰欽七政七政解見上俯察五典尚書舜典愼徽五典五典克從孔傳云徽美也五典五常之教父義母慈兄友弟恭子孝舜愼美篤行斯道舉八元使布之於四方五教能從無違命弗采四嶽之謀孔傳云四岳卽羲和之四子分掌四岳之諸侯故稱焉不俟師錫之舉尚書堯典師錫帝曰孔傳云師衆也錫與也衆臣知舜聖賢恥己不若故不舉乃不獲已而言之幽贊神明承天禪位祚建朕躬吳本建作逮統承洪業蓋聞昔帝堯元愷既舉凶族未流登舜百揆然後百揆時序尚書舜典納于百揆百揆時敘孔傳云揆度也度百事總百官納舜於此官舜舉八愷使揆度百事百事時敘無廢事業內平外成授位明堂退終天祿故能冠德百王表功嵩嶽自往迄今彌歷七代唐虞夏商周秦漢歲暨三千而大運來復庸命底績纂我民主作建皇極念重光紹咸池繼韶夏超羣后之遐蹤邈商周之懋德仲虺之誥成湯放桀於南巢惟有慚德可謂高朗令終昭明洪烈之懿盛者矣非夫漢魏與天地合德與四時合信動和民神格于上下其孰能至于此乎朕惟孝獻享年不永欽若顧命考之典謨恭述皇考先靈遺意闡崇弘諡奉成聖美以章希世同符之隆以

傳億載不朽之榮魂而有靈嘉茲弘休嗚呼哀哉八月壬申葬于山陽國陵曰禪陵禪陵見前又詳見文紀黃初元年置園邑葬之日帝制錫衰弁絰儀禮喪服曰錫衰何也麻之有錫者也十五升抽其半無事其縷有事其布曰錫（謂之錫者治其布使之滑易也）禮記外傳曰錫衰者先緝錫白之謂也（錫衰君之弔服也）周禮司服曰凡弔事弁絰服鄭注弁絰者如爵弁而素加環絰司服又曰王爲三公六卿錫衰爲諸侯緦衰爲大夫士疑衰其首服皆弁絰鄭注君爲臣服弔服也此天子之弔服也哭之慟適孫桂氏鄉侯康嗣立爲山陽公通典桂作杜未知孰是范書獻帝紀太子早卒孫康立五十一年晉太康六年薨子瑾立四年太康十年薨子秋立二十年永嘉中爲胡賊所殺國除遣一清曰晉書武帝紀泰始二年十一月罷山陽公國督軍除其禁制蓋曹氏之防範如此然猶未加弑逆之事又泰始四年二月庚子增置山陽公國相郎中令陵令雜工宰人鼓吹車馬各有差侯康曰通典卷七十二魏尙書奏以故漢獻帝嫡孫杜氏鄉侯劉康襲爵假授使者拜授康素服奪情議案漢氏承秦改六冕之制玄冠絳衣一服而已有喪凶之事則變吉服以從簡易故諸王薨遣使者拜嗣子爲王則玄冠縗絰服素以承詔命事訖然後反喪服攷之前典則差周書論之漢室則合常制王肅議尊者臨卑不制縗麻故爲之素服今康處三年喪在縗絰之中若因喪以命之則無復素服若以尊崇王命則吉服以拜受案尙書康王受策命吉服而受之事畢又以吉服出應門內以命諸侯皆出然後王釋冕反喪服故臣以爲諸侯受天子之命宜以吉服又禮處三年之喪而當除父兄之喪服除服卒事然後反喪服則受天子命者亦宜服其命服使者出反喪服卽位而哭既合于禮又合人情詔從之

是月諸葛亮出斜谷斜谷見武紀建安二十四年屯渭南渭水之南也晉書宣帝紀亮又率衆十餘萬出斜谷壘于郿之渭水南原司馬宣王率諸軍拒之蜀志諸葛亮傳亮悉大衆由斜谷出以流馬運據武功五丈原與司馬宣王對於渭南分兵屯田耕者雜於渭濱居民之閒而百姓安堵軍無私焉晉書宣帝紀諸軍欲住渭北以待之帝曰百姓積聚皆在渭南此必爭之地也遂引軍而濟背水爲壘因謂諸將曰亮若勇者當出武功依山而東若西上五丈原則諸軍無事矣亮果上原將北渡渭帝遣將軍胡遵雍州刺史郭淮共備陽遂與亮會于積石臨原而戰亮不得進詔宣王但堅壁拒守以挫其鋒彼進不得志退無與戰久停則糧盡虜略無所獲則必走矣走而追之以逸待勞全勝之道也

魏氏春秋曰亮既屢遣使交書又致巾幗婦人之飾胡三省曰字書幗古獲反婦人喪冠也又古對反據劉昭注補輿服志公卿列侯夫人紺繒幗蓋婦人首飾之稱不特喪冠也潘眉曰幗儀禮士冠禮注作蔮後漢書烏桓傳作簂幗蔮簂同字說文幗婦人首飾从巾國聲徐鉉音古對切揚升庵曰古畫婦女有頭施紺羅者卽此制也惠棟曰廣雅簂謂之帨釋名簂恢也恢廓覆髮上也魯人曰頍頍傾也齊人曰幌飾形貌也錢大昕曰士

冠禮注滕薛名蔮爲頍晉書宣帝紀諸葛亮遺帝巾幗婦人之飾蔮卽幗之異文胡玉縉曰士冠禮注之蔮爲簂之譌字卽本經之缺非婦人首飾潘引說文幗字爲新附字非許書所有說文本部幗匡當也段注引禮注釋名以爲鄭劉所說幗之一耑耳是也潘說殊未分曉以怒宣王宣王將出戰辛毗仗節奉詔勒宣王及軍吏已下乃止晉書宣帝紀帝怒表請決戰天子不許乃遣骨鯁臣衛尉辛毗杖節爲軍師以制之後亮復來挑戰帝將出兵以應之毗杖節立軍門帝乃止初蜀將姜維聞毗來謂亮曰辛毗杖節而至賊不復出矣亮曰彼本無戰心所以固請者以示武於其衆耳將在軍君命有所不受苟能制吾豈千里而請戰邪宣王見亮使唯問其寢食及其事之煩簡不問戎事胡三省曰懿所憚者亮也問其寢食及其事之煩簡以覘壽命之久近耳戎事何必問邪弼按懿問戎事使者必不見答惟問寢食及事之煩簡以覘其動靜非謂覘其壽命也是時武侯年止五十四不能以八月病卒遂謂懿有先見也使對曰諸葛公夙興夜寐罰二十以上皆親覽焉御覽六百五十引晉陽秋曰諸葛武侯杖二十以上親決宣王聞之喜曰吾無患矣所噉食不過數升蜀志諸葛亮傳注引此作所噉食不至數升通鑑同漢書律歷志量者龠合升斗斛也所以量多少也本起於黃鐘之龠用度數審其容以子穀秬黍中者千有二百實其龠以井水準其槩合龠爲合十合爲升十升爲斗十斗爲斛而五量嘉矣王鳴盛曰古尺小於今尺是以步數畝數里數皆古小今大古量亦小於今量後書南蠻傳軍行日三十里爲程人日稟五

升李注古升小故曰五升也是後漢時量小於今甚遠魏志管寧傳注感累嘉平中年八九十縣官給稟日五升不足晉書司馬懿紀與諸葛亮相拒於五丈原亮使至帝問諸葛公食可幾米對曰三四升帝曰孔明其能久乎蜀志亮傳注作食不至數升宋王楙野客叢書十一歷引周禮廩人注魏李悝漢趙充國匈奴傳及後漢南蠻傳與晉顧臻之言證古量之小又引北史庫伏連性吝家口人食米二升常有饑色南北朝量比漢魏前已略大然比今則尙小 宣王曰亮體斃矣其能久乎 梁章鉅曰小說家演此事有食少事煩四字明馮夢禎亦有武侯食少事煩論皆不知何所據正史中實無此語弼按通鑑有之

五月太白晝見 趙一清梁章鉅俱引晉書天文志云五月丁亥太白晝見積三十餘日以晷度推之非秦魏則楚也云云弼按晉志此事書於青龍三四年之後附會青龍二年之事年月顚倒事實錯誤此類概不採錄 孫權入居巢湖口 居巢見武紀建安二十二年胡三省曰巢湖口卽今柵江口也在和州歷陽縣西南百五十里水導源巢湖裴松之曰巢鉏了翻今巢湖與焦湖通焦勦音近故有勦音今讀如字一統志巢湖在合肥縣東南六十里廬江縣北七十里舒城縣東北一百三十里巢縣西十里舊志東口在巢縣西南十里其水由此入江 向合肥新城 合肥見武紀建安十三年合肥新城見滿寵傳胡三省曰卽太和六年滿寵所築新城也華夷對鏡圖魏合肥新城今爲廬州謝步鎭弼按滿寵傳青龍元年寵上疏言合肥城南臨江湖北達壽春其西三十里有奇險可依更立城以固守其年權自出欲圍新城明年權自將號十萬至合肥新城是寵上疏請築新城在青龍元年通鑑誤編於太和六年胡注復沿其誤也一統志合肥新城在今合肥縣西北三十里 又遣將陸議 陸議卽陸遜說見前太和二年又按孫權傳及通鑑俱作遜 孫韶各將萬餘人入淮沔 吳志孫權傳嘉禾三年五月權遣陸遜諸葛瑾等屯江夏沔口孫韶張承等向廣陵淮陽（弼按淮陽當作淮陰）權率大衆圍合肥新城通鑑吳人入居巢湖口向合肥新城衆號十萬又遣陸遜諸葛瑾將萬餘人入江夏沔口向襄陽將軍孫韶張承入淮向廣陵淮陰趙一清曰淮沔之淮本作睢亦作沮卽柤中也弼按諸葛亮遣使約吳同時大舉吳分三路孫權圍合肥新城爲一路陸遜屯江夏沔口爲一路孫韶向淮陰爲一路故曰各將萬餘人入淮沔吳志孫權傳及通鑑可證趙氏謂淮爲睢失之遠矣 六月征東將軍滿寵進軍拒之 劉放傳孫權與諸葛亮連和邊候得權書放改易其辭與征東將軍滿寵若欲歸化封以示亮權懼亮自疑深自解說 寵欲拔新城守致賊壽春 壽春今安徽鳳陽府壽州治見文紀黃初五年 帝不聽曰昔漢光武遣兵縣據略陽 略陽見文紀黃初二年通鑑無縣字 終以破隗囂先帝東置合肥南守襄陽西固祁山 水經漾水注漢水北連山秀舉羅峯競峙祁山在嶓冢之西七十許里山上有城極爲嚴固昔諸葛亮攻祁山卽斯城也漢水逕其南城南三里有亮故壘壘之左右猶豐茂宿草蓋亮所植

也在上邽西南二百四十里開山圖曰漢陽西南有祁山蹊徑逶迤山高巖險九州之名阻天下之奇峻今此山於衆阜之中亦非爲傑諸葛亮表言祁山去沮縣五百里有民萬戶矚其丘墟信爲殷矣本志牽招傳諸葛亮在祁山遣使連結軻比能比能至故北地石城與相首尾一統志祁山在今甘肅鞏昌府西和縣西北府志在縣北七十里 賊來輒破於三城之下者地有所必爭也 胡三省曰合肥襄陽以備吳祁山以備蜀也

縱權攻新城必不能拔勅諸將堅守吾將自往征之比至恐權走也

秋七月壬寅帝親御龍舟東征權攻新城將軍張穎等拒守力戰帝軍未至數百里權遁走議韶等亦退 孫權傳權謂魏明帝不能遠出而帝自率水軍東征未至壽春權退還孫韶亦罷滿寵傳權自將號十萬至合肥新城寵馳往赴燒賊攻具射殺權弟子孫泰權於是引退 羣臣以爲大將軍方與諸葛亮相持未解車駕可西幸長安帝曰權走亮膽破大將軍以制之 通鑑作大軍足以制之趙一清曰以上疑脫足字沈家本曰御覽九十四以作必 吾無憂矣遂進軍幸壽春錄諸將功封賞各有差八月己未大曜兵 何焯校改曜作耀 饗六軍遣使者持節犒勞合肥壽春諸軍辛巳行還許昌宮 過項入賈逵祠事見逵傳 司馬宣王與亮相持連圍積日亮數挑戰宣王堅壘不應會亮卒其軍退還 晉書宣帝紀對壘百餘日會亮病卒諸將燒營遁走經日乃行其營壘觀其遺事獲其圖書糧穀甚衆帝審其必死曰天下奇才也 冬十月乙丑月犯鎭星及軒轅戊寅月犯太白十一月京都地震從東南來隱隱有聲搖動屋瓦十二月詔有司刪定大辟減死罪

三年春正月戊子 盧文弨曰正月首書戊子至乙亥四十八日安得復在是月然宋志亦同或是閏月俟考 以大將軍司馬宣王爲太尉 繼華歆之後也晉書宣帝紀三年遷太尉累增封邑蜀將馬岱入寇帝遣將軍牛金擊走之斬千餘級武都氐王苻雙强端率其屬六千餘人來降 己亥復置朔方郡 武紀建安二十年省雲中定襄五原朔方郡郡置一縣領其民合以爲新興郡趙一清曰建安二十年省朔方郡而此復置之然晉書地理志無之蓋旋置而旋廢耳吳增僅曰青龍三年復置朔方郡甘露中以并州諸郡封晉公內無朔方蓋旋立旋廢也領縣未詳弼按甘露三年以并州諸郡封晉公見晉書文帝紀 京都大疫丁巳皇太后崩 郭后傳注引漢晉春秋云明帝數泣問甄

后死狀遂逼殺之乙亥隕石于壽光縣郡國志青州樂安國壽光一統志壽光故城今山東青州府壽光縣東三月庚寅葬文德郭后營陵於首陽陵澗西首陽陵見文紀黃初三年如終制

顧愷之啓蒙注曰晉書文苑傳顧愷之字長康晉陵無錫人博學有才氣好諧謔善丹青圖寫特妙故俗傳愷之有三絕才絕畫絕癡絕義熙初為散騎常侍年六十二卒於官所著文集及啓矇記行於世隋書經籍志啓蒙記三卷晉散騎常侍顧愷之撰啓疑記三卷顧愷之撰唐志作啓疑三卷無啓蒙今存馬國翰輯本一卷沈家本曰蒙矇通晉書本傳不言著啓疑似啓蒙啓疑為一書而二名故唐志但錄其一隋志複見也裴氏記作注或是傳寫之訛魏時人有開周王冢者得殉葬女子經數日而有氣數月而能語年可二十送詣京師郭太后愛養之十餘年太后崩哀思哭泣一年餘而死趙一清曰事亦見博物志云是發前漢宮人冢

是時大治洛陽宮起昭陽太極殿水經穀水注魏明帝上法太極於洛陽南宮起太極殿於漢崇德殿之故處御覽一百七十五引山謙之丹陽記曰太極殿周制路寢也秦漢曰前殿今稱太極曰前殿洛宮之號始自魏案史記秦王改命宮為廟以擬太極魏號正殿為太極蓋采其義而加以太亦猶漢夏門魏加曰太夏耳又引輿地志曰洛陽昭陽殿魏明帝所治在太極之北鑄黃龍高四丈鳳皇二丈置殿前築總章觀禮記月令篇孟秋之月天子居總章左个鄭注云總章左个大寢西堂南偏也尸子黃帝合宮有虞總章殷人陽館周人明堂文中子舜有總章之訪洛陽宮殿簿總章觀閣十三間通鑑釋文云觀古玩切爾雅曰觀謂之闕於上觀望胡三省曰舜有總章之訪相傳以為總章即明堂也觀闕也總章觀蓋在太極殿前百姓失農時胡三省曰諸葛亮死帝乃大興宮室晉士燮所謂釋楚為外懼者此也何焯曰諸葛既卒邊鄙無事而叡遂恣淫荒矣孟子之論中人者不亦信乎直臣楊阜高堂隆等各數切諫雖不能聽常優容之官本常作帝誤時司空陳羣廷尉高柔衛尉辛毗散騎常侍蔣濟中書侍郎王基右僕射衛臻尚書孫禮皆先後上疏諫各見本傳

魏略曰是年起太極諸殿御覽一百七十五引魏略云青龍三年起太極殿洛陽故渭宮有却非殿銅馬殿敬法殿清涼殿鳳皇殿嘉德殿黃龍殿壽安殿竹殿（竹一作行）又引輿地志云洛陽有顯陽殿皇后正殿也魏明帝所建御覽五十一引魏志云魏明帝增崇宮殿雕鏤觀閣鑿太行之石英採穀城之文石起景陽山於芳林園建昭陽殿於太極之北弼按本志高堂隆傳及水經穀水注引孫盛魏春秋與此略同均指為景初元年事又云樹松竹草木捕禽獸以充其中于時百役繁興帝躬自掘土率羣臣三公以下莫不展力築總章觀高十餘丈建翔鳳于其上又於芳林園中起陂池芳林園見文紀黃初四年注閻壽昌曰文選應貞華林園集詩注引洛陽圖經云華林園魏明帝起名壽昌案明帝實名芳林至齊王芳始易名華林楫櫂越歌趙一清曰寰宇記卷三引魏書云明帝於宮西鑿濛汜池以通御溝義取日入濛汜以為名水經穀水注穀水入華林園歷疏圃南圃中有古玉井井悉以珉玉為之以緇石為口工作精密猶不變古燦焉如新又逕瑤華宮南歷景陽山北山有都亭堂上結方湖湖中起御坐石也御坐前建蓬萊山曲池接筵飛沼拂席南面射侯夾席武峙背山堂上則石路崎嶇巖嶂峻險雲臺風觀纓巒帶阜遊觀者升降阿閣出入虹陛望之狀凫沒鸞舉矣其中引水飛皋傾瀾瀑布或枉渚聲溜潺潺不斷竹柏蔭於層石繡薄叢於泉側微飈暫拂則芳溢於六空實為神居矣晉書食貨志明帝不恭淫於宮築百寮編於手役天下失其躬稼此後關東遇水民亡產業而興師遼陽坐甲江甸皆以國乏經用胡可勝言又於列殿之北立八坊諸才人以次序處其中貴人夫人以上轉南附為其秩石擬百官之數詳見本志后妃傳胡三省注同

沈家本曰御覽石作名帝常游宴在內乃選女子知書可付信者六人御覽二百四十五作可傳信者以為女尚書使典省外奏事處當畫可胡三省曰漢東都之末宮中有女尚書處當奏事有不合上意區處其當而下之也畫可畫從其所奏自貴人以下至尚保及給掖庭灑埽習伎歌者如淳案列女傳曰周室姜后脫簪待永巷後改為掖庭應劭漢官儀曰掖庭謂後宮所處漢官目錄曰郡國獻女未御者須命于掖庭故曰待詔通鑑釋文辨誤曰韋昭云在掖門內謂之掖庭宮掖二字人通言之蓋居者謂之宮附左右者謂之掖下文內之掖庭謂未得班於六宮也各有千數通引穀水過九龍前通鑑作九龍殿前官本增殿字水經穀水注穀渠東歷東金市南直千秋門枝流入石逗伏流注靈芝九龍池寰宇記卷三引魏略九龍下有池字為玉井綺欄趙一清曰寰宇記卷三引洛陽記璇華宮有玉井皆以白玉壘飾是也蟾蜍含受毛本含作舍誤通鑑釋文云蟾時占切蜍常如切蝦蟇也為蟾蜍以受龍水神龍吐

出使博士馬均作司南車官本攷證云杜夔傳注馬均作馬鈞司南車監本車誤作軍今改正潘眉曰均與鈞同然字當作鈞杜夔傳注馬鈞字德衡鈞衡字相應胡三省曰司南車即指南車也崔豹古今注曰黃帝與蚩尤戰於涿鹿蚩尤作大霧士皆迷路乃作指南車以正四方述征記曰指南車上有木仙人持信旛車轉而人常指南嚴衍曰周成王時越裳氏重譯來獻使者迷失歸路周公錫輧車以指南後其器俱亡漢張衡魏馬鈞繼作其器無傳宋武平長安得此車而製不就祖沖之復造之後魏太武使郭善明造彌年不就又命馬岳造垂成而為善明鴆死其法遂絕唐元和中典作金公元以是車及記里鼓上之憲宗以備法駕潘眉曰司南即指南鬼谷子云鄭人取玉必載司南晉輿服志司南車駕四馬其下制如樓三級四角金龍銜羽葆刻木為仙人衣羽衣立車上車雖回運而手常南指大駕出行為先啓之乘水轉百戲胡三省引傳玄序詳見杜夔傳注歲首建巨獸魚龍曼延弄馬倒騎備如漢西京之制晉書王戎傳戎年六七歲於宣武場觀戲猛獸在檻中虓吼震地衆皆奔走戎獨立不動神色自若魏明帝於

閣上見而奇之水經穀水注竹林七賢論曰王戎幼而清秀魏明帝於宣武場上爲欄苞虎牙使力士袒裼迭與之搏縱百姓觀之戎年七歲亦往觀焉虎乘閒薄欄而吼其聲震地觀者無不辟易顚仆戎亭然不動帝於門上見之使問姓名而異之潘眉曰蔡質漢儀云正月旦天子幸德陽殿臨軒作九賓徹樂舍利從西方來戲於庭極乃畢入殿前激水化爲比目魚跳躍就水作霧鄣日畢化成黃龍長八丈出水游戲於庭炫燿日光以兩大絲繩繫兩柱中頭閒相去數丈兩倡女對舞行於繩上對面道逢切肩不傾又蹋局出身藏形于斗中鍾磬並作樂畢作魚龍曼延

築閶闔諸門闕外罘罳 漢書文帝紀七年未央宮東闕罘罳災如淳曰東闕與其兩旁罘罳皆災也晉灼曰東闕之罘罳獨災也師古曰罘罳謂連闕曲閣也以覆重刻垣墉之處其形罘罳然一曰屏也罘音浮宋祁曰江南本罳作思王念孫曰江南本是也說文無罳字漢書作罘思考工記匠人注作浮思明堂位注作桴思皆古字假借他書或作罘罳者皆因罘字而誤加网也且顏注罘字有音而罳字無音則本作思明矣王先謙曰五行志作罘思通鑑胡注古今注云罘罳屏也又云罘者復也罳者思也臣朝君至屏外復思所奏之事於其下孔穎達云屏謂之樹今浮思也釋宮文漢時謂屏爲浮思解者以爲天子外屏人臣至屏俯伏思念其事按匠人城隅謂角浮思也漢時東闕浮思災以此諸文參之則浮思小樓也故城隅闕上皆有之然則屏上亦爲屋以覆屏牆故稱屏曰浮思蘇鶚演義云罘者浮也罳者思也謂織絲之文輕疏虛浮之貌蓋宮殿門闕有此物也余謂蘇鶚之說有見於唐禁中之罘罳唐太和甘露之變宦者奉乘輿決罘罳北出也此罘罳當以舊注爲正弼按水經穀水注引廣雅云復

思謂之屏釋名曰屏自障屏也罘思在門外罘復也臣將入請事於此復重思之也漢末兵起壞園林學思曰無使民復思漢也故鹽鐵論曰垣闕罘思言樹屏隅角所架也

太子舍人張茂 續百官志太子舍人二百石無員更直宿衛如三署郎中晉書職官志舍人十六人職比散騎中書等侍郎趙一清曰宋志謂魏世無東宮此太子舍人蓋虛置也李祖楙曰太子舍人西京時常以歲課列乙科者二十人爲之中興後殆無此制弼按漢書儒林傳序博士弟子歲課甲科四十人爲郎中乙科二十人爲太子舍人丙科四十人補文學掌故蓋雖未建太子而舍人常置以成材實難非可猝致也 以吳蜀數動諸將出征而帝盛興宮室留意於玩飾賜與無度帑藏空竭又錄奪士女 胡三省曰前已錄收也 嫁爲吏民妻者還以配士既聽以生口自贖又簡選其有姿色者 文類色作首通鑑同胡三省曰姿謂有色者首謂鬢髮者 內之掖庭乃上書諫曰臣伏見詔書諸士女嫁非士者一切錄奪以配戰士斯誠權時之宜然非大化之善者也臣請論之陛下天之子也百姓吏民亦陛下之子也禮賜君子小人不同日所以殊貴賤也吏屬君子士爲小人今奪彼以與此亦無以異於奪兄之妻妻弟也於父母之恩偏矣又詔書聽得以生口年紀顏色與妻相當者自代故富者則傾家盡產貧者舉假貸貰 冊府舉作則 貴買生口以贖其妻縣官以配士爲名 漢書霍光傳霍禹曰縣官非我家將軍不得至是如淳曰縣官謂天子 而實內之掖庭其醜惡者乃出與士得婦者未必有懽心而失妻者必有憂色 通鑑作得婦者未必喜而失妻者必有憂 或窮或愁皆不得志夫君有天下而不得萬姓之懽心者尠不危殆 局本尠作尟 且軍師在外數千萬人 元本千作十 一日之費非徒千金舉天下之賦以奉此役猶將不給況復有宮庭非員無錄之女 胡三省曰非員謂出於員數之外者無錄謂宮中錄籍無其名者 椒房母后之家賞賜橫與 通鑑與作輿 內外交引其費半軍 胡三省曰謂其費與給軍之費相半也 昔漢武帝好神仙信方士掘地爲海封土爲山 胡三省曰掘地爲海謂開昆明池封土爲山謂作三神山漸臺也 賴是時天下爲一莫敢與爭者耳自衰亂以來四五十載馬不捨鞍士不釋甲每一交戰血流丹野創痍號痛之聲于今未已猶彊寇在疆闚伺魏室陛下不兢兢業業念崇節約思所以安天下者而乃奢靡是務中尚方純作玩弄

之物炫燿 續百官志尚方令一人六百石掌上手工作御刀劍諸好器物胡三省曰晉志少府統中左右三尚方惠棟曰六典又云及寶玉作器又云其後分爲中左右三尚方 後園建承露之盤 御覽卷十二引魏志曰明帝鑄承露盤莖長一十二丈銅龍繞其根立於芳林園甘露乃降又曰明帝與東阿王詔曰昔先帝時甘露屢降於仁壽殿前靈芝生芳林園中自吾建承露盤以來甘露復降芳林園仁壽殿前 斯誠快耳目之觀然亦足以駭寇讐之心矣惜乎舍堯舜之節儉而爲漢武之侈事臣竊爲陛下不取也願陛下沛然下詔萬機之事有無益而有損者悉除去之以所除無益之費厚賜將士父母妻子之饑寒者問民所疾而除其所惡實倉廩繕甲兵恪恭以臨天下如是吳賊面縛蜀虜輿櫬不待誅而自服太平之路可計日而待也陛下可無勞神思於海表軍師高枕戰士備員今羣公皆結舌而臣所以不敢不獻瞽言者臣昔上要言散騎奏臣書以聽諫篇爲善詔曰是也擢臣爲太子舍人且臣作書譏爲人臣不能諫諍今有可諫之事而臣不諫此爲作書虛妄而不能言也臣年五十常恐至死無以報國是以投軀

沒身（册府身作命）冒昧以聞惟陛下裁察書通上顧左右曰張茂恃鄉里故也以事付散騎而已茂字彥林沛人（趙一清曰晉書刑法志衛覬奏獄吏劉象受屬偏考囚張茂物故豈卽其人邪）

秋七月洛陽崇華殿災（解見上年詔問高堂隆何咎詳見隆傳）八月庚午立皇子芳爲齊王詢爲秦王（三少帝紀云明帝無子養齊王芳及秦王詢宮省事秘莫有知其所由來者弼按景初三年齊王芳年八歲秦王九歲見裴注引魏氏春秋則當生於太和五六年然太和五年皇子殷生紀中大書特書以後並無皇子芳皇子詢生之文此可爲不知所由來之證一凡新帝初立例皆推崇所生齊王芳卽位並無尊稱生母之文而明帝毛郭二后又無生子之事此可爲不知所由來之證二又按裴注引魏氏春秋曰或云任城王楷子果如或言任城王當被恩寵案任城王傳青龍三年楷坐私作禁物削戶二千決無立其子爲嗣之事況文明二帝皆深忌藩國陳思之章疏白馬之歌詞以及任城之暴薨皆可爲魏氏猜疑骨肉之證以此推論齊秦二王決非任城之裔阿瞞作俑啓南北朝篡奪之端未及再傳國統已絕不待司馬氏之攘竊而皇祚已非曹氏所有矣又按明帝雖無子而有女晉書任愷傳愷尙魏明帝女又云愷妻齊長公主得賜魏時御器）丁巳行還洛陽宮命有司復崇華改名九龍殿（高堂隆傳時郡國有九龍見故改曰九龍殿又云陵霄闕始構有鵲巢其上帝以問隆通鑑繫此事於青龍三年據晉書五行志則事在景初元年也）冬十月己酉中山王袞薨壬申太白晝見十一月丁酉行幸許昌宮（是年帝使人以馬易珠璣翡翠瑇瑁於吳見孫權傳）

魏氏春秋曰是歲張掖郡删丹縣金山玄川溢涌（張掖郡見文紀延康元年郡國志涼州張掖郡删丹一統志删丹故城今甘肅甘州府山丹縣治焉支山一名删丹山故以名縣金山在山丹縣西南）寶石負圖狀象靈龜廣一丈六尺長一丈七尺一寸圍五丈八寸立于川西有石馬七（何焯曰馬有七其宣景文武惠懷愍之祥乎趙一清曰宋書符瑞志作石馬十二與此不同）其一仙人騎之其一羈絆（宋志羈絆作騎絆）其五有形而不善成（宋志下有其餘文亦稍異）（其五成形一句）有玉匣關蓋于前（宋志關作開）上有玉字玉玦二璜一麒麟在東鳳鳥在南白虎在西犧牛在北馬自中布列四面色皆蒼白其南有五字曰上上三天王又曰述大金大討曹金但取之金立中大金馬一匹在中大告開壽（何焯曰據搜神記大金馬當作大司馬大告當作大吉潘眉曰宋書符瑞志作中正大吉關壽當從之程猶贊曰體正而王中允克明關壽無疆於萬斯齡卽用中正關壽等字足證此注之譌）此馬甲寅述水凡中字六金字十（宋志作凡三十五字弼按凡中字六金字十者謂有六中字十金字也下文引搜神記謂其字有金有中者是也宋志云凡三十五字者總計字數也）又有若八卦及列宿孛彗之象焉（胡三省曰宿音秀）世語曰又有一雞象

搜神記曰初漢元成之世先識之士有言曰魏年有和當有開石于西三十餘里（宋志十作千）繫五馬文曰大討曹（胡三省曰石圖之文天意蓋昭昭矣）及魏之初興也張掖之柳谷有開石焉（監本官本無焉字一統志云甘鎭志柳谷在甘州東南一百里與山丹衛接界卽金山也趙一清曰困學紀聞云書宅西曰昧谷虞翻謂當爲柳谷魏明帝時張掖柳谷口水溢涌寶石負圖卽其地也方輿紀要卷六十三大柳谷在甘州衛東南百里與山丹衛接境隋志張掖縣有大柳谷張掖廢縣卽今衛治漢爲觻得縣謝鍾英曰大柳谷疑張掖之洪水河）始見於建安形成於黃初文備於太和周圍七尋中高一仞蒼質素章龍馬麟鹿鳳皇仙人之象粲然咸著此一事者魏晉代興之符也（唐庚曰河圖洛書之說歐陽永叔攻之甚力今此圖與河圖洛書亦何以異惜乎時無伏羲神禹故莫能通其義而陋者以爲魏晉之符彼魏晉何足道安知其非八卦九疇之類也造物之所爲猶有幸有不幸焉而況於人乎）至晉泰始三年張掖太守焦勝上言以留郡本國圖校今石

文文字多少不同謹具圖上（隋書經籍志張掖郡玄石圖一卷高堂隆撰姚振宗曰通典五十五載魏尙書薛悌奏涼州刺史所上靈命瑞圖下洛陽留臺使太尉醮告太祖廟卽此事也亦稱靈命瑞圖隋志又有張掖郡玄石圖一卷孟衆撰疑卽涼州刺史所上之本）按其文有五馬象其一有人平上幘執戟而乘之其一有若馬形而不成其字有金有中有大司馬有王有大吉有正有開壽其一成行曰金當取之

漢晉春秋曰氐池縣大柳谷口（郡國志張掖郡氏池一統志氏池故城在山丹縣西南胡三省曰删丹氏池二縣漢志皆屬張掖晉志無之當是併省也五代志甘州張掖縣有大柳谷又後周廢金山縣入删丹縣蓋歷代廢置無常疆土有離合也吳增僅曰通鑑云張掖谷口涌石負圖此與魏氏春秋所云玄川溢涌卽是一事或云删丹或云氏池蓋二縣境地相接同屬張掖也又晉書崔遊傳魏末遊爲氏池長有惠政據此是魏時氏池明屬張掖洪志張掖郡不錄氏池蓋據晉志而誤也）夜激波涌溢其聲如雷曉而有蒼石立水中長一丈六尺高八尺白石畫之（之疑作文）爲十三馬一牛一鳥八卦玉玦之象皆隆起其文曰大討曹（宋書五行志二云魏世張掖石瑞雖是晉氏之符命而於魏爲妖好攻戰輕百姓飾城郭侵邊境魏氏三祖皆有其事劉歆以爲金石同類石圖發非常之文此不從革之異也晉定大業多斂曹氏石瑞文大討曹之應也）適水中甲

寅帝惡其討也使鑿去爲計以蒼石窒之宋志窒作塞宿昔而白石滿焉昔疑作夕宋志云當時稱爲祥瑞班行天下處士張辥曰夫神兆未然不追往事此蓋將來之休徵當今之怪異也（弼按此張辥荅任令于綽語見管寧傳）旣而晉以司馬氏受禪太尉屬程猗說曰夫大者盛之極也金者晉之行也中者物之會也吉者福之始也此言司馬氏之王天下盛德而生應正吉而王之符也胡三省曰後人以此爲晉繼魏之徵牛繼馬又以爲元帝本牛氏繼司馬之後本志管寧傳青龍四年辛亥詔書張掖郡玄川溢涌寶石負圖文字告命粲然著明事班天下通鑑輯覽曰文旣曰大討曹猶詔班天下以爲嘉瑞叡雖下愚肯爲之哉於此可徵稗野之謬至晉初其文愈明馬象皆煥徹如玉焉趙一清曰拾遺記魏明帝時泰山下有連理文石高十二丈狀如柏樹其文彪發如人雕鏤自下及上皆合而中開廣五尺望若眞樹也父老云當秦末二石相去百餘步蕪沒無有蹊徑及魏帝之始稍覺相近如雙闕土王陰類魏爲土德斯爲靈徵

四年春二月盧文弨曰宋志作三月己巳太白復晝見月犯太白又犯軒轅一星入太微而出夏四月置崇文觀徵善屬文者以充之王肅傳肅以常侍領秘書監兼崇文觀祭酒五月乙卯司徒董昭薨丁巳肅愼氏獻楛矢國語仲尼在陳有隼集於陳侯之庭而死楛矢貫之石砮其長尺有咫仲尼曰隼之來也遠矣此肅愼之矢也昔武王克商通道于九夷百蠻使各以其方賄來貢於是肅愼氏貢楛矢石砮其長尺有咫韋昭注隼鷙鳥也楛木名砮鏃也以石爲之八寸曰咫楛矢貫之墜而死也肅愼北夷之國故隼來遠矣傳曰肅愼燕亳吾北土也後漢書東夷傳挹婁古肅愼之國也在夫餘東北千餘里自漢興以後臣屬夫餘種衆雖少而多勇力處山險又善射發能入人目弓長四尺力如弩矢用楛長一尺八寸靑石爲鏃鏃皆施毒中人卽死惠棟曰肅愼國記云石山在國東北取之必先祈神石利入鐵沈欽韓曰元史地理志瀋陽路本挹婁故地又開元路古肅愼之地通典其國在不咸山北一統志長白山在吉林烏喇城東南古名不咸山今奉天府鐵嶺縣承德縣及寧古塔黑龍江並挹婁國地挹婁故城在今鐵嶺南六十里餘見陳留王紀景元三年又詳見本志東夷傳挹婁傳

六月壬申詔曰有虞氏畫象而民弗犯周人刑錯而不用漢書武帝紀元光元年五月詔賢良曰朕聞昔在唐虞畫象而民不犯周之成康刑錯不用應劭曰二帝但畫衣冠異章服而民不敢犯也師古曰白虎通云畫象者其衣服象五刑也犯墨者蒙巾犯劓者以赭著其衣犯髕者以墨蒙其髕象而畫之犯宮者屝屝草屨也大辟者布衣無領墨謂以墨黥其面也劓截其鼻也髕去膝蓋骨也宮割其陰也屝草屨也劓音牛冀反字或作劓其音同耳髕音頻忍反屝音扶味反錯置也音千故反朕從百王之末追望上世之風邈乎何相去之遠法令滋章犯者彌多刑罰愈衆而姦不可止往者按

大辟之條多所蠲除見青龍二年十二月思濟生民之命此朕之至意也而郡國蔽獄宋本蔽作斃左傳昭公十四年叔魚蔽罪邢侯杜注云蔽斷也盧文弨曰蔽獄猶斷獄漢志云斷獄四百正與此同彼總天下計之故以爲少此以郡國言之故以爲多蔽字見尙書宋本訛字不足據一歲之中尙過數百豈朕訓導不醇俾民輕罪將苟法猶存爲之陷井乎有司其議獄緩死務從寬簡及乞恩者或辭未出而獄以報斷以已古通用非所以究理盡情也其令廷尉及天下獄官諸有死罪具獄以定非謀反及手殺人亟語其親治有乞恩者使與奏當文書俱上朕將思所以全之其布告天下使明朕意晉書刑法志載魏明帝修改舊律見前太和三年注弼按魏明自卽位以來屢下愼刑之詔可謂明主然按王肅傳云景初閒宮室盛美民失農業期信不敎刑殺倉卒高堂隆傳時軍國多事用法深重通鑑云帝性嚴急其督修宮室有稽限者帝親召問言猶在口身首已分又云是時獵法嚴峻殺禁地鹿者身死是當時之濫刑可知何其言行之相背也秋七月高句驪王宮斬送孫權使胡衞等首詣幽州宮當作位宮解見高句驪傳甲寅太白犯軒轅大星冬十月己卯行還洛陽宮甲辰有星孛于大辰胡三省曰公羊傳曰大辰者何大火也何休注大火與伐天之所以示民時早晚天下之所以取正故謂之大辰蔡邕曰自亢八度至尾四度謂之大火陳卓曰自氐五度至尾九度曰大火之次於辰在卯弼按高堂隆傳是歲有星孛於太歲隆上疏諫乙酉又孛于東方十一月己亥彗星見犯宦者天紀星十二月癸巳司空陳羣薨乙未行幸許昌宮

景初元年春正月壬辰潘眉曰是年正月無壬辰當作二月（引宋志見下）山茌縣言黃龍見原注茌音仕狸反漢書地理志泰山郡茌應劭曰茌山在東北音淄師古曰又音仕疑反宋祁曰茬當作茌郡國志兗州泰山郡茌侯國晉書地理志泰山郡山茌茌山在東北宋書符瑞志景初元年二月壬辰山茌縣言黃龍見水經濟水注濟水又東北與中川水合水東南出山茌縣之分水嶺溪胡三省曰山茌前漢曰茌縣後漢及魏晉曰山茌屬泰山郡惠棟曰前志作茬此與濟北之茌平皆當作茬也說文茬從草在聲濟北縣也孫愐云俗作茌一統志山茌故城在今山東濟南府長清縣東北漢置茌縣三國魏改曰山茌明紀景初元年山茌縣言黃龍見是也晉升平三年慕容雋以賈堅爲太山太守屯山茌寰宇記廢茌縣在長清縣東北四十里官本考證

曰御覽作太山在縣盧文弨曰山在屬泰山郡宋志云漢舊縣今若舉郡言之當云泰山山在縣不當僅增太字謝鍾英曰郡國志泰山郡嬴有鐵山句在侯國洪氏誤以山在爲句遂名縣曰山在非也晉志作山茌蓋亦讀破句而誤楊氏三國郡縣表補正云楊叔恭殘碑作山茌弼按據此則在當作茌或謂御覽作泰山在縣本文山字上奪太字者誤也謝鍾英指洪亮吉讀郡國志誤讀破句尤失之武斷矣

於是有司奏以爲魏得地統宜以建丑之月爲正三月定歷改年爲孟夏四月唐庚曰世言夏得人統以建寅爲正商得地統以建丑爲正周得天統以建子爲正其說非也以堯典羲和舜典巡狩觀之唐虞之世固以建寅爲正矣至夏后之時其法尤備其書傳於後世謂之夏小正孔子得之於杞以爲可用非謂建寅之正自夏后氏始也至成周時始用建子爲正然猶不廢夏時謂之正歲後之學者以爲夏以建寅爲正周以建子爲正商居其間不應無所變改因以意推之曰商以建丑爲正而三統之說興焉夫夏后以建寅爲正吾於論語見之矣周以建子爲正吾於春秋見之矣商以建丑爲正於經既無所見於理亦復不通夫以建子爲正者取二十四氣之首也以建寅爲正者取四時之首也以建丑爲正者其義安在哉胡玉縉曰書堯典正月上日孔疏引鄭注云帝王易代莫不改正堯正建丑舜正建子此時未改堯正故云正月上日卽位乃改堯正故云月正元日宋書禮志引推災度云軒轅高辛夏后氏漢皆以十三月爲正少昊有唐有殷皆以十二月爲正高陽有虞有周皆以十一月爲正白虎通三正篇引尙書大傳云夏以孟春月爲正殷以季冬月爲正周以仲冬月爲正是三正迭用古有明徵唐氏乃謂建丑爲正於理不通不亦異哉

魏書曰初文皇帝卽位以受禪于漢因循漢正朔弗改文帝用夏正見文紀黃初元年注引魏書帝在東宮著論以爲五帝三王雖同氣共祖禮不相襲正朔自宜改變以明受命之運及卽位優游者久之史官復著言宜改乃詔三公特進九卿中郎將大夫博士議郎千石六百石博議議者或不同帝據古典甲子詔曰夫太極運三辰五星於上元氣轉三統五行於下登降周旋終則又始故仲尼作春秋于三微之月每月稱王毛本王作正誤以明三正迭相爲首今推三統之次魏得地統當以建丑之月爲正月考之羣藝厥義章矣其改青龍五年三月爲景初元年四月宋書禮志一云魏明帝卽位便有改正朔之意朝議多異同故持疑不決久乃下詔曰黃初以來諸儒共論正朔或以改之爲宜或以不改爲是意取駁異于今未決朕在東宮時聞之意常以爲夫子作春秋通三統爲後王法正朔各從色不同因襲自五帝三王以下或父子相繼同體異德或納大麓受終文祖或尋干戈從天行誅雖遭遇異時步驟不同然未有不改正朔用服色表明文物以章受命之符也由此言之何必以不改爲是邪於是公卿以下博議侍中高堂隆議曰按自古有文章以

來帝王之興受禪之與干戈皆改正朔所以明天道定民心也易曰革元亨利貞有孚改命吉湯武革命應乎天從乎人其義曰水火更用事猶王者必改正朔易服色也易通卦驗曰王者必改正朔易服色以應天地三氣三色書曰若稽古帝舜曰重華建皇授政改朔初高陽氏以十一月爲正薦玉以赤繒高辛氏以十三月爲正薦玉以白繒尙書傳曰舜定鐘石論人聲乃及鳥獸或變於前故更四時改堯正詩曰一之日觱發二之日栗烈三之日于耜傳曰一之日周正月二之日殷正月三之日夏正月詩推度災曰如有繼周而王者雖百世可知以前檢後文質相因法度相改三而復者正色也二而復者文質也以前檢後謂軒轅高辛夏后氏漢皆以十三月爲正少昊有唐有殷皆以十二月爲正高陽有虞有周皆以十一月爲正後雖百世皆以前代三而復也禮大傳曰聖人南面而治天下必正度量考文章改正朔易服色殊徽號樂稽曜嘉曰禹將受位天意大變迅風雷雨以明將去虞而適夏也是以舜禹雖繼平受禪猶制禮樂改正朔以應天從民夏以十三月爲正法物之始其色尙黑殷以十二月爲正法物之牙其色尙白周以十一月爲正法物之萌其色尙赤能察其類能正其本則嶽瀆致雲雨四時和五稼成麟鳳翔集春秋十七年夏六月甲子朔日有蝕之傳曰當夏四月是謂孟夏春秋元命苞曰王者受命昭然明於天地之理故必移居處更稱號改正朔易服色以明天命聖人之寶質文再而改窮明相承周則復始正朔改則天命顯凡典籍所記不盡於此略舉大較亦足以明也太尉司馬懿尙書僕射衞臻尙書薛悌中書監劉放中書侍郎刁幹博士秦靜趙怡中候中詔季岐以爲宜改侍中繆襲散騎常侍王肅尙書郎魏衡太子舍人黃缺以爲不宜改青龍五年山茌縣言黃龍見帝乃詔三公曰昔在庖犧繼天而王始據木德爲羣代首自茲以降服物氏號開元著統者旣膺受命歷數之期握皇靈遷興之運承天改物序其綱紀雖炎黃少昊顓頊高辛唐虞夏后世系相襲同氣共祖猶豫昭顯所受之運著明天人去就之符無不革易制度更定禮樂延羣后班瑞信使之煥炳可述于後也至于正朔之事當明示變改以彰異代曷疑其不然哉文皇帝踐阼之初庶事草創遂襲漢正不革其統朕在東宮及臻在位每覽書籍之林總公卿之議夫言三統相變者有明文云虞夏相因者無其言也歷志曰天統之正在子物萌而赤地統之正在丑物化而白人統之正在寅物成而黑但含生氣以微成著故太極運三辰五星於上元氣轉三統五行於下登降周旋終則又始言天地與人所以相通也仲尼以大聖之才祖述堯舜範章文武制作春秋論究人事以貫百王之則故於三微之月每月稱王以明三正迭相爲首夫祖述堯舜以論三正則其明義豈使近在殷周而已乎朕以眇身繼承洪緒旣不能紹上聖之遺風揚先帝之休德又使王教之弛者不張帝典之闕者未補亹亹之德不著亦惡可已乎今推三統之次魏得地統當以建丑之月爲正考之羣藝厥義彰矣改青龍五年春三月爲景初元年孟夏四月服色尙黃犧牲用白戎事乘黑首之白馬建太赤之旗朝會建大白之旗春夏秋冬孟仲季月雖與歲不同至於郊祀迎氣礿祀烝嘗巡狩蒐田分至啓閉班宣時令中氣晚早敬授民事諸若此者皆以正歲斗建爲節此歷數之序乃上與先聖合符同契重規疊矩者也今遵其義庶可以顯祖考大造之基崇有魏惟新之命於戲王公羣后百辟卿士靖康厥職帥意無怠以永天休司徒

露布咸使聞知稱朕意焉本志高堂隆傳隆以爲改正朔易服色殊徽號易器械自古帝王所以神明其政變民耳目故三春稱王明三統也於是敷演舊章奏而改爲帝從其議改青龍五年春三月爲景初元年孟夏四月服色尙黃犧牲用白從地正也

服色尙黃犧牲用白戎事乘黑首白馬建大赤之旂官本旂作旗盧文弨曰旗當作旂下同朝會建大白之旗

臣松之按魏爲土行故服色尙黃行殷之時以建丑爲正故犧牲旂旗官本旂作旍誤一用殷禮禮記云夏后氏尙黑故戎事乘驪牲用玄殷人尙白戎事乘翰牲用白周人尙赤戎事乘騵牲用騂鄭玄云夏后氏以建寅爲正物生色黑殷以建丑爲正物牙色白周以建子爲正物萌色赤翰白色馬也易曰漢書藝文志易經十二篇施孟梁丘三家師古曰上下經及十翼故十二篇經典釋文敘錄曰宓犧氏始畫八卦文王作卦辭周公作爻辭孔子作彖辭象辭文言繫辭說卦序卦雜卦是爲十翼漢初言易者有施孟梁丘之學沈家本曰漢世已無經文單行本隋唐各志所錄各家傳注本也白馬翰如周禮巾車職建大赤以朝大白以卽戎此則周以

正色之旗以朝先代之旗卽戎今魏用殷禮變周之制故建大白以朝大赤卽戎宋書禮志一云服色尙黃據土行也犧牲旂旗一用殷禮行殷之時故也周禮巾車職建大赤以朝大白以卽戎此則周以正色之旗朝以先代之旗卽戎魏用殷禮變周之制故建大白朝大赤卽戎也明帝又詔曰以建寅之月爲正者其牲用玄以建丑之月爲正者其牲用白以建子之月爲正者其牲用騂此爲牲色各從其正不隨所祀之陰陽也祭天不嫌於用玄則祭地不得獨疑於用白也天地用牲得無不宜異邪更議於是議者各有引據無適可從又詔曰諸議所依據各參錯若陽祀用騂陰祀用黝復云祭天用玄祭地用黃如此用牲之義未爲通也天地至尊用牲當同以所尙之色不得專以陰陽爲別也今祭皇皇帝天皇皇后地天地郊明堂宗廟皆宜同其別祭五郊各隨方色祭日月星辰之類用騂社稷山川之屬用玄此則尊卑方色陰陽衆義暢矣

改太和曆曰景初曆宋書律志序云竊以班氏律曆前事已詳自楊偉改創景初而魏書闕志及元嘉重造新法大明博議同改自魏至宋宜入今書又曆志上云魏明帝景初元年改定曆數以建丑之月爲正改其年三月爲孟夏四月其孟仲季月雖與正歲不同至於郊祀迎氣祭祠烝嘗巡狩蒐田分至啓閉班宣時令皆以建寅爲正三年正月帝崩復用夏正楊偉表曰臣攬載籍斷考曆數時以紀農月以紀事其所由來遐而尙矣乃自少昊則玄鳥司分顓頊帝嚳則重黎司天唐帝虞舜則羲和掌日三代因之則世有日官日官司曆則頒之諸侯諸侯受之則頒於境內夏后之代羲和湎淫廢時亂日則書載胤征由此觀之褅農時而重人事者歷代然也逮至周室旣衰戰國橫騖告朔之羊廢而不紹登臺之禮滅而不遵閏分乖次而不識孟陬失紀而莫悟大火猶西流而怪蟄蟲之不藏也是時也天子不協時司曆不書日諸侯不受職日御不分朔人事不恤廢棄農時仲尼之撥亂於春秋託褒貶糺正司曆失閏則譏而書之登臺頒朔則謂之有禮自此以降暨於秦漢乃復以孟冬爲歲首閏爲後九月中節乖錯時月紕繆加時後天蝕不在朔累載相久而不革也至武帝元封七年始乃寤其繆焉於是改正朔更曆數使大才通人造太初曆校中朔所差以正閏分課中星得度以考疏密以建寅之月爲正朔以黃鍾之月爲曆初其曆斗分太多後遂疏闊至元和二年復用四分曆施而行之至於今日考察日蝕率常在晦是則斗分太多故先密後疏而不可用也是以臣前以制典餘日推考天路稽之前典驗之食朔詳而精之更建密曆則不先不後古今中天以昔在唐帝協日正時允釐百工咸熙庶績也欲使當今國之典禮凡百制度皆韜合往古郁然備足乃改正朔更曆數以大呂之月爲歲首以建子之月爲曆初臣以爲昔在帝代則法曰顓頊曩自軒轅則曆曰黃帝暨至漢之孝武革正朔更曆數改元曰太初因名太初曆今改元爲景初宜曰景初曆臣之所建景初曆法數則約要施用則近密治之則省功學之則易知雖復使研桑心算隸首運籌重黎司晷羲和察景以考天路步驗日月究極精微盡術數之極者皆未如臣如此之妙也是以累代曆數皆疏而不密自黃帝以來改革不已何焯曰景初曆尙書郎楊偉所造事詳宋書曆志曹爽有參軍楊偉疑卽斯人宋書又載黃初中太史丞韓翊嘗造黃初曆時陳羣爲尙書令奏以爲是非得失當以一年決定今注家於羣傳遺之楊偉曆施用暨於晉宋而名字翳然亦採掇之闕略也弼按楊偉事見高堂隆

傳注引魏略云詔使隆與尙書郎楊偉太史待詔駱祿參共推校何氏謂注家採掇闕略殆未細檢耳其春夏秋冬孟仲季月雖與正歲不同至於郊祀迎氣礿祠蒸嘗宋書禮志作礿祀烝嘗曆志作祭祠烝嘗爾雅釋詁禋祀祠蒸嘗禴祭也郭璞注書曰禋于六宗餘者皆以爲四時祭名也陸德明音義祠春祭名蒸冬祭名嘗秋祭名禴又作礿夏祭名釋天春祭曰祠夏祭曰礿秋祭曰嘗冬祭曰蒸郭璞注祠之言食也礿者新菜可汋也嘗者嘗新穀也蒸者進品物也詩小雅天保禴祠烝嘗毛傳云春曰祠夏曰禴秋曰嘗冬曰蒸禮記王制天子諸侯宗廟之祭春曰礿夏曰禘秋曰嘗冬曰烝鄭注云此蓋夏殷之祭名周則改之春曰祠夏曰礿以禘爲殷祭詩小雅曰礿祠烝嘗于公先王此周四時祭宗廟之名孔疏引皇氏云礿薄也春物未成其祭品鮮薄也詩天保篇謂文王受命已改殷之祭名以夏祭之禘改名曰礿而詩先言礿後祠者從便文嘗在烝下以韻句也巡狩蒐田分至啓閉班宣時令中氣早晚敬授民事皆以正歲斗建爲曆數之序五月己巳行還洛陽宮己丑大赦六月戊申京都地震己亥以尙書令陳矯爲司徒繼董昭之後也尙書左僕射衞臻爲司空繼陳羣之後也尙書令尙書僕射見武紀建安十八年胡三省曰晉志云尙書僕射漢本置一人獻帝建安四年以執金吾榮郃爲尙書左僕射僕射分置左右蓋自此始自晉迄于江左省置無恆置

二則爲左右僕射或不兩置但曰尚書僕射令闕則左爲省主左右並闕則置尚書僕射以主左事趙一清曰據臻本傳及宋書百官志左當作右宋書百官志漢獻帝建安四年以執金吾榮邵爲尚書左僕射衞臻爲右僕射二僕射分置自茲始一淸案榮衞先後不同時榮曾爲左僕射衞曾爲右僕射史家引以爲證則可以爲二人分任則謬也續百官志注云獻帝分置左右僕射以榮邵爲左僕射則不與衞同時分任可知又引獻帝起居注云邵卒官贈執金吾亦非由執金吾爲左僕射休文誤矣弼按後漢書獻帝紀建安四年初置尚書左右僕射惠棟曰應劭漢官儀以執金吾榮郃爲左僕射衞臻爲右僕射李善云榮郃一作榮邵誤也郃烏合切時郃爲左僕射衞臻爲右僕射見漢官儀據此則沈志所云實本於漢官儀不能遽指休文爲誤也又案衞臻本傳雖無爲漢僕射之文然獻帝時臻已爲漢黃門侍郎奉詔聘貴人于魏趙氏謂榮衞不同時似亦失之

丁未分魏興之魏陽錫郡之安富上庸爲上庸郡省錫郡以錫縣屬魏興郡魏興錫上庸見武紀建安二十年錢大昕曰魏興郡志不言何年立以劉封傳證之當在黃初元年魏陽縣晉宋二志皆無之弼按吳增僅云魏興立郡在黃初元年冬月說見文紀延康元年趙一淸曰魏陽當是魏昌之譌水經沔水注魏昌縣以黃初中分房陵立而新城郡有昌魏見晉宋二志是昌魏卽魏昌也方輿紀要卷七十九昌魏城在湖廣鄖陽府房陵縣西南安富未詳當亦是魏所置水經湞水注湞水東南流會富水豈取此以名縣歟一統志昌魏故城在房縣西南魏昌卽昌魏之訛楊氏水經注疏要删云按華陽國志左傳杜注及晉宋齊志并作昌魏而郭璞山海中山經注則作魏

昌以漢昌晉昌例之則作魏昌爲是弼按宋書州郡志云魏明帝太和二年分新城之上庸武陵北巫爲上庸郡景初元年又分魏興之魏陽錫郡之安富上庸爲郡疑是太和後省景初又立也據宋志所云分魏興之魏陽與本志同是魏陽不誤也特未知今地所在耳似不能遽指魏陽爲魏昌又倒文爲昌魏也李兆洛曰安富故城當在今湖北鄖陽府境

有司奏武皇帝撥亂反正爲魏太祖樂用武始之舞文皇帝應天受命爲魏高祖樂用咸熙之舞帝制作興治爲魏烈祖樂用章武之舞章武當作章斌周壽昌曰章武爲昭烈帝紀元魏臣敢以此二字爲樂舞名觸明帝之忌邪卽此可斷武爲斌字之誤侯康曰宋書樂志一云明帝太和（當作景初）初詔曰禮樂之作所以類物表庸而不忘其本者也凡音樂以舞爲主自黃帝雲門以下至于周大舞皆太廟舞名也然則其所司之官皆曰太樂所以總領諸物不可以一物名武皇帝廟樂未稱其議定廟樂及舞舞者所執綴兆之制聲哥之詩務令詳備樂官自如故爲太樂太樂漢舊名後漢依讖改太予樂官至是改復舊于是公卿奏曰太祖武皇帝樂宜曰武始之樂武神武也武又迹也言神武之始又王迹所起也高祖文皇帝樂宜曰咸熙之舞咸皆也熙興也言應受命之運天下由之皆興也至於羣臣述德論功建定烈祖之稱而未制樂舞非所以昭德紀功夫哥以詠德舞以象事於文文武爲斌兼秉文武聖德所以章明也臣等謹制樂舞名章斌之舞三舞宜有總名可名大鈞之樂鈞平也言大魏三世同功以至隆平也于名爲美于義爲當帝初不許制章斌之樂三請乃許之

三祖之廟萬世不毀其餘四廟親盡迭毀如周后稷文武廟祧之制宋書禮志三云景初元年六月羣公有司始更奏定七廟之制曰大魏三聖相承以成帝業武皇帝肇建洪基撥亂夷險爲魏太祖文皇帝繼天革命應期受禪爲魏高祖上集成大命淸定華夏興制禮樂宜爲魏烈祖更於太廟北爲二祧其左爲文帝廟號曰高祖昭祧其右擬明帝號曰烈祖穆祧三祖之廟萬世不毀其餘四廟親盡迭遷如周后稷文武廟祧之禮晉書五行志中云景初元年有司奏帝爲烈祖與太祖高祖並爲不毀之廟從之案宗廟之制祖宗之號皆身沒名成乃正其禮故雖功赫天壞德邁前王未有豫定之典此蓋言之不從失之甚者也後二年而宮車宴駕於是統微政逸去宋書五行志二所載與此同侯康曰隋書禮儀志二云魏初高堂隆爲鄭學議立親廟四太祖武帝猶在四親之內乃虛設太祖及二祧以待後代至景初開乃依王肅更立五世六世祖就四親而爲六廟按景初廟制乃是鄭義蓋以武帝擬后稷以文明二帝擬文武二祧卽鄭君注王制天子七廟之說也若王義則加二祧爲九廟不立七廟矣是時王學尙未行故郊丘明堂宗廟之大禮皆從鄭義隋志非也

孫盛曰夫謚以表行廟以存容皆於既沒然後著焉所以原始要終以示百世也未有當年而逆制祖宗未終而豫自尊顯昔華樂以厚斂致譏周人以豫凶違禮魏之羣司

於是乎失正胡三省曰羣司百執事之臣也又曰明帝在阼而其下先擬定廟號非禮也通鑑輯覽曰曹叡方在而先定廟號可笑無過此者錢大昭曰禮祖有功而宗有德當於身後定之詎有生爲魏主而有司遂豫擬爲烈祖邪陳矯衞臻之徒不學無術乃至於此王鳴盛曰盛知魏人生存而豫爲廟號之非然未盡也禮祖有功宗有德自李唐始無代不稱宗其濫斯極要未有若魏之三世連稱爲祖尤振古未聞不但叡不能稱此名卽丕亦因父業何功之有三少帝紀景初三年十二月詔書及管寧傳陶丘一奏皆稱烈祖明皇帝高貴鄉公卽位詔則直稱三祖亦見劉放傳又見晉書禮志陳壽於武紀稱太祖武皇帝而文明二紀但書文皇帝明皇帝沒其祖稱是有深意彭孫貽曰明帝於魏顧命非人使典午得以乘之眞亡國之始基也惡得爲不毀之祖自古未有及身稱祖配天者有司貢諛庸主報可不顧見嗤末世賈誼於文帝時而曰顧成之廟稱爲太宗在謚導主於善忠讜無諱魏臣便欲勸爲典制厚顏何呰

秋七月丁卯司徒陳矯薨孫權遣將朱然等二萬人圍江夏郡荊州刺史胡質等擊之然退走本志胡質傳吳大將朱然圍樊城質輕車赴之勒兵臨圍城中乃安吳志朱然傳魏將蒲忠胡質各將數千人圖斷然後然將帳下見兵八百人逆掩忠戰不利質等皆退所云與魏志相反而年月亦彼此歧異孫盛異同評已駁之矣

初權遣使浮海與高句驪通欲襲遼東遣幽州刺史毌丘儉率諸軍及鮮卑烏

丸屯遼東南界 郡國志幽州遼東郡治襄平一統志襄平故城今奉天府遼陽州北 璽書徵公孫淵淵發兵反儉進軍討之會連雨十日遼水大漲詔儉引軍還右北平 郡國志幽州右北平郡治土垠一統志土垠故城今直隸遵化州豐潤縣東十里南關城 烏丸單于寇婁敦遼西烏丸都督王護留等居遼東 烏丸傳注引魏略作王護留葉 率部衆隨儉內附己卯詔遼東將吏士民爲淵所脅略不得降者一切赦之 毌丘儉傳儉遷荊州刺史青龍中帝圖討遼東以儉有幹策徙爲幽州刺史率幽州諸軍至襄平屯遼隧右北平烏丸單于寇婁敦遼西烏丸都督率衆王護留等率衆降公孫淵逆與儉戰不利引還 辛卯太白晝見淵自儉還遂自立爲燕王置百官稱紹漢元年詔青兗幽冀四州大作海船九月冀兗徐豫四州民遇水遣侍御史循行沒溺死亡及失財產者在所開倉賑救之 盧文弨曰賑當作振侍御史見文紀延康元年晉書五行志上云九月淫雨冀兗徐豫四州水出沒溺殺人漂失財產帝自初卽位便淫奢極慾多占幼女或奪士妻崇飾宮室妨害農戰觸情恣欲至是彌甚號令逆時饑不損役此水不潤下之應也宋書五

行志所載與此同 庚辰皇后毛氏卒 毛后賜死見后妃傳錢大昕曰案嘉平三年皇后甄氏書崩此悼后以不得其死故變文書卒也文帝黃初二年夫人甄氏非后而亦書卒蓋以子貴錄其母然兩后書葬而甄夫人不書葬至追謚爲后改葬乃書周壽昌曰既稱皇后似應書崩后雖賜死未之廢也置陵贈謚全用后禮可見 冬十月丁未月犯熒惑癸丑葬悼毛后於愍陵 胡三省曰謚法中年早天曰悼肆行無禮曰悼 乙卯營洛陽南委粟山爲圜丘 禮記郊特牲孔穎達正義曰祭天之處冬至則祭於圜丘圜丘所在雖無正文應從陽位當在國南故魏氏之有天下營委粟山爲圓丘在洛陽南二十里續郡國志注引魏氏春秋曰雒陽有委粟山在陰鄉魏時營爲圓丘寰宇記卷三云委粟山在洛陽縣南二十里魏明帝景初元年十月營洛陽委粟山爲圜丘今形制猶在一統志引寰宇記云在縣東南三十五里

魏書載詔曰蓋帝王受命莫不恭承天地以章神明尊祀世統以昭功德故先代之典既著則禘郊祖宗之制備也昔漢氏之初承秦滅學之後採摭殘缺以備郊祀自甘泉后土雍宮五時 見漢書武帝紀及郊祀志師古曰五時五帝之時也又曰名其祭處曰時也 神祇兆位多不見經是以制度無常 宋書禮志三作多不經見並以興廢無常晉志同 一彼一此四百餘年廢無禘祀 晉志宋志通鑑祀均作禮 胡三省曰禮五年一禘禘其祖之所自出以其祖配之審禘昭穆而祭于太祖也禘所以異於祫者毀廟之主陳於太祖廟與祫同未毀廟之主則各就其廟以祭此其異也春秋吉禘于莊公左傳晉人曰寡君之未禘祀杜預註曰禘祀三年之吉祭也僖八年禘于太廟杜預曰三年大祭之名二者不同禮有禘有大禘以下文觀之則此乃禮記祭法所謂郊禘之禘鄭氏註曰禘郊祖宗謂祭祀以配食也此禘謂祭昊天於圜丘也 古代之所更立者遂有闕焉曹氏系世 宋本系作繫宋志作世系 出自有虞氏今祀圜丘以始祖帝舜配號圜丘曰皇皇帝天方丘所祭曰皇皇后地以舜妃伊氏配 胡三省曰舜妃堯女也堯伊祁氏潘眉曰吳仁傑漢書刊誤補遺云欒黶取范氏實陶唐之裔曰欒祁舜妃當曰祁氏眉按世紀堯母慶都寄于伊長孺家堯從母所居爲姓靈臺碑云慶都兆會穹精氏姓曰伊然則作伊氏者是也 天郊所祭曰皇天之神以太祖武皇帝配地郊所祭曰皇地之祇以武宣后配 晉宋二志通鑑后上有皇字 宗祀皇考高祖文皇帝於明堂以配上帝 侯康曰通典時高堂隆上表云古來娥英姜姒盛德之妃未聞配食于郊者也漢文初祭地祇于渭陽以高帝配孝武立后土于汾陰亦以高帝配惟王莽引周禮享先妣爲配地郊（弼案一作北郊）夏至以高后配地自此始也臣謂宜依古典以武皇配天地也彭孫貽曰魏明詔方丘配以舜妃伊氏地郊配以武宣后乃是效王莽以呂氏配郊壇也詩書所載甚明不此之效而亂賊是宗

蓋曹氏事事效莽也 至晉泰始二年幷圜丘方丘二至之祀於南北郊

十二月壬子冬至始祀 晉宋二志云十二月壬子冬至始祀皇皇帝天于圜丘以始祖有虞帝舜配自正始以後終魏世不復郊祀弼按所謂政由季氏祭則寡人者曹氏亦不得而有之矣 丁巳分襄陽臨沮宜城旍陽邔 原注邔音其己反 四縣置襄陽南部都尉 臨沮上當有之字襄陽見武紀建安十三年晉書地理志云後漢獻帝建安十三年魏氏盡得荊州之地分南郡以北立襄陽郡吳增僅曰沈志引魏略云魏文帝立今考蜀志關羽傳先生收江南諸郡以羽爲襄陽太守是時先主固未有襄陽也三國諸臣遙領敵郡皆實有其地從無虛領其名者知魏略之言爲不可信也郡國志荊州南郡臨沮侯國關羽傳孫權遣將逆擊羽斬羽及子平于臨沮卽此一統志臨沮故城今湖北安陸府當陽縣西北錢坫曰今遠安縣西北郡國志南郡宜城侯國魏改屬襄陽郡一統志宜城故城今湖北襄陽府宜城縣南吳增僅曰洪志以宜城爲襄陽郡治蓋據晉志今考魏志分襄陽之宜城置襄陽南部都尉襄陽如治宜城安得分隸都尉乎方輿紀要云魏治襄陽晉初移治宜城知爲有據晉書地理志南郡旍陽宋書州郡志南郡太守下有旍陽文帝元嘉十八年省併枝江二漢無旍陽見晉太康地志疑是吳所立錢大昕曰旍陽卽旌陽洪亮吉曰廣韻旍同旌則屬一縣無疑蓋魏時屬襄陽至晉受禪後方移屬南郡也沈志疑吳所立考樂進傳討劉備臨沮長杜普旍陽長梁太皆大破之則旍陽或係建安十三年南郡初入吳時所分置又考魏始立襄陽

郡蓋無臨沮旍陽二縣故吳志朱然潘璋等傳皆云到臨沮禽關羽蓋自羽敗後南
郡復入吳二縣或以此時隸魏也一統志旍陽廢縣在湖北荆州府枝江縣北方輿
紀要在枝江縣南三里謝鍾英曰枝江在江南魏地不能踰江二說皆非按其地望
當與臨沮相近趙一清曰旍陽不見兩漢志當是魏置隋志梁有旍陽縣後改名悳
懷在宜城縣境或因魏舊名水經注晉平吳割臨沮之北鄉中廬之南鄉立上黃縣
治軨鄉軨旍字相近或亦旍陽之舊地周壽昌曰本書袁紹傳注援旍撰甲後漢書
作援旍足證旍與旌本一字又注引干旌作干旍邔兩漢志屬南郡晉宋志屬襄陽
孟康曰邔音忌師古曰音其己反說文從邑己聲周成雜字解詁音跽章懷音其紀
反元和志邔城東臨漢江古諺曰邔無東言其東逼漢江其地短促一統志邔縣故
城在今湖北襄陽府宜城縣東北續百官志唯邊郡往往置都尉稍有分縣治民比
郡

已未有司奏文昭皇后立廟京都分襄陽郡之鄀葉縣屬義陽郡

漢書地理志南郡若楚昭王畏吳自郢徙此後復還郢師古曰春秋傳作鄀其音同
郡國志南郡鄀侯國一統志若縣故城在宜城縣東南葉縣見武紀建安二年謝鍾
英曰葉兩漢志屬南陽襄陽在南陽之南葉縣在南陽之北地望隔絕無懸屬襄陽
之理又曰襄陽郡不能越南陽而有葉縣義陽在襄陽之東亦不能越南陽而有葉
縣是葉縣無緣自襄陽來屬疑衍葉字水經淯水注淯水南逕安昌故城東故蔡陽
之白水鄉漢爲春陵縣光武改爲章陵縣魏黃初二年更今名故義陽郡治也太平
寰宇記卷一百三十二云魏志文帝分南陽立義陽郡居安昌城領安昌平林平氏
義陽平春五縣故蜀志曰先主征吳退軍時義陽傅彤斷後拒戰兵士已殫吳將勸

令降彤罵曰吳狗何處有漢將軍降者遂戰沒晉武帝泰始元年割南陽之東鄙復
置義陽郡封安平獻王孚次子望爲義陽王本志武文世王公傳彭城王據黃初三
年封爲章陵王其年徙封義陽弼按據以上所云魏文帝於黃初三年改章陵爲義
陽酈注云二年者當爲刊寫之訛義陽郡治安昌安昌卽前漢之舂陵東漢之章陵
范書劉表傳注荆州八郡一爲章陵魏文改爲義陽故曹據初爲章陵王旋爲義陽
王也惟義陽魏時已廢故寰宇記有晉武帝泰始復置義陽郡之文晉志義陽郡治
新野不治安昌葉縣仍屬南陽（左傳杜注同）已非魏時義陽郡之舊矣一統志
春陵故城在襄陽府棗陽縣東亦卽義陽郡治之安昌也趙一清曰方輿紀要卷五
十義陽城在河南信陽州南四十里漢南陽郡平氏縣
之義陽鄉也弼按此爲義陽縣故城非義陽郡治也

魏略曰是歲徙長安諸鐘簴駱駝銅人承露盤盤折銅人重不可致留于霸城駱駝通鑑作橐

佗史炤釋文曰簴其舉切說文鍾鼓之柎也飾爲猛獸之足於下故從虎從異廣
通作簴橐佗上他各切下徒何切匈奴奇獸名胡三省曰簴音巨佗徒何反霸城
卽漢京兆霸陵縣故城也郡國志司隸京兆尹霸陵晉書地理志作霸城吳增僅
曰漢時三輔諸縣凡以陵名者皆先帝陵寢所在因以立縣者也魏氏受禪於京
兆之杜陵縣則去陵爲杜於高陵縣則改陵爲陸於扶風之平陵縣則改爲始平
意謂夷漢陵爲平陸耳晉室得之于魏何嫌於漢諸書多訓霸城之改長陵陽陵
之廢皆在晉時不知杜陵高陵平陵等縣曹氏亦旣惡而改之矣其他凡以陵名
縣者豈能一仍其舊乎諸書略魏言晉未敢執也謝鍾英曰魏志杜畿京兆杜陵

人地形志二漢杜陵晉曰杜城後魏改杜據此則魏名杜陵訓魏改杜者誤以元
魏爲曹魏耳又按魏志張旣馮翊高陵人是魏縣仍名高陵也至平陵之改始平
寰宇記云黃初元年改又云晉太始中改自相歧誤書之不可盡信如此弼按霸
陵改爲霸城有魏略可據至長陵陽陵安陵茂陵俱未改吳說誤謝說是一統志
霸陵故城今陝西西安府咸寧縣東

大發銅鑄作銅人二號曰翁仲列坐于司馬門外晉書五行志上云景初元年發

銅鑄爲巨人二號曰翁仲置之司馬門外按古長人見爲國亡長狄見臨洮爲秦
亡之禍始皇不悟反以爲嘉祥鑄銅人以象之魏法亡國之器而於義竟無取焉
水經穀水注逕太尉司徒兩坊閒謂之銅駝街舊魏明帝置銅駝諸獸于閶闔南
街陸機云駝高九尺寰宇記卷三引陸機洛陽記云漢鑄銅駝二枚在宮之南四
會道夾路相對俗語曰金馬門外聚羣賢銅駝陌上集少年言人物之盛也趙一
清曰何平叔景福殿賦建淩雲之層盤注淩雲層盤名爲之以承甘露是魏人又
自作承露仙人掌也侯康曰陳思王承露盤頌曰皇帝鑄承露盤莖長十二丈大
十圍（弼按宋本子建集作承露盤銘大十圍作本圍）上盤徑四尺下盤徑五
尺銅龍繞其根龍身長一丈背負兩子自立於芳林園甘露乃降弼按據此則承
露盤當作於太和六年以前起景福承光殿亦爲太和六年事也沈欽韓曰山堂
肆考載翁仲姓阮身長一丈二尺秦始皇併天下使翁仲將兵守臨洮聲振匈奴
秦人以爲瑞翁仲死遂鑄銅象置咸陽司馬門外弼按史記秦始皇本紀云收天
下兵聚之咸陽銷以爲鍾鐻金人十二重各千石置廷宮中應劭曰古者以銅爲
兵漢書五行志云二十六年有大人長五丈足履六尺皆夷狄服凡十二人見于

臨洮故銷兵器鑄而象之謝承後漢書云銅人翁仲其名也三輔舊事云聚天下
兵器鑄銅人十二各重二十四萬斤漢世在長樂宮門魏志董卓傳云椎破銅人
十及鍾鐻以鑄小錢關中記云董卓壞銅人餘二枚徙清門裏魏明帝欲將詣洛
載到霸城重不可致後石季龍徙之鄴苻堅又徙入長安而銷之英雄記云昔大
人見臨洮而銅人鑄至董卓而銅人毀也王鳴盛曰古來鑄金人者三其一秦始
皇鑄銅人十二見史記本紀其二漢武帝築通天臺去地百餘丈雲雨悉在其下
上有承露盤仙人掌擎玉杯以承露見三輔黃圖第五卷其三則魏明帝也秦所
鑄銅人已爲董卓椎破見後漢書及三國志卓本傳則似景初所毀當爲漢武帝
之金人然李長吉歌詩卷二金銅仙人辭漢歌自序以明帝徙盤爲青龍元年八
月事年月與魏略不合故西泉吳正子注長吉詩辨之據黃圖言始皇所造爲董
卓所銷尙餘二人未毀明帝欲徙洛陽重不可致留霸城仙不可言狄知長吉未
可非靑龍元年所徙是漢武銅仙景初元年所徙是秦皇銅人也吳說如此然則
魏略言景初所徙不當言有承露盤此微誤也又曰魏人造陵雲臺見文紀黃初
二年又見高堂隆傳衞覬傳據諸文與魏略參觀則知魏人於青龍旣徙秦銅人
不可致至景初又徙漢銅仙又不可致憤怒遂又大發銅自鑄仙人掌承露盤名
曰淩雲盤而又造淩雲臺置于其上焉淩雲卽通天意也其侈如此其所鑄翁仲
製名與仙人絕不同且旣言列坐司馬門外則非臺上之仙人可知弼按王說似
辯然按之事實則不如是蓋建淩雲臺爲黃初二年事鑄承露盤爲太和六年事
鑄銅人爲景初元年事王氏併爲一談徒騁筆鋒爲快耳又按高堂隆傳西取長
安大鐘實在靑龍中魏略所云是歲亦未確指爲何年不能以裴注編於景初元

年卽斷爲景初元事也又鑄黃龍鳳皇各一盧文弨曰文類一作二龍高四丈鳳高三丈餘事類賦卷十八作五丈置內殿前起土山於芳林園西北陬水經注大夏門內東側際城有景陽山卽芳林園之西北陬也芳林園卽華林園見文紀黃初四年裴注使公卿羣僚皆負土成山高堂隆傳起景陽山於芳林之園建昭陽殿於太極之北鑄作黃龍鳳皇奇偉之獸飾金墉陵雲臺陵霄闕百役繁興作者萬數公卿以下至于學生莫不展力帝乃躬自掘土以率之樹松竹雜木善草于其上趙一淸曰拾遺記魏明時苑中合歡草狀如蓍一株百莖晝則衆條扶疏夜乃合作一莖謂之神草捕山禽雜獸置其中拾遺記明帝卽位二年起靈禽之園遠方國所獻異鳥珍獸皆畜此園也昆明國貢嗽金鳥人云其地去燃洲九千里出此鳥形如雀而色黃羽毛柔密常翱翔海上羅者得之以爲至祥聞大魏之德被於荒遠故越山航海來獻大國帝得此鳥畜於靈禽之園飴以眞珠飲以龜腦鳥常吐金屑如粟鑄之可以爲器昔漢武帝時有人獻神雀蓋此類也此鳥畏霜雪乃起小屋處之名曰辟寒臺皆用水精爲戶牖使內外通光宮人爭以鳥吐之金用飾釵珮謂之辟寒金故宮人相嘲曰不服辟寒金那得帝王心於是媚惑者亂爭此寶金爲身飾及行臥皆懷挾以要寵幸也魏氏喪滅池臺鞠爲煨燼嗽金之鳥亦自翱翔漢晉春秋曰帝徙盤盤折聲聞數十里胡三省曰聞音問金狄或泣何焯曰金狄泣者毄死魏亡之妖也因留于霸城宋書五行志二云魏明帝靑龍中盛修宮室西取長安金狄承露槃折聲聞數十里金狄泣於是因留霸城王鳴盛曰秦金狄爲董卓所毀魏欲徙後留霸城者薊子訓嘗摩挲嘆息見後漢方術傳後苻堅又毀其一爲錢其一百姓推置陝北河中見李石續博物志第七卷其餘漢武魏明所鑄竟無下落史籍記載從未一及又金狄留霸城者胸前有銘見陶宏景眞誥第十七卷古今談金石文字者亦從未一及弼按水經河水注云西北帶河水涌起方數十丈有物居水中父老云銅翁仲所沒處又云石虎載經于此沈沒二物並存水所以涌所未詳也或云翁仲頭髻常出水之漲減恆與水齊晉軍當至髻不復出今惟見水異耳嗟嗟有聲聲聞數里按秦始皇二十六年長狄十二見于臨洮長五丈餘以爲善祥鑄金人十二以象之各重二十四萬斤坐之宮門之前謂之金狄皆銘其胸云皇帝二十六年初兼天下以爲郡縣正法律同度量大人來見臨洮身長五丈足六尺李斯書也故衞恆敍篆曰秦之李斯號爲工篆諸山碑及銅人銘皆斯書也漢自阿房徙之未央宮前俗謂之翁仲矣地皇二年王莽夢銅人泣惡之念銅人銘有皇帝初兼天下文使尙方工鐫滅所夢銅人膺文後董卓毀其九爲錢其在者三魏明帝欲徙之洛陽重不可勝至霸水西停之漢晉春秋曰或言金狄泣故留之石虎取置鄴宮苻堅又徙之長安毀二爲錢其一未至而苻堅亂百姓推置陝北河中於是金狄滅余以爲鴻河巨瀆故應不爲細梗躐湍長津碩浪無宜以徵物屯流斯水之所以濤波者蓋史記所云魏文侯二十六年虢山崩壅河所致耳此可以補史所未及魏略載司徒軍議掾河東董尋上書諫曰胡三省曰漢公府無軍議掾此官魏置也侯康曰尋字文輿見御覽二百四十九引魏志（志當作

略）司徒軍議掾河東七字明陳仁錫本均脫去又後孔子曰以下至將奏沐浴一百二十字及爲貝丘令下淸省得民心五字陳本均無之陳本至陋略舉其誤於此臣聞古之直士御覽四百五十三引魏略直作貞盡言于國不避死亡故周昌比高祖于桀紂漢書周昌傳昌嘗燕入奏事高帝方擁戚姬昌還走高帝逐得騎昌項上問曰我何如主也昌仰曰陛下卽桀紂之主也於是上笑之然尤憚昌劉輔譬趙后于人婢漢書劉輔傳成帝欲立趙倢伃爲皇后輔上書言里語曰腐木不可以爲柱卑人不可以爲主天之所不予必有禍而無福通鑑從荀紀卑人作人婢天生忠直雖白刃沸湯往而不顧者誠爲時主愛惜天下也建安以來野戰死亡或門殫戶盡御覽殫作單雖有存者遺孤老弱若今宮室狹小當廣大之猶宜隨時不妨農務況乃作無益之物黃龍鳳皇九龍承露盤土山淵池御覽土作玉此皆聖明之所不興也其功參倍于殿舍三公九卿侍中尙書天下至德皆知非道而不敢言者以陛下春秋方剛心畏雷霆今陛下既尊羣臣顯以冠冕被以文繡載以華輿所以異于小人而使穿方舉土胡三省曰方穴土爲方也漢書所謂方中亦此義面目垢黑沾體塗足衣冠了鳥胡三省曰了鳥衣冠摧敝之貌毀國之光以崇無益甚非謂也孔子曰君使臣以禮臣事君以忠無忠無禮國何以立故有君不君臣不臣上下不通心懷鬱結使陰陽不和災害屢降凶惡之徒因閒而起誰當爲陛下盡言事者乎事宋本馮本作是元本無又誰當千萬乘以死爲戲乎盧文弨曰千當作干臣知言出必死而臣自比於牛之一毛生既無益死亦何損胡三省曰司馬遷答任安書云假令僕伏法受誅若九牛亡一毛與螻蟻何異乘筆流涕御覽乘作發心與世辭臣有八子臣死之後累陛下矣將奏沐浴既通帝曰董尋不畏死邪主者奏收尋有詔勿問後爲貝丘令郡國志冀州淸河國貝丘一統志貝丘故城今山東東昌府淸不縣西南淸省得民心

二年春正月詔太尉司馬宣王帥衆討遼東晉書宣帝紀敘此事於靑龍四年誤公孫淵傳亦作景初二年也通鑑景初二年春正月帝召司馬懿於長安使將兵四萬討遼東胡三省曰討公孫淵也留司馬懿於長安以備蜀也諸葛亮死乃敢召之遠略趙一淸曰寰宇記卷六十三深州饒陽縣有州理城晉魯口城也公孫淵叛司馬宣王征之鑿滹沱入泒水以運糧因築此城蓋滹沱水有魯沱之名因號魯口一淸案建安十一年太

祖鑿渠自滹沱入泒水名平虜渠則不始于懿特更修治之耳又方輿紀要卷三十六山東登州府黃縣東北二十里有大人城司馬懿伐遼東將運糧入新羅築此城貯之以大人爲名元和志作大人城

干寶晉紀曰帝問宣王度淵將何計以待君 陳本作卿度公孫淵妄增三字實則無此三字文義自明於此益知明人之妄自增刪古書 宣王對曰淵棄城預走上計也據遼水拒大軍其次也 遼東郡治襄平襄平在今奉天府遼陽州北在遼水之東故云據遼水也通鑑作據遼東胡三省曰當作遼水 坐守襄平此爲成禽耳 晉書通鑑禽作擒無爲字 帝曰然則三者何出對曰唯明智審量彼我乃預有所割棄此既非淵所及又謂今往縣遠不能持久必先拒遼水後守也帝曰往還幾日對曰往百日攻百日還百日以六十日爲休息如此一年足矣 公孫淵傳六月軍至遼東八月破淵果如所言晉書宣帝紀景初二年帥牛金胡遵等步騎四萬發自京都車駕送出西明門詔弟孚子師送過溫賜以穀帛牛酒勑郡守典農以下皆往會焉見父老故舊讌飲累日遂進師經孤竹越碣石次于遼水 魏名臣奏 隋書經籍志刑法類魏名臣奏事四十卷目一卷陳壽撰又總集類云梁有魏名臣奏三十卷陳長壽撰（章宗源曰當是重出長字誤增）魏志陳羣傳注引魏書云正始中詔撰羣臣上書以爲名臣奏議錢大昕曰裴松之注所引書有魏名臣奏不詳撰人姚振宗曰唐藝文志故事類有魏名臣奏事三十卷不著撰人蓋亦是陳壽之本自陳壽編次之後而正始詔撰之本遂不可攷竊按正始詔撰之本或爲官書未成陳壽撰魏志遂編定此書卽隋志所著錄者也 載散騎常侍何曾表曰 曾字穎考夔子曾事見夔傳及注 臣聞先王制法必于全慎 晉書何曾傳作必全於慎 故建官授任則置假輔 曾傳作則置副佐 陳師命將則立監貳宣命遣使則設介副臨敵交刃則參御右蓋以盡謀思之功防安危之變也是以在險當難則權足相濟隕缺不預則才足相代 才各本皆作手誤官本攷證朱良裘曰應從何曾傳作才與上句文義相諧 其爲固防 曾傳固作國 至深至遠及至漢氏亦循舊章韓信伐趙張耳爲貳 漢書韓信傳漢王與信兵三萬人遣張耳與俱進擊趙代 馬援討越劉隆副軍 後漢書馬援傳璽書拜援伏波將軍以扶樂侯劉隆爲副南擊交阯 前世之迹著在篇志今懿奉辭誅罪步騎數萬道路迥阻四千餘里雖假天威有征無戰寇或潛遁消散日月 曾傳散作引 命無常期人非金石遠慮詳備誠宜有副今北邊諸將 曾傳邊作軍 及懿所督皆爲僚屬名位不殊素無

定分 曾傳定分下有統御之尊四字 卒有變急不相鎮攝存不忘亡聖達所戒宜選大臣名將威重夙著者盛其禮秩遣詣懿軍進同謀略退爲副佐雖有萬一不虞之災 曾傳災作變 軍主有儲則無患矣 何焯曰當是亦疑懿權重故須置貳以參之觀孔明沒而軍幾亂穎考置副之議蓋老謀也 毌丘儉志記云 隋書經籍志毌丘儉記三卷不著撰人少一志字盧文弨曰毌音貫 時以儉爲宣王副也 何曾傳言帝不從是未置副也然毌丘儉傳云帝遣太尉司馬宣王統中軍及儉等衆數萬討淵定遼東儉以功進封安邑侯以此證之知晉書爲誤

二月癸卯以大中大夫韓暨爲司徒 因盧毓之薦繼陳矯之後也 癸丑月犯心距星又犯心中央大星 錢大昕曰宋志癸丑作己丑誤 夏四月庚子司徒韓暨薨壬寅分沛國蕭相竹邑符離蘄銍龍亢山桑洨虹 原注洨音胡交反虹音絳 十縣爲汝陰郡宋縣陳郡苦縣皆屬譙郡 郡國志豫州沛國蕭相竹邑符離蘄銍龍亢洨虹汝南郡山桑宋陳國苦一統志蕭縣故城今江蘇徐州府蕭縣西北相縣故城今安徽鳳陽府宿州西北竹邑故城今宿州北符離故城今宿州治蘄縣故城今宿州南銍縣故城今宿州西南四十六里龍亢故城今鳳陽府懷遠縣西七十五里洨縣故城今鳳陽府靈璧縣南五十里虹縣故城今安徽泗州五河縣西山桑故城今安徽潁州府蒙城縣北宋縣故城今潁州府太和縣北七十里苦縣故城今河南歸德府鹿邑縣東十里汝陰故城今潁州府治趙一清曰漢書地理志山桑屬沛續郡國志屬汝南蓋魏時仍改屬沛國地理志虹作蚟莽曰貢師古亦音貢後亦曰絳城錢大昕曰按晉志汝陰郡統八縣與此無一同者疑此有誤宋縣卽宋公國後漢屬汝南晉屬汝陰洪亮吉曰汝陰郡魏黃初三年分汝南置景初二年以沛郡十縣來屬共領縣十八通典司馬懿使鄧艾屯田于此元和郡縣志魏文帝黃初三年以汝陰縣屬汝陰郡則郡當亦此年分立惟沈志云晉武帝分汝南置今考晉志汝陰郡下云魏置郡後廢泰始二年復立何承天志汝陽縣亦云故屬汝陰晉武改屬汝南合此數條及明帝景初二年紀則魏時有汝陰郡明甚沈志蓋誤以復立時爲始置時也謝鍾英曰承祚書劉馥沛國相人武周沛國竹邑人劉元沛郡蘄人寰宇記虹縣下云魏初屬汝陰郡是十縣魏末已還屬沛國又曰魏分汝南置汝陰郡其後郡廢縣還屬汝南所以晉武復分汝南置汝陰郡也吳增僅曰魏志明紀景初二年分沛國蕭相符離竹邑蘄銍龍亢山桑洨蚟十縣爲汝陰郡宋縣陳郡苦縣皆屬譙郡諸家據爲汝陰置郡之始洪氏則以魏初已立汝陰是年以沛國十縣來屬今案志文及洪說皆可疑元和志云黃初三年以汝陰縣屬汝陰郡明立郡不得在景初一也郡名汝陰屬縣當近汝水而十縣皆在渦水北與汝水不相涉二也割度屬縣必視形便如謂是年以十縣來屬而十縣之在渦水與洪志所錄郡屬諸縣之在汝水者中隔二百餘里不能相屬三也晉志所列汝陰屬縣無一與十縣同者四也反復繹正知志文爲汝陰郡爲字衍也志凡例書

以某某縣屬某郡均不加皆字如只宋苦二縣移屬譙郡則亦如鄲葉二縣之移屬義陽不必言皆也今曰皆屬則統上十縣言之矣元和志銍山桑二縣皆云魏屬譙郡晉志譙郡屬尚有銍蘄山桑龍亢四縣可知魏明帝末年移沛國十縣屬譙至晉初又分竹邑等六縣還屬於沛也譙爲曹氏豐鎬名列五都故割度多縣蔚成大郡晉受禪後徙其屬縣所以剷其本根也今移十縣入譙郡又案晉志云魏置汝陰郡後廢太始二年置輿地廣記同寰宇記魏置汝陰郡司馬懿使鄧艾屯田於此後廢鄧艾屯田據本傳在正始中是後汝陰郡事不著史志疑汝陰省郡當在嘉平五年齊王省郡時也王先謙曰吳氏謂明紀文衍一爲字明帝合沛國蕭相等縣屬譙郡說既無據洪謝均據明紀移屬汝陰省郡仍還汝南然淮水注明言文帝以城父山桑等縣置譙郡則汝陰省郡時山桑廳還屬譙也弼按汝陰置郡誠無疑義惟蕭相等十縣是否屬汝陰則竹汀已疑志文之誤吳氏暢論其故極有新解可謂讀書得間然如吳說蕭相等十縣皆屬沛國苦縣屬陳郡均見郡國志惟宋縣屬汝陰魏志無明文然宋縣實密邇汝陰廢郡晉宋二志皆以宋縣隸汝陰必黃初汝陰置郡時由汝南改隸汝陰洪志則直云宋漢舊縣魏屬汝陰景初二年移屬譙郡當必有所據如此則吳說全通矣至淮水注所云魏黃初中文帝以鄲城父山桑銍置譙郡則又與志文不合山桑銍既隸譙郡此不當云屬沛國或山桑銍黃初時曾隸譙郡旋又還屬沛國歟

以沛杼秋公丘彭城豐國廣戚幷五縣爲沛王國 郡國志沛國沛杼秋公丘豐彭城國廣戚一統志沛縣故城今徐州府沛縣東杼秋故城今徐州府碭山縣東六十里公丘故城今山東兗州府滕縣西南十四里豐縣故城今徐州府豐縣治廣

戚故城今沛縣東錢大昕曰豐本屬沛今繫彭城之下恐誤豐當爲王國故有豐國之稱洪亮吉曰沛國秦泗水郡漢改今名魏景初元年作國領縣五謝鍾英曰豐國當是魏初移屬彭城故係彭城下非誤也（潘眉說同）沛王林封於太和六年洪氏謂景初元年作國非也吳增僅曰以沛杼秋公丘等五縣爲沛王國者乃承上文分沛國蕭相等十縣而言又豐國廣戚二縣新自彭城移屬沛國故特書之洪志誤會其意謂是年始改作國則上文當云分沛郡等十縣不得云分沛國矣況曹林先已封此乎弼按志文豐字當在彭城之上則全文皆通豐爲王國在嘉平六年曹琬承襲之後（琬此時封長子公）此時不當稱國也沛杼秋公丘豐本屬沛何必列舉因沛國本二十一城（據郡國志）已分十縣入他郡餘縣或省併祇餘沛杼秋公丘豐四縣合彭城之廣戚幷五縣爲沛王國故史特書之耳彭城國見武紀建安三年

庚戌大赦五月乙亥月犯星距星又犯中央大星 潘眉曰宋志乙亥作己亥此與前改二月癸丑作己丑皆宋志誤也宋志蓋以夏正二月無癸丑五月無乙亥耳考魏景初用丑正二月五月夏正之正月四月正月有癸丑四月有乙亥魏志是也

魏書載戊子詔曰昔漢高祖創業光武中興謀除殘暴功昭四海而墳陵崩穨童兒牧豎 各本穨作頹豎作豎誤 踐蹈其上非大魏尊崇所承代之意也其表高祖光武陵四面百步 吳本面作圖 不得使民耕牧樵採

六月省漁陽郡之狐奴縣復置安樂縣 宋本元本馮本監本置作致官本考證曰監本訛作致今改正盧文弨曰置與致通趙一清曰續郡國志漁陽郡領狐奴安樂今云復置安樂蓋縣廢於東漢之末也弼按安樂即劉禪所封之地漁陽郡治漁陽一統志漁陽故城今順天府密雲縣西南三十里狐奴故城今順天府順義縣東北安樂故城今順義縣西南 秋八月燒當羌王芒中注詣等叛涼州刺史率諸郡攻討斬注詣首 後漢西羌傳從爰劍種五世至研研最豪健自後以研爲種號十三世至燒當復豪健其子孫更以燒當爲種號本志徐邈傳明帝以涼州絕遠南接蜀寇以邈爲涼州刺史討叛羌柯吾有功封都亭侯紀所云涼州刺史當即邈也 癸丑有彗星見張宿 宋書天文志一云景初二年八月彗星見張長三尺逆西行四十一日滅占曰爲兵喪張周分野洛邑惡之何焯曰其占與王莽地皇三年有星孛於張同天將除曹氏矣

漢晉春秋曰史官言于帝曰此周之分野也洛邑惡之于是大修禳禱之術以厭焉

魏書曰九月蜀陰平太守廖惇反 陰平見武紀建安二十三年潘眉曰惇乃淳字之譌廖化本名淳見蔣琬宗預二傳蜀志不言化爲陰平太守史闕略 攻守善羌侯宕蕈營 趙一清曰宕蕈胡號也宕即石宕水蕈即蕈塏川見水經河水二注洮水下魏書地形志洪和

郡有蕈川縣此羌蓋即地名以立號 雍州刺史郭淮遣廣魏太守王贇 趙一清曰廣魏故廣漢也蓋曹氏改名廣魏即後漢初平四年所置永陽郡改治臨渭方輿紀要卷五十九秦州秦安縣東南八十里有臨渭城吳增僅曰郡國志注引獻帝起居注云初平四年分漢陽置永陽郡以鄉亭爲屬縣方輿紀要引此下云曹魏改永陽曰廣魏又於州域形勢魏秦州下注云廣魏治臨渭洪亮吉曰廣魏郡魏武分漢陽置臨渭晉太康地志有疑魏立馬與龍曰建安十九年省永陽郡見魏志紀要云魏改永陽曰廣魏非也廣魏郡魏立見沈志弼按水經涪水出廣魏涪縣西北南至小廣魏與梓潼水合酈注云小廣魏即廣漢縣地弼按此爲漢益州廣漢郡之廣漢縣與曹魏雍州廣魏郡之治臨渭者絕然兩地趙氏謂廣魏故廣漢者蓋誤指益州之廣漢爲此地耳一統志臨渭廢縣在甘肅秦州秦安縣東南漢隴縣地魏析置臨渭縣又置廣魏郡 南安太守游奕 南安郡見武紀建安十九年 將兵討惇淮上書贇奕等分兵夾山東西圍落賊表破在旦夕帝曰兵勢惡離促詔淮勑奕諸別營非要處者還令據便地詔勑未到奕軍爲惇所破贇爲流矢所中死

丙寅司馬宣王圍公孫淵于襄平 襄平見上年遼東郡注 大破之傳淵首于京都海東諸郡平 詳見淵傳 冬十一月錄討淵功太尉宣王以下增邑封爵

各有差初帝議遣宣王討淵發卒四萬人議臣皆以爲四萬兵多 胡三省曰議臣當時謀議之臣也 役費難供帝曰四千里征伐 續漢志遼東郡在洛陽東北三千六百里 雖云用奇亦當任力不當稍計役費遂以四萬人行及宣王至遼東霖雨不得時攻 晉書宣帝紀會霖潦大水平地數尺三軍恐欲移營帝令軍中敢有言徙者斬 羣臣或以爲淵未可卒破宜詔宣王還帝曰司馬懿臨危制變擒淵可計日待也 錢大昕曰承祚書稱司馬懿必曰宣王惟此稱名蓋述帝語不得云宣王也然亦後人追改蜀後主傳魏使司馬懿由西城魏司馬懿張郃救祁山李嚴傳平說司馬懿等開府辟召吳主傳聞司馬懿南向又司馬懿前來入舒旬日便退諸葛恪傳加司馬懿先誅王淩續自隕斃皆後人所追改也魏三少帝紀書中撫軍司馬炎者二書中壘將軍司馬炎撫軍大將軍新昌鄉侯炎晉太子炎者各一懿爲晉臣不當斥武帝名蓋亦後人所改錢大昭曰司馬懿三字當是後人追改懿爲晉臣無不避諱之理若以爲史述帝語不得不書其名則如齊王芳詔曰太尉體道正直何獨非帝語而稱其官乎以此知懿之本文亦是稱其官也 卒皆如所策 胡三省曰司馬懿與諸葛亮相守閉壘若無能爲者及討公孫淵智計橫出鄙語有云棊逢敵手難藏行其是之謂乎 壬午以司空衛臻爲司徒 繼韓暨也 司隸校尉崔林爲司空閏月 盧文弨曰宋志是日癸丑 月犯心中央大星十二月乙丑帝寢疾不豫辛巳立皇后 周壽昌曰皇后下疑脫郭氏二字弼按通鑑書立郭夫人爲皇后本志后妃傳齊王卽位尊爲太后值三主幼弱宰輔統政與奪大事皆先咨啟於太后而後施行此與前漢之託詞於元后情事相同 賜天下男子爵人二級 毛本賜作使誤 鰥寡孤獨穀以燕王宇爲大將軍甲申免 拜免僅四日 以武衛將軍曹爽代之

漢晉春秋曰帝以燕王宇爲大將軍使與領軍將軍夏侯獻武衛將軍曹爽 宋書百官志云領軍將軍一人掌內軍魏武爲丞相相府自置領軍非漢官也文帝卽魏王位魏始置領軍主五校中壘武衛三營又云武衛將軍無員初魏王始置武衛中郎將文帝踐阼改爲衛將軍主禁旅胡三省曰魏制領軍將軍主中壘五校武衛等三營武衛將軍蓋領武衛營也太祖以許褚典宿衛遷武衛中郎將武衛之號自此始後又遷武衛將軍於是武衛始有將軍之號晉泰始初罷武衛將軍官領軍將軍互見曹休傳 屯騎校尉曹肇 屯騎校尉見文紀黃初六年 驍騎將軍秦朗等 驍騎將軍見前青龍元年 對輔政 劉放傳作共輔政 中書監劉放令孫資 劉放傳魏國既建放資俱爲祕書郎黃初初改祕書爲中書以放爲監資爲令明帝卽位尤見寵任宋書百官志漢桓帝延熹二年置祕書監魏武爲魏王置祕書令丞典尙書奏事黃初初改爲中書置監令胡三省曰中書有監令自此始自魏及晉遂爲要官荀勖所謂鳳皇池也 久專權寵爲朗等素所不善 放傳注引世語曰放資久典機任獻肇心內不平 懼有後害因圖閒之 宋本元本馮本因作陰 而宇常在帝側故未得有言甲申帝氣微宇下殿呼曹肇有所議未還而帝少閒惟曹爽獨在放知之呼資與謀資曰不可動也放曰俱入鼎鑊 漢書刑法志有鑿顚抽脅鑊亨之刑師古曰鼎大而無足曰鑊以鬻人也 何不可之有乃突前見帝垂泣曰 放傳言帝引見放資入臥內案魏明病已氣微安能從容引見放資突前於事實當爲近之 陛下氣微若有不諱將以天下付誰帝曰卿不聞用燕王邪放曰陛下忘先帝詔勑藩王不得輔政 此則魏文猜忌骨肉一念之差遂啟亡國之禍 且陛下方病而曹肇秦朗等便與才人侍疾者言戲 肇事見前青龍元年注引魏略期隨母氏畜于公宮與才人相狎或亦事之所有 燕王擁兵南面不聽臣等入此卽豎刀趙高也 盧文弨曰古無刀字舊本漢書可證復古編云作刀字非 今皇太子幼弱未能統政外有彊暴之寇內有勞怨之民

陛下不遠慮存亡而近係恩舊委祖宗之業付二三凡士寢疾數日外內擁隔 擁一作壅盧文弨曰當作壅 社稷危殆而已不知此臣等所以痛心也帝得放言大怒曰誰可任者放資乃舉爽代宇 時惟爽猶在且利其庸懦故舉之放傳帝曰曹爽可代宇否放資因贊成之 又白宜詔司馬宣王使相參 放傳遼東平定放資以參謀之功各進爵封本縣侯則早已與司馬氏有因緣矣此裴松之所謂魏室之亡禍基於此也 帝從之放資出曹肇入涕泣固諫帝使肇勑停肇出戶放資趨而往復說止帝帝又從其言放曰宜爲手詔帝曰我困篤不能放卽上牀執帝手強作之 強其兩反 遂齎出大言曰有詔免燕王宇等官不得停省中于是宇肇獻朗相與泣而歸第 按放傳所云與此多異通鑑考異曰陳壽當晉世作魏志若言放資本情則於時非美故遷就而爲之諱也今依漢晉春秋似得其實

初青龍三年中壽春農民妻自言爲天神所下命爲登女 牛運震曰登疑是人名 當營衛帝室蠲邪納福飲人以水及以洗瘡或多愈者於是立館後

宮下詔稱揚甚見優寵及帝疾飲水無驗於是殺焉 此與孫權之信王表相同或曰一寵一殺失刑賞矣

三年 監本宮本三年未提行誤吳本監本三年誤作二年 春正月丁亥太尉宣王還至河內 河內見武紀初平元年晉書宣帝紀先是詔帝便道鎭關中及次白屋有詔召帝三日之閒詔書五至手詔曰閒側息望到到便直排閤入視吾面帝大遽乃乘追鋒車晝夜兼行自白屋四百餘里一宿而至通鑑是時司馬懿在汲帝令給使辟邪齎手詔召之先是燕王爲帝晝計以爲關中事重宜遣懿便道自軹關西還長安事已施行懿斯須得二詔前後相違疑京師有變乃疾驅入朝胡三省曰時自遼東還師次於汲也汲縣自漢以來屬河內郡 帝驛馬召到引入臥內執其手謂曰吾疾甚以後事屬君君其與爽輔少子吾得見君無所恨宣王頓首流涕 晉書宣帝紀引入嘉福殿臥內升御牀帝流涕問疾天子執帝手目齊王曰以後事相託死乃復可忍吾忍死待君得相見無所復恨矣與大將軍曹爽並受遺詔輔少主

魏略曰帝既從劉放計召司馬宣王自力爲詔既封顧呼宮中常所給使者曰辟邪來 胡三省曰辟邪給使之名猶漢丞相倉頭呼爲宜祿也 汝持我此詔授太尉也辟邪馳去先是燕王爲帝晝計以爲關中事重宜便道遣宣王從河內西還事以施行 元本以作已 宣王得前詔斯須復得後手筆疑京師有變乃馳到入見帝勞問訖乃召齊秦二王以示宣王別指齊王謂宣王曰此是也君諦視之勿誤也又教齊王令前抱宣王頸 魏氏春秋曰時太子芳年八歲秦王九歲 詳見前青龍三年注 在于御側帝執宣王手目太子曰死乃復可忍朕忍死待君君其與爽輔此宣王曰陛下不見先帝屬臣以陛下乎 魏文疾篤受遺詔者爲曹眞陳羣曹休司馬懿當時魏明已年二十餘歲爲英年有爲之主故仲達不敢肆其野心及幼主嗣立曹爽昏庸政柄潛移遂襲阿瞞之故智矣

即日帝崩于嘉福殿

魏書曰殯于九龍前殿 通典景初中明帝崩於建始殿殯於九龍殿

時年三十六

臣松之按魏武以建安九年八月定鄴文帝始納甄后明帝應以十年生計至此年正月整三十四年耳時改正朔以故年十二月爲今年正月可彊名三十五年不得三十六也 周嬰巵林曰志稱叡封武德侯年十五時爲延康元年則叡蓋以建安十一年生計黃初太和青龍合年十七而景初彊爲三年凡二十年則裴云彊名三十五者良是若以爲建安十年生則可三十六矣然以十年生又不得言十五封武德陳裴皆爲舛也侯康曰裴注不誤明帝實生于建安十年至建安二十四年年十五次年改元延康又改元黃初黃初凡七年太和六年青龍四年景初三年年恰三十五周方叔謂若建安十年生則可三十六者誤分延康元年黃初元年爲二年也惟其譏陳志謂十年生不得言十五封武德此說則是十五當改十六劉按侯氏謂周方叔誤分延康元年黃初元年爲二年其說誠是惟諸家皆拘泥延康元年年十五封武德侯之文遂疑志文前後參差按文紀黃初元年以前多追述往事不盡爲延康元年之事魏明封武德侯當在延康以前按常林傳注引魏略云吉茂轉爲武德侯庶子二十三年坐其宗人吉本等起事被收會鍾相國證茂本服第已絕故得不坐是吉茂之爲武德侯庶子爲建安二十三年事魏明之封武德侯亦當在此時若此事與志文年十五封侯相合則景初三年年三十六亦不誤矣竊謂承祚此文實爲曲筆讀史者逆推年月證以甄夫人之賜死魏明之久不得立爲嗣則元仲究爲誰氏之子可不言而喻矣又按潘眉說亦誤不錄

癸丑葬高平陵 高平陵在洛水南大石山去洛城九十里見齊王紀嘉平元年注趙一清曰晉書禮志明帝性雖崇奢然未遽營陵墓之制又齊王在位九年始一謁高平陵而曹爽誅其後遂廢終於魏世

魏書曰帝容止可觀望之儼然自在東宮不交朝臣不問政事唯潛思書籍而已 何焯曰不交朝臣不問政事此不獨免于文德之譏亦萬古毓德潛邸正法也潛思書籍事其遠者大者而不徒用資文藻則才識開益不待接人臨事胸中自有權衡矣 即位之後褒禮大臣料簡功能眞僞不得相貿 馮本得作許監本官本貿作貿務案貿與貿同爾雅釋言貿市也 絕浮華譖毀之端行師動衆論決大事謀臣將相咸服帝之大略性特彊識雖左右小臣官簿性行名跡所履及其父兄子弟一經耳目終不遺忘含垢藏疾容受直言聽受吏民士庶上書一月之中至數十百封雖文辭鄙陋猶覽省究竟意無厭倦 孫盛曰 御覽作魏氏春秋曰 聞之長老魏明帝天姿秀出立髮垂地口吃少言 胡三省曰吃言蹇也 而沈毅好斷初諸公受遺輔導帝皆以方任處之 胡三省曰謂使曹休鎭淮南曹眞鎭關中司馬懿屯宛也 政自己出而優禮

大臣開容善直雖犯顏極諫無所摧戮其君人之量如此之偉也然不思建德垂風不固維城之基〔胡三省曰詩云宗子維城此言帝猜忌宗室以亡魏〕至使大權偏據社稷無衞悲夫

評曰明帝沈毅斷識任心而行蓋有君人之至槩焉于時百姓彫弊四海分崩不先聿修顯祖闡拓洪基而遽追秦皇漢武宮館是營格之遠猷其殆疾乎〔郝經曰曹丕一時僞定享國日淺而叡承之叨據中夏漢人來討吳兵亟至殆無寧歲正君臣旰食之秋乃遽爲秦皇漢武之事罷民以逞至使公卿百官負土雖姿度英發有帝王之概魯昭之童心殆未除也秦人佳兵血流海內而呂政亂其胤楚人僭王馮陵諸夏而幽王祀其宗操以夏侯冒曹氏莫能審其生出本末劫遷弒逆隱謀篡漢僅一再傳而芳亦莫知其所由來于是知有天道叡忍死待懿舉家貲而託之盜其明不足稱也嗚呼欺孤而亡于託孤孤其可欺哉〕

三少帝紀第四

〔監本官本作齊王芳高貴鄉公髦陳留王奐趙一清曰此卷陳承祚本題云三少帝紀故史通云天子見黜者漢魏以後謂之少帝是也今刻失其義矣沈家本曰官本先列齊王等一行卽趙所謂今刻也馮毛本題曰三少帝紀尚是承祚原文〕

晉 平陽侯相安漢陳壽撰
宋中書侍郎西鄉侯裴松之注
沔陽盧弼集解

齊王諱芳字蘭卿明帝無子養王及秦王詢宮省事祕莫有知其所由來者〔說見明紀青龍三年郭龍光曰莫知其所由來與武紀所云莫能審其生出本末語意正同〕

魏氏春秋曰或云任城王楷子

青龍三年立爲齊王景初三年正月丁亥朔帝病甚乃立爲皇太子是日卽皇帝位大赦尊皇后曰皇太后大將軍曹爽太尉司馬宣王輔政〔晉書宣帝紀云齊王卽位遷侍中持節都督中外諸軍錄尚書事與爽各統兵三千人共執朝政更直殿中乘輿入殿晉書職官志云持節都督無定員魏文帝黃初三年始置都督諸州軍事或領刺史又上軍大將軍曹眞都督中外諸軍事假黃鉞則總統內外諸軍矣又云錄尚書事位上公在三公上漢制遂以爲常每少帝立則置太傅錄尚書事猶古冢宰總己之意魏晉以後公卿權重者爲之胡三省曰錄尚書事漢東都諸公之重任也今爽懿旣督中外諸軍又錄尚書事則文武大權盡歸之矣自此迄于六朝凡權臣壹是專制國命〕詔曰朕以眇身〔漢書昭帝紀始元五年詔曰朕以眇身師古曰眇微也〕繼承洪業煢煢在疚〔左傳哀公十六年煢煢余在疚謂致我煢煢然若在疚病之中也〕靡所控告〔左傳襄公八年翦焉傾覆無所控告杜注控引也〕大將軍太尉奉受末命夾輔朕躬司徒司空冢宰元輔總率百寮以寧社稷其與羣卿大夫勉勗乃心稱朕意焉諸所興作宮室之役皆以遺詔罷之〔晉書宣帝紀云初魏明帝好修宮室制度靡麗百姓苦之帝自遼東還役者猶萬餘人雕玩之物動以千計至是皆奏罷之胡三省曰以者非遺詔眞有此指也〕官奴婢六十已上免爲良人二月西域重譯

獻火浣布詔大將軍太尉臨試以示百寮

異物志曰隋書經籍志異物志一卷後漢議郎楊孚撰交州異物志一卷楊孚撰南州異物志一卷吳丹陽太守萬震撰扶南異物志一卷朱應撰章宗源隋志考證列舉異物志甚多裴注所引之異物志未著撰人不能斷定爲何人所著侯康曰據廣州先賢傳百越先賢志諸書楊孚爲章和時人然未知所本劉昭注續五行志引楊孚卓傳謂董卓也則又似漢末人未知孰是水經注三十七卷所引者又稱楊氏南裔異物志餘諸書引者甚多姚振宗曰百越先賢志楊孚字孝元南海人枚舉物性靈悟指爲異品著爲南裔異物志隋志似敚南裔二字南裔所包者廣合交州七郡言之似其書之總名斯調國有火洲在南海中其上有野火春夏自生秋冬自死有木生于其中而不消也枝皮更活秋冬火死則皆枯瘁其俗常冬采其皮以爲布色小青黑若塵垢汚之便投火中則更鮮明也傅子曰漢桓帝時大將軍梁冀以火浣布爲單衣常大會賓客冀陽爭酒失杯而汙之僞怒解衣曰燒之布得火煒燁赫然如燒凡布垢盡火滅粲然絜白若用灰水焉宋元本絜作潔范書南蠻西南夷傳論章懷注引傅子與此同惟若用灰水焉作如水澣也章懷注又云火毳卽火浣布也搜神記曰崐崘之墟有炎火之山趙一淸曰水經㶟水注黃水又東注武州川又合火山西谿水水導源火山西北流山上有火井南北六七十步廣減尺許源深不見底炎勢上升常若微雷發響以草爨之則煙騰火發亦名熒臺又㶟水注引齊地記云東武城東南有盧水水側有勝火木方俗音曰㯽子其木經野火燒死炭不滅故東方朔云不灰之木者也則火山火井火木亦不一處矣山上有鳥獸草木皆生于炎火之中故有火浣布非此山草木之皮枲則其鳥獸之毛也漢世西域舊獻此布中間久絕至魏初時人疑其無有文帝以爲火性酷烈無含生之氣著之典論明其不然之事絕智者之聽列子湯問篇周穆王大征西戎西戎獻錕鋙之劍火浣之布其劍長尺有咫練鋼赤刃用之切玉如切泥焉火浣之布浣之必投於火布則火色垢則布色出火而振之皓然疑乎雪皇子以爲無此物傳之者妄蕭叔曰皇子果於自信果於誣理哉盧重元曰動植之類其性不同有因水火而生者有因水火而殺者故火山之鼠得火而生風生之獸得風而活人約空立魚約水存然則火浣之纑非紵非麻用火鼠毛布名與中國等與此復何足爲怪也果於自信不達矣夫何焯曰以魏文之多識豈未讀列子湯問篇乃著論以明其不然邪法苑珠林載文帝語云火功尙能鑠石鎖金何爲不燒其布此語亦當有所本也及明帝立詔三公曰先帝昔著典論不朽之格言其刊石于廟門之外及太學與石經並以永示來世

典論見文紀黃初七年注典論刻石見明紀太和四年潘眉曰典論凡六碑見水經注卷十六按漢蔡邕石經在太學講堂前東側魏正始石經在太學講堂前西側明帝刊典論時魏石經尙未刊立詔令與石經並應在堂東而酈道元云魏石經樹於堂西石長八尺廣四尺列石於其下碑石四十八枚廣三十丈典論六碑附於其次是酈元所見典論石碑在堂西魏石經之次初不與漢石經並也大抵初刊典論時詔立堂東與漢石經並後魏自刻石經乃遷典論石碑於堂西自與魏石經並耳又曰魏石經有二一爲三字石經一爲一字石經攷隋書經籍志一字石經周易一卷一字石經尙書六卷一字石經魯詩六卷一字石經儀禮九卷一字石經春秋一卷一字石經公羊傳九卷一字石經論語一卷一字石經典論一卷三字石經尙書九卷三字石經尙書五卷三字石經春秋三卷金石家咸謂一字三字俱齊王正始年刊眉以隋志目次攷之一字石經當刊於明帝太和四年是時詔以典論刊石與石經並所謂石經卽魏一字石經也至正始年又刊三體石經與一字石經並立後人不攷遂以爲俱在正始年刊失其實矣弼按漢魏石經之辨聚訟紛如其開後世爭議之端者始於後漢書儒林傳序熹平四年靈帝詔諸儒正定五經刊於石碑爲古文篆隸三體書法以相參檢之語學者遂執此文謂三體石經爲漢石經之證然水經穀水注蔡邕以熹平四年奏求正定六經文字靈帝許之邕乃自書丹於碑使工鐫刻立於太學門外于是後儒晚學咸取正焉魏正始中又立古篆隸三字石經趙明誠金石錄云儒林傳序云爲古文篆隸三體者非也蔡邕所書乃八分而三體石經乃魏時所建劉傳瑩漢魏石經考云酈道元作水經注身在洛陽目驗石經其紀漢石經不言三體下乃云魏正始中又立古篆隸三體玩其文義漢石經非三體可知隸釋據殘碑以漢石經爲隸書其說最確經義考石經考異皆從之以爲三體者范蔚宗誤記耳伽藍記劉芳傳集古錄目皆沿此而誤又曰東京左傳不立學官熹平刻經以息博士之爭無緣刻及左傳卽此可決三體左傳非蔡邕書而漢石經非三體也錢大昕十駕齋養新錄云萬季野執後漢書儒林傳序爲古文篆隸三體書法以相參檢一語謂蔚宗得於目覩必不誣甚矣季野之惑也蔚宗著書在宋文帝之時其時洛陽已非宋土何由得石經而睹之若云目覩在義熙永初之前則蔚宗未嘗官洛陽晉世膏粱公子豈有無故而跳身邊徼更無此情理矣朱彝尊經義考云漢立石經蔡邕所書本一字惟因范史儒林傳云爲古文篆隸三體書法以相參檢樹之學門而楊衒之洛陽伽藍記北史劉芳傳因之唐竇蒙宋郭忠恕蘇望方匋歐陽棐董逌姚寬等均仍其誤獨張縯謂邕以三體參檢其文而書丹於碑則定爲隸其義爲允載考衛恒及江式傳酈道元水經注皆以一字爲漢石經迨趙明誠金石錄洪适隸釋隸續辨之甚詳足以徵信其載一字石經遺文後列堂谿典馬日磾等姓名使一字石經出於魏當更列正始中正字諸臣姓名亦何取仍列典日磾等諸人於經文之後哉又史家體例以時代爲先後隋志列一字石經於前次魏文帝典論然後敘三字石經於後是一字屬漢而三字屬魏不待辯說始明其曰魏正始中又立一字石經相承以爲七經正字蓋雕本相沿偶譌三字爲一字爾姚晉圻漢魏石經考序云石經之說漢爲一字魏爲三體諒矣其紛謬之故昔人咎始范史竊謂蔚宗所據有華嶠袁崧謝承之舊文非必率妄云爾考盧植傳始刻石經時植上書求立古學且以今之禮記特多回穴欲合尙書章句考禮記

得失裁定聖典刊正碑文夫曰合曰考蓋當時今文諸家多作別字不協古文篆隸相承之意植意欲合三體考定邕等書經卽沿其例耳東京古文不列學官讀
經皆以隸字然隸之爲字或從古變或從篆出體質雖殊而點畫迭代不可虛造今立此碑革時俗之亂易依篆古以正作務使源流相應雅俗區別故云爲三體
相參檢非如魏石經一碑中三體具書一字也說蔡邕書者謂割隸二分取其八分八分之名不純乎隸而衞恆序篆書亦云邕采斯喜之法爲古今雜形矣曹魏
之世遂推此旨直作三體後來華嶠之徒亦各曉漢時是正文字之例並載於書范史因之其或小有竄易而後人直以爲誤則非也弼按據以上諸說漢石經爲
一字魏石經爲三體已有定論證以近日出土之石一字者爲周易尚書魯詩儀禮春秋公羊傳論語皆隸書並有漢末諸臣姓名三體者爲尚書春秋左氏傳此
與隋志所載一字石經三字石經相合彙有實物可證朱姚二氏謂漢石經乃以三體參校其文非如魏石經之一字具書三體雖本張縯之說而能發揮三體參
校之義尤爲善解儒林傳序至潘氏所論以三體石經爲魏正始年刊是也以一字石經爲魏太和四年刊殊爲無據太和四年惟以典論刊石爾詔與石經並者
謂典論與石經並立非謂並刊石經也其云金石家謂一字三字俱正始年刊者殆惑於隋志魏正始中又立一字石經之語朱氏已辨之矣張國淦歷代石經考
辨析極詳可資參證**至是西域使至而獻火浣布焉於是刊滅此論而天下笑之**據抱樸子論仙篇言文帝
自毀見文紀黃初七年注**臣松之昔從征西至洛陽**宋書裴松之傳高祖北伐領司州刺史以松之爲州主簿轉治中從事史既克

洛陽高祖勑之曰裴松之廊廟之才不宜久尸邊務今詔爲世子洗馬宋書武帝紀公乃戒嚴北討加領征西將軍司豫二州刺史**歷觀舊物見典**
論石在太學者尙存而廟門外無之問諸長老云晉初受禪卽用魏廟水經穀水注渠水南出逕
銅駝街渠左是魏晉故廟地宋書禮志三晉武帝太始元年十二月丙寅受禪二年正月有司奏營建七廟帝重其役詔宜權立一廟於是羣臣奏議舜承堯禪受
終文祖則虞氏不改唐廟因仍舊宮可依有虞氏故事卽用魏廟奏可七月又詔曰主者前奏就魏舊廟誠亦有準然於祗奉神明情猶未安宜更營造崇正永制
於是改創宗廟**移此石于太學非兩處立也竊謂此言爲不然**　**又東方朔神異經曰**毛本又字
上不空格經作記水經瀔水注引此作東方朔神異傳東方朔漢書有傳隋書經籍志神異經一卷東方朔撰張華注四庫提要云舊本題漢東方朔撰所載皆荒
外之言怪誕不經共四十七條陳振孫書錄解題已極斥此書之僞今考朔本傳歷敍所撰述言凡劉向所錄朔書俱是世所傳他事皆非其實又言後世好事者
取其奇言怪語附著之朔云云則朔書多出附會在班固時已然晉書張華傳亦無注神異經之文則華注亦屬假借隋志列之史部地理類唐志列之子部神仙
類今核所言多世外恍惚之事既有異於輿圖亦無關於修煉今從文獻通考列小說類中庶得其實焉**南荒之外有火山長三十里**
廣五十里其中皆生不燼之木晝夜火燒得暴風不猛猛雨不滅火中有鼠重百斤毛

長二尺餘細如絲可以作布常居火中色洞赤時時出外而色白以水逐而沃之卽死
續其毛織以爲布范書南蠻西南夷傳論章懷注引神異經曰南方有火山長四十里廣四五里生不燼之木晝夜火然得烈風不猛暴雨不滅
火中有鼠重百斤毛長二尺餘細如絲恆居火中時時出外而色白以水逐沃之卽死績其毛織以作布用之若汙以火燒之則清潔也與裴注所引字句少異杭
世駿曰梁四公記云有商人賫火浣布三端帝以雜布積之令杰公以他事至於布所杰公遙識曰此火浣布也二是緝木皮所作一是績鼠毛所作以詰商人具
如杰公所說因問木鼠之異公曰木堅毛柔是可別也以陽燧火山陰柘木熱之木皮改常試之果驗吳錄曰南北景縣有火鼠取毛爲布燒之而精名火浣布弼
按火浣布卽今之石絨也互見烏丸鮮卑東夷傳注魏略西戎傳
丁丑詔曰太尉體道正直錢大昭曰太尉卽司馬宣王也因詔書中不便稱司馬宣王故不書姓名他如甘露五年咸熙元年
二年書司馬炎者皆後人所改**盡忠三世**武文明也**南擒孟達西破蜀虜東滅公孫淵功蓋**
海內昔周成建保傅之官近漢顯宗崇寵鄧禹所以優隆雋乂必有
尊也其以太尉爲太傅持節統兵都督諸軍事如故曹爽傳丁謐畫策使爽白天子發詔

轉宣王爲太傅外以名號尊之內欲令尙書奏事先來由己得制其輕重也晉書宣帝紀爽欲使尙書奏事先由己乃言於天子徙帝爲大司馬朝議以爲前後大司馬
累薨於位乃以帝爲太傅弼按爽傳及晉書宣紀皆謂爽陽尊懿爲太傅陰收奏事先由己之權不知志文明言持節統兵都督諸軍事如故兵權在握一旦有事屯兵
洛水浮橋卽可爲所欲爲爽豈懿之敵乎**三月以征東將軍滿寵爲太尉夏六月以遼東東**
沓縣吏民渡海居齊郡界以故縱城爲新沓縣以居徙民郡國志幽州遼東郡沓氏
本志公孫淵傳注引魏略載淵表作沓津又作沓通鑑靑龍元年載陸瑁疏云沓渚去淵道里尙遠蔣濟對明帝亦云沓渚之間去淵尙遠胡三省曰遼東郡有沓氏縣
西南臨海渚景初三年東沓縣民渡海卽沓渚之民也吳增僅曰東沓沓氏似是一地然魏略作沓不曰東沓亦不曰沓氏疑漢末去氏爲沓魏以齊郡立有新沓故於
遼東之沓加東以別之承祚或由後言之耳謝鍾英曰沓氏縣城南臨海渚亦謂之沓渚故城在今奉天府金州廳東南新沓故城在今山東濟南府淄川縣西六十里
趙一清曰寰宇記卷十九淄州淄川縣有故反縱城齊記云齊景公失馬尋蹤遂失於此故有反蹤城一清案續郡國志有沓氏此云東沓疑魏改**秋七月**
上始親臨朝聽公卿奏事八歲小兒如何能聽公卿奏事此眞以國事爲兒戲也**八月大赦冬十**
月以鎭南將軍黃權爲車騎將軍黃權降魏及拜鎭南將軍見文紀三年及注引魏書蜀志權傳遷車騎將軍儀

同三司錢大昭曰車騎將軍特書除授始見于此而前此曹仁張郃不知何以不書

十二月詔曰烈祖明皇帝以正月棄背天下臣子永惟忌日之哀其復用夏正雖違先帝通三統之義斯亦禮制所由變改也又夏正於數爲得天正其以建寅之月爲正始元年正月以建丑月爲後十二月

宋書禮志一云景初三年正月帝崩齊王卽位是年十二月尙書盧毓奏烈祖明皇帝以今年正日棄離萬國禮忌日不樂甲乙之謂也烈祖明皇帝建丑之月棄天下臣妾之情於此正日有甚甲乙今若以建丑正朝四方會羣臣設盛樂不合於禮博士樂祥議正日旦受朝貢羣臣奉贄後五日乃大宴會作樂太尉屬朱誕議今因宜改之際還修舊則建寅於制爲便大將軍屬劉肇議宜過正一日乃朝賀大會明令天下知崩亡之日不朝也詔曰省奏五內斷絶柰何柰何烈祖明皇帝以正日棄天下每與皇太后念此日至心有剝裂不可以此日朝羣辟受慶賀也月二日會又非故也聽當還夏正月雖違先帝通三統之義斯亦子孫哀慘永懷又夏正朔得天數者其以建寅之月爲歲首潘眉曰明帝以景初三年正月崩齊王卽位踰年改元爲正始以今攷之實踰兩年蓋魏景初以建丑爲正月春正月者夏正之十二月也明帝以三年正月崩於夏正爲二年十二月齊王以是月卽位後仍用夏正以三年正月爲二年後十二月至三年之十二月不得復爲正月故再踰年而後改元也明帝崩與齊王改元相距凡十四月

正始元年

晉書宣帝紀魏正始元年春正月東倭重譯納貢焉耆危須諸國弱水以南鮮卑名王皆遣使來獻

春二月乙丑

潘眉曰二月當爲正月是年二月無乙丑乃正月十六日沈家本曰下文書丙戌乙丑丙戌相去二十一日乙丑爲正月十六日則丙戌不得同在一月疑二月非誤而乙丑爲乙酉之訛

加侍中中書監劉放侍中中書令孫資爲左右光祿大夫

侍中見武紀建安元年中書監令見明紀景初二年注晉書職官志左右光祿大夫假金章紫綬洪飴孫曰光祿大夫靑龍中分置左右後還復舊漢屬光祿勳魏時位次三公則不當復屬矣

丙戌以遼東汶北豐縣民流徙渡海規齊郡之西安臨菑昌國縣界爲新汶南豐縣以居流民

郡國志幽州遼東郡汶青州齊國臨菑西安昌國通鑑胡注汶縣故城在平郭西一統志平郭故城今奉天府蓋平縣南北豐城今奉天府承德縣西北臨菑故城今山東青州府臨菑縣北八里西安故城今臨菑縣西三十里昌國故城今濟南府淄川縣東北三十五里齊乘南豐縣卽古益城益縣故城今青州府壽光縣西趙一淸曰郡國志遼東郡有汶而無北豐疑公孫氏所立方輿紀要卷三十五山東青州府壽光縣西四十里有益城晏謨云司馬宣王伐公孫淵徙豐人於益縣謂之南豐城一云南豐城在縣西二十里亦曰豐城又卷三十七北豐城在瀋陽中衞西北後漢末公孫度據遼東置城於此謂之豐城司馬懿伐遼東豐人南徙靑齊其留者曰北豐新汶無考謝鍾英曰汶縣故城今蓋平縣西新汶故城今臨淄縣界

自去冬十二月至此月不雨丙寅詔令獄官亟平冤枉理出輕微

潘眉曰自去冬十二月至三月不雨也陳志以此句屬之二月之下讀者誤以爲二月不知二月既是正月之譌又乙丑與丙寅相距六十一日丙寅乃三月十八日也平冤枉求讜言正爲不雨沈家本曰宋書五行志魏齊王正始元年二月自去冬十二月至此月不雨然則上文二月不誤丙寅上奪三月耳

羣公卿士讜言嘉謀各悉乃心夏四月車騎將軍黃權薨秋七月詔曰易稱損上益下節以制度不傷財不害民方今百姓不足而御府多作金銀雜物將奚以爲今出黃金銀物百五十種千八百餘斤銷冶以供軍用八月車駕巡省洛陽界秋稼賜高年力田各有差

後漢書明帝紀賜三老孝悌力田人三級章懷注三老孝悌力田三者皆鄉官之名三老高帝置孝悌力田高后置所以勸導鄉里助成風化也文帝詔曰孝悌天下之大順也力田爲生之本也三老衆人之師也其以戶口率置員

二年春二月帝初通論語使太常以太牢祭孔子於辟雍

後漢書光武紀中元元年初起明堂靈臺辟雍漢官儀曰辟雍去明堂三百步車駕臨辟雍從北門入三月九月皆於中行鄉射禮辟雍以水周其外以節觀者諸侯曰泮宮東西南有水北無下天子也後漢書儒林傳序云中元元年初建三雍明帝卽位親行其禮坐明堂而朝羣后登靈臺以望雲物袒割辟雍之上圜橋門而觀聽者蓋億萬計漢官儀曰辟雍四門外有水以節觀者門外皆有橋觀者水外故云圜橋門也鄭氏詩箋云辟廱者築土雝水之外圓如璧四方來觀者均也孔穎達云辟廱之宮內有館舍外無牆院故得圜門觀之也

以顏淵配

宋書禮志齊王每講經使太常釋奠先聖先師於辟雍弗躬親也周壽昌曰齊王十歲卽通論語知祀孔子以顏淵配其質性亦非凡矣

夏五月吳將朱然等圍襄陽之樊城

襄陽樊城俱見武紀建安十三年

太傅司馬宣王率衆拒之

干寶晉紀曰吳將全琮寇芍陂

芍陂見武紀建安十四年吳志孫權傳赤烏四年遣衞將軍全琮略淮南決芍陂燒安城邸閣收其人民琮與魏將王淩戰于芍陂中郎將秦晃等戰死本志王淩傳正始二年吳大將全琮數萬衆寇芍陂淩率諸軍逆討與賊爭塘力戰連日賊退走

朱然孫倫五萬人圍樊城

本志胡質傳質遷荆州刺史吳大將朱然圍樊城質曰樊城卑下兵少當進軍爲外援遂勒兵臨圍城中乃安

諸葛瑾步騭寇柤中

吳志朱然傳注引襄陽記曰柤音如租稅之租柤中在上黃界去襄陽一百五十里魏時夷王梅敷兄弟三人部曲萬餘家屯此分

布在中廬宜城西山鄢沔二谷中土地平敞宜桑麻有水陸良田沔南之膏腴沃壤謂之祖中通鑑釋文辯誤曰史炤釋文云祖之加切春秋魯襄公會吳於祖卽此余按春秋祖之會在沂沭間此祖中在沔上非春秋會吳之地也杜佑通典曰祖中在襄州南漳界以此言之史炤誤矣周壽昌曰祖卽漢地理志漢中郡房陵之沮水也說文沮水出漢中房陵縣从水且聲本作睢左傳襄六年江漢睢漳楚之望也此作祖與沮睢同一字自祖中之祖字出後遂少有作沮睢者矣段玉裁曰沮左傳作睢皆七餘反後譌爲祖讀曰租今襄陽沮水左右地皆曰沮中亦謂之祖中方輿紀要八疊山在南漳縣東南六十里自八疊山西北山谿險阻古所謂祖中也

綜已破走而樊圍急宣王曰祖中民夷十萬隔在水南流離無主樊城被攻歷月不解此危事也請自討之議者咸言賊遠圍樊城不可拔晉書宣帝紀作賊遠來圍樊不可卒拔挫于堅城之下有自破之勢宜長策以御之宣王曰軍志有之將能而御之此爲縻軍宋本縻作麋不能而任之此爲覆軍今疆場騷動民心疑惑是社稷之大憂也六月督諸軍南征車駕送津陽城門外水經穀水注穀水又南東屈逕津陽門南故津門也續百官志雒陽城十二門有津門伽藍記漢曰津門魏晉曰津陽門錢大昭曰雒陽南面西門也宣王以南方暑溼不宜持久使輕騎挑之然不敢動于是乃令諸軍休息洗沐簡精銳募先登申號令示必攻之勢然等聞之乃夜遁追至三州口胡三省曰三州口謂荊豫揚三州之口魏荊州之地東至江夏豫州之地南至弋陽揚州之地西至六安三州口當在其間又按王昶傳昶督荊豫諸軍事自宛徙屯新野習水軍於三州則三州蓋地名口水口趙一清曰水經沔水注襄陽城東有東白沙白沙北有三洲三洲東北有宛口卽淯水所入也方輿紀要卷七十九白河在襄陽府東北十里其入漢之處名三洲口吳熙載曰三州口疑在襄陽府襄陽縣謝鍾英曰三州口當在樊城南漢水中謝按胡氏謂三州口爲荊豫揚三州之口近於穿鑿又謂王昶習水軍於三州當指此地其說誠是晉書宣帝紀追至三州口斬獲萬餘人收其舟船軍資而還此卽王昶習水軍之地也趙說是大殺獲晉書宣帝紀天子遣侍中常侍勞軍于宛增封食邑子弟十一人皆爲列侯

六月辛丑退己卯以征東將軍王淩爲車騎將軍官本作己酉李龍官曰本月有辛丑不得有己卯據王淩傳賊退卽封南鄉侯遷車騎將軍其非他月可知冬十二月南安郡地震宋書五行志作十一月南安郡見武紀建安十九年是年鄧艾建議開廣漕渠資食有儲而無水害見艾傳

三年春正月東平王徽薨三月太尉滿寵薨晉書宣帝紀三月奏穿廣漕渠引河入汴漑東南諸陂始大佃於淮北秋七月甲申南安郡地震乙酉以領軍將軍蔣濟爲太尉冬十二月魏郡地震

四年春正月帝加元服漢書昭帝紀元鳳四年帝加元服如淳曰元服謂初冠加上服也師古曰如氏以爲衣服之服此說非也元首也冠者首之所著故曰元服後漢書安帝紀永初三年皇帝加元服章懷注元服謂加冠也士冠禮曰令月吉辰加爾元服鄭玄云元首也宋書禮志一云魏天子冠一加其說曰士禮三加加有成也至於天子諸侯無加數之文者將以踐阼臨民蒞極德備豈得復與士同此言非也夫以聖人之才猶三十而立況十二之年未及志學便謂德成無所勸勉非理實也魏氏太子再加皇子三公世子乃三加孫毓以爲一加再加皆非也賜羣臣各有差夏四月乙卯立皇后甄氏后爲文昭皇后兄儼之孫女宋書禮志一云魏齊王正始四年立皇后甄氏其儀不存晉太康八年尚書朱整議按魏氏故事王娶妃公主嫁之禮天子諸侯以皮馬爲庭實天子加以穀珪諸侯加以大璋漢高后制聘后黃金二百斤馬十二匹夫人金五十斤馬四匹魏聘后王娶妃公主嫁之禮用絹百九十匹太始十年將聘拜三夫人九嬪詔依魏氏故事於是臨軒使使持節兼太常拜夫人兼御史中丞拜九嬪錢大昭曰齊王后甄氏及高貴鄉公后卞氏陳留王后卞氏並位列中宮母儀天下自應作傳然三少帝歷年未久享位不終諸后亦無事可紀故於文昭甄后武宣卞后傳末附見之弼按齊王甄后嘉平三年七月崩四年二月立皇后張氏六年三月廢四月立皇后王氏至九月而齊王歸藩矣高貴鄉公被弒卞后亦不知所終此亦史之闕文也大赦五月朔日有食之既錢大昭曰晉志作五月丁丑朔秋七月詔祀故大司馬曹眞監本眞作直誤曹休征南大將軍夏侯尙太常桓階司空陳羣太傅鍾繇車騎將軍張郃左將軍徐晃晃傳作右將軍前將軍張遼右將軍樂進太尉華歆司徒王朗驃騎將軍曹洪征西將軍夏侯淵後將軍朱靈文聘執金吾臧霸破虜將軍李典立義將軍龐德武猛校尉典韋於太祖廟庭晉書宣帝紀四年秋九月帝督諸軍擊諸葛恪車駕送出津陽門軍次於舒恪焚燒積聚棄城而遁冬十二月倭國女王俾彌呼遣使奉獻詳見烏丸鮮卑東夷傳

五年春二月詔大將軍曹爽率衆征蜀夏四月朔錢大昭曰脫丙辰二字月有蝕之五月癸巳講尚書經通使太常以太牢祀孔子於辟雍以顏淵

配賜太傅大將軍及侍講者各有差 趙一清曰晉書扶風王駿傳駿字子臧幼聰慧年五六歲能書疏諷誦經籍魏景初中封平陽亭侯齊王芳立駿年八歲爲散騎常侍侍講焉 丙午大將軍曹爽引軍還 晉書宣帝紀尚書鄧颺李勝等欲令曹爽建立功名勸使伐蜀帝止之不可爽果無功而還本志曹爽傳正始五年爽西至長安大發卒六七萬人從駱谷入入谷行數百里賊因山爲固兵不得進乃引軍還漢晉春秋曰費禕據三嶺以截爽爽爭嶮苦戰僅乃得過所發牛馬運轉者死失略盡又詳見蜀志王平傳 秋八月秦王詢薨九月鮮卑內附置遼東屬國立昌黎縣以居之 漢書地理志遼西郡交黎東部都尉治應劭曰今昌黎續郡國志遼東屬國昌遼故天遼屬遼西水經大遼水注白狼水又東北逕昌黎縣故城西地理志曰交黎也東部都尉治應劭曰今昌黎也齊召南曰前志遼西無天遼縣顧炎武考古錄疑續志昌遼故天遼五字當作昌黎故交黎是也又考安帝紀注鮮卑攻夫黎營章懷注夫黎縣名屬遼東屬國鮮卑傳作扶黎注文同然則前漢交黎後漢名夫黎又改昌黎也王先謙曰據應說後漢爲昌黎竊謂昌遼卽昌黎遼黎雙聲轉變夫扶一字天乃夫之誤也馬與龍曰據大遼水注白狼水（一統志卽今大淩河）逕昌黎城西故城當在今錦州府義州西北境或謂漢交黎縣今永平府昌黎縣地誤周濟云魏昌黎縣今錦州府寧遠州東北三十里洪亮吉曰昌黎郡漢遼東屬國都尉魏升作郡吳增僅曰據齊王紀則遼東屬國漢已省廢魏志公孫瓚傳瓚爲遼東屬國長史時在光和前建安十八年省州併郡獻帝起居注所載幽州屬郡猶有遼東屬國蓋廢於公孫氏至是復置也晉志昌黎縣漢遼東屬國魏置郡是漢有昌黎也楊守敬曰地形志晉分遼東置昌黎郡是魏無昌黎郡晉志誤也（謝鍾英曰洪氏從晉志非也）寰宇記交黎城後漢改爲昌黎縣漢志交黎縣下應劭曰今昌黎則昌遼之誤不待辨矣趙一清曰據應說則知東京之季已立是縣旋廢而魏復立耳 冬十一月癸卯詔祀故尚書令荀攸於太祖廟庭

臣松之以爲故魏氏配饗不及荀彧蓋以其末年異議又位非魏臣故也 李安溪曰卽此一端可以爲文若昭雪 至於升程昱而遺郭嘉先鍾繇而後荀攸則未詳厥趣也 官本攷證云文類作先鍾華華蓋謂歆也何焯曰遺郭嘉者亦以非魏臣也景元三年復祀嘉蓋司馬氏以厲其黨趙一清曰是時配饗不及郭嘉何焯以爲非魏臣之故而後景元三年仍以嘉祀太祖廟庭蓋司馬氏以厲其黨此語不可解豈誤記郭淮爲奉孝族屬乎此則穎川彼乃太原人也奉孝子奕亦非典午之黨又按四年所詔定從祀廟庭者自曹眞以下至典韋二十人後卽繼以荀攸其中並無程昱且終魏之世程昱並未升配而裴注以爲升程昱而遺郭嘉未詳厥趣則竊所未解矣潘眉曰松之此論以功臣配祀有程昱而無郭嘉然郭嘉後終得與配祀之典至從祀二十一人其中實無程昱不知松之何所見而云然周壽昌曰趙一清駁裴注云終魏之世程昱並未升配趙氏此語殆忘檢明帝紀青龍元年之詔耶陳景雲曰郭嘉與程鍾荀三人其配饗但有先後非獨遺也景元三年詔可證 徐佗謀逆而

許褚心動 事見褚傳 忠誠之至遠同於日磾 漢書金日磾傳莽何羅謀爲逆日磾陰獨察其動靜上行幸林光宮日磾小疾臥廬何羅矯制夜出殺使者發兵明旦上未起何羅亡何從外入日磾奏廁心動立入坐內戶下須臾何羅褏白刃從東箱上見日磾色變走趨臥內欲入行觸寶瑟僵日磾得抱何羅投何羅殿下得禽縛之繇是著忠孝節 且潼關之危非褚不濟 事見褚傳 褚之功烈有過典章今祀章而不及褚又所未達也 何焯曰祀典章者以其死事也

己酉復秦國爲京兆郡 郡國志司隸京兆尹治長安本志倉慈傳注引魏略顏斐爲京兆太守京兆豐富爲雍州十郡最是曹魏以京兆隸雍州改尹爲太守矣吳增僅曰黃初二年封曹禮爲秦公以京兆郡爲國三年改爲京兆王六年改封元城縣王國還爲郡青龍三年封皇子詢爲秦王改京兆郡爲秦國正始五年詢卒復秦國爲京兆郡 十二月司空崔林薨

六年春二月丁卯南安郡地震 晉書五行志是時曹爽專政遷太后於永寧宮太后與帝相泣而別連年地震是其應也弼按明元郭皇后傳云齊王卽位尊后爲皇太后稱永寧宮初非曹爽專政所遷與連年地震毫不相涉弼於五行休咎多不錄因各家多引此條特爲辨明於此 丙子以驃騎將軍趙儼爲司空 蔣超伯曰山左金石志有魏銅爐隸書二十二字云正始六年五月十五日中尚方造銅香爐重三斤第廿六 夏六月儼薨 馮本六月作四月 八月丁卯以太常高柔爲司空 癸巳以左光祿大夫劉放爲驃騎將軍右光祿大夫孫資爲衛將軍 續百官志將軍比公者四第一大將軍次驃騎將軍次車騎將軍次衛將軍錢大昭曰衛將軍特書除授始見于此是後惟胡遵爲衛將軍書之于紀此外如司馬景王文王及司馬望並爲此官史不備載 冬十一月祫祭太祖廟 說文祫大合祭先祖親疏遠近也禮記王制天子犆礿祫禘祫嘗祫烝鄭注云祫合也天子諸侯之喪畢合先君之主於祖廟而祭之謂之祫後因以爲常天子先祫而後時祭諸侯先時祭而後祫正義云天子之祭當祫之歲以春物未成不爲祫祭唯犆爲時祭之礿故云犆礿夏秋冬之時先爲祫祭後爲時祭故云祫禘祫嘗祫烝也後漢書章帝紀有司奏言四時禘祫於光武之堂如孝文皇帝祫祭高祖故事章懷注引續漢書曰五年再殷祭三年一祫五年一禘父爲昭南向子爲穆北向禘以夏四月祫以冬十月禘之爲言諦諦審昭穆尊卑之義祫者合也冬十月五穀成故骨肉合飲食於祖廟謂之殷祭 始祀前所論佐命臣二十一人 合青龍元年從祀之三人當爲二十四人 十二月辛亥詔故司徒王朗所作易傳令學者得以課試 本志朗傳朗著易春秋孝經周官傳奏議論記咸傳於世朗子肅傳肅善賈馬之學而不好鄭氏采會同異爲尙書詩論語三禮左氏解及撰定父朗所作易傳皆列於學官隋書經籍志周

易十卷魏衞將軍王肅注侯康曰齊王紀詔王朗易傳學者得以課試則當時甚重其書又北魏書闞駰傳稱駰注王朗易傳學者藉以通經則其學並行於數百年後矣姚振宗曰朗之原本與所作春秋孝經周官傳當時或合爲一袠其後肅取以重訂遂別出一本而歸之肅隋唐志所載是也闞駰所注或猶是朗之原書弼按王肅傳注引世語云肅女適司馬文王即文明皇后生晉武帝齊獻王攸又肅傳云時大將軍曹爽專權任用何晏鄧颺等肅正色曰此輩即弘恭石顯之屬據此是肅與司馬氏爲姻親且左袒仲達矣後漢書鄭玄傳玄孫名小同章懷注引魏氏春秋有司馬文王酖小同事而王肅之學專與康成立異是當時不但政爭有黨派之分即學術亦存門戶之見也

乙亥詔曰明日大會羣臣其令太傅乘輿上殿 晉書宣帝紀六年秋八月曹爽毁中壘中堅營以兵屬其弟中領軍羲帝以先帝舊制禁之不可冬十二月天子詔帝朝會乘輿升殿

七年春二月幽州刺史毌丘儉討高句驪夏五月討濊貊皆破之韓那奚等數十國各率種落降 事見毌丘儉傳及東夷傳 秋八月戊申詔曰屬到市觀見所斥賣官奴婢年皆七十或癃疾殘病所謂天民之窮者也且官以其力竭而復鬻之進退無謂其悉遣爲良民若有不能自存者

郡縣振給之 臣松之案帝初即位有詔官奴婢六十以上免爲良人既有此詔則宜遂爲永制七八年閒而復貨年七十者且七十奴婢及癃疾殘病並非可售之物而鬻之於市此皆事之難解

己酉詔曰吾乃當以十九日親祠而昨出已見治道得雨當復更治徒棄功夫每念百姓力少役多夙夜存心道路但當期於通利聞乃撾捶老小務崇修飾疲困流離以至哀歎吾豈安乘此而行致馨德於宗廟邪自今已後明申敕之 紀中載連日兩詔皆有勤政愛民之意不似漢昌邑王也 冬十二月講禮記通 何焯曰帝即位五年（弼按當作七年）凡通三經自八年以來頗事游燕褻以君臣相猜學荒而位亦替矣 使太常以太牢祀孔子於辟雍以顏淵配

習鑿齒漢晉春秋曰是年吳將朱然入柤中 柤中見前正始二年注 斬獲數千柤中民吏萬餘家渡沔司馬宣王謂曹爽曰若便令還必復致寇宜權留之 晉書宣帝紀七年春正月吳寇柤中夷夏萬餘家避寇北渡沔帝以沔南近賊若百姓奔還必復致寇宜權留之 爽曰今不修守沔南 宋本修作備 留民沔北非長策也宣王曰不然凡物置之安地則安危地則危故兵書曰成敗形也安危勢也形勢御衆之要不可不審設令賊二萬人斷沔水三萬人與沔南諸軍相持萬人陸鈔柤中君將何以救之爽不聽卒令還然後襲破之 晉書宣帝紀爽不從卒令還南賊果襲破柤中所失萬計 袁淮言于爽曰 姚範曰淮疑作準見袁渙傳 吳楚之民脆弱寡能 後漢書循吏傳許荆遷桂陽太守郡濱南州風俗脆薄章懷注脆薄猶輕薄也 英才大賢不出其土比技量力不足與中國相抗然自上世以來常爲中國患者蓋以江漢爲池舟楫爲用利則陸鈔不利則入水攻之道遠中國之長技無所用之也孫權自十數年以來大畋江北繕治甲兵精其守禦數出盜竊敢遠其水陸次平土此中國

所願聞也夫用兵者貴以飽待饑以逸擊勞師不欲久行不欲遠守少則固力專則彊當今宜捐淮漢以南 官本捐作損 退卻避之若賊能入居中央來侵邊境則隨其所短中國之長技得用矣若不敢來則邊境得安無鈔盜之憂矣使我國富兵彊政修民一陵其國不足爲遠矣今襄陽孤在漢南賊循漢而上則斷而不通一戰而勝則不攻而自服故置之無益於國亡之不足爲辱自江夏已東淮南諸郡三后已來其所亡幾何以近賊疆界易鈔掠之故哉若徙之淮北遠絕其閒則民人安樂何鳴吠之驚乎遂不徙

八年春二月朔日有蝕之 晉書天文志正始八年二月庚午朔日有蝕之是時曹爽專政丁謐鄧颺等轉改法度會有日食之變詔羣臣問得失蔣濟上疏（疏見濟傳）旨譬甚切而君臣不悟終至敗亡 夏五月分河東之汾北十縣爲平陽郡 郡國志司隸河東郡二十城建安十八年郡屬冀州魏復置司隸自冀州移還至是復分汾北十縣爲平陽郡治平陽一統志平陽故城今山西平陽府臨汾縣西南見武紀卷首洪亮吉據晉志謂平陽郡領縣十二平陽楊端氏永安蒲子狐讘襄陵絳邑濩澤臨汾北屈皮氏吳增僅曰平陽祇領十縣何時增益二縣史

志無考似不得率據晉志考端氏縣在沁水東濩澤縣在沁水西皆非汾北之地澤州志云端氏濩澤二縣屬河東郡後漢及魏皆因之晉改屬平陽郡一統志沿革表於曹魏平陽郡下亦不列此二縣較爲近實弼按錢大昕以平陽郡爲文帝時置見徐邈傳注已駁之秋七月尚書何晏奏曰善爲國者必先治其身治其身者愼其所習所習正則其身正其身正則不令而行所習不正則其身不正其身不正則雖令不從論語子曰其身正不令而行其身不正雖令不從何晏蓋本此晏有論語集解於正始中奏上是故爲人君者所與游必擇正人所觀覽必察正象放鄭聲而弗聽遠佞人而弗近然後邪心不生而正道可弘也論語顏淵問爲邦子曰放鄭聲遠佞人鄭聲淫佞人殆季末闇主不知損益斥遠君子引近小人忠良疏遠便辟褻狎亂生近暱譬之社鼠晏子春秋內篇問上景公問于晏子曰治國何患晏子對曰患夫社鼠公曰何謂也對曰夫社束木而塗之鼠因往託焉熏之則恐燒其木灌之則恐敗其塗此鼠所以不可得殺者以社故也夫國亦有焉人主左右是也內則蔽善惡于君上外則賣權重於百姓不誅之則亂誅之則爲人主所案據腹而有之此亦國之社鼠也考其昏明所積以然故聖賢諄諄以爲至慮舜戒禹曰鄰哉鄰哉言愼所近也書益稷篇帝曰吁臣哉鄰哉鄰哉臣哉孔傳云鄰近也言君臣道近相須而成周公戒成王曰其朋其朋言愼所與也書洛誥篇周公曰孺子其朋孺子其朋其往孔傳云少子愼其朋黨少子愼其朋黨戒其自今以往詩云一人有慶兆民賴之此書呂刑篇之辭詩云當作書云吳志孫權傳嘉禾二年詔引此亦作書云可自今以後御幸式乾殿胡三省曰參考魏晉所記式乾殿當在皇后宮坤爲母乾爲父言皇后爲天下母以乾爲式從夫之義也及游豫後園皆大臣侍從因從容戲晏兼省文書詢謀政事講論經義爲萬世法李安溪曰晏之言自可傳緬惟曹爽何鄧之獄蓋亦懿昭勢成之後錄其瑕甚其罪當日是非之實未必爾也何焯曰史家於平叔等既附見曹爽傳不能爲之平反特錄此奏於紀使百世下因其言而知其人不欲盡沒其實於異同之口耳姚範曰諸紀不載奏諫而此錄之者蓋何晏孔乂所論與後少主之廢以耽淫游晏相發故晉臣著魏事者錄之而陳氏仍其故豈爲平叔雪申其惋抑乎果爾則孔乂又何以云也其切著明直何如明紀注中諸疏大凡承祚之書能芟薙繁伤檢核事實而已李何諸君以春秋五體求之亦已過矣蔣超伯南滑楉語卷六曰觀晏此奏藹然儒者之風魯論一書晏功尤鉅非丁謐鄧颺一流可比王坦之廢莊論以荀卿揚雄何晏爲三賢非過譽也范武子乃以

晏與王弼罪深桀紂過矣陳壽于魏末事多爲典午回護毫無直筆魏末傳魏略等書亦多失實甚至謂晏好服婦人之服寃哉弼按李何二說極爲平情之論觀王肅傳曹爽戒何晏等之語未嘗不自警惕適遇仲達巨奸狠顧猜忍而膏粱子弟非其匹敵又驕奢無度狃憒昏庸遂爲所誅夷耳冬十二月散騎常侍諫議大夫孔乂奏曰散騎常侍見文紀延康元年續百官志諫議大夫六百石齊職儀曰漢武帝始置諫大夫皆名儒宿德爲之光武增議字爲諫議大夫置三十人孔乂各本均作孔晏乂官本攷證曰孔乂字元儁見後倉慈傳注中下文晏乂咸因闕以進規諫謂何晏及乂也此晏字疑衍何焯杭世駿錢大昭潘眉梁章鉅諸家說同禮天子之宮有斲礱之制國語趙文子爲室斲其椽而礱之張老夕焉而見之不告而歸文子聞之駕而往曰吾不善子亦告我何其速也對曰天子之室斲其椽而礱之加密石焉諸侯礱之大夫斲之士首之備其物義也從其等禮也今子貴而忘義富而忘禮吾懼不免何敢以告無朱丹之飾宜循禮復古今天下已平君臣之分明陛下但當不懈于位平公正之心審賞罰以使之可絕後園習騎乘馬出必御輦乘車天下之福臣子之願也晏乂咸因闕以進規諫晉書宣帝紀八年夏四月曹爽用何晏鄧颺丁謐之謀遷太后於永寧宮專擅朝政兄弟並典禁兵多樹親黨屢改制度帝不能禁於是與爽有隙五月帝稱疾不與政事時人爲之謠曰何鄧丁亂京城胡三省曰據後魏起永寧寺於銅駝街西意即前魏永寧宮故處也又據陳壽志太后稱永寧宮非徙也意者晉諸臣欲增曹爽之惡以遷字加之耳晉書五行志云爽遷太后於永寧宮蓋亦承晉諸臣所記也

九年春二月衞將軍中書令孫資癸巳癸巳二字疑在二月之下驃騎將軍中書監劉放三月甲午司徒衞臻各遜位以侯就第位特進胡三省曰雞棲樹之言同中而三馬食一槽矣四月以司空高柔爲司徒光祿大夫徐邈爲司空固辭不受魏之三公多以老病充數就位數月旋卽死亡故徐邈有三公論道之官無其人則缺豈可以老病忝之哉之言也盧欽稱邈志高行潔誠無愧矣沈家本曰固字上當有邈字秋九月以車騎將軍王淩爲司空冬十月大風發屋折樹杭世駿曰魏略云正始元年商風大起數十日發屋拔樹動太極東閤正會大風又甚傾楹案曹爽將誅之徵侯康曰正始九年事藝文類聚及御覽引魏略作元年當是傳寫之譌趙一清曰宋晉五行志正始九年十一月大風數十日發屋折樹十二月戊午晦尤甚動太極東閤嘉平元年正月壬辰朔西北大風發屋折樹木昏塵蔽天此大臣執政之憂也後踰旬而曹爽等誅滅一清案正月朔是壬辰則十二月晦當作辛卯矣

嘉平元年春正月甲午車駕謁高平陵宋書禮志二云晉宣帝遺詔子弟羣官皆不得謁陵於是景文遵旨弼按仲達深謀遠慮或亦有鑒於齊王謁陵閉之城外爲人所乘者乎梁章鉅曰齊王在位九年而謁陵止此一舉故鄭重書之弼按此爲族滅曹爽之機司馬氏潛移政柄之關鍵皆因此而起不專爲謁陵典禮而大書特書也

孫盛魏世籍曰沈家本曰孫盛魏世譜隋唐志不著錄此紀所引三條嘉平元年一條引作魏世籍籍字爲譜字之訛餘二條不稱孫盛省文也文選注引之首見魏都賦又見陸機答賈謐詩不及此紀所引之詳御覽皇王部亦引魏世譜皆不著撰人高平陵在洛水南大石山去洛城九十里趙一清曰寰宇記卷三大石山一名萬安山在洛陽西南四十五里魏武樂府城南篇云南上大石山即此山也

太傅司馬宣王奏免大將軍曹爽爽弟中領軍羲武衛將軍訓散騎常侍彥官以侯就第戊戌有司奏收黃門張當付廷尉考實其辭爽與謀不軌又尚書丁謐鄧颺何晏司隸校尉畢軌荊州刺史李勝大司農桓範皆與爽通姦謀夷三族語在爽傳晉書宣帝紀誅曹爽之際支黨皆夷及三族男女無少長

姑姊妹女子之適人者皆殺之既而竟遷魏鼎云明帝時王導侍坐帝問前世所以得天下導乃陳帝創業之始及文帝末高貴鄉公事明帝以面覆牀曰若如公言晉祚安得復長遠何焯曰莽之殺賢懿之族爽皆稔知其中外殫微猝起乘之弼按懿責爽兄弟典兵然是時司馬師爲中護軍深謀秘策陰養死士三千一朝而集將兵屯司馬門懿列陣闕下據武庫屯兵洛水浮橋將何辭以說耶丙午大赦丁未以太傅司馬宣王爲丞相固讓乃止晉書宣帝紀二月天子以帝爲丞相奏事不名固讓丞相冬十二月加九錫之禮朝會不拜固讓九錫弼按此與建安時以曹操爲丞相加九錫情事相同所謂美惡不嫌同調也阿瞞亦悔其作俑乎

孔衍漢魏春秋曰詔使太常王肅冊命太傅爲丞相增邑萬戶晉書作二萬戶羣臣奏事不得稱名如漢霍光故事漢書宣帝紀地節二年大司馬大將軍光薨詔書不稱名師古曰尊之故不名太傅上書辭讓曰臣親受顧命憂深責重憑賴天威摧斃姦凶贖罪爲幸功不足論又三公之官聖王所制著之典禮至於丞相始自秦政漢氏因之無復變改丞相見武紀建安十三年漢書百官公卿表相國丞相皆秦官金印紫綬掌天子助理萬機秦有左右高帝即位置一丞相十一年更名相國綠綬今三公之官皆備橫復寵臣違越先典革聖明之經襲秦漢之路雖在異人臣所宜正況當臣身而不固爭四方議者將謂臣何書十餘上詔乃許之復加九錫之禮太傅又言太祖有大功大德漢氏崇重故加九錫此乃歷代異事非後代之君臣所得議也又辭不受

夏四月乙丑改年丙子太尉蔣濟薨濟傳注引世語曰濟書與曹爽言宣王旨唯免官爽遂誅滅濟病其言之失信發病卒冬十二月辛卯以司空王淩爲太尉淩傳司馬宣王既誅曹爽進淩爲太尉假節鉞通鑑即拜王淩爲太尉胡三省曰即拜者就壽春拜爲太尉庚子以司隸校尉孫禮爲司空禮爲曹爽所劾爽誅後入爲司隸校尉遷司空

二年晉書宣帝紀二年春正月天子命帝立廟于洛陽置左右長史增掾屬舍人滿十人歲舉掾屬任御史秀才各一人增官騎百人鼓吹十四人封子肜平樂亭侯倫安樂亭侯帝以久疾不任朝請每有大事天子親幸第以諮訪焉夏五月以征西將軍郭淮爲車騎將軍淮傳嘉平元年遷征西將軍都督雍涼諸軍事二年詔曰淮在關右三十餘年功績顯著今以淮爲車騎將軍儀同三司持節都督如故冬十

月以特進孫資爲驃騎將軍十一月司空孫禮薨十二月甲辰東海王霖薨霖傳作嘉平元年薨此書月日當爲霖傳之誤乙未征南將軍王昶渡江掩攻吳破之吳志孫權傳赤烏十三年十二月魏大將軍王昶圍南郡荊州刺史王基攻西陵遣將軍戴烈陸凱往拒之皆引還朱績傳魏征南將軍王昶率衆攻江陵城不克而退績便引兵及昶於紀南紀南去城三十里（紀南在今江陵縣西北三十里）績先戰勝而諸葛融不進績後失利本志王昶傳昶詣江陵兩岸引竹絙爲橋渡水擊之賊大將施績（朱績本姓施氏）夜遁入江陵城胡三省曰吳引沮漳之水浸江陵以北之地以限魏兵故昶爲橋以渡水弼按紀云王昶渡江指渡漢水言非渡大江也吳荊州南郡江陵在江北可證

三年春正月荊州刺史王基新城太守州泰攻吳破之州泰各本皆作陳泰誤官本攷證盧明楷曰陳泰正始中爲并州刺史嘉平初代郭淮爲雍州刺史未嘗典新城何有與王基同破吳之事或作州泰鄧艾傳中州泰注云宣王擢爲新城太守是其人與陳景雲曰玄伯本傳具載前後歷官未嘗典郡嘉平中方代郭淮爲雍州刺史安得與基同建破吳之功乎弼按王昶傳云遣新城太守州泰晉書景帝紀云嘉平四年諸葛誕毌丘儉王昶陳泰胡遵都督四方王基州泰鄧艾石苞典州郡是陳泰爲州泰之誤無疑降者數千口二月置南郡

之夷陵縣以居降附 宋本馮本監本置作致趙一清曰當作置南郡夷陵本漢舊縣魏武平荊州置臨江郡於此赤壁敗歸地入於蜀先主改曰宜都章武元年猇亭之役地又爲吳陸遜所取今此所置蓋與吳對境而各立名耳弼按王基傳基爲荊州刺史隨征南王昶擊吳納降數千口移其降民置夷陵縣卽此此魏之夷陵也至吳之夷陵詳見文紀黃初三年魏夷陵詳見王基傳

三月以尚書令司馬孚爲司空 晉書安平獻王孚傳孚字叔達宣帝次弟也初爲魏陳思王植文學掾遷太子中庶子魏武帝崩太子號哭孚曰天下恃殿下爲命柰何效匹夫之孝乎羣臣號哭無復行列孚曰今當早拜嗣君以鎭海內而但哭邪魏明帝遷度支尚書問左右孚有兄風不答云似兄天子曰吾得司馬懿二人復何憂哉遷尚書令及宣帝誅曹爽孚與景帝屯司馬門以功進爵長社縣侯遷司空

四月甲申以征南將軍王昶爲征南大將軍 胡三省曰以破吳兵進位也錢大昭曰征南將軍特書除授唯見于此而前此之夏侯尚何以不書

壬辰大赦丙午聞太尉王淩謀廢帝立楚王彪太傅司馬宣王東征淩五月甲寅淩自殺六月彪賜死 事見淩傳晉書宣帝紀以淩歸于京師道經賈逵廟淩呼曰賈梁道王淩是大魏之忠臣惟爾有神知之至項仰酖而死收其餘黨皆夷三族并殺彪悉錄魏諸公置于鄴命有司監察不得交關天子遣侍中韋誕持節勞軍于五池帝至自甘城天子又使兼大鴻臚太僕庾嶷持節策命帝爲相國封安平郡公孫及兄子各一人爲列侯前後食邑五萬戶侯者十九人固讓相國郡公不受琅邪王伷傳伷爲寧朔將軍監守鄴城石苞傳魏世王侯多居鄴下弼按王淩之獄爲千古疑案已於淩傳中論之謂彥雲以幼主制於彊臣曹爽橫被誅戮欲清君側則有之謂其勾結朱虎恐出於事後周內藉此爲翦除魏氏宗室之計不然魏諸王公何罪奚必悉錄置鄴下乎

秋七月壬戌皇后甄氏崩辛未以司空司馬孚爲太尉戊寅太傅司馬宣王薨 晉書宣帝紀六月帝寢疾夢賈逵王淩爲祟甚惡之秋八月戊寅崩于京師時年七十三九月庚申葬于河陰諡曰文貞後改諡文宣唐太宗曰司馬懿受遺二主佐命三朝既承忍死之託曾無殉生之報天子在外內起甲兵陵土未乾遽相誅戮貞臣之體寧若此乎夫征討之策豈東智而西愚輔佐之心何前忠而後亂故晉明掩面恥欺僞以成功石勒肆言笑姦回以定業雖自隱過當年而終見嗤後代也胡三省曰史以懿死爲王淩之祟信乎儻其果能然固忠勇之鬼也通鑑不語怪今著之以示爲人臣者潘眉曰戊寅上當有八月此闕文梁玉繩曰司馬懿諡宣文晉書文帝紀可據禮志亦同而宣帝紀云諡文貞後改文宣恐誤錢大昕曰晉書禮志魏朝初諡宣帝爲文侯景帝爲武侯文王表不宜與二祖同於是改諡宣文忠武然則初諡文無貞字也禮志及文帝紀並稱舞陽宣文侯宣帝紀作文宣者轉寫之誤弼按本志陳留王紀咸熙元年五月癸未追命舞陽宣文侯爲晉宣王可爲諡宣文之證晉書宣帝紀誤也

以衞將軍司馬景王爲撫軍大將軍錄尚書事 晉書景帝紀云景帝諱師字子元宣帝長子也宣帝薨議者咸云伊尹既卒伊陟嗣事天子命帝以撫軍大將軍輔政胡三省曰魏晉之制驃騎車騎衞將軍伏波撫軍都護鎭軍中軍四征四鎭龍驤典軍上軍輔國等大將軍位皆從公至錄尚書事則專制朝政矣

乙未葬懷甄后于太清陵庚子驃騎將軍孫資薨十一月有司奏諸功臣應饗食於太祖廟者更以官爲次太傅司馬宣王功高爵尊最在上 或曰千古詔諛自能隨時撰成典章可爲太息

十二月以光祿勳鄭沖爲司空 續百官志光祿勳卿一人中二千石掌宿衞宮殿門戶晉書沖傳字文和滎陽開封人魏文帝爲太子命爲文學大將軍曹爽引爲從事中郎轉散騎常侍光祿勳嘉平三年拜司空高貴鄉公講尚書沖執經親授與侍中鄭小同俱被賞賜俄轉司徒常道鄉公卽位拜太保位在三司之上封壽光侯魏帝告禪使沖奉策武帝踐阼拜太傅進爵爲公王鳴盛曰論語集解正始中所上序稱光祿大夫臣鄭沖本傳但云光祿勳不言光祿大夫史文略也

四年春正月癸卯以撫軍大將軍司馬景王爲大將軍 晉書職官志大將軍古官也漢東京不常置爲之者皆擅朝權至景帝爲大將軍亦受非常之任宋書百官志漢東京大將軍自爲官位在三司上晉宣帝自大將軍爲太尉然則大將軍在三司下矣其後又在三司上晉景帝爲大將軍而景帝叔父孚爲太尉奏改大將軍在太尉下後還復舊

二月立皇后張氏 通鑑后故涼州刺史既之

孫東莞太守緝之女也召緝拜光祿大夫胡三省曰爲司馬師殺緝張本

大赦夏五月魚二見於武庫屋上 宋書五行志四云此魚孽也王肅曰魚生于淵而亢於屋介鱗之物失其所也邊將其殆有棄甲之變乎後果有東關之敗干寶又以爲高貴鄉公兵禍之應二說皆與班固旨同

漢晉春秋曰初孫權築東興隄以遏巢湖後征淮南壞不復修 巢湖見武紀建安二十二年明紀青龍二年吳志諸葛恪傳初權黃龍元年遷都建業二年築東興隄遏湖水後征淮南敗以內船壞不復修胡三省曰謂正始二年芍陂之敗也遏巢湖所以利舟師而反爲湖內之船所敗故廢不治

是歲諸葛恪率軍 宋本率作帥 更於隄左右結山挾築兩城使全端留略守之引軍而還 諸葛恪傳恪以建興元年（按卽嘉平四年）十月會衆於東興更作大隄左右結山俠築兩城各留千人使全端留略守之引軍而還通鑑使將軍全端守西城都尉留略守東城胡三省曰今柵江口有兩山濡須山在和州界謂之東關七寶山在無爲軍界謂之西關兩山對峙中爲石梁鑿石通水唐志廬州巢縣東南四十里有故東關俠讀曰夾古者俠夾二字通又曰東關卽濡須口亦謂之柵江口有東西關東關之南岸吳築城西關之北岸魏置柵後諸葛恪於東關築大隄以遏巢湖謂之東興隄卽其地也（見通鑑魏紀太和二年）魏書任城王澄傳梁頻斷東關欲令巢湖泛溢湖周回四百餘里

東關合江之際廣不過數十步水經沔水注湖水又東逕右塘穴北爲中塘塘在四水中水出格虎山北山上有城故東關城也昔諸葛恪作東興隄以遏巢湖傍山築城塘卽東興隄城亦關城也通鑑地理通釋東關東南有石渠鑿山通水是名關口相傳云夏禹所鑿一號東興今其地高峻險狹實守阨之所一統志東關在今安徽和州含山縣西南七十里濡須塢之北與廬州府巢縣接界其地峻險周圍皆山三國時爲戍守重地濡須口濡須塢見武紀建安十八年 諸葛誕言于司馬景王曰致人而不致于人者此之謂也今因其內侵使文舒逼江陵仲恭向武昌 王昶字文舒毌丘儉字仲恭 以羈吳之上流然後簡精卒攻兩城比救至可大獲也景王從之

冬十一月詔征南大將軍王昶征東將軍胡遵鎭南將軍毌丘儉等征吳十二月吳大將軍諸葛恪拒戰大破衆軍於東關不利而還 此所謂東關之役也本志諸葛誕傳諸葛恪興東關遣誕督諸軍討之與戰不利還毌丘儉傳諸葛誕戰於東關不利吳志諸葛恪傳魏以吳入其疆土恥於受侮命大將胡遵諸葛誕等率衆七萬欲圍攻兩塢圖壞隄遏恪興軍四萬晨夜赴救水經沔水注魏遣司馬昭督鎭東諸葛誕率衆攻東關三城將毀隄遏諸軍作浮梁陳于隄上分

兵攻城恪遣冠軍丁奉等登塘鼓譟奮擊朱異等以水軍攻浮梁魏征東胡遵軍士爭渡梁壞投水死者數千塘卽東興隄城亦關城也案是役諸葛誕實督諸軍而紀文不書誕者或以誕爲鎭東在征東胡遵之下耶

漢晉春秋曰毌丘儉王昶聞東軍敗 通鑑詔王昶等三道擊吳十二月王昶攻南郡毌丘儉向武昌胡遵諸葛誕率衆十萬攻東興胡三省曰時三道擊吳東關最在東故曰東軍 各燒屯走朝議欲貶黜諸將景王曰我不聽公休 諸葛誕字公休 以至于此此我過也 三道進兵本用公休之策所謂不聽公休者或別有兵略也嚴衍通鑑補存疑云伐吳之議倡自諸葛誕而諫止之者惟傅嘏耳嘏字蘭石則公休當作蘭石不然不聽公休當作誤聽公休兩者必有一誤姚範曰前云攻兩城從諸葛之言此又云我不聽公休未詳其事 諸將何罪悉原之時司馬文王爲監軍統諸軍唯削文王爵而已 晉書文帝紀文帝諱昭字子上景帝之母弟也爲安東將軍持節鎭許昌進號都督統征東將軍胡遵鎭東將軍諸葛誕伐吳戰于東關二軍敗績坐失侯宋書百官志晉世都督諸軍爲上監諸軍次之督諸軍爲下本志王脩傳注引王隱晉書曰司馬文王爲安東王儀爲司馬東關之敗文王曰近日之事誰任其咎儀曰責在軍帥文王怒曰司馬欲委罪於孤耶遂殺之 是歲雍州刺史陳泰求勑并州并力討胡 胡各本皆作恪誤官本攷證陳浩曰東關之敗與并州無涉注中所引明是二事宋本作幷力討胡則恪字爲胡字之譌弼按通鑑作討胡 景王從之未集而鴈門新興二郡以爲將遠役遂驚反 通鑑郡下有胡字胡三省曰雍州在幷州西南而鴈門新興二郡幷州北鄙也其道里相去遠漢末曹公集塞下荒地爲新興郡郡國志幷州鴈門郡治陰館王先謙曰漢末郡荒廢三國魏移郡南度句注見寰宇記治廣武見魏志牽招傳一統志陰館故城今山西代州西北四十里廣武故城今代州西十五里新興郡見武紀建安二十年 景王又謝朝士曰此我過也非玄伯之責 陳泰字玄伯通鑑作非陳雍州之責 於是魏人愧悅 胡三省曰司馬師承父懿之後大臣未附引咎責躬所以愧服天下之心而固其權耳盜亦有道況盜國乎 人思其報 習鑿齒曰司馬大將軍引二敗以爲己過 胡三省曰二敗謂東關師敗及幷州胡反也 過消而業隆可謂智矣夫民忘其敗而下思其報雖欲不康其可得邪若乃諱敗推過歸咎萬物常執其功而隱其喪 喪息浪反 上下離心賢愚解體是楚再敗而晉再克也謬之甚矣君人者苟統斯理而以御國則朝無秕政身靡留愆行失而名揚兵挫而戰勝雖百敗可也況於再乎

五年夏四月大赦五月吳太傅諸葛恪圍合肥新城 合肥新城見明紀青龍二年又見滿寵傳 詔太尉司馬孚拒之 晉書孚傳吳將諸葛恪圍新城以孚進督諸軍二十萬防禦之孚次壽春遣毌丘儉文欽等進討諸將欲速擊之孚曰夫攻人者借人之力以爲功且當詐巧不可力爭也故稽留月餘乃進軍吳師望風而退吳志諸葛恪傳恪有輕敵之心於是違衆出軍大發州郡二十萬衆悉欲曜威淮南迴軍還圍新城攻守連月城不拔士卒疲勞病者大半死傷塗地魏進救兵恪引軍而去

漢晉春秋曰是時姜維亦出圍狄道 狄道見武紀建安十九年 司馬景王問虞松曰 虞松事見鍾會傳注引世語又見高貴鄉公紀甘露元年注 今東西有事二方皆急 胡三省曰謂吳攻淮南蜀攻隴西也狄道縣屬隴西郡 而諸將意沮若之何松曰昔周亞夫堅壁昌邑而吳楚自敗 昌邑山陽郡治見武紀初平元年漢書周勃傳景帝三年吳楚反亞夫至會兵滎陽吳方攻梁梁急請救亞夫引兵東北走昌邑深壁而守吳楚既餓迺引而去亞夫出精兵追擊大破吳王濞凡相守攻三月而吳楚破平 事有似弱而彊或似彊而弱不可不察也今恪悉其銳衆足以肆暴而坐守新城欲以致一戰耳 胡三省曰致者猶古所謂致師也 若攻城不拔請戰不得師老衆疲勢將自走諸將之不徑

進乃公之利也姜維有重兵而縣軍應恪縣讀曰懸投食我麥胡三省曰謂維軍後無轉餉投兵魏地掠其麥以爲食耳非深根之寇也且謂我并力於東西方必虛是以徑進今若使關中諸軍倍道急赴出其不意殆將走矣景王曰善乃使郭淮陳泰悉關中之衆解狄道之圍勅毌丘儉等案兵自守以新城委吳姜維聞淮進兵軍食少乃退屯隴西界蜀志姜維傳延熙十六年夏維率數萬人出石營圍南安魏雍州刺史解圍至洛門維糧盡退還胡三省曰果如虞松所料

秋七月恪退還

是時張特守新城魏略曰特字子產涿郡人郡國志幽州涿郡治涿一統志涿縣故城今順天府涿州治先時領牙門通鑑揚州牙門將涿郡張特守新城洪飴孫曰牙門將軍或稱牙門將無員第五品黃初中置諸葛誕傳誕被徵請諸牙門置酒飲宴是牙門將軍所置甚多無定員也給事鎮東諸葛誕誕不以爲能也欲遣還護軍會毌丘儉代誕遂使特屯守合肥新城及諸葛恪圍城特與將軍樂方等三軍衆合有三千人吏兵疾病及戰死者過半而恪起土山急攻城將陷不可護特乃謂吳人曰今我無心復戰也然魏法被攻過百日而救不至者雖降家不坐也胡三省曰言雖身降而其家不坐罪也自受敵以來已九十餘日矣此城中本有四千餘人而戰死者已過半城雖陷尚有半人不欲降我當還爲相語之條名別善惡通鑑無名字明日早送名且持我印綬去以爲信乃投其印綬而與之各本而均作以通鑑無而字吳人聽其辭而不取印綬不攻頃之特還乃夜徹諸屋材柵補其缺爲二重重直龍反明日謂吳人曰我但有鬬死耳吳人大怒進攻之不能拔遂引去朝廷嘉之加雜號將軍雜號將軍見明紀太和二年封列侯又遷安豐太守晉書地理志豫州安豐郡魏置統縣五治安風一統志安風廢縣在今安徽潁州府霍丘縣西南二十里漢置縣屬六安國後漢屬廬江郡晉初爲安豐郡治安帝時與郡俱廢方輿紀要卷二十一云三國魏置安豐郡治安風縣正元二年毌丘儉舉兵壽春進屯項司馬師遣豫州刺史諸葛誕自安風向壽春是也後省杜佑曰霍丘城北有安風津曹魏安風都尉理毌丘儉敗走安風津見殺處也或譌風爲豐弼按宋書州郡志云安豐太守治安豐魏文帝分廬江置又於尋陽太守安豐縣云晉武帝立爲安豐郡前後兩岐又云安

豐縣前漢無不知班志實有此縣此蓋沈約之誤不足置辨安豐郡又互見王基傳毌丘儉傳

八月詔曰故中郎西平郭脩

通鑑作中郎將郭偱續百官志五官中郎比六百石無員西平郡詳見武紀建安十九年水經河水注湟水又東逕西平城北魏黃初中立西平郡憑倚故亭增築南西北三城以爲郡治洪亮吉曰西平郡漢末分金城置通典元和志寰宇記建安中立西平郡魏晉因之謝鍾英曰水經注謂黃初中立晉志序例謂魏武所置皆非也通鑑郭脩作郭偱胡三省曰偱考字書無偱字又考三國志三少帝紀蜀志張嶷傳均作郭脩裴注亦云脩字孝先費禕傳後主傳均作郭偱今三國志舊本凡書偱者多從偱余謂此偱卽脩字之誤也後人以偱字無所出又改亻爲彳遂爲循字耳盤洲洪氏曰自東漢以來凡盾字皆作偱字又曰漢隸偱脩頗相近隸法脩偱只爭一畫潘眉曰脩偱字形相近故易誤如後漢書袁紹傳吳偱魏書袁紹傳作吳脩吳書孫皓傳滕偱禪國山碑亦作滕偱王隱交廣記及晉書皆作滕脩凡此之比不可枚舉砥節厲行秉心不回乃者蜀將姜維寇鈔脩郡後主傳延熙十三年姜維復出西平不克而還爲所執略往歲僞大將軍費禕驅率羣衆陰圖闚闟道經漢壽郡國志益州廣漢郡葭萌晉書地理志劉備據蜀分廣漢之葭萌涪城梓潼白水四縣改葭萌曰漢壽又立漢德縣以爲梓潼郡泰始三年分益州立梁州於漢中改漢壽爲晉壽華陽國志梓潼郡本廣漢屬縣建安二十二年分廣漢置梓潼郡晉壽縣本葭萌城劉氏更曰漢壽一統志晉壽故城在今四川保寧府昭化縣南李兆洛曰在今保寧府廣元縣東南五十里葭萌見蜀志劉璋傳請會衆賓脩於廣坐之中手刃擊禕費禕傳延熙十六年歲首大會魏降人郭偱在坐禕歡飲沈醉爲偱手刃所害勇過聶政史記刺客傳聶政獨行仗劍至韓韓相俠累方坐府上持兵戟而衛侍者甚衆聶政直入上階刺殺俠累功邁介子漢書傅介子傳詔曰樓蘭王安歸嘗爲匈奴間候遮漢使者平樂監傅介子持節使誅斬樓蘭王安歸首縣之北闕以直報怨可謂殺身成仁釋生取義者矣夫追加褒寵所以表揚忠義祚及後胤所以獎勸將來其追封脩爲長樂鄉侯食邑千戶謚曰威侯子襲爵加拜奉車都尉續百官志奉車都尉比二千石掌御乘輿車賜銀千鉼潘眉曰鉼字不誤一本作餅者非陳矯傳注引世語以金五鉼授之亦作鉼爾雅釋器鉼金謂之鈑司馬溫公類篇鉼金鉼法苑珠林樹神以金一鉼賜之音釋鉼金鈑也墨莊漫錄韓滉與擔夫白金一版按版與鈑同一版猶言一鈑卽一鉼也正作鉼絹千匹以光寵存亡永垂來世焉

魏氏春秋曰脩字孝先素有業行著名西州姜維劫之脩不爲屈劉禪以爲左將軍脩

欲刺禪而不得親近每因慶賀且拜且前爲禪左右所遏事輒不克故殺禕焉　臣松之以爲古之舍生取義者必有理存焉或感恩懷德投命無悔或利害有機奮發以應會詔所稱聶政介子是也事非斯類則陷乎妄作矣魏之與蜀雖爲敵國非有趙襄滅智之仇燕丹危亡之急且劉禪凡下之主費禕中才之相二人存亡固無關于興喪郭脩在魏西州之男子耳始獲於蜀既不能抗節不辱於魏又無食祿之責不爲時主所使而無故規規然糜身於非所義無所加功無所立可謂折柳樊圃其狂也且詩齊風東方未明篇折柳樊圃狂夫瞿瞿毛傳云柳柔脆之木樊藩也圃菜園也折柳以爲藩園無益於禁矣此之謂也

自帝即位至於是歲凡十四年郡國縣道多所置省俄或還復不可勝紀趙一清曰晉書荀勗傳魏太和中遣王人四出減天下吏員正始中亦并合郡縣此省吏也水經河水注柏谷水出弘農縣南石隄山山下有石隄祠銘云魏甘露四年散騎常侍征南將軍豫州刺史領弘農太守南平公之所經建也魏時弘農屬司隸不屬豫州豈所謂置省復還者邪石銘如是足以相證

六年春二月己丑鎮東將軍毌丘儉上言昔諸葛恪圍合肥新城城中遣士劉整出圍傳消息爲賊所得考問所傳語整曰諸葛公欲活汝汝可具服整罵曰死狗此何言也我當必死爲魏國鬼不求苟活逐汝去也各本皆作不苟求活逐汝去也欲殺我者便速殺之終無他辭又遣士鄭像出城傳消息或以語恪恪遣馬騎尋圍跡索得像還四五人的頭面縛的宋本作的或疑作拘潘眉曰似當爲靮言羈靮其頭將繞城表勑語像使大呼言大軍已還洛不如早降毛本如作知誤像不從其言吏大呼城中曰大軍近在圍外壯士努力賊以刀築其口使不得言像遂大呼令城中聞知整像爲兵能守義執節子弟宜有差異詔曰夫顯爵所以褒元功重賞所以寵烈士整像召募通使越蹈重圍冒突白刃輕身守信不幸見獲抗節彌厲揚六軍之大勢安城守之懼心臨難不顧畢志傳命昔解楊執楚有隕無貳左傳宣公十五年宋人告急于晉晉使解楊如宋使無降楚曰晉師悉起將至矣鄭人囚而獻諸楚楚子厚賂之使反其言不許三而許之登諸樓車使呼宋人而告之遂致其君命楚子將殺之對曰受命以出有死無霣又可賂乎楚子舍之以歸齊路中大夫以死成命史記齊悼惠王世家齊王使路中大夫告於天子天子復令路中大夫還告齊王善堅守吾兵今破吳楚矣路中大夫至三國兵圍臨菑數重無從入三國將劫與路中大夫盟曰若反言漢已破矣齊趣下三國不且見屠路中大夫既許之至城下望見齊王曰漢已發兵百萬使太尉周亞夫擊破吳楚方引兵救齊齊必堅守無下三國將誅路中大夫張晏曰路中大夫姓路爲中大夫三國膠西菑川濟南也索隱云史失名故言姓及官顧氏按路氏譜中大夫名卬也方之整像所不能加今追賜整像爵關中侯各除士名使子襲爵如部曲將死事科庚戌中書令李豐與皇后父光祿大夫張緝等謀廢易大臣以太常夏侯玄爲大將軍事覺諸所連及者皆伏誅事詳夏侯玄傳前已誅夷曹爽禁錮魏之宗室此則魏之親舊肺腑亦不能容太初已早見及此而不與其從叔仲權同赴蜀可謂視死如歸矣又案是獄在嘉平六年二月亦見玄傳晉書景帝紀書正月誤

辛亥大赦三月廢皇后張氏晉書景帝紀三月乃諷天子廢皇后張氏因下詔曰姦臣李豐等靖譖庸回陰構凶慝大將軍糾虔天刑致之誅辟周勃之克呂氏霍光之擒上官曷以過之其增邑九千戶并前四萬帝讓不受胡三省曰曹操殺漢后伏氏而司馬師殺魏后張氏此不惟天道亦操之有以敎之也弼按廢與殺異不能謂廢即殺也胡注殺魏后張氏殺字疑誤夏四月立皇后王氏大赦五月封后父奉車都尉王夔爲廣明鄉侯光祿大夫位特進續百官志奉車都尉比二千石無員掌御乘輿車晉書職官志晉武帝亦以宗室外戚爲奉車駙馬騎三都尉而奉朝請焉妻田氏爲宣陽鄉君秋九月大將軍司馬景王將謀廢帝以聞皇太后晉書景帝紀天子以玄緝之誅深不自安而帝亦慮難作潛謀廢立乃密諷魏永寧太后

世語及魏氏春秋並云此秋姜維寇隴右時安東將軍司馬文王鎭許昌徵還擊維至京師帝于平樂觀以臨軍過范書靈帝紀中平五年燿兵於平樂觀章懷注平樂觀在洛陽城西薛綜東京賦注平樂觀名也爲土墠於上以作樂使遠觀之謂之平樂觀在城西也中領軍許允與左右小臣謀因文王辭殺之勒其衆以退大

將軍已書詔于前文王入帝方食栗優人雲午等唱曰青頭雞青頭雞青頭雞者鴨也顧炎武曰鴨者勸帝押詔書耳時以親署爲押南北朝謂之畫勑帝懼不敢發文王引兵入城景王因是謀廢帝胡三省曰平樂觀在洛陽城西昭已過軍復引入城帝事去矣臣松之案夏侯玄傳及魏略許允此年春與李豐事相連豐既誅卽出允爲鎮北將軍未發以放散官物收付廷尉徙樂浪追殺之允此秋不得故爲領軍而建此謀裴說是齊王此舉爲何等重大之事許允既不與謀豈有左右二三小臣能建此議者果有此舉師昭等豈不大肆殺戮當時矯太后之令及師昭等之上言焉有不敘述之理如高貴鄉公紀所載者且晉書景文兩紀亦無一字及此有以知世語及魏氏春秋所云爲不足據宜承祚之不採錄也

甲戌太后令曰皇帝芳春秋已長不親萬機耽淫內寵沈漫女德潘眉曰沈漫晉書景帝紀作沈嫚當從女旁賈子道術云接遇肅正謂之敬反敬爲嫚胡玉縉曰沈漫女德與上耽淫內寵並列猶言沈溺女色耳晉書漫作嫚乃叚字方言卷十三郭注漫淹皆謂水潦漫澇壞物也史記晉世家子不疾反國報勞臣而懷女德竊爲子羞之（齊女告重耳語）可證其義潘說泥德字謂當從女旁失之

日延倡優晉書景帝紀延作近弼按注引魏書云日延小優郭懷袁信等以作延爲是縱其醜謔迎六宮家人留止內房毀人倫之敘亂男女之節恭孝日虧悖慠滋甚不可以承天緖奉宗廟使兼太尉高柔奉策柔時爲司徒故曰兼用一元大武告於宗廟禮記曲禮下凡祭宗廟之禮牛曰一元大武鄭注云元頭也武迹也正義云牛若肥則腳大腳大則迹痕大故曰一元大武也遣芳歸藩于齊以避皇位姚範曰承祚書魏末事皆仍舊載蓋以亡國之俘覊仕新朝不敢自遂故有愧於直筆也何焯曰芳臨御數載非若昌邑始徵若果君德有闕播惡于衆師何難執以爲辭今稱太后之令發牀笫之私有以知其爲誣矣梁章鉅曰齊王臨御之初卽罷宮室工作免官奴婢六十以上爲良人出內府金銀銷冶以供軍用二年通論語五年通尚書七年通禮記三祀孔子以顏子配良法美政史不絕書今矯太后之令有以知其非事實矣趙翼曰據魏略司馬師遣郭芝入宮太后方與帝對坐芝謂帝曰大將軍欲廢陛下是齊王之廢全出於師而太后不知乃魏紀反載此令其誣亦太甚矣弼按禪讓之詔勸進之章皆僞也存其僞使後世得以燭其奸乃爲良史諸家議承祚之載此令過矣

魏書曰是日景王承皇太后令詔公卿中朝大臣會議羣臣失色景王流涕曰皇太后令如是諸君其若王室何咸曰昔伊尹放太甲以寧殷霍光廢昌邑以安漢夫權定社稷以濟四海晉書景帝紀濟作清二代行之于古明公當之于今今日之事亦唯公命景王曰諸君所以望師者重師安所避之於是乃與羣臣共爲奏永寧宮曰明元郭后傳齊王卽位尊后爲皇太后稱永寧宮守尙書令太尉長社侯臣孚司馬孚也見前嘉平三年注大將軍武陽侯臣師潘眉曰（下文省作潘曰）司馬師也景帝紀初封長平鄉侯嘉平四年遷大將軍不載進封武陽侯當據此奏補之是年三月增邑九千戶并前四萬戶則已有三萬一千戶其非鄉侯可知弼按武陽當作舞陽司馬懿封舞陽侯師襲爵本志陳留王紀咸熙元年五月癸未追命舞陽宣文侯爲晉宣王舞陽忠武侯爲晉景王通鑑亦書舞陽忠武侯司馬師卒於許昌以作舞陽爲是潘說誤司徒萬歲亭侯臣柔潘曰高柔也本傳初封延壽亭侯後太傅誅曹爽以功進封萬歲鄉侯由亭侯進封當爲鄉侯此作亭侯者誤司空文陽亭侯臣沖潘曰鄭沖也晉書本傳不言封文陽亭侯當以此奏補之行征西安東將軍新城侯臣昭潘曰司馬昭也文帝紀景初二年封新城鄉侯轉安東將軍東關之敗坐失侯後行征西將軍降北虜以功復封新城鄉侯至高貴鄉公立始進封高都侯奏永寧宮時實鄉侯非邑侯也此脫鄉字於書例當云安東將軍行征西將軍新城鄉侯弼按潘說新城侯脫鄉字是

惟書例實不誤應以行征西在前本官在後上尊號碑可證其例甚多上文司馬孚太尉本官亦在下也光祿大夫關內侯臣邕潘曰孫邕也管寧鮑勛等傳中屢見論語集解序有光祿大夫關內侯臣孫邕後由關內侯進封建德亭侯見任城太守孫夫人碑太常臣晏錢大昕曰（下文省作錢曰）晉書任愷傳父昊魏太常晏昊字形相似疑卽其人衞尉昌邑侯臣偉潘曰滿偉也滿寵傳寵封昌邑侯子偉嗣官至衞尉太僕臣嶷潘曰庾嶷也晉書宣帝紀齊王嘉平三年天子使兼大鴻臚太僕庾嶷持節命帝爲相國魏志張臶傳亦載太僕庾嶷廷尉定陵侯臣繁陳景雲曰繁當作毓此鍾毓也本傳可考潘曰鍾繇封定陵侯子毓嗣毓傳云爲侍中廷尉大鴻臚臣芝潘曰魯芝也晉書良吏傳芝以綏輯有方遷大鴻臚高貴鄉公卽位賜爵關內侯弼按魯芝見曹爽傳注引世語大司農臣祥潘曰王祥也晉書本傳累遷大司農少府臣褎陳景雲曰褎當作袠袠時爲少府將作大匠渾之從子也名見渾傳注其歷官及迎立少帝事並詳晉史潘曰鄭袠也下注云少府褎字亦誤晉書本傳拜侍中遷少府迎高貴鄉公于元城永寧衞尉臣禎潘曰何楨也永寧太后宮名甘露二年司馬昭奉天子及皇太后征諸葛誕假廷尉何楨節按禎字誤當从木旁張臶傳宏農太守何楨注引文士傳云楨字元幹楨幹字相應从木旁作楨是也永寧太僕臣閎錢曰閎未詳其族姓潘曰此張閣也閎字譌邴原傳永寧太僕東郡張閣卽此人閣字子臺臺閣字相應故知閎字誤也大長秋臣模錢曰模未詳其族姓潘曰此疑是尹模晉書何曾傳云撫

軍校事尹模憑寵作威朝野畏憚亦見程曉傳趙一清曰宋書百官志太后三卿各一人應氏漢官曰衞尉少府秦官太僕漢成帝置皆隨太后宮爲號位在正卿上無太后乃闕魏改漢制在九卿下大長秋皇后卿也有后則置無則省 司隸校尉潁昌侯臣曾 潘曰何曾也晉書本傳嘉平中爲司隸校尉正元中進封潁昌侯以此奏考之則此時已封潁昌侯晉史恐誤 河南尹蘭陵侯臣肅 潘曰王肅也本傳嗣父朗爵蘭陵侯爲河南尹趙一清曰續百官志河南尹一人主京都特奉朝請秩中二千石惠棟曰應劭漢官儀河南尹所治周地也雒陽本成周周之衰微分爲東西周秦兼天下置三川守河雒伊漢始更名河南孝武皇帝增曰太守世祖徙雒陽故號爲尹尹正也詩曰赫赫師尹 城門校尉臣慮 續百官志城門校尉一人比二千石掌雒陽城門十二所錢大昕攷異慮作憲潘曰其人未詳錢儀吉曰蓋郗慮弼按建安十八年郗慮已爲御史大夫不應此時尚作城門校尉決非其人 中護軍永安亭侯臣望 晉書職官志魏武爲相以韓浩爲護軍非漢官也建安十二年改護軍爲中護軍魏初因置護軍將軍主武官選隸領軍潘曰司馬望也高貴鄉公紀注中護軍司馬望晉書司馬望封永安亭侯遷護軍將軍 武衞將軍安壽亭侯臣演 武衞將軍見明紀景初二年潘曰曹演也曹仁傳仁弟純封高陵亭侯子演嗣官至領軍將軍沈家本曰鍾繇弟演文帝封爲列侯但不詳侯名官號此當存疑若曹演則官爵並與此不同恐非互見曹仁傳 中堅將軍平原侯臣德 趙一清曰司馬懿奏曹爽罪狀云破壞諸營盡據禁兵謂毀中堅中壘二營以屬中領軍也今此復有二將軍之號蓋復置德郭德卽爲甄氏後者襲公主爵爲平原侯見文昭甄皇后傳洪飴孫曰中堅將軍一人第四品 中壘將軍昌武亭侯臣廙 續百官志北軍中候掌監五營舊有中壘校尉領北軍營壘之事中興省中壘但置中候洪飴孫曰中壘將軍一人第四品掌宿衞兵案西漢有中壘校尉營壘門內又外掌西域後漢省中壘但置北門中候魏置中壘將軍蓋亦因此晉志中領軍領五校中壘武衞三營則亦掌宿衞兵也晉書宣紀正始六年曹爽毀中壘中堅營以兵屬其弟中領軍羲卽此錢曰荀彧孫寓與司馬景王文王親善官至中領軍此奏有中壘將軍昌武亭侯廙疑卽寓也潘曰夏侯玄傳注引世語云散騎常侍荀廙晉書侯史光傳亦作荀廙趙一清曰司馬朗封昌武亭侯子遺嗣遺廙聲相近 屯騎校尉關內侯臣陔 屯騎校尉見文紀黃初六年錢曰陔當是武陔潘曰晉書武陔傳累遷司隸校尉司隸卽屯騎之譌弼按武陔事見胡質傳注又見陳泰傳 步兵校尉臨晉侯臣建 步兵校尉見文紀黃初六年錢曰建當是郭建潘曰明元郭皇后傳甄惠及建皆封列侯並掌宿衞 射聲校尉安陽鄉侯臣溫 續百官志射聲校尉一人比二千石掌宿衞兵服虔曰工射也冥漢中聞聲則射中之故以爲名溫卽甄溫見文昭甄皇后傳注引晉諸公贊趙一清曰文昭甄皇后傳云父逸以中山魏昌之安城鄉千戶追封逸孫像襲爵像薨子暢嗣又封暢弟溫韡豔爲列侯裴注引晉諸公贊曰咸熙初封溫本國侯領射聲校尉似此時暢既失爵溫附司馬氏故得還封本國以支庶而奪大宗又文德郭后傳云后蚤喪兄弟以從兄表繼后父永後封表安陽亭侯進爵鄉侯又進爵觀津侯甄氏本

封始於安城不應冒郭氏安陽之號抑或表既進封觀津而以安陽鄉封溫乎然云本國侯則故是安城而非安陽也疑陽字是城字之誤沈家本曰案甄后傳暢以嘉平三年薨子紹嗣是暢初未失侯嘉平五年紹尚在也惟郭表以青龍三年進封觀津侯溫封侯亦在是年其爲表改封而更封溫事正相接初非甄氏冒郭氏之號陽字不誤趙說非 越騎校尉睢陽侯臣初 續百官志越騎校尉一人比二千石掌宿衞兵如淳曰越人內附以爲騎也晉灼曰取其才力超越也臣昭曰越人非善騎所出晉灼爲允錢曰初未詳其族姓潘曰疑是曹初曹仁孫也 長水校尉關內侯臣超 長水校尉見文紀黃初元年錢曰超未詳其族姓潘曰疑是徐超唐書宰相世系表徐超魏散騎常侍 侍中臣小同臣顗臣酆 趙一清曰小同鄭小同顗荀顗酆趙酆趙咨子潘曰侍中鄭小同見高貴鄉公紀侍中荀顗見甘露元年注（弼按顗見荀彧傳又見晉書本傳）趙酆晉驃騎將軍封東平陵公見司馬朗傳注晉書景帝紀嘉平四年趙酆張緝預朝議卽其人也 博平侯臣表 趙一清曰表華歆子潘曰晉書本傳累遷侍中高貴鄉公立表懼禍作稱疾歸下舍此侍中臣表卽華表史不言封博平侯略也吳士鑑曰嘉平六年表爲侍中既已封侯乃晉書本傳於遷尚書之後云封觀陽伯疑有誤然司馬瓌初封亭侯改鄉侯又封固始子是亭侯鄉侯尚在子爵之下或表之博平侯亦爲鄉侯亭侯注引魏書脫一字耳 侍中中書監安陽亭侯臣誕 潘曰韋誕也（錢趙說同）劉劭傳注韋誕太和中補侍中文章敍錄曰稍遷侍中中書監以光祿大夫遜位弼按誕字仲將見荀彧傳注及劉劭傳注又按張懷瓘書斷云誕嘉平五年卒年七十五是奏永寧宮時誕已前卒其云年七十五亦與文章敍錄所載相同然則列名之誕是否爲仲將殊不能無疑也 散騎常侍臣瓌 錢曰當是司馬孚之子瓌潘曰晉書司馬瓌魏長樂亭侯 臣儀 錢曰未詳潘曰王脩傳子忠官至東萊太守散騎常侍注引王隱晉書曰脩一子名儀據此則脩惟一子實名儀官散騎常侍王裒傳亦云祖脩有名魏世父儀高亮雅直此奏有散騎常侍臣儀爵同名同其卽是此人無疑又按王隱晉書言東關之敗儀欲歸罪元帥爲文帝所殺此失實之言時司馬氏方自引咎何至一言遽加殺戮或是因銜恨後借他故誅之知者以爲由論東關事忤指故及此耳奏永寧時王儀猶存足證晉書之誣弼按晉書王裒傳父儀爲文帝司馬東關之役文帝斬之裒痛父非命未嘗西向而坐示不臣朝廷三徵七辟皆不就本志王脩傳注引漢晉春秋亦云裒以父爲文王所濫殺終身不應徵聘未嘗西向坐以示不臣於晉也是王儀之死實死於東關之役爲司馬昭所濫殺至司馬師引過之言乃一時牢籠人心之計殺儀者昭不能因師之引咎遂謂昭之未濫殺也昭恥於削爵委罪王儀引出就戮豈能待至數年之後潘氏所云不足據也又按王脩傳官散騎常侍者爲王忠似不能臆斷謂忠卽儀潘氏所謂爵同名同俱不足信 關內侯臣芝 趙一清曰此郭芝也明元郭皇后傳從父芝遷散騎常侍長水校尉封列侯芝與上臣瓌臣儀皆官散騎常侍而芝自有封爵故以關內侯別之此人卽司馬師遣之白太后廢帝者魏略云芝先時自以他功封侯 尚書僕射光祿大夫高樂亭侯臣毓 潘曰盧毓也本傳吏部尚書封高樂亭侯轉僕射加光祿大夫 尚書關內

侯臣觀毛本臣作陳誤臣嘏潘曰王觀傳嘏也觀傳司馬宣王誅曹爽賜爵關內侯復爲尚書嘏傳遷尚書嘉平末賜爵關內侯長合鄉侯臣亮臣贊臣騫潘曰此袁亮崔贊陳騫也並見高貴鄉公紀弼按崔贊又見夏侯玄傳陳騫晉書有傳又見陳矯傳中書令臣康潘曰孟康也杜恕傳注孟康嘉平末從渤海太守徵入爲中書令弼按孟康又見漢書序例御史中丞臣鈐錢曰未詳潘曰石鑒也鈐字誤晉書本傳仕魏至御史中丞博士臣範錢曰未詳臣峻等潘曰庾峻也高貴鄉公紀尙書博士庾峻凡四十六人錢氏未詳者八人今攷出永寧太僕臣閎爲張閎之譌散騎常侍臣儀爲王儀御史中丞臣鈐爲石鑒之譌至如尹模曹初徐超三人官爵未有確證不敢遽定又城門校尉臣慮博士臣範則全無依據姑闕之以俟後之博古者稽首言臣等聞天子者所以濟育羣生永安萬國三祖勳烈光被六合皇帝卽位纂繼洪業春秋已長未親萬機耽淫內寵沈漫女色廢捐講學棄辱儒士日延小優郭懷袁信等於建始芙蓉殿前裸袒游戲使與保林女尙等爲亂親將後宮瞻觀又于廣望觀上使懷信等於觀下作遼東妖婦嬉褻過度道路行人掩目帝於觀上以爲讌笑於陵雲臺曲中施帷見九親婦女帝臨宣曲觀呼懷信使入帷共飲酒懷信

等更行酒婦女皆醉戲侮無別使保林李華劉勳等與懷信等戲淸商令令狐景呵華勳曰趙一淸曰淸商殿名蓋主殿之官宋書五行志太和五年五月淸商殿災事應在明悼毛后則知殿爲王后所居洪飴孫曰淸商令一人六百石第七品所掌如掖庭令魏所置漢無此官丞一人二百石第九品諸女上左右人各有官職何以得爾華勳數譏毀景帝常喜以彈彈人以此恚景彈景不避首目景語帝曰先帝持門戶急今陛下日將妃后游戲無度至乃共觀倡優裸袒爲亂不可令皇太后聞景不愛死爲陛下計耳帝言我作天子不得自在邪太后何與我事使人燒鐵灼景身體皆爛甄后崩後帝欲立王貴人爲皇后太后更欲外求帝恚語景等魏家前後立皇后皆從所愛耳太后必違我意知我當往不也後卒待張皇后疏薄太后遭合陽君喪錢大昕曰太后母杜氏也后妃傳作郃陽趙一淸曰據明元郭后傳當作郃陽帝日在後園倡優音樂自若不數往定省淸商丞龐熙諫帝皇太后至孝今遭重憂水漿不入口陛下當數往寬慰不可但在此作樂帝言我自爾誰能柰我何

皇太后還北宮殺張美人及禺婉帝恚望語景等太后橫殺我所寵愛此無復母子恩數往至故處啼哭私使暴室厚殯棺續百官志暴室丞主中婦人疾病者就此室治其皇后貴人有罪亦就此室漢官儀曰暴室在掖庭內丞一人師古曰暴室者掖庭主織作染練之署故謂之暴室取暴曬爲名耳應劭曰暴室宮人獄也今曰薄室不令太后知也每見九親婦女有美色或留以付淸商帝至後園竹閒戲或與從官攜手共行熙白從官不宜與至尊相提挈帝怒復以彈彈熙日游後園每有外文書入帝不省左右曰出帝亦不索視太后令帝常在式乾殿上講學不欲使行來帝徑去太后來問輒詐令黃門答言在耳景熙等畏恐不敢復止局本止作上誤更共謟媚帝肆行昏淫敗人倫之序亂男女之節恭孝彌頽凶德浸盛臣等憂懼傾覆天下危墜社稷雖殺身斃命不足以塞責今帝不可以承天緒臣請依漢霍光故事收帝璽綬帝本以齊王踐阼宜歸藩於齊使司徒臣柔持節與有司以太牢告祀宗廟臣謹昧死以聞奏可

是日遷居別宮遷於金墉城也年二十三齊王景初三年年八歲見明紀注至是爲二十三歲通鑑胡注言時年二十一者誤也使者持節送衞營齊王宮於河內重門制度皆如藩國之禮趙一淸曰水經淸水注重門城昔齊王芳爲司馬師廢之宮于此卽魏志所謂送齊王于河內重門者也城在共縣故城西北二十里方輿紀要卷四十九城在河南輝縣北二十里潘眉曰重門地名晉書景帝紀云舍河內之重門有之字御覽九十四引魏志作營齊王宮于河內之重門宋本有之字今本脫陳仁錫以重門制度四字爲一句蓋不知是地名而誤以爲宮室之制度也

魏略曰景王將廢帝遣郭芝入白太后太后與帝對坐芝謂帝曰大將軍欲廢陛下立彭城王據胡三省曰彭城王據文帝子此何等語芝太后之從父也故使之入爲太后帝乃起去太后不悅芝曰太后有子不能教今大將軍意已成又勒兵于外以備非常但當順旨將復何言太后曰我欲見大將軍口有所說芝曰何可見邪但當速取璽綬胡三省曰王莽篡漢遣王舜求璽於元后其辭氣何至如此太后意折乃遣傍侍御取璽綬著坐側胡三省曰太后侍御非止一人傍侍御謂當時侍御之在旁側者芝出報

景王景王甚歡 胡三省曰王莽司馬師蕭黨同是心也國之姦賊必有羽翼有天下者其戒之哉 又遣使者授齊王印綬當出就西宮 通鑑當作使 帝受命遂載王車與太后別垂涕 胡三省曰王車諸王所乘青蓋車也 始從太極殿南出 晉書景帝紀王就乘輿副車羣臣從至西掖門 羣臣送者數十人太尉司馬孚悲不自勝餘多流涕王出後景王又使使者請璽綬太后曰彭城王我之季叔也今來立我當何之 胡三省曰之往也 且明皇帝當絕嗣乎吾以爲高貴鄉公者文皇帝之長孫明皇帝之弟子 胡三省曰太后謂明帝絕嗣蓋謂以據爲後則兄死弟及又禮兄弟不得相入廟也文帝黃初三年初制封王之庶子爲鄉公嗣王之庶子爲侯（當作爲亭侯）公侯之庶子爲亭伯 於禮小宗有後大宗之義其詳議之 胡三省曰世嫡爲大宗支子之子各宗其父爲小宗禮王后無嗣擇建支子以繼大宗 景王乃更召羣臣以皇太后令示之乃定迎高貴鄉公 胡三省曰定迎者議始定而迎之也 是時太常已發二日待璽綬于溫 郡國志司隸河內郡溫一統志溫縣故城今河南懷慶府溫縣西南三十里 事定又請璽綬太后令曰我見高貴鄉公小時識之 胡三省曰太后欲立高貴鄉公必見其小時意氣異於諸王子故欲立之豈知祿去帝室而終無益乎 明日我自欲以璽綬手授之

丁丑令曰東海王霖高祖文皇帝之子霖之諸子與國至親高貴鄉公髦有大成之量其以爲明皇帝嗣

魏書曰景王復與羣臣共奏永寧宮曰臣等聞人道親親故尊祖尊祖故敬宗禮大宗無嗣則擇支子之賢者爲人後者爲之子也東海定王子高貴鄉公文皇帝之孫宜承正統以嗣烈祖明皇帝後率土有賴萬邦幸甚臣請徵公詣洛陽宮奏可 晉書景帝紀與羣臣議立彭城王據太后欲立高貴鄉公髦固爭不獲乃從太后令所云與此奏相反 使中護軍望兼太常河南尹肅持節與少府褎 褎當作袤注見前 尚書亮侍中表等奉法駕迎公於元城 元城見文紀黃初二年陽平郡注胡三省曰元城縣漢屬魏郡魏屬陽平郡時魏王公皆錄置鄴故出髦而就元城迎之弼按鄴在洛陽之東北元城又在鄴之東本欲迎之西來又何必出之於元城或由東海郯縣西來道經元城法駕奉迎於此歟又按後迎常道鄉公於東武陽東武陽在元城之南或當時往來通衢必由此歟 魏世譜曰 解見嘉平元年

晉受禪封齊王爲邵陵縣公 邵陵見文紀黃初六年曹眞封邵陵侯眞死爽嗣改封武安侯 年四十三泰始十年薨諡曰厲公 胡三省曰諡法殺戮無辜曰厲暴慢無親曰厲帝以失權爲司馬氏所廢以其不終加以惡諡陳壽志三少帝紀皆書本爵通鑑書見廢後之爵惟高貴鄉公書本爵蓋見弒之後不復有他號也趙一清曰刀劍錄齊王芳以正始六年鑄一劍常服之無故自失但有空匣如故後有禪代之事兆始於此尋爲司馬氏所廢晉隱逸傳范粲字承明陳留外黃人漢萊蕪長丹之孫也爲太宰中郎齊王芳被廢遷金墉城粲素服拜送哀動左右時景帝輔政召羣官會議粲又不到朝廷以其時望優容之粲又稱疾闔門不出因佯狂不言寢所乘車足不履地子孫恆侍左右至有婚宦大事輒密諮焉合者則色無變不合則眠寢不安妻子以此知其旨以太康六年卒時年八十四不言三十六載終於所寢之車弼按齊王芳被廢遷金墉城史不載據此可補又按吳志孫奐傳孫壹降魏魏以故主芳貴人邢氏妻之邢美色妒忌下不堪命遂共殺壹及邢氏是時齊王猶在乃不能庇其貴人竟賜予降虜司馬氏之專恣眞無忌憚矣

高貴鄉公諱髦字彥士文帝孫東海定王霖子也正始五年封郯縣高貴鄉公 郯縣見武紀初平四年徐州牧注高貴鄉在今山東沂州府郯城縣境 少好學夙成齊王廢公卿議迎立公 時年十四 十月己丑公至於玄武館 胡三省曰酈道元云魏氏立玄武館於芒垂蓋館在芒山之尾其地直洛城北趙一清曰方輿紀要卷四十八玄武館在北芒之尾直故洛城北亦見辛毗傳 羣臣奏請舍前殿 胡三省曰玄武館之前殿也 公以先帝舊處避止西廂羣臣又請以法駕迎公不聽庚寅公入於洛陽羣臣迎拜西掖門南公下輿將答拜儐者請曰儀不拜 胡三省曰儐必刃翻贊導者也儀不拜者謂於儀不當答拜也 公曰吾人臣也遂答拜至止車門下輿 御覽百八十三居處部引洛陽故宮名有南止車門東西止車門玉海百七十宮室部後漢兩魏皆有止車門 左右曰舊乘輿入公曰吾被皇太后徵未知所爲 胡三省曰言唯天子可乘輿入止車門吾方被徵未知何如不可以天子自居也以余觀高貴鄉公蓋小慧而知書故能爲此若以爲習於禮則余以爲猶魯昭公也 遂步至太極東堂見于太后其日卽皇帝位于太極前殿百僚陪位者欣欣焉 胡三省曰謂公之足與有爲也而卒死於權臣之手嗚呼余觀漢文帝入立之後夜拜宋昌爲衞將軍領南北軍張武爲郎中令行殿中周勃陳平朱虛東牟雖有大功其權去矣夫然後能自固魏朝百官皆欣欣者果何所見邪弼按漢文帝卽位之時年已二十三矣當時又無如司馬氏之權臣故能操縱自如若高貴鄉公以十四歲小兒周旋中禮已屬難能豈能以彼例此乎又按漢宣帝卽位年方十八以久在民

開習知霍氏專恣然當霍光稽首歸政猶謙讓委任迨光歿後始親政事禹雲謀逆咸服其辜誠不愧爲中興令主而曹魏則兩世幼君師死昭繼政柄潛移由來久矣高貴鄉公若韜光養晦或免於毒手乃遠慕少康鋒芒未斂禍變及身惜哉

魏氏春秋曰公神明爽儁德音宣朗罷朝景王私曰上何如主也或曰此語之鋒銳於成濟之劍讀之如被疾雷弼按魏明初立羣臣亦問劉曄爲何如似此尚不足爲司馬師之罪鍾會對曰才同陳思武類太祖姚範曰高貴鄉公死於此語矣景王曰若如卿言社稷之福也晉書景帝紀天子受璽惰舉趾高帝聞而憂之李慈銘曰國志三少帝紀稱高貴鄉公少好學夙成齊王廢公卿迎立其下備述公之辭讓有禮又云卽皇帝位百僚陪位者欣欣焉此明言高貴之爲令主而景帝紀則言帝本欲立彭城王據太后不聽乃迎高貴高貴受璽惰舉趾高帝心憂之其下又備載帝訓高貴之言浮辭譖語皆當時司馬之黨如王沈輩者醜誣妄造其後孫盛王隱朱鳳之流傳播穢言以爲信史承祚身仕晉武之世羈旅孤危其時典午方隆王沈諸黨逆之徒咸據高位其書盛行乃悉歸刊削絕不顧忌此所以爲良史也裴世期注徧搜異說而於高貴紀中未有晉書所稱一字彭城王據傳亦不注司馬師本欲迎立之言蓋晉人多誣世所共悉而高貴賢明好學見酷逆臣亦古今所共痛唐修晉書何嫌何疑而舍承祚之直筆拾王沈之奸唾滿紙醜言自成穢史許敬宗輩眞犬彘也

詔曰昔三祖神武聖德應天受祚齊王嗣位肆行非度顛覆厥德皇太后深惟社稷之重延納宰輔之謀用替厥位集大命於余一人以眇眇之身託於王公之上夙夜祗畏懼不能嗣守祖宗之大訓恢中興之弘業戰戰兢兢如臨于谷今羣公卿士股肱之輔四方征鎭宣力之佐潘眉曰宋書百官志征東將軍征南將軍征西將軍征北將軍謂之四征鎭東將軍鎭南將軍鎭西將軍鎭北將軍謂之四鎭魚豢曰漢舊諸征與偏裨雜號同魏制秩二千石位次三公四鎭在四征之下漢末有鎭東鎭南鎭西而無鎭北鎭北魏置皆積德累功忠勤帝室庶憑先祖先父有德之臣左右小子用保乂皇家俾朕蒙闇垂拱而治蓋聞人君之道德厚侔天地潤澤施四海先之以慈愛示之以好惡然後教化行於上兆民聽於下朕雖不德昧於大道思與宇內共臻茲路書不云乎安民則惠黎民懷之書皐陶謨之辭大赦改元以上皆嘉平六年事自是

爲正元元年減乘輿服御後宮用度及罷尚方御府百工技巧靡麗無益之物趙一清曰漢書百官公卿表尚方御府屬少府續志尚方令一人六百石掌上手工作御刀劍諸好器物御府令一人六百石宦者典官婢作中衣服及補浣之屬二官各有所司此言尚方御府統爲掌內府製造之事非有分也

正元元年冬十月壬辰遣侍中持節分適四方觀風俗勞士民察寃枉失職者癸巳假大將軍司馬景王黃鉞潘眉曰魏朝惟曹眞於黃初三年假節鉞曹爽於景初三年假節鉞節鉞者節傳斧鉞也曹休爲征東大將軍得假黃鉞凡節將有三一使持節一持節一假節沈約云使持節得殺二千石持節殺無官位人若軍事得與使持節同假節惟軍事得殺犯軍令者至假黃鉞則可以專戮節將非人臣常器矣入朝不趨奏事不名劍履上殿晉書景帝紀有以司馬師爲相國進號大都督假黃鉞詔戊戌黃龍見於鄴井中甲辰命有司論廢立定策之功封爵增邑進位班賜各有差

二年春正月乙丑鎭東將軍毌丘儉揚州刺史文欽反事詳毌丘儉傳戊戌通鑑作戊午大將軍司馬景王征之何焯曰乙丑癸未之中不應有戊戌當是戊辰之誤潘眉曰戊戌日誤晉紀作戊午亦誤吳雲璈曰此紀正月乙丑儉欽反戊戌司馬景王征之閏月己亥破欽甲辰斬儉壬子赦淮南二月丁巳司馬文王爲大將軍月日與晉書景帝紀多不合當以魏志爲正惟戊戌在癸未後今在癸未前知非戊戌沈家本曰儉欽以乙丑起兵自淮至許必數日方得反問又必粗爲部署方能出師乙丑至戊辰纔四日恐不能如是之速何說非也晉書景紀作戊午是月有乙丑不得有戊午則晉紀亦誤當是戊寅之訛戊寅在癸未前距乙丑十四日十四日而師出已云神速且晉紀下文云倍道兼行甲申次於灑橋甲申在戊寅後七日若戊辰則相距十七日又何倍道兼行之有癸未車騎將軍郭淮薨閏月己亥破欽於樂嘉胡三省曰水經注潁水過汝陽縣北又東南過南頓縣灑水注之又南逕博陽故城東城在南頓縣北四十里漢宣帝封丙吉爲侯國王莽更名樂嘉趙一清曰兩漢志無樂嘉縣顧祖禹曰卽漢志汝南郡之博陽王莽更名樂嘉者也後漢省今本漢書嘉作家蓋誤字水經注三國志晉書俱作樂嘉楊守敬曰此必魏時立樂嘉縣史文不得以王莽縣名紀事也熊會貞曰郡國志無樂嘉縣諸地志亦不言後世置樂嘉縣魏志破文欽於樂嘉毌丘儉傳鄧艾督諸軍至樂嘉吳志孫峻傳亦言樂嘉蓋因王莽樂嘉之名豔傳人口相沿稱之故水經潁水注云灑水於樂嘉縣入潁猶稱爲樂嘉縣非酈氏時果有此縣也一統志博陽故城今河南陳州府商水縣東北四十里方輿紀要作東南四十里寰宇記博陽城在宛丘縣西南四十里魏正元中兗州刺史鄧艾擊毌丘儉於項城進至樂嘉卽其地

欽遁走逐奔吳甲辰安風淮津都尉斬儉傳首京都 安風津見齊王紀嘉平五年安豐太守注胡三省曰水經注淮水東過安豐縣東北又東爲安豐津水南有城故安豐都尉治後立霍丘戍杜佑曰安風津在壽州霍丘城北趙一清曰淮字衍安風津見毌丘儉傳潘眉曰毌丘儉傳從安風津擬壽春又安風津都尉部民張屬諸葛誕傳使誕督豫州諸軍渡安風津皆無淮字安風津在淮南又按殺儉者安風津都尉部民張屬此不書張屬亦紀載之疏謝鍾英曰安風津在今正陽關北潁水入淮處

世語曰大將軍奉天子征儉至項 郡國志豫州汝南郡項一統志項縣故城今河南陳州府項城縣東北六十里之槐芳店半在沈丘縣界洪亮吉曰項漢舊縣屬汝南晉太康地志屬陳郡晉地理志又屬梁國今從杜預左傳僖十七年注項國今汝陰項縣汝陰郡本汝南分置則縣移屬汝陰較是 儉既破天子先還 臣松之檢諸書都無此事至諸葛誕反司馬文王始挾太后及帝與俱行耳故發詔引漢二祖及明帝親征以爲前比知明帝已後始有此行也

案張璠虞溥郭頒皆晉之令史璠頒出爲官長溥鄱陽內史 郡國志揚州豫章郡鄱陽劉昭注建安十五年孫權分立鄱陽郡治縣一統志鄱陽故城今江西饒州府鄱陽縣東六十里故縣鎭晉書職官志郡皆置太守諸王國以內史掌太守之任 璠撰後

漢紀雖似未成辭藻可觀溥著江表傳亦粗有條貫惟頒撰魏晉世語蹇乏全無宮商最爲鄙劣以時有異事故頗行於世干寶孫盛等多采其言以爲晉書其中虛錯如此者往往而有之 張璠後漢紀郭頒世語均見武紀卷首虞溥江表傳見武紀建安十八年

壬子復特赦淮南士民諸爲儉欽所詿誤者 說文詿誤也博雅詿欺也漢書王莽傳爲呂寬等所詿誤又云臣莽當被詿上誤朝之罪後漢書桓譚傳欺惑貪邪詿誤人主 以鎭南將軍諸葛誕爲鎭東大將軍司馬景王薨於許昌 晉書景帝紀閏月疾篤使文帝總統諸軍辛亥崩于許昌時年四十八有司議宜依霍光故事追加大司馬之號以冠軍大將軍增邑五萬戶諡曰武公文王表讓諡曰忠武沈家本曰晉書作辛亥崩于許昌則當在上文壬子云云之前 二月丁巳以衞將軍司馬文王爲大將軍錄尙書事 晉書文帝紀毌丘儉文欽之亂大軍東征帝兼中領軍留鎭洛陽及景帝疾篤帝自京都省疾拜衞將軍景帝崩天子命帝鎭許昌尙書傅嘏帥六軍還京師帝用嘏及鍾會策自帥軍而還至洛陽進位大將軍加侍中都督中外諸軍錄尙書事輔政劍履上殿帝固辭不受弼按據晉紀所載是當時朝命本命司馬昭鎭許昌傅嘏帥六軍還洛陽昭則不奉中詔自帥軍還屯洛陽始進位大將軍加侍中都督中外諸軍錄尙書事輔政是當日擁兵脅迫之事歷歷可見參閱傅嘏鍾會傳則情勢瞭然羣凶繼軌掌握朝權魏祚之衰嗟何及矣 甲子吳大將孫峻等衆號十萬至壽春諸葛誕拒擊破之斬吳左將軍留贊 贊見吳志孫峻傳注注引吳書作左護軍 獻捷于京都三月 宋書禮志一正元二年三月朔太史奏日蝕而不蝕晉文王時爲大將軍大推史官不驗之負史官答曰合朔之時或有日掩月或有月掩日月掩日則蔽障日體使光景有虧故謂之日蝕日掩月則日於月上過謂之陰不侵陽雖交無變日月相掩必食之理無術以知是以嘗禘郊社日蝕則接祭是亦前代史官不能審蝕也自漢故事以爲日蝕必當於交每至其時申警百官以備日變故甲寅詔有備蝕之制無考負之法古來黃帝顓頊夏殷周魯六歷皆無推日蝕法但有考課疏密而已負坐之條由本無術可課非司事之罪乃止 立皇后卞氏 后武宣卞皇后弟秉之曾孫女也 大赦夏四月甲寅封后父卞隆爲列侯 卞后傳作封睢陽鄉侯 甲戌以征南大將軍王昶爲驃騎將軍秋七月以征東大將軍胡遵爲衞將軍鎭東大將軍諸葛誕爲征東大將軍八月辛亥蜀大將軍姜維寇狄道 狄道見武紀建安十九年 雍州刺史王經與戰洮西 郡國志無雍州范書獻帝紀興平元年六月分河西四郡爲雍州本志武

紀建安十八年幷十四州爲九州省涼州以其郡幷入雍州張既傳魏國既建既爲雍州刺史是時不置涼州自三輔距西域皆屬雍州文帝卽位復置涼州雍州所部京兆馮翊扶風北地新平隴西天水南安安定廣魏凡十郡其詳見吳增僅建安以來雍涼二州分合考顧祖禹謂雍州領郡六洪亮吉謂雍州領郡五皆未細考也雍州刺史治京兆長安長安故城今陝西西安府長安縣西北十三里經事見夏侯玄傳陳泰傳洮西洮水之西也 經大敗 何焯曰自師昭秉政與二方對敵東關洮西喪師最甚 還保狄道城辛未以長水校尉鄧艾行安西將軍 長水校尉見文紀黃初元年趙一清曰宋書百官志魚豢曰四安魏黃初太和中置一清案志既云漢末陶謙爲安東段煨爲安西則不應云四安魏置也或安南安北至魏始全耳 與征西將軍陳泰幷力拒維戊辰 陳景雲曰戊辰不當繫辛未後殆傳錄者倒其文耳 復遣太尉司馬孚爲後繼九月庚子講尙書業終賜執經親授者司空鄭沖侍中鄭小同等各有差甲辰姜維退還 洮西之役詳見陳泰傳 冬十月詔曰朕以寡德不能式遏寇虐乃令蜀賊陸梁邊陲 史記秦始皇紀三十三年略取陸梁地正義云嶺南之人多處山陸其性強梁故曰陸梁 洮西之戰至取負敗將士死亡計以千數或沒命戰場冤

魂不反或牽掣虜手流離異域吾深痛愍爲之悼心其令所在郡典農及安撫夷二護軍各部大吏 本志陳留王紀咸熙元年罷屯田官諸典農皆爲太守都尉皆爲令長是典農諸官分置郡國及諸縣也洪飴孫曰元和郡縣志引魏略云安夷護軍一人第五品治美陽典降氏撫夷護軍一人第五品治雲陽典降氏 慰卹其門戶無差賦役一年其力戰死事者皆如舊科勿有所漏十一月甲午以隴右四郡及金城 隴右四郡謂隴西南安天水廣魏也 連年受敵或亡叛投賊其親戚留在本土者不安皆特赦之癸丑詔曰往者洮西之戰將吏士民或臨陣戰亡或沈溺洮水骸骨不收棄於原野吾常痛之其告征西 馮本監本征西下有將軍二字 安西將軍各令部人於戰處及水次鉤求屍喪收斂藏埋以慰存亡

甘露元年春正月辛丑青龍見軹縣井中 郡國志司隸河內郡軹一統志軹縣故城今河南懷慶府濟源縣東南十三里 乙巳沛王林薨

魏氏春秋曰二月丙辰帝宴羣臣於太極東堂與侍中荀顗尚書崔贊 贊見夏侯玄傳 袁亮鍾毓給事中中書令虞松等 虞松見齊王紀嘉平五年注 並講述禮典遂言帝王優劣之差帝慕夏少康因問顗等曰有夏既衰后相殆滅 官本攷證曰御覽殆作殄 少康收集夏衆復禹之績 左傳襄公四年魏絳曰昔有夏之方衰也后羿自鉏遷于窮石因夏民以代夏政恃其射也不脩民事而淫于原獸寒浞伯明氏之讒子弟也夷羿收之以爲己相浞行媚于內而施賂于外以取其國家靡奔有鬲氏浞因羿室生澆及豷使澆用師滅斟灌及斟尋氏處澆于過處豷于戈靡自有鬲氏收二國之燼以滅浞而立少康少康滅澆于過后杼滅豷于戈有窮由是遂亡又哀公元年伍員曰昔有過澆殺斟灌以伐斟鄩滅夏后相后緡方娠逃出自竇歸于有仍生少康焉爲仍牧正惎澆能戒之澆使椒求之逃奔有虞爲之庖正以除其害虞思於是妻之以二姚而邑諸綸有田一成有衆一旅能布其德而兆其謀以收夏衆撫其官職使女艾諜澆使季杼誘豷遂滅過戈復禹之績祀夏配天不失舊物帝王世紀云寒浞襲有窮之號因羿之室生奡及豷使奡滅斟灌斟尋殺夏帝相封奡於過封豷于戈初奡之殺帝相也妃仍氏女曰后緡歸有仍生少康初夏之貴臣曰靡事羿羿死逃於有鬲氏收斟尋二國餘燼殺寒浞立少康滅奡於過后杼滅豷於戈有窮遂亡 高祖拔起隴畝驅帥豪儁芟夷秦項包舉寓內斯二主可謂殊才異略命世大賢者也考其功德誰宜爲先 何焯曰慨慕少康則澆豷有在矣其亦機事不密之端乎錢大昕曰少康之論意常在司馬氏也聰明太露終爲權臣所忌失艱貞自晦之義能處此者其後周武帝乎 顗等對曰夫天下重器王者天授聖德應期然後能受命創業至于階緣前緒興復舊績造之與因難易不同少康功德雖美猶爲中興之君與世祖同流可也至如高祖臣等以爲優帝曰自古帝王功德言行互有高下未必創業者皆優紹繼者咸劣也湯武高祖雖俱受命賢聖之分所覺縣殊少康殷宗中興之美夏啓周成守文之盛論德較實 宋元本較作校御覽較作覈 方諸漢祖吾見其優未聞其劣顧所遇之時殊故所名之功異耳少康生於滅亡之後 後一作餘 降爲諸侯之隸崎嶇逃難僅以身免能布其德而兆其謀卒滅過戈克復禹績祀夏配天不失舊物非至德弘仁豈濟斯勳漢祖因土崩之勢杖一時之權專任智力以成功業行事動靜多違聖

檢爲人子則數危其親爲人君則囚繫賢相爲人父則不能衞子 御覽衞下有其字 身沒之後社稷幾傾若與少康易時而處或未能復大禹之績也推此言之宜高夏康而下漢祖矣諸卿具論詳之翌日丁巳講業既畢顗亮等議曰三代建國列土而治當其衰敝無土崩之勢可懷以德難屈以力逮至戰國強弱相兼去道德而任智力故秦之敝可以力爭少康布德仁者之英也高祖任力智者之儁也仁智不同二帝殊矣詩書述殷中宗高宗皆列大雅少康功美過于二宗其爲大雅明矣少康爲優宜如詔旨贊毓松等議曰少康雖積德累仁然上承大禹遺澤餘慶內有虞仍之援外有靡艾之助寒浞讒慝不德於民澆豷無親 宋本豷作殪毛本豷誤作殪 外內棄之以此有國蓋有所因至於漢祖起自布衣率烏合之士以成帝者之業論德則少康優課功則高祖多語資則少康易校時則高祖難帝曰諸卿論少康因資高祖創造誠有之矣然未知三代之世任德

濟勳如彼之難秦項之際任力成功如此之易且太上立德其次立功漢祖功高未若少康盛德之茂也且夫仁者必有勇誅暴必用武少康武烈之威豈必降于高祖哉但夏書淪亡舊文殘缺故勳美闕而罔載唯有伍員粗述大略其言復禹之績不失舊物祖述聖業舊章不愆（何焯曰愆各本皆誤作衍今殿本已改正）自非大雅兼才孰能與於此向令墳典具存行事詳備亦豈有異同之論哉于是羣臣咸悅服中書令松進曰少康之時（馮本時作事）去世久遠其文昧如是以自古及今議論之士莫有言者德美隱而不宣陛下既垂心遠鑒考詳古昔又發德音贊明少康之美使顯於千載之上宜錄以成篇永垂于後帝曰吾學不博所聞淺狹懼於所論（何焯曰宋本論作諦）未獲其宜縱有可采億則屢中又不足貴無乃致笑後賢彰吾闇昧乎於是侍郎鍾會退論次焉（胡三省曰嗚呼帝固有志於少康矣然而不能殲逆竇而身死人手者不能布其德而兆其謀也予觀帝之所以論二君優劣書生之譚耳未能如石勒辭氣之雄爽也或曰君虛懦而臣容諛欲以少康自

況過矣適足以促禍耳）

夏四月庚戌賜大將軍司馬文王衮冕之服赤舄副焉（胡三省曰九錫之漸也）

丙辰帝幸太學問諸儒曰（何焯曰陳氏詳書幸學問難於紀蓋亦深致嗟惜之意）聖人幽贊神明仰觀俯察始作八卦後聖重之爲六十四立爻以極數凡斯大義罔有不備而夏有連山殷有歸藏周曰周易易之書其故何也易博士淳于俊對曰（博士見文紀黃初五年宋書百官志魏置十九人不知掌何經）包羲因燧皇之圖而制八卦神農演之爲六十四黃帝堯舜通其變三代隨時質文各繇其事故易者變易也名曰連山似山出內氣連天地也（官本攷證云御覽作似山出內雲氣）歸藏者萬事莫不歸藏於其中也（周禮春官太卜掌三易之法一曰連山二曰歸藏三曰周易其經卦皆八其別皆六十有四鄭注云易者揲蓍變易之數可占者也名曰連山似山出內氣也歸藏者萬物莫不歸而藏於其中賈疏云連山易其卦以純艮爲首艮爲山山上山下是名連山雲氣出內於山故名易爲連山歸藏易以純坤爲首坤爲地故萬物莫不歸而藏其中故名爲歸藏鄭雖不解周易其名周易者連山歸藏皆不言地號以義名易則周非地號以周易以純乾爲首乾爲天天能周布於四時故名易爲周也山海經伏羲氏得河圖夏后因之曰連山黃帝氏得河圖商人因之曰歸藏列山氏得河圖周人因之曰周易杜子春曰連山宓羲歸藏黃帝桓譚曰連山八萬言歸藏四千三百言夏易煩而殷易簡又曰連山藏於蘭臺歸藏藏於太卜隋書經籍志云昔宓羲氏始畫八卦以通神明之德以類萬物之情蓋因而重之爲六十四卦及乎三代實爲三易夏曰連山殷曰歸藏周文王作卦辭謂之周易周公又作爻辭孔子爲彖象繫辭文言序卦說卦雜卦而子夏爲之傳孔穎達曰鄭玄又釋云連山者象山之出雲連連不絕周易者言易道周普無所不備雖有此釋更無所據按世譜等書神農一曰連山氏亦曰列山氏黃帝一曰歸藏氏既連山歸藏並是代號則周易稱周蓋取岐陽地名文王作易之時正在羑里猶是殷世故題周以別於殷易緯云因代以題周是也朱彝尊曰連山歸藏惟其不著時代致儒者紛論或以爲宓犧或以爲神農或以爲黃帝或以爲夏商之書迄無定說周易成於殷之末世慮其與歸藏淆也爰以代名灼然共信爲文王周公孔子之作述鄭氏周普之義殊爲牽率顧炎武曰連山歸藏非易也周官云三易者後人因易之名以名之也猶之墨子言周之春秋燕之春秋宋之春秋齊之春秋周燕齊宋之史非必皆春秋也而云春秋者因魯史以名之也黃與堅曰易周之所命名則連山歸藏亦周以易名之而謂之三易也弼按連山唐志十卷司馬膺注歸藏隋志十三卷晉太尉參軍薛貞注今俱佚惟有馬國翰輯佚本）帝又曰若使包羲因燧皇而

作易孔子何以不云燧人氏沒包羲氏作乎（古史考太古之初有聖人以火德王造作鑽燧出火教人熟食鑄金作刃民人大說號曰燧人帝王世紀燧人氏沒庖犧氏代之司馬貞補三皇本紀結網罟以教佃漁故曰宓犧氏養犧牲以庖廚故曰庖犧）俊不能答帝又問曰孔子作彖象鄭玄作注雖聖賢不同其所釋經義一也今彖象不與經文相連而注連之何也俊對曰鄭玄合彖象於經者欲使學者尋省易了也（晁說之曰顏師古云上下經及十翼故十二篇是則彖象文言繫辭始附卦爻而傳於漢歟先儒謂費直專以彖象文言參解易爻以彖象文言雜入卦中者自費氏始孔穎達又謂輔嗣之意象本釋經宜相附近分爻之象辭各附當爻則費氏初變亂古制時猶若今乾卦彖象繫卦之末歟杜預分左氏傳於經宋衷范望輩散太玄贊與測於八十一首之下是其明比也揆觀其初乃如古文尚書司馬遷班固序傳揚雄法言序篇云爾呂祖謙曰據淳于俊之言則鄭未注六經之前彖象不連經文矣自康成合彖象於經故加彖曰象曰以別之諸卦皆然李慈銘曰此言今彖象不與經連是魏末經文尚無合彖象之本又言而注連之明言鄭注與經連文非合彖象於經也俊對鄭君合彖象於經辭氣與問不貫蓋本當作合注於經此乃後人習見王注之本故妄改之觀下文帝又言若聖人以不合爲謙鄭君何獨不謙則合經者祇注而非彖象其事益明若謂鄭君本合彖象於經則彖象是孔子所作於鄭君何與而以爲不謙

（邪合彖象於經始於王弼孔氏正義明言之今紛紜之說以爲始於鄭君者由誤讀此志誤文以爲始於費直者由誤會鄭志文義也胡玉縉曰古者經注別行惟馬融周官傳始合注於經章如愚山堂考索引融自序云欲省學者兩讀故具載本文而就經爲注是也若鄭君易注蓋亦經注別行淳于俊云鄭玄合彖象於經句徑承帝問注連之何也句爲對卽就鄭注言之其經文彖象仍不與經文相連也細繹問答語氣本自相應而沈濤銅熨斗齋隨筆兪樾詁經精舍自課文及李氏此說皆以爲合彖象於經本當作合注於經說固較爲明顯究嫌泥視俊語輕改陳志劉履恂秋槎雜記高貴鄉公云云是注連彖象經不連彖象經注各別非如馬融之注周禮也劉氏此語最瞭）帝曰若鄭玄合之於學誠便則孔子曷爲不合以了學者乎俊對曰孔子恐其與文王相亂是以不合此聖人以不合爲謙帝曰若聖人以不合爲謙則鄭玄何獨不謙邪俊對曰古義弘深聖問奧遠非臣所能詳盡帝又問曰繫辭云黃帝堯舜垂衣裳而天下治此包羲神農之世爲無衣裳但聖人化天下何殊異爾邪俊對曰三皇之時（馮本毛本皇作王誤）人寡而禽獸衆故取其羽皮而天下用足及至黃帝人衆而禽獸寡是以作爲衣裳以濟時變也帝又問乾爲天而復爲金爲玉爲老馬與細物並邪（易說卦傳乾爲天爲圜爲君爲父爲玉爲金爲寒爲冰爲大赤爲良馬爲老馬爲瘠馬爲駁馬爲木果孔穎達曰乾既爲天天動運轉故爲圜爲君爲父取其尊道而爲萬物之始也爲玉爲金取其剛之清明也爲寒爲冰取其西北寒冰之地也爲大赤取其盛陽之色也爲良馬取其行健之善也老馬取其行健之久也瘠馬取其行健之甚瘠馬骨多也駁馬有牙如鋸能食虎豹取其至健也爲木果取其果實著木有似星之著天也程迥曰爲圜天之體也爲君居上而覆下也爲玉德粹也爲金堅剛也爲寒位西北也爲冰寒之凝也爲木果以實承實也）俊對曰聖人取象或遠或近近取諸物遠則天地講易畢復命講尙書帝問曰鄭玄云稽古同天言堯同于天也王肅云堯順考古道而行之二義不同何者爲是博士庾峻對曰（峻事見管寧傳注引庾氏譜）先儒所執各有乖異臣不足以定之然洪範稱三人占從二人之言賈馬及肅皆以爲順考古道以洪範言之肅義爲長帝曰仲尼言唯天爲大唯堯則之堯之

大美在乎則天順考古道非其至也（馮本至下有者字）今發篇開義以明聖德而舍其大更稱其細豈作者之意邪峻對曰臣奉遵師說未喩大義至于折中（官本攷證云御覽折中上有文質二字）裁之聖思（尙書正義曰鄭玄信緯訓稽爲同訓古爲天言能順天而行之與之同功論語稱惟堯則天詩美文王順帝之則然則聖人之道莫不同天合德豈待同天之語然後得同之哉書爲世教當因之人事以人繫天於義無取且古之爲天經無此訓高貴鄉公皆以鄭爲長非篤論也晉書庾峻傳字山甫潁川鄢陵人好學有才思太常鄭袤舉爲博士時重莊老而輕經史峻懼雅道凌遲乃潛心儒典屬高貴鄉公幸太學問尙書義於峻峻援引師說發明經旨申暢疑滯對答詳悉遷祕書丞錢大昕曰王肅卒於是年而其說已爲博士所習進講人主之前蓋肅秉通諸經强辨求勝又以三公之子早登顯要易爲人所信從也潘眉曰易博士淳于俊講易用鄭注禮博士馬照亦宗鄭學惟書博士庾峻從王肅義蓋庾峻係鄭袤所舉袤黨司馬氏故峻亦宗王黜鄭也弼按當時頗重王學見齊王紀正始六年詔王朗易傳課試注）次及四嶽舉鯀（書堯典帝曰咨四岳湯湯洪水方割蕩蕩懷山襄陵浩浩滔天下民其咨有能俾乂僉曰於鯀哉孔傳曰四岳卽羲和之四子分掌四岳之諸侯故稱焉鯀崇伯之名朝臣舉之）帝又問曰夫大人者與天地合其德與日月合其明思無不周明無不照今王肅云堯意不能明鯀是以試用如此聖人之明有所未盡邪峻對曰雖聖人之弘猶有所未盡故禹曰知人則哲惟帝難之然卒能改授聖賢緝熙庶績（書堯典庶績咸熙孔傳云績功咸皆熙廣也言衆功皆廣也爾雅釋詁緝熙光也）亦所以成聖也帝曰夫有始有卒其唯聖人若不能始何以爲聖其言惟帝難之然卒能改授蓋謂知人聖人所難非不盡之言也經云知人則哲能官人若堯疑鯀試之九年官人失敘何得謂之聖哲峻對曰臣竊觀經傳聖人行事不能無失是以堯失之四凶周公失之二叔仲尼失之宰予帝曰堯之任鯀九載無成汨陳五行民用昏墊（書洪範篇箕子乃言曰我聞在昔鯀陻洪水汨陳其五行孔傳云陻塞汨亂也治水失道亂陳其五行書益稷篇禹曰洪水滔天浩浩懷山襄陵下民昏墊孔傳云言天下民昏瞀墊溺皆困水災）至於仲尼失之宰予言行之閒輕重不同也至於周公管蔡之事亦

尚書所載皆博士所當通也峻對曰此皆先賢所疑非臣寡見所能究論次及有鰥在下曰虞舜書堯典帝曰咨四岳朕在位七十載汝能庸命巽朕位岳曰否德忝帝位曰明明揚側陋師錫帝曰有鰥在下曰虞舜孔傳云堯有禪位之志故明舉明人在側陋者廣求賢也師衆錫與也無妻曰鰥虞氏舜名在下民之中帝問曰當堯之時洪水爲害四凶在朝宜速登賢聖濟斯民之時也舜年在既立聖德光明而久不進用何也峻對曰堯咨嗟求賢欲遜己位嶽曰否德忝帝位堯復使嶽揚舉仄陋然後薦舜薦舜之本實由於堯此蓋聖人欲盡衆心也帝曰堯既聞舜而不登用又時忠臣亦不進達乃使嶽揚仄陋而後薦舉非急於用聖恤民之謂也峻對曰非臣愚見所能逮及於是復命講禮記帝問曰太上立德其次務施報爲治何由而教化各異皆脩何政而能致於立德施而不報乎博士馬照對

曰潘眉曰卽馬昭也高貴鄉公講尚書兩駁王肅之說知馬昭申鄭難王諸論作於是時梁章鉅曰毛詩正義中往往載馬昭之說殆卽其人姚範曰詩禮疏引鄭志有馬昭照疑誤或避晉諱侯康曰諸經引聖證論者往往兼引馬昭張融說高貴鄉公紀有博士馬照錢氏攷異謂卽馬昭也太上立德謂三皇五帝之世吳本毛本皇作王誤白虎通三皇者何謂也謂伏羲神農燧人也或曰伏羲神農祝融也禮曰伏羲神農祝融三皇也五帝者何謂也禮曰黃帝顓頊帝嚳帝堯帝舜五帝也潛夫論世傳三皇五帝多以伏羲神農爲三皇其一者或曰燧人或曰祝融或曰女媧其是與非未可知也尚書大傳遂人爲遂皇伏羲爲戲皇神農爲農皇禮含文嘉三皇虙戲燧人神農孔安國尚書序伏羲神農黃帝之書謂之三墳少昊顓頊高辛唐虞之書謂之五典陸德明音義伏犧伏古作虙犧本又作羲亦作戲一號庖犧氏三皇之最先風姓卽太皞也神農炎帝也姜姓三皇之二黃帝軒轅也姬姓三皇之三史記云姓公孫名軒轅一號有熊氏少昊金天氏己姓黃帝之子五帝之最先顓頊高陽氏姬姓黃帝之孫昌意之子五帝之二高辛帝嚳也姬姓五帝之三唐帝堯也姓伊耆氏帝嚳之子五帝之四虞帝舜也五帝之五史記五帝本紀張守節正義鄭玄注中候勅省圖云德合五帝坐星者稱帝又坤靈圖云德配天地在正不在私曰帝按太史公依世本大戴禮以黃帝顓頊帝嚳唐堯虞舜爲五帝譙周應劭宋均皆同而孔安國尚書序皇甫謐帝王世紀孫氏注世本並以伏犧神農黃帝爲三皇少昊顓頊高辛唐虞爲五帝以德化民其次報施謂三王之世白虎通三王者何謂也夏殷周也陸德明音義夏禹天下號三王之最先商湯天下號亦號殷三王之二周文王武王有天下號三王之三以禮爲治也帝曰二者致化薄厚不同將主有優劣邪時使之然乎照對曰誠由時有樸文故化有薄厚也胡三省曰帝與淳于俊論易庾峻論書馬照論禮記考其難疑答問不過擿抉經義及王鄭之異同耳非人君之學也或曰諸問膚淺非大義所關露才揚己無沈密之機失諸訪之意此其所以得禍也輕浮躁動雖士人尚病其非蓄德之資況帝王乎取敗非不幸也弼按高貴鄉公是時年方十六博學好問禎祥自敘文采斐然才同陳思當時已有定評文心雕龍時序篇云少主相仍唯高貴英雅顧盼合章動言成論設得賢宰輔誠有爲之君乃受制權奸深忌其才英年慘死可爲浩歎讀史者知人論世不宜加以苛論也

帝集載帝自敘始生禎祥曰隋書經籍志梁有高貴鄉公集四卷亡又有春秋左氏傳音三卷亡趙一清曰經典釋文莊二年梁滏引高貴鄉公音側嫁反則唐人猶或及見之矣唐經籍志魏高貴鄉公集二卷藝文志同嚴可均全三國文輯本凡賦詔論敘綜二十四篇昔帝王之生或有禎祥蓋所以彰顯神異也惟予小子支胤末流謬爲靈祗之所相祐也豈敢自比於前喆聊記錄以示後世焉其辭曰惟正始三年九月辛未朔二十五日乙未直成予

生錢大昕曰高貴鄉公以甘露五年遇弑歲在庚辰年纔二十計其生年當在正始二年辛酉此云三年者傳寫之譌也攷通鑑目錄正始二年九月正是辛未朔是歲閏六月立冬在九月望後月建於亥故未直成日潘眉曰推正始三年九月朔丙寅非辛未惟二年九月朔乃辛未此三年係二年之譌考帝以甘露五年卒紀云年二十正始三年至甘露五年止得十九年然則帝生正始二年無疑矣周壽昌曰直成言直成日也漢書王莽傳直定與此同于時也天氣清明日月輝光爰有黃氣烟熅於堂照曜室宅其色煌煌相而論之曰未者爲土魏之行也厥日直成應嘉名也烟熅之氣神之精也無災無害蒙神靈也齊王不弔官本弔作弟誤周壽昌曰不弔猶言不矜恤國家之意顚覆厥度羣公受予紹繼皇祚以眇眇之身質性頑固未能涉道而遵大路臨深履冰涕泗憂懼古人有云懼則不亡伊予小子曷敢怠荒庶不忝辱永奉烝嘗

傅暢晉諸公贊曰暢見本志傅嘏傳注晉書傅玄傳暢字世道年五歲父友見而戲之解暢衣取其金環與侍者暢不之惜以此賞之年未弱冠甚有重名以選入侍講東宮爲秘書丞尋沒於石勒勒以爲大將軍右司馬諳識朝儀恆居機密勒甚重之作晉諸公敘讚二十二卷又爲公卿故事九卷隋書經籍志晉諸公讚二十一卷晉秘書監傅暢撰唐志作二十二卷章宗源曰此紀注引暢晉諸公贊云王沈王業將出呼王經經不從曰吾

子行矣干寶晉紀王經正直不忠於我故誅之世說賢媛篇注訓傳暢干寶二家所記深得之水經穀水注題傳暢晉書左傳莊公正義題晉語諸公讚語字誤增
他書徵引或稱傅暢晉讚省諸公二字沈家本曰唐志與本傳卷合疑隋志一字誤 帝常與中護軍司馬望侍中王沈散騎
常侍裴秀黃門侍郎鍾會等講宴于東堂并屬文論名秀爲儒林丈人沈爲文籍先生
望會亦各有名號帝性急 周壽昌曰甘露二年侍中和逌等作詩稽留有司奏罰帝之性急信有徵矣其後受禍未嘗不因性急害之以
帝之才而遭時養晦勤治圖成魏祚其庶可少延乎 請召欲速秀等在內職到得及時以望在外特給追鋒車
虎賁卒五人 胡三省曰望爲中護軍其職在外傅子曰追鋒車施通幰遽則乘之令虎賁五人舁之也晉志曰追鋒車去小平蓋加通幰如軺車駕二
馬追鋒之名取其迅速也施於戎陣之閒是爲傳乘弼按追鋒車又見劉放傳注引世語又晉書杜預傳給追鋒車第一副馬 每有集會 元本集會
作使命 望輒奔馳而至
五月鄴及上谷並言甘露降 郡國志幽州上谷郡治沮陽一統志沮陽故城今直隸宣化府懷來縣西趙一清曰宋書符瑞
志谷作洛上洛今陝西商州治 夏六月丙午 夏字衍上文已書夏四月五月 改元爲甘露 胡三省曰蓋以甘露降而改元

也 乙丑青龍見元城縣界井中 元城見文紀黃初二年 秋七月己卯衛將軍胡
遵薨癸未安西將軍鄧艾大破蜀大將姜維于上邽 上邽見明紀太和五年 詔
曰兵未極武醜虜摧破斬首獲生動以萬計自頃戰克無如此者今
遣使者犒賜將士大會臨饗飲宴終日稱朕意焉八月庚午命大將
軍司馬文王加號大都督奏事不名假黃鉞 是年四月庚戌賜袞冕八月庚午加號與晉志所載互有
詳略月日亦歧異 癸酉以太尉司馬孚爲太傅九月以司徒高柔爲太尉冬
十月以司空鄭沖爲司徒尚書左僕射盧毓爲司空
二年春二月青龍見溫縣井中 溫縣見齊王紀嘉平六年 三月司空盧毓薨夏四
月癸卯詔曰玄菟郡高顯縣吏民反叛 郡國志幽州玄菟郡高顯故屬遼東徐養原曰疑在今奉天開原縣
境 長鄭熙爲賊所殺民王簡負擔熙喪晨夜星行遠致本州忠節可

嘉其特拜簡爲忠義都尉 洪飴孫曰忠義都尉一人第五品 以旌殊行甲子以征東
大將軍諸葛誕爲司空 欲解其兵柄也誕傳朝廷微知誕有自疑心以誕舊臣欲入度之 五月辛未帝
辛辟雍 辟雍解見齊王紀正始二年 會命羣臣賦詩侍中和逌 逌見和洽傳注御覽逌下有小注音由二字
尚書陳騫等 毛本騫作蹇誤 作詩稽留 潘眉曰詩下脫賦字御覽九十四引魏志云作詩賦稽留宋本有賦字下言廣延詩
賦則此句有賦字是也沈欽韓曰金樓子高貴鄉公賦詩給事中甄歆陶成嗣各不能著詩受罰酒卽此事也 有司奏免官詔曰吾
以暗昧愛好文雅廣延詩賦以知得失而乃爾紛紜良用反仄其原
逌等主者宜勅自今以後羣臣皆當玩習古義脩明經典稱朕意焉
乙亥諸葛誕不就徵發兵反殺揚州刺史樂綝 事詳誕傳胡三省曰征東將軍與揚州刺史同
治壽春魏四征之任率以其州刺史爲儲帥故誕疑綝閒己 丙子赦淮南將吏士民爲誕所詿誤者丁
丑詔曰諸葛誕造爲凶亂盪覆揚州昔黥布逆叛漢祖親戎 史記黥布傳黥

布者六人也姓英氏發兵反上遂發兵自將東擊布布軍敗走番陽人殺布 隗囂違戾光武西伐 范書光武紀建武七年公孫述立隗
囂爲朔寧王八年帝自征囂隴右潰隗囂奔西域 及烈祖明皇帝躬征吳蜀 明紀太和二年帝幸長安青龍二年帝親御龍
舟東征遂進軍幸壽春 皆所以奮揚赫斯震耀威武也今宜皇太后與朕暫共
臨戎速定醜虜時寧東夏 晉書文帝紀諸葛誕以淮南作亂議者請速伐之帝曰誕以毌丘儉輕疾傾覆今必外連吳寇此爲
變大而遲吾當與四方同力以全勝制之乃表曰昔黥布叛逆漢祖親征隗囂違戾光武西伐烈祖明皇帝乘輿仍出皆所以奮揚赫斯震耀威武也陛下宜暫臨戎使
將士得憑天威今諸軍可五十萬以衆擊寡蔑不克矣秋七月奉天子及皇太后東征徵兵青徐荊豫分取關中游軍皆會淮北師次於項假廷尉何楨節使淮南宣慰
將士申明逆順示以誅賞胡三省曰昭若自行恐後有挾兩宮爲變者故奉之以討誕王鳴盛曰誕乃宿將非王淩毌丘儉文欽之比故昭不肯從衆議輕遽用師必挾
天子興重兵厚集其勢以遏其鋒然是時吳國內亂孫綝輔政多行無禮將士不附誕無外援故卒至滅亡耳若吳無內斁則淮南三叛成敗未可知也 己卯
詔曰諸葛誕造構逆亂迫脅忠義平寇將軍臨渭亭侯龐會騎督偏
將軍路蕃 洪飴孫曰平寇將軍一人第三品偏將軍無員第五品 各將左右斬門突出忠壯勇烈

所宜加異 加一本作嘉 其進會爵鄉侯番封亭侯六月乙巳詔吳使持節都督夏口諸軍事鎮軍將軍沙羨侯孫壹賊之枝屬位爲上將畏天知命深鑒禍福翻然舉衆遠歸大國雖微子去殷 史記殷本紀紂淫亂不止微子數諫不聽乃與太師少師謀遂去 樂毅遁燕 史記樂毅傳樂毅攻入臨菑盡取齊寶財物輸之燕燕昭王大說封樂毅於昌國號爲昌國君樂毅留徇齊五歲下齊七十餘城皆爲郡縣以屬燕會燕昭王死子立爲燕惠王燕惠王固已疑樂毅乃使騎劫代將而召樂毅樂毅知燕惠王之不善待之畏誅遂西降趙 無以加之其以壹爲侍中車騎將軍假節交州牧吳侯開府辟召儀同三司 晉書職官志開府儀同三司漢官也殤帝延平元年鄧騭爲車騎將軍儀同三司儀同之名始自此也及魏黃權以車騎將軍開府儀同三司開府之名起於此也弼按儀同三司互見蜀志黃權傳 依古侯伯八命之禮袞冕赤舄事從豐厚 胡三省曰崇異孫壹者以招攜貳也何焯曰時淮南引吳爲援壹適來奔故司馬氏濫以爵寵之冀以招誘來者耳

臣松之以爲壹畏逼歸命 孫綝誅滕胤呂據據胤皆壹之妹夫綝使朱異潛襲壹壹奔魏 事無可嘉格以古義欲

蓋而名彰者也 名官本作彌 當時之宜未能遠遵式典固應量才受賞足以疇其來情而已 疇官本作醻當作酬 至乃光錫八命禮同台鼎不亦過乎於招攜致遠又無取焉何者若使彼之將守與時無嫌終不悅于殊寵坐生叛心以叛而愧 愧當作貴 辱孰甚焉如其憂危將及非奔不免則必逃死苟存無希榮利矣然則高位厚祿何爲者哉魏初有孟達黃權 文紀延康元年蜀將孟達率衆降黃初三年蜀大將黃權率衆降 在晉有孫秀孫楷 晉書武帝紀泰始六年吳夏口督前將軍孫秀帥衆來奔拜驃騎將軍開府儀同三司封會稽公咸寧二年吳京下督孫楷帥衆來降以爲車騎將軍封丹陽侯 達權爵賞比壹爲輕秀楷禮秩優異尤甚及至吳平而降黜數等不承權與壹不緣在始失中乎

甲子詔曰今車駕駐項 項見前正元二年 大將軍恭行天罰前臨淮浦 誕傳大將軍司馬文王督中外諸軍二十六萬衆臨淮討之屯丘頭 昔相國大司馬征討 司馬師追加大司馬故云 皆與尚書俱行 尚書傳嘏同行 今宜如舊乃令散騎常侍裴秀黃門侍郎鍾會咸與大將軍俱行秋八月詔曰昔燕剌王謀反韓誼等諫而死漢朝顯登其子 漢書燕剌王旦傳旦言少帝非武帝子天下宜共伐之郎中韓義等數諫旦旦殺義等 諸葛誕創造凶亂主簿宣隆部曲督秦絜 此征東將軍之主簿部曲督也洪飴孫曰主簿一人第八品部曲督無員第七品 秉節守義臨事固爭爲誕所殺所謂無比干之親而受其戮者 史記殷本紀諸侯多叛紂而往歸西伯王子比干諫弗聽紂愈淫亂不止比干曰爲人臣者不得不以死爭迺強諫紂紂怒曰吾聞聖人心有七竅剖比干觀其心 其以隆絜子爲騎都尉加以贈賜光示遠近以殊忠義九月大赦冬十二月吳大將全端全懌等率衆降 詳見鍾會傳

三年春二月大將軍司馬文王陷壽春城斬諸葛誕 誕傳誕以二年五月反三年二月破滅 三月詔曰古者克敵收其屍以爲京觀 左傳宣公十二年君盍築武軍而收晉尸以爲京觀杜注築軍營以彰武功積尸封土其上謂之京觀觀去聲 所以懲昏逆而章武功也漢孝武元鼎中改桐

鄉爲聞喜新鄉爲獲嘉以著南越之亡 漢書武帝紀元鼎六年冬十月行至左邑桐鄉聞南越破以爲聞喜縣春至汲新中鄉得呂嘉首以爲獲嘉縣師古曰左邑河東之縣也桐鄉其鄉名也汲河內縣新中其鄉名漢書地理志河東郡聞喜故曲沃晉武公自晉陽徙此武帝元鼎六年行過更名應劭曰今曲沃也秦改爲左邑武帝於此聞南越破改曰聞喜地理志又云河內郡獲嘉故汲之新中鄉武帝行過更名也一統志聞喜故城今山西絳州聞喜縣西南（鄒安鬯曰今聞喜縣東三十里）獲嘉故城今河南衞輝府新鄉縣西南十二里 大將軍親總六戎營據丘頭內夷羣凶外殄寇虜功濟兆民聲振四海克敵之地宜有令名其改丘頭爲武丘 水經潁水注潁水東逕丘頭丘頭南枕水魏書郡國志曰宜王軍次丘頭王淩面縛水次故號武丘楊守敬水經注疏要删云此所引魏書郡國志當是王沈魏書然齊書禮志言王沈魏書無志所未詳也改丘頭爲武丘魏志少帝紀爲司馬昭克諸葛誕事而元和志則謂司馬懿討克王淩所改寰宇記又云司馬師討克毌丘儉所改三事皆在汝潁間故傳聞異辭然自應以討誕爲得實洪亮吉曰豫州汝陰郡固始縣有武丘寰宇記一名丘頭在沈丘縣東六十里諸地志項縣下亦有武丘諸說不同以昭討誕事爲是鄒安鬯曰武丘在今河南陳州府沈丘縣東南潁水北 明以武平亂後世不忘亦京觀二邑之義也夏五月命大將軍司馬文王爲相國 胡三

省曰漢書百官表相國丞相皆秦官又按蕭何傳何自丞相拜相國則相國尊於丞相 封晉公食邑八郡 胡三省曰晉書文帝紀以幷州之上原上黨西河樂平新興雁門司州之河東平陽凡八郡封爲晉公 加之九錫文王前後九讓乃止 晉書阮籍傳帝讓九錫公卿將勸進使籍爲其辭籍沈醉忘作臨詣府使取之見籍方據案醉眠使者以告籍便書案使寫之無所改竄辭甚清壯爲時所重文選阮嗣宗爲鄭沖勸晉王牋云聖王作制百代同風褒德賞功有自來矣周公藉已成之勢據既安之業光宅曲阜奄有龜蒙明公宜承聖旨受茲介福今大魏之德光于唐虞明公盛勳超于桓文然後臨滄洲而謝支伯登箕山以揖許由豈不盛乎何必勤勤小讓也哉臧榮緒晉書曰魏帝封晉太祖爲晉公太原等十郡爲邑進位相國備禮九錫太祖讓不受公卿將校皆詣府勸進阮籍爲其辭魏帝高貴鄉公也太祖晉文帝也世說文學篇曰魏朝封晉文王爲公備禮九錫文王固讓不受公卿將校當詣府敦喻司空鄭沖（應作司徒）馳遣信就籍求文時籍在袁孝尼家宿醉扶起書札爲之無所點竄乃寫付使時人以爲神筆弼按晉書文帝紀載此牋於景元四年然據文選注謂魏帝爲高貴鄉公而牋中亦無征蜀獻捷之事以此知晉書爲誤又按阮籍傳籍景元四年冬卒則此牋爲高貴鄉公時所作無疑 六月丙子詔曰昔南陽郡山賊擾攘欲劫質故太守東里袞 袞一作褒詳見武紀建安二十四年注引曹瞞傳 功曹應余獨身捍袞遂免於難余顚沛殞斃殺身濟君其下司徒署余孫倫吏 褒應余官其孫 使蒙伏節之報

楚國先賢傳曰 隋書經籍志楚國先賢傳贊十二卷晉張方撰新唐志同無贊字舊唐志傳作志楊方撰章宗源曰文選應璩百一詩注引藝文類聚禮部引並稱張方楚國先賢傳無稱楊方者世說德行篇引百里奚初學記居處部引熊宜僚御覽鱗介部引宋玉皆上及春秋戰國裴松之章懷注史所引則皆漢魏晉時事沈家本曰文選應璩百一詩注引作張方賢楚國先賢傳與隋唐志異或疑李注賢字爲傳寫之衍文然李注下文又稱方賢之意似非衍也黃逢元曰晉書有張方傳河間人爲河間王顒將是書疑非顒將張方所撰弼按楚國先賢傳著化陳運溶輯本見麓山精舍叢書 余字子正天姿方毅志尚仁義建安二十三年爲郡功曹是時吳蜀不賓疆場多虞宛將侯音扇動山民保城以叛余與太守東里袞當擾攘之際迸竄得出音即遣騎追逐去城十里相及賊便射袞飛矢交流余前以身當箭被七創因謂追賊曰侯音狂佞 宋本佞作狡 造爲凶逆大軍壽至誅夷在近謂卿曹本是善人素無惡心當思反善何爲受其指揮我以身代君以被重創 宋本以作已古以已通用 若身死君全隕沒無恨因仰天號哭涕泣血淚俱下賊見其義烈釋袞不害賊去之後余亦命絕征南將軍曹仁討平音表余行狀幷脩祭醱太祖聞之嗟歎良久下荆州復表門閭賜穀千斛袞後爲于禁司馬見魏略游說傳 魏略詳見武紀建安十六年注

辛卯大論淮南之功封爵行賞各有差秋八月甲戌以驃騎將軍王昶爲司空 昶傳昶字文舒誕既誅遷司空持節都督如故誕傳注引世語云誕曰我作公當在王文舒後今便爲司空使以兵付樂綝此必綝所爲乃攻綝可知當日以誕爲司空實奪其兵柄促其舉事耳 丙寅 潘眉曰丙寅在甲戌前紀文倒誤 詔曰夫養老興敎三代所以樹風化垂不朽也必有三老五更以崇至敬 禮記文王世子遂設三老五更羣老之席位焉鄭注三老五更各一人也皆年老更事致仕者也天子以父兄養之示天下之孝弟也名以三五者取象三辰五星天所因以照明天下者羣老無數其禮亡以鄉飲酒禮言之席位之處則三老如賓五更如介羣老如衆賓必也正義云三老五更各一人蔡邕以爲更字爲叟叟老稱又以三老爲三人五更爲五人非鄭意也今所不取云皆年老更事致仕者三老亦有更名五更亦有老稱但尊此老名特屬三老耳以其天子父兄所事故知致仕者知天子以父兄養之者以天子冕而總干而舞

執醬而饋是父兄事也白虎通曰王者父事三老兄事五更者何欲陳孝悌之德以示天下也故雖天子必有尊也言有父也必有先也言有兄也天子臨辟雍親袒割牲尊三老父象也謁者奉几杖授安車輭輪供綏執授兄事五更寵接禮交如客謙敬順貌也禮記祭義曰祀于明堂所以教諸侯之孝也享三老五更於太學所以教諸侯之悌也不正言父兄言老更者何老者壽考也欲言所令者多也更者更也所更歷者衆也即如是不但言老言三何欲言其明於天地人之道而老也五更者欲言其明於五行之道而更事也三老五更幾人乎曰各一人何以知之既以父事一而已不宜有三漢書禮樂志云顯宗即位宗祀光武皇帝于明堂養三老五更於辟廱李奇曰王者父事三老兄事五更鄧展曰漢直以一公爲三老用大夫爲五更續漢志禮儀志云明帝永平二年三月上始漢官儀三老五更皆取有首妻男女全具者帥羣臣躬養三老五更於辟雍養三老五更之儀先吉日司徒上太傅若講師故三公人名用其德行年耆高者一人爲老次一人爲更也盧植禮記注云選三公老者爲三老卿大夫中之老者爲五更亦參五之也月令章句曰三老國老也五更庶老也宋均曰三老老人知天地人事者五更老人知五行更代事者餘說見後蔣超伯南潛楷語卷一曰永平中充此選者李躬明帝詔曰三老李躬年耆學明五更桓榮授朕尚書詩曰無德不報無言不酬其賜榮爵關內侯食邑五千戶三老五更皆以二千石祿養終厥身建初中充此選者伏恭馮魴伏恭傳建初二年肅宗行饗禮以恭爲三老馮魴傳建初三年以老病乞身肅宗許之其冬爲五更此外則袁逢嘗爲三老見袁安傳李充年八十八以爲國三老安帝嘗特進見見李充傳楊統位至光祿大夫爲國三老年九十卒見楊厚傳士孫瑞爲國三老光祿大夫每三公

缺楊彪皇甫嵩皆讓位於瑞見王允傳與達充就瑞同時爲五更者蓋不可考充僅郞將似不必定用三公充曾因婦離間白母出之亦不必定有首妻也三老又稱三德大戴禮曾子本孝篇任善不敢臣三德盧辯注三德三老也乞言納誨著在惇史禮記內則凡養老五帝憲三王有乞言五帝憲養氣體而不乞言有善則記之爲惇史三王亦憲既養老而后乞言亦微其禮皆有惇史鄭注憲法也養之爲法其德行有讀爲又又從之求善言可施行也惇史史惇厚者也微其禮者依違言之求而不切也正義云五帝憲者言五帝養老法其德行三老有乞言者言三王非但法其德行又從求乞善言五帝奉養老人就氣息身體恐其勞動故不乞言老人有善德行則記錄之使衆人法則爲惇厚之史然後六合承流下觀而化宜妙簡德行以充其選關內侯王祥履仁秉義雅志淳固關內侯鄭小同溫恭孝友帥禮不忒詩魯頌享祀不忒鄭箋忒變也其以祥爲三老小同爲五更車駕親率羣司躬行古禮焉宋書禮志一云魏高貴鄉公甘露二年（二當作三）車駕親率羣司行養老之禮於太學於是王祥爲三老鄭小同爲五更今無其注然漢禮具存也通鑑輯覽曰養老乞言本非急務其失與井田封建等況高貴鄉公當多事之秋應措施者多矣而乃拘牽古義其迂可笑亦可憫

漢晉春秋曰帝乞言于祥祥對曰昔者明王禮樂既備加之以忠誠忠誠之發形于言

行夫大人者行動乎天地天且弗違況于人乎晉書祥傳天子幸太學命祥爲三老祥南面几杖以師道自居天子北面乞言祥陳明王聖帝君臣政化之要以訓之聞者莫不砥礪祥事別見呂虔傳小同鄭玄孫也玄別傳曰章宗源曰鄭玄別傳見三國志注後漢書注亦引之隋唐志不著錄侯康曰本傳注引之世說文學篇注及御覽引數事本傳不載玄有子爲孔融吏舉孝廉融之被圍往赴爲賊所害有遺腹子以丁卯日生而玄以丁卯歲生故名曰小同後漢書鄭玄傳玄惟有一子益恩孔融在北海舉爲孝廉及融爲黃巾所圍益恩赴難隕身有遺腹子玄以其手文似己名之曰小同惠棟曰別傳云玄以太歲在丁卯生此男以丁卯日生生又手理與玄相似故名之曰小同也潘眉曰康成惟一子名益恩適孫小同是遺腹子眞誥協昌期云鄭子眞則康成之孫也患兩腳不授積年其晚用鍼灸兼行曲折祝法百日都除致康成止有一孫子眞卽小同字魏名臣奏載太尉華歆表曰臣聞勵俗宣化莫先於表善班祿敍爵莫美於顯能是以楚人思子文之治復命其胤左傳宣公四年子文之孫克黃自拘於司敗王思子文之治楚國也曰子文無後何以勸善使復其所改命曰生漢室嘉江公之德用顯其世漢書儒林傳瑕丘江公受穀梁春秋及詩於魯申公上愍其學且絕徵江公孫爲博士伏見故漢大司農北海鄭玄當時之學范書鄭玄傳玄字康成北海高密人公車徵爲大司農給安車一乘所過長吏送迎玄迺以病自乞還家沈銘彝曰先君濼源問答云先生未嘗爲大司農以有公車之徵後人遂以大司農稱之如華歆薦小同表云故大司農鄭玄是也名冠華夏爲世儒宗文皇帝旌錄先賢拜玄適孫小同以爲郞中長假在家小同年踰三十少有令質學綜六經隋書經籍志梁有禮義四卷魏侍中鄭小同撰亡鄭志十一卷魏侍中鄭小同撰鄭記六卷鄭玄弟子撰後漢書鄭玄傳門生相與撰玄答諸弟子問五經依論語作鄭志八篇孝經正義云鄭君卒後其弟子追論師所著述及應對時人謂之鄭志鄭之弟子分證門徒各述所言更爲問答編錄其語謂之鄭記劉知幾云鄭弟子追論師說及應答謂之鄭志分授門徒各述師言更爲問答謂之鄭記四庫提要云隋志與范書鄭玄本傳其說不同范蔚宗去漢未遠其說當必有徵隋志根據七錄亦阮孝緒等所考定疑追錄之者諸弟子編次成帙者則小同後漢書原其始隋志要其終觀八篇分爲十一卷知非諸弟子之舊本也鄭珍鄭學錄曰康成卒時小同僅四五歲安能記述祖時師弟問答必是康成歿未久諸弟子卽各出所記分五經類而萃之爲志八卷後來小同更有所得增編爲十一卷自題己名故隋志歸之小同撰耳弼按聚珍版叢書有鄭志輯本三卷問經堂叢書有鄭志補遺輯本一卷均題鄭小同撰行著鄉邑海岱之人莫不嘉其自然美其氣量宋本氣作器迹其所履有質直不渝之性然而恪恭靜默色養其親不治可見

之美不競人閒之名斯誠淸時所宜式敍前後明詔所斟酌而求也臣老病委頓無益視聽謹具以聞明帝卽位拜歆爲太尉此表當爲太和中上魏氏春秋曰小同詣司馬文王文王有密疏未之屏也如廁還謂之曰卿見吾疏乎對曰否文王猶疑而鴆之卒范書鄭玄傳注引此作文王曰寧我負卿無卿負我遂酖之梁章鉅曰此與操殺呂伯奢語相似奸雄家法略同如此弼按小同時官侍中出入禁中掌侍左右縱有密疏亦得寓目況在疑似之閒乎乃竟擅行酖毒慘無人道經師後嗣不得良死此與文舉之被戮同爲千古奇寃且當時三老五更一爲新朝佐命一則橫遭毒手密疏見否亦係藉詞小同雖死無愧忠貞矣鄭玄注文王世子曰玄傳凡玄所注周易尙書毛詩儀禮禮記論語孝經尙書大傳中候乾象厤范書儒林傳玄又注小戴所傳禮記四十九篇隋書經籍志禮記二十卷漢九江太守戴聖撰鄭玄注陳邵周禮論序云戴德刪古禮二百四篇爲八十五篇謂之大戴禮戴聖刪大戴禮爲四十九篇是爲小戴禮後漢馬融盧植考諸家同異附戴聖篇章去其繁重及所敍略而行於世卽今之禮記是也鄭玄亦依盧馬之本而注焉胡玉縉曰小戴無刪大戴之事陳語失實隋志欲以小戴所錄補大戴闕篇遂謂月令明堂位樂記三篇馬融所足重紕貤繆黃以周已辨之見禮書通故三老五更各一人皆年老更事致仕者也注樂記曰皆老人更知三德五事者也禮記樂記食三

老五更於太學鄭注三老五更互言之耳皆老人更知三德五事者也正義曰三老亦五更五更亦三老故云皆三德謂正直剛柔五事謂貌言視聽思也文王世子注云象三辰五星者義相包矣**蔡邕明堂論曰**隋書經籍志月令章句十二卷漢左中郎將蔡邕撰嚴可均曰本集說郛有月令問答明堂論月令篇名等三篇皆月令章句之文**更應作叟叟長年之稱字與更相似書者遂誤以爲更嫂字女旁叟今亦以爲更以此驗知應爲叟也**月令問答問記曰養三老五更子獨曰五叟周禮曰八十一御妻今曰御妾何也曰字誤也叟長老之稱也其字與更相似書者遂誤以爲更嫂字女旁瘦字從叟今皆以爲更矣立字法者不以形聲何得以爲字以叟瘦推之知是更爲叟也妻者齊也惟一適人稱妻其餘皆妾位最下也是以不得言妻云也**臣松之以爲邕謂更爲叟誠爲有似而諸儒莫之從未知孰是**周壽昌曰更疑作叟且引俗書作嫂字以證之此恐後人僞造中郎未必如此淺陋也裴氏以諸儒莫從似亦無識弼按三老五更以白虎通所釋於義爲長叟與老義同宜孔疏不取也

是歲青龍黃龍仍見頓丘冠軍陽夏縣界井中頓丘見武紀卷首陽夏見武紀建安十六年郡國志荊州南陽郡冠軍一統志冠軍故城今河南南陽府鄧州西北四十里

四年春正月黃龍二見寧陵縣界井中寧陵見武紀初平四年

漢晉春秋曰是時龍仍見咸以爲吉祥帝曰龍者君德也上不在天下不在田而數屈于井非嘉兆也仍作潛龍之詩以自諷司馬文王見而惡之晉書五行志下云魏明帝青龍元年正月甲申青龍見郟之摩陂井中凡瑞興非時則爲妖孽況困于井非嘉祥矣魏以改年非也干寶曰自明帝終魏世青龍黃龍見者皆其主廢興之應也魏土運青木色而不勝于金黃得位青失位之象也青龍多見者君德國運內相剋伐也故高貴鄉公卒敗于兵按劉向說龍貴象而困井中諸侯將有幽執之禍也魏世龍莫不在井此居上者逼制之應高貴鄉公著潛龍詩卽此旨也胡三省曰帝有誅昭之志不務養晦而憤鬱之氣見於辭而不能自揜蓋亦淺矣此其所以死於權臣之手乎

夏六月司空王昶薨晉書文帝紀六月分荊州置二都督王基鎮新野州泰鎮襄陽使石苞都督揚州陳騫都督豫州鍾毓都督徐州宋均監青州諸軍事**秋七月陳留王峻薨**晉書五行志甘露四年七月戊子朔日有蝕之**冬十月丙寅分新城郡復置上庸郡**新城見文紀延康元年上庸見武紀建安二十年錢大昕曰景初元年復置上庸郡自後未見幷省之文趙一淸曰上庸郡省於明帝太和四年六月復置於景初元年五月此後未嘗書省兩云復置未審其由弼按齊王紀嘉平六年云白帝卽位至於是歲郡國縣道多所置省俄或還復據此紀所言則時有幷省不足爲異也

十一月癸卯車騎將軍孫壹爲婢所殺二年孫壹來降吳志孫奐傳魏以壹爲車騎將軍以故主芳貴人邢氏妻之邢美色妒忌下不堪命遂共殺壹及邢氏弼按吳志言壹黃初三年死者誤也

五年春正月朔日有蝕之晉書天文志甘露五年正月乙酉朔日有蝕之京房易占曰日蝕乙酉君弱臣强司馬將兵反征其王五月有成濟之變梁章鉅曰朔字上當據晉宋志補乙酉二字**夏四月詔有司率遵前命復進大將軍司馬文王位爲相國封晉公加九錫**胡三省曰遵前年之命也**五月己丑高貴鄉公卒年二十**史通直書篇當宣景開基之始曹馬構紛之際或列營渭曲見屈武侯或發仗雲臺取傷成濟陳壽王隱咸杜口而無言陸機虞預各栖毫而靡述至習鑿齒乃申以死葛走達之說抽戈犯蹕之言歷代厚誣一朝始雪攷斯人之書事蓋近古之遺直歟何焯曰公羊傳公薨何以不地不忍言也書高貴鄉公卒其猶有良史之風歟抽戈犯蹕若直書之則反得以歸獄於成濟今公卒之下詳載昭表則其實自著而司馬昭之罪益無可逃所謂微而顯順而辨也史通之論蓋未識變例之旨趙一淸曰干寶直書成濟抽戈而移之鑿齒亦史通之誤浦起龍曰抽戈犯蹕之上疑脫干令升亦斥以六字趙翼曰或謂承祚仕晉不得不爲

本朝諱然齊王芳之廢先敘司馬景王將謀廢帝以聞於皇太后則賈充之事亦何妨略見端倪乃但書卒之月日使無裴世期引漢晉春秋各書以注之則竟似考終寢殿者乎然猶曰爲本朝諱也乃若伏后之被弒於華歆郭后之逼殺於明帝此皆魏朝故事亦復何所忌諱而於華歆傳並無一語及弒后事於郭后傳亦但書青龍二年后崩於許昌遂使暴崩者同於善終行弒者泯其逆節所謂善敘事者安在耶梁章鉅曰前此幸太學辟雍皆稱帝至此忽改從舊號且明係成濟刺死而但書卒皆不可解弼按梁氏不識變例亦如何氏所識春秋隱公十一年冬十有一月壬辰公薨閔公二年秋八月辛丑公薨杜注實弒書薨又不地者史策所諱也又莊公三十二年秋八月癸亥公薨於路寢杜注路寢正寢也公薨皆書其所詳凶變也又僖公三十三年冬十有二月乙巳公薨於小寢杜注小寢內寢也又云小寢夫人寢也譏公就所安不終于路寢也此春秋書法之有例可援者漢書帝紀書高帝崩于長樂宮武帝崩于五柞宮惠文景昭宣元成哀平各帝皆書崩于未央宮平帝爲王莽所鴆故葬不書日以示變例卽以本志論武紀王崩于洛陽文明二紀均云帝崩於嘉福殿此皆爲常例今高貴鄉公不稱帝而稱舊號不書崩而書卒又不書地此則事之奇變出於常理之外有不駭人聽聞者乎承祚此文深合春秋筆法劉知幾好騁筆鋒殆未細審耳

漢晉春秋曰帝見威權日去不勝其忿勝音升**乃召侍中王沈尙書王經**經字彥偉淸河人見夏侯玄傳及注**散騎常侍王業謂曰司馬昭之心路人所知也**胡三省曰言路人亦知其將篡**吾不能坐受**

廢辱今日當與卿自出討之 胡三省曰卿下當有等字 王經曰昔魯昭公不忍季氏敗走失國
為天下笑 胡三省曰魯季氏世執魯國之政至昭公時伐之不勝公孫于齊次于陽州死于乾侯事見左傳 今權在其門為日久
矣朝廷四方皆為之致死不顧逆順之理非一日也 此為當日實情 且宿衛空闕兵甲寡弱
世說注引此作寸刃無有 陛下何所資用而一旦如此無乃欲除疾而更深之邪禍殆不測宜見
重詳 胡三省曰重再也詳審也 帝乃出懷中版令投地曰行之決矣正使死何所懼 御覽懼下有恨字
況不必死邪 晉書文帝紀天子以帝三世宰輔政非己出情不能安又慮廢辱將臨軒召百僚而行放黜五月戊子夜使宂從僕射李昭等發甲於陵
雲臺召侍中王沈散騎常侍王業尚書王經出懷中黃素詔示之戒嚴俟旦何焯曰或以公是舉失之輕脫正使隱忍不發亦不過作陳留王耳吾殊健其勇決也
弼按據晉史所載當時實將有廢立之事昭之密疏或即為此鄭小同之鴆死慮其漏洩也小同事見前 于是入白太后沈業奔走告
文王文王為之備 胡三省曰帝禮遇王沈呼為文籍先生而臨變乃爾吁 帝遂率僮僕數百鼓譟而出 此則事同
兒戲矣司馬氏父子兄弟掌握兵馬積威之權臣豈數百僮僕所能禦邪以此知漢宣帝之誅霍氏為不可及也 文王弟屯騎校尉伷入

宋本馮本弟作第誤官本攷證曰弟監本訛作第今改正御覽伷下有小注音胄二字 遇帝於東止車門 帝出東止車門司馬昭上言亦言向
臣所止可證太后令舉兵入西宮之語為誣 左右呵之伷衆奔走中護軍賈充又逆帝戰于南闕下帝自
用劍衆欲退太子舍人成濟問充曰 太子舍人見明紀青龍三年注胡三省曰晉志太子舍人職比散騎中書等侍郎時未立
太子不應置東宮官屬濟本昭之私人授以是官耳 事急矣當云何充曰畜養汝等正謂今日 晉書景帝紀帝陰養死士
三千散在人間至是一朝而集可知司馬氏之圖篡自曹爽時已然矣 今日之事無所問也濟即前刺帝刃出于背
晉書文帝紀沈業馳告于帝帝召護軍賈充等為之備天子知事泄帥左右攻相府稱有所討敢有動者族誅相府兵將止不敢戰賈充叱諸將曰公畜養汝輩正
為今日耳太子舍人成濟抽戈犯蹕刺之刃出於背天子崩於車中趙一清曰趙高以後復見此事王莽梁冀陰行鴆毒未有如此之顯者也 文王聞大
驚自投於地曰天下其謂我何太傅孚奔往枕帝股而哭哀甚 胡三省曰枕帝於股也左傳齊崔杼弒其
君光晏子枕尸股而哭之三踊而出 曰殺陛下者臣之罪也　臣松之以為習鑿齒書雖最後出然述
此事差有次第故先載習語以其餘所言微異者次其後　世語曰王沈王業馳告文

王尚書王經以正直不出因沈業申意 世說賢媛篇注引干寶晉紀曰經正直不忠於我故誅之案傳暢干寶所記則是經
實忠貞於魏而世語既謂其正直復云因沈業申意何其相反乎故二家之言深得之何焯曰正直謂正當入直也夏侯太初傳注引世語曰王業之出不申經意
趙一清曰王經之死天變見於上晉書文帝紀亦云殺尚書王經貳於我也可謂直筆或曰經若果申意得禍必輕世語所云殆即沈業之徒自恥失節故肆其醜
正之詞以厚誣忠烈郭頒無識遂筆之於書耳弼按正直當如本字義若如何說正當入直則高貴鄉公何必召之干寶之言可證何說殊為曲解又按晉書王沈
傳高貴鄉公將攻文帝召沈及王業告之沈業馳白帝以功封安平侯邑二千戶沈既不忠於主甚為衆論所非據沈傳所云告密者既可封侯申意者當可免死
乃竟刑衣東市以此知世語之言為誣也 晉諸公贊曰沈業將出呼王經經不從曰吾子行矣　干寶
晉紀曰成濟問賈充曰事急矣若之何充曰公畜養汝等為今日之事也夫何疑濟曰
然乃抽戈犯蹕 漢儀曰出稱警入則蹕說者云車駕出則應稱警入則應稱蹕也 魏氏春秋曰戊子夜帝自將
宂從僕射李昭 宋書百官志宂從僕射漢東京有中黃門宂從僕射非其職也魏世因其名而置宂從僕射五見夏侯玄傳 黃門從官
焦伯等 黃門從官見武紀卷首 下陵雲臺 陵雲臺見文紀黃初二年 鎧仗授兵欲因際會自出討文王會

雨有司奏卻日遂見王經等出黃素詔于懷曰 胡三省曰說文素白緻繒也此黃素詔者蓋以白緻繒染為黃色以書詔
是可忍也孰不可忍也今日便當決行此事入白太后遂拔劍升輦 說文輦挽車也从車从扶在車
前引之漢書袁盎傳陛下從代來郎官上書疏未嘗不止輦受其言又外戚傳成帝游于後庭嘗欲與班倢伃同輦載宋書禮志五云輦車周禮王后五路之卑者
也后宮中從容所乘非王車也 帥殿中宿衛蒼頭官僮 漢書鮑宣傳蒼頭廬兒皆用致富孟康曰黎民黔首黎黔皆黑也漢名奴為蒼頭非
純黑以別於良人也諸給殿中者所居為廬蒼頭侍從因呼為廬兒後漢書明德馬皇后紀勅制僮御廄雅曰僮御皆使者也 擊戰鼓出雲龍門
御覽百八十三洛陽故宮名有雲龍門水經注神獸門東對雲龍門衡栿之上皆刻雲龍風虎之狀典引永平十七年與賈逵等召詣雲龍門東京賦注德陽殿東
門稱雲龍門又互見夏侯玄傳注引世語 賈充自外而入帝師潰散猶稱天子手劍奮擊衆莫敢逼充帥
厲將士騎督成倅弟成濟以矛進 胡三省曰騎督督騎兵 帝崩于師時暴雨雷霆晦冥　魏
末傳曰賈充呼帳下督成濟謂曰 晉書職官志諸公及開府位從公者置帳下都督 司馬家事若敗汝等
豈復有種乎何不出擊倅兄弟二人乃帥帳下人出顧曰當殺邪執邪充曰殺之兵交

帝曰放仗 仗劍戟總名本志鍾會傳姜維令兵悉放器仗蜀志姜維傳乃投戈放甲通鑑姜維得漢主勅命乃令兵悉放仗 大將軍士皆放仗濟兄弟因前刺帝帝倒車下

皇太后令曰吾以不德遭家不造昔援立東海王子髦以爲明帝嗣見其好書疏文章冀可成濟而情性暴戾日月滋甚吾數呵責遂更忿恚造作醜逆不道之言以誣謗吾遂隔絕兩宮其所言道不可忍聽非天地所覆載吾即密有令語大將軍不可以奉宗廟恐顚覆社稷死無面目以見先帝大將軍以其尚幼謂當改心爲善殷勤執據而此兒忿戾所行益甚舉弩遥射吾宮祝當令中吾項 宮殿重疊舉弩遥射豈能中項虛僞之詞不攻自破 箭親墮吾前吾語大將軍不可不廢之前後數次 宋本次作十 此兒具聞自知罪重便圖爲弒逆賂遺吾左右人令因吾服藥密行

酖毒重相設計事已覺露直欲因際會舉兵入西宮殺吾 據漢晉春秋魏氏春秋所載皆言帝入白太后可證舉兵入西宮之語爲誣 出取大將軍呼侍中王沈散騎常侍王業 世語曰 世語各本皆誤作國語宋元本不誤 業武陵人 武陵見武紀建安十三年注 後爲晉中護軍 趙一清曰鍾會傳注有王業字長緒爲王粲族兄凱之子劉表之外孫粲子被誅文帝以業嗣粲疑即其人也梁章鉅說同李慈銘曰魏有兩王業一山陽人王弼之父劉表外孫官尚書郎見鍾會傳注弼按山陽之王業爲別一人此王業爲武陵人趙說誤 尚書王經出懷中黃素詔示之言今日便當施行吾之危殆過於累卵 說苑曰晉靈公造九層之臺費用千金謂左右曰敢有諫者斬荀息聞之上書求見靈公張弩持矢見之曰臣不敢諫也臣能累十二博棊加九雞子其上公曰子爲寡人作之荀息正顏色定志意以棊子置下加九雞子其上左右懼慴息靈公氣息不續公曰危哉危哉荀息曰不危也復有危於此者公曰願見之荀息曰九層之臺三年不成男不耕女不織國用空虛鄰國謀議將興社稷亡滅君欲何望靈公曰寡人之過也乃至於此即壞九層臺也 吾老寡豈復多惜餘命邪但傷先帝遺意不遂社稷顚覆爲痛耳賴宗廟之靈

沈業即馳語大將軍得先嚴警 何焯曰觀此二語沈業方爲司馬倡以自解於天下幾與成濟同戮矣 而此兒便將左右出雲龍門雷戰鼓躬自拔刃與左右雜衛共入兵陣間爲前鋒所害 出雲龍便非向太后殞前鋒則獄有歸宿 此兒既行悖逆不道而又自陷大禍重令吾悼心不可言昔漢昌邑王以罪廢爲庶人 漢書昌邑哀王傳羣臣議白孝昭皇后廢昌邑王賀歸故國賜湯沐邑二千戶國除爲山陽郡宣帝元康三年封賀爲海昏侯 此兒亦宜以民禮葬之當令內外咸知此兒所行 此令欲蓋彌彰天下後世耳目豈能盡掩邪適以增其醜耳 又尚書王經凶逆無狀其收經及家屬皆詣廷尉 經事見夏侯玄傳注 庚寅太傅孚大將軍文王太尉柔司徒沖稽首言伏見中令故高貴鄉公悖逆不道自陷大禍依漢昌邑王罪廢故事以民禮葬臣等備位不能匡救禍亂式遏姦逆奉令震悚肝心悼慄春秋之義王者無外而書襄王出居于鄭不能事

母故絕之於位也 春秋傳公二十四年冬天王出居于鄭杜注襄王也天子以天下爲家故所在稱居天子無外而書出者譏王蔽於匹夫之孝不顧天下之重因其辟母弟之難書出言其自絕於周 今高貴鄉公肆行不軌幾危社稷自取傾覆人神所絕葬以民禮誠當舊典然臣等伏惟殿下仁慈過隆雖存大義猶垂哀矜臣等之心實有不忍以爲可加恩以王禮葬之太后從之 或曰從之二字中幾許血淚

漢晉春秋曰丁卯葬高貴鄉公于洛陽西北三十里瀍澗之濱 水經瀍水出河南穀城縣北山東與千金渠合又東過洛陽縣南又東過偃師縣又東入于洛澗水出新安縣南白石山東南入於洛周書曰我乃卜澗水東瀍水西即謂是也 下車數乘不設旌旐 宋本旐作旒周壽昌曰下車數乘不設旌旐雖曰王禮實用民禮也司馬昭之凶威何所不至裴氏疑爲過甚之言亦何其不達邪又案御覽引帝王世紀曰高貴鄉公爲太子舍人成濟所害年二十以公禮葬之是並無王禮之說 百姓相聚而觀之曰 相一本作擁 是前日所殺天子也 趙一清曰詳味此言與故長安天子之語何異邪嗚呼弼按晉愍帝降於劉聰聰使帝戎服執戟前導見者指之曰此故長安天子也 或

掩面而泣悲不自勝　臣松之以爲若但下車數乘不設旌旐何以爲王禮葬乎斯蓋惡之過言所謂不如是之甚者

使使持節行中護軍中壘將軍司馬炎北迎常道鄉公璜嗣明帝後何焯曰以親疏論是時丕後尙有人璜爲宇之子則操後也當時惟昭之指昭穆遠近莫敢議矣　辛卯羣公奏太后曰胡三省曰羣公自上公三公王諸從公也殿下聖德光隆寧濟六合而猶稱令與藩國同請自今殿下令書皆稱詔制如先代故事趙一淸曰欲以小節虛文欺媚明元舉朝皆賊黨也　癸卯大將軍固讓相國晉公九錫之寵太后詔曰夫有功不隱周易大義成人之美古賢所尙今聽所執出表示外以章公之謙光焉戊申大將軍文王上言高貴鄉公率將從駕人兵拔刃鳴金鼓向臣所止洛陽伽藍記延年里劉騰宅東有太僕寺寺東有乘黃署署東有武庫署卽魏相國司馬文王府懼兵刃相接卽勑將士不得有所傷害違令以軍法從事騎督成倅弟太子舍人濟橫入兵陣傷公遂至隕命輒收濟行軍法臣聞人臣之節有死無二事上之義不敢逃難前者變故卒至禍同發機誠欲委身守死唯命所裁或曰自道逆跡於其展轉處見之向臣所止討賊明矣勅無殺害用兵審矣橫入兵陣行弑逆矣誠欲守死轉抗戰矣天使賊臣自供其醜成濟之事史家隱之但備載疏詔而昭弑君之實不可掩矣然惟本謀乃欲上危皇太后傾覆宗廟臣忝當大任義在安國懼雖身死罪責彌重欲遵伊周之權以安社稷之難卽駱驛申勑不得迫近輦輿而濟遽入陣閒以致大變哀怛痛恨五內摧裂不知何地可以隕墜科律大逆無道父母妻子同產皆斬濟凶戾悖逆干國亂紀罪不容誅輒勑侍御史收濟家屬付廷尉結正其罪

魏氏春秋曰成濟兄弟不卽伏罪袒而升屋醜言悖慢自下射之方殪宋元本馮本方作乃

太后詔曰夫五刑之罪莫大於不孝夫人有子不孝尙告治之此兒豈復成人主邪吾婦人不達大義以謂濟不得便爲大逆也然大將軍志意懇切發言惻愴故聽如所奏當班下遠近使知本末也晉書文帝紀庚寅帝奏成濟干亂國紀罪不容誅輒收濟家屬付廷尉太后從之夷濟三族丁國鈞曰文帝借濟以掩人耳目非眞討賊也魏志言收濟家屬付廷尉正罪晉紀言夷族皆空文欺世荀勗傳有今成倅刑止其身語乃當時實錄可證紀文之誣也

世語曰初青龍中石苞鬻鐵于長安得見司馬宣王宣王知焉晉書石苞傳苞字仲容渤海南皮人販鐵於鄴市遷景帝中護軍司馬宣帝聞苞好色薄行以讓景帝趙一淸曰世語以爲受知宣帝似爲乖爽後擢爲尙書郎歷青州刺史鎭東將軍甘露中入朝當還辭高貴鄉公留中盡日文王遣人要令過文王問苞何淹留也苞曰非常人也明日發至滎陽數日而難作苞傳苞代王基都督揚州諸軍事入朝當還辭高貴鄉公留語盡日既出白文帝曰非常主也數日而有成濟之事晉書華表傳正元初（正元初當作甘露中）石苞來朝盛稱高貴鄉公以爲魏武更生時聞者流汗沾背表懼禍作頻稱疾歸下舍御覽三百八十七引王隱晉書曰侍中石苞朝出表問國家何如苞曰武帝更生也表聞汗出沾背姚範曰司馬昭廢立之計蓄之已久而石苞更促之故高貴鄉公云吾不能坐受廢辱雲龍門之舉當迫於勢不能須臾耳

六月癸丑詔曰古者人君之爲名字難犯而易諱今常道鄉公諱字甚難避其朝臣博議改易列奏監本奏作奉誤

陳留王諱奐字景明武帝孫燕王宇子也至是明帝無嗣矣尙謂嗣明帝後將誰欺邪　甘露二年宋本二作三水經注及御覽引同　封安次縣常道鄉公郡國志幽州廣陽郡安次一統志安次故城今順天府東安縣西北四十里水經聖水注聖水又東左會白祀溝溝水出廣陽縣之婁城東東南逕常道城西故鄉亭也西去良鄉城四十里魏少帝璜甘露三年所封也一統志常道鄉今東安縣西北五十里洪亮吉曰燕國漢置後國除作廣陽郡魏因之至太和六年復作國下邳王宇徙封此安次漢舊縣屬廣陽郡至魏屬燕國也　高貴鄉公卒公卿議迎立公公時年十五晉書武帝紀迎常道鄉公於東武陽通鑑迎常道鄉公璜於鄴　六月甲寅入於洛陽見皇太后是日卽皇帝位於太極前殿太極殿見明紀青龍三年　大

赦改年賜民爵及穀帛各有差

景元元年夏六月丙辰進大將軍司馬文王位爲相國封晉公增封二郡并前滿十加九錫之禮一如前奏 潘眉曰前甘露三年封邑八郡八郡者并州之太原上黨西河樂平新興雁門司州之河東平陽也此增二郡則司州之弘農雍州之馮翊皆晉故壤梁章鉅曰前甘露三年夏五月命大將軍司馬文王爲相國封晉公食邑八郡加之九錫文王前後九讓乃止故此云一如前詔各本皆誤作奏沈家本曰景元二年四年並有一如前詔之文此奏當作詔之證 諸羣從子弟其未有侯者皆封亭侯賜錢千萬帛萬匹文王固讓乃止己未故漢獻帝夫人節薨 陳景雲曰續漢書曹騰父名節太和詔書所稱處士君者也於獻穆爲高祖不應上犯祖諱必有一誤趙一清曰處士之稱不見太和詔書見於宋書禮志然既號爲處士則非閹宦矣與後漢書之曹節字業偉者是兩人（弼按業當作元）但祖諱不避則不得其說耳 帝臨于華林園 華林園見文紀黃初四年注 使使持節追謚夫人爲獻穆皇后 謚法曰布德執義曰穆何焯曰高貴鄉公弒崩之事獻穆猶親見之常道鄉公薨於晉太安元年則又晉室大亂趙王倫盜篡反正之後也噫 及葬車服制度皆如漢氏故事 范書獻穆曹皇后紀魏景元元年薨合葬禪陵車服禮儀皆依漢制 癸亥以尙書右僕射王觀爲司空冬十月觀薨十一月燕王上表賀冬至稱臣詔曰古之王者或有所不臣王將宜依此義表不稱臣乎又當爲報夫後大宗者降其私親況所繼者重邪若便同之臣妾亦情所未安其皆依禮典處當務盡其宜 通典六十七載此詔字句稍異錄於下詔曰古之王者或有不臣今王宜依此表不稱臣乎又當爲報答夫係大宗者降其私親況所係者重邪若使同之臣妾朕所未安其皆依禮據典當務盡其儀 有司奏以爲禮莫崇於尊祖制莫大於正典 通典作制莫重於王典 陛下稽德期運撫臨萬國紹大宗之重 宋本大作太 隆三祖之基伏惟燕王體尊戚屬 通典體作禮 正位藩服躬秉虔肅率蹈恭德以先萬國其于正典 通典正作王 闡濟大順所不得制聖朝誠宜崇以非常之制奉以不臣之典臣等平議 通典平作評 以爲燕王章表可聽如舊式 何焯曰章表稱臣于心有所不安不臣可也當更取北魏清河王事參之不至如周世宗之野差順耳 中詔所施或存好問準之義類則宴覿之族也 宴一作燕何焯曰禮文王世子篇云與族燕則公與父兄齒又曰公與族燕則以齒而孝弟之道達矣又曰公族朝于內朝雖有貴者以齒所謂燕覿之敬宴燕通用族乃敬字之譌 可少順聖敬加崇儀稱示不敢斥宜曰皇帝敬問大王侍御至于制書國之正典 通典正作舊 朝廷所以辨章公制宣昭軌儀于天下者也宜循法故曰制詔燕王凡詔命制書奏事上書諸稱燕王者可皆上平 通典作皆云上字 其非宗廟助祭之事皆不得稱王名奏事上書文書及吏民皆不得觸王諱 姚範曰向以爲生者不得言諱此云吏民不得觸王諱則生言諱亦有本 以彰殊禮加于羣后上遵正典尊祖之制 宋本正作王通典同 俯順聖敬烝烝之心 通典作俯順聖旨敬承之心 二者不愆禮實宜之可普告施行十二月甲申黃龍見華陰縣井中 郡國志司隸弘農郡華陰故屬京兆有太華山一統志華陰故城今陝西同州府華陰縣東南

甲午以司隸校尉王祥爲司空 趙一清曰寰宇記卷三云陳留王奐合河南等五郡置司州十三州志云京師之州司隸校尉掌焉故曰司州洪亮吉曰司州魏受禪都洛陽陳留王奐以漢司隸所部三河宏農四郡及分河東所立之平陽分河南所立之滎陽置司州治河南吳增僅曰後漢書百官志第五注引獻帝起居注建安十八年三月省州併郡復禹貢九州省司隸部以其郡分屬豫冀雍三州豫得河南郡雍得京兆扶風馮翊宏農四郡冀得河東河內二郡其後三輔遂長隸雍州而司隸何時復置三河宏農何時還屬史無明文據晉志魏氏受禪置司州然魏因漢舊但有司隸校尉無司州刺史又并涼等州皆復置於黃初元年以是互證知晉志所云魏置司州者卽復置司隸也案晉志云魏氏受禪司隸所部河南河東河內宏農平陽合五郡置司州晉遂定名司州而元和志寰宇記則云陳留王合三河宏農平陽五郡置司州資治通鑑云太康元年以司隸部置司州今考司州之名魏時屢見吳志孫權傳吳蜀通好交分天下其司州之土以函谷關爲界此司州之名載之當時盟約者晉書文帝紀魏甘露三年以司州之河東平陽等郡封司馬昭爲晉公此司州之名載之當時詔策者魏志杜畿傳杜恕上疏以兗豫司冀四州并稱此司州之名載之當時疏奏者皆非由後言之也以晉志通鑑之文證之可見魏時司隸但通稱曰司州至晉太康元年始定名耳洪志誤據元和志等書又誤增滎陽一郡今不從謝鍾英曰杜恕傳孫權傳所言皆紀當時語是司州置於文明之世洪氏從晉志元和志謂陳留王置非也弼按晉書王祥傳高貴鄉公卽位與定策功封關內侯拜光祿勳轉司隸校尉從討毌丘儉還太常封萬歲亭侯天子幸太學命祥爲三老及高貴鄉公之弒也

祥號哭曰老臣無狀涕泗交流頃之拜司空據晉史祥由太常拜司空與魏志不合

二年夏五月朔朔上當據晉宋志補丁未二字日有食之秋七月樂浪外夷韓濊貊各率其屬來朝貢樂浪見明紀青龍元年韓濊貊見後東夷傳通鑑云是歲鮮卑索頭部大人拓拔力微始遣其子沙漠汗入貢因留爲質力微之先世居北荒後南遷居匈奴故地復徙居定襄之盛樂部衆浸盛諸部皆畏服之胡三省曰拓跋氏始見于此鮮卑軻比能與魏爲敵者也軻比能死北邊差安而拓拔氏盛矣爲後魏張本漢定襄郡有成樂縣後漢屬雲中郡建安二十年併雲中定襄五原朔方爲新興郡郡止置一縣以屬新興而盛樂故縣棄之荒外故力微得居之後魏既盛南都平城置盛樂宮於其地永熙中又置盛樂郡弼按此爲是年關繫重要之事特補注於此八月戊寅趙王幹薨甲寅復命大將軍進爵晉公加位相國備禮崇錫一如前詔又固辭乃止陳景雲曰以戊寅推之是月不當復有甲寅兩寅字定有一誤晉書文帝紀致晉公茅土九錫通鑑復命司馬昭進爵位並系甲寅則似誤在戊寅也潘眉曰甲寅當繫在九月戊寅甲寅相去四十七日也

三年春二月青龍見於軹縣井中軹縣見高貴鄉公紀甘露元年夏四月遼東郡言肅

愼國遣使重譯入貢肅愼見明紀青龍四年又詳見本志東夷傳挹婁傳晉書四夷傳肅愼氏一名挹婁周武王時獻其楛矢石砮逮於周公輔成王復遣使入賀爾後千餘年雖秦漢之盛莫之致也及文帝作相魏景元末來貢楛矢石砮弓甲貂皮之屬魏帝詔歸於相府賜其王褥雞錦罽緜帛獻其國弓三十張長三尺五寸楛矢長一尺八寸石砮三百枚皮骨鐵雜鎧二十領貂皮四百枚冬十月蜀大將姜維寇洮陽水經河水注洮水東北流逕洮陽曾城北沙州記曰彊城東北三百里有曾城城臨洮水者也建初二年羌攻南部都尉于臨洮上遣馬防耿恭救之諸羌退聚洮陽卽此城也胡三省曰洮陽洮水之陽也洮水之陰魏不置郡縣維渡洮而攻之也沙州記曰彊城東北三百里有曾城臨洮水曰洮陽城杜佑曰臨洮郡城本洮陽城臨洮水洮土刀翻方輿紀要卷六十臨潭城在陝西洮州衛西南七十里卽古洮陽城亦謂之曾城姜維伐魏侵洮陽卽此董祐誠曰今甘肅鞏昌府洮州廳西南七十里故城卽洮陽城張庚通鑑綱目釋地糾謬云集覽質實以洮陽爲廣西桂林府全州之洮陽縣誤弼按吳熙載泛指洮陽在洮水西北青海和碩特前頭旗之東者亦誤也鎭西將軍鄧艾拒之鄧艾傳甘露元年爲鎭西將軍二年遷征西將軍今猶書鎭西者誤也破維于侯和胡三省曰水經注洮水逕洮陽城又東逕共和山南（共一作洪）城在四山中又東逕迷和城北蓋侯和卽此地也方輿紀要卷六十侯和城在洮州衛南一曰泥和城案侯和迷和泥和洪和卽一城也音轉耳董祐誠曰今岷州西謝鍾英曰今洮州廳南洮水之南弼按通鑑綱目謂侯和爲佚和一統志謂洪和故城今洮州衛治張庚謂侯和在洮州衛東吳熙載謂侯和在岷州西北均誤謝說是蓋據水經注洮水又東逕迷和城北之語也維遁走蜀志維傳維爲鄧艾所破還住沓中不復還成都華陽國志維惡黃皓恣擅求沓中種麥以避內逼胡三省曰司馬昭因是決計紏維於沓中而伐蜀是歲詔祀故軍祭酒郭嘉於太祖廟庭軍祭酒詳見武紀建安三年

四年春二月復命大將軍進位爵賜一如前詔胡三省曰如元年之詔也又固辭乃止夏五月詔曰蜀蕞爾小國左傳昭公七年子產曰鄭雖無腆抑諺曰蕞爾國杜注蕞小貌土狹民寡而姜維虐用其衆曾無廢志往歲破敗之後猶復耕種沓中維耕種沓中注見前胡三省曰沓中在諸羌中卽沙彊之地晉張駿據河西因前趙之亂收河南地至於狄道置武街石門侯和彊川甘松五屯護軍與後趙分境乞伏熾盤攻彊川師次沓中則侯和之地在塞內沓中之地在羌中明矣謝鍾英曰沓中在洮州西南西傾山之南刻剝衆羌勞役無已民不堪命夫兼弱攻昧武之善經左傳宣公十二年隨武子曰兼弱攻昧武之善經也杜注昧昏亂也經法也致人而

不致於人兵家之上略孫子虛實篇故善戰者致人而不致於人王晳曰致人者以佚乘其勞致於人者以勞乘其佚蜀所恃賴惟維而已因其遠離巢窟用力爲易今使征西將軍鄧艾督帥諸軍趣甘松沓中甘松在今四川松潘廳西北三百里洮州廳之西南江水發源處詳見鄧艾傳以羅取維雍州刺史諸葛緒督諸軍趣武都高樓文館詞林武都作武街武都見武紀建安二十年趙一清曰方輿紀要他樓城在平涼府鎭原縣北百里高他聲之轉弼按平涼府遠在東北與武都無涉非諸葛緒進兵之道趙說誤晉書文帝紀雍州刺史諸葛緒自祁山軍于武街絕維歸路本志鍾會傳緒趣武街橋頭絕維歸路通鑑諸葛緒督三萬餘人自祁山趣武街橋頭絕維歸路李賢曰下辨縣屬武都郡舊名武街城蓋緒由祁山趣武都又由武都至橋頭武都今甘肅階州成縣橋頭今階州文縣若東北之平涼何能絕其歸路乎謝鍾英曰武都卽武街高樓橋頭之訛也橋頭見鄧艾傳首尾蹴討蹴與蹙同若擒維便當東西並進埽滅巴蜀也又命鎭西將軍鍾會由駱谷伐蜀駱谷在陝西西安府盩厔縣西南百二十里詳見曹爽傳鍾會傳晉書文帝紀於是徵四方之兵十八萬秋八月軍發洛陽大賚將士陳師誓衆將軍鄧敦謂蜀未可討帝斬以徇秋七月太尉高柔薨時年九十冬十月甲寅復命大

將軍進位爵賜一如前詔 晉書文帝紀冬十月天子以諸侯獻捷交至（侯當作將）乃申前命曰朕以寡德獲承天序嗣我祖宗之洪烈遭家多難不明于訓曩者奸逆屢興方寇內侮大懼淪喪四海以墮三祖之弘業惟公經德履哲明允廣深迪宣武文世作保傅以輔乂皇家櫛風沐雨周旋征伐劬勞王室二十有餘載毗翼前人乃斷大政克厭不端維安社稷暨儉欽之亂公綏援有衆分命興師統紀有方用緝寧淮浦其後巴蜀屢侵西土不靖公奇畫指授制勝千里是以段谷之戰乘釁大捷斬將搴旗效首萬計孫峻猾夏致寇徐方戎車首路威靈先邁黃鉞未啟鯨鯢竄迹孫壹搆隙自相疑阻幽鑒遠照奇策洞微遠人歸命作藩南夏爰授銳卒畢力戎行暨諸葛誕滔天作逆稱兵揚楚欽咨逋罪同惡相濟帥其蝨賊以入壽春憑阻淮山敢距王命公躬擐甲冑龔行天罰玄謀廟算遵養時晦奇兵震擊而朱異摧破神變應機而全琮稽服取亂攻昧而高墉不守兼九伐之弘略究五兵之正度用能戰不窮武而大敵殲潰旗不再麾而元憝授首收勍吳之雋臣係亡命之逋虜交臂屈膝委命下吏俘馘十萬積尸成京雪宗廟之滯恥拯兆庶之艱難埽平區域信威吳會遂戢干戈靖我疆土天地鬼神罔不獲乂乃者王室之難變起蕭墻賴公之靈弘濟艱險宗廟危而獲安社稷墜而復寧忠格皇天功濟六合是用疇咨古訓稽諸典籍命公崇位相國加于羣后啟土參墟封以晉域所以方軌齊魯翰屏帝室而公遠蹈謙損深履沖讓固辭策命至于八九朕重違讓德抑禮虧制以彰公志于今四載上闕在昔建侯之典下違兆庶具瞻之望惟公嚴虔王度闡濟大猷敦尚純樸省繇節用務穡勸分九野康乂者叟荷崇養之德鰥寡蒙矜卹之施仁風興於中夏流澤布於遐荒是以東夷西戎南蠻北狄狂狡貪悍世爲寇讎者皆感義懷惠款塞內附或委命納貢或求置官司九服之外絕域之氓曠世所希至者咸浮海來享鼓舞王德前後至者八百七十餘萬口海隅幽裔無思不服雖西旅遠貢越裳九譯義無以踰維翼朕躬下匡萬國思靖殊方寧濟八極以庸蜀未賓蠻荊作猾潛謀獨斷整軍經武簡練將帥授以成策始踐賊境應時摧陷狂狡奔北首尾震潰禽其戎帥屠其城邑巴漢震疊江源雲徹地平天成誠在斯舉公有濟六合之勳加以茂德實摠百揆允釐庶政敦五品以崇仁恢六典以敷訓而靖恭夙夜勞謙昧旦雖尚父之左右文武周公之勤勞王家罔以加焉昔先王選建明德光啟諸侯體國經野方制五等所以藩翼王畿垂祚百世也故齊魯之封於周爲弘山川土田邦畿七百官司典策制殊羣后惠襄之難桓文以翼戴之勞猶受錫命之禮咸用光疇大德作範于後惟公功邁於前烈而賞闕於舊式百辟於邑人神同恨焉豈可以公謙沖而久淹弘典哉今以并州之太原上黨西河樂平新興鴈門司州之河東平陽弘農雍州之馮翊凡十郡南至於華北至于陘東至于壺口西踰于河提封之數方七百里皆晉之故壤唐叔受之世作盟主實紀綱諸夏用率舊職爰胙茲土封公爲晉公命使持節兼司徒司隸校尉陔即授印綬策書金獸符第一至第五竹使符第一至第十錫之玄土苴以白茅建爾國家以永藩魏室昔在周召並以公侯入作保傅其在近代酇侯蕭何實以相國光尹漢朝隨時之制禮亦宜之今進公位爲相國加綠綟綬又加公九錫其敬聽後命以公思弘大猷崇正典禮儀刑作範旁訓四方是用錫公大輅戎輅各一玄牡二駟公道和陰陽敬授人時嗇夫反本農殖維豐是用錫公袞冕之服赤舄副焉公光敷顯德惠下以和敬信思順庶尹允諧是用錫公軒懸之樂六佾之舞公鎮靖宇宙翼播聲教海外懷服荒裔款

附殊方馳義諸夏順軌是用錫公朱戶以居公簡賢料材營求俊逸爰升多士寘彼周行是用錫公納陛以登公嚴恭寅畏底平四國式遏寇虐苛慝不作是用錫公武賁之士三百人公明慎用刑簡恤大中章厥天威以糾不虔是用錫公鈇鉞各一公爰整六軍典司征伐犯命陵正乃維誅殛是用錫公彤弓一彤矢百旅弓十旅矢千公饗祀蒸蒸孝思維則篤誠之至通于神明是用錫公秬鬯一卣珪瓚副焉晉國置官司以下率由舊式往欽哉祗服朕命弘敷訓典光澤庶方永終爾明德丕顯余一人之休命公卿將校皆詣府喻旨帝以禮辭讓司空鄭沖（司空當作司徒）率羣官勸進帝乃受命胡三省曰始受相國晉公九錫之命

癸卯立皇后卞氏 卞太后弟秉之孫女也

十一月大赦自鄧艾鍾會率衆伐蜀所至輒克 詳見鄧艾鍾會傳

是月蜀主劉禪詣艾降巴蜀皆平 晉書文帝紀十一月鄧艾帥萬餘人自陰平踰絕險至江油破蜀將諸葛瞻於綿竹斬瞻傳首進軍雒縣劉禪降天子命晉公以相國總百揆於是上節傳去侍中大都督錄尚書之號焉

十二月庚戌以司徒鄭沖爲太保 晉書職官志太宰太傅太保周之三公官也魏初唯置太傅以鍾繇爲之末年又置太保以鄭沖爲之沖傳拜太保位在三司之上沖雖位階台輔而不預世事弼按此所以酬勸進也

壬子分益州爲梁州 郡國志益州領漢中巴郡廣漢蜀郡犍爲牂牁越嶲益州永昌廣漢屬國蜀郡屬國犍爲屬國益州刺史部郡國十二縣道一百六十八晉書地理志益州按禹貢及舜十二牧俱爲梁州之域周合梁於雍則又爲雍州之地春秋元命包云參伐流爲益州益之爲言阨也言其所在之地險阨也亦曰疆壤益大故以名焉始秦惠王滅蜀置郡以張若爲蜀守及始皇置三十六郡蜀郡之名不改漢初有漢中巴蜀高祖六年分蜀置廣漢凡爲四郡武帝開西南夷更置犍爲牂牁越嶲益州四郡凡八郡遂置益州統焉益州蓋始此也及後漢明帝以新附置永昌郡安帝又以諸道置蜀廣漢犍爲三郡屬國都尉及靈帝又以汶江蠶陵廣柔三縣立汶山郡獻帝初平元年劉璋分巴郡立永寧郡建安六年改永寧爲巴東以巴郡爲巴西又立涪陵郡二十一年劉備分巴郡立固陵郡蜀章武元年又改固陵爲巴東郡巴西郡爲巴郡又分廣漢立梓潼郡分犍爲立江陽郡以蜀郡屬國爲漢嘉郡以犍爲屬國爲朱提郡劉禪建興二年改益州郡爲建寧郡廣漢屬國爲陰平郡分建寧永昌立雲南郡分建寧牂牁立興古郡分廣漢立東廣漢郡魏景元中蜀平省東廣漢郡及武帝泰始二年分益州置梁州以漢中屬焉益州統蜀郡犍爲汶山漢嘉江陽朱提越嶲牂牁八郡縣四十四梁州統漢中梓潼廣漢新都涪陵巴郡巴西巴東八郡縣四十四泰始七年又分益州置寧州統雲南興古建寧永昌四郡縣四十五宋書州郡志魏景元四年平蜀復立梁州治漢中南鄭益州治成都與本志相合而晉志言泰始二年立梁州（又云三年）何以互相歧異蓋景元四年已居年終雖有此詔未及施行而咸熙泰始之閒本止兩年中經鄧鍾之亂擾攘數月且時方經營禪代無暇計及建設故分疆畫界至泰始三年而始定也

癸丑特赦益州士民復除租賦之半

五年乙卯以征西將軍鄧艾爲太尉鎮西將軍鍾會爲司徒 胡三省曰賞平

蜀之功也。**皇太后崩**　宋元本五年提行誤官本攷證盧明楷曰各本俱誤以五年爲紀年之五年按景元四年十一月巳蜀平十二月加鄧艾鍾會等爵並非隔年之事蓋此復除租賦之半五年卽如文帝黃初二年沣中令天下聽內徙復五年之意錢大昭曰復除租賦之半五年者謂五歲之內每歲租賦盡復除其半也癸丑與乙卯僅隔一日汲古閣本以五年提行非也景元無五年文獻通考國用門引此條不連五年二字知宋本已誤矣潘眉曰推是年十二月壬辰朔癸丑二十二日乙卯二十四日也今本以乙卯爲五年乙卯大謬後募蜀人內徙至復除二十歲李慈銘曰五年二字誤衍當以乙卯接半字下弼按鄧艾傳十二月詔以艾爲太尉鍾會傳十二月詔以會爲司徒明元郭后傳后於景元四年十二月崩此皆四年十二月事無可疑者晉書文帝紀表鄧艾爲太尉鍾會爲司徒亦繫於景元四年通鑑亦同平吳之後將吏渡江復十年百姓及百工復二十年則此復五年之半猶爲少也李說誤景元本有五年鍾會傳會以五年正月十五日至蜀志後主傳景元五年三月丁亥策命劉禪爲安樂縣公可證至五月甲戌始改元咸熙諸說謂景元無五年者亦誤

咸熙元年春正月壬辰　官本攷證李龍官曰按前乙卯後甲子中間不應有壬辰作壬戌爲是今據何焯校本改正陳景雲曰下文二月辛卯則知辛卯是二月朔壬辰爲二月二日也　**檻車徵鄧艾**　劉熙釋名檻車上施欄檻以格猛獸亦囚禁罪人之車也晉書文帝紀鍾會潛謀叛逆因密使譖艾本志鍾會傳會內有異志因鄧艾承制專事密白艾有反狀於是詔書檻車徵艾　**甲子行幸長安**　晉書文帝紀乙丑帝奉天子西征次于長安是時魏諸王侯悉在鄴城命從事中郎山濤行軍司事鎭於鄴何焯曰郭太后在殯蓋經而出也弼按此仍襲討諸葛誕挾兩宮以行之策而又防制鄴中權奸謀慮可謂周矣　**壬申使使者以璧幣祀華山**　尙書武成歸馬于華山之陽周禮夏官職方氏河南曰豫州其山鎭曰華山山海經太華之山削成而四方其高五千仞其廣十里漢書地理志京兆尹華陰縣太華山在南有祠豫州山一統志太華山在華陰縣南卽西嶽也華陰後漢改屬弘農郡見前景元元年　**是月鍾會反于蜀爲衆所討鄧艾亦見殺**　詳見鄧艾鍾會傳　**二月辛卯特赦諸在益土者**　通鑑二月丙辰車駕還洛陽紀失書　**庚申葬明元郭后三月丁丑以司空王祥爲太尉征北將軍何曾爲司徒尚書左僕射荀顗爲司空**　顗見荀彧傳　**己卯進晉公爵爲王封十郡并前二十**　甘露三年封晉公食邑八郡景元元年增封二郡至是又增封十郡凡二十郡

漢晉春秋曰晉公既進爵爲王太尉王祥司徒何曾司空荀顗並詣王顗曰相王尊重何侯與一朝之臣皆已盡敬　胡三省曰何侯謂何曾一朝之臣謂舉魏朝之臣也晉書何曾傳文帝爲晉王曾與高柔鄭沖俱爲三公將入見曾獨致拜盡敬二人猶揖而已錢大昕曰高柔卒於景元四年司馬昭未爲晉王至咸熙元年封王其時三公則太尉王祥司空荀顗也傳誤弼按諸史所載雖有異同然何曾屈膝則爲不可掩之事實也　今日便當相率而拜無所疑也祥曰相國位勢誠爲尊貴然要是魏之宰相吾等魏之三公公王相去　通鑑作王公　一階而已班列大同安有天子三公可輒拜人者損魏朝之望虧晉王之德君子愛人以禮吾不爲也及入顗遂拜而祥獨長揖王謂祥曰今日然後知君見顧之重　晉書王祥傳以此爲晉武帝爲晉王時事與此異何焯曰祥知拜之不可然其自處何以并在楊彪下也厥後馮道受郭威之拜復折而事周是以唯大節不可奪爲難姜宸英曰祥於晉魏篡弒之際唯唯無所短長而靳此一拜所謂不能三年之喪而緦小功之察欲自附於汲長孺耶趙一清曰晉書祥傳高貴鄉公之弒朝臣舉哀祥號哭曰老臣無狀涕淚交流觀祥之所爲忠與其事後母之所爲孝一生都是假晉朝優容之者以其爲無用之物耳王鳴盛曰祥庸貪小人名仕魏室實爲晉臣乃以不拜自重乎史家盛誇其孝友名德此史家妙於立言范蔚宗傳胡廣歐陽永叔傳馮道皆如此矣以不拜爲高與高貴鄉公被弒而號泣爲忠正復一類昭炎佯敬之明知如傀儡相與爲僞而已祿位之昌名壽之高子孫之蕃衍古今少比鄙夫例多福無怪志於鄙夫者之多也弼按據晉書王祥鄭沖何曾荀顗傳當咸熙泰始之際祥等皆年屆八十在魏已位至三公而皆眷戀爵秩佐命新朝與鍾繇華歆王朗前後一轍操懿創篡奪之局而開國宰輔盡屬庸流宜其國祚之不永也

丁亥封劉禪爲安樂公　趙一清曰此卽景初二年所置漁陽郡之安樂縣弼按策命之辭見蜀志後主傳　**夏五月庚申相國晉王奏復五等爵**　晉書文帝紀始建五等爵在七月與此異通鑑五月庚申晉王奏復五等爵封騎督以上六百餘人胡三省曰賞平蜀之功也周制列爵五等公侯地方百里伯七十里子男五十里秦廢五等爵漢列侯以戶爲差獻帝建安二十年魏王操置名號侯以賞軍功虛封自此始矣今雖復五等爵亦虛封也潘眉曰御覽一百九十九引魏志云咸熙元年相國晉王奏建五等諸公地方七十五里邑一千八百戶置相一人典祠典書典衛典禮各一人妾六人車前司馬十人旅賁四十人諸侯地方七十里邑千六百戶官屬同諸公妾五人車前司馬八人旅賁三十六人伯地方六十里邑千二百戶妾四人車前司馬六人旅賁二十八人諸子地方五十里邑八百戶相一人典祠令典書丞典衛丞各一人妾三人車前司馬四人旅賁二十人男地方三十五里邑四百戶相一人典祠長典書丞各一人妾二人車前司馬二人旅賁十二人又次國男方二十五里邑二百戶今魏志無之此必當時奏議之文也晉地理志晉文帝爲晉王命裴秀建立五等之制縣公邑千八百戶地方七十五里大國侯邑千六百戶地方七十里次國侯邑千四百戶地方六十五里大國伯邑千二百戶地方六十里次國伯邑千戶地方五十五里大國子邑八百戶地方五十里次國子邑六百戶地方四十五里男邑四百戶地方四十里與御覽所引魏志略同惟不載置相典祠司

馬旅賁人數又按晉志侯有大國侯次國侯伯有大國伯次國伯子有大國子次國子較御覽爲詳而晉志於男但云男邑四百戶地方四十里無大次之分御覽則云男地方三十五里邑四百戶次國男方二十五里邑二百戶男亦有大國男次國男之別矣**甲戌改年**胡三省曰始改元咸熙**癸未追命舞陽宣文侯爲晉宣王舞陽忠武侯爲晉景王六月鎭西將軍衞瓘上雍州兵於成都縣獲璧玉印各一印文似成信字依周成王歸禾之義**史記魯周公世家諸侯咸服宗周天降祉福唐叔得禾異母同穎獻之成王成王命唐叔以餽周公於東土作餽禾周公既受命禾嘉天子命作嘉禾**宣示百官藏於相國府**

孫盛曰昔公孫述自以起成都號曰成二玉之文殆述所作也後漢書公孫述傳述自立爲天子號成家章懷注以起家成都故號成家王先謙曰以成爲國號也與袁術稱仲家同義

初自平蜀之後吳寇屯逼永安永安見武紀建安二十年巴東郡注蜀志先主傳章武二年先主自猇亭還秭歸改魚服曰永安華陽國志魚服縣巴東郡治水經江水注江水又東逕永安宮南劉備終于此諸葛亮受遺處也其間平地可二十許里江山迴闊入峽所無江水又東逕諸葛圖壘南又東逕赤岬城西又東逕魚服縣故城南故魚國也一統志魚服故城今四川夔州府奉節縣東北永安宮城今奉節縣治**遣荆豫諸軍掎角赴救**左傳襄公十四年戎子支駒對曰譬如捕鹿晉人角之諸戎犄之與晉踣之杜注犄其足也**七月賊皆遁退**晉書羅憲傳憲字令則襄陽人遷巴東太守守永安城吳使步協西征憲大破其軍吳又使陸抗助協憲拒守經年救援不至會荆州刺史胡烈等救之抗退弼按憲事又見蜀志霍峻傳注引襄陽記**八月庚寅命中撫軍司馬炎副貳相國事**胡三省曰依五官將故事也趙一清曰魏置中護軍中領事又有撫軍將軍此云中撫軍蓋特改舊制以尊晉王之子耳尋自中撫軍爲撫軍大將軍弼按中撫軍卽撫軍將軍猶中領軍之資重者爲領軍將軍資輕者爲中領軍也**以同魯公拜後之義癸巳詔曰前逆臣鍾會構造反亂聚集征行將士劫以兵威始吐姦謀發言桀逆**潛夫論羣僚舉士者或以頑魯應茂才以桀逆應至孝**逼脅衆人皆使下議倉卒之際莫不驚懾相國左司馬夏侯和騎士曹屬朱撫**宋書百官志晉文帝爲相國相國府置中衞將軍驍騎將軍左右長史司馬從事中郞四人主簿四人舍人十九人參軍二十二人參戰十一人掾屬三十三人散屬九人趙一清曰騎士曹屬亦相國府官宋志所謂散屬九人也弼按宋志相國府掾屬中有騎兵掾二人屬一人騎士曹屬當指此非散屬也趙說誤**時使在成都中領軍司馬賈輔**洪飴孫曰中領軍司馬一人六百石第七品**郎中羊琇各參會軍事和琇輔皆抗節不撓拒會凶言臨危不顧詞指正烈**晉書外戚傳羊琇字稚舒景獻皇后之從父弟也父耽官至太常琇少舉郡計參鎭西鍾會事從平蜀及會謀反琇正言苦諫還賜爵關內侯趙一清曰琇母卽辛憲英也琇入蜀事亦見辛毗傳注**輔語散將王起說會姦逆凶暴欲盡殺將士又云相國已率三十萬衆西行討會欲以稱張形勢感激衆心起出以輔言宣語諸軍遂使將士益懷奮勵宜加顯寵以彰忠義其進和輔爵爲鄉侯琇撫爵關內侯**胡三省曰琇司馬師夫人之從父弟故以諫會爲功而得封**起宣傳輔言告令將士所宜賞異其以起爲部曲將癸卯以衞將軍司馬望爲驃騎將軍九月戊午以中撫軍司馬炎爲撫軍大將軍辛未詔曰吳賊政刑暴虐賦斂無極孫休遣使鄧句勑交阯太守**郡國志交州交趾郡治龍編劉昭注武帝置卽安陽王國雒陽南萬一千里水經葉榆河注云尚書大傳曰堯南撫交趾于禹貢荆州之南垂幽荒之外故越也周禮南八蠻雕題交趾有不粒食者焉秦始皇開越嶺南立蒼梧南海交趾象郡漢武帝元鼎二年始并百越啓七郡于是乃置交趾刺史以督領之又云建安二十三年立州之始蛟龍蟠編於南北二津故改龍淵以龍編爲名也元和郡縣志云元封五年置刺史以部之名曰交趾者交以南諸夷其足大指廣兩足並立則交爲漢本定爲交趾刺史不稱州以別于十二州建安八年張津爲刺史士燮爲太守共表請立爲州自此始稱交州焉周濟曰在今廣西太平府憑祥州南七百五十里鄒代鈞曰交趾郡有今越南河內興安南定寧平海東北寧諒山七道龍編今河內道治王先謙曰交趾國見山海經交趾見禮王制顓頊紀作阯通借字尉佗攻破安陽王令二使典主交趾九眞二郡卽甌駱也詳南越傳**鎖送其民發以爲兵**趙一清曰鄧句晉書陶璜傳作鄧荀卽所云察戰鄧荀擅調孔雀三千頭者句當是荀之譌侯康曰陶璜傳交阯太守孫諝貪暴爲百姓所患會察戰鄧荀至擅調孔雀三千頭遣送秣陵按句與荀字形相近未知孰是至謂發民爲兵則敵國傳聞之訛也吳志亦云察戰到交阯調孔雀大豬與陶璜傳同弼按裴注察戰吳官名號餘詳見吳志孫休傳永安五年**吳將呂興因民心憤怒又承王師平定巴蜀卽糾合豪傑誅除句等驅逐太守長吏撫和吏民以待國命**陶璜傳郡吏呂興殺太守孫諝及鄧荀以郡內附**九眞日南郡**郡國志交州九眞郡治胥浦日南郡治西卷劉昭注九眞郡武帝置雒陽南萬一千五百八十里日南郡秦象

郡武帝更名雒陽南萬三千四百里丁謙曰九眞今越南清華省日南今越南乂安省鄒代鈞曰九眞郡爲今越南順化廣南清化乂安河靜廣義六道日南郡爲今越南歸化富安廣和平順四道聞興去逆即順亦齊心響應與興協同興移書日南州郡開示大計兵臨合浦郡國志交州合浦郡治合浦劉昭注合浦武帝置雒陽南九千一百九十一里一統志合浦今廣東廉州府合浦縣東北告以禍福遣都尉唐譜等詣進乘縣漢書地理志牂柯郡進桑南部都尉治有關郡國志交州牂柯郡進乘水經葉榆河入牂柯郡西隨縣北爲西隨水又東出進桑關酈注進桑縣牂柯之南部都尉治也水上有關故曰進桑關也故馬援言從麊泠水道出進桑王國至益州賁古縣轉輸通利蓋兵車資運所由矣自西隨至交趾崇山接險水路三千里葉榆水又東南絕溫水而東南注于交趾王先謙曰漢志作進桑續志作進乘蓋誤三國蜀因改屬興古郡阮元云故城當在今越南交岡境謝鍾英曰當在今雲南臨安府阿迷州南境案當在臨安府東南境接越南界李兆洛曰進乘縣在雲南元江州東南因南中都督護軍霍弋上表自陳霍弋字紹先南郡枝江人領建寧太守蜀幷於魏弋與巴東領軍羅憲各保全一方事見蜀志霍峻傳漢晉春秋云晉文王拜弋爲南中都督後遣將兵救援呂興平交阯日南九眞三郡又交阯將吏各上表言興創造事業大小承命郡有山寇入連諸郡懼其計異各有攜貳權時之宜以興爲督交阯諸軍事上大將軍定安縣侯漢書地理志交阯郡安定郡國志交阯郡定安惠棟曰前志作安定林邑記云外越安定紀粟望都州郡志仍作安定趙一清曰疑定安爲誤亦見蜀志張嶷傳李兆洛曰在交州府境弼按張嶷傳之安定不在交阯境內當別爲一地乞賜褒獎以慰邊荒乃心款誠形於辭旨昔儀父朝魯春秋所美春秋隱公元年三月公及邾儀父盟于蔑杜注附庸之君未王命例稱名能自通于大國繼好息民故書字貴之竇融歸漢待以殊禮後漢書竇融傳融決策東向遣長史劉鈞奉書獻馬帝因授融爲涼州牧今國威遠震撫懷六合方包舉殊裔混一四表興首向王化舉衆稽服萬里馳義請吏帥職宜加寵遇崇其爵位既使興等懷忠感悅遠人聞之必皆競勸其以興爲使持節都督交州諸軍事南中大將軍封定安縣侯趙一清曰南中大將軍是特建號非古制也得以便宜從事先行後上策命未至興爲下人所殺陶璜傳武帝拜興安南將軍交阯太守尋爲其功曹李統所殺通鑑作王統亦有作李統者冬十月丁亥詔曰昔聖帝明王靜亂濟世保大定功文武殊塗勳烈同歸是故或舞干戚以訓不庭或陳師旅以威暴慢至于愛民全國康惠庶類必先脩文教示之軌儀不得已然後用兵此盛德之所同也往者季漢分崩九土顛覆劉備孫權乘間作禍三祖綏寧中夏日不暇給遂使遺寇僭逆歷世幸賴宗廟威靈宰輔忠武爰發四方拓定庸蜀役不浹時一征而克自頃江表衰敝政刑荒闇巴漢平定孤危無援交荆揚越靡然向風今交阯僞將呂興已帥三郡萬里歸命武陵邑侯相嚴等武陵見武紀建安十三年注糾合五縣請爲臣妾豫章廬陵山民舉衆叛吳郡國志揚州豫章郡治南昌一統志南昌故城今江西南昌府南昌縣東灌城鄉城隍廟橋西郡國志豫章郡廬陵劉昭注興平元年孫策分立廬陵郡吳志孫策傳策分豫章爲廬陵郡水經贛水又東北過石陽縣西酈注漢獻帝初平二年（弼按初平應作興平）吳長沙桓王立廬陵郡治此一統志石陽故城今江西吉安府吉水縣東北豫章廬陵二郡詳見吳志孫策傳以助北將軍爲號又孫休病死主帥改易時孫皓新立國內乖違人各有心僞將施績賊之名臣懷疑自猜深見忌惡吳志朱績傳績時拜左大司馬猜忌之說敵國離間之詞績本姓施故曰施績衆叛親離莫有固志自古及今未有亡徵若此之甚若六軍震曜南臨江漢吳會之域必扶老攜幼以迎王師必然之理也然興動大衆猶有勞費宜告諭威德開示仁信使知順附和同之利相國參軍事徐紹水曹掾孫彧晉書文帝紀徐紹作徐劭胡三省曰水曹掾吳相府所置吳未嘗置相國魏人以晉王爲相國因亦稱吳丞相參軍爲相國參軍弼按相國參軍水曹掾皆魏相國之官屬也見宋書百官志注見前吳無此官胡注誤蓋徐紹在吳爲南陵督降魏後爲相國參軍也昔在壽春並見虜獲紹本僞南陵督方輿紀要卷二十七云南陵戍在太平府繁昌縣西南下陵江渚江州東界盡於南陵蓋濱江津要處非今寧國府之南陵縣晉陶侃領荆江二州刺史自南陵迄於白帝數千里路不拾遺謂南陵也洪飴孫曰吳於瀕江要地皆置都督權輕者但稱督領兵屯守其領營兵者亦稱督才質開壯彧孫權支屬忠良見事其遣紹南還以

或爲副宣揚國命告諭吳人諸所示語皆以事實若其覺悟不損征
伐之計蓋廟勝長算自古之道也其以紹兼散騎常侍加奉車都尉
封都亭侯或兼給事黃門侍郎賜爵關內侯紹等所賜妾及男女家
人在此者悉聽自隨以明國恩不必使還以開廣大信 胡三省曰言吳不必使還以廣
中國之信攜吳人之心晉書文帝紀奏遣吳人相國參軍事徐劭散騎常侍水曹屬孫彧使吳喻孫皓以平蜀之事吳志孫皓傳晉文帝爲魏相國遣昔吳壽春城降將
徐紹孫彧銜命齎書陳事勢利害以申喻皓漢晉春秋載此書見孫皓傳注文選孫子荊爲石仲容與孫皓書云相國晉王輔相帝室主上欽明委以萬機小戰江介則
成都自潰曜兵劍閣而姜維面縛開地五千列郡三十師不踰時梁益肅清夫虢滅虞亡韓并魏徙此則前鑒之驗後事之師也又南中呂興深覩天命蟬蛻內向願爲
臣妾外失輔車脣齒之援內有毛羽零落之漸而徘徊危國冀延日月此猶魏武侯却指河山以自彊大殊不知物有興亡則所美非其地也方今國富兵彊六軍精練
修造舟楫簡習水戰然主相眷眷未便電邁者以爲愛民治國道家所尙崇城自卑文王退舍故先開示大信喻以存亡殷勤之旨往使所究若能釁然改容祗承往告
北面稱臣伏聽告策則世祚江表永爲藩輔豐報顯賞隆於今日矣臧榮緒晉書曰石苞字仲容太祖輔政都督揚州諸軍事太祖遣徐劭孫郁至吳將軍石苞令孫楚

作書與孫皓劭至吳不敢爲通 丙午命撫軍大將軍新昌鄉侯炎爲晉世子 晉書武帝紀初文帝以景
帝既宣帝之嫡早世無後以帝弟攸爲嗣特加愛異自謂攝居相位百年之後大業宜歸攸每曰此景王之天下也吾何與焉將議立世子屬意於攸何曾等固爭曰中
撫軍聰明神武有超世之才髮委地手過膝此非人臣之相也由是遂定羊琇傳初帝未立爲太子而聲論不及弟攸琇密爲武帝畫策又觀察文帝爲政損益揆度應
所顧問之事皆令武帝默而識之其後武帝答無不允由是儲位遂定 是歲罷屯田官以均政役諸典農皆
爲太守都尉皆爲令長 置屯田官事詳見武紀建安元年及任峻傳何焯曰法久漸敝當時罷之必有以也當合司馬芝傳參觀
之洪飴孫曰武紀建安元年注及晉書食貨志通鑑皆云建安元年郡國例置田官郎指典農中郎將校尉都尉諸官也正元二年詔所在郡典農慰䘏死事毌丘儉傳
注臣輒移三征及州郡國典農安慰所部吏民晉宣帝紀景初二年勅郡守典農皆往會焉是各郡皆有典農也咸熙元年詔罷屯田官諸典農皆爲太守都尉皆爲令
長是典農中郎將校尉分列諸郡國典農都尉分列諸縣也其或置中郎將或置校尉則郡國大小之別諸傳及傳注有爲是官者可證又典農屬大司農見司馬芝傳
又曹爽傳注桓範爲大司農謂洛陽典農召呼如意亦典農屬大司農之證謝鍾英曰典農之見於史者趙儼傳儼領河東太守典農中郎將盧毓傳毓爲睢陽典農校
尉徐邈傳邈爲潁川典農中郎將裴潛傳潛出爲魏郡潁川典農中郎將王昶傳文帝時昶爲洛陽典農毌丘儉傳儉爲洛陽典農高柔傳有宜陽典農劉龜管輅傳有

列人典農王宏魏略黃則黃初中爲鄴城典農中郎將凡此皆魏置典農之地其改爲太守者惟原武野王宜陽三縣餘皆無明文后妃傳毛曾爲原武典農晉書河間
王顒傳顒仕魏歷典農中郎將原武太守水經注沁水篇野王縣石門司馬孚爲魏典農中郎將所造晉書太原王輔魏末爲野王太守洛水篇昌澗水逕宜陽故郡舊
陽市邑故宜陽典農都尉治此後爲郡晉書魏舒傳舒魏時爲宜陽太守皆咸熙中罷典農爲太守事弼按謝氏所舉不如洪飴孫三國職官表所載之詳學者可參閱
之 勸募蜀人能內移者給廩二年復除二十歲安彌福祿縣各言嘉
禾生 郡國志涼州酒泉郡安彌一統志安彌故城今甘肅肅州東福祿見文紀延康元年酒泉郡注
二年春二月甲辰朐䏰縣獲靈龜以獻歸之於相國府 郡國志益州巴郡朐忍蜀志劉
焉傳注引英雄記趙韙進攻荆州屯朐䏰上蠢下如振反晉書宣帝紀太和四年帝自西城斫山開道水陸並進泝沔而上至于朐䏰水經江水注江水又東右得將龜
溪口華陽記曰朐忍縣出靈龜咸熙元年（元年當作二年）獻龜于相府言出自此溪也江水又東右逕朐忍縣故城南常璩曰縣在巴東郡西二百九十里縣治故
城跨其山阪南臨大江江之南岸有方山山形方峭枕側江濆胡三省曰朐䏰縣屬巴郡師古曰朐音劬晉書音義朐音蠢䏰如允翻賢曰朐䏰故城在今夔州雲安縣
西萬戶故城是也䏰音閏劉昫曰開州盛山縣漢朐䏰地余據今雲安軍漢朐䏰縣地土地下濕多朐䏰蟲故名劉禹錫曰朐䏰蚯蚓也錢大昭曰郡國志曹全碑並作

朐忍顏音朐爲劬是也闞駰十三州志乃云朐音春䏰音閏其地下溼多朐䏰蟲因以名縣既有春音則字已近朐然玉篇尙無䏰字通典州郡門作朐䏰朐音如順切
䏰音如尹切讀如閏蠢杜雖用闞音字猶未變至徐鉉校定說文竟於肉部附入朐䏰二字可謂好信異說矣盧文弨曰當作朐徐友蘭曰古無朐小顏音劬是朐確矣
先儒謂朐䏰蟲見十三州志卽蚯蚓轉音丘區聲近鄭君道之區句古音同部皆確證王先謙曰前漢縣三國蜀改屬巴東郡一統志朐䏰故城今四川夔州府雲陽縣
西朐䏰互見蜀志劉焉傳注 庚戌以虎賁張修昔於成都馳馬至諸營言鍾會反逆
以至沒身賜修弟倚爵關內侯夏四月南深澤縣言甘露降 郡國志冀州安
平國南深澤故屬涿錢大昕曰中山有深澤縣故云南以別之元和志定州深澤縣本漢南深澤縣以涿郡有深澤縣故此加南以別之然則中山之深澤有南字涿郡
之深澤無南字矣與今本互異以地望準之中山實在涿郡之南然續志安平國南深澤故屬涿似今本元不誤又云前志涿郡中山皆有深澤縣而涿郡加南字續志
有南深澤無深澤一統志南深澤故城今直隸定州深澤縣東南 吳遣使紀陟弘璆請和 通鑑弘作洪誤吳志孫皓傳甘露元
年三月皓遣使隨紹彧報書晉書文帝紀孫皓使紀陟來聘且獻方物胡三省曰璆渠尤翻 五月詔曰相國晉王誕敷神
慮光被四海震燿武功則威蓋殊荒流風邁化則旁洽無外愍卹江

表務存濟育戢武崇仁示以威德文告所加承風嚮慕遣使納獻以明委順方寶纖珍歡以效意而王謙讓之至一皆簿送非所以慰副初附從其款願也孫晧諸所獻致其皆還送歸之于王以協古義王固辭乃止又命晉王冕十有二旒建天子旌旗出警入蹕乘金根車六馬備五時副車 冕十二旒建天子旌旗出警入蹕乘金根車六馬備五時副車俱詳見武紀建安二十二年 置旄頭雲罕 旄頭詳見武紀建安十九年注趙一清曰宋書禮志五云薛綜東京賦注以雲罕九游爲旌旗別名亦不辨其形案魏命晉王建天子旌旗置旄頭雲罕是知雲罕非旌旗也徐廣車服注以爲九游游車九乘雲罕疑是畢罕詩敘曰齊侯田獵畢弋百姓苦之畢罕大施游獵遂爲行飾乎潘岳藉田賦先敘五路九旗次言瓊鈒雲罕若罕爲旗則岳不應頻句於九旗之下又以其物匹鈒戟宜是今畢網明矣一清案續輿服志注引徐廣曰武王克紂百夫荷罕旗以先驅故薛綜以爲旌旗別名 樂舞八佾設鍾虡宮縣 鍾虡詳見武紀建安十九年晉書文帝紀宮縣下有位在燕王上其尊崇過於天子之父矣 進王妃爲王后世子爲太子王子王女王孫爵命之號如舊儀 晉書文帝紀作

皆如帝者之儀又云晉國置御史大夫侍中常侍尚書中領軍衛將軍官 癸未大赦秋八月辛卯相國晉王薨 時年五十五 壬辰晉太子炎紹封襲位總攝百揆備物典册一皆如前是月襄武縣言有大人見 郡國志涼州隴西郡襄武范書安帝紀永初四年金城郡移治襄武五年隴西郡徙治襄武一統志襄武故城在今甘肅鞏昌府隴西縣東五里 三丈餘跡長三尺二寸白髮著黃單衣黃巾柱杖 官本柱作拄毛本杖作秋誤吳本作秋亦誤 呼民王始語云今當太平 晉書武帝紀長人見於襄武長三丈告縣人王始曰今當太平水經渭水注云魏志咸熙二年襄武上言大人見身長三丈餘跡長三尺二寸白髮著黃單衣黃巾拄杖呼民王始語云今當太平十二月天祿永終歷數在晉遂遷魏而事晉潘眉曰御覽兩引魏志並云長三丈餘宋書符瑞志同法苑珠林六道篇引魏志亦同知古本三丈上有長字今脫 九月乙未大赦戊午司徒何曾爲晉丞相癸亥以驃騎將軍司馬望爲司徒征東大將軍石苞爲驃騎將軍 苞事見高貴鄉公紀注引世語又見鄧艾傳注引世語晉書石苞傳苞每與陳騫諷魏帝以歷數已終天命有在及禪位苞有力焉 征南大將軍陳騫爲車騎將軍 騫事見陳矯傳注晉書騫傳武帝受禪以佐命之勳進車騎將軍弼按晉史所載事實實如此惟騫爲車騎將軍在受禪之前語殊倒置 乙亥葬晉文王 通鑑考異曰晉書文紀作癸酉今從魏志嚴衍通鑑補云自乙未至乙亥凡四十一日疑大赦與爲丞相及葬文王三事非盡九月中事當詳之或曰臣不書葬書葬以天子相待也趙一清曰晉書石苞傳文帝崩賈充荀勖議葬禮未定苞時奔喪慟哭曰基業如此而以人臣終乎葬禮乃定一清案觀此則未禪位之先居然行天子之禮又與孟德不可同年而語矣弼按立晉王世子之時司馬昭卽言此景王之天下蓋久已據爲己有矣豈僅身後之葬禮耶 閏月庚辰康居大宛獻名馬 康居大宛詳見烏丸鮮卑東夷傳注魏略西戎傳 歸于相國府以顯懷萬國致遠之勳十二月壬戌天祿永終歷數在晉詔羣公卿士具儀設壇于南郊使使者奉皇帝璽綬册禪位於晉嗣王如漢魏故事 如漢魏故事五字包括無窮意義省卻多少文辭 甲子使使者奉策 晉書武帝紀天子知歷數有在乃使太保鄭沖奉策曰咨爾晉王我皇祖有虞氏誕膺靈運受終于陶唐亦以命于有夏惟三后陟配于天而咸用光敷聖德自茲厥後天又輯大命于漢火德既衰乃眷命我高祖方軌虞夏四代之明顯我不敢知惟王乃祖乃父服膺明哲輔亮我皇家勳德光于四海格爾上下神祇罔不克順地平天成萬邦以乂應受上帝之命協皇極之中肆予一人祗承天序以敬授爾位歷數實在爾躬允執其中天祿永終於戲王其欽順天命率循訓

典底綏四國用保天休無替我二皇之弘烈帝初以禮讓魏朝公卿何曾王沈等固請乃從之嚴可均曰御覽二百二十引晉陽秋云朱整少有名行官至中書監魏禪晉使整與中書令劉良共爲詔若然則禪策亦必此二人所撰宋書禮志三云咸熙二年十二月甲子使持節侍中太保鄭沖兼太尉司隸校尉李憙奉皇帝璽綬策書禪帝位於晉 遂改次于金墉城 水經穀水注穀水又東逕金墉城北魏明帝于洛陽城西北角築之謂之金墉城弼按齊王芳被廢遷金墉城是此城竟爲專處廢帝之地矣晉楊后及愍懷太子賈后之廢皆徙金墉亦此地也 而終館于鄴時年二十 胡三省曰困敦上章魏文帝始受漢禪傳五世歷四十六年而亡

魏世譜曰 魏世譜見齊王紀嘉平元年 封帝爲陳留王 晉書武帝紀泰始元年冬十二月丁卯遣太僕劉原告于太廟封魏帝爲陳留王邑萬戶居于鄴宮魏氏諸王皆爲縣侯己巳詔陳留王載天子旌旗備五時副車行魏正朔郊祀天地禮樂制度皆如魏舊上書不稱臣除魏氏宗室禁錮二年夏五月戊辰詔曰陳留王操尚謙沖每事輒表非所以優崇之也主者喻言非大事皆使王官表上之通典卷七十四載封魏帝爲陳留王詔曰明德昭融遠鑒天命欽象歷數用禪厥位敢咨詢故訓以敬授靑土於東國永爲晉賓載天子旌旗乘五時副車行魏正朔郊祀天地禮樂制度皆如魏舊以承王顯祖之禋祀又詔王上書不稱臣答報不爲詔一如賓禮潘眉曰漢獻帝初封陳留王常道鄉公禪晉後亦封陳留王魏之天下得於陳留王者失亦於陳留王 年五十八

太安元年崩諡曰元皇帝趙一清曰晉書成帝咸和元年冬十月封魏武帝玄孫曹勱爲陳留王以紹魏穆帝升平二年冬十月乙丑陳留王曹勱薨通典勱作勵宋書禮志大明四年九月有司奏陳留王曹虔季長兄虔嗣早卒季襲封之後生子銑以繼虔嗣今依例應拜世子未詳應以銑爲世子爲應立次子鍇右丞徐爰議銑本長息宜還爲虔季世子詔如爰議

評曰古者以天下爲公唯賢是與後代世位立子以適若適嗣不繼則宜取旁親明德若漢之文宣者斯不易之常準也明帝既不能然情繫私愛撫養嬰孩傳以大器或曰此亡國所由史家於此蓋低徊而不能釋云託付不專必參枝族終於曹爽誅夷齊王替位高貴公才慧夙成好問尚辭蓋亦文帝之風流也深致惋惜之意然輕躁忿肆自蹈大禍評亦允當陳留王恭己南面宰輔統政宋元本作宰輔各本作輔宰仰遵前式揖讓而禪遂饗封大國作賓于晉比之山陽班寵有加焉數語寄慨無窮何焯曰君以此始必以此終評語可謂絞而婉矣

魏書四　　三國志四

魏書五　　三國志五

后妃傳第五

馮本監本官本分列諸后宋本元本毛本無之禮記曲禮曰天子之妃曰后鄭注后之言後言在夫之後也白虎通曰天子之妃謂之后何后者君也天子妃至尊故曰后也郝經曰魏吳不得稱爲后妃取歐陽修五代史例與其諸子總爲魏家人傳潘眉曰陳志后妃傳惟武帝卞皇后文帝甄皇后郭皇后明帝毛皇后郭皇后有傳齊王芳以下皇后皆不立傳按齊王以正始四年四月立皇后甄氏嘉平三年七月皇后甄氏崩葬懷甄后于太清陵四年二月立皇后張氏六年三月廢四月立皇后王氏高貴鄉公以正元二年立皇后卞氏常道鄉公以景元四年十月立皇后卞氏俱見三少帝紀齊王皇后甄氏附載文昭甄皇后傳高貴鄉公皇后卞氏常道鄉公皇后卞氏並附載武宣卞皇后傳

晉　平　陽　侯　相　安　漢　陳　壽　撰

宋　中　書　侍　郎　西　鄉　侯　聞　喜　裴　松　之　注

沔　陽　盧　弼　集　解

易稱男正位乎外女正位乎內男女正天地之大義也易家人彖辭古先哲王莫不明后妃之制順天地之德故二妃嬪嬀虞道克隆尚書堯典帝曰我其試哉女于時觀厥刑于二女釐降二女于嬀汭嬪于虞孔傳云女妻也刑法也降下也嬪婦也堯以二女妻舜觀其法度接二女以治家觀治國舜爲匹夫能以義理下帝女之心於所居嬀水之內使行婦道於虞氏孔疏云嬀水在河東虞鄉縣歷山西西流至蒲坂縣南入於河舜居其旁周武王賜陳胡公之姓爲嬀爲舜居嬀水故也顏師古曰釐理也尚書堯典稱舜之美云釐降二女于嬀汭言堯欲觀舜治迹以己二女妻之舜能以治降下二女以成其德列女傳有虞二妃帝堯二女也長娥皇次女英二女承事舜於畎畝之中不以天子之女故而驕盈怠嫚猶謙謙恭儉思盡婦道任似配姬周室用熙詩大雅思齊篇思齊大任文王之母思媚周姜京室之婦太似嗣徽音則百斯男列女傳太任者摯任氏中女也王季娶爲妃太任之性端一誠莊惟德之行及其有娠目不視惡色耳不聽淫聲口不出惡言能以胎教溲於豕牢而生文王文王生而明聖太任教之以一而識百君子謂太任爲能胎教又云太姒者有㜪姒氏之女仁而明道文王嘉之親迎於渭造舟爲梁及入太姒思媚太姜太任旦夕勤勞以進婦道太姒號曰文母文王理陽道以治外文母理陰道以治內師古曰太任文王母太姒武王母也廢興存亡恒此之由春秋說云天子十二女諸侯九女春秋緯保乾圖曰唯天子娶十二女公羊傳成公九年何休注引此徐彥疏云保乾圖文白虎通曰天子諸侯一娶九女者何重國廣繼嗣也適九者何法地有九州承天之施無所不生也一娶九女亦足

以承君之施也九而無子百亦無益也王度記曰天子諸侯一娶九女或曰天子娶十二女法天有十二月萬物必生也後漢書荀爽傳故天子娶十二天之數也諸侯以下各有差等事之降也劉璵傳古者天子一娶九女章懷注引公羊傳云諸侯一聘三女天子一娶九女夏殷制也 考之情理不易之典也而末世奢縱肆其侈欲至使男女怨曠感動和氣惟色是崇不本淑懿故風教陵遲而大綱毀泯豈不惜哉嗚呼有國有家者其可以永鑒矣漢制帝祖母曰太皇太后帝母曰皇太后帝妃曰皇后其餘內官十有四等 漢書外戚傳序漢興因秦之號帝母稱皇太后祖母稱太皇太后適稱皇后妾皆稱夫人又有美人良人八子七子長使少使之號焉至武帝制倢伃娙娥傛華充依各有爵位而元帝加昭儀之號凡十四等云後漢書皇后紀序至乃掖庭三千增級十四章懷注倢伃一娙娥二容華三充衣四已上武帝置昭儀五元帝置美人六良人七七子八八子九長使十少使十一五官十二順常十三舞涓共和娛靈保林良娣使（弼按據漢書外戚傳序應作良使）夜者十四此六官品秩同爲一等 魏因漢法母后之號皆如舊制自夫人以下世有增損太祖建國始命王后其下五等有夫人 宋書后妃傳序夫人魏武帝初建魏國所制 有

昭儀 師古曰昭顯其儀示隆重也 有婕妤 宋本作倢伃師古曰倢言幸接於上也伃美稱也倢音接伃音予字或從女其音同耳 有容華有美人 侯康曰魏國既建丞相御史大夫等官皆與漢廷無異故內官亦得置夫人昭儀以下五等太平御覽三十一引陸雲與兄書疑魏武不得有婕妤周方叔后言又據遺令謂曹公當時頗奪漢宮嬪御皆未知當日制度者魏武遺令明言吾婕妤伎人皆著銅雀臺此有婕妤之證也趙一清曰宋書樂志三云但歌四曲出自漢世無弦節作伎最先一人倡三人和魏武帝尤好之時有宋容華者清激好聲善倡此曲當時特妙 文帝增貴嬪 孔穎達曰嬪婦人之美稱可賓敬也胡三省曰六宮置貴嬪始此 淑媛脩容順成良人 師古曰良善也趙一清曰拾遺記魏文帝所愛美人薛靈芸常山人也父鄴爲鄫鄉亭長母陳氏隨鄴舍於亭旁居生窮賤至夜每聚鄰鄰婦夜績以麻蒿自照靈芸年十五容貌絕世鄰中少年夜來竊窺終不得見咸熙元年谷習出守常山郡聞亭長有美女而家甚貧時文帝選良家子女以入六宮習以千金寶賂聘之以獻文帝弼按此拾遺記之誤已見文紀黃初二年注 明帝增淑妃昭華脩儀除順成官太和中始復命夫人登其位於淑妃之上自夫人以下爵凡十二等貴嬪夫人位次皇后爵無所視淑妃位視相國爵比諸侯王淑媛位視御史大夫爵比縣公昭儀比縣侯

昭華比鄉侯脩容比亭侯脩儀比關內侯倢伃視中二千石 師古曰中二千石實得二千石也中之言滿也月得百八十斛是爲一歲凡得二千一百六十石言二千者舉成數耳 容華視眞二千石 師古曰眞二千石月得百五十斛一歲凡得千八百石耳 美人視比二千石 師古曰二千石月得百二十斛一歲凡得千四百四十石耳 良人視千石 續百官志比二千石奉月百斛千石奉月九十斛弼按武文世王公傳尚有貴人姬毛后傳有才人均未知列於何等此未言及

武宣卞皇后琅邪開陽人 開陽見武紀興平元年琅邪注郡國志開陽故屬東海建初五年屬水經沂水注沂水南逕開陽縣故城東縣故鄅國後更名開陽春秋哀三年經書城啓陽是矣縣故琅邪郡治也 文帝母也 武文世王公傳卞皇后生文皇帝任城威王彰陳思王植蕭懷王熊 本倡家 史記馮唐傳會趙王遷立其母倡也索隱曰列女傳云邯鄲之倡也正義曰趙幽王母樂家之女也漢書外戚傳孝武李夫人本以倡進師古曰倡樂人音昌後漢書光武郭皇后紀倡飲甚歡章懷注說文曰倡樂也聲類曰俳優也史游急就篇倡優俳笑是優俳一物而二名也周壽昌曰曹操之父嵩既莫能審其生出本末操后卞氏又本倡家丕之甄后明帝之母也又本袁熙之婦其家世內外本末概可想見承祚詳斂之絕不爲諱不可謂非直筆也林暢園曰以開國之后而出於倡家何以示後弼按李延年善爲新聲桓君山精通音律雅摻新弄當日習尙如此所謂倡樂不似後世之淫業賤

流顏注訓爲樂人於義得之卞后一生行事傳無貶詞世說且列之賢媛不能以世人之深惡曹瞞而於其妃嬪之家世亦加以苛詞醜詆也又按夏侯惇傳賜伎樂名倡比於魏絳受金石之樂其非卑賤可知

魏書曰后以漢延熹三年十二月己巳生齊郡白亭 后生於延熹三年魏武生於永壽元年長后五歲后崩於太和四年年七十一齊郡治臨菑見武紀建安四年白亭未詳 有黃氣滿室移日父敬侯怪之以問卜者王旦 世說注作王越

旦曰此吉祥也

年二十 時漢靈帝光和二年魏武已爲頓丘令矣 太祖於譙納后爲妾 世說賢媛篇注年二十太祖納於譙性約儉不尙華麗有母儀德行 後隨太祖至洛 馮本太祖下有左右二字係剜補誤各本均無之 及董卓爲亂太祖微服東出避難 時漢獻帝中平六年后年三十已生文帝矣 袁術傳太祖凶問時太祖左右至洛者皆欲歸后止之曰曹君吉凶未可知今日還家明日若在何面目復相見也正使禍至共死何苦 苦疑作害 遂從后言太祖聞而善之建

安初丁夫人廢遂以后爲繼室左傳惠公元妃孟子孟子卒繼室以聲子杜注元妃死則次妃攝行內事猶不得稱夫人故謂之繼室諸子無母者太祖皆令后養之

魏略曰太祖始有丁夫人又劉夫人生子修及清河長公主夏侯惇傳惇子楙太祖以女妻楙卽清河公主也漢書外戚傳云竇姬爲皇后女爲館陶長公主師古曰年最長故謂長公主後漢書皇后紀云漢制皇女皆封縣公主儀服同列侯其尊崇者加號長公主儀服同蕃王其後安帝桓帝妹亦封長公主同之皇女其皇女封公主者所生之子襲母封爲列侯蔡邕曰帝女曰公主姊妹曰長公主建武十五年封武陽公主爲長公主卽是帝女尊崇亦爲長非惟姊妹也輿服志曰長公主赤罽軿車與諸侯同綬也劉早終丁養子修子修亡於穰武文世王公傳豐愍王昂字子修弱冠舉孝廉隨太祖南征爲張繡所害昂事又見武紀建安二年丁常言將我兒殺之都不復念遂哭泣無節太祖忿之遣歸家欲其意折後太祖就見之夫人方織外人傳云公至夫人踞機如故太祖到撫其背曰顧我共載歸乎夫人不顧又不應太祖卻行立於戶外復云得無尙可邪遂不應太祖曰眞訣矣遂與絕欲其家嫁之其家不敢初丁夫人既爲嫡加有子修丁視后母子不足后爲繼室不念舊惡因太祖出行常四時使人饋遺又私迎之延以正坐監本官本正作上而已下之迎來送去有如昔日丁謝曰廢放之人夫人何能常爾邪其後丁亡后請太祖殯葬許之乃葬許城南後太祖病困自慮不起歎曰我前後行意於心未曾有所負也假令死而有靈子修若問我母所在我將何辭以答

魏書曰后性約儉不尙華麗無文繡珠玉器皆黑漆太祖常得名璫數具監本璫作取誤詩采采卷耳疏卷耳草四月中生子如婦人耳中璫今或謂之耳璫古詩爲焦仲妻作耳著明月璫文選洛神賦獻江南之明璫李善注引通俗文曰耳珠曰璫命后自選一具后取其中者太祖問其故對曰取其上者爲貪取其下者爲僞故取其中者林暢園曰出自倡家而所見如此宜其爲后耳

文帝爲太子武紀建安二十二年以五官中郞將丕爲魏太子左右長御賀后曰胡三省曰漢皇后宮有旁側長御將軍拜太子胡三省曰丕爲五官將故稱之爲將軍天下莫不歡喜后當傾府藏賞賜

胡三省曰藏徂浪翻后曰王自以丕年大故用爲嗣我但當以免無教導之過爲幸耳亦何爲當重賜遺乎長御還具以語太祖太祖悅曰怒不變容喜不失節故是最爲難古文苑載曹公卞夫人與楊太尉夫人袁氏書云卞頓首貴門不遺賢郎輔位每感篤念情在凝至賢郎盛德熙妙有蓋世文才闔門欽敬寶用無已方今騷擾戎馬屢動主簿股肱近臣征伐之計事須敬咨官立金鼓之節而聞命違制明公性急忿然在外輒行軍法卞姓當時亦所不知聞之心肝塗地驚愕斷絕悼痛酷楚情自不勝夫人多容卽見垂恕故送衣服一籠文絹百匹房子官錦百斤私所乘香車一乘牛一頭誠知微細以達往意望爲承納二十四年拜爲王后武紀秋七月以夫人卞氏爲王后通鑑詔以魏王操夫人卞氏爲王后弼按立后策文當爲魏國之策命非漢天子之詔也策文減國內死罪一等減魏國國內死罪也通鑑誤策曰夫人卞氏撫養諸子有母儀之德今進位王后太子諸侯陪位羣卿上壽減國內死罪一等二十五年太祖崩世說新語賢媛篇載魏文帝悉取武帝宮人事見武紀建安二十五年注文帝卽王位尊后曰王太后及踐阼尊后曰皇太后稱永壽宮晉書職官志太后三卿衞尉少府太僕漢置皆隨太后宮爲官號在同名卿上無太后則闕魏改漢制在九卿下錢大昭曰文帝紀注延康元年十一月已有永壽少府毛宗則永壽宮之稱不自文帝踐阼始矣

魏書曰后以國用不足減損御食諸金銀器物皆去之東阿王植太后少子最愛之後植犯法爲有司所奏文帝令太后弟子奉車都尉蘭持公卿議白太后太后曰不意此兒所作如是汝還語帝不可以我故壞國法及自見帝不以爲言臣松之案文帝夢磨錢欲使文滅而更愈明以問周宣宣答曰此陛下家事雖意欲爾而太后不聽則太后用意不得如此書所言也何焯曰卞亦有權數若顯救植則外廷必有武姜叔段之議不以爲言而動以意或可爲耳弼按陳思王傳黃初二年有司請治植罪帝以太后故貶爵安鄉侯方伎傳周宣傳時帝欲治弟植之罪偪於太后但加貶爵參閱兩傳實爲黃初二年事至徙封東阿則在明帝太和三年此書於文帝時稱東阿王植爲有司所奏則年月與稱謂均誤世說悔尤篇載文帝毒殺任城王太后曰汝已殺我任城不得復殺我東阿其誤亦與此同要之魏文之猜忌骨肉刻薄寡恩事實俱在非賴卞后子建亦幾不免惟稱謂錯誤則爲史家之疏耳魏書又曰太后每隨軍征行見高年白首輒住車呼問賜與絹帛對之涕泣曰恨父母不及我時也太后每見

外親不假以顏色常言居處當務節儉不當望賞賜念自佚也 御覽一百三十八外望作妄佚作勉 舍當怪吾遇之太薄 官本當作常范書宦者傳單超傳帝獨呼衡問左右與外舍不相得者皆誰乎章懷注外舍謂皇后家也馬融傳外舍諸家每有憂疾聖恩普勞遣使交錯胡三省曰后妃謂其外家爲外舍 吾自有常度故也吾事武帝四五十年行儉日久不能自變爲奢有犯科禁者吾且能加罪一等耳 胡三省曰言罪加於常人犯法者一等也 莫望錢米恩貸也帝爲太后弟秉起第第成太后幸第請諸家外親設下廚無異膳太后左右菜食粟飯無魚肉其儉如此 此與下文注中魏略所云請給卞秉錢帛事不類裴注已論之見甄后傳注

明帝卽位尊太后曰太皇太后黃初中文帝欲追封太后父母尚書陳羣奏曰陛下以聖德應運受命創業革制當永爲後式案典籍之文無婦人分土命爵之制在禮典婦因夫爵 胡三省曰禮記婦人無爵從夫之爵 秦違古法漢氏因之非先王之令典也帝曰此議是也其勿施行以作著詔

下藏之臺閣 通鑑作仍著定制藏之臺閣胡三省曰臺閣尚書中藏故事之處 永爲後式至太和四年春明帝乃追謚太后祖父廣曰開陽恭侯父遠曰敬侯祖母周封陽都君 陽都見諸葛誕傳獨斷曰異姓婦女以恩澤封者曰君比長公主 及恭侯夫人皆贈印綬 陳景雲曰祖母祖字疑衍以疏封之次言之卞后母於文帝爲外祖母若祖母則爲外曾祖母明帝推恩理應先封太后母不當反舍太后母而封太后祖母也況下文有及恭侯夫人語其文義尤明乎盧明楷曰上文追謚太后祖父廣曰開陽恭侯下云及恭侯夫人恭侯夫人卽后祖母也然則祖母周祖字衍文姚範說同錢大昭曰太后當作太皇太后恭侯夫人當作敬侯夫人又失書其姓卞后之祖父與父明帝既追封爲縣侯則后之祖母與母並當追封爲縣君況上云祖母卽恭侯夫人矣不應重複言之其爲敬侯之誤無疑周壽昌曰明帝既封卞后之祖與父自不能不封其祖母與母若陽都君爲其母而云及恭侯夫人豈不婦姑倒置乎竊疑祖字不誤誤在敬侯夫人作恭字耳弼按錢周二說是惟錢云太后應作太皇太后與下文不合 其年五月后崩 明紀作六月戊子崩說見明紀太和四年侯康曰魏收魏書禮志二云魏武宣后以太和四年六月崩其月既葬除服卽吉四時行事而猶未禘王肅韋誕並以爲今除卽吉故特時祭至於禘祫宜存古禮高堂隆亦如肅議於是停不殷祭 七月合葬高陵 高陵見武紀建安二十五年曹植上卞太后誄表云大行皇太后資坤元之性體載物之仁齊美姜嫄等德任姒佐政內朝惠加四海草木荷恩含氣受潤庶鍾元吉永膺萬祚何圖一旦早棄明朝背絕臣庶悲痛靡告臣聞銘以述德誄尙及哀是以冒越諒闇之禮作誄一篇如不足讚揚明明貴以展臣蓼莪之思憂荒情散不足觀采又卞太后誄云率土噴薄三光改度陵頹谷踊五行互錯皇室蕭條羽檄四布百姓歔欷嬰兒號慕若喪考妣天下縞素聖者知命殉道寶名義之攸在亦棄厥生敢揚厚德表之旒旌光垂罔極以慰我情乃作誄曰我皇之生坤靈是輔作合于魏亦光聖武篤生睿文紹虞之緒龍飛紫宸奄有九土詳惟聖善岐嶷秀出德配姜嫄不忝先哲玄覽萬機兼才備藝汎納容衆含垢藏疾仰奉諸姑降接儔列陰處陽潛外明內察及踐大位母養萬國溫溫其仁不替明德悼彼邊氓未遑宴息恆勞庶事兢兢翼翼親桑蠶館爲天下式樊姬霸楚書載其庸武王有亂孔歎其功我后齊聖克暢丹聰不出房闥心照萬邦年踰耳順乾乾匪倦珠玉不玩躬御綈練日昃忘飢臨樂勿讌去奢卽儉曠世作檢愼終如始蹈和履貞恭事神祇昭奉百靈躡天蹐地祗畏神明敬微愼獨執禮幽冥虔肅宗廟蠲薦三牲降福無疆祝云其誠宜享斯祜蒙祉自天何圖凶咎不勉斯年嘗禱盡禮有篤無痊豈命有終神食其言遺孤在疚承諱東藩擗踊郊甸灑淚中原追號皇妣棄我何遷昔垂顧復今何不然空宮寥廓棟宇無煙巡省階塗髣髴檽軒仰瞻帷幄俯察几筵物不毀故而人不存痛莫酷斯彼蒼者天遂臻魏都遊魂舊邑大隧開塗靈將斯戢歎息霧興揮淚雨集徘徊輀柩號咷弗及神光既幽佇立以泣

初太后弟秉以功封都鄉侯 錢大昕曰東京人封都鄉侯者甚多都鄉者近郭之鄉班在鄉侯之上 黃初七年進封開陽侯邑千二百戶爲昭

烈將軍 洪飴孫曰昭烈將軍一人第五品

魏略曰初卞后弟秉當建安時得爲別部司馬 續百官志其別領營屬爲別部司馬 后常對太祖怨言太祖答言但得與我作婦弟不爲多邪后又欲太祖給其錢帛太祖又曰但汝盜與不爲足邪故訖太祖世秉官不移財亦不益

秉薨子蘭嗣少有才學 隋書經籍志梁又有游擊將軍卞蘭集二卷錄一卷亡唐經籍志卞蘭集二卷嚴可均全三國文輯錄贊述太子賦許昌宮賦七牧座右銘四篇座右銘云重階連棟必濁汝眞金寶滿室將亂汝神厚味來殃豔色危身求高反墜務厚更貧閉情塞欲老氏所珍周廟之銘仲尼是遵審愼汝口戒無失人從容順時和光同塵無謂冥漠人不汝聞無謂幽冥處獨若羣不爲福先不與禍鄰守玄執素無亂大倫常若臨深終始惟純

魏略曰蘭獻賦贊述太子德美 蘭贊述太子賦並上賦表云伏惟太子研精典籍留意篇章覽照幽微才不世出稟聰叡之絕性體明達之殊風慈孝發于自然仁恕洽于無外是以武夫懷恩文士歸德竊見所作典論及諸賦頌逸句爛然沈思泉涌華藻雲浮聽之忘味奉讀無倦正使聖人復存猶稱善不暇所不能間也昔舜以烝烝顯其德周旦不驕成其名豈因南面之尊以發稱假鼎足之盛以取譽哉夫至尊至貴能令人畏不能令人譽故桀不能

變龍逢之心紂不能易三仁之意懷近服遠非德無施今太子博納多容海渟岳峙學無常師惟德所在恩無所私唯德所親覩士察人秋毛無失望色則知其情覽始則達其終遏僞辨于未言絕讒巧于未形其所以包羅殊類鑑觀成敗德生于性明出自然太子所行晏然休著皆羣下所常吟咏誠不復須臣贊揚懿美褒稱盛行然後令夜光之璧顯于金匱隋侯之珠彰于韞櫝者也今相鍾繇大理王朗海內英儒國家杜臣博物多識通洽君子年耆德茂所更多矣若游海者難與論水觀前世者不可爲言然咸歸太子巍巍之美敘述清風言之有永聽者欣欣忘日之夕流景燿于無窮布芳陰于四遠譬若麟龍發足羣獸追蹤鸞鳳舉翼衆鳥隨風小臣區區嘉樂無已竊怡繇繇之屬忘愚戆之言謹觸冒上賦一篇以攄狂狷之思賦曰超古人之遐迹崇先聖之弘基耽八素之祕奧遵二儀于大猷正往昔之常弊定當世之舊儀稟休和之上性應五百之運期著典憲之高論作歎敘之麗詩越文章之常檢揚不學之妙辭蹈布衣之所難闡善道而廣之道無深而不測術無細而不敷論古賢以歎息覩懿德以歡娛歷精思于訓籍忽日移而忘劬雖明略而無上猶博納以自扶賓故老以勸俗諷六經以崇儒嘉通人之達節笑俗士之守株匿天威之嚴厲揚愷悌之和舒惟凡百之詠德感恩惠之有餘信清風之休著非臣下之敢虛乃作頌曰明明太子既叡且聰博聞強記聖思無雙猗猗左右如虎如龍八俊在側旁無諛凶富不忘施尊而益恭研精書籍留思異同建計立議廓然發蒙天下延頸歌頌德音聞之于古見之于今深不可測高不可尋創法萬載垂此休風 太子報曰賦者言事類之所附也頌者美盛德之形容也故作者不

虛其辭受者必當其實蘭此賦豈吾實哉昔吾丘壽王一陳寶鼎 漢書吾丘壽王傳吾丘壽王字子贛趙人也汾陰得寶鼎武帝嘉之薦於宗廟臧於甘泉宮羣臣皆上壽賀曰陛下得周鼎壽王獨曰非周鼎上聞之召而問之曰今朕得周鼎羣臣皆以爲然壽王獨以爲非何也有說則可無說則死壽王對曰臣安敢無說臣聞周德始乎后稷長於公劉大於大王成於文武顯於周公德澤上昭天下漏泉無所不通上天報應鼎爲周出故名曰周鼎今漢自高祖繼周亦昭德顯行布恩施惠六合和同至於陛下恢廓祖業功德愈盛天瑞並至珍祥畢見昔秦始皇親出鼎於彭城而不能得天祚有德而寶鼎自出此天之所以與漢迺漢寶非周寶也上曰善羣臣皆稱萬歲是日賜壽王黃金十斤 何武等徒以歌頌 漢書何武傳何武字君公蜀郡郫縣人也宣帝時天下和平四夷賓服神爵五鳳之閒婁蒙瑞應而益州刺史王襄使辯士王襃頌漢德作中和樂職宣布詩三篇武年十四五與成都楊覆衆等共習歌之是時宣帝循武帝故事求通達茂異士召見武等於宣室上曰此盛德之事吾何足以當之哉以襃爲待詔武等賜帛 猶受金帛之賜蘭事雖不諒義足嘉也今賜牛一頭由是遂見親敬

爲奉車都尉游擊將軍加散騎常侍 奉車都尉見齊王紀嘉平六年散騎常侍見文紀延康元年晉書職官志游擊將軍漢雜號將軍也魏置爲中軍 蘭薨子暉嗣

魏略曰明帝時蘭見外有二難蜀吳也 而帝留意於宮室常因侍從數切諫帝雖不能從猶納其誠款後蘭苦酒消渴時帝信巫女用水方 御覽用下有咒字錢大昭曰巫女卽青龍三年壽春農女妻也弼按見明紀景初二年 使人持水賜蘭蘭不肯飲詔問其意蘭言治病自當以方藥何信於此帝爲變色而蘭終不服後渴稍甚以至於亡故時人見蘭好直言謂帝面折之而蘭自殺其實不然

又分秉爵封蘭弟琳爲列侯官至步兵校尉 步兵校尉見文紀黃初六年 蘭子隆女爲高貴鄉公皇后隆以后父爲光祿大夫位特進封睢陽鄉侯妻王爲顯陽鄉君追封隆前妻劉爲順陽鄉君后親母故也琳女又爲陳留王皇后時琳已沒封琳妻劉爲廣陽鄉君

文昭甄皇后 范書袁紹傳宜從都甄城章懷注甄音絹漢隸字源甄鄄古字通雞肋編載甄氏舊譜甄復所記云舜子商均後周封於陳爲楚惠

王所滅至烈王時有陳通奔周王以爲周將以舜居甄陶之職命爲甄皆通之後而居中山於邯鄲爲近許氏說文甄陶也从瓦垔音居延反吳書孫堅入洛屯軍城南甄官井上有五色氣令人入井探得傳國璽堅以甄與己名音協以爲受命之符卽三國以前未有音爲之人切者矣江左諸儒爲吳諱轉而音眞說文顚瑱闐以眞爲聲烟咽以甄爲聲馴涎以川爲聲侁駪以先爲聲此先中韻互以爲聲也況吳人亦以甄爲旃則愈近矣萬姓統譜云舜陶甄河濱因氏音眞又云音堅爲中山著姓

中山無極人 郡國志冀州中山國毋極寰宇記唐武后萬歲通天元年改毋爲無唐志縣有無極山一統志無極故城今直隸正定府無極縣西二十五里新城村遺址猶存無極山本在元氏縣西距無極縣一百六十餘里縣以山名實無山形也寰宇記甄豐甄邯甄逸甄像等墳並在縣西南三十五里

明帝母漢太保甄邯後也 漢書王莽傳莽以大司徒孔光名儒相三主太后所敬於是盛尊事光引光女壻甄邯爲侍中奉車都尉建議定策封爲承陽侯居攝元年以邯爲太保翟義移檄郡國言莽毒殺平帝攝天子位欲絕漢室莽以太保甄邯爲大將軍領天下兵始建國元年按金匱以太保後丞承陽侯甄邯爲大司馬承新公四年二月死 世吏二千石父逸 趙一清曰世說惑溺篇注引魏略作甄會女梁章鉅說同弼按各書皆作逸無作會者趙梁俱誤說見下 上蔡令 郡國志豫州汝南郡上蔡一統志上蔡故城今河南汝寧府上蔡縣西十里 后三歲失父 后生於光和五年三歲失父則逸當死於中平元年趙一清曰寰宇記卷六十無極縣有後漢給事中甄逸墳弼按寰宇記本作後魏給事中甄逸墳蓋後魏

甄琛字思伯曾官給事黃門侍郞寰宇記誤以甄琛之官書於甄逸之上趙氏以後魏爲後漢之誤遂改魏爲漢不知甄逸果官給事中陳志必書於傳中今僅言爲上蔡令則所云官給事中者誤也世說言語篇注云甄后父逸上蔡令追封上蔡君按追封上蔡君當爲逸妻張氏也

魏書曰逸娶常山張氏郡國志冀州常山國治元氏一統志元氏故城今直隸正定府元氏縣西北生三男五女長男豫早終次儼舉孝廉大將軍掾續百官志大將軍掾屬二十九人曲梁長曲梁見文紀黃初二年廣平郡注次堯舉孝廉長女姜次脫次道次榮次卽后后以漢光和五年十二月丁酉生后生於光和五年魏文生於中平四年后長魏文五歲后死於黃初二年年四十每寢寐家中髣髴見如有人持玉衣覆其上者常共怪之李善神女賦注髣髴見不審也沈欽韓曰韓非內儲說下共立被玉衣含杜若然善衣謂之玉衣猶云玉食逸薨加號慕內外益奇之後相者劉良相后及諸子良指后曰此女貴乃不可言后自少至長不好戲弄年八歲外有立騎馬戲者家人諸姊皆上閣觀之后獨不行諸姊怪問之后答言此豈女人之所觀邪年九歲喜書視字輒識數用諸兄筆硯兄謂后言汝當習女工用書爲學

當作女博士邪趙一清曰炙轂子云塘上行一曰塘上辛苦行魏文帝甄后作后答言聞古者賢女未有不學前世成敗御覽學作覽以爲己誡不知書何由見之或曰既知賢女未有不學何學焉而不知從一而終之義乎後天下兵亂加以饑饉百姓皆賣金銀珠玉寶物時后家大有儲穀頗以買之后年十餘歲白母曰今世亂而多買寶物匹夫無罪懷寶爲罪又左右皆饑乏不如以穀振給親族鄰里廣爲恩惠也舉家稱善卽從后言

魏略曰后年十四喪中兄儼悲哀過制事寡嫂謙敬事處其勞撫養儼子宋本馮本撫作拊監本官本作撫慈愛甚篤后母性嚴待諸婦有常后數諫母兄不幸早終嫂年少守節顧留一子以大義言之待之當如婦愛之宜如女母感后言流涕便令后與嫂共止寢息坐起常相隨恩愛益密

建安中袁紹爲中子熙納之熙出爲幽州后留養姑及冀州平文帝納后於鄴事在建安九年八月有寵生明帝及東鄉公主

魏略曰熙出在幽州世說新語惑溺篇引此文熙出在幽州上有建安中袁紹爲中子熙娶甄會女紹死數語蓋本作娶甄逸女會紹死因刊本之誤遂訛謂甄后父名會也后留侍姑及鄴城破紹妻及后共坐室堂上宋本室作皇文帝入紹舍世說注文帝作五官將下同見紹妻及后后怖以頭伏姑膝上紹妻兩手自搏文帝謂曰劉夫人云何如此令新婦舉頭姑乃捧后令仰文帝就視見其顏色非凡稱歎之太祖聞其意遂爲迎取世說注下有擅室數歲四字梁章鉅曰此史之飾辭也世說云曹公之屠鄴也令疾召甄左右白五官中郞將已將去公曰今年破賊正爲奴此當得其實也弼按范書孔融傳云曹操攻屠鄴城袁氏婦子多見侵略而操子丕私納袁熙妻甄氏據此則當日見侵略者不獨甄氏謂爲私納非迎取可知戰勝之後恣意虜掠匆匆將去何暇議婚娶之禮乎世語曰太祖下鄴文帝先入袁尙府有婦人被髮垢面垂涕立紹妻劉後文帝問之劉答是熙妻顧擥髮髻以巾拭面世說注作使令攬髮以袖拭面姿貌

絕倫既過劉謂后不憂死矣遂見內有寵宋本內作納世說注寵作子魏書曰后寵愈隆而彌自挹損後宮有寵者勸勉之其無寵者慰誨之每因閑宴常勸帝言昔黃帝子孫蕃育史記五帝本紀黃帝二十五子其得姓者十四人蓋由妾媵衆多乃獲斯祚耳所願廣求淑媛以豐繼嗣帝心嘉焉其後帝欲遣任氏后請於帝曰任既鄉黨名族德色妾等不及也如何遣之帝曰任性狷急不婉順前後忿吾非一是以遣之耳后流涕固請曰妾受敬遇之恩衆人所知必謂任之出是妾之由上懼有見私之譏下受專寵之罪願重留意帝不聽遂出之十六年七月太祖征關中潼關馬超韓遂之役武宣皇后從留孟津孟津見武紀初平元年帝居守鄴時武宣皇后體小不安后不得定省憂怖晝夜泣涕左右驟以差問告后猶不信曰夫人在家故疾每動輒歷時今疾便差何速也此欲慰我意耳憂愈甚後得武宣皇后還書說疾已平復后乃懽悅十七年正月大軍還鄴后朝武宣皇后望幄座悲喜感動

左右武宣皇后見后如此亦泣且謂之曰新婦謂吾前病如昔時困邪吾時小小耳十餘日即差不當視我顏色乎嗟歎曰此眞孝婦也二十一年太祖東征 馮本官本二十一年下有十月二字 武宣皇后文帝及明帝東鄉公主皆從時后以病留鄴二十二年九月大軍還 武紀作三月王引軍還 武宣皇后左右侍御見后顏色豐盈怪問之曰后與二子別久下流之情不可爲念而后顏色更盛何也后笑答之曰諱等自隨夫人 沈均瓊曰諱謂曹叡也沈史臣作史故云諱也沈家本曰魏書乃魏王沈所作故以諱字代之 我當何憂后之賢明以禮自持如此 或曰后後以失意怨望賜死此所云云皆溢美之辭也

延康元年正月 范書獻帝紀建安二十五年三月改元延康此書延康元年正月究其終也 文帝即王位六月南征后留鄴黃初元年十月帝踐阼踐阼之後山陽公奉二女以嬪于魏郭后李陰貴人並愛幸 文德郭皇后傳甄后之死由后之寵也李貴人見武文世王公傳 后愈失意

有怨言帝大怒 史通曲筆篇王沈魏錄濫述貶甄之詔郭延年曰王沈不忠於魏故甄后之貶濫述其詔彰曹醜也浦起龍曰沈所撰魏書已逸述甄事無考周壽昌曰此詔裴注未引 二年六月遣使賜死葬于鄴 方伎傳周宣傳帝曰我昨夜夢青氣自地屬天宣對曰天下當有貴女子寃死是時帝已遣使賜甄后璽書聞宣言而悔之遣人追使人不及弼按甄后賜死之因詳見文紀黃初二年趙一清曰文選洛神賦李善注引記曰魏東阿王漢末求甄逸女不遂後作感甄賦明帝改爲洛神賦弼按此爲小說感甄記之語已辨其誣詳見陳思王傳

魏書曰有司奏建長秋宮 後漢書皇后紀永平三年春有司奏立長秋宮章懷注皇后所居宮也長者久也秋者萬物成熟之初也故以名焉請立皇后不敢指言故以宮稱之 帝璽書迎后詣行在所后上表曰妾聞先代之興所以饗國久長垂祚後嗣無不由后妃焉故必審選其人以興內教今踐阼之初誠宜登進賢淑統理六宮妾自省愚陋不任粢盛之事加以寢疾敢守微志璽書三至而后三讓言甚懇切時盛暑帝欲須秋涼乃更迎后會后疾遂篤夏六月丁卯崩于鄴帝哀痛咨嗟策贈皇后璽綬 臣松之以爲春秋之義內大惡諱小惡不書文帝之不立甄氏及加殺害事有明審魏史若以爲大惡邪則宜隱而不言若謂爲小惡邪則不應假爲之辭而崇飾虛文乃至於是異乎所聞於舊史推此而言其稱卞甄諸后言行之善皆難以實論 元本論作錄 陳氏删落良有以也 梁章鉅曰志盛稱甄后在室之孝友裴注所引各書亦具述后之賢明不妒乃忽以怨言賜死前後未免不相應而魏書（裴注所引）但云疾篤崩於鄴益不可信總之后之歸帝本不以正其不獲令終固無足怪裴松之所稱言行之善皆難以實論知當時已有定評矣弼按甄后傳言賜死明帝紀言以其母誅故未建爲嗣事實昭然無可諱也

明帝即位有司奏請追謚使司空王朗持節奉策以太牢告祠于陵又別立寢廟 明帝紀太和元年二月辛巳立文昭皇后寢廟於鄴景初元年十二月己未有司奏文昭皇后立廟京都王朗傳使至鄴省文昭皇后陵宋書禮志三云文帝甄后賜死故不立廟明帝即位有司奏請追謚曰文昭皇后使司空王朗持節奉策告祠于陵三公又奏宜依周禮先妣別立寢廟奏可以太和元年二月立廟于鄴景初元年十二月己未有司又奏立廟京師永傳享祀樂舞與祖廟同廢鄴廟杭世駿曰隸續云甄皇后識坐板函上刻文昭皇后識坐板函八字紹聖丙子年鄴民耕地得一綠石匣廣八寸又半長倍之厚三之一鹿頂匇頭蓋其上有此八字魏文帝甄后神坐前之物也

魏書載三公奏曰蓋孝敬之道篤乎其親乃四海所以承化天地所以明察是謂生則致其養歿則光其靈誦述以盡其美宣揚以顯其名者也今陛下以聖懿之德紹承洪業至孝烝烝通於神明遭罹殷憂 宋本馮本罹作離 每勞謙讓先帝遷神山陵大禮既備至於先后未有顯謚伏惟先后恭讓著於幽微至行顯於不言化流邦國德侔二南故能膺神靈嘉祥爲大魏世妃雖夙年登遐 列子黃帝篇黃帝登假百姓號之二百餘年不輟張湛注假當爲遐 萬載之後永播融烈 詩大雅既醉篇昭明有融注融明之盛也 后妃之功莫得而尙也案謚法聖聞周達曰昭德明有功曰昭昭者光明之至盛久而不昧者也宜上尊謚曰文昭皇后是月三公又奏曰自古周人始祖后稷又特立廟以祀姜嫄今文昭皇后之於萬嗣 宋書禮志萬作後 聖德至化豈有量哉夫以皇家世祀之尊 宋書禮志祀作妃 而克讓允恭固推盛位神靈遷化而無寢廟以承享禮 宋書禮志禮作祀 非所以報顯德昭孝敬也稽之古制宜依周禮先妣別

立寢廟並奏可之 之字疑衍

太和元年三月以中山魏昌之安城鄉戶千追封逸謚曰敬侯適孫像襲爵 漢書地理志中山國苦陘應劭曰章帝更名漢昌陘音邢郡國志冀州中山國漢昌本苦陘章帝更名魏書地形志中山郡魏昌魏文帝改有魏昌城安城寰宇記卷六十魏文帝改漢昌爲魏昌水經注云安城卽魏之安鄉也魏志云明帝太和元年封外祖甄逸爲安鄉侯嫡孫像襲爵青龍二年追謚后兄儼爲安鄉侯卽此城也一統志魏昌故城在無極縣東北安鄉城在無極縣東南六里謝鍾英曰水經注白渠枝水東經下曲陽城北又經安鄉城南是安鄉城與下曲陽正相對也 四月初營宗廟掘地得玉璽方一寸九分其文曰天子羨思慈親明帝爲之改容以太牢告廟又嘗夢見后於是差次舅氏親疏高下敘用各有差賞賜累鉅萬以像爲虎賁中郎將 續百官志虎賁中郎將比二千石主虎賁宿衞劉昭注前書武帝置期門平帝更名虎賁宋書百官志周官有虎賁氏漢武帝微行出遊選才力之士執兵從送期之諸門故名期門無員多至千人虎賁舊作虎奔言如虎之奔也王莽以古有勇士孟賁故以奔爲賁張照曰牧誓虎賁三千人孔安國曰虎賁勇士稱也若虎賁獸言其猛也賁古字亦作奔歟 是月后母

薨帝制緦服臨喪百僚陪位 侯康曰通典卷八十一云魏太和元年四月明帝有外祖母安成鄉敬侯夫人之喪太常韓暨奏天子降周爲外祖母無服尚書奏漢舊事亡闕無外祖制儀三代異禮可臨舉御還寢明日反吉便膳尙書趙咨等奏哭敬侯夫人張帷幕端門外之左羣臣位如朝皇帝黑介幘進賢冠皁服十五舉聲則罷詔問漢舊儀云何散騎常侍繆襲奏後漢鄧太后新野君薨時安帝服緦百官素服安帝繼和帝後鄧太后母卽爲外祖母也但太后臨朝安帝自滯見援立故也又案後漢書張恭侯樊宏以光祿大夫薨宏卽光武之舅也親臨喪葬準前代宜尙書侍中以下弔祭送葬博士樂祥議周禮王弔弁絰錫縗禮有損益今進賢冠練單衣又詔當依周禮無事更造 四年十一月以后舊陵庳下使像兼太尉 尉疑作常太常掌祭祀也蓋既爲太尉下文不得云遷散騎常侍矣又或太尉爲校尉之誤下文有復爲射聲校尉之語 持節詣鄴昭告后土十二月改葬朝陽陵 寰宇記卷五十五鄴縣有三陵卽魏武帝文帝甄皇后三陵一統志甄后陵在河南彰德府臨漳縣西舊志甄后陵在縣西南靈芝村弼按魏文帝葬河南偃師縣西北首陽山南寰宇記一統志所載均同魏志所云首陽陵者是也而寰宇記又云鄴縣有魏文帝陵殊誤 像還遷散騎常侍青龍二年春追謚后兄儼曰安成鄉穆侯夏吳賊寇揚州以像爲伏波將軍 宋書百官志伏波將軍漢武帝征南越始置此號以路博德爲之 持節監

諸將東征還復爲射聲校尉 射聲校尉見齊王紀嘉平六年 三年薨追贈衞將軍改封魏昌縣謚曰貞侯子暢嗣又封暢弟溫韡 吳本作韡 豔皆爲列侯四年改逸儼本封皆曰魏昌侯謚因故封儼世婦劉爲東鄉君又追封逸世婦張爲安喜君 安喜見蜀志先主傳 景初元年夏有司議定七廟冬又奏曰蓋帝王之興既有受命之君又有聖妃協于神靈然後克昌厥世以成王業焉昔高辛氏卜其四妃之子皆有天下 史記五帝本紀帝嚳高辛者黃帝之曾孫也世本帝嚳卜其四妃之子皆有天下元妃有邰氏之女曰姜嫄生后稷次妃有娀氏之女曰簡狄生契次妃陳鄷氏之女曰慶都生帝堯次妃嚳陬氏之女曰常儀生帝摯 而帝摯陶唐商周代興周人上推后稷以配皇天 詩周頌思文后稷克配彼天鄭箋云周公思先祖有文德者后稷之功能配天 追述王初本之姜嫄特立宮廟世世享嘗周禮所謂奏夷則歌中呂舞大濩以享先妣者也 周禮春官大司樂乃奏夷則歌小呂舞大濩以享先妣鄭注夷

則陽聲第五小呂爲之合小呂一名中呂先妣姜嫄也姜嫄履大人跡感神靈而生后稷是周之先母也周立廟自后稷爲始祖姜嫄無所妃（釋文云妃本亦作配）是以特立廟而祭之謂之閟宮閟神之又云大濩湯樂也湯以寬治民而除其邪言其德能使天下得其所也 詩人頌之曰厥初生民實維姜嫄言王化之本生民所由 詩大雅生民篇毛傳云生民本后稷也姜嫄姓也后稷之母配高辛氏帝焉 又曰閟宮有侐實實枚枚赫赫姜嫄其德不回 詩魯頌閟宮篇毛傳云閟閉也先妣姜嫄之廟在周常閉而無事侐清靜也實實廣大也枚枚礱密也鄭箋云閟神也姜嫄神所依故廟曰神宮赫赫乎顯著姜嫄也其德貞正不回邪 詩禮所稱姬宗之盛其美如此大魏期運繼于有虞然崇弘帝道三世彌隆廟祧之數實與周同今武宣皇后文德皇后各配無窮之祚至於文昭皇后膺天靈符誕育明聖功濟生民德盈宇宙開諸後嗣乃道化之所興也寢廟特祀亦姜嫄之閟宮也而未著不毀之制懼論功報德之義萬世或闕焉非所以昭孝示後世也文昭廟宜世世享祀奏樂

與祖廟同永著不毀之典以播聖善之風於是與七廟議並勒金策藏之金匱宋書禮志四云高堂隆議魏文思后依周姜嫄廟禘祫卽此議也文思卽文昭又樂志一云侍中繆襲奏曰文昭皇后廟置四縣之樂當銘顯其均奏次第依太祖廟之名號曰昭廟之具樂尙書奏曰禮婦人繼夫之爵同牢配食者樂不異文昭皇后今雖別宮至於宮縣樂器音均宜如襲議奏可帝思念舅氏不已暢尙幼景初末以暢爲射聲校尉加散騎常侍又特爲起大第車駕親自臨之又於其後園爲像母起觀廟名其里曰渭陽里以追思母氏也秦詩渭陽篇我送舅氏曰至渭陽毛傳曰母之昆弟曰舅鄭箋云渭水名也秦是時都雍至渭陽者蓋東行送舅氏於咸陽之地世說言語篇云魏明帝爲外祖母築館於甄氏既成自行視謂左右曰館當以何爲名侍中繆襲曰陛下聖思齊於哲王罔極過於曾閔此館之興鍾情舅氏宜以渭陽爲名劉孝標注秦詩曰渭陽康公念母也康公之母晉獻公之女文公遭驪姬之難未反而秦姬卒穆公納文公康公時爲太子贈送文公于渭之陽念母之不見也我見舅氏如母存焉按魏書帝於後園爲象母起觀名其里曰渭陽然則象母卽帝之舅母非外祖母也且渭陽爲館名亦乖舊史也侯康曰此說與史小異故劉孝標譏之然其名起於繆襲則正可補史之遺也嘉平三年正月暢薨追贈車騎將軍諡曰恭

侯子紹嗣太和六年明帝愛女淑薨追封諡淑爲平原懿公主爲之立廟取后亡從孫黃與合葬追封黃列侯宋書禮志四云魏明帝有愛女曰淑涉三月而夭帝痛之甚追封諡爲平原懿公主葬於南陵立廟京師無前典非禮也曹植平原懿公主誄云俯振地紀仰錯天文悲風激興霜飈雪雰凋蘭夭蕙良幹以泯於惟懿主瑛瑤其質協策應期含英秀出岐嶷之姿實朗實一生在十旬察人識物儀同聖表聲協音律朧眉識往俛瞳知來求顏必笑和音則該阿保接手侍御充傍常在襁抱不停第牀專愛一宮取翫聖皇何圖奄忽罹天之殃魂神遷移精爽翾翔號之不應聽之莫聆帝用吁嗟嗚咽失聲嗚呼哀哉憐爾早歿不逮陰光改封大郡惟帝舊疆建土開家邑移蕃王紱珮惟鮮朱紱斯煌國號既崇哀爾孤獨配爾名才華宗貴族爵以列侯銀艾優渥成禮于宮靈轜交轂生雖異室歿同山岳爰構玄宮玉石交連朱房皓璧曦曜電鮮飾終備衞法生象存長綖繕修神閨啓扉二柩並降雙魂孰依人誰不沒憐爾尙微阿保激摧聖上傷悲城闕之詩以日喻歲況我愛子神光長滅扃闥一闓曷其復晰以夫人郭氏從弟悳爲之後承甄氏姓封悳爲平原侯襲公主爵

孫盛曰於禮婦人既無封爵之典況於孩末而可建以大邑乎悳自異族援繼非類匪功匪親而襲母爵違情背典於此爲甚陳羣雖抗言羣傳羣上疏曰八歲下殤禮所不備況未朞月而以成人禮送之加爲制服舉朝素衣朝夕哭臨自古以來未有此比楊阜引事比並阜傳帝將自臨送阜上疏曰文皇帝武宣皇后崩陛下皆不送葬何至孩抱之赤子而可送葬也哉然皆不能極陳先王之禮明封建繼嗣之義忠至之辭猶有闕乎詩云赫赫師尹民具爾瞻詩小雅節南山篇之辭毛傳云赫赫顯盛貌師大師周之三公也尹尹氏爲大師具俱也瞻視也宰輔之職其可略哉

晉諸公贊曰悳字彥孫司馬景王輔政以女妻悳妻早亡文王復以女繼室卽京兆長公主晉書文明王皇后傳后生京兆公主景文二王欲自結於郭后是以頻繁爲婚趙一清曰司馬銳意篡魏至結宮中之援齊王之廢也奏中多列甄郭之名其答渭陽之情者如此嗚呼弼按王莽媚元后之術也何足異哉悳雖無才學而恭謹謙順甄溫字仲舒與郭建及悳等皆后族以事宜見寵咸熙初封郭建爲臨渭縣公悳廣安縣公邑皆千八百戶臨渭見明紀景初二年廣魏郡注沈欽韓曰晉志略陽郡治臨渭廣安縣無考或有誤溫本國侯進爲輔國大將軍宋書百官志輔國將軍漢獻帝以伏完居之洪飴孫曰輔國大將軍一人第二品咸熙元年置不常設加侍

中領射聲校尉悳鎭軍大將軍元本悳下有領字泰始元年晉受禪加建悳溫三人位特進悳爲人貞素加以世祖姊夫晉武帝廟號世祖是以遂貴當世悳暮年官更轉爲宗正遷侍中太康中大司馬齊王攸當之藩悳與左衞將軍王濟共諫請時人嘉之世祖以此望悳由此出悳爲大鴻臚加侍中光祿大夫尋疾薨贈中軍大將軍開府侍中如故諡恭公子喜嗣喜精粹有器美歷中書郎右衞將軍侍中位至輔國大將軍加散騎常侍喜與國姻親而經趙王倫齊王冏事故能不豫際會良由其才短然亦以退靜免之

青龍中又封后從兄子毅及像弟三人皆爲列侯毅數上疏陳時政侯康曰御覽卷二百十五引魏名臣奏駙馬都尉甄毅奏曰漢時公卿皆奏事選尙書郎試然後得爲之其在職自齎所發書詣天子前發省便處當事輕重口自決定或天子難問據案處正乃見郎之割斷材伎魏則不然今尙書郎皆天下之選材伎鋒出亦欲騁其能於萬乘之前宜如故事令郎口自奏事自處當官至越騎校尉嘉平中復封暢子二人爲列侯后兄儼孫女爲齊王皇后

后父已沒封后母爲廣樂鄉君

文德郭皇后安平廣宗人也安平見武紀建安九年胡三省曰漢廣宗縣屬鉅鹿郡晉志始屬安平蓋魏氏割度也錢大昕趙一清說同弼按本志杜恕傳注引魏略云孟康安平人黃初中以於郭后有外屬並受九親賜拜蓋后姊適孟氏故云九親又按顏師古漢書敘例云孟康安平廣宗人此皆爲廣宗屬安平之證一統志廣宗故城今直隸廣平府威縣東方輿紀要今順德府廣宗縣治祖世長吏

魏書曰父永官至南郡太守諡敬侯監本官本侯作后誤母姓董氏卽堂陽君郡國志冀州安平國堂陽故屬鉅鹿一統志堂陽故城今直隸冀州新河縣治生三男二女長男浮高唐令高唐見武紀初平三年次女昱卽孟武之母次卽后后弟都弟成后以漢中平元年三月乙卯生后長魏文三歲后崩於靑龍三年年五十二歲生而有異常

后少而父永奇之曰此乃吾女中王也遂以女王爲字早失二親喪亂流離沒在銅鞮侯家左傳成公九年晉執鄭伯於銅鞮襄公三十一年子產曰銅鞮之宮數里昭公二十八年滅羊舌氏樂霄

爲銅鞮大夫杜注銅鞮晉別縣在上黨郡國志幷州上黨郡銅鞮上黨記曰晉別宮墟關猶存北城去晉宮二十里羊舌所邑一統志銅鞮故城在山西沁州南錢坫曰今沁州治南四十里太祖爲魏公時得入東宮后有智數時時有所獻納文帝定爲嗣后有謀焉太子卽王位后爲夫人及踐阼爲貴嬪甄后之死由后之寵也黃初三年將登后位文帝欲立爲后馮本爲作郭中郎棧潛上疏曰胡三省曰漢三署中郎及虎賁羽林中郎皆秩比六百石魏文帝自五官中郎將登極省五官將惟左右中郎及虎賁羽林中郎棧仕限翻丁度曰姓也何氏姓苑棧姓出任城棧潛任城人也蓋自潛始著弼按棧潛事詳見高堂隆傳在昔帝王之治天下不惟外輔亦有內助治亂所由盛衰從之故西陵配黃史記五帝本紀黃帝娶於西陵之女是爲螺祖螺祖爲黃帝正妃生二子其後皆有天下正義云西陵國名也英娥降嬀英娥事見前后妃傳敘並以賢明流芳上世桀奔南巢禍階末喜監本官本末作妺尙書仲虺之誥成湯放桀於南巢史記夏本紀湯率兵以伐夏桀桀走鳴條遂放而死括地志廬州巢縣有巢湖卽尙書成湯伐桀放於南巢者也淮南子云湯敗桀於歷山與妺喜同舟浮江奔南巢之山而死漢書外戚傳序桀之放也用末喜顏師古曰末喜桀之妃有施氏女也美於色薄於德女子行丈夫心桀常置末喜於膝上聽用其言昏亂失道於是湯伐之遂放桀與末喜死於南巢紂以炮烙怡悅妲己史記殷本紀帝紂好酒淫樂嬖於婦人愛妲己刑有炮烙之法皇甫謐曰妲己有蘇氏美女國語有蘇氏女妲字己姓也列女傳曰膏銅柱下加之炭令有罪者行焉輒墮炭中妲己笑名曰炮烙之刑是以聖哲愼立元妃必取先代世族之家擇其令淑以統六宮虔奉宗廟陰教聿修詩大雅文王篇聿修厥德毛傳云聿述也易曰家道正而天下定易家人曰夫夫婦婦而家道正家道正而天下定矣由內及外先王之令典也春秋書宗人釁夏云無以妾爲夫人之禮左傳哀公二十四年公子荊之母嬖將以爲夫人使宗人釁夏獻其禮對曰無之公怒曰女爲宗司立夫人國之大禮也何故無之對曰周公及武公娶於薛孝惠娶於商自桓以下娶於齊此禮也則有若以妾爲夫人則固無其禮也公卒立之而以荊爲太子國人始惡之杜注荊哀公庶子也宗人禮官也齊桓誓命于葵丘左傳僖公九年齊侯盟諸侯於葵丘杜注陳留外黃縣東有葵丘郡國志兗州陳留郡外黃有葵丘齊桓公會此城中一統志葵丘聚在今河南歸德府考城縣東三十里弼按此與山東靑州府臨淄縣西之葵丘同名異地亦曰無以妾爲妻見孟子今後宮嬖寵常亞乘輿通鑑今作令常作當若因愛

登后使賤人暴貴臣恐後世下陵上替開張非度胡三省曰非度猶言非法亂自上起也文帝不從遂立爲皇后黃初三年九月庚子立

魏書曰后上表謝曰妾無皇英釐降之節又非姜任思齊之倫皇英姜任俱見前誠不足以假充女君之盛位處中饋之重任后自在東宮及卽尊位雖有異寵心愈恭肅供養永壽宮以孝聞卞太后稱永壽宮是時柴貴人亦有寵后教訓獎導之後宮諸貴人時有過失常彌覆之有譴讓輒爲帝言其本末帝或大有所怒至爲之頓首請罪是以六宮無怨性儉約不好音樂常慕漢明德馬后之爲人范書皇后紀明德馬皇后伏波將軍援之小女也選入太子宮時年十三奉承陰后傍接同列禮則修備顯宗卽位以爲貴人永平三年立爲皇后

后蚤喪兄弟以從兄表繼永後鮑勛傳太子郭夫人弟爲曲周縣吏斷盜官布法應棄市史不書名或亦爲后從弟也拜奉車都尉后外親劉斐與他國爲婚后聞之勅曰諸親戚嫁娶自

當與鄉里門戶匹敵者不得因勢彊與他方人婚也后姊子孟武還鄉里孟康爲后外屬注見前求小妻漢書外戚傳許后傳廢后姊孊寡居與定陵侯淳于長私通因爲之小妻佞幸傳淳于長傳亦云與孊私通因取爲小妻又佞幸傳序張彭祖爲其小妻所毒斃范書陳球傳球小妻程璜之女蘇輿曰漢世謂妾爲小妻枚乘傳取皐母爲小妻三國時猶然魏郭后姊子孟武求小妻是也亦稱傍妻范書趙孝王良傳私娉小妻章懷注小妻妾也吳志孫晧傳天紀元年注引江表傳張俶取小妻三十餘人后止之遂勑諸家曰今世婦女少當配將士不得因緣取以爲妾也宜各自愼無爲罰首何焯曰此時當別有科禁今不可考矣青龍中諸士女嫁非士者一切錄奪以配戰士當亦緣此爲辭耳

魏書曰后常勑戒表武等曰漢世椒房之家漢書孝昭上官皇后傳而有椒房之重師古曰椒房殿名在未央宮皇后所居爾雅翼椒實多而香漢世皇后稱椒房取其實蔓延盈升以椒塗屋亦取其溫煖少能自全者皆由驕奢可不愼乎

五年帝東征后留許昌永始臺文選何晏景福殿賦云鎭以重臺實曰永始復閣重闌猖狂是俟京庾之儲無物不有不虞之戒於是焉取李善注永始臺名倉廩所居也時霖雨百餘日城樓多壞有司奏請移止后曰昔楚昭王出游貞姜留漸臺江水至使者迎而無符不去卒沒列女傳貞姜者齊侯之女楚昭王之夫人也王出游留夫人漸臺之上而去王聞江水大至使使者迎夫人忘持符夫人曰王與宮人約召必以符今使者不持符妾不敢從使者曰水方大至還而取符恐後夫人曰貞女之義不犯約勇者不畏死守一節而已妾知從使者必生留必死然棄約越義而求生不若留而死耳於是使者反取符還則水大至臺崩夫人流而死王曰嗟夫守義死節不爲苟生處約持信以全其貞乃號曰貞姜今帝在遠吾幸未有是患而便移止奈何羣臣莫敢復言六年帝東征吳至廣陵廣陵見武紀建安十三年后留譙宮時表留宿衞郭表也欲遏水取魚后曰水當通運漕又少材木奴客不在目前漢書五行志七中之上云成帝鴻嘉永始之間好爲徼行出游選從期門郞有材力者及私奴客多至十餘少五六人蜀志糜竺傳竺進奴客二千吳志孫策傳注引江表傳許貢奴客潛民閒欲爲貢報讎唐書食貨志豪民侵噬產業不移戶則縣不敢徭役而征稅皆出下貧至于依富爲奴客役罰峻于州縣當復私取官竹木作梁遏今奉車所不足者表官奉車都尉豈魚乎明帝即位尊后爲皇太后稱永安宮太和四年詔封表安陽亭侯

又進爵鄉侯增邑幷前五百戶遷中壘將軍以表子詳爲騎都尉其年帝追謚太后父永爲安陽鄉敬侯母董爲都鄉君遷表昭德將軍洪飴孫曰昭德將軍一人第五品加金紫宋書百官志上云光祿大夫銀章青綬其重者加金章紫綬則謂之金紫光祿大夫舊秩比二千石趙一淸曰楊彪及齊王芳后父王夔只云加光祿大夫是銀章青綬也此云加金紫是金紫光祿大夫也不言光祿大夫者史省文也位特進表第二子訓爲騎都尉及孟武母卒欲厚葬起祠堂太后止之曰自喪亂以來墳墓無不發掘皆由厚葬也首陽陵可以爲法魏文葬首陽陵青龍三年春后崩于許昌三年正月丁巳崩以終制營陵三月庚寅葬首陽陵西

魏略曰明帝既嗣立追痛甄后之薨監本官本薨作葬誤故太后以憂暴崩甄后臨沒以帝屬李夫人及太后崩夫人乃說甄后見譖之禍不獲大斂被髮覆面帝哀恨流涕命殯葬太后皆如甄后故事甄后死於黃初二年明帝年已十七矣豈不知其死狀尙待李夫人之陳說乎何焯曰注引魏略云云按郭太后沒其宗親恩禮無改故陳氏不取其說然毛后賜死曾猶遷官曹氏之酷虐變詐難以常理推也漢晉春秋曰初甄后之誅由郭后之寵及殯令被髮覆面以糠塞口遂立郭后使養明帝帝知之心常懷忿數泣問甄后死狀郭后曰先帝自殺何以責問我且汝爲人子可追讎死父爲前母枉殺後母邪明帝怒遂逼殺之勑殯者使如甄后故事

魏書載哀策曰惟青龍二年三月壬申宋本二年作三年是各本皆誤潘眉曰是年三月無壬申三月當爲二月郭后以二月壬申啓殯三月庚寅葬皇太后梓宮啓殯將葬於首陽之西陵哀子皇帝叡親奉策祖載梁玉繩曰哀子之稱見此其士虞禮及禮雜記凡虞以前之祭稱哀子則非對母而言也溫公書儀謂母亡稱哀子唐以後始有之似忘考裴注然蔡邕袁夫人碑哀子懿達又在魏前胡玉縉曰梁謂虞以前祭稱哀子非對母而言是已而義猶未盡黃以周喪祭通故云孝子孝孫哀子哀孫皆宗子之稱其衆子衆孫之助祭者曰哀顯相不得直稱哀子哀孫士虞記哀子某哀顯相顯有別矣今衆子亦稱哀子誤也又有父孤母哀之說尤屬不經遂親遺奠叩心擗踊吳本擗作躃誤躃或書作躄跛躃也禮記檀弓下云辟踊哀之至也鄭注辟拊心也孝經擗踊哭泣號咷仰訴痛靈魂之遷幸悲容車之向路背三光以潛翳就黃壚而安厝嗚呼

哀哉昔二女妃虞帝道以彰三母嬪周聖善彌光既多受祉享國延長哀哀慈妣興化閨房龍飛紫極作合聖皇不虞中年暴罹災殃愍予小子煢煢摧傷魂雖永逝定省曷望嗚呼哀哉（通典卷七十九云文德皇后崩侍中蘇林議皇后皆有謚未葬宜稱大行詔曰稱大行者所以別存亡之號故事已然今當如林議稱大行）

帝進表爵爲觀津侯（郡國志冀州安平國觀津一統志觀津故城直隸冀州武邑縣東南）增邑五百并前千戶遷詳爲駙馬都尉四年追改封永爲觀津敬侯世婦董爲堂陽君追封謚后兄浮爲梁里亭戴侯都爲武城亭孝侯成爲新樂亭定侯皆使使者奉策祠以太牢表薨子詳嗣又分表爵封詳弟述爲列侯詳薨子釗嗣

明悼毛皇后河內人也（河內見武紀初平元年錢大昭曰明悼毛皇后明元郭皇后皆書郡不書縣非史例也弼按蜀志二主妃子傳先主甘皇后沛人先主穆皇后陳留人吳志妃嬪傳吳主權王夫人瑯邪人吳主權王夫人南陽人是書郡不書縣者尚多又按漢書外戚傳高祖薄姬父吳人孝武鉤弋趙倢伃家在河間史良娣家本魯國是皆不書其縣又孝成趙皇后本長安宮人卽其郡亦不書大抵出自微賤或自幼沒入宮中失其里貫乃從闕文錢氏謂非史例過矣）黃初中以選入東宮明帝時爲平原王進御有寵出入與同輿輦（漢書外戚傳成帝遊於後庭嘗欲與班倢伃同輦載倢伃辭曰觀古圖畫聖賢之君皆有名臣在側三代末主廼有嬖女今欲同輦得無近似之乎上善其言而止漢官儀曰皇后倢伃乘輦餘皆以茵四人輿以行）及卽帝位以爲貴嬪太和元年立爲皇后后父嘉拜騎都尉后弟曾郎中初明帝爲王始納河內虞氏爲妃帝卽位虞氏不得立爲后太皇卞太后慰勉焉虞氏曰曹氏自好立賤未有能以義舉者也（胡三省曰武帝立卞后文帝立郭后皆非正室何焯曰周天子逆后於嬀姜之國漢諸侯皆同姓不可拘以舊制然景立王武立衛安於立賤矣此等皆漢事與三代始判分處）然后職內事君聽外政（禮記昏義篇云古者天子后立六宮三夫人九嬪二十七世婦八十一御妻以聽天下之內治以明章婦順故天下內和而家理天子立六宮三公九卿二十七大夫八十一元士以聽天下之外治以明章天下之男教故外和而國治故曰天子聽男教后聽女順天子理陽道后治陰德天子聽外治后聽內職）其道相由而成苟不能以善始未有能令終者也殆必由此亡國喪祀矣（或曰言雖怨懟然深明夫婦人倫之本興替所由）

虞氏遂絀還鄴宮進嘉爲奉車都尉曾騎都尉寵賜隆渥頃之封嘉博平鄉侯遷光祿大夫曾駙馬都尉嘉本典虞車工卒暴富貴明帝令朝臣會其家飲宴其容止舉動甚蚩騃（蚩赤之切凡無知者皆以蚩名之御覽騃侯楷切廣雅釋詁騃癡也）語輒自謂侯身時人以爲笑（宋本笑作笑誤夏侯玄恥與毛曾同坐見玄傳）

孫盛曰古之王者必求令淑以對揚至德恢王化於關雎致淳風於麟趾及臻三季並亂茲緒義以情溺位由寵昏貴賤無章下陵上替興衰隆廢皆是物也魏自武王暨于烈祖三后之升起自幽賤本既卑矣何以長世詩云絺兮綌兮淒其以風（詩邶風綠衣篇毛傳云淒寒風也鄭箋云絺綌所以當暑今以待寒喻其失所也）其此之謂乎

後又加嘉位特進曾遷散騎侍郎青龍三年嘉薨追贈光祿大夫改封安國侯增邑五百并前千戶謚曰節侯四年追封后母夏爲野王君（郡國志司隸河內郡野王一統志野王故城今河南懷慶府河內縣治）帝之幸郭元后也后愛寵日弛景初元年帝游後園召才人以上曲宴極樂（胡三省曰曲宴禁中之宴猶言私宴也）元后曰宜延皇后帝弗許乃禁左右使不得宣（胡三省曰宣布也露其事也）后知之明日帝見后后曰昨日游宴北園樂乎（胡三省曰後園在洛城北隅）帝以左右泄之所殺十餘人賜后死（明紀九月庚辰皇后毛氏卒）然猶加謚（謚法中年早夭曰悼肆行無禮曰悼晉書安平獻王孚傳魏明悼后崩議書銘旌或欲去姓而書魏或欲兩書孚以爲經典正義皆不應書凡帝王皆因本國之名以爲天下之號而與往代相別耳非爲擇美名以自光也天稱皇天則帝稱皇帝地稱后土則后稱皇后此乃所以同天地之大號流無二之尊名不待稱國號以自表不俟稱氏族以自彰是以春秋隱公三年經曰三月庚戌天王崩尊而稱天不曰周王者所以殊乎列國之君也八月庚戌宋公和卒書國稱名所以異乎天王也襄公十五年經曰劉夏逆王后於齊不曰逆周王后姜氏者所以異

乎列國之夫人也至於列國則曰夫人姜氏至自齊又曰紀伯姬卒書國稱姓此所以異乎天王后也由此攷之尊稱皇帝赫赫無二何待於魏乎尊稱皇后彰以謚號何待於姓乎議者欲書魏者此以爲天皇之尊同於往古列國之君也或欲書姓者此以爲天皇之后同於往古之夫人也乖經典之大義異乎聖人之明制非所以垂訓將來爲萬世不易之式者也遂從孚議 葬愍陵 十月癸丑葬 遷昬散騎常侍後徙爲羽林虎賁中郎將 續百官志羽林中郎將比二千石主羽林郎虎賁中郎將見甄后傳 原武典農 郡國志司隸河南尹原武一統志原武故城今河南懷慶府陽武縣治典農見陳留王紀咸熙元年

明元郭皇后西平人也 西平見武紀建安十九年又見齊王紀嘉平五年 世河右大族黃初中本郡反叛遂沒入宮明帝卽位甚見愛幸拜爲夫人叔父立爲騎都尉從父芝爲虎賁中郎將帝疾困遂立爲皇后齊王卽位尊后爲皇太后稱永寧宮 晉書宣帝紀正始八年曹爽用何晏鄧颺丁謐之謀遷太后於永寧宮胡三省引此傳駁之說見曹爽傳 追封諡太后父滿爲西都定侯 西平郡治西都今甘肅西寧府西寧縣治 以立子建紹其爵封太后母杜爲郃陽君 郡國志司隸左馮翊郃陽一統志郃陽故城今陝西同州府郃陽縣東南 芝遷散騎常侍長水校尉

魏略曰諸郭之中芝最壯直 芝事見齊王紀嘉平六年注引魏略 先時自以他功封侯 監本官本侯作爵

立宣德將軍 洪飴孫曰宣德將軍一人第五品 皆封列侯建兄悳出養甄氏悳及建俱爲鎭護將軍 趙一清曰鎭護將軍謂或爲鎭軍將軍或爲護軍將軍也然宋志魏世有中護軍及護軍無護軍將軍儻卽所謂資重者爲將軍者邪洪飴孫曰鎭護將軍一人第三品弼按傳言悳建俱爲鎭護將軍則不止一人 皆封列侯 悳封廣安縣公建封臨渭縣公見甄后傳注 竝掌宿衞值三主幼弱宰輔統政與奪大事 卽廢立大事也 皆先咨啓於太后而後施行 廢立諸令皆假其名以行 毌丘儉鍾會等作亂咸假其命而以爲辭焉景元四年十二月崩五年二月葬高平陵西 五年二月庚申葬卽咸熙元年也高平陵見明紀景初三年

晉諸公讚曰建字叔始有器局而彊問泰始中疾薨子嘏嗣爲給事中

評曰魏后妃之家雖云富貴未有若衰漢乘非其據宰割朝政者也鑒往易軌於斯爲美追觀陳羣之議棧潛之論適足以爲百王之規典垂憲範乎後葉矣 或曰人臣進諫納規不用於當時仍利於後世用與不用均之有厚賴焉

魏書五

三國志五

董卓二袁劉表傳第六

宋本元本馮本作董二袁劉傳第六監本官本分列諸人名後同杭世駿曰董卓之死在獻帝初平三年操未秉政三國未分謝承華嶠司馬彪袁山松之徒撰後漢書皆爲立傳陳壽乃闌入魏志何也劉知幾云漢之有董卓猶秦之有趙高昔軍令之誅既不列漢史何太師之鑒獨刊魏書或曰魏志之首傳董卓明禍首也儻亦西漢世家項籍之意乎周壽昌曰董卓袁紹袁術劉表諸人皆非魏臣而魏志特爲列傳者蓋卓首亂者也卓擅亂時操尙未秉政三國未分似卓全無關於魏不知因卓之亂而操始擅朝政魏與蜀吳分鼎漢遂以亡紀卓所以紀亂源也至紹術表則皆操交兵拓地之所魏之强由此故亦傳於魏臣之前又案卓此傳較諸後漢書稍略蓋卓前半立功邊城及其强很暴虐弒逆之罪俱在漢朝故范史不能不詳載以著其所以傾漢者若陳志則詳記於何進召之入京以後其翦裁去取足徵史筆之潔王鳴盛曰董卓袁紹袁術等傳以范書較之范之詳幾倍於陳壽凡裴松之所採以入注者皆范氏取入正文者也陳之精簡固勝於范然范贍而不穢亦不厭其繁

晉平陽侯相安漢陳壽撰

宋中書侍郎西鄉侯聞喜裴松之注

沔陽盧弼集解

董卓字仲穎章懷注引卓別傳曰卓父君雅爲潁川輪氏尉生卓及弟旻故卓字仲穎旻字叔穎劉攽曰案注言卓與弟旻生潁川明當作潁何焯校作穎隴西臨洮人也郡國志涼州隴西郡臨洮水經注洮水東逕臨洮縣故城北元和郡縣志故城即岷州城一統志臨洮故城今甘肅鞏昌府岷州治

英雄記曰卓父君雅由微官爲潁川綸氏尉郡國志豫州潁川郡綸氏建初四年置齊召南曰前志潁川郡有綸氏疑縣不自建初置也但前志作綸此志作輪一統志綸氏故城今河南河南府登封縣西南七十里續百官志縣尉大縣二人小縣一人尉主盜賊李祖楙曰漢時守相丞尉皆命於朝廷曹掾以下則用本郡之人由郡縣自辟除之常居門下故諸掾常以門下爲號有三子長子擢字孟高早卒次即卓卓弟旻字叔潁

少好俠嘗游羌中盡與諸豪帥相結後歸耕於野而豪帥有來從之者卓與俱還殺耕牛與相宴樂諸豪帥感其意歸相斂得雜畜千餘頭以贈卓

吳書曰郡召卓爲吏使監領盜賊胡嘗出鈔多虜民人涼州刺史成就辟卓爲從事續百官志州刺史皆有從事史假佐沈家本曰後漢本傳言爲州兵馬掾使領兵騎討捕大破之斬獲千計并州刺史段熲薦卓公府熲毛本作穎誤司徒袁隗辟爲掾續百官志司徒掾屬三十一人

漢桓帝末以六郡良家子爲羽林郎續百官志羽林郎比三百石常宿衛侍從常選漢陽隴西安定北地上郡西河凡六郡良家補卓有才武才監本官本作材膂力少比宋本元本膂作旅膂脊骨也雙帶兩鞬左右馳射章懷注引方言曰所以藏箭謂之服藏弓謂之鞬左氏傳云右屬櫜鞬爲軍司馬此中郎將之軍司馬也范書卓傳從中郎將張奐爲軍司馬可證從中郎將張奐征幷州有功梁章鉅曰後漢書董卓傳從張奐擊漢陽叛羌破之拜郎中案漢陽在涼州此云并州恐誤潘眉說同弼按范書張奐傳奐督幽并涼三州先零羌鈔三輔奐遣司馬尹端董卓並擊大破之三州清定是不專指涼州也拜郎中賜縑九千匹卓悉以分與吏士范書卓傳卓曰爲者則己有者則士乃悉分與吏兵無所留張奐傳奐有勳名董卓慕之使其兄遺縑百匹奐惡卓爲人絕而不受

遷廣武令郡國志并州雁門郡廣武三國魏移雁門郡治此一統志廣武故城今山西代州西十五里蜀郡北部都尉郡國志邊郡往往置都尉稍有分縣治民比郡沈家本曰蜀郡北部都尉後漢書西南夷傳云冉駹夷者武帝所開元鼎六年以爲汶山郡至地節三年宣帝乃省并蜀郡爲北部都尉靈帝時復分蜀郡北部爲汶山郡云卓遷此官在桓帝末故尙爲北部都尉也西域戊己校尉范書明帝紀永平十七年初置西域都護戊己校尉章懷注元帝置戊己校尉戊己中央也鎮覆四方見漢官儀亦處西域鎮撫諸國免徵拜并州刺史河東太守

英雄記曰卓數討羌胡前後百餘戰

遷中郎將討黃巾軍敗抵罪范書卓傳中平元年拜東中郎將持節代盧植擊張角於下曲陽軍敗抵罪惠棟曰江表傳卓不從鉅鹿太守郭典計故敗弼按續百官志劉昭注漢末又有四中郎將皆帥師征伐不知何時置董卓爲東中郎將盧植爲北中郎將獻帝以曹操爲南中郎將（案操疑作植）通鑑胡注云漢有三署中郎將五官及左右署又有使匈奴中郎將北中郎將創置於此時蓋以討河北黃巾也又云卓爲東中郎將四中郎將始此李祖楙曰漢末中郎將有加號者如朱儁傳鎮賊中郎將平難中郎將是劉焉傳鎮夷征東二中郎將乃隨征伐之事還則免焉弼按范書於卓遷中郎將加一東字較陳志

爲密故通鑑採之韓遂等起涼州韓遂事見武紀建安二十年注引典略復爲中郎將西拒遂於
望垣硤北潘眉曰西拒遂句絕時張温別使卓討先零羌於望垣硤北爲羌胡所圍韓遂自在楡中非拒遂於望垣硤北也楡中屬金城郡望垣屬漢陽
郡沈家本曰潘說誠是然范書云邊章韓遂等大盛朝廷復以司空張温爲車騎將軍拜卓破虜將軍與盪寇將軍周慎並統於温屯美陽章遂亦進兵美陽温卓與戰輒不利十一月夜有流星如火光長十餘丈照章遂營中驢馬盡鳴賊以爲不祥欲歸金城卓聞之喜明日乃與右扶風鮑鴻等并兵俱攻大破之斬首數千級章遂敗走楡中此西拒遂之事此傳略而不言遽接云於望垣硤北爲羌胡所圍語太簡則不明也弼按楡中在今甘肅蘭州府金縣西北（錢坫云在東北）望垣在今甘肅秦州西北范書卓傳張温使卓將兵三萬討先零羌卓於望垣北爲羌胡所圍據此則潘說爲是爲羌胡數萬人所圍糧食
乏絕卓僞欲捕魚堰其還道范書卓傳堰作隔章懷云其字義同但異體耳當所渡水爲池使
水渟滿數十里默從堰下過其軍而決堰比羌胡聞知追逐水已深
不得渡時六軍上隴西五軍敗績卓獨全衆而還屯住扶風郡國志司隸右扶風
治槐里建安十八年屬雍州一統志槐里故城今陝西西安府興平縣東南十里吳志孫堅傳邊章韓遂作亂涼州中郎將董卓拒討無功中平三年遣司空張温西討

章等温以詔書召卓卓良久乃詣温温責讓卓卓應對不順孫堅前耳語温曰卓不怖罪而鴟張大語宜以召不時至陳軍法斬之温不納堅數卓三罪温不忍發語見堅傳拜前將軍范書卓傳中平五年拜卓前將軍在封侯之後封斄鄉侯章懷注斄縣故城在今雍州武功縣字或作邰音台郡國志右
扶風郿有邰亭劉昭注史記曰封棄於邰徐廣曰今斄鄉李殿學曰邰斄古同音俱讀如今斄字馬與龍曰左傳昭九年杜注駘在武功縣所治斄城括地志故斄城一名武功城寰宇記後漢省斄縣復自渭水南移武功縣於斄故城因謂之武功城據此則斄與武功爲一地董卓封斄鄉侯卽此弼按斄爲郿屬故卓進封郿侯一統志郿縣故城今陝西鳳翔府郿縣東北胡玉縉曰說文邑部邰云炎帝之後姜姓所封周棄外家國从邑台聲右扶風斄縣是也詩曰有邰家室段注周人作邰漢人作斄古今語小異故古今字不同郡國志無斄縣郿下曰有邰亭蓋斄縣併入郿也邰亭杜預謂之斄鄉徐廣謂之斄鄉今陝西乾州武功縣西南二十二里故斄城是段說覘李馬說爲瞭惠棟曰山陽公載記云孤昔與周慎西征慎圍邊韓於金城孤語張温求引所將兵爲慎作後駐温不聽孤上言其形勢知慎必不克温又使孤討先零叛羌以爲西方可一時蕩定孤皆知其不然而不得止後果如孤策其以此封都鄉侯也徵爲幷州牧幷州牧見武紀建安十年
靈帝紀曰中平五年徵卓爲少府范書卓傳六年徵卓爲少府不肯就上書言所將湟中義從及秦胡兵皆詣臣曰牢直不畢稟
賜斷絕妻子饑餓牽挽臣車使不得行羌胡敝腸狗態臣不能禁止輒將順安慰增異復上朝廷不能制頗以爲慮勑以營吏士屬左將軍

皇甫嵩詣行在所卓上言涼州擾亂鯨鯢未滅此臣奮發効命之秋吏士踊躍戀恩念
報各遮臣車辭聲懇惻未得卽路也輒且行前將軍事盡心慰卹效力行陣范書皇甫嵩傳
中平五年涼州賊王國圍陳倉復拜嵩爲左將軍督前將軍董卓各率二萬人拒之卓欲速進赴陳倉嵩不聽賊衆疲敝果自解去嵩進兵擊之卓謂不可嵩獨進擊之使卓爲後拒連戰大破之卓大慚恨由是忌嵩六年以卓爲幷州牧侯康曰范書徵卓爲少府及拜幷州牧同在六年此則徵少府先一年小有參差又勑以吏兵屬皇甫嵩卓復上言臣掌戎十年士卒大小相狎彌久戀臣
畜養之恩樂爲國家奮一旦之命乞將之州范書州上有北字效力邊陲范書卓傳卓於是駐兵河東以觀時變卓再違詔勑會爲何進所召范書皇甫嵩傳嵩從子酈說嵩曰本朝失政天下倒懸能安危定傾者唯大人與董卓耳今怨隙已
結執不俱存卓被詔委兵而上書自請此逆命也又以京師昏亂躊躇不進此懷姦也且其凶戾無親將士不附大人今爲元帥仗國威以討之上顯忠義下除凶害此桓文之事也嵩曰專命雖罪專誅亦有責也不如顯奏其事使朝廷裁之於是上書以聞帝讓卓卓又增怨於嵩
靈帝崩少帝卽位大將軍何進與司隸校尉袁紹謀誅諸閹官太后

不從進乃召卓使將兵詣京師通鑑考異曰何進傳召卓屯關中上林苑按時卓已駐河東若屯上林則更爲西去非所
以脅太后也今從卓傳杭世駿曰後漢書种劭傳董卓至澠池而進意更狐疑遣劭宣詔止之卓不受遂前止河南劭迎勞之因譬令還軍卓疑有變使其軍士以兵脅劭劭怒稱詔大呼叱之軍士皆披遂前責卓卓辭屈乃還軍夕陽亭章懷注夕陽亭在河南城西幷密令上書曰中常侍張
讓等竊幸乘寵濁亂海內昔趙鞅興晉陽之甲以逐君側之惡公羊傳晉
趙鞅取晉陽之甲以逐荀寅與士吉射荀寅與士吉射者曷爲者也君側之惡人也此逐君側之惡人曷爲以叛言之無君命也臣輒鳴鍾鼓
如洛陽章懷注鳴鍾鼓者聲其罪也卽討讓等欲以脅迫太后卓未至進敗范書卓傳卓得
召卽時就道並上書曰中常侍張讓等竊倖承寵濁亂海內臣聞揚湯止沸莫若去薪潰癰雖痛勝於內食昔趙鞅興晉陽之甲以逐君側之惡人今臣輒鳴鐘鼓如洛陽請收讓等以清姦穢云云與此小異
續漢書曰進字遂高南陽人太后異母兄也進本屠家子父曰眞眞死後進以妹倚黃
門得入掖庭有寵光和三年立爲皇后進由是貴幸范書靈帝紀光和三年立貴人何氏爲皇后章懷注南陽宛人

車騎將軍何貢女也洪亮吉曰貢當作眞傳寫誤后本屠家立一歲後始贈此職此注卽云車騎將軍女恐非弼按范書皇后紀光和四年追號何后父眞爲車騎將軍不作貢中平元年黄巾起拜進大將軍 典略載卓表曰臣伏惟天下所以有逆不止者各由黄門常侍張讓等侮慢天常操擅王命父子兄弟並據州郡一書出門便獲千金章懷注引此侮慢作慆慢操擅作擅操便獲作高獲京畿諸郡數百萬膏腴美田皆屬讓等范書宦者傳張讓趙忠等十二人皆爲中常侍封侯貴寵父子兄弟布列州郡所在貪殘爲人蠹害當之官者皆先至西園諧價然後得去至使怨氣上蒸妖賊蠭起臣前奉詔討於扶羅於夫羅事見武紀初平三年注引魏書將士饑乏不肯渡河皆言欲詣京師先誅閹豎以除民害從臺閣求乞資直臣隨慰撫以至新安郡國志司隸弘農郡新安一統志新安故城今河南河南府澠池縣東今改爲搭泥鎭方輿紀要今新安縣西臣聞揚湯止沸不如滅火去薪前書枚乘諫吳王曰欲湯之滄一人炊之百人揚之無益也不如絕薪止火而已滄音則亮翻寒也潰癰雖痛勝於養肉范書作勝於內食通鑑胡注言癰疽蘊結破之雖痛勝於內食肌肉浸淫滋大也及溺呼船悔之無及

中常侍段珪等章懷注引山陽公載記段作殷范書通鑑俱作段劫帝走小平津章懷注小平津在今鞏縣西北杜佑曰鞏縣西北有小平縣故城又北有津曰小平津范書靈帝紀中平元年置八關都尉官小平津爲八關之一方輿紀要小平城在孟津縣西北漢平陰縣城北有河津曰小平津津上有城張讓等將帝步出穀門至小平津讓等投河死帝夜從小平津步至雒舍雒舍在芒山之北驛舍也水經注平縣俗謂之小平小平津亦曰河陽津卓遂將其衆迎帝於北芒水經穀水注引魏志曰明帝欲平北芒令登臺見孟津侍中辛毗諫而止嚴衍曰北邙山在河南府城北七十里連亙四百餘里東漢諸陵多在焉一統志北邙山在河南府洛陽縣北東接孟津偃師鞏三縣界亦作芒山謝鍾英曰芒山在今河南府北二十里還宮范書靈帝紀云讓珪等復劫少帝及陳留王黄山曰少爲未成乎帝之名帝辯安帝嫡長（弼按安字誤）卽位已再改元未聞失德賊臣董卓廢而弒之卓誅原當復號立諡遭時紛亂大禮未行豈奚齊庶孽可比

張璠漢記曰帝以八月庚午爲諸黄門所劫步出穀門水經穀水注穀水又東逕廣莫門北漢之穀門也北對芒阜連嶺脩亙苞總衆山胡三省曰穀門位在子雒城正北門也走至河上諸黄門既投河死時帝年十四范書靈帝紀云年十七皇后紀何后生皇子辯養於史道人家號曰史侯獻帝春秋曰靈帝數失子不欲正名養道人史子助家故年齡紀載互異又按皇后紀帝初平元年死時年十八則十七爲是陳留王年九歲范書皇后紀光和四年王美人生皇子協中平六年封陳留王兄弟獨夜步行欲還宮闇暝逐螢火而行數里得民家以露車載送胡三省曰露車者上無巾蓋四旁無帷裳蓋民家以載物者耳辛未公卿以下與卓共迎帝於北芒阪下范書靈帝紀云辛未讓珪等劫少帝陳留王走小平津下文又云辛未還宮蓋誤通鑑云庚午讓珪等將帝與陳留王步出穀門辛未帝還宮 獻帝春秋曰先是童謠曰侯非侯王非王千乘萬騎走北芒續五行志一云獻帝未有爵號此爲非侯非王上北芒者也弼按獻帝是時已封渤海王徙封陳留王安得謂非王乎五行志所載多不足信卓時適至屯顯陽苑胡三省曰顯陽苑桓帝延熹二年所造在雒陽西惠棟曰蔡邕集起顯陽苑於城西人徒凍餓不得其命者甚衆聞帝當還率衆迎帝 典略曰帝望見卓兵涕泣羣公謂卓曰有詔卻兵卓曰公諸人爲國大臣不能匡正王室至使國家播蕩胡三省曰東都羣臣謂天子爲國家何卻兵之有遂俱入城 獻帝紀曰卓與帝語語不可了胡三省曰了曉解也乃更與陳留王語問禍亂由起王答自初至終無所遺失卓大喜乃有廢立意 英雄記曰河南中部掾閔貢扶帝及陳留王上至雒舍止

漢官儀諸郡置五部督郵以監屬縣河南尹置四部督郵中部爲掾帝獨乘一馬陳留王與貢共乘一馬從雒舍南行公卿百官奉迎於北芒阪下故太尉崔烈在前導卓將步騎數千來迎局本千誤作十烈呵使避卓罵烈曰晝夜三百里來何云避我不能斷卿頭邪前見帝曰陛下令常侍小黄門作亂乃爾以取禍敗爲負不小邪又趨陳留王曰我董卓也從我抱來乃於貢抱中取王 英雄記曰一本云王不就卓抱卓與王併馬而行也

時進弟車騎將軍苗爲進衆所殺

英雄記云苗太后之同母兄先嫁朱氏之子五行志作皇后異父兄朱苗惠棟曰陶宏景云苗字叔達進部曲將吳匡匡子班爲吳壹族弟見楊戲季漢輔臣贊注素怨苗不與進同心又疑其與宦官同謀乃令軍中曰殺大將軍者車騎也遂引兵與卓弟旻共攻殺苗於朱爵闕下潘眉曰古今注永平二年十一月初作北宮朱爵南司馬門百官志北宮朱爵司馬主南掖門漢官典職曰偃師去洛四十五里望朱爵闕其上鬱然與天連朱爵闕北宮之南門也時袁術與吳匡燒南宮

九龍門欲爲出張讓等讓等將太后天子及陳留王從複道走北宮何苗袁紹屯北宮朱爵闕下吳匡等遂引兵攻殺苗於闕下弼按范書靈帝紀何進傳朱爵作朱雀爵與雀同

進苗部曲無所屬皆詣卓卓又使呂布殺執金吾丁原并其衆故京都兵權唯在卓 章懷注引英雄記曰原字建陽爲人麤略有勇善射受使不辭有警急追寇虜輒在前

九州春秋曰卓初入洛陽步騎不過三千自嫌兵少不爲遠近所服率四五日輒夜遣兵出四城門明日陳旌鼓而入宣言云西兵復入至洛中人不覺謂卓兵不可勝數

先是進遣騎都尉太山鮑信 宋本元本馮本官本作先是吳本毛本作先時信事見子勛傳 所在募兵適至信謂紹曰卓擁强兵有異志今不早圖將爲所制及其初至疲勞襲之可禽也紹畏卓不敢發信遂還鄉里於是以久不雨策免司空劉弘而卓代之 章懷注引漢官儀曰弘字子高安衆人汪文臺曰御覽百九十六引續漢書云卓住兵屯顯陽苑使者就拜司空 俄

遷太尉假節鈇虎賁 范書獻帝紀卓傳遷太尉假節鉞在廢帝之後獻帝紀作加鈇鉞虎賁章懷注引禮記曰諸侯賜鈇鉞然後專殺說文曰鈇莝刀也蒼頡篇曰鈇斧也加鈇鉞者得專殺也 遂廢帝爲弘農王尋又殺王及何太后 范書皇后紀董卓議太后蹙迫永樂宮至令憂死逆婦姑之禮乃遷於永安宮因進酖弒而崩董卓令帝出奉常亭舉哀公卿皆白衣會不成喪也卓乃置弘農王於閣上使郎中令李儒進酖曰服此藥可以辟惡王曰我無疾是欲殺我耳不肯飲强飲之不得已乃與妻唐姬及宮人飲讌別酒行王悲歌曰天道易兮我何艱棄萬乘兮退守蕃逆臣見迫兮命不延逝將去汝兮適幽玄因令唐姬起舞姬抗袖而歌曰皇天崩兮后土頹身爲帝兮命夭摧死生路異兮從此乖柰我煢獨兮中心哀（袁宏紀柰作悼）因泣下嗚咽坐者皆歔欷王謂姬曰卿王者妃埶不得復爲吏民妻自愛從此長辭遂飲藥而死時年十八 立靈帝少子陳留王是爲獻帝 范書蓋勳傳勳與卓書曰昔伊尹霍光權以立功猶可寒心足下小醜何以終此賀者在門弔者在廬可不慎哉

獻帝紀曰卓謀廢帝會羣臣於朝堂議曰大者天地次者君臣所以爲治今皇帝闇弱不可以奉宗廟爲天下主欲依伊尹霍光故事立陳留王何如尚書盧植曰案尚書太甲既立不明伊尹放之桐宮 尚書太甲上篇營于桐宮正義曰經稱營于桐宮密邇先王知桐是湯葬地也往居墓側與放逐事同故亦稱放也 昌邑王立二十七日罪過千餘故霍光廢之今上富於春秋行未有失非前事之比也卓怒罷坐欲誅植侍中蔡邕勸之得免九月甲戌卓復大會羣臣曰太后逼迫永樂太后令以憂死 范書卓傳作太后蹙迫永樂太后至令憂死章懷注太后靈帝何皇后也永樂太后孝仁董皇后靈帝之母也 逆婦姑之禮無孝順之節 左傳曰婦養姑者也虧姑以成婦逆莫大焉 天子幼質軟弱不君昔伊尹放太甲霍光廢昌邑著在典籍僉以爲善今太后宜如太甲皇帝宜如昌邑陳留王仁孝宜即皇帝祚 宋本元本馮本作宜即尊皇祚范書卓傳卓因集議廢立百僚大會卓乃奮首而言曰大者天地其次君臣所以爲政皇帝闇弱不可以奉宗廟爲天下主今欲依伊尹霍光故事更立陳留王如何公卿以下莫敢對卓又抗言曰昔霍光定策延年按劍有敢沮大議皆以軍法從之坐者震動尚書盧植獨曰昔太甲既立不明昌邑罪過千餘故有廢立之事今上富於春秋行無失德非前事之比也卓大怒罷坐明日復集羣僚於崇德前殿遂脅太后策廢少帝曰皇帝在喪無人子之心威儀不類人君今廢爲弘農王乃立陳留王是爲獻帝又議太后蹙迫永樂太后至令憂死逆婦姑之禮無孝順之節遷於永安宮遂以弒崩袁宏後漢紀云卓以廢帝議示太傅袁隗隗報如議又云太傅袁隗解帝璽綬通鑑採之 獻帝起居注載策曰孝靈皇帝不究高宗眉

壽之祚早棄臣子皇帝承紹海內側望而帝天姿輕佻威儀不恪在喪慢惰衰如故焉 左傳襄公三十一年比及葬三易衰衽如故衰杜注言其嬉戲無度也 凶德既彰淫穢發聞損辱神器忝汙宗廟皇太后教無母儀統政荒亂永樂太后暴崩衆論惑焉三綱之道天地之紀而乃有闕罪之大者陳留王協聖德偉茂規矩邈然豐下兌上有堯圖之表 帝王世紀堯豐下銳上 居喪哀戚言不及邪岐嶷之性有周成之懿休聲美稱天下所聞宜承洪業爲萬世統可以承宗廟廢皇帝爲弘農王皇太后還政尚書讀册畢羣臣莫有言尚書丁宮曰 范書王允傳丁彥思蔡伯喈但以董公親厚並尚從坐洪亮吉曰丁宮疑即丁彥思但無確據耳柳從辰曰靈紀中平四年光祿勳沛國丁宮爲司空注云宮字元雄不云字彥思也案宮中平五年遷司徒六年七月始罷董卓廢帝遷太后即九月事宮甫罷相何以在尚書是起居注亦有未足據者矣惠棟曰宮先爲蒼梧太守見吳志士燮傳弼按據士燮傳宮爲交州刺史非蒼梧太守也惠說誤 天禍漢室喪亂弘多昔祭仲廢忽立突春秋大其權 春秋桓公十一年宋人執鄭祭仲杜注聽迫脅以逐君罪之也忽昭公也突厲公也公羊傳賢祭仲以爲知權也丁宮蓋用公羊說 今大臣量宜爲社稷

計誠合天人請稱萬歲卓以太后見廢故公卿以下不布服會葬素衣而已李慈銘曰請稱萬歲句下有脫文卓以太后見廢以下乃言弒何太后後事也

卓遷相國黃山曰自孝哀改丞相爲大司徒光武承之不更置相獻帝復置相自董卓始至曹操終矣卓爲相國而不省司徒務自矜高於官制僭然也司徒王允卒能以其權陰制之操爲丞相並廢三公使大權歸於一己固自以爲優於卓而實則甘心爲卓之所爲而已封郿侯郿縣見前斄鄉侯注

贊拜不名劍履上殿劍履上殿解見武紀建安十七年又封卓母爲池陽君郡國志司隸左馮翊池陽一統志池陽故城今陝西西安府涇陽縣西北置家令丞范書卓傳作置丞令劉攽曰案漢書內皆言令丞此不合倒之沈家本曰續漢志公主每立家令一人丞一人此比其母于公主乎卓既率精兵來適值帝室大亂得專廢立據有武庫甲兵國家珍寶威震天下杭世駿曰元和郡縣志洛陽董卓宅在永和里掘地輒得金玉寶玩後魏邢巒掘得丹砂及錢銘曰董太師之物卓性殘忍不仁遂以嚴刑脅衆睚眦之隙必報人不自保

魏書曰卓所願無極語賓客曰我相貴無上也胡三省曰自言非人臣之相其悖逆如此英雄記曰卓

欲震威侍御史擾龍宗詣卓白事不解劍胡三省曰擾龍姓也蓋古擾龍氏之後立撾殺之京師震動發何苗棺出其尸枝解節棄於道邊何焯校云節下疑有脫字又收苗母舞陽君殺之棄尸於苑枳落中不復收斂梁章鉅曰上文言殺苗於闕下此言棄苗母之尸明是兩事而後漢書何進傳言吳匡等攻殺苗棄其屍於苑中蓋范史誤合之弼按范書蓋勳傳公卿以下莫不卑下於卓唯勳長揖爭禮見者皆爲失色卓問司徒王允曰欲得快司隸校尉誰可作者允曰唯有蓋京兆耳卓曰此人明智有餘然不可假以雄職乃以爲越騎校尉卓又不欲令久典禁兵復出爲潁川太守未及至郡徵還京師時河南尹朱雋爲卓陳軍事卓折雋曰我百戰百勝決之於心卿無妄說且汙我刀勳曰昔武丁之明猶求箴諫況如卿者而欲杜人之口乎卓曰戲之耳勳曰不聞怒言可以爲戲卓乃謝雋勳雖強直不屈而內厭於卓不得意疽發背卒時年五十一遺令勿受卓賻贈

嘗遣軍到陽城郡國志豫州潁川郡陽城水經注潁水經陽城縣故城南一統志陽城故城今河南府登封縣東南時值二月社禮記月令篇云仲春之月擇元日命民社鄭注社后土也使民祀焉神其農業也祀社日用甲月令廣義云立春後五戊爲春社立秋後五戊爲秋社漢書陳平傳里中社平爲宰分肉甚均社日又見王脩傳民各在其社下悉就斷其男子頭駕其車牛載

其婦女財物以所斷頭繫車轅軸連軫而還洛云攻賊大獲稱萬歲入開陽城門上文言遣軍到陽城下言連軫還洛自係入洛陽之城門案續百官志雒陽城十二門有開陽門此爲入洛陽城之開陽門城字疑衍觀前言帝出穀門不言出穀城門可證然范書卓傳有孫堅進洛陽宣陽城門之語則釋爲入洛陽之開陽城門亦可通焚燒其頭以婦女與甲兵爲婢妾胡三省曰甲兵謂甲兵之士至於姦亂宮人公主其凶逆如此范書卓傳是時洛中貴戚室第相望金帛財產家家殷積卓縱放兵士突其廬舍淫略婦女剽虜資物謂之搜牢人情崩恐不保朝夕及何后葬開文陵卓悉取藏中珍物及姦亂公主妻略宮人虐刑濫罰睚眦必死羣僚內外莫能自固范書列女傳皇甫規妻者屬文能草書時爲規答書記衆人怪其工及規卒時妻年猶盛而容色美後董卓爲相國承其名聘以輧輜百乘馬二十四奴婢錢帛充路妻乃輕服詣卓門跪自陳情辭甚酸愴卓使傳奴侍者悉拔刀圍之而謂曰孤之威教欲令四海風靡何有不行於一婦人乎妻知不免乃立罵卓曰君羌胡之種毒害天下猶未足耶妾之先人清德奕世皇甫氏文武上才爲漢忠臣君親非其趣使走吏乎敢欲行非禮於爾君夫人耶卓乃引車庭中以其頭懸軛鞭撲交下妻謂持杖者曰何不重乎速盡爲惠遂死車下後人圖畫號曰禮宗云初卓信任尚書周毖范書卓傳作吏部尚書漢陽周珌章懷注引英雄記珌作毖音祕錢大昕曰王懋竑云漢時尚書六曹止稱尚書不以曹名官也吏部則東漢初無此稱

此范史之誤予案靈帝末梁鵠爲選部尚書見續漢百官志注而蜀志許靖傳亦云以漢陽周毖爲吏部尚書似漢末已有吏部之稱矣英雄記云周毖武威人范書與蜀志俱云漢陽未知孰是惠棟曰袁宏紀云侍中周毖弼按范書獻帝紀云董卓殺城門校尉伍瓊督軍校尉周珌章懷注珌音必又引東觀記曰周珌豫州刺史愼之子也續漢書魏志並作毖音祕一書所引前後岐異如此又按本志袁紹傳作侍中周毖餘詳見蜀志許靖傳城門校尉伍瓊等用其所舉韓馥劉岱孔伷張資張邈等出宰州郡范書卓傳以尚書韓馥爲冀州刺史侍中劉岱爲兗州刺史陳留孔伷爲豫州刺史潁川張咨爲南陽太守章懷注馥字文節潁川人岱字公山東萊牟平人伷字公緒九州春秋伷作胄獻帝春秋咨作資後爲孫堅所殺通鑑作以韓馥爲冀州牧而馥等至官皆合兵將以討卓卓聞之以爲毖瓊等通情賣己皆斬之范書卓傳初平元年馥等到官與袁紹之徒十餘人各興義兵同盟討卓而伍瓊周珌陰爲內主卓欲徙都長安伍瓊周珌又固諫之卓因大怒曰卓初入朝二子勸用善士故相從而諸君到官舉兵相圖此二君賣卓卓何用相負遂斬瓊珌

英雄記曰毖字仲遠武威人郡國志涼州武威郡治姑臧一統志姑臧故城今甘肅涼州府武威縣治瓊字德瑜汝南人謝承後漢書曰伍孚字德瑜少有大節爲郡門下書佐門下解見前晉書職官志郡置書佐其本

邑長有罪太守使孚出教敕曹下督郵收之 續百官志郡監屬縣有五部督郵曹掾一人 孚不肯受教伏地仰諫曰君雖不君臣不可不臣明府柰何令孚受教敕外收本邑長乎乞更授他吏太守奇而聽之後大將軍何進辟爲東曹屬 續百官志東西曹掾比四百石餘掾比三百石名屬比二百石漢書音義曰正曰掾副曰屬 稍遷侍中河南尹越騎校尉董卓作亂百僚震慄孚著小鎧於朝服裏挾佩刀見卓欲伺便刺殺之語闋辭去 闋終也止也盡也禮記文王世子篇有司告以樂闋 卓送至閤中 爾雅釋宮小閨謂之閤 孚因出刀刺之卓多力退卻不中卽收孚卓曰卿欲反邪孚大言曰汝非吾君吾非汝臣何反之有汝亂國篡主罪盈惡大今是吾死日故來誅姦賊耳恨不車裂汝於市朝以謝天下遂殺孚 謝承記孚字及本郡則與瓊同而致死事乃與孚異也不知孚爲瓊之別名爲別有伍孚也蓋未詳之 范書卓傳越騎校尉汝南伍孚忿卓凶毒志手刃之乃朝服懷佩刀以見卓孚語畢辭去卓起送至閤以手撫其背孚因出刀刺之不中卓自奮得免急呼左右執殺孚而大詬曰虜欲反耶孚大言曰恨不得磔裂姦賊於都市以謝天地言未畢而斃章懷注引謝承書曰伍孚字德瑜汝南吳房人質性剛毅勇壯好義力能兼人何焯曰孚與瓊疑是一人因其被害時人造此事以歸之耳裴注中採謝承書亦致疑及此惠棟曰依范書卓傳則孚與瓊爲兩人陳景雲曰城門校尉伍瓊被殺在關東義兵初起卓未西遷之前而荀攸傳載卓徙都後攸與越騎校尉伍瓊等同謀刺卓事垂就而覺則當日自有兩伍瓊謝承所記乃與荀攸同謀刺卓之人故稱孚官悉與志合則孚爲瓊之別名無疑也至二人名字並同者是猶同時有二劉岱皆字公山也侯康曰蔡中郎京兆樊惠渠頌有伍瓊光和時爲京兆縣令

河內太守王匡 馮本官本內作南各本俱作內范書通鑑作內袁宏後漢紀作南按郡國志首列河南尹百官志亦曰河南尹蓋京尹別於外郡之太守也此稱太守自以作河內爲是武紀初平元年及夏侯惇傳注引魏書俱稱河內太守王匡匡事詳見武紀初平元年注 遣泰山兵屯河陽津將以圖卓卓遣疑兵若將於平陰渡者潛遣銳衆從小平北渡繞擊其後 范書平下有津字水經注平縣俗謂之小平注見前 大破之津北死者略盡卓以山東豪傑並起恐懼不寧 范書卓傳時長沙太守孫堅亦率豫州諸郡兵討卓卓遣將胡軫呂布攻之布與軫不相能堅追擊之軫布敗走卓遣將李傕詣堅求和堅拒絕不受進軍大谷拒洛九十里卓自出與堅戰於諸陵墓閒卓敗走卓謂長史劉艾曰關東諸將數敗矣無能爲也唯孫堅小戇諸

將軍宜慎之吳志孫堅傳卓遣李傕等來求和親堅曰卓逆天無道蕩覆王室今不夷汝三族縣示四海則吾死不瞑目豈將與乃和親耶 初平元年二月乃徙天子都長安焚燒洛陽宮室悉發掘陵墓取寶物 范書卓傳於是盡徙洛陽人數百萬口於長安步騎驅蹙更相蹈藉饑餓寇掠積尸盈路卓自屯留畢圭苑中悉燒宮廟官府居家二百里內無復孑遺又使呂布發諸帝陵及公卿以下冢墓收其珍寶惠棟曰魏文帝典論曰喪亂以來漢氏諸陵無不發掘至乃燒取玉柙金鏤體骨並盡王補曰縱兵發掘帝陵滔天之罪漢之董卓唐之溫韜一也韜陽死於德州卓然膌於郿隖天道固不爽矣

華嶠漢書曰 晉書華嶠傳嶠字叔駿才學深博少有令聞元康初遷尚書以嶠博聞多識屬書典實有良史之志轉祕書監班同中書寺爲內臺中書散騎著作及治禮音律天文數術南省文章門下撰集皆典統之初嶠以漢紀煩穢慨然有改作之意會爲臺郎典官制事由是得徧觀祕籍遂就其緒起于光武終于孝獻一百九十五年爲帝紀十二卷皇后紀二卷十典十卷傳七十卷及三譜序傳目錄凡九十七卷嶠以皇后配天作合前史作外戚傳以繼末編非其義也故易爲皇后紀又改志爲典而改名漢後書奏之詔朝臣會議咸以嶠文質事核有遷固之規藏之祕府元康三年卒追贈少府諡曰簡所撰書十典未成而終永嘉喪亂嶠書存者五十餘卷隋書經籍志後漢書十七卷本九十七卷今殘缺晉少府卿華嶠撰唐志作三十一卷文心雕龍史傳篇云若司馬彪之詳實華嶠之準當則其冠也史通正史篇云推其所長華氏居最晉室東徙三惟一存序例篇云嶠言辭簡質敘致温雅味其宗旨亦孟堅之亞歟章宗源曰蔚宗撰史實本華嶠故亦易外戚爲后紀而蔚宗紀論二十八將論桓譚馮衍傳論袁安傳論劉趙淳于傳序班彪傳論章懷並注爲華嶠之辭沈家本曰本傳稱漢後書隋志曰後漢書裴注但稱漢書其省文歟 卓欲遷都長安 范書楊彪傳關東兵起董卓懼欲遷都以違其難章懷注違避也 召公卿以下大議司徒楊彪曰昔盤庚五遷殷民胥怨 章懷注盤庚殷王之名也胥相也遷都於亳殷人相與怨恨湯遷亳仲丁遷囂河亶甲居相祖乙居耿并盤庚五遷也 故作三篇以曉天下之民而海內安穩 何焯校而作今 無故移都恐百姓驚動糜沸蟻聚爲亂 章懷注如糜粥之沸也詩云如沸如羹 卓曰關中肥饒故秦得幷吞六國今徙西京設令關東豪彊敢有動者以我彊兵蹴之可使詣滄海 章懷注言不敢避艱險也 彪曰海內動之甚易安之甚難又長安宮室壞敗不可卒復卓曰武帝時居杜陵 郡國志司隸京兆尹杜陵一統志杜陵故城今西安府咸寧縣東南 南山下有成瓦窰數千處 局本窰作窯 引涼州材木東下 監本州作川誤 以作宮室爲功不難卓意不得便作色曰公欲沮我計邪邊章韓約有書來 潘眉曰邊章卽邊允

韓約卽韓遂獻帝春秋云隴西以愛憎露布冠韓約邊允名以爲賊州購約允各千戶侯約允被購約改爲遂允改爲章𢆯按互見武紀建安二十年注欲令朝廷必徙都若大兵來下何焯校本作東下陳景雲云此言邊韓自兩州擁兵而來故曰東下我不能復相救公便可與袁氏西行彪曰西方自彪道徑也顧未知天下何如耳議罷卓敕司隸校尉宣播以災異劾奏因策免彪范書楊彪傳作宣播獻紀稱廷尉宣播章懷注引獻帝春秋播作璠卓傳卓諷朝廷使光祿勳宣璠持節拜卓爲太師章懷注璠音煩又音甫袁反惠棟曰播後爲廷尉李傕之亂爲所殺也續漢書曰太尉黃琬司徒楊彪司空荀爽俱詣卓卓言昔高祖都關中十一世後中興更都洛陽從光武至今復十一世案石苞室讖通鑑作石包讖胡三省曰當時緯書之外又有石包室讖蓋時人附益爲之如孔子閉房記之類惠棟曰石包室中之讖也蘇竟與劉龔書曰孔丘祕經爲漢赤制元包幽室文隱事明蓋此類也宜復還都長安坐中皆驚愕無敢應者彪曰遷都改制天下大事皆當因民之心隨時之宜昔盤庚五遷殷民胥怨故作三篇以曉之往者王莽篡逆變亂五常更始赤眉之時焚燒長安殘害百姓民人流亡百無一在光武受命更都洛邑

此其宜也今方建立聖主光隆漢祚而無故捐宮廟棄園陵恐百姓驚愕不解此意必麋沸蟻聚以致擾亂石苞室讖妖邪之書豈可信用卓作色曰楊公欲沮國家計邪關東方亂所在賊起崤函險固國之重防又隴右取材功夫不難杜陵南山下有孝武故陶處作塼瓦一朝可辦宮室官府蓋何足言百姓小民何足與議若有前郤我以大兵驅之豈得自在百寮皆恐怖失色琬謂卓曰此大事楊公之語得無重思范書楊彪傳荀爽見卓意壯恐害彪等因從容言曰相國豈樂此耶山東兵起非一日可禁故當遷以圖之此秦漢之勢也卓意小解爽私謂彪曰諸君堅爭不止禍必有歸故吾不爲也卓能坐卽日令司隸奏彪及琬皆免官范書黃琬傳琬退而駁議之曰昔周公營洛邑以寧姬光武卜東都以隆漢天之所啓神之所安大業既定豈宜妄有遷動以虧四海之望時人懼卓暴怒琬必及害固諫之琬對曰昔白公作亂於楚屈廬冒刃而前崔杼弒君於齊晏嬰不懼其盟吾雖不德誠慕古人之節琬竟坐免大駕卽西卓部兵燒洛陽城外面百里又自將兵燒南北宮惠棟曰東京有南北宮相去七里中央作大屋複道三道行天子從中道從官來左右十步一衛杭世駿曰太平御覽引續漢志曰卓燒南北宮雒陽城無隻瓦尺木古今刀

劍錄曰董卓少時耕野得一刀無文字四面隱起作山雲文斸玉如泥及卓貴示五官郎將蔡邕邕曰此項羽之刀也及宗廟府庫民家城內塚地殄盡又收諸富室以罪惡沒入其財物無辜而死者不可勝計獻帝記曰記應作紀卓獲山東兵以豬膏塗布十餘匹用纏其身然後燒之先從足起范書卓傳卓所得義兵士卒皆以布纏裹倒立於地熱膏灌殺之獲袁紹豫州從事李延煑殺之范書卓傳生禽潁川太守李旻烹之惠棟曰英雄記卓攻得李旻張安畢圭苑中生烹之二人臨入鼎相謂曰不同日生乃同日烹卓所愛胡恃寵放縱爲司隸校尉趙謙所殺卓大怒曰我愛狗尚不欲令人呵之而況人乎乃召司隸都官撾殺之元本都作部誤范書獻帝紀初平元年二月以光祿勳趙謙爲太尉章懷注引謝承書曰謙字彥信太尉趙戒之孫蜀郡成都人也與司隸校尉之趙謙當別爲一人續百官志司隸都官從事主察舉百官犯法者蔡質漢儀曰都官主雒陽百官朝會與三府掾同博物記曰中興以來都官從事多出之河內掐擊貴戚

卓至西京爲太師號曰尙父潘眉曰漢制三公之上惟有太傅爲上公無太師應劭漢官儀曰太師古官也平帝元年孔光以太傅見授詔太師無朝十日一賜餐賜靈壽杖省中施坐設几太師入省中用杖自是而闕至卓自尊爲太師位在太傅上范書云位在諸侯王上杭世駿曰虞荔鼎

錄云董卓爲太師鑄一鼎其文曰太師鼎古隸書乘青蓋金華車爪畫兩轓時人號曰竿摩車章懷注金華以金爲華飾車也爪者蓋弓頭爲爪形也轓音甫袁反廣雅云車箱也畫爲文彩續漢志曰轓長六尺下屈廣八寸又云皇太子青蓋金華蚤畫轓竿摩謂相逼近也今俗以事干人者謂之相干摩太平御覽卷八百八十引獻帝春秋云初平二年地震董卓問蔡邕邕曰天爲陽故轉運於上地爲陰故安靖於下震是失其性以陰而爲陽也明公車不當青蓋宜改之以應變卓改爲綠蓋范書蔡邕傳邕對曰前春郊天公奉引車駕乘金華青蓋爪畫兩轓遠近以爲非宜卓於是改乘皁蓋車

魏書曰言其逼天子也獻帝紀曰卓旣爲太師復欲稱尙父以問蔡邕邕曰昔武王受命太公爲師輔佐周室以伐無道是以天下尊之稱爲尙父今公之功德誠爲巍巍宜須關東悉定車駕東還然後議之乃止京師地震卓入問邕邕對曰地動陰盛大臣踰制之所致也公乘青蓋車遠近以爲非宜卓從之更乘金華皁蓋車也

卓弟旻爲左將軍封鄠侯郡國志司隸右扶風鄠劉昭注古扈國一統志鄠縣故城今陝西西安府鄠縣北二里兄

子璜爲侍中中軍校尉典兵宗族內外並列朝廷范書卓傳其子孫雖在髫齔男皆封侯女爲邑君太平御覽卷三百五十六引卓別傳云卓孫年七歲愛以爲己子爲作小鎧冑使騎駃騠馬與玉甲一具俱出入以爲麟駒鳳雛至殺人之子如蚤蝨耳英雄記曰卓侍妾懷抱中子皆封侯弄以金紫孫女名白時尚未笄封爲渭陽君於郿城東起壇從廣二丈餘高五六尺使白乘軒金華青蓋車都尉中郎將刺史二千石在郿者各令乘軒簪筆史記滑稽傳西門豹簪筆磬折正義云簪筆謂以毛裝簪頭長五寸插在冠前謂之爲筆言插筆備禮也爲白導從之壇上使兄子璜爲使者授印綬

公卿見卓謁拜車下卓不爲禮召呼三臺尚書以下自詣卓府啓事胡三省曰三臺尚書臺御史臺符節臺也晉書曰漢官儀尚書爲中臺御史爲憲臺謁者爲外臺是謂三臺范書蔡邕傳三日之間周歷三臺錢大昕曰百官志御史中丞爲御史臺率風俗通云尚書御史臺皆以官蒼頭爲吏是尚書御史皆稱臺也又百官志謁者僕射爲謁者臺率符節令爲符節臺率則漢時稱臺亦不止尚書御史矣袁紹傳坐召三臺注引晉書云漢官以尚書御史謁者爲三臺然伯喈未授謁者何以便有三臺之稱

山陽公載記曰初卓爲前將軍皇甫嵩爲左將軍俱征韓遂各不相下後卓徵爲少府并州牧兵當屬嵩卓大怒及爲太師嵩爲御史中丞拜於車下卓問嵩義眞服未乎嵩字義眞范書皇甫嵩傳卓還長安公卿百官迎謁道次卓風令御史中丞以下皆拜以屈嵩既而抵手言曰義眞犕未乎犕古服字嵩曰安知明公乃至於是卓曰鴻鵠固有遠志但燕雀自不知耳嵩曰昔與明公俱爲鴻鵠不意今日變爲鳳皇耳卓笑曰卿早服今日可不拜也　張璠漢紀曰卓抵其手謂皇甫嵩曰義眞怖未乎嵩對曰明公以德輔朝廷大慶方至何怖之有若淫刑以逞將天下皆懼豈獨嵩乎卓默然遂與嵩和解何焯曰山陽公載記之語尤近實觀義眞後此其氣已衰未必能爲是言僅足以避凶人之鋒耳

築郿塢高與長安城埒范書卓傳又築塢於郿高厚七丈號曰萬歲塢章懷注今按塢舊基高一丈周迴一里一百步惠棟曰風俗通云營居曰塢安古切潘眉曰按長安城高三丈五尺（見三輔黃圖）依章懷說塢僅高一丈不能與長安城埒蓋章懷所見者唐時故基非卓時之丈尺也當時實高三丈五尺與長安城正相等范史云高厚七丈號萬歲塢其塢高三丈五尺厚亦三丈五尺故云高厚七丈也弼按通鑑云高厚皆七丈多一皆字積穀爲三十年儲英雄記曰郿去長安二百六十里元和郡縣志在郿縣東北十六里水經注渭水自郿縣故城又東逕郿塢北通典曰郿漢縣秦寧公徙居平陽卽此斜水自北入渭董卓郿塢在此高厚七丈號曰萬歲塢云事成雄據天下不成守此足以畢老嘗至郿行塢公卿已下祖道於橫門外原注橫音光趙一淸曰三輔黃圖長安北出西頭第一門曰橫門卽光門也卓豫施帳幔飲誘降北地反者數百人郡國志涼州北地郡治富平一統志富平故城今西安府富平縣東北漢縣在今甘肅寧夏府界三國魏移置於此宋書傅弘之傳北地郡漢末失土寄寓馮翊置富平縣於坐中先斷其舌或斬手足或鑿眼或鑊煮之杭世駿曰卓別傳云卓會公卿召諸降賊責曰何不鑿眼應聲眼皆落地未死偃轉杯案間會者皆戰慄亡失匕箸匕音比說文相與比敘也亦用以取飯蜀志先主傳先主方食失匕箸而卓飲食自若范書卓傳諸將有言語蹉跌便戮於前又稍誅關中舊族陷以叛逆太史望氣言當有大臣戮死者故太尉張溫時爲衛尉素

不善卓卓心怨之因天有變欲以塞咎使人言溫與袁術交關遂笞殺之范書卓傳前溫出屯美陽令卓與邊章等戰無功溫召又不時應命既到而辭對不遜孫堅勸溫斬之溫不能從而卓猶懷忌恨故及於難溫字伯愼少有名譽累登公卿亦陰與司徒王允共謀誅卓事未及發而見害漢官儀曰溫穰人封互鄉侯太史奏言有大臣誅死董卓取溫笞殺於市而厭之（見竇武傳注）胡三省曰張溫不能斬卓於西征之時反死於卓手可哀也已

傅子曰靈帝時牓門賣官於是太尉段熲司徒崔烈太尉樊陵司空張溫之徒皆入錢上千萬下五百萬以買三公熲數征伐有大功烈有北州重名溫有傑才陵能偶時皆一時顯士猶以貨取位而況於劉囂唐珍張顥之黨乎范書靈帝紀光和元年初開西邸賣官自關內侯虎賁羽林入錢各有差私令左右賣公卿公千萬卿五百萬崔寔傳寔從兄烈有重名於北州歷位郡守九卿靈帝時開鴻都門牓賣官爵公卿州郡下至黃綬各有差其富者則先入錢貧者到官而後倍輸或因常侍阿保別自通達是時段熲樊陵張溫等雖有功勤名譽然皆先輸貨財而後登公位烈時因傅母入錢五百萬得爲司徒及拜日天子臨軒百寮畢會帝顧謂親倖者曰悔不小靳可至千萬程夫人於旁應曰崔公冀州名士豈肯買官賴我得是反不知姝邪烈於是聲譽衰減山

陽公載記曰時賣官二千石二千萬四百石四百萬其以德次應選者半之或三分之一於西園立庫以貯之桓範世論云靈帝置西園之邸賣爵號曰禮錢錢積如屋封塗漆書華嶠書曹嵩時路中官及輸西園錢一億萬故位至太尉風俗通曰應劭撰風俗通詳見王粲傳注引華嶠漢書司隸劉

囂以黨諸常侍致位公輔續漢書曰唐珍中常侍唐衡弟張顥中常侍張奉弟范書官者傳唐衡潁川郾人爲小黃門史與誅梁冀衡遷中常侍封汝陽侯五人同日封世謂之五侯又蔡邕傳永樂門史霍玉依阻城社又爲姦邪聞太尉張顥爲玉所進

法令苛酷愛憎淫刑更相被誣冤死者千數百姓嗷嗷道路以目

魏書曰卓使司隸校尉劉囂籍吏民有爲子不孝爲臣不忠爲吏不清爲弟不順有應此者皆身誅財物沒官於是愛憎互起吳本毛本互作立民多冤死

悉椎破銅人鍾虡鍾虡解見明紀景初元年注及壞五銖錢李賢曰光武中興除王莽貨泉更用五銖錢孔穎達曰五銖者其重五銖凡十黍爲一絫十絫爲一銖二十四銖爲一兩錢邊作五銖字獻帝春秋曰靈帝作錢猶五銖面有四道連於邊輪識者以爲妖竊言錢有四道京師將破壞此錢四出散於四方乎還如其言更鑄爲小錢大五分無文章肉好爾雅肉倍好謂之璧郭注肉邊也好孔也無輪郭不磨鑢於是貨輕而物貴穀一斛至數十萬自是後錢貨不行漢書武帝紀元封二年作甘泉通天臺長安飛廉館應劭曰飛廉神禽能致風氣者也明帝永平五年至長安迎取飛廉并銅馬置上西門外名平樂館董卓悉銷以爲錢范書卓傳卓又壞五銖錢更鑄小錢悉取洛陽及長安銅人鍾虡飛廉銅馬之屬以充鑄焉故貨賤物貴穀石數萬又錢無輪郭文章不便人用時人以爲秦始皇見長人於臨洮乃鑄銅人卓臨洮人也而今毀之雖成毀不同凶暴相類焉章懷注鍾虡以銅爲之故賈山上書云懸石鑄鍾虡前書音義曰虡鹿頭龍身神獸也張璠紀曰太史靈臺及永安候銅蘭楯卓亦取之惠棟曰潘岳關中記云秦取天下兵器鑄以爲銅人十二置之諸宮漢時皆在長安卓壞以爲錢餘二人徙在青門裏東宮前鍾虡四枚皆在漢高祖廟中趙一清曰太平御覽卷七百十二引三輔故事卓壞銅人十枚爲小錢熨斗又洛陽伽藍記修梵寺北有永和里董卓之宅也里南北皆有池卓之所造水冬夏不竭

三年四月司徒王允尚書僕射士孫瑞范書王允傳士孫瑞字君榮三輔決錄注瑞字君榮詳見後按王允傳當時同謀者尚有司隸校尉黃琬尚書鄭泰尚書楊瓚卓將呂布共謀誅卓是時天子有疾新愈大會未央殿趙一清曰方輿紀要卷五十三未央宮在西安府西南十八里長安故城西南隅蕭何起王莽改曰王路堂更始初被焚董卓劫遷車駕入長安復葺未央宮居之潘眉曰未央宮之殿載在長安志者甚多此指前殿路寢見諸侯羣臣處也布使同

郡騎都尉李肅等章懷注引獻帝紀曰肅呂布同郡人也通鑑考異云袁紀作李順將親兵十餘人僞著衞士服守掖門布懷詔書卓至肅等格卓卓驚呼布所在布曰有詔牛運震曰范書作有詔討賊語意爲備遂殺卓夷三族本志呂布傳注云四月二十三日殺卓范書獻紀作四月辛巳通鑑作丁巳章懷注引九州春秋曰布素使秦誼陳衞李黑等僞作宮門衞士持長戟卓到宮門黑等以長戟挾叉卓車或叉其馬卓驚呼布布素施鎧於衣中持矛卽應聲刺卓墜於車

主簿田景范書卓傳作田儀九州春秋作田景前趨卓尸布又殺之凡所殺三人餘莫敢動范書卓傳三年四月帝病新愈大會未央殿卓朝服升車既而馬驚墮泥還入更衣其少妻止之卓不從遂行乃陳兵夾道自壘及宮左步右騎屯衞周帀令呂布等杆衞前後王允乃與士孫瑞密表其事使瑞自書詔以授布（通鑑胡注使尚書僕射自書詔懼謀泄也）令騎都尉李肅與布同心勇士十餘人僞著衞士服於北掖門內以待卓卓將至馬驚不行怪懼欲還呂布勸令進遂入門肅以戟刺之卓衷甲不入傷臂墮車顧大呼曰呂布何在布曰有詔討賊臣卓大罵曰庸狗敢如是耶布應聲持矛刺卓趣兵斬之主簿田儀及卓蒼頭前赴其尸布又殺之馳齎赦書以令宮陛內外士卒皆稱萬歲百姓歌舞於道長安中士女賣其珠玉衣裝市酒肉相慶者塡滿街肆使皇甫嵩攻卓弟旻於郿塢殺其母妻男女盡滅其族乃尸卓於市天時始熱卓素充滿脂流於地守尸吏然火置卓臍中光明達曙如是積日諸袁門生又聚董氏之尸焚灰揚之於路塢中珍藏有金二三萬斤銀八九萬斤錦綺繢縠紈素奇玩積如丘山

英雄記曰時有謠言曰千里草何青青十日卜猶不生又作董逃之歌又有道士書布爲呂字以示卓卓不知其爲呂布也續五行志一云獻帝踐阼之初京師童謠曰千里草何青青十日卜不得生案千里草爲董十日卜爲卓凡別字之體皆從上起左右離合無有從下發端者也今二字如此者天意若曰卓自下摩上以臣陵君也青青者暴盛之貌也不得生者亦旋破亡又云靈帝中平中京都歌曰承樂世董逃遊四郭董逃蒙天恩董逃帶金紫董逃行謝恩董逃整車騎董逃垂欲發董逃與中辭董逃出西門董逃瞻宮殿董逃望京城董逃日夜絕董逃心摧傷董逃案董謂董卓也言雖跋扈縱其殘暴終歸逃竄至於族滅也劉昭注引楊孚卓傳曰卓改爲董安又引風俗通曰卓以董逃之歌主爲已發大禁絕之死者千數太平御覽卷八百二十引華嶠後漢書曰有人書回字於布上負而行於市歌曰布乎布乎有告卓者卓不悟又卷七百三十五引幽明錄云董卓信巫軍中嘗有巫都言禱求福利言從卓求布倉卒無布有手巾言曰可用耳便書布上如作兩口一口大一口小相累以舉卓曰愼此也後爲呂布所殺知況呂布也乃卓當入會陳列步騎自營至宮朝服導引行其中胡三省曰魏祕書監秦靜云漢氏承秦改六冕之制朝服俱玄冠絳衣而已晉名曰五時朝服有四時朝服又有朝服馬躓不前卓心怪欲止布勸使行乃衷甲

而入胡三省曰衷甲者被甲於內而加衣甲上卓既死當時日月清淨微風不起旻璜等及宗族老弱悉在郿皆還爲其羣下所斫射卓母年九十走至塢門曰乞脫我死卽斬首袁氏門生故吏改殯諸袁死於郿者斂聚董氏尸於其側而焚之暴卓尸於市卓素肥膏流浸地草爲之丹守尸吏暝以爲大炷胡三省曰炷燈也燼所著者致卓臍中以爲燈光明達旦如是積日後卓故部曲收所燒者灰并以一棺棺之葬於郿卓塢中金有二三萬斤銀八九萬斤珠玉錦綺奇玩雜物皆山崇阜積不可知數

長安士庶咸相慶賀杭世駿曰卓別傳云呂布殺卓百姓相對欣喜抃舞皆賣家中珠環衣服牀榻以買酒食自相慶賀長安酒肉爲之踊貴諸阿附卓者皆下獄死

謝承漢書曰蔡邕在王允坐聞卓死有歎惜之音允責邕曰卓國之大賊殺主殘臣天地所不祐人神所同疾君爲王臣世受漢恩國主危難曾不倒戈卓受天誅而更嗟痛

乎便使收付廷尉邕謝允曰雖以不忠局本以作似猶識大義古今安危耳所厭聞口所常玩豈當背國而向卓也狂瞽之詞謬出患入願黥首爲刑以繼漢史范書邕傳邕前在東觀與盧植韓說等撰補後漢記會遭事流離不及得成因上書自陳奏其所著十意章懷注猶前書十志也胡三省曰邕乞續漢書諸志蓋其所學所志者在此公卿惜邕才咸共諫允允曰昔武帝不殺司馬遷使作謗書流於後世李賢曰凡史官記事善惡必書謂遷所記但是漢家不善之事皆爲謗也非獨指武帝之身卽高祖善家令之言武帝算緡榷酤之類是也班固集云史遷著書成一家之言至以身陷刑故微文譏刺貶損當世非義士也方今國祚中衰戎馬在郊不可令佞臣執筆在幼主左右後令吾徒並受謗議遂殺邕范書邕傳董卓爲司空聞邕名高辟之稱疾不就卓大怒詈曰我能族人蔡邕遂偃蹇者不旋踵矣又切敕州郡舉邕詣府邕不得已到署祭酒甚見敬重舉高第補侍御史又轉持書御史（錢大昕曰范史本是治書章懷避諱改作持）遷尚書三日之閒周歷三臺遷巴郡太守復留爲侍中拜左中郎將封高陽鄉侯卓重邕才學厚相遇待每集讌輒令邕鼓琴贊事邕亦每存匡益然卓多自佷用邕恨其言少從謂從弟谷曰董公性剛而遂非終難濟也吾欲東奔兗州若道遠難達且遯逃山東以待之何如谷曰君狀異恆人每行觀者盈集以此自匿不亦難乎邕乃止及卓被誅邕在司徒王允坐殊不意言之而歎有動於色允勃然叱之曰董卓國之大賊幾傾漢室君爲王臣所宜同忿而懷其私遇以亡大節今天誅有罪而反相傷痛豈不共爲逆哉卽收付廷尉治罪邕陳辭謝乞黥首刖足繼成漢史士大夫多矜救之不能得太尉馬日磾馳往謂允曰伯喈曠世逸才多識漢事當續成後史爲一代大典且忠孝素著而所坐無名誅之無乃失人望乎允不從邕遂死獄中允悔欲止而不及時年六十一搢紳諸儒莫不流涕北海鄭玄聞而歎曰漢世之事誰與正之魏書地形志邕冢在陳留小黃縣樂史云在開封縣東北四十五里邕死獄中葬於此柳從辰曰河南通志邕墓在今尉氏縣東北二十五里沈銘彝曰邕薦董卓表極爲推重收邕時不聞以此罪之當由王允未見此表耳而流傳至今爲後世增一口實才之爲累如此（弼按邕表見本集）韓菼曰欒布哭彭朱詡葬董伯喈一歎未足爲累且十年亡命三日尚書朝廷伸國討國士感私恩不妨並美也通鑑輯覽曰邕始節尚有可觀後附董卓隱忍依違坐上之歎遂至噬臍古稱不息惡木陰何未之聞也

臣松之以爲蔡邕雖爲卓所親任情必不黨寧不知卓之姦凶爲天下所毒聞其死亡理無歎惜縱復令然不應反言於王允之坐斯殆謝承之妄記也史遷紀傳博有奇功於斯世宋本元本無斯字而云王允謂孝武應早殺遷此非識者之言但遷爲不隱孝武之失直書其事耳何謗之有乎王允之忠正可謂內省不疚者矣既無懼於謗且欲殺邕

當論邕應死與不豈可慮其謗己而枉戮善人哉此皆誣罔不通之甚者惠棟曰商芸小說云初允數與邕會議允詞常屈由是銜邕後允誅卓并收邕衆人爭之不能得何焯曰裴松之以爲伯喈不應發歎於子師坐此謝承妄記是則商芸所載爲得其實也

張璠漢紀曰初蔡邕以言事見從官本考證曰以言事見徙各本俱誤從後漢書改正陳景雲曰從當作徙邕徙朔方事詳范史名聞天下義動志士及還內寵惡之范書邕傳邕自徙就還路五原太守王智餞之酒酣智起舞邕不爲報智者中常侍王甫弟也密告邕謗訕朝廷內寵惡之邕恐乃亡命海濱往來依太山羊氏范書邕傳邕亡命江海遠跡吳會晉書景獻羊皇后傳后泰山南城人父衜上黨太守后母陳留蔡氏漢左中郎將邕之女也何焯曰羊祜爲蔡邕外孫蓋以婚姻依之積十年卓爲太尉辟爲掾以高第爲侍御史治書三日中遂至尚書柳從辰曰袁宏紀作三月之間是也御覽二百十二書鈔六十引謝承書亦作三月遷轉雖速亦當無一日一臺之理范書既云周歷則是已歷三官非未拜而又徙官自不可以日計作月固較長但范書後論云信宿三遷似仍作日也後遷巴東太守巴東見武紀建安二十年注潘眉曰蔡邕以初平三年卒時尚未有巴東郡當依范史作巴郡太守至建安六年始分巴郡爲巴東巴西二郡邕已歿九年矣卓上留拜侍中至長安爲左中郎將卓重其才厚遇之每有朝廷事嘗令邕具

草及允將殺邕時名士多爲之言允悔欲止而邕已死

初卓女壻中郎將牛輔胡三省曰姓譜牛本自殷周封微子於宋其裔司寇牛父敗狄於長丘死之其子孫以王父字爲氏典兵別屯陝郡國志司隸弘農郡陝一統志陝縣故城今河南陝州治分遣校尉李傕郭汜胡三省曰傕克角翻汜音祀又孚梵翻張濟略陳留潁川諸縣卓死呂布使李肅至陝欲以詔命誅輔輔等逆與肅戰肅敗走弘農布誅肅范書卓傳初卓以牛輔子壻素所親信使以兵屯陝輔分遣其校尉李傕郭汜張濟將步騎數萬擊破河南尹朱雋於中牟因掠陳留潁川諸縣殺掠男女所過無復遺類

魏書曰輔恇怯失守不能自安常把辟兵符以鈇鑕致其旁欲以自彊見客先使相者相之知有反氣與不又筮知吉凶然後乃見之中郎將董越來就輔輔使筮之得兌下離上筮者曰火勝金外謀內之卦也卽時殺越 獻帝紀云宋本紀作記誤筮人常爲越所鞭故因此以報之

其後輔營兵有夜叛出者營中驚輔以爲皆叛乃取金寶獨與素所厚友胡赤兒等陳景雲曰范書卓傳注引魏志作支胡當從之支胡乃胡號赤兒其名也晉書懷帝紀有支胡五斗弼按范書卓傳注乃引獻帝紀非引魏志仍作支胡與陳說異何焯校本友改支云支胡胡號也趙一清曰支胡胡號也友字誤支字亦非吳翊寅曰支卽氏之誤古氏支同音月氏亦作月支可證趙氏以爲胡號是也五六人相隨踰城北渡河赤兒等利其金寶斬首送長安范書卓傳注獻帝紀曰輔帳下支胡赤兒等素待之過急盡以家寶與之自帶二十餘餅金大白珠瓔胡謂輔曰城北已有馬可去也以繩繫輔腰踰城懸下之未及地丈許放之輔傷腰不能行諸胡共取其金幷珠斬首詣長安比傕等還胡三省曰傕等自陳留潁川還也輔已敗衆無所依欲各散歸既無赦書而聞長安中欲盡誅涼州人憂恐不知所爲用賈詡策遂將其衆而西所在收兵比至長安比及也衆十餘萬范書卓傳傕汜等以王允呂布殺董卓故忿怒幷州人幷州人其在軍者（弼按其字疑衍）男女數百人皆誅殺之牛輔既敗衆無所依欲各散去傕等恐乃先遣使詣長安求乞赦免王允以爲一歲不可再赦不許之傕等益懷憂懼不知所爲武威人賈詡時在傕軍說之曰聞長安中議欲盡誅涼州人諸君若棄軍單行則一亭長能束君矣不如相率而西以攻長安爲董公報仇事濟奉國家以正天下若其不合走未後也傕等然之各相謂曰京師不赦我我當以死決之若攻長安剋則得天下矣不剋則鈔三輔婦女財物西歸鄉里尙可延命衆以爲然於是共結盟率軍數千晨夜西行王允聞之乃遣卓故將胡軫徐榮擊之於新豐榮戰死軫以衆降謝承後漢書云董卓死陝中諸將共相要遣使詣長安相聞求乞大赦尙書令王允等以爲殺卓時已赦今復求乞一歲不可再赦傕等曰京師不赦我我當以死決之若攻長安克之則可得天下不克則盡鈔取三輔婦女財物西上隴西歸鄉里作賊延命尙可數年於是帥兵西向長安本志賈詡傳裴注云是時元惡既梟天地始開厲階重結大梗殷流非由賈詡片言乎自古兆亂未有如是之甚通鑑輯覽曰傕汜之變始於賈詡報讎一言詡雖自爲救命計而其禍至於不可收復則罪實浮於傕汜黃山曰范書卓傳云王允以爲一歲不可再赦不許之案獻紀初平三年正月大赦天下四月誅卓五月又大赦天下李傕等陷長安六月又大赦天下方傕等乞赦時是歲已再更赦矣允安得爲是言乎且卓誅後允原無意罪其部曲故胡軫徐榮並得無嫌是其證也惟傕汜復從牛輔拒敗李肅軍又殺幷州男女數百人新有罪及輔敗從求特赦事容有之允固疑特赦非所以安之故仍不許傕汜輩因造此言以脅衆耳又曰允遣卓故將往仍欲自明無猜而適以僨事坐輕敵致敗也不思傕汜之來求生於死正如困獸之思鬬誠令皇甫嵩深溝高壘拒之於前而使朱雋率一軍以規其後更遣徐榮等誘降其衆賈詡雖智尙安所施乎柳從辰曰袁紀允與士孫瑞議赦卓部曲案允既慮特赦反啟其疑必無更議罷涼州兵事當是或疑涼州人內不自安有議罷者抑有議撫留者耳惟允果不欲啟其疑卽當奏帝請詔一切不問並簡拔其材俊撫而用之則人情自安何爲茫無料理傕等乞赦反拒之邪則史言前後不讎矣

九州春秋曰傕等在陝皆恐怖急擁兵自守胡文才胡軫字文才見吳志孫堅傳注引英雄記軫事又見本志張既傳注引三輔決錄注楊整修惠棟曰楊整修卽楊定也興平元年爲安西將軍二年遷後將軍皆涼州大人章懷云大人謂大家豪右又曰大人長老之稱言尊事之也而司徒王允素所不善也及李傕之叛允乃呼文才整修使東解釋之不假借以溫顏謂曰關東鼠子嚴衍曰時董越屯澠池牛輔屯安邑皆在潼關之東故曰關東鼠子欲何爲邪卿往呼之范書卓傳注引此作卽往曉之於是二人往實召兵而還

與卓故部曲樊稠李蒙王方等合袁宏紀曰蒙後爲傕所殺圍長安城十日城陷與布戰城中布敗走傕等放兵略長安老少殺之悉盡死者狼籍誅殺卓者尸王允於市范書卓傳長安城峻不可攻守之八日呂布軍有叟兵內反引傕衆得入城潰放兵虜掠死者萬餘人殺衛尉种拂等呂布戰敗出奔王允奉天子保宣平城門樓上於是大赦天下李傕郭汜樊稠等皆爲將軍遂圍門樓共表請司徒王允出問太師何罪允窮蹙乃下後數日見殺

張璠漢紀曰布兵敗駐馬青瑣門外離騷欲少留此靈瑣兮注云瑣門鏤也門如連瑣以青畫之則曰青瑣章懷注引前書音義曰以青畫戶邊鏤中天子制也三輔黃圖未央宮有青瑣門衛瓘注吳都賦曰青瑣戶邊青鏤也一曰天子門內有眉格再重裏青畫曰瑣謂允曰公可以去范書允傳去下有乎字允曰安國家吾之上願也范書允傳作若蒙社稷之靈上安國家吾之願也若不獲則奉身以死朝廷幼主恃我而已臨難苟免吾不爲也努力謝關東諸公以國家爲念范書允傳幼主作幼少不爲作不忍諸公下有勤字傕汜入長安城屯南宮掖門殺太僕魯馗馗音逵范書獻帝紀作魯旭魯恭傳長子謙謙子旭官至太僕與司徒王允謀誅董卓及李傕入長安旭與允俱遇害趙一清曰旭卽馗也字異耳大鴻臚周奐三輔決錄注曰奐字文明茂陵人城門校尉崔烈越騎校尉王頎頎音祈范書獻帝紀太僕魯旭上有太常种拂校尉王頎下云並戰歿范書卓傳云衛尉种拂與此異吏民死者不可勝數范書獻帝紀吏民死者萬餘人又云李傕殺司隸校尉黃琬琬傳徙西都轉司隸校尉與司徒王允同謀誅卓及卓將李傕郭汜攻破長安遂收琬下獄死時年五十二司徒王允挾天子上宣平城門避兵三輔黃圖曰長安城東面北頭門號宣平門庾子山云望宣平之貴里言貴戚所居也傕等於城門下拜伏地叩頭帝謂傕等曰卿無作威福而乃放兵縱橫欲何爲乎袁山松書云允謂傕等曰臣無作威作福將軍乃放縱欲何爲乎傕等不應自拜署爲將軍通鑑云帝謂傕等曰卿等放兵縱橫欲何爲乎傕等曰董卓忠於陛下而無故爲呂布所殺臣等爲卓報讎弗敢爲逆也請事竟詣廷尉受罪允窮逼出見傕傕誅允及妻子宗族十餘人長安城中男女大小莫不流涕范書允傳允死時年五十六長子侍中蓋次子景定及宗族十餘人皆見誅害唯兄子晨陵得脫歸鄉里天子感慟百姓喪氣莫敢收允尸者唯故吏平陵令趙戩棄官營喪戩字叔茂長陵人惠棟曰戩岐從子也允字子師太原祁人也郡國志并州太原郡祁一統志祁縣故城今山西太原府祁縣東南五里少有大節郭泰見而奇之曰王生一日千里王佐之才也泰雖先達遂與定交三公並辟歷豫州刺史辟荀爽孔融爲從事遷河南尹尚書令及爲司徒其所以扶持王室甚得大臣之節自天子以下皆倚賴焉卓亦推信之委以朝廷范書允傳董卓遷都關中允悉收斂蘭臺石室圖書祕緯要者以從既至長安皆分別條上又集漢朝舊事所當施用者一皆奏之經籍具存允有力焉時董卓尚留洛陽朝政大小悉委之於允允矯情屈意每相承附卓亦推心不生乖疑故得扶持王室於危亂之中臣主內外莫不倚恃華嶠曰夫士以正立以謀濟以義成若王允之推董卓而分其權伺其閒而弊其罪當此之時天下之難解矣本之皆主於忠義也故推卓不爲失正分權不爲不義伺閒不爲狙詐是以謀濟義成而歸於正也范書允傳論亦同蓋蔚宗本華嶠書也范書贊曰子師圖難晦心傾節功全元醜身殘餘孽時有隆夷事亦工拙章懷注矯性屈意於董卓誅卓爲工被殺爲拙也通鑑輯覽曰誅首惡赦脅從非特自安亦所以安朝廷也允不審權變自復驕傲且議赦議罷毫無斷制以致釀成亂階無足深惜

葬卓於郿大風暴雨震卓墓水流入藏漂其棺槨范書卓傳傕等葬董卓於郿並收董氏所焚尸之灰合斂一棺而葬之葬日大風雨霆震卓墓流水入藏漂其棺木章懷注引獻帝起居注曰冢戶開大風暴雨水土流入杼出之棺向入輒復風雨水溢郭戶如是者三四冢中水半所稠等共下棺又風雨益暴甚遂閉戶戶閉大風復破其冢周壽昌曰獻帝起居注所云更詳悉痛快足見天生惡人以造亂而流毒過甚亦天之所痛恨而不能稍貸也趙一清曰北齊書魏蘭根傳丁母憂將葬常山郡境先有董卓祠祠有柏樹蘭根以卓凶逆不道不應遺祠至今乃伐柏樹以爲槨材人或勸之不伐蘭根盡取之了無疑懼傕爲車騎將軍池陽侯領司隸校尉假節汜爲後將軍

美陽侯稠爲右將軍萬年侯池陽見前郡國志右扶風美陽左馮翊萬年一統志美陽故城今陝西乾州武功縣西南萬年故城今西安府臨潼縣東北七十里錢坫曰漢美陽縣在今扶風縣北二十五里崇正鎭今武功縣西北七里美陽城乃後魏徙置也傕汜稠擅朝政范書卓傳傕加稠汜開府與三公合爲六府皆參選舉章懷注引獻帝起居注曰傕等各欲用其所舉若一違之便忿憤恚怒主者患之乃以次第用其所舉先從傕起汜次之稠次之三公所舉終不見用王先謙曰此時實五府並建蓋多擁空名

英雄記曰傕北地人汜張掖人一名多劉艾獻帝紀曰傕字稚然北地見前張掖見文紀延康元年傕汜皆邊鄙小人董卓餘孽誤於賈詡之策遂爲亂階

濟爲驃騎將軍平陽侯平陽見武紀卷首屯弘農范書獻帝紀卓傳皆云張濟爲鎭東將軍與此異趙一清曰作鎭東是後乃爲驃騎耳是歲韓遂馬騰等降率衆詣長安以遂爲鎭西將軍遣還涼州騰征西將軍屯郿侍中馬宇與諫議大夫种邵左中郎將劉範等謀范書卓傳作右中郎將惠棟曰本紀及种邵傳皆云左中郎將李賢曰範焉之子欲使騰襲長安己爲內應

以誅傕等騰引兵至長平觀章懷注引前書音義曰長平陂名也上有觀在池陽宮南去長安五十里今涇水南原陸城是也（見獻帝紀興平元年注）又曰長平坂名也在池陽南有長平觀去長安五十里（見卓傳注）又云長平陂名也有觀在長安西十五里（見种劭傳）弼按章懷此注同一事實同一地名而一釋爲陂一釋爲阪一釋爲陵一云去長安五十里一云在長安西十五里一云在池陽宮南一云在池陽南前後岐異如此宇等謀泄出奔槐里槐里見前稠擊騰騰敗走還涼州又攻槐里宇等皆死范書卓傳初卓之入關要韓遂馬騰共謀山東遂騰見天下方亂亦欲倚卓起兵興平元年馬騰從隴右來朝進屯霸橋時騰私有求於傕不獲而怒遂與侍中馬宇右中郎將劉範前涼州刺史种邵中郎將杜稟合兵攻傕連日不決韓遂聞之乃率衆來欲和騰傕既而復與騰合种暠傳种子拂字穎伯初平元年代荀爽爲司空以地震策免復爲太常李傕郭汜之亂長安城潰百官多避兵衝拂揮劍而出曰爲國大臣不能止戈除暴致使凶賊兵刃向宮去欲何之遂戰而死子邵字申甫爲侍中卓既擅權而惡邵彊力遂左轉議郎出爲益涼二州刺史會父拂戰死竟不之職服終徵爲少府大鴻臚皆辭不受曰昔我先父以身殉國吾爲臣子不能除殘復怨何面目朝覲明主哉遂與馬騰韓遂及左中郎劉範諫議大夫馬宇共攻李傕郭汜以報其讎與汜戰於長平觀下軍敗邵等皆死騰遂還涼州獻帝紀注引袁宏紀曰是時馬騰以李傕等專亂以益州刺史劉焉宗室大臣遣使招引共誅傕焉遣子範將兵就騰故涼州刺史种邵太常拂之子也拂爲傕所害邵欲報仇遂爲此戰

時三輔民尚數十萬戶傕等放兵劫略攻剽城邑人民饑困二年閒相啖食略盡范書卓傳云時長安中盜賊不禁白日虜掠傕汜稠乃參分城內各備其界猶不能制而其子弟縱橫侵暴百姓獻帝紀云是歲穀一斛五十萬豆麥一斛二十萬人相食啖白骨委積帝使侍御史侯汶出太倉米豆爲飢人作糜經日而死者無數帝疑賦卹有虛迺親於御座前量試作糜迺知非實章懷注引袁宏紀曰時敕侍中劉艾取米豆五升於御前作糜得滿三盂於是詔尚書曰米豆五升得糜三盂而人委頓何也

獻帝記曰是時新遷都宮人多亡衣服帝欲發御府繒以與之李傕弗欲曰宮中有衣胡爲復作邪詔賣廄馬百餘匹御府大司農出雜繒二萬匹與所賣廄馬直賜公卿以下及貧民不能自存者李傕曰我邸閣儲偫少乃悉載置其營賈詡曰此上意不可拒傕不從之

諸將爭權遂殺稠并其衆

九州春秋曰馬騰韓遂之敗樊稠追至陳倉陳倉見武紀建安二十年遂語稠曰天地反覆未可知也本所爭者非私怨王家事耳與足下州里人胡三省曰韓遂金城人與樊稠皆涼州人也今雖小違要當大同欲相與善語以別邂逅萬一不如意後可復相見乎俱卻騎前接馬交臂相加共語良久而別傕兄子利隨稠利還告傕韓樊交馬語不知所道意愛甚密傕以是疑稠與韓遂私和而有異意范書卓傳遂騰走還涼州稠等又追之韓遂使人語稠曰天下反覆未可知相與州里今雖小違要當大同欲共一言乃駢馬交臂相加笑語良久軍還利告傕曰樊韓駢馬笑語不知其辭而意愛甚密於是傕稠始相猜疑袁宏紀初樊稠擊馬騰等李利戰不甚用力稠叱之曰人欲截汝父頭何敢如此我不能斬卿邪利等怒共譖之於傕傕見稠勇而得衆心亦忌之稠欲將兵東出關從傕索益兵因請稠會議便於坐殺稠章懷注引獻帝紀曰傕見稠果勇而得衆心疾害之醉酒潛使外生騎都尉胡封於坐中拉殺稠

汜與傕轉相疑戰鬭長安中

典略曰傕數設酒請汜或留汜止宿汜妻懼傕與汜婢妾而奪己愛官本考證云袁宏漢紀婢妾下多私字思有以離閒之會傕送饋胡三省曰餉食曰饋妻乃以豉爲藥汜將食妻曰食從外來儻

或有故遂摘藥示之曰通鑑摘作擿胡三省曰擿挑也一棲不二雄沈欽韓曰韓非子揚權篇一棲兩雄其鬭㘎㘎惠氏引此誤作有度篇我固疑將軍之信李公也胡三省曰以雞爲喻一棲而兩雄必鬭他日傕復請汜大醉汜疑傕藥之絞糞汁飲之胡三省曰糞汁解衆毒乃解於是遂生嫌隙而治兵相攻

傕質天子於營燒宮殿城門略官寺盡收乘輿服御物置其家章懷注引山陽公載記曰時弓弩並發矢下如雨及御所止高樓殿前帷簾也

獻帝起居注曰初汜謀迎天子幸其營范書卓傳安西將軍楊定者故卓部曲將也懼傕忍害乃與汜合謀迎天子幸其營夜有亡告傕者傕使兄子暹將數千兵圍宮以車三乘迎天子范書作迎天子皇后楊彪曰自古帝王無在人臣家者舉事當合天下心范書作當上順天心局本無下字諸君作此非是也暹曰將軍計定矣於是天子一乘貴人伏氏一乘賈詡左靈一乘其餘皆步從范書卓傳帝於是遂幸傕營彪等皆徒從亂兵入殿掠宮人什物傕又徙御府金帛乘輿器服而放火燒宮殿官府居人悉盡是日傕復移乘輿幸北塢章懷

注引服虔通俗文曰營居曰塢一曰庳城也山陽公載記曰時帝在南塢傕在北塢時流矢中傕左耳乃迎帝幸北塢帝不肯從强之乃行胡三省曰據傕汜和後然後帝得出長安宣平門則北塢蓋在長安城中傕汜於城中各築塢而居也惠棟曰獻帝春秋云使虎賁王曹等三百人以軺車三乘載帝及伏后幸傕營及迎宮人公卿家屬入塢棟案王曹當作王昌趙一清曰范書獻帝紀興平二年三月丙寅李傕脅帝幸其營焚宮室夏四月甲午立貴人伏氏爲皇后丁酉郭汜攻李傕矢及御前是日李傕移帝幸北塢則幸傕營與幸北塢不同日也又卓傳注引獻帝紀曰汜與傕將張苞張龍謀誅傕汜將兵夜攻傕門候開門納汜兵苞等燒屋火不然汜兵弓弩並發矢及天子樓帷簾中

使校尉監塢門內外隔絕諸侍臣皆有饑色時盛暑熱人盡寒心帝求米五斛牛骨五具以賜左右 沈欽韓曰牛骨之肩髀全者爲一具 傕曰朝餔上飯何用米爲乃與腐牛骨皆臭不可食帝大怒欲詰責之 章懷注引獻帝紀曰傕令門設反關校尉守察盛夏炎暑不能得冷水飢渴流離上以前移宮人及侍臣不得以穀米自隨入門有禁防不得出市困乏使就傕索粳米五斛牛骨五具欲爲食賜宮人左右傕不與米取久牛肉牛骨給皆已臭蟲不可啖食 侍中楊琦上封事曰傕邊鄙之人習於夷風今又自知所犯悖逆常有快快之色欲輔車駕幸黃白城以紓其憤臣願陛下忍之未可顯其罪也帝納之初傕屯

黃白城故謀欲徙之 范書卓傳傕尋復欲徙帝於池陽黃白城水經渭水注黃白城本秦曲梁宮也惠棟曰樂史云黃白城在耀州三原縣西南十五里秦曲梁宮在城內三原本漢池陽地王伯厚云李傕亂政天子東遷三輔飢歎乃移保黃白城卽此趙一清曰方輿紀要卷五十三黃白城在西安三原縣西南二十里潘眉曰黃白城在池陽時李傕封池陽侯故欲帝幸黃白城 傕以司徒趙溫不與己同 趙一清曰後漢書趙典傳溫字子柔 乃內溫塢中溫聞傕欲移乘輿與傕書曰公前託爲董公報讎然實屠陷王城殺戮大臣天下不可家見而戶釋也今爭睚眥之隙 章懷注睚音語解反眥音仕懈反廣雅睚裂也或謂裂眥瞋目貌史記曰范睢睚眦之怨必報胡三省曰睚牛懈翻怒視也眥疾智翻目際也毛晃曰厓眥舉目相忤貌亦作眦士懈翻 以成千鈞之讎 章懷注二十斤爲鈞言其重也 民在塗炭各不聊生曾不改寤遂成禍亂朝廷仍下明詔欲令和解詔命不行恩澤日損而復欲輔乘輿於黃白城此誠老夫所不解也於易一過爲過再爲涉三而弗改滅其頂凶 胡三省曰易大過上六曰過涉滅頂凶溫依此而分一再三之義章懷注引王弼曰處大過之極過之甚者也涉難過甚故至于滅頂凶也（見范書趙典傳）惠棟曰風俗通涉始於足足率長十寸十寸則尺一躍三尺法天地人再躍則涉所謂一爲過再爲涉章懷引王注與溫語無涉 不如

早共和解引兵還屯上安萬乘下全生民豈不幸甚傕大怒欲遣人害溫其從弟應溫故掾也 趙一清曰趙典傳作蕤卓從弟應蓋范史之疏 諫之數日乃止帝聞溫與傕書問侍中常洽曰傕弗知臧否溫言太切可爲寒心對曰李應已解之矣帝乃悅 常洽字茂尼江原人爲傕所殺趙溫蜀郡成都人華陽國志云曹公入徙天子都許政出諸侯禮待溫居公位十五年范書趙典傳建安十三年溫以辟司空曹操子丕爲掾操怒奏溫辟忠臣子弟選舉不實免官

傕使公卿詣汜請和汜皆執之 范書卓傳帝使楊彪與司空張喜等十餘人和傕汜汜不從遂質留公卿惠棟曰袁宏紀尚書王隆光祿勳劉淵衞尉士孫瑞太僕韓融廷尉宣璠大鴻臚榮郃大司農朱儁將作大匠梁邵屯騎校尉姜宣等邵一作紹

華嶠漢書曰汜饗公卿議欲攻傕楊彪曰羣臣共鬬一人劫天子一人質公卿此可行乎汜怒欲手刃之中郎將楊密及左右多諫汜乃歸之 范書卓傳汜欲手刃彪彪曰卿尙不奉國家吾豈求生邪

相攻擊連月死者萬數

獻帝起居注曰傕性喜鬼怪左道之術常有道人及女巫歌謳擊鼓下神祠祭六丁符

劾厭勝之具無所不爲又於朝廷省門外爲董卓作神坐數以牛羊祠之訖過省閤問起居 袁宏紀傕信鬼神晝夜祭祀爲董卓設坐三牲祠之祠畢過問帝起居 求入見傕帶三刀 官本三作二 手復與鞭合持一刃侍中侍郎見傕帶仗皆惶恐亦帶劍持刀 何焯校改作刃 先入在帝側傕對帝或言明陛下或言明帝爲帝說郭汜無狀帝亦隨其意答應之傕喜出言明陛下眞賢聖主意遂自信自謂良得天子歡心也 胡三省曰良信也 雖然猶不欲令近臣帶劍在帝邊謂人言此曹子將欲圖我邪而皆持刀也侍中李禎傕州里 州里解見武紀初平元年注 素與傕通語傕所以持刀者軍中不可不爾此國家故事傕意乃解天子以謁者僕射皇甫酈 續百官志謁者僕射一人比千石爲謁者臺率主謁者天子出奉引古重習武有主射以督錄之故曰僕射漢官儀曰秦官也謁請也僕主也古重武事故設主射以督課之也酈嵩從子袁宏紀酈作麗 涼州舊姓有專對之才遣令和傕汜酈先詣汜汜受詔命詣傕傕不肯曰我有呂布之功 袁宏紀呂上有誅字冊府元龜呂上有討字 輔政四年三輔清靜天下所知也郭

多盜馬虜耳何敢乃欲與吾等邪必欲誅之君爲涼州人觀吾方略士衆足辦多不多又劫質公卿所爲如是而君苟欲利郭多李傕有膽自知之鄺答曰昔有窮后羿恃其善射不思患難以至於斃近董公之彊明將軍目所見內有王公以爲內主外有董旻承璜以爲鯁毒鯁毒二字疑誤袁宏紀作內有三公以爲主外有縱橫以爲黨胡玉繙曰鯁讀爲更毒讀爲督言外有旻承璜以更相督治也後漢書段熲傳至今爲鯁李賢注鯁與梗同周禮女祝以時招梗禬禳之事杜子春讀梗爲更是鯁更同聲相通漢書張騫傳身毒在大夏東南師古曰今之天竺後漢杜篤論都賦摧天督李注卽天竺國是毒督祇一聲之轉趙一清曰卓弟旻兄子璜此云旻承璜豈謂董承邪承是河閒人不與卓同郡望蓋因與卓同姓故遂及之卓傳云李傕以故牛輔部曲董承爲安集將軍則是時承實在行閒也呂布受恩而反圖之斯須之閒頭懸竿端袁宏紀作身首異處此有勇而無謀也今將軍身爲上將把鉞仗節袁紀作抱鉞持節子孫握權宗族荷寵國家好爵而皆擄之今郭多劫質公卿將軍脅至尊誰爲輕重邪張濟與郭多楊定有謀又爲冠帶所附楊奉白波帥耳猶知將軍所爲非是將軍雖拜寵之猶不肯盡力也傕不納鄺言而呵之令出鄺出詣省門胡三省曰天子所居曰禁中亦曰省中省門卽禁門也白傕不肯從詔辭語不順侍中胡邈爲傕所幸呼傳詔者令飾其辭又謂鄺曰李將軍於卿不薄又皇甫公爲太尉李將軍力也鄺答曰胡敬才卿爲國家常伯輔弼之臣也語言如此寧可用邪邈曰念卿失李將軍意恐不易耳我與卿何事者鄺言我累世受恩身又常在幃幄君辱臣死當坐國家爲李傕所殺則天命也天子聞鄺答語切恐傕聞之便敕遣鄺鄺裁出營門傕遣虎賁王昌呼之昌知鄺忠直縱令去還答傕言追之不及天子使左中郎將李固持節拜傕爲大司馬在三公之右章懷注亦引獻帝起居注李固作李國潘眉曰大司馬卽太尉旣改大司馬爲太尉又置大司馬在太尉之上非古制也傕自以爲得鬼神之力乃厚賜諸巫傕將楊奉與傕軍吏宋果等謀殺傕事泄遂將兵叛傕傕衆叛稍衰弱胡三省曰果如皇甫鄺之言袁宏紀云侍中楊琦黃門侍郎丁沖鍾繇尚書左丞魯充尚書郎韓斌與傕將楊奉軍吏楊帛謀共殺傕會傕以他事誅帛奉將所領歸汜張濟自陝和解之天子乃得出至新豐霸陵閒范書楊震傳長子牧牧孫奇爲侍中衛尉從獻帝西遷李傕脅帝歸其營奇與黃門侍郎鍾繇誘傕部曲將宋曄楊昂令反傕傕由此孤弱帝乃得東卓傳張濟欲遷帝權幸宏農帝亦思舊京因遣使敎請傕求東歸十反乃許章懷注引袁宏紀曰濟使天官令孫篤校尉張式宣諭十反弼按袁紀作使太官令狐篤綏民校尉張裁宣喻十反與章懷注所引多異又按袁紀云羌胡數來闚省問曰天子在此中邪李將軍許我宮人美女今皆何所在帝患之使侍中劉艾謂宣義將軍賈詡曰卿前奉職公忠故仍升榮寵今羌胡滿路宜思方略詡乃召大帥飲食之許以封賞羌胡乃引去傕由此單弱郡國志司隸京兆尹新豐一統志新豐故城今陝西西安府臨潼縣東北霸陵見明紀景初元年霸城注

獻帝起居注曰初天子出到宣平門當度橋胡三省曰宣平門長安城東出北門第一門趙一清曰水經渭水注霸水又北逕枳道在長安縣東十三里水上有橋謂之霸橋潘眉曰三輔黃圖宣平門外有飲馬橋汜兵數百人遮橋問是天子邪車不得前傕兵數百人皆持大戟在乘輿車左右侍中劉艾大呼云是天子也使侍中楊琦高舉車帷帝言諸兵汝不卻何敢迫近至尊邪汜等兵乃卻既度橋士衆咸呼萬歲袁宏紀云七月甲子車駕出宣平門汜兵數百人前曰此天子非也左右皆將戟欲交侍中劉艾前曰是天子也使參乘高舉帷諸兵何敢逼至尊邪汜兵乃卻士衆皆稱萬歲夜到霸陵從者皆飢張濟賦給各有差傕出屯河陽弼按范書卓傳作李傕出屯曹陽通鑑作屯池陽郭汜復欲脅天子還都郿郿縣見前天子奔奉營奉擊汜破之汜走南山胡三省曰自新豐驪山西接終南謂之南山袁宏紀云郭汜欲令車駕幸高陵公卿及濟以爲宜幸弘農大會議之不決詔尚書郭浦喻汜曰朕遣艱難越在西都感惟宗廟靈爽何日不歎天下未定厥心不革武夫宣威儒德合謀今得東移望遠若近視險如夷弘農近郊廟勿有疑也汜不從章懷注引帝王紀曰帝以尚書郎郭溥喻汜汜以屯部未定乞須留之溥因罵汜曰卿眞庸人賤夫爲國上將今天子有命何須留之吾不忍見卿所行請先殺我以章卿惡汜得溥言切意乃少喻奉及將軍董承以天子還洛陽傕汜悔遣天子復相與和追及天子於弘農之曹陽曹陽見武紀興平二年惠棟曰晉灼漢書注曹陽亭也在弘農東十二里杜佑云陝郡西四十五里有曹陽澗杭世駿曰太平寰宇記云李傕郭汜等追乘輿戰於東澗天子幸曹陽墟次田中今謂之曹陽澗武帝改爲好陽澗王補曰是時沮授勸袁紹西迎大駕卽宮鄴都見紹傳補按紹傳車駕爲李傕所追於曹陽授進是謀考之袁紀通鑑實爲興平二年之冬十二月及曹操奉迎車駕則帝已還洛陽時爲建安元年八月帝以庚申出轘轅而東己已幸曹操營遂還都許是授謀發於操未奉迎之前者且數月矣格於郭圖淳于瓊之梗議紹不果從而遂爲操所先卒如授料奉急招河東故白

波帥韓暹胡才李樂等合與傕汜大戰 薛瑩書曰黃巾郭泰等起於西河白波谷時謂之白波賊 奉兵敗傕等縱兵殺公卿百官略宮人入弘農 趙一清曰後漢書獻帝紀傕汜等追乘輿戰於東澗王師敗績殺光祿勳鄧泉衞尉士孫瑞廷尉宣播大長秋苗祀步兵校尉魏桀侍中朱展射聲校尉沮儁楊奉董承引白波帥胡才李樂韓暹及匈奴右賢王去卑率師奉迎與李傕等戰破之車駕乃進傕等復來追戰王師大敗殺略宮人少府田芬大司農張義等皆戰歿又卓傳張濟合傕汜共追乘輿大戰於弘農東澗承奉軍敗百官士卒死者不可勝數皆棄其婦女輜重御物符策典籍略無所遺射聲校尉沮儁被創墜馬李傕謂左右曰尚可活不儁罵之曰汝等凶逆逼迫天子亂臣賊子未有如汝者傕使殺之承奉密遣使招故白波帥李樂韓暹胡才及南匈奴右賢王去卑並率衆來與承奉擊傕等大破之乘輿乃得進傕等復來戰奉等大敗死者甚於東澗一清案此所敘似誤合兩戰爲一事

獻帝紀曰時尚書令士孫瑞爲亂兵所害 三輔決錄注曰瑞字君榮 榮一作策見范書王允傳 惟本傳前云尚書僕射此云尚書令范書獻帝紀又作衞尉 扶風人世爲學門瑞少傳家業博達無所不通仕歷顯位卓既誅遷大司農爲國三老 三老見高貴鄉公紀甘露三年 每三公缺瑞常在選中 范書王允傳瑞以允自專討董卓之勞故歸功不侯所以獲免於難司馬光曰士孫瑞有功不伐以保其身可不謂之智乎 太尉周忠皇甫嵩司徒淳于嘉趙溫司空楊彪張喜等爲公皆辭拜讓瑞天子都許追論瑞功封子萌澹津亭侯 趙一清曰范書卓傳注引三輔決錄云萌封津亭侯㢸按王粲詩有悠悠澹澧之語文選呂向注澹澧水名在文始封國應作澹津亭侯 萌字文始亦有才學與王粲善臨當就國粲作詩以贈萌萌有答在粲集中 三輔決錄趙岐注云萌年十五能屬文父瑞知王允必敗京師不可居乃命萌將家屬至荊州依劉表去無幾果爲李傕等所殺及天子都許昌追論誅董卓之功封萌爲澹津亭侯

天子走陝 陝見前杜佑曰陝春秋虢國之地所謂北虢也 北渡河 范書獻帝紀作夜度河伏后紀帝乃潛夜度河走章懷注度所在今陝州陝縣北水經曰銅翁仲所沒處是獻帝東遷潛度所汪文臺曰御覽八百十七引華嶠書云董承夜潛過白先具舟船爲應帝步出營臨河岸高不得下時伏德扶中宮一手持十匹絹乃取德絹連續挽而下餘人匍匐岸側或自投死亡 失輜重步行唯皇后貴人從至大陽止人家屋中 范書卓傳同濟唯皇后宋貴人楊彪董承及后父執金吾伏完等數十人其宮女皆爲傕兵所掠奪凍溺死者甚衆既到太陽止於人家郡國志司隸河東郡大陽一統志大陽故城今山西解州平陸縣東北十五里

獻帝紀曰初議者欲令天子浮河東下 袁宏紀曰是時虎賁羽林行者不滿百人傕汜繞營叫呼吏士失色各有分散之意李樂懼欲令車駕御船過砥柱出孟津 太尉楊彪曰臣弘農人從此已東有三十六灘非萬乘所當從也 水經注河水逕大陽縣南又東過底柱閒底柱山名也昔禹治洪水山陵當水者鑿之故破山以通河河水分流包山而過山見水中若柱然故曰底柱三穿既決水勢疏分指狀表目亦曰三門山在虢城東北大陽城東自底柱而下至五戶灘其閒一百二十里有一十九灘水流濬急破舟船自古所患河水又東過平陰縣北又東過河陽縣南則孟津也 劉艾曰 袁紀作宗正劉艾范書作侍中劉艾 臣前爲陝令知其危險有師猶有傾覆況今無師太尉謀是也 袁紀云舊故有河師猶時有傾危 乃止及當北渡使李樂具船天子步行趨河岸岸高不得下董承等謀欲以馬羈相續以繫帝腰時中宮僕伏德扶中宮一手持十匹絹乃取德絹連續爲輦 范書伏后紀后手持縑數匹董承使符節令孫徽以刃脅奪之殺旁侍者血濺后衣 行軍校尉尚弘多力 袁宏紀作向弘 令弘居前負帝乃得下登船其餘不得渡者甚衆復遣船收諸不得渡者皆爭攀船船上人以刃櫟斷其指舟中之指可掬 袁宏紀既至河邊士卒爭赴舟董承李樂以戈擊破之傕見河北有火遣騎候之適見上渡河呼曰汝等將天子去邪董承懼射之以被爲幔既渡幸李樂營

奉暹等遂以天子都安邑 安邑見武紀興平二年注惠棟曰獻帝春秋乘輿到安邑使侍中史跡太僕韓融奉詔詔張濟悉遣宮人公卿以下婦女及乘輿服物車馬諸見略者皆詣安邑 御乘牛車太尉楊彪太僕韓融近臣從者十餘人 范書卓傳河內太守張楊使數千人負米貢餉帝乃御牛車因都安邑河東太守王邑奉獻綿帛悉賦公卿以下封邑爲列侯范書韓韶傳子融字元長獻帝初至太僕互見管寧傳注引先賢行狀 以暹爲征東才爲征西樂征北將軍並與奉承持政 袁宏紀拜胡才爲征北將軍領幷州牧李樂爲征西將軍領涼州牧韓暹爲征東將軍領幽州牧皆假節開府如三公范書卓傳拜胡才征東將軍張楊爲安國將軍皆假節開府其壘壁羣豎競求拜職刻印不給至乃以錐畫之或齎酒肉就天子燕飲 遣融至弘農與傕汜等連和還所略宮人公卿百官及乘輿車馬數乘是時蝗蟲起歲旱無穀從官食棗菜 袁宏紀作後宮食棗菜范書伏后紀既至安邑御服穿敝唯棗栗爲糧范書卓傳初帝入關三輔戶口尚數十萬自傕汜相攻天子東歸後長安城空四十餘日彊者四散羸者相食二三年閒關中無復人跡

魏書曰乘輿時居棘籬中門戶無關閉天子與羣臣會兵士伏籬上觀互相鎭厭以爲笑諸將專權或擅笞殺尙書司隸校尉出入民兵抵擲之諸將或遣婢詣省閤或自齎酒啖過天子飲侍中不通喧呼罵詈遂不能止又競表拜諸營壁民爲部曲求其禮遺醫師走卒皆爲校尉御史刻印不供乃以錐畫示有文字或不時得也范書卓傳章懷注引此作諸將或遣婢詣省問劉攽曰間當作閤周壽昌曰此時天子居棘籬中尙有何省閤可詣乎省問卽存問恐魏書本如是不必作閤字也

諸將不能相率上下亂糧食盡奉暹承乃以天子還洛陽出箕關下軹道趙一清曰水經河水注瀎水出垣縣王屋西山瀎溪夾山東南流逕故城東卽瀎關也獻帝自陝北渡安邑東出瀎關卽是關也方輿紀要卷四十一箕關在山西絳州垣曲縣東北七十里又卷四十九河南懷慶府濟源縣南十三里有軹城卽軹道也張楊以食迎道路拜大司馬語在楊傳范書卓傳建安元年春諸將爭權韓暹遂攻董承承奔張楊楊乃使承先繕修洛宮七月帝還至洛陽幸楊安殿張楊以爲己功故因以楊名殿乃謂諸將曰天子當與天下共之朝廷自有公卿大臣楊當出扞外難何事京師遂還野王楊奉亦出屯梁乃以張楊爲大司馬楊奉爲車騎將軍韓暹爲大將軍領司隸校尉皆假節鉞暹與董承並留宿衞天子入洛陽宮室燒盡街陌荒蕪百官披荊棘依丘牆閒州郡各擁兵自衞莫有至者饑窮稍甚尙書郎以下自出樵采續百官志尙書侍郎三十六人四百石一曹有六人主作文書起草蔡質漢儀曰尙書郎初從三署詣臺試初上臺稱守尙書郎中歲滿稱尙書郎三年稱侍郎或饑死牆壁閒太祖乃迎天子都許范書卓傳暹矜功恣睢干亂政事董承患之潛召兗州牧曹操操乃詣闕貢獻稟公卿以下因奏韓暹張楊之罪暹懼誅單騎奔楊奉帝以暹楊有翼車駕之功詔一切無問於是封衞將軍董承輔國將軍伏完等十餘人爲列侯贈沮儁爲弘農太守曹操以洛陽殘荒遂移帝幸許惠棟曰王應麟云漢潁川許縣本許國魏文帝改曰許昌春秋佐助期曰漢以許昌失天下酈元曰魏承漢歷改名許昌王補曰備敍羣凶劫持車駕流離顚沛之狀及曹氏挾帝之由以明卓雖伏誅其禍實卓致之也暹奉不能奉王法各出奔寇徐揚閒爲劉備所殺范書卓傳楊奉韓暹欲要遮車駕不及曹操擊之奉暹奔袁術遂縱暴揚徐閒明年左將軍劉備誘奉斬之暹懼走還幷州道爲人所殺

英雄記曰備誘奉與相見因於坐上執之暹失奉勢孤時欲走還幷州爲杼秋屯帥張宣所邀殺杼秋見明紀景初二年章懷注引九州春秋曰暹失奉孤特與千餘騎欲歸幷州爲張宣所殺弼按通鑑作特與十餘騎歸幷州爲杼秋令張宣所殺胡注杼秋縣前漢屬梁國後漢屬沛國

董承從太祖歲餘誅范書卓傳帝忌操專逼乃密詔董承使結天下義士共誅之承遂與劉備同謀未發會備出征承更與偏將軍王服長水校尉种輯議郎吳碩結謀事泄承服輯碩皆爲操所誅弼按承召操在建安元年承死在建安五年不止歲餘也建安二年遣謁者僕射裴茂率關西諸將誅傕夷三族裴茂事見武紀建安十九年注又見裴潛傳注引魏略范書獻帝紀建安三年遣謁者裴茂率中郎將段煨討李傕夷三族惠棟曰茂字巨光河東聞喜人裴潛之父也世系云燉煌太守裴遵自雲中從光武平隴蜀徙居河東安邑安順之際徙聞喜曾孫曄幷州刺史度遼將軍生子茂也孫愐曰裴伯益之後封鄿鄉因以爲氏後徙封解邑乃去邑從衣至燉煌太守裴遵始自雲中徙居河東胡三省曰董卓之黨於是盡矣范書卓傳以段煨爲安南將軍封閺鄉侯章懷注閺鄉今虢州縣也說文閺今作閿流俗誤也趙一清曰安南當作安西

典略曰傕頭至有詔高縣

汜爲其將五習所襲死於郿范書卓傳爲其將伍習所殺錢大昭曰五伍古字通左氏傳伍參漢書人表作五參濟饑餓至南陽寇略爲穰人所殺穰見武紀建安二年從子繡攝其衆通鑑張濟自關中引兵入荊州界攻穰城（穰縣屬南陽郡）爲流矢所中死濟族子建忠將軍繡代領其衆才樂留河東才爲怨家所殺樂病死遂騰自還涼州更相寇後騰入爲衞尉子超領其部曲十六年超與關中諸將及遂等反太祖征破之語在武紀遂奔金城爲其將所殺遂爲麴演蔣石等所殺見武紀建安二十年超據漢陽騰坐夷三族趙衢等舉義兵討超超走漢中從張魯後奔劉備死於蜀

袁紹字本初汝南汝陽人也郡國志豫州汝南郡汝陽前書作女陽師古曰女讀曰汝水經潁水東過西華縣北又南過女陽縣北酈注云縣故城南有汝水支流故縣得厥稱闞駰曰本汝水別流其後枯竭號曰死汝水故其字無水余按汝女乃方俗之音故字隨讀改未必一如闞氏之說以窮通損字也一統志汝陽故城今河南陳州府商水縣西北高祖父安爲漢司徒自安以下四世居三公位由是勢傾天下胡三省曰袁安爲司空司徒子敞爲司空孫湯爲司空司徒太尉湯子逢爲司空少子隗亦爲三公是累世貴寵也

朱邦衡曰紹雖與卓術有閒然無匡輔漢室之志而又剛愎無謀以喪厥身皆亂賊之無成者耳陳氏列爲一傳可爲特識弼按紹之誤國在召卓兵合傳之意或在於此

華嶠漢書曰安字邵公好學有威重明帝時爲楚郡太守 郡國志徐州彭城國劉昭注高帝置爲楚章帝改錢大昕曰袁安爲楚郡太守然則國除之後本爲楚郡至肅宗遺詔徙封六安王恭爲彭城王乃更爲彭城國也彭城見武紀建安三年 治楚王獄所申理者四百餘家皆蒙全濟 范書袁安傳永平十三年楚王英謀爲逆事下郡覆考明年三府舉安能理劇拜楚郡太守是時英辭所連及繫者數千家顯宗怒甚吏案之急迫痛自誣死者甚衆安到郡不入府先往案獄理其無明驗者條上出之府丞掾史皆叩頭爭以爲阿附反虜法與同罪不可安曰如有不合太守自當坐之不以相及也逢分別具奏帝感悟卽報許得出者四百餘家 安遂爲名臣章帝時至司徒生蜀郡太守 蜀郡見武紀卷首 京京弟敞爲司空 京字仲譽敞字叔平 京子陽太尉 陽范書袁紹傳作湯各本皆作陽官本改作湯潘眉曰桓帝紀司空袁湯爲司徒又司徒袁湯爲太尉又太尉袁湯免字竝作湯周壽昌曰作陽者因湯字近而誤弼按湯字仲河子逢字周陽隗字次陽似無父名陽而子以陽爲字者以作湯爲是又按湯初爲陳留太守有陳留耆舊傳見袁宏紀 陽四子長子平 范書袁安傳湯長子成早卒次子逢逢弟隗不言有長子平然章懷注引風俗通云湯有子十二人則當有長子平也 平弟成左中郎將 范書袁安傳作左中郎錢大昕曰左中郎似失之何焯云左中郎當有將字范書袁紹傳作五官中郎將 竝早卒成弟逢逢弟隗皆爲公 惠棟曰案西嶽華山碑逢嘗歷弘農京兆二郡太守在桓帝延熹中

魏書曰自安以下皆博愛容衆無所揀擇賓客入其門無賢愚皆得所欲爲天下所歸紹卽逢之庶子術異母弟也 宋本元本馮本弟作兄 出後成爲子 章懷注引袁山松書曰紹司空逢之孽子出後伯父成魏書亦同洪亮吉曰案魏書並云術異母弟觀術與公孫瓚書言紹非袁氏子則孽子之言或信（弼按公孫瓚上疏數紹罪云紹母親爲傳婢地實微賤）然案英雄記紹生而父死後追行父服范史亦載幼孤追服之事今考逢以靈帝光和二年罷司空復爲執金吾而卒紹中平三年（弼按三字當係五字之誤）已爲佐軍校尉相距不過九年且前又歷官郎令復遭母憂與追服父服六年後更歷侍御史虎賁中郎將而爲校尉則逢卒時紹久已逾成人安得云幼孤與生而父死之說乎紹斷非逢子可知魏書爲術異母兄弟亦無所徵當以陳范兩書爲是裴松之注陳志於紹爲逢子猶置疑詞蓋亦不深考也弼按范書袁安傳云成子紹逢子術又云逢卒子基嗣又云卓忿紹術背己遂誅隗及術兄基等獻帝紀章懷注云基袁術之母兄陳志術傳云術爲紹之從弟皇甫謐逸士傳云袁紹與弟術喪母歸葬汝南會者三萬人當時各家紀載傳聞異辭裴注存疑蓋有故矣

英雄記曰成字文開壯健有部分貴戚權豪自大將軍梁冀以下皆與結好言無不從 范書紹傳紹壯健好交結大將軍梁冀以下莫不善之何焯曰此指其父成衍紹字洪亮吉曰案英雄記所云則范書紹傳壯健好交結二語當屬紹父成下云紹少爲郎始敘明紹 故京師爲作諺曰事不諧問文開

紹有姿貌威容 宋本元本馮本貌作皃 能折節下士士多附之太祖少與交焉以大將軍掾爲侍御史 大將軍掾見甄后傳侍御史見文紀延康元年

英雄記曰紹生而父死二公愛之幼使爲郎 郎見武紀卷首 弱冠除濮陽長 濮陽見武紀初平二年范書許劭傳同郡袁紹公族豪俠去濮陽令歸車徒甚盛將入郡界乃謝遣賓客曰吾輿服豈可使許子將見遂以單車歸家 有淸名遭母喪服竟又追行父服凡在冢廬六年 周壽昌曰紹爲庶出此必其嫡母也然漢臣久不服親喪紹爲母服三年喪又能追行父服此正紹少年養名之時也觀獻帝春秋云董卓收紹母及姊妹嬰孩以上五十餘人下獄死足徵紹之生母慘死在後而紹蕩然忘哀視行嫡母服時又一人矣 禮畢隱居洛陽不妄通賓客非海內知名不得相見又好游俠 何焯云游俠之歸必爲亂首諸袁是已曹操所語王儁者上之人當圖之於未形也儁事見武紀建安十三年注 與張孟卓何伯求吳子卿許子遠伍德瑜等皆爲奔走之友不應辟命 惠棟曰孟卓名邈伯求名顒子遠名攸子卿未詳其名弼按何顒事見本志武紀卷首又見荀彧荀攸傳及注隋志有何顒使君家傳一卷英雄記德瑜名瓊謝承後漢書德瑜名孚見前董卓傳注 中常侍趙忠謂諸黃門曰袁本初坐作聲價不應呼召而養死士不知此兒欲何所爲乎紹叔父隗聞之責數紹曰汝且破我家紹於是乃起應大將軍之命 范書紹傳紹有姿貌威容愛士養名既累世臺司賓客所歸加傾心折節莫不爭赴其庭士無貴賤與之抗禮輜軿柴轂塡接街陌內官皆惡之後辟大將軍何進掾爲侍御史虎賁中郎將惠棟曰英雄記紹舉高第遷侍御史弟術爲尙書紹不欲爲臺下告病求退沈家本曰范書紹傳云叔父太傅隗聞而呼紹以忠言責之紹終不改與此注不同 臣松之案魏書云紹逢之庶子出後伯父成如此記所言則似實成所生夫人追服所生禮無其文況於所後而可以行之二書未詳孰是

稍遷中軍校尉 范書紹傳中平五年初置西園八校尉以紹爲佐軍校尉樂資山陽公載記曰虎賁中郎將袁紹爲中軍校尉洪頤煊曰何進

傳作中軍校尉袁紹蓋勳傳五行志俱作佐軍校尉袁紹至司隸范書何進傳及通鑑皆言進於是以紹爲司隸校尉假節專命擊斷在召董卓之後

靈帝崩太后兄大將軍何進與紹謀誅諸閹官續漢書曰紹使客張津說進曰惠棟曰津字子雲南陽人後爲交州刺史見吳志黃門常侍秉權日久又永樂太后與諸常侍專通財利范書何進傳黃門常侍又與長樂太后專通姦利章懷注靈帝母董太后居長樂宮弼按范書董后紀后居南宮嘉德殿宮稱永樂又云請永樂宮還宮本國以作永樂爲是將軍宜整頓天下爲海內除患進以爲然遂與紹結謀

太后不從乃召董卓欲以脅太后范書公孫瓚傳瓚上疏曰袁紹昔爲司隸招來不軌疑誤社稷至令丁原焚燒孟津董卓造爲亂始紹罪一也續漢書曰紹詐令武猛都尉丁原放兵數千人爲賊於河內稱黑山伯上事以誅趙忠等爲辭燒平陰河津莫府人舍以怖動太后何焯曰紹勸進召董卓爲謀不臧漢室破壞而袁宗先受其殃天下之罪魁也常侍黃門聞之常侍黃門見武紀卷首皆詣進謝唯所錯置時紹勸進便可於此決之胡三省曰勸進於此時悉誅之也至于再三而

進不許何焯曰進意既同紹爲司隸乘讓忠之出選爪牙武吏執取渠魁盡之于獄反掌可以集事徒見王甫既誅陽球旋亦受禍欲措其身于萬全之地惟望進之早斷不敢自決耳弼按紹時爲司隸校尉假節專命擊斷可行其職權不必謀進何說是也又按何進之謀誅閹官乃與黃門蹇碩爭權欲藉以除之耳非眞有埽清奸穢之志爲國家去毒賊也蹇碩既誅中常侍郭勝等又親信何氏故其計久不決紹謀亦不用也令紹使洛陽方略武吏檢司諸官者又令紹弟虎賁中郎將術選溫厚虎賁二百人趙一清曰楊子方言燕齊之閒養馬者謂之娠郭注今之温厚也當入禁中代持兵黃門陛守門戶中常侍段珪等矯太后命召進入議遂殺之宮中亂范書何進傳進與紹定籌策而以其計白太后太后不聽進難違太后意紹又爲畫策多召四方猛將及諸豪傑使並引兵向京城以脅太后進然之遂召董卓屯上林苑橋瑁屯成皋使丁原燒孟津火照城中皆以誅宦官爲言太后猶不從進於是以紹爲司隸校尉假節專命擊斷從事中郎王允爲河南尹紹使洛陽方略武吏司察宦者而促董卓等使馳驛上欲進兵平樂觀太后乃恐悉罷中常侍小黃門使還里舍惟留進素所私人以守省中諸常侍小黃門皆詣進謝罪惟所措置進謂曰天下匈匈正患諸君耳今董卓垂至諸君何不早各就國袁紹勸進便於此決之至於再三進不許紹又爲書告州郡詐宣進意使捕案中官親屬進謀積日頗泄中官懼而思變張讓子婦太后之娣也子婦言於舞陽君入白太后乃詔諸常侍皆復入直八月進入長樂白太后請盡誅諸常侍以下選三署郎入守宦官廬張讓等使人潛聽具聞其語乃率常侍段珪畢嵐等數十人持兵竊自側闥入伏省中及進出因詐以太后詔召進入坐省閤讓等詰進曰天下憒憒亦非獨我曹罪也今乃欲滅我曹種族不亦太甚乎於是尚方監渠穆拔劒斬進於嘉德殿前讓珪等爲詔以故太尉樊陵爲司隸校尉少府許相爲河南尹尚書得詔板疑之曰請大將軍出共議中黃門以進頭擲與尚書曰何進謀反已伏誅矣

九州春秋曰初紹說進曰黃門常侍累世太盛威服海內前竇武欲誅之而反爲所害但坐言語漏泄以五營士爲兵故耳續百官志北軍中候一人掌監五營謂屯騎越騎步兵長水射聲五校尉也五營士生長京師服畏中人而竇氏反用其鋒遂果叛走歸黃門是以自取破滅范書竇武傳營府兵素畏服中官胡三省曰營府謂五營校尉府也今將軍以元舅之尊二府並領勁兵范書何進傳作兄弟並領勁兵時進爲大將軍弟苗爲車騎將軍其部曲將吏皆英雄名士樂盡死力事在掌握天贊其時也今爲天下誅除貪穢功勳顯著垂名後世雖周之申伯何足道哉章懷注申伯周申后父也詩大雅曰唯申及甫唯周之翰今大行在前殿章懷注人主崩未有謚故稱大行也前書音義曰大行者不反之辭也將軍以詔書領兵衞守可勿

入宮范書何進傳作將軍宜受詔領禁兵不宜輕出入宮省進納其言後更狐疑紹懼進之改變脅進曰今交搆已成形勢已露將軍何爲不早決之事留變生後機禍至進不從遂敗

術將虎賁燒南宮嘉德殿青瑣門欲以迫出珪等章懷注嘉德殿在南宮九龍門內范書紹傳術燒南宮九龍門袁宏紀作青瑣門青瑣門解見董卓傳注引張璠漢紀呂布駐馬青瑣門外珪等不出劫帝及帝弟陳留王走小平津小平津見董卓傳紹既斬宦者所署司隸校尉許相侯康曰後漢書靈帝紀云中平六年司隸校尉袁紹勒兵收僞司隸校尉樊陵河南尹許相及諸閹人無少長皆斬之此云司隸校尉許相誤也許相以詔事宦官致位台司封侯見范書許劭傳沈家本曰疑此傳司隸校尉下奪樊陵河南尹五字遂勒兵捕諸閹人無少長皆殺之或有無鬚而誤死者至自發露形體而後得免宦者或有行善自守而猶見及其濫如此死者二千餘人范書何進傳或有無須而誤死者至自發露然後得免者二千餘人劉攽曰案文少一死字是時宦官死者二千餘人耳若無須發露得免者二千人則死者何可勝計矣惠棟曰依魏志免下脫一死字急追珪等珪等悉赴河

死范書靈帝紀尙書盧植追讓等斬數人其餘投河而死章懷注引獻帝春秋云河南中部掾閔貢見天子出率騎追之北到河上（御覽作比曉到河上）天子飢渴貢宰羊進之厲聲責讓等曰君以閹宦之隸刀鋸之賤越從汙泥扶侍日月賣弄國恩階賤爲貴劫迫帝王蕩覆王室假息漏刻游魂河津自亡新以來姦臣賊子未有如君者今不速死吾射殺汝讓等惶怖叉手再拜叩頭向天子辭曰臣等死陛下自愛遂投河而死帝得還宮董卓呼紹議欲廢帝立陳留王是時紹叔父隗爲太傅紹僞許之曰此大事出當與太傅議卓曰劉氏種不足復遺紹不應橫刀長揖而去趙一清曰范書紹傳注引英雄記曰紹揖卓去坐中驚愕卓新至見紹大家故不敢害一清案續百官志注引蔡質漢儀曰司隸校尉每會後到先去紹時爲司隸故用此儀徑去

獻帝春秋曰卓欲廢帝謂紹曰皇帝沖闇非萬乘之主馮本乘作機官本考證曰監本訛作萬機今改正陳留王猶勝今欲立之人有少智宋本元本少作小通鑑同大或癡亦知復何如爲當且爾胡三省曰且爾猶言且如此也卓意欲廢漢自立卿不見靈帝乎念此令人憤毒范書紹傳卓議欲廢立謂紹曰天下之主宜得賢明每念靈帝令人憤毒董侯似可今當立之章懷云毒恨也惠棟曰獻帝爲董太后所養故云董侯紹曰漢家君天下四百許年恩澤

深渥兆民戴之來久通鑑無來久二字何校改作永久今帝雖幼沖未有不善宣聞天下公欲廢嫡立庶宋本元本馮本嫡作適恐衆不從公議也卓謂紹曰豎子天下事豈不決我范書作卓按劍叱紹曰豎子敢然天下之事豈不在我我今爲之誰敢不從爾謂董卓刀爲不利乎紹曰天下健者豈唯董公引佩刀橫揖而出范書作橫刀長揖徑出通鑑作引佩刀橫揖徑出臣松之以爲紹于時與卓未搆嫌隙故卓與之諮謀若但以言議不同便罵爲豎子而有推刃之心及紹復答屈彊爲甚卓又安能容忍而不加害乎且如紹此言進非亮正退違詭遜而顯其競爽之旨以觸哮闞之鋒有志功業者理豈然哉此語妄之甚矣郝經曰時卓暴戾氣淩一時決計廢立而紹忤之故致忿罵紹亦一時之傑揖之而去亦其宜也是不爲妄弼按豎子之語正類獷悍武夫所言英雄記言卓新至見紹大家故不敢害可釋松之之疑

紹既出遂亡奔冀州范書紹傳紹懸節於上東門而奔冀州胡三省曰懸所假司隸節也侍中周毖城門校尉伍瓊通鑑作尙書武威周毖城門校尉汝南伍瓊考異曰范書云吏部尙書漢陽周毖侍中汝南伍瓊袁紀作侍中周珌今從魏志及英雄記弼按范書紹傳作侍中周珌城門校尉伍瓊獻帝紀作城門校尉伍瓊督軍校尉周珌章懷云珌音必東觀記曰周珌豫州刺史愼之子也續漢書魏志並作毖音祕餘見董卓傳議郎何顒等皆名士也卓信之何焯曰東漢崇尙信義一時名士風流最盛凶暴如卓亦信用之習俗之移人如此而陰爲紹乃說卓曰夫廢立大事非常人所及紹不達大體恐懼故出奔非有他志也今購之急勢必爲變袁氏樹恩四世門生故吏徧於天下若收豪傑以聚徒衆英雄因之而起則山東非公之有也不如赦之拜一郡守則紹喜於免罪必無患矣卓以爲然乃拜紹勃海太守封邟鄉侯勃海見武紀初平元年范書黃瓊傳封瓊爲邟鄉侯章懷注說文云邟穎川縣也漢穎川有周承休侯國元始二年更名曰邟音亢沈欽韓曰二漢志穎川均無邟縣說文蓋謂鄉爲縣也弼按范書紹傳紹猶稱兼司隸後紹上書云卓結外援卽臣勃海申以軍號章懷注引山陽公載記曰董卓以紹爲前將軍封邟鄉侯紹受侯不受前將軍紹遂以勃海起兵將以誅卓語在武紀紹自號車騎將軍主盟通鑑紹自號車騎將軍諸將皆板授官號胡注時卓挾天子紹等罔攸稟命故權宜板授官號與冀州牧

韓馥立幽州牧劉虞爲帝何焯曰紹此舉更誤方起兵討卓以廢弑少帝爲辭乃欲舍立疏宗蹈其覆轍終以獻帝君臣之好不固狐疑未卽奉迎曹操先之使號令爲他人所假不戰而成敗異勢矣遣使奉章詣虞虞不敢受後馥軍安平郡國志冀州安平國安平故屬涿一統志故城今直隸深州安平縣治爲公孫瓚所敗瓚遂引兵入冀州以討卓爲名內欲襲馥馥懷不自安

英雄記曰逢紀說紹曰將軍舉大事而仰人資給不據一州無以自全紹答云冀州兵彊吾士飢乏設不能辦官本辨作辦無所容立紀曰可與公孫瓚相聞導使來南擊取冀州公孫必至而馥懼矣因使說利害爲陳禍福馥必遜讓於此之際可據其位紹從其言而瓚果來范書紹傳紹客逢紀謂紹曰夫舉大事非據一州無以自立今冀部强實而韓馥庸才可密要公孫瓚將兵南下馥聞必駭懼并遣辯士爲陳禍福馥迫於倉卒必可因據其位紹然之益親紀卽以書與瓚瓚遂引兵而至外託董卓而陰謀襲馥

會卓西入關紹還軍延津延津見武紀建安五年因馥惶遽使陳留高幹穎川

荀諶等說馥曰范書作紹乃使外甥陳留高幹及潁川荀諶等說馥通鑑作使外甥陳留高幹及馥所親潁川辛評荀諶郭圖等說馥謝承書幹字元才才志宏逸文武秀出父躬蜀郡太守祖賜司隸校尉范書臧洪傳昔張景明登壇喢血奉辭奔走卒使韓馥讓印章懷注引英雄記云袁紹使張景高元才說韓馥使讓冀州與紹然則馥之讓位景明亦有其功趙一清曰景明名導見水經注公孫瓚承勝來向南而諸郡應之袁車騎引軍東向通鑑胡注自河內至延津爲東向此其意不可知竊爲將軍危之馥曰爲之柰何諶曰公孫提燕代之卒其鋒不可當袁氏一時之傑必不爲將軍下夫冀州天下之重資也若兩雄幷力兵交於城下危亡可立而待也夫袁氏將軍之舊且同盟也當今爲將軍計莫若舉冀州以讓袁氏袁氏得冀州則瓚不能與之爭必厚德將軍冀州入於親交是將軍有讓賢之名而身安於泰山也願將軍勿疑范書紹傳諶曰君自料寬仁容衆爲天下所附孰與袁氏馥曰不如也臨危吐決智勇邁於人又孰與袁氏馥曰不如也世布恩德天下家受其惠又孰與袁氏馥曰不如也

諶曰勃海雖郡其實州也今將軍資三不如之勢久處其上袁氏一時之傑必不爲將軍下也馥素恇怯因然其計馥長史耿武通鑑考異曰九州春秋作耿彧別駕閔純治中李歷諫馥曰章懷注引英雄記曰耿武字文威閔純字伯典後袁紹至馥從事十人棄馥去惟恐在後獨武純仗刀拒兵不能禁紹後令田豐殺此二人錢大昕曰范書紹傳亦載此事同時進諫者有騎都尉沮授而無李歷王補曰魏志言諫者有李歷而無沮授通鑑從之觀授之附紹蓋當日未必諫也當以魏志爲是柳從辰曰據袁紀諫馥者實四人沮授李歷皆在冀州雖鄙帶甲百萬穀支十年袁紹孤客窮軍仰我鼻息胡三省曰鼻息氣一出入之頃也鼻氣噓之則溫吸之則寒故云然譬如嬰兒在股掌之上絕其哺乳立可餓殺柰何乃欲以州與之馥曰吾袁氏故吏且才不如本初度德而讓古人所貴諸君獨何病焉從事趙浮程奐范書作渙請以兵拒之馥又不聽乃讓紹

九州春秋曰馥遣都督從事趙浮程奐將彊弩萬張屯河陽范書通鑑均作屯孟津浮等聞馥欲以冀州與紹自孟津馳東下時紹尚在朝歌清水口胡三省曰據水經清水出河內修武縣逕獲嘉汲縣而入於河不至朝歌惟淇水則逕朝歌耳蓋俗亦呼淇水爲清水據九州春秋紹時在朝歌清水口浮等自孟津東下則兩軍皆舟行大河而向鄴也清水口卽淇口南岸卽延津趙一清曰寰宇記卷五十六清水與淇水合東入白溝淇口水出共山東至衛縣西一里又南流二十三里與清水合入河謂之淇水口浮等從後來船數百艘衆萬餘人整兵鼓英雄記鼓上有駭字夜過紹營紹甚惡之浮等到謂馥曰袁本初軍無斗糧各已離散英雄記已作欲雖有張楊於扶羅新附吳本毛本作於浮羅誤錢大昕曰張楊傳作於夫羅浮夫聲相近未肯爲用不足敵也小從事等請自以見兵拒之旬日之閒必土崩瓦解明將軍但當開閤高枕英雄記開閤作閉戶何憂何懼馥不從乃避位出居趙忠故舍遣子齎冀州印綬於黎陽與紹

紹遂領冀州牧范書紹傳紹承制以馥爲奮威將軍而無所將御從事沮授原注沮音葅說紹曰范書紹傳紹引沮授爲別駕因謂授曰今賊臣作亂朝廷遷移吾歷世受寵志竭力命興復漢室然齊桓非夷吾不能成霸句踐非范蠡無以存國今欲與卿戮力同心共安社稷將何以匡濟之乎胡三省曰沮千余翻又音諸姓也黃帝史官沮誦之後存硯樓集近宜興儲大文撰有沮授補傳見史通通釋卷二小注將軍弱冠

登朝則播名海內值廢立之際則忠義奮發單騎出奔則董卓懷怖范書怖作懼濟河而北則勃海稽首范書首作服章懷注稽音啟振一郡之卒范書振作擁撮冀州之衆廣雅曰撮持也威震河朔范書震作陵名重天下雖黃巾猾亂黑山跋扈舉軍東向則青州可定還討黑山則張燕可滅范書名重天下下作若舉軍東向則黃巾可埽還討黑山則張燕可滅章懷注黑山在今衛州衛縣西北弼按章懷又引九州春秋載張燕事與本志張燕傳同不錄黑山見武紀初平二年回衆北首則公孫必喪范書衆作師喪作禽柳從辰曰袁紀作劉虞必喪今按授欲使紹合四州之地而紹奪冀州在初平二年其時幽州南屬劉虞不屬公孫瓚袁紀作劉虞似亦可通然虞不喜爭戰非紹所忌魏志原作則公孫必喪陳書出袁紀前自可信震脅戎狄則匈奴必從范書必從作立定橫大河之北合四州之地官本考證云監本州誤作川收英雄之才范書才作士擁百萬之衆迎大駕於西京范書西京作長安復宗廟於洛邑號令天下以討未復范書以作誅以此爭鋒誰能敵之比及數年此功不難或曰授此說甚正紹若能

從之河汾復唐之功也惜紹既非其才又懷挾自私遂至敗亡紹喜曰此吾心也左傳秦伯曰是吾心也即表授爲監軍奮威將軍范書作卽表授爲奮武將軍使監護諸將通鑑從之潘眉曰前漢任千秋爲奮威將軍漢末魏武行奮武將軍奮威奮武皆有未知執是趙一淸曰范書紹傳作奮武將軍是也時以韓馥爲奮威將軍不得回授沮生也周壽昌曰范書紹傳明云以馥爲奮威將軍而無所將御是僅畀以虛銜而不與軍事至授則表爲此官卽以監護諸將安知非紹特以此相形激馥使去邪據此作奮威爲是弼按呂布爲奮威將軍宋書百官志云奮武將軍呂布爲之蓋此類雜號將軍本無定員故記載亦互有岐異也

獻帝傳曰沮授廣平人廣平見武紀建安十七年少有大志多權略仕州別駕州別駕見武紀初平三年舉茂才續百官志諸州常以八月巡行所部郡國考殿最劉昭注胡廣曰州又狀州中吏民茂才異等歲舉一人弼按郡國舉孝廉口二十萬人舉一人按人口比例茂才則州舉一人視孝廉尤殊異也歷二縣令又爲韓馥別駕表拜騎都尉騎都尉見武紀卷首袁紹得冀州又辟焉英雄記曰是時年號初平紹字本初自以爲年與字合必能克平禍亂

卓遣執金吾胡母班將作大匠吳脩齎詔書喻紹紹使河內太守王

匡殺之鄭樵通志卷二十七氏族略胡母氏嬀姓齊宣王封母弟於母鄉其鄉本胡國因曰胡母氏范書獻帝紀章懷注引風俗通云胡母姓本陳胡公之後也公子完奔齊遂有齊國齊宣王母弟別封母鄉遠本胡國近取母邑故曰胡母氏史記索隱胡母姓也母音無趙一淸曰范書紹傳卓遣大鴻臚韓融少府陰循執金吾胡母班將作大匠吳循越騎校尉王瓌譬解紹等諸軍紹使王匡殺班瓌吳循等袁術亦執殺陰循惟韓融以名德免注引海內先賢傳曰韓融字元長穎川人楚國先賢傳曰陰循字元基南陽新野人一淸案循脩二字古多以形近相亂錢大昕曰范書獻帝紀循皆作脩魏志亦作吳脩當以脩爲正弼按通鑑亦作吳脩王匡事見武紀初平元年注沈家本曰范書獻帝紀袁術王匡殺胡母班等在初平元年六月而紹得冀州在二年七月此敍殺班等於得冀州之後與范書不同

漢末名士錄曰沈家本曰漢末名士錄隋唐志不著錄此注所引及劉表傳注荀攸傳注所引皆漢末人也班字季皮章懷注引此作季友風俗通卷三作胡母季皮太山人少與山陽度尙東平張邈等八人太山山陽見武紀初平元年東平見武紀初平三年並輕財赴義振濟人士世謂之八廚范書黨錮傳度尙張邈王考劉儒胡母班秦周蕃嚮王章爲八廚廚者言能以財救人者也

謝承後漢書曰班王匡之妹夫董卓使班奉詔到河內解釋義兵匡受袁紹旨收班繫獄欲殺之以徇軍班與匡書云自古以來未有下土諸侯舉兵向京師者劉向傳曰馮本劉上空格誤擲鼠忌器器猶忌之況卓今處宮闕之內以天子爲藩屏幼主在宮如何可討僕與太傅馬公太僕趙岐少府陰脩俱受詔命侯康曰通鑑考異云范書初平元年六月遣韓融等安集關東袁術王匡各執而殺之三年八月遣馬日磾及趙岐慰撫天下袁紀遣馬趙亦在三年八月時董卓已死而此書云與馬趙俱受詔又云恚卓遷怒自相乖迕疑非班書案温公之疑是也馬日磾爲太傅在董卓誅後趙岐爲太僕本傳雖未明繫何年而本紀初平元年有太僕王允太僕袁基二年有太僕魯旭（弼案太僕魯旭在初平三年二字誤）其下乃稱太僕趙岐則岐必代魯旭爲太僕者亦在董卓伏誅後今胡母班奉卓命撫集關東而稱馬趙爲太傅太僕豈非妄哉關東諸郡雖實嫉卓猶以銜奉王命不敢玷辱而足下獨囚僕於獄欲以釁鼓此悖暴無道之甚者也僕與董卓有何親戚義豈同惡而足下張狼虎之口吐長蛇之毒恚卓遷怒何甚酷哉死人之所難章懷注引此甚作其死下有者字然恥爲狂夫所害若亡者有靈當訴足下於皇天夫婚姻者禍福之機今日著矣曩爲一體今爲血讎亡人子二人章懷注引此作亡人二女則君之甥身沒之後愼勿令臨僕尸骸也匡得書抱班二子而泣班遂死於獄

班嘗見太山府君及河伯事在搜神記語多不載

卓聞紹得關東乃悉誅紹宗族太傅隗等范書獻帝紀初平元年三月戊午董卓殺太傅袁隗太僕袁基夷其族章懷注隗紹之叔父基袁術之母兄又紹傳注引獻帝春秋曰卓使司隸宣璠盡口收之母及姊妹嬰孩以上五十餘人下獄死又引卓別傳曰悉埋青城門外東都門內而加書焉又恐有盜取者復以尸送郿藏之范書袁安傳誅隗及術兄基等男女二十餘人通鑑作尺口以上五十餘人胡三省曰尺謂嬰孩也沈家本曰時紹方得冀州地在大河之北而稱關東者對關中言也范書本傳卓之誅隗等在紹起山東之時此敍於紹得冀州之後先後不同獻紀書此事於初平元年三月戊午日月皆備似范書爲是然卓傳注引英雄記卓既死諸袁門生故吏改殯諸袁死于郿者范書紹傳注引卓別傳悉埋青城門外東都門內而加書焉又恐有盜取者復以尸送郿藏之青城門東都門並長安城門見黃圖又似諸袁之死實在卓既入關之後者或者卓先驅之入關後又殺之乎袁術傳注引吳書紹與術議立劉虞爲帝事紹術書中有室家見戮門戶滅絕之語是隗等之死在紹等議立劉虞之先武紀兩書袁紹韓馥謀立劉虞爲帝一在初平元年一在二年春並在紹得冀州之先然則隗等之死范書所載年月不誤當是時豪俠多附紹皆思爲之報州郡蜂起宋本元本馮本蜂作鋒范書作蜂莫不假其名馥懷懼從紹索去往依張邈

英雄記曰紹以河內朱漢爲都官從事 都官從事見董卓傳胡三省曰紹置都官從事則猶領司隸校尉也 漢先時爲馥所不禮內懷怨恨且欲邀迎紹意 宋本邀作徼范書通鑑同 擅發城郭兵圍守馥第拔刃登屋馥走上樓收得馥大兒槌折兩腳紹亦立收漢殺之馥猶有憂怖故報紹索去後紹遣使詣邈有所計議與邈耳語馥在坐上謂見圖構無何起至溷自殺 范書紹傳紹遣使詣邈有所計議因共耳語馥時在坐謂見圖謀無何如廁自殺章懷注引九州春秋曰至廁因以書刀自殺周壽昌曰韓馥前忌紹後以冀州讓之乃紹反噬無恩逼馥走死後上表漢朝猶言故冀州牧韓馥懷挾逆謀欲專權勢絕臣軍糧又云韓馥懷懼謝咎歸土其肆口詆詘幾同喪心忘我大德思我小怨紹眞無人心哉

英雄記曰公孫瓚擊青州黃巾賊大破之還屯廣宗 廣宗見后妃傳文德郭后傳范書紹傳作還屯槃河本志瓚傳作屯槃河 改易守令 瓚傳以嚴綱爲冀州田楷爲青州單經爲兗州置諸郡縣 冀州長吏無不望風響應開門受之紹自往征瓚合戰於界橋南二十里 范書獻帝紀初平三年正月袁紹及公孫瓚戰于界橋瓚軍大敗章懷注今貝州宗城縣東有古界城近枯漳水則界橋在此也水經河水注大河古瀆東北逕廣宗縣故城南又東北逕界城亭北胡三省曰此蓋於河瀆上作橋水經淇水注清河東北逕界城亭東水上有大梁謂之界城橋一統志古界橋在今直隸廣平府威縣北謝鍾英曰據水經注當在威縣東北廣宗之東老漳河上 瓚步兵二萬餘人爲方陣 宋本元本二作三范書紹傳亦曰瓚兵三萬列爲方陣 騎爲兩翼左右各五千餘匹白馬義從爲中堅亦分作兩校左射右右射左旗幟鎧甲光照天地 范書紹傳分突騎萬匹翼軍左右其鋒甚銳 紹令麴義以八百兵爲先登彊弩千張夾承之 漢尙書令鞠譚子閎避難西平改姓麴氏義本韓馥將叛降紹 紹自以步兵數萬結陣於後義久在涼州曉習羌鬭兵皆驍銳瓚見其兵少便放騎欲陵蹈之 范書紹傳云瓚輕其兵少縱騎騰之 義兵皆伏楯下不動未至數十步乃同時俱起揚塵大叫直前衝突彊弩雷發所中必倒臨陣斬瓚所署冀州刺史嚴綱甲首千餘級瓚軍敗績步騎奔走不復還營義追至界橋瓚殿兵還戰橋上 范書作斂兵 義復破之遂到瓚營拔其牙門 章懷注眞人水鏡經曰凡軍始出立牙竿必令完堅若有折將軍不利牙門旗竿軍之精也卽周禮司常職云軍旅會同置旌門是也惠棟曰國語云執枹鼓

立於軍門韋昭云軍門立旌爲門若今牙門矣丁度云古者軍行有牙尊者所在後人因以所治爲衙 營中餘衆皆復散走紹在後未到橋十數里下馬發鞍見瓚已破 范書紹傳聞瓚已破發鞍息馬 不爲設備惟帳下彊弩數十張大戟士百餘人自隨瓚部迸騎二千餘匹卒至便圍紹數重弓矢雨下 范書紹傳瓚散兵二千餘騎卒至圍紹數重射矢雨下 別駕從事田豐扶紹欲卻入空垣紹以兜鍪撲地曰大丈夫當前鬭死而入牆閒豈可得活乎彊弩乃亂發多所殺傷瓚騎不知是紹亦稍引卻會麴義來迎乃散去 范書紹傳田豐扶紹使卻入空垣紹脫兜鍪抵地曰大丈夫當前鬭死而反逃垣牆閒邪促使諸弩競發多傷瓚騎衆不知是紹頗稍引卻會麴義來迎騎乃散退三年瓚又遣兵至龍湊挑戰紹復擊破之瓚遂還幽州不敢復出弼按據范書紹傳界橋之戰實在初平二年冬范書獻紀通鑑皆繫於三年正月究其終也 瓚每與虜戰常乘白馬追不虛發數獲戎捷虜相告云當避白馬 范書瓚傳瓚常與善射之士數十人皆乘白馬以爲左右翼自號白馬義從烏桓更相告語避白馬長史 因虜所忌簡其白馬數千匹選騎射之士號爲白馬義從一曰胡夷健者常乘白馬瓚有健騎數千多乘白馬故以號焉紹既破瓚引軍南到薄洛津 史記趙武靈王曰吾國東有河薄洛之水范書紹傳引軍南還三月上已大會賓徒於薄洛津郡國志冀州安平國經縣西有漳水津名薄洛津水經濁漳水注漳水又歷經縣故城西水有故津謂之薄洛津昔袁本初還自易京上已屆此率其賓從禊飲於斯津寰宇記落漠水卽古薄洛津語訛爲落漠一統志古薄洛津卽漳水在今廣宗縣界非卽落漠水也方輿紀要今順德府廣宗縣西趙一清曰續漢志廮陶縣有薄洛亭一統志薄洛亭在今趙州寧晉縣東南蓋以漳水一名薄洛河而名 方與賓客諸將共會聞魏郡兵反 魏郡治鄴見武紀初平二年 與黑山賊于毒共覆鄴城遂殺太守栗成賊十餘部衆數萬人聚會鄴中坐上諸客有家在鄴者皆憂怖失色或以啼泣 宋本以作起 紹容貌不變自若也 獻帝春秋云紹勸督引滿投壺言笑容貌自若 賊陶升者故內黃小吏也 內黃見武紀初平三年 有善心獨將部衆踰西城入閉守州門不內他賊 范書紹傳賊有陶升者自號平漢將軍獨反諸賊將部衆踰西城入閉府門具車重 以車載紹家及諸衣冠在州內者身自扞衛 馮本扞作杆誤 送到斥丘 章懷注斥丘縣屬鉅鹿郡故城在今相州成安縣東南十三州志云土地斥鹵故曰斥丘黃山曰斥丘前續志均屬魏郡章懷或因續志鉅鹿郡有斥章故誤記耳惠棟曰斥音尺一音昌夜反闞駰云在魏郡東八十里前志及劉寬碑陰皆作㡿謝鍾英

曰斥丘兩漢志屬魏郡魏管輅傳輅從兄孝國居於斥丘卽此水經注漳水逕平陽城北又東右逕斥丘縣北元和郡縣志故城在成安縣東南三十里一統志斥
丘故城今廣平府成安縣東南乃還紹到遂屯斥丘以陶升爲建義中郎將乃引軍入朝歌鹿場山
蒼巖谷場宋本作塲范書紹傳作腸郡國志作腹錢大昕曰腹當作腸朝歌見武紀建安十七年范書歌作哥章懷注朝歌故城在今衛縣西續漢志朝歌
有鹿腸山兩漢志朝歌縣屬河內郡元和郡縣志魏黃初中置朝歌郡屬冀州（分河內郡置移屬冀州）按在今河南衛輝府淇縣東北謝鍾英曰朝歌故城疑
在淇縣西北地志相仍以爲在東北者恐誤方輿紀要鹿腸山在濬縣西北與黑山相接趙一清曰水經淸水注淸水又東與倉水合水出西北方山山西有倉谷
谷有倉玉珉石故名焉討于毒圍攻五日破之斬毒及長安所署冀州牧壺壽馮本壺作壷遂尋山
北行薄擊諸賊左髮丈八等皆斬之范書紹傳作左髭文八潘眉曰張燕傳注引張璠漢記後漢書朱雋袁紹傳皆作左髭丈
八（弼按紹傳作文八）此作左髮字之誤也此是一種賊號漢紀謂左校郭大賢左髭丈八三部蓋左校一部郭大賢一部左髭丈八一部也又擊劉
石靑牛角潘眉曰靑字誤當爲張張燕本姓褚以冒牛角姓爲張故張燕傳及章懷後漢書注引九州春秋並云博陵張牛角沈家本曰張燕傳注引九
州春秋無靑字范書袁紹朱儁傳並有靑字據張燕傳張牛角先死於靈帝之世則爾時之靑牛角當別一賊號不得遽謂靑字爲誤黃龍左校郭

大賢李大目于氐根等張燕傳引典略饒鬚者自稱于羝根眼大者自稱李大目皆屠其屯壁奔走得脫斬首
數萬級紹復還屯鄴初平四年天子使太傅馬日磾太僕趙岐和解關東沈家本曰范書獻紀
日磾等之使在三年八月故紹傳云四年初天子遣太僕趙岐和解關東雖敘於四年而冠以初字也此云四年恐誤岐別詣河北紹出迎
於百里上拜奉帝命岐住紹營移書告瓚瓚遣使具與紹書曰趙太僕以周召之德銜
命來征宣揚朝恩示以和睦曠若開雲見日何喜如之昔賈復寇恂亦爭士卒欲相危
害遇光武之寬親俱陛見同輿共出時人以爲榮范書寇恂傳賈復部將殺人於潁川恂戮之復曰見恂必手劍之帝
徵恂恂至引見時復先在坐欲起相避帝曰天下未定兩虎安得私鬬今日朕分之於是並坐極歡共車同出結友而去自省邊鄙得與將軍
共同此福此誠將軍之眷而瓚之幸也范書眷作羞幸作願惠棟曰羞字誤當依英雄記作眷麴義後恃功而
驕恣紹乃殺之紹殺義事見瓚傳注引漢晉春秋謂義爲瓚所誘也范書紹傳紹大會薄洛津及討平魏郡黑山諸賊皆在初平四年天子使趙岐
和解之後通鑑從之

初天子之立非紹意及在河東紹遣潁川郭圖使焉圖還說紹迎天
子都鄴紹不從
獻帝傳云沮授說紹曰范書紹傳興平二年拜紹右將軍其冬車駕爲李傕等所追於曹陽沮授說紹迎天子將軍累葉輔
弼世濟忠義今朝廷播越胡三省曰播流也遷也越顚墜也走也賢曰播遷也越逸也言失其所居宗廟毀壞觀諸州
郡外託義兵內圖相滅范書作內實相圖未有存主䘏民者范書作未有憂存社稷䘏人之意且今州城
粗定通鑑作州域胡注謂冀州之域也范書是句下有兵强士附四字宜迎大駕安宮鄴都挾天子而令諸侯畜士
馬以討不庭胡三省曰不庭謂不朝者杜預曰下之事上皆成禮於庭中一曰庭直也不庭謂不直者誰能禦之章懷注左傳周襄王出奔
於鄭狐偃言於晉文公曰求諸侯莫如勤王諸侯信之且大義也繼文之業而信宣於諸侯今爲可矣文公從之納襄王遂成霸業紹悅將從之郭
圖淳于瓊曰九州春秋圖字公則曹瞞傳瓊字仲簡漢室陵遲胡三省曰王肅注家語曰言若丘陵之漸逶遲爲日久矣今
欲興之不亦難乎且今英雄據有州郡衆動萬計范書紹傳作且英雄並起各所謂據州郡連徒聚衆動有萬計

秦失其鹿先得者王章懷注引史記蒯通曰秦失其鹿天下共追之高才者先得焉若迎天子以自近動輒表聞
從之則權輕違之則拒命非計之善者也何焯曰後之權衡不審爲此二語所誤者多矣授曰今迎朝廷至
義也又於時宜大計也若不早圖必有先人者也夫權不失機功在速捷將軍其圖之
紹弗能用胡三省曰紹不能從授之言果爲曹操所先帝既都許乃欲移以自近不亦晚乎趙一淸曰前載沮授說紹有迎大駕於西京復宗廟於洛邑
之語則奉迎漢帝本沮生之謀竊謂獻帝傳所言爲審弼按通鑑考異云從范書亦採沮授說紹迎天子之語案此書稱郭圖之計則與
本傳違也陳景雲曰郭圖當作沮授此書謂獻帝傳弼按裴注所云之本傳皆謂陳志之傳如袁術傳術殺陳溫注云本傳張邈傳邈自殺注云本傳皆
同
會太祖迎天子都許杭世駿曰典論大駕都許使光祿大夫劉松北鎭袁紹軍與子弟宴飲常以盛夏三伏之際晝夜酣飲收
河南地關中皆附紹悔欲令太祖徙天子都鄄城以自密近鄄城見武紀初平四
年或曰此同兒戲可以譏操乎止見其可笑耳太祖拒之天子以紹爲太尉轉爲大將軍封鄴

侯章懷注引獻帝春秋曰使將作大匠孔融持節之鄴拜太尉紹爲大將軍封鄴侯
獻帝春秋曰紹恥班在太祖下怒曰曹操當死數矣我輒救存之胡三省曰曹自滎陽汴水之敗收兵
從紹於河內紹表爲東郡太守呂布襲取兗州紹復與操連和欲令其遣家居鄴也今乃背恩挾天子以令我乎太祖聞而
以大將軍讓於紹章懷注大尉位在大將軍上初武帝以衛青征伐有功以爲大將軍欲尊寵之故置大司馬官號以冠之其後霍光王鳳等皆
然明帝以弟東平王蒼有賢才以爲驃騎大將軍以王故位公上和帝以舅竇憲征匈奴還遷大將軍在公上以勳戚者不拘常例焉范書紹傳建安元年曹操迎
天子都許乃下詔書於紹責以地廣兵多而專自樹黨不聞勤王之師而但擅相討伐紹上書曰臣聞昔有哀歎而霜隕悲哭而崩城者每讀其書謂爲信然於今
況之乃知妄作何者臣出身爲國破家立事至乃懷忠獲釁抱信見疑晝夜長吟剖肝泣血曾無崩城隕霜之應故鄒衍杞婦何能感徹臣以負薪之資拔於陪隸
之中奉職憲臺擢授戎校常侍張讓等滔亂天常侵奪朝威賊害忠德扇動奸黨故大將軍何進忠國疾亂義心赫怒以臣頗有一介之節可責以鷹犬之功故授
臣以督司諮臣以方略臣不敢畏憚彊禦避禍求福與進合圖事無違異忠策未盡而元帥受敗太后被質宮室焚燒陛下聖德幼沖親遭戹困時進既被害師徒
喪沮臣獨將家兵百餘人抽戈承明竦劍翼室虎叱羣司奮擊凶醜曾不浹辰罪人斯殄此誠愚臣效命之一驗也會董卓承虛所圖不軌臣父兄親從並當大位

不憚一室之禍苟惟寧國之義故遂解節出奔創謀河外時卓方貪結外援招悅英豪故卽臣勃海申以軍號則臣之與卓未有纖芥之嫌若使苟欲滑泥揚波偷
榮求利則進可以享竊祿位退無門戶之患然臣愚所守志無傾奪故遂引會英雄興師百萬飲馬孟津歃血漳河會故冀州牧韓馥懷挾逆謀欲專權勢絕臣軍
糧不得踵係至使猾虜肆毒害及一門尊卑大小同日並戮鳥獸之情猶知號呼臣所以蕩然忘哀貌無隱戚者誠以忠孝之節道不兩立顧私懷己不能全功斯
亦愚臣破家徇國之二驗也又黃巾十萬焚燒青兗黑山張楊蹈藉冀域臣乃旋師奉辭伐畔金鼓未震狡敵知亡故韓馥懷懼謝咎歸土張楊黑山同時乞降臣
時輒承制竊比竇融以議郎曹操權領兗州牧會公孫瓚師旅南馳陸掠北境臣卽星駕席卷與瓚交鋒假天之威每戰輒克臣備公族子弟生長京輦頗聞俎豆
不習干戈加自乃祖先臣以來世作輔弼咸以文德盡忠得免罪戾臣非與瓚角戎馬之勢爭戰陳之功者也誠以賊臣不誅春秋所貶苟云利國專之不疑故冒
踐霜雪不憚劬勤實庶一捷之福以立終身之功社稷未定臣誠恥之太僕趙岐銜命來征宣陛下含弘之施蠲除細故與下更新奉詔之日引師南轅是臣畏怖
天威不敢怠慢之三驗也及臣所上將校率皆淸英宿德令名顯達登鋒履刃死者過半勤恪之功不見書列而州郡牧守競盜聲名懷持二端優游顧望皆列土
賜圭跨州連郡是以遠近狐疑議論紛錯者也臣聞守文之世德高者位尊倉卒之時功多者賞厚陛下播越非所洛邑乏祀海內傷心志士憤惋是以忠臣肝腦
塗地肌膚橫分而無悔心者義之所感故也今賞加無勞以攜有德杜黜忠功以疑衆望斯豈腹心之遠圖將乃讒慝之邪說使之然也臣爵爲通侯位二千石殊

恩厚德臣既叨之豈敢闚覬重禮以希彤弓玈矢之命哉誠傷偏裨列校勳不見紀盡心爲國翻成重愆斯蒙恬所以悲號於邊獄白起歔欷於杜郵也太傅日磾
位爲師保任配東征而耗亂王命寵任非所凡所舉用皆衆所捐棄而容納其策以爲謀主令臣骨肉兄弟還爲仇敵交鋒接刃搆難滋甚臣雖欲釋甲投戈事不
得已誠恐陛下日月之明有所不照四聰之聽有所不聞乞下臣章咨之羣賢使三槐九棘議臣罪戾若以臣今行權爲釁則桓文當有誅絕之刑若以衆不討賊
爲賢則趙盾可無書弑之貶矣臣雖小人志守一介若使得申明本心不愧先帝則伏首歐刀褰衣就鑊臣之願也惟陛下垂尸鳩之平絕邪諂之論無令愚臣結
恨三泉於是以紹爲太尉封鄴侯時曹操自爲大將軍紹恥爲之下僞表辭不受操大懼乃讓位於紹二年使將作大匠孔融持節拜紹大將軍錫弓矢節鉞虎賁
百人兼督冀青幽并四州然後受之紹每得詔書患有不便於己乃欲移天子自近使說操以許下埤溼洛陽殘破宜徙都鄄城以就全實操拒之田豐說紹曰徙
都之計既不克從宜早圖許奉迎天子動託詔令響號海內此算之上者不爾終爲人所禽雖悔無益也紹不從何焯曰先下詔責紹所謂名其爲賊也然操以紹
恥班在其下遽讓大將軍于紹則仍畜力俟時不先動以挑强寇故能從容取布破備無後憂耳
紹讓侯不受頃之擊破瓚於易京并其衆事在建安四年詳見本志瓚傳章懷注前書易縣屬涿郡續漢
志屬河間瓚所居易京故城在今幽州歸義縣南十八里惠棟曰水經注云易京城在易城西四五里今樓基尚存基上有井世名易京樓卽瓚所保也一統志易縣故

城今直隸保定府雄縣西北
典略曰自此紹貢御希慢私使主簿耿苞密白曰赤德衰盡袁爲黃胤宜順天意紹以
苞密白事胡三省曰白事所白之事也示軍府將吏議者咸以苞爲妖妄宜誅紹乃殺苞以自解
范書紹傳苞作包章懷注引獻帝春秋曰袁舜後黃應代赤故包有此言王補曰范書紹傳贊中闚圖訊鼎蓋指此事紹雖殺包以弭其迹然以包白事示僚屬則
其心可知矣何焯曰紹雖失計不迎天子然既已據有四州若能外脩職貢內撫其民以待事機縱曹氏難圖猶足宰制大河以北未至一敗塗地也九
州春秋曰紹延徵北海鄭玄而不禮何焯曰許靖猶當加禮況鄭康成乎弼案范書玄傳袁紹總兵冀州遣使邀玄大會賓客
玄最後至迺延升上坐紹客多豪俊並有才說競設異端百家互起玄依方辯對咸出問表皆得所未聞莫不嗟服時汝南應劭亦歸於紹因自贊曰故太山太守
應中遠北面稱弟子何如玄笑曰仲尼之門考以四科回賜之徒不稱官閥劭有慚色紹乃舉玄茂才表爲左中郎將皆不就本傳所載如此並無不禮之事趙
融聞之曰姚範曰何屺瞻云趙下當有脫文余按何說爲孔融也然後書何進傳有趙融爲助軍校尉與袁紹同列西園八校尉亦見後張楊傳注賢
人者君子之望也不禮賢是失君子之望也夫有爲之君不敢失萬民之歡心況於君

子乎失君子之望難乎以有爲矣 英雄記載太祖作董卓歌辭云德行不虧缺變故自難常鄭康成行酒伏地氣絶 王鳴盛曰此乃曹欲甚袁之罪故造此語玄本傳稱紹與曹操相拒官渡逼玄隨軍不得已載病到元城縣疾篤不進而卒安有行酒氣絶之事梁章鉅曰此與前言紹能折節下士士多附之之言相矛盾 郭景圖命盡於園桑如此之文則玄無病而卒餘書不見故載錄之

出長子譚爲青州沮授諫紹必爲禍始紹不聽曰孤欲令諸兒各據一州也 何焯曰紹不從迎天子之謀所以先敗不聽出長子之諫所以速亡史家撮舉之乃一傳之綱也

九州春秋載授諫辭曰世稱一兔走衢萬人逐之一人獲之貪者悉止分定故也 章懷注引愼子曰兔逐於街百人追之貪人俱存人莫之非者以兔爲未定分也積兔滿市過不能顧非不欲兔也分定之後雖鄙不爭子思子商君書並載其詞略同 且年均以賢德均則卜古之制也 章懷注引左傳曰王后無嫡則擇立長年均以德德鈞以卜 願上惟先代成敗之戒下思逐兔分定之義紹曰孤欲令四兒各據一州 趙一清曰紹三子譚尚熙連外甥高幹數之故云四兒周壽昌曰本傳末注引吳書尚有弟買與尚俱走遼東是紹本有四子或時尚幼故以幹領幷州而未授買 以觀其能授出曰禍其始此乎譚始至青州爲都督未爲刺史後太祖拜爲刺史其土自河而西蓋不過平原而已遂北排田楷 胡三省曰田楷公孫瓚用爲青州刺史 東攻孔融 范書孔融傳融爲北海相在郡六年劉備表領青州刺史建安元年爲袁譚所攻自春至夏戰士所餘裁數百人流矢雨集戈矛內接融隱几讀書談笑自若城夜陷乃奔東山妻子爲譚所虜 曜兵海隅是時百姓無主欣戴之矣然信用羣小好受近言肆志奢淫不知稼穡之艱難華彥孔順皆姦佞小人也信以爲腹心王脩等備官而已 王脩傳見後 然能接待賓客慕名敬士使婦弟領兵在內至令草竊市井而外虜掠田野別使兩將募兵下縣有賂者見免無者見取貧弱者多乃至於竄伏丘野之中放兵捕索如獵鳥獸邑有萬戶者著籍不盈數百收賦納稅參分不入一招命賢士不就不趨赴軍期 宋本趨赴作彊棄 安居族黨亦不能罪也

又以中子熙爲幽州甥高幹爲幷州 幹陳留圉人見高柔傳注引謝承書 衆數十萬以

審配逢紀統軍事田豐荀諶許攸爲謀主 諶爲荀彧之弟見彧傳及注 顏良文醜爲將軍 宋本元本馮本軍作率 簡精卒十萬騎萬匹將攻許

世語曰紹步卒五萬騎八千 孫盛評曰案魏武謂崔琰曰昨案貴州戶籍可得三十萬衆由此推之但冀州勝兵已如此況兼幽州及青州乎紹之大舉必悉師而起十萬近之矣

獻帝傳曰紹將南師沮授田豐諫曰 范書通鑑俱作沮授進諫 師出歷年 范書紹傳此句上有近討公孫四字 百姓疲弊倉庾無積賦役方殷此國之深憂也宜先遣使獻捷天子務農逸民若不得通乃表曹氏隔我王路 胡三省曰王路謂尊王之路也 然後進屯黎陽漸營河南 何焯曰師曲爲老欲其出有名也 益作舟船繕治器械分遣精騎鈔其邊鄙令彼不得安我取其逸三年之中事可坐定也 胡三省曰使紹能用授言曹其殆乎 審配郭圖曰兵書之法十圍五攻敵則能戰 章懷注十倍則圍之五倍則攻之 今以明公之神武跨河朔之彊衆 跨范書作連通鑑作引 以伐曹氏譬若覆手 章懷注前書陸賈謂南越王曰越殺王降漢如反覆手耳 今不時取後難圖也授曰蓋救亂誅暴謂之義兵恃衆憑彊謂之驕兵兵義無敵驕者先滅 章懷注前書魏相上書曰救亂誅暴謂之義兵兵義者王敵加於己不得已而起者謂之應兵兵應者勝爭恨小故不勝忿怒者謂之忿兵兵忿者敗利人土地寶貨者謂之貪兵兵貪者破恃國家之大矜人庶之衆欲見威於敵者謂之驕兵兵驕者滅此非但人事乃天道也 曹氏迎天子安宮許都今舉師南向於義則違且廟勝之策不在彊弱 淮南子曰運籌於廟堂之中決勝乎千里之外 曹氏法令既行士卒精練非公孫瓚坐受圍者也今棄萬安之術而興無名之兵 章懷云前書新城三老說高祖曰順德者昌逆德者亡兵出無名事故不成音義曰有名伐有罪也惠棟曰禮記檀弓云陳太宰嚭曰師必有名 竊爲公懼之圖等曰武王伐紂不曰不義況兵加曹氏而云無名且公師武臣竭力 沈家本曰師武臣力本左傳竭字衍文 將士憤怒人思自騁而不及時早定大業慮之失也夫天與弗取反受其咎 章懷注史記范蠡謂句踐曰天與不取反受其咎惠棟曰太公金匱文也 此越之所以霸吳之所以亡也監軍之計計在持牢 范書紹傳持牢作將軍通鑑作持牢胡三省曰紹使授監護諸將故稱爲監軍持牢猶今南人言把穩也梁玉

繩云范書持牢作將牢（弼按范書各本皆作將軍當係梁氏所見之本不同）疑持字誤晉書姚萇載記陛下將牢太過耳可證李良裘云將軍二字傳寫之誤惠棟云牢重也沈家本曰持牢蓋持重之意持字不誤而非見時知機之變也紹從之圖等因是譖授監統內外威震三軍若其浸盛何以制之夫臣與主不同者昌主與臣同者亡此黃石之所忌也范書通鑑俱作夫臣與主同者亡此黃石之所忌也胡三省曰臣與主同言作威作福與主無別也黃石卽張良於下邳圯上所得之書也且御衆於外不宜知內淮南子曰國不可從外理軍不可從中御紹疑焉乃分監軍爲三都督使授及郭圖淳于瓊各典一軍遂合而南

先是太祖遣劉備詣徐州拒袁術術死備殺刺史車胄胄元本譌本作冑誤引軍屯沛紹遣騎佐之太祖遣劉岱王忠擊之不克建安五年太祖自東征備田豐說紹襲太祖後范書紹傳五年左將軍劉備殺徐州刺史車胄據沛以背曹操操懼乃自將征備田豐說紹曰與公爭天下者曹操也操今東擊劉備兵連未可卒解今舉軍而襲其後可一往而定兵以幾動斯其時也胡三省曰紹攻公孫瓚而操乘閒東取呂布操擊劉備而紹

不能襲許此其所以敗也何焯云若用田豐之言卽使許不可拔而紹據臨大河以爭其北徐州出兵擾其東南過於彭越之在梁地操奔命不遑矣紹辭以子疾不許豐舉杖擊地曰夫遭難遇之機而以嬰兒之病失其會惜哉范書紹傳豐舉杖擊地曰嗟乎事去矣紹聞而怒之從此遂疏焉王補曰沮授田豐智略與荀彧等而彧言如石投水授豐所謀如枘鑿之不納此袁曹成敗所由異也太祖至擊破備備奔紹蜀志先主傳五年曹公東征先主先主敗績曹公盡收其衆虜先主妻子並禽關羽以歸先主走青州青州刺史袁譚先主故茂才也將步騎迎先主先主隨譚到平原譚馳使白紹紹遣將道路奉迎身去鄴二百里與先主相見

魏氏春秋載紹檄州郡文曰沈家本曰文選此文檄首有左將軍領豫州刺史郡國相守云云如爲所告之人則其時偪檄州郡不應獨舉豫州如爲立言之人則檄乃紹之辭不應稱左將軍云云也未詳其義弼按通鑑作移檄州郡是時備方奔紹自以移檄州郡爲是文選左將軍豫州刺史郡國相守云云乃以豫州刺史列郡國相守之前仍爲通告文字文選此文篇末有州郡各整戎馬之語可證蓋聞明主圖危以制變忠臣慮難以立權文選下有是以有非常之人六語曩者彊秦弱主趙高執柄專制朝命文選命作權威福由己文選下有時人迫脅莫敢正言二語終有望夷之禍文選禍作敗下有祖宗焚滅四字李賢曰胡亥齋望夷宮趙高令其壻閻樂逼胡亥自殺張華曰望夷宮在長陵西北長平觀東臨涇水作之以望北夷汙辱至今文選下有永爲世鑒四字及臻呂后文選下有祿季年二字產專政文選下有內兼二軍外統梁趙二語李賢曰呂后以兄子祿爲趙王上將軍產爲梁王相國各領南北軍擅斷萬機決事省禁下陵上替海內寒心於是絳侯朱虛興威奮怒誅夷逆亂文選威作兵亂作暴尊立太宗故能道化文選作王道興隆光明顯融范書作融顯此則大臣立權之明表也李善曰明表謂明白之表儀也司空曹操祖父騰故中常侍文選作祖父中常侍騰與左悺宋本作悺徐璜並作妖孽饕餮放橫李賢曰食財爲饕貪食爲餮傷化虐民父嵩乞匄攜養因贓假位范書假作買惠棟曰陳琳集作假何焯曰范書宦官傳嵩靈帝時貨賂中官及輸西園錢一億萬故位至太尉輿金輦璧范書璧作寶輸貨權門竊盜鼎司李善曰周易曰鼎金鉉鄭玄尙書注曰鼎三公象也傾覆重器操贅閹遺醜范書贅作姦錢大昕曰姦當作贅漢書如淳注淮南俗賣子與人作奴婢名曰贅子操父嵩本夏侯氏爲中常侍曹騰養子故云贅也李善曰贅謂假相連屬也本無令德文選令作懿僄狡鋒俠方言曰僄輕也鋒俠言如其鋒之利也文選作慓狡鋒協好亂樂禍幕府昔統鷹揚漢書霍光傳又擅調益幕府校尉師古曰幕府大將軍府也李善注引漢書音義曰衛青征匈

奴大克獲帝就拜大將軍於幕中故曰幕府錢大昕曰漢制將軍出征有莫府而列將軍在京師者亦有莫府之稱范書文選皆作董向曰幕府謂紹也董督也鷹鷙鳥也言紹督理鷙鳥埽除閹官也埽夷凶逆文選夷作除李賢曰謂紹誅諸閹人也續遇董卓侵官暴國左傳欒鍼謂欒書曰侵官冒也呂延濟曰暴國謂卓遷獻帝於西京也於是提劍揮鼓發命東夏惠棟曰東夏卽勃海也紹於勃海起兵方收羅英雄棄瑕錄用文選無方字錄作取范書收作廣故遂與操參咨策略文選作同諮合謀下有授以裨師四字謂其鷹犬之才爪牙可任至乃愚佻短慮文選慮作略輕進易退傷夷折衄宋本作衂文選同數喪師徒李賢曰操引兵西將據成皐到滎陽汴水遇卓將徐榮戰不利士卒死傷多操爲流矢所中所乘馬被創曹洪以馬與操得夜遁又爲呂布所敗幕府輒復分兵命銳修完補輯表行東郡太守李善注本無太守二字六臣注本有之兗州刺史文選作領兗州刺史被以虎文續漢志曰虎賁將冠鶡冠虎文單衣李善注羊質虎文也授以偏師文選無此句獎蹴威柄范書蹴作就惠棟曰就亦訓成與蹴同義蹴子六反李善曰蹴成也言獎成其威柄也官本亦作獎就據陳琳本集改正朱珔曰當本作就誤加足旁作蹴又誤爲蹴耳冀獲秦師一克之報文選克作剋左傳晉敗秦師于殽秦伯伐晉濟河焚舟取王官及郊晉人不出遂霸西戎而操遂乘資跋扈肆行

酷裂元本裂作烈范書無操字文選乘作承酷裂作凶忒割剝元元殘賢害善故九江太守邊讓讓事見武紀建安二十五年注引曹瞞傳英才俊逸文選逸作偉天下知名范書無此句以直言正色論不阿諂身被梟縣之戮文選作身首被梟懸之誅臣瓚漢書注懸首於木曰梟妻孥受灰滅之咎李善注引魏志曰太祖在兗州陳留邊讓言議頗侵太祖太祖殺讓族其家胡克家曰袁本文選魏志作魏書但未必非引王沈魏書也自是士林憤痛民怨彌重范書作人怨天怒一夫奮臂舉州同聲故躬破於徐方地奪於呂布仿偟官本作彷徨東裔蹈據無所幕府唯五臣本文選作推強幹弱枝之義且不登叛人之黨左傳且不登叛人杜預注曰登成也李周翰曰叛人謂呂布也故復援旌擐甲范書旌作旍旍與旌本一字解見明紀景初元年旍陽注席卷赴征金鼓響震布衆破沮文選赴作起破作奔李善曰紹征呂布諸史不載蓋史略也惠棟曰章懷注以為操破布失之拯其死亡之患復其方伯之任文選任作位是則幕府無德於兗土之民而有大造於操也范書無之民二字後會鑾駕東反羣虜亂政范書後會作會後文選東反作反旆亂政作寇攻時冀州方有北鄙之警匪遑離局李賢曰北鄙之警謂公孫瓚攻紹也左傳曰局部也杜預注遠其部曲為離局故使從事中郎徐勛就發遣操何焯曰紹不聽郭圖沮授之言天子在曹陽去鄴甚近不肯奉迎乃為操所先故檄中極意彌縫然天下人豈可盡欺乎使繕修郊廟翼衛幼主而便放志專行脅遷省禁卑侮王官文選作操便放志專行脅遷當御省禁卑侮王室范書作威劫省禁卑侮王僚官宋本作宮陳景雲曰若作王宮複上省禁疑係官字之誤官本考證同敗法亂紀坐召三臺文選召作領應劭漢官儀曰尚書為中臺御史為憲臺謁者為外臺沈家本曰董卓傳召呼三臺尚書以下所謂坐召三臺也則召字是專制朝政爵賞由心刑戮在口所愛光五宗所惡滅三族范書惡作怨李賢曰五宗謂上至高祖下及孫三族謂父族母族妻族羣談者蒙顯誅文選蒙作受腹議者蒙隱戮道路以目百寮鉗口文選此二句倒尚書記朝會范書朝作期章懷注賈誼曰大臣特以簿書不報期會之閒以為大故公卿充員品而已故太尉楊彪歷典三司馮本三作二范書文選作二司章懷曰續漢書曰彪代董卓為司空又代黃琬為司徒趙一清曰彪為司空司徒故曰二司三字誤沈家本曰彪又為太尉太尉即大司馬更名與司空司徒為東漢之三公則彪實歷典三司未可遂以三字為誤享國極位范書享國作元綱操因睚眥被以非罪文選作因緣眦睚榜楚并兼文選作參并五毒俱至文選作備至觸情放慝文選作任忒不顧

憲章文選作憲綱又議郎趙彥忠諫直言議有可納文選議作義故聖朝含聽改容加錫文選作加飾操欲迷奪時權文選權作明杜絕言路擅收立殺不俟報聞又梁孝王先帝母弟文選作母昆墳陵尊顯松柏桑梓猶宜恭肅而操率將校吏士親臨發掘破棺裸尸略取金寶至今聖朝流涕士民傷懷何焯曰此事不知信否文選注曹瞞傳云曹操破梁孝王棺收金寶天子聞之哀泣似緣此檄而實之又署發丘中郎將摸金校尉又署文選作操又特置杭世駿曰宋書廢帝曰以魏武帝有發丘中郎將摸金校尉乃置此二官所過墮突文選墮作隳無骸不露身處三公之官文選官作位而行桀虜之態殄國虐民毒流人鬼范書文選殄作汙流作施加其細政苛慘科防互設罾繳充蹊范書罾作矰文選作罾沈家本曰矰繳之矰當從矢古人借用罾字淮南俶眞今罾繳機而在上三輔黃圖依飛具罾繳以射鳧雁是也罾魚網也與矰繳字異義坑穽塞路舉手挂網羅動足蹈機陷文選蹈作觸是以兗豫有無聊之民帝都有嗟吁之怨范書民作人嗟吁作呼嗟歷觀古今書籍所載貪殘虐烈無道之臣文選作歷觀載籍無道之臣貪殘酷烈於操為甚幕府方詰外姦未及整訓加意含覆文選作加緒含容冀可彌縫而操豺狼野心潛苞禍謀乃欲撓折棟梁文選作摧撓孤弱漢室除滅中正范書作除忠害善文選中作忠專為梟雄往歲伐鼓北征討公孫瓚彊禦桀逆文選無討字歲作者禦作寇拒圍一年操因其未破陰交書命欲託助王師以相掩襲文選作外助王師內相掩襲范書相作見故引兵造河方舟北濟會其行人發露各本均誤作路官本作露瓚亦梟夷故使鋒芒挫縮范書文選皆作挫縮厥圖不果屯據敖倉阻河為固章懷注引獻帝春秋曰操引軍造河託言助紹實圖襲鄴以為瓚援會瓚破滅紹亦覺之以軍退屯於敖倉惠棟曰太康地志云秦建敖倉於成皋括地志云敖倉在滎陽縣西五里石門之東北臨汴水南帶三皇山文選厥圖不果下有爾乃大軍過蕩西山屠各左校皆束手奉質爭為前登犬羊殘醜消淪山谷於是操師震慴晨夜逋遁八語乃欲以螳蜋之斧禦隆車之隧章懷注韓詩外傳曰齊莊公獵有螳蜋舉足將持其輪問其御曰此何蟲對曰此螳蜋也此蟲知進而不知退不量其力而輕就敵莊子曰螳蜋怒臂以當車轍不知其不勝任也隧道也幕府奉漢威靈折衝宇宙長戟百萬胡騎千羣馮本千作于誤奮中黃育獲之材騁良弓勁弩之勢李善注引尸子中黃伯曰余左執太行之獶而右搏彪虎呂延濟曰中黃伯夏育烏獲皆古之力士也并

州越太行青州涉濟漯大軍汎黃河以角其前荊州下宛葉而掎其後章懷曰紹甥高幹爲并州刺史故言越太行山而來助紹長子譚爲青州刺史濟漯二水名荊州謂劉表與紹交故云下宛葉雷震虎步並集虜庭若舉炎火以焫飛蓬覆滄海而沃熛炭有何不消滅者哉范書焫作焚沃作注聲類曰焫燒也說文曰熛火飛也文選無消字此句下有操軍吏士其可戰者八十六字當今漢道陵遲綱弛紀絕文選當作方范書作綱弛網絕文選作綱維弛絕此句下有聖朝無一介之輔四十八字操以精兵七百圍守宮闕外稱陪衞內以拘執局本以作肆范書執作質文選作又操持部曲精兵七百圍守宮闕外託宿衞內實拘執懼其篡逆之禍因斯而作乃忠臣肝腦塗地之秋烈士立功之會也可不勖哉文選勖作萌此下有操又矯命稱制百五十字此陳琳之辭

紹進軍黎陽黎陽見武紀建安四年杭世駿曰古今刀劍錄云袁紹在黎陽夢神授一寶刀及覺果在臥所銘曰思召紹解之曰思召紹字也袁紹遺壘在滑縣東北十五里每大營左右環以二小營大營九小營十八遣顏良攻劉延於白馬白馬見武紀建安五年章懷曰白馬縣屬東郡今滑州縣也故城在今縣東惠棟曰高誘云白馬津名水經注云河過黎陽縣南爲白馬津津之東南有白馬城李吉甫云白馬故關在衞州黎陽縣一

里後更名黎陽津黃山曰今衞輝府滑縣東二十里案杜預左傳注東郡白馬縣有黎陽津有滑臺括地志黎陽津一名白馬津在滑州白馬縣北三十里後漢書紹傳與魏志皆但云白馬不言白馬津又舉縣自可概津章懷釋爲縣名係依傳例不必如惠氏說也如必說白馬爲津則黎陽亦可說爲津轉嫌無別矣沮授又諫紹良性促狹雖驍勇不可獨任紹不聽太祖救延與良戰破斬良章懷曰蜀志云曹操使張遼及關羽爲先鋒羽望見良麾蓋策馬刺良萬衆之中斬其首還諸將莫能當遂解白馬圍

獻帝傳曰紹臨發沮授會其宗族散資財以與之曰夫勢在則威無不加勢亡則不保一身哀哉其弟宗曰曹公士馬不敵君何懼焉惠棟曰魏武帝軍策令云袁本初鎧馬萬領吾大鎧二十領本初馬鎧三百具吾不能有十具故云不敵也授曰以曹兗州之明略又挾天子以爲資我雖克公孫衆實疲弊而將驕主忲軍之破敗在此舉也揚雄有言六國蚩蚩爲嬴弱姬今之謂也章懷注法言之文也嬴秦姓姬周姓方言蚩悖也六國悖惑侵弱周室遂爲秦所併也

紹渡河壁延津南延津見武紀建安五年又見于禁傳趙一清曰方輿紀要卷四十九延津關舊在衞輝府新鄉縣東南所謂大河北岸之延津也袁紹以顏良敗於白馬自黎陽渡河迫操軍屯延津謂此延津也使劉備文醜挑戰太祖擊破之斬醜再戰禽紹大將紹軍大震

獻帝傳曰紹將濟河沮授諫曰勝負變化不可不詳今宜留屯延津分兵官渡官渡見武紀建安四年范書作官度章懷云官渡在今鄭州中牟縣北趙一清曰方輿紀要卷四十七官渡水在中牟縣北中牟臺下鴻溝自滎陽下分二渠一爲官渡水又北則爲黃河胡氏謂官渡卽黃河故沮授曰悠悠黃河吾其濟乎案袁紹敗後幅巾渡河則黃河在官渡北矣黃山曰官渡在今開封府中牟縣東六里若其克獲還迎不晚胡三省曰還迎留屯大軍也設其有難衆弗可還紹弗從授臨濟歎曰上盈其志下務其功悠悠黃河吾其不反乎范書作吾其濟乎惠棟曰言不反也遂以疾辭范書作遂以疾退紹恨之乃省其所部兵屬郭圖

太祖還官渡沮授又曰北兵數衆而果勁不及南范書數作雖南下有軍字南穀虛少而貨財不及北范書貨財作資儲南利在於急戰北利在於緩搏范書搏作師

宜徐持久曠以日月紹不從連營稍前逼官渡合戰太祖軍不利復壁范書作復還堅壁紹爲高櫓起土山射營中營中皆蒙楯衆大懼章懷曰釋名云樓櫓者露上無覆屋也今官度臺北土山猶在臺之東紹舊營遺基並在焉楯今之旁排也楊雄羽獵賦曰蒙楯負羽獻帝春秋曰紹令軍中各持三尺繩曹操誠禽但當縛之劉攽曰誠當作成太祖乃爲發石車擊紹樓皆破紹衆號曰霹靂車章懷曰以其發石聲震烈呼爲霹靂卽今拋車也（通鑑胡注作砲車）張晏曰范蠡兵法飛石重十二斤爲機發行三百步操蓋祖其遺法耳

魏氏春秋曰以古有矢石又傳言旝動而鼓說曰官本考證云太平御覽引作說文曰趙一清曰說下脫文字旝發石也於是造發石車侯康曰左傳莊五年（弼按莊當作桓）正義賈逵以旝爲發石一曰飛石引范蠡兵法作飛石之事證之說文亦云建大木置石其上發機以槌敵與賈同潘眉曰釋文云旝說文作檜按今說文作旝在㫃部與釋文所引異胡玉縉曰侯氏引說文以爲與賈逵同其說良是官本考證及趙氏未知說曰卽賈說以爲說下脫文字非也黃以周禮說旝云說文旝字次旜之後在旃之前旜爲旗而旃爲旗之曲柄所以旃（段云當爲展旃展雙聲）表士衆旝廁其閒以見爲旗之大木所以栖發礮石者也旝建大木連纂讀之其義自明（說文多此例）其引春秋傳者存師說也并引三家詩其旝如

林者明師說之所自也蓋三家詩必有說所建發石之木其多如林者矣大唐類要武功部載魏武帝令引春秋傳檜動而鼓說文曰檜發石車也此卽釋文所謂亦作檜之本也太平御覽兵部亦引此令檜字作旝而注曰一云从木會聲（今本木誤衣）此卽據類要文以校之也嚴氏王氏又據此以爲說文篆下有發石車也四字殊不知魏武令之作檜從賈讀也其所引說卽賈說也說文作旝不作檜其引說文曰檜文字衍也（古人引注語多云說曰）魏志太祖乃爲發石車裴注引魏氏春秋云以古有矢石又傳言旝動而鼓說曰發石也於是爲發石車說下無文字發石下無車字此可訂類要御覽之譌并可決嚴王說之非矣黃說考辯甚覈

紹爲地道欲襲太祖營太祖輒於內爲長塹以拒之又遣奇兵襲擊紹運車大破之盡焚其穀 趙一清曰武帝紀云用荀攸計遣徐晃史渙邀擊大破之曹仁傳仁與史渙等鈔紹運車卽此傳所謂奇兵也 太祖與紹相持日久百姓疲乏多叛應紹軍食乏會紹遣淳于瓊等將兵萬餘人北迎運車沮授說紹可遣將蔣奇別爲支軍於表以斷曹公之鈔 章懷曰以支軍爲瓊等表援胡三省曰支別也表外也 紹復不從瓊宿烏巢 烏巢見武紀建

安五年黃山曰烏巢唐酸棗縣今衛輝府延津縣治弼按范書紹傳是時許攸進襲許之策紹不能用攸遂奔操說使襲取淳于瓊等范書詳述於此關鍵最爲重要曹用其謀而勝袁拒其言而敗宜曹公聞許攸來跣出迎也 去紹軍四十里太祖乃留曹洪守自將步騎五千候夜潛往攻瓊紹遣騎救之敗走破瓊等悉斬之 惠棟曰獻帝起居注曰斬大將淳于瓊等八人 太祖還未至營紹將高覽張郃等率其衆降 張郃有傳見後 紹衆大潰紹與譚單騎退渡河 范書紹傳紹與譚等幅巾乘馬與八百騎度河至黎陽北岸入其將軍蔣義渠營至帳下把其手曰孤以首領相付矣義渠避帳而處之使宣令焉衆聞紹在稍復集 餘衆僞降盡坑之

張璠漢紀云殺紹卒凡八萬人 通鑑云前後所殺七萬餘人胡三省引獻帝起居注曹公上言凡斬首七萬餘級

沮授不及紹渡爲人所執詣太祖

獻帝傳云授大呼曰授不降也爲軍所執耳太祖與之有舊逆謂授曰分野殊異遂用圮絕 通鑑胡注引皇甫謐曰皇帝推分星次以定律度天有十二次日月之所躔也地有十二分王侯之所國也分扶問翻圮當作否否隔也 不圖今日乃相禽也授對曰冀州失策 胡注紹牧冀州故稱之 以取奔北授智力俱困宜其見禽耳

太祖曰本初無謀不用君計今喪亂過紀 章懷曰十二年曰紀 國家未定當相與圖之授曰叔父母弟縣命 縣讀曰懸 袁氏若蒙公靈速死爲福太祖歎曰孤早相得天下不足慮

太祖厚待之後謀還袁氏見殺初紹之南也田豐說紹曰 范書紹傳曹操畏紹過河乃急擊劉備遂破之紹於是進軍攻許田豐以旣失前機不宜便行王補曰曹操擊劉備於沛豐勸紹舉軍襲其後及備敗奔紹紹進軍攻許豐力沮之此兵機之微也 曹公善用兵 范書紹傳此句上有曹操旣破劉備則許下非復空虛二語弼按操擊備許下空虛故可襲許官渡之役兩軍相持操悉師拒紹故許攸亦進襲許之謀 變化無方衆雖少未可輕也不如以久持之將軍據山河之固擁四州之衆外結英雄內修農戰然後簡其精銳分爲奇兵 章懷云孫子兵法凡戰者以正合以奇勝注云正者當敵奇者擊其不備 乘虛迭出以擾河南救右則擊其左救左則擊其右使敵疲於奔命民不得安業我未勞而彼已困不及二

年可坐克也今釋廟勝之策 通鑑胡注定策於廟堂之上孫子曰未戰而廟勝得算多也 而決成敗於一戰若不如志悔無及也紹不從 通鑑輯覽曰田豐乘虛迭出之謀與晉荀罃三駕敝楚之術同罃計行而晉霸豐不用而紹亡明人所見略同成事在乎審勢信矣 豐懇諫紹怒甚以爲沮衆械繫之 王補曰旣拒沮授之諫又不納田豐之策而械繫之紹之敗形已決故操聞豐不從戎而喜也 紹軍旣敗或謂豐曰君必見重豐曰若軍有利吾必全今軍敗吾其死矣紹還謂左右曰吾不用田豐言果爲所笑遂殺之 范書紹傳田豐曰公貌寬而內忌不亮吾忠而吾數以至言迕之若勝而喜必能赦我戰敗而怨內忌將發若軍出有利當蒙全耳今旣敗矣吾不望生通鑑輯覽曰旣知不用人之言而致敗乃以見笑殺之如此矜忌其得善終幸矣尙冀子能克家哉杭世駿曰水經注曰渠水又東逕田豐祠北袁本初慚不納其言害之時人嘉其誠謀無辜見戮故立祠於是用表袁氏覆滅之宜

先賢行狀曰豐字元皓鉅鹿人或云勃海人 先賢行狀見武紀建安十三年鉅鹿見武紀建安十七年勃海見武紀初平元年 豐天姿瓌傑權略多奇少喪親居喪盡哀日月雖過笑不至矧 禮曲禮笑不至矧鄭注齒本曰矧大

笑則見 博覽多識名重州黨初辟太尉府舉茂才遷侍御史閹宦擅朝英賢被害豐乃棄官歸家袁紹起義卑辭厚幣以招致豐豐以王室多難志存匡救乃應紹命以爲別駕勸紹迎天子紹不納紹後用豐謀以平公孫瓚逢紀憚豐亮直數讒之於紹紹遂忌豐紹軍之敗也土崩奔北師徒略盡軍皆拊膺而泣曰向令田豐在此不至於是也紹謂逢紀曰冀州人聞吾軍敗皆當念吾惟田別駕前諫止吾與衆不同吾亦慙見之紀復曰豐聞將軍之退拊手大笑喜其言之中也紹於是有害豐之意初太祖聞豐不從戎喜曰紹必敗矣及紹奔遁復曰向使紹用田別駕計尚未可知也 孫盛曰觀田豐沮授之謀雖良平何以過之故君貴審才臣尚量主君用忠良則霸王之業隆臣奉闇后則覆亡之禍至存亡榮辱常必由茲豐知紹將敗敗則已必死甘冒虎口以盡忠規烈士之於所事慮不存己夫諸侯之臣義有去就況豐與紹非純臣乎詩云逝將去汝

適彼樂土言去亂邦就有道可也 王補曰祿山聞房琯諸王分鎭之謀拊膺歎曰吾不能得天下矣曹操聞豐不從戎而喜又言向使紹用其別駕計尚未可知一謀之善足以破賊膽而挫雄心握軍政者須於此探其幾焉又曰曹操征烏桓羣臣諫之不從及見克而歸召前諫者厚賞之曰孤乘危以徼幸雖得之不可爲常諸君之諫萬安之計也是以相賞後勿難言觀袁紹既敗於官渡必殺田豐可知二人之興亡所由矣 紹外寬雅有局度憂喜不形於色而內多忌害皆此類也冀州城邑多叛紹復擊定之自軍敗後發病七年憂死 潘眉曰魏志載荀彧沮董昭等九錫議太祖心不能平彧以憂薨裴注引傅子言明帝疏劉子揚遂發狂以憂死兩處憂字不誤此傳云七年憂死憂乃夏字之譌紹以夏五月死見武帝紀周壽昌曰予案後漢書作七年夏薨潘氏謂憂死之憂爲夏字之誤然紹以兵敗發病憂死亦合情事觀劉表傳只稱表病死亦未詳何月若書夏則五月二字不可省又按獻帝紀書七年夏五月庚戌袁紹薨不獨紀年月並詳其日矣趙一清曰後漢書紹傳注引獻帝春秋曰紹爲人政寬百姓德之河北士女莫不傷怨市巷揮淚如或喪親惠棟曰樂史云紹墓在相州臨漳縣西北十六里漢之鄴也杭世駿曰冢記云袁紹墓在臨漳縣西北十八里紹爲冀州牧卒葬此 紹愛少子尚貌美欲以爲後而未顯

典論曰譚長而惠尚少而美紹妻劉氏愛尚數稱其才紹亦奇其貌欲以爲後未顯而紹死 監本吳本官本死作妻誤 劉氏性酷妬紹死僵尸未殯寵妾五人劉盡殺之以爲死者有知當復見紹於地下乃髡頭墨面以毀其形尚又爲盡殺死者之家 審配逢紀與辛評郭圖爭權 范書紹傳官渡之敗審配二子爲曹操所禽孟岱與配有隙因蔣奇言於紹曰配在位專政族大兵強且二子在南必懷反叛郭圖辛評亦爲然紹遂以岱爲監軍代配守鄴 配紀與尚比評圖與譚比衆以譚長欲立之配等恐譚立而評等爲己害緣紹素意乃奉尚代紹位 范書紹傳配等矯紹遺命奉尚爲嗣何焯曰袁氏傾覆以紀配立少促之配後雖抗節不足多也 譚至不得立自號車騎將軍由是譚尚有隙太祖北征譚尚譚軍黎陽尚少與譚兵而使逢紀從譚譚求益兵配等議不與譚怒殺紀 英雄記曰紀字元圖初紹去董卓出奔與許攸及紀俱詣冀州紹以紀聰達有計策甚

親信之與共舉事後審配任用與紀不睦或有讒配於紹紹問紀紀稱配天性烈直古人之節不宜疑之紹曰君不惡之邪紀答曰先日所爭者私情今所陳者國事紹善之卒不廢配配由是更與紀爲親善 范書紹傳紀曰配天性烈直每所言行慕古人之節不以二子在南爲不義也公勿疑之通鑑胡注逢紀能爲審配言而不肯救田豐之死果爲國事乎 太祖渡河攻譚譚告急於尚尚欲分兵益譚恐譚遂奪其衆乃使審配守鄴尚自將兵助譚與太祖相拒於黎陽 杭世駿曰述征記黎陽城西南七里有袁譚城城西南三里又有一城曹操攻譚時所築元和郡縣志袁譚故城在黎陽縣西南一百步曹操故城在縣西南一百里濬縣志曰袁譚城今呼爲圍城趙一清曰方輿紀要卷十六袁譚城在大名府濬縣西又水經濁漳水注曰衡水又北爲袁譚渡蓋譚自鄴往還所由濟故得厥名 自二月至九月大戰城下譚尚敗走入城守太祖將圍之乃夜遁 錢大昭曰按范書作自九月至明年二月考武帝紀建安七月（弼按武紀無七月二字月字當爲年字）譚自號車騎將軍屯黎陽秋九月公征之八年春三月拔其郭大破之譚尚夜遁據此則范史爲是此傳誤也潘眉曰紹以

五月死公征譚尚在是年九月至明年三月乃大破之此二月至九月倒誤當作自九月至明年三月後漢書作自九月至明年二月較明晰然二月亦誤蓋以三月破之夏四月進軍鄴五月還許也弼按通鑑考異亦云當云自九月至二月**追至鄴收其麥拔陰安引軍還許**郡國志魏郡陰安一統志今直隸大名府清豐縣北范書紹傳云譚尚逼還鄴操進軍尚逆擊破操操軍還許胡三省曰此諸葛孔明所謂逼於黎陽時也必有破操軍事魏人諱而不書耳弼按武紀夏四月進軍鄴五月還許既進攻至鄴非軍挫敗豈有旋進旋退之理觀范書紹傳袁譚有及其未濟出兵掩之之語及劉表與袁譚書有攙嚴敵於鄴都之語又操己酉令諸將出征敗軍者抵罪失利者免官爵之令可互證操軍之敗**太祖南征荊州軍至西平**西平見武紀建安八年**譚尚遂舉兵相攻譚敗奔平原尚攻之急譚遣辛毗詣太祖請救**辛毗說魏武見毗傳荀攸亦勸與譚和見攸傳**太祖乃還救譚十月至黎陽**范書紹傳譚詔尚曰我鎧甲不精故前爲曹操所敗今操軍退人懷歸志及其未濟出兵掩之可令大潰此策不可失也尚疑而不許既不益兵又不易甲譚大怒郭圖辛評因此謂譚曰使先公出將軍爲兄後者皆是審配之所搆也譚然之遂引兵攻尚戰於外門譚敗乃引兵還南皮尚復自將攻譚譚戰大敗嬰城固守尚圍之急譚奔平原而遣潁川辛毗詣操請救

魏氏春秋載劉表遺譚書曰章懷注云劉表二書見王粲傳弼按蓋仲宣代劉表作**天篤降害**篤降范書作降災**禍難殷流**范書此句下有初交殊族卒成同盟使王室震蕩彝倫攸斁是以智達之士莫不痛心入骨傷時人不能相忍也然孤與太公志同願等雖楚魏絕邈山河迥遠戮力乃心共奬王室使非族不干吾盟異類不絕吾好此孤與太公無貳之所致也功績未卒九十一字**尊公殂殞**范書尊公作太公**四海悼心賢胤承統**范書此句下有以繼洪業宣奕世之德履丕顯之祚攙嚴敵於鄴都揚休烈於朔土顧定疆宇虎視河外凡我同盟莫不景附四十二字**遐邇屬望咸欲展布旅力以投盟主雖亡之日猶存之年也**宋本元本馮本年作願**何寤青蠅飛於干旍無極游於二壘**范書干旍作竿旌無極作無忌章懷云史記費無忌日夜讒太子於王左傳作無極竿旌二壘者謂譚尚也**使股肱分爲二體背膂絕爲異身**范書背膂作匈膂此句下有初聞此問尚謂不然定聞信來乃知閼伯實沈之忿已成棄親卽讎之計已決旃旆交於中原暴尸累於城下聞之哽咽若存若亡五十字**昔三王五伯下及戰國父子相殘蓋有之矣**李光地曰父子相殘云云背謬如此表喪其心矣**然或欲以成王業**章懷云若周公誅管蔡之類**或欲以定霸功**章懷云若齊桓公殺子糾也范書此句下有皆所謂逆取順守而徼富強於一世也十五字無下二句**或欲以顯宗主或欲以固冡嗣未有棄親卽異拔其本根**拔宋本元本作抗馮本作杌范書作兀沈家本曰杌當從手說文杌動也史記司馬相如傳集解引郭璞曰杌搖也此言動搖其本根也**而能崇業濟功垂祚後世者也若齊襄復九世之讎**趙一清曰若乃昔字之譌**士匄卒荀偃之事是故春秋美其義君子稱其信夫伯游之恨於齊未若文公之忿曹宣子之承業未若仁君之繼統也**章懷云公羊傳曰紀侯大去其國大去者何滅之也孰滅之也齊滅之曷爲不言齊滅之爲襄公諱也春秋爲賢者諱何賢於襄公復讎也何讎爾遠祖也哀公亨於周紀侯譖之遠祖者幾代九代矣左傳曰荀偃將中軍士匄佐之伐齊濟河病目出及卒而視不可含士匄撫之曰主苟終所不嗣事於齊有如河乃瞑受含伯游荀偃字也宣子卽士匄也錢大昭曰文公當從范書作太公粲范書作宣子之臣承業官本考證云衍一臣字周壽昌曰仲宣集有臣字言以臣承業未若以子繼統有臣字對勘語更顯**且君子之違難不適讎國**左傳公山不狃曰君子違難不適讎國杜預曰違奔亡也**豈可忘先君之怨棄至親之好爲萬世之戒遺同盟之恥哉**胡三省曰表與袁紹同盟**冀州不弟之傲**左傳曰段不弟尚據冀州故稱之**既已然矣仁君當降志辱身以匡國爲務雖見憎於夫人未若鄭莊之於姜氏兄弟之嫌未若重華之於象傲也然莊公有大隧之樂象受有鼻之封願棄捐前忿遠思舊義復爲母子昆弟如初**章懷曰鼻國在永州營道縣北今猶謂之鼻亭史記曰舜名重華惠棟曰丘光庭云案虞書傲是不恭之稱非兩字名棟案傲不必象名而可兼稱也

又遺尚書曰知變起辛郭古文苑此句上有表頓首頓首將軍麾下勤整六師芟討暴虐戎馬厮養罄無不宜甚善甚善河山阻限狠虎當路雖遣驛使或至或否口使引領告而莫達初聞郭公則辛仲治通內外之言造交遘之隙使士民不協姦釁並作聞之愕然爲增忿怒校尉劉堅皇河田買等前後到荊得二月六日所起書又得賢兄貴弟顯雍及審別駕書陳敘事變本末之理云云**禍結同生追閼伯實沈之蹤**左傳子產曰高辛氏有二子伯曰閼伯季曰實沈居於曠林不相能也日尋干戈以相征討**忘棠棣死喪之義**章懷注作常棣**親尋干戈僵尸流血聞之哽咽雖存若亡**章懷注作若存若亡**昔軒轅有涿鹿之戰周武有商奄之師**章懷注武作公沈家本曰武字誤**皆所以翦除穢害而定王業非強弱之事爭喜怒之忿也**范書注衍事字**故雖滅親不爲尤誅兄不傷義**范書注無爲字義字**今二君初承洪業纂繼前軌進有國家傾危之慮退有先公遺恨之負當唯義是務**范書注作當唯曹是務古文苑作當唯曹氏是務惠棟曰曹衆也王粲集云唯曹氏是務此後人妄加也**唯國是康**

何者金木水火以剛柔相濟然後克得其和能爲民用胡三省曰金能勝木然執柯伐柯非木無以成金斲削之利水能勝火然水在火上非火無以成水烹飪之功此類非一可以概推也今青州天性峭急迷於曲直譚據青州故稱之仁君度數弘廣綽然有餘當以大包小以優容劣先除曹操以卒先公之恨事定之後乃議曲直之計范書注卒作平計作評不亦善乎古文苑作且當先除曹操以卒先公之恨事定之後乃議兄弟之怨使記注之士定曲直之評不亦上策耶若留神遠圖克己復禮當振旆長驅范書作振旅共獎王室若迷而不反違而無改范書違作遑古文苑作逐則胡夷將有誚讓之言況我同盟復能戮力爲君之役哉范書爲作仁此韓盧東郭自困於前而遺田父之獲者也胡三省曰淳于髡說齊威王曰韓盧者天下之俊犬也東郭逡者天下之狡兔也韓盧逐東郭逡騰山者五環山者三兔極於前犬疲於後犬兔俱疲各死其處田父見而獲之無勞苦而擅其功憤踊鶴望古文苑此句上有表與劉左將軍及北海孫公佑共說此事未嘗不痛心入骨相爲悲傷也今整勒士馬云云冀聞和同之聲若其泰也則袁族其與漢升降乎如其否也則同盟永無望矣王補曰表與尚書詳見章樵注本古文苑十韓先谷本無之其書七百七十九字章

懷注及魏志紹傳注所引魏氏春秋僅錄其半且互有刪節譚尙盡不從王補曰譚求救於曹表以棄親卽讎爲言尙環攻譚又規其失義自亡厥後譚尙均爲操所擒而袁氏盡墮二書所戒其不信乎然表竟自忘覆轍廢長立愛以喪荊州是又所謂明不見眉睫也范史合傳意在於斯故贊結以矜強少成坐談奚望同皇冢嬖身頹業喪垂鑒深矣或曰景升二書可謂切至矣卒之家事與袁氏若出一轍絕不反而自思何也漢晉春秋載審配獻書於譚曰春秋之義范書此句上有配聞良藥苦口而利於病忠言逆耳而便於行願將軍緩心抑怒終省愚辭云云國君死社稷忠臣死王命苟有圖危宗廟敗亂國家王綱典律親疏一也是以周公垂泣而蔽管蔡之獄范書而蔽作以斃惠棟曰斃當作弊斷也或作蔽義同季友歔欷而行鍼叔之鴆錢大昭曰鍼叔左氏傳作鍼季范書作叔牙之誅公羊傳曰公子牙卒何以不稱弟殺也爲季子諱殺也何則義重人輕事不得已也昔衞靈公廢蒯聵而立輒蒯聵爲不道入戚以簒衞師伐之春秋傳曰以石曼姑之義爲可以拒之是以蒯聵終獲叛逆之罪而曼姑永享忠臣之名父子猶然豈況兄弟乎輒蒯聵之子出公也靈公適孫魯哀公三年衞石曼姑帥師圍戚昔先公廢絀將軍以續賢兄立我將軍以爲適嗣范書適作嫡姚範曰觀前沮授之諫似未出後者上告祖靈下書譜牒先公謂將軍爲兄子將軍謂先公爲叔父何焯云觀此二語則漢末稱本生之親不復系以父母之名矣梁玉繩曰此古者本生父母不稱父母之證海內遠近誰不備聞且先公卽世之日我將軍斬衰居廬而將軍齋于堊室禮雜記三年之喪廬堊室之中出入之分於斯益明是時凶臣逢紀范書作何意凶臣郭圖或謂英雄記云配與紀更爲親善似不當言凶臣逢紀又按本傳云評圖與譚比此文後又有圖等干國亂家及圖頭不縣軍不旋踵之語似指郭圖爲是又按黃山駁錢大昭語意亦相同辭繁未載沈家本曰譚殺逢紀故下文云將軍奮赫然之怒誅不旋時云云下文凶險讒慝之人方指郭圖蓋譚尙相攻圖實構之也范書刪將軍奮赫然之怒一段故改逢紀爲郭圖以就文義然非其原文矣配紀並與尙比而目爲凶臣者殆歸罪於紀以自解妄畫蛇足章懷云戰國策楚有祠者賜其舍人酒請各畫地爲蛇先成者飲酒一人蛇先成引酒且飲乃左手持酒右手畫蛇曰吾能爲之足未成一人蛇成奪其卮曰蛇固無足子安能爲足遂飲酒爲蛇足者終亡其酒曲辭諂媚交亂懿親將軍奮赫然之怒誅不旋時將軍亦奉命承旨加以淫刑李慈銘曰將軍上當有我字蓋譚誅逢紀後令尙誅其妻子黃山曰兩言將軍旣嫌無別奉命承旨又曰淫刑亦不可通自是之後癰疽破潰骨肉無絲髮之嫌自疑之臣皆保生全之福故悉遣

强胡簡命名將料整器械選擇戰士殫府庫之財竭食士之實其所以供奉將軍何求而不備君臣相率共衞旌麾戰爲雁行賦爲幣主雖傾倉覆庫翦剝民物上下欣戴莫敢告勞何則推戀戀忠赤之情盡家家肝腦之計脣齒輔車不相爲賜謂爲將軍心合意同混齊一體必當并威偶勢禦寇寧家何圖凶險讒慝之人造飾無端誘導姦利至令將軍翻然改圖忘孝友之仁聽豺狼之謀范書作襲闞沈之迹誣先公廢立之言違近者在喪之位悖綱紀之理不顧逆順之節橫易冀州之主欲當先公之繼遂放兵鈔撥范書撥作突屠城殺吏交尸盈原裸民滿野或有髡鬄髮膚割截支體寃魂痛於幽冥創痍號於草棘范書號作被又乃圖獲鄴城許賜秦胡財物婦女豫有分界范書界作數或聞告令吏士云孤雖有老母輒使身體完具而已官本考證云輒宋本作趣范書亦作趣聞此言者莫不驚愕失氣悼心揮涕使太夫人憂哀憤懣於堂室范書作憂哀憤隔我州君臣士友假寐悲歎范書假作

監桓帝紀監瘵瘺歎錢大昕曰監瘵猶假瘵也監假聲相近無所措其手足念欲靜師拱默以聽執事之圖則懼
違春秋死命之節貽太夫人不測之患章懷曰貽遺也隕先公高世之業范書作損先公不世之業且
三軍憤慨人懷私怒我將軍辭不獲已以及館陶之役章懷注引獻帝春秋曰譚尙遂尋干戈以相征討譚軍不
利保於平原尙乃軍於館陶譚擊之敗尙走保險譚追攻之尙設奇伏大破譚軍僵屍流血不可勝計譚走還平原是時外爲禦難內實乞
罪既不見赦而屠辱各二三其心陳景雲曰辱字衍文屠各匈奴種是時袁尙攻譚尙匈奴爲助及交兵之後譚兵擊其前屠各
叛於後故下云進退無功首尾受敵也臨陣叛戾我將軍進退無功首尾受敵引軍奔避不敢告辭亦
謂將軍當少垂親親之仁貺以緩追之惠穀梁傳緩追逸賊親親之道也而乃尋蹤躡軌無所逃命
困獸必鬪以干嚴行而將軍師旅土崩瓦解此非人力乃天意也是後又望將軍改往
修來克己復禮追還孔懷如初之愛而縱情肆怒趣破家門企踵鶴立連結外讐散鋒
放火播增毒螫烽煙相望涉血千里遺城厄民引領悲怨雖欲勿救惡得已哉故遂引

軍東轅保正疆埸雖近郊壘未侵境域然望旌麾能不永歎配等備先公家臣奉廢立
之命而圖等干國亂家禮有常刑故奮敝州之賦以除將軍之疾若乃天啓于心早行
其誅范書作若乃天啟寤心革圖易慮則我將軍匍匐悲號於將軍股掌之上配等亦袒躬布體以
待斧鉞之刑若必不悛有以國斃圖頭不縣軍不旋踵願將軍詳度事宜錫以環玦章懷
云孫卿子曰絕人以玦反人以環范書紹傳以及館陶之役以下有伏惟將軍至孝蒸蒸發於岐嶷友于之性生於自然章之以聰明行之以敏達覽古今之舉措
覩興敗之徵符輕榮財於糞土貴名高於丘岳何意奄然迷沈墮賢哲之操積怨肆忿取破家之禍翹企延頸待望讐敵委慈親於虎狼之牙以逞一朝之志豈不
痛哉與此互有刪節典略曰譚得書悵然登城而泣既劫於郭圖亦以兵鋒累交遂戰不解
尙聞太祖北釋平原還鄴其將呂曠呂翔叛尙歸太祖呂翔見武紀建安八年潘眉曰
呂翔當依范書作高翔武紀亦誤譚復陰刻將軍印假曠翔太祖知譚詐與結婚以安
之范書紹傳乃以子整聘譚女以安之乃引軍還尙使審配蘇由守鄴復攻譚平原太

祖進軍將攻鄴到洹水去鄴五十里洹水見武紀建安九年趙一清曰水經洹水注魏土地記曰鄴城南四十
里有安陽城城北有洹水東流者也由欲爲內應謀泄與配戰城中敗出奔太祖太祖遂
進攻之爲地道配亦於內作塹以當之配將馮禮開突門范書禮作札陳景雲曰札
當作礼古禮也錢大昕曰圖本作馮禮章懷云墨子備突篇曰城百步一突門突門用車兩輪以木束之塗其上維置突門內度門廣狹之令人入門四尺中置窰突門
旁爲橐充竈狀又置艾寇卽入下輪而塞之鼓橐熏之也康發祥曰三輔黃圖長安九市四市在道西三市在道東凡四里爲一市致九州之人在突門水經注云光門
一名突門是突門不獨鄴城有也突門又互見明紀太和二年注內太祖兵三百餘人配覺之從城上以
大石擊突中柵門柵門閉入者皆沒太祖遂圍之爲塹周四十里范書
作壍塹圍城初令淺示若可越配望而笑之不出爭利太祖一夜掘之廣
深二丈決漳水以灌之漳水見武紀建安九年謝鍾英曰水經注漳水過鄴西按今臨漳縣西二里自五月至
八月城中餓死者過半尙聞鄴急將兵萬餘人還救之依西山來西山

見武紀建安九年東至陽平亭趙一清曰續郡國志鄴有平陽城方輿紀要卷四十九平陽城在彰德府臨漳縣西二十五里陽平亭卽平陽也
去鄴十七里臨滏水康發祥曰吳起云殷紂之國左孟門而右漳滏注水若出於釜故名滏謝鍾英曰舊志滏有二源一出神麇小黑龍
洞口一出武安鼓山南岩下合流逕磁州南關繞城東南至臨漳縣西十五里入漳水方輿紀要今臨漳縣西四十五里永樂中漳河自張固村決入滏水成化中漳水
復挾而東南出滏水之舊流幾絕弼按聚珍本水經注案語云太平御覽引水經注曰滏水發源出石鼓山南巖下泉奮湧滾滾如湯其水冬溫夏冷崖上有魏世所立
銘水上有祠能興雲雨滏水東流注於漳謂之合河原本及近刻並脫落滏水又互見武紀建安九年注舉火以示城中城中亦
舉火相應配出兵城北欲與尙對決圍太祖逆擊之敗還尙亦破走
依曲漳爲營章懷云漳水之曲太祖遂圍之未合尙懼遣陰夔陳琳乞降不
聽尙還走濫口濫口見武紀建安九年祁山注胡三省曰陳壽魏武紀作祁山袁紹傳作濫口范史袁紹傳作藍口賢注曰相州安陽縣界有
藍嵯山與鄴相近蓋藍山之口趙一清曰水經濁漳水注絳水西出穀遠縣爲濫水濫水之名以此方輿紀要卷四十九藍嵯山或謂之祁山諸葛武侯謂曹操危於祁
連蓋卽藍口之戰潘眉曰藍濫古字通郡國志東海昌慮有藍鄉劉昭注引左傳昭三十一年邾黑肱以濫來奔濫卽藍鄉也濫口之濫音藍謝鍾英曰方輿紀要今彰

德府城西鍾英按當時兵勢祁山卽濫口一地兩名猶之木門青封也進復圍之急其將馬延等臨陣降衆大潰尙奔中山中山見武紀建安九年盡收其輜重得尙印綬節鉞及衣物以示其家范書作以示城中城中崩沮配兄子榮守東門范書榮爲東門校尉夜開門內太祖兵與配戰城中生禽配配聲氣壯烈終無撓辭見者莫不歎息遂斬之

先賢行狀曰配字正南魏郡人沈欽韓曰隸釋陳球碑陰故吏陰安審配則配是魏郡陰安人少忠烈慷慨有不可犯之節袁紹領冀州委以腹心之任以爲治中別駕治中別駕解見武紀初平三年幷總幕府初譚之去皆呼辛毗郭圖家得出而辛評家獨被收及配兄子開城門內兵時配在城東南角樓上望見太祖兵入忿辛郭壞敗冀州乃遣人馳詣鄴獄指殺仲治家辛評字仲治毗之兄是時辛毗在軍聞門開馳走詣獄欲解其兄家兄家已死是日生縛配將詣帳下辛毗

等逆以馬鞭擊其頭罵之曰奴汝今日眞死矣配顧曰狗輩正由汝曹破我冀州恨不得殺汝也且汝今日能殺生我耶胡三省曰言生殺由曹操不由辛毗有頃公引見謂配知誰開卿城門配曰不知也曰自卿文榮耳盧明楷曰上正文云配兄子榮此文字疑爲配子字之譌册府元龜亦作子何焯校改同配曰小兒不足用乃至此公復謂曰曩日孤之行圍局本日作者何弩之多也配曰恨其少耳胡三省曰謂射操不中也范書紹傳配令士卒曰堅守死戰操軍疲矣幽州方至何憂無主操出行圍配伏弩射之幾中公曰卿忠於袁氏父子亦自不得不爾也有意欲活之配既無撓辭胡三省曰撓奴教翻曲也惠棟曰法言云越與亢眉終無撓辭而辛毗等號哭不已乃殺之初冀州人張子謙先降素與配不善笑謂配曰正南卿竟何如我配厲聲曰汝爲降虜審配爲忠臣雖死豈若汝生邪通鑑若作羨臨行刑叱持兵者令北向曰我君在北胡三省曰袁紹下士能盡死以效節者審配一人而已我君在北謂袁尙已北奔也何焯曰配於廢立之際從主於昏雖能死不得與沮授比樂資山陽公載記及袁暐獻帝春秋並云太祖兵入城審配戰於門中既敗逃於井中於井獲之 臣松之以爲配一代之烈士袁氏之死臣豈當數窮之日方逃身於井此之難信誠爲易了不知資暐之徒竟爲何人未能識別然否而輕弄翰墨妄生異端以行其書如此之類正足以誣罔視聽疑誤後生矣實史籍之罪人達學之所不取者也

高幹以幷州降復以幹爲刺史太祖之圍鄴也譚略取甘陵安平勃海河閒攻尙於中山尙走故安從熙甘陵安平勃海河閒故安俱見武紀建安九年譚悉收其衆太祖將討之胡三省曰袁尙破走操於是始討譚譚乃拔平原幷南皮自屯龍湊通鑑初平三年公孫瓚擊袁紹至龍湊胡三省曰龍湊地名在平原界漢晉春秋載紹與瓚書曰龍河之師羸兵前誘則龍湊蓋河津也詳味紹書龍湊宜在勃海界又袁譚軍龍湊曹操攻之拔平原走保南皮蓋在平原界也趙一清曰方輿紀要卷三十一龍湊城在德州東北蓋河津置戍處何氏曰在平原勃海閒爲河津要口謝鍾英曰當在今山東濟南府平原縣南一統志謂在德州北非也十二月太祖軍其門譚不出夜遁奔南皮臨淸

河而屯胡三省曰水經淸河過南皮縣西十年正月攻拔之斬譚及圖等曹純麾下騎斬譚首見曹仁傳

胡三省曰郭圖審配各有黨附交關譚尙使尋干戈以貽曹氏之驅除譚尙既敗二人亦誅禍福之報爲不爽矣趙一清曰寰宇記卷六十五滄州南皮縣有曹公固卽漢京兆尹雋不疑葬所魏太祖因冢爲固以攻袁氏因爲曹公固焉又縣東有觀臺袁譚所築魏武擒譚於此范書紹傳云操急攻之譚欲出戰軍未合而破譚披髮驅馳追者意非恆人趨奔之譚墮馬顧曰咄兒過我我能富貴汝言未絕口頭已斷地於是斬郭圖等戮其妻子熙尙爲其將焦觸張南所攻奔遼西烏丸觸自號幽州刺史驅率諸郡太守令長背袁向曹陳兵數萬殺白馬盟令曰違命者斬衆莫敢語各以次歃至別駕韓珩曰吾受袁公父子厚恩今其破亡智不能救勇不能死於義闕矣若乃北面於曹氏所弗能爲也一坐爲珩失色觸曰夫興大事當立大義事之濟否不待一人可卒珩志以勵事君高幹叛執上黨太守舉兵守壺口關武紀作壺關口章懷注潞州上黨縣有壺山口因其險而置關焉一統志壺口關在長治縣東南十六里壺口山下山川相錯

地形如壺又互見武紀建安十年遣樂進李典擊之未拔十一年太祖征幹幹乃留其將夏昭鄧升守城自詣匈奴單于求救不得獨與數騎亡欲南奔荆州上洛都尉捕斬之上洛見武紀建安十年方輿紀要卷五十四商州上洛廢縣漢末以縣在武關嶢關之間置上洛都尉典略曰范書注作典論宋本元本馮本官本同上洛都尉王琰獲高幹以功封侯其妻哭於室以爲琰富貴將更娶妾媵而奪己愛故也

十二年太祖至遼西擊烏丸尙熙與烏丸逆軍戰敗走奔遼東公孫康誘斬之送其首

典略曰尙爲人有勇力欲奪取康衆與熙謀曰今到康必相見欲與兄手擊之有遼東猶可以自廣也康亦心計曰今不取熙尙無以爲說於國家乃先置其精勇於廄中然後請熙尙熙尙入康伏兵出皆縛之坐於凍地尙寒求席熙曰頭顱方行萬里何席之爲范書熙曰作康曰曰下有卿字周壽昌曰范書作公孫康語情事稍不合尙寒求席熙故作此憤語也遂斬首譚字顯思熙字顯奕范書作顯雍惠棟云案王粲集粲爲劉表與尙書云得賢兄貴弟顯雍及審別駕書熙爲尙兄不應稱貴弟吳書云尙有弟名買或字顯雍然則熙字當從魏書也潘眉曰雍熙字相應奕字誤尙字顯甫　吳書曰尙有弟名買與尙俱走遼東　曹瞞傳云買尙兄子未詳

太祖高韓珩節屢辟不至卒於家

先賢行狀曰珩字子佩代郡人淸粹有雅量少喪父母奉養兄姊宗族稱孝悌焉章懷注引此無孝字梁章鉅曰既云奉養兄姊則孝字宜衍

袁術字公路胡三省曰術字公路當讀如月令審端徑術之術音遂司空逢子紹之從弟也以俠氣聞惠棟曰北堂書鈔引魏志云術爲長水校尉好奢綺盛車馬以氣高人謠曰路中悍鬼袁長水今魏志不載舉孝廉除郎中歷職內外後爲折衝校尉夏侯惇傳惇遷折衝校尉吳志孫策傳袁術表策爲折衝校尉甘寧傳拜折衝將軍書鈔引魏志云

術作長水校尉與此異虎賁中郎將虎賁中郎將解見甄后傳范書術傳術數與諸公子飛鷹走狗後頗折節舉孝廉累遷至河南尹虎賁中郎將靈帝紀張讓等殺何進虎賁中郎將袁術燒東西宮攻諸宦者又何進傳進被害宮閣閉袁術與吳匡共斫攻之因燒南宮九龍門及東西宮欲以脅出讓等杭世駿曰九州春秋云袁術爲虎賁中郎將張讓殺何進術斫閤起火董卓之將廢帝以術爲後將軍術亦畏卓之禍出奔南陽會長沙太守孫堅殺南陽太守張咨術得據其郡張咨事見吳志孫堅傳注引英雄記及吳歷通鑑考異曰范書術傳云劉表上術爲南陽太守袁術傳云術阻兵屯魯陽表不得至荆州魏志術傳孫堅殺張咨術得據南陽魏武帝紀初平元年二月已云術屯南陽蓋術初奔魯陽此春孫堅取南陽術乃據之猶以魯陽爲治所也弼按武紀諸軍大會酸棗魏武云使袁將軍率南陽之軍軍丹析入武關以震三輔者當指此時趙一淸曰水經洛水注曰合水東北流注於公路淵世俗音僞號光祿淵非也上有袁術固四周絕淵迢遞百仞廣四五里有一水淵而不流故溪淵卽其名也又曰九山谿水北逕袁公塢東蓋公路始固有此也故有袁公之名矣寰宇記卷五袁術固一名袁術塢在河南緱氏縣西南十五里四面絕淵甚險（一統志今偃師縣西南）宋武北征記少室西山有袁術固可容十萬人一夫守隘千夫莫當又有公路壘公路淵在縣西南三里（在今偃師縣西南）南陽戶口數百萬而術奢淫肆欲徵斂無度百姓苦之既與紹有隙又與劉表不平而北連公孫瓚紹與瓚不和而南連劉表其兄弟攜貳舍近交遠如此范書術傳術表孫堅領豫州刺史擊破董卓於陽人袁紹因堅討卓未反遣其將會稽周昕奪堅豫州術怒擊昕走之紹議欲立劉虞爲帝術好放縱憚立長君託以公義不肯同積此數隙遂成乃各外交黨援以相圖謀術結公孫瓚而紹連劉表豪傑多附於紹術怒曰羣豎不吾從而從吾家奴乎又與公孫瓚書云紹非袁氏子紹聞大怒何焯曰二事亦是撮舉其敗亡之由

吳書曰時議者以靈帝失道使天下叛亂少帝幼弱爲賊臣所立又不識母氏所出幽州牧劉虞宿有德望紹等欲立之以安當時使人報術術觀漢室衰陵陰懷異志故外託公義以拒紹紹復與術書曰前與韓文節韓馥字文節共建永世之道欲海內見再興之主今西名有幼君無血脈之屬公卿以下皆媚事卓安可復信但當使兵往屯關要皆自蹙死於西東立聖君太平可冀如何有疑又室家見戮不念子胥可復北面乎史記伍子胥名員父曰伍奢兄曰伍尙費無忌讒太子建於楚平王殺之奢爲太傅並殺奢及尙員奔吳事吳王闔廬導之伐楚入郢掘楚平王墓出其屍鞭之三百

違天不祥願詳思之術答曰聖主聰叡有周成之質賊卓因危亂之際威服百寮此乃漢家小厄之會亂尙未厭復欲興之乃云今主無血脈之屬豈不誣乎先人以來奕世相承忠義爲先太傅公仁慈惻隱雖知賊卓必爲禍害以信徇義不忍去也門戶滅絕死亡流漫幸蒙遠近來相赴助不因此時上討國賊下刷家恥而圖於此非所聞也又曰室家見戮可復北面此卓所爲豈國家哉君命天也天不可讎況非君命乎懔懔赤心志在滅卓不識其他 何焯曰獻帝幼沖董卓擅命何可比於子胥術書雖非本旨於情理稍分明

引軍入陳留太祖與紹合擊大破術軍 周壽昌曰術雖不善固紹之弟乃紹與曹操合擊以破其軍此何心哉厥後譚尙爭戰同底於敗亦紹之貽謀導之也 術以餘衆奔九江 九江見武紀初平四年 殺揚州刺史陳溫領其州 揚州刺史治見武紀初平元年范書術傳初平四年術引軍入陳留屯封丘黑山餘賊及匈奴於扶羅等佐術與曹操戰於匡亭大敗術退保雍丘又將其餘衆奔九江殺揚州刺史陳溫而自領之又兼稱徐州伯趙一清曰郡國志汝南項注有公路城水經潁水注潁水東側有公路城汝水別瀆又東逕公路臺北皆袁術所築也

臣松之案英雄記陳溫字元悌汝南人先爲揚州刺史自病死袁紹遣袁遺領州敗散奔沛國爲兵所殺 袁遺事見武紀初平元年 袁術更用陳瑀爲揚州瑀字公瑋下邳人 范書陳球傳球字伯眞下邳淮浦人歷世著名子瑀吳郡太守瑀弟琮汝陰太守弟子珪沛相珪子登廣陵太守並知名謝承書曰珪字漢瑜舉孝廉劇令去官舉茂才濟北相珪子登字元龍學通今古處身循禮非法不行性兼文武有雄資異略一領廣陵太守 瑀既領州而術敗於封丘 封丘見武紀初平四年 南向壽春瑀拒術不納 沈欽韓曰彪志揚州刺史治歷陽劉昭引漢官稱治壽春蓋彪志只據順帝時耳中葉後實已移壽春術用瑀爲揚州刺史瑀拒術不納術退保陰陵則刺史固在壽春弼按通鑑胡注引續漢志揚州本治歷陽蓋中世以後徙治壽春也 術退保陰陵 郡國志揚州九江郡陰陵一統志陰陵故城今安徽鳳陽府定遠縣西北水經注淮水北逕莫邪山西山南有陰陵縣故城後漢九江郡治吳志孫賁傳賁依袁術術從兄紹用會稽周昂爲九江太守紹與術不協術遣賁攻破昂於陰陵卽此 更合軍攻瑀瑀懼走歸下邳如此則溫不爲術所殺與本傳不同 趙一清曰范書獻帝紀初平四年三月袁術殺揚州刺史陳溫據淮南術傳亦云殺揚州刺史陳溫而自領之又陳球傳子瑀吳郡太守注引謝承書曰瑀舉孝廉辟公府洛陽市長後辟太尉府未到永漢元年就拜議郎遷吳郡太守不之官一清案孫策傳注引江表傳建安二年敕孫策與呂布及行吳郡太守安東將軍陳瑀同討袁術而瑀陰圖襲策策攻瑀於海西大破之則不得不之官也梁章鉅曰案范書獻帝紀術傳皆言術殺溫與志合不得以英雄記之言爲疑弼按通鑑考異引九州春秋曰初平三年揚州刺史陳禕死術以瑀領揚州蓋陳禕當爲陳溫實以三年卒今從之據此則與裴注引英雄記相合周壽昌曰術更用陳瑀爲揚州則亦非遽自領矣弼按范書鄭太傳太與何顒荀攸謀殺董卓事洩脫身自武關走東歸袁術術上以爲揚州刺史未至官道卒袁宏紀此事在初平三年當在陳瑀爲揚州之先也

以張勳橋蕤等爲大將軍 官本考證云監本作大將軍呂布傳云遣大將張勳攻布軍字衍文弼按范書術傳亦云遣其將張勳橋蕤攻布 李傕入長安欲結術爲援以術爲左將軍封陽翟侯 毛本陽作楊誤郡國志豫州潁川郡治陽翟一統志陽翟故城今河南開封府禹州治 假節遣太傅馬日磾因循行拜授 范書獻紀初平三年七月太尉馬日磾爲太傅八月遣日磾及太僕趙岐持節慰撫天下 術奪日磾節 周禮地官掌節掌守邦節而辨其用以輔王命鄭注曰王有命則別其節之用以授使者輔王命者執以行爲信後漢書注曰節所以爲信以竹爲之長八尺以旄牛尾爲眊三重漢書蘇武傳武杖漢節牧羊臥起操持節旄盡落

拘留不遣

三輔決錄注曰日磾字翁叔馬融之族子 范書馬融傳族孫日磾獻帝時位至太傅 少傳融業以才學進與楊彪盧植蔡邕等典校中書歷位九卿遂登台輔 獻帝春秋曰術從日磾借節觀之因奪不還備軍中千餘人 范書孔融傳注引此作條軍中十餘人通鑑同 使促辟之日磾謂術曰卿家先世諸公辟士云何而言促之謂公府掾可劫得乎從術求去而術留之不遣既以失節屈辱憂恚而死 范書獻帝紀興平元年十二月太傅馬日磾薨於壽春范書孔融傳太傅馬日磾奉使山東及至淮南數有意於袁術術輕侮之遂奪取其節求去又不聽因欲逼爲軍師日磾深自恨遂嘔血而斃及喪還朝廷議欲加禮孔融乃獨議曰日磾以上公之尊秉髦節之使銜命直指寧輯東夏而曲媚姦臣爲所牽率章表署用皆使首名附下罔上姦以事君王室大臣豈得以見脅爲辭又袁術僭逆非一朝一夕日磾隨從周旋歷歲漢律與罪人交關三日以上皆應知情聖上哀矜舊臣未忍追案不宜加禮朝廷從之袁宏紀日磾趙岐俱在壽春岐守志不撓日磾頗有求於術術侵侮之從日磾借節視之因奪不還日磾欲去術又不遣病其所守不及趙岐嘔血而死通鑑日磾病其失節嘔血而死胡注引杜預曰病者以爲已病也弼按當時割據自雄者皆欲屈服前朝顯

宦以自重如曹丕之以鍾繇華歆王朗爲三公劉備之以許靖爲太傅與袁術之欲屈曰碑事正相同又按術又欲以故兗州刺史金尙爲太尉尙不屈逃去爲術所害見本志呂布傳注引典略

時沛相下邳陳珪故太尉球弟子也珪事見前注趙一淸曰魏書地形志下邳郡歸正縣有陳珪墓在今江南邳州境術與珪俱公族子孫少共交游書與珪曰昔秦失其政天下羣雄爭而取之兼智勇者卒受其歸袁宏紀歸作福今世事紛擾復有瓦解之勢矣誠英乂有爲之時也與足下舊交豈肯左右之乎若集大事子實爲吾心膂珪中子應時在下邳術並脅質應圖必致珪珪荅書曰昔秦末世肆暴恣情虐流天下毒被生民下不堪命故遂土崩今雖季世未有亡秦苛暴之亂也曹將軍神武應期興復典刑將撥平凶慝淸定海內信有徵矣何焯曰當時人心歸操其言至此早知其爲漢賊者不過數人而已以爲足下當

戮力同心匡翼漢室而陰謀不軌以身試禍豈不痛哉若迷而知反尙可以免吾備舊知故陳至情雖逆於耳肉骨之惠也欲吾營私阿附有犯死不能也興平二年冬天子敗於曹陽曹陽見董卓傳李傕郭汜追天子於弘農之曹陽范書獻紀興平二年十一月壬申幸曹陽露次田中術傳興平二年冬天子播越敗於曹陽術會羣下謂曰今劉氏微弱海內鼎沸吾家四世公輔章懷注袁安爲司空子敞及京京子湯湯子逢並爲司空百姓所歸欲應天順民於諸君意如何衆莫敢對主簿閻象進曰昔周自后稷至于文王積德累功參分天下有其二猶服事殷章懷注國語曰后稷勤周十五代而王毛詩國風序曰國君積行累功以致爵位論語孔子曰三分天下有其二猶服事殷明公雖奕世克昌章懷注奕猶重也詩曰不顯奕代又曰克昌厥後未若有周之盛漢室雖微未若殷紂之暴也范書未作執雖作衰暴作敝術嘿然不悅范書術傳術嘿然使召張範範辭疾遣弟承往應之術問曰昔周室陵遲則有桓文之霸秦失其政漢接而用之今孤以土地之廣士人之衆欲徼福於齊桓擬迹於高祖可乎承對曰在德不在衆苟能用德以同天下之欲雖云匹夫霸王可也若陵僭無度干時而動衆之所棄誰能興之術不悅用河內張炯之符命范書炯作烱遂僭號武紀建安十五年注引魏武故事云袁術僭號於九江下皆稱臣名門曰建號門衣被皆爲天子之制兩婦預爭爲皇后趙一淸曰范書獻帝紀建安二年春袁術自稱天子九月殺陳王寵陳敬王羨傳義兵起寵率衆屯陽夏自稱輔漢大將軍袁術遣客詐殺國相駱俊及寵寰宇記卷十六泗州招信縣本漢淮陵縣有公路城在縣北六十里袁術僭號九江率兵擊殺陳王寵曹操征之術渡江築此城以自據

典略曰術以袁姓出陳陳舜之後以土承火得應運之次范書術傳作以黃代赤德運之次章懷注陳大夫轅濤塗袁氏其後也五行火生土故云以黃代赤又見讖文云代漢者當塗高也自以名字當之章懷注當塗高者魏也然術自以術及路皆是塗故云應之乃建號稱仲氏范書術傳建安二年術因河內張炯符命遂果僭號自稱仲家章懷注仲或作沖錢大昕曰沖家猶沖人沖子也當以沖爲是沈濤曰仲乃術所僭國號其稱曰家猶漢氏之稱漢家耳公孫述傳遂自立爲天子號成家亦是僭國號曰成也又魏志術傳注引典略曰乃建號稱仲氏則或作沖者非也弼按范書術傳術聞孫堅得傳國璽遂拘堅妻奪之孫策聞術將欲僭號與書諫曰董卓無道陵虐王室禍加太后暴及弘農天子播越宮廟焚毀是以豪傑發憤沛然俱起元惡既斃幼主東顧乃使王人奉命宣明朝恩偃武修文與之更始然而河北異謀於黑山曹操毒被於東徐

劉表僭亂於南荊公孫叛逆於朔北正禮阻兵玄德爭盟是以未獲從命櫜弓戢戈當謂使君與國同規而舍是弗恤完然有自取之志懼非海內企望之意也成湯討桀稱有夏多罪武王伐紂曰殷有重罰此二王者雖有聖德假使時無失道之過無由逼而取也今主上非有惡於天下徒以幼小脅於彊臣異於湯武之時也又聞幼主明智聰敏有夙成之德天下雖未被其恩咸歸心焉若輔而興之則旦奭之美率土所望也使君五世相承爲漢宰輔榮寵之盛莫與爲比宜效忠守節以報王室時人多惑圖緯之言妄牽非類之文苟以悅主爲美不顧成敗之計古今所愼可不孰慮忠言逆耳駁議致憎苟有益於尊明無所敢辭術不納策遂絕之此書與吳志孫討逆傳注引吳錄所載稍有刪節文亦小異故備錄於此

以九江太守爲淮南尹沈欽韓曰九江郡魏復曰淮南郡魏志楚王彪傳楚國除爲淮南郡陳壽志中或稱九江郡或稱楚國或稱淮南其例自亂弼按沈說殆未細審陳志所稱皆據當時名稱洪亮吉云淮南郡本漢九江郡漢初爲淮南國後復故魏復改今名謝鍾英云班志九江郡秦置高帝四年更名淮南國武帝元狩元年復故袁術傳術興平元年建號以九江太守爲淮南尹魏略楊沛傳太祖輔政沛遷九江太守是建安中術改九江爲淮南魏武并術復淮南爲九江郡鄲王邕傳邕黃初二年封淮南公以九江郡爲國三年進封淮南王楚王彪傳太和六年自白馬改封楚嘉平元年國除爲淮南郡是魏以九江爲淮南國後改楚國又爲淮南郡國志所書九江楚國淮南皆據當時之名也置公卿袁術以周瑜爲居巢長以魯肅爲東城長瑜肅皆棄官從孫策見吳志周

瑜魯肅傳祠南北郊荒侈滋甚范書楊彪傳注引華嶠書曰東京楊氏袁氏累世宰相爲漢名族然袁氏車馬衣服極爲奢僭後
宮數百皆服綺縠餘粱肉
九州春秋曰司隸馮方女錢大昭曰按馮方疑卽馮芳中平五年初置西園八校尉以芳爲助軍右校尉見靈帝紀及袁紹傳注此作馮
方疑誤弼按靈紀注引山陽公載記作馮方國色也避亂揚州術登城見而悅之遂納焉甚愛幸諸婦害
其寵語之曰錢大昭曰語從當後漢書術傳作紿依說文解字當作詒詒相欺詒也列子黃帝篇旣而狎侮欺詒郭璞注方言云汝南人呼欺爲譴詒
亦曰詒史記高祖本紀高祖爲亭長素易諸吏乃紿爲調應劭曰紿欺也音殆蓋借用絲勞卽紿之紿耳將軍貴人有志節當時時涕
泣憂愁必長見敬重馮氏以爲然後見術輒垂涕術以有心志益哀之諸婦人因共絞
殺懸之廁梁術誠以爲不得志而死乃厚加殯斂
而士卒凍餒餒宋本作餧古餒字江淮閒空盡人民相食范書術傳時舒仲應爲術沛相術以米十萬斛與爲
軍糧仲應悉散以給飢民術聞怒陳兵將斬之仲應曰知當必死故爲之耳寧可以一人之命救百姓於塗炭術下馬牽之曰仲應足下獨欲享天下重名不與吾共之

邪術前爲呂布所破范書術傳術遣使以竊號告呂布幷爲子聘布女布執術使送許術大怒遣其將張勳橋蕤攻布大敗而還
後爲太祖所敗范書術傳曹操自征術術聞大駭卽走渡淮留張勳橋蕤於蘄陽（通鑑胡注此蓋沛國之蘄范史衍陽字）以拒操操破斬
蕤勳退走術兵弱大將死衆情離叛奔其部曲雷薄陳蘭於灊山范書術傳四年夏乃燒宮室奔其部曲陳簡雷薄於灊山
章懷曰灊縣之山也潛今壽州霍山縣也灊音潛詳見何夔傳注潘眉曰雷薄劉馥傳作雷緒沈家本曰夏侯淵傳亦有雷緒未知緒卽薄否復爲所拒
憂懼不知所出將歸帝號於紹欲至青州從袁譚趙一清曰水經淮水注淮陰城西二里有
公路浦袁術將東奔袁譚路出斯浦因以爲名發病道死范書獻紀建安四年夏六月袁術死
魏書曰術歸帝號於紹曰漢之失天下久矣天子提挈政在家門豪雄角逐分裂疆宇
此與周之末年七國分勢無異卒彊者兼之耳加袁氏受命當王符瑞炳然今君擁有
四州民戶百萬以彊則無與比大論德則無與比高曹操欲扶衰拯弱安能續絕命救
已滅乎紹陰然之范書術傳術欲北至青州從袁譚曹操使劉備徼之不得過復走還壽春吳書曰術既爲雷薄等

所拒留住三日士衆絕糧乃還至江亭去壽春八十里問廚下尙有麥屑三十斛時盛
暑欲得蜜漿又無蜜坐櫺牀上范書術傳作坐簀牀歎息良久乃大咤曰袁術至於此乎因頓
伏牀下嘔血斗餘而死宋本而作遂范書術傳因憤慨結病歐血死
妻子依術故吏廬江太守劉勳吳志孫策傳注引江表傳云袁術死術從弟胤女壻黃猗等畏懼曹公不敢守壽春乃共
舁術棺柩扶其妻子及部曲男女就劉勳於皖城通鑑考異曰吳志孫策傳云術死長史楊弘大將張勳等將其衆欲就策廬江太守劉勳邀擊悉虜之收其珍寶以歸
與諸書不同孫策破勳劉勳事見武紀建安四年復見收視術女入孫權宮吳志妃嬪傳注引吳錄云袁夫
人者袁術女也有節行而無子步夫人薨權欲立之固辭不受子燿范書術傳燿作曜拜郎中燿女又配於權子
奮
劉表字景升山陽高平人也山陽郡見武紀初平元年高平見武紀建安十八年又互見王粲傳故城在今山東兗州府鄒
縣西南范書劉表傳云魯恭王之後也周壽昌曰章懷注恭王景帝子名餘表係宗室近支傳中似宜敘述弼按魯恭王卽治魯靈光殿壞孔子舊宅於壁中得古文經

傳者漢書有傳少知名號八俊范書表傳與同郡張儉等俱被訕議號爲八顧杭世駿曰案黨錮傳表儉二人列於八及前後不同惠棟曰黨
錮傳云張儉鄉人朱並告儉與同鄉二十四人別相署號共爲部黨以儉及檀彬等爲八俊田林張隱劉表等爲八顧刻石立墠共爲部黨沈家本曰八俊注作八顧范
書表傳及黨錮亦作八顧疑俊字誤黨錮傳列八俊人名前後二說並無表名
張璠漢紀曰吳本毛本紀作記表與同郡人張隱薛郁王訪宣靖公褚恭陳景雲曰褚當作緒錢大昭曰後漢
書黨錮傳作公緒李賢曰公緒姓也此作公褚誤廣韻一東作山陽公堵恭亦誤劉祇田林爲八交何焯校改八友或謂之八顧
漢末名士錄云表與汝南陳翔字仲麟范書黨錮傳翔字子麟汝南邵陵人少知名拜侍御史奏大將軍梁冀持貴不敬請
收案罪時人奇之坐黨事考黃門北寺獄以無驗見原卒于家范滂字孟博范書黨錮傳滂汝南征羌人少厲清節爲州里所服登車攬轡慨然有澄
清天下之志奏刺史二千石權豪之黨二十餘人後牢修誣言鉤黨滂坐繫黃門北寺獄事釋南歸汝南南陽士大夫迎之者數千兩建寧二年大誅黨人滂自詣
獄時年三十三魯國孔昱字世元范書黨錮傳昱字元世魯國魯人少習家學後遭黨事禁錮靈帝卽位補洛陽令以師喪去官卒於家勃
海苑康字仲眞范書黨錮傳苑康字仲眞勃海重合人少受業太學與郭林宗親善舉孝廉再遷潁陰令有能迹遷太山太守是時山陽張儉殺常

侍侯覽母案其宗黨賓客或有迸匿太山界者覽誣康詐上賊降徵詣廷尉減死罪一等後原還本郡卒于家錢大昕曰荀淑資武傳并作苑康黃山曰唐柳宗元有送苑論登第後歸觀詩序是苑姓至唐尙有聞范書作范康誤**山陽檀敫字文友**范書黨錮傳檀敷字文有山陽瑕丘人補蒙令以郡守非其人棄官去惠棟曰本傳及韓敕碑陰皆作敫三君八俊錄云語曰海內通士檀文有**張儉字元節**范書黨錮傳張儉字元節山陽高平人趙王張耳之後也延熹八年太守翟超請爲東部督郵時中常侍侯覽家在防東殘暴百姓所爲不軌儉舉劾覽及其母罪惡請誅之覽遏絕章表不得通由是結仇覽等鄉人朱並上書告儉與同郡二十四人爲黨於是刊章討捕儉得亡命困迫遁走望門投止莫不重其名行破家相容**南陽岑晊字公孝**范書黨錮傳岑晊字公孝南陽棘陽人太守成瑨下車聞晊名高請爲功曹宛有富賈張汎賂遺中官用埶縱橫晊勸瑨收捕汎等既而遇赦晊竟誅之并收其宗族賓客殺二百餘人後乃奏聞於是中常侍侯覽使汎妻訟冤徵瑨下獄死晊逭逃**爲八友**趙一清曰七人後漢書俱有傳皆不及當塗之難惟張儉以年高見徵儉傳云建安初徵爲衞尉不得已而起儉見曹氏世德已萌乃闔門懸車不豫政事歲餘卒於許下年八十四梁章鉅曰此一交游之末耳而或爲八俊或爲八顧或爲八友紀載岐互如此沈家本曰范書黨錮傳張儉鄉人朱並上書所列八顧姓名與漢紀同傳中前一說列八及名與名士錄所列同惟無范滂而有翟超朱並所列八及名與此全異范書云及者言其能導人追宗者也八交八友並無意義疑交與友皆及字之譌**謝承漢書曰表受學於**

同郡王暢范書王龔傳龔字伯宗山陽高平人世爲豪族初舉孝廉遷汝南太守好才愛士引進郡人黃憲陳蕃後遷司空拜太尉龔深疾宦官上書極言其狀請加放斥諸黃門使賓客誣奏龔罪後以老病乞骸骨卒于家子暢字叔茂初舉孝廉太尉陳蕃薦暢清方公正拜南陽太守糾發豪黨豪右大震後遷司空子謙爲大將軍何進長史謙子粲以文才知名弼按表既受學於暢又同鄉里宜仲宣之往荊州也**暢爲南陽太守行過乎儉**毛本乎作于范書暢傳郡中豪族多以奢靡相尙暢常布衣皮褥車馬羸敗以矯其敝汪文臺曰書鈔七十四謝承書云暢拜南陽太守計日受俸不噉魚肉又云羊皮庇身車毀不改馬羸不易**表時年十七進諫曰奢不僭上儉不逼下蓋中庸之道是故蘧伯玉恥獨爲君子府君若不師孔聖之明訓而慕夷齊之末操**章懷注引論語孔子曰奢則不遜儉則固言仲尼得奢儉之中而夷齊飢死是末操也**無乃皎然自遺於世**范書暢傳遺作貴**暢答曰以約失之者鮮矣且以矯俗也**

長八尺餘姿貌甚偉宋本貌作皃後同范書作溫偉**以大將軍掾爲北軍中候**范書表傳詔書捕案黨人表亡走得免黨禁解辟大將軍何進掾續百官志北軍中候一人六百石掌監五營宋書百官志漢有南北軍衞京師武帝置中壘校尉掌北軍營光武省中壘校尉置北軍中候監五校營惠棟曰高誘云中候候望者也錢大昕曰漢官制以委任爲重不依秩祿之多寡五營校尉皆比二千石而中候以六百石監之郡國守相皆二千石而刺史以六百石察之潘眉曰凡軍皆有候南軍領於衞尉其候官名衞候北軍領於中壘校尉其候官名中候南軍不屬中尉惟北軍屬中尉故但有北軍中候而無南軍中候或稱中候或稱軍中候或稱北軍中候或稱北軍軍中候胡玉縉曰潘說似未盡黃以周史說略漢南北軍兩宮衞考云兩宮之地一東一西不相連屬兩宮之中有御道道之左右有九市三輔黃圖云六市在道西三市在道東是也漢書胡建傳建守軍正丞時監軍御史爲姦穿北軍壘垣以爲賈區建斬之則北軍近於市其所屯之地在兩宮之中於此有明證矣百官公卿表云中尉屬官有中壘兩尉又式道左右中候候丞屬焉又云中壘校尉掌北軍壘門內中壘者北軍之壘也中尉屬官有兩中壘尉一中壘校尉則中尉領北軍於此有明證矣北軍之壘近市市夾御道故式道左右中候候丞又屬焉中壘之有校尉雖始武帝而北軍之稱中壘實襲舊名蓋以南北言其軍在兩宮之北故曰北軍以東西言其軍在兩宮之中故曰中壘合觀諸文北軍所駐之地可得見矣據此則但有北軍中候之意乃明弼按北軍中候又互見崔琰傳注**靈帝崩代王叡爲荊州刺史**范書表傳初平元年長沙太守孫堅殺荊州刺史王叡詔書以表爲荊州刺史叡事見吳志孫堅傳注惠棟曰鎭南碑云辟大將軍府遷北軍中候在位十旬以賢能特遷拜刺史**是時山東兵起表亦合兵軍襄陽**襄陽見武紀建安十三年趙一清曰方輿紀要卷七十九卷八十後漢荊州刺史治漢壽常德府城東四十里有漢壽城

初平二年劉表爲荊州徙治襄陽水經沔水注水南有層臺號景升臺蓋劉表治襄陽之所築也表盛游於此常所止憩表性好鷹嘗登此臺歌野鷹來曲其聲韻似孟達上堵吟矣

司馬彪戰略曰沈家本曰此書隋唐志不著錄所記亦漢末事黃逢元曰國志注作戰略御覽目作戰經兵部又作戰略當卽一書異名今存黃奭輯本一卷題作戰略丁國鈞曰彪有兵記二十卷疑戰略戰經皆其書中篇目也弼按司馬彪戰略據黃奭輯本所載傅幹孟達司馬懿蔣濟傅嘏王基各條則所記不盡爲漢末事沈說未允**劉表之初爲荊州也江南宗賊盛**章懷云宗黨共爲賊何焯曰宗當與巴賨之賨同義南蠻號也惠棟曰吳志注引江表傳鄱陽氏帥別立宗部又云海昏縣有五六千家相結聚作宗伍蓋漢末喪亂人民結聚劫略郡縣自下言之謂之宗部宗伍自上言之謂之宗賊不必皆南蠻賊也何說未審**袁術屯魯陽**郡國志荊州南陽郡魯陽盛弘之云其地重險楚之北塞也一統志魯陽故城今河南汝州魯山縣治又互見毛玠傳韓暨傳**盡有南陽之衆吳人蘇代領長沙太守**郡國志荊州長沙郡治臨湘一統志臨湘故城今湖南長沙府城南**貝羽爲華容長**華容見武紀建安十三年**各阻兵作亂表初到單馬入宜城**宜城見明紀景初元年章懷注宜城縣屬南郡本鄀惠帝三年改名宜城**而延中廬人蒯良蒯越**郡國志荊州南郡中廬侯國襄陽者舊傳云古盧戎也魏改屬襄陽郡一

統志中廬故城今湖北襄陽府襄陽縣西南方輿紀要今襄陽府南漳縣東北五十里中廬鎭惠棟曰良字子柔越字異度見後注引傅子襄陽人蔡瑁與謀襄陽者舊傳蔡瑁字德珪襄陽人性豪自喜少爲魏武所親劉琮之敗武帝造其家入瑁私室呼見其妻子謂曰德珪故憶往昔共見梁孟星孟星不見人時否聞今在此那得面目見卿邪瑁家在蔡洲上屋宇甚好四牆皆以青石結角婢妾數百人別業四五十處漢末諸蔡最盛蔡諷姊適太尉張温長女爲黃承彥妻（弼按黃承彥女卽諸葛亮妻見亮傳注引襄陽記）小女爲劉景升後婦瑁之姊也水經沔水注沔水東南逕蔡洲漢長水校尉蔡瑁居之故名南有蔡瑁冢冢前刻石爲大鹿狀甚大頭高九尺制作甚工表曰宗賊甚盛而衆不附袁術因之禍今至矣吾欲徵兵恐不集其策安出良曰衆不附者仁不足也附而不治者義不足也苟仁義之道行百姓歸之如水之趣下何患所至之不從而問興兵與策乎表顧問越官本顧作復越曰治平者先仁義治亂者先權謀兵不在多在得人也袁術勇而無斷蘇代貝羽皆武人不足慮宗賊帥多貪暴爲下所患越有所素養者使示之以利必以衆來君誅其無道范書君上有使字撫而用之一州之人有樂存之心聞君盛德必襁負而至矣兵集衆附南據江陵北守襄陽荊州八郡可傳檄而定術等雖至無能爲也荊州八郡互見武紀建安十八年章懷注引漢官儀曰荊州管長沙零陵桂陽南陽江陵武陵南郡章陵等是也通鑑章陵太守蒯越勸劉琮降曹操胡三省云四親園廟在章陵時以爲郡置守錢大昭曰江陵卽南郡所治章陵卽春陵南陽屬縣郡國志荊州七郡有江夏無江陵章陵三國志建安二十年劉備與孫權連和分江夏長沙桂陽東屬南郡零陵武陵西屬不言南陽建安二十四年吳分宜都秭歸二縣爲固陵郡二十五年權自公安都鄂改名武昌以武昌下雉尋陽陽新柴桑沙羨六縣爲武昌郡魏黃初三年以荊揚江表八郡爲荊州荊州江北諸郡爲郢州權叛復郢州爲荊州此皆以後之事劉表爲荊州刺史尙在初平元年也竊疑漢官儀之江陵是江夏之譌而章陵之郡不知置於何時建安十八年省州幷郡時已有章陵見獻帝起居注趙一清曰續郡國志荊州只是七郡而無章陵疑是漢末立下文裴注云詔書拜蒯越爲章陵太守是也曹魏因之故趙儼亦爲章陵太守然魏武紀云建安二年南陽章陵諸縣復叛爲繡則其時尙未爲郡當在是年之後黃山曰案續志劉注引獻帝起居注曰建安十八年三月庚寅省州幷郡復禹貢之九州荊州得交州之蒼梧南海九眞交趾日南與其舊所部南陽章陵南郡江夏武陵長沙零陵桂陽凡十三郡據此則官儀江陵確爲江夏之誤而章陵亦舊郡也疑光武改春陵爲章陵縣後車駕屢幸親祠園林嘗升爲郡旋又幷省桓靈時因而復置傕汜亂長安圖籍盡亡遂無可徵也觀表於初平元年至荊州蒯越卽云荊州八郡已數章陵矣安得云郡爲建安時立乎續志斷自孝順故荊州仍止七郡表曰子柔之

言雍季之論也異度之計臼犯之謀也晉狐偃字子犯爲公子重耳舅故曰舅犯呂氏春秋孝行覽義賞篇云昔晉文公將與楚人戰於城濮召舅犯而問曰楚衆我寡柰何而可舅犯對曰臣聞繁禮之君不足於文繁戰之君不足於詐君亦詐之而已文公以舅犯言告雍季雍季曰竭澤而漁豈不獲得而明年無魚焚藪而田豈不獲得而明年無獸詐僞之道雖今偸可後將無復非長術也文公用舅犯之言而敗楚人於城濮反而爲賞雍季在上左右諫曰城濮之功舅犯之謀也君用其言而賞後其身或者不可乎文公曰雍季之言百世之利也舅犯之言一時之務也焉有以一時之務先百世之利者乎孔子聞之曰臨難用詐足以卻敵反而尊賢足以報德文公雖不終始足以霸矣通鑑輯覽云蒯良兄弟數語當時所僅聞昭烈偏安之業有與此暗合者表特不能善用之耳然表在荊州雖無弭亂之心而撫輯凋敝藉以稍安或此說有以啟之遂使越遣人誘宗賊至者五十五人范書作誘宗賊帥至者十五人皆斬之襲取其衆或卽授部曲唯江夏賊張虎陳生范書生作坐誤擁衆據襄陽表乃使越與龐季單騎往說降之江南遂悉平通鑑初平元年劉表徙治襄陽鎭撫郡縣江南悉平胡三省曰荊州刺史本治武陵漢壽襄陽縣屬南郡荊部在江南者長沙武陵零陵桂陽四郡也爲劉表專制荊州張本范書表傳諸守令聞表威名多解印綬去惠棟曰謂長沙太守蘇代華容長貝羽等也

袁術之在南陽也與孫堅合從欲襲奪表州使堅攻表堅爲流矢所中死軍敗術遂不能勝表范書術傳表遂理兵襄陽以觀時變袁術與其從兄紹有隙而紹與表相結故術共孫堅合從襲表表敗堅遂圍襄陽會表將黃祖救至堅爲流箭所中死餘衆退走黃祖殺孫堅事詳見吳志孫堅傳及注李傕郭汜入長安欲連表爲援乃以表爲鎭南將軍荊州牧惠棟曰鎭南碑云遣御史中丞鍾繇卽拜鎭南將軍錫鼓吹大車策命襃崇謂之伯父置長史司馬從事中郎開府辟召儀如三公復遣左中郎將祝融授節以增威重幷督揚交二州棟案鎭南表先拜安南將軍也封成武侯吳本毛本成誤作城經典釋文序錄作南城侯郡國志兗州濟陰郡成武故屬山陽李兆洛曰成武故城今山東曹州府城武縣治假節天子都許表雖遣使貢獻然北與袁紹相結治中鄧義諫表表不聽范書表傳作侍中從事鄧羲陳景雲曰侍中當作治中因下有侍中之文而誤錢大昕曰章懷諱治爲持此治中改持中校書者妄易爲侍耳錢大昭曰後漢書作侍中非也時州牧有長史有別駕有治中至侍中乃中朝官非劉表所得有也

漢晉春秋曰表答義曰內不失貢職外不背盟主此天下之大義也宋本大作達通鑑同治中

獨何怪乎何焯云此曹操所謂乍前乍卻以觀世事者也

羲辭疾而退終表之世范書作終表世不仕語較完或曰鄧羲可謂潔身之士高於田豐沮授數等矣蘭以香焚膏以明煎可不自珍乎

張濟引兵入荆州界攻穰城穰見武紀建安二年爲流矢所中死荆州官屬皆賀表曰濟以窮來主人無禮胡三省曰言無郊勞授館之禮也至於交鋒此非牧意牧受弔不受賀也使人納其衆衆聞之喜遂服從范書表傳建安元年驃騎將軍張濟自關中走南陽因攻穰城中飛矢而死章懷注引獻帝春秋曰濟引衆入荆州賈詡隨之歸劉表襄陽城守不受濟因攻之爲流矢所中濟從子繡收衆而退劉表自責以爲己無賓主禮遣使招繡遂屯襄陽爲表北藩本志賈詡傳詡說繡與表連和注引傳子曰詡南見劉表表以客禮待之詡曰表平世三公才也不見事變多疑無決無能爲也

長沙太守張羨叛表長沙太守孫堅舉郡人桓階孝廉堅擊劉表戰死階說羨拒表

英雄記曰張羨南陽人先作零陵桂陽長郡國志荆州零陵郡零陵桂陽郡桂陽一統志零陵故城今廣西桂林府全州北桂陽故城今廣東連州治鄒安鬯曰零陵在今桂林府全州西南七十八里潘眉曰縣官千石至六百石稱令五百石稱長長爲令之次零陵桂陽皆荆州郡此長字

誤也章懷注引英雄記作零陵桂陽守當依之弼按續百官志每縣邑道大者置令一人千石其次置長四百石小者置長三百石潘說誤零陵桂陽爲零陵桂陽二郡之屬縣故稱長也甚得江湘閒心然性屈彊不順胡三省曰屈彊梗戾不順從貌表薄其爲人不甚禮也羨由是懷恨遂叛表焉通鑑考異曰魏志桓階傳袁曹相拒於官渡階說羨附曹拒表按范書劉表傳建安三年羨拒表在官渡前也

表圍之連年不下羨病死長沙復立其子懌表遂攻并懌范書表傳長沙太守張羨率零陵桂陽三郡叛表表遣兵攻圍破羨平之周壽昌曰按魏志云表圍之連年不下羨病死長沙復立其子懌表遂攻并懌是表未能破羨至張懌時始能平之耳南收零桂零陵桂陽也范書作南接五嶺北據漢川胡三省曰漢川謂襄樊上下漢水左右之地也地方數千里帶甲十餘萬通鑑建安五年表攻張懌平之表地方數千里帶甲十餘萬遂不供職貢郊祀天地居處服用僭擬乘輿焉袁宏紀張昭爲孫策與袁術書亦云劉表僭亂於南何焯曰劉表郊祀天地事在孔融傳王補曰荆州牧劉表不供職貢多行僭僞遂乃郊祀天地擬斥乘輿事見范書孔融傳而表傳略不之載

英雄記曰州界羣寇既盡表乃開立學官博求儒士使綦毋闓宋忠等本志陶謙傳注引謝承書云趙昱就處士東莞綦毋君受公羊傳未知即闓否李賢曰闓音開惠棟曰經典序錄云宋衷字仲子南陽章陵人後漢荆州五等從事衷與忠通姚振宗曰蕭常續後漢書云宋忠子與魏諷謀誅曹操不克父子俱遇害蜀志先主傳注引漢魏春秋云劉琮乞降令宋衷詣備宣旨備大駭引刀向忠曰今斷卿頭不足以解忿遣忠去又尹默傳注云宋仲子後在魏魏略曰其子與魏諷謀反伏誅梓潼李仁尹默並從宋忠受古學王肅從宋忠讀太玄忠之事蹟略可考見者如此汪師韓曰選注所引羣書有宋衷易緯注樂緯注春秋緯注孝經緯注撰定五經章句謂之後定范書表傳荆州人情好擾加四方震駭寇賊相扇處處麋沸表招誘有方威懷兼洽其姦猾宿賊更爲效用萬里肅清大小咸悅而服之關西兗豫學士歸者蓋有千數表安慰賑贍皆得資全遂起立學校博求儒術綦毋闓宋忠等撰立五經章句謂之後定愛民養士從容自保本志杜夔傳夔以世亂奔荆州劉表令爲漢主合雅樂樂備表欲庭觀之夔諫表乃止趙一清曰隋書經籍志周易五卷漢荆州牧劉表章句梁有漢荆州五業從事宋忠注周易十卷亡又有漢荆州刺史劉表新定禮一卷後漢書儒林傳潁容字子嚴陳國長平人博學多通善春秋左氏初平中避亂荆州聚徒千餘人劉表以爲武陵太守不肯起著春秋左氏條例五萬餘言晉書天文志雜星氣條云劉表命武陵太守劉叡集天文衆占曰荆州占馬國翰輯本劉表喪服後定一卷序云隋志有劉表新定禮一卷新定即後定題小異耳唐志不著佚已久通典引六節或僅題劉表或稱後定喪服惠棟曰王粲荆州文學記云荆州牧劉君命五業從事宋衷所作文學延朋徒焉宣德音以贊之降嘉禮以勸之五載之閒道化大行耆德故老

綦毋闓等負書荷器自遠而至者三百有餘人鎮南碑云武功既亢廣開雍泮設俎豆陳罍彝親行鄉射躋彼公堂篤志好學吏子弟受祿之徒蓋以千數洪生巨儒朝夕講論誾誾如也又云君深愍末學遠本離質乃令諸儒改定五經章句删剗浮辭芟除煩重贊之者用日少而探微知機者又求遺書寫還新者留其故本於是古典畢集充於州閭弼按惠氏所引王粲荆州文學記係節錄蓺文類聚三十八補錄於下天降純嘏有所底授臻于我君受命既茂南牧是建荆衡作守時邁純德宣其丕繇厥繇伊何四國交阻乃赫斯威爰整其旅虔夷不若屢戡寇侮誕啟洪軌敦崇聖緒典墳既章禮樂咸舉濟濟搢紳盛茲階宇祁祁髦俊亦集爰處和化普暢休徵時敘品物宜育百穀繁蕪勳格皇穹聲被四宇周壽昌曰後人謂漢儒文學盛於西北自晉人渡江之後東南人才始盛景升實啟其端何焯曰喪亂中經籍不遂泯絕實賴有此非可以表無遠略嗤爲不急

太祖與袁紹方相持於官渡紹遣人求助表許之而不至亦不佐太祖欲保江漢閒觀天下變何焯曰表不助紹以緩操後則失合從之勢雖欲保江漢閒其可得乎從事中郎韓嵩胡三省曰漢制惟司隸校尉有從事中郎至漢末則州牧亦有從事中郎矣弼按續百官志司隸校尉與州刺史皆有從事史而無從事中郎范書王允傳大將軍何進召允爲從事中郎別駕劉先說表曰豪傑並爭兩雄相持天下之重在

於將軍將軍若欲有爲起乘其弊可也若不然固將擇所從將軍擁十萬之衆安坐而觀望夫見賢而不能助請和而不得此兩怨必集於將軍將軍不得中立矣夫以曹公之明哲天下賢俊皆歸之其勢必舉袁紹然後稱兵以向江漢恐將軍不能禦也故爲將軍計者不若舉州以附曹公曹公必重德將軍長享福祚垂之後嗣此萬全之策也表大將蒯越亦勸表表狐疑乃遣嵩詣太祖以觀虛實嵩還深陳太祖威德說表遣子入質表疑嵩反爲太祖說大怒欲殺嵩考殺隨嵩行者知嵩無他意乃止

傅子曰初表謂嵩曰今天下大亂未知所定曹公擁天子都許君爲我觀其釁嵩對曰聖達節次守節 胡三省曰左傳曹公子欣時之言 嵩守節者也夫事君爲君君臣名定以死守之今策名委質 左傳策名委質貳乃辟也 唯將軍所命雖赴湯蹈火死無辭也以嵩觀之曹公至明必濟天下將軍能上順天子下歸曹公必享百世之利楚國實受其祐使嵩可也設計未定嵩使京師天子假嵩一官則天子之臣而將軍之故吏耳在君爲君則嵩守天子之命義不得復爲將軍死也唯將軍重思 胡三省曰重思猶言三思也 無負嵩表遂使之果如所言天子拜嵩侍中遷零陵太守還稱朝廷曹公之德也表以爲懷貳大會寮屬數百人陳兵見嵩 惠棟曰魯語臧文仲云大刑用甲兵韋昭云謂臣有大逆則被甲執兵而誅之若今陳軍也 盛怒持節將斬之 胡三省曰持節以示將斬猶不敢專殺存漢制也 數曰韓嵩敢懷貳邪衆皆恐欲令嵩謝嵩不動謂表曰將軍負嵩嵩不負將軍具陳前言表怒不已其妻蔡氏諫之曰韓嵩楚國之望也且其言直誅之無辭表乃弗誅而囚之

表雖外貌儒雅而心多疑忌皆此類也劉備奔表表厚待之然不能用 范書表傳建安六年劉備自袁紹奔荆州表厚相待結而不能用也

漢晉春秋曰太祖之始征柳城 柳城見武紀建安十二年 劉備說表使襲許表不從及太祖還謂備曰不用君言故失此大會也備曰今天下分裂日尋干戈事會之來豈有終極乎若能應之於後者則此未足爲恨也

建安十三年太祖征表未至表病死 武紀秋七月公南征劉表八月表卒范書表傳表疽發背卒在荆州幾二十年家無餘積何焯曰盡費於養士亦不厚斂於民故能保境歿身也惠棟曰鎭南碑云年六十七 初表及妻愛少子琮欲以爲後而蔡瑁張允爲之支黨乃出長子琦爲江夏太守衆遂奉琮爲嗣琦與琮遂爲讎隙 遂宋本作還魏文帝典論曰劉表長子曰琦表始愛之稱其類己久之爲少子琮納後妻蔡氏之姪至蔡氏有寵其弟蔡瑁表甥張允並幸于表憚琦之長欲圖毁之而琮日睦於蔡氏允瑁爲之先後琮之有善雖小必聞有過雖大必蔽蔡氏稱美于內瑁允歎德于外表日然之而琦日疏矣出爲江夏太守監兵于外瑁允陰司其過闕隨而毁之美無顯而不掩闕無微而不露于是表忿怒之色日發誚讓之書日至而琮堅爲嗣矣故曰容刀生于身疏積愛出于近習豈謂是邪范書表傳表初以琦貌類於己甚愛之後爲琮娶其後妻蔡氏之姪蔡氏遂愛琮而惡琦毁譽之言日聞於表表寵耽後妻每信受焉又妻弟蔡瑁及外甥張允並得幸於表又睦於琮而琦不自寧嘗與琅邪人諸葛亮謀自安之術亮初不對後乃共升高樓因令去梯謂亮曰今日上不至天下不至地言出子口而入吾耳可以言未亮曰君不見申生在內而危重耳居外而安乎琦意感悟陰規出計會表將江夏太守黃祖爲孫權所殺琦遂求代其任遂以琮爲嗣琮以侯印授琦琦怒投之地將因奔喪作難會曹操軍至新野琦走江南趙一清曰典論稱琦性慈孝且表之亡也南土已危寧暇爲譚尚之爭乎作難之言似未足據侯康曰表尙有子名修字季緒官至東安太守見魏志陳思王傳注引摯虞文章志子建所謂劉季緒才不能逮於作者而好詆呵文章掎摭利病卽其人也杭世駿曰典略云劉表跨有南土子弟驕貴並好酒爲三爵大曰伯雅次曰仲雅小曰季雅大雅受七升仲雅六升季雅五升又設大針於坐端客有醉酒寢地輒以劖刺驗其醒醉

典論曰表疾病琦還省疾琦性慈孝瑁允恐琦見表父子相感更有託後之意謂曰將軍命君撫臨江夏爲國東藩其任至重今釋衆而來必見譴怒傷親之歡心以增其疾非孝敬也遂遏于戶外使不得見琦流涕而去

越嵩及東曹掾傅巽等 續百官志三公有東西曹掾州牧無之巽辟公府當爲公府東曹掾時客荆州也 說琮歸

太祖 王粲亦勸琮歸太祖見粲傳劉攽曰范書表傳蒯越韓嵩及東曹掾傅巽下文云釋嵩之囚則此時嵩方見囚何得有說明多韓嵩二字若嵩有說亦當見封也通鑑考異曰嵩時被囚必不預謀官本考證曰日知錄云是表卒之後琮已赦嵩而出之矣下文云操至乃釋嵩之囚此史家欲歸美於操而不顧上下文之相戾也何焯曰魏志云知嵩無他意乃止是則嵩未嘗見囚實勸琮降也封者十五人爲知嵩不在其中范書兼採傅子弗誅而囚之說後又補釋嵩之囚一語而仍陳氏越嵩及東曹掾云乃不覺違反也韓嵩二字宜存而論之 琮曰今與諸君據全楚之地守先君之業以觀天下何爲不可乎巽對曰逆順有大體彊弱有定勢以人臣而拒人主逆也以新造之楚而禦國家其勢弗當也以劉備而敵曹公又弗當也 胡三省曰當如字言不敵也 三者皆短欲以抗王兵之鋒必亡之道也將軍自料何與劉備 趙一清曰與疑作如 琮曰吾不若也巽曰誠以劉備不足禦曹公乎則雖保楚之地不足以自存也誠以劉備足禦曹公乎則備不爲將軍下也願將軍勿疑太祖軍到襄陽琮舉州降 王鳴盛曰陳壽總求簡嚴然如

劉表二子琦琮若于琦竟一字不提亦已矣乃上文既並出琦琮而下文但敘琮降曹後事琦竟不見顛末不特事蹟不全行文亦無結束不如范蔚宗於傳尾兼及琦云操後敗于赤壁劉備表琦爲荊州刺史明年卒較爲完善柳從辰曰一統志琦墓在今漢陽縣東水經注魯山縣中有琦墓弼按琮以節迎曹公諸將疑其詐婁子伯謂其至誠遂進兵見崔琰傳注 備走奔夏口 夏口見武紀建安十三年章懷云夏口城今之鄂州也

傅子曰巽字公悌 巽事見武紀建安十八年注隋書經籍志魏尚書傅巽集一卷錄一卷 瓌偉博達有知人鑒 章懷注引此鑒下有識字 辟公府拜尚書郎後客荊州以說劉琮之功賜爵關內侯文帝時爲侍中太和中卒巽在荊州目龐統爲半英雄證裴潛終以清行顯 潛傳潛避亂荊州劉表待以賓禮潛私謂王粲司馬芝曰劉牧非霸王之才又杜襲傳襲避亂荊州劉表待以賓禮襲謂繁欽曰吾與子俱來者龍蟠幽藪待時鳳翔豈謂劉牧當爲撥亂之主乎 統遂附劉備見待次於諸葛亮潛位至尚書令並有名德及在魏朝魏諷以才智聞 諷事見武紀建安二十四年 巽謂之必反卒如其言巽弟子嘏別有傳 漢晉春秋曰王威說劉琮曰曹操得將軍既降劉備已走必懈弛無備 馮本官本懈作解誤 輕行單進若給威奇兵數千徼之於險操可獲也獲操卽威震天下 宋本元本天下作四海 坐而虎步中夏雖廣可傳檄而定非徒收一勝之功保守今日而已此難遇之機不可失也琮不納 胡三省曰使琮用威言操其殆哉何焯曰人心瓦解遣之必相率而潰將又凡材豈能徼一時之幸琮之勢比于張繡之素能拊循其衆者又已異矣徒爾覆宗琮不納爲愈 搜神記曰建安初荊州童謠曰八九年閒始欲衰至十三年無子遺 趙一清曰水經沔水注宜城縣有太山建安三年崩聲聞五六十里雉皆屋雊縣人惡之以聞侍中龐季季云山崩川竭國土將亡之占也十三年魏武平荊州沔南彫散弼案兵亂之後自然彫散十年以前表勢方盛災祥之說不免傅會 言自中興以來 陳景雲曰興當作平中平元年黃巾起天下始亂 荊州獨全及劉表爲牧民又豐樂至建安八年九年當始衰始衰者謂劉表妻死諸將並零落也 表前妻死於建安八九年後乃娶蔡氏又旋爲子琮納後妻蔡氏之姪表以十三年卒據此則琦琮皆爲前妻所生也 十三年無子遺者表當又死因以喪破也是時華容有女子忽啼呼云荊州將有大喪言語過差縣以爲妖言繫獄月餘忽於獄中哭曰劉荊州今日死華容去州數百里卽遣馬吏驗視而劉表果死縣乃出之

續又歌吟曰不意李立爲貴人後無幾太祖平荊州以涿郡李立字建賢爲荊州刺史 趙一清曰方輿紀要卷七十九格壘在襄陽穀城縣南十二里岡上舊志岡東臨漢水漢末劉表將李氏甚富有奴僕數百立壘保此一清案李氏疑卽立也

太祖以琮爲青州刺史封列侯 遷徙青州則去其根據地矣再徙爲諫議大夫則爲無土之人矣

魏武故事載令曰楚有江漢山川之險後服先彊 宋本服作復官本考證據何焯校改作服沈欽韓曰穀梁莊十年傳荊者楚也何爲狄之聖人立必後至天子弱必先彊所謂後服先彊也 與秦爭衡荊州則其故地劉鎭南久用其民矣身沒之後諸子鼎峙雖終難全猶可引日青州刺史琮心高志潔智深慮廣輕榮重義薄利厚德蔑萬里之業忽三軍之衆篤中正之體敦令名之譽上耀先君之遺塵下圖不朽之餘祚 馮本祚作柞誤 鮑永之棄并州 范書鮑永傳永字君長上黨屯留人父宣任司隸校尉爲王莽所殺更始二年徵永再遷尚書僕射行大將軍事持節將兵安集河東并州朔部既知更始已亡封上將軍列侯印綬悉罷兵 竇融之離五郡 范書竇融傳融字周公扶風平陵人行河西五郡大將軍事後遣長史劉鈞奉書獻馬因授融爲涼州牧 未足以喻也雖封列侯一州之位猶恨此寵未

副其人而比有戕求還州監史雖尊秩祿未優今聽所執表琮爲諫議大夫參同軍事蒯越等侯者十五人蒯字可省何焯云封列侯者十五人此子布等所以望風勸權迎操也然琮本凡才不失爲保族之計傳巽譙周亦雖同論在人所齊處越爲光祿勳傅子曰越蒯通之後也漢書蒯通傳通范陽人師古曰通本燕人後游齊故曰齊辯士蒯通越爲中廬人當由齊還徙於楚深中足智魁傑有雄姿大將軍何進聞其名辟爲東曹掾越勸進誅諸閹官進猶豫不決越知進必敗求出爲汝陽令佐劉表平定境內表得以彊大詔書拜章陵太守章陵見前荊州八郡注又見武紀建安十八年注趙一清曰章陵故舂陵本南陽之屬縣也續志有晉宋志無方輿紀要曹魏時省入蔡陽此云章陵太守蓋後漢嘗立爲郡章帝元和元年和帝永元十五年桓帝延熹七年俱幸章陵蒯越作守則建安時猶有此郡故武紀建安二年書南陽章陵諸縣復叛爲繡其後又以趙儼爲章陵太守嗣後無聞則郡縣皆廢省矣洪亮吉曰義陽郡治安昌安昌漢章陵縣水經注魏黃初二年改今名考章陵漢末曾升作郡疑魏平荊州後方省也王先謙曰章陵漢末置郡見劉表傳注及百官志注魏文改章陵曰安昌立義陽郡治見沔水注及寰宇記義陽互見明紀景初元年義陽郡注封樊亭侯荊州平

太祖與荀彧書曰不喜得荊州喜得蒯異度耳建安十九年卒臨終與太祖書託以門戶太祖報書曰死者反生生者不愧孤少所舉行之多矣魂而有靈亦將聞孤此言也嵩大鴻臚范書表傳釋嵩之囚以其名重甚加禮待使條品州人優劣皆擢用之先賢行狀曰嵩字德高義陽人趙一清曰方輿紀要卷五十義陽城在河南信陽州南四十里漢南陽郡平氏縣之義陽鄉也魏文帝置縣屬義陽郡一統志義陽故城在今河南南陽府桐柏縣東少好學貧不改操知世將亂不應三公之命與同好數人隱居于酈西山中黃巾起嵩避難南方劉表逼以爲別駕轉從事中郎表郊祀天地嵩正諫不從趙一清曰後漢書孔融傳荊州牧劉表不供職貢多行僭僞遂乃郊祀天地擬斥乘輿詔書班下其事融上疏宜且諱之以崇國防晉書劉弘傳劉景升以禮樂崩壞命杜夔爲天子合樂樂成欲庭作之夔曰爲天子合樂而庭作之恐非將軍本意事亦見杜夔傳漸見違忤奉使到許事在前注荊州平嵩疾病就在所拜大鴻臚印綬

義侍中

義章陵人

先尙書令其餘多至大官范書作劉光惠棟曰卽別駕劉先也趙一清曰後漢書竇武傳武孫輔年二歲曹節等捕之急武府掾桂陽胡騰及令史南陽張敞共逃輔於零陵界詐云已死騰以爲己子而使聘娶焉後舉桂陽孝廉建安中劉表辟爲從事使還竇姓以事列上會表卒曹操定荊州輔與宗人徙居於鄴辟丞相府從征馬超爲流矢所中死零陵先賢傳曰隋書經籍志雜傳零陵先賢傳一卷不著撰人唐志同章宗源曰三國志注所引零陵先賢傳皆記劉曹時事藝文類聚祥瑞部引周不疑作白雀頌亦係魏人惟水經湘水注鄧產爲白土嗇夫上言除民口錢事乃漢末先賢弼按陳運溶輯本零陵先賢傳一卷尙有漢李融一人先字始宗博學強記尤好黃老言明習漢家典故爲劉表別駕奉章詣許見太祖時賓客並會太祖問先劉牧如何郊天也先對曰劉牧託漢室肺腑處牧伯之位而遭王道未平羣凶塞路抱玉帛而無所聘頫頫周禮作覜他弔切說文諸侯三年大相聘曰覜覜視也周禮春官大宗伯時聘曰問殷覜曰視鄭注殷覜謂一服朝之歲以朝者少諸侯乃使卿以大禮衆聘焉典瑞以覜聘鄭注大夫衆來曰覜寡來曰聘曲禮孔疏云覜亦見也爲來見王起居故曰覜也修

章表而不獲達御是以郊天祀地昭告赤誠太祖曰羣凶爲誰先曰舉目皆是太祖曰今孤有熊羆之士步騎十萬奉辭伐罪誰敢不服先曰漢道陵遲羣生憔悴既無忠義之士翼戴天子綏寧海內使萬邦歸德而阻兵安忍左傳隱公四年夫州吁阻兵而安忍阻兵無衆安忍無親衆叛親離難以濟矣杜注恃兵則民殘民殘則衆叛安忍則刑過刑過則親離曰莫已若卽蚩尤智伯復見於今也史記五帝本紀黃帝徵師諸侯與蚩尤戰於涿鹿之野遂禽殺蚩尤左傳哀公二十七年杜注知伯帥韓魏圍趙襄子於晉陽韓魏反與趙氏謀殺知伯於晉陽之下太祖嘿然拜先武陵太守荊州平先始爲漢尙書後爲魏國尙書令先甥同郡周不疑字元直零陵人先賢傳稱不疑幼有異才聰明敏達太祖欲以女妻之不疑不敢當太祖愛子倉舒夙有才智謂可與不疑爲儔及倉舒卒太祖心忌不疑欲除之文帝諫以爲不可太祖曰此人非汝所能駕御也乃遣刺客殺之本志武文世王公傳鄧哀王沖字倉舒建安十三年亡不疑之死當在是時赤壁戰敗又喪愛子故倒行逆施也北堂書鈔卷一百一十八云曹操攻柳城不下圖畫形勢問計策周不疑進十計攻城卽下也弼按不疑死時年十七征柳

城時年十六不疑爲零陵人十餘歲之童子何緣從軍至柳城亦事之可疑者也或曰不疑之死可與楊脩爲類

摯虞文章志曰摯虞事見武紀建安二十三年三輔決錄注沈家本曰隋志文章志四卷摯虞撰二唐志同晉書本傳同黃逢元曰魏志陳思王傳注後漢書桓彬傳注文選長笛賦注與魏文帝牋答東阿王牋注均引存世說各篇注屢引**不疑死時年十七著文論四首**御覽卷三百八十五引零陵先賢傳曰周不疑字文直（姚振宗曰元直文直其字互異未詳孰是）長安人（長疑重字之譌漢零陵郡有重安縣）始嬰孩時已有奇異至年十三曹公聞之欲拜識既見卽以女妻之不疑不受時有白雀瑞儒林並以作頌不疑見操授紙筆立令復作操異而奇之侯康曰藝文類聚九十九引零陵先賢傳曰周不疑曹公欲以爲議郞不就時有白雀瑞儒林並已作頌援紙筆立令復作操奇異之按此卽文論四首之一也**世語曰**章懷注引此作代語蓋避唐諱改**表死後**

八十餘年至晉太康中表冢見發表及妻身形如生芬香聞數里水經沔水注襄陽城東門外二百步劉表墓太康中爲人所發見表大妻（大一作夫）其尸儼然顏色不異猶如平生墓中香氣遠聞三四里中經月不歇今墳冢及祠堂猶高顯整頓惠棟曰從征記云（杭世駿趙一清所引皆作述征記）表冢在高平郡表子琮擣四方珍香數十石（杭引作數十斛趙引作數十斛）著棺中（杭趙引有蘇合消疫之香畢備八字）永嘉中郡人衛熙發其墓見表貌如生香聞數十里熙懼不敢犯柳從辰曰劉表墓水經注謂在襄陽太康中爲人所發香聞三四里與世語所引相

同述征記謂在高平永嘉中郡人衛熙發其墓香聞數十里惠氏亦取其說入補注一統志遂兩存之從辰以爲表卒荆州襄陽一統志載表墓在縣東於理可信高平漢縣屬安定郡晉屬高平郡今平涼府固原州一統志亦載表墓在州西此距荆襄千數百里琮何以能葬表及表妻於此傳會無理不解惠氏何反舍水經注而引之今案章懷注本有兼存異說之例惠氏以從征記詳著香之由來及發墓者之姓名故特取之搜神記載表前妻死在建安八九閒魏志載表卒在建安十三年八月琮九月卽降表前妻原葬何所不可知後妻猶存表時卒未久操兵已逼襄陽擣香而葬當然不在是時琮以娶於蔡氏見愛後母而與兄琦圖同爲表前妻子與表合葬亦未知爲前妻抑爲後妻也如爲前妻則是琮求還荆州後還改合葬宜在襄陽如爲後妻則先主得荆州琮與蔡族以降操故不自安或表柩尙未葬載之出走遠至高平及後母卒遂合葬焉亦事所偶有者要之襄陽高平必皆有表一妻墓在故至一事兩傳也弼按據述征記所云擣香入棺中當然在表卒之時柳云擣香而葬不在卒時誤一統志所引係據寰宇記寰宇記亦本從征記竊疑高平爲山陽郡之高平縣卽劉表之故里狐死首丘似爲情之所有後人因高平郡之誤遂致輾轉訛傳然據蜀志先主傳注引典略備過辭表墓則確在襄陽也

評曰董卓狼戾賊忍暴虐不仁自書契以來殊未之有也范蔚宗論曰董卓初以虓闞爲情因遭崩剝之埶故得蹈藉彝倫毀裂畿服夫以刳肝斮趾之性則羣生不足以厭其快然猶折意縉紳遲疑陵奪尙有盜竊之道焉及殘寇乘之倒山傾海崐岡之火自茲而焚版蕩之篇於焉而極嗚呼人之生也難矣天地之不仁甚矣又贊曰百六有會過剝成災董卓滔天干逆三才方夏崩沸皇京烟埃無禮雖及餘毅遂廣矢延王輅兵纏魏象區服傾回人神波蕩

英雄記曰昔大人見臨洮而銅人鑄史記秦始皇本紀收天下兵聚之咸陽銷以爲鍾鐻金人十二各千石置廷宮中漢書五行志有大人長五丈足履六尺皆夷狄服凡十二人見于臨洮故銷兵器鑄而象之互見明紀景初二年注引魏略**臨洮生卓而銅人毀世**

有卓而大亂作大亂作而卓身滅抑有以也

袁術奢淫放肆榮不終己自取之也范蔚宗論曰天命符驗可得而見未可得而言也然大致受大福者歸於信順乎夫事不以順雖強力廣謀不能得也謀不可得之事日失忠信變詐妄生矣況復苟肆行之其以欺天乎雖假符僭稱歸將安所容哉

臣松之以爲桀紂無道秦莽縱虐皆多歷年所然後衆惡乃著董卓自竊權柄至于隕斃計其日月未盈三周而禍崇山岳毒流四海其殘賊之性實豺狼不若書契未有斯言爲當但評既曰賊忍又云不仁賊忍不仁於辭爲重袁術無毫芒之功纖介之善而

猖狂于時妄自尊立固義夫之所扼腕人鬼之所同疾雖復恭儉節用而猶必覆亡不暇而評但云奢淫不終未足見其大惡

袁紹劉表咸有威容器觀知名當世表跨蹈漢南官本考證曰監本脫表字**紹鷹揚河朔然皆外寬內忌好謀無決有才而不能用聞善而不能納廢嫡立庶舍禮崇愛至于後嗣顚蹙社稷傾覆非不幸也昔項羽背范增之謀以喪其王業紹之殺田豐乃甚於羽遠矣**范蔚宗論曰袁紹初以豪俠得衆遂懷雄霸之圖天下勝兵舉旗者莫不假以爲名及臨場決敵則悍夫爭命深籌高議則志士傾心盛哉乎其所資也韓非曰佷剛而不和愎過而好勝嫡子輕而庶子重斯之謂亡徵劉表道不相越而欲臥收天運擬蹤三分其猶木禺之於人也又贊曰紹姿弘雅表亦長者稱雄河外擅強南夏魚儷漢舳雲屯冀馬闞圖訊鼎禋天類社既云天工亦資人亮矜彊少成坐談奚望回皇冢嬖身穨業喪

呂布張邈臧洪傳第七

錢大昭曰范書張邈事卽附在呂布傳中故張邈之前布事未終張邈之後仍敘布事且其作贊言布不言邈大略與魏志同蓋蔚宗因承祚之舊故也魏志本以張邈陳登附布傳以陳容附臧洪傳後之校書者見有張邈字孟卓東平壽張人也十一字不及細檢輒於卷首改題云呂布張邈臧洪傳而于目錄則云張邈陳登臧洪陳容皆誤潘眉曰魏書爲董卓立傳兼及李傕郭汜者敘亡漢之原委爲二袁劉呂張公孫陶張等立傳者敘同時割據魏武兼并之始末若臧洪未與魏武交兵其人與魏事無涉在魏書中當爲附傳不應立專傳觀其初爲盟詞曰漢室不幸皇綱失統及爲紹所執又曰王室衰弱無扶翼之意蓋漢末義烈之士漢書立專傳宜也姚範曰史記後班史卽人自爲傳不復錯綜成之甘陳傳以兩人之功本一事耳承祚復用互體如呂布張邈劉放孫資是也或曰呂布傳寫布不能自定處亦生動但子長以飄忽之才寫生易此以簡潔之筆寫生難讀者不可不辨而妄置低昂也

晉平陽侯相安漢陳壽撰

宋中書侍郎西鄉侯聞喜裴松之注

沔陽盧弼集解

呂布字奉先五原郡九原人也 按文多一郡字五原郡見武紀建安二十年郡有九原縣漢末廢王先謙曰河水注河水又東逕九原縣故城南其城南面長河北背連山秦始皇逐匈奴並河以東屬之陰山築亭障爲河上塞徐廣曰陰山在五原北卽此山也一統志據水經注故城今烏喇忒旗北按漢九原縣其北卽陰山闞駰十三州志建安中魏武集荒郡之戶以爲縣聚之九原界以立新興郡謝鍾英曰十三州志之九原卽漢陽曲縣地非五原郡之九原也趙一清梁章鉅所引顧祖禹說皆爲新興郡之九原縣不錄 以驍武 范書布傳作以弓馬驍武 給幷州刺史丁原爲騎都尉屯河內 范書布傳作原屯河內劉攽曰案文下原字宜在上原字下沈家本曰張楊傳以武勇給幷州則此傳當亦以州字句絕不必補原字范書衍下原字耳 以布爲主簿 潘眉曰蓋原爲騎都尉以布爲主簿也刺史屬吏惟有主簿功曹簿曹書佐等騎都尉秩比二千石非刺史所得置呂布爲騎都尉在殺丁原後此時未得爲也後漢書誤移原字在爲騎都尉下此傳幷脫去原字當補入 大見親待靈帝崩原將兵詣洛陽 袁宏紀進乃召武猛都尉丁原將兵向京師范書何進傳進使武猛都尉丁原燒孟津火照城中章懷注武猛謂有武藝而勇猛者取其嘉名因以名官也弼按本志張楊傳以武勇給幷州爲武猛從事取義亦同

英雄記曰原字建陽本出自寒家爲人麤略有武勇善騎射爲南縣吏 南字上下疑有脫文兩漢地志無南縣范書董卓傳注引此無此語 受使不辭難有警急追寇虜輒在其前裁知書少有吏用

與何進謀誅諸黃門拜執金吾進敗董卓入京都將爲亂欲殺原幷其兵衆卓以布見信於原誘布令殺原布斬原首詣卓卓以布爲騎都尉甚愛信之誓爲父子 通鑑卓陰使丁原部曲司馬五原呂布殺原而幷其衆卓兵於是大盛弼按荒卓入京步騎不過三千丁原不死卓猶有所憚也 布便弓馬膂力過人 胡三省曰膂脊骨也 號爲飛將稍遷至中郎將封都亭侯卓自以遇人無禮恐人謀己行止常以布自衛然卓性剛而褊忿不思難嘗小失意拔手戟擲布 胡三省曰手戟小戟便於擊刺者惠棟曰釋名云手戟手所持摘之戟也 布拳捷避之 國語齊語有拳勇股肱之力注人勇爲拳胡三省曰勇力爲拳迅疾爲捷

詩曰無拳無勇職爲亂階注拳力也 此詩小雅巧言之辭

爲卓顧謝卓意亦解由是陰怨卓卓常使布守中閤 爾雅釋宮小者謂之閨小閨謂之閤

布與卓侍婢私通 范書布傳作私與傳婢情通潘眉曰侍婢與傳婢同無誤字弼按范書公孫瓚傳云袁紹母親爲傳婢地實微賤是傳婢卽侍婢也汪繼熊曰李長吉呂將軍歌榼榼銀龜搖白馬傳粉女郎大旗下殆卽世所傳貂蟬也 恐事發覺心不自安先是司徒王允以布州里壯健厚接納之 范書王允傳王允字子師太原祁人也章懷注祁今幷州縣也弼按州里者謂同爲幷州之人如韓遂謂樊稠曰與足下州里雖小有違要當大同胡三省曰韓遂金城人與樊稠皆涼州人也又如本傳布謂張楊曰布卿州里也楊爲雲中人同屬幷州也 後布詣允陳卓幾見殺狀時允與僕射士孫瑞密謀誅卓 士孫瑞事見董卓傳注引獻帝紀 是以告布使爲內應布曰柰如父子何允曰君自姓呂本非骨肉今憂死不暇何謂父子 范書布傳允曰擲戟之時豈有父子情也 布遂許之手刃刺卓語在卓傳允以布爲奮威將軍 通鑑作奮武將軍胡三省曰奮武將軍始於漢元帝用任千秋爲之潘眉曰奮威當作奮武宋書百官志奮武將軍漢末呂布爲之後漢書亦誤作威 假節儀比三司 胡三省曰猶儀同三司也 進封溫侯 溫縣見齊王紀嘉平三年王允封溫侯在初平二年至是改封呂布也胡三省曰溫縣屬河內郡周大夫蘇忿生之邑 共秉朝政布自殺卓

後畏惡涼州人涼州人皆怨由是李傕等遂相結還攻長安城英雄記曰郭汜在城北布開城門將兵就汜言且卻兵但身決勝負汜布乃獨共對戰布以矛刺中汜汜後騎遂前救汜汜布遂各兩罷布不能拒李傕等遂入長安監本官本無李字卓死後六旬布亦敗臣松之案英雄記曰諸書曰字疑衍布以四月二十三日殺卓范書獻紀作四月辛巳袁紀同通鑑作丁巳六月一日敗走時又無閏不及六旬

將數百騎出武關武關見武紀初平二年欲詣袁術布自以殺卓爲術報讎欲以德之陳仁錫曰殺丁原之德安在術惡其反覆拒而不受范書布傳布以卓頭繫馬鞍走出武關奔南陽袁術待之甚厚布自恃殺卓有德袁氏遂恣兵鈔掠術患之布不安復去從張楊於河內北詣袁紹沈家本曰范書布去術從張楊方投紹與此異紹與布擊張燕於常山燕精兵萬餘騎數千布有良馬曰赤兎曹瞞傳曰時人語曰人中有呂布馬中有赤兎常與其親近成廉魏越等陷鋒突陣遂破燕軍而求益兵衆將士鈔掠紹患忌之布覺其意從紹求去紹恐還爲己害遣壯士夜掩殺布不獲事露布走河內范書布傳布常御良馬號曰赤菟能馳城飛塹與其健將成廉魏越等數十騎馳突燕陣一日或至三四皆斬首而出連戰十餘日遂破燕軍英雄記曰布自以有功於袁氏輕傲紹下諸將以爲擅相署置不足貴也何焯云布是王官又除董卓故兗徐之士往往附之曹劉天下英雄然其始衆心未一者猶有擅相署置之嫌耳布求還洛紹假布領司隸校尉外言當遣內欲殺布明日當發紹遣甲士三十人辭以送布布使止於帳側僞使人於帳中鼓箏胡三省曰說文箏樂也鼓絃竹身十三弦蒙恬所造一說秦人薄義父子爭瑟而分之因以爲名案箏制與瑟同瑟二十五弦而箏十三弦故云然風俗通箏秦聲五弦筑聲箏者上圓象天下平象地中空準六合弦柱十二擬十二月乃仁智之器也今幷涼二州箏形如瑟不知誰改也釋名箏施絃高箏箏然

紹兵臥布無何出帳去而兵不覺夜半兵起亂斫布牀被毛本斫作砍誤謂爲已死明日紹訊問知布尚在乃閉城門布遂引去臧洪答陳琳書云呂奉先討卓來奔請兵不獲告去何罪復見斫刺濱于死亡與張楊合紹令衆追之皆畏布莫敢逼近者何焯云當連下作一傳本末始具弼按范書布傳布從張楊在前投袁紹在後後又歸張楊與此互異黃山云范史於董卓以下至呂布九列傳本依陳志獨布傳增入袁術待之甚厚一節又謂未詣袁紹之前已詣張楊楊謀之乃詣紹紹謀之復歸楊術又與書皆不近事理實爲大謬夫布惟見忌於紹乃往投楊先過張邈邈深相結因楊部曲不相容乃仍受邈之招耳術亦惟始未與相接故以書通耳如前已嘗受楊之贄何肯後再歸楊術果先嘗相厚何爲至與書始頌其功而書又絕不復道前日之雅耶此必當從陳志者也英雄記曰楊及部曲諸將皆受傕汜購募共圖布布聞之謂楊曰布卿州里也潘眉曰布五原人張楊雲中人五原雲中皆幷州郡卿殺布於卿弱不如賣布可極得汜傕爵寵楊於是外許汜傕內實保護布汜傕患之更下大封詔書以布爲潁川太守毛本川作州誤范書布傳時李傕等購募求布急楊下諸將皆欲圖之布懼謂楊曰與卿州里今見殺其功未必多不如生賣布可大得傕等爵寵楊以爲然

張邈字孟卓東平壽張人也范書黨錮傳度尙張邈等爲八廚語曰海內嚴恪張孟卓是也沈家本曰呂布張邈事首尾相連故合傳范書附邈於布此句上云道經陳留太守張邈遣使迎之相待甚厚臨別把臂言誓方接邈字孟卓云云文法頗密此以張邈另提而敘布過邈於後與范不同錢大昭以此爲校者之誤東平壽張俱見武紀初平三年水經注汶水逕壽張縣故城東縣有壽聚方輿紀要在壽張縣東南五十里少以俠聞振窮救急傾家無愛士多歸之太祖袁紹皆與邈友辟公府以高第拜騎都尉遷陳留太守董卓之亂太祖與邈首舉義兵汴水之戰邈遣衛茲將兵隨太祖衛茲事見武紀卷首邈遣衛茲事見武紀初平元年袁紹既爲盟主有驕矜色邈正議責紹紹使太祖殺邈范書布傳紹既怨邈且聞與布厚乃令曹操殺邈太祖不聽責紹曰孟卓親友也是非當容之今天下未定不宜自相危也邈知之益德太祖太祖之征陶謙勑家曰我若不還往依孟卓後還見邈垂泣相對其親如此呂布之捨袁紹從張楊也過邈臨別把手共誓紹聞

之大恨邈畏太祖終爲紹擊己也心不自安興平元年太祖復征謙邈弟超與太祖將陳宮從事中郎許汜王楷共謀叛太祖 范書布傳興平元年曹操東擊陶謙令其將武陽人陳宮屯東郡宮因說邈本志高柔傳柔謂鄉人曰張府君先得志於陳留吾恐變乘閒作欲與諸君避之衆人皆以張邈與太祖善不然其言通鑑前九江太守陳留邊讓嘗譏議操操聞而殺之并其妻子讓素有才名由是兗州士大夫皆恐懼陳宮內亦自疑 宮說邈曰今雄傑並起天下分崩君以千里之衆 范書布傳作君擁十萬之衆 當四戰之地 章懷云陳留地平四面受敵故謂之四戰之地也 撫劍顧眄 通鑑眄作盻 亦足以爲人豪而反制於人不以鄙乎今州軍東征 胡三省曰謂操兵征徐州也 其處空虛呂布壯士善戰無前若權迎之共牧兗州 范書布傳牧作據 觀天下形勢俟時事之變通此亦縱橫之一時也邈從之太祖初使宮將兵留屯東郡遂以其衆東迎布爲兗州牧 通鑑東作潛 據濮陽 濮陽見武紀初平二年水經注瓠子河出東郡濮水逕其南故曰濮陽括地志故城在濮州西八十六里錢坫曰今大名府開州西南二十里 郡縣皆應唯鄄城東阿范爲太祖守 鄄城見武紀初平四年東阿范見武紀興平元年 太祖引軍還與布戰於濮陽 毛本於作與誤 太祖軍不利相持百餘日是時歲旱蟲蝗少穀百姓相食布東屯山陽 武紀布到乘氏爲其縣人李進所破東屯山陽山陽郡見武紀初平元年 二年間太祖乃盡復收諸城擊破布於鉅野 武紀布將薛蘭李封屯鉅野鉅野見武紀興平二年 布東奔劉備

英雄記曰布見備甚敬之謂備曰我與卿同邊地人也 胡三省曰布五原人備涿郡人五原涿郡皆邊地 布見關東起兵欲誅董卓布殺卓東出關東諸將無安布者皆欲殺布耳請備於帳中坐婦牀上令婦向拜酌酒飲食名備爲弟備見布語言無常外然之而內不悅

邈從布留超將家屬屯雍丘 雍丘見武紀興平二年 太祖攻圍數月屠之斬超及其家 錢大昭曰武紀雍丘潰超自殺則超非爲魏武所斬也 邈詣袁術請救未至自爲其兵所殺

獻帝春秋曰袁術議稱尊號邈謂術曰漢據火德絕而復揚德澤豐流誕生明公公居軸處中入則享于上席出則爲衆目之所屬華霍不能增其高淵泉不能同其量可謂巍巍蕩蕩無與爲貳何爲捨此而欲稱制恐福不盈眥 眥元本作眥誤班固答賓戲朝爲榮華夕爲顦顇福不盈眥禍溢于世李奇曰當富貴之閒視之不滿目 禍將溢世莊周之稱郊祭犧牛養飼經年衣以文繡宰執鸞刀以入廟門當此之時求爲孤犢不可得也 莊子列御寇篇或聘於莊子莊子應其使曰子見夫犧牛乎衣以文繡食以芻菽及其牽而入於大廟雖欲爲孤犢其可得乎

按本傳邈詣術未至而死此云諫稱尊號未詳孰是 邈死於興平二年術僭號於建安二年諫稱尊號之說不足信

備東擊術布襲取下邳 下邳見武紀初平四年 備還歸布布遣備屯小沛 小沛見武紀建安四年胡三省曰沛國治相縣而沛自爲縣屬沛國時人謂沛爲小沛 布自稱徐州刺史 范書布傳時劉備領徐州居下邳與袁術相拒於淮上術欲引布擊備乃與布書布得書大悅卽勒兵襲下邳獲備妻子備敗走海西饑困請降於布布又恚術運糧不復至乃具車馬迎備以爲豫州刺史遣屯小沛布自號徐州牧術懼布爲己害爲子求婚布復許之

英雄記曰布初入徐州書與袁術術報書曰昔董卓作亂破壞王室禍害術門戶術舉兵關東未能屠裂卓將軍誅卓送其頭首爲術埽滅讎恥 章懷云董卓殺隗及術兄基等男女二十餘人 使術明目於當世死生不愧其功一也昔將金元休向兗州甫詣封部 范書布傳昔金元休南至封丘錢大昭曰當作封丘 爲曹操逆所拒破流離迸走幾至滅亡將軍破兗州術復明目於遐邇其功二也術生年已來不聞天下有劉備備乃舉兵與術對戰術憑將軍威靈得以破備其功三也將軍有三大功在術術雖不敏奉以生死將軍連年攻戰軍糧苦少今送米二十萬斛迎逢道路非直此止當駱驛復致若兵器戰具佗所乏少大小唯命布得書大喜遂造下邳 典略曰元休名尙京兆人也尙與同郡韋休甫第五文休俱著名

號爲三休陶淵明羣輔錄引三輔決錄云孝廉杜陵金敞字元休（位至兗州刺史）上計掾長陵第五巡字文休（與先之子與先名種司空伯魚之
孫名士也不詳巡位所至時辟太尉掾）上計掾杜陵韋端字甫休（位至涼州牧太尉）同郡齊名時人謂之京兆三休據此則金尚爲京兆杜陵人尚當作敞
韋休甫當作韋甫休方與三休合尚獻帝初爲兗州刺史東之郡劉攽曰刺史不當言郡當是部字惠棟曰續志兗州刺史治山
陽昌邑所云之郡謂之山陽郡也而太祖已臨兗州尚南依袁術術僭號欲以尚爲太尉不敢顯言
私使人諷之元本諷作謂誤尚無屈意術亦不敢彊也建安初尚逃還爲術所害其後尚喪
與太傅馬日磾喪毛本磾作殫誤下同俱至京師天子嘉尚忠烈爲之咨嗟監本官本嗟作嚱誤詔百
官弔祭拜子瑋郎中而日磾不與焉英雄記曰布水陸東下胡三省曰布去年奔備蓋屯於下邳之西
軍到下邳西四十里備中郎將丹陽許耽夜遣司馬章誑來詣布言張益德與下邳相
曹豹共爭曹豹陶謙故將益德殺豹蜀志劉先主傳注引英雄記所云與此異城中大亂不相信丹陽兵有千
人屯西白城門內趙一淸曰白門下邳之城門卽布受擒於曹公處也城字當在西上梁章鉅曰城門二字當互乙弼按水經注下邳城有三重

其大城中有四磚南門謂之白門魏武擒陳宮於此云云與趙梁二說異聞將軍來東大小踊躍如復更生將軍兵向城
西門丹陽軍便開門內將軍矣布遂夜進晨到城下天明丹陽兵悉開門內布兵布於
門上坐步騎放火大破益德兵獲備妻子軍資及部曲將吏士家口建安元年六月夜
半時布將河內郝萌反將兵入布所治下邳府詣廳事閤外同聲大呼攻閤閤堅不得
入布不知反者爲誰直牽婦科頭袒衣胡三省曰科頭不冠露髻也今江東人猶謂露髻爲科頭相將從溷上
排壁出詣都督高順營直排順門入順問將軍有所隱不布言河內兒聲順言此郝萌
也順卽嚴兵入府弓弩並射萌衆萌衆亂走天明還故營萌將曹性反萌與對戰萌刺
傷性性斫萌一臂毛本斫作砍誤順斫萌首牀輿性送詣布布問性言萌受袁術謀謀者悉
誰性言陳宮同謀時宮在坐上面赤旁人悉覺之布以宮大將不問也性言萌常以此
問性言呂將軍大將有神不可擊也不意萌狂惑不止布謂性曰卿健兒也善養視之

創愈使安撫萌故營領其衆
術遣將紀靈等步騎三萬攻備備求救於布布諸將謂布曰將軍常
欲殺備今可假手於術布曰不然術若破備則北連太山諸將胡三省曰
太山諸將謂臧霸孫觀吳敦尹禮輩吾爲在術圍中不得不救也便嚴步兵千騎二百范書
陳紀傳不復辨嚴卽時之郡章懷注嚴讀曰裝也吳志孫策傳注引江表傳云策奉詔治嚴又云策被詔討袁術劉表軍嚴當進范書布傳便率步騎千餘馳
往赴備靈等聞布至皆斂兵不敢復攻布於沛西南一里安屯遣鈴
下請靈等元本馮本鈴作鈐誤胡三省曰鈴下卒也在鈴閣之下有警至則掣鈴以呼之因以爲名續漢志曰五百鈴下侍閤門闌部署街里走卒皆有
程品多少隨所典領程大昌續演繁露曰鈴下威儀殆今典客之吏靈等亦請布共飲食嚴衍通鑑補注云通鑑原文布屯沛城西南遣
鈴下請靈等靈等亦請布布往就之與備共飲食是時和議猶未成備焉敢同布共飲食於紀靈之座陳志布傳云布遣鈴下請靈等靈等亦請布共飲食布謂靈等曰
玄德布弟也云云是射戟事只在靈座上爲之備不與聞也恐亦非講和之體范書布傳曰布遣鈴下招備並請靈等與共飲食最爲得情故從之弼按范書作布遣人

招備布謂靈等曰玄德布弟也弟爲諸君所困故來救之布性不喜合
鬭但喜解鬭耳胡三省曰言不喜合人之鬭喜解人之鬭也布令門候於營門中舉一隻戟
續漢志門有門候又云城門每門候一人布言諸君觀布射戟小支章懷注周禮考工記曰爲戟博二寸內倍之胡參之援四
之鄭注云援直刃胡其子也小支謂胡也卽今之戟旁曲支一發中者諸君當解去不中可留決鬭布
舉弓射戟正中小支諸將皆驚言將軍天威也范書布傳乃令軍候植戟於營門布彎弓顧曰
諸君觀布射戟小支中者當各解兵不中可留決鬭布卽一發正中戟支靈等皆驚言將軍天威也通鑑從之林暘園曰呂布一武人不料亦有此深沈之幾蘊藉之度
明日復歡會然後各罷術欲結布爲援乃爲子索布女布許之沈家本曰
上文言術拒布不受而此云靈等聞布至斂兵又云術爲子索布女情事不相接范書於劉備拒術之下採英雄記補敘術報布書一事方爲完密術遣使
韓胤以僭號議告布范書布傳議作事幷求迎婦沛相陳珪珪事見袁術傳注引英雄記恐
術布成婚則徐揚合從將爲國難胡三省曰術領揚州布領徐州於是往說布曰曹公

奉迎天子輔讚國政威靈命世將征四海將軍宜與協同策謀圖太山之安今與術結婚受天下不義之名必有累卵之危累卵解見高貴鄉公紀甘露五年布亦怨術初不已受也事見初平三年女已在塗追還絕婚惠棟曰一說勸布絕婚爲陳元方事見鴻臚陳君碑弼按碑文爲邯鄲淳撰見古文苑文云袁術恣睢僭號江淮圖覆社稷結婚呂布斯事成重必不測救君諗布不從遂與成婚送女在塗君爲國深憂乃奮策出奇以奪其心卒使絕好追女而還離逖姦謀使不得成國用乂安君之力也然按下文今致術軍卿之由也之語仍爲陳珪之謀械送韓胤梟首許市范書布傳執胤送許曹操殺之珪欲使子登詣太祖布不肯遣會使者至拜布左將軍布大喜卽聽登往幷令奉章謝恩

英雄記曰初天子在河東有手筆版書召布來迎布軍無畜積不能自致遣使上書朝廷以布爲平東將軍吳志孫策傳注引江表傳曰建安二年夏詔勑孫策曰定得使持節平東將軍領徐州牧溫侯布上袁術所造惑衆妖妄布前後上策乃心本朝欲還討術其亟與布及行吳郡太守安東將軍陳瑀同時赴討封平陶侯郡國志幷州太原郡平陶一統志平陶故城今山西太原府文水縣西南使人於山陽界亡失文字太祖又手書厚加慰勞布說起迎天子當平定天下意幷詔書購捕公孫瓚袁術韓暹楊奉等布大喜復遣使上書於天子曰臣本當迎大駕知曹操忠孝奉迎都許臣前與操交兵今操保傅陛下臣爲外將欲以兵自隨恐有嫌疑是以待罪徐州進退未敢自寧答太祖曰布獲罪之人分爲誅首手命慰勞厚見褒獎重見購捕袁術等詔書布當以命爲效太祖更遣奉車都尉王則爲使者齎詔書又封平東將軍印綬來拜布太祖又手書與布曰山陽屯送將軍所失大封元本送作道國家無好金國家見臧霸傳注引魏略胡三省曰東都羣臣謂天子爲國家孤自取家好金更相爲作印國家無紫綬自取所帶紫綬以籍心將軍所使不良袁術稱天子將軍止之而使不通章陳景雲云止當作上朝廷信將軍使復重上以相明忠誠布乃遣登奉章謝恩幷以一好綬答太祖

登見太祖因陳布勇而無計或曰四字的評雖千百言無以易之輕於去就宜早圖之太祖曰布狼子野心誠難久養李賢曰左傳伯石之生也叔向之母視之曰是豺狼之聲也狼子野心非卿莫能究其情也卽增珪秩中二千石胡三省曰漢制王國相秩二千石增秩中二千石則秩視九卿拜登廣陵太守何焯云據徐揚之中臨別太祖執登手曰東方之事便以相付令登陰合部衆以爲內應始布因登求徐州牧范書布傳牧下有不得二字登還布怒拔戟斫机曰卿父勸吾協同曹公絕婚公路今吾所求無一獲而卿父子並顯重爲卿所賣耳卿爲吾言其說云何登不爲動容徐喻之曰登見曹公言待將軍譬如養虎當飽其肉不飽則將噬人公曰不如卿言也譬如養鷹飢則爲用飽則揚去其言如此布意乃解術怒與韓暹楊奉等連勢遣大將張勳攻布范書布傳袁術怒布殺韓胤遣大將張勳橋蕤等與韓暹楊奉連勢步騎數萬七道攻布布時有兵三千馬四百匹懼其不敵布謂珪曰今致術軍卿之由也爲之柰何珪曰

暹奉與術卒合之軍耳胡三省曰卒讀曰猝策謀不素定李賢曰素舊也不能相維持子登策之比之連雞勢不俱棲戰國策秦惠王曰夫諸侯之不可一猶連雞之不能俱上於棲可解離也布用珪策遣人說暹奉使與己幷力共擊術軍軍資所有悉許暹奉於是暹奉從之勳大破敗

九州春秋載布與暹奉書曰二將軍拔大駕來東范書布傳作二將軍親扶大駕何焯校本扶改拔有元功於國當書勳竹帛萬世不朽今袁術造逆當共誅討柰何與賊臣還共伐布布有殺董卓之功與二將軍俱爲功臣可因今共擊破術建功於天下此時不可失也暹奉得書卽迴計從布布進軍去勳等營百步暹奉兵同時並發斬十將首殺傷墮水死者不可勝數范書布傳暹奉大喜遂共擊勳等於下邳大破之生禽橋蕤餘衆潰走弼按武紀建安二年九月曹公擊破蕤等通鑑考異云此乂一橋蕤將蕤被獲乂還也魏志呂布傳無橋蕤事當是范書誤英雄記曰布後又與暹奉二軍向壽春水陸並進所過虜略

到鍾離 胡三省曰鍾離縣屬九江郡距壽春二百餘里郡國志揚州九江郡鍾離侯國一統志鍾離故城今安徽鳳陽府鳳陽縣東 大獲而還既渡淮北留書與術曰足下恃軍彊盛常言猛將武士欲相吞滅每抑止之耳布雖無勇虎步淮南一時之閒足下鼠竄壽春無出頭者猛將武士爲悉何在足下喜爲大言以誣天下天下之人安可盡誣古者兵交使在其閒造策者非布先唱也 宋本造作告 相去不遠可復相聞布渡畢術自將步騎五千揚兵淮上布騎皆於水北大咍笑之而還 胡三省曰咍呼來翻楚人謂相嗤笑曰咍 時有東海蕭建爲琅邪相治莒 胡三省曰前漢莒縣屬城陽國後漢屬琅邪國弼按郡國志琅邪國本治開陽殆漢末徙治莒一統志莒縣故城今山東沂州府莒州治 保城自守不與布通布與建書曰天下舉兵本以誅董卓耳布殺卓來詣關東欲求兵西迎大駕光復洛京諸將自還相攻莫肯念國布五原人也去徐州五千餘里 五字當爲三字之譌 乃在天西北角今不來共爭天東南之地莒與下邳相去不遠宜當共通君如自遂以爲郡郡作帝縣縣自王也昔樂毅攻

齊呼吸下齊七十餘城唯莒即墨二城不下 郡國志青州北海國即墨一統志即墨故城今山東萊州府平度州東南康王城 所以然者中有田單故也布雖非樂毅君亦非田單可取布書與智者詳共議之建得書即遣主簿齎牋上禮貢良馬五匹建尋爲臧霸所襲破得建資實布聞之自將步騎向莒高順諫曰將軍躬殺董卓威震夷狄端坐顧盼遠近自然畏伏不宜輕自出軍如或不捷損名非小布不從 范書布傳太山臧霸等攻破莒城許布財幣以相結而未及送布乃自往求之其督將高順諫止曰將軍威名宣播遠近所畏何求不得而自行求賂萬一不剋豈不損耶布不從既至莒霸等不測往意固守拒之無獲而還 霸畏布引還抄暴 何焯云引還二字疑衍 果登城拒守布不能拔 官本拔作救 引還下邳霸後復與布和

建安三年布復叛爲術遣高順攻劉備於沛破之 通鑑呂布復與袁術通遣其中郎將高順及北地太守雁門張遼攻劉備順等破沛城虜備妻子 太祖遣夏侯惇救備爲順所敗 惇從征呂布爲流矢所中傷左目見惇傳 太祖自征布至其城下 趙一清曰寰宇記卷十五呂布城在徐州彭城縣東南五十里弼按武紀建安三年九月公東征十月屠彭城進至下邳傳言至城下者則下邳城也 遣布書爲陳禍福布欲降陳宮等自以負罪深沮其計

獻帝春秋曰太祖軍至彭城 彭城見武紀建安三年 陳宮謂布宜逆擊之以逸擊勞無不克也布曰不如待其來攻蹙著泗水中 水經泗水又東南過彭城縣東北又東南過呂縣南又東南過下邳縣西 及太祖軍攻之急布於白門樓上謂軍士曰 洪亮吉曰下邳漢舊縣有白門樓元和郡縣志下邳城有三重大城周十二里中城周四里魏武擒布於白門即大城之門魏武決泗水灌城即此處 卿曹無相困我自首當明公 趙一清曰當字宜在自首上 陳宮曰逆賊曹操何等明公今日降之若卵投石豈可得全也

布遣人求救於術術自將千餘騎出戰 趙一清曰上術字當作袁范書布傳亦云潛遣人求救於袁術盧明楷曰下術字疑衍梁章鉅曰下接術亦不能救文義甚明周壽昌曰下云術亦不能救是術並未發兵可知 敗走還保城不敢出

英雄記曰布遣許汜王楷告急於術 胡三省曰汜音祀 術曰布不與我女理自當敗何爲

復來相聞邪汜楷曰明上今不救布爲自敗耳布破明上亦破也術時僭號故呼爲明上術乃嚴兵爲布作聲援布恐術爲女不至故不遣兵救也以綿纏女身縛著馬上夜自送女出與術與太祖守兵相觸格射不得過復還城布欲令陳宮高順守城自將騎斷太祖糧道布妻謂曰將軍自出斷曹公糧道是也宮順素不和將軍一出宮順必不同心共守城也 宋本元本馮本守城作城守 如有蹉跌將軍當於何自立乎願將軍諦計之無爲宮等所誤也妾昔在長安已爲將軍所棄賴得龐舒私藏妾身耳今不須顧妾也布得妻言愁悶不能自決 魏氏春秋曰陳宮謂布曰曹公遠來勢不能久若將軍以步騎出屯爲勢於外宮將餘衆閉守於內若向將軍宮引兵而攻其背若來攻城將軍爲救於外不過旬日軍食必盡擊之可破布然之布妻曰昔曹氏待公臺如赤子猶舍而來今將軍厚公臺不過於曹公而欲委全城捐妻子孤軍遠出若一旦有變妾豈得爲將

軍妻說布乃止
術亦不能救布雖驍猛然無謀而多猜忌不能制御其黨但信諸將
諸將各異意自疑故每戰多敗太祖塹圍之三月本志武紀決泗沂水以灌城月餘通
鑑考異云范書布傳云灌其城三月魏志傳亦云圍之三月按操以十月至下邳及殺布共在一季不可言三月宜從魏志武紀上下離心其
將侯成宋憲魏續各本憲作慮毛本續作續錢大昭曰裴注引英雄記中魏續凡三見作續疑誤武帝紀作宋憲魏續憲與慮形相涉而譌
縛陳宮將其衆降
九州春秋曰初布騎將侯成遣客牧馬十五匹客悉驅馬去向沛城欲歸劉備成自將
騎逐之悉得馬還諸將合禮賀成成釀五六斛酒獵得十餘頭豬未飲食先持半豬五
斗酒自入詣布前跪言閒蒙將軍恩逐得所失馬諸將來相賀自釀少酒獵得豬未敢
飲食先奉上微意布大怒曰布禁酒卿釀酒諸將共飲食作兄弟共謀殺布邪成大懼

而去棄所釀酒還諸將禮由是自疑會太祖圍下邳成遂領衆降范書布傳布將侯成使客牧其名馬
而客篡之以叛成追客得馬諸將合禮以賀成成分酒肉先入詣布而言曰蒙將軍威靈得所亡馬諸將齊賀未敢嘗也故先以奉貢布怒曰布禁酒而卿等醞釀
爲欲因酒共謀布邪成忿懼乃與諸將共執陳宮高順率其衆降
布與其麾下登白門樓李賢曰宋武北征記曰下邳城有三重大城周四里呂布所守也魏武禽布於白門白門大城之門也酈
元水經注曰下邳城南門謂之白門魏武禽陳宮於此宋白曰下邳中城南臨白樓門趙一清曰前注引英雄記白門是下邳西城門（彌已辨正見前）又寰宇記云
大城周十二里半中城周四里所說不同兵圍急乃下降范書布傳兵圍之急令左右取其首詣操左右不忍乃下降遂生縛
布布曰縛太急小緩之太祖曰縛虎不得不急也布請曰明公所患
不過於布今已服矣天下不足憂明公將步令布將騎則天下不足
定也太祖有疑色劉備進曰明公不見布之事丁建陽及董太師乎
太祖頷之李賢曰杜預注左傳曰頷搖頭也音五感反胡三省曰頷之者微動頤頷以應之于愼行曰呂布劍客之雄耳非大豪也然使得爲操用夏侯

惇許褚之流遠出其下何至如丁原董卓哉而玄德不肯一言非忌布也乃忌操也先主此等識見又操所不能參耳布因指備曰范書布傳
作布目備曰通鑑從之趙一清曰范書此言得之布已受縛不得用手指也是兒最叵信者范書布傳作大耳兒最叵信李賢曰蜀志備顧
自見其耳胡三省曰叵普火反不可也洪邁曰叵爲不可此以切腳稱也周壽昌曰當時勸殺布者尙有主簿王必不止一昭烈也
英雄記曰布謂太祖曰布待諸將厚也諸將臨急皆叛布耳太祖曰卿背妻愛諸將婦
何以爲厚布默然魏武納秦宜祿妻在下邳城陷時見明紀青龍元年注引魏氏春秋梁章鉅曰注中前後引英雄記所云布以綿纏女身縛著
馬上夜自送出與術又云布將河內郝萌反布牽婦科頭袒衣相將從溷上排壁出又云布妻謂布曰妾昔在長安已爲將軍所棄賴得龐舒私藏妾身今不須顧
妾也又云太祖曰卿背妻愛諸將婦合此觀之爲布妻女者亦極不幸亦布之生平宜有此報耳獻帝春秋曰布問太祖明公
何瘦太祖曰君何以識孤布曰昔在洛會溫氏園太祖曰然孤忘之矣所以瘦恨不早
相得故也布曰齊桓舍射鉤使管仲相今使布竭股肱之力爲公前驅可乎布縛急謂
劉備曰玄德卿爲坐客我爲執虜不能一言以相寬乎太祖笑曰何不相語而訴明使

君乎意欲活之命使寬縛主簿王必趨進曰王必事見武紀建安二十三年布勍虜也其衆近在外
不可寬也太祖曰本欲相緩主簿復不聽如之何
於是縊殺布布與宮順等皆梟首送許然後葬之
英雄記曰順爲人淸白有威嚴不飲酒不受饋遺所將七百餘兵號爲千人鎧甲鬭具
皆精練齊整每所攻擊無不破者名爲陷陳營順每諫布言凡破家官本考證云監本鬭誤作鬬
亡國非無忠臣明智者也但患不見用耳將軍舉動不肯詳思輒喜言誤誤不可數也
布知其忠然不能用布從郝萌反後更疏順以魏續有外內之親元本官本作內外之親通鑑同何焯
云然則布妻乃魏氏也悉奪順所將兵以與續及當攻戰毛本及作反誤故令順將續所領兵順亦
終無恨意胡三省曰布疏順而親續其後執順以敗布者續也
太祖之禽宮也問宮欲活老母及女不沈家本曰典略言宮有妻子不獨女也宮言不絕人之祀則有子明

甚恐此傳有誤范書從典略宮對曰宮聞孝治天下者不絕人之親仁施四海者不乏人之祀老母在公不在宮也太祖召養其母終其身嫁其女魚氏典略曰陳宮字公臺東郡人也范書布傳興平元年曹操令其將武陽人陳宮屯東郡是宮爲東郡武陽人剛直烈壯少與海內知名之士皆相連結及天下亂始隨太祖後自疑乃從呂布爲布畫策布每不從其計下邳敗軍士執布及宮太祖皆見之與語平生故布有求活之言太祖謂宮曰公臺卿平常自謂智計有餘今竟何如宮顧指布曰但坐此人不從宮言以至於此黃山曰宮謂布不用其言亦綜平昔所言論耳至謀使布自以步騎出屯於外布嘗自將千餘騎出戰而敗矣其言豈可用乎若其見從亦未必爲禽也太祖笑曰今日之事當云何宮曰爲臣不忠爲子不孝死自分也太祖曰卿如是柰卿老母何宮曰宮聞將以孝治天下者不害人之親老母之存否在明公也太祖曰若卿妻子何宮曰宮聞將施仁政於天下者不絕人之祀妻子之存否亦在明

公也太祖未復言宮曰請出就戮以明軍法遂趨出不可止太祖泣而送之宮不還顧宮死後太祖待其家皆厚於初胡三省曰操厚陳宮之家而不肯存孔融之嗣必陳宮之妻子可保其無能爲也

陳登者字元龍登事見袁術傳注引英雄記在廣陵有威名又掎角呂布有功左傳襄公十四年譬如捕鹿晉人角之諸戎掎之與晉踣之杜注掎其足也掎居綺反加伏波將軍年三十九卒後許汜與劉備並在荊州牧劉表坐襄陽耆舊傳曰許汜是楊慮同里人少師慮爲魏武從事中郎事劉備昔在劉表坐論陳元龍者其人也弼按楊慮事見蜀志楊儀傳注表與備共論天下人汜曰陳元龍湖海之士豪氣不除潘眉曰世說補引云陳元龍淮海之士疑明人所見善本三國志湖海爲淮海故所引如此元龍下邳人作淮海是也周壽昌曰湖海之士猶今俗言江湖之士蓋輕之之辭也汜豈尙慮昭烈不識爲下邳人乎何焯曰於時謂驕爲豪魏略舉執在并州名爲驕豪是也弼按陳登謂袁術驕豪見蜀志先主傳義亦相同又按本志陳矯傳亦謂登驕而自矜備謂表曰許君論是非表曰欲言非此君爲善士不宜虛言欲言是元龍名重天下備問汜君言豪寧有事邪汜曰昔遭亂過下邳見元龍元龍無客主之意久不相與語自上大牀臥使客臥下牀備曰君有國士之名今天下大亂帝主失所望君憂國忘家有救世之意而君求田問舍言無可采是元龍所諱也何緣當與君語如小人欲臥百尺樓上臥君於地何但上下牀之閒邪表大笑備因言曰若元龍文武膽志當求之於古耳造次難得比也何焯云安溪師謂元龍於昭烈一見傾心然登父子始終爲曹未詶知人使永厥年豈能自潔於漢魏之閒乎按昭烈固嘗歸曹氏當其奉迎都許從掃地赤立之中使天子復有尊安之勢天下顒顒執不仰望及後乃知其志在自封耳使登尙在當昭烈復據徐州必戮力合規同獎王室或可不至失土北奔也惜其早歿不得與孔明孝直並列季漢輔臣贊中決不隨公達輩配食魏廟耳

先賢行狀曰登忠亮高爽沈深有大略少有扶世濟民之志博覽載籍雅有文藝舊典文章莫不貫綜元本綜作習年二十五舉孝廉除東陽長郡國志徐州廣陵郡東陽一統志東陽故城今安徽泗州

天長縣西北詳見陳矯傳杭世駿曰鍾玩良吏傳陳登爲東陽令長視民如子養耆育孤視民如傷是時世荒民饑州牧陶謙表登爲典農校尉典農校尉見武紀建安元年陶謙死登勸劉備領徐州見蜀志先主傳乃巡土田之宜盡鑿溉之利秔稻豐積奉使到許太祖以登爲廣陵太守郡國志徐州廣陵郡治廣陵吳志孫策傳注引江表傳廣陵太守陳登治射陽射陽見臧洪傳令陰合衆以圖呂布登在廣陵登爲太守辟陳矯爲功曹見矯傳明審賞罰威信宣布海賊薛州之羣萬有餘戶束手歸命未及期年功化以就百姓畏而愛之趙一清曰寰宇記卷百二十三愛敬陂在江都縣西十五里（謝鍾英曰今江都縣西五十里）陳登初開此陂百姓愛而敬之因以爲名亦號陳登塘方輿紀要卷二十三陳公塘在揚州府西周迴九十餘里散爲三十六汊爲利甚溥唐食貨志揚州疏太子港陳登塘凡三十四陂以益漕河又紀要卷二十二高家堰在淮安府西南四十里陳登築堤防淮此其故址也登曰此可用矣太祖到下邳登率郡兵爲軍先驅時登諸弟在下邳城中布乃質執登三弟欲求和同登執意不撓進圍日急布刺姦張弘續百官志又置外刺刺姦主罪法懼於後累元本於作爲夜將登三弟出就登布既伏誅登以功加拜伏波將軍甚得

江淮閒歡心於是有吞滅江南之志孫策遣軍攻登於匡琦城趙一清曰匡琦似是人姓名如高遷屯白超壘之類陳矯傳作匡奇案建安十三年孫權圍合肥使張昭攻九江之當塗而張昭傳注引吳書云別討匡琦則匡琦城卽當塗城也謝鍾英曰江表傳廣陵太守陳登治射陽孫權攻登宜在射陽則匡琦當與射陽相近弼按此爲建安五年事通鑑考異已詳辨之登有吞滅江南之志故孫策攻登登時爲伏波將軍故有馬文淵在斯位之語本志陳矯傳云郡爲孫權所圍於匡奇當爲字句之脫誤嚴衍曰孫策嘗破走陳瑀而登卽瑀之兄子也故結連嚴白虎以報從父之仇斯爲得之賊初到旌甲覆水羣下咸以今賊衆十倍於郡兵倍毛本作諸誤恐不能抗可引軍避之與其空城水人居陸不能久處必尋引去登厲聲曰吾受國命來鎭此土昔馬文淵之在斯位馬援字文淵扶風茂陵人斯位謂馬援爲伏波將軍也能南平百越北滅羣狄吾既不能遏除凶慝何逃寇之爲邪吾其出命以報國仗義以整亂天道與順克之必矣乃閉門自守示弱不與戰將士銜聲寂若無人登乘城望形勢知其可擊乃申令將士宿整兵器昧爽開南門引軍指賊營元本指作諧步騎鈔其後賊周章方結陳不得還船登手執軍鼓縱兵乘

之賊遂大破皆棄船迸走登乘勝追奔斬虜以萬數賊忿喪軍尋復大興兵向登登以兵不敵使功曹陳矯求救於太祖登密去城十里治軍營處所令多取柴薪兩束一聚相去十步從横成行令夜俱起火火然其衆城上稱慶若大軍到賊望火驚潰登勒兵追奔斬首萬級遷登爲東城太守趙一清曰漢書地理志九江郡東城縣後漢省故續志無之未聞立郡也此城字疑郡字之誤登由廣陵遷東郡既去而淮南遂虛曹公故追恨不用其計也若仍在九江則何歎恨之有錢儀吉曰此正是東城作郡之據耳誠夫先生偶未審此謝鍾英曰東城廢縣班志屬九江郡國志屬下邳先賢行狀陳登遷東城太守吳志魯肅臨淮東城人蓋漢末升作郡三國時地當兵衝遂廢元和郡縣志故城在定遠縣東南五十里王先謙曰晉志復置作東城改屬淮南郡一統志故城今安徽鳳陽府定遠縣東南沈家本曰續漢志東城作東成屬下邳國未嘗省也城成之異二字屢見晉志屬揚州淮南郡亦作東城中閒不聞爲郡趙說是弼按下文有廣陵吏民拔郡相隨之語當仍爲下邳之東城地望相近故能相隨若爲兗州之東郡則距離甚遠何能拔郡相隨乎又按本志方伎傳華佗傳云廣陵太守陳登得病死不言其爲東城太守也胡玉縉曰拔郡相隨猶言從之者如歸市耳原不拘遠近況下文卽稱曉語令還乎趙說似未可廢廣陵吏民佩其恩德共拔郡隨登老弱襁負而追之登曉語令

還曰太守在卿郡頻致吳寇幸而克濟諸卿何患無令君乎孫權遂跨有江外太祖每臨大江而歎恨不早用陳元龍計而令封豕養其爪牙文帝追美登功拜登息肅爲郎中息子也登事又互見本志陳矯傳吳志孫策傳注引江表傳

臧洪字子源惠棟曰唐瞻工部尚書臧懷恪碑歷敘臧氏作子原案字从厂从泉後人添三點見顧炎武金石文字記廣陵射陽人也胡三省曰射陽前漢屬臨淮郡後漢屬廣陵郡應劭曰在射水之陽今楚州山陽縣有射陽湖卽其地顧祖禹曰射陽漢縣三國時廢晉復置在淮安府鹽城縣西九十里一統志射陽故城今江蘇淮安府山陽縣東南惠棟曰范書臧洪傳全用王仲宣英雄記父旻歷匈奴中郎將中山太原太守續百官志使匈奴中郎將一人比二千石沈家本曰使匈奴中郎將乃官名不當去使字疑奪趙一清曰後漢中山是王國當云相中山國都治盧奴注云爲盧奴令是也恐傳有誤沈家本曰旻爲盧奴令在先不得以此爲疑范書靈紀熹平三年中山王暢薨無子國除是熹平之後中山國已除爲郡故有太守旻爲揚州刺史在熹平元年至三年還使匈奴中郎將六年爲中山太守在國除爲郡之後傳文不誤弼按本志王淩傳云稍遷至中山太守又范書劉虞傳云前中山相張純而南匈奴傳烏桓傳俱云前中山太守張純稱相稱守爲例不純史文往往有之中山見武紀建安九年太原見武紀初平三年所在

有名謝承漢書曰一本作後漢書旻有幹事才達於從政爲漢良吏初從徐州從事范書第五倫傳兗州刺史第五種坐徙朔方徐州從事臧旻上書訟之辟司徒府除盧奴令盧奴今定州治冀州舉尤異遷揚州刺史丹陽太守揚州丹陽均見武紀初平元年范書靈帝紀熹平元年會稽人許生自稱越王寇郡縣遣揚州刺史臧旻丹陽太守陳夤討破之又臧洪傳熹平元年拜旻揚州刺史旻率丹陽太守陳夤擊會稽妖賊許昭連戰三年破平之又續漢志天文志熹平三年冬揚州刺史臧旻丹陽太守陳夤攻盜賊苴康斬首數千級據此則丹陽太守爲陳夤或旻亦爲丹陽太守也旻事又見吳志孫堅傳是時邊方有警羌胡出寇三輔舉能宋本元本馮本輔作府案三府三公府也三輔京兆尹左馮翊右扶風也二說皆可通還旻匈奴中郎將討賊有功范書鮮卑傳匈奴中郎將臧旻率南單于出鴈門將萬騎出塞二千餘里大敗喪節傳輜重將數千騎（一通鑑作數十騎）奔還續漢志五行志臧旻將南單于討鮮卑無功還者少半所云俱與謝承書絕異徵拜議郎還京師見太尉袁逢范書袁安傳逢爲司空卒於執金吾據此逢未爲太尉也袁湯官太尉在桓帝時不在熹平以後也逢問其西域諸國土地風俗人物種數旻具答言西域本三十六國後分

為五十五范書西域傳武帝時西域內屬有三十六國哀平閒自相分割為五十五國稍散至百餘國其國大小道里近遠人數多少風俗燥溼山川草木鳥獸異物名種不與中國同者悉口陳其狀手畫地形逢奇其才歎息言雖班固作西域傳何以加此旻轉拜長水校尉長水校尉見文紀黃初元年終太原太守

洪體貌魁梧有異於人李賢曰魁梧壯大之貌也梧音吾惠棟曰前書張良傳贊以為其貌魁梧奇偉應劭曰魁梧丘虛壯大之意蘇林曰梧音悟師古曰魁大貌也梧者言其可驚悟今人讀為吾非也王念孫曰師古以梧為驚悟則義與魁大不相屬案魁梧皆大也梧之言吳也方言吳大也魁梧奇偉四字平列魁與梧同義奇與偉同義舉孝廉為郎范書洪傳洪年十五以父功拜童子郎知名太學舉孝廉李賢曰漢法孝廉試經者拜為郎洪以年幼才俊故拜童子郎續漢書曰汝南謝廉河南趙建章年始十二各能通經左雄並奏拜童子郎時選三署郎以補縣長漢書百官公卿表郎中令秦官武帝更名光祿勳屬官有郎郎掌守門戶出充車騎續百官志凡郎官皆主更直執戟宿衛諸殿門出充車騎蔡質漢儀曰三署郎見光祿勳執板拜見五官左右將執板不拜於三公諸卿無敬錢大昕曰班史紀傳稱郎者皆指宿衛之郎非尚書郎也以其分隸五官左右中郎將故又稱三署郎三署者五官中郎一署左中郎一署右中郎一署而統屬於光祿勳焉李祖楙曰宿衛要地故用郎官而郎非公卿校尉尚書諸臣子弟不得補范書凡稱除一人為郎以一子為郎者皆指三署諸郎非尚書郎之職也又互見文紀延康元年琅邪趙昱為莒長琅邪見武紀興平元年莒見呂布傳昱事見陶謙傳注東萊劉繇下邑長郡國志青州東萊郡治黃一統志黃縣故城今山東登州府黃縣東南劉繇為東萊牟平人吳志有傳沈欽韓曰續漢志梁國治下邑元和志云後漢無下邑其疏如此錢坫曰今歸德府夏邑縣治一統志下邑故城今江蘇徐州府碭山縣東寰宇記自漢至晉梁國治睢陽東海王朗菑丘長東海見武紀初平四年徐州牧注王朗本志有傳郡國志徐州彭城國菑丘一統志菑丘故城今安徽鳳陽府宿州東北六十里洪即丘長郡國志徐州琅邪國即丘侯國故屬東海春秋曰祝丘一統志即丘故城今山東沂州府蘭山縣東南靈帝末范書洪傳云中平末棄官還家太守張超請洪為功曹董卓殺帝范書殺作弒圖危社稷洪說超曰明府歷世受恩兄弟並據大郡章懷注謂超為廣陵兄邈為陳留也今王室將危賊臣未梟范書作賊臣虎視此誠天下義烈報恩効命之秋也今郡境尚全吏民殷富若動枹鼓可得二萬人以此誅除國賊為天下倡先義

之大者也超然其言與洪西至陳留見兄邈計事邈亦素有心會于酸棗酸棗見武紀初平元年邈謂超曰聞弟為郡守政教威恩不由己出動任臧洪洪者何人超曰洪才略智數優超甚愛之海內奇士也邈即引見洪與語大異之致之於劉兗州公山孔豫州公緒范書作乃使詣兗州刺史劉岱豫州刺史孔伷王鳴盛曰劉岱字公山孔伷字公緒見太祖紀此段乃陳壽自執筆敘臧洪事非詞命比何為於二刺史稱字乎漢季風氣好稱人字此必壽沿襲他人紀載之言未及改正耳姚範說同胡玉縉曰名字錯出左傳有此義例陳書則似別有微意二刺史稱字者從致之於三字貫下乃述張邈之意邈固不稱岱稱伷也其他公孫瓚傳朝議以劉伯安既有德義云云下文則稱劉虞彭羕傳惟敬秦子勅薦之於許靖下文則稱秦宓又秦宓傳薦儒士任定祖下文則稱任安蓋稱字所以述薦賢之意也管寧傳並敬善陳仲弓此明寧之尊實與華歆邴原相友徵別潘濬傳從宋仲子受學尹默傳從司馬德操宋仲子等受古學顧雍傳蔡伯喈避怨於吳雍從學琴書士燮傳事劉子奇治左氏春秋此於諸人各有師道故稱字也許靖傳宋仲子與王商書曰文休有當世之具張裔傳許文休入蜀謂裔是鍾元常之倫皆以其表彰賢哲元常二字仍當時口吻秦宓傳譙允南錄其言於然否論以其能述宓之學也後人概欲以史法繩之失承祚之旨矣皆與洪親善

乃設壇場方共盟誓諸州郡更相讓莫敢當咸共推洪沈欽韓曰左氏襄二十七年傳叔向謂趙孟曰諸侯盟小國固必有尸盟者注云小國主辦具正義云如哀十七年執牛耳之類皆小國主備之法當小國執牛耳亦曰尸盟哀公與齊侯盟於蒙孟武伯問於高柴諸侯盟誰執牛耳而武伯當之是也國君以次雍容受歃而已今此諸牧守同盟去古未遠猶曉其制故洪以郡掾尸盟非是推讓莫敢先洪也胡玉縉曰黃以周禮說執牛耳條云尸盟執牛耳為盟主之事無與小國玉府疏云若諸侯相與盟則大國戎右執牛耳此說是也襄二十七年傳且諸侯盟小國句固必有尸盟者杜注小國屬下讀云小國主辦具非哀十七年傳武伯問於高柴曰諸侯盟誰執牛耳云云武伯以尸盟執牛耳者為諸侯事季羔答以鄫衍發陽二役明其時執牛耳者皆其臣為之故武伯曰然則彘也上言諸侯下言彘語意相貫杜注不體傳文遂謂時執者無常非季羔意後人規杜申杜紛紛聚訟亦非左氏意據此則注疏之誤沈氏雖未及辨而謂非是推讓莫敢先洪古意今情固甚分曉也洪乃升壇操槃歃血而盟曰范書作洪乃攝衣升壇操血而盟曰漢室不幸皇綱失統賊臣董卓乘釁縱害禍加至尊虐流百姓大懼淪喪社稷翦覆四海兗州刺史岱豫州刺史伷陳留太守邈東郡太守瑁廣陵太守超等糾合義兵章懷注糾收也並赴國難凡我同盟

齊心勠力以致臣節殞首喪元必無二志有渝此盟俾墜其命無克
遺育 章懷注左傳曰王子虎盟諸侯于王庭要言曰皆獎王室無相害也有渝此盟神明殛之俾墜其師無克祚國 皇天后土祖宗
明靈實皆鑒之洪辭氣慷慨涕泣橫下聞其言者雖卒伍厮養莫不
激揚人思致節

臣松之案于時此盟止有劉岱等五人而已魏氏春秋橫內劉表等數人皆非事實表保據江漢身未嘗出境何由得與洪同壇而盟乎 弼按酸棗之會雖止劉岱等五人而同時起兵討董卓者尙有袁術袁紹袁遺韓馥王匡鮑信曹操劉表諸人共推袁紹爲盟主事實具在未可誣也

頃之諸軍莫適先進而食盡衆散超遣洪詣大司馬劉虞謀值公孫
瓚之難至河閒遇幽冀二州交兵使命不達而袁紹見洪又奇重之
與結分合好會青州刺史焦和卒紹使洪領青州以撫其衆

九州春秋曰初平中焦和爲青州刺史是時英雄並起黃巾寇暴和務及同盟俱入京畿不暇爲民保障引軍踰河而西未久而袁曹二公與卓將戰於滎陽敗績黃巾遂廣屠裂城邑和不能禦然軍器尙利戰士尙衆而耳目偵邏不設恐動之言妄至望寇奔走未嘗接風塵交旗鼓也欲作陷冰丸沈河令賊不得渡 范書洪傳和恐賊乘凍而過命多作陷冰丸以投於河衆遂潰散惠棟曰前書郊祀志云堅冰淖溺晉灼曰方士詐以藥石若陷冰丸投之冰上冰卽消液經籍志曰扁鵲陷冰丸方一卷 禱祈羣神求用兵必利蓍筮常陳於前巫祝不去於側 范書洪傳和不理戎警但坐列巫史禜禱羣神 入見其清談干雲 范書洪傳和好立虛譽能清談洪亮吉曰清談二字始此然則東漢之末漸尙玄虛其風不自魏晉始也 出則渾亂命不可知州遂蕭條悉爲丘墟也

洪在州二年羣盜奔走紹歎其能 范書洪傳洪收撫離叛百姓復安任事二年袁紹憚其能錢儀吉曰范書作憚得之
徙爲東郡太守治東武陽 范書洪傳治作都東武陽見武紀初平二年錢大昭曰郡治本在濮陽故特書都東武陽吳增僅曰東郡故治濮陽魏武紀初平二年徙治東武陽建安中東武陽移魏郡疑遂還治濮陽弼按東武陽漢舊縣屬東郡建安十七年移屬魏郡黃初二年以魏郡東部爲陽平郡
太祖圍張超於雍丘 雍丘見武紀興平二年 超言唯恃臧洪當來救吾衆人以
爲袁曹方睦 范書睦作穆 而洪爲紹所表用必不敗好招禍遠來赴此 范書作恐不能敗好違來違福取禍 超曰子源天下義士終不背本者但恐見禁制不相
及逮耳洪聞之果徒跣號泣並勒所領兵又從紹請兵馬 范書作並勒所領將赴其難自以衆弱從紹請兵 求欲救超而紹終不聽許超遂族滅 武紀興平二年張邈使其弟超將家屬保雍丘魏武八月圍雍丘十二月雍丘潰超自殺夷邈三族 洪由是怨紹絕不與通紹興兵圍之歷年不下 惠棟曰水經注云今東武陽城四周紹圍郭尙存水匝隍塹于城東北合爲一瀆 紹令洪邑人陳琳書與洪喻以禍
福責以恩義 李賢曰獻帝春秋云紹使琳爲書八條責以恩義告喻使降也 洪答曰隔闊相思發於寤
寐幸相去步武之閒耳 李賢曰爾雅云武迹也 而以趣舍異規 范書趣作趨 不得相

見其爲愴悢 何焯校悢作恨 可爲心哉前日不遺比辱雅貺 李賢曰比頻也 述敘禍
福公私切至所以不卽奉答者旣學薄才鈍不足塞詰亦以吾子攜
負側室息肩主人 李賢曰洪常寓於紹故謂之主人 家在東州僕爲仇敵以是事人雖
披中情墮肝膽猶身疏有罪言甘見怪方首尾不救何能恤人且以
子之才窮該典籍豈將闇於大道不達余趣哉然猶復云云者僕以
是知足下之言信不由衷將以救禍也必欲算計長短辯諮是非是
非之論言滿天下陳之更不明不言無所損又言傷告絕之義非吾
所忍行也是以捐棄紙筆一無所答亦冀遙忖其心知其計定不復
渝變也重獲來命援引古今紛紜六紙雖欲不言焉得已哉僕小人
也本因行役寇竊大州 趙一清曰寇范書臧洪傳作遂 恩深分厚寧樂今日自還接

刃每登城勒兵望主人之旗鼓感故友之周旋撫弦搦矢[李賢曰搦捉也音女卓反]不覺流涕之覆面也何者自以輔佐主人無以爲悔[劉攽曰案文悔字無義未詳何字或曰悔當作益 陸宗楷曰案無以爲悔猶言內省不疚也義本明顯解者失之]主人相接過絕等倫當受任之初自謂究竟大事共尊王室豈悟天子不悅[沈家本曰范書無天子不悅四字案操之滅超志在幷吞非有天子之命故范書删之]本州見侵郡將遘牖里之厄[史記周本紀紂囚文王於羑里漢書景十三王傳中山靖王勝傳文王拘於牖里牖與羑通范書史弼傳昔文王牖里章懷注牖里殷獄名或作羑亦名羑城明統志羑里在彰德府湯陰縣北九里一名牖城袁宏紀作使洪故君有羑里之厄胡三省曰郡將謂張超也]陳留克創兵之謀[克字疑誤]謀計棲遲喪忠孝之名杖策攜背虧交友之分揆此二者與其不得已喪忠孝之名與虧交友之道輕重殊塗親疏異畫故便收淚告絕若使主人少垂故人往者側席去者克己不汲汲於離友信刑戮以自輔則僕抗季札之志不爲今

日之戰矣[范書洪傳云豈悟本州見侵郡將遘厄請師見拒辭行被拘使洪故君遂至淪滅區區微節無所獲申豈得復全交友之道重虧忠孝之名乎所以忍悲揮戈收淚告絕若使主人少垂忠恕之情來者側席去者克己則僕抗季札之志不爲今日之戰矣李賢曰來者側席而待之去者克己自責不責人也吳王餘眛卒欲授弟季札季札逃去]何以效之昔張景明親登壇歃血[趙一清曰張景明名導水經濁漳水注張導字景明建和三年爲鉅鹿太守漳津汎濫土不稼穡導披按地圖與丞彭參掾馬道嵩等原其逆順揆其表裏修防排通以正水路功績有成民用嘉賴題云漳河神壇碑即是人也建和當作建安弼按此述興平二年以前事非建安也建和或爲光和之誤]奉辭奔走卒使韓牧讓印主人得地然後但以拜章朝主賜爵獲傳之故旋時之閒不蒙觀過之貸而受夷滅之禍

臣松之案英雄記云袁紹使張景明郭公則高元才等[惠棟曰郭圖字公則高幹字元才]說韓馥使讓冀州然馥之讓位[范書洪傳注引此然下多一則字]景明亦有其功其餘之事未詳

呂奉先討卓來奔請兵不獲告去何罪復見斫刺濱于死亡[布事見前]

劉子璜奉使踰時辭不獲命畏威懷親以計求歸[各本計作詐]可謂有志忠孝無損霸道者也然輒僵斃麾下不蒙虧除[范書畏威作畏君以計作以詐無損作無捐僵斃作僵尸]

臣松之案公孫瓚表列紹罪過云紹與故虎牙將軍劉勳[瓚傳注作虎牙都尉劉勳監本勳作動誤又按當時有兩劉勳其一爲廬江太守見武紀建安四年]首共造兵勳仍有效而以小忿枉害於勳紹罪七也疑此是子璜也

僕雖不敏又素不能原始見終覩微知著竊度主人之心豈謂三子宜死罰當刑中哉實且欲一統山東增兵討讎懼戰士狐疑無以沮勸故抑廢王命以崇承制慕義者蒙榮待放者被戮此乃主人之利非游士之願也故僕鑒戒前人困窮死戰僕雖下愚亦嘗聞君子之

言矣此實非吾心也乃主人招焉凡吾所以背棄國民用命此城者正以君子之違不適敵國故也[左傳公山不狃曰君子違不適敵國杜注違奔亡也]是以獲罪主人見攻踰時而足下更引此義以爲吾規無乃辭同趨異非君子所爲休戚者哉[各本君作吾]吾聞之也義不背親忠不違君故東宗本州以爲親援中扶郡將以安社稷一舉二得以徽忠孝何以爲非而足下欲使吾輕本破家均君主人主人之於我也年爲吾兄分爲篤友道乖告去以安君親可謂順矣若子之言則包胥宜致命於伍員不當號哭於秦庭矣苟區區於攘患不知言乖乎道理矣足下或者見城圍不解救兵未至感婚姻之義惟平生之好以屈節而苟生勝守義而傾覆也昔晏嬰不降志於白刃南史不曲筆以求生[章懷注崔杼弒齊莊公欲

劫晏子與盟以戟拘其頸劍承其心晏子曰劫吾以刃而失其意非勇也崔杼遂釋之事見晏子左傳曰太史書曰崔杼弒其君崔子殺之其弟嗣書而死者二人其弟又書乃舍之南史氏聞太史盡死執簡以往聞既書矣乃還 故身著圖象名垂後世況僕據金城之固驅士民之力散三年之畜以爲一年之資匡困補乏以悅天下何圖築室反耕哉左傳曰楚子圍宋築室反耕杜預注曰築室於宋反共耕田示無還意也 但懼秋風揚塵伯珪馬首南向公孫瓚字伯珪 張楊飛燕膂力作難張楊以所將兵略諸縣衆至數千張燕慓悍捷速過人軍中號爲飛燕衆至百萬號曰黑山後助公孫瓚與袁紹爭冀州 北鄙將告倒縣之急股肱奏乞歸之誠耳誠范書作記章懷云股肱猶手足也言北鄙有倉卒之急股肱之臣將告歸自救耳 主人當鑒我曹輩范書我作戒 反旌退師治兵鄴垣何宜久辱盛怒暴威於吾城下哉足下譏吾恃黑山以爲救獨不念黃巾之合從邪加飛燕之屬悉以受王命矣昔高祖取彭越於鉅野章懷云前書彭越將其衆居鉅野中無所屬漢王乃使人賜越將軍印使下濟陰以擊楚也 光武創基兆於綠林

卒能龍飛中興以成帝業苟可輔主興化夫何嫌哉況僕親奉璽書與之從事行矣孔璋陳琳字孔璋 足下徼利於境外臧洪受命於君親吾子託身於盟主盟主謂袁紹也 臧洪策名於長安帝在長安 子謂余身死而名滅僕亦笑子生死而無聞焉悲哉本同而末離努力努力夫復何言王補曰范書此書較魏志洪傳少四百四十餘字多出者亦四十餘字通鑑輯覽曰洪守東郡事跡極類唐張巡其答陳琳書義正詞嚴慷慨有烈士風終能死不失節可謂言行相顧之士矣 紹見洪書知無降意增兵急攻城中糧穀以盡外無彊救洪自度必不免呼吏士謂曰袁氏無道所圖不軌且不救洪郡將洪於大義不得不死念諸君無事空與此禍胡三省曰與讀曰豫范書洪傳諸君作諸軍何焯云應作諸君 可先城未敗將妻子出胡三省曰將如字領也 將吏士民皆垂泣曰明府與袁氏本無怨隙今爲本朝郡將之故自致殘困吏民何忍當舍明府去也初尚掘鼠煮筋角後無可復食者主簿啓內廚米三斗請中分稍以爲饘粥范書作饘粥杜預曰饘糜也 洪歎曰獨食此何爲使作薄粥衆分歠之殺其愛妾以食將士將士咸流涕無能仰視者男女七八千人相枕而死范書千作十袁紀通鑑俱作千 莫有離叛城陷紹生執洪紹素親洪盛施帷幔大會諸將見洪謂曰臧洪何相負若此今日服未洪據地瞋目曰范書作瞋目通鑑從之 諸袁事漢四世五公胡三省曰自袁安至袁隗四世安爲司徒子敞爲司空孫湯爲司空曾孫逢爲司空隗爲太傅凡五公 可謂受恩今王室衰弱無扶翼之意欲因際會希冀非望多殺忠良以立姦威洪親見呼張陳留爲兄張陳留謂超兄邈也 則洪府君亦宜爲弟同共戮力爲國除害何爲擁衆觀人屠滅惜洪力劣劣弱也 不能推刃爲天下報仇公羊傳曰事君猶事父也父受誅子復仇推刃之道 何謂服乎紹本愛洪意欲

令屈服原之范書原作赦 見洪辭切知終不爲己用乃殺之柳從辰曰山東通志洪墓在朝城縣南二里

徐衆三國評曰隋志三國評志三卷徐爰撰唐志三國評三卷徐衆撰新唐志徐衆三國評三卷章宗源曰裴松之注臧洪傳程昱傳黃權傳顧雍傳全琮傳周魴傳鍾離牧傳是儀傳並引徐衆三國評隋志作徐爰爰疑衆字之訛杭世駿曰徐衆當是徐爰趙一清說同沈家本曰是書隋志在正史唐志在雜史此與漢書駁議之類相似在正史爲是隋志三國評志疑評志二字誤倒當曰三國志評其但稱三國評者省文章杭二說相左莫衷一是考徐爰在宋書恩倖傳領著作郎踵成國史隋志宋書六十五卷宋中散大夫徐爰撰是也史言字長玉經典釋文言字季玉微有不同而爰之名可考衆之名則無可考第裴氏此注表上元嘉六年至二十八年卒徐則卒於元徽三年後於裴二十三年上距裴上書之年凡四十六年爰之年齒實在裴後即有著述未必爲裴所採則以爲徐爰者恐未可從裴注所引始終稱徐衆（二唐志同）當非無本矣弼按通典卷八十東晉成帝咸康中有黃門郎徐衆駁王濛奔喪議又卷九十五有晉徐衆論徐恩龍事又有散騎常侍徐衆論庾左丞孫兒事沈氏謂徐衆名無可考殆未細審耳徐衆爲晉人徐爰爲宋人沈氏謂當作徐衆其說極是 洪敦天下名義救舊君之危其恩足以感人情義足以勵薄俗然袁亦知己親友致位州郡雖非

君臣且實盟主既受其命義不應貳袁曹方睦夾輔皇室呂布反覆無義志在逆亂而邈超擅立布爲州牧其於王法乃一罪人也曹公討之袁氏弗救未爲非理也洪本不當就袁請兵又不當還爲怨讎爲洪計者苟力所不足可奔他國以求赴救若謀力未展以待事機則宜徐更觀釁效死於超何必誓守窮城而無變通身死殄民功名不立良可哀也何焯曰當時無他國可奔與袁曹不協者北有公孫與超鞭長不及南則袁術方謀僭盜況身又爲紹所拘留哉惟有辭東郡之符退而耕野待如昭烈者起而事之報曹氏于後斯上策耳

洪邑人陳容少爲書生親慕洪隨洪爲東郡丞城未敗洪遣出紹令在坐見洪當死起謂紹曰將軍舉大事欲爲天下除暴而專先誅忠義豈合天意臧洪發舉爲郡將柰何殺之紹慙左右使人牽出謂曰汝非臧洪儔空復爾爲胡三省曰爾爲猶如此也容顧曰夫仁義豈有常蹈之則君子背之則小人今日寧與臧洪同日而死不與將軍同日而生復見殺在紹坐者無不歎息竊相謂曰如何一日殺二烈士先是洪遣司馬二人出求救於呂布比還城已陷皆赴敵死

評曰呂布有虓虎之勇而無英奇之略輕狡反覆唯利是視自古及今未有若此不夷滅也昔漢光武謬於龐萌范書劉永傳龐萌山陽人更始立爲冀州牧光武即位以爲侍中萌爲人遜順甚見信愛帝嘗稱曰可以託六尺之孤寄百里之命者龐萌是也拜爲平狄將軍與蓋延共擊董憲詔書獨下延而不及萌萌自疑遂反帝自將討萌與諸將書曰吾嘗以龐萌社稷之臣將軍得無笑其言乎近魏太祖亦蔽於張邈知人則哲唯帝難之尚書皋陶謨之辭信矣陳登臧洪並有雄氣壯節登降年夙隕功業未遂洪以兵弱敵彊烈志不立惜哉范曄論曰雍丘之圍臧洪之感憤壯矣想其行跣且號束甲請舉誠足憐也夫豪雄之所趣舍其與守義之心異乎若乃締謀連衡懷詐算以相尙者蓋惟利勢所在而已況偏城既危曹袁方穆洪徒指外敵之衡以紓倒懸之會忿悁之師兵家所忌可謂懷哭秦之節存荆則未聞也王補曰宋楊時言袁曹方穆而紹之與超無一日之雅則雍丘之圍非切於己欲其背好用師以濟不切之難則紹之不聽未爲過而洪之絕紹毋乃不諒彼己與其不屈而死過矣與范論同意而范言豪傑所趣舍與守義之心異尤中當日事勢然觀洪策名長安之語所謂義存君父者矣

魏書七 三國志七

二公孫陶四張傳第八

周壽昌曰後漢書公孫瓚傳前有劉虞傳此志無之而瓚傳實包敘劉虞本末在內似宜援他傳例題目於公孫瓚附劉虞名

晉　平陽侯相　安漢　陳壽　撰

宋　中書侍郎　西鄉侯　聞喜　裴松之　注

沔陽　盧弼　集解

公孫瓚 胡三省曰瓚音藏旱反 字伯珪 惠棟曰劉寬碑陰作圭 遼西令支人也 郡國志幽州遼西郡令支有孤竹城伯夷叔齊本國王先謙曰漢末鮮卑據遼西之土建安十二年曹公討平之惠棟曰酈元云秦始皇二十二年分燕置遼西郡令支隸焉齊語云北伐山戎刜令支斬孤竹爾雅作觚竹四荒之一也括地志云孤竹殷諸侯一統志令支故城今直隸永平府遷安縣西孤竹山在今盧龍縣西孤竹城在其陰 令音郎定反支音其兒反 應劭曰令音鈴亦作離支令離聲相近也章懷注令音力定反支音巨移反

爲郡門下書佐 郡門下書佐見董卓傳范書瓚傳家世二千石以母賤遂爲郡小吏 有姿儀大音聲故太守器之以女妻焉 宋本元本故作侯章懷注引魏志曰侯太守妻之以女何焯曰繫太守以侯氏者所以別下劉太守也宋本亦作侯沈家本曰太守上加以故字與劉太守已有別矣

典略曰瓚性辯惠 范書作言事辯慧 每白事不肯稍入常總說數曹事無有忘誤太守奇其才

遣詣涿郡盧植讀經 宋本遣作適范書作後從涿郡盧植學於緱氏山中李安溪曰與先主同師惠棟曰劉寬碑陰載門生姓氏中有瓚名則瓚又從寬學也 後復爲郡吏劉太守坐事 惠棟曰英雄記太守劉基 徵詣廷尉瓚爲御車身執徒養 范書太守劉君坐事檻車徵官法不聽吏下親近瓚乃改容服詐稱侍卒身執徒養御車到洛陽 及劉徙日南 日南郡見陳留王紀咸熙元年 瓚具米肉於北芒上祭先人 范書太守當徙日南瓚具豚酒於北芒上祭辭先人何焯曰瓚遼西人前世又非素官於朝何緣先墓乃在北芒惠棟曰按謝承書乃泣辭母墓也周壽昌曰北芒一作北邙在洛陽續漢書五行志載童謠千乘萬騎上北邙予案北芒爲叢塚之所俗以爲鬼所聚樂府輓歌辭多引北芒可證瓚祭其先人之鬼亦是此意非必墓祭也朱邦衡曰此蓋在北郭遙祭之耳令支在洛陽北瓚往日南故出郭遙祭亦去國爲壇之義非必北芒定有先墓也弼按范書言瓚家世二千石何氏言非素官於朝誤也又按謝承書有泣辭母墓之語則何周朱三說皆誤趙一清曰遼西亦有北芒弼按瓚既隨劉太守徵詣廷尉不得遠返遼西 舉觴祝曰昔爲人子今爲人臣當詣日南日南鄣氣 范書云日南多瘴氣李慈銘曰鄣官本作瘴說文無瘴字作鄣亦通沈家本說同 或恐不還與先人辭於此再拜慷慨而起時見者莫不歔欷劉道得赦還瓚以孝廉爲郎除遼東屬國長史 遼東屬國見齊王紀正始五年錢大昭曰續漢志云每郡置太守一人丞一人郡當邊戍者丞爲長史每屬國置都尉一人丞一人屬國長史卽屬國丞耳不知何時改此制李祖楙曰公孫瓚爲遼東屬國長史蓋卽都尉丞如邊郡稱長史例也 嘗從數十騎出行塞見鮮卑數百騎瓚乃退入空亭中約其從騎曰今不衝之則死盡矣瓚乃自持矛兩頭施刃 周壽昌曰後漢書作持兩刃矛是矛固有兩刃者爲一器此云持矛兩頭施刃則爲兩器合成一器倉卒施用不恐失事乎似從後漢書爲正 馳出刺胡殺傷數十人亦亡其從騎半遂得免鮮卑懲艾後不敢復入塞 杭世駿曰英雄記云瓚除遼東屬國長史連接邊寇每有警輒厲色嗔怒如赴讎敵望塵而奔繼之夜戰虜識瓚聲憚其勇莫敢犯之又云瓚與破虜校尉鄒靖俱追胡靖爲所圍瓚迴師奔救胡卽破散解靖之圍乘勝窮追日入之後把炬逐北見御覽八百七十 遷爲涿令 涿見齊王紀嘉平五年 光和中涼州賊起 范書瓚傳作中平中通鑑同作中平是沈家本曰涼州賊起在中平元年十一月光和二字誤 發幽州突騎三千人假瓚都督行事傳 潘眉曰釋名傳轉也轉移所在執以爲信也後漢書申屠蟠傳爲封傳護送注傳謂符牒陳蕃傳投傳而去注傳符也 使將之軍到薊中 薊見武紀初平元年幽州牧注胡三省曰薊縣屬廣陽國薊音計幽州牧所治 漁陽張純誘遼西烏丸丘力居等叛 漁陽見明紀景初二年范書烏桓鮮卑傳烏桓本東胡也靈帝初烏桓大人上谷有難樓者衆九千餘落遼西有丘力居者衆五千餘落皆自稱王中平四年前中山太守張純叛入丘力居衆中自號彌天安定王遂爲諸郡烏桓元帥寇掠青徐幽冀四州五年以劉虞爲幽州牧虞購募斬純首北州乃定本志烏丸鮮卑東夷傳漢末遼西烏桓大人丘力居衆五千餘落中山太守張純叛入丘力居衆中自號彌天安定王爲三郡烏丸元帥裴注引魏書云烏丸者東胡也漢初匈奴冒頓滅其國餘類保烏丸山因以爲號焉 劫略薊中自號將軍

九州春秋曰純自號彌天將軍安定王范書劉虞傳前中山相張純（錢大昕曰南匈奴烏桓傳俱作前中山太守）私謂
前太山太守張舉曰子若與吾共率烏桓之衆以起兵庶幾可定大業舉因然之舉稱天子純稱彌天將軍安定王移書州郡云舉當代漢告天子避位敕公卿奉
迎

略吏民攻右北平右北平見明紀景初四年遼西屬國諸城所至殘破瓚將所領
追討純等有功遷騎都尉范書靈帝紀中平四年六月漁陽人張純與同郡張舉舉兵叛攻殺右北平太守劉政遼東太守陽
終（惠棟曰水經注作楊終）護烏桓校尉公綦稠等（錢大昕曰劉虞傳作箕稠）舉自稱天子寇幽冀二州五年九月遣中郎將孟益（惠棟曰水經注作孟溢）
率騎都尉公孫瓚討漁陽賊張純等十一月瓚與純戰於石門大破之六年三月幽州牧劉虞購斬純屬國烏丸貪至王率種
人詣瓚降遷中郎將封都亭侯范書瓚傳詔拜瓚降虜校尉封都亭侯復兼領屬國長史職統戎馬瓚常與善射之士數
十人皆乘白馬以爲左右翼自號白馬義從烏桓更相告語避白馬長史乃畫作瓚形馳騎射之中者咸稱萬歲進屯屬國胡三省曰屬國遼東
屬國也范書瓚傳瓚追擊丘力居等戰於屬國石門虜遂大敗棄妻子踰塞走悉得其所略男女瓚深入無繼反爲丘力居等所圍於遼西管子城二百餘日糧盡食

馬盡資弩楯力戰不敵乃與士卒辭訣各分散還時多雨雪墜坑死者十五六虜亦飢困遠走柳城與胡相攻擊五六年丘力
居等鈔略靑徐幽冀四州被其害瓚不能禦沈家本曰范書云虞自此之後遂遠竄塞外與此不同以
范書劉虞傳證之此傳爲是朝議以宗正東海劉伯安錢大昕曰紀事之文當稱名承祚志多有稱字者如此傳之劉伯安
虞管寧傳之陳仲弓（實）許靖潘濬尹默傳之宋仲子（忠）張裔傳之許文休（靖）彭羕傳之秦子勑（宓）尹默傳之司馬德操（徽）秦宓傳之任定祖（安）譙允南（周）顧雍傳之蔡伯
喈（邕）士燮傳之劉子奇（陶）皆是若孫炎之稱叔然則以避晉武帝諱故也梁章鉅曰此與前稱劉公山孔公緒同周壽昌曰前稱東海劉伯安後稱劉虞志中如此失檢
處甚多沈家本曰下文皆稱劉虞此獨稱字不免參差弼按名字錯出胡玉縉有說見上卷臧洪傳既有德義昔爲幽州刺史
恩信流著戎狄附之若使鎭撫可不勞衆而定乃以劉虞爲幽州牧
范書靈帝紀中平五年改刺史新置牧
吳書曰虞東海恭王之後也東海恭王彊范書有傳後嗣襲封至漢末范書虞傳虞字伯安東海郯人祖父嘉光祿勳章懷注引謝承
書曰虞父舒丹陽太守虞通五經遭世衰亂又與時主疏遠仕縣爲戶曹吏以能治身奉職召爲郡
吏以孝廉爲郎累遷至幽州刺史轉甘陵相甘陵見武紀建安十年錢大昭曰獻王忠之相也甚得東土戎
狄之心後以疾歸家常降身隱約與邑黨州閭同樂共卹等齊有無不以名位自殊鄉
曲咸共宗之時鄉曲有所訴訟不以詣吏自投虞平之虞以情理爲之論判皆大小敬
從不以爲恨嘗有失牛者骨體毛色與虞牛相似因以爲是虞便推與之後主自得本
牛乃還謝罪會甘陵復亂吏民思虞治行毛本思作使誤復以爲甘陵相甘陵大治徵拜尚
書令光祿勳以公族有禮更爲宗正英雄記曰虞爲博平令郡國志兗州東郡博平一統志博平故城
今山東東昌府博平縣西北三十里治正推平高尚純樸杭世駿曰太平御覽引英雄記云劉虞食不重餚藍縷繩屨境內無盜
賊災害不生時鄰縣接壤蝗蟲爲害至博平界飛過不入魏書曰虞在幽州清靜儉
約以禮義化民靈帝時南宮災吏遷補州郡者皆責助治宮錢或一千萬或二千萬富
者以私財辦或發民錢以備之貧而清愼者無以充調或至自殺范書靈紀中平二年二月南宮大災

火半月迺滅宦者傳中常侍張讓趙忠等說帝斂天下田畝稅十錢以修宮室刺史二千石及茂才孝廉遷除皆責助軍修宮錢大郡至二三千萬餘各有差當之
官者皆先至西園諧價然後得去有錢不畢者或至自殺靈帝以虞清貧特不使出錢范書虞傳舊幽部應接荒外資費甚廣歲常割
靑冀賦調二億有餘以給足之時處處斷絕委輸不至而虞務存寬政勸督農植開上谷胡市之利通漁陽鹽鐵之饒民悅年登穀石三十靑徐士庶避黃巾之難
歸虞者百餘萬口皆收視溫恤爲安立生業流民皆忘其遷徙虞雖爲上公天性節約敝衣繩屨食無兼肉遠近豪俊夙僭奢者莫不改操而歸心焉
虞到遣使至胡中告以利害責使送純首丘力居等聞虞至喜各遣
譯自歸范書虞傳虞到薊罷省屯兵務廣恩信遣使告峭王等以恩寬弘開許善路又設賞購舉純舉純走出塞餘皆降散瓚害虞有
功范書虞傳初詔令公孫瓚討烏桓受虞節度瓚但務會徒衆以自强大而縱任部曲頗侵擾百姓而虞爲政仁愛念利民物由是與瓚漸不相平瓚傳瓚志埽
滅烏桓而劉虞欲以恩信招降由是與虞相忤王補曰通鑑公孫瓚志欲埽滅烏桓而虞欲以恩信招降由是與瓚有隙蓋據瓚傳也而虞傳顧云爾豈彼此各稱其美
邪未可爲信史也袁紀言虞懼奔居庸欲召烏桓鮮卑以自救則虞瓚之隙灼然矣弼按本傳前言四州被害瓚不能禦後言瓚害虞有功曲直顯然乃陰
使人徼殺胡使胡知其情閒行詣虞虞上罷諸屯兵但留瓚步騎萬

人屯右北平純乃棄妻子逃入鮮卑爲其客王政所殺送首詣虞 參閱
本志卷三十烏丸傳注 封政爲列侯虞以功卽拜太尉封襄賁侯 襄賁見武紀建安十一年應劭曰賁
音肥范書虞傳靈帝遣使者就拜太尉封容丘侯及董卓秉政遣使者授虞大司馬封襄賁侯袁宏紀中平六年三月己丑光祿勳劉虞爲大司馬領幽州牧范書烏桓
傳中平五年以劉虞爲幽州牧虞購募斬純首北州乃定柳從辰曰劉虞爲幽州牧設賞購純范書虞傳在中平五年與烏桓傳合范書靈紀虞斬純在中平六年三月
蓋純叛始於中平四年六月設賞購純在五年王政斬純在六年三月袁紀蓋并前後事俱書於六年三月耳
英雄記曰虞讓太尉因薦衛尉趙謨 范書趙典傳典靈帝時爲衛尉未知是否典謨二字之誤 益州牧劉焉 蜀志
有傳 豫州牧黃琬 范書黃琬傳琬爲豫州牧時寇賊陸梁州境彫殘琬討擊平之 南陽太守羊續 范書羊續傳續字興祖太山平陽人
中平三年江夏兵趙慈反拜續爲南陽太守擊慈斬之六年靈帝欲以續爲太尉時拜三公者皆輸東園禮錢千萬令中使督之續坐使人於單席舉縕袍以示之
以此故不登公位柳從辰曰御覽二百七引袁山松書太尉劉虞讓位於羊續今案英雄記所云是不僅讓位於續也 並任爲公
會董卓至洛陽遷虞大司馬 大司馬見文紀黃初二年劉昭曰劉虞爲大司馬而與太尉並置焉 瓚奮武將

軍封薊侯 范書瓚傳初平二年青徐黃巾三十萬衆入勃海界欲與黑山合瓚率步騎二萬人逆擊於東光南大破之斬首三萬餘級賊棄其車重數萬
兩奔走渡河瓚因其半濟薄之賊復大破死者數萬流血丹水收得生口七萬餘人車甲財物不可勝算威名大震拜奮武將軍封薊侯沈家本曰范書瓚傳拜奮武將
軍封薊侯在初平二年瓚破青州黃巾之後靈紀瓚破黃巾在二年十一月而卓劫帝西遷在元年二月此敘封侯於西遷之先與范書異當以范爲是瓚破黃巾而封
侯於情事爲得 關東義兵起卓遂劫帝西遷徵虞爲太傅道路隔塞信命不
得至 范書虞傳初平元年復徵虞代袁隗爲太傅道路隔塞王命竟不得達 袁紹韓馥議以爲少帝制於姦
臣天下無所歸心虞宗室知名民之望也遂推虞爲帝遣使詣虞虞
終不肯受 范書虞傳初平二年冀州刺史韓馥勃海太守袁紹及山東諸將議以朝廷幼沖逼於董卓遠隔關塞不知存否以虞宗室長者欲立爲主乃
遣故樂浪太守張岐等齎議上虞尊號虞見岐等厲色叱之曰今天下崩亂主上蒙塵吾被重恩未能清雪國恥諸君各據州郡宜共戮力盡心王室而反造逆謀以相
垢誤邪固拒之何焯曰此紹等之謬計然亦可見照烈當日之足以有爲但屬宗室自爲人所服從乃兩漢稍存封建之效也 紹等復勸虞領
尙書事承制封拜虞又不聽然猶與紹等連和

九州春秋曰紹馥 元本馥作復 使故樂浪太守甘陵張岐齎議詣虞使卽尊號虞厲聲呵
岐曰卿敢出此言乎忠孝之道旣不能濟孤受國恩天下擾亂未能竭命以除國恥望
諸州郡烈義之士勠力西面援迎幼主而乃妄造逆謀欲塗汚忠臣邪 吳書曰馥以
書與袁術云帝非孝靈子欲依絳灌誅廢少主迎立代王故事稱虞功德治行華夏少
二當今公室枝屬皆莫能及又云昔光武去定王五世以大司馬領河北耿弇馮異勸
卽尊號卒代更始今劉公自恭王枝別其數亦五以大司馬領幽州牧此其與光武同
是時有四星會于箕尾馥稱讖云神人將在燕分又言濟陰男子王定得玉印文曰虞
爲天子 何焯曰四星會於箕尾昭烈起涿郡之祥虞爲天子魏虞後也趙一淸曰當時有以魏爲舜後者故義門云然見蔣濟傳 又見兩日出
於代郡謂虞當代立紹又別書報術 紹書及術答書均見本志袁術傳注引吳書 是時術陰有不臣之
心不利國家有長主外託公義以答拒之紹亦使人私報虞虞以國有正統非人臣所

宜言固辭不許乃欲圖奔匈奴以自絕紹等乃止虞於是奉職脩貢愈益恭肅諸外國
羌胡有所貢獻道路不通皆爲傳送致之京師
虞子和爲侍中在長安天子思東歸使和僞逃卓潛出武關 武關見武紀初
平元年 詣虞令將兵來迎 范書虞傳虞遣掾右北平田疇從事鮮于銀蒙險閒行奉使長安獻帝既思東歸見疇等大悅時虞子和爲侍
中因此遣和潛從武關出告虞將兵來迎通鑑考異云魏志瓚傳但云天子思歸不云因疇至也若爾當令和與疇俱還不應出武關又疇未還劉虞已死虞死在初平
四年冬界橋戰在三年春范書誤也弼按本志田疇傳劉虞署田疇爲從事自出祖而遣之遂至長安致命得報馳還未至虞已爲瓚所害不言與和同行也 和
道經袁術爲說天子意術利虞爲援留和不遣許兵至俱西令和爲
書與虞虞得和書乃遣數千騎詣和瓚知術有異志不欲遣兵止虞
虞不可瓚懼術聞而怨之亦遣其從弟越將千騎詣術以自結而陰
教術執和奪其兵由是虞瓚益有隙 胡三省曰虞先與瓚有隙至是而隙愈深 和逃術來

北復爲紹所留是時術遣孫堅屯陽城拒卓陽城見董卓傳注胡三省曰孫堅領豫州刺史屯陽城吳志孫堅傳袁術表堅行破虜將軍領豫州刺史治兵於魯陽堅移屯梁東大爲卓軍所攻堅復收兵合戰於陽人大破卓軍陽人去魯陽百餘里范書獻帝紀初平二年二月袁術遣將孫堅與董卓將胡軫戰於陽人章懷注陽人聚名屬河南郡王先謙曰陽人聚在今汝州梁縣西四十里謝鍾英曰今汝州西八十五里紹使周昂奪其處通鑑紹以會稽周昂爲豫州刺史襲奪堅陽城錢大昕曰陳景雲謂魚豢典略載瓚表列紹罪亦作周昂據孫堅傳注引吳錄及會稽典錄當堅領豫州時紹所遣與堅相持者乃會稽周喁非昂也昂乃喁之兄爲九江太守袁術攻破之其事別見孫賁傳吳錄典錄皆同蓋賁傳仍吳史舊文而瓚傳周昂似沿典略之失也范史瓚傳作周昕案漢末昕爲丹陽太守見孫靜傳及注無奪據陽城事此范史之誤趙一清曰瓚表紹罪狀亦云周昂而范書瓚傳作周昕案吳志孫靜傳昕爲孫策所殺孫堅傳注引吳錄云袁紹遣會稽周喁爲豫州刺史來襲取州喁字仁明周昕之弟也又引會稽典錄曰喁與堅爭豫州屢戰失利會次兄九江太守昂爲袁術所攻喁往助之軍敗還鄉里爲許貢所害則昂自爲袁術所攻與堅無與宜以周喁爲得其實蓋周昂兄弟三人皆與孫氏爲讎敵故各書所記不同也術遣越與堅攻昂不勝越爲流矢所中死瓚怒曰余弟死禍起於紹惠棟曰謝承書云瓚非紹立劉伯安斂其衆以攻紹與此異遂出軍屯磐河范書瓚傳作槃河章懷云槃卽爾雅九河鉤槃之河

也其枯河在今滄州樂陵縣東南（唐樂陵今山東武定府樂陵縣西南三十里）惠棟曰前書地理志云平原有槃縣師古曰卽九河鉤槃也趙一清曰磐河卽般河水經河水注所謂東入般縣爲般河也故河在今德州德平縣界入滄州樂陵縣今名枯槃河方輿紀要今濟南府德平縣東北一統志在陵縣東四十五里曰磐河店舊志般河自陵縣東南臨邑西北分爲二水其一東經德平商河北行至武定之陽信縣南二十里而斷爲截河鋪其一自德平西北流入武定之樂陵經海豐之南賓州霑化之北至久山鎭入海謝鍾英曰公孫瓚戰處當在德平縣北將以報紹紹懼以所佩渤海太守印綬授瓚從弟範遣之郡欲以結援官本考證云宋本作欲以自結援範遂以渤海兵助瓚破青徐黃巾兵益盛進軍界橋界橋見本志袁紹傳注引英雄記

典略載瓚表紹罪狀曰臣聞皇羲以來始有君臣上下之事張化以導民刑罰以禁暴張一作教范書瓚傳作張禮以導人設刑以禁暴今行車騎將軍袁紹託其先軌寇竊人爵既性暴亂厥行淫穢范書作託承先軌爵任崇厚而性本淫亂情行浮薄昔爲司隸校尉會値國家喪禍之際太后承攝何氏輔政紹專爲邪媚不能舉直至令丁原焚燒孟津招來董卓造爲亂根紹罪一也此眞實錄罪無可逭卓既入雒而主見質紹不能權譎以濟君父元本譎作謀而棄置節傳迸竄逃亡范書紹傳紹懸節於上東門而奔冀州忝辱爵命背上不忠紹罪二也紹爲渤海太守默選戎馬當攻董卓不告父兄至使太傅門戶太僕母子一旦而斃不仁不孝紹罪三也范書作致使太傅一門纍然同斃章懷注董卓恨紹起兵山東乃誅紹叔父太傅隗及宗族在京師者盡誅滅之紹既興兵涉歷二年不卹國難廣自封殖乃多以資糧專爲不急割剝富室收考責錢百姓吁嗟莫不痛怨紹罪四也韓馥之迫竊其虛位矯命詔恩刻金印玉璽惠棟曰獻帝起居注云紹刻金璽遣劉虞擅鑄金銀印孝廉計吏皆往詣紹每下文書皁囊施檢章懷云漢官儀曰凡章表皆啟封其言密事得皁囊說文曰檢書署也今俗謂之排其字從木惠棟曰釋名云檢禁也禁閉諸物使不得開露也又曰書文書檢曰署署予也題所予官號也毛晃曰檢書檢也印窠封題也文曰詔書一封邟原注口浪反鄉侯印紹封邟鄉侯見紹傳昔新室之亂漸以卽眞新室王莽也今紹所施擬而方之紹罪五也紹令崔巨業候視星日范書瓚傳紹令星工伺望祥妖章懷注星工善星者周壽昌曰星工姓名崔巨業卽紹所遣攻圍故安之將財貨賂

遺與共飲食克期會合攻鈔郡縣此豈大臣所當宜爲范書宜作施紹罪六也紹與故虎牙都尉劉勳臧洪傳作虎牙將軍惠棟曰裴松之云勳字子橫兒臧洪傳（洪傳作子璜）錢儀吉曰兩劉勳首共造兵勳仍有効又降服張楊馮本服作伏而以小忿枉害於勳信用讒慝殺害有功紹罪七也紹又上故上谷太守高焉官本考證云又上上字或爲止字之訛周壽昌曰上卽爲上事之上或是紹進劾二人也范書無紹又上三字沈家本曰上者上於朝也恐不誤故甘陵相姚貢橫責其錢錢不備畢二人并命紹罪八也春秋之義子以母貴紹母親爲婢使紹實微賤不可以爲人後以義不宜乃據豐隆之重任忝汚王爵損辱袁宗紹罪九也周壽昌曰瓚以母賤遂爲郡小吏今劾紹母親爲婢使絕不自爲地又長沙太守孫堅前領豫州刺史驅走董卓埽除陵廟其功莫大紹令周昂盜居其位斷絕堅糧令不得入使卓不被誅紹罪十也臣又每得後將軍袁術書云紹非術類也惠棟曰類族類也紹之罪戾雖南山之竹不能載昔姬周政弱王道陵遲天子遷都諸侯背叛於是齊桓立柯亭之盟

春秋公會齊侯盟于柯公羊傳曰齊桓公之信著於天下自柯之盟始也范書瓚傳柯亭作柯會杜預曰此柯今濟北東阿齊之阿邑猶祝柯今爲祝阿漢東阿縣屬東郡故城在今泰安府東阿縣西南二十五里晉文爲踐土之會章懷注踐土鄭地也左傳周襄王出居於鄭晉文公重耳爲踐土之會率諸侯朝天子以成霸功高士奇曰晉文公敗楚于城濮還至衡雍作王宮於踐土括地志滎澤縣西北十五里有王宮城城內東北隅有踐土臺卽諸侯盟處去衡雍三十餘里寰宇記王宮城在縣北四十五里唐滎澤卽今縣治伐荆楚以致菁茅章懷注菁茅靈茅以供祭祀也左傳僖四年齊桓伐楚責之曰爾貢包茅不入王祭不供無以縮酒寡人是徵誅曹衛以彰無禮章懷注左傳僖二十八年晉侯伐曹假道于衛衛人不許還自河南濟侵曹伐衛責其無禮也惠棟曰左傳無此文僖二十三年僖負羈之妻曰晉公子反國必得志于諸侯得志于諸侯而誅無禮曹其首也傳蓋指此臣雖闒茸章懷云闒猶下也茸細也闒音吐盍反茸音人勇反柳從辰曰史記屈賈列傳索隱引應劭胡廣訓闒茸爲不才引字林訓闒茸爲不肖文選司馬遷報任安書李注引張揖訓闒茸爲獰劣楚辭注又訓闒茸爲駑頓又前書顏注賈誼傳云闒茸下材不肖之人也李夫人傳云闒茸衆賤之稱也而司馬遷傳則云闒茸猥賤也闒下也茸細毛也言非豪桀也隨文異訓亦所取不同詳章懷此注闒茸分訓卽主非豪桀之義名非先賢蒙被朝恩當此重任職在鈇鉞章懷云鈇音方于反莝刃也鉞斧也奉辭伐罪輒與諸將州部兵討紹等宋本元本馮本部作郡范

書作輒與諸將州郡共討紹等若事克捷罪人斯得章懷注尙書周公東征三年罪人斯得柳從辰曰注引尙書與今本異庶續桓文忠誠之效攻戰形狀前後續上范書瓚傳載此表大旨相同辭句多異遂舉兵與紹對戰紹不勝以嚴綱爲冀州通鑑考異曰九州春秋作劉綱田楷爲靑州單經爲兗州置諸郡縣范書瓚傳瓚乃自署其將帥爲靑冀兗三州刺史又悉置郡縣守令紹軍廣川郡國志冀州淸河國廣川故屬信都文選應璩有與廣川長岑文瑜書卽此闞駰云縣有長河爲流故曰廣川一統志廣川故城今直隸冀州棗强縣東姚範曰以袁紹傳校當作廣宗令將麴義先登與瓚戰生禽綱瓚軍敗走渤海與範俱還薊范書瓚傳瓚與紹大戰於界橋瓚軍敗還薊紹遣將崔巨業將兵數萬攻圍固安不下退軍南還瓚將步騎三萬人追擊於巨馬水大破其衆死者七八千人乘勝而南攻下郡縣遂至平原乃遣其靑州刺史田楷據有齊地紹復遣兵數萬與楷連戰二年糧食並盡士卒疲困互掠百姓野無靑草紹乃遣子譚爲靑州刺史楷與戰敗退還於大城東南築小城與虞相近稍相恨望范書虞傳瓚既累爲紹所敗而猶攻之不已虞患其黷武且慮得志不可復制固不許行而稍節其稟假瓚怒屢違節度又復侵犯百姓虞所賚賞典當胡夷瓚數抄奪之積不能禁乃遣驛使奉章陳其暴掠之罪瓚亦上虞稟糧不周二奏交馳互相非毀朝廷依違而已瓚乃築京於薊城

以備虞本志田疇傳注引先賢行狀曰疇與虞密議公孫瓚阻兵安忍不早圖之必有後悔虞不聽虞懼瓚爲變遂舉兵襲瓚虞爲瓚所敗出奔居庸范書虞傳虞數請瓚輒稱病不應虞乃密謀討之初平四年冬遂自率諸屯兵衆合十萬人以攻瓚將行從事代郡程緒免冑而前曰公孫瓚雖有過惡而罪名未正明公不先告曉使得改行而兵起蕭牆非國之利加勝敗難保不如駐兵以武臨之瓚必悔禍謝罪所謂不戰而服人者也虞以緒臨事沮議遂斬之以徇戒軍士曰無傷餘人殺一伯珪而已時州從事公孫紀者瓚以同姓厚待遇之紀知虞謀而夜告瓚瓚時部曲放散在外倉卒自懼不免乃掘東城欲走虞兵不習戰又愛人廬舍敕不聽焚燒急攻圍不下瓚乃簡募銳士數百人因風縱火直衝突之虞遂大敗與官屬北奔居庸縣通鑑輯覽曰虞號爲寬厚而軍無部伍其惜民廬舍戒無傷餘人皆適足自貽伊戚宋襄処文胥用是致亂者然史稱瓚居薊南小城與虞相去不遠又何至興十萬之師乎記載失實比比然矣郡國志幽州上谷郡居庸胡嶠曰自幽州西北入居庸關宋祁曰唐嬀州懷戎縣東南五十里有居庸塞東連盧龍碣石西屬太行常山實天下之險一統志居庸故城今直隸宣化府延慶州東居庸關今昌平州西北去延慶州五十里瓚攻拔居庸生獲虞執虞還薊會卓死天子遣使者段訓增虞邑督六州瓚遷前將軍封易侯瓚誣虞欲稱尊號脅訓斬虞范書虞傳虞以恩厚得衆懷被北州百姓流舊莫不痛惜焉初虞以儉素爲操及遇害瓚兵搜其內而妻

妾服羅紈盛綺飾時人以此疑之柳從辰曰范史著一搜字明其爲瓚姦謀也瓚敗虞儉德豫藏羅綺使兵搜之若妻妾果服羅綺人必夙有見聞不待搜而始知也范曄論曰劉虞守道慕名以忠厚自牧美哉乎季漢之名宗子也若虞瓚無閒同情共力糾人完聚稸保燕薊之饒繕兵昭武以臨羣雄之隙舍諸天運徵乎人文則古之休烈何遠之有

魏氏春秋曰初劉虞和輯戎狄瓚以胡夷難禦當因不賓而討之今加財賞必益輕漢效一時之名非久長深慮故虞所賞賜瓚輒鈔奪虞數請會稱疾不往至是戰敗虞欲討之告東曹掾右北平人魏攸攸曰今天下引領以公爲歸謀臣爪牙不可無也瓚文武才力足恃雖有小惡固宜容忍乃止後一年攸病死虞又與官屬議密令衆襲瓚瓚部曲放散在外自懼敗掘東城門欲走虞兵無部伍不習戰又愛民屋敕令勿燒故瓚得放火因以精銳衝突虞衆大潰奔居庸城瓚攻及家屬以還趙一淸曰攻下有脫文范書虞傳瓚追攻之三日城陷遂執虞並妻子還薊猶使領州文書殺害州府衣冠善士殆盡典略曰瓚曝虞於市而祝曰

若應爲天子者天當降雨救之時盛暑 何焯云北宋本暑下有熱字 竟日不雨遂殺虞 英雄記曰虞之見殺故常山相孫瑾掾張逸張瓚等忠義奮發相與就虞罵瓚極口然後同死 范書虞傳瓚傳虞首京師故吏尾敦於路劫虞首歸葬之章懷注尾敦姓名孫愐云史記有尾生

瓚上訓爲幽州刺史瓚遂驕矜記過忘善多所賊害 范書瓚傳瓚恃其才力不恤百姓記過忘善睚眦必報州里善士名在其右者必以法害之常言衣冠皆自以職分富貴不謝人惠故所寵愛類多商販庸兒所在侵暴百姓怨之

英雄記曰瓚統內外衣冠子弟有才秀者必抑使困在窮苦之地 宋本才作材使困作困使 或問其故答曰今取衣冠家子弟及善士富貴之皆自以爲職當得之不謝人善也所寵遇驕恣者類多庸兒若故卜數師劉緯臺 毛本卜誤作十 販繒李移子賈人樂何當等三人與之定兄弟之誓自號爲伯三人者爲仲叔季 官本攷證云北宋本三人上多一謂字 富皆巨億或取其女以配己子常稱古者曲周灌嬰之屬以譬也 史記酈商傳曲周侯酈商者高陽人又灌嬰傳潁陰侯灌嬰者睢陽販繒者也

虞從事漁陽鮮于輔 鮮于輔事見武紀建安十年胡三省曰姓譜鮮于子姓周武王封箕子於朝鮮支子仲食采於于因以鮮于爲氏 齊周騎都尉鮮于銀等率州兵 幽州兵也 欲報瓚 田疇傳疇至長安致命詔拜騎都尉固辭不受得報馳還虞爲瓚害疇謁祭虞墓陳發章表哭泣而去案疇號稱義士誓報君仇當時同行之鮮于銀興兵報瓚何以未聞疇亦與謀袁紹劉和與鮮于輔等連兵擊瓚烏桓峭王亦感虞恩德率種人及鮮卑與麴義合兵袁紹數遣使招疇授將軍印疇之於虞有知己之感何以始終未嘗一報裴松之謂疇之舉止進退無當豈其然邪抑志在報烏桓建異日盧龍之策邪又按鮮于銀一作從事一作騎都尉互異 以燕國閻柔 惠棟曰烏桓傳云柔少沒烏桓鮮卑中爲其種人所歸信燕國後漢廣陽也弼按柔事見本志烏丸傳 素有恩信共推柔爲烏丸司馬 惠棟曰應劭漢官儀云護烏桓校尉有司馬三人秩六百石 柔招誘烏丸鮮卑得胡漢數萬人與瓚所置漁陽太守鄒丹戰于潞北 黃山曰胡注潞縣屬漁陽郡袁紀潞作蒯非蒯鄉屬河南 大破之斬丹袁紹又遣麴義及虞子和將兵與輔合擊瓚瓚軍數敗乃走還易京固守 范書瓚傳烏桓峭王感虞恩德率種人及鮮卑七千餘騎共鮮于輔南迎虞子和與袁紹將麴義合兵十萬共攻瓚興平二年破瓚於鮑丘斬首二萬餘級瓚遂保易京開置屯田稍得自支相持歲餘麴義軍糧盡士卒飢困餘衆數千人退走瓚徼破之盡得其車重章懷注鮑丘水名也又名路水在今幽州漁陽縣又云鮑丘水出北塞中南流經九莊嶺東俗謂之大榆河又東南經漁陽縣故城東是瓚之戰處見水經注寰宇記幽州潞縣以水字縣州志今通州東謝鍾英曰破瓚處在今通州南趙一清曰方輿紀要卷十三麴義壘在河間縣東城鎮北十四里

英雄記曰先是有童謠曰燕南垂趙北際中央不合大如礪惟有此中可避世瓚以易當之乃築京固守 章懷注前書易縣屬涿郡續漢志曰屬河閒瓚所居易京故城在今幽州歸義縣南十八里胡三省曰易縣前漢屬涿郡後漢省殆誤一統志今保定府雄縣西北 瓚別將有爲敵所圍義不救也其言曰救一人使後將恃救不力戰今不救此後將當念在自勉是以袁紹始北擊之時瓚南界上別營自度守則不能自固又知必不見救是以或自殺其將帥或爲紹兵所破遂令紹軍徑至其門 胡三省曰易京之門也 臣松之以爲童謠之言無不皆驗至如此記似若無徵謠言之作蓋令瓚終始保易無事遠略而瓚因破黃巾之威意志張遠遂置三州刺史圖滅袁氏所以致敗也

爲圍塹十重於塹裏築京 章懷注公孫瓚頻失利迺臨易河築京以自固故號易京其城三重周回六里今內城中有土京在幽州歸義縣南爾雅曰絕高謂之京（爾雅謂作爲）非人爲之丘弼按本傳瓚於大城東南築小城乃薊城之京此則易城之京 皆高五六丈爲樓其上中塹爲京特高十丈自居焉 水經易水注瓚自薊徙臨易水謂之易京城在易城西四五里趙建武四年石虎自遼西南達易京以京障至固令二萬人廢壞之今者城壁夷平其樓基尚存猶高一匹餘基上有井世名易京樓卽瓚所保也故瓚與子書云袁氏之攻狀若鬼神衝梯舞于樓上鼓角鳴于地中卽此樓也 積穀三百萬斛

英雄記曰瓚諸將家家各作高樓樓以千計瓚作鐵門居樓上屛去左右婢妾侍側汲上文書 毛本汲上誤作汲土胡三省曰以繩索引之而上若汲水然范書瓚傳瓚慮有非常乃居於高京以鐵爲門斥去左右男人七歲以上不得入易門專侍姬妾其文簿書記皆汲而上之令婦人習爲大言聲（通鑑引此無言字）使聞數百步（胡注聞音問）以傳宣教令疏遠賓客無所親信故謀臣猛將稍

有乖散自此之後希復攻戰瓚曰昔謂天下事可指麾而定范書瓚傳瓚曰昔我驅畔胡於塞表埽黃巾於孟津當此之時謂天下指麾可定章懷注引九州春秋曰瓚曰始天下兵起我謂唾手而決今日視之非我所決不如休兵力田畜穀兵法百樓不攻今吾樓櫓千重范書作今吾諸營樓樐千里章懷注樐卽櫓字見說文釋名曰櫓露也上無覆室梁章鉅曰兵法百樓不攻語不知所出沈欽韓引墨子備城門百步一木樓二百步一大樓語爲證亦未確周壽昌曰太平御覽兵部引九州春秋作今吾諸營樓櫓千里不作千重食盡此穀足知天下之事矣欲以此弊紹紹遣將攻之連年不能拔

漢晉春秋曰袁紹與瓚書曰孤與足下既有前盟舊要申之以討亂之誓愛過夷叔分著丹青謂爲旅力同仇宋本旅作流元本同作司均誤足踵齊晉故解印釋紱以北帶南分割膏腴以奉執事謂以渤海印綬授瓚弟範也此非孤赤情之明驗邪豈寤足下棄烈士之高義尋禍亡之險蹤輒而改慮輒宋本作輙以好易怨盜遣士馬犯暴豫州謂攻周昂也案本傳攻昂在先授範印綬在後始聞甲卒在南親臨戰陣懼於飛矢迸流狂刃橫集以重足下之禍徒增孤子之咎釁也何焯校子字宜删故爲薦書懇惻冀可改悔而足下超然自逸矜其威詐謂天罔可吞豪雄可滅果令貴弟殞於鋒刃之端斯言猶在於耳而足下曾不尋討禍源克心罪己苟欲逞其無疆之怒不顧逆順之津匿怨害民騁於余躬遂躍馬控弦官本考證云控弦一作橫弦處我疆土何焯曰疆土宋本作祗上北雍本作疆上毒徧生民馮本徧作偏誤辜延白骨孤辭不獲已以登界橋之役是時足下兵氣霆震駿馬電發僕師徒肇合爾雅肇始也機械不嚴彊弱殊科衆寡異論假天之助小戰大克小戰局本誤作小燕各本皆不誤遂陵躡奔背因壘館穀此非天威棐諶詩大雅蕩篇天生烝民其命匪諶毛傳云諶誠也福豐有禮之符表乎足下志猶未厭乃復糾合餘燼率我蛑賊以焚爇渤海孤又不獲寧用及龍河之師趙一清曰龍河卽龍湊也胡注龍湊地名蓋河津詳味紹書龍

湊宜在勃海界又袁譚軍龍湊曹操攻之拔平原走保南皮蓋在平原界也謝鍾英曰當在今平原縣南一統志謂在德州北非也羸兵前誘大軍未濟而足下膽破衆散不鼓而敗兵衆擾亂君臣並奔此又足下之爲非孤之咎也自此以後禍隙彌深孤之師旅不勝其忿遂至積尸爲京頭顱滿野愍彼無辜未嘗不慨然失涕也後比得足下書辭意婉約有改往脩來之言何焯曰此指趙岐和解時言僕既欣於舊好克復且愍兆民之不寧每輒引師南駕以順簡書弗盈一時而北邊羽檄之文未嘗不至孤是用痛心疾首靡所錯情夫處三軍之帥當列將之任宜令怒如嚴霜喜如時雨臧否好惡坦然可觀而足下二三其德彊弱易謀急則曲躬緩則放逸行無定端言無質要爲壯士者固若此乎既乃殘殺老弱幽土憤怨宋本土作士衆叛親離孑然無黨又烏丸濊貊皆與足下同州宋本無與字僕與之殊俗各奮迅激怒爭爲鋒銳又東西鮮卑舉踵來附此非孤德所能招乃足下驅而致之也夫當荒危之世處干戈之險內違同盟之誓外失戎狄之心兵興州壤禍發蕭牆將以定霸不亦難乎前以西山陸梁出兵平討會麴義餘殘畏誅逃命本志紹傳裴注引英雄記麴義後恃功而驕恣紹乃殺之故遂住大軍分兵撲蕩此兵孤之前行乃界橋搴旗拔壘先登制敵者也始聞足下鐫金紆紫命以元帥謂當因茲奮發以報孟明之恥是故戰夫引領竦望旌旆怪遂含光匿影寂爾無聞卒臻屠滅相爲惜之夫有平天下之怒希長世之功權御師徒帶養戎馬叛者無討服者不收威懷並喪何以立名今舊京克復天罔云補罪人斯亡忠幹翼化華夏儼然望於穆之作將戢干戈放散牛馬足下獨何守區區之土保軍內之廣甘惡名以速朽亡令德之久長壯而籌之非良策也宜釋憾除嫌敦我舊好若斯言之玷皇天是聞瓚不答而增脩戎備謂關靖曰當今四方虎爭無有能坐吾城下相守經年者明矣袁本初其若我何

建安四年范書瓚傳攻瓚在三年瓚敗亡在四年沈家本曰此承祚力求簡嚴不復分敘也紹悉軍圍之瓚遣子求救於黑山賊胡三省曰黑山諸帥張燕等也復欲自將突騎直出傍西南山趙一清曰南字衍西山謂太行山張燕傳所云常山趙郡中山上黨河北諸山谷皆相通是也弼按范書瓚傳及通鑑皆云出傍西山無南字胡注自易京西抵故安閻鄉以西諸山連接中山之界山谷深廣皆黑山諸賊所依阻也謝鍾英曰今雄縣迺西北至紫荊關皆西山也擁黑山之衆陸梁冀州揚雄甘泉賦飛蒙茸而走陸梁註陸梁亂走貌通鑑作侵掠冀州橫斷紹後長史關靖說瓚曰今將軍將士皆已土崩瓦解其所以能相守持者顧戀其居處老小以將軍爲主耳將軍堅守曠日袁紹要當自退自退之後四方之衆必復可合也若將軍今舍之而去范書瓚傳去作出軍無鎮重易京之危可立待也將軍失本孤在草野何所成邪瓚遂止不出范書瓚傳紹漸相攻逼瓚衆日蹙乃築三重營以自固

英雄記曰關靖字士起太原人本酷吏也諂而無大謀特爲瓚所信幸

救至欲內外擊紹遣人與子書刻期兵至舉火爲應

典略曰瓚遣行人文則齎書告子續曰袁氏之攻似若神鬼鼓角鳴於地中梯衝舞吾樓上日窮月蹙無所聊賴汝當碎首於張燕速致輕騎到者當起烽火於北吾當從內出不然吾亡之後天下雖廣汝欲求安足之地其可得乎　獻帝春秋曰瓚夢薊城崩知必敗乃遣閒使與續書紹候者得之使陳琳更其書曰蓋聞在昔衰周之世僵尸流血以爲不然豈意今日身當其衝其餘語與典略所載同范書瓚傳建安四年春黑山賊帥張燕與續率兵十萬三道來救瓚未及至瓚乃密使行人齎書告續曰昔周末喪亂僵屍蔽地以意而推猶爲否也不圖今日親當其鋒袁氏之攻狀若鬼神梯衝舞吾樓上鼓角鳴於地中日窮月急不遑啓處鳥厄歸人滮水陵高汝當碎首於張燕馳驟以告急父子天性不言而動且厲五千鐵騎於北隰之中起火爲應吾當自內出奮揚威武決命於斯不然吾亡之後天下雖廣不容汝足矣章懷注獻帝春秋候者得書紹使陳琳易其辭卽此書何焯云更其書者所以譎瓚在昔衰周二十四字後漢書卽作瓚與續書發端者近之非琳所更也梁章鉅曰陳琳更下當有脫文在昔衰周二十四字無關要害後漢書作瓚與續書發端語者近之非琳所更也後言紹候者得其書如期舉火瓚以爲救兵至遂出欲戰紹設伏擊大破之則紹所更書必使續緩進之計以遲其期也沈家本曰瓚書不傳所傳琳所更書此注陳琳更下未必有奪文且瓚與子刻期書中必有刻期月日而此書無之則非瓚之原書尤爲顯然

紹候者得其書如期舉火瓚以爲救兵至遂出欲戰紹設伏擊大破之復還守紹爲地道突壞其樓稍至中京胡三省曰易之中京瓚所居也

英雄記曰袁紹分部攻者何焯曰分部當作部分掘地爲道穿穴其樓下稍稍施木柱之度足達半便燒所施之柱樓輒傾倒

瓚自知必敗盡殺其妻子乃自殺范書瓚傳紹候得其書如期舉火瓚以爲救至遂便出戰紹設伏瓚遂大敗復還保中小城自計必無全乃悉縊其姊妹妻子然後引火自焚紹兵趣登臺斬之續爲屠各所殺田楷與袁紹戰死

漢晉春秋曰關靖曰吾聞君子陷人於危必同其難豈可獨生乎乃策馬赴紹軍而死

范書瓚傳關靖見瓚敗歎恨曰前若不止將軍自行未必不濟胡三省曰公孫瓚之計與陳宮之計一也陳宮之計呂布不能用公孫瓚之計關靖止之是知不惟決計之難贊決者亦難也黃山曰瓚布垂敗衆叛親離守且不能尙安能戰況瓚非紹敵布尤非操敵棄城出戰敗或可以逃死於一時欲恃苟且之謀以徼行險之幸則瓚出而將士必送款於紹以求全其老小易京立危直如關靖所料耳布出而操以兵綴布與之戰仍決水以灌城陳宮又豈能支乎紹悉送其首於許瓚詔書所購故送其首

鮮于輔將其衆奉王命田豫傳瓚敗輔爲國人所推行太守事以田豫爲長史豫謂輔宜速歸命輔從其計胡三省曰輔旣斬鄒丹遂領漁陽太守以輔爲建忠將軍督幽州六郡太祖與袁紹相拒於官渡閻柔遣使詣太祖受事遷護烏丸校尉而輔身詣太祖拜左度遼將軍通鑑操以輔爲右度遼將軍還鎭幽土胡三省曰當是時幽州爲紹所統與許隔遠而柔輔已歸心於操矣漢度遼將軍始於范明友中興之後置度遼將軍以護南匈奴屯於西河今使鮮于輔還鎭幽土故以爲右度遼將軍自中國而北向以西河爲左幽土爲右也封亭侯范書作封都亭侯潘眉曰鮮於輔封南昌亭侯見魏公卿上尊號奏碑武帝十八年紀注作昌鄉亭侯誤遣還鎭撫本州

魏略曰輔從太祖於官渡袁紹破走太祖喜顧謂輔曰如前歲本初送公孫瓚頭來孤

自視忽然耳而今克之此既天意亦二三子之力

太祖破南皮柔將部曲及鮮卑獻名馬以奉軍從征三郡烏丸以功封關內侯范書瓚傳閻柔將部曲從曹操擊烏桓拜護烏桓校尉魏略曰太祖甚愛閻柔每謂之曰我視卿如子亦欲卿視我如父也柔由此自託於五官將如兄弟輔亦率其衆從文帝踐阼拜輔虎牙將軍潘眉曰據公卿上尊號奏稱虎牙將軍南昌亭侯臣輔輔在延康中已爲虎牙將軍傳誤弼按武紀建安十八年注輔爲建忠將軍柔度遼將軍皆進封縣侯位特進

陶謙字恭祖丹楊人李賢曰丹陽郡丹陽縣人也郡國志揚州丹陽郡丹陽一統志丹陽故城今安徽太平府當塗縣東秦始皇三十七年東巡由丹陽至錢塘晉志作丹楊以山多赤柳故名漢仍爲丹陽縣以屬丹陽郡亦曰小丹陽後漢建安初呂範從孫策渡江下小丹陽案此吳地之丹陽也漢置丹陽郡於宛陵而此爲丹陽縣因有小丹陽之名吳移丹陽郡治建業相沿至陳無改若楚始封之丹陽一在枝江一在秭歸與此相距皆數千里班志於丹陽注爲熊繹

所封而陳宣帝詔亦曰遷熊繹之遺封誤矣王先謙曰楚世家熊繹居丹陽徐廣注丹陽在南郡枝江縣江水注亦以班志爲非王鳴盛曰左傳蓽路藍縷以啟山林宣十二年文指若敖蚡冒言又僻在荆山蓽路藍縷跋涉山林昭十二年文則指熊繹言酈氏引此駁班似也但楚境大矣卽使藍縷啟山在荆州熊繹始封何妨在揚州丹揚周成王時吳尙微甚其地狹小僻在蘇松一隅何知丹揚郡之丹陽必吳境非楚境乎漢書地理志後總論一段以丹陽爲吳分此班氏就晚周之吳境言之耳其實丹陽未必吳始封卽得也先謙案王說是也陳宣帝詔云龍山南指牛渚北臨遷熊繹之遺封對全琮之舊壘卽本班志爲文吳錄載張紘言於孫權曰秣陵楚武王所置名爲金陵是春秋之初江南猶爲楚境慶封在朱方今之丹徒以距楚疆不遠靈王故能伐而取之伍子胥潛行入吳乞食投金於溧陽境內則溧陽在平王時爲吳邊邑可見江南乃楚國累世經營之地始封在此未必定非世代緜遠載籍闕如徐廣之言亦無塙證似不若班張近古聞見較有可憑也胡玉縉曰宋翔鳳過庭錄有楚鬻熊居丹陽武王徙郢攷以爲鬻熊先封丹水之陽熊繹始遷荆山之麓其文甚辨不主漢志之說宋祁曰丹揚當作丹陽王鳴盛曰揚字從手其屬縣丹陽則從自而南監本俱作陽晉志或作揚或作陽而屬縣則作楊且注云丹楊山多赤柳在西然則縣名從木甚明而郡亦當以此得名凡从手从自皆傳寫誤也沈家本曰兩漢書陽揚錯見未知孰是弼按水經江水注所云熊繹始封之丹陽在南陽丹水之陽應从自若丹楊縣之楊應從晉志作楊顧祖禹曰丹陽城在江寧府西南五十里兩漢爲丹陽縣屬丹陽郡隋開皇九年廢入溧水縣俗謂之小丹陽對丹陽郡而言也通志今太平府當塗縣東少北五十里丹陽鎭與江寧縣接界錢大昭曰郡縣兼書史之例也志於魏陶謙張楊徐奕倉慈呂虔杜夔朱建平周宣管輅蜀張飛黃忠龐統孫乾簡雍伊籍陳震呂乂彭羕李嚴劉琰魏延楊儀王連許慈吳張紘嚴畯劉惇趙達濮陽興王蕃皆書郡不書縣此例之未密也

吳書曰謙父故餘姚長郡國志揚州會稽郡餘姚一統志餘姚故城今浙江紹興府餘姚縣治詳見吳志孫策傳注引吳錄謙少孤始以不羈聞於縣中年十四猶綴帛爲幡說文幡書兒拭觚布也乘竹馬而戲後漢書郭汲傳童兒數百各騎竹馬迎拜博物志小兒七歲曰竹馬之戲邑中兒僮馮本作童皆隨之故蒼梧太守同縣甘公郡國志交州蒼梧郡治廣信漢官曰刺史治一統志廣信故城今廣西梧州府蒼梧縣治出遇之塗章懷注引此無塗字又無下住車二字見其容貌異而呼之住車與語甚悅因許妻以女甘公夫人聞之怒曰妾聞陶家兒敖戲無度如何以女許之章懷注作甘夫人怒曰無妾聞二字如何作於何公曰彼有奇表長必大成遂妻之章懷注妻作與

少好學爲諸生仕州郡舉茂才除盧令郡國志兗州濟北國治盧一統志今山東濟南府長清縣南二十五里互見武紀初平元年趙一清引漢書地理志城陽國有盧縣卽盧縣其說誤不採錢大昭曰志除盧令注引吳書作舒令考張子布哀辭云令舒及盧遺愛於民是謙

於二縣並爲令也

吳書曰謙性剛直有大節少察孝廉拜尙書郎除舒令郡國志揚州廬江郡治舒互見武紀建安四年胡三省曰舒在魏吳境上棄而不耕去舒口甚近一統志故城今廬江府廬江縣西郡守張磐潘眉曰郡守廬江太守也惠棟曰磐字子石丹楊人見度尙傳同郡先輩與謙父友意殊親之而謙恥爲之屈與衆還城因以公事進見坐罷磐常私還入與謙飲宴或拒不爲留常以舞屬謙謙不爲起固强之及舞又不轉御覽五百七十四引作乃舞舞不轉章懷注引此作乃舞舞又不轉劉家立曰日知錄九引此文亦同趙一清曰宋書樂志前世樂飲酒酣必起自舞魏晉以來尤重以舞相屬所屬者代起舞猶若飲酒以代栝相屬也梁章鉅曰沈欽韓云通典樂五云前代宴樂必舞魏晉以來尤重以舞相屬謝安以屬桓嗣是也案後漢書蔡邕傳徙朔方赦還太守王智餞之起舞屬邕邕不爲報智銜之是賓主歡洽之常態也淮南齊俗訓古者歌樂而無轉又脩務訓今鼓舞者繞身若環此所謂轉也漢書注長沙定王來朝有詔稱壽歌舞定王但張袖小舞手上怪問之對曰臣國小地狹不足回旋是則舞故不轉以示慈與此事正同也磐曰不當轉邪曰不可轉轉則勝人由是不樂卒以搆隙謙在官淸白無以糾舉祠靈星續漢志祭祀志高帝令天下立靈星

祠以后稷配有贏錢五百欲以臧之潘眉曰六書正譌吏受賕曰臧漢書凡贓字並作臧何焯曰臧下疑有劾字謙委官而去

遷幽州刺史徵拜議郎參車騎將軍張溫軍事西討韓遂范書謙傳四遷爲車騎將軍張溫司馬西討邊章錢大昭曰四遷謂舉茂才除盧令遷幽州刺史徵拜議郎參車騎將軍張溫事也

吳書曰會西羌寇邊皇甫嵩爲征西將軍表請武將召拜謙揚武都尉與嵩征羌大破之後邊章韓遂爲亂司空張溫銜命征討又請謙爲參軍事范書皇甫嵩傳董卓被誅以嵩爲征西將軍又遷車騎將軍其年秋拜太尉獻帝紀初平三年四月誅董卓五月征西將軍皇甫嵩爲車騎將軍是皇甫嵩爲征西將軍獻帝初平三年事也又按靈帝紀中平元年四月大司農張溫爲司空十一月北宮伯玉以金城人邊章韓遂爲軍帥攻殺護羌校尉伶徵金城太守陳懿二年八月以司空張溫爲車騎將軍討北宮伯玉三年以車騎將軍張溫爲太尉四年四月太尉張溫免獻帝紀初平二年十月董卓殺衛尉張溫是張溫爲司空爲車騎將軍靈帝中平元二年事也吳書以皇甫嵩爲征西將軍召謙拜都尉在前以司空張溫請謙參軍事在後則事實前後顚倒矣張溫事又見董卓傳沈家本曰范書靈紀中平元年湟中義從胡北宮伯玉

與先零叛以金城人邊章韓遂爲帥二年北宮伯玉寇三輔遣左車騎將軍皇甫嵩討之不剋秋七月左車騎將軍皇甫嵩免八月以司空張溫爲車騎將軍討北宮伯玉嵩傳會邊章韓遂作亂隴右明年春詔嵩回鎭長安章等遂復入寇三輔使嵩因討之然則嵩溫所討者並是章遂等非二時二事吳書分爲二疑誤又嵩時爲左車騎將軍非征西也嵩爲征西將軍在董卓被誅之後此亦誤接遇甚厚而謙輕其行事心懷不服及軍罷還百寮高會溫屬謙行酒謙衆辱溫溫怒徙謙於邊或說溫曰陶恭祖本以材略見重於公一朝以醉飲過失不蒙容貸遠棄不毛厚德不終四方人士安所歸望不如釋憾除恨克復初分於以遠聞德美溫然其言乃追還謙謙至或人謂謙曰馮本人作又足下輕辱三公罪自己作今蒙釋宥德莫厚矣宜降志卑辭以謝之謙曰諾又謂溫曰陶恭祖今深自罪責思在變革謝天子禮畢必詣公門公宜見之以慰其意時溫於宮門見謙謙仰曰謙自謝朝廷豈爲公邪溫曰恭祖癡病尚未除邪遂爲之置酒待之如初何焯曰漢末爭以下士爲賢故恭祖得以行其意也梁章鉅曰恭祖之癡病與元龍之豪氣正可作對

會徐州黃巾起以謙爲徐州刺史擊黃巾破走之董卓之亂州郡起兵天子都長安四方斷絕謙遣使閒行致貢獻范書朱儁傳陶謙以儁名臣數有戰功可委以大事乃與諸豪桀共推儁爲太師因移檄牧伯同討李傕等奉迎天子乃奏記於儁曰徐州刺史陶謙前揚州刺史周乾琅邪相陰德東海相劉馗彭城相汲廉北海相孔融沛相袁忠太山太守應劭汝南太守徐璆前九江太守服虔博士鄭玄等敢言之行車騎將軍河南尹莫府國家既遭董卓重以李傕郭汜之禍幼主劫執忠良殘敝長安隔絕不知吉凶是以臨官尹人搢紳有識莫不憂懼以爲自非明哲雄霸之士曷能剋濟禍亂自起兵已來于茲三年州郡轉相顧望未有奮擊之功而互爭私變更相疑惑謙等並共諮諏議消國難僉曰將軍君侯既文且武應運而出凡百君子靡不顒顒故相率厲簡選精悍堪能深入直指咸陽多持資糧足支半歲謹同心腹委之元帥會李傕用太尉周忠尚書賈詡策徵儁入朝軍吏皆憚入關欲應陶謙等儁曰以君召臣義不俟駕況天子詔乎且傕汜小豎樊稠庸兒無他遠略又埶力相敵變難必作吾乘其閒大事可濟遂辭謙議而就傕徵復爲太僕謙等遂罷通鑑輯覽曰儁與皇甫嵩同著威名乃俱就逆賊之徵而儁較嵩尤陋觀其對諸將方謂庸兒小豎變亂可乘乃反爲劫質大言不慙莫甚於此本志王朗傳朗爲徐州治中與別駕趙昱說刺史陶謙曰求諸侯莫如勤王今天子越在西京宜遣使奉承王命謙乃遣昱奉章至長安遷安東將軍徐州牧封溧陽侯郡國志丹陽郡溧陽一統志故城今江蘇鎭江府溧陽縣西北

四十五里是時徐州百姓殷盛范書謙傳徐州作徐方胡三省曰古語多謂州爲方故八州八百謂之方伯詩曰徐方不庭是也穀米豐贍流民多歸之而謙背道任情廣陵太守琅邪趙昱廣陵郡見武紀建安十三年注琅邪國見武紀興平元年徐方名士也以忠直見疏范書謙傳昱字元達琅邪人清己疾惡潛志好學雖親友希得見之爲人耳不邪聽目不妄視太僕种拂舉爲方正許劭傳劭南到廣陵徐州刺史陶謙禮之甚厚劭不自安告其徒曰陶恭祖外慕聲名內非眞正待吾雖厚其勢必薄不如去之後謙果捕諸寓士袁宏紀陳留史堅元陳郡相仲華逃竄江湖皆名士也

謝承漢書曰昱年十三母嘗病經涉三月昱慘慼消瘠至目不交睫握粟出卜祈禱泣血鄉黨稱其孝就處士東莞綦毋君受公羊傳郡國志徐州琅邪國東莞一統志東莞故城今山東沂州府沂水縣治范書劉表傳博求儒術綦毋闓宋衷等未知卽綦毋君否兼該羣業至歷年潛志不闚園圃親疏希見其面時入定省父母須臾卽還高絜廉正抱禮而立清英儼恪莫干其志旌善以興化殫邪以矯俗宋本殫作彈州郡請召常稱病不應國相檀謨陳遵琅邪國相也共召不起宋本共作比或興

盛怒終不迴意舉孝廉除莒長昱爲莒長見臧洪傳宣揚五教政爲國表會黃巾作亂陸梁五郡陸梁注見前公孫瓚傳郡縣發兵以爲先辦徐州刺史巴祗表功第一當受遷賞昱深以爲恥委官還家徐州牧陶謙初辟別駕從事辭疾遜遁謙重令揚州從事會稽吳範宣旨昱守意不移欲威以刑罰然後乃起舉茂才遷廣陵太守賊笮融從臨淮見討進入郡界昱將兵拒戰敗績見害范書謙傳謙同郡人笮融聚衆數百往依於謙謙使督廣陵下邳彭城運糧遂斷三郡委輸大起浮屠寺上累金盤下爲重樓又堂閣周回可容三千許人作黃金塗像依以錦綵每浴佛輒多設飲飯布席於路其有就食及觀者且萬餘人及曹操擊謙徐方不安融乃將男女萬口馬三千匹走廣陵廣陵太守趙昱待以賓禮融利廣陵資貨遂乘酒酣殺昱何焯曰此與魏志注引謝承書互異

曹宏等讒慝小人也謙親任之刑政失和良善多被其害由是漸亂下邳闕宣自稱天子闕宣見武紀初平四年劉攽曰范書獻紀作闕宣謙傳作闕宣誤謙初與合從寇鈔後遂殺宣并其衆周壽昌曰陶謙此傳恐多過甚之辭非實錄謙性剛直訒過傲則有之未必至於疏名士而任小人且既舉趙昱茂才遷廣陵太守何云疏之其任曹宏究未聞有顯擢闕宣作亂謙自應討而殺何得云與合寇鈔而復殺宣後降其軍何得云并其衆魏武不當降黃巾數十萬爲青州軍邪蓋謙士卒殺曹嵩全家爲所深恨時載記者多魏臣不惜誣謙以媚操故肆詆之如此觀注引吳書張昭等哀辭末有云喪覆失恃民知困窮曾不旬日五郡潰崩時謙已死昭倘何用詔諛乃其哀且如是可以攷其實矣

初平四年太祖征謙攻拔十餘城至彭城彭城見武紀建安三年大戰謙兵敗走死者萬數泗水爲之不流謙退守郯郯各本皆作剡局本改作郯范書作郯是郯東海郡治又爲徐州刺史治見武紀初平四年太祖以糧少引軍還范書謙傳曹操父嵩避難琅邪時謙別將守陰平士卒利嵩財寶遂襲殺之初平四年曹操擊謙破彭城傅陽謙退保郯操攻之不能克乃還過拔取慮睢陵夏丘皆屠之凡殺男女數十萬人雞犬無餘泗水爲之不流自是五縣城保無復行迹初三輔遭李傕亂百姓流移依謙者皆殲弼按本志荀彧傳注引曹瞞傳云坑殺男女數萬口於泗水水爲不流與本傳死者萬數尚不甚懸殊若如范書謙傳云凡殺男女數十萬人（通鑑同）則多至十倍矣二者未知孰是

吳書曰曹公父於泰山被殺歸咎於謙曹嵩被殺事見武紀興平元年注錢大昕曰按應劭傳謂謙素怨嵩子操數擊之乃使輕騎追嵩殺之與范書謙傳互異當以謙傳爲正操欲吞併徐部文致謙罪以爲出兵之名耳韋曜吳書謂歸咎於陶謙者得之欲伐謙而畏其彊乃表令州郡一時罷兵詔曰今海內擾攘州郡起兵征夫勞瘁寇難未弭或將吏不良因緣討捕侵侮黎民離害者衆風聲流聞震蕩城邑丘牆懼於橫暴貞良化爲羣惡此何異乎抱薪救焚扇火止沸哉今四民流移託身佗方攜白首於山野棄稚子於溝壑顧故鄉而哀歎明監本歎作難誤向阡陌而流涕饑厄困苦亦曰甚矣宋本曰作已雖悔往者之迷謬思奉教於今日然兵連衆結鋒鏑布野恐一朝解散夕見係虜是以阻兵屯據欲止而不敢散也詔書到其各罷遣甲士還親農桑惟留常員吏以供官署慰示遠近咸使聞知謙被詔乃上書曰臣聞懷遠柔服非德不集克難平亂非兵不濟是以涿鹿阪泉三苗之野各本阪作版誤有五帝之師有扈鬼方商奄四國有王者之伐史記五帝本紀軒轅脩德整兵以與炎帝戰於阪泉之野三戰而後得其志蚩尤作亂不用帝命於是黃帝乃徵師諸侯與蚩尤戰於涿鹿之野遂禽殺蚩尤而諸侯咸尊軒轅爲天子代神農氏是爲黃帝又云三苗在江淮荊州數爲亂舜言於帝遷三苗於三危夏本紀云有扈氏不服啓伐之大戰於甘遂滅有扈氏易既濟高宗伐鬼方三年克

之左傳昭公元年趙孟曰虞有三苗夏有觀扈商有姺邳周有徐奄自古在昔未有不揚威以弭亂震武以止暴者也臣前初以黃巾亂治受策長驅匪遑啟處雖憲章勑戒奉宣威靈敬行天誅每伐輒克然妖寇類衆殊不畏死父兄殲殪子弟羣起治屯連兵至今爲患若承命解甲弱國自虛釋武備以資亂損官威以益寇今日兵罷明日難必至上忝朝廷寵授之本下令羣凶日月滋蔓非所以彊幹弱枝遏惡止亂之務也臣雖愚蔽忠恕不昭抱恩念報所不忍行輒勒部曲申令警備出芟彊寇惟力是視入宣德澤躬奉職事冀効微勞以贖罪負又曰華夏沸擾于今未弭包茅不入職貢多闕寤寐憂歎無日敢寧誠思貢獻必至薦羞獲通然後銷鋒解甲臣之願也臣前調穀百萬斛已在水次輒勑兵衞送曹公得謙上事知不罷兵乃進攻彭城多殺人民謙引兵擊之青州刺史田楷亦以兵救謙公引兵還蜀志先主傳曹公征徐州徐州牧陶謙遣使告急於田楷楷與先主俱救之謙表先主爲豫州刺史屯小沛謙病篤謂別駕糜竺曰非劉備不能安

此州也臣松之案此時天子在長安曹公尚未秉政罷兵之詔不得由曹氏出

興平元年復東征略定琅邪東海諸縣杭世駿曰名勝志云曹公城莒州南七十二里魏太祖征陶謙拔五城略地東海築以戍守今謂之五花營謙恐欲走歸丹楊會張邈叛迎呂布毛本迎作逆太祖還擊布是歲謙病死武紀興平元年陶謙死劉備代之本志荀彧傳興平二年陶謙死蓋謂謙已死非謂死於二年也吳書曰謙死時年六十三張昭等爲之哀辭曰猗歟使君君侯將軍膺秉懿德允武允文體足剛直守以溫仁令舒及盧遺愛于民牧幽暨徐毛本牧幽作幽牧誤甘棠是均憬憬夷貊賴侯以淸錢大昭曰此用詩憬彼淮夷也韓詩憬作獷薛君曰獷覺悟之貌蠢蠢妖寇匪侯不寧唯帝念績爵命以章既牧且侯啟土溧陽遂升上將受號安東將平世難社稷是崇降年不永奄忽殂薨喪覆失恃民知困窮曾不旬日五郡潰崩徐州有東海琅邪彭城廣陵下邳凡五郡哀我人斯將誰仰憑追思靡及仰叫皇穹嗚呼哀哉何焯曰子布之文未爲奇傑何以爾衡重之謙三子商應皆不仕

姚範曰恭祖竟無一毫可取似不必立傳柳從辰曰一統志謙墓在今蕭縣東陶墟村案自董卓擁兵入京乘亂廢置西還而後中國分崩卓雖受誅豪傑並起跨州連郡如劉虞公孫瓚陶謙袁紹劉表劉焉袁術呂布者皆嘗雄視一時其權力猶足匡正帝室且斯時傕汜相屠已就衰滅朝廷播越未有所托操之勢抑尙微苟有一人焉發至忠之忱攄撥亂之略先迎天子以爵命收攬才賢練兵實民以次剷平僭逆則權不集於操漢祚未遽亡也乃劉虞守正雖遠勝表焉而迂闊尠通紐於平純舉之役罷兵息民欲以儉約感人以惠愛孚衆矜情飾貌冠敝補穿己既不知兵兵又不習戰拒戮忠諫城陷身亡非不幸也夫虞之討瓚與瓚之討紹雖曾各表其罪而憤兵自動朝廷不與知非眞能奉朝命者也特瓚猶必假託朝廷謙猶能不廢職貢均有似於虞故范史連類傳之自袁紹以下則彌不如矣

張楊字稚叔雲中人也雲中郡見武紀建安二十年馬與龍曰魏黃初中牽招破鮮卑軻比能於雲中故郡見招傳一統志據水經注漢雲中縣故城在陰山之南黃河自西來折南流之處今歸化城之西托克托城地以武勇給并州爲武猛從事沈家本曰州從事無武猛之名此蓋漢末臨時所置如張燕傳之將兵從事也靈帝末天下亂帝以所寵小黃門蹇碩爲西園上軍校尉范書靈帝紀中平五年八月初置西園八校尉山陽公載記曰小黃門蹇碩爲上軍校尉八校尉皆統於蹇碩胡三省曰姓譜蹇姓也左傳有秦大夫蹇叔軍京都欲以禦四方禦宋本作御徵天下豪傑以爲偏禆太祖及袁紹等皆爲校尉屬之靈帝紀曰以虎賁中郎將袁紹爲中軍校尉屯騎校尉鮑鴻爲下軍校尉議郎曹操爲典軍校尉趙融馮芳爲助軍校尉章懷注引山陽公載記芳作方潘眉曰助軍有左右校尉時趙融爲助軍左校尉馮芳爲助軍右校尉夏牟淳于瓊爲左右校尉通鑑考異曰范書袁紹傳紹爲佐軍校尉何進傳淳于瓊爲佐軍校尉今從樂資山陽公載記并州刺史丁原遣楊將兵詣碩爲假司馬靈帝崩碩爲何進所殺楊復爲進所遣歸本州募兵歸并州也得千餘人因留上黨擊山賊上黨見武紀建安九年進敗董卓作亂楊遂以所將攻上黨太守於壺關壺關見武紀建安十年不下略諸縣衆至數千人山東兵起欲誅卓袁紹至河內河內見武紀初平元年楊與紹合復與匈奴單于於夫羅屯漳水單于欲叛紹楊不從單于執楊與俱去紹使將麴義追擊於鄴南破之單于執楊至黎陽黎陽見武

紀建安四年何焯曰北宋本作單于與楊至黎陽錢大昭曰上既云單于執楊矣下何必重複言之至黎陽上執楊二字疑衍周壽昌曰單于執楊至黎陽蓋言單于軍雖破而楊被執如故也惟單于衆復振楊何以得脫復爲將軍太守此處特未敘明弼按執作與則上下文皆可通攻破度遼將軍耿祉軍衆復振卓以楊爲建義將軍河內太守錢大昭曰英雄記云楊及部曲諸將皆受傕汜購募共圖布圖布者爲董卓卓既誅故傕汜等欲殺呂布爲卓復仇也是時傕汜等用事以楊爲建義將軍必非董卓明矣沈家本曰案呂布傳布殺卓後先詣袁術次詣袁紹次走河內與張楊合范書則從術後卽從張楊楊下諸將欲圖布後投袁紹是呂布出關之初楊已在河內非至傕汜等購布始爲河內太守也卓字未必誤天子之在河東楊將兵至安邑宋本至作控安邑見武紀興平二年拜安國將軍封晉陽侯晉陽見武紀建安十年范書董卓傳河內太守張楊使數千人負米貢餉帝乃御牛車因都安邑拜張楊爲安國將軍胡三省曰安國將軍之號蓋始於此楊欲迎天子還洛諸將不聽楊還野王野王見文紀黃初二年建安元年楊奉董承韓暹挾天子還舊京糧乏楊以糧迎道路遂至洛陽范書獻帝紀建安元年八月幸南宮楊安殿董卓傳張楊以爲己功故因以楊名殿謂諸將曰天子當與天下共之幸有公卿大

臣楊當捍外難何事京都遂還野王卽拜爲大司馬

英雄記曰楊性仁和無威刑下人謀反發覺對之涕泣輒原不問

楊素與呂布善本志呂布傳布走河內與張楊合太祖之圍布楊欲救之不能乃出兵東市遙爲之勢胡三省曰野王縣東市也趙一淸曰河內郡野王有射犬聚東市亦當在其處謝鍾英曰河內縣南其將楊醜殺楊以應太祖范書獻紀建安三年十一月盜殺大司馬張楊董卓傳四年張楊爲其將楊醜所殺本志武紀亦云四年弼按呂布之死在建安三年十二月張楊之死當在布先武紀連屬下文故敘入四年也楊將眭固殺醜此卽黑山賊之眭固見武紀初平二年將其衆欲北合袁紹太祖遣史渙邀擊破之於犬城斬固盡收其衆也

犬城卽射犬郡國志野王有射犬聚方輿紀要在故武德縣北王先謙曰今懷慶府河內縣東北

典略曰固字白兔既殺楊醜軍屯射犬射犬見武紀建安四年時有巫誡固曰將軍字兔而此邑名犬兔見犬其勢必驚宜急移去固不從宋本固作兔何焯校改作固遂戰死互見武紀建安四年

公孫度字升濟范書獨行傳王烈傳注引此作字叔濟按後注文升卽登之語以作升爲是本遼東襄平人也遼東襄平見明紀景初元年漢獻帝初平元年公孫度分遼東爲遼西中遼郡魏景初二年公孫淵滅郡復合度父延避吏居玄菟郡國志幽州玄菟郡治高句驪一統志高句驪故城在盛京興京城北案漢志縣爲小遼水所發源今興京北近渾河之源蓋卽漢高句驪縣地高句驪國本在縣東去遼東千里漢置縣取其名耳玄菟郡雖初治沃沮尋徙句驪漢志可考方輿紀要謂公孫度始改置於遼東之北治高句驪縣非是又吳書謂郡去遼東二百里而郡國志遼東郡下云雒陽東北三千六百里玄菟郡則云四千里其實相去四百里也周濟曰高句驪故城在撫順縣東少北八十里謝鍾英曰今奉天府鐵嶺縣東任度爲郡吏時玄菟太守公孫琙范書王烈傳注作公孫域子豹年十八歲早死度少時名豹又與琙子同年琙見而親愛之遣就師學爲取妻後舉有道除尚書郎稍遷冀州刺史以謠言免范書謝弼傳建寧二年詔舉有道之士弼與玄菟公孫度俱對策皆除郎中范書袁紹傳度初避吏爲玄兔小吏稍仕中平元年遷爲本郡守同郡徐榮爲董卓中郎將徐榮事見武紀初平元年薦度爲遼東太守度起玄菟小吏爲遼東郡所輕先時屬國遼東屬國也見齊王紀正始五年公孫昭守襄平令召度子康爲伍長沈欽韓曰續漢志里有里魁民有什伍里魁掌一里什主十家伍主五家度到官收昭笞殺於襄平市郡中名豪大姓田韶等宿遇無恩皆以法誅所夷滅百餘家郡中震慄東伐高句驪西擊烏丸威行海外范書王烈傳黃巾董卓之亂烈避地遼東太守公孫度接以昆弟之禮訪酬政事欲以爲長史烈乃爲商賈自穢得免本志管寧傳寧聞公孫度令行海外遂與邴原王烈等至遼東度虛館以候之初平元年度知中國擾攘語所親吏柳毅陽儀等曰胡三省曰姓譜柳本自魯孝公子子展之孫以王父字爲氏至展禽食采於柳下因爲氏漢祚將絕當與諸卿圖王耳

魏書曰度語毅儀讖書云孫登當爲天子太守姓公孫字升濟升卽登也

時襄平延里社生大石長丈餘下有三小石爲之足或謂度曰此漢宣帝冠石之祥漢書五行志中之上云孝昭元鳳三年正月泰山萊蕪山南匈匈有數千人聲民視之有大石自立高丈五尺大四十八圍入

地深八尺三石爲足石立處有白烏數千集其旁御覽八百七十三引此云宣帝中興之瑞也而里名與先君同度父名延社主土地明當有土地而三公爲輔也度益喜范書袁紹傳時王室方亂度恃其地遠陰獨懷幸念襄平社生大石丈餘下有三小石爲足度以爲己瑞故河內太守李敏郡中知名惡度所爲恐爲所害乃將家屬入于海度大怒掘其父冢剖棺焚屍誅其宗族杭世駿曰王隱晉書云李裔字宣伯父敏爲公孫度所迫浮海莫知所終裔以父母不知存亡設木主以奉之侯康曰據晉書李宣伯傳敏子名信杭氏引王隱晉書以宣伯爲卽敏子非也乃敏孫耳王隱書蓋出傳寫之訛

晉陽秋曰隋書經籍志古史類晉陽秋三十二卷訖哀帝孫盛撰續晉陽秋二十卷宋永嘉太守檀道鸞撰舊唐志編年類魏武春秋二十卷孫盛撰晉陽秋二十卷檀道鸞注晉陽春秋二十二卷鄧粲撰新唐志編年類孫盛魏武春秋二十卷又晉陽秋二十二卷鄧粲晉陽秋三十二卷檀道鸞晉春秋二十卷宋史藝文志編年類孫盛晉陽春秋三十卷高似孫史略孫盛晉陽秋三十二卷訖哀帝盛著魏氏春秋晉陽秋詞直而理正咸稱良史焉字安國太原人檀道鸞續晉陽秋二十卷王韶之晉陽秋續後事訖義熙九年晉書孫盛傳盛著晉陽秋詞直而理正咸稱良史桓溫見之怒謂盛子曰枋頭誠爲失利何至乃如尊君所說

若此史遂行自是關君門戶事其子拜謝因請删改之盛大怒諸子遂爾改之盛寫兩定本寄於慕容儁太元中孝武帝博求異聞始於遼東得之以相考校多有不同書遂兩存文心雕龍才略篇曰孫盛干寶文盛爲史準的所擬存乎典訓戶牖雖異而筆彩略同史傳篇曰孫盛陽秋以約舉爲能又曰鄧璨晉紀始立條例安國立例乃鄧氏之規史通探撰篇曰安國之述陽秋梁益舊事訪諸故老夫以芻蕘鄙說列爲竹帛正言而欲與五經方駕三志競爽斯亦難矣直書篇曰孫盛不平竊撰遼東之本模擬篇曰孫盛魏晉二陽秋每書年首必云某年春帝正月夫年既編帝紀而月又編帝名以此擬春秋所謂貌同心異也案孫盛晉陽秋一書見於史志及文心史通者大略如此自當以隋志爲足徵二劉去古未遠所言亦當有據舊唐志所云之魏武春秋晉陽秋當卽史通所謂魏晉二陽秋也晉避簡文母后諱（簡文宣鄭太后諱阿春）易春爲陽如習鑿齒之漢晉陽秋亦同此例據彥和所云鄧粲亦有此著至檀氏所續則別爲一書也章宗源隋志考證有說辭繁未錄此書今存漢學堂輯本

敏子追求敏出塞越二十餘年不娶州里徐邈責之曰同爲幽州之人故稱州里徐邈傳見後不孝莫大於無後何可終身不娶乎乃娶妻生子胤而遺妻其妻後嫁牽招生子嘉見招傳常如居喪之禮不勝憂數年而卒胤生不識父母及有識蔬食哀戚亦如三年之喪以祖父不知存亡設主奉之由是知名仕至司徒。晉書李胤傳胤字宣伯遼東襄平人祖敏漢河內太守去官還鄉里遼東太守公孫度欲彊用之敏乘輕舟浮滄海莫知所終胤父信追求積年浮海出塞竟無所見欲行喪制服則疑父尚存情若居喪而不聘娶燕國徐邈與之同州里以不孝莫大於無後勸使娶妻既生胤遂絕房室恆如居喪禮數年而卒胤既幼孤母又改行有識之後降食哀戚亦以喪禮自居又以祖不知存亡設木主以事之由是以孝聞 臣松之案本傳云敏將家入海而復與子相失未詳其故 邴原傳原至遼東與同郡劉政俱有勇略雄氣遼東太守公孫度畏惡欲殺之盡收捕其家政得脫原匿之月餘東萊太史慈當歸原因以政付之原又說度出政之家原又資送政家得歸故郡

分遼東郡爲遼西中遼郡 錢大昕曰晉書地理志帶方郡公孫度置本傳卻不載而於東夷傳見之梁章鉅曰本傳末有遼東帶方樂浪玄菟悉平語遼東樂浪玄菟皆漢故郡帶方爲樂浪屬縣東夷傳云建安中公孫康分屯有縣以南荒地爲帶方郡晉志以爲公孫度置殊誤 置太守越海收東萊諸縣置營州刺史 東萊見臧洪傳東萊郡東南北三面盡海爲今山東登州府萊州府地故公孫度得越海而收之 自立爲遼東侯平州牧 吳增僅曰初平元年公孫度自立爲平州牧平州之號始此迨恭淵之際或自稱太守或自稱燕王平州之名久已不著蓋公孫度一時自稱固不同於建置也晉志魏分遼東昌黎玄菟帶方樂浪五郡爲平州後還合幽州蓋置於公孫滅後旋亦見省耳

追封父延爲建義侯立漢二祖廟承制設壇墠於襄平城南 說文墠野土也一曰除地祭處築土爲壇除地爲墠墠音善 郊祀天地藉田治兵 藉田解見武紀建安十九年 乘鸞輅九旒旄頭羽騎 胡三省曰羽騎羽林騎也 太祖表度爲武威將軍 范書袁紹傳建安九年司空曹操表度爲奮威將軍 封永寧鄉侯度曰我王遼東何永寧也藏印綬武庫 胡三省曰遼東郡之武庫也 度死子康嗣位以永寧鄉侯封弟恭是歲建安九年也十二年太祖征三郡烏丸屠柳城 柳城見武紀建安十二年趙苞傳苞爲遼西太守迎母到郡道經柳城是遼西郡治在柳城之東遼西郡治陽樂一統志漢陽樂縣今永平府東北口外 袁尚等奔遼東康斬送尚首語在武紀封康襄平侯拜左將軍康死子晃淵等皆小衆立恭爲遼東太守文帝踐阼遣使卽拜恭爲車騎將軍假節封平郭侯 郡國志幽州遼東郡平郭一統志平郭故城今奉天府蓋平縣南 追贈康大司馬初恭病陰消爲閹人劣弱不能治國太和二年淵脅奪恭位明帝卽位 錢大昕曰明帝以黃初七年卽位其明年改元太和傳以明帝卽位承太和二年之下誤也位字當是衍文沈家本曰錢說是明紀太和二年遼東太守公孫恭兄子淵劫奪恭位遂以淵領遼東太守曰遂曰卽其義一也 拜淵揚烈將軍遼東太守 明紀太和四年以遼東太守公孫淵爲車騎將軍此作揚烈將軍互異劉曄傳遼東太守公孫淵奪叔父位擅自立遣使表狀曄以爲公孫氏漢時所用世官相承絕遠難制不如因其新立有黨有仇先其不意以兵臨之開設賞募可不勞師而定也後淵竟反 淵遣使南通孫權往來賂遺 吳志孫權傳嘉禾元年三月遣將軍周賀校尉裴潛乘海之遼東九月魏將田豫要擊斬賀于成山十月魏遼東太守公孫淵遣校尉宿舒郎中令孫綜稱藩于權幷獻貂馬權大悅加淵爵位晉書宣帝紀公孫淵作公孫文懿避唐諱故稱其字也

吳書載淵表權曰臣伏惟遺天地反易遇無妄之運 一本無作无 王路未夷傾側擾攘自先人以來歷事漢魏階緣際會爲國効節繼世享任得守藩表猶知符命未有攸歸每感厚恩頻辱顯使退念人臣交不越境是以固守所執拒違前使雖義無二信敢忘大恩陛下鎭撫長存小國前後裴校尉葛都尉等到 卽校尉裴潛也 奉被勅誠聖旨爾密重紈

累素幽明備著所以申示之事言提其耳臣晝則謳吟宵則發夢終身誦之志不知足北宋本志作忘季末凶荒乾坤否塞兵革未戢人民蕩析仰此天命將有眷顧私從一隅永瞻雲日今魏家不能採錄忠善褒功臣之後乃令讒諂得行其志宋本諂作讒聽幽州刺史東萊太守誑誤之言猥興州兵圖害臣郡臣不負魏而魏絕之蓋聞人臣有去就之分田饒適齊說苑尊賢篇宗衞相齊遇逐罷歸舍召門尉田饒等而問焉曰士大夫誰能與我赴諸侯者乎田饒對曰廚中有臭肉則門下無死士君不能用所輕之財而欲使士致所重之死豈不難乎哉樂毅走趙史記樂毅傳樂毅賢好兵趙人舉之及武靈王有沙丘之亂乃去趙適魏以不得事主故保有道之君陳平耿況亦覩時變卒歸於漢勒名帝籍史記陳丞相世家陳平懼誅乃封其金與印使使歸項王遂至修武降漢范書耿弇傳弇父況字俠游爲上谷太守及光武於廣阿加況大將軍興義侯伏惟陛下德不再出時不世遇是以慺慺懷慕自納望遠視險有如近易誠願神謨蚤定洪業奮六師之勢收河洛之地爲聖代宗天下幸甚

魏略曰國家知淵兩端而恐遼東吏民爲淵所誤故

公文下遼東因赦之曰告遼東玄菟將校吏民逆賊孫權遭遇亂階因其先人劫略州郡遂成羣凶自擅江表含垢藏疾冀其可化故割地王權使南面稱孤位以上將禮以九命權親叉手北向稽顙假人臣之寵受人臣之榮未有如權者也狼子野心告令難移卒歸反覆背恩叛主滔天逆神乃敢僭號恃江湖之險阻王誅未加比年已來復遠遣船越渡大海多持貨物誑誘邊民邊民無知與之交關長吏以下莫肯禁止至使周賀浮舟百艘沈滯津岸貿遷有無既不疑拒齎以名馬又使宿舒隨賀通好胡三省曰姓譜宿本風姓伏羲之後封於宿風俗通漢有雁門太守宿詳十室之邑猶有忠信陷君於惡春秋所書也今遼東玄菟奉事國朝紆靑拖紫以千百爲數戴纓垂緌咸佩印綬曾無匡正納善之言龜玉毀於匵虎兕出於匣元本匣作柙是誰之過歟國朝爲子大夫羞之昔狐突有言父敎子貳何以事君策名委質貳乃辟也今乃阿順邪謀脅從姦惑豈獨父兄之教不詳子弟之舉習非而已哉若苗穢害田隨風烈火芝艾俱焚安能白別乎宋本白作自且又此事固然易見不及鑒古成敗書傳所載也江南海北有萬里之限遼東君臣無怵惕之患利則義所不利貴則義所不貴此爲厭安樂之居求危亡之禍賤忠貞之節重背叛之名蠻貊之長猶知愛禮以此事人亦難爲顏且又宿舒無罪擠使入吳奉不義之使始與家訣涕泣而行及至賀死之日覆衆成山舒雖脫死魂魄離身何所逼迫乃至於此今忠臣烈將咸忿遼東反覆攜貳局本咸誤作感皆欲乘桴浮海期於肆意朕爲天下父母加念天下新定既不欲勞動干戈遠涉大川費役如彼又悼邊陲遺餘黎民迷誤如此故遣郎中衞愼邵璠等且先奉詔示意若股肱忠良能效節立信以輔時君反邪就正以建大功福莫大焉儻恐自嫌已爲惡逆所見染汙不敢倡言永懷伊戚其諸與賊使交通皆赦除之與之更始

權遣使張彌許晏等齎金玉珍寶立淵爲燕王吳志孫權傳嘉禾元年三月遣舒綜還使太常張彌執金吾許晏將軍賀達將兵萬人金寶珍貨九錫備物乘海授淵淵亦恐權遠不可恃且貪貨物誘致其使悉斬送彌晏等首淵殺彌晏事詳見吳志孫權傳嘉禾二年注引吳書

魏略載淵表曰官本考證曰魏略北宋本作魏書臣前遣校尉宿舒郎中令孫綜胡三省曰晉志王國置郎中令淵未封王僭置之也甘言厚禮以誘吳賊幸賴天道福助大魏使此賊虜暗然迷惑違戾羣下不從衆諫承信臣言遠遣船使多將士卒局本多作名誤來致封拜臣之所執得如本志雖憂罪釁私懷幸甚賊衆本號萬人舒綜伺察可七八千人到沓津沓津解見齊王紀景初三年吳孫權嘉禾三年欲攻公孫淵陸瑁諫曰沓渚去淵道里尚遠一統志沓氏故城在今遼陽州界時公孫淵居襄平吳師航海遼東登自沓渚考襄平實鐵嶺故地遼陽西北至承德承德西北至鐵嶺道里數百故云遠矣偽使者張彌許晏與中郎將萬泰校尉裴潛錢大昭曰此又是一人非河東裴文行也將吏兵四百餘人齎文書命服什物下到臣郡泰潛別齎致遺貨物欲因

市馬軍將賀達虞咨領餘衆在船所臣本欲須涼節乃取彌等而彌等人兵衆多見臣不便承受吳命意有猜疑懼其先作變態妄生即進兵圍取斬彌晏泰潛等首級其吏從兵衆皆士伍小人給使東西不得自由面縛乞降不忍誅殺輒聽納受徙充邊城別遣將韓起等率將三軍馳行至沓使領長史柳遠設賓主禮（局本主誤作王）誘請達咨三軍潛伏以待其下又驅羣馬貨物欲與交市達咨懷疑不下使諸市買者五六百人下欲交市起等金鼓始震鋒矢亂發斬首三百餘級被創赴水沒溺者可二百餘人其散走山谷來歸降及藏竄飢餓死者不在數中得銀印銅印兵器資貨不可勝數謹遣西曹掾公孫珩奉送賊權所假臣節印綬符策九錫什物及彌等僞節印綬首級又曰宿舒孫綜前到吳賊權問臣家內小大舒綜對臣有三息脩別屬亡弟權敢姦巧便擅拜命謹封送印綬符策臣雖無昔人洗耳之風慚爲賊權汙損所加既行天誅猶有餘忿又

曰臣父康昔殺權使結爲讎隙今乃謡欺遣使誘致令權傾心虛國竭祿遠命上卿寵授極位震動南土備盡禮數又權待舒綜契闊委曲君臣上下畢歡竭情而令四使見殺梟示萬里士衆流離屠戮津渚慙恥遠布痛辱彌天權之怨疾將刻肌骨若天衰其業使至喪隕權將內傷憤激而死若期運未訖將播毒螫必恐長虵來爲寇害徐州諸屯及城陽諸郡與相接近如有船衆後年向海門得其消息乞速告臣使得備豫又曰臣門戶受恩實深實重自臣承攝即事以來連被榮寵殊特無量分當隕越竭力致死而臣狂愚意計迷闇不即禽賊以至見疑前章表所陳情趣事勢實但欲罷弊此賊使困自絕誠不敢背累世之恩附僭盜之虜也而後愛憎之人緣事加誣僞生節目卒令明聽疑於市虎移恩改愛興動威怒幾至沈沒長爲負忝幸賴慈恩猶垂三宥使得補過解除愆責如天威遠加不見假借早當麋碎辱先廢祀何緣自明建此微功臣既喜於事捷得自申展悲於疇昔至此變故餘怖踊躍未敢便寧唯陛下既崇春日生全之仁除忿塞隙抑弭纖介推今亮往察臣本心長令抱戴銜分三泉又曰臣被服光榮恩情未報而以罪釁自招讒怨分當即戮爲衆社戒所以越典詭常僞通於吳誠自念窮迫報効未立而爲天威督罰所加長恐奄忽不得自洗故敢自闕替廢於一年遣使誘吳知其必來權之求郡積有年歲初無倡答一言之應今權得使來必不疑至此一舉果如所規上卿大衆翕赫豐盛財貨賂遺傾國極位到見禽取流離死亡千有餘人滅絕不反此誠暴猾賊之鋒摧矜夸之巧昭示天下破損其業足以慚之矣臣之慺慺念効於國雖有非常之過亦有非常之功願陛下原其踰闕之愆采其毫毛之善使得國恩保全終始矣

明帝於是拜淵大司馬封樂浪公（樂浪見明紀青龍元年）持節領郡如故（毛本郡作衆）

魏名臣奏載中領軍夏侯獻表曰（晉書職官志中領軍將軍魏官也漢建安四年魏武丞相府自置及拔漢中以曹休爲中領軍文帝踐阼始置領軍將軍以曹休爲之主五校中壘武衞等三營）公孫淵昔年敢違王命廢絕計貢者實挾兩端既恃阻險又怙孫權故敢跋扈恣睢海外宿舒親見賊權軍衆府庫知其弱少不足憑恃是以決計斬賊之使又高句麗濊貊與淵爲仇並爲寇鈔今外失吳援內有胡寇心知國家能從陸道勢不得不懷惶懼之心因斯之時宜遣使示以禍福奉車都尉鬷弘（左傳昭公二十九年昔有飂叔安有裔子曰董父氏曰豢龍封諸鬷川鬷夷氏其後也萬姓統譜鬷魯邑宮音故鬷夷氏之後說文作鬷）武皇帝時始奉使命開通道路文皇帝即位欲通使命遣弘將妻子還歸鄉里賜其車牛絹百匹弘以受恩歸死國朝無有還意乞留妻子身奉使命公孫康遂稱臣妾以弘奉使稱意賜爵關內侯弘性果烈乃心於國夙夜拳拳念自竭効冠族子孫少好學問博通書記多所關涉口論速捷辯而不俗附依典誥若出胸臆加仕本郡常在人右彼方士人素所

敬服若當遣使以爲可使弘行弘乃自舊土習其國俗爲說利害辯足以動其意明足以見其事才足以行之辭足以見信者其計從雖酈生之降齊王陸賈之說尉佗亦無以遠過也欲進遠路不宜釋騏驥將已篤疾不宜廢扁鵲願察愚言也

使者至淵設甲兵爲軍陣出見使者又數對國中賓客出惡言

吳書曰魏遣使者傅容聶夔拜淵爲樂浪公淵計吏從洛陽還語淵曰使者左駿伯使皆擇勇力者非凡人也淵由是疑怖容夔至住學館中淵先以步騎圍之乃入受拜容夔大怖由是還洛言狀

景初元年乃遣幽州刺史毌丘儉等齎璽書徵淵淵遂發兵逆於遼隧漢書地理志遼東郡遼隊師古曰隊音遂水經大遼水注大遼水南逕遼隊縣故城西公孫淵遣將軍畢衍拒司馬懿于遼隊卽是處也小遼水注小遼水西南逕襄平縣又逕遼隊縣入大遼水司馬宣王之平遼東斬公孫淵于斯水之上也一統志遼隊故城今奉天府海城縣西謝鍾英曰遼隧建武初省毌丘儉傳景初元年儉徙幽州刺史率幽州諸軍至襄平屯遼隧蓋桓靈後復立錢坫曰今奉天府海城縣西之牛莊**與儉等戰儉等不利而還**

淵遂自立爲燕王置百官有司遣使者持節假鮮卑單于璽封拜邊民誘呼鮮卑侵擾北方明紀景初元年七月遣幽州刺史毌丘儉率諸軍及鮮卑烏丸屯遼東南界璽書徵公孫淵淵發兵反儉進軍討之會連雨十日遼水大漲詔儉引軍還右北平淵自儉還遂自立爲燕王置百官稱紹漢元年

魏書曰淵知此變非獨出儉遂爲備遣使謝吳自稱燕王求爲與國然猶令官屬上書自直於魏曰大司馬長史臣郭昕參軍臣柳蒲宋本蒲作浦等七百八十九人言奉被今年七月己卯詔書伏讀懇切精魄散越不知身命所當投措昕等伏自惟省螻蟻小醜器非時用遭値千載被受公孫淵祖考以來光明之德惠澤沾渥滋潤榮華無尺寸之功有負乘之累易負且乘致寇至遂蒙褒奬登名天府並以駑蹇附龍託驥紆青拖紫飛騰雲梯感恩惟報死不擇地臣等聞明君在上聽政采言人臣在下得無隱情是以因緣

訴譲冒犯愬寃郡在藩表密邇不羈鹽鐵論不牧之地不羈之民平昔三州青幽冀也轉輸費調以供賞賜歲用累億虛耗中國然猶跋扈虔劉邊陲烽火相望官本考證云監本誤作鋒羽檄相逮城門晝閉路無行人州郡兵戈奔散覆沒淵祖父度初來臨郡承受荒殘開日月之光建神武之略聚烏合之民埽地爲業威震燿于殊俗德澤被于羣生遼土之不壞實度是賴孔子曰微管仲吾其被髮左衽向不遭度則郡早爲丘墟而民係於虜廷矣遺風餘愛永存不朽度既薨殂吏民感慕欣戴子康尊而奉之康踐統洪緒克壯徽猷文昭武烈邁德種仁乃心京輦翼翼虔恭佐國平亂效績紛紜功隆事大勳藏王府度康當値武皇帝休明之會合策名之計宋本名作明官本考證云明疑應作名局本改作名夾輔漢室降身委質卑己事魏匪處小厭大畏而服焉乃慕託高風懷仰盛懿也武皇帝亦虛心接納待以不次功無巨細每不見忘又命之曰海北地土宋本作土地割以付君世世子孫實得有之皇天后土實聞德音臣庶小大豫在下風奉以周旋不敢失墜淵生有蘭石之姿論衡石生而堅蘭生而香稟蘭石之性故有堅香之驗少含愷悌之訓允文允武忠惠且直生民欽仰莫弗懷愛淵纂戎祖考君臨萬民爲國以禮淑化流行獨見先覩羅結遐方勤王之義視險如夷世載忠亮不隕厥名孫權慕義不遠萬里連年遣使欲自結援雖見絕殺不念舊怨纖纖往來求成恩好淵執節彌固不爲利迴何焯校作囘守志匪石確乎彌堅猶懼丹心未見保明乃卑辭厚幣誘致權使梟截猷馘以示無二吳雖在遠水道通利舉帆便至無所隔限淵不顧敵讎之深念存人臣之節絕彊吳之歡昭事魏之心靈祇明鑒普天咸聞陛下嘉美洪烈懿茲武功誕錫休命寵亞齊魯下及陪臣普受介福誠以天覆之恩當卒終始得竭股肱永保祿位不虞一旦橫被殘酷惟育養之厚念積慮之效宋本慮作累悲思不遂痛切見棄舉國號咷拊膺泣血夫三軍所伐蠻夷戎狄驕逸不虔於是致

武不聞義國反受誅討蓋聖王之制五服之域有不供職則脩文德而又不至然後征伐淵小心翼翼恪恭於位勤事奉上可謂勉矣盡忠竭節還被患禍小弁之作離騷之興皆由此也就或佞邪盜言孔甘猶當清覽憎而知善讒巧似直惑亂聖聽尙望文告使知所由若信有罪當垂三宥周禮秋官司刺掌三宥之灋壹宥曰不識再宥曰過失三宥曰遺忘禮記王三宥然後制刑若不改寤計功減降當在八議周禮小司寇以八辟麗邦灋附刑罰一曰議親之辟二曰議故之辟三曰議賢之辟四曰議能之辟五曰議功之辟六曰議貴之辟七曰議勤之辟八曰議賓之辟范書應劭傳廣引八議求生之端而潛軍伺襲大兵奄至舞戈長驅衝擊遼土犬馬惡死況於人類吏民昧死挫辱王師淵雖寃枉方臨危殆猶恃聖恩悵然重奔冀必姦臣矯制妄肆威虐乃謂臣等曰漢安帝建光元年遼東屬國都尉龐奮受三月乙未詔書曰收幽州刺史馮煥玄菟太守姚光推案無乙未詔書范書安帝紀建光元年正月幽州刺史馮煥率二郡太守討高句驪穢貊不克四月甲戌遼東屬國都尉龐奮承僞璽書殺玄菟太守姚光惠棟曰馮煥殘碑煥字平侯巴郡宕渠人

遣侍御史幽州牧考姦臣矯制者陳景雲曰建光初諸州未置牧牧當作收收考謂收繫考問也今刺史或儻謬承矯制乎臣等議以爲刺史興兵搖動天下殆非矯制必是詔命淵乃俛仰歎息自傷無罪深惟土地所以養人竊慕古公杖策之岐詩大雅緜之篇古公亶父來朝走馬率西水滸至于岐下孟子孟子對滕文公曰昔者太王居邠狄人侵之去邠踰梁山邑于岐山之下居焉胡玉縉曰莊子讓王篇大王亶父曰且吾聞之不以所用養害所養因杖策而去之呂氏春秋審爲篇淮南子道應篇同尙書大傳亦云不可以吾私害民也遂策杖而去（詩緜篇孔疏引）又史記劉敬傳說高帝云大王以狄伐故去豳杖馬箠居岐此爲杖策二字所本而實皆從來朝走馬生義伏作策杖其義一也乃欲投冠釋紱逝歸林麓臣等維持誓之以死屯守府門不聽所執馮本執作埶誤而七營虎士五部蠻夷潘眉曰晉書匈奴傳云建安中魏武帝始分其衆爲五部其左部都尉所統可萬餘落居於太原故泫氏縣右部都尉可六千餘落居祁縣南部都尉可三千餘落居蒲子縣北部都尉可四千餘落居新興縣中部都尉可六千餘落居太陵縣各懷素飽不謀同心奮臂大呼排門遁出近郊農民釋其耨鎛伐薪制梃改案爲櫓奔馳赴難軍旅行成册府作成行雖蹈湯火死不顧生淵雖見孤棄怨而不怒比遣勑軍勿得干犯及手書告語懇惻至誠而吏士凶悍不可解散期於畢命投死無悔淵懼吏士不從敎令乃躬馳騖自往化解僅乃止之一飯之惠匹夫所死況淵累葉信結百姓恩著民心自先帝初興爰曁陛下榮淵累葉豐功懿德策名褒揚辯著廊廟勝衣舉履誦詠明文以爲口實埋而掘之毛本埋誤作理國語諺曰狐埋之而狐搰之是以無成功古人所恥小白重耳衰世諸侯猶慕著信以隆霸業詩美文王作孚萬邦論語稱仲尼去食存信信之爲德固亦大矣今吳蜀共帝鼎足而居天下搖蕩無所統一臣等每爲陛下懼此危心淵據金城之固仗和睦之民國殷兵彊可以橫行策名委質守死善道忠至義盡爲九州表方今二敵闚闞元本闚作闞未知孰定是之不戒而淵是害茹柔吐剛非王者之道也臣等雖鄙誠竊恥之若無天乎臣一郡吉凶尙未可知若云有天亦何懼焉臣等聞仕於家者二世則主之三世則君之臣等生於荒裔之土出於圭竇之中無大援於魏世

隸於公孫氏報生與賜在於死力昔蒯通言直漢祖赦其誅漢書蒯通傳上曰若教韓信反何也通曰當彼時臣獨知齊王韓信非知陛下也上迺赦之鄭詹辭順晉文原其死國語文公伐鄭曰予我詹而師還詹請往鄭伯弗許詹固請曰一臣可以赦百姓而定社稷君何愛於臣也鄭人以詹予晉晉人將亨之詹就亨號曰自今以往知忠以事君者與詹同乃命弗殺厚爲之禮而歸之臣等頑愚不達大節苟執一介披露肝膽言逆龍鱗罪當萬死惟陛下恢崇撫育亮其控告使疏遠之臣永有保恃

二年春遣太尉司馬宣王征淵六月軍至遼東

漢晉春秋曰公孫淵自立稱紹漢元年聞魏人將討復稱臣於吳乞兵北伐以自救吳人欲戮其使胡三省曰欲報張彌許晏之忿也羊衜曰衜古道字羊衜事見吳志孫權傳赤烏二年不可是肆匹夫之怒而捐霸王之計也不如因而厚之遣奇兵潛往以要其成若魏伐淵不克而我軍遠赴是恩結遐夷義蓋萬里通鑑蓋作形若兵連不解首尾離隔則我虜其傍郡驅略而歸

亦足以致天之罰報雪曩事矣權曰善乃勒兵大出一云大疑作不通鑑作乃大勒兵謂淵使曰請俟後問當從簡書胡三省曰左傳狄伐邢管敬仲言於齊侯曰詩云豈不懷歸畏此簡書簡書同惡相恤之謂也請救邢以從簡書必與弟同休戚胡三省曰淵遣使謝吳自稱燕王求爲兄弟之國故權因而稱之爲弟弼按與上文復稱臣於吳之語不合蓋權譎之也共存亡雖隕于中原吾所甘心也又曰司馬懿所向無前深爲弟憂也晉書宣帝紀文懿聞魏師之出也請救於孫權權亦出兵遙爲之聲援遺文懿書曰司馬公善用兵變化若神所向無前深爲弟憂之胡三省曰此晉史臣爲此語耳權必無此言

淵遣將軍卑衍楊祚等胡三省曰姓譜卑卑耳國之後或云鮮卑之後蔡邕胡太傅碑有太傅掾鴈門卑登步騎數萬屯遼隧圍塹二十餘里通鑑考異曰晉宣紀云南北六七十里今從淵傳宣王軍至令衍逆戰宣王遣將軍胡遵等擊破之錢大昭曰胡遵安定人見鍾會傳注宣王令軍穿圍引兵東南向而急東北卽趨襄平通鑑景初二年六月司馬懿軍至遼東公孫淵使大將軍卑衍楊祚將步騎數萬屯遼隧圍塹二十餘里諸將欲擊之懿曰賊所以堅壁欲老吾兵也今攻之正墮其計且賊大衆在此其巢窟空虛直指襄平破之必矣乃多張旗幟欲出其南衍等盡銳趨之懿潛濟水

出其北直趨襄平衍等恐襄平無守夜走諸軍進至首山胡三省曰首山在襄平西南趙一淸曰方輿紀要首山在遼東都司西南十五里一名手山以山頂石上有文如指掌故名潘眉曰首山在今遼陽州西南十五里接海城縣界淵復遣衍等迎軍殊死戰復擊大破之遂進軍造城下爲圍塹趙一淸曰御覽卷三百三十七引司馬彪戰略曰太尉司馬軍到襄平圍之北面東面有圍不合連車置水中積石鎭其上以鹿角塞之去城百步穿重塹竪連柵安諸營立樓櫓其近水沙地不得作圍塹而車輪以大弋椽穿中又竪輪障其前會霖雨三十餘日遼水暴長運船自遼口徑至城下胡三省曰遼口遼水津渡之口也謝鍾英曰疑卽渾河入遼河之口雨霽起土山修櫓爲發石連弩射城中淵窘急糧盡人相食死者甚多將軍楊祚等降通鑑秋七月大霖雨月餘不止平地水數尺三軍恐欲移營懿令軍中敢有言徙者斬都督令史張靜犯令斬之軍中乃定賊恃水樵牧自若諸將欲取之懿皆不聽司馬陳珪曰昔攻上庸八部並進晝夜不息故能一旬之半拔堅城斬孟達今者遠來而更安緩愚竊惑焉懿曰孟達衆少而食支一年將士四倍於達而糧不淹月以一月圖一年安可不速以四擊一正令失半而克猶當爲之是以不計死傷與糧競也今賊衆我寡賊飢我飽水雨乃爾功力不設雖當促之亦何所爲自發京師不憂賊攻但恐賊走今賊糧垂盡而圍落未合掠其牛馬抄其樵采此故驅之走也夫兵者詭道善因事變賊憑衆恃雨故雖飢困未肯束手當示無能以安之取小利以驚之非計也朝廷聞師遇雨咸欲罷兵帝曰司馬懿臨危制變禽淵可計日待也雨霽懿乃合圍作土山地道楯櫓鉤衝晝夜攻之矢石如雨淵窘急糧盡人相食死者甚多其將楊祚等降

八月丙寅夜大流星長數十丈從首山東北墜襄平城東南晉書宣帝紀時有長星色白有芒鬣自襄平城西南流于東北墜於梁水水經注大梁水出北塞外西南流至遼陽入小遼水司馬宣王斬公孫淵父子於斯水之上謝鍾英曰今遼陽州東南太子河一名東梁河又名大梁水壬午淵衆潰與其子修將數百騎突圍東南走大兵急擊之當流星所墜處斬淵父子城破斬相國以下首級以千數傳淵首洛陽通鑑八月淵使相國王建御史大夫柳甫請解圍卻兵當君臣面縛懿命斬之檄告淵曰楚鄭列國而鄭伯猶肉袒牽羊迎之孤天子上公而建等欲孤解圍退舍豈得禮邪二人老耄傳言失指已相爲斬之若意有未已可更遣年少有明決者來淵復遣侍中衛演乞克日送任懿謂演曰軍事大要有五能戰當戰不能戰當守不能守當走餘二事惟有降與死耳汝不肯面縛此爲決就死也不須送任壬午襄平潰淵與子修將數百騎突圍東南走大兵急擊之斬淵父子於梁水之上遼東帶方樂浪玄菟悉平胡三省曰漢帶方縣屬樂浪郡公孫氏分立郡一統志帶方故城今平壤南境謝鍾英曰今豐德郡東南

臨津江之南

初淵家數有怪犬冠幘絳衣上屋炊有小兒蒸死甑中襄平北市生肉長圍各數尺有頭目口喙無手足而動搖占曰有形不成有體無聲其國滅亡始度以中平六年據遼東至淵三世凡五十年而滅侯康曰史通雜說上引魚豢魏略議曰當青龍景初之際有彗星出於箕而上徹是爲埽除遼東而更置也苟其如此人不能違則德教不設而淫濫首施以取族滅殆天意也

魏略曰始淵兄晃爲恭任子在洛聞淵劫奪恭位謂淵終不可保數自表聞欲令國家討淵帝以淵已秉權故因而撫之及淵叛遂以國法繫晃晃雖有前言冀不坐然內以骨肉知淵破則己從及淵首到晃自審必死與其子相對啼哭時上亦欲活之而有司以爲不可遂殺之高柔傳公孫淵兄晃爲叔父恭任內侍先淵未反數陳其變及淵謀逆帝不忍市斬欲就獄殺之高柔上疏諫帝不聽竟遣使賜金屑飲晃及其妻子賜以棺衣殯斂於宅胡三省曰晃數陳淵之必反非同逆者也帝欲殺之以絕其類刑之於市則無名故欲就獄殺之

張燕錢大昭曰按承祚志中張燕張繡典韋朱建平劉封皆不書表字常山眞定人也郡國志冀州常山國眞定常山國高帝置建武十三年省眞定國以其縣屬建安十一年國除爲郡常山治元氏一統志元氏故城今直隸正定府元氏縣西北眞定故城今直隸正定府正定縣南本姓褚黃巾起燕合聚少年爲羣盜在山澤閒轉攻還眞定衆萬餘人博陵張牛角亦起衆范書桓帝紀延熹元年六月分中山置博陵郡以奉孝崇皇園陵章懷注博陵郡故城在今瀛州博野縣後徙安平十三州志曰本初元年蠡吾侯繼孝質是爲孝桓帝追尊考蠡吾侯翼爲孝崇皇帝陵曰博陵因以爲郡吳增僅曰輿地廣記云博野本漢蠡吾桓帝分置博陵縣水經滱水注漢桓帝追尊父翼陵曰博陵因以爲縣又置郡焉漢末罷還安平據此則博陵郡縣爲桓帝同時所置也建安初年魏武遷常林爲博林太守十八年省州併郡獻帝起居注所載冀州統郡其一博陵迨入魏朝遂無可考則酈注所謂漢末罷還安平者確乎可信矣一統志蠡吾故城在今直隸保定府博野縣西南趙一淸曰張牛角卽後漢書袁紹傳之青牛角沈家本曰范史朱雋袁紹二傳俱作青牛角自號將兵從事與燕合燕推牛角爲帥俱攻癭陶癭陶見武紀建安十七年牛角爲飛矢所中被創且死令衆奉燕告曰必以燕爲帥牛角死衆奉燕故改姓張燕剽捍捷速過人趙一淸曰或疑剽捍當作剽悍非也潘眉曰捍與悍訓勇者異義史記貨殖傳雕捍少慮注云如雕性之捷捍卽此捍字沈家本曰案捍字之訓衞也禦也蔽也距也突也張也扞格不入也扞格堅不可入之皃韝也挽也捍謂拾也言可以捍弦也堅皃引也忮也見於諸書者如此無訓爲捷者攷史記漢興以來將相名臣年表屬國捍索隱亦作悍楚世家豐悍春申君傳索隱作捍然則捍悍古書通用貨殖之雕捍亦當訓作勇悍之悍此傳剽捍亦當作剽悍解且下文方言捷速過人如捍已訓爲捷無乃重沓乎趙潘二說未是故軍中號曰飛燕其後人衆寖廣馮本寖作寢誤常山趙郡中山上黨河內諸山谷皆相通其小帥孫輕王當等各以部衆從燕衆至百萬號曰黑山杜佑曰衞州衞縣漢朝歌縣也紂都朝歌在今縣西縣西北有黑山洪亮吉曰朝歌縣有黑山漢末眭固白繞等起此聚衆十餘萬號黑山賊一統志朝歌故城今河南衞輝府淇縣東北黑山亙見武紀初平二年靈帝不能征河北諸郡被其害燕遣人至京都乞降拜燕平難中郞將范書朱雋傳拜燕平難中郞將使領河北諸山谷事歲得舉孝廉計吏燕後漸寇河內逼近京師於是出雋爲河內太守將家兵擊卻之其後諸賊多爲袁紹所定

九州春秋曰張角之反也范書靈紀中平元年二月鉅鹿人張角自稱黃天其部師有三十六萬皆著黃巾同日反叛黑山白波范書靈紀中平五年二月黃巾餘賊郭太等起於西河白波谷寇太原河東章懷注引薛瑩書曰黃巾郭泰等起於西河白波谷時謂之白波賊黃龍左校牛角五鹿羝根潘眉曰羝根典略作于羝根范史朱雋傳作于氐根氐與羝通或稱羝或稱于羝聲有緩急如於越爲越其實一也苦蝤范書朱雋傳作苦哂劉石平漢趙一淸曰平漢乃陶升也故爲內黃小史見范書袁紹傳及注大洪司隸緣城羅市雷公浮雲飛燕白爵范書朱雋傳大洪作大計緣城作椽戠白爵作白雀又有白繞眭固（通鑑作眭固）二部而無羅市楊鳳于毒等范書朱雋袁紹傳俱作干毒本志武紀初平二年黑山賊于毒白繞眭固等十餘萬衆略魏郡各起兵大者二三萬小者不減數千靈帝不能討乃遣使拜楊鳳爲黑山校尉領諸山賊得舉孝廉計吏後遂彌漫不可復數

典略曰黑山黃巾諸帥本非冠蓋自相號字謂騎白馬者爲張白騎龐惠傳張白騎叛於弘農惠隨馬騰征之破白騎於兩殽閒謂輕捷者爲張飛燕謂聲大者爲張雷公其饒鬚者則自稱于羝根左傳于思于思杜注于思多鬚之貌其眼大者自稱李大目

張璠漢記云又有左校郭大賢趙一淸曰郭大賢疑是左校之帥故下云三部左髭丈八范書袁紹傳作文八通鑑同三部也范書袁紹傳初平四年三月黑山賊干毒等數萬人共覆鄴城殺郡守六月紹出軍入朝哥鹿腸山蒼巖谷口討干毒圍攻五日破之斬毒及其衆萬餘級紹遂尋山北行進擊諸賊左髭文八等皆斬之又擊劉石靑牛角黃龍左校郭大賢李大目于氐根等復斬數萬級皆屠其屯壁

是後董卓遷天子於長安天下兵數起燕遂以其衆與豪傑相結袁紹與公孫瓚爭冀州燕遣將杜長等助瓚與紹戰爲紹所敗人衆稍散范書紹傳紹與黑山賊張燕及四營屠各雁門烏桓戰於常山燕精兵數萬騎數千四連戰十餘日燕兵死傷雖多紹軍亦疲遂各退太祖將定冀州燕遣使求佐王師范書獻紀建安十年四月黑山賊張燕率衆降拜平北將軍率衆詣鄴封安國亭侯邑五百戶燕薨子方嗣方薨子融嗣毛本奪方薨子融嗣五字或曰燕識力出羣盜上遂得令終

陸機晉惠帝起居注曰沈家本曰隋志梁有惠帝起居注二卷亡唐志不著錄世說各篇注引惠帝起居注十三事不著撰人隋志有元康起居注一卷梁有永平元康永寧起居注六卷亡舊唐志有晉永平起居注八卷李軌撰新志卷同而無撰人案永平永康永寧並惠帝年號起居注不得有二書

陸機所撰似已在此各卷中特與李軌所撰年時有先後耳黃逢元曰宋書蔡廓傳傳亮與蔡廓書引陸士衡起居注魏志張燕裴潛傳注引陸機惠帝起居注世說言語文學賞譽各篇注均引惠帝起居注不著撰人黃奭漢學堂叢書輯存十二事章宗源隋志攷證載書鈔御覽引惠帝起居注各條辭繁不錄門下通事令張林飛燕之曾孫林與趙王倫爲亂未及周年位至尙書令局本位下奪至字衛將軍封郡公尋爲倫所殺

張繡武威祖厲人班志安定郡祖厲應劭曰祖音置師古曰厲音賴王鳴盛曰南監本置作罝是全祖望曰祖本作禮其作祖者後世之省文也故易溷於祖而竟忘其爲禮祝之禮矣郡國志涼州武威郡租厲故屬安定惠棟曰前書武紀及志皆作祖厲李斐云音嗟賴案司農夫人碑其字作祖今誤租趙一清曰祖字从衣不从示弼按明監本作祖沈家本曰前志作祖厲續志作租厲無从衣旁者惟玉篇衣部祖又子邪切縣名廣韻九麻子邪切下祖縣名集韻九麻咨邪下祖厲縣名字並从衣王先謙曰水經注河水東北流逕祖厲縣故城西北又東北有祖厲川注之寰宇記祖厲城一名馬城晉志省亦見輿地廣記一統志祖厲故城今甘肅蘭州府靖遠縣西南靖遠衞志城中無清泉祖厲舊在衞西復釀苦汲者必涉祖厲而後達於河遇雨潦卽漲溢不可渡乃截其上流使北入河於是故道堙平往來便易驃騎將軍濟族子也眞誥卷十二張姜子西州人張濟妹也注濟後漢末西涼州人卽張繡從叔也邊章韓遂爲亂涼州金城麴勝襲殺祖厲長劉雋繡爲縣吏閒伺殺勝郡內義之遂招合少年爲邑中豪傑董卓敗濟與李傕等擊呂布爲卓報仇語在卓傳繡隨濟以軍功稍遷至建忠將軍封宣威侯陳景雲曰宣威非縣蓋鄉亭之屬侯上疑有脫字錢大昭曰續漢志武威郡有宣威縣或疑鄉亭之屬非也一統志宣威故城今甘肅涼州府鎭番縣南濟屯宏農宏農見武紀卷首晉書食貨志魏武移司隸校尉居宏農卽此寰宇記故城在靈寶西南二十里方輿紀要今陝州靈寶縣西南三十里士卒飢餓南攻穰穰見武紀建安二年今河南南陽府鄧州東南爲流矢所中死繡領其衆屯宛宛兩漢志南陽郡治方輿紀要今南陽府治與劉表合太祖南征軍淯水淯水見武紀建安二年方輿紀要淯水在今南陽府城東三里繡等舉衆降太祖納濟妻繡恨之太祖聞其不悅密有殺繡之計計漏繡掩襲太祖太祖軍敗二子沒錢大昭曰一子謂豐愍王昂其一子武帝紀以爲弟子安民非武帝子弼按昂字子修進馬於操操得免而昂死母丁夫人常言將我兒殺之都不復念遂哭泣無節操忿之遣歸家見武紀注及后妃傳繡還保穰本志典韋傳太祖征荊州

至宛張繡迎降太祖甚悅延繡及其將帥置酒高會韋持大斧立後繡及將帥莫敢仰視後十餘日繡反襲太祖營太祖出戰不利輕騎引去韋殊死戰大罵而死傅子曰繡有所親胡車兒勇冠其軍太祖愛其健手以金與之繡聞之宋本元本之作而疑太祖欲因左右刺之遂反吳書曰繡降凌統凌統二字未詳用賈詡計乞徙軍就高道道由太祖屯中繡又曰車少而重乞得使兵各被甲太祖信繡皆聽之繡乃嚴兵入屯掩太祖太祖不備故敗

太祖比年攻之不克荀攸傳建安三年從征張繡攸曰繡與劉表相恃爲彊然繡以遊軍仰食於表表不能供也勢必離不如緩軍以待之可誘而致也若急之其勢必相救太祖不從遂進軍之穰與戰繡急表果救之軍不利通鑑云會袁紹亡卒詣操云田豐勸紹襲許操解穰圍而還繡率衆追之五月劉表遣兵救繡屯於安衆守險以絕軍後操軍前後受敵操乃夜鑿險僞遁表繡悉軍來追操縱奇兵步騎夾攻大破之太祖拒袁紹於官渡官渡見武紀建安四年繡從賈詡計復以衆降語在詡傳武紀建安四年十一月張繡率衆降封列侯繡至太祖執其手與歡宴爲子均取繡女拜揚武將軍官渡之役繡力戰有功遷破羌將軍從破袁譚於南皮復增邑凡二千戶是時天下戶口減耗十裁一諸將封未有滿千戶者而繡特多從征烏丸於柳城柳城見武紀建安十二年未至薨諡曰定侯魏略曰五官將數因請會發怒曰君殺吾兄何忍持面視人邪繡心不自安乃自殺毛本殺誤作沒子泉嗣坐與魏諷謀反誅國除魏諷事見武紀建安二十四年

張魯字公祺范書劉焉傳魯字公旗華陽國志及宋濂漢天師世家敘均作公祺沛國豐人也豐見明紀景初二年祖父陵客蜀學道鵠鳴山中范書劉焉傳魯祖父陵順帝時客於蜀學道鶴鳴山中章懷注山在今益州晉原縣南元和志鶴鳴山在晉原縣西北七十九里絕壁千尋一統志鶴鳴山在四川成都府崇慶州西北李兆洛曰晉原縣今四川成都府崇慶州東十里方輿紀要卷六十七崇慶州有鶴鳴山州西八十里絕壁千尋唐十道志劍南道名山之一也本傳作鵠鳴范書水經注作鶴鳴御覽作鳴鵠互異造作道書范書劉焉傳作造作符書

以惑百姓從受道者出五斗米故世號米賊胡三省曰陵卽今所謂天師者也後魏寇謙之祖其道陵死子衡行其道宋濂天師世家敘云衡字靈眞衡死魯復行之水經沔水注云陵學道于蜀鶴鳴山傳業衡衡傳于魯魯至行寬惠百姓親附供道之費米限五蚪故世號五蚪米道趙一清曰御覽卷六百六十二引眞誥曰（御覽引作貞誥）陵字輔漢本大儒晚學長生之道得九鼎丹經聞蜀中多名山乃入鳴鵠山著道書二十餘篇（眞誥卷五云徐季道學道在鵠鳴山中）李膺益州記曰張陵避病瘧於丘社中得咒鬼術書遂解使鬼法入鵠鳴山自稱天師漢熹平末爲蟒蛇所噏子衡奔走尋尸無所乃假說權方以表靈化生麋鵠跡置石崖頂光和二年遣信告曰正月七日天師昇元都衡爲係師衡子魯爲嗣師杭世駿補注亦引此方輿紀要卷六十八閬中縣文成山有張道陵元都臺宋濂漢天師世家敘云道陵字輔漢建武十年生於吳之天目山暨長博習羣書中直言極諫科拜巴郡江州令棄官隱洛陽北邙山脩煉形之術章帝以博士徵不赴和帝卽位召爲太傅封冀侯亦不就乃杖策游淮入鄱陽上龍虎山合九天神丹訪西仙源獲制命五嶽攝召萬靈及神虎祕文於壁魯洞俄往嵩山石室得黃帝九鼎丹書及道旣成聞巴蜀沴氣爲人害銳意入蜀初居陽平山遷鶴鳴山感玄元老君屢授以經籙之法於是分形示化復立二十四治增以四治以應二十八宿妖厲爲之衰熄如發醎泉破鬼城之事甚多不能備載永壽二年復遷渠亭山出三五斬邪雌雄劒二陽平治都功印一授嗣天師衡使世世相傳乃乘雲上升壽蓋一百二十又三云見宋學士文集翰苑文集卷六弼按張道陵生於東漢光武建武十年死於靈帝光和二年蓋一百五十七年與宋濂敘文不合潘眉曰法苑珠林破邪篇云沛人張陵客游蜀土聞古老相傳昔漢高祖應二十四氣祭二十四壇遂王有天下陵遂殺牛祭祀二十四所置以土壇戴以草屋稱二十四治治館之興始于此也二十三所在蜀地尹喜一所在咸陽又天師世家敘云衡字靈眞有長材詔徵黃門侍郎避隱居陽平山誓以忠孝導民君子謂其有繼宗開緖納俗安善之功衡生京師胡玉縉曰天師二字始見於莊子徐无鬼篇其文曰黃帝將見大隗乎具茨之山至於襄城之野適遇牧馬童子曰夫爲天下者亦奚以異乎牧馬者哉亦去其害馬者而已矣黃帝再拜稽首稱天師而退是黃帝之意蓋謂已見大隗天師卽指大隗也張陵造作道書愚惑百姓實爲害馬乃自稱天師而子孫之襲其術者世人且相與天師之甚矣經之不正者久矣益州牧劉焉以魯爲督義司馬胡三省曰洪氏隸釋云劉焉在蜀創置督義司馬助義褒金校尉劉表在荆亦置綏民校尉漢衰諸侯擅命率意各置官屬與別部司馬張修將兵擊漢中太守蘇固魯遂襲修殺之奪其衆趙一清曰水經沔水注濜水南逕張魯城東初平中劉焉以魯爲督義司馬住漢中斷絕谷道用遠城治因卽崤嶺周迴五里東臨濬谷杳然百尋西北二面連峯接崖莫究其極從南爲盤道登涉二里有餘又南逕張魯治東水西山上有張天師堂於今民事之庾仲雍謂山爲白馬塞堂爲張魯治東對白馬城一名陽平關范書靈帝紀中平元年七月巴郡妖巫張脩反寇郡縣注引劉艾紀曰時巴郡巫人張脩療病愈者雇以五斗米號爲五斗米師惠棟曰華陽國志云扶風蘇固爲漢中太守魯遣其黨張脩

攻固成固人陳調（續漢志漢中郡成固一統志今陝西漢中府城固縣西北十八里）素游俠學兵法固以爲門下掾說固守杆禦寇之術固不能用踰牆投走南鄭趙嵩嵩將俱逃賊盛固遣嵩求隱避處嵩未還固又令鈴下偵賊賊得鈴下遂得殺固嵩痛憤仗劍直入調亦聚其賓客百餘人攻脩戰死魯遂有漢中數害漢使調字元化仲卿孫嵩字伯高焉死子璋代立以魯不順盡殺魯母家室范書劉焉傳魯母有姿色兼挾鬼道往來焉家魯遂據漢中以鬼道教民自號師君通鑑建安十八年魯以馬超爲都講祭酒胡三省曰都講祭酒者魯使學者都習老子五千文置都講祭酒位次師君其來學道者初皆名鬼卒受本道已信號祭酒錢大昭曰隸續載米巫祭酒張普題字熹平二年三月一日天表鬼兵胡九（原闕二字）仙歷道成元施延命道正一元布於伯氣定召祭酒張普萌生趙廣王盛黃長楊奉等謚受微經十二卷祭酒約施天師道法元極耳此碑有天師道法祭酒鬼兵字而云受微經十二卷蓋諸張妖黨指傳授之約觀其詞以是姓胡老初入米賊社中故召諸祭酒授以經法頗合史氏所載各領部衆多者爲治頭大祭酒范書劉焉傳治作理何焯曰理本治字避高宗名皆教以誠信不欺詐有病自首其過范書劉焉傳首作嘗嘗音式救反何若瑤曰西域傳注嘗猶服也大都與黃巾相似諸祭酒皆作義舍如今之亭傳又置義米肉懸於義舍行路者量腹取足若過多鬼神輒病之犯法三原宋本神作道法下有者字然後乃行刑不置長吏皆以祭酒爲治民夷便樂之范書劉焉傳諸祭酒各起義舍於路同之亭傳（傳音陟戀反）懸置米肉以給行旅食者量腹取足過多則鬼能病之犯法者先加三原（原免也）然後行刑不置長吏以祭酒爲理民夷信向杭世駿曰隋書地理志曰漢中之人好犯鬼神尤多忌諱家人有死輒離其故宅崇重道教猶有張魯之風焉潘眉曰是時從受道者類皆兵民脅從無知名之士至晉世則及士大夫矣如何充傳云郗愔及弟曇奉天師道王羲之傳云王氏世事張氏五斗米道凝之彌篤孫恩之亂凝之入靖室請禱出語將佐曰吾已請大道許鬼兵相助賊自破矣遂爲孫恩所害孫恩傳言恩世奉五斗米道殷仲堪傳云仲堪少奉天師道桓玄來攻猶勤請禱終爲追兵所獲逼令自殺王恭傳云虞珧子妻裴氏有服食之術常衣黃衣狀如天師王道子甚悅之法苑珠林破邪篇載晉程道惠世奉五斗米道常云古來正道莫踰李老惟不立鬼卒鬼吏祭酒姦令祭酒治頭大祭酒諸名耳雄據巴漢垂三十年

典略曰熹平中妖賊大起三輔有駱曜光和中東方有張角漢中有張脩駱曜教民緬匿法角爲太平道脩爲五斗米道太平道者師持九節杖爲符祝教病人叩頭思過因

以符水飲之得病或日淺而愈者則云此人信道其或不愈則爲不信道范書劉焉傳注引此爲作云脩法略與角同范書皇甫嵩傳鉅鹿張角自稱大賢良師奉事黃老道畜養弟子跪拜首過符水呪說以療病病者頗愈百姓信仰之角因遣弟子八人使於四方以善道教化天下轉相誑惑十餘年閒衆徒數十萬加施靜室使病者處其中思過又使人爲姦令祭酒祭酒主以老子五千文使都習號爲姦令章懷注引此無爲字爲鬼吏主爲病者請禱請禱之法書病人姓名說服罪之意作三通其一上之天著山上其一埋之地其一沈之水謂之三官手書錢大昭曰此三官之始也道藏書以爲唐宏葛雍周實三人並無實據使病者家出米五斗以爲常故號曰五斗米師實無益於治病但爲淫妄何焯云謂淫祀妄言也然小人昏愚競共事之後角被誅脩亦亡及魯在漢中因其民信行脩業遂增飾之教使作義舍以米肉置其中以止行人又教使自隱有小過者當治道百步章懷注治作循避唐諱則罪除又依月令春夏禁殺又禁酒流移寄在其地者不敢不奉臣松之謂張修應是張衡非典略之失則傳寫之誤陳景雲曰衡事見魯傳裴氏蓋據本傳言之後漢書靈帝紀張角張修並以中平元年反章懷注修事引漢侍中劉艾紀與典略之文合劉紀出典略之前不應有誤修衡二人雖同爲五斗米道而衡匿跡深山無阻兵作亂事與反逆之妖賊自異也又曰劉艾嘗爲董卓長史所記皆耳目近事在魏臣魚豢典略之前不應有誤錢大昭曰按張魯本傳魯卽張衡之子又云益州牧劉焉以魯爲督義司馬與別部司馬張修將兵擊漢中太守蘇固典略所云漢中張修卽劉焉之別部司馬亦習五斗米道後漢書靈帝紀所謂巴郡妖巫是也安得以張魯之父當之裴說非是惠棟曰劉焉司馬張修與魯同擊漢中魯襲殺修非其父也

漢末力不能征遂就寵魯爲鎮民中郎將范書劉焉傳作鎮夷中郎將領漢寧太守曹公入南鄭復漢寧郡爲漢中詳見武紀建安二十年通貢獻而已民有地中得玉印者何焯曰米道之後云自陵傳有玉印豈因魯常得之猶假以欺人耶羣下欲尊魯爲漢寧王趙一清曰建言欲魯舉號者是李勝之父李休見曹爽傳注魯功曹巴西閻圃諫魯曰華陽國志圃巴西安漢人漢川之民戶出十萬財富土沃四面險固趙一清曰文選陳孔璋爲曹洪與魏文帝書云漢中地形實有險固四嶽三塗皆不及也彼有精甲數萬臨高守要一夫揮戟萬人不得進而我軍過之若駭鯨之決細網奔兕之觸魯縞未足以喻其易上匡天子則爲桓文次及竇融不失富貴今承制署置勢足斬斷不煩於王願且不稱勿爲禍先魯從之

韓遂馬超之亂關西民從子午谷奔之者數萬家一統志子午谷在陝西西安府長安縣南漢書王莽傳元始五年秋莽以皇后有子孫瑞通子午道從杜陵直絕南山徑漢中顏師古注子北方也午南方也言通南北道相當故謂之子午今京城直南山有谷通梁漢道名子午谷三秦記子午長安正南山名秦嶺谷名子午一名樊川玉海南山大谷凡六謂子午儻駱褒斜南北分列也趙一清曰方輿紀要卷五十六子午道南口曰午在今漢中府洋縣東百六十里北口曰子在今西安府南百里有子午關谷長六百六十里或曰卽古蝕中也謝鍾英曰在今鎮安寧陝閒建安二十年太祖乃自散關出武都征之至陽平關散關武都陽平關均見武紀建安二十年魯欲舉漢中降其弟衞不肯率衆數萬人拒關堅守太祖攻破之遂入蜀

魏名臣奏載董昭表曰武皇帝承涼州從事及武都降人之辭說張魯易攻陽平城下

南北山相遠不可守也信以爲然及往臨履不如所聞乃歎曰他人商度少如人意攻陽平山上諸屯通鑑下有山峻難登四字旣不時拔士卒傷夷者多通鑑下有軍食且盡四字武皇帝意沮便欲拔軍截山而還胡三省曰截山者防其尾追也遣故大將軍夏侯惇將軍許褚呼山上兵還會前軍未還夜迷惑誤入賊營賊便退散侍中辛毗劉曄等在兵後語惇褚言官兵已據得賊要屯賊已散走猶不信之惇前自見乃還白武皇帝進兵定之幸而克獲此近事吏士所知又楊暨表曰楊暨字休先滎陽人見劉曄田豫傳武皇帝始征張魯以十萬之衆身親臨履指受方略因就民麥以爲軍糧張衞之守蓋不足言地險守易雖有精兵虎將勢不能施對兵三日欲抽軍還言作軍三十年一朝持與人如何此計已定天祚大魏魯守自壞因以定之何焯曰此操不敢取蜀之實錄其後懲於夏侯授首亦無慾復爭漢川也然持勝之道莫善於此世語曰魯遣五官掾降弟衞橫山築陽平城以拒王師不得進魯走巴中軍糧盡太祖將還西曹掾

東郡郭諶曰不可魯已降留使既未反衞雖不同偏攜可攻縣軍深入以進必克退必不免太祖疑之夜有野麋數千突壞衞營軍大驚夜高祚等誤與衞衆遇祚等多鳴鼓角會衆衞懼以爲大軍見掩遂降 范書劉焉傳魯弟衞率衆數萬拒關固守操破衞斬之通鑑考異曰武帝紀公至陽平張魯使弟衞等據關攻之不拔乃引還賊守備解散公乃密遣解慓等乘險夜襲大破之劉曄傳曰太祖欲還令曄督後諸軍曄策魯可克馳白太祖不如致攻遂進兵魯乃奔走

魯聞陽平已陷將稽顙 范書將稽顙下有歸降二字沈家本曰將稽顙三字語意不完疑奪歸降二字弼按蜀志先主傳盧江雷緒稽顙語意相同 **圃又曰今以迫往功必輕不如依杜灌赴朴胡相拒** 杜濩朴胡見武紀建安二十年通鑑灌作濩胡三省曰杜濩賨邑侯也朴胡巴七姓夷王也余拒板循蠻渠帥有羅朴都鄂度夕龔七姓不輸租賦此所謂七姓夷王也其餘戶歲入賨錢口四十故有賨侯孫盛曰朴音浮濩音戶陳景雲曰灌當作濩見武紀及蜀志黃權王平二傳錢大昭曰朴胡人姓名巴七姓夷王也胡嘗爲巴東太守趙一清曰方輿紀要卷六十八巴渝蠻亦謂之板楯蠻以常挾楯爲戰具也有七姓曰羅朴督鄂度夕龔皆爲渠帥其渠長爲賨侯閻圃勸張魯依度濩赴朴胡度濩賨侯之名朴胡七姓之一也侯康曰華陽國志敘魯事有巴夷杜濩朴胡袁約三人此作杜灌乃筆誤耳 **然後委質功必多於是乃奔南山入巴中** 南山在今陝西漢中府沔縣南四川保寧府南江縣北諸葛亮徙府營於南山卽此巴中見武紀建安二十年謝鍾英曰方輿紀要自南鄭而南循山嶺達於四川保寧府巴州爲米倉道米倉山在南鄭西南一百四十里鍾英按當在沔縣直南南江縣北惠棟曰華陽國志云魯走巴中先主將迎之而閻圃說魯北降歸魏武不然西結劉備以歸之魯勃然曰寧爲曹公作奴不爲劉備上客遂委質魏武棟案魯本漢賊安肯附漢同惡相濟宜其甘心爲曹公奴也 **左右欲悉燒寶貨倉庫魯曰本欲歸命國家而意未達今之走避銳鋒非有惡意寶貨倉庫國家之有遂封藏而去太祖入南鄭** 南鄭見武紀建安十六年漢中郡注胡三省曰南鄭縣漢中郡治所惠棟曰沔水注者舊傳云南鄭之號始於鄭桓公死于犬戎其民南奔故以南爲稱方輿紀要今漢中府城東北二里 **甚嘉之又以魯本有善意遣人慰喩** 馮本慰作尉 **魯盡將家出太祖逆拜魯鎭南將軍待以客禮封閬中侯** 章懷注閬中屬巴郡今隆州縣王先謙曰前漢縣三國蜀巴西郡治此常志閬水迂曲逕其三面縣處其中故名一統志閬中故城今保寧府閬中縣治弼按華陽國志作封襄平侯 **邑萬戶封魯五子及閻圃等**

皆爲列侯 潘眉曰魯五子見於本傳者一人名富襲爵爲閬中侯見於宋濂天師世家敘者一人名盛字元宗魏太祖封都亭侯弗受始自漢中還就龍虎山創三元日升壇受籙見於太平御覽五百十八引魏志者一人名廣字嗣宗魯第二子也魯雅爲魏武所寵諸子未勝纓並遣中使拜受官爵（今魏志無此文）閻圃初封亭侯勸進表稱平樂亭侯是也黃初中進封鄉侯晉書閻纘傳稱圃封平樂鄉侯是也

臣松之以爲張魯雖有善心要爲敗而後降今乃寵以萬戶五子皆封侯過矣 習鑿齒曰魯欲稱王而閻圃諫止之今封圃爲列侯夫賞罰者所以懲惡勸善也苟其可以明軌訓於物無遠近幽深矣今閻圃諫魯勿王而太祖追封之將來之人孰不思順塞其本源而末流自止其此之謂與若乃不明於此而重燋爛之功 通鑑燋作焦胡三省曰此引前書徐福焦頭爛額事 豐爵厚賞止於死戰之士則民利於有亂俗競於殺伐阻兵仗力 宋本仗作杖 干戈不戢矣太祖之此封可謂知賞罰之本雖湯武居之無以加也 **魏略曰黃初中增圃爵邑在禮請中** 宋本請作謂官本考證曰監本作在禮爲中毛本作在禮謂中按蜀志劉封傳注詔轉儀拜樓船將軍在禮請中請猶奉朝請之請毛本監本均失之今改正 **後十餘歲病死** 晉書云西戎司馬閻纘圃孫也 趙一清曰晉書纘傳纘字續伯巴西安漢人祖圃爲張魯功曹勸魯降魏封平樂鄉侯璞嗣爵仕吳至牂牁太守纘僑居河南新安一清案圃以勸降之功仕魏封侯其子又襲爵矣不知何以事吳也傳不明言可謂疏略纘姓字亦見管輅傳注

爲子彭祖取魯女 潘眉曰彭祖燕王宇字御覽五百十八引南鄭城碑云位尊上將體極人臣五子十室榮並爵均童年嬰稚抱拜王人命婚帝族或尙或嬪蓋謂此也趙一清曰水經沔水注黃沙水南注漢水南有女郎山山上有女郎冢遠望山墳嵬嵬狀高及卽其所裁有墳形山上直路下出不生草木世人謂之女郎道下有女郎廟及擣衣石言張魯女也有小水北流入漢謂之女郎水 **魯薨諡之曰原侯** 沈家本曰之字疑衍 **子富嗣** 趙一清曰今張氏子孫盛於江西廣信府貴溪縣之龍虎山山在縣西南八十里道書以爲第二十九福地相傳張道陵修煉於此方輿紀要卷八十五引圖經云後漢末張魯之子自漢中徙居於此

魏略曰劉雄鳴者藍田人也 藍田見武紀建安十七年 **少以採藥射獵爲事嘗居覆車山下** 元和志藍田山一名玉山一名覆車山在縣東二十八里郭緣生述征記云山形如覆車之象後魏風土記云山巓方二里仙聖游集之所劉雄鳴學道於此每晨

夜出行雲霧中以識道不迷而時人因謂之能爲雲霧郭李之亂人多就之建安中附屬州郡州郡表薦爲小將馬超等反不肯從超破之後詣太祖太祖執其手謂之曰孤方入關夢得一神人卽卿邪乃厚禮之表拜爲將軍遣令迎其部黨部黨不欲降遂劫以反諸亡命皆往依之有衆數千人據武關道口武關見武紀初平元年太祖遣夏侯淵討破之雄鳴南奔漢中漢中破窮無所之乃復歸降太祖捉其鬚曰老賊眞得汝矣復其官徙渤海局本徙誤作徒時又有程銀侯選李堪皆河東人也興平之亂各有衆千餘家建安十六年並與馬超合超破走堪臨陣死銀選南入漢中漢中破詣太祖降皆復官爵是時龐惪亦隨魯降胡三省曰程銀侯選關中部帥也渭南冀城之敗皆奔張魯何焯曰此屬皆大亂之時塢壁自保因爲雄長者也金末封建九公亦因而用之法力不能平反假以祿位使爲扞禦也

評曰公孫瓚保京坐待夷滅度殘暴而不節淵仍業以載凶祇足覆其族也陶謙昏亂而憂死張楊授首於臣下皆擁據州郡曾匹夫之不若固無可論者也燕繡魯舍羣盜列功臣去危亡保宗祀則於彼爲愈焉

諸夏侯曹傳第九

武紀注引曹瞞傳世語謂曹嵩夏侯氏子何焯謂爲敵國傳聞之辭趙一清曰承祚以夏侯與諸曹互列一卷正隱寓操爲夏侯氏子至操以女妻楙蓋欲掩其迹所謂奸也而何氏轉據此力辨操非攜養不亦傎乎章學誠乙卯劄記亦謂此篇有深意洪亮吉四史發伏曰承祚蓋因世有謂操夏侯氏子者故評中特著夏侯曹氏世爲婚姻以明其非今之讀曹瞞傳世語而信爲實者皆不善讀史惲敬書後曰後人謂承祚合傳夏侯曹以嵩爲夏侯氏子按傳太祖以女妻惇子楙而淵子衡亦尙太祖弟海陽哀侯女尙適室又曹氏女也操雖鬼蜮何至汙亂若此邪蓋二氏世爲婚姻惇淵有開國勛與仁洪休眞等及其亡也爽與玄先後誅夷大權始盡歸司馬氏故合傳之以觀魏氏興衰之所由乃作史定法也劉咸炘三國志知意曰卽使嵩是夏侯子未嘗不可與夏侯氏爲婚彼固已異族也陳嬌亦行之矣但夏侯氏子不足爲醜何故諱之嵩爲宦者養子固人知之而曹氏亦未嘗諱不諱養子而反諱夏侯乎此不近情固知其說不足信合傳之義惲說爲當評中世爲婚姻乃是立此傳之意洪氏謂意在辨正世傳則反曲矣

晉平陽侯相安漢陳壽撰

宋中書侍郎西鄉侯聞喜裴松之注

沔陽盧弼集解

夏侯惇字元讓沛國譙人沛國譙縣見武紀卷首夏侯嬰之後也梁章鉅曰漢書夏侯嬰傳嬰爲滕令奉車故號滕公及曾孫頗尙主主隨外家姓號孫公主故滕公子孫更爲孫氏據此則竟云夏侯嬰之後恐不無附會矣周壽昌曰滕公後爲孫氏特頗一支非必夏侯氏後盡爲孫也觀漢書功臣表嬰玄孫之子長安大夫信不稱孫信則仍爲夏侯氏可知弼按晉書夏侯湛傳湛作昆弟誥曰惟我皇乃祖滕公肇釐厥德厥功以左右漢祖據湛自述則爲嬰後無疑蓋滕公子孫有別爲孫氏者非謂夏侯氏非嬰後也周說是梁說誤年十四就師學人有辱其師者惇殺之由是以烈氣聞太祖初起惇常爲裨將從征伐太祖行奮武將軍在初平元年以惇爲司馬奮武將軍之司馬也別屯白馬白馬見武紀建安五年又見袁紹傳洪亮吉曰有黎陽津卽白馬津關雲長刺袁紹將顏良解白馬圍卽此有滑臺魏武破袁紹斬文醜於此遷折衝校尉折衝校尉見袁術傳領東郡太守太祖征陶謙在初平四年留惇守濮陽濮陽見武紀卷首東郡注張邈叛迎呂布在興平元年太祖家在鄄城鄄城見武紀初平四年孫恤曰後漢獻帝兗州刺史治此王先謙曰三國魏改屬東郡

惇輕車往赴趙一清曰車當作軍適與布會交戰布退還遂入濮陽本志呂布傳陳宮迎布爲兗州牧據濮陽據此則此傳當云退還布遂入濮陽蓋惇本守濮陽因東赴鄄城與布交戰退還鄄城布遂得入濮陽也襲得惇軍輜重遣將僞降共執持惇責以寶貨惇軍中震恐惇將韓浩乃勒兵屯惇營門召軍吏諸將皆案甲當部不得動諸營乃定遂詣惇所叱持質者曰汝等凶逆乃敢執劫大將軍錢大昭曰是時惇爲折衝校尉非大將軍也惇爲大將軍在文帝即王位之後安得先以大將軍稱之大字疑衍沈家本曰下文寧能以一將軍之故亦稱將軍錢說是復欲望生邪且吾受命討賊寧能以一將軍之故而縱汝乎因涕泣謂惇曰當柰國法何促召兵擊持質者持質者惶遽叩頭言我但欲乞資用去耳浩數責皆斬之惇既免太祖聞之謂浩曰卿此可爲萬世法乃著令自今已後有持質者皆當幷擊勿顧質由是劫質者遂絕本志荀彧傳興平元年太祖征陶謙張邈陳宮以兗州反彧守鄄城馳召東郡太守夏侯惇督將大吏多與邈宮通謀惇至其夜誅謀叛者數十人衆乃定

孫盛曰案光武紀建武九年盜劫陰貴人母弟吏以不得拘質迫盜盜遂殺之也孫盛所引未詳何人後漢紀范書光武紀未載此事惟皇后紀陰后紀建武九年有盜劫殺后母鄧氏及弟訢帝甚傷之然則合擊者乃古制也自安順已降政教陵遲毛本政誤作沒劫質不避王公而有司莫能遵奉國憲者何焯云後漢書橋玄傳玄少子爲人所劫執玄促令兵攻之玄子亦死此靈帝光和元年事惠棟曰漢律所謂持質在盜篇浩始復斬之故魏武嘉焉

太祖自徐州還惇從征呂布爲流矢所中傷左目

魏略曰時夏侯淵與惇俱爲將軍軍中號惇爲盲夏侯惇惡之每照鏡恚怒輒撲鏡於地

復領陳留濟陰太守陳留見武紀卷首濟陰郡治定陶見武紀初平四年加建武將軍趙一清曰宋百官志建武將軍魏置封高安鄉侯時大旱蝗蟲起惇乃斷太壽水作陂錢大昭曰初平四年袁術走襄

邑追到太壽決睢水灌城即其處也趙一清曰太壽不見於兩漢志大約地在寧陵襄邑之閒水經汳水注汳水又東逕夏侯長塢續述征記曰夏侯塢至周塢各相距五里疑即惇所治也謝鍾英曰按決睢陽渠水也陂在今睢州東寧陵襄邑均見武紀初平四年身自負土率將士勸種稻民賴其利轉領河南尹太祖平河北爲大將軍後拒趙一清曰將字衍魏武時爲司空不爲大將軍惇親貴殊倫又不當爲他將後拒錢儀吉曰此時亦無他人爲大將軍鄴破遷伏波將軍領尹如故使得以便宜從事不拘科制建安十二年錄惇前後功增封邑千八百戶幷前二千五百戶二十一年從征孫權還使惇都督二十六軍留居巢居巢見武紀建安二十二年洪亮吉曰建安中魏武屯居巢又遣夏侯惇曹仁等屯此寰宇記後以吳魏戰地遂荒廢賜伎樂名倡令曰魏絳以和戎之功猶受金石之樂況將軍乎左傳襄公十一年晉侯以樂之半賜魏絳曰子教寡人和諸戎狄以正諸華八年之中九合諸侯如樂之和無所不諧請與子樂之魏絳於是乎有金石之樂禮也杜注禮大夫有功則賜樂二十四年太祖軍擊破呂布軍於摩陂摩陂見武紀建安二十四年趙一清曰魏武擒布在建安三年此爲誤文是年關羽圍曹仁於襄陽魏武軍於摩陂以爲之援亦無攻戰事錢大昭曰案所擊破者蓋寇非呂布也布受誅於建安三年至二十四年安得尚存乎趙翼曰操擒布在建安二年（一弼按在建安三年二字誤）距建安二十四年已二十餘載何得尚有破布之事考是時關羽圍曹仁操遣徐晃救之操自洛陽親往應接未至而晃破羽操遂軍摩陂則惇傳所云呂布必關羽之訛潘眉曰呂布係關羽之譌陳景雲曰呂布二字誤當作關羽錢熙祚曰布死於建安三年不應譌舛若是李慈銘曰此因上文有征呂布事而誤耳弼按官本攷證亦同是諸家攷訂皆以呂布二字爲誤文然謝鍾英云此呂布即滿寵傳所謂羽遣別將在郟下者非五原郡呂布也三國志有兩呂布猶漢書有兩召平耳此則別爲一說然別將是否亦爲呂布似無佐證弼疑擊破呂布軍五字皆衍文則上下文皆通與武紀亦合又按本志徐晃傳晃破羽振旅還摩陂太祖迎晃七里召惇常與同載特見親重出入臥內諸將莫得比也拜前將軍趙一清曰宋百官志左右前後將軍光武建武七年省魏以來復置一清案續百官志云前後左右雜號將軍衆多皆主征伐事訖皆罷則是未嘗省也故袁術爲後將軍公孫瓚爲前將軍樊稠爲右將軍呂布爲左將軍皆在魏國未建之先則東漢末已皆具其官矣

魏書曰時諸將皆受魏官號惇獨漢官乃上疏自陳不當不臣之禮太祖曰吾聞太上師臣其次友臣夫臣者貴德之人也區區之魏而臣足以屈君乎惇固請乃拜爲前將

軍[魏氏春秋載惇勸魏武正位事見武紀建安二十四年注]督諸軍還壽春[壽春見武紀初平四年九江郡注]徙屯召陵[召陵見文紀黃初六年]文帝即王位拜惇大將軍[北宋本惇下有爲字]數月薨惇雖在軍旅親迎師受業性清儉有餘財輒以分施不足資之於官不治產業謚曰忠侯[青龍元年從祀太祖廟庭]子充嗣帝追思惇功欲使子孫畢侯分惇邑千戶賜惇七子二孫爵皆關內侯惇弟廉及子楙素自封列侯初太祖以女妻楙即清河公主也[清河公主爲劉夫人生見后妃傳卞后傳注引魏略胡三省曰此女欲以妻丁儀文帝止之以妻楙楙音茂弼按丁儀事見陳思王植傳注引魏略通鑑作征西將軍夏侯淵之子楙尙太祖女清河公主誤楙爲惇子非淵子也]楙歷位侍中尙書安西鎭東將軍假節

魏略曰楙字子林惇中子也文帝少與楙親及即位以爲安西將軍持節承夏侯淵處都督關中楙性無武略而好治生[蜀志魏延傳注引魏略云延曰聞夏侯楙少主壻也怯而無謀此雖敵國傳聞之辭然其無武

略可知]至太和二年明帝西征人有白楙者遂召還爲尙書楙在西時多畜伎妾公主由此與楙不和其後羣弟不遵禮度楙數切責弟懼見治乃共構楙以誹謗公主奏之[官本攷證曰公主宋本作令主]有詔收楙帝竟欲殺之[宋本竟作意]以問長水校尉京兆段默默以爲此必清河公主與楙不睦出於譖構冀不推實耳且伏波與先帝[惇爲伏波將軍]有定天下之功宜加三思帝意解曰吾亦以爲然乃發詔推問爲公主作表者果其羣弟子臧子江所構也

充薨子廙嗣廙薨子劭嗣

晉陽秋曰泰始二年高安鄉侯夏侯佐卒惇之孫也嗣絕詔曰惇魏之元功勳書竹帛昔庭堅不祀猶或悼之況朕受禪於魏而可以忘其功臣哉宜擇惇近屬劭封之[宋本劭作紹]

韓浩者河內人及沛國史渙與浩俱以忠勇顯[或曰與浩二字可刪否則當去及字]浩至中護軍[中護軍見齊王紀嘉平六年注又武紀建安十八年注作中領軍萬歲亭侯韓浩]渙至中領軍[渙事見武紀建安四年]皆掌禁兵封列侯[趙一清曰宋百官志建安十二年改護軍爲中護軍領軍爲中領軍置長史司馬資重者爲領軍護軍將軍資輕者爲中領軍中護軍續漢志百官志注魏略曰曹公置護軍將軍比二千石旋軍止罷錢大昭曰護軍領軍皆魏武丞相府自置非漢官也]

魏書曰韓浩字元嗣漢末起兵縣近山藪多寇浩聚徒衆爲縣藩衛太守王匡以爲從事將兵拒董卓於盟津[王匡事見董卓傳盟津見武紀初平元年孟津注]時浩舅杜陽爲河陰令[趙一清曰兩漢志皆無河陰顧祖禹云平陰魏文帝改河陰杜陽爲令時不應有河陰之名蓋史家追改之王先謙曰平陰前漢縣漢末改曰河陰三國魏因洪亮吉云魏改河陰宋志魏立徵誤謝鍾英云晉書宣帝紀葬河陰即此韓浩舅杜陽爲河陰令在建安中是河陰係桓靈後所改洪云魏改非案謝說是沈家本曰前志五原郡河陰續志作河除疑除爲陰之譌杜陽爲令者五原之河陰乎若河內郡之河陰始見於晉志宋志以爲魏立一統志故城今河南府孟津縣東]卓執之使招浩浩不從袁術聞而壯之以爲騎都尉夏侯惇聞其名請與相見大奇之使領兵從

征伐時大議損益浩以爲當急田[事見武紀建安元年]太祖善之遷護軍太祖欲討柳城[柳城見武紀建安十二年]領軍史渙以爲道遠深入非完計也欲與浩共諫浩曰今兵勢彊盛威加四海戰勝攻取無不如志不以此時遂除天下之患將爲後憂且公神武舉無遺策吾與君爲中軍主不宜沮衆遂從破柳城改其官爲中護軍置長史司馬從討張魯魯降[事在建安二十年]議者以浩智略足以綏邊欲留使都督諸軍鎭漢中太祖曰吾安可以無護軍乃與俱還其見親任如此及薨太祖愍惜之無子以養子榮嗣史渙字公劉少任俠有雄氣太祖初起以客從行中軍校尉[中軍校尉見袁紹傳]從征伐常監諸將見親信轉拜中領軍十四年薨子靜嗣

夏侯淵字妙才惇族弟也太祖居家曾有縣官事淵代引重罪太祖營救之得免

魏略曰時兗豫大亂淵以饑乏棄其幼子而活亡弟孤女

太祖起兵以別部司馬騎都尉從遷陳留潁川太守及與袁紹戰於官渡官渡見武紀建安四年行督軍校尉紹破使督兗豫徐州軍糧時軍食少淵傳饋相繼軍以復振昌豨反各本豨作豨建安三年泰山屯帥臧霸昌豨等皆附呂布布死霸等降五年豨叛爲劉備擊破之六年淵與張遼圍豨於東海豨降十一年豨復叛胡三省曰昌姓昌慮之後遣于禁擊之未拔復遣淵與禁并力遂擊豨降其十餘屯豨詣禁降在建安十一年淵還拜典軍校尉曹操爲典軍校尉見武紀卷首周壽昌曰操曾領此官今特以拜淵所以示親異也

魏書曰淵爲將赴急疾常出敵之不意故軍中爲之語曰典軍校尉夏侯淵三日五百六日一千

濟南樂安黃巾徐和司馬俱等濟南見武紀卷首郡國志青州樂安國治臨濟一統志臨濟故城今山東青州府高苑縣西北攻城殺長吏淵將泰山齊平原郡兵泰山見武紀初平元年齊見武紀建安四年平原見武紀初平三年擊大破之斬和平諸縣收其糧穀以給軍士十四年錢大昭曰此十四年卽建安十四年也疑脫建安二字以淵爲行領軍太祖征孫權還使淵督諸將擊廬江叛者雷緒廬江見武紀建安四年蜀志先主傳建安十三年廬江雷緒率部曲數萬口稽顙緒破又行征西護軍通鑑建安十六年三月操遣司隸校尉鍾繇討張魯使征西護軍夏侯淵等將兵出河東與繇會胡三省曰淵之族操所自出也付以西征先驅之任以資序未得爲征西將軍故以護軍爲名督徐晃擊太原賊攻下二十餘屯斬賊帥商曜屠其城事見武紀建安十六年從征韓遂等戰於渭南又督朱靈平隃麋汧氏郡國志司隸右扶風渝麋（班志作隃麋）一統志渝麋故城今鳳翔府汧陽縣東三十里汧縣故城今鳳翔府隴州南與太祖會安定安定見武紀建安十六年降楊秋武紀建安十六年十月軍自長安北征楊秋圍安定秋降留夏侯淵鎮長安注引魏略封秋臨涇侯卽安定郡治也十七年太祖乃還鄴以淵行護軍將軍督朱靈路招等屯長安擊破南山賊劉雄官本攷證曰張魯傳注劉鳴雄據武關道口太祖遣夏侯淵討破之此作劉雄疑脫鳴字趙一清說同潘眉曰魏略云劉雄鳴有衆數千人太祖使夏侯淵討破之是時人無雙名劉鳴雄係賊號如飛燕白騎之類耳降其衆圍遂超餘黨梁興於鄠拔之斬興封博昌亭侯武紀建安十七年馬超餘衆梁興等屯藍田使夏侯淵擊平之鄠見董卓傳鄭渾傳梁興等餘衆聚鄠城徐晃傳使晃與夏侯淵平鄜夏陽餘賊斬梁興據此二傳鄠應作鄜通鑑亦作鄜詳見徐晃傳馬超圍涼州刺史韋康於冀韋康字元將京兆人父端爲涼州牧徵爲太僕康代爲涼州刺史見本志荀彧傳注冀縣見武紀建安十八年漢陽郡注淵救康未到康敗去冀二百餘里超來逆戰軍不利毛本來作乃通鑑作來汧氏反氏王千萬反應超屯興國胡三省曰氏王千萬略陽清水氏種也其後爲仇池之楊淵引軍還十九年趙衢尹奉等謀討超武紀南安趙衢漢陽尹奉等討超姜敍起兵鹵城以應之姜敍字伯奕天水人見楊阜傳胡三省曰鹵城當在西縣冀縣之閒何焯曰西縣屬漢陽西古作卤此卤字與楊阜傳皆訛爲鹵馬與龍曰姜敍屯西縣之歷城見漾水注謝鍾英曰楊阜傳起兵於鹵城漢晉春秋云司馬懿至鹵城皆西城之訛一統志西縣故城在甘肅秦州西南晉改置始昌縣而縣廢酈安邑云故城今秦州西南百二十里弼按鹵城又見楊阜傳注衢等譎說超使出擊敍於後盡殺超妻子超奔漢中還圍祁山祁山見明紀青龍二年敍等急求救諸將議者欲須太祖節度淵曰公在鄴反覆四千里比報敍等必敗非救急也遂行使張郃督步騎五千在前從陳倉狹道入陳倉見武紀建安二十年淵自督糧在後郃至渭水上超將氏羌數千逆郃未戰超走郃進軍收超軍器械淵到諸縣皆已降韓遂在顯親郡國志涼州漢陽郡顯親錢大昕曰光武封竇融弟友爲侯國王先謙曰前志無三國魏因屬天水郡渭水注瓦亭水西南出顯親峽又西南逕顯親縣故城東南晉志作顯新屬天水郡一統志顯親故城在今甘肅秦州秦安縣西北淵欲襲取之遂走淵收遂軍糧追至略陽城略陽見文紀黃初二年班志屬天水郡郡國志屬漢陽郡三國魏改屬廣魏郡晉志改屬略陽郡謝鍾英曰略陽不得隔顯親新陽而懸屬廣魏今從郡國志屬天水弼按郡國志略陽屬漢陽郡謝云屬天水誤魏武分漢陽立廣魏郡謝云不得懸屬廣魏亦誤去遂二十餘里諸將欲攻之或言當攻興國氏興國見武紀建安十八年胡三省曰魏略云建安中興國氏王阿貴百頃氏王千萬各有部落萬餘從馬超爲亂超破之後阿貴爲夏侯淵所攻滅千萬南入蜀淵以爲遂兵精興國

城固攻不可卒拔不如擊長離諸羌 胡三省曰水經注瓦亭水南逕隴西成紀縣東歷長離川謂之長離水燒當等羌居之卒讀曰猝方輿紀要卷五十九長離水在秦州東謝鍾英曰按水經注長離川在成紀南當在今秦安縣北七十餘里 長離諸羌多在遂軍必歸救其家若羌獨守則孤 通鑑作若捨羌獨守則孤胡三省曰謂遂若捨羌而不救獨擁兵自守則其勢孤 救長離則官兵得與野戰可必虜也 通鑑作必可虜也 淵乃留督將守輜重輕兵步騎到長離攻燒羌屯斬獲甚衆諸羌在遂軍者各還種落遂果救長離與淵軍對陣諸將見遂衆惡之欲結營作塹乃與戰淵曰我轉鬬千里今復作營塹則士衆罷弊不可久賊雖衆易與耳乃鼓之大破遂軍得其旌麾 毛本旌誤作精 還略陽進軍圍興國氐王千萬逃奔馬超餘衆降 詳見本志卷三十東夷傳末裴注引魏略西戎傳 轉擊高平屠各 郡國志涼州安定郡高平一統志安定故城今甘肅平涼府固原州治此與兗州山陽郡之高平同名異地康發祥曰劉昭注屠各外夷名杜佑曰頭曼冒頓即屠各地也 皆散走收其糧穀牛馬乃假淵節初枹罕宋建因涼州亂自號河首平漢王 枹罕宋建河首均見武紀建安十九年 太祖使淵帥諸將討建淵至圍枹罕月餘拔之斬建及所置丞相已下淵別遣張郃等平河關 郡國志涼州隴西郡河關故屬金城三國魏廢水經河水又東過隴西河關縣北洮水從東南來流注之一統志河關故城今甘肅蘭州府河州西北 渡河入小湟中 胡三省曰湟水源出西海鹽池之西北東至金城允吾縣入河夾湟兩岸之地通謂之湟中又有湟中城在西平張掖之間小月氏之地也故謂之小湟中吳熙載曰今甘肅西寧府大通縣地 河西諸羌盡降隴右平 趙一清曰應劭曰禹貢析支屬雍州在河關之西東去河關千餘里羌人所居謂之河羌曲也後漢書曰湟中月氏胡者其王爲匈奴所殺餘種分散西踰蔥嶺其弱者南入山從羌居止故受小月氏之名也 太祖下令曰宋建造爲亂逆三十餘年淵一舉滅之虎步關右所向無前仲尼有言吾與爾不如也 周壽昌曰論語何注引包咸曰既然子貢不如復云吾與汝俱不如者蓋欲以慰子貢也論衡問孔篇吾與汝俱弗如也鄭康成別傳馬季長謂盧子幹曰吾與汝皆不如也是皆與操語相合可徵漢經師讀法亦以見後世作兩句讀義訓俱失也 二十一年 潘眉曰一字衍當作二十年下載武都氐

及征張魯事並在二十年 增封三百戶并前八百戶還擊武都氐羌下辯 武都下辯見武紀建安二十年郡國志涼州武都郡下辨武都道惠棟曰洪适云李翕碑題名有下辨道長任詩則志闕一道字弼按前志作下辨道武都無道字當係上下誤寫洪說爲是又按兩漢志下辯作下辨顏師古曰武都有天池大澤故謂之都一統志武都故城今甘肅階州成縣西八十里下辨故城今階州成縣西三十里范曄云漢獻帝建安中有天水氐楊騰世居隴右爲氐大帥子駒勇健多計魏拜爲百頃氐王杭世駿曰通典云魏武之初諸戎氐叛令夏侯妙才討之因徙武都之種於秦川以御蜀虜 收氐穀十餘萬斛太祖西征張魯淵等將涼州諸將侯王已下與太祖會休亭太祖每引見羌胡以淵畏之會魯降漢中平以淵行都護將軍 胡三省曰都護將軍以盡護諸將而立號光武始以命賈復 督張郃徐晃等平巴郡 巴郡見武紀建安二十年 太祖還鄴留淵守漢中即拜淵征西將軍 趙一清曰宋百官志魚豢曰四征魏武帝置秩二千石黃初中位次三公 二十三年劉備軍陽平關 陽平關見武紀建安二十年 淵率諸將拒之相守連年二十四年正月備夜燒圍鹿角 御覽三百三十七魏武軍策令曰夏侯淵今月賊燒卻鹿角鹿角去本營十五里淵將四百兵行鹿角因使士補之賊山上望見從谷中卒出淵使兵與鬬賊遂繞出其後兵退而淵未至甚可傷淵本非能用兵也軍中呼爲白地將軍爲督帥尙不當親戰況補鹿角乎 淵使張郃護東圍自將輕兵護南圍備挑郃戰郃軍不利淵分所將兵半助郃爲備所襲淵遂戰死謚曰愍侯 正始四年從祀太祖廟庭通鑑建安二十四年淵與劉備相拒踰年備自陽平南渡沔水緣山稍前營於定軍山淵引兵爭之法正曰可擊矣備使討虜將軍黃忠乘高鼓譟攻之淵軍大敗斬淵通鑑考異曰張郃傳云備於走馬谷燒都圍淵救火從他道與備相遇交戰短兵接刃淵遂沒今從劉備黃忠法正傳 初淵雖數戰勝太祖常戒曰爲將當有怯弱時不可但恃勇也將當以勇爲本行之以智計但知任勇一匹夫敵耳淵妻太祖內妹長子衡尙太祖弟海陽哀侯女 海陽哀侯名未詳武文世王公傳東平靈王徽奉叔父朗陵哀侯玉後未知即其人否 恩寵特隆衡襲爵轉封安寧亭侯黃初中賜中子霸太和中賜霸四弟爵皆關內侯霸正始中爲討蜀護軍右將軍進封博昌亭侯素爲曹爽所厚聞爽誅自疑

亡入蜀以淵舊勳赦霸子徙樂浪郡 樂浪郡見明紀青龍二年今朝鮮平安黃海京畿各道霸女爲羊祜妻見晉書羊祜傳

魏略曰霸字仲權 隋經籍志夏侯霸集二卷 淵爲蜀所害故霸常切齒欲有報蜀意黃初中爲偏將軍子午之役 魏太和四年曹眞伐蜀由子午道南入 霸召爲前鋒進至興勢圍 各本皆作興世局本作興勢趙一淸曰興勢地名在定軍山世字誤也謝鍾英曰魏書地形志龍亭縣有鎭勢山即興勢山亦謂之興勢坂水經注小城固北百二十里有興勢諸葛亮出駱谷戍興勢置烽火樓處處通照方輿紀要今洋縣北二十里亦曰興勢坂弼按定軍山在今陝西漢中府沔縣東南十里興勢山在今漢中府洋縣北二十里趙氏謂興勢在定軍山誤興勢互見後曹爽傳 安營在曲谷中蜀人望知其是霸也指下兵攻之霸手戰鹿角間賴救至然後解後爲右將軍屯隴西其養士和戎並得其歡心至正始中代夏侯儒爲征蜀護軍統屬征西 胡三省曰屬征西將軍府所統 時征西將軍夏侯玄於霸爲從子而玄於曹爽爲外弟 胡三省曰曹氏夏侯氏之出也玄父尙又娶曹氏故玄於爽爲外弟 及司馬宣王誅曹爽遂召玄玄來東霸聞曹

爽被誅而玄又徵以爲禍必轉相及心旣內恐又霸先與雍州刺史郭淮不和而淮代玄爲征西霸尤不安故遂奔蜀南趣陰平而失道 郡國志益州廣漢屬陰平道漢末置陰平縣又爲陰平郡治一統志陰平故城今甘肅階州文縣治 入窮谷中糧盡殺馬步行足破臥巖石下使人求道未知何之蜀聞之乃使人迎霸初建安五年時霸從妹年十三四在本郡出行樵採爲張飛所得飛知其良家女遂以爲妻產息女爲劉禪皇后故淵之初亡飛妻請而葬之及霸入蜀禪與相見釋之曰卿父自遇害於行閒耳非我先人之手刃也指其兒子以示之曰此夏侯氏之甥也厚加爵寵 霸降蜀後事見鍾會傳注引世語周壽昌曰後主能作此語亦復非常後來對晉主語恐傳聞失實不則養晦以自全耳

霸弟威官至兗州刺史 本志方伎傳朱建平相夏侯威四十九位爲州牧而當有厄威年四十九卒晉書羊祜傳祜博學郡將夏侯威異之以兄霸之女子妻之侯康曰陳思王集曰鄉人有夏侯威者少有成人之風余尙其爲人與之昵好

世語曰威字季權任俠貴歷荆兗二州刺史子駿并州刺史次莊淮南太守莊子湛字孝若以才博文章至南陽相散騎常侍 晉書夏侯湛傳湛幼有盛才文章宏富善搆新詞而美容觀與潘岳友善每行止同輿接茵京都謂之連璧 莊晉景陽皇后姊夫也 何焯曰陽當作羊此晉景獻皇后也陳景雲曰陽羊古通用歐陽集古錄後漢熊喬跋碑云碑中言治歐羊尙書以陽爲羊弼按晉書后妃傳作景獻羊皇后后父衞后母陳留蔡氏漢左中郞將邕之女也又案晉書羊祜傳祜父衞祜蔡邕外孫景獻皇后同產弟據此則衞有二婿一爲夏侯莊一爲司馬師也 由此一門侈盛於時 晉書夏侯湛傳湛弟淳字孝沖亦有文藻與湛俱知名官至弋陽太守

威弟惠樂安太守 隋經籍志夏侯惠集二卷錄一卷

文章敍錄曰 隋志簿錄類雜撰文章家集敍十卷荀勖撰舊唐志書目類新撰文章家集五卷荀勖撰新唐志目錄類荀勖新撰文章家集敍五卷沈家本曰文章敍錄疑即是書黃逢元曰魏志王粲夏侯淵傳注引文章敍錄當即是書又世說文學巧藝篇注引文章序錄不著撰人弼按荀勖見荀彧傳注晉書有傳王粲傳注引荀勖文章敍錄是書確爲勖著無疑惟觀各書所引之文不似簿錄之書與隋唐志之文章家集敍是否爲一書不能遽定然勖所著中經簿則

實爲簿錄要籍也 惠字稚權幼以才學見稱善屬奏議歷散騎黃門侍郎與鍾毓數有辯駮事多見從遷燕相樂安太守年三十七卒

惠弟和河南尹

世語曰和字義權淸辯有才論歷河南尹太常淵第三子稱第五子榮 從孫湛爲其序曰稱字叔權自孺子而好合聚童兒爲之渠帥戲必爲軍旅戰陳之事有違者輒嚴以鞭捶衆莫敢逆 局本無敢字誤 淵陰奇之使讀項羽傳及兵書不肯曰能則自爲耳安能學人年十六淵與之田見奔虎稱驅馬逐之禁之不可一箭而倒名聞太祖太祖把其手喜曰我得汝矣與文帝爲布衣之交每讌會氣陵一坐辯士不能屈世之高名者多從之游年十八卒 御覽四百九引世說與此同惟云稱字義權辯士不能屈屈作答 弟榮字幼權幼聰惠七歲能屬文誦書日千言經目輒識之文帝聞而請焉賓客百餘人人一奏刺 何焯校作人奏一刺 悉

書其鄉邑名氏世所謂爵里刺也 趙一清曰釋名爵里刺書其官爵及郡縣鄉里也御覽卷六百六引魏名臣奏議黃門侍郎荀攸奏曰今吏初除刺有二一刺通爵二刺條疏行狀 客示之一寓目使之遍談不謬一人帝深奇之漢中之敗榮年十三左右提之走不肯曰君親在難焉所逃死乃奮劍而戰遂沒陣

衡薨子績嗣爲虎賁中郎將績薨子褒嗣

曹仁字子孝太祖從弟也

魏書曰仁祖褒潁川太守父熾侍中長水校尉 水經陰溝水注譙縣有曹騰兄冢冢東有碑題云漢故潁川太守曹君墓延熹九年卒而不刊樹碑年月墳北有其元子熾冢冢東有碑題云漢故長水校尉曹君之碑歷大中大夫司馬長史侍中遷長水年三十九卒熹平六年造熾弟胤冢冢東有碑題云漢謁者曹君之碑熹平六年立長水校尉見文紀黃初元年

少好弓馬弋獵後豪傑並起仁亦陰結少年得千餘人周旋淮泗之閒遂從太祖爲別部司馬行厲鋒校尉太祖之破袁術仁所斬獲頗多從征徐州仁常督騎爲軍前鋒別攻陶謙將呂由破之還與大軍合彭城大破謙軍從攻費華卽墨開陽 費華見武紀初平四年華又見臧霸傳卽墨見呂布傳開陽見武紀興平元年琅邪注費漢舊縣屬東海郡後漢屬泰山郡方輿紀要今費縣治洪亮吉曰華漢舊縣屬泰山中興後省臧霸傳泰山華人郭頒世語曹嵩在泰山華縣又泰山都尉孔宙碑陰亦載此縣時爲延熹七年疑係漢末所復立也其移屬琅邪未知何時今考費縣亦舊隸泰山晉太康地志云移屬琅邪則此縣當亦同時所移今姑從晉志謝鍾英曰魏武紀初平四年徐州陶謙舉兵取泰山華費臧霸傳霸泰山華人是華縣魏屬泰山費縣無移屬明文亦宜屬泰山洪氏從晉志非也後漢書注華縣故城在費縣東北一統志今沂州府費縣東北六十里潘眉曰魏志臧霸泰山華人霸父戒爲華縣獄掾太守令收戒詣府霸徑於費西山中要奪之費華鄰縣也錢大昕曰卽墨屬青州之北海郡陶謙爲徐州牧未得其地疑是卽丘之譌卽丘漢舊縣屬東海郡後漢屬琅邪郡方輿紀要今沂州東南五十里開陽漢舊縣屬東海郡後漢琅邪郡治一統志沂州府城東北十五里古城社弼按費華卽丘開陽俱在今山東沂州府境卽墨爲卽丘錢說是 謙遣別將救諸縣仁以騎擊破之太祖征呂布仁別攻句陽拔之 郡國志兗州濟陰郡句陽一統志句陽故城今曹州府荷澤縣北句陽店錢大昭曰布在下邳未必有別將在句陽疑爲曲陽之誤曲陽在今淮安府安東縣西北沈家本曰此傳敘征呂布於迎天子都許之前乃張

邈陳宮迎呂布爲兗州牧時事濟陰郡屬兗州武紀興平二年拔定陶爲濟陰太守治則仁攻句陽當亦在是年弼按此傳序仁攻句陽在建安元年都許之前是時呂布尙屯濮陽未至下邳也句陽在濮陽之南非曲陽錢說失之 生獲布將劉何太祖平黃巾迎天子都許仁數有功拜廣陽太守 廣陽見武紀初平元年幽州牧注王先謙曰廣陽郡三國魏復爲燕國謝鍾英曰曹仁爲太守在建安初時廣陽爲袁紹地仁遙領而已 太祖器其勇略不使之郡以議郎督騎太祖征張繡仁別徇旁縣虜其男女三千餘人太祖軍還爲繡所追軍不利士卒喪氣仁率厲將士甚奮太祖壯之遂破繡太祖與袁紹久相持於官渡紹遣劉備徇㶏彊諸縣 㶏彊見武紀卷首 多舉衆應之自許以南吏民不安太祖以爲憂仁曰南方以大軍方有目前急 通鑑作南方以大將軍方有目前急 其勢不能相救劉備以彊兵臨之其背叛故宜也 元本故作固 備新將紹兵未能得其用擊之可破也太祖善其言遂使將騎擊備破走之仁盡復收諸叛縣而還紹遣別將韓荀鈔斷西道 荀當作猛見荀攸傳 仁擊荀於雞洛山 趙一清曰水經潧水注潧水出鄶城西北雞絡塢下方輿紀要卷四十七鄶城在河南禹州密縣東北五十里溱水亦曰潧水東南流合洧水 大破之由是紹不敢復分兵出復與史渙等鈔紹運車燒其糧穀 事見武紀 建安五年 河北既定從圍壺關 壺關見武紀建安十年 太祖令曰城拔皆坑之連月不下仁言於太祖曰圍城必示之活門所以開其生路也今公告之必死將人自爲守且城固而糧多攻之則士卒傷守之則引日久今頓兵堅城之下以攻必死之虜非良計也太祖從之城降於是錄仁前後功封都亭侯從平荊州以仁行征南將軍留屯江陵拒吳將周瑜 吳志孫權傳建安十三年曹公北還留曹仁徐晃於江陵十四年周瑜曹仁相守歲餘所殺傷甚衆仁委城走權以瑜爲南郡太守周瑜傳曹公留曹仁等守江陵城周瑜程普與仁相對渡屯北岸仁由是遂退權拜瑜偏將軍領南郡太守屯據江陵合此二傳觀之爲仁失江陵之證本傳諱言之 瑜將數萬衆

來攻前鋒數千人始至仁登城望之乃募得三百人遣部曲將牛金逆與挑戰賊多金衆少遂爲所圍長史陳矯俱在城上望見金等乖沒左右皆失色仁意氣奮怒甚謂左右取馬來矯等共援持之謂仁曰賊衆盛不可當也假使棄數百人何苦而將軍以身赴之仁不應遂被甲上馬將其麾下壯士數十騎出城去賊百餘步迫溝矯等以爲仁當住溝上爲金形勢也仁徑渡溝直前衝入賊圍金等乃得解餘衆未盡出仁復直還突之拔出金兵亡其數人賊衆乃退矯等初見仁出皆懼及見仁還乃歎曰將軍眞天人也三軍服其勇太祖益壯之 姜宸英曰此有飾詞仁豈公瑾之敵 轉封安平亭侯太祖討馬超以仁行安西將軍 胡三省曰晉百官志四安起於魏初謂安東安西安南安北四將軍也 督諸將拒潼關 錢大昭曰諸將謂夏侯淵鍾繇也潼關見武紀建安十六年胡三省曰渭口之東卽潼關潼關在弘農華陰縣晉所謂桃林之塞秦所謂陽華是也謝鍾英曰今潼關廳治 破超渭南蘇伯田銀反以仁行驍騎將軍都督七軍討銀等破之 蘇伯田銀事在建安十六年見常林國淵傳又見程昱傳注引魏書 復以仁行征南將軍假節屯樊 胡三省曰樊城在襄陽東北臨漢水謝鍾英曰今襄陽府城北漢江上與襄陽隔水對峙 鎭荊州侯音以宛叛 宛縣今南陽府南陽縣治 略傍縣衆數千人仁率諸軍攻破音斬其首還屯樊 事見武紀建安二十四年及注引曹瞞傳 卽拜征南將軍關羽攻樊時漢水暴溢于禁等七軍皆沒禁降羽仁人馬數千人守城城不沒者數板 胡三省曰城高二尺爲一板水經沔水注平魯城西南有曹仁記水碑 羽乘船臨城圍數重外內斷絕糧食欲盡救兵不至仁激厲將士示以必死將士感之皆無二 梁章鉅曰二下當有心字滿寵傳樊城得水往往崩壞衆皆失色或謂仁曰今日之危非力所支可及羽圍未合乘輕船夜走雖失城尙可全身寵曰山水速疾冀其不久聞羽遣別將已在郟下自許以南百姓擾擾羽所以不敢遂進者恐吾軍掎其後耳今若遁去洪河以南非復國家有也君宜待之仁曰善 徐

晃救至水亦稍減晃從外擊羽仁得潰圍出羽退走仁少時不修行檢及長爲將嚴整奉法令常置科於左右案以從事鄢陵侯彰北征烏丸文帝在東宮爲書戒彰曰爲將奉法不當如征南邪 仁爲征南將軍 及卽王位拜仁車騎將軍都督荊揚益州諸軍事進封陳侯增邑二千幷前三千五百戶追賜仁父熾謚曰陳穆侯置守冢十家 仁列名勸進見上尊號奏 後召還屯宛 宛爲南陽郡治見武紀卷首 孫權遣將陳邵據襄陽詔仁討之仁與徐晃攻破邵遂入襄陽使將軍高遷等徙漢南附化民於漢北 趙一清曰此亦飾詞也晉書宣帝紀孫權帥兵西過朝議以樊襄陽無穀不可以禦寇時曹仁鎭襄陽請召仁還宛帝曰孫權新破關羽此其欲自結之時必不敢爲患襄陽水陸之衝禦寇要害不可棄也言竟不從仁遂焚棄二城權果不寇魏文悔之 文帝遣使卽拜仁大將軍又詔仁移屯臨潁 郡國志豫州潁川郡臨潁寰宇記縣在臨潁皋上潁水東崖一統志臨潁故城今河南許州臨潁縣西北十五里 遷大司馬 仁拜大將軍遷大司馬討斬鄭甘俱在黃初二年 復督諸軍據烏江 史記項羽本紀項王乃欲東渡烏江瓚曰在牛渚括地志云烏江亭卽和州烏江縣是也晉初爲縣元和志烏江浦在烏江縣東四里卽亭長檥船處一統志烏江廢縣在安徽和州東北烏江浦在和州東北四十里牛渚山在安徽太平府當塗縣西北二十里一名采石李賢曰牛渚山名突出江中謂之牛渚圻趙一清曰方輿紀要卷二十六青城廢縣在安慶府太湖縣東四十里志云魏將曹仁所築唐武德中置縣於此尋廢烏江廢縣秦烏江亭也瓚曰烏江在牛渚蓋和州對岸爲太平府當塗縣之采石山亦謂之牛渚圻烏江卽和州江有烏江浦 還屯合肥 合肥見武紀建安十三年吳志孫權傳黃武二年三月曹仁遣常彫等渡濡須中州仁子泰攻朱桓桓擊破彫等是月魏兵皆退又見朱桓傳 黃初四年薨謚曰忠侯 黃初四年三月丁未薨見文紀青龍元年從祀太祖廟庭見明紀

魏書曰仁時年五十六 傅子曰曹大司馬之勇賁育弗加也 史記范睢列傳成荆孟賁王慶忌夏育之勇焉而死許愼曰孟賁衞人漢書音義曰夏育衞人力舉千鈞 張遼其次焉

子泰嗣官至鎭東將軍假節轉封寧陵侯泰薨子初嗣又分封泰弟楷範皆爲列侯而牛金官至後將軍 牛金從司馬懿征遼見晉書宣帝紀王鳴盛曰元石圖有牛繼馬後故宜

帝深忌牛氏遂爲二榼共一口以貯酒焉帝先飲佳者而以毒酒鴆其將牛金而恭王妃夏侯氏竟通小吏牛氏而生元帝案此等曖昧之言書之史册殆存疑耳且既云小吏牛氏則非將牛金矣而魏書列傳云僭晉司馬叡字景文晉將牛金子也初晉宣帝生大將軍琅邪武王伷伷生冗從僕射琅邪恭王覲覲妃譙國夏侯氏字銅環與金姦通遂生叡因冒姓司馬仍爲覲子敵國傳聞互異如此胡玉縉曰舊唐書元行沖傳初魏明帝時河西柳谷瑞石有牛繼馬後之象魏收舊史以爲晉元帝是牛氏之子冒姓司馬以應石文行沖推尋事跡以後魏昭成帝名犍繼晉受命考校謠讖著論以明之新書儒學本傳同據此則將軍小吏之辨猶訶費也

仁弟純

英雄記曰純字子和年十四而喪父與同產兄仁別居承父業富於財僮僕人客以百數純綱紀督御不失其理鄉里咸以爲能好學問敬愛學士學士多歸焉由是爲遠近所稱年十八爲黃門侍郎二十從太祖到襄邑募兵 襄邑見武紀初平四年 遂常從征戰

初以議郎參司空軍事督虎豹騎從圍南皮 南皮見武紀初平元年渤海郡治 袁譚出戰 毛本出作大 士卒多死太祖欲緩之純曰今千里蹈敵進不能克退必喪威且懸師深入難以持久彼勝而驕我敗而懼以懼敵驕必可克也太祖善其言遂急攻之譚敗純麾下騎斬譚首 事在建安十年正月見武紀及袁紹傳 及北征三郡 明監本官本作斬譚首級北征三部誤 純部騎獲單于蹋頓 官本蹹作蹋 以前後功封高陵亭侯邑三百戶從征荊州追劉備於長阪 蜀志先主傳曹公追先主一日一夜輕騎行三百餘里及於當陽之長坂輿地紀勝長坂在當陽縣東北二十里 獲其二女輜重收其散卒進降江陵從還譙建安十五年薨文帝卽位追諡曰威侯

魏書曰純所督虎豹騎皆天下驍銳或從百人將補之太祖難其帥純以選爲督撫循甚得人心及卒有司白選代太祖曰純之比何可復得吾獨不中督邪遂不選 趙一淸曰姜云純眞休皆將虎豹騎以宿衞精兵非親子弟不可也曹純死而自將之以無子弟可任者非無曹純其人也

子演嗣官至領軍將軍正元中進封平樂鄉侯 趙一淸曰三少帝紀注引魏書永寧宮奏有武衞將

軍安壽亭侯臣演卽純之子蓋由亭侯進封鄉侯傳云進封可證互見齊王紀嘉平六年注引魏書 演薨子亮嗣

曹洪字子廉太祖從弟也

魏書曰洪伯父鼎爲尚書令 鼎事見武紀卷首注 任洪爲蘄春長 毛本局本洪誤作弘郡國志荊州江夏郡蘄春一統志蘄春故城今湖北黃州府蘄州西北

太祖起義兵討董卓至滎陽 滎陽見武紀初平元年王先謙曰滎陽以澤名滎澤古從火作滎者後人誤改前漢縣三國魏置郡後省還爲縣 爲卓將徐榮所敗 徐榮玄菟人 太祖失馬賊追甚急洪下以馬授太祖太祖辭讓洪曰天下可無洪不可無君 洪授馬事詳見武紀初平元年注 遂步從到汴水 班志汴水在滎陽西南 水深不得渡洪循水得船與太祖俱濟還奔譙揚州刺史陳溫素與洪善洪將家兵千餘人就溫募兵得廬江上甲二千人東到丹陽復得數千人與太祖會龍亢 丹陽龍亢均見武紀初平二年元本明監本吳本龍亢作龍元誤 太祖征徐州張邈舉兗州叛迎呂布時大饑荒洪將兵在前先據東平范 東平范均見武紀初平三年 聚糧穀以繼軍太祖討邈布於濮陽 濮陽東郡治見武紀卷首 布破走遂據東阿 東阿見武紀興平元年 轉擊濟陰山陽中牟陽武京密十餘縣皆拔之 趙一淸曰此錯舉郡縣以成文濟陰則定陶也山陽則昌邑也二者皆郡也中牟下四縣名若河內之山陽縣故城在懷慶府修武縣西北六十里去濟陰甚遠不得連及然下云十餘縣則遺二郡此臨文之語病耳弼按定陶見武紀初平四年昌邑見武紀初平九年中牟以下四縣皆屬河南尹中牟故城今開封府中牟縣東六里陽武故城今懷慶府陽武縣治京縣故城今開封府滎陽縣東南三十里密縣故城今開封府密縣東南三十里

以前後功拜鷹揚校尉遷揚武中郎將 趙一淸曰宋百官志鷹揚將軍建安中魏武以曹洪居之二書不同未知孰誤 天子都許 許見武紀建安元年酈安邑曰今許州東北四十里 拜洪諫議大夫 魏武遣洪西迎天子本傳未載 別征劉表破表別將於舞陽陰葉堵陽博望有功 趙一淸曰前漢書地理志舞陽屬潁川下四縣俱屬南陽弼按郡國志同潘眉曰舞陽當爲舞陰考後漢舞陽省入辰陽時無舞陽也舞陰陰葉堵陽博望皆南陽邑武帝紀建安二年曹洪屯葉數爲繡表所侵

公自南征至宛生禽表將鄧濟攻舞陰下之卽在是時弼按郡國志潁川郡舞陽謝
鍾英云魏承漢制舞陽屬潁川吳增僅云黃初七年司馬懿封此見晉書據此則潘
說時無舞陽誤一統志舞陽故城今南陽府舞陽縣西王先謙曰陰三國魏改屬南
鄉郡一統志陰縣故城今襄陽府光化縣西弼按陰縣距舞陽葉堵陽博望甚遠舞
陰相距甚近傳文連類而及則陰當係舞陰之誤一統志舞陰故城今南陽府泌陽
縣西北七十里葉縣故城今南陽府葉縣南三十里舊縣店（謝云今葉縣治）堵
陽故城今南陽府裕州東六里（謝云裕州西三十五里）博望故城今南陽府南
陽縣東北六十里（謝云東北百二十里）康發祥曰有功字上當是劉備遺吳蘭
屯下辨遣洪征之下接有功字與曹休等傳相合且洪有與曹丕書想在斯時其辭
曰前初破賊情侈意奢說事頗過其實得九月二十日書讀之喜笑把玩無厭亦欲
令陳琳作報琳頃多事不能得爲念欲遠以爲歡故自竭老夫之思辭多不可一一
麤舉大綱以當談笑漢中地形實有險固四嶽三塗皆不及也後有精甲數萬臨高
守要一夫揮戟萬人不得進而我軍過之若駭鯨之決細網奔兕之觸魯縞未足以
喻其易雖云王者之師有征無戰不義而彊古今常有故唐虞之世蠻夷猾夏周宣
之盛亦讎大邦詩書歎載言其難也斯皆憑阻恃遠故使其然是以察茲地勢謂爲
中材處之殆難倉卒來命陳其妖惑之罪敘王師曠蕩之德豈不信然是夏殷所以
喪苗扈所以斃我之所以克彼之所以敗也不然商周何以不敵哉昔鬼方聾昧崇
虎讒凶殷辛暴虐三者皆下科也然高宗有三年之征文王有退修之軍孟津有再
駕之役然後殪戎勝殷有此武功未有星流景集飆奮霆擊長驅山河朝至暮捷若
今者也由此觀之彼固不遠下愚則中才之守不然明矣在中才則謂不然而來示

乃以爲彼之惡稔雖有孫田墨氂猶無所救竊又疑焉何者古之用兵敵國雖亂尚
有賢人則不伐也是故三仁未去武王還師宮奇在虞晉不加戎季梁猶在彊楚挫
謀暨至衆賢奔絀三國爲墟明其無道有人猶可救也且夫墨子之守縈帶爲垣高
不可登折箸爲械堅不可入若乃距陽平據石門攄八陣之列騁奔牛之權焉肯土
崩魚爛哉設令守無巧拙皆可攀附則公輸已陵宋城樂毅已拔卽墨矣墨翟之術
何稱田單之志何貴老夫不敏未之前聞蓋聞過高唐者效王豹之謳遊睢渙者學
藻繢之綵閒自入益部仰司馬揚王遺風有子勝斐然之志故頗奮文辭異於他日
怪乃輕其家丘謂爲倩人是何言歟夫鱗驥垂耳於坰牧鴻雀戢翼於污池褻之者
固以爲園囿之凡鳥外廄之下乘也及其整蘭筋揮勁翮陵厲淸浮顧盼**遷厲鋒**
千里豈可謂其借翰於晨風假足於六駁哉恐猶未信丘言必大噱也
將軍封國明亭侯武紀建安十八年注作中護軍國明亭侯曹洪**累從征伐拜都護將軍**本志王粲
傳建安中都護曹洪欲使陳留阮瑀掌書記瑀終不爲屈楊阜傳太祖遣都護曹洪
禦馬超超等退還洪置酒大會令女倡著羅縠之衣蹋鼓一坐皆笑楊阜厲聲責洪
洪立罷女樂請阜還坐辛毗傳太祖遣都護曹洪平下辯使毗與曹休參之令曰昔
高祖貪財好色而良平匡其過失今佐治文烈憂不輕矣玩此令文曹洪之貪淫可
知**文帝卽位爲衞將軍遷驃騎將軍進封野王侯**野王見后妃傳明悼毛后傳**益**
邑千戶并前二千一百戶位特進後徙封都陽侯趙一淸曰前漢書地理志東海郡有都陽
縣（弼按應作都陽侯國）後漢書郡國志無蓋東京省幷應劭曰春秋齊人遷陽
是此注與城陽國之陽都正同又郡國志琅邪國陽都故屬城陽蓋陽都都陽各以
其地近爲名而一存一廢洪封本是縣侯蓋取舊縣以爲封邑耳錢坫曰城陽國有
陽都縣在今沂水縣西南後書注都陽在承縣南則此亦在今嶧縣西南矣錢大昕
曰城陽國陽都下亦引應此注似有一誤然都陽侯音本城
陽戴王之子或當日卽割陽都之鄉爲侯國本非兩地乎**始洪家富而性吝**
嗇趙一淸曰寰宇記卷五十五相州安陽縣有曹洪宅隋圖經云宅南有景穆寺西有石寶橋**文帝少時假求不稱常**
恨之遂以舍客犯法下獄當死滿寵傳曹洪有賓客數犯法寵收治之何焯曰按楊沛傳此舉雖文帝不宏而洪舍客亦
屢犯法與劉勳並稱得罪亦由素不檢制其下也沛事在賈逵傳注中**羣臣並救莫能得卞太后謂郭后曰**
令曹洪今日死吾明日勑帝廢后矣於是泣涕屢請乃得免官削爵
土康發祥曰事在黃初七年正月見晉書天文志本傳未載年月
魏略曰文帝收洪時曹眞在左右請之曰今誅洪洪必以眞爲譖也帝曰我自治之卿
何豫也會卞太后責怒帝言梁沛之閒非子廉無有今日詔乃釋之猶尚沒入其財產

太后又以爲言後乃還之初太祖爲司空時以己率下每歲發調使本縣平貲于時譙
令平洪貲財與公家等太祖曰我家貲那得如子廉耶文帝在東宮嘗從洪貸絹百匹
洪不稱意及洪犯法自分必死既得原喜上書謝曰臣少不由道過在人倫長竊非任
遂蒙含貸性無檢度知足之分而有豺狼無厭之質毛本豺作犲誤老惛倍貪觸突國網罪
迫三千不在赦宥當就辜誅棄諸市朝猶蒙天恩骨肉更生臣仰視天日愧負靈神俯
惟愆闕慙愧怖悸不能雉經晉語雉經於新城之廟注雉經頭搶而懸也以自裁割謹塗顏闕門拜章
陳情
洪先帝功臣時人多爲觖望明帝卽位拜後將軍更封樂城侯郡國志冀
州河閒國治樂成晉志成作城見武紀建安九年**邑千戶位特進復拜驃騎將軍太和六年薨諡**
曰恭侯正始四年從祀太祖廟庭**子馥嗣侯**洪女爲荀彧子粲之妻**初太祖分洪戶封子震列**

侯洪族父瑜修慎篤敬官至衞將軍封列侯

曹休字文烈太祖族子也天下亂宗族各散去鄉里何焯云北宋本去作居休年十餘歲喪父獨與一客擔喪假葬攜將老母渡江至吳郡國志揚州吳郡治吳一統志吳縣故城今江蘇蘇州府吳縣治

魏書曰休祖父嘗爲吳郡太守休於太守舍見壁上祖父畫像下榻拜涕泣同坐者皆嘉歎焉

以太祖舉義兵易姓名轉至荆州閒行北歸見太祖太祖謂左右曰此吾家千里駒也使與文帝同止見待如子常從征伐使領虎豹騎宿衞劉備遣將吳蘭屯下辯下辯見夏侯淵傳一統志故城今甘肅階州成縣西三十里太祖遣曹洪征之以休爲騎都尉參洪軍事休與辛毗同參曹洪軍事見辛毗傳太祖謂休曰汝雖參軍其實帥也洪聞此令亦委事於休備遣張飛屯固山趙一清曰方輿紀要五十九固山在鞏山府成縣東南謝鍾英曰固山當在今成縣北欲斷軍後衆議狐疑休曰賊實斷道者當伏兵潛行今乃先張聲勢此其不能也宜及其未集促擊蘭蘭破則飛自走矣洪從之進兵擊蘭大破之飛果走武紀建安二十三年曹洪破吳蘭斬其將任夔等三月張飛馬超走漢中陰平氐強端斬吳蘭傳其首太祖拔漢中諸軍還長安拜休中領軍文帝卽王位爲領軍將軍領軍將軍見明紀景初二年趙一清曰晉書職官志中領軍魏官也建安四年魏武丞相府自置及拔漢中以曹休爲中領軍文帝踐阼始置領軍將軍以曹休爲之主五校中壘武衞等三營一清案建安四年魏武爲司空至十三年始爲丞相四年上疑落十字錄前後功封東陽亭侯休列名勸進見上尊號奏夏侯惇薨以休爲鎭南將軍假節都督諸軍事車駕臨送上乃下輿執手而別孫權遣將屯歷陽揚州刺史治歷陽見武紀初平元年休到擊破之又別遣兵渡江燒賊蕪湖營數千家郡國志揚州丹陽郡蕪湖一統志蕪

湖故城今太平府蕪湖縣東遷征東將軍領揚州刺史進封安陽鄉侯潘眉曰公卿上尊號奏云使持節行都督督軍領揚州刺史征東將軍安陽鄉侯臣休延康中所署官爵已如此本傳載在黃初三年後當以碑爲正

魏書曰休喪母至孝帝使侍中奪喪服使飲酒食肉休受詔而形體益憔悴乞歸譙葬母帝復遣越騎校尉薛喬奉詔節其憂哀使歸家治喪一宿便葬葬訖詣行在所帝見親自寬慰之其見愛重如此

帝征孫權文紀黃初三年十月帝自許昌南征以休爲征東大將軍假黃鉞督張遼等及諸州郡二十餘軍趙儼傳休統五州軍擊權大將呂範等於洞浦通鑑作洞口胡三省曰洞口在歷陽江邊一統志今和州西南臨江董昭傳三年征東大將軍曹休臨江在洞浦口自表願將銳卒虎步江南因敵取資事必克捷若其無臣不須爲念帝恐休便渡江驛馬詔止時昭侍側因曰今者渡江人情所難就休有此志當須諸將臧霸等既富且貴何肯乘危苟霸等不進休意自沮臣恐陛下雖有敕渡之詔猶必沈吟未便從命也是後無幾暴風吹賊船悉詣休等營下斬首獲生賊遂迸散詔敕諸軍促渡軍未時進賊救船遂至吳志孫權傳黃武元年九月魏命曹休張遼臧霸出洞口權遣呂範等以舟軍拒休等十一月大風範等兵溺死者數千餘軍還江南破之拜揚州牧胡三省曰魏揚州止得漢之九江廬江二郡地而江津要害之地多爲吳所據趙一清曰據此曹魏刺史牧者亦爲牧明帝卽位進封長平侯郡國志豫州陳國長平一統志長平故城今河南陳州府西華縣東北十八里文紀黃初七年五月召征東大將軍曹休受遺詔輔嗣主本傳不載其事何焯曰孫資別傳有文皇帝晏駕陛下卽阼猶有曹休內外之望云云按明帝與休無閒知資別傳爲妄吳將審悳屯皖皖見明紀太和二年休擊破之斬悳首吳將韓綜翟丹等前後率衆詣休降吳志孫權傳黃武六年韓當子綜以其衆降魏此魏明帝太和元年事增邑四百幷前二千五百戶遷大司馬在黃初七年十二月都督揚州如故晉志曰黃初三年始置都督諸軍事太和二年帝爲二道征吳遣司馬宣王從漢水下督休諸軍向尋陽趙一清曰陳景雲云督休二字當作休督宣王與休並爲上將分道而進宣王方從西道率吳上游則東軍之向尋陽者不得兼督也（官本攷證作何焯語義門讀書記無之官本攷證作當吳上游又尋陽作晉陽均誤三國志證聞引此作乘吳上游亦不若率字之安）休自黃初以來以宗室專典淮南重兵權任久在宣王之右豈有此時反從二千里外遙受節度者乎（此數語趙氏未引）前漢書地理志廬江郡尋陽方輿紀要卷七十六尋水城在湖廣蘄

州東尋陽記謂之蘭池城古尋陽也又卷八十五尋陽城在江西九江府西十五里是六朝之尋陽也後漢時尋陽爲豫章廬江二郡界三國時屬吳蘄春郡爲督護要津廬山記尋陽縣在大江北尋水之陽晉咸和以後始移於江南杜佑曰溫嶠所移也王氏曰惠帝永興初分廬江武昌立尋陽郡治豫章之柴桑而尋陽之名亂成帝咸和中移江州治尋陽而江南之尋陽著江北之尋陽益晦矣尋陽互見明紀卷首又見吳志孫策傳注引江表傳

賊將僞降 吳志孫權傳黃武七年五月鄱陽太守周魴僞叛誘魏將曹休周魴傳牋七條誘休休果信魴率步騎十萬入皖

休深入戰不利退還宿石亭 明紀太和二年九月曹休率諸軍至皖與吳將陸議戰於石亭敗績王淩傳與賊遇於夾石休軍失利淩力戰決圍休得免難

軍夜驚士卒亂棄甲兵輜重甚多 通鑑吳主以陸遜爲大都督以朱桓全琮爲左右督各督三萬人以擊休休知見欺而恃衆欲遂與吳戰朱桓言於吳王曰休本以親戚見任非智勇名將也今戰必敗敗必走走當由夾石挂車此兩道皆險阨若以萬兵柴路則休可生虜也尚書蔣濟上疏曰休深入虜地與權精兵對朱然等在上流乘休後臣未見其利也前將軍滿寵上疏曰曹休雖明果而希用兵今所從道背湖旁江易進難退此兵之絓地也休與陸遜戰于石亭遜爲中部朱桓全琮爲左右翼三道俱進衝休伏兵因驅走之追亡追北徑至夾石斬獲萬餘牛馬騾驢車乘萬兩軍資器械略盡胡三省曰休蓋未嘗整陳交戰而敗也

休上書謝罪帝遣屯騎校尉楊曁慰喻禮賜益隆 通鑑帝以宗室不問胡注敗軍者必誅爲可以宗室而不問邪

休因此癰發背薨 明紀太和二年九月庚子大司馬曹休薨案曹仁於黃初四年三月戰敗濡須而三月卽死曹休於太和二年九月戰敗石亭而九月卽死二人戰敗旋死情事相同曹植大司馬曹休誄云於穆公侯魏之宗室明德繼踵弈世純粹闡弘汎愛仁以接物藝以爲華體茲亮實年沒弱冠志在雄英高揖名師發言有章東夏翕然稱曰龍光貧而無怨恐以爲難嗟我公侯屢空是安不耽世祿親悅爲歡好彼蓬樞甘此瓢簞味道忘憂踰憲超顏矯矯公侯不撓其厄呵叱三軍躬奮雄戟足蹴白刃手接飛鏑終弭淮南保我疆場

謚曰壯侯 正始四年從祀太祖廟庭

子肇嗣 世語曰肇字長思

肇有當世才度爲散騎常侍屯騎校尉明帝寢疾方與燕王宇等屬以後事帝意尋變詔肇以侯歸第 明紀景初二年注引漢晉春秋曰帝以燕王宇爲大將軍使與屯騎校尉曹肇等對輔政中書監劉放曰先帝詔勑藩王不得輔政曹肇秦朗等與侍疾者言戲帝得放言大怒放乃舉曹爽代宇又白宜詔司馬宣王帝從之劉放傳注引世語曰曹肇弟纂爲大將軍司馬燕王頗失指肇出纂見驚曰上不安云何悉共出肇明日至宮門不得入懼詣廷尉以處事失宜免

正始中薨追贈衞將軍子興嗣初文帝分休戶三百封肇弟纂爲列侯 藝文卷三十三曹毗曹肇傳曰肇纂明帝寵愛之幾止恆同當與帝同賭衣物有不獲輒入御帳服之徑出其兒親寵類此比也杭世駿曰御覽引曹肇傳曰明帝寵愛肇與帝戲賭衣服有所獲輒入御帳服之遙出親狎如此侯康曰御覽三百八十六引曹肇別傳曰肇之弟纂字德思力舉千鈞明帝寵之寢止恆同嘗與戲賭衣物有所獲輒入御帳取而出之案杭注引爲肇事誤杭注本御覽六百八十九彼文略不及此之詳也纂事又見趙王幹傳

後爲殄吳將軍薨追贈前將軍 洪飴孫曰殄吳將軍一人第五品

張隱文士傳曰 隋志文士傳五十卷張隱撰兩唐志卷同均作張騭撰丁國鈞曰隱爲廬江太守張夔子見晉書陶侃傳御覽引書目既列隱是書又列張鄢文士傳張騭文士傳實卽一書鄢騭皆隱之譌文吳士鑑說同章宗源曰鍾嶸詩品曰張騭文士逢文卽書玉海中興書目五卷載六國以來人起楚芊原終魏阮瑀崇文目十卷終謝靈運文選注後漢書注諸所徵引文士傳或作張騭又或作隱魏志王粲傳注曰張騭假僞之辭不覺其虛之自露也凡騭虛僞妄作不可覆疏陳景雲曰張隱荀彧傳注作張衡王粲傳注作張騭一人之名而三異裴注既同又初不言作者有別名何以參錯乃爾又據王粲傳後阮瑀事注中稱張騭者凡三見而後漢章懷注文選李善注引文士傳皆作騭似當從騭爲正沈家本曰據王粲傳注當作張騭作隱者誤也證以詩品騭字是

肇孫攄字顏遠少厲志操博學有才藻仕晉辟公府歷洛陽令有能名 晉書曹攄傳祖肇魏衞將軍攄少有孝行好學善屬文補臨淄令號曰聖君轉洛陽令仁惠明斷百姓懷之

大司馬齊王冏輔政攄與齊人左思俱爲記室督 晉書左思傳思字太沖齊國臨淄人貌寢口訥辭藻壯麗造齊都賦一年乃成復欲賦三都會妹芬入宮移家京師遂構思十年門庭藩溷皆著筆紙賦成豪貴之家競相傳寫洛陽爲之紙貴齊王冏命爲記室督辭疾不就

從中郎出爲襄陽太守征南司馬 晉書攄傳齊王冏輔政攄與左思俱爲記室督惠帝末起爲襄城太守時襄城屢經寇難攄綏懷振理旬月剋服永嘉二年高密王簡鎭襄陽以攄爲征南司馬臧榮緒晉書曰參南國中郎將遷高密王左司馬

值天下亂攄討賊向吳戰敗死 趙一清曰晉書高密孝王略傳略遣左司馬曹攄統參軍崔曠等進逼京兆流人王逌將大戰曠在後密自退走攄軍無繼戰敗死之李慈銘曰攄先爲襄城太守非襄陽後爲征南司馬隨高密王簡鎭襄陽是兩時兩地此注誤趙一清曰晉書文苑傳曹毗字輔佐高祖休魏大司馬父識右軍將軍毗少好文籍善屬詞賦累遷至光祿勳吳士鑑曰世說文學篇注引中興書云毗爲休曾孫與本傳異

曹眞字子丹太祖族子也太祖起兵眞父邵募徒衆爲州郡所殺 魏略曰眞本姓秦養曹氏或云其父伯南梁章鉅曰眞父既名邵而明帝時眞進封邵陵侯故裴松之云若非書誤則事不可論潘眉曰邵陵侯之邵从邑芻眞父名邵字當爲召召字伯南取召南之義然邵召字本通康發祥曰封由人主邵陵地名何容避讓豈非腐談 夙與太

祖善興平末袁術部黨與太祖攻劫太祖出爲寇所追走入秦氏伯南開門受之寇問太祖所在答云我是也遂害之由此太祖思其功故變其姓　魏書曰邵以忠篤有才智爲太祖所親信初平中太祖興義兵邵募徒衆從太祖周旋時豫州刺史黃琬欲害太祖范書黃琬傳中平初爲豫州牧政績爲天下表及董卓秉政以琬名臣徵爲司徒獻帝紀中平六年九月豫州牧黃琬爲司徒據此是琬爲豫州牧在中平時至初平三年琬已爲李傕所殺矣此云初平中豫州刺史黃琬欲害魏武全與事實相左或初平中易爲中平中其說尚可通蓋魏武變易姓名閒行東歸在中平六年也太祖避之而邵獨遇害

太祖哀眞少孤收養與諸子同使與文帝共止常獵爲虎所逐顧射虎應聲而倒毛本聲作射太祖壯其鷙勇使將虎豹騎討靈丘賊拔之封靈壽亭侯趙一清曰齊趙皆有靈丘觀眞以功封靈壽亭侯則此是趙靈丘也續漢書郡國志常山有靈壽縣而代郡之靈丘廢一統志靈丘故城今山西大同府靈丘縣東靈壽故城今直隸正定府靈壽縣西北以偏將軍將兵擊劉備別將於下辯下辯見夏侯淵傳破之拜中堅將軍洪飴孫曰中堅將軍一人第四品從至長安領中領軍是時夏侯淵沒於陽平見武紀建安二十年太祖憂之以眞爲征蜀護軍趙一清曰宋百官志魏晉有雜號護軍如將軍洪飴孫曰諸護軍無定員第六品諸要鎭及將軍領兵出征者皆置此官弼按征蜀護軍疑係征蜀將軍之誤征蜀將軍爲第三品眞已爲中領軍似無降而爲護軍之理且徐晃爲平寇將軍眞既督晃等官秩當在晃等之上督徐晃等破劉備別將高詳於陽平太祖自至漢中拔出諸軍使眞至武都武都見夏侯淵傳迎曹洪等還屯陳倉陳倉見武紀建安二十年文帝即王位以眞爲鎭西將軍洪飴孫曰鎭西將軍一人第二品位次四征領兵如征西假節都督雍涼州諸軍事錄前後功進封東鄉侯班志沛郡東鄉王先謙曰續志後漢省李兆洛曰當在今安徽鳳陽府境張進等反於酒泉酒泉見文紀延康元年眞遣費耀討破之趙一清曰明帝紀耀作曜晉書紀亦作曜錢大昭曰明帝紀云諸葛亮圍陳倉曹眞遣將軍費曜等拒之張既傳及晉書宣帝紀作曜諸葛亮傳注作耀未知孰是斬進等討破張進爲蘇則之功見則傳文紀延康元年五月酒泉黃華張掖張進等叛金城太守蘇則討進斬之華降又案曹眞列名勸進見上尊號奏黃

初三年還京都以眞爲上軍大將軍都督中外諸軍事假節鉞錢大昭曰光武建武初征伐四方權置督軍御史事竟罷之建安中魏武爲丞相始遣大將軍督之如夏侯惇督二十六軍是文帝始有都督諸軍事如曹仁都督荆揚益州諸軍事曹眞都督雍涼州諸軍事臧霸都督青州諸軍事是也至都督中外諸軍事則總統內外兵旅嗣後司馬氏父子並加大都督而權愈重矣洪飴孫曰上軍大將軍一人第二品黃初三年置後不常設與夏侯尚等征孫權擊牛渚屯牛渚見曹仁傳烏江注杜佑曰牛渚卽當塗縣采石胡三省曰太平州北三十里有牛渚山山下有牛渚磯與和州橫江渡相對一統志牛渚山在安徽太平府當塗縣西北二十里一名采石舊志采石山在縣西北二十五里東北至江寧八十里渡江西至和州二十五里周十五里高百仞西接大江三面俱繞姑溪一名翠羅山山下突入江處名采石磯破之文紀黃初四年注丙午詔擊其南渚是也轉拜中軍大將軍加給事中趙一清曰晉書職官志給事中秦官也漢東京省魏世復置七年文帝寢疾眞與陳羣司馬宣王等受遺詔輔政明帝即位官本明帝誤作明年進封邵陵侯召陵見文紀黃初六年郡國志豫州汝南郡召陵按國志皆曰召陵如文紀行幸召陵夏侯惇傳徙屯召陵平晉改屬潁川郡始曰邵陵見晉書地理志

臣松之案眞父名邵封邵陵侯若非書誤則事不可論說見前

遷大將軍諸葛亮圍祁山祁山見明紀青龍二年南安天水安定三郡反應亮胡三省曰魏分隴右置秦州天水南安屬焉漢靈帝中平四年分漢陽之豲道立南安郡漢陽郡至晉方改爲天水史追書也安定郡屬雍州杜佑曰南安今隴西郡隴西縣洪亮吉曰秦州魏分隴右置謝鍾英曰魏志蔣濟傳云今雖有州十二至於民數不過漢一大縣杜恕傳恕太和中上疏稱荆揚青徐幽幷雍涼兗豫司冀不數秦州曹植諫伐遼東表蜀應西境則雍涼三分亦不言秦州終三國志無秦州二字宋書州郡志晉武帝置秦州晉書武帝紀太始五年春二月以雍州隴右五郡及涼州之金城梁州之陰平置秦州是秦州始於晉武洪氏從晉書地理志列秦州非也吳增僅曰魏十二州見蔣濟及杜畿傳無秦州馬氏通考顧氏紀要洪補三國疆域志皆言魏有十三州乃增一秦州杜氏通典歐陽氏輿地廣記則云魏十二州而或遺豫州或遺荆州皆誤也晉志魏文帝分隴右置秦州又云魏置秦州中閒暫廢考隴右接壤蜀漢乃武侯姜維先後出師四十餘年不聞有秦州刺史備邊之事是不得有秦州也弼按據謝吳二說則胡三省魏分隴右置秦州說亦誤南安天水安定三郡見明紀太和二年帝遣眞督諸軍軍郿郿見董卓傳郡國志司隸右扶風郿水經注渭水東逕五丈原北又東逕郿縣故城南寰宇記城南當斜谷口亦曰斜城蜀志諸葛亮傳揚聲由斜谷道取郿者是也方輿紀要今鳳翔府郿縣東北十五里遣張郃擊亮將馬謖

大破之 即街亭之役也 安定民楊條等略吏民保月支城 漢書地理志安定郡月氏道應劭曰氏音支王先謙曰續志後漢省錢坫曰本在敦煌祁連閒後爲匈奴所逼西去此蓋以其國降人所置者也謝鍾英曰月支城疑卽月氏道故城未詳其地 眞進軍圍之條謂其衆曰大將軍自來吾願早降耳遂自縛出三郡皆平眞以亮懲於祁山 毛本祁作祿誤 後出必從陳倉 陳倉見武紀建安二十年 乃使將軍郝昭王生守陳倉 郝昭字伯道太原人昭守城事見明紀太和二年注 治其城明年春亮果圍陳倉已有備而不能克增邑并前二千九百戶四年朝洛陽遷大司馬賜劍履上殿 劍履上殿解見武紀建安十七年 入朝不趨眞以蜀連出侵邊境宜遂伐之數道並入可大克也 何焯曰內審己外量敵於時豈能必取而數道興師子丹此舉幾於敗國喪名昭伯嗣事於蜀遂爲結怨天下之始亦徼倖之餘殃也 帝從其計眞當發西討帝親臨送眞以八月發長安從子午道南入司馬宣王泝漢水當會南鄭 子午道南鄭俱見張魯傳 諸軍或從斜谷道 斜谷見武紀建安二十四年胡三省曰班志斜水出衙嶺山北至郿入渭脈水沿山則斜谷之路可知謝鍾英曰縣志在郿縣西南三十里入谷口二百二十里抵鳳縣界出連雲棧復百五十里抵襃城長四百七十里 或從武威入 胡三省曰武威恐當作武都否則建威也通鑑司空陳羣諫曰斜谷險阻難以進退不可不熟慮帝從羣議眞復表從子午道羣又陳不便詔以羣議下眞眞據之遂行胡三省曰詔以議下眞將與之商度可否也眞銳於出師遂以詔爲據而行 會大霖雨三十餘日或棧道斷絕 此或字疑涉上文而衍通鑑無或字通鑑少府楊阜上疏曰諸軍始進便有天雨之患六軍困於山谷之閒進無所略退又不得非王兵之道也散騎常侍王肅上疏曰深入險阻鑿路而前加以霖雨山坂峻滑衆迫而不展糧遠而難繼聞曹眞發已逾月行裁半谷治道功夫戰士悉作是賊以逸待勞兵家之所憚也 詔眞還軍眞少與宗人曹遵鄉人朱讚並事太祖遵讚早亡眞愍之乞分所食邑封遵讚子詔曰大司馬有叔向撫孤之仁篤晏平久要之分 論語子曰晏平仲善與人交久而敬之邢昺疏齊大夫晏姓平謚名嬰按左傳文知之謚法治而清省曰平論語久要不忘平身之言何晏注久要舊約也 君子成人之美聽分眞邑賜遵讚子爵關內侯各百戶眞每征行與將士同勞苦軍賞不足輒以家財班賜士卒皆願爲用眞病還洛陽帝自幸其第省疾眞薨 明紀太和五年三月大司馬曹眞薨 謚曰元侯 正始四年從祀太祖廟庭 子爽嗣帝追思眞功詔曰大司馬蹈履忠節佐命二祖內不恃親戚之寵外不驕白屋之士 漢書蕭望之傳望之說霍光曰今士見者皆先露索挾持恐非周公相成王躬吐握之禮致白屋之意師古曰白屋謂白蓋之屋以茅覆之賤人所居蓋音合 可謂能持盈守位勞謙其德者也其悉封眞五子羲訓則彥皚皆爲列侯初文帝分眞邑二百戶封眞弟彬爲列侯

爽字昭伯 小字默御覽作點見本傳注 少以宗室謹重明帝在東宮甚親愛之 趙一清曰世說爽少與明帝同筆硯 及即位爲散騎侍郎累遷城門校尉加散騎常侍轉武衞將軍 散騎侍郎散騎常侍見文紀延康元年城門校尉見齊王紀正始六年武衞將軍見明紀景初二年 寵待有殊帝寢疾乃引爽入臥內拜大將軍假節鉞都督中外諸軍事錄尚書事 胡三省曰晉職官志曰持節都督無定員前漢遣使始有持節光武建武初征伐四方始權時置督軍御史事竟罷建安中魏武爲相始遣大將軍督之二十一年征孫權還遣夏侯惇督二十六軍是也文帝黃初三年始置都督諸軍事或領刺史又上軍大將軍曹眞都督中外諸軍事假黃鉞則總統內外諸軍矣錄尚書事漢東都諸公之重任也今爽懿既督中外諸軍又錄尚書事則文武大權盡歸之矣自此迄於六朝凡權臣壹是專制國命 與太尉司馬宣王並受遺詔輔少主明帝崩齊王即位加爽侍中 侍中見武紀建安元年 改封武安侯 武安見武紀建安九年水經注漳水於武安縣東清漳水自涉縣東南來注世謂之交漳口王先謙曰三國魏改屬廣平見元和志正始元年曹爽封此爽誅國除括地志故城在武安西南七十里李兆洛曰今武安縣治 邑萬二千戶賜劍履上殿入朝不趨贊拜不名 何焯曰爽名位素輕忽膺重寄不勞謙以先天下而偃然輒當殊禮有以知其必敗矣 丁謐畫策使爽白天子發詔轉宣王爲太傅 太傅見明紀卷首續百官志太傅上公一人掌以善導無常職洪飴孫曰黃初七年始置位在三司上不常設前後居是官者三人鍾繇司馬懿司馬孚 外以名號尊之內欲令尚書奏事先來由己得制其輕重也 王懋竑曰曹爽爲大將軍司馬懿爲太尉太尉在大將軍之下轉爲太傅則在大將軍之上矣陳志所云以宣王年德俱高恆父事之不敢專行此正其實而外以名號

尊之欲使尚書奏事由己此特晉人之辭耳何晏鄧颺素與司馬師昭互相稱譽其進用亦未必盡出爽意也其後權勢相軋始相疑貳故陳志敘其事於五年後接於八年宣王謝病不與政晉書宣帝紀八年帝於是與爽有隙則前此固未嘗異也何晏鄧颺爲尚書司馬孚爲尚書令爽弟羲爲中領軍懿子師亦爲中領軍爽弟彥爲散騎常侍懿子昭亦爲散騎常侍固相參用爽非能專制者懿之忮狠爽晏輩自在其掌握之中然使其轉太傅時已有專制之意懿豈不覺之豈遲至十年而後發乎又曰太傅太尉官有尊卑而職位不異其答詔劉放孫資爲之乃懿黨也故知所云使尚書奏事由己者恐未必然

魏書曰爽使弟羲爲表曰臣亡父眞奉事三朝 武文明也 入備冢宰出爲上將先帝以臣肺腑遺緒獎飭拔擢 宋本飭作飾 典兵禁省 晉書宣帝紀與爽各統兵三千人共執朝政更直殿中 進無忠恪積累之行退無羔羊自公之節 詩召南羔羊之皮素絲五紽退食自公委蛇委蛇毛傳曰小曰羔大曰羊大夫羔裘以居公公門也 先帝聖體不豫臣雖奔走侍疾嘗藥曾無精誠翼日之應猥與太尉懿俱受遺詔且慙且懼靡所底告臣聞虞舜序賢以稷契爲先成湯褒功以伊呂爲首 何焯曰上單言成湯下兼言伊呂則臨文之病 審選博舉優劣得所斯誠輔世長民之大經錄勳報功之令典自古以來未之

或闕今臣虛閽位冠朝首顧惟越次中心愧惕敢竭愚情陳寫至實夫天下之達道者三 趙一清曰道一作尊 謂德爵齒也懿本以高明中正處上司之位名足鎭衆義足率下一也包懷大略允文允武仍立征伐之勳遐邇歸功二也萬里旋旆親受遺詔翼亮皇家內外所向三也加之耆艾紀綱邦國體練朝政論德則過於吉甫樊仲 詩小雅六月之章文武吉甫萬邦爲憲毛傳曰吉甫尹吉甫也大雅烝民之章保茲天子生仲山甫毛傳曰仲山甫樊侯也鄭箋曰尹吉甫周之卿士也 課功則踰於方叔召虎 詩小雅采芑之章方叔蒞止毛傳曰方叔卿士也大雅江漢之章江漢之滸王命召虎毛傳曰召虎召穆公也 凡此數者懿實兼之臣抱空名而處其右天下之人將謂臣以宗室見私知進而不知退陛下岐嶷 岐嶷見明紀卷首 克明克類如有以察臣之言臣以爲宜以懿爲太傅大司馬 毛本大誤作太 上昭陛下進賢之明中顯懿身文武之實下使愚臣免於謗誚於是帝使中書監劉放令孫資爲詔曰 毛本爲誤作謂 昔吳漢佐光武有征定四方之功爲大司馬名稱于今太尉體履正直 齊王紀體

履作體道 功蓋海內先帝本以前後欲更其位者輒不彌久是以遲遲不施行耳今大將軍薦太尉宜爲大司馬既合先帝本旨又放推讓進德尙勳乃欲明賢良辯等列順長少也 北宋本作順少長也 雖旦奭之屬宗師呂望念在引領以處其下何以過哉朕甚嘉焉朕惟先帝固知君子樂天知命纖芥細疑不足爲忌當顧柏人彭亡之文 漢書高帝紀高帝還過趙趙相貫高等謀欲弑上上欲宿心動問縣名何曰柏人上曰柏人者迫於人也去弗宿范書岑彭傳彭所營地名彭亡聞而惡之欲徙會日暮蜀刺客詐爲亡奴降夜刺殺彭范曄論曰昔高祖忌柏人之名違之以全福征南惡彭亡之地留之以生災 故用低佪有意未遂耳 潘眉曰是時曹爽薦司馬懿爲太傅大司馬詔言先帝本欲以懿爲大司馬今爽薦之合先帝本旨又言先帝纖芥細疑不足爲忌當顧柏人彭亡之文故用低佪有意未遂玩此詔旨蓋謂懿姓司馬氏今若拜大司馬則司馬氏加大名嫌於逼上近柏人彭亡之讖亦非所以安司馬氏也故但拜太傅不拜大司馬 斯亦先帝敬重大臣恩愛深厚之至也昔成王建保傅之官近漢顯宗以鄧禹爲太傅皆所以優崇儁乂必有尊也其以太尉爲太傅 何焯曰兼大司馬則懿猶典兵但崇以太傅虛名所謂實奪之權也弼按齊王紀此詔末其以太尉爲太傅下

有持節統兵都督諸軍事如故是司馬氏仍握兵權也又按晉書宣帝紀爽欲使尙書奏事先由己乃言於天子徙帝爲大司馬朝議以爲前後大司馬累薨於位乃以帝爲太傅

爽弟羲爲中領軍 羲封安鄉侯見本志方伎傳杜夔傳注何晏論語集解序作安鄉亭侯趙一清曰晉書宣帝紀正始六年秋八月曹爽毀中壘中堅營以兵屬其弟中領軍羲帝以先帝舊制禁之不可刑法志曰正始之間天下無事於是征西將軍夏侯玄河南尹李勝中領軍曹羲尙書丁謐追議肉刑卒不能決御覽卷二百六十五晉宣帝欲除九品州置大中正曹羲集九品議曰伏見明論欲除九品而置中正欲檢虛實一州闊遠略不相識訪不得知會復轉訪本郡先達者耳此爲問州中正而實決於郡人又晉書王接傳接父蔚世修儒史之學魏中領軍曹羲作至公論蔚著之隋經籍志曹羲集五卷錄一卷 訓武衞將軍彥散騎常侍侍講 胡三省曰以在少帝左右令侍講說侍講之官起乎此弼按曹彥有復肉刑議見御覽六百四十八引王隱晉書隋書經籍志梁有字義訓音六卷曹侯彥撰亡謝啓昆小學考曰字義訓音七錄稱曹侯彥撰蓋以彥嘗爲列侯也姚振宗曰曹侯彥別有古今字苑一書法書要錄載庾元威論稱爲曹產蓋彥字之誤足證曹侯彥實爲曹彥當爽被誅獨不及則彥皚三人御覽刑法部引三十國春秋則謂爽與羲訓彥並斬夷三族則亦同時遇害者也 其餘諸弟皆以列侯侍從出入禁闥貴寵莫盛焉南陽何晏鄧

颺李勝沛國丁謐東平畢軌咸有聲名進趣於時明帝以其浮華皆
抑黜之及爽秉政乃復進敘任爲腹心颺等欲令爽立威名於天下
勸使伐蜀爽從其言何焯曰曹爽諸葛恪皆以輕舉喪功結怨於民遂以致敗後之輔幼主者苟才德不如孔明其務法子孟之休息乎
宣王止之不能禁正始五年爽乃西至長安大發卒六七萬人從駱
谷入駱谷見陳留王紀景元四年又詳見鍾會傳通鑑正始五年三月爽西至長安發卒十餘萬人與夏侯玄自駱口入漢中胡三省曰駱口駱谷口也駱谷在漢中成固縣東北北達扶風郿縣謝鍾英曰括地志駱谷口在盩厔縣西南三十里方輿紀要儻駱道南口曰儻在洋縣北三十里北口曰駱在盩厔縣西南百二十里谷長四百二十里鍾英按縣志駱谷水正流爲沙河北入渭在盩厔縣西是時關中及氐羌轉輸不能供牛
馬騾驢多死民夷號泣道路入谷行數百里賊因山爲固兵不得進
蜀志王平傳延熙七年春魏大將軍曹爽率步騎十餘萬向漢川前鋒已在駱谷時漢中守兵不滿三萬平曰賊若得關便爲禍也今宜先遣劉護軍杜參軍拒興勢平爲後拒若賊分向黃金平率千人下自臨之此計之上也涪諸軍及大將軍費禕自成都相繼而至魏軍退還爽參軍楊偉爲爽陳形

勢宜急還不然將敗
世語曰偉字世英馮翊人趙一清曰隋書經籍志桑丘先生書二卷晉征南軍師楊偉撰又有時務論十二卷案毌丘儉詩云楊偉無根基想其人必出於寒素弼按隋志景初歷三卷晉楊偉撰偉有上景初厤表見晉書律厤志明帝治宮室偉諫曰今作宮室斬
伐生民墓上松柏毀壞碑獸石柱辜及亡人傷孝子心不可以爲後世之法則
颺與偉爭於爽前偉曰颺勝將敗國家事可斬也爽不悅乃引軍還
漢晉春秋曰司馬宣王謂夏侯玄曰春秋責大德重胡三省曰責責望也德恩德也言責望之甚大者其恩之爲甚重也嚴衍曰責大德重謂當責任之大者其德必須持重胡注恐未是昔武皇帝再入漢中幾至大敗君所知也事見武紀建安二十年及二十四年今興平路勢至險趙一清曰此語疑有錯誤是時魏軍入漢蜀已先據興勢圍之後主王平兩傳極爲分明於文當是今興勢山路至險顧景范亦云爾弼按通鑑引此作興勢胡三省曰水經注小成固城北百二十二里有興勢坂寰宇記興勢山在洋州興道縣北四十三里今郡城所枕形如一盆外險而內有大谷爲盤道上數里方及四門因名興勢東坡指掌圖以爲在興元恐非也宋白曰興勢山在今興道縣西北二十里興勢亙

見前夏侯淵傳蜀已先據若進不獲戰退見徼絕覆軍必矣將何以任其責玄懼言於爽引軍
退費禕進兵據三嶺以截爽胡三省曰自駱谷出扶風隔以中南山其閒有三嶺一曰沈嶺近芒水一曰衙嶺一曰分水嶺方輿紀要卷三十六三嶺沈嶺見盩厔縣衙嶺見郿縣分水嶺見武功縣一云駱谷有三嶺關謝鍾英曰按一統志分水嶺在渭南縣南衙嶺在褒城縣界斜水所出分水嶺至衙嶺數百里皆爲魏境爽自駱谷入而禕東出分水嶺西趨衙嶺與爽兵勢不相接三嶺當在駱谷中胡說非也爽爭嶮苦戰僅乃得過
所發牛馬運轉者死失略盡羌胡怨歎而關右悉虛耗矣
初爽以宣王年德並高恒父事之不敢專行及晏等進用咸共推戴
說爽以權重不宜委之於人乃以晏颺謐爲尚書晏典選舉軌司隸
校尉勝河南尹諸事希復由宣王宣王遂稱疾避爽王肅傳時大將軍曹爽專權任用何晏鄧颺等肅曰此輩卽弘恭石顯爽聞之戒何晏等曰當共愼之胡三省曰懿稱疾爲誅爽等張本趙一清曰晉書山濤傳濤與石鑒共宿夜起蹴鑒曰今爲何等時而眠耶知太傅臥何意鑒曰宰相三不朝與尺一令歸第卿何慮也濤曰咄石生無事馬蹄閒邪投傳而去未二年果有曹爽之事

初宣王以爽魏之肺腑每推先之陳景雲曰初上失書名後誅爽注又重出魏略疑此處脫文也爽以宣王名重
亦引身卑下局本下誤作卞當時稱焉丁謐畢軌等既進用毛本丁誤作王數言於爽曰宣王有
大志而甚得民心不可以推誠委之由是爽恆猜防焉禮貌雖存而諸所興造皆不復
由宣王宣王力不能爭且懼其禍故避之晉書宣帝紀正始七年春吳寇柤中夷夏萬餘家避寇北渡沔帝以沔南近賊若百姓奔還必復致寇宜權留之爽不從卒令還南賊果襲破柤中所失萬計（裴注引漢晉春秋同見齊王紀正始七年）又云八年曹爽用何晏鄧颺丁謐之謀遷太后於永寧宮專擅朝政兄弟並典禁兵多樹親黨屢改制度帝不能禁於是與爽有隙五月帝稱疾不與政事時人爲之謠曰何鄧丁亂京城胡三省曰據陳壽志太后稱永寧宮非徙也意者晉諸臣欲增曹爽之惡以遷字加之耳晉書五行志曰爽遷太后於永寧宮太后與帝相泣而別蓋亦承晉諸臣所記也王懋竑曰陳志文德郭皇后稱永安宮明元郭皇后稱永寧宮其例正同郭后傳既不言遷曹爽傳亦不之及司馬懿奏事永寧宮皇太后今亦無逼遷之文則胡注是也通鑑用魏略晉書宣帝紀五行志語而未考其實綱目因之當依胡注改正
晏等專政共分割洛陽野王典農部桑田數百頃及壞湯沐地以爲

產業承勢竊取官物因緣求欲州郡有司望風莫敢忤旨晏等與廷
尉盧毓素有不平因毓吏微過深文致毓法使主者先收毓印綬然
後奏聞其作威如此盧毓傳時曹爽秉權將樹其黨徙吏部尚書盧毓爲僕射以侍中何晏代毓頃之出毓爲廷尉司隸畢軌又枉奏毓
免官衆論多訟之爽飲食車服擬於乘輿尚方珍玩充牣其家妻妾盈後庭又
私取先帝才人七八人及將吏師工鼓吹良家子女三十三人皆以
爲伎樂詐作詔書發才人五十七人送鄴臺使先帝倢伃教習爲伎
宋本馮本伎作技晉書宣帝紀正始九年春黃門張當私出掖庭才人石英等十一人與曹爽爲伎人爽晏謂帝疾篤遂有無君之心與當密謀圖危社稷期有日矣趙
一清曰晉書梁王彤傳時諸王自選官屬彤以汝陰上計吏張蕃爲中大夫蕃素無行本名雄妻劉氏解音樂爲曹爽教伎蕃又往來何晏所而恣爲姦淫晏誅徙河閒
乃變名自結於彤爲有司所奏詔削一縣擅取太樂樂器武庫禁兵作窟室綺疏四周胡三省曰窟室
掘地爲室也賢曰綺疏謂鏤爲綺文潘眉曰酈道元云永寧寺其地是曹爽故宅熙平元年立寺經始之日於寺院西南隅得爽窟室下入地可丈許地壁悉纍方石砌

之石作細密都無所毀其石悉入法用自非曹爽庸匠亦難復制此可想見其靡麗弼按見水經穀水注數與晏等會其中縱酒
作樂義深以爲大憂數諫止之又著書三篇陳驕淫盈溢之致禍敗
藝文類聚二十二御覽四百二十九載羲至公論曰君子知私情之難統至公之易行故季友鴆兄而不疑叔向戮弟而不悔斯二士者皆前世之通士晉魯之忠臣也
亦豈無慈愛骨肉之心愍恤同生之仁哉夫至公者天之經也地之義也理之要也人之用也昔鯀者親禹之父也舜則殛鯀而興禹禹知舜之殛其父無私故受命而
不辭舜明禹知己之至公故用之而無疑無私者雖父黜而子不言況用之于他哉辭旨甚切不敢斥爽託戒諸弟以
示爽爽知其爲己發也甚不悅義或時以諫喻不納涕泣而起宗室曹冏
上書冀感悟曹爽爽不能納冏書見本志武文世王公傳卷末注引魏氏春秋宣王密爲之備九年冬李勝出爲
荊州刺史往詣宣王宣王稱疾困篤示以羸形勝不能覺謂之信然
弼曰魏末傳一篇所謂示以羸形勝不能覺謂爲信然本傳能省爲三語亦好割舍凡筆恐不能爾
魏末傳曰爽等令勝辭宣王幷伺察焉宣王見勝勝自陳無他功勞橫蒙時恩何焯校本

時作特當爲本州胡三省曰李勝南陽人故謂荊州爲本州詣閤拜辭宋本閤作閣不悟加恩得蒙引見宣王
令兩婢侍邊持衣衣落復上指口言渴求飲婢進粥宣王持杯飲粥粥皆流出沾胸勝
愍然爲之涕泣謂宣王曰今主上尙幼天下恃賴明公然衆情謂明公方舊風疾發胡三
省曰魏武之辟懿也懿辭以風痺故勝以爲舊風發動何意尊體乃爾宣王徐更寬言才令氣息相屬胡三省曰詐爲
羸憊之狀也說年老沈疾晉書宣帝紀沈作枕通鑑同張熷曰作沈是死在旦夕君當屈幷州何焯曰勝言當爲本州懿
若不知荊州何緣錯誤曰幷州卽一字可悟其詐蓋意氣驕溢不復審察遂冥然無覺耳於此得其匿情相伺之機固不難爲備也幷州近胡好善
爲之恐不復相見如何勝曰當還忝本州非幷州也宣王仍復陽爲昏謬馮本仍作乃曰
君方到幷州努力自愛錯亂其辭狀如荒語勝復曰當忝荊州非幷州也宣王乃若微
悟者謂勝曰懿年老意荒忽不解君言胡三省曰解曉也今還爲本州刺史盛德壯烈各本
均作烈壯局本作壯烈晉書宣帝紀作壯烈通鑑同好建功勳今當與君別自顧氣力轉微後必不更會因欲

自力設薄主人生死共別令師昭兄弟結君爲友不可相舍去副懿區區之心因流涕
哽咽勝亦長歎答曰輒當承教須待勅命勝辭出與爽等相見說太傅語言錯誤口不
攝杯指南爲北又云吾當作幷州吾答言當還爲荊州非幷州也徐徐與語有識人時
乃知當還爲荊州耳又欲設主人祖送不可舍去宜須待之更向爽等垂淚云太傅患
不可復濟令人愴然晉書宣帝紀勝退告爽曰司馬公尸居餘氣形神已離不足慮矣故爽等不復設備又后妃傳宣穆張皇后智識過人宣
帝初辭魏武之命託以風痺嘗曝書遇暴雨不覺自起收之家惟有一婢見之后恐事泄致禍遂手殺之以滅口而親自執爨帝由是重之趙一清曰司馬懿以此
術愚人何前後如出一轍也
十年正月此正始十年是年四月改元嘉平車駕朝高平陵高平陵見齊王紀嘉平元年注胡三省曰高平陵明帝陵也水
經注大石山在洛陽南山阿有魏明帝高平陵爽兄弟皆從通鑑大將軍爽與弟中領軍羲武衞將軍訓散騎常侍彥皆從
世語曰爽兄弟先是數俱出游桓範謂曰總萬機典禁兵不宜並出若有閉城門誰復

內入者爽曰誰敢爾邪由此不復並行至是乃盡出也

宣王部勒兵馬晉書景帝紀宣帝之將誅曹爽深謀秘策獨與帝潛畫初帝陰養死士三千散在人閒至是一朝而集衆莫知所出也通鑑太傅懿陰與其子中護軍師散騎常侍昭謀誅曹爽胡三省曰懿雖稱疾先已置二子於要地矣何焯曰昭伯兄弟專政九年乃反禍敗宣王舉事固非聊爾一擲也王懋竑曰懿既擁兵而子師爲中領軍（當作中護軍）亦執兵柄其誅爽也師勒兵鎮遏中外陰養死士三千人一朝而集昭亦率衆衞宮此直舉兵稱亂伺閒以取人之國而以誅爽爲名耳當文帝明帝時君之失政多矣懿受腹心之託膺社稷之重寄不聞一言之諫爭而且陰結劉放孫資以爲內主卒以傾魏陳矯之對明帝曰朝廷之望也社稷未之知也蓋亦知其有不臣之心矣通鑑所云似未然也先據武庫遂出屯洛水浮橋元和郡縣志洛水在洛陽縣南四里胡三省曰水經注洛城南出西頭第二門曰宣陽門漢之小苑門也對閶闔南直洛水浮桁方輿紀要卷四十八橋在洛陽故城南五里後漢時建魏晉因之隋曰天津橋謝鍾英曰浮橋在故洛陽城南二十五里今河南府城南五里奏爽曰臣昔從遼東還明帝景初二年懿征遼東滅公孫淵還師次於汲奉詔三年正月疾驅入朝宋書五行志魏明帝景初中童謠曰阿公阿公駕馬車不意阿公東渡河阿公東還當奈何及宣王遼東歸至白屋當還鎮長安會帝疾篤急召之乃乘追鋒車東渡河終覲魏室先帝詔陛下秦王及臣升御牀把臣臂

深以後事爲念臣言二祖亦屬臣以後事爲念二祖通鑑作太祖高祖胡三省曰按晉紀懿自爲文帝所信重太祖未嘗以事屬之也若文帝則以明帝屬懿何焯曰下爲念二字疑衍此自陛下所見無所憂苦萬一有不如意臣當以死奉明詔黃門令董箕等才人侍疾者皆所聞知今大將軍爽背棄顧命陸德明曰顧曰古敗亂國典內則僭擬外專威權破壞諸營盡據禁兵羣官要職吳本毛本官作宮晉書宣帝紀作羣臣皆置所親殿中宿衞歷世舊人皆復斥出宣帝紀作斥黜欲置新人以樹私計根據槃㸦宋本㸦作牙各本同局本作㸦潘眉曰牙字誤當作㸦㸦卽互字吳志陸瑁傳九域槃㸦同經史中㸦字每誤作牙字甚多弼按通鑑作根據盤互縱恣日甚外旣如此又以黃門張當爲都監專共交關看察至尊候伺神器離閒二宮傷害骨肉天下洶洶人懷危懼陛下但爲寄坐胡三省曰寄坐謂雖處天子之位猶寄寓也豈得久安此非先帝詔陛下及臣升御牀之本意也臣雖朽邁胡三省曰朽邁謂年老衰朽日月已邁也敢忘往言昔趙高極意秦氏以滅宣紀作秦是以亡呂霍早斷漢祚永世宣紀世作延唐人避世字此乃陛下之大鑒宣紀大作殷臣受命之時也宣紀受作授卽上以死奉詔意官本考證同太尉臣濟趙一清曰晉書王渾傳公孫宏曰昔宣帝廢曹爽引太尉蔣濟參乘以增威重尙書令臣孚等皆以爽爲有無君之心兄弟不宜典兵宿衞奏永寧宮皇太后令敕臣如奏施行臣輒敕主者及黃門令罷爽羲訓吏兵以侯就第宣紀作各以本官侯就第潘眉曰爽封武安侯見本傳羲封安鄉侯見傳元贈馬鈞序訓侯爵未詳弼按羲封侯見前不得逗留以稽車駕敢有稽留便以軍法從事臣輒力疾將兵屯洛水浮橋伺察非常

胡三省曰輒專也懿雖挾太后以臨爽而其奏自言輒者至再以天子在爽所也李慈銘曰上文備著爽等罪惡而此奏所言皆是空辭前所紀者無一列入足見當日史文俱非實事劉咸炘曰上文罪狀詳此奏止略言之不然同爲司馬黨所造豈懿奏與舊史反一實一不實乎

世語曰初宣王勒兵從闕下趣武庫當爽門夏侯玄傳注引魏略宣王奏誅爽住車闕下晉書宣紀時景帝爲中護軍將兵

屯司馬門帝列陣闕下潘眉曰攷晉書曹爽府第在武庫之南故宣王欲趣武庫正當爽門後楊駿居之亦敗弼按事見楊駿傳人逼車住爽妻劉怖出至廳事謂帳下守督曰公在外今兵起如何督曰夫人勿憂乃上門樓引弩注箭欲發將孫謙在後牽止之曰天下事未可知如此者三宣王遂得過去晉書宣紀爽帳下督嚴世引弩將射帝孫謙止之曰事未可知三注三止皆引其肘不得發

爽得宣王奏事不通迫窘不知所爲

干寶晉紀曰記應作紀爽留車駕宿伊水南胡三省曰水經注伊水又東北過伊闕中又東北至洛陽縣南北入於洛伐木爲鹿角發屯田兵數千人以爲衞胡三省曰魏武創業令州郡例置田官故洛陽亦有屯田兵魏末傳曰宣王語弟孚陛下在外不可露宿促送帳幔太官食具詣行在所蔡邕獨斷曰天子以四海爲家故謂所居爲行在所

大司農沛國桓範聞兵起不應太后召矯詔開平昌門續百官志雒陽城十二門其正

南一門曰平城門其餘上西門津門洛陽伽藍記序曰洛陽城門依魏晉舊名南面有三門東頭第一門曰開陽門次西曰平昌門漢曰平門魏晉曰平昌門次西曰宣陽門漢曰津門魏晉曰津陽門胡三省曰水經注平昌門故平門也洛城南出西頭第三門方輿紀要卷四十八雒陽南面四門正南一門曰平門亦曰平城門魏晉以後曰平昌門 拔取劒戟略將門候 續百官志城門每門候一人劉昭注周禮每門下士二人干寶曰如今門候 南奔爽

宣王知曰範畫策爽必不能用範計範說爽使車駕幸許昌招外兵爽兄弟猶豫未決範重謂義曰當今日卿門戶求貧賤復可得乎且匹夫持質一人尚欲望活 胡三省曰此謂漢末劫質也 今卿與天子相隨令於天下誰敢不應者義猶不能納侍中許允尚書陳泰說爽使早自歸罪爽於是遣允泰詣宣王歸罪請死乃通宣王奏事 晉書宣紀爽夜遣侍中許允尚書陳泰詣帝觀望風旨帝數其過失事止免官泰還以報爽勸之通奏何焯曰是役舊德如蔣濟人望如陳許皆爲仲達所欺

干寶晉書曰 書當作紀 桓範出赴爽宣王謂蔣濟曰智囊往矣濟曰範則智矣駑馬戀棧豆爽必不能用也 胡三省曰言爽顧戀室家而慮不及遠必不能用範計駑音奴棧士限翻 世語曰宣王使許允陳泰解語爽蔣濟亦與書達宣王之旨 蔣濟傳濟隨太傅司馬宣王屯洛水浮橋誅曹爽等進封都鄉侯注引世語曰濟書與曹爽言宣王旨惟免官而已爽誅濟病其言之失信發病卒胡三省曰以失言於爽爲已病也 又使爽所信殿中校尉尹大目謂爽唯免官而已 胡三省曰魏晉之制有殿中將軍中郎校尉司馬尹大目說爽猶未疑司馬氏也至其追語文欽乃覺耳 以洛水爲誓爽信之罷兵 趙一清曰宋書五行志明帝太和中京師歌兜鈴曹子其唱曰其柰汝曹何其後曹爽見誅曹氏遂廢 魏氏春秋曰爽既罷兵曰我不失作富家翁範哭曰曹子丹佳人生汝兄弟犢耳何圖今日坐汝等族滅矣 通鑑作生汝兄弟豘犢耳胡三省曰豘與豚同小豕曰豘小牛曰犢

遂免爽兄弟以侯還第

魏末傳曰爽兄弟歸家敕洛陽縣發民八百人使尉部圍爽第四角角作高樓令人在上望視爽兄弟舉動爽計窮愁悶持彈到後園中樓上人便唱言故大將軍東南行爽

還聽事上與兄弟共議未知宣王意深淺作書與宣王曰賤子爽哀惶恐怖無狀招禍分受屠滅前遣家人迎糧于今未反數日乏匱當煩見餉以繼旦夕宣王得書大驚即答書曰初不知乏糧甚懷踧踖令致米一百斛并肉脯鹽豉大豆尋送爽兄弟不達變數即便喜歡自謂不死

初張當私以所擇才人張何等與爽疑其有姦收當治罪當陳爽與晏等陰謀反逆並先習兵須三月中欲發於是收晏等下獄會公卿朝臣廷議以爲春秋之義君親無將將而必誅 公羊傳莊公三十二年公子牙今將爾辭曷爲與親弒者同君親無將將而誅焉昭公元年陳侯之弟招殺陳世子偃師大夫相殺稱人此其稱名氏以殺何言將自是弒君也今將爾詞曷爲與親弒者同君親無將將而必誅焉漢魏皆引公羊折獄故當時廷議如此 爽以支屬世蒙殊寵親受先帝握手遺詔託以天下而包藏禍心蔑棄顧命乃與晏颺及當等圖謀神器 宋本作謀圖 範黨同罪人皆爲大逆不道於是收爽義訓晏颺謐軌勝範當等皆伏誅夷三族 晉書荀勖傳勖仕魏辟大將軍曹爽掾爽誅門生故吏無敢往者勖獨臨赴衆乃從之晉書宣帝紀誅曹爽之際支黨皆夷及三族男女無少長姑姊妹女子之適人者皆殺之既而竟遷魏鼎云殷基通語載費禕甲乙論平司馬懿誅曹爽之是非見蜀志費禕傳注王懋竑曰何晏鄧颺丁謐李勝當懿起兵時不知何在若在外從行史無一語及之自是不從行也素爲爽黨至此乃坐視以圖倖免其視桓範遠不逮矣晏等浮華相扇憑藉權勢惟以割分產業因緣求欲爲事晏謐颺爲尚書軌司隸校尉勝河南尹皆未爲要職而懿父子擁兵其視晏等直几上肉耳一日變起束手相視俱就死地亦非不欲爲爽謀也

魏略曰鄧颺字玄茂鄧禹後也少得士名於京師明帝時爲尚書郎除洛陽令坐事免拜中郎 中郎見文德郭后傳 又入兼中書郎 中書郎卽中書侍郎也晉書職官志魏黃初初中書既置監令又置通事郎晉改曰中書侍郎洪飴孫曰諸紀傳亦稱中書郎 初颺與李勝等爲浮華友及在中書浮華事發被斥出遂不復用正始初乃出爲潁川太守轉大將軍長史遷侍中尚書颺爲人好貨前在內職許臧艾授以顯官艾以父妾與颺故京師爲之語曰以官易婦鄧玄茂 婦各本均作富官本致證云通志略作以官易

婦爲是臧艾以父妾與颺故爲此語每所薦達多如此比故何晏選舉不得人頗由颺之不公忠遂同

其罪蓋由交友非其才其宋本作奇颺事又見管輅傳宋書五行志魏尚書鄧颺行步弛縱筋不束體坐起傾倚若無手足此貌之不恭也

管輅謂之鬼躁鬼躁者凶終之徵後卒誅死魏略曰此三字衍丁謐字彦靖官本攷證云太平御覽靖作靜父斐字文侯

初斐隨太祖太祖以斐鄉里斐爲沛國人故曰鄉里特饒愛之斐性好貨數請求犯法輒得原

宥爲典軍校尉武紀建安十六年公自潼關北渡未濟馬超赴船急戰校尉丁斐因放牛馬以餌賊賊亂取牛馬公乃得渡總攝內外

每所陳說多見從之建安末從太祖征吳斐隨行自以家牛羸困乃私易官牛爲人所

白被收送獄奪官其後太祖問斐曰文侯印綬所在斐亦知見戲對曰以易餅耳太祖

笑顧謂左右曰東曹毛掾數白此家欲令我重治我非不知此人不清良有以也我之

有斐譬如人家有盜狗而善捕鼠盜雖有小損而完我囊貯遂復斐官聽用如初後數

歲病亡謐少不肯交游但博觀書傳爲人沈毅吳本毛本毅誤作毅頗有才略太和中常住鄴

借人空屋居其中而諸王亦欲借之不知謐已得直開門入謐望見王交腳臥而不起

而呼其奴客曰此何等人促呵使去王怒其無禮還具上言明帝收謐繫鄴獄以其功

臣子原出後帝聞其有父風召拜度支郎中晉書職官志尚書郎初從三署詣臺試守尚書郎中歲滿稱尚書郎三年稱侍

郎至魏尚書郎有殿中吏部度支等凡二十三郎曹爽宿與相親時爽爲武衛將軍數爲帝說其可大用元本

馮本說作稱會帝崩爽輔政乃拔謐爲散騎常侍遂轉尚書謐爲人外似疏略而內多忌

多忌御覽作明慧其在臺閣數有所彈駮宋本馮本吳本毛本有數字元本監本官本無數字臺中患之事不得行

又其意輕貴多所忽略雖與何晏鄧颺等同位而皆少之唯以勢屈於爽爽亦敬之言

無不從故于時謗書謂臺中有三狗二狗崖柴不可當一狗憑默作疽囊何焯曰崖柴藝文作

啀喍玉篇啀狗欲嚙也類篇又作嘊則偏旁無口字者或古人假借通用潘眉曰崖柴與嘊喍通集韻犬鬬也默太平御覽作點三狗謂何鄧丁

也默者爽小字也其意言三狗皆欲嚙人而謐尤甚也奏使郭太后出居別宮王懋竑曰晉書

宣帝紀曹爽用何晏鄧颺丁謐之謀遷太后於永寧宮五行志爽遷太后於永寧宮帝與太后涕泣而別案魏略止言丁謐而宣帝紀增何晏鄧颺以其同黨故耳

五行志又誤以齊王廢時事以附益之恐皆非其實當以陳志爲正及遣樂安王使北詣鄴或曰魏無樂安王以其事攷之當是燕王之誤

燕王以景初三年夏還鄴正曹爽專政之時殆昭伯黨忌其屬尊地逼故出之耳又遣文欽令還淮南皆謐之計司馬宣

王由是特深恨之畢軌字昭先胡三省曰姓譜畢本畢公高之後父字子禮建安中爲典農校

尉典農校尉見武紀建安元年陳留王紀咸熙元年軌以才能少有名聲明帝在東宮時軌在文學中黃初

末出爲長史史疑作吏蓋令長之屬漢百官表縣令長丞尉爲長吏是也明帝即位入爲黃門郎黃門郎即黃門侍郎見武

紀建安十九年又見後夏侯玄傳注引魏略子尚公主居處殷富遷并州刺史其在并州名爲驕豪時雜

虜數爲暴害吏民軌輒出軍擊鮮卑軻比能失利畢軌兵敗及送奴事見明紀靑龍元年及注引世語中護軍

蔣濟表曰畢軌前失既往不咎但恐是後難可以再凡人材有長短不可强成軌文雅

智意宋本吳本毛本作智意元本監本馮本官本作志意自爲美器今失并州換置他州若入居顯職不毀其

德於國事實善此安危之要唯聖恩察之監本恩作思誤至正始中入爲中護軍轉侍中尚

書遷司隸校尉素與曹爽善每言於爽多見從之李勝字公昭父休字子朗有智略

張魯前爲鎮北將軍梁章鉅曰按魯傳爲鎮南將軍此作鎮北疑誤沈家本曰魯爲鎮南將軍在內附之後其先爲鎮民中郎將此文有誤

休爲司馬家南鄭時漢中有甘露降子朗見張魯精兵數萬人有四塞之固遂建言赤

氣久衰黃家當興欲魯舉號魯不聽會魯破太祖以其勸魯內附賜爵關內侯署散官

騎從趙一淸曰晉書職官志魏黃初初置散騎合之於中司掌規諫不典事貂璫插右騎而散從弼按宋書百官志魏文帝黃初初置散騎合於中常侍謂之

散騎常侍顏師古曰並騎而散從無常職也詣鄴至黃初中仕歷上黨鉅鹿二郡太守吳本毛本仕作行後以年

老還拜議郎勝少游京師雅有才智與曹爽善明帝禁浮華而人白勝黨有四窗八達

黨各本皆作堂官本攷證云堂有四窗八達未必能得罪或堂字爲黨字之誤諸葛誕傳注云以元疇四人爲四聰誕備八人爲八達是其證也窗與聰古字通用

沈家本曰盧毓傳前此諸葛誕鄧颺等馳名譽有四窗八達之誚亦其一證各有主名用是被收以其所連引者多故得

原禁錮數歲帝崩曹爽輔政勝爲洛陽令夏侯玄爲征西將軍以勝爲長史玄亦宿與勝厚駱谷之役駱谷見前議從勝出事見前由是司馬宣王不悅於勝累遷滎陽太守河南尹滎陽見武紀初平元年趙一清曰水經濟水注魏正始三年歲在甲子被癸丑詔書割河南郡縣自鞏闕以東創建滎陽郡并戶二萬五千以南鄉筑陽亭侯李勝字公昭爲郡守故原武典農校尉政有遺惠民爲立祠於城北五里號曰李君祠廟前有石蹠蹠上有石的石的銘具存其略曰百族欣戴咸推厥誠今猶祀禱焉洪亮吉曰考傳㒰傳爲滎陽守亦在正始時則水經注之言信也勝前後所宰守未嘗不稱職爲尹歲餘廳事前屠蘇壞潘眉曰屠蘇與廜䣐通廣雅廜䣐庵也服虔通俗文屋平曰屠蘇邵子山曰屠蘇有二解一是帽類一是平屋名杜甫詩願隨金騕褭走置錦屠蘇是也令人更治之小材一枚激墮正撾受符吏石虎頭撾各本作檛趙一清曰檛當从手斷之後旬日遷爲荊州刺史未及之官而敗也桓範字元則沈家本曰世說六注引魏略字允明世爲冠族建安末入丞相府延康中爲羽林左監續百官志羽林左監一人六百石主羽林左騎以有文學與王象等典集皇覽皇覽見文紀黃初七年楊俊傳注引魏略曰王象字羲伯受詔撰皇覽明帝時爲中領軍範爲中領事時有薦徐宣表見徐宣

傳又有薦管寧表尙書遷征虜將軍東中郎將使持節都督靑徐諸軍事治下邳與徐州刺史鄒岐爭屋馮本鄒作鄒引節欲斬岐爲岐所奏不直坐免還復爲兗州刺史怏怏不得意趙一清曰御覽卷二百五十五引桓氏家傳範爲兗州刺史表謝曰喜於復見還擢慙於不堪所職悲於戀慕闕庭三者交集不知所裁又聞當轉爲冀州牧是時冀州統屬鎭北而鎭北將軍呂昭呂昭事詳杜恕傳注引世語才實仕進本在範後範謂其妻仲長曰我寧作諸卿向三公長跪耳不能爲呂子展屈也其妻曰君前在東坐欲擅斬徐州刺史衆人謂君難爲作下各本謂作爲趙一清曰爲當作謂今復羞爲呂屈是復難爲作上也範忿其言觸實乃以刀環撞其腹妻時懷孕遂墮胎死範亦竟稱疾不赴冀州正始中拜大司農範前在臺閣號爲曉事及爲司農又以淸省稱範嘗抄撮漢書中諸雜事自以意斟酌之名曰世要論隋經籍志世要論十二卷魏大司農桓範撰梁有二十卷梁又有桓範集二卷亡佚康曰御覽兵部二四人事部九十八學部五刑法部二資產部十四十六俱引之或稱要集或稱論或稱世論皆一書也嚴可均輯本序曰各書徵引或稱政要論或稱桓範新書或稱桓範世論或稱桓公世論或稱桓子或稱魏桓範或稱桓範論或稱桓範要集互證之知是一書宋時不著錄羣書治要載有政論十四篇據各書徵引補改缺譌定爲一卷曰爲君難曰臣不易曰政務曰節欲曰詳刑曰兵要曰僃騎曰辨能曰尊嫡曰諫諍曰決壅曰讚象曰銘誄曰序作餘無篇名者又一十四條馬國翰輯本序曰桓範世要論北堂書鈔初學記文選注太平御覽等書引之或作新論或作要集或作世論皆此一書輯錄二十五節附攷事蹟爲一卷姚振宗曰宋刻全本意林有世要論四條嚴馬二家皆未采蔣濟爲太尉嘗與範會社下羣卿列坐有數人範懷其所撰欲以示濟謂濟當虛心觀之範出其書以示左右左右傳之示濟濟不肯視範心恨之因論他事乃發怒謂濟曰我祖薄德章懷注引東觀記曰齊桓公作伯支庶用其謚立族命氏焉公輩何似邪濟性雖彊毅亦知範剛毅馮本毅誤作㲉睨而不應各罷範於沛郡仕次在曹眞後于時曹爽輔政以範鄉里老宿胡三省曰範沛國人譙沛鄉里也老者也宿舊也於九卿中特敬之然不甚親也及宣王起兵閉城門以範爲曉事乃指召之欲使領中領軍範欲應召而其子諫之以爲車駕在外不如南出範疑有頃兒又促之範欲去而司農丞吏皆止範元本馮本

丞作承誤範不從乃突出至平昌城門平昌門見前城門已閉門候司蕃門候見前胡三省曰司姓也左傳鄭有司臣故範舉吏也範呼之舉手中版以示之馮本版作扳誤矯曰有詔召我卿促開門元本促作保誤蕃欲求見詔書胡三省曰以此觀之此時猶用版詔至晉時則有靑紙詔矣範呵之言卿非我故吏邪何以敢爾乃開之範出城顧謂蕃曰太傅圖逆卿從我去蕃徒行不能及遂避側胡三省曰避於道旁也範南見爽勸爽兄弟以天子詣許昌徵四方以自輔王懋竑曰司馬懿與曹爽各領兵三千人更宿殿內是年轉爲太傅而持節統兵都督諸軍事如故但不言錄尙書事然懿至正始八年始謝病不與朝政則前此固未嘗不與也正始二年四年懿出拒吳五年爽出征蜀彼此出入未有疑忌自爽出無功晏等乃有猜防之意六年以羲領中壘中堅營七年與懿異議八年五月懿謝病蓋已定誅爽之計特以稔其惡而斃之耳懿受文帝遺詔輔政已有不臣之心東擒孟達西拒諸葛威名甚盛迨遼東之役大肆誅殺藉以服衆爽之愚騃晏等之浮華夫豈其敵懿蓋玩之股掌之上而猶遲而後發誅爽之後自爲丞相加九錫儼然以操自居而俛仰之閒國祚已移矣卽使爽用桓範言奉天子詣許昌不過稍延月日之期終必爲懿禽滅蓋懿之陰謀已久威脅已成內外諸臣皆爲之用非一朝一夕之故也爽疑羲又無言範自謂羲曰事昭然卿用讀書何爲

邪於今日卿等門戶倒矣俱不言範又謂羲曰卿別營近在闕南洛陽典農治在城外胡三省曰中領軍營懿已遣王觀據之唯別營在耳洛陽典農中郎將典農都尉所治也呼召如意今詣許昌不過中宿許昌別庫足相被假胡三省曰中宿次宿也左傳曰命汝三宿汝中宿至許昌別庫貯兵甲洛陽有武庫故曰別庫被假謂授兵也被皮義翻所憂當在穀食而大司農印章在我身何焯曰身下應有許字杭世駿曰晉陽秋云桓範出奔曹爽云大司農印在吾手所在得開倉而食羲兄弟默然不從中夜至五鼓通鑑作甲夜胡三省曰甲夜初夜也夜有五更一更爲甲夜二更爲乙夜三更爲丙夜四更爲丁夜五更爲戊夜爽乃投刀於地謂諸從駕羣臣曰我度太傅意亦不過欲令我兄弟向己也我獨有以不合於遠近耳遂進謂帝曰陛下作詔免臣官報皇太后令範知爽首免而已必坐唱義也範乃曰老子今茲坐卿兄弟族矣爽等既免帝還宮遂令範隨從到洛水浮橋北望見宣王下車叩頭而無言宣王呼範姓曰桓大夫何爲爾邪車駕入宮有詔範還復位範詣闕拜章謝待報會司蕃詣鴻臚自首具說範前臨出所道宣王乃

忿然曰誣人以反於法何應主者曰科律反受其罪乃收範於闕下時人持範甚急範謂部官曰徐之我亦義士耳遂送廷尉王懋竑曰桓範與曹爽僅鄉里之舊其赴爽也蓋逆知懿之必篡魏矣而不能識爽之無成何也然人臣之義當以桓範爲正範初出卽曰太傅謀逆謂爽等曰坐汝族滅被收曰我亦義士前後語自分明懿以太后詔召範乃矯詔也矯詔豈可從乎懿勒兵先據武庫師屯司馬門直舉兵稱亂耳其遣高柔據爽營王觀據羲營必同謀之非倉卒閒事也既以王觀行中領軍何復以中領軍召範此直脅之使隨己同屯洛水耳範之出也司農諸吏皆止之不聽非僅聽兒子言者其見懿叩頭不知有無然範嘗曰我寧作卿向三公長跪則平時見懿當拜亦非爲畏死而叩頭也懿收張當考問又令司蕃自首皆以大逆誅滅之魏書晉臣所作不敢盡其辭而微見其意通鑑多因舊史綱目分注亦未及改正是不能無待於後人也以太后詔當云矯太后詔黃門張當奏當云懿使廷尉誣奏當與爽陰謀爲逆通鑑所敘亦自分明但未直截說破耳又曰蔣濟桓範皆魏之大臣非懿黨也幸則爲蔣濟不幸則爲桓範必無自全之理矣故曰危邦不入亂邦不居世語曰初爽夢二虎銜雷公雷公若二升椀放著庭中爽惡之以問占者靈臺丞馬訓曰續百官志靈臺丞一人二百石掌候日月星氣屬太史憂兵訓退告其妻曰爽將以兵亡不出旬日沈家本曰御覽十三引世說曰漢晉春秋曰安定皇甫謐皇甫謐見

武紀建安十三年注以九年冬夢至洛陽自廟出見車騎甚衆以物呈廟云誅大將軍曹爽寤而以告其邑人邑人曰君欲作曹人之夢乎朝無公孫彊如何且爽兄弟典重兵又權尙書事誰敢謀之謐曰爽無叔振鐸之請苟失天機則離矣何恃於彊曹叔振鐸周武王弟也武王克紂封叔振鐸於曹左傳哀公七年初曹人或夢衆君子立于社宮而謀亡曹曹叔振鐸請待公孫彊許之旦而求諸曹無之戒其子曰我死爾聞公孫彊爲政必去之及曹伯陽卽位好田弋曹鄙人公孫彊好弋獲白鴈獻之有寵使爲司城以聽政夢者之子乃行彊言霸說於曹伯曹伯背晉而奸宋宋人伐之遂滅曹執曹伯及司城彊以歸殺之昔漢之閻顯倚母后之尊權國威命可謂至重矣閹人十九人一旦尸之范書安思閻皇后紀后弟顯景耀晏竝爲卿校典禁兵帝崩尊后曰皇太后以顯爲車騎將軍中黃門孫程等合謀立濟陰王是爲順帝顯景晏皆伏誅宦者傳孫程傳程與王康等十八人迎濟陰王立之收顯等送獄封程等爲侯是爲十九侯況爽兄弟乎世語曰初爽出司馬魯芝留在府聞有事通鑑作聞有變將營騎斫津門出赴爽津門見前平昌門注胡三省曰營騎大將軍營騎士也津門洛城南出西頭第一門也亦曰建城門趙一清曰水經穀水注津陽門故津門也方輿紀要卷四十八雒陽南面四門其西曰小苑門又西曰津門以洛水自此入城

而名魏晉以後曰津陽門爽誅擢爲御史中丞及爽解印綬將出主簿楊綜止之曰公挾主握權捨此以至東市乎胡三省曰言必將見誅於市也爽不從有司奏綜導爽反宣王曰各爲其主也宥之何焯曰芝綜位下人徵不難宥之以示公以爲尙書郎芝字世英扶風人也以後仕進至特進光祿大夫芝見齊王紀嘉平六年注晉書良吏傳魯芝扶風郿人世有名德爲西州豪族曹爽輔政引爲司馬芝屢有讜言嘉謀爽弗能納及宣帝起兵誅爽芝率餘衆犯門斬關馳出赴爽勸爽曰公居伊周之位一旦以罪見黜雖欲牽黃犬復可得乎若挾天子保許昌仗天威以羽檄徵四方兵孰敢不從捨此而去欲就東市豈不痛哉爽懦惑不能用遂委身受戮芝坐爽下獄當死而口不訟直志不苟免宣帝嘉之赦而不誅俄起爲使持節領護匈奴中郎將鎭威將軍幷州刺史綜字初伯後爲安東將軍司馬文王長史王懋竑曰魯芝楊綜之不死而反遷官此以安朝臣之心所謂盜亦有道者既滅晏等之族又還芝等之官慶賞刑威皆其所專擅矣芝綜不能辭官而反爲懿用此其人絕無足取臣松之案夏侯湛爲芝銘及干寶晉紀竝云爽既誅宣王卽擢芝爲幷州刺史以綜爲安東參軍與世語不同

嘉平中紹功臣世封眞族孫熙爲新昌亭侯邑三百戶以奉眞後

干寶晉紀曰蔣濟以曹眞之勳力不宜絕祀故以熙爲後濟又病其言之失信於爽發病卒王懋竑論蔣濟事詳見蔣濟傳趙一清曰宣帝紀嘉平元年正月爽誅濟曰曹眞之勳不可以不祀帝不聽而濟卽以是年卒謚以三年八月死其紹封當屬子元秉政之日也

晏何進孫也趙一清曰世說注引魏略曰晏南陽宛人漢何進孫或曰何苗孫也弼按論語集解序邢昺疏曰何晏何進之孫咸之子又曰以包氏諱咸故沒其名皇侃疏曰何集註皆呼人名惟包獨言氏者包名咸何家諱咸故不言也母尹氏爲太祖夫人晏長於宮省御覽卷三百八十五引何晏別傳曰晏時小養魏宮七八歲便慧心天悟衆無愚智莫不貴異之魏武帝讀兵書有所未解試以問晏晏分散所疑無不冰釋又引世說曰何晏年七歲明慧若神魏武帝奇愛以晏母在宮內欲以爲子晏乃畫地令方自處其中曰何氏之廬又卷三百九十三引晏別傳曰晏小時武帝雅奇之欲以爲子每挾將游觀命與諸子長幼相次晏微覺於是坐則專席止則獨立或問其故答曰禮異族不相貫伍又尙公主史記絳侯周勃世家公主者孝文帝女也勃太子勝之尙之韋昭曰尙奉也不敢言娶趙一清曰御覽卷一百五十四引語林曰何晏以主壻駙馬都尉美姿儀帝每疑其傅粉夏月賜以湯餅大汗出以朱衣自拭之尤皎然孏眞子云駙馬之名起於三國故何晏尙魏公主謂之駙馬都尉然不獨官名以駙馬給之蓋御馬之副謂之駙馬從而給之示親愛也一淸案此言非也宋百官志云晉武帝以宗室外戚爲奉車駙馬騎都尉而奉朝請後省奉車騎都尉唯留駙馬都尉奉朝請永初以來以奉朝請選雜其尙主者唯拜駙馬都尉然則尙主拜駙馬都尉是東晉之制三都尉省二而駙馬之名特顯耳弼按駙馬都尉見明紀青龍元年注引魏略少以才秀知名初學記卷十九引何晏別傳云晏方年七八歲慧心天悟形貌絕美出游行觀者盈路咸謂神仙之類好老莊言作道德論及諸文賦著述凡數十篇隋經籍志梁有吏部尙書何晏等注孝經一卷亡集解論語十卷何晏集魏晉諡議十三卷何晏撰老子道德論二卷何晏撰魏尙書何晏集十一卷梁十卷錄一卷本志管輅傳注引輅別傳管輅曰何平叔說老莊則巧而多華說易生義則美而多僞裴徽曰吾數與平叔共說老莊及易常覺其辭妙於理不能折之世說規箴篇注引管輅別傳曰冀州刺史裴徽舉輅秀才謂曰何尙書神明淸徹殆破秋毫君當愼之自言不解易中九事必當相問比至洛宜善精其理輅至洛陽果爲何尙書問九事九事皆明何曰君論陰陽此世無雙也侯康曰南齊書張緒傳緒常云何平叔所不解易中七事諸卦中所有時義是其一也梁書儒林傳伏曼容云何晏疑易中九事以吾觀之晏了不學也故知平叔有所短王應麟曰晏以老莊談易係小子觀朵頤所不解者豈止七事哉馬國翰輯本序曰其易不傳書名及卷數並未詳册府元龜有何晏周易私記二十卷周易講疏十三卷乃何妥之譌隋志傳寫偶誤沿習不覺茲從孔穎達正義李鼎祚集解房審權義海輯錄四節題曰周易何氏解取以備魏易一家之數且以著漢學之變自王弼者晏實爲之倡也世說文學篇何晏注老子未畢見王弼自說注老子旨何意多所短不復得作聲但應諾諾遂不復注因作道德論又曰何平叔注老子始成詣王輔嗣見王注精奇迺神伏曰若斯人可與論天人之際矣因以所注爲道德二論世說文學篇注文章敘錄曰自儒者論以老子非聖人絕禮棄學晏說與聖人同著論行於世也文心雕龍論說篇曰魏之初霸術兼名法傅嘏王粲校練名理迄至正始務欲守文何晏之徒始盛玄論於是聃周當路與尼父爭塗矣唐書經籍志魏明帝諡議二卷何晏撰藝文志何晏魏明帝諡議二卷姚振宗曰隋志有魏晉諡議十三卷何晏撰蓋誤合晉諡議八卷晉簡文諡議四卷爲一書兩唐志始分別著錄弼按晏爲魏人安得有晉諡議此爲隋志之誤姚說是文選有何晏景福殿賦嚴可均輯存賦奏議論序頌銘十四篇馮惟訥詩紀存五言詩二首

晏字平叔魏略曰太祖爲司空時納晏母幷收養晏其時秦宜祿兒阿蘇趙一清曰世說注引魏略作阿鰾亦隨母在公家並見寵如公子蘇卽朗也秦朗事見明紀青龍元年注蘇性謹愼而晏無所顧憚服飾擬於太子故文帝特憎之每不呼其姓字常謂之爲假子晏尙主又好色故黃初時無所事任及明帝立頗爲冗官至正始初元本明本無初字誤曲合於曹爽亦以才能故爽用爲散騎侍郎遷侍中尙書正始元年代盧毓爲尙書洪氏三國職官表誤作嘉平晏前以尙主得賜爵爲列侯又其母在內官本攷證曰北宋本作又以其母在內各本均無以字晏性自喜動靜粉白不去手胡三省曰以自塗澤也行步顧影宋書五行志魏尙書何晏好服婦人之服傅玄曰此服妖也世說容止篇何平叔美姿儀面至白夏日大汗朱衣自拭色轉皎然晏爲尙書主選舉其宿與之有舊者多被拔擢魏末傳曰晏婦金鄉公主卽晏同母妹公主賢謂其母沛王太妃曰晏爲惡日甚將何保身母笑曰汝得無妒晏邪俄而晏死有一男年五六歲宣王遣人錄之晏母歸藏其子王宮中母疑作婦向使者搏頰乞白活之使者具以白宣王宣王亦聞晏婦有先見之言心常嘉之且爲沛王故特原不殺何焯曰據此則平叔尙有後但亦出魏末傳恐虛妄耳費文禕甲乙論云晏子魏之親甥亦與同戮雖曰敵國傳聞然以彼爲可信魏氏春秋曰初夏侯玄何晏等名盛於時司馬景王亦預焉晏嘗曰唯深也故能通天下之志夏侯泰初是也唯幾也故能成天下之務司馬子元是也惟神也不疾而速不行而至吾聞其語未見其人蓋欲以神況諸己也胡三省曰夏侯玄字泰初司馬師字子元晏引易大傳之辭以爲品

目弼按傳嘏論何晏鄧颺夏侯玄見嘏傳注引傅子初宣王使晏典治爽等獄典馮本作與沈家本曰盧毓傳爽等見收毓治其獄則非晏典治也作與字爲是晏窮治黨與冀以獲宥宣王曰凡有八族晏疏丁鄧等七姓宣王曰未也晏窮急乃曰豈謂晏乎宣王曰是也乃收晏御覽卷六百五引魏末傳宣王欲誅曹爽呼何晏作奏曰宜上君名晏失筆於地寰宇記卷百二十六何晏墳在廬江縣北十七里其基高大景雲二年有人發墳得塼銘是何公之墓臣松之案魏末傳云晏取其同母妹爲妻此搢紳所不忍言馮本吳本搢作縉雖楚王之妻嫂嫂當作媦公羊傳桓公二年若楚王之妻媦無時焉可也何休曰媦妹也引此爲喩者明其終不可名有也徐彥曰以妹爲妻終無可時不是甚也已設令此言出於舊史猶將莫之或信況底下之書乎案諸王公傳沛王出自杜夫人所生晏母姓尹公主若與沛王同生焉得言與晏同母晏與金鄉公主異母解見明紀青龍元年注引魏氏春秋裴注所云魏末傳之誤章宗源亦引申其說見明紀卷首注引魏末傳皇甫謐列女傳曰皇甫謐見武紀建安十三年隋經籍志列女傳六卷皇甫謐撰宋本吳本毛本局本列誤作烈章宗源曰藝文類聚人部會稽翟索及婢青遭賊害事太平御覽人事部衞義姬邵陽任延壽妻長安大昌里人妻共引皇甫謐列女後傳又御覽人事部漢中趙嵩妻張氏丹陽羅勤女靜蜀景奇妻羅氏犍爲相登妻周氏廣漢馮季宰妻李氏廣漢王輔妻彭氏沛國劉長卿妻桓氏沛國公孫去病妻戴氏梁夏文生妻劉娥天水姜敘母楊氏下邳陳惲妻歷陽留子直妻戎士陳南妻並引謐列女傳唐志卷同爽從弟文叔妻譙郡夏侯文寧之女名令女文叔早死服闋自以年少無子恐家必嫁己乃斷髮以爲信其後家果欲嫁之令女聞卽復以刀截兩耳居止常依爽及爽被誅曹氏盡死令女叔父上書與曹氏絕婚強迎令女歸時文寧爲梁相憐其少執義又曹氏無遺類冀其意沮廼微使人諷之令女歎且泣曰吾亦惟之許之是也家以爲信防之少懈令女於是竊入寢室以刀斷鼻蒙被而臥其母呼與語不應發被視之血流滿牀席舉家驚惶奔往視之莫不酸鼻或謂之曰人生世閒如輕塵棲弱草耳何至辛苦廼爾且夫家夷滅已盡守此欲誰爲哉令女曰聞仁者不以盛衰改節元本衰作亡誤義者不以存亡易心曹氏前盛之時尙欲保終況今衰亡何忍棄之禽獸之行吾豈爲乎司馬宣王聞而嘉之聽使乞子字

養爲曹氏後名顯於世

夏侯尙字伯仁淵從子也文帝與之親友劉咸炘曰尙傳不次淵而次此者以玄終此篇也魏書曰尙有籌畫智略文帝器之與爲布衣之交太祖定冀州尙爲軍司馬軍司馬見武紀建安十三年注引四體書勢洪飴孫三國職官表列司空府屬司馬誤將騎從征伐後爲五官將文學洪飴孫曰漢建安十六年文帝爲五官中郎將時副丞相置官屬有長史文學踐阼以後不置魏國初建遷黃門侍郎代郡胡叛遣鄢陵侯彰征討之以尙參彰軍事定代地還太祖崩於洛陽尙持節奉梓宮還鄴并錄前功封平陵亭侯郡國志司隸右扶風平陵一統志平陵故城今陝西西安府咸陽縣西北十五里拜散騎常侍遷中領軍上尊號奏云使持節行都督督軍征南將軍平陵亭侯臣尙與傳歷官次序微異文帝踐阼更封平陵鄉侯遷征南將軍領荊州刺史假節都督南方諸軍事尙奏劉備別軍在上庸上庸見武紀建安二十年沔水注上庸郡城三面際水有白馬山山石似馬謂之白馬塞山道險難彼不我虞若以奇兵潛行出其不意則獨克之勢也遂勒諸軍擊破上庸是時漢中將軍孟達屯上庸與副軍中郎將劉封不協達率部曲四千餘家降魏征南將軍夏侯尙右將軍徐晃與達共襲劉封上庸太守申耽亦叛封降魏平三郡九縣吳增僅曰建安二十四年先主遣孟達北攻房陵殺太守蒯祺又遣劉封與達會攻上庸上庸太守申耽舉郡降先主以耽領上庸太守以耽弟儀爲西城太守二十五年八月達降魏文帝合上庸西城房陵三郡置新城郡以達爲太守是時三郡地尙屬蜀文帝蓋遙置郡名使達領之耳至是年冬月夏侯尙襲破劉封平三郡九縣於是以申儀爲魏興太守孟達爲新城太守據此推求其於西城故地置魏興以上庸房陵爲新城均黃初元年冬月事也沈家本曰案蜀志劉封傳上庸三郡之入魏乃孟達降魏使達與夏侯尙徐晃共襲封非由尙建策與此傳異遷征南大將軍孫權雖稱藩尙益修攻討之備權後果有貳心孫權改元黃武臨江拒守黃初三年車駕幸宛文紀十一月辛丑行幸宛使尙率諸軍與曹眞共圍江陵權將諸葛瑾與尙軍對江瑾渡入江中渚胡三省曰渚洲也卽江陵之中洲也而分水軍於江中尙夜多持油船胡三省曰油船蓋以牛皮爲之外施油以扞水

將步騎萬餘人於下流潛渡攻瑾諸軍夾江燒其舟船水陸並攻破之董昭傳時江水淺狹尚欲乘船將步騎入渚中安屯作浮橋南北往來昭疏言屯渚中至深浮橋而濟至危一道而行至狹帝悟昭言卽詔尚等促出賊兩頭並進官兵一道引去不時得泄諸葛瑾傳注引吳錄曰曹眞夏侯尚等圍朱然於江陵又分據中洲瑾以大兵爲之救援兵久不解潘璋等作水城於上流瑾進攻浮橋眞等退走潘璋傳夏侯尚等圍南郡分前部三萬人築浮橋渡百里洲上璋欲順流燒敗浮橋尚便引退三傳皆言尚入渚中失敗與尚傳所載相反是尚傳或有溢美之辭胡三省曰據潘璋傳江陵中洲卽百里洲其洲自枝江縣西至上明東及江津江津北岸卽江陵故城謝鍾英曰其地在江陵南江津戍之西趙一清曰寰宇記卷一百四十六三國志魏將夏侯尚圍南郡作浮橋度景里洲今在郡西一清案事亦見董昭傳但言入渚中安屯作浮橋南北往來而不言景里洲荊州志自籍洲次東大洲有三首曰枚迴中名景里下名鸕尾水經江水注作郻里洲蓋唐人避諱改之城未拔會大疫詔敕尚引諸軍還益封六百戶幷前千九百戶假鉞進爲牧續百官志漢初遣丞相史分刺諸州武帝初置刺史秩六百石成帝更爲牧秩二千石荊州殘荒外接蠻夷而與吳阻漢水爲境洪亮吉曰漢建安十三年劉琮舉州降地盡入魏赤壁之敗荊州三分西境屬蜀東境南境屬吳惟北境屬魏謝鍾英曰赤壁敗後荊州西境南境並屬蜀至關羽敗沒南境始更屬吳舊民多

居江南尚自上庸通道西行七百餘里山民蠻夷多服從者謝鍾英曰江南當作漢南朱然諸葛瑾屢襲柤中皆漢南舊民也自漢南西行七百里已入蜀漢中郡界三百餘里侈文不足信宜以鍾會傳爲據會遣劉欽向子午道是子午道迤東爲荊州西界五六年閒降附數千家五年徙封昌陵鄉侯尚有愛妾嬖幸寵奪適室適室曹氏女也下文夏侯玄傳玄爲曹爽之姑子是尚妻爲曹眞妹也晉書后妃傳景懷夏侯皇后諱徽字媛容父尚魏征南大將軍母曹氏魏德陽鄉主后雅有識度帝每有所爲必豫籌畫魏明帝世宣帝居上將之重諸子並有雄才大略后知帝非魏之純臣而后旣魏氏之甥帝深忌之青龍二年遂以鴆崩時年二十四通鑑考異曰是時司馬懿方信任於明帝未有不臣之迹況其諸子乎徒以魏甥之故猥鴆其妻俱非事實蓋甚之之辭不然師自以他故鴆之也今不取故文帝遣人絞殺之尚悲感發病恍惚既葬埋妾不勝思見復出視之文帝聞而恚之曰杜襲之輕薄尚牛運震曰此語突入無因不解所謂弼按本志杜襲傳夏侯尚暱於太子情好至密襲謂尚非益友不足殊待文帝初甚不悅後乃追思良有以也然以舊臣恩寵不衰六年尚疾篤還京都帝數臨幸執手涕泣尚薨謚曰悼侯正始四年從祀太祖廟廷

魏書載詔曰尚自少侍從盡誠竭節雖云異姓其猶骨肉是以入爲腹心出當爪牙智略深敏謀謨過人不幸早殞命也柰何贈征南大將軍昌陵侯印綬潘眉曰昌陵下脫鄉字

子玄嗣又分尚戶三百賜尚弟子奉爵關內侯

玄字太初錢儀吉曰玄字太初北宋本提行弼按曹爽傳提行以彼例此玄傳亦應提行少知名趙一清曰世說注引魏氏春秋曰玄大將軍前妻兄也風格高朗宏辯博暢又世說曰夏侯太初常倚柱作書時大雨霹靂破所倚柱衣服焦然神色無變書亦如故賓客左右皆跌蕩不得住注引語林曰太初從魏帝拜陵陪列於松柏下時暴雨霹靂正中所立之樹冠冕焦壞左右覩之皆伏太初顏色不改臧榮緒又以爲諸葛誕也世說賞譽篇曰裴令公目太初肅肅如入廊廟中不修敬而人自敬晉書裴楷傳楷有知人之鑑嘗目夏侯玄云肅肅如入宗廟琅琅但見禮樂器時人目太初朗朗如日月之入懷康發祥曰霹靂所加不能一人之身前後疊見謁陵成禮不以迅雷改度宜也豈有作書破柱衣服焚如而猶作書者乎胡玉縉曰雷電所過甚速衣服偶爲雷火焦壞亦恆有之事當其書時固不知焦壞也康說似泥弼按夏侯淵傳注引魏略云玄於曹爽爲外弟本傳云玄爽之姑子注引魏書亦云親曹爽外弟與魏氏春秋所云玄爲大將軍前妻兄不合弱冠爲散騎黃門侍郎嘗進見與皇后弟毛曾並坐玄恥之世說容止篇云魏明帝使

后弟毛曾與夏侯玄共坐時人謂之蒹葭倚玉樹弼按漢魏重門第毛后父嘉爲典虞車工故太初恥與曾並坐不悅形之於色明帝恨之左遷爲羽林監宋書百官志羽林監漢武帝太初元年初置建章營騎後更名羽林騎置令丞東京又置左右監至魏不改

正始初曹爽輔政玄爽之姑子也累遷散騎常侍中護軍

世語曰玄世名知人爲中護軍拔用武官參戟牙門無非俊傑多牧州典郡立法垂教于今皆爲後式

太傅司馬宣王問以時事玄議以爲夫官才用人國之柄也故銓衡專於臺閣上之分也孝行存乎閭巷優劣任之鄉人下之敘也夫欲清教審選何焯曰清教謂中正審選謂臺閣在明其分敘不使相涉而已何者上過其分則恐所由之不本而干勢馳鶩之路開下踰其敘則恐天爵之外通而機權之門多矣夫天爵下通是庶人議柄也機權多門是紛亂

之原也自州郡中正潘眉曰昔陳勝爲楚王以朱房爲中正中正之設由來舊矣魏陳羣始立九品之制郡制中正評次人才之高下各爲輩目司馬宣王除九品置大中正太初此論當在是時發也品度官才之來有年載矣緬緬紛紛錢大昭曰呂刑泯泯棼棼孔傳以泯泯爲亂逸周書蔡公解云泯泯棼棼漢書敘傳云湎湎紛紛說文無泯字因泯湎聲既相近義又相同已收湎字故不收泯字也詩緜緜其麃韓詩作民民未聞整齊豈非分敘參錯各失其要之所由哉若令中正但考行倫輩倫輩當行均斯可觀矣觀各本均作官何者夫孝行著於家門豈不忠恪於在官乎仁恕稱於九族豈不達於爲政乎義斷行於鄉黨豈不堪於事任乎三者之類取於中正雖不處其官名斯任官可知矣行有大小比有高下則所任之流亦煥然明別矣奚必使中正干銓衡之機於下而執機柄者有所委仗於上上下交侵以生紛錯哉且臺閣臨下考功校否衆職之屬各有官長旦夕相考莫究於此閭閻之議以意裁處而使匠宰失位衆人驅駭欲風俗淸靜其可得乎天臺縣遠衆所絕意所得至者更在側近孰不修飾以要所求所求有路則修己家門者已不如自達於鄉黨矣自達鄉黨者已不如自求之於州邦矣苟開之有路而患其飾眞離本雖復嚴責中正督以刑罰猶無益也豈若使各帥其分官長則各以其屬能否獻之臺閣臺閣則據官長能否之第參以鄉閭德行之次擬其倫比勿使偏頗何焯曰前代吏部用人略得此意雖不設中正猶參取鄉評也中正則唯考其行迹別其高下審定輩類勿使升降臺閣總之如其所簡或有參錯則其責負自在有司官長所第中正輩擬比隨次率而用之如其不稱責負在外然則內外相參得失有所互相形檢孰能相飾斯則人心定而事理得庶可以靜

風俗而審官才矣又以爲古之建官所以濟育羣生統理民物也故爲之君長以司牧之司牧之主欲一而專一則官任定而上下安專則職業修而事不煩夫事簡業修上下相安而不治者未之有也先王建萬國雖其詳未可得而究然分疆畫界各守土境則非重累羈絆之體也下考殷周五等之敘徒有小大貴賤之差亦無君官臣民而有二統互相牽制者也何焯曰此議古今可以通行但吳蜀未一各置重鎭郡守之權不得不有所統又其人素貴驟與令長等列雖爵命不齊必以失權爲恨猶當徐俟混一乃議之也夫官統不一則職業不修職業不修則事何得而簡事之不簡則民何得而靜民之不靜則邪惡並興而姦僞滋長矣先王達其如此故專其職司而一其統業始自秦世不師聖道私以御職姦以待下懼宰官之不修立監牧以董之畏督監之容曲設司察以糾之宰牧相累監察相司人懷異心上下殊務漢承其緒莫能匡改魏室之隆日不暇及五等之典雖難卒復可麤立儀準以一治制今之長吏皆君吏民橫重以郡守何焯曰此處有訛字錢儀吉曰按民字爲句無誤也趙誠夫謂皆君吏民橫乃訛耳弼按趙以橫字爲句蓋沿陳仁錫本之圈點陳本句讀多誤漢魏長吏對於吏民皆有君臣之誼故太初云然累以刺史若郡所攝唯在大較則與州同無爲再重宜省郡守但任刺史刺史職存則監察不廢郡吏萬數還親農業以省煩費豐財殖穀一也大縣之才皆堪郡守是非之訟每生意異順從則安直己則爭夫和羹之美在於合異上下之益在能相濟順從乃安此琴瑟一聲也蕩而除之則官省事簡二也又幹郡之吏職監諸縣營護黨親鄉邑舊故如有不副而因公掔頓民之困弊咎生於此若皆并合則亂原自塞

三也何焯曰此謂刺史之典郡書佐今承衰弊民人彫落賢才鮮少任事者寡郡縣良吏往往非一郡受縣成其劇在下而吏之上選郡當先足此爲親民之吏專得底下吏者民命而常頑鄙今如并之吏多選清良者造職大化宣流民物獲寧四也制使萬戶之縣名之郡守五千以上名之都尉千戶以下令長如故自長以上考課遷用轉以能升所牧亦增此進才効功之敘也若經制一定則官才有次治功齊明五也若省郡守縣皆徑達事不擁隔官無留滯三代之風雖未可必簡一之化庶幾可致便民省費在於此矣又以爲文質之更用猶四時之迭興也王者體天理物必因弊而濟通之時彌質則文之以禮時泰侈則救之以質今承百王之末秦漢餘流世俗彌文宜大改之以易民

望今科制自公列侯以下位從大將軍以上皆得服綾錦羅綺紈素金銀飾鏤之物自是以下雜綵之服通于賤人雖上下等級各示有差然朝臣之制已得侔至尊矣玄黃之采已得通於下矣晉書輿服志魏明帝以公卿袞衣黼黻之飾疑於至尊多所減省始制天子服刺繡文公卿服織成文欲使市不鬻華麗之色商不通難得之貨工不作雕刻之物不可得也是故宜大理其本準度古法文質之宜取其中則以爲禮度車輿服章皆從質樸禁除末俗華麗之事使幹朝之家有位之室不復有錦綺之飾無兼采之服纖巧之物自上以下至于樸素之差示有等級而已勿使過一二之覺何焯曰覺疑當作較若夫功德之賜上恩所特加皆表之有司然後服用之夫上之化下猶風之靡草樸素之教興於本朝則彌侈之心自消於下矣宣王報

書曰審官擇人除重官改服制皆大善禮鄉閭本行朝廷考事大指如所示而中間一相承習卒不能改秦時無刺史但有郡守長吏秦無刺史有御史監郡漢家雖有刺史奉六條而已續百官志每州刺史一人諸州常以八月巡行所部郡國錄囚徒考殿最劉昭注引蔡質漢儀曰詔書舊典刺史班宣周行郡國省察治政黜陟能否斷理寃獄以六條問事非條所問卽不省一條強宗豪右田宅踰制以強陵弱以衆暴寡二條二千石不奉詔書遵承典制倍公向私旁詔牟利侵漁百姓聚斂爲姦三條二千石不卹疑獄風厲殺人怒則任刑喜則任賞煩擾苛暴剝戮黎元爲百姓所疾山崩石裂妖祥訛言四條二千石選署不平苟阿所愛蔽賢寵頑五條二千石子弟怙恃榮勢請託所監六條二千石違公下比阿附豪強通行貨賂割損政令故刺史稱傳車其吏言從事居無常治吏不成臣其後轉更爲官司耳何焯曰懿之意蓋謂無變官制但刺史所察止于六條循漢之初意則亦無重累之患郡守以總率令長古有監牧亦不可盡去也昔賈誼亦患服制漢文雖身服弋綈猶不能使上下如意恐此三事當待賢能然後了耳玄又書曰漢文雖身衣弋綈而不革正法度內外有僭擬之

服寵臣受無限之賜由是觀之似指立在身之名非篤齊治制之意也今公侯命世作宰何焯曰懿三公封侯故兼稱公侯追蹤上古將隆至治抑末正本若制定於上則化行於衆矣夫當宜改之時留殷勤之心令發之日下之應也猶響尋聲耳猶垂謙謙曰待賢能此伊周不正殷姬之典也竊未喻焉何焯曰于時懿方營立私門日暮倒行何暇經遠如清教肅選各不相涉而仍互相形檢此反掌可行而亦不能有改有以知其志不在公矣頃之爲征西將軍假節都督雍涼州諸軍事晉書樂廣傳廣父方參征西將軍夏侯玄軍事廣時年八歲玄嘗見廣在路因呼與語還謂方曰向見廣神姿朗徹當爲名士卿家雖貧可令專學必能興卿門戶也

魏略曰玄既遷司馬景王代爲護軍護軍總統諸將任主武官選舉前後當此官者不能止貨賂故蔣濟爲護軍時有謠言欲求牙門當得千匹百人督五百匹宣王與濟善閒以問濟濟無以解之因戲曰洛中市買一錢不足則不行遂相對歡笑玄代濟故不

能止絶人事及景王之代玄整頓法令人莫犯者與曹爽共興駱谷之役時人譏之 何焯曰眞嘗建議伐蜀而無功淵被殺於陽平二子所以共興是役也然不料劉葛之澤尙存賢才未盡君臣無釁守備甚設豈可倖其有功哉年少浮華未練於事無端輕舉遂爲國家之憂悲夫 爽誅徵玄爲大鴻臚數年徙太常玄以爽抑絀內不得意 通鑑太常夏侯玄有天下重名以曹爽親故不得在勢任居常怏怏胡三省曰邵陵厲公嘉平元年玄自關右召詣京師勢任權勢之任也 中書令李豐 本傳裴注引魏略云豐字安國故衛尉李義子也通鑑正始元年李豐有淸名其父太僕恢不顧其然弼按豐父一作衛尉李義一作太僕李恢本志杜畿傳注引傳子曰畿與太僕李恢有好恢子豐見畿畿曰孝懿無子又引魏略曰李豐父名義義蓋恢之別名又裴潛傳注引魏略云李義字孝懿馮翊東縣人載李義事甚詳惟云豐字宣國與此異 雖宿爲大將軍司馬景王所親待然私心在玄遂結皇后父光祿大夫張緝 通鑑嘉平四年二月立皇后張氏后故涼州刺史既之孫東莞太守緝之女召緝拜光祿大夫緝字敬仲緝事見張既傳注引魏略 謀欲以玄輔政豐既內握權柄 中書令掌樞密 子尙公主 通鑑豐子韜以選尙齊長公主胡三省曰帝之姊妹曰長公主齊主蓋明帝女 又與緝俱

馮翊人 馮翊見武紀建安十六年緝爲馮翊高陵人 故緝信之豐陰令弟兗州刺史翼求入朝欲使將兵入幷力起會翼求朝不聽嘉平六年二月當拜貴人豐等欲因御臨軒 胡三省曰檐宇之末曰軒促御坐前臨殿陛曰臨軒 諸門有陛兵 通鑑從裴注作諸營門皆屯兵胡三省曰屯宮城門也 誅大將軍以玄代之以緝爲驃騎將軍豐密語黃門監蘇鑠 胡三省曰漢有黃門令宦者爲之黃門監蓋魏置也 永寧署令樂敦 明元郭后傳尊后爲皇太后稱永寧宮胡三省曰永寧宮魏太后宮名永寧署令太后宮官也宦者爲之 宂從僕射劉賢等曰 宂從僕射見高貴鄉公紀甘露五年續百官志中黃門宂從僕射一人六百石本注曰宦者主中黃門宂從居則宿衛直守門戶出則騎從夾乘輿車弼按晉書景帝紀劉賢作劉寶賢 卿諸人居內多有不法大將軍嚴毅累以爲言張當可以爲誡 嘉平元年黃門張當與曹爽通謀伏誅見爽傳 鑠等皆許以從命

魏書曰玄素貴以爽故廢黜居常怏怏不得意中書令李豐與玄及后父光祿大夫張緝陰謀爲亂緝與豐同郡傾巧人也以東莞太守召爲后家 通鑑張緝以后父去郡家居東莞見陶謙傳又見徐奕傳張既傳胡三省曰東莞縣漢屬琅邪郡魏分爲郡沈約曰晉武帝泰始元年分琅邪立東莞郡當是魏既分而復合於琅邪晉又分也莞音官謝鍾英曰臧霸傳太祖以霸爲琅邪相吳敦利城尹禮東莞孫觀北海孫康城陽太守事亦見武紀建安三年是東莞與城陽等郡同爲建安三年所立沈志謂泰始元年分琅邪立水經注謂黃初中立晉志謂太康元年立三者皆誤魏志胡質張緝並爲東莞太守蓋建安初置東莞郡曹魏不改晉承魏制也王先謙曰魏末必嘗廢郡故沈志晉志均謂晉立非誤也 亦不得意故皆同謀初豐自以身處機密息韜又以列侯給事中尙齊長公主有內外之重心不自安密謂韜曰玄既爲海內重人加以當大任年時方壯而永見廢又親曹爽外弟於大將軍有嫌吾得玄書深以爲憂緝有才用棄兵馬大郡還坐家巷各不得志欲使汝以密計告之緝嘗病創臥豐遣韜省病韜屛人語緝曰韜尙公主父子在機近大將軍秉事常恐不見明信太常亦懷深憂 太常謂夏侯玄也 君侯雖有后父之尊安危未可知皆與韜家同慮者也韜父欲與君侯謀之緝默然良久曰同

舟之難吾焉所逃此大事不捷卽禍及宗族 馮本族作侯誤 韜於是往報豐密語黃門監蘇鑠等蘇鑠等答豐唯君侯計豐言曰今拜貴人諸營兵皆屯門陛下臨軒因此便共迫脅將羣寮人兵 通鑑寮作僚 就誅大將軍卿等當共密白此意鑠等曰陛下儻不從人柰何豐等曰事有權宜臨時若不信聽便當劫將去耳那得不從 毛本那作郍誤 鑠等許諾豐曰此族滅事卿等密之 毛本密誤作滅 事成卿等皆當封侯常侍也豐復密以告玄緝緝遣子邈與豐相結 本志張既傳注引魏略邈作貌 同謀起事 世語曰豐遣子韜以謀報玄玄曰宜詳之耳而不以告也

大將軍微聞其謀請豐相見豐不知而往卽殺之

世語曰大將軍聞豐謀舍人王羕請以命請豐豐若無備情屈勢迫必來若不來羕一人足以制之若知謀泄以衆挾輪長戟自衞徑入雲龍門 雲龍門見高貴鄉公紀甘露五年注引魏氏春秋潘

眉曰雲龍門魏明帝建見晉書楊駿傳水經注雲龍門衡栿之上皆刻雲龍風虎之狀以火齊薄之及其晨光初起夕景斜輝霜文翠照陸離眩目挾天子
登陵雲臺陵雲臺見文紀黃初二年臺上有三千人仗鳴鼓會衆如此羨所不及也大將軍乃遣
羨以車迎之豐見劫迫隨羨而至　魏氏春秋曰大將軍責豐豐知禍及遂正色曰卿
父子懷姦將傾社稷惜吾力劣不能相禽滅耳大將軍怒使勇士以刀環築腰殺之馮本
監本官本築下有豐字宋本元本吳本毛本無之通鑑豐不以實告師怒以刀鐶築殺之胡三省曰刀把上有鐶築擣也王懋竑曰李豐夙爲司馬師所親待其爲中書令也師所引用乃不附師而與魏主謀以夏侯玄代師輔政此與漢之王章無異魏之忠臣莫有過焉者也當是時司馬之篡弒已成豐玄輩所謂區區以一簣障江河用沒其身然功雖不就而意則可悲矣陳壽不爲豐立傳僅附於夏侯玄傳中其敘事率據獄辭未必皆實而大指尙略可見魏氏春秋所云壽爲晉諱故刪此語不載晉書文帝紀天子與中書令李豐光祿大夫張緝黃門監蘇鑠等謀以太常夏侯玄代帝輔政帝知其謀使中書舍人王羨（魏志注作羡）迎豐豐見迫隨羨而至帝數之豐知禍及遂肆惡言帝怒遣勇士以刀鐶築殺之所謂惡言卽魏氏春秋所云也然則豐實承魏主命而獄詞不欲明言之廷尉奏所謂迫脅至尊蓋隱指此至魏書所謂陛下儻不從人云云乃獄吏之誣辭耳故壽志亦不載之通鑑敘豐事專用魏略盡刪豐謀以玄輔政等語於獄辭又雜用魏志魏書其意以玄緝陰相黨結師自以疑忌殺之其獄辭皆虛語與曹爽傳同於後又載杜畿幷傅嘏語若豐玄與何鄧等同以浮華相扇被誅而豐之忠遂以不著於天下後世綱目始正之云司馬師殺中書令李豐太常夏侯玄光祿大夫張緝書司馬師殺而不去其官於是豐之忠始明而分注所載則仍通鑑未之改正也余於是考之魏志魏氏春秋晉書爲備詳其本末後之君子其必有以斷此矣　魏略曰豐字安國裴潛傳注作字宣國故衞尉李
義子也通鑑作太僕恢子注見前黃初中以父任召隨軍始爲白衣時年十七八在鄴下名爲清
白識別人物海內翕然莫不注意後隨軍在許昌聲稱日隆其父不願其然遂令閉門
敕使斷客通鑑其父太僕恢不願其然勑使閉門斷客胡三省曰斷讀曰短弼按李豐之父王經之母許允之妻識趣皆高人一等初明帝在
東宮豐在文學中洪飴孫曰太子文學太祖置及卽尊位得吳降人問江東聞中國名士爲誰降
人云聞有李安國者是時豐爲黃門郎續百官志劉昭注引漢舊儀曰黃門郎屬黃門令日暮入對青瑣門拜名曰夕郎世說容止篇注云豐爲黃門侍郎改名宣明帝問左右安國所在左右以豐對帝曰豐名乃被於吳越邪
後轉騎都尉給事中帝崩後爲永寧太僕永寧宮太僕以名過其實能用少也正始中遷

侍中尙書僕射豐在臺省常多託疾時臺制疾滿百日當解祿豐疾未滿數十日輒暫
起已復臥如是數歲初豐子韜以選尙公主豐雖外辭之內不甚憚也豐弟翼及偉仕
數歲閒並歷郡守豐嘗於人中顯誡二弟言當用榮位爲爲下疑有脫字及司馬宣王久病
偉爲二千石荒於酒亂新平扶風二郡新平見文紀延康元年注引魏略而豐不召衆人以爲恃
寵曹爽專政豐依違二公閒無有適莫論語子曰君子之於天下也無適也無莫也義之與比邢昺疏曰適厚也莫薄也比親也朱注云適專主也莫不肯也比從也謝氏曰適可也莫不可也故于時有謗書曰曹爽之勢熱如湯太傅父子冷
如漿李豐兄弟如游光其意以爲豐雖外示淸淨而內圖事有似於游光也及宣王奏
誅爽住車闕下與豐相聞豐怖遽氣索足委地不能起至嘉平四年宣王終後中書令
缺大將軍諮問朝臣誰可補者或指向豐豐雖知此非顯選而自以連婚國家思附至
尊因伏不辭遂奏用之豐爲中書二歲帝比每獨召與語不知所說景王知其議已請
豐豐不以實告乃殺之其事祕豐前後仕歷二朝明監本官本二作三宋本元本馮本吳本毛本作二不以家
計爲意仰俸廩而已韜雖尙公主豐常約敕不得有所侵取時得賜錢帛輒以外施親
族及得賜宮人多與子弟而豐皆以與諸外甥及死後有司籍其家家無餘積　魏氏
春秋曰夜送豐尸付廷尉廷尉鍾毓不受曰非法官所治也以其狀告且敕之乃受帝
怒將問豐死意太后懼呼帝入乃止遣使收翼　世語曰翼後妻散騎常侍荀廙姊廙荀
或孫謂翼曰中書事發謂豐事發也可及書未至赴吳通鑑書上有詔字何爲坐取死亡左右可
共同赴水火者誰通鑑無共字胡三省曰赴水火者人必焦沒自非誓同生死安肯相從故以爲言翼思未答妻曰君在
大州不知可與同死生者去亦不免翼曰二兒小吾不去今但從坐身死二兒必免胡三
省曰從兄坐罪止一身若奔吳不達禍及妻子也果如翼言翼子斌楊駿外甥也晉書楊駿傳駿弟濟深慮盛滿與諸甥李斌等
共切諫駿晉惠帝初毛本帝初二字倒誤爲河南尹與駿俱死見晉書指晉人所著之晉書

事下有司收玄緝鑠敦賢等送廷尉

世語曰玄至廷尉不肯下辭廷尉鍾毓自臨治玄玄正色責毓曰吾當何辭通鑑辭作罪卿爲令史責人也胡三省曰自漢以來公府有令史廷尉則有獄史耳玄蓋責毓以身爲九卿乃承公府指自臨治我是爲公府令史而責人也趙一清曰責當作晝卿便爲吾作毓以其名士節高不可屈而獄當竟夜爲作辭令與事相符胡三省曰竟結竟也爲作獄辭使與所案之事相附合也流涕以示玄吳本毛本流作毓玄視頷之而已毓弟會年少於玄玄不與交是日於毓坐狎玄玄不受孫盛雜語曰玄在囹圄會因欲狎而友玄玄正色曰鍾君何相逼如此也世說方正篇云夏侯玄既被桎梏時鍾毓爲廷尉鍾會先不與玄相知因便狎之玄曰雖復刑餘之人未敢聞命劉峻注引名士傳云初玄以鍾毓志趣不同不與之交玄被收時毓爲廷尉執玄手曰太初何至於此玄正色曰雖復刑餘之人不可得交杭世駿曰郭頒西晉人時世相近爲魏晉世語事多詳覈孫盛之徒皆采以著書並云玄拒鍾會而袁宏名士傳最後出不依前史以爲鍾毓可謂謬矣康發祥曰傳嘏傳夏侯玄求交於嘏而嘏不受鍾會求交於玄而玄亦不受前後如出一轍而識見自有不同以此見交道有定分也弼按玄既至廷尉對簿公堂會何得於毓坐狎玄似不近情故通鑑不采至傳嘏之不交玄裴注已辨正見嘏傳

廷尉鍾毓奏豐等謀迫脅至尊擅誅冢宰大逆無道請論如法於是會公卿朝臣廷尉議咸以爲豐等各受殊寵典綜機密緝承外戚椒房之尊漢書外戚傳上官皇后傳有椒房之重師古曰椒房殿名在未央宮皇后所居爾雅翼椒實多而香漢世皇后稱椒房取其實蔓延盈升以椒塗屋亦取其溫煖何晏景福殿賦椒房之列是準是儀李善注漢舊儀曰皇后稱椒房詩曰椒聊之實蔓延盈升美其繁興也玄備世臣並居列位而包藏禍心構圖凶逆交關閹豎授以姦計畏憚天威不敢顯謀乃欲要君脅上肆其詐虐謀誅良輔擅相建立將以傾覆京室顛危社稷毓所正皆如科律報毓施行詔書齊長公主先帝遺愛原其三子死命宋本原作句於是豐玄緝敦賢等皆夷三族御覽卷八百八十四引異苑云夏侯玄爲司馬景王所誅宗人爲之設祭見玄來靈坐上脫頭於膝取食物酒胾之屬以內頭中畢還自安頭而言曰吾得請於帝矣子元無嗣也及永嘉之亂有覡見宣王涕泗云國家傾覆是曹爽夏侯玄訴寃得伸故也沈家本曰上文云收玄緝鑠敦賢等送廷尉鑠者黃門監蘇鑠也疑此文緝下奪鑠字

魏書曰豐子韜以尚主賜死獄中豐女爲賈充前妻淑美有才行作女訓行於世豐誅坐流徙晉武帝踐祚以大赦得還見晉書賈充傳

其餘親屬徙樂浪郡樂浪郡見明紀青龍元年玄格量弘濟臨斬東市顏色不變舉動自若劉咸炘曰數語稍申其寃時年四十六玄當生於建安十四年

魏略曰玄自從西還不交人事不畜華妍梁章鉅曰藝文類聚卷五十八引魏末傳云夏侯太初見召還洛陽絕人道不畜筆研案華妍恐是筆研之誤侯康曰筆研華妍字形相似未詳孰是弼按筆研二字與畜字不聯屬太初方事著述豈有無筆研之理當爲類聚之誤

魏氏春秋曰初夏侯霸將奔蜀呼玄欲與之俱玄曰吾豈苟存自客於寇虜乎遂還京師太傅懿許允謂玄曰無復憂矣毛本無誤作吾玄歎曰士宗卿何不見事乎胡三省曰許允字士宗不見事猶今人言不曉事也此人猶能以通家年少遇我子元子上不吾容也司馬師字子元司馬昭字子上玄嘗著

樂毅張良及本無肉刑論辭旨通遠咸傳於世世說文學篇注晉諸公贊曰魏太常夏侯玄著道德論隋書經籍志夏侯玄集三卷樂毅論見王右軍書帖本藝文類聚二十三肉刑論答李勝難肉刑論見通典一百六十八又有皇胤賦見藝文類聚四十五初學記十辨樂論見御覽五百七十一玄之執也衛將軍司馬文王流涕請之元本馮本明監本衛作魏誤何焯曰按三少帝紀文王於時爲安東將軍非衛將軍也大將軍曰卿忘會趙司空葬乎先是司空趙儼薨大將軍兄弟會葬賓客以百數玄時後至衆賓客咸越席而迎大將軍由是惡之趙一清曰姜氏云太初之死由師夙憾殺有異志惡其相逼而搆此獄觀世語諸書可證其妄嗚呼華督行弒而孔父先亡曹氏纂奪而文舉遂滅賢人之於國關係豈不重哉臣松之案曹爽以正始五年伐蜀時玄已爲關中都督至十年爽誅滅後方還洛耳案少帝紀司空趙儼以六年亡玄則無由得會儼葬若云玄入朝紀傳又無其事斯近妄不實

正元中紹功臣世封尚從孫本爲昌陵亭侯邑三百戶以奉尚後初惠棟曰賈逵左傳注凡言初者隔其年後有禍福將終之乃言初也中領軍高陽許允郡國志冀州河間國高陽一統志高陽故城今直隸

保定府高陽縣東按承祚於里貫皆書郡望如南陽沛國之例下文言允友人同郡崔贊則高陽必爲郡解見後與豐玄親善先是有詐作尺一詔書沈欽韓曰六典注漢舊儀云以武都紫泥封青布囊白素裏兩端縫尺一板中約署封拜王公以下皆用皇帝行璽蔡邕獨斷云策書制長二尺者半之陳蕃傳尺一選舉注謂板長尺一以寫詔書知封拜皆用尺一詔也以玄爲大將軍允爲太尉共錄尚書事有何人漢書雋不疑傳廷尉驗治何人竟得姦詐師古曰凡不知姓名及所從來者皆曰何人范書來歙傳爲何人所賊傷章懷注何人謂不知何人也天未明乘馬以詔版付允門吏曰有詔因便馳走允卽投書燒之不以開呈司馬景王世說注引此開作關後豐等事覺徙允爲鎭北將軍假節督河北諸軍事通鑑作都督河北諸軍事胡三省曰晉志假節都督者與四征鎭加大將軍不開府爲都督者同四征鎭安平加大將軍不開府持節都督者品秩第二未發以放散官物收付廷尉徙樂浪道死

魏略曰允字士宗世冠族父據仕歷典農校尉郡守允少與同郡崔贊俱發名於冀州本志王基傳基稱許允傳嘏袁侃崔贊皆一時正士晉書鄭袤傳司空王朗辟爲掾袤舉高陽許允扶風魯芝東萊王基朗皆命之後咸至大位有重名召入

軍明帝時爲尚書選曹郎與陳國袁侃對同坐職事侃袁渙子見渙傳皆收送獄詔旨嚴切當有死者正直者爲重允爲侃曰卿功臣之子法應八議不憂死也八議見公孫淵傳侃知其指乃爲受重允刑竟復吏出爲郡守稍遷爲侍中尚書中領軍允聞李豐等被收欲往見大將軍已出門回遑不定中道還取袴豐等已收訖大將軍聞允前遽怪之曰我自收豐等不知士大夫何爲忩忩乎是時朝臣遽者多耳而衆人咸以爲意在允也會鎭北將軍劉靜卒本志劉馥傳馥子靖爲鎭北將軍傳嘏傳注引傳子作劉靜案應從本傳作靖朝廷以允代靜已受節傳出止外舍毛本舍作命誤大將軍與允書曰鎭北雖少事而都典一方念足下震華鼓建朱節歷本州允爲冀州人此所謂著繡晝行也允心甚悅與臺中相聞欲易其鼓吹旌旗其兄子素頗聞衆人說允前見嫌意戒允但當趣耳用是爲邪允曰卿俗士不解我以榮國耳故求之帝以允當出乃詔會羣臣羣臣皆集帝特引允以自近允前爲侍中顧當與帝別涕泣歔欷胡三省曰君臣不密遂並蹈失身之禍歔音虛欷音希會訖罷出詔促允令去會有司奏允前擅以廚錢穀乞諸俳及其官屬故遂收送廷尉考問竟故減死徙邊故字衍允以嘉平六年秋徙妻子不得自隨行道未到以其年冬死魏氏春秋曰允爲吏部郞選郡守明帝疑其所用非次召入將加罪允妻阮氏跣出謂曰明主可以理奪難以情求允頷之而入帝怒詰之允對曰某郡太守雖限滿文書先至年限在後御覽二百十六此句下有某守雖後四字日限在前帝前取事視之乃釋遣出望其衣敗曰淸吏也賜之世說賢媛篇許允爲吏部郞多用其鄉里魏明帝遣虎賁收之其婦出誡允曰明主可以理奪難以情求既至帝覈問之允對曰舉爾所知臣之鄉人臣所知也陛下檢校爲稱職與不若不稱職臣受其罪既檢校皆官得其人於是乃釋允衣服敗壞詔賜新衣初允被收舉家號哭阮新婦自若云勿憂尋還作粟粥待頃之允至允之出爲鎭北也喜謂其妻曰吾知免矣妻曰禍見於此何免之有允善相印將拜以印不善使更刻之如此者三趙一淸曰姜氏云晉以前一官之任卽鑄一印故朱買臣在京邸而卽懷其會稽太守章也一淸案宋書孔琳之傳琳之建議

曰夫璽印者所以辨章官爵立契符信官莫大於皇帝爵莫尊於公侯而傳國之璽歷代迭用襲封之印奕世相傳貴在仍舊無取改作今世唯尉一職獨用一印至於內外羣官每遷悉改討尋其義私所未達若謂官各異姓與傳襲不同則未若異代之爲殊也若論其名器雖有公卿之貴未若帝王之重若以或有誅夷之臣忌其凶穢則漢用秦璽延祚四百未聞以子嬰身戮國亡而棄之不佩帝王公侯之尊不疑於傳璽人臣衆僚之卑何嫌於印卽載籍未聞其說推例自乖其準而終年刻鑄喪功消實金銀銅炭之費不可稱言非所以因循舊貫易簡之道愚謂衆官卽用一印無煩改作若有新置官又官多印少文或零失然後乃鑄則仰裨天府非惟小益允曰印雖始成而已被辱問送印者果懷之而墜於廁相印書曰相印法本出陳長文長文以語韋仲將印工楊利從仲將受法以語許士宗利以法術占吉凶十可中八九監本中誤作申仲將問長文從誰得法長文曰本出漢世有相印相笏經又有鷹經牛經馬經印工宗養以法語程申伯是故有一十二家相法傳於世元本二作三隋書經籍志相書四十六卷相經要錄二卷蕭吉撰相經三十卷鍾武隸撰相書十一卷樊許唐氏武王相書一卷雜相書九卷相書圖七卷相手板經六卷梁相手板經受版圖韋氏相板印法指略鈔魏征東將軍程申伯相印法各一卷相馬經一卷梁有伯樂相馬經寧戚王良高堂隆相牛經淮南八公相鵠經浮丘公相鶴書相

鴨經相雞經相鵝經相貝經潘眉曰相印經今失傳相笏經載太平御覽六百九十三其書敘出自蕭何東方朔見而喜之魏陳長文以示許士宗云云當亦六朝人手定非漢世舊經也其法取五行尋四時定八節明二十四時版長一尺五寸廣一寸五分上狹而薄下廣而厚八角十二芒欲端平完淨版舊用白直檀刺榆桑竹四材理通直從上至下直如絃不得出邊絕理版頭是君座版頭不如法與君共事必不得中作四分上一分爲二親左父右母第二分都爲婦第三分左男右女第四分左奴右婢若其處傷踢破裂蝸穿兆隨所屬必損失死亡允妻阮氏版兩邊左爲城右爲社寬博文采斑斑光澤清淨必得封邑此大略也

世說許允婦是阮衞尉女德如妹注引晉諸公贊曰允有正情與文帝不平遂幽殺之婦人集載阮氏與允書陳允禍患所起辭甚酸愴又引陳留志曰阮共字伯彥尉氏人清眞守道動以禮讓仕魏至衞尉卿少子侃字德如有俊才而飭以名理風儀雅潤與嵇康爲友仕至河內太守賢明而醜允始見愕然交禮畢無復入意妻遣婢覘之云有客姓桓妻曰是必桓範將勸使入也既而範果勸之允入須臾便起妻捉裾留之毛本捉誤作促允顧謂婦曰婦有四德卿有其幾婦曰新婦所乏唯容士有百行君有其幾許曰許曰應作允曰皆備婦曰士有百行以德爲首君好色不好德何謂皆備馮本衍一皆字允有慚色知其非凡遂雅相親重生二子奇猛少有令聞允後爲景王所誅門生走入告其婦婦正在機神色不變曰早知爾耳門生欲藏其子婦曰無預諸兒事後移居墓所景王遣鍾會看之若才藝德能及父當收兒以語母母答汝等雖佳才具不多率胸懷與會語便自無憂不須極哀會止便止又可多少問朝事兒從之會反命具以狀對卒免其禍皆母之教也雖會之識鑒而輸賢婦之智也果慶及後嗣追封子孫而已孔融二子因才被殺二者相較益徵允婦之識世語曰允二子奇字子泰世說注引晉諸公讚曰奇泰始中爲太常丞世祖嘗祠廟奇應行事朝廷以奇受害之門不令接近出爲長史世祖下詔述允宿望又稱奇才擢爲尚書祠部郎猛字子豹並有治理才學晉元康中奇爲司隸校尉猛幽州刺史晉書賈謐傳高陽許猛等傳會於謐號曰二十四友世說政事篇注引許氏譜曰許柳高陽人祖允魏中領軍父猛吏部郎傳暢晉諸公讚曰猛禮樂儒雅當時最優奇子遐字思祖以清尙稱位至侍中猛子式字儀祖有才幹至濮陽內史平原太守世說注引晉陽秋曰許詢字玄度高陽人魏中領軍允玄孫總角秀惠衆稱神童長而風情簡素司徒掾辟不就早卒梁書許懋傳懋字昭哲高陽

新城人魏鎭北將軍允九世孫曉故事稱爲儀注之學凡諸禮儀多所刊正拜中庶子

清河王經亦與允俱稱冀州名士甘露中爲尙書坐高貴鄉公事誅始經爲郡守經爲江夏太守見本志管輅傳經母謂經曰汝田家子經起民伍之中爲崔林所識拔見崔林傳

注今仕至二千石物太過不祥可以止矣經不能從歷二州刺史經爲雍州刺史見高貴鄉公紀正元二年司隸校尉終以致敗經事詳見高貴公紀甘露五年注

世語曰經字彥偉錢大昕曰管輅傳注字彥緯當從系旁初爲江夏太守大將軍曹爽附絹二十匹令交市於吳經不發書棄官歸母問歸狀經以實對母以經典兵馬而擅去對送吏杖經五十爽聞不復罪經爲司隸校尉辟河內向雄爲都官從事晉書向雄傳雄字茂伯河內山陽人父韶彭城太守雄事又見本志鍾會傳注引漢晉春秋司隸都官從事見董卓傳王業之出不申經竟以及難盧明楷曰高貴鄉公卒注云經正直不出因沈業申意則此竟字當作意字經刑於東市雄哭之感動一市刑及經母雍州故吏皇甫晏以家財收葬焉漢晉春秋曰經被收辭母母顏色不變世說賢媛篇經爲尙書助魏不忠於晉被收涕泣辭母曰不從母敕以至今日母都無慼容語之曰爲子則孝爲官則忠有孝有忠何負吾耶笑而應曰人誰不死往所以不止汝者世說注引此無不字恐不得其所也以此幷命何恨之有哉晉武帝太始元年詔曰故尙書王經雖身陷法辟然守志可嘉門戶堙沒意常愍之其賜經孫郎中何焯曰按此詔可見因沈業申意之言亦誣趙一清曰世說注已辨世語爲非

允友人同郡崔贊亦嘗以處世太盛戒允云范書崔駰傳駰字亭伯涿郡安平人子瑗孫寔贊爲寔孫郡國志冀州安平國安平故屬涿一統志安平縣自晉至北齊皆爲博陵郡治今直隸深州安平縣治錢大昕曰安平縣本屬涿桓靈之世安平改隸博陵郡故孔彪碑陰故吏名有博陵安平崔烈而程夫人亦稱烈爲冀州名士涿郡屬幽州博陵屬冀州弼按蜀志諸葛亮傳亦云博陵崔州平博陵詳見張燕傳注惟崔氏世世著籍安平安平初屬涿郡後屬安平國後又屬博陵郡何以與高陽許允爲同郡按晉書地理志總敘漢桓帝增置高陽博陵郡據酈注漢末曾省併博陵則安平縣必隸高陽故崔贊與許允爲同郡如此則承祚書例前後皆通矣王鳴盛曰魏氏之亡始於曹爽之誅而終於齊王之廢及高貴鄉公之弒爽之驕溢其敗有由然爽不死司馬之

纂不成若夏侯玄李豐之獄則師昭相繼逆節彰著諸公身沈族滅皆魏室之忠臣也故於玄傳末以許允王經終之以見其皆亡身殉國者而皆貶其以過滿取禍則度詞以避咎耳世愈近言愈隱作史之良法也劉咸炘曰允經自當書於此貶詞亦承祚所見固然耳

荀綽冀州記曰 荀綽冀州記本志陳思王傳注鄃原崔琰裴潛傳注文選注四十世說言語賞譽品藻篇注皆引之又有兗州記本志杜畿傳注世說文學篇注書鈔初學記類聚御覽皆引之又有九州記見本志袁渙傳注冀州兗州當爲九州記之二篇沈家本曰九州記隋唐志不著錄其書分州爲記與司馬彪書之例同譙周傳注引荀綽評所評者譙周之事其爲九州記之評可知但不知益州屬何州耳以禹貢言之當爲梁州也 贊子洪字良伯淸恪有匪躬之志 易曰王臣蹇蹇匪躬之故 爲晉吏部尚書大司農 晉書崔洪傳洪博陵安平人高祖實箸名漢代父讚魏吏部尚書左僕射以雅量見稱

評曰夏侯曹氏世爲婚姻故惇淵仁洪休尙眞等並以親舊肺腑貴重於時左右勳業咸有効勞爽德薄位尊沈溺盈溢此固大易所著道家所忌也 李慈銘曰爽傳極言其罪狀而評止云沈溺盈溢犯道家之忌可知傳文皆本當日國史司馬氏誣加之辭非其實也此陳氏之所

以爲良史 玄以規格局度世稱其名然與曹爽中外繾綣 謂共興駱谷之役 榮位如斯曾未聞匡弼其非援致良才舉茲以論焉能免之乎 之字衍

魏書九 三國志九

魏書十 三國志十

荀彧荀攸賈詡傳第十

晉平陽侯相安漢陳壽撰

宋中書侍郎西鄉侯聞喜裴松之注

沔陽盧弼集解

荀彧 李賢曰袁宏漢紀彧作郁潘眉曰彧郁古字通沈家本曰說文䞣有文章也从有𢧵聲論語郁郁乎文哉汗簡曰古論語作䞣或省作𢧵而變爲彧又變爲彧弼按范書靈紀有孟䞣隸釋作郁又有許䞣袁紀作郁潘沈二說均是 字文若潁川潁陰人也 潁陰詳見文紀延康元年郡國志豫州潁川郡潁陰一統志故城今許州治范書荀淑傳初荀氏舊里名西豪潁陰令苑康改爲高陽里李賢注今許州城內有荀淑故宅相傳卽舊西豪里 祖父淑字季和朗陵令 范書荀淑傳淑荀卿十一世孫出補朗陵侯相莅事明理稱爲神君郡國志豫州汝南郡朗陵侯國一統志朗陵故城今河南汝寧府確山縣西南三十五里錢大昕曰朗陵侯國臧宮所封當從司馬彪書張璠紀作朗陵侯相又曰漢制縣爲侯國則置侯相一人治之其職與令長同

故亦通稱爲令東萊之不其亦侯國而董恢傳稱除不其令弼按鍾繇傳注引先賢行狀淑爲黎陽令淑傳失載 當漢順桓之閒知名當世 范書淑傳淑少有高行博學而不好章句多爲俗儒所非而州里稱其知人安帝時徵爲郎中後再遷當塗長去職還鄉里當世名賢李固李膺等皆師宗之及梁太后臨朝有日食地震之變詔公卿舉賢良方正光祿勳杜喬少府房植舉淑對策譏刺貴倖爲大將軍梁冀所忌 有子八人號曰八龍彧父緄 李賢曰緄音古本反 濟南相 濟南國見武紀卷首續志靑州濟南國（毛本作郡誤） 叔父爽司空 范書荀爽傳爽字慈明一名諝太尉杜喬見而稱之曰可爲人師潁川爲之語曰荀氏八龍慈明無雙爽見董卓忍暴滋甚必危社稷其所辟舉皆取才略之士將共圖之亦與司徒王允及卓長史何顒等爲內謀會病薨年六十三王補曰爽與王允何顒同謀誅卓此殆荀彧因爽病薨虛構是說以掩其尸位台司了無匡正之恥耳范氏震爽盛名不察其溢美而謂潛圖董氏幾振國命誣矣通鑑不襲其誤斯爲史識姜宸英言爽之喪心一女且不欲聽其完節其肯出身除逆爲烈丈夫之舉哉尤足發旣死之覆矣又曰嘗證之袁紀已確知其誣觀其幷致顒屍葬爽冢旁決此說斷由荀彧之作僞亦因其破綻已露不復能掩非苛論也不然攸亦荀氏子耳其圖卓載之袁紀載之魏志范史附之鄭太傳通鑑從而錄之何獨於爽而恠之邪此可以類推而得之者黃山曰爽以白衣不十旬而致位司空其受董卓知遇有過蔡邕反共圖卓準以邕之聞卓誅而發嘆動色原似不類雖然司空大臣也何顒旣荀氏故舊王允又實爽之舉主也方允矯情屈意以附卓爽之登進允亦將有力

焉而謂允顥之圖卓爽必不與聞尤非其情矣夫爽逼嫁其女范史初不爲之諱女節自高然漢世固不以改適爲非禮爽又夙持陽尊陰卑通惩曠和陰陽之説自當分別觀之姜宸英顧謂皆出荀彧之作僞且於爽與顥通謀明見黨錮傳而反謂彧致顥屍葬爽冢旁決爲作僞之證豈非深文乎至荀攸卽爽之從孫同與顥謀猶爽志也攸以機洩被繫故袁紀亦及之爽不及誅卓而先卒故無由及紀與傳自異體讀史者不容不辨也范書列女傳南陽陰瑜妻潁川荀爽之女名采年十七適陰氏十九產一女而瑜卒同郡郭奕喪妻爽以采許之女以衣帶自縊王補曰荀采守義逼脅再醮竟出當日號稱人師之荀爽何怪彧謀篡漢顗與勖亡魏亂晉孌爽之故智以謂是家法云爾也魏書郭奕字伯益嘉之子爲太子文學早卒陳景雲曰郭嘉卒於建安十二年年三十八距荀爽之歿幾二十年計爽存日嘉年方冠不得有授室壯子又爽名德素著亦定無彊奪女志事弼按陳説精審黃説平允可正王説之誤因與文若事有關故備錄之

續漢書曰淑有高才王暢李膺皆以爲師爲朗陵侯相號稱神君張璠漢紀曰淑博學有高行與李固李膺同志友善毛本友作方誤拔李昭於小吏友黃叔度於幼童范書黃憲傳憲字叔度汝南愼陽人世貧賤父爲牛醫潁川荀淑至愼陽遇憲於逆旅時年十四淑竦然異之揖與語移日不能去謂憲曰子吾之師表也以賢良方正徵對策譏切梁氏監本譏作議誤出補朗陵侯相卒官范書淑傳棄官歸年六十七建和三年卒與此言卒官者不同八子儉緄靖燾詵爽肅專原注音敷范書淑傳有子八人儉緄靖燾汪爽肅專並有名稱人謂之八龍章懷注緄音昆燾音道汪音烏光反説文云汪深廣也俗本改作注非專本或作敷錢大昕曰專當作尃卽敷字陶淵明四八目云儉字伯慈緄字仲慈靖字叔慈燾字慈光汪字孟慈爽字慈明肅字敬慈專字幼慈見張璠漢記惠棟曰荀氏譜云緄濟南相年六十六彧之父燾舉孝廉年七十汪昆陽令年六十肅守舞陽令年五十尃司徒掾年七十燾一作壽專古文敷説卦云震爲尃是也故注云本或作敷俗本作專誤也汪文臺曰御覽四百三十二七百五十七袁山松書云淑及陳寔神交及其棄朗陵而歸也數命駕詣之淑御慈明從叔慈抱孫文若而行寔亦令元方侍側季方作食抱孫長文而坐相對怡然嘗一朝求食食遲季方尚少跪曰聞大人與荀君言甚善竊聽寔曰汝聽談解否乎諶曰解因令與二慈説之不失一詞二公大悅御覽二百十二書鈔六十謝承書曰緄性明亮敏於衆職以勖羣僚秉機平正直而行之弼按荀淑八子詵應從范書作汪或子亦名詵若淑子名詵彧子決不名詵可證淑子名詵之誤爽字慈明幼好學惠棟曰楊修荀爽述讚云其德克明誕發初齡年十二通春秋論語耽思經典不應徵命積十數年范書荀爽傳太常趙典舉爽至孝拜郎中對策陳便宜奏聞卽棄官去後遭黨錮隱於海上又南遁漢濱積十餘年以著述爲事遂稱爲碩儒黨禁解五府並辟司空袁逢舉有道不應董卓秉政復徵爽爽欲遁去吏持之急詔下郡卽拜平原相行至宛陵前漢書地理志河南郡宛陵范書爽傳作行至

宛陵續漢志作菀陵通鑑作行至宛陵胡三省曰宛陵縣屬河南尹在雒陽東錢大昕曰前志作苑陵左傳杜注作宛陵苑菀宛古通用又曰此河南之菀陵非丹陽之宛陵一統志在許州府新鄭縣東北三十八里又追拜光祿勳視事三日策拜司空惠棟曰北海耆舊傳云公沙孚字允慈與爽共約出不得事貴勢而爽當董卓時脱巾未百日位至司空後相見以爽違命割席而坐也爽起自布衣九十五日而至三公通鑑作九十三日惠棟曰荀氏譜云九十三日荀氏家傳云世人號爲白衣登三公張璠漢記云爽爲三公食不過一肉脱粟飯坐皮褥弼按范書楊彪傳董卓欲遷都長安彪議不可卓作色曰公欲沮國計邪太尉黃琬曰此國之大事楊公之言得無可思卓不荅司空荀爽見卓意壯恐害彪等因從容言曰相國豈樂此邪山東兵起非一日可禁故當遷以圖之此秦漢之埶也卓意小解爽私謂彪曰諸君堅爭不止禍必有歸故吾不爲也范曄論曰遜言遷都之議以救楊黃之禍及後潛圖董氏幾振國命所謂大直若屈道固逶迤也淑舊居西豪里縣令苑康曰苑康見劉表傳注昔高陽氏有才子八人左傳文公十八年昔高陽氏有才子八人蒼舒隤敳檮戭大臨尨降庭堅仲容叔達杜注此卽垂益禹皋陶之倫庭堅卽皋陶字署其里爲高陽里靖字叔慈亦有至德名幾亞爽隱居終身范書荀淑傳靖有至行不仕年五十而終號曰玄行先生惠棟曰荀氏譜云年五十五高士傳又云潁川太守王懷亦諡之曰昭定先生皇甫謐逸士傳沈家本曰後漢書荀淑傳注及御覽並引作高士傳而御覽三百八十及世説五注引作逸士傳未詳孰是或問許子將靖與爽孰賢子將曰二人皆玉也慈明外朗叔慈內潤范書荀淑傳淑兄子昱字伯條曇字元智昱爲沛相曇爲廣陵太守兄弟皆正身疾惡志除閹官其支黨賓客有在二郡者纖罪必誅昱後共大將軍竇武謀誅中官與李膺俱死曇亦禁錮終身

彧年少時南陽何顒異之曰王佐才也顒事見武紀卷首及後荀攸傳注

典略曰中常侍唐衡欲以女妻汝南傅公明公明不娶轉以與彧父緄慕衡勢爲彧娶之彧爲論者所譏范書荀彧傳緄畏憚宦官乃爲彧娶中常侍唐衡女彧以少有才名故得免於譏議臣松之案漢記云唐衡以桓帝延熹七年死計彧于時年始二歲則彧婚之日衡之沒久矣慕勢之言爲不然也臣松之又以爲緄八龍之一必非苟得者也將有逼而然何云慕勢哉昔鄭忽以違齊致譏左傳桓公六年鄭太子忽救齊大敗戎師齊侯欲以文姜妻之忽辭曰齊大非吾耦也祭仲曰必取之君多內寵子無大援將不立三公子皆君也弗從雋生以拒霍見美漢書雋不疑傳大將軍霍光欲以女妻之不疑固辭不肯當致譏在於失援見美嘉

其慮遠並無交至之害故得各全其志耳至于閹豎用事四海屏氣左悺唐衡殺生在口故于時諺云左迴天唐獨坐 胡三省曰迴天言權能迴天也李賢曰獨坐言驕貴無偶也周壽昌曰後漢書作具獨坐謂具瑗也 唐衡則云唐兩墮 言威權莫二也順之則六親以安忤違則大禍立至 范書宦者傳中常侍徐璜兄子宣爲下邳令求故汝南太守下邳李暠女不能得遂將吏卒至暠家載其女歸戲射殺之 斯誠以存易亡 毛本誠作譏誤 蒙恥期全之日昔蔣詡姻於王氏無損淸高之操 漢書鮑宣傳杜陵蔣詡元卿爲兗州刺史亦以廉直爲名王莽居攝病免歸鄉里臥不出戶卒於家北堂書鈔引三輔決錄云王邑爲從弟奇求蔣詡女盛服送之詡女辭不取但衣青布曰受公命不敢違邑乃歎曰所以與賢者婚欲爲此也邑在王莽時爲大司空 緄之此婚庸何傷乎 趙一淸曰姜氏云慕勢固不可禍亦有不得避者高陽里與宦豎婚豈知有羞恥乎且傳公明亦未聞以辭婚見罪此等邪論足以貽誤後生陳景雲曰據典略謂公明不娶則女必已及笄而衡之死彧猶在抱豈有及笄之女與二歲之嬰兒定婚乎然則典略所記非特慕勢爲誣也

永漢元年 錢大昕曰永漢元年後漢書作中平六年考獻帝以中平六年九月卽位改元永漢兩號實在一年潘眉曰永漢元年者中平六年也是年四

月靈帝崩皇子辯卽皇帝位改元爲光熹八月改元昭寧九月董卓廢帝爲弘農王獻帝卽位改元永漢十二月復改爲中平六年於史例當書中平六年御覽一百九十六續漢書獻帝紀書昭寧元年亦卽中平六年也 舉孝廉拜守宮令 沈欽韓曰續漢百官志少府官屬守宮令一人六百石主御紙筆墨及尙書財用諸物及封泥桓帝永壽三年以小黃門爲之及宦官誅復以郎補此彧之以孝廉拜也李祖楙曰本紀桓帝永壽三年初以小黃門爲守宮令是沖質以前用士人獻帝時荀彧爲守宮令是漢末復用士人 董卓之亂求出補吏除亢父令 亢父見武紀興平元年前漢屬東平國東漢屬任城國章懷云屬梁國誤亢音剛父音甫 遂棄官歸謂父老曰潁川四戰之地也 李賢曰四面通也胡三省曰言其地平四面受敵 天下有變常爲兵衝宜亟去之無久留鄉人多懷土猶豫會冀州牧同郡韓馥遣騎迎之 馥潁川人見武紀初平元年 莫有隨者彧獨將宗族至冀州而袁紹已奪馥位待彧以上賓之禮彧弟諶及同郡辛評郭圖 潘眉曰後注引荀氏家傳云彧弟四兄諶此云弟當誤 皆爲紹所任彧度紹終不能成大事時太祖爲奮武將軍在東郡初平二年彧去紹從太祖 范書彧傳彧明有意數見

漢室崩亂每懷匡佐之義時曹操在東郡彧聞操有雄略而度紹終不能定大業初平二年乃去紹從操 太祖大悅曰吾之子房也 梁章鉅曰魏書云太祖過荀攸舍曰昔高祖使子房自擇邑三萬戶今孤亦欲君自擇所封焉既以子房待文若（弼按梁氏誤作慈明）復以子房待公達蓋居然以漢高自命矣 以爲司馬時年二十九是時董卓威陵天下太祖以問彧彧曰卓暴虐已甚必以亂終無能爲也卓遣李傕等出關東所過虜略至潁川陳留而還鄉人留者多見殺略 范書彧傳留者多爲董卓將李傕所殺略 明年太祖領兗州牧後爲鎮東將軍彧常以司馬從 范書彧傳初平二年操以彧爲奮武司馬時年二十九明年又爲操鎮東司馬錢大昕曰此初平二年之明年也據魏志操爲鎮東將軍在建安元年則初平三年安得便稱鎮東司馬乎魏志彧傳本云明年太祖領兗州牧後爲鎮東將軍常以司馬從然則領兗州在此年而除鎮東司馬不在此年也范史刪去領兗州句遂誤以鎮東司馬爲是年事矣 興平元年太祖征陶謙任彧留事 錢大昭曰留事者猶言留知後事也是時彧與程昱同守鄄城國淵傳太祖征關中以淵爲居府長史統留事徐奕傳太祖征孫權徙爲留府長史謂奕曰今使君統留事孤無還顧之憂也潘眉曰范書作使彧守甄城任以留事較明晰 會張邈陳宮

以兗州反潛迎呂布布既至邈乃使劉翊告彧曰呂將軍來助曹使君擊陶謙宜亟供其軍食 范書彧傳食作實 衆疑惑彧知邈爲亂卽勒兵設備馳召東郡太守夏侯惇而兗州諸城皆應布矣時太祖悉軍攻謙留守兵少而督將大吏多與邈宮通謀惇至其夜誅謀叛者數十人衆乃定豫州刺史郭貢帥衆數萬來至城下或言與呂布同謀衆甚懼貢求見彧彧將往惇等曰君一州鎮也 范書作今君爲十州之鎮錢大昕曰十應作一弼按通鑑作一胡注謂一州倚之爲重也 往必危不可彧曰貢與邈等分非素結也今來速計必未定及其未定說之縱不爲用可使中立 李賢曰不令其有去就也 若先疑之彼將怒而成計貢見彧無懼意謂鄄城未易攻遂引兵去又與程昱計使說范東阿 范東阿見武紀興平元年 卒全三城以待太祖 三城甄范東阿也鄄城今山東曹州府濮州東二十里范縣今

曹州府范縣東南二十五里東阿縣今山東泰安府東阿縣西南二十五里趙翼曰昔漢高先定關中光武先取河內以爲基此三城卽操之關中河內也太祖自徐州還擊布濮陽布東走二年夏太祖軍乘氏乘氏見武紀興平元年大饑人相食陶謙死本志謙傳興平元年謙死此云謙死太祖欲遂取徐州蓋謂謙已死非謂死於二年也范書謙傳興平元年謙病死范書荀彧傳二年陶謙死此范史之誤通鑑興平元年謙死二年則云謙已死欲取徐州與陳志同太祖欲遂取徐州還乃定布彧曰昔高祖保關中光武據河內胡三省曰高祖取天下令蕭何守關中光武經營河北令寇恂守河內皆以爲王業根本皆深根固本以制天下進足以勝敵退足以堅守故雖有困敗而終濟大業將軍本以兗州首事平山東之難李賢曰曹操初從東郡守鮑信等迎領兗州牧遂進兵破黃巾等故能平定山東也胡三省曰此時山東猶未盡平彧誇之耳百姓無不歸心悅服且河濟天下之要地也胡三省曰禹貢兗州之域孔安國云東南據濟西北據河今雖殘壞猶易以自保是亦將軍之關中河內也范書彧傳作此實天下之要地而將軍之關河也錢大昕曰上言高祖保關中光武據河內故以兗州比關中河內范史刪去二字

未審不可以不先定今以破李封薛蘭事見武紀興平二年通鑑以作已下同古以已通若分兵東擊陳宮宮必不敢西顧以其閒勒兵收熟麥約食畜穀一舉而布可破也破布然後南結揚州胡三省曰謂結劉繇也共討袁術以臨淮泗若舍布而東胡三省曰舍讀曰捨多留兵則不足用少留兵則民皆保城不得樵採布乘虛寇暴民心益危唯鄄城范衛可全胡三省曰衞謂濮陽杜預曰濮陽古衞地其餘非己之有是無兗州也若徐州不定將軍當安所歸乎且陶謙雖死徐州未易亡也彼懲往年之敗將懼而結親胡三省曰結親猶言親結也相爲表裏今東方皆以收麥必堅壁淸野以待將軍將軍攻之不拔略之無獲不出十日則十萬之衆未戰而自困耳通鑑作未戰而先自困耳何焯曰如此論事表裏皆見信爲留侯之亞

臣松之以爲于時徐州未平兗州又叛而云十萬之衆雖是抑伉之言宋本馮本伉作抗要非寡弱之稱益知官渡之役不得云兵不滿萬也

前討徐州威罰實行胡三省曰謂多所屠戮也詳見武紀興平元年及本志陶謙傳

曹瞞傳云自京師遭董卓之亂人民流移東出多依彭城閒彭城今江蘇徐州府銅山縣治遇太祖至坑殺男女數萬口於泗水水爲不流陶謙帥其衆軍武原郡國志徐州彭城國武原一統志武原故城今江蘇徐州府邳州西北太祖不得進引軍從泗南攻取慮睢陵夏丘諸縣郡國志徐州下邳國取慮睢陵夏丘師古曰取音趨又音秋慮音廬睢音雖杜佑曰堯封禹爲夏伯邑於此故名夏丘一統志取慮故城今徐州府睢寧縣西南睢陵故城今睢寧縣治夏丘故城今安徽泗州治弼按三縣皆在泗水南皆屠之雞犬亦盡墟邑無復行人李安溪曰文若見操如此之暴便應早圖去之何切切爲之謀乎

其子弟念父兄之恥必人自爲守無降心就能破之尚不可有也胡三省曰徐州子弟既有父兄之讎必不心服於操縱破其兵猶不能有其地也夫事固有棄此取彼者以大易小

可也以安易危可也權一時之勢不患本之不固可也何焯曰昭烈之取益州亦是此意今三者莫利願將軍熟慮之太祖乃止大收麥復與布戰分兵平諸縣布敗走兗州遂平建安元年太祖擊破黃巾漢獻帝自河東還洛陽太祖議奉迎都許許縣見武紀建安元年胡三省曰帝既徙都改曰許昌杜佑曰漢許昌故城在今縣南三十里宋白曰在今縣西南四十里周壽昌曰獻帝改都許在建安元年八月改許縣爲許昌縣在魏文帝黃初二年非獻帝徙都時改名也鄒安鬯曰故城在今許州東北四十里李淸植曰奉迎之後用董昭勸乃都許耳其初未有都許之議也事見武紀甚明此都許二字乃史家隨筆之誤或以山東未平韓暹楊奉新將天子到洛陽北連張楊未可卒制范書作韓暹楊奉負功恣睢未可卒制胡三省曰恣睢暴戾之貌卒讀曰猝彧勸太祖曰昔高祖東伐何焯曰太平御覽高祖東伐上有晉文納周襄王而諸侯願從十一字此於名義有關何可脫略弼按范書通鑑均有此句願從作景從師古曰景從言如景之從形也爲義帝縞素而天下歸心自天子播越范書通鑑播越作蒙塵胡三省曰言播越在草莽蒙冒塵埃也將軍首唱義兵徒以山東擾亂未

能遠赴關右然猶分遣將帥蒙險通使雖禦難於外乃心無不在王室章懷注尚書曰雖爾身在外乃心無不在王室乃汝也是將軍匡天下之素志也今車駕旋軫鄭玄注周禮曰軫輿後横木也范書通鑑此句下有東京榛蕪四字爲都許之由義士有存本之思百姓感舊而增哀哀紀作百姓懷感舊之哀范書作兆人懷感舊之哀通鑑兆人作兆民誠因此時奉主上以從民望大順也秉至公以服雄傑范書通鑑民作人雄傑作天下大略也扶弘義以致英俊大德也天下雖有逆節必不能爲累明矣韓暹楊奉其敢爲害若不時定四方生心後雖慮之無及范書通鑑作四方雖有逆節其何能爲韓暹楊奉安足恤哉若不時定使豪傑生心後雖爲慮亦無及矣

太祖遂至洛陽奉迎天子都許趙翼曰彧勸操迎天子引晉文漢高是早以帝王創業之事勸操似不得謂之盡忠於漢不知獻帝遭董卓大亂之後四海鼎沸彧計諸臣中非操不能削羣雄以匡漢室則不得不歸心於操而爲之盡力爲操卽所以爲漢也其勸操迎天子之論可知彧欲藉操匡漢之本懷且是時操亦遽未有覬覦神器之心及權勢已極董昭等欲加以上公九錫則非復人臣之事彧亦明知操之已懷僭妄而終不肯附和姑以名義折

之卒見愍於操而飲藥以殉其爲劉之心亦可共白於天下矣天子拜太祖大將軍進彧爲漢侍中或曰是時魏國未建特加漢字此承祚之微詞也與之者至矣李清植曰史於彧官獨書漢蓋原其本志非魏純臣與攸詡等異潘眉曰大書漢侍中是特筆劉咸炘曰當時魏臺已建漢官自當書漢以爲別何用意之有弼按魏國初建在建安十八年事見武紀建安初元無所謂魏安得有臺劉說誤論者或謂衛覬傳覬還漢朝爲侍郎衛臻傳臻爲漢黃門侍郎皆書漢字似非有抑揚襃貶之意存乎其間不知衛覬之漢侍郎在爲魏侍中之後衛臻之漢侍郎乃爲奉詔聘貴人于魏之張本均在魏國既建以後究與文若之例不能無別純臣衷曲良史孤懷是在讀史者之善自得之耳守尚書令常居中持重典略曰彧折節下士坐不累席其在臺閣不以私欲撓意彧有羣從一人才行實薄或謂彧以君當事不可不以某爲議郎邪彧笑曰官者所以表才也若如來言衆人其謂我何邪其持心平正皆類此

太祖雖征伐在外軍國事皆與彧籌焉典略曰彧爲人偉美 又平原禰衡傳曰章宗源曰禰衡別傳見藝文類聚侯康曰平原禰衡傳當卽別傳也類聚御覽引者多與范書本傳同惟御覽五百九十六弔胡政文一事本傳不載又八百三十三黃祖殺衡事亦視本傳爲詳衡字正平范書文苑傳禰衡傳衡平原般人也縣有般河公孫瓚破黃巾於此卽爾雅九河鉤盤河一統志般縣故城今濟南府德平縣東北建安初自荆州北游許都范書衡傳興平中避難荆州建安初來游許下恃才傲逸臧否過差見不如己者不與語人皆以是憎之唯少府孔融高貴其才范書衡始弱冠融年四十遂與爲友上書薦之曰淑質貞亮范書此句上有臣聞洪水横流帝思俾乂旁求四方以招賢俊昔孝武繼統將弘祖業疇咨熙載羣士響臻陛下叡聖纂承基緒遭遇戹運勞謙日昃惟岳降神異人並出竊見處士平原禰衡年二十四字正平七十四字英才卓犖范書犖作礫文選作躒初涉藝文升堂覩奧目所一見輒誦於口耳所暫聞范書暫作瞥不忘於心性與道合思若有神淮南子曰所謂眞人者性合於道也弘羊心計安世默識章懷注前書曰桑弘羊雒陽賈人子以心計年十三爲侍中又曰張安世字子儒爲郎上幸河東嘗亡書三篋詔問莫能知唯安世識之具上其事後購求得書以相校無所遺失以衡準之誠不足怪范書此句下接忠果正直志懷霜雪見善若驚疾惡如讎任座抗行史魚厲節殆無以過也鷙鳥累百不如一鶚使衡立朝必有可觀飛辯騁辭溢氣坌涌解疑釋結臨敵有餘昔賈誼求試屬國詭係單于終軍欲以長纓牽致勁越弱冠慷慨前世美之近日路粹嚴象亦用異才

擢拜臺郎衡宜與爲比如得龍躍天衢振翼雲漢揚聲紫微垂光虹蜺足以昭近署之多士增四門之穆穆鈞天廣樂必有奇麗之觀帝室皇居必畜非常之寶若衡等輩不可多得激楚揚阿至妙之容臺牧者之所貪飛兔騕褭絕足奔放良樂之所急臣等區區敢不以聞文選此下有陛下篤慎取士必須效試乞令衡以褐衣召見必無可觀采臣等受面欺之罪二十九字黃山曰表兩言臣等非融一人之辭當時必有附名同薦衡者衡時年二十四是時許都雖新建尙饒人士衡嘗書一刺懷之字漫滅而無所適或問之曰何不從陳長文司馬伯達乎陳羣字長文司馬朗字伯達衡曰卿欲使我從屠沽兒輩也又問曰當今許中誰最可者衡曰大兒有孔文舉小兒有楊德祖孔融字文舉楊修字德祖又問曹公荀令君趙盪寇皆足蓋世乎范書作趙稚長章懷注趙爲盪寇將軍見魏志沈欽韓曰稚長史失其名按金石萃編隋趙芬碑載十一世祖融字稚長可證稚長名融又魏書趙逸傳十世祖融漢光祿大夫衡稱曹公不甚多又見荀有儀容趙有腹尺因答曰文若可借面弔喪稚長可使監廚請客其意以爲荀但有貌趙健啖肉也章懷注引典略曰衡見荀儀容但有貌耳故可弔喪趙有腹大健啖肉故可監廚也劉攽曰注有腹大案舊作腹尺於是衆人皆切齒衡知衆不悅將南還荆州裝束

臨發衆人爲祖道先設供帳於城南自共相誡曰衡數不遜今因其後到以不起報之及衡至衆人皆坐不起衡乃號咷大哭元本吳本毛本咷作跳衆人問其故衡曰行屍柩之閒能不悲乎范書作衆問其故衡曰坐者爲冢臥者爲屍屍冢之閒能不悲乎衡南見劉表表甚禮之范書劉表及荊州士大夫先服其才名甚賓禮之文章言議非衡不定表嘗與諸文人共草章奏並極其才思時衡出還見之開省未周因毀以抵地表憮然爲駭衡迺從求筆札須臾立成辭義可觀表大悅益重之後復侮慢於表表恥不能容以江夏太守黃祖性急故送衡與之將軍黃祖屯夏口祖子射與衡善范書祖長子射爲章陵太守尤善於衡嘗與衡俱遊共讀蔡邕所作碑文射愛其辭還恨不繕寫衡曰吾雖一覽猶能識之唯其中石缺二字爲不明耳因書出之射馳使寫碑還校如衡所書莫不歎伏射時大會賓客人有獻鸚鵡者射舉卮於衡曰願先生賦之以娛嘉賓衡攬筆而作文不加點辭采甚麗隨到夏口祖嘉其才范書衡爲作書記輕重疏密各得體宜祖持其手曰處士此正得祖意如祖腹中之所欲言也每在坐席有異賓介使與衡談後衡驕蹇答祖言俳優饒言周壽昌曰大約卽俗言范史衡傳衡更熟視曰死公云等道蓋卽此等語也祖以爲罵己也大怒顧伍伯捉頭出范書作五百章懷注五百猶今之問事也韋昭辨釋名曰五百字本爲伍伍當也伯道也使之導引當道陌中以驅除也案今俗呼行杖人爲五百也左右遂扶以去拉而殺之范書黃祖大會賓客衡言不遜順祖慙迺訶之衡更熟視曰死公云等道祖大怒令五百將出欲加箠衡方大罵祖恚遂令殺之祖主簿素疾衡卽時殺焉射徒跣來救不及祖亦悔之迺厚加棺斂衡時年二十六其文章多亡云衡別傳曰十月朝祖在艨衝舟賓客皆會作黍臛既至先在衡前衡得便飲食初不顧左右既畢復摶弄以戲時江夏有張伯雲亦在坐調之曰禮教云何而食此正平不答弄黍如故祖曰處士不當摶之也衡謂祖曰君子寧聞車前馬糞祖呵之衡熟視罵曰死鍛錫公祖大怒令五百將出欲杖之而罵不止遂令絞殺黃射來救無所復及愴悽流涕曰此有異才曹操及劉荊州不殺大人柰何殺之祖曰人罵汝父作鍛錫公柰何不殺姚振宗曰禰死當在建安六年隋書經籍志禰衡集二卷錄一卷嚴可均輯存鸚鵡賦書魯夫子碑顏子碑弔張衡文凡五篇一統志衡墓在江夏縣西鸚鵡洲今淪於江柳從辰曰今洲尙有衡墓或非眞冢臣松之以本傳不稱彧容貌故載典略與衡傳以見之又潘勖爲彧碑文勖事見武紀建安十八年注藝文類聚四十八載潘勖尙書令荀彧碑云夫其爲德也則主忠履信孝友温惠高亮以固其中柔嘉以宣其外廉愼以爲己任仁恕以察人物踐行則無轍迹出言則無辭費納規無敬辱之心機情有密靜之性若乃奉身蹈道勤禮賁德後之事闕匪云子克然後教以黃中之叡守以貞固之直注焉若洪河之源不可竭也確焉若華嶽之停不可拔也故能言之斯立行之斯成身匪隆汚直哉惟情紊綱用亂廢禮復經于是百揆時序王猷允塞告厥成功

用侯萬歲稱彧瓌姿奇表宋書卷十八禮志徐爰曰俗說帢本未有歧荀文若巾之行觸樹枝成歧謂之爲善因而弗改通以爲慶弔服巾以葛爲之形如帢而橫著之顧千里曰引衡借面弔喪一語以見荀之有貌而引衡傳過詳於本傳文無與張衡文士傳曰解見曹休傳注張隱文士傳孔融數薦衡於太祖欲與相見而衡疾惡之意常憤懣因狂疾不肯往馮本狂作征誤世說注狂作稱案文稱字爲長而數有言論太祖聞其名圖欲辱之沈家本曰聞名而卽圖辱之於事理不合世說注作帝甚忿之以其才名不殺范史亦云操懷忿而以其才名不欲殺之疑此注有譌奪也乃錄爲鼓吏范書吏作史後至八月朝世說言語篇作正月半試鼓大宴賓客並會時鼓吏擊鼓過何焯校本吏作史皆當脫其故服易著新衣次衡衡擊爲漁陽參撾容態不常音節殊妙坐上賓客聽之莫不慷慨過不易衣吏呵之衡乃當太祖前以次脫衣裸身而立徐徐乃著褌帽畢元本馮本吳本帽作冒復擊鼓參撾李賢曰文士傳作參檛賢案檛及檛並擊鼓杖也參撾是擊鼓之法參七甘反惠棟曰楊文公談苑載禰衡鼓歌云邊城晏開漁陽摻黃塵蕭蕭白日暗徐鍇云摻音七鑒反三撾鼓也以其三撾鼓故因謂之參梁章鉅曰自王僧孺詩散度廣陵音參寫漁陽曲自音云參音七紺反而世說注又加手作摻以後文人遂無作平聲用者蓋參者猶曰散曰引曰操曰弄之類參撾乃擊鼓曲調禰生當有所受之若依章懷注作七甘反則鼓僅三撾詎然而止安得音節悲壯聲出金石使四坐爲之忼慨邪潘眉曰參撾猶參槌是擊鼓之法參音七甘反其曲又謂之漁陽參參音七紺反王僧孺詩參寫漁陽曲此參字與參撾之參不同讀者誤泥參撾之參爲曲奏名紛紛聚訟迄無定解侯康曰抱朴子彈衡篇衡縛角於杜口就吹之乃有異聲並搖鼙擊鼓聞者不知其一人也黃山曰據此則衡妙於聲音之道不止善擊鼓矣而顏色不怍太祖大笑告四坐曰本欲辱衡衡反辱孤至今有漁陽參撾自衡造也范書融愛衡才數稱述於操操欲見之衡不肯往操以其才名不欲殺之聞善擊鼓迺召爲鼓吏因大會賓客閱試音節諸史過者皆令脫其故衣更著岑牟單絞之服次至衡衡方爲漁陽參撾蹀躞而前容態有異聲節悲壯聽者莫不慷慨衡進至操前而止吏訶之曰鼓史何不改裝而敢輕進乎衡曰諾於是先解衵衣次釋餘服裸身而立徐取岑牟單絞而著之畢復參撾而去潘眉曰太平御覽五百八十二引後漢書衡反辱孤句下有衡對曰不敢以先王之法服爲伶倫之衣今後漢書無此二句裴注引文士傳亦無唐書李綱傳引禰衡曰不敢以先王法服爲伶人衣疑出謝承書也融深責數衡並宣太祖意欲令與太祖相見衡許之曰當爲卿往至十月朝融先見太祖說衡欲求見至日宴衡著布單衣疏巾履官本考證云北宋本作疏布履坐太祖營門外以杖捶地數罵太祖太祖勑外廄

急具精馬二匹并騎二人謂融曰禰衡豎子乃敢爾孤殺之無異於雀鼠顧此人數有虛名數宋本元本作素遠近所聞今日殺之人將謂孤不能容今送與劉表視卒當何如乃令騎以衡置馬上兩騎扶送至南陽　傅子曰衡辯於言而尅於論見荊州牧劉表曰所以自結於表者甚至表悅之以爲上賓衡稱表之美盈口而論表左右不廢繩墨於是左右因形而譖之曰衡稱將軍之仁西伯不過也唯以爲不能斷終不濟者監本官本終作功必由此也是言實指表智短而非衡所言也表不詳察遂疏衡而逐之衡以交絕於劉表智窮於黃祖身死名滅爲天下笑者譖之者有形也　胡三省曰操怒衡而送與表猶以表爲寬和愛士觀其能容與否也表怒衡而送與祖知祖性急必不能容衡是直欲寘之死地耳二人皆挾數用術表則淺矣王補曰禰衡徒以侮辱曹操取快一時操以雀鼠視衡一再假手斃於黃祖奸雄意忌自古所歎然解衵裸立果大雅所當爾邪適以長後進輕猥之啖而授殺士者以口實也無行才士遂爲世詬流宕忘返君子懼旃劉摯嘗言士當以器識爲先一命爲文人無足觀矣葉適亦謂文不足關世教雖工無益士之學古而貧才俊者尚鑒於斯黃山曰衡誠不幸亦視所遭何時所不屈者何人耳固非濡忍苟賤求合當世以弋富貴者也不得中行必也狂狷乎

太祖問彧誰能代卿爲我謀者彧言荀攸鍾繇先是彧言策謀士進戲志才　惠棟曰孫愐云志才潁川人彧別傳云戲志才郭嘉等有負俗之譏彧皆以智策舉之終各顯名案戲姓漢有北海戲子然也　志才卒又進郭嘉　彧所進之人見後注引彧別傳郭嘉傳潁川戲志才籌畫士也早卒太祖與彧書曰自志才亡後莫可與計事者汝潁固多奇士誰可以繼之彧進嘉杜畿傳彧進畿於太祖薦畿爲河東太守范書彧傳彧所進者尚有陳羣杜襲司馬懿　太祖以彧爲知人諸所進達皆稱職惟嚴象爲揚州　范書禰衡傳孔融薦衡表有云近日路粹嚴象亦用異才擢拜臺郎本志王粲傳注建安初路粹以高才與京兆嚴像擢拜尚書郎像以兼有文武出爲揚州刺史像象古同字　韋康爲涼州　本志楊阜傳涼州牧韋端徵爲太僕其子康代爲刺史裴注引皇甫謐列女傳云刺史韋康素仁愍吏民傷殘與馬超和超背約害康　後敗亡　顧千里曰嚴韋敗亡亦所遭不幸未足爲知人之累

三輔決錄曰　陳景雲曰三輔決錄下脫注字趙岐決錄序云其人既亡行乃可書嚴象敗沒在決錄成書後至韋康遇害岐卒已久尤不相及其爲摯虞注無疑張澍輯本按語同　象字文則京兆人少聰博有贍智　宋本贍作膽范書彧傳注同　以督軍御史中

丞　督軍御史中丞見文紀延康元年　詣揚州討袁術會術病卒因以爲揚州刺史建安五年爲孫策廬江太守李術所殺時年三十八　李術害嚴象事見吳志孫權傳建安五年注引江表傳　象同郡趙岐作三輔決錄恐時人不盡其意故隱其書唯以示象　康字元將亦京兆人孔融與康父端書曰　韋端字休甫京兆杜陵人見陶淵明羣輔錄　前日元將來淵才亮茂　御覽作高茂　雅度弘毅偉世之器也昨日仲將又來　御覽作昨日又見弟仲將來　懿性貞實文愍篤誠　盧明楷曰愍訓傷此係孔融讚仲將之言于義無取疑是懋字懋卽敏又與愍通輒轉而訛也弼按御覽引此作敏　保家之主也不意雙珠近出老蚌甚珍貴之端從涼州牧徵爲太僕　明監本牧作拔誤　康代爲涼州刺史時人榮之後爲馬超所圍堅守歷時救軍不至遂爲超所殺　仲將名誕見劉邵傳　此八字爲裴注非三輔決錄注之文也誕事見齊王紀嘉平六年注御覽二百六十五韋元將年十五身長八尺五寸爲郡主簿楊彪稱曰韋主簿年雖少有老成之風昂昂千里之駒又七百四十七韋誕字仲將除武都太守以能書不得之郡轉侍中典作魏書號散騎書一名大魏書凡五十篇洛陽三都宮觀始就命誕銘題以爲永制以御筆墨皆不任用因奏曰夫工欲善其事必先利其器用張芝筆左伯紙及臣墨皆古法兼此三具又得臣手然後可逞徑丈之勢方寸千言張澍曰按北堂書鈔引云韋誕奏蔡邕自矜能書兼明斯籀之法非得紈素不妄下筆工欲善其事必先利其器又按文章敘錄云韋誕京兆杜陵人太僕端子有文學善屬辭以光祿大夫卒衞恆四體書勢曰誕善楷書魏宮殿多誕所題明帝立陵霄觀誤先釘榜乃籠盛誕轆轤多絙引上使就題之去地三十五丈誕甚危懼乃戒子孫絕此楷法

自太祖之迎天子也袁紹內懷不服紹既并河朔天下畏其彊太祖方東憂呂布南拒張繡而繡敗太祖軍於宛　事見武紀建安二年　紹益驕與太祖書其辭悖慢太祖大怒出入動靜變於常衆皆謂以失利於張繡故也　范書彧傳紹與操書甚倨章懷注陳琳爲紹作檄書曰操祖父騰饕餮放橫父嵩乞匄攜養操贅閹遺醜並倨慢之詞也錢大昕曰紹與操書章懷注以檄書當之誤也操爲張繡所敗在建安二年而紹宣檄乃在建安五年亦不相涉何焯曰此書卽陳琳所作檄豫州將校文操陽怒以激其士卒耳沈家本曰琳書乃檄州郡非與操者恐別有與操書今不傳也傳言衆皆謂失利於張繡故是此書在建安二年操敗於張繡之時陳琳檄文作於四年紹并公孫瓚之後其時實不同也弼按傳文明言以紹書示彧其非檄文可知錢沈二說是　鍾繇以問彧彧曰公之聰明必不追咎往事

殆有他慮則見太祖問之太祖乃以紹書示彧曰今將討不義而力不敵何如彧曰古之成敗者誠有其才雖弱必彊茍非其人雖彊易弱劉項之存亡足以觀矣今與公爭天下者唯袁紹爾紹貌外寬而內忌任人而疑其心公明達不拘唯才所宜此度勝也紹遲重少決失在後機公能斷大事應變無方此謀勝也紹御軍寬緩法令不立士卒雖衆其實難用公法令既明賞罰必行士卒雖寡皆爭致死此武勝也紹憑世資從容飾智以收名譽故士之寡能好問者多歸之公以至仁待人推誠心不爲虛美行己謹儉而與有功者無所悋惜 悋與吝同音義 故天下忠正效實之士咸願爲用此德勝也夫以四勝輔天子扶義征伐誰敢不從紹之彊其何能爲 郭嘉傳注引傅子載郭嘉語與文若所見略同通鑑采之顧千

里曰視淮陰登壇數語覺頌美較多然實見得如此非徒貢諛也 太祖悅彧曰不先取呂布河北亦未易圖也 胡三省曰紹攻公孫瓚而操乘間東取呂布操擊劉備而紹不能襲許此其所以敗也 太祖曰然吾所惑者又恐紹侵擾關中亂羌胡 通鑑亂上有西字 南誘蜀漢是我獨以兗豫抗天下六分之五也爲將柰何彧曰關中將帥以十數莫能相一唯韓遂馬超最彊 通鑑作馬騰是 彼見山東方爭必各擁衆自保今若撫以恩德遣使連和相持 通鑑無相持二字 雖不能久安比公安定山東足以不動 胡三省曰遂騰之叛服卒如荀彧所料 鍾繇可屬以西事則公無憂矣 鍾繇傳繇至長安移書騰遂等騰遂各遣子入侍太祖在官渡與袁紹相持繇送馬二千餘匹給軍 三年太祖既破張繡 武紀公與彧書曰吾到安衆破繡必矣 東禽呂布定徐州遂與袁紹相拒 范書彧傳五年袁紹率大衆以攻許操與相距甲兵甚盛議者咸懷惶懼 孔融謂彧曰紹地廣兵彊田豐許攸智計之士也爲之謀審配逢紀盡忠之臣也任其事 田豐審配逢紀均見袁紹傳注許攸見崔琰傳注 顏良文醜勇冠三軍統其兵殆難克乎彧曰紹兵雖多而法不整田豐剛而犯上許攸貪而不治 范書治作正 審配專而無謀逢紀果而自用此二人留知後事若攸家犯其法必不能縱也不縱攸必爲變 通鑑逢紀果而自用下作此數人者勢不相容必生內變 顏良文醜一夫之勇耳可一戰而禽也 范書作匹夫之勇可一戰而擒也後皆如彧之籌顧千里曰知人料事無不奇中魏之崔浩庶幾近之李安溪曰不特知君特又知臣 五年與紹連戰太祖保官渡 官渡見武紀建安四年 紹圍之太祖軍糧方盡書與彧議欲還許以引紹 范書彧傳作欲還許以致紹師 彧曰今軍食雖少未若楚漢在滎陽成皋閒也 滎陽見武紀初平元年成皋見武紀卷首 是時劉項莫肯先退先退者勢屈也 李賢曰高祖與項羽於滎陽成皋閒久相持不決後羽請鴻溝以西爲漢而退高祖遂乘羽敗之垓下追殺之 公以十分居一之衆 毛本公誤作分李賢曰言與紹衆寡相懸也 畫地而守之 李賢曰言畫地作限隔也 阨其喉

而不得進已半年矣 范書阨作搤搤音厄搤謂捉持之也 情見勢竭必將有變此用奇之時不可失也 文若爲魏武畫策雖多如先定兗州迎帝還許及此三策皆關成敗所繫袁宏後漢紀載彧書云紹聚官渡欲與決勝負公以至弱當至強若不制必爲所乘是天下之大機也且紹布衣之雄能聚人而不能用也以公神武明哲而奉以大順何向而不濟云云下接今軍食雖少與此同通鑑兩采之 太祖乃住遂以奇兵襲紹別屯斬其將淳于瓊等紹退走 惠棟曰魏武帝軍策令云袁本初鎧萬領吾大鎧二十領本初馬鎧三百具吾不能有十具見其少遂不施也吾遂出奇破之是時士卒鍊不與今時等也 審配以許攸家不法收其妻子攸怒叛紹 通鑑會攸家犯法審配收繫之攸怒遂奔操考異曰魏志武紀攸貪財袁紹不能足來奔今從范書紹傳 顏良文醜臨陣授首田豐以諫見誅皆如彧所策六年太祖就穀東平之安民 胡三省曰據水經注東平壽張縣西界有安民亭亭在濟水東北對安民山洪氏隸釋濟水逕須句城西水西有安民山趙明誠金石錄須句城卽今中都縣李兆洛曰中都縣今山東兗州府汶上縣治方輿紀要卷三十三安民亭在東平州西南謝鍾英曰在鄆城縣東互見李典傳 糧少不足與河北相支 何焯曰時所在屯田積穀猶患糧少況仰給桑椹虜掠田野者宜其一敗之後不能再舉也 欲

因紹新破以其閒擊討劉表彧曰今紹敗其衆離心宜乘其困遂定之而背兗豫遠師江漢若紹收其餘燼乘虛以出人後則公事去矣范書彧傳六年操以紹新破未能爲患自欲南征劉表以計問彧對曰紹既新敗衆懼人擾今不因而定之而欲遠兵江漢若紹收離糾散乘虛以出則公之事去矣太祖復次于河上紹病死袁紀七年夏五月庚戌袁紹發病死太祖渡河擊紹子譚尚而高幹郭援侵略河東關右震動通鑑尙遣所置河東太守郭援與高幹匈奴南單于共攻河東發使與關中諸將馬騰等連兵騰等陰許之鍾繇帥馬騰等擊破之語在繇傳八年太祖錄彧前後功表封彧爲萬歲亭侯胡三省曰九域志鄭州有萬歲亭彧所封也潘眉曰太平寰宇記九新鄭漢舊縣屬河南郡有萬歲亭後漢荀彧封萬歲亭侯於此弼按韓浩封萬歲亭侯見武紀建安十八年注彧第六子顗亦封萬歲亭侯見晉書荀顗傳彧別傳載太祖表曰侯康曰荀彧別傳見本傳注書中稱曹操爲太祖司馬懿爲宣王則非漢晉人作明矣章宗源曰荀彧別傳見三國志注及御覽臣聞慮爲功首謀爲賞本野績不越廟堂戰多不踰國勳是故曲阜之錫不後營

丘史記魯周公世家偏封功臣同姓戚者封周公旦於少昊之虛曲阜是爲魯公齊太公世家封師尙父於齊營丘正義云括地志兗州曲阜縣外城卽魯公伯禽所築也營丘在青州臨淄北百步外城中一統志魯國故城今山東兗州府曲阜縣治周時魯國舊都營丘今山東青州府臨淄縣西北漢志臨淄名營丘蕭何之土先於平陽漢書蕭何傳上以何功最盛先封爲酇侯曹參傳賜參爵列侯食邑平陽珍策重計古今所尙侍中守尙書令彧積德累行少長無悔遭世紛擾懷忠念治臣自始舉義兵周游征伐與彧戮力同心左右王略發言授策無施不效彧之功業臣由以濟用披浮雲顯光日月陛下幸許彧左右機近忠恪祗順如履薄冰研精極銳以撫庶事天下之定彧之功也宜享高爵以彰元勳袁宏後漢紀建安八年七月曹操上言守尙書令荀彧自在臣營參同計畫周旋征伐每皆尅捷奇策密謀悉皆共決及彧在臺常私書往來（袁紀私誤作思嚴可均全三國文作私）大小同策詩美腹心傳貴廟勝勳業之定彧之功也而臣前後獨荷異寵心所不安彧與臣事通功並宜進封賞以勸後進者嚴可均曰此與別傳之表相當而文全異彧固辭無野戰之勞不通太祖表太祖與彧書曰與君共事以來立朝廷君之相爲匡弼君之相爲舉人君之相爲建計君之相爲密謀

亦以多矣夫功未必皆野戰也願君勿讓彧乃受九年太祖拔鄴領冀州牧御覽一百八十一引荀氏家傳曰太祖既定冀州爲公起大第於鄴諸將各以功次受居第太祖親游之笑曰此亦六勳之差或說太祖宜復古置九州則冀州所制者廣大天下服矣太祖將從之彧言曰若是則冀州當得河東馮翊扶風西河幽并之地所奪者衆前日公破袁尙禽審配范書作公前屠鄴城海內震駭必人人自恐不得保其土地守其兵衆也今使分屬冀州將皆動心且人多說關右諸將以閉關之計今聞此以爲必以次見奪一旦生變雖有善守者袁紀作守善轉相脅爲非則袁尙得寬其死而袁譚懷貳劉表遂保江漢之閒天下未易圖也願公急引兵先定河北然後修復舊京南臨荊州責貢之不入范書作南臨楚郢責王貢之不入則天下咸知公意人人自安天

下大定乃議古制此社稷長久之利也何焯曰既當時務之要而修復舊京之語亦猶乃心王室顧千里曰議立六國後而留侯非之議復古九州而文若非之因時制宜各有攸當明者審之則兩得闇者用之則兩失矣太祖遂寢九州議范書彧傳操報曰微足下之相難所失多矣是時荀攸常爲謀主彧兄衍以監軍校尉守鄴都督河北事太祖之征袁尙也高幹密遣兵謀襲鄴衍逆覺盡誅之以功封列侯

荀氏家傳曰明監本官本荀氏家傳作零陵先賢傳誤明監本初印者仍作荀氏家傳補板剜改作零陵先賢傳官本沿明監本之訛沈家本曰荀氏家傳隋志不著錄舊唐志譜牒類荀子家傳十卷荀伯子撰新志卷同無撰人伯子宋書有傳官東陽太守不言著此書章宗源曰世說德行篇注荀巨伯排調篇注荀隱亦引之而云世有此書尋之未得然文選與鍾大理書注荀宏元長曲水詩序注荀勖安陸王碑注荀彧通典職官門注荀爽類聚禮部荀爽御覽禮儀引之尤詳是知此書至宋尙存衍字休若彧第三兄彧第四兄諶字友若事見袁紹傳本志紹傳以田豐荀諶許攸爲謀主范書紹傳同本傳彧弟諶爲紹所任見前惟彼作彧弟此作彧第四兄陳羣與孔融論汝潁人物羣曰荀文若公

達休若友若仲豫當今並無對衍子紹位至太僕紹子融字伯雅與王弼鍾會俱知名爲洛陽令參大將軍軍事與弼會論易老義傳於世 本志鍾會傳注引王弼傳弼注易潁川人荀融難弼大衍義弼初與融善後不終 諶子閎字仲茂爲太子文學掾時有甲乙疑論閎與鍾繇王朗袁渙議各不同文帝與繇書曰袁王國士更爲脣齒荀閎勁悍往來銳師眞君侯之勍敵左右之深憂也終黃門侍郎 嚴可均全三國文載荀閎奏事及賜謚議 閎從孫惲字景文太子中庶子亦知名與賈充共定晉律又作易集解 李龍官曰閎荀彧第四兄諶之子也其從孫似不應與彧子惲同名疑有誤陳景雲曰惲當作煇晉當作晉見晉書賈充傳既定新律加祿賞詔中有荀煇彧長子惲於煇爲大父行命名自不應同也隋書經籍志魏散騎常侍荀煇注周易十卷侯康曰釋文敘錄引張璠集解序稱煇爲晉太子中庶子而隋志稱魏散騎常侍豈注易在仕魏時邪姚振宗曰經義考引魏志煇官至虎賁中郎將乃彧子惲非此煇也趙一清曰今荀爽九家集解疑卽煇所作吳承仕經典釋文序錄疏證曰惲字長倩爲彧子魏文帝時卒其字景文著易義者爲閎之從孫卽彧之曾孫行仕晉爲太子中庶子者也隋志作魏人誤朱彝尊以景文長倩爲一人尤誤 仲豫名悅朗陵長儉之少子彧從父兄也 范書荀悅傳儉早卒悅年十二

能說春秋家貧無書每之人閒所見篇牘一覽多能誦記性沈靜美姿容尤好著述靈帝時閹官用權士多退身窮處悅乃託疾隱居時人莫之識唯從弟彧特稱敬焉初辟鎭東將軍曹操府遷黃門侍郎獻帝頗好文學悅與彧及少府孔融侍講禁中旦夕談論累遷秘書監侍中時政移曹氏天子恭己而已悅志在獻替而謀無所用乃作申鑒五篇其所論辯通見政體既成而奏之胡三省曰荀悅申鑒其立論精切關於國家興亡之大致過於彧攸至於揣摩天下之埶應敵設變以制一時之勝悅未必能也曹操姦雄親信彧攸而悅乃在天子左右悅非比於彧攸而操不之忌蓋知悅但能持論其才必不能辦也嗚呼東都之季荀淑以名德稱而彧攸以智略濟荀悅蓋得其祖父之彷彿耳其才不足以用世其言僅見於此書後之有天下國家者尙論其世深味其言則知悅之忠於漢室而有補於天下國家也 張璠漢紀稱悅淸虛沈靜善於著述建安初爲秘書監侍中被詔刪漢書作漢紀三十篇因事以明臧否致有典要其書大行於世 毛本大誤作天范書悅傳帝好典籍嘗以班固漢書文繁難省乃令悅依左氏傳體以爲漢紀三十篇詔尙書給筆札辭約事詳論辨多美又著崇德正論及諸論數十篇年六十二建安十四年卒隋書經籍志漢紀三十卷魏秘書監荀悅撰姚振宗曰此稱魏誤四庫提要曰史通六家篇以悅書爲左傳家之首二體篇又稱歷代寶之有逾本傳班荀二體角力爭先推之甚至李燾跋曰悅爲此紀固不出班書亦時有所刪潤司馬光通鑑有舍班而從荀者提要又曰崇德正論及諸論數十篇今並不傳（見申鑒提要）

太祖以女妻彧長子惲後稱安陽公主彧及攸並貴重皆謙沖節儉祿賜散之宗族知舊家無餘財十二年復增彧邑千戶合二千戶 彧別傳曰太祖又表曰昔袁紹侵入郊甸戰於官渡時兵少糧盡圖欲還許書與彧議彧不聽臣建宜住之便恢進討之規更起臣心易其愚慮遂摧大逆覆取其衆此彧覩勝敗之機略不世出也及紹破敗臣糧亦盡以爲河北未易圖也欲南討劉表彧復止臣陳其得失臣用反旆遂吞凶族克平四州 李賢曰謂冀青幽幷也 向使臣退於官渡紹必鼓行而前 李賢曰鼓行謂鳴鼓而行言無所畏也 有傾覆之形無克捷之勢後若南征委棄兗豫利既難要將失本據彧之二策以亡爲存以禍致福謀殊功異臣所不及也是以先帝貴指蹤之功 范書彧傳蹤作縱李賢曰縱或作蹤兩通 薄搏獲之賞 李賢曰搏擊也高祖既殺項羽論功行封以蕭何爲最功臣多不服高祖曰諸君知獵乎夫獵追殺獸者狗也而發縱指示獸者人也諸君徒能追得獸耳功狗也至如蕭何發縱指示功人也 古人尙帷幄之規下攻

拔之捷 李賢曰張良未嘗有戰鬬功高帝謂運籌帷幄中決勝千里外子房功也 前所賞錄未副彧巍巍之勳乞重平議疇其戶邑 李賢曰前書復其後代疇其爵邑晉義疇等也使其後常與先人等也弼按范書彧傳載此表文字句少異 彧深辭讓太祖報之曰君之策謀非但所表二事前後謙沖欲慕魯連先生乎 史記曰趙欲尊秦爲帝魯連止之平原君乃欲封魯連連笑曰所貴於天下之士爲人排患釋難解紛而無取也卽有取者是商賈之士也而連不忍爲也 此聖人達節者所不貴也 左傳曰聖達節次守節 昔介子推有言 左傳介子推晉文公臣 竊人之財猶謂之盜況君密謀安衆光顯於孤者以百數乎以二事相還而復辭之何取謙亮之多邪太祖欲表彧爲三公 范書彧傳又欲授以正司李賢曰彧先守尙書令今欲正除也潘眉曰彧方守尙書令位在九卿下不得遽表爲三公 彧使荀攸深讓至于十數太祖乃止 李安溪曰彧知操功大必自樹逼上故累讓不伐以身諫也

太祖將伐劉表問彧策安出彧曰今華夏已平南土知困矣可顯出宛葉 宛見武紀卷首南陽郡注葉見武紀建安二年 而閒行輕進以掩其不意太祖遂行會表

病死太祖直趨宛葉如彧計表子琮以州逆降十七年董昭等謂太祖宜進爵國公九錫備物九錫解見武紀建安十八年以彰殊勳密以諮彧官本攷證云北宋本作密以詔諸彧沈家本曰范書作密以訪彧此時董昭等建議未有詔也不當有詔字彧以爲太祖本興義兵以匡朝寧國秉忠貞之誠守退讓之實君子愛人以德禮記檀弓曾子曰君子之愛人也以德細人之愛人也以姑息不宜如此太祖由是心不能平范書彧傳彧曰曹公本興義兵以匡振漢朝雖勳庸崇著猶秉忠貞之節君子愛人以德不宜如此事遂寑操心不能平會征孫權表請彧勞軍於譙因輒留彧胡三省曰輒言專輒也以侍中光祿大夫持節參丞相軍事元本事作吏誤范書彧傳操表留彧曰臣聞古之遣將上設監督之重下建副二之任所以尊嚴國命謀而鮮過者也臣今當濟江奉辭伐罪宜有大使肅將天命文武並用自古有之使持節侍中守尚書令萬歲亭侯彧國之重臣德洽華夏既停軍所次便宜與臣俱進宣示國命威懷醜虜軍禮尚速不及先請臣輒留彧依以爲重太祖軍至濡須濡須今安徽無爲州東北見武紀建安十八年彧疾留壽春壽春見文紀黃初五年今安徽鳳陽府壽州治以憂薨范書彧傳帝哀惜之祖日爲之廢讌樂時年五十潘眉曰彧初平二年年二十九薨年五十建安十七年也本傳言太祖軍至濡須彧疾留壽春以憂薨攷魏武帝紀進軍濡須口在十八年正月吳主傳亦云十八年正月曹公攻濡須太祖以十八年正月進軍濡須彧薨在後似薨於十八年矣然下云明年太祖遂爲魏公彧在十八年彧薨實在十七年則此傳言太祖軍至濡須者將往濡須實未至也弼按文選載檄吳將校部曲文首署彧名文中敘馬超宋建張魯事皆在彧卒之後姜皋疑彧爲攸之譌案攸傳注建安十九年攸卒年五十八與文中事亦不符疑攸卒於二十一年則於檄中情事皆合耳謚曰敬侯曹植光祿大夫荀侯誄云如冰之清如玉之潔法而不威和而不褻百僚欷歔天子霑纓機女投杼農夫輟耕輪結轍而不轉馬悲鳴而倚衡明年太祖遂爲魏公矣李清植曰史家此言所以原彧本志也先文貞公曰（弼按卽李光地）朱子謂陳羣爲賊佐命詞嚴而義正荀攸賈詡自應入此例彧之侍中原是漢官未嘗仕操操建國稱魏則彧死而後操爲之其阻董昭以致殺身一節亦自可取彧之罪當從末減潘眉曰彧前沮復古九州後又沮九錫議彧薨太祖遂爲魏公是年卽復十四州爲九州弼按時以冀州之河東河內魏郡趙國中山常山鉅鹿安平甘陵平原凡十郡爲魏國見武紀建安十八年韓慕廬曰文若智略不世魏武特以事際相需其畏忌之久矣且同爲漢臣與結分委贄者亦異是太祖內憂也觀其表請犒師輒留不遣卽漢祖雲夢之意不關九錫一議也弼按操爲奮武將軍以彧爲司馬後爲鎭東將軍彧以司馬從韓說似有未合

魏氏春秋曰太祖饋彧食發之乃空器也於是飲藥而卒咸熙二年贈彧太尉通鑑考異曰陳志彧傳曰以憂薨范書彧傳曰操饋之食發視乃空器也於是飲藥而卒孫盛魏氏春秋亦同按彧之死操隱其誅陳壽云以憂卒蓋闕疑也今不正言其飲藥恐後世爲人上者謂隱誅可得而行也彧別傳曰彧自爲尚書令常以書陳事臨薨皆焚毀之故奇策密謀不得盡聞也是時征役草創制度多所興復彧嘗言於太祖曰昔舜分命禹稷契皋陶以揆庶績教化征伐並時而用及高祖之初金革方殷猶舉民能善教訓者叔孫通習禮儀於戎旅之閒世祖有投戈講藝息馬論道之事君子無終食之閒違仁今公外定武功內興文學使干戈戢睦大道流行國難方弭六禮俱治此姬旦宰周之所以速平也既立德立功而又兼立言誠仲尼述作之意顯制度於當時揚名於後世馮本揚作楊誤豈不盛哉若須武事畢而後制作以稽治化於事未敏宜集天下大才通儒考論六經刊定傳記存古今之學除其煩重以一聖眞並隆禮學漸敦教化則王道兩濟何焯曰不及時圖之則宿儒老生日就衰落後生一失派別則聖籍湮微復尋其緒爲力甚難此荀令君所以汲汲於兩濟也彧從容與太祖論治道如此之類甚衆太祖常嘉納之彧德行周備非正道不用心名重天下莫不以爲儀表海內英傳咸宗爲司馬宣王常稱書傳遠事吾自耳目所從聞見逮百數十年閒賢才未有及荀令君者也前後所舉者命世大才邦邑則荀攸鍾繇陳羣海內則司馬宣王及引致當世知名郗慮華歆王朗荀悅杜襲辛毗趙儼之儔終爲卿相以十數人取士不以一揆戲志才郭嘉等有負俗之譏杜畿簡傲少文皆以智策舉之終各顯名荀攸後爲魏尚書令亦推賢進士太祖曰二荀令之論人久而益信吾沒世不忘鍾繇以爲顏子既沒能備九德不貳其過唯荀彧然或問繇曰君雅重荀君比之顏子自以不及可得聞乎曰夫明君師臣其次友之毛本友誤作有以太祖之聰明每有大事常先諮之荀君是則古師友之義也吾等受命而行猶或不盡相去顧不遠邪獻帝春秋

曰董承之誅伏后與父完書言司空殺董承帝方爲報怨完得書以示彧彧惡之久隱
而不言完以示妻弟樊普普封以呈太祖太祖陰爲之備彧後恐事覺欲自發之因求
使至鄴 趙一清曰姜氏云若依此書荀令君全無主持何謂謀士恐史傳之譌 勸太祖以女配帝太祖曰今朝廷有
伏后吾女何得以配上吾以微功見錄位爲宰相豈復賴女寵乎彧曰伏后無子性又
凶邪往常與父書言辭醜惡可因此廢也太祖曰卿昔何不道之彧陽驚曰昔已嘗爲
公言也太祖曰此豈小事而吾忘之彧又驚曰誠未語公邪昔公在官渡與袁紹相持
恐增內顧之念故不言爾太祖曰官渡事後何以不言彧無對謝闕而已太祖以此恨
彧而外含容之故世莫得知至董昭建立魏公之議彧意不同欲言之於太祖及齎璽
書犒軍飲饗禮畢彧留請閒 毛本彧作或誤 太祖知彧欲言封事揖而遣之彧遂不得言
彧卒於壽春壽春亡者告孫權言太祖使彧殺伏后彧不從故自殺 錢振鍠曰我固知弒父與君彧

不爲也雖然郗慮華歆亦名士也而勒兵牽后竟忍爲之此非鑒於彧之自殺而不能不出於此乎操必使名士爲反逆之事以彧寧自殺不出此猶疑名士多能爲漢盡節也及慮歆破壁牽后乃知天下名士不足忌矣皆可以鷹犬使之矣 權以露布於蜀劉備聞之曰老賊不死禍亂
不已 臣松之案獻帝春秋云彧欲發伏后事而求使至鄴而方誣太祖云昔已嘗言
言既無徵迴託以官渡之虞 迴何焯校改迺 俯仰之閒辭情頓屈雖在庸人猶不至此何以
玷累賢哲哉凡諸云云皆出自鄙俚可謂以吾儕之言而厚誣君子者矣袁暐虛罔之
類此最爲甚也 毛本此作以也作邪均誤
子惲嗣侯官至虎賁中郎將初文帝與平原侯植並有擬論文帝曲
禮事彧及彧卒惲又與植善而與夏侯尚不穆 錢大昭曰穆與睦通詩大雅穆如清風鄭箋云穆和也
文帝深恨惲惲早卒子甝霬
霬音翼 潘眉曰霬當爲廙唐韻廙與職反與翼同音夏侯玄傳注引世語散騎常侍荀廙少帝紀中壘將軍昌武亭侯臣廙皆作廙又晉書侯史光傳亦作荀廙霬字字書所無
以外甥故猶寵待惲弟俁御史中丞俁弟詵 馮本俁作侯誤詵事見劉劭傳 大將軍從
事中郎 續百官志大將軍從事中郎二人六百石職參謀議 皆知名早卒
荀氏家傳曰惲字長倩俁字叔倩詵字曼倩俁子寓字景伯 世語曰寓少與裴楷王
戎杜默俱有名京邑 裴楷事見本志裴潛傳注楷字叔則弱冠知名尤精老易少與王戎齊名晉書有傳王戎字濬沖琅邪臨沂人晉書有傳
仕晉位至尚書名見顯著子羽嗣位至尚書
詵弟顗 晉書荀顗傳顗魏太尉彧第六子案本傳及注彧子惲俁詵顗粲尚有一子史失之 咸熙中爲司空 顗爲司空見陳留王紀咸熙元年世說品藻篇注引晉諸公讚曰顗蹈禮立德思議溫雅秉深識國體
晉陽秋曰顗字景倩幼爲姊夫陳羣所異 羣爲彧壻晉書荀顗傳異作賞 博學洽聞意思慎密司
馬宣王見顗奇之曰荀令君之子也近見袁偘亦曜卿之子也 本志袁渙傳渙字曜卿裴注引袁氏世紀

曰渙有四子侃寓奧準偘字疑係侃字之誤胡玉縉曰偘與侃同乃別體非誤字 擢拜散騎侍郎顗佐命晉室位至太尉
封臨淮康公嘗難鍾會易無互體見稱於世 晉書荀顗傳顗性至孝總角知名魏時以父勳除中郎難鍾會易無互體又與扶風王駿論仁孝孰先見稱於世顗預討毌丘儉等有功進爵萬歲亭侯顗甥陳泰卒顗代泰爲僕射咸熙中遷司空咸熙初封臨淮侯武帝踐阼進爵爲公阿意苟合於荀勖賈充之閒皇太子將納妃顗上言賈充女姿德淑茂可以參選以此獲譏於世何夔傳注傅子稱何曾荀顗曰古稱曾閔今曰荀何李通傳注引王隱晉書曰李秉家誡論爲官當清慎勤秉舉故太尉荀景倩能慎隋書經籍志周易無互體論三卷鍾會撰亡 顗弟粲字奉倩 何劭爲
粲傳曰 何劭見何夔傳注引晉諸公讚晉書何劭傳云劭撰荀粲傳世說文學篇惑溺篇注書鈔一百均作荀粲別傳又見文選注劭又作王弼傳見鍾會傳注 世說文學篇注云粲太尉彧少子 粲諸兄並以儒術論議而粲獨好言道常以爲子貢
稱夫子之言性與天道不可得聞然則六籍雖存固聖人之糠秕 馮本糠秕作糠粃沈家本曰說文有秕無粃玉篇粃俗秕 粲兄俁難曰易亦云聖人立象以盡意繫辭焉以盡言則微言胡爲不可
得而聞見哉粲答曰蓋理之微者非物象之所舉也今稱立象以盡意此非通於意外

者也繫辭焉以盡言此非言乎繫表者也斯則象外之意繫表之言固蘊而不出矣及當時能言者不能屈也又論父彧不如從兄攸彧立德高整軌儀以訓物而攸不治外形慎密自居而已粲以此言善攸諸兄怒而不能迴也太和初到京邑與傅嘏談嘏善名理而粲尚玄遠宗致雖同倉卒時或有格而不相得意裴徽通彼我之懷爲二家騎驛 裴徽見裴潛傳注世說文學篇注引此作爲二家釋 頃之粲與嘏善夏侯玄亦親常謂嘏玄曰子等在世塗閒功名必勝我但識劣我耳嘏難曰能盛功名者識也天下孰有本不足而末有餘者邪 毛本末作未誤 粲曰功名者志局之所奬也然則志局自一物耳固非識之所獨濟也我以能使子等爲貴然未必齊子等所爲也粲常以婦人者才智不足論自宜以色爲主驃騎將軍曹洪女有美色粲於是娉焉容服帷帳甚麗專房歡宴歷年後婦病亡未殯傅嘏往喭粲 官本喭作唁喭與唁通集韻唁或作喭 粲不哭而神傷嘏問曰婦人才色並茂爲難子之

娶也遺才而好色此自易遇今何哀之甚粲曰佳人難再得顧逝者不能有傾國之色然未可謂之易遇痛悼不能已歲餘亦亡時年二十九 世說惑溺篇荀奉倩與婦至篤冬月婦病熱乃出中庭自取冷還以身熨之婦亡奉倩後少時亦卒以是獲譏於世奉倩曰婦人德不足稱當以色爲主裴令聞之曰此乃是興到之事非盛德言冀後人未昧此語何劭論粲曰仲尼稱有德者有言而荀粲滅於是力顧所言有餘而識不足顧千里曰好色殉身爲高識邪爲好道邪或曰文若子不肖至此死已爲晚 粲簡貴不能與常人交接所交皆一時俊傑至葬夕赴者裁十餘人皆同時知名士也哭之感動路人 元本動作慟

惲子甝嗣爲散騎常侍進爵廣陽鄉侯 郡國志幽州廣陽郡廣陽一統志廣陽故城今順天府良鄉縣東北十里 年三十薨子頵嗣 晉書荀崧傳頵安陵鄉侯非嗣廣陽鄉侯未知孰是

荀氏家傳曰頵字溫伯爲羽林右監早卒頵子崧字景猷晉陽秋稱崧少有志操雅好文學孝義和愛在朝恪勤位至左右光祿大夫開府儀同三司 晉書荀崧傳崧彧玄孫族曾祖顗見而奇之王彌入洛崧與百官奔於密未至而母亡崧守喪號泣賊至棄母尸於地崧被四創氣絕至夜方蘇葬母於密族父藩承制以崧監江北軍事襄陽太守遷平南將軍爲賊杜曾所圍崧力弱食盡使小女灌求救於石覽周訪賊聞救至散走元帝踐阼崧定中興禮儀請增儀禮公羊穀梁鄭易博士以平王敦功封平樂伯遷右光祿大夫開府儀同三司蘇峻之役崧與王導陸曄共登御牀擁衛帝咸和三年薨年六十七晉書列女傳荀崧小女灌幼有奇節崧爲襄城太守爲杜曾所圍灌年十三踰城突圍夜出詣石覽乞師又爲崧書與周訪請援訪遣子撫救崧賊聞兵至散走 崧子羨字令則 趙一清曰晉書荀崧傳二子蕤羨蕤字令遠有儀操風望爲簡文帝所重官建威將軍吳國內史子籍仕至散騎常侍大長秋 清和有才尚公主少歷顯位年二十八爲北中郎將徐兗二州刺史假節都督徐兗青三州諸軍事在任十年遇疾解職卒於家追贈驃騎將軍 晉書荀崧傳羨年七歲遇蘇峻亂隨父在石頭峻甚愛之羨目其母曰得一利刀子足以殺賊母掩其口曰無妄言年十五將尚尋陽公主羨不欲連婚帝室仍遠遁去監司追不獲已乃出尚公主後除北中郎將徐州刺史監徐兗二州諸軍事時年二十八中興方伯未有如羨之少者升平二年卒時年三十八 羨孫伯子今御史中丞也 宋書荀伯子傳祖羨驃騎將軍父猗秘書郎伯子博覽經傳助撰晉史文集傳世

霬官至中領軍薨謚曰貞侯追贈驃騎將軍子愷嗣霬妻司馬景王文王之妹也 陳羣爲荀彧壻荀惲爲曹操壻荀粲爲曹洪壻荀霬爲司馬懿壻荀氏本世族故男女嫁娶皆結高門自與賈文和之起自寒門者不同又李翼後妻爲荀廙姊廙卽霬也翼李豐弟 二王皆與親善咸熙中開建五等霬以著勳前朝改封愷南頓子 郡國志豫州汝南郡南頓本頓國一統志南頓故城今河南陳州府項城縣北五十里范書光武紀南頓令欽生光武卽此

荀氏家傳曰愷晉武帝時爲侍中 干寶晉紀曰武帝使侍中荀顗和嶠俱至東宮觀察太子顗還稱太子德識進茂而嶠云聖質如初孫盛曰遣荀勖其餘語則同 毛本則誤作時晉書荀勖傳勖字公曾漢司空爽曾孫祖棐射聲校尉父肹早亡勖依於舅氏從外祖鍾繇曰此兒當及其曾祖 臣松之案和嶠爲侍中荀顗亡沒久矣荀勖位亞台司不與嶠同班無緣方稱侍中二書所云皆爲非也 晉書荀勖傳帝素知太子闇弱恐後亂國遣勖及和嶠往觀勖還盛稱太子之德而嶠云太子如初於是天下貴嶠而賤勖御覽一百四十八引王隱晉書勖還盛

稱太子德更進茂不同西宮之時也弼案今本晉書勖傳勖時官侍中裴注或未細審耳沈家本曰荀顗卒於泰始十年而和嶠爲侍中在太康元年吳平之後其時顗沒已七年裴氏所駁誠是至荀勖爲中書監嶠爲中書令至太康中勖爲光祿大夫儀同三司開府而守中書監侍中侯如故時嶠亦爲侍中是勖嶠同在中書同爲侍中未嘗不同班勖之稱侍中亦未爲非也荀愷雖曾爲侍中而武帝時不聞信任諸書亦無及愷者裴氏揣測之詞轉失其實世說劉孝標注亦引干寶晉紀及晉陽秋之言而以孫盛爲得其說卻是至晉書和嶠傳宋二家之說並舉顗勖則大誤矣

考其時位愷實當之愷位至征西大將軍愷兄愔少府弟惺護軍將軍追贈車騎大將軍

荀攸字公達彧從子也祖父曇廣陵太守

荀氏家傳曰曇字元智兄昱字伯修范書荀淑傳淑兄子昱字伯條惠棟曰條荀氏家傳作修謝承書又作脩三君八俊錄曰天下好交荀伯條與交韻當從本傳也張璠漢紀稱昱曇並傑俊有殊才昱與李膺王暢杜密等號爲八俊位至沛相范書荀淑傳昱爲沛相曇爲廣陵太守兄弟皆正身疾惡志除閹官其支黨賓客有在二郡者纖罪必誅昱後共大將軍竇武謀誅中官與李膺俱死曇亦禁錮終身黨錮傳李膺荀昱杜密王暢劉祐魏朗趙典朱寓爲八俊俊者言人之英也惠棟曰昱通鑑作翊李膺家傳云膺坐黨事與杜密荀翊同繫新汲縣獄時歲旦翊引杯曰正朝從小起膺謂翊曰死者人情所惡今子無悉色者何翊曰求仁得仁又誰恨也膺乃歎曰漢其亡矣漢其亡矣善人天地之紀而多害之何以存國攸父彝州從事彝於彧爲從祖兄弟

攸少孤及曇卒故吏張權求守曇墓攸年十三疑之謂叔父衢曰此吏有非常之色殆將有姦衢寤乃推問果殺人亡命由是異之

魏書曰攸年七八歲衢曾醉誤傷攸耳而攸出入遊戲常避護不欲令衢見衢後聞之乃驚其夙智如此荀氏家傳曰衢子祈字伯旗趙一清曰祈當作旂晉有樂安孫旂亦字伯旗可證與族父愔俱著名祈與孔融論肉刑愔與孔融論聖人優劣並在融集孔融肉刑議見范書融傳聖人優劣論見藝文類聚二十初學記十七其論云荀愔等以爲聖人俱受乾坤之醇靈稟造化之和氣該百行之高善備九德之淑懿極鴻源之深閭窮品物之情類曠蕩出於無外沈微淪於無類器不是周不充聖極荀以爲孔子稱大哉堯之爲君也唯天爲大唯堯則之是則爲覆蓋衆聖最優之明文也孔以堯作天子九十餘年政化治於民心雅頌流於衆聽是以聲德發聞遂爲稱首則易所謂聖人久於其道而天下化成百年然後勝殘去殺必世而後仁者也故曰大哉堯之爲君也堯之爲聖也明其聖與諸聖同但以久見稱爲君爾祈位至濟陰太守愔後徵有道至丞相祭酒宋書百官志云獻帝建安十三年復置丞相魏世及晉初又廢又云位從公以上置西閤東閤祭酒又云祭祀以酒爲本長者主之故以祭酒爲稱漢之侍中魏之散騎常侍功高者並爲祭酒焉公府祭酒蓋因其名也洪飴孫三國職官表相國府屬有軍師祭酒主簿祭酒參軍祭酒

何進秉政徵海內名士攸等二十餘人

范書鄭太傳大將軍何進輔政徵用名士以公業爲尙書侍郎（鄭泰字公業范曄父名泰故改爲太傳中皆稱字）

攸到拜黃門侍郎董卓之亂關東兵起卓徙都長安攸與議郎鄭泰何顒侍中种輯

范書獻帝紀建安五年車騎將軍董承偏將軍王服越騎校尉种輯受密詔誅曹操事洩操殺董承等夷三族輯初謀殺卓後謀殺操事雖未濟忠烈可見范書董卓傳獻帝起居注均作長水校尉种輯

越騎校尉伍瓊等謀曰董卓無道甚於桀紂天下皆怨之雖資彊兵實一匹夫耳今直刺殺之以謝百姓然後據殽函輔王命以號令天下此桓文之舉也事垂就而覺收顒攸繫獄

馮本攸作收誤何焯校改作攸顒收繫獄

顒憂懼自殺

顒事見武紀卷首通鑑獻帝初平三年初黃門侍郎荀攸與尙書鄭泰侍中种輯等謀曰董卓驕忍無親雖資強兵實一匹夫耳可直刺殺也事垂就而覺收攸繫獄泰逃奔袁術攸言語飲食自若會卓死得免考異曰魏志云攸與何顒伍瓊同謀按顒瓊死已久恐誤弼按范書鄭太傳太初爲尙書侍郎後留拜議郎陳志云議郎是太傳又云與何顒荀攸共謀殺卓事洩顒等被執公業脫身自武關走東歸袁術術上以爲揚州刺史未至官道卒何顒傳董卓秉政與司空荀爽司徒王允等共謀卓會爽薨顒以他事爲卓所繫憂憤而卒黃山曰范書鄭太傳載何顒被執事與黨錮傳異與袁紀魏志亦互異參之荀淑王允傳抑又未嘗不各異黨錮傳言顒同謀爲荀爽王允袁紀則謂爲荀攸鄭太种輯魏志更及伍瓊王允傳載允同謀者僅黃琬鄭公業惟荀淑傳載荀爽同謀者適如黨錮傳而黨錮傳則謂顒以它事爲卓所繫憂憤而卒太傳則謂因謀卓事洩顒等被執曰顒等似被執者不止顒而袁紀謂顒與荀攸同繫獄顒憂懼自殺魏志攸傳則云攸同被收繫獄顒自殺攸言語飲食自若會卓死得免是同繫者固有攸而顒之卒與自殺異蓋無論顒之死爲自殺與否要爲自死於獄非卓辟其罪而殺之也夫以卓之暴諸將言語蹉跌便戮於前伍瓊周珌李旻張溫伍孚皆死不旋踵苟知顒謀殺己將必立致之死何暇下之獄此易知也顒乃猶得死於獄且既死之後不聞同繫者皆死公業脫身走矣而同謀之允琬亦尙安然無禍則顒等之被執必以它事雖其事未必不與所謀有涉而本謀必仍未洩謂爲事洩者度不過公業等與謀之人聞變驚竄自疑實然范書故兩存之耳當卓得志虐殺朝士人皆岌岌不自保謀之者固宜多也自通鑑不載荀爽之謀與何顒之死婁宸英首斷荀爽必不得有是謀後之讀考異者遂並疑顒亦無其事然則范書反

可廢邪張璠漢紀曰顒字伯求少與郭泰賈彪等游學洛陽泰等與同風好顒顯名太學於是中朝名臣太傅陳蕃司隸李膺等皆深接之及黨事起顒亦名在其中乃變名姓亡匿汝南閒所至皆交結其豪桀范書顒傳陳蕃李膺之敗顒以與蕃膺善遂爲宦官所陷乃變姓名亡匿汝南閒所至皆親其豪傑有聲荆豫之域劉攽曰若祇在汝南則無用閒字不當云荆蓋漏南郡兩字也南郡則屬荆州顒既奇太祖事見武紀卷首而知荀彧事見彧傳袁紹慕之與爲奔走之友詩大雅予曰有奔走毛傳云諭德宣譽曰奔走是時天下士大夫多遇黨難顒常歲再三私入洛陽從紹計議爲諸窮窘之士解釋患禍范書顒傳顒常私入洛從紹計議其窮困閉戹者爲求援救以濟其患有被掩捕者則廣設權計使得逃隱全免者甚衆王補曰黨錮諸公意存矯枉夏馥賈彪較爲裁正何顒保全善類近中道矣而袁術亦豪俠與紹爭名顒未嘗造術術深恨之漢末名士錄曰術嘗於衆坐數顒三罪曰王德彌先覺儁老名德高亮而伯求疎之是一罪也許子遠凶淫之人性行不純而伯

求親之是二罪也許攸字子遠見武紀建安五年又見崔琰傳注引魏略又見前荀彧傳公路之評雖有所激然不爲無因郭賈寒窶郭泰賈彪無他資業而伯求肥馬輕裘光曜道路是三罪也陶丘洪曰洪事見華歆傳又見吳志劉繇傳范書孔融傳融與平原陶丘洪陳留邊讓齊聲稱李賢曰青州先賢傳洪字子林（官本林作休）平原人清達博辯文冠當代舉孝廉不行辟太尉府年三十卒惠棟曰元和姓纂云丹朱居陶丘爲氏王德彌大賢而短於濟時許子遠雖不純而赴難不憚濡足伯求舉善則以德彌爲首濟難則以子遠爲宗且伯求嘗爲虞偉高手刃復仇義名奮發其怨家積財巨萬文馬百駟而欲使伯求羸牛疲馬頓伏道路此爲披其胸而假仇敵之刃也范書顒傳友人虞偉高有父仇未報而篤病將終顒往候之偉高泣而訴顒感其義爲復讎以頭醊其墓章懷注醊祭酹也術意猶不平後與南陽宗承會於闕下術發怒曰何伯求凶德也吾當殺之承曰何生英俊之士足下善遇之使延令名於天下術乃止後黨禁除解辟司空府每三府掾屬會議顒策謀有餘議者皆自以爲不及遷北軍中候董卓以爲長史范書顒傳顒辟司空府每三府會議莫不推顒之長累遷及董卓秉政逼顒爲長史託病不就後荀彧爲尚書令遣人迎叔父司空爽喪使并置顒尸而葬之於爽冢傍范書顒傳置作致王補曰諸史無言荀爽圖卓者惟見爽本傳及何顒傳殆由彧作僞以欺耳目范史撫而錄之耳袁紀言是時忠正者慷慨懷道者深歎爽解禍於董卓之朝旬日之閒位極人臣君子以此譏之彧蓋病此獨計以爲詭稱圖卓可解當世之譏然無可附以市重而取信於時者惟爽爲顒等所薦拔又與王允同官三府二子方以殺卓爲時矜頌是足以附耳且彼皆既死孰與明其詐此飲藥以蓋謀篡之智也既而并致顒屍葬爽冢傍謂合志同穴更足證成其事其虛僞益不可掩矣史通謂八龍之目出於家傳徵彼虛譽定爲實錄何與是非其有見於斯乎又曰袁紀顒與荀攸鄭太种輯謀卓事垂就而發覺收攸顒繫獄顒憂懼自殺本書鄭太傳亦言太與顒攸共謀殺卓事洩顒等被執而顒本傳獨言與荀爽王允等共謀卓會爽薨顒以它事爲卓所繫與諸書異蓋允手正董卓之誅爽既死而被虛美均不可言事洩因謂顒爲他事所繫耳事涉虛僞諸多違反故通鑑不載顒死考異於攸與太輯之謀并疑魏志並列顒及伍瓊爲誤殆覺其詐耳

攸言語飲食自若會卓死得免

魏書云攸使人說卓得免與此不同

棄官歸復辟公府舉高第遷任城相不行兗州任城國今山東濟寧州治攸以蜀漢險固人民殷盛乃求爲蜀郡太守韓慕廬曰據殽函保巴蜀兩計絕偉公達意度殆不可測道絕不得至駐荆州太祖迎天子都許遺攸書曰方今天下大亂智士勞心之時也而顧觀變蜀漢不已久乎於是徵攸爲汝南太守入爲尚書太祖素聞攸名與語大悅謂荀彧鍾繇曰公達非常人也吾得與之計事天下當何憂哉以爲軍師建安三年元本監本官本三作二趙一清曰據武紀當作三弼按通鑑引荀攸語在建安三年從征張繡攸言於太祖曰繡與劉表相恃爲彊然繡以遊軍仰食於表表不能供也勢必離不如緩軍以待之可誘而致也若急之其勢必相救太祖不從遂進軍之穰與戰繡急表果救之軍不利太祖謂攸曰不用君言至是乃設奇兵復戰大破之是歲太祖自宛

征呂布

魏書曰議者云表繡在後而還襲呂布 馮本還作遠通鑑引此亦作遠 其危必也攸以爲表繡新破勢不敢動布驍猛又恃袁術若縱橫淮泗閒豪傑必應之今乘其初叛衆心未一 監本官本一作附通鑑作一 往可破也太祖曰善比行布以敗劉備 古以已通 而臧霸等應之 通鑑泰山屯帥臧霸孫觀吳敦尹禮昌豨等皆附於布胡三省曰史言攸料敵之審

至下邳 下邳見武紀初平四年 布敗退固守攻之不拔連戰士卒疲太祖欲還攸與郭嘉說曰呂布勇而無謀今三戰皆北 通鑑三作屢 其銳氣衰矣三軍以將爲主主衰則軍無奮意夫陳宮有智而遲今及布氣之未復宮謀之未定進急攻之 通鑑無進字 布可拔也乃引沂泗灌城 沂泗水詳見武紀建安三年 城潰生禽布後從救劉延於白馬 白馬縣見武紀建安五年 攸畫策斬顏良

語在武紀太祖拔白馬還遣輜重循河而西袁紹渡河追卒與太祖遇諸將皆恐說太祖還保營攸曰此所以禽敵 武紀禽作餌通鑑同 柰何去之太祖目攸而笑遂以輜重餌賊賊競奔之陣亂乃縱步騎擊大破之斬其騎將文醜太祖遂與紹相拒於官渡軍食方盡攸言於太祖曰紹運車旦暮至其將韓莫 曹仁傳作荀 銳而輕敵擊可破也 趙一清曰武紀注引曹瞞傳曰斬騎督韓莒子豈卽莫乎弼按通鑑作韓猛

臣松之案諸書韓莫或作韓猛或云韓若未詳孰是

太祖曰誰可使攸曰徐晃可乃遣晃及史渙邀擊破走之燒其輜重 晃傳與史渙擊袁紹運車於故市功最多 會許攸來降言紹遣淳于瓊等將萬餘兵迎運糧將驕卒惰可要擊也衆皆疑唯攸與賈詡勸太祖太祖乃留攸及曹洪守太祖自將攻破之盡斬瓊等紹將張郃高覽燒攻櫓降 通鑑郃忿懼遂與高覽焚攻具詣操營降文選載檄吳將校部曲文云官渡之役張郃高奐舉事立功李賢注曰魏志作覽此云奐蓋有二名康發祥曰袁紹傳紹爲高櫓起土山射營中公孫瓚傳樓櫓千里考城上望樓爲櫓戰陣高巢車亦曰櫓郃覽所燒皆此類也 紹遂棄軍走郃之來洪疑不敢受攸謂洪曰郃計不用怒而來君何疑乃受之七年從討袁譚尚於黎陽 黎陽見武紀建安四年 明年太祖方征劉表譚尚爭冀州譚遣辛毗乞降請救太祖將許之以問羣下羣下多以爲表彊宜先平之譚尚不足憂也攸曰天下方有事而劉表坐保江漢之閒其無四方志可知矣袁氏據四州之地帶甲十萬 官本考證云毛本作百萬何焯校本作十萬弼按宋本元本馮本監本均作十萬官本作數萬通鑑作數十萬沈家本曰張範傳敵十萬之衆卽指紹程昱傳亦云袁紹擁十萬之衆作十萬是 紹以寬厚得衆借使二子和睦 通鑑衆下有心字無借字 以守其成業則天下之難未息也 胡三省曰謂爲曹操患也 今兄

弟遘惡 胡三省曰遘當作構或曰遘遇也謂以惡相遇也 其勢不兩全 元本馮本監本其作此 若有所幷則力專力專則難圖也 胡三省曰謂譚尚若幷於一則能專力以禦操其勢難圖 及其亂而取之天下定矣此時不可失也太祖曰善乃許譚和親遂還擊破尚其後譚叛從斬譚於南皮 南皮見武紀建安九年 冀州平太祖表封攸曰軍師荀攸自初佐臣無征不從前後克敵皆攸之謀也於是封陵樹亭侯 郡國志兗州陳留郡尉氏劉昭注引陳留□□志曰有陵樹鄉方輿紀要陵樹亭在今河南開封府尉氏縣東北三十五里趙一清曰水經渠水注長明溝水北分爲康溝東逕平陸縣故城北建武元年以戶不滿三千罷爲尉氏縣之陵樹鄉又有陵樹亭漢建安中封尙書荀攸爲陵樹亭侯故陳留風俗傳曰陵樹鄉故平陸縣也 十二年下令大論功行封太祖曰忠正密謀撫寧內外文若是也公達其次也增邑四百幷前七百戶

魏書曰太祖自柳城還 柳城見武紀建安十二年 過攸舍稱述攸前後謀謨勞勳曰今天下事略

已定矣孤願與賢士大夫共饗其勞昔高祖使張子房自擇邑三萬戶（漢書張良傳高帝曰運籌策帷幄中決勝千里外子房功也自擇齊三萬戶）今孤亦欲君自擇所封焉

轉爲中軍師（洪飴孫曰中軍師二人第五品）魏國初建爲尚書令（尚書令見武紀建安十八年注洪飴孫曰尚書令一人千石第三品建安十八年置掌凡選署及奏下尚書文書衆事總典綱紀無所不統所居曰尚書臺出征則以行臺從漢猶隸少府魏時政歸臺閣則不復隸矣）

攸深密有智防（胡三省曰智以料事防以保身）自從太祖征伐常謀謨帷幄時人及子弟莫知其所言（何焯曰攸後陵夷豈以陰謀故耶）

魏書曰攸姑子辛韜曾問攸說太祖取冀州時事攸曰佐治爲袁譚乞降（辛毗字佐治辛評之弟袁譚遣毗詣操請救）王師自往平之吾何知焉自是韜及內外莫敢復問軍國事也

太祖每稱曰公達外愚內智外怯內勇外弱內彊不伐善無施勞智可及愚不可及雖顏子甯武不能過也文帝在東宮太祖謂曰荀公達人之師表也汝當盡禮敬之攸曾病世子問病獨拜牀下其見尊異如此攸與鍾繇善繇言我每有所行反覆思惟自謂無以易以咨公達輒復過人意公達前後凡畫奇策十二唯繇知之繇撰集未就會薨故世不得盡聞也

臣松之案攸亡後十六年鍾繇乃卒撰攸奇策亦有何難而年造八十猶云未就遂使

攸從征機策之謀不傳於世惜哉

攸從征孫權道薨太祖言則流涕

魏書曰時建安十九年攸年五十八（朱建平傳潁川荀攸鍾繇相與親善攸先亡子幼繇經紀其門戶欲嫁其妾與人書曰吾與公達使朱建平相建平謂荀君雖少當以後事付鍾君吾時嘲之曰惟當嫁卿阿鶩耳何意戲言遂驗乎弼按攸卒之年說見彧傳）計其年大或六歲

魏書載太祖令曰孤與荀公達周遊二十餘年無毫毛可非者又曰荀公達眞賢人也所謂溫良恭儉讓以得之孔子稱晏平仲善與人交久而敬之公達即其人也

傅子曰或問近世大賢君子答曰荀令君之仁荀軍師之智斯可謂近世大賢君子矣荀令君仁以立德明以舉賢行無諂黷謀能應機孟軻稱五百年而有王者興其閒必有命世者（趙一清曰命當作名）其荀令君乎太祖稱荀令君之進善不進不休荀軍師之去惡不去不止也

長子緝有攸風早沒次子適嗣無子絕黃初中紹封攸孫彪爲陵樹亭侯邑三百戶後轉封丘陽亭侯（趙一清曰丘陽疑是陽丘前漢書王子侯表有陽丘共侯安方輿紀要卷三十一陽丘城在濟南府章丘縣東南十里）正始中追諡攸曰敬侯（正始五年從祀太祖廟庭）

賈詡字文和武威姑臧人也（郡國志涼州武威郡治姑臧又爲涼州刺史治故匈奴休屠王地也一統志武威故城今甘肅涼州府武威縣治惠棟曰西河舊事云昔匈奴蓋藏城也後人音訛名姑臧案此則臧音藏也）少時人莫知唯漢陽閻忠異之（郡國志涼州漢陽郡治冀靈帝中平以後迄建安末涼州刺史治冀今甘肅鞏昌府伏羌縣治）謂詡有良平之奇（官本考證云太平御覽作良平之計）

九州春秋曰中平元年車騎將軍皇甫嵩既破黃巾威震天下閻忠時罷信都令（郡國志冀州安平國治信都一統志故城今直隸冀州治）說嵩曰夫難得而易失者時也時至而不旋踵者機也故聖人常順時而動智者必因機以發今將軍遭難得之運蹈易解之機（范書皇甫嵩傳解作駭）而踐運不撫臨機不發將何以享大名乎（范書享作保）嵩曰何謂也忠曰天道無親百姓與能（老子曰天道無親常與善人易曰人謀鬼謀百姓與能）故有高人之功者不受庸主之賞今將軍授鉞於初春（淮南子曰凡命將王親受鉞曰從此上至天將軍制之范書嵩傳作暮春潘眉曰黃巾以中平元年春二月起嵩以三月討之此作初春者誤也）收功於末冬兵動若神謀不再計旬月之閒神兵電埽攻堅易於折枯摧敵甚於湯雪七州席卷屠三十六萬方（官本考證云何焯曰萬字疑衍想因下方字而妄增加也范書嵩傳黃巾置三十六方方猶將軍號也大方萬餘人

小方六七千各立渠帥趙一清曰靈帝紀作三十六萬注引續漢書作三十六萬餘人孫堅傳亦作三十六萬恐皆後人誤改夷黃巾之師除邪害之患或封戶刻石范書嵩傳戶作尸黃山曰封尸本左傳築武軍而封晉尸若以封侯爲封戶語殊費解南向以報德威震本朝風馳海外范書作威德震本朝風聲馳海外是以羣雄迴首百姓企踵雖湯武之舉未有高於將軍者身建高人之功北面以事庸主將何以圖安嵩曰心不忘忠何爲不安忠曰不然昔韓信不忍一餐之遇而棄三分之利范書利作業拒蒯通之忠忽鼎跱之勢利劍已揣其喉乃歎息而悔所以見烹於兒女也今主勢弱於劉項將軍權重於淮陰指麾可以振風雲叱咤足以興雷電李賢曰叱咤怒聲也赫然奮發因危抵頹崇恩以綏前附振武以臨後服徵冀方之士動七州之衆羽檄先馳於前大軍震響於後蹈蹟漳河范書嵩傳頹作穨前附作先附蹈蹟作蹈流飲馬孟津舉天網以網羅京都元本作舉天綱誅閹宦之罪除羣怨之積忿范書嵩傳作除羣凶之積解久危之倒懸如此則攻守無堅城不招必影從趙一清曰不字疑誤雖兒

童可使奮空拳以致力女子可使其褰裳以用命況厲智能之士因迅風之勢則大功不足合八方不足同也功業已就天下已順乃燎于上帝告以天命混齊六合南面以制移神器於已家推亡漢以定祚范書作南面稱制移寶器於將興推亡漢於已墜實神機之至決風發之良時也夫木朽不彫世衰難佐將軍雖欲委忠難佐之朝彫畫朽敗之木猶逆坂而走丸必不可也方今權宦羣居同惡如市主上不自由詔命出左右如有至聰不察監本官本至作主機事不先必嬰後悔亦無及矣嵩不從忠乃亡去范書嵩傳嵩曰非常之謀不施於有常之勢創圖大功豈庸才所致黃巾細孽敵非秦項新結易散難以濟業且人未忘主天不祐逆若虛造不冀之功以速朝夕之禍孰與委忠本朝守其臣節雖云多讒不過放廢猶有令名死且不朽反常之論所不敢聞忠知計不用因亡去英雄記曰涼州賊王國等起兵共劫忠爲主統三十六部號車騎將軍忠感慨發病而死范書嵩傳注引此作三十六郡誤蘇輿曰忠恥被衆脅病死事亦見范書董卓傳彼云韓遂等因廢王國而劫忠與注引英雄記不同何焯曰張元說張溫以誅宦官清君側此則直教義眞以反耳然用元之言必至如忠之計騎虎豈得中下其歸於逆亂一也其後王國之亂忠亦卒爲逆魁又曰人心未忘漢而擁兵作逆必且變生麾下身膏齊斧以脾禍始之罰使嵩聽之則董卓之前驅耳忠導人作賊卒爲賊所迫脅憤慨而死其氣殘有以取之矣顧千里曰淮陰之時臣主分非素定舉足可爲輕重鼎峙之勢實可望也至嵩當日漢室雖衰儼然共主嵩受賑專征本仗國威何得忽爲造亂且爾時同爲將者如朱儁盧植輩皆知兵善戰卽獷悍如董卓肯北面爲嵩用乎若從忠言立見屠滅逆亂之禍先卓而見矣忠之傾險凶悖非比蒯通賈詡心術不端宜乎爲忠所識賞也

察孝廉爲郎疾病去官西還至汧郡國志司隸右扶風汧一統志今陝西鳳翔府隴州南道遇叛氐同行數十人皆爲所執詡曰我段公外孫也各本段作叚誤下同汝別埋我我家必厚贖之時太尉段熲昔久爲邊將威震西土段熲字紀明武威姑臧人光和二年代橋玄爲太尉故詡假以懼氐氐果不敢害與盟而送之其餘悉死詡實非段甥權以濟事咸此類也董卓之入洛陽詡以太尉掾爲平津都尉續百官志太尉掾史屬二十四人劉昭注引漢書音義曰正曰掾副曰屬惠棟曰崔實政論曰後漢品秩爲下優禮甚宏三公乃天子之股肱掾屬則三公之喉舌故三府掾

乃言行之本禍福之主及其遷除或朞月而長州郡或數年而至公卿趙一清曰平津郎小平津也方輿紀要卷四十八小平城在孟津縣西北城北有河津曰小平津津上有城靈帝時河南八關之一也弼按范書皇甫嵩傳靈帝中平元年自函谷大谷廣城伊闕轘轅旋門孟津小平津諸關並置都尉遷討虜校尉卓壻中郎將牛輔屯陝詡在輔軍卓敗輔又死衆恐懼校尉李傕郭汜張濟等欲解散閒行歸鄉里范書董卓傳傕等恐乃先遣使詣長安求乞赦免王允以爲一歲不可再赦不許之傕等益懷憂懼不知所爲武威人賈詡時在傕軍李賢曰牛輔既死故詡在傕軍詡曰聞長安中議欲盡誅涼州人而諸君棄衆單行卽一亭長能束君矣不如率衆而西所在收兵以攻長安爲董公報仇幸而事濟奉國家以征天下若不濟走未後也范書董卓傳以征作以正若不濟作若其不合衆以爲然傕乃西攻長安語在卓傳

臣松之以爲傳稱仁人之言其利博哉官本博作溥然則不仁之言理必反是夫仁功難著而亂源易成是故有禍機一發而殃流百世者矣當是時元惡既梟天地始開致

使厲階重結大梗殷流邦國遘殄悴之哀黎民嬰周餘之酷豈不由賈詡片言乎詡之罪也一何大哉自古兆亂未有如此之甚何焯曰詡涼州人爲此救死當咎王允不得獨恨詡也錢大昭曰裴說誠是然李傕郭汜樊稠張濟之徒皆董卓黨羽渠魁既伏其辜餘衆方免死之不暇敢有他志自王允有一歲不可再赦之議且欲盡誅涼州人於是李傕等遂蟻聚蜂屯至於敗壞不可收拾卒之允既誅死漢遂以亡故吾謂漢室之亡不亡於賈詡而亡於王允之一言也允雖有誅卓之功實爲漢室之一大罪人矣梁章鉅曰詡爲賊計則忠矣李郭之亂詡實造之良平之計豈出此乎後傕等欲以功侯之詡曰此救命之計何功之有蓋亦本心不昧矣顧千里曰董卓之死舉世稱快詡獨何心而欲爲報仇且傕汜之不足與成事詡料之審矣以詡之智計何患無途進身乃必佐若輩爲亂卒之亂賊之鬪亦有何利此殊不可解殆天生此賊以亡漢而啓魏也弼按賈詡爲李郭畫策西攻長安其罪不容誅人盡知之然當徐州刺史陶謙連合豪桀移檄牧伯推朱儁討賊李傕用賈詡策徵儁入朝義師方集垂成而罷此又詡之陰謀貽誤國家者也

後詡爲左馮翊傕等欲以功侯之詡曰此救命之計何功之有固辭不受韓慕廬曰賴此語差足湔浣要亦其智譎處又以爲尚書僕射尚書僕射見武紀建安十八年詡曰尚書

僕射官之師長天下所望詡名不素重非所以服人也縱詡昧於榮利柰國朝何劉家立曰朝字疑係家字乃更拜詡尚書袁宏後漢紀獻帝初平四年日有蝕之未晡八刻太史令王立奏曰日晷過度無有變色羣臣皆賀帝密令尚書候焉未晡一刻而蝕尚書賈詡奏立司候不明疑誤上下太尉周忠職所典掌請皆治罪典選舉多所匡濟傕等親而憚之

獻帝紀曰郭汜樊稠與傕互相違戾馮本互作乎誤欲鬬者數矣詡輒以道理責之頗受詡言

魏書曰詡典選舉多選舊名以爲令僕論者以此多詡

會母喪去官拜光祿大夫光祿大夫見文紀黃初二年傕汜等鬬長安中

獻帝記曰記應作紀下同傕等與詡議迎天子置其營中詡曰不可脅天子非義也傕不聽張繡謂詡曰此中不可久處君胡不去詡曰吾受國恩義不可背卿自行我不能也顧千里曰誰生厲階猶謂國恩難背言之羞人

傕復請詡爲宣義將軍胡三省曰宣義將軍亦一時暫置

獻帝紀曰傕時召羌胡數千人先以御物繒綵與之又許以宮人婦女欲令攻郭汜羌胡數來闚省門曰天子在中邪李將軍許我宮人美女今皆安在帝患之使詡爲之方計詡乃密呼羌胡大帥飲食之許以封爵重寶於是皆引去傕由此衰弱

傕等和出天子祐護大臣詡有力焉顧千里曰獨不曰傕等入長安脅天子害大臣詡有力焉

獻帝記曰天子既東而李傕來追王師敗績司徒趙溫太常王偉通鑑作王絳衛尉周忠司隸榮邵通鑑作司隸校尉管郃續百官志注獻帝分置左右僕射建安四年以榮邵爲尚書左右僕射是也獻帝起居注曰邵卒官贈執金吾皆爲傕所嫌欲殺之詡謂傕曰此皆天子大臣卿柰何害之傕乃止范書皇后紀唐姬潁川人李傕破長安遣兵鈔關東略得姬傕因欲妻之固不聽而終不自名尚書賈詡知之以狀白獻帝帝聞感愴乃下詔迎姬置園中使侍中持節拜爲弘農王妃

天子既出詡上還印綬是時將軍段煨屯華陰郡國志司隸弘農郡華陰一統志今陝西同州

府華陰縣東南

典略稱煨在華陰時修農事不虜略天子東還煨迎道貢遺周急 獻帝紀曰後以煨爲大鴻臚光祿大夫建安十四年以壽終范書董卓傳車駕進至華陰寧輯將軍段煨乃具服御及公卿以下資儲請帝幸其營初楊定與煨有隙遂誣煨欲反乃攻其營十餘日不下而煨猶奉給御膳稟贍百官終無二意袁宏紀曰煨與楊定有隙煨迎乘輿不敢下馬揖馬上侍中种輯素與定親乃言曰段煨欲反上曰煨屬來迎何謂反對曰迎不至界拜不下馬其色變必有異心太尉楊彪等曰煨不反臣等敢以死保車駕可幸其營董承楊定言曰郭汜今且將七百騎來入煨營天子信之遂露次於道南胡三省曰寧輯之號亦一時暫置也通鑑獻帝建安三年詔關中諸將段煨等（范書獻帝紀作中郎將段煨）討李傕夷其三族以煨爲安南將軍封閿鄉侯宋書百官志安西將軍一人後漢末段煨居之

與詡同郡遂去傕託煨詡素知名爲煨軍所望煨內恐其見奪而外奉詡禮甚備詡愈不自安張繡在南陽詡陰結繡繡遣人迎詡詡將行或謂詡曰煨待君厚矣君安去之詡曰煨性多疑有忌詡意禮雖

厚不可恃久將爲所圖（胡三省曰詡既爲煨軍所望則必爲煨所忌矣久留則煨懼詡奪其軍必將圖殺之）我去必喜又望吾結大援於外必厚吾妻子繡無謀主亦願得詡則家與身必俱全矣（順千里曰詡身家之計密矣猶念及國恩乎）詡遂往繡執子孫禮（張範傳世子執子孫禮崔琰傳注引九州春秋云孔融禮高密鄭玄執子孫禮蓋當日風尚如此）煨果善視其家詡說繡與劉表連和

傅子曰詡南見劉表表以客禮待之詡曰表平世三公才也不見事變多疑無決無能爲也

太祖比征之一朝引軍退繡自追之詡謂繡曰不可追也追必敗繡不從進兵交戰大敗而還詡謂繡曰（通鑑作詡登城謂繡曰）促更追之更戰必勝繡謝曰不用公言以至於此今已敗柰何復追詡曰兵勢有變亟往必利（通鑑作兵勢有變促追之胡三省曰言兵勢無常審知其變則因敗而爲勝）繡信之遂收散卒赴追大戰（通鑑作更追合戰）果以勝還（胡三省曰此亦小勝耳）問詡曰繡以精兵追退軍而公曰必敗退以敗卒擊勝兵而公曰必剋悉如公言何其反而皆驗也詡曰此易知耳將軍雖善用兵非曹公敵也軍雖新退曹公必自斷後追兵雖精將既不敵彼士亦銳故知必敗曹公攻將軍無失策力未盡而退必國內有故（胡三省曰有故謂有變也）已破將軍必輕軍速進縱留諸將斷後諸將雖勇亦非將軍敵故雖用敗兵而戰必勝也繡乃服是後太祖拒袁紹於官渡紹遣人招繡幷與詡書結援繡欲許之詡顯於繡坐上謂紹使曰歸謝袁本初兄弟不能相容（胡三省曰謂與袁術有隙各結黨與以相圖也顯者明言之於稠人中也）而能容天下國士乎（此與隨何直喝楚使者同一機變）繡驚懼曰何至於此竊謂詡曰若此當何歸詡曰不如從曹公繡曰袁彊曹弱又與曹

爲讎（胡三省曰謂淯水之戰殺其子也）從之如何詡曰此乃所以宜從也夫曹公奉天子以令天下其宜從一也紹彊盛我以少衆從之必不以我爲重曹公衆弱其得我必喜其宜從二也夫有霸王之志者固將釋私怨以明德於四海其宜從三也願將軍無疑（識明而言辯魏武當日逆節未著固天子之宰也較羣雄已不同而其人又可託命故願從者衆也）繡從之率衆歸太祖太祖見之喜執詡手曰使我信重於天下者子也表詡爲執金吾（執金吾見武紀初平元年）封都亭侯（武紀建安十八年注作都鄉侯胡三省曰凡郡國縣道治所皆有都亭顧千里曰詡幸而遇操其凶德正同耳設遇英君哲輔必揭其罪狀明正典刑雪朝野之憤不止如丁公爲戮已也）遷冀州牧（蓋遙領冀州也冀州既平則魏武自領耳）冀州未平留參司空軍事袁紹圍太祖於官渡太祖糧方盡問詡計焉出詡曰公明勝紹勇勝紹用人勝紹決機勝紹有此四勝而半年不定者但顧萬全故也（諸葛武侯之不能規復中原者亦坐此病）必決其機須臾可定也太祖曰善乃幷兵出圍擊紹三十餘里營（趙一清曰里字疑衍弼按淳于瓊宿烏巢去紹軍四十里魏武潛往攻瓊似里字不誤）破之紹軍大潰河北平太祖領冀州牧徙詡爲太中大夫（續百官志太中大夫千石）建安十三年太祖破荊州欲順江東下詡諫曰明公昔破袁氏今收漢南威名遠著軍勢既大若乘舊楚之饒（毛本作若舊江楚之饒）以饗吏士撫安百姓使安土樂業則可不勞衆而江東稽服矣太祖不從軍遂無利（何焯曰譚尚兄弟三駕而後克順江東下顧易了若是乎從賈言而以爲後圖養威持勝之善謀也）

臣松之以爲詡之此謀未合當時之宜于時韓馬之徒尚狼顧關右魏武不得安坐郢都以威懷吳會亦已明矣彼荊州者孫劉之所必爭也荊人服劉主之雄姿憚孫權之武略（何焯曰權自赤壁之勝始能立國前此荊人何憚之有）爲日已久誠非曹氏諸將所能抗禦故曹仁守江

陵敗不旋踵何撫安之得行稽服之可期將此既新平江漢威懾揚越資劉表水戰之具藉荆楚檝櫂之手實震蕩之良會廓定之大機不乘此取吳將安俟哉至於赤壁之敗蓋有運數實由疾疫大興以損淩厲之鋒凱風自南用成焚如之勢潘眉曰松之此二句足證唐人東風之誤天實爲之豈人事哉然則魏武之東下非失算也詡之此規爲無當矣魏武後克平張魯蜀中一日數十驚劉備雖斬之而不能止由不用劉曄之計以失席卷之會斤石既差悔無所及即亦此事之類也世咸謂劉計爲是即愈見賈言之非也何焯曰賈言未可非然使劉琦倚仗昭烈收父故地荆州猶必旋得而復失固無暇遠望江東之稽服耳顧千里曰用兵之道先勝後戰量敵論將赤壁之役亦有人事豈盡天爲之哉紫髯大耳皆命世之雄非操所遽能幷吞者詡蓋審之當時未便直言故姑爲是寬緩之辭耳觀詡後所以對文帝者可見裴謂詡之此謀未合當時之宜過矣

太祖後與韓遂馬超戰於渭南超等索割地以和幷求任子詡以爲可僞許之又問詡計策詡曰離之而已太祖曰解問答會心情景如畫一承用詡謀語在武紀卒破遂超詡本謀也是時文帝爲五官將而臨菑侯植才名方盛各有黨與有奪宗之議文帝使人問詡自固之術詡曰願將軍恢崇德度躬素士之業朝夕孜孜不違子道如此而已文帝從之深自砥礪太祖又嘗屛除左右問詡詡嘿然不對太祖曰與卿言而不答何也詡曰屬適有所思故不即對耳太祖曰何思詡曰思袁本初劉景升父子也太祖大笑於是太子遂定詡自以非太祖舊臣而策謀深長懼見猜嫌闔門自守退無私交男女嫁娶不結高門天下之論智計者歸之謀身涉世可謂最工韓慕廬曰文和周旋羣雄晚歸太祖惟其智防沈密而機速過人故能不受牢籠文帝即位以詡爲太尉詡列名勸進上尊號奏云太尉都亭侯臣詡杭世駿曰太平御覽引齊職儀曰魏文黃初二年日蝕奏免

太尉賈詡詔天地災害責在朕躬無貶三公遂爲永制弼按此與本志文紀及晉書天文志藝文類聚所載稍異魏略曰文帝得詡之對太祖官本得作德趙一清曰得即德古通故即位首登上司荀勖別傳曰晉司徒闕武帝問其人於勖答曰三公具瞻所歸不可用非其人昔魏文帝用賈詡爲三公孫權笑之

進爵魏壽鄉侯趙一清曰續漢志郡國志武陵郡漢壽故索陽嘉三年更名魏改爲魏壽故蜀又改葭萌爲漢壽也王先謙曰漢壽縣三國吳改曰吳壽見沈志晉志仍曰漢壽獻帝封關羽漢壽亭侯當即縣亭一統志今湖南常德府武陵縣東北六十里增邑三百幷前八百戶又分邑二百封小子訪爲列侯以長子穆爲駙馬都尉駙馬都尉見明紀青龍元年帝問詡曰吾欲伐不從命以一天下吳蜀何先對曰攻取者先兵權建本者尙德化陛下應期受禪撫臨率土若綏之以文德而俟其變則平之不難矣吳蜀雖蕞爾小國依阻山水劉備有雄才諸葛亮

善治國孫權識虛實陸遜見兵勢宋本遜作議據險守要汎舟江湖皆難卒謀也用兵之道先勝後戰量敵論將故舉無遺策臣竊料羣臣無備權對雖以天威臨之未見萬全之勢也昔舜舞干戚而有苗服臣以爲當今宜先文後武文帝不納後興江陵之役士卒多死顧千里曰前魏武破荆州欲順江東下詡以寬緩之語沮之與此對大意略同此時三分之形勢已成而魏文之才更非乃父比故遂直言之耳詡之識略實蓋一時獨其勸傕汜爲可痛恨不知爾時其識安在詡年七十七薨文紀黃初四年六月甲申太尉賈詡薨謚曰肅侯子穆嗣歷位郡守穆薨子模嗣魏有二賈詡一見蜀志諸葛亮傳注引漢晉春秋晉有二賈模顧千里曰傕汜作亂職詡之由荼毒生靈不可勝算乃詡位登台司壽考令終子孫累葉皆至大官福善禍淫徒虛語耳天道寧論可爲三歎

世語曰謨晉惠帝時爲散騎常侍護軍將軍模子胤胤弟龕從弟疋皆至大官並顯於晉也趙一清曰晉書賈疋傳疋字彥度魏太尉詡之曾孫少有志略器望甚偉惣帝以爲驃騎將軍雍州刺史封酒泉公爲胡彭夫護所害疋以匡復晉室爲

已任不幸顚墜時人咸痛惜之梁章鉅曰唐書宰相世系表作翊子璣璣子通延通子疋延後無考與本傳所載子孫不合潘眉謂當從本傳是也然唐書作表當亦有所依據如晉書賈疋傳云疋爲翊曾孫與世語合與唐書亦合存以俟考

評曰荀彧清秀通雅有王佐之風然機鑒先識未能充其志也何焯云評謂如魏武者豈能終爲純臣恨文若辨之不早有王佐之才而必欲自見遂不暇於擇主不如孔明潛見皆合龍德世之論者陳少章云世之論者上當有書名或前人名氏今脫略多譏彧協規魏氏以傾漢祚君臣易位實彧之由雖晚節立異無救運移功既違義識亦疚焉陳氏此評蓋亦同乎世識　臣松之以爲斯言之作誠未得其遠大者也彧豈不知魏武之志氣非衰漢之貞臣哉良以於時王道既微橫流已及官本及作極考證云明監本極誤作及雄豪虎視人懷異心不有撥亂之資仗順之略則漢室之亡忽諸黔首之類殄矣夫欲翼讚時英一匡屯運非斯人之與而誰與哉是故經綸急病若救身首用能動於嶮中至於大亨蒼生蒙舟航之接劉宗延二紀之祚豈非荀生之本圖仁恕之遠致乎及至霸業既隆翦漢迹著然後亡身殉節以申素情全大正於當年布誠心於百代可謂任重道遠志行義立謂之未充其殆誣歟

弼按世論荀彧者極多今分別彙錄如下以爲知人論世者之參證袁宏曰漢自桓靈君失其柄陵遲不振亂殄海內以弱致弊虐不及民劉氏之澤未盡天下之望未改故征伐者奉漢拜爵賞者稱帝名器之重未嘗一日非漢魏之平亂資漢之義功之克濟荀生之謀謀適則勛隆勛隆則移漢劉氏之失天下荀生爲之也若始圖一匡終與勢乖情見事屈容身無所則荀生之識爲不智矣若取濟生民振其塗炭百姓安而君位危中原定而社稷亡於魏雖親於漢已疏則荀生之功爲不義也殺身猶有餘愧焉足成名惜哉王應麟曰東漢之季彧附曹羣忘漢荃蕙化爲茅苦節之士安在哉宋景文筆記荀彧之於曹操本許以天下及議者欲加九錫彧未之許非不之許欲出諸己耳操不悟遽殺之然則天奪其爽以誅彧寧不信乎趙一清曰彧之得禍與劉穆之愍忿而死正同後人猶欲寬其罪吾不取也翁元圻曰管仲有尊周室之功其實亦挾天子以令諸侯假大義以强齊國彧蓋欲爲管仲者也惜所事非桓公耳及代漢之勢已成始阻九錫之議譬猶教猱升木爲虎添翼而後制之豈可及哉顧千里曰漢末崇尙志節文若又名家之子故雖委身曹氏卒亦畏忌清議欲稍示異同以免世譏度其隱情謂君臣之契素厚不至中否及以憂殞命則操之猜忍實此非所及料也裴氏以爲翼賛時英以延劉祚亡身殉節以申素情非其理矣漢魏之交名士如華子魚輩希操意旨

無所不爲文若猶爲顧惜廉恥君子蓋重傷之然其進退失據實有如時人所譏者裴氏乃以不情之論掩其實而張其美亦何益矣弼按以上皆貶彧之辭茲再錄原彧之論以昭平允袁宏三國名臣序曰文若懷獨見之明而有救世之心論時則民方塗炭計能則莫出魏武故委面霸朝豫議世事舉才不以標鑒故久之而後顯籌畫不以要功故事至而後定雖亡身明順識亦高矣又賛曰達人兼善廢已存愛謀解時紛功濟宇內始救生人終明風槩范蔚宗論曰自遷帝西京山東騰沸天下之命倒縣矣荀君乃越河冀閒關以從曹氏察其定舉措立言策崇明王略以急國艱豈云因亂假義以就違正之謀乎誠仁爲己任期紓民於倉卒也及阻董昭之議以致非命豈數也夫世言荀君者通塞或過矣常以爲中賢以下道無求備智算有所研疏原始未必要末斯理之不可全詰者也方時運之屯邅非雄才無以濟其溺功高埶强則皇器自移矣此又時之不可並也蓋取其歸正而已亦殺身以成仁之義也又賛曰彧之有弼誠感國疾功申運改迹疑心一司馬光曰孔子之言仁也重矣自子路冉求公西赤門人之高第令尹子文陳文子諸侯之賢大夫皆不足以當之而獨稱管仲之仁豈非以其輔佐齊桓大濟生民乎齊桓之行若狗彘管仲不羞而相之其志蓋以非桓公則生民不可得而濟也漢末大亂羣生塗炭自非高世之才不能濟也然則荀彧捨魏武將誰事哉齊桓之時周室雖衰未若建安之初也建安之初四海蕩覆尺土一民皆非漢有荀彧佐魏武而興之舉賢用能訓卒厲兵決機發策征伐四克遂能以弱爲强化亂爲治十分天下而有其八其功豈在管仲之後乎管仲不死子糾而荀彧死漢室其仁復居管仲之先矣而杜牧乃以爲彧之勸魏武取兗州則比之高光官渡不令還許則比之楚漢及事就功畢乃欲邀名於漢代譬之教盜穴牆發匱而不與同挈得不爲盜乎臣以爲孔子稱文勝質則史凡爲史者記人之言必有以文之然則比魏武於高光楚漢者史氏之文也豈皆彧口所言邪用是貶彧非其罪矣且使魏武爲帝則彧爲佐命元功與蕭何同賞矣彧不利此而利於殺身以邀名豈人情乎唐庚曰董昭建議曹公宜進爵國公九錫備物以彰殊勳荀彧稱曹公興師本爲朝廷君子愛人以德不宜如此曹公由是不平彧以憂卒昔管仲相桓公其意欲尊周耳而桓公遂有封禪之志文若依曹公其志欲尊漢耳而曹公遂有九錫之議管仲知封禪之不可許也故設詞以拒之文若知九錫之不可長也故遜詞以卻之管仲幸故桓公從其說以全勸王之功文若不幸故曹公不用其語以成竊國之禍究其終始幸與不幸異耳用心豈不同哉論者何得非之何焯曰彧以爭九錫建國自殺豈可擠之附曹之列南宋人持論太峻病在不詳考本末耳李安溪曰考彧本末誠不宜深貶由其前事則管子之於桓公推其晚節則襲勝之於王莽也當曹丕登壇之頃王朗華歆之徒如有能引義深規仰藥不臣者君子猶將許之況睹逆節於未萌者乎然則管寧荀彧雖黽勉於亂世其行必不絕於春秋也至裴論文若千古知己萬世生色胡玉縉曰朱珔編輯國朝古文彙鈔凡八百九十家所錄荀彧論計三人梁佩蘭王大經均失之深文王汝驤稱其才智過人而志不充命不允究由遇非其主如生高光時功名不在良平弇禹下持論特爲平允竊謂公山佛肸之叛視操未建國前何如而子尙欲赴其召曰吾其（按其豈也）爲東周乎曰磨而不磷涅而不淄後雖不果往而用世之志固自若也彧見操卽進以高光根本之說猶不失爲東周之旨也爭九錫自殺心

終爲漢是不磷不淄也彧固萬不能希孔子而荀以是推論則於彧當有恕詞焉

荀攸賈詡庶乎算無遺策經達權變其良平之亞歟

臣松之以爲列傳之體以事類相從張子房青雲之士誠非陳平之倫然漢之謀臣良平而已若不共列則餘無所附故前史合之蓋其宜也魏氏如詡之儔其比幸多詡不編程郭之篇而與二荀並列失其類矣且攸詡之爲人其猶夜光之與蒸燭乎其照雖均質則異焉今荀賈之評共同一稱尤失區別之宜也或曰裴論亦是然賈惟李郭之事爲負耳若以謀論亦未見果有優劣也且儲位定於一言非嘉讜乎

袁張涼國田王邴管傳第十一

何焯曰志節之士同傳王鳴盛曰諸人生於亂世或不忘故君或甘心死節其仕於操者皆因緣託寄非其本心也況皆未入黃初篡奪之事不與焉以管寧終之以見隱見不同臭味各別必如寧之志行方爲最高耳

晉　平陽侯相　安漢陳壽　撰

宋　中書侍郎　西鄉侯　聞喜裴松之　注

沔陽盧弼　集解

袁渙字曜卿官本考證云何焯曰渙當作煥今太康縣猶有魏袁煥碑陳浩曰蜀志許靖傳亦作煥趙一清曰例以曜卿之字渙當作煥晉袁瓌傳煥之曾孫亦从火作煥王鳴盛曰北平黃叔璥玉圃輯中州金石考陳州府扶溝縣有魏袁渙碑此縣又有漢國三老袁良碑方輿紀要云金石林載入太康縣何氏因此遂以爲在太康但作渙甚明不知何以云當作煥惟是蜀志許靖傳云靖與陳郡袁煥親善且其字曰曜卿則又似从火爲合且其父名滂不應渙亦从水未知其審陳郡扶樂人也郡國志豫州陳國扶樂一統志扶樂故城今河南陳州府太康縣西北弼按元和志漢末陳王寵爲袁紹所殺國除爲郡

故承祚書陳郡也又按蜀志許靖傳吳志士燮傳稱渙從弟徽俱云陳國袁徽或在未改郡之前本志夏侯玄傳注引魏略稱渙子云陳國袁侃或在東阿王徙封陳改郡爲國之後也扶樂縣晉志省晉書袁瓌傳陳郡陽夏人陽夏爲今太康縣治可知晉時扶樂併於陽夏故袁氏又爲陽夏人也父滂爲漢司徒范書靈帝紀光和元年二月光祿勳陳國袁滂爲司徒二年三月免嚴可均曰按唐宰相世系表以滂爲袁安同祖弟章帝章和元年安爲司徒靈帝光和元年滂爲司徒相距九十二年元和姓纂此處脫一語竊疑滂於安爲孫曾行非兄弟行也袁氏四世五公謂安湯滂逢隗也弼按四世五公謂安敞湯逢隗也至汝南汝陽陳郡扶樂則郡縣有沿革居處有遷移史稱籍貫兩岐往往如此

袁宏漢紀曰滂字公熙李賢曰滂字公喜純素寡欲終不言人之短當權寵之盛或以同異致禍滂獨中立於朝故愛憎不及焉惠棟曰滂爲梁相良之孫良字厚卿扶樂人少子璋謁者生滂弼按良爲袁安之祖（見范書袁安傳）則滂與安爲同祖弟嚴可均疑爲孫曾行誤也

當時諸公子多越法度而渙清靜舉動必以禮郡命爲功曹郡中姦吏皆自引去後辟公府舉高第遷侍御史除譙令一統志譙縣故城今安徽潁州府亳州治

不就劉備之爲豫州舉渙茂才（胡三省曰武帝元封六年詔州郡舉茂才茂才卽秀才也避光武諱史遂書爲茂才）後避地江淮閒爲袁術所命術每有所咨訪渙常正議術不能抗（錢儀吉曰抗疑悅之譌弼按抗對正議言不誤）然敬之不敢不禮也頃之呂布擊術於阜陵（郡國志揚州九江郡阜陵一統志今安徽滁州全椒縣東十五里互見吳志孫權傳黃龍三年）渙往從之遂復爲布所拘留布初與劉備和親後離隙布欲使渙作書詈辱備渙不可再三彊之不許布大怒以兵脅渙曰爲之則生不爲則死（或曰此處猶可識布面目）渙顏色不變笑而應之曰渙聞唯德可以辱人不聞以罵使彼固君子邪且不恥將軍之言彼誠小人邪將復將軍之意（胡三省曰言布以書罵備備君子邪固不以罵爲恥其小人邪將復以書罵布也）則辱在此不在於彼且渙他日之事劉將軍猶今日之事將軍也如一旦去此復罵將軍可乎（或曰於術布猶正議可謂顚沛必於是矣）布慙而止布誅（元本官本誅作破）渙得歸太祖（宋本元本馮本渙作乃袁宏後漢紀曰渙展轉劉備袁術呂布之閒晚乃遇曹公）

袁氏世紀曰（章宗源曰隋志不著錄世說文學篇注亦引之）布之破也陳羣父子時亦在布之軍（陳羣傳羣隨父紀避難徐州屬呂布布破太祖辟羣爲司空西曹掾屬趙一清曰之字衍）見太祖皆拜渙獨高揖不爲禮太祖甚嚴憚之時太祖又給衆官車各數乘使取布軍中物唯其所欲衆人皆重載唯渙取書數百卷（周壽昌曰布軍中有書可取亦異事）資糧而已衆人聞之大慙渙謂所親曰脫我以行陳令軍發足以爲行糧而已不以此爲我有由是厲名也大悔恨之太祖益以此重焉

渙言曰夫兵者凶器也不得已而用之鼓之以道德征之以仁義兼撫其民而除其害夫然故可與之死而可與之生自大亂以來十數年矣民之欲安甚於倒縣然而暴亂未息者何也意者政失其道歟渙聞明君善於救世故世亂則齊之以義（袁宏紀齊作濟）時僞則鎭之以樸世異事變治國不同不可不察也夫制度損益此古今之不必同者也若夫兼愛天下（袁宏紀兼作惠）而反之於正雖以武平亂而濟之以德誠百王不易之道也公明哲超世古之所以得其民者公既勤之矣（袁宏紀勤作動）今之所以失其民者公既戒之矣海內賴公得免於危亡之禍然而民未知義其唯公所以訓之則天下幸甚太祖深納焉拜爲沛南部都尉（趙一清曰前漢書地理志沛郡蘄縣都尉治弼按續百官志建武六年省諸郡都尉應劭曰每有劇賊郡臨時置都尉事訖罷之）是時新募民開屯田民不樂多逃亡渙白太祖曰夫民安土重遷不可卒變易以順行難以逆動宜順其意樂之者乃取不欲者勿彊（勿北宋本作弗）太祖從之百姓大悅遷爲梁相（郡國志豫州梁國寰宇記自漢至晉爲梁國是也治睢陽一統志睢陽故城今歸德府商丘縣南）渙每敕諸縣務存鰥寡高年表異孝子貞婦常談曰世治則

禮詳世亂則禮簡全在斟酌之閒耳方今雖擾攘難以禮化然在吾所以爲之爲政崇教訓恕思而後行外溫柔而內能斷

魏書曰穀熟長呂岐（郡國志豫州梁國穀熟寰宇記魏文帝時廢至晉復立一統志故城今商丘縣東南謝鍾英云穀熟長呂岐時在建安末年）善朱淵袁津（何焯校改袁作爰）遣使行學還召用之（官本考證云監本脫還字今添弼按各本皆有還字）與相見出署淵師友祭酒津決疑祭酒（范書劉寬傳寬每行縣止息亭傳輒引學官祭酒及處士諸生執經講對章懷注引續漢書曰博士祭酒秩六百石祭酒本僕射也中興改爲祭酒處士有道藝而在家者）淵等因各歸家不受署岐大怒將吏民收淵等皆杖殺之議者多非焉渙教勿劾主簿孫徽等以爲淵等罪不足死長吏無專殺之義孔子稱唯器與名不可以假人謂之師友而加大戮刑名相伐不可以訓渙教曰主簿以不請爲罪此則然矣謂淵等罪不足死則非也夫師友之名古今有之然有君之師友有士大夫之師友夫君置師友之官者所以敬其臣也有罪加於刑爲國之法也今

不論其罪而謂之戮師友斯失之矣主簿取弟子戮師之名而加君誅臣之實非其類也夫聖哲之治觀時而動故不必循常將有權也閒者世亂民陵其上雖務尊君卑臣猶或未也而反長世之過不亦謬乎遂不劾 顧千里曰令長之於士不可以師友之實論獨眞可以君臣之義律之乎且漢末處士之不應詔命者多矣天子之威尚有以屈而長吏敢於專殺橫暴孰甚渙之此論增酷吏之燄摧志士之氣千載而下猶爲不平周壽昌曰師友祭酒決疑祭酒不過如今學長里長之類故其長得杖殺之渙至比之於君殺臣蓋漢時最重府主其誼直比於君臣

以病去官百姓思之後徵爲諫議大夫丞相軍祭酒 袁宏紀曰操重渙言以爲軍諮祭酒渙嘗謂人曰夫居兵亂之閒非吾所長每謙不敢處也本志武紀建安十八年注引魏書但稱祭酒袁煥丞相祭酒見荀攸傳洪飴孫曰軍師祭酒志避晉諱但稱軍祭酒或稱軍謀祭酒 前後得賜甚多皆散盡之家無所儲終不問產業乏則取之於人 或曰此亦不可爲訓何如不散盡伊尹之一介不取必先一介不與此所以爲聖賢之學也 不爲皦察之行然時人服其清魏國初建爲郞中令 官本考證曰監本脫爲字今添弼按各本皆有爲字續漢志百官志郞中令一人建安十八年

魏國初置郞中令黃初元年改爲光祿勳 行御史大夫事渙言於太祖曰今天下大難已除文武並用長久之道也以爲可大收篇籍明先聖之教 此與文若所見相同 以易民視聽使海內斐然向風則遠人不服可以文德來之太祖善其言時有傳劉備死者羣臣皆賀渙以嘗爲備舉吏獨不賀居官數年卒太祖爲之流涕賜穀二千斛一教以太倉穀千斛賜郞中令之家一教以垣下穀千斛與曜卿家外不解其意教曰以太倉穀者官法也以垣下穀者親舊也 趙一清曰水經阪水注倉垣城卽大梁之倉垣亭也 文帝聞渙昔拒呂布之事 各本文作又誤何焯曰北宋本作文 問渙從弟敏渙勇怯何如敏對曰渙貌似和柔然其臨大節處危難雖賁育不過也渙子侃亦清粹閑素有父風歷位郡守尚書 渙子拜郞中見文紀延康元年注引丁亥令隋書經籍志行御史大夫袁渙集五卷錄一卷

袁氏世紀曰渙有四子侃寓奧準 本志荀彧傳注引晉陽秋云袁偘曜卿子偘字當爲侃字之譌唐書宰相世系表寓作㝢 侃字公然論議清當柔而不犯善與人交在興廢之閒 宋本作在廢興之閒 人之所趣務者常謙退不爲也時人以是稱之歷位黃門選部郞 侃爲黃門郞見杜恕傳注引杜氏新書洪飴孫三國職官表列名於給事黃門侍郞 號爲清平稍遷至尚書早卒 王基傳基與司馬師書云許允傅嘏袁侃崔贊皆一時正士侃事又見夏侯玄傳注引魏略 寓字宣厚精辯有機理好道家之言少被病未官而卒奧字公榮行足以厲俗言約而理當終於光祿勳 書鈔五十六云太子大夫新蔡男袁奧志高表行所宜優異可從九卿崇重之例給使四人 準字孝尼忠信公正不恥下問唯恐人之不勝己以世事多險故常恬退而不敢求進 恬各本作治誤 著書十餘萬言論治世之務爲易周官詩傳及論五經滯義聖人之微言以傳於世此準之自序也 嚴可均曰隋書經籍志儒家袁子正論十九卷袁準撰梁又有袁子正書二十五卷袁準撰亡舊唐志儒家政論二十卷正書二十五卷袁淮撰新唐志作正論作袁準卷數與舊同各書或稱袁準或稱袁准或稱袁淮蓋隸俗變準爲准因誤爲淮止是一人政論卽正論之誤亦止一書準漢司徒滂孫郞中令渙第

四子渙卒于建安中魏志渙傳注引袁氏世紀有準自序一首蓋仕魏未顯其正論乃魏時所作入晉拜給事中見袁渙傳注引荀綽兖州記（弼按魏志注作九州記）亦引見北堂書鈔五十八藝文類聚四十八初學記十二御覽二百二十一晉書附袁瓌傳準陳郡扶樂人瓌梁國陽夏人（弼按晉書作陳郡陽夏人）瓌卽準之從孫瓌子喬喬子山松（弼按應作喬子方平方平子山松方合或作喬孫山松）名位顯著故準附瓌傳唐初人似未知袁淮卽袁準故羣書治要載正書題曰袁淮而晉書於準所著但言注喪服經不言正論正書蓋誤分袁準袁淮爲兩人今搜輯各書得正論三十許事正書四十許事校補譌脫仍依隋唐志先正論次正書定著各爲一卷其所注喪服經隋志作喪服經傳舊唐志作喪服紀新唐志作儀禮注皆一卷今僅存一條以其僅見附文集之後 荀綽九州記 九州記見夏侯玄傳注引冀州記 稱準有儁才泰始中爲給事中袁氏子孫世有名位貴達至今 晉書袁瓌傳準字孝尼以儒學知名注喪服經官至給事中準子沖光祿勳沖子耽歷陽太守耽子質東陽太守自渙至質五世並以道素繼業惟耽以雄豪著又按袁瓌傳瓌煥之曾孫瓌子喬喬孫山松著後漢書一百卷集十卷瓌弟猷猷孫宏著後漢紀三十卷正始名士傳三卷竹林名士傳三卷中朝名士傳若干卷集二十卷宏事詳見文紀延康元年注

初渙從弟霸公恪有公幹魏初爲大司農 霸爲長史列名勸進 及同郡何夔並

知名於時而霸子亮夔子曾與侃復齊聲友善亮貞固有學行疾何晏鄧颺等著論以譏切之位至河南尹尚書晉諸公贊曰亮子粲字儀祖文學博識馮本博作傳誤累爲儒官至尚書

霸弟徽以儒素稱遭天下亂避難交州司徒辟不至蜀志許靖傳吳志士燮傳俱載徽與尚書令荀彧書

袁宏漢紀曰初天下將亂渙慨然歎曰漢室陵遲亂無日矣苟天下擾攘逃將安之若天未喪道民以義存唯彊而有禮可以庇身乎徽曰古人有言知幾其神乎宋本幾作機下同見幾而作君子所以元吉也天理盛衰漢其亡矣夫有大功必有大事此又君子之所深識退藏於密者也且兵革旣興外患必衆徽將遠迹山海以求免身及亂作各行其志

徽弟敏有武藝而好水功官至河隄謁者趙一淸曰宋書百官志都水使者一人掌舟航及運部秦漢有都水長丞主陂池灌溉保守河渠屬太常漢東京省都水置河隄謁者魏因之

張範字公儀河內修武人也郡國志司隸河內郡修武司隸三國屬魏爲司州一統志修武故城今河南衛輝府獲嘉縣治顧祖禹曰修武故城在懷慶府修武縣東古寗邑周武王伐紂勒兵於寗因曰修武梁章鉅曰此出韓詩外傳祖父歆爲漢司徒范書桓帝紀建和三年大司農河內張歆爲司徒元嘉元年罷章懷注歆字敬讓父延爲太尉范書靈帝紀中平二年五月太僕河南張延爲太尉三年二月罷十月爲宦人所譖下獄死章懷注延字公威歆之子惠棟曰延河內人誤作河南太傅袁隗欲以女妻範範辭不受性恬靜樂道忽於榮利徵命無所就弟承字公先亦知名以方正徵拜議郎遷伊闕都尉趙一淸曰卽靈帝八關都尉之一董卓作亂承欲合徒衆與天下共誅卓承弟昭三國有兩張承兩張昭吳張昭之子亦名承時爲議郎適從長安來謂承曰今欲誅卓衆寡不敵且起一朝之謀戰阡陌之民士不素撫兵不練習難以成功卓阻兵而無義固不能久不若擇所歸附待時而動然後可以如志承然之乃解印綬閒行歸家與範避地揚州袁術備禮招請範稱疾不往術不彊屈也遣承與相見術問曰昔周室陵遲則有桓文之霸秦失其政漢接而用之今孤以土地之廣士民之衆欲徼福齊桓擬迹高祖何如承對曰在德不在彊夫能用德以同天下之欲太平御覽同作從雖由匹夫之資而興霸王之功不足爲難若苟僭擬干時而動衆之所棄誰能興之術不悅是時太祖將征冀州術復問曰今曹公欲以弊兵數千敵十萬之衆可謂不量力矣子以爲何如承乃曰漢德雖衰天命未改今曹公挾天子以令天下雖敵百萬之衆可也術作色不懌承去之太祖平冀州遣使迎範範以疾留

彭城遣承詣太祖太祖表以爲諫議大夫範子陵及承子戩爲山東賊所得範直詣賊請二子賊以陵還範範謝曰諸君相還兒厚矣夫人情雖愛其子然吾憐戩之小請以陵易之賊義其言悉以還範太祖自荊州還範得見於陳以爲議郎參丞相軍事甚見敬重太祖征伐常令範及邴原留與世子居守太祖謂文帝舉動必諮此二人世子執子孫禮救恤窮乏家無所餘中外孤寡皆歸焉贈遺無所逆亦終不用及去皆以還之或曰不逆人之情善矣得無不憚煩乎建安十七年卒魏國初建承以丞相參軍祭酒洪飴孫三國職官表參軍祭酒一人第七品參軍久次者爲之太祖爲漢丞相時置後無領趙郡太守郡國志冀州趙國治邯鄲一統志故城今直隸廣平府邯鄲縣西南十里桓階傳階還趙郡太守在建安時是漢末已改爲郡矣政化大行

太祖將西征徵承參軍事至長安病卒

魏書曰文帝卽位以純子參爲郎中承孫邵晉中護軍與舅楊駿俱被誅事見晉書晉書楊駿傳駿慮左右間己乃以其甥段廣張邵爲近侍之職

涼茂字伯方山陽昌邑人也郡國志兗州山陽郡昌邑一統志昌邑故城今山東濟寧州金鄉縣西北四十里少好學論議常據經典官本考證云北宋本常作多以處是非太祖辟爲司空掾舉高第補侍御史續百官志司空掾屬二十九人侍御史六百石掌察舉非法受公卿羣吏奏事有違失舉劾之時泰山多盜賊以茂爲泰山太守泰山郡見武紀初平元年旬月之閒襁負而至者千餘家

博物記曰襁織縷爲之廣八寸長尺二以約小兒於背上負之而行

轉爲樂浪太守樂浪郡見明紀青龍元年洪亮吉曰漢末公孫度分樂浪置帶方郡魏景初二年公孫淵滅郡入魏公孫度在遼東擅留茂不遣之官然茂終不爲屈度謂茂及諸將曰聞曹公遠征鄴無守備今吾欲以步卒三萬騎萬匹直指鄴誰能禦之諸將皆曰然

臣松之案此傳云公孫度聞曹公遠征鄴無守備則太祖定鄴後也案度傳度以建安九年卒太祖亦以此年定鄴自後遠征唯有北征柳城耳征柳城之年度已不復在矣

又顧謂茂曰於君意何如茂荅曰比者海內大亂社稷將傾將軍擁十萬之衆安坐而觀成敗夫爲人臣者固若是邪曹公憂國家之危敗愍百姓之苦毒率義兵爲天下誅殘賊功高而德廣可謂無二矣以海內初定民始安集故未責將軍之罪耳而將軍乃欲稱兵西向則存亡之効不崇朝而決將軍其勉之諸將聞茂言皆震動良久度曰涼君言是也或曰茂傳中惟此一事然又歲月不合後徵還爲魏郡太守魏郡治鄴見武紀初平元年甘陵相甘陵見武紀建安九年郡國志冀州清河國桓帝建和二年改爲甘陵王先謙曰建安十一年國除爲郡見獻帝紀三國魏爲清河郡見輿地廣記

弼按茂爲甘陵相當在建安十一年以前所在有績文帝爲五官將茂以選爲長史洪飴孫三國職官表漢建安十六年文帝爲五官中郎將時副丞相置官屬有長史涼茂邴原吳質見魏略遷左軍師相國府屬有左軍師一人第五品魏國初建遷尚書僕射尚書僕射二人六百石第三品建安十八年初置後爲中尉奉常續百官志中尉一人比二千石建安十八年魏國初置中尉（見魏都賦注）黃初元年改爲執金吾建安二十一年魏國初置奉常（見武紀注）黃初元年改爲太常文帝在東宮茂復爲太子太傅甚見敬禮卒官茂子拜郎中見文紀延康元年注引丁亥令

英雄記曰茂名在八友中周壽昌曰按後漢書及本志劉表傳注引漢末名士錄八友中俱無涼茂名

國淵字子尼樂安蓋人也郡國志青州樂安國益侯國故屬北海錢大昕曰蓋縣屬泰山不屬樂安蓋當爲益字之譌趙一清曰漢書泰山郡蓋縣北海郡益縣今云樂安蓋縣未詳或蓋益字相似而誤一統志益縣故城今山東青州府壽光縣西二十里豐城鎭謝鍾英曰西當作東始與水經注合師事鄭玄范書鄭玄傳云樂安國淵任嘏時並童幼玄稱淵爲國器嘏有道德

玄別傳曰淵始未知名玄稱之曰國子尼美才也吾觀其人必爲國器

後與邴原管寧等避亂遼東

魏書曰淵篤學好古在遼東常講學於山巖士人多推慕之由此知名

既還舊土太祖辟爲司空掾屬每於公朝論議常直言正色退無私焉太祖欲廣置屯田使淵典其事武紀建安元年注引魏書募民屯田許下州郡例置田官淵屢陳損益相土處民計民置吏明功課之法五年中倉廩豐實百姓競勸樂業太祖征關中在建安十六年以淵爲居府長史洪飴孫曰留府長史一人丞相領兵出征則統留事太祖置國淵傳稱居府統留事田銀蘇伯反河閒事見常林傳又見程昱傳注引魏書銀等既破後有餘黨皆應伏法淵以爲非首惡請不行刑太祖從之賴淵得生者千餘人破賊文書舊以一爲十及淵上首級如其實數太祖問其故淵曰夫征討外寇多其斬獲之數者欲以大武功且示民聽也通鑑作聳民聽也

河閒在封域之內銀等叛逆雖克捷有功淵竊恥之太祖大悅 大武功大悅毛本皆誤作太 遷魏郡太守時有投書誹謗者 監本官本無者字 太祖疾之欲必知其主淵請留其本書而不宣露其書多引二京賦淵勑功曹曰此郡既大今在都輦而少學問者其簡開解年少欲遣就師功曹差三人臨遣引見訓以所學未及二京賦博物之書也世人忽略少有其師可求能讀者從受之又密喻旨旬日得能讀者遂往受業吏因請使作箋比方其書與投書人同手收攝案問具得情理 或曰求謗書之主極見計數然防民之口古人所非況操之殘忍此人必不生全何苦爲此以逢其欲非大臣之事不足多也 遷太僕居列卿位布衣蔬食 宋本蔬作蔬 祿賜散之舊故宗族以恭儉自守卒官

魏書曰太祖以其子泰爲郎 淵爲中尉以其子爲郎中見文紀延康元年注引丁亥令

田疇字子泰 趙一清曰後漢書劉虞傳注引魏志云字子春王鳴盛曰陶潛擬古詩云辭家夙嚴駕當往至無終聞有田子春節義爲士雄春字下注云一作泰此係宋紹熙壬子冬贛川曾集刻本觀此則知或作子泰或作子春宋人已不能定然畢竟以春爲正也 右北平無終人也 郡國志幽州右北平郡無終一統志無終故城今順天府薊州治互見武紀建安十二年 好讀書善擊劍 官本考證宋本無善字何焯校本北宋本有善字 初平元年義兵起董卓遷帝于長安幽州牧劉虞歎曰賊臣作亂朝廷播蕩四海俄然 郝經續後漢書俄作罾 莫有固志身備宗室遺老不得自同於衆今欲奉使展效臣節安得不辱命之士乎衆議咸曰田疇雖年少多稱其奇疇時年二十二矣虞乃備禮請與相見 官本考證宋本無相字何校云北宋本有之 大悅之遂署爲從事 范書劉虞傳選掾右北平田疇從事鮮于銀與此異 具其車騎將行疇曰今道路阻絕寇虜縱橫稱官奉使爲衆所指名 通鑑作爲衆所指 願以私行期於得達而已虞從之疇乃歸自選其家客與年少之勇壯慕從者 監本毛本官本慕作募宋本元本馮本吳本作慕 二十騎俱往虞自出祖而遣之

先賢行狀曰疇將行引虞密與議疇因說虞曰今帝主幼弱奸臣擅命表上須報懼失事機且公孫瓚阻兵安忍不早圖之必有後悔虞不聽

既取道疇乃更上西關出塞傍北山 胡三省曰傍步浪翻西關卽居庸關北山卽陰山方輿紀要西關卽居庸關今昌平州西北二十五里 直趣朔方循閒逕去 通鑑作循閒道 遂至長安致命詔拜騎都尉疇以爲天子方蒙塵未安不可以荷佩榮寵固辭不受朝廷高其義三府並辟皆不就得報馳還未至虞已爲公孫瓚所害疇至謁祭虞墓 趙一清曰拾遺記劉虞爲公孫瓚所害疇追慕無已往虞墓設雞酒之禮慟哭之音動於林野翔鳥爲之悽鳴走獸爲之吟伏疇臥於草閒忽有人通云劉幽州來欲與田子泰言平生之事疇神悟遠識知是劉虞之魂既近而拜疇泣不自支因相與進雞酒疇醉虞曰公孫瓚求子甚急宜竄伏以避害疇拜曰聞君臣之義生則盡禮今見君之靈願得同歸九地死且不朽安可逃乎虞曰子萬古之貞士也深慎爾儀奄然不見疇亦醉醒 陳發章表 胡三省曰章表當依下文作章報

哭泣而去瓚聞之大怒購求獲疇謂曰汝何自哭劉虞墓而不送章報於我也疇答曰漢室衰穨人懷異心唯劉公不失忠節章報所言於將軍未美恐非所樂聞故不進也今將軍方舉大事 宋本元本馮本監本官本今作且通鑑同 以求所欲既滅無罪之君又讐守義之臣誠行此事則燕趙之士將皆蹈東海而死耳豈忍有從將軍者乎瓚壯其對釋不誅也拘之軍下禁其故人莫得與通或說瓚曰田疇義士君弗能禮而又囚之恐失衆心瓚乃縱遣疇疇得北歸率舉宗族他附從數百人埽地而盟曰君仇不報吾不可以立於世遂入徐無山中 胡三省曰徐無縣屬右北平郡有徐無山一統志今玉田縣東北二十里遵化州西境 營深險平敞地而居躬耕以養父母百姓歸之數年閒至五千餘家疇謂其父老曰諸君不以疇不肖遠來相就

衆成都邑而莫相統一恐非久安之道願推擇其賢長者以爲之主皆曰善同僉推疇疇曰今來在此非苟安而已將圖大事復怨雪恥竊恐未得其志而輕薄之徒自相侵侮偷快一時無深計遠慮疇有愚計願與諸君共施之可乎皆曰可疇乃爲約束相殺傷犯盜諍訟之法 胡三省曰諍讀曰爭 法重者至死其次抵罪二十餘條又制爲婚姻嫁娶之禮興舉學校講授之業 毛本校作校誤 班行其衆衆皆便之至道不拾遺北邊翕然服其威信烏丸鮮卑並各遣譯使致貢遺疇悉撫納令不爲寇袁紹數遣使招命又卽授將軍印因安輯所統疇皆拒不當 監本當作留官本考證云元本當作受 紹死其子尚又辟焉疇終不行疇常忿烏丸昔多賊殺其郡冠蓋 謂有冠蓋之士大夫 有欲討之意而力未能建安十二年太祖北征烏丸未至先遣使辟疇 本志邢顒傳顒易姓字適右北平從田疇游積五年而太祖定冀州顒謂疇曰黃巾起來二十餘年海內鼎沸百姓流離今聞曹公法令嚴民厭亂矣亂極則平請以身先遂裝還鄉里田疇曰邢顒民之先覺也乃見太祖求爲鄉導以克柳城太祖辟顒爲冀州從事 又命田預喻指 官本考證云北宋本預作豫通鑑建安四年漁陽田豫說太守鮮于輔曰曹氏奉天子以令諸侯終能定天下宜早從之輔乃率其衆以奉王命亦作豫本志田豫傳同 疇戒其門下趣治嚴 胡三省曰趣讀曰促嚴卽裝也自東都避明帝諱改裝曰嚴後遂因之 門人謂曰昔袁公慕君禮命五至君義不屈今曹公使一來而君若恐弗及者何也疇笑而應之曰此非君所識也 或曰埽地之盟所謂君仇者公孫瓚耳非烏丸也不肯資紹之力以報瓚而必資操之力以討烏丸豈其本意哉謂疇有擇主之識則可謂疇得出處之義則未也非君所識一語大意已見唐庚曰昔漢明帝問吳良曰先帝召卿不至及從驃騎游何邪良曰先帝以禮待下故臣得以禮進退驃騎以法檢下故臣爲法屈耳疇之用意蓋亦如此是時袁氏政寬故疇可得不至曹氏刻急故不敢不來來非慕義故終身不受封爵疇雖不言言在其中矣㢸按劉虞從事漁陽鮮于輔等合率州兵爲虞報瓚推舉閻柔招誘胡漢南迎虞子和與袁紹將麴義合兵十萬破瓚於鮑丘斯時正田疇踐盟復仇之時何以寂無所聞無亦以招致烏桓鮮卑爲不然邪抑亦如疇所謂輕薄之徒自相侵侮偸快一時無深計遠慮者

乎 遂隨使者到軍署司空戶曹掾 洪飴孫曰戶曹掾一人比三百石第七品太祖時置後因之 引見諮議明日出令曰田子泰非吾所宜吏者卽舉茂才 宋百官志漢武元封四年令諸州歲各舉秀才一人後漢避光武諱改茂才魏復曰秀才 拜爲蓨令 胡三省曰蓨縣前漢屬信都後漢屬勃海師古曰蓨音條趙一清曰周亞夫封條侯師古曰縣在勃海地理志作蓨字其音同耳師古之云蓋古本漢書也一統志蓨縣故城今河間府景州南 不之官隨軍次無終時方夏水雨 劉家立曰應作雨水 而濱海洿下濘滯不通 武紀建安十二年秋七月大水傍海道不通 虜亦遮守蹊要 胡三省曰蹊徑路也蹊要徑路要處也 軍不得進太祖患之以問疇疇曰此道秋夏每常有水淺不通車馬深不載舟船爲難久矣舊北平郡治在平岡道出盧龍達于柳城 平岡盧龍柳城俱詳見武紀建安十二年胡三省曰前漢右北平郡治平岡縣後漢省平岡縣改治土垠縣垠音銀賢曰土垠故城在今平州西南水經注曰自無終東出盧龍塞又東越青陘至凡城二百許里自凡城東北出趣平岡可百八十里向黃龍則五百里故田疇引軍出盧龍塞塹山堙谷五百餘里逕白檀歷平岡登白狼山望柳城也錢大昕曰前漢志右北平郡有平剛縣卽平岡也謝鍾英曰平岡當在今哈喇沁中旗界 自建武以來陷壞斷絕垂二百載 潘眉曰平岡縣後漢廢故云陷壞斷絕 而尚有微徑可從今虜將以大軍當由無終不得進而退懈弛無備若嘿回軍從盧龍口 謝鍾英曰盧龍塞疑卽今龍井關塞道自遵化州東北出 越白檀之險 白檀見武紀建安十二年潘眉曰白檀前漢漁陽郡屬縣後漢廢今云越白檀歷平岡蓋本其舊名 出空虛之地路近而便掩其不備蹋頓之首可不戰而禽也太祖曰善乃引軍還而署大木表於水側路傍曰方今暑夏 通鑑作夏暑郝經續後漢書作暑雨 道路不通且俟秋冬乃復進軍虜候騎見之誠以爲大軍去也太祖令疇將其衆爲鄉導 鄉讀曰嚮 上徐無山出盧龍歷平岡登白狼堆 潘眉曰白狼堆今名布祜圖山熱河志在建昌縣南 去柳城二百餘里 一統志柳城今土默特右翼旗西一百里 虜乃驚覺單于身自臨陣太祖與交戰遂大斬獲追奔逐北至柳城軍還入塞論功行封封疇亭侯邑五百戶

先賢行狀載太祖表論疇功曰文雅優備忠武又著和於撫下愼於事上量時度理進退合義幽州始擾胡漢交萃蕩析離居官本考證云監本誤作傷析今改正靡所依懷疇率宗人避難於無終山按傳文疇居徐無山非無終山也北拒盧龍南守要害清靜隱約耕而後食人民化從咸共資奉及袁紹父子威力加於朔野遠結烏丸與爲首尾前後召疇終不陷撓後臣奉命軍次易縣郡國志冀州河閒國易縣一統志易縣故城今直隸保定府雄縣西北疇長驅自到陳討胡之埶猶廣武之建燕策漢書韓信傳韓信用廣武君策發使燕燕從風而靡薛公之度淮南漢書高帝紀十一年秋七月淮南王布反上問諸將滕公言故楚令尹薛公有籌策上召見薛公言布形埶上善之封薛公千戶又使部曲持臣露布出誘胡衆漢民或因亡來烏丸聞之震蕩王旅出塞塗由山中九百餘里疇帥兵五百啟導山谷遂滅烏丸蕩平塞表疇文武有效節義可嘉誠應寵賞以旌其美

疇自以始爲居難錢大昕曰居當作君率衆遯逃志義不立反以爲利非本意也固讓太祖知其至心許而不奪

魏書載太祖令曰昔伯成棄國夏后不奪莊子堯治天下伯成子高立爲諸侯堯授舜舜授禹伯成子高辭爲諸侯而耕禹往見之則耕在野禹趨就下風立而問其故子高曰昔堯治天下不賞而民勸不罰而民畏今子賞罰而民且不仁德自此衰刑自此立後世之亂自此始矣盍行邪無落吾事俋俋乎耕而不顧呂氏春秋恃君覽篇所載大略相同將欲使高尙之士優賢之主不止於一世也其聽疇所執

遼東斬送袁尙首令三軍敢有哭之者斬疇以嘗爲尙所辟乃往弔祭太祖亦不問

臣松之以爲田疇不應袁紹父子之命以其非正也故盡規魏祖建盧龍之策致使袁尙奔迸授首遼東皆疇之由也旣以明其爲賊胡爲復弔祭其首乎若以嘗被辟命義在其中則不應爲人設謀使其至此也疇此舉止良爲進退無當與王脩哭袁譚貌同而心異也何焯曰疇自報烏丸耳姚範曰疇以郡冠蓋見殺於烏丸後烏丸鮮卑已就撫納而疇猶欲報之公孫瓚殺其故君疇不能報而袁氏卒能破滅公孫雖非以虞之故而疇亦藉以快其夙志今可使尙山我而死乎疇之讓爵蓋有媿於尙耳裴氏之論爲得

疇盡將其家屬及宗人三百餘家居鄴太祖賜疇車馬穀帛皆散之宗族知舊從征荆州還太祖追念疇功殊美恨前聽疇之讓曰是成一人之志而虧王法大制也於是乃復以前爵封疇

先賢行狀載太祖令曰毛本官本令作命誤蓚令田疇志節高尙遭値州里戎夏交亂引身深山研精味道百姓從之以成都邑袁賊之盛命召不屈慷慨守志以徼眞主及孤奉詔征定河北遂服幽都將定胡寇時加禮命宋本時作特疇卽受署陳建攻胡蹊路所由率齊山民一時向化開塞導道馮本道作送供承使役路近而便令虜不意斬蹋頓於白狼遂長驅於柳城疇有力焉及軍入塞將圖其功表封亭侯食邑五百而疇懇惻前後辭賞出入三載歷年未賜此爲成一人之高甚違王典失之多矣宜從表封無久留吾過

疇上疏陳誠以死自誓太祖不聽欲引拜之至于數四終不受有司劾疇狷介違道苟立小節宜免官加刑太祖重其事依違者久之乃下世子及大臣博議世子以疇同於子文辭祿左傳莊公三十年鬬穀於菟字子文爲令尹自毀其家以紓楚國之難申胥逃賞左傳定公五年申包胥以秦師至王賞申包胥申包胥曰吾爲君也非爲身也遂逃賞宜勿奪以優其節尙書令荀彧司隸校尉鍾繇亦以爲可聽

魏書載世子議曰昔薳敖逃祿薳敖卽蔿敖又卽孫叔敖如薳啟彊爲蔿啟彊是也韓非子莊公賞孫叔敖叔敖請漢閒之地地瘠故九世而祀不絕傳載其美所以激濁世勵貪夫賢於尸祿素餐之人也故可得而小不可得而毀至於田疇方斯近矣官本考證云北宋本作方斯遠矣免官加刑於法爲重

魏略載教曰昔夷齊棄爵而譏武王可謂愚闇孔子猶以爲求仁得仁疇之所守雖不合道但欲

清高耳使天下悉如疇志卽墨翟兼愛尙同之事而老聃使民結繩之道也外議雖善爲復使令司隸以決之宋本無以字 魏書載荀彧議以爲君子之道或出或處期於爲善而已故匹夫守志聖人各因而成之鍾繇以爲原思辭粟仲尼不與子路拒牛謂之止善雖可以激清勵濁猶不足多也疇雖不合大義有益推讓之風宜如世子議 臣松之案呂氏春秋魯國之法魯人有爲臣妾於諸侯有能贖之者取其金於府子貢贖人而辭不取金宋本取作受 孔子曰賜失之矣自今以來魯人不贖矣子路拯溺者其人拜之以牛子路受之孔子曰魯人必拯溺矣見呂氏春秋先識覽察微篇魯人不贖矣下有取其金則無損於行不取其金則不復贖人矣數語 案此語不與繇所引者相應未詳爲繇之事誤邪而事將別有所出何焯校本云北宋本出下有耳字

太祖猶欲侯之疇素與夏侯惇善太祖語惇曰且往以情喻之自從君所言無告吾意也惇就疇宿如太祖所戒疇揣知其指不復發言惇臨去乃拊疇背曰田君主意殷勤曾不能顧乎疇答曰是何言之過也疇負義逃竄之人耳蒙恩全活爲幸多矣豈可賣盧龍之塞以易賞祿哉縱國私疇疇獨不愧於心乎將軍雅知疇者猶復如此若必不得已請願效死刎首於前通鑑輯覽曰田疇不賣盧龍世所稱高蹈者然因欲報公孫瓚而引道以殲熙尚隱遯忠厚之士或不出此弼按疇之引道忿烏丸多殺其郡冠蓋非爲殲熙尚也或曰受封亦何害況既受官矣與受爵不甚相遠刎首自誓何爲哉恐難與魯連同日語也

言未卒涕泣橫流惇具答太祖太祖喟然知不可屈乃拜爲議郎年四十六卒子又早死文帝踐阼高疇德義賜疇從孫續爵關內侯以奉其嗣

王脩字叔治北海營陵人也郡國志青州北海國營陵一統志營陵故城今山東青州府昌樂縣東南 年七歲

喪母母以社日亡社日見董卓傳孝經緯曰社土地之主也封土爲社以報功禮記月令二月之節擇元日命人社 來歲鄰里社脩感念母哀甚鄰里聞之爲之罷社年二十游學南陽止張奉舍周壽昌曰後漢書毛義傳有云南陽人張奉慕其名又云奉者志尙士蓋卽此人也弼按毛義無傳見劉平等傳序可稱類傳史通列傳篇所謂廬江毛義名在劉平之上者是也周氏言毛義傳似誤又按毛義爲章帝時人南陽張奉慕義名往候必爲義同時人王脩爲漢末人相去百數十年周氏蓋誤兩張奉爲一人也

奉舉家得疾病無相視者脩親隱恤之病愈乃去初平中北海孔融召以爲主簿守高密令郡國志北海國高密侯國一統志高密故城今山東萊州府高密縣西南 高密孫氏素豪俠人客數犯法民有相劫者賊入孫氏吏不能執官本考證云太平御覽作吏不能得一本校作吏不得執 脩將吏民圍之孫氏拒守吏民畏憚不敢近脩令吏民敢有不攻者與同罪孫氏懼乃出賊由是豪彊懾服舉孝廉脩讓邴原融不聽

融集有融答脩教曰范書孔融傳魏文深好融文辭募天下有上融文章者輒賞以金帛所著詩頌碑文論議六言策文表檄教令書記凡二十五篇隋書經籍志後漢少府孔融集九卷梁十卷錄一卷兩唐志同四庫提要曰孔北海集一卷其集宋史始不著錄此本乃明人掇拾凡三十一篇然人既國器文亦鴻寶雖闕佚之餘彌可珍也詩詞凡近盛稱曹操功德必黃初閒購求遺文贋託融作也嚴可均輯存文一卷凡三十九篇馮惟訥詩紀存詩八首 原之賢也吾已知之矣昔高陽氏有才子八人堯不能用何焯校改不作弗 舜實舉之原可謂不患無位之德宋本德作士 以遺後賢不亦可乎脩重辭融答曰掾淸身絜已歷試諸難謀而鮮過惠訓不倦余嘉乃勳應乃懿德用升爾于王庭其可辭乎

時天下亂北宋本作時天下大亂 遂不行頃之郡中有反者脩聞融有難夜往奔融賊初發融謂左右曰能冒難來唯王脩耳言終而脩至復署功曹時膠東多賊寇復令脩守膠東令郡國志北海國膠東侯國一統志膠東故城今山東萊州府平度州治 膠東人公沙盧宗彊范書方術傳公沙穆北海膠東人爲弘農令沈欽韓曰羣輔錄云穆五子並有令名京師號曰公沙五龍天下無雙

惠棟曰北海耆舊傳公沙孚與荀爽約出不得事貴勢而爽當董卓時脫巾未百日位至司空後相見以爽違命割席而坐 自爲營塹不肯
應發調脩獨將數騎徑入其門斬盧兒弟公沙氏驚愕莫敢動脩撫
慰其餘由是寇少止融每有難脩雖休歸在家無不至融常賴脩以
免袁譚在青州辟脩爲治中從事別駕劉獻數毀短脩後獻以事當
死脩理之得免時人益以此多焉袁紹又辟脩除卽墨令 卽墨見呂布傳 後
復爲譚別駕紹死譚尚有隙尚攻譚譚軍敗脩率吏民往救譚譚喜
曰成吾軍者王別駕也譚之敗劉詢起兵漯陰 郡國志青州平原郡漯陰惠棟曰地理風俗記平原漯陰縣今巨漯亭前志亦作漯陰一統志漯陰故城今山東濟南府臨邑縣西 諸城皆應譚歎息曰今舉州皆叛 馮本官本皆作背 豈孤之不德邪脩曰東萊太守管統 東萊郡見臧洪傳 雖在海表此
人不反必來後十餘日統果棄其妻子來赴譚妻子爲賊所殺譚更

以統爲樂安太守 樂安國見夏侯淵傳 譚復欲攻尚脩諫曰兄弟還相攻擊是
敗亡之道也譚不悅然知其志節 宋本志作忠 後又問脩計安出脩曰夫
兄弟者左右手也譬人將鬬而斷其右手而曰我必勝若是者可乎
夫棄兄弟而不親天下其誰親之屬有讒人固將交鬬其閒以求一
朝之利願明使君塞耳勿聽也若斬佞臣數人復相親睦以禦四方
可以橫行天下譚不聽遂與尚相攻擊請救於太祖太祖既破冀州
譚又叛太祖遂引軍攻譚於南皮脩時運糧在樂安聞譚急將所領
兵及諸從事數十人往赴譚至高密聞譚死下馬號哭曰無君焉歸
遂詣太祖乞收葬譚屍太祖欲觀脩意默然不應脩復曰受袁氏厚
恩若得收斂譚屍然後就戮無所恨太祖嘉其義聽之

傅子曰太祖既誅袁譚梟其首令曰敢哭之者戮及妻子於是王叔治田子泰相謂曰
生受辟命亡而不哭非義也畏死忘義何以立世遂造其首而哭之哀動三軍軍正白
行其戮太祖曰義士也赦之 臣松之案田疇傳疇爲袁尚所辟不被譚命傅子合而
言之有違事實

以脩爲督軍糧 魏有督軍糧執法督軍糧御史見杜襲傳通鑑建安九年袁尚遣從事安平牽招至上黨督軍糧 還樂安譚
之破諸城皆服唯管統以樂安不從命太祖命脩取統首 胡三省曰使還運糧就取統首也或曰命脩取統首正欲降之耳 脩以統亡國之忠臣因解其縛使詣太祖太祖悅
而赦之袁氏政寬在職勢者多畜聚太祖破鄴籍沒審配等家財物
貨以萬數 宋本貨作貲 及破南皮閱脩家穀不滿十斛有書數百卷太祖
歎曰士不妄有名乃禮辟爲司空掾行司金中郎將 錢大昕曰陳琳爲袁紹檄稱操特置

發丘中郎將摸金校尉卽謂此也韓暨傳就加司金都尉潘眉曰摸金發丘皆主發掘墳陵搜括金寶此敵國詆斥之詞未必眞有其官錢氏以司金中郎將當之非也國之所重在於食貨既立司鹽必設司金太祖與王脩書云先賢之論多以鹽鐵之利足贍軍國之用昔孤初立司金之官念非屈君餘無可者又云使此君沈滯冶官然則司金中郎將蓋冶官也同時蜀漢亦立此官張裔傳云還爲司金中郎將典作農戰之器錢氏近不察裴注遠不考蜀書率臆而言難以示信矣吳嗚鈞曰韓暨徙監冶謁者在職七年器用充實制書褒歎就加司金都尉足證司金是冶官非發丘摸金可混魏韓暨爲司金都尉猶蜀王連爲司鹽校尉其品秩同也趙一清曰後漢書百官志郡國鹽官鐵官本屬司農中興皆屬郡縣至曹公始置司金中郎將以主之利權悉歸於上矣魏都賦白藏之藏富有無隄同賑大內控引世資劉逵注白藏庫在西城下有屋一百七十四閒水經漯水注沙陵魏金田之地也 遷魏郡太守 魏郡治鄴見武紀初平元年 爲治抑彊扶
弱明賞罰百姓稱之

魏略曰脩爲司金中郎將 官本考證云太平御覽作河北始開冶以脩爲司金中郎將多河北下六字 陳黃白異議因
奏記曰脩聞枳棘之林無梁柱之質涓流之水無洪波之勢是以在職七年忠讜不昭
於時功業不見於事欣於所受俯慙不報未嘗不長夜起坐中飯釋餐何者力小任重

宋本小作少不堪而懼也謹頁所議如左太祖甚然之乃與脩書曰君潔身浴德流聲本州
忠能成績爲世美談名實相副過人甚遠孤以心知君至深至熟非徒耳目而已也察
觀先賢之論多以鹽鐵之利足贍軍國之用昔孤初立司金之官念非屈君餘無可者
故與君教曰昔遏父陶正民賴其器用及子嬀滿建侯于陳左傳襄公二十五年子產曰昔虞閼父爲周陶
正以服事我先王賴其利器用也與其神明之後也庸以元女大姬配胡公而封諸陳以備三恪杜注閼父舜之後爲周武王陶正元女武王長女胡公閼
父之子滿也史記舜居潙內其後因姓嬀氏近桑弘羊位至三公史記貨殖傳元封元年桑弘羊爲治粟都尉領大農筦天下鹽鐵漢書百
官公卿表武帝後元二年桑弘羊爲御史大夫此君元龜之兆先告者也是孤用君之本言也或恐衆人未
曉此意自是以來在朝之士每得一顯選常舉君爲首及聞袁軍師衆賢之議沈家本曰袁軍
師蓋謂袁渙渙爲丞相軍祭酒以爲不宜越君然孤執心將有所底以軍師之職閒於司金至於建
功重於軍師孤之精誠足以達君君之察孤足以不疑但恐傍人淺見以蠡測海爲蚍

畫足將言前後百選輒不用之而使此君沈滯冶官張甲李乙尙猶先之此主人意待
之不優之效也孤懼有此空聲冒實淫鼃亂耳假有斯事亦庶鍾期不失聽也呂氏春秋伯牙
鼓琴鍾子期聽之方鼓而志在太山鍾子期曰善哉乎鼓琴巍巍乎若太山少選之閒而志在流水鍾子期復曰善哉乎鼓琴湯湯乎若流水鍾子期死伯牙破琴
絕絃終身不復鼓琴以爲世無足爲鼓琴者韓詩外傳同若其無也過備何害昔宣帝察少府蕭望之才任宰相
故復出之令爲馮翊從正卿往似於左遷上使侍中宣意曰君守平原日淺故復試君
三輔非有所聞也事見漢書蕭望之傳閒作聞師古曰所聞謂聞其短失孤揆先主中宗之意主疑作帝宣帝曰中宗
誠備此事既君崇勳業既應作冀以副孤意公叔文子與臣俱升論語公叔文子之臣大夫僎與文子同升
諸公注云大夫僎本文子家臣薦之使與己並爲大夫同外在公朝獨何人哉後無幾而還魏郡太守而疑衍
魏國既建爲大司農郎中令建安十八年魏國初置黃初元年改爲光祿勳太祖議行肉刑脩
以爲時未可行太祖採其議徙爲奉常建安二十一年魏國初置奉常黃初元年改爲太常其後

嚴才反與其徒屬數十人攻掖門脩聞變召車馬未至便將官屬步
至宮門太祖在銅爵臺望見之曰彼來者必王叔治也或曰孔北海先有是言矣聞變
赴難一生已歷多次豈皆能逆料必全邪臨難毋苟免叔治眞無愧斯言相國鍾繇謂脩舊京城有變九卿各
居其府脩曰食其祿焉避其難居府雖舊非赴難之義頃之病卒官
趙一清曰寰宇記卷二十四王脩墓在密州安丘縣西四十七里又引晏氏齊記曰慈阜王脩葬此俗以叔治之孝故以慈表稱杭世駿曰冢記云漢孫嵩墓魏王脩墓
俱在安丘城南四十里名勝志云脩以慈孝表後人稱其葬處曰慈阜子忠官至東萊太守東萊見臧洪傳子拜郎中見文紀延康元
年注引丁亥令散騎常侍初脩識高柔於弱冠異王基於童幼北宋本作幼童終皆遠
至世稱其知人
王隱晉書曰晉書王隱傳隱字處叔陳郡陳人父銓歷陽令每私錄晉事及功臣行狀未就而卒隱受父遺業西都舊事多所諳究太興初隱及郭璞
俱爲著作郎令撰晉史時虞預私撰晉書而生長東南不知中朝事數訪於隱並借隱所著書竊寫之所聞漸廣是後更疾隱隱竟以謗免依庾亮於武昌供其紙

筆書乃得成詣闕上之隱雖好著述而文辭鄙拙蕪外不倫其書次第可觀者皆其父所撰文體混漫義不可解者隱之作也隋書經籍志晉書八十六卷本九十
三卷今殘缺晉著作郎王隱撰兩唐志作八十九卷畢沅輯存地道記一卷湯球輯本十一卷湯本有地道記與畢輯本同章宗源隋志考證歷舉史通正史書事
論贊書志稱謂浮詞曲筆人物各篇論隱書率多貶詞沈家本曰玉海四十六載貞觀詔敘晉書十八家謂處叔不與於中興然則隱書皆西晉事其書有瑞異志
才士傳寒儁傳鬼神傳並見史通史記索隱曰外戚紀后妃也漢書編之列傳王隱則謂之紀在列傳之首是皇后之稱紀不始於范蔚宗矣脩一子名
儀字朱表趙一清曰御覽卷四百五十九王脩誡子書曰我實老矣所恃汝等也汝今踰郡縣越山河離兄弟去日下者欲令見舉動之宜勸高人遠節
聞一得三父欲令子善唯不能殺身其餘無惜也王儀事見齊王紀嘉平六年注引魏書奏永寧宮臣儀注高亮雅直司馬文王爲安
東儀爲司馬東關之敗東關見齊王紀嘉平四年注在今安徽廬州府巢縣東南嘉平四年東關之敗司馬昭爲安東將軍儀爲司馬晉書
孝友傳王裒傳父儀爲文帝司馬是也文王曰近日之事誰任其咎司馬師方引爲己過習鑿齒著論稱之何昭竟與之相反邪
儀曰責在軍帥晉書裒傳作責在元帥文王怒曰司馬欲委罪於孤邪遂殺之御覽二百四八引魏略云
諸葛誕伐吳戰於東關上欲速進軍司馬王儀諫曰吳賊必有伏宜持重不可進上不聽（上指司馬文王）果爲吳人所覆儀曰今日之敗誰當其咎上曰司馬

欲委罪孤邪遂法儀子襃官本襃作裒下同字偉元少立操尚非禮不動身長八尺四寸容貌絕異痛父不以命終絕世不仕立屋墓側以教授爲務旦夕常至墓前拜輒悲號斷絕墓前有一柏樹襃常所攀援涕泣所著樹色與凡樹不同晉書襃傳襃痛父非命未嘗西向而坐示不臣朝廷也於是隱居教授三徵七辟皆不就廬於墓側旦夕常至墓所拜跪攀柏悲號涕淚著樹樹爲之枯母性畏雷母沒每雷輒到墓曰襃在此讀詩至哀哀父母官本考證云北宋本讀詩上多一每字生我劬悴未嘗不反覆流涕官本曾作嘗泣下沾襟晉書襃傳作未嘗不三復流涕門人受業者並廢蓼莪之篇家貧躬耕計口而田度身而蠶諸生有密爲襃刈麥者襃遂棄之自是莫敢復佐刈者襃門人爲本縣所役求襃爲屬襃曰卿學不足以庇身吾德薄不足以蔭卿屬之何益且吾不捉筆已四十年乃步擔乾飯兒負鹽豉晉書襃傳此句下有草屩送所役生到縣八字門徒從者千餘人千疑十字之誤安丘令以爲見己郡國志青州北海國安丘一統志今青州府安丘縣西南案王氏墓在安丘故王襃居此整衣出迎之於門襃乃下道至土牛晉書襃傳牛下有傍字後漢書禮儀志立春之日夜漏未盡五更施土牛耕人於門外以示兆民磬折而立史記滑稽傳西門豹簪筆磬折正義云磬折謂曲體揖之若石磬之形曲折也磬一片黑石凡十二片樹在虡上擊之其形皆中曲垂兩頭言人腰側似也范書馬援傳磬折而入章懷注磬折者曲身如磬之曲折敬也云門生爲縣所役故來送別執手涕泣而去令卽放遣諸生一縣以爲恥同縣管彥少有才力未知名晉書力作而襃獨以爲當自達常友愛之男女各始生共許爲婚彥果爲西夷校尉晉書襃傳此句下有卒而葬於洛陽六字襃後更以女嫁人彥弟馥問襃襃曰吾薄志畢願山藪自處姊妹皆遠晉書襃傳作吾薄志畢願山藪昔嫁姊妹皆遠吉凶斷絕以此自誓賢兄子葬父於帝都此則洛陽之人也豈吾欲婚之本指邪馥曰嫂齊人也當還臨菑襃曰安有葬父河南隨妻還齊晉書隨上有而字妻作母沈家本曰此妻字誤也上文云賢兄子葬父於帝都是管彥卒而彥子葬之洛陽馥爲彥弟則馥之嫂彥之妻而彥子之母也故云隨母還齊此注上文奪卒而葬於洛陽句又譌母爲妻遂不可通當從晉書改正吳士鑑晉書斠注云當作妻說誤用意如此何婚之有遂不婚邴春宋本邴字上空一格者根矩之後也少立志操寒苦自居負笈游學身不停家鄉邑翕然以爲

能係其先也吳本係作繼襃以爲春性險狹慕名意多終必不成及後春果無學業流離遠外有識以此歸之襃常以爲人所行其當歸於善道不可以己所能而責人所不能也有致遺者皆不受及洛都傾覆寇賊蠭起襃宗親悉欲移江東襃戀墳壠賊大盛乃南達泰山郡襃思土不肯去賊害之或曰漢末名賢如袁閎輩賊皆相約不入其閭偉元之至行乃爲賊所害豈晉之賊遠不逮於漢邪何所遇之不幸也趙一清曰城冢記王襃墓在濰縣南三十里之營丘沈家本曰既云南達泰山郡則下句思土之語不相接恐有譌字晉書云襃戀墳壠不去賊大盛方行猶思慕不能進遂爲賊所害語意較明漢晉春秋曰襃與濟南劉兆字延世俱以不仕顯名襃以父爲文王所濫殺終身不應徵聘未嘗西向坐胡三省曰襃居城陽晉朝在洛陽故未嘗西向以示不臣於晉也　魏略純固傳以脂習王脩龐淯文聘成公英郭憲單固七人爲一傳其脩淯聘三人自各有傳成公英別見張既傳本志張既傳注引魏略曰成公英金城人也中平末隨韓約爲腹心建安中約從華陰破走還湟中部黨散去唯英獨從單固見王淩傳吳本毛本淩作俊誤餘習憲二人列於脩傳後也　脂習字元升京兆人也中平中仕郡公府辟舉高第除太醫令天子西遷及東詣許昌習常隨從與少府孔融親善太祖爲司空威德日盛而融故以舊意意應作誼書疏倨傲習常責融欲令改節融不從會融被誅當時許中百官先與融親善者莫敢收恤而習獨往撫而哭之曰文舉卿捨我死我當復與誰語者語有餘悲范書孔融傳作文舉舍我死吾何用生爲哀歎無已太祖聞之收習欲理之尋以其事直見原徙許東土橋下馮本徙作徒誤習後見太祖陳謝前愆太祖呼其字曰元升卿故慷慨因問其居處以新移徙賜穀百斛至黃初黃初下當更有初字詔欲用之以其年老然嘉其敦舊有欒布之節前書曰欒布梁人爲梁王彭越大夫使於齊未反漢誅越梟首洛陽下布還奏事越頭下祠而哭之賜拜中散大夫還家年八十餘卒　郭憲字幼簡西平人西平郡見武紀建安十九年郡國志涼州金城郡王先謙曰三國魏因漢末分置西平郡又引吳增僅說云郭憲爲西平郡功曹見王脩傳注弼按下文云憲爲郡右姓爲郡功曹韓約從羌中依憲均可證郭憲爲涼州之西平郡人乃王氏於郡國志汝南郡西平縣下引馬與龍說以郭憲爲汝南郡西平縣人所引兩岐地望亦誤爲其

郡右姓官本攷證云北宋本無其字建安中爲郡功曹州辟不就以仁篤爲一郡所歸至十七年韓約失衆從羌中還依憲衆人多欲取約以徼功而憲皆責怒之言人窮來歸我云何欲危之遂擁護厚遇之其後約病死而田樂陽逵等官本考證宋本逵作達下同就斬約頭韓約卽韓遂斬韓遂首見武紀建安二十年當送之逵等欲條疏憲名憲不肯在名中言我尙不忍生圖之豈忍取死人以要功乎逵等乃止時太祖方攻漢中在武都而逵等送約首到太祖宿聞憲名及視條疏怪不在中以問逵等逵具以情對太祖歎其志義乃并表列與逵等並賜爵關內侯由是名震隴右黃初元年病亡正始初國家追嘉其事復賜其子爵關內侯

邴原字根矩北海朱虛人也郡國志青州北海國朱虛惠棟曰十三州志云縣東三十里有祓亭故縣也馬與龍曰北海相孔融保朱虛縣更置城邑見融傳一統志朱虛故城在今山東青州府臨朐縣東北少與管寧俱以操尙稱州府辟命皆不就黃巾起原將家屬入海住鬱洲山中趙一淸曰山海經海內東經郁州在海中一曰郁州郭璞注今在東海朐縣界世傳此山自蒼梧從南徙來上皆有南方物也郁音鬱郁州卽鬱州也時孔融爲北海相舉原有道范書孔融傳時黃巾寇數州北海最爲賊衝董卓諷三府同舉融爲北海相融到郡薦舉賢良鄭玄彭璆邴原等汪文臺曰世說注續漢書云以彭璆爲方正邴原爲有道王脩爲孝廉告高密縣爲鄭玄特立一鄉名爲鄭公鄉其禮賢如此原以黃巾方盛遂至遼東與同郡劉政俱有勇略雄氣遼東太守公孫度畏惡欲殺之盡收捕其家政得脫度告州縣宋本元本州作諸敢有藏政者與同罪政窘急往投原

魏氏春秋曰政投原曰窮鳥入懷原曰安知斯懷之可入邪

原匿之月餘時東萊太史慈當歸東萊見藏洪傳原因以政付之既而謂度曰將軍前日欲殺劉政以其爲己害今政已去君之害豈不除哉度曰然原曰君之畏政者以其有智也今政已免智將用矣尙奚拘政之家不若赦之無重怨度乃出之原又資送政家皆得歸故郡或曰此策更妙於朱家之託季布侯康曰藝文類聚卷八十三引邴原別傳劉正作劉攀云攀臨去以其手所杖劍金三餅與原原受金辭劍還謂度曰將軍平日與攀無郄而欲殺之者但恐其爲蜂蠆耳今攀已去而尙拘閉其家以情推之其念爲毒螫必滋甚矣度從之卽出攀家原以金還之太平御覽八百十一引原別傳又作劉舉

原在遼東一年中往歸原居者數百家游學之士教授之聲不絕後得歸太祖辟爲司空掾侯康曰御覽卷二百九引邴原別傳云原字根矩魏武皇帝初爲司空辟署議曹掾請見禮畢上送至門中原辭直去不顧上還語左右孤甚敬此人於其辭遠送之謂其尙顧而終不顧此人誠高士也人謂曰君宜謝公公望君一日辭不顧揖原勃然曰夫何謝哉夫揖讓者謂其敵耳吾人臣也公人君也君尊臣卑揖讓何施且孔子反命曰賓不顧矣吾何謝哉人以語上上曰快乎斯言也夫有其名而豈徒哉原女早亡時太祖愛子倉舒亦沒本志武文世王公傳鄧哀王沖字倉舒年十三建安十三年病亡爲娉甄氏亡女與合葬太祖欲求合葬原辭曰合葬非禮也原之所以自容於明公公之所以待原者以能守訓典而不易也若聽明公之命則是凡庸也明公焉以

爲哉太祖乃止徙署丞相徵事

獻帝起居注曰建安十五年初置徵事二人原與平原王烈俱以選補王烈事見管寧傳

崔琰爲東曹掾記讓曰當爲奏記而讓之也徵事邴原議郎張範皆秉德純懿志行忠方淸靜足以厲俗貞固足以幹事所謂龍翰鳳翼國之重寶舉而用之不仁者遠代涼茂爲五官將長史代字上疑有脫字閉門自守非公事不出太祖征吳原從行卒趙一淸曰水經汶水注汶水又東北逕柴阜山北山之東有徵士邴原冢碑誌存焉寰宇記卷二十四邴原墓在安丘縣北五十里

原別傳曰邴原別傳隋志不著錄原十一而喪父家貧早孤鄰有書舍原過其傍而泣師問曰童子何悲原曰孤者易傷貧者易感夫書者必皆具有父兄者一則羨其不孤二則羨其得學心中惻然而爲涕零也師亦哀原之言而爲之泣曰欲書可耳答曰無錢資師

曰童子苟有志我徒相教不求資也於是遂就書一冬之閒誦孝經論語自在童齓之中 齓音襯說文毁齒也男八月生齒八歲而齓 嶷然有異及長金玉其行欲遠游學詣安丘孫崧 本志闕温傳注引魏略孫賓碩事即孫嵩范書趙岐傳作孫嵩趙一清曰後漢書郡國志北海國安丘有渠丘亭方輿紀要卷三十五安丘故城在青州府安丘縣東北漢安丘有二一屬北海即此安丘也一屬琅邪在今縣東南建武五年張步降封安丘侯尋省琅邪之安丘而北海之安丘如故一清案前漢書地理志北海安丘注孟康曰今渠丘是康三國魏人豈是時改安丘爲渠丘乎 崧辭曰君鄉里鄭君君知之乎原答曰然崧曰鄭君學覽古今博聞彊識鉤深致遠誠學者之師模也君乃舍之躡屣千里所謂以鄭爲東家丘者也君似不知而曰然者何原曰先生之說誠可謂苦藥良鍼矣然猶未達僕之微趣也人各有志所規不同故乃有登山而採玉者有入海而採珠者豈可謂登山者不知海之深入海者不知山之高哉君謂僕以鄭爲東家丘君以僕爲西家愚夫邪崧辭謝焉又曰兗豫之士吾多所識未有若君者適以書相分 官本考證盧明楷曰分字於文義晦册府元龜作介蓋謂孫崧與兗豫多相識欲以書爲介紹而先容之下文非若交游之待分而成也亦當作介其誤同潘眉曰分當爲尒即介字國語一尒嫡女一尒嬙男古本並作尒宋庠音尒古本切一作介 原重其意難辭之持書而別原心以爲求師啓學志高者通非若交游待分而成也書何爲哉乃藏書於家而行原舊能飲酒自行之後八九年閒酒不向口單步負笈苦身持力至陳留則師韓子助潁川則宗陳仲弓汝南則交范孟博涿郡則親盧子幹臨別師友以原不飲酒會米肉送原原曰本能飲酒但以荒思廢業故斷之耳今當遠別因見貺餞可一飲燕於是共坐飲酒終日不醉歸以書還孫崧解不致書之意後爲郡所召署功曹主簿時魯國孔融在郡教選計當任公卿之才乃以鄭玄爲計掾彭璆爲計吏原爲計佐融有所愛一人常盛嗟歎之後恚望欲殺之朝吏皆請時其人亦在坐叩頭流血而融意不解原獨不爲請融謂原曰衆皆請而君何獨不原對曰明府於某本不薄也常言歲終當舉之此所謂吾一子也如是朝吏受恩未有在某

前者矣而今乃欲殺之明府愛之則引而方之於子憎之則推之欲危其身原愚不知明府以何愛之以何惡之融曰某生於微門吾成就其兄弟拔擢而用之某今孤負恩施 官本考證云監本脫今字今添 夫善則進之惡則誅之固君道也往者應仲遠爲泰山太守舉一孝廉旬月之閒而殺之夫君人者厚薄何常之有原對曰仲遠舉孝廉殺之其義焉在夫孝廉國之俊選也舉之若是則殺之非也 官本考證云監本脫則字陳浩曰此二語與下句若殺之是則舉之非也爲對舉之文今照別本添 若殺之是則舉之非也詩云彼己之子不遂其媾蓋譏之也語云愛之欲其生惡之欲其死既欲其生又欲其死是惑也仲遠之惑甚矣明府奚取焉融乃大笑曰吾乃戲耳 宋本乃作但元本作直 原又曰君子於其言出乎身加乎民言行君子之樞機也安有欲殺人而可以爲戲者哉融無以答 周壽昌曰孔融好士而欲殺所拔擢之才應劭爲泰山太守舉一孝廉旬日即殺之穀熟長呂岐連杖殺兩祭酒袁渙爲沛南郡都尉不劾治之反以君誅臣爲說東漢有司之權重專殺如此而無人奏劾豈其末造政教陵夷故邪 是時漢朝陵遲政以賄成原乃將家人入鬱洲山中郡舉有道融書喻原曰脩性保眞 眞一作貞 清虛守高危邦不入久潛樂土王室多難西遷鎬京聖朝勞謙疇咨雋乂我徂求定策命懇惻國之將隕釐不恤緯 釐官本作嫠左傳昭公二十四年子太叔曰嫠不恤其緯而憂宗周之隕爲將及焉杜注嫠寡婦也織者常苦緯少寡婦所宜憂錢大昕曰釐古嫠字說文無嫠 家之將亡緹縈跋涉 漢書刑法志孝文即位十三年齊太倉令淳于公有罪當刑其少女緹縈自傷悲泣迺隨其父至長安上書願沒入爲官婢以贖父刑罪天子憐悲其意除肉刑 彼匹婦也猶執此義實望根矩仁爲己任授手援溺振民於難乃或晏晏居息莫我肯顧謂之君子固如此乎根矩根矩可以來矣原遂到遼東遼東多虎原之邑落獨無虎患原嘗行而得遺錢拾以繫樹枝 官本考證云監本作拾以繫樹枝別本作拾于義較長今改正 此錢既不見取而繫錢者愈多問其故答者謂之神樹原惡其由己而成淫祀乃辨之 元本辨作辯辨辯古通今別 于是里中遂斂其錢以爲社供 御覽五百三十三引原別傳云里老爲之頌曰邴君行仁邑落無虎（一作遼邑無虎）邴君行廉路樹爲社 後原欲歸鄉里止於三山

趙一清曰方輿紀要卷三十四三山島在萊州府北五十里海之南岸史記封禪書八祀四曰陰主祠三山謝鍾英曰原自遼東欲歸鄉里止於三山孔融與書頃知來至近在三山融時爲北海太守原朱虛人原歸鄉里止於三山山當在朱虛縣境 孔融書曰隨會在秦賈季在翟 左傳文公十三年晉人患秦之用士會也趙宣子曰隨會在秦賈季在狄難日至矣若之何 諮仰靡所歎息增懷頃知來至近在三山詩不云乎來歸自鎬我行永久故遣五官掾 宋本元本故作今續漢志百官志郡有五官掾署功曹及諸曹事 奉問榜人舟楫之勞禍福動靜告慰 或曰此處句讀未詳 亂階未已阻兵之雄若棊奕爭梟原亦是遂復反還 或曰此句亦有誤 積十餘年後乃遁還南行已數日而度甫覺度知原之不可復追也因曰邴君所謂雲中白鶴非鶉鷃之網所能羅矣又吾自遣之勿復求也遂免危難 世說賞譽篇注引原別傳云原避地遼東公孫度厚禮之中國既寧欲還鄉里爲度禁絕原密自治嚴謂部落曰移比近郡以觀其意皆曰樂移原舊有捕魚大船請村落皆令熟醉因夜去之 自反國土原於是講述禮樂吟咏詩書門徒數百服道數十時鄭玄以博學洽聞注解典籍故儒雅之士集焉原亦以高遠清白頤志澹泊口無擇言身無擇行故英偉之士向焉是時海內清議云青州有邴鄭之學 何焯曰鄭公業亦以鄭邴並言非家傳妄相推高之語 魏太祖爲司空辟原署東閤祭酒 晉書職官志諸公及開府位從公者置西東閤祭酒 太祖北伐三郡單于還住昌國 郡國志青州齊國昌國一統志昌國故城今山東濟南府淄川縣東北三十五里弼按武紀建安十二年九月公引兵自柳城還十一月至易水十三年正月還鄴似無道經昌國之理昌國或爲昌平之誤昌平爲由遼東還鄴必經之道也 燕士大夫酒酣太祖曰孤反鄴守諸君必將來迎今日明旦度皆至矣其不來者獨有邴祭酒耳言訖未久而原先至門下通謁太祖大驚喜攬履而起遠出迎原曰賢者誠難測度孤謂君將不能來而遠自屈誠副饑虛之心謁訖而出 何焯曰如此張弛則無損大節而仍得謙以受福之道矣 軍中士大夫 士大夫謂將士也見武紀建安十二年注 詣原者數百人太祖怪而問之時荀文若在坐對曰獨可省問邴原耳太祖曰此君名重乃亦傾士大夫心文若曰此一世異人士之精藻公宜盡禮以待之太祖曰固孤之宿心也自是之後見敬益重原雖在軍歷署常以病疾高枕

里巷終不當事又希會見河內張範 毛本作河南誤 名公之子也其志行有與原符甚相親敬令曰邴原名高德大清規邈世魁然而峙不爲孤用聞張子頗欲學之吾恐造之者富隨之者貧也魏太子爲五官中郎將天下向慕賓客如雲而原獨守道持常自非公事不妄舉動太祖微使人從容問之原曰吾聞國危不事冢宰君老不奉世子此典制也於是乃轉五官長史令曰子弱不才懼其難正貪欲相屈以匡勵之雖云利賢能不恧恧太子燕會衆賓百數十人太子建議曰君父各有篤疾有藥一丸可救一人當救君邪父邪衆人紛紜或父或君時原在坐不與此論太子諮之於原原悖然對曰 悖勃古字通 父也太子亦不復難之 通典卷六十七邴原有駁鄭玄皇后敬父母議 是後大鴻臚鉅鹿張泰河南尹扶風龐迪 張既傳扶風龐延終有名位未知延卽迪字之誤否迪一本作辿鍾會傳兄子辿注勑連切 以清賢稱 荀綽冀州記曰鉅鹿張貔字邵虎祖父泰字伯陽有名於魏父邈 錢儀吉曰有兩張邈 字叔遼遼東太守著名自然好學論在嵇康集爲人弘深有遠識恢恢然使求之者莫之能測也宦歷二官 陳景雲曰二官當作二宮歷二宮者謂以朝臣而更爲東宮官屬也語見吳志薛綜傳注引王隱晉書綜孫兼歷位二宮丞相長史 元康初爲城陽太守 洪亮吉曰城陽郡漢置城陽國中興後省入北海魏復分北海置 未行而卒 永寧太僕東郡張閣以簡質聞 洪飴孫曰太后三卿衛尉太僕少府皆隨太后宮爲官號本在九卿上魏放漢制在九卿下景初三年尊明元郭后爲皇太后稱永寧宮三少帝紀嘉平六年注引魏書有永寧太僕臣閣邴原傳有張閣按閣卽閤字相似而譌也弼按閣字子臺以作閣爲是 杜恕著家戒稱閣曰張子臺視之似鄙樸人然其心中不知天地閒何者爲美何者爲好敦然似如與陰陽合德者作人如此自可不富貴然而患禍當何從而來世有高亮如子臺者皆多力慕體之不如也 或曰力字疑方字之誤李慈銘曰杜恕著家戒以下蓋亦裴氏之注誤爲正文者也陳氏史裁簡質其文亦與傳體不類且此傳所附張太龐迪張閣三人事

同一例何得于閣下獨著杜恕家戒云云明傳文以簡質閻句止可無疑也姚振宗曰御覽五百九十三引杜恕家事戒文與此略相同疑此在篤論中或亦在其後人所編杜氏新書中然在當日則自爲一書貽其子孫也

管寧字幼安北海朱虛人也朱虛見邴原傳趙一清曰名勝志管公都在安丘縣西南四十五里魏管寧家於此

傳子曰齊相管仲之後也昔田氏有齊而管氏去之或適魯或適楚漢興有管少卿爲燕令始家朱虛世有名節九世而生寧

年十六喪父中表愍其孤貧咸共贈賵悉辭不受稱財以送終長八尺美須眉與平原華歆同縣邴原相友世說德行篇管寧華歆共園中鋤菜見地有片金管揮鋤與瓦石不異華捉而擲去之又嘗同席讀書有乘軒冕過門者寧讀如故歆廢書出看寧割席分坐曰子非吾友也俱游學於異國漢爲郡國制本郡國之外爲異國竝敬善陳仲弓陳寔字仲弓見陳羣傳注趙一清曰幼安爲陳球弟子水經泗水注下相縣故城西北有漢太尉陳球墓墓前有三碑是弟子管寧華歆等所造天下大亂聞公孫度令行於海外遂與原及平原王

烈等至於遼東度虛館以候之候北宋本作俟吳本同既往見度乃廬於山谷時避難者多居郡南而寧居北示無遷志後漸來從之太祖爲司空辟寧度子康絕命不宣嚴可均曰書鈔七十三通典三十二引管寧集辭辟別駕文魏志本傳不言辟別駕當是在遼東時事耳

傳子曰寧往見度語唯經典不及世事還乃因山爲廬鑿坏爲室坏鋪杯切爾雅釋山山再成曰坏越海避難者皆來就之而居旬月而成邑遂講詩書陳俎豆飾威儀明禮讓非學者無見也由是度安其賢民化其德邴原性剛直清議以格物度已下心不安之寧謂原曰潛龍以不見成德言非其時皆招禍之道也密遣令西還度庶子康代居郡外以將軍太守爲號而內實有王心卑己崇禮欲官寧以自鎭輔而終莫敢發言其敬憚如此

皇甫謐高士傳曰皇甫謐事見武紀建安十三年注隋書經籍志高士傳六卷皇甫謐撰舊唐志七卷新唐志崇文總目通志均作十卷今本三卷丁國鈞曰御覽引書目既列皇甫謐高士傳又列皇甫士安高士傳複誤黃逢元曰御覽五百一十引高士傳序末云自堯至魏凡九十餘人雖執節若夷齊去就若兩龔皆不錄也今本人數据晁氏陳氏所稱多寡不符殆後人撫御覽所引合嵇康高士傳後漢書隱逸傳成篇非謐原書沈家本曰其自序稱采自堯至魏九十餘人玉海所引亦同讀書志稱九十六人與自序亦無不合而書錄解題自披衣至管寧八十七人南宋李石續博物志又稱七十二人是宋時傳本已多不同今本九十六人與晁志所言符御覽五百六卷至五百九卷采此書七十一人其七十人與今本同惟東郭先生一人爲今本所無四庫總目據此謂與李石所言之數僅佚其一乃御覽久無善本傳刻偶脫然御覽三百九十九引此傳老子四百九十九引此傳孔嵩今本有老子無孔嵩而增此二人則與李石所言又不合又後漢書周燮傳注引閔貢王霸嚴光二傳注引豳光是唐本有此三人而不在御覽所引之內則据御覽及李石之說謂確是七十二人者未必然也寧所居屯落會井汲者或男女雜錯或爭井鬭鬩寧患之乃多買器吳本毛本多作各分置井傍汲以待之又不使知來者得而怪之問知寧所爲北宋本問作聞乃各相責不復鬭訟鄰有牛暴寧田者寧爲牽牛着涼處自爲飲食過於牛主牛主得牛大慙若犯嚴刑是以左右無鬭訟之聲禮讓移於海表

王烈者字彥方宋本元本方作考范書獨行傳王烈字彥方太原人章懷注引魏志烈字彥考周壽昌曰今魏志亦作彥方不作彥考殆後改也何焯曰本爲彥考後漢書注可據方字寡學者所定也北宋本正作考於時名聞在原寧之右辭公孫度長史商賈自穢沈欽韓曰漢制賈人不得宦爲吏御覽六百九十七晉令曰占儈賣者皆當著巾帖額題所儈賣者姓名一足著黑履一足著白履此其穢賤可知也唐六典工商之家不得預於士太祖命爲丞相掾徵事未至卒於海表范書王烈傳察孝廉三府並辟皆不就遭黃巾董卓之亂乃避地遼東夷人尊奉之太守公孫度接以昆弟之禮訪酬政事欲以爲長史烈乃爲商賈自穢得免曹操聞烈高名遣徵不至建安二十四年終於遼東年七十八晉書嵇康傳康遇王烈共入山烈嘗得石髓如飴即自服半餘半與康皆凝而爲石又於石室中見一卷素書遽呼康往取輒不復見烈乃歎曰叔夜趣非常而輒不遇命也

先賢行狀曰烈通識達道秉義不回以潁川陳太丘爲師二子爲友陳寔爲太丘長二子紀諶俱見陳羣傳時潁川荀慈明荀爽賈偉節賈彪字偉節潁川定陵人李元禮李膺字元禮潁川襄城人韓元長范書韓韶傳韶字仲黃潁川舞陽人子融字元長少能辯理而不爲章句學聲名甚盛五府並辟獻帝初至太僕年七十卒惠棟曰魏明甄表狀云融聰識知機發於岐嶷時人名之曰窮神知化兄弟同居至於沒齒卿相之位且二十年奉身守約不隕厥問陶淵明遺誡曰潁川韓元長漢末名士身處卿佐八十而終皆就陳君

學見烈器業過人歎服所履亦與相親由是英名著於海內道成德立還歸舊廬遂遭父喪泣淚三年遇歲饑饉路有餓殍烈乃分釜庾之儲左傳昭公三年豆區釜鍾昭公二十六年粟五千庾杜注釜六斗四升庾十六斗以救邑里之命是以宗族稱孝鄉黨歸仁以典籍娛心育人爲務遂建學校敦崇庠序其誘人也皆不因其性氣誨之以道使之從善遠惡益者不自覺而大化隆行皆成寶器門人出入容止可觀時在市井行步有異人皆別之州閭承風咸競爲善時國中有盜牛者牛主得之盜者曰我邂逅迷惑從今已後將爲改過子既以赦宥宋本以作已幸無使王烈聞之人有以告烈者烈以布一端遺之或問此人既爲盜畏君聞之反與之布何也烈曰昔秦穆公人盜其駿馬食之乃賜之酒盜者不愛其死以救穆公之難史記秦本紀初秦繆公亡善馬岐下野人共得而食之者三百餘人吏逐得欲法之繆公曰君子不以畜產害人吾聞食善馬肉不飲酒傷人乃皆賜酒而赦之三百人者聞秦擊晉皆求從從而見繆公窘亦皆推鋒爭死以報食馬之德於是繆公虜晉君以歸既此盜人能悔其過懼吾聞之是知恥惡知恥惡則善心將生故與布勸爲善也閒年之中行路老父擔重人代擔行數十里欲至家置而去問姓名不以告頃之老父復行失劍於路有人行而遇之欲置而去懼後人得之劍主於是永失欲取而購募或恐差錯遂守之至暮劍主還見之前者代擔人也老父擥其袂問曰子前者代吾擔不得姓名今子復守吾劍于路未有若子之仁請子告吾姓名吾將以告王烈乃語之而去老父以告烈烈曰世有仁人吾未之見遂使人推之乃昔時盜牛人也烈歎曰韶樂九成虞賓以和人能有感乃至於斯也遂使國人表其閭而異之時人或訟曲直將質於烈或至塗而反或望廬而還皆相推以直不敢使烈聞之時國主皆親驂乘郡國之守相也適烈私館疇諮政令察孝廉三府並辟皆不就會董卓作亂避地遼東躬秉農器編於四民布衣蔬食不改其樂東域之人奉之若君時衰世弊識眞者少朋黨之人互相讒謗自避世在東國者

多爲人所害烈居之歷年未嘗有患使遼東彊不陵弱衆不暴寡商賈之人市不二價太祖累徵召還補烈爲徵事見邴原傳注遼東爲解而不遣此烈自不欲至耳以建安二十三年寢疾年七十八而終

中國少安客人皆還唯寧晏然若將終焉黃初四年詔公卿舉獨行君子司徒華歆薦寧世說德行篇注引魏略云寧少恬靜常笑邴原華子魚有仕宦意及歆爲司徒上書讓寧寧聞之笑曰子魚本欲作老吏故榮之耳文帝即位上已有黃初四年位字疑衍徵寧遂將家屬浮海還郡公孫恭送之南郊加贈服物自寧之東也度康恭前後所資遺皆受而藏諸既已西渡官本考證云宋本無既字盡封還之王鳴盛曰管寧客遼東公孫度及文帝徵寧遂將家屬浮海還郡不但知公孫氏將亡亦以不還則必結怨於曹氏也潔其身巽其迹可謂兩得之矣

傳子曰是時康又已死嫡子不立而立弟恭恭懦弱而康孼子淵有儁才寧曰廢嫡立庶下有異心亂之所由起也乃將家屬乘海即受徵或曰此幼安受徵之故具見有識所謂亂邦不居也否則與若將終焉之初志相左矣史不宜略之寧在遼東積三十七年寧往遼東以三十七年計之當在靈帝中平四年元本三作二則在建安二年按後文陶丘一表云中平之際覊旅遼東三十餘年以作三爲是乃歸其後淵果襲奪恭位叛國家而南連吳僭號稱王明帝使相國宣文侯征滅之潘眉曰司馬懿初謚文貞改謚文宣此作宣文侯字倒誤也宜王未爲相國此亦傳子之誤遼東之死者以萬計如寧所籌嚴可均曰寧歸受徵在文帝時此竟其事寧之歸也海中遇暴風船皆沒御覽沒作破唯寧乘船自若時夜風晦冥船人盡惑莫知所泊望見有火光輒趣之得島島無居人又無火燼行人咸異焉以爲神光之祐也皇甫謐曰積善之應也侯康曰御覽卷六十引周景式孝子傳曰管寧避地遼東遇風船人危懼皆叩頭悔過寧思惟愆咎念常如廁不冠而已向天叩頭風亦尋靜詔以寧爲太中大夫續漢志百官志太中大夫千石無員漢官曰二十人秩比二千石韋昭辨釋名曰太中大夫在中最高大也固辭不受

傅子曰寧上書天子且以疾辭曰臣聞傅說發夢以感殷宗史記殷本紀武丁夜夢得聖人名曰說迺求諸野得說於傅巖舉以爲相殷國大治呂尙啟兆以動周文史記齊太公世家太公望呂尙東海上人西伯將出獵卜之曰所獲霸王之輔果遇太公於渭之陽以通神之才悟於聖主用能匡佐帝業克成大勳臣之器朽實非其人雖貪淸時釋體蟬蛻內省頑病日薄西山唯陛下聽野人山藪之願使一老者得盡微命書奏帝親覽焉

明帝即位太尉華歆遜位讓寧

傅子曰司空陳羣又薦寧曰臣聞王者顯善以消惡故湯舉伊尹不仁者遠伏見徵士北海管寧行爲世表學任人師淸儉足以激濁貞正足以矯時前雖徵命禮未優備昔司空荀爽家拜光祿先儒鄭玄即授司農若加備禮庶必可致至延西序禮記養庶老於西序坐而論道必能昭明古今有益大化

遂下詔曰太中大夫管寧耽懷道德服膺六藝淸虛足以侔古廉白可以當世曩遭王道衰缺浮海遁居大魏受命則襁負而至襁負見涼茂傳斯蓋應龍潛升之道聖賢用舍之義而黃初以來徵命屢下每輒辭疾拒違不至豈朝廷之政與生殊趣史記儒林傳言禮自魯高堂生謝承曰生者自漢以來儒者皆號生亦先生者省字呼之耳漢書高帝紀二年漢王謂酈食其曰以魏地萬戶封生師古曰生猶言先生他皆類此漢書賈誼傳文帝曰吾久不見賈生自以爲過之今不及也漢書貢禹傳天子報曰朕以生有伯魚之廉故親近生師古曰生謂先生也王先謙曰漢書或稱先或稱生此類甚多將安樂山林往而不能反乎夫以姬公之聖而耇德不降則鳴鳥弗聞尙書君奭曰尙書見後耇造德不降我則鳴鳥不聞矧曰其有能格鄭玄曰耇老也造成也詩云小子有造老成德之人不降志與我並在位則鳴鳥之聲不得聞況乃曰有能德格於天者乎言必無也鳴鳥謂鳳也

以秦穆之賢猶思詢乎黃髮尙書秦誓尙猷詢茲黃髮則罔所愆史記秦本紀秦繆公誓於軍曰古之人謀黃髮番番況朕寡德曷能不願聞道于子大夫哉今以寧爲光祿勳禮有大倫君臣之道不可廢也望必速至稱朕意焉又詔靑州刺史曰寧抱道懷貞潛翳海隅比下徵書違命不至盤桓利居高尙其事雖有素履幽人之貞錢大昭曰易履道坦坦幽人貞吉虞翻訓履自訟來時時在坎獄中故稱幽人之貞惠棟曰幽人幽繫之人尸子曰文王幽於羑里荀子曰公侯失禮則幽俗謂高士爲幽人非也而失考父茲恭之義官本考證云茲當作滋左傳昭公七年正考父佐戴武宣三命茲益恭家語本姓篇考父生孔父嘉其後以孔爲氏使朕虛心引領歷年其何謂邪徒欲懷安必肆其志不惟古人亦有翻然改節以隆斯民乎惟思也日逝月除時方已過澡身浴德將以曷爲仲尼有言吾非斯人之徒與而誰與哉其命別駕從事郡丞掾奉詔以禮發遣寧詣行在所給安車吏從茵蓐道上廚

食上道先奏寧稱草莽臣上疏曰臣海濱孤微罷農無伍祿運幸厚橫蒙陛下纂承洪緒德侔三皇化溢有唐久荷渥澤積祀一紀不能仰答陛下恩養之福沈委篤痾寢疾彌留逋違臣隸顚倒之節夙宵戰怖無地自厝臣元年十一月被公車司馬令所下州郡續百官志公車司馬令一人六百石掌宮南闕門凡吏民上章四方貢獻及徵詣公車者互見陳思王植傳八月甲申詔書徵臣更賜安車衣被茵蓐以禮發遣光寵並臻優命屢至怔營竦息悼心失圖思自陳聞申展愚情而明詔抑割不令稍脩章表是以鬱滯訖于今日誠謂乾覆恩有紀極不意靈潤彌以隆赫奉今年二月被州郡所下三年十二月辛酉詔書重賜安車衣服別駕從事與郡功曹以禮發遣又特被璽書以臣爲光祿勳躬秉勞謙引喻周秦損上益下受詔之日

精魄飛散靡所投死臣重自省揆德非園綺史記留侯世家太子侍四人從各言名姓曰東園公甪里
先生綺里季夏黃公漢書張良傳良曰顧上有所不能致者四人師古曰四人謂園
公綺里季夏黃公甪里先生所謂商山四皓也又曰四皓無姓名可稱諸家臆說不
取見漢書王貢兩龔鮑傳序而蒙安車之榮功無竇融而蒙璽封之寵范書竇融傳融決策東向遣長
史劉鈞奉書獻馬帝賜融璽書因授爲涼州牧楶棁駑下毛本棁作稅誤爾雅釋宮宗廇謂之梁其上楹謂之棁栭謂之楶注云棁侏儒柱也楶櫨也楶
音節棁音拙楶棁皆梁上短柱也禮記禮器篇管仲山節藻棁君子以爲濫矣荷棟梁之任垂沒之命獲九棘之位漢書五行
禮記王制大司寇聽於棘木之下注左九棘孤卿大夫位焉右九棘公侯伯子男位焉九棘又見鍾繇傳懼有朱博鼓妖之眚
志中之下哀帝建平二年朱博爲丞相臨延登受策有大聲如鍾鳴李尋曰洪範所謂鼓妖也博坐姦謀自殺又年疾日侵有加無損
不任扶輿進路以塞元責望慕閶闔徘徊闕庭謹拜章陳情乞蒙哀
省抑恩聽放無令骸骨塡於衢路自黃初至于靑龍徵命相仍常以
八月賜牛酒詔書問靑州刺史程喜程喜字申伯見杜恕傳寧爲守節高乎審

老疾尫頓邪尫馮本作尩音汪廢疾之人也喜上言寧有族人管貢爲州吏與寧鄰
比臣常使經營消息貢說寧常著皁帽布襦袴布裙趙一淸曰杜甫詩皁帽仍兼似管寧
又管寧紗帽淨卽本此傳隨時單複出入閨庭能自任杖不須扶持四時祠祭輒自
力彊改加衣服著絮巾故在遼東所有白布單衣親薦饌饋跪拜成
禮寧少而喪母不識形象常特加觴泫然流涕又居宅離水七八十
步夏時詣水中澡灑手足闚於園圃臣揆寧前後辭讓之意獨自以
生長潛逸耆艾智衰是以棲遲每執謙退此寧志行所欲必全不爲
守高或曰備載程喜奏辭瑣屑有情景得遝固遺意非以後史筆所及王鳴盛曰程喜之言可謂善爲我辭矣全寧之節者喜也其後正始二年太僕陶丘一
等薦寧宜備禮徵聘而奏末又言若寧固執守志斯亦聖朝同符唐虞雖出處殊塗於興治美俗一也此又諸公之留此地步以爲寧地者然此時寧年已八十四寧亦
自知必免矣弼按景初二年司徒缺盧毓薦處士管寧帝不能用見盧毓傳

高士傳曰管寧自越海及歸常坐一木榻積五十餘年未嘗箕股其榻上當膝處皆穿
何焯曰以未嘗箕股稱之則當時之人不皆危坐但胡床未行耳向栩傳云（范書獨行傳）坐板牀積久乃有膝踝足指之處亦以能危坐異之潘眉曰據所云
則管寧之坐如今之跪梁章鉅曰三代以上席地而坐皆如今之跪所謂未嘗箕股也
正始二年太僕陶丘一永寧衞尉孟觀錢大昭曰明元郭皇后爲太后稱永寧宮故設衞尉侍中
孫邕孫邕見齊王紀嘉平六年注又見鮑勛傳盧毓傳中書侍郎王基薦寧曰臣聞龍鳳隱耀
應德而臻明哲潛遁俟時而動是以鸑鷟鳴岐周道興隆宋本作隆興四
皓爲佐漢帝用康伏見太中大夫管寧應二儀之中和總九德之純
懿含章素質冰潔淵淸玄虛澹泊與道逍遙娛心黃老游志六藝升
堂入室究其閫奧韜古今於胸懷包道德之機要中平之際黃巾陸
梁華夏傾蕩王綱弛頓遂避時難乘桴越海羇旅遼東三十餘年在

乾之姤匿景藏光嘉遁養浩韜韞儒墨潛化傍流册府作潛澤滂流暢於殊
俗黃初四年高祖文皇帝疇諮羣公思求雋乂故司徒華歆舉寧應
選公車特徵振翼遐裔翻然來翔行遇屯厄遭罹疾病卽拜太中大
夫烈祖明皇帝嘉美其德登爲光祿勳寧疾彌留未能進道今寧舊
疾已瘳行年八十志無衰倦環堵蓽門馮本蓽作篳禮記左傳並从竹偃息窮巷飯
鬻糊口鬻古通粥宋本糊作餬并日而食吟詠詩書不改其樂困而能通遭難
必濟經危蹈險不易其節金聲玉色久而彌彰揆其終始殆天所祚
當贊大魏輔亮雍熙袞職有闕羣下屬望昔高宗刻象營求賢哲周
文啟龜以卜良佐況寧前朝所表名德已著而久棲遲未時引致非
所以奉遵明訓繼成前志也陛下踐阼纂承洪緒聖敬日躋超越周

成每發德音動諮師傅若繼二祖招賢故典賓禮儁邁以廣緝熙濟濟之化侔於前代寧清高恬泊擬跡前軌德行卓絕海內無偶歷觀前世 毛本前作何誤 玉帛所命申公枚乘周黨樊英之儔 史記儒林傳申公者魯人也天子使使東帛加璧安車駟馬迎申公申公時已八十餘老對曰爲治不在多言顧力行何如耳漢書枚乘傳乘字叔淮陰人也武帝自爲太子聞乘名及卽位以安車蒲輪徵乘范書逸民傳周黨字伯況太原廣武人建武中徵爲議郎以病去職復被徵光武引見黨伏而不謁自陳願守所志帝乃許焉范書方術傳樊英字季齊南陽魯陽人天子爲英設壇席令公車令導尚書奉引賜几杖待以師傅之禮 測其淵源覽其清濁未有厲俗獨行若寧者也誠宜束帛加璧備禮徵聘仍授几杖延登東序 禮記夏后氏養國老於東序 敷陳墳素 監本官本素作索 坐而問道 宋本問作論 上正琁璣 官本琁作璇尚書舜典在璿璣玉衡以齊七政孔傳曰璿美玉也璣衡王者正天文之器可運轉者七政日月五星各異政師古曰璿美玉也璣轉而衡平以玉爲璣衡謂渾天儀也七政日月五星也言舜觀察璣衡以齊同日月五星之政 協和皇極下阜羣生彝倫攸敘必有可觀光益大化若寧固執匪石 詩國風我心匪石不可轉也毛傳云石雖堅尚可轉也鄭箋云言心堅過於石也 守志箕山 一統志箕山在河南河南府登封縣東南史記太史公曰余登箕山上有許由冢高士傳箕山亦名許由山在陽城縣南十三里水經注陽城縣南對箕山山上有許由冢下有牽牛墟側潁水有犢泉是巢父還牛處 追迹洪崖參蹤巢許斯亦聖朝同符唐虞優賢揚歷垂聲千載

今文尚書曰 沈家本曰漢志尚書古文經四十六卷經二十九卷傳四十一篇歐陽章句三十一卷大小夏侯章句各二十九卷大小夏侯解故二十九篇其序論云秦燔書禁學濟南伏生獨壁藏之漢興亡失求得二十九篇以教齊魯之閒訖孝宣世有歐陽大小夏侯氏立於學官古文尚書者出孔子壁中武帝末魯恭王壞孔子宅欲以廣其宮而得古文尚書及禮記論語孝經凡數十篇皆古字也恭王往入其宅聞鼓琴瑟鐘磬之音於是懼乃止不壞孔安國者孔子後也悉得其書以考二十九篇得多十六篇安國獻之遭巫蠱事未列於學官今案自古文尚書出遂目伏生所誦爲今文於是尚書有今文古文之學左思魏都賦優賢著於揚曆張載注尚書盤庚曰優賢揚曆試也段玉裁古文尚書撰異云左時未經永嘉之亂夏侯歐陽等書無恙也漢魏人於夏侯歐陽曰尚書於孔壁則分別之云古文尚書范氏後漢書體例尚如此裴氏正與相反蓋古文尚書盛行遂易其稱焉爾但言今文尚書而不言何篇略之也裴氏時歐陽夏侯書已亡度裴所引卽魏都賦注故兼引賦語以足之今案裴氏引尚書但稱盤庚洪範君奭文侯之命而不冠以尚書之名省文耳其稱今文尚書者必當時有此標目故裴得引之其時今文是否已亡無可考見段氏謂裴氏今文已亡者特以永嘉之亂爲書之一劫故推測言之 優賢揚曆謂揚其所曆試 左思魏都賦曰優賢著於揚曆也 隋志晉齊王府記室左思集二卷梁有五卷錄一卷沈家本曰裴注所引魏都賦蜀都賦（見秦宓傳）當在集中梁章鉅曰文選魏都賦注盤庚云優賢揚曆此是鄭康成所注古文盤庚卽今文其敷心腹腎腸歷告爾百姓於朕志二句詳見尚書序疏而何義門批文選乃謂盤庚無此文亦疏矣

雖出處殊塗俯仰異體至於興治美俗其揆一也 梁章鉅曰此表凡五百餘字文采巨麗不誠蕭選何以遺之殆緣不得撰者主名耳 於是特具安車蒲輪束帛加璧聘焉 藝文類聚卷三十七載桓範薦管寧表云臣聞殷湯聘伊尹於畎畝之中周文進呂尚於渭水之濱竊見東莞管寧束脩箸行少有令稱州閭之名亞故太尉華歆遭亂浮海遠客遼東於混濁之中履絜清之節篤行足以厲俗清風足以矯世以簞食瓢飲過於顏子漏屋敝衣踰於原憲臣聞唐堯寵許由虞舜禮支父夏禹優伯成文王養夷齊及漢祖高四皓之名屈命於商洛之野史籍歎述以爲美談陛下紹五帝之鴻烈並三王之遺軌厲期受命光昭百代仍有優崇之禮於大夫管寧寵以上卿之位榮以安車之稱斯之爲美當在魏典流之無窮明世之高士也臣以爲旣加其大不受其細可重之以玄纁聘之以殊禮矣又載管寧答桓範書乾道輔誠誕膺嘉祚膺受多福爲國蕃維雖分陝之任未足比盛遠近隆望何慶如之昔値險阻越竄海濱于裔歷載風綱不紀豐蒙國恩還踐舊土簿佐多難恆嬰篤疾愧使區區展之無借泛愛遇隆遠辱綸墨降尊誘卑訓喩過泰見得思義抱以踧踖不勝來顧裁因答辱 會寧卒 趙一清曰水經汶水注朱虛縣東北逕管寧冢東故晏謨言柴阜西南有魏獨行君子管寧墓墓前有碑寰宇記卷二十四管寧墓在安丘縣西十二里杭世駿曰丘淵之征齊道里記曰朱虛城東有管寧舊宅前有水是寧嘗所澡浴處 時年八十四拜子邈郎中後爲博士初寧妻先卒知故勸更娶寧曰每省曾子王駿之言 漢書王吉傳吉字子陽琅邪皋虞人子駿以孝廉爲郎駿爲少府時妻死因不復娶或問之駿曰德非曾參子非華元亦何敢娶如淳曰華與元曾參二子也韓詩外傳曰曾參喪妻不更娶人問其故曾子曰以華元善人也 意常嘉之豈自遺之而違本心哉

傅子曰寧以衰亂之時世多妄變氏族者違聖人之制非禮命姓之意故著氏姓歌 宋本歌作論侯康曰歌字疑誤據玉海訂正 以原本世系文多不載 隋經籍志梁有魏徵士管寧集三卷錄一卷唐志同 每所居姻親知舊鄰里有困窮者家儲雖不盈擔石 毛本擔作儋誤 必分以贍救之與人子言教以孝

與人弟言教以悌宋本教作訓言及人臣誨以忠貌甚恭言甚順觀其行邈然若不可及
卽之熙熙然甚柔而溫因其事而導之於善是以漸之者無不化焉寧之亡天下知與
不知聞之無不嗟歎醇德之所感若此不亦至乎困學紀聞云管幼安如郭林宗天子不得臣諸侯不得友蘇文定贊
之曰少非漢人老非魏人何以命之天之逸民胡三省曰華歆邴原管寧三人號爲一龍歆爲龍頭原爲龍腹寧爲龍尾歆所爲乃爾原亦爲操爵所縻高尙其事
獨管寧耳當時頭尾之論蓋以名位言也嗚呼
時鉅鹿張臶胡三省曰臶徂悶翻又在甸翻祖問翻字子明潁川胡昭字孔明亦養志
不仕王鳴盛曰邴原傳末所附三人皆曾貴仕者管寧傳末所附二人皆能終遯者義類謹嚴非漫然也又二人者張臶一百五歲胡昭八十九歲亦以壽高
相爲類臶少游太學學兼內外後歸鄉里袁紹前後辟命不應移居上
黨幷州牧高幹表除樂平令趙一清曰方輿紀要卷四十山西平定州樂平縣漢沾縣地屬上黨郡後漢因之三國魏析置
樂平縣潘眉曰樂平建安初新置縣洪亮吉曰樂平郡漢建安中置晉地理志序例魏武置郡十二其一樂平樂平縣當是與郡同立不就徙遁

常山門徒且數百人遷居任縣潘眉曰任縣本屬鉅鹿建安十七年移屬魏郡黃初二年分魏郡西部置廣平郡任縣屬
廣平故張臶居任縣而廣平太守來致羊酒之禮謝鍾英曰廣平太守盧毓到官三日致版謁臶是任縣魏屬廣平方輿紀要今順德府任縣東南太祖爲
丞相辟不詣太和中詔求隱學之士能消災復異者郡累上臶發遣
老病不行廣平太守盧毓到官三日綱紀白承前致版謁臶毓教曰
張先生所謂上不事天子下不友諸侯者也此豈版謁所可光飾哉
但遣主簿奉書致羊酒之禮青龍四年辛亥錢大昭曰四年下有日無月史脫文宋書符瑞志四年作
三年詔書張掖郡玄川溢涌激波奮蕩寶石負圖狀像靈龜宅于川西
錢大昭曰宋書符瑞志云廣一丈七尺一寸圍五丈八寸立於川西嶷然磐峙倉質素章麟鳳龍馬煥炳成
形文字告命粲然著明太史令高堂隆上言胡三省曰太史令屬太常隆以侍中領之漢儒有高堂生
魯人隆其後也姓譜齊公族有高堂氏風俗通齊卿高恭仲食采於高堂古皇聖帝所未嘗蒙實有魏之禎命

東序之世寶高堂隆撰張掖郡玄石圖詳見明紀青龍三年注
尙書顧命篇曰大玉夷玉天球河圖在東序注曰河圖圖出于河帝王聖者之所受
事班天下任令于綽連齎以問臶通鑑青龍三年十一月張掖柳谷口水溢涌寶石負圖狀象靈龜立於川西有石馬
七及鳳凰麒麟白虎犧牛璜玦八卦列宿孛彗之象又有文曰大討曹詔書班天下以爲嘉瑞任令于綽連齎以問鉅鹿張臶胡三省曰連齎者連詔書及班下石圖齎
以問張臶也張臶兼內外學故以問之臶密謂綽曰夫神以知來不追已往禎祥先見通鑑禎祥
作祥兆下同而後廢興從之漢已久亡魏已得之何所追興徵祥乎此石
當今之變異而將來之禎瑞也通鑑禎瑞作符瑞胡三省曰後人以此爲晉繼魏之徵牛繼馬又以爲元帝本牛氏繼司
馬之徵正始元年戴鵀之鳥巢臶門陰戴鵀詳見本志烏丸傳注引魏書臶告門人曰夫
戴鵀陽鳥而巢門陰此凶祥也乃援琴歌詠作詩二篇旬日而卒時
年一百五歲是歲廣平太守王肅至官教下縣曰前在京都聞張子

明來至問之會其已亡致痛惜之此君篤學隱居不與時競以道樂
身昔絳縣老人屈在泥塗趙孟升之諸侯用睦左傳襄公三十年絳縣人或年長矣趙孟召之而謝
過焉曰武不才使吾子辱在泥塗久矣武之罪也遂仕之魯使者在晉歸以語諸大夫季武子曰晉未可媮也其朝多君子其庸可媮乎勉事之而後可愍其
耄勤好道而不蒙榮寵書到遣吏勞問其家顯題門戶務加殊異以
慰既往以勸將來胡昭始避地冀州亦辭袁紹之命遁還鄉里太祖
爲司空丞相頻加禮辟昭往應命既至自陳一介野生無軍國之用
歸誠求去太祖曰人各有志出處異趣勉卒雅尙義不相屈抱朴子逸民篇魏武
帝乃心欲用乎孔明孔明自陳不樂出身武帝謝遣之曰義不使高世之士辱於汙君之朝也昭乃轉居陸渾山中趙一清曰水經伊水
注伊水又東北涓水注之水出陸渾西山卽陸渾都也尋郭文之故居訪胡昭之遺像世去不停莫識所在方輿紀要卷四十八陸渾山在河南嵩縣東北四十里一名
方山御覽卷九百六十七引嵩高山記云魏文帝時稽叔夜胡昭在此學桃樹見在躬耕樂道以經籍自娛閭里敬而

愛之

高士傳曰初晉宣帝爲布衣時與昭有舊同郡周生等謀害帝昭聞而步陟險邀生于嵴澠之閒嵴澠見張既傳趙一清曰方輿紀要卷四十六三嵴山在河南永寧縣北六十里其地或謂之嵴澠或謂之澠隘或謂之嵴塞有盤嵴石嵴千嵴之山是爲三嵴止生生不肯昭泣與結誠生感其義乃止昭因與斫棗樹共盟而別昭雖有陰德於帝口終不言人莫知之信行於鄉鄰宋本鄉鄰作鄰黨建安十六年百姓聞馬超叛避兵入山者千餘家饑乏漸相劫略昭常遜辭以解之是以寇難消息衆咸宗焉故其所居部落中三百里無相侵暴者

建安二十三年陸渾長張固郡國志弘農郡陸渾方輿紀要今河南府嵩縣北三十里被書調丁夫當給漢中百姓惡憚遠役並懷擾擾民孫狼等因興兵殺縣主簿作爲叛亂縣邑殘破固率將十餘吏卒依昭住止招集遺民安復社稷

狼等遂南附關羽羽授印給兵還爲賊寇宋本作還爲寇賊蜀志關羽傳梁郟陸渾羣盜或遙受羽印號爲之支黨到陸渾南長樂亭自相約誓言胡居士賢者也錢大昭曰禮記玉藻云居士錦帶弟子縞帶鄭注居士道藝處士也居士與弟子對文則居士當有師表可爲矜式者稱人爲居士昉此一不得犯其部落一川賴昭咸無怵惕天下安輯徙宅宜陽郡國志弘農郡宜陽一統志今河南府宜陽縣西

高士傳曰幽州刺史杜恕嘗過昭所居草廬之中言事論理辭意謙敬恕甚重焉太尉蔣濟辟不就

正始中驃騎將軍趙儼尚書黃休郭彝散騎常侍荀顗鍾毓太僕庾嶷庾嶷見齊王紀嘉平六年注

案庾氏譜嶷字劭然潁川人子𤫩字玄默晉尚書陽翟子嶷弟遁字德先太中大夫遁胤嗣克昌爲世盛門侍中峻峻事見高貴鄉公紀甘露元年又見吳志孫皓傳天紀三年注晉書庾峻傳峻字山甫潁川鄢陵人祖乘才學洽聞漢司徒辟有道徵皆不就伯父嶷中正簡素仕魏爲太僕父道廉退貞固養志不仕（峻父名道此作遁異）與峻游京師往候蘇林林曰尊伯爲當世令器君兄弟復俊茂此尊祖積德之所由也太常鄭袤見峻大奇之舉爲博士時重老莊而輕經史峻懼雅道陵遲潛心儒典屬高貴鄉公幸太學問尚書義於峻峻援引師說發明經旨申暢疑滯對答詳悉河南尹純晉書庾純傳純字謀甫博學有才義爲世儒宗歷中書令河南尹純以賈充姦佞舉充西鎮關中充由是不平純行酒充不時飲純因發怒曰賈充天下兇兇由爾一人充曰充輔佐二世蕩平巴蜀有何罪而天下爲之兇兇純曰高貴鄉公何在皆遁之子豫州牧長史顗晉書顗作數庾峻傳峻二子珉字子琚數字子嵩（聖賢羣輔錄下引作庾凱）數爲陳留相嘗讀老莊曰正與人意闇同太尉王衍雅重之遷豫州牧長史石勒之亂與衍俱被害遁之孫太尉文康公亮晉書庾亮傳亮字元規明穆皇后之兄也父琛亮美姿容善談論性好老莊風格峻整動由禮節時人或以爲夏侯太初陳長文之倫也元帝爲鎮東時辟西曹掾聘亮妹爲皇太子妃中興初拜中書郎領著作侍講東宮明帝即位爲中書監王敦有異志內深忌亮亮以疾去官及敦舉兵加亮左衛將軍都督東征諸軍事平封永昌縣開國公帝疾篤與王導受遺詔輔幼主蘇峻舉兵反亮與溫嶠共推陶侃爲盟主峻平亮乃求外鎮受命鎮蕪湖與陶侃共平郭默之亂還亮都督江荊豫益梁雍六州諸軍事領江荊豫三州刺史進號征西將軍開府儀同三司假節亮固讓開府還鎮武昌徵爲司徒固辭咸康六年薨追贈太尉謚曰文康司空冰晉書庾冰傳冰字季堅預討華軼功封都

鄉侯王導新喪冰兄亮固辭不入衆望歸冰咸曰賢相康帝即位冰懼權盛乃求外出鎮武昌康帝崩徵冰輔政以疾篤尋卒贈司空皆遁之曾孫貴達至今

弘農太守何楨等何楨見齊王紀嘉平六年注侯康曰藝文類聚卷五十六引文士傳曰何楨字元幹青龍元年天子特詔曰揚州別駕何楨有文章才識使作許都賦成封上不得令人見楨遂造賦表上御覽三百八十五引何楨別傳曰楨廬江灊人父他字文奇有雋才早卒楨在孕而孤生遇荒亂歸依舅氏齠齔乃追行喪哀泣合禮鄉邑稱焉十餘歲耽志博覽研精羣籍名馳淮泗階經籍志何楨集一卷梁五卷趙一清曰史通人物篇云當三國異朝兩晉殊宅若元則仲景時才重於許洛何楨許詢文雅高於揚豫而陳壽國志王隱晉史廣列諸傳而遺此不編斯亦網漏吞舟過爲迂闊者一清案楨入晉歷任顯位非終魏臣以規承祚所未喻矣

文士傳曰楨字元幹廬江人有文學器幹容貌甚偉歷幽州刺史廷尉晉書文帝紀甘露二年假廷尉何楨節使淮南宣慰將士入晉爲尚書光祿大夫楨子龕後將軍勗車騎將軍惲豫州刺史其餘多至大官自後累世昌阜吳本毛本世作至誤司空文穆公充惲之孫也晉書何充傳充字次道廬江灊

人魏光祿大夫楨之曾孫也祖惲豫州刺史父叡安豐太守充卽王導妻之姊子充妻明穆皇后之妹也故早歷顯官王導庾亮並薦加吏部尚書穆帝卽位充輔幼主臨朝正色以社稷爲己任永和二年卒贈司空諡文穆趙一清曰晉書外戚傳何準字幼道穆章皇后父也高尚寡欲州府交辟並不就兄充爲驃騎將軍勸其令仕準曰第五之名何減驃騎準兄弟中第五故有此言孝友傳何琦字萬倫充之從兄也祖父龕後將軍父阜淮南內史貴達至今

遜薦昭曰天眞高絜老而彌篤玄虛靜素有夷皓之節宜蒙徵命以勵風俗

高士傳曰朝廷以戎車未息徵命之事且須後之昭以故不卽徵後頴休復與庾嶷薦昭有詔訪於本州評議侍中韋誕駮曰禮賢徵士王政之所重也古者考行於鄉馮本鄕作卿誤今頴等位皆常伯納言嶷爲卿佐足以取信附下罔上忠臣之所不行也昭宿德耆艾遺逸山林世所高尚官本考證云宋本無世所高尚四字誠宜嘉異乃從誕議也

至嘉平二年宋本作嘉平各本皆誤作熹平熹平爲漢靈帝年號嘉平爲魏齊王芳年號金陵局本作嘉平不誤官本考證云北宋本作嘉平公車特徵會卒年八十九拜子纂郎中初昭善史書漢書元帝紀贊曰元帝多材藝好史書應劭曰周宣王太史史籀所作大篆錢大昕曰應說非也漢律太史試學童能諷書九千字以上乃得爲史貢禹傳武帝時盜賊起郡國擇便巧史書者以爲右職俗皆曰何以禮義爲史書而仕宦酷吏傳嚴延年善史書所欲誅殺奏成於手中主簿親近史不得聞知蓋史書者令史所習之書猶言隸書也善史書者謂能識字作隸書耳豈皆盡通史籀十五篇乎外戚傳許皇后聰慧善史書西域傳楚主侍者馮嫽能史書王尊傳少善史書後漢書安帝紀年十歲好學史書皇后紀鄧皇后六歲能史書梁皇后少好史書章八王傳安帝所生母左姬善史書齊武王傳北海敬王睦善史書當世以爲楷則明八王傳樂成靖王黨善史書喜正文字諸所稱善史書者無過諸王后妃嬪侍之流略知隸楷已足成名非眞精通篆籀也魏志管寧傳潁川胡昭善史書與鍾繇邯鄲淳衞顗韋誕並有名尺牘之迹動見模楷則史書之卽隸書明矣弼按錢氏謂史書卽隸書可備一說惟胡鍾衞韋邯鄲皆爲千古書家不能與僅能識字作隸書者相提並論竹汀考訂夙稱精審此則似勝筆鋒未顧事實矣

與鍾繇邯鄲淳衞覬毛本覬作顗韋誕並有名尺牘之迹動見模楷焉潘眉曰史籀所作大篆謂之史書衞恆書勢云魏初有鍾胡二家俱學於劉德升又荀勗立書博士以鍾繇胡昭爲法當時鍾胡齊名趙一清曰張懷瓘書斷云昭少而博學不慕榮利有夷皓之節甚能籀書眞行又妙衞恆曰胡昭與鍾繇並師劉德升俱善草行而胡肥鍾瘦尺牘之迹動見模楷羊欣云胡昭得張芝骨索靖得其肉韋誕得

其筋張華云胡昭善隸書茂先與荀勗共整理記籍又立書博士置弟子教習以鍾胡爲法可謂宿士矣

傅子曰胡徵君怡怡無不愛也雖僕隸必加禮焉外同乎俗內秉純絜心非其好王公不能屈年八十而不倦於書籍者吾於胡徵君見之矣

時有隱者焦先河東人也魏略曰先字孝然中平末白波賊起時先年二十餘與同郡侯武陽相隨武陽年小有母先與相扶接避白波東客揚州取婦建安初來西還武陽詣大陽占戶大陽見董卓傳獻帝至大陽止人家屋中卽此應劭曰在大河之陽水經注河水東逕大陽縣故城南一統志今山西解州平陸縣東北十五里先留陝界至十六年關中亂先失家屬獨竄於河渚閒趙一清曰方輿紀要卷二十五焦山在鎭江府東北九里江中以後漢處士焦先隱此而名一淸案孝然未嘗至吳蓋俗傳耳弼按先東客揚州非未至吳也又按阮元焦山釆略云余家藏嘉定鎭江志云江淹焦山詩舊本作譙山是北宋以前尙名譙山北宋以後始以焦孝然事傅會之孝然避兵娶婦於揚州年尙幼幷無隱焦山三詔之事蔡伯喈卒於漢末在孝然之前焦君之贊當別有一焦君斷無爲孝然作贊之事食草飮水無衣履時大陽長朱南望見之謂爲亡士欲遣船捕取武陽語縣此狂癡人耳遂注其籍給廩日五升後有疫病人多死者縣常使埋藏童兒豎子皆輕易之然其行不踐邪徑必循阡陌及其捃拾不取大穗飢不苟食寒不苟衣結草以爲裳科頭徒跣每出見婦人則隱翳須去乃出自作一瓜牛廬淨埽其中營木爲牀布草蓐其上至天寒時構火以自炙潘眉曰構與篝通史記陳涉世家篝火漢書作構火呻吟獨語飢則出爲人客作飽食而已不取其直又出於道中邂逅與人相遇輒下道藏匿或問其故常言草茅之人與狐兎同羣不肯妄語太和青龍中嘗持一杖南渡淺河水輒獨云未可也由是人頗疑其不狂至嘉平中太守賈穆初之官故過其廬先見穆再拜穆與語不應與食不食穆謂之曰國家使我來爲卿作君我食卿卿不肯食我與卿語卿不應我如是我不中爲卿作君當去耳先乃曰寧有是邪遂不復語其明年大發卒將伐吳有竊問先今討吳何如先不肯應而謬歌曰祝衄祝衄衄音忸敗北曰衄非魚非肉更相追逐本心爲當殺牂

羊更殺其羖攊邪爾雅釋畜牝牂夏羊郭注詩曰牂羊墳首夏羊黑羖攊也陸德明音義牂子郞反字林云三歲曰牂夏黑羖羊也羖音古攊音歷鄙人不知其謂會諸軍敗好事者乃推其意疑牂羊謂吳羖攊謂魏於是後人僉謂之隱者也議郞河東董經特嘉異節與先非故人密往觀之經到乃奮其白鬚爲如與之有舊者謂曰阿先闊乎念共避白波時不先熟視而不言經素知其昔受武陽恩因復曰念武陽不邪先乃曰已報之矣經又復挑欲與語遂不肯復應後歲餘病亡時年八十九矣　高士傳曰世莫知先所出或言生乎漢末自陝居大陽無父母兄弟妻子見漢室衰乃自絕不言及魏受禪常結草爲廬於河之湄獨止其中冬夏恒不著衣臥不設席又無草蓐以身親土其體垢汚皆如泥漆五形盡露不行人間或數日一食欲食則爲人賃作人以衣衣之乃使限功受直足得一食輒去人欲多與終不肯取亦有數日不食時行不由邪徑目不與女子逆視口未嘗言雖有驚急不與人語遺以食物皆不受河東太守杜恕嘗以衣服迎見而不與語司馬景王聞而使安定太守董經因事過視又不肯語經以爲大賢其後野火燒其廬先因露寢遭冬雪大至先袒臥不移人以爲死就視知生官本考證云宋本作就視如故不以爲病人莫能審其意度年可百歲餘乃卒或問皇甫謐曰焦先何人曰吾不足以知之也考之於表可略而言矣夫世之所常趣者榮味也形之所不可釋者衣裳也身之所不可離者室宅也口之所不能已者言語也心之不可絕者親戚也今焦先棄榮味釋衣服離室宅絕親戚閉口不言曠然以天地爲棟宇闇然合至道之前出羣形之表入玄寂之幽一世之人不足以挂其意四海之廣不能以回其顧妙乎與夫三皇之先者同矣結繩已來未及其至也豈羣言之所能髣髴常心之所得測量哉彼行人所不能行堪人所不能堪犯寒暑不以傷其性居曠野不以恐其形遭驚急不以迫其慮離榮愛不以累其心損視聽不以汙其耳目宋本

損作捐舍足於不損之地居身於獨立之處延年歷百壽越期頤雖上識不能尙也自羲皇已來一人而已矣　魏氏春秋曰故梁州刺史耿黼晉書地理志泰始三年分益州立梁州於漢中以先爲仙人也北地傅玄謂之性同禽獸並爲之傳而莫能測之趙一清曰神仙傳焦先年百七十歲常食白石以分與人熟煮如芋食之日日入山伐薪以施人先自村頭一家起周而復始負薪以置人門外人見之鋪席與坐爲設食先便坐亦不與人語負薪來如不見人便私置於門閒便去連年如此及魏受禪居河之湄結草爲菴獨止其中不設牀席以草蓐襯坐其身垢汚濁如泥潦或數日一食行不由徑不與女人交游衣敝則賣薪以買故衣著之冬夏單衣遭野火燒其菴人往視之見先危坐菴下不動火過菴燼先方徐徐而起衣物悉不焦灼又大雪人屋多壞先菴倒人往不見所在恐已凍死乃共拆菴求之見先熟臥於雪下顏色赫然氣息休休如盛暑醉臥之狀人知其異多欲從學道先曰我無道也後與人別去不知所適博物志曰近魏明帝時河東有焦生者裸而不衣處火不焦入水不凍杜恕爲太守親所呼見皆有實事　魏略又載扈累及寒貧者累字伯重京兆人也初平中山東人有青牛先生者字正方客三輔曉知星歷風角鳥情常食青葙芫華葙音襄芫音元史記倉公傳臨菑氾里女子薄吾病甚臣意飲以芫花一撮年似如五六十者人或親識之謂其已百餘歲矣初累年四十餘隨正方遊學人謂之得其術有婦無子建安十六年三輔亂又隨正方南入漢中漢中壞正方入蜀累與相失隨徙民詣鄴遭疾疫喪其婦至黃初元年又徙詣洛陽遂不復娶婦獨居道側以甗甎爲障甗音鹿甎音專爾雅瓴甋謂之甓郭注甗甎也今江東呼爲瓴甓漢書酷吏傳尹賞傳賞修治長安獄穿地方深各數丈致令辟爲郭師古曰令辟甗甎也六書故瓴牝瓦仰蓋者仰瓦受覆瓦之流所謂瓦溝施一廚牀食宿其中晝日潛思夜則仰觀星宿吟詠內書人或問之閉口不肯言至嘉平中年八九十裁若四五十者縣官以其孤老日給廩五升王鳴盛曰古尺小於今尺是以步數畝數里數皆古小今大古量亦小於今量後漢書南蠻傳軍行日三十里爲程人日稟五升李注古升小故曰五升也是後漢時量小於今甚遠魏志管寧傳注扈累嘉平中年八九十縣官給廩日五升不足晉書司馬懿紀與諸葛亮相拒於五丈原亮使至帝問諸葛公食可幾米對曰三四升帝曰孔明其能久乎蜀志亮傳注作食不至數升宋王楙野客叢書十一歷引周禮廩人注魏李悝漢趙充國匈奴傳及後漢南蠻傳與晉顧臻之言證古量之小又引北史庫伏連性吝家口人食米二升常有饑色南北朝量比漢魏前已略大然比今則尙小五升不足食頗行傭作以裨糧糧盡復出人與不取

食不求美衣弊縕故後一二年病亡故字疑衍寒貧者本姓石字德林安定人也建安初客三輔是時長安有宿儒欒文博者馮本欒作欒吳本毛本博作傳門徒數千何焯校改千作十德林亦就學始精詩書後好內事於衆輩中最玄默至十六年關中亂南入漢中初不治產業不畜妻孥常讀老子五千文及諸內書晝夜吟詠到二十五年漢中破隨衆還長安遂癡愚不復識人食不求味冬夏常衣弊布連結衣體如無所勝目如無所見獨居窮巷小屋無親里人與之衣食不肯取郡縣以其鰥窮給廩日五升食不足頗行乞乞不取多人問其姓字口不肯言元本口作又故因號之曰寒貧也或素有與相知者往存恤之輒拜跪由是人謂其不癡車騎將軍郭淮以意氣呼之問其所欲亦不肯言淮因與脯糒及衣脯音甫糒音避脯肉乾也糒乾飯也不取其衣取其脯一朐朐音俱屈曰朐乾肉之屈者糒一升而止

臣松之案魏略云焦先及楊沛並作瓜牛廬止其中以爲瓜當作蝸蝸牛螺蟲之有角

者也俗或呼爲黃犢先等作圜舍形如蝸牛蔽故謂之蝸牛廬官本考證云宋本作形如蝸牛廬無蔽字及故謂之蝸牛五字何焯校本云北宋本有之劉家立曰蔽字疑衍文宋本并下五字無之亦非是弼按毛本作故爲之瓜牛廬誤莊子曰有國於蝸之左角者曰觸氏有國於右角者曰蠻氏時相與爭地而戰伏尸數萬逐北旬有五日而後反謂此物也

評曰袁渙邴原張範躬履清蹈進退以道

臣松之以爲蹈猶履也躬履清蹈近非言乎

蓋是貢禹兩龔之匹漢書貢禹傳禹字少翁琅邪人也以明經絜行著聞元帝即位徵禹爲諫大夫天子納善其忠爲御史大夫數言得失書數十上天子嘉其質直之意兩龔傳兩龔皆楚人勝字君賓舍字君倩二人相友並著名節故世謂之楚兩龔王鳴盛曰此評以袁渙邴原爲貢禹兩龔之匹意指顯然其待魏室之輕重亦在是矣蓋借禪讓以爲篡竊始於莽操莽敗操成其開後世以巧奪之門一也陳壽目睹兩朝故尤謹之而寓其意於諸賢出處之閒示進退於列傳先後之際其用心良苦矣趙一清曰袁邴而外倘有程仲寰宇記程徵君墓在開封府封丘縣南四里魏書程仲字孔禮陳留封丘人有志行明帝青龍三年徵不就景初二年正始五年徵又不就晉武帝太始三年卒封元鄉亭侯涼茂國淵亦其次也張承名行亞範可謂能弟矣田疇抗節王脩忠貞足以矯俗管寧淵雅高尚確然不拔張臶胡昭闔門守靜不營當世故并錄焉王鳴盛有說見前劉咸炘曰王氏以諸人皆未入魏其說是也然以承祚尊其未臣魏以示貶魏則未見其然也貢禹兩龔乃以清名非易代不仕之節若謂於列傳先後示進退則何不列之荀賈之前而列之此邪諸人固未及魏篡而卒然未及篡而卒者尚有郭嘉劉馥司馬朗任峻王粲諸人何又列於鍾華之後乎傳之排列止依義類年代何關進退邪此及下篇諸人雖皆非魏純臣而分爲兩傳各自有意此篇專取清節之士下篇則取嚴峻之才此二種迥不同此篇仿王貢等傳下篇則非

魏書十一　　三國志十一

崔毛徐何邢鮑司馬傳第十二

劉咸炘曰操矯漢末虛浮之弊而尙刑名以嚴御下而崔毛諸人以清嚴應之然兩嚴相遇固必不容矣此不獨崔毛諸人之得失也治道張弛之變於此觀之上篇諸人乃東京清節之後勁此編則曹魏刑名之前茅也承祚立此二傳極有意惜未自詳發耳又曰崔毛徐何皆爲東曹及尙書典選舉邢亦爲東曹何邢又皆爲太子傳邢顯諫廢丕與崔毛同鮑勛在東宮持法與何邢同爲宮正執法與徐奕同司馬芝亦以執法稱

晉平陽侯相安漢陳壽撰

宋中書侍郎西鄉侯聞喜裴松之注

沔陽盧弼集解

崔琰字季珪清河東武城人也郡國志冀州清河國東武城劉昭注桓帝建和二年清河改爲甘陵王先謙曰建安十一年國除爲郡三國魏爲清河郡黃初三年封曹貢爲清河王四年國除爲郡惠棟曰酈元云定襄有武城故加東太平寰宇記卷五十八史記平原君封東武城卽此蓋以定襄有武城同屬趙故此加東也一統志東武城故城今山東臨清州武城縣治少樸訥好擊劍尙武事年二十三鄉移爲正何焯曰此正疑卽正卒羨卒之正沈欽韓曰漢官儀民年二十三爲正（謂正卒）一歲以爲衞士一歲爲材官騎士習射御騎馳戰陣年五十六老衰乃得免爲民蓋爲文學弟子則復其身始感激讀論語韓詩漢書藝文志詩經二十八卷魯齊韓三家應劭曰申公作魯詩后蒼作齊詩韓嬰作韓詩至年二十九乃結公孫方等就鄭玄受學藝文類聚卷二十七引崔琰述初賦曰琰性頑口訥至二十九粗閱書傳聞北海有鄭徵君者當世名儒遂往造焉道由齊都而作述初賦曰有鄭氏之高訓吾將往乎發曚濯余髮於蘭池振余佩於清風望高密以亟征戾衡門而造止覿游夏之巍巍聽大猷之篇記高洪崖之耿介羨安期之長生登州山以永望臨洞浦之廣溟左揚波於暘谷右濯岸於濛汜運混元以升降與三光而終始蓬萊蔚其潛興瀛壺崛以駢羅列金臺之巘巘方玉闕之嵯峨學未朞徐州黃巾賊攻破北海玄與門人到不其山避亂趙一清曰前漢書地理志琅邪郡不其如淳曰其音基續漢志郡國志作不期屬東萊蓋山在其境也方輿紀要卷三十六不其山在膠州卽墨縣東南四十里續志注引三齊記云鄭玄教授不期山山下生草大如韰葉長一尺餘堅韌異常土人名曰康成書帶一統志不其故城在今山東萊州府卽墨縣西南不其社時穀糴縣乏玄罷謝諸生（范書鄭玄傳玄自游學十餘年乃歸鄉里家貧客耕東萊學徒相隨已數百千人惠棟曰三齊略記云鄭司農常居南成城南山中教授黃巾亂乃遣生徒崔琰諸賢於此揮涕而散琰既受遣而寇盜充斥西道不通於是周旋青徐兖豫之郊太平寰宇記卷二十文登縣昌山引郡國記云昌陽縣有巨神島有祠能行雲雨崔琰避黃巾於此山郡國志青州東萊郡昌陽一統志今萊陽縣東南二十五里昌山南東下壽春南望江湖自去家四年乃歸以琴書自娛大將軍袁紹聞而辟之時士卒橫暴掘發丘壠琰諫曰昔孫卿有言士不素教甲兵不利雖湯武不能以戰勝今道路暴骨民未見德宜勅郡縣掩骼埋胔禮記月令篇孟春之月掩骼埋胔鄭注謂死氣逆生也骨枯曰骼肉腐曰胔骼音格胔疾智切示憯怛之愛追文王之仁新序周文王作靈臺及爲池沼掘地得死人之骨文王曰更葬之天下聞之皆曰文王賢矣澤及枯骨況於人乎紹以爲騎都尉後紹治兵黎陽郡國志兖州東郡白馬縣有黎陽津水經注黎陽津一名白馬津津之東南有白馬城在今河南衞輝府滑縣西北三十里次于延津郡國志兖州陳留郡酸棗縣杜預曰縣北有延津今河南衞輝府延津縣東北琰復諫曰天子在許民望助順不如守境述職以寧區宇李安溪曰爲紹畫策者惟此數語近正耳紹不聽遂敗于官渡官渡見武紀建安四年及紹卒二子交爭爭欲得琰琰稱疾固辭由是獲罪幽於囹圄賴陰夔陳琳營救得免陰夔見武紀建安九年陳琳見王粲傳太祖破袁氏領冀州牧辟琰爲別駕從事刺史官屬有別駕從事或但云別駕杜佑云舊解以爲別乘傳車故曰別駕胡三省曰別駕從事州牧行部則奉引錄衆事謂琰曰昨按戶籍可得三十萬衆故爲大州也沈家本曰續漢志冀州領郡國九共戶九十萬八千有五口四百一萬三千三十三此永和五年戶口數也此云三十萬衆則不及十之一也琰對曰今天下分崩九州幅裂二袁兄弟親尋干戈左傳昔高辛氏有二子曰尋干戈杜預曰尋用也冀方蒸庶詩大雅天生烝民鄭箋云烝衆也暴骨原野未聞王師仁聲先路存問風俗救其塗炭而校計甲兵毛本校作校誤御覽作計校甲兵唯此爲先斯豈鄙州士女所望於明公哉太祖改容謝之于是賓客皆伏失色胡三省曰此操之所以重崔琰而亦不能不害崔琰也太祖征并州建安十年并州刺史高幹

復以幷州叛留琰傅文帝於鄴世子仍出田獵變易服乘志在驅逐琰書諫曰蓋聞盤于游田書之所戒尙書無逸篇周公曰文王不敢盤于游田魯隱觀魚春秋譏之春秋隱公五年公矢魚於棠杜注書陳魚以示非禮也書棠譏遠地也此周孔之格言二經之明義殷鑒夏后詩稱不遠詩大雅蕩之什殷鑒不遠在夏后之世子卯不樂禮以爲忌禮記檀弓下晉知悼子卒平公飮酒杜蕢曰子卯不樂鄭注紂以甲子死桀以乙卯亡王者謂之疾日不以舉樂爲吉事此又近者之得失不可不深察也袁族富彊公子寬放盤游滋侈義聲不聞哲人君子俄有色斯之志論語色斯舉矣集解云見顏色不善則去之熊羆壯士墮於吞噬之用固所以擁徒百萬跨有河朔沈家本曰荀攸傳袁氏據四州之地帶甲十萬而此云百萬者彼舉帶甲而言此言其民數之衆上文言冀州得三十萬則四州之衆不過如此無所容足也今邦國殄瘁惠康未洽士女企踵所思者德況公親御戎馬上下勞慘世子宜遵大路愼以行正思經國之高略內鑒

近戒毛本近作述誤外揚遠節深惟儲副以身爲寶而猥襲虞旅之賤服忽馳騖而陵險志雉兎之小娛忘社稷之爲重斯誠有識所以惻心也唯世子燔翳捐褶潘岳射雉賦序曰以講肄之餘暇而習媒翳之事徐爰注翳者所隱以射者也錢大昭曰晉書輿服志云袴褶之制未詳所起近世凡車駕親戎中外戒嚴服之又云大戟一隊九人楯一隊刀楯一隊弓一隊弩一隊隊各五十人黑袴褶周壽昌曰御覽服章部引晉義熙起居注安帝自荆州至新亭詔曰諸侍官戎行之時不備朱服悉令袴褶從也足徵褶是戎裝便服以塞衆望不令老臣獲罪於天世子報曰昨奉嘉命惠示雅數何焯校改數作疏欲使燔翳捐褶翳已壞矣褶亦去焉後有此比蒙復誨諸太祖爲丞相琰復爲東西曹掾屬徵事邴原傳辟原爲司空掾徙署丞相徵事崔琰爲東曹掾裴注引獻帝起居注曰建安十五年初置徵事二人原與平原王烈俱以選補通鑑建安十三年六月以曹操爲丞相操以別駕崔琰爲丞相西曹掾據此則琰始爲西曹掾繼爲東曹掾後爲徵事細繹復爲東曹掾屬徵事一語則下文初授東曹時乃追述也初授東曹時教曰君有伯夷之風史魚之直貪夫慕名而清壯士尙稱而厲斯可以率時者已故授東曹往踐厥職魏國初建拜尙書建安十八年魏置五曹尙書時未立太子臨菑侯植有才而愛太祖狐疑以函令密訪於外唯琰露板答曰蓋聞春秋之義立子以長胡三省曰露板不封也春秋公羊傳曰立嫡以長不以賢立子以貴不以長加五官將仁孝聰明宜承正統琰以死守之何焯曰以密函下訪乃露板以答非所以處骨肉之間季珪之禍實萌於此植琰之兄女壻也太祖貴其公亮喟然歎息毛玠傳雖貴寵之臣輿服不過度胡三省曰以違制命罪

世語曰植妻衣繡太祖登臺見之以違制命還家賜死植妻則當時蓋禁衣錦繡也趙一清曰晉輿服志魏明帝始制天子服刺繡公卿服織成文今植妻以衣繡違制賜死則其令不始於明帝也

遷中尉建安十八年魏國初置中尉黃初元年改爲執金吾胡三省曰中尉秦官漢因之至武帝改爲執金吾今操復置中尉實則漢執金吾之職也琰聲姿高暢眉目疏朗鬚長四尺甚有威重朝士瞻望而太祖亦敬憚焉史通暗惑篇云魏志注語林曰匈奴遣使人來朝太祖令崔琰在座而己握刀侍立既而使人問匈奴使者曰曹公何如對曰曹公美則美矣而侍立者

非人臣之相太祖乃追殺使者難曰昔孟陽臥牀詐稱齊后紀信乘蟲嬌號漢王或主遘屯蒙或朝罹兵革故權以取濟事非獲已如崔琰本無此急何得以臣代君者哉且凡稱人君皆愼其舉措況魏武經綸霸業南面受朝而使臣居君座君處臣位將何以使萬國具瞻百僚咸矚也又漢代之於匈奴其爲綏撫勤矣雖復賂以金帛結以親姻猶恐虺毒不悛狼心易擾如輒殺其使者不顯罪名復何以懷四夷於外蕃建五利於中國且曹公必以所爲過失懼招物議故誅彼行人將以杜茲謗口而言同綸綍聲徧寰區欲蓋而彰止益其辱雖愚暗之主猶所不爲況英略之君豈其若是夫芻蕘鄙說閭巷讕言凡如此書通無擊難而裴引語林斯事編入魏史注中持彼虛詞亂茲實錄蓋曹公多詐好立詭謀流俗相欺遂爲此說故特申掎摭辯其疑誤者爲浦起龍曰檢魏志注不見此段殊不可曉趙一清曰世期未嘗採此事入注不審知幾所云何謂梁章鉅說亦同周壽昌曰今注並無此條而史通識之者蓋當劉氏時唐本尙有後人因劉氏之識故爲刪削至今遂承而刊去也

先賢行狀曰琰清忠高亮雅識經遠推方直道正色於朝魏氏初載毛本氏作士誤委授銓衡總齊清議十有餘年文武羣才多所明拔朝廷歸高天下稱仁宋本仁作平各本同毛本官本作仁

琰嘗薦鉅鹿楊訓雖才好不足而清貞守道太祖卽禮辟之後太祖爲魏王訓發表稱贊功伐襃述盛德時人或笑訓希世浮僞謂琰爲

失所舉琰從訓取表草視之與訓書曰省表事佳耳時乎時乎會當有變時姚範曰閟之情事不暢大意言時有適然不能拘於一轍而不變也琰本意譏論者好譴呵而不尋情理也有白琰此書傲世怨謗者太祖怒曰諺言生女耳耳非佳語王鳴盛曰谷音柯芝詩耳耳非佳語陸陸難爲顏以耳耳連讀此宋季人讀恐不可據按文當以生女耳爲句會當有變時意指不遜於是罰琰爲徒隸使人視之辭色不撓太祖令曰琰雖見刑而通賓客門若市人對賓客虬鬚直視若有所瞋胡三省曰虬鬚卷鬚也直視者目不他矚也瞋者怒目也遂賜琰死毛玠傳崔琰既死玠內不悅有白玠者收玠付獄和洽傳洽陳玠素行有本求案實其事太祖令曰今言事者白玠不但謗吾乃復爲崔琰觖望此損君臣恩義妄爲死友怨歎殆不可忍也

魏略曰人得琰書以裹幘籠持其籠行部道中宋本部作都官本考證曰宋本無持其籠三字時有與琰宿不平者遙見琰名著幘籠從而視之遂白之姚範曰按徐奕傳注白崔者丁儀也太祖以爲琰腹誹心謗乃收付獄髡刑輸徒前所白琰者又復白之云琰爲徒虬鬚直視心似不平時太祖亦以爲然遂欲殺之乃使清公大吏往經營琰教吏曰宋本教作勅三日期消息琰不悟後數日吏故白琰平安公忿然曰崔琰必欲使孤行刀鋸乎吏以是教告琰琰謝吏曰我殊不宜不知公意至此也遂自殺或曰魏武之必除孔北海勢固宜爾若崔季珪本爲操之心膂徒以口語猜嫌殺之殘極矣弼按魏武有篡奪之心而又欲避篡奪之名琰與訓書不啻窺見其隱衷發洩其詭謀故深惡之而置諸死地也

始琰與司馬朗善晉宣王方壯琰謂朗曰子之弟聰哲明允剛斷英跱殆非子之所及也通鑑作君弟聰亮明允剛斷英特

臣松之案跱或作特竊謂英特爲是也

朗以爲不然而琰每秉此論琰從弟林少無名望雖姻族猶多輕之而琰常曰此所謂大器晚成者也或曰馬援兄況謂援大才當晚成琰言蓋本此終必遠至涿縣孫禮盧毓始入軍府琰又名之曰孫疏亮亢烈剛簡能斷盧清警明理百鍊不消皆公才也後林禮毓咸至鼎輔及琰友人公孫育宋本育作方宋階早卒琰撫其遺孤恩若己子其鑒識篤義類皆如此

魏略曰明帝時崔林嘗與司空陳羣共論冀州人士稱琰爲首羣以智不存身貶之林曰大丈夫爲有邂逅耳即如卿諸人良足貴乎趙一清曰陳長文爲人輕薄如此況玄伯乎

初太祖性忌有所不堪者魯國孔融郡國志豫州魯國治魯一統志今山東兗州府曲阜縣治

融字文舉續漢書曰融宋本無曰字毛本融作曰均誤孔子二十世孫也世說言語篇注引續漢書云融孔子二十四世孫高祖父尚鉅鹿太守父宙太山都尉范書桓帝紀永壽元年七月初置太山琅邪都尉官漢官儀曰秦郡有尉一人典兵禁捕盜賊景帝更名都尉建武十年省唯邊郡往往置都尉及屬國都尉今二郡盜賊不息故置王先謙曰官本後漢書孔融傳宙作伷惠棟曰泰山都尉碑作宙碑云字季將孔子十九世孫（弼按據此則世說注云融二十四世孫誤）卒於延熹六年正月乙未年六十一後漢別有孔伷字公緒者非融父也周壽昌曰韓敕碑陰郎中魯孔宙季將魏志武帝紀許靖傳伷字公緒乃獻帝時人宙則靈帝時人融幼有異才融家傳曰兄弟七人融第六幼有自然之性年四歲時每與諸兄共食梨融輒引小者大人問其故答曰我小兒法當取小者由是宗族奇之惠棟曰宙七子融之外惟孔謙字德讓歷仕郡諸曹吏見孔譜碣孔褒字文禮見史晨碑洪适曰宙子載於譜錄者惟有謙褒融三人侯康曰御覽四百九引會稽典錄盛憲字孝章初爲臺郎嘗出游逢一童子容貌非常憲怪而問之是魯國孔融年十餘歲憲下車執融手載以歸舍與融談宴結爲兄弟案此當亦融隨父詣京師時事時河南尹李膺有重名勑門下簡通賓客非當世英賢及通家子孫弗見也融年十餘歲范書作年十歲世說言語篇及注引融別傳同欲觀其爲人遂造膺門語門者曰我李君通家子孫也膺見融問曰高明父祖嘗與僕周旋乎融曰然先君孔子與君先人李老君同德比義而相師友則融與君累世通家也衆坐奇之僉曰異童子也惠棟曰御覽引□漢書云膺大悅引坐謂曰卿欲食乎融曰須食膺曰教卿爲客之禮主人問食但讓不須融曰不然教君爲主之禮但置飲食不須問客膺曰吾將老死不見卿富貴也後與膺談論百家經史應答如流膺不能下之太中大夫陳煒後至世說煒作韙同坐以告煒煒曰人小時了了者大亦未必奇也融答曰即如所言君

之幼時豈實慧乎范書融傳作融應聲曰觀君所言將不早慧乎或曰觀融答煒語卽可卜其後必以口舌取禍何煒曰長大失學故無奇融此對却輕薄膺大笑顧謂曰高明長大必爲偉器范書融傳年十三喪父哀悴過毁扶而後起州里歸其孝山陽張儉以忠正爲中常侍侯覽所忿疾覽爲刊章下州郡捕儉范書張儉傳儉爲東部督郵時中常侍侯覽家在防東殘暴百姓所爲不軌儉舉劾覽及其母罪惡請誅之覽遏絕章表並不得通由是結仇於是刊章討捕儉得亡命困迫遁走望門投止莫不重其名行破家相容其所經歷伏重誅者以十數儉與融兄褒有舊亡投褒遇褒出時融年十六潘眉曰侯覽捕張儉事在建寧二年融建安十三年見殺年五十六則建寧二年已十七歲儉以其少不告也融知儉長者有窘迫色謂曰吾獨不能爲君主邪因留舍藏之後事泄國相以下魯國相也密就掩捕儉得脫走登時收融及褒送獄融曰保納藏舍者融也融當坐之褒曰彼來求我罪我之由非弟之過我當坐之兄弟爭死范書融傳吏問其母母曰家事任長妾當其辜一門爭死郡縣疑不能決乃上讞李賢曰前書音義讞請也詔書令褒坐焉融由是名震遠近或曰兄死弟於心何安名震遠近亦何爲哉與平原陶丘洪陳留邊讓陶丘

洪事見荀攸傳注引漢末名士錄讓事見武紀建安二十五年注引曹瞞傳又見袁紹傳注引魏氏春秋並以俊秀爲後進冠蓋融持論經理不及讓等而逸才宏博過之司徒大司馬辟舉高第馮本大司馬作大將軍大將軍何進也累遷北軍中候北軍中候見本志劉表傳范書融傳作中軍候劉攽曰漢官無中軍候唯有北軍中候耳刊誤補遺曰郭仲奇碑額云北軍中候祝睦碑云北軍軍中候然仲奇碑中但云拜軍中候不言北軍與額不同郭究碑亦但以軍中稱之者蓋當時官稱所尙如此北海傳當云軍中候其文倒耳無脫字也沈家本曰續志北軍中候一人六百石本注云舊有中壘校尉領北軍營壘之事中興省但置中候以監五營然則北軍中候不得省北字亦不得增軍字碑文所言或當時流俗沿用非其實也王先謙曰中候自中興以來始有北軍軍中候之稱其辭或省則曰北軍中候軍中候云虎賁中郎將虎賁中郎將見后妃傳甄后傳北海相范書融傳辟司徒楊賜府河南尹何進當遷爲大將軍楊賜遣融奉謁賀進不時通融卽奪謁還府投劾而去河南官屬恥之私遣劍官欲追殺融客有言於進曰孔文舉有重名將軍若造怨此人則四方之士引領而去矣不如因而禮之進然之既拜辟融舉高第爲侍御史後辟司空掾拜中軍候在職三日遷虎賁中郎將會董卓廢立融每因對答輒有匡正之言以忤卓旨轉爲議郎時黃巾寇數州而北海最爲賊衝卓乃諷三府同舉融爲北海相時年三十八馮本作三十八各本皆作二十八（成都局本作三十八）按融爲北海相在董卓廢立忤卓旨之後證以在郡六年劉備表領青州刺史建安元年徵還爲將作大匠距建安十三年融死時年五十六則此時適爲三十八歲無疑承黃巾殘破之後修復城邑崇學校設庠序舉賢才顯儒士以彭璆爲方正邴原爲有道王脩爲孝廉告高密縣爲鄭玄特立一鄉名爲鄭公鄉范書鄭玄傳國相孔融深敬於玄屣履造門告高密縣爲玄特立一鄉曰昔齊置士鄉越有君子軍皆異賢之意也鄭君好學實懷明德昔太史公廷尉吳公謁者僕射鄧公皆漢之名臣又南山四皓有園公夏黃公潛光隱耀世加其高皆悉稱公然則公者仁德之正號不必三事大夫也今鄭君鄉宜曰鄭公鄉昔東海于公僅有一節猶或戒鄉人侈其門閭矧乃鄭公之德而無駟牡之路可廣開門衢令容高車號爲通德門又國人無後及四方游士有死亡者皆爲棺木以殯葬之馮本以作而郡人甄子然宋本甄作鄭御覽八百四十一作鄧范書第五種傳種坐徙朔方孫斌謂友人高密甄子然曰第五使君當投裔土吾今方追使君若奉以還將以付子種得脫歸匿於甄氏惠棟曰鄭志載答甄子然難禮蓄與林碩孝存同爲康成之友惜逸其名孔融教高密令曰志士甄子然告困爲得愛釜庾之間以惕烈士之心與豆三斛後乏復言（此四字據御覽補）當是恤子然之後也洪頤煊曰袁宏紀有北海甄子然送張儉事范史儉傳不載孝行知名沈家本曰范史孝上有臨字行作存臨孝存人姓名也疑此譌奪早卒融恨不及之乃令配食縣社其禮賢如此在郡六年劉備表融領

青州刺史袁宏紀興平元年融與陶謙謀迎天子還洛陽會曹操襲徐州而止通鑑興平元年徐州牧陶謙卒州人迎劉備融謂備曰今日之事百姓與能天與不取悔不可追備遂領徐州建安元年徵還爲將作大匠續百官志將作大匠一人二千石掌修作宗廟路寢宮室陵園土木之功並樹桐梓之類列於道側通鑑建安二年三月詔將作大匠孔融持節拜袁紹大將軍兼督冀青幽并四州遷少府少府見武紀建安三年每朝會訪對輒爲議主諸卿大夫寄名而已融上書薦謝該見范書儒林傳秦子曰孔文舉爲北海相有父喪哭泣墓側色無憔悴文舉殺之有母病瘥思食新麥家無乃盜鄰人熟麥而進之文舉聞特賞之盜而不罪者以爲勸養於母也哭而見殺者以爲哀而不實也司馬彪九州春秋曰融在北海吳本毛本在作住誤自以智能優贍溢才命世當世豪俊宋本俊作傑皆不能及亦自許大志且欲舉軍曜甲與羣賢要功自於海岱結殖根本不肯碌碌如平居郡守事方伯赴期會而已然其所任用好奇取異皆輕剽之才至於稽古之士謬爲恭敬禮之雖備不與論國事也宋本事作政高密鄭玄稱之鄭公執子孫禮執子孫禮解見賈詡傳及高談教令盈溢官曹辭氣溫雅可玩而誦論事考實難可悉行但能張磔網羅其自

理甚疏租賦少稽一朝殺五部督郵續百官志郡監屬縣有五部督郵曹掾一人姦民汚吏猾亂朝市亦不能治幽州精兵亂至徐州卒到城下舉國皆恐融直出說之令無異志遂與別校謀夜覆幽州幽州軍敗悉有其衆無幾時還復叛亡黃巾將至融大飲醇酒躬自上馬禦之淶水之上謝鍾英曰時北海治劇淶水當與劇縣相近趙一清曰淶水當是沭水之譌水在朱虛縣南寰宇記卷十八朱虛故城在青州臨朐縣東六十里孔融爲黃巾賊所敗曾保此城弼按在朱虛南者汶水也沭水也當作汶水或作沭水淶沭均誤范書融傳融到郡收合士民起兵講武馳檄飛翰引謀州郡賊張饒等羣輩二十萬衆從冀州還融逆擊爲饒所敗乃收散兵保朱虛縣稍復鳩集吏民爲黃巾所誤者男女四萬餘人時黃巾復來侵暴融乃出屯都昌爲賊管亥所圍融逼急乃遣東萊太史慈求救於平原相劉備備驚曰孔北海乃復知天下有劉備邪卽遣兵三千救之乃散走寇令上部與融相拒兩翼徑涉水直到所治城城潰融不得入轉至南縣左右稍叛連年傾覆事無所濟遂不能保障四境棄郡而去後徙徐州以北海相自還領青州刺史治郡北陲欲附山東外接遼東得戎馬之利建樹根本孤立一隅不與共也于時曹袁公孫共相首尾

戰士不滿數百穀不至萬斛王子法劉孔慈凶辯小才信爲腹心左承祖范書融傳作左丞黃祖通鑑作左承祖趙一清曰其時有兩黃祖錢大昕曰黃祖非融所殺承丞古通用劉義遜清儁之士備在坐席而已言此民望不可失也丞祖勸融自託彊國融不聽而殺之義遜棄去遂爲袁譚所攻自春至夏城小寇衆流矢雨集然融憑几安坐讀書論議自若城壞衆亡身奔山東通鑑作東山胡注都昌縣之東山也弼按融出屯都昌在黃巾復來侵暴之時非袁譚來攻之時是否爲都昌之東山不能無疑室家爲譚所虜張璠漢紀曰融在郡八年僅以身免帝初都許融以爲宜略依舊制定王畿正司隸所部爲千里之封乃引公卿上書言其義袁宏紀建安九年九月太中大夫孔融上書曰臣聞先王分九圻以遠及近春秋內諸夏而外夷狄詩云封畿千里惟民所止故曰天子之居必以衆太言之周室既衰六國力征授路割裂諸夏鎬京之制商邑之度歷載彌久遂以闇昧秦兼天下政不遵舊革剗五等埽滅侯甸築城萬里濱海立門欲以六合爲一區五服爲一家關衛不要遂使陳項作難家庭臨海擊柝不救聖漢因循未之匡改猶依古法潁川南陽陳留上黨三河近郡不封爵諸侯臣愚以爲千里國內可略從周官六鄉六遂之文分取北郡皆令屬司隸校尉以正王賦以崇帝室役自近以寬遠繇華貢獻外薄四

海揆文奮武各有典書通鑑操疑融所論建漸廣益憚之胡三省曰周禮方千里曰國畿其外方五百里曰侯畿鄭玄曰畿限也千里寰內不以封建則操不可以居鄴矣故憚之范書融傳太傅馬日磾喪還朝廷議欲加禮融乃獨議曰日磾以上公之尊秉旄節之使銜命直指寧輯東夏而曲媚姦臣爲所牽率章表署用輒使首名附下罔上姦以事君昔國佐當晉軍而不撓宜僚臨白刃而正色王室大臣豈得以見脅爲辭又袁術僭逆非一朝一夕日磾隨從周旋歷歲漢律與罪人交關三日已上皆應知情春秋魯叔孫得臣卒以不發揚襄仲之罪貶不書日鄭人討幽公之亂斲子家之棺聖上哀矜舊臣未忍追治不宜加禮朝廷從之（袁宏紀在建安二年）時論者多欲復肉刑融乃建議曰古者敦厖善否不別吏端刑清政無過失百姓有罪皆自取之末世陵遲風化壞亂政撓其俗法害其人故曰上失其道民散久矣而欲繩之以古刑投之以殘棄非所謂與時消息者也紂斮朝涉之脛天下謂爲無道夫九牧之地千八百君若各刖一人是下常有千八百紂也求俗休和弗可得已且被刑之人慮不念生志在思死類多趨惡莫復歸正夙沙亂齊伊戾禍宋趙高英布爲世所患不能止人遂爲非也適足絕人還爲善耳雖忠如鬻拳信如卞和智如孫臏冤如巷伯才如史遷達如子政一離刀鋸沒世不齒是太甲之思庸穆公之霸秦南睢之骨立衛武之初筵陳湯之都賴魏尚之守邊無所復施也漢開改惡之路凡爲此也故明德之君遠度深惟棄短就長不苟革其政者也朝廷善之卒不改焉是時荊州牧劉表不供職貢多行僭僞遂乃郊祀天地擬斥乘輿詔書班下其事融上書曰竊聞領荊州牧劉表桀逆放恣所爲不軌至乃郊祭天地擬儀社稷雖昏僭惡極罪不容誅至於國體宜且諱

之何者萬乘至重天王至尊身爲聖躬國爲神器陛級縣遠祿位限絕猶天之不可階日月之不可踰也每有一豎臣輒云圖之若形之四方非所以杜塞邪萌愚謂雖有重戾必宜隱忍賈誼所謂擲鼠忌器蓋謂此也是以齊兵次楚唯責包茅王師敗績不書晉人前已露袁術之罪今復下劉表之事是使跛牂欲闚高岸天險可得而登也案表跋扈擅誅列侯遏絕詔命斷盜貢篚招呼元惡以自營衛專爲羣逆主萃淵藪鄗鼎在廟章孰甚焉桑落瓦解其埶可見臣愚以爲宜隱郊祀之事以崇國防王補曰阻馬日磾之加禮劉表郊祀隱不班示漢季大臣知政體者孰逾於文舉是時天下草創曹袁之權未分融所建明不識時務又天性氣爽頗推平生之意狎侮太祖太祖制酒禁而融書嘲之曰天有酒旗之星地列酒泉之郡人有旨酒之德故堯不飲千鍾無以成其聖且桀紂以色亡國今令不禁婚姻也章懷注引融集與操書云酒之爲德久矣古先哲王類帝禋宗和神定人以濟萬國非酒莫以也故天垂酒星之燿地列酒泉之郡人著旨酒之德堯不千鍾無以建太平孔非百觚無以堪上聖樊噲解厄鴻門非豕肩無以奮其怒趙之厮養東迎其王非引巵酒無以激其氣高祖非醉斬白蛇無以暢其靈景帝非醉幸唐姬無以開中興袁盎非醇醪之力無以脫其命定國不酣飲一斛無以決其法故酈生以高陽酒徒著功於漢屈原不餔糟歠醨取困於楚由是觀之酒何負於政哉又書曰昨承訓答陳二代之禍及衆人之敗以酒亡者實如來誨雖然徐偃王行仁義而亡今令不絕仁

義燕噲以讓失社稷今令不禁謙退魯因儒而損今令不棄文學夏商亦以婦人失天下今令不斷婚姻而將酒獨急者疑但惜穀耳非以亡王爲戒也太祖外雖寬容宋本容下有之字而內不能平御史大夫郗慮知旨以法免融官歲餘拜太中大夫雖居家失勢而賓客日滿其門愛才樂酒常歎曰坐上客常滿樽中酒不空吾無憂矣何焯曰處亂世遇多忌二語有一於此殺身有餘矣虎賁士有貌似蔡邕者融每酒酣輒引與同坐曰雖無老成人尚有典刑其好士如此 續漢書曰太尉楊彪與袁術婚姻胡三省曰據彪傳彪子修袁術之甥彪蓋娶於袁氏也術僭號太祖與彪有隙因是執彪將殺焉融聞之不及朝服往見太祖曰楊公累世清德四葉重光胡三省曰震秉賜彪四世以清白稱周書父子兄弟罪不相及況以袁氏之罪乎易稱積善餘慶但欺人耳太祖曰國家之意也胡三省曰國家謂帝也融曰假使成王欲殺召公則周公可得言不知邪今天下纓緌搢紳之士所以瞻仰明公者以明公聰明仁智輔相漢朝舉直錯枉致之雍熙耳今橫殺無辜則海內觀聽誰不解體孔融魯國男子明日便當褰衣而去不復朝矣太祖意解遂理出彪 魏氏春秋曰袁紹之敗也融與太祖書曰武王伐紂以妲己賜周公范書融傳初曹操攻屠鄴城袁氏婦子多見侵略而操子丕私納袁熙妻甄氏或曰融此書蓋譏丕之納甄氏也太祖以融學博謂書傳所紀後見問之對曰以今度之想其當然耳十三年融對孫權使有訕謗之言坐棄市趙一清曰後漢書獻帝紀融以建安十三年八月見殺是時曹操南征劉表寰宇記卷百二十三孔融墓在揚州江都縣高士坊西北去州九里二子年八歲潘眉曰後漢書本傳云女年七歲男年九歲此但云二子不言男女又二子不得同是八歲當是後漢書分言爲是沈家本曰世說言語篇孔融被收時融兒大者九歲小者八歲注引魏氏春秋云二子方八歲九歲與世說合疑此注奪九歲二字也至與范史異者當由傳說不同耳時方奕棋融被收端坐不起左右曰而父見執不起何也二子曰安有巢毀而卵不破者乎遂俱見殺融有高名清才世多哀之太祖懼遠近之議也乃令曰太中大夫孔融既伏其罪矣然世人多採其虛名少於核實見融浮豔好作變異眩其誑詐監本誑作誰誤不復察其亂俗也此州人說平原禰衡受傳融論以爲

父母與人無親譬若缻器章懷注引說文曰缻缶也字書曰缻似缶而高沈家本曰說文缾𦉥也瓶缾或從瓦章懷注云缶也疑傳寫奪爛其半耳瓶字本或作缻者誤說文無缻字也寄盛其中趙一清曰此卽路粹所爲奏中語見融傳王補曰融幼持父喪哀悴過毀州里歸其孝何至謬爲此語路粹嫁誣若斯以無爲有當時所以忌其筆也或曰造作醜論以誣高賢誰其信之又言若遭饑饉而父不肖寧贍活餘人融違天反道敗倫亂理雖肆市朝猶恨其晚更以此事列上宣示諸軍將校掾屬皆使聞見 世語曰融二子皆齠齓融見收顧謂二子曰何以不辭沈家本曰世說注辭作辟辟字是二子俱曰父尚如此復何所辭以爲必俱死也趙一清曰世說孔融被收中外惶怖時融兒大者九歲小者八歲二兒故琢釘戲了無遽容謂使者曰冀罪止於身二兒可得全不兒徐進曰大人豈見覆巢之下復有完卵乎尋亦收至又曰孔北海被收時男方九歲女纔七歲以幼弱得全寄住他舍主人遺以肉汁男飲之女曰今日之禍豈得久活何賴知肉味乎或言於曹操收之女謂兄曰若死而有知得見父母豈非至願乃延頸就刑范書融傳融死時年五十六 臣松之以爲世語云融二子不辭知必俱死猶差可安如孫盛之言誠所未譬八歲小兒能玄了禍福玄了或云疑作懸了世說注引此作懸聰明特達卓然既遠則其憂樂之情宜其有過成人安有見父收執而曾無變容奕棋不起若在暇豫者乎昔申生就命言不忘父不以己身將死而廢念父之情也父安猶尚若茲而況於顛沛哉盛以此爲美談無乃賊夫人之子與蓋由好奇情多而不知言之傷理趙一清曰晉書羊祜傳祜母孔融女生兄發則戮不及嗣可知裴世期之論爲有徵也弼按羊祜傳作祜前母祜母爲蔡邕女發爲孔融女所生祜與景獻皇后則蔡邕女所生也邕亡命江海往來依太山羊氏亦以婚姻依之范書融傳魏文帝深好融文辭歎曰楊班儔也募天下有上融文章者輒賞以金帛所著詩頌碑文論議六言策文表檄教令書記凡二十五篇王補曰唐庚嘗言魏文帝卽位求孔融之文以爲不滅班楊晉武帝踐阼詔定諸葛亮故事而比之周誥融既魏武之讎恨而亮亦晉宣之仇敵二人之言宜非當時所欲聞而並見收錄唯恐墜失蕩然無忌猶有先王大公至正之道存焉予謂魏文晉武固可取而孔葛之文不可磨滅歐陽子所謂雖寃家仇人不能少毀而掩蔽之也

南陽許攸

魏略曰攸字子遠少與袁紹及太祖善初平中隨紹在冀州嘗在坐席言議官渡之役

諫紹勿與太祖相攻語在紹傳紹自以彊盛必欲極其兵勢攸知不可爲謀乃亡詣太
祖紹破走及後得冀州攸有功焉攸自恃勳勞 胡三省曰烏巢之捷計出於攸故恃其功 時與太祖相戲
每在席不自限齊至呼太祖小字曰某甲 胡三省曰操一名吉利小字阿瞞曰某甲者史隱其辭 卿不得我不
得冀州也太祖笑曰汝言是也然內嫌之其後從行出鄴東門顧謂左右曰此家非得
我 范書馬后紀是家志不好樂王常傳此家率下江諸家吳志朱然傳此家前初有表胡三省曰此家猶言此人也 則不得出入此門也
人有白者遂見收治 宋本治作之何焯曰許攸賓國邀功小人之尤者收治之殊快也不得與北海比
婁圭皆以恃舊不虔見誅 劉咸炘曰恃舊云云亦是曲筆琰融皆以衆望所歸被忌攸圭則以智計被忌皆非以恃舊
魏略曰婁圭字子伯少與太祖有舊初平中在荆州北界合衆後詣太祖太祖以爲大
將不使典兵常在坐席言議及河北平定隨在冀州其後太祖從諸子出游子伯時亦
隨從子伯顧謂左右曰此家父子如今日爲樂也人有白者太祖以爲有腹誹意遂收

治之 吳書曰子伯少有猛志嘗歎息曰男兒居世會當得數萬兵千匹騎著後耳儕
輩笑之後坐藏亡命 毛本藏作贓官本考證曰監本訛作贓今改正 被繫當死得偸獄出 宋本偸作踰 捕者追
之急子伯乃變衣服如助捕者吏不能覺 毛本能誤作安 遂以得免會天下義兵起子伯亦
合衆與劉表相依後歸曹公遂爲所用軍國大計常與焉劉表亡曹公向荆州表子琮
降以節迎曹公諸將皆疑詐曹公以問子伯子伯曰天下擾攘各貪王命以自重今以
節來是必至誠曹公曰大善遂進兵寵秩子伯家累千金曰婁子伯富樂於孤但勢不
如孤耳從破馬超等子伯功爲多曹公常歎曰子伯之計孤不及也 趙一清曰武紀潼關之役建沙城之謀者婁子伯也 後與南郡習授同載見曹公出授曰父子如此何其快耳 官本耳作耶 子伯曰
居世間當自爲之而但觀他人乎授乃白之遂見誅 魚豢曰古人有言曰得鳥者羅
之一目也然張一目之羅終不得鳥矣鳥能遠飛遠飛者六翮之力也然無衆毛之助

則飛不遠矣以此推之大魏之作雖有功臣亦未必非茲輩胥附之由也 毛本附作付錢大昭曰此用詩予曰有疏附胥疏聲相近
而琰最爲世所歎惜 各本歎作痛 至今冤之 或曰漢末崇尚節義雖以操之奸雄不敢遽移漢鼎實名教陰有以維之也魏立國未幾晉遂移之雖天道好還而亦操父子於剛直之士多不能容摧折士氣東漢風義至魏而一變其致之非無由也
世語曰琰兄孫諒字士文以簡素稱仕晉爲尚書大鴻臚 荀綽冀州記云諒卽琰之
孫也 潘眉曰二說不同未知孰是唐書宰相世系表琰生諒字士文又以諒爲琰子
毛玠字孝先陳留平丘人也 郡國志兗州陳留郡平丘謝鍾英曰魏志陳留恭王峻太和六年封以郡爲國司馬芝傳芝子岐爲陳留相是陳留魏時爲國洪亮吉曰平丘漢舊縣地理沿革表晉省平丘以縣屬陳留國一統志平丘故城在今直隸大名府長垣縣西南 少爲縣
吏以清公稱將避亂荆州未至聞劉表政令不明遂往魯陽 魯陽見劉表傳注又互見韓暨傳馬與龍曰南陽太守袁術治魯陽孫堅領豫州刺史住魯陽韓暨避亂魯陽山中 太祖臨兗州辟爲治中從

事 續百官志刺史官屬功曹從事爲治中從事 玠謂太祖曰 各本謂作語 今天下分崩國主遷
移生民廢業饑饉流亡公家無經歲之儲百姓無安固之志難以持
久今袁紹劉表雖士民衆彊皆無經遠之慮未有樹基建本者也夫
兵義者勝守位以財宜奉天子以令不臣修耕植畜軍資如此則霸
王之業可成也 合荀彧棗祗之策爲根本腹心之謀 太祖敬納其言轉幕府功曹太祖
爲司空丞相玠嘗爲東曹掾 續百官志西曹主府史署用東曹主二千石長吏遷除及軍吏 與崔琰並
典選舉其所舉用皆清正之士雖於時有盛名而行不由本者終莫
得進務以儉率人由是天下之士莫不以廉節自勵雖貴寵之臣輿
服不敢過度太祖歎曰用人如此使天下人自治吾復何爲哉 御覽卷二
百十四傅咸集表曰昔毛玠爲吏部尚書無敢好衣美食者魏武歎曰孤之法不如毛尚書今使吏部用心如毛玠風俗之易蓋不難矣 文帝爲五

官將親自詣玠屬所親眷玠答曰老臣以能守職幸得免戾梁章鉅曰此與崔琰傳老臣獲罪於天並先稱臣於操丕之前或曰此史之駁文然春秋時仕於大夫之家者皆曰臣漢代公卿郡守之屬吏掾史亦多稱臣非必與操已定君臣之分也今所說人非遷次是以不敢奉命大軍還鄴議所并省玠請謁不行時人憚之咸欲省東曹乃共白曰舊西曹爲上東曹爲次宜省東曹太祖知其情令曰日出於東月盛於東凡人言方亦復先東何以省東曹遂省西曹出諸滑稽正爲操之計數初太祖平柳城一統志柳城今土默特右翼旗西一百里謝鍾英曰今熱河承德府建昌縣北哈喇沁右翼界詳見武紀建安十二年班所獲器物特以素屛風素馮几賜玠曰君有古人之風故賜君古人之服玠居顯位常布衣蔬食撫育孤兄子甚篤賞賜以振施貧族家無所餘遷右軍師魏國初建爲尙書僕射復典選舉

先賢行狀曰玠雅量公正在官清恪其典選舉拔貞實斥華僞進遜行抑阿黨諸宰官治民馮本官作臣功績不著而私財豐足者皆免黜停廢久不選用于時四海翕然莫不勵行至乃長吏還者垢面羸衣常乘柴車軍吏入府朝服徒行人擬壺飡之絜家象濯纓之操貴者無穢欲之累賤者絕姦貨之求吏潔于上俗移乎下民到于今稱之通鑑輯覽曰六計弊吏以廉爲本輿服不過度似已然亦不過從儉一端尙不足語正本清源至垢面羸衣飾僞尤甚其選舉又曷足濫邪

時太子未定而臨菑侯植有寵玠密諫曰近者袁紹以嫡庶不分覆宗滅國廢立大事非所宜聞後羣僚會玠起更衣太祖目指曰此古所謂國之司直我之周昌也漢書周昌傳高帝欲廢太子昌庭爭之强昌曰臣口不能言然臣期期知其不可陛下欲廢太子臣期期不奉詔崔琰既死玠內不悅後有白玠者出見黥面反者其妻子沒爲官奴婢玠言曰使天不雨者蓋此也太祖大怒收玠付獄大理

鍾繇詰玠曰自古聖帝明王罪及妻子書云左不共左右不共右予則孥戮女尙書甘誓篇左不攻于左汝不恭命右不攻于右汝不恭命用命賞于祖弗用命戮于社予則孥戮汝孔傳云孥子也非但止汝身辱及汝子司寇之職男子入于罪隸女子入于舂槀周禮秋官司厲其奴男子入于罪隸女子入于舂槀鄭注鄭司農云謂坐爲盜賊而爲奴者輸於罪隸舂人槀人之官也由是觀之今之爲奴婢古之罪人也故書曰予則奴戮汝論語曰箕子爲之奴罪隸之奴也故春秋傳曰斐豹隸也著於丹書請焚丹書我殺督戎恥爲奴欲焚其籍也玄謂奴從坐而沒入縣官者男女同名漢律罪人妻子沒爲奴婢黥面毛本黥作黠誤漢法所行黥墨之刑存于古典今眞奴婢祖先有罪雖歷百世猶有黥面供官一以寬良民之命二以宥并罪之辜此何以負於神明之意而當致旱案典謀急恒寒若謀應作謨舒恒燠若尙書洪範曰豫恒燠若曰急恒寒若寬則亢陽所以爲旱玠之吐言以爲寬邪以爲急也急當陰霖何以反旱成湯聖世野無生草呂氏春秋湯克夏而正天下天大旱五年不收周宣令主旱

魃爲虐詩大雅蕩之什雲漢章旱既太甚滌滌山川旱魃爲虐如惔如焚亢旱以來積三十年歸咎黥面爲相値不衞人伐邢師興而雨罪惡無徵何以應天玠譏謗之言流於下民不悅之聲上聞聖聽玠之吐言勢不獨語時見黥面凡爲幾人黥面奴婢所識知邪何緣得見對之歎言時以語誰見答云何以何日月於何處所事已發露不得隱欺具以狀對繇辭雖辨特承意周內耳劉咸炘曰詳錄此無謂蓋徒好其文耳

玠曰臣聞蕭生縊死困於石顯漢書蕭望之傳弘恭石顯等知望之素高節不詘辱建白非頗詘望之於牢獄塞其怏怏心則聖朝亡以施恩厚上乃可其奏望之以問門下生朱雲雲者好節士勸望之自裁望之竟飮鴆自殺賈子放外讒在絳灌漢書賈誼傳天子議以誼任公卿之位絳灌東陽侯馮敬之屬盡害之迺以誼爲長沙王太傅師古曰絳絳侯周勃也灌灌嬰也白起賜劒於杜郵史記白起傳起郿人善用兵遷爲武安君秦王遣起不得留咸陽中武安君出咸陽西門十里至杜郵秦王乃使使者賜之劒自裁鼂錯致誅於東市漢書鼂錯傳錯衣朝衣斬東市鄧公曰錯計畫始行卒受大戮內杜忠臣之口外爲諸侯報仇臣竊爲陛下不取也

伍員絕命於吳都史記伍子胥傳伍子胥者楚人也名員吳王使使賜伍子胥屬鏤之劒曰子以此死斯數子者或妒其前或害其後臣垂髫執簡累勤取官職在機近人事所竄屬臣以私無埶不絕語臣以寃無細不理人情淫利爲法所禁法禁於利埶能害之青蠅橫生爲臣作謗謗臣之人埶不在他昔王叔陳生爭正王廷宣子平理命舉其契左傳襄公十年王叔陳生與伯輿爭政王右伯輿晉侯使士匄平王室王叔與伯輿訟焉范宣子曰天子所右寡君亦右之所左亦左之使王叔氏與伯輿合要王叔氏不能舉其契杜注要契之辭孔疏要辭如今辯答合要者使其各爲要約言語兩相辯答伯輿辭直王叔無以應之故不能舉其要契之辭也是非有宜曲直有所春秋嘉焉毛本焉作馬誤是以書之臣不言此無有時人說臣此言必有徵要乞蒙宣子之辨而求王叔之對若臣以曲聞卽刑之日方之安駟之贈賜劒之來比之重賞之惠謹以狀對時桓階和洽進言救玠玠遂免黜卒于家和洽救玠事詳見洽傳

孫盛曰魏武於是失政刑矣易稱明折庶獄傳有舉直錯枉庶獄明則國無怨民枉直當則民無不服未有徵青蠅之浮聲信浸潤之譖訴可以允釐四海惟清緝熙者也昔者漢高獄蕭何出復相之玠之一責永見擯放二主度量豈不殊哉劉咸炘曰清公不容自有故安國之論膚矣

太祖賜棺器錢帛拜子機郎中拜玠子郎中見文紀延康元年注引丁亥令

徐奕字季才東莞人也東莞見陶謙傳又見夏侯玄傳注引魏書又見張旣傳郡國志徐州琅邪國東莞王先謙曰漢末置郡三國魏末廢郡還屬琅邪通鑑胡注魏旣分而復合於琅邪晉又分置說與魏氏春秋亦合今從之晉志改屬東莞郡一統志故城今山東沂州府沂水縣治避亂江東孫策禮命之奕改姓名微服還本郡太祖爲司空辟爲掾屬從西征馬超超破軍還時關中新服未甚安留奕爲丞相長史鎭撫西京西京稱其威信轉爲雍州刺史復還爲東曹屬丁儀等見寵於

時並害之而奕終不爲動

魏書曰或謂奕曰夫以史魚之直孰與蘧伯玉之智丁儀方貴重宜思所以下之奕曰以公明聖儀豈得久行其僞乎且姦以事君者吾所能禦也子寧以他規我　傅子曰武皇帝至明也崔琰徐奕一時清賢皆以忠信顯於魏朝丁儀閒之徐奕失位而崔琰被誅

出爲魏郡太守太祖征孫權徙爲留府長史謂奕曰君之忠亮古人不過也然微太嚴昔西門豹佩韋以自緩韓非子西門豹之性急故佩韋以緩己夫能以柔弱制剛彊者望之於君也今使君統留事孤無復還顧之憂也魏國既建爲尚書復典選舉遷尚書令太祖征漢中魏諷等謀反見武紀建安二十四年中尉楊俊左遷楊俊傳魏諷反於鄴俊自劾詣行在所左遷平原太守太祖歎曰諷所以敢生亂心以吾爪牙之臣無遏姦防謀者故也安得如諸葛豐者使代俊乎諸葛豐事見諸葛誕傳桓階曰徐奕其人也太祖乃以奕爲中尉中尉見涼茂傳趙一清引百官志臆斷改中候爲中尉說誤不錄手令曰昔楚有子玉文公爲之側席而坐史記晉世家晉焚楚軍火數日不息文公歎左右曰勝楚而君猶憂何文公曰子玉猶在庸可喜乎汲黯在朝淮南爲之折謀史記汲黯傳淮南王謀反憚黯曰好直諫守節死義難惑以非至如說丞相弘如發蒙振落耳詩稱邦之司直君之謂與在職數月疾篤乞退拜諫議大夫卒

魏書曰文帝每與朝臣會同未嘗不嗟歎思奕之爲人奕無子詔以其族子統爲郎錢大昭曰郎下當有中字見文帝紀以奉奕後

何夔字叔龍陳郡陽夏人也郡國志豫州陳國陽夏吳增僅曰魏志諸王傳黃初四年封曹邕爲陳王是魏初改郡爲國太和六年封植爲陳王植子志徙封濟北國復爲郡一統志陽夏故城今河南陳州府太康縣治曾祖父熙漢安帝時官至車

騎將軍 華嶠漢書曰熙字孟孫少有大志不拘小節身長八尺五寸體貌魁梧善爲容儀舉孝廉爲謁者贊拜殿中音動左右和帝偉之 何焯校改佳作偉弼案范書梁慬傳亦作偉 歷位司隸校尉大司農 毛本位作爲 永初二年 宋本二作三沈家本曰范史安紀南匈奴烏桓二傳事並在三年 南單于與烏桓俱反以熙行車騎將軍征之累有功烏桓請降單于復稱臣如舊會熙暴疾卒 本志高柔傳注引陳留耆舊傳曰琅邪相何英車騎將軍熙之父也

夔幼喪父與母兄居以孝友稱長八尺三寸容貌矜嚴 魏書曰漢末閹宦用事夔從父衡爲尚書有直言由是在黨中諸父兄皆禁錮 馮吳毛本錮作固誤 夔歎曰天地閉賢人隱故不應宰司之命

避亂淮南後袁術至壽春 郡國志揚州九江郡壽春王先謙曰九江郡三國魏吳分據吳割入廬江魏改曰淮南謝鍾英曰袁術傳興平元年術建號以九江太守爲淮南尹魏略楊沛傳太祖輔政沛遷九江太守是魏武復淮南爲九江弼按興平元年應作建安二年術建號應作僭號謝氏誤壽春今安徽鳳陽府壽州治九江互見武紀初平四年 辟之夔不應然遂爲術所留久之術與橋蕤俱攻圍蘄陽 蘄陽見武紀建安十八年蘄陽之役注趙一清曰蘄陽漢沛國之蘄縣陳承祚述史屢有蘄陽之文豈後漢末曾改蘄縣爲蘄陽乎又何夔是陳郡人而蘄屬沛郡今云術以夔彼郡人所未達也或郡人下有缺文 蘄陽爲太祖固守術以夔彼郡人欲脅令說蘄陽夔謂術謀臣李業曰昔柳下惠聞伐國之謀而有憂色曰吾聞伐國不問仁人斯言何爲至於我哉 春秋繁露昔者魯君問於柳下惠曰我欲攻齊如何柳下惠對曰不可退而有憂色曰吾聞之也謀伐國者不問於仁人也此何爲至於我 遂遁匿灊山 范書袁術傳術奔其部曲陳簡雷薄於灊山章懷注灊縣之山也灊今壽州霍山縣也謝鍾英曰張遼傳灊中有天柱山高峻二十餘里道險狹步徑裁通陳蘭等壁其上遼攻斬之鍾英按山在灊山縣西北方輿紀要卷二十六云灊山在潛山縣西北二十里與六安州霍山縣接界卽霍山矣舊志潛山與皖公天柱三峯鼎峙層巒疊嶂爲長淮之扞蔽說者皆以潛皖天柱爲三山其實非也蓋以形言之則曰潛山謂遠近山勢皆潛伏也以地言之則曰皖山謂皖伯所封之國也以峯言之則曰天柱其峯突出衆山之上峭拔如柱也名雖有

三實一山耳或又謂山南爲皖山北爲潛雪山盤其東霍山屏其西皆卽一山而强爲之說耳一統志霍山在安徽六安州霍山縣西北五里又名天柱山爾雅霍山爲南嶽注卽天柱山灊水所出也史記封禪書元封五年登禮灊之天柱山號曰南嶽應劭曰灊縣屬廬江南嶽霍山也按霍山與潛山縣之潛山相去百餘里本非一山後人以潛有天柱峯遂誤潛卽霍山又謂潛卽南嶽誤又云皖山在安慶府潛山縣西北考漢灊縣故城在今霍山縣東北三十里去今潛山頗遠今潛山縣本漢皖縣東晉以後爲懷寧縣地晉以前灊縣實不在此諸志紛紛以皖山爲灊嶽爲霍山俱誤弼按綜上諸說以一統志爲最詳明以章懷注爲最簡要章懷所云灊山灊縣之山蓋指漢時灊縣之山言又云灊今壽州霍山縣蓋指唐時之地理言亦卽今日之霍山縣也至今日之潛山縣非漢晉之灊縣一統志已辨明之則何夔當日所遁匿之灊山爲漢時灊縣之山卽今日霍山縣之霍山方輿紀要與謝說俱誤 術知夔終不爲己用乃止術從兄山陽太守遺母 袁遺見武紀初平元年 夔從姑也是以雖恨夔而不加害建安二年夔將還鄉里度術必急追乃間行得免明年到本郡頃之太祖辟爲司空掾屬時有傳袁術軍亂者太祖問夔曰君以爲信不夔對曰天之所助者順人之所助者信術無信順之實而望天人之助此不可以得志於天下夫失道之主親戚叛之而況於左右乎以夔觀之其亂必矣太祖曰爲國失賢則亡君不爲術所用亂不亦宜乎太祖性嚴掾屬公事往往加杖夔常畜毒藥誓死無辱是以終不見及

孫盛曰夫君使臣以禮臣事君以忠是以上下休嘉道光化洽公府掾屬古之造士也 禮記王制篇升於學者不征於司徒曰造士鄭注不征不給其繇役造成也能習禮則爲成士 必擢時儁搜揚英逸得其人則論道之任隆非其才則覆餗之患至 餗音速易鼎卦鼎折足覆公餗正義云餗糝也 苟有疵釁刑黜可也加其捶扑之罰肅以小懲之戒豈導之以德齊之以禮之謂與然士之出處宜度德投趾可不之節 不讀曰否局本之作乏誤 必審於所蹈故高尚之徒抗心於青雲之表豈王侯之所能臣名器之所羈紲哉自非此族委身世塗否泰榮辱制之由時故箕子安於孥戮 論語箕子爲之奴 柳下夷於三黜 風俗通柳下惠不枉道以事人故三黜而不去 蕭何周勃亦在縲紲 史記蕭相國世家上使使

拜丞相何爲相國相國爲民請曰上林中多空地棄願令民得入田上大怒曰相國多受賈人財物乃爲請吾苑乃下相國廷尉械繫之史記絳侯周勃世家人有
上書告勃欲反下廷尉逮捕勃治之夫豈不辱君命故也夔知時制而甘其寵挾藥要君以避微恥詩
云唯此褊心何夔其有爲放之可也宥之非也魏武之杖掾屬明代之廷杖皆極不近人情之事郝經曰士可殺而不可
辱命爲掾屬而杖捶之豈待士之禮夔義不受辱亦可尙已謂爲挾毒要君責之過矣
出爲城父令郡國志豫州汝南郡城父三國魏改屬譙郡一統志城父故城今安徽潁州府亳州東南城父村謝鍾英曰今亳州東南七十里渦
陽縣之東
魏書曰自劉備叛後東南多變太祖以陳羣爲酇令元本吳本酇作鄎誤酇見劉放傳屬譙郡魏國既建特立譙郡
比豐沛選用名士爲守令鄎縣遠不相涉其誤無疑夔爲城父令諸縣皆用名士以鎭撫之其後吏民稍定
遷長廣太守錢大昭曰郡國志長廣屬東萊郡晉地理志宋州郡志皆有長廣郡並言咸寧三年置晉領不其長廣挺三縣宋領四縣三縣之外
又有昌陽也今讀此傳乃知建安初已有此郡不知省自何時而咸寧中復置諸史並未志其沿革疏矣趙一淸曰郡國志東萊郡長廣故屬琅邪方輿紀要卷三十六

長廣城在萊陽縣東五十里建安中分置長廣郡魏晉因之吳增僅曰洪志據魏何夔傳遷長廣太守領六縣有長廣牟平東牟昌陽其二縣當卽不其挺疑當時因黃
巾起靑徐閒郡縣寥闊難治故置長廣郡魏末郡或旋廢至晉咸寧三年復置太康地志不其長廣挺三縣俱云屬長廣則知咸寧三年前本有長廣郡今考咸寧在太
康前太康地志所云不其等縣屬長廣者卽指咸寧三年事也長廣太守見史者僅一何夔時在建安初年迨十八年獻帝起居注所載靑州屬郡已無長廣蓋是時已
省又洪志引管輅傳注前長廣太守陳承祐爲魏有長廣之證今考輅傳前長廣太守陳承祐口授城門校尉華長駿語晉書華表子廙字長駿華稱字知陳承祐亦字
也陳壽傳壽字承祚遷長廣太守則此承祐明爲承祚之訛壽遷長廣在晉初洪志未審謝云劉繇傳云東萊牟平人蓋魏廢長廣還入東萊故承祚書法如此王先謙
曰漢末置長廣郡旋省郡爲縣一統志長廣故城今山東登州府萊陽縣東郡濱山海黃巾未平豪傑多背叛袁
譚就加以官位長廣縣人管承徒衆三千餘家爲寇害議者欲舉兵
攻之夔曰承等非生而樂亂也習於亂不能自還未被德教故不知
反善今兵迫之急彼恐夷滅必并力戰攻之既未易拔雖勝必傷吏
民不如徐喻以恩德使容自悔可不煩兵而定乃遣郡丞黃珍往爲

陳成敗承等皆請服夔遣吏成弘領校尉長廣縣丞等郊迎宋本丞作承各
本皆作丞丞承古通用趙一淸曰百官志郡置太守一人丞一人郡當邊戍者丞爲長史凡縣萬戶以上爲令不滿爲長丞各一人姚範曰長廣上疑失字奉
牛酒詣郡牟平賊從錢衆亦數千謝鍾英曰牟平兩漢志屬東萊寰宇記在牟山之陽其地夷坦故曰牟平故城今山
東登州府蓬萊縣東南九十里牟平互見吳志劉繇傳夔率郡兵與張遼共討定之東牟人王營衆
三千餘家東牟兩漢志屬東萊錢坫曰今登州府寧海州治脅昌陽縣爲亂昌陽兩漢志屬東萊一統志故城今登州府萊
陽縣東南二十五里昌山南夔遣吏王欽等授以計略使離散之旬月皆平定韓慕廬曰
或降或討或離散之夔誠吏才亦將才也是時太祖始制新科下州郡又收租稅綿絹夔以
郡初立近以師旅之後不可卒繩以法乃上言曰自喪亂已來民人
失所今雖小安然服教日淺所下新科皆以明罰勑法齊一大化也
所領六縣洪亮吉曰晉起居注云咸寧三年以齊東部縣爲長廣郡領縣四不其長廣昌陽挺晉地理志亦同惟無昌陽而何夔傳云領六縣有長廣牟

平東牟昌陽其二縣當卽不其挺也魏末郡或旋廢至晉咸寧三年復置疆域初定加以饑饉若一切齊以科
禁恐或有不從教者有不從教者不得不誅則非觀民設教隨時之
意也先王辨九服之賦以殊遠近制三典之刑以平治亂周官職方氏辨九服
之邦國方千里曰王畿其外方五百里曰侯服又其外方五百里曰甸服又其外方五百里曰男服又其外方五百里曰采服又其外方五百里曰衛服又其外方五百
里曰蠻服又其外方五百里曰夷服又其外方五百里曰鎭服又其外方五百里曰藩服太宰以九賦斂財賄一曰邦中之賦二曰四郊之賦三曰邦甸之賦四曰家削
之賦五曰邦縣之賦六曰邦都之賦七曰關市之賦八曰山澤之賦九曰幣餘之賦大司寇之職掌建邦之三典以佐王刑邦國詰四方一曰刑新國用輕典二曰刑平
國用中典三曰刑亂國用重典愚以爲此郡宜依遠域新邦之典其民閒小事使長吏
臨時隨宜上不背正法下以順百姓之心比及三年民安其業然後
齊之以法則無所不至矣明損益之宜太祖從其言徵還參丞相軍事海
賊郭祖寇暴樂安濟南界州郡苦之太祖以夔前在長廣有威信拜

樂安太守（郡國志青州樂安國王先謙曰三國魏因國廢爲郡）到官數月諸城悉平入爲丞相東曹掾夔言於太祖曰自軍興以來制度草創用人未詳其本是以各引其類時忘道德夔聞以賢制爵則民慎德以庸制祿則民興功以爲自今所用必先核之鄉閭使長幼順敘無相踰越顯忠直之賞明公實之報則賢不肖之分居然別矣又可修保舉故不以實之令（何焯曰核之鄉閭時方草創不易行也修保舉故不以實之令則無施不可）使有司別受其負在朝之臣時受教與曹並選者（未詳其義）各任其責上以觀朝臣之節下以塞爭競之源以督羣下以率萬民如是則天下幸甚太祖稱善魏國既建拜尚書僕射

魏書曰時丁儀兄弟方進寵儀與夔不合尚書傅巽謂夔曰儀不相好已甚子友毛玠玠等儀已害之矣子宜少下之夔曰爲不義適足害其身焉能害人且懷姦佞之心立於明朝其得久乎夔終不屈志儀後果以凶僞敗

文帝爲太子以涼茂爲太傅夔爲少傅特命二傅與尚書東曹並選太子諸侯官屬茂卒以夔代茂每月朔太傅入見太子太子正法服而禮焉他日無會儀（官僚無私會）夔遷太僕（夔爲太僕列名勸進見上尊號奏）太子欲與辭宿戒供夔無往意乃與書請之夔以國有常制遂不往其履正如此然於節儉之世最爲豪汰（晉書何曾傳曾字穎考性奢豪務在華侈帷帳車服窮極綺麗廚膳滋味過於王者食日萬錢猶曰無下箸處二子遵劭劭字敬祖驕奢簡貴亦有父風衣裘服翫新故巨積食必盡四方珍異一日之供以錢二萬爲限遵字思祖劭庶兄也性亦奢忲四子嵩綏機羨綏奢侈過度性既輕物翰札簡傲東海王越遂誅綏羨既驕且吝陵駕人物鄉閭疾之如讎永嘉之末何氏滅亡無遺焉何焯曰孝先清恪叔龍豪汰而相與爲友古人所重在大節奉己之奢儉不以相非也叔龍侈汰穎考繼之貽謀一謬子孫卒受其禍不可以不戒）文帝踐阼封成陽亭侯（晉書何曾

傳夔封陽武亭侯）邑三百戶疾病屢乞遜位詔報曰蓋禮賢親舊帝王之常務也以親則君有輔弼之勳焉以賢則君有醇固之茂焉夫有陰德者必有陽報今君疾雖未瘳神明聽之矣君其卽安以順朕意薨諡曰靖侯子曾嗣咸熙中爲司徒

干寶晉紀曰曾字穎考正元中爲司隸校尉時毌丘儉孫女適劉氏以孕繫廷尉女母荀爲武衞將軍荀顗所表活既免辭詣廷尉乞爲官婢以贖女命曾使主簿陳咸爲議（宋本陳作程晉書刑法志亦作程此誤）議曰大魏承秦漢之弊未及革制所以追戮已出之女誠欲殄醜類之族也若已產育則成他家之母於法則不足懲奸亂之源（於法北宋本作以法馮本作於防）於情則傷孝子之恩男不御罪於他族而女獨嬰戮於二門非所以哀矜女弱均法制之大分也臣以爲在室之女可從父母之刑既醮之婦使從夫家之戮朝廷從之乃定律令（趙一清曰晉書刑法志及何曾傳言魏法犯大逆者誅及已出之女毌丘儉之誅其子甸妻荀氏應坐死其族兄顗族父虞與景帝姻通共表魏帝以匄其命詔聽離婚荀所生女芝爲潁川太守劉子元妻亦坐死以懷姙繫獄荀詣曾乞恩曾哀之騰辭上議一清案劉子元名仲武晉書禮志載沛國劉仲武先娶毌丘氏生子正舒正則二人毌丘儉反敗仲武出其妻娶王氏生陶仲武爲毌丘氏別舍而不告絕及毌丘氏卒正舒求祔葬焉而陶不許正舒不釋服訟於上下泣血露骨縗裳綴絡數十年不得從以至死亡所云懷姙卽正則也）晉諸公讚曰曾以高雅稱加性純孝位至太宰封朗陵縣公年八十餘薨（毛本十作士誤晉書曾傳咸寧四年薨時年八十）諡曰元公（晉書曾傳博士秦秀諡爲繆醜帝不從策諡曰孝太康末子劭自表改諡爲元）子邵嗣邵字敬祖才識深博有經國體儀位亦至太宰諡康公子蕤嗣（晉書曾傳作子岐嗣劭初亡袁粲弔岐岐辭以疾粲獨哭而出）邵庶兄遵字思祖有幹能少經清職終於太僕遵子綏字伯蔚亦以幹事稱永嘉中爲尚書爲司馬越所殺傅子稱曾及荀顗曰以文王之道事其親者其潁昌何侯乎其荀侯乎古稱曾閔今日荀何內盡其心以事其親外崇禮讓以接天下孝子百世之宗仁人天下之令也（令一作本晉書曾傳令作命）有能行仁

孝之道者君子之儀表矣困學紀聞云何曾荀顗之孝論者比之曾閔夫以孝事君則忠不忠於魏又不忠於晉非孝也顗之罪浮於曾曾之驕奢禍止及家顗之姦諛禍及天下

邢顒字子昂河間鄚人也郡國志冀州河間國鄚故屬涿惠棟曰鄚說文從邑莫聲俗本作鄭誤一統志鄚縣故城今直隸河間府任丘縣北舉孝廉司徒辟皆不就易姓字適右北平右北平郡見明紀景初元年從田疇游積五年而太祖定冀州顒謂疇曰黃巾起來二十餘年海內鼎沸百姓流離今聞曹公法令嚴民厭亂矣亂極則平請以身先遂裝還鄉里田疇曰邢顒民之先覺也乃見太祖求為鄉導以克柳城柳城見武紀建安十二年太祖辟顒為冀州從事時人稱之曰德行堂堂邢子昂除廣宗長郡國志冀州鉅鹿郡廣宗三國魏改屬安平郡方輿紀要今直隸順德府廣宗縣治以故將喪棄官有司舉正太祖曰顒篤於舊君有一致之節勿問也更辟司空掾除行唐令

郡國志冀州常山國南行唐一統志故城今直隸正定府行唐縣北勸民農桑風化大行入為丞相門下督遷左馮翊郡國志司隸左馮翊治高陵劉昭注引決錄注曰馮馮也翊明也惠棟曰漢官解詁曰馮輔翊蕃故以為名魏略曰建安初關中始開詔分馮翊西數縣為左內史郡治高陵以東數縣為本郡治臨晉何焯云時權置旋復故故司馬氏不載然劉注當補王先謙曰建安十八年以郡屬雍州三國魏去左字一統志高陵故城今陝西西安府高陵縣西南病去官是時太祖諸子高選官屬令曰侯家吏宜得淵深法度如邢顒輩遂以為平原侯植家丞續百官志列侯家臣置家丞庶子各一人主侍侯使理家事中興以來食邑千戶已上置家丞庶子各一人不滿千戶不置家丞顒防閑以禮無所屈撓由是不合庶子劉楨書諫植曰家丞邢顒北土之彥少秉高節玄靜澹泊言少理多實雅士也楨誠不足同貫斯人並列左右而楨禮遇殊特顒反疏簡私懼觀者將謂君侯習近不肖禮賢不足採庶子之春華忘家丞之秋實為上招謗其罪不小以此反側范書光武紀令反側子自安章懷注反側不安也詩國風曰展轉反側後參丞相軍事轉東曹掾馮本轉作輔誤初太子未定而臨菑侯植有寵丁儀等並贊翼其美太祖問顒顒對曰以庶代宗先世之戒也願殿下深重察之毛本殿作陛誤太祖識其意後遂以為太子少傅遷太傅文帝踐阼為侍中尚書僕射賜爵關內侯出為司隸校尉徙太常黃初四年薨子友嗣

晉諸公贊曰顒曾孫喬字魯伯宋本魯作曾沈家本曰以名喬推之當作魯有體量局幹美於當世歷清職元康中與劉渙俱為尚書吏部郎稍遷至司隸校尉

鮑勛字叔業泰山平陽人也郡國志兗州泰山郡洪亮吉曰東平陽漢舊縣中興後省魏復立謝鍾英曰東平陽班志屬泰山魏志高堂隆鮑勛並云泰山平陽人是魏時改名平陽洪氏作東平陽非也又左傳宣八年杜注今泰山平陽縣太康地志新泰舊名平陽泰始中羊祜此縣人表改為新泰水經注洙水西逕泰山東平陽縣晉武帝元康九年改為新泰（按武帝太康紀元十年惠帝元康紀元九年水經注元康係太康之譌）平陽之改新泰太康

志水經注並有明文宋書州郡志魏書地形志謂新泰魏置者均誤馬與龍云太康地志謂太始中羊祜表改然據杜注及洙水注縣改名新泰當在太康末也晉志曰新泰一統志故城今山東泰安府新泰縣西北弼按范書羊續傳太山平陽人是平陽未省也又按山陽郡有南平陽縣惠棟曰竹書紀年梁惠王二十九年齊田朌及宋人伐我東鄙圍平陽河東有平陽故加南楊守敬曰漢志水經有東平陽則此泰山之平陽應有東字杜注高堂隆羊祜等傳無東字省文耳綜上諸說在洙水南者曰南平陽在河東者曰東平陽為相對之詞繫於泰山之平陽自為東平陽也漢司隸校尉鮑宣九世孫宣後嗣有從上黨徙泰山者遂家焉漢書鮑宣傳宣字子都渤海高城人好學明經為諫大夫屢上書諫爭後拜司隸因事被刑徙之上黨以為其地宜田牧遂家于長子（師古曰上黨之縣也）後以不附王莽繫獄自殺宣妻桓少君與宣共挽鹿車歸鄉里修行婦道見范書列女傳宣子永字君長永子昱字文泉三世均為司隸校尉京師歌曰鮑氏驄三入司隸再入公馬雖瘦行步工昱子德修志節有名稱累官南陽太守號為神父德子昂有孝義節行范書均有傳勛父信靈帝時為騎都尉大將軍何進遣東募兵後為濟北相協規太祖身以遇害語在董卓傳武帝紀

魏書曰信父丹官至少府侍中世以儒雅顯少有大節少字上應有信字寬厚愛人沈毅有

謀大將軍何進辟拜騎都尉遣歸募兵得千餘人還到成皋 成皋見武紀卷首 而進已遇害信至京師董卓亦始到信知卓必爲亂勸袁紹襲卓紹畏卓不敢發語在紹傳信乃引軍還鄉里收徒衆二萬騎七百輜重三千餘乘 宋本三作五 是歲太祖始起兵於已吾 已吾 見武紀卷首 信與弟韜以兵應太祖太祖與袁紹表信行破虜將軍韜裨將軍 洪飴孫曰破虜將軍一人第五品中平六年袁術表孫堅爲此官裨將軍無員第五品 時紹衆最盛豪傑多向之信獨謂太祖曰夫略不世出能總英雄以撥亂反正者 毛本亂作之誤 君也苟非其人雖彊必斃君殆天之所啓遂深自結納太祖亦親異焉汴水之敗信被創韜在陣戰亡紹劫奪韓馥位遂據冀州信言於太祖曰奸臣乘釁蕩覆王室英雄奮節天下嚮應者義也今紹爲盟主因權專利將自生亂是復有一卓也若抑之則力不能制祇以遘難又何能濟且可規大河之南以待其變太祖善之太祖爲東郡太守表信爲濟北相 武紀初平元年東郡太守橋瑁濟北相鮑信同時俱起兵劉岱殺瑁

以王肱領東郡太守二年王肱不能禦黑山賊袁紹表曹操爲東郡太守是信爲濟北相在前操爲東郡太守在後此言操爲東郡太守表信爲濟北相疑有誤沈家本曰初平元年鮑信已稱濟北相袁紹表曹操爲東郡太守在初平二年此恐魏書之誤 會黃巾大衆入州界劉岱欲與戰信止之岱不從遂敗語在武紀太祖以賊恃勝而驕欲設奇兵挑擊之於壽張 郡國志兗州東平國壽張一統志故城今山東泰安府東平州西南 先與信出行戰地後步軍未至而卒與賊遇遂接戰信殊死戰以救太祖太祖僅得潰圍出信遂沒時年四十一雖遭亂起兵家本修儒治身至儉而厚養將士居無餘財士以此歸之

建安十七年太祖追錄信功表封勛兄邵新都亭侯

魏書曰邵有父風太祖嘉之加拜騎都尉使持節邵薨子融嗣

辟勛丞相掾

魏書曰勛清白有高節知名於世

二十二年立太子以勛爲中庶子徙黃門侍郎 續百官志太子中庶子六百石員五人職如侍中黃門侍郎見武紀建安十九年 出爲魏郡西部都尉 胡三省曰漢獻帝建安十八年魏武分魏郡置東西部都尉以東部都尉立陽平郡西部都尉立廣平郡謂之三魏皆屬司州洪飴孫曰每郡都尉一人比二千石大郡或置二人或爲東西部或爲南北部典兵禁備盜賊 太子郭夫人弟 本志后妃傳郭后蚤喪兄弟以從兄表繼父永後此言夫人弟未詳其名又按郭后傳后頗防閑外戚以此事推之或爲溢美之辭傳中甄后之死由后之寵二語及曹洪下獄當死卞太后謂郭后曰令曹洪今日死吾明日敕帝廢后郭后涕泣屢請乃得免官削爵土是郭后之足以制魏文可知 爲曲周縣吏 曲周前漢屬廣平郡後漢屬鉅鹿郡建安十七年移屬魏郡見武紀三國魏改屬廣平廣平郡卽魏郡西部故西部都尉得按治之一統志曲周故城今直隸廣平府曲周縣東北 斷盜官布法應棄市太祖時在譙太子留鄴數手書爲之請罪勛不敢擅縱具列上勛前在東宮守正不撓太子固不能悅及重此事恚望滋甚 禍機已伏於此或曰以操之明斷諸子猶復縱肆行私如是 會郡界休兵有失期者密勑中尉奏免勛官 中尉卽執金吾 久之拜侍御史 勛爲侍御史列名勸進見文紀注引禪代衆事

延康元年太祖崩太子卽王位勛以駙馬都尉兼侍中 馮本勛作鄖誤駙馬都尉見明紀青龍元年又見曹爽傳侍中見武紀建安元年 文帝受禪勛每陳今之所急唯在軍農寬惠百姓臺榭苑囿宜以爲後文帝將出游獵勛停車上疏曰臣聞五帝三王靡不明本立教以孝治天下陛下仁聖惻隱有同古烈臣冀當繼蹤前代令萬世可則也如何在諒闇之中 論語高宗諒陰三年不言注曰諒信也陰猶默也疏曰謂信任冢宰默而不言也禮記作諒闇鄭玄以爲凶廬 修馳騁之事乎臣冒死以聞唯陛下察焉帝手毀其表而競行獵中道頓息問侍臣曰獵之爲樂何如八音也侍中劉曄對曰獵勝於樂勛抗辭曰夫樂上通神明下和人理隆治致化萬邦咸乂 爾雅釋詁乂治也 故移風易俗 馮本奪故字 莫善於樂況獵暴華蓋於原野傷生育之至理櫛風沐雨不以時隙哉昔魯隱觀漁於棠 見崔琰傳

左傳作觀魚春秋譏之雖陛下以爲務愚臣所不願也因奏劉曄佞諛不忠阿順陛下過戲之言昔梁丘據取媚於遄臺左傳昭公二十年齊侯至自田晏子侍於遄臺子猶馳而造焉（杜注子猶梁丘據也）公曰唯據與我和夫晏子對曰據亦同也焉得謂和說苑齊景公飲酒移于梁丘據之家梁丘據左操瑟右挈竽行歌而至公曰樂哉今夕吾飲酒也微此一臣何以樂吾身曄之謂也請有司議罪以清皇朝何焯曰勛語殊壯但丕聞諒陰之語漢無所動毀表行獵復問其樂何如八音心已死矣又何可與言哉丕昏已甚勛又切直不已忠亮有餘而識不足君子惜之梁章鉅曰御覽卷四十二引魏略云魏文帝獵北邙上時盛夏炎暑行者或中暍鮑勛切諫遂因此伏法按本傳勛因諫獵出爲右中郎將後以諫征吳左遷復緣私解孫邕事收付廷尉伏誅並非因諫獵伏法魏略有脫漏故裴注不收也帝怒作色罷還卽出勛爲右中郎將續百官志右中郎將比二千石黃初四年尚書令陳羣僕射司馬宣王並舉勛爲宮正宮正卽御史中丞也御史中丞見武紀初平元年宋書百官志御史大夫有二丞其一曰御史丞其二曰御史中丞殿中蘭臺祕書圖籍在焉而中丞居之外督部刺史內領侍御史受公卿奏事舉劾按章中丞每月二十五日繞行宮垣白壁史臣按漢志執金吾每月三繞行宮城疑是省金吾以此事倂中丞洪飴孫曰御史中丞一人千石本御

史大夫之丞黃初初改爲宮正復爲臺主尋又改曰中丞趙一清曰宮正之名以巡行宮省得名帝不得已而用之百寮嚴憚罔不肅然六年秋帝欲征吳羣臣大議勛面諫曰王師屢征而未有所克者蓋以吳蜀脣齒相依憑阻山水有難拔之勢故也往年龍舟飄蕩隔在南岸通鑑黃初五年八月魏文爲水軍親御龍舟會暴風漂蕩幾至覆沒聖躬蹈危臣下破膽此時宗廟幾至傾覆爲百世之戒今又勞兵襲遠日費千金中國虛秏令黠虜玩威臣竊以爲不可帝益忿之左遷勛爲治書執法晉書職官志魏置治書執法掌奏劾趙一清氏以治書執法卽治書侍御史誤帝從壽春還屯陳留郡界太守孫邕見出過勛孫邕見齊王紀嘉平六年又見管寧傳盧毓傳時營壘未成但立標埒胡三省曰標表也埒說文曰庳垣也又封道曰埒邕邪行不從正道軍營令史劉曜欲推之續百官志大將軍令史及御屬三十一人勛以塹壘未成解止不舉大軍還洛陽曜有罪勛奏絀遣而曜密表勛

私解邕事詔曰勛指鹿作馬收付廷尉廷尉法議正刑五歲胡三省曰法議引法而議也正結正也五歲刑髠鉗爲城旦舂三官駮依律罰金二斤三官廷尉正監平也帝大怒曰勛無活分而汝等敢縱之通鑑敢作欲收三官以下付刺姦范書侯霸傳再遷爲執法刺姦章懷注引王莽傳曰置執法左右刺姦選能吏侯霸等分督六尉六隊如漢刺史是刺姦之官甚尊魏有刺姦掾刺姦主簿大將軍太尉皆有刺姦都督大都曹掾之屬當令十鼠同穴太尉鍾繇司徒華歆鎭軍大將軍陳羣侍中辛毗尚書衞臻守廷尉高柔等高柔傳柔爲廷尉帝以宿嫌欲枉法誅治書執法鮑勛柔固執不從詔命遂召柔詣臺遣使者承指至廷尉考竟勛勛死乃遣柔還寺並表勛父信有功於太祖或曰有功於太祖何如得罪於郭夫人求請勛罪帝不許遂誅勛通鑑輯覽曰魏文以貸絹宿嫌免曹洪已失予奪之正至鮑勛守法不阿方當錄用以勵羣下乃必欲寘之於死可謂徇私怨而昧公義矣勛內行旣脩廉而能施死之日家無餘財後二旬文帝亦崩莫不爲勛歎恨此與崔琰之死同一痛惜或曰歎恨不得以赦免耳

司馬芝字子華河內溫人也郡國志司隸河內郡溫一統志溫縣故城今河南懷慶府溫縣西南三十里少爲書生避亂荊州於魯陽山遇賊魯陽見劉表傳毛玠傳趙一清曰前漢書地理志南陽郡魯陽有魯山古魯縣潘眉曰山名魯山不名魯陽在魯山之陽邑因名魯陽此當云於魯陽魯山遇賊元和郡縣志魯山在汝州魯陽縣東北十里惠棟曰酈元云柏樹谿水出魯山峽谷中東南流逕魯山西而南合牛蘭也一統志魯山在河南汝州魯山縣東十八里孤高聳拔爲一邑巨鎭縣以此得名同行者皆棄老弱走芝獨坐守老母賊至以刃臨芝芝叩頭曰母老唯在諸君賊曰此孝子也殺之不義遂得免害以鹿車推載母范書列女傳鮑宣妻桓氏字少君著短布裳與宣共挽鹿車歸鄉里風俗通云鹿車或云樂車入傳舍偃臥無憂無牛馬而能行者獨一人所致耳蘇林云一木橫鹿車一人推之居南方十餘年躬耕守節太祖平荊州以芝爲管長錢大昕曰管當作菅濟南有菅縣故下文有馳檄濟南之語趙一清曰此漢濟南郡之菅縣也應劭曰音姦馬與龍曰菅長司馬芝高柔見魏志傳誤作管一統志菅縣故城今山東濟南府章丘縣西北弻按郡國志河南尹中牟縣有管城古管叔邑並非管縣與此無涉時天下草創多不奉法郡主簿劉節舊族豪俠賓客千餘家出

爲賊盜入亂吏治頃之芝差節客王同等爲兵掾史據白節家前後未嘗給繇若至時藏匿必爲留負芝不聽與節書曰君爲大宗加股肱郡而賓客每不與役既衆庶怨望咸流聲上聞（宋本咸作或）今條同等爲兵（官本考證曰條北宋本作調）幸時發遣兵已集郡而節藏同等因令督郵以軍興詭責縣（毛本令作今誤督郵見崔琰傳）縣掾史窮困乞代同行芝乃馳檄濟南具陳節罪太守郝光素敬信芝卽以節代同行青州號芝以郡主簿爲兵（濟南郡屬青州故云）遷廣平令（郡國志冀州鉅鹿郡廣平一統志故城今直隸廣平府雞澤縣東）征虜將軍劉勳（武紀建安十八年注引勸進表文紀評注引典論俱作平虜將軍）貴寵驕豪又芝故郡將賓客子弟在界數犯法勳與芝書不著姓名而多所屬託芝不報其書一皆如法後勳以不軌誅交關者皆獲罪而芝以見稱

魏略曰勳字子臺琅邪人（郡國志徐州琅邪國琅邪一統志琅邪故城今山東青州府諸城縣東南一百五十里琅邪山下東枕大海）中平末爲沛國建平長（郡國志豫州沛國建平一統志建平故城今河南歸德府永城縣西南）與太祖有舊後爲廬江太守爲孫策所破（劉勳事見武紀建安四年十八年又見吳志孫策傳）自歸太祖封列侯（劉勳封華鄉侯見武紀建安十八年注引勸進表）遂從在散伍議中（吳本議作蓋）勳兄爲豫州刺史病亡兄子威又代從政勳自恃與太祖有宿日驕慢數犯法又誹謗爲李申成所白收治并免威官（勳事又見賈逵傳注引魏略楊沛傳）

遷大理正（建安十八年魏國始置大理黃初元年改爲廷尉大理正一人六百石掌平決詔獄正監平謂之廷尉三官）有盜官練置都廁上者吏疑女工收以付獄芝曰夫刑罪之失失在苛暴今贓物先得而後訊其辭若不勝掠或至誣服誣服之情不可以折獄且簡而易從大人之化也不失有罪庸世之治耳今宥所疑以隆易從

之義不亦可乎太祖從其議歷甘陵沛陽平太守（甘陵見武紀建安九年郡國志豫州沛國吳增僅曰司馬芝爲沛郡太守在建安末年蓋漢末國除爲郡弼按范書蓋延傳延破劉永沛郡太守斬之章懷注引東觀記曰沛郡太守陳修又侯霸傳以沛郡太守韓歆代霸爲大司徒又玄賀爲沛郡守見第五倫傳向苗爲沛郡太守見桓鸞傳桓榮爲沛郡龍亢人見范書本傳是沛之除國爲郡不在漢末也又按范書沛獻王輔傳始終嗣封至魏受禪始改爲崇德侯本志魏武紀亦云沛國譙人是終漢之世沛並無除國爲郡之事然則何以有沛郡太守見於各傳殊可疑也文帝紀黃初二年以魏郡東部爲陽平郡謝鍾英曰司馬芝爲陽平太守在黃初前時無陽平郡疑字之譌）所在有績黃初中入爲河南尹抑彊扶弱私請不行曹內官欲以事託芝（宋本曹作曾官本作會）不敢發言因芝妻伯父董昭昭猶憚芝不爲通芝爲教與羣下曰蓋君能設教不能使吏必不犯也吏能犯教而不能使君必不聞也夫設教而犯君之劣也犯教而聞吏之禍也君劣於上吏禍於下此政事所以不理也可不各勉之哉於是下吏莫不自勵門下循行嘗疑門幹盜簪（續百官志閤下及諸曹各有書佐幹主文書漢官曰河南尹書佐五十人循行二百三十人幹小史二百三十一人惠棟曰幹漢碑皆作干古字通也趙明誠曰晉書職官志州縣吏皆有循行案北海相景君碑陰載故吏自都昌召丘遷而下十九人皆作修行豈循脩二字書相類遂至訛謬耶案王充論衡曰一縣佐吏之材任郡掾史一郡脩行之能堪州從事然而郡不召佐史州不取脩行者巧習無害文少德高也證此則循行當作脩行無疑矣）幹辭不符曹執爲獄芝教曰凡物有相似而難分者自非離婁鮮能不惑就其實然循行何忍重惜一簪輕傷同類乎其寢勿問明帝卽位賜爵關內侯（芝議用五銖錢見通鑑明紀太和元年）頃之特進曹洪乳母當（洪飴孫曰特進無員魏加官朝廷所敬異者賜位特進言以功德特進見也）與臨汾公主侍者（郡國志司隸河東郡臨汾一統志今山西絳州東北謝鍾英曰臨汾公主卽此晉志臨汾屬平陽郡）共事無澗神（臣松之案無澗山名在洛陽東北）繫獄卞太后遣黃門詣府傳令芝不通輒勅洛陽獄考竟而上疏曰

諸應死罪者皆當先表須報前制書禁絕淫祀以正風俗今當等所犯妖刑辭語始定黃門吳達詣臣傳太皇太后令臣不敢通懼有救護速聞聖聽若不得已以垂宿留由事不早竟是臣之罪是以冒犯常科輒勑縣考竟擅行刑戮伏須誅罰帝手報曰省表明卿至心欲奉詔書以權行事是也此乃卿奉詔之意何謝之有後黃門復往愼勿通也芝於細故多所寬宥於豪强則法在必行不吐剛茹柔史評允矣芝居官十一年數議科條所不便者其在公卿閒直道而行會諸王來朝與京都人交通坐免後爲大司農先是諸典農各部吏民末作治生以要利入芝奏曰王者之治崇本抑末務農重穀王制無三年之儲國非其國也管子區言以積穀爲急潘眉曰區言之區似當爲匡管子有大匡中匡小匡而無區言沈欽韓曰管子自任法第四十五至內業爲區言沈家本曰大匡諸篇不得稱匡言潘說誤區言四治國篇言富民積粟事卽其所本也弼按二沈說是

方今二虜未滅師旅不息國家之要唯在穀帛武皇帝特開屯田之官專以農桑爲業建安中天下倉廩充實百姓殷足自黃初以來聽諸典農治生各爲部下之計何焯曰黃初中屯田之制已壞可歎誠非國家大體所宜也夫王者以海內爲家故傳曰百姓不足君誰與足富足之由在於不失天時而盡地力今商旅所求雖有加倍之顯利然於一統之計已有不貲之損不如墾田益一畝之收也夫農民之事田自正月耕種耘鋤條桑詩豳風蠶月條桑鄭箋云條桑枝落之採其葉也耕熯種麥熯疑作暵暵耕麥地也見玉篇或作穫穫耕也見廣雅釋地穫刈築場十月乃畢詩豳風十月滌場治廩繫橋運輸租賦除道理梁墐塗室屋以是終歲無日不爲農事也今諸典農各言留者爲行者宗田錢儀吉曰宗田未詳計課其力勢不得不

爾不有所廢則當素有餘力臣愚以爲不宜復以商事雜亂專以農桑爲務於國計爲便明帝從之每上官有所召問常先見掾史爲斷其意故姚範曰史字故字爲句教其所以答塞之狀皆如所度芝性亮直不矜廉隅與賓客談論有不可意便面折其短退無異言卒於官家無餘財自魏迄今爲河南尹者莫及芝芝亡子岐嗣自河南丞轉廷尉正潘眉曰前芝遷大理正此岐轉廷尉正大理漢官魏改爲廷尉實一官也梁章鉅說同弼按續百官志有廷尉而無大理建安十八年魏國始置大理見魏都賦注黃初元年改爲廷尉見文帝紀又按鍾繇傳漢獻帝在西京繇爲廷尉正魏國初建爲大理文帝卽王位復爲大理及踐阼改爲廷尉可證遷陳留相謝鍾英曰魏志陳留恭王峻太和六年封陳留以郡爲國司馬岐爲陳留相洪志作郡非也弼按武文世王公傳黃初三年封曹峻爲陳留王五年改封襄邑太和六年又封陳留鮑勛傳黃初六年文帝屯陳留郡界太守孫邕見是黃初三年以前陳留爲郡黃初五年至太和六年又爲郡洪志少誤謝說亦未細審也梁郡有繫囚多所連及數歲不決詔書徙獄於岐屬縣縣請豫治牢具岐

曰今囚有數十旣巧詐難符且已倦楚毒其情易見豈當復久處囹圄邪及囚至詰之皆莫敢匿詐一朝決竟遂超爲廷尉是時大將軍爽專權尙書何晏鄧颺等爲之輔翼南陽圭泰錢大昭曰古未有圭姓或是州泰之譌州泰南陽人見鄧艾傳後周壽昌曰前漢有眭孟安知非其後去目存圭猶筓氏之後爲进是姓之先爲氏姓俱未可知志內所載希姓如汎嶷綦毋戲志才者甚多嘗以言迕旨考繫廷尉颺訊獄將致泰重刑岐數颺曰夫樞機大臣王室之佐旣不能輔化成德齊美古人而乃肆其私忿枉論無辜使百姓危心非此焉在颺於是慙怒而退岐終恐久獲罪以疾去官居家未朞而卒年三十五子肇嗣

肇晉太康中爲冀州刺史尙書見百官志何焯云北宋本志作名沈家本曰隋志魏晉百官名五卷晉百官名三十卷並無撰人舊唐志百官名四十卷無撰人又晉惠帝百官名三卷陸機撰新志陸機書同舊志百官名十四卷十四與四十疑有一誤也此注引司馬肇晉太康中爲晉冀

州刺史尚書疑所引乃晉百官名也

評曰徐奕何夔邢顒貴尚峻厲爲世名人毛玠淸公素履司馬芝忠亮不傾庶乎不吐剛茹柔崔琰高格最優鮑勛秉正無虧而皆不免其身惜哉大雅貴旣明且哲虞書尙直而能溫自非兼才疇克備諸此皆忠亮端直之士列於勳庸之前不以官爵崇卑爲先後也

鍾繇華歆王朗傳第十三

晉 平 陽 侯 相 安 漢 陳 壽 撰

宋中書侍郞西鄉侯聞喜裴松之注

沔 陽 盧 弼 集 解

鍾繇字元常曾廷枚香墅漫鈔卷二曰鍾繇字元常取皋陶彰厥有常之義繇同陶非由音也潘眉曰繇音遙史記東越傳繇君丑索隱音搖吳太伯世家子周繇立正義音遙漢書徭役字悉作繇國志亦多作繇其作徭者後來俗本所改楊升庵曰鍾繇字元常者取皋繇陳謨彰厥有常之義今多以繇音由非也晉世說庾公謂鍾會曰使以久望卿遙遙不至蓋舉其父諱以嘲之潁川長社人也郡國志豫州潁川郡長社有長葛城劉昭曰左傳隱五年宋伐鄭圍長葛縣本名長葛地道記曰社中樹暴長漢改名晉宗室傳司馬孚以功進爵長社縣侯一統志故城今河南許州長葛縣治西

先賢行狀曰鍾皓字季明溫良篤慎博學詩律何焯校改博作傳教授門生千有餘人范書鍾皓傳爲郡著姓世善刑律皓少以篤行稱公府連辟爲二兄未仕避隱密山以詩律教授門徒千餘人爲郡功曹時太丘長陳寔爲西門亭長寔事見陳羣傳范書陳寔傳寔家貧爲潁川郡西門亭長皓深獨敬異寔少皓十七歲常禮待與同分義毛本與作於范書皓傳同郡陳寔年不及皓皓引與爲友會辟公府臨辭太守問誰可代君皓曰明府欲必得其人西門亭長可用寔曰鍾君似不察人爲意不知何獨識我皓爲司徒掾公出道路泥濘導從惡其相灑去公車絕遠公椎軾言司徒今日爲獨行耳還府向閤鈴下不扶令揖掾屬公奮手不顧時舉府掾屬皆投劾出皓爲西曹掾卽開府門分布曉語已出者曰臣下不能得自直於君若司隸舉繩墨以公失宰相之禮又不勝任諸君終身何所任邪官本攷證云監本作何所任也此係鍾皓曉語掾屬之詞似反詰語氣作邪字爲是今依別本改正掾屬以故皆止都官果移西曹掾續百官志司隸校尉從事史十二人都官從事主察舉百官犯法者問空府去意皓召都官吏以見掾屬名示之乃止何焯曰據此知漢時三公有答拜掾吏之禮士所以重氣節也前後九辟三府遷南鄉林慮長

郡國志荆州南陽郡南鄉一統志南鄉故城今河南南陽府淅川縣東南林慮見武紀建安十七年不之官范書皓傳前後九辟公府徵爲廷尉正博士林慮長皆不就時郡中先輩爲海內所歸者蒼梧太守定陵陳稚叔蒼梧見陶謙傳郡國志潁川郡定陵一統志定陵故城今河南南陽府舞陽縣北十五里萬姓統譜陳臨蒼梧太守推誠而理當有殺人者爲吏所獲臨知其無嗣令其妻侍獄中後產一男郡人歌曰蒼梧府君惠及死能令死人不絕嗣按陳臨亦爲蒼梧太守與稚叔是否一人未詳故黎陽令潁陰荀淑淑事見荀彧傳及皓少府李膺常宗此三人曰荀君淸識難尚陳鍾至德可師膺之姑爲皓兄之妻生子覲范書皓傳覲作瑾沈家本曰緜族父瑜字从玉旁作瑾是與膺年齊並有令名覲又好學慕古有退讓之行爲童幼時膺祖太尉修言覲似我家性通鑑胡注瑾李氏之出而退讓故修云然惠棟曰性與姓通言似我家子姓也國有道不廢國無道免於刑戮者也復以膺妹妻之何焯曰李膺之妹嫁姑之子則中外連姻自古不爲非也覲辟州宰范書皓傳宰作府未嘗屈就膺謂覲曰孟軻以爲人無好惡是非之心非人也弟於人何太無皁白邪范書皓傳作弟何期不與孟軻同邪覲嘗以膺之言白皓皓曰元禮祖公在位胡三省曰李膺字元

禮膺祖修爲太尉父益爲趙相諸父並盛通鑑父作宗韓公之甥故得然耳國武子好招人過宋本招作昭劉攽曰昭當作招通鑑胡注國語齊國佐見單襄公其語盡單子曰立於淫亂之國而好盡言以招人過怨之本也其後齊殺國武子蘇林曰招音翹招擧也以爲怨本今豈其時保身全家汝道是也覲早亡膺雖荷功名位至卿佐而卒隕身世禍皓年六十九終於家范書皓傳諸儒頌之曰林慮懿德非禮不處悅此詩書弦琴樂古五就州招九應台輔逡巡王命卒歲容與皓二子迪敏並以黨錮不仕繇則迪之孫趙一淸曰後漢書鍾皓傳繇爲皓孫注引海內先賢傳繇郡主簿迪之子錢大昭曰裴注以繇爲迪孫疑誤潘眉曰孫當爲子迪爲皓子繇爲迪子此作迪之孫誤弼按法書要錄引張懷瓘書斷云魏鍾繇祖皓至德高世父迪黨錮不仕通鑑云繇皓之曾孫見獻帝初平三年嘗與族父瑜俱至洛陽道遇相者曰此童有貴相然當厄於水努力愼之行未十里度橋馬驚墮水幾死瑜以相者言中益貴繇而供給資費使得專學世說言語篇注引魏志曰繇家貧好學爲周易老子訓弼按鍾會傳注引張夫人傳云會年十四誦成侯易說當卽元常周易

訓也侯康曰今魏志無此文當是魏書或魏略之譌擧孝廉謝承漢書曰謝書見武紀初平元年周壽昌曰謝承下應補一後字南陽陰修爲潁川太守以旌賢擢俊爲務擧五官掾張仲方正察功曹鍾繇主簿荀彧主記掾張禮賊曹掾杜祐孝廉荀攸計吏郭圖爲吏以光國朝五官掾功曹主簿主計掾賊曹掾計吏皆郡國掾屬姚範曰太守郡治亦稱國朝除尙書郞陽陵令郡國志京兆尹陽陵方輿紀要陽陵縣曹魏時廢一統志故城今陝西西安府咸陽縣東四十里以疾去辟三府爲廷尉正廷尉正見司馬芝傳黃門侍郞是時漢帝在西京李傕郭汜等亂長安中與關東斷絕太祖領兗州牧始遣使上書世語曰太祖遣使從事王必致命天子王必事見武紀建安二十三年傕汜等以爲關東欲自立天子今曹操雖有使命非其至實議留太祖使拒絕其意繇說傕汜等曰方今英雄並起各矯命專制唯曹兗

州乃心王室而逆其忠款非所以副將來之望也傕汜等用繇言厚加答報由是太祖使命遂得通胡三省曰鍾繇在長安操不能使也而爲操道地蓋聞其雄略先爲效用以自結也太祖既數聽荀彧之稱繇又聞其說傕汜益虛心後傕脅天子繇與尙書郞韓斌同策謀天子得出長安繇有力焉拜御史中丞遷侍中尙書僕射并錄前功封東武亭侯袁宏紀建安元年封衞將軍董承輔國將軍伏完侍中种輯尙書僕射鍾繇尙書郭浦御史中丞董芬彭城相劉艾左馮翊韓斌東萊太守楊衆羅邵伏德趙蕤爲列侯時關中諸將馬騰韓遂等各擁彊兵相與爭太祖方有事山東以關右爲憂乃表繇以侍中守司隸校尉持節督關中諸軍委之以後事特使不拘科制繇至長安移書騰遂等爲陳禍福騰遂各遣子入侍太祖在官渡與袁紹相持繇送馬一千餘匹給軍宋本元本一作二武紀建安五年裴注引繇傳亦云送馬二千餘匹以給軍太祖與繇書曰

得所送馬甚應其急關右平定朝廷無西顧之憂足下之勳也昔蕭
何鎮守關中足食成軍亦適當爾其後匈奴單于作亂平陽平陽見武
紀卷首平陽郡見齊王紀正始八年胡三省曰平陽縣屬河東郡時南單于呼廚泉居之一統志魏平陽郡治應劭曰在平水之陽謝鍾英曰平陽故城當在今平陽府
西汾水西四五里繇帥諸軍圍之未拔而袁尚所置河東太守郭援到河東
衆甚盛諸將議欲釋之去繇曰袁氏方彊援之來關中陰與之通所
以未悉叛者顧吾威名故耳若棄而去示之以弱所在之民誰非寇
讎縱吾欲歸其得至乎此爲未戰先自敗也胡三省曰言若退師避援則關中諸將必叛雖欲歸
司隸治所亦不得而至也且援剛愎好勝必易吾軍胡三省曰易輕也若渡汾爲營水經注汾水南
過平陽縣東及其未濟擊之可大克也張既說馬騰會擊援騰遣子超將
精兵逆之援至果輕渡汾衆止之不從濟水未半半下疑有脫字馮本半作平誤擊

大破之通鑑作濟水未半繇擊大破之
司馬彪戰略曰袁尚遣高幹郭援將兵數萬人與匈奴單于寇河東遣使與馬騰韓遂
等連和騰等陰許之傅幹說騰曰幹事見武紀建安十九年注引九州春秋古人有言順道者昌逆德
者亡胡三省曰新城三老董公之言曹公奉天子誅暴亂法明國治上下用命有義必賞無義必罰
可謂順道矣袁氏背王命驅胡虜以陵中國寬而多忌仁而無斷兵雖彊實失天下心
可謂逆德矣今將軍既事有道不盡其力陰懷兩端胡三省曰謂既附曹公又與袁氏通也欲以坐觀
成敗吾恐成敗既定奉辭責罪將軍先爲誅首矣於是騰懼幹曰智者轉禍爲福今曹
公與袁氏相持而高幹郭援獨制河東曹公雖有萬全之計不能禁河東之不危也將
軍誠能引兵討援內外擊之胡三省曰謂河東之兵擊之於內而馬騰之兵擊之於外也其埶必舉是將軍一
舉斷袁氏之臂解一方之急曹公必重德將軍將軍功名竹帛不能盡載也唯將軍審

所擇騰曰敬從教於是遣子超將精兵萬餘人幷將遂等兵與繇會擊援等大破之
斬援降單于語在既傳其後河東衛固作亂與張晟張琰及高幹等
並爲寇繇又率諸將討破之亦見張既傳
魏略曰詔徵河東太守王邑趙一清曰後漢書董卓傳帝御牛車因都安邑河東太守王邑奉獻綿帛悉賦公卿以下封邑爲列侯注
云邑字文都北地涇陽人鎮北將軍見同歲名惠棟曰注北地涇陽人兩漢志北地有涇陽縣（弼按兩漢志北地郡有泥陽而無涇陽惠氏誤）劉寬碑陰門生
名有離石長北地泥陽王邑文都則邑當爲泥陽人傳寫誤耳案獻帝起居注邑封安陽亭侯又曰顧野王輿地志漢末北地但有富平泥陽二縣魏晉亦然邑
以天下未定心不願徵而吏民亦戀邑郡掾衛固及中郎將范先等各詣繇求乞邑而
詔已拜杜畿爲太守畿已入界繇不聽先等促邑交符胡三省曰交郡符也邑佩印綬徑從
河北詣許自歸郡國志司隸河東郡河北一統志故城今山西解州芮城縣東北里許衛固范先等拒杜畿事詳見杜畿傳繇時治在
洛陽自以威禁失督司之法乃上書自劾曰臣前上言故鎮北將軍領河東太守安陽

亭侯王邑巧辟治官犯突科條事當推劾檢實姦詐被詔書當如所糾以其歸罪故加
寬赦又臣上言吏民大小各懷顧望謂邑當還拒太守杜畿今皆反悔共迎畿之官謹
案文書臣以空虛被蒙拔擢入充近侍兼典機衡忝膺重任總統偏方既無德政以惠
民物又無威刑以檢不恪至使邑違犯詔書郡掾衛固誑迫吏民訟訴之言交驛道路
漸失其禮不虔王命今雖反悔醜聲流聞咎皆由繇威刑不攝臣又疾病前後歷年氣
力日微尸素重祿曠廢職任罪明法正謹按侍中守司隸校尉東武亭侯鍾繇幸得蒙
恩以斗筲之才仍見拔擢顯從近密銜命督使監本官本使作師各本作使弼按本傳有持節督關中諸軍之語以
作師爲是明知詔書深疾長吏政教寬弱檢下無刑久病淹滯衆職荒頓法令失張邑雖
違科當必繩正法既舉文書操彈失理至乃使邑遠詣闕廷隳忝使命官本考證曰監本闕
庭作關庭此指王邑佩印綬徑從河北詣許自歸而言作關廷誤今依別本改正弼按馮吳毛各本忝誤作恭挫傷爪牙而固誑迫吏民

拒戰連月今雖反悔犯順失正海內兇赫罪一由繇威刑闇弱又繇久病不任所職非繇大臣當所宜爲繇輕慢憲度不畏詔令不與國同心爲臣不忠無所畏忌大爲不敬又不承用詔書奉詔不謹又聰明蔽塞爲下所欺弱不勝任數罪謹以劾臣請法車徵詣廷尉治繇罪大鴻臚削爵土臣久嬰篤疾涉夏盛劇命縣呼吸不任部官輒以文書付功曹從事馬適議免冠徒跣伏須罪誅何焯曰此當日自劾之體詔不聽

自天子西遷洛陽人民單盡繇徙關中民又招納亡叛以充之數年間民戶稍實太祖征關中得以爲資趙一清曰關中之役由繇激成之見衞覬傳注而此傳諱之表繇爲前軍師魏國初建爲大理建安十八年魏國始置大理黃初元年改爲廷尉繇初官大理後官廷尉實一官也繇官大理治毛玠之獄卽在此時遷相國文帝在東宮賜繇五熟釜爲之銘曰於赫有魏作漢藩輔厥相惟鍾寔幹心膂靖恭夙夜匪遑安處百寮師師楷茲度矩

魏略曰繇爲相國以五熟釜鼎範範通作范禮記禮運范金合土鄭注云鑄作器用也因太子鑄之釜成太子與繇書曰昔有黃三鼎瑞應圖曰黃帝造三鼎以象太乙曹植三鼎贊云鼎質文精古之神器黃帝是鑄以象太上能輕能重知凶知吉世衰則隱世和則出周之九寶咸以一體使調一味豈若斯釜五味時芳蓋鼎之烹飪以饗上帝以養聖賢昭德祈福莫斯之美故非大人莫之能造故非斯器莫宜盛德今之嘉釜有逾茲美夫周之尸臣宋之考父衞之孔悝晉之魏顆彼四臣者並以功德勒名鍾鼎今執事寅亮大魏以隆聖化堂堂之德於斯爲盛誠太常之所宜銘彝器之所宜勒故作斯銘勒之釜口庶可贊揚洪美垂之不朽　臣松之按漢書郊祀志孝宣時美陽得鼎師古注美陽扶風之縣也京兆尹張敞上議曰按鼎有刻書曰王命尸臣官此栒邑原注尸主事之臣栒音荀豳地也宋本無也字宋本此十字與注文相連誤賜爾旂鸞黼黻琱戈師古注交龍爲旂鸞謂有鸞之車也黼黻冕服也琱

戈刻鏤之戈也琱與凋同尸臣拜手稽首曰師古注拜手首至於手也敢對揚天子丕顯休命此殆周之所以褒賜大臣子孫漢書此句無子孫二字是大臣子孫刻銘其先功藏之于宮廟也考父銘見左氏傳孔悝銘在禮記事顯故不載　國語曰昔克潞之役秦來圖敗晉功魏顆以其身追秦師于輔氏親止杜回其勒銘于景鍾至于今不遺類其子孫不可不興也太子所稱四銘者也　魏略曰後太祖征漢中太子在孟津聞繇有玉玦欲得之而難公言宋本無言字趙一清曰何校增言字弼按何校本未增言字乃改下句密字爲索字屬上讀文選李善注亦云欲得之而難公索密使臨菑侯轉因人說之繇卽送之太子與繇書曰夫玉以比德君子見美詩人文選作丕白良玉比德君子珪璋見美詩人李善注禮記孔子曰君子比德于玉毛詩曰顒顒卬卬如珪如璋晉之垂棘魯之璵璠宋之結綠毛本綠作祿誤楚之和璞李善注左傳季平子卒陽虎將以璵璠斂戰國策應侯謂秦王曰宋有結綠楚有和璞此二者天下之名器也價越萬金貴重都城有稱疇昔流聲將來是以垂棘出晉虞虢雙禽左傳晉荀息請以屈產之乘垂棘之璧假道於虞以伐虢虞公許之晉滅虢遂襲虞滅之和璧入秦相如抗節史記藺相如傳趙惠文王時得楚和氏璧秦昭王願以十五城易璧藺相如奉璧入秦秦王坐章臺見相如相如視秦王無意償趙城使從者懷璧歸趙竊見玉書稱美玉白若截肪黑譬純漆赤擬雞冠黃侔蒸栗文選栗作粟何焯曰栗與漆協韻非粟也李善注王逸正部論曰或問玉符曰赤如雞冠黃如蒸栗白如猪肪黑如純膝玉之符也通俗文曰脂在腰曰肪音方梁章鉅曰山海經郭注引此作王子靈符應藝文類聚八十三引作正部論文選攷異云隋志梁有王逸正部論八卷亡何焯陳景雲改作玉部論均誤近人邵瑞彭梧丘雜札云李善以魏文所引玉書卽是正部此實誤證尋考工記鄭注引相玉書云珽玉六寸明自炤又王逸注離騷引相玉書云瑵大六寸其燿自照此二條乃屬一事鄭王二家所據之本不同故字形微異耳叔師旣援相玉書之文以注騷又援其文以入自撰之正部論可見玉書者卽相玉書之簡名魏文所引當出自原書未必由正部轉引但此書隋志未載想爲阮孝緒所不及見李善更未由寓目非鄭王二家徵引及之則玉書之名永與正部殽亂矣又詩釋文云玖音久書云玉黑色此亦出相玉書然疑從他書轉引否則元朗及見之書李夾孫安有忽略者邪側聞斯語未覩厥狀雖德非君子義無詩人高山景行私所慕仰然四寶邈焉以遠秦漢未聞有良匹文選作秦漢未聞有良比也是以求之曠年文選無是以二字未遇厥眞私願不果飢渴未副近見南陽宗惠叔

錢大昭曰疑是宗承見荀攸傳注沈家本曰宗承字世林事詳世說三注引楚國先賢傳恐惠叔別是一人稱君侯昔有美玦聞之竊喜笑與抃俱說文抃拊手也文選俱作會當自白書恐傳言未審是以令舍弟子建因荀仲茂李善注荀氏家傳曰荀宏字仲茂爲太子文學何焯曰魏志荀彧傳注宏作閎轉言鄙旨文選作時從容喩鄙旨乃不忽遺厚見周稱李善注周稱謂繇書也鄴騎既到李善注繇在鄴城太子在孟津也寶玦初至捧跪發匣文選作捧匣跪發下有五內震駭緪窮匣開二語爛然滿目猥以矇鄙之姿得觀希世之寶文選矇作蒙觀作覩不煩一介之使不損連城之價既有秦昭章臺之觀而無藺生詭奪之誑嘉貺益腆敢不欽承文選下有謹奉賦一篇以讚揚麗質丕白三語按此可見丕之貪

繇報書曰昔忝近任并得賜玦尙方耆老頗識舊物名其符采必得處所以爲執事有珍此者是以鄙之用未奉貢幸而紆意實以悅懌在昔和氏殷勤忠篤而繇待命是懷愧恥

數年坐西曹掾魏諷謀反策罷就第魏諷事詳見武紀建安二十四年及注引世語又按絳帖載繇賀捷表亦

在是年表云臣繇言戎路兼行履險冒寒臣以無任不獲扈從企仰懸情無有寧舍卽日長史逮充宣大令命知征南將軍運田單之奇厲憤怒之衆與徐晃同勢并力撲討表裏俱進應期尅捷馘滅凶逆賊帥關羽已被矢刃傳方反覆胡修背恩天道禍淫不終厥命奉聞嘉憙喜不自勝望路載笑踊躍逸豫臣不勝欣慶謹拜表因便宜上聞臣繇誠惶誠恐頓首頓首死罪死罪建安二十四年閏月九日南蕃東武亭侯臣繇上

魏略曰孫權稱臣斬送關羽太子書報繇繇答書曰臣同郡故司空荀爽言人當道情錢儀吉曰疑作言人道常情愛我者一何可愛憎我者一何可憎顧念孫權了更嫵媚太子又書曰得報知喜南方至於荀公之淸談孫權之嫵媚執書嗢噱不能離手若權復黠當折以汝南許劭月旦之評宋本劭作邵權優游二國俯仰荀許亦已足矣淳化閣帖載繇請許吳主委質表辭繁不錄

文帝卽王位復爲大理繇爲大理列名勸進見上尊號奏及踐阼改爲廷尉進封崇高鄕侯遷太尉文紀黃初四年以廷尉鍾繇爲太尉轉封平陽鄕侯時司徒華歆司空王朗並先世名臣文帝罷朝謂左右曰此三公者乃一代之偉人也後世殆難繼矣王鳴盛曰雖云一代偉人實則兩朝達節陳壽以此三人作合傳故引丕語以著其合之之意而先書先世名臣則不待貶而其失節自見然朗子肅作諸經傳訓解詆鄭康成名高而攻詆之其名位既極隆赫華歆之孫嶠又秉史筆作後漢書又於譜敍中增飾歆之美謂文帝受禪而歆以形色忤時夫歆既爲魏相國又何忤哉發壁牽后誰所爲也甚而孫資之玄孫盛亦作魏氏春秋晉陽秋鄙夫佞人昌後乃衡幸其書皆不傳劉咸炘曰先世名臣當時自是褒詞承祚亦就當時語書之唐以前本不以貳臣爲深恥也王氏所云以後人之見窺古人耳弼按寶晉齋帖載繇薦關內侯季直表表末署黃初二年八月日司徒東武亭侯臣鍾繇表按文紀延康元年二月以華歆爲相國黃初元年十一月改相國爲司徒明紀黃初七年以司徒華歆爲太尉是黃初時鍾繇始終未爲司徒且文帝踐阼後繇已進封崇高鄕侯則黃初二年必不書東武亭侯此帖之爲贗品相沿已久矣

陸氏異林曰沈家本曰是書隋唐志不著錄裴所引鬼婦亦搜神之屬陸氏不詳何人繇嘗數月不朝會意性異常或問其故云常有好婦來美麗非凡問者曰必是鬼物可殺之婦人後往不卽前止戶外繇問何以曰公有相殺意繇曰無此乃勤勤呼之乃入繇意恨有不忍之心然猶斫之

傷髀婦人卽出以新綿拭血竟路明日使人尋跡之至一大冢木中有好婦人形體如生人著白練衫丹繡裲襠傷左髀以裲襠中綿拭血叔父淸河太守說如此淸河陸雲也不經之談不宜入史

明帝卽位進封定陵侯定陵見前增邑五百并前千八百戶遷太傅明紀黃初七年十二月以太尉鍾繇爲太傅繇有膝疾拜起不便時華歆亦以高年疾病朝見皆使載輿車虎賁舁上殿舁音余說文舁共舉也就坐是後三公有疾遂以爲故事初太祖下令使平議死刑可宮割者繇以爲古之肉刑更歷聖人宜復施行以代死刑議者以爲非悅民之道遂寢及文帝臨饗羣臣詔謂太祖欲復肉刑官本考證曰北宋本太祖作大理趙一淸曰太祖二字何氏校改大理一淸按義門所改非也是時繇已爲太傅不當仍稱大理太祖之號或史家追改之文梁章鉅說同弼按通鑑太和元年初太祖世祖皆議復肉刑以軍事未果胡注太祖議復肉刑在建安十八年其後文帝臨饗

羣臣詔謂大理欲復肉刑是宋本實作大理也此乃追溯前事故可稱大理若謂魏武議復肉刑則作太祖亦可通魏武議復肉刑見陳羣傳本傳下文繇疏中遠追二祖遺意亦可證 此誠聖王之法公卿當善共議議未定會有軍事復寢太和中繇上疏曰大魏受命繼蹤虞夏孝文革法不合古道 漢書刑法志孝文即位十三年下令曰今法有肉刑三而姦不止其咎安在夫刑至斷支體刻肌膚終身不息何其刑之痛而不德也其除肉刑 先帝聖德固天所縱墳典之業一以貫之是以繼世仍發明詔思復古刑爲一代法連有軍事遂未施行陛下遠追二祖遺意惜斬趾可以禁惡恨入死之無辜使明習律令 毛本使作乃 與羣臣共議出本當右趾而入大辟者復行此刑書云皇帝清問下民 毛本清作親 鰥寡有辭于苗 此尙書呂刑篇之辭孔傳云帝堯詳問民患皆有辭怨於苗民 此言堯當除蚩尤有苗之刑先審問於下民之有辭者也 呂刑篇蚩尤惟始作亂延及于平民苗民弗用靈制以刑惟作五虐之刑曰法孔傳云言蚩尤造始作亂惡化相易延及於平善之人九黎之君號曰蚩尤三苗之君習蚩尤之惡不用善化民而制以重刑惟爲五虐之刑自謂得法蚩尤黃帝所滅三苗帝堯所誅言異世而同惡 若今蔽獄之時訊問三槐九棘 周禮秋官朝士掌建邦外朝之法左九棘孤卿大夫位焉羣士在其後右九棘公侯伯子男位焉羣吏在其後面三槐三公位焉九棘又見管寧傳 羣吏萬民使如孝景之令 漢書刑法志文帝外有輕刑之名內實殺人斬右止者又當死斬左止者笞五百當劓者笞三百率多死景帝元年下詔曰加笞與重罪無異幸而不死不可爲人其定律後又下詔定箠律自是笞者得全 其當棄市欲斬右趾者許之其黥劓左趾宮刑者自如孝文易以髡笞能有姦者率年二十至四五十雖斬其足猶任生育今天下人少於孝文之世下計所全歲三千人張蒼除肉刑所殺歲以萬計臣欲復肉刑歲生三千人子貢問能濟民可謂仁乎子曰何事於仁必也聖乎堯舜其猶病諸又曰仁遠乎哉我欲仁斯仁至矣若誠行之斯民永濟書奏詔曰太傅學優才高留心政事又於刑理深遠此大事公卿羣僚善共平議

司徒王朗議以爲繇欲輕減大辟之條以增益刖刑之數此即起偃爲豎化屍爲人矣然臣之愚猶有未合微異之意夫五刑之屬著在科律科律自有減死一等之法 官本考證曰宋本無下科律二字潘眉曰漢元帝初元五年輕殊死刑三十四事哀帝建平元年輕殊死刑八十一事其四十二事手殺人者減死罪一等著爲常法弼按潘氏所引見范書梁統傳注引東觀記 不死即爲減施行已久不待遠假斧鑿於彼肉刑然後有罪次也前世仁者不忍肉刑之慘酷是以廢而不用不用已來歷年數百今復行之恐所減之文未彰於萬民之目而肉刑之問已宣於寇讎之耳非所以來遠人也今可按繇所欲輕之死罪使減死之髡刖嫌其輕者可倍其居作之歲數 胡三省曰魏制髡刑居作五歲 內有以生易死不訾之恩外無以刖易釱駭耳之聲 監本官本釱作鈦胡三省曰管津私翻釱大計翻在頸曰鉗在足曰釱臣瓚曰漢文帝除肉刑以完易髡以笞代劓以釱左右趾代刖康發祥曰釱音第說文鐵鉗也史記平準書敢私鑄鐵器煮鹽者釱左趾又泰韻音代義同以刖易釱謂以刖足之刑減爲鉗趾也 議者百餘人與朗同者多帝以吳蜀未平且寢 侯康曰博物志云肉刑明王之制荀卿每論之至漢文帝感太倉公女之言而廢之班固著論宜復迄漢末魏初陳紀又論宜申古制孔融云不可復魏武帝輔漢欲申之鍾繇王朗不同遂寢夏侯玄李勝曹羲丁謐建私議各有彼此多云時未可復故遂寢焉按曹羲肉刑論載藝文類聚夏侯玄李勝丁謐諸論載通典類聚又載魏傅幹肉刑議疑亦是時預議者也又按魏議復肉刑凡三次鍾繇傳所載甚明此云議者百餘人與朗同者多則最後一次明帝時事也至夏侯玄李勝曹羲丁謐諸議據晉志則當正始時又不在此三次之內蓋是諸人私自著論非相朝議也博物志繫之武帝時語偶未晰耳傅幹爲傅燮子在漢末已爲扶風太守則其議當在前弼按太和三年六月鍾繇議禮見明紀太和三年注又見通典卷七十二

袁宏曰 此未著書名當采自宏集隋書經籍志晉東陽太守袁宏集十五卷梁二十卷錄一卷宏事見文紀卷首嚴可均全晉文采輯最富竟失載此文

夫民心樂全而不能常全蓋利用之物縣於外而嗜慾之情動於內也於是有進取貪競之行希求放肆之事進取不已不能充其嗜慾則苟且僥倖之所生也希求無饜無以愜其慾則姦僞忿怒之所興也 毛本興作生宋本作興 先王知其如此而欲救其弊或先

德化以陶其心其心不化然後加以刑辟書曰百姓不親五品不遜汝作司徒而敬敷五教尚書舜典舜命契之辭孔傳曰五品謂五常遜順也敬敷五教布五常之教也蠻夷猾夏寇賊姦宄汝作士五刑有服舜命皋陶之辭孔傳曰猾亂也夏華夏也羣行攻劫曰寇殺人曰賊在外曰姦在內曰宄言無教所致士理官也五刑墨劓剕宮大辟服從也然則德刑之設參而用之者也三代相因其義詳焉周禮使墨者守門見周禮秋官鄭注黥者無妨於禁禦劓者守關師古曰以其貌毀故遠之宮者守內鄭注以其人道絕也刖者守囿鄭注斷足驅衛禽獸無急行此肉刑之制可得而論者也荀卿亦云殺人者死傷人者刑百王之所同未有知其所由來者也夫殺人者死而相殺者不已是大辟可以懲未殺不能使天下無殺也傷人者刑而害物者不息是黥劓可以懼未刑不能使天下無刑也故將欲止之莫若先以德化夫罪過彰著然後入於刑辟是將殺人者不必死欲傷人者不必刑縱而弗化則陷於刑辟故刑之所制在於不可移之地禮教則不然明其善惡所以潛勸其情消之於未殺也示之恥辱所以內愧其心治之於未傷也毛本未作朱誤故過微而不至於著罪薄而不及於刑終入罪辟者非教化之所得也故雖殘一物之生刑一人之體是除天下之害夫何傷哉率斯道也風化可以漸淳刑罰可以漸少其理然也苟不能化其心而專任刑罰民失義方動罹刑網求世休和焉可得哉周之成康豈按三千之文尚書呂刑篇五刑之屬三千而致刑錯之美乎蓋德化漸漬致斯有由也漢初懲酷刑之弊務寬厚之論公卿大夫相與恥言人過文帝登朝加以玄默張武受賂賜金以愧其心吳王不朝崇禮以訓其失是以吏民樂業風流篤厚斷獄四百幾致刑錯漢書文帝紀贊曰吳王詐病不朝賜以几杖張武等受賂金錢覺更加賞賜以媿其心專務以德化民是以海內殷富興於禮義斷獄數百幾至刑措嗚呼仁哉應劭曰措置也民不犯法無所刑也師古曰斷獄數百言普天之下死罪人不過數百幾近也音巨衣反豈非德刑兼用已然之効哉世之欲言刑罰之用不先德教之益失之遠矣今大辟之罪與古同制免死已下不過五歲既釋鉗鎖復得齒

于人倫是以民無恥惡數爲姦盜故刑徒多而亂不治也苟教之所去罰當其罪一離刀鋸國語中刑用刀鋸沒身不齒鄰里且猶恥之而況于鄉黨乎而況朝廷乎如此則夙沙趙高之儔章懷注左傳靈公廢太子光立公子牙使高厚傅牙夙沙衞爲少傅崔杼逆光而立之是爲莊公莊公以夙沙衞易已衞奔高唐以叛史記胡亥謂李斯曰高故宮人也遂專信任之後殺李斯劫殺胡亥卒亡秦也無施其惡矣古者察其言觀其行而善惡彰焉然則君子之去刑辟固已遠矣過誤不幸則八議之所宥也八議見公孫淵傳若夫卞和史遷之冤章懷注楚人和氏得璞玉於楚山之中獻之武王武王使玉人相之曰石也王以和爲謾已刖其左足及文王卽位和又奉其璞玉人又曰石也又刖其右足文王薨成王卽位和乃抱其璞而哭於楚山之下三日三夜泣盡而繼以血王使玉人攻璞而得寶焉李陵爲匈奴敗馬遷明陵當心立功以報漢遂被下蠶室宮刑後乃著史記淫刑之所及也苟失其道或不免於大辟而況肉刑哉漢書斬右趾及殺人先自言告吏坐受賕守官物而卽盜之皆棄市漢書刑法志之辭師古曰殺人先自告謂殺人而自首得免罪者也吏受賕枉法謂曲公法而受賂者也守縣官財物而卽盜之卽今律所謂主守自盜者也此班固所謂當生而令死者也漢書刑法志云除肉刑者本欲以全民也今去髡鉗一等轉而入於大辟以死罔民失本惠矣故死者歲以萬數刑重之所致也師古曰罔謂羅網也何焯校改令作今今不忍刻截之慘而安剿絕之悲此最治體之所先有國所宜改者也陳仁錫曰此眞儒者之言何焯曰宏議浮泛

太和四年繇薨明紀書四月薨張懷瓘書斷云太和四年薨八十矣帝素服臨弔諡曰成侯正始四年從祀太祖廟廷

魏書曰有司議諡以爲繇昔爲廷尉辨理刑獄決嫌明疑民無怨者由于張之在漢也官本由作猶考證云猶監本作由猶由古字通用今從宋本作猶漢書于定國傳朝廷稱之曰張釋之爲廷尉天下無冤民于定國爲廷尉民自以不冤詔曰太傅功高德茂位爲師保論行賜諡當先依此兼敘廷尉于張之德耳乃策諡曰成侯梁章鉅曰按太祖紀詳述師宜官梁鵠之工書而元常書法妙絕古今傳中既不載注亦無一字及之何也趙一清曰寰宇記卷一故鍾城在開封尉氏縣西北三十五里按續述征記云鍾城魏太傅鍾繇故里城南三里有鍾繇碑又卷七鍾繇臺在許州長葛縣西十里魏東武亭侯鍾繇學書臺在繇故宅中今臺址尙存又

有鍾繇家張懷瓘書斷曰繇少從劉勝入抱犢山學書三年遂與魏太祖邯鄲淳韋誕等議用筆繇乃問蔡伯喈筆法於韋誕誕惜不與乃自搥胸嘔血太祖以五靈丹救之得活及誕死繇令人盜掘其墓遂得由是繇筆更妙繇精思學書臥畫被穿過表如廁終日忘歸每見萬類皆書象之繇善三色書最妙者八分又曰繇師曹喜蔡邕劉德昇眞書絕世剛柔備焉點畫之閒多有異趣可謂幽深無際古雅有餘秦漢以來一人而已若其行書則羲獻之亞草書則衛索之下八分則有魏受禪碑稱此爲最也元常書有十二種意外巧妙絕倫多奇侯康曰晉書衛恒傳魏初有鍾胡二家爲行書法俱學之於劉德升而鍾氏小異然亦各有巧今大行於世云作隸勢據此文似隸書勢爲鍾氏所作而語文不甚明初學記卷二十一凡三引鍾氏隸書勢其文同衛恒傳則出鍾氏無疑乃蔡中郎集又以爲蔡作姚振宗曰初學記所引三條皆在蔡邕隸書勢中見張懷瓘書斷引實爲蔡作初學記偶誤會衛恒四體書勢之文遂以爲鍾氏鍾氏實未嘗作隸書勢也弼按嚴可均輯蔡邕文錄隸勢篇注云此篇當是衛恒作本集有之姑不刪弼意此文全摹篆勢篇若邕自作必不形似如此侯嚴二說較是其他論元常書者極多不備錄

子毓嗣初文帝分毓戶邑封繇弟演及子劭孫豫列侯弼按初字乃追述之辭應在文帝二字上金陵局本初字在文帝下誤毛本弟作帝誤又按毓嗣侯當在繇死之後繇死在明帝太和四年似無文帝預分毓戶邑之事疑毓繇二字上下文互倒或爲

初文帝分繇戶邑封毓弟演云云庶或近之繇死年八十及見孫曾亦爲常事又或爲初文帝分繇戶邑封繇弟演云云如華歆傳封歆弟例亦可通若分毓戶邑似非其時也鍾會傳會爲繇小子黃初六年生繇已七十五矣出室人孫氏更納正嫡賈氏見會傳裴注

毓字稚叔年十四爲散騎侍郎世說鍾毓鍾會少有令譽年十三魏文帝聞之語其父鍾繇曰可令二子來於是敕見毓面有汗帝曰卿面何以汗毓對曰悚悚惶惶汗出如漿復問會卿何以不汗對曰戰戰慄慄汗不敢出又曰鍾毓兄弟小時值父晝寢因共偸服藥酒其父時覺且託寐以觀之毓拜而後飲會飲而不拜既而問毓何以拜對曰酒以成禮不敢不拜又問會何以不拜會曰偸本非禮所以不拜弼按鍾會生於黃初六年見會自作其母張夫人傳懷抱嬰孩魏文安能召見可證世說之誣機捷談笑有父風太和初蜀相諸葛亮圍祁山明帝欲西征何焯曰欲下御覽有親字陳浩曰毓疏皆係止帝親征之辭疑監本脫落親字毓上疏曰夫策貴廟勝功尚帷幄不下殿堂之上而決勝千里之外車駕宜鎭守中土以爲四方威勢之援今大軍西征雖有百倍之威於關中之費所損非一且盛暑行師詩人所重實非至尊動軔之時也何焯云御覽作順動之時遷

黃門侍郎世說排調篇云鍾毓爲黃門郎有機警在景王坐燕飲時陳羣子玄伯武周子元夏同在坐共嘲毓景王曰皐繇何如人對曰古之懿士謂玄伯元夏曰君子周而不比羣而不黨時大興洛陽宮室車駕便幸許昌天下當朝正許昌許昌偪狹於城南以氈爲殿何焯曰百年爲戎氈殿兆之備設魚龍曼延宋本曼作蔓各本皆同范書安帝紀延平元年十二月罷魚龍曼延百戲章懷注引漢官典儀曰作九賓樂舍利之獸從西方來戲於廷入前殿激水化成比目魚噏水作霧化成黃龍長八丈出水遨戲於庭炫燿日光曼延者獸名也張衡西京賦所云巨獸百尋是爲曼延音以戰反沈欽韓曰漢書武紀注文穎曰巴渝戲魚龍蔓延之屬也亦作蔓梁章鉅曰文選西京賦曼不作蔓弼按太和之際頻幸許昌蓋謂此也蓋離宮別館便於縱欲帝王每假巡幸之名以遂其私史臣讚美皆爲諛詞讀史者薈萃而觀自知其故矣民罷勞役毓諫以爲水旱不時帑藏空虛凡此之類可須豐年又上宜復關內開荒地使民肆力於農事遂施行正始中爲散騎侍郎盧明楷曰前云毓年十四爲散騎侍郎太和中已遷黃門侍郎矣此時安得又爲散騎侍郎胡昭傳云正始中散騎常侍荀繇鍾毓侍郎其常侍之誤歟弼按陳少章說同大將軍曹爽盛夏興軍伐蜀蜀拒守軍不得進爽方欲增

兵毓與書曰竊以爲廟勝之策不臨矢石王者之兵有征無戰誠以干戚可以服有苗尙書大禹謨舞干羽於兩階七旬有苗格孔傳云干楯羽翳也皆舞者所執三苗右洞庭右彭蠡在荒服之例退舍足以納原寇左傳僖公二十五年晉侯圍原退一舍而原降不必縱吳漢於江關范書吳漢傳漢率征南大將軍岑彭等伐公孫述及彭破荊門長驅入江關騁韓信於井陘也史記淮陰侯傳信建大將旗鼓鼓行出井陘口見可而進知難而退蓋自古之政惟公侯詳之爽無功而還後以失爽意徙侍中出爲魏郡太守陳少章曰徙字誤當作從侍中在常侍上不應失爽意而反得美遷當是解其近職出典外郡不書毓爲侍中史省文弼按毓爲魏郡太守與管輅共論易義見管輅傳爽既誅入爲御史中丞侍中廷尉聽君父已沒臣子得爲理謗及士爲侯其妻不復配嫁官本考證云御覽配作改毓所創也觀此可知當時改嫁之風極盛毓雖創禁例然士之不侯而妻改嫁者尙不在此例蓋自魏武廢弛禮教東漢節義之風埽地盡矣毓列名奏永寧宮見齊王紀嘉平六年正元中毋丘儉文欽反毓持節至揚豫州班行赦令告諭

士民還爲尙書諸葛誕反大將軍司馬文王議自詣壽春討誕會吳大將孫壹率衆降或以爲吳新有釁必不能復出軍東兵已多可須後問毓以爲夫論事料敵當以己度人今誕舉淮南之地以與吳國孫壹所率口不至千兵不過三百吳之所失蓋爲無幾若壽春之圍未解而吳國之內轉安未可必其不出也大將軍曰善遂將毓行

臣松之以爲諸葛誕舉淮南以與吳孫壹率三百人以歸魏謂吳有釁本非有理之言毓之此議蓋何足稱耳何焯校改耳作爾

淮南既平爲靑州刺史加後將軍晉書魏舒傳舒累遷後將軍鍾毓長史毓每與參佐射舒常爲畫籌而已後遇朋人不足以舒滿數毓初不知其善射舒容範閑雅發無不中舉坐愕然莫有敵者毓謝而歎曰吾之不足以盡卿才有如此射矣豈一事哉遷都督徐州諸軍事假節又轉都督荆州景元四年薨追贈車騎將軍諡曰

惠侯隋經籍志梁有車騎將軍鍾毓集五卷錄一卷亡毓奏誅李豐等見夏侯玄傳子駿嗣駿鍾會傳作峻毓弟會自有傳

華歆字子魚朱邦衡曰歆與魚義不相通疑吾字之誤列子黃帝篇姬魚語女注姬讀居魚讀吾此魚吾音通之一證平原高唐人也郡國志靑州平原郡高唐王先謙曰平原郡三國魏分置樂陵郡並改隸冀州方輿紀要高唐故城今山東濟南府禹城縣西四十里高唐爲齊名都衣冠無不游行市里歆爲吏休沐出府則歸家闔門世說華歆遇子弟甚整雖閨室之內嚴若朝典議論持平終不毀傷人

魏略曰歆與北海邴原管寧俱游學三人相善時人號三人爲一龍歆爲龍頭原爲龍腹寧爲龍尾

臣松之以爲邴根矩之徽猷懿望不必有愧華公管幼安含德高蹈又恐弗當爲尾魏略此言未可以定其先後也

同郡陶丘洪亦知名陶丘洪事見荀攸傳注引漢末名士錄又見吳志劉繇傳自以明見過歆時王芬與豪傑謀廢靈帝語在武紀

魏書稱芬有大名於天下

芬陰呼歆洪共定計洪欲行歆止之曰夫廢立大事伊霍之所難芬性疎而不武此必無成而禍將及族子其無往洪從歆言而止後芬果敗洪乃服舉孝廉除郎中病去官靈帝崩何進輔政徵河南鄭泰范書鄭泰傳泰字公業河南開封人何進輔政徵用名士以公業爲尙書侍郎潁川荀攸及歆等荀攸傳何進秉政徵海內名士攸等二十餘人攸到拜黃門侍郎歆到爲尙書郎董卓遷天子長安歆求出爲下邽令洪亮吉曰下邽漢舊縣屬京兆郡國志無此縣魏志華歆求出爲下邽令疑建武中省後又復立也太平寰宇記下邽縣自漢迄晉不改王先謙曰郊祀志下邽有天神祠續志後漢省鄭縣下劉昭注引黃圖云下邽縣并鄭桓帝西巡復之魏志華歆求出爲下邽令明續志脫漏周壽昌說同一統志故城在今陝西西安府渭南縣東北病不行遂從藍田至南陽藍田兩漢志屬京兆出美玉王先謙曰南山出玉石見東方朔傳藍田璧見外戚傳續志劉注有川方三

十里其水北流出玉銅鐵石方輿紀要故城今陝西西安府藍田縣西十一里一統志作三十里

華嶠譜敘曰沈家本曰此蓋華氏譜之敘也或以爲華嶠後漢書之自敘恐非黃逢元曰世說方正篇德行篇注引嶠譜序歆少以高行顯名避西京之亂與同志鄭泰等六七人閒步出武關武關見武紀初平元年道遇一丈夫獨行願得俱皆哀欲許之歆獨曰不可今已在危險之中禍福患害義猶一也無故受人不知其義既以受之若有進退可中棄乎衆不忍卒與俱行此丈夫中道墮井皆欲棄之歆曰已與俱矣棄之不義相率共還出之而後別去衆乃大義之世說德行篇云華歆王朗俱乘船避難有一人欲依附歆輒難之朗曰幸尙寬何爲不可後賊追至王欲舍所攜人歆曰本所以疑止爲此耳既已納其自託寧可以急相棄邪遂攜拯如初世以此定華王之優劣按此與譜敘所載當卽一事而傳聞小異耳世說德行篇又云王朗每以識度推華歆歆蜡日嘗集子姪燕飲王亦學之有人向張華說此事張曰王之學華皆是形骸之外去之所以更遠

時袁術在穰留歆郡國志荆州南陽郡穰一統志今河南南陽府鄧州外城東南隅歆說術使進軍討卓

術不能用歆欲棄去會天子使太傅馬日磾安集關東日磾辟歆爲
掾東至徐州詔卽拜歆豫章太守豫章見陳留王紀咸熙元年以爲政淸靜不煩
吏民感而愛之
魏略曰揚州刺史劉繇死其衆願奉歆爲主歆以爲因時擅命非人臣之宜衆守之連
日卒謝遣之不從
孫策略地江東歆知策善用兵乃幅巾奉迎幅巾見武紀建安二十五年注引傅子范書鄭玄傳玄不
受朝服而以幅巾見王鳴盛曰韋彪傳彪之族孫著入山采藥不就徵靈帝卽位中
常侍曹節白帝就家拜著東海相不得已解巾之郡注巾幅巾也旣服冠冕故解幅
巾馮衍傳衍審知更始已沒乃幅巾降於河內注不加冠幘但以一幅巾飾首而已
鮑永傳永知更始亡上將軍列侯印綬悉罷兵但幅巾詣河內注幅巾謂不著冠但
幅巾束首也周磐傳公府三辟皆不應臨終戒其子斂用澣衣幅巾注幅巾不加冠
也符融傳融幅巾奮褎談辭如雲注幅巾者以一幅爲之也逸民韓康傳亭長見康
柴車幅巾以爲田叟也又法眞傳恬靜不交人事太守請見之乃幅巾詣謁三國魏
志華歆傳孫策略地江東歆幅巾奉迎沈約宋書禮志云漢末王公名士多委王服

以幅巾爲雅是也策以其長者待以上賓之禮
胡冲吳歷曰孫策擊豫章先遣虞翻說歆歆答曰久在江表常欲北歸孫會稽來吾便
去也翻還報策策乃進軍歆葛巾迎策通鑑輯覽曰華歆王朗雖同一墮城虧節然朗猶力盡而降歆則葛巾迎謁名士厚
顏孰甚於是策謂歆曰府君年德名望遠近所歸策年幼稚宜修子弟之禮便向歆拜
趙一清曰此皆飾詞觀吳志虞翻傳注引江表傳可知弼按虞翻傳注引吳歷語亦較此爲詳通鑑采之何焯曰伯符之致敬子魚猶孔明之待文休風氣所趨雖
英賢亦因時以答輿望而已華嶠譜敘曰孫策略有揚州盛兵徇豫章一郡大恐官屬請出郊
迎歆曰宋本作教曰無然策稍進復白發兵又不聽及策至一府皆造閤請出避之乃笑
曰今將自來何遽避之有頃門下白曰孫將軍至請見乃前與歆共坐談議良久夜乃
別去義士聞之皆長歎息而心自服也通鑑考異曰此說太不近人情今不取策遂親執子弟之禮
禮爲上賓是時四方賢士大夫避地江南者甚衆皆出其下人人望風每策大會坐上

莫敢先發言歆時起更衣則論議讙譁歆能劇飲至石餘不亂衆人微察常以其整衣
冠爲異江南號之曰華獨坐虞溥江表傳曰孫策在椒丘胡三省曰椒丘去豫章南昌縣數十里趙一清
曰寰宇記卷一百六椒丘城在洪州北水路屈曲一百四十八里雷次宗豫章記
云建安四年孫策起兵破劉繇於尋陽軍（弼按劉繇當作劉勳洪亮吉引豫章
記亦作勳）欲謀取豫章太守華歆所築也一清案水經贛水注
云椒丘城孫策所築方輿紀要椒丘城今南昌府北一百四十里遣虞翻說歆翻
既去歆請功曹劉壹入議壹勸歆住城遣檄迎軍歆曰吾雖劉刺史所置上用猶是剖
符吏也今從卿計恐死有餘責矣壹曰王景興既漢朝所用且爾時會稽人衆盛彊猶
見原恕明府何慮於是夜逆作檄明旦出城遣吏齎迎策便進軍與歆相見待以上賓
接以朋友之禮孫盛曰夫大雅之處世也必先審隱顯之期以定出處之分否則括
囊以保其身泰則行義以達其道歆既無夷皓韜邈之風又失王臣匪躬之操故撓心
於邪儒之說交臂於陵肆之徒位奪於一豎節墮於當時昔許蔡失位不得列於諸侯

州公寔來魯人以爲賤恥春秋桓公五年冬州公如曹六年春正月寔來左傳桓公五年冬淳于公如曹度其國危遂不復六年春自曹
來朝書曰寔來不復其國也方之於歆咎孰大焉胡三省曰夷皓謂伯夷四皓也易曰王臣蹇蹇匪躬之故言華歆不能高尚其志又失蹇
蹇匪躬之節邪儒謂虞翻陵肆謂孫策也
後策死太祖在官渡表天子徵歆孫權欲不遣歆謂權曰將軍奉王
命始交好曹公分義未固使僕得爲將軍效心豈不有益乎今空留
僕是爲養無用之物非將軍之良計也權悅乃遣歆姜宸英曰孫氏方網羅人物而聽子
魚之去實以其爲無用之物耳李安溪曰此時必不得已在權所猶愈於從操見幾不明甚矣賓客舊人送之者千餘人贈
遺數百金歆皆無所拒密各題識至臨去悉聚諸物謂諸賓客曰本
無拒諸君之心而所受遂多念單車遠行將以懷璧爲罪願賓客爲
之計衆乃各留所贈而服其德御覽卷八百十九引吳歷曰孫策送華歆還洛幷送越布香葛時多盜賊歆渡牛渚悉封

還諸物弼按孫策應作孫權歆還洛時孫策已死矣姚範曰葛洪自敘云華生治潔於昵客不知卽指此事抑別有其事也若此亦不得謂之邀名僞行也

歆至拜議郎參司空軍事入爲尚書轉侍中代荀彧爲尚書令太祖征孫權表歆爲軍師魏國既建爲御史大夫文帝卽王位拜相國 歆爲相國列名勸進見上尊號奏 封安樂鄉侯 安樂見明紀景初二年 及踐阼改爲司徒

魏書曰文帝受禪歆登壇相儀奉皇帝璽綬 官本考證云璽綬北宋本作璽紱 以成受命之禮

華嶠譜敘曰文帝受禪朝臣三公已下並受爵位歆以形色忤時徙爲司徒而不進爵 文帝踐阼賈詡鍾繇王朗程昱董昭皆進爵歆實未進爵也 魏文帝久不懌以問尚書令陳羣曰我應天受禪百辟羣后莫不人人悅喜形於聲色而相國及公獨有不怡者何也羣起離席長跪曰臣與相國曾臣漢朝心雖悅喜義形其色亦懼陛下實應且憎帝大悅遂重異之 何焯曰此華嶠之飾詞歆不恥爲魏相國又何忤哉發壁牽后誰所爲也姜宸英曰登壇相儀之人豈能嚴色忤時且譜出華氏子孫何足徵信又曰華歆一時名士晚節披猖至牽伏后出壁黨惡與弑知平時整暇與閨門整肅皆枝葉耳大本既喪何論細行唐庚曰伏后之廢操使歆勒兵入宮收后至破戶發壁而入此豈盛德之士所爲哉操雖奸雄然使人各當其理是時魏氏羣臣如董昭夏侯惇賈詡程昱郭嘉之流皆足辨此何至使歆爲之歆果賢邪操亦不敢以此使之矣邴原傳稱少與管寧俱以操尙稱初不及歆則陳壽之意亦可見矣周壽昌曰歆筮仕漢朝官至太守不爲不達乃始則棄地失官繼則詔事僭逆名節掃地本末俱無可言徒以時際末流人亡恥辱遂以耆年高位妄稱國之儁老承祚作傳敘其始末儼成全德而於其拾金及破壁搜伏后等事絕不敘述卽松之作注亦多鋪敘其美惟於魏武本紀引曹瞞傳破壁搜伏后一事本傳注則閒引孫盛諸論微有刺譏蓋歆之子孫在晉世列顯要而歆孫嶠尤領史職見稱當時沿及劉宋其裔尙爲顯宦故陳氏避忌不敢用直筆卽裴氏注亦僅隱約其詞非范史諸書歆逼君殺后之惡幾無可見矣南董可易言哉嚴衍曰曹操弑后事通鑑原文云以尙書令華歆爲郗慮副勒兵入宮收后后藏壁中歆壞戶發壁牽后出果爾是歆卽操之成濟也然歆傳何以不載此事此事蓋通鑑本之後漢書後漢書本之曹瞞傳曹瞞傳吳人所作焉知非異域傳聞之誤邪不然漢之末造國運雖替淸議猶嚴故以陳壽之才名世人所重也止以居喪使婢丸藥遂蒙譏謗廢滯者數年又操之稱王楊訓發表稱頌功德訓崔琰所薦於時物論不但笑訓浮僞并咎琰失舉由是言之直道未亡有瑕必摘使歆果有此事則衆實有口誰能箝之況殿廷之上非私家曲室之比也一舉一動既萬目所共覩亦萬口所共傳豈公論獨刻於陳壽楊訓而私於華歆哉豈逆天悖理之事他國史臣猶聞之二三百年後之范曄猶聞之獨同朝共事之人反不聞邪陳登陳羣傅玄鑒皆一時名賢也豈以私好阿人者哉乃登之稱歆者曰淵淸玉潔有禮有法吾敬華子魚使果牽后禮法何在羣之稱歆者曰若華公者可謂通而不泰淸而不介者矣使果牽后淸通何在玄之稱歆者曰華太尉積德居順事上以忠濟下以仁晏嬰行父何以加諸使果牽后忠仁何在且不但此也王朗與歆齊名乃自以識度不如歆每事學之張華論之曰王之學華皆在形骸之外去之所以更遠若果牽后識度何在張華於書無所不讀豈獨不見曹瞞傳與何不據此以罪歆而乃貶王尊華若此彼誠見瞞傳爲無稽之言故不屑置之齒頰閒耳華嶠譜敘云西京之亂歆與王朗乘舟避難有一人欲附舟歆頗難之朗竟受焉已而賊追急此人趣避墮井朗欲棄之而去歆曰本所以疑正爲此耳既已同行棄之不義遂相與救出之而別又文帝受禪三公已下共受爵賞時歆爲相國與尙書令陳羣獨感愴形於顏而文帝覺之深以爲恨夫邂逅之人且能舍命而拯之於井母后之尊乃忍犯義而牽之於壁受禪之時既能輕相國之尊而觸新主之怒未篡之先豈難棄尙書之官而順逆臣之心此皆事理所必不然者且歆於時果爲慮副則帝在前殿引慮共坐時亦宜并引歆坐談何以一字不及歆邪乃知收后時歆亦未嘗爲慮副也故特去其姓名而詳爲之辯後之讀史者勿泥范曄之筆而疑予之言夫予言誠不足信乃若陳登陳羣王朗傅子張華五六巨公之言亦不足信邪不信同時之人而信隔世以後無所取裁之范曄何人之好德不如其好謗之甚也悲夫弼按嚴說誠辯而以王鳴盛說深得承祚合傳之意（王說見鍾繇傳）發壁牽后曹瞞傳外他無左證誠爲千古疑案然歆自江東歸來勳庸未建竟代文若坐躋三公魏武父子豈無功而爵人者相國統率羣僚受禪上言（見文紀注）殷勤勸進此中契合可耐尋思當日情事如在目前千秋功罪可判然矣

歆素淸貧祿賜以振施親戚故人家無擔石之儲公卿嘗並賜沒入生口唯歆出而嫁之帝歎息 華歆小妻爲駱統之母見吳志駱統傳

孫盛曰盛聞慶賞威刑必宗於主權宜宥怨出自人君子路私饋仲尼毀其食器 韓非子子路爲郈令以其私秩粟爲漿飯要作溝者於五父之衢而餐之孔子聞之使子貢往覆其飯擊毀其器曰魯君有民子奚爲乃餐之 田氏盜施春秋著以爲譏 史記晏嬰與叔向私語曰齊政卒歸田氏田氏雖無大德以公權有德於民民愛之又見左傳昭公三年 斯褒貶之成言已然之顯義也拏戮之家國刑所肅受賜之室乾施所加若在哀矜理無偏宥歆居股肱之任同元首之重則當公言皇朝以彰天澤而默受嘉賜獨爲君子既犯作福之嫌又違必去之義可謂匹夫之仁蹈道則未也 何焯曰孫論似高而遠於情唐庚曰孫盛以刻薄之資承學於草竊亂賊之世性習皆惡故其論議類皆如此夫見牛未見羊孟子所謂仁術何名爲偏宥哉使盛爲廷尉於魏文之時則歆當以私饋盜施誅矣東晉之不用盛不爲過也

魏書曰歆性周密舉動詳慎常以爲人臣陳事務以諷諫合道爲貴就有所言不敢顯露故其事多不見　華嶠譜敘曰歆淡於財欲前後寵賜諸公莫及然終不殖產業陳羣常歎曰若華公可謂通而不泰清而不介者矣　傅子曰敢問今之君子曰袁郎中積德行儉袁渙也華太尉積德居順其智可及也其清不可及也事上以忠濟下以仁晏嬰行父齊晏嬰字仲謚曰平待之舉火者數百家見晏子魯季孫行父文子也相三君而無私積見左傳何以加諸

下詔曰司徒國之儁老所與和陰陽理庶事也今太官重膳而司徒蔬食甚無謂也特賜御衣及爲其妻子男女皆作衣服魏書曰又賜奴婢五十人三府議舉孝廉本以德行不復限以試經歆以爲喪亂以來六籍墮廢當務存立以崇王道夫制法者所以經盛衰今聽孝廉不以經試恐學業遂從此而廢若有秀異可特徵用患於無其人何患不得哉帝從其言黃初中詔公卿舉獨行君子歆舉管寧帝以安車徵之孝廉試經推薦管寧此二事可稱不以人廢也黃初三年奏討孫權見吳志孫權傳注引魏略載魏三公奏嚴可均曰此事在黃初三年時三公乃華歆賈詡楊彪也弼按是時三公爲華歆賈詡王朗朗讓位於彪文帝乃爲彪置吏卒位次三公見朗傳嚴說誤明帝即位進封博平侯郡國志兗州東郡博平三國魏改屬平原郡見輿地廣記晉志屬冀州平原國一統志博平故城今山東東昌府博平縣西北三十里弼按歆封博平蓋封本郡縣侯也增邑五百戶幷前千三百戶轉拜太尉魏名臣奏載太尉華歆請敘鄭小同表見高貴鄉公紀注

列異傳曰隋書經籍志雜傳類列異傳三卷魏文帝撰又曰魏文帝作列異以序鬼物奇怪之事相繼而作者甚衆舊唐志雜傳類列異傳三卷張華撰新唐志小說類張華列異傳一卷侯康曰裴注兩引此書華歆傳引一條記歆自知當爲公蔣濟傳引一條記濟亡兒爲泰山錄事惟濟於齊王時始徙領軍將軍而書中已有濟爲領軍之語則非出自文帝又御覽卷七百七引一條景初時事卷八百八十四引一條甘露時事皆在文帝後豈後人又有增益邪又史記封禪書索隱引一條記秦穆公獲陳寶水經渭水注後漢書光武紀注引一條記秦文公時梓樹化爲牛則所載不獨時事也姚振宗曰蓋張華續文帝書而後人合之御覽所引文帝後事當出張華初學記果木部引魏文帝列異傳言袁本初時事則實出文帝

歆爲諸生時嘗宿人門外主人婦夜產有頃兩吏詣門便辟易卻相謂曰公在此躊躇良久一吏曰籍當定柰何得住乃前向歆拜相將入出並行共語曰當與幾歲一人曰當三歲天明歆去後欲驗其事至三歲故往問兒消息果已死歆乃自知當爲公趙一清曰梁簡文大同哀辭曰華歆所聞之語已定北陵之期但歆封博平而云北陵未詳弼按此與鍾繇貴相事相類要皆傳會無稽之詞　臣松之按晉陽秋說魏舒少時寄宿事亦如之以爲理無二人俱有此事將由傳者不同今寧信列異沈家本曰魏文與華歆同時所言自較孫盛可信

歆稱病乞退藝文類聚卷四十六引齊職儀云太尉華歆以疾依田千秋故事乘輿上殿弼按三公有疾乘輿上殿成爲故事已見鍾繇傳讓位於寧帝不許臨當大會乃遣散騎常侍繆襲錢大昭曰襲東海人見劉劭傳奉詔喻指曰朕新莅庶事一日萬幾懼聽斷之不明賴有德之臣左右朕躬而君屢以疾辭位夫量主擇君不居其朝委榮棄祿不究其位古人固有之矣顧以爲周公伊尹則不然潔身徇節常人爲之不望之於君君其力疾就會以惠予一人將立席机筵命百官總已以須君到朕然後御坐又詔襲須歆必起乃還歆不得已乃起太和中遣曹眞從子午道伐蜀子午道見張魯傳車駕東幸許昌歆上疏曰兵亂以來過踰二紀大魏承天受命陛下以聖德當成康之隆宜弘一代之治紹三王之迹雖有二賊負險延命苟聖化日躋遠人懷德將襁負而至夫兵不得已而用之故戢而時動臣誠願陛下先留心於治道以征伐爲後事且千里運糧非用兵之利越險深入無獨克之功如聞今年徵役頗失農桑之業爲國者以民爲基民以衣食爲本使中國無

飢寒之患百姓無離土之心則天下幸甚二賊之釁可坐而待也臣備位宰相（毛本位作爲誤）老病日篤犬馬之命將盡恐不復奉望鑾蓋不敢不竭臣子之懷唯陛下裁察帝報曰君深慮國計朕甚嘉之賊憑恃山川二祖勞於前世猶不克平朕豈敢自多謂必滅之哉諸將以爲不一探取無由自弊是以觀兵以闚其釁若天時未至周武還師乃前事之鑒朕敬不忘所戒時秋大雨詔眞引軍還太和五年歆薨（十二月戊午薨見明紀）諡曰敬侯（正始四年從祀太祖廟庭隋書經籍志梁有司徒華歆集二卷亡唐經籍志魏華歆集二十卷藝文志華歆集三十卷姚振宗曰兩唐志卷數與七錄懸殊必有一誤）

魏書曰歆時年七十五

子表嗣初文帝分歆戶邑封歆弟緝列侯表咸熙中爲尙書（本志管輅傳云

清河太守華表召輅爲文學掾案此傳與晉書華表傳俱不言表爲清河太守事當係史失載）

華嶠譜敍曰歆有三子表字偉容年二十餘爲散騎侍郎時同僚諸郎共平尙書事年少並兼厲鋒氣要君名譽（一本校改君作召）尙書事至或有不便故遺漏不覩及傳書者去郎入深文論駮惟表不然事來有不便輒與尙書共論盡其意主者固執不得已然後共奏議司空陳泰等以此稱之仕晉歷太子少傅太常稱疾致仕拜光祿大夫性清淡常慮天下退理（此句疑有脫誤）司徒李胤司隸王密等常稱曰若此人者不可得而貴不可得而賤不可得而疎（潘眉曰此句上脫不可得而親五字晉書華表傳以爲不可得貴賤而親疏也陳景雲曰華表以咸熙中爲尙書則其官散騎侍郎當在文明之世是時陳羣爲司空泰之父也羣以司空錄尙書事凡散騎奏議無不綜典故悉表之爲人而稱之耳雖諸書亦有緣泰之贈官而稱司空者然當表爲散騎時泰方名徽位卑朝士似不假其品藻爲重也泰當作羣王密當從晉書表傳作王弘弘弼之兄也別見鍾會傳注聚珍本三國志辨誤按語云魏志陳羣傳文帝踐阼遷尙書僕射徙尙書令明帝卽位爲司空又陳泰傳青龍中除散騎侍郎正始中徙游擊將軍嘉平初爲雍州刺史後徵爲尙書右僕射吳將孫峻出淮泗以泰爲鎭東將軍峻退還轉左僕射景元初追贈司空是爲泰當作羣之證又案晉書華表傳司徒李胤司隸王弘並歎美表清淡退靜以爲不可得貴賤而親疏鍾會傳注王業子弘字正宗司隸校尉弼之兄也並足證密當作弘）中子博歷三縣內史治有名跡少子周黃門侍郎常山太守博學有文思中年遇疾終于家表有三子（監本三作二晉書表傳云有六子廙岑嶠鑒澹簡）長子廙字長駿晉諸公贊曰廙有文翰（晉書華廙傳廙弘敏有才義妻父盧毓典選難舉姻親故廙年三十五不得調晚爲中書通事郎泰始初遷冗從僕射少爲武帝所禮歷黃門侍郎散騎常侍前軍將軍侍中南中郎將都督河北諸軍事免官棲遲家巷垂十載敎誨子孫講誦經典集經書要事名曰善文行於世互見本志管輅傳注）歷位尙書令太子少傅追贈光祿大夫開府嶠字叔駿有才學撰後漢書世稱爲良史（嶠事見董卓傳注）爲秘書監尙書澹字玄駿最知名爲河南尹廙三子昆字敬倫（晉書昆作混誤）淸粹有檢爲尙書薈字敬叔世語稱薈貴正（一本校改貴作貞）恒字敬則以通理稱昆尙書薈河南尹恒左光祿大夫開府澹子軼字彥夏有當世才志爲江州刺史

王朗（朗初名嚴見後注）字景興東海郡人也（官本考證曰北宋本作東海郯人通志略同世說德行篇注引魏書亦作東海郯人郡國志徐州東海郡郯鄒安鬯曰郯縣故城在今山東沂州府郯城縣西南三十里沂沭二水之閒弼按郯爲東海郡治又爲徐州刺史治漢末徐州刺史徙治下邳郯爲郡治如故三國魏太和六年改東海郡爲國仍治郯正始五年封曹髦爲郯縣高貴鄉公見三少帝紀郯縣互見武紀初平四年徐州牧注又按本傳裴注引朗集云本縣主簿張登縣長王雋可證朗爲縣人非郡人又晉書文明王皇后傳東海郯人后爲朗之孫女）以通經拜郎中除菑丘長（郡國志徐州彭城國菑丘一統志故城在今安徽鳳陽府宿州東北六十里）師太尉楊賜賜薨棄官行服舉孝廉辟公府不應徐州刺史陶謙察朗茂才時漢帝在長安關東兵起朗爲謙治中與別駕趙昱等說謙曰（治中別駕均見武紀初平三年趙昱琅邪人昱事詳本志陶謙傳裴注）春秋之義求諸侯莫如勤王今天子越在西京宜遣使奉承王命謙乃遣昱奉章至長安天子嘉其意拜謙安東將軍以昱爲廣陵太守（此與本志陶謙傳及裴注不合范書陶謙傳亦云別駕從事趙昱知名士也而以忠直見疏出爲廣陵太守）朗會稽太守

范書桓曄傳曄姑爲司空楊賜夫人曄每至京師未嘗舍宿楊氏初平中天下亂避地會稽又袁閎傳袁忠棄官客會稽上虞一見太守王朗徒衆整飾心嫌之遂稱病自絕謝承書曰忠乘船載笠蓋詣朗見朗左右僮從皆著青絳綵衣非其奢麗即辭疾發而退也東觀記曰太守王朗餉給糧食布帛牛羊一無所當臨去之際屋中尺寸之物悉疏付主人纖微不漏蜀志許靖傳會稽太守王朗素與靖有舊故往保焉又朗與許靖書云今有二男大男名肅年三十九歲生于會稽亦見許靖傳注

朗家傳曰隋書經籍志王朗王肅家傳一卷會稽舊祀秦始皇刻木爲像與夏禹同廟朗到官以爲無德之君不應見祀於是除之居郡四年惠愛在民

孫策渡江略地朗功曹虞翻以爲力不能拒不如避之朗自以身爲漢吏宜保城邑遂舉兵與策戰敗績浮海至東冶各本冶作治誤宋本官本作冶吳志孫靜傳會稽太守王朗發兵拒孫策於固陵策數度水戰不能克靜說策曰朗負阻城守難可卒拔查瀆南去此數十里宜從彼據其內策從之分軍夜投查瀆道朗遣周昕等逆戰策破昕等斬之遂定會稽孫策傳策引兵渡浙江據會稽屠東冶虞翻傳朗亡走浮海翻追隨營護到東部侯官侯官長閉城不受翻往說之然後見納賀齊傳王朗奔東冶侯官長商升爲朗起兵諸傳互有詳略胡三省注引洪氏隸釋極詳已錄入吳志虞翻傳中按漢書地理志會稽郡冶師古曰本閩越地郡國志揚州會稽郡章安故冶閩越地光武更名此郡末復有東部侯國錢大昕云宋書州郡志侯官前漢無後漢曰東侯官屬會稽此東部侯國當即東侯官之譌漢時未見有封東部侯者也又鄭巨君傳注（弼按鄭弘字巨君竹汀避清諱故云巨君）引太康地志云漢武帝名爲東冶後改爲東侯官是章安爲同浦東侯官爲冶各不相涉太康志本自瞭然志以章安爲故冶疑未可信錢大昭曰范書鄭巨君傳舊交阯七郡貢獻轉運皆從東冶汎海而至巨君章帝時人則後漢本稱東冶司馬彪所據者順帝時之版籍改爲章安或在安順時而其後仍復舊名也謝鍾英曰漢吳之際或改東侯官爲東冶故承祚據事書之惟東部侯官衍一部字係傳寫之誤吳增僅曰晉志建安郡故秦閩中郡漢高帝五年以立閩越王及武帝滅之徙其人名爲東冶後漢改爲侯官都尉據此則侯官即東冶矣然三國吳時候官東冶史文并見吳志孫亮傳孫綝黜亮爲候官侯呂岱傳會稽東冶五縣賊爲亂岱討之五縣平定賀齊傳王朗奔東冶候官長商升爲朗起兵據此諸文候官東冶明爲兩縣又案郡國志會稽無候官縣蓋安順以後所置據吳志候官上無東字而諸地志均作東候官考前漢冶縣爲今福州府治候官縣在福州西北三十里冶縣實爲候官東境疑漢末既立候官縣尋又分爲東冶縣以在候官東有東候官號故吳志但有候官東冶不見有東候官也諸地志不言漢末有東冶但言有東候官謂東候官即冶與史志均不合未敢從也楊守敬曰郡國志無侯官有東部侯國而各地志皆言後漢改冶爲東侯官自晉志以下又只有侯官無東侯官之目余謂章安下當有東冶二大字注故冶云云章安東冶本爲二縣不知何時脫東冶二字以故冶緊連章安遂若章安爲故冶所改故劉昭引元康記以著其異不知司馬彪固未嘗以故冶爲章安也沈約所見續志已誤胡三省訂劉昭之誤云章安故冶閩越地光武更名其說似矣而以爲東侯官尤誤蓋不知續志之東部爲侯官之誤而以爲衍文但此誤在隋唐以後故隋志元和志皆有東侯官而無東部侯國郡國志及晉志以下本無東字而隋志元和志皆云東侯官者俱沿太康地志之誤余并疑太康地志原是武帝名冶後分爲東冶侯官傳寫之誤遂以東冶加之武帝而晉志遂實之一統志冶縣故城今福建福州府閩縣東北冶山之麓皇朝文獻通考今福建全省皆漢冶縣地惟漳州之漳浦詔安二縣郡有南海郡揭陽縣地

策又追擊大破之朗乃詣策策以儒雅沈家本曰以下當有朗字詰讓而不害

獻帝春秋曰孫策率軍如閩越討朗朗泛舟浮海欲走交州爲兵所逼遂詣軍降策令使者詰朗曰問逆賊故會稽太守王朗朗受國恩當官云何不惟報德而阻兵安忍大軍征討幸免梟夷不自埽屏復聚黨衆屯住郡境遠勞王誅卒不悟順捕得云降庶以欺詐用全首領得爾與不具以狀對朗稱禽虜對使者曰朗以瑣才誤竊朝私受爵不讓以遘罪網前見征討畏死苟免因治人物寄命須臾又迫大兵惶怖北引從者疾患死亡略盡獨與老母共乘一欚欚音禮小船也錢大昭曰玉篇欚小船也予謂欚即艬也揚雄方言凡船大者謂之舸小舸謂之艖東南丹陽會稽之間謂艖爲欚時朗爲會稽太守故謂之欚沈欽韓曰集韻欚通作欐潘眉曰莊子秋水篇梁麗可以衝城司馬彪注梁麗小船也欐即麗之俗字流矢始交便棄欚就俘稽顙自首於征役之中朗惶惑不達自稱降虜緣前迷謬被詰慙懼朗愚淺駑怯畏威自驚又無良介不早自歸於破亡之中然後委命下隸身輕罪重死有餘辜申脰就鞅蹴足入絆叱咤聽聲東西惟命

雖流移窮困朝不謀夕而收卹親舊分多割少行義甚著太祖表徵之朗自曲阿漢書地理志會稽郡曲阿故雲陽郡國志揚州吳郡曲阿太康地記曲阿本名雲陽秦時言其地有天子氣始皇鑿北阬以敗其勢截直道使阿曲故謂之曲阿吳志孫權傳嘉禾三年復曲阿爲雲陽一統志曲阿故城今江蘇鎮江府丹陽縣治展轉江海積年乃至趙一清曰世說王充論衡中土未有傳者蔡中郎到江東得之恒祕玩以爲談助注引袁山松後漢書云其後王朗爲會稽太守又得其書時人稱其才進或曰不見異人當得異書問之果以論衡之益

朗被徵未至孔融與朗書曰世路隔塞情問斷絕感懷增思前見章表知尋湯武罪已之迹自投東裔同鯀之罰（尚書舜典殛鯀於羽山孔傳云羽山東裔在海中郡國志徐州東海郡祝其有羽山劉昭注殛鯀之山博物記曰東北獨居山西南有淵水卽羽泉也）覽省未周涕隕潸然主上寬仁貴德宥過曹公輔政思賢並立策書屢下殷勤款至知權舟浮海息駕廣陵不意黃能突出羽淵也（各本皆作黃能吳本毛本作黃熊俗字左傳昭公七年子產曰昔堯殛鯀于羽山其神化爲黃熊以入于羽淵杜注羽山在東海祝其縣西南姚培謙曰今山東沂州府東南有山高四里周廣八里其西爲羽淵）談笑有期勉行自愛

漢晉春秋曰孫策之始得朗也譴讓之使張昭私問朗朗誓不屈策忿而不敢害也留置曲阿建安三年太祖表徵朗策遣之太祖問曰孫策何以得至此邪朗曰策勇冠一世有雋才大志張子布民之望也北面而相之周公瑾江淮之傑攘臂而爲其將謀而有成所規不細終爲天下大賊非徒狗盜而已

拜諫議大夫參司空軍事（胡三省曰參軍事眆於魏晉之閒位望頗重孫楚謂石苞曰天子命我參卿軍事是也自是以後位

望輕矣弼按朗與許靖書云往者隨軍到荆州侍宿武皇帝於江陵劉景升聽事之上云云見蜀志許靖傳注當指參軍事之時）

朗家傳曰朗少與沛國名士劉陽交友陽爲莒令（郡國志徐州琅邪國莒縣一統志故城今山東沂州府莒州治）年未三十而卒故後世鮮聞初陽以漢室漸衰知太祖有雄才恐爲漢累意欲除之而事不會（或曰王儁劉陽皆有先識弼按王儁事見武紀建安十三年注引逸士傳）及太祖貴求其嗣子甚急其子惶窘走伏無所陽親舊雖多莫敢藏者朗乃納受積年及從會稽還又數開解太祖久乃赦之陽門戶由是得全

魏國初建以軍祭酒領魏郡太守遷少府奉常大理務在寬恕罪疑從輕鍾繇明察當法俱以治獄見稱

魏略曰太祖請同會嚼朗曰（嚼音嘲與嘲讕通）不能效君昔在會稽折秔米飯也（秔音庚稻之不黏者）朗仰而歎曰宜適難値太祖問云何朗曰如朗昔者未可折而折如明公今日可折而不折也太祖以孫權稱臣遣貢諮朗朗答曰孫權前歲自詭躬討虜以補前愆後疏稱臣以明無二牙獸屈膝言鳥告歡明珠南金（詩魯頌泮水篇大路南金毛傳云南謂荆揚也鄭箋云荆揚之州貢金三品）遠珍必至情見乎辭效著乎功三江五湖爲沼于魏（三江五湖見蜀志許靖傳馮本沼作治誤　左傳哀公元年伍員曰越十年生聚十年教訓二十年之外吳其爲沼乎）西吳東越化爲國民鄢郢既拔荆門自開席卷巴蜀形執已成重休累慶雜沓相隨承旨之日撫掌擊節情之畜者辭不能宣

文帝卽王位遷御史大夫封安陵亭侯（朗列名勸進見上尊號奏）上疏勸育民省刑曰兵起已來三十餘年四海盪覆萬國殄瘁賴先王芟除寇賊扶育孤弱遂令華夏復有綱紀鳩集兆民于茲魏土使封鄙之內雞鳴狗吠達於四境烝庶欣欣喜遇升平今遠方之寇未賓兵戎之役未息誠令復除足以懷遠人良宰足以宣德澤阡陌咸修四民殷熾必

復過於曩時而富於平日矣易稱敕法書著祥刑一人有慶兆民賴之愼法獄之謂也昔曹相國以獄市爲寄（漢書曹參傳參屬其後相曰以齊獄市爲寄愼勿擾也後相曰治無大於此者乎參曰不然夫獄市者所以并容也今君擾之姦人安所容乎）路溫舒疾治獄之吏（漢書路溫舒傳溫舒字長君鉅鹿東里人宣帝卽位溫舒上書宜尙德緩刑）夫治獄者得其情則無冤死之囚丁壯者得盡地力則無饑饉之民窮老者得仰食倉廩則無餧餓之殍（馮本餧作餒誤）嫁娶以時則男女無怨曠之恨胎養必全則孕者無自傷之哀新生必復則孩者無不育之累壯而後役則幼者無離家之思二毛不戎則老者無頓伏之患醫藥以療其疾寬繇以樂其業威罰以抑其彊恩仁以濟其弱賑貸以贍其乏十年之後既笄者必盈巷二十年之後勝兵者必滿野矣及文帝踐阼改爲司空（趙一清曰鼎錄王朗爲司空鑄一鼎其文曰司空鼎

複篆書又曰晉禮志漢魏之禮公主居第尙公主者來第成婚司空王朗以爲不可其後乃革進封樂平鄉侯樂平見管寧傳張琦除樂平令

魏名臣奏魏名臣奏見明紀景初二年載朗節省奏曰詔問所宜損益必謂東京之事也若夫西京雲陽汾陰之大祭千有五百之羣祀通天之臺入阿房之宮齋必百日養犧五載牛則三千其重玉則七千其器文綺以飾重席童女以蹈舞綴釀酎必貫三時而後成盧明楷曰酎音宙說文曰三重醇酒也西京雜記漢制嘗以正月作酒八月乃熟名曰酎所謂必貫三時而後成也各本多誤作酧今官本已改正弼按北宋本亦作酎樂人必三千四百而後備內宮美人數至近千學官博士七千餘人元本千作十錢大昭曰博士下當有弟子二字中廄則騑綠駙馬六萬餘匹外牧則扈養三萬元本三作二而馬十之執金吾從騎六百走卒倍焉太常行陵幸車千乘元本幸作赤何校同太官賜官奴婢六千長安城內治民爲政者三千中二千石蔽罪斷刑者二十有五獄沈欽韓曰漢書杜周爲廷尉詔獄益多逮至六七萬人吏所增加十有餘萬西京詔獄之數有都司空獄上林獄內官獄導官獄保官獄請室獄郡邸獄都船獄暴室獄若盧獄掖廷獄共工獄按郡邸之獄不止一邸又有三輔諸官署獄統而計之殆不止二十五獄也政充事猥威儀繁富隆於三代近過禮中何焯曰數行中西京經費如指掌不過漢書表志精熟耳夫所以極奢者馮本者作吝誤大抵多受之於秦餘既違繭栗慤誠之本漢書郊祀志牲用繭栗師古曰謂牛角如繭及栗者言其小也埽地簡易之指又失替質而損文避泰而從約之趣豈夫當今隆興盛明之時祖述堯舜之際割奢務儉之政除繁崇省之令詳刑愼罰之教所宜希慕哉及夫寢廟日一太牢之祀郡國並立宗廟之法丞相御史大夫官屬吏從之數若此之輩既已屢改於哀平之前不行光武之後矣謹按圖牒所改奏宋本奏作秦在天地及五帝六宗宗廟社稷既已因前代之兆域矣夫天地則埽地而祭其餘則皆壇而埒之矣明堂所以祀上帝靈臺所以觀天文辟雍所以修禮樂太學所以集儒林高禖所以祈休祥禮記月令仲春之月以太牢祠于高禖鄭注高辛氏之世玄鳥遺卵娀簡吞之而生契後王以爲媒官嘉

祥而立其祠焉變媒言禖神之也又所以察時務揚教化稽古先民開誕慶祚舊時皆在國之陽並高棟夏屋足以肆饗射趙一清曰肆當作肄望雲物七郊雖尊祀尙質猶皆有門宇便坐足以避風雨可須軍罷年豐以漸修治舊時虎賁羽林五營兵及衞士幷合雖且萬人或商賈惰游子弟馮本惰作墯或農野謹鈍之人雖有乘制之處沈家本曰乘制未詳續漢禮儀志立秋之日兵官皆肄孫吳兵法六十四陣名曰乘之疑此文有譌當云乘之不講戎陣既不簡練又希更寇雖名實不副沈家本曰雖字於上下文語意不合疑有誤難以備急有警而後募兵軍行而後運糧或乃兵既久屯而不務營佃不修器械無有貯聚一隅馳羽檄則三面並荒擾此亦漢氏近世之失而不可式者也當今諸夏已安而巴蜀在畫外雖未得偃武而弢甲放馬而戢兵宜因年之大豐遂寄軍政於農事吏士小大並勤稼穡止則成井里於廣野動則成校隊於六軍省其暴繇贍其衣食易稱悅以使民民忘其勞悅以犯難民忘其死易兌卦之辭今之謂矣糧畜於食勇畜於埶雖坐曜烈威而衆未動畫外之蠻必復稽顙以求改往而效用矣若畏威效用不戰而定則賢於交兵而後威立接刃而後功成遠矣若姦凶不革遂迷不反猶欲以其所虐用之民待大魏投命報養之士然後徐以前歌後舞樂征之衆臨彼倒戟折矢樂服之羣伐腐摧枯未足以爲喻

時帝頗出游獵一本頗作頻或昏夜還宮朗上疏曰夫帝王之居外則飾周衞內則重禁門將行則設兵而後出幄稱警而後踐墀張弧而後登輿清道而後奉引遮列而後轉轂靜室而後息駕皆所以顯至尊務戒愼垂法教也近日車駕出臨捕虎日昃而行及昏而反違警蹕之常法非萬乘之至愼也帝報曰覽表雖魏絳稱虞箴以諷晉悼左傳襄公四年魏絳對晉侯引虞人之箴晉侯好田故魏絳及之相如陳猛獸以戒漢武漢書司馬相如傳相如曰請爲天子

游獵之賦其卒章歸之於節儉因以風諫 未足以喻方今二寇未殄將帥遠征故時入原野以習戎備至於夜還之戒已詔有司施行

王朗集 隋書經籍志魏司徒王朗集三十四卷梁三十卷唐經籍志王朗集三十卷藝文志同姚振宗曰文心雕龍奏啟篇云魏代名臣文理迭興若高堂天文王朗節省亦盡節而知治矣又才略篇云王朗發憤以託志亦致美于序銘銘箴篇云王朗雜箴乃置巾履得其戒慎而失其所施觀其約文舉要憲章戒銘而水火井竈繁辭不已志有偏也又曰嚴氏文編錄存表疏上事奏議書論雜箴貧竇語塞勢凡三十二篇按御覽八百三十引王朗新奏議似其集分奏議爲兩篇入魏之後曰新奏議未可知也 載朗爲大理時上主簿趙郡張登 郡國志冀州趙國魏黃初初爲郡太和六年復爲國 昔爲本縣主簿值黑山賊圍郡登與縣長王雋帥吏兵七十二人直往赴救與賊交戰吏兵散走雋殆見害登手格一賊 宋本一作二 以全雋命又守長夏逸爲督郵所枉登身受考掠理逸之罪義濟二君宜加顯異 互見御覽二百二十九 太祖以所急者多未遑擢敍至黃初初朗又與太尉鍾繇連名表聞兼稱登在職勤勞詔曰登忠義彰著在職功

勤名位雖卑直亮宜顯饔膳近任當得此吏今以登爲太官令 毛本太作大誤續漢志百官志太官令一人六百石掌御飲食

初建安末孫權始遣使稱藩而與劉備交兵詔議當興師與吳并取蜀不朗議曰天子之軍重於華岱誠宜坐曜天威不動若山假使權親與蜀賊相持搏戰曠日智均力敵兵不速決當須軍興以成其埶者然後宜選持重之將承寇賊之要相時而後動擇地而後行一舉可無餘事 北宋本可作更 今權之師未動則助吳之軍無爲先征且雨水方盛非行軍動衆之時帝納其計黃初中鵜鶘集靈芝池 鵜鶘解見文紀黃初四年靈芝池解見文紀黃初三年 詔公卿舉獨行君子朗薦光祿大夫楊彪且稱疾讓位於彪 何焯曰歆薦寗朗薦彪徒欲汙染遺逸以分損謗議又何能答曹人之刺乎 帝乃爲彪置吏卒位次三公詔曰朕求賢於君而未得君乃翻然稱疾非徒不得賢更開失賢之路增玉鉉之傾 易鼎卦鼎玉鉉象曰玉鉉在上剛柔節也正義曰鉉所以貫鼎而舉之也 無乃居其室出其言不善見違於君子乎君其勿有後辭朗乃起孫權欲遣子登入侍不至是時車駕徙許昌大興屯田欲舉軍東征朗上疏曰昔南越守善嬰齊入侍遂爲家嗣還君其國 漢書兩粵傳南粵王胡遣太子嬰齊入宿衞胡薨嬰齊嗣立 康居驕黠情不副辭都護奏議以爲宜遣侍子以黜無禮 漢書西域傳都護郭舜數上言康居驕黠宜歸其侍子絕無復使以章漢家不通無禮之國 且吳濞之禍萌於子入 漢書吳王濞傳孝文時吳太子入見得侍皇太子飲博皇太子引博局提吳太子殺之吳王由是怨望 隗囂之叛亦不顧子 范書隗囂傳囂遣長子恂詣闕囂終不降於是誅其子恂 往者聞權有遺子之言而未至今六軍戒嚴臣恐輿人未暢聖旨當謂國家愠於登之逋留是以爲之興師設師行而登乃至則爲所動者

至大所致者至細猶未足以爲慶設其傲很殊無入志懼彼輿論之未暢者並懷伊邑臣愚以爲宜勅別征諸將各明奉禁令以慎守所部外曜烈威內廣耕稼使泊然若山澹然若淵埶不可動計不可測是時帝以成軍遂行權子不至車駕臨江而還 北宋本而作西

魏書曰車駕既還詔三公曰三世爲將道家所忌窮兵黷武古有成戒況連年水旱士民損耗而功作倍於前勞役兼於昔進不滅賊退不和民夫屋漏在上知之在下然迷而知反失道不遠過而能改謂之不過今將休息棲備高山沈權九淵割除擯棄投之畫外車駕當以今月中旬到譙淮漢衆軍亦各還反不臘西歸矣 此詔當在黃初三年十一月詔中有棲備高山之語先主崩於章武三年即黃初四年知此詔在先主未崩之前也又按文紀黃初三年十一月行幸宛即詔文所謂不臘西歸也

明帝即位進封蘭陵侯 一統志蘭陵故城今山東兗州府嶧縣東五十里 增邑五百并前千二

百戶使至鄴省文昭皇后陵明紀太和元年二月立文昭皇后寢廟於鄴胡三省曰甄后賜死於鄴因葬焉見百姓或有不足是時方營修宮室朗上疏曰陛下卽位已來恩詔屢布百姓萬民何焯曰此亦以百姓爲百官族姓故與萬民相屬言之莫不欣欣臣頃奉使北行往反道路聞衆徭役其可得蠲除省減者甚多願陛下重留日昃之聽以計制寇昔大禹將欲拯天下之大患故乃先卑其宮室儉其衣食用能盡有九州弼成五服句踐欲廣其禦兒之疆馮本無其字胡三省曰句音鉤國語句踐旣獲成於吳其地北至于禦兒非其身之所種則不食非其夫人之所織則不衣十年不收於國卒以報吳禦兒吳越分界之所今嘉興府卽其地今有語兒鄉趙一淸曰水經漸江水注浙江又東逕禦兒鄉萬善歷曰吳黃武六年由拳西鄉有產兒墮地便能語云天方明河欲淸鼎腳折金乃生因是詔爲語兒鄉非也禦兒之名遠矣蓋無智之徒因藉地名生情穿鑿國語曰句踐之地北至禦兒是也安得引黃武證地哉韋昭曰越北鄙在嘉興一淸案漢書兩粵傳注孟康曰今吳南亭是蓋春秋爲越北鄙至漢入吳南境耳禦兒吳界邊戍之地名

馘夫差於姑蘇故亦約其身以及家儉其家以施國用能囊括五湖席卷三江取威中國定霸華夏漢之文景亦欲恢弘祖業增崇洪緒故能割意於百金之臺昭儉於弋綈之服漢書文帝紀贊曰孝文嘗欲作露臺召匠計之直百金上曰百金中人十家之產也吾奉先帝宮室常恐羞之何以臺爲身衣弋綈師古曰弋黑色也綈厚繒也內減太官而不受貢獻外省徭賦而務農桑用能號稱升平幾致刑錯孝武之所以能奮其軍埶拓其外境誠因祖考畜積素足故能遂成大功霍去病中才之將猶以匈奴未滅不治第宅明卹遠者略近事外者簡內自漢之初及其中興皆於金革略寢之後然後鳳闕猥閌德陽並起今當建始之前足用列朝會崇華之後足用序內官華林天淵足用展游宴胡三省曰建始崇華二殿皆在洛陽北宮水經注穀水逕洛陽故城北東歷大夏門下枝分渠水東入華林園又東爲天淵池世語曰魏武自漢中還洛陽起建始殿近漢濯龍祠若且先成閶闔之象魏胡三省曰象魏觀闕也象者法象也魏者高巍也使足用列遠人之朝貢者修城池使足用絕蹤越成國險其餘一切且須豐年一以勤耕農爲務習戎備爲事則國無怨曠戶口滋息民充兵彊而寇戎不賓緝熙不足宋本足作作未之有也轉爲司徒明紀朗轉司徒在黃初七年十二月立文昭皇后寢廟在太和元年二月是轉官在前省陵在後時屢失皇子而後宮就館者少朗上疏曰昔周文十五而有武王遂享十子之祚以廣諸姬之胤史記太姒十子謂伯邑考武王發管叔鮮周公旦蔡叔度曹叔振鐸郕叔武霍叔處康叔封冄季載武王旣老而生成王成王是以鮮於兄弟此二王者各樹聖德無以相過比其子孫之祚則不相如蓋生育有早晚所產有衆寡也陛下旣德祚兼彼二聖春秋高於姬文育武之時矣而子

發未舉於椒蘭之奧房藩王未繁於掖庭之衆室以成王爲喻雖未爲晚取譬伯邑則不爲夙列女傳太姒號曰文母文王治外文母治內太姒生有十男長伯邑考次武王發大戴禮文王十五而生武王伯邑考武王兄則十四年生也武王九十三年崩成王七歲則八十七年生也周禮六宮內官百二十人而諸經常說咸以十二爲限朗有周官傳此亦略見治經之緒餘至於秦漢之末或以千百爲數矣然雖彌猥而就時於吉館者或甚鮮明百斯男之本北宋本明作則誠在於一意不但在於務廣也老臣懷懷願國家同祚於軒轅之五五黃帝紀黃帝二十五子而未及周文之二五用爲伊邑且少小常苦被褓泰溫泰溫則不能便柔膚弱體是以難可防護而易用感慨若常令少小之縕袍不至於甚厚則必咸保金石之性而比壽於南山矣帝報曰夫忠至者辭篤愛重者言深君旣勞思慮又手筆將順三復德音

欣然無量朕繼嗣未立以爲君憂欽納至言思聞良規朗著易春秋
孝經周官傳奏議論記咸傳於世 朗著易傳正始六年令學者得以課試見齊王紀釋文敘錄魏司徒王朗注解左氏傳隋書經籍志春秋左氏傳十二卷魏司徒王朗撰梁有春秋左氏釋駁一卷王朗撰亡唐經籍志春秋傳十卷王朗撰藝文志王朗注左氏十卷弼按朗與許文休三書見蜀志許靖傳注改元議見宋書禮志一論喪服書見通典七十三
魏略曰朗本名嚴後改爲朗　魏書曰朗高才博雅而性嚴整慷慨多威儀恭儉節約
自婚姻中表禮贄無所受常譏世俗有好施之名而不卹窮賤故用財以周急爲先
太和二年薨 二年十一月薨見明紀 謚曰成侯子肅嗣 正始四年從祀太祖廟庭 初文帝分
朗戶邑封一子列侯朗乞封兄子詳
肅字子雍年十八從宋忠讀太玄而更爲之解 以肅生年推之十八歲爲建安十七年據蜀志尹默傳注宋仲子時在魏宋忠事見劉表傳注引英雄記隋書經籍志周易注十卷漢宋忠撰太玄經注九卷漢宋衷撰釋文序錄云衷字仲子後漢荆州五等從事隋志云

梁有荆州五業從事宋忠注周易十卷陸績述玄曰鎭南將軍劉景升遣梁國成奇修好鄙州奇將玄經自隨後數年章陵宋仲子爲作解詁司馬光太玄集注序云漢五業主事宋衷始爲玄作解詁集注直云宋者冲子也弼按忠與衷五業與五等從事與主事仲子與冲子要皆爲形聲之殊馬國翰曰五業不可解當是五等之誤弼按惠棟云五業五經也漢督郵班碑云嘖憙五業漢末章陵宋衷爲劉表五業博士吳承仕曰魏略云樂詳少好學五業並受五業謂五經之業也等爲業字形近之譌周壽昌曰太玄經後有宋忠注無肅注隋經籍志詳錄肅所著書亦無太玄經解弼按隋書經籍志梁有揚子太玄經七卷王肅注亡周說誤又按華陽國志蜀郡士女揚雄贊云其玄源淵懿後世大儒張衡崔子玉宋仲子王子雍皆爲注解吳郡陸公紀尤善於玄稱雄聖人此爲肅注太玄之證
肅父朗與許靖書云肅生於會稽 趙一清曰御覽卷六百五引顧野王輿地志王朗爲會稽太守子肅隨在郡住東齋中夜有女從地出稱越王女與肅語曉別贈一丸墨肅方注周易因此才思開悟酉陽雜俎云王肅造逐鼠丸以銅爲之晝夜自轉弼按朗家傳朗居郡四年肅生於會稽時方數歲安能遽注周易殊不足信
黃初中爲散騎黃門侍郎太和三年拜散騎常侍四年大司馬曹眞
征蜀肅上疏曰前志有之千里饋糧士有飢色 師古曰言糧繼也 樵蘇後爨 師古曰樵取薪也蘇取草也 師不宿飽 胡三省曰前書李左車說陳餘之言蓋前乎左車已有是言矣沈欽韓曰四語見黃石公上略 此
謂平塗之行軍者也又況於深入阻險鑿路而前則其爲勞必相百
也今又加之以霖雨 宋本今又作又今 山坂峻滑衆逼而不展糧縣而難繼
實行軍者之大忌也聞曹眞發已踰月而行裁半谷 胡三省曰謂子午谷之路行纔及半也
治道功夫戰士悉作是賊偏得以逸而待勞乃兵家之所憚也言
之前代則武王伐紂出關而復還論之近事則武文征權臨江而不
濟豈非所謂順天知時通於權變者哉兆民知聖上以水雨艱劇之
故休而息之後日有釁乘而用之則所謂悅以犯難民忘其死者矣
於是遂罷又上疏宜遵舊禮爲大臣發哀 通典八十一載肅請爲大司馬曹眞臨弔表云在禮大臣之喪天子臨弔諸侯之薨又庭哭焉同姓之臣崇于異姓自秦逮漢多闕不修暨光武頗遵其禮于時羣臣莫不競勸博士范升上疏稱揚以爲美可依舊禮爲位而哭之敎

睦宗族弼按曹眞死在太和五年三月 薦果宗廟事皆施行又上疏陳政本曰除無事之
位損不急之祿止浮食之費幷從容之官使官必有職職任其事事
必受祿祿代其耕乃往古之常式當今之所宜也官寡而祿厚則公
家之費鮮進仕之志勸 此句各本皆有馮本無之 各展才力莫相倚
仗數奏以言明試以功能之與否簡在帝心是以唐虞之設官分職
申命公卿各以其事然後惟龍爲納言 尙書舜典帝曰龍命汝作納言夙夜出納朕命惟允孔傳云納言喉舌之官聽下言納於上受上言宣於下必以信 猶今尙書也以出內帝命而已夏殷不可得而
詳甘誓曰六事之人明六卿亦典事者也周官則備矣五日視朝公
卿大夫並進而司士辨其位焉 周禮夏官司士正朝儀之位辨其貴賤之等 其記曰坐而論
道謂之王公作而行之謂之士大夫 周禮冬官考工記之辭鄭注王公天子諸侯也士大夫親受其職居其官

也及漢之初監本官本及作乃依擬前代公卿皆親以事升朝故高祖躬追反走之周昌史記周昌傳昌爲人彊力敢直言嘗燕時入奏事高帝方擁戚姬昌還走高帝逐得武帝遙可奉奏之汲黯漢書汲黯傳黯前奏事上不冠望見黯避帷中使人可其奏宣帝使公卿五日一朝漢書宣帝紀地節二年上始親政事五日一聽事成帝始置尚書五人漢書成帝紀建始四年罷中書宦官初置尚書員五人自是陵遲朝禮遂闕可復五日視朝之儀使公卿尚書各以事進何焯曰肅此奏欲漸革政歸臺閣之弊乃當日之急務又欲轉移無迹故但以復五日一朝之儀各以事進爲言蓋臨朝奏事面取裁決則尚書不得專執大柄可否任心矣廢禮復興光宣聖緒誠所謂名美而實厚者也青龍中山陽公薨漢主也肅上疏曰昔唐禪虞虞禪夏皆終三年之喪然後踐天子之尊是以帝號無虧君禮猶存今山陽公承順天命允答民望進禪大魏退處賓位公之奉魏不敢不盡節魏之待公優崇而不臣旣至其薨櫬斂之制

輿徒之飾皆同之於王者是故遠近歸仁以爲盛美且漢總帝皇之號各本皆作帝皇毛本作帝王誤號曰皇帝有別稱帝無別稱皇則皇是其差輕者也故當高祖之時土無二王其父見在而使稱皇明非二王之嫌也況今以贈終可使稱皇以配其謚明帝不從使稱皇各本皆作使稱皇官本作使稱帝考證云按文義當作使稱帝蓋王肅之意止欲其稱皇而明帝不從之也姚範曰使稱皇下疑脫帝字按肅意以山陽之禪不比虞夏故當從皇差輕之號而不當稱帝魏明不從也乃追謚曰漢孝獻皇帝

孫盛曰化合神者曰皇德合天者曰帝是故三皇創號五帝次之然則皇之爲稱妙於帝矣肅謂爲輕不亦謬乎　臣松之以爲上古謂皇皇后帝次言三五先皇後帝誠如盛言然漢氏諸帝雖尊父爲皇其實則貴而無位高而無民比之於帝得不謂之輕乎魏因漢禮名號無改孝獻之崩豈得遠考古義肅之所云蓋就漢制而爲言耳謂之爲謬乃是譏漢非難肅也何焯曰肅之說出於蔡邕然秦尊莊襄王爲太上皇漢沿其名未必爲其貴而無位高而無民也

後肅以常侍領秘書監御覽卷二百三十三載王肅表曰青龍之末主者啟選秘書監詔祕書騶吏以上三百餘人非但學問義理當用有威嚴能檢下者詔肅以常侍領焉又載王肅秘書不應屬少府表曰魏之秘書卽漢之東觀郡國稱敢言之上東觀且自大魏分秘書而爲中書以來傳緒相繼於今三監未有隸名於少府者也今欲使臣編名於騶隸言事於外府不亦黷朝章而辱國典乎太和中蘭臺祕書爭議三府奏議祕書司先王之載籍掌制書之典謨與中書相亞宜與中書爲官聯又曰青龍中秘書丞郎與博士議郎同職近日月宜在三臺上秘書丞郎乘鹿車猶用尺奏恐非陛下崇儒之本意也臣以爲秘書職於三臺爲近密中書郎在尚書丞郎上秘書丞郎宜次尚書郎下不然則宜次侍御史下秘書丞郎俱四百石遷宜比尚書郎亦出宜爲郡此陛下崇儒術之盛旨也尚書郎侍御史皆乘犢車而祕書丞郎獨鹿車不得朝服恐非陛下轉臺郎以爲秘書丞郎之本意也洪飴孫曰秘書監一人六百石第三品初屬少府及王肅爲監乃不復屬兼崇文觀祭酒青龍四年置崇文觀徵善屬文者充之景初閒宮室盛美宋本美作興民失農業期信不敦刑殺倉卒肅上疏曰大魏承百王之極生民無幾干戈未戢誠宜息民而惠之以安靜遐邇之時也夫務畜積而息疲民

在於省徭役而勤稼穡今宮室未就功業未訖運漕調發轉相供奉是以丁夫疲於力作農者離其南畝種穀者寡食穀者衆舊穀旣沒新穀莫繼斯則有國之大患而非備豫之長策也今見作者三四萬人九龍可以安聖體錢大昭曰九龍殿卽崇華殿也因災而改名其內足以列六宮顯陽之殿又向將畢惟泰極已前功夫尚大方向盛寒疾疢或作誠願陛下發德音下明詔深愍役夫之疲勞厚矜兆民之不贍取常食廩之士非急要者之用選其丁壯擇留萬人使一朞而更之咸知息代有日則莫不悅以卽事勞而不怨矣計一歲有三百六十萬夫亦不爲少當一歲成者聽且三年分遣其餘使皆卽農無窮之計也倉有溢粟民有餘力以此興功何功不立以此行化何化不成夫信之於民國

家大寶也仲尼曰自古皆有死民非信不立夫區區之晉國微微之重耳欲用其民先示以信是故原雖將降顧信而歸用能一戰而霸于今見稱前車駕當幸洛陽發民爲營有司命以營成而罷既成又利其功力不以時遣有司徒營其目前之利不顧經國之體臣愚以爲自今之後宋本之作以儻復使民宜明其令使必如期若有事以次寧復更發無或失信凡陛下臨事之所行刑宋本事作時皆有罪之吏宜死之人也然衆庶不知謂爲倉卒故願陛下下之於吏而暴其罪鈞其死也無使汙于宮掖而爲遠近所疑且人命至重難生易殺氣絕而不續者也是以聖賢重之孟軻稱殺一無辜以取天下仁者不爲也漢時有犯蹕驚乘輿馬者廷尉張釋之奏使罰金文帝怪其輕而釋之曰方其時上使誅之則已今下廷尉廷尉天下之平也一傾之天下用法皆爲輕重民安所措其手足臣以爲大失其義非忠臣所宜陳也廷尉者天子之吏也猶不可以失平而天子之身反可以惑謬乎斯重於爲己而輕於爲君不忠之甚也釋之抑揚之詞得此正論庶不害意而敢人主猝殺人之慘也所關甚大周公曰天子無戲言言則史書之工誦之士稱之言猶不戲而況行之乎故釋之之言不可不察周公之戒不可不法也又陳諸鳥獸無用之物而有芻穀人徒之費皆可蠲除帝嘗問曰漢桓帝時白馬令李雲上書言帝者諦也是帝欲不諦當何得不死范書李雲傳雲字行祖甘陵人初舉孝廉再遷白馬令雲素剛憂國將危露布上書曰孔子云帝者諦也今官位錯亂小人諂進財貨公行政化日損是帝欲不諦乎帝得奏震怒曰帝欲不諦是何等語下有司逮雲死獄中春秋運斗樞曰五帝修名立功修德成化統調陰陽招類使神故稱帝帝之言諦也鄭玄注云審諦於物色也肅對曰

但爲言失逆順之節原其本意皆欲盡心念存補國且帝者之威過於雷霆殺一匹夫無異螻蟻寬而宥之可以示容受切言廣德宇於天下故臣以爲殺之未必爲是也帝又問司馬遷以受刑之故內懷隱切著史記非貶孝武令人切齒對曰司馬遷記事不虛美不隱惡劉向揚雄服其善敘事有良史之才謂之實錄漢書司馬遷傳贊曰劉向揚雄博極羣書皆稱遷有良史之才服其善敘事理辨而不華質而不俚其文直其事核不虛美不隱惡故謂之實錄漢武帝聞其述史記取孝景及己本紀覽之於是大怒削而投之於今此兩紀有錄無書漢書司馬遷傳十篇缺有錄無書張晏曰遷沒之後亡景紀武紀司馬貞索隱曰景紀取班書補之武紀專取封禪書後遭李陵事遂下遷蠶室師古曰蠶室初腐刑所居溫密之室也此爲隱切在孝武而不在於史遷也何焯曰子雍此對本之衛敬仲與班氏所記不同敬仲所記非實於時主則爲善對正始元年出爲廣平太守錢大昭曰廣平郡黃初二年以魏郡西部置弼按肅爲廣平太守到官下教問張臶家見管寧傳公事徵還拜議郎肅以常侍出典郡守還拜議郎官秩俱徵頃之爲侍中遷太常時大將軍曹爽專權任用何晏鄧颺等肅與太尉蔣濟司農桓範論及時政肅正色曰此輩卽弘恭石顯之屬復稱說爽聞之戒何晏等曰當共慎之公卿已比諸君前世惡人矣坐宗廟事免後爲光祿勳時有二魚長尺集于武庫之屋有司以爲吉祥肅曰魚生於淵而亢於屋介鱗之物失其所也邊將其殆有棄甲之變乎其後果有東關之敗東關之役在魏嘉平四年胡三省曰今栅江口有兩山濡須山在和州界謂之東關七寶山在無爲軍界謂之西關兩山對峙中爲石梁鑿石通水唐志廬州巢縣東南四十里有故東關一統志今安徽和州含山縣西南七十里濡須塢之北徙爲河南尹嘉平六年肅嘉平六年列名奏永寧宮持節兼太常奉法駕迎高貴鄉公于元城元城見文紀黃初二年陽平郡注又見齊王紀嘉平六年注是歲白氣經天錢大昭曰晉書宣帝紀白氣經天在正元元年十一

月此言嘉平六年者蓋高貴鄉公以是年十月改元也大將軍司馬景王問肅其故肅答曰此蚩尤之旗也潘眉曰蚩尤之旗見天文志類彗而曲象旗見則王者征伐四方又御覽二十七引皇覽塚墓記云蚩尤塚在東郡壽張縣闞城中人常以十月說云每有氣如四絳自上屬下號曰蚩尤旗此旗恒有非肅所云也東南其有亂乎君若修己以安百姓則天下樂安者歸德唱亂者先亡矣明年春鎭東將軍毋丘儉揚州刺史文欽反景王謂肅曰霍光感夏侯勝之言始重儒學之士良有以也漢書夏侯勝傳霍光與張安世謀欲廢昌邑王光讓安世以爲泄語乃召問夏侯勝勝引洪範傳以對光安世大驚以此益重經術安國寧主其術焉在肅曰昔關羽率荊州之衆降于禁於漢濱遂有北向爭天下之志後孫權襲取其將士家屬羽士衆一旦瓦解今淮南將士父母妻子皆在內州胡三省曰魏制諸將出征及鎭守方面皆留質任時淮南將士皆自內州出戍故家屬皆留內但急往禦衞胡三省曰禦儉欽之衆使不得進又衞其家屬使不得前必有關羽土崩之勢矣李安溪曰鍾會不慮

此而舉逆謀故不旋踵夷滅也景王從之遂破儉欽後遷中領軍加散騎常侍增邑三百幷前二千二百戶甘露元年薨寰宇記卷二十三王肅墓在沂州承縣東南二十五里姚範曰朱建平傳肅年六十二蓋生於興平二年乙亥潘眉曰肅年六十四歲弼按潘說不知何據蜀志許靖傳注王朗與靖書云大男名肅年二十九歲按此書當在黃初四年也門生縗經者以百數追贈衞將軍諡曰景侯子惲嗣惲薨無子國絕景元四年封肅子恂爲蘭陵侯咸熙中開建五等以肅著勳前朝改封恂爲承子趙一淸曰肅女適司馬文王故嗣爵無替前漢書地理志承屬東海郡應劭曰音證字本作氶以氶水所經而名今本作承非也王先謙曰廣韻氶縣名在沂州匡衡所居一統志故城今嶧縣西北一里氶水在縣西弼按王朗夫人楊氏王肅夫人羊氏俱見晉書文明王皇后傳

世語曰恂字子良大有通識潘眉曰子良晉書作良夫疑此子字衍文大字卽夫字之譌弟愷字君夫在朝忠正歷河南尹侍中所居有稱乃心存公有匪躬之節爲令袁毅饋以駿馬知其貪財不受毅竟以黷貨而敗建立二學崇明五經皆恂所建卒時年四十餘贈車騎將軍肅女適司馬文王卽文明皇后生晉武帝齊獻王攸晉諸公贊曰恂兄弟八人其達者虔字恭祖以功幹見稱位至尙書弟愷字君夫少有才力而無行檢與衞尉石崇友善俱以豪侈競於世終於後將軍晉書王恂傳愷既世族國戚性復豪侈用赤石脂泥壁石崇與愷將爲鴆毒之事司隸校尉傅祇劾之有司皆論正重罪詔特原之及卒諡曰醜虔子康隆潘眉曰晉書王雅傳雅王肅曾孫也祖隆然則隆亦肅子疑虔子之子本是弟字沇家本曰上文先曰虔後曰弟愷則不得復云虔弟某某矣潘說未諦惟與晉書乖異未詳仕亦宦達爲後世所重

初肅善賈馬之學而不好鄭氏孔穎達曰鄭玄以爲禹治水畢乃流四凶故王肅難鄭言若待禹治水功成而後以鯀爲無功殛之是爲舜用人子之功而流放其父則禹之勤勞適足使父致殛爲舜失五典克從之義禹陷三千莫大之罪進退無據亦甚迂哉采會同異爲尙書詩論語三禮左氏解及撰定父朗所作易傳皆列於學官其所論駁朝廷典制郊祀宗廟喪紀輕重凡百餘篇釋文敘錄周易王肅注十卷東海蘭陵人魏衞將軍太常蘭陵景侯弼按肅襲封蘭陵侯非蘭陵縣人釋文誤隋書經籍志周易十卷魏衞將軍王肅注唐經籍志周易十卷王肅注藝文志王肅注十卷宋史藝

文志王肅傳十一卷姚振宗曰後人輯肅所作音一卷附書後故十一卷張惠言曰肅著書務排鄭氏馬鄭不同者則從馬馬與鄭同則幷背馬然其訓詁大義出於馬鄭者十七疑出於馬鄭者其父朗之學也掊擊馬鄭者肅之學也馬國翰曰肅注在魏立學頗著盛名雖與康成殊異要皆有據朱子每稱之蓋有所取釋文敘錄尙書王肅注十卷又曰王肅亦注今文而解大與古文相類或肅私見孔傳而秘之乎魏志高貴鄉公紀甘露元年夏四月丙辰帝幸太學講尙書帝問曰鄭玄云稽古同天言堯同於天也王肅云堯順考古道而行之二義不同何者爲是博士庾峻對曰賈馬及肅皆以爲順考古道肅義爲長錢大昕考異曰按肅卒於是年而其說已爲博士所習進講人主之前蓋肅兼通諸經强辯求勝又以三公之子早登顯要易爲人所信從也隋書經籍志尙書十一卷王肅注唐經籍志古文尙書十卷王肅注藝文志王肅注十卷日本國人佐世見在書目今文尙書十卷王肅注馬國翰曰肅之學專與鄭爲難鄭贊謂孔子撰書乃尊而命之尙書尙者上也肅序謂上所言史所書故曰尙書開卷已自立異隋書經籍志尙書駁議五卷王肅撰唐經籍志尙書釋駁五卷王肅撰尙書答問三卷王肅注釋文敘錄鄭玄作毛詩箋申明毛義難三家於是三家遂廢魏太常王肅更述毛非鄭又曰王肅注二十卷隋書經籍志毛詩二十卷王肅注毛詩義駁八卷王肅撰毛詩奏事一卷王肅撰毛詩問難二卷王肅撰亡馬國翰曰義駁者駁鄭氏義也奏事者取鄭氏之違失條奏於朝也問難者亦申毛以難鄭也釋文敘錄王肅注周官十二卷隋書經籍志周官禮十二卷王肅注（唐志同）儀禮十七卷王肅注（唐志同）姚振宗曰本傳言肅注三禮隋唐三志亦各有肅注儀禮十七卷釋文敘錄云馬融王肅等九人並注喪服不言肅注儀禮與

隋唐志異豈陸氏未見其本邪抑肅實止注喪服隋唐志誤列其目邪隋書經籍志喪服經傳一卷王肅注唐藝文志王肅注喪服紀一卷晉書禮志太康初尚書郎摯虞表請增損新禮曰宜依王景侯所撰喪服變除使類統明正以斷疑爭隋書經籍志喪服要記一卷王肅注（唐志同）釋文敘錄王肅注禮記三十卷（隋唐志同）三禮音各一卷宋書樂志王肅私造宗廟詩頌十二篇釋文敘錄左氏王肅注三十卷（隋唐志同）隋書經籍志孝經一卷王肅解（唐志同）釋文敘錄論語王肅注十卷隋書經籍志梁有王肅注論語十卷亡梁有論語釋駁三卷王肅撰亡唐經籍志論語十卷王肅注（藝文志同）隋書經籍志梁有祭法五卷又明堂議三卷王肅撰亡孔子家語二十一卷王肅解（唐宋志作十卷）王子正論十卷王肅撰（唐志同）魏衛將軍王肅集五卷（唐志同）嚴可均三國文輯本一卷凡賦表疏議答難答問教書敘頌賀正儀納徵辭家誡綜三十五篇

時樂安孫叔然 郡國志青州樂安國樂安一統志樂安故城今山東青州府博興縣北經義攷曰訪碑錄載淄川長山縣西南三十里長白山東有孫炎碑碑陰有門徒姓名甘露五年立惜今不可得見矣

臣松之按叔然與晉武帝同名故稱其字

受學鄭玄之門人稱東州大儒徵爲秘書監不就肅集聖證論以譏短玄 釋文敘錄曰肅又作聖證論難鄭玄隋書經籍志聖證論十二卷王肅撰 **叔然駁而釋之及作周易春秋例** 宋史二百六十七張洎對狀引孫炎例云初九爲元士九二爲大夫九三爲諸侯 **毛詩禮記春秋三傳國語爾雅諸注** 侯康曰叔然注今絕無傳其旁見爾雅注者多與毛傳合蓋毛公本以雅訓釋詩者也釋文敘錄孫炎注禮記二十九卷隋書經籍志禮記三十卷魏秘書監孫炎注（唐志同）釋文敘錄爾雅孫炎注三卷音一卷（隋志作七卷唐志作六卷姚振宗曰隋志七卷并音一卷在內）顏氏家訓音辭篇孫叔然刱爾雅音義是漢末人獨知反語至於魏世此事大行高貴鄉公不解反語以爲怪異自茲厥後音韻鋒出各有土風遞相非笑釋文敘錄曰古人音書止爲譬況之說孫炎始爲反語玉海藝文小學類曰世謂倉頡制字孫炎作音沈約撰韻同爲椎輪之始 **又著書十餘篇** 通典九十九或問長吏遷在傳舍而死彼迎吏未至此二國吏服誰當輕重孫叔然答曰古者諸侯以國爲家衛出其君于襄牛不書出奔以未出境也衛侯奔死烏傳曰猶在境內則衛君也雖出傳舍固當以君服之彼迎吏依娶女有吉日夫死斬衰弔即葬除之 **自魏初徵士燉煌周生烈** 郡國志涼州敦煌郡敦煌一統志敦煌故城今新疆安西州敦煌縣治

臣松之按此人姓周生名烈何晏論語集解有烈義例餘所著述見晉武帝中經簿

趙一清曰後漢書有周生豐見馮衍傳注引風俗通云周生姓也羅泌路史後紀曰燉煌實錄魏侍中周生烈本姓唐外養周氏因爲姓亦見七錄及中經簿隋經籍志周生子要論一卷錄一卷魏侍中周生烈撰案烈爲張既辟舉見既傳姚振宗曰姓苑引晉武帝中經簿云姓周生名烈爲博士釋文敘錄周生烈燉煌人七錄云字文逸本姓唐魏博士侍中又曰魏徵士燉煌周生烈注解左氏傳葛洪曰周生烈學精而不仕何晏集解序曰近故司空陳羣博士周生烈皆爲義說邢昺曰此二人皆爲論語作注而說其義故曰義說馬國翰曰周生烈義說隋唐志皆不著錄惟何晏集解采之凡十有四節皇侃疏明標周生烈而邢疏並作周曰其說冉子退朝爲魯君之朝與鄭玄解季氏私朝不合說鄉原爲所至之鄉輒原其人情而爲己意以待之更迂曲戾於孟子然其他解悉純正朱子集注用之馬總意林曰周生烈子自序云六蔽鄙夫燉煌周生烈字文逸張角敗後天下潰亂哀苦之間故著此書以堯舜作幹植仲尼作師誡宋書大且渠蒙遜傳元嘉十四年河西王茂虔奉表獻方物并獻周生子十三卷隋書經籍志梁有周生子要論一卷錄一卷魏侍中周生烈撰亡唐經籍志周生烈子五卷周生子志藝文志周生烈子五卷沈家本曰隋志晉中經十四卷荀勖撰新唐志荀勖晉中經簿十四卷舊志卷同中經作中書字之誤也隋志序曰董卓之亂獻帝西遷圖書縑帛軍人皆取爲帷囊所收而西猶七十餘載兩京大亂埽地皆盡魏氏代漢采掇遺亡藏在秘書中外三閣魏秘書郎鄭默始制中經秘書監荀勖又因中經更著新簿分爲四部總括羣書一曰甲部紀六藝及小學等書二曰乙部有古諸子家近世子家兵書兵家術數三曰丙部有史記舊事皇覽簿雜事四曰丁部有詩賦圖讚汲冢書大凡四部合二萬九千九百四十五卷但錄題及言盛以縹囊書用緗素至于作者之意無所論辨晉書荀勖傳勖領秘書監與張華依劉向別錄整理記籍又得汲郡冢中古文竹書勖撰次之以爲中經列在秘書案依事當稱中經簿唐志有簿字是也隋志無簿字疑是奪文裴氏兩引之皆稱晉武帝中經簿其所見固有簿字弼按蜀志秦宓傳注作中經部章宗源曰周禮天官正義經典釋文序錄漢書貨殖傳注書鈔儀飾部御覽文部並引晉中經簿

明帝時大司農弘農董遇等亦歷注經傳頗傳於世 釋文敘錄董遇易章句十二卷字季直弘農華陰人魏侍中大司農七志七錄並云十卷隋書經籍志梁有魏大司農卿董遇注周易十卷亡唐經籍志周易十卷董遇注藝文志董遇注十卷張惠言易義別錄輯本序曰攷集解不引董遇則遇書亡於唐初遇著書在王肅前故無與肅合者其於鄭荀則多同義雖不可考要之爲費氏易也釋文敘錄董遇注解左氏傳又曰董遇章句三十卷隋書經籍志春秋左氏傳三十卷董遇章句唐經籍志春秋左氏經傳章句三十卷董遇注藝文志董氏左氏經傳章句三十卷趙一清曰孔穎達春秋左氏傳序正義曰中興以後陳元鄭衆賈逵馬融延篤彭仲博許惠卿服虔穎容之徒皆傳左氏春秋魏世則王肅董遇爲之注一清按春秋正義多引董遇本以正異同則其書唐時猶未亡也

魏略曰遇字季直性質訥而好學興平中關中擾亂與兄季中依將軍段煨采稆負販 范書獻紀尚書郎以下自出採稆章懷注稆音呂埤蒼曰穭自生也稆與穭同自生稻也 **而常挾持經書投閒習讀其兄笑之**

而過不改及建安初王綱小設郡舉孝廉稍遷黃門侍郎是時漢帝委政太祖遇旦夕侍講爲天子所愛信至二十二年許中百官矯制遇雖不與謀猶被錄詣鄴姚振宗曰魏志武紀二十三年春正月漢太醫令吉本與少府耿紀司直韋晃等反攻許燒丞相長史王必營必與潁川典農中郎將嚴匡討斬之注引山陽公載紀曰王聞王必死盛怒召漢百官詣鄴云云魏略稱被錄詣鄴者似卽指此事蓋二十三年非二十二年也轉爲宂散常從太祖西征道由孟津過弘農王冢太祖疑欲謁顧問左右左右莫對遇乃越第進曰春秋之義國君卽位未踰年而卒未成爲君弘農王卽阼既淺又爲暴臣所制降在藩國不應謁太祖乃過何焯曰宏農雖未踰年然嘗北面臣之則故君也遇謂不應謁者非黃初中出爲郡守明帝時入爲侍中大司農數年病亡初遇善治老子爲老子作訓注又善左氏傳更爲作朱墨別異人有從學者遇不肯教而云必當先讀百徧言讀書百徧而義自見從學者云苦渴無日御覽二六引魏略作苦難得暇日遇言當以三餘或問三餘之意遇言冬者歲之餘夜者日之餘陰雨者時之餘

也時一作晴由是諸生少從遇學無傳其朱墨者姚振宗曰隋志有賈逵春秋左氏經傳朱墨列一卷遇此作蓋本之賈氏弼按此或爲朱墨本之權輿世語曰遇子綏位至秘書監亦有才學齊王冏功臣董艾卽綏之子也晉書齊王冏傳冏與龍驤將軍董艾等起軍又云長沙王義徑入宮發兵攻冏府冏遣董艾陳兵宮西魏略以遇及賈洪各本魏略上均未空格似嫌與上文相蒙惟宋本空格今從之邯鄲淳薛夏隗禧蘇林樂詳等元本馮本吳本詳作祥誤七人爲儒宗其序曰從初平之元至建安之末天下分崩人懷苟且綱紀既衰儒道尤甚至黃初元年之後新主乃復始埽除太學之灰炭補舊石碑之缺壞侯康曰唐志有今字石經毛詩三卷今字石經鄭氏尚書八卷今字者皆一字蓋指隸書一體也一字本漢時所建而毛詩鄭氏尚書後漢不立學官必無刊石之理全祖望謂是黃初時邯鄲淳補修引魚豢魏略儒宗傳序曰黃初元年之後新主乃始埽除大學灰炭補舊石碑之闕壞云云謂是時淳方以博士給事中是補正熹平隸字舊刻者淳也且謂隋志以正始石經爲一字其誤卽源於此今從之全氏之意以熹平黃初所立石經皆一字正始所立乃是三字諸家但知有熹平正始二刻全氏紬繹史注乃知復有黃初補刻也弼按石經一字三體之辨詳見齊王紀卷首注引搜神記備博士之員錄依漢甲乙以考課申告州郡有欲

學者皆遣詣太學太學始開有弟子數百人至太和青龍中中外多事人懷避就雖性非解學多求詣太學太學諸生有千數而諸博士率皆麤疏無以教弟子弟子本以避役宋本以作亦竟無能習學王鳴盛曰補舊碑缺壞疑卽指蔡邕石經而言太和青龍正孔明屢出祁山之時所謂避就者卽避役也劉馥子靖傳靖上疏曰黃初以來崇立太學二十餘年寡有成者蓋由博士選輕諸生避役高門子弟恥非其倫正指此事上文期傳注中謂西京學官博士七千餘人（博士下當脫弟子二字）今此曰數百人較漢盛時多寡懸殊冬來春去歲歲如是又雖有精者而臺閣舉格太高加不念統其大義而問字指墨法點注之閒百人同試度者未十是以志學之士遂復陵遲而末求浮虛者各競逐也正始中有詔議圜丘普延學士是時郎官及司徒領吏二萬餘人雖復分布見在京師者尚且萬人而應書與議者略無幾人又是時朝堂公卿以下四百餘人其能操筆者未有十人弼按就本志王粲衛覬劉劭諸傳所載詞藻之士已數十人而裴注所引不與焉俊彥閎儒一時稱盛此云操筆者未有十人誰其信之多皆相從飽食而退嗟夫學業沈隕乃至於此是以私

心常區區貴乎數公者各處荒亂之際而能守志彌敦者也賈洪字叔業京兆新豐人也郡國志司隸京兆尹新豐一統志新豐故城今陝西西安府臨潼縣東北好學有才何焯校本好學上增家貧二字從御覽補而特精於春秋左傳建安初仕郡舉計掾應州辟時州中自參軍事以下百餘人一本校改作參軍錄事唯洪與馮翊嚴苞交通材學最高洪歷守三縣令官本考證曰嚴苞交通太平御覽作嚴苞字文通才學最高下多故衆爲之語曰州中暐暐賈叔業辨論洶洶嚴文通二十字所在輒開除廐舍親授諸生後馬超反超劫洪將詣華陰使作露布洪不獲已爲作之司隸鍾繇在東識其文曰此賈洪作也及超破走太祖召洪署軍謀掾猶以其前爲超作露布文故不卽敘晚乃出爲陰泉長沈家本曰陰泉或爲陽泉之誤陽泉西漢縣屬六安國東漢侯國屬廬江郡延康中轉爲白馬王相本志楚王彪傳建安二十一年封壽春侯黃初七年徙封白馬是延康中不得稱白馬王相郡國志兗州東郡白馬關羽刺顏良解白馬圍卽此一統志白馬故城今河南衛輝府滑縣東二十里善能談戲王彪亦雅好文學常師宗之過於三卿數歲病亡亡時年五十餘時人爲之恨仕不至二千

石而嚴苞亦歷守二縣黃初中以高才入爲秘書丞數奏文賦文帝異之出爲西平太守卒官漢末有兩西平一爲涼州金城郡分置之西平郡一爲豫州汝南郡之西平縣謝鍾英三國疆域志補注於涼州西平郡下引魏略黃初中嚴苞爲西平太守復於豫州汝南郡西平縣下亦引魏略嚴苞爲西平太守事且云漢末升西平作郡黃初後始復爲縣云云弼按謝氏以一事繫屬於兩地誠誤其云漢末作郡黃初爲縣尤近於臆測王先謙氏彙采其說而未加糾正可異也薛夏字宣聲天水人也天水見明紀太和二年潘眉曰漢武帝置天水郡明帝永平十七年更名漢陽郡晉復爲天水郡此郡前漢爲天水後漢爲漢陽魏亦爲漢陽晉復爲天水也薛夏漢末人當爲漢陽人魏略以爲天水人據晉時郡名追改之然述太祖言則曰漢陽兒輩述其敕子則曰無還天水彼此岐說判若兩地覽者惑焉洪亮吉曰晉始復漢陽爲天水郡謝鍾英曰證以國志黃初以後郡名天水通鑑胡注魏復漢陽爲天水吳增僅曰史文於魏未代漢之先皆書漢陽文帝卽位以後則書天水犂然有別沈家本曰晉書地理志魏書地形志並云晉復爲天水郡此潘說所本然考明紀太和二年天水南安安定三郡叛應亮曹眞張郃傳諸葛亮傳並同衞臻傳諸葛亮寇天水閻溫傳天水西城人楊阜姜維傳並云天水冀人鄧艾傳有天水太守王頎姜維傳亦有天水太守是魏時已復名天水不名漢陽矣裴潛傳注引魏略嚴幹傳馬超破爲漢陽太守事在建安十六年武紀建安十九年南安趙衢漢陽尹奉等討超其時尚稱漢陽也張既傳其後與曹洪破吳蘭於下辯是時太祖徙民以充河北隴西天水南安

民相恐動又云令既之武都徙氐五萬餘落出居扶風天水界破吳蘭在二十三年徙民當在此時郡名之改亦當在此時故張既傳疊見魏略述操語尙稱漢陽在郡名未改之時其勅子稱天水在郡名已復之後非彼此歧異潘未深考耳博學有才天水舊有姜閻任趙四姓常推於郡中而夏爲單家不爲降屈四姓欲共治之夏乃游逸東詣京師太祖宿聞其名甚禮遇之後四姓又使囚遥引夏關移潁川周壽昌曰今有司越境拘人謂之關捕其文書謂之關文韻會關要會也博雅關驛也移文從驛遞使之會捕不得遁也關亦有索意史記封禪書因巫爲主人關飲食是也收捕繫獄時太祖已在冀州聞夏爲本郡所質撫掌曰夏無罪也漢陽兒輩直欲殺之耳乃告潁川使理出之召署軍謀掾文帝又嘉其才黃初中爲祕書丞帝每與夏推論書傳未嘗不終日也每呼之不名而謂之薛君夏居甚貧帝又顧其衣薄解所御服袍賜之其後征東將軍曹休來朝時帝方與夏有所咨論一本校改咨作諮而外啟休到帝引入坐定帝顧夏言之於休曰御覽言作目此君秘書丞天水薛宣聲也宜共談其見遇如此尋欲用之會文帝崩至太和

中嘗以公事移蘭臺蘭臺自以臺也而祕書署耳謂夏爲不得移也宋本馮本移作儀誤推使當有坐者夏報之曰蘭臺爲外臺秘書爲內閣臺閣一也御覽作臺也閣也何不相移之有蘭臺屈無以折何焯校本折下增之字自是之後遂以爲常後數歲病亡勅其子無還天水一趙清曰拾遺記薛夏博學絕倫母孕夏時夢人遺一篋衣云夫人必產賢明之子爲帝王所崇母記所夢之日及生夏弱冠才辯過人魏文帝與之講論終日不息應對如流無有凝滯帝曰昔公孫龍稱爲辯捷而迂誕誣妄今子所說非聖人之言不談子游子夏之儔不能過也若仲尼在魏復爲入室焉帝手製書與夏題云入室生位至秘書丞居甚貧帝解御衣賜之果符所夢名冠當時爲一代高士隗禧字子牙京兆人也世單家少好學初平中三輔亂禧南客荆州不以荒擾擔負經書每以採稆餘日則誦習之太祖定荆州召署軍謀掾黃初中爲譙王郎中本志沛穆王林傳黃初三年爲譙王王宿聞其儒者常虛心從學官本考證曰監本常誤作當今改正禧亦敬恭以授王由是大得賜遺以病還拜郎中年八十餘以老處家就之學者甚多禧既明經又善星官常仰瞻天文歎息謂魚豢曰天下兵戈尙猶

未息如之何豢又常從問左氏傳禧答曰欲知幽微莫若易人倫之紀莫若禮多識山川草木之名莫若詩左氏直相斫書耳斫之若切音灼見十藥韻說文斫擊也本志閻溫傳注引魏略曰楊阿若少游俠以報仇解怨爲事時人爲之號曰東市相斫楊阿若西市相斫楊阿若陸游詩孫吳相斫書不足精意也豢因從問詩禧說齊韓魯毛四家義漢書藝文志詩經二十八卷齊魯韓三家又曰漢興魯申公爲詩訓故而齊轅固生燕韓生皆爲之傳三家皆列於學官又有毛公之學經典釋文序錄漢興傳者有四家魯人申公受詩於浮丘伯號曰魯詩齊人轅固生作詩傳號齊詩燕人韓嬰推詩之意作內外傳數萬言號曰韓詩毛詩者出自毛公毛公爲詩故訓傳於家以授趙人小毛公以不在漢朝故不列於學前漢魯齊韓三家詩列于學官平帝時毛詩始立齊詩久亡魯詩不過江東韓詩雖在人無傳者唯毛詩鄭箋獨立國學今所遵用不復執文有如諷誦又撰作諸經解數十萬言未及繕寫而得聾書鈔九九聾下有疾字後數歲病亡也其邯鄲淳事在王粲傳蘇林事在劉邵高堂隆傳一趙清曰顏師古漢書敘例張晏字子博中山人次張揖蘇林之後如淳孟康之前是三國魏人敘例張揖字稚讓清河人一云河間人魏太和中爲博士止解司馬相如傳一卷隋經籍志廣雅三卷埤蒼三卷古今字詁三卷雜字一卷錯誤字一卷並魏博士張揖撰又曹魏時博士張融難王肅以五帝非黃帝子孫相續次見詩

生民篇正義樂詳事在杜畿傳魚豢曰張鵬一曰裴注曰上脫議字學之資於人也其猶藍之染於素乎故雖仲尼猶曰監本官本猶作稱誤吾非生而知之者況凡品哉且世人所以不貴學者必見夫有誦詩三百而不能專對於四方故也余以爲是則下科耳不當顧中庸以上毛本上作土誤材質適等而加之以文乎今此數賢者略余之所識也檢其事能誠不多也但以守學不輟乃上爲帝王所嘉下爲國家名儒非由學乎由是觀之學其胡可以已哉

評曰鍾繇開達理幹華歆清純德素王朗文博富贍誠皆一時之俊偉也魏氏初祚肇登三司盛矣夫王肅亮直多聞能析薪哉劉寔以爲肅方於事上而好下佞己何焯曰去其好下佞己之病則肅可以無譏矣此一反也性嗜榮貴而不求苟合此二反也吝惜財物而治身不穢此三反也晉書劉寔傳寔字子眞平原高唐人漢濟北惠王壽之後爲吏部郎參文帝相國軍事封循陽子鍾會鄧艾之伐蜀客問寔曰二將其平蜀乎寔曰破蜀必矣而皆不還客問其故笑而不荅竟如其言寔之先見皆此類也後拜司空遷太保轉太傅薨年九十一諡曰元陳景雲曰劉寔語當是裴注如譙周傳評後注引張璠以爲云云與此正同肅旣名臣又晉武外王父史臣於本傳略無貶辭豈應於評中反摭其短乎況陳評二句辭意已足其下不容更贅他語尤易了也錢大昕曰承祚諸評簡要從未引他人說陳說是劉咸炘曰評語直類碑頌非特無貶詞抑且無微詞可知王鳴盛說之非鍾繇於魏如漢之蕭何華歆王朗皆漢末名士而以柔媚自保者承祚未能發明肅父子疏奏特多且載議論短語皆因其子孫之傳耳或曰三臣繇以功顯歆朗以望收相人以望朝廷遂不食用人之報矣

魏書十三　三國志十三

魏書十四　三國志十四

程郭董劉蔣劉傳第十四

王鳴盛曰諸人皆魏之謀主也運籌決勝功效卓然至於翦漢之迹肇自董昭傾魏之端啟於賚放列敘諸人而以劉放殿之且以孫資附入放傳以明智計之士見利忘義不可保信以此始者必以此終著戒甚深不然以諸人之謀略且與二荀肩隨矣何獨區而別之乎賈詡地望無可言然觀其處父子之閒勉丕以孝荅操甚忠則尙優於諸人離之此而合之彼其例密矣劉咸炘曰此諸人雖多謀略非發大謀自當區於荀賈非有所優劣高下也賈詡豈果忠於操董劉皆佞而程郭則非佞安見程郭非忠於操乎至所謂著戒之意亦似讀者之意而非必作者之意

晉　平陽侯相　安漢　陳壽　撰
宋　中書侍郎　西鄉侯　聞喜　裴松之　注
沔陽　盧弼　集解

程昱字仲德東郡東阿人也東阿見武紀興平元年方輿紀要今山東泰安府東阿縣西南二十五里長八尺三寸美鬚髯黃巾起縣丞王度反應之燒倉庫縣令踰城走吏民負老幼東奔渠丘山趙一淸曰郡國志東郡東阿注魏志有渠丘山即此傳文一統志曲山即渠丘山在東阿縣西北十五里昱使人偵視度度等得空城不能守出城西五六里止屯昱謂縣中大姓薛房等曰今度等得城郭不能居其勢可知此不過欲虜掠財物非有堅甲利兵攻守之志也今何不相率還城而守之且城高厚多穀米今若還求令共堅守度必不能久攻可破也房等以爲然吏民不肯從曰賊在西但有東耳昱謂房等愚民不可計事乃密遣數騎舉幡於東山上令房等望見大呼言賊已至便下山趣城吏民奔走隨之求得縣令遂共城守度等來攻城不能下欲去昱率吏民開城門急擊之度等破走東阿由此得全初平中兗州刺史劉岱辟昱昱不應是時岱與袁紹公孫瓚和親紹令妻子居岱所瓚亦遣從事范方

將騎助岱錢儀吉曰晉書儒林傳范隆父方魏雁門太守後紹與瓚有隙瓚擊破紹軍乃遣使
語岱令遣紹妻子使與紹絕別勑范方若岱不遣紹家將騎還吾定
紹將加兵於岱岱議連日不決別駕王彧白岱程昱有謀能斷大事
岱乃召見昱問計昱曰若棄紹近援而求瓚遠助此假人於越以救
溺子之說也夫公孫瓚非袁紹之敵也今雖壞紹軍然終爲紹所禽
夫趣一朝之權而不慮遠計將軍終敗岱從之范方將其騎歸未至
瓚大爲紹所破岱表昱爲騎都尉昱辭以疾劉岱爲黃巾所殺太祖
臨兗州辟昱昱將行其鄉人謂曰何前後之相背也昱笑而不應太
祖與語說之以昱守壽張令壽張見武紀初平三年太祖征徐州使昱與荀彧
留守鄄城鄄城見武紀初平四年張邈等叛迎呂布郡縣響應唯鄄城范東阿

不動范見武紀興平元年布軍降者言陳宮欲自將兵取東阿又使汎嶷取范
通鑑汎作氾胡注氾符咸翻皇甫謐云本姓凡氏遭秦亂避地於氾水因氏焉嶷鄂力翻吏民皆恐彧謂昱曰毛本彧作或誤今
兗州反唯有此三城宮等以重兵臨之非有以深結其心三城必動
君民之望也歸而說之殆可昱乃歸過范說其令靳允曰聞呂布執
君母弟妻子孝子誠不可爲心今天下大亂英雄並起必有命世能
息天下之亂者此智者所詳擇也得主者昌失主者亡陳宮叛迎呂
布而百城皆應似能有爲然以君觀之布何如人哉北宋本無如字夫布麤
中少親沈欽韓曰韓非十過篇智伯之爲人麤中而少親剛而無禮匹夫之雄耳宮等以勢假
合不能相君也兵雖衆終必無成曹使君智略不世出殆天所授君
必固范我守東阿則田單之功可立也史記田單傳田單攻燕軍燕軍擾亂奔走齊人追亡逐北所過城邑

皆畔燕齊七十餘城皆復爲齊孰與違忠從惡而母子俱亡乎唯君詳慮之允流涕曰
不敢有二心一本校改二作貳時汎嶷已在縣允乃見嶷伏兵刺殺之歸勒
兵守
徐衆評曰徐衆三國評見臧洪傳趙一清曰衆乃爰字之譌允於曹公未成君臣母至親也於義應去昔王
陵母爲項羽所拘母以高祖必得天下因自殺以固陵志漢書王陵傳項羽取陵母置軍中陵使至則東鄉坐
陵母欲以招陵陵母既私送使者泣曰願爲老妾語陵善事漢王遂伏劍而死明心無所係然後可得成事人盡死之節
衞公子開方仕齊積年不歸管仲以爲不懷其親安能愛君不可以爲相韓非子管仲曰願君
遠衞公子開方開方事君十五年齊衞之閒不容數日行棄其母久宦不歸其母不愛安能愛君呂氏春秋齊桓公曰衞公子啟方事寡人十五年矣其父死而不
敢歸哭猶尚可疑邪管仲對曰人之情非不愛其父也其父之忍又將何有於君是以求忠臣必於孝子之門允宜先救
至親徐庶母爲曹公所得劉備乃遣庶歸欲爲天下者恕人子之情也曹公亦宜遣允

或曰論允當去是也謂操當遣允則未詳事實操方在徐州何緣得遣允哉
昱又遣別騎絕倉亭津趙一清曰水經河水注漯水注河水於范縣東北流爲倉亭津述征記曰倉亭津在范縣界去東阿六十
里魏土地記曰津在武陽縣東北七十里一統志倉亭津在山東曹州府范縣東北古大河濟渡處陳宮至不得渡昱至東阿
東阿令棗祗棗祗事見任峻傳已率厲吏民拒城堅守又兗州從事薛悌毛本
又誤作丈與昱協謀卒完三城以待太祖太祖還執昱手曰毛本手誤作乎微子
之力吾無所歸矣乃表昱爲東平相東平見武紀初平三年屯范
魏書曰昱少時常夢上泰山兩手捧日昱私異之以語荀彧及兗州反賴昱得完三城
於是彧以昱夢白太祖此非文若所宜言傳者妄也太祖曰卿當終爲吾腹心昱本名立太祖乃
加其上日更名昱也
太祖與呂布戰於濮陽濮陽東郡治魏武使陳宮將兵留屯東郡遂以其兵東迎呂布爲兗州牧據濮陽數不利

蝗蟲起乃各引去於是袁紹使人說太祖連和欲使太祖遣家居鄴
太祖新失兗州軍食盡將許之時昱使適還引見因言曰竊聞將軍
欲遣家與袁紹連和誠有之乎太祖曰然昱曰意者將軍殆臨事而
懼不然何慮之不深也夫袁紹據燕趙之地有并天下之心而智不
能濟也將軍自度能爲之下乎將軍以龍虎之威可爲韓彭之事邪
今兗州雖殘尚有三城能戰之士不下萬人以將軍之神武與文若
昱等收而用之霸王之業可成也何焯曰昱等計謀皆敵孟德奸心者與文若須分別觀之願將軍
更慮之太祖乃止互見武紀興平元年
魏略載昱說太祖曰昔田橫齊之世族兄弟三人更王據千里之齊官本考證曰北宋本齊作地
擁百萬之衆與諸侯並南面稱孤毛本並作共既而高祖得天下而橫顧爲降虜當此之

時橫豈可爲心哉太祖曰然此誠丈夫之至辱也昱曰昱愚不識大旨以爲將軍之志
不如田橫田橫齊一壯士耳猶羞爲高祖臣今聞將軍欲遣家往鄴將北面而事袁紹
夫以將軍之聰明神武而反不羞爲袁紹之下竊爲將軍恥之其後語與本傳略同
天子都許昱勸魏武迎天子事見武紀建安元年以昱爲尚書兗州未若安集監本官本作尚未安集宋
本元本馮本吳本作未苦安集一本校改作若未安集復以昱爲東中郎將東中郎將見董卓傳領濟陰太守
都督兗州事劉備失徐州來歸太祖昱說太祖殺備何焯曰觀荀文若豈不識玄德
者哉而不聞有郭嘉程昱之策文若乃心不爲操可知矣太祖不聽語在武紀後又遣備至徐州要擊
袁術昱與郭嘉說太祖曰公前日不圖備昱等誠不及也今借之以
兵必有異心太祖悔追之不及會術病死備至徐州遂殺車胄舉兵
背太祖毛本兵誤作昱頃之昱遷振威將軍洪飴孫曰振威將軍一人第四品袁紹在黎陽黎陽

見武紀建安四年將南渡時昱有七百兵守鄄城太祖聞之使人告昱欲益
二千兵昱不肯曰袁紹擁十萬衆自以所向無前今見昱兵少必輕
易不來攻若益昱兵過則不可不攻攻之必克徒兩損其埶願公無
疑太祖從之紹聞昱兵少馮本兵少作少兵誤果不往太祖謂賈詡曰程昱之
膽過於賁育昱收山澤亡命得精兵數千人乃引軍與太祖會黎陽
討袁譚袁尚譚尚破走拜昱奮武將軍沈約曰奮武將軍始於漢末洪飴孫曰奮武將軍一人第四品
封安國亭侯沈家本曰張燕封安國亭侯傅子方孫融在昱之先同時侯者而亭名相同未詳其故弼按續百官志劉昭注引風俗通曰漢家因
秦大率十里一亭又按百官志列侯功大者食縣小者食鄉亭漢制十里一亭則有同縣名之亭侯不足異也太祖征荊州劉備奔
吳論者以爲孫權必殺備何焯曰論者徒見二袁公孫前事昱料之曰孫權新在位
御覽作孫權新立未爲海內所憚曹公無敵於天下初舉荊州威震江表權

雖有謀不能獨當也劉備有英名關羽張飛皆萬人之敵也宋本無之字
權必資之以禦我難解埶分備資以成又不可得而殺也權果多與
備兵以禦太祖是後中夏漸平太祖拊昱背曰兗州之敗不用君言
吾何以至此宗人奉牛酒大會昱曰知足不辱吾可以退矣乃自表
歸兵闔門不出何焯曰歸兵闔門告者安得入哉或曰其兄至高與劉子揚同一善全身者也
魏書曰太祖征馬超文帝留守使昱參軍事田銀蘇伯等反河閒田銀蘇伯事在建安十六年見國淵
常林傳遣將軍賈信討之賊有千餘人請降議者皆以爲宜如舊法昱曰誅降者謂在擾
攘之時天下雲起故圍而後降者不赦以示威天下開其利路使不至於圍也今天下
略定在邦域之中宋本在上有且字此必降之賊殺之無所威懼非前日誅降之意臣以爲
不可誅也縱誅之宜先啟聞衆議者曰毛本議誤作之軍事有專無請昱不答文帝起入

特引見昱曰君有所不盡邪昱曰凡專命者謂有臨時之急呼吸之間者耳今此賊制在賈信之手無朝夕之變故老臣不願將軍行之也文帝曰君慮之善即白太祖太祖果不誅太祖還聞之甚說謂昱曰君非徒明於軍計 趙一清曰宋本計下有也字 又善處人父子之閒 胡三省曰以勸丕不專殺也

昱性剛戾與人多迕 梁章鉅曰文選長笛賦注引魏書程昱傳云昱於魏武前忿爭聲氣忿高邊人掐之乃止 人有告昱謀反太祖賜待益厚魏國既建爲衛尉 昱爲衛尉列名勸進見上尊號奏 與中尉邢貞爭威儀免 吳志張昭傳魏黃初二年遣邢貞拜孫權爲吳王貞不下車張昭責之即此人也 文帝踐阼復爲衛尉進封安鄉侯增邑三百戶幷前八百戶分封少子延及孫曉列侯方欲以爲公會薨帝爲流涕追贈車騎將軍 青龍元年從祀太祖廟庭 諡曰肅侯

魏書曰昱時年八十 世語曰初太祖乏食昱略其本縣供三日糧頗雜以人脯由是失朝望故位不至公 或曰世語之妄不可信

子武嗣武薨子克嗣克薨子良嗣曉嘉平中爲黃門侍郎

世語曰曉字季明有通識

時校事放橫 御覽二百四一引魏略云撫軍都尉秩比二千石本校事官始太祖欲廣耳目使盧洪趙達二人主刺舉多所陷入故於時軍中爲之語曰不畏曹公但畏盧洪盧洪尚可趙達殺我後達竟爲人迫死本志高柔傳時置校事使察羣下太祖曰要能刺舉而辨衆事使賢人君子爲之則不能也錢大昭曰程曉以爲校事之官魏武特置然孫吳亦有校事呂壹操弄威柄丞相以下皆畏憚之豈一時弊政彼此相倣效乎姜宸英曰校事即明末東廠之類 曉上疏曰周禮云設官分職以爲民極春秋傳曰天有十日人有十等愚不得臨賢賤不得臨貴於是並建聖哲樹之風聲明試以功九載考績各脩厥業思不出位故欒書欲拯晉侯其子不聽 左傳成公十六年晉厲公陷於淖欒書將載晉侯欒鍼曰（鍼書子也）書退國有大任焉得專之且侵官冒也失官慢也離局姦也有三罪焉不可犯也乃掀公以出於淖 死人橫於

街路邴吉不問 漢書丙吉傳吉嘗出逢清道者死傷橫道吉過之不問或以譏吉吉曰民鬬相殺傷長安令京兆尹職所當禁備逐捕宰相不親小事非所當於道路問也 上不責非職之功下不務分外之賞吏無兼統之勢民無二事之役斯誠爲國要道治亂所由也遠覽典志近觀秦漢雖官名改易職司不同 毛本司作雖 至於崇上抑下顯分明例其致一也初無校事之官干與庶政者也昔武皇帝大業草創衆官未備而軍旅勤苦民心不安乃有小罪不可不察故置校事取其一切耳然檢御有方不至縱恣也此霸世之權宜非帝王之正典其後漸蒙見任復爲疾病轉相因仍莫正其本遂令上察宮廟 廟疑作寮 下攝衆司官無局業職無分限隨意任情唯心所適法造於筆端不依科詔獄成於門下不顧覆訊其選官屬以謹慎爲粗疏以謥詷爲賢能 謥毛本作謥誤錢大昭曰後漢書和

熹鄧后紀云輕薄謥詷李賢注謥詷猶怱遽也謥音七洞反詷音洞又魏志臧霸傳云部從事謥詷不法侯康曰一切經音義八引通俗文曰言過謂之謥詷又引纂文曰謥詷急也 其治事以刻暴爲公嚴以循理爲怯弱外則託天威以爲聲勢內則聚羣姦以爲腹心大臣恥與分勢含忍而不言小人畏其鋒芒鬱結而無告至使尹模公於目下 模宋本作摸下同 肆其姦慝罪惡之著行路皆知纖惡之過積年不聞既非周禮設官之意又非春秋十等之義也今外有公卿將校總統諸署內有侍中尚書綜理萬機司隸校尉督察京輦御史中丞董攝宮殿皆高選賢才以充其職申明科詔以督其違若此諸賢猶不足任校事小吏益不可信若此諸賢各思盡忠校事區區亦復無益若更高選國士以爲校事則是中丞司隸重增一官耳若如舊選尹模之姦今復發矣進退推算無所用之

昔桑弘羊爲漢求利卜式以爲獨烹弘羊天乃可雨 史記平準書是歲小旱上令官求雨卜式言曰縣官當食租衣税而已今弘羊令吏坐市列肆販物求利亨弘羊天乃雨 若使政治得失必感天地臣恐水旱之災未必非校事之由也曹恭公遠君子近小人國風託以爲刺 曹詩解見文紀黃初四年 衞獻公舍大臣與小臣謀定姜謂之有罪 左傳襄公十四年衞獻公出奔齊公使祝宗告亡且告無罪定姜曰舍大臣而與小臣謀一罪也先君有冢卿以爲師保而蔑之二罪也 縱令校事有益於國以禮義言之尚傷大臣之心況姦回暴露而復不罷是袞闕不補 詩大雅烝民篇袞職有闕維仲山甫補之毛傳云有袞冕者君之上服也仲山甫補之善補過也 迷而不返也於是遂罷校事官 文心雕龍議對篇云若乃程曉之駮校事事實允當可謂達議體矣何焯曰罷之是也然當時實以師方擅朝不欲有譏諷之人故曉言得伸姚範曰當時卽有校事乃司馬借以檢察羣下耳豈爲少主耳目乎或曰奉迎都許時中丞司隷皆舊德宿望操恐不爲己用特設校事之屬寄耳目於爪牙受禪以後自當裁革文明無經國遠謀故相沿未改耳 曉遷汝南太守 趙一淸曰水經淮水注新息縣外城北門內有魏汝南太守程曉碑 年四十餘

薨

曉別傳曰 程曉別傳隋唐志不著錄 曉大著文章多亡失今之存者不能十分之一 何焯曰一字北宋本作二隋書經籍志程曉集二卷梁錄一卷困學紀聞程曉女典曰麗色妖容高才美辭此乃蘭形棘心玉曜瓦質弼按藝文類聚二十三有程曉女典篇嚴可均曰藝文類聚四有晉程曉詩或晉受禪後其人尙在或別是一人姚振宗曰馮氏詩紀錄存贈傳休奕詩嘲熱客詩凡三首

郭嘉字奉孝潁川陽翟人也 潁川郡治陽翟見武紀卷首王先謙曰呂不韋爲陽翟大賈始見史記縣名蓋昉於秦

傅子曰嘉少有遠量漢末天下將亂自弱冠匿名迹密交結英儁不與俗接故時人多莫知惟識達者奇之年二十七辟司徒府

初北見袁紹謂紹謀臣辛評郭圖曰夫智者審於量主故百舉百全而功名可立也袁公徒欲效周公之下士而未知用人之機多端寡要好謀無決欲與共濟天下大難定霸王之業難矣於是遂去之先是時潁川戲志才 戲志才事見荀彧傳 籌畫士也太祖甚器之早卒太祖與荀彧書曰自志才亡後莫可與計事者汝潁固多奇士誰可以繼之彧薦嘉召見論天下事太祖曰使孤成大業者必此人也嘉出亦喜曰眞吾主也表爲司空軍祭酒 軍師祭酒詳見武紀建安三年通鑑作操表嘉爲司空祭酒胡三省曰陳志作司空軍祭酒此逸軍字晉志曰當塗得志剋平諸夏初置軍師祭酒參掌戎律

傅子曰太祖謂嘉曰本初擁冀州之衆青并從之地廣兵彊而數爲不遜吾欲討之力不敵如何對曰劉項之不敵公所知也漢祖唯智勝項羽雖彊終爲所禽嘉竊料之紹有十敗公有十勝雖兵彊無能爲也紹繁禮多儀公體任自然此道勝一也紹以逆動公奉順以率天下此義勝二也漢末政失於寬紹以寬濟寬故不懾 北宋本懾作攝 公糾之以猛 毛本糾誤作料 而上下知制此治勝三也紹外寬內忌用人而疑之所任唯親戚子弟

公外易簡而內機明用人無疑唯才所宜不閒遠近此度勝四也紹多謀少決失在後事公策得輒行應變無窮此謀勝五也紹因累世之資高議揖讓以收名譽士之好言飾外者多歸之公以至心待人推誠而行不爲虛美以儉率下與有功者無所吝士之忠正遠見而有實者皆願爲用此德勝六也紹見人飢寒恤念之形於顏色其所不見慮或不及也所謂婦人之仁耳公於目前小事時有所忽至於大事與四海接恩之所加皆過其望雖所不見慮之所周無不濟也此仁勝七也紹大臣爭權讒言惑亂公御下以道浸潤不行此明勝八也紹是非不可知公所是進之以禮所不是正之以法此文勝九也紹好爲虛埶不知兵要公以少克衆用兵如神軍人恃之敵人畏之此武勝十也 何焯曰與荀文若語少有異同或附會也沈家本曰此注所稱十勝其度勝謀勝德勝武勝與荀彧傳彧所言四勝大略相同豈一事而傳之者異邪賈詡傳詡亦言四勝曰明勝勇勝用人勝決機勝其語雖不詳而其大意與彧所言亦同三人之言何以若合符契邪 太祖笑曰如卿所言孤

何德以堪之也嘉又曰紹方北擊公孫瓚可因其遠征東取呂布不先取布若紹爲寇布爲之援此深害也太祖曰然

征呂布三戰破之布退固守時士卒疲倦太祖欲引軍還嘉說太祖急攻之遂禽布語在荀攸傳

傅子曰太祖欲引軍還嘉曰昔項籍七十餘戰未嘗敗北一朝失埶而身死國亡者恃勇無謀故也今布每戰輒破監本官本破作敗氣衰力盡內外失守布之威力不及項籍而困敗過之若乘勝攻之此成禽也太祖曰善　魏書曰劉備來奔以爲豫州牧或謂太祖曰備有英雄志今不早圖後必爲患太祖以問嘉嘉曰有是然公提劍起義兵爲百姓除暴推誠仗信以招俊傑猶懼其未也今備有英雄名以窮歸己而害之是以害賢爲名則智士將自疑北宋本智作志回心擇主公誰與定天下夫除一人之患以沮四海之

望安危之機不可不察太祖笑曰君得之矣　傅子曰初劉備來降太祖以客禮待之使爲豫州牧嘉言於太祖曰備有雄才而甚得衆心張飛關羽者皆萬人之敵也爲之死用嘉觀之備終不爲人下其謀未可測也古人有言一日縱敵數世之患宜早爲之所是時太祖奉天子以號令天下方招懷英雄以明大信未得從嘉謀會太祖使備要擊袁術嘉與程昱俱駕而諫太祖曰放備變作矣時備已去遂舉兵以叛太祖恨不用嘉之言　案魏書所云與傅子正反也

孫策轉鬬千里盡有江東聞太祖與袁紹相持於官渡將渡江北襲許衆聞皆懼嘉料之曰策新幷江東所誅皆英豪雄傑能得人死力者也然策輕而無備雖有百萬之衆無異於獨行中原也若刺客伏起一人之敵耳以吾觀之必死於匹夫之手策臨江未濟果爲許貢客所殺

傅子曰太祖欲速征劉備議者懼軍出袁紹襲其後進不得戰而退失所據語在武紀太祖疑以問嘉嘉勸太祖曰紹性遲而多疑來必不速備新起衆心未附急擊之必敗此存亡之機不可失也官本考證曰北宋本作不可不測也太祖曰善遂東征備備敗奔紹紹果不出　臣松之案武紀決計征備北宋本武紀下有太祖二字量紹不出皆出自太祖此云用嘉計則爲不同又本傳稱自嘉料孫策輕佻官本考證云自宋本作臣弼按何焯校本云自衍文毛本佻誤作佛必死於匹夫之手誠爲明於見事然自非上智無以知其死在何年也今正以襲許年死此蓋事之偶合姚範曰襲許年死固屬偶合卽死於刺客亦非事之可決嘉此語藉以强鎭一時衆志又或雜知卜筮之術耳

從破袁紹紹死又從討譚尚於黎陽連戰數克諸將欲乘勝遂攻之嘉曰袁紹愛此二子莫適立也有郭圖逢紀爲之謀臣必交鬬其閒

還相離也急之則相持緩之而後爭心生通鑑輯覽曰急則相保緩則相爭郭嘉之論與卞莊事同然譚尚之相殘乃踵武紹術之操戈天道好還信哉不如南向荊州若征劉表者或曰妙在若征此兵機也以待其變變成而後擊之可一舉定也北宋本舉下有而字太祖曰善乃南征軍至西平此爲豫州汝南郡之西平縣武紀建安八年公征劉表軍西平是也譚尚果爭冀州譚爲尚軍所敗走保平原遣辛毗乞降太祖還救之遂從定鄴鄴爲五都之一又爲冀州魏郡治今河南彰德府臨漳縣西南十八里舊縣村又從攻譚於南皮渤海郡治南皮今直隸天津府南皮縣北冀州平封嘉洧陽亭侯水經注洧水於大穴口東北枝分東逕洧陽故城南俗訓之復陽城非也蓋洧復字類音讀變漢建安中封司空祭酒郭奉孝爲侯國一統志洧陽城在河南陳州府扶溝縣南

傅子曰河北既平毛本河誤作以太祖多辟召靑冀幽幷知名之士漸臣使之宋本使作事毛本誤作漸可爭之以爲省事掾屬皆嘉之謀也省事未詳或爲從事徵事之譌然徵事止二員置在建安十五年見邴原傳注此時辟召

四州知名之士決不止二人也

太祖將征袁尚及三郡烏丸諸下多懼劉表使劉備襲許以討太祖諸下疑爲諸將或羣下之誤通鑑作諸將皆曰嘉曰公雖威震天下胡恃其遠必不設備因其無備卒然擊之可破滅也且袁紹有恩於民夷而尚兄弟生存今四州之民徒以威附德施未加舍而南征尚因烏丸之資招其死主之臣胡三省曰言欲爲其主致死而留滯不得逞者胡人一動民夷俱應以生蹋頓之心成覬覦之計胡三省曰覬音冀覦音俞恐靑冀非己之有也表坐談客耳自知才不足以御備重任之則恐不能制輕任之則備不爲用雖虛國遠征公無憂矣太祖遂行至易胡三省曰易縣前漢屬涿郡後漢省宋白曰漢易縣故城在今涿州歸義縣東南十五里大易故城是弼按後漢郡國志易縣改屬河閒郡胡氏云後漢省誤也一統志故城今直隸保定府雄縣西北十五里嘉言曰兵貴神速今千里襲人

輜重多難以趣利且彼聞之必爲備不如留輜重輕兵兼道以出掩其不意太祖乃密出盧龍塞盧龍塞見武紀建安十二年直指單于庭虜卒聞太祖至惶怖合戰大破之斬蹋頓及名王已下尚及兄熙走遼東嘉深通有算略達於事情太祖曰唯奉孝爲能知孤意年三十八毛本局本作年二十八誤觀本傳裴注引傅子云年二十七辟司徒府及魏武與荀彧書云郭奉孝年不滿四十可證建安三年初置軍師祭酒奉孝卽爲是官至建安十二年從征柳城還死適十一年故魏武表云自從征伐十有一年也自柳城還柳城今熱河承德府建昌縣北哈喇沁右翼疾篤太祖問疾者交錯及薨臨其喪哀甚謂荀攸等曰諸君年皆孤輩也唯奉孝最少天下事竟欲以後事屬之而中年夭折命也夫乃表曰軍祭酒郭嘉自從征伐十有一年每有大議臨敵制變臣策未決嘉輒成之平定天下謀功爲高不幸短命事業未終追思嘉勳實不可忘可增邑八百戶幷前千戶

魏書載太祖表曰臣聞褒忠寵賢未必當身念功惟績恩隆後嗣毛本恩誤作思是以楚宗孫叔顯封厥子列子孫叔敖死王果以美地封其子子辭不受請寢丘與之至今不失岑彭既沒爵及支庶范書岑彭傳彭薨子遵嗣徙封細陽侯十三年帝思彭功復封遵弟淮爲穀陽侯故軍祭酒郭嘉忠良淵淑體通性達每有大議發言盈庭執中處理動無遺策自在軍旅十有餘年行同騎乘坐共幄席東禽呂布西取眭固斬袁譚之首平朔土之衆踰越險塞盪定烏丸震威遼東以梟袁尚雖假天威易爲指麾至於臨敵發揚誓命凶逆克殄勳實由嘉方將表顯毛本方誤作力短命早終上爲朝廷悼惜良臣下自毒恨喪失奇佐宜追增嘉封幷前千戶褒亡爲存厚往勸來也

諡曰貞侯子奕嗣

魏書稱奕通達見理奕字伯益見王昶家誡昶家誡見昶傳

後太祖征荊州還於巴丘遇疾疫燒船巴丘見武紀建安十三年歎曰郭奉孝在不使孤至此

傅子曰太祖又云哀哉奉孝痛哉奉孝惜哉奉孝何焯曰孟德追惜奉孝而諸葛亦思孝直雖帷幄之助不可或失其人雖英雄必資羣策也

初陳羣非嘉不治行檢數廷訴嘉嘉意自若太祖愈益重之監本官本重作厚然以羣能持正亦悅焉郭嘉從祀太祖廟庭見陳留王紀景元三年

傅子曰太祖與荀彧書追傷嘉曰郭奉孝年不滿四十相與周旋十一年阻險艱難皆共罹之又以其通達見世事無所疑滯欲以後事屬之何意卒爾失之悲痛傷心今表增其子滿千戶然何益亡者追念之感深且奉孝乃知孤者也天下人相知者少又以此痛惜奈何奈何又與彧書曰追惜奉孝不能去心其人見時事兵事過絕於人又人

多畏病南方有疫常言吾往南方則不生還然與共論計云當先定荆此爲不但見計
之忠厚一本校改作當先定荆州此行不憚見計之忠厚必欲立功分棄命定事人心乃爾何得使人忘之
姚範曰余疑命定絕句事字屬下
奕爲太子文學早薨范書列女傳南陽陰瑜妻者潁川荀爽之女也名采字女荀聰敏有才藝年十七適陰氏十九產一女而瑜卒采時
尙豐少常慮爲家所逼自防禦甚固後同郡郭奕喪妻爽以采許之章懷注引魏書奕字伯益嘉之子也爲太子文學早卒陳景雲曰郭嘉卒於建安十二年年三十八
距荀爽之歿幾二十年計爽存日嘉年方冠不得有授室壯子又爽名德素著亦定無強奪女志事爽奕二字必有誤沈欽韓曰此郭奕或別一人非魏志所云嘉子字
伯益者子深嗣深薨子獵嗣
世語曰嘉孫敞字泰中有才識位散騎常侍
董昭字公仁沈欽韓曰晉諱昭改昭爲照或爲曜隸釋魏公卿上尊號奏碑將作大匠千秋亭侯臣照卽董昭也碑旣追改爲照吳韋曜亦改原
名昭作曜則陳壽作此傳無容不諱蓋裴松之所追改而偶未及韋曜耳周壽昌曰吳張子布仍作張昭初未改名魏志中尙有胡昭郝昭呂昭廉昭昭字不盡作照
濟陰定陶人也濟陰郡治定陶見武紀初平四年舉孝廉除廮陶長鉅鹿郡治廮陶見武紀建安十七年范書
賈琮傳琮爲冀州刺史之部諸臧過者望風解印綬去唯廮陶長濟陰董昭當官待琮於是州界翕然柏人令郡國志冀州趙國柏人漢高祖過趙問縣
名柏人去弗宿卽此一統志柏人故城今直隸順德府唐山縣西袁紹以爲參軍事紹逆公孫瓚於界橋
界橋一曰界城橋在今直隸順德府廣宗縣東老漳河上鉅鹿太守李邵趙一清曰李邵亦見司馬朗傳蜀志楊戲輔臣贊字永南者又一李
邵也及郡冠蓋以瓚兵彊皆欲屬瓚紹聞之使昭領鉅鹿錢大昭曰以下文紹以昭領魏
郡太守例之則鉅鹿下當有太守二字問禦以何術對曰一人之微不能消衆謀欲誘致
其心唱與同議及得其情乃當權以制之耳計在臨時未可得言或曰
此制事之妙略先言如何者妄也時郡右姓孫伉等數十人專爲謀主驚動吏民昭至
郡僞作紹檄告郡云得賊羅候安平張吉辭當攻鉅鹿賊故孝廉孫
伉等爲應檄到收行軍法惡止其身妻子勿坐昭案檄告令皆即斬

之一郡惶恐乃以次安慰遂皆平集事訖白紹紹稱善會魏郡太守
栗攀爲兵所害紹以昭領魏郡太守時郡界大亂賊以萬數遣使往
來交易市買昭厚待之因用爲閒乘虛掩討輒大克破二日之中羽
檄三至昭弟訪在張邈軍中邈與紹有隙紹受讒將致罪於昭昭欲
詣漢獻帝李龍官曰此時不應稱獻疑爲見字之訛沈家本曰見帝不應曰詣漢恐漢字亦誤至河內爲張楊所留
因楊上還印綬拜騎都尉時太祖領兗州遣使詣楊欲令假塗西至
長安楊不聽昭說楊曰袁曹雖爲一家勢不久羣曹今雖弱然實天
下之英雄也當故結之胡三省曰故者結交之因也謂因事而結之況今有緣宜通其上事
幷表薦之若事有成永爲深分胡三省曰契分也是時董昭在河內操不能使也而爲操道地蓋聞其雄略先爲效用以
自結也楊於是通太祖上事表薦太祖昭爲太祖作書與長安諸將李
傕郭汜等各隨輕重致殷勤楊亦遣使詣太祖太祖遺楊犬馬金帛
遂與西方往來天子在安邑河東郡治安邑見武紀興平二年昭從河內往毛本局本內作南誤
詔拜議郎建安元年太祖定黃巾于許遣使詣河東會天子還洛陽
韓暹楊奉董承及楊各違戾不和昭以奉兵馬最彊而少黨援作太
祖書與奉曰吾與將軍聞名慕義便推赤心今將軍拔萬乘之艱難
反之舊都翼佐之功超世無疇何其休哉方今羣凶猾夏孔安國曰滑亂也夏
華夏也四海未寧神器至重事在維輔必須衆賢以清王軌誠非一人
所能獨建心腹四支實相恃賴一物不備則有闕焉將軍當爲內主
吾爲外援今吾有糧將軍有兵有無相通足以相濟死生契闊相與
共之毛萇曰契闊勤苦也此蓋謂死生也處勤苦之中相與共之也奉得書喜悅語諸將軍曰兗州諸

軍近在許耳有兵有糧國家所當依仰也遂共表太祖爲鎭東將軍
襲父爵費亭侯 費亭見武紀卷首魏武襲封費亭侯詳見武紀建安元年 昭還符節令 續漢志百官志符節令一人六
百石 太祖朝天子於洛陽引昭並坐問曰今孤來此當施何計昭曰將
軍興義兵以誅暴亂入朝天子輔翼王室此五伯之功也此下諸將
人殊意異未必服從今留匡弼事埶不便惟有移駕幸許耳然朝廷
播越新還舊京遠近跂望冀一朝獲安今復徙駕不厭衆心夫行非
常之事乃有非常之功願將軍算其多者 胡三省曰事有利亦有害惟算其利多而害少者行之或曰操
得制天下之命者以此昭之人品不足稱其謀略特妙不下二荀 太祖曰此孤本志也楊奉近在梁耳 梁見武紀
建安元年 聞其兵精得無爲孤累乎昭曰奉少黨援將獨委質鎭東費亭
之事皆奉所定又聞書命申束足以見信宜時遣使厚遺答謝以安

其意說京都無糧欲車駕暫幸魯陽 魯陽見劉表傳 魯陽近許 宋元本脫下魯陽二字馮本挽
補 轉運稍易可無縣乏之憂奉爲人勇而寡慮必不見疑比使往來
足以定計奉何能爲累太祖曰善卽遣使詣奉徙大駕至許 毛本徙誤作徒
奉由是失望與韓暹等到定陵鈔暴 定陵見鍾繇傳錢坫曰舞陽縣東北潕水之南 太祖不應
密往攻其梁營降誅卽定 事見武紀 奉暹失衆東降袁術 本志董卓傳暹奉不能奉王法各出
奔寇徐揚閒爲劉備所殺 三年昭遷河南尹時張楊爲其將楊醜所殺 見張楊傳 楊長史
薛洪河內太守繆尚城守待紹救 互見武紀建安四年 太祖令昭單身入城告
喻洪尚等卽日舉衆降以昭爲冀州牧 賈詡來降以詡爲冀州牧旋又以董昭爲冀州牧是時袁紹猶存皆
遙領也河北既平則操自領之耳 太祖令劉備拒袁術昭曰備勇而志大關羽張飛爲
之羽翼恐備之心未可得論也太祖曰吾已許之矣備到下邳殺徐

州刺史車冑反太祖自征備徙昭爲徐州牧袁紹遣將顏良攻東郡
又徙昭爲魏郡太守從討良良死後進圍鄴城袁紹同族春卿爲魏
郡太守在城中其父元長在揚州太祖遣人迎之昭書與春卿曰蓋
聞孝者不背親以要利仁者不忘君以徇私志士不探亂以徼幸智
者不詭道以自危足下大君昔避內難南游百越非疏骨肉樂彼吳
會智者深識獨或宜然曹公愍其守志清恪離羣寡儔故特遣使江
東或迎或送今將至矣就令足下處偏平之地依德義之主居有泰
山之固身爲喬松之偶以義言之猶宜背彼向此舍民趣父也且邾
儀父始與隱公盟魯人嘉之而不書爵 左傳隱公元年公及邾儀父盟于蔑邾子克也未王命故不書爵曰
儀父貴之也 然則王所未命爵尊不成春秋之義也況足下今日之所託

者乃危亂之國所受者乃矯誣之命乎苟不逞之與羣而厥父之不
恤不可以言孝忘祖宗所居之本朝安未正之奸職 宋本未作非 難可以
言忠忠孝並替難以言智又足下昔日爲曹公所禮辟夫戚族人而
疏所生內所寓而外王室懷邪祿而叛知己遠福祚而近危亡棄明
義而收大恥不亦可惜邪若能翻然易節奉帝養父委身曹公忠孝
不墜榮名彰矣宜深留計早決良圖鄴既定以昭爲諫議大夫後袁
尚依烏丸蹋頓太祖將征之患軍糧難致鑿平虜泉州二渠入海通
運昭所建也 平虜泉州二渠詳見武紀建安十一年謝鍾英曰平虜渠在今直隸天津府滄州南首起饒陽東至滄州泉州渠首起今順天府武
清縣南東北逕寶坻北入泃河 太祖表封千秋亭侯 趙一清曰水經穀水注千秋亭壘石爲垣世謂之城也潘岳西征賦亭有千秋
之號無七旬之期謂是亭也 轉拜司空軍祭酒後昭建議宜修古建封五等太祖曰

建設五等者聖人也又非人臣所制吾何以堪之昭曰自古以來人
臣匡世未有今日之功有今日之功未有久處人臣之埶者也今明
公恥有慙德而未盡善樂保名節而無大責德美過於伊周此至德
之所極也然太甲成王未必可遭今民難化甚於殷周處大臣之埶
使人以大事疑己誠不可不重慮也明公雖邁威德明法術而不定
其基爲萬世計猶未至也定基之本在地與人宜稍建立以自藩衞
明公忠節穎露天威在顏耿弇牀下之言范書耿弇傳光武居邯鄲宮晝臥昆明殿弇入造牀下因請間曰今更始失政君臣淫亂其敗不久公首事南陽破百萬之軍今定河北北據天府之地以義征伐發號響應天下可傳檄而定天下至重不可令他姓得之光武大悅拜弇爲大將軍朱英無妄之論史記春申君列傳觀津人朱英謂春申君曰世有毋望之福又有毋望之禍今君處毋望之世事毋望之主安可以無毋望之人乎不得過耳昭受恩非凡不敢不陳姜宸英曰蘇則稱昭爲佞人誠然何焯曰昭自顧才謀非荀郭之儔遂首爲詔邪以媚於操時操勢已成故不爲耿苞耳
獻帝春秋曰昭與列侯諸將議以丞相宜進爵國公九錫備物以彰殊勳書與荀彧曰
昔周旦呂望當姬氏之盛因二聖之業輔翼成王之幼功勳若彼猶受上爵錫土開宇
末世田單驅彊齊之衆報弱燕之怨收城七十迎復襄王襄王加賞於單使東有掖邑
之封西有菑上之虞趙一清曰前漢書地理志東萊郡掖縣田單號安平君卽漢菑川國之東安平也闞駰曰博陵有安平國故此加東後漢改屬北海國前世錄功濃厚如此今曹公遭海內傾覆宗廟焚滅躬擐甲冑周旋征伐櫛風
沐雨且三十年芟夷羣凶爲百姓除害使漢室復存劉氏奉祀方之曩者數公若太山
之與丘垤豈同日而論乎今徒與列將功臣並侯一縣毛本今誤作豈此豈天下所望哉李安溪曰論操當日勢堪改步僅上公之爵而或猶吝之此誠人所難言也操後雖稱王而未敢移漢祚未必非感於文若之事今人但歸功北海固非稽實之論也
後太祖遂受魏公魏王之號皆昭所創此爲承祚誅心之筆及關羽圍曹仁於
樊胡三省曰樊城在襄陽東北臨漢水謝鍾英曰今襄陽府城北漢江上與襄陽隔水對峙孫權遣使辭以遣兵西上
欲掩取羽江陵公安累重累重二字一本改作二城羽失二城必自奔走樊軍之
圍不救自解乞密不漏令羽有備太祖詰羣臣羣臣咸言宜當密之
昭曰軍事尙權期於合宜宜應權以密而內露之羽聞權上若還自
護圍則速解便獲其利可使兩賊相對銜持胡三省曰以馬爲喻也兩馬欲相踶齧既加之銜勒兩不能動矣而欲鬭之氣未衰相對銜持則兩雖跳梁力必自敝坐待其弊秘而不露使權得志非計之上
又圍中將吏不知有救計糧怖懼胡三省曰計城中之糧不足以持久則心懷怖懼也儻有他意
爲難不小露之爲便且羽爲人彊梁自恃二城守固必不速退何焯曰儻權計未就樊守已下關遂長驅則許洛瓦解呂蒙亦沮矣昭可謂慮之周也太祖曰善卽勑救將徐晃以權書
射著圍裏及羽屯中圍裏聞之志氣百倍羽果猶豫胡三省曰羽雖見權書自恃江陵公安守固非權旦夕可拔又因水勢結圍以臨樊城有必破之勢釋之而去必喪前功此其所以猶豫也

權軍至得其二城羽乃
破敗文帝卽王位拜昭將作大匠將作大匠見崔琰傳趙一清曰前漢書百官公卿表將作少府秦官景帝更名將作大匠一人秩二千石弼按上尊號奏作督軍御史將作大匠千秋亭侯臣照及踐阼遷大鴻臚續百官志大鴻臚卿一人中二千石
進封右鄉侯二年分邑百戶賜昭弟訪爵關內侯徙昭爲侍中續百官志侍中比二千石本志蘇則傳則徵拜侍中與董昭同寮昭枕則膝臥則推下之曰蘇則之膝非佞人之枕也三年征東大將軍曹
休臨江在洞浦口洞浦見曹休傳自表願將銳卒虎步江南因敵取資事必
克捷若其無臣不須爲念錢大昭曰無臣疑當作無成梁章鉅說同周壽昌曰無臣作無成恐不然時休假鉞專征自矜必捷若果無成當任敗師之罪安得云不須爲念乎休此表必尙有曲折此摘其略數語故意不甚顯大約言臣若死於敵不須以臣爲念觀下帝恐休便渡江昭窺帝憂色有何肯乘危自投死地休意自沮之勸也帝恐休便渡江驛馬詔止時昭侍側因曰竊見陛
下有憂色獨以休濟江故乎今者渡江人情所難就休有此志勢不

獨行當須諸將臧霸等既富且貴無復他望但欲終其天年保守祿祚而已何肯乘危自投死地以求徼倖苟霸等不進休意自沮臣恐陛下雖有勑渡之詔猶必沈吟未便從命也是後無幾暴風吹賊船悉詣休等營下斬首獲生賊遂迸散詔勑諸軍促渡軍未時進賊救船遂至大駕幸宛宛南陽郡治今河南南陽府南陽縣治征南大將軍夏侯尚等攻江陵未拔時江水淺狹尚欲乘船將步騎入渚中安屯胡三省曰渚洲也即江陵之中洲也作浮橋南北往來議者多以爲城必可拔昭上疏曰武皇帝智勇過人而用兵畏敵不敢輕之若此也胡三省曰言行兵不敢履危道夫兵好進惡退常然之數平地無險猶尚艱難就當深入還道宜利兵有進退不可如意今屯渚中至深也浮橋而濟至危也一道而行至狹也三者兵家所忌而今行之賊頻攻橋誤有漏失胡三省曰謂橋或爲敵所斷也渚中精銳非魏之有將轉化爲吳矣臣私感之忘寢與食而議者怡然不以爲憂豈不惑哉加江水向長一旦暴增何以防禦就不破賊尚當自完柰何乘危不以爲懼事將危矣惟陛下察之帝悟昭言即詔尚等促出賊兩頭並進宋本進作前官兵一道引去不時得泄胡三省曰泄去也將軍石建高遷僅得自免軍出旬日江水暴長帝曰君論此事何其審也正使張陳當之何以復加魏名臣奏載董昭表見張魯傳注五年徙封成都鄉侯此當爲荆州南陽郡之成都非益州蜀郡之成都也拜太常其年徙光祿大夫給事中從大駕東征七年還拜太僕明帝即位進爵樂平侯樂平見管寧傳張臶除樂平令注邑千戶轉衞尉分邑百戶賜一子爵關內侯太和四年行司徒事胡三省曰資望輕未可爲公者爲行事六年拜眞

御覽卷四百八十八引語林云董昭爲魏武重臣後失勢文明世入爲衞尉昭乃厚加意於侏儒正朝大會侏儒作董衞尉啼面言昔太祖時事舉坐大笑明帝悵然不怡月中爲司徒昭上疏陳末流之弊曰凡有天下者莫不貴尚敦樸忠信之士深疾虛僞不眞之人者以其毀教亂治敗俗傷化也近魏諷則伏誅建安之末曹偉則斬戮黃初之始伏惟前後聖詔深疾浮僞欲以破散邪黨常用切齒而執法之吏皆畏其威執宋本威作權莫能糾擿毀壞風俗侵欲滋甚竊見當今年少不復以學問爲本專更以交游爲業國士不以孝悌清修爲首乃以趨勢遊利爲先合黨連羣毛本局本連誤作之互相褒歎以毀訾爲罰戮用黨譽爲爵賞附己者則歎之盈言不附者則爲作瑕釁胡三省曰歎者嗟歎而稱其美也盈溢也歎美之過溢於言辭則爲溢美之言玉之病曰瑕器之隙曰釁至乃相謂今世何憂不度邪但求人道不勤羅之不博耳胡三省曰言廣布黨友則互爲羽翼身安而無患可以度世也又何患其不知己矣通鑑無矣字作人何患其不己知但當呑之以藥而柔調耳胡三省曰謂毀譽所加彼誠好譽而惡毀則其心柔服調順於我無忤如呑之以藥也又聞或有使奴客名作在職家人冒之出入往來禁奧交通書疏有所探問胡三省曰謂如職在尚書出入禁省則有令史有主書有蒼頭廬兒爲之給使今使奴客冒其名以出入往來爲姦凡此諸事皆法之所不取錢儀吉曰不疑作必刑之所不赦雖諷偉之罪無以加也帝於是發切詔斥免諸葛誕鄧颺等通鑑輯覽曰東漢清流取鑒不遠故董昭之說易行第清流以草野抗薦紳此乃緣附貴介公子所謂每況愈下而其爲人心風俗之害則均也昭年八十一薨青龍四年五月乙卯薨見明紀謚曰定侯寰宇記卷十三董昭墓在曹州濟陰縣東二十里子冑嗣冑歷位郡守九卿

劉曄字子揚淮南成悳人也原注悳音德郡國志揚州九江郡成德王先謙曰九江郡三國魏吳分據吳割入廬江魏改曰淮南謝鍾英曰國志所書九江楚國淮南皆據當時之名一統志成德故城在今安徽鳳陽府壽州東南謝鍾英曰當在壽州芍陂東南漢光武子

阜陵王延後也 范書光武十王傳阜陵質王延建武十五年封淮陽公十七年進爵爲王沈家本曰兩也字必有一衍 父普母脩 母脩脩爲姓乎抑名邪 產渙及曄渙九歲曄七歲而母病困臨終戒渙曄以普之侍人有諂害之性身死之後懼必亂家汝長大能除之則吾無恨矣曄年十三謂兄渙曰亡母之言可以行矣渙曰那可爾曄卽入室殺侍者徑出拜墓舍內大驚白普普怒遣人追曄曄還拜謝曰亡母顧命之言敢受不請擅行之罰普心異之遂不責也汝南許劭名知人避地揚州稱曄有佐世之才揚士多輕俠狡桀有鄭寶張多許乾之屬 曄與魯肅書云鄭寶在巢湖擁衆萬餘見吳志魯肅傳 各擁部曲寶最驍果才力過人一方所憚欲驅略百姓越赴江表以曄高族名人 胡三省曰曄出於漢之宗室與蔣濟胡質俱爲揚州名士 欲彊逼使便唱導此謀 宋本作欲彊逼曄使唱導此謀 曄時年二十餘心內憂之

而未有緣會太祖遣使詣州有所案問曄往見爲論事勢要將與歸駐止數日寶果從數百人齎牛酒來候使曄令家僮將其衆坐中門外爲設酒飯與寶於內宴飲密勑健兒令因行觴而斫寶寶性不甘酒視候甚明觴者不敢發曄因自引取佩刀斫殺寶 御覽佩作使 斬其首以令其軍云曹公有令敢有動者與寶同罪衆皆驚怖走還營營有督將精兵數千懼其爲亂曄卽乘寶馬將家僮數人詣寶營門呼其渠帥喻以禍福皆叩頭開門內曄曄撫慰安懷咸悉悅服推曄爲主曄覩漢室漸微已爲支屬不欲擁兵 何焯曰此時曹氏代漢之勢未成以支屬不欲擁兵乃曄後來飾詞 遂委其部曲與廬江太守劉勳勳怪其故曄曰寶無法制其衆素以鈔略爲利僕宿無資 胡三省曰謂先無名位爲之資也 而整齊之必懷怨難久故相與耳

胡三省曰天下殺亂之時設有不幸爲衆推當以劉曄爲法 時勳兵彊於江淮之閒孫策惡之遣使卑辭厚幣以書說勳曰上繚宗民 上繚屬揚州豫章郡海昏縣今江西南康府建昌縣南十七里水經贛水注繚水又逕海昏縣謂之上繚水謝鍾英曰海昏上繚宗民不受發召卽此何焯曰此宗民亦是寶賊卽當時山越也 數欺下國忿之有年矣擊之路不便願因大國伐之上繚甚實得之可以富國請出兵爲外援勳信之又得策珠寶葛越 文選注曰葛越草布也今葛布謂之葛越白布謂之白越 喜悅外內盡賀 北宋本作內外 而曄獨否勳問其故對曰上繚雖小城堅池深攻難守易不可旬日而舉則兵疲於外而國內虛策乘虛而襲我則後不能獨守是將軍進屈於敵退無所歸若軍必出禍今至矣勳不從興兵伐上繚策果襲其後勳窮踧遂奔太祖太祖至壽春時廬江界有山賊陳策衆數萬人臨險而守先時遣偏將致誅莫能禽克太祖問羣下

可伐與不咸云山峻高而谿谷深隘守易攻難又無之不足爲損得之不足爲益曄曰策等小豎因亂赴險遂相依爲彊耳非有爵命威信相伏也 監本官本伏作服 往者偏將資輕而中國未夷故策敢據險以守今天下略定後伏先誅夫畏死趨賞愚知所同故廣武君爲韓信畫策謂其威名足以先聲後實而服鄰國也 史記淮陰侯傳韓信問廣武君曰僕欲北攻燕東伐齊若何而有功廣武君曰爲將軍計莫如按甲休兵遣辯士奉咫尺之書暴其所長於燕燕必不敢不聽從燕已從使諠言者東告齊齊必從風而服兵固有先聲而後實者此之謂也 而況明公之德東征西怨先開賞募大兵臨之 毛本大誤作太 令宣之日軍門啓而虜自潰矣太祖笑曰卿言近之遂遣猛將在前大軍在後至則克策如曄所度太祖還辟曄爲司空倉曹掾 洪飴孫曰倉曹掾一人比三百石第七品主倉穀太祖時置後因之

傅子曰太祖徵曄及蔣濟胡質等五人皆揚州名士每舍亭傳未曾不講所以見重內論國邑先賢禦賊固守行軍進退之宜外料敵之變化彼我虛實戰爭之術夙夜不解而曄獨臥車中終不一言濟怪而問之曄答曰對明主非精神不接精神可學而得乎及見太祖太祖果問揚州先賢賊之形勢四人爭對待次而言再見如此太祖每和悅而曄終不一言四人笑之後一見太祖止無所復問曄乃設遠言以動太祖太祖適知便止若是者三其旨趣以爲遠言宜徵精神獨見以盡其機不宜於猥坐說也太祖已探見其心矣坐罷尋以四人爲令而授曄以心腹之任每有疑事輒以函問曄至一夜數十至耳

太祖征張魯轉曄爲主簿此時曄蓋爲丞相主簿洪飴孫曰主簿四人第七品錄省衆事太祖爲漢丞相時置既至漢中山峻難登通鑑建安二十年秋七月魏公操至陽平張衞拒關堅守操信降人之辭說張魯易攻及往臨履不如所聞乃歎曰他人商度少如人意攻陽平山上諸屯山峻難登既不時拔士卒傷夷者多軍食且盡操意沮便欲拔軍截山而還杜佑曰陽平關在漢中褒城縣西北軍食頗乏太祖曰此妖妄之國耳何能爲有無吾軍少食不如速還便自引歸令曄督後諸軍使以次出曄策魯可克加糧道不繼雖出軍猶不能皆全毛本全作前馳白太祖不如致攻遂進兵多出弩以射其營魯奔走漢中遂平通鑑考異云通鑑以魏名臣奏載董昭表所述必得實從之弼按董昭表見張魯傳注與此異姚範曰觀董昭表則此所載亦非盡實曄進曰明公以步卒五千將誅董卓錢大昭曰武帝紀中平六年十二月始起兵於己吾裴注引郭頒世語云陳留孝廉衞茲以家財資太祖使起兵衆有五千人此云步卒五千蓋指初起兵言之或謂記述者欲以少見奇非其實錄斯不然矣北破袁紹南征劉表九州百郡十并其八范書獻紀復禹貢九州本志武紀建安十八年詔書并十四州復爲九州據獻帝起居注所載省州并郡冀州三十二郡雍州二十二郡荊州十三郡益州十四郡豫州八郡徐州八郡青州五郡合得百二郡而兗揚二州之郡未列入是九州不止百郡也此言百郡者舉成數也且當時雍荊揚益亦未全部征服又不得謂之十并其八也或謂據郡國志後序云至於孝順凡郡國百五則與百郡之數大致相合不知彼就順

帝時之版籍言此就建安十八年省州并郡後言也餘見武紀建安十八年注至三國疆域增置州郡凡十七郡國凡百六十時異勢殊又當別論矣威震天下勢懾海外北宋本外作內今舉漢中蜀人望風破膽失守推此而前蜀可傳檄而定劉備人傑也有度而遲得蜀日淺蜀人未恃也北宋本監本官本恃作附各本作恃通鑑同今舉漢中北宋本舉作破通鑑同蜀人震恐其勢自傾以公之神明因其傾而壓之無不克也若小緩之諸葛亮明於治而爲相關羽張飛勇冠三軍而爲將蜀民既定據險守要則不可犯矣今不取必爲後憂太祖不從晉書宣帝紀從討張魯言於魏武曰劉備以詐力虜劉璋蜀人未附而遠爭江陵此機不可失也今若耀威漢中益州震動進兵臨之勢必瓦解因此之勢易爲功力聖人不能違時亦不失時矣魏武曰人苦無足既得隴右復欲得蜀言竟不從與曄說同姜宸英曰策蜀是矣但曄故宗室區區炎漢惟蜀一綫而曄必欲滅之譬之禽獸其梟與獍歟又曰曄言雖是然先主非張魯之比諸葛關張蓋世人傑豈肯束手受斃邪何焯曰劉氏必死之戰得蜀雖新已能用其豪傑憑險相持非若張魯未遇大敵小小利鈍可恐而走也曄柰何以料陳策者料蜀士大夫乎又曰魏武用兵必圖萬全蜀漢險峻豈肯懸軍深入若身駐漢中遣將攻備則素非其敵往遺之禽徒損威重故不爲也

傅子曰居七日蜀降者說蜀中一日數十驚備雖斬之而不能安也太祖延問曄曰今尚可擊不曄曰今已小定未可擊也胡三省曰七日之閒何以遽謂之小定曄蓋窺覘備之守蜀有不可犯者故爲此言以對操焉耳何焯曰一日數驚震鄰之勢有所必然彼懼我驕敗徵在我先動則又爲烏林之覆轍矣操之不從是量彼已而全其力以俟時者也勸丕伐吳則曄近是

大軍遂還曄自漢中還爲行軍長史兼領軍胡三省曰時魏王引軍南巡以曄爲長史洪飴孫曰行軍長史一人太祖時置中領軍一人掌禁兵建安四年太祖自置領軍延康中置中領軍故漢北軍中候之官也延康元年蜀將孟達新城見文紀延康元年率衆降達有容止才觀文帝甚器愛之使達爲新城太守通鑑孟達率部曲四千餘家來降王引與同輦封平陽亭侯合房陵上庸西城三郡爲新城以達領新城太守委以西南之任曄以爲達有苟得之心而恃才好術必不能感恩懷義新城與吳蜀接連胡三省曰蜀之漢中吳之宜都皆與新城接連若有變態爲國生患文帝竟不易後達終

於叛敗

傅子曰初太祖時魏諷有重名自卿相以下皆傾心交之其後孟達去劉備歸文帝論者多稱有樂毅之量毅馮本作毅誤曄一見諷達而皆云必反卒如其言

黃初元年以曄爲侍中曄爲侍中列名勸進見禪代衆事又論獵勝於樂見鮑勛傳賜爵關內侯詔問羣臣令料劉備當爲關羽出報吳不衆議咸云蜀小國耳名將唯羽羽死軍破國內憂懼無緣復出曄獨曰蜀雖狹弱通鑑狹作陋胡三省曰陋卽狹字而備之謀欲以威武自彊勢必用衆以示其有餘且關羽與備義爲君臣恩猶父子羽死不能爲興軍報敵於終始之分不足後備果出兵擊吳吳悉國應之而遣使稱藩朝臣皆賀獨曄曰吳絕在江漢之表無內臣之心久矣陛下雖齊德有虞然醜虜之性未有所感因難

求臣必難信也官本考證云必宋本作心彼必外迫內困然後發此使耳可因其窮襲而取之夫一日縱敵數世之患不可不察也備軍敗退吳禮敬轉廢帝欲與衆伐之曄以爲彼新得志上下齊心而阻帶江湖必難倉卒帝不聽

傅子曰孫權遣使求降帝以問曄曄對曰權無故求降必內有急權前襲殺關羽取荊州四郡南郡零陵宜都武陵四郡也郡國志荊州南陽南郡江夏零陵桂陽武陵長沙凡七郡建安十三年魏武分南郡置臨江郡十四年先主改名宜都十九年分長沙江夏桂陽以東屬權南郡零陵武陵以西屬備二十四年權襲斬關羽盡取南郡零陵宜都武陵四郡備怒必大興師伐之外有彊寇衆心不安又恐中國承其釁而伐之故委地求降一以卻中國之兵二則假中國之援以彊其衆而疑敵人胡三省曰劉曄之言曲盡權之情僞權善用兵見策知變其計必出於此今天下三分中國十有其八吳蜀各保一州胡三省曰約而言之謂吳保揚蜀保益也阻山依水有急相救此小國之利也今還自相攻天亡之也宜大興師徑渡江襲其內蜀攻其外我襲其內吳之亡不出旬月矣吳亡則蜀孤若割吳半蜀固不能久存況蜀得其外我得其內乎帝曰人稱臣降而伐之疑天下欲來者心必以爲懼其一不可官本一作殆孤何不且受吳降而襲蜀之後乎對曰蜀遠吳近又聞中國伐之便還軍不能止也今備已怒故興兵擊吳聞我伐吳知吳必亡必喜而進與我爭割吳地必不改計抑怒救吳必然之勢也帝不聽遂受吳降胡三省曰若魏用劉曄之言吳其殆矣何焯曰曄計得矣然蜀得其外乃上游形勝彼以漢之宗支新破一國天下震動名我爲賊若天假之年丕豈其敵乎故董昭以兩齕爲長策也若丕之言乃足下愚彼謂疑天下欲來者心吳外惟蜀又以誰疑如占夢耳卽拜權爲吳王曄又進曰不可先帝征伐天下兼其八通鑑作十兼其八威震海內陛下受禪卽眞德合天地聲暨四遠此實然之勢非卑臣頌言也權雖有雄才故漢驃騎將軍南昌侯耳胡三省曰驃騎南昌操挾漢而命之也官輕埶卑士民有畏中國心不可彊迫與成所謀也不

得已受其降可進其將軍號封十萬戶侯不可卽以爲王也夫王位去天子一階耳其禮秩服御相亂也胡三省曰漢自景武以後裁削藩王不使與京師同制自曹操爲魏王加九錫禮秩服御與天子相亂矣彼直爲侯江南士民未有君臣之義也我信其僞降就封殖之胡三省曰封坿土以培之殖養之使蕃茂也崇其位號定其君臣是爲虎傅翼也失在此時不伐吳耳若已受降侯王等也且權寧能不皇邪權既受王位卻蜀兵之後外盡禮事中國使其國內皆聞之內爲無禮以怒陛下陛下赫然發怒興兵討之乃徐告其民曰我委身事中國不愛珍貨重寶隨時貢獻不敢失臣禮也無故伐我必欲殘我國家俘我人民子女以爲僮隸僕妾吳民無緣不信其言也信其言而感怒上下同心戰加十倍矣又不從遂卽拜權爲吳王權將陸遜宋本遜作議沈家本曰遜本名議故遜議錯見大敗劉備殺其兵八萬餘人備僅以身免權外禮愈卑而內行不順果如曄言

五年幸廣陵泗口魏文幸廣陵見文紀黃初五年泗口三國魏時在徐州廣陵郡淮陰縣今在江蘇淮安府清河縣北淮陰縣前淡屬臨淮

郡後漢屬下邳郡三國魏爲廣陵郡治水經淮水又東北至下邳淮陰縣西泗水從西北來注之注淮泗之會卽角城左右兩川翼夾二水決入之所所謂泗口也命
荊揚州諸軍並進會羣臣問權當自來不咸曰陛下親征權恐怖必
舉國而應又不敢以大衆委之臣下必自將而來曄曰彼謂陛下欲
以萬乘之重牽己而超越江湖者在於別將必勒兵待事未有進
退也何焯曰此言非知兵兒事深知彼已不能如此其審大駕停住積日權果不至帝乃旋師云
卿策之是也當念爲吾滅二賊不可但知其情而已明帝卽位進爵
東亭侯邑三百戶明帝卽位居數日獨見侍中劉曄語盡日見明紀卷首注引世語詔曰尊嚴祖考所以
崇孝表行也追本敬始所以篤教流化也是以成湯文武實造商周
詩書之義追尊稷契歌頌有娀姜嫄之事明盛德之源流受命所由
興也自我魏室之承天序既發迹於高皇太皇帝而功隆於武皇文

皇帝至於高皇之父處士君潛脩德讓行動神明斯乃乾坤所福饗
光靈所從來也而精神幽遠號稱罔記何焯校改記作紀非所謂崇孝重本
也其令公卿已下會議號謚曄議曰聖帝孝孫之欲褒崇先祖誠無
量已然親疏之數遠近之降蓋有禮紀所以割斷私情克成公法爲
萬世式也周王所以上祖后稷者以其佐唐有功名在祀典故也至
於漢氏之初追謚之義不過其父上比周室則大魏發迹自高皇始
下論漢氏則追謚之禮不及其祖此誠往代之成法當今之明義也
陛下孝思中發誠無已已然君舉必書所以愼於禮制也以爲追尊
之義宜齊高皇而已尚書衞臻與曄議同事遂施行詳見明紀太和三年注引通典
遼東太守公孫淵奪叔父位擅自立遣使表狀曄以爲公孫氏漢時

所用遂世官相承胡三省曰古者世爵不世官爵謂公侯伯子男官謂卿大夫也今謂之世官者以公孫氏所據之地漢遼東太守之職守
耳子孫相襲是世官也水則由海陸則阻山故胡夷絕遠難制通鑑作外連胡夷而世權
日久今若不誅後必生患若懷貳阻兵然後致誅於事爲難不如因
其新立有黨有仇馮本黨作黨誤先其不意以兵臨之開設賞募可不勞師
而定也後淵竟反曄在朝略不交接時人或問其故曄答曰魏室卽
阼尚新智者知命俗或未咸僕在漢爲支葉於魏備腹心寡偶少
徒於宜未失也劉咸炘曰曄智太强所料多與操丕反而皆驗故不被重用非寡交自守將不免矣太和六年以疾
拜太中大夫有閒爲大鴻臚在位二年遜位復爲太中大夫薨謚曰
景侯子寓嗣宋本寓作寓
傅子曰曄事明皇帝又大見親重帝將伐蜀朝臣內外皆曰不可曄入與帝議因曰可

伐出與朝臣言因曰不可伐曄有膽智言之皆有形胡三省曰謂言蜀之可伐與不可伐皆有勝負之形可以動人
之聽中領軍楊暨楊暨字休先滎陽人見張魯傳注引魏名臣奏又見田豫傳及注帝之親臣又重曄持不可伐蜀
之議最堅每從內出輒過曄曄講不可之意後暨從駕行天淵池天淵池見文帝紀黃初五年帝論
伐蜀事暨切諫帝曰卿書生焉知兵事暨謙謝曰臣出自儒生之末陛下過聽拔臣羣
萃之中立之六軍之上臣有微心不敢不盡言臣言誠不足采侍中劉曄先帝謀臣常
曰蜀不可伐帝曰曄與吾言蜀可伐暨曰曄可召質也胡三省曰質證也驗也對問也詔召曄至帝
問曄終不言後獨見曄責帝曰伐國大謀也臣得與聞大謀常恐眯夢漏泄通鑑眯作眯胡
三省曰眯一作寐說文曰寐而眯壓壓讀曰魘以益臣罪焉敢向人言之夫兵詭道也軍事未發不厭其密
也陛下顯然露之臣恐敵國已聞之矣於是帝謝之曄見出責暨曰夫釣者中大魚則
縱而隨之須可制而後牽則無不得也人主之威豈徒大魚而已子誠直臣然計不足

采不可不精思也豐亦謝之曄能應變持兩端如此通鑑輯覽曰釣中大魚而後牽此何等語其罪浮於面從後言者遠甚入而責叡不密出而責豐憸邪變詐一至是哉然叡必待屢試而後疏之其亦愚之甚矣何焯曰曄好持兩端而言不由衷所以任術取敗若進謀決策誠當徐俟其機固陵始議韓彭地復道方圖雍齒封此固知言者也或惡曄於帝曰曄不盡忠善伺上意所趨而合之陛下試與曄言皆反意而問之若皆與所問反者是曄常與聖意合也復每問皆同者南宋本無復字曄之情必無所復逃矣胡三省曰言者謂曄善迎合上意上若有所問試反上意而問之曄之對必與上所問者反而與上意所向者合每問皆然則可以見曄迎合之情矣帝如言以驗之果得其情從此疏焉曄遂發狂出爲大鴻臚以憂死胡三省曰侍中在天子左右大鴻臚外朝官也諺曰巧詐不如拙誠信矣梁章鉅曰說苑談叢云智而用私不如愚而用公故曰巧詐不如拙誠弼按韓非子云故曰巧詐不如拙誠樂羊以有功見疑秦巴西以有罪益信蓋古諺有是語以曄之明智權計若居之以德義行之以忠信古之上賢何以加諸獨任才智不與世士相經緯內不推心事上外困於俗卒不能自安於天下豈不惜哉通鑑獨任才智下作不敎誠慤內失君心外困於俗卒以自危

豈不惜哉何焯曰爲帷幄之臣本之以忠信持之以愼密則無敗矣若窺伺機詐未有令終者也韓非爲說難而不能自脫誠未至未有能動者也況以術哉

少子陶亦高才而薄行官至平原太守周壽昌曰此敍至太守止而不詳其死蓋刺殺而非以罪誅也錢儀吉曰晉書劉仲武之子亦名陶有兩劉陶

王弼傳曰淮南人劉陶善論縱橫爲當時所推何劭作王弼傳見鍾會傳注此弼傳中語又云陶與弼語常屈弼何劭事見何夔傳注又見荀彧傳注傅子曰陶字季治善名稱有大辯曹爽時爲選部郎晉書職官志後漢光武改常侍曹爲吏部曹主選舉祠祀事靈帝以侍中梁鵠爲選部尚書於此始見曹名及魏改選部爲吏部主選部事互見武紀建安十三年注鄧颺之徒稱之以爲伊呂當此之時其人意陵青雲謂玄曰夏侯玄也仲尼不聖何以知其然智者圖國天下羣愚如弄一丸於掌中而不能得天下玄以其言大惑不復詳難也謂之曰天下之質變無常也今見卿窮爽之敗退居里舍乃謝其言之過干寶晉紀曰毋丘儉之起也大將軍以問陶陶答依違大將軍怒曰卿平生與吾論天下事至於今日而更不盡乎乃出爲平原太守又追殺之

蔣濟字子通楚國平阿人也郡國志揚州九江郡平阿錢大昕曰平阿縣前漢屬沛後漢屬九江晉屬淮南魏以九江郡爲楚王國故平阿屬楚沈欽韓曰楚王彪傳國除爲淮南郡是明帝時九江郡固稱楚國也陳壽於諸傳或稱九江或稱淮南或稱楚國自亂其例趙一清曰後漢書彭城郡注高帝置爲楚卽漢志之楚國也（弼按郡國志作彭城國注高帝置爲楚下有章帝改三字卽改爲彭城國也與此傳之楚國不相涉）平阿縣屬九江郡故屬沛晉改九江爲淮南宋以後因之地志不云九江爲楚國也此云楚國平阿蓋魏時置而史失之楚王彪傳云國除爲淮南郡是魏之楚國在漢之淮南而非彭城也又邯鄲懷王邕傳云黃初二年封淮南公以九江郡爲國是時稱淮南國至彪封乃改曰楚謝鍾英曰袁術僭號以九江太守爲淮南尹魏武幷術復淮南爲九江郡郡王邕傳黃初二年封淮南國以九江郡爲國楚王彪傳太和六年自白馬改封楚嘉平元年國除爲淮南郡是魏以九江爲淮南國後改楚國又爲淮南郡國志所書九江楚國淮南皆據當時之名也弼按諸說以錢說爲簡要謝說爲詳明所云陳志皆據當時之名可釋沈說之疑趙說之誤余已辨之矣顧祖禹曰平阿城在鳳陽府懷遠縣北三十里錢坫曰今鳳陽府懷遠縣西懷遠縣志平阿山在縣西南六十里漢平阿縣因山爲名平阿互見王淩傳仕郡計吏九江郡之計吏州別駕揚州之別駕也本志常林傳注引魏略云蔣濟爲揚州刺史治中素嗜酒壽春令時苗往謁適會其醉苗恚恨刻木爲人署曰酒徒蔣濟且夕射之

濟仕進至太尉不以苗前毀己爲嫌建安十三年孫權率衆圍合肥郡國志揚州九江郡合肥侯國一統志故城今安徽廬州府合肥縣東北金斗城時大軍征荊州遇疾疫唯遣將軍張喜武紀喜作憙單將千騎過領汝南兵以解圍頗復疾疫濟乃密白刺史僞得喜書云步騎四萬已到雩婁各本皆作雱婁誤通志作雩婁郡國志揚州廬江郡雩婁侯國惠棟曰春秋傳襄二十六年楚侵吳及雩婁晉地道記云在安豐縣之西南淮南子決期思之水而灌雩婁之野高誘云今廬江縣雩音于韋昭音虛一統志故城今河南光州商城縣東北遣主簿迎喜毛本簿作部誤三部使齎書語城中守將一部得入城二部爲賊所得權信之遽燒圍走城用得全明年使於譙太祖問濟曰昔孤與袁本初對官渡徙燕白馬民胡三省曰燕縣白馬縣皆屬東郡燕春秋之南燕國也一統志燕縣故城今河南衛輝府延津縣北白馬見武紀建安五年民不得走賊亦不敢鈔今欲徙淮南民何如濟對曰是時兵弱賊彊不徙必失之自破袁紹北拔柳城南向江漢荊州交臂威震天下民

無他志然百姓懷土實不樂徙懼必不安太祖不從而江淮間十餘萬衆皆驚走吳後濟使詣鄴或曰濟自詣鄴太祖迎見非濟遣使也此使字疑衍文弼按上文有使於譙此云使詣鄴當係奉本州刺史之使命或說非是太祖迎見大笑曰本但欲使避賊乃更驅盡之拜濟丹楊太守丹楊郡治宛陵見武紀初平二年楊各本多作陽官本考證云當作楊（見郡國志）胡三省曰丹楊郡已屬孫權濟不得之郡也趙一清曰拜濟丹楊太守蓋遙奪吳地也大軍南征還以溫恢爲揚州刺史濟爲別駕令曰季子爲臣吳宜有君公羊傳賢季子則吳何以有君有大夫以季子爲臣則宜有君者也今君還州吾無憂矣民有誣告濟爲謀叛主率者太祖聞之指有令與左將軍于禁沛相封仁等曰各本作指有令官本改作前有令通志作指令盧明楷曰此蓋太祖謂蔣濟無謀叛之事而信前令之不虛作前令爲是趙一清曰指字衍蔣濟寧有此事有此事吾爲不知人也此必愚民樂亂妄引之耳促理出之辟爲丞相主簿西曹屬主簿錄省衆事西曹屬典選舉令曰舜舉皋陶不仁

者遠臧否得中望於賢屬矣關羽圍樊襄陽太祖以漢帝在許近賊欲徙都錢大昭曰時欲徙河北見晉書宣帝紀司馬宣王及濟說太祖曰司馬懿時爲丞相軍司馬于禁等爲水所沒非戰攻之失於國家大計未足有損劉備孫權外親內疏關羽得志權必不願也可遣人勸躡其後許割江南以封權則樊圍自解此舉頗關成敗天子播足宛洛必致土崩也太祖如其言權聞之卽引兵西襲公安江陵羽遂見禽毛本見誤作兄文帝卽王位轉爲相國長史左右長史二人千石署諸曹事及踐阼出爲東中郞將濟請留詔曰高祖歌曰安得猛士守四方天下未寧要須良臣以鎭邊境如其無事乃還鳴玉禮記君子在車則聞鸞和之聲行則鳴佩玉晉書桓溫傳若得解帶遺遙鳴玉闕廷雖實不敏豈不甚願未爲後也濟上萬機論帝善之嚴可均曰隋志雜家蔣子萬機論八卷舊唐志同新唐志作十卷書錄解題作二卷至明而二卷本亦亡焦竑國史經籍志以八卷入儒家二卷入雜家虛列書名又誤爲兩種不足據今從羣書治要寫出三篇益以各書所徵引定著一卷凡政略刑論用奇三篇又缺篇名者二十二條黃以周儆季雜箸子敍曰今輯蔣濟萬機論逸文若干事釐定次第首陳爲政須賢佐次誡用刑多濫及三懲用兵之荼毒四言用士宜拔奇取異前代賤儒重刑名之禍可爲殷鑒五考定喪服六評論古今人材立言藹然無慚儒者姚振宗曰馬氏玉函山房輯本止十六條又失采羣書治要多所遺漏又按魏志鍾會傳云中護軍蔣濟著論謂觀其眸子足以知人此論當在此書又宋刻全本意林有萬機論一條嚴輯本未采弼按適園叢書內刻蔣子萬機論亦未將意林所引一條輯入侯康曰蜀志許靖龐統兩傳注世說品藻篇注俱引之通典引一條駁禮記叔嫂無服之誤何晏夏侯泰初難之濟復申其說蓋亦援經據典之書餘見御覽引者尤多入爲散騎常侍時有詔詔征南將軍夏侯尚曰卿腹心重將特當任使恩施足死惠愛可懷作威作福御覽此句上有可字殺人活人尚以示濟濟既至帝問曰卿所聞見天下風教何如濟對曰未有他善但見亡國之語耳帝忿然作色而問其故濟具以答因曰夫作威作福書之明誡書洪範曰臣無有作威作福臣而有作威作福其害於而家凶於而國天子無戲言古人所愼惟陛下察之於是帝意解遣追取前詔

黃初三年與大司馬曹仁征吳濟別襲羨溪胡三省曰羨溪在濡須東而蜀本注以爲沙羨誤矣杜佑曰羨溪在濡須東三十里一統志在安徽無爲州東北亦謂之中洲仁欲攻濡須洲中郡國志揚州九江郡歷陽刺史治歷陽有濡須口孫吳以歷陽爲重鎭置濡須督一統志濡須塢在無爲州東北五十里濟曰賊據西岸列船上流而兵入洲中吳本毛本洲作州是謂自內地獄胡三省曰內與納同周壽昌曰此謂地中之獄非如唐書傅奕傳蕭瑀所云地獄爲俗言陰司之地獄也然二字實始此弼按世稱南鄭爲天獄濡須爲地獄狀其險也危亡之道也仁不從果敗仁薨復以濟爲東中郞將代領其兵詔曰卿兼資文武志節忼慨或疑作伉慨常有超越江湖吞吳會之志故復授將率之任頃之徵爲尚書車駕幸廣陵濟表水道難通又上三州論以諷帝趙一清曰水經淮水注引蔣濟三州論曰淮湖紆遠水陸異路山陽不通陳敏穿溝更鑿白馬瀨百里渡湖何焯曰三州者本詩人淮有三洲之義言水淺也帝不從於是戰船數千皆滯不得行議者欲就留兵屯田濟以爲東近湖北臨淮若水盛時賊易爲寇

不可安屯帝從之車駕即發還到精湖胡三省曰據蔣濟傳精湖在山陽山陽在下邳淮陰縣界方輿紀要卷二十三津湖在寶應縣南六十里或曰卽精湖蔣濟鑿地聚船遏湖水灌之入淮卽此劉文淇曰一名界首湖接高郵界胡三省謂在山陽非也謝鍾英曰精湖今揚州府寶應縣南六十里之津湖水稍盡盡留船付濟船本歷適數百里中歷適猶疏闊也一作適歷見周禮鄭注通鑑作船連延在數百里中濟更鑿地作四五道蹴船令聚豫作土豚胡三省曰目錄作土塍廣韻作土埏注云以草裹土築城及塡水也康發祥曰豚音墩土豚土墩也遏斷湖水皆引後船一時開遏入淮中帝還洛陽謂濟曰事不可不曉吾前決謂分半燒船於山陽池中各本皆作分半燒船監本官本作分卒燒船胡三省曰謂到精湖水盡船不得過欲分半船也何焯曰分當作扶問切自料大半如此也胡注作分半船誤潘眉曰上有決謂二字卽自料之詞又讀分作扶問切於義爲複讀平聲是梁章鉅曰官本作分卒燒船義甚了然無庸辨分之平仄讀也宋白曰楚州山陽縣本射陽縣地晉義熙置山陽郡及山陽縣以境內有地名山陽因以爲名戴延之西征記山陽津名方輿紀要山陽瀆卽古邗溝淮安府城東劉文淇曰當日兵勢由南而北此山陽湖在津湖以南今高郵邵伯一路小湖卿於後致之略與吾俱至譙又每得所陳實入

吾意自今討賊計畫善思論之明帝即位賜爵關內侯大司馬曹休帥兵向皖宋本帥作率兵作軍郡國志揚州廬江郡皖一統志今安徽安慶府懷寧縣治濟表以爲深入虜地與權精兵對而朱然等在上流乘休後臣未見其利也軍至皖吳出兵安陸郡國志荊州江夏郡安陸王先謙曰三國魏江夏郡治此方輿紀要安陸故城今湖北德安府安陸縣治濟又上疏曰今賊示形於西必欲幷兵圖東宜急詔諸軍往救之會休軍已敗盡棄器仗輜重退還吳欲塞夾口夾口卽夾石又見本志臧霸傳吳志朱桓傳曰休戰敗走當由夾口挂車方輿紀要在桐城縣北六十里互見吳志呂蒙傳朱桓傳遇救兵至是以官軍得不沒遷爲中護軍中護軍見齊王紀嘉平六年掌禁兵總統諸將任主武官選舉夏侯玄傳注引魏略云前後當此官者不能止貨賂故蔣濟爲護軍時有謠言欲求牙門當得千匹百人督五百匹時中書監令號爲專任中書監令見明紀景初二年魏武爲魏王時置祕書令平尙書奏事黃初中改爲中書令置監與令各一人時劉放爲中書監孫資爲中書令濟上疏曰大臣太重者國危左右太親者身蔽古之至戒

也往者大臣秉事外內扇動胡三省曰蓋謂文帝時也或曰謂受遺大臣也陛下卓然自覽萬機莫不祗肅夫大臣非不忠也御覽大作人非作匪然威權在下則衆心慢上埶之常也陛下既已察之於大臣願無忘於左右左右忠正遠慮未必賢於大臣至於便辟取合馮本合作舍或能工之今外所言輒云中書雖使恭愼不敢外交但有此名猶惑世俗況實握事要日在目前儻因疲倦之間有所割制胡三省曰謂因人主疲倦之時有所剖割而制斷也衆臣見其能推移於事即亦因時而向之因時一作迴附一有此端因當內設自完以此衆語私招所交爲之內援通鑑作一有此端私招朋援刪去中閒數語若此臧否毀譽必有所興功負賞罰必有所易胡三省曰負罪也易則賞罰不當乎功罪直道而上者或壅曲附左右者反達因微而入緣形而出意所狎信不復猜覺此宜聖智所當早聞

外以經意則形際自見胡三省曰言放資日在左右狎而信之不復覺其爲姦非若早聞忠言自覽萬機外以示經意國事則放資之形際必呈露而不可掩矣或恐朝臣畏言不合而受左右之怨莫適以聞臣竊亮陛下潛神默思公聽並觀若事有未盡於理而物有未周於用將改曲易調遠與黃唐角功胡三省曰改曲易調以琴瑟爲喻黃唐黃帝唐堯角者兩兩相當也近昭武文之迹豈近習而已哉通鑑迹作績豈下有牽字然人君猶不可悉天下事以適已明當有所付三官任一臣非周公旦之忠又非管夷吾之公則有弄機敗官之弊當今柱石之士雖少至於行稱一州智效一官忠信竭命各奉其職可並驅策不使聖明之朝有專吏之名也胡三省曰謂專任放資也何焯曰蔣濟此疏係國安危信公才也使能用之則孫資劉放安得於彌留之際易置顧託大臣使祚移金行哉又曰此疏萬古英主藥石不事一時之務詔曰夫骨鯁之臣人主之所仗也濟才兼文武服勤盡節每軍國大事輒有

奏議忠誠奮發吾甚壯之就遷爲護軍將軍加散騎常侍中護軍資重者爲護軍將軍濟前已爲散騎常侍此爲加官

司馬彪戰略曰太和六年明帝遣平州刺史田豫乘海渡趙一清曰景初二年滅公孫淵始以遼東昌黎帶方玄菟樂浪五郡爲平州後合爲幽州不應太和六年已有平州刺史且豫是時爲護烏丸校尉持節屯昌平亦不爲平州刺史也洪亮吉曰晉地理志後漢末公孫度自號平州牧魏分遼東昌黎玄菟帶方樂浪五郡爲平州後還合爲幽州謝鍾英曰遼東五郡爲公孫淵所據豫遙領平州刺史耳平淵之後未嘗更置平州晉志已誤洪氏錄之非也沈家本曰是時豫固非平州刺史亦非護烏丸校尉此注平當作并豫後爲并州刺史此追書之耳弼按田豫傳豫爲汝南太守以本官督青州諸軍通鑑亦云使汝南太守田豫督青州諸軍自海道討之不言遣平州刺史也幽州刺史王雄陸道并攻遼東北宋本并作共胡三省曰海道自東萊浮海陸道自遼西度遼水蔣濟諫曰凡非相吞之國不侵叛之臣光武報竇融書曰吾與爾非相吞之國左傳戎子駒支對范宣子曰爲不侵不叛之臣不宜輕伐伐之而不制是驅使爲賊故曰虎狼當道不治狐狸李慈銘曰後漢書張綱傳作豺狼當路當爲章懷避唐諱所改先除大害小害自已今海表之地累世委質歲選計考通鑑作歲選計孝胡三省曰計孝謂每歲上計及舉孝廉也不乏職貢議者先之正使一舉便克得其民不足益國得其財不足爲富儻不如意是爲結怨失信也帝不聽豫行竟無成而還

景初中外勤征役內務宮室怨曠者多而年穀饑儉濟上疏曰陛下方當恢崇前緒光濟遺業誠未得高枕而治也今雖有十二州沈家本曰十二州以杜恕傳考之乃兗豫司冀荆揚青徐幽并雍涼也此疏在景初二年公孫淵未滅之先故不及平州而晉志謂魏文帝卽位分隴右爲秦州中閒暫廢而此云十二州是亦不數秦州也豈太和中秦州已廢邪至於民數不過漢時一大郡本志陳羣傳羣上疏言今喪亂之後人民至少比漢文景之時不過一大郡裴松之曰案漢書地理志元始二年天下戶口最盛汝南郡爲大郡有三十餘萬戶則文景之時不能如是多也晉太康三年地記晉戶有三百七十七萬吳蜀戶不能居半魏雖始承喪亂方晉亦當無乃大殊陳羣之言於是爲過胡三省曰漢自秦項之爭民死於兵者多矣雖文景與民休息戶口蕃息重以武帝窮奢極欲又減其半平帝元始之初民戶一千三百二十三萬三千六百一十二以班志考之汝南一郡戶四十六萬一千五百八十七光武興於南陽至永和元年戶五十餘萬三國虎爭人衆之損萬有一存景元四年與蜀通計民戶九十四萬三千二百四十三耳當此之時謂不過漢文景時一大郡非虛語也王鳴盛曰考杜畿子恕傳太和中恕上疏曰今大魏奄有十州之地而承喪亂之弊計其戶口不如往昔一州之民今考明帝卽位建元太和太和七年改青龍青龍五年改景初儻如松之之言以陳羣爲過則蔣濟亦過也杜恕近之然亦甚其詞矣又考張繡傳破袁譚繡增邑二千戶是時天下戶口減耗十裁一在操破袁氏之時天下亂極生靈塗炭張繡傳云云斯爲實錄其後稍平定至青龍景初生聚孳息三四十年戶口當必漸加故松之以陳羣爲過自此以至晉太康生聚孳息又不下四五十年而中閒雖有征役絕無大亂若黃巾董袁之甚者則其戶口自當益以滋殖豈可遂據太康以例青龍景初時乎潘眉曰考魏據中原戶六十六萬三千四百二十三口四百四十三萬二千八百八十一耳漢時郡國志所載如汝南戶四十萬四千四百四十八口二百一十萬七百八十八南陽戶五十二萬八千五百五十一口二百四十三萬九千六百一十八豫章戶四十萬六千四百九十六口百六十六萬八千九百六漢時一大郡戶至四五十餘萬今以全魏十二州戶僅六十六萬故曰不過漢時一大郡弼按武紀初平三年收黃巾降卒三十餘萬男女百餘萬口崔琰傳按冀州戶籍可得三十萬衆故爲大州又按本傳前云魏武有徙民之議未從蔣濟之言而江淮閒十餘萬衆皆驚走吳此不過沿江數郡避亂之民其人數已如此豈有十二州之民僅敵一大郡之理又劉放傳注引孫資別傳資對明帝曰轉運鎭守南方四州凡用十五六萬人資久掌機密又爲奏對之語當較確實一方征調用兵之數如此則十二州之民數可知喪亂之際本無確實調查之統計蔣濟陳羣之言要皆故甚其辭以聳聽耳松之之說於當時情執庶或近之

二賊未誅宿兵邊陲且耕且戰怨曠積年宗廟宮室百事草創農桑者少衣食者多今其所急務宋本無務字唯當息耗百姓漢書董仲舒傳若迺論政事之得失察天下之息耗師古曰息生也耗虛也耗音呼到反范書章德竇皇后紀數呼相工問息耗章懷注薛氏韓詩章句曰耗惡也息耗猶言善惡也惠棟曰倉頡篇耗消也韓非子適觀息耗萬不失一淮南子息耗減益通於不訾義並同王先謙曰耗秏字同不至甚弊弊攰之民攰官本作攱或校改作勉盧明楷曰攰音貴力乏也攱音溪險之訛與何焯曰攰居胃切潘眉曰葛洪要用字苑云攱音九僞反字見廣雅及陳思王集錢大昭曰攰居僞切沈家本曰顏氏家訓是此傳本作攰其作攱者當是或據顏說改攱又譌爲攱耳攱說文嶇也不安也（盧引卽嶇也云險也誤文）攰說文尤極也義與此不相比附恐皆不可從儻有水旱百萬之衆不爲國用凡使民必須農隙不奪其時夫欲大興功之君先料其民力而燠休之燠休古通噢咻句踐養胎以待用胡三省曰國語越王句踐困於會稽既反國命壯者無取老婦老者無取壯妻女子十七不嫁丈夫二十不娶其父母有罪將免乳者以告公令醫守之生丈夫二壺酒一犬生女子二壺酒一豚生三人公與之母生二人公與

之餓 昭王恤病以雪仇 胡三省曰燕昭王於破燕之後弔死問疾欲以報齊雪先王之恥 故能以弱燕服彊齊羸越滅勁吳今二敵不攻不滅不事卽侵當身不除百世之責也 胡三省曰謂當帝之身不能滅吳蜀後世之責必歸於帝 以陛下聖明神武之略舍其緩者專心討賊臣以爲無難矣又歡娛之耽害於精爽神太用則竭形太勞則弊願大簡賢妙足以充百斯男者其冗散未齒且悉分出務在清靜詔曰微護軍吾弗聞斯言也 宋書卷十六禮志三云魏明帝世中護軍蔣濟奏曰夫帝王大禮巡狩爲先昭祖揚禰封禪爲首是以自古革命受符未有不蹈梁父登泰山刊無竟之名紀天人之際者也故司馬相如謂有文以來七十二君或從所繇於前謹遺跡於後太史公曰主上有聖明而不宣布有司之過也然則元功懿德不刊山梁之石無以顯帝王之功布生民不朽之觀也語曰當君而歎堯舜之美譬猶人子對厥所生譽他人之父今大魏振前王之弊亂拯流遁之艱危接千載之衰繼百世之廢始自武文至于聖躬所以參成天地之道綱維人神之化上天報應嘉瑞顯祥以比往古其優衍豐隆無所取喻至於歷世迄今未發大禮雖志在掃盡殘盜蕩滌餘穢未遑斯事若爾三苗堀彊於江海大舜當廢東巡之儀徐夷跳梁於淮泗周成當止岱嶽之禮也且昔歲破吳虜於江漢

今茲屠蜀賊於隴右其震蕩內潰在不復淹就當探其窟穴無累於封禪之事也此儀久廢非倉卒所定宜下公卿廣纂其禮卜年考時昭告上帝以副天下之望臣待罪軍旅不勝大願冒死以聞詔曰聞濟斯言使吾汗出流足自開闢以來封禪者七十餘君爾故太史公曰雖有受命之君而功有不洽是以中間曠遠者千有餘年近數百載其儀闕不可得記吾何德之脩敢庶茲乎濟豈謂世無管仲以吾有桓公登泰山之志乎吾不敢欺天也濟之所言華則華矣非助我者也公卿侍中尚書常侍省之而已勿復有所議亦不須答詔也帝雖拒濟議而實使高堂隆草封禪之儀以天下未一不欲便行大禮會隆卒故不行晉書卷二十一禮志下亦載此奏誤爲文帝黃初時事濟爲中護軍在明帝時且奏中有始自武文終于聖躬之語又本志高堂隆傳有太和中中護軍蔣濟上疏宜遵古封禪云云確爲明帝時之奏以此知晉書之誤蔣濟諸疏皆納忠言惟獻諛封禪不免爲功名之士耳

漢晉春秋曰公孫淵聞魏將來討復稱臣於孫權乞兵自救帝問濟孫權其救遼東乎濟曰彼知官備以固 胡三省曰魏晉之閒謂國家爲官 利不可得深入則非力所能淺入則勞而無獲權雖子弟在危猶將不動況異域之人兼以往者之辱乎 公孫淵殺吳使張彌許宴 今所以外揚此聲者譎其行人疑於我我之不克冀折後事已耳 通鑑作冀其折節事已耳 然沓渚之閒 沓渚

見齊王紀景初三年又見公孫度傳方輿紀要從海至遼東沓渚其登涉之所沓氏縣城南臨海渚亦謂之沓渚謝鍾英曰沓氏縣今奉天府金州廳東南 去淵尚遠若大軍相持事不速決則權之淺規或能輕兵掩襲未可測也 胡三省曰淺規謂規圖淺攻不敢深入吳君臣之爲謀已不逃蔣濟所料矣

齊王卽位徙爲領軍將軍 中領軍資重者爲領軍將軍 進爵昌陵亭侯

列異傳曰濟爲領軍其婦夢見亡兒涕泣曰死生異路我生時爲卿相子孫今在地下爲泰山伍伯憔悴困辱不可復言今太廟西謳士孫阿今見召爲泰山令願母爲白侯屬阿令轉我得樂處言訖母忽然驚寤明日以白濟濟曰夢爲爾耳不足怪也明日暮復夢曰我來迎新君止在廟下未發之頃暫得來歸新君明日日中當發臨發多事不復得歸永辭於此侯氣彊難感悟故自訴於母願重啟侯何惜不一試驗之遂道阿之形狀言甚備悉 北宋本言上有其字 天明母重啟侯雖云夢不足怪此何太適適亦何惜不一

驗之濟乃遣人詣太廟下推問孫阿果得之形狀證驗悉如兒言濟涕泣曰幾負吾兒於是乃見孫阿具語其事阿不懼當死而喜得爲泰山令惟恐濟言不信也曰若如節下言阿之願也不知賢子欲得何職濟曰隨地下樂者與之阿曰輒當奉教乃厚賞之言訖遣還濟欲速知其驗從領軍門至廟下十步安一人以傳阿消息辰時傳阿心痛巳時傳阿劇日中傳阿亡濟泣曰雖哀吾兒之不幸且喜亡者有知後月餘兒復來語母曰已得轉爲錄事矣 列異傳所記荒誕不經後世侈談妖異當濫觴於此

遷太尉 正始三年七月乙酉爲太尉見齊王紀 初侍中高堂隆論郊祀事以魏爲舜後推舜配天濟以爲舜本姓嬀其苗曰田非曹之先著文以追詰隆 隋書經籍志經部禮類梁有郊丘議三卷魏太尉蔣濟撰亡侯康曰齊書禮志云魏高堂隆議以舜配天蔣濟云漢時奏議謂堯已禪舜不得爲漢祖舜亦已禪禹不得爲魏之祖今宜以武皇帝配天此卽濟難隆之語也又曰通典高堂隆表曰案古典可以武帝配天魚豢議昔后稷以功配天漢出自堯不以堯配天明不紹也且舜已越數代武

皇槩創洪業宜以配天秦蕙田曰通典言高堂隆表與蔣濟傳不合不知何據豈武帝二字本作虞舜而刻本誤歟魚豢議亦不見正史豢作魏略恐是著撰私議非當官議禮之詞也

臣松之按蔣濟立郊議稱曹騰碑文云嚴可均曰直稱曹騰當是裴所追改曹氏族出自邾魏書述曹氏胤緒亦如之詳見武紀卷首魏武作家傳自云曹叔振鐸之後故陳思王作武帝誄曰於穆武王冑稷胤周此其不同者也及至景初明帝從高堂隆議謂魏爲舜後後魏爲禪晉文稱昔我皇祖有虞則其異彌甚尋濟難隆及與尚書繆襲往反並有理據文多不載濟亦未能定氏族所出但謂魏非舜後而橫祀非族降黜太祖不配正天趙一清曰當作不正配天皆爲繆妄然于時竟莫能正濟又難鄭玄注祭法云有虞以上尚德禘郊祖宗配用有德自夏已下稍用其姓氏濟曰夫虯龍神於獺獺自祭其先不祭虯龍也騏驎白虎仁於豺豺自祭其先不祭騏虎也如玄之說有虞已上豺獺之不若邪臣以爲

祭法所云見疑學者久矣鄭玄不考正其違而就通其義濟豺獺之譬雖似俳諧然其義旨有可求焉鄭注祭法詳見禮記祭法篇稍用其姓氏鄭注作稍用其姓代之孔疏極爲詳明文繁不錄蓋五帝公天下故有虞氏以上尚德所謂祖有功而宗有德也三王家天下故祖宗所親而鄭注所云小德配寡大德配衆之義失矣此古今祭法之大變革也蔣濟之說拘於帝王家族祭祀之常未識古今通變之義宜其責難鄭氏也

是時曹爽專政丁謐鄧颺等輕改法度會有日蝕變詔羣臣問其得失濟上疏曰昔大舜佐治戒在比周周公輔政慎於其朋胡三省曰舜之佐堯也驩兜共工自相稱引則流放之讒說殄行則聖之戒比周也書洛誥周公戒成王曰孺子其朋孺子其朋其往孔安國注曰少子慎其朋黨少子慎其朋黨戒其自今以往齊侯問災晏嬰對以布惠晏子熒惑守于虛景公異之晏子曰盡去冤聚之獄使反田矣散百官之財施之民矣振孤寡而敬老人矣若是者百惡可去魯君問異臧孫答以緩役左傳僖公二十一年夏大旱公欲焚巫尫臧文仲曰貶食省用務穡勸分此其務也巫尫何爲應天塞變乃實人事今二賊未滅將士暴露已數十年男女怨曠百姓貧苦夫爲國法度惟命世大才乃能張其綱維以垂于後豈中下之吏所宜改易哉終無益於治適足傷民望宜使文武之臣各守其職率以清平則和氣祥瑞可感而致也濟論畢軌鮮卑失利表見曹爽傳注引魏略以隨太傅司馬宣王屯洛水浮橋今洛陽縣南洛水上誅曹爽等進封都鄉侯邑七百戶濟上疏曰臣忝寵上司而爽敢苞藏禍心此臣之無任也太傅奮獨斷之策陛下明其忠節罪人伏誅社稷之福也夫封寵慶賞必加有功今論謀則臣不先知語戰則非臣所率而上失其制下受其弊臣備宰司民所具瞻臣恐冒賞之漸自此而興推讓之風由此而廢固辭不許王懋竑曰蔣濟高柔孫禮王觀皆魏之大臣激於曹爽之專政而輔司馬懿以誅爽爽誅懿專政而篡弒之形成矣濟蓋深悔之故發病而沒干寶晉紀謂病其言之失信未盡然也孫禮逾年亦卒高柔王觀以老壽在朝高官厚祿與懿師昭相終始其視齊王之廢高貴鄉

公之弒漠然無所動於心繩以春秋之義其能免於黨惡之誅乎蔣濟爲太尉在羣臣之右而懿以高柔行大將軍據爽營以王觀行中領軍據羲營以濟從屯洛水浮橋蓋叔與之同是柔觀與謀而濟不與謀也其上永寧宮奏首稱太尉臣濟此懿自爲之耳濟讓爵表曰語謀則臣不先知語戰則非臣所率蓋自明其非懿之黨而於爽之誅力言曹眞之勳不可無後則猶能與懿異也懿誅爽後篡奪之勢已成濟固知之而力不能制故不三月發病而卒考其始末與孫禮王觀不同而爲魏史者皆晉人未能辨別其事宜表而出之又曰蔣濟素有重望不在陳羣之下其諫明帝信任近臣也則不合於劉放孫資其諫何晏等變亂制度也則不合於曹爽而於曹爽之誅寔爲言曹眞不可無後則不合於司馬懿自爲能自立者特以身爲太尉於曹馬之隙知亂之將起而不能辭位以去以致爲懿所脅不能自免此爲失耳然視高柔王觀孫禮則已遠矣通鑑於桓範之事從晉紀以懿言爲濟言而又刪表不載又不載濟爭曹眞語似以濟爲合於懿者而著其失言於爽發病而卒於是濟之始末不得以明而幾與高柔孫禮之徒同類而棄之也詳濟之始末不與高柔王觀同而桓範之死亦不與何晏鄧颺同綱目多因通鑑於此未及詳定也

孫盛曰蔣濟之辭邑可謂不負心矣語曰不爲利回不爲義疚蔣濟其有焉

是歲薨嘉平元年四月丙子薨見齊王紀謚曰景侯

世語曰初濟隨司馬宣王屯洛水浮橋濟書與曹爽言宣王旨惟免官而已爽遂誅滅

濟病其言之失信以失言於爽爲己病也發病卒

子秀嗣秀薨子凱嗣咸熙中開建五等以濟著勳前朝改封凱爲下蔡子郡國志揚州九江郡下蔡故屬沛古州來國在汝水之南故城今安徽鳳陽府鳳臺縣治

劉放字子棄涿郡人本傳言進爵封本縣放方城侯則放當爲涿郡方城人此蓋承祚省文觀晉書張華傳自知見後郡國志幽州涿郡方城一統志故城今順天府固安縣南漢廣陽順王子西鄉侯宏後也錢大昭曰漢書王子侯表西鄉侯容廣陽頃王子順當作頃宏當作容又云放子名宏西鄉雖遠祖不當同名容字之誤顯然弼按本傳子宏嗣者乃孫資之子非劉放之子錢氏殆未細讀上下文耳歷郡綱紀涿郡綱紀也如梁習爲陳郡綱紀徐宣陳矯爲廣陵郡綱紀是舉孝廉遭世大亂時漁陽王松據其土放往依之太祖克冀州放說松曰往者董卓作逆英雄並起阻兵擅命人自封殖惟曹公能拔拯危亂翼戴天子奉辭伐罪所向必克以二袁之彊守則淮南冰消戰則官渡大敗乘勝席卷將清河朔

威刑既合大埶以見速至者漸福後服者先亡此乃不俟終日馳騖之時也昔黥布棄南面之尊仗劍歸漢漢書黥布傳黥布六人姓英氏項王封諸將立布爲九江王布與隨何歸漢漢王立布爲淮南王誠識廢興之理審去就之分也將軍宜投身委命厚自結納松然之會太祖討袁譚於南皮以書招松松舉雍奴泉州安次以附之郡國志幽州漁陽郡雍奴泉州廣陽郡安次一統志雍奴故城今順天府武清縣東丘家莊泉州故城今武清縣東南四十里安次故城今順天府東安縣西北四十里放爲松答太祖書其文甚麗太祖既善之又聞其說由是遂辟放建安十年與松俱至太祖大悅謂放曰昔班彪依竇融而有河西之功范書班彪傳彪避地河西河西大將軍竇融以爲從事彪乃爲融畫策事漢今一何相似也乃以放參司空軍事歷主簿記室續百官志公府掾屬主簿錄省衆事記室令史主上章表報書記出爲郃陽祋祤原注祋音都活反祤音詡贊令郡國志司隸左馮翊郃陽祋祤一統志郃陽故城今陝西同州府郃陽縣東南祋祤故城今陝西西安府耀州東魏文帝徙北地郡於此其縣遂廢劉放爲令時縣尚未廢也漢書地理志沛郡酇莽曰贊治應劭曰音嵯師古曰此縣本爲酇應音是也中古以來借酇字爲之耳讀皆爲酇而莽呼爲贊治則此縣亦有贊音吳卓信曰說文鄌沛國縣从邑虘聲與南陽之酇形聲俱別師古謂沛郡之酇亦有贊音乃後來借酇爲鄌之故非本音也考班固泗水亭銘云文昌四友漢有蕭何序功第一受封於酇酇與何叶班氏漢人必知本朝故實也郡國志豫州沛國酇三國魏改屬譙郡一統志酇縣故城今河南歸德府永城縣西南酇縣鄉魏國既建與太原孫資俱爲祕書郎本傳言進爵封本縣資中都侯則資當爲太原中都人晉書孫楚孫盛傳俱云太原中都人一統志中都故城今山西汾州府平遙縣西北洪飴孫曰祕書郎四人四百石掌中外三閣經書覆校殘闕正定脫誤武帝建國時置弼按隋書經籍志祕書郎鄭默始制中經簿即此官先是資亦歷縣令參丞相軍事

資別傳曰汪師韓文選理學權輿曰選注所引羣書有孫資別傳章宗源隋志考證曰孫資別傳見三國志注亦見太平御覽侯康曰孫資別傳見本傳及賈逵傳注裴松之稱資之別傳出自其家今考所載多諛詞而於資誤國之罪絕不言及未可據爲定論資字彥龍幼而岐嶷三歲喪二親長於兄嫂講業太學博覽傳記同郡王允一見而奇之太祖爲司空又辟資會兄爲鄉人所害資手刃報讎乃將家屬避地河東故遂不應命尋復爲本部所命以疾

辭友人河東賈逵謂資曰足下抱逸羣之才値舊邦傾覆主將殷勤千里延頸宜崇古賢桑梓之義而久盤桓拒違君命斯猶曜和璧於秦王之庭而塞以連城之價耳竊爲足下不取也資感其言遂往應之到署功曹舉計吏毛本計誤作討本志賈逵傳注引資別傳云資舉河東計吏到許薦達於相府尚書令荀彧見資歎曰北州承喪亂已久謂其賢智零落今日乃復見孫計君乎表留以爲尚書郎辭以家難得還河東

文帝即位放資轉爲左右丞數月放徙爲令黃初初改祕書爲中書以放爲監資爲令中書監令見明紀景初二年各加給事中放賜爵關內侯資爲關中侯遂掌機密三年放進爵魏壽亭侯趙一清曰魏壽即漢武陵郡之漢壽縣也關羽始封於此魏改曰魏壽又以封放而蜀因改葭萌爲漢壽資關內侯明帝即位尤見寵任同加散騎常侍進放爵西鄉侯資樂陽亭侯

資別傳曰諸葛亮出在南鄭郡國志益州漢中郡南鄭一統志故城今陝西漢中府城東時議者以爲可因大發兵就討之帝意亦然以問資資曰昔武皇帝征南鄭取張魯陽平之役漢中郡襃中縣有陽平關方輿紀要今漢中府沔縣西四十里危而後濟又自往拔出夏侯淵軍數言南鄭直爲天獄中斜谷道爲五百里石穴耳方輿紀要襃斜道今之北棧南口曰襃在襃城縣北十里北口曰斜在郿縣西南三十里總計川陝相通之道谷長四百七十里言其深險喜出淵軍之辭也又武皇帝聖於用兵察蜀賊棲於山巖宋本棲作栖視吳虜竄於江湖皆撓而避之不責將士之力不爭一朝之忿誠所謂見勝而戰知難而退也今若進軍就南鄭討亮道既險阻計用精兵又轉運鎮守南方四州胡三省曰四州荆徐揚豫也遏禦水賊凡用十五六萬人必當復更有所發興天下擾動官本擾作騷監本作要各本均作擾沈家本曰賈逵傳亦有擾動語吳志陸凱傳所在擾擾疑古人擾騷通用費力廣大此誠陛下所宜深慮夫守戰之力力役參倍但以今日見兵分命大將據諸要險威足以震攝強寇鎮靜疆埸將士虎睡百姓無事數年之閒中國日盛吳蜀二虜必自罷弊帝由是止時吳人彭綺又舉義江南見吳志孫權傳黄武四年又見呂岱傳議者以爲因此伐之必有所克帝問資資曰鄱陽宗人前後數有舉義者衆弱謀淺旋輒乖散昔文皇帝嘗密論賊形執言洞浦殺萬人得船千萬趙一清曰千疑作十數日閒船人復會江陵被圍歷月權裁以千數百兵住東門而其土地無崩解者是有法禁上下相奉持之明驗也以此推綺惟未能爲權腹心大疾也綺果尋敗亡見孫權傳黄武六年

太和末吳遣將周賀浮海詣遼東招誘公孫淵帝欲邀討之朝議多以爲不可惟資決行策果大破之事見明紀太和六年又見孫權傳嘉禾元年進爵左鄉侯錢儀吉曰董昭封右鄉侯資封左鄉侯蓋以親密得寵故封之近郊與後各進爵封本縣是其證

魏氏春秋曰烏丸校尉田豫帥西部鮮卑泄歸泥等出塞討軻比能智鬱築鞬破之還至馬邑故城比能帥三萬騎圍豫帝聞之計未有所出如中書省以問監令令孫資對曰毛本對作等或云下令字衍弼按如中書省以問監令爲句蓋并問監令也令孫資對曰爲句下令字非衍文上谷太守閻志柔弟也爲比能素所歸信令馳詔使說比能可不勞師而自解矣帝從之比能果釋豫而還閻柔見公孫瓚傳田豫軻比能自有傳

放善爲書檄三祖詔命三祖武文明也武爲太祖文爲高祖明爲烈祖見明紀景初元年有所招喻多放所爲曹爽傳注引魏書帝使中書監劉放令孫資爲詔以太尉司馬懿爲太傅青龍初孫權與諸葛亮連和欲俱出爲寇邊候得權書放乃改易其辭往往換其本文而傳合之與征東將軍滿寵若欲歸化封以示亮亮騰與吳大將步騭等騭等以見權權懼亮自疑深自解說明紀青龍二年四月諸葛亮出斜谷五月孫權入居巢湖口六月征東將軍滿寵拒之正此時也是歲俱加侍中光祿大夫康發祥曰齊王紀正始元年加侍中中書監劉放侍中中書令孫資爲左右光祿大夫正始元年始加光祿大夫則前此未爲光祿大夫也青龍初年恐是但加侍中耳光祿大夫四字疑衍弼按本傳明言正始元年更加放資左右光祿大夫金印紫綬儀同三司曰更加者明前已加也（齊王紀並未言始加始字康氏所增）且漢制光祿大夫屬光祿勳此則變更官制位次三公與特進同爲加官故再加任命特書本紀傳文不誤康說非是

資別傳曰是時孫權諸葛亮號稱劇賊無歲不有軍征而帝總攝羣下內圖禦寇之計外規廟勝之畫資皆管之然自以受腹心常讓事於帝曰動大衆舉大事宜與羣下共之既以示明且於探求爲廣北宋本作且爲探求于廣既朝臣會議資奏當其是非擇其善者推成之終不顯己之德也若衆人有譴過及愛憎之說輒復爲請解以塞譖潤之端如征東將軍滿寵涼州刺史徐邈並有譖毀之者資皆盛陳其素行使卒無纖介寵邈得保其功名者資之力也初資在邦邑名出同類之右鄉人司空掾田豫資爲太原中都人此與漁陽雍奴之田豫別爲一人彼爲丞相軍謀掾此則司空掾也梁相宗艷皆妒害之而楊豐黨附豫等專爲資構造

謗端怨隙甚重資既不以爲言而終無恨意豫等慙服求釋宿憾結爲婚姻資謂之曰吾無憾心不知所釋此爲卿自薄之卿自厚之耳乃爲長子宏取其女及當顯位而田豫老疾在家資遇之甚厚又致其子於本郡以爲孝廉而楊豐子後爲尚方吏漢官曰尚方員吏十二人帝以職事譴怒欲致之法資請活之其不念舊惡如此

景初二年遼東平定以參謀之功各進爵封本縣放方城侯資中都侯其年帝寢疾欲以燕王宇爲大將軍燕王宇魏武子自有傳及領軍將軍夏侯獻武衞將軍曹爽屯騎校尉曹肇驍騎將軍秦朗領軍將軍武衞將軍見明紀景初二年屯騎校尉見文紀黃初六年驍騎將軍見明紀靑龍元年共輔政宇性恭良陳誠固辭宇傳景初二年冬十二月明帝疾篤拜宇爲大將軍屬以後事受署四日宇深固讓帝意亦變遂免宇官帝引見放資入臥內問曰燕王正爾爲胡三省曰言其性恭良爲事正如此也放資對曰燕王實自知不堪大任故耳帝曰

曹爽可代宇不放資因贊成之又深陳宜速召太尉司馬宣王以綱維皇室帝納其言即以黃紙授放作詔放資既出帝意復變詔止宣王勿使來尋更見放資曰我自召太尉而曹肇等反使吾止之幾敗吾事命更爲詔帝獨召爽與放資俱受詔命何焯曰疾病則亂數語中足見放資之弄權敗國晉初修史故其辭也微又曰曰獨召則并詔之眞僞不可知矣遂免宇獻肇朗官太尉亦至登牀受詔然後帝崩詳見明紀景初二年注引漢晉春秋

世語曰放資久典機任獻肇心內不平殿中有雞棲樹王鳴盛曰顏師古急就篇注皁莢樹一名雞棲二人相謂此亦久矣其能復幾指謂放資胡三省曰殿中畜鷄以司晨棲於樹上因謂之鷄棲樹獻肇指以喻放資一言而發司馬氏篡魏之機言之不可不謹也如是夫以此觀獻肇之輕脫又何足以託孤哉放資懼故勸帝召宣王帝作手詔令給使辟邪至以授宣王通鑑是時司馬懿在汲帝令給使辟邪齎手詔召之至當作齎或宋本本如是胡三省曰辟邪給使之名猶漢丞相倉頭呼爲宜祿也宣王在汲胡三省曰時自遼東還師次於汲汲縣自漢以來屬河內郡一統志汲縣故城今河南衞輝府汲縣西南獻等先詔令於軹關西還長安通鑑先是燕王爲帝畫計以爲關中事重宜遣懿便道自軹關西還長安胡三省曰關中事重謂備蜀及撫安氐羌也軹縣屬河內郡謝鍾英曰述征記太行八陘第一曰軹關一統志今河南懷慶府濟源縣西北十五里關當軹道之險弼按軹道見董卓傳辟邪又至宣王疑有變呼辟邪具問乃乘追鋒車追鋒車見高貴鄉公紀甘露元年注引傳暢晉諸公贊馳至京師帝問放資誰可與太尉對者放曰曹爽帝曰堪其事不爽在左右流汗不能對放躡其足耳之曰胡三省曰附耳語之也臣以死奉社稷曹肇弟纂爲大將軍司馬燕王頗失指肇出纂見驚曰上不安云何悉共出毛本共作其誤宜還已暮放資宣詔宮門不得復內肇等罷燕王肇明日至門不得入懼詣廷尉以處事失宜免曹休傳詔肇以侯歸第帝謂獻曰吾已差便出獻流涕而出亦免案世語所云樹置先後與本傳不同

資別傳曰帝詔資曰吾年稍長又歷觀書傳中皆歎息無所不念圖萬年後計莫過使親人廣據職埶兵任又重今

射聲校尉缺射聲校尉見齊王紀嘉平六年久欲得親人誰可用者資曰陛下思深慮遠誠非愚臣所及書傳所載皆聖聽所究向使漢高不知平勃能安劉氏漢武不識金霍付屬以事殆不可言文皇帝始召曹眞還時親詔臣以重慮及至晏駕陛下卽阼猶有曹休外內之望賴遭日月御勒不傾使各守分職纖介不閒以此推之親臣貴戚雖當據埶握兵宜使輕重素定若諸侯典兵力均衡平寵齊愛等則不相爲服不相爲服則意有異同今五營所領見兵五營謂屯騎越騎步兵長水射聲五校尉也常不過數百選授校尉如其輩類爲有畸匹至於重大之任能有所維綱者宜以聖恩簡擇如平勃金霍劉章等一二人漸殊其威重使相鎭固於事爲善帝曰然如卿言當爲吾遠慮所圖今日可參平勃侔金霍雙劉章者其誰哉資曰臣聞知人則哲惟帝難之唐虞之聖凡所進用明試以功陳平初事漢祖絳灌等謗平有受金盜嫂之罪周勃以吹簫引彊始事高祖亦未知名也漢書

陳平傳絳灌等或讒平曰平居家時盜其嫂平使諸將金多者得善處金少者得
惡處平反覆小人也周勃傳勃常以吹簫給喪事材官引强服虔曰能引强弓弩
官也孟康曰如今挽强司馬也高祖察其行跡然後知可付以大事霍光給事中二十餘年北宋本事作侍
小心謹慎乃見親信日磾夷狄以至孝質直特見擢用左右佝曰妄得一胡兒而重貴
之平勃雖安漢嗣其終勃被反名平劣自免於呂須之讒漢書周勃傳有上書告勃欲反下廷尉逮捕勃治之
陳平傳呂后面質呂須於平前曰無畏呂須之讒呂后多立諸呂爲王平僞聽之上官桀桑弘羊與霍光爭權幾成禍亂
此誠知人之不易爲臣之難也又所簡擇當得陛下所親當得陛下所信誠非愚臣之
所能識別　臣松之以爲孫劉于時毛本孫誤作夢號爲專任制斷機密政事無不綜資
放被託付之問當安危所斷而更依違其對無有適莫受人親任理豈得然案本傳及
諸書並云放資稱贊曹爽勸召宣王魏室之亡禍基於此資之別傳出自其家欲以是
言掩其大失然恐負國之玷終莫能磨也

齊王卽位以放資決定大謀增邑三百放并前千一百資千戶封愛
子一人亭侯次子騎都尉餘子皆郞中正始元年更加放左光祿大
夫資右光祿大夫金印紫綬儀同三司六年放轉驃騎資衞將軍領
監令如故七年復封子一人亭侯各年老遜位以列侯朝朔望位特
進胡三省曰雞棲樹之言固中而三馬食一槽矣
資別傳曰大將軍爽專事多變易舊章資歎曰吾累世蒙寵加以豫聞屬託今縱不能
匡弼時事可以坐受素餐之祿邪遂固稱疾九年二月乃賜詔曰君掌機密三十餘年
總營庶事勳著前朝暨朕統位勳類良謀是以褒者增崇寵章同之三事外帥羣官內
望讜言屬以年耆疾篤上還印綬前後鄭重辭旨懇切天地以大順成德君子以善恕
成仁重以職事違奪君志今聽所執賜錢百萬使兼光祿勳少府親策詔君養疾于第
君其勉進醫藥頤神和氣以永無疆之祚置舍人官騎加以日秩肴酒之膳焉
曹爽誅後復以資爲侍中領中書令王懋竑曰劉放孫資排燕王宇曹肇而薦曹爽司馬懿卒以亡魏而放資
復爲中書監令凡八年至九年春始遜位是時曹馬之隙已成八年懿始謝病而放
資卽以次年遜位蓋預知其謀而又逆料爽之非懿敵矣爽死後復以孫資爲中書
令則放資之黨於司馬可見也又曰劉放傳黃初中改祕書爲中書以放爲監資爲
令各加給事中又俱加侍中其領監令如故曹爽誅後復以資爲侍中領中書令而
不及放其下卽言嘉平二年放薨資復遜位三年薨詳其文曹爽誅
後復以下當有劉放爲侍中領中書監九字史不言者蓋脫文也嘉平二年
放薨諡曰敬侯子正嗣晉書張華傳華字茂先范陽方城人少孤貧自牧羊鄉人劉放奇其才以女妻焉
臣松之案頭責子羽曰士卿劉許字文生正之弟也與張華六人並稱文辭可觀意思
詳序晉惠帝世許爲越騎校尉世說排調篇頭責秦子羽云子曾不如太原溫融潁川荀寓范陽張華士卿劉許義陽鄒湛河南鄭
詡此數子者或謇吃無宮商或尫陋希言語或淹伊多姿態或讙譁少智諝或口
如含膠飴或頭如巾齏杵而猶以文采可觀意思詳序攀龍附鳳並登天府劉孝
標注云晉百官名曰劉許字文生惠帝時爲宗正與張華同范陽人故曰士卿互
其辭也宗正卿或曰士卿沈家本曰頭責子羽隋唐志不著錄裴注所引劉許世
說注張敏集有頭責秦子羽文弼按蔣超伯南漘
楛語卷二載晉張敏頭責子羽文極詳文繁不錄

資復遜位歸第就拜驃騎將軍轉侍中特進如故三年薨諡曰貞侯
子宏嗣放才計優資而自脩不如也放資既善承順主上又未嘗顯
言得失抑辛毗而助王思何焯云王思見梁習傳魏略入之苛吏弼案互見辛毗傳以是獲譏於世
王鳴盛曰放資傳多微詞如云放資既善承順主上又未嘗顯言得失抑辛毗而助
王思以是獲譏於世案放資之罪在引司馬耳然此不可得而言也故以他罪入之
著其事而微其詞也上文先言齊王卽位以決定大謀增邑所謂大謀者
何也援納姦賊也則抑毗助思固其小小者矣用意不亦彰明較著哉然時因
羣臣諫諍扶贊其義并時密陳損益不專導諛言云趙翼曰劉放孫資在中書久掌
機密夏侯獻曹肇等惡之比猶出于忌者之口蔣濟爲魏名臣疏言左右之人未必
賢於大臣今外所言輒云中書是可見放資二人之竊弄威福矣其後乘明帝臨危
請以司馬懿輔政遂至權移祚易故當時無不病二人之奸邪誤國晉書荀勖傳論
者以勖傾國害時爲孫資劉放之亞可知二人之名至晉時猶爲世所詬詈也而審
作二人合傳極言其身在近密每因羣臣諫諍多扶贊其義并時陳損益不專導諛
言是直以放資爲正人與當時物議大相反也蓋二人雖不忠于魏而有功于晉晉

人德之故壽爲作佳傳也及咸熙中開建五等以放資著勳前朝改封正方城子宏離石子郡國志并州西河郡治離石一統志故城今山西汾州府永寧州治趙一清曰放子熙資子密見諸葛誕傳注引世語

案孫氏譜宏爲南陽太守宏子楚字子荊晉書孫楚傳楚才藻卓絕爽邁不羣將軍石苞令楚作書遺孫皓見文選晉陽秋曰楚鄉人王濟豪俊公子也爲本州大中正訪問關求楚品狀晉書孫楚傳作濟爲本州大中正訪問銓邑人品狀至楚濟曰此人非卿所能名自狀之曰天才英博亮拔不羣楚位至討虜護軍馮翊太守楚子洵潁川太守潘眉曰晉書孫楚傳言洵未仕早終孫盛傳言父洵潁川太守與裴注同當是孫楚傳誤也洵子盛字安國給事中祕書監毛本監誤作益盛從父弟綽字興公廷尉正楚及盛綽並有文藻盛又善言名理諸所論著並傳於世孫盛事見武紀卷首注及公孫度傳注孫綽傳博學善屬文嘗作天台山賦辭致甚工初成以示友人范榮期云卿試擲地當作金石聲綽少以文才垂稱一時文士綽爲其冠温王郗庾諸公之薨必綽爲文然後刊石

評曰程昱郭嘉董昭劉曄蔣濟才策謀略世之奇士雖清治德業殊於荀攸而籌畫所料是其倫也劉放文翰孫資勳慎並管喉舌權聞當時雅亮非體是故譏諛之聲每過其實矣

魏書十四　　三國志十四

魏書十五　　三國志十五

劉司馬梁張溫賈傳第十五

周壽昌曰劉馥傳前載馥事後半全載馥子靖事既詳且多似不應不列名疑鈔脫梁習傳末附載王思應列名此或亦傳鈔脫去李孚楊沛皆不載賈逵傳中僅裴注引入似不應列名據後裴注所言似裴氏特爲補入然補注可也列名於傳目則非體

晉　平　陽　侯　相　安　漢　陳　壽　撰

宋　中　書　侍　郞　西　鄉　侯　聞　喜　裴　松　之　注

沔　陽　盧　弼　集　解

劉馥字元潁沛國相人也郡國志豫州沛國相一統志相縣故城今安徽鳳陽府宿州西北避亂揚州建安初說袁術將戚寄秦翊使率衆與俱詣太祖太祖悅之司徒辟爲掾宋本元本馮本吳本毛本皆作司徒辟爲掾監本官本作辟爲司徒掾趙一清曰曹公時爲司空令三府辟之作辟爲司徒掾者非沈家本曰賈逵傳亦有司徒辟爲掾語恐趙說未是後孫策所置廬江太守李述官本考證曰吳志作術攻殺揚州刺史嚴象廬江梅乾雷緒陳蘭等聚衆數萬在江淮閒郡縣殘破太祖方有袁紹之難謂馥可任以東南之事遂表爲揚州刺史馥既受命單馬造合肥空城建立州治揚州刺史先治歷陽後治壽春後又徙治曲阿孫策攻殺嚴象江淮閒郡縣殘破劉馥爲刺史乃治合肥曹魏以此爲重鎮魏明帝云先帝東置合肥南守襄陽西固祁山賊來輒破於三城之下者地必有所爭也趙一清曰後漢揚州刺史治壽春建安五年移治合肥後復治壽春見毌丘儉諸葛誕傳一統志合肥故城今安徽廬州府合肥縣東北金斗城南懷緒等皆安集之貢獻相繼數年中恩化大行百姓樂其政流民越江山而歸者以萬數於是聚諸生立學校廣屯田興治芍陂芍陂見武紀建安十四年及茹陂御覽茹作茄七門吳塘諸堨以溉稻田官民有畜何焯校改畜作稸趙一清曰方輿紀要卷二十一芍陂在南直壽州安豐城南百步亦曰安豐塘亦曰期思陂周圍二百二十四里與陽泉大業陂並叔敖所作開溝引淠水爲子午渠開六門灌田萬頃建安十四年開芍陂屯田即此也寰宇記卷百二十七茹陂在光州固始縣東南四十八里劉馥興築以水溉田又卷百二十六七門堰在廬州廬江縣南百一十里劉馥修築斷龍舒水灌田千五百頃宋劉敞七門廟記曰

嘉祐二年予爲廬州從事始以事至舒城觀所謂七門三堰者問其居人其溉田幾何對曰凡二萬頃攷於圖書實魏揚州刺史劉馥所造自魏迄今七百有餘歲云予於是歎美其功後二年校書郎包君廓爲縣主簿嘗與予語及之包君謂予曰馥信有功然吾聞於耆老而得龔頡侯信焉初漢以龍舒之地封信爲列侯信乃爲民畎澮舒得以廣溉浸信爲基始至馥時廢而復修耳一清案廬江府舒城縣西北三十里有頡龔城蓋信之所封七門三堰者堰在縣七門山下所謂烏羊堰千功堰槽牘堰也詳方輿紀要卷二十六又寰宇記卷百二十五吳陂塘在舒州懷寧縣西二十里有吳陂祠馥開吳陂以溉稻田呂蒙鑿石通水注稻田三百餘頃功利及人里人以灊山廟在陂側因指名以祀焉一清案劉元穎蓋與吳呂蒙並祠也詳蒙傳又高爲城壘多積木石編作草苫數千萬枚益貯魚膏數千斛苫蓑覆城魚膏燎望爲戰守備建安十三年孫權率十萬衆攻圍合肥城百餘日時天連雨城欲崩於是以苫蓑覆之錢大昭曰古有蓑城之法春秋定公元年公羊傳曰仲幾之罪何不蓑城也何休曰若今以草衣城也夜然脂照城外視賊所作而爲備賊以破走揚州士民益追思之以爲雖董安于之守晉陽不能過也及陂塘之利至今爲用馥子靖夏侯玄傳注引魏略傅嘏傳注引傅子均作劉靜又按當時有兩劉靖一爲匈奴王劉靖見孫禮傳何焯曰靖字文恭見水經注卷十四黃初中從黃門侍郎遷廬江太守詔曰卿父昔爲彼州今卿復據此郡御覽據作爲可謂克負荷者也轉在河內遷尚書賜爵關內侯出爲河南尹散騎常侍應璩書與靖曰何焯曰以失其事實故採此書靖爲治亦杜畿之亞矣入作納言出臨京任富民之術日引月長藩落高峻絕穿窬之心五種別出遠水火之災漢書食貨志種穀必雜五種以備災害師古曰五種謂黍稷麻麥豆也農器必具無失時之闕蠶麥有苦備之用無雨潦之虞封符指期無流連之吏東觀漢記郭丹之長安從宛人陳洮買入關符以入既入封符乞人歎曰不乘使者車不入關矣鰥寡孤獨蒙廩振之實加之以明擿幽微重之以秉憲不撓有司供承王命百里垂拱仰辦宋本辦作辨雖昔趙張三王之治漢書王吉傳吉字子陽琅邪皋虞人吉與貢禹爲友世稱王陽在位貢公彈冠吉子駿以孝廉爲郎出爲京兆尹先是京兆有趙廣漢張敞王尊王章至駿皆有能名故京師稱曰前有趙張後有三王未足以

方也靖爲政類如此初雖如碎密終於百姓便之有馥遺風母喪去官後爲大司農衞尉進封廣陸亭侯邑三百戶上疏陳儒訓之本曰夫學者治亂之軌儀聖人之大教也自黃初以來崇立太學二十餘年而寡有成者蓋由博士選輕諸生避役高門子弟恥非其倫故無學者雖有其名而無其人宋書禮志一册府元龜人作實雖設其教而無其功錢大昭曰典略儒宗傳敍云（弼按典略當作魏略）太和青龍中中外多事人懷避就雖性非解學多求詣太學太學諸生有千數而諸博士率皆麤疏無以教弟子弟子本以避役竟無能習學冬來春去歲歲如是學校如此廢弛已極劉靖所以有此疏也宜高選博士取行爲人表經任人師者掌教國子依遵古法使二千石以上子孫年從十五皆入太學明制黜陟榮辱之路其經明行修者則進之以崇德荒教廢業者則退之以懲惡毛本惡作一誤舉善而教不能則勸浮華交游不禁自息矣闡弘大化以綏未賓六合承風遠人來格此聖人之教致治之本也此疏互見宋書禮志一云魏文帝黃初五年立太學於洛陽齊王正始中劉馥上疏（宋志誤作馥）不從又見通典五十三後遷鎮北將軍假節都督河北諸軍事靖以爲經常之大法莫善於守防使民夷有別遂開拓邊守屯據險要何焯云其先見在江統之前又修廣戾渠陵大堨水溉灌薊南北何焯曰水經注作戾陵堨車箱渠其元康中所立碑宜補錄以廣世期之闕趙一清曰當作戾陵渠水經鮑丘水注高梁水首受㶟水於戾陵堰水北有梁山山有燕剌王旦之陵故以戾陵名堰水自堰枝分東逕梁山南又東北逕劉靖碑北其詞云魏使持節都督河北道諸軍事征北將軍建城鄉侯沛國劉靖字文恭登梁山以觀源流相㶟水以度形勢嘉武安之通渠羨秦民之殷富乃使帳下丁鴻督軍士千人以嘉平二年立遏於水導高梁河造戾陵遏開車箱渠其遏表云高梁河水者出自幷州潞河之別源也長岸峻固直截中流積石籠以爲主遏高一丈東西長三十丈南北廣七十餘步依北岸立水門門廣四丈立水十丈山水暴發則乘遏東下平流守常則自門北入灌田歲二千頃凡所封地百餘萬畝至景元三年辛酉詔書以民食轉廣陸費不贍遣謁者樊晨更制水門限田千頃刻地四千三百一十六頃出給郡縣改定田五千九百三十頃水流乘車箱渠自薊西北逕昌平東盡漁陽潞縣凡所潤含四五百里所灌田萬有餘頃高下孔齊原隰底平疏

之斯溉決之斯散導渠口以爲濟門灑濾池以爲甘澤施加於當時敷被於後世晉元康四年君少子驍騎將軍平鄉侯弘受命使持節監幽州諸軍事領護烏丸校尉寧朔將軍遏立積三十六載至五年夏六月洪水暴出毀損四分之三剩北岸七十餘丈上渠車箱所在漫溢追惟前立遏之勳親臨山川指授規略命司馬關內侯逢惲內外將士二千人起長岸立石渠修主遏治水門門廣四丈立水五尺興復載利通塞之宜準遵舊制凡用功四萬有餘焉諸部王侯不召而自至襁負而事者蓋數千人詩載經始勿亟易稱民忘其勞斯之謂乎於是二府文武之士感秦國思鄭渠之績魏人置豹祀之義乃遐慕仁政追述成功元康五年十月十一日刊石立表以紀勳烈并記遏制度永爲後式焉潘眉曰戾陵乃地名傳言戾渠陵當作戾陵渠文誤倒耳修廣戾陵渠大堨與碑稱戾陵堨之文合大堨猶陸抗傳大堰諸葛恪傳大堤也何義門欲以戾渠陵大堨水六字依水經注改戾陵車箱渠以他書羼入陳志不可從修廣戾陵渠大堨句絕何氏以大堨水三字爲句亦失之李慈銘曰此文當曰修廣戾陵渠立堨於水以陵渠二字誤倒立字誤作大水上又脫於字耳遏卽古堨字亦作閼謝鍾英曰戾陵遏在今通州南一統志車箱渠在宛平縣西北 三

更種稻 三更或三歲更耕之意 邊民利之嘉平六年薨追贈征北將軍進封建成鄉侯謚曰景侯子熙嗣

晉陽秋曰劉弘字叔和 趙一清曰水經沔水注宏字季和晉書劉宏傳字和季未知孰審 熙之弟也弘與晉世祖同年居同里 晉書劉弘傳弘有幹略政事之才少家洛陽與武帝同居永安里又同年共研席錢大昭曰晉武帝河內溫人劉弘沛國相人此云居同里者謂同居雒陽之永安里也 以舊恩屢登顯位自靖至弘世不曠名而有政事才晉西朝之末弘爲車騎大將軍 晉書無大字此衍 開府荊州刺史假節都督荊交廣州諸軍事封新城郡公 晉書本傳封宣城卒贈新城郡公與此不同 其在江漢值王室多難得專命一方盡其器能推誠羣下厲以公義簡刑獄務農桑每有興發手書郡國丁寧款密故莫不感悅顚倒奔赴咸曰得劉公一紙書賢於十部從事也時帝在長安命弘得選用宰守徵士武陵伍朝高尙其事牙門將皮初有勳江漢弘上朝爲零陵太守初爲襄陽太守詔書以襄陽顯郡初資名輕淺以弘壻夏侯陟爲襄陽弘曰夫統天下者當與天下同心治一國者當與一國推實吾統荊州十郡安得十女壻然後爲治哉乃表陟姻親舊制不得相監臨事初勳宜見酬報聽之衆益服其公當 晉書劉弘傳時荊部守宰多闕弘請補選弘迺敘功銓德隨才補授甚爲論者所稱朝廷以皮初雖有功襄陽又是名郡名器宜愼不可授初乃以前東平太守夏侯陟爲襄陽太守餘並從之陟弘之壻也錢大昭曰郡國志荊州七郡此多三郡疑是魏興新城上庸耳沈家本曰此西晉之荊州與後漢及魏不同錢說未是攷晉志武帝時荊州統郡二十二至惠帝時桂陽武昌安城三郡屬江州新城魏興上庸三郡屬梁州懷帝時長沙衡陽湘東零陵邵陵屬湘州當西晉之末荊州所屬郡則有江夏南郡襄陽南陽順陽義陽建平宜都南平武陵天門及惠帝分立之隨新野竟陵凡十四郡而此云十郡未詳又案晉書敘宏此事在惠帝幸長安之前則其時湘州未立隨新野竟陵三郡未分并長沙等五郡計之爲十六郡與十郡之說亦不符蜀按三國魏吳割據荊州互有增置魏所屬凡八郡吳所屬凡十六郡晉書地理志荊州統郡二十二皆與十郡之說不合十郡之詞當係概言之耳不可以文字拘泥也 廣漢太守辛冉 晉書弘傳作前廣漢太守羊冉 以天子蒙塵四方雲擾進從橫計於弘弘怒斬之時人莫不稱善 晉諸公贊曰于時天下雖亂荊州安全弘有劉景升保有江漢之志 毛本景誤作昇 不附太傅司馬越越甚銜之會弘病卒子璠北中郎將 晉書劉弘傳東海王越奉迎大駕弘遣參軍劉盤爲督護率諸軍會之弘卒於襄陽士女嗟痛若喪所親弘子璠爲順陽內史江漢之間翕然歸心

司馬朗字伯達河內溫人也 潘眉曰朗與司馬芝爲族兄弟見楊俊傳芝傳已書河內溫人朗傳但書支系足矣如夏侯尙傳書淵從子荀攸傳書彧從子袁術傳書紹從弟皆是其鍾會賀邵傳與此同病范史袁紹袁術傳兩書汝南汝陽人亦非

司馬彪序傳曰 司馬彪序傳見武紀建安二十一年注 朗祖父儁字元異 晉書宣帝紀周以夏官爲司馬其後程伯休父周宣王時以世官克平徐方錫以官族因而爲氏楚漢間司馬卬爲殷王都河內漢以其地爲郡子孫遂家焉自卬八世生征西將軍鈞字叔平鈞生豫章太守量字公度量生潁川太守儁 博學好古倜儻有大度長八尺三寸腰帶十圍儀狀魁岸與衆有異鄉黨宗族咸景附焉位至潁川太守父防字建公性質直公方雖閒居宴處威儀不忒雅好漢書名臣列傳所諷誦者數十萬言少仕州郡歷官洛陽令京兆尹 防爲尹時舉曹操爲北部尉見武紀建安二十一年注 以年老轉拜騎都尉養志閭巷闔門自守諸子雖冠成人不命曰進不敢進不命曰坐不敢坐不指有所問不敢言父子之間肅如也年七十一建安二十四年終有子八人朗最長次卽晉宣皇帝也 趙一清曰晉書安平獻王孚傳孚字叔達宣帝次弟長兄朗字伯達宣帝字仲達孚弟馗字季達恂字顯達進字惠達通字雅達敏字幼達俱知名故時號爲八達馗魏魯相東武城侯恂魏鴻臚丞進魏中郞通魏司隸從事安城亭侯惟敏不見史

傳

九歲人有道其父字者朗曰慢人親者不敬其親者也客謝之十二試經爲童子郎范書左雄傳汝南謝廉河南趙建年始十二各能通經雄並奏拜童子郎監試者以其身體壯大疑朗匿年劾問朗曰朗之內外累世長大朗雖稚弱無仰高之風損年以求早成非志所爲也監試者異之後關東兵起故冀州刺史李邵李邵見董昭傳家居野王野王見文紀黃初二年近山險欲徙居溫朗謂邵曰脣齒之喻豈唯虞虢溫與野王卽是也今去彼而居此是爲避朝亡之期耳且君國人之望也今寇未至而先徙帶山之縣必駭是搖動民之心而開姦宄之原也竊爲郡內憂之邵不從邊山之民果亂內徙或爲寇鈔是時董卓遷天子都長安卓因留洛陽朗父防爲治書御史

續百官志治書侍御史二人六百石治一作持又見明紀卷首當徙西以四方雲擾乃遣朗將家屬還本縣或有告朗欲逃亡者執以詣卓卓謂朗曰卿與吾亡兒同歲姚範曰同歲未詳疑同歲擧也幾大相負朗因曰明公以高世之德遭陽九之會淸除羣穢廣擧賢士此誠虛心垂慮將興至治也威德以隆功業以著而兵難日起州郡鼎沸郊境之內民不安業捐棄居產流亡藏竄雖四關設禁重加刑戮猶不絕息此朗之所以於邑也願明公監觀往事少加三思卽榮名並於日月伊周不足侔也卓曰吾亦悟之卿言有意

臣松之案朗此對但爲稱述卓功德末相箴誨而已宋本末作未了不自申釋而卓便云吾亦悟之毛本卓誤作也卿言有意客主之辭如爲不相酬塞也

朗知卓必亡恐見留卽散財物以賂遺卓用事者求歸鄉里到謂父老曰董卓悖逆爲天下所讎此忠臣義士奮發之時也郡與京都境壤相接洛東有成皋成皋見武紀卷首北界大河天下興義兵者若未得進其埶必停於此此乃四分五裂戰爭之地難以自安不如及道路猶通擧宗東到黎陽黎陽有營兵黎陽見武紀建安四年方輿紀要卷十六後漢有黎陽營漢官儀云中興以幽冀幷州兵平定天下故於黎陽立營兵鋒嘗爲天下冠馬與龍曰光武以幽幷州兵騎定天下故於黎陽立營以謁者監之兵騎千人復除甚重見百官志趙威孫鄉里舊婚爲監營謁者統兵馬足以爲主若後有變徐復觀望未晚也父老戀舊莫有從者惟同縣趙咨將家屬俱與朗往焉後數月關東諸州郡起兵衆數十萬皆集滎陽及河內諸將不能相一縱兵鈔掠民人死者且半久之關東兵散太祖與呂布相持於濮陽兗州東郡治濮陽見武紀卷首朗乃將家還溫時歲大饑人相食毛本食誤作飡朗收恤宗族教訓諸

弟不爲衰世解業解疑作懈年二十二太祖辟爲司空掾屬除成皋令以病去復爲堂陽長堂陽見郭后傳其治務寬惠不行鞭杖而民不犯禁先時民有徙充都內者後縣調當作船徙民恐其不辦乃相率私還助之其見愛如此遷元城令元城見文紀黃初二年入爲丞相主簿朗以爲天下土崩之埶由秦滅五等之制而郡國無蒐狩習戰之備故也今雖五等未可復行可令州郡並置兵外備四夷內威不軌於策爲長又以爲宜復井田往者以民各有累世之業難中奪之是以至今今承大亂之後民人分散土業無主皆爲公田宜及此時復之何焯云伯達前一條所以救建武之後盡罷郡國都尉官一變西京舊制罷輕車騎士材官樓船士及軍假吏令還復民伍廢立秋講肄課試之禮馴至三十六方同日並起天下土崩也後一條則奪累世之業王莽慕古制而失其宜及亂後而復世祖懲近謬而失其會適在此時然曹氏無遠見創制經久故口分世業反有待于拓跋之據中原也議雖未

施行然州郡領兵朗本意也杜畿傳杜恕以爲古之刺史奉宣六條今可勿令領兵以專民事是朗州郡領兵之議已施行未施行者井田制耳遷兗州刺史政化大行百姓稱之雖在軍旅監本無旅字常麤衣惡食御覽麤作惡儉以率下雅好人倫典籍人倫解見蜀志龐統傳鄉人李觀等盛得名譽朗常顯貶下之後觀等敗時人服爲鍾繇王粲著論云非聖人不能致太平以朗爲伊顏之徒宋本以朗作朗以馮本毛本作以朗誤錢大昕曰伊顏以下乃朗駮鍾繇王粲之論當云朗以爲今本誤顚倒兩字雖非聖人使得數世相承太平可致

魏書曰文帝善朗論命秘書錄其文　孫盛曰繇既失之朗亦未爲得也昔湯舉伊尹而不仁者遠矣易稱顏氏之子其殆庶幾乎有不善未嘗不知知之未嘗復行由此而言聖人之與大賢行藏道一舒卷斯同御世垂訓宋本訓作風官本作法理無降異升泰之美豈俟積世哉善人爲邦百年亦可以勝殘去殺又曰不踐跡亦不入於室數世之論其

在斯乎方之大賢固有閒矣

建安二十二年與夏侯惇臧霸等征吳到居巢居巢見武紀建安二十二年軍士大疫朗躬巡視致醫藥遇疾卒時年四十七潘眉曰太祖以建安元年拜司空辟朗爲司空掾朗時年二十二至建安二十二年卒止有四十三歲傳誤遺命布衣幅巾幅巾解見華歆傳斂以時服禮記檀弓下孔子曰延陵季子吳之習禮者也往而觀其葬焉其斂以時服鄭注云以行時之服不改制節陳瀏曰時服隨死時之寒暑所衣也范書鄧騭傳鄧弘遺言悉以常服不得用錦衣玉匣州人追思之

魏書曰朗臨卒謂將士曰刺史蒙國恩厚督司萬里監本官本司作師各本皆作司微功未效而遭此疫癘既不能自救辜負國恩身沒之後其布衣幅巾斂以時服勿違吾志也

明帝卽位封朗子遺昌武亭侯邑百戶朗弟孚晉書宗室傳安平獻王孚傳孚以貞白自立高貴鄉公遭害百官莫敢奔赴孚枕尸於股哭之慟曰殺陛下者臣之罪奏推主者及武帝受禪陳留王就金墉城孚拜辭執王手流涕歔欷不能自勝曰臣死之日固大魏之純臣也臨終遺令曰有魏貞士河內溫縣司馬孚不伊不周不夷不惠立身行道終始若一當以素棺單槨斂以時服薨時年九十三王應麟曰司馬孚自謂貞士孚上不如晉叔朌下不如朱全昱謂之貞士可乎通鑑輯覽曰孚雖未與廢立之謀然身爲上公曾不知大義滅親或極言規正或爲國討賊事勢已去乃以拜辭流涕自號純臣遺令猶稱魏貞士其誰欺乎王懋竑曰司馬孚位爲上公歷事四世於師昭爲尊屬於齊王之廢高貴鄉公之弒無能有所匡正僅流涕痛哭而已且父子尊官厚祿榮寵終其身未嘗有所辭讓以云魏之純臣其無愧乎梁之朱全昱亦然全昱田野之人不知書其不能辭爵宜也君子於孚不能無惜焉又以子望繼朗後遺薨望子洪嗣

晉諸公贊曰望字子初孚之長子有才識早知名咸熙中位至司徒入晉封義陽王遷太尉大司馬時孚爲太宰父子居上公位自中代以來未之有也望事見高貴鄉公紀甘露二年注引晉諸公贊晉書宗室傳魏高貴鄉公好才愛士望與裴秀王沈鍾會並見親待數侍筵宴公性急秀等居內職急有召便至以望外官特給追鋒車一乘虎賁五人時景文相繼輔政未嘗朝覲權歸晉室望雖見寵待每不自安求出爲征西將軍持節都督雍涼二州諸軍事在任八年威化明肅洪字孔業封河閒王

初朗所與俱徙趙咨毛本所誤作初官至太常爲世好士咨字君初子酆字子晉驃騎將軍封東平陵公並見百官名志趙酆見齊王紀嘉平六年注晉書景帝紀嘉平四年趙酆預朝議卽此人也百官名見司馬芝傳注官本考證曰北宋本作子酆字仲子多仲字並見百官名無志字

梁習字子虞陳郡柘人也郡國志豫州陳國柘吳增僅曰元和志漢末陳王寵爲袁紹所殺國除爲郡一統志柘縣故城今河南歸德府柘城縣城北爲郡綱紀郡綱紀見劉放傳太祖爲司空辟召爲漳長郡國志兗州東平國章縣趙一清曰漳字誤王先謙曰章縣三國魏闕晉志無一統志故城今山東泰安府東平州東六十里郭城集累轉乘氏海西下邳令乘氏見武紀興平二年下邳見武紀初平四年郡國志徐州廣陵郡海西一統志海西故城今江蘇海州南趙一清曰習爲海西令爲亂民所逐賴徐宣以免而本傳諱之弼按此事見徐宣傳此略彼詳非諱也所在有治監本官本治下有名字各本均脫之還爲西曹令史遷爲屬本傳習與王思同爲西曹令史遷爲屬者遷西曹屬也并土新附事在建安十一年習以別部司馬領并州刺史時承高幹荒亂之餘胡狄在界張雄跋扈何焯校本作雄張倉慈傳

大姓雄張弼按通鑑亦作雄張 吏民亡叛入其部落 胡三省曰南匈奴部落皆在并州界 兵家擁衆作爲寇害 胡三省曰謂諸豪右擁衆自保者 更相扇動往往棊跱 吳志陸遜傳遜建議曰方今英雄棊跱豺狼闚望 習到官誘諭招納皆禮召其豪右稍稍薦舉使詣幕府豪右已盡乃次發諸丁彊以爲義從 胡三省曰言其以義從軍也 又因大軍出征分請以爲勇力吏兵 句絕 已去之後稍移其家前後送鄴凡數萬口其不從命者興兵致討斬首千數降附者萬計單于恭順名王稽顙部曲服事供職同於編戶 胡三省曰名王卽匈奴諸部王也編聯次也編於民籍故曰編戶 邊境肅淸百姓布野勤勸農桑令行禁止 令之則行禁之則止 貢達名士咸顯於世語在常林傳 常林傳刺史梁習薦州界名士常林楊俊王淩王象荀緯太祖皆以爲縣長 太祖嘉之賜爵關內侯更拜爲眞 元本眞作貞誤 長老稱詠以爲自所聞識刺史未有及習者建安十八年州并屬冀州 是年詔書並十四州爲九州洪亮吉曰漢中平末并州大擾定襄雲中五原朔方上郡等五郡流徙分散建安十一年魏武破高幹上黨等郡入魏十八年省并州屬冀州 更拜議郎西部都督從事 武紀建安十八年分魏郡爲東西部此魏郡西部之都督從事也 統屬冀州總故部曲又使於上黨取大材供鄴宮室習表置屯田都尉二人領客六百夫於道次耕種菽粟以給人牛之費後單于入侍西北無虞習之績也

魏略曰鮮卑大人育延常爲州所畏而一旦將其部落五千餘騎詣習求互市習念不聽則恐其怨若聽到州下又恐爲所略於是乃許之往與會空城中交市遂敕郡縣自將治中以下軍往就之市易未畢市吏收縛一胡延騎皆驚上馬彎弓圍習數重吏民惶怖不知所施習乃徐呼市吏問縛胡意而胡實侵犯人習乃使譯呼延延到習責延曰汝胡自犯法吏不侵汝汝何爲使諸騎驚駭邪遂斬之餘胡破膽不敢動是後無寇虜至二十二年太祖拔漢中諸軍還到長安因留騎督太原烏丸王魯昔使屯池陽 郡國志司隸左馮翊池陽一統志今陝西西安府涇陽縣東北 以備盧水昔有愛妻住在晉陽 郡國志并州太原郡晉陽一統志今山西太原府太原縣治 昔既思之又恐遂不得歸乃以其部五百騎叛還并州留其餘騎置山谷閒而單騎獨入晉陽盜取其妻已出城州郡乃覺吏民又畏昔善射不敢追習乃令從事張景募鮮卑使逐昔昔馬負其妻重騎行遲未及與其衆合而爲鮮卑所射死始太祖聞昔叛恐其爲亂於北邊會聞已殺之大喜以習前後有策略封爲關內侯

文帝踐阼復置并州 潘眉曰并州建安十八年省并入冀州二十年新立新興樂平二郡至黃初元年復置并州領漢舊郡四新郡二弼按卽太原上黨西河雁門樂平新興六郡也吳增僅曰漢末大亂匈奴侵邊自定襄以西盡雲中雁門西河之閒遂空建安十八年省并州入冀州其時以上郡別屬雍州冀州衆得太原上黨西河定襄雁門雲中五原朔方等郡其實地皆荒廢有名而已二十年魏武省雲中定襄五原朔方等郡各置一縣立新興郡以統其民黃初元年復置并州二年還郡於嶺南於是棄雁門郡之陰陶等十一城於陘北徙新興郡雲中等四縣於陘南又移置西河郡於太原自是以後終魏晉之世不復越句注一步而漢時故地戎狄遂薦居矣又曰晉志黃初元年復置并州自陘嶺以北并棄之輿地廣記仍治晉陽 復爲刺史進封申門亭侯邑百戶政治常爲天下最 文紀黃初六年并州刺史梁習討鮮卑軻比能大破之本傳未載 太和二年徵拜大司農習在州二十餘年而居處貧窮無方面珍物明帝異之禮賜甚厚四年薨子施嗣初濟陰王思與習俱爲西曹令史思因直日白事失太祖指太祖大怒教召主者將加重辟時思近出習代往對已被收執矣思乃馳還自陳己罪罪應受死太祖歎習之不言思之識分曰何意吾軍中有二義士乎

臣松之以爲習與王思同寮而已親非骨肉義非刎頸而以身代思受不測之禍以之爲義無乃乖先哲之雅旨乎史遷云死有重於太山有輕於鴻毛故君子不爲苟存不爲苟亡若使思不引分主不加恕則所謂自經於溝瀆而莫之知也習之死義者豈其

然說

後同時擢爲刺史思領豫州思亦能吏然苛碎無大體官至九卿封列侯

魏略苛吏傳曰思與薛悌薛悌見張遼傳郤嘉俱從微起官位略等三人中悌差挾儒術所在名爲閑省嘉與思事行相似文帝詔曰薛悌駁吏王思郤嘉純吏也各賜關內侯以報其勤思爲人雖煩碎而曉練文書敬賢禮士傾意形埶亦以是顯名正始中爲大司農年老目瞑瞋怒無度下吏嗷然不知何據書鈔五十四引魏略瞋作喜何據作所知性少信時有吏父病篤近在外舍自白求假思疑其不實發怒曰世有思婦病母者豈此謂乎遂不與假吏父明日死思無恨意其爲刻薄類如此思又性急嘗執筆作書蠅集筆端驅去復來如是再三思恚怒自起逐蠅不能得還取筆擲地蹋壞之時有丹陽施畏魯郡倪顗

南陽胡業亦爲刺史郡守時人謂之苛暴又有高陽劉類歷位宰守苛慝尤甚以善修人事不廢於世嘉平中爲弘農太守吏二百餘人不與休假專使爲不急過無輕重輒捽其頭又亂杖撾之牽出復入如是數四乃使人掘地求錢所在市里皆有孔穴又外託簡省每出行陽勑督郵不得使官屬曲修禮敬而陰識不來者輒發怒中傷之性又少信每遣大吏出輒使小吏隨覆察之白日常自於牆壁閒闚閃白氏六帖四一作闚門夜使幹廉察諸曹幹見司馬芝傳復以幹不足信又遣鈴下及奴婢鈴下解見吳志吳範傳使轉相檢驗嘗案行宿止民家民家二狗逐豬豬驚走頭插柵閒號呼良久類以爲外之吏之以意改作舍擅共飲食不復徵察便使伍百曳五官掾孫弼入頓頭責之弼以實對類自愧不詳因託問以他事民尹昌年垂百歲聞類出行當經過謂其兒曰扶我迎府君我欲陳恩兒扶昌在道左類望見呵其兒曰用是死人使來見我其視人無禮皆此類也舊俗民謗官長者有三不肯謂遷免與死也類在弘農吏民患之乃題其門曰劉府君有三不肯類雖聞之猶不能自改其後安東將軍司馬文王西征路經弘農弘農人告類荒耄不任宰郡乃召入爲五官中郎將御覽八百二十三引魏略云弘農太守劉類多市犖鏵載所部貿絲書鈔七十八引魏略云劉類守尋責令見門幹二人皆有面首欲色好之無由乃託疾詐臥齋中佯病引內官屬陰伺知之莫不吐舌流聞州郡

張既字德容馮翊高陵人也郡國志司隸左馮翊治高陵一統志高陵故城今陝西西安府高陵縣西南年十六爲郡小吏

魏略曰既世單家富何焯云富字衍錢儀吉曰單家之文前後屢見劉家立曰所衍富字乃涉下文家富而誤爲人有容儀少小工書疏爲郡門下小吏而家富自惟門寒念無以自達乃常畜好刀筆史記蕭相國世家太史公曰蕭相國何於秦時爲刀筆吏後漢書劉盆子傳其中一人出刀筆書謁欲賀章懷注古者記事書於簡策謬誤者以刀削而除之故曰刀筆及版奏小竹爲簡本版爲牘說文云牘書版也蓋長一尺故名尺牘伺諸大吏有乏者輒給與以是見識焉

後歷右職舉孝廉不行太祖爲司空辟未至舉茂才除新豐令新豐見董卓傳治爲三輔第一袁尚拒太祖於黎陽黎陽見武紀建安四年遣所署河東太守郭援北宋本署作置幷州刺史高幹及匈奴單于取平陽平陽見武紀卷首胡三省曰時南單于呼廚泉居之發使西與關中諸將合從司隸校尉鍾繇遣既說將軍馬騰等既爲言利害騰等從之騰遣子超將兵萬餘人與繇會擊幹援大破之斬援首幹及單于皆降通鑑建安七年作南單于遂降通鑑考異曰魏志張既傳作幹及單于皆降非也其後幹復舉幷州反河內張晟衆萬餘人無所屬寇殽澠閒殽澠見管寧傳注引高士傳元和志二崤山在河南府永寧縣北二十八里自東崤至西崤三十五里東崤長坂數里峻阜絕澗車不得方軌西崤全是石坂十二里險絕不異東崤方輿紀要今河南府永寧縣北六十里澠池縣今河南府澠池縣西河東衞固弘農張琰各起兵以應之太祖以既爲議郎參繇軍事使西徵諸將馬騰等皆引兵會擊晟等破之

斬琰固首斡奔荆州封既武始亭侯太祖將征荆州而騰等分據關中太祖復遣既喻騰等令釋部曲求還騰已許之而更猶豫既恐爲變乃移諸縣促儲偫（偫直里翻音雉揚雄校獵賦儲積共偫）二千石郊迎騰不得已發東（胡三省曰發而東入朝也）太祖表騰爲衛尉（通鑑考異曰典略曰建安十五年徵騰爲衛尉按張既傳曹公將征荆州令既說騰入朝蓋三字誤爲五耳）子超爲將軍統其衆後超反既從太祖破超於華陰（華陰見陳留王紀景元元年武紀建安十六年魏武破馬超於潼關方輿紀要潼關在華陰縣東四十里）西定關右以既爲京兆尹招懷流民興復縣邑百姓懷之魏國既建爲尚書出爲雍州刺史（錢大昭曰建安十四年始置雍州別典四郡見龐淯傳注（注引典略）弼按范書獻帝紀興平元年夏六月丙子分涼州河西四郡爲廱州章懷注謂金城酒泉燉煌張掖也又按龐淯傳注引典略亦云建安初詔以邯鄲商爲雍州刺史別典四郡是分置雍州四郡實在興平元年非建安十四年錢說誤典略建安十四年云云乃指張猛殺邯鄲商爲是年之事非謂是年始置雍州也）太祖謂既曰還君本州（魏馮翊屬雍州既爲馮翊人故云本州）可謂衣繡

書行矣（漢書朱買臣傳買臣與人拜會稽太守上謂買臣曰富貴不歸故鄉如衣繡夜行今子何如）從征張魯別從散關入討叛氐（散關在今陝西鳳翔府寶雞縣西南五十二里大散嶺上）收其麥以給軍食魯降既說太祖拔漢中民數萬戶以實長安及三輔其後與曹洪破吳蘭於下辯（下辯見武紀建安二十年）又與夏侯淵宋建別攻臨洮狄道平之（夏侯淵傳枹罕宋建因涼州亂自號河首平漢王太祖使淵帥諸將討建拔之斬建既又別攻臨洮狄道耳宋建上當有討字陳景雲趙一清錢大昭潘眉梁章鉅諸說並同臨洮見董卓傳隴西郡治狄道見武紀建安十九年）是時太祖徙民以充河北隴西天水南安民相恐動（隴西郡見上狄道注天水郡見明紀太和二年又見王肅傳注引魏略薛夏傳南安郡治豲道見武紀建安十九年）擾擾不安既假三郡人爲將吏者休課使治屋宅作水碓（錢大昭曰水碓不見前史當是張既所創弼按御覽七百六十二孔融肉刑論曰賢者所制或踰聖人水碓之巧勝於斷木掘地又引魏略云司農王思宏作水碓是早有此器非既所創也）民心遂安太祖將拔漢中守恐劉備北取武都氐以逼關中（胡三省曰武都本白馬氐地）問既既曰可勸使北出就穀以避賊前至者厚其寵賞則先者知利後必慕之太祖從其策乃自到漢中引出諸軍令既之武都徙氐五萬餘落出居扶風天水界（胡三省曰操蓋已棄武都而不有矣諸氐散居秦川苻氏亂華自此始何焯曰江統徙戎論云魏興之初與蜀分隔疆埸之戎一彼一此武帝徙武都氐於秦川欲以弱寇彊國扞禦蜀虜蓋指此事當日操所以使劉氏無所資以北伐者不但空漢中之地而已統徙戎之計亦卽祖既語而反用之）

三輔決錄注曰既爲兒童爲郡功曹游殷察異之（下爲字疑衍或作時字）引既過家既敬諸殷先歸勑家具設賓饌及既至殷妻笑曰君其悖乎（官本君作若）張德容童昏小兒何異客哉殷曰卿勿怪乃方伯之器也（鹽鐵論今守相親剖符贊拜涖一郡之衆古方伯之位也）殷遂與既論霸王之略饗訖以子楚託之既謙不受殷固託之既以殷邦之宿望難違其旨乃許之殷先與司隸校尉胡軫有隙軫誣構殺殷殷死月餘軫得疾患自說但言伏罪伏罪游功曹將

鬼來於是遂死于時關中稱曰生有知人之明死有貴神之靈子楚字仲允爲蒲阪令（毛本阪誤作陂蒲坂見武紀建安十六年惠棟曰前志作反劉寬碑陰亦作反古字皆以阪爲反也）太祖定關中時漢興郡缺（郡國志一卷末劉昭注引魏志曰曹公分關中置漢興郡國（弼按國字疑衍）游楚爲太守又引獻帝起居注曰中平六年省扶風都尉置漢安郡領雍渝糜杜陽陳倉汧五縣洪亮吉曰漢興疑卽漢安改名或中平末郡立旋廢至魏武復分置又改名吳增僅曰游楚爲太守在建安十六年魏武定關中時吳志呂岱傳注引吳書曰建安十六年岱西誘漢中張魯到漢興寘城以此互證似魏武既定關中改漢安曰漢興惟游楚入魏已遷隴西太守魏時關中多事漢興太守史無所見竊謂曹氏纂漢郡名漢興曹所惡也蓋漢末所立入魏已省黃初初年於西城置魏興郡漢興之省當在此時謝鍾英曰通典隴州下云後漢魏晉屬扶風郡隴州卽漢汧縣元和志寰宇記鳳翔府下並云魏文帝爲扶風郡鳳翔漢雍縣是皆魏廢漢興入扶風之證又考中山國漢昌縣魏改名魏昌可知魏文受禪無取漢興之名其廢郡無疑弼按漢興郡又見續百官志五注引獻帝起居注李兆洛歷代地理志韻編今釋有晉漢興縣無漢漢興郡此可補其闕）太祖以問既既稱楚才兼文武遂以爲漢興太守後轉隴西（張澍輯本三輔決錄云太平御覽云游殷字幼齊爲郡功曹有童張既時未知名爲郡書佐殷察異之又云胡軫害殷月餘得病因脫衣但言伏罪幼齊將鬼來於是遂死諺云生有知人之明死有鬼靈之驗又云游殷爲胡軫所害同郡

吉伯房郭公休與殷同歲相善爲緦麻三月又云游楚上表乞宿衛拜駙馬都尉楚無學好激游音樂及曲（一作畜）歌者琵琶箏簫每行將以自隨案九州春秋董卓以東郡太守胡軫爲太督呂布爲騎督軫性急軫字文才涼州人又案華嶽廟殘碑陰有故功曹太尉掾潁陽游殷幼齊魏略曰楚爲人慷慨歷位宰守所在以恩德爲治不好刑殺太和中諸葛亮出隴右吏民騷動天水南安太守各棄郡東下楚獨據隴西召會吏民謂之曰太守無恩德今蜀兵至毛本今誤作及諸郡吏民皆已應之此亦諸卿富貴之秋也太守本爲國家守郡義在必死卿諸人便可取太守頭持往吏民皆涕淚言死生當與明府同無有二心楚復言卿曹若不願我爲卿畫一計今東二郡已去必將寇來但可共堅守若國家救到寇必去是爲一郡守義人人獲爵寵也若官救不到蜀攻日急爾乃取太守以降未爲晚也吏民遂城守而南安果將蜀兵就攻隴西楚聞賊到乃遣長史馬顒出門設陣而自於城上曉謂蜀帥監本官本謂作論言卿能斷隴使東兵不上一月之中則隴西吏人不攻自服卿若不能盧自

疲弊耳使顒鳴鼓擊之蜀人乃去後十餘日諸軍上隴諸葛亮破走南安天水皆坐應亮破滅兩郡守各獲重刑而楚以功封列侯長史掾屬皆賜拜帝嘉其治詔特聽朝引上殿楚爲人短小而大聲自爲吏初不朝覲被詔登階不知儀式帝令侍中贊引呼隴西太守前楚當言唯而大應稱諾帝顧之而笑遂勞勉之罷會自表乞留宿衛拜駙馬都尉楚不學問而性好遊遨音樂乃畜歌者琵琶箏簫每行來將以自隨所在樗蒲投壺蔣超伯南漘楛語卷五曰古之樗蒲斷木爲之御覽載繁欽威儀箴曰操梘弄棋文局樗蒲言不及義勝負是圖注梘博子也讀與瓊同是其初本以木爲質其後始改而用玉用牙也歡欣自娛數歲復出爲北地太守年七十餘卒

是時武威顏俊張掖和鸞酒泉黃華西平麴演等並舉郡反自號將軍更相攻擊俊遣使送母及子詣太祖爲質求助太祖問既既曰俊等外假國威內生傲悖計定勢足後即反耳今方事定蜀且宜兩存而鬭之猶卞莊子之刺虎坐收其斃也毛本收作受胡三省曰戰國策曰卞莊子刺虎管豎子止之曰兩虎方食牛牛甘必爭鬭則大者傷小者亡從傷刺之一舉必有兩獲莊子然之果獲二虎太祖曰善歲餘鸞遂殺俊武威王祕又殺鸞是時不置涼州自三輔拒西域皆屬雍州文帝即王位初置涼州趙一清曰晉地理志獻帝時涼州數有亂河西五郡去州隔遠於是乃別以爲雍州末又依古典定九州乃合關右以爲雍州魏時復分以爲涼州刺史領戊己校尉護西域如漢故事統郡八金城西平武威張掖西酒泉敦煌西海一清案西平郡分金城郡置西郡分張掖郡置西海郡即故居延國並漢獻帝時立爲郡其餘皆故郡也弼按吳增僅建安以來雍涼二州分合考言之最詳今錄之吳云二漢無雍州西域諸郡皆屬涼州後漢郡國志涼州統隴西漢陽武都金城安定北地武威張掖酒泉敦煌十郡又張掖居延兩屬國靈帝時又增置南安漢興二郡興平元年涼州數有亂河西四郡去州隔遠乃以河西四郡爲雍州武威張掖酒泉敦煌是也不及兩屬國者統於張掖郡也雍州既立旋改居延屬國爲西海郡又增置西郡共統六郡一屬國此建安十八年以前雍州統郡之數也當初置雍州時涼州尚統金城隴西漢陽武都安定北地南安漢興七郡嗣又先後增置永陽新平西平三郡共統十一郡此建安初年至十八年涼州統郡之數也雍涼二州於是乎分十八年詔幷十四州爲九州以復禹貢之舊於是省涼州以諸郡幷入雍州又以司隸所部之宏農京兆左馮翊右扶風四郡幷寄治馮翊之上郡益之凡得宏農

京兆左馮翊右扶風上郡安定隴西漢陽北地武都武威金城西平西郡張掖張掖屬國酒泉敦煌西海漢興新平永陽南安二十三郡於是三輔至西域皆屬雍州旋省上郡改永陽曰廣魏郡後又增置陰平郡仍得二十三郡此建安十八年以後二十五年以前雍州統郡之數也涼州於是合而爲雍文帝即位復置涼州宏農一郡還屬司隸又省張掖屬國及漢興郡改漢陽爲天水郡是時雍州凡得十二郡武都陰平旋爲蜀有則雍州所部京兆扶風馮翊新平隴西南安天水安定北地廣魏十郡也涼州所部則金城武威張掖酒泉敦煌西海西平八郡也雍涼二州於是復分弼按涼州八郡吳氏漏列西郡以安定太守鄒岐爲刺史張掖張進執郡守執太守杜通見蘇則傳舉兵拒岐黃華麴演各逐故太守黃華不受太守辛機亦見蘇則傳舉兵以應之通鑑延康元年五月王以安定太守鄒岐爲涼州刺史西平麴演結旁郡作亂以拒岐張掖張進執太守杜通酒泉黃華不受太守辛機皆自稱太守以應演武威三種胡復叛毌丘儉傳注西海太守張睦亦被執既進兵爲護羌校尉蘇則聲勢故則得以有功張既答文帝問蘇則加爵邑事見蘇則傳注引魏名臣奏又表陳毌丘興功狀見毌丘儉傳注既進爵都鄉侯涼州盧水胡伊健妓妾治元多等反盧水胡見文紀延康元年注河西大擾帝憂之曰非既莫能安涼州乃召鄒岐以既代之詔曰昔賈

復請擊鄜賊光武笑曰執金吾擊鄜吾復何憂范書賈復傳光武即位拜復爲執金吾帝詔諸將議兵事曰鄜最强誰當擊之復率然對曰臣請擊鄜帝笑曰執金吾擊鄜吾復何憂卿謀略過人今則其以便宜從事宋本馮本作今則其時以便宜從事一本校改則作到或塗去則字勿復先請遣護軍夏侯儒將軍費曜等繼其後既至金城欲渡河諸將守以爲兵少道險未可深入既曰道雖險非井陘之隘夷狄烏合無左車之計史記淮陰侯傳李左車說成安君曰井陘之道車不得方軌騎不得成列行數百里其勢糧食必在其後願假奇兵絕其輜重今武威危急赴之宜速遂渡河賊七千餘騎逆拒軍於鸇陰口胡三省曰鸇陰縣前漢屬安定郡後漢屬武威郡鸇陰口鸇陰河口也汪士鐸曰即水經注二十八渡水今靖遠縣南黃河東岸王先謙曰前漢作鶉陰一統志鸇陰故城今甘肅蘭州府靖遠縣西北既揚聲軍從鸇陰乃潛由且次出至武威胡以爲神引還顯美胡三省曰二漢志武威有揟次縣孟康曰揟音子如翻次音咨即且次也顯美縣前漢屬張掖郡後漢及魏晉屬武威郡一統志揟次故城今甘肅涼州府古浪縣北西套厄魯特旗界顯美故城今涼州府永昌縣東既以據武威宋本以作已以古通曜乃至儒等猶未達既勞賜將士欲進軍擊胡諸將皆曰士卒疲倦虜衆氣銳難與爭鋒既曰今軍無見糧當因敵爲資若虜見兵合退依深山追之則道險窮餓兵還則出候寇鈔如此兵不得解所謂一日縱敵患在數世也左傳先軫曰一日縱敵數世之患也遂前軍顯美胡騎數千因大風欲放火燒營將士皆恐既夜藏精卒三千人爲伏使參軍成公英胡三省曰姓譜衞成公之後爲成公氏余不敢謂之傳信督千餘騎挑戰敕使陽退胡果爭奔之因發伏截其後首尾進擊大破之斬首獲生以萬數

魏略曰成公英金城人也中平末隨韓約爲腹心張鵬一曰韓約即韓遂字文約裴注脫文字下同弼按韓遂亦稱韓約見范書董卓傳注引獻帝春秋又見本志武紀建安二十年注引典略建安中約從華陰破走還湟中湟中見夏侯淵傳部黨散去唯英獨從 典略曰韓遂在湟中其壻閻行欲殺遂以降夜攻遂不下遂歎息曰

丈夫危厄宋本危作困禍起婚姻乎謂英曰今親戚離叛人衆轉少當從羌中西南詣蜀耳英曰興兵數十年各本兵作軍今雖罷敗何有棄其門而依於人乎遂曰吾年老矣子欲何施英曰曹公不能遠來獨夏侯爾夏侯之衆不足以追我又不能久留且息肩於羌中毛本息誤作思以須其去招呼故人綏會羌胡綏卻也見武紀建安八年注猶可以有爲也遂從其計時隨從者男女尚數千人遂宿有恩於羌羌衛護之及夏侯淵還使閻行留後乃合羌胡數萬將攻行行欲走會遂死英降太祖太祖見英甚喜以爲軍師封列侯從行出獵有三鹿走過前公命英射之三發三中皆應弦而倒公抵掌謂之曰但韓文約可爲盡節而孤獨不可乎英乃下馬而跪曰不欺明公假使英本主人在實不來在此也宋本無在字遂流涕哽噎公嘉其敦舊遂親敬之延康黃初之際河西有逆謀詔遣英佐涼州平隴右病卒 魏略曰閻行金城人也後名豔字彥明少有健名始爲小將隨韓約建安初約與馬騰相攻擊騰子超亦號爲健行嘗刺超矛折因以折矛撾超項幾殺之至十四年爲約所使詣太祖太祖厚遇之表拜犍爲太守毛本犍誤作健郡國志益州犍爲郡治武陽一統志今四川眉州彭山縣東十里行因請令其父入宿衞西還見約宣太祖教云謝文約卿始起兵時自有所逼我所具明也當早來共匡輔國朝行因謂約曰行亦爲將軍興軍以來三十餘年民兵疲瘁所處又狹毛本狹誤作挾宜早自附是以前在鄴自啓當令老父詣京師誠謂將軍亦宜遣一子以示丹赤約曰且可復觀望數歲中後遂遣其子與行父母俱東會約西討張猛留行守舊營而馬超等結反謀舉約爲都督及約還超謂約曰前鍾司隸任超使取將軍關東人不可復信也今超棄父以將軍爲父將軍亦當棄子以超爲子行諫約不欲令與超合約謂行曰今諸將不謀而同似有天數乃東詣華陰及太祖與約交馬語行在其後太祖望謂行曰當念作孝子及超等破走行隨約還金城太祖

聞行前意故但誅約子孫在京師者乃手書與行曰覩文約所爲使人笑來吾前後與之書無所不說如此何可復忍卿父諫議自平安也雖然牢獄之中非養親之處且又官家亦不能久爲人養老也約聞行父獨在欲使并遇害以一其心乃强以少女妻行行不獲已太祖果疑行會約使行別領西平郡西平郡見武紀建安十九年齊王紀嘉平五年遂勒其部曲與約相攻擊行不勝乃將家人東詣太祖太祖表拜列侯

帝甚悅詔曰卿踰河歷險以勞擊逸以寡勝衆功過南仲勤踰吉甫此勳非但破胡乃永寧河右使吾長無西顧之念矣徙封西鄉侯增邑二百并前四百戶酒泉蘇衡反與羌豪鄰戴及丁令胡萬餘騎攻邊縣既與夏侯儒擊破之衡及鄰戴等皆降遂上疏請與儒治左城方輿紀要卷六十四石城西百四十里有左南城河水經其南曰左南津在西寧衛東南築障塞置烽候邸閣以備胡

王基傳南頓有大邸閣足軍人四十日糧邸閣儲糧之所也

魏略曰儒字俊林夏侯尚從弟初爲鄢陵侯彰驍騎司馬宜王爲征南將軍都督荊豫州正始二年朱然圍樊城樊城在襄陽縣城北漢水北城中守將乙修等求救甚急儒進屯鄧塞一統志鄧塞城在襄陽縣東水經注鄧塞鄧城東南小山也名曰鄧塞昔孫文臺破黃祖於其下元和志在臨漢縣東南二十二里南臨宛水魏常于此裝治舟艦以伐吳陸士衡表稱下江漢之卒浮鄧塞之舟謂此謝鍾英曰鄧塞在今襄陽縣鄧城鎮東南以兵少不敢進但作鼓吹設導從去然六七里翱翔而還使修等遙見之數數如是月餘及太傅到乃俱進然等走時謂儒爲怯或以爲曉以少疑衆得聲救之宜儒猶以此召還爲太僕陳景雲曰驍騎司馬句絕鄢陵北征以北中郎將行驍騎將軍時儒從兄尚爲長史儒則爲司馬從征也宜王二字有誤爲征南上疑有脫文宣王嘗以驃騎將軍都督荊豫不在四征之列蓋爲征南都督荊豫者卽儒也以下文樊城受圍儒坐遲救召還事觀之義自明矣梁章鉅曰夏侯尚傳代郡胡叛遣鄢陵侯彰征討之以尚參彰軍事又任城威王彰傳建安二十一年封鄢陵侯二十三年代郡烏桓反以彰爲北中郎將行驍騎將軍明帝紀太和元年新城太守孟達反詔驃騎將軍司馬宣王討之三少帝紀正始二年吳將朱然等圍襄陽之樊城太傅司馬宣王率衆拒之退云云並足證是注所引魏略之有訛脫

西羌恐率衆二萬餘落降其後西平麴光等殺其郡守諸將欲擊之既曰唯光等造反郡人未必悉同若便以軍臨之吏民羌胡必謂國家不別是非更使皆相持著此爲虎傅翼也光等欲以羌胡爲援今先使羌胡鈔擊重其賞募所虜獲者北宋本作虜所獲者皆以畀之外阻其勢宋本阻作沮內離其交必不戰而定乃檄告諭諸羌爲光等所詿誤者原之能斬賊帥送首者當加封賞於是光部黨斬送光首其餘咸安堵如故既臨二州十餘年政惠著聞其所禮辟扶風龐延邴原傳河南尹扶風龐迪以清賢稱未知迪卽延字之譌否天水楊阜安定胡遵遵爲征東將軍督靑徐諸軍見毌丘儉傳正元二年爲衞將軍見高貴鄉公紀酒泉龐淯楊阜龐淯自有傳敦煌張恭見閻溫傳周生烈等毛本烈誤作列周生姓烈名見何晏論語集解又見王肅

傳終皆有名位

魏略曰初既爲郡小吏功曹徐英嘗自鞭既三十英字伯濟馮翊著姓建安初爲蒲阪令英姓剛爽自見族氏勝既於鄉里名行在前加以前辱既雖知既貴顯終不肯求於既既雖得志亦不顧計本原猶欲與英和嘗因醉欲親狎英英故抗意不納英由此遂不復進用故時人善既不挾舊怨而壯英之不撓

黃初四年薨詔曰昔荀桓子立勳翟土晉侯賞以千室之邑左傳宣公十五年晉荀林父敗赤狄于曲梁滅潞晉侯賞桓子狄臣千室馮異輸力漢朝光武封其二子范書馮異傳建武二年封異陽夏侯長子彰嗣帝思異功復封彰弟訢爲析鄉侯故涼州刺史張既能容民畜衆使羣羌歸土可謂國之良臣不幸薨隕朕甚愍之其賜小子翁歸爵關內侯明帝卽位追謚曰肅侯子緝嗣緝以中書郎稍遷東莞太守東莞見夏侯玄傳注引魏書又見徐

奕傳錢大昭曰臧霸傳尹禮爲東莞太守在建安初張緝胡質爲東莞太守並在明帝時則此郡之設由來已久晉志謂太康元年分瑯邪置誤矣洪亮吉曰東莞郡魏分瑯邪北海等四郡置 嘉平中女爲皇后徵拜光祿大夫位特進妻向爲安城鄉

君緝與中書令李豐同謀誅語在夏侯玄傳 又見玄傳注引魏書

魏略曰緝字敬仲太和中爲溫令名有治能會諸葛亮出緝上便宜詔以問中書令孫資資以爲有籌略遂召拜騎都尉遣參征蜀軍軍罷入爲尚書郎以稱職爲明帝所識帝以爲緝之材能多所堪任試呼相者相之 何焯云宋本相者字作工 相者云不過二千石帝曰何材如是而位至二千石乎 各本皆作位至宋本獨作位止官本考證曰尋玩文義至當作止 及在東莞領兵數千人緝性吝於財而矜於埶一旦以女徵去郡還在里舍 宋本在作坐 悒悒躁擾數爲國家陳擊吳蜀形埶又嘗對司馬大將軍料諸葛恪雖得勝於邊土 元本監本吳本土作上 見誅不久大將軍問其故緝云威震其主功蓋一國欲不死可得乎 何焯曰料恪實剌師也欲免難矣 及

恪從合肥還吳果殺之大將軍聞恪死謂衆人曰諸葛恪多輩耳近張敬仲縣論恪以爲必見殺今果然如此敬仲之智爲勝恪也緝與李豐通家又居相側近豐時取急出 疑語有脫誤 子藐往見之 夏侯玄傳注引魏書藐作邈 有所咨道豐被收事與緝連遂收送廷尉賜死獄中其諸子皆并誅緝孫殷晉永興中爲梁州刺史見晉書 湯球輯本王隱晉書有之

溫恢字曼基太原祁人也 郡國志并州太原郡祁一統志祁縣故城今山西太原府祁縣東南五里 父恕爲涿郡太守卒恢年十五送喪還歸鄉里內足於財恢曰世方亂安以富爲一朝盡散振施宗族州里高之比之郇越 漢書鮑宣傳自成帝至王莽時清名之士太原則郇越臣仲郇相稚賓皆以明經飭行顯名於世越相同族昆弟也並舉州郡孝廉茂才數病去官越散其先人訾千餘萬以分施九族州里志節尤高弼按温恢亦爲太原人散財振族蓋慕鄉賢之風 舉孝廉爲廩丘長鄢陵廣川令彭城魯相 郡國志兗州濟陰郡廩丘（三國魏改屬東郡）豫州潁川郡鄢陵冀州清河國廣川（三國魏改屬勃海）徐州彭城國豫州魯國（三國魏廢國爲郡）一統志廩丘故城今山東曹州府范縣東南鄆陵故城今河南開封府鄢陵縣西北廣川故城今直隸冀州棗強縣東彭城故城今江蘇徐州府治魯故城今山東兗州府曲阜縣治 所在見稱入爲丞相主簿 趙一清曰據孫禮傳恢曾任刺奸主簿 出爲揚州刺史太祖曰甚欲使卿在親近顧以爲不如此州事大故書云股肱良哉庶事康哉 尚書益稷篇之辭 得無當得蔣濟爲治中邪時濟見爲丹陽太守乃遣濟還州 蔣濟傳以濟爲別駕 又語張遼樂進等曰揚州刺史曉達軍事動靜與共咨議 時張遼等屯兵合肥 建安二十四年孫權攻合肥 魏武紀孫權傳建安二十四年俱無攻合肥事說見孫權傳 是時諸州皆屯戍恢謂兗州刺史裴潛曰 毛本謂誤作爲 此閒雖有賊不足憂而畏征南方有變今水生而子孝縣軍 潘眉曰曹仁字子孝時行征南將軍 無有遠備關羽驍銳乘利而進必將爲患於是有樊城之事詔書召潛及豫州刺史呂貢等潛等緩之恢密語潛曰此必襄陽之急欲赴之也所以不爲急會

者不欲驚動遠衆一二日必有密書促卿進道張遼等又將被召遼等素知王意後召前至卿受其責矣潛受其言置輜重更爲輕裝速發果被促令遼等尋各見召如恢所策文帝踐阼以恢爲侍中出爲魏郡太守數年遷涼州刺史持節領護羌校尉道病卒時年四十五詔曰恢有柱石之質服事先帝功勤明著及爲朕執事忠於王室故授之以萬里之任任之以一方之事如何不遂吾甚愍之賜恢子生爵關內侯生早卒爵絕 趙一清曰晉書温羨傳羨字長卿漢護羌校尉序之後祖恢魏揚州刺史父恭濟南太守兄弟六人並知名於世號曰六龍羨左光祿大夫開府領司徒卒謚曰元有三子祗字敬齊太傅西曹掾允字敬威太子舍人裕字敬嗣尚武安長公主官至左光祿大夫 恢卒後汝南孟建爲涼州刺史有治名官至征東將軍

魏略曰建字公威少與諸葛亮俱游學亮後出祁山答司馬宣王書使杜子緒宣意於

公威也 孟建事見蜀志諸葛亮傳注引魏略杜襲字子緒有傳襲爲司馬宣王軍師故諸葛公書中云及也
賈逵字梁道 集古錄目卷一云逵字安道 河東襄陵人也 郡國志司隸河東郡襄陵魏正始八年分河東汾北之十
縣爲平陽郡（見少帝紀）襄陵改屬平陽晉書賈充傳作平陽襄陵人一統志襄陵故城今山西平陽府襄陵縣東南十五里 自爲兒童戲弄
常設部伍 趙一清梁章鉅並引拾遺記所載賈逵童時隔籬聽鄰家讀書暗誦六經事弼按拾遺記所載乃漢賈逵字景伯之事景伯本爲經師故小說
家傅會其辭與此傳無涉趙梁均誤引故不錄 祖父習異之曰汝大必爲將率口授兵法數萬言
魏略曰逵世爲著姓少孤家貧冬常無袴 宋本袴作絝下同 過其妻兄柳孚宿其明無何著
孚袴去故時人謂之通健 白孔六帖十二柳孚作柳季御覽無何作無可通健作通達
初爲郡吏守絳邑長 毛本守誤作少絳邑春秋晉所都班志名絳郡國志加邑屬河東郡魏屬平陽郡通鑑作賈逵守絳不從本傳一統
志絳邑故城今山西平陽府曲沃縣西南 郭援之攻河東所經城邑皆下逵堅守援攻之不
拔乃召單于幷軍急攻之城將潰絳父老與援要不害逵絳人既潰
援聞逵名欲使爲將以兵劫之逵不動左右引逵使叩頭逵叱之曰
安有國家長吏爲賊叩頭 胡三省曰逵郡吏非長吏以守絳故自謂縣長吏 援怒將斬之絳吏
民聞將殺逵皆乘城呼曰負要殺我賢君 通鑑作負約 寧俱死耳左右義
逵多爲請遂得免 毛本得作乃
魏略曰援捕得逵 册府元龜八六五此句上有賈逵守絳邑長援攻絳絳潰數語 逵不肯拜謂援曰王府君臨郡
積年 王府君謂河東太守王邑也王邑見鍾繇傳注引魏略又見杜畿傳 不知足下曷爲者也援怒曰促斬之諸將覆
護乃囚於壺關閉著土窖中 胡三省曰壺關縣屬上黨郡土窖掘地以藏粟之所一統志壺關故城今山西潞安府長治縣治壺關在
長治縣東南六里 以車輪蓋上使人固守方將殺之逵從窖中謂守者曰此間無健兒邪而當
使義士死此中乎時有祝公道者與逵非故人而適聞其言憐其守正危厄乃夜盜往
引出折械遣去不語其姓名 趙一清曰集古錄賈逵碑跋云裴注引魏略與志不同而此碑但云爲援所執臨以白刃不屈而已不載

絳人約援事如傳所載不獨逵有德於絳人而絳人臨危能與逵生死亦可謂賢矣自古碑碣稱述功德常患過實如逵與絳人德義碑不應略而不著頗疑陳壽
作傳好奇而所得非實也松之又注魏書逵年五十五而碑云五十有四亦當以碑爲正
初逵過皮氏曰爭地先據者勝 郡國志司隸河東郡皮氏三國魏改屬司州平陽郡一統志皮氏故城今山西絳州河津
縣西二里 及圍急知不免乃使人閒行送印綬歸郡且曰急據皮氏援既
幷絳衆將進兵逵恐其先得皮氏乃以他計疑援謀人祝奧 姜宸英曰祝奧豈卽
祝公道邪 援由是留七日郡從逵言故得無敗
孫資別傳曰資舉河東計吏到許薦於相府曰逵在絳邑帥厲吏民與賊郭援交戰力
盡而敗爲賊所俘挺然直志顏辭不屈忠言聞於大衆烈節顯於當時雖古之直髮據
鼎罔以加也 史記藺相如傳相如持璧卻立倚柱怒髮上衝冠謂秦王曰臣觀大王無意償趙城故臣復取璧大王必欲急臣臣頭今與璧俱碎於柱
矣國語文公伐鄭欲得鄭詹而師還鄭人以詹與晉晉人將烹之詹據鼎耳而疾號公乃命勿殺厚爲禮而歸之 其才兼文武誠時之利
用 魏略曰郭援破後逵乃知前出己者爲祝公道公道河南人也後坐他事當伏法
逵救之力不能解爲之改服焉 祝公道見魏略勇俠傳與孫賓碩楊阿若鮑出同傳見本志閻溫傳注
後舉茂才除澠池令 郡國志司隸弘農郡黽池惠棟曰賈服傳作澠水經穀水出弘農黽池縣南墦冢林穀陽谷注云因崤黽之池以目
縣光武璽書曰始雖垂翅回谿終能奮翼黽池卽此一統志澠池故城今河南河南府澠池縣西 高幹之反 吳本毛本幹誤作軒 張琰將
舉兵以應之逵不知其謀往見琰聞變起欲還恐見執乃爲琰晝
計如與同謀者琰信之時縣寄治蠡城 謝鍾英曰水經注穀水東北過蠡城邑之南城西有鵠水出北
四里山上原高二十五丈故澠池縣治鍾英案故治卽今陝州澠池縣蠡城當在澠池縣北四里趙一清曰方輿紀要卷四十八蠡城在今河南府澠池縣西四十里
城塹不固逵從琰求兵修城諸欲爲亂者皆不隱其謀故逵得盡誅
之遂修城拒琰琰敗逵以喪祖父去官司徒辟爲掾以議郎參司隸
軍事太祖征馬超至弘農曰此西道之要以逵領弘農太守召見計

事大悅之謂左右曰使天下二千石悉如賈逵吾何憂其後發兵逵疑屯田都尉藏亡民（趙一清曰傳作都尉注引魏略作校尉微有不同弼按傳作屯田都尉注作典農校尉又按陳留王紀咸熙元年罷屯田官諸典農皆爲太守都尉皆爲令長是典農與都尉爲兩官詳見任峻傳）都尉自以不屬郡言語不順逵怒收之數以罪撾折腳坐免然太祖心善逵以爲丞相主簿

魏略曰太祖欲征吳而大霖雨（毛本大誤作太）三軍多不願行太祖知其然恐外有諫者教曰今孤戒嚴未知所之有諫者死逵受教謂其同寮三主簿曰今實不可出而教如此不可不諫也乃建諫草以示三人三人不獲已皆署名入白事太祖怒收逵等當送獄取造意者（御覽四百五十三取上有教字）逵即言我造意遂走詣獄獄吏以逵主簿也不即著械謂獄吏曰（御覽謂上有逵字）促械我尊者（御覽作王）且疑我在近職求緩於卿今將遣人來察我逵著械適訖而太祖果遣家中人就獄視逵既而教曰逵無惡意原復其職始逵爲諸生

略覽大義取其可用最好春秋左傳及爲牧守常自課讀之月常一徧逵前在弘農與典農校尉爭公事不得理乃發憤生癭後所病稍大自啓願欲令醫割之（御覽無願字）太祖惜逵忠恐其不活教謝主簿吾聞十人割癭九人死逵猶行其意而癭愈大逵本名衢後改爲逵

太祖征劉備先遣逵至斜谷觀形勢（方輿紀要南口曰褒在陝西漢中府褒城縣北十里北口曰斜在陝西鳳翔府郿縣西南三十里總計川陝相通之道谷長四百七十里）道逢水衡（趙一清曰宋書百官志漢世水衡都尉主上林苑魏世主天下水軍舟船器械）載囚人數十車逵以軍事急輒竟重者一人皆放其餘太祖善之拜諫議大夫與夏侯尚並掌軍計太祖崩洛陽逵典喪事

魏略曰時太子在鄴鄢陵侯未到士民頗苦勞役又有疾癘於是軍中擾動羣寮恐天下有變欲不發喪逵建議爲不可祕乃發哀令內外皆入臨臨訖各安敘不得動而青州軍擅擊鼓相引去（胡三省曰青州兵獻帝初平三年操破黃巾所降者）衆人以爲宜禁止之不從者討之逵以爲方大喪在殯嗣王未立宜因而撫之乃爲作長檄（胡三省曰長檄猶今軍行所至幫券也）告所在給其廩食（通鑑作稟食胡三省曰稟讀曰廩）

時鄢陵侯彰（毛本鄢誤作郿）行越騎將軍從長安來赴（胡三省曰操自漢中還師而東彰定代而西迎操因留彰長安）問逵先王璽綬所在逵正色曰太子在鄴國有儲副先王璽綬非君侯所宜問也遂奉梓宮還鄴文帝即王位以鄴縣戶數萬在都下多不法乃以逵爲鄴令月餘遷魏郡太守

魏略曰初魏郡官屬頗以公事期會有所急切會聞逵當爲郡舉府皆詣縣門外及還書到逵出門而郡官屬悉當門謁逵於車下逵抵掌曰詣治所何宜如是

大軍出征復爲丞相主簿祭酒逵嘗坐人爲罪王曰叔向猶十世宥

之（左傳襄公二十一年祁奚曰夫謀而鮮過惠訓不倦者叔向有焉社稷之固也猶將十世宥之以勸能者）況逵功德親在其身乎從至黎陽津（黎陽見武紀建安四年）渡者亂行逵斬之乃整至譙（文紀延康元年七月軍次於譙）以逵爲豫州刺史（豫州刺史見武紀初平元年胡三省曰豫州統潁川汝陰汝南梁國沛郡譙郡魯郡弋陽安豐等郡晉地理志曰魏武分沛郡立譙郡分汝南立汝陰郡合陳郡於梁國沈約志曰弋陽縣本屬汝南魏文帝分立郡又分廬江爲安豐郡謝鍾英曰魏分汝南置汝陰郡其後郡廢縣還屬汝南安豐郡嘉平後廢胡氏偶未檢耳魏豫州得漢舊郡國六分置譙郡弋陽合六郡二國）

魏略曰逵爲豫州逵進曰臣守天門出入六年天門始開而臣在外唯殿下爲兆民計無違天人之望

是時天下初復州郡多不攝（御覽攝作懾通鑑作是時天下初定刺史多不能攝郡胡三省曰攝總錄也）逵曰州本以御史出監諸郡以六條詔書察長吏二千石以下（潘眉曰御史當爲刺史此傳寫誤也秦置監御史掌監郡秦之御史即漢之刺史賈逵言六條詔書察諸郡長吏是言漢制不應以漢世之法屬諸先秦之官知今本作御史者非也六條詔

書漢武所制其一條曰强宗豪右田宅踰制以强陵弱以衆暴寡其二條曰二千石不奉詔書遵承典制背公向私旁詔牟利侵漁百姓聚斂爲姦其三條曰二千石不恤疑獄風厲殺人怒則加罰喜則任賞煩擾苛暴剝戮黎元爲百姓所疾山崩石裂妖祥譌言其四條曰二千石選署不平苟阿所愛蔽賢寵頑其五條曰二千石子弟恃怙榮勢請託所監其六條曰二千石違公下比阿附豪强通行貨賂割損正令凡此六條刺史奉行犯則奏免六條以外刺史不察或有所察過詔反被劾奏者蓋漢刺史惟守六條而已賈逵爲豫州刺史攷其時在延康元年尚承用六條之法自是以後刺史權重或持節都督如杜恕爲幽州刺史加建威將軍使持節護烏丸校尉夏侯尚以平陵鄉侯遷征南將軍領荆州刺史假節都督南方諸軍事皆總統賦政非止司察之任而已也沈家本曰潘說未是本文云以御史出監諸郡實指監御史而言如改御史爲刺史則不得云出監矣刺史之制本於監御史故逵統而言之耳 故其狀皆言嚴能鷹揚有督察之才不言安靜寬仁有愷悌之德也今長吏慢法盜賊公行州知而不糾天下復何取正乎兵曹從事受前刺史假逵到官數月乃還考竟其二千石以下阿縱不如法者皆舉奏免之帝曰逵眞刺史矣 逵出爲豫州刺史在延康元年七月以後到官數月卽爲黃初元年矣本傳書帝曰是也通鑑書王曰似少誤蓋連類而書敘在受禪以前故書王曰然與下文賜爵又不相應矣

布告天下當以豫州爲法賜爵關內侯州南與吳接逵明斥候繕甲兵爲守戰之備賊不敢犯外修軍旅內治民事遏鄢汝造新陂又斷山溜長谿水造小弋陽陂又通運渠二百餘里所謂賈侯渠者也 水經渠水注云沙水又南與廣漕渠合上承龐官陂云鄧艾所開雖水流廢興溝瀆尙夥昔賈逵爲魏豫州刺史通運渠二百里餘亦所謂賈侯渠也而川渠逕復交錯畛陌無以辨之沙水又東逕長平縣故城北又東南逕陳城北故陳國也謝鍾英曰賈侯渠當在今河南陳州府西北故道久湮趙一淸曰方輿紀要卷五十弋陽陂在河南光州東新陂在汝寧府東 黃初中與諸將並征吳破呂範於洞浦 洞浦在今安徽和州西南臨江 進封陽里亭侯 潘眉曰水經注瓠子北有都關縣故城縣有羊里亭黃初中賈逵封爲羊里亭侯邑四百戶卽斯亭也羊陽古字通趙一淸曰方輿紀要卷四十七故陽里在陳州北 加建威將軍明帝卽位增邑二百戶并前四百戶時孫權在東關 東關在今安徽和州含山縣西南七十里濡須塢之北 當豫州南去江四百餘里每出兵爲寇輒西從江夏東從廬江國家征伐亦由淮沔 宋本沔作沛或曰承上東

西之文當作淮沔若淮沛止東路何言東西有急乎 是時州軍在項 錢大昭曰郡國志豫州刺史治沛國譙縣魏武分沛立譙郡故改治汝南項縣逵有功德於豫州故州人立碑像於項王先謙曰吳增僅引沈志豫州漢治譙魏治安成錢大昭三國志辨疑豫州刺史治譙魏武立譙郡改治汝南項縣案諸說各言一時事賈逵傳文帝出征逵從至譙以逵爲豫州刺史是魏初猶治譙明帝卽位時州軍在項逵卒州人立祠於項是明帝時徙治項嘉平中諸葛誕爲鎭南都督豫州正元二年毌丘儉以淮南壽春反西至項堅守彼時不聞州軍抵禦刺史已徙治可知大將軍使諸葛誕從安風津擬壽春考安風津在安成東南二百餘里誕督豫州諸軍取道於此然則豫州徙治安成在正始嘉平之際一統志項縣故城今河南陳州府項城縣東北槐坊店 汝南弋陽諸郡守境而已權無北方之虞東西有急并軍相救故常少敗逵以爲宜開直道臨江若權自守則二方無救若二方無救則東關可取乃移屯潦口 趙一淸曰方輿紀要卷五十一潦河在南陽府鎭平縣東四十里源出南陽縣之馬峙坪南流之新野縣界入於淯河 陳攻取之計帝善之吳將張嬰王崇率衆降太和二年帝使逵督前將軍滿寵東莞太守胡質等四軍從西陽直向東關 方輿紀要卷二十六西陽成在安慶府桐城縣東北 曹休從皖司馬宣王從江陵逵至五將山 梁章鉅曰續後漢書音義云在淮沔之開晉載記符堅兵敗奔五將山按堅都長安倉卒安得淮沔周壽昌曰此別一五將山非符堅所奔異地同名此所常有 休更表賊有請降者求深入應之詔宣王駐軍逵東與休合進 胡三省曰逵自豫州進兵取西陽以向東關休自壽春向皖西陽在皖之西而東關又在皖之東今與休合蓋使合兵向東關也 逵度賊無東關之備必并軍於皖休深入與賊戰必敗乃部署諸將水陸並進行二百里得生賊言休戰敗權遣兵斷夾石 夾石今桐城縣北四十七里北峽關 諸將不知所出或欲待後軍逵曰休兵敗於外路絕於內進不能戰退不得還安危之機不及終日賊以軍無後繼故至此今疾進出其不意此所謂先人以奪其心也 左傳軍志曰先人有奪人之心 賊見吾兵必走若待後軍賊已斷險兵雖多何益乃兼道進軍多設旗鼓爲疑兵賊見逵軍遂退逵據夾石以兵糧給休休軍乃振初逵

與休不善黃初中文帝欲假逵節休曰逵性剛素侮易諸將不可爲
督帝乃止及夾石之敗微逵 毛本微誤作徵 休軍幾無救也 監本官本無也字
魏略曰休怨逵進遲乃呵責逵逵使主者敕豫州刺史往拾棄仗逵恃心直謂休曰本
爲國家作豫州刺史不來相爲拾棄仗也乃引軍還遂與休更相表奏朝廷雖知逵直
猶以休爲宗室任重兩無所非也 魏書云休猶挾前意欲以後期罪逵逵終無言時
人亦以此多逵 北宋本亦作益 習鑿齒曰夫賢人者外身虛已內以下物嫌忌之名何由而
生乎有嫌忌之名者必與物爲對存勝負於己身者也若以其私憾敗國殄民彼雖傾
覆於我何利我苟無利乘之曷爲以是稱說臧獲之心耳今忍其私忿而急彼之憂冒
難犯危而免之於害使功顯於明君惠施於百姓身登於君子之塗義愧於敵人之心
雖財虎猶將不覺所復而況於曹休乎然則濟彼之危所以成我之勝不計宿憾所以

服彼之心公義既成私利亦弘可謂善爭矣在於未能忘勝之流不由於此而能濟勝
者未之有也

會病篤謂左右曰受國厚恩恨不斬孫權以下見先帝喪事一不得
有所修作薨謚曰肅侯
魏書曰逵時年五十五 逵碑作五十四說見前
子充嗣 監本子充嗣另提行誤 豫州吏民追思之爲刻石立祠 水經潁水注谷水逕小城北又東逕賈逵
祠北廟在小城東廟前有碑碑石生金干寶曰黃金可採爲晉中興之瑞寰宇記卷
十賈逵碑在陳州項城縣東南二里梁國劉舉等立集古錄目云從事吳康等立
青龍中帝東征乘輦入逵祠詔曰昨過項見賈逵碑像念之愴然古
人有言患名之不立不患年之不長逵存有忠勳沒而見思可謂死
而不朽者矣其布告天下以勸將來

魏略曰甘露二年車駕東征屯項復入逵祠下詔曰逵沒有遺愛歷世見祀追聞風烈
朕甚嘉之昔先帝東征亦幸於此 即指青龍中事 親發德音襃揚逵美徘徊之心益有慨然
有疑作用 夫禮賢之義或埽其墳墓或修其門閭所以崇敬也其埽除祠堂有穿漏者補
治之

充咸熙中爲中護軍
晉諸公贊曰充字公閭 晉書賈充傳逵晚始生充言後當有充閭之慶故以爲名字焉本志郭淮傳注引晉諸公贊淮弟配裴秀賈充皆配
女壻 甘露中爲大將軍長史高貴鄉公之難司馬文王賴充以免 晉書充傳充詣諸葛誕論說時事因謂誕
曰天下皆願禪代君以爲何如誕厲聲曰卿非賈豫州之子乎世受魏恩豈可以社稷輸人乎充默然高貴鄉公之攻相府也充率衆拒戰於南闕軍將敗騎督成
倅弟太子舍人濟謂充曰今日之事何如充曰公等養汝正擬今日復何疑濟於是抽戈犯蹕 爲晉室元功之臣位至太宰封魯
公謚曰武公 晉書充傳博士秦秀議謚曰荒帝不納博士段暢希旨建議曰武帝乃從之泰始中人爲充等謠曰賈裴王亂紀綱王裴賈濟天下言亡

魏而成晉也 魏略列傳以逵及李孚楊沛三人爲一卷今列孚沛二人繼逵後耳孚字子
憲鉅鹿人也興平中本郡人民饑困孚爲諸生當種薤 趙一清曰當宜作嘗 欲以成計 潘眉曰言欲俟
其成以計知其多寡謹按詩小雅倬彼甫田歲取十千鄭箋云歲取十千於井田之法則一成之數也成方十里其田萬畝然一人不能種萬畝亦不能萬畝皆種
薤也 有從索者亦不與一莖亦不自食故時人謂能行意後爲吏建安中袁尚領冀州以
孚爲主簿後尚與其兄譚爭鬭尚出軍詣平原留別駕審配守鄴城孚隨尚行會太祖
圍鄴尚還欲救鄴行未到尚疑鄴中守備少復欲令配知外動止與孚議所遣孚答尚
言今使小人往恐不足以知外內且恐不能自達孚請自往尚問孚當何所得 御覽得作辨
孚曰聞鄴圍甚堅多人則覺以爲直當將三騎足矣尚從其計孚自選溫信者三人不
語所之皆敕使具脯糧不得持兵仗各給快馬遂辭尚來南所在止亭傳及到梁淇 郡國
志魏郡梁期即梁淇也水經濁漳水注漳水又東逕武城南世謂之梁期城梁期在鄴北俗亦謂之兩期城皆爲非也郡國志鄴縣有武城即期城矣 使從

者斫問事杖三十枚胡三省曰問事卒也主行杖猶伍伯之類問事杖問事所執杖也繫著馬邊自著平上幘胡三省曰幘有顏題其顏卻摞施巾連題卻覆之平上幘者其上平也晉志引漢注曰冠惠文者宜短耳今平上幘也冠進賢者宜長耳今介幘也文吏服介幘武吏服平上幘將三騎投暮詣鄴下是時大將軍雖有禁令而芻牧者多故孚因此夜到以鼓一中自稱都督歷北圍循表而東胡三省曰表圍城所立標表也從東圍表又循圍而南步步呵責守圍將士隨輕重行其罰遂歷太祖營前徑南過從南圍角西折當章門胡三省曰鄴城有七門正南曰章門亦曰中陽門復責怒守圍者收縛之因開其圍馳到城下呼城上人城上人以繩引孚御覽繩作縋得入胡三省曰不先經操營前則守圍者必疑不可得而收縛圍亦不可開矣孚之來也其定計固指從章門入也配等見孚悲喜鼓譟稱萬歲守圍者以狀聞太祖笑曰此非徒得入也方且復得出胡三省曰操知其復出非不欲嚴爲之防也審孚所以得入之由服其多智有不可得而防者也孚事訖欲得還而顧外圍必急不可復冒謂已使命當速反乃陰心計請配曰今城中穀少無用老弱爲也不如驅出之以

省穀也配從其計前不語從者所之後不語審配乃復夜簡別數千人皆使持白幡御覽有持脂燭三字從三門並出降胡三省曰鄴城南門三門曰鳳陽門中陽門廣陽門又使人人持火孚乃無何將本所從作降人服隨輩夜出時守圍將士聞城中悉降火光照曜但共觀火不復視圍孚出北門方輿紀要卷四十九鄴北門亦曰玄武門遂從西北角突圍得去其明太祖聞孚已得出抵掌笑曰果如吾言也通鑑輯覽曰李孚出入嚴圍固自狡獪操付之一笑所謂因計用計也以此爲操軍紀之疏其見淺矣孚北見尚馮本北作比誤尚甚歡喜會尚不能救鄴破走至中山而袁譚又追擊尚尚走孚與尚相失遂詣譚復爲譚主簿東還平原太祖進攻譚譚戰死孚還城城中雖必降尚擾亂未安孚權宜欲得見太祖乃騎詣牙門稱冀州主簿李孚欲口白密事太祖見之孚叩頭謝太祖問其所白孚言今城中彊弱相陵心皆不定以爲宜令新降爲內所識信者宣傳明教馮本宣作宣誤公謂孚曰卿便還宣之孚跪請教公曰便以卿意宣也孚還入城宣

教各安故業不得相侵陵城中以安乃還報命公以孚爲良足用也會爲所閒裁署宂散出守解長郡國志司隸河東郡解一統志解縣故城今山西蒲州府臨晉縣東南名爲嚴能稍遷至司隸校尉時年七十餘矣其於精斷無衰而術略不損於故終於陽平太守孚本姓馮復改爲李宋北本復作後

楊沛字孔渠馮翊萬年人也一統志萬年故城今陝西西安府臨潼縣東北七十里初平中爲公府令史以牒除爲新鄭長郡國志司隸河南尹新鄭一統志新鄭故城今河南開封府新鄭縣北興平末人多飢窮沛課民益畜乾椹收豐豆椹桑實也豐力刀切野豆也周壽昌曰據古今注所言形狀似卽今俗所稱刀豆閱其有餘以補不足如此積得千餘斛藏在小倉會太祖爲兗州刺史西迎天子所將千餘人皆無糧過新鄭沛謁見乃皆進乾椹太祖甚喜及太祖輔政遷沛爲長社令長社見鍾繇傳時曹洪賓客在縣界徵調不肯如法沛先撾折其腳遂殺之由此太祖以爲能累遷九江東平樂安太守揚州九江郡兗州東平郡青州樂安郡並有治迹坐與督軍爭鬬髡刑五歲輸作未竟會太

祖出征在譙聞鄴下頗不奉科禁乃發教選鄴令當得嚴能如楊沛比故沛從徒中起爲鄴令已拜太祖見之問曰以何治鄴沛曰竭盡心力奉宣科法太祖曰善顧謂坐席曰諸君此可畏也賜其生口十人絹百匹既欲以勵之且以報乾椹也沛辭去未到鄴各本均無鄴字馮本毛本有之而軍中豪右曹洪劉勳等畏沛各遣家馳騎告子弟何焯校改馳騎作騎馳使各自檢敕沛爲令數年以功能轉爲護羌都尉十六年馬超反大軍西討沛隨軍都督孟津渡事太祖已南過其餘未畢而中黃門前渡建安十六年操尚未爲魏公何得有中黃門忘持行軒私北還取之從吏求小船欲獨先渡吏呵不肯黃門與吏爭言沛問黃門有疏邪黃門云無疏沛怒曰何知汝不欲逃邪遂使人捽其頭與杖欲捶之而逸得去衣幘皆裂壞自訴於太祖太祖曰汝不死爲幸矣由是聲名益振及關中破代張既領京兆尹黃初中儒雅並進而沛本以事能見用遂以議郎宂散里巷沛前後宰歷城守不以私計介

意又不肯以事貴人故身退之後家無餘積治疾於家借舍從兒無他奴婢後占河南夕陽亭部荒田二頃趙一清曰方輿紀要卷四十八夕陽亭在河南府東南潘眉曰亭在女几山之陽故曰几陽此作夕陽亭誤後漢書楊震傳亦誤起瓜牛廬裴注釋瓜牛廬見管寧傳注居止其中其妻子凍餓沛病亡局本脫去病字誤鄉人親友及故吏民爲殯葬也

評曰自漢季以來毛本季誤作李刺史總統諸郡宋本統作部賦政于外非若曩時司察之而已太祖創基迄終魏業此皆其流稱譽有名實者也咸精達事機威恩兼著故能肅齊萬里見述于後也錢儀吉曰此卷皆名刺史下卷則名守也各以類從劉咸炘曰此卷皆刺史有功者也劉馥治揚梁習治并張既治雍涼溫恢治揚涼賈逵治豫功皆甚著司馬朗治兗功不及諸人而建州郡領兵之議溫恢治揚涼功亦少當是附既傳耳漢末刺史統郡權重司馬懿答夏侯玄書已言之漢末因之割裂魏晉以降方鎮之制由此興

魏書十五　三國志十五

魏書十六　三國志十六

任蘇杜鄭倉傳第十六

晉 平 陽 侯 相 安 漢 陳 壽 撰

宋 中 書 侍 郎 西 鄉 侯 聞 喜 裴 松 之 注

沔 陽 盧 弼 集 解

任俊宋本俊作峻案下文俱作峻惟此一字誤字伯達御覽二百四十一作字伯遠河南中牟人也中牟見武紀卷首漢末擾亂關東皆震中牟令楊原愁恐欲棄官走峻說原曰董卓首亂天下莫不側目然而未有先發者非無其心也勢未敢耳明府若能唱之必有和者原曰爲之柰何峻曰今關東有十餘縣能勝兵者不減萬人若權行河南尹事總而用之無不濟矣原從其計以峻爲主簿峻乃爲原表行尹事原表或校改作表原范書朱㑺傳㑺爲河南尹與山東諸將通謀爲內應既而懼爲董卓所襲棄官奔荊州卓以弘農楊懿爲河南尹㑺復進兵還洛懿走㑺以河南殘破東屯中牟陶謙等上書於㑺仍稱河南尹莫府時在初平二年楊原代行尹事當在朱㑺之後是時關東諸將於初平元年已興師討卓而朱㑺屯兵之地卽在中牟何以任峻說原天下未有先發者稽其年月證諸事實皆不能無疑使諸縣堅守遂發兵會太祖起關東入中牟界衆不知所從峻獨與同郡張奮議舉郡以歸太祖峻又別收宗族及賓客家兵數百人願從太祖太祖大悅表峻爲騎都尉妻以從妹甚見親信太祖每征伐峻常居守以給軍是時歲飢旱軍食不足羽林監潁川棗祗建置屯田胡三省曰漢官羽林有左右監秩六百石屬光祿勳太祖以峻爲典農中郎將官本考證云中郎將下太平御覽引此有募百姓屯田於許下得穀百萬斛郡國列置田官十九字（弼按通鑑作例置田官）趙一清曰晉書食貨志以任峻爲典農中郎將募百姓屯田許下得穀百萬斛郡國列置田官數年之中所在積粟方輿紀要卷四十七洧倉城在許昌故城東卽洧水之邸閣也棗祗募人屯田許下此其倉城也又臨潁縣北二十里有棗祗河或謂之棗村河縣西二十里有灌溝

北接潁水南接泥河南北二口俱有陡門亦曹魏時引水溉田處胡三省曰魏志曰曹公置典農中郎將秩二千石典農都尉秩六百石或四百石典農校尉秩比二千石

數年中所在積粟倉廩皆滿官渡之戰太祖使峻典軍器糧運賊數寇鈔絕糧道乃使千乘爲一部十道方行爲複陳以營衛之賊不敢近 梁章鉅曰通典卷一百三十七載李衛公兵法云諸軍討伐例有數營發引逢賊首尾難救行引之時須先爲方陣應行之兵分爲四分輜重爲兩道引戰鋒等隊亦爲兩道引如此發引縱使狹路急緩亦得成陣卽祖此制也 軍國之饒起於棗祗而成於峻 互見武紀建安元年

魏武故事載令曰故陳留太守棗祗天性忠能始共舉義兵周旋征討後袁紹在冀州亦貪祗欲得之祗深附託於孤使領東阿令 局本阿誤作河 呂布之亂兗州皆叛惟范東阿完在 范東阿見武紀興平元年 由祗以兵據城之力也 棗祗守東阿見程昱傳 後大軍糧乏得東阿以繼祗之功也及破黃巾定許得賊資業當興立屯田時議者皆言當計牛輸穀佃科以定施行

後祗白以爲僦牛輸穀大收不增穀有水旱災除大不便反覆來說孤猶以爲當如故大收不可復改易祗猶執之孤不知所從使與荀令君議之時故軍祭酒侯聲云科取官牛爲官田計如祗議於官便於客不便聲懷此云云以疑令君祗猶自信據計畫還白執分田之術孤乃然之使爲屯田都尉施設田業其時歲則大收後遂因此大田豐足軍用摧滅羣逆克定天下以隆王室祗興其功不幸早沒追贈以郡猶未副之今重思之祗宜受封稽留至今孤之過也祗子處中宜加封爵以祀祗爲不朽之事 何焯曰祗議卽龍子貢助之說也魏人屯田之制賴此令而存 文士傳曰祗本姓棘先人避難 晉書作避讎 易爲棗孫據字道彥 晉書棗據傳據潁川長社人父叔禕魏鉅鹿太守 晉冀州刺史據子嵩字臺產散騎常侍並有才名多所著述嵩兄腆字玄方 毛本玄作元 襄城太守 馮本作襄陽晉書作襄城 亦有文采

太祖以峻功高乃表封爲都亭侯邑三百戶遷長水校尉 百官志長水校尉一人比二千石掌宿衛兵注引韋昭曰長水校尉典胡騎廄近長水故以爲名長水蓋關中小水也 峻寬厚有度而見事理每有所陳太祖多善之於饑荒之際收卹朋友孤遺中外貧宗周急繼乏信義見稱建安九年薨太祖流涕者久之子先嗣先薨無子國除文帝追錄功臣諡峻曰成侯復以峻中子覽爲關內侯

蘇則字文師扶風武功人也 郡國志司隸右扶風武功建安十八年右扶風郡屬雍州三國魏去右字一統志武功故城卽斄縣故城今陝西乾州武功縣西南三十里 少以學行聞舉孝廉茂才辟公府皆不就起家爲酒泉太守轉安定武都 酒泉安定武都均屬涼州

魏書曰則剛直疾惡常慕汲黯之爲人 魏略曰則世爲著姓興平中三輔亂飢窮避難北地 涼州北地郡 客安定依富室師亮亮待遇不足則慨然歎曰天下會安當不久爾必還爲此郡守折庸輩士也後與馮翊吉茂等 吉茂事見常林傳注引魏略 隱於郡南太白山中 郡國志武功縣有太一山本終南水經渭水注太一山亦曰太白山在武功縣南去長安二百里不知其高幾何俗云武功太白去天三百謝鍾英曰太白山在今武功縣西南九十里 以書籍自娛及爲安定太守而師亮等皆欲逃走則聞之豫使人解語以禮報之

所在有威名太祖征張魯過其郡見則悅之使爲軍導魯破則綏定下辯諸氐 毛本綏誤作餒郡國志武都郡下辨一統志今甘肅階州成縣西 通河西道徙爲金城太守是時喪亂之後吏民流散飢窮戶口損耗則撫循之甚謹外招懷羌胡得其牛羊以養貧老與民分糧而食旬月之閒流民皆歸得數千家乃明爲禁令有干犯者輒戮其從教者必賞親自教民耕種其歲大豐收由是歸附者日多李越以隴西反則率羌胡圍越越卽請服太祖崩西平麴演叛 西平郡漢末分金城置 稱護羌校尉則勒兵討之演恐乞降文

帝以其功加則護羌校尉賜爵關內侯

魏名臣奏載文帝令問雍州刺史張既曰試守金城太守蘇則既有綏民平夷之功聞又出車聞疑作閒宋本車作軍西定湟中湟中見夏侯淵傳爲河西作聲勢吾甚嘉之則之功効爲可加爵邑未邪封爵重事故以問卿密白意且勿宣露也既答曰金城郡昔爲韓遂所見屠剝死喪流亡或竄戎狄或陷寇亂戶不滿五百則到官內撫彫殘外鳩離散今見戶千餘又梁燒雜種羌昔與遂同惡遂斃之後越出障塞則前後招懷歸就郡者三千餘落皆卹以威恩爲官効用西平麴演等倡造邪謀則尋出軍臨其項領詩小雅節南山之章駕彼四牡四牡項領毛傳云項大也范書呂強傳羣邪項領膏脣拭舌吳志陸遜傳遜慮步闡畜力項領伺視間隙抱朴子眼能察天衢而不能周項領之間演卽歸命送質破絕賊糧則既有卹民之効又能和戎狄盡忠效節遭遇聖明有功必錄若則加爵邑誠足以勸忠臣勵風俗也

後演復結旁郡爲亂張掖張進執太守杜通酒泉黃華不受太守辛機進華皆自稱太守以應之胡三省曰誅韓遂者麴演也蓋威行涼部久矣故進等皆應之又武威三種胡並寇鈔道路斷絕武威太守毌丘興胡三省曰毌丘複姓也弼按興卽毌丘儉之父見儉傳及注引魏名臣奏告急於則時雍涼諸豪皆驅略羌胡以從進等郡人咸以爲進不可當又將軍郝昭魏平郝昭事見明紀太和二年注引魏略先是各屯守金城亦受詔不得西度金城在東武威張掖酒泉在西胡三省曰金城與武威張掖酒泉隔河則乃見郡中大吏及昭等與羌豪帥謀曰今賊雖盛然皆新合或有脇從宋本作脅毛本作脇誤通鑑作脅未必同心因釁擊之善惡必離離而歸我我增而彼損矣既獲益衆之實且有倍氣之勢率以進討破之必矣若待大軍曠日持久善人無歸必合於惡善惡既合勢難卒離雖有詔命違而合權專之可也於是昭等從之乃發兵救武威降其三種胡與興擊進於張掖演聞之將步騎三千迎則辭來助軍而實欲爲變則誘與相見因斬之出以徇軍其黨皆散走則遂與諸軍圍張掖破之斬進及其支黨衆皆降演軍敗華懼出所執乞降胡三省曰據裴松之注華卽後爲兗州刺史奏王淩者也河西平則爲金城太守出境圍隴西服李越救武威斬張掖誘麴演斬張進降黃華平河西以一郡守而出境討賊立功如是不第爲邊郡之賢太守且爲智勇兼全之名將也是役毌丘興亦有功見毌丘儉傳注引魏名臣奏乃還金城進封都亭侯邑三百戶徵拜侍中與董昭同寮昭嘗枕則膝臥則推下之曰蘇則之膝非佞人之枕也初則及臨菑侯植聞魏氏代漢皆發服悲哭文帝聞植如此而不聞則也帝在洛陽嘗從容言曰吾應天受禪而聞有哭者何也則謂爲見問鬚髯悉張欲正論以對侍中傅巽掐則曰宋本掐作搯注云音苦洽反文選長笛賦注引魏書程昱忿爭邊人搯之乃止不謂卿

也於是乃止

魏略曰舊儀侍中親省起居故俗謂之執虎子西京雜記漢朝以玉爲虎子以爲便器始則同郡吉茂者是時仕甫歷縣令遷爲冗散茂見則嘲之曰仕進不止執虎子則笑曰我誠不能效汝蹇蹇驅鹿車馳也初則在金城聞漢帝禪位以爲崩也乃發喪後聞其在自以不審意頗默然臨菑侯植自傷失先帝意亦怨激而哭其後文帝出游追恨臨菑顧謂左右曰人心不同當我登大位之時天下有哭者時從臣知帝此言有爲而發也馮本而下有不字誤而則以爲爲已欲下馬謝侍中傅巽目之乃悟 孫盛曰夫士不事其所非不非其所事趣舍出處而豈徒哉則既策名新朝委質異代而方懷二心生忿宋本二作貳欲奮爽言豈大雅君子去就之分哉詩云士也罔極二三其德士之二三猶喪妃偶況人臣乎唐庚曰魏氏受禪漢帝尙存縞素舉哀誠爲輕脫然孫盛以爲二心茲又過矣箕子過商故墟傷之欲哭以方朝而不敢季札哭王僚而事闔廬晏子哭莊公而事景公

何得謂之非其所事而事其所非乎 哀死事生以待天命此人臣之分也

文帝問則曰前破酒泉張掖西域通使燉煌獻徑寸大珠可復求市益得不則對曰若陛下化洽中國德流沙漠卽不求自至求而得之不足貴也帝默然後則從行獵槎桎拔失鹿 御覽作槎挂失鹿槎任雅切與査同桎之實切沈欽韓曰蓋竹木格闌鹿者庶物異名疏槎桎檻獸之具 帝大怒踞牀拔刀 宋本踞下有胡字御覽同 悉收督吏將斬之則稽首曰臣聞古之聖王不以禽獸害人今陛下方隆唐堯之化而以獵戲多殺羣吏愚臣以爲不可敢以死請帝曰卿直臣也遂皆赦之然以此見憚黃初四年左遷東平相 御覽四百五十三引魏略云蘇則爲侍中文帝時人多饑困而軍數出又兼治宮室則又數面諫由此上頗不悅其後出以爲河東相弼按御覽引魏略云蘇則出爲河東相與傳文左遷東平相不合又按武文世王公傳黃初三年立曹霖爲河東王太和六年改封霖張王曹徽爲東平王是東平立國在後蘇則爲相在黃初四年東平當爲河東之譌又按世說賞譽篇注引魏書亦云則爲河東相

未至道病薨諡曰剛侯子怡嗣 唐書宰相世系表怡作恬 怡薨無子弟愉襲封愉咸熙中爲尙書

愉字休豫歷位太常光祿大夫見晉百官名 山濤啓事 晉書山濤傳濤字巨源河內懷人居選職十餘年濤所奏甄拔人物各爲題目時稱山公啓事濤薦郿令諸葛京見蜀志諸葛亮傳注隋書經籍志總集類山公啓事三卷舊唐志山濤啓事三卷新唐志作十卷嚴可均全晉文輯存五十餘事文選注十六又四十二又五十六引賈謐之山公表注或卽是書 稱愉忠篤有智意 臣松之案愉子紹字世嗣爲吳王師石崇妻紹之兄女也 官本考證云兄女宋本作女兄世說品藻篇云金谷中蘇紹最勝紹是石崇姊夫蘇則孫愉子也此與裴氏所云相反 紹有詩在金谷集 晉書石崇傳崇出鎭下邳崇有別館在河陽之金谷一名梓澤送者傾都帳飲於此焉世說品藻篇劉孝標注引石崇金谷詩敘曰余以元康六年從太僕卿出爲使持節監青徐諸軍事征虜將軍有別廬在河南縣界金谷澗中或高或下有淸泉茂林衆果竹柏藥草之屬莫不畢備又有水碓魚池土窟其爲娛目歡心之物備矣時征西大將軍祭酒王詡當還長安余與衆賢共送往澗中晝夜遊宴屢遷其坐或登高臨下或列坐水濱時琴瑟笙筑合載車中道路並作及住令與鼓吹遞奏遂各賦詩以敘中懷或不能者罰酒三斗感性命之不永懼凋落之無期故具列時人官號姓名年紀又寫詩箸後後之好事者其覽之哉凡三十人吳王師議郎關中侯始平武功蘇紹字世嗣年五十爲首弼按金谷集蓋與蘭亭詩體例相同皆彙集時人之詩也 紹弟愼左衞將軍

杜畿字伯侯京兆杜陵人也 郡國志司隸京兆尹杜陵一統志今陝西西安府咸寧縣東南

傳子曰畿漢御史大夫杜延年之後延年父周自南陽徙茂陵 漢書地理志右扶風郡茂陵一統志今陝西西安府興平縣東北 延年徙杜陵 漢書杜周傳杜周南陽杜衍人杜周武帝時徙茂陵至延年徙杜陵 子孫世居焉

少孤繼母苦之以孝聞年二十爲郡功曹守鄭縣令 郡國志京兆尹鄭一統志今陝西同州府華州北 縣囚繫數百人 御覽作縣內繫囚數百 畿親臨獄裁其輕重盡決遣之雖未悉當郡中奇其年少而有大意也 監本官本意作志御覽同 舉孝廉除漢中府丞 郡國志益州漢中郡錢大昭曰續漢志每郡置太守一人丞一人孫禮傳後除河間郡丞諸葛亮傳父珪爲太山郡丞馬忠傳郡丞朱褒反何夔傳乃遣郡丞往爲陳成敗倉慈傳注時爲恒農郡丞皆稱爲郡丞然亦有稱府丞者太守既稱府君丞亦得稱府丞郭淮傳除平原府丞呂凱傳凱與府丞蜀郡王伉帥厲吏民閉境拒闓管輅

傳有淸河府丞 會天下亂遂棄官客荆州建安中乃還荀彧進之太祖

傳子曰畿自荆州還後至許見侍中耿紀 耿紀事見武紀建安二十三年 語終夜 御覽作共語終夜 尙書令荀彧與紀比屋 御覽作荀彧家與紀屋相比 夜聞畿言異之且遣人謂紀曰 宋本且作旦御覽作詰旦 有國士而不進何以居位既見畿知之如舊相識者遂進畿於朝

太祖以畿爲司空司直 續百官志一云世祖卽位以武帝故事置司直助督錄諸州建武十八年省劉昭注引獻帝起居注曰建安八年復置司直不屬司徒掌督中都官不領諸州九年十二月詔司直比司隸校尉坐同席在上假傳置從事三人書佐四人錢大昭曰畿所居者卽此職蓋是時以司直屬司空矣弼按司直韋晃見武紀建安二十三年胡三省曰司直卽丞相司直如胡氏所言不僅司空有司直也沈欽韓曰是時曹操雖爲司空實專一相故司空有司直 遷護羌校尉 洪飴孫曰護羌校尉一人比二千石 使持節領西平太守 西平郡見武紀建安十九年

魏略曰畿少有大志在荆州數歲繼母亡後以三輔開通負其母喪北歸道爲賊所劫略衆人奔走畿獨不去賊射之畿請賊曰卿欲得財耳今我無物用射我何爲邪賊乃

止畿到鄉里京兆尹張時河東人也與畿有舊署爲功曹嘗嫌其闊達不助留意於諸
事言此家疏誕此家見崔琰傳注引魏略不中功曹也畿竊云不中功曹中河東太守也
太祖既定河北而高幹舉并州反事在建安十年時河東太守王邑被徵河
東人衞固范先外以請邑爲名鍾繇傳注引魏略曰詔徵河東太守王邑郡掾衞固及中郎將范先等詣司隸校尉鍾繇
請留之繇不許而內實與幹通謀太祖謂荀彧曰關西諸將恃險與馬征必
爲亂張晟寇殽澠間郡國志司隸弘農郡黽池有二崤惠棟曰賈服傳作澠應劭云語云東殽西殽澠池所高方輿紀要崤嶔山在今河
南河南府永寧縣北六十里南通劉表固等因之吾恐其爲害深河東被山帶河四
鄰多變當今天下之要地也胡三省曰高幹據并州馬騰韓遂等據關中往來交通皆由河東故曰要地君爲
我舉蕭何寇恂以鎭之彧曰杜畿其人也
傳子曰彧稱畿勇足以當大難智能應變其可試之

於是追拜畿爲河東太守各本皆作追監本官本作遂固等使兵數千人絕陝津水經
注河水東過陝縣北河北對茅城謂之茅津亦謂之陝津趙一清曰陝津即茅津亦謂之大陽津在陝州西北三里郡國志河東郡大陽有茅津是也方輿紀要卷四十
八陝州大陽津北對茅城古茅邑謂之茅津河北即古大陽縣亦謂之大陽津又爲陝津左傳文三年秦孟明伐晉自茅津濟封殽尸而還即此畿至不
得渡太祖遣夏侯惇討之未至或謂畿曰陳景雲曰彧當作或畿移守河東雖由荀彧之薦而是時畿在
陝津彧在許下不得參預軍謀殆因前荀彧字而誤宜須大兵畿曰河東有三萬戶沈家本曰續漢志河東郡戶九萬三
千五百四十三此云三萬大較存三之一也下文云河東最先定少耗減而戶口之存者已如是則他郡之耗減可知矣非皆欲爲亂也今
兵迫之急欲爲善者無主必懼而聽於固固等勢專必以死戰討之
不勝四鄰應之天下之變未息也通鑑作討之不勝爲難未已討之而勝是殘一郡
之民也且固等未顯絕王命外以請故君爲名必不害新君吾單車
直往出其不意固爲人多計而無斷必僞受吾吾得居郡一月以計

縻之足矣遂詭道從郖津度水經注河水東逕湖縣故城北又東合柏谷水又東右合門水河水於此有郖津之名方輿紀
要卷四十八郖津在河南陝州靈寶縣西北十里一統志今靈寶縣西北黃河津濟處潘眉曰郖津在弘農見許氏說文漢武故事作竇津穆天子傳作洍津
郖音豆魏略曰初畿與衞固少相侮狎馮本作狎侮固嘗輕畿畿嘗與固博而爭道畿嘗謂
固曰仲堅我今作河東也固褰衣罵之及畿之官而固爲郡功曹張時故任京兆宋本任作
在畿迎司隸時司隸校尉爲鍾繇與時會華陰華陰見陳留王紀景元元年今陝西同州府華陰縣東南時畿相見於儀當
各持版時歎曰昨日功曹今爲郡將軍也官本考證云軍字疑衍
范先欲殺畿以威衆
傳子曰先云既欲爲虎而惡食人肉失所以爲虎矣今不殺必爲後患
且觀畿去就於門下斬殺主簿已下三十餘人畿舉動自若於是固
曰殺之無損徒有惡名且制之在我遂奉之畿謂衞固范先曰衞范

河東之望也吾仰成而已然君臣有定義成敗同之大事當共平議
以固爲都督行丞事領功曹胡三省曰既以爲都督又令行郡丞事又領功曹也都督掌兵丞貳太守於郡事無所不關功
曹掌選署功勞陽以郡權悉與之也將校吏兵三千餘人皆范先督之固等喜雖陽事畿
不以爲意固欲大發兵畿患之說固曰夫欲爲非常之事不可動衆
心今大發兵衆必擾不如徐以貲募兵固以爲然從之遂爲貲調發
數十日乃定諸將貪多應募而少遣兵通鑑固以爲然從之下云得兵甚少刪去遂爲貲調發二十字胡三
省曰以貲募兵則郡計不足繼故得兵甚少又入喻固等曰人情顧家諸將掾史可分遣休
息急緩召之不難固等惡逆衆心又從之於是善人在外陰爲己援
惡人分散各還其家則衆離矣則或作賊會白騎攻東垣胡三省曰白騎張白騎之衆相聚爲
賊者也垣縣屬河東郡東字衍續漢志垣縣注云山在東狀如垣蓋此時已有東垣之名謝鍾英曰東上脫河字一統志垣縣故城今山西絳州垣曲縣西何焯曰龐德

傳云張白騎叛於弘農白騎卽上張晟耶後漢書朱雋傳自黃巾賊後復有張白騎之徒並起山谷騎白馬者爲張白騎趙一淸曰張白騎見張燕傳注高幹入濩澤郡國志司隸河東郡濩澤一統志濩澤故城今山西澤州府陽城縣西澤城村上黨諸縣殺長吏幷州上黨郡弘農執郡守固等密調兵未至畿知諸縣附己因出單將數十騎赴張辟拒守通鑑作赴堅壁而守之趙一淸曰張辟卽張城亦曰東張城吏民多舉城助畿者比數十日得四千餘人固等與幹晟共攻畿不下略諸縣無所得會大兵至幹晟敗固等伏誅其餘黨與皆赦之使復其居業是時天下郡縣皆殘破河東最先定少耗減畿治之崇寬惠與民無爲民嘗辭訟有相告者畿親見爲陳大義遣令歸諦思之胡三省曰諦省也若意有所不盡更來詣府鄉邑父老自相責怒曰有君如此柰何不從其教自是少有辭訟班下屬縣舉孝子貞婦順孫復其繇役隨時慰勉之漸課民畜牸牛草馬牸音字牝牛也牝馬亦曰牸潘眉曰郭璞注爾雅牝馬爲草馬顏師古匡謬正俗牡馬壯健堪駕乘及軍戎者皆伏皁櫪芻而養之其牝馬唯充蕃字不暇服役常牧于草故稱草馬又按小馬亦名草馬淮南子馬爲草駒之時跳躍揚蹏翹足而走人不能制高誘曰五尺以下爲駒放在草中故曰草駒法苑珠林以二白驊馬形色無異而復問言誰母誰子然則牝馬小馬皆名草馬畿課民畜草馬二說並通弼按陸德明爾雅音義云草本亦作騲魏志云教民畜牸牛騲馬是則古本魏志草馬作騲馬也下逮雞豚犬豕皆有章程百姓勤農宋本勤作勸家家豐實畿乃曰民富矣不可不教也於是冬月修戎講武又開學宮親自執經教授郡中化之

魏略曰博士樂詳由畿而升至今河東特多儒者則畿之由矣樂詳事見後杜恕傳注引魏略

韓遂馬超之叛也弘農馮翊多舉縣邑以應之河東雖與賊接民無異心太祖西征至蒲阪蒲坂見武紀建安十六年與賊夾渭爲軍軍食一仰河東及賊破餘畜二十餘萬斛太祖下令曰河東太守杜畿孔子所謂禹吾無閒然矣增秩中二千石官本二作三誤周壽昌曰漢制祿秩自中二千石至百石各有等差魏承漢制無甚改易況此時太祖下令猶在漢朝還稽典册無所謂中三千石者續漢書百官志云自太常至執金吾秩皆中二千石太守秩二千石通典職官部祿秩後漢延平中定制中二千石月俸錢九千米七十二斛眞二千石錢六千五百米三十六斛比二千石錢五千米三十四斛畿爲太守秩本二千石太祖特增秩爲中二千石並其月俸耳此三字必後人所誤改太祖征漢中遣五千人運運者自率勉曰人生有一死不可負我府君終無一人逃亡其得人心如此

杜氏新書曰錢大昕曰杜氏新書不詳撰人名似是家傳之類嚴可均曰篤論卽杜氏新書詳見後體論入篇注沈家本曰杜氏新書隋唐志皆不著錄隋志有杜氏幽求新書在道家非此書也注中所引述杜畿杜恕杜寬杜預杜錫杜斌杜乂之事是敘事之體其引阮武事與世說賞譽篇注所引杜篤新書文正相同是撰此書杜篤不見於史其爲杜氏之子孫乎述及阮武又不似家傳之體今姑列於雜傳中黃以周儆季雜箸子敘曰篤論魏杜恕撰恕有體論隋唐志並列儒家篤論則入雜家云四卷今佚御覽引篤論吾年五十不見廢棄云云魏志裴注作杜氏新書李匡乂資暇錄引篤論操字伯度善草書與裴注引新書記理字仲務事相似則杜氏新書卽篤論之別名也隋志恕無集凡所奏議書敘悉在篤論意林載其書五節其第二節與魏志本傳論考課事合第三節見本

傳諫用廉昭疏則其他奏疏在篤論中可知矣其與朱建書在篤論見御覽體論自敘亦在篤論見三國志注則其他書序在篤論中可知矣平虜將軍劉勳爲太祖所親貴震朝廷嘗從畿求大棗畿拒以他故後勳伏法太祖得其書歎曰杜畿可謂不媚於竈者也稱畿功美以下州郡曰昔仲尼之於顏子每言不能不歎既情愛發中又宜率馬以驥今吾亦冀衆人仰高山慕景行也

魏國既建以畿爲尙書事平平疑作下更有令曰昔蕭何定關中寇恂平河內卿有其功閒將授卿以納言之職顧念河東吾股肱郡史記季布傳布爲河東太守上曰河東吾股肱郡故特召君耳充實之所御覽無所字足以制天下故且煩卿臥鎭之御覽臥下有而字畿在河東十六年常爲天下最胡三省曰杜畿之子爲恕恕之子爲預其守河東觀其方略固未易才也予竊謂杜氏仕於魏晉累世貴盛必有家傳史因而書之固有過其實者文帝卽王位賜爵關內侯徵爲尙書及踐阼進封豐樂亭侯邑百戶

魏略曰初畿在郡被書錄寡婦是時他郡或有已自相配嫁依書皆錄奪啼哭道路畿但取寡者故所送少及趙儼代畿而所送多文帝問畿前君所送何少今何多也畿對曰臣前所錄皆亡者妻今儼送生人婦也帝及左右顧而失色黃初三年使畿持節振冀州饑見文紀

守司隸校尉帝征吳以畿爲尙書僕射統留事其後帝幸許昌畿復居守受詔作御樓船於陶河通典州郡七河陽古孟津後亦曰富平津在其南謂之陶河潞按下文詔言孟津試船卽指此水經注河水東逕平縣北有孟津之目一統志孟津在今河南懷慶府孟縣南十八里孟津詳見武紀初平元年注試船遇風沒帝爲之流涕晉書杜預傳預以孟津渡險有覆沒之患請建河橋於富平津議者以爲殷周所都歷聖賢而不作者必不可立故也預曰造舟爲梁則河橋之謂也及橋成帝從百寮臨會舉觴屬預曰非君此橋不立也

魏氏春秋曰初畿嘗見童子謂之曰司命使我召子畿固請之童子曰今將爲君求相代者君其愼勿言言卒忽然不見至此二十年矣畿乃言之其日而卒時年六十二

詔曰昔冥勤其官而水死稷勤百穀而山死

韋昭國語注稱毛詩傳曰冥契六世孫也爲夏水官勤於其職而死於水稷周棄也勤播百穀死於黑水之山

故尙書僕射杜畿於孟津試船遂至覆沒忠之至也朕甚愍焉追贈太僕諡曰戴侯子恕嗣書斷云畿子恕孫預三世善草書時人以衞瓘方之

傳子曰畿與太僕李恢東安太守郭智東安見陳思王傳有好恢子豐交結英儁以才智顯於天下智子沖有內實而無外觀州里弗稱也畿爲尙書僕射二人各脩子孫禮見畿旣退畿歎曰孝懿無子李恢字孝懿非徒無子殆將無家君謀爲不死也郭智字君謀其子足繼其業郭沖條諸葛亮五事見亮傳注卽此人時人皆以畿爲誤恢死後豐爲中書令父子兄弟皆誅沖爲代郡太守卒繼父業世乃服畿知人　魏略曰李豐父名義與此不同義蓋恢之別名也李義及子豐事見夏侯玄傳及注引魏略又見裴潛傳注引魏略

恕字務伯太和中爲散騎黃門侍郎

杜氏新書曰恕少與馮翊李豐俱爲父任總角相善及各成人豐砥礪名行以要世譽而恕誕節直意與豐殊趣豐竟馳名一時京師之士多爲之游說而當路者或以豐名過其實而恕被褐懷玉也由此爲豐所不善恕亦任其自然不力行以合時豐以顯仕朝廷恕猶居家自若明帝以恕大臣子擢拜散騎侍郎數月轉補黃門侍郎御覽二百二十一引三輔決錄曰恕拜黃門侍郎每值省閤威儀矜嚴

恕推誠以質不治飾少無名譽及在朝不結交援專心向公每政有得失常引綱維以正言於是侍中辛毗等器重之時公卿以下大議損益恕以爲古之刺史奉宣六條詔書六條見賈逵傳以淸靜爲名威風著稱

今可勿令領兵以專民事潘眉曰魏世州郡領兵之制創議於司馬朗朗以郡國無蒐狩習戰之備致使天下有土崩之勢因議欲令州郡並置兵以外備四夷內威不軌至是杜恕欲令州郡勿領兵以安民豐財二人之論皆揆時度勢經國之要也蓋朗之議建於建安之初而恕之論發於太和以後所値不同故所規亦異然恕以爲可勿領兵者惟兗豫司冀而已其荆揚靑徐幽并雍涼諸州皆不能廢兵蓋靑徐荆揚與吳接壤幽并近匈奴雍涼近蜀緣邊諸境尙未能克靖也弼按司馬朗州郡置兵之議見朗傳俄而鎭北將軍呂昭又領冀州洪飴孫曰鎭北將軍一人第二品黃初太和中置位次西征領兵如征北弼按曹爽傳注引魏略冀州統屬鎭北鎭北將軍呂昭才實仕進在桓範後範曰我寧作諸卿向三公長跪不能向呂子展屈也卽此人

世語曰昭字子展東平人昭事見曹爽傳注引魏略桓範傳長子巽字長悌爲相國掾有寵於司馬文王司馬昭爲相國在甘露五年次子安字仲悌與嵇康善與康俱被誅見王粲傳注晉書嵇康傳東平呂安服康高致每一相思輒千里命駕康友而善之後安爲兄所枉訴以事繫獄辭相證引遂復收康水經濟水注梁山之西南有呂仲悌墓弼按訴安者當爲巽次子粹字季悌河南尹粹子預字景虞御史中丞

乃上疏曰帝王之道莫尙乎安民安民之術在於豐財豐財者務本而節用也方今二賊未滅戎車亟駕此自熊虎之士展力之秋也然搢紳之儒橫加榮慕搤腕抗論以孫吳爲首州郡牧守咸共忽恤民之術修將率之事農桑之民競干戈之業不可謂務本帑藏歲虛而制度歲廣民力歲衰而賦役歲興不可謂節用今大魏奄有十州之地（沈家本曰此與下文十州擁兵語皆稱十州而下文又詳十二州之名何邪）而承喪亂之弊計其戶口不如往昔一州之民（蔣濟傳濟上疏言今雖有十二州民數不過漢一大郡此言不如一州皆約計之詞非確數也）然而二方僭逆北虜未賓三邊遘難繞天略市（宋本市作帀）所以統一州之民經營九州之地其爲艱難譬策羸馬以取道里豈可不加意愛惜其力哉以武皇帝之節儉府藏充實猶不能十州擁兵郡且二十也（宋本二十作十二）今荊揚靑徐幽幷雍涼緣邊諸州皆有兵矣其所恃內充府庫外制四夷者惟兗豫司冀而已臣前以州郡典兵則專心軍功不勤民事宜別置將守以盡治理之務而陛下復以冀州寵秩呂昭冀州戶口最多田多墾闢又有桑棗之饒國家徵求之府誠不當復任以兵事也若以北方當須鎭守自可專置大將以鎭安之計所置吏士之費與兼官無異（官本異作覺考證曰覺宋本作異　弼按各本皆作覺惟局本作異）然昭於人才尙復易中朝苟乏人兼才者勢不獨多以此推之知國家以人擇官不爲官擇人也官得其人則政平訟理政平故民富實訟理故囹圄空虛陛下踐阼天下斷獄百數十人歲歲增多至五百餘人矣民不益多法不益峻以此推之非政教陵遲牧守不稱之明效歟往年牛死通率天下十

能損二麥不半收秋種未下若二賊游魂於疆埸飛芻輓粟千里不及究此之術豈在彊兵乎武士勁卒愈多愈多愈病耳夫天下猶人之體腹心充實四支雖病終無大患今兗豫司冀亦天下之腹心也是以愚臣慺慺實願四州之牧守獨修務本之業以堪四支之重然孤論難持犯欲難成衆怨難積疑似難分故累載不爲明主所察凡言此者類皆疏賤疏賤之言實未易聽若使善策必出於親貴（宋本親貴下有親貴二字）固不犯四難以求忠愛（四難卽指上文孤論難持犯欲難成衆怨難積疑似難分也）此古今之所常患也（何焯曰何不剏略冗長使就簡當讀之易起人意乎於此益思班孟堅）時又大議考課之制以考內外衆官（劉劭傳景初中劭受詔作都官考課七十二條又作說略一篇崔林傳散騎常侍劉劭作考課論制下百僚）恕以爲用不盡其人雖才且無益（何焯曰宋本才且作文具）所存非所務所務非世要上疏曰（此疏通鑑編入明帝景初元年）書稱明試以功三考黜陟誠帝王之盛制使有能者當其官有功者受其祿譬猶烏獲之舉千鈞良樂之選驥足也雖歷六代而考績之法不著（宋本不作以）闕七聖而課試之文不垂（官本考證云監本闕誤作關照冊府改正弼按各本皆作闕通鑑同胡三省曰六代唐虞夏商周漢七聖堯舜禹湯文武周公闕通也）臣誠以爲其法可粗依其詳難備舉故也語曰世有亂人而無亂法若使法可專任則唐虞可不須稷契之佐殷周無貴伊呂之輔矣今奏考功者陳周漢之法爲（通鑑法作云）綴京房之本旨（胡三省曰漢京房有考功課吏法）可謂明考課之要矣於以崇揖讓之風興濟濟之治臣以爲未盡善也其欲使州郡考士必由四科（胡三省曰四科卽漢左雄所上黃瓊所增者也弼按通鑑順帝漢安二年尙書令黃瓊以前左雄所上孝廉之選專用儒學文吏於取士之義猶有所遺乃奏增孝悌及能從政爲四科）皆有事效然後察舉試辟公府爲親民長吏轉以功次

補郡守者或就增秩賜爵此最考課之急務也臣以爲便當顯其身用其言使具爲課州郡之法法具施行立必信之賞施必行之罰至於公卿及內職大臣亦當俱以其職考課之也古之三公坐而論道周官考工記曰古之三公坐而論道內職大臣納言補闕無善不紀無過不舉且天下至大萬機至衆誠非一明所能偏照故君爲元首臣爲股肱宋本臣爲作臣作通鑑同明其一體相須而成也是以古人稱廊廟之材非一木之枝帝王之業非一士之略師古曰此語出於慎子班固引以贊婁敬叔孫通由是言之焉有大臣守職辨課可以致雍熙者哉何焯曰其論則高然考課者所以待中材凡士亦不可廢也且布衣之交猶有務信誓而蹈水火感知己而披肝膽徇聲名而立節義者況於束帶立朝致位卿相所務者非特匹夫之信所感者非徒知己之惠所徇者豈

聲名而已乎諸蒙寵祿受重任者不徒欲舉明主於唐虞之上而已身亦欲廁稷契之列是以古人不患於念治之心不盡患於自任之意不足此誠人主使之然也唐虞之君委任稷契夔龍而責成功及其罪也殛鯀而放四凶四凶宋本作驩兜趙一清曰以鯀不在四凶之內與先儒說異沈家本曰四凶見左傳渾敦窮奇檮杌杜預以驩兜共工鯀當之而務伯之言如此是父子異說也弼按尚書舜典言四罪而天下咸服亦舉共工驩兜三苗鯀陸氏音義亦引杜預注左傳以證之是鯀在四凶之列從無異說竊謂放四凶三字當從宋本作放驩兜尚書亦云放驩兜殛鯀也今大臣親奉明詔給事目下其有夙夜在公恪勤特立當官不撓貴勢執平不阿所私危言危行以處朝廷者自明主所察也若尸祿以爲高拱嘿以爲智當官苟在於免負立朝不忘於容身絜行遜言以處朝廷者亦明主所察也誠使容身保位無放退之辜而盡節在公抱見疑之勢公義不修而私議成

俗雖仲尼爲謀通鑑謀作課猶不能盡一才又況於世俗之人乎今之學者師商韓而上法術競以儒家爲迂闊不周世用此最風俗之流弊創業者之所致慎也後考課竟不行司馬光曰爲治之要莫先於用人而知人之道聖賢所難也是故求之於毀譽則愛憎競進而善惡渾殽考之於功狀則巧詐橫生而眞僞相冒要之其本在於至公至明而已矣爲人上者至公至明則羣下之能否焯然形於目中無所復逃矣苟爲不公不明則考課之法適足爲曲私欺罔之資也何以言之公明者心也功狀者迹也己之心不能治而以考人之迹不亦難乎爲人上者誠能不以親疏貴賤異其心喜怒好惡亂其志欲知治經之士則視其記覽博洽講論精通斯爲善治經矣欲知治獄之士則視其曲盡情僞無所冤抑斯爲善治獄矣欲知治財之士則視其倉庫盈實百姓富給斯爲善治財矣欲知治兵之士則視其戰勝攻取敵人畏服斯爲善治兵矣至於百官莫不皆然雖詢謀於人而決之在己雖考求於迹而察之在心研覈其實而斟酌其宜至精至微不可以口述不可以書傳也安得豫爲之法而悉委有司哉胡三省曰溫公之論善矣然必英明之君然後能行之自漢以下循名責實莫孝宣若也宣帝之政非由師傅之論教公輔之啟沃也公所謂不可以口述不可以書傳其萬世之名言也歟

杜氏新書曰時李豐爲常侍黃門郎袁侃見轉爲吏部郎荀俁出爲東郡太守三人皆

恕之同班友善官本考證曰監本三人誤作二人今改正

樂安廉昭以才能拔擢頗好言事宋本無言字恕上疏極諫曰此疏通鑑編入太和六年伏見尚書郎廉昭奏左丞曹璠以罰當關不依詔坐判問胡三省曰續漢志尚書左右丞各一人掌錄文書期會左丞主吏民章報及騶伯史右丞主假署印綬及紙筆墨諸財用庫藏蔡質漢儀曰左丞總典臺中綱紀無所不統魏晉之制左丞主臺內禁令宗廟祠祀朝儀禮制選用署吏急假右丞掌臺內庫藏廬舍凡諸器用之物及廩振人租布刑獄兵器督錄遠道文書章表奏事罰罪罰也關白也言有罪罰當關白而不依詔書故坐以判問判剖也析也問責問也剖析其事而責問之也又云諸當坐者別奏胡三省曰廉昭又云諸當坐者別奏意欲幷奏令僕坐之尚書令陳矯自奏不敢辭罰亦不敢以處重爲恭意至懇惻通鑑作亦不敢陳理志意懇惻臣竊愍然爲朝廷惜之夫聖人不擇世而興不易民而治然而生必有賢智之佐者蓋進之以道帥之以禮故也古之帝王之所以能輔世長民者莫不遠得百姓之懽心近盡羣臣之智力誠

使令朝任職之臣皆天下之選而不能盡其力不可謂能使人若非天下之選亦不可謂能官人陛下憂勞萬機或親燈火而庶事不康刑禁日弛豈非股肱不稱之明效歟原其所由非獨臣有不盡忠亦主有不能使百里奚愚於虞而智於秦此韓信之言百里奚虞之大夫虞公不能用以亡秦穆公用之而霸豫讓苟容中行而著節智伯豫讓事范中行智伯伐而滅之移事智伯後趙襄子滅智伯豫讓漆身吞炭必報襄子五起而不中人問豫讓讓曰范中行衆人遇我我故衆人報之智伯國士遇我我故國士報之斯則古人之明驗矣今臣言一朝皆不忠是誣一朝也然其事類可推而得陛下感帑藏之不充實而軍事未息至乃斷四時之賦衣薄御府之私穀帥由聖意舉朝稱明與聞政事密勿大臣寧有懇懇憂此者乎騎都尉王才幸樂人孟思所為不法振動京都而其罪狀發於小吏公卿大臣初無一言自

陛下踐阼以來司隸校尉御史中丞寧有舉綱維以督姦宄百官志司隸校尉掌察舉百官以下及京師近郡犯法者御史中丞在殿中密舉非法使朝廷肅然者邪若陛下以為今世無良才朝廷乏賢佐豈可追望稷契之遐蹤坐待來世之儁乂乎通鑑儁作俊今之所謂賢者盡有大官而享厚祿矣然而奉上之節未立向公之心不一者委任之責不專而俗多忌諱故也臣以為忠臣不必親親臣不必忠何者以其居無嫌之地而事得自盡也今有疏者毀人不實其所毀而必曰私報所憎譽人不實其所譽而必曰私愛所親左右或因之以進憎愛之說通鑑作臣以為忠臣不必親親臣不必忠今有疏者毀人而陛下疑其私報所憎譽人而陛下疑其私愛所親左右或因之以進憎愛之說遂使疏者不能毀譽胡三省曰此言帝信其所親而疑其所疏遂使在遠之臣不敢言以至是非失其眞也非獨毀譽有之政事損益亦皆有嫌陛下當思所以闡廣朝臣之心篤厲有

道之節有道謂有道之士也使之自同古人望與竹帛耳反使如廉昭者擾亂其閑臣懼大臣遂將容身保位坐觀得失為來世戒也昔周公戒魯侯曰無使大臣怨乎不以毛本乎作何誤胡三省曰以用也見論語不言賢愚明皆當世用也通鑑作言不賢則不可為大臣為大臣則不可不用也堯數舜之功稱去四凶共工驩兜鯀三苗世濟其惡然後去之不言大小有罪則去也通鑑作不言有罪無問大小則去也胡三省曰言小過當略而不問今者朝臣不自以為不能以陛下為不任也不自以為不智以陛下為不問也陛下何不遵周公之所以用大舜之所以去使侍中尚書坐則侍帷幄行則從華輦親對詔問所陳必達通鑑作各陳所有則羣臣之行能否皆可得而知忠能者進闇劣者退誰敢依違而不自盡以陛下之聖明親與羣臣論議政事使羣臣人得自進宋本進作盡通鑑同人自以為親人思所以報

賢愚能否在陛下之所用以此治事何事不辦以此建功何功不成每有軍事胡三省曰謂二邊有警急之時也詔書常曰誰當憂此者邪吾當自憂耳近詔又曰憂公忘私者必不然但先公後私即自辨也通鑑辨作辦胡三省曰近詔謂近日所下詔也伏讀明詔乃知聖思究盡下情然亦怪陛下不知其本而憂其末也宋本知作治通鑑同胡三省曰為治之本在於任賢事之治不治乃其末也人之能否實有本性雖臣亦以為朝臣不盡稱職也明主之用人也使能者不敢遺其力而不能者不得處非其任選舉非其人未必為有罪也舉朝共容非其人乃為怪耳陛下知其不盡力也而代之憂其職知其不能也而教之治其事豈徒主勞而臣逸哉雖聖賢並世終不能以此為治也陛下又患臺閣禁令之不密人事請屬之不絕聽伊尹作迎客出入之制選

司徒更惡吏以守寺門通鑑作定迎客出入之制以惡吏守寺門胡三省曰寺門官寺之門也孫志祖曰聽伊尹三字不可解威禁由之實未得爲禁之本也昔漢安帝時少府竇嘉辟廷尉郭躬無罪之兄子猶見舉奏章劾紛紛胡三省曰范書郭躬章帝元和三年拜廷尉和帝永元六年卒不及安帝時蓋躬死後竇嘉方辟其兄子也梁章鉅曰安帝當作和帝後漢書竇融傳郭躬爲廷尉卒於和帝永元六年不及安帝時也近司隸校尉孔羨辟大將軍狂悖之弟而有司嘿爾望風希指甚於受屬選舉不以實人事之大者也

臣松之案大將軍司馬宣王也晉書云宣王第五弟名通爲司隸從事疑恕所云狂悖者通子順封龍陽亭侯晉初受禪以不達天命守節不移削爵土徙武威趙一清曰晉書宗室傳順字子思初封習陽亭侯及武帝受禪歎曰事乖唐虞而假爲禪名遂悲泣由是廢黜徙武威姑臧縣雖受罪流放守意不移而卒

嘉有親戚之寵躬非社稷重臣猶尚如此以今況古陛下自不督必

行之罰以絕阿黨之原耳伊尹之制通鑑作出入之制與惡吏守門非治世之具也使臣之言少蒙察納何患於姦不削滅而養若昭等乎夫糾擿姦宄忠事也然而世憎小人行之者以其不顧道理而苟求容進也若陛下不復考其終始必以違衆忤世爲奉公密行白人爲盡節胡三省曰謂潛伺人之過失以白於上乃以爲盡節也焉有通人大才而更不能爲此邪誠顧道理而弗爲耳使天下皆背道而趨利則人主之所最病者陛下將何樂焉胡不絕其萌乎夫先意承旨以求容美率皆天下淺薄無行義者其意務在於適人主之心而已非欲治天下安百姓也陛下何不試變業而示之彼豈執其所守以違聖意哉夫人臣得人主之心安業也處尊顯之官榮事也食千鍾之祿厚實也人臣雖愚未有不樂此而

喜于迕者也迫於道自彊耳誠以爲陛下當憐而佑之宋本佑作祐何焯曰恕言甚煩長不能自達其意泰初亦然弼按此疏通鑑有刪節較整潔少委任焉如何反錄昭等傾側之意而忽若人者乎今者外有伺隙之寇內有貧曠之民陛下當大計天下之損益政事之得失誠不可以怠也徐邈傳注引魏名臣奏黃門侍郎杜恕表稱韓觀王昶信有兼才高官重任不但三州恕在朝八年其論議亢直皆此類也出爲弘農太守數歲轉趙相趙王幹之相也

魏略曰恕在弘農寬和有惠愛及遷以孟康代恕爲弘農康字公休安平人趙一清曰通典州郡七景初元年河南尹盧延上言成皋函谷二里六十步宜卻函谷關於嶠下宏農太守杜恕議以東徙潼關著郡下省函谷關徙剗關盧氏縣下正始元年宏農太守孟康上言移函谷關更號大嶠關又爲金關顧氏祖禹謂此以關城既移欲更定新關之名耳一清案潼關既建函谷遂廢蓋於此時也孟康即注漢書者師古漢書敍例曰安平廣宗人隋書經籍志孟康漢書音義九卷晉書王濬傳有太子洗馬孟康別是一人黃初中以於郭后有外屬郭后亦爲安平廣宗人郭后傳后姊子孟武故云於郭后有外屬也并受九親賜拜遂轉爲散騎侍郎是時散騎皆以高才英儒充其選而康獨緣妃嬙雜在其閒故于時皆共輕之號爲阿九康既無才敏御覽作康既才敏因在冗官博讀書傳後遂有所彈駮其文義雅而切要衆人乃更加意本志崔林傳散騎侍郎孟康正始中出爲弘農領典農校尉康到官清己奉職書鈔七十四引魏略清己下有平賦二字嘉善而矜不能省息獄訟緣民所欲因而利之郡領吏二百餘人涉春遣休常四分遣一事無宿諾時出案行皆豫敕督郵平水百官志有水池及魚利多者置水官主平水收漁稅不得令屬官遣人探候修設曲敬又不欲煩損吏民常豫敕吏卒行各持鐮所在自刈馬草不止亭傳露宿樹下又所從常不過十餘人郡帶道路其諸過賓客自非公法無所出給若知舊遺之自出於家康之始拜衆人雖知其有志量以其未嘗宰牧不保其能也而康恩澤治能乃爾吏民稱歌焉嘉平末徙渤海太守徵入爲中書令後轉爲監顏師古漢書敍例云康封廣陵

亭侯隋書經籍志梁有漢書孟康音義九卷亡唐經籍志漢書音義九卷孟康撰藝文志孟康漢書音義九卷經典釋文敍錄曰老子孟子注二卷或云孟康姚振宗曰隋志梁有老子二卷孟氏注亡似卽此書唐張君相三十家集解中有大孟小孟二家小孟或是孟智周大孟當卽是康

以疾去官

杜氏新書曰恕遂去京師營宜陽一泉塢趙一清曰水經洛水注洛水又東逕一合塢南城在川北原上高二十丈南北東三箱天險峭絕唯築西面卽爲合固一合之名起於是矣方輿紀要卷四十八福昌城今河南宜陽縣治杜佑曰卽故乙合塢晉永嘉末魏浚屯洛北石梁塢族子該聚衆屯一泉塢蓋其地險固可憑也因其壘塹之固宋本塹作壍小大家焉明帝崩時人多爲恕言者

起家爲河東太守意林云恕在河東坐臥恒避父住處晉書劉毅傳毅僑居平陽太守杜恕請爲功曹沙汰郡吏百餘人三魏稱焉爲之語曰但聞劉功曹不聞杜府君趙一清曰據此則恕曾爲平陽太守而傳略之梁章鉅曰平陽縣屬河東正始八年始別置郡是時尙未也歲餘遷淮北都督護軍復以疾去恕所在務存大體而已其樹惠愛益得百姓歡心不及於畿頃之拜御史中丞恕在朝廷以不得當世之和故屢在外任趙一清曰晉書杜預傳父恕與宣帝不相能遂以憂死承祚所謂不得當世之和者此也然則務伯固魏室之純臣而非道以終元凱仕晉爲之盡力乎吳功則高矣其如有愧於王偉元何弼按本傳恕論廉昭疏云司隸辟大將軍狂悖之弟而有司嘿爾或以此見嫉歟復出爲幽州刺史加建威將軍使持節護烏丸校尉時征北將軍程喜程喜見管寧傳屯薊宋書百官志征北將軍一人魏武置秩二千黃初中位次三公郡國志幽州廣陽郡薊三國魏薊縣改屬燕國一統志薊縣故城今順天府大興縣西南尙書袁侃等戒恕曰程申伯處先帝之世傾田園讓於青州足下今俱杖節使共屯一城幽州刺史與征北將軍共屯薊宜深有以待之而恕不以爲意至官未期有鮮卑大人兒不由關塞徑將數十騎詣州州斬所從來小子一人無表言上喜於是劾奏恕下廷尉當死以父畿勤事水死事見前免爲庶人徙章武郡趙一清曰晉志總敍魏武置章武郡分河間勃海置治東平舒縣今北直大城縣也是歲嘉平元年

杜氏新書曰喜欲恕折節謝己諷司馬宋權御覽權作璀示之以微意恕答權書曰況示委曲夫法天下事以善意相待無不致快也以不善意相待無不致嫌隙也而議者言凡人天性皆不善不當待以善意更墮其調中僕得此輩便欲歸蹈滄海乘桴耳不能自諧在其閒也然以年五十二不見廢棄頗亦遭明達君子亮其本心若不見亮使人刳心著地正與數斤肉相似何足有所明御覽棄下有者字似下有耳字明下有邪字故終不自解說程征北功名宿著在僕前甚多有人出征北乎若令下官事無大小咨而後行則非上司彈繩之意若咨而不從又非上下相順之宜故推一心任一意直而行之耳殺胡之事天下謂之是邪是僕諧也呼爲非邪僕自受之無所怨咎毛本咎作咨程征北明之亦善不明之亦善諸君子自共爲其心耳不在僕言也喜於是遂深文劾恕御覽三百七十六引此作篤論

恕倜儻任意而思不防患終致此敗初恕從趙郡還上文言爲趙相趙王幹後未徙封此傳云趙郡者何也陳留阮武亦從清河太守徵俱自薄廷尉趙一清曰薄當作簿謂對簿也謂恕曰相觀才性可以由公道而持之不厲器能可以處大官而求之不順才學可以述古今而志之不一此所謂有其才而無其用今向閑暇可試潛思成一家言在章武遂著體論八篇嚴可均曰隋志儒家杜氏體論四卷魏幽州刺史杜恕撰舊新唐志同八篇者一君二臣三言四行五政六法七聽察八用兵四卷者卷凡二篇其書蓋亡於唐末羣書治要載有六千餘言不著篇名審觀知是君臣行政法聽察六篇其餘言篇用兵篇略見御覽六帖而意林以自敘終焉今錄出校定爲一卷又云隋志雜家梁有篤論四卷杜恕撰亡新舊唐志著於錄至宋復亡魏志本傳稱恕有體論興性論無篤論據意林引篤論水性勝火人性勝志攷實性行二事證知興性卽篤論之首篇據意林及御覽證知裴松之所引杜氏新書卽篤論之末篇其書前數篇出恕手後述敘家世歷官引及魏書幷引及王隱晉書證知東晉時編附故稱新書猶今之全書而篤論其總名也故梁七錄唐志有篤論無新書余既校輯體論因幷采錄篤論依意林次第編定之又云藝文類聚八十七引杜恕篤邊論蓋篤論之言邊事者邊亦篇名弼按杜恕著家戒見邴原傳

杜氏新書曰以爲人倫之大綱莫重於君臣立身之基本莫大於言行安上理民莫精

於政法勝殘去殺莫善於用兵夫禮也者萬物之體也萬物皆得其體無有不善故謂之體論嚴可均曰此蓋體論自敘篇又著興性論一篇蓋興於為己也四年卒於徙所當年五十六通典州郡七河南福昌縣北有魏杜畿杜恕墓甘露二年河東樂詳年九十餘上書訟畿之遺績朝廷感焉詔封恕子預為豐樂亭侯邑百戶晉書杜預傳預父與宣帝不相能遂以憂死故預久不得調文帝嗣立預尚帝妹高陸公主起家拜尚書郎襲祖爵豐樂亭侯鍾會伐蜀以預為鎮西長史及會反寮佐並遇害唯預以智獲免沈家本曰恕以憂死本傳不言諱之也

魏略曰樂詳字文載樂詳魏略列儒宗傳見王肅傳注少好學建安初詳聞公車司馬令南郡謝該公車司馬令見管寧傳善左氏傳乃從南陽步詣該問疑難諸要范書謝該傳注引魏略作乃從南陽步涉詣許從該問難諸要今左氏樂氏問七十二事詳所撰也謝該傳該字文儀南陽章陵人善明春秋左氏為世名儒門徒數百千人建安中河東人樂詳條左氏疑滯數十事以問該皆為通解之為謝氏釋行於世所問既了而歸鄉里時杜畿為太守亦甚好學署

詳文學祭酒使教後進於是河東學業大興至黃初中徵拜博士于時太學初立有博士十餘人學多褊狹又不熟悉略不親教備員而已惟詳五業並授惠棟曰五業五經也漢督郵班碑云嘖意五業漢末章陵宋衷為劉表五業博士其或難解質而不解詳無愠色以杖畫地牽譬引類至忘寢食以是獨擅名於遠近詳學既精悉通典八十一載樂詳外祖母服依周禮議宋書禮志一載詳忌月設樂議俱見嚴可均輯全三國文中又善推步三五別授詔與太史典定律歷太和中轉拜騎都尉詳學優能少故歷三世竟不出為宰守至正始中以年老罷歸於舍本國宗族歸之門徒數千人當陽左癖或有淵源姚振宗曰樂詳至魏末尚存猶上書為故君訟而元凱受封元凱左氏學或亦嘗從問焉其左氏問七十二事作於建安初時年三十餘謝氏之釋當亦錄入此書

恕奏議論駮皆可觀馮本駮作駁掇其切世大事著于篇

杜氏新書曰恕弟理字務仲少而機察精要畿奇之故名之曰理年二十一而卒弟寬字務叔李龍官曰弟寬監本作子寬按恕字務伯理字務仲寬字務叔皆兄弟也韓愈杜中散墓志亦云畿季子寬可知子字為弟字之誤今改正潘眉曰唐書宰相世系表畿三子恕理寬弼按意林引篤論作少子寬言畿之少子也清虛玄靜敏而好古以名臣門戶少長京師而篤志博學絕於世務其意欲探賾索隱由此顯名當塗之士多交焉舉孝廉除郎中年四十二而卒經傳之義多所論駮草創未就惟刪集禮記及春秋左氏傳解今存于世

預字元凱司馬宣王女婿王隱晉書稱預智謀淵博明於理亂常稱德者非所以企及立功立言所庶幾也大觀羣典謂公羊穀梁詭辨之言又非先儒說左氏未究丘明意而橫以二傳亂之乃錯綜微言著春秋左氏經傳集解又參考衆家謂之釋例又作盟會圖春秋長歷備成一家之學至老乃成杜預春秋左氏經傳集解自序云古今言左氏春秋者多矣今其遺文可見者十數家大體轉相祖述進不成為錯綜經文以盡其變退不守丘明之傳於丘明之傳有所不通皆沒而不說而更膚引公羊穀梁適足自亂預今所以為異專修丘明之傳以釋經經之條貫必出於傳傳之義例總歸諸凡推變例以正褒貶簡二傳而去異端蓋丘明之志也其有疑錯則備論而闕之以俟後賢然

劉子駿創通大義賈景伯父子許惠卿皆先儒之美者也末有潁子嚴者雖淺近亦復名家故特舉劉賈許潁之違以見同異分經之年與傳之年相附比其義類各隨而解之名曰經傳集解又別集諸例及地名譜第歷數相與為部凡四十部十五卷皆顯其異同從而釋之名曰釋例將令學者觀其所聚異同之說釋例詳之也晉書杜預傳預立功之後從容無事乃耽思經籍為春秋左氏經傳集解又參考衆家譜第謂之釋例又作盟會圖春秋長歷備成一家之學比老乃成當時論者謂預文義質直隋書經籍志春秋左氏經傳集解三十卷杜預撰春秋釋例十五卷杜預撰經典釋文序錄杜預經傳集解三十卷杜預春秋釋例十五卷四十篇杜預晉三卷又云舊夫子之經與丘明之傳各卷杜氏合而釋之故曰經傳集解四庫提要云言左傳者孔奇孔嘉之說久佚不傳賈逵服虔之說亦僅偶見他書今世所傳惟杜注孔疏為最古杜注多強經以就傳孔疏亦多左杜而右劉是皆篤信專門之過不能不謂之一失然有注疏而後左氏之義明左氏之義明而後二百四十二年內善惡之跡一一有徵後儒妄作聰明以私臆談褒貶者猶得據傳文以知其謬則漢晉以來藉左氏以知經義宋元以後更藉左氏以杜臆說矣傳與注疏均謂有大功於春秋可也又云釋例一書以經之條貫必出於傳傳之義例歸總於凡左傳稱凡者五十其別四十有九皆周公之垂法史書之舊章仲尼因而修之以成一經之通體諸稱書不書先書故書不言不稱書曰之類皆所以起新舊發大義謂之變例亦有舊史所不書適合仲尼之意者仲尼卽以為義非互相比較則褒貶不明故別集諸例及地名譜第歷數相與為部先列經傳數條以包通其餘而傳所述之凡繫焉更以己意申之名曰釋例地名本之泰

始郡國圖世族譜本之劉向世本與集解一經一緯相爲表裏晉書稱預自平吳後從容無事乃著集解又參考衆家譜第謂之釋例又作盟會圖春秋長歷備成一家之學比老乃成今考土地名篇稱孫氏僭號於吳故江表所記特略則其屬藁實在平吳以前故所列多兩漢三國之郡縣與晉時不盡合至盟會圖長歷則皆書中之一篇非別爲一書觀預所作集解序可見史所言者未詳晉書又稱當時論者謂預文義質直世人未之重惟祕書監摯虞賞之考嵇含南方草木狀稱晉武帝賜杜預蜜香紙萬番寫春秋釋例及經傳集解則當時固重其書史所言者亦未盡確也其書自隋書經籍志而後並著於錄均止十五卷惟元吳萊作後序云四十卷豈元時所行之本卷次獨分析乎自明以來是書久佚惟永樂大典中尚存三十篇並有唐劉蕡原序其六篇有釋例而無經傳餘亦多有脫文謹隨篇掇拾取孔穎達正義及諸書所引釋例之文補之校其譌謬釐爲四十七篇仍分十五卷以還其舊吳萊後序亦並附焉案預集解序云釋例凡四十部崇文總目云凡五十三例而孔穎達正義則云釋例事同則爲部小異則附出孤經不及例者聚於終篇四十部次第從隱即位爲首先有其事則先次之世族土地事既非例故退之終篇之前是土地名起於宋衞遇于垂世族譜起於無駭卒無駭卒在遇垂之後故地名在世族前今是書原目不可考故因孔氏所述之大旨推而廣之取其事之見經先後爲序長歷一篇則次之土地名世族譜後以集解序述歷數在地名譜第後也土地名篇釋例云據今天下郡國縣邑之名山川道涂之實爰及四表皆圖而備之然後以春秋諸國邑盟會地名附列之名曰古今書春秋盟會圖別集疏一卷附之釋例所畫圖本依官司空圖據泰始之初郡國爲正孫氏初平江表十四郡皆貢圖籍荆揚徐三州皆改從今爲正不復依用司空圖則是書應有圖而今已佚又有附盟會圖疏臚載郡縣皆是元魏隋唐建置地名非晉初所有而陽城一條且記唐武后事當是預本書已佚而唐人補輯又土地名所釋亦有後人增益之語今仍錄原文而各加辨證於下方考預書雖有曲從左氏之失而用心周密後人無以復加其例亦皆參考經文得其體要非公穀二家穿鑿月日者比摯虞謂左丘明本爲春秋作傳而左傳遂自孤行釋例本爲傳設而所發明何但左傳故亦孤行良非虛美周中孚鄭堂讀書記云左氏之學興于賈逵服虔董遇鄭衆潁容諸家元凱承諸儒之後亦專修丘明之傳以釋經尋端究緒舍短錄長大而天官地理細而名物典文罔弗剖析微淵數暢旨趣是以學左氏者稱丘明爲孔子素臣稱元凱爲丘明功臣雖偏私黨護間有瑕疵如崔靈恩衞冀隆所難劉炫所規然亦猶夫范升摘左氏之違何休祖李育之議朽壞一撮曾不足以輕重泰山也吳承仕經典釋文序錄疏證云鄭賈當古學始興之時冀幸立學以與公羊家相抗又漸染俗說弗能棄捐鄭衆雖作長義十九條十七事專論公羊之短左氏之長賈逵亦作長義四十一條以爲公羊可奪左氏可興猶謂左氏同公羊者什有七八服鄭之倫頗同此比迄於魏晉則以劉賈許潁最爲名家至杜預撰集解簡二傳去異端舉四家之失達明姬孔之條貫於是漢師怪迂之談亦庶幾少息矣吳士鑑曰本傳於釋例外復有會盟圖春秋長歷隋志引七錄作春秋古今盟會地圖一卷通志略復有地名譜小公子譜宋志復有春秋世譜要皆分晰釋例別自爲書也黃逢元曰王隱晉書云預作釋例又作盟會圖春秋長歷一書分晰隱已複誤唐修晉書悉本隱文未及删定通志宋志因

而承之尚書郎摯虞甚重之曰左丘明本爲春秋作傳而左傳遂自孤行釋例本爲傳設而所發明何但左傳故亦孤行晉書杜預傳武帝謂預曰卿有何癖對曰臣有左傳癖預有大功名於晉室位至征南大將軍開府封當陽侯食邑八千戶晉書預傳預拜度支尚書在內七年損益萬機不可勝數朝野稱美號曰杜武庫帝密有滅吳之計而朝議多違唯預羊祜張華與帝意合祜病舉預自代拜預鎮南大將軍都督荆州諸軍事襲破吳西陵督張政政吳名將也太康元年正月伐吳克江陵既平上流於是沅湘以南至于交廣吳之州郡望風歸命時衆軍會議宜俟來冬預謂兵威已振譬如破竹數節之後迎刃而解無復着手處也遂指授羣帥徑造秣陵孫皓既平振旅凱入以功進爵當陽縣侯增邑并前九千六百戶子錫字世嘏此云字世嘏晉諸公贊云嘏有器局嘏子乂以嘏爲名未知孰是然晉書杜乂傳云乂字弘理成恭皇后父鎮南將軍預孫尚書左丞錫之子又不云嘏也尚書左丞晉諸公贊曰嘏有器局晉書預傳錫少有盛名性亮直忠烈屢諫愍懷太子言辭懇切太子患之後置針著錫常所坐處氈中刺之流血預從兄斌字世將亦有才望爲黃門郎爲趙王倫所枉殺斌子乂字洪治宋本洪作弘晉書治作理二字均避諱改少有令名爲丹陽丞早卒晉書外戚傳杜乂美姿容王羲之見而目之曰膚若凝脂眼如點漆此神仙人也襲封當陽侯早卒阮武者亦拓落大才也世說新語賞譽篇上注引杜篤新書曰阮武字文業陳留尉氏人父諶侍中陳留志曰武族子籍年總角未知名武見而偉之以爲勝己知人多此類著書十八篇謂之阮子終於家隋經籍志梁有阮子正論五卷阮武撰亡存馬國翰輯本一卷嚴可均輯六條或曰此詳諸杜而忽及阮武者疑有脫誤豈以其父著書而類及歟按阮氏譜武父諶字士信徵辟無所就造三禮圖傳於世隋志三禮圖九卷鄭玄及後漢侍中阮諶等撰杜氏新書曰武字文業闊達博通淵雅之士位止清河太守武弟炳字叔文河南尹精意醫術撰藥方一部隋志梁有阮河南藥方十六卷阮文叔撰亡唐經籍志阮河南方十六卷阮炳撰此作字叔文隋志作文叔未知孰是炳子坦字弘舒晉太子少傅平東將軍坦弟柯字士度荀綽兗州記曰坦出紹伯父亡次兄當襲爵父愛柯言名傳之遂承封時幼小不能讓及長悔恨遂幅巾而居後雖出身未嘗釋也性純篤閑雅好禮無違存心經誥博學洽聞選爲濮陽王文學遷領軍長史喪官王衍時爲領軍哭之甚慟

鄭渾字文公河南開封人也郡國志司隸河南尹開封魏正始三年分河南置滎陽郡見水經注開封縣改屬滎陽一統志

開封故城在今河南省開封府祥符縣南五十里謝鍾英曰今開封府城西十五里高祖父衆衆父興皆爲名儒范書鄭興傳興少學公羊春秋晚善左氏傳遂積精深思通達其旨同學者皆師之天鳳中將門人從劉歆講正大義歆美興才使撰條例章句訓詁及校三統歷興好古學尤明左氏周官長於歷數自杜林桓譚衛宏之屬莫不斟酌焉世言左氏者多祖於興而賈逵自傳其父業故有鄭賈之學鄭衆傳衆年十二從父受左氏春秋精力於學明三統歷作春秋難記條例兼通易詩知名於世永平初以明經給事中八年持節使匈奴不屈建初六年爲大司農受詔作春秋刪十九篇八年卒官子安世亦傳家業順帝立除安世子亮爲郎惠棟曰世系云衆生城門校尉安世安世生騎都尉綝綝生上計椽熙熙二子泰渾沈家本曰後漢鄭衆傳曰曾孫公業鄭太傳曰司農衆之曾孫渾既泰弟則當云曾祖父衆高字誤

續漢書曰興字少贛諫議大夫衆字子師范書作字仲師大司農

渾兄泰與荀攸等謀誅董卓爲揚州刺史卒

張璠漢紀曰泰字公業少有才略多謀計知天下將亂陰交結豪傑家富於財有田四百頃而食常不足名聞山東舉孝廉三府辟公車徵皆不就何進輔政徵用名士以泰

爲尚書侍郎續漢志尚書凡六曹侍郎三十六人四百石一曹有六人主作文書起草加奉車都尉范書鄭太傳作遷侍御史通鑑從之進將誅黃門范書作進將誅閹宦欲召董卓爲助泰諫進曰董卓彊忍寡義志欲無饜若借之朝政授之大事將肆其心以危朝廷范書作將恣凶慾必危朝廷通鑑同以明公之威德據阿衡之重任秉意獨斷誅除有罪誠不待卓以爲資援也范書作誠不宜假卓以爲資援也通鑑同且事留變生其鑒不遠胡三省曰謂竇武之事可爲殷鑒也又爲陳時之要務進不能用乃棄官去謂潁川人荀攸曰何公未易輔也進尋見害卓果專權廢帝關東義兵起范書云公業等與侍中伍瓊卓長史何顒共說卓以袁紹爲勃海太守以發山東之謀卓會議大發兵羣寮咸憚卓莫敢忤旨泰恐其彊盛將難制乃曰夫治在德不在兵也卓不悅曰如此兵無益邪范書作如卿此言兵爲無用邪衆人莫不變容爲泰震慄泰乃詭辭而對曰李賢曰詭猶詐也非以無益以山東不足加兵也范書作非謂無用以山東不足加大兵耳如有不信試爲明公略陳其要今山東議欲起兵州郡相連人衆相動非不能也然中國自光武以來無雞鳴犬吠之驚馮本犬作狗驚作警百姓忘戰日久仲尼有言不教民戰是謂棄之雖衆不能爲害一也范書作今山東合謀州郡連結人庶相動非不彊盛然光武以來中國無警百姓優逸忘戰日久仲尼有言不教人戰是謂棄之其衆雖多不能爲害一也明公出自西州少爲國將通鑑作少爲將帥閑習軍事數踐戰場名稱當世以此威民民懷懾服二也袁本初公卿子弟生處京師體長婦人張孟卓東平長者坐不窺堂李賢曰孟卓名邈坐不窺堂言不妄視也王先謙曰言不出帷房也孔公緒能清談高論孔伷字公緒噓枯吹生李賢曰枯者噓之使生生者吹之使枯言談論有所抑揚也無軍帥之才宋本軍作將負霜露之勤臨鋒履刃決敵雌雄皆非明公敵三也范書作並無軍旅之才執銳之幹臨鋒決敵非公之儔三也胡三省曰謂臨兵鋒而與敵人決勝負也察山東之士力能跨馬控弦勇等孟賁捷齊慶忌信有聊城之守李賢曰說苑孟賁水行不避蛟龍陸行不避虎狼發怒吐氣聲響動天許慎注淮南子曰孟賁衛人也呂氏春秋曰孟賁過河先於其伍船人怒以楫虓其頭不知其孟賁故也中河孟賁瞋目視船人髮植目裂舟中人盡播入河慶忌吳王僚子也射之矢滿把不能中駟馬追之不能及史記燕將攻下聊城因保守之齊將田單攻之歲餘不下策有良平之謀

可任以偏師責以成功未聞有其人者四也就有其人王爵不相加婦姑位不定范書作就有其人而尊卑無序王爵不加各恃衆怙力將人人棊跱劉攽曰范書棊作基案文當作棊謂如棊不動作基無理范書跱作峙章懷注跱止也以觀成敗不肯同心共膽率徒旅進范書作與齊進退五也胡三省曰此數語公業雖以釋言於卓然關東諸將情態實不過如此關西諸郡北接上黨太原馮翊扶風安定自頃以來數與胡戰婦女載戟挾矛弦弓負矢范書作婦女猶戴戟操矛挾弓負矢王先謙曰戟不能戴弼按弦弓應作挾弓應從范書況其悍夫以此當山東忘戰之民譬驅羣羊向虎狼其勝可必六也且天下之權勇權疑作強今見在者不過并涼匈奴屠各湟中義從八種西羌李賢曰義從八種並見西羌傳皆百姓素所畏服而明公權以爲爪牙范書權作擁是壯夫震慄況小醜乎七也又明公之將帥皆中表腹心周旋日久自三原狹口以來趙一清曰狹口當作硤口即望垣硤見後漢書董卓傳李賢曰望垣縣屬天水郡王先謙曰今甘肅秦州西北恩信醇著忠誠可遠任智謀可恃使以此當山東解合之虛誕解疑作假實不相若八也范書作忠誠可任智

謀可恃以膠固之衆當解合之埶猶烈風埽彼枯葉八也夫戰有三亡以亂攻治者亡以邪攻正者亡以逆攻順者亡今明公秉國政平（范書作平正）討夷凶宦忠義克立以三德待於三亡奉辭伐罪誰人敢禦九也東州有鄭康成（康成青州北海郡高密縣人故曰東州）學該古今儒生之所以集北海邴根矩（邴原字根矩北海郡朱虛縣人）清高直亮羣士之楷式彼諸將若詢其計畫案典校之彊弱燕趙齊梁非不盛終見滅於秦吳楚七國非不衆而不敢踰熒陽（熒當作滎）況今德政之赫赫股肱之邦良欲造亂以徼不義者必不相然贊成其凶謀（宋本贊作讚）十也若十事少有可采無事徵兵以驚天下使患役之民相聚爲非棄德恃衆以輕威重卓乃悅以泰爲將軍統諸軍擊關東或謂卓曰鄭泰智略過人而結謀山東今資之士馬使就其黨竊爲明公懼之卓收其兵馬留拜議郎後又與王允謀共誅卓（何焯曰范書作與何顒荀攸謀共殺卓爲得其實）泰脫身自武關走（吳熙載曰武關今陝西商州）東歸後將軍袁術以爲揚州刺史未至官道卒時年四十一（宋本作四十二范書同）渾將泰小子袤避難淮南袁術賓禮甚厚渾知術必敗時華歆爲豫章太守素與泰善渾乃渡江投歆太祖聞其篤行召爲掾復遷下蔡長邵陵令（下蔡見蔣濟傳召陵見文紀黃初六年）天下未定民皆剽輕不念產殖其生子無以相活率皆不舉渾所在奪其漁獵之具課使耕桑又兼開稻田重去子之法民初畏罪後稍豐給無不舉贍所育男女多以鄭爲字（御覽字作名潘眉曰零陵先賢傳漢末多事國用不足產子一歲輒出口錢民多不舉子蓋是時民窮財盡懼出口錢因不舉子鄭渾先課耕桑開稻田令其豐給無不舉育法之善者也）辟爲丞相掾屬（魏武選辟掾屬皆擇當時篤行之士世徒以求賢令爲詬病殆未之深察耳）遷左馮翊時梁興等略吏民五千餘家爲寇鈔諸縣不能禦皆恐懼寄治郡下議者悉以爲當移就險渾曰興等破散竄在山阻（監本阻作陽誤）雖有隨者

率脅從耳今當廣開降路宣喻恩信而保險自守此示弱也乃聚斂吏民治城郭爲守禦之備遂發民逐賊明賞罰與要誓其所得獲十以七賞百姓大悅皆願捕賊（何焯曰用此法則無兵而有兵矣文公固耆權變）多得婦女財物賊之失妻子者皆還求降渾責其得他婦女然後還其妻子於是轉相寇盜黨與離散又遣吏民有恩信者分布山谷告喻出者相繼乃使諸縣長吏各還本治以安集之興等懼將餘衆聚鄜城（趙一清曰方輿紀要卷五十七鄜城廢縣在陝西鄜州洛川縣東南七十里漢屬左馮翊後漢省）太祖使夏侯淵就助郡擊之渾率吏民前登斬興及其支黨（夏侯淵傳建安十七年圍遂超餘黨梁興於鄜拔之斬興封博昌亭侯此傳則言鄭渾斬興彼此互異）又賊靳富等脅將夏陽長邵陵令（何焯曰渾爲司隸部左馮翊夏陽乃其屬縣若邵陵則屬汝南郡爲豫州刺史部內此因前有渾爲邵陵令之文而誤耳其地當去夏陽不遠或是郃陽之誤一統志夏陽故城今陝西同州府韓城縣南二十里郃陽故城今同州府郃陽縣東南四十里）幷其吏民入礑山渾復討擊破富等獲二縣長吏將其所略還及趙青龍者殺左內史程休渾聞遣壯士就梟其首前後歸附四千餘家由是山賊皆平民安產業轉爲上黨太守太祖征漢中以渾爲京兆尹渾以百姓新集爲制移居之法使兼複者與單輕者相伍溫信者與孤老爲比勤稼穡明禁令以發姦者（何焯曰此非俗吏所知安農息盜皆在移居法中勤稼穡明禁令是目）由是民安於農而盜賊止息及大軍入漢中運轉軍糧爲最又遣民田漢中無逃亡者太祖益嘉之復入爲丞相掾（渾列名勸進見文紀注引禪代衆事）文帝即位爲侍御史加駙馬都尉遷陽平沛郡二太守（文紀黃初二年以魏郡東部爲陽平郡吳增僅曰豫州沛郡漢舊國蓋漢末除國爲郡弼按沛除國爲郡不在漢末詳見司馬芝傳注）郡界下溼患水澇（御覽二百六十一患上有常字）百姓飢乏渾於蕭相二縣界（蕭相見明紀景初二年）興陂遏（錢大昭曰晉書食貨志遏作堨）

疑與堰同開稻田郡人皆以爲不便渾曰地勢洿下宜溉灌終有魚稻經
久之利御覽有作成此豐民之本也遂躬率吏民興立功夫一冬閒皆成
比年大收頃畝歲增租入倍常民賴其利刻石頌之號曰鄭陂方輿紀要
卷二十九鄭陂在徐州蕭縣西北轉爲山陽魏郡太守郡國志兗州山陽郡冀州魏郡其治放此又以郡
下百姓苦乏材木乃課樹榆爲籬並益樹五果榆皆成藩五果豐實
入魏郡界村落齊整如一民得財足用饒明帝聞之下詔稱述布告
天下遷將作大匠將作大匠見崔琰傳注晉書鄭袤傳宣帝謂袤曰賢叔大匠垂稱於陽平魏郡百姓蒙惠化渾清素在
公妻子不免於飢寒及卒以子崇爲郎中趙一清曰宋書鄭鮮之傳高祖渾魏將作大匠曾祖襲大司農
南史同豈崇有二名邪竊按或渾有二子一名崇一名襲亦未可知
晉陽秋曰泰子袤字林叔晉書鄭袤傳作字林叔又云高祖衆漢大司農父泰揚州刺史范書鄭太傳云太爲司農衆之曾孫然按惠棟
所引世系則泰爲衆之玄孫與晉書范書均不合或爲世系之誤泰與華歆荀攸善見袤曰鄭公業爲不亡矣晉書袤傳
歆素與泰善撫養袤如己子初爲臨菑侯文學晉書袤傳魏武帝初封諸子爲侯精選賓友袤與徐幹俱爲太子文學稍遷至光
祿大夫袤官少府見齊王紀嘉平六年注列名奏永寧宮晉書袤傳高貴鄉公卽位袤與河南尹王肅備法駕奉迎於元城封廣昌亭侯徙光祿勳毌丘儉
作亂景帝自出征之謂王肅曰唯不見鄭光祿爲恨袤自輿追帝遂與共載曰計將何先袤曰昔與儉俱爲臺郎特所知悉其人好謀而不達事情自昔建勳幽州
志望無限文欽勇而無算今大軍出其不意江淮之卒銳而不能固深溝高壘以挫以氣此亞夫之長也帝稱善及常道鄉公立與議定策進封安城鄉侯邑千戶
景元初拜光祿大夫封密陵伯薨時年八十五謚曰元。泰始七年以袤爲司空固辭不受終于家子默字思玄
晉諸公贊曰默遵守家業以篤素稱位至太常晉書鄭默傳默起家秘書郎封關內侯遷司徒左長史出爲東郡太
守値歲荒人飢默輒開倉振給乃舍都亭自表待罪詔書褒歎比之汲黯入爲散騎常侍拜大鴻臚遭母喪舊制既葬還職默自陳懇遂改定法令聽大臣終喪自
默始也服闋爲大司農轉光祿勳太康元年卒謚曰成隋書經籍志董卓之亂獻帝西遷圖書縑帛軍人皆取爲帷囊所收而西猶七十餘載兩京大亂埽地皆盡
魏氏代漢采掇遺亡藏在秘書中外三閣魏秘書郎鄭默始制中經秘書監荀勖又因中經更著新簿又晉書列女傳袤妻曹氏魯國薛人袤先娶孫氏早亡聘之

爲繼室袤爲司空其子默等又顯朝列時人稱其榮貴曹氏深懼盛滿每默等升進輒憂之形於聲色所獲祿秩必班散親姻務令周給家無餘貲初學記職官部
引王隱晉書曰鄭默字思玄爲祕書郎刪省舊文除其浮穢著魏中經簿中書令虞松謂默曰而今而後朱紫別矣梁阮孝緒七錄序目曰魏晉之世文籍逾廣皆
藏在秘書中外三閣魏秘書郎鄭默刪定舊文時之論者謂爲朱紫有別晉領祕書監荀勖因魏中經更著新簿默弟質舒詡皆爲卿默
子球清直有理識尚書右僕射領選球弟豫爲尚書
倉慈字孝仁淮南人也郡國志揚州九江郡沈志魏改九江曰淮南始爲郡吏建安中太祖
開募屯田於淮南以慈爲綏集都尉曹公置典農都尉秩六百石或四百石見劉昭注引魏志而綏集都尉之
名未見當亦魏武所置黃初末爲長安令清約有方吏民畏而愛之太和中遷燉
煌太守燉煌見王肅傳郡在西陲以喪亂隔絕曠無太守二十歲大姓雄張
御覽張作豪遂以爲俗前太守尹奉等循故而已尹奉見楊阜傳按奉據祁山討馬超非循故之吏此傳歸
美倉慈故於前太守有抑辭無所匡革慈到抑挫權右御覽到下有大字撫恤貧羸甚得其理
舊大族田地有餘而小民無立錐之土慈皆隨口割賦稍稍使畢其
本直畢疑作畀先是屬城獄訟衆猥縣不能決多集治下慈躬往省閱料
簡輕重御覽料簡作斟酌自非殊死但鞭杖遣之御覽作便杖而遣之一歲決刑曾不滿
十人何焯曰治邊郡固宜寬簡又常日西域雜胡欲來貢獻而諸豪族多逆斷絕
既與貿遷欺詐侮易多不得分明胡常怨望慈皆勞之欲詣洛者爲
封過所范書光武紀建武十三年詔曰煩擾道上疲費過所周禮司關以節傳出之鄭玄云如今移過所文書古今注云凡傳皆以木爲之長五寸書符信
於上又以一板封之皆封以御史印章所以爲信如今之過所也按過所文書謂傳也又按過所若今之路文引欲從郡還者官爲平
取輒以府見物與共交市使吏民護送道路由是民夷翕然稱其德
惠數年卒官吏民悲感如喪親戚圖畫其形思其遺像及西域諸胡
聞慈死悉共會聚於戊己校尉戊己校尉見黃初三年及長吏治下發哀或有以

刀畫面以明血誠又爲立祠遂共祠之范書鄧訓傳羌胡聞訓卒莫不吼號或以刀自割家家爲訓立祠蓋
戎俗哀慕賢長官風尙如此
魏略曰天水王遷承代慈雖循其迹不能及也金城趙基承遷後復不如遷至嘉平中
安定皇甫隆代基爲太守初燉煌不甚曉田常灌溉滀水使極濡洽然後乃耕又不曉
作耬犂元本吳本毛本官本作樓犂齊民要術崔寔云漢趙過教民耕殖其法三犂共一牛一人將之下種挽耬皆取備焉日種一頃耬車者下種具也狀
如三足犂中置耬斗藏種以牛駕之一人執之且行且搖種乃隨下燉煌人不曉作耬犂故下種功力甚費是則樓當作耬用水及種人牛功
力既費而收穀更少隆到教作耬犂又教衍溉歲終率計其所省庸力過半得穀加五
又燉煌俗婦人作裙攣縮如羊腸用布一疋宋本疋作匹隆又禁改之所省復不訾故燉煌
人以爲隆剛斷嚴毅不及於慈至於勤恪愛惠爲下興利可以亞之
自太祖迄于咸熙魏郡太守陳國吳瓘御覽瓘作璀淸河太守樂安任燠

京兆太守濟北顏斐弘農太守太原令狐邵濟南相魯國孔乂或哀
矜折獄或推誠惠愛或治身淸白或擿姦發伏咸爲良二千石何焯曰無
政可以垂範後來附見其名足矣近代紛紛立傳何知體要弼按自建安至咸熙七十年閒良二千石僅此數人可知承祚擇取之嚴
瓘燠事行無所見魏略曰顏斐字文林有才學丞相召爲太子洗馬續百官志太子洗馬比六百石
員十六人職如謁者太子出則當直者在前導威儀案猶是先馬之義也輿服志謁者古者一名洗馬黃初初轉爲黃門侍郎後爲
京兆太守始京兆從馬超破後民人多不專于農殖又歷數四二千石取解目前亦不
爲民作久遠計斐到官乃令屬縣整阡陌樹桑果是時民多無車牛斐又課民以閒月
取車材宋本閒作閑使轉相教匠作車御覽無匠字又課民無牛者令畜豬狗賣以買牛御覽作令
畜豬貴時賣以買牛始者民以爲煩一二年閒家家有丁車大牛又起文學聽吏民欲讀書者
復其小徭又於府下起菜園使吏役閒鉏治御覽八百二四作使吏民投閒灌治之又課民當輸租時

車牛各因便致薪兩束爲冬寒冰炙筆硯於是風化大行書鈔七五引魏略風化上有勤屬禮學四字吏
不煩民民不求吏京兆與馮翊扶風接界二郡道路既穢塞田疇又荒萊人民飢凍而
京兆皆整頓開明書鈔作開闢豐富常爲雍州十郡最錢大昭曰雍州獻帝時置卽司隸所部七郡後雖有分置顏斐
時當仍舊制十疑作七弼按司隸所部七郡爲河南河內河東弘農京兆馮翊扶風魏時分河南河內河東弘農屬司州京兆馮翊扶風屬雍州錢氏謂雍州卽司
隸所部七郡誤吳增僅曰洪志雍州統五郡然曹魏雍州實統十郡隴西五郡（隴西南安天水安定廣魏）皆屬雍州漢興入魏已省新平及北地僑郡錯居馮
翊扶風安定界中晉志皆屬雍州合之三輔恰得十郡謝鍾英曰據三國志以秦州并入移涼州之安定來屬據通典幷漢興於扶風爲十郡沈家本曰百官志注
引獻帝起居注建安十八年復禹貢之九州雍州部郡得宏農京兆左馮翊右扶風上郡安定隴西漢陽北地武都武威金城西平西郡張掖張掖屬國酒泉燉煌
西海漢興永陽東安南凡二十二郡則錢云卽司隸所部七郡者非也其時涼州省入雍州迨魏文帝卽王位又置涼州（見張旣傳）則武威金城西平西郡張
掖張掖屬國酒泉燉煌西海九郡已不隸雍州永陽建安十九年省見武紀漢興郡劉昭續志注曰曹公分關中置以游楚爲太守事亦見張旣傳迨魏氏受禪宏
農改屬司州漢興爲漢之嘉名魏時必省雍州僅得京兆馮翊扶風上郡安定隴西漢陽北地武都南安十郡顏斐爲京兆太守在黃初初其時雍州尙十郡故魏

略云然迨後又分隴西爲秦州以三輔屬司隸則雍州屬郡不得而詳矣錢氏斐以後漢制擬魏制故往往多訛弼按吳謝沈三說皆是錢氏疑十作七者誤也
又淸已仰奉而已於是吏民恐其遷轉也至靑龍中司馬宣王在長安立軍市而軍中
吏士多侮侵縣民北宋本侮侵作侵侮斐以白宣王宣王乃發怒召軍市候續百官志大將軍部下有曲曲有軍
候一人比六百石便於斐前杖一百時長安典農與斐共坐以爲斐宜謝乃私推築斐斐不
肯謝良久乃曰斐意觀明公受分陜之任乃欲一齊衆庶必非有所左右也而典農竊
見推築欲令斐謝假令斐謝是更爲不得明公意也宣王遂嚴持吏士自是之後軍營
郡縣各得其分後數歲遷爲平原太守吏民啼泣遮道車不得前步步稽留毛本下步字作涉誤
十餘日乃出界東行至崤而疾困斐素心戀京兆其家人從者見斐病甚勸之言平原
當自勉勵作健斐曰我心不願平原汝曹等呼我何不言京兆邪遂卒還平原京兆聞
之皆爲流涕爲立碑于今稱頌之也令狐邵字孔叔父仕漢爲烏丸校尉建安初袁氏

在冀州邵去本郡家居鄴九年暫出到武安毛城中官本攷證云御覽武安作安邑沈家本曰武安屬魏郡下文云太祖破鄴遂圍毛城是其地與鄴相近作武安爲是安邑遠在河東也武安毛城見武紀建安九年毛城卽毛嶺在彰德府涉縣西四十五里會太祖破鄴御覽破上有攻字毛本鄴作城誤遂圍毛城城破執邵等輩十餘人皆當斬太祖閱見之疑其衣冠也問其祖考而識其父乃解放毛本放作於誤錢大昭曰趙儼傳旣囚之表府解放署軍謀掾仍歷宰守後徙丞相主簿出爲弘農太守所在清如冰雪妻子希至官省宋本至作到舉善而教恕以待人不好獄訟與下無忌是時郡無知經者乃歷問諸吏有欲遠行就師輒假遣令詣河東就樂詳學樂詳事見杜畿傳注經徧明乃還因設文學由是弘農學業轉興至黃初初徵拜羽林郎遷虎賁中郎將三歲病亡元本監本官本作二歲始邵族子愚爲白衣時常有高志衆人謂愚必榮令狐氏而邵獨以爲愚性倜儻倜儻卓異也不脩德而願大必滅我宗愚聞邵言其心不平及邵爲虎賁郎將而愚仕進已多所更歷所在有名稱愚見邵

因從容言次微激之曰先時聞大人謂愚爲不繼愚今竟云何邪邵熟視而不答也然私謂其妻子曰公治性度令狐愚字公治猶如故也以吾觀之終當敗滅但不知我久當坐之不邪將逮汝曹耳邵沒之後十餘年閒愚爲兗州刺史果與王淩謀廢立家屬誅滅胡三省曰此晉人作魏史所書云爾邵子華時爲弘農郡丞以屬疏得不坐案孔氏譜孔氏譜隋唐志不著錄沈家本曰漢書孔光傳孔子生伯魚鯉師古曰伯魚先言其字者孔氏自爲譜牒示尊其先也孔乂字元儁孔子之後曾祖疇字元矩陳相漢桓帝立老子廟於苦縣之賴鄉毛本立誤作位鄉誤作卿郡國志豫州陳國苦縣春秋時曰相有賴鄉苦縣見武紀建安十六年畫孔子像於壁疇爲陳相立孔子碑於像前今見存水經陰溝水注渦水北逕老子廟東廟前有二碑在南門外漢桓帝遣中官管霸祠老子命陳相邊韶撰文碑北有雙石闕闕北東側有孔子廟廟前有一碑西面是陳相魯國孔疇建和三年立乂父祖皆二千石乂爲散騎常侍上疏規諫語在三少帝紀正始八年冬十二月散騎常侍諫議大夫孔乂因闕以進規諫至大鴻臚子恂字士信晉平東將軍衞尉也

評曰任峻始興義兵以歸太祖闢土殖穀倉庾盈溢庸績致矣蘇則威以平亂旣政事之良又矯矯剛直風烈足稱杜畿寬猛克濟惠以康民鄭渾倉慈恤理有方抑皆魏代之名守乎恕屢陳時政經論治體宋本論作綸張昭曰經綸本易屯象傳而古本易有作經論字者綸亦可作論蓋有可觀焉劉咸炘曰任峻典農供食餘皆郡守之有善政能安民殖土者大亂之後此爲急務或曰此卽漢世循良傳也而治才時時旁見故閒及兵事

魏書十六

三國志十六

張樂于張徐傳第十七

晉　平陽侯相　安漢陳壽　撰

宋　中書侍郎西鄉侯　聞喜裴松之　注

沔陽盧弼　集解

張遼字文遠雁門馬邑人也 郡國志并州雁門郡馬邑干寶搜神記曰昔秦人築城於武州塞內以備胡城成而崩者數矣有馬馳走其地周旋反覆父老異之因依以築城城乃不崩遂名之爲馬邑一統志馬邑故城今山西朔平府朔州城外西北隅古城是 本聶壹之後 漢書匈奴傳漢使馬邑人聶翁壹閒闌出物與匈奴交易陽爲賣馬邑城以誘單于師古曰姓聶名壹翁者老人之稱也 以避怨變姓少爲郡吏漢末并州刺史丁原以遼武力過人召爲從事使將兵詣京都 趙一清曰宋百官志荆州有從事史在議曹從事史下大較應是魏晉以來置據此傳則他州亦有之不獨荆州也弼按宋書百官志刺史官屬有別駕從事史一人從刺史行部治中從事史一人主財穀簿書兵曹從事史一人主兵事部從事史每郡各一人主察非法漢制也又按續漢志百官志司隸校尉從事使十二人每州刺史皆有從事史假佐員職略與司隸同蓋漢代通行官制如此趙氏偶未細審僅摘取荆州從事史一語耳又按從事史省稱從事此傳使字屬下讀如屬上當作史 何進遣詣河北募兵得千餘人還進敗以兵屬董卓卓敗以兵屬呂布遷騎都尉布爲李傕所敗從布東奔徐州領魯相時年二十八 通鑑建安三年呂布遣北地太守雁門張遼攻劉備胡三省曰布以遼遙領北地太守耳 太祖破呂布于下邳 下邳見武紀初平四年 遼將其衆降拜中郎將賜爵關內侯數有戰功遷裨將軍袁紹破別遣遼定魯國諸縣與夏侯淵圍昌豨於東海 郡國志徐州東海郡昌豨初爲泰山屯帥附於呂布 數月糧盡議引軍還遼謂淵曰數日已來每行諸圍豨輒屬目視遼又其射矢更稀此必豨計猶豫故不力戰遼欲挑與語儻可誘也 胡三省曰儻或然之辭 乃使謂豨曰公有命使遼傳之豨果下與遼語遼

爲說太祖神武方以德懷四方先附者受大賞豨乃許降遼遂單身上三公山 方輿紀要卷三十三山東沂州郯城縣有三公山建安六年張遼單身上三公山或以爲即馬陵山在縣東十五里周壽昌曰三公山在今元氏縣西北三十里洪氏隸釋載有光和四年三公山碑今尚存弼按張遼圍昌豨於東海在今山東沂州府境若元氏縣在今直隸正定府境張遼無緣至此周說誤 入豨家拜妻子豨歡喜隨詣太祖太祖遣豨還責遼曰此非大將法也遼謝曰以明公威信著於四海遼奉聖旨 康發祥曰奉聖旨三字始見於此 豨必不敢害故也從討袁譚袁尚於黎陽 黎陽見武紀建安四年 有功行中堅將軍 中堅將軍見齊王紀嘉平六年 從攻尚於鄴 鄴見武紀建安八年 尚堅守不下太祖還許使遼與樂進拔陰安 郡國志魏郡陰安一統志陰安故城今直隸大名府清豐縣北 徙其民河南復從攻鄴鄴破遼別徇趙國常山招降緣山諸賊及黑山孫輕等從攻袁譚譚破別將徇海濱破遼東賊柳毅等還鄴太祖自出迎遼引共載以遼爲盪寇將軍 洪飴孫曰盪寇將軍一人第五品 復別擊荆州定江夏諸縣還屯臨潁 郡國志豫州潁川郡臨潁一統志臨潁故城今河南許州臨潁縣西北十五里 封都亭侯從征袁尚於柳城 柳城見武紀建安十二年 卒與虜遇 武紀建安十二年八月公登白狼山卒與虜遇 遼勸太祖戰氣甚奮太祖壯之自以所持麾授遼遼遂擊大破之斬單于蹋頓

傅子曰太祖將征柳城遼諫曰夫許天下之會也今天子在許公遠北征若劉表遣劉備襲許據之以號令四方公之勢去矣太祖策表必不能任備遂行也

時荆州未定復遣遼屯長社 長社見鍾繇傳 臨發軍中有謀反者夜驚亂起火一軍盡擾遼謂左右曰勿動是不一營盡反必有造變者欲以動亂人耳乃令軍中其不反者安坐遼將親兵數十人中陣而立有頃定即得首謀者殺之陳蘭梅成以氏六縣叛 通鑑建安十四年廬江人陳蘭梅成據灊六叛操遣盪寇

將軍張遼討斬之考異曰遼傳無年按繁欽征天山賦云建安十四年十二月甲子丞相武平侯曹公東征臨川未濟羣舒蠢動割有灊六乃俾上將盪寇將軍張遼治兵南岳之陽又云陟天柱而南徂故置於此胡三省曰灊六二縣皆屬廬江郡陳景雲曰氐當作灊繁欽征天山賦爲遼平蘭成而作蘭成初叛本分據二邑繼乃幷兵於灊此傳所載與繁賦皆合也郡國志揚州廬江郡潛六安一統志潛縣故城在今安徽六安州霍山縣東北六縣故城在今六安州北趙一清謂氐六縣未詳又謂豈六縣有氐種乎錢儀吉說同均誤

太祖遣于禁臧霸等討成遼督張郃朱蓋等討蘭宋本朱作牛成僞降禁禁還成遂將其衆就蘭轉入灊山灊中有天柱山灊山天柱山均見何夔傳高峻二十餘里道險狹步徑裁通蘭等壁其上遼欲進諸將曰兵少道險難用深入遼曰此所謂一與一此用左傳襄公二十五年齊申鮮虞語勇者得前耳遂進到山下安營攻之斬蘭成首盡虜其衆太祖論諸將功曰登天山履峻險以取蘭成盪寇功也增邑假節太祖既征孫權還使遼與樂進李典等將七千餘人屯合肥合肥見武紀建安十三年太祖征

張魯教與護軍薛悌薛悌見梁習傳注引魏略苛吏傳署函邊曰賊至乃發俄而權率十萬衆圍合肥事在建安二十年乃共發教教曰若孫權至者張李將軍出戰樂將軍守護軍勿得與戰胡三省曰操以遼典勇銳使之戰樂進持重使之守薛悌文吏也使勿得與戰諸將皆疑通鑑作諸將以衆寡不敵疑之遼曰公遠征在外比救至彼破我必矣是以教指及其未合逆擊之折其盛勢以安衆心然後可守也成敗之機在此一戰諸君何疑然後可守也下通鑑作進等莫對遼怒曰成敗之機在此一戰諸君若疑遼將獨決之胡三省曰欲獨出戰也李典亦與遼同李典傳進典遼皆素不睦典慨然曰此國家大事顧君計何如耳吾可以私憾而忘公義乎於是遼夜募敢從之士得八百人椎牛饗將士明日大戰平旦遼被甲持戟先登陷陣殺數十人斬二將大呼自名衝壘入至權麾下權大驚衆不知所爲走登高冢以長戟自守遼叱權下戰權不敢動望見遼所將衆少乃聚圍遼數重遼左右麾圍直前急擊圍開遼將麾下數十人得出餘衆號呼曰將軍棄我乎遼復還突圍拔出餘衆權人馬皆披靡無敢當者自旦戰至日中吳人奪氣還修守備衆心乃安諸將咸服御覽卷二百七十九引魏略云張遼爲孫權所圍遼潰圍出復入權衆破走由是威震江東兒啼不肯止者其父母以遼恐之方輿紀要卷二十六藏舟浦在廬州府城西北隅張遼襲孫權蟄此以藏戰艦處權守合肥十餘日城不可拔乃引退遼率諸軍追擊幾復獲權吳志孫權傳權與淩統甘寧等在津北爲魏將張遼所襲統等以死扞權權乘駿馬越津橋得去甘寧傳寧從權逍遙津北張遼覘望知之即將步騎奄至寧引弓射敵與統等死戰淩統傳張遼奄至津北統率親近三百人陷圍左右盡死身亦被創度權已免乃還呂蒙傳權旣徹兵爲張遼等所襲蒙與淩統以死扞衛合觀諸傳則遼之戰功爲多仲謀當日幾不免矣太祖大壯遼拜征東將軍魚豢曰四征魏武置黃初中位次三公見宋書百官志

孫盛曰夫兵固詭道奇正相資若乃命將出征推轂委權或賴率然之形趙一清曰率然常山

蛇名蓋陣勢似之擊首則尾應擊中則首尾皆應也或憑掎角之勢羣帥不和則棄師之道也至於合肥之守縣弱無援專任勇者則好戰生患專任怯者則懼心難保且彼衆我寡必懷貪墯以致命之兵擊貪墯之卒其勢必勝勝而後守守則必固是以魏武推選方員官本考證云御覽作是以魏武雜選武力參以同異爲之密教節宣其用事至而應若合符契妙矣夫

建安二十一年太祖復征孫權到合肥循行遼戰處歎息者良久乃增遼兵多留諸軍徙屯居巢居巢見武紀建安二十二年關羽圍曹仁於樊胡三省曰樊城在襄陽東北臨漢水謝鍾英曰在今襄陽府城北漢江上與襄陽隔水對峙會權稱藩召遼及諸軍悉還救仁遼未至徐晃已破關羽仁圍解遼與太祖會摩陂水經注摩陂縱廣可一十五里方輿紀要今河南汝州郟縣南遼軍至太祖乘輦出勞之還屯陳郡郡國志豫州陳國吳增僅曰元和志漢末陳王寵爲袁紹所殺國除爲郡文帝即王位轉前將軍宋書百官志前將軍周末官秦漢因之光武省魏復置

魏書曰王賜遼帛千匹穀萬斛

分封兄汎及一子列侯孫權復叛遣遼還屯合肥進遼爵都鄉侯給遼母輿車及兵馬送遼家詣屯勑遼母至導從出迎所督諸軍將吏皆羅拜道側觀者榮之遼列名勸進見上尊號奏文帝踐阼封晉陽侯增邑千戶并前二千六百戶黃初二年遼朝洛陽宮文帝引遼會建始殿親問破吳意狀帝歎息顧左右曰此亦古之邵虎也毛本邵作召爲起第舍又特爲遼母作殿以遼所從破吳軍應募步卒皆爲虎賁孫權復稱藩遼還屯雍丘雍丘見武紀興平二年得疾帝使侍中劉曄將太醫視疾宋書百官志云漢三公病遣中黃門問病魏晉則黃門郎尤重者或侍中也遼位未至公而遣侍中蓋寵之也趙粱二家引此誤作宋書禮志虎賁問消息道路相屬疾未瘳帝迎遼就行在所車駕親臨執其手賜以御衣太官

日送御食毛本太作大誤續百官志太官令一人六百石掌御飲食疾小差還屯孫權復叛趙一清曰權無再服再叛之事前後疊出史家謄詞陳承祚刊落不盡耳沈家本曰吳志孫權傳建安二十二年春權都尉徐詳詣曹公請降二十五年春正月曹公薨太子丕代爲丞相魏王秋魏將梅敷使張儉求見撫納南陽陰酇筑陽山都中廬五縣民五千家來附黃初二年自魏文帝踐阼權使命稱藩及遣于禁等還黃武元年魏欲遣侍中辛毗尚書桓階往與盟誓幷徵任子權辭讓不受秋九月魏乃命曹休張遼臧霸出洞口云云傳文先書請降後書稱藩是當日實有再服再叛之事曹仁傳文帝卽王位孫權遣將陳邵據襄陽詔仁討之仁與徐晃攻破邵遂入襄陽權傳注魏略載魏三公奏曰先帝委裘下席權不盡心誠在惻怛欲因大喪寡弱王室希託董桃傳先帝令乘未得報許擅取襄陽及見驅逐乃更折節又載權與魏王牋曰近得守將周泰全琮等白事過月六日有馬步七百徑到橫江又督將馬和復將四百人進到居巢琮等聞有兵馬渡江視之爲兵馬所擊臨時交鋒大相殺傷此魏吳交兵之事實也其又稱藩者有西顧之憂耳帝遣遼乘舟與曹休至海陵臨江漢書地理志臨淮郡海陵續漢志明帝永平十五年臨淮郡更爲下邳國屬徐州宋志云海陵縣三國時廢晉太康二年復立吳志呂岱廣陵海陵人是漢末復立吳復廢之胡三省曰廣陵卽海陵說見孫權傳黃武元年一統志海陵故城今江蘇揚州府泰州治權甚憚焉勑諸將張遼雖病不可當也愼之是歲遼與諸將破權將呂範遼病

遂篤薨於江都馮本作遼病篤遂薨於江都郡國志徐州廣陵郡江都沈志江都縣三國廢吳志孫策傳策居江都孫峻傳吳使呂據等自江都入淮泗以圖青徐是吳未廢也一統志江都故城今江蘇揚州府江都縣西南趙一清曰江都後屬吳疆埸之閒一彼一此無常也帝爲流涕謚曰剛侯子虎嗣六年帝追念遼典在合肥之功詔曰合肥之役遼典以步卒八百破賊十萬自古用兵未之有也使賊至今奪氣可謂國之爪牙矣其分遼典邑各百戶賜一子爵關內侯虎爲偏將軍薨子統嗣正始四年遼從祀太祖廟庭

樂進字文謙陽平衛國人也趙一清曰郡國志東郡衛公國是以衛縣爲公國以封周後此國字爲史家謄詞錢大昕曰衛國漢屬東郡建安十七年割衛國益魏郡尋分魏郡爲東西部衞當在東部管內黃初二年以魏之東部爲陽平郡故衛國屬陽平也晉志衛屬頓丘頓丘卽故東郡所分魏晉之際郡縣改隸無常如此一統志畔觀故城在今山東曹州府觀城縣西本古觀國漢置畔觀縣屬東郡後漢建武十三年改封周後姬常爲衞公國於此因曰衞國縣馬與龍曰前志畔觀注應劭云世祖更名衞國魏武紀東郡之衞國樂進傳陽平衞國人河水注亦云衞國皆沿應說致誤惟續漢志云衞公國本觀故國尙存

其實范書光武紀第五種傳並不云衞國晉志亦祇作衞弼按馬說與趙說合李兆洛歷代地理志韻編今釋亦云東漢兗州東郡之衞縣在今山東曹州府觀城縣西與衛國縣有別容貌短小以膽烈從太祖爲帳下吏遣還本郡募兵得千餘人還爲軍假司馬陷陣都尉從擊呂布於濮陽張超於雍丘橋蕤於苦東郡治濮陽見武紀卷首雍丘見武紀興平二年苦見武紀建安十六年皆先登有功封廣昌亭侯從征張繡於安衆圍呂布於下邳破別將擊眭固於射犬攻劉備於沛安衆見武紀建安三年下邳見武紀初平四年射犬沛均見武紀建安四年皆破之拜討寇校尉渡河攻獲嘉郡國志司隸河內郡獲嘉一統志獲嘉故城今河南衛輝府新鄉縣西南十二里還從擊袁紹於官渡力戰斬紹將淳于瓊何焯云俘之未斬也弼按互見武紀建安五年注從擊譚尚於黎陽官渡黎陽均見武紀建安四年斬其大將嚴敬行游擊將軍別擊黃巾破之定樂安郡郡國志青州樂安郡從圍鄴鄴定從擊袁譚於南皮先登入譚東門譚敗別攻雍奴郡國志幽州漁陽郡雍奴

一統志雍奴故城今直隸順天府武清縣東破之建安十一年何焯云宋本作十二年弼按武紀建安十年冬高幹以并州叛十一年公征幹八月公東征海賊管承此表在征高幹管承之前應作十年張遼傳遼爲盪寇將軍在從征袁尙於柳城之前亦應在建安十年此表同稱進及于禁張遼其爲十年無疑太祖表漢帝稱進及于禁張遼曰武力旣弘計略周備質忠性一守執節義每臨戰攻宋本元本吳本監本官本攻作功誤馮本毛本不誤常爲督率奮彊突固無堅不陷自授枹鼓手不知倦又遣別征統御師旅撫衆則和奉令無犯當敵制決靡有遺失論功紀用宜各顯寵於是禁爲虎威進折衝遼盪寇將軍進別征高幹從北道入上黨并州上黨郡回出其後幹等還守壺關壺關見武紀建安十年連戰斬首幹堅守未下會太祖自征之乃拔太祖征管承軍淳于淳于見武紀建安十一年遣進李典擊之何焯云宋本進下有及字一作有與字承破走逃入海島海濱平荆州未服遣屯陽翟潁川郡治陽翟見武紀卷首後從平荆州留屯襄陽擊關羽蘇非等皆走之蜀志先主傳樂進在青泥與關羽相拒南郡諸縣山谷蠻夷詣進降又討劉備臨沮長杜普旌陽長梁太監本杜誤作社臨沮旌陽詳見明紀景初元年皆大破之後從征孫權假進節太祖還留進與張遼李典屯合肥增邑五百并前凡千二百戶以進數有功分五百戶封一子列侯進遷右將軍建安二十三年薨謚曰威侯正始四年進從祀太祖廟庭子綝嗣綝果毅有父風官至揚州刺史諸葛誕反掩襲殺綝詔悼惜之追贈衞尉謚曰愍侯子肇嗣

于禁字文則泰山鉅平人也郡國志兗州泰山郡鉅平一統志鉅平故城今山東泰安府泰安縣西南黃巾起鮑信招合徒衆武紀初平元年濟北相鮑信同起兵信爲泰山平陽人禁附從焉及太祖領兗州禁與其黨俱詣爲都伯梁章鉅曰通典兵二魏武軍令伍長有不進者什長殺之什長有不進者都伯殺之是都伯卽隊長屬

將軍王朗周壽昌曰按王朗傳朗未爲將軍此蓋朗以諫議大夫參司空軍事之時史隨筆以將軍二字屬之非事實也弼按王朗傳注引漢晉春秋建安三年太祖表徵朗武紀初平三年太祖領兗州牧是魏武領兗州之時尙未表徵王朗也此時爲將軍者或別一王朗周氏未細審也朗異之薦禁才任大將軍軍字疑衍大將軍位次最高豈此時之王朗所能薦乎太祖召見與語拜軍司馬使將兵詣徐州攻廣威拔之郡國志徐州彭城國廣戚趙一淸曰此威字當是戚字之譌謝鍾英曰考徐州諸郡無廣威縣卽廣戚之譌一統志廣戚故城今江蘇徐州府沛縣東拜陷陣都尉從討呂布於濮陽別破布二營於城南又別將破高雅於須昌從攻壽張定陶離狐圍張超於雍丘皆拔之東郡治濮陽見武紀卷首壽張見武紀初平三年濟陰郡治定陶見武紀初平四年雍丘見武紀興平二年郡國志兗州東平國須昌濟陰郡離狐一統志須昌故城今山東泰安府東平州西北十五里（錢坫曰州南六十里）離狐故城今直隸大名府東明縣東南（舊志今曹州府城西四十里李二莊）從征黃巾劉辟黃邵等屯版梁邵等夜襲太祖營禁帥麾下擊破之斬辟邵等趙一淸曰此傳之誤與武紀同曹公破辟邵在建安元年而五年又云汝南降賊劉辟叛則此時邵死而辟降可知不得云斬辟邵也盡降其衆遷平虜校尉從圍橋蕤於苦斬蕤等四將從至宛降張繡繡復叛太祖與戰不利軍敗還舞陰舞陰見武紀建安二年是時軍亂各間行求太祖禁獨勒所將數百人且戰且引雖有死傷不相離虜追稍緩禁徐整行隊鳴鼓而還未至太祖所道見十餘人被創裸走禁問其故曰爲青州兵所劫初黃巾降號青州兵太祖寬之故敢因緣爲略禁怒令其衆曰青州兵同屬曹公而還爲賊乎乃討之數之以罪青州兵遽走詣太祖自訴禁旣至先立營壘不時謁太祖或謂禁青州兵已訴君矣宜促詣公辨之禁曰今賊在後追至無時不先爲備何以待敵且公聽明譖訴何緣徐鑿塹安營訖乃入謁具陳其狀太祖悅謂禁曰淯水之難吾其急也淯水見武紀建安二年方輿紀要淯水在今南陽府城東三里張繡傳太祖南征軍淯水繡襲

太祖軍敗二子沒將軍在亂能整討暴堅壘胡三省曰討暴謂擊刼掠者堅壘謂先繫塹安營也有不可動之節雖古名將何以加之於是錄禁前後功封益壽亭侯復從攻張繡於穰穰見武紀建安二年禽呂布於下邳別與史渙曹仁攻眭固於射犬破斬之太祖初征袁紹紹兵盛禁願爲先登太祖壯之乃選步騎二千人使禁將守延津以拒紹延津見武紀建安五年又見袁紹傳杭世駿曰名勝志云汲縣東南二十五里有延津即此津之下流也左傳隱公二年叔段侵鄭至於廩延魏書曹公遣于禁渡河守延津即此舊有城存趙一清曰寰宇記卷五十六左傳廩延注云汲郡城南有延津城于禁守延津以拒袁紹即此方輿紀要卷四十九延津城在衞輝府南戰國策謂之垝津孔穎達曰即延津也城蓋後漢末所築南臨河津爲戍守處一統志延津關在河南衞輝府東南二十五里即延津城太祖引軍還官渡劉備以徐州叛太祖東征之紹攻禁禁堅守紹不能拔復與樂進等將步騎五千擊紹別營從延津西南緣河至汲獲嘉二縣汲見劉放傳獲嘉見樂進傳焚燒保聚三十餘屯斬首獲生各

數千降紹將何茂王摩等二十餘人太祖復使禁別將屯原武郡國志司隸河南尹原武錢坫曰原武故城今河南懷慶府原武縣西擊紹別營於杜氏津謝鍾英曰杜氏津在今原武縣西北破之遷裨將軍後從還官渡太祖與紹連營起土山相對紹射營中士卒多死傷軍中懼禁督守土山力戰氣益奮紹破遷偏將軍冀州平昌豨復叛遣禁征之禁急進攻豨豨與禁有舊詣禁降諸將皆以爲豨已降當送詣太祖禁曰諸君不知公常令乎圍而後降者不赦夫奉法行令事上之節也豨雖舊友禁可失節乎自臨與豨訣隕涕而斬之是時太祖軍淳于武紀建安十一年公東征海賊管承至淳于聞而歎曰豨降不詣吾而歸禁豈非命邪益重禁

臣松之以爲圍而後降法雖不赦囚而送之未爲違命禁曾不爲舊交希冀萬一而肆其好殺之心以戾衆人之議所以卒爲降虜死加惡謚宜哉

東海平拜禁虎威將軍後與臧霸等攻梅成張遼張郃等討陳蘭禁到成舉衆三千餘人降既降復叛其衆奔蘭其上當有將字遼等與蘭相持軍食少禁運糧前後相屬遼遂斬蘭成事在建安十四年增邑二百戶幷前千二百戶是時禁與張遼樂進張郃徐晃俱爲名將太祖每征伐咸遞行爲軍鋒還爲後拒而禁持軍嚴整得賊財物無所私入由是賞賜特重然以法御下不甚得士衆心太祖常恨朱靈朱靈事見徐晃傳注欲奪其營以禁有威重遣禁將數十騎齎令書徑詣靈營奪其軍靈及其部衆莫敢動乃以靈爲禁部下督衆皆震服其見憚如此遷左將軍假節鉞分邑五百戶封一子列侯建安二十四年太祖在長安使曹

仁討關羽於樊又遣禁助仁秋大霖雨漢水溢平地水數丈禁等七軍皆沒禁與諸將登高望水無所回避羽乘大船就攻禁等禁遂降趙一清曰趙儼傳太祖征荊州以儼領章陵太守徙都督護軍護于禁張遼張郃朱靈李典路招馮楷七軍蓋以襄陽重鎮故特留重兵以守之其後遼等徙屯而兵但屬於禁觀其奪朱靈營以靈爲部下督可知蜀志關羽傳云禁所督七軍皆沒晉書宣帝紀帝言荊州刺史胡修麤暴南鄉太守傅方驕奢並不可居邊魏武不之察及蜀將關羽圍曹仁於樊于禁等七軍皆沒修方果降羽而仁圍甚急焉惟龐悳不屈節而死太祖聞之哀歎者久之曰吾知禁三十年胡三省曰操收兵兗州禁即爲將沈家本曰上文太祖領兗州禁爲都伯操領兗州在初平三年至建安二十四年爲二十八年言三十者舉成數也何意臨危處難反不及龐悳邪會孫權禽羽獲其衆禁復在吳文帝踐阼權稱藩遣禁還帝引見禁鬚髮皓白形容憔悴宋本悴作顇泣涕頓首帝慰諭以荀林父孟明視故事胡三省曰晉大夫荀林父與楚戰敗于邲晉景公復用之以取赤狄秦大夫孟明爲晉禽于殽秦穆公復用之以霸西戎

魏書載制曰昔荀林父敗績於邲孟明喪師於殽秦晉不替使復其位其後晉獲狄土秦霸西戎區區小國猶尙若斯宋本作尙猶若斯而況萬乘乎樊城之敗水災暴至非戰之咎其復禁等官

拜爲安遠將軍胡三省曰安遠將軍號亦前此未有也趙一淸曰御覽卷六百八十五魏文帝與于禁詔曰昔漢高脫衣以衣韓信光武解綬以帶李忠誠皆人主當時貴敬功勞今以遠游冠與將軍洪飴孫曰安遠將軍一人第三品欲遣使吳先令北詣鄴謁高陵魏武葬高陵高陵在鄴城西帝使豫於陵屋畫關羽戰克龐悳憤怒禁降服之狀或曰事極很亦極趣然特狙詐輕僨伎倆非帝王賞罰之正也禁見慙恚發病薨子圭嗣封益壽亭侯諡禁曰厲侯司馬光曰于禁將數萬衆敗不能死生降於敵既而復歸文帝廢之可也殺之可也乃畫陵屋以辱之斯爲不君矣

張郃字儁乂河閒鄚人也鄚見邢顒傳漢末應募討黃巾爲軍司馬屬韓馥馥敗以兵歸袁紹紹以郃爲校尉使拒公孫瓚瓚破郃功多遷寧國中郎將太祖與袁紹相拒於官渡漢晉春秋曰郃說紹曰公雖連勝然勿與曹公戰也密遣輕騎鈔絕其南則兵自敗矣紹不從之

紹遣將淳于瓊等督運屯烏巢烏巢見武紀建安五年太祖自將急擊之郃說紹曰曹公兵精往必破瓊等瓊等破則將軍事去矣宜急引兵救之郭圖曰郃計非也不如攻其本營勢必還此爲不救而自解也郃曰曹公營固攻之必不拔若瓊等見禽吾屬盡爲虜矣紹但遣輕騎救瓊而以重兵攻太祖營不能下太祖果破瓊等紹軍潰圖慙又更譖郃曰郃快軍敗出言不遜郃懼乃歸太祖

臣松之案武紀及袁紹傳並云袁紹使張郃高覽攻太祖營郃等聞淳于瓊破遂來降

紹衆於是大潰是則緣郃等降而後紹軍壞也至如此傳爲紹軍先潰懼郭圖之譖然後歸太祖爲參錯不同矣姜宸英曰此必郃家傳自文其醜故與武紀紹傳互異弼按承祚紀事多於本傳諱之而錯見於他傳如宕渠之役郃爲張飛所破棄馬緣山獨與麾下十餘人退還南鄭見蜀志張飛傳不見於本傳也又如蘇則傳則與董昭同寮昭枕則膝則曰則膝非佞人之枕不見於董昭傳也則傳又云則及臨菑侯植聞魏氏代漢皆發服悲哭不見於陳思王傳也又如趙儼爲河東太守錄送生人婦見杜畿傳注引魏略不見於趙儼傳也其於本傳多諱言者如此

太祖得郃甚喜謂曰昔子胥不早寤自使身危豈若微子去殷韓信歸漢邪拜郃偏將軍封都亭侯授以衆從攻鄴拔之又從擊袁譚於勃海冀州勃海郡別將軍圍雍奴雍奴見樂進傳大破之從討柳城宋本後作從柳城見武紀建安十二年與張遼俱爲軍鋒于禁傳禁與張遼樂進張郃徐晃威遐行爲軍鋒還爲後拒以功遷平狄將軍洪飴孫曰平狄將軍一人第三品別征東萊青州東萊郡討管承又與張遼討陳蘭梅成等破之從破馬超韓遂於渭南兩漢無渭南縣此蓋指渭水之南武紀建安十六年公自潼關北渡賊退拒渭口公結營於渭南諸葛亮傳亮與司馬宣王對於渭南今之渭南縣爲漢京兆尹下邽縣地圍安定安定見武紀建安十六年降楊秋武紀建安十六年十月軍自長安北征楊秋圍安定秋降與夏侯淵討鄜賊梁興及武都氐鄜見鄭渾傳武都見武紀建安二十年公將自武都入氐氐人塞道先遣張郃等攻破之互見夏侯淵傳徐晃傳又破馬超平宋建太祖征張魯先遣郃督諸軍討興和氐王竇茂武紀建安二十年四月公自陳倉出散關至河池氐王竇茂恃險不服五月公攻屠之太祖從散關入漢中又先遣郃督步卒五千於前通路至陽平散關陽平關均見武紀建安二十年魯降太祖還留郃與夏侯淵等守漢中拒劉備郃別督諸軍降巴東巴西二郡錢大昭曰郡國志巴郡不分東西劉璋爲牧以永寧爲巴東郡墊江爲巴西郡全祖望曰張魯降魏巴郡亦隨之而入建安二十年分其地爲三以賨帥朴胡爲巴東太守杜濩爲巴西太守（見武紀）任約爲巴郡太守（見通鑑）旋爲先主所幷故史志不詳弼按巴東巴西二郡詳見武紀建安二十年及蜀志劉璋傳徙其民於漢中進軍宕渠郡國志益州巴郡宕渠宋白曰宕渠城漢車騎將軍馮緄增修

俗名車騎城方輿紀要今四川順慶府渠縣東北九十里（弼按宕渠互見蜀志先主傳）爲備將張飛所拒引還南鄭南鄭見武紀建安十六年拜盪寇將軍劉備屯陽平郃屯廣石方輿紀要卷五十六廣石成在陝西寧羌州沔縣西（按今漢中府沔縣）與陽平關相近謝鍾英曰郃拒先主自當在沔縣西胡三省謂廣石在巴漢之間兵勢便不相接備以精卒萬餘分爲十部夜急攻郃郃率親兵搏戰備不能克其後備於走馬谷燒都圍謝鍾英曰時先主南渡沔水擊淵於定軍山走馬谷疑卽定軍山之谷趙一清曰走馬谷亦謂馬鳴閣方輿紀要卷六十八謂在四川漢中府昭化縣北百里亦見徐晃傳弼按按之地勢以謝說爲是通鑑先主遣將絕馬鳴閣道事在建安二十三年斬夏侯淵事在建安二十四年淵救火從他道與備相遇交戰短兵接刃淵遂沒通鑑考異曰淵傳曰備夜燒圍鹿角淵使張郃護東圍自將輕兵護南圍備挑郃戰郃軍不利淵分兵半助郃爲備所襲戰死郃還陽平胡三省曰自廣石還陽平也或曰郃還陽平疑有誤先主已屯陽平郃安能退至此乎魏略曰淵雖爲都督劉備憚郃而易淵及殺淵備曰當得其魁用此何爲邪淵爲元帥非魁邪當是時新失元帥恐爲備所乘三軍皆失色淵司馬郭淮乃令衆曰

張將軍國家名將劉備所憚今日事急非張將軍不能安也遂推郃爲軍主郃出勒兵安陳諸將皆受郃節度衆心乃定太祖在長安遣使假郃節太祖遂自至漢中劉備保高山不敢戰太祖乃引出漢中諸軍郃還屯陳倉陳倉見武紀建安二十年文帝卽王位以郃爲左將軍進爵都鄉侯上尊號奏云使持節左將軍中鄉侯臣郃及踐阼進封鄚侯蓋封本縣侯也詔郃與曹眞討安定盧水胡及東羌涼州盧水胡伊健妓妾治元多等反見張旣傳又見文紀延康元年注引魏書召郃與眞並朝許宮遣南與夏侯尚擊江陵郃別督諸軍渡江取洲上屯塢通鑑黃初四年正月曹眞使張郃擊破吳兵遂奪據江陵中洲胡三省曰江陵中洲卽百里洲也其洲自枝江縣西至上明東及江津江津北岸卽江陵故城一統志今荊州府枝江縣東接江陵縣界縣志明嘉靖中爲江水衝斷分爲上百里洲下百里洲謝鍾英曰百里洲在今荊州府江陵縣城西南大江中周廣百里明帝卽位遣南屯荊州與司馬宣王擊孫權別將劉阿等追至祁口趙一清曰祁口卽泜口方

輿紀要卷七十九泜水在襄陽宜城縣西水經沔水下注泜水上通梁州沔陽縣東逕新城之泜鄉謂之泜水又東歷宜城西山謂之泜谿東流合於夷水謂之泜口一清案泜音怡宋書州郡志新城太守領祁陽令魏立晉太康地志作泜音祁則魏晉之閒固有作祁字者矣交戰破之諸葛亮出祁山祁山見明紀青龍二年在今甘肅鞏昌府西和縣北加郃位特進遣督諸軍拒亮將馬謖於街亭街亭見明紀太和二年在今甘肅秦州秦安縣東北謖依阻南山不下據城郃絕其汲道擊大破之南安天水安定郡反應亮南安見武紀建安十九年天水見明紀太和二年安定見武紀建安十六年郃皆破平之詔曰賊亮以巴蜀之衆當虓虎之師將軍被堅執銳所向克定朕甚嘉之益邑千戶并前四千三百戶司馬宣王治水軍於荊州欲順沔入江伐吳詔郃督關中諸軍往受節度至荊州會冬水淺大船不得行乃還屯方城胡三省曰時郃將兵伐吳屯於方城續漢志曰葉縣南有長山曰方城屈完所謂楚國方城以爲城者卽此趙一清曰方輿紀要卷五十一方城山在河南裕州東北四十里左傳楚方城爲城是也或曰楚置城於山上以爲要隘其山連接南陽唐縣葉縣之境幾

數百里亦曰長城山謝鍾英曰盛弘之荊州記葉南界有故城始犨縣東至瀙水達泚陽界南北聯數百里號爲方城一謂之長城水經注酈縣有故城一面號爲長城城之西隅其間相去六百里南北雖無基築皆連山相接而漢水流其南方輿紀要今葉縣南四十里諸葛亮復出急攻陳倉帝驛馬召郃到京都帝自幸河南城胡三省曰河南城在洛陽城西趙一清曰郡國志河南周公時所城雒邑也春秋時謂之王城方輿紀要卷四十八城在河南府西北亦曰郟邑晉地道記河南城去雒城四十里置酒送郃遣南北軍士三萬及分遣武威虎賁使衞郃宋本威作衞因問郃曰遲將軍到胡三省曰遲待也王念孫曰漢書高帝紀遲明圍宛城三帀遲明謂比明也漢書外戚傳遲帝還趙王死遲帝還比帝還也遲與比同義亮得無已得陳倉乎郃知亮縣軍無穀不能久攻對曰比臣未到亮已走矣屈指計亮糧不至十日郃晨夜進至南鄭益州漢中郡南鄭今陝西漢中府城東亮退詔郃還京都拜征西車騎將軍郃識變數善處營陳料戰勢地形無不如計自諸葛亮皆憚之郃雖武將而愛樂儒士嘗薦同鄉卑湛何焯校卑作畢經明行修

詔曰昔祭遵爲將奏置五經大夫居軍中與諸生雅歌投壺范書祭遵傳博士范升上疏追稱遵曰遵爲將軍取士皆用儒術對酒設樂必雅歌投壺又建爲孔子立後奏置五經大夫雖在軍旅不忘俎豆可謂好禮悅樂守死善道者也章懷注雅歌謂歌雅詩也禮記投壺經曰壺頸修七寸腹修五寸口徑二寸半容斗五升壺中實小豆爲其矢之躍而出也矢以柘若棘長二尺八寸無去其皮取其堅而重投之勝者飲不勝者以爲優劣也周壽昌曰續志有五經博士祭酒秩六百石無大夫或奏而未行也今將軍外勤戎旅內存
國朝朕嘉將軍之意今擢湛爲博士諸葛亮復出祁山詔郃督諸將
西至略陽亮還保祁山郃追至木門與亮軍交戰飛矢中郃右膝薨御覽卷二百九十一引漢末傳曰丞相亮出軍圍祁山以木牛運糧魏司馬宣王張郃救祁山夏六月亮糧盡軍還至於青封木門郃追之亮駐軍削大樹皮題曰張郃死此樹下豫令兵夾道以數千强弩備之郃果目見千弩俱發射郃而死方輿紀要卷五十九木門谷在秦州西南九十里蜀志諸葛亮傳注引漢晉春秋曰司馬宣王尋亮至於鹵城張郃曰彼遠來逆我我請戰不得謂我利在不戰欲以長計制之也且祁山知大軍以在近（通鑑以作已）人情自固可止屯於此分爲奇兵示諸其後不宜進前而不敢偪坐失民望也今亮懸軍食少（通鑑懸作孤）亦行去矣宣王不從胡三省曰郃實畏亮又以張郃嘗再拒亮名著關右不欲從其計或曰郃中

右膝焉得死似非實錄
魏略曰亮軍退司馬宣王使郃追之郃曰軍法圍城必開出路歸軍勿追宣王不聽郃不得已遂進蜀軍乘高布伏弓弩亂發矢中郃髀
謚曰壯侯正始四年郃從祀太祖廟庭子雄嗣郃前後征伐有功明帝分郃戶封
郃四子列侯賜小子爵關內侯
徐晃字公明河東楊人也郡國志司隸河東郡楊一統志楊縣故城今山西平陽府洪洞縣東南爲郡吏從
車騎將軍楊奉討賊有功拜騎都尉李傕郭汜之亂長安也晃說奉
令與天子還洛陽奉從其計天子渡河至安邑安邑見武紀興平二年封晃都
亭侯及到洛陽韓暹董承日爭鬬晃說奉令歸太祖奉欲從之後悔
太祖討奉於梁梁見武紀建安元年晃遂歸太祖太祖授晃兵使擊卷原注卷音墟權反

原武賊郡國志司隸河南尹卷原武一統志卷縣故城今河南懷慶府原武縣西北（輿地廣記在原武縣東）原武故城今懷慶府陽武縣治（錢坫曰今原武縣西）破之拜裨將軍從征呂布別降布將趙庶李鄒等與史渙斬
眭固於河內從破劉備又從破顏良拔白馬進至延津白馬延津均見武紀建安五年
破文醜拜偏將軍與曹洪擊㶏彊賊祝臂㶏彊見武紀卷首破之又與史渙
擊袁紹運車於故市故市在今延津縣界功最多封都亭侯姜宸英曰前已書封都亭侯此又封殆以前封非出操邪沈家本曰後文云進封逯鄉侯必由亭侯進封而先未書封某某亭侯則此文封都亭侯必有奪誤當云封某某亭侯非與前文複也龐悳傳先封都亭侯又封關門亭侯此其一證太祖既圍鄴破邯鄲易陽令韓範僞以城降而拒守鄴見武紀建安八年邯鄲易陽見武紀建安九年太祖遣晃攻之晃至飛矢城中爲陳成敗範悔晃
輒降之既而言於太祖曰二袁未破諸城未下者傾耳而聽今日滅
易陽明日皆以死守恐河北無定時也願公降易陽以示諸城則莫

不望風太祖善之別討毛城設伏兵掩擊破三屯從破袁譚於南皮毛城南皮均見武紀建安九年討平原叛賊平原見武紀初平三年克之從征蹋頓拜橫野將軍洪飴孫曰橫野將軍一人第五品從征荆州別屯樊討中廬臨沮宜城賊中廬見劉表傳臨沮宜城見明紀景初元年又與滿寵討關羽於漢津與曹仁擊周瑜於江陵十五年討
太原反者圍太陵拔之錢大昭曰此事武紀在十六年夏侯淵傳在十七年之前五字疑誤弼按武紀云太原商曜等以大陵叛此作太陵誤大陵見武紀建安十六年斬賊帥商曜韓遂馬超等反關右遣晃屯汾陰郡國志司隸河東郡汾陰一統志汾陰故城今山西蒲州府榮河縣北以撫河東賜牛酒令上先人墓晃爲河東人太
祖至潼關恐不得渡召問晃晃曰公盛兵於此而賊不復別守蒲阪
知其無謀也今假臣精兵
臣松之云按晃于時未應稱臣傳寫者誤也史記項羽本紀沛公與項伯語與項羽語皆稱臣與自稱僕同裴說似泥沈家

本曰漢時下之於上輒稱臣晃特沿舊習耳渡蒲阪津潼關蒲坂蒲坂津均見武紀建安十六年爲軍先置以截其裏賊可禽也太祖曰善使晃以步騎四千人渡津作塹柵未成賊梁興夜將步騎五千餘人攻晃晃擊走之太祖軍得渡遂破超等使晃與夏侯淵平隃麋汧諸氐隃麋汧見夏侯淵傳與太祖會安定太祖還鄴使晃與夏侯淵平鄜夏陽餘賊鄜夏陽見鄭渾傳斬梁興錢大昭曰鄜當從夏侯淵傳作鄠弼按鄜縣在今陝西鄜州洛川縣東南七十里夏陽縣在今陝西同州府韓城縣南二縣皆在今陝西西安府之北地亦相近若鄠縣則在今西安府之南應從鄜爲是又按鄭渾傳亦云梁興等餘衆聚鄜城錢說似誤然鄜縣前漢有後漢無武紀建安十七年馬超餘衆梁興等屯藍田使夏侯淵擊平之藍田與鄠相近則又以作鄠爲是蓋當時潼關以西渭河南北皆爲馬超韓遂餘黨也降三千餘戶從征張魯別遣晃討攻櫝仇夷諸山氐皆降之遷平寇將軍洪飴孫曰平寇將軍一人第三品解將軍張順圍擊賊陳福等三十餘屯皆破之太祖還鄴局本還作遷誤留晃與夏侯淵拒劉備於陽平陽平見武紀建安二十年備遣陳式等十餘營絕馬鳴閣道郡國志益州廣漢郡葭萌三國蜀改爲漢壽屬梓潼郡有馬鳴閣在今四川保寧府昭化縣北百里潘眉曰太平寰宇記馬鳴閣在利州昭化縣卽褒斜棧道也諸葛武侯與兄瑾書赤崖以北閣道緣谷一百里其閣梁一頭入山腹一頭立柱於水中又云頃大水暴出赤崖以南橋閣悉壞其地卽馬鳴閣道晃別征破之賊自投山谷多死者太祖聞甚喜假晃節令曰此閣道漢中之險要咽喉也宋本元本吳本毛本作喉咽劉備欲斷絕外內以取漢中將軍一舉克奪賊計善之善者也太祖遂自至陽平引出漢中諸軍復遣晃助曹仁討關羽屯宛宛見武紀建安二十三年會漢水暴溢于禁等沒羽圍仁於樊又圍將軍呂常於襄陽晃所將多新卒以羽難與爭鋒遂前至陽陵陂屯太祖復還還字疑衍遣將軍徐商呂建等詣晃令曰須兵馬集至乃俱前賊屯偃城晃到詭道作都塹示欲截

其後賊燒屯走晃得偃城兩面連營稍前去賊圍三丈所未攻參閱趙儼傳太祖前後遣殷署朱蓋等殷署爲平難將軍見趙儼傳凡十二營詣晃賊圍頭有屯又別屯四冢括地志陽陵陂在偃城西北五里偃城在襄州安養縣西北三里古鄾子國方輿紀要卷七十九偃城在襄陽府城北五里一統志偃城今襄陽縣北謝鍾英曰陽陵陂偃城四冢皆與樊城相近晃揚聲當攻圍頭屯而密攻四冢羽見四冢欲壞自將步騎五千出戰晃擊之退走遂追陷與俱入圍破之或自投沔水死蜀志關羽傳注引蜀記曰羽與晃宿相愛遙共語但說平生不及軍事須臾晃下馬宣令得關雲長頭賞千金羽驚怖謂晃曰大兄是何言邪晃曰此國之事耳太祖令曰賊圍塹鹿角十重將軍致戰全勝遂陷賊圍多斬首虜吾用兵三十餘年及所聞古之善用兵者未有長驅徑入敵圍者也且樊襄陽之在圍過於莒卽墨將軍之功踰孫武穰苴晃振旅還摩陂摩陂見武紀建安二十四年太祖迎晃七里置酒大會太祖舉卮酒勸晃且勞之曰全樊襄陽將軍之功也時諸軍皆集太祖案行諸營士卒咸離陣觀而晃軍營整齊將士駐陣不動太祖歎曰徐將軍可謂有周亞夫之風矣御覽卷七百五十七引魏略云徐晃性嚴驅使將士不得閒息於是軍中爲之語曰不得餉屬徐晃晃聞此語笑曰我揣破汝饋餉邪文帝卽王位以晃爲右將軍進封逯鄉侯上尊號奏云使持節右將軍建鄉侯臣晃與傳異及踐阼進封楊侯封本縣與夏侯尚討劉備於上庸上庸見武紀建安二十年破之以晃鎭陽平徙封陽平侯郡國志兗州東郡陽平三國魏改屬陽平郡謝鍾英謂徐晃封此弼按本傳明言以晃鎭陽平徙封陽平侯非東郡之陽平也謝說誤互見武文世王公傳北海悼王蕤傳明帝卽位拒吳將諸葛瑾於襄陽增邑二百并前三千一百戶病篤遺令斂以時服性儉約畏愼將軍常遠斥候先爲不可勝然後戰追奔爭利士不暇食常歎曰古人患不遭明君今幸遇之當以功自效何用私譽爲終不廣交援

太和元年薨諡曰壯侯正始四年詔祀故左將軍徐晃於太祖廟庭子蓋嗣蓋薨子霸嗣明帝分晃戶封晃子孫二人列侯初清河朱靈爲袁紹將太祖之征陶謙紹使靈督三營助太祖戰有功紹所遣諸將各罷歸靈曰靈觀人多矣無若曹公者此乃眞明主也今已遇復何之遂留不去所將士卒慕之皆隨靈留靈後遂爲好將武紀建安四年遣劉備朱靈要袁術十六年潛遣徐晃朱靈夜渡蒲坂津據河西爲營名亞晃等等字疑衍至後將軍封高唐亭侯亭字衍注引魏書以鄃侯更封高唐乃縣侯也

九州春秋曰初清河季雍以鄃叛袁紹郡國志冀州清河國鄃一統志鄃縣故城今山東濟南府平原縣西南而降公孫瓚瓚遣兵衛之紹遣靈攻之靈家在城中瓚將靈母弟置城上誘呼靈靈望城涕泣曰丈夫一出身與人豈復顧家邪遂力戰拔之生擒雍而靈家皆死

魏書曰靈字文博太祖既平冀州遣靈將新兵五千人騎千匹守許南太祖戒之曰冀州新兵數承寬緩暫見齊整意尚怏怏卿名先有威嚴善以道寬之不然卽有變靈至陽翟潁川郡治陽翟見武紀卷首中郎將程昂等果反卽斬昂以狀聞毛本狀作朕誤太祖手書曰兵中所以爲危險者外對敵國內有姦謀不測之變昔鄧禹中分光武軍西行而有宗歆馮愔之難後將二十四騎還洛陽禹豈以是減損哉范書鄧禹傳光武以禹沈深有大度故授以西討之略乃拜爲前將軍持節中分麾下精兵二萬人遣西入關禹遣馮愔宗歆守栒邑二人爭權相攻愔遂殺歆因反擊禹禹自愔反後禹威稍損禹與鄧弘擊赤眉遂爲所敗獨與二十四騎還詣宜陽來書懇惻多引咎過未必如所云也魏武常恨朱靈遣于禁徑奪其軍見于禁傳文帝卽位封靈鄃侯增其戶邑詔曰將軍佐命先帝典兵歷年威過方邵功踰絳灌圖籍所美何以加焉朕受天命帝有海內帝有二字疑誤元功之將社稷之臣皆朕所與同福共慶傳之無窮者也今封鄃侯富貴不歸故鄉如夜行衣繡若平常所志願勿難言靈當爲清河鄃縣人靈謝曰高唐宿所願高唐見武紀初平三年於是更封高唐侯薨諡曰威侯子術嗣正始四年詔祀故後將軍朱靈於太祖廟庭

評曰太祖建茲武功而時之良將五子爲先于禁最號毅重然弗克其終張郃以巧變爲稱樂進以驍果顯名而鑒其行事未副所聞或注記有遺漏未如張遼徐晃之備詳也何焯曰此與下卷序魏諸將但以注記所載稍隱括其略非經意之文徐晃之解樊圍一時奇功而惟存一令亦安得謂之備詳也序張遼合肥許褚潼關差勝耳

魏書十七

二李臧文呂許典二龐閻傳第十八毛本此卷無第字劉咸炘曰前八人皆戰將末二人因義烈而類敘之

晉　平　陽　侯　相　安　漢　陳　壽　撰

宋　中　書　侍　郎　西　鄉　侯　聞　喜　裴　松　之　注

沔　陽　盧　弼　集　解

李典字曼成山陽鉅野人也鉅野見武紀興平二年典從父乾有雄氣合賓客數千家在乘氏乘氏見武紀興平元年初平中以衆隨太祖破黃巾於壽張壽張見武紀初平三年又從擊袁術征徐州呂布之亂太祖遣乾還乘氏慰勞諸縣布別駕薛蘭治中李封招乾欲俱叛乾不聽遂殺乾太祖使乾子整將乾兵與諸將擊蘭封蘭封破從平兗州諸縣有功稍遷青州刺史

整卒典從潁陰令潁陰見荀彧傳爲中郎將將整軍

魏書曰典少好學不樂兵事乃就師讀春秋左氏傳博觀羣書太祖善之故試以治民之政

遷離狐太守離狐見于禁傳錢大昕曰離狐縣前漢屬東郡後漢屬濟陰郡離狐城在單縣西史無置郡之文蓋建安初暫置而卽罷耳趙一清曰據此傳則魏時離狐又嘗置郡矣時太祖與袁紹相拒官渡典率宗族及部曲輸穀帛供軍紹破以典爲裨將軍屯安民安民見荀彧傳東平國壽張縣有安民亭水經汶水西南至安民亭入濟荀彧傳建安六年太祖就穀於東平之安民卽此太祖擊譚尚於黎陽使典與程昱等以船運軍糧會尚遣魏郡太守高蕃將兵屯河上絕水道太祖勑典昱若船不得過下從陸道典與諸將議曰蕃軍少甲而恃水有懈怠之心擊之必克軍不內御苟利國家專之可也宜亟擊之昱亦以爲然遂北渡河攻蕃破之水道得通劉表使劉備北侵至葉葉見武紀建安二年太祖遣典從夏侯惇拒之備一旦燒屯去惇率諸軍追擊之典曰賊無故退疑必有伏南道窄狹草木深不可追也惇不聽與于禁追之典留守惇等果入賊伏裏戰不利典往救備望見救至乃散退從圍鄴鄴定與樂進圍高幹於壺關壺關見武紀建安十年擊管承於長廣郡國志青州東萊郡長廣一統志長廣故城今山東登州府萊陽縣東皆破之遷捕虜將軍洪飴孫曰捕虜將軍一人第五品破虜將軍一人第五品封都亭侯典宗族部曲三千餘家居乘氏自請願徙詣魏郡太祖笑曰卿欲慕耿純邪范書耿純傳純恐宗族懷異心迺使從昆弟訢宿歸燒其廬舍世祖問純故對曰純雖舉族歸命老弱在行猶恐宗人賓客半有不同心者故燔燒屋室絕其反顧之望世祖歎息典謝曰典駑怯功微而爵寵過厚誠宜舉宗陳力加以征伐未息宜實郊遂之內以制四方非慕純也遂徙部曲宗族萬三千

餘口居鄴宋本二作三太祖嘉之遷破虜將軍趙一清曰水經河水注函谷關號天險郭緣生記曰魏武征韓遂馬超連兵此地道東原上有李典營傳不云典從征蓋略之與張遼樂進屯合肥孫權率衆圍之遼欲奉教出戰進典遼皆素不睦遼恐其不從典慨然曰此國家大事顧君計何如耳吾不可以私憾而忘公義乎各本皆有不字官本無之通鑑無不字見建安二十年姜宸英曰不字衍乃率衆與遼破走權增邑百戶并前三百戶典好學問貴儒雅不與諸將爭功敬賢士大夫恂恂若不及軍中稱其長者年三十六薨子禎嗣文帝踐阼追念合肥之功增禎邑百戶賜典一子爵關內侯邑百戶諡典曰愍侯正始四年典從祀太祖廟庭

李通字文達江夏平春人也郡國志荆州江夏郡平春一統志平春故城今河南汝寧府信陽州西北洪亮吉補三國疆域志以平春屬義陽郡誤沈家本曰晉書李重傳作江夏鍾武人重通曾孫

魏略曰通小字萬億

以俠聞於江汝之間 御覽俠上有游字 與其郡人陳恭共起兵於朗陵 朗陵見荀彧傳 衆多歸之 文達行跡與中興固始相類不但姓名相同 時有周直者衆二千餘家與恭通外和內違通欲圖殺直而恭難之通知恭無斷乃獨定策與直克會 克或作尅 酒酣殺直衆人大擾通率恭誅其黨帥盡幷其營後恭妻弟陳郃殺恭而據其衆通攻破郃軍斬郃首以祭恭墓又生禽黃巾大帥吳霸而降其屬遭歲大饑通傾家振施與士分糟糠皆爭爲用由是盜賊不敢犯建安初通舉衆詣太祖于許拜通振威中郎將屯汝南西界太祖討張繡劉表遣兵以助繡太祖軍不利通將兵夜詣太祖太祖得以復戰通爲先登大破繡軍拜裨將軍封建功侯 錢大昕曰陳景雲疑功下脫亭

字予謂建功侯卽魏武所置名號之一也錢大昭曰建安二十年初置名號侯此建功侯疑與漢諸侯王之崇德侯孔羨之宗聖侯同潘眉曰建功侯名號侯也沈家本曰魏氏列侯多由亭侯進封鄉侯不應通獨由亭侯改都亭侯錢說固是惟魏武置名號侯在建安二十年而通之封在三年未必卽爲名號之一且通子基襲侯恐名號侯不能襲也弼按武紀建安二十年始置名號侯劉表遣兵助張繡事在建安三年是此時尚未有名號侯也案范書蓋延傳延至廣阿拜偏將軍號建功侯是早有是稱也 分汝南二縣以通爲陽安都尉 錢大昕曰魏略稱通領陽安太守蓋以都尉行太守事也趙儼傳袁紹遣使招誘諸郡惟陽安郡不動蓋當時都尉別領縣者亦稱郡矣趙一清曰郡國志汝南郡陽安道亭故國朗陵侯國注引魏氏春秋曰初平三年分二縣置陽安都尉方輿紀要卷五十曹操分汝南置陽安都尉以朗陵縣屬焉亦曰陽安郡尋罷陽安城在光州息縣西南十里朗陵城在確山縣西南三十五里謝鍾英曰魏受禪後陽安郡不見於國志蓋置郡旋廢一統志陽安故城今河南汝寧府確山縣東北 通妻伯父犯法朗陵長趙儼收治 錢大昕曰漢制大縣置令小縣置長此與趙儼傳稱朗陵長而田豫傳稱除朗陵令當有一誤 致之大辟是時殺生之柄決於牧守通妻子號泣以請其命通曰方與曹公戮力義不以私廢公嘉儼執憲不阿與爲親交太祖與袁紹相拒於官渡紹遣使拜通征南將

軍劉表亦陰招之通皆拒焉 趙儼傳注引魏略云通欲遣使於紹與此異 通親戚部曲流涕曰今孤危獨守以失大援亡可立而待也不如亟從紹通按劍以叱之曰曹公明哲必定天下紹雖彊盛而任使無方終爲之虜耳吾以死不貳卽斬紹使送印綬詣太祖又擊羣賊瞿恭江宮沈成等皆破殲其衆 宋本殲作殘 送其首遂定淮汝之地改封都亭侯拜汝南太守時賊張赤等五千餘家聚桃山通攻破之劉備與周瑜圍曹仁於江陵別遣關羽絕北道通率衆擊之下馬拔鹿角入圍且戰且前以迎仁軍勇冠諸將通道得病薨時年四十二追增邑二百戶幷前四百戶文帝踐阼謚曰剛侯詔曰昔袁紹之難自許蔡以南人懷異心通秉義不顧使攜貳率服朕甚嘉之不幸早薨子基雖已襲爵未足酬其

庸勳 宋本酬作疇 基兄緒前屯樊城又有功世篤其勞以基爲奉義中郎將 馮本以上有其字 緒平虜中郎將 洪飴孫曰奉義中郎將一人平虜中郎將一人均比二千石第四品 以寵異焉

王隱晉書曰緒子秉字玄胄有儁才爲時人所貴 宋本無人字 官至秦州刺史 趙一清曰世說卷一注引李康家誡卷十八注引文章志曰李廞祖康秦州刺史父重平陽太守廞好學善隸草與兄式齊名此名秉或玄胄有二名方輿紀要卷五十九魏增置秦州治上邽今鞏昌府秦州西六十里有故城領郡六隴西漢陽武都皆故郡也南安中平五年置廣魏卽初平四年所置永陽郡陰平本漢廣漢屬國魏武改置陰平郡太和三年武都陰平皆入於蜀吳增僅曰洪飴孫三國職官表於魏秦州下引世說賢媛篇注永嘉流人名云魏秦州刺史李康（魏志李通傳裴注引王隱晉書李康作李秉晉書李重傳又作景幷緣形似而誤弼按吳士鑑晉書斠注云唐人避丙字諱改作景秉與丙爲嫌名故亦避之世說注引文章志永嘉流人名作康則康與秉形近而譌也）考康爲魏初李通孫東晉李重父據王隱晉書云秉字玄胄官至秦州刺史秉嘗答司馬文王問因以爲家誡曰昔侍坐先帝云云以先帝稱文王明秉仕於晉初魏置秦州諸書云在文帝初李通卒於漢魏之際年才四十二歲卽使秉生尙在童穉安得爲刺史乎且李重傳云父景秦州刺史不

云仕魏卽王隱晉書所云官至秦州刺史正足明其仕晉終于秦州刺史非魏初
所置之秦州也世說注疑衍魏字（世說棲逸篇注引文章志李廞祖康秦州刺
史秦州上亦無魏字）謝鍾英曰杜恕傳太和中上疏稱荆揚青徐幽并雍涼兗
豫司冀不數秦州曹植諫伐遼東表蜀應西境則雍涼三分亦不言秦州終三國
志無秦州二字宋書州郡志晉武帝置秦州晉書武帝紀太始五年春二月以雍
州隴右五郡及涼州之金城梁州之陰平置秦州是秦州始於晉武洪氏從晉書
地理志列秦州非也 秉嘗答司馬文王問因以爲家誡 馮本答作得 曰昔侍坐於先帝時有三長
吏俱免 宋本免作見 臨辭出上曰爲官長當清當愼當勤脩此三者何患不治乎 清愼勤三字箴
本於司馬昭梁章鉅曰三字箴不可以人廢也今人以爲出於宋儒呂本中失之矣 並受詔既出上顧謂吾等曰相誡勑正當
爾不恃坐衆賢莫不贊善上又問 宋本問下有曰字 必不得已於斯三者何先或對曰清固爲
本次復問吾對曰淸愼之道相須而成必不得已愼乃爲大夫淸者不必愼愼者必自
清亦由仁者必有勇勇者不必有仁是以易稱括囊無咎 易坤卦之辭孔疏云括結也囊所以貯物以譬心藏
知也閉其知而不用故曰括囊不與物忤故曰旡咎 藉用白茅 易大過之辭孔疏云藉用白茅者以柔處下心能謹愼薦藉於物用絜白之茅言以絜素

之道奉事於上也 皆愼之至也上曰卿言得之耳可舉近世能愼者誰乎諸人各未知所對
吾乃舉故太尉荀景倩 荀顗字景倩見荀彧傳注 尙書董仲連僕射王公仲並可謂爲愼上曰此
諸人者溫恭朝夕執事有恪亦各其愼也然天下之至愼其惟阮嗣宗乎 嗣宗事見王粲傳
每與之言言及玄遠而未曾評論時事臧否人物眞可謂至愼矣 錢振鍠曰嗣宗不過司馬昭門客耳
若有忠臣如王允討昭而殺之門客未必不與其禍嗣宗之愼不足道也假使嗣宗爲王臣人主問以臣下賢否亦將隱情不言乎若是必食奸黨惡者也又不然
是無是非之心也 吾每思此言亦足以爲明誡凡人行事年少立身不可不愼勿輕論人勿
輕說事如此則悔吝何由而生患禍無從而至矣 秉子重字茂曾少知名歷位吏部
郞平陽太守晉諸公贊曰重以淸尙稱相國趙王倫以重望取爲右司馬 晉書作左司馬
重以倫將爲亂辭疾不就倫逼之不已重遂不復自活至於困篤扶曳受拜數日卒贈
散騎常侍重二弟尙字茂仲矩字茂約永嘉中並典郡矩至江州刺史重子式字景則

官至侍中 世說卷十八注引文章志曰式字景則廞長兄也思理儒隱有平素之譽渡江累遷臨海太守侍中年五十四而卒
臧霸字宣高泰山華人也 華縣見武紀初平四年又見曹仁傳潛研堂金石文跋尾曰漢志泰山郡有華縣續漢志無之方輿
紀要以爲并入費縣案三國志稱臧霸泰山華人泰山都尉孔宙碑亦有題泰山華者然則後漢元有華縣殆并未久而復置耳梁章鉅曰洪亮吉補三國疆域志泰山
郡領縣十一並無華縣是其疏弼按洪氏從晉志以華縣屬琅邪郡梁氏未細檢耳周壽昌曰漢末尙存泰山華縣郡國志或偶遺之方輿紀要以爲并入費縣恐在晉
以後矣 父戒爲縣獄掾據法不聽太守欲所私殺太守大怒令收戒詣
府時送者百餘人霸年十八將客數十人徑於費西山中要奪之
趙一清曰西山卽蒙山也在費縣西北五十里 送者莫敢動因與父俱亡命東海由是以勇壯
聞黃巾起霸從陶謙擊破之拜騎都尉遂收兵於徐州與孫觀吳敦
尹禮等並聚衆霸爲帥屯於開陽 琅邪國治開陽見武紀興平元年又見卞后傳 太祖之討呂
布也霸等將兵助布既禽布霸自匿太祖募索得霸 馮本募作慕 見而悅

之使霸招吳敦尹禮孫觀觀兄康等皆詣太祖太祖以霸爲琅邪相
敦利城禮東莞觀北海康城陽太守 武紀建安三年分琅邪東海北海爲城陽利城昌慮郡胡三省曰城陽西
漢王國光武省併入琅邪利城昌慮二縣皆屬東海此蓋因諸屯帥所居而分爲郡也錢大昕曰東莞亦此時所置利城郡未審何時并省餘詳見武紀建安三年注東
莞見夏侯玄傳 割靑徐二州委之於霸 李通淮汝臧霸靑徐與鍾繇關中之任并重實爲全局所繫不僅一隅之得失也 太
祖之在兗州以徐翕毛暉爲將兗州亂翕暉皆叛後兗州定翕暉亡
命投霸太祖語劉備令語霸送二人首霸謂備曰霸所以能自立者
以不爲此也霸受公生全之恩不敢違命然王霸之君可以義告願
將軍爲之辭備以霸言白太祖太祖歎息謂霸曰此古人之事而君
能行之孤之願也乃皆以翕暉爲郡守 臧霸此舉勝於于禁之斬昌豨矣 時太祖方
與袁紹相拒而霸數以精兵入靑州故太祖得專事紹不以東方爲

念太祖破袁譚於南皮霸等會賀霸因求遣子弟及諸將父兄家屬詣鄴太祖曰諸君忠孝豈復在是昔蕭何遣子弟入侍而高祖不拒耿純焚室輿櫬以從而光武不逆 毛本武作祖誤 吾將何以易之哉東州擾攘霸等執義征暴清定海岱功莫大焉皆封列侯霸爲都亭侯加威虜將軍 洪飴孫曰威虜將軍一人第五品 又與于禁討昌豨與夏侯淵討黃巾餘賊徐和等有功遷徐州刺史沛國公武周爲下邳令 陳景雲曰公字衍武周沛國竹邑人詳胡質傳注 霸敬異周身詣令舍部從事讁詷不法 讁詷見程昱傳 周得其罪便收考竟霸益以善周從討孫權先登再入巢湖 元和郡縣志巢湖在合肥縣東南六十四里本居巢縣地後陷爲湖一統志在合肥縣東南七十里舒城縣東北一百三十里巢縣西四十里周迴四百餘里港汊大小三百六十納諸水以注大江 攻居巢 居巢見武紀建安二十二年 破之張遼之討陳蘭霸別遣至皖討吳將韓當使權不得救

蘭當遣兵逆霸霸與戰於逢龍當復遣兵邀霸於夾石 陸機辨亡論曰蓬籠之戰子輪不返寰宇記卷百二十五逢龍城在皖水之北遂號爲皖城姚範曰逢龍今安慶城之集賢關夾石卽桐城北峽關也謝鍾英曰逢龍當與夾石相近夾石今桐城縣北四十七里北峽關互見本志蔣濟傳吳志呂蒙傳朱桓傳 與戰破之還屯舒權遣數萬人乘船屯舒口 胡三省曰舒在吳魏境上棄而不耕去舒口甚近方輿紀要卷二十六舒城今廬州府舒城縣治漢爲廬江郡治三國時廢爲境上地舒口卽巢湖口也謝鍾英曰當卽今巴洋河入巢湖之口 分兵救蘭聞霸軍在舒遁還霸夜追之比明行百餘里邀賊前後擊之賊窘急不得上船赴水者甚衆由是賊不得救蘭遼遂破之霸從討孫權於濡須口與張遼爲前鋒行遇霖雨大軍先及水遂長賊船稍進 官本考證云太平御覽先及作先反稍進作稍近 將士皆不安遼欲去霸止之曰公明於利鈍寧肯捐吾等邪明日果有令遼至以語太祖太祖善之拜揚威將軍 拜下當有霸字洪飴孫曰揚威將軍一人第四品 假節後權乞降太祖還留霸

與夏侯惇等屯居巢文帝卽王位遷鎮東將軍進爵武安鄉侯都督青州諸軍事 霸列名勸進見上尊號奏 及踐阼進封開陽侯徙封良成侯與曹休討吳賊破呂範於洞浦 胡三省曰洞口浦在歷陽江邊一統志今安徽和州西南臨江 徵爲執金吾位特進每有軍事帝嘗咨訪焉

魏略曰霸一名奴寇孫觀名嬰子吳敦名黯奴尹禮名盧兒建安二十四年霸遣別軍在洛會太祖崩霸所部及青州兵以爲天下將亂皆鳴鼓擅去文帝卽位以曹休都督青徐霸謂休曰 毛本謂作爲誤 國家未肯聽霸耳 漢魏皆稱天子爲國家范書馮異傳臣今亦願國家無忘河北之難 若假霸步騎萬人必能橫行江表休言之於帝帝疑霸軍前擅去今意壯乃爾遂東巡因霸來朝而奪其兵 霸本亡命之徒魏武已死無所顧忌因而生心魏文亟奪其兵非無故也

明帝卽位增邑五百并前三千五百戶薨諡曰威侯 正始四年霸從祀太祖廟庭

子艾嗣

魏書曰艾少以才理稱爲黃門郎歷位郡守

艾官至青州刺史少府艾薨諡曰恭侯子權嗣霸前後有功封子三人列侯賜一人爵關內侯

霸一子舜字太伯晉散騎常侍見武帝百官名 沈家本曰此晉百官名隋唐志不著錄 此百官名不知誰所撰也皆有題目稱舜才穎條暢識贊時宜也

而孫觀亦至青州刺史假節從太祖討孫權戰被創薨子毓嗣亦至青州刺史

魏書曰孫觀字仲臺泰山人與臧霸俱起討黃巾拜騎都尉太祖破呂布使霸招觀兄弟皆厚遇之與霸俱戰伐觀常爲先登征定青徐羣賊功次於霸封呂都亭侯 趙一清曰呂都

前漢書地理志屬濟陰郡後漢省今以封孫觀蓋縣廢而城存耳康亦以功封列侯與太祖會南皮遣子弟入居鄴拜觀偏將軍遷青州刺史從征孫權於濡須口假節攻權爲流矢所中傷左足力戰不顧太祖勞之曰將軍被創深重而猛氣益奮不當爲國愛身乎轉振威將軍創甚遂卒

文聘字仲業南陽宛人也郡國志荊州南陽郡宛一統志今河南南陽府南陽縣治爲劉表大將使禦北方表死其子琮立太祖征荊州琮舉州降呼聘欲與俱聘曰聘不能全州當待罪而已太祖濟漢胡三省曰漢卽沔也漢書地理志注曰東漢水受氐道水一名沔過江夏謂之夏水入江如淳曰漢中人謂漢水爲沔水師古曰漢上曰沔祝穆曰天下之大川以漢名者二班固謂之東漢西漢而黎州之漢水源於飛越嶺者不與焉固之所謂東漢則禹貢之漾漢其源出於今興元之西縣嶓冢山逕洋金房均襄郢復至漢陽入江者是也西漢則蘇代所謂漢中之甲輕舟出於巴乘夏水下漢四日而至五渚者其源出於西和州徼外徑階沔州與嘉陵水會俗謂之西漢又徑大安軍利劍閬果合與涪水會至渝州入江聘乃詣太祖太祖問曰來何遲邪聘曰先日不能輔弼劉荊州以奉國家荊州雖沒常願據守漢川漢川見劉表傳保全土境生不負於孤弱死無愧於地下而計不得已以至於此實懷悲慚無顏早見耳遂欷歔流涕太祖爲之愴然曰仲業卿眞忠臣也厚禮待之授聘兵使與曹純追討劉備於長阪水經沔水注曹太祖之追劉備於當陽也張飛按矛于長坂備得與數騎斜趨漢津遂濟夏口是也荊州記曰當陽縣有櫟林長坂輿地紀勝在當陽縣東北方輿紀要今荊門州西北太祖先定荊州江夏與吳接民心不安乃以聘爲江夏太守江夏郡見武紀建安十三年趙一清曰吳魏並立江夏郡吳江夏郡治沙羨孫權以程普領太守魏以文聘爲太守屯石陽吳增僅曰建安中劉表以黃祖爲江夏太守屯沙羨（吳志孫策傳）魏武平荊州以文聘爲江夏太守屯石陽嘉平中王基自城上昶徙江夏郡治之終魏之世郡治皆在上昶也洪志據元和志云曹魏郡治安陸蓋上昶爲安陸縣地統言之也謝鍾英曰先主傳建安十三年與曹公戰於赤壁曹公引歸先主表劉琦爲荊州刺史其時江夏全境俱爲琦有迨琦既沒吳遂略取江夏諸縣以通道江陵於是程普爲江夏太守及孫皎代程普督夏口賜沙羨雲杜南新市竟陵爲奉邑見皎傳吳之全有江夏斷在此時其後沔北地漸入魏嘉禾五

年遣將軍周峻等擊江夏新市安陸石陽見陸遜傳諸葛亮曰其智力不侔故限江自保權之不能越江猶魏賊之不能渡漢可知沔北之安陸新市雲杜竟陵於黃武中皆入魏也王先謙曰江夏郡魏吳分立竟陵雲杜南新市安陸四縣地在沔北建安中屬吳黃武時皆屬魏弼按夏侯尚傳荊州殘荒外接蠻夷而與吳阻漢水爲境謝氏謂魏江夏郡境北界義陽汝南東界弋陽隃地西及南皆阻漢水接吳此實魏江夏郡之轄境也使典北兵委以邊事賜爵關內侯

孫盛曰資父事君忠孝道一臧霸少有孝烈之稱文聘著垂涕之誠是以魏武一面委之以二方之任豈直壯武見知於倉卒之閒哉

與樂進討關羽於尋口方輿紀要卷七十六潯水城在蘄州東潯陽記謂之湓池城古潯陽也尋口潯水入江之口卽九江口也今江西九江府德化縣潯陽城蓋六朝時改置非漢魏之舊謝鍾英曰樂進傳從平荊州留屯襄陽擊關羽蘇非等皆走之聘討關羽當卽此時聘屯江夏石陽兵勢西向尋口當在安陸府西南漢水東西非蘄春郡尋陽縣尋水入江之口也有功進封延壽亭侯加討逆將軍洪飴孫曰討逆將軍一人第五品又攻羽輜重於漢津燒其船於荊城水經注沔水自荊城東南流輿地紀勝荊城在長壽縣南七十里濱漢江一統志今鍾祥縣南文帝踐阼進爵長安鄉侯假節與夏侯尚圍江陵使聘別屯沔口沔口卽夏口見武紀建安十三年止石梵謝鍾英曰石梵當在今天門縣東南漢水北其地去襄陽幾七百里吳石城卽此弼按據水經注元和郡縣志通鑑地理通釋所云石城實不在此茲分條於下水經沔水注沔水又南逕石城西城因山爲固晉太傅羊祜鎮荊州立元和郡縣志云長壽縣城本古之石城背山臨漢水吳於此置牙門戍城羊祜鎮荊州亦置戍焉通鑑地理通釋云郢州子城三面墉基皆天造正西絕壁下臨漢江石城之名本此一統志石城在今湖北安陸府鍾祥縣治是石城爲今安陸府鍾祥縣治不如謝說之在今天門縣東南也王先謙曰晉書羊祜傳吳石城守去襄陽七百餘里案今安陸府去襄陽僅三百里則吳石城非水經注之石城也弼按水經注疏要刪云今安陸去襄陽不及四百里疑羊祜傳之石城不在安陸又云非也羊祜傳七百字誤也自當一隊禦賊有功遷後將軍封新野侯孫權以五萬衆自圍聘於石陽甚急聘堅守不動事見明紀卷首黃初七年晉志江夏郡安陸曲陵沈志江夏有曲陵縣本名石陽吳立晉起居注太康元年改江夏石陽曰曲陵宋明帝泰始六年併安陸通鑑胡注於魏文帝黃初七年引祝穆說指沔陽爲石陽余已辨正又於魏明帝青龍元年注引沈志云江夏郡曲陵本名石陽一統志曲陵故城在湖北德安府應城縣東南曲陵卽石陽是石陽亦卽在今應城縣東南也通鑑地理通釋卷十一云石陽故城在黃陂縣

（西二十三里吳征江夏圍石陽不克而還卽此劉表爲荆州刺史以此地當江漢之口懼吳侵軼使黃祖於此築城鎭遏因名黃城鎭方輿紀要卷七十六石陽城在黃陂縣西二十二里亦名石梵與沔口相近弼按顧祖禹說本於王應麟然皆不如沈志之有據石陽與石梵決爲兩地上文言別屯沔口止石梵則石梵必與沔口相近既云別屯沔口則常屯石陽可知別屯者軍事臨時調遣也石陽爲江夏郡治故孫權以重兵圍之顧氏謂石梵與沔口相近誠然謂石陽亦名石梵則誤矣）權住二十餘日乃解去聘追擊破之

魏略曰孫權嘗自將數萬衆卒至時大雨城柵崩壞人民散在田野未及補治聘聞權到不知所施乃思惟莫若潛默可以疑之乃敕城中人使不得見又自臥舍中不起權果疑之語其部黨曰北方以此人忠臣也故委之以此郡今我至而不動此不有密圖必當有外救遂不敢攻而去魏略此語與本傳反

增邑五百戶并前千九百戶聘在江夏數十年有威恩名震敵國賊不敢侵分聘戶邑封聘子岱爲列侯又賜聘從子厚爵關內侯聘薨

謚曰壯侯（正始四年聘從祀太祖廟庭）岱又先亡聘養子休嗣卒子武嗣嘉平中譙郡桓禹爲江夏太守清儉有威惠名亞於聘

呂虔字子恪任城人也（任城見武紀初平三年趙一清引長沙耆舊傳文度祈晴事誤作呂虔補注於此弼按長沙耆舊傳之文度（類聚初學記作文虔御覽作文度）與兗州任城之呂虔無涉趙氏誤引今不錄）太祖在兗州聞虔有膽策以爲從事將家兵守湖陸（郡國志兗州山陽郡湖陸一統志湖陸故城今山東濟寧州魚臺縣東南六十里）襄陵校尉杜松部民炅毋等作亂（毛本部作步誤宋本吳本毛本毋作母下同趙一清曰襄陵字誤當作襄賁兩漢志東海郡襄賁縣賁音肥時昌豨作亂於東海故炅母得與豨通若河東之襄陵與陳留襄邑之亦名襄陵皆去東海甚遠陵字爲誤無疑一統志襄賁故城今山東沂州府蘭山縣西南百二十里）與昌豨通太祖以虔代松虔到招誘炅毋渠率及同惡數十人賜酒食簡壯士伏其側虔察炅毋等皆醉使伏兵盡格殺之撫其餘衆羣賊乃平太祖以虔領泰山太守郡接山海世亂聞民人多藏竄（世亂聞民人疑作民人聞世亂）袁紹所置中郎將郭祖（王昶金石萃編云上尊號奏屯騎校尉都亭侯臣祖疑卽郭祖）公孫犢等數十輩保山爲寇百姓苦之虔將家兵到郡開恩信祖等黨屬皆降服諸山中亡匿者盡出安土業簡其彊者補戰士泰山由是遂有精兵冠名州郡濟南黃巾徐和等所在劫長吏攻城邑虔引兵與夏侯淵會擊之前後數十戰斬首獲生數千人太祖使督青州諸郡兵以討東萊羣賊李條等有功太祖令曰夫有其志必成其事蓋烈士之所徇也卿在郡以來禽姦討暴百姓獲安躬蹈矢石所征輒克昔寇恂立名於汝潁耿弇建策於青兗古今一也舉茂才加騎都尉典郡如故虔在泰山十數年甚有威惠（文聘在江夏數十年杜畿在河東十六年張旣臨雍涼二州十餘年梁習在并州冀州二十餘年呂虔在泰山十數年皆久於其任當時信任刺史郡守如此）文帝卽王位加裨將軍封益壽亭

侯遷徐州刺史加威虜將軍請琅邪王祥爲別駕民事一以委之世多其能任賢

孫盛雜語曰祥字休徵性至孝後母苛虐（世說卷一注引祥世家曰祥父融娶高平薛氏生祥繼室廬江朱氏生覽）每欲危害祥祥色養無怠盛寒之月後母曰吾思食生魚祥脫衣將剖冰求之有少堅冰解（宋本有少下多頃字弼按或作有頃或作少頃皆可通寰宇記卷一百二十五魚池在舒州望江縣西南二十里晉書王祥傳漢末遭亂扶母攜弟覽避地廬江隱居三十餘年按繼母爲廬江人又避地於此故魚池在舒州望江也）下有魚躍出因奉以供時人以爲孝感之所致也供養三十餘年母終乃仕（晉書祥傳繼母朱氏不慈數譖之由是失愛於父每使掃除牛下祥愈恭謹父母有疾衣不解帶湯藥必親嘗母嘗欲生魚天寒冰凍祥解衣將剖冰求之冰忽自解雙鯉躍出持之而歸母又思黃雀炙復有黃雀數十飛入其幙復以供母鄉里驚歎以爲孝感所致焉有丹柰結實母命守之每風雨祥輒抱樹而泣其篤孝純至如此世說卷一云王祥事後母朱夫人甚謹家有一李樹結子殊好母恒使守之時風雨忽至祥抱樹而泣祥嘗在別牀眠母自往闇斫之值祥私起空斫得被既還知母憾之不已因跪前請死母於是感悟愛之如己子晉陽秋蕭廣濟孝子傳所記祥事與此略同見世

說卷一注以淳誠貞粹見重於時王隱晉書曰祥始出仕年過五十矣世說注引虞預晉書云祥以後母故隱遲不仕年向六十刺史呂虔檄爲別駕時人歌之曰海沂之康實賴王祥邦國不空別駕之功稍遷至司隸校尉高貴鄉公入學以祥爲三老遷司空太尉司馬文王初爲晉王司空荀顗要祥盡敬祥不從語在二少帝紀宋本二作三互見晉書祥傳及本志三少帝紀咸熙元年注引漢晉春秋晉武踐阼拜祥爲太保封睢陵公泰始四年年八十九薨祥弟覽字玄通光祿大夫晉書王覽傳母朱遇祥無道覽年數歲見祥被楚撻輒涕泣抱持至于成童每諫其母其母少止凶虐朱屢以非理使祥覽輒與祥俱又虐使祥妻覽妻亦趨而共之朱患之乃止祥喪父之後漸有時譽朱深疾之密使酖祥覽知之徑起取酒祥疑其有毒爭而不與朱遽奪反之自後朱賜祥饌覽輒先嘗朱懼覽致斃遂止覽孝友恭恪名亞於祥初呂虔有佩刀工相之以爲必登三公可服此刀虔謂祥曰苟非其人刀或爲害卿有公輔之量故以相與祥固辭強之乃受祥臨薨以刀授覽曰汝後必興足稱此刀覽後奕世多賢才興於江左矣晉諸公贊稱覽率素有至行覽子孫繁衍頗有賢才相繼宋元本繼作係奕世之盛古今少比焉

討利城叛賊利城見武紀建安三年又見文紀黃初六年斬獲有功史通暗惑篇曰新晉書王祥傳曰祥漢末遭亂扶母攜弟覽避地廬江隱居三十餘年不應州郡之命母終徐州刺史呂虔檄爲別駕年垂耳順覽勸之乃應召于時寇賊充斥祥率勵兵士頻討破之時人歌曰海沂之康實賴王祥年八十五泰始五年薨難曰祥爲徐州別駕寇盜充斥固是漢建安中徐州未清時耳有魏受命凡四十五年上去徐州寇賊充斥下至晉泰始五年當六十年已上矣祥於建安中年垂耳順更加六十載至晉泰始五年薨則當年一百二十歲矣而史云年八十五薨者何也如必以終時實年八十五則爲徐州別駕止可年二十五六矣又云其未從官已前隱居三十餘載者但其初被檄時止年二十五六自此而往安得復有三十餘年乎必謂祥爲別駕在建安後則徐州清晏何得云於時寇賊充斥祥率勵兵士頻討破之乎求其前後無一符會也弼按晉書祥傳所云祥討徐州寇盜當卽爲徐州別駕討利城叛賊之事事在黃初六年（見文紀）非建安時事孫盛言其養母三十餘年王隱言其年過五十始仕要非無稽之言新晉書本出官撰未及詳稽年月又或過甚其辭遂云年垂耳順以啓子元之疑駮難無可逃遁然其指討徐州叛賊爲建安時事確爲錯誤耳且黃初以來淮徐之閒頻年用兵又安得云建安後徐州清晏乎子元騁其筆鋒亦不免失辭也明帝卽位徙封萬年亭侯增邑二百并前六百戶虔薨子翻嗣翻薨子桂嗣

許褚字仲康譙國譙人也譙見武紀卷首洪亮吉曰晉志譙郡魏武分沛郡置元和志寰宇記皆云黃初元年置沈志引何承

天志明帝始分立今考沈志引王粲詩既入譙郡界粲亡在建安中則諸說非也弼按沛穆王林傳建安二十二年徙封譙是譙置郡在建安十八年魏國既建以後立國在建安二十二年也長八尺餘腰大十圍莊子人間世篇絜之百圍釋文引李注徑尺爲圍又云三圍四圍釋文引崔注圍環八尺爲一圍韻會云五寸曰圍一抱曰圍吳越春秋伍子胥身長一丈腰十圍范書虞延傳延長八尺六寸要帶十圍按古今之釋圍者有八尺至五寸之差卽同爲陸氏釋文所引亦有八尺徑尺之異未知孰是雖古尺小於今尺亦不能相懸如是之甚也容貌雄毅勇力絕人漢末聚少年及宗族數千家共堅壁以禦寇時汝南葛陂賊萬餘人攻褚壁郡國志豫州汝南郡鮦陽侯國劉昭注引皇覽曰縣有葛陂鄉一統志鮦陽故城今河南汝寧府新蔡縣東北七十里葛陂在新蔡縣北項城縣南謝鍾英曰按水經注當在新蔡東北褚衆少不敵力戰疲極兵矢盡乃令壁中男女聚治石如杅斗者毛本杅作秆誤杅音于飲水器荀子君道篇盤圓而水圓杅方而水方置四隅褚飛石擲之所値皆摧碎賊不敢進糧乏僞與賊和以牛與賊易食賊來取牛牛輒奔還褚乃出陳前一手逆曳牛尾行百餘步賊衆驚遂不敢取牛而走由是淮汝陳梁閒聞皆畏憚之太祖徇淮汝褚以衆歸太祖太祖見而壯之曰此吾樊噲也宋本元本吾作君卽日拜都尉引入宿衛諸從褚俠客皆以爲虎士從征張繡先登斬首萬計陳景雲曰褚雖勇安能手斬萬級或百級之譌朱邦衡曰蒙從征之文言是役斬首萬計皆褚等先登陷陣之功也遷校尉從討袁紹於官渡時常從士徐他等胡三省曰常從士常隨從在左右者也謀爲逆以褚常侍左右憚之不敢發伺褚休下日他等懷刀入一本校改刀作刃褚至下舍心動卽還侍他等不知入帳見褚大驚愕他色變褚覺之卽擊殺他等太祖益親信之出入同行不離左右從圍鄴力戰有功賜爵關內侯從討韓遂馬超於潼關潼關見武紀建安十六年太祖將北渡臨濟河先渡兵獨與褚及虎士百餘人留南岸斷後超將步騎萬餘人來奔太祖軍矢下如雨褚白太祖賊來多今兵渡以盡馮本以作

已宜去乃扶太祖上船賊戰急軍爭濟船船重欲沒 宋本無下船字馮本空一字 褚斬攀船者左手舉馬鞍蔽太祖船工爲流矢所中死褚右手並泝船 御覽泝作棹通鑑作右手刺船 僅乃得渡是日微褚幾危 御覽是日作太祖曰 其後太祖與遂超等單馬會語 武紀建安十六年僅言曹公與韓遂語魏書所云亦然通鑑考異云按時超不與遂同在彼故疑此說妄也弼按遂超若同時會語則賈詡離之之計不得而施矣考異說是又按本志張既傳注引魏略亦云魏武與約交馬語（韓遂字文約亦曰韓約）不言與超語也 左右皆不得從唯將褚超負其力陰欲前突太祖素聞褚勇疑從騎是褚乃問太祖曰公有虎侯者安在太祖顧指褚褚瞋目盼之 何焯校改盼作眄 超不敢動乃各罷後數日會戰大破超等褚身斬首級遷武衛中郎將 宋百官志武衛將軍無員初魏王始置武衛中郎將文帝踐阼改爲衛將軍主禁旅洪飴孫曰武衛中郎將一人比二千石第四品主宿衛後罷 武衛之號自此始也軍中以褚力如虎而癡故號曰虎癡是以超問虎

侯 武紀乃縱虎騎夾擊當爲褚所將之虎士或遂超各別單馬會語與超語時慮超之勇而以褚隨耳 至今天下稱焉皆謂其姓名也褚性謹慎奉法質重少言曹仁自荊州來朝謁太祖未出入與褚相見於殿外仁呼褚入便坐語褚曰王將出便還入殿仁意恨之或以責褚曰征南宗室重臣 曹仁傳以仁行征南將軍留屯江陵當在建安十四五年安得便稱宗室此爲承祚之微瑕 降意呼君君何故辭褚曰彼雖親重外藩也褚備內臣衆談足矣入室何私乎太祖聞愈愛待之遷中堅將軍太祖崩褚號泣歐血文帝踐阼進封萬歲亭侯遷武衛將軍都督中軍宿衛禁兵甚親近焉 上尊號奏作武衛將軍安昌亭侯臣褚 初褚所將爲虎士者從征伐太祖以爲皆壯士也同日拜爲將其後以功爲將軍封侯者數十人都尉校尉百餘人皆劍客也明帝卽位進牟鄉侯 進下當有封字 邑七百戶賜子爵一人關內侯褚薨諡曰壯侯子儀嗣褚兄定亦以軍功封爲振威將軍 將軍非國邑不當言封此封字或卽上文所脫 都督徼道虎賁太和中帝思褚忠孝下詔襃贊復賜褚子孫二人爵關內侯儀爲鍾會所殺 鍾會傳先命牙門將許儀在前治道會在後行而橋穿馬足陷於是斬儀 泰始初子綜嗣

典韋陳留己吾人也 己吾見武紀卷首卽魏武始起兵之地也王先謙曰後漢割寧陵襄邑二縣地置己吾 形貌魁梧旅力過人有志節任俠襄邑劉氏與睢陽李永爲讎 襄邑見武紀初平四年睢陽見武紀卷首御覽永作禮 韋爲報之永故富春長 郡國志揚州吳郡富春一統志富春故城今浙江杭州府富陽縣治西北隅 備衛甚謹韋乘車載雞酒僞爲候者門開懷匕首入殺永幷殺其妻徐出取車上刀戟步出 御覽出作去 永居近市一市盡駭追者數百莫敢近行四五里遇其伴轉戰得脫由是爲豪傑所識初平中張邈舉義兵

韋爲士屬司馬趙寵牙門旗長大人莫能勝韋一手建之寵異其才力後屬夏侯惇數斬首有功拜司馬太祖討呂布於濮陽布有別屯在濮陽西四五十里太祖夜襲比明破之未及還會布救兵至三面掉戰時布身自搏戰自旦至日昳 胡三省曰昳徒結反日昃也 數十合相持急太祖募陷陣韋先占將應募者數千人 御覽千作十 皆重衣兩鎧棄楯但持長矛撩戰 宋本戰作戟 時西面又急韋進當之賊弓弩亂發矢至如雨韋不視謂等人曰 胡三省曰等人者立等以募人及等者謂之等人或曰等人者一等應募之人也 虜來十步乃白之等人曰十步矣又曰五步乃白等人懼疾言虜至矣韋手持十餘戟大呼起所抵無不應手倒者布衆退會日暮太祖乃得引去拜韋都尉引置左右將親兵數百人常繞大帳韋既壯武其所將皆選卒每

戰鬭常先登陷陣遷爲校尉錢大昭曰三少帝紀作武猛校尉弼按齊王紀正始四年以武猛校尉典韋從祀太祖廟庭性忠至謹重常晝立侍終日夜宿帳左右稀歸私寢好酒食飲噉兼人每賜食於前大飲長歠歠音啜昌悅切說文飲也左右相屬數人益乃供太祖壯之韋好持大雙戟與長刀等軍中爲之語曰帳下壯士有典君提一雙戟八十斤太祖征荊州至宛南陽郡治宛見武紀卷首張繡迎降太祖甚悅延繡及其將帥置酒高會太祖行酒韋持大斧立後刃徑尺太祖所至之前韋輒舉斧目之竟酒繡及其將帥莫敢仰視後十餘日繡反襲太祖營太祖出戰不利輕騎引去韋戰於門中賊不得入兵遂散從他門並入時韋校尚有十餘人皆殊死戰無不一當十賊前後至稍多韋以長戟左右擊之一叉入輒十餘矛摧御覽矛作鉾卽矛也左右死傷者略盡韋被數十創短兵接戰賊前搏之韋雙挾兩賊擊殺之餘賊不敢前韋復前突賊殺數人創重發瞋目大罵而死賊乃敢前取其頭傳觀之覆軍就視其軀太祖退住舞陰舞陰見武紀建安二年聞韋死爲流涕募閒取其喪親自臨哭之遣歸葬襄邑已吾本由襄邑而分此時幷於襄邑故傳文如此拜子滿爲郎中車駕每過常祠以中牢太祖思韋拜滿爲司馬引自近文帝卽王位以滿爲都尉賜爵關內侯潘眉曰韋同時諸將如張遼封晉陽侯諡曰剛樂進廣昌亭侯諡曰威張郃鄚侯諡曰壯徐晃陽平侯諡曰壯李典都亭侯諡曰愍李通都亭侯諡曰剛臧霸良成侯諡曰威文聘新野侯諡曰壯許褚牟鄉侯諡曰壯龐悳關門亭侯諡曰壯典韋雄武壯烈不在遼褚下乃生不封侯沒無追諡非史傳遺漏則魏朝酬庸之典爲未副焉

龐悳字令明南安狟道人也狟道班志郡國志均作獂道班志屬天水郡郡國志屬涼州漢陽郡秦川記曰漢靈帝中平五年析漢陽置南安郡獂道爲南安郡治水經注渭水東逕獂道故城南一統志獂道故城今甘肅鞏昌府隴西縣東北渭水北互見武紀建安十九年

狟音桓應劭曰獂戎邑也音完少爲郡吏州從事初平中從馬騰擊反羌叛氐數有功稍遷至校尉建安中太祖討袁譚尚於黎陽譚遣郭援高幹等略取河東太祖使鍾繇率關中諸將討之悳隨騰子超拒援幹於平陽平陽見武紀卷首悳爲軍鋒進攻援幹大破之親斬援首

魏略曰悳手斬一級不知是援戰罷之後衆人皆言援死而不得其首援鍾繇之甥悳晚後於鞬中出一頭鞬毛本作韃誤鞬居言切說文所以戢弓矢也左傳僖公二十三年右屬櫜鞬杜注鞬以受弓也繇見之而哭馮本見作視悳謝繇繇曰援雖我甥乃國賊也卿何謝之通鑑作卿何謝之有

拜中郎將封都亭侯後張白騎叛於弘農張白騎見張燕傳注引典略悳復隨騰征之破白騎於兩殽間方輿紀要卷四十八張白塢在河南宜陽縣西北後漢末張白騎據此曹公使龐德破之每戰常陷陣卻敵勇冠騰軍後騰徵爲衛尉悳留屬超太祖破超於渭南御覽卷八百九十七傅元乘輿馬賦曰馬超破蘇氏塢塢中有駿馬百餘匹自超以下俱爭取肥好者將軍龐悳獨取一騧馬形觀旣醜衆笑之其後從馬超戰於渭南逸足電發追不可逮衆乃服悳隨超亡入漢陽保冀城漢陽郡治冀見武紀建安十八年後復隨超奔漢中從張魯太祖定漢中悳隨衆降太祖素聞其驍勇拜立義將軍胡三省曰操以龐德自漢中來歸故進號立義將軍封關門亭侯邑三百戶侯音衞開等以宛叛悳將所領與曹仁共攻拔宛斬音開事見武紀建安二十四年遂南屯樊討關羽樊下諸將以悳兄在漢中頗疑之魏略曰其從兄名柔其宋本作悳時在蜀悳常曰我受國恩義在效死我欲身自擊羽今年我不殺羽羽當殺我後親與羽交戰射羽中額韓菼云龐悳盡節曹氏誠爲俠烈但少依馬騰騰族於曹而悳爲曹用且超與悳兄俱在蜀而

反與蜀棄好卽仇未爲合宜 時悳常乘白馬羽軍謂之白馬將軍皆憚之仁使悳屯樊北十里會天霖雨十餘日漢水暴溢樊下平地五六丈悳與諸將避水上堤羽乘船攻之以大船四面射隄上悳被甲持弓箭不虛發將軍董衡部曲將董超等欲降 御覽董作統 悳皆收斬之自平旦力戰至日過中羽攻益急矢盡短兵接戰悳謂督將成何曰吾聞良將不怯死以苟免烈士不毀節以求生今日我死日也戰益怒氣愈壯而水浸盛吏士皆降悳與麾下將一人五伯二人 五伯見本志荀彧傳注引禰衡傳 彎弓傅矢乘小船欲還仁營水盛船覆失弓矢獨抱船覆水中爲羽所得立而不跪羽謂曰卿兄在漢中我欲以卿爲將不早降何爲悳罵羽曰豎子何謂降也魏王帶甲百萬威振天下汝劉備庸才耳豈能敵邪

我寧爲國家鬼不爲賊將也遂爲羽所殺 康發祥曰龐悳身爲降將不死於馬超張魯而死於曹操猶五代時周臣韓通不死於漢而死於周也雖死作壯語以死君子無取焉 太祖聞而悲之爲之流涕封其二子爲列侯文帝卽王位乃遣使就悳墓賜謚策曰昔先軫喪元 左傳僖公三十三年先軫免胄入狄師死焉狄人歸其元面如生 王蠋絕脰 史記田單傳燕之初入齊聞畫邑人王蠋賢令軍中曰環畫邑三十里無入以王蠋之故已而使人謂蠋曰齊人多高子之義吾以子爲將封子萬家蠋固謝遂經其頸於樹枝自奮絕脰而死索隱云經猶繫也何休曰脰頸齊語也音豆 隕身徇節前代美之惟侯戎昭果毅 馮本戎作式 蹈難成名聲溢當時義高在昔寡人愍焉謚曰壯侯 正始四年悳從祀太祖廟庭 又賜子會等四人爵關內侯邑各百戶會勇烈有父風官至中衞將軍封列侯 錢大昭曰會以平寇將軍不附諸葛誕斬門突出忠壯勇烈由臨渭亭侯進爵鄉侯事見三少帝紀弼按見高貴鄉公紀甘露二年

王隱蜀記曰 沈家本曰王隱蜀記隋志不著錄二唐志有删補蜀記七卷在雜史其稱删補者不知何人抑原有蜀記而隱删補之邪隱著書多此書止七卷殆後人删補之邪其書久佚無可考此傳所引迎龐悳屍喪事裴以爲虛說諸葛亮傳引郭沖五事裴逐事難之其書殆是非參半矣 鍾會平蜀前後鼓吹迎悳屍喪還葬鄴冢中身首如生 臣松之案悳死於樊城文帝卽位又遣使至悳墓所則其屍喪不應在蜀此王隱之虛說也

龐淯字子冀 宋本馮本冀作異御覽卷四百三十八引魏志作子異 酒泉表氏人也 郡國志涼州酒泉郡表氏錢大昕曰前志作表是是氏古通用一統志表氏故城今甘肅肅州高臺縣西 初以涼州從事守破羌長 郡國志涼州金城郡破羌王先謙曰三國魏改屬西平郡洪氏畺域志未錄一統志破羌晉省爲安夷縣地是魏有此縣當屬西平弼按一統志破羌故城在今甘肅西寧府碾伯縣西范書馬援傳建武十一年援爲隴西太守時朝臣以金城破羌之西塗遠多寇議欲棄之援上言破羌以西城多完牢易可依固其田土肥壤灌溉流通如令羌在湟中則爲害不休不可棄也帝從之 會武威太守張猛反殺刺史邯鄲商 惠棟曰風俗通云邯鄲氏以國爲姓棟案杜預釋例世族譜趙夙之孫穿別爲邯鄲氏趙旃趙勝邯鄲午是其後也 猛令曰敢有臨商喪死不赦淯聞之棄官晝夜奔走號哭喪所訖詣猛門衷匕首 康發祥曰衷匿也內也謂匿匕首於內也左傳衷戎師謂前後受敵戎師

居中故曰衷戎師也又楚人衷甲謂甲在內而外掩之也又服之不衷謂表不稱衷也蜀志法正傳孫權以妹妻先主先主每入衷心常凜凜謂自外入內也衷之字義可見弼按匕首劍屬其頭類匕短而便用故曰匕首史記吳世家專諸置匕首於炙魚中以刺吳王僚是也 欲因見以殺猛猛知其義士勑遣不殺由是以忠烈聞

魏略曰猛兵欲來縛淯猛聞之歎曰猛以殺刺史爲罪此人以至忠爲名如又殺之何以勸一州履義之士邪遂使行服 典略曰張猛字叔威本燉煌人也猛父奐 范書張奐傳奐字然明敦煌酒泉人也錢大昕曰酒泉郡名非縣名當作淵泉胡注通鑑云奐敦煌淵泉人晉志避唐諱作深泉後人妄改爲酒泉 桓帝時仕歷郡守中郎將太常遂居華陰終因葬焉 范書奐傳舉賢良對策第一擢拜議郎遷安定屬國都尉威化大行遷使匈奴中郎將復拜武威太守護匈奴中郎將以九卿秩督幽并涼三州及度遼烏桓二營三州清定徙屬弘農華陰舊制邊人不得內徙唯奐因功特聽故始爲弘農人大將軍竇武太傅陳蕃謀誅宦官事泄中常侍曹節等作亂矯制使奐圍武武自殺蕃見害奐遷少府拜大司農奐深病爲節所賣封還印綬後昭以黨罪禁錮歸田里閉門不出養徒千人著尚書記難三十餘萬言董卓慕之使其兄遺縑百匹奐惡卓爲人絕而不受光和四年卒年七十八長子芝字伯英最知名芝及弟昶字文舒並

善草書至今稱傳之柳從辰曰文舒伯英季弟奐蓋四子仲子無傳 建安初猛仕郡爲功曹是時河西四郡以去涼州治遠隔以河寇上書求別置州詔以陳留人邯鄲商爲雍州刺史別典四郡 范書獻紀興平元年六月分涼州河西四郡爲雍州章懷注謂金城酒泉燉煌張掖也 時武威太守缺詔又以猛父昔在河西有威名乃以猛補之商猛俱西初猛與商同歲每相戲侮及共之官行道更相責望暨到商欲誅猛猛覺之遂勒兵攻商商治舍與猛側近商聞兵至恐怖登屋呼猛字曰叔威汝欲殺我耶然我死者有知汝亦族矣請和解尚可乎猛因呼曰來商踰屋就猛猛因責數之語畢以商屬督郵 毛本督作都誤 督郵錄商閉置傳舍後商欲逃事覺遂殺之是歲建安十四年也至十五年將軍韓遂自上討猛猛發兵遣軍東拒其吏民畏遂乃反共攻猛初奐爲武威太守時猛方在孕母夢帶奐印綬登樓而歌且以告奐奐訊占夢者曰夫人方生男後當復臨此郡其必死官乎及猛被攻自知必死曰使死者無知則已矣若有知豈使吾頭東過華陰歷先君之墓乎乃登樓自燒而死

太守徐揖請爲主簿後郡人黃昂反 建安中酒泉太守徐揖誅郡中彊族黃氏黃昂得脫在外募衆攻揖見閻溫傳注引魏略楊阿若傳 圍城淯棄妻子夜踰城出圍告急於張掖燉煌二郡初疑未肯發兵淯欲伏劍二郡感其義遂爲興兵軍未至而郡城邑已陷 邑字疑衍 揖死淯乃收斂揖喪送還本郡行服三年乃還太祖聞之辟爲掾屬文帝踐阼拜駙馬都尉遷西海太守 趙一清曰前漢書地理志張掖郡居延居延澤在東北古文以爲流沙郡國志居延屬國注曰建安末立爲西海郡沈欽韓曰此西海本張掖居延屬國改爲郡也此與王莽所置西海郡名同而地異莽郡在今青海東今西寧府邊外此在今安西州北古流沙地唐爲沙州也洪亮吉曰案晉書地理志獻帝興平二年武威太守張雅請置與此不同或興平中請置建安末始立耳錢大昕曰案獻帝起居注建安十八年復禹貢九州雍州部已有西海郡是立郡不在建安末也弼按張既傳既所禮辟酒泉龐淯終有名位毋丘儉傳注引魏名臣奏雍州刺史張既表稱武威太守毋丘興濟拔西海太守張睦在黃初時當在龐淯之後也 賜爵關內侯後徵拜中散大夫薨子

曾嗣初淯外祖父趙安爲同縣李壽所殺淯舅兄弟三人同時病死壽家喜淯母娥自傷父讎不報乃幃車袖劍白日刺壽於都亭前訖徐詣縣顏色不變曰父讎已報請受戮祿福長尹嘉解印綬縱娥娥不肯去遂彊載還家會赦得免州郡歎貴刊石表閭 酒泉郡治福祿見文紀延康元年趙一清曰前漢書地理志曰祿福郡國志曰祿福屬酒泉郡或漢末又改稱耳錢大昕曰前志作祿福魏志龐淯傳及皇甫謐列女傳載龐娥事云祿福趙君安之女又云祿福長尹嘉曹全碑亦云拜酒泉祿福長則知作福祿者誤也吳卓信曰漢魏之間猶稱祿福改爲福祿當自晉始晉書張重華傳謝文爲福祿伯是也王先謙曰咸熙元年安彌福祿各言嘉禾生見少帝紀

皇甫謐列女傳曰 馮本烈作列是 酒泉烈女龐娥親者表氏龐子夏之妻祿福趙君安之女也 姜宸英曰據士安作傳娥親是其名而志但云娥豈傳寫之譌或娥是女子之通稱乎趙一清曰傳云趙君安亦與陳志不同弼按范書列女傳亦云龐淯母字娥 君安爲同縣李壽所殺娥親有男弟三人皆欲報讎壽深以爲備會遭災疫三人皆

死壽聞大喜請會宗族共相慶賀云趙氏強壯已盡唯有女弱何足復憂 范書列女傳娥父爲同縣人所殺而娥兄弟三人時俱病物故讎乃喜而自賀以爲莫己報也 防備懈弛娥親子淯出行聞壽此言還以啓娥親娥親既素有報讎之心及聞壽言感激愈深愴然隕涕曰李壽汝莫喜也終不活汝戴履天地爲吾門戶吾三子之羞也焉知娥親不手刃殺汝而自徼倖邪陰市名刀挾長持短晝夜哀酸志在殺壽壽爲人凶豪聞娥親之言更乘馬帶刀鄉人皆畏憚之比鄰有徐氏婦憂娥親不能制恐逆見中害 官本考證云逆監本訛作返今改正 每諫止之曰李壽男子也凶惡有素加今備衞在身趙雖有猛烈之志而彊弱不敵邂逅不制則爲重受禍於壽絕滅門戶痛辱不輕也願詳舉動爲門戶之計娥親曰父母之讎不同天地共日月者也李壽不死娥親視息世間活復何求今雖三弟早死門戶泯滅 宋本滅作絕 而娥親猶在豈可假手於人哉若以卿心況我則李壽不可得殺論我之心壽必爲我所殺明

矣夜數磨礪所持刀訖扼腕切齒悲涕長歎家人及鄉里宋本鄉作鄰是咸共笑之娥親謂左右曰卿等笑宋本笑下有我字直以我女弱不能殺壽故也要當以壽頸血汚此刀刃令汝輩見之遂棄家事乘鹿車伺壽鹿車見司馬芝傳風俗通說鹿車窄小裁容一鹿至光和二年光和靈帝年號二月上旬以白日清時於都亭之前與壽相遇便下車扣壽馬叱之壽驚悼宋本悼作愕是迴馬欲走娥親奮刀斫之幷傷其馬馬驚壽擠道邊溝中娥親尋復就地斫之探中樹蘭折所持刀元本吳本毛本刀作刃壽被創未死娥親因前欲取壽所佩刀殺壽壽護刀瞋目大呼跳梁而起莊子狸狌東西跳梁不辟高下跳梁謂走躑也娥親乃挺身奮手左抵其額右樁其喉反覆盤旋應手而倒遂拔其刀以截壽頭持詣都亭歸罪有司徐步詣獄辭顏不變時祿福長壽陽尹嘉宋本壽作漢不忍論娥親即解印綬去官弛法縱之娥親曰讎塞身死妾之明分也治獄制刑君之常典也何敢貪生以枉官法鄉人聞之傾城奔往觀者如堵焉莫不爲之悲喜慷慨嗟嘆也守尉不敢公縱陰語使去以便宜自匿娥親抗聲大言曰枉法逃死非妾本心今讎人已雪死則妾分乞得歸法以全國體雖復萬死於娥親畢足不敢貪生爲明廷負也尉故不聽所執娥親復言曰匹婦雖微猶知憲制殺人之罪法所不縱今既犯之義無可逃乞就刑戮隕身朝市肅明王法娥親之願也辭氣愈厲而無懼色宋本而作面尉知其難奪彊載還家涼州刺史周洪酒泉太守劉班等並共表上稱其烈義刊石立碑顯其門閭太常弘農張奐貴尚所履以束帛二十端禮之范書列女傳娥陰懷感憤乃潛備刀兵常帷車以候讎家十餘年不能得後遇於都亭刺殺之因詣縣自首曰父讎已報請就刑戮福祿長尹嘉義之解印綬欲與俱亡娥不肯去曰怨塞身死妾之明分結罪理獄君之常理何敢苟生以枉公法後遇赦得免州郡表其閭太常張奐嘉歎以束帛禮之海內聞之者莫不改容贊善高大其義故黃門侍郎安定梁寬梁寬見楊阜傳追述娥親爲其作傳玄晏先生以爲父母之讎皇甫謐自號玄晏先生詳見武紀建安十三年不與共天地蓋男子之所爲也而娥親以女

弱之微念父辱之酷痛感讎黨之凶言毛本凶作曰誤奮劍仇頸人馬俱摧塞亡父之怨魂雪三弟之永恨近古已來未之有也詩云修我戈矛與子同仇娥親之謂也御覽四百三九引魏略云清外祖父爲人所殺其二子弱不能報清母娥親載車出與仇家相逢於府門外乃拔刀下車手斫殺之州郡義其女人能如此縱而不問及清長大節行又如此故令酒泉畫其母子儀像於廳壁而銘贊之（御覽清誤作毓）

閻溫字伯儉天水西城人也錢大昕曰天水無西城縣蓋即西縣顧祖禹曰秦州志西縣故城在秦州西南一百二十里梁章鉅曰郡國志西縣屬漢陽郡晉志晉始復漢陽爲天水郡此作天水蓋由後言之吳增僅曰三國志於魏未代漢之先皆言漢陽文帝即位之後則書天水謝鍾英說亦同弼按此傳言溫事在黃初以前亦書天水何也以涼州別駕守上邽令郡國志涼州漢陽郡上邽一統志上邽故城今甘肅秦州西南錢坫云在東南四十里馬超走奔上邽郡人任養等舉衆迎之溫止之不能禁乃馳還州超復圍州所治冀城甚急冀城見武紀建安十八年州乃遣溫密出告急於夏侯淵胡三省曰夏侯淵時屯長安賊圍數重溫夜從水中潛出明日賊見其迹遣人追遮之於顯親界得溫郡國志漢陽郡顯親一統志顯親故城今秦州秦安縣西北執還詣超超解其縛謂曰今成敗可見足下爲孤城請救而執於人手義何所施若從吾言反謂城中東方無救胡三省曰隴右在西方操在關東故曰東方此轉禍爲福之計也不然今爲戮矣溫僞許之超乃載溫詣城下溫向城大呼曰大軍不過三日至勉之城中皆泣稱萬歲超怒數之曰足下不爲命計邪溫不應時超攻城久不下故徐誘溫冀其改意復謂溫曰城中故人有欲與吾同者不溫又不應遂切責之溫曰夫事君有死無貳而卿乃欲令長者出不義之言吾豈苟生者乎超遂殺之先是河右擾亂隔絕不通燉煌太守馬艾卒官府又無丞續百官志注引古今注曰建武十四年罷邊郡太守丞長史領丞職功曹張恭素有學行郡人推行長史事恩信甚著乃遣子

就東詣太祖請太守時酒泉黃華毛本黃作張誤錢大昭曰武紀及張既傳並作黃華下文張進須黃華之助可證弼按華後爲兗州刺史見王淩傳張掖張進各據其郡欲與恭艾幷勢錢大昭曰太守馬艾已卒故功曹張恭行長史事艾字衍何焯曰册府引此無艾字就至酒泉爲華所拘執劫以白刃就終不回私與恭疏曰大人率厲敦煌忠義顯然豈以就在困厄之中而替之哉昔樂羊食子戰國策樂羊爲魏將攻中山其子時在中山中山之君烹其子而遺之羹樂羊食之李通覆家范書李通傳王莽殺李通父守及守家在長安者盡殺之南陽亦誅通兄弟門宗六十四人皆焚屍宛市天下略定大司徒侯霸等曰通建造大策破家爲國忘身奉主功德最高經國之臣寧懷妻孥邪今大軍垂至但當促兵以掎之耳胡三省曰掎舉綺翻從後牽曰掎又云偏引曰掎願不以下流之愛胡三省曰論語云君子惡居下流天下之惡皆歸焉謂下流當惡居而不當愛也一曰流輩也率於父子之愛而廢君臣之義是常人之流下一等見識故曰下流之愛弼按本志武文世王公傳樂陵王茂傳封茂爲聊城王以慰太皇太后下流之念意亦同此使就有恨於黃壤也恭卽遣從弟華攻酒泉沙頭乾齊二縣錢大昕曰沙頭前志作池頭李兆洛曰沙頭故城今新疆安西州玉門縣北少西一百十里蘇賴河之南一統志乾齊故城今玉門縣西南恭又連兵尋繼華後以爲首尾之援別遣鐵騎二百迎吏官屬東緣酒泉北塞徑出張掖北河逢迎太守尹奉於是張進須黃華之助華欲救進西顧恭兵恐急擊其後遂詣金城太守蘇則降就竟平安奉得之官黃初二年下詔褒揚賜恭爵關內侯拜西域戊已校尉洪飴孫曰戊已校尉一人比二千石第四品黃初三年西域內附始置治高昌弼按董卓傳卓遷西域戊已校尉漢有是官不始於魏也數歲徵還將授以侍臣之位而以子就代爲恭至敦煌固辭疾篤太和中卒贈執金吾就後爲金城太守父子著稱於西州

世語曰就子斅字祖文弘毅有幹正晉武帝世爲廣漢太守王濬在益州受中制募兵討吳無虎符斅收濬從事列上由此召斅還帝責斅何不密啓而便收從事斅曰蜀漢

絕遠劉備嘗用之輒收臣猶以爲輕帝善之官至匈奴中郎將斅子固字元安有斅風爲黃門郎早卒斅一本作勃

魏略勇俠傳載孫賓碩祝公道楊阿若鮑出等四人賓碩雖漢人而魚豢編之魏書蓋以其人接魏事義相類故也論其行節皆龐闇之流其祝公道一人已見賈逵傳今列賓碩等三人於後

孫賓碩者北海人也范書趙岐傳賓碩名嵩北海安丘人本志邴原傳注引原別傳作孫崧郡國志青州北海國安丘縣一統志安丘故城今山東青州府安丘縣西南家素貧沈家本曰賓碩有車騎有別田舍非甚貧者當漢桓帝時常侍左悺唐衡等權侔人主延熹中衡弟爲京兆虎牙都尉續百官志安帝以羌犯法三輔有園林之守乃復置右扶風都尉京兆虎牙都尉趙岐傳作唐衡兄玹爲京兆虎牙都尉秩比二千石而統屬郡衡弟初之官不修敬於京兆尹沈家本曰時京兆尹延篤入門不持版郡功曹趙息阿廊下曰虎牙儀如屬城何得放臂入府門淮南子靈王作章華之臺棄疾立公子比百姓放臂而去之促收其主簿衡弟顧促取版既入見尹尹欲修主人敕外爲市買息又啓云左悺子弟來爲虎牙陳浩曰上云衡弟爲京兆虎牙都尉此云左悺子弟誤當作唐衡子弟或衡悺子弟非德選不足爲特酤買宜隨中舍菜食而已及其到官遣吏奉牋謝尹監本訛作邊吏息又敕門言無常見此無陰兒輩子弟邪用其牋記爲通乎姚範曰邪未詳言不常見此等人以爲異邪弼按邪字疑屬下句讀漢書外戚傳下云內邪若不私府小取將安所仰乎師古曰內邪言內中所須者也邪語辭也此邪字作焉字解亦可通晚乃通之又不得卽令報衡弟皆知之甚恚欲滅諸趙因書與衡求爲京兆尹旬月之閒得爲之息自知前過乃逃走時息從父仲臺見爲涼州刺史於是衡爲詔徵仲臺遣歸遂詔中都官及郡部督郵捕諸趙尺兒以上及仲臺皆殺之有藏者與同罪范書趙岐傳郡人以唐玹進不由德皆輕侮之岐及從兄襲數爲貶議玹深毒恨延熹元年玹爲京兆尹岐懼禍及乃與從子戩逃避之玹果收岐家屬宗親陷以重法盡殺之時息從父岐爲皮氏長郡國志司隸河東郡皮氏一統志皮氏故城今山西絳州河津縣西二里聞有家禍因從官舍逃走之河閒范書趙岐傳岐爲皮氏長棄官歸爲京兆尹功曹與此異變姓字又轉詣北海著絮巾布袴常於市中販胡餅岐傳岐逃難四方江淮海岱靡所不歷自匿姓名賣餅北海市中賓碩時

年二十餘乘犢車將騎入市觀見岐疑其非常人也因問之曰自有餅邪販之邪岐曰販之賓碩曰買幾錢賣幾錢岐曰買三十亦賣三十賓碩曰視處士之望非似賣餅者殆有故乃開車後戶顧所將兩騎令下馬扶上之時岐以爲是唐衡耳目也甚怖面失色賓碩閉車後戶下橧謂之曰（宋本橧上有前字）視處士狀貌既非販餅者加今面色變動（監本加作乃）卽不有重怨則當亡命我北海孫賓碩也闔門百口又有百歲老母在堂勢能相度者也終不相負必語我以實岐乃具告之賓碩遂載岐驅歸住車門外先入白母言今日出得死友在外當來入拜乃出延岐入椎牛鍾酒快相娛樂一二日因載著別田舍藏置複壁中（沈欽韓曰岐孟子題辭云余知命之際嬰戚于天遘屯離蹇詭性遁身十有餘年嘗息肩弛擔於濟岱之間或有温故知新雅德君子矜我劬瘁睠我皓首訪論稽古慰以大道余困吝之中精神遐漂靡所濟集聊欲係志於翰墨得以亂思遺老也後世謂孟子章句是複壁中作以此題辭知之）後數歲唐衡及弟皆死岐乃得出還本郡三府並辟展轉仕進至郡守刺史太僕而賓碩亦從此顯名於東國仕至豫州刺史（趙一清曰岐傳及水經注並作青州刺史）初平末賓碩以東方饑荒南客荊州至興平中趙岐以太僕持節使安慰天下南詣荊州乃復與賓碩相遇相對流涕（惠棟曰三輔決錄云嵩在表座不爲表所識岐遙識之）岐爲劉表陳其本末由是益禮賓碩（岐傳時孫嵩亦寓於表表不爲禮岐乃稱嵩素行篤烈因共上爲青州刺史按魏略言爲刺史在流寓荊州之前與范書岐傳異）頃之賓碩病亡岐在南爲行喪也（趙一清曰水經卷二十六汶水注東北逕漢青州刺史孫嵩墓西又東逕安丘縣故城北城對牟山山之西南有孫賓碩兄弟墓碑誌並在寰宇記卷二十四孫嵩墓在密州安丘縣南四十里）

楊阿若後名豐字伯陽酒泉人少遊俠常以報讐解怨爲事故時人爲之號曰東市相斫楊阿若西市相斫楊阿若（相斫見王肅傳注引魏略隗禧傳）至建安年中太守徐揖誅郡中彊族黃氏（徐揖見龐淯傳）時黃昂得脫在外乃以昂家粟金數斛（馮本官本昂作其是）募衆得千餘人以攻揖揖城守豐時在外以昂爲不義乃告揖揖妻子走詣張掖求救會張掖又反殺太守而昂亦陷城殺揖二郡合勢昂恚豐不與己

同乃重募取豐欲令張掖以麻繫其頭生致之豐遂逃走武威太守張猛假豐爲都尉使齎檄告酒泉聽豐爲揖報讐豐遂單騎入南羌中合衆得千餘騎從樂浪南山中出（樂浪郡爲幽州地此誤當作樂涫一統志樂涫故城在肅州高臺縣西北）指趨郡城未到三十里皆令騎下馬曳柴揚塵酒泉郡人望見塵起以爲東大兵到遂破散昂獨走出羌捕得昂豐爲昂曰（宋本爲作謂此誤）卿前欲生繫我頸今反爲我所繫（馮本繫作係）云何昂謝慙（疑作慙謝）豐遂殺之時黃華在東又還領郡豐畏華復走依燉煌至黃初中河西興復黃華降豐乃還郡郡舉孝廉州表其義勇詔卽拜駙馬都尉後二十餘年病亡

鮑出字文才京兆新豐人也（一統志新豐故城今陝西西安府臨潼縣東北）少游俠興平中三輔亂出與老母兄弟五人家居本縣以饑餓留其母守舍相將行採蓬實合得數升使其二兄初雅及其弟成持歸爲母作食獨與小弟在後採蓬初等到家而噉人賊數十人已略其母以繩貫其手掌驅去初等怖恐不敢追逐須臾出從後到知母爲賊所略欲追賊兄弟皆云賊衆當如何出怒曰有母而使賊貫其手將去煑噉之用活何爲乃攘臂結衽獨追之（御覽作獨持楯追之）行數里及賊賊望見出乃共布列待之出到囘從一頭（囘字未詳）斫賊四五人賊走復合聚圍出出跳越圍斫之又殺十餘人時賊分布驅出母前去賊連擊出不勝乃走與前輩合出復追擊之還見其母與比舍嫗同貫相連出遂復奮擊賊賊問出曰卿欲何得出責數賊指其母以示之賊乃解還出母比舍嫗獨不解遙望出求哀出復斫賊賊謂出曰已還卿母何爲不止出又指求哀嫗此我嫂也賊復解還之出得母還遂相扶侍（宋本侍作持一曰作將）客南陽建安五年關中始開出來北歸而其母不能步行兄弟欲共輿之出以輿車歷山險危不如負之安穩乃以籠盛其母獨自負之到鄉里鄉里士大夫嘉其孝烈欲薦州郡郡辟召出出曰田民不堪冠帶至青龍中母年百餘歲乃終出時年七十餘行

喪如禮於今年八九十才若五六十者魚豢曰昔孔子歎顏回以爲三月不違仁者蓋覩其心耳孰如孫祝菜色於市里顚倒於牢獄據有實事哉且夫濮陽周氏不敢匿迹魯之朱家不問情實史記季布傳季布者楚人也爲氣任俠數窘漢王高祖購求布千金敢有舍匿罪及三族季布匿濮陽周氏周氏置布廣柳車中之魯朱家所賣之朱家心知是季布迺買而置之田朱家說滕公滕公心知朱家大俠意季布匿其所言於上上迺赦布是何也懼禍之及且心不安也而太史公猶貴其竟脫季布豈若二賢厥義多乎今故遠收孫祝而近錄楊鮑既不欲其泯滅且敦薄俗至於鮑出不染禮教心痛意發起於自然跡雖在編戶與篤烈君子何以異乎若夫楊阿若少稱任俠長遂蹈義自西徂東摧討逆節可謂勇力而有仁者也

評曰李典貴尚儒雅義忘私隙美矣李通臧霸文聘呂虔鎮衛州郡並著威惠許褚典韋折衝左右抑亦漢之樊噲也龐悳授命叱敵有

周苛之節史記項羽本紀漢王使周苛守滎陽楚下滎陽城生得周苛項王曰爲我將我以公爲上將軍封三萬戶苛罵項王項王怒烹周苛龐淯不憚伏劍而誠感鄰國閻溫向城大呼齊解路之烈焉晉解楊齊路中大夫事見齊王紀嘉平六年

任城陳蕭王傳第十九毛本無第字

晉 平陽侯相 安漢 陳壽 撰

宋中書侍郎西鄉侯 聞喜 裴松之 注

沔陽 盧 弼 集解

任城威王彰字子文子文卞皇后生文帝同母弟吳志孫策傳時袁紹方強而策幷江夏曹公力未能逞且欲撫之乃以弟女配策小弟匡又爲子彰取賁女少善射御膂力過人手格猛獸不避險阻數從征伐志意慷慨太祖嘗抑之曰汝不念讀書慕聖道而好乘汗馬擊劍此一夫之用史記項羽本紀籍曰劍一人敵不足學何足貴也課彰讀詩書彰謂左右曰丈夫一爲衛霍衛青霍去病也將十萬騎馳沙漠驅戎狄立功建號耳何能作博士

邪太祖嘗問諸子所好使各言其志彰曰好爲將太祖曰爲將柰何對曰披堅執銳臨難不顧爲士卒先賞必行罰必信太祖大笑建安二十一年封鄢陵侯漢書鄢作傿師古曰音偃鄢陵縣屬潁川郡春秋時鄭伯克段于鄢又晉敗楚于鄢陵卽此地一統志鄢陵故城今河南開封府鄢陵縣西北二十三年代郡烏丸反代郡治高柳今山西大同府陽高縣西北見武紀建安十二年通鑑代郡上谷烏桓無臣氐等反以彰爲北中郎將洪飴孫曰北中郎將一人比二千石第四品建安二十三年始置弼按續百官志劉昭注漢末又有四中郎將皆帥師征伐不知何時置董卓爲東中郎將盧植爲北中郎將是建安以前有北中郎將也又按宋書百官志北中郎將漢建安中以鄢陵侯曹彰居之凡四中郎將何承天云並後漢置行驍騎將軍驍騎將軍見明紀青龍元年胡三省曰驍騎將軍始於漢武帝以命李廣洪飴孫曰驍騎將軍一人第四品魏置爲中軍臨發太祖戒彰曰居家爲父子受事爲君臣動以王法從事爾其戒之史言魏武執法之嚴彰北征入涿郡界涿郡治涿今順天府涿州治見齊王紀嘉平五年叛胡數千騎卒至時兵馬未集唯有步卒千人騎數百匹用田豫計田豫

傳鄢陵侯彰征代郡以豫爲相軍次易北虜伏騎擊之軍人擾亂莫知所爲豫因地形回車結圜陣弓弩持滿於內疑兵塞其隙胡不能進大破之 固守要隙 何焯校改隙作隟 虜乃散退彰追之身自搏戰射胡騎應弦而倒者前後相屬戰過半日彰鎧中數箭意氣益厲乘勝逐北至于桑乾

臣松之案桑乾縣屬代郡今北虜居之號爲索干之都 郡國志幽州代郡桑乾水經濕水東北過代郡桑乾縣南魏土地記云代城北九十里有桑乾城方輿紀要卷四十四桑乾城在大同府東百五十里漢縣爲代郡治後廢黃初二年徙郡陘南其縣亦廢也一統志桑乾故城在今直隸宣化府蔚州東北桑乾河自山西天鎭縣流入東逕西寧縣南蔚州北又東逕宣化縣南界又東逕保安州南與洋河會又東南入順天府宛平縣界卽古濕水也

去代二百餘里長史諸將皆以爲新涉遠士馬疲頓又受節度不得過代不可深進違令輕敵彰曰率師而行 官本考證云御覽作率師專行 唯利所在何節度乎胡走未遠追之必破從令縱敵非良將也遂上馬令軍中後出者斬二日一夜 宋本作一日一夜 與虜相及擊大破之斬首獲生以千數彰乃倍常科大賜將士將士無不悅喜時鮮卑大人軻比能 本志鮮卑傳軻比能本小種鮮卑以勇健斷法平端不貪財物衆推以爲大人 將數萬騎觀望彊弱見彰力戰所向皆破乃請服北方悉平時太祖在長安召彰詣行在所彰自代過鄴太子謂彰曰卿新有功今西見上 操時爲魏王不得稱行在所亦不得稱上此與許褚傳之征南宗室重臣同一失檢 宜勿自伐應對常若不足者彰到如太子言歸功諸將太祖喜持彰鬚曰黃鬚兒竟大奇也

魏略曰太祖在漢中而劉備栖於山頭 華陽國志曰漢中沔陽縣有定軍山北臨沔水先主作營於此 使劉封下挑戰太祖罵曰賣履舍兒長使假子拒汝公乎 蜀志先主傳先主少孤與母販履織席爲業劉封傳封本羅侯寇氏之子長沙劉氏之甥先主養封爲子 待我呼黃鬚來令擊之 通鑑補作待我呼黃鬚來假子爲泥矣 乃召彰彰晨夜進道西到長安而太祖已還從漢中而歸彰鬚黃故以呼之

太祖東還以彰行越騎將軍 續百官志有越騎校尉而無越騎將軍 留長安太祖至洛陽得疾驛召彰未至太祖崩 賈逵傳太祖崩洛陽逵典喪事彰從長安來赴問逵先王璽綬所在逵正色曰太子在鄴國有儲副先王璽綬非君侯所宜問也陳矯傳矯曰王薨於外愛子在側彼此生變社稷危矣胡三省曰愛子謂鄢陵侯彰也

魏略曰彰至謂臨菑侯植曰先王召我者欲立汝也植曰不可不見袁氏兄弟乎 御覽二百四十一引魏武令曰告子文汝等悉爲侯而子桓獨不封止爲五官中郎將此是太子可知矣弼按據此令則魏略之言不足信

文帝卽王位彰與諸侯就國

魏略曰太子嗣立既葬遣彰之國始彰自以先王見任有功冀因此遂見授用而聞當隨例意甚不悅不待遣而去時以鄢陵堉薄使治中牟及帝受禪因封爲中牟王 錢大昭曰傳以楷爲中牟王魚豢以彰爲中牟王未知孰是潘眉曰此說誤也封中牟王者任城王子楷非彰也黃初二年彰尙爲公三年始封王本傳云立爲任城王四年

薨文帝紀曰任城王彰薨於京都彰爲王僅兩年而一見本傳一見帝紀皆曰任城王其未封中牟甚明魚豢乃云諸侯畏彰過中牟不敢不速此虛造之言裴世期引之謬矣周壽昌說同 是後大駕幸許昌北州諸侯上下皆畏彰之剛嚴每過中牟不敢不速

詔曰先王之道庸勳親親並建母弟開國承家故能藩屏大宗禦侮厭難彰前受命北伐淸定朔土厥功茂焉增邑五千幷前萬戶 李安溪曰此時未受禪已封建母弟 黃初二年進爵爲公三年立爲任城王 任城國治任城今山東濟寧州治 四年朝京都疾薨于邸 文帝紀六月甲戌任城王彰薨於京都 謚曰威 曹植任城王誄云昔二虢佐文旦奭翼武於休我王魏之元輔將崇懿迹等號齊魯如何奄忽命不是與仁者悼沒兼彼殊類矧我同生能不憯悴目想官墀心存平素髣髴魂神馳情陵墓凡夫愛命達者徇名王雖薨殂功著丹靑人誰不沒貴有遺聲乃作誄曰幼有令質光耀珪璋孝殊閔氏義達參商溫溫其恭爰柔克剛心存建業王室是匡矯矯元戎雷動雨徂橫行燕代威慴北胡奔虜無竄還戰高柳王率壯士常爲軍首宜究長年永保皇家如何奄忽景命不遐同盟飲淚百僚咨嗟

魏氏春秋曰初彰問璽綬將有異志故來朝不卽得見彰忿怒暴薨 世說尤悔篇云魏文帝忌弟任

城王驍壯因在卞太后閣共圍棊並噉棗文帝以毒置諸棗蔕中臣選可食者而進王勿悟遂雜進之既中毒太后索水救之帝敕左右毀瓶罐太后徒跣趨井無以汲須臾遂卒復欲害東阿太后曰汝已殺我任城不得復殺我東阿又互見卞后傳注康發祥曰黃鬚兒力猛志大非無覬覦之心者史稱其來朝京師疾薨于邸得疾之由或未可問也世說啖棗中毒所由來乎又王嘉拾遺記魏任城王彰薨及喪出空中聞數百人泣聲送者皆言昔亂軍相殺傷者皆無棺槨王掩其朽骨死者歡於地下精靈如感王之德也

至葬賜鑾輅龍旂虎賁百人如漢東平王故事范書東平王蒼傳云蒼薨及葬詔有司加賜鑾輅乘馬龍旂虎賁百人子楷嗣徙封中牟河南尹中牟今河南開封府中牟縣東見武紀卷首五年改封任城縣太和六年復改封任城國彭城王據傳黃初五年改封諸王皆爲縣王太和六年改封諸王皆以郡爲國食五縣二千五百戶郡國志任城國統三縣此食五縣青龍三年削縣二仍爲三縣餘二縣無考青龍三年楷坐私遣官屬詣中尚方作禁物削縣二千戶局本作削縣二戶千以削縣二爲句戶千爲句亦可通楚王彪傳詔削縣三戶千五百亦此例也正始七年徙封濟南三千戶正元景元初連增邑凡四

千四百戶楷子悌嗣元城哀王禮後溫嗣邯鄲懷王邕後

楷泰始初爲崇化少府見百官名晉書職官志太后三卿衛尉少府太僕皆隨太后宮爲官號

陳思王植字子建年十歲餘按下文魏武視植文疑其倩作悉將諸子登臺使各爲賦語氣連綴似爲一時事武紀建安十五年作銅爵臺時植年十九歲登臺作賦在建安十七年見魏文登臺賦序植已二十一歲矣本傳年十歲餘似應作年十餘歲若解作十歲餘已能誦讀詩論及辭賦數十萬言爲一時事善屬文登臺作賦又爲一時事亦可通誦讀詩論及辭賦數十萬言善屬文太祖嘗視其文謂植曰汝倩人邪植跪曰言出爲論下筆成章顧當面試柰何倩人時鄴銅爵臺新成銅爵臺見武紀建安十五年一統志鄴縣故城今河南彰德府臨漳縣西太祖悉將諸子登臺使各爲賦植援筆立成可觀太祖甚異之

陰澹魏紀隋書經籍志古史類魏紀十二卷左將軍陰澹撰舊唐志魏紀十二卷魏澹撰新唐志魏澹魏記十二卷章宗源曰書鈔設官部王隱晉書曰陰澹弱冠州請爲治中從事又今晉書張軌傳軌於永寧初爲涼州刺史以陰澹爲股肱謀主隱逸傳索襲不應州郡之命太守陰澹奇而造焉澹晉代人故所撰史見引於裴松之兩唐志訛作魏澹通志藝文略同誤然隋志題左將軍官晉書亦未詳沈家本曰隋魏澹隋書有傳所撰者後魏書因魏收之書不善奉敕改正之非曹魏之書也曹植傳注所引魏紀載植銅雀臺賦蓋陰澹敘植事之文也弼按兩唐志之誤在以陰澹作魏澹以魏紀作魏記至隋魏澹之後魏書一百七卷均列於正史與陰澹之魏紀十二卷列於編年者絕然兩書卷帙亦異各不相蒙章沈二氏誤爲一書宜其辭費也黃逢元曰十六國春秋前涼錄云澹燉煌人官至督護參軍武威太守晉書隱逸索襲傳有燉煌太守陰澹均與隋志題作左將軍者不同也姚振宗曰陰氏爲涼州著姓仕西涼張氏見於史者六人時中原淪沒江左隔絕其爲左將軍燉煌太守皆張氏所授官也載植賦曰從明后而嬉游兮登層臺以娛情潘眉曰鄴中記銅爵臺因城爲基址高一十丈有屋一百二十間周圍彌覆其上後趙石虎于銅爵臺上更起五層樓閣去地三百七十尺周圍殿屋一百二十房正殿安御牀施蜀錦流蘇斗帳四角置金龍頭銜五色流蘇及安金鈕屈戌屏風牀牀上細直女三十人牀下立三十人凡此眾妓皆晏日所設又于銅爵臺穿二井作鐵梁地道以通井號曰命子窟于井中多置財寶飲食以悅蕃客曰聖井又作銅爵子樓巔高一丈五尺舒翼若飛按周圍一百二十房係魏太祖舊制觀此亦可想見魏時繁華聲伎矣見太府之廣開兮觀聖德之所營建高門之嵯峨兮潘眉曰鄴中記鄴宮南面三門西鳳陽門高二十五丈上六層反宇向陽下開二門未到鄴城七八里遙望此門水經注鳳陽門三臺洞開高三十五丈浮雙闕乎太清立中天之華

觀兮連飛閣乎西城潘眉曰鄴二城東西六里南北八里六十步者鄴之南城東西七里南北五里者鄴之北城魏銅爵臺在鄴都北城西北隅鄴無西城所謂西城者北城之西面也臺在北城西北隅與城之西面樓閣相接故曰連飛閣乎西城又按酈道元云鄴之北城百步一樓又云層甍反宇飛檐拂雲圖以丹青色以輕素當亦魏創其制而石虎增飾華侈耳臨漳水之長流兮潘眉曰水經注魏武引漳流自鄴城西東入逕銅爵臺下伏流入城東注謂之長明溝也望園果之滋榮仰春風之和穆兮聽百鳥之悲鳴天雲垣其既立兮家願得而獲逞梁章鉅曰子建集逞作呈與上下韻是也此逞字恐誤沈家本曰古韻不分平仄逞字不誤論文義逞字爲長揚仁化於宇內兮盡肅恭於上京惟桓文之爲盛兮豈足方乎聖明休矣美矣惠澤遠揚翼佐我皇家兮寧彼四方同天地之規量兮齊日月之暉光永貴尊而無極兮等年壽於東王云藝文類聚六十二初學記二十四均引此賦宋本曹子建集載此賦字句多異云錄之於下賦云從明后之嬉遊聊登臺以娛情見天府之廣開觀聖德之所營建高殿之嵯峨浮雙闕乎太清立沖天之華觀連飛閣乎西城臨漳川之長流望眾果之滋榮仰春風之和穆聽百鳥之悲鳴天功怛其既立家願得而獲呈楊仁化於宇內盡肅恭於上京雖桓文之爲盛豈足方乎聖明休矣美矣惠澤遠揚翼佐皇家寧彼四方同天地之矩量齊日月之輝光太祖深異之藝文

類聚六十二引魏文帝登臺賦云建安十七年春□游西園登銅爵臺命余兄弟並作其詞曰登高臺以騁望好靈雀之麗嫺飛閣崛其特起層樓儼以承天步逍遙以容與聊遊目于西山溪谷紆以交錯草木鬱其相連風飄飄而吹衣鳥飛鳴而過前申躊躇以周覽臨城隅之通川

性簡易不治威儀輿馬服飾不尚華麗每進見難問應聲而對特見寵愛建安十六年封平原侯平原郡治平原見武紀初平三年平原侯食邑五千戶見武紀建安十六年注引魏書邢顒爲平原侯家丞劉楨爲庶子見邢顒傳宋本曹子建集離思賦云建安十六年大軍西討馬超太子留監國植時從焉意有懷戀遂作離思賦之在肇秋之嘉月將曜師而西旗余抱疾以賓從扶衡軫而不怡慮征期之方至傷無階以告辭念玆君之光惠庶沒命而不疑欲力舉于旌麾將何心而遠之願我君之自愛爲皇朝而寶已水重深而魚悅林修茂而鳥喜弼按武紀建安十六年天子命公世子丕爲五官中郎將二十二年以五官中郎將丕爲魏太子文紀亦云二十二年立爲魏太子此賦序云建安十六年太子留監國當作世子方合或爲後人誤改也方輿紀要卷四十九愁思岡在彰德府城西南二十里曹植常悲吟於此故名十九年徙封臨菑侯齊國治臨菑見武紀建安四年太祖征孫權使植留守鄴藝文類聚五十九御覽三百三十六載植東征賦云建安十九年王師東征吳寇余典禁兵衞宫省然神武一舉東夷必克想見振旅之盛故作賦一篇登城隅之飛觀兮望六師之所營幡旗轉而心思兮舟楫

動而傷精顧身微而任顯兮愧責重而命輕嗟我愁其何爲兮心遙思而縣旌師旅憑皇穹之靈祐兮亮元勳之必舉揮朱旗以東指兮橫大江而莫御循戈櫓于淸流汜雲梯而容與禽元帥于中舟振靈威于東野戒之曰吾昔爲頓丘令頓丘見武紀卷首年二十三思此時所行無悔於今今汝年亦二十三矣可不勉與植既以才見異而丁儀丁廙楊脩等爲之羽翼王鳴盛曰晉書陳壽傳云丁儀丁廙有名于魏壽向其子索千斛米不與竟不爲立佳傳議者以此少之晉書好引雜說故多蕪穢索米一說周柳虬唐劉允濟劉知幾皆信之近朱氏彝尊杭氏世駿辨其誣謂壽于魏文士惟爲王粲衞覬五人立傳粲取其興造制度覬取其多識典故若徐幹陳琳阮瑀應瑒劉楨僅于粲傳附書今粲傳附書云沛國丁儀丁廙弘農楊修河內荀緯等亦有文采又于劉廙傳附見云與丁儀共論刑禮如此亦足矣何當更立專傳乎且壽豈特不爲立傳而已于陳思王傳云植既以才見異而丁儀丁廙楊修等爲之羽翼于衞臻傳云太祖久不立太子方奇貴臨菑侯丁儀等爲之羽翼是奪嫡之罪儀廙爲大又毛玠徐奕何夔桓階之流皆鯁臣碩輔儀等交構其惡疏斥之然則二人蓋巧佞之尤安得立佳傳然此猶陳壽一人之言也王沈撰魏書一則曰奸以事君一則曰果以凶僞敗魚豢撰魏略稱文帝欲儀自裁儀向夏侯尚叩頭求哀張騭撰文士傳稱廙盛譽臨菑侯欲以勸動太祖則知壽所書儀廙事皆實而壽之用心實爲忠厚毛玠儀所讒也玠出見黥面其妻子沒爲官奴婢者曰使天不雨者蓋此也壽不屬之儀而第曰後有白玠者白者

爲誰非儀則廙壽爲之諱也尙得謂因索米不得而有意抑之乎潘眉曰丁儀丁廙官不過右刺姦掾及黃門侍郎外無攉鋒接刃之功內無升堂廟勝之效黨於陳思王冀搖冢嗣啟釁骨肉事既不成刑戮隨之斯實魏朝罪人不得立傳明矣晉史謂索米不得不爲立傳此最無識之言同時如徐幹陳琳阮瑀應瑒應璩劉楨吳質邯鄲淳繁欽路粹楊修皆無傳益足證晉史之誣太祖狐疑幾爲太子者數矣賈詡傳文帝爲五官將臨菑侯植才名方盛各有黨與有奪宗之議崔琰傳魏國初建未立太子臨菑侯植有才而愛太祖狐疑以函令密訪於外毛玠傳時太子未定而臨菑侯植有寵而植任性而行不自彫勵通鑑作不自雕飾可以明子建無奪位之謀飲酒不節文帝御之以術矯情自飾宮人左右並爲之說故遂定爲嗣二十二年增植邑五千馮本植作置誤幷前萬戶植嘗乘車行馳道中開司馬門出史記張釋之傳太子與梁王共車入朝不下司馬門於是釋之追止太子梁王無得入殿門如淳曰宮衞令諸出入殿門公車司馬門乘軺傳者皆下不如令罰金四兩胡三省曰漢令乙騎乘車馬行馳道中已論者沒入車馬改具又宮衞令出入司馬門者皆下是司馬門猶可得而出入也若魏制則司馬門惟車駕出乃開耳趙一淸曰水經穀水注渠水自銅駝街東逕司馬門南自此南直宣陽門經緯通達皆列馳道往來之禁一同兩漢曹子建嘗行御街犯門禁以此見薄潘眉曰宮門謂之司馬門每門立司馬主之如百官志南宮有南屯司馬主

宮門蒼龍司馬主東門玄武司馬主玄武門北屯司馬主北門北宮則有朱雀司馬主南掖門東明司馬主東門朔平司馬主北門是也太祖大怒公車令坐死公車司馬令見管寧傳李祖楙曰公車門名公車所在因以名焉公車門或即南闕門也洪飴孫曰案官品無司馬二字通典云晉江左以來始直云公車令耳由是重諸侯科禁而植寵日衰崔琰傳注引世語云植妻衣繡太祖登臺見之以違制命還家賜死胡三省曰以違制命罪植妻則當時蓋禁衣錦繡也弼按武紀建安二十五年注引魏書云後宮衣不錦繡衞覬傳覬上疏曰武皇帝之時後宮食不過一肉衣不用錦繡茵蓐不緣飾蓋當時之制如此崔琰傳植琰之兄女壻也是植妻崔氏女也

魏武故事載令曰始者謂子建兒中最可定大事又令曰自臨菑侯植私出開司馬門至金門潘眉曰金門疑卽金明門水經注鄴城有七門南曰鳳陽門中曰中陽門次曰廣陽門東曰建春門北曰廣德門次曰廏門西曰金明門一曰白門弼按范書趙孝王良傳白衣出司馬門坐削中丘縣章懷注王宮門有兵衞亦爲司馬門據潘氏所云似植所開者爲鄴城之司馬門然據水經穀水注則爲洛城之司馬門也當以鄴注爲是令吾異目視此兒矣又令曰諸侯長史及帳下吏知吾出輒將諸侯行意否從子建私開司馬門來吾都不復信諸侯也恐吾適出便復私出故攝將行不

可恒使吾爾誰爲心腹也官本考證云爾冊府作以李清植曰此文甚拗玩其大意蓋謂恐吾它出時諸侯中便復有私出如子建開司馬門之爲者故欲管攝而盡將之以行既有所不可而留之則又不可信類如此故曰恒使吾以誰爲心腹作以字於義較順

太祖既慮終始之變以楊修頗有才策而又袁氏之甥也於是以罪誅修植益內不自安范書楊彪傳子修爲曹操所殺操見彪問曰公何瘦之甚對曰愧無日磾先見之明猶懷老牛舐犢之愛操爲之改容修好學有俊才爲丞相曹操主簿操自平漢中欲因討劉備而不得進欲守之又難爲功操出教唯曰雞肋外曹莫能曉修曰夫雞肋食之則無所得棄之則如可惜公歸計決矣乃令外白稍嚴操於此迴師修之幾決多有此類（互見武紀建安二十四年注引九州春秋）修又嘗出行籌操有問外事乃逆爲答記敕守舍兒若有令出依次通之既而果然如是者三操怪其速使廉之知狀以此忌修且以袁術之甥慮爲後患遂因事殺之修所著賦頌碑讚詩哀辭表記書凡十五篇隋書經籍志後漢丞相主簿楊修集一卷梁二卷錄一卷嚴可均輯存七篇張彥遠歷代名畫記曰楊修有西京圖嚴君平象吳季札象文心雕龍才略篇路粹楊修頗懷筆記之工世說捷悟篇楊德祖爲魏武主簿時作相國門始搆榱桷魏武自出看使人題門作活字便去楊見即令壞之既竟曰門中活闊字王正嫌門大也人餉魏武一桮酪魏武噉少許蓋頭上題合字以示衆衆莫能解次至楊修修便噉曰公教人噉一口也復何疑魏武嘗過曹娥碑下楊修從碑背上見題作黃絹幼婦外孫齏臼八字魏武謂修曰解不答曰解魏武曰卿未可言待我思之行三十里魏武乃曰吾已得令修別記所知修曰黃絹色絲也於字爲絶幼婦少女也於字爲妙外孫女子也於字爲好齏臼受辛也於字爲辭所謂絶妙好辭也魏武亦記之與修同乃歎曰我才不及卿乃覺三十里魏武征袁本初治裝餘有數十斛竹片咸長數寸衆云並不堪用正令燒除太祖思所以用之謂可爲竹椑楯而未顯其言馳使問主簿楊德祖應聲答之與帝心同衆伏其辯悟又劉孝標注引文士傳魏武爲丞相修當白事知必有反覆教豫爲答對數紙以次牒之而行敕守者曰向白事必教出相反覆若按此次第連答之已而風吹紙次亂守者不別而遂錯誤公怒推問修慙懼然以所白甚有理終亦是修古文苑操與彪書曰與足下同海內大義足下不遺以賢子見輔比中國雖靖方外未夷今軍征事大百姓騷擾吾制鐘鼓之音主簿宜守而足下賢子恃豪父之勢每不與吾同懷即欲直繩顧頗恨恨謂其能改遂轉寬舒復即宥貸將延足下尊門大累便令刑之念卿父息之情同此悼楚彪答書云彪白雅顧隆篤每蒙接納私自光慰小兒頑鹵謬見采錄不能期效以報所愛方今軍征未暇其備位匡政當與戮力一心而寬玩自稽將違法制相子之行莫若其父恒慮小兒必致傾敗足下恩恕延罪迄今近聞問之日心腸酷裂凡人情誰能不爾深惟其失用以自釋所惠馬及雜物自非親舊孰能至斯省覽衆賜益以悲懼續漢書曰人有白修與臨菑侯曹植飲醉共載從司馬門出謗訕鄢陵侯彰太祖聞之大怒故遂收殺之時年四十五侯康曰楊太尉夫人袁氏答曹公卞夫人書云小兒違越分應至此憐其始立之年畢命埃土據此則修卒時似未至四十五也弼按世語云修年二十五與丁儀兄弟欲以植爲嗣則死時年三十可信寰宇記卷三洛陽芒山有楊修冢

典略曰楊修字德祖太尉彪子也謙恭才博建安中舉孝廉除郎中丞相請署倉曹屬主簿續百官志倉曹主倉穀事是時軍國多事修總知外內事皆稱意自魏太子已下並爭與交好又是時臨菑侯植以才捷愛幸來意投修文選注作秉意郝經續漢書作委意數與修書書曰數日不見思子爲勞想同之也僕少好詞賦文選作僕少小好爲文章何焯曰言少小者非謂自少篤好蓋言故吾非今吾也是以篇末又引子雲壯夫不爲之語迄至于今二十有五年矣此書蓋建安二十一年作然今世作者可略而言也昔仲宣獨步於漢南孔璋鷹揚於河朔偉長擅名於青土公幹振藻於海隅德璉發迹於大魏文選大作此沈家本曰是時漢祚未移不得稱大魏作此字爲是足下高視於上京李善曰仲宣在荊州故曰漢南孔璋廣陵人在冀州爲袁紹記室故曰河朔徐偉長居北海郡禹貢之青州也故曰青土公幹東平寧陽人也寧陽邊齊故曰海隅德璉南頓人也近許都故曰北魏修太尉之子故曰上京李周翰曰鷹揚謂文體抑揚如鷹之飛揚也呂延濟曰上京謂帝都也梁章鉅曰大魏文選作此魏弼按文選作北魏王粲字仲宣陳琳字孔璋徐幹字偉長劉楨字公幹應瑒字德璉當此之時人人自謂握靈蛇之珠家家自謂抱荊山之玉也官本握作掘誤文選無也字高誘曰隋侯見大蛇傷斷以藥傅而塗之後蛇於大江中銜珠以報之韓子曰楚人和氏得玉璞於楚山之中吾王於是設天網以該之頓八紘以掩之今盡集茲國矣李善曰吾王謂操也崔實本論曰舉彌天之網以羅海內之雄淮南子曰九州之外是有八澤八澤之外乃有八紘然此數子猶不能飛翰絕迹文選翰作軒六臣本作騫一舉千里也以孔璋之才不閑辭賦而多自謂與司馬長卿同風譬畫虎不成還爲狗者也前爲書嘲之文選作前有書嘲之反作論盛道僕贊其文夫鍾期不失聽於今稱之吾亦不敢妄歎者文選敢作能畏後之嗤余也世人著述不能無病僕常好人譏彈其文有不善者應時改定昔丁敬禮嘗作小文使僕潤飾之僕自以才不能過若人李善曰若人謂敬禮也辭不爲也敬禮云文選作敬禮謂僕卿何所疑難乎文之佳麗文選麗作惡吾自得之後世誰相知定吾文者邪吾常歎此達言以爲美談何焯曰自得佳麗則受彈者之益傳之後世但以佳麗見稱亦誰知因改定而佳麗乎今人多誤會梁章鉅曰南史任昉傳王儉出自作文令昉點正昉因定數字儉拊几歎曰後世誰知子定吾文語似本此昔尼父之文辭與人通流至於制春

秋游夏之徒不能錯一字文選作乃不能措一辭過此而言不病者吾未之見也蓋有南威之容乃可以論於淑媛有龍淵之利乃可以議於割斷文選淵作泉（六臣本作淵）割斷作斷割李善曰爲劉季緒張本戰國策云晉平公得南威三日不聽朝遂推而遠之曰後世必有以色亡國者爾雅曰美女爲媛戰國策蘇秦說韓王曰韓之劍戟龍淵太阿陸斷牛馬水擊鴻鴈劉季緒才不逮於作者劉季緒見劉表傳注而好詆呵文章文選呵作訶掎摭利病昔田巴毀五帝罪三王呰五伯于稷下宋本子建集呰作訾一旦而服千人魯連一說使終身杜口魯連子曰齊之辯者曰田巴辯於徂丘而議於稷下七略曰齊有稷城門齊談說之士期會於稷下者甚衆劉生之辨宋本辨作辯未若田氏今之仲連求之不難何焯曰蓋以仲連屬德祖可無歎息乎宋本子建集無歎字六臣本文選注曰善本無歎又引詩傳息止也梁章鉅曰以無歎字爲是人各有所好尚蘭茝蓀蕙之芳茝昌待切衆人之所好而海畔有逐臭之夫李善曰喻人評文章愛好不同也咸池六英之發衆人所樂文選英作莖樂上有共字而墨翟有非之之論呂向曰咸池六莖黃帝顓頊樂也古今所共樂墨子著書乃非之鑒文好惡類於是也豈可同哉今往僕少小所著

辭賦一通呂向曰一通猶一卷也相與夫街談巷說毛本街作衙誤必有可采擊轅之歌呂向曰擊轅野人歌也有應風雅匹夫之思未易輕棄也辭賦小道固未足以揄揚大義彰示來世也昔揚子雲先朝執戟之臣耳李賢曰揚雄奏羽獵賦爲郎然郎皆執戟而持也猶稱壯夫不爲也吾雖薄德位爲藩侯猶庶幾戮力上國流惠下民建永世之業流金石之功六臣本文選注云流善本作留豈徒以翰墨爲勳績辭頌爲君子哉文選頌作賦若吾志不果吾道不行亦將採史官之實錄子建集史作庶辨時俗之得失定仁義之衷成一家之言雖未能藏之名山將以傳之同好此要之白首豈可以今日論乎文選作此要之皓首豈今日之論乎其言之不怍子建集怍作慚毛本誤作作恃惠子之知我也明早相迎書不盡懷文選下有植白二字修答曰不侍數日文選是句上有修死罪死罪五字若彌年載毛萇詩傳曰彌終也豈獨愛顧之隆文選獨作由使係仰之情深邪損辱來命文選來作嘉蔚矣其文易曰君子豹變其文蔚也誦讀反覆雖諷雅頌官本諷作風不復過也文選也作此若仲

宣之擅江表陳氏之跨冀域徐劉之顯青豫應生之發魏國斯皆然矣至如修者聽采風聲仰德不暇目周章於省覽何惶駭於高視哉文選作自周章於省覽何遑高視哉伏惟君侯少長貴盛體旦發之質有聖善之教李善曰發武王名也旦周公名也毛詩曰母氏聖善我無令人遠近觀者徒謂能宣昭懿德光贊大業而已不謂復能兼覽傳記文選作不復謂能留思文章今乃含王超陳度越數子觀者駭視而拭目聽者傾首而聳耳文選聳作竦非夫體通性達受之自然其誰能至於此乎又嘗親見執事握牘持筆有所造作若成誦在心借書於手曾不斯須少留思慮仲尼日月無所踰焉宋本所作得文選同修之仰望殆如此矣此子建之所以獨步一時也是以對鶡而辭作暑賦彌日而不獻李善曰植爲鶡鳥賦亦命修爲之而修辭讓植又作大暑賦而修亦作之終日不敢獻見西施之容歸憎其貌者也越絕書曰越王乃飾美女西施鄭旦使大夫種獻之於吳王伏想執事不知其然猥受顧賜文選賜作錫教使刊定藝文類聚五十三魏陳王曹植文章序曰故君子之作也儼乎若高山勃乎若浮雲質素也如秋蓬摛藻

也如春葩汜乎洋洋光乎皜皜與雅頌爭流可也余少而好賦其所尙也雅好慷慨所著繁多雖觸類而蕪穢者衆故刪定別撰爲前錄七十八篇姚振宗曰陳思王傳注引典略植與楊修書曰今往僕少小所著辭賦一通相與修答書曰猥受顧賜教使刊定云云與此錄自序所言相印合其卽此錄嘗以屬楊修點定者建安十九年徙封臨菑之後事也春秋之成莫能損益呂氏淮南字直千金然而弟子鉗口市人拱手者聖賢卓犖固所以殊絕凡庸也李善曰史記曰孔子在位聽訟文辭有可與共者弗獨有也至于爲春秋筆則筆削則削子夏之徒不能贊一辭桓子新論曰秦呂不韋請迎高妙作呂氏春秋漢之淮南王聘天下辨通以著篇章書成皆布之都市懸置千金以延示衆士而莫能有變易者乃其事約豔體具而言微也今之賦頌古詩之流不更孔公風雅無別耳修家子雲劉攽曰案楊氏有兩族赤泉氏從木子雲自敍其受氏從才而楊修稱曰修家子雲又似震族亦是揚氏不知文士聊如此云其亦實然也今范書中華陰之族從木從才未知所從梁章鉅曰六臣本有善注云子雲雄字也與修同姓故云修家按沈氏作喆寓簡云修宏農華陰人而揚子雲自序云五世傳一子雄無他揚於蜀而雄又無子蓋子雲爲蜀之揚非華陰之楊也林先生曰唐楊珣碑云叔虞蕞珪自周封晉伯高食采受邑君楊按雄傳其先出周伯僑食采於晉之揚因氏焉珣碑豈沿德祖而誤邪然吳仁傑兩漢刊誤補遺所辨則修與雄實同祖皆氏木名之楊雄自序誤耳桂氏馥跋漢郎中鄭固碑云今考沛相楊統碑高楊命楊著碑太尉楊震碑皆修

之先其字亦從木也王先謙曰古从木从手之字多通胡玉縉曰楊椿孟鄰堂文鈔揚氏家傳云修嘗與曹植書云吾家子雲然考雄自序云楊氏出有周伯僑或曰周宣王子尙父封於揚其後滅於晉春秋時有揚孫爲秦戍鄭者其苗裔也而周惠王十七年齊人遷陽陽昭王之後也自後晉有陽處父爲太傅或又云周景王封少子於陽其子孫因以爲姓蓋楊氏與揚氏陽氏各爲一姓而後世之以揚爲楊且謂揚之出於陽者皆非也錢大昕潛研堂問答云問揚子雲自序先世自張衡晉灼顏籀諸人皆譏其疏謬譜牒之學雖通人猶或失之信乎曰以愚考之揚氏之先出自有周伯僑初非出自羊舌且羊舌食采之楊本从木此文从手其稱侯者非五等之侯如邪侯張侯之類耳六卿爭權之時安知不別有揚侯畏偪而奔楚者乎案楊說分晰錢說明通可於吳說外別備一義李慈銘受禮廬日記則直以爲唐以前用雄事無作揚者矣老不曉事彊著一書李善曰卽法言也悔其少作若此仲山周旦之徒則皆有愆乎文選作爲皆有僭邪李善注詩無仲山甫作者而吉甫美仲山甫之德未詳德祖何以言之何焯曰李注是定是一時誤使君侯忘聖賢之顯迹述鄙宗之過言竊以爲未之思也若乃不忘經國之大美流千載之英聲銘功景鐘韋昭曰景鐘景公鐘也書名竹帛此自雅量素所蓄也豈與文章相妨害哉輒受所惠竊備矇瞍歌誦而已宋本作誦歌文選作誦詠敢望惠施官本望作忘文選冊府作望以忝莊氏李善

曰修言己豈敢望比惠施之德以忝辱於莊周之相知乎莊周喻植也惠施莊周相知者也故引之季緒瑣瑣何足以云文選此句下有反答造次不能宣備修死罪死罪十三字吳曾漫錄云書尾用不宜語始此其相往來如此甚數植後以驕縱見疏胡三省曰植乘車行馳道中私開司馬門出既得罪矣曹仁爲關羽所圍操欲遣植救仁而植醉不能受命於是益見疏而植故連綴修不止修亦不敢自絕至二十四年秋公以修前後漏泄言教交關諸侯胡三省曰以修豫作答教謂之漏泄與植往來謂之交關諸侯乃收殺之修臨死謂故人曰我固自以死之晚也其意以爲坐曹植也修死後百餘日而太祖薨楊修死百餘日而操死鮑勛死二旬而丕死此皆可爲人才惜也太子立遂有天下初修以所得王髦劒奉太子太子常服之及卽尊位在洛陽從容出宮追思修之過薄也撫其劒駐車顧左右曰此楊德祖昔所說王髦劒也髦今焉在及召見之賜髦穀帛摯虞文章志曰劉季緒名修劉表子官至東安太守文選注引此作樂安太守潘眉曰郡國志無東安郡此注載劉修爲東安太守杜畿傳注有東安太守郭智建安四年太祖使臧霸入青州破齊北海東安立郡在建安以前歲月不可得詳舊有東安縣屬於琅邪後遂升縣作郡錢

大昭曰東安郡吳黃武五年分三郡惡地置治富春七年罷弼按錢氏所引爲吳地與此無涉王先謙曰東安前漢縣漢末置郡三國魏末廢還屬琅邪一統志東安故城今山東沂州府沂水縣治著詩賦頌六篇臣松之案呂氏春秋曰人有臭者其兄弟妻妾皆莫能與居馮本妾作子其人自苦而居海上毛本苦作若誤海上人有悅其臭者晝夜隨之而不能去此植所云逐臭之夫也田巴事出魯連子亦見皇覽文多故不載世語曰修年二十五以名公子有才能爲太祖所器與丁儀兄弟皆欲以植爲嗣太子患之嗣尙未定不得稱太子當爲世子之誤下文云世子從之可證胡玉縉曰禮記曲禮不敢與世子同名鄭注世或爲太桓九年春秋經曹伯使其世子射姑來朝孔疏諸經稱世子及衞世叔申經作世字傳皆爲大然則古者世之與大字義通也據此則此處太字似不誤以車載廢簏內朝歌長吳質與謀修以白太祖未及推驗太子懼告質質曰何患明日復以簏受絹車內以惑之修必復重白重白必推而無驗則彼受罪矣世子從之修果白而無人太祖由是疑焉修與賈逵王淩並爲主簿而爲植所友每當就植慮事有闕馮本官本闕作關忖度太祖意

豫作答教十餘條勑門下教出以次答教裁出答已入太祖怪其捷推問始泄太祖遣太子及植各出鄴城一門密勑門不得出以觀其所爲太子至門不得出而還修先戒植若門不出侯侯受王命可斬守者植從之故修遂以交搆賜死何焯曰世語所言皆鄙淺兒戲不足信弼按世說捷悟篇所云魏武過曹娥碑事亦不可據曹娥碑在會稽上虞魏武楊修未嘗渡江劉孝標已辨之矣王鳴盛曰楊彪爲操所忌幾死得免修當遠去權勢韜晦以避之反爲操總知內外與丕植親昵又數炫其才於操死非不幸修子囂囂子準皆知名於晉世囂泰始初爲典軍將軍受心膂之任早卒準字始丘李慈銘曰始丘世說賞譽篇注引世語作立丘乃立字之形誤也弼按世語囂作嚻爲典軍校尉準作淮同引一書而刊本流傳相異如此惠帝末爲冀州刺史荀綽冀州記曰準見王綱不振遂縱酒不以官事爲意逍遙卒歲而已成都王知準不治猶以其爲名士惜而不責召以爲軍謀祭酒世說注引此準作淮逍遙作消搖責作遺軍謀作軍咨議府散停家關東諸侯議欲以準補三事以示懷賢尙德之舉事未施行而卒準子嶠字國彥髦字士彥世說云王大將軍與丞相書稱楊朗

曰世彥識器理致才隱明斷既爲國器且是楊侯淮之子位望殊爲陵遲卿亦足與之處據此則淮子䂂字士彥或別爲一人並爲後出之俊準與裴頠樂廣善遣往見之頠性弘方愛嶠之有高韻謂準曰嶠當及卿然髦小減也廣性清淳愛髦之有神檢謂準曰嶠自及卿然髦尤精出準歎曰我二兒之優劣乃裴樂之優劣也評者以爲嶠雖有高韻而神檢不逮廣言爲得傳暢云嶠似準而疎嶠弟俊字惠彥最清出嶠髦皆爲二千石俊太傅掾晉書楊佺期傳佺期弘農華陰人漢太尉震之後曾祖準太常自震至準七世有名德祖林少有才望父亮梁州刺史

二十四年曹仁爲關羽所圍太祖以植爲南中郎將宋書百官志南中郎將漢獻帝建安中以臨淄侯曹植居之洪飴孫曰南中郎將一人比二千石第四品建安二十四年始置行征虜將軍宋書百官志征虜將軍漢光武建武中始以祭遵居之洪飴孫曰征虜將軍一人第三品欲遣救仁呼有所勅戒植醉不能受命於是悔而罷之

魏氏春秋曰植將行太子飲焉偪而醉之王召植植不能受王命故王怒也

文帝卽王位誅丁儀丁廙幷其男口胡三省曰並男口誅之絕其世也

魏略曰丁儀字正禮沛郡人也父沖宿與太祖親善時隨乘輿見國家未定乃與太祖書曰足下平生常喟然有匡佐之志毛本常作有誤今其時矣是時張楊適還河內太祖得其書乃引軍迎天子東詣許以沖爲司隸校尉後數來書鈔六一作數歲過諸將飮酒美不能止醉爛腸死太祖以沖前見開導常德之聞儀爲令士雖未見欲以愛女妻之愛女卽清河公主也以問五官將五官將曰女人觀貌而正禮目不便誠恐愛女未必悅也以爲不如與伏波子楙夏侯惇爲伏波將軍太祖從之尋辟儀爲掾到與論議嘉其才朗曰丁掾好士也卽使其兩目盲尙當與女何況但眇是吾兒誤我時儀亦恨不得尙公主而與臨菑侯親善數稱其奇才劉廙傳廙與丁儀共論刑禮傳於世子建集有贈丁儀詩又有贈丁儀王粲詩隋書經籍志後漢尙書丁儀集一卷梁二卷錄一卷文心雕龍才略篇丁儀邯鄲亦含論述之美嚴可均輯丁儀文三篇太祖既有意欲立植而儀又共贊之及太子立欲治儀罪轉儀爲右刺姦掾胡三省曰王莽置左右刺姦以督姦猾光武中興亦置刺姦將軍然公府掾無其員也魏晉公府始有營軍刺姦等員弼按續百官志大將軍有外刺刺姦主罪法欲儀自裁而儀不能乃對中領軍夏侯尙叩頭求哀尙爲涕泣而不能救後遂因職事收付獄殺之

廙字敬禮儀之弟也趙一清曰陳思王集有贈丁翼詩卽廙也隋書經籍志後漢黃門郞丁廙集一卷梁二卷錄一卷馮氏詩紀作丁翼嚴可均輯存丁廙蔡伯喈女賦彈棊賦二篇

文士傳曰廙少有才姿博學洽聞子建亦自謂不如敬禮可想見其文初辟公府建安中爲黃門侍郎廙嘗從容謂太祖曰臨菑侯天性仁孝發於自然而聰明智達其殆庶幾至於博學淵識文章絕倫當今天下之賢才君子不問少長皆願從其游而爲之死實天下所以種福於大魏馮本無下字官本下作之宋本種作鍾而永受無窮之祚也宋本受作授欲以勸動太祖太祖答曰植吾愛之安能若卿言吾欲立之爲嗣何如廙曰此國家之所以興衰天下之

所以存亡非愚劣瑣賤者所敢與及廙聞知臣莫若於君知子莫若於父至於君不論明闇父不問賢愚而能常知其臣子者何蓋由相知非一事一物相盡非一旦一夕況明公加之以明哲宋本明公作名公誤明哲作聖哲習之以人子今發明達之命吐永安之言可謂上應天命下合人心得之於須臾垂之於萬世者也廙不避斧鉞之誅敢不盡言太祖深納之魏略輯本四魚豢議曰諺言貧不學儉卑不學恭非人性分也勢使然耳此實然之勢信不虛矣假令太祖防遏植等在於疇昔此賢之心何緣有窺望乎彰之挾恨尙無所至至於植者乃令楊修以倚注遇害丁儀以希意族滅哀夫余每覽植之華采思若有神以此推之太祖之動心亦良有以也弼按此議是後通鑑改議爲論無後五句李安溪曰若立植當與丕大別可知天厭魏德如扶蘇之不得祚秦也

植與諸侯並就國隸釋十九載大饗碑爲延康元年作嚴可均曰聞人牟準魏敬侯碑陰云大饗碑衞覬文並書天下碑錄引圖經云曹子建文鍾繇書今錄入子建集侯考藝文類聚十三載植慶文帝受禪章云陛下以聖德龍飛順天革命允答神符誕作民主乃祖先后積德累仁世濟其美以暨于先王王勤恤民隱劬勞戮力以除其害經營四方不遑啟處是用隆茲福慶光啟于魏陛下承統纘戎前緒可廣德音綏靜內外紹先周之舊跡襲文武之懿德保大定功海

內爲一豈不休哉又戴慶文帝受禪上禮章云陛下以明聖之德受天顯命良辰卽祚以臨天下洪化宣流洋溢宇內是以溥天率土莫不承風欣慶執贄奔走奉賀闕下況臣親體至戚懷歡踴躍隸釋十九藝文類聚三十八載植孔子廟頌爲黃初元年作

黃初二年監國謁者灌均希指奏植醉酒悖慢劫脅使者通鑑此事編入延康元年當因諸侯就國連類而書也胡三省曰時禁切藩侯使謁者監其國弼按續漢志王國謁者比四百石侯國置家丞庶子各一人是漢官制侯國無謁者此監國謁者當爲魏文特置之官沈志魏氏王國謁者官屬史闕不知次第而侯國乃有此監國之謁者其希指上奏固所宜然趙一淸曰陳思王集令曰孤前令寫灌均所上孤章三臺九府所奏事及詔書一通置之座隅朝夕諷詠以自警戒周壽昌曰時希指者豈止灌均一人特均其最著耳觀後詔取黃初中諸奏植罪狀語可見弼按蘇則傳臨菑侯植聞魏氏代漢發服悲哭又則傳注引魏略云植自傷失先帝意怨激而哭事在黃初元年本傳未載

有司請治罪帝以太后故貶爵安鄉侯子建集載謝初封安鄉侯表云臣抱罪卽道憂惶恐怖不知刑罪當所限齊陛下哀愍臣身不聽有司所執待過厚卽日于延津受安鄉侯印綬奉詔之日且懼且悲懼于不修始違憲法悲于不愼速此貶退上增陛下垂念下遺太后見憂臣自知罪深責重受恩無量精魂飛散亡軀殞命（又見藝文類聚五十一）漢書地理志鉅鹿郡安鄉侯國續志後漢省一統志安鄉故城今直隸正定府晉州東沈家本曰文選責躬詩表李注云植集曰植抱罪徙居京師後歸本國而魏志不載蓋魏志略也案植之徙居京師當在貶爵安鄉

侯之時史不言徙居而當文帝猜嫌之際雖封鄉侯而不遣就國理或然也

魏書載詔曰植朕之同母弟朕於天下無所不容而況植乎骨肉之親捨而不誅文選李善注引此作舛而不殊

其改封植世說文學篇云文帝嘗令東阿王七步中作詩不成者行大法應聲便爲詩曰煮豆持作羹漉菽以爲汁萁在釜下然豆在釜中泣本自同根生相煎何太急帝深有慚色弼按植於太和三年徙封東阿此時何以稱東阿王又世說悔尤篇卞太后云不得復殺我東阿事見任城王傳注

其年改封鄄城侯三年立爲鄄城王鄄城見武紀初平四年寰宇記卷十四陳思王臺在鄄城西二里洪亮吉曰杜預莊公十三年左傳注東郡鄄城疑魏時移屬東郡

邑二千五百戶藝文類聚五十一載植封鄄城王謝表云臣愚駑垢穢才質疵下過受陛下日月之恩不能摧身碎首以答陛下厚德而狂悖發露始干天憲自分放棄抱罪終身苟貪視息無復睎幸不悟聖恩爵以非望枯木生葉白骨更肉非臣罪戾所當宜蒙俯仰慙惶五內戰悸奉詔之日悲喜參至雖因拜章陳答聖恩下情未展文館詞林六百九十五載植毀鄄城故殿令云令鄄城有故殿名漢武帝殿昔武帝好遊行或所幸處也梁桷傾頓棟宇零落修之不成良宅置之終于毀壞故頗撤取以備宮舍余時獲疾望風乘虛卒得慌惚數日後瘳而醫巫妄說以爲武帝神魂生茲疾病此小人之無知愚惑之甚者也昔湯之隆也則夏館無餘跡武之興也則殷臺無遺基周之亡也則伊洛無隻椽秦之滅也則阿房無尺梠漢道衰則建章撤靈帝崩則兩宮燔高祖之魂不能□未央孝明之神不能救德陽天子之存也必居名邦□土則死有知亦當逍遙于華都留神于舊室則甘泉通天之臺雲陽九層之閣足以綏神育靈夫何戀于下縣而居靈于朽宅哉以生論死則不然也況于死者之無知乎且聖帝明王顧宮闕之泰花囿之侈有妨于時者或省以惠民況漢氏絕業大魏龍興隻人尺土非復漢有是以咸陽則魏之西都伊洛爲魏之東京故夷朱雀而樹閶闔平德陽而建泰極況下縣腐殿爲狐狸之窟藏者乎今將撤壞以修殿舍恐無知之人坐自生疑故爲此令亦足以反惑而解迷焉

四年徙封雍丘王雍丘見武紀興平二年

其年朝京都文選子建洛神賦序云黃初三年余朝京師還濟洛川李善注云魏志及諸詩序並云四年朝此云三年誤一云魏志三年不言植朝蓋魏志略也何焯曰按魏志丕以延康元年十月二十九日禪代十一月遽改元黃初陳思實以四年朝雒陽而賦云三年者不欲亟奪漢年猶發喪悲哭之志注家未喩其微旨耳又按李善注引記曰魏東阿王漢末求甄逸女不遂後太祖與五官中郎將植殊不平晝思夜想廢寢與食黃初中入朝帝示植甄后玉鏤金帶枕植見不覺泣下時已爲郭后讒死帝意亦尋悟因令太子留宴飲仍以枕賚植植還度轘轅少許時將息洛水上思甄后忽見女來自云我本託心君王其心不遂此枕是在我家時從嫁前與五官中郎將今與君王遂用薦枕席懽情交集豈常辭能具我爲郭后以糠塞口今被髮羞將此形貌重覩君王爾言訖遂不復見所在遣人獻珠於王王答以玉珮悲喜不能自勝遂作

感甄賦後明帝見之改爲洛神賦何焯曰魏志無子建求甄逸女事此乃小說感甄記尤本誤取之六臣本無此注又曰后三歲失父袁紹納爲中子熙妻曹操平冀州丕納之於鄴下安有子建嘗求爲妻之事示枕賚枕里巷之人所不爲況帝又猜忌諸弟留宴從容正不可得感甄名賦其爲不恭夫豈酗酒悖慢劫脅使者之可比乎又曰離騷我令豐隆乘雲兮求宓妃之所在植既不得於君因濟洛以作爲此賦託詞宓妃以寄心文帝其亦屈子之志也自好事者造爲感甄無稽之說蕭統遂分類入於情賦於是植幾爲名教之所棄而後之大儒如朱子者亦不加察於衆惡之餘以附之楚人之詞之後尤可悲也弼按鄴下初平甄姬掩面事在建安九年子建年才十三若求婚未遂當在未嫁袁熙之前此豈數歲小兒所能爲之事不辨而知其誣子建就國而後憂慮恐懼情見乎詞所謂蒼蠅間白黑讒巧令親疏安敢倘有他念世人惑於微波通辭宓妃留枕之綺語不究事實遂疑陳思有不謹之嫌此眞千古奇寃應爲昭雪也

上疏曰臣自抱釁歸藩文選此句上有臣植言三字**刻肌刻骨追思罪戾晝分而食夜分而寢誠以天網不可重離**文選離作罹老子曰天網恢恢**聖恩難可再恃竊感相鼠之篇無禮遄死之義**毛詩曰相鼠有體人而無禮人而無禮胡不遄死爾雅曰遄速也**形影相弔五情愧赧**文子曰昔者中黃子曰色有五章人有五情**以罪棄生則違古賢夕改之勸忍活苟全**文選活作垢**則犯詩人胡顏**

之譏困學紀聞云詩無此句李善引毛詩曰何顏而不速死也今相鼠注無之趙一清曰黃初四年始立毛詩於學官此與文帝紀引曹人之刺詔書正同伏惟陛下德象天地恩隆父母施暢春風澤如時雨是以不別荊棘者慶雲之惠也七子均養者尸鳩之仁也宋本子建集尸作鳲文選同毛詩曰鳲鳩在桑其子七兮毛萇曰鳲鳩之養其子旦從上下暮從下上其均平如一舍罪責功者明君之舉也矜愚愛能者慈父之恩也是以愚臣徘徊於恩澤而不能自棄者也前奉詔書臣等絕朝心離志絕自分黃耇無復執珪之望文選無復作永無不圖聖詔猥垂齒召李善曰猥猶曲也尚書曰降霍叔於庶人三年不齒孔安國曰三年之後乃齒錄之至止之日馳心輦轂僻處西館未奉闕廷踊躍之懷瞻望反仄文選仄作側此下有不勝犬馬戀主之情謹拜表並獻詩二篇詞旨淺末不足采覽貴露下情冒顏以聞臣植誠惶誠恐頓首頓首死罪死罪數語謹拜表獻詩二篇其辭曰文選作責躬詩於穆顯考時惟武皇受命于天寧濟四方朱旗所拂九土披攘玄化滂流

廣雅曰玄化也謂道德之化也荒服來王超商越周與唐比蹤篤生我皇奕世再聽文選再作載是武則肅烈文則時雍受禪炎漢臨君萬邦文選炎作于臨君作君臨宋本子建集同朱琦曰作臨君與今書顧命合是也萬邦既化率由舊則廣命懿親以藩王國帝曰爾侯君茲青土李善曰魏志植封臨淄侯臨淄屬齊郡舊青州之境奄有海濱方周于魯詩奄有龜蒙毛萇曰奄大也論語注方比方也車服有輝旗章有敘濟濟雋乂我弼我輔伊予小子恃寵驕盈舉挂時網黃節曹詩補注云挂礙也漢書敘傳曰不絓聖人之罔師古曰絓讀與挂同動亂國經作藩作屏先軌是隳毛本隳作墜誤傲我皇使犯我朝儀國有典刑我削我絀文選絀作黜宋本子建集同李善曰植集云博士等議可削爵土免爲庶人將寘于理元兇是率李善曰鄭玄禮記注云理治獄之官儀禮曰率導也黃節注胡紹瑛曰率類也漢書外戚傳事率衆多顏注率猶類也明明天子時篤同類文選作時惟篤類子建集同不忍我刑暴之朝肆李善曰殺人陳其尸曰肆杜預左氏傳注曰肆市列也余蕭客曰獨異志言陳思王與文帝不叶帝即位召植游華林園酒酣密遣左右縊殺使者以弓絃三縊不死絃皆頓絕植即驚覺左右走白帝帝自是不敢害植魏志紀傳俱無可補裴注之闕弼按子建詩云嘉詔未賜朝覲莫從即謁帝承明亦不過隨班旅進猜忌方深怨嫌未釋安得有華林園之宴飲齊東野言不足置信違彼執憲哀予小子梁章鉅曰文選子作臣恐誤與下文臣韻復改封兗邑于河之濱李善曰魏志改封鄄城屬東郡舊兗州之境植表曰行至延津受安鄉侯印綬張詵曰鄄城近濟河故曰于河之濱股肱弗置有君無臣荒淫之闕誰弼予身煢煢僕夫于彼冀方李善曰植求出獵表云臣自招罪釁徙居京師待罪南宮然則植雖封安鄉侯猶往冀州也時魏都鄴鄴冀州之境也一云時魏以雒爲京師比堯之冀方也弼按安鄉屬冀州鉅鹿郡故云于彼冀方也嗟余小子乃罹斯殃赫赫天子恩不遺物毛本天作小誤李善曰謂至京師蒙恩得還也植求習業表云雖免大誅得歸本國何焯曰謂復立爲鄄城王也李注非冠我玄冕要我朱紱朱紱光大使我榮華文選作光光大使我榮我華剖符授玉王爵是加文選李善注本玉作土五臣注本作玉仰齒金璽俯執聖策左傳不敢與諸任齒杜預注齒列也皇恩過隆祇承怵惕咨我小子六臣本咨作敬非頑凶是嬰說文曰嬰繞也逝慙陵墓存愧闕廷匪敢傲德

實恩是恃威靈改加足以沒齒孔安國論語注曰齒年也昊天罔極性命不圖文選性作生常懼顛沛抱罪黃壚李善注淮南子曰上際九天下契黃壚高誘曰泉下有壚山梁章鉅曰今本淮南子覽冥訓高誘注作黃泉下壚土不作山願蒙矢石建旗東嶽庶立毫氂毛本氂作氂微功自贖何焯曰此即求自試表之意同氣一體冀可感動立效報國不虛此生未可律以自悔免猜之常也危軀授命知足免戾甘赴江湘奮戈吳越天啟其衷得會京畿遲奉聖顏黃節注遲待也如渴如饑心之云慕愴矣其悲天高聽卑皇肯照微李善注爾雅曰皇君也又曰肯可也班固說東平王倉曰願降照微之明信日昃之聽

又曰文選作應詔詩肅承明詔應會皇都星陳夙駕秣馬脂車命彼掌徒肅我征旅朝發鸞臺夕宿蘭渚李善曰鸞臺蘭渚以美言之漢宮闕名曰長安有鸞鸞殿公孫乘月賦曰鵾雞舞於蘭渚呂向曰鸞臺蘭渚並路邊地美言之也芒芒原隰祁祁士女經彼公田樂我稷黍爰有樛木重陰匪息雖有餱糧饑不遑食望城不過面邑匪游文選匪作不李善引鄭玄周禮注曰

面猶向也僕夫警策宋本子建集策作筴平路是由玄駟藹藹揚鑣澍沫文選澍沫作漂沫廣雅曰藹藹盛也張銑曰鑣馬銜也漂沫謂行急馬口中沫出也流風翼衡呂向曰翼扶也衡車軛也輕雲承蓋涉澗之濱緣山之隈遵彼河滸黃阪是階文選阪作坂李善曰毛詩在河之滸毛萇曰水涯曰滸爾雅曰階因也呂向曰黃坂坂名趙一清曰黃坂卽黃卷坂一作黃巷水經河水注河水自潼關東北流水側有長坂謂之黃巷坂坂傍絕澗涉此坂以升潼關所謂泝黃巷以濟潼關矣梁章鉅說同弼按潼關在洛陽之西植由鄄城朝京都鄄城在洛陽之東無由越洛陽而至潼關之理殆沿下文西濟關谷之語而誤趙梁說均非是胡玉縉曰所辯良是惟涉澗之濱四句與水經河水注所述情形合文選潘岳西征賦發閿鄉而警策愬黃巷以濟潼李善注引述征記亦云河自關北東流水側有坂謂之黃巷坂是詩首言應會皇都下文又言將朝聖皇豈中間有事於潼歟趙梁二說似可推求果爾則西濟關谷句李注引洛陽記非矣西濟關谷李善注陸機洛陽記曰洛陽有西關南伊闕谷卽大谷也馮氏詩紀作西蹟關谷王闓運八代詩選作西蹟函谷則更失之遠矣或降或升騑驂倦路再寢再興將朝聖皇匪敢晏寧弭節長騖指日遄征前驅舉燧後乘抗旌輪不輟運鸞無廢聲爰暨帝室稅此西墉李善注毛詩曰召伯所稅毛萇曰稅猶舍也又曰墉城也

嘉詔未賜朝覲莫從仰瞻城闕俯惟闕廷長懷永慕憂心如酲帝嘉其辭義優詔答勉之文選魏都賦注文帝答曹植詔曰所獻詩二篇微顯成章此猶機事之先見者也

魏略曰初植未到關自念有過宜當謝帝乃留其從官著關東單將兩三人微行入見清河長公主清河長公主武帝女夏侯楙妻見卞后傳注引魏略欲因主謝而關吏以聞帝使人逆之不得見太后以爲自殺也對帝泣會植科頭負鈇鑕徒跣詣闕下帝及太后乃喜及見之帝猶嚴顏色不與語又不使冠履植伏地泣涕太后爲不樂詔乃聽復王服何焯曰魏略所載皆規橅前史梁孝王事而忘其失實

魏氏春秋曰是時待遇諸國法峻任城王暴薨諸王既懷友于之痛植及白馬王彪還國欲同路東歸以敘隔闊之思而監國使者不聽植發憤告離而作詩曰何焯曰彪傳是時爲吳王五年改封壽春縣七年乃徙封白馬姜皋曰黃初四年不當稱白馬裴注引魏氏春秋云植及白馬王彪還國藝文類聚亦題爲贈弟白馬王彪豈彪在是年已封白馬陳壽之書殆有不核者歟趙一清曰文選子建贈白馬王詩注載集序曰黃初四年五月白馬任城王與余俱朝京師會節氣到洛陽任城王薨至七月與白馬王還國後有司以二王歸藩道路宜異宿止意每恨之杭氏世駿曰史稱七年徙封白馬而序稱四年白馬王朝京師則當時未有此封宜稱吳王一清案詩序既有白馬之文疑史之誤黃節曰植是時以鄄城王應詔至京師東歸後始徙封雍丘則與白馬王同路東歸者歸鄄城也鄄城在今濮州東二十里白馬在今滑縣東二十里魏時同屬兗州東郡故能同路東歸若吳則當南下不能同東矣又初學記載曹彪答東阿王詩曰盤徑難懷抱停駕與君訣卽車登北路永歎尋先轍蓋由洛陽東歸則鄄城白馬皆在東北而鄄城又在白馬之東故詩云怨彼東路長地理方向明白如此是彪於黃初四年曾徙白馬可無疑矣杭世駿謂當時未有此封宜稱吳王蓋未深考耳弼按黃說誠辨然本傳言四年徙雍丘其年朝京都雍丘爲今杞縣亦在洛陽之東黃氏引曹彪答東阿王詩植封東阿在太和三年此時不應稱東阿要之佳什軼事輾轉傳鈔白馬東阿遂致岐異詩題爲後人所加集序出注家之語史文具在年月可稽似不必信彼而疑此宋本子建集卽無此序言也

謁帝承明廬承明廬詳見文紀黃初元年逝將歸舊疆李善曰毛詩逝將去汝舊疆鄄城也時植雖封雍丘仍居鄄城清晨發皇邑日夕過首陽陸機洛陽記曰首陽山在洛陽東北去洛二十里伊洛曠且深文選曠作廣欲濟川無梁汎舟越洪濤怨彼東路長回顧戀城闕文選回顧作顧瞻引領情內傷大谷何寥廓李善注太谷在洛陽西南劉履曰此指東路所行之山谷善注非東京賦注引洛陽注云大谷洛城南五十里舊名通谷

李注多西字山樹鬱蒼蒼霖雨泥我塗流潦浩從橫文紀黃初四年六月大雨伊洛溢流中田絕無軌改轍登高岡文選中田作中逵何焯曰不直言有司之禁其同路而託之淫潦改轍恐傷國家親親之恩下言非我馬不進勢固有不克俱者婉轉溫厚梁章鉅曰詩中本圖相與偕中更不克俱何嘗不直言修阪造雲日我馬玄以黃毛萇曰玄馬病則黃玄黃猶能進我思鬱以紆鬱紆將何念何念文選作難進親愛在離居本圖相與偕中更不克俱鴟梟鳴衡軛黃節曰續漢志輿服志乘輿龍首銜軛鸞雀立衡詩言鴟梟鳴衡軛言不祥之鳥近在乘輿喻君側之多惡人也豺狼當路衢蒼蠅閒白黑宋本子建集作蒼蠅白閒黑讒巧反親踈文選踈作疏反作令欲還絕無蹊攬轡止踟躕文選攬作擥何焯曰言欲還訴而不得也踟躕亦何留相思無終極秋風發微涼寒蟬鳴我側原野何蕭條白日忽西匿孤獸走索羣銜草不遑食歸鳥赴高林翩翩厲羽翼文選孤獸二句在歸鳥二句之下高作喬李善注厲疾貌感物傷我懷撫心長歎息歎息亦何爲宋本亦作將官本作何所爲天命與我違柰何念同生一往形不歸孤魂翔故域文選域作城靈柩寄京師存者勿復過文選勿作忽魏晉刀筆中多勿勿語

亡沒身自衰劉履曰存者亡沒四字疑互誤人生處一世忽若朝露晞文選忽作去年在桑榆閒影響不能追自顧非金石咄咤令心悲文選咄咤作咄唶李善注說文曰咄叱也丁兀切聲類曰唶大呼也子夜切言人命叱呼之閒或至天喪也心悲動我神棄置莫復陳丈夫志四海萬里猶比鄰恩愛苟不虧在遠分日親何必同衾幬然後展殷勤文選此下有憂思成疾疢無乃兒女仁二句何焯曰倉卒骨肉情能不懷苦辛苦辛何慮思天命信可疑虛無求列仙松子久吾欺變故在斯須宋本子建集斯須作須臾百年誰能持離別永無會執手將何時王其愛玉體俱享黃髮期收涕即長塗文選涕作淚塗作路援筆從此辭何焯曰魏氏春秋載此詩極有識與六代論相表裏也

六年帝東征還過雍丘幸植宮增戶五百文館詞林六百九十五載植自誡令曰令吾昔以信人之心無忌于左右深爲東郡太守王機防輔吏倉輯等枉所誣白獲罪聖朝身輕于鴻毛而謗重于泰山賴蒙帝主天地之仁違百寮之典議赦三千之首戾反我舊居襲我初服雲雨之施焉有量哉反旋在國楗門退埽形影相守出入二載機等吹毛求瑕千端萬緒然終無可言者及到雍又爲監官所舉亦以紛若于今復三年矣然卒歸不

能有病于孤者信心足以貫于神明也昔雄渠李廣武發石開鄒子囚燕中夏霜下杞妻哭梁山爲之崩固精誠可以動天地金石河況于人乎今皇帝遙過鄙國曠然大赦與孤更始欣笑和樂以歡孤隕涕咨嗟以悼孤豐賜光厚訾重千金損乘輿之副竭中黃之府名馬充廄驅牛塞路孤以何德而當斯惠孤以何功而納斯貺富而不吝寵而不驕者則周公其人也孤小人爾深更以榮爲慼何者將恐簡易之尤出于細微脫爾之愆一朝復露也故欲循吾往業守吾初志欲使皇帝恩在摩天使孤心常存入地將以全陛下厚德窮孤犬馬之年此難能也然孤固欲行衆人之所難詩曰德輶如毛人鮮克舉之此之謂也故爲此令著于宮門欲使左右共觀志焉又略見藝文類聚五十四又見續古文苑黃初七年植作文帝誄見文紀注太和元年徙封浚儀郡國志兗州陳留郡浚儀一統志浚儀故城今河南開封府祥符縣西北二年復還雍丘植常自憤怨抱利器而無所施上疏求自試曰臣聞士之生世入則事父出則事君事父尚於榮親事君貴於興國故慈父不能愛無益之子仁君不能畜無用之臣李善注墨子曰雖有賢君不愛無功之臣雖有慈父不愛無益之子夫論德而授官者成功之君也量能而授爵者畢命之臣也故君無虛授臣無虛受虛授謂之謬舉虛受謂之尸祿

詩之素餐所由作也昔二虢不辭兩國之任其德厚也左傳虢仲虢叔王季之穆也爲文王卿士勳在王室藏于盟府旦奭不讓燕魯之封其功大也史記武王封周公旦於少昊之墟曲阜是爲魯公封召公奭於燕今臣蒙國重恩三世于今矣三世謂武文明也正值陛下升平之際沐浴聖澤潛潤德教可謂厚幸矣而竊位東藩文選作位竊爵在上列身被輕煖口厭百味目極華靡耳倦絲竹者爵重祿厚之所致也退念古之授爵祿者文選授作受有異於此皆以功勳濟國輔主惠民今臣無德可述無功可紀若此終年無益國朝將挂風人彼己之譏文選己作其李善注毛詩彼其之子是以上慙玄冕俯愧朱紱方今天下一統九州晏如而顧西有違命之蜀文選而顧西作顧西尙東有不臣之吳使邊境未得脫甲謀士未得高枕者誠欲混同宇內以致太和也故啟滅有扈而夏功昭成

克商奄而周德著今陛下以聖明統世將欲卒文武之功繼成康之隆簡賢授能以方叔邵虎之臣鎭御四境文選御作衛爲國爪牙者可謂當矣然而高鳥未挂於輕繳淵魚未縣於鉤餌者毛本餌作餌誤恐鉤射之術或未盡也李善注高鳥淵魚喻吳蜀二主也昔耿弇不俟光武亟擊張步言不以賊遺於君父文選父下有也字東觀漢記曰耿弇討張步陳俊謂弇曰虜兵盛可且閉營休士以待上來弇曰乘輿且到臣子當擊牛釃酒以待百官故反欲以賊虜遺君父邪及出大戰自旦及昏大破之故車右伏劍於鳴轂雍門刎首於齊境若此二士文選士作子豈惡生而尙死哉誠忿其慢主而陵君也

劉向說苑曰漢書藝文志劉向所序六十七篇新序說苑世說列女傳頌圖也漢書楚元王傳附傳向字子政本名更生以父德任爲輦郎歷官中壘校尉向以爲王教由內及外故採取詩書所載序次爲列女傳凡八篇及採傳記行事著新序說苑凡五十篇隋書經籍志新序三十卷錄一卷劉向撰說苑二十卷劉向撰兩唐志新序說苑俱作三十卷四庫提要曰隋志新序三十卷曾鞏校書序則云今可見者十篇崇文總目云所載皆戰國秦漢閒事以今考之春秋時

事尤多漢事不過數條大抵采百家傳記以類相從故頗與春秋內外傳戰國策太史公書相出入提要又曰崇文總目云說苑今存者五篇餘皆亡曾鞏校書序云得十五篇於士大夫家與舊爲二十篇其書皆錄遺聞佚事足爲法戒之資者其例略如詩外傳議論醇正不愧儒宗四庫簡明目錄曰說苑與新序體例相同大旨亦復相類其所以分爲兩書之故莫之能詳中有一事而兩書異詞者蓋采摭羣書各據其所見既莫定其孰是寧傳疑而兩存 越甲至齊雍門狄請死之齊王曰鼓鐸之聲未聞矢石未交長兵未接子何務死知爲人臣之禮邪雍門狄對曰臣聞之昔者王田於囿左轂鳴車右請死之王曰子何爲死車右曰爲其鳴吾君也王曰左轂鳴者此工師之罪也子何事之有焉車右對曰吾不見工師之乘而見其鳴吾君也遂刎頸而死有是乎王曰有之雍門狄曰今越甲至其鳴吾君豈左轂之下哉車右可以死左轂而臣獨不可以死越甲邪遂刎頸而死是日越人引軍而退七十里曰齊王有臣鈞如雍門狄疑使越社稷不血食遂歸齊王葬雍門狄以上卿之禮 文選張銑注作雍門傭

夫君之寵臣欲以除患興利臣之事君必以殺身靖亂 宋本靖作靜官本改正文選無以字 以功報主也昔賈誼弱冠求試屬國 呂延濟曰屬國夷狄官名 請係單于之頸而制其命 漢書賈誼曰何不試臣以屬國之官以主匈奴行臣之計必係單于之頸而致其命李善曰賈誼終軍皆年十八故曰弱冠 終軍以妙年使越欲得長纓纓其王 文選作占其王李善注占隱也郭璞曰隱度之 羈致北闕 漢書南越與漢和親乃遣終軍使南越說其主欲令入朝比內諸侯軍自請願受長纓必羈南越王而致之闕下 此二臣 宋本子建集臣下有者字 豈好爲誇主而燿世哉 子建集世下有俗字 志或鬱結欲逞其才力 文選無其字 輸能於明君也昔漢武爲霍去病治第辭曰匈奴未滅臣無以家爲固夫憂國忘家 固或改作故文選無固字 捐軀濟難忠臣之志也今臣居外非不厚也而寢不安席食不遑味者伏以二方未克爲念 一本校改伏作恒子建集無伏字 伏見先武皇帝武臣宿將 子建集作伏見先帝武臣宿兵文選同 年耆即世者有聞矣雖賢不乏世

宿將舊卒猶習戰陣竊不自量志在效命庶立毛髮之功以報所受之恩若使陛下出不世之詔效臣錐刀之用使得西屬大將軍當一校之隊 太和二年遣大將軍曹眞擊諸葛亮於街亭 若東屬大司馬統偏舟之任 文選舟作師太和二年大司馬曹休率諸軍至皖 必乘危蹈險 文選蹈作躡 騁舟奮驪 鄭玄曰馬黑色曰驪 突刃觸鋒爲士卒先雖未能禽權馘亮庶將虜其雄率殲其醜類必效須臾之捷以滅終身之愧使名挂史筆事列朝策 文選策作榮 雖身分蜀境首縣吳闕猶生之年也如微才弗試沒世無聞徒榮其軀而豐其體生無益於事死無損於數虛荷上位而忝重祿禽息鳥視終於白首此徒圈牢之養物非臣之所志也流聞東軍失備 呂延濟曰流傳也 師徒小衄 衄女六切晉衄敗北曰衄明紀太和二年九月曹休與吳將陸遜戰於石亭敗績 輟食棄餐奮袂攘衽撫劍東顧而心

已馳於吳會矣臣昔從先武皇帝南極赤岸東臨滄海 宋本子建集無此四字 西望玉門北出玄塞 李善曰七發曰淩赤岸篲扶桑山謙之南徐州記曰京江禹貢北江有大濤濤至乘北激赤岸尤更迅猛漢書燉煌郡龍勒縣有玉門關玄塞長城也北方色黑故曰玄李周翰曰極盡也赤岸謂朱崖郡也玉門西域關名玄塞謂塞山趙一清曰赤岍赤壁也謂征劉表滄海東海也謂平青兗冀三州玉門城在今肅州衛西二百里漢縣屬酒泉郡玉門謂創平韓遂馬超宋建之屬玄塞盧龍之塞也謂柳城之役皆魏武親歷之事又赤壁亦作赤圻則岍字或圻之誤沈家本曰南極赤岸指操征孫權時事不必定是赤壁之役林暢園曰植所述從征本傳俱不載按魏武紀建安二年東征呂布植方六歲度未必能從十二年北征烏丸十四年南征劉表十六年西征馬超十九年南征孫權時植年二十二太祖命守鄴所云東臨滄海疑破袁譚在建安十年也弼按建安二年應作三年植方六歲應作七歲十四年應作十三年時植年二十二應作年二十三林氏俱誤 伏見所以行軍用兵之勢可謂神妙矣 宋本子建集軍作師矣作也 故兵者不可豫言臨難而制變者也志欲自效於明時立功於聖世每覽史籍觀古忠臣義士出一朝之命以徇國家之難身雖屠裂而功銘著於鼎鍾 文選鼎作景李善注韋昭曰景鍾景公鍾也 名稱垂

於竹帛未嘗不拊心而歎息也宋本子建集稱作續拊作撫臣聞明主使臣不廢有
罪故奔北敗軍之將范書臧宮傳自是乘勝追北降者以十萬數章懷注人好陽而惡陰北方幽陰之地故軍敗者皆謂之北史記樂書
日北者敗也而近代音北爲背失其指矣蘇輿曰說文北乖也从二人相背國語韋
注北者古之背字軍奔則彼此相失故取乖背之義謂敗爲北章懷注非黃山曰前
書高紀沛公項羽追北至城陽服虔曰師敗曰北韋昭曰古背字也背去而走也師
古曰北陰幽之處故謂退敗奔走者爲北老子曰萬物向陽而負陰許愼說文解字
云北乖也史記樂書曰紂爲朝歌北鄙之音朝歌者不時北者敗也鄙者陋也是知
北卽訓乖訓敗無勞借音韋昭之徒並爲妄矣師古說主於駁韋伸服而王念孫謂
古北背本同音不爲借音又力斥顏說爲蠡章懷此注卽本顏說王氏已言之蘇氏
之駁章懷亦卽本王說也今案北之訓敗義本龍門服氏承之不得爲蠡敗則士卒
乖散於說文之訓北爲乖義亦一貫是顏之伸服說已圓足必改北爲背須從背背
之義引而伸之抑仍不過至反背之形而止矣去而走則韋氏所添設經典凡言背
言背盟背德皆無去走之義也不獨此也兩軍相見由於不合不合卽背也是故有
背逆背畔之名辭今戰敗又言背則其說提而難明奔北古多連文若北亦訓背去
而走則其義複而近累史記淮陰侯傳云折北不救呂覽忠廉篇云將衆則必不撓
北皆以訓敗爲確若訓背則於義窒矣惟北敗亦本同音相訓顏氏之失在昧於古
音而又援引老子加入陰幽之說耳弼按王念孫說王先謙漢書補注高帝紀引之詞繁不錄用秦魯以成其功

臣松之案秦用敗軍之將事顯故不注魯連與燕將書曰漢書藝文志儒家魯仲連子十四篇隋書經籍志魯
連子五卷錄一卷魯連齊人不仕稱爲先生舊唐志魯連子五卷魯仲連撰新唐
志魯連子一卷玉海藝文中興書目五卷退隱海上論著此書王應麟曰春秋正
義文選注御覽史記正義引之葉德輝曰齊策引魯連子諫孟嘗君勿逐舍人遺
燕將書說田單攻狄趙策引說孟嘗君養士水經注丹水汶水沂水巨洋水均引
魯連子馬國翰輯本序曰戰國策載其卻秦軍說燕將二篇史記亦載文
句不同參互校訂又搜采意林御覽等書得佚文二十五節合錄一卷指意在於
勢數未能純粹合聖賢之義然高才遠致讀其書想見其爲人矣黃氏日抄曰魯
仲連闢新垣衍帝秦之說引鄒魯不納齊愍王之事爲證可謂深切著明矣然解
邯鄲之圍者信陵君力也非仲連口舌之爭所能解也射書聊城使其將自殺而
城見屠此不過爲田單謀耳縱當時無仲連書聊城無救勢亦必亡亦非甚有功
于田單也使連能說單無屠聊城而約其將降或說燕王無殺其將以救聊城之
命皆可也連釋此不爲射書何爲哉惟不以爵賞自累而輕世肆志故得優遊天
下如飛鳥翔空然然直以爲天下士則未也姚振宗曰仲連之說新垣衍衍不敢
復言帝秦秦將聞之爲却軍五十里是信陵未來之前邯鄲圍已少解矣其功固
不小也其遺燕將書原約其全師歸燕或棄燕歸齊非不欲全一城之命其後燕
將自殺田單屠聊非仲連意計所及黃氏不揣其本末而苛論古人殆不足據
曹子爲魯將三戰三北而亡地五百里向使曹子計不反顧義不旋踵刎頸而死則亦
不免爲敗軍之將矣曹子棄三北之恥而退與魯君計桓公朝天子會諸侯曹子以一
劒之任披桓公之心於壇坫之上顏色不變辭氣不悖三戰之所亡一朝而復之天下
震動諸侯驚駭威加吳越若此二士者非不能成少廉而行小節也李善注史記曰秦繆公使百里
奚子孟明視蹇叔子西乞術及白乙丙將兵襲鄭晉發兵遮秦兵於殽虜秦三將
以歸後還秦三將穆公復三人官秩復使將兵伐晉大敗晉人以報殽之役又曰
曹沬者魯人也以勇力事魯莊公爲魯將與齊戰三敗北魯莊公懼乃獻遂邑之
地以和猶復以爲將齊桓公許與魯會于柯而盟桓公與莊公既盟于壇上曹沬
執匕首劫齊桓公公問曰子將欲何曹沬曰齊强魯弱而大國侵魯亦已甚矣今
魯城壞卽壓境君其圖之桓公乃許盡還魯之侵地曹沬三戰所亡盡復於魯沈
家本曰注引魯連書言曹沬事文選注引史記爲其本事所出不知裴氏何以遺
彼而引此胡玉縉曰沬一作劌其本事見莊十年左傳十三年公羊傳而以前三
北事皆未之及惟魯連書有之其言手劍劫盟與公羊互有詳
略史記蓋參酌以爲說裴注以魯連在史公前故舍彼取此耳
絕纓盜馬之臣赦楚趙以濟其難
臣松之案楚莊掩絕纓之罪事亦顯故不書秦穆公有赦盜馬事趙則未聞蓋以秦亦

趙姓故互文以避上秦字也李善注說苑曰楚莊王賜羣臣酒日暮華燭滅有引王美人衣美人乃挽絕冠纓告王知之王曰賜人酒
醉欲顯婦人之節吾不取也乃命左右勿上火與寡人飲不絕纓者不懽也羣臣
纓皆絕盡懽而去後與晉戰引美人衣者五合五獲以報莊王呂氏春秋曰昔者
秦穆公乘馬右服失之野人取之繆公自往求之見野人方將食之於岐山之陽
繆公笑曰食駿馬之肉不飲酒余恐傷汝也徧飲而去韓原之戰晉人已環繆公
之車矣晉梁靡已扣公左驂矣野人嘗食馬於岐山之陽者三百有餘人畢力爲
繆公疾鬬於車下遂大克晉及獲惠公以歸此秦而謂之趙者史記曰趙之先與
秦共祖然則以其同祖故曰趙焉呂周輸曰秦時而曰趙者楨之誤也何焯曰秦
本紀蜚廉子季勝之後造父以善御幸于周穆王王以趙城封造父造父族由此
爲趙氏蜚廉子惡來之後非子以造父之寵皆蒙趙城姓趙氏周孝王以其伯翳
後邑之秦爲附庸使續嬴氏祀號曰嬴秦然則秦嘗爲趙矣不特爲其同祖也
臣竊感先帝早崩威王棄世先帝謂文帝任城王彰薨諡曰威臣獨何人以堪長久常
恐先朝露漢書李陵謂蘇武曰人如朝露塡溝壑墳土未乾而身名並滅臣聞騏驥長
鳴則伯樂照其能文選照作昭李善注戰國策楚客謂春申君曰昔騏驥駕車吳坂遷延負轅而不能進遭伯樂仰而長鳴知伯樂知己也
今僕屈厄久君獨無意使僕爲君長鳴也盧狗悲號則韓國知其才李善注戰國策曰齊欲伐魏淳于髡謂齊王曰韓子盧者

（天下之壯犬也東郭㕙者海內之狡兔也韓子盧逐東郭㕙環山者三騰山者五兔極于前犬疲于後犬兔俱罷各死其處田父見之而擅其功今齊魏相持臣恐強秦大楚承其後有田父之功高誘曰韓國之盧犬古之名狗也然悲號之義未聞劉良曰盧黑也謂黑狗也齊人韓國相狗於市遂有狗號鳴而國知其善）是以效之齊楚之路以逞千里之任試之狡兔之捷以驗搏噬之用今臣志狗馬之微功竊自惟度終無伯樂韓國之舉是以於邑而竊自痛者也（文選邑作悒楚辭曰長呼吸以於悒王逸曰於邑啼貌也）夫臨博而企竦聞樂而竊抃者（說文曰博局戲也六箸十二棊企舉踵也竦猶立也抃拊也）或有賞音而識道也（沈欽韓曰道謂博道也列子說符注古博經曰博法二人相對坐向局局分爲十二道兩頭當中名爲水史記吳王濞太子與景帝博爭道）昔毛遂趙之陪隸猶假錐囊之喩以寤主立功何況巍巍大魏多士之朝而無慷慨死難之臣乎夫自衒自媒者士女之醜行也干時求進者道家之明忌也而臣敢陳聞於陛下者誠與國分形同氣憂患共之者也（何焯曰於時人民稀少東西並驚饋輸是憂若屢喪敗魏將不復能支且植自料才武猶不後於眞休故懇懇求試不忍爲秦越之視也）冀以塵霧之微（文選霧作露）補益山海熒燭末光（文選熒作螢張照曰螢古字本作熒熒小火也以虫尾有光故名後世乃易火從虫）增輝日月是以敢冒其醜而獻其忠（文選此下有知必爲朝士所笑聖主不以人廢言伏望陛下少垂神聽臣則幸矣數語）

魏略曰植雖上此表猶疑不見用故曰夫人貴生者非貴其養體好服終竟年壽也貴在其代天而理物也夫爵祿者非虛張者也有功德然後應之當矣（何焯校改應作膺）無功而爵厚無德而祿重或人以爲榮而壯夫以爲恥故太上立德其次立功蓋功德者所以垂名也名者不滅士之所利故孔子有夕死之論孟軻有棄生之義彼一聖一賢豈不願久生哉志或有不展也是用喟然求試必立功也嗚呼言之未用欲使後之君子知吾意者也（藝文類聚五十三有又求自試表其前半卽本傳中之陳審擧疏）

三年徙封東阿（東阿見武紀興平元年藝文類聚五十一載植轉封東阿王謝表云奉詔太皇太后念雍丘下溼少桑欲轉東阿當合王意可遣人按行知可居不奉詔之日伏增悲喜臣以無功盧荷國恩爵尊祿厚用無益于時脂車秣馬志在黜放不圖陛下天父之恩猥宣皇太后慈母之念遷之陛下幸爲久長計聖旨惻隱恩過天地臣在雍丘劬勞五年左右罷怠居業向定園果萬株枝條始茂私情區區實所重棄然桑田無業左右貧窮食裁餬口形有躶露臣聞古之仁君必有棄國以爲百姓況乃轉居沃土人從蒙福江海所流無地不潤雲雨所加無物不茂若陛下念臣入從五年之勤少見佐助此枯木生華白骨更肉非臣之敢望也飢者易食寒者易衣臣之謂矣御覽一百九十八載植遷都賦序云余初封平原轉出臨淄中命鄄城遂徙雍丘改邑浚儀而末將適於東阿號則六易居實三遷連遇瘠土衣食不繼）五年復上疏求存問親戚因致其意曰（文選作求通親親表）臣聞天稱其高者以無不覆地稱其廣者以無不載日月稱其明者以無不照江海稱其大者以無不容故孔子曰大哉堯之爲君惟天爲大惟堯則之夫天德之於萬物可謂弘廣矣蓋堯之爲教先親後疏自近及遠（堯親九族九族既睦平章百姓百姓昭明協和萬邦）其傳曰克明峻德以親九族九族既睦平章百姓及周之文王亦崇厥化其詩曰刑于寡妻至于兄弟以御于

家邦（詩大雅思齊之辭毛萇曰刑法也寡妻嫡妻也御迎也鄭玄曰寡妻寡有之妻言賢也御治也文王以禮法接待其妻至于宗族以此又能爲政治于家邦也）是以雍雍穆穆風人詠之昔周公弔管蔡之不咸廣封懿親以藩屛王室（李善注左氏傳富辰曰周公弔二叔之不咸馬融曰二叔管蔡也姜皋曰杜注二叔爲夏殷之叔世本馬融之說其以二叔爲管蔡者鄭衆賈逵也李注偶誤引耳錢大昭曰杜注以二叔爲夏殷之叔世孔穎達彌縫其失謂馬融有此說今觀李善所引馬注亦與鄭賈同也）傳曰周之宗盟異姓爲後誠骨肉之恩爽而不離親親之義實在敦固未有義而後其君仁而遺其親者也伏惟陛下資帝唐欽明之德體文王翼翼之仁惠洽椒房（椒房兒夏侯玄傳）恩昭九族羣后百寮（文選族作親后作臣）番休遞上（李周翰曰遞迭也言百寮宿衛以次休息更遞上直）執政不廢於公朝下情得展於私室親理之路通慶弔之情展誠可謂恕己治人推惠施恩者矣至於臣者人道絕緒禁錮明時（文選錮作固錮與固通下文詔語作禁固）臣竊自傷也不敢過望交氣類（文選過作

乃胡三省曰易曰同聲相應同氣相求此言志同道合者疇昔文會之友也 修人事敘人倫近且婚媾不通兄弟
乖絕 文選乖作永 吉凶之問塞 下文詔報曰本無禁固諸國通問之詔 慶弔之禮廢恩紀之違
甚於路人隔閡之異殊於胡越 殊絕也 今臣以一切之制 李善注漢書音義曰一切權時
也胡三省曰一切謂權宜也一說一切謂不問可否一切整齊之也 永無朝覲之望至於注心皇極 皇極宅中之位人君
居之 結情紫闥神明知之矣然天實爲之謂之何哉 胡三省曰植意蓋謂君者天也天可違乎
退惟諸王常有戚戚具爾之心 文選惟作省張銑注惟思也李善注毛詩曰戚戚兄弟莫遠具爾胡三省曰爾義與邇同
願陛下沛然垂詔使諸國慶問四節得展 四節謂四時之節展舒也 以敘骨肉之
歡恩全怡怡之篤義妃妾之家膏沐之遺 呂延濟曰膏脂也沐甘漿之屬也 歲得再通
齊義於貴宗等惠於百司 貴宗謂貴戚及公卿之族也百司謂百官也 如此則古人之所歎
風雅之所詠復存於聖世矣臣伏自惟省無錐刀之用及觀陛下之

所拔授若以臣爲異姓竊自料度不後於朝士矣若得辭遠遊戴武
弁 李善注蔡邕獨斷曰遠遊冠者王侯所服傅子曰侍中冠武弁 解朱組佩青紱駙馬奉車趣得一號
濟注趣疾也言將立功績疾取一勳號也胡三省曰駙馬奉車都尉及騎都尉爲三都尉皆漢武帝置魏晉以下多以宗室及外戚爲之 安宅京室
執鞭珥筆出從華蓋入侍輦轂承答聖問拾遺左右 胡三省曰珥筆插筆也古者侍臣持
橐簪筆華蓋乘輿車上施之魏晉之制侍中與散騎常侍或乘輿御殿及出游幸祭祀治兵侍中居左常侍居右備切問近對拾遺補闕 乃臣丹誠
之至願 文選誠作情 不離於夢想者也遠慕鹿鳴君臣之宴中詠常棣匪
他之誡下思伐木友生之義終懷蓼莪罔極之哀 何焯曰此謂太皇太后四年崩也 每
四節之會塊然獨處左右惟僕隸所對惟妻子高談無所與陳發義
無所與展未嘗不聞樂而拊心臨觴而歎息也臣伏以爲犬馬之誠
不能動人譬人之誠不能動天崩城隕霜 胡三省曰齊大夫杞梁戰死于莒城其妻向城而哭城爲之崩

鄒衍盡忠於君燕惠王信讒而繫之鄒子仰天而哭正夏而天降霜 臣初信之以臣心況 胡三省曰況譬也 徒虛語
耳若葵藿之傾葉太陽雖不爲之回光然向之者誠也 文選然下有終字胡三省曰言
葵藿草也傾葉於日日雖不爲回光終是誠心向日也 竊自比於葵藿若降天地之施垂三光之明
者實在陛下臣聞文子曰不爲福始不爲禍先 李善注文子曰與道爲際與德爲隣不爲福始不爲
禍先范子曰文子者姓辛葵邱濮上人也稱曰計然南游於越范蠡師事之班固曰文子老子弟子李周翰曰福始禍先謂諸王皆不表植獨先表也 今之
否隔友于同憂 胡三省曰否隔不通也友于兄弟也 而臣獨倡言者 文選此下有何也二字 竊不願
於聖世使有不蒙施之物有不蒙施之物必有慘毒之懷故柏舟有
天只之怨谷風有棄予之歎 李善注毛詩柏舟曰母也天只不諒人只毛萇曰諒信也母也尚不信我也又谷風曰將安將
樂汝轉棄予 故伊尹恥其君不爲堯舜孟子曰不以舜之所以事堯事其
君者不敬其君者也臣之愚蔽固非虞伊至於欲使陛下崇光被時

雍之美宣緝熙章明之德者 胡三省曰光被時雍言帝堯睦族之效詩周頌曰維清緝熙文王之典鄭氏箋曰緝熙光明也
故植以言文王之治 是爲慺慺之誠 文選爲作臣 竊所獨守實懷鶴立企佇之心敢復
陳聞者冀陛下儻發天聰而垂神聽也詔報曰蓋教化所由各有隆
弊非皆善始而惡終也事使之然 胡三省曰隆崇也謂立教之始各有所崇其流弊則事勢使之然也 故夫
忠厚仁及草木則行葦之詩作 毛詩行葦忠厚也周家忠厚仁及草木故能內睦九族外尊事黃耇養老乞言以成其福
祿焉 恩澤衰薄不親九族則角弓之章刺 毛詩角弓父兄刺幽王也不親九族而好讒佞骨肉相怨故作是詩
今令諸國兄弟情理簡怠妃妾之家膏沐疏略朕縱不能敦而睦之
王援古喻義備悉矣何言精誠不足以感通哉夫明貴賤崇親親禮
賢良順少長國之綱紀本無禁固諸國通問之詔也 何焯校改固作錮 矯枉
過正下吏懼譴以至於此耳已勅有司如王所訴 毛本訴作訢誤 植復上疏

陳審舉之義曰臣聞天地協氣而萬物生君臣合德而庶政成五帝之世非皆智三季之末非皆愚 毛本作皆非誤 用與不用知與不知也既時有舉賢之名而無得賢之實必各援其類而進矣諺曰相門有相將門有將 史記孟嘗君傳田文曰文聞將門必有將相門必有相 夫相者文德昭者也將者武功烈者也文德昭則可以匡國朝致雍熙稷契夔龍是也武功烈則可以征不庭威四夷南仲方叔是矣昔伊尹之爲媵臣至賤也呂尙之處屠釣至陋也及其見舉於湯武周文誠道合志同玄謨神通豈復假近習之薦因左右之介哉書曰有不世之君必能用不世之臣用不世之臣必能立不世之功殷周二王是矣若夫齷齪近步遵常守故安足爲陛下言哉故陰陽不和三光不暢官曠無人庶政不整者三司之責也疆埸騷動方隅內侵沒軍喪衆干戈不息者 毛本干作于誤 邊將之憂也豈可虛荷國寵而不稱其任哉故任益隆者負益重位益高者責益深書稱無曠庶官詩有職思其憂此其義也陛下體天眞之淑聖登神機以繼統冀聞康哉之歌偃武行文之美 冊府行作修 而數年以來水旱不時民困衣食師徒之發歲歲增調加東有覆敗之軍 太和二年曹休石亭之敗 西有殪沒之將 太和二年諸葛亮斬王雙五年亮射殺張郃 至使蚌蛤浮翔於淮泗鼲鼬讙譁於林木臣每念之未嘗不輟食而揮餐臨觴而搤腕矣昔漢文發代疑朝有變宋昌曰內有朱虛東牟之親外有齊楚淮南琅邪此則磐石之宗願王勿疑臣伏惟陛下遠覽姬文二虢之援中慮周成召畢之輔 胡三省曰虢仲虢叔文王之母弟文王咨於二虢以成王業召公畢公周同姓也二伯分治輔成王以成太平之功

下存宋昌磐石之固昔騏驥之於吳阪可謂困矣及其伯樂相之孫郵御之形體不勞而坐取千里蓋伯樂善御馬明君善御臣伯樂馳千里明君致太平誠任賢使能之明效也若朝司惟良萬機內理武將行師方難克弭陛下可得雍容都城何事勞動鑾駕暴露於邊境哉臣聞羊質虎皮見草則悅見豺則戰忘其皮之虎也今置將不良有似於此故語曰患爲之者不知知之者不得爲也昔樂毅奔趙心不忘燕廉頗在楚思爲趙將臣生乎亂長乎軍又數承教于武皇帝伏見行師用兵之要不必取孫吳而闇與之合竊揆之於心常願得一奉朝覲排金門蹈玉陛列有職之臣賜須臾之問 冊府問作聞 使臣得一散所懷攄舒蘊積死不恨矣被鴻臚所下發士息書期會甚急又聞豹尾已建戎軒鶩駕陛下將復勞玉躬擾挂神思臣誠竦息不遑寧處願得策馬執鞭首當塵露撮風后之奇 潘眉曰撮當作握弼按漢書藝文志風后十三篇圖二卷黃帝臣依託也四庫提要云握奇經一卷舊本題風后撰漢志無握奇經之名其依託更不待辨 接孫吳之要 孫武吳起也 追慕卜商起予左右 卜商字子夏孔子曰起予者商也始可與言詩已矣 效命先驅 毛本驅作軀誤 畢命輪轂雖無大益冀有小補然天高聽遠情不上通徒獨望青雲而拊心仰高天而歎息耳屈平曰國有驥而不知乘焉皇皇而更索 梁章鉅曰此宋玉九辨第八章之詞子建云屈平誤 昔管蔡放誅周召作弼 胡三省曰成王幼管叔蔡叔以武庚畔成王誅管叔放蔡叔以周公爲師召公爲保而相左右 叔魚陷刑叔向匡國 胡三省曰左傳晉邢侯與雍子爭田久而無成韓宣子使叔魚斷舊獄罪在雍子雍子納其女於叔魚叔魚蔽罪於邢侯邢侯怒殺叔魚及雍子于朝宣子問其罪於叔向叔向不以叔向爲私其親而從之決平也 三監之釁臣自當之二南之輔求必不遠華宗貴族藩王之中必有應斯舉者故傳曰無周

公之親不得行周公之事唯陛下少留意焉近者漢氏廣建藩王豐
則連城數十約則饗食祖祭而已未若姬周之樹國五等之品制也
若扶蘇之諫始皇淳于越之難周靑臣 李慈銘曰博士齊人淳于越難僕射周靑臣事見史記秦始皇本紀
可謂知時變矣夫能使天下傾耳注目者當權者是矣故謀能移主
威能慑下豪右執政不在親戚權之所在雖疏必重勢之所去雖親
必輕蓋取齊者田族非呂宗也分晉者趙魏非姬姓也 胡三省曰齊太公姓呂其
後爲田成子所取非呂族也晉唐叔姬姓其後爲趙籍魏斯韓虔所分此不言韓以韓亦姬姓李慈銘曰分晉者趙魏不云三家者以韓爲曲沃桓叔之後本晉公族也
唯陛下察之苟吉專其位凶離其患者異姓之臣也欲國之安祈家
之貴存共其榮沒同其禍者公族之臣也今反公族疏而異姓親臣
竊惑焉臣聞孟子曰君子窮則獨善其身達則兼善天下今臣與陛
下踐冰履炭登山浮澗寒溫燥溼高下共之豈得離陛下哉不勝憤
懣拜表陳情若有不合乞且藏之書府不便滅棄 便疑作使 臣死之後事
或可思若有豪釐 宋本作氂 少挂聖意者乞出之朝堂使夫博古之士糾
臣表之不合義者如是則臣願足矣帝輒優文答報 文館詞林六百六十四載魏明帝答
東阿王論邊事詔云省覽來書至于再三朕以不德夙遭旻凶聖祖皇考復見孤棄武宣皇后復卽玄宮重此哀甇五內傷剝又以眇身闇于從政是故二寇未誅黔首
元元各不得所雖復兢兢坐而待旦懼云無益王俠輔帝室朕深賴焉何乃謙卑自同三監知吳蜀未梟海內虛耗爲憂又慮邊將或非其人諸所開論朕敬德之高謀
良策思聞其次梁章鉅曰植集無論邊事表或卽是此篇弼按詔文何乃謙卑自同三監卽答疏中語也胡三省曰植求自試而但以優詔答之終疑之也
魏略曰是後大發士息及取諸國士植以近前諸國士息已見發其遺孤稚弱在者無
幾而復被取乃上書曰臣聞古者聖君與日月齊其明四時等其信是以戮凶無重賞
善無輕怒若驚霆喜若時雨恩不中絕教無二可以此臨朝則臣下知所死矣受任在

萬里之外審主之所以受官必己之所以投命 宋本己作以無下以字 雖有搆會之徒泊然不
以爲懼者蓋君臣相信之明效也昔章子爲齊將人有告之反者威王曰不然左右曰
王何以明之王曰聞章子改葬死母彼尙不欺死父顧當叛生君乎此君之信臣也 戰國
策秦假道韓魏以攻齊齊威王使章子將而應之章子爲變其徽章以雜秦軍候者言章子以齊入秦威王不應頃之閒候者復言章子以齊兵降秦威王不應而
此者三有司請曰言章子之敗異人而同辭王何不發將而擊之王曰此不叛寡人頃閒言齊兵大勝左右曰何以知之王曰吾使章子將也勉之曰夫子全兵而
還必更葬將軍之母對曰臣母得罪臣父臣父未教而死夫不得父教而更葬母是欺死父也故不敢夫爲人子而不欺死父豈爲人臣而欺生君哉 昔管
仲親射桓公後幽囚從魯檻車載使少年挽而送齊管仲知桓公之必用己懼魯之悔
謂少年曰吾爲汝唱汝爲和聲和聲宜走於是管仲唱之少年走而和之日行數百里
宿昔而至至則相齊此臣之信君也 呂氏春秋管子得於魯魯束縛而檻之使役人載而送之齊其謳歌而引管子恐魯之止
而殺己也欲速至齊因謂役人曰我爲汝唱汝爲我和其所唱適宜走役人不倦而取道甚速 臣初受封策書曰植受兹青社封

于東土以屏翰皇家爲魏藩輔而所得兵百五十人皆年在耳順或不踰矩虎賁官騎
及親事凡二百餘人正復不老皆使年壯備有不虞檢校乘城顧不足以自救況皆復
耄耋罷曳乎而名爲魏東藩使屏翰王室臣竊自羞矣就之諸國國有士子合不過五
百人伏以爲三軍益損不復賴此方外不定必當須辦者臣願將部曲倍道奔赴夫妻
負襁子弟懷糧蹈鋒履刃以徇國難何但習業小兒哉愚誠以揮涕增河鼷鼠飲海於
朝萬無損益於臣家計甚有廢損又臣士息前後三送兼人已竭惟尙有小兒七八歲
已上十六七已還三十餘人今部曲皆年耆臥在牀席非糜不食眼不能視氣息裁屬
者凡三十七人疲瘵風靡疣盲聾聵者二十三人惟正須此小兒大者可備宿衛雖不
足以禦寇麤可以警小盜小者未堪大使爲可使耘鉏穢草驅護鳥雀休候人則一事
廢一日獵則衆業散不親自經營則功不攝常自躬親不委下吏而已陛下聖仁恩詔

三至士子給國長不復發明詔之下有若皦日保金石之恩必明神之信畫然自固如天如地定習業者並復見送晻若晝晦悵然失圖伏以爲陛下既爵臣百寮之右居藩國之任爲置卿士屋名爲宮冢名爲陵不使其危居獨立無異於凡庶若柏成欣於野耕（莊子堯治天下伯成子高立爲諸侯堯授舜舜授禹辭爲諸侯而耕）子仲樂於灌園（陳仲子齊人楚王欲以爲相而不許爲人灌園見列士傳）蓬戶茅牖原憲之宅也陋巷簞瓢顏子之居也臣才不見效用常慨然執斯志焉若陛下聽臣悉還部曲罷官屬省監官使解璽釋紱追柏成子仲之業營顏淵原憲之事居子臧之廬宅延陵之室如此雖進無成功退有可守身死之日猶松喬也然伏度國朝終未肯聽臣之若是固當羈絆於世繩維繫於祿位懷屑屑之小憂執無已之百念安得蕩然肆志逍遙於宇宙之外哉此願未從陛下必欲崇親親篤骨肉潤白骨而榮枯木者惟遂仁德以副前恩詔皆遂還之

其年冬詔諸王朝六年正月（詔見明紀太和五年八月）其二月以陳四縣封植爲陳王邑三千五百戶（陳國治陳見武紀興平二年吳增僅曰漢末陳王寵爲袁紹所殺國除爲郡黃初四年淮南王邕改封此太和六年東阿王植封此植薨子志徙封濟北國復爲郡藝文類聚五十一載植改封陳王謝恩章云臣既弊陋守國無效自分削黜以彰衆誡（子建集削黜作出削誡作誠）不意天恩滂霈潤澤橫流猥蒙加封茅土既優爵賞必重非臣虛淺所宜奉受非臣灰身所能報塞（子建集塞作答）又載謝妻改封表云靈書今以東阿王妃爲陳王妃并下印綬因故上前所假印以其拜授書以即日到臣輒奉詔拜其才質底下謬同受私遇寵素餐臣爲其首陛下體乾坤育物之德東海含容之大乃復隨例顯封大國光揚章灼非臣負薪之才所宜克當非臣穢曹所宜蒙獲夙夜憂歎念報罔極洪施遂隆既榮枝榦猥復正臣妃爲陳妃熠燿宜期非妾婦惷愚所當蒙被葵藿草物猶感恩養況臣念氣銜佩弘惠沒而後已誠非翰墨屢辭所能報答（子建集底下作佤下熠燿作光耀））植每欲求別見獨談論及時政幸冀試用終不能得既還悵然絕望時法制待藩國既自峻迫寮屬皆賈豎下才兵人給其殘老大數不過二百人又植以前過事事復減半（宋本無下事字）十一年中而三徙都常汲汲無歡遂發疾薨

時年四十一（周壽昌曰四十一下疑脫謚曰思三字明紀太和六年十一月庚寅陳思王植薨攷帝紀諸王薨例不書謚彼特出思字而本傳反不書謚皆誤胡三省曰謚法追悔前過曰思）植嘗爲琴瑟調歌辭曰（宋本作瑟瑟調誤宋本子建集題曰吁嗟篇）吁嗟此轉蓬居世何獨然長去本根逝夙夜無休閒（黃節注說苑云秋蓬惡於根本而美於枝葉秋風一起根且拔矣）東西經七陌（宋本十作七）南北越九阡卒遇回風起吹我入雲閒自謂終天路忽焉下沈淵驚飆接我出（黃節注爾雅曰扶搖謂之猋郭注曰暴風從下上猋通作飆）故歸彼中田（故疑作放詩小雅中田有廬鄭箋云中田田中也）當南而更北謂東而反西宕宕當何依忽亡而復存飄颻周八澤連翩歷五山流轉無恆處誰知吾苦艱願爲中林草秋隨野火燔糜滅豈不痛願與林葉連（宋本子建集作願與株荄連或曰送白馬王及琴瑟調二篇頓挫淒壯仲宣公幹俱不能及風雅以還一人而已丁晏曰植傳十一年中而三徙都常汲汲無歡此詩當感徙都而作收兩語痛心之言傷同根而見滅也）孫盛日異哉魏氏之封建也不度先王之典不思藩屏之術違敦睦之風背維城之義漢初

之封或權侔人主雖云不度時勢然也魏氏諸侯陋同匹夫雖懲七國矯枉過也（也疑作正）且魏之代漢非積德之由風澤既微六合未一而彫翦枝幹委權異族勢同瘣木危若巢幕（監本若作共誤）不嗣忽諸非天喪也五等之制萬世不易之典六代興亡曹冏論之詳矣（何焯曰段成式語資篇載元魏尉瑾曰九錫或稱王粲六代亦言曹植按元首不以文章名世安得宏偉至此意者陳王感愴孤立常著論欲上以身屬親藩嫌爲己地至身沒而元首以貽曹爽歟又曰晉書曹志傳武帝常閱六代論問志曰是卿先王所作邪志對曰先王有手所作目錄請歸尋按還奏曰按錄無此帝曰誰作對曰以臣所聞是臣族父冏所作以先王文高名著欲令書傳於後是以假託帝謂公卿曰父子證明足以爲審可無復疑按允恭最稱好學豈有先王所作必待尋按目錄乃定是非且素知元首假托何不卽相證明待帝再問邪或緣此論於司馬氏後事有若燭照身立其廷恐招猜忌故遜詞詭對耳沈家本曰此論有云大魏之興于今二十有四年矣則當在齊王芳正始四年上也陳思薨於太和六年下距正始四年凡十二年而謂預作此論恐未然且陳王於陳審舉之義疏中曾言廣建藩王幾二百言亦何嘗以身屬親藩爲嫌哉弼按曹冏字元首六代論見下卷評後注引魏氏春秋）遺令薄葬以小子志保家之主也欲立之（晉書曹志傳曹志字允恭譙國譙人魏陳思王植之孽子也少

好學以才行稱夷簡有大度兼善騎射植曰此保家主也立以爲嗣藝文類聚五十一載植封二子爲鄉公謝恩章云詔書封臣息男苗爲高陽鄉公志爲穆鄉公臣伏自惟文無升堂廟勝之功武無攙鋒接刃之效天時運幸得生貴門遇以親戚少荷光寵竊位列侯榮曜當世顧影慙形汗流反側洪恩罔極雲雨增加既榮本幹枝葉并蒙苗志小豎既頑且稚猥荷列爵並佩金紫施崇一門惠及父子據此文則植有二子一名苗本傳未載

初植登魚山臨東阿喟異苑陳思王嘗登魚山臨東阿忽聞巖岫裏有誦經聲清遒深亮遠谷流響肅**然有終焉之心**終宋本作歸**遂營爲墓**

然有靈氣不覺斂衿祇敬便有終焉之志卽效而則之今梵唱皆植依擬所造梁釋慧皎高僧傳誦經篇論云始有魏陳思王曹植深愛聲律屬意經旨既通般若之瑞響又感漁山之神製於是删治瑞應本起以爲學者之宗傳聲則三千有餘在契則四十有二法苑珠林唄讚篇云陳思王曹植每讀佛經以爲至道之宗極遂製轉讚七聲（廣宏明集作轉讚七章）升降曲折之響故世之諷誦咸憲章焉常游魚山忽聞空中梵天之響清雅哀婉其聲動心獨聽良久乃摹其聲節寫爲梵唄撰文製音傳爲後式寰宇記卷十三魚山一名吾山曹植葬其西亦其所封之國也周圍十二里方輿紀要卷三十三魚山在東阿縣西北八里一名吾山史記河渠書瓠子歌吾山平兮鉅野溢徐廣曰東阿縣魚山也今山在大清河西鹽舟自濼口來者俱泊於此名勝志曹子建墓在開封通許縣之七里岡成化九年大水墓崩二穴居民入視隧表碣曰曹子建墓杭世駿曰植曾徙封雍丘王雍丘今之杞縣距通許四十里而近豈植眞葬斯地邪弼按此說與魚山營墓之事不合與寰宇記亦異蔣超伯曰

東阿縣西八里魚山陳思王墓旁有隋開皇十三年所製碑其銘曰分珪作瑞建國開疆蕙樓蘭閣遠邁靈光**子志嗣徙封濟北王**

景初中詔曰陳思王昔雖有過失既克己愼行以補前闕且自少至終篇籍不離于手誠難能也其收黃初中諸奏植罪狀李慈銘曰上文稱陳思王不應又稱植**公卿已下議尙書祕書中書三府大鴻臚者皆削除之**李慈銘曰議下疑脫藏字或在字**撰錄植前後所著賦頌詩銘雜論凡百餘篇副藏內外**宋書樂志曹植鞞舞歌序曰漢靈帝西園故事（晉志故事作鼓吹）有李堅者能鞞舞遭亂西隨將軍段煨先帝聞其舊有伎召之堅既中廢兼古曲多謬誤異代之文未必相襲故依前曲作新歌五篇不敢充之黃門近以成下國之陋樂焉宋志又曰魏陳思王鞞舞歌五篇曰聖皇篇靈芝篇大魏篇精微篇孟冬篇隋書經籍志列女傳頌一卷曹植撰魏陳思王曹植集三十卷唐經籍志魏陳思王集二十卷又三十卷四庫總目提要云曹子建集十卷唐志云二十復云三十者蓋隋時舊本二十卷合併重編實無兩集鄭樵通志略亦並載二本焦竑國史經籍志合二本爲五十卷謬甚此本目錄後有嘉定六年癸酉字猶從宋寧宗時本翻雕凡賦四十四篇詩七十四篇雜文九十二篇合二百十篇殘篇斷句錯出其閒棄婦篇見玉臺新詠鏡銘八字反覆顚倒皆叶韻成文實爲回文之祖見藝文類聚皆未收入亦不免有所舛漏姚振宗曰陳思王文章有前後錄景初詔撰稱前後所著百餘篇亦似指前錄後錄而言除前錄自定七十八篇後錄當二十餘疑前錄三十卷後錄二十卷隋時但有前錄唐代乃前後錄並出通志略以三十卷在前二十卷列後似亦以爲前錄後錄所以別於唐志之顚倒歟然是否卽景初原本不可知已胡玉縉曰植自定前錄七十八篇有見文後錄定否不可知景初中詔撰植前後所著前後猶先後耳各爲一事否則前錄七十八篇爲三十卷後錄二十餘篇爲二十卷不應後錄俱係長篇文字況業經詔撰詎有仍其所自定者以此知通志略所載兩本非景初本其三十卷本非自定前錄唐志先二十後三十亦無所謂顚倒也姚說殊嫌牽合傳會弼按子建撰前錄七十八篇見前裴注引典略楊修答書注下鍾嶸詩品曰陳思爲建安之傑又曰陳思王詩其源出於國風骨氣奇高詞采華茂情兼雅怨體被文質粲溢今古卓然不羣嗟乎陳思之於文章也譬人倫之有周孔鱗羽之有龍鳳音樂之有琴笙女工之有黼黻故孔氏之門如用詩則公幹升堂思王入室矣文心雕龍章表篇曰陳思之表獨冠羣才明詩篇曰四言五言兼善則子建仲宣丁晏陳思王詩鈔序曰洛神九詠屈靈均之嗣聲求試諸疏劉更生之方駕與楊德祖書不以翰墨爲勛績詞賦爲君子其所見甚大不僅以詩人目之又東阿懷古云新莽有女不附篡孟德有子不忘漢天遣血嗣全孤忠自發奸邪一家判亦實錄也弼按孟德亦有女山陽夫人可與黃皇室主並稱又按丁晏有陳思王年譜一卷附曹集後**志累增邑幷前九百九十戶**陳景雲曰魏室諸王至正元景元閒普增封邑其戶皆累千卽如平陽成武二公亦皆踰千戶矣思王初封於陳已有邑三千五百戶至子志嗣爵又累增邑乃并前計之止有九百九十戶必傳寫脫

誤也

志別傳曰曹志別傳隋唐志不著錄**志字允恭好學有才行晉武帝爲中撫軍迎常道鄉公于鄴志夜與帝相見帝與語從暮至旦甚器之及受禪改封鄄城公發詔以志爲樂平太守歷章武趙郡遷散騎常侍國子博士後轉博士祭酒及齊王攸當之藩下禮官議崇錫之典志歎曰安有如此之才如此之親而不得樹本助化而遠出海隅者乎乃建議以諫辭旨甚切帝大怒免志官**晉書曹志傳志常恨其父不得志於魏因愴然歎曰安有如此之才如此之親不得樹本助化而遠出海隅晉朝之隆其殆乎哉乃奏議曰伏聞大司馬齊王當出藩東夏備物盡禮同之二伯今陛下爲聖君稷契爲賢臣內有魯衛之親外有齊晉之輔坐而守安此萬世之基也古之夾輔王室同姓則周公其人也異姓則太公其人也皆身在內五世反葬後雖有五霸代興桓文譎主下有請隧之僭上有九錫之禮終於譎而不正驗於尾大不掉豈與召公之歌棠棣周詩之詠鶺鴒同日論哉今聖朝創業之始始之不諒後事難工幹植不彊枝葉不茂骨鯁不存皮膚不充自羲皇以來豈是一姓之獨有欲結其心者當有盤石之固夫欲享萬世之利者當與天下議之故天之聰明自我人之聰明秦魏欲獨擅其威而財得沒其身周漢能分其利而

親疏爲之用此自聖主之深慮日月之所照事雖淺當深謀之言雖輕當重思之志備位儒官若言不及禮是志寇竊知忠不言議所不敢志以爲當如博士等議議成當上見其從弟高邑公嘉嘉曰兄議甚切百年之後必書晉史目下將見責邪帝覽議大怒曰曹志尙不明吾心況四海乎以議者不指答所問橫造異論策免太常鄭默於是有司奏收志等結罪詔惟免志官以公還第後復爲散騎常侍志遭母憂居喪盡哀因得疾病喜怒失常太康九年卒謚曰定公 志葬濟北穀城墓宅隋志梁有散騎常侍曹志集二卷錄一卷唐志曹志集二卷志子臣元康中爲中郎封關中侯通典九十九有曹臣移冀州大中正文

蕭懷王熊早薨 蕭見明紀景初二年 黃初二年追封謚蕭懷公太和三年又追進爵爲王青龍二年子哀王炳嗣食邑二千五百戶六年薨無子國除 何焯曰（一作邵晉涵說）三王以母弟故別爲一卷後卷以母貴賤爲次其猶春秋之義歟

評曰任城武藝壯猛有將領之氣陳思文才富艷足以自通後葉然不能克讓遠防終至攜隙傳曰楚則失之矣而齊亦未爲得也其此

之謂歟

魚豢曰諺言貧不學儉卑不學恭非人性分也勢使然耳此實然之勢信不虛矣假令太祖妨遏植等在於疇昔此賢之心何緣有窺望乎彰之挾恨尙無所至至於植者 陳景雲曰通鑑引此此句下有豈能興難一句以文義求之此語斷不可删此注少四字必非裴氏所芟乃後來刊本脫落耳 乃令楊修以倚注遇害丁儀以希意族滅哀夫余每覽植之華釆思若有神以此推之太祖之動心亦良有以也

魏書十九　三國志十九

魏書二十　三國志二十

武文世王公傳第二十

晉平陽侯相安漢陳壽撰

宋中書侍郎西鄉侯聞喜裴松之注

沔陽盧弼集解

武皇帝二十五男 宋本元本某后某夫人某姬皆空一格後文帝九男下同 卞皇后生文皇帝任城威王彰陳思王植蕭懷王熊劉夫人生豐愍王昂相殤王鑠 后妃傳卞后傳注引魏略云太祖始有丁夫人又劉夫人生子修及清河長公主劉早終丁養子修荆楚歲時記魏武帝劉婕妤以七月七日折琉璃筆 環夫人生鄧哀王沖彭城王據燕王宇杜夫人生沛穆王林中山恭王袞 沛王太妃生金鄉公主見曹爽傳注引魏末傳又按明紀青龍元年注引獻帝傳云太祖納秦宜祿妻杜氏未知即杜夫人否又按杜夫人生高城公主見文選陸機弔魏武文李善注引魏

略 秦夫人生濟陽懷王玹陳留恭王峻尹夫人生范陽閔王矩 尹夫人即何進子婦爲何晏之母見曹爽傳魏末傳以何晏母爲沛王太妃裴注已駁之 王昭儀生趙王幹孫姬生臨邑殤公子上楚王彪剛殤公子勤李姬生穀城殤公子乘郿戴公子整靈殤公子京周姬生樊安公均 張繡傳太祖爲子均取繡女又按繡傳太祖納張濟妻史失其姓俟考 劉姬生廣宗殤公子棘宋姬生東平靈王徽趙姬生樂陵王茂 武紀建安十八年天子娉公三女爲貴人少者待年於國二十年立公中女爲皇后荀彧傳太祖以女妻彧長子惲後稱安陽公主司馬芝傳有臨汾公主桓階傳階子嘉尙升遷亭公主均不知何人所生又按夏侯淵妻爲太祖內妹任峻妻爲太祖從妹附注於此

豐愍王昂字子修弱冠舉孝廉隨太祖南征爲張繡所害 詳見武紀建安二年及張繡傳 無子黃初二年追封謚爲豐悼公三年以樊安公均子琬奉昂後 操納張濟妻濟從子繡降而復反昂爲繡所害操爲子均取繡女又以均子後昂顚倒錯亂匪夷所思 封中都公其年徙封長

子公五年追加昂號曰豐悼王太和三年改昂諡曰愍王嘉平六年以琬襲昂爵爲豐王正元景元中累增邑幷前二千七百戶琬薨諡曰恭王子廉嗣郡國志幷州太原郡中都一統志中都故城今山西汾州府平遙縣西北豐見明紀景初二年上黨郡治長子見武紀建安九年

相殤王鑠早薨太和三年追封諡靑龍元年子愍王潛嗣其年薨二年子懷王偃嗣邑二千五百戶四年薨無子國除正元二年以樂陵王茂子陽都鄉公竦繼鑠後相見明紀景初二年

鄧哀王沖字倉舒趙一淸曰子修子桓子建皆曹氏之所以字其子故鄧哀王沖以年少先卒未有字倉舒其小字也獨與諸王異今此諸王之舉其字者不必皆小弱也古者男子二十而冠始有字豈有未錫名而先命字之理名者子生而父卽名之若非史佚諸王公之名則曹氏之制殆不可訓少聰察岐嶷異苑曰山雞愛其毛映水則舞魏武時南方獻之帝欲其鳴舞而無由公子倉舒令作大鏡其前雞鑒形而舞不止遂乏死生五

歲智意所及官本考證曰意元本作慧有若成人之智時孫權曾致巨象太祖欲知其斤重訪之羣下咸莫能出其理沖曰置象大船之上而刻其水痕所至稱物以載之則校可知矣則字下應從吳曾漫錄增不字何焯曰孫策以建安五年死時孫權初統事至建安十五年權遣步騭爲交州刺史士燮率兄弟奉承節度此後或能致巨象而倉舒已於建安十三年前死矣知此事之妄飾也置船刻水疑算術中本有此法邵晉涵曰能改齋漫錄引符子所載燕昭王大豕命水官浮舟而量之事已在其前太祖大悅卽施行焉時軍國多事用刑嚴重太祖馬鞍在庫而爲鼠所齧庫吏懼必死議欲面縛首罪猶懼不免沖謂曰待三日中然後自歸沖於是以刀穿單衣如鼠齧者謬爲失意貌有愁色太祖問之沖對曰世俗以爲鼠齧衣者其主者不吉今單衣見齧是以憂戚太祖曰此妄言耳無所苦也俄而庫吏以齧鞍聞太祖笑曰兒衣在側尙齧況鞍縣柱乎一無所問沖仁愛識達皆此類也凡應罪戮而爲沖微所辨理賴以濟宥者前後數十

魏書曰沖每見當刑者輒探覩其寃枉之情而微理之及勤勞之吏以過誤觸罪常爲太祖陳說宜寬宥之辨察仁愛與性俱生容貌姿美有殊於衆故特見寵異　臣松之以容貌姿美一類之言而分以爲三亦敍屬之一病也

太祖數對羣臣稱述有欲傳後意年十三建安十三年疾病太祖親爲請命及亡哀甚零陵先賢傳周不疑零陵人幼有異才太祖欲以女妻之太祖愛子蒼舒夙有才智謂可與不疑爲儔及倉舒卒太祖心忌不疑乃遣刺客殺之見本志劉表傳注魏文帝蒼舒誄曰惟建安十有五年（類聚五作二誤）五月甲戌童子曹蒼舒卒嗚呼哀哉乃作誄曰於惟淑弟懿矣純良誕豐令質荷天之光既哲且仁爰柔克剛彼德之容茲義肇行猗歟□□終然允藏宜逢介祉以永無疆如何昊天雕斯俊英嗚呼哀哉惟人之生忽若朝露促促百年亹亹行暮矧爾既夭十三而卒何辜於天景命不遂兼悲增傷侘傺失氣永思長懷哀爾罔極貽爾良妃襚爾嘉服越以乙酉宅彼城隅增丘峩峩寢廟渠渠姻媾雲會

充路盈衢悠悠羣司岌岌其車傾都蕩邑爰迄爾居魂而有靈庶可以娛嗚呼哀哉見藝文類聚四十五及古文苑張溥本子建集有倉舒誄乃誤收文帝年長故以童子呼倉舒若子建則僅長倉舒四齡耳宋本子建集不載此誄丁晏曰此文與丕他作相類不似陳思之樸茂且誄內有宜逢介祉以永無疆之句亦非陳思所宜出張本因藝文所引與陳思任城王誄相連而誤采也文帝寬喻太祖太祖曰此我之不幸而汝曹之幸也何焯曰倉舒之死正在軍敗赤壁之年故尤憤不擇言

孫盛曰春秋之義立嫡以長不以賢沖雖存也猶不宜立況其既沒而發斯言乎詩云無易由言魏武其易之也

言則流涕華佗傳愛子倉舒病困太祖歎曰吾悔殺華佗令此兒彊死也爲娉甄氏亡女與合葬邴原傳原女早亡時太祖愛子倉舒亦沒太祖欲求合葬原辭太祖乃止贈騎都尉印綬命宛侯據子琮奉沖後二十二年封琮爲鄧侯郡國志荊州南陽郡鄧一統志鄧縣故城今湖北襄陽府襄陽縣東北黃初二年追贈沖曰鄧哀侯又追加號爲公

魏書載策曰惟黃初二年八月丙午皇帝曰咨爾鄧哀侯沖昔皇天鍾美於爾躬俾聰哲之才成於弱年當永享顯祚克成厥終如何不祿早世夭昏朕承天序享有四海並建親親以藩王室惟爾不逮斯榮且葬禮未備追悼之懷愴然攸傷今遷葬于高陵錢大昭曰此高陵非馮翊屬縣也魏志諸侯王墓亦稱陵曹子建詩逝瞻陵墓及此稱高陵是也弼按高陵魏武之陵也以倉舒爲魏武愛子故遷葬高陵錢說誤使使持節兼謁者僕射郎中陳承追賜號曰鄧公祠以太牢魂而有靈休兹寵榮嗚呼哀哉魏略曰文帝常言家兄孝廉自其分也若使倉舒在我亦無天下

三年進琮爵徙封冠軍公四年徙封已氏公郡國志南陽郡冠軍兗州濟陰郡已氏一統志冠軍故城今河南南陽府鄧州西北四十里已氏故城今山東曹州府曹縣東南太和五年加沖號曰鄧哀王景初元年琮坐於中尚方作禁物通典云漢末分尚方爲中左右三尚方沈欽韓曰續漢志尚方令掌上手工作御刀劍諸好器物削戶三百貶爵爲都鄉侯三年復爲已氏公正始七年轉封平陽公平陽見武紀卷首景初正元景元中累增邑幷前千九百戶

彭城王據建安十六年封范陽侯范陽見武紀建安十六年范陽侯食邑五千戶見武紀注引魏書二十二年徙封宛侯黃初二年進爵爲公三年爲章陵王其年徙封義陽文帝以南方下溼又以環太妃彭城人徙封彭城又徙封濟陰五年詔曰先王建國隨時而制漢祖增秦所置郡至光武以天下損耗幷省郡縣以今比之益不及焉其改封諸王皆爲縣王據改封定陶縣太和六年改封諸王皆以郡爲國此爲曹魏郡國沿革一大變遷互見明紀太和六年然文紀黃初五年何以不書據復封彭城南陽郡治宛見武紀卷首章陵見武紀建安二年彭城見武紀建安三年濟陰郡治定陶見武紀初平四年郡國志荊州南陽郡平氏文帝黃初中分平氏縣立義陽縣一統志義陽故城今南陽府桐柏縣東平氏故城今桐柏縣西景初元年據坐私遣人詣中尚方作禁物削縣二千戶

列書載璽書曰宋本列作魏官本考證曰列書疑作魏書制詔彭城王有司奏王遣司馬董和齎珠玉來到京師中尚方多作禁物交通工官出入近署踰侈非度慢令違制繩王以法朕用憮然不寧于心王以懿親之重處藩輔之位典籍日陳於前勤誦不輟於側加雅素奉修恭肅敬慎務在蹈道孜孜不衰豈忘率意正身考終厥行哉若然小疵或謬於細人忽不覺悟以斯爲失耳書云惟聖罔念作狂惟狂克念作聖尚書多方篇之詞孔傳曰惟聖人無念於善則爲狂人惟狂人能念於善則爲聖人古人垂誥乃至於此故君子思心無斯須遠道焉常慮所以累德者而去之則德明矣開心所以爲塞者而通之則心夷矣愼行所以爲尤者而修之則行全矣三者王之所能備也今詔有司宥王削縣二千戶以彰八柄與奪之法周禮天官以八柄詔王馭羣臣昔羲文作易著休復之誥馮本誥作語仲尼論行既過能改王其改行茂昭斯義率意無怠

三年復所削戶邑錢大昭曰據子琮爲沖後範爲整後（弼按應作子整）非必無子者也本傳不言薨於何時子某嗣恐有脫文沈家本曰此傳諸王薨于魏世者皆書謚其不書謚者據及燕王宇趙王幹楚王彪樂陵王茂也楚王彪以罪自殺故無謚其餘不書謚者皆逮及晉世故本傳無薨年及子某嗣之文非有奪也惟趙王幹薨於景元二年見三少帝紀而傳不書薨年子嗣則眞缺文也弼按範第闡見郿戴公子整傳又按司馬師廢齊王芳欲立彭城王據見齊王紀嘉平六年注引魏略正元景元中累增邑幷前四千六百戶

燕王宇字彭祖建安十六年封都鄉侯二十二年改封魯陽侯黃初二年進爵爲公三年爲下邳王五年改封單父縣太和六年改封燕王魯陽見劉表傳下邳見武紀初平四年廣陽郡治薊見曹仁傳廣陽本燕國後國除作郡三國魏復爲燕國郡國志兗州濟陰郡單父一統志單父故城今山東曹州府單縣南一里趙一淸曰寰宇記鄴陵縣魏燕王臺魏文帝封弟燕王宇於鄴陵居此城築臺於城中今呼爲燕王臺一淸按任城王封鄴陵侯燕王宇未嘗封鄴陵侯蓋記者之誤也明帝少與宇同止常愛異之及卽位寵賜與諸王殊靑龍三年徵入朝景初元年還鄴二年夏復徵詣京都冬十二月明帝疾

篤拜宇爲大將軍屬以後事受署四日明帝景初二年十二月辛巳以燕王宇爲大將軍甲申免凡四日宇深固讓帝意亦變遂免宇官詳見明紀注引漢晉春秋及劉放傳燕王之退曹爽司馬懿之進關繫魏之存亡裴松之已論之矣三年夏還鄴景初正元景元中累增邑并前五千五百戶常道鄉公奐宇之子入繼大宗毛本大誤作太梁章鉅曰奐既入繼大宗本傳不言薨於何時子某嗣此與彭城王傳同一疏脫也沈家本曰說已見前且宇爲常道鄉公之父故三少帝紀於燕王表賀稱臣詳載有司平議苟薨於魏世不應不書也梁氏於趙王傳之疏漏未曾糾及而此傳及彭城王傳反議之何也李慈銘曰通典卷九十三晉武帝咸寧四年陳留國上燕公是王之父王出奉命於帝祖今於王爲從祖父有司奏應服周不以親疏尊卑爲降詔曰王奉魏氏所承者重不得服其私親是宇入晉降封燕公至晉咸寧始薨也弼按晉書武帝紀泰始元年封魏帝爲陳留王魏氏諸王皆降爲縣侯梁氏論陳志不書薨於何時子某嗣殆未詳考耳

沛穆王林建安十六年封饒陽侯饒陽見武紀建安十六年饒陽侯食邑五千戶見武紀注引魏書錢大昕曰武帝紀注引魏書封子豹爲饒陽侯又魏略云杜夫人生沛王豹（見文選注）而此傳亦稱林爲杜夫人生是林一名豹猶趙王幹一名良也弼按陸機弔魏武帝文云持姬女而指季豹以示四子曰以累汝因泣下注引魏略云太祖杜夫人生沛王豹及高城公主二十二年徙封譙黃初二年進爵爲公三年爲譙王五年改封譙縣七年徙封鄄城太和六年改封沛景初正元景元中累增邑并前四千七百戶林薨子緯嗣林薨於甘露元年正月乙巳見高貴鄉公紀林尙有子贊壹見濟陽懷王玹傳沈家本曰書林薨而不言何年缺文也林於甘露元年薨則不得云景元中增邑傳文有舛誤以陳留恭王峻傳例之當云甘露元年薨子緯嗣景初正元景元中累增邑并前四千七百戶

案嵇氏譜嵇康妻林子之女也嵇氏譜隋唐志不著錄康事見王粲傳及注

中山恭王袞建安二十一年封平鄉侯郡國志冀州鉅鹿郡平鄉一統志平鄉故城今直隸順德府平鄉縣西北少好學年十餘歲藝文年作生能屬文每讀書文學左右王國之文學也常恐以精力爲病數諫止之然性所樂不能廢也二十二年徙封東鄉侯東鄉見曹眞傳其年又改封贊侯郡國志有兩酇一爲豫州沛國酇一爲荊州南陽郡酇魏國既建分沛國爲譙郡比豐沛故還用王觀陳羣劉放爲酇令則曹袞所封者當爲南陽郡之酇一統志故城今湖北襄陽府光化縣北互見酇哀王協傳黃初二年進爵爲公官屬皆賀袞曰夫生深宮之中不知稼穡之艱難多驕逸之失諸賢既慶其休宜輔其闕每兄弟游娛袞獨覃思經典宋本覃作譚官本考證曰譚疑當作覃文學防輔相與言曰胡三省曰防輔者言防其爲非而輔之以正也晉百官志王國置師友文學各一人防輔不書者魏氏防制藩國過差晉武帝懲其失而不置也潘眉曰魏制諸王在國禁防嚴密朝廷特設防輔監國之官以伺察之此文學防輔是也受詔察公舉錯有過當奏及有善亦宜以聞毛本及誤作反不可匿其美也遂共表稱陳袞美袞聞之大驚懼責讓文學曰修身自守常人之行耳而諸君乃以上聞是適所以增其負累也且如有善何患不聞而遽共如是是非益我者胡三省曰袞之言漢北海王睦之故智也其誠愼如此馮本誠作戒三年爲北海王郡國志青州北海國其年黃龍見鄴西漳水袞上書贊頌詔賜黃金十斤詔曰昔唐叔歸禾御覽八百三十九尙書微子之命曰唐叔得禾異畝同穎獻諸天子王命唐叔歸周公於東作歸禾藝文類聚八十五同無微子之命四字東平獻頌范書東平王蒼傳云帝以所作光武本紀示蒼蒼因上光武受命中興頌帝甚善之以其文典雅特令校郎賈逵爲之訓詁斯皆骨肉贊美以彰懿親王研精墳典耽味道眞文雅煥炳朕甚嘉之王其克愼明德以終令問官本問作聞四年改封贊王七年徙封濮陽東郡治濮陽見武紀太和二年就國尙約儉教勑妃妾紡績織紝習爲家人之事何焯曰袞卷首保身之符勝於陳思也五年冬入朝六年改封中山郡國志冀州中山國初袞來朝犯京都禁靑龍元年有司奏袞詔曰王素敬愼邂逅至此其以議親之典議之有司固執詔削縣二戶七百五十

魏書載璽書曰制詔中山王有司奏王乃者來朝犯交通京師之禁朕惟親親之恩用寢吏議然法者所與天下共也不可得廢今削王縣二戶七百五十夫克己復禮聖人

稱仁朝過夕改君子與之王其戒諸無貳咎悔也 青龍二年賜趙王幹璽書云楚中山並犯交通之禁見後 袞憂懼戒敕官屬愈謹帝嘉其意二年復所削縣三年秋袞得疾病詔遣太醫視疾殿中虎賁齎手詔賜珍膳相屬又遣太妃沛王林並就省疾 太妃杜夫人也林與袞同母 袞疾困敕令官屬曰吾寡德忝寵大命將盡吾既好儉而聖朝著終誥之制爲天下法吾氣絕之日自殯及葬務奉詔書昔衞大夫蘧瑗葬濮陽吾望其墓常想其遺風願託賢靈以廞髮齒營吾兆域必往從之禮男子不卒婦人之手亟以時成東堂堂成名之曰遂志之堂輿疾往居之又令世子曰汝幼少未聞義方早爲人君但知樂不知苦不知苦必將以驕奢爲失也接大臣務以禮雖非大臣老者猶宜答拜 元本無老字 事兄以敬恤弟以慈兄弟有不良之行當造膝諫之諫之不從流涕喻之喻之不改乃白其母若猶不改當以奏聞并辭國土與其守寵罹禍不若貧賤全身也此亦謂大罪惡耳其微過細故當掩覆之嗟爾小子慎修乃身奉聖朝以忠貞事太妃以孝敬閨闈之內奉令于太妃閫閾之外受教於沛王無怠乃心以慰予靈其年薨 明紀青龍三年冬十月已酉薨 詔沛王林留訖葬使大鴻臚持節典護喪事宗正弔祭贈賵甚厚凡所著文章二萬餘言才不及陳思王而好與之侔 郝書好下有學字孟德諸子皆善文章子建尚有集袞則所著無傳僅存傳中二令殆亦有幸有不幸邪惟一則登魚山而感喟一則依賢靈爲兆域寄託微尚亦可嘅也或曰文若陳思行若中山眞爲魏宗之美 子孚嗣景初正元景元中累增邑并前三千四百戶

濟陽懷王玹建安十六年封西鄉侯 班書地理志涿郡西鄉侯國王先謙曰續志後漢省一統志西鄉故城今

涿州西北 早薨無子二十年以沛王林子贊襲玹爵邑早薨無子文帝復以贊弟壹紹玹後黃初二年改封濟陽侯 郡國志兗州陳留郡濟陽一統志濟陽故城在儀封縣北李兆洛曰在今河南開封府蘭儀縣北五十里謝鍾英曰儀封縣今爲儀封鄉濟陽當在今山東曹州府菏澤縣西南九十里儀封鄉之北 四年進爵爲公太和四年追進玹爵謚曰懷公六年又進號曰懷王追謚贊曰西鄉哀侯壹薨謚曰悼公子恒嗣景初正元景元中累增邑并前千九百戶

陳留恭王峻字子安建安二十一年封鄘侯二十二年徙封襄邑黃初二年進爵爲公三年爲陳留王 鄘見董卓傳襄邑見武紀初平四年 五年改封襄邑縣太和六年又封陳留甘露四年薨子澳嗣景初正元景元中累增邑并前四千七百戶

范陽閔王矩早薨無子建安二十二年以樊安公均子敏奉矩後 建安二十二年均尚未死不應稱樊安公均如濟陽懷王玹傳稱沛王林不稱沛穆王林其例也 封臨晉侯 郡國志司隸左馮翊臨晉王先謙曰三國魏馮翊郡自建安初移治臨晉一統志臨晉故城今陝西同州府治 黃初三年追封謚矩爲范陽閔公 范陽見彭城王據傳 五年改封敏范陽王七年徙封句陽 郡國志兗州濟陰郡句陽一統志句陽故城今山東曹州府菏澤縣北句陽店 太和六年追進矩號曰范陽閔王改封敏琅邪王 郡國志徐州琅邪國 景初正元景元中累增邑并前三千四百戶敏薨謚曰原王 原或校改作元 子焜嗣

趙王幹建安二十年封高平亭侯二十二年徙封賴亭侯 方輿紀要卷五十賴亭在河南光州商城縣南春秋時賴國 其年改封弘農侯 弘農郡治弘農見武紀卷首 黃初二年進爵徙封燕公

魏略曰幹一名良良本陳妾子良生而陳氏死太祖令王夫人養之良年五歲而太祖疾困遺令語太子言此兒三歲亡母五歲失父以累汝也（錢大昕曰魚豢書稱良五歲失父當生于建安二十一年丙申矣然二十年已封亭侯則五歲之說未得其實裴松之言楚王彪大幹二十歲據彪以嘉平三年賜死年五十七推其生年當在興平二年乙亥幹少于彪二十歲當以建安二十年乙未生也侯康曰陸士衡弔魏武帝文云持姬女而指季豹以示四子曰以累汝因泣下與此文合則季豹疑卽幹之小名也而李善注引魏略云太祖杜夫人生沛王豹攷魏志沛穆王林建安十六年封饒陽侯本不名豹且建安十六年已受封則曹公薨時年未甚幼累汝之言似亦未合魏略誤也武紀注引魏書封豹爲饒陽侯誤與魏略同當以陸士衡之文正之後漢書考異疑林一名豹恐非）太子由是親待隆於諸弟良年小常呼文帝爲阿翁帝謂良曰我汝兄耳文帝又愍其如是每爲流涕 臣松之案此傳以母貴賤爲次不計兄弟之年故楚王彪年雖大傳在幹後尋朱建平傳知彪大幹二十歲

三年爲河間王五年改封樂城縣七年徙封鉅鹿（河閒國治樂成見武紀建安九年郡國志冀州鉅鹿郡鉅鹿一統志鉅鹿故城今直隸順德府平鄉縣治）太和六年改封趙王（郡國志冀州趙國）幹母有寵於太祖及文帝爲嗣幹母有力文帝臨崩有遺詔是以明帝常加恩意靑龍二年私通賓客爲有司所奏賜幹璽書誡誨之曰易稱開國承家小人勿用（易師卦之詞）詩著大車惟塵之誡（詩小雅無將大車維塵冥冥鄭箋云冥冥者蔽人目明令無所見也猶進舉小人蔽傷己之功德也）自太祖受命創業深覩治亂之源鑒存亡之機初封諸侯（馮本侯誤作候）訓以恭慎之至言輔以天下之端士常稱馬援之遺誡重諸侯賓客交通之禁乃使與犯妖惡同夫豈以此薄骨肉哉徒欲使子弟無過失之愆士民無傷害之悔耳高祖踐阼（高祖謂文帝也見明紀景初元年）祗愼萬機申著諸侯不朝之令朕感詩人常棣之作嘉采薇之義（毛詩小雅序曰常棣宴兄弟也閔管蔡之失道故作常棣也采薇刺幽王也侮慢諸侯諸侯來朝不能錫命以禮數徵會之而無信義君子見微而思古焉）亦

緣詔文曰若有詔得詣京都故命諸王以朝聘之禮而楚中山並犯交通之禁趙宗戴捷咸伏其辜近東平王復使屬官毆壽張吏（說文毆捶擊物也東平靈王傳作撾）有司舉奏朕裁削縣令有司以曹纂王喬等（何焯校改令作今曹纂見曹休傳）因九族時節集會王家或非其時皆違禁防朕惟王幼少有恭順之素加受先帝顧命欲崇恩禮延乎後嗣況近在王之身乎且自非聖人孰能無過已詔有司宥王之失古人有言戒愼乎其所不睹恐懼乎其所弗聞莫見乎隱莫顯乎微故君子愼其獨焉（中庸之詞）叔父茲率先聖之典以纂乃先帝之遺命戰戰兢兢靖恭厥位稱朕意焉景初正元景元中累增邑幷前五千戶（李慈銘曰按帝紀景元二年八月戊寅趙王幹薨此失載且幹應有謚及嗣子皆傳寫所脫沈家本說同）

臨邑殤公子上早薨太和五年追封謚無後（郡國志兗州東郡臨邑一統志臨邑故城今山東泰安府東阿縣北）

楚王彪字朱虎建安二十一年封壽春侯（九江郡治壽春見武紀初平四年）黃初二年進爵徙封汝陽公（汝陽見袁紹傳）三年封弋陽王（郡國志豫州汝南郡弋陽魏改屬弋陽郡一統志弋陽故城今河南光州西）其年徙封吳王（吳郡治吳見曹休傳按其地屬吳當爲僑置又按陳思王傳注引魏氏春秋黃初四年同朝京師史未書）五年改封壽春縣七年徙封白馬（白馬見武紀建安五年又見袁紹傳寰宇記魏黃初七年封壽春王彪爲白馬王移於韋城北五里韋城在白馬東南六十里趙一淸曰寰宇記卷六十三深州饒陽縣枯白馬渠在縣南一名黃河今名白馬瀆上承滹沱河東流入下博界故瀆李公緒趙記云此白馬渠魏白馬王彪所鑿弼按深州饒陽後漢屬冀州安平國桓帝以後爲博陵郡與兗州東郡之白馬縣相距極遠渺不相涉殆因白馬二字而誤耳且曹魏限制藩王極嚴觀子建贈白馬王詩可見豈能越境而治饒陽之河渠乎可決知其誤也趙一淸洪亮吉謝鍾英均采其說訛誤相沿特爲辨正之）太和五年冬朝京都六年改封楚（楚國詳見蔣濟傳錢大昕曰漢之楚國治彭城魏之楚國蓋治壽春卽漢九江郡也黃初二年

封子邕爲淮南公以九江郡爲國三年進爵爲王明年邕徙封陳當卽爲淮南郡矣太和六年彪封楚王又改郡爲楚國彪王二十年以罪廢復爲郡也謝鍾英曰魏以漢揚州九江郡爲淮南國後改楚國又爲淮南郡國志所書九江楚國淮南皆據當時之名也初彪來朝犯禁元年錢大昕曰當是青龍元年史脫青龍二字錢大昭曰趙王幹傳云楚中山並犯交通之禁中山獲咎在青龍元年此元年上疑脫青龍二字爲有司所奏詔削縣三戶千五百二年大赦復所削縣景初三年增戶五百并前三千戶嘉平元年錢大昭曰彪有罪賜死本紀在嘉平三年此作元年誤弼按彪自殺雖在三年然據王淩傳發謀實在元年晉書宣紀亦云二年謀立楚王是傳文不誤惟下文就國案驗應書三年也兗州刺史令狐愚與太尉王淩謀迎彪都許昌語在淩傳乃遣傳及侍御史就國案驗收治諸相連及者廷尉請徵彪治罪於是依漢燕王旦故事使兼廷尉大鴻臚持節賜彪璽書切責之使自圖焉

孔衍漢魏春秋載璽書曰夫先王行賞不遺仇讎用戮不違親戚至公之義也故周公

流涕而決二叔之罪管叔蔡叔也孝武傷懷而斷昭平之獄漢書東方朔傳隆慮公主子昭平君尚帝女夷安公主昭平君日驕醉殺主傅獄繫內官以公主子廷尉上請請論上垂涕歎息良久曰法令者先帝所造也用弟故而誣先帝之法吾何面目入高廟乎又下負萬民迺可其奏哀不能自止左右盡悲古今常典也惟王國之至親作藩于外不能祇奉王度表率宗室而謀于姦邪乃與太尉王淩兗州刺史令狐愚搆通邪謀宋本搆作構邪作逆圖危社稷有悖忒之心無忠孝之意宗廟有靈王其何面目以見先帝朕深痛王自陷罪辜既得王情深用憮然馮本憮作撫誤有司奏王當就大理朕惟公族甸師之義周禮天官甸師王之同姓有辠則死刑焉鄭司農曰王同姓有罪當刑者斷其獄於甸師之官也文王世子曰公族有死罪則罄於甸人不忍肆王市朝故遣使者賜書王自作孽匪由于他燕刺之事漢燕刺王旦謀反賜死宜足以觀王其自圖之

彪乃自殺彪死年五十七見朱建平傳晉書宣帝紀收王淩餘黨皆夷三族並殺彪悉錄魏王公置于鄴命有司監察不得交關妃及諸子皆免爲庶人徙平原彪之官屬以下及監國謁者坐知情無輔導之義皆伏誅國除爲淮南郡詔曰宋本詔曰上有正元元年四字吳本毛本失之故楚王彪背國附姧身死嗣替雖自取之猶哀矜焉夫含垢藏疾親親之道也其封彪世子嘉爲常山眞定王眞定見張燕傳錢大昭曰嘉以罪人之子紹封不應獨得二大郡疑有衍文弼按漢魏時眞定爲常山國之一縣非郡也錢說誤景元元年增邑并前二千五百戶

臣松之案嘉入晉封高邑公嘉事見晉書曹志傳本志陳思王傳注曹志別傳引之元康中與石崇俱爲國子博士嘉後爲東莞太守東莞見夏侯玄傳馮本莞作筦誤崇爲征虜將軍監青徐軍事屯於下邳嘉以詩遺崇曰文武應時用兼才在明哲嗟嗟我石生爲國之俊傑入侍於皇闈出則登九列威檢肅青徐風發宣吳裔疇昔謬同位情至過魯衛分離踰十載思遠心增結願子鑒斯誠寒暑不踰契崇答曰昔常接羽儀俱游青雲中敦道訓冑子儒化涣以融同聲無異響馮本響作嚮故使恩愛隆豈惟敦初好款分在令終孔不陋九夷老氏適

西戎逍遙滄海隅可以保王躬世事非所務周公不足夢玄寂令神王是以守至沖王隱晉書載吏部郎李重啓云魏氏宗室屈滯每聖恩所存東莞太守曹嘉才幹學義不及志翕志陳思王植子翕東平靈王徽子而良素修潔性業踰之又已歷二郡臣以爲優先代之後可以嘉爲員外散騎侍郎

剛殤公子勤郡國志兗州濟北國剛一統志剛縣故城今山東兗州府寧陽縣東北三十五里謝鍾英曰洪氏從晉志作剛父非早薨太和五年追封謚無後

穀城殤公子乘漢魏時有兩穀城一爲司隸河南尹之穀城一爲兗州東郡之穀城二者未知孰是早薨太和五年追封謚無後

郿戴公子整郿見董卓傳奉從叔父郎中紹後趙一清曰陳思王集釋思賦序家弟出養族父郎中伊余以兄弟之愛心有戀然作此賦以贈之弼按武紀建安八年爲子整與袁譚結婚九年責譚負約與之絕婚建安二十二年封郿侯

二十三年薨無子黃初二年追進爵諡曰戴公吳本毛本無爵字誤以彭城王據子範奉整後三年封平氏侯平氏見前彭城王據傳四年徙封成武郡國志兗州濟陰郡成武一統志成武故城今山東曹州府成武縣治太和三年進爵爲公青龍三年薨諡曰悼公無後四年詔以範弟東安鄉公闡爲郿公奉整後正元景元中累增邑幷前千八百戶

靈殤公子京早薨太和五年追封諡無後郡國志冀州清河國靈一統志靈縣故城今山東東昌府高唐州西南

樊安公均奉叔父薊恭公彬後均取張繡女見繡傳建安二十二年封樊侯二十四年薨子抗嗣黃初二年追進公爵諡曰樊安公趙一清曰郡國志任城國樊則樊是封邑安其諡也此樊字衍弼按局本無樊字一統志樊縣故城今山東兗州府滋陽縣西南三年徙封抗薊公廣陽郡治薊見曹仁傳抗字未詳疑誤四年徙封屯留公郡國志幷州上黨郡屯留一統志屯留故城今山西潞安府屯留縣南十里景初元年薨諡曰定公子諶嗣景初正元景元中累增邑幷前千九百戶均子琬襲昂爵爲豐王均子敏爲矩後封范陽王

廣宗殤公子棘廣宗見文德郭皇后傳早薨太和五年追封諡無後

東平靈王徽奉叔父朗陵哀侯玉後玉各本皆作王官本考證云王一本作玉趙一清曰王字衍孫志祖曰王當作玉朗陵哀侯名傳寫誤耳建安二十二年封歷城侯高堂隆爲歷城侯徽文學徽遭喪不哀隆以正義諫見隆傳郡國志青州濟南郡歷城一統志歷城故城今山東濟南府歷城縣治西黃初二年進爵爲公三年爲廬江王郡國志揚州廬江郡三國魏吳分據並置郡四年徙封壽張王壽張見武紀初平三年五年改封壽張縣太和六年改封東平青龍二年徽使官屬撾壽張縣吏爲有司所奏詔削縣一戶五百其年復所削縣正始三年薨子翕嗣景初正元景元

中累增邑幷前三千四百戶

臣松之案翕入晉封廩丘公魏宗室之中名次鄄城公至泰始二年至當作志曹植子志晉封鄄城公見前翕遣世子琨奉表來朝詔曰翕秉德履道魏宗之良今琨遠至其假世子印綬加騎都尉賜服二具何焯校改作賜朝服宋本二作一錢十萬隨才敘用翕撰解寒食散方與皇甫謐所撰並行於世梁章鉅曰隋書經籍志梁有皇甫謐曹歙論寒食散方二卷卽此然則翕亦作歙也

樂陵王茂建安二十二年封萬歲亭侯二十三年改封平輿侯黃初三年進爵徙封乘氏公七年徙封中丘茂性傲佷毛本佷作很少無寵於太祖及文帝世又獨不王太和元年徙封聊城公汝南郡治平輿見武紀卷首乘氏見武紀中平元年郡國志冀州趙國中丘兗州東郡聊城一統志中丘故城今直隸順德府內丘縣西聊城故城今山東東昌府聊城縣西北十五里其年爲王詔曰昔象之爲虐至甚而大舜猶侯之有鼻近漢氏淮南阜陵皆爲亂臣逆子而猶或及身而復國或至子而錫土有虞建之于上古漢文明章行之乎前代斯皆敦敘親親之厚義也聊城公茂少不閑禮教長不務善道先帝以爲古之立諸侯也皆命賢者故姬姓有未必侯者沈欽韓曰荀子儒效篇周公兼制天下立七十一國姬姓獨居五十三人周之子孫苟不狂惑者莫不爲天下顯諸侯按此則姬姓固有未封者也是以獨不王茂太皇太后數以爲言如聞茂頃來少知悔昔之非錢大昭曰如疑當作加周壽昌曰如聞猶恍惚聞之也此二字唐以後詩文多用之五代史梁末帝賜劉鄩詔如聞寇敵兵不多唐莊宗詔如聞前例各有進獻皆詔中語疑亦本此欲修善將來君子與其進不保其往也合封茂爲聊城王宋本合作今以慰太皇太后下流之念封策備極醜語欲榮反辱何也下流解見闞溫傳周壽昌曰下流或謂是爰有寒泉在浚之下詩語截用之然亦不能用下流兩字壽昌案吳志孫登傳登弟慮死登泣諫權有曰陛下而以下流之念減損大殺饌過於禮制登臨終上疏有曰願陛下棄忘臣身割下流之恩是下流訓爲子孫必魏晉間有此語樂陵王茂爲文帝同產弟明帝以卞太后言封之故稱下流之念也六年改封曲陽王郡國志徐

州下邳國曲陽一統志曲陽故城今江蘇海州西南趙一淸引常山郡上曲陽鉅鹿郡下曲陽誤 正始三年東平靈王薨茂
稱噎痛不肯發哀居處出入自若有司奏除國土詔削縣一戶五百
五年徙封樂陵郡國志靑州平原郡樂陵漢末置郡三國魏因屬冀州一統志樂陵故城今山東武定府樂陵縣西南三十里 詔以
茂租奉少諸子多復所削戶又增戶七百嘉平正元景元中累增邑
幷前五千戶
文皇帝九男甄氏皇后生明帝以卞皇后生文帝例之氏字疑衍文甄后又生東鄉公主見甄后傳蔣超伯曰陳思王集有仲雍哀詞云曹喈字仲雍魏太子之仲也三月而生五月而亡魏志文帝九男明帝而下無仲雍蓋殤稚即夭未就封國故削去 李貴人生贊
哀王協郭后傳注引魏略甄后臨沒以明帝屬李夫人未知即李貴人否又按甄后傳有郭后李陰貴人此則李貴人生子郭陰無出 潘淑媛
生北海悼王蕤朱淑媛生東武陽懷王鑒仇昭儀生東海定王霖徐
姬生元城哀王禮蘇姬生邯鄲懷王邕張姬生淸河悼王貢宋姬生

廣平哀王儼文帝尙有柴貴人見郭后傳注引魏略又按山陽公二女傳中不載當爲無出
贊哀王協贊縣見前中山恭王衮傳漢魏時有兩酇縣一讀曰嵯即豫州沛國之酇縣魏屬譙郡一讀曰贊即荆州南陽郡之酇縣魏屬南鄉郡晉屬順陽郡謝鍾英謂衮協所封爲譙郡之酇吳增僅謂爲南陽郡之酇然以吳說爲是 早薨太和五年追封諡曰經殤公
靑龍二年更追改號諡吳本改作以毛本改作故均誤錢大昭曰協之封贊已是追封不聞改封於經疑經字衍周壽昌曰傳明曰追封諡曰經殤公靑龍二年更追改號諡是始追封於經爵爲公後更追改封於贊爲王改諡爲哀也經字非衍案後漢書桓帝紀建和二年立安平王得子經侯理爲甘陵王章懷注經今貝州經城縣郡國志安平國屬縣第八爲經縣一統志經縣故城今直隸順德府廣宗縣東 三年子殤王尋嗣景
初三年增戶五百幷前三千戶正始九年薨毛本始作年誤 無子國除
北海悼王蕤黃初七年明帝卽位立爲陽平縣王此與徐晃所封之陽平侯非同一地故特書陽平縣王以別之又按文帝黃初五年改封諸王皆爲縣王見前彭城王據傳郡國志兗州東郡陽平三國魏置郡屬冀州一統志陽平故城今山東東昌府莘縣治
太和六年改封北海靑龍元年薨二年以琅邪王子贊奉蕤後錢大昭曰魏惟范陽閔王矩之嗣王敏於太和六年改封琅邪此琅邪王子卽敏之子也子贊上當有敏字弼按沛王林子亦名贊見濟陽懷王玹傳 封昌鄉公
景初二年立爲饒安王饒安見文紀延康元年 正始七年徙封文安郡國志冀州河間國文安三國魏改屬章武郡一統志文安故城今直隸順天府文安縣東 正元景元中累增邑幷前三千五百
戶
東武陽懷王鑒東武陽見武紀初平二年 黃初六年立其年薨靑龍三年賜諡無
子國除
東海定王霖黃初三年立爲河東王郡國志司隸河東郡三國魏改屬司州 六年改封館
陶縣郡國志冀州魏郡館陶三國魏改屬陽平郡李兆洛云館陶故城今山東東昌府館陶縣西南五見明紀黃初二年 明帝卽位以
先帝遺意愛寵霖異於諸國而霖性麤暴閨門之內宋本閨作閤 婢妾之
聞多所殘害太和六年改封東海郡國志徐州東海郡魏改爲國 嘉平元年薨齊王紀嘉平二

年十二月甲辰東海王霖薨此作元年誤 子啓嗣景初正元景元中累增邑幷前六千二百
戶高貴鄉公髦霖之子也入繼大宗
元城哀王禮黃初二年封秦公以京兆郡爲國三年改爲京兆王明紀注引魏略云文帝有意欲以京兆王爲嗣故久不拜太子 六年改封元城王太和三年薨五年以任城
王楷子悌嗣禮後六年改封梁王洪亮吉補三國疆域志豫州梁郡謝鍾英曰曹悌封梁王應作梁國寰宇記自漢至晉爲梁國是也洪氏云梁郡誤弼按司馬芝傳梁郡有繫囚盧毓傳毓爲梁譙二郡太守是太和六年以前梁固郡也 景初正元景元中
累增邑幷前四千五百戶
邯鄲懷王邕黃初二年封淮南公以九江郡爲國三年進爲淮南王淮南見楚王彪傳 四年改封陳陳見曹植傳 六年改封邯鄲邯鄲見武紀建安九年 太和三年
薨沈家本曰邯鄲及下淸河廣平二王紀不書薨 五年以任城王楷子溫嗣邕後六年改封魯

陽魯陽見劉表傳景初正元景元中累增邑幷前四千四百戶

清河悼王貢郡國志冀州清河國黃初三年封四年薨無子國除

廣平哀王儼黃初二年以魏郡西部置廣平郡黃初三年封四年薨無子國除明帝男女此傳未載今據見於紀傳者彙注於此明紀卷首黃初七年八月立皇子冏爲清河王十月薨太和二年九月立皇子穆爲繁陽王三年六月薨太和五年七月皇子殷生六年五月薨追封諡安平哀王靑龍三年立皇子芳爲齊王詢爲秦王夏侯玄傳注引魏書李豐子韜尙公主通鑑豐子韜以選尙齊長公主胡三省曰齊主蓋明帝女晉書任愷傳愷尙魏明帝女本志甄后傳太和六年明帝愛女淑薨追封諡淑爲平原懿公主互見陳羣傳

評曰魏氏王公既徒有國土之名而無社稷之實又禁防壅隔同於囹圄位號靡定大小歲易骨肉之恩乖常棣之義廢爲法之弊一至于此乎

袁子曰袁子正論詳見袁渙傳注引袁氏世紀沈家本曰隋志袁子正論十九卷袁準撰梁又有袁子正書二十五卷袁準撰亡二唐志正論二十卷正書二十五卷是正書先亡後出矣文選注中二書並引也準字孝尼袁渙子見魏袁渙傳注引袁氏世紀云著書十餘萬言論治世之要晉書附見袁瓌傳裴氏但稱袁子所引多評論之語當是正論文選注引之亦但稱袁子魏興承大亂之後民人損減不可則以古始於是封建侯王皆使寄地空名而無其實王國使有老兵百餘人以衞其國雖有王侯之號而乃儕于匹夫縣隔千里之外無朝聘之儀鄰國無會同之制諸侯游獵不得過三十里又爲設防輔監國之官以伺察之防輔見中山恭王袞傳王侯皆思爲布衣而不能得既違宗國藩屛之義又虧親親骨肉之恩魏氏春秋載宗室曹冏上書曰臣聞古之王者必建同姓以明親親必樹異姓以明賢賢故傳曰庸勳親親昵近尊賢書曰克明峻德宋本峻作俊以親九族詩云懷德維寧宗子維城由是觀之非賢無與興功非親無與輔治夫親親之道專用則其漸也微弱賢賢之道偏任則其弊也劫奪先聖知其然也故博求親疏而並用之近則有宗盟藩衞之固遠則有仁賢輔弼之助盛則有與共其治

衰則有與守其土安則有與享其福危則有與同其禍夫然故能有其國家保其社稷歷紀長久本枝百世也今魏尊尊之法雖明親親之道未備詩不云乎鶺鴒在原兄弟急難以斯言之明兄弟相救於喪亂之際同心於憂禍之間雖有鬩牆之忿不忘禦侮之事何則憂患同也今則不然或任而不重或釋而不任一旦疆場稱警關門反拒股肱不扶胸心無衞臣竊惟此寢不安席思獻丹誠貢策朱闕謹撰合所聞敘論成敗參閱陳思王植傳注引孫盛論小注論曰文選題曰六代論謂夏殷周秦漢魏也昔夏殷周歷世數十而秦二世而亡何則三代之君與天下共其民故天下同其憂秦王獨制其民故傾危而莫救夫與民共其樂者人必憂其憂與民同其安者人必拯其危先王知獨治之不能久也故與人共治之知獨守之不能固也故與人共守之兼親疏而兩用參同異而並建是以輕重足以相鎭親疏足以相衞幷兼路塞逆節不生及其衰也桓文帥禮苞茅不貢齊師伐楚宋不城周晉戮其宰李善注引左傳曰齊侯伐楚楚子使與師言曰不虞君之涉吾地何故管仲對曰爾貢苞茅不入王祭不共無以縮酒寡人是徵又曰晉魏舒合諸侯之大夫于翟泉將以城成周宋仲幾不受功曰滕薛郳吾役也爲宋役亦職也士伯怒曰必以仲幾爲戮乃執仲幾歸諸京師王綱弛而復張諸侯傲而復肅二霸之後浸以陵遲吳楚憑江負固方城雖心希九鼎而畏迫宗姬姦情散於胸懷逆謀消於脣吻斯豈非信重親戚任用賢能枝葉碩茂本根賴之與自此之後轉相攻伐吳幷於越晉分爲三魯滅於楚鄭兼於韓李善注引史記曰越王句踐自會稽歸拊循其士民伐吳大破之吳王自殺又曰魏武侯韓哀侯趙敬侯滅晉後三分其地又曰楚考烈王伐滅魯又曰韓哀侯滅鄭幷其國暨于戰國諸姬微矣惟燕衞獨存然皆弱小西迫彊秦南畏齊楚憂懼滅亡文選憂懼作救於匪遑相恤至於王赧降爲庶人猶枝幹相持得居虛位海內無主四十餘年何焯曰四字從漢書諸侯王表當作三胡克家曰周赧王五十九年卒徐廣曰乙巳也自此歲至始皇二十六年庚辰始幷天下中閒固三十五年海內無主也秦據勢勝之地騁譎詐之術征伐關東蠶食九國官本考證曰蠶食元本作蠹食至於始皇乃定天位曠日若彼

用力若此豈非深根固蔕不拔之道乎易曰其亡其亡繫于苞桑周德其可謂當之矣周易否卦之辭也鄭玄曰苞植也否世之人不知聖人有命咸云其將亡矣其將亡矣而聖乃自繫于植桑不亡也王弼曰心存將危乃得固也秦觀周
之弊以爲小弱見奪於是廢五等之爵立郡縣之官棄禮樂之教任苛刻之政子弟無
尺寸之封功臣無立錐之地內無宗子以自毘輔外無諸侯以爲藩衛仁心不加於親
戚惠澤不流於枝葉譬猶芟刈股肱獨任胸腹浮舟江海捐棄楫櫂觀者爲之寒心而
始皇晏然自以爲關中之固金城千里子孫帝王萬世之業也豈不悖哉是時淳于越
諫曰臣聞殷周之王分子弟功臣文選分作封千有餘城城文選作歲六臣本作人胡克家曰元首此文出於史記
秦始皇本紀彼作歲又孝文本紀古者殷周有國皆千餘歲漢書作皆且千歲當時語自如此梁章鉅曰千有餘城句未協今陛下君有海內
而子弟爲匹夫卒有田常六卿之臣李善注史記齊簡公立田常闞止爲左右相田氏殺闞止簡公出奔田氏執簡公於徐州
遂殺之又曰晉昭公卒六卿彊公室卑六卿謂范氏中行氏智氏及趙韓魏也而無輔弼何以相救事不師古而能長久者
非所聞也始皇聽李斯偏說而絀其議至於身死之日無所寄付委天下之重於凡夫
之手託廢立之命於姦臣之口至令趙高之徒誅鉏宗室胡亥少習刻薄之教長遵凶
父之業不能改制易法寵任兄弟而乃師譚申商文選譚作讀諮謀趙高自幽深宮委政
讒賊毛本委作威誤身殘望夷求爲黔首豈可得哉李善曰史記二世齋望夷宮欲祠涇使使者責讓趙高以盜事高懼乃陰
與其女壻咸陽令閻樂謀易上樂前卽謂二世曰足下其自爲計二世曰願得妻子爲黔首閻樂麾其兵進二世自殺遂乃郡國離心衆庶
潰叛勝廣倡之於前劉項弊之於後文選弊作斃向使始皇納淳于之策抑李斯之論
割裂州國分王子弟封三代之後報功臣之勞士有常君民有定主枝葉相扶首尾爲
用雖使子孫有失道之行時人無湯武之賢姦謀未發而身已屠戮何區區之陳項而
復得措其手足哉故漢祖奮三尺之劍驅烏集之衆五年之中遂成帝業自開闢以來
其興立功勳未有若漢祖之易也夫伐深根者難爲功摧枯朽者易爲力理勢然也漢

監秦之失封殖子弟及諸呂擅權圖危劉氏而天下所以不傾動百姓所以不易心者
徒以諸侯彊大盤石膠固東牟朱虛齊悼惠王子章高后封爲朱虛侯章弟興居爲東牟侯受命於內齊代
吳楚作衛於外故也向使高祖踵亡秦之法忽先王之制則天下已傳非劉氏有也已疑
作一然高祖封建地過古制大者跨州兼郡小者連城數十上下無別權侔京室故有吳
楚七國之患賈誼曰諸侯彊盛長亂起姦夫欲天下之治安莫若衆建諸侯而少其力
令海內之勢若身之使臂臂之使指則下無背叛之心上無誅伐之事文帝不從至於
孝景猥用鼂錯之計削黜諸侯親者怨恨疏者震恐吳楚倡謀五國從風兆發高帝釁
鍾文景文選恐作怨帝作祖鍾作成由寬之過制急之不漸故也所謂末大必折尾大難掉尾同
於體猶或不從況乎非體之尾其可掉哉武帝從主父之策下推恩之令自是之後齊
分爲七趙分爲六淮南三割梁代五分遂以陵遲子孫微弱衣食租稅不預政事或以
酎金免削酎元本作酧吳本毛本作酧李善曰漢書列侯坐獻黃金酎祭宗廟不如法奪爵者百六人漢儀注王子爲侯侯歲以戶口酎黃金於漢廟皇
帝臨受獻金助祭大祀曰飲酎飲酎受金小不如斤兩色惡者王削縣侯免國或以無後國除至於成帝王氏擅朝劉向諫
曰臣聞公族者國之枝葉枝葉落則本根無所庇廕方今同姓疏遠母黨專政排擯宗
室孤弱公族非所以保守社稷安固國嗣也其言深切多所稱引成帝雖悲傷歎息而
不能用至於哀平異姓秉權假周公之事而爲田常之亂高拱而竊天位一朝而臣四
海漢宗室王侯解印釋紱貢奉社稷猶懼不得爲臣妾或乃爲之符命頌莽恩德豈不
哀哉由斯言之非宗子獨忠孝於惠文之閒而叛逆於哀平之際也徒權輕勢弱不能
有定耳賴光武皇帝挺不世之姿禽王莽於已成紹漢嗣於既絕斯豈非宗子之力也
文選也作邪而曾不監秦之失策襲周之舊制踵王國之法文選王作亡而徼倖無疆之期文選
徼作僥至於桓靈閹豎執衡朝無死難之臣外無同憂之國君孤立於上臣弄權於下

本末不能相御身首不能相使由是天下鼎沸姦凶並爭宗廟焚爲灰燼宮室變爲榛藪居九州之地而身無所安處悲夫魏太祖武皇帝躬聖明之資兼神武之略恥王綱之廢絕愍漢室之傾覆龍飛譙沛鳳翔兗豫埽除凶逆翦滅鯨鯢迎帝西京定都潁邑德動天地義感人神漢氏奉天禪位大魏大魏之興于今二十有四年矣何焯曰據云魏興二十四年則此論當在齊王芳正始四年上也又六年爲嘉平元年曹爽誅滅魏祚遂移 觀五代之存亡而不用其長策覩前車之傾覆而不改於轍迹子弟王空虛之地君有不使之民宗室竄於閭閻不聞邦國之政權均匹夫勢齊凡庶內無深根不拔之固外無磐石宗盟之助非所以安社稷爲萬世之業也且今之州牧郡守古之方伯諸侯皆跨有千里之土兼軍武之任或比國數人或兄弟並據而宗室子弟曾無一人閒廁其閒與相維持非所以彊幹弱枝備萬一之虞也文選虞作慮 今之用賢或超爲名都之主或爲偏師之帥而宗室有文者必限小縣之宰有武者必置百人之上使夫廉高之士畢志於衡軛之內李善曰衡軛車之衡軛也言王者之御羣臣猶人之御牛馬故以衡軛喻焉 才能之人恥與非類爲伍非所以勸進賢能褒異宗室之禮也夫泉竭則流涸根朽則葉枯枝繁者蔭根條落者本孤故語曰百足之蟲至死不僵馮本僵作殭 以扶之者衆也此言雖小可以譬大且墉基不可倉卒而成威名不可一朝而立皆爲之有漸建之有素譬之種樹久則深固其本根茂盛其枝葉若造次徙於山林之中植於宮闕之下雖壅之以黑墳煖之以春日猶不救於枯槁而何暇繁育哉夫樹猶親戚土猶士民毛本猶作有誤 建置不久則輕下慢上平居猶懼其離叛危急將若之何是以聖王安而不逸以慮危也存而設備以懼亡也故疾風卒至而無摧拔之憂天下有變而無傾危之患矣冏中常侍兄叔興之後少帝族祖也是時天子幼弱冏冀以此論感悟曹爽爽不能納趙一清曰百官志臣昭曰後漢彌循前迹本枝之援少固若使漢分兩越置二三親國剖吳楚樹數四列藩割

遼海而分皇枝開隴蜀而王子弟使主尊顯依漢初之貧民無定限許滋養之富若有昏虐之嗣可得廢而不得削必傳劉氏民信所奉發其侵伐兼并之釁啖其他族篡殺之科制其入貢輕重之法疏其來朝往復之數君君臣臣永許百世之期一國之民長無遷動之志四方得志聽離官列封懷賢抱智隨所適樂土彊弱相侔遠近相推舉其大歸略其小滯與其畫一班之海內天子之朝自非異姓僭奪不得興勤王之師諸藩國自非雜互篡主不降討伐之詔犬牙相經共爲嚴國雖王莽善盜將何因而敢竊曹操雄勇亦安能以得土斯無俟極聖然克行明賢蟲識亦足立故父子首足也昆弟四肢也當使筋骨髓血動靜足以相勝長短大小榦用足以相衞豈有割脛致腹取骨肉以增頭劃背露骨剝膏腴以裨領而謂顱顙魁岸可得比壽松喬喉咽擁腫必能長生久視哉漢氏得之微猶能四百載魏人失之甚不滿數十年一清案昭此論與冏書相發故附錄其切於漢魏之交者通鑑輯覽曰曹冏請建同姓與曹植求通親親名爲國計實濟私志然爾時司馬羽翼已成方且欲置諸王公于鄴矣冏奏非徒不足以瘉爽適足以忤懿耳

魏書二十　　三國志二十

王衞二劉傅傳第二十一

晉平陽侯相安漢陳壽撰

宋中書侍郎西鄉侯聞喜裴松之注

沔陽盧弼集解

王粲字仲宣山陽高平人也山陽高平見劉表傳惠棟曰酈元云有高平山縣取名焉曾祖父龔祖父暢惠棟曰司隸校尉魯峻碑作暘皆爲漢三公張璠漢紀曰龔字伯宗有高名於天下順帝時爲太尉范書王龔傳初舉孝廉稍遷青州刺史劾奏貪濁二千石數人安帝嘉之徵拜尙書擢司隸校尉遷汝南太守徵爲太僕轉太常遷司空拜太尉深疾宦官專權上書極言其狀在位五年以老病乞骸骨卒于家初山陽太守薛勤喪妻不哭將殯臨之曰幸不爲夭復何恨哉及龔妻卒龔與諸子並杖行服時人或兩譏焉沈欽韓曰薛勤慕莊子之達生判合之親喪同行路固可譏矣若龔率由典禮齊衰期杖十五月而禫期喪之重未有過於妻子者於龔何所譏乎周壽昌曰風俗通義云山陽太守薛恭祖喪其妻不哭臨殯於棺上大言自同恩好四十餘年服食祿賜男女成人幸不爲夭復何恨哉今相及也謹案禮爲適妻杖重於宗也妻者既齊於己垂統傳重其爲恩篤矣何有死喪之感終始永絕而曾無戚容此爲矯情僞之至也太尉山陽王龔與諸子並杖太傅汝南陳蕃袁隗皆制衰經列在服位躬入隧哀以送之近得禮中王龔諸子並杖亦過矣大約當時譏龔者譏其與諸子並杖行服不能列在服位也暢字叔茂名在八俊靈帝時爲司空范書王暢傳初舉孝廉辭病不就大將軍梁商特辟舉茂才四遷尙書令出爲齊相徵拜司隸校尉轉漁陽太守所在以嚴明爲稱坐事免官太尉陳蕃薦暢清方公正復爲尙書尋拜南陽太守奮厲威猛豪黨有釁者莫不糾發徵爲長樂衞尉遷司空數月以水災策免明年卒於家沈欽韓曰袁紀云暢與李膺等下獄誅訣以水災免而李膺亦免歸故郡二人以直道不容當時天下以暢膺爲高士諸危言危行之徒皆推宗之願涉其流惟恐不及會連有災異而言事者皆言三公非其人宜因其變以暢膺代之則禎祥必至由是宦豎深怨之及膺誅死而暢遂廢終于家互見劉表傳注引謝承漢書

父謙爲大將軍何進長史梁章鉅曰謙之歷官不可攷曹子建王仲宣誄云伊君顯考奕葉佐時入管機密朝政以治出臨朔岱庶績咸熙蓋亦當時一顯宦矣進以謙名公之胄欲與爲婚見其二子使擇焉謙弗許以疾免卒于家獻帝西遷粲徙長安左中郎將蔡邕見而奇之時邕才學顯著貴重朝廷常車騎填巷賓客盈坐聞粲在門倒屣迎之粲至年既幼弱容狀短小一座盡驚邕曰此王公孫也有異才吾不如也吾家書籍文章盡當與之范書列女傳董祀妻蔡文姬傳曹操問文姬曰聞夫人家多墳籍猶能記憶之不文姬曰昔亡父賜書四千許卷流離塗炭罔有存者今所誦憶裁四百餘篇耳惠棟曰張華博物志云蔡邕有書近萬卷漢末載數車與王粲又邕集巴郡太守謝表云詔書前後賜禮經素字尙書章句白虎議奏議合成二百一十二卷蓋自秦禁挾書漢以來非詔書所賜不敢藏也晉以後猶然弼按伯喈藏書盡與仲宣互見鍾會傳注引博物記年十七司徒辟詔除黃門侍郎以西京擾亂皆不就粲年十七歲爲漢獻帝初平四年時司徒爲淳于嘉司徒辟與詔除黃門侍郎爲兩事故下文云皆不就陳仁錫本以司徒辟詔爲句則不可通矣續百官志黃門侍郎六百石劉昭注引獻帝起居注曰帝初卽位初置侍中給事黃門侍郎員各六人乃之荊州依劉表劉表亦山陽高平人年十七從王暢受學時爲荊州刺史同里世交故粲往依之御覽卷百八十引襄沔記云王粲宅在襄陽井猶存盛弘之荊州記曰襄陽西南有徐元直宅其西北八里方山山北際河水山下有王仲宣宅故東阿王誄云振冠南嶽濯纓清川文選李善注引盛弘之荊州記曰當陽縣城樓王仲宣登之而作賦劉良注云仲宣避難荊州依劉表遂登江陵城樓因懷歸而有此作述其進退危懼之情也賦曰登茲樓以四望兮聊暇日以銷憂覽斯宇之所處兮實顯敞而寡仇挾清漳之通浦兮依曲沮之長洲背墳衍之廣陸兮臨皋隰之沃流北彌陶牧西接昭丘華實蔽野黍稷盈疇雖信美而非吾土兮曾何足以少留遭紛濁而遷逝兮漫踰紀以迄今情眷眷而懷歸兮孰憂思之可任憑軒檻以遙望兮向北風而開襟平原遠而極目兮蔽荊山之高岑路逶迤而修迴兮川既漾而濟深悲舊鄉之壅隔兮涕橫墜而勿禁昔尼父之在陳兮有歸與之歎音鍾儀幽而楚奏兮莊舄顯而越吟人情同於懷土兮豈窮達而異心惟日月之逾邁兮俟河清其未極冀王道之一平兮假高衢而騁力懼匏瓜之徒懸兮畏井渫之莫食步棲遲以徙倚兮白日忽其西匿風蕭瑟而並興兮天慘慘而無色獸狂顧以求羣兮鳥相鳴而舉翼原野闃其無人兮征夫行而未息心悽愴以感發兮意忉怛而憯惻循階除而下降兮氣交憤於胸臆夜參半而不寐兮悵盤桓以反側御覽卷六百一引金樓子曰王仲宣昔在荊州著書數十篇荊州壞盡焚其書今在者一篇知名之士咸重之見虎一毛不知其斑姚範曰所云一篇今亦不傳仲宣強識何難闇寫其本而聽湮滅邪姚振宗曰王仲宣在荊州以勸劉琮降曹操遂封侯擢用及赤壁之敗粲亦隨操北歸豈

其書未以自隨燬于兵火邪此事餘書不概見梁元帝必有所據今無由攷見矣又按粲在荆州所作如文學官志登樓賦爲劉荆州諫袁譚書爲劉荆州與袁尙書之類梁時所存實不止一篇而梁元帝以爲今存一篇者則所作數十篇皆子書別爲一種非詩文之類可知矣藝文類聚三十八太平御覽六百八載粲荆州文學記官志云有漢荆州牧曰劉君乃命五業從事宋衷所作文學延朋徒焉宣德音以贊之隆嘉禮以勸之五載之閒道化大行耆德故老綦毋闓等負書荷器自遠而至者三百有餘人姚振宗曰文學官志備載文學祭酒從事及學官弟子姓名爵里王粲稱三百餘人者是也劉勰稱簡約乎篇亦卽指是類聚御覽所錄皆是志序文又劉荆州諫袁譚書與袁尙書范書章懷注云書見王粲集可知皆粲作也

表以粲貌寢而體弱通侻不甚重也 詳見後引博物記

臣松之曰貌寢謂貌負其實也通侻者簡易也 沈欽韓曰淮南子本經訓其行侻而順情注侻簡易也魏文帝云仲宣善於詞賦惜其體弱不足起其文彼論文此實言體羸然韋仲將云仲宣傷於肥戇又非體弱者也 弼按韋語亦論文沈說誤韋語見後陳留路粹注

表卒粲勸表子琮令歸太祖 建安十三年八月表卒時粲年三十二歲在荆州已十六年矣藝文類聚五十九載粲三輔論曰湘潭先生江濱逸老將集論雲夢玄公豫焉先生稱曰蓋聞戎不可動兵不可揚今劉牧建德垂芳名烈旣彰矣曷乃稱兵舉衆殘我波靈逸老曰是何言與天生五

材金作明威長沙不軌敢作亂違我牧覩其然乃赫爾發憤且上征下戰去暴舉順州牧之兵建拂天之旌鳴振地之鼓玄胄曜日犀甲如堵以此衆戰孰能禦御劉牧之懿子又未聞乎履道懷智休迹顯光灑埽羣虜芟撥穢荒走袁術于西境馘射貢乎武當遏孫堅于漢南追揚定于折商

文士傳載粲說琮曰僕有愚計願進之於將軍可乎琮曰吾所願聞也粲曰天下大亂豪傑並起在倉卒之際彊弱未分故人各各有心耳當此之時家家欲爲帝王人人欲爲公侯觀古今之成敗能先見事機者則恆受其福今將軍自度何如曹公邪琮不能對粲復曰如粲所聞曹公故人傑也雄略冠時智謀出世摧袁氏於官渡驅孫權於江外逐劉備於隴右破烏丸於白登其餘梟夷蕩定者往往如神不可勝計今日之事去就可知也將軍能聽粲計卷甲倒戈應天順命以歸曹公曹公必重德將軍保己全宗長享福祚垂之後嗣此萬全之策也粲遭亂流離託命此州蒙將軍父子重顧敢不盡言琮納其言 臣松之案孫權自此以前尙與中國和同未嘗交兵何云驅權於江外乎魏武以十三年征荆州劉備卻後數年方入蜀備身未嘗涉於關隴而於征荆州之年便云逐備於隴右旣已乖錯又白登在平城亦魏武所不經北征烏丸與白登永不相豫以此知張騭假僞之辭而不覺其虛之自露也凡騭虛僞妄作不可覆疏如此類者不可勝紀 文士傳詳見曹休傳注通鑑載章陵太守蒯越及東曹掾傅巽等勸琮降操不採粲說琮事當亦以文士傳爲不可據也

太祖辟爲丞相掾賜爵關內侯太祖置酒漢濱粲奉觴賀曰方今袁紹起河北仗大衆 馮本仗作杖誤 志兼天下然好賢而不能用故奇士去之劉表雍容荆楚坐觀時變自以爲西伯可規士之避亂荆州者皆海內之儁傑也表不知所任故國危而無輔明公定冀州之日下車卽繕其甲卒收其豪傑而用之以橫行天下及平江漢引其賢儁而置之列位使海內回心望風而願治文武並用英雄畢力此三王之舉

也後遷軍謀祭酒 武紀建安三年初置軍師祭酒避晉諱改師曰謀 魏國旣建拜侍中 建安十八年魏國初置侍中比二千石黃初以來因之 博物多識問無不對 趙一清曰御覽卷五百五十九引異苑云魏武北征蹋頓升嶺眺矚見一岡不生百草王粲曰此必古冢此人在世服生礜石死而石性熱蒸出外致卉木焦滅命卽鑿之果得大墓有礜石滿塋 弼按魏武北征在建安十二年王粲之歸魏武在十三年異苑所云不問而知其誣 時舊儀廢弛興造制度粲恆典之 何焯曰以此獨爲粲立傳 晉書樂志漢巴渝舞歌曲其辭旣古莫能曉其句度魏初乃使軍謀祭酒王粲改創其詞宋書樂志晉初有栢槃舞王粲七釋云七槃陳於廣庭是也

摯虞決疑要注曰 梁章鉅曰疑要二字恐誤當作決錄注御覽六百九十二服章部佩類乃未引此沈家本曰決疑要注一卷摯虞撰隋志在儀注篇此注所引粲玉佩事是記物之書非紀事之文也梁氏云疑要爲決錄之誤非 漢末喪亂絕無玉珮 毛本珮作佩 魏侍中王粲識舊珮始復作之今之玉珮受法於粲也

初粲與人共行讀道邊碑人問曰卿能闇誦乎曰能因使背而誦之不失一字觀人圍棊局壞粲爲覆之棊者不信以帊蓋局 說文帛二幅曰帊通俗文

帊衣幞也使更以他局爲之用相比校不誤一道其彊記默識如此性善算作算術略盡其理善屬文舉筆便成無所改定時人常以爲宿搆宋本搆作構然正復精意覃思亦不能加也典略曰粲才既高辯論應機鍾繇王朗等雖各爲魏卿相官本考證云各宋本作名至於朝廷奏議皆閣筆不能措手姚範曰朗與張昭趙昱發名又陳琳與張紘書有景興在此之言則典略未可信且傳注載其奏議亦卓然也

著詩賦論議垂六十篇粲所著有尚書釋問四卷去伐論集三卷漢末英雄記十卷集十一卷英雄記見武紀初平元年舊唐書元行冲傳行冲著釋疑論曰王粲稱伊雒以東淮海以北康成一人而已莫不宗焉咸云先儒多闕鄭氏道備粲竊嘆怪因求其學得尚書注退而思之以盡其意意皆盡矣所疑之者猶未喻焉凡有二卷列於其集侯康曰王粲尚書問二篇載粲集中後田瓊韓益答其義因成釋問四卷隋志但稱王粲撰似未合胡玉縉曰顏氏家訓勉學篇博陵崔文彥嘗說王粲集中難鄭玄尚書事崔轉爲諸儒道之始將發口懸見排蹙云文集止有詩賦銘誄豈當論經書事乎崔笑而退竟不以粲集示之據此則王粲尚書問在集內北齊本與唐本同也馬國翰曰隋唐志載王粲去伐論今佚藝文類聚引去伐論一篇題晉袁宏書名同而撰人異鍾嶸詩品曰魏侍中王粲詩

其源出於李陵發愀愴之詞文秀而質羸在曹劉閒別搆一體方陳思不足比魏文有餘文心雕龍詮賦篇曰仲宣靡密發端必遒雜文篇云仲宣七釋致辯於事理才略篇云仲宣溢才捷而能密文多兼善辭少瑕累摘其詩賦則七子之冠冕乎張溥百三家王侍中集輯本一卷嚴可均全三國文輯本二卷馮維訥詩紀輯存樂府詩十二篇又有贈士孫萌詩見董卓傳注

建安二十一年從征吳書鈔一百三十七一百三十八藝文類聚八初學記六引粲浮淮賦云從王師以南征兮浮淮水而遐逝背渦浦之曲流兮望馬丘之高澨泛洪榜於中潮兮飛輕舟乎濱濟建衆檣以成林兮譬巫山之樹藝又藝文類聚三十七載粲弔夷齊文云歲旻秋之仲月從王師以南征濟河津而長驅踰芒阜之崢嶸覽首陽於東隅見孤竹之遺靈心於悒而感懷意惆悵而不平望壇宇而遙弔抑悲古之幽情按武紀建安二十一年十月征孫權此云仲秋稍有不合又戴延之西征記云洛陽東北首陽山有夷齊祠今在偃師縣西北蔣超伯曰王粲從軍詩我君順時發桓桓東南征又云籌策運帷幄一由我聖君又柳賦云昔我君之定武致天届而徂征元子從而撫軍植嘉木於兹庭皆謂操也可謂心乎曹氏矣

二十二年春道病卒時年四十一粲當生於熹平六年丁巳曹子建誄云建安二十二年正月二十四日戊申魏故侍中關內侯王君卒嗚呼哀哉皇穹神察哲人是恃如何靈祇殲我吉士誰謂不庸早世即冥誰謂不傷華繁中零存亡分流夭逝同期朝聞夕沒先民所思何用誄德表之素旗何以贈終哀以送之遂作誄曰猗歟侍中遠祖彌芳公高建業佐武伐商爵同齊魯邦祀絕亡流裔畢萬勳績惟光晉獻賜封于魏之疆天開之祚末冑稱王厥姓斯氏條分葉散世滋芳烈揚聲秦漢會遭陽九炎光中蹶世祖撥亂爰建時雍三台樹位履道是鍾寵爵之加匪惠惟恭自君二祖爲光爲龍僉曰休哉宜翼漢邦或統太尉或掌司空百揆惟敘五典克從天靜人和皇教遐通伊君顯考奕葉佐時入管機密朝政以治出臨朔岱庶績咸熙君以淑懿繼此洪基既有令德材技廣宣強記洽聞幽讚微言文若春華思若涌泉發言可詠下筆成篇何道不洽何藝不閑棊局逞巧博奕惟賢皇家不造京室隕顛宰臣專制帝用西遷君乃羈旅離此阻艱翕然鳳舉遠竄荊蠻身窮志達居鄙行鮮振冠南嶽濯纓清川潛處蓬室不干勢權我公奮鉞耀威南楚荊人或違陳戎講武君乃義發算我師旅高尚霸功投身帝宇斯言既發謀夫是與是與伊何響我明德投戈編鄀稽顙漢北我公實嘉表揚京國金龜紫綬以彰勳則勳則伊何勞謙靡已憂國忘家殊略卓峙乃署祭酒與君行止算無遺策畫無失理我王建國百司儁乂君以顯舉秉機省闥戴蟬珥貂朱衣皓帶入侍帷幄出擁華蓋榮曜當世芳風晻藹嗟彼東夷憑江阻湖騷擾邊境勞我師徒光光戎路霆駭風徂君侍華轂輝輝王塗思榮懷附望彼來威如何不濟運極命衰寢疾彌留吉往凶歸嗚呼哀哉翩翩孤嗣號慟崩摧發軫北魏遠迄南淮經歷山河泣涕如頹哀風興感行雲徘徊游魚失浪歸鳥忘棲嗚呼哀哉吾與夫子義貫丹青好和琴瑟分過友生庶幾遐年攜手同征如何奄忽棄我夙零感昔宴會志各高厲予戲夫子金石難弊人命靡常吉凶異制此驩之人孰先殞越何寤夫子果乃先逝又論死生存亡數度予猶懷疑求之明據儻獨有靈游魂泰素我將假翼飄颻高舉超登景雲要子天路喪柩既臻將反魏京靈輀迴軌白驥悲鳴虛廓無見藏景蔽形孰云仲宣不聞其聲延首歎息雨泣交頸嗟乎夫子永安幽冥人誰不沒達士徇名生榮死哀亦孔之

榮嗚呼哀哉弼按陳思之誄年亦四十一曠代逸才享年相若漢南獨步異曲同工所謂既傷逝者行自念也然仲宣無嗣子建有子似稍差勝矣寰宇記卷十四王粲墓在濟州任城縣南五十二里世說云王仲宣好驢鳴既葬文帝臨其喪顧語同游曰王好驢鳴可各作一聲以送之赴客皆一作驢鳴

粲二子爲魏諷所引誅後絕鍾會傳注引博物記曰初王粲與族兄凱俱避地荊州劉表欲以女妻粲而嫌其形陋而用率乃以妻凱凱生業蔡邕有書近萬卷末年載數車與粲粲亡後相國掾魏諷謀反粲子與焉既被誅邕所與書悉入業魏氏春秋云文帝既誅粲二子以業嗣粲

文章志曰太祖時征漢中聞粲子死歎曰孤若在不使仲宣無後武紀建安二十四年九月魏諷反十月軍還洛陽

始文帝爲五官將及平原侯植皆好文學粲與北海徐幹字偉長北海劇人廣陵陳琳字孔璋陳留阮瑀字元瑜陳留尉氏人汝南應瑒汝南南頓人字德璉原注瑒音徒哽反一音暢也（馮本暢下無也字）東平劉楨東平寧陽人字公幹並見友善劉咸炘曰曾云因粲而兼敘徐陳阮應劉事略仿孟荀列傳之例幹爲司空軍謀祭酒掾屬五官將文學隋書經籍

志徐氏中論六卷魏太子文學徐幹撰中論序云予以荀卿子孟軻懷亞聖之才著一家之法繼明聖人之業皆以姓名自書猶至於今厥字不傳原思其故皆由戰國之世樂賢者寡同時之人不早紀錄豈況徐子中論之書不以姓名爲目乎恐歷久遠名或不傳故不量其才喟然感歎先目其德以發其姓名述其雅好不刊之行屬之篇首以爲之序其辭曰世有雅達君子者姓徐名幹字偉長北海劇人也其先業以清亮臧否爲家世濟其美不隕其德至君之身十世矣君含元休清明之氣持造化英哲之性放口而言則樂頌九德之文通耳而識則教不再告未志乎學蓋已誦文數十萬言矣年十四始讀五經發憤忘食下帷專思以夜繼日父恐其得疾常禁止之故能未至弱冠學五經悉載於口博覽傳記言則成章操翰成文矣此時靈帝之末年也國典墮廢冠族子弟結黨權門交援求名競尚爵號君病俗迷昏遂閉戶自守不與之羣以六籍娛心而已君子之達也學無常師有一業勝己者便從學焉必盡其所知而後釋之有一言之美不令過耳必心識之志在總衆言之長統道德之微恥一物之不知愧一藝之不克故日夜亹亹昃不暇食夕不解衣晝則研精經緯夜則歷觀列宿考混元於未形補聖德之空缺誕長慮於無窮旋微言之將墜何暇譊小學治浮名與俗士相彌縫哉故浮淺寡識之人適解驅使榮利豈知大道之根然其餘以疏略爲太簡曾無憂樂徒以爲習書之儒不足爲上欣之者衆辨之者寡故令君州閭之稱不早彰徹然秉正獨立志有所存俗之毀譽有如浮雲若有覺而還反者則以道進之忘其前之謗己也其犯而不校下學而上達皆此之類也于時董卓作亂幼主西遷奸雄滿野天下無主聖人之道息邪僞之事興營利之士得譽守貞之賢不彰故令君譽聞不振於華夏玉帛安車不至於門考其德行文藝實帝王之佐也道之不行豈不惜哉君避地海表自歸舊都州郡牧守禮命踧踖連武欲致之君以爲縱橫之世乃先聖之所厄困也豈況吾徒哉有譏孟軻不度其量擬聖行道傳食諸侯深美顏淵荀卿之行故絕迹山谷幽居研幾用思深妙以發疾疢潛伏延年會上公撥亂正路始闢遂力疾應命從成征行歷載五六疾稍沉篤不堪王事潛身窮巷頤志保眞淡泊無爲惟存正道環堵之牆以庇妻子并日而食不以爲戚養浩然之氣習羨門之術時人或有聞其如此而往觀之或有頗識其眞而從之者君無不容而見之厲以聲色度其情志倡其言論知可以道長者則微而誘之令益者不自覺而大化陰行其所匡濟亦已多矣君之交也則不以其短各取其長而善之取故少顯盡己之交亦無孜孜和愛之好統聖人中和之業蹈賢哲守度之行淵默難測誠寶偉之器也君之性常欲損世之有餘益俗之不足見辭人美麗之文並時而作曾無闡弘大義敷散道教上求聖人之中下救流俗之昏者故廢詩賦頌銘贊之文著中論之書二十篇其所甄紀邁君昔志蓋百之一也文義未究年四十八建安二十三年春二月遭厲疾大命殞頹豈不痛哉余數侍坐觀君之言常怖篤意自勉而心自薄也何則自顧才志不如之遠矣耳然宗之仰之以爲師表自君之亡有子貢山梁之行故追述其事麤舉其顯露易知之數沉冥幽微深奧廣遠者遺之精通君子將自贊明之也曾鞏曰臣始見館閣及世所有徐幹中論二十篇以謂盡於此及觀貞觀政要怪太宗稱嘗見幹中論復三年喪篇而今書此篇闕因考之魏志見文帝稱幹著中論二十餘篇於是知館閣卽世所有幹中論二十篇者非全書也臣始讀其書察其意而賢之因其書以求其爲人又知其行之可賢也惜其有補於世而識之者少蓋迹其言行之所至而以世俗之好惡觀之彼惡足以知其

意哉顧臣之力豈足以重其書使學者尊而信之因校其脫繆而序其大略蓋所以致臣之意云編校書籍臣曾鞏上四庫提要曰中論二卷漢徐幹撰幹北海劇人事蹟附見魏志王粲傳故相沿稱爲魏人然幹沒後三四年魏乃受禪不得遽以帝統予魏陳壽作史託始曹操稱爲太祖遂并其僚屬均入魏志非其實也是書隋唐志皆六卷隋志又注云梁目一卷崇文總目亦作六卷而晁公武陳振孫並作二卷與今本合則宋人所併矣書凡二十篇大都闡發義理原本經訓而歸之于聖賢之道故前史皆列之儒家晁公武稱李獻民所見別本實有復三年制役二篇是其書在宋仁宗時尙未盡殘闕今所謂別本者不可復見于是二篇遂佚不存又書前有原序一篇不題名字陳振孫以爲幹同時人所作今驗其文頗類漢人體格知振孫所言不誣惟魏志稱幹卒於二十二年而序乃作二十三年二月與史頗異弼按序言幹年四十八建安二十三年春二月遭厲疾大命殞頹按獻帝紀建安二十二年大疫又按裴注引魏略云建安二十三年太子與吳質書曰昔年疾疫親故多離其災徐陳應劉一時俱逝云云昔年當指二十二年言序稱二十三年者傳寫誤二爲三也文心雕龍才略篇曰徐幹以賦論標美詮賦篇云偉長博通時逢壯采哀弔篇云建安哀辭惟偉長差善行女一篇時有惻怛嚴可均全後漢文輯存文十篇馮惟訥詩紀輯存五篇洪飴孫曰建安十六年文帝爲五官中郎將時副丞相置官屬有長史文學司馬門下賊曹功曹踐阼後不置

先賢行狀曰幹清玄體道六行修補六行孝友睦婣任恤也聽識洽聞操翰成章輕官忽祿不耽世榮建安中太祖特加旌命以疾休息後除上艾長郡國志冀州常山國上艾一統志上艾故城今山西平定州境又以疾不行冢記曰徐幹墳在濰縣東五十里俗呼博士冢趙一清曰魏書地形志北海郡都昌有徐偉長冢

琳前爲何進主簿進欲誅諸宦官太后不聽進乃召四方猛將並使引兵向京城欲以劫恐太后琳進諫曰易稱卽鹿無虞李賢曰易屯卦六三爻辭也虞掌山澤之官卽鹿猶從禽也無虞言不可得諺有掩目捕雀夫微物尚不可欺以得志況國之大事其可以詐立乎今將軍總皇威握兵要龍驤虎步高下在心惠棟曰左傳舊注云高下猶屈申杜預云因時制宜以此行事無異於鼓洪爐以燎毛髮但當速發雷霆行權立斷違經合道天人順之而反釋其利器更徵於他范書何進傳作夫違經合道天人所順而反委釋利器更徵外助大兵合聚彊者爲雄所謂倒持干戈受人以柄必不成功毛本成作立祇爲亂階進不納其言竟以取禍琳避難冀

州袁紹使典文章袁氏敗琳歸太祖太祖謂曰卿昔爲本初移書但可罪狀孤而已惡惡止其身何乃上及父祖邪琳謝罪御覽五百九十七引魏書琳謝曰矢在弦上不得不發太祖愛其才而不咎隋書經籍志後漢丞相軍謀掾陳琳集三卷梁十卷錄一卷唐經籍志陳琳集十卷吳志張紘傳注引吳書曰紘見陳琳武庫賦應機論與琳書深歎美之弼按琳紘同爲廣陵人琳神武賦見武紀建安十二年注藝文類聚七十九載琳神女賦云漢三七之建安荊野蠢而作仇贊皇師以南假濟漢川之清流感詩人之悠歎想神女之來游蓋建安二十一年從征吳時作也琳答東阿王牋爲曹洪與魏太子書俱見文選琳更公孫瓚與子書見公孫瓚傳注引典略又答張紘書見吳志張紘傳注引吳書嚴可均全後漢文輯存文十九篇馮惟訥詩紀輯存樂府詩三篇瑀少受學於蔡邕邕爲陳留圉人瑀爲陳留尉氏人御覽三百八十五引文士傳云瑀少有雋才應機捷麗就蔡邕學歎曰童子奇眉朗朗無雙建安中都護曹洪欲使掌書記瑀終不爲屈太祖並以琳瑀爲司空軍謀祭酒管記室御覽二百四十九引典略云瑀以才自護曹洪聞其有才欲使答報書瑀不肯榜笞瑀瑀終不屈洪以語曹公公知其無病使人呼瑀瑀終怖詣門公見之曰卿不肯爲洪且爲我作之瑀曰諾遂爲記室洪飴孫曰記室無員第七品太祖時置

文士傳曰太祖雅聞瑀名辟之不應連見偪促乃逃入山中太祖使人焚山得瑀送至召入太祖時征長安大延賓客怒瑀不與語使就技人列瑀善解音能鼓琴遂撫弦而歌因造歌曲曰奕奕天門開大魏應期運青蓋巡九州在東西人怨士爲知己死女爲悅者玩恩義苟敷暢他人焉能亂爲曲既捷音聲殊妙當時冠坐太祖大悅臣松之案魚氏典略摯虞文章志並云瑀建安初辭疾避役不爲曹洪屈得太祖召即投杖而起不得有逃入山中焚之乃出之事也又典略載太祖初征荊州使瑀作書與劉備御覽卷六百引金樓子劉備叛走曹操使阮瑀爲書與備馬上立成及征馬超又使瑀作書與韓遂此二書今具存至長安之前遂等破走太祖始以十六年得入關耳而張騭云初得瑀時太祖在長安此又乖戾宋本戾作矣瑀以十七年卒太祖十八年策爲魏公而云瑀歌舞辭稱大魏應期運愈知其妄又其辭云他人焉能亂了不成語瑀之吐屬必不如此隋書經籍志後漢丞相倉曹屬

阮瑀集五卷張氏百三家集阮元瑜集輯本一卷嚴可均全後漢文輯本有紀征賦止欲賦箏賦鸚鵡賦謝曹公牋爲曹公與孫權書爲曹公與劉備書文質論弔伯夷凡九篇馮氏詩紀輯存樂府詩十篇軍國書檄多琳瑀所作也

典略曰琳作中書及檄草成呈太祖太祖先苦頭風是日疾發臥讀琳所作翕然而起曰此愈我病數加厚賜太祖嘗使瑀作書與韓遂時太祖適近出瑀隨從因于馬上具草書成呈之太祖擥筆欲有所定而竟不能增損文心雕龍檄移篇曰陳琳之檄豫州壯有骨鯁雖姦閹攜養章密太甚發丘摸金誣過其虐然抗辭書釁皦然露骨矣敢指曹公之鋒幸哉免袁黨之戮也梁章鉅曰琳檄草愈頭風此歸太祖後事而世專指袁本初之檄文殊失實蓋即前明小說家之讕言也

琳徙門下督瑀爲倉曹掾屬門下督見邢顒傳倉曹掾屬見武紀建安十九年瑒楨各被太祖辟爲丞相掾屬瑒轉爲平原侯庶子後爲五官將文學

華嶠漢書曰瑒祖奉字世叔才敏善諷誦故世稱應世叔讀書五行俱下著後序十餘篇范書應奉傳奉字世叔汝南南頓人著漢書後序多所述載袁山松書曰奉又刪史記漢書及漢記三百六十餘年自漢興至其時凡十七卷名曰漢事隋書經籍志儒家梁有後序十二卷後漢司隸校尉應奉撰亡章宗源曰隋志所云後序當即范史所稱漢書後序尋其名義似宜列諸史部姚振宗曰袁山松載漢事十七卷華嶠載後序十餘篇范史綜覈其文故合併言之曰漢書後序書或事之僞即指漢事歟奉書大抵以事蹟編爲漢事而以其所餘言論細碎仿劉向新序之例別爲後序故七錄入之儒家章氏以漢書後序爲一書恐非是爲世儒者延熹中至司隸校尉范書奉傳奉少聰明凡所經履莫不暗記讀書五行並下爲郡決曹史行部四十二縣錄囚徒數百千人及還太守備問之奉口說罪繫姓名坐狀輕重無所遺脫時人奇之拜武陵太守車騎將軍馮緄推破武陵蠻功於奉薦爲司隸校尉以嚴厲名黨事起以疾自退追愍屈原因以自傷著感騷三十篇數萬言隋書經籍志雜家梁有洞序九卷錄一卷應奉撰亡子劭字仲遠應劭事見武紀興平元年注引世語謝承書曰應氏譜並云字仲遠續漢書文士傳作仲援漢官儀又作仲瑗惠棟曰劉寬碑陰有故吏南頓應劭仲瑗洪适云漢官儀作瑗官儀劭所著又此碑可據遠援皆非亦博學多識尤好事諸所撰述風俗通等凡百餘篇辭雖不典世服其博聞范書劭傳劭撰風俗通以辯物類名號釋時俗嫌疑文雖不典後世服其洽聞四庫提要

曰考隋書經籍志風俗通義三十一卷註云錄一卷應劭撰梁三十卷唐書藝文志應劭風俗通義三十卷崇文總目讀書志書錄解題皆作十卷與今本同明吳琯刻古今逸史又刪其半則更闕略矣其自序云謂之風俗通義言通於流俗之過謬而事該之於義理也後漢書本傳稱撰風俗通以辨物類名號識時俗嫌疑不知何以刪去義字或流俗省文如白虎通義之稱白虎通史家因之歟其書因事立論文辭清辨可資博洽大致如王充論衡而敘述簡明則勝充書之冗漫四庫簡明目錄曰後漢書本傳作風俗通省文也姓氏一篇自宋已佚散見永樂大典中今裒爲一篇附錄於末其書攷論典禮類白虎通義糾正流俗類論衡不名一體故列之雜說盧文弨羣書拾補曰風俗通佚文者十卷外之所遺也嘉定錢詹事曉徵采集頗富仁和孫侍御詒穀復因其本重加訂補縱不能盡復舊觀然碎金斷璧彌可寶愛嗜古者所不忍遺也嚴可均全後漢文編曰案風俗通義三十卷見存十卷不錄錄其佚文爲六卷篇目可見者曰音聲曰論數曰氏姓曰災異凡六百七條又張澍有風俗通姓氏篇輯注上下卷梁章鉅曰此書今分一百二十八目與史稱百餘篇合其只稱風俗通則自後漢三國已然惟華嶠云辭雖不典當時頗有貶詞不可得其左證矣王鳴盛曰范蔚宗論云劭撰著篇籍甄紀異知雖云小道亦有可觀者焉案劭著述今存者惟風俗通明新安吳琯刻四卷元大德丁未無錫州守劉平父刻十卷然亦非全本如李注所引出此刻外甚多知佚者多矣劭俗儒風俗通小說家蔚宗譏其不典又云異知小道王充傳著論衡八十五篇釋物類同異正時俗嫌疑與風俗通品題略同蓋兩書正是一類皆摭拾護文郢書燕說也弼按劭自序云俗間行語衆所共傳積非習貫莫能原綮今王室大壞九州幅裂亂靡有定生民無幾私懼後進益以迷昧聊以不才舉爾所知方以類聚凡十一卷謂之風俗通義云云是劭此作辨名正俗有功世道人心之作梁王說均非是惜此書佚者甚多吳志張昭傳裴注云劭議舊君諱論者互有異同事在風俗通今本無之嚴可均輯佚僅存數語

續漢書曰劭又著中漢輯敘漢官儀及禮儀故事凡十一種百三十六卷朝廷制度百官儀式所以不亡者由劭記之 范書劭傳劭刪定律令爲漢儀建安元年奏曰逆臣董卓蕩覆王室典憲焚燎靡有孑遺臣竊不自揆貪少云補輒撰集律本章句尚書舊事廷尉板令決事比例司徒都目五曹詔書及春秋斷獄凡二百五十篇又集駁議三十篇以類相從凡八十二事其見漢書二十五漢記四皆刪敘潤色以全本體其二十六博采古今瓌瑋之士文章煥炳德義可觀其二十七臣所創造豈繄自謂必合道衷心焉憤邑聊以藉手是用敢露頑才廁於明哲之末雖未足綱紀國體宜洽時雍庶幾觀察增闡聖德唯因萬機之餘暇游意省覽焉獻帝善之二年詔拜劭爲袁紹軍謀校尉時始遷都於許舊章湮沒書記罕存劭綴集所聞著漢官禮儀故事凡朝廷制度百官典式多劭所立初父奉爲司隸時並下諸官府郡國各上前人像贊劭乃連綴其名錄爲狀人紀又論當時行事著中漢輯序凡所著述百三十六篇又集解漢書皆傳於時後卒於鄴弟子瑒璩並以文才稱顏師古漢書序例云漢書舊無注解唯服虔應劭等各爲音義自別施行至典午中朝有臣瓚者總集諸家音義凡二十四卷今之集解音義則是其書而後人見者不知臣瓚所作乃謂之應劭等集解王氏七志阮氏七錄並題云然斯不審耳錢大昕曰隋志漢書集解音義二十四卷應劭撰依顏說知隋志所載卽臣瓚所集非出劭一人隋志多承阮錄舊文則應劭下當有等字殆傳寫失之也姚振宗曰顏氏言七志七錄已然則自宋及梁由來已久亦何至一誤再誤至唐初修志猶未刊正而五代人宋人修唐書又復遞相沿誤揆諸事理或不盡然疑應書瓚書卷數相同顏監但見瓚書不見應書故有是言耳弼按應劭尚有注荀悅漢紀三十卷（見唐書藝文志姚振宗辨其誤）漢朝駁三十卷（見唐書藝文志）漢官注五卷（見隋書經籍志）汝南君諱議二卷（見隋書經籍志）地理風俗記（見水經河水注溫水注）十三州記（見水經泗水淄水注）集四卷（見隋書經籍志）

官至泰山太守 劭爲泰山太守舉一孝廉旬日而殺之見邴原傳注 劭弟珣字季瑜司空掾卽瑒之父 范書劭傳中興初有應嫗者生四子而寡見神光照社試探之乃得黃金自是諸子宦學並有才名至瑒七世通顯應亨集讓著作表曰自司隸校尉奉至臣五世著作不絕鄉族以爲美談崔駰三世相繼其後無聞若乃談遷接武彪固踵迹亦各一時之良也文心雕龍才略篇應瑒學優以得文隋書經籍志魏太子文學應瑒集一卷嚴可均輯存文十八篇馮惟訥詩紀輯存詩五篇

楨以不敬被刑刑竟署吏 御覽三百八十五引文士傳曰楨少以才學知名年八九歲能誦論語詩論及詞賦數萬言警悟辨捷所問應聲而答當其詞氣鋒烈莫有折者

文士傳曰楨父名梁字曼山一名恭少有清才以文學見貴終于野王令 范書文苑傳劉梁字曼山一名岑東平寧陽人梁宗室子孫少孤貧賣書於市以自資常疾世多利交以邪曲相黨乃著破羣論又著辯和同之論桓帝時舉孝廉除北新城長大作講舍延聚生徒數百人身執經卷試策殿最儒化大行特召入拜尚書郎累遷後爲野王令未行光和中病卒孫楨亦以文學知名弼按范書劉梁傳楨爲梁孫文士傳作楨父名梁范書作梁一名岑文士傳作一名恭未知孰是

典略曰文帝嘗賜楨廓落帶其後師死欲借取以爲像 沈欽韓曰淮南主術訓趙武靈王貝帶鵕鸃注鵕鸃讀曰私鈚頭二字三音也曰郭洛帶按私鈚卽趙武靈王賜周紹之師比漢書匈奴傳之犀毗帶鉤也楚詞大招小腰秀頭若鮮卑只王逸注鮮卑衮帶頭也（東觀記鄧遵傳詔賜遵金剛鮮卑緄帶一具緄卽衮字也）漢書注張晏曰鮮卑郭落帶瑞獸名也東胡好服之晏以郭落帶爲瑞獸名雖不可攷知此帶出于鮮卑胡明矣張革爲廓設鉤爲落作廓落者是孫志祖曰漢書匈奴傳張晏注鮮卑郭落帶卽廓落帶文異耳潘眉曰廓落帶卽鉤絡帶革帶之有鉤者師者工師也弼按張勃吳錄鉤落者革帶也世名鉤落帶 因書嘲楨云夫物因人爲貴故在賤者之手不御至尊之側今雖取之勿嫌其不反也楨答曰楨聞荊山之璞曜元后之寶隨侯之珠燭衆士之好南垠之金 毛本垠作琅 登窈窕之首鼲貂之尾 一本作鼲貂又作貂

輝綴侍臣之幘此四寶者伏朽石之下馮本朽作杇誤潛玕泥之中而揚光千載之上發彩疇昔之外亦皆未能初自接於至尊也夫尊者所服卑者所修也貴者所御賤者所先也故夏屋初成而大匠先立其下嘉禾始熟而農夫先嘗其粒恨楨所帶無他妙飾若實殊異尚可納也楨辭旨巧妙皆如是由是特為諸公子所親愛其後太子嘗請諸文學酒酣坐歡命夫人甄氏出拜坐中衆人咸伏而楨獨平視沈欽韓曰曲禮注平視謂視面也王鳴盛曰後世文人浮華輕薄之習七人開之曹丕命甄夫人出拜客劉楨平視之又命吳質諦視郭后一時風氣流蕩若此太祖聞之乃收楨減死輸作御覽四百六十四引文士傳曰楨性辯捷文帝常請同好為主人使甄夫人出拜坐者皆伏而楨獨平視如故武帝使人觀之見楨大怒命收之主者案楨大不恭應死減一等輸作部使磨石武帝嘗輦至尚方觀作者見楨故環坐正色磨石不仰武帝問曰石如何楨因得喻已自理跪對曰石出自荆山元巖之下外有五色之章內含下氏之珍磨之不加瑩雕之不增文稟氣堅貞受性自然顧理枉屈紆繞獨不得申武帝顧左右大笑即日還宮赦楨復署吏水經穀水注聽訟觀西北接華林隸簿昔劉楨磨石處也本志邢顒傳載庶子劉楨諫曹植書是楨亦嘗為平原侯庶子也隋書經籍志毛詩義問十卷魏太子文學劉楨撰（姚振宗曰建安二十二年文帝始立為太子楨以是年卒此則太子文學或後追題）馬國翰輯本序曰劉楨毛詩義問隋唐志並十卷今從水經注北堂書鈔初學記藝文類聚太平御覽輯得十二節訓釋名物與陸璣疏相似隋書經籍志魏太子文學劉楨集四卷錄一卷魏文與吳質書云公幹五言詩妙絕當時鍾嶸詩品曰魏文學劉楨詩其源出於古詩仗氣愛奇動多振絕貞骨凌霜高風跨俗但氣過其文雕潤恨少然自陳思以下楨稱獨步文心雕龍才略篇曰劉楨情高以會采書記篇云公幹箋記麗而規益子桓弗論故世所共遺若略取名實則有美於為詩矣嚴可均輯文十篇馮惟訥輯詩八篇

咸著文賦數十篇瑀以十七年卒藝文類聚三十四魏文帝寡婦賦序曰陳留阮元瑜與余有舊薄命早亡每感存其遺孤未嘗不愴然傷心故作斯賦以敘其妻子悲苦之情命王粲等並作之又見文選潘岳寡婦賦注幹琳瑒楨二十二年卒吳本毛本無瑒字宋元本馮本有之案下文徐陳應劉一時俱逝語當有瑒字文帝書與元城令吳質曰昔年疾疫親故多離其災徐陳應劉一時俱逝觀古今文人類不護細行鮮能以名節自立而偉長獨懷文抱質恬淡寡欲有箕山之志可謂彬彬君子矣著中論二十餘篇辭義典雅足傳于後德璉常斐然有述作意其才學足以著書美志不遂良可痛惜孔璋章表殊健微為繁富公幹有逸氣但未遒耳元瑜書記翩翩致足樂也仲宣獨自善於辭賦惜其體弱不起其文元本起作知誤至於所善古人無以遠過也昔伯牙絕絃於鍾期仲尼覆醢于子路痛知音之難遇傷門人之莫逮也諸子但為未及古人自一時之儁也此書承祚有刪節詳見後裴注引魏略

典論曰今之文人魯國孔融廣陵陳琳山陽王粲北海徐幹陳留阮瑀汝南應瑒東平劉楨斯七子者於學無所遺於辭無所假咸自以騁騏驥於千里毛本騁作聘誤文選驥作騄仰齊足而並馳李善注左傳曰田獵齊足尚疾也粲長於辭賦幹時有逸氣然非粲匹也文選作徐幹時有齊氣然粲之匹也沈家本曰文選與此注相乖下文粲幹並言似以文選為長幹北海人故云齊此幹或因正文公幹有逸氣而致誤如粲之初征登樓槐賦征思幹之玄猨漏卮圓扇橘賦雖張蔡不過也然於他文未能稱是琳瑀之章表書記今之儁也應瑒和而不壯劉楨壯而不密孔融體氣高妙有過人者然不能持論理不勝辭至于雜以嘲戲及其所善揚班之儔也此魏文典論中論文之文藝文類聚五十三文選五十二所載較詳世期譏承祚錄文帝與吳質書美辭多被刪落何以自蹈其失今依文選全錄之文云文人相輕自古而然傳毅之於班固伯仲之間耳而固小之與弟超書曰武仲以能屬文為蘭臺令史下筆不能自休夫人善於自見而文非一體鮮能備善是以各以所長相輕所短里語曰家有弊帚享之千金斯不自見之患也今之文人魯國孔融文舉廣陵陳琳孔璋山陽王粲仲宣北海徐幹偉長陳留阮瑀元瑜汝南應瑒德璉東平劉楨公幹斯七子者於學無所遺於辭無所假咸以自騁驥騄於千里仰齊足而並馳以此相服亦良難矣蓋君子審己以度人故能免於斯累而作論文王粲長於辭賦徐幹時有齊氣然粲之匹也如粲之初征登樓槐賦征思幹之玄猿漏卮員扇橘賦雖張蔡不過也然於他文未能稱是琳瑀之章表書記今之雋也應瑒和而不壯劉楨壯而不密孔融體氣高妙有過人者然不能持論理不勝詞至於雜以嘲戲及其所善揚班儔也常人貴遠賤近向聲背實又患闇於自見謂己為賢夫文本同而末異蓋奏議宜雅書論宜理銘誄尚實詩賦欲麗此四科不同故能之者偏也唯通才能備其體文以氣為主氣之清濁有體不可力強而致譬諸音樂曲度雖均節奏同檢至於引氣不齊巧拙有素雖在父兄不能以移子弟蓋文章經國之大業不朽之盛事年壽有時而盡榮樂止乎其身二者必至之常期未若文章之無窮是以古之作者寄身於翰墨見意於

篇籍不假良史之辭不託飛馳之勢而聲名自傳於後故西伯幽而演易周旦顯而制禮不以隱約而弗務不以康樂而加思夫然則古人賤尺璧而重寸陰懼乎時之過已而人多不强力貧賤則懾於飢寒富貴則流於逸樂遂營目前之務而遺千載之功日月逝於上體貌衰於下忽然與萬物遷化斯志士之大痛也融等已逝唯幹著論成一家言

自潁川邯鄲淳 北史三十四江式傳後魏書九十一術藝傳江式上表均作陳留邯鄲淳

魏略曰 本志王肅傳注引魏略以邯鄲淳列儒宗傳 **淳一名竺字子叔** 御覽八百十八作元淑法書要錄作子淑范書章懷注作子禮范書列女傳曹娥傳注引會稽典錄曰上虞長度尚弟子邯鄲淳字子禮時甫弱冠而有異才尚先使魏朗作曹娥碑文成未出會朗見尚尚與之飲宴而子禮方至督酒尚問朗碑文成未朗辭不才因試使子禮爲之操筆而成無所點定朗嗟歎不暇遂毀其草其後蔡邕又題八字曰黃絹幼婦外孫虀臼王鳴盛曰注引會稽典錄盛誇邯鄲淳碑文之美蔡邕題云黃絹幼婦外孫虀臼謂絕妙好辭也今觀其文淺陋荒率何絕妙之有皆文士增飾耳惠棟曰水經注云尚外甥邯鄲子禮(弼按見漸江水注) **博學有才章又善蒼雅蟲篆** 御覽七百四九作蒼頡 **許氏字指** 北史江式傳魏初博士清河張揖著埤倉廣雅古今字詁究諸埤廣綴拾遺漏增長事類抑亦與文爲益者然其字詁方之許篇(後魏書術藝傳作許愼篇)古今體用或得或失陳留邯鄲淳亦與揖同博開古藝(魏書作博古開藝)特善倉雅許氏字指八體六書精究閑理有名於揖以書教諸皇子又建三字石經於漢碑西其文蔚煥三體復宜校之說文篆隸大同而古字少異衞恆四體書勢云梁鵠宜爲大字邯鄲淳宜爲小字鵠謂淳得次仲法又云魏初傳古文者出於邯鄲淳恆祖敬侯爲寫淳書後以示淳而淳不別至正始中立三字石經轉失淳法王僧虔能書錄曰淳得次仲法名在鵠後錢大昭曰蒼者蒼頡篇雅者爾雅蟲蝌斗書篆大小篆許氏即說文解字字指卽劉劭傳注所謂古今字指也梁章鉅曰倉雅之稱始見于此 **初平時從三輔客荊州** 何焯曰世傳魏正始中所立一字石經乃邯鄲淳書自漢獻帝初平元年庚午至曹魏邵陵厲公正始元年庚申已五十一年使子叔以弱冠避亂荊土已應七十餘安得精力猶辦書七經於石也姚範曰范書云元嘉元年度尚命邯鄲淳作曹娥碑時淳已弱冠自元嘉至正始亦九十餘年而江式以三字爲魏碑則是謂之邯鄲所書非也余按范書未云曹娥碑爲邯鄲淳撰此章懷注引會稽典錄不足信也自元嘉元年至黃初元年已七十年淳年九十餘尚爲博士給事中獻投壺賦乎又衞恆四體書勢云正始中立三字石經轉失淳法則三字石經非淳之書 **荊州內附太祖素聞其名召與相見甚敬異之時五官將博延英儒** 册府時字下有文帝初爲四字 **亦宿聞淳名因啓淳欲使在文學官屬中會臨菑侯植亦求淳太祖遣淳詣植植初得淳甚喜延入坐不先與談時天暑熱植因呼常從取水自澡訖**

傅粉 范書華佗傳怡而汗出因以著粉沈欽韓曰恐汗出風溼反入毛孔著粉使燥也 **遂科頭拍袒** 袒毛本作祖誤 **胡舞五椎鍛** 椎毛本作錐官本作稚沈欽韓曰五椎鍛蓋卽華佗之五禽戲 **跳丸擊劍誦俳優小說數千言訖謂淳曰邯鄲生何如邪** 子建狂態如此孟德家風使然 **於是乃更著衣幘整儀容** 監本脫儀字官本校正 **與淳評說混元造化之端品物區別之意然後論羲皇以來賢聖名臣烈士優劣之差次頌古今文章賦誄及當官政事宜所先後又論用武行兵倚伏之勢乃命廚宰酒炙交至坐席默然無與伉者及暮淳歸對其所知歎植之材謂之天人而于時世子未立太祖俄有意於植而淳屢稱植材由是五官將頗不悅及黃初初以淳爲博士給事中淳作投壺賦千餘言奏之文帝以爲工賜帛千匹** 御覽八百十八引此作賜帛十匹藝文類聚七十四載淳投壺賦云古者諸侯閒于天子之事則相朝也以正班爵講禮獻功于是乃崇其威儀恪其容貌繁登降之節盛揖拜之數机設而弗倚酒澄而弗舉肅肅濟濟其惟敬焉敬不可久禮成于飫乃設大射否則投壺植茲華壺鳧氏所鑄厥高二尺盤腹修脰飾以金銀文以雕鏤象物必具距莛七尺傑焉植駐矢維二四或柘或棘豐本纖末調勁且直執笇奉中司射是職曾孫侯氏與之乎皆得然後觀夫投者之閑習簝巧妙之所極駱驛聯翩爰爰兎發翻翻隼集不盈不縮應壺順入何其善也每投不空四矢退效既入躍出荏苒偃仰偃俛趣下餘勢振掉又足樂也擬議于此命中于彼動之如志靡有違鳖譬諸爲政羣職罔弛也左右畢投效奇數鈞列置功笇稱善告賢三載考績幽明始分也比投不釋增是自遂雖往有功義所不貴春秋貶譽亦猶是類也若乃撮矢作驕累掇聯取一往納二巧無與耦斯乃絕倫之才尤異之手也柯列葩布匪罕匪稠雖就置猶弗然矧迴絕之所投惟茲巧之妙麗亦希世之寡儔調心術于混冥適容體于便安紛縱奇于施舍顯必中以微觀悅舉坐之耳目樂衆心而不倦瓌瑋百變悪可窮讚(梁章鉅曰魏略稱千餘言此不及四百言蓋節錄也)隋書經籍志笑林三卷後漢給事中邯鄲淳撰馬國翰輯本曰此書皆記可笑之事隋唐志並三卷今從御覽類聚太平廣記贊寧筍譜諸書輯錄二十六條汪師韓文選理學權輿曰選注所引羣書有邯鄲淳藝經馬國翰輯本序曰藝經隋唐志不著錄佚已久輯錄爲卷凡十一事隋書經籍志魏給事中邯鄲淳集二卷梁有錄一卷文心雕龍封禪篇云邯鄲受命攀響前聲風末力寡輯韻成頌雖文理順序而不能奮飛嚴可均輯存上受命述及表漢鴻臚陳紀碑孝女曹娥碑馮氏詩紀輯存詩一首

繁欽

繁音婆典略曰繁字休伯以文才機辯少得名於汝潁欽既長於書記又善爲詩賦其

所與太子書記喉轉意何焯曰記字下疑有脫文當是薛訪車子喉轉能與笳同音事而注脫其文也孫志祖曰四字爲句謂記述薛訪車子喉轉之意非有脫文率皆巧麗沈家本曰注文云皆巧麗則非指一事而言疑此注當以書字句絕率字句絕喉轉卽薛訪車子事而意率別一事故曰皆其書不傳無可考矣爲丞相主簿建安二十三年卒文選卷四十載繁休伯與魏文帝牋云正月八日壬寅領主簿欽死罪死罪近屢奉牋不足自宣頃諸鼓吹廣求異技時都尉薛訪車子年始十四能喉囀引聲與笳同音白上呈見果如其言卽日故共觀試乃知天壤之所生誠有自然之妙物也潛氣內轉哀音外激大不抗越細不幽散聲悲舊笳曲美常均及與黃門鼓吹温胡迭唱迭和喉所發音無不響應曲折沉浮尋變入節自初呈試中閒二旬胡欲傲其所不知尙之以一曲巧竭意匱既已不能而此孺子遺聲抑揚不可勝窮優游轉化餘弄未盡既其清激悲吟雜以怨慕詠北狄之遐征奏胡馬之長思悽入肝脾哀感頑豔是時日在西隅涼風拂衽背山臨溪流泉東逝同坐仰歎觀者俯聽莫不泫泣殞涕悲懷慷慨自左騏史妠謇姐名倡能識以來耳目所見僉曰詭異未之聞也竊惟聖體兼愛好奇是以因牋先白委曲伏想御聞必含餘懽冀事速訖旋侍光塵寓目階庭與聽斯調宴喜之樂蓋亦無量欽死罪死罪李善注引文章志云欽少以文辯知名以豫州從事稍遷至丞相主簿病卒文帝集序云上西征余守譙繁欽從時薛訪車子能喉囀與笳同音欽牋還與余而盛歎之雖過其實而其文甚麗御覽卷百八十引襄沔記繁欽宅在襄陽井臺猶存隋書經籍志後漢丞相主簿繁欽集十卷嚴可均輯存文二十二篇馮氏詩

紀輯存詩六篇樂府解題定情篇漢繁欽所作若臂環致拳拳指環致殷勤耳珠致區區香囊致扣扣跳脫致契闊佩玉結恩情婦人敘志之詞也姚範曰習鑿齒與桓秘書云襄陽有繁王之舊宅繁疑卽休伯也

陳留路粹元本路作文誤

典略曰粹字文蔚少學於蔡邕初平中隨車駕至三輔建安初以高才與京兆嚴像荀彧傳作嚴象擢拜尚書郎像以兼有文武出爲揚州刺史粹後爲軍謀祭酒與陳琳阮瑀等典記室及孔融有過太祖使粹爲奏承指數致融罪其大略言融昔在北海見王室不寧招合徒衆欲圖不軌言我大聖之後也而滅於宋有天下者何必卯金刀又云融爲九列不遵朝儀禿巾微行毛本巾誤作中唐突宮掖又與白衣禰衡言語放蕩衡與融更相贊揚衡謂融曰仲尼不死也融答曰顏淵復生凡說融諸如此輩官本考證云宋本輩作章辭語甚多融誅之後人覩粹所作無不嘉其才而畏其筆也文心雕龍奏啟篇覩孔光之奏董賢則實其姦囘路粹之奏孔融則誣其釁惡名儒之與險士固殊心焉隋書經籍志粲有魏國郎中令路粹集二卷錄一卷亡姚振宗曰郎中令疑是秘書令之譌嚴可均輯存枉狀奏孔融一篇爲曹公與孔融書一篇至十九年粹轉爲秘書令從大軍至漢中坐違禁賤請驢伏法文蔚終訣伏法足爲小人之戒太子素與粹善聞其死爲之歎惜毛本惜誤作借及卽位特用其子爲長史

魚豢曰尋省往者魯連鄒陽之徒援譬引類以解締結誠彼時文辯之儁也今覽王繁阮陳路諸人前後文旨亦何昔不若哉其所以不論者時世異耳余又竊怪其不甚見用以問大鴻臚卿韋仲將仲將曰仲宣傷於肥戇休伯都無格檢元瑜病於體弱孔璋實自麤疏毛本麤誤作麄文蔚性頗忿鷙如是彼爲非徒以脂燭自煎糜也其不高蹈高蹈謂擢用高位也蓋有由矣然君子不責備于一人譬之朱漆雖無楨幹其爲光澤亦壯觀也

沛國丁儀丁廙弘農楊修河內荀緯等亦有文采而不在此七人之例趙一清曰典論七子數孔融今傳無文舉而云七人未知所數更屬何人詳傳仲宣以下祗得六人耳沈家本曰評云惟粲等六人最見名目恐七人乃

六人之誤劉咸炘曰尙云建安七子孔融在其中陳壽以融附見崔琰傳而不與粲等同列蓋以融爲漢臣也徐幹有箕山之志評中亦特表之儀廙修事並在陳思王傳荀勗文章敘錄曰緯字公高少喜文學建安中召署軍謀掾魏太子庶子稍遷至散騎常侍越騎校尉年四十二黃初四年卒荀緯事見楊俊傳及注引魏略姚振宗曰魏志此卷所敘凡三十一人皆文學士各自著書傳世者荀緯有文才次建安七子與王象同爲魏太子所禮待又見於文章敘錄必有所作其集蓋久亡故七錄隋志不及著錄

瑒弟璩璩子貞咸以文章顯璩官至侍中朱建平謂應璩曰君六十二位爲常伯而當有厄璩六十三卒見方伎傳貞咸熙中參相國軍事

文章敘錄曰璩字休璉博學好屬文善爲書記文明帝世歷官散騎常侍齊王卽位稍遷侍中大將軍長史曹爽秉政多違法度璩爲詩以諷焉其言雖頗諧合多切時要世共傳之復爲侍中典著作嘉平四年卒追贈衞尉文選卷二十一應休璉百一詩一首李善注引張方賢楚國先賢傳

曰汝南應休璉作百一篇詩譏切時事徧以示在事者咸皆怪愕或以爲應焚棄之何晏獨無怪也然方賢之意以有百一篇故曰百一李充翰林論曰應璩作五言詩百數十篇以風規治道蓋有詩人之旨焉又孫盛晉陽秋曰應璩作五言詩百三十篇言時事頗有補益世多傳之據此二文不得以一百一篇而稱百一也今書七志曰應璩集謂之新詩以百言爲一篇或謂之百一詩然以字名詩義無所取據百一詩序云時謂曹爽曰公今聞周公巍巍之稱安知百慮有一失乎百一之名蓋興於此也梁章鉅曰隋書經籍志應璩百一詩八卷此特其一篇耳文心雕龍謂應璩百一辭譎義貞談藝錄謂休璉百一微能自振但傷媚焉其辭異同鍾嶸詩品云應璩詩祖魏文善指事得激刺之旨又謂陶淵明詩出於應璩想皆評全詩今僅存此首無從證其是非也又按野客叢書言應璩百一詩凡有五首亦未載其辭知南宋已少傳矣姚振宗曰隋書經籍志魏衛尉卿應璩集十卷梁有錄一卷又總集篇梁又有應貞注應璩百一詩八卷亡唐經籍志總集類百一詩八卷應璩撰藝文志總集類應璩百一詩八卷張氏百三家應休璉集輯本一卷凡牋書詩四十餘篇嚴氏全三國文錄存牋四篇書二十九篇馮氏詩紀存詩七首按百一詩隋唐志編入總集者以應貞注本故也兩唐志不著應貞注字疏矣又曰魏志高堂隆傳注棧潛字彥皇見應璩書林按裴注則書林爲應璩所集蓋集錄諸家書記之文棧彥皇卽其中之一也趙一清曰晉書五行志魏侍中應璩在直廬歘見一白狗出門問衆人無見者踰年卒御覽八百八十五引魏書曰朱建平善相相璩曰君年六十二位爲常侍先此一年當獨見一白狗也璩年六十一爲侍中直內省忽見白狗衆人悉不見於是游讌自娛年六十二卒

貞字吉甫少以才聞能談論正始中夏侯玄盛有名勢貞嘗在玄坐作五言詩玄嘉玩之舉高第歷顯位晉武帝爲撫軍大將軍以貞參軍事晉室踐阼遷太子中庶子散騎常侍又以儒學與太尉荀顗撰定新禮事未施行泰始五年卒

晉書文苑傳應貞字吉甫魏侍中璩之子也自漢至魏世以文章顯軒冕相襲爲郡盛族貞善談論以才學稱夏侯玄有盛名貞詣玄玄甚重之舉高第頻歷顯位武帝踐阼遷給事中南齊書禮志序云晉初司空荀顗因魏代前事撰爲晉禮應貞並共刪集成百六十五篇文選卷二十載應吉甫晉武帝華林園集詩一首李善注引干寶晉紀曰泰始四年二月上幸芳林園與羣臣宴賦詩觀志孫盛晉陽秋曰散騎常侍應貞詩最美隋志晉散騎常侍應貞集一卷梁五卷

貞弟純純子紹永嘉中爲黃門侍郎爲司馬越所殺純弟秀秀子詹鎭南大將軍江州刺史

晉書應詹傳詹字思遠魏侍中璩之孫也詹幼孤爲祖母所養以孝聞弱冠知名性質素弘雅以學藝文章稱司徒何劭見之曰君子哉若人鎭南大將軍劉弘詹之祖舅也請爲長史謂之曰君器識弘深後當代老子於荆南矣委以軍政弘著續漢南詹之力也還南平太守王澄爲荆州假詹督南平天門武陵三郡軍事及洛陽傾覆詹攘袂流涕勸澄赴援澄使詹爲檄詹下筆便成辭義壯烈見者慷慨天門武陵谿蠻並反詹討降之數郡無虞天下大亂詹境獨全尋與陶侃破杜弢於長沙賊中金寶溢目詹一無所取唯收

圖書莫不歎之賜爵潁陽鄉侯遷益州刺史士庶攀車號泣拜後軍將軍上書請修辟雍國子受訓皇儲釋奠王敦作逆詹擊敗之斬賊率杜發封觀陽縣侯遷都督江州諸軍事平南將軍江州刺史疾篤與陶侃書曰每憶密計自沔入湘頡頏繾綣齊好斷金子南我東忽然一紀其間事故何所不有足下建功嶠南旋鎭舊楚吾承乏幸會來忝此州圖與足下進共竭節本朝報恩幼主退以申尋平生纏綿舊好豈悟時不我與長卽幽冥永言莫從能不慨悵今神州未夷四方多難足下年德並隆功名俱盛宜務建洪範雖休勿休至公至平至謙至順卽自天祐之吉無不利人之將死其言也善足下察吾此誠以咸和六年卒時年五十三冊贈鎭南大將軍儀同三司謚曰烈

瑀子籍才藻豔逸而倜儻放蕩行己寡欲以莊周爲模則官至步兵校尉

籍字嗣宗魏氏春秋曰籍曠遠不羈

宋本遠作達

不拘禮俗

晉書阮籍傳籍容貌瓌傑志氣宏放傲然獨得任性不羈而喜怒不形於色或閉戶視書累月不出或登臨山水經日忘歸博覽羣籍尤好莊老嗜酒能嘯善彈琴當其得意忽忘形骸時人多謂之癡御覽引魏氏春秋云籍幼有奇才異質八歲能屬文性恬靜兀坐長嘯以此終日竹林七賢傳曰籍有奇才異質或閉戶讀書連月不出或游行丘林終日不返

性至孝居喪雖不率常檢而毀幾至滅性

晉書籍傳籍性至孝母終正與人圍棋對者求止籍留與決賭既而飲酒二斗舉聲一號吐血數升及將葬食一蒸肫飲二斗酒然後臨訣直言窮矣舉聲一號因又吐血數升毀瘠骨立殆至滅性

兗州刺史王昶請與相見終日不得與言昶歎賞之自以不能測也太尉蔣濟聞而辟之後爲尙書郎曹爽參軍以疾歸田里歲餘爽誅

晉書籍傳曹爽輔政召爲參軍籍因以疾辭屏於田里歲餘而爽誅時人服其遠識

太傅及大將軍乃以爲從事中郎

太傅及大將軍皆有從事中郎太傅從事中郎二人千石第六品職參謀議大將軍從事中郎四人六百石第六品晉書籍傳宣帝爲太傅命籍爲從事中郎復爲景帝大司馬從事中郎

後朝論以其名高欲顯崇之籍以世多故祿仕而已

毛本仕作事

聞步兵校尉缺

續百官志步兵校尉一人比二千石掌宿衞兵屬北軍中候晉書職官志屯騎步兵越騎長水射聲等校尉是爲五校並漢官也魏晉逮於江左猶領營兵皆中領軍統之

廚多美酒營人善釀酒求爲校尉遂縱酒昏酣遺落世事

晉書籍傳高貴鄉公卽位封關內侯徙散騎常侍籍本有濟世志屬魏晉之際天下多故名士少有全者籍由是不與世事遂酣飲爲常文帝初欲爲武帝求婚於籍籍醉六十日不得言而止鍾會數以時事問之欲因其可否而致之罪皆以酣醉獲免籍聞步兵廚營人善釀有貯酒三百斛乃求爲步兵校尉遺落世事世說

簡傲篇晉文王功德盛大坐席嚴敬擬於王者惟阮籍在坐箕踞嘯歌酣放自若王隱晉書曰魏末阮籍有才而嗜酒荒放露頭散髮裸袒箕踞作二千石不治官事日與劉伶等共飲酒歌呼時人或以籍生在魏晉之交欲佯狂避時不知籍本性自然也

嘗登廣武觀楚漢戰處一統志廣武山在今河南開封府滎澤縣西史記漢四年項王與漢俱臨廣武而軍孟康注於滎陽築兩城相對曰廣武在敖倉西三皇山上續漢志劉昭注西征記曰滎陽有三皇山或謂三室山上有二城東曰東廣武西曰西廣武各在一山頭相去二百餘步其間隔深澗漢高祖與項籍語處酈道元水經注西廣武城漢所築東廣武城項羽所築夾城之間有絕澗斷山謂之廣武澗括地志廣武山在滎澤縣西二十里乃歎曰時無英才使豎子成名乎晉書籍傳登武牢山望京邑而歎於是賦豪傑詩時率意獨駕不由徑路車跡所窮輒慟哭而返籍少時嘗游蘇門山一統志蘇門山在今河南衛輝府輝縣西北七里一名蘇嶺卽太行支山也本曰柏門山亦作百門山元和志山卽孫登隱處方輿紀要四十九蘇門山有百門泉泉通百道衛風所詠泉源在左者也蘇門山有隱者莫知姓名有竹實數斛臼杵而已籍從之與談太古無爲之道及論五帝三王之義蘇門生蕭然曾不經聽籍乃對之長嘯清韻響亮蘇門生逌爾而笑籍既降蘇門生亦嘯若鸞鳳之音焉至是籍乃假蘇門先生之論以寄所懷其歌曰日沒不周西月出丹淵中陽精蔽不見陰光代爲雄毛本光誤作精亭亭在須臾厭厭將復隆富貴俛仰閒貧賤何必終又歎曰天地解兮六合開星辰隕兮日月頹我騰而上將何懷此二歌皆在籍所撰大人先生傳中晉書籍傳籍嘗於蘇門山遇孫登與商略終古及栖神道氣之術登皆不應籍因長嘯而退至半嶺聞有聲若鸞鳳之音響乎巖谷乃登之嘯也遂歸著大人先生傳其略曰世之所謂君子惟法是修惟禮是克手執圭璧足履繩墨行欲爲目前檢言欲爲無窮則少稱鄉黨長聞鄰國上欲圖三公下不失九州牧獨不見羣蝨之處褌中逃乎深縫匿乎壞絮自以爲吉宅也行不敢離縫際動不敢出褌襠自以爲得繩墨也然炎丘火流焦邑滅都羣蝨處於褌中而不能出也君子之處域內何異夫蝨之處褌中乎此亦籍之胸懷本趣也太平寰宇記引魏氏春秋云籍見孫登長嘯有鳳凰集登所隱之處因號登爲蘇門先生

籍口不論人過而自然高邁故爲禮法之士何曾等所讎疾大將軍司馬文王常保持之世說德行篇晉文王稱阮嗣宗至愼每與之言言皆玄遠未嘗臧否人物本志李通傳注引王隱晉書所載與此同又世說任誕篇阮籍遭母喪在晉文王坐進酒肉司隸何曾亦在坐曰明公方以孝治天下而阮籍以重喪顯於公坐飲酒食肉宜流之海外以正風教文王曰嗣宗毀頓如此君不能共憂之何謂且有疾而飲酒食肉固喪禮也干寶晉紀曰何曾嘗謂阮籍曰卿恣情任性敗俗之人也今忠賢執政綜核名實若卿之徒何可長也通鑑七十八籍居喪飲酒何曾面質於司馬昭座昭愛籍才常擁護之胡三省曰昭讓九錫籍代公卿爲勸進牋辭甚清壯故昭愛其才卒以壽終晉書籍傳景元四年冬卒時年五十四籍能屬文初不留思作詠懷八十餘篇爲世所重著達莊論敘無爲之貴宋史藝文志阮嗣宗通易論一卷寰宇記卷一阮籍臺在開封尉氏縣東南二十步籍每邀名賢攜酌長嘯登此籍墓在縣東四十里有碑宋顏延年注詠懷詩序曰嗣宗身仕亂朝常恐罹謗遇禍因茲發詠故每有憂生之嗟雖志在譏刺而文多隱避百代之下難以情測故粗明大意略其幽旨也鍾嶸詩品曰晉步兵阮籍詩其源出於小雅無雕蟲之功而詠懷之作可以陶性靈發幽思言在耳目之內情寄八荒之表洋洋乎會於風雅使人忘其鄙近自致遠大頗多感慨之詞厥旨淵放歸趣難求顏延之注解怯言其志文心雕龍明詩篇曰嵇志清峻阮旨遙深又才略篇云阮籍使氣以命詩隋書經籍志魏步兵校尉阮籍集十卷梁十三卷錄一卷陳氏書錄解題詩集類阮步兵集四卷其題皆曰詠懷首卷四言十三篇餘皆五言八十篇通爲九十三篇文選所收十七篇而已馮惟訥詩紀曰京師曹家藏阮步兵詩一卷唐人所書與世所傳多異孔宗翰亦有本與此多同馮氏詩紀輯詩歌八十七篇嚴可均輯文二十篇何焯云阮公詠懷文選所選止十七篇作者之要旨已具又云詠懷之作其歸在於魏晉易代之事而其詞旨亦復難以直尋若篇篇附會又失之矣

子渾字長成世語曰渾以閒澹寡欲知名京邑爲太子庶子早卒晉書籍傳渾有父風少慕通達不飾小節籍謂曰仲容已豫吾此流汝不得復爾太康中爲太子庶子仲容阮咸字籍姪也

時又有譙郡嵇康文辭壯麗好言老莊而尚奇任俠至景元中坐事誅

康字叔夜案嵇氏譜毛本誤作嵇康譜康父昭字子遠督軍糧持書侍御史督軍糧御史見杜夔傳兄喜字公穆晉揚州刺史中正文選二十四嵇叔夜贈秀才入軍五首李善注引集云兄秀才公穆入軍贈詩劉義慶集林曰嵇喜字公穆舉秀才晉書阮籍傳籍能爲青白眼見禮俗之士以白眼對之嵇喜來弔籍作白眼喜不懌而退弟康聞之乃齎酒挾琴造焉籍大悅乃見青眼（一世說簡傲篇引晉百官名與此同）又嵇康傳兄喜有當世才歷太僕宗正世說簡傲篇康與呂安善安來值康不在喜出戶延之不入題門上作鳳字而去喜不覺猶以爲欣故作鳳字凡鳥也喜爲康傳曰家世儒學少有儁才曠邁不羣高亮任信宋本信作性不修名譽寬簡有大量學不師授博洽多聞晉書康傳康譙國銍人早孤有奇才遠邁不羣身長七尺八寸美詞氣有風儀而土木形骸不自藻飾人以爲龍章鳳姿天質自然恬靜寡慾含垢匿瑕寬簡有大量學不師受博覽無不該通長好老莊與魏宗室婚拜中散大夫本志沛穆王林傳注引

嵇氏譜云嵇康妻林子之女也書鈔卷一百引嵇康集曰康著華山九吟魏明帝異其文詞問左右曰斯人安在吾欲擢之遂起家爲潯陽長長而好老莊之業恬靜無欲性好服食嘗採御上藥善屬文論彈琴詠詩自足於懷抱之中以爲神仙者稟之自然非積學所致至於導養得理以盡性命若安期彭祖之倫可以善求而得也著養生篇隋書經籍志梁有養生論三卷嵇康撰亡文選五十三藝文類聚七十五載嵇叔夜養生論葉樹藩曰康所著全書已散佚僅存此篇耳本集有答向子期難養生論知自厚者所以喪其所生其求益者必失其性超然獨達遂放世事縱意於塵埃之表撰錄上古以來聖賢隱逸遁心遺名者集爲傳贊自混沌至於管寧凡百一十有九人蓋求之於宇宙之內而發之乎千載之外者矣故世人莫得而名焉晉書康傳康撰上古以來高士爲之傳贊欲友其人於千載也隋書經籍志雜傳類聖賢高士傳贊三卷嵇康撰周續之注章宗源隋志考證曰宋書周續之傳續之常以嵇康高士傳得出處之美因爲之注史通品藻篇曰嵇康高士傳其所載者廣矣而顏回蘧瑗獨不見書蓋以二子雖樂道遺榮安貧守志而拘禁名教未免流俗也正如董仲舒揚子雲亦鑽仰四科馳驅六籍漸孔門之教義服魯國之儒風與此何殊而並可甄錄夫回瑗可棄而揚董獲升可謂識二五而不知十者也采撰篇曰嵇康高士傳好聚七國寓言引書之誤其萌於此雜說篇曰（別傳條）嵇康高士傳取莊子楚辭二漁父事合成一篇夫以園吏之寓言騷人之假說而定爲實錄斯已謬矣況此二漁父者較年則前後別時論地則南北殊壤而輒併之爲一豈非惑哉又曰莊周著書以寓言爲主嵇康述高士傳多引其虛辭至有神有混沌編諸首錄苟以此爲實則其流甚多又浮詞篇論是書亦有不滿之詞嚴可均曰據康兄喜爲康傳云集爲傳贊是傳與贊皆康撰唐志以傳屬嵇康贊屬周續之誤矣嚴氏輯五十二傳五贊凡六十一人較馬氏玉函山房輯本爲備虞預晉書曰預事互見王修傳王隱晉書注晉書虞預傳預字叔寧徵士喜之弟（喜會稽餘姚人）預十二而孤少好學有文章除著作佐郎後除散騎常侍仍領著作以年老歸預雅好經史憎疾玄虛其論阮籍裸袒比之伊川被髮所以胡虜遍於中國以爲過衰周之時著晉書四十餘卷會稽典錄二十篇諸虞傳十二篇皆行於世所著詩賦碑誄論難數十篇隋志正史類晉書二十六卷本四十四卷訖明帝今殘缺晉散騎常侍虞預撰兩唐志作五十八卷今存黃奭湯球輯本各一卷史通人物篇若元則仲景時才重於許洛何楨許詢文雅高於揚豫而陳壽國志王隱晉史廣列諸傳而遺此不編此亦網漏吞舟過爲迂闊者史官篇若中朝之華嶠陳壽陸機束晳江左之王隱虞預干寶孫盛宋之徐爰蘇寶生梁之沈約裴子野斯並史官之尤美著作之妙選也章宗源隋志考證曰御覽皇王部上雖服膺文藝而雅有雄霸之量數語乃預宣帝紀論其論阮籍裸袒則籍傳論也今晉書皆不取初學記設官部引何楨爲弘農郡守貢縣吏楊囂於朝北堂書鈔設官部何楨爲尙書郎參秘書右丞右丞之置自楨

始也是知王隱所不編預閒有傳沈家本曰虞預晉書唐志五十八卷亦後出增多者康家本姓奚會稽人先自會稽遷于譙之銍縣晉書康傳其先姓奚會稽上虞人以避怨徙焉郡國志預州沛國銍縣王先謙曰三國魏改屬譙郡弼按洪亮吉補志屬汝陰郡蓋始屬沛魏武分沛置譙郡乃移屬譙明帝景初二年又移屬汝陰郡也一統志銍縣故城今安徽鳳陽府宿州西南四十六里改爲嵇氏取嵇字之上山以爲姓官本考證曰元本作加山以爲姓多加字蓋以志其本也一曰銍有嵇山家于其側遂氏焉姚範曰取尤而易旨爲山耳魏氏春秋曰康寓居河內之山陽縣山陽見文紀延康元年與之游者未嘗見其喜慍之色與陳留阮籍河內山濤河南向秀錢大昭曰秀河內懷人此作河南誤弼按水經注作河內籍兄子咸琅邪王戎沛人劉伶相與友善遊於竹林號爲七賢水經清水注逕七賢祠東左右筠篁列植冬夏不變貞婁魏步兵校尉陳留阮籍中散大夫譙國嵇康晉司徒河內山濤司徒琅邪王戎黃門郎河內向秀建威參軍沛國劉伶始平太守阮咸等同居山陽結自得之遊時人號之爲竹林七賢向子期所謂山陽舊居也郭緣生述征記云白鹿山東南二十五里有嵇公故居以居時有遺竹焉晉書山濤傳濤字巨源河內懷人與嵇康呂安善後遇阮籍便爲竹林之游箸忘言之契康後坐事臨誅謂子紹曰巨源在汝不孤矣後封新沓伯拜司徒薨年七十九謚曰康濤飲酒至八斗方醉武帝欲試之乃以酒八斗飲濤而密益其酒濤極本量而止向秀傳秀字子期河內懷人清悟有遠識少爲山濤所知雅好老莊之學莊周箸內外數十篇歷世方士雖有觀者莫適論其旨統也秀乃爲之隱解發明奇趣振起玄風讀之者超然心悟莫不自足一時也惠帝之世郭象又述而廣之儒墨之迹見鄙道家之言遂盛焉始秀欲注嵇康曰此書詎復須注正是妨人作樂耳及成示康曰殊復勝不又與康論養生辭難往復蓋欲發康高致也康善鍛秀爲之佐相對欣然傍若無人又共呂安灌園於山陽康既被誅秀應本郡計入洛文帝問曰聞有箕山之志何以在此秀曰以爲巢許狷介之士未達堯心豈足多慕帝甚悅秀乃自此役作思舊賦云余與嵇康呂安居止接近其人並有不羈之才嵇意遠而疏呂心曠而放其後並以事見法嵇博綜伎藝於絲竹特妙臨當就命顧視日影索琴而彈之逝將西邁經其舊廬於時日薄虞泉寒冰淒然鄰人有吹笛者發聲寥亮追想曩昔游晏之好感音而歎故作賦曰將命適於遠京兮遂旋反以北徂濟黃河以泛舟兮經山陽之舊居瞻曠野之蕭條兮息余駕乎城隅踐二子之遺迹兮歷窮巷之空廬歎黍離之愍周兮悲麥秀於殷墟追昔以懷今兮心徘徊以躊躇棟宇在而弗毀兮形神逝其焉如昔李斯之受罪兮歎黃犬而長吟悼嵇生之永辭兮顧日影而彈琴託運遇於領會兮寄餘命於寸陰聽鳴笛之慷慨兮妙聲絕而復尋佇駕言其將邁兮故援翰以寫心後爲散騎常侍卒阮咸傳咸字仲容父熙武都太守咸與叔父籍爲竹林之游妙解音律善彈琵琶歷仕散騎侍郎出補始平太守以壽終王戎傳戎字濬沖琅邪臨沂人祖雄幽州刺史父渾涼州刺史貞陵亭侯戎幼而穎悟神彩秀徹視日不眩裴楷見而目之曰戎眼爛爛如巖下電阮籍與

渾爲友戎年十五隨渾在郎舍戎少籍二十歲而籍與之交籍每過渾俄頃輒去過視戎良久然後出謂渾曰共卿言不如共阿戎談襲父爵歷豫州刺史加建威將軍受詔伐吳吳平進爵安豐縣侯拜司徒永興二年薨於郟縣年七十二諡曰元嘗經黃公酒壚下過顧謂後車客曰吾昔與嵇叔夜阮嗣宗酣暢於此竹林之游亦預其末自嵇阮云亡吾便爲時之所羈紲今日視之雖近邈若山河劉伶傳伶字伯倫沛國人身長六尺容貌甚陋放情肆志常以細宇宙齊萬物爲心澹默少言不妄交游與阮籍嵇康相遇欣然神解攜手入林未嘗厝意文翰惟著酒德頌一篇嘗爲建威參軍泰始初對策盛言無爲之化時輩皆以高第得調伶獨以無用罷竟以壽終隋書經籍志山濤集九卷梁五卷錄一卷向秀集二卷錄一卷

鍾會爲大將軍所昵聞康名而造之會名公子以才能貴幸乘肥衣輕賓從如雲康方箕踞而鍛會至不爲之禮康問會曰何所聞而來何所見而去會曰有所聞而來有所見而去會深銜之世說簡傲篇鍾士季有才理先不識嵇康鍾要于時賢儁之士俱往尋康康方大樹下鍛向子期爲佐鼓排康揚槌不輟傍若無人移時不交一言又劉孝標注引文士傳曰康性絕巧能鍛鐵家有盛柳樹乃激水以圜之夏天甚清涼恆居其下傲戲乃身自鍛家雖貧有人說鍛者康不受直唯親舊以雞酒往與共飲噉清言而已胡三省曰鍛都玩反小冶也

大將軍嘗欲辟康康既有絕世之言又從子不善避之河東或云避世及山濤爲選曹郎舉康自代康答書拒絕因自說不堪流俗而非薄湯武大將軍聞而怒焉文選四十三載嵇叔夜與山巨源絕交書晉書康傳山濤將去選官舉康自代康乃與濤書告絕弼按晉書本傳所載較文選刪節甚多書中有必不堪者七甚不可者二俱未錄惟此書乃康拒絕山濤之薦己自代並非與濤絕交康臨誅絕命猶念巨源交誼之摯可證自蕭選標題錯誤相沿至今無一糾正之者可異也

初康與東平呂昭子巽及巽弟安親善巽字長悌安字仲悌見杜恕傳注引世語晉陽秋曰安冀州刺史昭第二子志量開曠有拔俗風氣會巽淫安妻徐氏而誣安不孝囚之安引康爲證康義不負心保明其事康有與呂長悌絕交書見嚴可均輯本安亦性烈宋本性作至有濟世志力鍾會勸大將軍因此除之遂殺安及康康臨刑自若援琴而歌既而歎曰雅音於是絕矣時人莫不哀之世說雅量篇嵇中散臨刑東市神氣不變索琴彈之奏廣陵散曲終曰袁孝尼嘗請學此散吾靳固不與廣陵散於今絕矣大學生三千人上書請以爲師不許文王亦尋悔焉劉孝標注引晉陽秋曰初康與東平呂安親善安嫡兄遜淫安妻徐氏安欲告遜遣妻以咨於康康喻而抑之遜內不自安陰告安撾母表求徙邊安當徙訴自理辭引康文士傳曰呂安罹事康詣獄以明之鍾會庭論康曰今皇道開明四海風靡邊鄙無詭隨之民街巷無異口之議而康上不臣天子下不事王侯輕時傲世不爲物用無益於今有敗於

俗昔太公誅華士孔子戮少正卯以其負才亂羣惑衆也今不誅康無以清潔王道於是錄康閉獄臨死而兄弟親族咸與共別康顏色不變問其兄曰向以琴來不邪兄曰以來康取調之爲太平引曲成歎曰太平引於今絕也王隱晉書曰康之下獄太學生數千人請之于時豪俊皆隨康入獄悉解喻一時散遣康竟與安同誅文選思舊賦李善注引干寶晉紀曰安巽庶弟俊才妻美巽使婦人醉而幸之醜惡發露巽病之告安謗己巽於鍾會有寵太祖遂徙安遠郡遺書與康昔李叟入秦及關而歎云太祖惡之追收下獄康理之俱死康幽憤詩見文選及晉書本傳何焯曰天下不平之事至嵇呂一案無以復加矣司馬家兒不及阿瞞父子萬倍何名英雄也安得不生阮公廣武之歎

初康採藥於汲郡共北山中毛本北作比誤胡三省曰晉泰始二年始分河內爲汲郡史追書也見隱者孫登康欲與之言登默然不對踰時將去康曰先生竟無言乎登乃曰子才多識寡難乎免於今之世及遭呂安事爲詩自責曰欲寡其過謗議沸騰性不傷物頻致怨憎昔慚柳下今愧孫登內負宿心外赧良朋世說棲逸篇嵇康游於汲郡山中遇道士孫登遂與之游康臨去登曰君才則高矣保身之道不足劉孝標引文士傳曰嘉平中汲縣民共入山中見一人所居懸巖百仞叢林鬱茂而神明甚察自云孫姓登名字公和康聞乃從遊三年問其所圖終不答然神謀所存良妙康每薾然歎息將別謂曰先生竟無言乎登乃曰子識火乎生而有光而不用其光果然在於用光人生有才而不用其才果然在於用才故用光在乎得薪所以保其曜用才在乎識物所以全其年今子才多識寡難乎免於今之世矣子無多求康不能用及遭呂安事在獄爲詩自責云昔慚下惠今愧孫登王隱晉書曰孫登既阮籍所見者也嵇康執弟子禮而師焉魏晉去就易生嫌疑貴賤並沒故登或默也

康所著諸文論六七萬言皆爲世所玩詠隋書經籍志春秋左氏傳音三卷魏中散大夫嵇康撰又集十三卷梁十五卷錄一卷玉海藝文曰嵇康作言不盡意論侯康曰嵇康周易言不盡意論一篇嚴可均輯文六卷馮氏詩紀輯詩五十三篇趙一清曰康有琴賦見文選御覽五百七十九引靈異志曰嵇中散嘗行西南出去洛數十里有亭名華陽投宿夜了無人獨在亭中此亭由來殺人宿者多凶至一更中操琴先作諸弄而聞空中稱善聲中散撫琴呼之此人云身是古人幽沒於此數千年矣聞君彈琴音曲清和故來聽耳而終就殘毀不宜接待君子向夜髣髴漸見以手持其頭遂與中散共論聲音其辭清辯中散以琴授之彈作衆曲惟廣陵散絕倫中散從受之半夕悉得與中散誓不得教他人又不得言其姓也水經洧水注華陽亭名在密縣嵇叔夜常采藥於山澤學琴於古人卽此亭也唐書韓皐傳皐生知音律常曰長年後不願聽樂以門內事多逆知之聞鼓琴至止息歎曰美哉嵇康之爲是曲其當晉魏之際乎其音主商商爲秋秋者天將搖落肅殺其歲之晏乎晉乘金運商又金聲此所以知魏方季而晉將代也緩其商弦與宮同音臣奪君之義知司馬氏之將篡也王淩毌丘儉文欽諸葛誕繼爲揚州都督咸有興復之謀皆爲司馬懿父子所殺康以揚州故廣陵地淩等皆魏大臣故名其曲曰廣陵散言魏散亡自廣陵始止息者晉雖暴興

終止息於此其哀憤躁蹙憯痛迫脅之音盡於是矣永嘉之亂其兆乎康避晉魏之禍託以鬼神以俟後世知音云胡玉縉曰太平引廣陵散引散猶吟行豔豔之類爲某調曲耳韓雖唐人散亡之說似近傳會水經穀水注穀水經建春門石橋下水南即馬市洛陽有三市斯其一也嵇叔夜爲司馬昭所害處寰宇記卷十七嵇康墓在宿州臨渙縣西北三十五里嵇山東一里杭世駿所引多神怪之說不錄晉書本傳康作太師箴足以明帝王之道復作聲無哀樂論甚有條理

康別傳云嵇康別傳隋唐志不著錄孫登謂康曰君性烈而才儁其能免乎稱康臨終之言曰袁孝尼嘗從吾學廣陵散孝尼名準吾每固之不與廣陵散於今絕矣與盛所記不同周壽昌曰世說注引文士傳作太平引於今絕矣所說不同而廣陵散一語特傳又晉陽秋云康見孫登登對之長嘯踰時不言康辭還曰先生竟無言乎登曰惜哉此二書皆孫盛所述而自爲殊異如此

康集目錄曰嵇康集見前登字公和不知何許人無家屬於汲縣北山土窟中得之夏則編草爲裳冬則被髮自覆好讀易鼓琴見者皆親樂之每所止家輒給其衣服食飲得無辭讓

世語曰毌丘儉反康有力且欲起兵應之以問山濤濤曰不可儉亦已敗

臣松之案本傳云康以景元中坐事誅而干寶孫盛習鑿齒諸書皆云正元二年司馬文王反自樂嘉殺嵇康呂安蓋緣世語云康欲舉兵應毌丘儉故謂破儉便應殺康也其實不然山濤爲選官欲舉康自代康書告絕事之明審者也案濤行狀濤始以景元二年除吏部郎耳景元與正元相較七八年以濤行狀檢之如本傳爲審何焯校改如作知又鍾會傳亦云會作司隸校尉時誅康會作司隸景元中也干寶云呂安兄巽善於鍾會巽爲相國掾俱有寵於司馬文王故遂抵安罪尋文王以景元四年鍾鄧平蜀後始授相國位若巽爲相國掾時陷安焉得以破毌丘儉年殺嵇呂此又干寶之疏謬自相違伐也或曰昭爲相國會已在蜀被殺安得共相搆陷康等乎皆不足信弼按高貴鄉公紀甘露三年五月命大將軍司馬文王爲相國陳留王紀景元四年十月復命大將軍進位爵賜一如前詔又按鍾會傳會遷司隸校尉嵇康等見誅皆會謀也俱在平蜀之前

康子紹字延祖少知名山濤啓以爲祕書郎稱紹平簡溫敏有文思又曉音當成濟者帝曰紹如此便可以爲丞不足復爲郎也遂歷顯位晉書忠義傳嵇紹十歲而孤事母孝謹以父得罪靖居私門山濤領選啟武帝曰康誥有言父子罪不相及嵇紹賢侔郤缺宜加旌命請爲祕書郎帝謂濤曰如卿所言乃堪爲丞何但郎也乃發詔徵之起家爲祕書丞紹始入洛或謂王戎曰昨於稠人中始見嵇紹昂昂然如野鶴之在雞羣戎曰君復未見其父耳

晉諸公贊曰紹與山濤子簡弘農楊準同好友善而紹最有忠正之情以侍中從惠帝北伐成都王王師敗績百官皆走宋本皆作奔惟紹獨以身扞衛遂死於帝側故累見褒崇追贈太尉諡曰忠穆公晉書忠義傳紹以天子蒙塵承詔馳詣行在所值王師敗績於蕩陰百官及侍衛莫不潰散唯紹儼然端冕以身扞衛兵交御輦飛箭雨集紹遂被害於帝側血濺御服天子深哀歎之及事定左右欲浣衣帝曰此嵇侍中血勿去

景初中下邳桓威出自孤微年十八而著渾輿經依道以見意隋書經籍志梁有渾輿經一卷魏安城令桓威撰唐經籍志渾輿經一卷炬威撰唐藝文志炬威渾輿經一卷姚振宗曰宋本隋志因避諱桓書作相而傳寫誤作柏兩唐志又轉寫作炬從齊國門下書佐司徒署吏後爲安成令郡國志豫州汝南郡安城一統志安成故城今河南

汝寧府汝陽縣東南

吳質濟陰人以文才爲文帝所善官至振威將軍振威將軍見程昱傳假節都督河北諸軍事封列侯

魏略曰質字季重以才學通博爲五官將及諸侯所禮愛質亦善處其兄弟之閒若前世樓君卿之游五侯矣漢書游俠傳樓護字君卿齊人王氏方盛賓客滿門五侯兄弟爭名其客各有所厚不得左右唯護盡入其門咸得其驩心與谷永俱爲五侯上客長安號曰谷子雲筆札樓君卿唇舌西京雜記五侯競致奇膳護乃合以爲鯖世稱五侯鯖字林云鯖雜肴也及河北平定大將軍爲世子李慈銘曰大將軍當作五官將下大將軍西征將字衍文文選注引典略無將字質與劉楨等並在坐席楨坐譴之際質出爲朝歌長文選作朝歌令朝歌見武紀建安十七年張雲璈曰漢書百官表萬戶以上爲令萬戶以下爲長令長以縣之大小爲分故長還始同令也弼按子桓以廢簏納朝歌長吳質與謀見陳思王傳注引世語後還元城令元城見文紀黃初二年其後大將軍西征官本考證曰將字疑衍太子南在孟津小城方輿紀要四十八小平城在今河南孟津縣西北有河津曰小平津津上有城靈帝時河南八關之一也晉永嘉末傅祗保孟津小城或曰即小平津小平津見董卓傳與質書曰季重無恙文選此句

上有五月十八日丕白七字途路雖局李善注引爾雅曰局近也（六臣本爾作小）官守有限願言之懷良不可任李善注引杜預曰任當也足下所治僻左書問致簡益用增勞每念昔日南皮之游李善注漢書渤海郡有南皮縣寰宇記六十五云魏志文帝爲五官中郎將射雉於南皮即此醼友臺在縣東二十五里魏文帝爲五官中郎將與吳質重游南皮（弼按質字疑季字之誤）築此臺醼友故名焉一統志南皮故城今直隸天津府南皮縣東北誠不可忘既妙思六經逍遙百氏彈棊閒設終以博弈典論云余於他喜弄之事少所許惟彈棊略盡其巧世說巧藝篇魏文帝於此戲特妙用手巾角拂之無不中文選博奕作六博高談娛心哀箏順耳馳騖北場文選作馳騁旅食南館李善注鄭玄曰旅衆也浮甘瓜於清泉沈朱李於寒水寰宇記六十五寒冰井在南皮縣西一里皦日既沒文選作白日既匿繼以朗月同乘並載以游後園趙一清曰名勝志西園在鄴城西魏曹丕同弟植賓從游幸之地也輿輪徐動賓從無聲文選賓作參清風夜起悲笳微吟樂往哀來悽然傷懷余顧而言茲樂難常足下之徒咸以爲然今果分別各在一方元瑜長逝化爲異物每一念至何時可言方今蕤賓紀辰李善注引禮記曰仲夏之月律仲蕤賓景風

扇物天氣和暖毛本天作風誤衆果具繁時駕而游北遵河曲從者鳴笳以啓路文學託乘於後車節同時異物是人非我勞如何今遣騎到鄴故使枉道相過行矣自愛二十三年太子又與質書曰歲月易得文選此句上有二月三日丕白六字別來行復四年三年不見東山猶歎其遠況乃過之思何可支雖書疏往反未足解其勞結昔年疾疫親故多離其災徐陳應劉一時俱逝痛何可言邪昔日游處行則同輿止則接席何嘗須臾相失每至觴酌流行絲竹並奏酒酣耳熱仰而賦詩當此之時忽然不自知樂也謂百年已分長共相保文選長上有可字何圖數年之閒零落略盡言之傷心頃撰其遺文都爲一集觀其名姓已爲鬼錄追思昔游猶在心目而此諸子化爲糞壤可復道哉觀古今文人類不護細行鮮能以名節自立而偉長獨懷文抱質恬淡寡欲有箕山之志可謂彬彬君子矣著中論二十餘篇成一家之業辭義典雅足傳于後此子爲不朽矣德璉常斐然有述作意才學足以著書美志不遂良可痛惜閒歷觀諸子之文對之抆淚既痛逝者行自念也孔璋章表殊健微爲繁富公幹有逸氣但未遒耳至其五言詩妙絕當時文選作妙絕時人元瑜書記翩翩致足樂也仲宣獨自善於辭賦惜其體弱不足起其文至於所善古人無以遠過也昔伯牙絕絃於鍾期仲尼覆醢於子路愍知音之難遇傷門人之莫逮也李善注引呂氏春秋曰子期死伯牙乃破琴絕絃禮記曰孔子哭子路於中庭有人弔者而夫子拜之既哭進使者而問故使者曰醢之矣遂命覆醢諸子但爲未及古人自一時之儁也今之存者已不逮矣後生可畏來者難誣然吾與足下不及見也行年已長大文選作年行已長大所懷萬端時有所慮乃至通夕不瞑何時復類昔日文選何時上有志意二字已成老翁但未白頭耳光武言年已三十在軍十年文選作光武言年三十餘在兵中十歲所更非一吾德雖不及年與之齊以犬羊之質服虎豹之文無衆星之明假日月之光動見瞻觀何時易邪恐永不復得爲昔日游也少壯真當努力

年一過往何可攀援古人思秉燭夜游良有以也頃何以自娛頗復有所造述不東望於邑裁書敘心文選卷四十載吳季重答魏太子牋云二月八日庚寅臣質言奉讀手命追亡慮存恩哀之隆形於文墨日月冉冉歲不與我昔侍左右廁坐衆賢出有微行之游入有管絃之懽置酒樂飲賦詩稱壽自謂可終始相保並騁材力效節明主何意數年之閒死喪略盡臣獨何德以堪久長陳徐應劉才學所著誠如來命惜其不遂可爲痛切凡此數子於雍容侍從實其人也若乃邊境有虞羣下鼎沸軍書輻至羽檄交馳於彼諸賢非其任也往者孝武之世文章爲盛若東方朔枚皋之徒不能持論即阮陳之儔也其唯嚴助壽王與聞政事然皆不慎其身善謀於國卒以敗亡臣竊恥之至於司馬長卿稱疾避事以著書爲務則徐生庶幾焉而今各逝已爲異物矣後來君子實可畏也伏惟所天優游典籍之場休息篇章之囿發言抗論窮理盡微摛藻下筆鸞龍之文奮矣雖年齊蕭王才實百之此衆議所以歸高遠近所以同聲然年歲若墜今質已四十二矣白髮生鬢所慮日深實不復若平日之時也但欲保身敕行不蹈有過之地以爲知己之累耳游宴之歡難可再遇盛年一過實不可追臣幸得下愚之才值風雲之會時邁齒臷猶欲觸胸奮首展其割裂之用也不勝慺慺以來命備悉故略陳至情質死罪死罪又在元城與魏太子牋云臣質言前蒙延納侍宴終日曜靈匿景繼以華燈雖虞卿適趙平原入秦受贈千金浮觴旬日無以過也小器易盈先取沈頓醒悟之後不識所言即以五日到官初至承前未知深淺然觀地形察土宜西帶恒山連岡平代北鄰柏人乃高帝之所忌也重以泜水漸漬疆宇喟然

歎息思淮陰之奇譎亮成安之失策南望邯鄲想廉藺之風東接鉅鹿存李齊之流都人士女服習禮教皆懷慷慨之節包左車之計而質闇弱無以莅之若乃邁德種恩樹之風聲使農夫逸豫於疆畔女工吟詠於機杼固非質之能也至於奉遵科教班揚明令下無威福之吏邑無豪俠之傑賦事行刑資於故實抑亦懔懔有庶幾之心往者嚴助釋承明之歡受會稽之位壽王去侍從之娛統東郡之任其後皆克復舊職追尋前軌今獨不然不亦異乎張敞在外自謂無奇陳咸憤積思入京城彼豈虛談夸論誑曜世俗哉斯實薄郡守之榮顯左右之勤也古今一揆先後不貿焉知來者之不如今聊以當覲不敢多云 臣松之以
本傳雖略載太子此書美辭多被刪落今故悉取魏略所述以備其文太子即王位又
與質書曰南皮之游存者三人烈祖龍飛或將或侯今惟吾子棲遲下仕 何焯曰宋本仕作士
弼按宋本作土 從吾游處獨不及門缾罄罍恥 宋本缾作餅 能無懷愧路不云遠今復相聞初
曹眞曹休亦與質等俱在勃海游處時休眞亦以宗親並受爵封出爲列將而質故
爲長史王顧質有望故稱二人以慰之始質爲單家少游遨貴戚閒蓋不與鄉里相沈
浮故雖已出官本國猶不與之士名及魏有天下文帝徵質與車駕會洛陽到拜北中

郎將 藝文類聚六十八引吳質別傳云質爲北中郎將朝京師上歡喜其到比至家問訊相續詔將軍列鹵簿作鼓吹望闕而止本志崔林傳北中郎將吳質統河北軍事宋書百官志北中郎將漢建安中置 封列侯使持節督幽并諸軍事治信都 安平國治信都今冀州治見武紀建安九年又見賈詡傳 太和中入朝質自以不爲本郡所饒謂司徒董昭曰我欲溺鄉里耳昭曰
君且止我年八十不能老爲君溺攢也 官本考證曰攢宋本作欑弼按宋本作欑錢大昭曰董昭吳質皆濟陰人質欲溺鄉里則昭亦在應溺之內故云溺攢 世語曰魏王嘗出征世子及臨菑侯植並送路側植稱述功德發
言有章左右屬目王亦悅焉世子悵然自失吳質耳曰王當行流涕可也及辭世子泣
而拜王及左右咸歔欷於是皆以植辭多華而誠心不及也 質別傳曰 吳質別傳隋唐志不著錄類聚六十八引之亦見御覽 帝嘗召質及曹休歡會命郭后出見質等帝曰卿仰諦視之其至
親如此 劉楨平視甄夫人輸作吳質則諦視郭后路側耳語之功廢簏載絹之策深結子桓之歡故親信如此 質黃初五年朝京師
詔上將軍及特進以下皆會質所大官給供具酒醑質欲盡歡時上將軍曹眞性肥中

領軍朱鑠性瘦 周壽昌曰本謂體有肥瘦茲易體爲性蓋性猶生也又眞拜大將軍非上將軍上字誤 質召優使說肥瘦眞
負貴恥見戲怒謂質曰卿欲以部曲將遇我邪驃騎將軍曹洪輕車將軍王忠 上尊號奏有輕車將軍都亭侯臣忠即王忠也又見武紀建安十八年注 言將軍必欲使上將軍服肥即自宜爲瘦眞愈恚拔
刀瞋目言俳敢輕脫吾斬爾遂罵坐質案劍曰曹子丹汝非屠机上肉吳質吞爾不搖
喉咀爾不搖牙何敢恃勢驕邪鑠因起曰陛下使吾等來樂卿耳乃至此邪質顧叱之
曰朱鑠敢壞坐 毛本朱誤作未 諸將軍皆還坐鑠性急愈恚還拔劍斬地遂便罷也及文帝
崩質思慕作詩曰愴愴懷殷憂殷憂不可居徙倚不能坐出入步躑躅念蒙聖主恩榮
爵與衆殊自謂永終身志氣甫當舒何意中見棄棄我歸黃壚煢煢靡所恃淚下如連
珠隨沒無所益身死名不書慷慨自僶俛庶幾烈丈夫太和四年入爲侍中時司空陳
羣錄尚書事帝初親萬機質以輔弼大臣安危之本對帝盛稱驃騎將軍司馬懿忠智

至公社稷之臣也陳羣從容之士非國相之才處重任而不親事帝甚納之 趙一清曰晉書宣帝紀魏國既建遷太子中庶子每與大謀輒有奇策爲太子所信重與陳羣吳質朱鑠號曰四友后妃傳景懷皇后崩景帝更娶鎭北將軍濮陽吳質女質蓋司馬氏之黨也弼按質爲忠於魏文之人遽指爲黨於司馬氏似不足以服其心 明日有切詔以督責羣而天下以司空不
如長文即羣言無實也 此二語疑有誤 質其年夏卒 質答魏太子牋云今質已四十二矣時爲建安二十三年至魏太和四年卒年五十四隋書經籍志梁有侍中吳質集五卷亡嚴可均輯文七篇馮氏詩紀錄詩一篇 質先以怙威肆行謚曰醜侯質子
應仍上書論枉至正元中乃改謚威侯應字溫舒晉尚書應子康字子仲知名於時亦
至大位 晉書良吏傳吳隱之字處默濮陽鄄城人魏侍中質六世孫弼按濮陽漢魏屬東郡晉置濮陽國鄄城漢魏屬濟陰郡晉改屬濮陽國
衛覬 馮本官本目錄覬作顗晉書衞瓘傳作覬 字伯儒河東安邑人也 安邑見武紀興平二年晉書衞瓘傳高祖暠漢明帝時以儒學自代郡徵至河東安邑卒因賜所亡地而葬之子孫遂家焉 少夙成以才學稱太祖辟爲司空
掾屬除茂陵令 郡國志司隸右扶風郡茂陵方輿紀要云三國魏廢王先謙曰三國魏因晉志省并入始平縣見寰宇記一統志茂陵故城今

尚書郎（陝西西安府興平縣東北）太祖征袁紹而劉表爲紹援關中諸將又中立益州牧劉璋與表有隙覬以治書侍御史使益州（續百官志治書侍御史二人六百石掌選明法律者爲之凡天下諸讞疑事掌以法律當其是非互見明紀卷首）令璋下兵以綴表軍至長安道路不通覬不得進遂留鎮關中時四方大有還民關中諸將多引爲部曲覬書與荀彧曰關中膏腴之地頃遭荒亂人民流入荆州者十餘萬家（各本作十萬餘家）聞本土安寧皆企望思歸而歸者無以自業諸將各競招懷以爲部曲郡縣貧弱不能與爭兵家遂彊一旦變動必有後憂夫鹽國之大寶也自亂來放散宜如舊置使者監賣以其直益市犂牛若有歸民以供給之勤耕積粟以豐殖關中遠民聞之必日夜競還又使司隸校尉留治關中以爲之主則諸將日削官民日盛

此彊本弱敵之利也彧以白太祖太祖從之（通鑑建安四年曹操使治書侍御史河東衛覬鎮撫關中胡三省曰河東安邑鹽池舊有鹽官鹽之爲利厚矣齊用管子䇲而霸晉之定都諸大夫必欲其近盬至漢武之世斡之以佐軍興及唐安史之亂第五琦榷鹽以贍國用自此遂爲經賦其利居天下歲入之半弼按衛覬此謀與棗祗屯田之議同爲當時要政）始遣謁者僕射監鹽官（續百官志謁者僕射一人比千石爲謁者臺率主謁者天子出奉引古重習武有主射以督錄之故曰僕射晉書職官志謁者僕射秦官也自漢至魏因之弼按有河隄謁者見袁渙傳有監營謁者見司馬朗傳蓋因事派遣監督外政也趙一清曰水經涑水注監鹽縣故城南有鹽池地理志曰鹽池在安邑西南池西又有一池謂之女鹽澤在猗氏故城南本司鹽都尉治）司隸校尉治弘農（胡三省曰時以鍾繇爲司隸校尉據魏略及三國志繇實治洛陽蓋暫治弘農以招撫關中也）關中服從乃白召覬還稍遷尚書

魏書曰（吳本書作略毛本局本脫此三字誤）初漢朝遷移臺閣舊事散亂自都許之後漸有綱紀覬以古義多所正定是時關西諸將外雖懷附內未可信司隸校尉鍾繇求以三千兵入關外託討張魯內以脅取質任太祖使荀彧問覬覬以爲西方諸將皆豎夫屈起無雄天下意苟安樂目前而已今國家厚加爵號得其所志非有大故不憂爲變也宜爲後圖若以兵入關中當討張魯魯在深山道徑不通彼必疑之一相驚動地險衆彊殆難爲慮彧以覬議呈太祖太祖初善之而以繇自典其任遂從繇議兵始進而關右大叛太祖自親征僅乃平之死者萬計太祖悔不從覬議由是益重覬

魏國既建拜侍中與王粲並典制度（趙一清曰南齊書禮志序魏氏籍漢末大亂舊章殄滅侍中王粲尚書衛覬集創朝儀而魚豢王沈陳壽孫盛並未詳也）文帝即王位徙爲尚書頃之還漢朝爲侍郎勸贊禪代之義爲文誥之詔（文心雕龍詔策篇建安之末文理代興潘勖九錫典雅逸羣衛覬禪誥符命炳燿弗可加已嚴可均曰按本傳云頃之還漢朝勸贊禪代之義爲文誥之詔是獻帝諸禪詔皆衛覬作也又云按唐韋絢錄劉賓客嘉話魏受禪表王朗文梁鵠書鍾繇鐫字謂之三絕今據聞人牟準魏敬侯碑陰則受禪表衛覬撰並書牟準去魏未遠語尤可信也又云案古文苑聞人牟準衛敬侯碑陰言羣臣上尊號奏衛覬撰鍾繇書又云按聞人牟準魏敬侯碑陰云大饗碑衛覬文並書天下碑錄引圖經云曹子建文鍾繇書疑圖經之言非也隸釋四又有大饗殘碑云繇文爲書則大饗非一碑當以碑陰爲實）

文帝踐阼復爲尚書封陽吉亭侯明帝卽位進封閿鄉侯（范書鄭興傳興客授閿鄉章懷注閿音聞古字也建安中改作聞又董卓傳段煨封閿鄉侯章懷注閿鄉今虢州縣也說文閿今作閿流俗誤也沈欽韓曰說文閿低目視也弘農湖縣有閿鄉廣韻閿俗作閿前書孟康注古閿字从門中旻建安中正改作聞蓋建安中改作閿非聞也潘岳西征賦發閿鄉而警策李善注漢書湖縣名今閿鄉湖城二縣皆其地趙一清曰續郡國志弘農郡湖故屬京兆有閿鄉一清案今河南陝州閿鄉縣是隋開皇十六年置縣閿本從門中旻後轉譌爲門中受建安中正作閿兒漢書武五子傳弼按此爲孟康注趙氏所引有誤已更正沈家本曰閿閿皆俗字胡玉縉曰說文旻部閿云氏目視也从旻門聲宏農湖縣有閿鄉汝南西平有閿亭段注俗作受）三百戶（原注閿音聞趙一清曰三百戶上落邑字）覬奏曰九章之律自古所傳（漢書刑法志漢興高祖初入關約法三章其後三章之法不足以禦姦於是相國蕭何攈摭秦法取其宜於時者作律九章晉書刑法志漢承秦制蕭何定律除參夷連坐之律增部主見知之條益事律興廏戶三篇合爲九篇沈家本律目考曰李悝法經六篇一盜法二賊法三囚法四捕法五雜法六具法唐律疏議云一盜法今賊盜律是也二賊法今詐僞律是也三囚法今斷獄律是也四捕法今捕亡律是也五雜法今雜律是也六具法今名例律是也唐律疏議序云漢相蕭何更加悝所造戶興廏三篇謂之九章之律）斷定刑罪其意微妙百里長吏皆宜知律刑法者國家之所貴重而

私議之所輕賤獄吏者百姓之所縣命而選用者之所卑下王政之弊未必不由此也請置律博士轉相教授事遂施行晉書刑法志云衛覬奏請置律博士轉相教授事遂施行然而律文煩廣事比衆多離本依末輕枉相繼時百姓凋匱而役務方殷覬上疏曰夫變情厲性彊所不能人臣言之既不易人主受之又艱難且人之所樂者富貴顯榮也所惡者貧賤死亡也然此四者君上之所制也君愛之則富貴顯榮君惡之則貧賤死亡順指者愛所由來逆意者惡所從至也故人臣皆爭順指而避逆意非破家爲國殺身成君者誰能犯顏色觸忌諱建一言開一說哉陛下留意察之則臣下之情可見矣今議者多好悅耳其言政治則比陛下於堯舜其言征伐則比二虜於貍鼠臣以爲不然昔漢文之時諸侯彊大賈誼累息以爲至危況今四海之內分而爲三羣士陳力各爲其主其來降者未肯言舍邪就正咸稱迫於困急是與六國分治無以爲異也當今千里無煙遺民困苦陛下不善留意將遂凋弊難可復振禮天子之器必有金玉之飾飲食之肴必有八珍之味至於凶荒則徹膳降服然則奢儉之節必視世之豐約也武皇帝之時後宮食不過一肉衣不用錦繡茵蓐不緣飾胡三省曰緣俞絹反茵蓐之字從草蓋古人用草爲之後世綱字有旁從革者用皮爲之也裀褥二字有旁從衣者用帛爲之也古樸散而文飾盛又從而加緣飾焉觀書顧命敷席有黼純綴純畫純玄紛純之別則成周之時已然矣純之尹反緣也器物無丹漆胡三省曰古者樸素舜造漆器而羣臣諫者不止況加丹乎用能平定天下遺福子孫此皆陛下之所親覽也當今之務宜君臣上下並用籌策計校府庫量入爲出深思句踐滋民之術國語句踐命壯者無取老婦老者無取壯妻女子十七不嫁其父母有辠丈夫二十不取其父母有辠由恐不及通鑑由作猶而尙方所造金銀之物漸更增廣工役不輟侈靡日崇帑藏日竭昔漢武信求神仙之道謂當得雲表之露以餐玉屑故立仙掌以承高露陛下通明每所非笑漢武有求於露而由尙見非通鑑由作猶陛下無求於露而空設之不益於好而糜費工夫宋本工作功誠皆聖慮所宜裁制也覬歷漢魏時獻忠言率如此侯康曰古文苑載魏衛（此字依顧廣圻校補）敬侯碑陰文云詔令雜駮議上封事一百餘條受詔典著作又爲魏官儀隋書經籍志梁有荀攸魏官儀一卷亡章宗源隋志考證曰南齊書百官志云今有衛氏官儀初學記文部太平御覽服章部並引魏官儀周壽昌曰御覽引魏官儀是此書宋時猶存唐志作荀攸等撰或如後世修書以官尊者列名於前也姚振宗曰衛敬侯卒於明帝時荀敬侯卒於建安中荀書作於魏國初建衛書作於文明之世當視荀書爲備凡所撰述數十篇古文苑聞人牟準衛敬侯碑陰文曰所著述注解故訓及文筆等甚多皆已失墜所注孝經固而倉頡冢碑大篆書在左馮翊利陽亭南道旁及華山下亭碑增筭狀殷叔時碑魏大饗碑羣臣上尊號奏及受禪石表文並在許繁昌尊號奏鍾元常書受禪表覬並金針八分書也太祖文帝等臨詔令雜駮議上封事一百餘條

誠子等散在門人及碑石可見（一作散在人間）嚴可均曰牟準不見於傳記據碑陰言故吏門生則去覬未遠也又言所著述注解故訓及文筆甚多皆已失墜攷覬仕漢入魏卒於明帝時子瓘仕魏入晉至惠帝永平初家世烜赫何至失墜此必賈后矯詔殺瓘後之言也姚振宗曰衛敬侯所撰今可攷見者唯孝經固魏官儀兩書其集亦不見於隋唐志蓋皆亡於賈后殺瓘及恆之時嚴氏極意蒐萃猶存一卷可珍也好古文鳥篆隸草無所不善晉書衛恆傳恆善草隸書爲四體書勢曰魏初傳古文者出於邯鄲淳恆祖敬侯寫淳尙書後以示淳而淳不別（互見前邯鄲淳注）王僧虔能書人名錄云衛覬善草及古文略盡其妙草體微瘦而筆跡精熟魏收魏書九十一江式傳云京兆韋誕河東衛覬二家並號能篆又云臣六世祖瓊與從父兄應元俱受學於衛覬建安末尙書右丞河南潘勗本志武紀建安十八年魏公九錫策命注後漢尙書左丞潘勗之辭也勗字元茂陳留中牟人晉書潘岳傳岳滎陽中牟人按郡國志滎陽中牟俱爲河南尹屬縣魏分河南郡縣爲滎陽郡中牟改屬滎陽故本志書河南潘勗晉書書滎陽中牟人均是惟武紀注書陳留中牟人似有誤

文章志曰勗字元茂初名芝改名勗後避諱後避諱三字當在改名勗上勗卒於建安末究避何人之諱疑有誤或曰勗獻帝時爲尙書郎遷右丞詔以勗前在二千石曹才敏兼通明習舊事敕并領本職

數加特賜二十年還東海相未發留拜尙書左丞其年病卒時年五十餘御覽四百七十六引王隱晉書云潘勖字元茂値年荒部曲之家健兒渠帥皆素服重名共相率送迎道路所在爲儲以供行資勖隨主人多少口率均分無有尊卑優劣若所賦已盡偶有不足則推己之分以周未徧父老有頌之曰且貴且富有南山之壽吾仍得與潘元茂又曰恩不可忘無如我潘郎魏公九錫策命勖所作也御覽五百九十三引殷洪小說云魏國初建潘勖爲策命文自漢武以來未有此制勖乃依商周憲唐虞辭義溫雅典誥同風於時朝士皆莫能措一字勖亡後王仲宣擅名於當時時人見此策美或疑是仲宣所爲論者紛紛及晉王爲太傅臘日大會賓客勖子滿時亦在焉宣王謂之曰尊君作封魏君策高妙信不可及吾曾聞仲宣亦以爲不如朝廷之士乃知勖作也文心雕龍才略篇曰潘勖憑經以騁才故絕羣於錫命隋書經籍志後漢尙書右丞潘勖集二卷梁有錄一卷亡嚴可均輯存文四篇勖子滿平原太守晉書潘尼傳祖勖漢東海相父滿平原內史亦以學行稱滿子尼字正叔尼別傳曰尼少有清才文辭溫雅初應州辟後以父老歸供養居家十餘年父終晚乃出仕尼嘗贈陸機詩機答之其四句曰猗歟潘生世篤其藻仰儀前文丕隆祖考位終太常尼從父岳字安仁岳別傳曰岳美姿容晉書潘岳傳岳美恣儀辭藻絕麗尤善爲哀誄之文常挾彈出洛陽道婦人遇之者皆連手縈繞投之以果遂滿載以歸夙以才穎發名其所著述清綺絕倫臧榮緒晉書曰岳總角辯慧摛藻清豔鄉邑稱爲奇童弱冠辟司空太尉府舉秀才高步一時爲衆所疾爲黃門侍郎爲孫秀所殺晉書潘岳傳初岳父芘爲琅邪內史孫秀爲小史給岳而狡黠自喜岳惡其爲人數撻辱之秀常銜忿及趙王倫輔政秀爲中書令遂誣岳及石崇歐陽建謀奉淮南王允齊王冏爲亂誅之夷三族尼岳文翰並見重於世文選載岳籍田射雉西征秋興閑居懷舊寡婦笙等賦楊荊州楊仲武夏武常侍馬汧督等誄哀永逝文晉書尼傳載尼安身論釋奠頌隋書經籍志晉黃門郎潘岳集十卷晉太常卿潘尼集十卷嚴可均輯岳文四卷尼文一卷馮氏詩紀輯岳尼詩共一卷尼從子滔字湯仲晉諸公贊滔以博學才量爲名永嘉末爲河南尹遇害

黃初時散騎常侍河內王象亦與覬並以文章顯王象事別見楊俊傳

覬薨諡曰敬侯子瓘嗣瓘咸熙中爲鎭西將軍晉書衛瓘傳瓘年十歲喪父至孝過人襲父爵閿鄉侯弱冠爲魏尙書郎時魏法嚴苛母陳氏憂之瓘自請得徙爲通事郎轉中書郎時權臣專政瓘優游其間無所親疏甚爲傅嘏所重謂之甯武子在位十年以任職稱累遷散騎常侍陳留王卽位拜侍中持節慰勞河北以定議功增邑戶數歲轉廷尉卿鄧艾鍾會伐蜀瓘以本官持節監會艾軍事行鎭西軍司給兵千人五見鄧艾鍾會傳注周濟晉略衛瓘傳艾定蜀承制行事會忌之與瓘奏陷艾詔檻車徵旣收艾會遂誘執諸將留瓘謀反瓘詐疾篤夜檄諸軍攻殺會艾將士追破檻車出艾還向成都瓘懼見讎乃使護軍田續夜襲殺艾並其子忠蜀平以誅二將功除鎭西將軍晉陽秋曰瓘字伯玉清貞有名理少爲傅嘏所知弱冠爲尙書郎遂歷位內外爲晉尙書令司空太保惠帝初輔政爲楚王瑋所害世語曰瓘與扶風內史燉煌索靖並善草書晉書瓘傳瓘學深博明習文藝與尙書郎敦煌索靖俱善草書時人號爲一臺二妙漢末張芝亦善草書論者謂瓘得伯英筋靖得伯英肉瓘子恆字巨山黃門侍郎晉書瓘傳恆善草隸書爲四體書勢瓘爲楚王瑋所搆恆亦遇害恆子玠字叔寶有盛名爲太子洗馬早卒晉書瓘傳恆二子璪玠璪字仲寶襲瓘爵玠字叔寶年五歲風神秀異瓘曰此兒有異於衆顧吾年老不見其長成耳總角乘羊車入市見者以爲玉人觀之者傾都玠妻父樂廣有海內重名議者以爲婦公冰清女壻玉潤永嘉六年卒時年二十七

劉廙字恭嗣南陽安衆人也晉書劉喬傳喬字仲彥南陽人其先漢宗室封安衆侯傳襲歷三代祖廙魏侍中父阜陳留相

安衆見武紀建安三年洪亮吉曰有安衆港魏武破張繡於此年十歲戲於講堂上潁川司馬德操拊其頭曰拊通作撫蜀志龐統傳潁川司馬徽清雅有知人鑒襄陽記曰司馬德操爲冰鏡孺子孺子黃中通理易坤卦君子黃中通理正位居體美在其中正義曰黃中通理者以黃居中兼四方之色奉承臣職是通曉物理也寧自知不廙兒望之有名於世荊州牧劉表辟爲從事而其友二人皆以讒毀爲表所誅望之又以正諫不合投傳告歸廙謂望之曰趙殺鳴犢仲尼回輪劉向新序曰趙簡子欲專天下謂其相曰趙有犢犨晉有鐸鳴魯有孔丘吾殺三人者天下可王也於是乃召犢犨鐸鳴而問政焉已卽殺之使使者聘孔子於魯以胖牛肉迎於河上使者謂船人曰孔子卽上船中河必流而殺之孔子至使者致命進胖牛之肉孔子仰天而歎曰美哉水乎洋洋乎使丘不濟此水者命也夫子路趨而進曰敢問何謂也孔子曰夫犢犨鐸鳴晉國之賢大夫也趙簡子未得意之時須而後從政及其

得意也殺之黃龍不反于涸澤鳳皇不離其尉羅故刳胎焚林則麒麟不臻覆巢破卵則鳳皇不翔竭澤而漁則龜龍不見鳥獸之於不仁猶知避之況丘乎故虎嘯而谷風起龍興而景雲見擊庭鐘於外而黃鐘應於內夫物類之相感精神之相應若響之應聲影之象形故君子違傷其類者今彼已殺吾類矣何爲之此乎於是遂回車不渡而還劉向新序詳見陳思王傳注劉向說苑下曾子固校書序云今可見者十篇則所佚已多裴注所引今通行十卷本均無之四庫提要曰曾鞏與歐陽修同時而所言卷帙懸殊蓋唐藝文志所載據唐時全本鞏所校錄則宋初殘闕之本也盧文弨羣書拾補內有新序逸篇五十一條其引御覽八百六十三趙簡子使使者聘孔子於魯以胙牛肉迎於河上使者謂船人曰孔子即上船中河安流而殺之孔子至使者致命進胙牛之肉孔子仰天而歎曰美哉水乎洋洋也使丘不濟此水者命也夫與此注所引詞略而義同

今兄既不能法柳下惠和光同塵於內老子和其光同其塵王弼注和光而不汙其體同塵而不渝其眞則宜模范蠡遷化於外坐而自絕於時殆不可也望之不從尋復見

害廙懼奔揚州

廙別傳章宗源曰廙別傳見御覽載廙道路爲牋謝劉表曰考叡過蒙分遇榮授之顯毛本蒙作家誤潘眉曰當是廙父名叡下文考叡之愛已衰句同沈家本曰廙與表牋似不得自稱其父名此當闕疑弼按陳羣對魏武亦稱臣父紀見陳羣傳未有管狐桓文之烈管仲狐偃齊桓晉文也孤德隕命精誠不遂兄望之見禮在昔既無堂構昭前之績尚書大誥厥子乃弗肯堂矧肯構孔傳云子乃不肯爲堂基況肯構立屋乎中規不密用墜禍辟斯乃明神弗祐天降之災悔吝之負哀號靡及廙之愚淺言行多違懼有浸潤三至之間史記甘茂傳昔曾子之處費魯人有與曾參同姓名殺人人告其母曰曾參殺人其母織自若也頃之又一人告之曰曾參殺人其母尚織自若也頃又一人告之曰曾參殺人其母投杼下機踰牆而走夫以曾參之賢其母信之也三人疑之其母懼焉范書班超傳超歎曰身非曾參而有三至之讒考叡之愛已衰望之之責猶存必傷天慈既往之分門戶殪滅取笑明哲是用迸竄永涉川路即日到廬江尋陽昔鍾儀有南音之操左傳成公九年晉侯觀于軍府見鍾儀問之曰南冠而縶者誰也有司對曰楚囚也使稅之問其族對曰冷人也使與之琴操南音范文子曰楚囚君子也樂操土風不忘舊也呂氏春秋精通本味篇鍾子期注期楚人鍾儀之族善聽音椒舉有班荊之思椒舉伍舉也左傳襄公二十六年伍舉奔鄭將遂奔晉聲子將如晉遇之於鄭郊班荊相與食而言復故杜注班布也布荊坐地共議歸楚事朋友世親雖遠猶邇敢忘前施傅子曰表既殺望之荊州士人皆自危也夫表之本心於望之不輕也以直迕情而讒言得入者以無容直之度也據全楚之地毛本全作前誤不能以成功者未必不由此也夷叔迕武王以成名丁公順高祖以受戮二主之度遠也若不遠其度惟褊心是從雖乎以容民畜衆矣

遂歸太祖太祖辟爲丞相掾屬轉五官將文學文帝器之命廙通草書廙答書曰初以尊卑有踰禮之常分也是以貪守區區之節不敢修草必如嚴命誠知勞謙之素易謙卦勞謙君子有終吉不貴殊異若彼之高而惇白屋如斯之好白屋解見曹眞傳苟使郭隗不輕於燕九九不忽於齊樂

毅自至霸業以隆戰國策曰有以九九求見齊桓公桓公不納其人曰九九小術而君納之況大於九九者乎於是桓公設庭燎之禮而見之居無幾隰朋自遠而至齊遂以霸此事互見呂氏春秋說苑韓詩外傳顏師古曰九九算術若今九章五曹之輩虧匹夫之節成巍巍之美雖愚不敏何敢以辭魏國初建爲黃門侍郎太祖在長安欲親征蜀廙上疏曰聖人不以智輕俗王者不以人廢言故能成功於千載者必以近察遠智周於獨斷者不恥於下問亦欲博采必盡於衆也且韋弦非能言之物而聖賢引以自匡韓非子西門豹性急故佩韋以自緩董安于心緩故佩絃以自急臣才智闇淺願自比於韋弦昔樂毅能用弱燕破大齊而不能以輕兵定即墨者夫自爲計者雖弱必固欲自潰

者雖彊必敗也自殿下起軍以來三十餘年敵無不破彊無不服今以海內之兵百勝之威而孫權負險於吳劉備不賓於蜀夫夷狄之臣不當冀州之卒權備之籍不比袁紹之業然本初以亡而二寇未捷非闇弱於今而智武於昔也斯自爲計者與欲自潰者異勢耳故文王伐崇三駕不下歸而修德然後服之秦爲諸侯所征必服及兼天下東向稱帝匹夫大呼而社稷用隳是力斃於外而不恤民於內也臣恐邊寇非六國之敵而世不乏才土崩之勢 李慈銘曰才疑有字之誤當作一句讀 此不可不察也天下有重得有重失勢可得而我勤之此重得也勢不可得而我勤之此重失也於今之計莫若料四方之險擇要害之處而守之選天下之甲卒隨方面而歲更爲殿下可高枕於廣夏潛思於治國廣農桑 李慈銘曰廣下當脫一勸字 事從節約修之旬年則國富民安矣太祖遂進前而報廙曰非但君當知臣臣亦當知君今欲使吾坐行西伯之德恐非其人也魏諷反廙弟偉爲諷所引當相坐誅太祖令曰叔向不坐弟虎古之制也 左傳襄公二十一年范宣子殺羊舌虎囚叔向祁奚乘馹而見宣子以言諸公而免之 特原不問

廙別傳曰初廙弟偉與諷善廙戒之曰夫交友之美在於得賢不可不詳而世之交者不審擇人務合黨衆違先聖人交友之義此非厚己輔仁之謂也吾觀魏諷不修德行而專以鳩合爲務華而不實此直攪世沽名者也卿其慎之勿復與通偉不從故及於難

徙署丞相倉曹屬廙上疏謝曰臣罪應傾宗禍應覆族遭乾坤之靈

值時來之運揚湯止沸使不燋爛起煙於寒灰之上生華於已枯之木物不答施於天地子不謝生於父母可以死效難用筆陳

廙別傳載廙表論治道曰昔者周有亂臣十人 元本者作有 有婦人焉九人而已孔子稱才難 吳本毛本稱下有其字 不其然乎明賢者難得也況亂弊之後百姓凋盡士之存者蓋亦無幾股肱大職及州郡督司邊方重任雖備其官亦未得人也此非選者之不用意蓋才匱使之然耳況於長吏以下羣職小任能皆簡練備得其人也 何焯校改也作邪 其計莫如督之以法不爾而數轉易往來不已送迎之煩不可勝計轉易之間輒有姦巧既於其事不省而爲政者亦以其不得久安之故知惠益不得成於己而苟且之可免於患皆將不念盡心於卹民而夢想於聲譽此非所以爲政之本意也今之所以爲黜陟者近頗以州郡之毀譽聽往來之浮言耳亦皆得其事實 亦當作非 而課其能否也長吏之所以爲佳者奉法也憂公也卹民也此三事者或州郡有所不便往來者有所不安而長吏執之不已於治雖得計其聲譽未爲美屈而從人 宋本屈作闕元本作闕官本作屈 於治雖失計其聲譽必集也長吏皆知黜陟之在於此也亦何能不去本而就末哉以爲長吏皆宜使小久足使自展歲課之能三年總計乃加黜陟課之皆當以事不得依名事者皆以戶口率其墾田之多少及盜賊發興民之亡叛者爲得負之計如此行之則無能之吏修名無益有能之人無名無損法之一行雖無部司之監姦譽妄毀可得而盡事上

太祖甚善之

廙著書數十篇及與丁儀共論刑禮皆傳於世 隋書經籍志梁有政論五卷魏侍中劉廙撰亡唐經籍志劉氏政論五卷劉廙撰嚴可均輯本序曰劉廙政論五卷隋志法家云亡舊新唐志著於錄至宋復亡今所見僅羣書治要載有八篇題爲劉廙別傳而目錄作政論據裴松之所引別傳似與政論各爲一書則目錄作政論者是也各書都未引見治要有此彌復可貴因錄出以廣其傳其目曰正名曰慎愛曰審愛曰欲失曰疑賢

曰任臣曰下視姚振宗曰政論似全載別傳中故治要標曰別傳刑禮論有與丁儀諸人論難之文似亦別行吳志陸遜傳南陽謝景善劉廙先刑後禮之論遜呵之曰禮之長於刑久矣廙以細辨而詭先聖之教皆非也君今侍東宮宜遵仁義以彰德音若彼之談不須講也則所謂先刑後禮者亦從可知矣隋書經籍志梁又有劉廙集二卷藝文類聚卷五十四載魏丁儀刑禮論 文帝卽王位爲侍中賜爵關內侯 廙上書勸進見禪代衆事

黃初二年卒

廙別傳云時年四十二

無子帝以弟子阜嗣

案劉氏譜阜字伯陵陳留太守阜子喬字仲彥 潘眉曰仲彥唐書宰相世系表作伯彥弼按晉書作仲彥唐書世系表多誤

晉陽秋曰喬有贊世志力惠帝末爲豫州刺史喬冑胤丕顯貴盛至今 晉書劉喬傳喬少爲秘書郎王戎引爲參軍伐吳之役破武昌還授滎陽令遷太子洗馬以誅楊駿功賜爵關中侯拜尚書右丞豫誅賈謐封安衆男累遷散騎常侍御史中丞張昌之亂喬出爲豫州刺史與荊州刺史劉弘共討昌進左將軍子挺穎川太守挺子耽光祿大夫耽子柳尚書左右僕射

劉劭字孔才 宋庠人物志後記節錄劉劭傳自注云據今官書魏志作勉邵之劭從力他本或從邑者晉邑之名按字書此二訓外無他釋然俱不協孔才之義說文則爲邵音同上但召旁從卩耳訓高也李舟切韻訓美也高美又與孔才義符揚子法言曰周公之才之邵是也今俗寫法言亦作邑旁劭蓋力卩文近易訛讀者又昧偏旁之別今定從邵云四庫提要曰庠所辯精核今從之潘眉曰楊愼集引宋庠曰邵从卩說文高也故字孔才三國志作劭或作邵从邑皆非眉按本傳作劉劭荀彧傳注作劉邵皆傳寫之誤晉刑法志散騎常侍劉邵从卩作邵 廣平邯鄲人也 邯鄲漢舊縣屬冀州趙國建安十七年移屬魏郡黃初二年以魏郡西部爲廣平郡故傳書廣平邯鄲人一統志邯鄲故城今直隸廣平府邯鄲縣西南十里錢坫曰今廣平府邯鄲縣治 建安中爲計吏 續百官志諸州初歲盡詣京都奏事中興但因計吏又曰歲盡遣吏上計通典七十八作博平計吏劉劭博平當係廣平之誤 詣許太史上言正旦當日蝕劭時在尚書令荀彧所坐者數十人或云當廢朝或云宜卻會劭曰梓愼裨竈古之良史猶占水火錯失天時 梓愼魯大夫裨竈鄭大夫均見左傳襄二十八年注昭公二十四年五月日有食之梓愼曰將水昭子曰旱也八月大雩旱也昭公十八年裨竈曰鄭又將火子產曰天道遠人道邇竈焉知天道亦不復火 禮記曰諸侯旅見天子及門不得終禮者四 宋書禮志一及作入通典七十八亦作入 日蝕在一 禮記曾子問篇曾子問曰諸侯旅見天子入門不得終禮廢者幾孔子曰四請問之曰太廟火日食后之喪雨霑服失容則廢如諸侯皆在而日食則從天子救日太廟火則從天子救火 然則聖人垂制不爲變豫廢朝禮者 宋書禮志一變下有異字通典同 或災消異伏或推術謬誤也彧善其言敕朝會如舊日亦不蝕 古時推歷甚疏不能精確宋書禮志一云劭由此顯名魏史美而書之

晉永和中廷尉王彪之 晉書王廙傳彪之字叔武年二十鬚鬢皓白時人謂之王白鬚初除佐著作郎累遷廷尉時人比之張釋之 與揚州刺史殷浩書曰 晉書殷浩傳浩字深源陳郡長平人好老易爲風流談論者所宗于時擬之管葛徵爲揚州刺史後爲中軍將軍被黜終日書空作咄咄怪事四字而已 太史上元日合朔談者或有疑應卻會與不昔建元元年亦元日合朔庾車騎寫劉孔才所論以示八座于時朝議有謂孔才所論爲不得禮議苟令從之是勝人之一失也何者禮云諸侯旅見天子入門不得終禮而廢者四太廟火日蝕后之喪雨霑服失容尋此四事之指自謂諸侯雖已入門而卒暴有之則不得終禮非爲

先存其事而徼倖史官推術錯謬故不豫廢朝禮也夫三辰有災莫大日蝕史官告譴而無懼容不修豫防之禮而廢消救之術方大饗華夷君臣相慶豈是將處天災罪已之謂 監本處作處誤 且檢之事實合朔之儀至尊靜躬殿堂不聽政事冕服御坐門闔之制與元會禮異自不得兼行則當權其事宜合朔之禮不輕於元會元會有可卻之準合朔無可廢之義謂應依建元故事卻元會浩從之竟卻會 宋書禮志一晉武帝咸寧三年四年並以正旦合朔卻元會改魏故事康帝建元元年太史上元日合朔朝士復疑應卻會與否庾冰輔政寫劉劭議以示八坐蔡謨著議非之於是冰從衆議遂以卻會至永和中殷浩輔政又欲從劉劭議不卻會王彪之據咸寧建元故事於是又從彪之

御史大夫郗慮辟劭會慮免拜太子舍人遷秘書郎黃初中爲尙書郎散騎侍郎受詔集五經羣書以類相從作皇覽 皇覽詳見文紀黃初七年盧明楷曰楊俊傳注引魏略云王象領秘書監受詔撰皇覽數歲而成又文帝紀云使諸儒撰集經傳隨類相從凡千餘篇號曰皇覽則劉劭王象俱在撰集之列並非專出一手也何

（煒曰頗書疑以皇覽爲祖按楊俊傳注中所引魏略皇覽凡四十餘部部有數十篇通合八百餘萬字乃王象一人撰集與此互異梁章鉅曰隋書經籍志皇覽繆卜等撰又有何承天徐爰合本蓋仍魏之舊各漸增加唐以後書中所引大抵皆何徐合本故唐志祇載何徐皇覽也）明帝卽位出爲陳留太守敦崇教化百姓稱之徵拜騎都尉與議郎庾嶷（晉書庾峻傳伯父嶷中正簡素仕魏爲太僕）荀詵等（詵荀彧子見彧傳）定科令作新律十八篇（晉書刑法志命司空陳羣散騎常侍劉劭給事黃門侍郎韓遜議郎庾嶷中郎黃休荀詵等刪約舊科傍采漢律定爲魏法制新律十八篇其序略曰凡所定增十三篇故就五篇合十八篇於正律九篇爲增於旁章科令爲省矣改漢舊律不行於魏者皆除之通典一百六十三所引亦同姚振宗曰侯康補三國藝文志作魏法制新律蓋誤讀晉刑法志之文志云定爲魏法制新律十八篇當以定爲魏法讀爲句不當連屬下文衞覬傳明帝卽位覬奏請置律博士轉相教授事遂施行此邵等撰新律之緣起）著律略論（隋書經籍志梁有應劭律略論五卷亡（姚振宗曰應劭蓋劉劭之誤）唐經籍志律略論五卷劉劭撰御覽六百三十八刑法部引劉劭律略曰刪舊科采漢律爲魏律懸之象魏（姚振宗曰此似序言中語））遷散騎常侍時聞公孫淵受孫權燕王之號議者欲留淵計吏遣兵討之劭以爲昔袁尚兄弟歸淵父康康斬送其首是淵

先世之效忠也又所聞虛實未可審知古者要荒未服修德而不征重勞民也宜加寬貸使有以自新後淵果斬送權使張彌等首劭嘗作趙都賦明帝美之詔劭作許都洛都賦時外興軍旅內營宮室劭作二賦皆諷諫焉（趙都賦見藝文類聚六十一嚴可均曰又略見文選海賦注赭白馬賦注初學記六又十五又二十二御覽三百四十七許都洛都賦文俱佚文心雕龍才略篇劉邵趙都能攀於前修）靑龍中吳圍合肥時東方吏士皆分休征東將軍滿寵表請中軍兵並召休將士須集擊之劭議以爲賊衆新至心專氣銳寵以少人自戰其地（戰應作守）若使進擊必不能制寵求待兵未有所失也以爲可先遣步兵五千精騎三千軍前發（通鑑作先軍前發）揚聲進道震曜形勢騎到合肥疏其行隊多其旌鼓曜兵城下引出賊後擬其歸路要其糧道賊聞大軍來騎斷其後必震怖遁走不戰

自破賊矣帝從之兵比至合肥賊果退還時詔書博求衆賢散騎侍郞夏侯惠薦劭曰伏見常侍劉劭深忠篤思體周於數凡所錯綜源流弘遠是以羣才大小咸取所同而斟酌焉故性實之士（性疑作信）服其平和良正淸靜之人慕其玄虛退讓文學之士嘉其推步詳密法理之士明其分數精比意思之士知其沈深篤固文章之士愛其著論屬辭（古人文學與文章有別卽言語文學分科之意）制度之士貴其化略較要策謀之士贊其明思通微凡此諸論皆取適已所長而舉其支流者也臣數聽其淸談覽其篤論漸漬歷年服膺彌久實爲朝廷奇其器量以爲若此人者宜輔翼機事納謀幃幄當與國道俱隆非世俗所常有也惟陛下垂優游之聽使劭承淸閒之歡（閒宋本作閑）得自盡於前則德音上通煇

耀日新矣

臣松之以爲凡相稱薦率多溢美之辭能不違中者或寡矣惠之稱劭云玄虛退讓及明思通微近於過矣（宋本矣作也）

景初中受詔作都官考課劭上疏曰百官考課王政之大較然而歷代弗務是以治典闕而未補能否混而相蒙陛下以上聖之宏略愍王綱之弛頹神慮內鑒明詔外發臣奉恩曠然得以啓矇輒作都官考課七十二條（通典劉劭作都官考課之法七十二條攷覈百官其略欲使州郡攷士必由四科皆有效然後察舉或辟公府爲親人長吏（杜恕傳作爲親民長吏通典避唐諱耳）轉以功次補郡守者或就秩而加賜爵焉至於公卿及內職大臣率攷之蠲按上語本杜恕上疏所言見恕傳）又作說略一篇（胡三省曰說略者說考課之大略也）臣學寡識淺誠不足以宣暢聖旨著定典制（通鑑魏明帝景初元年詔下百官議崔林杜恕傅嘏議久不決事竟不行司馬光曰或曰考績之法唐虞所爲京房劉劭述而修之耳烏可廢哉曰唐虞

之官其居位也久其受任也專其立法也寬其責成也遠非若京房劉劭之法校其米鹽之課責其旦夕之效也事固有名同而實異者不可不察也考績非可行於唐虞而不可行於漢魏由京房劉劭不得其本而奔趨其末故也又以爲宜制禮作樂毛本樂作學誤以移風俗著樂論十四篇玉海晉樂類劉卲樂論二十四篇文選注太平御覽並引之事成未上會明帝崩不施行正始中執經講學賜爵關內侯凡所撰述法論人物志之類百餘篇隋書經籍志劉卲注孝經一卷法論十卷人物志三卷集二卷晁氏讀書志曰人物志三卷魏邯鄲劉卲孔才撰以人之材器志尙不同當以九徵八觀審察而任使之凡十六篇卲卻慮所薦慮譖殺孔融者不知在卲書爲何等而卲受其知也玉海五十七中興書目劉卲人物志二卷述人性品有上下材質有邪正欲攷諸行事而約之中庸十二篇九證體別流業才理才能利害接識英雄八觀七繆效難釋事四庫提要曰卲書凡十二篇首尾完具晁公武讀書志作十六篇疑傳寫之誤其書主於論辨人才以外見之符驗內藏之器分別流品研析疑似故隋志以下皆著錄於名家然所言究悉物情而精覈近理其學雖近乎名家其理則弗乖於儒者也（以上均姚振宗三國藝文志所引）嚴可均輯存趙都賦嘉瑞賦龍瑞賦疏議序七華飛白序勢誄凡一十三篇（姚振宗曰飛白序勢嚴氏從藝文類聚七十四卷中錄出今攷張懷瓘書斷乃晉劉紹撰非此劉卲也）卒追贈光祿勳子琳嗣劭同時東海繆襲亦有才學多所述叙官至尙書光祿勳先賢行狀曰繆斐字文雅該覽經傳事親色養徵博士六辟公府漢帝在長安公卿博舉名儒時舉斐任侍中並無所就卽襲父也寰宇記二十二繆斐東海朐人其先楚元王大夫繆生避難居此御覽四百十一引宋躬孝子傳繆斐東海蘭陵人父忽得患醫藥不給斐夜叩頭不寢不食氣息將盡至三更中忽有二神引鑠而至求斐曰尊府君昔經見侵故有怨報君至孝所感昨爲天曹攝錄斐驚起視父已差父云吾昔過伍子胥廟引二神象置地當是此耳又卷四百九十六引皇甫謐達士傳（達當作逸）繆斐字文雅代修儒學繼踵六博士以經行修明學士稱之故時人爲之語曰素車白馬繆文雅又卷五百一十引蕭繹孝德傳繆斐字文雅東海蘭陵人世亂將家避地海濱不以遯世爲悶不以窮居爲傷浣衣濯冠以俟絕氣弼按繆斐一作東海朐人一作東海蘭陵人朐縣在今江蘇海州南蘭陵在今山東兗州府嶧縣東五十里當是先居朐縣後徙蘭陵晉書繆播傳播爲蘭陵人播卽襲孫也文章志曰襲字熙伯辟御史大夫府歷事魏四世正始六年年六十卒晉書樂志漢時有短簫鐃歌之樂其曲列於鼓吹多序戰陣之事及魏受命改其十二曲使繆襲爲詞述以功德代漢宋書樂志魏鼓吹曲十二篇繆襲造第一曲初之平言魏也第二曲戰榮陽言曹公也第三曲獲呂布言曹公東圍臨淮生禽呂布也第四曲克官渡言曹公與袁紹戰破

之於官渡也第五曲舊邦言曹公勝袁紹於官渡還譙收藏士卒死亡也第六曲定武功言曹公初破鄴武功之定始乎此也第七曲屠柳城言曹公越北塞歷白檀破三郡烏桓於柳城也第八曲平南荊言曹公南平荊州也第九曲平關中言曹公征馬超定關中也第十曲應帝期言曹文帝以聖德受應運期也第十一曲邕熙言魏氏臨其國君臣邕穆庶績咸熙也第十二曲太和言魏明帝繼體承統太和改元德澤流布也文心雕龍樂府篇軒岐鼓吹並入樂府繆襲所致亦有可算焉隋書經籍志列女傳讚一卷繆襲撰又魏散騎常侍繆襲集五卷嚴可均輯文十四篇馮氏詩紀錄鼓吹曲挽歌凡十三篇鍾嶸詩品曰熙伯挽歌唯以造哀爾子悅字孔懌晉光祿大夫襲孫紹播徵胤等並皆顯達晉書繆播傳播字宣則蘭陵人父悅光祿大夫播才思清辯高密王泰爲司空以播爲祭酒後徙中書令爲東海王越所害胤字休祖與播名譽略齊拜太僕卿參機密亦爲越所害襲友人山陽仲長統漢末爲尙書郎早卒著昌言詞佳可觀省官本考證佳元本作皆胡三省曰仲姓也商左相仲虺周有仲山甫舜十六相有仲堪仲熊周八士有仲突仲忽范書仲長統傳仲長統字公理山陽高平人統常以爲凡游帝上者欲以立身揚名耳而名不常存人生易滅優游偃仰可以自娛欲卜居淸曠以樂其志論之曰使居有良田廣宅背山臨流溝池環帀竹木周布場圃築前果園樹後舟車足以代步涉之難使令足以息四體之役養親有兼珍之膳妻孥無苦身之勞良朋萃止則陳酒肴以娛之嘉時吉日則烹羔豚以奉之躕躇畦苑遊戲平林濯淸水追涼風釣遊鯉弋高鴻諷於舞雩之下詠歸高堂之上安神閨房思老氏之玄虛呼吸精和求至人之仿佛與達者數子論道講書俯仰二儀錯綜人物彈南風之雅操發淸商之妙曲逍遙一世之上睥睨天地之閒不受當時之責永保性命之期如是則可以陵霄漢出宇宙之外矣豈羨夫入帝王之門哉又作詩二篇以見其志辭曰飛鳥遺跡蟬蛻亡殼騰蛇棄鱗神龍喪角至人能變達士拔俗乘雲無轡騁風無足垂露成幃張霄成幄沆瀣當餐九陽代燭恒星豔珠朝霞潤玉六合之內恣心所欲人事可遺何爲局促大道雖夷見幾者寡任意無非適物無可古來繞繞委曲如瑣百慮何爲至要在我寄愁天上埋憂地下叛散五經滅棄風雅百家雜碎請用從火抗志山西游心海左元氣爲舟微風爲柂敖翔太淸縱意容冶

襲撰統昌言表稱統字公理少好學博涉書記贍於文辭年二十餘游學靑徐幷冀之閒與交者多異之幷州刺史高幹素貴有名招致四方游士多歸焉統過幹幹善待遇之訪以世事統謂幹曰君有雄志而無雄才好士而不能擇人所以爲君深戒也幹雅自多不納統言統去之無幾而幹敗幷冀之士以是識統大司農常林與統共在上黨爲臣道統性倜儻沈家本曰爲臣道三字未詳疑有譌奪弼按襲言常林對襲道仲長統事也敢直言不矜小節每列

郡命召輒稱疾不就默語無常時人或謂之狂漢帝在許尚書令荀彧領典樞機好士愛奇聞統名啓召以爲尚書郎後參太祖軍事復還爲郎延康元年卒時年四十餘統每論說古今世俗行事發憤歎息輒以爲論名曰昌言凡二十四篇毛本吳本二作一誤范書仲長統傳著論名曰昌言凡三十四篇十餘萬言獻帝遜位之歲統卒時年四十一友人東海繆襲常稱統才章足繼西京董賈劉楊章懷注昌當也尚書曰汝亦昌言御覽六百二引抱朴子曰仲長統作昌言未竟而亡後繆襲撰次之隋書經籍志仲長子昌言十二卷錄一卷漢尚書郎仲長統撰嚴可均輯本序曰仲長子昌言崇文總目稱所存十五篇分爲二卷郡齋讀書志直齋書錄解題不著錄明陳第世善堂書目有二卷其刻本僅見明胡維新兩京遺編有理亂損益法誡三篇歸有光諸子彙函有理亂損益二篇皆出本傳無所增多則北宋十五篇本又復佚失今從羣書治要寫出九篇益以本傳三篇以意林次第之剌取各書引見補正脫譌定著二卷其遺文墜句于原次無攷依各書先後附于末本傳著論三十四篇十餘萬言今此搜輯纔萬餘言亡者蓋十八九而治要所載又頗删節斷續佤離殆所不免然其闇陳善道指擿時弊剴切之忱踔厲震蕩之氣有不容摩滅者繆熙伯方之董賈劉揚非過譽也道藏本尹文子有仲長統序云余黃初末始到京師繆熙伯以此書見示云云嚴可均曰統卒于獻帝遜位之歲而此序言黃初末始到京師當是後人妄改或此序非統作疑莫能明弼按范書本傳尚書令荀或聞統名奇之舉爲尚書郎後參丞相曹操軍事則非黃初末始到京師又按統卒於延康元年益證黃初云云之妄唐書經籍志兗州山陽先賢贊一卷仲長統撰章宗源隋志攷證曰據元和姓纂稱晉太宰參軍長仲穀著山陽先賢傳則唐志仲長統誤姚振宗曰郡國傳記之書大抵多後人以次注續不止一家唐志明載其書未有確證不當直斷其誤隋志有兗州先賢傳一卷不著撰人似即是書

散騎常侍陳留蘇林

魏略曰林字孝友博學多通古今字指凡諸書傳文閒危疑林皆釋之建安中爲五官將文學甚見禮待黃初中爲博士給事中文帝作典論所稱蘇林者是也以老歸第國家每遣人就問之數加賜遺年八十餘卒文紀注引獻帝傳蘇林董巴上勸進表（又見宋書符瑞志上）通典七十九載蘇林議皇后崩不宜稱大行云臣以爲古禮無稱大行之文案漢天子稱行在所言不常居崩曰大行者不返之稱也未葬未有謚不言大行則嫌與嗣天子同號至于后崩未葬禮未立后宜無所嫌故漢氏諸后不稱大行謂未葬宜直稱皇后本志高堂隆傳始景初中帝以蘇林秦靜等並老恐無能傳業者乃詔科郎吏高才解經義者三十人從光祿勳隆散騎常侍林博士靜分受四經三禮主者具爲設課試之法數年隆等皆卒學者遂廢釋文敘錄蘇林魏散騎常侍注孝經隋書經

籍志梁有魏散騎常侍蘇林注孝經一卷亡唐經籍志孝經一卷蘇林注藝文志孝經蘇林注一卷顏師古漢書敘例注釋家名氏云蘇林字孝友一云彥友陳留外黃人魏給事中領祕書監散騎常侍永安衞尉太中大夫黃初中遷博士封安成亭侯又曰服應曇說疏紊尚多蘇晉衆家剖斷蓋尠注師韓文選理學權輿曰選注所引羣書有蘇林漢書注姚振宗曰魏略言諸書傳危疑林皆釋之則所注釋者必多今惟孝經注漢書注二種耳隋書經籍志陳留耆舊傳一卷魏散騎常侍蘇林撰章宗源隋志考證曰魏志高柔傳注後漢書吳祐傳注初學記居處部並引陳留耆舊傳不著蘇林名朱一新曰王肅傳注引魏略以董遇賈洪邯鄲淳薛夏隗禧蘇林樂詳等七人爲儒宗姚範曰蘇林又見晉書庾峻傳弼按魏收魏書江式傳式上表云魏初博士清河張揖著埤倉廣雅古今字詁陳留邯鄲淳亦與揖同時顏師古漢書敘例云張揖字稚讓魏太和中爲博士顏注敘次在蘇林之前承祚此傳網羅漢魏文士邯鄲淳蘇林皆見其名而獨遺張揖裴注亦未之及佚此闕才不能不謂賢者之一失甚矣作史之難也張揖事互見前邯鄲淳注

光祿大夫京兆韋誕

誕京兆杜陵人誕事見本志荀彧傳注引三輔決錄

文章敍錄曰誕字仲將太僕端之子有文才善屬辭章建安中爲郡上計吏特拜郎中稍遷侍中中書監以光祿大夫遜位年七十五卒於家姚振宗曰王粲傳注以問大鴻臚卿韋仲將則誕嘗官鴻臚卿又齊王紀注有侍中中書監安陽亭侯臣誕則誕嘗封侯初邯鄲淳衞覬及誕並善書有名覬孫恆撰四體書勢四體書勢見武紀建安十三年注其序古文曰自秦用篆書焚燒先典而古文絕矣漢武帝時魯恭王壞孔子宅得尚書春秋論語孝經漢書藝文志武帝末魯恭王壞孔子宅欲以廣其宮而得古文尚書及禮記論語孝經凡數十篇皆古字也據漢志所云是孔壁中有禮記無春秋經典釋文所云亦同又按魏收魏書江式傳云壁中書者魯恭王壞孔子宅而得禮記尚書春秋論語孝經云云是孔壁有禮有春秋也胡玉縉曰許慎說文序壁中書者魯恭王壞孔子宅而得禮記尚書春秋論語孝經又北平侯張蒼獻春秋左氏傳段注春秋蓋謂春秋經也志言春秋古經十二篇是也春秋經傳班志不言出誰氏據許云張蒼獻春秋左氏傳意經傳皆其所獻古經與傳別然則班云春秋古經十二篇左氏傳三十卷皆謂蒼所獻也而許以經系之孔壁以傳系之北平侯恐非事實或曰春秋二字衍文玉縉謂古經與傳別行許以經屬孔壁以傳屬張蒼畫然分開必係事實恐班志奪春秋二字而許序非衍耳時人已不復知有古文謂之科斗書漢世祕藏希得見之魏初傳古文者出於邯鄲淳敬侯寫淳尚書後以示淳而淳不別至正始中立三字石經轉失淳法因科斗之名遂效其法晉書衞恆傳法作形太康元年汲縣民盜發魏襄王冢得

策書十餘萬言案敬侯所書猶有髣髴 以上爲四體書勢之文下文敬侯謂覬也五字爲裴注之語 敬侯謂覬也其序篆書曰秦時李斯號爲工篆諸山及銅人銘皆斯書也 繹山刻石泰山刻石瑯邪臺刻石之罘刻石之罘東觀刻石碣石門刻石會稽刻石句曲山白璧刻文金狄銘秦權文皆斯書 漢建初中扶風曹喜少異於斯而亦稱善 王僧虔名書錄曰扶風曹喜後漢人不知其官善篆隸小異李斯 邯鄲淳師焉略究其妙韋誕師淳而不及也太和中誕爲武都太守以能書留補侍中魏氏寶器銘題皆誕書云 晉書衛恒傳云作也水經穀水注南宮既建明帝令侍中京兆韋誕以古篆書之 漢末又有蔡邕采斯喜之法爲古今雜形然精密簡理 晉書衞恆傳簡作閑 不如淳也 法書要錄羊欣傳古來能書人名蔡邕授于神人而傳之崔瑗及女文姬文姬傳之鍾繇鍾繇傳之衛夫人衛夫人傳之王羲之張懷瓘書斷衛夫人名鑠字茂猗廷尉展之女弟恒之從女汝陰太守李矩之妻也隸書猶善規矩鍾公右軍常師之永和五年卒子克爲中書郎亦工書書史會要王曠導從弟與衛世爲中表故得蔡邕書法于衛夫人以授子羲之 其序錄隸書已略見武紀 應作武紀注 又曰師宜官爲大字 書斷曰師宜官南陽人靈帝好書徵天下工書於鴻都門至數百人八分稱宜官爲最 邯鄲淳爲小字梁鵠謂淳得次仲法 書斷曰梁鵠字孟皇安定烏氏人受法於師宜官以善八分書知名 然鵠之用筆盡其勢矣其序草書曰漢興而有草書不知作者姓名至章帝時齊相杜度號善作篇 書斷曰後漢杜度字伯度京兆杜陵人御史大夫延年曾孫章帝時爲齊相善草書 後有崔瑗崔實 書斷曰崔瑗字子玉安平人師於杜度媚趣過之又曰瑗子實官至尚書能草書 亦皆稱工杜氏結字甚安 各本結作然局本作結晉書衛恒傳亦作結元本晉書作殺法書要錄作煞李慈銘曰殺猶製也此因殺俗作煞遂誤爲然耳沈家本曰然乃譌字殺字亦難解當從書勢作結 而書體微瘦崔氏甚得筆勢而結字小疏弘農張伯英者因而轉精其巧 晉書衛恒傳其作甚 凡家之衣帛必書而後練之 藝文類聚練作染 臨池學書池水盡黑 晉書王羲之傳羲之曾與人書云張之臨池學書池水盡黑使人耽之若是未必後之也吳士鑑曰敦煌石室本沙州圖經曰張芝墨池在縣東北一里効穀府東南五十步右後漢獻帝時前件人於此池學書其池盡墨書絕世天下名傳因茲王羲之顏書論云臨池學書池水盡墨好之絕倫吾弗及也其池年代既遠並磨滅古老相傳池在前件所去開元二年九月正議大夫使持節沙州諸軍事行沙州刺史兼豆盧軍使上柱國杜楚臣赴任尋墳典文武俱明訪覯此地未獲安惜（恐有譌字）至四年六月敦煌縣令趙智本到任其令博覽經史通達九經尋諸古典委張芝索靖俱是敦煌人各檢古跡具知處所其年九月拓上件池中得一石硯長二尺闊一尺五寸乃勸諸張族一十八代孫上柱國張仁會等令修葺墨池中立廟及張芝容 下筆必爲楷則號怱怱不暇草 怱怱一作悤悤晉書衛恒傳作忩忩草下有書字姚範曰此時重草書苟爲楷書則自謂不暇草耳必字晉人語 寸紙不見遺至今世人尤寶之 晉書衛恒傳之作其書 韋仲將謂之草聖伯英弟文舒者次伯英 書斷曰張昶字文舒伯英季弟爲黃門侍郎尤善章草書類伯英時人謂之亞聖 又有姜孟穎梁孔達 孟穎名詡孔達名宣均見書斷 田彥和及韋仲將之徒皆伯英弟子有名於世然殊不及文舒也 書斷曰仲將服膺於張伯英兼邯鄲淳之法諸書並善題署尤精青龍中洛陽許鄴三都宮觀始就詔仲將題署以爲永制給御筆墨皆不任用因奏蔡邕自矜能書兼斯喜之法非紈素不妄下筆夫欲善其事必利其器若用張芝筆左伯紙及臣墨兼此三具又得臣手然後可以逞徑丈之勢方寸千言又曰仲將八分隸書章草飛白入妙小篆入能兄康字元將工書子熊字少季亦善書時人云名父之子克有二事世所美焉世說注引四體書勢曰誕善楷書魏宮觀多誕所題明帝立陵霄觀誤先釘榜乃籠盛誕轆轤長絙引上使就題之去地二十五丈誕甚危懼乃戒子孫絕此楷書著之家令書斷又曰左伯字子邑東萊人特工八分又甚能作紙漢興有紙代簡至和帝時蔡倫工爲之而子邑尤得其妙宋本意林韋仲將筆墨法一卷嚴可均據齊民要術九引韋誕筆方初學記二十一引墨方隋書經籍志梁有光祿大夫韋誕集三卷錄一卷亡唐經籍志

韋誕集三卷趙一清曰伯英文舒皆奐之子伯英名芝田彥和則以字爲名何焯曰古人論書惟亘山獨尋其源留意此藝當誦之此書學之經也故右軍之傳自衞氏

樂安太守譙國夏侯惠

惠淵子事在淵傳 隋書經籍志梁有樂安太守夏侯惠集二卷藝文類聚六十二載惠景福殿賦惠薦劉卲表見前

陳郡太守任城孫該

文章敍錄曰該字公達彊志好學年二十上計掾召爲郎中著魏書 史通正史篇魏史黃初太和中始命尚書衛覬繆襲草創紀傳累載不成又命侍中韋誕應璩祕書監王沈大將軍從事中郎阮籍司徒右長史孫該司隸校尉傅玄等復共撰定其後王沈獨就其業勒成魏書四十四卷其書多爲時諱殊非實錄 遷博士司徒右長史復還入著作 趙一清曰晉書職官志著作郎周左史之任也漢東京圖籍在東觀故使名儒著作東觀有其名尚未有官魏明帝太和中詔置著作郎於此始有其官隸中書省 景元二年卒官 隋書經籍志梁有陳郡太守孫該集二卷藝文類聚七十九載該三公山下神祠賦又四十四載該琵琶賦

郎中令河東杜摯等亦著文賦頗傳於世隋書經籍志魏校書郎杜摯集二卷

文章敍錄曰摯字德魯初上笳賦藝文類聚四十四載杜摯笳賦署司徒軍謀吏後舉孝廉除郎中轉補校書摯與毌丘儉鄉里相親儉爲河東聞喜縣人故爲詩與儉求仙人藥一丸欲以感切儉求助也其詩曰騏驥馬不試婆娑槽櫪間壯士志未伸坎軻多辛酸伊摯爲媵臣呂望身操竿夷吾困商販甯戚對牛歎食其處監門淮陰飢不餐買臣老負薪妻畔呼不還釋之宦十年位不增故官才非八子倫而與齊其患無知不在此袁盎未有言被此篤病久榮衛動不安聞有韓衆藥信來給一丸儉答曰鳳鳥翔京邑哀鳴有所思才爲聖世出德音何不怡八子未遭遇今者遘明時胡康出壟畝楊偉無根基飛騰沖雲天奮迅協光熙駿驥骨法異伯樂觀知之但當養羽翮鴻舉必有期體無纖微疾安用問良醫聊翺輕栖集還爲燕雀嗤韓衆藥雖良或更不能治悠悠千里情薄言答嘉

詩信心感諸中中實不在辭馮氏詩紀載摯贈答詩妻畔作妻叛篤病作萬病中實作中貴又載摯贈毌丘荆州詩云鵠飛舉萬里一飛翀昊蒼翺高志難得離鴻失所望摯竟不得遷卒于祕書何焯曰儉雖敗滅要是曹氏死臣詩以言志固不碌碌也不得遷者摯之命非儉過詩比興經緯亦非晉以下所及

盧江何氏家傳曰沈家本曰隋志何氏家傳三卷不題盧江無撰人唐志無別有何世家傳二卷後漢何敞傳注引何氏家傳明帝時有譙人胡康年十五以異才見送又陳損益求試劇縣詔特引見衆論翕然號爲神童詔付祕書使博覽典籍帝以問祕書丞何禎康才何如禎答曰康雖有才性質不端必有負敗後果以過見譴臣松之案魏朝自微而顯者不聞胡康疑是孟康康事見杜恕傳楊偉見曹爽傳何焯曰孟康郭后外屬始仕見輕晚爲良二千石又冀部安平人當時自有胡康也趙一清曰孟康事見魏略不聞有以過見譴之事則別是一人爲審潘眉曰胡康沛國譙人孟康安平國安平人當別有胡康非卽孟康況孟康恩澤治績吏民稱歎胡康性質不端迥不侔合弼按顏師古漢書敍例孟康安平廣宗人郡國志廣宗屬鉅鹿郡魏改屬安平郡見通鑑胡注潘氏謂孟康爲安平國安平人殆未細審耳

傅嘏字蘭石世說新語文學篇注引魏志作字蘭碩御覽三百八十五引嘏別傳一字昭光姚範曰王厚齋云蘭石本淮南子蘭生而芳石生而堅沈家本曰釋詁嘏碩大也則作碩爲是北地泥陽人北地見武紀建安十九年注引九州春秋郡國志涼州北地郡泥陽宋書傳弘之傳北地郡漢末失土寄寓馮翊頻野王興地志北地郡漢末但有泥陽富平二縣魏晉亦然晉志屬雍州方輿紀要泥陽故城今陝西西安府耀州東北一里一統志今甘肅慶陽府寧州東南五十里泥陽里傅介子之後也漢書傅介子傳傅介子北地人顏師古曰介子北地義渠人王先謙曰義渠後漢省一統志故城今寧州西北伯父巽黃初中爲侍中尚書巽事見武紀建安十八年注文紀延康元年注及蘇則傳本志劉表傳注引傅子曰巽字公悌以說劉琮功賜爵關內侯文帝時爲侍中太和中卒巽弟子嘏別有傳王昶金石萃編云上尊號奏懷遠將軍關內侯臣巽者傅巽也

傅子曰嘏祖父睿代郡太守父充黃門侍郎

嘏弱冠知名

傅子曰是時何晏以材辯顯於貴戚之間鄧颺好變通世說注變作交合徒黨鬻聲名於閭閻而夏侯玄以貴臣子少有重名爲之宗主求交於嘏而不納也一作皆求交於嘏嘏不納也

友人荀粲粲字奉倩荀彧子詳見荀彧傳注引何劭荀粲傳有清識遠心然猶怪之謂嘏曰夏侯泰初一時之傑虛心交子合則好成不合則怨至二賢不睦非國之利此藺相如所以下廉頗也嘏答之曰泰初志大其量能合虛聲而無實才何平叔言遠而情近好辯而無誠所謂利口覆邦國之人也鄧玄茂有爲而無終外要名利內無關鑰貴同惡異多言而妬前多言多釁妬前無親以吾觀此三人者皆敗德也遠之猶恐禍及況昵之乎世說文學篇傅嘏善言虛勝荀粲談尚玄遠每至共語有爭而不相喻裴冀州釋二家之義通彼我之懷常使兩情皆得彼此俱暢姜宸英曰夏侯泰初非何鄧比而嘏慨劣之緣嘏是司馬之黨故云爾非公論也

司空陳羣辟爲掾時散騎常侍劉劭作考課法事下三府三公府也嘏難劭論曰蓋聞帝制宏深聖道奧遠苟非其才則道不虛行神而明之存乎其人暨乎王略虧頹而曠載罔綴微言既沒六籍泯玷何則道

弘致遠而衆才莫晞也案劭考課論雖欲尋前代黜陟之文然其制度略以闕亡禮之存者惟有周典外建侯伯藩屏九服內立列司筦齊六職士有恒貴 宋本作土有恆貢 官有定則百揆均任四民殊業故考績可理而黜陟易通也大魏繼百王之末承秦漢之烈制度之流靡所修采自建安以來至於青龍神武撥亂肇基皇祚埽除凶逆芟夷遺寇旌旗卷舒日不暇給及經邦治戎權法並用百官羣司軍國通任隨時之宜以應政機以古施今事雜義殊難得而通也所以然者制宜經遠或不切近法應時務不足垂後夫建官均職清理民物所以立本也 馮本立作務 循名考實糾勵成規所以治末也本綱未舉而造制未呈 未呈通鑑作未呈 國略不崇而考課是先 胡三省曰舉綱則衆目張言所繫者大十髮爲程一程爲分言其細也又曰程品式也國略國經也先心薦翻 懼不足以料賢愚之分精幽明之理也昔先王之擇才必本行於州閭講道於庠序行具而謂之賢道修則謂之能鄉老獻賢能于王 周禮地官鄉老二鄉則公一人鄭注云老尊稱也王置六鄉則公有三人也 王拜受之舉其賢者出使長之科其能者入使治之此先王收才之義也 周禮地官鄉老及鄉大夫獻賢能之書于王王再拜受之登于天府此謂使民興賢出使長之使民興能入使治之鄭司農云興賢者謂若今舉孝廉興能者謂若今舉茂才 方今九州之民爰及京城未有六鄉之舉 監本吳本鄉作卿誤 其選才之職專任吏部案品狀則實才未必當任薄伐 何焯曰薄伐疑作簿閥官簿閥閱也古字或通梁章鉅曰伐勞也薄伐謂微勞也似不必改字而可通 則德行未爲敘如此則殿最之課未盡人才述綜王度敷贊國式體深義廣難得而詳也正始初除尚書郎遷黃門侍郎時曹爽秉政何晏爲吏部尚書嘏謂爽弟羲曰何平叔外靜而內銛巧好利不

念務本吾恐必先惑子兄弟仁人將遠而朝政廢矣晏等遂與嘏不平因微事以免嘏官 晉書荀顗傳曹爽專政何晏等欲害太常傅嘏顗營救得免何焯曰嘏亦一時之良然以不平免官之故自此遂爲司馬腹心於義有所掩矣特功名之士稍循尺幅者耳 起家拜滎陽太守不行太傅司馬宣王請爲從事中郎曹爽誅爲河南尹 洪亮吉曰水經注正始三年歲在甲子被癸丑詔書割河南郡縣自鞏闕以東創建滎陽郡以李勝爲郡守（曹眞傳注李勝爲滎陽太守）今攷傅嘏傳爲滎陽守亦在正始時則水經注之言信也又孫禮傳太祖時遷滎陽都尉蓋河南郡大漢末已別建都尉至正始三年乃升作郡耳宋志晉志等皆以爲晉泰始元年置豈魏末暫廢晉復立邪謝鍾英曰晉書地理志司州下云光武都洛陽魏氏受禪卽都漢宮司隸所部河南河東河內宏農并冀州之平陽合五郡置司州元和郡縣志司州領河南河東河內宏農平陽五郡是魏司州無滎陽郡又考魏志蘇峻河南中牟人鄭渾河南開封人（中牟開封晉志并屬滎陽郡）蓋魏末已省滎陽并河南故承祚書法如此一統志魏置滎陽郡尋罷晉太始元年復置三國郡縣省置移易宜以最後爲斷弼按纂地志者自應以最後爲斷然魏正始間割河南郡置滎陽郡且先後置守作史者自應據事直書陳志自不誤也 傅子曰河南尹內掌帝都外統京畿 毛本畿作幾誤 兼古六鄉六遂之士 鄭司農云百里內爲六鄉外爲六遂又云遂爲王國百里外 其民異方雜居多豪門大族商賈胡貊天下四方會 御覽書鈔六帖均無方字 利之所聚而姦之所生前尹司馬芝舉其綱而太簡次尹劉靜 陳浩曰劉馥子靖曾爲河南尹傳稱其爲政初雖如碎密終於百姓便之有馥遺風則此靜字當作靖弼按夏侯玄傳引魏略作劉靜 綜其目而太密後尹李勝毀常法以收一時之聲嘏立司馬氏之綱統裁劉氏之綱目以經緯之李氏所毀以漸補之郡有七百吏半非舊也河南俗黨五官掾功曹典選職皆授其本國人無用異邦人者嘏各舉其良而對用之官曹分職而後以次考校之 毛本校作核 其治以德教爲本然持法有恆簡而不可犯見理識情獄訟不加櫝楚而得其實 書鈔加作任櫝作捶宋本櫝作買馮本作榎 不爲小惠有所薦達及大有益於民事皆隱其端迹若不由己出故當時無赫赫之名吏民久而後安之 何焯曰曾更內職則舉動必與鋒銳悍吏急名喜事者不同 遷尚書嘏常以爲秦始罷侯置守設官分職不與古同漢魏因循以

至于今然儒生學士咸欲錯綜以三代之禮禮弘致遠不應時務事與制違名實未附故歷代而不至於治者蓋由是也欲大改定官制依古正本今遇帝室多難 似應以今字斷句本字疑衍 未能革易時論者議欲自伐吳三征獻策各不同 胡三省曰漢置四征將軍謂征東征西征南征北也其後又置四鎮將軍有功進號則自鎮爲征毌丘儉方爲鎮南而曰三征史概言之 詔以訪嘏嘏對曰昔夫差陵齊勝晉威行中國終禍姑蘇 史記吳太伯世家吳王夫差敗齊師於艾陵與晉定公爭長北會諸侯於黃池欲霸中國越敗吳越王句踐欲遷吳王夫差於甬東吳王自剄死越王滅吳 齊閔兼土拓境闢地千里身蹈顛覆 史記田敬仲完世家齊湣王三十八年齊南割楚之淮北西侵三晉欲以并周室爲天子泗上諸侯鄒魯之君皆稱臣諸侯恐懼四十年燕秦楚三晉合謀各出銳師以伐燕將樂毅遂入臨淄盡取齊之寶藏器湣王出亡楚使淖齒將兵救齊淖齒遂殺湣王而與燕共分齊之侵地鹵器 有始不必善終古之明效也孫權自破關羽并荊州之後志盈欲滿凶宄以極是以宣文侯深建宏圖大舉之策今權已死託孤於諸葛恪若矯權苛暴蠲其虐政民免酷烈偷安新惠外內齊慮有同舟之懼雖不能終自保完猶足以延期挺命於深江之外矣而議者或欲汎舟徑濟橫行江表或欲四道並進攻其城壘或欲大佃疆埸 胡三省曰佃讀曰田 觀釁而動誠皆取賊之常計也然自治兵以來出入三載非掩襲之軍也賊之爲寇幾六十年矣 胡三省曰自漢建安十三年赤壁之戰吳魏始爲寇敵至是年凡五十五年吳魏通者三年耳 君臣僞立吉凶共患又喪其元帥上下憂危設令列船津要堅城據險橫行之計其殆難捷惟進軍大佃最差完牢隱 姜宸英曰隱卽穩字句讀沈家本曰注引無隱字 兵出民表寇鈔不犯坐食積穀不煩運士乘釁討襲無遠勞費此軍之急務也 何焯曰此雜耕渭濱爲寘食伺利之上策也先儒謂武侯三年不死可以取魏卽蘭石之言耳 昔樊噲願以十萬之衆橫行匈奴季布面折其短今

欲越長江涉虜庭亦向時之喻也未若明法練士錯計於全勝之地振長策以禦敵之餘燼斯必然之數也

司馬彪戰略載嘏此對詳於本傳今悉載之以盡其意彪曰嘉平四年四月孫權死征南大將軍王昶征東將軍胡遵鎮南將軍毌丘儉等表請征吳朝廷以三征計異詔訪尚書傅嘏嘏對曰昔夫差勝齊陵晉威行中國不能以免姑蘇之禍齊閔辟土兼國開地千里不足以救顛覆之敗有始不必善終古事之明效也孫權自破蜀兼平荊州之後志盈欲滿罪戮忠良誅及胤嗣元凶已極相國宣文侯先識取亂侮亡之義深建宏圖大舉之策今權已死託孤於諸葛恪若矯權苛暴蠲其虐政民免酷烈偷安新惠外內齊慮有同舟之懼雖不能終自保完猶足以延期挺命於深江之表矣昶等或欲汎舟徑渡橫行江表收民略地因糧於寇或欲四道並進臨之以武誘間攜貳待其崩壞或欲進軍大佃偪其項領積穀觀釁相時而動凡此三者皆取賊之常計也然施之當機則功成名立苟不應節必貽後患自治兵已來出入三載非掩襲之軍也賊喪元帥利存退守若撰飾舟楫羅船津要堅城清野以防卒攻橫行之計殆難必施賊之爲寇幾六十年君臣僞立吉凶同患若恪蠲其弊天去其疾崩潰之應不可卒待今邊壤之守與賊相遠賊設羅落 胡三省曰謂設烽燧遠候望以羅落邊面也羅布也落與絡同聯絡也莊子曰牛馬四足是謂天落馬首穿牛鼻是謂人用此落字也 又持重密 通鑑持作特胡注重直龍翻 間諜不行耳目無聞夫軍無耳目校察未詳而舉大衆以臨巨險此爲希幸徼功先戰而後求勝非全軍之長策也唯有進軍大佃最差完牢可詔昶遵等擇地居險審所錯置及令三方一時前守奪其肥壤使還耕塉土一也兵出民表寇鈔不犯二也招懷近路降附日至三也羅落遠設閒構不來四也賊退其守羅落必淺佃作易之 通鑑之作立 五也坐食積穀士不運輸六也釁隙時聞討襲

速決七也凡此七者軍事之急務也不據則賊擅便資據之則利歸於國不可不察也夫屯壘相偪形勢已交智勇得陳巧拙得用策之而知得失之計角之而知有餘不足虜之情僞將焉所逃夫以小敵大則役煩力竭以貧敵富則斂重財匱故敵逸能勞之飽能飢之此之謂也然後盛衆厲兵以震之參惠倍賞以招之多方廣似以疑之由不虞之道以閒其不戒比及三年左提右挈宋本提作持虜必冰散瓦解安受其弊可坐算而得也昔漢氏歷世常患匈奴朝臣謀士早朝晏罷介冑之將則陳征伐揞紳之徒毛本揞作搢咸言和親勇奮之士思展搏噬故樊噲願以十萬之衆橫行匈奴季布面折其短事見史記季布傳李信求以二十萬獨舉楚人而果辱秦軍史記李將軍傳李將軍廣者隴西成紀人其先曰李信秦時爲將逐得燕大子丹者也今諸將有陳越江陵險獨步虜庭卽亦向時之類也以陛下聖德輔相忠賢法明士練錯計於全勝之地振長策以禦之虜之崩潰必然之數故兵法曰屈人之兵而非戰也拔人之城而非攻也此孫子謀攻篇之語杜佑曰言伐謀伐交不至於戰故司馬法曰上謀不鬬孟氏曰言以威刑服敵不攻而取若鄭伯肉袒以迎楚莊王之類若釋廟勝必然之理而行萬一不必全之路誠愚臣之所慮也故謂大佃而偪之計最長時不從嘏言其年十一月詔昶等征吳五年正月諸葛恪拒戰大破衆軍於東關東關見齊王紀嘉平四年胡三省曰今柵江口有兩山濡須山在和州界謂之東關七寶山在無爲軍界謂之西關唐志廬州巢縣東南四十里有故東關一統志今安徽和州含山縣西南七十里濡須塢之北與無爲州巢縣接界其地險峻周圍皆石潘眉曰少帝紀東關之敗在嘉平四年十二月吳志云十二月戊午大破魏軍是年十二月丙申朔戊午二十三日也司馬彪戰略作五年正月誤弼按通鑑亦編於嘉平四年十二月後吳大將諸葛恪新破東關乘勝揚聲欲向靑徐朝廷將爲之備嘏議以爲淮海非賊輕行之路又昔孫權遣兵入海漂浪沈溺略無孑遺恪豈敢傾根竭本寄命洪流以徼乾沒乎漢書張湯傳曰湯始爲小吏乾沒與長安富賈田甲魚翁叔之屬交私服虔曰乾沒射

成敗也如淳曰得利爲乾失利爲沒 臣松之以虔直以乾沒爲射成敗而不說乾沒之義於理猶爲未暢淳以得利爲乾又不可了愚謂乾讀宜爲乾燥之乾蓋謂有所徼射不計乾燥之與沈沒而爲之周壽昌曰裴氏謂服說未暢如說未了誠然然裴說亦未了暢蓋乾沒二字當串說不宜對舉射利者之取人財如入水之取物有水而沒之是沈沒也然倘爲有因今無故攫人之資亦猶無水而強沒其物以乾燥之地行沈溺之法故曰乾沒沈欽韓曰此言無所將而沒取利今猶有乾折之稱晉潘岳母誚岳曰汝當知足而乾沒不已乎與陸沈義相類曾國藩曰服如二說皆望文生訓非本義也沒者謂沒入人之財物也凡財物入官者曰藉沒入官子女入官者曰沒入爲奴婢或曰沒入奚官乾沒者謂無故而沒入人財物潘岳傳之乾沒謂無故而取高爵厚祿當知足止也王先謙曰正義乾沒謂無潤及之而取他人也或云掄取貨利沒爲己有如水盡涸也恪不過遣偏率小將素習水軍者乘海泝淮示動靑徐恪自幷兵來向淮南耳何焯曰若習海道則當有備不可執蘭石之料吳謂後世永無其事後恪果圖新城趙一清曰圖當依諸葛恪傳作圍胡三省曰合肥新城也不克而歸嘏常論才性同異鍾會集而論之傅子曰嘏既達治好正而有淸理識要好論才性原本精微尟能及之尟宋本作尠司隸校尉鍾會年甚少嘏以明智交會本志鍾會傳會嘗論才性同異世說賢媛篇注引魏氏春秋曰王廣字公淵王陵子也有風量才學名重當世與傅嘏等論才性同異行於世世說文學篇鍾會撰四本論注引魏志曰會論才性同異傳於世四本者言才性同才性異才性合才性離也尙書傅嘏論同中書令李豐論異侍郎鍾會論合屯騎校尉王廣論離晉書阮裕傳嘗問謝萬云未見四本論君試爲言之萬敘說旣畢裕以傅嘏爲長 臣松之案傅子前云嘏了夏侯之必敗不與之交而此云與鍾會善愚以爲夏侯玄以名重致患釁由外至鍾會以利動取敗禍自己出然則夏侯之危兆難覩而鍾氏之敗形易照也嘏若了夏侯之必危而不見鍾會之將敗則爲識有所蔽難以言通若皆知其不終而情有彼此是爲厚薄由于愛憎奚豫於成敗哉以愛憎爲厚薄又虧於雅體矣傅子此論非所以益嘏也何焯曰實由愛憎耳然其論三士者不惟取友之鑒亦時當以之自省自箴也姜宸英曰嘏黨於司馬氏故策夏侯之敗而深交鍾會厚薄由於愛憎得之矣

嘉平末賜爵關內侯嘏列名奏永寧宮高貴鄉公即尊位進封武鄉亭侯正元二年春毌丘儉文欽作亂或以司馬景王不宜自行可遣太尉孚往惟嘏及王肅勸之景王遂行

漢晉春秋曰嘏固勸景王行景王未從嘏重言曰淮楚兵勁胡三省曰壽春故楚都時爲淮南重鎭以南備吳勁兵聚焉而儉等負力遠鬭其鋒未易當也若諸將戰有利鈍大勢一失則公事敗矣是時景王新割目瘤胡三省曰瘤音留肉起疾腫曰瘤創甚聞嘏言蹶然而起曰胡三省曰蹶然急遽而起之貌我請輿疾而東

以嘏守尚書僕射俱東儉欽破敗嘏有謀焉及景王薨嘏與司馬文王徑還洛陽文王遂以輔政語在鍾會傳通鑑正元二年舞陽忠武侯司馬師疾篤還許昌衛將軍昭自洛陽往省師師令昭總統諸軍辛亥師卒於許昌中書侍郎鍾會從師典知密事中詔敕尚書傅嘏以東南新定權留衛將軍昭屯許昌爲內外之援令嘏率諸軍還會

與嘏謀使嘏表上輒與昭俱發還到洛水南屯住二月丁巳詔以司馬昭爲大將軍錄尚書事胡三省曰詔自中出上意也是時詔命皆以司馬氏之意行之此詔出於禁中之意故曰中詔王懋竑曰傅嘏與何晏等不合免官司馬懿請爲從事中郎遂附從懿父子以傾魏曹爽之死齊王之廢嘏皆與有力焉故爽誅即以嘏爲河南尹轉尚書賜爵關內侯齊王廢進爵武鄉亭侯及毌丘儉文欽兵起嘏勸師自行與之俱東師卒中詔嘏還師嘏輒與昭俱還以成司馬氏之篡迹其始末蓋與賈充不異幸其早死不與佐命之數此乃魏之逆臣但以善自韜晦不名其功即如與昭俱還乃嘏之本謀顧以推之鍾會故世莫得而議之其與何晏鄧颺夏侯玄李豐不平皆以其爲魏故而自與鍾毓鍾會何曾陳泰荀顗善則皆司馬氏之黨也所譏議何晏等語大率以愛憎爲之陳壽謂嘏用才達顯裴注則盡收傅子所述通鑑又因注而爲之條分件繫謂嘏言若蓍龜之驗於是嘏得爲魏之名臣而豐玄遂與晏颺同類而共棄之此眞豐玄之不幸也

世語曰景王疾甚以朝政授傅嘏嘏不敢受及薨嘏祕不發喪以景王命召文王於許昌領公軍焉　孫盛評曰晉宣景文王之相魏也權重相承王業基矣豈蕞爾傅嘏所宜間廁世語所云斯不然矣

會由是有自矜色嘏戒之曰子志大其量而勳業難爲也可不愼哉

嘏以功進封陽鄉侯潘眉曰唐書世系表陽鄉作陽都誤增邑六百戶幷前千二百戶是歲薨時年四十七追贈太常諡曰元侯隋書經籍志梁有太常卿傅嘏集二卷錄一卷

傅子曰初李豐與嘏同州夏侯玄傳中書令李豐與皇后父張緝俱馮翊人北地郡漢末寄寓馮翊同屬雍州少有顯名早歷大官內外稱之嘏又不善也謂同志曰豐飾僞而多疑矜小失而昧於權利若處庸庸者可也自任機事遭明者必死豐後爲中書令與夏侯玄俱禍卒如嘏言嘏自少與冀州刺史裴徽裴徽事詳見裴潛傳注散騎常侍荀粲善徽粲早亡又與鎭北將軍何曾司空陳泰尚書僕射荀顗後將軍鍾毓並善相與綜朝事俱爲名臣相與監本作相友誤

子祗嗣弼按范書傅燮傳燮北地靈州人燮子幹扶風太守晉書傅玄傳玄北地泥陽人祖燮漢漢陽太守父幹魏扶風太守又玄傳目下小注云子咸咸從父弟祗據此則玄與嘏應爲兄弟行然由玄上推至燮由嘏上推至睿史無昆季明文未知玄傳小注何據也咸熙中開建五等以嘏著勳前朝改封祗涇原子沈欽韓曰兩漢志及晉志安定郡無涇原縣

晉諸公贊曰祗字子莊嘏少子也晉永嘉中至司空晉書傅祗傳祗性至孝早知名武帝始建東宮起家太子舍人母憂去職服終爲滎陽太守自魏黃初大水之後河濟汎溢鄧艾開石門而通之至是復浸壞祗乃造沈萊堰至今兗豫無水患百姓立碑頌焉楊駿輔政議普進封爵祗與駿書曰未有帝王始崩臣下論功者也駿不從駿伏誅收駿官屬祗言僚佐不可加罰詔赦之以討駿功當封郡公八千戶固讓減半降封靈川縣公趙王倫輔政以爲中書監惠帝還宮祗以經受僞職請退不許懷帝末遷司徒及洛陽陷沒推祗爲盟主傳檄四方遣子宣赴告方伯徵義兵祗自屯盟津小城宣弟暢行河陰令以待宣祗以暴疾薨時年六十九趙一淸曰晉書祗傳遷司徒薨非司空晉諸公贊即其子暢作不應有誤疑傳寫誤弼按裴注引晉諸公贊語止此下文爲世期自注祗子宣字世弘　世語稱宣以公正知名位至御史中丞宣弟暢字世道祕書丞沒在胡中著晉諸公贊及晉公卿禮秩故事傅暢事見高貴鄉公紀甘露元年注晉書傅祗傳暢作晉諸公敘贊二十二卷又爲公卿故事九卷隋志雜史類晉諸公贊二十一卷晉公卿禮秩故事九卷續漢書輿服志注宋書禮志均引之省故事二字宋書禮志又引作傅暢故事

評曰昔文帝陳王以公子之尊博好文采同聲相應才士並出惟粲

等六人最見名目典論以孔融陳琳王粲徐幹阮瑀應瑒劉楨爲七子陳評所云六人無孔融而粲特處常伯之官興一代之制然其沖虛德宇未若徐幹之粹也衞覬亦以多識典故相時王之式劉劭該覽學籍文質周洽劉廙以清鑒著傅嘏用才達顯云

臣松之以爲傅嘏識量名輩實當時高流而此評但云用才達顯既於題目爲拙又不足以見嘏之美也姜宸英曰嘏爲司馬用人人品心術可知陳評才達可云當矣謂爲高流吾不許也王鳴盛曰此書於易代之際有貳心以邀功者必加徵詞司馬氏勢雖偪主然師死於淮昭方在許事之至危嘏專心奉戴擁衆還洛大柄已得魏祚傾矣故首列王粲書其勸琮納土之謀中傳衞覬特著還漢助禪之事終之以嘏則奉馬傾曹此始此終著鑒甚明故評中特表徐幹之沖虛以示優劣焉如幹猶揚雄之不與易耳此外皆與聞乎簒者稱嘏才達節不足見矣松之未明作者之心也劉咸炘曰王說未必作者本意才達二字不見是徵詞也又曰尙云此傳若出蔚宗手不知如何鋪序詩文壽惟錄曹丕與質書品題諸子諸子詩文一篇不載其識力之高簡後史追蹤者希按此說非也蔚宗傳文苑安得不錄文承祚此傳止傳成一代典制者本非作文苑傳故不詳文耳若謂承祚輕文則全書中載文豈少哉

魏書二十一　　三國志二十一

桓二陳徐衞盧傳第二十二

晉　平陽侯相　安漢　陳壽　撰

宋　中書侍郎　西鄉侯　聞喜　裴松之　注

沔陽　盧弼　集解

桓階字伯緒潘眉曰任城太守孫夫人碑云長沙人桓伯序緒當依碑作序階序字義相應長沙臨湘人也郡國志荆州長沙郡臨湘一統志臨湘故城今湖南長沙府城南

魏書曰階祖父超父勝皆歷典州郡勝爲尙書著名南方

仕郡功曹續百官志郡有功曹史主選署功勞太守孫堅舉階孝廉堅爲長沙太守在漢靈帝中平四年除尙書郎父喪還鄉里會堅擊劉表戰死吳志孫堅傳堅死在漢獻帝初平三年通鑑在二年階冒難詣表乞堅喪報舉主也表義而與之後太祖與袁紹相拒於官渡通鑑考異曰桓階傳袁曹相拒官渡階說張羨范書劉表傳建安三年羨拒表在官渡前表舉州以應紹表爲鎭南將軍荆州牧舉荆州以應紹階說其太守張羨曰本志劉表傳注引英雄記曰張羨南陽人先作零陵桂陽長（范書長作守是）甚得江湘閒心然性屈彊不順表薄其爲人不甚禮也羨由是懷恨遂叛表弼按英雄記所載羨因恨而拒表非由階說與此傳異夫舉事而不本於義未有不敗者也故齊桓率諸侯以尊周論語管仲相桓公霸諸侯一匡天下何晏集解云馬曰天子微弱桓公帥諸侯以尊周室一正天下晉文逐叔帶以納王左傳僖公二十五年秦伯師于河上將納王狐偃言於晉侯曰求諸侯莫如勤王晉侯辭秦師而下右師圍温左師逆王王入于王城取大叔于温殺之于隰城今袁氏反此而劉牧應之取禍之道也明府必欲立功明義全福遠禍不宜與之同也羨曰然則何向而可階曰曹公雖弱仗義而起馮本仗作杖誤救朝廷之危奉王命而討有罪孰敢不服今若舉四郡保三江以待其來趙一清曰德清胡氏渭禹貢錐指云巴陵岳州府治本漢下雋縣地荆江口在縣西

北洞庭水入江處亦名西江口又名三江口元和志巴陵城對三江口岷江爲西江澧江爲中江湘江爲南江案三江口北岸有楊林浦一名楊葉洲蓋卽水經湘水注所謂巴陵故城西對長洲者而爲之內應不亦可乎或曰設身處地自以此論爲正若曰宜逆拒曹氏則爾時羣雄所圖孰是乃心漢室者必欲斥桓文而附秦楚無乃不可乎故曰讀書論世羨曰善乃舉長沙及旁三郡以拒表范書劉表傳建安三年長沙太守張羨率零陵桂陽三郡畔表通鑑郡人桓階說羨舉長沙零陵桂陽三郡以拒表弼按范書通鑑俱云三郡與此傳四郡之說不合又按通鑑初平元年劉表徙治襄陽鎭撫郡縣江南悉平胡三省注荆部在江南者長沙武陵零陵桂陽四郡也當合武陵郡爲四郡遣使詣太祖太祖大悅會紹與太祖連戰軍未得南而表急攻羨羨病死城陷本志劉表傳長沙太守張羨叛表表圍之連年不下羨病死長沙復立其子懌表遂攻幷懌范書劉表傳表遣兵攻圍破羨平之周壽昌曰據魏志表傳表未能破羨至張懌時始能平之耳弼按各傳互異階遂自匿久之劉表辟爲從事祭酒宋書百官志刺史官屬今有別駕從事史治中從事史主簿西曹書佐祭酒從事史議曹從事史部郡從事史自主簿以下置人多少各隨州舊無定制也荆州有從事史在議曹從事史下大較應是魏晉以來置也欲妻以妻妹蔡氏階自陳已結婚拒而不受因辭疾告退太祖定荆州聞其爲張羨謀也異之辟爲丞相掾主簿遷趙郡太守郡國志冀州趙國吳增僅曰太和六年曹幹封此弼按漢建安時國除爲郡趙郡張登見魏志王朗傳注至魏明帝太和六年復爲國也趙一清曰御覽卷二百六十二引桓階別傳曰上已平荆州引爲主簿每有深謀疑事嘗與君籌之或日昃忘食或夜坐徹且擢爲趙郡太守會郡寮送之上曰北邊未靖以卿威能震敵德足懷遠人故用相煩是亦寇恂河內之舉階在郡時俸盡食醬辭上聞之數戲之曰卿家醬頗得成不邪詔曰昔子文清儉朝不謀夕而有脯糧之秩宜子守約簞食魚飧而有加粱之賜豈況光光大魏富有四海棟宇大臣而有蔬食非吾所以禮賢之意也其賜射鹿師二人幷給媒（齊人謂麴孼爲媒）水經濁漳水注引長沙耆舊傳稱階爲趙郡太守嘗有遺囊粟於路者行人挂囊粟於樹莫敢取之又御覽卷四百八十五引階別傳曰階貧儉文帝嘗幸其第見諸子無褌文帝拊手笑曰長者子無褌乃抱與同乘是日拜二子爲郎使黃門齎衣三十囊賜曰卿兒能趣可以褌矣魏國初建建安十八年爲虎賁中郎將侍中續百官志虎賁中郎將比二千石主虎賁宿衞侍中比二千石掌侍左右贊導衆事顧問應對魏都賦注建安十八年魏國初置侍中時太子未定而臨菑侯植有寵階數陳文帝德優齒長監本齒作且宜爲儲副公規密諫前後懇至

魏書稱階諫曰今太子位冠羣子馮本位作仁名昭海內仁聖達節天下莫不聞而大王甫以植而問臣馮本大誤作天臣誠惑之於是太祖知階篤於守正深益重焉又毛玠徐奕以剛蹇少黨蹇或作謇而爲西曹掾丁儀所不善儀屢言其短賴階左右以自全保其將順匡救多此類也遷尚書典選舉曹仁爲關羽所圍太祖遣徐晃救之不解太祖欲自南征以問羣下羣下皆謂王不亟行今敗矣階獨曰大王以仁等爲足以料事勢不也曰能大王恐二人遺力邪胡三省曰二人謂曹仁呂常也弼按是時關羽自率衆攻曹仁於樊城又遣別將圍將軍呂常於襄陽曰不然則何爲自往曰吾恐虜衆多而晃等勢不便耳階曰今仁等處重圍之中而守死無貳者誠以大王遠爲之勢也夫居萬死之地必有死爭之心內懷死爭外有彊救大王案六軍以示餘力何憂於敗而欲自往太祖善其言駐軍於摩陂胡三省曰據水經摩陂在潁川郟縣縱廣可一十五里魏青龍元年有龍見于陂改曰龍陂方輿紀要摩陂今河南汝州郟縣南賊遂退建安二十四年孫權上書稱臣侍中陳羣尚書桓階奏稱漢曆已盡黃家當興見武紀注引魏略文帝踐阼遷尚書令階爲尚書令列名勸進見禪代衆事延康元年尚書令桓階請追尊曹嵩見通典七十二封高鄉亭侯加侍中階前已爲侍中此時以尚書令加侍中爲加官如衞臻已爲侍中後轉右僕射加侍中是也階疾病帝自臨省謂曰吾方託六尺之孤寄天下之命於卿勉之徙封安樂鄉侯潘眉曰凡書法初封曰封進爵曰進封不進爵但更易邑土曰徙封亦曰更封亦曰改封亦曰轉封桓階初封高鄉亭侯至是進爵鄉侯宜書進封不當曰徙封夏侯尚封平陵亭侯文帝踐阼更封平陵鄉侯不書進封而書更封與此傳同失若曹洪封野王侯後徙封都陽侯張既封都鄉侯後徙封西鄉侯彼皆徙封與此不同邑六百戶又賜階三子爵關內侯祐以嗣子不封病卒又追贈關內侯後階疾篤遣使者卽拜太常薨帝爲之流涕謚曰貞侯正始四年階從祀太祖廟庭子嘉嗣以階弟纂爲散騎侍郎賜爵關內侯嘉尚升遷亭公

主會嘉平中以樂安太守與吳戰於東關軍敗沒謚曰壯侯子翊嗣趙一清曰寰宇記卷六十六瀛州高陽縣有聖姑祠邢子勵記云聖姑姓郝字女君魏青龍二年四月下旬與鄰女宋樵於滱徐二水合流之處忽有數婦人從水出皆著連翩裙若今之靑衣至女君前曰東海公聘女君爲婦故遣相迎因敷連茵褥於水中置女君茵上靑衣者侍側順流而下其家大小皆走往看涕泣遙望莫能就女君怡然云今幸得爲水仙願勿憂憶語訖風起遂逝因爲立祠桓翊以大臣子爲尙書郞試高陽長主簿丁馥白縣有聖姑祠前後守令皆謁而後入翊曰何浮言之甚遂立杖而教曰若祀者有罪未經月餘在廳事忽見十餘婦人各持扇從門入謂翊曰今古旣殊何相妨害而斷吾路翊性方直教斷更甚未經一旬無病暴卒今水岸上有郝女君招魂葬處時人呼爲元姬冢亦名聖女陵弼按此說荒誕不足信

世語曰階孫陵字元徽有名於晉武帝世至滎陽太守卒階弟彝仕吳爲尙書爲孫琳所殺見吳志孫琳傳及注引漢晉春秋

陳羣字長文潁川許昌人也郡國志豫州潁川郡許劉昭注獻帝徙都改許昌周壽昌曰獻帝改都許在建安二年八月改許縣爲許昌縣在魏文帝黃初二年非獻帝徙都時改名也注誤弼按范書獻帝紀建安元年八月遷都許周氏云二年誤一統志許昌故城今河南許州西南鄢安亭曰今許州東北四十里祖父寔父紀叔父諶皆有盛名

寔字仲弓錢大昕曰洪氏隸續載陳寔碑云字仲躬紀字元方諶字季方魏書曰寔德冠當時紀諶並名重於世寔爲太丘長章懷注太丘縣屬沛國故城在今亳州永城縣西北一統志太丘在河南歸德府永城縣西北三十里遭黨錮范書陳寔傳及後逮捕黨人事亦連寔餘人多逃避求免寔曰吾不就獄衆無所恃乃請囚焉遇赦得出隱居荆山一統志荆山在安徽鳳陽府懷遠縣西南一里水經注淮出於荆山之左當塗之右又云淮水過塗山而後至荆山一統志塗山在懷遠縣東南八里淮河東岸亦名當塗山圖經荆塗二山本相聯屬禹鑿爲二以通淮流今兩山間有斷接谷濱淮爲勝遠近宗師之范書寔傳寔在鄉里平心率物其有爭訟輒求判正曉譬曲直退無怨者至乃歎曰寧爲刑罰所加不爲陳君所短靈帝崩何進輔政引用天下名士徵寔欲以爲參軍以老病遂不屈節范書寔傳大將軍何進司徒袁隗遺人敦寔欲特表以不次之位寔乃謝使者曰寔久絕人事飾巾待終而已時三公每缺議者歸之累見徵命遂不起閉門懸車棲遲養老中平四年年八十四卒於家沈欽韓曰陳寔故里在許州府長葛縣西四十里今德星觀卽其遺址弼按一統志陳寔故里在長葛縣西五十里紫荆山之南後人卽其故址建德星觀以祠之陳氏家傳紀諶以下八十六墓三十六碑並在長葛縣西陘山之陽諶爲司空掾早卒惠棟曰海內先賢傳諶司徒掾公車徵不就世系云諶謚獻文先生生青州刺史忠陳氏譜曰忠字孝先州辟不就紀歷位平原相侍中大鴻臚著書數十篇世謂之陳子范書陳紀傳紀亦至德稱兄弟孝養閨門廱和及遭黨錮發憤著書數萬言號曰陳子豫州刺史嘉其至行表上尙書圖象百城以厲風俗就家拜五官中郞將遷侍中出爲平原相時議欲以爲司徒紀見禍亂方作不復辨嚴卽時之郡璽書追拜太僕又徵爲尙書令建安初袁紹爲太尉讓於紀紀不受拜大鴻臚年七十一卒於官邯鄲淳鴻臚陳君碑云君旣處隱約潛躬味道足不踰閾乃覃思著書三十餘萬言寔之亡也司空荀爽太僕令韓融並制緦麻執子孫禮四方至者車數千乘自太原郭泰等無不造門傅子曰寔亡天下致弔會其葬者三萬人似失之誕制縗麻者以百數先賢行狀曰大將軍何進遣屬弔祠謚曰文範先生于時寔紀高名並著而諶又配之世號曰三君邯鄲淳鴻臚陳君碑云顯考以茂行崇冠先儔季弟亦以英才知名當世孝靈之初並遭黨錮俱處于家號曰三君每宰府辟命率皆同時羔鴈成羣丞掾交至豫州百姓皆圖畫寔紀諶之形象

羣爲兒時寔常奇異之謂宗人父老曰此兒必興吾宗魯國孔融高才倨傲年在紀羣之閒先與紀友後與羣交更爲紀拜由是顯名本志荀彧傳注引晉陽秋云荀顗字景倩幼爲姊夫陳羣所異顗爲彧子則羣爲彧壻也劉備臨豫州辟羣爲別駕時陶謙病死徐州迎備備欲往羣說備曰袁術尙彊今東必與之爭呂布若襲將軍之後將軍雖得徐州事必無成備遂東與袁術戰布果襲下邳遣兵助術大破備軍備恨不用羣言陳景雲曰呂布時據兗州與曹操相持何暇分兵規取徐州及布爲操所破乃東奔備已在備領徐州之明年至備與袁術戰術誘布襲取下邳此又在布奔徐州之後一年當時羣止可料袁術之爭徐不能逆睹呂布之爲害也況備雖名領豫州不過屯兵小沛謙旣卒而備不領州事徐州爲他人所有備亦安得有容足之處哉他日袁呂相爲首尾協傾徐州此變生意外初非始謀不臧輕舉貪得致貽顚蹶又何追恨之有斯實由魏史事後附會虛談承祚未及刊削弼按陳說是惜多誤字已改正舉茂才除柘令郡國志豫州陳國柘一統志柘縣故城今河南歸德府柘城縣城北不行隨紀避難徐州邯鄲淳碑云紀寓於邳郯之野袁術恣睢僭號江淮據碑所云當卽羣隨侍避難徐州時也屬呂布破破布在建安三年陳羣父子俱在布軍見太祖皆拜見袁渙傳注引袁氏世紀太祖辟羣

爲司空西曹掾屬時有薦樂安王模下邳周逵者太祖辟之羣封還教以爲模逵穢德終必敗太祖不聽後模逵皆坐姦宄誅太祖以謝羣羣薦廣陵陳矯丹陽戴乾太祖皆用之後吳人叛乾忠義死難矯遂爲名臣世以羣爲知人除蕭贊長平令郡國志豫州沛國蕭鄭陳國長平一統志蕭縣故城今江蘇徐州府蕭縣西北鄭縣故城今河南歸德府永城縣西南鄭縣鄉長平故城今河南陳州府西華縣東北十八里趙一清曰按除蕭贊長句平令句漢地理志河南郡有平縣續漢志無之則已廢矣豈曹魏復置此縣乎弼按趙氏此說無一不誤續漢志河南郡有平縣誤一豫州陳國有長平縣趙氏乃以長屬上讀爲句誤二是時爲建安初年不能云曹魏復置誤三續百官志每縣邑道大者置令其次置長萬戶以上爲令不滿爲長蕭令劉良見范書本傳鄭令劉放見魏志本傳何夔傳注引魏書云太祖以陳羣爲鄭令是蕭贊俱稱令不稱長趙氏乃以長斷句誤四趙氏此說見錢儀吉三國志證聞自著三國志注補中無之或係轆轉遂錄之訛謝鍾英亦以蕭贊長爲句平令爲句王先謙復采其說其誤與此同父卒紀卒於建安四年六月見邯鄲淳陳君碑去官後以司徒掾舉高第爲治書侍御史轉參丞相軍事魏國既建建安十八年遷爲御史中丞續百官志御史中丞一人千石治書侍御史二人六百石胡三省曰時以御史大夫爲三公以中丞爲御史臺主時太祖議復肉刑令曰安得通理君子達於古今者使平斯事乎昔陳鴻臚以爲死刑有可加於仁恩者正謂此也晉書刑法志漢時天下將亂百姓有土崩之勢刑罰不足以懲惡於是名儒大才故遼東太守崔實大司農鄭玄大鴻臚陳紀之徒咸以爲宜復行肉刑漢朝既不議其事故無所用及魏武帝匡輔漢室尚書令荀彧博訪百官復欲申之何焯曰陳鴻臚之論原於班固刑法志御史中丞能申其父之論乎羣對曰臣父紀以爲漢除肉刑而增加笞漢文帝十三年除肉刑本興仁惻而死者更衆所謂名輕而實重者也名輕則易犯實重則傷民書曰惟敬五刑以成三德尚書呂刑之辭孔傳云惟敬五刑所以成剛柔正直之三德也易著劓刖滅趾之法所以輔政助教懲惡息殺也且殺人償死合於古制至於傷人或殘毀其體而裁翦毛髮非其理也若用古刑使淫者下蠶室盜者刖其足則永無淫放穿踰之姦矣夫三千之

屬胡三省曰穿者穿穴隙踰者踰垣牆周穆王作甫刑墨罰之屬千劓罰之屬千剕罰之屬五百宮罰之屬三百大辟之罰其屬二百五刑之屬三千顏師古曰五者之刑凡三千雖未可悉復若斯數者時之所患宜先施用漢律所殺殊死之罪仁所不及也其餘逮死者可以刑殺通鑑作其餘逮死者可易以肉刑如此則所刑之與所生足以相貿矣胡三省曰貿易也今以笞死之法易不殺之刑是重人支體而輕人軀命也時鍾繇與羣議同王朗及議者多以爲未可行太祖深善繇羣言以軍事未罷顧衆議故且寢晉書刑法志時奉常王修不同其議魏武帝亦難以藩國改漢朝之制遂寢不行本志王修傳太祖議行肉刑修以爲時未可行太祖採其議周壽昌曰唐六典魏氏受命乃命陳羣等采漢律爲魏律十八篇增蕭何律劫掠詐僞毀亡告劾繫訊斷獄請賕警事償贓等九篇通典刑門魏文詔陳羣劉劭等定魏新律十八篇州郡令四十五篇尚書官令軍中令合百八十餘篇羣轉爲侍中武紀建安二十四年注引魏略云侍中陳羣奏言漢歷已盡黃家當興領丞相東西曹掾在朝無適無莫適莫解見夏侯玄傳注引魏略雅杖名義監本馮本雅作推不以非道假人文帝在東宮深敬器焉待以交友之禮常歎曰自吾有回門人日以親及卽王位封羣昌武亭侯徙爲尚書羣爲尚書列名勸進見禪代衆事制九品官人之法羣所建也通鑑尚書陳羣以天朝選用不盡人才乃立九品官人之法州郡皆置中正以定其選擇州郡之賢有識鑒者爲之區別人物第其高下胡三省曰天朝謂漢朝也九品中正自此始九品上上上中上下中上中中中下下上下中下下也通典九品之制州郡縣俱置大小中正各以本處人任諸府公卿及臺省郎吏有德充才盛者爲之區別所管之人物定爲九等其有言行修著則升進之或以五升四以六升五倘或道義虧闕則降下之或自五退六自六退七矣是以吏部不能審定核天下人才士庶故委中正銓第等級憑之授受謂免乖戾太平御覽卷二百六十五引傅子曰魏司空陳羣始立九品之制郡置中正評次人才之高下各爲輩目州置都而總其議又引孫楚集奏曰九品漢氏本無班固箸漢書序先代賢智以九條此蓋記鬼錄次第耳而陳羣依之以品生人又魏武拔奇決於胸臆收人才不問階次豈賴九品而後得人今可令長守爲大小中正各自品其編戶也劉毅集論曰今立九品中正操人主之威福奪天朝之權柄上品無寒門下品無勢族今職名中正實爲姦府事名九品而有八損宜罷中正除九品棄魏弊法更立一代之美制晉書衛瓘傳瓘上疏曰魏氏承顛覆之運起喪亂之後人士流移攷詳無地故立九品之制麤具一時選用之本耳其始造也鄉邑清議不拘爵位襃貶所加足爲勸勵猶有鄉論餘風中間漸染遂計資定品使天下觀望惟以居位

爲貴人棄德而忽道業爭多少於錐刀之末傷損風俗其弊不細又李重傳重上疏陳九品曰九品始於喪亂軍中之政非經國不刊之法且其檢防轉碎徵刑失實故朝野之論僉謂驅動風俗爲弊已甚通鑑輯覽曰以本州郡人任中正之職使品第官材高下其義尚可訓其法尚可行哉蓋汝南月旦惡習釀成弊政有如是之甚者

及踐阼遷尚書僕射加侍中徙尚書令百官志尚書令一人千石尚書僕射一人六百石進爵潁鄉侯趙一清曰水經潩水注潩水又南逕潁陰縣故城西魏明帝封司空陳羣爲侯國弼按下文明帝卽位進封潁陰侯卽水經注所指趙氏誤注於此帝征孫權至廣陵文紀黃初六年行幸廣陵故城郡國志徐州廣陵郡廣陵縣寰宇記江都縣也一統志廣陵故城今江蘇揚州府東北方輿紀要今揚州府城使羣領中領軍洪飴孫曰中領軍一人第三品掌禁兵故漢北軍中候之官也帝還假節都督水軍還許昌以羣爲鎭軍大將軍領中護軍錄尚書事洪飴孫曰鎭軍大將軍一人第二品黃初六年置後不常設中護軍一人第四品掌禁兵錄尚書事無常員公卿權重者爲之帝寢疾羣與曹眞司馬宣王等並受遺詔輔政明帝卽位進封潁陰侯增邑五百幷前千三百戶與征東大將軍曹休中軍大將軍曹眞撫軍大將軍司馬宣王並

開府頃之爲司空侯康曰藝文類聚卷四十引摯虞決疑要注曰魏司空陳羣喪母使者弔祭如故事又黃門侍郎杜恕奉詔慰問通典魏明帝弔陳羣詔曰司空今遭母憂當遣使者弔祭如故事尚書司馬孚奏尋故事自魏興無三公喪母弔祭輒訪韋誕王肅高堂隆秦靜等云漢太傅胡廣喪天子使謁者以中牢弔祭送葬王肅議禮臣有父母之喪訃君弔之弔諸臣之母當從夫爵故錄尚書事通志故作改郝經續漢書作共是時帝初莅政羣上疏曰詩稱儀刑文王萬邦作孚又曰刑于寡妻至于兄弟以御于家邦毛傳刑法也孚信也寡妻適妻也御迎也鄭箋儀法文王之事則天下咸信而順之寡妻寡有之妻言賢也御治也文王以禮法接待其妻至於宗族以此又能爲政治於家邦也道自近始而化洽于天下自喪亂已來干戈未戢百姓不識王教之本懼其陵遲已甚陛下當盛魏之隆荷二祖之業天下想望至治唯有以崇德布化惠恤黎庶則兆民幸甚夫臣下雷同是非相蔽國之大患也若不和睦則有讎黨左傳晉卻芮曰有黨必有讎有讎黨則毁譽無端毁譽無端則眞僞失實不可不深防備有以絕其

源流太和中曹眞表欲數道伐蜀從斜谷入羣以爲太祖昔到陽平攻張魯多收豆麥以益軍糧魯未下而食猶乏今既無所因且斜谷阻險難以進退轉運必見鈔截多留兵守要則損戰士不可不熟慮也帝從羣議眞復表從子午道羣又陳其不便幷言軍事用度之計詔以羣議下眞眞據之遂行胡三省曰詔以議下眞將與之商度可否也眞銳於出師遂以詔爲據而行會霖雨積日羣又以爲宜詔眞還帝從之通鑑太和四年八月會天大雨三十餘日棧道斷絕九月詔曹眞等班師李安溪曰若非長文子丹必大喪師諸葛公因而乘之其取關中必矣惜哉此機弼按是時華歆楊阜王肅俱上疏諫乃詔曹眞班師不僅長文一人陳其不便也後皇女淑薨追封謚平原懿公主通鑑太和六年二月明帝愛女淑卒帝痛之甚立廟洛陽葬於南陵取甄后從孫黃與之合葬帝欲自臨送葬又欲幸許羣上疏曰長短有命存亡有分故聖人制禮或抑或致以求厥中防墓有不修之儉禮記孔子既得合葬於防曰吾聞之古者墓而不墳又曰古不修墓嬴博有不

歸之魂嬴博見文紀黃初三年夫大人動合天地垂之無窮又大德不踰閑論語子夏曰大德不踰閑邢昺疏曰閑猶法也大德之人所行皆不越法則也動爲師表故也八歲下殤禮所不備胡三省曰禮檀弓曰周人以殷人之棺槨葬長殤以夏后氏之堲周葬中殤下殤以有虞氏之瓦棺葬無服之殤鄭玄注云略未成人陸德明曰十六至十九爲長殤十二至十五爲中殤八歲至十一爲下殤七歲以下爲無服之殤生未三月不爲殤況未朞月而以成人禮送之加爲制服舉朝素衣朝夕哭臨自古已來未有此比而乃復自往視陵親臨祖載願陛下抑割無益有損之事但悉聽羣臣送葬乞車駕不行此萬國之至望也聞車駕欲幸摩陂實到許昌二宮上下皆悉俱東通鑑俱作居舉朝大小莫不驚怪或言欲以避衰或言欲於便處移殿舍通鑑作或言欲以便移殿舍胡三省曰避衰謂五行之氣有王有衰徙舍以避之也今人謂之避災便移殿舍謂欲營繕宮室故出幸許以便移殿舍也趙一清曰陳緯金罍子云今俗家人死輒行課算某日魂當還輒棄屍徹哭傾戶走竄謂之躲衰此雖鄙猥絕有所本魏皇女淑薨二宮上下俱東言欲避衰又顏氏家訓亦云偏傍之

書死有歸殺子孫逃竄莫肯在家畫瓦書符作諸厭勝喪出之日門前然火戶外列灰祓送家鬼章斷注連凡如此比不近有情之推北齊人勢又在三國則愚瞽流傳下搖上惑非一日矣衰字通書作煞今俗北方避衰而南方則迎衰也或不知何故臣以爲吉凶有命禍福由人移徙求安則亦無益若必當移避繕治金墉城西宮胡三省曰水經注金墉城在洛陽城西北角及孟津別宮皆可權時分止可無舉宮暴露野次廢損盛節蠶農之要又賊地聞之以爲大衰趙一清曰衰當作哀大哀謂如叡自死也加所煩費不可計量或曰此句下疑有脫文下句且由二字疑作自古且由吉士賢人當盛衰處安危秉道信命非徙其家以寧鄉邑從其風化無恐懼之心通鑑作且吉士賢人猶不妄徙其家以寧鄉邑使無恐懼之心胡三省曰子思居於衞有齊寇或曰寇至盍去諸子思曰如伋去君誰與守況乃帝王萬國之主靜則天下安動則天下擾行止動靜豈可輕脫哉帝不聽楊阜亦諫阻明帝皆不聽青龍中營治宮室明紀青龍三年大治洛陽宮起昭陽太極殿胡三省曰諸葛亮死帝乃大興宮室百姓失農時羣上疏曰禹承唐虞之盛猶卑宮室而惡衣服況今喪亂之後人民至少比漢文景之時不過一大郡臣松之案漢書地理志云元始二年天下戶口最盛汝南郡爲大郡有三十餘萬戶則文景之時不能如是多也案晉太康三年地記晉太康三年地記詳見吳志孫晧傳寶鼎二年注晉戶有三百七十七萬吳蜀戶不能居半以此言之魏雖始承喪亂方晉亦當無乃大殊長文之言於是爲過詳見本志蔣濟傳注趙一清曰劉昭郡國志補注引帝王世紀云昔漢永和五年南陽戶五十餘萬汝南戶四十餘萬方之於今三帝鼎足不踰二郡加有食祿復除之民凶年飢疾之難見可共役裁若一郡以一郡之人供三帝之用斯亦勤矣則當時固以戶少爲病也加邊境有事將士勞苦若有水旱之患國家之深憂也且吳蜀未滅社稷不安宜及其未動講武勸農有以待之今舍此急而先宮室臣懼百姓遂困將何以應敵昔劉備自成都至白水多作傳舍蜀志先主傳注引典

略云備於是起館舍築亭障從成都至白水關四百餘區郡國志益州廣漢郡白水一統志白水故城在今四川保寧府昭化縣西北蜀先主分屬梓潼郡興費人役太祖知其疲民也今中國勞力亦吳蜀之所願此安危之機也惟陛下慮之帝答曰王者宮室亦宜並立滅賊之後但當罷守耳通鑑王者作王業守下有禦字豈可復興役邪是固君之職蕭何之大略也胡三省曰此指蕭何治未央宮事而言弼按羣爲司空故云羣又曰昔漢祖唯與項羽爭天下羽已滅宮室燒焚是以蕭何建武庫太倉皆是要急然猶非其壯麗毛本麗作鹿誤通鑑然下有高祖二字胡三省曰羣因帝蕭何之言以陳善閉邪今二虜未平誠不宜與古同也孫盛曰周禮天子之宮有斲礱之制國語趙子爲室斲其椽而礱之張老曰天子之室斲其椽而礱之加密石焉諸侯礱之大夫斲之士首之借其物義也從其等禮也然質文之飾與時推移漢承周秦之弊宜敦簡約之化而何崇飾宮室示侈後嗣此乃武帝千門萬戶所以大興豈無所復增之謂邪況乃魏氏方有吳蜀之難四海罹塗炭之艱而述蕭何之過議以爲令軌豈不惑於大道而昧得失之辨哉使百代之君眩於奢儉之中何之由矣詩云斯言之玷不可爲也其斯之謂乎夫人之所欲莫不有辭況乃天王莫之敢違前欲壞武庫謂不可不壞也後欲置之謂不可不置也胡三省曰此皆指帝拒諫實事若必作之固非臣下辭言所屈若少留神卓然回意亦非臣下之所及也漢明帝欲起德陽殿鍾離意諫卽用其言後乃復作之殿成謂羣臣曰鍾離尚書在不得成此殿也范書鍾離意傳意字子阿會稽山陰人顯宗卽位徵爲尚書永平三年夏旱而大起北宮意詣闕免冠上疏諫帝策詔報曰湯引六事咎在一人其冠履勿謝後德陽殿成百官大會帝思意言謂公卿曰鍾離尚書若在此殿不立章懷注漢宮殿名曰北宮中有德陽殿惠棟曰永平七年成沈欽韓曰漢官典職云德陽殿周游容萬人自偃師去宮四十五里激洛水於殿下夫王者豈憚一臣蓋爲百姓也今臣曾不能少凝聖聽胡三省曰凝定也停也言帝不能爲之留聽也不及意遠矣帝於是有所減

省初太祖時劉廙坐弟與魏諷謀反當誅羣言之太祖太祖曰廙名臣也吾亦欲赦之乃復位 康發祥曰郭嘉傳陳羣非嘉不治行檢數廷訴嘉劉廙之坐爲之申理非黨同伐異者 廙深德羣羣曰夫議刑爲國非爲私也且自明主之意吾何知焉其弘博不伐皆此類也青龍四年薨 十二月癸巳薨見明紀 諡曰靖侯 諡法恭己鮮言曰靖寬樂令終曰靖正始四年羣從祀太祖廟庭趙一清曰寰宇記卷一陳司農墓在陳留縣北二十八里有碑篆文大司農陳羣墓也一清案羣爲魏司空則三公之官若大司農則卿曹耳樂史誤也弼按寰宇記所載與陳氏家傳不合家傳云在長葛縣西說見前 子泰嗣帝追思羣功德分羣戶邑封一子列侯

魏書曰羣前後數密陳得失每上封事輒削其草時人及其子弟莫能知也論者或譏羣居位拱默 胡三省曰言拱手而已默無一言 正始中詔撰羣臣上書以爲名臣奏議 魏名臣奏見明紀景初二年 朝士乃見羣諫事皆歎息焉 隋書經籍志梁又有司徒陳羣集五卷亡唐經籍志陳羣集三卷汪師韓文選理學權輿曰選

注所引羣書有陳羣論語義疏嚴可均輯錄文十三篇諫追封太后父母見卞后傳薦管寧見管寧傳注引傅子奏請魏王受禪見武紀注引魏略奏定厤見晉書律厤志中追尊始祖太王爲高皇議見通典七十二汝潁人物論見荀彧傳注與諸葛亮書見劉巴傳 袁子曰或云故少府楊阜豈非忠臣哉見人主之非則勃然怒而觸之與人言未嘗不道也 胡三省曰道者言之也 豈非所謂王臣謇謇匪躬之故者歟答曰然可謂直士忠則吾不知也夫仁者愛人施於君謂之忠施於親謂之孝忠孝者其本一也故仁愛之至者君親有過諫而不入求之反覆不得已而言不忍宣也今爲人臣見人主失道直詆其非而播揚其惡可謂直士未爲忠臣也故司空陳羣則不然其談論終日未嘗言人主之非書數十上而外人不知君子謂羣於是乎長者矣

泰字玄伯青龍中除散騎侍郎 散騎侍郎見文紀延康元年 正始中 世說正始中人士比論以五荀方五陳荀淑方陳寔荀靖方陳諶荀爽方陳紀荀彧方陳羣荀顗方陳泰又王右軍目陳玄伯壘塊有正骨 徙游擊將軍爲幷州刺史加振威將軍 游擊將軍見卞后傳振威將軍見程昱傳 使持節護匈奴中郎將 護匈奴中郎將見明紀太和五年 懷柔夷民甚有威惠京邑貴人多寄寶貨 毛本寄作奇 因泰市奴婢泰皆挂之於壁不發其封 毛本其作於誤 及徵爲尚書悉以還之 曹爽傳侍中許允尚書陳泰說曹爽使早自歸罪爽於是遣允泰詣宣王歸罪請死 嘉平初代郭淮爲雍州刺史加奮威將軍 奮威將軍見袁紹傳 蜀大將軍姜維率衆依麴山築二城 蜀志姜維傳延熙十年遷衛將軍十二年復與魏戰正當嘉平初年通鑑書衛將軍是也後主傳延熙十二年衛將軍姜維出攻雍州不克而還此傳書大將軍誤維爲大將軍在延熙十九年胡三省曰麴山蓋在羌中魏雍州西南界據郭淮傳麴山在翅上翅爲翅也爲翅要地也魏屯兵守之方輿紀要卷六十麴城在岷州衛東百里一統志今甘肅鞏昌府岷州東南一百里 使牙門將句安李歆等守之 牙門將見齊王紀嘉平五年李歆蜀志先主傳作李韶胡三省曰句音鉤姓也姓譜句芒氏之後史記有句彊今蜀中猶有句姓 聚羌胡質任等寇偪諸郡征西將軍郭淮與泰謀所以禦之泰曰麴城雖固去蜀險遠當須運糧羌夷患維勞役必未肯附

今圍而取之可不血刃以拔其城 宋本以作而 雖其有救山道阻險非行兵之地也淮從泰計使泰率討蜀護軍徐質 洪飴孫曰諸護軍無定員第六品諸要鎭及將軍領兵出征者皆置此官 南安太守鄧艾等 馮本監本南安作汝南誤 進兵圍之斷其運道及城外流水安等挑戰不許將士困窘分糧聚雪以稽日月維果來救出自牛頭山 胡三省曰牛頭山蓋在洮水之南以形名山方輿紀要卷六十牛頭山在岷州衛東南又東北即麴山也吳熙載曰牛頭山在甘肅階州西 與泰相對泰曰兵法貴在不戰而屈人 孫子曰百戰百勝非善之善者也不戰而屈人善之善者也 今絕牛頭維無反道則我之禽也敕諸軍各堅壘勿與戰遣使白淮欲自南渡白水 水經注白水出隴西臨洮縣西南西傾山東南吳熙載曰此白水在階州北 循水而東使淮趣牛頭截其還路可幷取維不惟安等而已淮善其策進率諸軍軍洮水維懼遁走安等孤縣遂皆降 郭淮傳嘉平元年淮遷征西將軍都督雍涼諸軍事與雍州刺史陳泰協策降蜀牙門將句安

等於翅上淮薨淮傳正元二年薨本傳下文後年應書正元二年移在淮薨之上泰代爲征西將軍假節都督雍涼諸軍事後年雍州刺史王經白泰云姜維夏侯霸欲三道向祁山石營金城方輿紀要卷五十九祁山在甘肅鞏昌府西和縣北七里漢末置城山上爲戍守處城極嚴固石營在西和縣西北二百里又卷六十金城關在甘肅蘭州府北二里當黃河西北山要隘處本漢置闞駰十三州記金城郡有金城關是也沈欽韓曰水經注云闞駰曰河至金城縣謂之金城河隨地爲名無置關之說要之今蘭州府卽漢之金城矣求進兵爲翅爲翅見前麴山注使涼州軍至枹罕枹罕漢屬金城郡後漢屬隴西郡今蘭州府河州治討蜀護軍向祁山泰量賊勢終不能三道且兵勢惡分涼州未宜越境報經審其定問知所趣向須東西勢合乃進時維等將數萬人至枹罕趣狄道通鑑趣作趨同狄道兩漢屬隴西郡今蘭州府狄道州治泰敕經進屯狄道須軍到乃規取之通鑑作須泰軍到東西合勢乃進泰進軍陳倉陳倉縣兩漢志屬右扶風郡一統志今陝西鳳翔府寶雞縣東二十里會經所統諸軍於故關故關卽河關也在洮水西胡三省曰謂漢時故邊關也一統志在狄道州北三十里謝鍾英曰故關漢舊縣當在狄道州西洮水西弼按漢有河關縣無故關縣謝氏誤與賊戰不利經輒渡洮泰以經不堅據狄道必有他變並遣五營在前泰率諸軍繼之經已與維戰大敗以萬餘人還保狄道城餘皆奔散通鑑此句下有死者萬計四字維乘勝圍狄道泰軍上邽上邽縣後漢屬漢陽郡今甘肅秦州東南四十里分兵守要晨夜進前鄧艾胡奮王祕亦到卽與艾祕等分爲三軍進到隴西毛本西作鄧誤上已書鄧艾不必再有鄧字艾等以爲王經精卒破衄於西賊衆大盛乘勝之兵既不可當而將軍以烏合之卒繼敗軍之後將士失氣隴右傾蕩古人有言蝮蛇螫手壯士解其腕胡三省曰漢書田榮傳蝮螫手則斬手螫足則斬足陸佃埤雅蝮蛇怒時毒在頭尾螫手則手斷螫足則足斷蛇之尤毒烈者也孫子曰兵有所不擊地有所不守蓋小有所失而大有所全故也今隴右之害過於蝮蛇狄道之地非徒不守之謂姜維之兵是所辟

之鋒不如割險自保通鑑割作據觀釁待弊然後進救此計之得者也泰曰姜維提輕兵深入宋本提作持正欲與我爭鋒原野求一戰之利王經當高壁深壘挫其銳氣今乃與戰使賊得計走破王經封之狄道若維以戰克之威進兵東向據櫟陽積穀之實胡三省曰櫟陽縣前漢屬左馮翊後漢魏省余謂櫟陽在長安東北維兵方至狄道安得便可東據櫟陽泰蓋言略陽耳櫟音藥藥略聲相近因語訛而致傳寫字訛耳放兵收降招納羌胡東爭關隴傳檄四郡胡三省曰四郡謂隴西南安天水略陽略陽時爲廣魏郡及晉乃更名略陽此我之所惡也而維以乘勝之兵挫峻城之下銳氣之卒屈力致命攻守勢殊客主不同兵書云修櫓橨榅三月乃成拒堙三月而後已通鑑橨榅作轒轀從木誤當從車胡三省曰此孫子之言也孫子之說以攻城爲不得已魏武注曰修治也櫓大楯也轒轀者轒牀也轒伏其下四輪從中推之至城下也杜佑曰攻城戰具作四輪車車上以繩爲脊生牛皮蒙之下可藏十人塡隍推之直抵城下可以攻掘金火木石所不能敗謂之轒轀車注又曰距堙者踊土稍高而前以附其城也杜佑曰土山卽孫子所謂距闉也應劭曰轒轀匈奴車非也蓋攻城之車耳師古曰轒扶云翻轀於云翻誠非輕軍遠入維之詭謀倉卒所辦縣軍遠僑胡三省曰僑寄也客也糧穀不繼是我速進破賊之時也所謂疾雷不及掩耳胡三省曰文子之言淮南子亦有是言自然之勢也洮水帶其表維等在其內今乘高據勢臨其項領不戰必走寇不可縱圍不可久君等何言如此遂進軍度高城嶺水經注曰隴西首陽縣有高城嶺嶺上有城曰渭源城方輿紀要今蘭州府渭源縣西二十五里南谷山上潛行夜至狄道東南高山上多舉烽火鳴鼓角狄道城中將士見救者至皆憤踊維始謂官救兵當須衆集乃發毛本謂作詣誤或改救兵作兵救而卒聞已至謂有奇變宿謀上下震懼自軍之發隴西也以山道深險賊必設伏泰詭從南道維果三日施伏

臣松之案此傳云謂救兵當須衆集而卒聞已至謂有奇變上下震懼此則救至出於

不意若不知救至何故伏兵深險乃經三日乎設伏相伺非不知之謂此皆語之不通也趙一清曰陳少章云維意集衆須時又已設伏深險先事遏截則外救必不能達城可拔耳及泰至神速而又從他道進兵不墮其伏乃若從天而下其懼固宜前後之言本不相礙裴氏摘而論之似未悉兵家之曲折矣一清案少章之論固當然三日設伏之文敘入衆集乃發之下尤爲明曉也陳仁錫曰設伏與震懼兵機倉猝皆有之何疑

定軍潛行卒出其南維乃緣山突至泰與交戰維退還涼州軍從金城南至沃干阪趙一清曰干字譌于方輿紀要卷六十沃干嶺在蘭州西南舊志云自涼州濟河必度沃干嶺乃至狄道泰與經共密期當共向其還路維等聞之遂遁城中將士得出經歎曰糧不至旬向不應機通鑑作向非救兵速至舉城屠裂覆喪一州矣胡三省曰隴西略陽天水南安秦州也泰慰勞將士前後遣還更差軍守胡三省曰差擇也遣還王經所統將士更擇軍以守狄道勞力到翻差初佳翻幷治城壘還屯上邽初泰聞經見圍以州軍將士素皆一心加得保城非維所能卒傾表上進軍晨夜速到還還字與下文敢能字疑皆有脫誤衆議以經奔北城不足自固維若斷涼州之道兼四郡民夷據關隴之險敢能沒經軍而屠隴右宜須大兵四集乃致攻討大將軍司馬文王曰昔諸葛亮常有此志卒亦不能事大謀遠非維所任也且城非倉卒所拔而糧少爲急征西速救泰爲征西將軍得上策矣泰每以一方有事輒以虛聲擾動天下故希簡白上事驛書不過六百里胡三省曰狄道東至洛陽二千二百餘里而驛書不過六百里蓋傳入近裏郡縣使如常郵筒以達洛陽也沈欽韓曰初學記二十引漢舊儀驛三騎行日夜千里爲程司馬文王語荀顗曰玄伯沈勇能斷荷方伯之重救將陷之城而不求益兵又希簡上事必能辦賊故也都督大將不當爾邪後徵泰爲尚書右僕射尚書僕射見明紀景初元年典選舉加侍中光祿大夫吳大將孫峻出淮泗吳志孫峻傳峻

使呂據等自江都入淮泗胡三省曰自邗溝入淮自淮入泗以泰爲鎮軍將軍泰前已爲征西將軍似不應降爲鎮軍將軍疑有誤洪飴孫曰鎮軍將軍一人第三品晉紀太始五年始罷此官假節都督淮北諸軍事詔徐州監軍已下受泰節度峻退軍還轉爲左僕射諸葛誕作亂壽春司馬文王率六軍軍丘頭胡三省曰是役也司馬昭改丘頭曰武丘以旌武功武丘唐爲沈丘縣吳熙載曰今河南陳州府沈丘縣東北泰總署行臺司馬景王文王皆與泰親友及沛國武陔亦與泰善武陔字元夏沛國竹邑人陔事見齊王紀嘉平六年注引魏書列名奏永寧宮又見胡質傳注引虞預晉書文王問陔曰玄伯何如其父司空也陔曰通雅博暢能以天下聲教爲己任者不如也明統簡至世說統作練立功立事過之晉書武陔傳文帝甚親重之數與詮論時人嘗問陳泰孰若其父羣陔各稱其所長以爲羣泰略無優劣帝然之世說品藻篇所云與本傳同泰前後以功增邑二千六百戶賜子弟一人亭侯二人關內侯景元元年薨晉書荀顗傳顗甥陳泰卒顗代泰爲僕射追贈司空謚曰穆侯

干寶晉紀曰高貴鄉公之殺司馬文王會朝臣謀其故太常陳泰不至使其舅荀顗召之顗至告以可否泰曰世之論者以泰方於舅今舅不如泰也胡三省曰方比也言顗阿附司馬氏而已子弟內外咸共逼之垂涕而入王待之曲室謂曰毛本謂作詣誤玄伯卿何以處我對曰誅賈充以謝天下文王曰爲我更思其次泰曰泰言惟有進於此胡三省曰言當以弒君之罪罪昭不知其次文王乃不更言晉書文帝紀帝召百寮謀其故僕射陳泰不至帝遣其舅荀顗輿致之延於曲室謂曰玄伯天下其如我何泰曰惟腰斬賈充微以示天下帝曰卿更思其次泰曰但見其上不見其次於是歸罪成濟而斬之魏氏春秋曰帝之崩也太傅司馬孚尚書右僕射陳泰枕帝尸於股號哭盡哀時大將軍入于禁中泰見之悲慟大將軍亦對之泣謂曰玄伯其如我何泰曰獨有斬賈充少可以謝天下耳大將軍久之曰毛本久作入誤卿更思其他泰曰豈可使泰復發後言遂嘔血薨世說注引漢晉春秋曰曹髦之薨司馬昭聞之自投於地曰天下謂我何於是召百官議其事昭垂涕問陳泰曰何以居我泰曰公光輔數世功蓋天下謂當並迹古人垂美於後一旦有殺君之事不

亦惜乎遠斬賈充猶可以自明也昭曰公閭不可得殺也卿更思餘計泰厲聲曰意唯有進於此耳餘無足委者也歸而自殺 臣松之案本傳泰不爲太常未詳干寶所由知之孫盛改易泰言雖爲小勝然檢盛言諸所改易皆非別有異聞率更自以意制多不如舊凡記言之體當使若出其口辭勝而違實固君子所不取況復不勝而徒長虛妄哉 通鑑考異曰魏氏春秋云云裴松之以爲違實今從干寶晉紀何焯曰請誅賈充蓋非實錄玄伯說曹爽自歸者也使持忠入地咸熙之封不及溫矣姚範曰許允陳泰並說曹爽自歸當時仲達逆節未著若玄伯之在子元子上時身效驅策之寄矣崔林與陳羣論崔季珪云大丈夫爲有邂逅耳卽如卿諸人良足貴乎玄伯之非忠亮當時志節之士固已知之矣朱子嘗論名節之頹太丘啓之非苛論也弼按本傳言司馬文王率六軍軍丘頭泰總署行臺司馬景王文王皆與泰親交不言請誅賈充事亦不載嘔血自殺事此等關繫名節之舉承祚何以絕無一辭爲晉諱歟抑事非實錄不足徵信歟 案博物記曰太丘長陳寔寔子鴻臚紀紀子司空羣羣子泰四世於漢魏二朝並有重名而其德漸漸小減時人爲其語曰公慙卿卿慙長 姚範曰裴氏載此蓋以干孫所記爲虛耳

子恂嗣恂薨無嗣弟溫紹封咸熙中開建五等以泰著勳前朝改封溫爲慎子 郡國志豫州汝南郡慎一統志慎縣故城今安徽潁州府潁上縣西北四十里江口鎮 案陳氏譜 陳氏譜隋唐志不著錄 羣之後名位遂微 沈家本曰羣疑當作泰泰有名魏世不得云遂微也弼按據陳氏譜所云陳氏後裔亦多至大位不得云微位字或爲德字之誤羣字不誤也 諶孫佐官至青州刺史佐弟坦廷尉佐子準太尉封廣陵郡公準弟戴徽及從弟堪並至大位準孫逵字林道有譽江左爲西中郎將追贈衞將軍

陳矯字季弼廣陵東陽人也 郡國志徐州廣陵郡東陽故屬臨淮一統志東陽故城今安徽泗州天長縣西北謝鍾英曰東陽縣魏志因陳矯而書據孫權孫韶傳徐泗閒無郡縣潘眉曰晉書陳騫傳云臨淮東陽人騫卽矯子劉頌傳云臨淮陳矯蓋晉置臨淮郡分廣陵之東陽屬臨淮故矯在魏爲廣陵東陽人在晉又爲臨淮東陽人也 避亂江東及東城 郡國志徐州下邳國東城一統志今安徽鳳陽府定遠縣東南 辭孫策袁術之命還本郡太守陳登請爲功曹使矯詣許謂曰許下

論議待吾不足 何焯校足字下補者字 足下相爲觀察還以見誨矯還曰聞遠近之論頗謂明府驕而自矜登曰夫閨門雍穆有德有行吾敬陳元方兄弟淵清玉潔有禮有法吾敬華子魚清修疾惡有識有義吾敬趙元達 范書陶謙傳別駕從事趙昱知名士也昱字元達琅邪人清己疾惡潛志好學又見本志陶謙傳注引謝承漢書 博聞彊記奇逸卓犖吾敬孔文舉雄姿傑出有王霸之略吾敬劉玄德所敬如此何驕之有餘子瑣瑣亦焉足錄哉登雅意如此而深敬友矯郡爲孫權所圍於匡奇 權當作策匡奇注詳見本志卷七陳登傳注引先賢行狀注姚範曰於字上疑有脫誤謝鍾英曰匡琦城近故射陽射陽廢城今江蘇淮安府山陽縣東南七十里 登令矯求救於太祖矯說太祖曰鄙郡雖小形便之國也若蒙救援使爲外藩則吳人剉謀徐方永安武聲遠震仁愛滂流未從之國望風景附崇德養威此王業也太祖奇矯欲留之矯辭曰本國倒縣本奔走告急縱無申胥之效敢忘弘演之義乎 劉向新序曰齊桓公求婚於衞衞不與而嫁於許衞爲狄所伐桓公不救至於國滅君死懿公屍爲狄所食惟有肝在懿公有臣曰弘演適使反致命於肝曰君爲其內臣爲其外乃刳腹內肝而死齊桓公曰衞有臣若此而尙滅寡人無有亡無日矣乃救衞定其君 呂氏春秋卷十一衞懿公有臣曰弘演有所於使翟人攻衞及懿公於榮澤殺之盡食其肉獨捨其肝弘演至報使於肝畢呼天而啼盡哀而止曰臣請爲襮因自殺先出其腹實內懿公之肝桓公聞之曰衞之亡也以爲無道也今有臣若此不可不存於是復立衞於楚丘弘演可謂忠矣弼按新序所載與此小異當爲劉向引呂覽裴注又引新序略有刪節耳

太祖乃遣赴救吳軍既退登多設閒伏勒兵追奔大破之太祖辟矯爲司空掾屬除相令 郡國志豫州沛國相一統志今安徽鳳陽府宿州西北 征南長史 征南將軍之長史 彭城樂陵太守 郡國志徐州彭城國樂陵郡建安中魏武分青州平原郡置改隸冀州 魏郡西部都尉 建安十八年分

魏郡爲東西部都尉曲周民父病郡國志冀州鉅鹿郡曲周三國魏改屬廣平郡廣平郡卽魏郡西部也曲周見鮑勛傳以牛禱
縣結正棄市矯曰此孝子也表赦之遷魏郡太守時繫囚千數至有
歷年矯以爲周有三典之制周禮秋官大司寇掌邦之三典以佐王刑邦國詰四方一曰刑新國用輕典二曰刑平國用中
典三曰刑亂國用重典漢約三章之法今惜輕重之理而忽久繫之患可謂謬矣
悉自覽罪狀一時論決大軍東征入爲丞相長史軍還復爲魏郡轉
西曹屬吳本無轉字官本考證曰宋本無郡字毛本無轉字從征漢中還爲尙書行前未到鄴太
祖崩洛陽羣臣拘常以爲太子卽位當須詔命胡三省曰謂須待漢帝詔命也矯曰
王薨于外天下惶懼太子宜割哀卽位以繫遠近之望且又愛子在
側胡三省曰愛子謂鄢陵侯彰也彼此生變則社稷危矣卽具官備禮一日皆辦宋本作辨
通鑑同胡三省曰辦與辨同蜀本作辨明旦以王后令策太子卽位大赦蕩然文帝曰陳

季弼臨大節明略過人信一時之俊傑也矯爲尙書列名勸進見禪代衆事帝旣踐阼
轉署吏部毛本轉作整誤封高陵亭侯遷尙書令趙一淸曰晉書嵆含傳昔魏武每有軍事增置掾屬靑龍
二年尙書令陳矯以有軍務亦奏增郞明帝卽位進爵東鄉侯邑六百戶車駕嘗卒至尙
書門胡三省曰卒讀曰猝尙書門尙書臺門也矯跪問帝曰陛下欲何之帝曰欲案行文書
耳矯曰此自臣職分非陛下所宜臨也若臣不稱其職則請就黜退
陛下宜還帝慙回車而反其亮直如此北堂書鈔一百五十八引魏名臣奏尙書令陳矯僕射衞臻言往者
賊亮縮藏竄穴猶有怖懼而頻歲三出鳴鼓邊陲由此言之賊未可忽
世語曰劉曄以先進見幸因譖矯專權矯懼以問長子本本不知所出次子騫曰主上
明聖大人大臣今若不合不過不作公耳後數日帝見矯矯又問二子騫曰陛下意解
故見大人也旣入盡日帝曰劉曄構君朕有以迹君朕心故已了以金五鉼授之矯辭

帝曰豈以爲小惠君已知朕心顧君妻子未知故也帝憂社稷問矯司馬公忠正通鑑正作
貞可謂社稷之臣乎矯曰朝廷之望社稷未知也胡三省曰陳矯賈逵皆忠於魏而二人之子皆爲晉初佐命豈
但利祿之移人哉非故家喬木而教忠不先也
加侍中光祿大夫遷司徒景初元年薨謚曰貞侯明紀景初元年五月以尙書令陳矯爲司
徒七月丁卯司徒陳矯薨謚法不隱無屈曰貞淸白守節曰貞
魏氏春秋曰矯本劉氏子出嗣舅氏而婚于本族徐宣每非之庭議其闕太祖惜矯才
量欲擁全之乃下令曰喪亂已來風教彫薄謗議之言難用褒貶自建安五年已前一
切勿論其以斷前誹議者以其罪罪之晉書陳騫傳矯本廣陵劉氏爲外祖陳氏所養因而改焉又晉書劉頌傳頌嫁女臨
淮陳矯矯本劉氏子與頌近親出養于姑改姓陳氏中正劉友譏之頌曰舜後姚虞陳田本同根系而世皆爲婚禮律不禁今與此同義爲婚可也友方欲列上爲
騫所止故得不劾潘眉曰矯娶劉頌女矯本劉氏子與頌近親按太平御覽五百四十一引魏氏春秋云司空東萊王基當世大儒豈不達禮而納司空王忱女以

姓同源異故也若如陳矯可謂姓異源同矣姚範曰矯年位先頌頌卒於永寧距矯之歿已六十餘年弼按據劉頌傳中正劉友方欲劾矯則必矯尙生存然矯死
已久又云爲陳騫所止故得不劾不知騫爲矯子既欲劾矯騫何能止此皆事之可疑者宜承祚之不採錄也
子本嗣世說注引世語曰本字休元歷位郡守九卿所在操綱領舉大體能使羣下
自盡有統御之才不親小事不讀法律而得廷尉之稱優於司馬岐
等精練文理遷鎭北將軍假節都督河北諸軍事薨子粲嗣本弟騫
咸熙中爲車騎將軍
案晉書曰騫字休淵潘眉曰裴注所引晉書乃虞預晉書今唐修晉書陳騫傳闕字當以此補之弼按唐避淵字諱故闕字爲晉佐
命功臣至太傅封高平郡公晉書騫傳武帝受禪以騫佐命之勳進車騎將軍封高平郡公元康二年薨年八十一贈太傅謚曰武子
輿字顯初嗣爵
初矯爲郡功曹使過泰山泰山太守東郡薛悌異之結爲親友戲謂

繻曰以郡吏而交二千石鄰國君屈從陪臣游不亦可乎悌後爲魏郡及尚書令皆承代繻云

世語曰悌字孝威年二十二以兖州從事爲泰山太守初太祖定冀州以悌及東平王國爲左右長史後至中領軍並悉忠貞練事爲世吏表

徐宣字寶堅廣陵海西人也 郡國志徐州廣陵郡海西方輿紀要今江蘇海州南一百二十里謝鍾英曰今江蘇淮安府安東縣北 避亂江東又辭孫策之命還本郡與陳繻並爲綱紀 郡綱紀見劉放傳 二人齊名而私好不協然俱見器於太守陳登與登並心於太祖海西淮浦二縣民作亂 郡國志徐州下邳國淮浦洪亮吉曰據徐宣傳淮浦蓋漢末移屬廣陵一統志淮浦故城今安東縣治西 都尉衛彌 應劭曰每有劇賊郡臨時置都尉李祖楙曰秦每郡置尉一人景帝中二年更名都尉郡亦有時不置太守並職於都尉也 令梁習 習爲海西令見習傳 夜奔宣家密送免之太祖遣督軍扈質來討賊以兵少不進

宣潛見責之示以形勢質乃進破賊太祖辟爲司空掾屬除東緡發干令 郡國志兖州山陽郡東緡東郡發干一統志東緡故城今山東濟寧州金鄉縣東北二十里發干故城今山東東昌府堂邑縣西南 遷齊郡太守 郡國志青州齊國建安十一年國除爲郡 入爲門下督從到壽春會馬超作亂大軍西征太祖見官屬曰今當遠征而此方未定以爲後憂宜得清公大德以鎭統之乃以宣爲左護軍 洪飴孫曰魏武爲漢丞相時置護軍建安十二年改爲中護軍左護軍疑不常設 留統諸軍還爲丞相東曹掾出爲魏郡太守太祖崩洛陽羣臣入殿中發哀或言可易諸城守用譙沛人 胡三省曰曹氏沛國譙人小見者以鄉人爲可信也 宣厲聲曰今者遠近一統人懷效節何必譙沛而沮宿衞者心文帝聞曰所謂社稷之臣也帝既踐阼爲御史中丞賜爵關內侯徙城門校尉 百官志城門校尉一人比二千石掌雒陽城十二所 旬月遷司隸校尉轉散騎常侍從至廣陵六軍乘舟風浪暴起帝船回倒 何焯曰回卽桅也古字通用梁章鉅曰邵晉涵亦同此說竊謂回倒不過回旋顚倒之意以回通桅未見所出且以舟中挂帆之木爲桅本係俗稱初不知所據也說文桅黃木可染者與舟木何涉乎 宣病在後陵波而前羣寮莫先至者帝壯之遷尚書明帝卽位 吳本毛本局本無明字誤 封津陽亭侯邑二百戶中領軍桓範薦宣曰 桓範事見曹爽傳注引魏略 臣聞帝王用人度世授才爭奪之時以策略爲先分定之後以忠義爲首故晉文行舅犯之計而賞雍季之言

呂氏春秋曰昔晉文公將與楚人戰於城濮召咎犯而問曰楚衆我寡柰何而可咎犯對曰臣聞繁禮之君不足於文繁戰之君不足於詐君亦詐之而已文公以咎犯言告雍季雍季曰竭澤而漁豈不得魚而明年無魚焚藪而田豈不得獸而明年無獸詐僞之道雖今偷可後將無復非長術也文公用咎犯之言而敗楚人於城濮反而爲賞雍

季在上左右諫曰城濮之功咎犯之謀也君用其言而後其身或者不可乎 毛本作城濮之奏功 今本呂氏春秋卷十四作城濮之功咎犯之謀也君用其言而賞後其身或者不可乎 文公曰雍季之言百代之利 毛本奪季字宋本利下有也字 咎犯之言一時之務也焉有以一時之務先百代之利乎

高祖用陳平之智而託後於周勃也 長短經任長篇引桓範語此句下有古語云守文之代德高者位尊倉卒之時功多者賞厚數語 竊見尚書徐宣體忠厚之行秉直亮之性清雅特立不拘世俗 御覽拘作隨 確然難動有社稷之節歷位州郡所在稱職今僕射缺宣行掌後事腹心任重莫宜宣者帝遂以宣爲左僕射 胡三省曰漢成帝罷中書宦者置尚書五人一人爲僕射四人分爲四曹一曰常侍曹二曰二千石曹三曰民曹四曰主客曹後又置三公曹是爲五曹光武改常侍曹爲吏部曹又置中都官曹合爲六曹并令僕二人謂之八坐後改吏部爲選部魏又改選部爲吏部又有左民客曹五兵度支凡五曹尚書左右二僕射一令爲八坐 後加侍中光祿大夫車駕幸許昌總統留事帝還主者奏呈文書 胡三省曰尚書諸曹各有主者

詔曰吾省與僕射何異（通鑑僕射下有省字）竟不視尙方令坐猥見考竟（百官志尙方令一人六百石掌上手工作御刀劍諸好器物）宣上疏陳威刑大過又諫作宮殿窮盡民力帝皆手詔嘉納宣曰七十有縣車之禮（沈欽韓曰白虎通致仕篇懸車示不用也公羊桓五年傳疏云舊說日在縣輿一日之暮人生七十亦一世之暮而致其政事于君故曰縣輿致仕也按淮南天文訓日至于悲泉爰息其馬是謂懸車）今已六十八可以去矣乃固辭疾遜位帝終不許靑龍四年薨遺令布衣疏巾斂以時服詔曰宣體履至實直內方外歷在三朝公亮正色有託孤寄命之節可謂柱石臣也常欲倚以台輔未及登之惜乎大命不永其追贈車騎將軍葬如公禮謚曰貞侯子欽嗣

衞臻字公振陳留襄邑人也（襄邑見武紀初平四年）父茲有大節不應三公之辟太祖之初至陳留茲曰平天下者必此人也太祖亦異之數詣茲議大事從討董卓戰于滎陽而卒（武紀初平元年陳留太守張邈將衞茲分兵隨太祖到滎陽汴水遇董卓將徐榮與戰不利士卒死傷甚多）太祖每涉郡境輒遣使祠焉

先賢行狀曰茲字子許不爲激詭之行不徇流俗之名明慮淵深規略宏遠爲車騎將軍何苗所辟司徒楊彪再加旌命董卓作亂漢室傾蕩太祖到陳留始與茲相見遂同盟計興武事茲答曰亂生久矣非兵無以整之且言兵之興者自今始矣深見廢興首讚弘謀合兵三千人從太祖入滎陽力戰終日失利身歿 郭林宗傳曰（郭林宗傳隋唐志不著錄）茲弱冠與同郡圈文生俱稱盛德（毛本無圈字作空格成都局本圈作爲誤廣韻圈姓也漢末圈稱字幼舉）林宗與二人共至市子許買物隨價讐直（毛本讐作酬）文生訾呵減價乃取（毛本呵作阿價作償）林宗曰子許少欲文生多情此二人非徒兄弟（毛本兄作見誤）乃父子也後文生以穢貨見損（監本損作捐盛德以穢貨見損則盛德直虛聲耳）茲以烈節垂名（毛本茲作資誤）

夏侯惇爲陳留太守舉臻計吏命婦出宴（當時甄郭出拜相習成風）臻以爲末世之俗非禮之正惇怒執臻既而赦之後爲漢黃門侍郞東郡朱越謀反引臻太祖令曰孤與卿君同共舉事（卿君謂臻父茲也）加欽令問始聞越言固自不信及得荀令君書具亮忠誠會奉詔命聘貴人于魏（武紀建安十八年天子娉公三女爲貴人獻帝起居注云使使持節之鄴納娉）因表留臻參丞相軍事追錄臻父舊勳賜爵關內侯轉爲戶曹掾文帝卽王位爲散騎常侍（臻爲散騎常侍列名勸進見禪代衆事）及踐阼封安國亭侯時羣臣並頌魏德多抑損前朝臻獨明禪授之義稱揚漢美帝數目臻曰天下之珍當與山陽共之（魏奉漢帝爲山陽公）遷尙書轉侍中吏部尙書（吏部尙書右於諸曹尙書授此職者稱吏部尙書若授諸曹尙書直云尙書臻由散騎常侍遷尙書又轉吏部尙書也）帝幸廣陵行中領軍從（晉書百官志曰漢建安四年魏武丞相府置中領軍文帝踐阼始置領軍將軍資輕者爲中領軍）征東大將軍曹休表得降賊辭孫權已在濡須口臻曰權恃長江未敢亢衡（胡三省曰亢與抗同）此必畏怖僞辭耳考核降者果守將詐所作也明帝卽位進封康鄉侯（趙一清曰水經潁水注東出陽關歷康亭城南魏明帝封衞臻爲康鄉侯此卽臻封邑也方輿紀要卷四十七康城在禹州西北三十里）後轉爲右僕射典選舉如前（劉曄傳尙書衞臻議禮與曄議同事遂施行此太和三年事）加侍中中護軍蔣濟遺臻書曰漢祖遇亡虜爲上將周武拔漁父爲太師布衣廝養（吳本毛本廝作廁）可登王公何必守文試而後用臻答曰古人遺智慧而任度量須考績而加黜陟今子同牧野於成康喩斷蛇於文景好不經之舉開拔奇之律（宋本律作津）將使天下馳騁而起矣諸葛亮寇天水臻奏宜遣奇兵入散關絕其糧道乃以臻爲征蜀將軍（洪飴孫曰征蜀將軍一人第三品趙一清曰水經渭水注成國渠魏尙書左僕射衞臻征蜀所開也一清案西京已有是渠衞公更開治）

之耳假節督諸軍事到長安亮退還復職加光祿大夫是時帝方隆意
於殿舍臻數切諫通鑑編此事於青龍三年在諸葛亮旣死之後於事實爲近胡三省曰諸葛亮死帝乃大興宮室及殿中
監擅收蘭臺令史胡三省曰此殿中監以其時營造宮室使監作殿中耳非唐殿中監之官也觀後所謂校事可知矣又據晉書輿服志大
駕鹵簿左殿中御史右殿中監則魏時殿中監已有定官蘭臺令史屬御史臺會要曰漢謂御史臺爲蘭臺臻奏案之詔曰殿舍
不成吾所留心卿推之何通鑑何下有也字胡三省曰推考鞫也臻上疏曰古制侵官之
法胡三省曰古者百官不相踰越左傳欒鍼曰侵官冒也非惡其勤事也誠以所益者小所墮者
大也臣每察校事胡三省曰魏武建國置校事使察羣下類皆如此懼羣司將遂越職以
至陵遲矣通鑑遲作夷亮又出斜谷斜谷關今陝西鳳翔府郿縣亮出斜谷在青龍二年征南上朱然
等軍已過荆城征南將軍表上也臻曰然吳之驍將宋本吳作吾誤必下從權且爲
勢以綴征南耳權果召然入居巢進攻合肥通鑑青龍二年二月諸葛亮由斜谷入寇遣使約吳同時

大舉五月吳人入居巢湖口向合肥新城帝欲自東征臻曰權外示應亮內實觀望且合肥
城固不足爲慮車駕可無親征以省六軍之費帝到尋陽而權竟退
尋陽見明紀卷首幽州刺史毌丘儉上疏曰陛下卽位已來未有可書吳蜀
恃險未可卒平聊可以此方無用之士克定遼東臻曰儉所陳皆戰
國細術非王者之事也吳頻歲稱兵寇亂邊境而猶案甲養士未果
尋致討者趙一清曰上云吳蜀恃險此不得單舉吳疑傳寫脫蜀字尋字衍李慈銘曰吳下當有蜀字尋字當衍弼按通鑑無蜀字亦無尋字誠
以百姓疲勞故也且淵生長海表相承三世胡三省曰度康淵凡三世外撫戎夷
內修戰射而儉欲以偏軍長驅朝至夕卷胡三省曰卷讀曰捲知其妄矣儉
行軍遂不利臻遷爲司空徙司徒正始中進爵長垣侯兗州陳留郡長垣一統志今直
隸大名府長垣縣東北邑千戶封一子列侯初太祖久不立太子而方奇貴臨菑

侯丁儀等爲之羽翼勸臻自結臻以大義拒之及文帝卽位東海王
霖有寵帝問臻平原侯何如臻稱明德美而終不言曹爽輔政使夏
侯玄宣指欲引臻入守尚書令及爲弟求婚皆不許固乞遜位臻繼陳矯
爲司徒在景初二年明帝託孤在景初三年驛馬遠召仲達而不聞謀及於臻臻遜位在正始九年司馬氏當國權勢已成臻十年三公無所建樹不及陳季弼之知司
馬氏於未然也詔曰昔干木偃息義壓彊秦呂氏春秋魏文侯過段干木之閭而軾之秦興兵欲攻魏司馬唐諫秦君
曰（淮南子作司馬庾）段干木賢者也而魏禮之天下莫不聞無乃不可加兵乎秦君以爲然乃按兵輟不敢攻之（淮南子新序所載略同）高士傳段干木晉人
治清節遊西河師事卜子夏守道不仕魏文侯就造其門干木踰牆而避文侯文侯以客禮待之留侯頤神不忘楚事史記留侯世家
於是上自將兵而東留侯病自彊起至曲郵見上曰臣宜從病甚楚人剽疾願上無與楚人爭鋒讜言嘉謀望不吝焉賜宅
一區位特進秩如三司薨追贈太尉謚曰敬侯子烈嗣咸熙中爲光
祿勳烈爲三豫之一見本志諸葛誕傳注引世語

臣松之案舊事魏覲傳注引魏書曰初漢朝遷移臺閣舊事散亂自都許之後漸有綱紀覲以古義多所正定沈家本曰隋志舊事篇漢魏吳蜀舊
事八卷無撰人姓名二唐志同書鈔設官部引漢故事衣冠部引魏舊事御覽職官部引魏故事初學記中宮部書鈔設官部御覽兵部並引漢魏故事晉書禮志
亦引漢魏故事此注所引爲衛臻之子烈事當是魏舊事也姚振宗曰御覽經史圖書綱目有魏舊事及傅咸集晉書傅咸傳咸字長虞剛簡有大節
好屬文論雖綺麗不足而言成規鑒咸寧初襲父玄爵爲司徒左長史上書言事遷尚書左丞又還御史中丞再爲本郡中正以議郎長兼司隸校尉吳郡顧榮曰
傅長虞爲司隸勁直忠果劾按驚人雖非周才偏亮可貴也隋書經籍志晉司隸校尉傅咸集十七卷梁三十卷錄一卷又傅咸集奏見御覽傅咸七經詩見藝文
類聚初學記烈終於光祿勳烈二弟京楷皆二千石楷子權字伯輿晉大司馬汝南王亮輔
政以權爲尚書郎傅咸與亮牋曰衛伯輿貴妃兄子誠有才章應作臺郎然未得東宮
官屬東宮官屬前患楊駿親理塞路今有伯輿復越某作郎一犬吠形羣犬吠聲懼於
羣吠遂至回聽晉書傅咸傳載咸諫汝南王亮書無衛伯輿貴妃兄子以下數語回聽作叵聽權作左思吳都賦敍及注
敍粗有文辭至於爲注了無所發明直爲塵穢紙墨不合傳寫也隋書經籍志梁有張載及晉侍中劉

逵晉懷令衛瓘（一瓘當作權）注左思三都賦三卷晉書左思傳思三都賦成張載爲注魏都劉逵注吳蜀陳留衛權又爲思賦作略解序曰余觀三都之賦言不苟華必經典要品物殊類稟之圖籍辭義瓌瑋良可貴也有晉徵士故太子中庶子安定皇甫謐西州之逸士耽籍樂道高尚其事覽斯文而慷慨爲之都序中書著作郎安平張載尚書郎濟南劉逵並以經學洽博才章美茂咸皆悅玩爲之訓詁其山川土域草木鳥獸奇怪珍異僉皆研精所由紛散其義矣余嘉其文不能默已聊藉二子之遺忘又爲之略解祇增煩重覽者闕焉世說文學篇注思別傳曰皇甫謐西州高士摯仲洽宿儒知名非思倫匹劉淵林衞伯輿並蚤終皆不爲思賦序注也凡諸注解皆思自爲欲重其文故假時人名姓也嚴可均曰左思傳作陳留衛瓘瓘乃權之誤魏志衛臻傳注權作左思吳都賦序及注瓘乃衛覬子河東安邑人而云陳留衛瓘轉刻之誤無疑又曰皇甫高名一經品題聲價十倍摯虞雖宿儒與思同在賈謐二十四友中要是倫匹劉逵元康中尚書郎累遷至侍中衛權衛貴妃兄子元康初尚書郎兩人蚤終何不可爲思賦序注況劉衞後進名出皇甫下遠甚何必假其名姓今皇甫序劉注在文選劉序衞序在晉書皆非苟作魏志衛臻傳注云權作左思吳都賦序及注序麤有文辭至於爲注了無所發明直爲塵穢紙墨不合傳寫如裴此說權貴游好名序不嫌空疏而躓於爲注使思自爲何至塵穢紙墨別傳道聽塗說無足爲憑晉書彙十八家舊書兼取小說獨棄別傳不采斯史識也吳士鑑曰水經淄水注文選二十八注均引左思齊都賦注知注亦思自撰惟本傳云爲之都序又云皆悅玩爲之訓詁與別傳假時人名姓之說不合嚴氏謂別傳失實是也

盧毓字子家（潘眉曰唐書宰相世系表作字子象）**涿郡涿人也**（郡國志幽州涿郡涿一統志涿縣故城今順天府涿州治）洪亮吉曰黃初七年涿郡改名范陽郡謝鍾英曰王觀傳明帝時爲涿郡太守孫禮盧毓劉放並書涿郡人水經注晉太始元年改爲范陽郡惟晉志通典云魏改涿爲范陽寰宇記遂謂黃初七年改洪氏從之誤矣沈欽韓曰名勝志盧植故宅在涿州東十五里地名盧家灤土壤肥饒子孫世居焉弼按晉書盧欽傳作范陽涿人

父植有名於世

續漢書曰植字子幹少事馬融與鄭玄同門相友植剛毅有大節常喟然有濟世之志不苟合取容不應州郡命召建寧中徵博士出補九江太守以病去官（范書盧植傳植身長八尺二寸音聲如鍾少與鄭玄俱事馬融能通古今學好研精而不守章句融外戚豪家多列女倡歌舞於前植侍講積年未嘗轉眄融以是敬之學終辭歸闔門教授性剛毅有大節常懷濟世志不好辭賦州郡數命植皆不就建寧中徵爲博士乃始起熹平四年九江蠻反四府選植才兼文武拜九江太守蠻寇賓服以疾去官）**作尚書章句禮記解詁**（范書植傳作尚書章句三禮解詁時始立太學石經以正五經文字植乃上書曰臣少從通儒故南郡太守馬融受古學頗知今之禮記特多回冗臣前以周禮諸經發起粃謬敢率愚淺爲之解詁而家乏無力供繕寫上願得將能書生二人共詣東觀就官財糧專心研精

合尚書章句考禮記失得庶裁定聖典刊正碑文章懷注詁事也言解其事意釋文序錄盧植注禮記二十卷隋書經籍志禮記十卷漢北中郎將盧植注舊唐書元行沖傳行沖著釋疑論曰小戴之禮行於漢末馬融注之時所未覩盧植分合二十九篇而爲說解代不傳習王應麟曰詩疏嘗引盧植禮記注朱彝尊經義考云續漢書禮儀志注亦引植注通典亦引之臧琳經義雜記云盧氏校定禮記今日雖亡漢唐人閒有稱述尚可得其略曾瓚補後漢書藝文志考云禮記正義謂鄭亦附馬盧之本而爲之注則植爲鄭所宗矣然今考諸書所引盧注亦頗有與鄭不合者馬國翰輯本序曰禮記正義謂鄭亦依盧馬之本而爲之注本傳載刊正碑文之奏未經允行而植所自爲禮注推本師說訂改紕謬當必獨成善本故鄭氏用之也今就羣書所引輯錄一卷姚振宗曰按元行沖言則盧氏又於四十九篇中刪定二十九篇是爲盧氏重定本吳承仕經典釋文序錄疏證云釋文正義隋志並云鄭注依馬盧之本元行沖云盧注分合二十九篇正不審其何據二字或爲四字之譌而若爲分合則終不可說也潘眉曰植上書云臣前以周禮諸經發起粃繆敢率愚淺爲之解詁是植又有周禮解詁甚明當從植傳作三禮解詁）**稍遷侍中尚書**（范書植傳會南夷反叛以植嘗在九江有恩信拜爲廬江太守歲餘復徵拜議郎與諫議大夫馬日磾議郎蔡邕楊彪韓說等並在東觀校中書五經記傳補續漢記帝以非急務轉爲侍中遷尚書）**張角起以植爲北中郎將**（劉昭曰漢末有四中郎將皆帥師征伐不知何時置）**征角失利抵罪頃之復以爲尚書**（范書植傳初平元年黃巾賊起四府舉植拜北中郎將連戰破賊帥張角斬獲萬餘人角等走保廣宗植築圍鑿塹造作雲梯垂當拔之帝遣小黃門左豐詣軍觀賊形勢或勸植賂豐植不肯豐還言於帝遂檻車徵植減死罪一等及車騎將軍皇甫嵩討平黃巾盛稱植行師方略嵩皆資用規模濟成其功以其年復爲尚書惠棟曰續漢書云征角失利抵罪然皇甫奏捷植之行師方略嵩實資之謂爲失利抵罪失其實矣）**張讓劫少帝奔小平津植手劍責數讓等讓等皆放兵垂泣謝罪遂自殺**（杜佑曰鞏縣西北有小平縣故城又北有津曰小平津吳熙載曰在今河南府鞏縣范書何進傳張讓段珪等將太后天子及陳留王又劫省內官屬從複道走北宮尚書盧植執戈於閣道窗下仰數段珪乃釋太后將帝與陳留王奔小平津公卿無得從者唯植夜馳河上）**董卓議欲廢帝衆莫敢對植獨正言語在卓傳植以老病去位隱居上谷軍都山**（樂史引後漢書云植隱居上谷軍都山立黌肆教授好學者至遠方而至方輿紀要卷十一軍都山在昌平州西北二十里層巒疊嶂奇險天開太行第八陘曰軍都卽此山也）**初平三年卒**（范書植傳植臨困敕其子儉葬于土穴不用棺槨附體單帛而已所著碑誄表記凡六篇隋書經籍志梁有盧植集二卷兩唐志同嚴可均輯文五篇）**太祖北征柳城過涿郡**（武紀建安十二年北征烏丸涉鮮卑庭東指柳城）**令告太守曰故北中郎將盧植名著海內學爲儒宗士之楷模乃國之楨幹也昔武王入殷封商容之閭鄭喪子產而仲尼隕涕**（左傳

曰仲尼聞子產死出涕曰古之遺愛也 孤到此州嘉其餘風春秋之義賢者之後有異於人 有異於人范書作宜 有殊禮 敬遣丞掾修墳墓 范書此句下有存其子孫四字 幷致薄醊 李賢曰醊祭酹也音張芮反 以彰厥德植有四子毓最小 沈欽韓曰植墓在涿州東河村里土人呼爲南臺

毓十歲而孤遇本州亂二兄死難當袁紹公孫瓚交兵幽冀饑荒養寡嫂孤兄子以學行見稱文帝爲五官將召毓署門下賊曹 武紀建安十六年天子命丕爲五官中郎將置官屬續百官志賊曹主盜賊事 崔琰舉爲冀州主簿 崔琰傳琰謂毓清警明理百鍊不消公才也 時天下草創多逋逃 毛本逋作連誤 故重士亡法罪及妻子亡士妻白等始適夫家數日未與夫相見 官本考證云太平御覽作皆未與夫相見 大理奏棄市毓駮之曰夫女子之情以接見而恩生成婦而義重故詩云未見君子我心傷悲亦既見止我心則夷 毛詩周南草蟲之章鄭箋云未見君子謂女子適人在塗時也我心傷悲謂父母思己故己亦傷悲也既見謂已同牢而食也夷平也 又禮未廟見之婦而死歸葬女氏之黨以未成婦也今白等生有未見之悲死有非婦之痛而吏議欲肆之大辟則若同牢合巹之後罪何所加且記曰附從輕言附人之罪以輕者爲比也又書云與其殺不辜寧失不經恐過重也苟以白等皆受禮聘已入門庭刑之爲可殺之爲重太祖曰毓執之是也 或校改作毓之所執是也 又引經典有意使孤歎息由是爲丞相法曹議令史轉西曹議令史 續百官志法曹主郵驛科程事西曹主府史署用 魏國既建爲吏部郎文帝踐阼 毛本文作父誤 徙黃門侍郎出爲濟陰相 黃初三年彭城王據徙封濟陰毓爲相當在此時 梁譙二郡太守帝以譙舊鄉故大徙民充之以爲屯田而譙土地墝瘠百姓窮困毓愍之上表徙民於梁國 梁於太和六年始改郡爲國上文言梁譙二郡此言梁國似有誤 就沃衍失帝意雖聽毓所表心

猶恨之遂左遷毓使將徙民爲睢陽典農校尉 郡國志梁國睢陽一統志今河南歸德府商丘縣南劉昭注引魏志曰曹公置典農校尉秩比二千石 毓心在利民躬自臨視擇居美田百姓賴之遷安平廣平太守 冀州安平國魏除作郡廣平郡魏黃初二年以魏郡西部置太和中毓爲廣平太守到官三日致禮張臶教見管寧傳 所在有惠化青龍二年入爲侍中先是散騎常侍劉劭受詔定律未就毓上論古今科律之意 御覽科作制 以爲法宜一正不宜有兩端使姦吏得容情及侍中高堂隆數以宮室事切諫帝不悅毓進曰臣聞君明則臣直古之聖王恐不聞其過故有敢諫之鼓近臣盡規此乃臣等所以不及隆隆諸生名爲狂直陛下宜容之在職三年多所駮爭 御覽爭作易 詔曰官人秩才聖帝所難必須良佐進可替否侍中毓稟性貞固心平體正可謂明試有功不懈於位者也其以毓爲吏部尚書使毓自選代曰得如卿者乃可毓舉常侍鄭沖帝曰文和吾自知之更舉吾所未聞者乃舉阮武孫邕帝於是用邕 管寧傳正始二年侍中孫邕薦寧孫邕又見齊王紀嘉平六年又見鮑勛傳 前此諸葛誕鄧颺等馳名譽有四窗八達之誚 窗當作聰見諸葛誕傳注引世語 帝疾之時舉中書郎詔曰得其人與否在盧生耳選舉莫取有名名如畫地作餅 御覽下名上多者字 不可啖也 胡三省曰啖徒覽反食也 毓對曰名不足以致異人而可以得常士常士畏教慕善然後有名非所當疾也愚臣既不足以識異人又主者正以循名案常爲職但當有以驗其後故古者敷奏以言明試以功今考績之法廢而以毀譽相進退故眞僞渾雜虛實相蒙帝納其言即詔作考課法會司徒缺毓舉處士管寧帝不能用更問其次毓對曰敦篤至行則太中大夫韓暨亮直

清方則司隸校尉崔林貞固純粹則太常常林帝乃用暨 韓暨傳景初二年以暨爲司徒 毓於人及選舉先舉性行而後言才黃門李豐嘗以問毓毓曰才所以爲善也故大才成大善小才成小善今稱之有才而不能爲善是才不中器也豐等服其言齊王卽位賜爵關內侯時曹爽秉權將樹其黨徙毓僕射以侍中何晏代毓頃之出毓爲廷尉司隸畢軌又枉奏免官衆論多訟之 曹爽傳何晏等與廷尉盧毓素有不平因毓吏微過深文致毓法使主者先收毓印綬然後奏聞 乃以毓爲光祿勳爽等見收太傅司馬宣王使毓行司隸校尉治其獄復爲吏部尙書 何焯曰子家議論平易確切一時之良特以與何畢相左遂爲司馬氏所用有愧於子幹之抗卓矣 加奉車都尉 百官志奉車都尉比二千石掌御乘輿車 封高樂亭侯轉爲僕射故典選舉加光祿大夫 齊王紀注嘉平六年毓列名奏永寧宮 高貴鄉公卽位進封大梁鄉侯封一子高亭侯 潘眉曰高字宜衍高亭字相近譌複也 毌丘儉作亂大將軍司馬景王出征毓綱紀後事加侍中正元三年疾病遜位遷爲司空 高貴鄉公紀甘露元年冬十月以尙書左僕射盧毓爲司空 固推驃騎將軍王昶光祿大夫王觀司隸校尉王祥詔使使者卽授印綬進爵封容城侯 幽州涿郡容城縣今直隸保定府定興縣北詳見孫禮傳 邑二千三百戶 吳本毛本脫戶字誤 甘露二年薨 初學記八載毓冀州論曰冀州天下之上國也尙書何平叔鄧玄茂謂其土產無珍人生質樸上古以來無應仁賢之例異徐雍豫諸州也盧釋曰除高帝以前未可備聞略言唐虞已來冀州乃聖賢之淵藪帝王之寶地東河以上西河以來南河以北易水已南膏壤千里天地之所會陰陽之所交所謂神州也又曰常山爲林大陸爲澤蒹葭蒲葦雲母御席魏郡好杏常山好梨房子好緜河內好稻眞定好稷中山好栗地產不爲無珍也（據嚴可均輯毓又著書稱徐邈見本志徐邈傳） 諡曰成侯孫藩嗣 錢大昭曰本傳毓封高樂亭侯進封大梁鄉侯進爵容城侯高貴鄉公卽位封一子高亭侯而晉書盧欽傳云欽父毓欽襲父爵大利亭侯以吏部尙書進封大梁侯卒子浮嗣魏志作孫藩嗣晉書作子欽嗣魏志作容城侯晉書作大梁侯二說不同竊疑藩所嗣封者容城侯欽所封者卽魏志所謂封一子高亭侯也晉書蓋誤併二侯爲一所以與魏志不合 毓子欽珽咸熙中欽爲尙

書珽泰山太守 毓女適城門校尉華長駿見管輅傳注

世語曰欽字子若珽字子笏欽泰始中爲尙書僕射領選咸寧四年卒追贈衞將軍開府 虞預晉書曰欽少居名位不顧財利清虛淡泊動修禮典同郡張華家單少孤不爲鄉邑所知惟欽貴異焉 晉書張華傳華字茂先范陽方城人少孤貧自牧羊同郡盧欽見而器之鄉人劉放亦奇其才以女妻焉又晉書盧欽傳欽歷宰州郡不尙功名唯以平理爲務祿奉散之親故不營貲產動循禮典 欽子浮字子雲 晉諸公贊曰張華博識多聞無物不知浮高朗經博有美於華起家太子舍人病疽截手遂廢朝廷器重之就家以爲國子博士遷祭酒永平中爲祕書監珽及子皓志並至尙書 晉書盧欽傳志字子道累官鄴令成都王穎鎭鄴愛其才以爲謀主齊王冏起義穎以志爲諮議參軍左長史穎前鋒爲倫所敗衆議欲還保朝歌志言宜更選精兵出賊不意穎從之及倫敗志勸穎推崇齊王穎遂以母疾還藩由是獲四海之譽朝廷封志爲武强侯穎表志爲中書監留鄴參署相府事乘輿敗於蕩陰王浚攻鄴志勸穎奉天子還洛陽右將軍張方逼天子幸其壘帝垂泣就輿唯志侍側復西從至長安穎被黜志亦免官及穎薨官屬奔散唯志親自殯送時人嘉之永嘉末轉尙書洛陽沒志北投并州刺史劉琨至陽邑爲劉粲所虜與次子謐詵等俱遇害于平陽長子諶閒濟晉略論曰八王之變始于官屬自孫秀李含皇甫兄弟以下莫不好亂樂禍徇私滅公蒼生塗炭咎由數人嗚呼酷矣惟志謀謨卓著貞白靡忒綢繆繾綣終始如一其諸甯武子子家羈之流亞歟并州之行亦欲有所附託以展力效道阻事乖沒命豺虎遺嗣漂泊可勝嘆哉趙一清曰晉書陸機傳范陽盧志於衆中問機曰陸遜陸抗於君近遠機曰如君於盧毓盧珽志默然旣起雲謂機曰殊邦遐遠容不相悉何至於此機曰我父祖名播四海寧不知邪議者以此定二陸優劣又曰成都王穎與河閒王顒起兵討長沙王乂假機後將軍河北大都督穎左長史盧志心害機寵言於穎曰陸機自比管樂擬君闇主自古命將遣師未有臣陵其君而可以濟事者也穎默然然則機之死固由牽秀孟玖亦其恃才傲物有以自取之也 志子諶字子諒溫嶠表稱諶清出有文思 官本出作飭晉書盧欽傳諶名家子早有聲譽才高行潔爲一世所推値中原喪亂與清河崔悅潁川荀綽河東裴憲北地傅暢並淪陷非所雖俱顯于石氏恆以爲辱諶每謂諸子曰吾身沒後但稱晉司空從事中郎爾撰祭法注莊子及文集皆行世 諶別傳曰 諶別傳隋唐志未著錄 諶善著文章洛陽傾覆北投劉琨琨以爲司空從事中郎琨敗諶歸段末波元帝之初累召爲散騎中書侍郎不得南赴永和六年卒於胡胡中子孫過江 梁章鉅曰兩胡字衍一字沈家本曰卒於胡句絕胡中下屬非衍 妖賊帥盧循諶之曾孫 晉書

盧循傳循字子先小名元龍雙眸烱徹瞻子四轉善草隸奕棊之藝循娶孫恩妹及恩作亂與循通謀恩亡餘衆推循爲主劉裕討循循寇廣州自攝州事遣使貢獻朝廷新誅桓氏乃權假循廣州刺史後爲劉裕所敗自投於水

許曰桓階識覩成敗才周當世陳羣動仗名義有清流雅望泰弘濟簡至允克堂構矣魏世事統臺閣重內輕外故八座尚書即古六卿之任也陳徐衛盧久居斯位矯宜剛斷骨鯁臻毓規鑒清理咸不忝厥職云

魏書二十二　三國志二十二

和常楊杜趙裴傳第二十三

晉平陽侯相安漢陳壽撰

宋中書侍郎西鄉侯聞喜裴松之注

沔陽盧弼集解

和洽胡三省曰姓譜和本羲和之後一曰卞和之後字陽士汝南西平人也郡國志豫州汝南郡西平一統志西平故城今河南汝寧府西平縣西四十五里舉孝廉大將軍辟皆不就袁紹在冀州遣使迎汝南士大夫洽獨以冀州土平民彊監本官本民作兵英桀所利四戰之地本初乘資雖能彊大然雄豪方起監本官本方作四全未可必也荊州劉表無他遠志愛人樂士土地險阻山夷民弱易依倚也遂與親舊俱南從表表以上客待之洽曰所以不從本初辟爭地也昏世之主不可黷近久而阽危

臣松之案漢書文紀曰阽於死亡食貨志曰阽危者是注曰阽音鹽如屋簷近邊欲墮之意也一曰臨危曰阽服虔曰阽音反坫之坫孟康曰阽音屋檐之檐如淳曰阽近邊欲墮之意師古曰服孟二音並通錢大昭曰說文阽壁危也

必有讒慝間其中者吳本毛本無必字遂南度武陵荊州武陵郡太祖定荊州監本定作奪誤辟爲丞相掾屬時毛玠崔琰並以忠清幹事其選用先尚儉節洽言曰天下大器在位與人不可以一節儉也通鑑作不可以一節取也冊府儉作論錢大昭曰下文今崇一概難堪之行以檢殊塗卽此意儉當作檢儉素過中自以處身則可以此節格物通鑑無節字胡三省曰格正也所失或多今朝廷之議吏有著新衣乘好車者謂之不清長吏

過營形容不飾衣裘敝壞者謂之廉潔至令士大夫故汙辱其衣藏其輿服朝府大吏或自挈壺餐以入官寺夫立教觀俗貴處中庸爲可繼也胡三省曰中者正道庸者常道程子曰不偏之謂中不易之謂庸周壽昌曰中庸唐以前多作中人解此稱中庸爲貴可云特識今崇一概難堪之行以檢殊塗胡三省曰檢束也勉而爲之必有疲瘁古之大教務在通人情而已凡激詭之行則容隱僞矣周壽昌曰後世矯激沽名多蹈此弊不圖三國時已如此此緣東漢之季士重風節而作僞釣名者亦不少至於焦先輩刻苦不堪時謂之行同禽獸可知矣

孫盛曰昔先王御世觀民設教雖質文因時損益代用至於車服禮秩貴賤等差其歸一揆魏承漢亂風俗侈泰誠宜仰思古制訓以約簡使奢不陵肆儉足中禮進無蜉蝣之刺退免采莫之譏毛本譏作機誤詩曹風蜉蝣之羽衣裳楚楚刺奢也詩魏風彼汾沮洳言采其莫莫菜也刺儉也如此則治道隆而頌聲作矣夫矯枉過正則巧僞滋生以克訓下則民志險隘非聖王所以陶化

民物閑邪存誠之道和洽之言於是允矣

魏國既建爲侍中後有白毛玠謗毀太祖太祖見近臣怒甚洽陳玠素行有本求按實其事毛玠傳桓階和洽進言救玠通鑑桓階求按實其事然據此傳求案實者洽非階罷朝太祖令曰今言事者白玠不但謗吾也乃復爲崔琰觖望胡三省曰觖有二音音窺端翻者望也言有所冀望也音古穴翻者怨望也此當從入聲此損君臣恩義通鑑損作捐妄爲死友怨歎胡三省曰死友言其背公而相爲死也殆不可忍也昔蕭曹與高祖並起微賤致功立勳高祖每在屈笮周壽昌曰屈笮是委屈急迫之意史記大宛傳徐廣注屈抑退也荀子榮辱篇注屈竭也笮說文迫也漢書王莽傳迫笮青徐盜賊卽此意二相恭順臣道益彰所以祚及後世也和侍中比求實之所以不聽欲重參之耳洽對曰如言事者言玠罪過深重非天地所覆載臣非敢曲理玠以枉大倫也胡三省曰孟子曰內則父子外則君臣人之大倫也以玠出羣吏之中特見拔擢顯在首職玠時爲尙書僕射歷年荷寵剛直忠公爲衆所憚不宜有此然人情難保要宜考覈毛本覈作竅誤兩驗其實今聖恩垂含垢之仁不忍致之于理更使曲直之分不明疑自近始太祖曰所以不考欲兩全玠及言事者耳洽對曰玠信有謗主之言馮本主作上當肆之市朝胡三省曰論語子服景伯曰吾力猶能肆諸市朝應劭曰大夫以上尸諸朝士以下尸諸市若玠無此言事者加誣大臣通鑑言下又有言字以誤主聽二者不加檢覈臣竊不安太祖曰方有軍事安可受人言便考之邪狐射姑刺陽處父於朝此爲君之誡也左傳文公六年晉使狐射姑將中軍趙盾佐之陽處父易其班也而知其無援於晉也使狐鞠居殺陽處父書曰晉殺其大夫侵官也杜預曰君已命帥處父易之故曰侵官穀梁傳狐射姑作狐夜姑

太祖克張魯洽陳便宜以時拔軍徙民可省置守之費太祖未納其後竟徙民棄漢中出爲郞中令洽爲郞中令列名勸進見上尊號奏潘眉曰漢制郞中令

居禁中魏制不居禁中洽由侍中爲郞中令故曰出弼按續漢志百官志五武帝改漢郞中令之名（劉昭曰改爲光祿勳）而王國如故郞中令一人千石掌王大夫郞中宿衛官如光祿勳據此志所言漢雖改郞中令爲光祿勳而王國之郞中令如故也此時魏爲王國故有郞中令之官文帝踐阼改郞中令爲光祿勳見文紀黃初元年是和洽由侍中爲郞中令仍居宿衛不得云出潘說或爲誤解且在和洽之前爲郞中令者有袁渙王修袁渙傳魏國初建爲郞中令王修傳魏國既建爲大司農郞中令俱不言出爲郞中令此或承祚一字之誤文帝踐阼爲光祿勳潘眉曰因改官名爲光祿勳與還調有別弼按漢志云光祿勳卿一人掌宿衛宮殿門戶郞中令與光祿勳本爲一官潘氏魏制不居禁中之語未知何據封安城亭侯明帝卽位進封西陵鄉侯邑二百戶太和中散騎常侍高堂隆奏時風不至而有休廢之氣必有司不勤職事以失天常也詔書謙虛引咎博諮異同洽以爲民稀耕少人食者多宋本人作浮國以民爲本民以穀爲命故費一時之農宋本費作廢則失育命之本是以先王務蠲煩費以專耕農自春夏以來民窮於役農業有廢百姓囂然時風不至未必不由此也消

復之術莫大於節儉太祖建立洪業奉師徒之費供軍賞之用吏士豐於資食倉府衍於穀帛由不飾無用之宮絕浮華之費方今之要固在息省勞煩之役損除他餘之務以爲軍戎之儲三邊守禦宜在備豫料賊虛實蓄士養衆算廟勝之策明攻取之謀詳詢衆庶以求厥中若謀不素定輕弱小敵軍人數舉舉而無庸庸功也所謂悅武無震張照曰册府悅作玩國語武不可覿文不可匿覿武無震匿文不祥此必引此語自當作覿悅玩二字俱非古人之誡也轉爲太常清貧守約何焯曰陽士嘗非崔毛過崇節儉之弊而處身清約此爲深識治體而非立異同之論以苟便已私者也弼按此卽洽所謂儉素過中自以處身則可之論也至賣田宅以自給明帝聞之錢大昭曰上文已言太和中矣此明字衍文加賜穀帛薨謚曰簡侯子禽嗣

禽音離梁章鉅曰禽當作离蓋字形相近而誤注音離可證潘眉曰呂忱字林离蟲名也

禽弟適才爽開濟官至廷尉吏部尚書陳景雲曰適當爲逌高貴鄉公紀侍中和逌作詩稽留卽是此人晉書和嶠傳父逌魏吏部尚書字並作逌

晉諸公贊曰和嶠字長輿逌之子也少知名以雅重稱世說注重作量常慕其舅夏侯玄之爲人厚自封植晉書和嶠傳作厚自崇重嶷然不羣於黃門郎於當作爲遷中書令晉書嶠傳舊監令共車入朝時荀勗爲監嶠鄙勗爲人每同乘高抗專車而坐監令異車自嶠始轉尚書晉書嶠傳嶠見太子不令因侍坐曰皇太子有淳古之風而季世多僞恐不了陛下家事帝默然後與荀顗荀勗同侍帝曰太子近入朝差長進顗勗並稱太子明識弘雅嶠曰聖質如初愍懷太子初立以嶠爲少保加散騎常侍家產豐富擬於王公而性至儉吝嶠同母弟郁素無名嶠輕侮之以此爲損卒於官贈光祿大夫郁以公彊當世致位尚書令晉書嶠傳嶠以弟郁子濟嗣位至中書郎郁字仲輿才望不及嶠而以清幹稱歷尚書左右僕射中書令尚書令洛陽傾沒奔於苟晞疾卒

洽同郡許混者許劭子也劭事見武紀卷首注引世語又見吳志劉繇傳注引袁宏漢紀淸醇有鑒識明帝時爲尚書

劭字子將汝南先賢傳曰隋書經籍志雜傳類汝南先賢傳五卷魏周斐撰唐經籍志汝南先賢傳三卷周裴撰（裴乃斐之誤）藝文志周斐汝南先賢傳五卷史通雜述篇曰若圈稱陳留耆舊周斐汝南先賢此之謂郡書者也章宗源隋志攷證曰史通外篇注作汝南先賢行狀世說注諸書所引皆稱傳惟太平御覽人事部引胡定在喪雪覆其屋事作行狀侯康曰諸書引者甚多如周乘之器識闓敏之貞廉黃浮李宣之公正陳華王恢之義烈李鴻李先殷㷇之孝友許嘉之志節郭亮之幼慧薛勤之知人史傳皆佚其事且有不知姓名者胥賴此書以傳惟載及侯瑾葛玄胡定劉巴諸人事皆非汝南人疑引書者輾轉傳譌也召陵謝子微高才遠識見劭年十八時乃歎息曰此則希世出衆之偉人也范書許劭傳劭汝南平輿人兄虔亦知名汝南人稱平輿淵有二龍焉惠棟曰汝南先賢傳云虔字子政體尙高潔雅正寬亮謝子微見虔兄弟歎曰若許子政者幹國之器虔弟劭聲未發時時人以爲不如虔恆撫髀稱劭自以爲不及也釋褐爲郡功曹黜奸發惡一郡肅然年三十五卒侯康曰御覽四百四十四引汝南先賢傳曰謝稟甄氣聰爽明識達理見許子將兄弟弱冠之歲曰平輿之淵有二龍出焉察其盼睞則貴其心覩其顧步則知其道世說亦以爲謝子微語劭始發明樊子昭於鬻幘之肆范書劭傳劭好人倫多所賞識若樊子昭和陽士者並顯名於世惠棟曰蔣濟萬機論云許子將褒貶不平以拔樊

子昭而抑許文休劉曄曰子昭誠自賈豎年至耳順退能守靜進能不苟濟答曰子昭誠自長幼完潔然觀其搖牙樹頰自非文休敵也出虞永賢於牧豎召李叔才鄉閭之閒宋本叔作淑擢郭子瑜鞍馬之吏援楊孝祖舉和陽士茲六賢者皆當世之令懿也其餘中流之士或舉之於淹滯或顯之于童齒莫不賴劭顧采之榮宋本采作歎吳本毛本作採凡所拔育顯成令德者不可殫記其探擿僞行抑損虛名則周之單襄無以尚也章昭注單襄公名朝王卿士其先爲單伯封于單周之親族也劭宗人許栩沈沒榮利致位司徒舉宗莫不匍匐栩門承風而驅官以賄成惟劭不過其門錢大昭曰許栩後漢書許劭傳作許相相與栩並爲司徒字形又相近未知孰是何焯曰後漢書言許劭從祖敬敬子訓訓子相並爲三公相以能諂事宦官故自致臺司封侯數遣請劭劭惡其薄行終不候之栩疑相之誤也靈帝初爲三公者亦有許栩史不詳其何所人建寧元年由大鴻臚爲司空二年免時許訓爲司徒四年訓免橋玄代之是年栩代玄爲司徒名輩在子將之前蓋先賢傳失之也惠棟曰汝南先賢傳相作栩栩字季闕桓帝時司徒栩河南人又與劭世次不相及何進傳有少府許相爲袁紹所殺未嘗爲三公所未詳也柳從辰曰靈紀中平二年十月光祿大夫許相爲司空注云相字公弼平輿人許訓之子四年五月司空許相爲司徒袁紀同又何進傳少府許相袁紀作故司空

許相惠云未詳抑太疏矣今案許相中平五年八月罷司徒未嘗復爲司空以何進傳證之蓋卽左轉少府耳至其爲河南尹靈紀謂之僞由宦官僞以詔署之亦相諂事宦官之證弼按范書順帝紀永建二年七月光祿勳許敬爲司徒章懷注許敬字鴻卿平輿人桓帝紀延熹六年三月衞尉潁川許栩爲司徒章懷注栩字季興鄖人靈帝紀建寧二年六月太常許訓爲司徒章懷注訓字季師平輿人中平二年十月光祿大夫許相爲司空章懷注相字公弼平輿人許訓之子是范書劭傳所載汝南平輿許氏三世爲三公又爲劭之從父昆弟毫無疑義至潁川許栩亦爲司徒先賢傳謂爲劭之宗人與平輿之許氏地望不同惟賄官之事與許相相類諸家遂因此致疑衆說紛紜莫衷一是耳廣陵徐孟本來臨汝南武紀建安十三年注引先賢行狀徐璆字孟平范書徐璆傳璆字孟玉廣陵海西人再徵遷汝南太守詳見武紀注聞劭高名請爲功曹饕餮放流潔士盈朝袁紹公族好名爲濮陽長棄官來還有副車從騎將入郡界紹乃歎曰吾之輿服豈可使許子將見之乎遂單車而歸范書劭傳劭初爲郡功曹太守徐璆甚敬之府中聞子將爲吏莫不改操飾行同郡袁紹公族豪俠去濮陽令歸車徒甚盛將入郡界乃謝遣賓客曰吾輿服豈可使許子將見遂以單車到家辟公府掾拜鄢陵令郡國志豫州潁川郡鄢陵一統志今河南開封府鄢陵縣西北方正徵皆不就避亂江南監本亂作能誤所歷之國必翔而後集論語翔而後集邢昺曰迴翔審觀而後下

止終于豫章時年四十六范書劭傳司空楊彪辟舉方正敦樸徵皆不就避地廣陵徐州刺史陶謙禮之甚厚劭不自安復投揚州刺史劉繇於曲阿及孫策平吳劭與繇南奔豫章而卒時年四十六寰宇記卷一百六許子將墓在洪州南昌縣南六里雷次宗豫章記云劭就劉繇於曲阿繇敗隨繇奔豫章中路疾卒因焚屍柩吳天紀中太守吳興沈法秀招魂葬劭於此有子曰混顯名魏世

常林字伯槐河內溫人也河內溫縣見司馬芝傳注年七歲有父黨造門問林伯先在否梁章鉅曰伯先是常林父字名無可考汝何不拜林曰雖當下客臨子字父何拜之有於是咸共嘉之

魏略曰林少單貧雖貧自非手力不取之於人性好學漢末爲諸生帶經耕鉏其妻常自饋餉之書鈔九十七自下有擔字林雖在田野其相敬如賓

太守王匡起兵討董卓王匡事見武紀初平元年遣諸生於屬縣微伺吏民罪負便收之考責錢穀贖罪稽遲則夷滅宗族以崇威嚴林叔父撾客爲諸生所白匡怒收治舉宗惶怖不知所責多少懼繫者不救林往見匡同縣胡母彪曰姚範曰何屺瞻疑彪卽匡妹壻班也如何所疑則彪或爲彪弼按王匡胡母班俱泰山人胡母班事見本志袁紹傳注董卓使執金吾胡母班奉詔到河內王匡受袁紹旨收班繫獄班方在圄安能爲常林叔父移書責匡乎則彪班爲二人姚何說俱非王府君以文武高才臨吾鄙郡鄙郡表裏山河土廣民殷又多賢能惟所擇用今主上幼沖賊臣虎據華夏震慄雄才奮用之秋也若欲誅天下之賊扶王室之微智者望風應之若響克亂在和何征不捷茍無恩德任失其人覆亡將至何暇匡翼朝廷崇立功名乎君其藏之藏疑識之譌因說叔父見拘之意彪卽書責匡匡原林叔父林乃避地上黨耕種山阿當時旱蝗林獨豐收盡呼比鄰升斗分之依故河間太守陳延壁陳馮二姓舊族冠冕張楊利其婦女貪其資貨林率其宗族爲之策

謀見圍六十餘日卒全堡壁幷州刺史高幹表爲騎都尉林辭不受後刺史梁習薦州界名士林及楊俊王淩王象荀緯太祖皆以爲縣長林宰南和郡國志冀州鉅鹿郡南和武紀建安十七年割南和益魏郡文紀黃初二年以魏郡西部爲廣平郡南和改屬廣平一統志今直隸順德府南和縣治治化有成超遷博陵太守范書桓帝紀延熹元年六月分中山置博陵郡錢大昭曰博陵一郡兼得中山安平河間之地不獨分中山也幽州刺史所在有績御覽四百三十一引魏略曰林歷宰守刺史所在儉身節用其家常飢乏糟糠縕敝

文帝爲五官將林爲功曹太祖西征田銀蘇伯反田銀蘇伯反河閒事在建安十七年互見國淵程昱傳幽冀扇動文帝欲親自討之林曰昔忝博陵又在幽州賊之形勢可料度也北方吏民樂安厭亂服化已久守善者多銀伯犬羊相聚智小謀大不能爲害方今大軍在遠外有彊敵將軍爲天下之鎭也胡三省曰謂留守鄴也輕動遠舉雖克不武文帝從之遣將往伐應時克

滅 遣將軍賈信討之見程昱傳注引魏書 出爲平原太守魏郡東部都尉 武紀建安十八年十月分魏郡爲東西部置都尉 入爲丞相東曹屬魏國既建拜尙書文帝踐阼遷少府 林爲少府列名勸進見上尊號奏百官志少府卿一人中二千石掌中服御諸物衣服寶貨珍膳之屬漢官曰少者小也小故稱少府王者以租稅爲公用山澤陂池之稅以供王之私用古皆作小府惠棟曰漢官儀曰少府掌山澤陂池之稅名曰禁錢以給私養自別爲小藏故曰少府大用由司農小用由少府故曰小藏也 封樂陽亭侯

魏略曰林性既淸白當官又嚴少府寺與鴻臚對門時崔林爲鴻臚崔性闊達不與林同數數聞林撾吏聲不以爲可林夜撾吏不勝痛叫呼敖敖徹曙明日崔出門與林車相遇乃嘲林曰聞卿爲廷尉爾邪林不覺答曰不也崔曰卿不爲廷尉昨夜何故考囚乎林大慙然不能自止

轉大司農明帝卽位進封高陽鄉侯徙光祿勳太常 盧毓傳會司徒缺毓薦太常常林貞固純粹 晉宣王以林鄉邑耆德 司馬氏亦河內溫人 每爲之拜或謂林曰司馬公貴重君宜止之林曰司馬公自欲敦長幼之敍爲後生之法貴非吾之所畏拜非吾之所制也言者踧踖而退

魏略曰初林少與司馬京兆善 司馬朗傳注父防字建公官京兆尹有子八人朗最長次卽晉宣皇帝也 太傅每見林輒欲跪林止之曰公尊貴矣止也及司徒缺太傅有意欲以林補之 案魏略此語與本傳反臣松之以爲林之爲人不畏權貴者也論其然否謂本傳爲是

時論以林節操淸峻欲致之公輔而林遂稱疾篤拜光祿大夫年八十三薨追贈驃騎將軍葬如公禮諡曰貞侯子旹嗣爲太山太守坐法誅旹弟靜紹封

案晉書諸葛誕反大將軍東征旹坐稱疾爲司馬文王所誅 宋本誅作法 魏略以林及吉

茂沐並時苗四人爲淸介傳 吉茂字叔暢馮翊池陽人也 一統志池陽故城今陝西西安府涇陽縣西北 世爲著姓 風俗通吉周尹吉甫之後漢有漢中太守吉恪 好書不恥惡衣惡食而恥一物之不知建安初關中始平茂與扶風蘇則共入武功南山隱處 本志蘇則傳則扶風武功人注引魏略云則與馮翊吉茂等隱於郡南太白山中 精思數歲州舉茂才除臨汾令 郡國志司隸河東郡臨汾一統志臨汾故城今山西絳州東北 居官淸靜吏民不忍欺轉爲武德侯庶子 百官志列侯置家丞庶子各一人主侍侯使理家事本志文紀延康元年封王子叡爲武德侯明紀年十五封武德侯武德見文紀延康元年 二十二年坐其宗人吉本等起事被收 范書獻紀本志武紀通鑑俱在二十三年范書耿秉傳作吉丕章懷注丕或作平 先是科禁內學及兵書而茂皆有匿不送官及其被收不知當坐本等顧謂其左右曰我坐書也會鍾相國證茂本服第已絕故得不坐後以茂爲武陵太守不之官轉酇相 本志武文世王公傳中山恭王袞建安二十二年封贊侯黃初四年封贊王七年徙封濮陽 以國省拜議郎景初中病亡自茂修行 毛本自作司誤 從少至長冬則被裘夏則裋褐行則步涉食則茨藿臣役妻子室如懸磬其或饋遺一不肯受雖不以此高人亦心疾不義而貴且富者先時國家始制九品各使諸郡選置中正差敍自公卿以下至於郎吏功德材行所任茂同郡護羌校尉王琰前數爲郡守不名爲淸白而琰子嘉仕歷諸縣亦復爲通人嘉時還爲散騎郎馮翊郡移嘉爲中正嘉敍茂雖在上第而狀甚下云德優能少茂慍曰痛乎我效汝父子冠幘劫人邪初茂同產兄黃以十二年中從公府掾爲長陵令 趙一淸曰漢志長陵屬左馮翊續志無是縣蓋省之也豈魏時復置邪弼按郡國志京兆尹長陵故屬馮翊趙說誤一統志長陵故城今陝西西安府咸陽縣東北四十里蕭何所築俗名蕭城 是時科禁長吏擅去官而黃聞司徒趙溫薨自以爲故吏違科奔喪爲司隸鍾繇所收遂伏法茂時爲白衣始有淸名於三輔以爲兄坐追義而死怨怒不肯哭至歲終繇舉茂議者以爲茂必不就及舉既到而茂就之故時人或以茂爲畏繇或以茂爲髦士也 李慈銘曰髦士疑冒仕之音誤 沐並字德信河間人也少孤苦袁紹父子時始爲名吏有

志介嘗過姊姊爲殺雞炊黍而不留也然爲人公果不畏彊禦丞相召署軍謀掾黃初中爲成皋令校事劉肇出過縣毛本校作梭誤遣人呼縣吏求索稾穀是時蝗旱官無有見李慈銘曰有見疑當作見有未辨之間辨當作辦肇人從入並之閤下毛本閤作閣誤响呼罵吏並怒因躧履提刀而出多從吏卒欲收肇肇覺知驅走具以狀聞有詔肇爲牧司爪牙吏而並欲收縛無所忌憚自恃清名邪遂收欲殺之肇髡決減死刑竟復吏姚範曰蓋肇爲之請得髡決減死也李慈銘曰此當讀肇髡決爲句以肇亦有罪故髡而決之也減死刑竟復吏則指並言謂卒減並死刑一等刑竟乃復爲吏也趙一清曰肇字衍下云刑竟復吏謂沐並被刑也何與於肇弼按趙說是由是放散十餘年至正始中爲三府長史時吳使朱然諸葛瑾攻圍樊城遣船兵於峴山東斫材牂柯牂柯宋本作牂牁潘眉曰斫材下疑脫爲字牂牁繫船杙也弼按下文其名流布播於異域之語應作牂柯且屬下讀人兵作食有先熟者呼後熟者言共食來後熟者答言不也御覽不下有往字蕭常書本傳同呼者曰汝欲作沐德信邪其名流布播於異域如此雖自華夏不知者以爲前

世人也爲長史八年晚出爲濟陰太守召還拜議郎年六十餘自慮身無常豫作終制誡其子以儉葬曰告雲儀等雲儀並子名夫禮者生民之始教而百世之中庸也故力行者則爲君子不務者終爲小人然非聖人莫能履其從容也是以富貴者有驕奢之過而貧賤者譏於固陋於是養生送死苟竊非禮由斯觀之陽虎璵璠甚於暴骨解見文紀黃初三年季孫以璠璵斂桓魋石槨不如速朽禮記檀弓上曰昔者夫子居於宋見桓司馬自爲石槨三年而不成夫子曰若是其靡也死不如速朽之愈也死之欲速朽爲桓司馬言之也鄭注云桓司馬宋向戌之孫名魋此言儒學撥亂反正鳴鼓矯俗之大義也未是夫窮理盡性陶冶變化之實論也册府是作臻若能原始要終以天地爲一區萬物爲芻狗該覽玄通求形景之宗同禍福之素一死生之命吾有慕於道矣夫道之爲物惟怳惟忽壽爲欺魄夭爲鳧沒身淪有無與神消息含悅陰陽甘夢太極奚以棺槨爲牢衣裳爲纏纏疑作纆纆音墨纆索也屍繫地下長幽桎梏馮本梏作桔誤豈不哀哉昔莊周闊達無所適莫又楊王孫裸體漢書楊王孫傳楊王孫者孝武時人也及病且終先令其子曰吾欲贏葬以反吾眞師古曰贏者不爲衣衾棺槨者也貴不久容耳容當作客楊王孫傳爲用久客王先謙曰歸土則與爲一久不歸是客也沈欽韓曰西京雜記楊貴字王孫京兆人死卒裸葬於終南山至夫末世馮本末作未誤緣生怨死之徒乃有含珠鱗柙玉牀象衽殺人以徇壙穴之內錮以紵絮藉以蜃炭解見文紀黃初三年無施葦炭千載僵燥託類神仙於是大教陵遲競於厚葬謂莊子爲放蕩以王孫爲戮屍豈復識古有衣薪之鬼而野有狐狸之嘴乎哉馮本狐作孤誤吾以才質滓濁馮本才作材汙於清流昔忝國恩歷試宰守所在無效代匠傷指老子代司殺者殺是謂代大將斲夫代大匠斲者希有不傷其手矣狼跋首尾無以雪恥如不可求從吾所好今年過耳順奄然無常苟得獲沒即以吾身襲於王孫矣上冀以贖市朝之逋罪下以親道化之靈祖顧爾幼昏未知臧否若將逐俗抑廢吾志私稱從令未必爲孝而犯魏顆聽治之賢左傳宣公十五年魏顆敗秦師于輔氏獲杜回秦之力人也初魏武子有嬖妾武子疾命顆曰必嫁是疾病則曰必以爲殉及卒顆嫁之曰疾病則亂吾從其治也及輔

氏之役顆見老人結草以亢杜回夜夢之曰余而所嫁婦人之父也爾用先人之治命余是以報爾爲棄父之命誰或矜之使死而有知吾將屍視至嘉平中毛本無至字病甚臨困又敕豫掘埳戒氣絕令二人舉屍即埳絕哭泣之聲止婦女之送禁弔祭之賓無設搏治粟米之奠一切經音義搏飯也又戒後亡者不得入藏不得封樹妻子皆遵之　時苗字德胄鉅鹿人也少清白爲人疾惡建安中入丞相府出爲壽春令趙一清曰寰宇記卷百二十九故壽春縣在壽春縣西一里縣前有時苗飲犢池又卷五十九邢州平鄉縣東北二十里有時苗冢苗鉅鹿人晉末移葬於此令行風靡揚州治在其縣惠棟曰顧野王輿地記揚州刺史先理歷陽後理壽春後又徙曲阿時蔣濟爲治中本志蔣濟傳濟爲州別駕宋書刺史官屬有別駕從事史一人治中從事史一人苗以初至往謁濟濟素嗜酒適會其醉不能見苗苗恚恨還刻木爲人署曰酒徒蔣濟置之牆下旦夕射之州郡雖知其所爲不恪然以其履行過競宋本競作人無若之何又其始之官乘薄軬原注音飯車沈家本曰釋名軬藩也藩蔽水雨也黃牸牛布被囊居官歲餘牛生一犢及其去留其犢謂主簿

曰令來時本無此犢犢是淮南所生有也羣吏曰六畜不識父自當隨母苗不聽時人皆以爲激然由此名聞天下還爲太官令 百官志太官令一人六百石掌御飮食 領其郡中正定九品於敘人才不能寬 御覽作至於敘人才不能寬大 然紀人之短雖在久遠銜之不置如所忿疾濟者仕進至太尉濟不以苗前毀己爲嫌苗亦不以濟貴更屈意爲令數歲不肅而治遷典農中郎將 劉昭注引魏志云曹公置典農中郞將秩二千石 年七十餘以正始中病亡也

楊俊字季才河內獲嘉人也 郡國志司隸河內郡獲嘉一統志獲嘉故城今河南衞輝府新鄉縣西南十二里 受學陳留邊讓讓器異之 邊讓事見武紀建安二十五年注引曹瞞傳 俊以兵亂方起而河內處四達之衢必爲戰場乃扶持老弱詣京密山閒 郡國志河南尹京密有大騩山有梅山有陘山一統志京縣故城今河南開封府滎陽縣東南二十里密縣故城今開封府密縣東南三十里 同行者百餘家俊振濟貧乏通共有無宗族知故爲人所略作奴僕者凡六家俊皆傾財贖之

司馬宣王年十六七與俊相遇俊曰此非常之人也又司馬朗早有聲名其族兄芝衆未之知惟俊言曰芝雖夙望不及朗實理但有優耳俊轉避地幷州本郡王象少孤特爲人僕隷年十七八見使牧羊而私讀書因被箠楚俊嘉其才質卽贖象著家娉娶立屋然後與別太祖除俊曲梁長 郡國志冀州魏郡曲梁王先謙曰三國魏改屬廣平一統志曲梁故城今直隸廣平府永年縣治 入爲丞相掾屬舉茂才安陵令 郡國志司隸右扶風安陵一統志安陵故城今陝西西安府咸陽縣東二十一里 遷南陽太守宣德教立學校吏民稱之徙爲征南軍師 征南將軍之軍師也時曹仁爲征南將軍 魏國既建遷中尉 建安十八年魏國初置中尉黃初元年改爲執金吾 太祖征漢中魏諷反於鄴 事在建安二十四年九月 俊自劾詣行在所俊以身方罪免賤辭太子太子不悅曰楊中尉便去何太高遠邪遂被書左遷平原太守 徐奕傳魏諷等謀反中尉楊俊左遷 文帝踐阼復在南陽時王象爲散騎常侍薦俊曰伏見南陽太守楊俊秉純粹之茂質履忠肅之弘量體仁足以育物篤實足以動衆克長後進惠訓不倦外寬內直仁而有斷自初彈冠所歷垂化再守南陽恩德流著殊鄰異黨襁負而至今境守淸靜無所展其智能宜還本朝宣力輦轂熙帝之載俊自少及長以人倫自任 人倫解見蜀志龐統傳 同郡審固陳留衞恂本皆出自兵伍俊資拔獎致咸作佳士後固歷位郡守恂御史縣令 百官志侍御史十五人六百石劉昭注引蔡質漢儀曰出治劇爲刺史二千石平遷補令 其明鑒行義多此類也初臨菑侯與俊善太祖適嗣未定密訪羣司俊雖並論文帝臨菑才分所長不適有所據當然稱臨菑尤美 宋本尤作猶 文帝常以恨之黃初二年 宋本二作三 車駕至宛以市不豐樂發怒收俊尙書僕射司馬宣

王常侍王象荀緯請俊叩頭流血帝不許俊曰吾知罪矣遂自殺衆冤痛之 楊俊之死鮑勛之誅皆魏文之以私憾誅戮大臣者荀緯事見王粲傳及注引文章敘錄

世語曰俊二孫覽字公質汝陰太守猗字公彥尙書晉東海王越舅也覽子沈字宣弘散騎常侍 魏略曰王象字羲伯既爲俊所知拔果有才志建安中與同郡荀緯等俱爲魏太子所禮待 王粲傳河內荀緯等亦有文采衞覬傳黃初時散騎常侍河內王象亦與覬並以文章顯嚴可均全三國文王象小傳云象幷州人蓋沿楊俊傳俊轉避地幷州本郡王象云云而誤不知本郡者謂俊之本郡河內非謂幷州也嚴氏博洽竟有此疏失 及王粲陳琳阮瑀路粹等亡後新出之中惟象才最高魏有天下拜象散騎侍郎遷爲常侍封列侯受詔撰皇覽使象領秘書監象從延康元年始撰集數歲成藏於秘府合四十餘部部有數十篇通合八百餘萬字象既性器和厚又文采溫雅用是京師歸美稱爲儒宗 文紀帝好文學使諸儒撰集經傳隨類相從凡千餘篇號曰皇覽曹爽傳注引魏略曰桓範延康中以有文學與王象等典集皇覽隋書經籍志王象集一卷 車駕南巡

未到宛有詔百官不得干豫郡縣及車駕到而宛令不解詔旨閉市門帝聞之忿然曰吾是寇邪乃收宛令及太守楊俊詔問尚書漢明帝殺幾二千石時象見詔文知俊必不免乃當帝前叩頭流血竟面請俊減死一等帝不答欲釋入禁中象引帝衣帝顧謂象曰我知楊俊與卿本末耳今聽卿是無我也卿寧無俊邪無我邪象以帝言切乃縮手帝遂入決俊法然後乃出象自恨不能濟俊遂發病死

杜襲字子緒潁川定陵人也郡國志豫州潁川郡定陵一統志定陵故城今河南南陽府舞陽縣北十五里曾祖父安祖父根著名前世

先賢行狀曰安年十歲名稱鄉黨至十三入太學號曰神童既名知人清高絕俗洛陽令周紆數候安安常逃避不見時貴戚慕安高行多有與書者輒不發以慮後患常鑿壁藏書後諸與書者果有大罪推捕所與交通者吏至門安乃發壁出書印封如故當

時皆嘉其慮遠三府並辟公車特徵拜宛令先是宛有報讎者其令不忍致理將與俱亡縣中豪彊有告其處者致捕得安深疾惡之到官治戮肆之於市懼有司繩彈遂自免後徵拜巴郡太守率身正下以禮化俗以病卒官時服薄斂素器不漆子自將車州郡賢之表章墳墓范書杜根傳安字伯夷少有志節惠棟曰謝承書云豫章宗度拜定陵令縣民杜伯夷清高不仕度就與高談伯夷感德詣縣縣署功曹根舉孝廉除郎中范書根傳根字伯堅性方實好絞直永初元年舉孝廉爲郎中時和熹鄧后臨朝外戚橫恣安帝長大猶未歸政根乃與同時郎上書直諫何焯曰和熹之崩在永寧二年三月至五月而鄧隲等以罪自殺計下詔求根等卽在是年攷和熹既立安帝久不歸政至是凡十五年遂稱制終身誠過于持權若永初元年帝尙未加元服不得謂之年長根等何據輒進諫哉鄧后怒收根等伏誅監本誅作赫誤誅者皆絹囊盛於殿上撲地執法者以根德重事公默語行事人使不加力誅訖車載城外根以撲輕得蘇息遂閉目不動搖經三日乃密起逃竄范書根傳太后大怒收執根等令盛以縑囊於殿上撲殺之執法者以根知名私語行事人使不加力既而載出城外根得蘇太后使人檢視根遂詐死三日目中生蛆因得逃竄沈銘彝曰袁宏紀云根先知之召司撲者陰共爲意使不加力故以撲輕得免但如范書則根身分更高周壽昌曰國策秦茅焦有囊撲二弟語是撲刑起於暴秦申屠剛傳尚書近臣至乃捶撲牽曳於前則光武時已有撲刑左雄傳孝明皇帝始有撲罰皆非古典順帝陽嘉年間從雄言改之其後九卿無復捶撲者根尙在安帝時且爲郎中非九卿黃山曰撲本卽扑字廣書扑作教刑月令司徒搢扑皆謂以榎楚撻之卽杖刑也一切經音義十四引通俗文連杖曰撲則撲殺猶杖殺耳明帝捶撲尙書近臣開後世廷杖之漸三代所未有雖秦之暴亦不聞有此定規明帝因非然未至殺人也至以囊盛人而加撲於殿上至於死則迥非常法不得與明帝之捶撲牽曳並論周以始皇之囊撲二弟爲比可也乃謂撲始於秦而疑根非九卿可撲則誤甚爲宜城山中酒家客郡國志荊州南郡宜城三國魏改屬襄陽郡一統志宜城故城今湖北襄陽府宜城縣南范書根傳客作保章懷注宜城縣出美酒廣雅云保使也言爲人傭力保任而使也惠棟曰司馬貞云欒布傳賣庸于齊爲酒家人漢書作酒家保謂庸作于酒家言可保使也積十五年柳從辰曰袁宏紀載根上書直諫在永初二年十二月後積十五年作積十年餘酒家知其賢常厚敬待鄧后崩安帝謂根久死以根等忠直普下天下錄見誅者子孫根乃自出徵詣公車拜符節令范書根傳作拜侍御史積百官志符節令一人六百石或問根往日遭難天下同類知故不少范書同類作同義胡三省曰天下之士以根直諫同義之也

何至自苦歷年如此根答曰周旋人閒非絕迹之處邂逅發露禍及親知故不爲也遷濟陰太守以德讓爲政風移俗改年七十八以壽終棺不加漆斂以時服長吏下車常先詣安根墓致祠

襲避亂荊州劉表待以賓禮同郡繁欽欽見王粲傳數見奇於表襲喻之曰吾所以與子俱來者徒欲龍蟠幽藪待時鳳翔豈謂劉牧當爲撥亂之主而規長者委身哉或謂長字從本音去者字子若見能不已非吾徒也吾其與子絕矣欽慨然曰請敬受命襲遂南適長沙建安初太祖迎天子都許襲逃還鄉里太祖以爲西鄂長郡國志荊州南陽郡西鄂方輿紀要今河南南陽府南陽縣北五十里應劭曰江夏有鄂故此加西縣濱南境寇賊縱橫時長吏皆斂民保城郭不得農業野荒民困倉庾空虛襲自知恩結於民乃遣老弱各分散就田業留

丁彊備守吏民歡悅會荆州出步騎萬人來攻城襲乃悉召縣吏民
任拒守者五十餘人與之要誓其親戚在外欲自營護者恣聽遣出
皆叩頭願致死於是身執矢石率與戮力吏民感恩咸爲用命臨陣
斬數百級而襲衆死者三十餘人其餘十八人盡被創賊得入城襲
帥傷痍吏民決圍得出死喪略盡而無反背者遂收散民徙至摩陂
營 摩陂在今河南汝州郟縣南汝水支流所 吏民慕而從之如歸
九州春秋曰建安六年劉表攻西鄂西鄂長杜子緒帥縣男女嬰城而守時南陽功曹
柏孝長亦在城中 吳本毛本功作攻誤 聞兵攻聲恐懼入室閉戶牽被覆頭相攻半日稍敢出
面其明側立而聽二日往出戶問消息至四五日乃更負楯親鬬語子緒曰勇可習也
司隷鍾繇表拜議郎參軍事荀彧又薦襲太祖以爲丞相軍祭酒 軍師

祭酒見武紀建安三年 魏國既建爲侍中與王粲和洽並用彊識博聞 宋本彊上有桀字
故太祖游觀出入多得驂乘 晉書職官志侍中魏晉以來置四人掌儐贊威儀大駕出則次直侍中護駕正直侍中負璽陪
乘 至其見敬不及洽襲嘗獨見 宋本嘗上多一襲字 至于夜半粲性躁競起坐
曰不知公對杜襲道何等也洽笑答曰天下事豈有盡邪卿晝侍可
矣悒悒於此欲兼之乎後襲領丞相長史隨太祖到漢中討張魯太
祖還拜襲駙馬都尉留督漢中軍事綏懷開導百姓自樂出徙洛鄴
者八萬餘口 何焯曰先徙八萬餘口蓋知此地之難與蜀爭豫爲之所也 夏侯淵爲劉備所沒軍喪元
帥將士失色襲與張郃郭淮糾攝諸軍事權宜以郃爲督以一衆心
三軍遂定太祖東還當選留府長史鎮守長安主者所選多不當太
祖令曰釋騏驥而不乘焉皇皇而更索遂以襲爲留府長史駐關中

胡三省曰置留府于關中者以備蜀也 時將軍許攸 通鑑作關中營帥許攸胡三省曰此又一許攸非自袁紹來奔之許攸也官本考證曰此非南
陽許攸御覽作許遊 擁部曲不附太祖而有慢言太祖大怒先欲伐之羣臣多諫
可招懷攸共討彊敵太祖橫刀於膝作色不聽襲入欲諫太祖逆謂
之曰吾計以定卿勿復言襲曰若殿下計是邪臣方助殿下成之若
殿下計非邪雖成宜改之殿下逆臣令勿言之何待下之不闇乎 胡三
省曰闇閉也大也明也 太祖曰許攸慢吾如何可置乎 胡三省曰置捨也 襲曰殿下謂許
攸何如人邪太祖曰凡人也襲曰夫惟賢知賢惟聖知聖凡人安能
知非凡人邪方今豺狼當路而狐狸是先人將謂殿下避彊攻弱 謂棄
巴蜀也 進不爲勇退不爲仁臣聞千鈞之弩不爲鼷鼠發機萬石之鍾
不以莛撞起音 胡三省曰三十斤爲鈞千鈞之弩言其重也鼷鼠小鼠也說文曰有螫毒者或謂之甘鼠陸佃埤雅曰鼷鼠者甘口齧人及鳥

獸皆不痛博物志云鼠之最小者本草說鼷鼠極細不可卒見四斤爲石石百二十斤也莛草莖也東方朔曰以莛撞鍾是皆言力勢重者不以輕觸而發動也鼷音奚
莛音廷撞直江翻弼按班書律歷志一云二十四銖爲兩十六兩爲斤三十斤爲鈞四鈞爲石胡注誤作四斤爲石當爲刻本之誤 今區區之許
攸何足以勞神武哉太祖曰善遂厚撫攸攸卽歸服時夏侯尚暱於
太子情好至密襲謂尚非益友不足殊待以聞太祖文帝初甚不悅
後乃追思語在尚傳其柔而不犯皆此類也文帝卽王位賜爵關內
侯及踐阼爲督軍糧御史封武平亭侯更爲督軍糧執法 洪飴孫曰督軍糧御史一
人第七品出征則置督軍糧執法一人第六品出征則置 入爲尚書明帝卽位進封平陽鄉侯諸葛亮
出秦川 胡三省曰關中之地沃野千里秦之故國謂之秦川 大將軍曹眞督諸軍拒亮徙襲爲大
將軍軍師 洪飴孫曰軍師一人第五品趙一清曰軍師之官並見楊俊趙儼裴潛等傳魏時特置弼按楊俊爲征南將軍之軍師趙儼爲征東將軍之軍
師裴潛爲太尉之軍師並非一官杜襲則大將軍曹眞之軍師也趙說少誤 分邑百戶賜兄基爵關內侯眞薨

司馬宣王代之襲復爲軍師温恢傳注引魏略云諸葛亮出祁山答司馬宣王書使杜子緒宣意於孟公威當在襲復爲軍師之時增邑三百戶馮本吳本毛本均無戶字並前五百五十戶以疾徵還拜大中大夫薨追贈少府謚曰定侯子會嗣

趙儼字伯然潁川陽翟人也潁川郡治陽翟見武紀卷首避亂荆州與杜襲繁欽通財同計合爲一家太祖始迎獻帝都許儼謂欽曰曹鎭東應期命世武紀建安元年魏武遷鎭東將軍必能匡濟華夏吾知歸矣建安二年年二十七遂扶持老弱詣太祖太祖以儼爲朗陵長朗陵見荀彧傳又見李通傳縣多豪猾無所畏忌儼取其尤甚者收縛案驗皆得死罪儼既囚之乃表府解放自是威恩並著時袁紹舉兵南侵建安五年遣使招誘豫州諸郡諸郡多受其命惟陽安郡不動而都尉李通急錄戶調陽安都尉見李通傳錢大昭曰陽安縣本屬汝

南郡晉志無陽安郡惟魏志李通傳有陽安都尉劉昭注續漢志引魏氏春秋云初平三年分二縣置陽安都尉蓋大郡置太守小郡則置都尉也通稱亦曰太守故魏略云儼與領陽安太守李通同治儼見通曰方今天下未集諸郡並叛懷附者復收其綿絹小人樂亂能無遺恨且遠近多虞不可不詳也通曰紹與大將軍相持甚急趙一清曰將字衍弼按武紀建安元年九月以魏武爲大將軍又按通鑑作公與袁紹相持甚急公者魏武也仍以作大將軍爲是左右郡縣背叛乃爾若綿絹不調送觀聽者必謂我顧望有所須待也儼曰誠亦如君慮然當權其輕重小緩調當爲君釋此患乃書與荀彧曰今陽安郡當送綿絹道路艱阻必致寇害百姓困窮鄰城並叛易用傾蕩乃一方安危之機也且此郡人執守忠節在險不貳微善必賞則爲義者勸善爲國者藏之於民以爲國家宜垂慰撫所斂綿絹皆俾還之彧報曰輒白曹公公文下郡綿絹悉以還民上下歡喜郡內遂安入爲司空掾屬主簿

魏略曰太祖北拒袁紹時遠近無不私遺牋記通意於紹者儼與領陽安太守李通同治通亦欲遣使儼爲陳紹必敗意通乃止及紹破走太祖使人搜閱紹記室惟不見通書疏陰知儼必爲之計乃曰此必趙伯然也魏略所載與李通傳異臣松之案魏武紀破紹後得許下軍中人書皆焚之若故使人搜閱知其有無則非所以安人情也疑此語爲不然何焯曰陽焚之而密使人搜閱既安反側又審情僞操多疑或有是

時于禁屯潁陰樂進屯陽翟張遼屯長社諸將任氣多共不協使儼并參三軍每事訓喻遂相親睦太祖征荆州以儼領章陵太守章陵郡互見本志劉表傳注胡三省曰四親園廟在章陵時以爲郡置守錢大昭曰章陵縣屬南陽郡晉宋諸志不載章陵置罷之事侯康曰章陵本南陽屬縣洪亮吉謂章陵漢末曾升作郡後漢書劉表傳荆州八郡注稱漢官儀一爲章陵太守疑魏平荆州後方省也趙一清曰續郡國志南陽郡章陵故春陵世祖更名方輿

紀要卷七十九建武十八年使中郎將耿遵築章陵城後嘗爲章陵郡魏黃初二年更章陵爲安昌縣吳增僅曰魏武紀建安二年南陽章陵諸縣復叛爲繡則是時尚未爲郡魏志劉表傳注引傅子蒯越佐表平定荆土詔拜章陵太守則郡立於建安初年十八年省州併郡獻帝起居注所載荆州統郡之數章陵尚未省廢黃初三年封曹據爲章陵郡（弼按郡當作王）其年徙封義陽王據水經注文帝改章陵縣曰安昌安昌爲義陽郡領縣義陽似卽章陵之改名王先謙曰章陵漢末置郡見劉表傳注及百官志注魏文改章陵縣曰安昌立義陽郡治見沔水注及寰宇記一統志故城今湖北襄陽府棗陽縣東徙都督護軍護于禁張遼張郃朱靈李典路招馮楷七軍趙一清曰此于禁所督之七軍也互見于禁傳注復爲丞相主簿遷扶風太守太祖徙出故韓遂馬超等兵五千餘人使平難將軍殷署等督領胡三省曰平難將軍曹氏所置以儼爲關中護軍盡統諸軍羌虜數來寇害儼率署等追到新平新平郡見文紀延康元年注引魏略謝鍾英曰今陝西邠州之長武乾州之永壽是其地洪亮吉曰魏略李偉爲新平太守大破之屯田客呂並自稱將軍聚黨據陳倉今陝西鳳翔府寶雞縣東二十里儼復率署等攻之賊卽破滅時被書差千二百兵往助漢中

守署督送之行者卒與室家別皆有憂色署發後一日儼慮其有變乃自追至斜谷口 今陝西鳳翔府郿縣蜀志諸葛亮傳揚聲由斜谷道取郿寰宇記郿城南當斜谷口 人人慰勞又深戒署還宿雍州刺史張既舍署軍復前四十里兵果叛亂未知署吉凶而儼自隨步騎百五十人皆與叛者同部曲或婚姻得此問各驚被甲持兵不復自安儼欲還既等以爲今本營黨已擾亂一身赴之無益可須定問儼曰雖疑本營與叛者同謀要當聞行者變乃發之又有欲善不能自定宜及猶豫促撫寧之且爲之元帥既不能安輯身受禍難命也遂去行三十里止放馬息 或曰息上疑少一字 盡呼所從人喻以成敗慰勵懇切皆慷慨曰死生當隨護軍不敢有二前到諸營各召料簡諸姦結叛者 胡三省曰料音聊量度也理也 八百餘人散在原野惟取其造謀魁率治之餘一不問郡縣所收送皆放遣乃卽相率還降儼密白宜遣將詣大營 毛本大作太誤胡三省曰大營謂操營也將讀如字送也 請舊兵鎮守關中太祖遣將軍劉柱將二千人 通鑑人下有往字 當須到乃發遣而事露諸營大駭不可安喻 胡三省曰不可以言語喻之使安帖也 儼謂諸將曰舊兵既少東兵未到 監本東作策誤 是以諸營圖爲邪謀若或成變爲難不測因其狐疑當令早決遂宣言當差留新兵之溫厚者千人鎮守關中其餘悉遣東 胡三省曰遣之東赴操營 便見主者內諸營兵名籍案累重立差別之 胡三省曰主者主兵籍者也差初皆翻擇也又初加翻言以等差別異之也別彼列翻分也異也 留者意定與儼同心其當去者 馮本無其字 亦不敢動儼一日盡遣上道因使所留千人分布羅落之 胡三省曰分布于行者之閒羅列而遮落之也 東兵尋至 胡三省曰東兵劉柱所將之兵也 乃復脅喻幷徙千人令相及共東凡所全

致二萬餘口

孫盛曰盛聞爲國以禮民非信不立周成不棄桐葉之言 史記成王與叔虞戲削桐葉爲珪以與叔虞曰以此封若史佚因請擇日立叔虞成王曰吾與之戲耳史佚曰天子無戲言於是遂封叔虞於唐呂氏春秋說苑俱云周公對成王之言 晉文不違伐原之誓 左傳僖公二十五年晉侯圍原命三日之糧原不降命去之諜出曰原將降矣軍吏曰請待之公曰信國之寶也民之所庇也得原失信何以庇之所亡滋多退一舍而原降 故能隆刑措之道建一匡之功儼既詐留千人使效心力始雖權也宜以信終兵威既集而又逼徙信義喪矣何以臨衆 宋本衆作民

關羽圍征南將軍曹仁於樊儼以議郎參仁軍事南行還平寇將軍徐晃俱前 胡三省曰平寇將軍亦曹操所置考沈約志不在四十號之數趙一清曰徐晃時爲平寇將軍還字誤陳景雲曰册府還作與通志同當從之弼按通鑑操使平寇將軍徐晃屯宛以助曹仁攻羽使趙儼以議郎參曹仁軍事與徐晃俱前 既到羽圍仁遂堅餘救兵未到晃所督不足解圍而諸將呵責晃促救 通鑑呵作呼 儼謂諸將曰今賊圍素固水潦猶盛我徒卒單少而仁隔絕不得同力此舉適所以弊內外耳當今不若前軍偪圍遣諜通仁使知外救以勵將士計北軍不過十日尙足堅守然後表裏俱發破賊必矣如有緩急之戮 緩急宋本作緩救通鑑同元本作援救均誤 余爲諸軍當之 通鑑軍作君何焯曰敵方乘勝若督促解圍士衆豫怯輕動而敗卽後至者望風奔北不能禦寇矣晃之成功賴儼能見兵勢也 諸將皆喜便作地道箭飛書與仁 御覽三百八十二引此箭上有射字弼按此卽孫權請討關羽自効之書 消息數通 胡三省曰消者浸微浸滅之意息者漸生漸長之意消息數通則城內城外各知安否也晃營迫羽圍如此而不能制使呂蒙不襲取江陵羽亦必爲操所破而操假手於蒙者欲使兩寇自敝而坐收漁人田父之功也 北軍亦至幷勢大戰羽軍既退舟船猶據沔水襄陽隔絕不通而孫權襲取羽輜重羽聞之卽走南還仁會諸將議咸曰今因羽危懼必可追禽也 通鑑無必字 儼曰權邀羽連兵之難 胡三省曰邀當作徼徼幸也難乃旦翻謂與曹仁連兵 欲掩制其後顧羽還救

恐我乘其兩疲故順辭求效胡三省曰求效猶言求自效也或曰巽順其辭以求成效乘釁因變以
觀利鈍耳今羽已孤迸胡三省曰言羽失根本而勢孤奔迸也更宜存之以爲權害若
深入追北權則改虞於彼將生患於我矣胡三省曰虞度也防也謂度羽不能爲害則改其防羽之心而
防操則必爲操之患矣何焯曰羽存則兩疲羽亡則劉孫連兵不解爲魏利皆甚大也況羽士衆尚盛又無歸路若急追之人皆致死我新勝而驕又自戰其地必喪前
勢萬一大衄方生他變昔黃池之役晉甘爲吳所先正慮此也謂權改虞而生患於我乃儼之巧詞王必以此爲深慮仁乃解
嚴胡三省曰趙儼之計此戰國策士所謂兩利而俱存之計也解嚴解所嚴兵不復追羽也是後陸遜敗劉備于峽中收兵而還不復追備計亦出此太
祖聞羽走恐諸將追之果疾敕仁如儼所策文帝卽王位爲侍中頃
之拜駙馬都尉領河東太守儼爲河東太守錄送生人婦見杜畿傳注引魏略本傳諱之典農中郎將
郡縣有屯田者置典農中郎將見武紀建安元年黃初三年賜爵關內侯孫權寇邊征東大將軍
曹休統五州軍禦之監本休作仁誤盧明楷曰曹休傳帝征孫權以休爲征東大將軍仁未嘗爲征東也弼按曹休傳督張遼等及諸州

郡二十餘軍洪飴孫云征東將軍統青兗徐揚四州刺史賚深者爲大將軍未言統五州軍也徵儼爲軍師權衆退軍還封
宜土亭侯轉爲度支中郎將度支中郎將一人二千石掌諸軍兵田見文紀延康元年遷尙書從征
吳到廣陵復留爲征東軍師明帝卽位進封都鄉侯邑六百戶監荊
州諸軍事假節會疾不行復爲尙書出監豫州諸軍事轉大司馬軍
師監本馬作農誤入爲大司農齊王卽位以儼監雍涼諸軍事假節轉征蜀
將軍又遷征西將軍都督雍涼正始四年老疾求還徵爲驃騎將軍
魏略曰舊故四征有官廚財籍遷轉之際無不因緣而儼叉手上車書鈔三十八叉上有自征西徵
爲驃騎七字發到霸上忘持其常所服藥雍州聞之乃追送雜藥材數箱儼笑曰人言語殊
不易我偶問所服藥耳何用是爲邪遂不取
遷司空薨正始六年二月丙子遷司空六月儼薨見齊王紀會葬賓客衆多見夏侯玄傳注引魏氏春秋諡曰穆侯子亭嗣

初儼與同郡辛毗陳羣杜襲並知名號曰辛陳杜趙云
裴潛字文行河東聞喜人也郡國志司隸河東郡聞喜本曲沃一統志聞喜故城今山西絳州聞喜縣治鄒安鬯曰今聞喜
縣東三十里惠棟曰劉寬碑陰作裵古字通
魏略曰潛世爲著姓父茂仕靈帝時歷縣令郡守尙書建安初以奉使率導關中諸將
討李傕有功封列侯裴茂事見董卓傳范書獻帝紀初平四年遣侍御史裴茂訊詔獄原輕繫唐書宰相世系表云非子之支孫封䣣鄉因以
爲氏今聞喜縣䣣城是也六世孫陵封解邑君乃去邑從衣爲裴九世孫燧煌太守遵從光武平隴蜀徙居河東安邑安順之際徙聞喜曾孫曄并州刺史度遼將
軍子茂字巨光靈帝時歷郡守尙書率諸將討李傕有功封陽吉平侯三子潛徽輯本志武紀建安十九年注引獻帝起居注作左中郎將楊宣亭侯裴茂周嘉猷
南北史世系表作吉陽平侯潛少不修細行由此爲父所不禮
避亂荊州本志劉表傳注引傅子云傳巽客荊州證裴潛終以淸行顯劉表待以賓禮潛私謂所親王
粲司馬芝曰劉牧非霸王之才乃欲西伯自處毛本伯誤作北其敗無日矣

遂南適長沙毛本適作過誤太祖定荊州以潛參丞相軍事出歷三縣令
入爲倉曹屬續百官志倉曹主倉穀事太祖問潛曰卿前與劉備俱在荊州卿以
備才略如何潛曰使居中國能亂人而不能爲治也若乘閒守險足
以爲一方主時代郡大亂以潛爲代郡太守烏丸王及其大人凡三
人各自稱單于、胡三省曰代郡烏桓單于其一曰普盧其二曰無臣氐其三則未之聞也專制郡事前太守莫
能治正太祖欲授潛精兵以鎭討之潛辭曰代郡戶口殷衆士馬控
弦動有萬數單于自知放橫日久內不自安今多將兵往必懼而拒
境少將則不見憚宜以計謀圖之不可以兵威迫也遂單車之郡單
于驚喜潛撫之以靜單于以下脫帽稽顙悉還前後所略婦女器械
財物潛案誅郡中大吏與單于爲表裏者郝溫郭端等十餘人北邊

大震百姓歸心在代三年還爲丞相理曹掾趙一清曰續志及宋志公府掾曹無理曹高柔亦爲理曹掾觀魏武令是刑法之職弼按武紀建安十九年選明達法理者使持典刑於是置理曹掾屬太祖褒稱治代之功潛曰潛於百姓雖寬於諸胡爲峻今計者必以潛爲理過嚴通鑑計作繼理作治均是而事加寬惠彼素驕恣過寬必弛既弛又將攝之以法胡三省曰攝持也整也此訟爭所由生也通鑑訟爭作怨叛以埶料之代必復叛胡三省曰後魏陸俟治高車與潛異世而同轍於是太祖深悔還潛之速何焯曰此魏失幷州之故因循至晉遂有劉石之禍由於操方角逐羣雄不思靖亂亦其規模狹小聽讒忿賢之病後數十日三單于反問至乃遣鄢陵侯彰爲驍騎將軍胡三省曰鄢陵縣屬潁川郡驍騎將軍始於漢武帝以命李廣征之潛出爲沛國相遷兗州刺史或謂兗州疑豫州之誤摩陂在豫州潁川郡郟縣境內若在兗州魏武何由歎其軍陳齊整乎弼按温恢傳潛實爲兗州刺史是時諸軍會摩陂豫州刺史爲呂貢也注引魏略亦云潛爲兗州何焯曰摩陂之役蓋集數州之衆以解二城之圍亦勍矣哉太祖次摩陂歎其軍陳齊整特加賞賜文帝踐阼毛本阼作祚誤入爲散騎常侍出爲魏郡潁川典農中郎將奏通貢舉比之郡國由是農官進仕路泰遷荆州刺史賜爵關內侯明帝卽位入爲尚書出爲河南尹轉太尉軍師大司農封清陽亭侯邑二百戶入爲尚書令奏正分職料簡名實出事使斷官府者百五十餘條喪父去官拜光祿大夫正始五年薨追贈太常謚曰貞侯

魏略曰時遠近皆云當爲公會病亡始潛自感所生微賤無舅氏又爲父所不禮卽折節仕進雖多所更歷淸省恪然每之官不將妻子妻子貧乏織藜芘以自供官本藜作蘩御覽四百八四引典略作荆芘又七百六六引魏略作箣笓注上音棘下音毗又潛爲兗州時嘗作一胡牀及其去也留以挂柱又以父在京師出入薄軬車解見常林傳羣弟之田廬孫志祖曰之當作乏弼按之往也與下文常步行相應常步行家人小大或幷日而食其家敎上下相奉事有似於石奮漢書石奮傳奮及四子皆二千石號萬石君以孝謹聞乎郡國其履檢校度自魏興少能及者潛爲人材博有雅要容官本考證曰要字疑衍然但如此而已終無所推進故世歸其潔而不宗其餘周壽昌曰潛父在漢靈帝時貴爲列侯而儉約至此潛少不修細行而履檢校度魏時無能及者卒以無所推進世不宗之可知漢魏時以薦才爲第一義

子秀嗣遺令儉葬墓中惟置一坐瓦器數枚其餘一無所設秀咸熙中爲尚書僕射

文章敍錄曰秀字季彥弘通博濟八歲能屬文遂知名本志郭淮傳注引晉諸公贊云淮弟配裴秀賈充皆配女壻大將軍曹爽辟晉書裴秀傳渡遼將軍毌丘儉嘗薦秀於大將軍曹爽曰生而岐嶷長蹈自然玄靜守眞性入道奧博學彊記無文不該孝友著於鄉黨高聲聞於遠近誠宜弼佐謨明助和鼎味毗贊大府光昭盛化非徒子奇甘羅之疇兼包游夏顏冉之美爽乃辟爲掾喪父服終推財與兄弟年二十五遷黃門侍郎爽誅以故吏免遷衞國相累遷散騎常侍三少帝紀高貴鄉公甘露元年注引傅暢晉諸公贊曰帝常與散騎常侍裴秀等講宴于東堂名秀爲儒林丈人尚書僕射令續百官志尚書僕射一人六百石令字疑衍陳志潛傳晉書秀傳均作尚書僕射不言尚書僕射令也晉書秀傳軍國之政多見信納遷散騎常侍帝之討諸葛誕也秀與尚書僕射陳泰黃門侍郎鍾會以行臺從豫參謀略及誕平轉尚書常道鄉公立以豫議定策遷尚書僕射光祿大夫咸熙中晉文王始建五等詳見陳留王紀咸熙元年命秀典爲制度封廣川侯晉書秀傳封濟川侯地方六十里以高苑縣濟川墟爲侯國郡國志青州樂安國高苑縣一統志高苑故城今山東濟南府新城縣治晉室受禪進左光祿大夫晉書職官志左右光祿大夫假金章紫綬改封鉅鹿公晉書作封鉅鹿郡公遷司空著易及樂論又畫地域圖十八篇傳行於世晉書秀傳秀以職在地官以禹貢山川地名從來久遠多有變易後世說者或彊牽引漸以闇昧於是甄擿舊文疑者則闕古有名而今無者皆隨事注列作禹貢地域圖十八篇奏之藏於祕府其序曰圖書之設由來尚矣自古立象垂制而賴其用三代置其官國史掌厥職暨漢屠咸陽丞相蕭何盡收秦之圖籍今祕書既無古之地圖又無蕭何所得惟有漢氏輿地及括地諸雜圖各不設分率又不考正準望亦不備載名山大川雖有麤形皆不精審不可依據或荒外迂誕之言不合事實於義無取大晉龍興混一六合以淸宇宙始於庸蜀采入其阻文皇帝乃命有司撰訪吳蜀地圖蜀土既定六軍所經地域遠近山川險易征路迂直校驗圖記罔或有差今上考禹貢山海川流原隰陂澤古之九州及今之十六州郡國縣邑疆界鄉陬及古國盟會舊名水陸徑路爲地圖十八篇制圖之體有六焉一曰分率所以辨廣輪之度也二曰準望所以正

彼此之體也三曰道里所以定所由之數也四曰高下五曰方邪六曰迂直此三
者各因地而制宜所以校夷險之異也有圖象而無分率則無以審遠近之差有
分率而無準望雖得之於一隅必失之於他方有準望而無道里則施於山海絕
隔之地不能以相通有道里而無高下方邪迂直之校則徑路之數必與遠近之
實相違失準望之正矣故以此六者參而考之然遠近之實定於分率彼此之實
定於道里度數之實定於高下方邪迂直之算故雖有峻山鉅海之隔絕域殊方
之迴登降詭曲之因皆可得舉而定者準望之法既正則曲直遠近無所隱其形
也秀創制朝儀廣陳刑政朝廷多遵用之以爲故事水經穀水注京相璠與裴司
空季彥修晉輿地圖書鈔九十六引晉諸公贊云司空裴秀以舊天下大圖用縑
十八疋省視既難事又不審乃裁減爲方丈圖以一分爲十里沈家本曰晉書作
禹貢地域圖十八篇疑此奪禹貢二字弼按秀制圖六法實爲測地繪圖之先河
盟會圖及典治官制皆未成年四十八泰
始七年薨諡元公配食宗廟少子頠字逸民襲封 晉書秀傳秀以尚書三十六曹統事準例不明宜使諸卿任職未奏
而薨友人料其書記得表草言平吳事其詞曰孫皓酷虐不及聖明御世兼弱攻
昧使遣子孫將遂不能臣時有否泰非萬安之勢也臣昔雖已屢言未有成旨今
既疾篤不起謹重尸啓願陛下時共施用乃封以上聞詔報曰司空薨痛悼不能
去心又得表草雖在危困不忘王室盡忠憂國省益傷切輒當與諸賢共論也咸
寧初與石苞等並爲王公配享廟庭有二子濬頠濬嗣位至散
騎常侍早卒濬庶子憬不慧別封高陽亭侯以濬少弟頠嗣 荀綽冀州記曰
頠爲人弘雅有遠識博學稽古履行高整自少知名歷位太子中庶子侍中尚書元康
末爲尚書左僕射趙王倫以其望重畏而惡之知其不與賈氏同心猶被枉害 晉書裴頠傳楊
駿將誅駿黨左軍將軍劉豫陳兵在門遇頠問太傅所在頠紿之曰向於西掖門
遇公乘素車從二人西出矣豫曰吾何之頠曰宜至廷尉豫從頠言遂委去尋詔
頠代豫領左軍將軍屯萬春門駿誅論功封子該武昌侯還侍中時天下暫寧頠
奏修國學刻石寫經皇太子既講釋奠祀孔子飲饗射侯甚有儀序又令荀藩終
父勖之志鑄鐘鑿磬以備郊廟朝享禮樂頠通博多聞兼明醫術荀勖之修律度
也檢得古尺短世所用四分有餘頠上言宜改諸度量若未能悉革可先改太醫
權衡此若差違遂失神農岐伯之正藥物輕重分兩乖互所可傷夭爲害尤深古
壽考而今短折者未必不由此也卒不能用樂廣嘗與頠清言欲以理服之而頠
辭論豐博廣笑而不言時人謂頠爲言談之林藪頠以賈后不悅太子抗表請增
崇太子所生謝淑妃位號仍啓增置後衛率吏給三千兵於是東宮宿衛萬人還
尚書侍中如故加光祿大夫頠深慮賈后亂政與司空張華侍中賈模議廢之而
立謝淑妃華模皆曰帝自無廢黜之意若吾等專行之上心不以爲是且諸王方
剛朋黨異議恐禍如發機身死國危無益社稷頠曰誠如公慮但昏虐之人無所
忌憚亂可立待將如之何華曰卿二人猶且見信然勤爲左右陳禍福之戒冀無
大悖幸天下尚安庶可優游卒歲此謀遂寢頠且夕勸說從母廣城君令戒喻賈
后親待太子而已愍懷太子之廢也頠與張華苦爭不從初趙王倫諂事賈后頠

甚惡之倫數求官頠與張華復固執不許由是深爲倫所怨倫
又潛懷篡逆欲先除朝望因廢賈后之際遂誅之時年三十四 **臣松之案陸機**
惠帝起居注稱頠雅有遠量當朝名士也又曰民之望也頠理具淵博贍於論難著崇
有貴無二論以矯虛誕之弊文辭精富爲世名論 晉書頠傳頠深患時俗放蕩不尊儒術何晏阮籍素有高名於世口
談浮虛不遵禮法尸祿耽寵仕不事事至王衍之徒聲譽太盛位高
勢重不以物務自嬰遂相放效風教陵遲乃著崇有之論以釋其蔽 **子嵩字道文**
荀綽稱嵩有父祖風爲中書郎早卒 晉書頠傳頠二子嵩該趙王倫亦欲害之梁王肜東海王越稱頠父秀有勳王室配食太
廟不宜滅其後嗣故得不死徙帶方惠帝反正追
復頠本官諡曰成以嵩嗣爵爲中書黃門侍郎 **頠從父弟邈字景聲有雋才爲**
太傅司馬越從事中郎假節監中外營諸軍事 藝文類聚卷六十載邈文身劍銘曰器以利顯實以名舉長劍耿介體文
經武陸斷玄犀水截輕羽九功斯象七德是輔又文身刀銘曰良金百煉
名工展巧寶刀既成窮理盡妙文繁波迴流光靈照在我皇世戢而不耀 **潛少弟**
徽字文季 唐書宰相世系表作字文秀又云茂長子均與晉書裴秀傳異 **冀州刺史有高才遠度善言玄妙事見**
荀粲傳嘏王弼管輅諸傳 潘眉曰裴徽於魏志惟見管輅傳至如傳嘏傳無裴徽惟注引傅子有徽非傳也荀粲王弼魏志皆無傳何劭
作荀粲及王弼傳荀粲傳引於荀彧傳王弼傳引於鍾會傳皆注也若據陳志而
言則當云徽事見管輅傳若兼傳注而言則當云見荀彧傅嘏鍾會管輅諸傳若
據所出書而言則當云見荀粲王弼管輅傳及傅子沈家本曰裴注凡云見某傳
者皆兼傳注而言初不分析此注惟荀粲當作荀彧耳王弼附於鍾會故亦得稱
王弼傳但改粲爲彧於本書次序甚合可無疑也弼按
裴儁字奉先潛弟見蜀志孟光傳注引傅暢裴氏家記 **徽長子黎字伯宗一名演**
遊擊將軍次康字仲豫太子左衛率次楷字叔則侍中中書令光祿大夫開府次綽字
季舒黃門侍郎早卒追贈長水校尉康楷綽皆爲名士而楷才望最重 晉諸公贊曰
康有弘量綽以明達爲稱楷與琅邪王戎俱爲掾發名鍾會致之大將軍司馬文王曰
裴楷清通王戎簡要文王即辟爲掾進歷顯位謝鯤爲樂廣傳稱楷儁朗有識具當時
獨步 吳本毛本具作且晉書裴楷傳楷明悟有識量弱冠知名尤精老易少與王戎齊名爲吏部郎容儀俊爽時人謂之玉人出入宮省見者肅然改容武帝
初登阼探策以卜世數多少而得一帝不悅羣臣失色莫有言者楷正容儀和其
聲氣從容進曰臣聞天得一以淸地得一以寧王侯得一以爲天下貞武帝大悅
羣臣皆稱萬歲累遷散騎常侍轉侍中與山濤和嶠並以盛德居位帝嘗問曰朕
應天順時海內更始天下風聲何得何失楷對曰陛下受命四海承風所以未比

德於堯舜者但以賈充之徒尙在朝耳方宜引天下賢人以弘正道不宜示人以私 黎子苞秦州刺史龐子純黃門侍郎次盾徐州刺史次郃 郃當作邵晉書楷傳盾弟邵字道期元帝爲安東將軍以邵爲長史王導爲司馬二人相與爲深交 有器望晉元帝爲安東將軍郃爲長史侍中王曠與司馬越書曰裴郃在此雖不治事然識量弘達此下人士大敬附之次廓中壘將軍楷子瓚中書郎 晉書楷傳瓚字國寶風神高邁見者皆敬之 次憲豫州刺史 晉書楷傳憲字景思永嘉末王浚爲石勒所破棗嵩等莫不謝罪軍門貢賂交錯惟憲及荀綽恬然私室家有書百餘袠鹽米各十數斛而已 綽子遐太傅主簿 晉書楷傳遐善言玄理嘗與河南郭象談論一坐嗟服 瓚遐並有盛名早卒 晉書楷傳瓚爲亂兵所害遐爲東海王越子毗所害 晉諸公贊稱憲有清識 晉書楷傳裴王二族盛於魏晉之世時人以爲八裴方八王徽比王祥楷比王衍康比王綏綽比王澄瓚比王敦遐比王導頠比王戎邈比王玄云 魏略列傳以徐福嚴幹李義張既游楚梁習趙儼裴潛韓宣黃朗十人共卷其既習儼潛四人自有傳徐福事在諸葛亮傳游楚事在張既傳餘幹等四人 馮本監本作徐韓宋本元本作餘韓均誤盧明楷曰幹等卽指下嚴幹李義韓宣黃朗等四人也且上文已云徐福事在諸葛亮傳不應又云徐韓也 載之於後嚴幹 書鈔九十五引作嚴韓御覽五百四十二引作嚴翰 字公仲李義字孝懿皆馮翊東縣人也 趙一清曰東縣臨晉以東之縣也 馮翊東縣舊無冠族故二人並單家 單家單寒也 其器性皆重厚當中平末同年二十餘幹好擊劍義好辨護喪事馮翊甲族桓田吉郭 宋本元本馮本監本田誤作甲 及故侍中鄭文信等頗以其各有器實共紀識之會三輔亂人多流宕而幹義不去與諸知故相浮沈採樵自活逮建安初關中始開詔分馮翊西數縣爲左內史郡治高陵以東數縣爲本郡治臨晉 錢大昕曰劉昭注續漢志不載此事何焯曰時權置旋復故司馬氏不載然劉注當補見趙一清曰長安之爲內史郡實始於秦漢景帝因之分左右內史武帝改三輔曰京兆尹左馮翊右扶風晉書地理志云魏改京兆尹爲太守馮翊扶風各除左右此是禪位後定制如此當關中始開之時分馮翊之西爲左內史東爲本郡其名則同於漢其實則非也高陵縣秦爲左輔都尉治所漢屬左馮翊三國魏改爲高陵縣屬京兆郡臨晉城在同州朝邑縣西南二里本晉邑秦取其地嘗築壘以臨晉國因名漢屬左馮翊晉爲馮翊郡治蓋承曹魏之制也吳增僅曰考獻帝起居注建安十八年省州倂郡所載雍州統二十二郡內無左內史知置郡未久卽廢也又曰漢時三輔諸縣凡以陵名者皆陵寢所在因以立縣魏氏受禪於京兆之杜陵縣則

去陵爲杜於高陵縣則改陵爲陸於扶風之平陵縣則改爲始平意謂東漢陵爲平路耳弼按吳說似不盡然霸陵長陵陽陵安陵茂陵俱未改也杜陵爲後魏所改見地形志乃誤以元魏爲曹魏耳一統志高陵故城今西安府高陵縣西南臨晉故城今陝西同州府治 義於縣分當西屬義謂幹曰西縣兒曹不可與爭坐席今當共作方牀耳遂相附結皆仕東郡爲右職司隸辟幹不至歲終郡舉幹孝廉義上計掾義留京師爲平陵令 一統志平陵故城今西安府咸陽縣西北十五里 遷冗從僕射 范書梁商傳有冗從僕射杜永續百官志有中黃門冗從僕射范書桓帝紀永壽三年置冗從右僕射 遂歷顯職逮魏封十郡請義以爲軍祭酒又爲魏尙書左僕射及文帝卽位拜諫議大夫執金吾衞尉卒官義子豐字宣國 夏侯玄傳作字安國 見夏侯玄傳幹以孝廉拜蒲阪令 郡國志司隸河東郡蒲坂一統志今山西蒲州府城東南 病去官復舉至孝爲公車司馬令 續百官志公車司馬令一人六百石掌宮南闕門李祖楙曰公車門名公車所在因以名焉見光武紀注所說不同公車門或卽南闕門也 爲州所請詔拜議郎還參州事會以建策捕高幹又追錄前討郭援功封武鄉侯 此與蜀志諸葛亮傳諸葛亮所封之武鄉侯當別爲一地晉書地理志幷州上黨郡有武鄉縣嚴幹立功在幷州其封邑當亦在幷州之郡縣 遷弘農太守及馬超反幹郡近超民人分散超破爲漢陽太守遷益州刺史以道不通黃初中轉爲五官中郎將明帝時遷永安太僕 本志后妃傳明帝卽位尊文德郭后爲皇太后稱永安宮太后三卿衞尉太僕少府皆隨太后宮爲官號位在九卿下 數歲卒始李義以直道推誠於人故于時陳羣等與之齊好雖無他材力而終仕進不頓躓幹從破亂之後更折節學問特善春秋公羊司隸鍾繇不好公羊而好左氏謂左氏爲太官而謂公羊爲賣餠家故數與幹共辯析長短繇爲人機捷善持論而幹訥口臨時屈無以應繇謂幹曰公羊高竟爲左丘明服矣幹曰直故吏爲明使君服耳公羊未肯也 韓宣字景然 書鈔五十四作字子景 勃海人也爲人短小建安中丞相召署軍謀掾 監本官本署作置誤 冗散在鄴嘗於鄴出入宮 御覽出作步行 於東掖門內與臨菑侯植相遇時天新雨地有泥潦宣欲避之閡潦不得去乃以扇自障住於道邊植嫌宣既不去又不爲禮乃駐車使其常從問宣何官宣云

丞相軍謀掾也植又問曰應得唐突列侯否宣曰春秋之義王人雖微列於諸侯之上未聞宰士而爲下土諸侯禮也植又曰卽如所言爲人父吏見其子應有禮否宣又曰於禮臣子一例也而宣年又長植知其枝柱難窮乃釋去具爲太子言以爲辯黃初中爲尚書郎嘗以職事當受罰於殿前已縛束杖未行文帝輦過問此爲誰左右對曰尚書郎勃海韓宣也帝追念前臨菑侯所說乃寤曰是子建所道韓宣邪特原之遂解其縛時天大寒宣前以當受杖豫脫袴纏褌面縛及其原褌腰不下乃趨而去帝目而送之笑曰此家有瞻諦之士也後出爲清河東郡太守明帝時爲尚書大鴻臚數歲卒宣前後當官在能否之閒然善以己恕人始南陽韓曁以宿德在宣前爲大鴻臚曁爲人賢及宣在後亦稱職故鴻臚中爲之語曰大鴻臚小鴻臚前後治行曷相如案本志宣名都不見惟魏略有此傳而世語列於名臣之流　黃朗字文達沛郡人也爲人弘通有性實父爲本縣卒朗感其如此抗志游學由是爲方國及其郡士大夫所禮異特與東平右姓王惠陽爲碩交惠陽親拜朗母於牀下朗始仕黃初中爲長吏遷長安令會喪母不赴宋本馮本赴作對復爲魏令遷襄城典農中郎將涿郡太守以明帝時疾病卒始朗爲君長自以父故常忌不呼鈴下伍伯而呼其姓字至於忿怒亦終不言朗既仕至二千石而惠陽亦歷長安令酒泉太守故時人謂惠陽外似麤疏而內堅密能不顧朗之本末事朗母如己母爲通度也　魚豢曰世稱君子之德其猶龍乎蓋以其善變也昔長安市儈有劉仲始者一爲市吏所辱乃感激蹋其尺折之遂行學問經明行修流名海內後以有道徵不肯就衆人歸其高余以爲前世偶有此耳而今徐嚴復參之若皆非似龍之志也其何能至於此哉李推至道張工度主韓見識異黃能拔萃各著根於石上而垂陰乎千里亦未爲易也游翁慷慨展布腹心全軀保郡見延帝王又放陸

生優游宴戲何焯校改戲作喜亦一實也梁趙及裴雖張楊不足至於檢己老而益明亦難能也

評曰和洽清和幹理常林素業純固楊俊人倫行義杜襲溫粹識統趙儼剛毅有度裴潛平恒貞幹皆一世之美士也至林能不繫心於三司以大夫告老美矣哉劉咸炘曰此諸人皆歇歷中外而和杜趙裴又皆自荆州歸曹氏又曰此篇與下篇稍類敍之耳此篇諸人官皆至卿下篇諸人官皆至公俱無大卓異亦不甚關魏之盛衰也弼按高柔諸奏皆關國計宜分別論之

魏書二十三　三國志二十三

韓崔高孫王傳第二十四

晉　平陽侯相　安漢　陳壽　撰

宋　中書侍郎　西鄉侯　聞喜　裴松之　注

沔陽　盧弼　集解

韓暨字公至南陽堵陽人也郡國志荆州南陽郡堵陽一統志堵陽故城今河南南陽府裕州東六里謝鍾英曰在裕州西三十五里

楚國先賢傳曰暨韓王信之後祖術河東太守父純南郡太守

同縣豪右陳茂譖暨父兄幾至大辟暨陽不以爲言庸賃積資陰結死士遂追呼壽禽茂以首祭父墓由是顯名舉孝廉司空辟皆不就

乃變名姓隱居避亂魯陽山中郡國志南陽郡魯陽有魯山本志毛玠傳玠將避亂荆州遂住魯陽惠棟曰有陽泉鄉盛弘之云其地重險楚之北塞也一統志魯陽故城今河南汝州魯山縣治方輿紀要卷五十一魯山在魯山縣東北十八里山高聳迥出羣山爲一邑巨鎮縣以此名五見劉表傳毛玠傳山民合黨欲行寇掠暨散家財以供牛酒請其渠帥爲陳安危山民化之終不爲害避袁術命召徙居山都之山胡三省曰山都山在南陽郡山都縣方輿紀要卷七十九山都城在襄陽府西北八十里秦置山都縣漢屬南陽郡韓暨避袁術之命徙居山都山蓋縣境之山也荆州牧劉表禮辟遂遁逃南居孱陵界郡國志荆州武陵郡孱陵劉昭注引魏氏春秋曰劉備在荆州所都改曰公安吳志呂蒙傳孫權以蒙爲南郡太守封孱陵侯卽此一統志孱陵故城今湖北荆州府公安縣南應劭曰孱音踐所在見敬愛而表深恨之暨懼應命除宜城長宜城見杜夔傳太祖平荆州辟爲丞相士曹屬胡三省曰丞相府有戶曹賊曹兵曹鎧曹士曹掾屬各一人兵鎧士三曹蓋操所置趙一清曰士曹不見於續志疑亦魏武所置後遷樂陵太守洪亮吉曰樂陵國魏武分平原置晉地理志魏武置郡十二其一樂陵謝鍾英曰陳矯韓暨爲樂陵太守並在建安中是卽魏武置郡之證洪氏從元和志作國非是徙監冶謁者衞覬傳以謁者僕射監鹽官此以謁者監冶亦當時特設之官舊時冶作馬排原注蒲拜反爲排以吹炭每一熟石宋本熟作孰用馬百匹更作人排又費功力暨乃因長流爲水排計其利益三倍於前范書杜詩傳詩遷南陽太守造作水排鑄爲農器用力少見功多百姓便之章懷注冶鑄者爲排以吹炭今激水以鼓之也排當作橐古字通用錢大昭曰排古字橐俗字梁章鉅曰排與鞴橐鞴通吹火革橐也冶者爲排以吹炭激水鼓之黃山曰水排卽今水碓章懷以橐籥之吹炭爲言蓋著排名所由起而其法本自冶人發明今用水激則有異也趙一清曰水經穀水注白超壘在缺門東一十五里壘側舊有塢故冶官所在魏晉之日引穀水爲水冶以經國用遺迹尙有蓋卽所謂水排也在職七年御覽七年作一年器用充實制書褒歎就加司金都尉司金都尉解見王修傳洪飴孫曰司金都尉一人比二千石楊晨曰曹眞碑有司金丞班亞九卿文帝踐阼封宜城亭侯黃初七年遷太常通典八十一太和六年明帝有外祖母之喪太常韓暨奏天子降周爲外祖母無服進封南鄉亭侯邑二百戶陳景雲曰由亭侯進封南鄉侯與滿寵王淩同亭字衍潘眉曰凡亭侯邑以百戶起如梁習封申門亭侯杜畿封豐樂亭侯邑皆百戶鄉侯以二百戶起如和洽封西陵鄉侯及暨封南鄉侯邑皆二百戶又按荀彧萬歲亭侯邑二千戶王觀陽鄉侯邑二千五百戶鄉亭之封其廣如此

而邑侯有不及四分之一者亦立制之未善也時新都洛陽制度未備而宗廟主祏

祏音石春秋傳曰命我先人典司宗祏注曰宗廟所以藏主石室者

皆在鄴都暨奏請迎鄴四廟神主建立洛陽廟四時蒸嘗親奉粢盛崇明正禮廢去淫祀多所匡正在官八年以疾遜位景初二年春詔曰太中大夫韓暨澡身浴德志節高潔年踰八十守道彌固可謂純篤老而益劭者也其以暨爲司徒暨爲司徒盧毓所薦見毓傳趙一清曰前卷注引魏略韓宣傳稱暨爲大鴻臚而本傳不見夏四月薨遺令斂以時服葬爲土藏謚曰恭侯

楚國先賢傳曰暨臨終遺言曰夫俗奢者示之以儉儉則節之以禮歷見前代送終過制失之甚矣若爾曹敬聽吾言斂以時服葬以土藏穿畢便葬送以瓦器愼勿有增益又上疏曰生有益於民死猶不害於民況臣備位台司在職日淺未能宣揚聖德以廣

益黎庶寢疾彌留奄卽幽冥方今百姓農務不宜勞役乞不令洛陽吏民供設喪具懼國典有常使臣私願不得展從謹冒以聞惟蒙哀許帝得表嗟歎乃詔曰故司徒韓曁積德履行忠以立朝至於黃髮直亮不虧既登三事三事三公也望獲毗輔之助如何奄忽天命不永曾參臨沒易簀以禮事見禮記檀弓晏嬰尙儉遣車降制事見說苑今司徒知命遺言卹民必欲從約可謂善始令終者也其喪禮所設皆如故事勿有所闕特賜溫明祕器漢書霍光傳賜東園溫明服虔曰東園處此器形如方漆桶開一面漆畫之以鏡置其中以懸屍上大斂並蓋之師古曰東園署名也屬少府其署主作此器也衣一稱五時朝服玉具劍佩趙一清曰晉書輿服志魏祕書監秦靜曰漢氏承秦改六冕之制但玄冠絳衣而已魏已來名爲五時朝服又有四時朝服又有朝服自皇太子以下隨官受給百官雖服五時朝服據令止給四時朝服闕秋服三年一易

子肇嗣肇薨子邦嗣

楚國先賢傳曰邦字長林少有才學晉武帝時爲野王令有稱績爲新城太守坐舉野

王故吏爲新城計吏武帝大怒遂殺邦暨次子繇高陽太守繇子洪侍御史洪子壽字德眞馮本眞作貞晉書賈充傳作眞晉諸公贊曰自曁以下世治素業壽能敦尙家風性尤忠厚越禮踰牆忠厚何在當時二十四友傳會賈謐文章稱美廉恥道喪於斯爲極吁可嘅也早歷淸職惠帝踐阼爲散騎常侍遷守河南尹病卒贈驃騎將軍壽妻賈充女充無後以壽子謐爲嗣晉書賈充傳充子黎民死遂無嗣以外孫韓謐爲黎民子奉充後謐字長深母賈午充少女也父壽字德眞美姿貌善容止充辟爲司空掾充每讌賓僚其女輒於青鏁中窺之見壽而悅焉問左右識此人不有一婢說壽姓氏云是故主人女大感想發於寤寐婢後往壽家具說女意并言其女光麗豔逸端美絕倫壽聞而心動便令爲通殷勤婢以白女女遂潛修音好厚相贈結呼壽夕入壽勁捷過人踰垣而至家中莫知惟充覺其女悅暢異於常日時西域有貢奇香一著人則經月不歇帝甚貴之惟以賜充及大司馬陳騫其女密盜以遺壽充寮屬與壽燕處聞其芬馥稱之於充自是充意知女與壽通而其門閣嚴峻不知所由得入乃夜中陽驚託言有盜因使循牆以觀其變左右白曰無餘異惟東北角如狐狸行處充乃攷問女之左右具以狀對充祕之遂以女妻壽唐李義山詩賈氏窺簾韓掾少卽指此弱冠爲祕書監侍中性驕佚而才出衆馮本無衆字誤晉書賈充傳謐好學有才思既爲充嗣繼佐命之後又賈后專恣謐權過人主至乃璅繫黃門侍郞其爲威福如此負其驕寵奢侈踰度室宇崇僭器服珍麗歌僮舞女選極一時開閤延賓海內輻湊貴遊豪戚及浮競之徒莫不盡禮事之或著文章稱美謐以方賈誼渤海石崇歐陽建滎陽潘岳吳國陸機陸雲蘭陵繆徵京兆杜斌摯虞琅邪諸葛詮弘農王粹襄城杜育南陽鄒捷齊國左思清河崔基沛國劉瓌汝南和郁周恢安平牽秀潁川陳眕太原郭彰高陽許猛彭城劉訥中山劉輿劉琨皆傅會於謐號曰二十四友其餘不得預焉歷位散騎常侍後軍將軍少子蔚亦有器望並爲趙王倫所誅韓氏遂滅晉書宗室譙剛王遜傳附韓延之傳延之字顯宗魏司徒暨之後少以分義稱安帝時爲建威將軍荊州治中轉平西府錄事參軍以劉裕父名翹字顯宗遂字顯宗名兒爲翹以示不臣劉氏

崔林字德儒淸河東武城人也淸河東武城見崔琰傳少時晚成康發祥曰四字幾不成文少時下加無名望三字則明白矣宗族莫知惟從兄琰異之琰謂林大器晚成太祖定冀州召除鄔長郡國志幷州太原郡鄔一統志鄔縣故城今山西汾州府介休縣東北三十里鄔城店貧無車馬單步之官太祖征壺關壺關見武紀建安十年問長吏德政最者幷州刺史張陟以林對於是擢爲冀州主簿徙署別駕丞相掾屬魏國既建稍遷御史中丞文帝

踐阼拜尙書出爲幽州刺史北中郞將吳質統河北軍事王粲傳注質統幽幷諸軍事治信都涿郡太守王雄謂林別駕曰吳中郞將上所親重國之貴臣也杖節統事州郡莫不奉牋致敬而崔使君初不與相聞若以邊塞不修斬卿使君寧能護卿邪別駕具以白林林曰刺史視去此州如脫屣寧當相累邪此州與胡虜接宜鎭之以靜擾之則動其逆心特爲國家生北顧憂以此爲寄在官一期寇竊寢息

按王氏譜沈家本曰文選王文憲集序注引王氏家譜雄字元伯太保祥之宗也　魏名臣奏載安定太守孟達薦雄曰陳浩曰此與蜀降人爲新城太守者同名姓趙一淸曰此別一孟達臣聞明君以求賢爲業忠臣以進善爲效故易稱拔茅連茹易泰卦拔茅連茹以其彙征吉王弼注云茅之爲物拔其根而相牽引者也茹相牽引之貌也正義曰以其彙者以類相從也傳曰舉爾所知臣不自量竊慕其義臣昔以人乏謬充備部職時涿郡太

守王雄爲西部從事與臣同僚雄天性良固果而有謀歷試三縣政成人和及在近職奉宣威恩懷柔有術清慎持法臣往年出使經過雄郡自說特受陛下拔擢之恩常勵節精心思投命爲効言辭激揚情趣款惻臣雖愚闇不識眞僞以謂雄才兼資文武忠烈之性踰越倫輩今涿郡領戶三千沈家本曰續漢志涿郡十萬二千二百一十八此永和五年戶數經亂之後存者不及三十分之一孤寡之家參居其半北有守兵藩衛之固誠不足舒雄智力展其勤幹也監本勤作勒誤臣受恩深厚無以報國不勝慺慺淺見之情謹冒陳聞詔曰昔蕭何薦韓信鄧禹進吳漢惟賢知賢也雄有膽智技能文武之姿吾宿知之今便以參散騎之選方使少在吾門下知指歸便大用之矣天下之士欲使皆先歷散騎然後出據州郡是吾本意也何焯曰不更州郡者不可使處內不歷近職者不可使處外此有深旨雄後爲幽州刺史通鑑太和六年帝使幽州刺史王雄自陸道討公孫淵又本志田豫傳幽州刺史王雄支黨欲令雄領烏丸校尉毀豫亂邊遂轉豫爲汝南太守鮮卑傳青龍三年幽州刺史王雄遣勇士韓龍刺殺軻比能子渾

涼州刺史當時有兩王渾一爲太原之王渾卽與王濬破吳爭功者也一爲琅邪之王渾卽王雄之子晉太保王祥司徒王戎太尉王衍丞相王導皆琅邪王氏也次乂平北將軍司徒安豐侯戎渾之子晉書王戎傳父渾涼州刺史貞陵亭侯阮籍與渾爲友戎少籍二十歲而籍與之交謂渾曰共卿言不如共阿戎談及渾卒於涼州故吏賻贈數百萬戎辭而不受由是顯名襲父爵辟相國掾歷吏部黃門郎散騎常侍河東太守荆州刺史遷豫州刺史受詔伐吳吳平進封安豐縣侯徵爲侍中後遷光祿勳尚書左僕射尋轉司徒以王政將圮苟媚取容屬愍懷太子之廢竟無一言匡救性好興利廣收八方園田水碓周徧天下積實聚錢不知紀極以此獲譏於世永興二年薨時謚曰元太尉武陵侯衍荆州刺史澄皆乂之子晉書王衍傳衍字夷甫嘗造山濤濤目而送之曰何物老嫗生寧馨兒然誤天下蒼生者未必非此人也父乂爲平北將軍常有公事使行人列上不時報衍年十四造僕射羊祜辭甚清辯祜名德貴重而衍幼年無屈下之色衆咸異之補元城令終日清談而縣務亦理入爲中庶子黃門侍郎魏正始中何晏王弼等祖述老莊立論衍甚重之妙善玄言唯談老莊爲事累居顯職後進之士莫不景慕放效遂成風俗焉後歷北軍中候中領軍尚書令女爲愍懷太子妃太子爲賈后所誣衍懼禍自表離婚賈后旣廢有司奏衍志在苟免可禁錮終身從之後拜尚書令司空司徒衍雖居宰輔之重不以經國爲念而思自全之計以弟澄爲荆州族弟敦爲青州因謂澄敦曰荆州有江漢之固青州有負海之險卿二人在外而吾留此足以爲三窟矣識者鄙之石勒王彌寇京師與衍語移日衍自說少不豫事因勸勒稱尊號勒怒曰君名蓋四海身居重任少壯登朝至於白首何得言不豫世事邪破壞天下正是君罪使左右扶出使人夜排牆塡殺之澄字平子少歷顯位屢遷成都王穎從事中郎穎嬖豎孟玖譖殺陸機兄弟天下切齒澄發玖私姦勸穎殺玖穎乃誅之士庶莫不稱善以迎大駕勳封南鄉侯遷建威將軍雍州刺史惠帝末以澄爲荆州刺史會元帝徵澄爲軍諮祭酒時王敦爲江州鎭豫章澄過詣敦敦忌澄盛名出已右令力士路戎搤殺之猶以不事上司李慈銘曰上司二字始見於此左遷河閒太守清論多爲林怨也

魏名臣奏載侍中辛毗奏曰昔桓階爲尚書令以崔林非尚書才遷以爲河閒太守與此傳不同

遷大鴻臚續百官志大鴻臚卿一人中二千石掌諸侯及四方歸義蠻夷龜茲王遣侍子來朝朝廷嘉其遠至褒賞其王甚厚餘國各遣子來朝閒使連屬林恐所遣或非眞的權取疏屬賈胡因通使命利得印綬而道路護送所損滋多勞所養之民資無益之事爲夷狄所笑此曩時之所患也乃移書燉煌喩

指幷錄前世待遇諸國豐約故事使有恒常此明於典制懷柔之法明帝卽位賜爵關內侯轉光祿勳司隸校尉錢大昭曰明帝紀注引獻帝傳云使持節行司空大司農崔林監護喪事是青龍二年林爲大司農也史不備書屬郡皆罷非法除過員吏潘眉曰屬七郡三輔三河弘農弼按此爲漢司隸所屬魏時司隸所屬不如是吳增僅云百官志五注引獻帝起居注建安十八年三月省司隸部分屬豫冀雍三州豫得河南郡雍得京兆扶風馮翊弘農四郡冀得河東河內二郡其後三輔遂長隸雍州而司隸何時復置三河弘農何時還屬史無明文晉志魏受禪置司州魏因漢舊但有司隸校尉無司州刺史晉志又云魏司隸所部河南河東河內弘農平陽合五部置司州沈家本曰魏置司州而不置刺史仍以司隸校尉治之耳潘氏以續漢志之三輔三河弘農七郡當之非也林爲政推誠簡存大體是以去後每輒見思散騎常侍劉劭作考課論劭作都官考課法七十二條制下百僚林議曰按周官考課其文備矣胡三省曰周冢宰總百官歲終則令百官府各正其治受其會聽其政事而詔王廢置三歲則大計羣吏之治而誅賞之自康王以下遂以陵遲通鑑遲作夷此卽考課之法存乎其人也及漢之季其失豈在乎佐吏之職不密哉方今

軍旅或猥或卒胡三省曰猥積也卒倉猝也讀曰猝沈欽韓曰一切經音義字林猥衆也漢書溝洫志注猥多也楊文蓀曰廣雅釋言猥頓也漢書注猥曲也與此異義備之以科條申之以內外增減無常固難一矣且萬目不張舉其綱衆毛不整振其領皋陶仕虞伊尹臣殷不仁者遠五帝三王未必如一而各以治亂易曰易簡而天下之理得矣太祖隨宜設辟以遺來今不患不法古也以爲今之制度不爲疏闊惟在守一勿失而已若朝臣能任仲山甫之重式是百辟詩烝民曰王命仲山甫式是百辟注汝施行法度於是百君則孰敢不肅景初元年司徒司空並缺盧毓薦林見毓傳散騎侍郎孟康薦林曰夫宰相者天下之所瞻效誠宜得秉忠履正本德杖義之士足爲海內所師表者竊見司隸校尉崔林稟自然之正性體高雅之弘量論其所長以比古人忠直不回則史魚之儔史鰌字魚衛史也孔子曰直哉史魚邦有道如矢邦無道如矢清儉守約則季文之匹也左傳君子是以知季文子之忠于公室也相三君矣而無私積可不謂忠乎牧守州郡元本監本郡作部誤所在而治及爲外司萬里肅齊誠台輔之妙器袞職之良才也後年遂爲司空封安陽亭侯邑六百戶三公封列侯自林始也

臣松之以爲漢封丞相邑爲荀悅所譏魏封三公其失同也

頃之又進封安陽鄉侯魯相上言漢舊立孔子廟褒成侯歲時奉祠辟雍行禮必祭先師王家出穀春秋祭祀文獻通考卷四十三引歐陽氏集古錄漢魯相置孔子廟卒史碑云廟有禮器請置百石卒史一人典主守廟故事辟雍祠先聖太宰太祝各一人備爵太常丞監祠河南尹給牛羊豕大司農給米今宗聖侯奉嗣未有命祭之禮宜給牲牢長吏奉祀尊爲貴神制三府議博士傅祗以春秋傳言立在祀典則孔子是也宗聖適足繼絕世章盛德

耳至於顯立言崇明德則宜如魯相所上林議以爲宗聖侯亦以王命祀不爲未有命也文紀黃初二年詔以議郎孔羨爲宗聖侯邑百戶奉孔子祀周武王封黃帝堯舜之後及立三恪禹湯之世不列于時復特命他官祭也或曰三王之後見有杞宋何云禹湯之後不列於時命官致祭周無其典蓋臆說也今周公已上達於三皇忽焉不祀而其禮經亦存其言今獨祀孔子者以世近故也以大夫之後特受無疆之祀禮過古帝義踰湯武可謂崇明報德矣無復重祀於非族也

臣松之以爲孟軻稱宰我之辭曰以予觀夫子賢於堯舜遠矣又曰趙一清曰一本作又有若曰生民以來未有盛於孔子者也斯非通賢之格言商較之定準乎雖妙極則同萬聖猶一然淳薄異時質文殊用或當時則榮沒則已焉是以遺風所被實有深淺若乃經緯天人立言垂制百王莫之能違彝倫資之以立誠一人而已耳周監二代斯文爲盛然於六經之道未能及其精致加以聖賢不興曠年五百道化陵夷憲章殆滅若使時無孔門則周典幾乎息矣夫能光明先王之道以成萬世之功齊天地之無窮等日月之久照豈不有踰於羣聖哉林曾無史遷洞想之誠史記孔子世家太史公曰余讀孔氏書想見其爲人適魯觀仲尼廟堂車服禮器諸生以時習禮其家余祗回久之不能去云梅眞慷慨之志漢書梅福傳福字子眞上書請建三統封孔子之祀以爲殷後而守其蓬心以塞明義可謂多見其不知量也

明帝又分林邑封一子列侯正始五年薨諡曰孝侯子述嗣晉諸公贊曰述弟隨晉尚書僕射爲人亮濟趙王倫篡位隨與其事監本其作共誤倫敗隨亦廢錮而卒林孫瑋性率而疎至太子右衛率也晉書盧諶傳崔悅字道儒魏司空林曾孫劉琨妻之姪也與諶俱爲琨司空從事中郎初林識拔同郡王經於民伍之中卒爲名士世以此稱之王經事見夏侯玄傳又見高貴鄉公紀甘露五年注

高柔字文惠陳留圉人也郡國志兗州陳留郡圉惠棟曰陳留風俗傳云舊陳地苦楚之難修干戈於境以虞其患故曰圉一統志圉縣故城今河南開封府杞縣南父靖爲蜀郡都尉郡國志益州蜀郡續百官志邊郡往往置都尉稍有分縣治民比郡陳留耆舊傳曰袁宏後漢紀桓帝永興元年太尉袁湯致仕湯初爲陳留太守褒善敘舊以勸風俗嘗曰不値仲尼夷齊西山餓夫柳下東國黜臣致聲名不泯者篇籍使然也乃使戶曹吏追錄舊聞以爲耆舊傳隋書經籍志雜傳類陳留耆舊傳二卷漢議郎圈稱撰又一卷魏散騎侍郎蘇林撰又地理類陳留風俗傳三卷圈稱撰舊唐志雜傳類陳留耆舊傳三卷闕稱撰（闕當爲圈之譌）新唐志雜傳記類圈稱陳留風俗傳三卷蘇林陳留耆舊傳三卷地理類圈稱陳留風俗傳三卷應劭風俗通姓氏篇圈氏楚鬻熊之後林寶元和姓纂後漢末有圈稱字幼舉（匡謬正俗作字孟舉）撰陳留風俗傳史通雜述篇若圈稱陳留耆舊周斐汝南先賢陳壽益部耆舊虞預會稽典錄此之謂郡書者也章宗源隋志考證云風俗宜入地理唐志雜傳類係重出隋志耆舊名疑有誤史通四語配詞則陳留風俗乃不與益部耆舊犯複又云魏志高柔傳注後漢書吳祐傳注初學記居處部並引陳留耆舊傳不著蘇林名惟御覽職官部稱蘇林廣舊傳而不著陳留地名沈家本曰裴氏所引不著撰人柔傳所引爲柔父靖之事乃敘事之體非地理之書靖卒于袁曹爭戰之時恐亦非圈稱所及當爲蘇林書也史通雜述篇分郡書地理書爲二風俗應入地理卽不當在郡書之中章說恐未是疑圈稱所撰耆舊風俗各自爲書故隋志分列二處舊志雜傳不錄而新志二處

皆稱風俗與隋志異曾樸後漢書藝文志攷云袁湯蘇林俱有陳留耆舊傳諸書所引爲圈爲袁爲蘇未能定之惟類聚八十引劉昆爲江陵令下詔問反風滅火虎北渡河何以致此昆曰偶然帝曰此長者之言又九十二引魏尙高帝時爲太史令御覽二百三十引楊仁字文義明帝引見問當代政治之事仁對上大奇之拜侍御史此三條稱高帝明帝不加漢字且稱明帝爲上確係後漢人語當是袁圈書姚振宗曰隋志圈稱書凡五卷耆舊傳二風俗傳三分別著錄於雜傳地理兩類中兩唐志但有風俗傳三卷則此二卷唐時已亡可知章氏攷證謂隋志耆舊名疑有誤史通稱耆舊亦當云風俗是皆不然又曰圈稱陳留耆舊傳與袁湯陳留耆舊傳時代甚相近疑卽湯使戶曹吏所作耆圈稱或爲本郡戶曹後舉上計留爲郎轉爲議郎者歟袁紀所言似得之於本書序文以重在袁湯故未於戶曹吏下著圈稱姓名斯則未可知耳弼按是書始於袁湯官陳留太守書未及成而去圈稱蘇林皆著籍陳留繼續纂輯各有成書故隋志兩存其目若遽斷爲袁爲圈爲蘇者皆拘泥矣靖高祖父固不仕王莽世爲淮陽太守所害以烈節垂名固子愼字孝甫敦厚少華有沈深之量撫育孤兄子五人恩義甚篤琅邪相何英嘉其行履以女妻焉英卽車騎將軍熙之父也熙字孟孫陳郡陽夏人何夔之曾祖詳見何夔傳注愼歷二縣令東萊太守老病歸家草屋蓬戶甕缶無儲其妻謂之曰君累經宰守積有年歲何能不少爲儲畜以遺子孫乎愼曰我以勤身清名爲之基以二千石遺之不亦可乎子式至孝常盡力供養永初中螟蝗爲害續五行志三安帝永初四年夏蝗獨不食式麥圉令周彊以表州郡太守楊舜舉式孝子讓不行後以孝廉爲郎次子昌昌弟賜並爲刺史郡守式子弘孝廉弘生靖

柔留鄉里王修識高柔於弱冠見王修傳謂邑中曰今者英雄並起陳留四戰之地也曹將軍雖據兗州武紀初平元年太祖行奮武將軍三年領兗州牧本有四方之圖未得安坐守也而張府君先得志於陳留張邈爲陳留太守吾恐變乘閒作也欲與諸君避之衆人皆以張邈與太祖善張邈傳袁紹使太祖殺邈太祖不聽邈益德太祖柔又年少不然其言興平元年邈弟超與陳宮等說邈共叛太祖迎呂布爲兗州牧果如柔言柔從兄幹袁紹甥也高幹事互見武紀建安十年及本志袁紹傳劉劭傳仲長統注謝承漢書曰應作後漢書幹字元才才志弘邈文武秀出父躬蜀郡太守祖賜司隸校尉

案陳留耆舊傳及謝承書幹應爲柔從父非從兄也未知何者爲誤從兄誤在河北呼柔胡三省曰高幹從袁紹在河北柔舉宗從之會靖卒於西州益州在西時道路艱澀兵寇縱橫而柔冒艱險詣蜀迎喪辛苦荼毒無所不嘗三年乃還太祖平袁氏以柔爲管長管字誤見司馬芝傳沈欽韓曰管當作菅靑州濟南屬縣也此與司馬芝傳同誤趙一淸曰漢書地理志濟南郡菅應劭曰音姦此管字誤管城自隋開皇以前未嘗置縣也縣中素聞其名姦吏數人皆自引去柔教曰昔邴吉臨政吏嘗有非猶尙容之漢書丙吉傳掾史有罪臧不稱職輒予長休告終無所案驗公府不案吏自吉始況此諸吏於吾未有失乎其召復之咸還皆自勵咸爲佳吏御覽二百六十七咸作成高幹既降頃之以幷州叛柔自歸太祖太祖欲因事誅之以爲刺姦令史洪飴孫曰當時尙有右刺姦掾丁儀延康以後置否無考弼按孫禮傳有刺姦主簿溫恢處法允當獄無留滯辟爲丞相倉曹屬倉曹屬主倉穀事

魏氏春秋曰柔既處法平允又夙夜匪懈至擁膝抱文書而寢太祖嘗夜微出觀察諸
吏見柔哀之徐解裘覆柔而去自是辟焉
太祖欲遣鍾繇等討張魯柔諫以爲今猥遣大兵西有韓遂馬超謂
爲己舉將相扇動作逆宜先招集三輔三輔苟平漢中可傳檄而定
也繇入關遂超等果反魏國初建爲尚書郎轉拜丞相理曹掾武紀建安
十九年選明達法理者使持典刑置理曹掾屬胡三省曰理曹漢公府無之蓋操所置也令曰夫治定之化以禮爲首撥
亂之政以刑爲先是以舜流四凶族皋陶作士漢祖除秦苛法蕭何
定律掾清識平當明于憲典勉恤之哉鼓吹宋金等鼓吹見文紀黃初六年在
合肥亡逃舊法軍征士亡考竟其妻子胡三省曰考覈而窮竟之太祖患猶不息
更重其刑金有母妻及二弟皆給官主者奏盡殺之柔啓曰士卒亡

軍誠在可疾胡三省曰疾惡也書曰爾毋忿疾于頑然竊聞其中時有悔者愚謂乃宜
貸其妻子一可使賊中不信二可使誘其還心正如前科固已絕其
意望而猥復重之柔恐自今在軍之士見一人亡逃誅將及己亦且
相隨而走不可復得殺也此重刑非所以止亡乃所以益走耳太祖
曰善即止不殺金母弟蒙活者甚衆趙一清曰金母弟因此不殺而其後遂寬逃亡之令故云蒙活者甚衆今
云金母弟蒙活者甚衆於事不合或金母弟下有脫文弼按即止不殺金母弟爲句蒙活者甚衆爲句文義明顯無俟注釋陳仁錫刊本誤讀趙沿其訛耳遷
爲潁川太守復還爲法曹掾續百官志法曹主郵驛科程事時置校事盧洪趙達等
校事詳見程昱傳使察羣下柔諫曰設官分職各有所司今置校事既非居上
信下之旨又達等數以憎愛擅作威福宜檢治之太祖曰卿知達等
恐不如吾也要能刺舉而辨衆事使賢人君子爲之則不能也昔叔

孫通用羣盜良有以也史記叔孫通傳通之降漢從儒生弟子百餘人然通無所言進專言諸故羣盜壯士進之弟子皆竊罵曰
事先生數歲幸得從降漢今不能進臣等專言大猾何也通聞之迺謂曰漢王方蒙矢石爭天下諸生寧能鬬乎故先言斬將搴旗之士諸生且待我我不忘矣達
等後奸利發太祖殺之以謝於柔文帝踐阼以柔爲治書侍御史治書
侍御史見明紀卷首賜爵關內侯轉加治書執法晉書職官志云魏置治書執法掌奏劾治書侍御史掌律令二官俱置及
晉唯置治書侍御史員四人民閒數有誹謗妖言帝疾之有妖言輒殺而賞告者柔
上疏曰今妖言者必戮告之者輒賞既使過誤無反善之路又將開
凶狡之羣相誣罔之漸誠非所以息奸省訟緝熙治道也昔周公作
誥稱殷之祖宗咸不顧小人之怨趙一清曰不顧不與計較也非不顧恤之謂在漢太宗亦
除妖言誹謗之令臣愚以爲宜除妖謗賞告之法以隆天父養物之
仁帝不即從而相誣告者滋甚帝乃下詔敢以誹謗相告者以所告

者罪罪之於是遂絕校事劉慈等自黃初初數年之閒舉吏民奸罪
以萬數宋本無民字柔皆請懲虛實懲疑作徵其餘小小挂法者不過罰金四
年遷爲廷尉文紀黃初四年以廷尉鍾繇爲太尉柔繼繇之後侯康曰御覽七百六十三引廷尉決事曰廷尉高文惠上民傳晦詣民籍牛場上
盜黍爲牛所覺以斧擲折晦腳物故依律牛應棄市監棗超議晦既夜盜牛本無殺意宜減死一等蓋正高柔爲廷尉時事也魏初三公無事
又希與朝政柔上疏曰天地以四時成功元首以輔弼興治成湯仗
阿衡之佐文武憑旦望之力逮至漢初蕭曹之儔並以元勳代作心
膂此皆明王聖主任臣於上賢相良輔股肱於下也今公輔之臣皆
國之棟梁民所具瞻而置之三事不使知政胡三省曰古者謂三公爲三事詩曰三事大夫謂三公也
遂各偃息養高胡三省曰偃息言偃臥以自安也鮮有進納誠非朝廷崇用大臣之
義大臣獻可替否之謂也古者刑政有疑輒議於槐棘之下胡三省曰周禮

朝士掌外朝之法面三槐三公位焉左九棘孤卿大夫位焉鄭注云樹棘以爲位者取其赤心而外刺象以赤心三刺也槐之言懷也懷來人於此欲與之謀王制曰成獄辭史以獄成告于正正聽之正以獄成告于大司寇大司寇聽之于棘木之下大司寇以獄之成告于王王命三公參聽之自今之後朝有疑議及刑獄大事宜數以咨訪三公三公朝朔望之日又可特延入講論得失博盡事情庶有裨起天聽弘益大化帝嘉納焉帝以宿嫌欲枉法誅治書執法鮑勛而柔固執不從詔命帝怒甚遂召柔詣臺胡三省曰召詣尚書臺也遣使者承指至廷尉考竟勛勛死乃遣柔還寺明帝即位封柔延壽亭侯時博士執經柔上疏曰臣聞遵道重學聖人洪訓褒文崇儒帝者明義昔漢末陵遲禮義崩壞雄戰虎爭以戰陣爲務遂使儒林之羣幽隱而不顯太祖初興愍其如此在於撥亂之際並使郡縣立教學之官高祖即位高祖文帝也遂闡其業興復辟雍州立課試

於是天下之士復聞庠序之教親俎豆之禮焉陛下臨政允迪叡哲明帝名叡柔疏何以不避敷弘大猷光濟先軌雖夏啓之承基周成之繼業誠無以加也然今博士皆經明行修一國清選而使遷除限不過長懼非所以崇顯儒術帥勵怠惰也孔子稱舉善而教不能則勸故楚禮申公學士銳精漢書楚元王傳元王至楚以申公爲中大夫元王好詩諸子皆讀詩申公始爲詩傳號魯詩漢隆卓茂搢紳競慕范書卓茂傳茂習詩禮及歷算究極師法稱爲通儒光武初即位先訪求茂以爲太傅封褒德侯臣以爲博士者道之淵藪六藝所宗宜隨學行優劣待以不次之位敦崇道教以勸學者於化爲弘帝納之後大興殿舍百姓勞役廣采衆女充盈後宮後宮皇子連夭繼嗣未育柔上疏曰二虜狡猾潛自講肄謀動干戈未圖束手宜畜養將士繕治甲兵以逸待之而頃興造殿舍上下勞擾若使吳蜀知人虛實通謀并勢復俱送死甚不易也昔漢文惜十家之資不營小臺之娛去病慮匈奴之害不遑治第之事況今所損者非惟百金之費所憂者非徒北狄之患乎可粗成見所營立以充朝宴之儀訖罷作者訖官本作乞使得就農二方平定復可徐興通鑑復作始昔軒轅以二十五子傳祚彌遠周室以姬國四十歷年滋多陛下聰達窮理盡性而頃皇子連多夭逝熊羆之祥又未感應羣下之心莫不悒戚周禮天子后妃以下百二十人胡三省曰王立后三夫人九嬪二十七世婦八十一御妻是爲百二十人嬪嬙之儀既以盛矣竊聞後庭之數或復過之聖嗣不昌殆能由此能疑作將嚴衍通鑑補改能作或臣愚以爲可妙簡淑媛胡三省曰淑善也媛美女也以備內官之數其餘盡遣還家且以育精養神專靜爲寶如此則螽斯之徵可庶而

致矣詩螽斯后妃子孫衆多也帝報曰知卿忠允乃心王室輒克昌言胡三省曰輒以昌言自克也楊子曰勝己之私之謂克他復以聞時獵法甚峻宜陽典農劉龜郡國志司隸弘農郡宜陽水經洛水注洛水又東有昌澗水注之水出西北宜陽山而東南流逕宜陽故郡南舊陽市邑故洛陽典農都尉治此後改爲郡一統志宜陽故城今河南河南府宜陽縣西竊於禁內射兔其功曹張京詣校事言之帝匿京名收龜付獄柔表請告者名帝大怒曰劉龜當死乃敢獵吾禁地送龜廷尉廷尉便當考掠何復請告者主名吾豈妄收龜邪柔曰廷尉天下之平也此漢張釋之語安得以至尊喜怒而毀法乎重復爲奏辭指深切帝意寤乃下京名即還訊各當其罪時制吏遭大喪者百日後皆給役有司徒吏解弘遭父喪後有軍事受敕當行以疾病爲辭詔怒曰汝非曾閔何言毀邪促收考竟柔見弘信甚羸劣奏陳其事宜加寬貸帝乃詔曰孝哉

弘也其原之初公孫淵兄晃爲叔父恭任內侍先淵未反數陳其變
及淵謀逆帝不忍市斬欲就獄殺之 胡三省曰晃數陳淵之必反非同逆者也帝欲殺之以絕其類刑之於市則無名故欲就獄殺之
柔上疏曰書稱用罪伐厥死用德彰厥善此王制之明典
也晃及妻子叛逆之類誠應梟縣勿使遺育而臣竊聞晃先數自歸
陳淵禍萌雖爲凶族原心可恕夫仲尼亮司馬牛之憂 胡三省曰司馬牛宋司馬桓魋之弟也魋凶惡牛憂之曰人皆有兄弟我獨亡謂魋之積惡將死亡無日錢大昕曰亮卽諒字然論語司馬牛憂無兄弟而子夏解之此云仲尼未審所出
祁奚明叔向之過 左傳晉人逐欒盈殺羊舌虎囚虎兄叔向祁奚見范宣子曰管蔡爲戮周公右王若之何以虎也棄社稷宣子言諸公而免之
在昔之美義也臣以爲晃信有言宜貸其死苟自無言便當市斬 周壽昌曰市斬言斬於市也禮刑人於市論語曰肆諸市朝
今進不赦其命退不彰其罪閉著囹圄使自引分 胡三省曰引分卽引決也
四方觀國或疑此舉也帝不聽竟遣使齎金屑飲

晃及其妻子賜以棺衣殯斂於宅 胡三省曰宅晃所居者
孫盛曰聞五帝無誥誓之文三王無盟祝之事然則盟誓之文始自三季質任之作起
於周微夫貞夫之一則天地可動機心內萌則鷗鳥不下況信不足焉而祈物之必附
猜生於我而望彼之必懷何異挾冰求溫抱炭希涼者哉且夫要功之倫陵肆之類莫
不背情任計昧利忘親縱懷慈孝之愛或慮傾身之禍是以周鄭交惡 左傳隱公三年王貳于虢鄭伯怨王王曰無之故周鄭交質王崩周人將畀虢公政周鄭交惡君子曰信不由中質無益也
漢高請羹 史記項羽本紀項王爲高俎置太公其上告漢王曰今不急下吾烹太公漢王曰吾翁卽若翁必欲烹而翁則幸分我一桮羹
隗囂捐子 范書隗囂傳囂遣長子恂詣闕囂雖遣子入質猶負其險阸欲專方面後囂終不降於是誅其子恂
馬超背父 事見本志董卓傳
其爲酷忍如此之極也安在其因質委
誠取任永固哉世主若能遠覽先王閑邪之至道近鑒狡肆徇利之凶心勝之以解網
之仁致之以來蘇之惠燿之以雷霆之威潤之以時雨之施則不恭可斂衽於一朝炰

哮可屈膝於象魏矣何必拘厥親以來其情逼所愛以制其命乎苟不能然而仗夫計
術 馮本仗作杖 籠之以權數檢之以一切雖覽一室而庶徵於四海法生鄙局冀或半之
暫益 雖覽一室以下四語疑中有脫誤 自不得不有不忍之刑以遂孥戮之罰亦猶瀆盟由乎一人
而云俾墜其師無克遺育之言耳豈得復引四罪不及之典司馬牛獲宥之義乎假令
任者皆不保其父兄輒有二三之言曲哀其意而悉活之則長人子危親自存之悖子
弟雖質必無刑戮之憂父兄雖逆終無勦絕之慮柔不究明此術非盛王之道宜開張
遠義蠲此近制而陳法內之刑以申一人之命可謂心存小善非王者之體古者殺人
之中又有仁焉刑之於獄未爲失也 臣松之以爲辨章事理貴得當時之宜無爲虛
唱大言而終歸無用浮誕之論不切於實猶若畫魑魅之象 馮本魑作螭誤 而躓於犬馬之
形也質任之興非防近世 昉宋本作防應作仿 況三方鼎峙遼東偏遠羈其親屬以防未然不

爲非矣柔謂晃有先言之善宜蒙原心之宥而盛責柔不能開張遠理蠲此近制不達
此言竟爲何謂若云猜防爲非質任宜廢是謂應大明先王之道不預任者生死也晃
之爲任歷年已久豈得於殺活之際方論至理之本是何異叢棘既繁事須剖決空論
刑措之美無聞當不之實哉 聞疑作闕 其爲迂闊亦已甚矣漢高事窮理迫權以濟親而
總之酷忍之科既已大有所誣且自古以來未有子弟妄告父兄以圖全身者自存之
悖未之或聞晃以兄告弟而其事果驗謂晃應殺將以遏防若言之亦死不言亦死豈
不杜歸善之心失正刑之中哉趙括之母以先請獲免 史記趙奢傳趙王以趙括爲將括母曰王終遣之卽如有不稱妾得無隨坐乎王許諾秦軍射殺趙括括軍敗趙王亦以括母先言竟不誅也
鍾會之兄以密言全子 事見鍾會傳 古今此
比蓋爲不少晃之前言事同斯例而獨遇否閉良可哀哉 或曰裴論至正天下事所適宜不貴執一苟時所不急妙言祇成鄙論絕任子而尙德懷可言之於平議政化之日非當言於廷尉決獄之時也置誅辟之可否論政術之得失不幾視疾病之阽危不議參苓之投而

顧教以飲食起居之節則爲出位曠官之甚矣豈不惑哉

是時殺禁地鹿者身死財產沒官有能覺告者厚加賞賜柔上疏曰聖王之御世莫不以廣農爲務儉用爲資夫農廣則穀積用儉則財畜畜財積穀而有憂患之虞者未之有也古者一夫不耕或爲之飢一婦不織或爲之寒中閒已來百姓供給衆役親田者既減 胡三省曰親田謂躬親田畝者 加頃復有獵禁羣鹿犯暴殘食生苗處處爲害所傷不貲 胡三省曰不貲言不可計量也 民雖障防力不能禦至如滎陽左右周數百里歲略不收元元之命實可矜傷方今天下生財者甚少而麋鹿之損者甚多卒有兵戎之役 卒讀曰猝 凶年之災將無以待之惟陛下覽先聖之所念愍稼穡之艱難寬放民閒使得捕鹿遂除其禁則衆庶永濟莫不悅豫

矣

魏名臣奏載柔上疏曰臣深思陛下所以不早取此鹿者誠欲使極蕃息然後大取以爲軍國之用然臣竊以爲今鹿但有日耗終無從得多也何以知之今禁地廣輪且千餘里臣下計無慮其中有虎大小六百頭狼有五百頭狐萬頭使大虎一頭三日食一鹿一虎一歲百二十鹿是爲六百頭虎一歲食七萬二千頭鹿也使十狼日共食一鹿是爲五百頭狼一歲共食萬八千頭鹿鹿子始生未能善走使十狐一日共食一子比至健走一月之閒是爲萬狐一月共食鹿子三萬頭也大凡一歲所食十二萬頭 潘眉曰虎食鹿七萬二千頭狼食鹿萬八千頭又狐食鹿子一月三萬頭共計一歲食鹿十二萬頭也狐不言一歲者鹿子一月健走之後狐所不能食故但言一月所食 其鵰鶚所害臣置不計以此推之終無從得多不如早取之爲便也 嚴可均曰御覽九百六引魏名臣奏作郎中黃觀上疏疑當時兩人連名

頃之護軍營士竇禮近出不還營以爲亡表言逐捕沒其妻盈及男女爲官奴婢盈連至州府稱冤自訟莫有省者乃辭詣廷尉柔問曰汝何以知夫不亡盈垂泣對曰夫少單特養一老嫗爲母事甚恭謹又哀兒女撫視不離非是輕狡不顧室家者也柔重問曰汝夫不與人有怨讎乎對曰夫良善與人無讎又曰汝夫不與人交錢財乎對曰嘗出錢與同營士焦子文求不得 御覽六百三十九作久不得 時子文適坐小事繫獄柔乃見子文問所坐言次曰 元本坐下多一言字 汝頗曾舉人錢不子文曰自以單貧初不敢舉人錢物也柔察子文色動遂曰汝昔舉竇禮錢何言不邪 御覽作何言不舉邪 子文怪知事露應對不次柔曰汝已殺禮便宜早服子文於是叩頭具首殺禮本末埋藏處所柔便遣吏卒承子

文辭往掘禮卽得其屍詔書復盈母子爲平民班下天下以禮爲戒 杭世駿曰以禮爲戒通典作以爲體式 在官二十三年轉爲太常旬日遷司空後徙司徒 正始六年八月丁卯以太常高柔爲司空九年四月徙司徒 太傅司馬宣王奏免曹爽皇太后詔召柔假節行大將軍事據爽營太傅謂柔曰君爲周勃矣爽誅進封萬歲鄉侯高貴鄉公卽位進封安國侯轉爲太尉 嘉平六年九月爲太尉 常道鄉公卽位增邑并前四千 疑脫戶字 前後封二子亭侯景元四年年九十薨諡曰元侯 王懋竑論蔣濟高柔孫禮王觀事見蔣濟傳王氏又曰齊王之廢柔以一元大武告廟高貴鄉公之弑柔與司馬昭司馬孚連名具奏而高貴鄉公之立柔觀皆進爵增封邑非特無所與而已也又曰高柔以黃初四年爲廷尉在位二十三年轉太常旬月遷司空又徙司徒考其時在正始六年後正曹爽執政之日也懿誅爽時以柔行大將軍據爽營是與懿同謀者自是遂爲司馬用矣柔在文帝明帝時以直諫顯名至曹爽執政乃默無一語而迄與懿同謀殺之前後較若兩人當懿誅爽時柔已七十有六矣（柔卒於景元四年逆計之正始九年柔年七十六歲）使年七十餘而死不當爲魏之名臣邪陳壽評其保官二十年元老終位蓋深

識之人固有不幸而不死者如高柔是也王觀名位次於高柔而終始於司馬略同孫禮以亮直稱而以爭界之事爲爽所黜遂爲懿畫誅爽之策其後入爲司隸校尉遷司空封亭侯凡歷二載史不著其一語盧毓亦有名稱而與爽不協以司隸校尉治晏等獄蓋皆爲懿用矣懿之篡魏劉放孫資導之於前而高柔王觀孫禮盧毓與傳嘏助之於後俱有力焉不獨賈充陳騫之儔也余是以詳著之

孫渾嗣咸熙中開建五等以柔等著勳前朝等字疑誤改封渾昌陸子沈欽韓曰兩漢志及晉志皆無昌陸縣

晉諸公贊曰柔長子儁大將軍掾次誕歷三州刺史太僕誕放率不倫而決烈過人次光字宣茂少習家業明練法理晉武帝世爲黃沙御史與中丞同晉書高光傳是時武帝置黃沙獄以典詔囚以光歷世明法用爲黃沙御史秩與中丞同又職官志泰始四年置黃沙獄治書侍御史一人秩與中丞同掌詔獄及廷尉不當者皆治之潘眉曰中丞謂御史中丞也遷守廷尉後卽眞兄誕與光異操謂光小節常輕侮之而光事誕愈謹終於尚書令追贈司空晉書光傳時朝廷咸推光明於用法類典理官惠帝爲張方所逼幸長安朝臣奔散莫有從者光獨侍帝而西遷尚書左僕射帝還洛陽以光爲少傅懷帝卽位加光祿大夫與傳祗並見推崇

孫禮字德達錢儀吉曰御覽字德遠涿郡容城人也洪亮吉曰容城漢舊縣中興後省魏志孫禮傳禮容城人盧毓傳封容城侯縣蓋漢末復立班志屬涿郡晉志屬范陽郡一統志容城故城今直隸保定府容城縣西北謝鍾英曰當在定興縣北方輿紀要在保定府容城縣西北三十里非是弼按一統志引舊志云有古城在今縣北十五里城子村周迴七里卽故縣也太祖平幽州召爲司空軍謀掾平幽州在建安十二年是時魏武尙爲司空十三年方爲丞相也初喪亂時禮與母相失同郡馬台求得禮母禮推家財盡以與台台後坐法當死禮私導令踰獄自首既而曰臣無逃亡之義姚範曰疑爲馬台之言徑詣刺奸主簿溫恢高柔傳以柔爲刺奸令史此傳有刺奸主簿皆爲魏武所置恢嘉之具白太祖各減死一等後除河閒郡丞續百官志每郡置丞一人稍遷滎陽都尉洪亮吉曰滎陽郡魏正始三年分河南置蓋河南郡大漢末已別建都尉至正始三年乃升爲郡耳趙一清曰水經濟水注滎陽東二十里有故垂隴城世謂之都尉城蓋滎陽典農都尉治一統志滎陽故城今河南開封府滎陽縣西南十七里魯山中賊數百人此爲豫州魯國之魯山非荆州南陽郡魯陽縣之魯山保固險阻爲民作害乃徙禮爲魯相禮至官

出俸穀發吏民募首級招納降附使還爲閒應時平泰歷山陽平原平昌琅邪太守錢大昕曰續漢志無平昌郡宋志魏文帝分城陽立平昌郡而晉志載魏文增置郡七不及平昌者以置郡未久旋復幷省也趙一清曰平昌郡黃初三年魏文帝分城陽郡置治平昌縣今青州安丘縣西南平昌故城是漢志平原郡有平昌縣續志無蓋後漢省而魏復置也洪亮吉曰沈志魏文帝分城陽置平昌郡晉地理志惠帝元康十年又置平昌郡蓋魏文帝立郡後旋廢至晉惠帝復置也從大司馬曹休征吳於夾石口趙一清曰夾石當作硤石口字衍弼按亦作夾石吳志朱桓傳桓曰曹休戰敗必走走當由夾石挂車本志賈逵傳逵據夾石以兵糧給休休軍乃振謝鍾英曰夾石今安徽安慶府桐城縣北四十七里北峽關挂車今桐城縣西三十里禮諫以爲不可深入不從而敗事在明帝太和二年遷陽平太守文紀黃初二年以魏郡東部爲陽平郡入爲尙書明帝方修宮室御覽宮室作臺省而節氣不和天下少穀禮固爭罷役御覽爭下有因字詔曰敬納讜言促遣民作促遣謂遣散也時李惠監作復奏留一月有所成訖胡三省曰成訖言欲成殿舍以訖事也禮徑至作所不復重奏稱詔罷民帝奇其意而不責也崔琰論孫禮疏

亮亢烈剛簡能斷見琰傳帝獵於大石山虎趨乘輿禮便投鞭下馬欲奮劍斫虎梁章鉅曰水經伊水注云大石山魏文帝獵于此山虎趨乘輿孫禮拔劍投虎于此山山在洛陽南而劉澄之言在洛東北非也山阿有魏明帝高平陵按水經以明帝爲文帝誤也一統志云大石山在河南府洛陽縣東南四十里亦名石林詔令禮上馬明帝臨崩之時以曹爽爲大將軍宜得良佐於牀下受遺詔宜得良佐四字疑在此句下拜禮大將軍長史加散騎常侍趙一清曰梁書褚球傳自魏孫禮晉荀組以後台佐加貂始有球也弼按球傳俄遷通直散騎常侍祕書監領著作遷司徒左長史常侍著作如故故有台佐加貂之言禮亮直不撓爽弗便也以爲揚州刺史胡三省曰傳嘏盧毓孫禮所以不合於曹爽者其心未背曹氏也及其合於司馬懿則事不可言矣三子者豈本心所欲哉勢有必至事有固然也弼按觀下文曹爽劾禮身之之言益信加伏波將軍宋書百官志伏波將軍漢武帝征南越始置此號賜爵關內侯吳大將全琮帥數萬衆來侵寇時州兵休使在者無幾禮躬勒衛兵禦之戰於芍陂芍陂見武紀建安十四年一統志今安徽鳳陽府壽州南亦名期思陂自旦及暮將士死傷過半禮犯蹈白刃馬被數

創手秉枹鼓奮不顧身賊衆乃退詔書慰勞賜絹七百匹禮爲死事者設祀哭臨哀號發心皆以絹付亡者家無以入身徵拜少府少府見常林傳出爲荆州刺史遷冀州牧趙一清曰漢末諸州置牧權自劉焉之謀魏承漢祚尙沿舊制太傅司馬宣王謂禮曰今淸河平原爭界八年更二刺史靡能決之虞芮待文王而了詩大雅虞芮質厥成毛傳曰虞芮之君相與爭田久而不平乃相謂曰西伯仁人也盍往質焉乃相與朝周入其竟則耕者讓畔行者讓路入其邑男女異路班白不提挈入其朝士讓爲大夫大夫讓爲卿二國之君感而相謂曰我等小人不可以履君子之庭乃相讓以其所爭田爲閒田而退天下聞之而歸者四十餘國宜善令分明禮曰訟者據墟墓爲驗聽者以先老爲正而老者不可加以榎楚又墟墓或遷就高敞或徙避仇讎如今所聞雖皐陶猶將爲難若欲使必也無訟當以烈祖初封平原時圖決之胡三省曰烈祖謂明帝也封平原王畫壤分國有地圖在天府何必推古問故以益辭訟何焯曰縱不得眞獄可折矣此解結之術也昔

成王以桐葉戲叔虞周公便以封之今圖藏在天府周禮有天府鄭玄注掌祖廟之寶藏又賢能之書及功書皆藏於天府便可於坐上斷也豈待到州乎宣王曰是也當別下圖禮到案圖宜屬平原而曹爽信淸河言下書云圖不可用當參異同禮上疏曰管仲霸者之佐其器又小猶能奪伯氏駢邑使沒齒無怨言論語邢昺疏云伯氏齊大夫駢邑地名沒齒謂終沒齒年也伯氏食邑於駢凡三百家管氏奪之使貧至於終年亦無怨言臣受牧伯之任奉聖朝明圖驗地著之界郡國志靑州濟南郡著詩齊風俟我於著乎而卽此一統志著縣故城今山東濟南府濟陽縣西南界實以王翁河爲限一統志古王翁河今濟南府平原縣西南蓋黃河支津也姚範曰王翁河疑卽王莽河（錢儀吉說同）而鄃以馬丹侯爲驗宋本侯作候郡國志冀州淸河國鄃一統志鄃縣故城今平原西南詐以鳴犢河爲界郡國志淸河國靈縣劉昭注引地道記曰有鳴犢河一統志鳴犢河在今山東東昌府博平縣北姚範曰漢元帝永光五年河決淸河靈鳴犢口靈縣故城在今博平之東北又漢溝洫志靈鳴犢口在淸河東界謝鍾英曰今高唐州西迤東北至平原皆鳴犢河故道假虛訟訴疑誤臺閣竊聞

衆口鑠金浮石沈木三人成市虎慈母投其杼今二郡爭界八年一朝決之者緣有解書圖畫可得尋案擿校也平原在兩河向東上其閒有爵隄爵隄在高唐西南郡國志靑州平原郡高唐三國魏平原郡改隸冀州一統志高唐故城在今濟南府禹城縣西南所爭地在高唐西北相去二十餘里可謂長歎息流涕者也案解與圖奏而鄃不受詔此臣輭弱不勝其任臣亦何顏尸祿素餐輒束帶著履駕車待放爽見禮奏大怒劾禮怨望結刑五歲胡三省曰但結以徒作五歲之罪而不使之輸作也在家期年衆人多以爲言除城門校尉續百官志城門校尉一人比二千石掌洛陽城門十二所時匈奴王劉靖官本王作主當時有兩劉靖一爲廬江太守劉靖見劉馥傳部衆彊盛而鮮卑數寇邊乃以禮爲幷州刺史加振武將軍宋書百官志振武將軍前漢末王況爲之使持節護匈奴中郎將續百官志使匈奴中郎將一人比二千石主護南單于往見太傅司馬宣王有忿色

而無言宣王曰卿得幷州少邪恚理分界失分乎胡三省曰魏幷州統太原上黨西河雁門新興冀州大於諸州幷州遠接荒外故意其觖望懿多權數以此言撾發禮耳少詩沼翻恚於避翻分扶問翻今當遠別何不懽也禮曰何明公言之乖細也禮雖不德豈以官位往事爲意邪本謂明公齊蹤伊呂匡輔魏室上報明帝之託下建萬世之勳今社稷將危天下兇兇此禮之所以不悅也因涕泣橫流宣王曰且止忍不可忍胡三省曰至此禮入懿數中矣爽誅後入爲司隸校尉陳仁錫本入作又誤王懋竑論蔣濟高柔孫禮王觀事見蔣濟傳高柔傳凡臨七郡五州河閒滎陽山陽平原平昌瑯邪陽平七郡揚荆冀幷司五州皆有威信遷司空封大利亭侯邑一百戶禮與盧毓同郡時輩毓涿郡涿縣人而情好不睦爲人雖互有短長然名位略齊云嘉平二年薨諡曰景侯孫元嗣

王觀字偉臺東郡廩丘人也郡國志兗州濟陰郡廩丘王先謙曰三國魏改屬東郡一統志廩丘故城今山東曹州府范縣

東南少孤貧厲志太祖召爲丞相文學掾（趙一淸曰文學掾亦魏武置）出爲高唐陽泉鄧任令（高唐見孫禮傳鄧見劉放傳郡國志揚州廬江郡陽泉冀州鉅鹿郡任（三國魏改屬廣平郡）一統志陽泉故城今安徽潁州府霍丘縣西任縣故城今直隸順德府任縣東南）所在稱治文帝踐阼入爲尚書郎廷尉監（宋書百官志魏世尚書凡二十三郎青龍二年有軍事尚書令陳矯奏置都官騎兵合二十五郎又云廷尉監一人本有左右監漢光武省右猶云左魏晉直云監）出爲南陽涿郡太守涿北接鮮卑數有寇盜觀令邊民十家已上屯居築京候時或有不願者觀乃假遣朝吏使歸助子弟不與期會但敕事訖各還於是吏民相率不督自勸旬日之中一時俱成守禦有備寇鈔以息明帝即位下詔書使郡縣條爲劇中平者主者欲言郡爲中平觀教曰此郡濱近外虜數有寇害云何不爲劇邪主者曰若郡爲外劇恐於明府有任子觀曰夫君者所以爲民也今郡在外劇則於役條當有降差豈可爲太守之私而負一郡之民乎遂言爲外劇郡後送任子詣鄴時觀但有一子而又幼弱其公心如此觀治身淸素帥下以儉僚屬承風莫不自勵明帝幸許昌召觀爲治書侍御史（治書侍御史見明紀卷首）典行臺獄時多有倉卒喜怒而觀不阿意順指太尉司馬宣王請觀爲從事中郎（晉書職官志從事中郎二人秩比千石）遷爲尚書出爲河南尹徙少府大將軍曹爽使材官張達斫家屋材（宋書百官志材官將軍一人司馬一人主工匠土木事漢左右校令其任也魏右校又置材官校尉主天下材木事）及諸私用之物觀聞知皆錄奪以沒官少府統三尚方御府內藏玩弄之寶（晉書職官志少府統材官校尉中左右三尚方）爽等奢放多有干求憚觀守法乃徙爲太僕司馬宣王誅爽使觀行中領軍據爽弟羲營（康發祥曰高柔傳柔據爽營各有所據則柔觀之附司馬可知）賜爵關內侯復爲尚書（列名奏永寧宮）加駙馬都

尉高貴鄉公即位封中鄉亭侯（王懋竑論王觀事見蔣濟傳高柔傳王氏又曰高柔行大將軍據爽營王觀行中領軍據羲營此起兵時事爽罷免後柔仍爲司徒觀仍爲太僕觀傳復爲尚書是自太僕爲尚書也兩營兵不知何屬豈懿自領之與師後爲衞將軍抑師領之與魏晉書皆無考）頃之加光祿大夫轉爲右僕射常道鄉公即位進封陽鄉侯增邑千戶并前二千五百戶遷司空固辭不許遣使即第拜授就官數日上送印綬輒自輿歸里舍薨于家（景元元年六月癸亥爲司空冬十月薨）遺令藏足容棺不設明器（馮本明作盟誤禮記檀弓曰塗車芻靈自古有之明器之道也）不封不樹（解見文紀黃初三年）謚曰肅侯子悝嗣咸熙中開建五等以觀著勳前朝改封悝膠東子

評曰韓曁處以靜居行化出以任職流稱崔林簡樸知能高柔明於法理孫禮剛斷伉厲王觀淸勁貞白咸克致公輔及曁年過八十起家就列柔保官二十年元老終位比之徐邈常林於茲爲疚矣（何焯曰柔爲廷尉二十三年此得人久任之方未可因末路難退並致譏也）

魏書二十四　　三國志二十四

辛毗楊阜高堂隆傳第二十五

晉　平陽侯相安漢陳壽撰

宋　中書侍郎西鄉侯聞喜裴松之注

沔陽盧弼集解

辛毗字佐治潁川陽翟人也 陽翟見郭嘉傳 其先建武中 光武時 自隴西東遷 晉書忠義傳辛勉辛恭靖隱逸傳辛謐世稱冠族俱隴西狄道人辛憲英傳亦云隴西人魏侍中毗之女也辛氏蓋世居隴西 毗隨兄評從袁紹 評字仲治 太祖為司空辟毗毗不得應命及袁尚攻兄譚於平原譚使毗詣太祖求和

英雄記曰譚尚戰於外門 章懷注鄴郭之門通鑑作戰於門外胡注鄴城門外也 譚軍敗奔北 范書袁紹傳譚敗引兵還南皮 郭圖說譚曰今將軍國小兵少糧匱勢弱顯甫之來久則不敵愚以為可呼曹公來擊顯甫曹公至必先攻鄴顯甫還救將軍引兵而西自鄴以北皆可虜得若顯甫軍破其兵奔亡又可斂取以拒曹公曹公遠僑而來糧餉不繼必自逃去比此之際趙國以北皆我之有亦足與曹公為對矣不然不諧譚始不納後遂從之問圖誰可使圖答辛佐治可譚遂遣毗詣太祖

太祖將征荊州次于西平 郡國志豫州汝南郡西平一統志西平故城今河南汝寧府西平縣西四十五里 毗見太祖致譚意太祖大悅後數日更欲先平荊州使譚尚自相弊他日置酒毗望太祖色知有變以語郭嘉嘉白太祖太祖謂毗曰譚可信尚必可克不毗對曰明公無問信與詐也直當論其勢耳袁氏本兄弟相伐非謂他人能閒其閒乃謂天下可定於己也 胡三省曰能閒工莧翻言袁氏兄弟相攻其初計不謂他人能乘其閒乃謂并青冀為一則可乘勢以定天下矣 今一旦求救於明公此可知也 胡三省曰言其勢窮 顯甫見顯思困而不能取 譚字顯思尚字顯甫 此力竭也兵革敗於外謀臣誅於內 謂逢紀田豐等死也 兄弟讒鬩 鬩鬭也很也戾也 國分為二連年征伐而戰士生蟣蝨 宋本作連年戰伐而介冑生蟣蝨通鑑同 加以旱蝗饑饉並臻國無囷倉行無裹糧天災應於上人事困於下民無愚智皆知土崩瓦解此乃天亡尚之時也兵法稱有石城湯池帶甲百萬而無粟者不能守也今往攻鄴尚不還救即不能自守還救即譚踵其後以明公之威應困窮之敵擊疲弊之寇無異迅風之振秋葉矣 胡三省曰秋葉易隕況遇迅風乎 天以袁尚與明公明公不取而伐荊州荊州豐樂國未有釁仲虺有言取亂侮亡方今二袁不務遠略而內相圖可謂亂矣居者無食行者無糧可謂亡矣朝不謀夕民命靡繼而不綏之欲待他年他年或登 歲熟曰登 又自知亡而改修厥德失所以用兵之要矣今因其請救而撫之利莫大焉且四方之寇莫大於河北河北平則六軍盛而天下震 通鑑震下有矣字胡三省曰觀毗之言非為譚請救也勸操以取河北也或曰毗為袁氏請救所論皆向曹氏其心已有所私邪抑致師之詞不得不爾邪跡毗生平非賣主者或當時舍此別無以措辭況曹瞞老奸豈能欺以非理哉弼按良禽擇木事理之常操為司空已有辟毗之命郭奉孝又為毗之鄉人策謀定計算略深通南向荊州本為兵家之權變毗已心折矣安得不盡情傾吐乎 太祖曰善乃許譚平次于黎陽明年攻鄴克之 郡國志冀州魏郡鄴黎陽一統志黎陽故城今河南衛輝府濬縣東北鄴縣故城今河南彰德府臨漳縣西南本志荀攸傳注引魏書曰攸姑子辛韜問攸取冀州事攸曰佐治為袁譚乞降王師自往平之吾何知焉 表毗為議郎 續百官志議郎六百石無員 久之太祖遣都護曹洪平下辯 曹洪拜都護將軍下辯見夏侯淵傳 使毗與曹休參之 曹休傳休字文烈太祖謂休曰汝雖參軍其實帥也 令曰昔高祖貪財好色而良平匡其過失今佐治文烈憂不輕矣軍還為丞

相長史文帝踐阼遷侍中毗爲侍中列名勸進見禪代衆事御覽二百二十七引魏略云帝嘗大會殿中御史簪白筆側階而坐上
問左右此爲何官何主左右不對辛毗曰（御覽六百八十八引此作侍中辛毗對曰）此爲御史舊持簪筆以奏不法今日直備官但珥筆耳本志鮑勛傳侍中辛毗
表救鮑勛亦毗官侍中時事賜爵關內侯時議改正朔毗以魏氏遵舜禹之統應天
順民至於湯武以戰伐定天下乃改正朔孔子曰行夏之時左氏傳
曰夏數爲得天正何必期於相反帝善而從之帝欲徙冀州士家十
萬戶實河南胡三省曰時營洛陽故欲徙冀州士卒家以實之時連蝗民饑羣司以爲不可而
帝意甚盛毗與朝臣俱求見帝知其欲諫作色以見之通鑑見作待皆莫
敢言毗曰陛下欲徙士家其計安出帝曰卿謂我徙之非邪毗曰臣
以爲非也宋本臣作誠作臣亦可通然不如誠字之益形鯁直帝曰吾不與卿共議也毗曰陛下
不以臣不肖置之左右廁之謀議之官胡三省曰侍中於周爲常伯之任在天子左右備切問近對拾遺補

闕安得不與臣議邪臣所言非私也宋本無也字乃社稷之慮也安得怒
臣帝不答起入內毗隨而引其裾帝遂奮衣不還良久乃出曰佐治
卿持我何太急邪毗曰今徙既失民心又無以食也帝遂徙其半嘗
從帝射雉帝曰射雉樂哉毗曰於陛下甚樂而於羣下甚苦帝默然
後遂爲之稀出上軍大將軍曹眞征朱然于江陵事在黃初三年毗行軍師
還封廣平亭侯帝欲大興軍征吳毗諫曰吳楚之民險而難禦道隆
後服道洿先叛自古患之非徒今也今陛下祚有海內夫不賓者其
能久乎昔尉佗稱帝史記南越尉佗列傳高后時有司請禁南越關市鐵器佗乃自尊號爲南越武帝及孝文帝元年使陸賈往南越因
讓佗佗頓首謝願長爲藩臣子陽僭號范書公孫述傳述字子陽建武元年遂自立爲天子號成家建元曰龍興元年建武十二年吳漢臧宮與
述戰於成都述被創死歷年未幾或臣或誅何則違逆之道不久全而大德無所

不服也方今天下新定土廣民稀夫廟算而後出軍猶臨事而懼況
今廟算有闕而欲用之臣誠未見其利也毛本未作朱誤先帝屢起銳師臨
江而旋今六軍不增於故而復循之通鑑循作修胡三省曰修之謂修怨也左傳曰將修先君之怨此
未易也今日之計莫若修范蠡之養民法管仲之寄政則充國之屯
田明仲尼之懷遠十年之中彊壯未老童齔勝戰兆民知義將士思
奮然後用之則役不再舉矣帝曰如卿意更當以虜遺子孫邪毗對
曰昔周文王以紂遺武王惟知時也苟時未可容得已乎帝竟伐吳
至江而還明帝卽位進封潁鄉侯邑三百戶時中書監劉放令孫資
見信於主制斷時政大臣莫不交好而毗不與往來毗子敞諫曰今
劉孫用事衆皆影附大人宜小降意和光同塵解見劉廙傳不然必有謗

言毗正色曰主上雖未稱聰明不爲闇劣吾之立身自有本末就與
劉孫不平不過令吾不作三公而已何危害之有焉有大丈夫欲爲
公而毀其高節者邪宂從僕射畢軌表言尚書僕射王思精勤舊吏
忠亮計略不如辛毗毗宜代思帝以訪放資放資對曰陛下用思者
誠欲取其効力不貴虛名也毗實亮直然性剛而專聖慮所當深察
也遂不用出爲衞尉帝方修殿舍百姓勞役毗上疏曰竊聞諸葛亮
講武治兵而孫權市馬遼東量其意指似欲相左右沈家本曰明紀太和六年治許昌宮
起景福承光殿毗上疏乃是年事故尚有諸葛亮講武治兵語備豫不虞古之善政而今者宮室大興加
連年穀麥不收詩云民亦勞止迄可小康惠此中國以綏四方詩大雅民
勞之章毛傳云汔危也中國京師也四方諸夏也鄭箋云汔幾也今周民罷勞矣王幾可以小安之乎愛京師之人以安天下唯陛下爲社稷

計帝報曰二虜未滅而治宮室直諫者立名之時也何焯曰千古拒諫根柢在此一語夫王者之都當及民勞兼辦使後世無所復增是蕭何爲漢規摹之略也今卿爲魏重臣亦宜解其大歸帝又欲平北芒令於其上作臺觀黃圖曰登之可以遠觀故曰觀則見孟津毗諫曰天地之性高高下下國語周太子晉曰天地成而聚於高歸物於下四岳佐禹高高下下封崇九山決汨九川今而反之既非其理加以損費人功民不堪役且若九河盈溢洪水爲害而丘陵皆夷將何以禦之帝乃止趙一清曰水經河水注魏氏起玄武觀於芒垂張景陽玄武觀賦所謂高樓特起竦峙岧嶢直亭亭之孤立延千里之清飈也蓋其後竟作之傳云帝乃止飾詞耳

魏略曰諸葛亮圍祁山不克引退張郃追之爲流矢所中死帝惜郃臨朝而歎曰蜀未平而郃死將若之何司空陳羣曰郃誠良將國所依也毗心以爲郃雖可惜然已死不當內弱主意而示外以不大也乃持羣曰陳公是何言歟當建安之末天下不可一日

無武皇帝也及委國祚而文皇帝受命黃初之世亦謂不可無文皇帝也及委棄天下而陛下龍興今國內所少豈張郃乎陳羣曰亦誠如辛毗言帝笑曰陳公可謂善變矣

臣松之以爲擬人必於其倫取譬宜引其類故君子於其言無所苟而已矣毗欲弘廣主意當舉若張遼之疇安有於一將之死而可以祖宗爲譬哉非所宜言莫過於茲進違其類退似諂佞佐治剛正之體不宜有此魏略既已難信習氏又從而載之官本攷證曰監本習氏訛作習文竊謂斯人受誣不少

青龍二年諸葛亮率衆出渭南先是大將軍司馬宣王數請與亮戰明帝終不聽前已書明帝卽位此明字疑衍是歲恐不能禁乃以毗爲大將軍軍師使持節六軍皆肅準毗節度莫敢犯違

魏略曰宣王數數欲進攻毗禁不聽宣王雖能行意而每屈於毗互見明紀青龍二年注引魏氏春秋蜀志諸葛亮傳注引漢晉春秋曰宣王表請戰使衞尉辛毗持節以制之世說方正篇云諸葛亮之次渭濱關中震動魏明帝深懼晉宣王戰乃遣辛毗爲軍司馬宣王與亮對渭而陣亮設誘譎萬方宣王果大忿將應之以重兵亮遣閒諜覘之還曰有老夫仗黃鉞毅然當軍門立軍不得出亮曰此必辛佐治也

亮卒復還爲衞尉薨諡曰肅侯子敞嗣咸熙中爲河南太守宋本作河內太守

世語曰敞字泰雍官至衞尉潘眉曰眞誥闡幽微云辛毗子名敞爲河南太守太常卿傳注不言爲太常卿者闕略也毗女憲英適太常泰山羊耽晉書羊祜傳祜字叔子泰山南城人祜蔡邕外孫年十二喪父事叔父耽甚謹後嘗與從弟琇書曰既定邊事當角巾東路歸故里爲容棺之墟以白士居重位何能不以盛滿受責乎外孫夏侯湛毛本夏作史誤夏侯湛爲夏侯莊之子莊爲羊衞之壻湛爲羊衞之外孫非羊耽之外孫也參閱夏侯淵傳注引世語卽知爲其傳曰憲英聰明有才鑒晉書列女傳明作朗趙一清曰晉書夏侯湛傳湛字孝若譙國譙人祖威父莊湛幼有盛才文章宏富御覽卷八百十五引孝若爲憲英傳有曰夫人性不好華麗琇上夫人纚子披緣以錦不肯服從外孫胡母揚上夫人錦被夫人反臥之一一清案此事晉書列女傳以爲羊祜（晉書列女傳祜嘗送錦被憲英嫌其華反而覆之）弼按祜立身清儉琇性豪侈錦被當爲琇所上

孝若傳可據晉書列女傳祜字疑亦琇字之誤初文帝與陳思王爭爲太子既而文帝得立抱毗頸而喜曰辛君知我喜不毗以告憲英憲英歎曰太子代君主宗廟社稷者也代君不可以不戚主國不可以不懼宜戚而喜何以能久魏其不昌乎胡三省曰女子之智識有男子不能及者弟敞爲大將軍曹爽參軍司馬宣王將誅爽因爽出閉城門大將軍司馬魯芝將爽府兵犯門斬關出城門赴爽門字疑衍來呼敞俱去敞懼問憲英曰天子在外太傅閉城門人云將不利國家於事可得爾乎胡三省曰爾猶言如此也憲英曰天下有不可知然以吾度之太傅不得不爾宋本馮本太傅下有殆字明皇帝臨崩把太傅臂以後事付之此言猶在朝士之耳且曹爽與太傅俱受寄託之任而獨專權勢行以驕奢於王室不忠於人道不直此舉不過以誅曹爽耳敞曰然則事就乎憲英曰得無殆就胡三省曰殆近也爽之才非太傅之偶也偶四也敞曰然則敞可以無出乎憲英曰安可不出宋本馮本可下有以字職守人之大義也凡人

在難猶或恤之爲人執鞭而棄其事不祥不可也且爲人死爲人任親昵之職也 馮本昵誤作泥胡三省曰左傳晏子曰君爲社稷死則死之若爲已死非其私昵誰敢任之昵私愛也此言親者則可爲質任愛昵者則可爲之死 從衆而已敞遂出宣王果誅爽事定之後敞歎曰吾不謀於姊幾不獲於義逮鍾會爲鎮西將軍憲英謂從子羊祜曰鍾士季何故西出祜曰將爲滅蜀也憲英曰會在事縱恣非持久處下之道吾畏其有他志也祜曰季母勿多言 周壽昌曰羊祜爲羊耽從子故呼辛氏爲季母亦猶叔母之稱 其後會請子琇爲參軍 毛本軍誤作營 憲英憂曰他日見鍾會之出吾爲國憂之矣今日難至吾家此國之大事必不得止也琇固請司馬文王文王不聽憲英語琇曰行矣戒之古之君子入則致孝於親出則致節於國在職思其所司在義思其所立不遺父母憂患而已軍旅之閒可以濟者其惟仁恕乎汝其慎之琇竟以全身 琇事見陳留王紀咸熙元年 憲英年至七十有九泰始五年卒 晉書列女傳羊耽妻辛氏傳全與此同御覽八百十五題作夏侯湛羊太常辛夫人傳全篇通稱夫人

楊阜字義山天水冀人也 天水郡見明紀太和二年又見王肅傳注引魏略薛夏傳郡國志涼州漢陽郡冀胡三省曰漢陽郡至晉方改天水史追書也又曰冀縣屬漢陽郡郡及涼州刺史治焉馬與龍曰閻溫傳馬超圍州所治冀城楊阜傳惟冀城奉州郡固守是靈帝中平以後迄建安末涼州治冀也王先謙曰冀縣三國魏屬天水郡一統志冀縣故城今甘肅鞏昌府伏羌縣南

魏略曰阜少與同郡尹奉次曾趙昂偉章俱發名偉章次曾與阜俱爲涼州從事 尹奉後爲燉煌太守見倉慈傳又見閻溫傳

以州從事爲牧韋端使詣許 事在建安四年韋端見荀彧傳注 拜安定長史 續百官志每郡置太守一人丞一人丞當邊成者丞爲長史 阜還關右諸將問袁曹勝敗孰在阜曰袁公寬而不斷 或曰斷指法度言與少決非複 好謀而少決不斷則無威少決則失後事今雖彊終不能成大業曹公有雄才遠略決機無疑法一而兵精能用度外之人所在各盡其力必能濟大事者也長史非其好遂去官而端

徵爲太僕其子康代爲刺史辟阜爲別駕察孝廉辟丞相府州表留參軍事馬超之戰敗渭南也走保諸戎太祖追至安定而蘇伯反河閒 馬超戰敗渭南在建安十六年河閒民田銀蘇伯反在建安十七年 將引軍東還阜時奉使言於太祖曰超有信布之勇甚得羌胡心西州畏之若大軍還不嚴爲之備隴上諸郡非國家之有也 胡三省曰隴西南安漢陽永陽皆隴上諸郡也獻帝起居注初平四年分漢陽上郡爲永陽 太祖善之而軍還倉卒爲備不周超率衆戎渠帥以擊隴上郡縣 宋本衆作諸 隴上郡縣皆應之惟冀城奉州郡以固守超盡兼隴右之衆而張魯又遣大將楊昂以助之凡萬餘人攻城 通鑑作攻冀城在建安十八年 阜率國士大夫 國謂郡國也士大夫謂將士也解見武紀建安十二年注 及宗族子弟勝兵者千餘人使從弟岳於城上作偃月營與超接戰自正月至八月拒守而救兵不至州遣別駕閻溫循水潛出求救 告急於夏侯淵時淵屯長安 爲超所殺 詳見閻溫傳 於是刺史太守失色始有降超之意 宋本意作計 阜流涕諫曰阜等率父兄子弟以義相勵有死無二田單之守 史記田單列傳燕師長驅平齊田單東保卽墨 不固於此也棄垂成之功陷不義之名阜以死守之遂號哭刺史太守卒遣人請和開城門迎超 裴注引皇甫謐列女傳云刺史韋康素仁愍吏民傷殘欲與超和本志荀彧傳注引三輔決錄云康爲馬超所圍堅守歷時救軍不至遂爲超所殺弼按馬超勇力善戰撫有羌胡既兼隴右之衆又得張魯之助宜其所向無敵魏武軍還倉卒爲備不周韋康孤城無援堅守八月閻溫潛出又死賊手東軍之來殆已絕望不忍吏民無辜死亡委屈求和其情可原超雖殘暴背約害康亦假手楊昂肆其屠戮故韋康死後吏民忿恨姜敘之母趙昂之妻皆忠義奮發咸爲故君復讎若康爲貲城求活者不特有負荀彧之薦而楊阜姜敘亦必不歔欷悲憤約誓討超矣是非功罪略迹原心君子平情論事當爲康恕也 超入拘岳於冀使楊昂殺刺史太守阜內有報超之志而未得其便頃之阜以喪妻求葬假 通鑑會楊阜喪妻就超求假以葬之胡注休假也求假猶古之請告請急也 阜外兄姜敘屯

歷城胡三省曰水經注歷城在西縣去仇池一百二十里後改爲建安城杜佑曰歷城在今同谷郡西七里去仇池九十里宋白曰晉置仇池郡於歷城今爲成州一統志建安城在今甘肅階州成縣北本名歷城水經注建安水經建安城南其地古西縣之歷城也後改爲建安阜少長敘家見敘母及敘說前在冀中時事歔欷悲甚胡三省曰歔音虛欷音希泣餘聲也敘曰何爲乃爾阜曰守城不能完君亡不能死亦何面目以視息於天下胡三省曰日之視物一出入息之頃則一瞬馬超背父叛君虐殺州將豈獨阜之憂責一州士大夫皆蒙其恥君擁兵專制而無討賊心敘爲撫夷將軍擁兵屯歷城此趙盾所以書弒君也各本弒皆作殺局本作弒胡三省曰趙盾晉卿趙宣子也左傳趙穿攻靈公于桃園宣子未出山而復太史書曰趙盾弒其君以示于朝宣子曰不然對曰子爲正卿亡不越境反不討賊非子而誰超彊而無義多釁易圖耳敘母慨然敕從阜計官本考證曰北宋本作敕敘從阜計定元本吳本毛本俱無下計字外與鄉人姜隱趙昂尹奉姚瓊孔信武都人李俊王靈結謀定討超約使從弟謨至冀語岳並結安定梁

寬梁寬故黃門侍郎見龐淯傳注引列女傳南安趙衢龐恭等約誓既明十七年九月通鑑考異曰楊阜傳云十七年九月武帝紀十八年超在漢陽復因羌胡爲害十九年正月趙衢等討超超奔漢中按姜敘九月起兵超即應出討超出衢等卽應閉門不應至來年正月蓋魏史書捷音到鄴之月耳楊阜傳誤也錢大昭曰按武帝紀及夏侯淵傳並作十九年此七字疑誤弼按考異以十九年正月爲捷音到鄴之日則楊阜姜敘起兵之日當在十八年九月也與敘起兵於鹵城鹵城詳見夏侯淵傳閻溫傳趙一清曰方輿紀要五十九鹵城在冀縣西縣之閒或曰鹵城卽西城之譌一清按漢志隴西郡有西縣安定郡有鹵縣續志漢陽郡西縣故屬隴西安定無鹵縣蓋後漢省也此當爲安定之鹵城弼按趙說泥漢志續志西與鹵之別是也指楊阜起兵之鹵城爲安定之鹵城誤也安定之鹵城後漢已省則傳文當云故鹵城且當時用兵實在天水郡（卽漢陽郡）冀縣西縣地不在安定也超聞阜等兵起自將出而衢寬等解岳閉冀城門討超妻子超襲歷城得敘母敘母罵之曰汝背父之逆子殺君之桀賊胡三省曰背父謂馬騰在鄴不顧而反殺君謂殺韋康也天地豈久容汝而不早死敢以面目視人乎超怒殺之阜與超戰身被五創宗族昆弟死者七人超遂南奔張魯隴右平定太祖封討超之功侯者十一人賜阜爵關內侯阜讓曰阜君存無扞難之功君亡無死節之効於義當絀於法當誅超又不死無宜苟荷爵祿太祖報曰君與羣賢共建大功西土之人以爲美談子貢辭賞仲尼謂之止善說苑魯國之法魯人有贖臣妾於諸侯者取金於府子貢贖人於諸侯而還其金孔子聞之曰賜失之矣自今以來魯人不復贖矣君其剖心以順國命姜敘之母勸敘早發明智乃爾雖楊敞之妻漢書楊敞傳敞爲丞相昭帝崩昌邑王徵卽位淫亂大將軍霍光與車騎將軍張安世謀欲廢王更立使大司農田延年報敞敞驚懼不知所言延年起至更衣敞夫人遽從東箱謂敞曰此國大事今大將軍議已定使九卿來報君侯君侯不疾應與大將軍同心猶與無決先事誅矣延年從更衣還敞夫人與延年參語許諾請奉大將軍教令遂共廢昌邑王立宣帝蓋不過此賢哉賢哉良史記錄必不墜於地矣

皇甫謐列女傳曰馮本列作烈誤姜敘母者天水姜伯奕之母也建安中馬超攻冀害涼州刺史韋康州人悽然莫不感憤敘爲撫夷將軍擁兵屯歷敘姑子楊阜故爲康從事同

等十餘人皆略屬超陰相結爲康報讎未有閒會阜妻死辭超寧歸西因過至歷候敘母說康被害及冀中之難相對泣良久姜敘舉室感悲敘母曰咄伯奕韋使君遇難豈一州之恥亦汝之負胡三省曰負罪負也豈獨義山哉汝無顧我事淹變生人誰不死死國忠義之大者但當速發我自爲汝當之不以餘年累汝也因敕敘與阜參議許諾分人傳語鄉里尹奉趙昂及安定梁寬等令敘先舉兵叛超超怒必自來擊敘寬等因從後閉門約誓以定敘遂進兵入鹵昂奉守祁山超聞果自出擊敘寬等從後閉冀門超失據過鹵敘守鹵超因進至歷歷中見超往以爲敘軍還又傳聞超以走奔漢中官本以作已古以已通故歷無備及超入歷執敘母母怒罵超超被罵大怒卽殺敘母及其子燒城而去阜等以狀聞太祖甚嘉之手令襃揚語如本傳

臣松之案謐稱阜爲敘姑子而本傳云敘爲阜外兄與今名內外爲不同錢大昭曰高幹爲袁紹外甥而牽招傳云尙外兄高幹以是例之敘當以阜爲外兄疑傳之誤

非今古異稱也弼按夏侯玄傳玄曹爽之姑子也注引魏書云玄親曹爽外弟夏侯淵傳注引魏略云玄於曹爽爲外弟此爲姑子稱外兄外弟之證 謐又
載趙昂妻曰趙昂妻異者故益州刺史天水趙偉章妻王氏女也 胡三省曰據皇甫謐列女傳異士氏女也 昂爲羌道令 郡國志涼州武都郡羌道李兆洛曰今甘肅階州西北弼按一統志羌道廢縣在西固所西北西固所在階州西北百二十里 留
異在西 西縣也 會同郡梁雙反攻破西城害異兩男異女英年六歲獨與異在城中異
見兩男已死又恐爲雙所侵引刀欲自刎顧英而歎曰身死爾棄當誰恃哉吾聞西施
蒙不潔之服則人掩鼻況我貌非西施乎乃以溷糞涅麻而被之尠食瘠形自春至冬
雙與州郡和異竟以是免難昂遣吏迎之未至三十里止謂英曰婦人無符信保傅則
不出房闈昭姜沈流 劉向列女傳曰楚昭貞姜者齊侯之女楚昭王之夫人也昭王出遊留夫人漸臺之上而去王聞江水大至使使者迎夫人忘持其符夫人曰王與宮人約召必以符今使者不持符妾不敢行使者曰水方大至還而取符恐後夫人曰貞女之義不犯約勇者不畏死妾知從使者必生留必死然棄約越義而求生不若留而死耳使者取符水大至臺崩夫人流而死王曰嗟夫守義死節不爲苟生處約持信以成其貞乃號曰貞姜 伯姬待

燒 穀梁傳襄公三十年伯姬之舍失火左右曰夫人少辟火乎伯姬曰婦人之義傅母不在宵不下堂左右又曰夫人少辟火乎伯姬曰婦人之義保母不在宵不下堂遂逮乎火而死婦人以貞爲行者也伯姬之婦道盡矣詳其事賢伯姬也 每讀其傳心壯其節今吾遭亂不能死將
何以復見諸姑所以偷生不死惟憐汝耳今官舍已近吾去汝死矣遂飲毒藥而絕時
適有解毒藥良湯撅口灌之良久乃蘇建安中昂轉參軍事徙居冀會馬超攻冀異躬
着布韝佐昂守備又悉脫所佩環黼黻以賞戰士及超攻急城中饑困刺史韋康素仁
愍吏民傷殘欲與超和昂諫不聽歸以語異異曰君有爭臣大夫有專利之義專不爲
非也焉知救兵不到關隴哉當共勉卒高勳全節致死不可從也比昂還康與超和超
遂背約害康又劫昂質其嫡子月於南鄭 郡國志益州漢中郡南鄭一統志南鄭故城今陝西漢中府城東 欲要昂
以爲己用然心未甚信超妻楊聞異節行 通鑑建安十八年趙衢梁寬閉冀城門盡殺超妻子超進退失據南奔張魯魯欲妻之以女或謂魯曰有人若此不愛其親焉能愛人魯乃止（事見超傳注引典略）超妻楊氏蓋死於冀城 請與讌終日異欲信昂於

超以濟其謀謂楊曰昔管仲入齊立九合之功 論語子曰桓公九合諸侯不以兵車管仲之力也 由余適秦
穆公成霸 史記戎王使由余於秦由余其先晉人也亡入戎能晉言聞繆公賢故使由余觀秦秦穆公得由余西戎八國服於秦 方今社稷
初定治亂在於得人涼州士馬迺可與中夏爭鋒不可不詳也楊深感之以爲忠於己
遂與異重相接結昂所以得信於超全功免禍者異之力也及昂與楊阜等結謀討超
告異曰吾謀如是事必萬全當柰月何異厲聲應曰忠義立於身雪君父之大恥喪元
不足爲重況一子哉夫項橐顏淵 淮南子項託七歲爲孔子師孔子有以聽其言也家語顏回年二十九而髮白三十二早死回以德行著名孔子稱其仁焉史記顏回字子淵魯人 豈復百年貴義存耳昂曰善遂共閉門逐超超奔漢中從
張魯得兵還異復與昂保祁山 馮本祁作祈誤 爲超所圍三十日救兵到乃解超卒殺異子
月凡自冀城之難至于祁山 馮本祁作祈誤 昂出九奇異輒參焉
太祖征漢中以阜爲益州刺史還拜金城太守未發轉武都太守郡

濱蜀漢阜請依龔遂故事安之而已 漢書循吏傳宣帝以龔遂爲勃海太守謂遂曰勃海廢亂君欲何以息其盜賊而稱朕意遂對曰今欲使臣勝之也邪將安之也上曰選用賢良固欲安之也遂曰臣聞治亂民猶治亂繩不可急也唯緩之然後可治臣願丞相御史且無拘臣以文法得一切便宜從事上許焉 會劉備遣張飛馬超等從沮道趣下辯 趙一清曰續郡國志武都郡沮沔水出東狼谷此云沮道縣有蠻夷謂之道或漢末所增土先謙曰前漢縣三國蜀因見常志一統志沮縣故城今陝西漢中府略陽縣東一百十里 而氐
雷定等七部萬餘落反應之太祖遣都護曹洪禦超等超等退還洪
置酒大會令女倡著羅縠之衣蹋鼓一坐皆笑阜厲聲責洪曰男女
之別國之大節何有於廣坐之中裸女人形體雖桀紂之亂不甚於
此遂奮衣辭出洪立罷女樂請阜還坐肅然憚焉及劉備取漢中以
逼下辯太祖以武都孤遠欲移之恐吏民戀土阜威信素著前後徙
民氐使居京兆扶風天水界者萬餘戶徙郡小槐里 趙一清曰寰宇記卷二十七武功縣

小槐里李奇曰卽槐里之西城也東已有槐里城以此城爲小槐里 百姓襁負而隨之爲政舉大綱而已下不忍欺也文帝問侍中劉曄等武都太守何如人也皆稱阜有公輔之節未及用會帝崩在郡十餘年徵拜城門校尉 續百官志城門校尉一人比二千石掌雒陽城門十二所 阜嘗見明帝著繡褶被縹綾半褎 宋本作阜嘗見明帝著帽被縹綾半褎通鑑作帝嘗著帽被縹綾半袖胡三省曰著陟略翻說文曰帽小兒蠻夷頭衣縹普沼翻青白色綾紋帛或謂之綺或謂之紋繒半袖半臂也晉志曰帽名猶冠也義取於蒙覆其首其本纚也古者冠無幘冠下有纚以繒爲之後世施幘於冠因或裁纚爲帽自乘輿宴居下至庶人無爵者皆服之被皮義翻何焯曰褶上宋書有繡字張照曰褎卽古袖字褎應作褻梁章鉅曰宋書五行志云魏明帝著繡褶被縹紈半袖此脫繡字復袖字又誤紈爲綾耳趙一清曰晉書輿服志後漢以來天子之冕前後旒用眞白玉珠魏明帝好婦人飾改以珊瑚珠李慈銘曰褶疑當作帽褎卽古袖字此本用古字作褎校者注袖於旁遂連爲褎袖耳 阜問帝曰此於禮何法服也帝默然不答自是不法服不以見阜遷將作大匠 續百官志將作大匠一人二千石掌修作宗廟路寢宮室陵園土木之功并樹桐梓之類列於道側 時初治宮室發美女以充後庭數出入弋獵秋大雨震電多殺鳥雀阜上疏曰 阜上此疏時爲將作大匠通鑑書少府楊阜誤 臣聞明主在上羣下盡辭堯舜聖德求非索諫大禹勤功務卑宮室成湯遭旱歸咎責己周文刑于寡妻以御家邦漢文躬行節儉身衣弋綈此皆能昭令問貽厥孫謀者也伏惟陛下奉武皇帝開拓之大業守文皇帝克終之元緒 胡三省曰元始也緒絲端也言文帝克終武帝之志受禪易制此絲端所從始也 誠宜思齊往古聖賢之善治總觀季世放盪之惡政 通鑑盪作蕩 所謂善治者務儉約重民力也所謂惡政者從心恣欲觸情而發也惟陛下稽古世代之初所以明赫及季世所以衰弱至於泯滅近覽漢末之變足以動心誠懼矣曩使桓靈不廢高祖之法 錢大昭曰法字上下疑有脫字弼按通鑑法下有度字 文景之恭儉太祖雖有神武於何所施其能邪而陛下何由處斯尊哉今

吳蜀未定軍旅在外願陛下動則三思慮而後行重慎出入以往鑒來言之若輕成敗甚重頃者天雨又多卒暴雷電非常至殺鳥雀天地神明以王者爲子也政有不當則見災譴克己內訟聖人所記惟陛下慮患無形之外慎萌纖微之初法漢孝文出惠帝美人令得自嫁 漢書文帝紀十二年二月出孝惠皇帝後宮美人令得嫁 頃所調送小女遠聞不令宜爲後圖諸所繕治務從約節書曰九族既睦協和萬國事思厥宜以從中道精心計謀省息費用吳蜀以定爾乃上安下樂九親熙熙如此以往祖考心歡堯舜其猶病諸今宜開大信於天下以安衆庶以示遠人時雍丘王植怨於不齒藩國至親法禁峻密故阜又陳九族之義焉 曹植封雍丘在黃初末年通鑑編此疏於青龍三年蓋集楊阜諸疏彙敘耳 詔報曰聞得密表先陳往古明王聖主以諷闇政切至之辭款誠篤實退思補過將順匡救備至悉矣覽思苦言吾甚嘉之後遷少府 續百官志少府卿一人中二千石掌中服御諸物衣服寶貨珍膳之屬 是時大司馬曹眞伐蜀遇雨不進阜上疏曰 大司馬曹眞伐蜀會天大雨三十餘日棧道斷絕在太和四年阜此疏應在諫治宮室發美女疏之前 昔文王有赤烏之符而猶日昃不暇食武王白魚入舟君臣變色而動得吉瑞 通鑑無而字動字屬下讀胡注史記周文王崩武王奉文王木主東觀兵于孟津武王度河中流白魚躍入王舟是時諸侯不期而會者八百皆曰紂可伐矣武王曰汝未知天命未可也乃還師 猶尚憂懼況有災異而不戰竦者哉今吳蜀未平而天屢降變陛下宜深有以專精應答側席而坐思示遠以德綏邇以儉閒者諸軍始進便有天雨之患稽閡山險 胡三省曰閡與礙同 以積日矣 以已古通用下同通鑑作已 轉運之勞擔負之苦所費以多若有不繼必違本圖傳曰見可而進知難而退 左傳隨武子之言 軍之善政也徒

使六軍困於山谷之閒進無所略退又不得非主兵之道也 通鑑主作王胡注王兵王者之兵也 武王還師殷卒以亡知天期也今年凶民饑宜發明詔損膳減服技巧珍玩之物皆可罷之昔邵信臣爲少府於無事之世而奏罷浮食 漢書循吏傳召信臣傳信臣字翁卿九江壽春人以明經甲科爲郎出補穀陽長舉高第遷上蔡長其治視民如子遷南陽太守其治如上蔡好爲民興利吏民親愛信臣號之曰召父遷河南太守治行常爲第一徵爲少府信臣以非法食物悉奏罷省費歲數千萬 今者軍用不足益宜節度帝卽召諸軍還後詔大議政治之不便於民者阜議以爲致治在於任賢興國在於務農若舍賢而任所私此忘治之甚者也廣開宮館高爲臺榭以妨民務此害農之甚者也百工不敦其器而競作奇巧以合上欲此傷本之甚者也孔子曰苛政甚於猛虎今守功文俗之吏爲政不通治體苟好煩苛此亂民之甚者也當今之急宜

去四甚 卽上文忘治害農傷本亂民四者 並詔公卿郡國舉賢良方正敦樸之士而選用之此亦求賢之一端也阜又上疏欲省宮人諸不見幸者乃召御府吏問後宮人數 續百官志御府令一人六百石典官婢劉昭注引漢官曰員吏七人（通鑑胡注誤作七十人）吏從官三十人 吏守舊令對曰禁密不得宣露阜怒杖吏一百數之曰國家不與九卿爲密反與小吏爲密乎帝聞而愈敬憚阜帝愛女淑未期而夭 趙一清曰宋書禮志作三月而夭 帝痛之甚 在太和六年 追封平原公主立廟洛陽葬於南陵將自臨送阜上疏曰文皇帝武宣皇后崩陛下皆不送葬所以重社稷備不虞也何至孩抱之赤子而可送葬也哉帝不從帝既新作許宮又營洛陽宮殿觀閣阜上疏曰堯尙茅茨而萬國安其居 堯土階三尺茅茨不翦 禹卑宮室而天下樂其業及至殷周或堂崇三尺度以九筵耳 胡三省曰周官考工記曰殷人重屋堂修七尋堂崇三尺周人明堂度九尺之筵東西九筵南北七筵堂崇一筵五室凡室二筵 古之聖帝明王未有極宮室之高麗以彫弊百姓之財力者也桀作旋室象廊 官本旋作璇胡三省曰史記龜策傳曰桀爲瓦室紂作象廊與此稍異 紂爲傾宮鹿臺 新序曰鹿臺其大三里高千仞臣瓚曰今在朝歌中 以喪其社稷楚靈以築章華而身受其禍 互見高堂隆傳役百乾谿句下左傳昭公七年楚子成章華之臺杜注臺在今華容城內杜氏土地名云南郡華容縣臺在城內或曰章華臺在譙國城父傳曰楚子成章華之臺願與諸侯落之如楚道由鄭知不在城父者也劉獻廷廣陽雜記云章華臺在荊州沙市古城隍廟東約二里許自此而北長隄里許隄旁有廢刹曰章臺寺寺之東北有一井甎甃周曰沈香井土人言此爲楚宮故迹郡志言章華有二一在沙市一在監利縣離湖之側予攷之舊册在監利者乃章華臺此則楚王釣臺也酈道元（沔水注）曰江陵城西南有赤阪岡岡下有瀆水東北流入城名子胥瀆蓋吳師入郢所開也又東北出城西南注於龍陂陂北有楚莊王釣臺今毀之正在沙市又曰揚水又東入華容縣有靈谿水西通赤湖水東入離湖湖在縣東七十五里湖側有章華臺臺高十丈廣十五丈左丘明曰楚築臺於章華之上（見吳語）王與伍舉登之舉曰臺高不過望國之氛祥大不過容宴之俎豆（見楚語上）蓋譏其奢而諫其失也言此瀆靈王立臺之日漕運所由也此則監利之章華臺矣監利古華容地今離湖之迹猶在也沈括夢溪筆談四云天下地名

錯亂乖謬率難考信如楚章華臺亳州城父縣陳州商水縣荊州江陵長林監利縣皆有之據左傳杜注章華臺在華容城中華容卽今之監利縣非岳州之華容也至今有章華故臺在縣郭中與杜說相符亳州城父縣有乾谿其側亦有章華臺故臺基下往往得人骨云楚靈王戰死於此商水縣章華之側亦有乾谿薛綜注張衡東京賦引左氏傳乃云楚子成章華之臺於乾谿皆誤說也左氏實無此文 秦始皇作阿房而殃及其子天下叛之二世而滅夫不度萬民之力以從耳目之欲未有不亡者也陛下當以堯舜禹湯文武爲法則夏桀殷紂楚靈秦皇爲深誡高高在上實監后德愼守天位以承祖考巍巍大業猶恐失之不夙夜敬止允恭䘏民而乃自暇自逸惟宮臺是侈是飾必有顚覆危亡之禍易曰豐其屋蔀其家闚其戶闃其無人 易豐卦之辭王弼注蔀覆曖障光明之物也屋藏蔭之物也既豐其屋又蔀其家屋厚家覆闇之甚也雖闚其戶闃其无人棄其所處而自深藏也陸德明音義云闃苦鶪反馬鄭云无人貌字林云靜也姚作闚孟作窒並通 王者以天下爲家言豐屋之禍至於家無人也方今二虜合從謀危宗廟十

萬之軍東西奔赴監本赴作走誤邊境無一日之娛農夫廢業民有饑色陛下不以是爲憂而營作宮室無有已時使國亡而臣可以獨存臣又不言也

臣松之以爲忠至之道以亡己爲理是以匡救其惡不爲身計而阜表云使國亡而臣可以獨存臣又不言也此則發憤爲己豈爲國哉斯言也豈不傷讜烈之義爲一表之病乎李慈銘曰阜此言所謂危言動主也激切之言忠愛之深故下云存亡一體得失同之裴注駁之非是

君作元首臣爲股肱存亡一體得失同之孝經曰天子有爭臣七人邢昺疏文王世子記曰虞夏商周有師保有疑丞設四輔及三公不必備惟其人又尚書大傳曰古者天子必有四隣前曰疑後曰丞左曰輔右曰弼大傳四隣則見之四輔兼三公以充七人之數雖無道不失其天下臣雖駑怯敢忘爭臣之義爭讀曰諍言不切至不足以感寤陛下陛下不察臣言恐皇祖烈考之祚將墜

于地使臣身死有補萬一則死之日猶生之年也謹叩棺沐浴伏俟重誅奏御胡三省曰叩近也御進也天子感其忠言手筆詔答每朝廷會議阜常侃然以天下爲己任數諫爭不聽乃屢乞遜位未許會卒家無餘財孫豹嗣或曰義山初爲節俠終爲直臣若是乎不相謀也曰夫道一而已矣將毋同

高堂隆字升平泰山平陽人魯高堂生後也胡三省曰漢儒有高堂生魯人隆其後也姓譜齊公族有高堂氏風俗通齊卿高恭仲食采於高堂泰山郡平陽見鮑勛傳少爲諸生泰山太守薛悌命爲督郵薛悌字孝威東郡人見陳矯傳續百官志其監屬縣有五部督郵曹掾一人郡督軍與悌爭論名悌而呵之隆按劍叱督軍曰毛本叱作敕誤昔魯定見侮仲尼歷階史記孔子世家定公十年齊景公與魯定公會於夾谷孔子攝相事爲壇位土階三等以會遇之禮相見揖讓而登獻酬之禮畢齊有司請奏四方之樂孔子趨而進歷階而登不盡一等舉袂而言曰吾兩君爲好會夷狄之樂何爲於此趙彈秦箏相如進缶史記藺相如傳秦王請趙王鼓瑟藺相如前曰趙王竊聞秦王善爲秦聲請奉盆缻秦王以相娛樂

臨臣名君義之所討也康發祥曰臨子字父常林因之不拜臨臣名君高堂爲之按劍古人之不忍觸諱如是督軍失色悌驚起止之後去吏避地濟南建安十八年太祖召爲丞相軍議掾趙一清曰軍議掾亦魏武所置後爲歷城侯徽文學轉爲相見武文世王公傳東平靈王徽傳續百官志皇子封王置傅一人相一人徽遭太祖喪不哀反游獵馳騁隆以義正諫甚得輔導之節黃初中爲堂陽長郡國志冀州安平國堂陽一統志堂陽故城今直隸冀州新河縣西以選爲平原王傅明帝初封平原王王即尊位是爲明帝以隆爲給事中博士駙馬都尉漢書百官公卿表給事中掌顧問應對位次中常侍爲加官所加或大夫博士議郎博士掌通古今秩比六百石駙馬都尉掌駙馬師古曰駙副馬也非正駕車皆爲副馬一曰駙近也疾也帝初踐阼羣臣或以爲宜饗會隆曰唐虞有遏密之哀遏絕也密靜也堯崩四海遏密八音高宗有不言之思史記殷本紀武丁三年不言政事決定於冢宰是以至德雍熙光于四海以爲不宜爲會帝敬納之遷陳留太守犢民酉牧年七十餘

錢大昭曰犢民非縣疑尉氏之譌姚範曰疑作民犢酉有至行舉爲計曹掾帝嘉之特除郎中以顯焉徵隆爲散騎常侍帝嘉之之下監本作特之赤水九日隆爲散騎常侍大誤元本無以顯焉三字徵隆作以隆均誤賜爵關內侯

魏略曰太史上漢歷不及天時因更推步弦望朔晦爲太和歷帝以隆學問優深於天文又精乃詔使隆與尚書郎楊偉太史待詔駱祿參共推校偉祿是太史隆故據舊歷更相劾奏紛紜數歲偉稱祿得日蝕而月晦不盡隆不得日蝕而月晦盡詔從太史隆所爭雖不得而遠近猶知其精微也改歷事在景初元年宋書歷志明帝時尚書楊偉制景初歷施用至於晉宋或曰月晦不盡不能定朔焉能得日食乎此魏略之妄也

青龍中大治殿舍西取長安大鐘潘眉曰帝紀注徙長安鐘簴在景初元年與此不同隆上疏曰

昔周景王不儀刑文武之明德忽公旦之聖制既鑄大錢又作大鐘

單穆公諫而弗聽伶州鳩對而弗從 宋本伶作泠左傳釋文泠或作伶國語王將鑄大錢單穆公諫曰不可絕民用以實王府猶塞川原而爲潢汙也其竭無日矣王不聽卒鑄大錢左傳天王將鑄無射泠州鳩曰王其以心疾死乎杜預注無射鐘名律中無射泠樂官州鳩其名也州鳩對景王問亦見國語 遂迷不返周德以衰良史記焉以爲永鑒然今之小人好說秦漢之奢靡以蕩聖心 宋本蕩作盪左傳王心蕩作蕩 求取亡國不度之器 謂長安鐘簴駱駝銅人承露盤也 勞役費損以傷德政非所以興禮樂之和保神明之休也是日帝幸上方隆與卞蘭從 卞蘭見卞后傳 帝以隆表授蘭使難隆曰興衰在政樂何爲也化之不明豈鐘之罪隆曰夫禮樂者爲治之大本也故簫韶九成鳳皇來儀 尚書益稷篇之辭孔傳韶舜樂名言簫見細器之備雄曰鳳雌曰皇靈鳥也儀有容儀備樂九奏而致鳳皇止義曰簫韶之樂作之九成以致鳳皇來而有容儀也成謂樂曲成也鄭云成猶終也每曲一終必變更奏故經言九成傳言九奏周禮謂之九變其實一也 雷鼓六變天神以降 周禮地官鼓人以雷鼓鼓神祀鄭注雷鼓八面鼓也神祀祀天神也 政是以平刑是以錯和之至也新聲發響商辛以隕 史記殷本紀紂使師涓作新淫聲北里之舞靡靡之樂 大鐘既鑄周景以弊存亡之機恒由斯作安在廢興之不階也君舉必書古之道也作而不法何以示後聖王樂聞其闕故有箴規之道忠臣願竭其節故有匪躬之義也帝稱善遷侍中猶領太史令 太史令屬太常降以侍中領之

崇華殿災詔問隆此何咎於禮寧有祈禳之義乎隆對曰夫災變之發 元本監本官本發作法 皆所以明教誡也惟率禮修德可以勝之易傳曰上不儉下不節孽火燒其室又曰君高其臺天火爲災 胡三省曰京房易傳之辭 此人君苟飾宮室 通鑑苟作務 不知百姓空竭故天應之以旱火從高殿起也上天降鑒故譴告陛下陛下宜增崇人道以答天意 元本監本意上多之字 昔太戊有桑穀生於朝武丁有雊雉登於鼎 史記殷本紀亳有祥桑穀共生於朝一暮大拱帝太戊懼

問伊陟伊陟曰臣聞妖不勝德帝之政其有闕與帝其修德太戊從之而祥桑枯死而去帝武丁祭成湯有飛雉登鼎耳而呴武丁懼祖己曰王勿憂先修政事武丁修政行德天下咸驩殷道復興 皆聞災恐懼側身修德三年之後遠夷朝貢故號曰中宗高宗此則前代之明鑒也今按舊占 元本監本占作史 災火之發皆以臺榭宮室爲誡然今宮室之所以充廣者實由宮人猥多之故宜簡擇留其淑懿如周之制罷省其餘此則祖己之所以訓高宗高宗之所以享遠號也詔問隆吾聞漢武帝時柏梁災而大起宮殿以厭之其義云何隆對曰臣聞西京柏梁既災越巫陳方建章是經 續五行志注經作營 以厭火祥乃夷越之巫所爲非聖賢之明訓也 漢書武帝紀太初元年柏梁臺災二月起建章宮文穎曰越巫名勇謂帝曰越國有火災即復大起宮室以厭勝之故帝作建章宮師古曰建章宮在未央宮西俗所呼貞女樓即建章宮之闕也 五行志曰柏梁災其後有江充巫蠱也衛太子事 五行志無也字官本衛太子事四字作小字旁注誤 如志之言越巫建章無所厭也孔子曰災者修類應行精祲相感以戒人君是以聖主覩災責躬退而修德以消復之今宜罷散民役宮室之制務從約節內足以待風雨外足以講禮儀淸埽所災之處不敢於此有所立作萐莆嘉禾 毛本萐莆作萐蕭誤 必生此地 陳錫仁本作萐莆疲木必生此也誤胡三省曰萐山輒翻又色洽翻莆音蒲說文萐莆瑞草也堯時生於庖廚扇暑而涼 以報陛下虔恭之德豈可疲民之力竭民之財實非所以致符瑞而懷遠人也 劉昭曰高堂隆之言災其得天心乎 帝遂復崇華殿 周壽昌曰凡因人言而成事者謂之遂茲隆既諫阻工役帝不聽其言而仍興作則帝遂之語殊不相承蓋帝將大事土木因隆言而俾復被焚之崇華殿尚未他役也迨後隆請改正朔易服色帝愈崇宮殿飾臺觀侈心蕩志隆實啓之雖諫亦莫之入矣 時郡國有九龍見 潘眉曰此九龍非一時並見宋五行志以郡國前後言龍見者九 故改曰九龍殿 事在青龍三年 陵霄闕始構有鵲巢其上 通鑑繫此事於青龍三年晉書五行志中云事在景初元年下文云是歲有星孛於大辰明紀在青龍四年 帝以問隆對曰詩云維

鵲有巢維鳩居之今興宮室起陵霄闕而鵲巢之此宮室未成身不得居之象也天意若曰宮室未成將有他姓制御之斯乃上天之戒也何焯曰高堂本以師傅舊恩素所敬信明帝雖從而不改亦與很愎惡直者殊使當日身領太史遇災隱默豈不爲張禹之續乎夫天道無親惟與善人不可不深防不可不深慮夏商之季皆繼體也不欽承上天之明命惟讒諂是從廢德適欲故其亡也忽焉太戊武丁覩災竦懼祇承天戒故其興也勃焉今若休罷百役儉以足用增崇德政動遵帝則除普天之所患興兆民之所利三王可四五帝可六豈惟殷宗轉禍爲福而已哉臣備腹心苟可以繁祉聖躬安存社稷臣雖灰身破族猶生之年也豈憚忤逆之災而令陛下不聞至言乎於是帝改容動色是歲有星孛於大辰隆上疏曰凡帝王徙都立邑皆先定天地社稷之位敬恭以奉之將營宮室則宗廟爲先廏庫爲次居室爲後今圜丘方澤南北郊明堂社稷神位未定侯康曰通典魏明帝景初中立帝社博士孔鼂議漢氏及魏初皆立一社一稷至景初之時更立太社太稷又特立帝社云據此知魏初祇一社景初時始立帝社也隆是疏上於青龍四年故云神位未定宗廟之制又未如禮而崇飾居室北宋本居作宮士民失業外人咸云宮人之用與興戎軍國之費所盡略齊可知當時宮中之奢民不堪命皆有怨怒書曰天聰明自我民聰明天明畏自我民明威輿人作頌則嚮以五福民怒吁嗟則威以六極言天之賞罰隨民言順民心也是以臨政務在安民爲先然後稽古之化格于上下自古及今未嘗不然也夫采椽卑宮唐虞大禹之所以垂皇風也玉臺瓊室夏癸商辛之所以犯昊天也今之宮室實違禮度乃更建立九龍華飾過前天彗章灼始起

於房心犯帝坐而干紫微此乃皇天子愛陛下毛本天作太誤是以發教戒之象始卒皆於尊位殷勤鄭重欲必覺寤陛下斯乃慈父懇切之訓宜崇孝子祇聳之禮以率先天下以昭示後昆不宜有忽以重天怒時軍國多事用法深重隆上疏曰夫拓跡垂統必俟聖明輔世匡治亦須良佐用能庶績其凝而品物康乂也夫移風易俗宣明道化使四表同風回首面內德教光熙九服慕義固非俗吏之所能也今有司務糾刑書不本大道是以刑用而不措俗弊而不敦宜崇禮樂班敘明堂修三雍大射養老營建郊廟尊儒士舉逸民表章制度改正朔易服色布愷悌尙儉素然後備禮封禪歸功天地使雅頌之聲盈于六合緝熙之化混于後嗣冊府混作流斯蓋至治之美事不朽之貴業也然九域之內然上疑脫夫字可揖讓而治尙何憂哉不正其本而救其末譬猶棼絲非政理也可命羣公卿士通儒造具其事以爲典式隆又以爲改正朔易服色殊徽號異器械自古帝王所以神明其政變民耳目故三春稱王明三統也於是敷演舊章奏而改爲帝從其議隆改正朔議見宋書禮志一議云按自古有文章以來帝王之興受禪之與干戈皆改正朔所以明天道定民心也易曰革元亨利貞有孚改命吉湯武革命應乎天從乎人其義曰水火更用事猶王者必改正朔易服色也易通卦驗曰王者必改正朔易服色以應天地三氣三色書曰若稽古帝舜曰重華建皇授政改朔初高陽氏以十一月爲正薦玉以赤繒高辛氏以十三月爲正薦玉以白繒尙書傳曰舜定鐘石論人聲乃及鳥獸咸變於前故更四時改堯正詩曰一之日觱發二之日栗烈三之日于耜傳曰一之日周正月二之日殷正月三之日夏正月詩推度災曰如有繼周而王者雖百世可知以前檢後文質相因法度相改三而復者正色也二而復者文質也以前檢後謂軒轅高辛夏后氏漢皆以十三月爲正少昊有唐有殷皆以十二月爲正高陽有虞有周皆以十一月爲正後雖百世皆以前代三而復也禮大傳曰聖人南面而治天下必正度量考文章改正朔易服色殊徽號樂稽曜嘉曰禹將受位天意大變迅風雷雨以明將去虞而適夏也是以舜禹雖繼平受禪猶制禮樂改正朔

以應天從民夏以十三月爲正法物之始其色尙黑殷以十二月爲正法物之牙其色尙白周以十一月爲正法物之萌其色尙赤能察其類能正其本則嶽瀆致雲雨四時和五稼成麟鳳翔集春秋十七年夏六月甲子朔日有蝕之傳曰當夏四月是謂孟夏春秋元命苞曰王者受命昭然明於天地之理故必移居處更稱號改正朔易服色以明天命聖人之寶質文再而改窮明相承周則復始正朔改則天命顯凡典籍所記不盡於此略舉大較亦足以明也

改青龍五年春三月爲景初元年孟夏四月服色尙黃犧牲用白從地正也

宋書禮志一云太尉司馬懿尙書僕射衞臻尙書薛悌中書監劉放中書侍郎刁幹博士秦靜趙怡中候中詔季岐以爲宜改侍中繆襲散騎常侍王肅尙書郎王衡以爲不宜改青龍五年山茌縣黃龍見帝乃詔改李光地曰改用地正此隆之迂謬陳承祚評語云必改正朔俾魏祖虞所謂意過其通者非苛論也

遷光祿勳帝愈增崇宮殿彫飾觀閣鑿太山之石英

御覽五十一引魏志作鏤太山作太行

采穀城之文石起景陽山於芳林之園

局本園作圃誤明帝紀引魏略云起土山於芳林園西北陬胡三省曰水經注大夏門內東側際城有景陽山卽芳林園之西北陬也裴松之曰（此胡注引裴注）芳林園卽今華林園齊王芳卽位改曰華林園

建昭陽殿於太極之北鑄作黃龍鳳皇奇偉之獸

魏略曰龍高四丈鳳高三丈餘置內殿前

飾金墉陵雲臺陵霄闕百役繁興作者萬數公卿以下至于學生莫不展力

魏略曰使公卿羣僚皆負土成山

帝乃躬自掘土以率之而遼東不朝

公孫淵發兵反

悼皇后崩

景初元年賜后死見后妃傳

天作淫雨冀州水出漂沒民物隆上疏切諫曰蓋天地之大德曰生聖人之大寶曰位何以守位曰仁何以聚人曰財然則士民者乃國家之鎭也穀帛者乃士民之命也穀帛非造化不育非人力不成是以帝耕以勸農后桑以成服所以昭事上帝告虔報施也昔在伊唐世値陽九厄運之會洪水滔天使鯀治之績用不成乃擧文命

史記夏本紀夏禹名曰文命索隱曰尙書云文命敷于四海孔安國云外布文德教命不云是禹名太史公皆以放勳重華文命爲名正義曰帝王紀云鯀生禹名文命大戴禮云鯀之子曰文命陸德明音義曰先儒云文命禹名

隨山刊木

尙書禹貢禹敷土隨山刊木孔傳云洪水汎溢禹分布治九州之土隨行山林斬木通道史記夏本紀行山表木索隱曰表木謂刊木立爲表記

前後歷年二十二載

胡三省曰隆蓋取鯀九載績用弗成

禹治兗州作十有三載乃合同以爲二十二載之數趙一淸曰鯀九載禹十三載乃同合父子共得二十二載與孟子史記及馬融等諸儒之說不同沈家本曰此極言其災甚役久故合鯀禹治水之年言之文用前後二字其長顯然史記夏本紀言禹居外十三年河渠書言禹抑洪水十三年蓋據禹貢作十有三載乃同以爲言然則此合鯀九載而云二十二載未嘗與史記不同也惟孟子言禹八年於外馬融以爲禹治水三年八州平見禹貢正義其說與史記異然羅苹路史注云八年于外特記過門不入之年則孟子所言原非謂治水止此八年馬融之說不知何本夫以九州之大且又鯀治之九載之久而未能平乃謂三年而畢其役恐未必若是之速終當以史記爲是

災眚之甚莫過於彼力役之興莫久於此堯舜君臣南面而已禹敷九州庶土庸勳各有等差君子小人物有服章今無若時之急而使公卿大夫並與廝徒共供事役聞之四夷非嘉聲也垂之竹帛非令名也是以有國有家者近取諸身遠取諸物嫗煦養育故稱愷悌君子民之父母今上下勞役疾病凶荒耕稼者寡饑饉荐臻無以卒歲宜加愍卹以救其困臣觀在昔書籍所載天人之際未有不應也是以古先哲王畏上天之明命循陰陽之逆順矜矜業業惟恐有違然後治道用興德與神符災異既發懼而修政未有不延期流祚者也爰及末葉闇君昏主不崇先王之令軌不納正士之直言以遂其情志恬忽變戒未有不尋踐禍難至於顚覆者也天道既著請以人道論之夫六情五性同在於人嗜欲廉貞各居其一及其動也交爭于心欲彊質弱則縱濫不禁精誠不制則放溢無極夫情之所在非好則美而美好之集非人力不成非穀帛不立情苟無極則人不堪其勞物不充其求勞求並至將起禍亂故不割情無以相供仲尼云人無遠慮必有近憂由此觀之禮義之制非苟拘分將以遠害而興治也

李慈銘曰樂記人生而靜天之性也感於物而動性之欲也物至知知然後好惡形焉好惡無節於內知誘於外不能反躬天理滅矣此疏云

云可作禮記義疏中庸中也者天下之大本也鄭注中爲大本者以其含喜怒哀樂禮之所由生政教自此出也說文性人之陽氣性善者也情人之陰氣有欲者也詩蒸民鄭箋其性有物象其情有法則情法性陰承陽也諸儒分別性情動靜極爲明確而歸本於禮與此疏禮義之制非苟拘分云云皆聖賢之古訓性理之精言今吳蜀二賊非徒白地小虜聚邑之寇胡三省曰白地謂大幕不生草木多白沙也小虜謂烏桓鮮卑也聚邑之寇謂盜賊竊發屯據鄉邑聚落也乃據險乘流跨有士衆僭號稱帝欲與中國爭衡胡三省曰衡所以稱輕重爭衡者言吳蜀自謂國勢與中國鈞無所輕重也今若有人來告權備何焯曰備當作禪錢儀吉曰是時昭烈已死通鑑作禪是也錢大昕曰此疏在明帝景初改元以後蜀先主殂謝久矣權備並稱殊誤並修德政復履清儉輕省租賦不治玩好動咨耆賢事遵禮度陛下聞之豈不惕然惡其如此以爲難卒討滅而爲國憂乎若使告者曰彼二賊並爲無道崇侈無度役其士民重其徵賦下不堪命吁嗟日甚陛下聞之豈不勃然忿其困我無辜之民而欲速加之誅其次豈不幸彼疲弊而取之不難乎

苟如此則可易心而度事義之數亦不遠矣胡三省曰義禮也高堂隆之論諫可謂深切著明矣何焯曰詞意周至是儒者語且秦始皇不築道德之基而築阿房之宮不憂蕭牆之變而修長城之役當其君臣爲此計也亦欲立萬世之業使子孫長有天下豈意一朝匹夫大呼而天下傾覆哉故臣以爲使先代之君知其所行必將至於敗則弗爲之矣是以亡國之主自謂不亡然後至於亡賢聖之君自謂將亡然後至於不亡昔漢文帝稱爲賢主躬行約儉惠下養民而賈誼方之以爲天下倒縣可爲痛哭者一可爲流涕者二可爲長歎息者三況今天下彫弊民無儋石之儲國無終年之畜外有彊敵六軍暴邊內興土功州郡騷動若有寇警則臣懼版築之士不能投命虜庭矣又將吏奉祿稍見折減方之於昔五分居

一諸受休者又絕廩賜廩給也不應輸者今皆出半此爲官入兼多於舊其所出與參少於昔參三分也而度支經用更每不足牛肉小賦前後相繼胡三省曰此蓋犒饗工徒度支經用不足以給故賦牛肉以供之反而推之凡此諸費必有所在胡三省曰指言諸費皆在於營繕也且夫祿賜穀帛人主所以惠養吏民而爲之司命者也若今有廢是奪其命矣既得之而又失之此生怨之府也周禮太府掌九賦之則各本均作天府掌九伐之則盧明楷曰周禮太府掌九貢九賦九功之貳以受其貨賄之入則九賦太府職也梁章鉅曰則字亦誤當作財以給九式之用周禮天官太府凡頒財以式法授之鄭注九賦之財給九式者入有其分出有其所不相干乘而用各足各足之後乃以式貢之餘供王玩好周禮天官太府凡式貢之餘財以供玩好之用鄭注謂先給九式及弔用足府庫而有餘財乃可以供玩好明玩好非治國之用又上用財必考于司會原注會音膾周禮天官司會以九貢之法致邦國之財用以九賦之法令田野之財用以九功之法令民職之財用以九式之法均節邦之財用

今陛下所與共坐廊廟治天下者非三司九列則臺閣近臣皆腹心造膝宜在無諱若見豐省而不敢以告從命奔走惟恐不勝是則具臣非鯁輔也昔李斯教秦二世曰爲人主而不恣睢命之曰天下桎梏二世用之秦國以覆斯亦滅族是以史遷譏其不正諫而爲世誡書奏帝覽焉謂中書監令曰觀隆此奏使朕懼哉胡三省曰中書監令典奏事觀隆奏遂以語之隆疾篤口占上疏曰胡三省曰疾篤不能自書故口占而使人書之曾子有疾孟敬子問之曾子曰鳥之將死其鳴也哀人之將死其言也善臣寢疾病有增無損常懼奄忽忠款不昭臣之丹誠豈惟曾子願陛下少垂省覽馮本願作靡誤渙然改往事之過謬勃然興來事之淵塞使神人響應殊方慕義四靈效珍禮記麟鳳龜龍謂之四靈玉衡曜精尚書舜典在璿璣玉衡以齊七政孔傳璣衡王者正天文之器可運轉者正義云玉衡美

玉璣爲轉運衡爲橫簫王者正天文之器漢世謂之渾天儀蔡邕云玉衡長八尺孔徑一寸下端望之以視星辰轉璣窺衡以知星宿則三王可邁五帝可越非徒繼體守文而已也臣常疾世主莫不思紹堯舜湯武之治而蹈踵桀紂幽厲之跡莫不蚩笑季世惑亂亡國之主而不登踐虞夏殷周之軌悲夫以若所爲求若所致趙一清曰致字當依孟子作欲猶緣木求魚煎水作冰毛本煎作將誤其不可得明矣尋觀三代之有天下也聖賢相承歷載數百尺土莫非其有一民莫非其臣萬國咸寧九有有截詩商頌九有有截鄭箋云截整齊也又云九州齊壹截然鹿臺之金巨橋之粟尚書武城篇散鹿臺之財發巨橋之粟正義曰新序云鹿臺其大三里其高千尺則容物多矣此言鹿臺之財則非一物也無所用之仍舊南面仍舊二字未詳夫何爲哉然癸辛之徒史記夏本紀子帝履癸立是爲桀殷本紀子辛立是爲帝辛天下謂之紂知足以距諫言足以飾非恃其旅力知足以拒諫才足以飾非諂諛是尚臺觀是崇淫樂是好倡優是說

作靡靡之樂安濮上之音上天不蠲眷然回顧宗國爲墟不夷于隸何焯校改不作下紂縣白旗桀放鳴條胡三省曰武王斬紂首懸之太白之旗商湯破桀於鳴條遂放之於南巢孔安國曰鳴條地在安邑之西天子之尊湯武有之豈伊異人皆明王之胄也且當六國之時天下殷熾秦既兼之不修聖道乃構阿房之宮築長城之守矜夸中國威服百蠻天下震竦道路以目自謂本枝百葉永垂洪暉豈悟二世而滅社稷崩圮哉近漢孝武乘文景之福外攘夷狄內興宮殿十餘年閒天下囂然乃信越巫懟天遷怒起建章之宮千門萬戶卒致江充妖蠱之變馮本江作汪誤至於宮室乖離父子相殘殃咎之毒禍流數世臣觀黃初之際天兆其戒異類之鳥育長燕巢口爪胸赤趙一清曰晉書五行志黃初元年未央宮中有燕生鷹口爪俱赤此與商紂宋隱同象景初元年又有燕生巨鷇於衛國李蓋家形若鷹吻似燕高堂隆所指即此二事其後司馬氏誅曹爽遂有魏室文明二紀俱不載潘眉曰胸字誤晉宋志並云口爪俱赤又云有燕生鷹故下言鷹揚之臣梁章鉅曰宋書五行志云黃初末宮中有燕生鷹口爪俱赤景初元年又有燕生巨鷇于衛國涓桃里李蓋家形若鷹吻似燕此羽蟲之孽又赤眚也此魏室之大異也宜防鷹揚之臣於蕭牆之內胡三省曰司馬氏之事隆固逆知之矣李慈銘曰此顯指司馬懿而晉君臣不以爲非史官因而載之皆非後世所及可選諸王使君國典兵往往棊跱鎭撫皇畿翼亮帝室昔周之東遷晉鄭是依左傳隱公六年周桓公曰我周之東遷晉鄭焉依杜注平王東徙晉文侯鄭武公左右王室漢呂之亂實賴朱虛朱虛侯劉章平諸呂之亂斯蓋前代之明鑒夫皇天無親惟德是輔民詠德政則延期過歷下有怨歎掇錄授能通鑑掇作輟錄匱錄也由此觀之天下之天下非獨陛下之天下也臣百疾所鍾氣力稍微輒自輿出歸還里舍若遂沈淪魂而有知結草以報老人結草以亢杜回事見常林傳注引魏略沐並傳魏顒注詔曰生廉倅伯夷直過史魚漢書貢禹傳禹上書言年老願乞骸骨天子報曰朕以生有伯夷之廉史魚之直師古曰生謂先生也史魚衛大夫史鰌也論

語稱孔子曰直哉史魚又賈誼傳文帝曰吾久不見賈生自以爲過之今不及也是稱生爲美稱又儒林傳漢興言易自淄川田生言書自濟南伏生言詩於魯則申培公於齊則轅固生言禮則魯高堂生師古曰培固者其人名公生者其號此則又別爲一解錢大昭曰明帝不稱隆名而稱爲生直以先生尊之矣下云天不欲成吾事高堂生舍我亡也亦此意周壽昌曰呼之曰高堂生以其祖之稱稱之也重之也生即先生執心堅白謇謇匪躬如何微疾未除退身里舍昔邴吉以陰德疾除而延壽漢書丙吉傳上憂吉疾不起太子太傅夏侯勝曰此未死也臣聞有陰德者必饗其樂以及子孫今吉未獲報而疾甚非其死疾也後病果瘉貢禹以守節疾篤而濟愈生其彊飯專精以自持隆卒遺令薄葬斂以時服隋書經籍志魏臺雜訪議三卷雜忌歷二卷張掖郡玄石圖一卷高堂隆撰又魏光祿勳高堂隆集六卷梁十卷錄一卷章宗源隋志攷證曰宋書禮志文選謝惠連擣衣詩注後漢書牟長傳注藝文類聚歲時部初學記歲時部服食部太平御覽時序部並引魏臺訪議嚴可均全三國文輯本一卷對詔表疏上言奏議對問凡二十九篇多考訂禮儀之文爲本傳所無者

習鑿齒曰高堂隆可謂忠臣矣君侈每思諫其惡將死不忘憂社稷正辭動於昏主明戒驗於身後謇諤足以勵物德音沒而彌彰可不謂忠且智乎詩云聽用我謀庶無大

悔又曰曾是莫聽大命以傾其高堂隆之謂也

初太和中中護軍蔣濟上疏曰宜遵古封禪詔曰聞濟斯言使吾汗出流足事寢歷歲後遂議修之使隆撰其禮儀帝聞隆沒歎息曰天不欲成吾事高堂生舍我亡也子琛嗣爵 蔣濟奏見本志卷十四蔣濟傳注通典卷五十四禮十四封禪云古者帝王之興每易姓而起以致太平必封乎泰山所以告成功也禮云因名山升中于天（封禪必於泰山者萬物交代之處封增其高順其類也升上也中成也刻石紀號著己功績）封訖而禪梁甫亦以告太平也（封禪者高厚之道也封土於山而禪祭於地天以高爲尊地以厚爲德增泰山之高以報天厚梁甫之階以報地明天之所命功成事就有益於天地若天地之更高厚然梁甫者太山之支山卑下者也能以道配成高德故禪梁甫亦以告太平也）無懷氏封泰山云云（管仲對齊桓公曰古者封泰山禪梁父者七十二家而夷吾所記者十有二焉而昔有無懷氏古之王者在伏羲前韓詩外傳曰孔子升泰山觀易姓而王可得而數者七十餘氏不可得而數者萬數袁准正論曰唯周官有王大封之文按成王封禪而文武皆不在七十二君而無一言見於經傳學者疑焉服虔曰云云在梁甫東山名也晉灼曰云云在蒙陰縣故城北東有云云亭）伏羲神農並因之黃帝禪亭亭（服虔曰亭亭在牟陰）顓頊帝嚳帝堯舜復禪云云禹禪會稽湯亦禪云云其所封皆

於泰山也周成王封泰山禪社首（應劭曰社首山名在博縣）其儀不存秦始皇平天下三年東巡郡縣祠鄒嶧山頌秦功業立石頌德有金册石函金泥玉檢之事爲漢武帝立二十八年元鼎中汾陰得寶鼎遂議封禪（太史公曰其封禪之禮則有司存而漢史不得其制）後漢光武建武三十二年封禪泰山 始景初中帝以蘇林秦靜等並老 蘇林見劉劭傳 恐無能傳業者乃詔曰昔先聖既沒而其遺言餘教著於六藝六藝之文禮又爲急弗可斯須離者也末俗背本所由來久故閔子譏原伯之不學 左傳昭公十八年往者見周原伯魯焉與之語不說學歸以語閔子馬閔子馬曰周其亂乎夫學殖也不學將落原氏其亡乎杜注原伯魯周大夫閔馬父字子馬魯大夫 荀卿醜秦世之坑儒 姚範曰荀子篇末云孫卿迫於亂世鰌於嚴刑上無賢主下遇暴秦潘按史記荀卿傳荀卿趙人年五十始來游學於齊齊襄王時荀卿最爲老師春申君以爲蘭陵令春申君死而荀卿廢又按史記春申君傳春申君死秦始皇立九年矣自齊襄王元年至秦始皇九年計四十六年是時荀卿當已逾百歲始皇坑諸生於咸陽在三十五年恐荀卿已不及見矣荀卿醜秦之論或爲魏明詔書之誤也或謂荀子議兵篇有答李斯之問疑荀卿至始皇時猶存然案李斯傳李斯辭荀卿西入秦在秦莊襄王時距始皇坑儒之時相隔三十餘年不得謂荀卿及見坑儒之事也荀卿傳言李斯嘗爲弟子已而相秦者竟其事之辭也姚氏引荀子篇末之語乃荀卿

弟子之辭見楊倞注 儒學既廢則風化曷由興哉方今宿生巨儒並各年高教訓之道孰爲其繼昔伏生將老漢文帝嗣以鼂錯 漢書儒林傳伏生濟南人治尚書年九十餘老不能行於是詔太常使掌故朝錯往受之 穀梁寡疇宣帝承以士郎 官本考證曰士郎宋本作十郎漢書儒林傳宣帝善穀梁說愍其學且絕迺以蔡千秋爲郎中戶將選郎十人從受 其科郎吏高才解經義者三十人從光祿勳隆散騎常侍林博士靜分受四經三禮主者具爲設課試之法 何焯曰魏世去漢未遠猶有此舉 夏侯勝有言 夏侯勝見漢書儒林傳 士病不明經術經術苟明其取青紫如俛拾地芥耳今學者有能究極經道則爵祿榮寵不期而至可不勉哉 或曰明經在傳道若僅以拾青紫爲事其爲明經也陋矣 數年隆等皆卒學者遂廢初任城棧潛太祖世歷縣令 胡三省曰何氏姓苑棧姓出任城潛任城人也蓋自潛始著 潛字彥皇見應璩書林 應璩事見王粲傳及注沈家本曰隋志書林十卷無撰人二唐志有夏赤松書林六卷而無應書裴所引棧潛之字

嘗督守鄴城時文帝爲太子耽樂田獵晨出夜還潛諫曰王公設險以固其國都城禁衛用戒不虞大雅云宗子維城無俾城壞又曰猶之未遠是用大諫 詩大雅板之章鄭箋云宗子王之適子也毛傳云猶圖也鄭箋云王之謀不能圖遠是故我大諫王也 若逸于遊田晨出昏歸以一日從禽之娛而妄無垠之釁愚竊惑之太子不悅然自後游出差簡黃初中文帝將立郭貴嬪爲皇后潛上疏諫語在后妃傳明帝時衆役並興戚屬疏斥潛上疏曰天生蒸民而樹之君所以覆燾羣生熙育兆庶故方制四海匪爲天子裂土分疆匪爲諸侯也始自三皇爰曁唐虞咸以博濟加于天下醇德以洽黎元賴之三五既微降逮于漢治日益少喪亂弘多自時厥後亦罔克乂太祖濬哲神武芟除暴亂克復王綱以開帝業文帝受天明命廓恢

皇基踐阼七載每事未遑陛下聖德纂承洪緒宜崇晏晏錢大昭曰堯典文思安安尚書考靈燿作文塞晏晏與民休息而方隅匪寧征夫遠戍有事海外縣旌萬里六軍騷動水陸轉運百姓舍業日費千金大興殿舍功作萬計徂來之松詩魯頌徂來之松毛傳徂來山也水經注汶水又西南流逕徂徠山西山多松柏宋史儒林傳石介字守道耕徂徠山下以易教授於家魯人號介徂徠先生一統志徂徠山在今山東泰安府東南四十里刊山窮谷怪石珷玞浮于河淮都圻之內盡爲甸服當供稾秸銍粟之調尚書禹貢五百里甸服百里賦納總二百里納銍三百里納秸服四百里粟五百里米孔傳云規方千里之內謂之甸服爲天子服治田去王城面五百里禾稾曰總銍刈謂禾穗也秸稾也蔡沈曰甸服畿內之地也禾本全曰總刈禾曰銍半稾也半藁去皮曰秸而爲苑囿擇禽之府擇字疑誤盛林莽之穢豐麋兎之藪傷害農功地繁茨棘災疫流行民物大潰上減和氣嘉禾不植臣聞文王作豐經始勿亟百姓子來不日而成靈沼靈囿與民共之今宮觀崇侈雕鏤極妙忘有虞之總期思殷辛之瓊室文選張平子東京賦必以示肆奢爲賢則是黃帝合宮有虞總期固不如夏癸之瑤臺商辛之瓊室也李善注黃帝明堂以草蓋之名曰合宮舜之明堂以草蓋之名曰總章尸子曰觀堯舜之行於總章章期一也汲冢古文曰夏桀作傾宮瑤臺殫百姓之財殷紂作瓊室立玉門禁地千里舉足投網麗擬阿房史記秦始皇本紀三十五年作前殿阿房東西五百步南北五十丈上可以坐萬人下可以建五丈旗顏師古曰阿近也以其去咸陽近且號阿房索隱云言其宮四阿旁廣也阿房後爲宮名役百乾谿新序九善謀篇楚靈王起章華之臺爲乾谿之役百姓罷勞怨懟於下羣臣倍畔於上公子弃疾作亂靈王亡逃卒死於野左傳昭公十二年楚子次於乾谿不能自克以及於難仲尼曰克己復禮仁也信善哉楚靈王若能如是豈其辱於乾谿杜注乾谿在譙國城父縣南高士奇曰城父故城在今亳州東南七十里臣恐民力彫盡下不堪命也昔秦據殽函以制六合自以德高三皇功兼五帝欲號諡至萬葉而二世顛覆願爲黔首由枝幹既杌沈家本曰杌當作扤本實先拔也錢大昭曰古拔與撥通用蓋聖王之御世也克明俊德庸勳親親俊乂在官則功業可隆親親顯用則安危同憂深根固本並爲幹翼雖歷盛衰

內外有輔昔成王幼沖未能涖政周呂召畢並在左右今既無衛侯康叔之監分陝所任又非旦奭東宮未建天下無副願陛下留心關塞永保無極則海內幸甚後爲燕中尉辭疾不就卒

評曰辛毗楊阜剛亮公直正諫匪躬亞乎汲黯之高風焉高堂隆學業修明志在匡君因變陳戒發於懇誠忠矣哉及至必改正朔俾魏祖虞所謂意過其通者歟胡三省曰意過其通謂意料之說執之甚堅反過其學之所通習者也何焯曰升平學行不減劉子政或曰恐汲黯少此文雅杜谷媿其亮直庶幾子政之流歟

魏書二十五

滿田牽郭傳第二十六

晉平陽侯相安漢陳壽撰

宋中書侍郎西鄉侯聞喜裴松之注

沔陽盧弼集解

滿寵字伯寧山陽昌邑人也郡國志兗州山陽郡昌邑一統志昌邑故城今山東濟寧州金鄉縣西北四十里年十八爲郡督郵范書黨錮傳張儉爲山陽郡督郵時郡內李朔等各擁部曲害于平民太守使寵糾焉朔等請罪不復鈔略守高平令郡國志山陽郡高平一統志高平故城今山東兗州府鄒縣西南縣人張苞爲郡督郵貪穢受取干亂吏政寵因其來在傳舍率吏卒出收之詰責所犯即日考竟遂棄官歸太祖臨兗州辟爲從事及爲大將軍辟署西曹屬爲許令時曹洪宗室親貴時爲建安初元魏武以司空行車騎將軍事不應有宗室之稱通鑑書操從弟洪有賓客在界在許縣界數犯法寵收治之洪書報寵胡三省曰報告也前漢書霍顯曰少夫幸報我以事寵不聽洪白太祖太祖召許主者胡三省曰主者許縣主吏也寵知將欲原乃速殺之太祖喜曰當事不當爾邪宋本元本爾作耳誤故太尉楊彪收付縣獄范書楊彪傳操託彪與袁術婚姻誣以欲圖廢立奏收下獄劾以大逆尚書令荀彧少府孔融等並屬寵但當受辭勿加考掠寵一無所報考訊如法數日求見太祖言之曰楊彪考訊無他辭語當殺者宜先彰其罪此人有名海內若罪不明必大失民望竊爲明公惜之太祖即日赦出彪范書楊彪傳將作大匠孔融聞之不及朝服往見操曰楊公四世清德海內所瞻周書父子兄弟罪不相及況以袁氏歸罪楊公今橫殺無辜海內觀聽誰不解體孔融魯國男子明日便當拂衣而去不復朝矣操不得已遂理出彪初彧融聞考掠彪皆怒及因此得了更善寵

臣松之以爲楊公積德之門身爲名臣縱有愆負猶宜保祐況淫刑所濫而可加其楚掠乎若理應考訊荀孔二賢豈其妄有相請屬哉寵以此爲能酷吏之用心耳雖有後善何解前虐何焯曰世期此論無異於孫氏之責高文惠也李光地曰此松之迂論也以操之猜很若聞寬訊其死楊公必矣時袁紹盛於河朔而汝南紹之本郡門生賓客布在諸縣擁兵拒守太祖憂之以寵爲汝南太守寵募其服從者五百人率攻下二十餘壁誘其未降渠帥於坐上殺十餘人一時皆平得戶二萬兵二千人令就田業建安十三年從太祖征荊州大軍還留寵行奮威將軍宋書百官志奮威將軍前漢世任千秋爲之屯當陽郡國志荊州南郡當陽一統志當陽故城今湖北荊門州當陽縣東一百四十里孫權數擾東陲復召寵還爲汝南太守賜爵關內侯關羽圍襄陽寵助征南將軍曹仁屯樊城拒之而左將軍于禁等軍以霖雨水長爲羽所沒羽急攻樊城樊城得水往往崩壞衆皆失色或謂仁曰今日之危非力所支可及羽圍未合乘輕船夜走雖失城尚可全身寵曰山水速疾冀其不久聞羽遣別將已在郟下胡三省曰郟縣屬潁川郡師古曰郟音夾晉地理志襄城郡復有郟縣蓋東漢省而魏晉復置縣也洪亮吉曰郟漢舊縣中興後省疑魏時復立謝鍾英曰王軍摩陂即襲別將時建安二十四年是郟縣爲漢末所立晉志改屬襄城郡一統志郟縣故城今河南汝州郟縣治自許以南百姓擾擾蜀志關羽傳梁郟陸渾羣盜或遙受羽印號爲之支黨羽所以不敢遂進者恐吾軍掎其後耳今若遁去各本皆作遁毛本作遯洪河以南非復國家有也胡三省曰洪河大河也君宜待之當日情勢許下已岌岌可危宜魏武議徙許都以避其銳非寵之鎮定殆矣仁曰善寵乃沈白馬與軍人盟誓會徐晃等救至寵力戰有功羽遂退進封安昌亭侯文帝即王位遷揚武將軍破吳於江陵有功更拜伏波將軍宋書百官志揚武將軍光武建武中以馬成爲之伏波將軍漢武帝征南越始置此號以路博德爲之趙一清曰宋志蕩寇將軍漢建安中滿寵居之傳

蓋失之屯新野郡國志荊州南陽郡新野三國魏因改屬義陽郡一統志新野故城今河南南陽府新野縣治南大軍南征到精湖精湖詳見蔣濟傳爲黃初六年事此傳誤書在黃初三年之前已先後倒置又承上文文帝卽王位而言益覺界限不明蓋黃初初元吳方稱藩於魏無大軍南征之事寵帥諸軍在前與賊隔水相對寵敕諸將曰今夕風甚猛賊必來燒軍御覽卷三百三十軍作營宜爲其備諸軍皆警夜半賊果遣十部伏夜來燒寵掩擊破之進封南鄉侯黃初三年假寵節鉞五年拜前將軍魏有前後左右將軍見宋志明帝卽位進封昌邑侯封本縣侯太和二年領豫州刺史三年春降人稱吳大嚴揚聲欲詣江北獵孫權欲自出寵度其必襲西陽而爲之備權聞之退還此傳滿寵於太和二年領豫州刺史與賈逵傳不合曹休進兵失利寵上疏請備無彊口事均在太和二年此傳云三年亦誤今舉證如下按賈逵傳太和二年帝使逵督前將軍滿寵東莞太守胡質等四軍從西陽直向東關是時逵爲豫州刺史以名刺史著稱逵傳又明言使逵督前將軍滿寵不言督豫州刺史滿寵也通鑑太和二年前將軍滿寵上疏請備無彊口亦書前將軍不書豫州刺史是寵領豫州刺史或在後也又按曹休傳賈逵傳均言休兵之敗在太和二年休死於是年九月見明帝紀休死寵代亦當在是年益證此傳三年之誤趙一清曰漢志江夏郡西陽方輿紀要七十六西陽城在黃州府東南百三十里三國魏爲重地弼按西陽戍在安慶府桐城縣東北見方輿紀要卷二十六趙說非是秋使曹休從廬江南入合肥令寵向夏口寵上疏曰曹休雖明果而希用兵今所從道背湖旁江易進難退此兵之窪地也通鑑窪作絓胡注絓古賣翻罥也言其地險師行由之爲所罥挂進退不可也孫子地形篇曰地形有通者有挂者我可以往彼可以來曰通可以往難以返曰挂若入無彊口胡注無彊口在夾石東南方輿紀要二十六無彊口在桐城縣夾石東南姚範曰無彊口卽桐城之崇山鎭謝鍾英曰今北峽關司東南宜深爲之備寵表未報休遂深入賊果從無彊口斷夾石要休歸路沈欽韓曰寰宇記南峽戍在舒州桐城縣北四十七里南峽山在廬州舒城縣西南一百里山有兩峯夾道故曰夾山連峯夾嶂綿亘甚遠吳人斷曹休歸路當在夾石戍西北也滿寵言背湖傍江湖卽是巢湖在巢縣西南十五里蓋無爲鎭本曰無彊由濡須口以斷夾石北也謝鍾英曰通釋淮南有兩峽石在壽州淮水上者曰北峽石在桐城者曰南峽石南峽所以蔽皖也方輿紀要桐城縣北六十里縣志北峽關司兩巖相夾如關在桐城縣北四十七里一統志卽古峽石休戰不利退走會朱靈等從後來斷道與

賊相遇賊驚走休軍乃得還是歲休薨寵以前將軍代都督揚州諸軍事汝南兵民戀慕大小相率奔隨道路不可禁止護軍表上欲殺其爲首者詔使寵將親兵千人自隨其餘一無所問四年拜寵征東將軍宋志引魚豢曰四征魏武置秩二千石黃初中位次三公其冬孫權揚聲欲至合肥寵表召兗豫諸軍皆集賊尋退還被詔罷兵寵以爲今賊大舉而還非本意也此必欲僞退以罷吾兵而倒還乘虛掩不備也表不罷兵後十餘日權果更來到合肥城不克而還其明年吳將孫布遣人詣揚州求降通鑑太和五年冬十月吳主使中郎將孫布詐降以誘揚州刺史王淩吳主伏兵於阜陵以俟之胡注阜陵縣漢屬九江郡魏改九江爲淮南郡晉志曰阜陵縣漢明帝時淪爲麻湖麻湖在今和州歷陽縣西三十里辭云道遠不能自致乞兵見迎刺史王淩騰布書騰傳也上也請兵馬迎之寵以爲必詐不與兵而爲淩作報書曰知識邪正欲避禍就順去暴歸道甚相嘉尚今欲遣兵相迎然計兵少則不足相衞多則事必遠聞且先密計以成本志臨時節度其宜寵會被書當入朝敕留府長史若淩欲往迎勿與兵也淩於後索兵不得乃單遣一督將步騎七百人往迎之布夜掩擊督將迸走死傷過半胡三省曰迸北孟翻孫權自量其國勢之力不足以斃魏不過時於疆埸之間設詐用奇以誘敵人之來而陷之耳非如孔明眞有用蜀以爭天下之心也初寵與淩共事不平淩支黨毀寵疲老悖謬故明帝召之既至體氣康彊見而遣還通鑑輯覽曰王淩爲布所愚而滿寵能察其詐才識相去奚啻倍蓰幸因寵能預防淩僅亡其一旅魏明既遣寵還而不能窮治淩之辜何以警庸臣壞乃公事者

世語曰王淩表寵年過耽酒不可居方任方任方面之任也帝將召寵給事中郭謀曰寵爲汝南太守豫州刺史二十餘年寵自建安初卽爲汝南太守至太和五年移鎭揚州已三十餘年矣有勳方岳胡三省曰自魏

以下以督州爲方岳之任謂其職猶古之方伯岳牧也及鎮淮南吳人憚之若不如所表將爲所闚可令還朝問以方事以察之通鑑作問以東方事以察之帝從之寵既至進見飲酒至一石不亂帝慰勞之遣還

寵屢表求留詔報曰昔廉頗彊食馬援據鞍今君未老而自謂已老何與廉馬之相背邪其思安邊境惠此中國明年吳將陸遜向廬江論者以爲宜速赴之寵曰廬江雖小將勁兵精守則經時胡三省曰謂陸遜若以兵圍守必經時而不能拔又賊舍船二百里來胡三省曰句絕舍讀曰捨後尾空縣尚欲誘致通鑑作後尾空絕不來尚欲誘致今宜聽其遂進但恐走不可及耳整軍趣揚宜口胡三省曰魏廬江郡治陽泉縣續漢志陽泉縣有陽泉湖故陽泉鄉也漢靈帝封黃琬爲侯國水經注陽泉水受決水東北流逕陽泉縣故城東又西北入決水謂之陽泉口趙一清曰揚陽古通蓋卽此揚宜口一統志陽泉故城在安徽穎州府霍丘縣西賊聞大兵東下卽夜遯各本遯作遁時權

歲有來計靑龍元年寵上疏曰合肥城南臨江湖北遠壽春胡三省曰魏揚州治壽春距合肥二百餘里賊攻圍之得據水爲勢官兵救之當先破賊大輩輩當作軍然後圍乃得解賊往甚易而兵往救之甚難宜移城內之兵其西三十里有奇險可依更立城以固守合肥新城互見武紀建安十三年明紀靑龍二年通鑑地理通釋淮水與肥水合故曰合肥洪亮吉曰合肥漢舊縣魏武置揚州刺史治此後移壽春有新舊二城靑龍元年滿寵表於舊縣城西北三十里立新城明年吳主自將十萬衆至合肥新城卽此謝鍾英曰方輿紀要合肥故城今廬州府治東北一名金斗城以合肥分野入斗度獨多也新城在府西三十里雞鳴山北胡三省曰華夷對境圖魏合肥新城今爲廬州謝步鐶按一統志雞鳴山在合肥縣西北亦名雞鳴岡方輿勝覽雞鳴山在縣西北四十里肥水所經上有龍井此爲引賊平地而犄其歸路於計爲便護軍將軍蔣濟議以爲既示天下以弱且望賊煙火而壞城此爲未攻而自拔一至於此劫略無限必以淮北爲守胡三省曰濟言望風移戍吳必劫掠無限將限淮以自守也帝未許寵重表曰孫子言兵者詭道也故能

而示之以弱不能驕之以利示之以懾通鑑作故能而示之不能驕之以利示之以懾胡注懾懼也孫子計篇云兵者詭道也故能而示之不能用而示之不用張預曰實強而示之弱實勇而示之怯此爲形實不必相應也又曰善動敵者形之孫子勢篇云故善動敵者形之敵必從之曹公曰見羸形也杜牧曰非止於羸弱也言我強敵弱則示以羸形動之使來我弱敵強則示之以強形動之使去敵之動作皆須從我今賊未至而移城卻內此所謂形而誘之也引賊遠水毛本水作來各本皆作水通鑑同擇利而動舉得於外則福生於內矣尙書趙咨以寵策爲長胡三省曰趙咨蓋必黃初初自吳使於魏者也文帝重其辯給遂臣於魏趙一淸曰此別一趙咨竊謂梅磵之說不然侯康曰此與黃初中自吳使魏之趙咨別爲一人胡身之合而爲一恐非是詔遂報聽其年權自出欲圍新城新城卽合肥新城合肥新城見前方輿紀要卷二十六新城在廬州府西三十里雞鳴山北故址猶存山在府西四十里肥水出於此括地志云合肥新城距今城三十里或目爲界樓城以在廬壽二州閒也以其遠水積二十日不敢下船胡三省曰大船向岸船高岸卑故謂舍船就岸曰下船以自船而下也趙一淸曰不敢下船是以舍船上岸爲下船也寵謂諸將曰權得吾移城必於其衆中有自

大之言今大舉來欲要一切之功雖不敢至必當上岸耀兵以示有餘乃潛遣步騎六千伏肥城隱處以待之各本城作池通鑑作水權果上岸耀兵寵伏軍卒起擊之斬首數百或有赴水死者明年權自將號十萬至合肥新城寵馳往赴募壯士數十人折松爲炬灌以麻油從上風放火燒賊攻具射殺權弟子孫泰賊於是引退權自將號十萬豈壯士數十人所能擊退按吳志孫權傳嘉禾三年權率大衆圍合肥新城是時蜀相諸葛亮圍武功權謂魏明帝不能遠出而帝自帥水軍東征權退還本志明紀靑龍二年七月帝御龍舟東征權遁走是權之引退實以魏明東來出於意外遂暫斂其鋒而是年葛相云亡東西犄角之計不行江淮之閒數年無事而魏乃得專意於遼東此當日情勢兵謀之大略也三年春權遣兵數千家佃於江北至八月寵以爲田向收熟男女布野其屯衞兵去城遠者數百里可掩擊也遣長史督三軍宋本二作三循江東下擢破諸屯焚燒穀物而還詔美之因以所獲盡爲將士賞景

初二年以寵年老徵還遷爲太尉寵不治產業家無餘財詔曰君典兵在外專心憂公有行父祭遵之風賜田十頃穀五百斛錢二十萬以明清忠儉約之節焉寵前後增邑凡九千六百戶封子孫二人亭侯正始三年薨諡曰景侯子偉嗣偉以格度知名官至衞尉 滿偉見齊王紀嘉平六年注文選卷四十二應休璉與滿公琰書李善注滿寵子炳字公琰爲別部司馬 世語曰偉字公衡偉子長武有寵風年二十四爲大將軍掾 馮本掾作椽誤下同 高貴鄉公之難以掾守閶闔掖門司馬文王弟安陽亭侯幹欲入 晉書宣五王傳幹字子良 幹妃偉妹也長武謂幹曰此門近公且來無有入者可從東掖門幹遂從之文王問幹入何遲幹言其故參軍王羨亦不得入恨之既而羨因王左右啓王滿掾斷門不內人宜推劾壽春之役偉從文王至許以疾不進子從求還省疾事定乃從歸由此內見恨收長武考死杖下偉免爲庶人時人寃之偉弟子奮 趙一清曰奮蓋滿炳之子 晉元康中至尚書令司隸校尉寵偉長武奮皆長八尺 荀綽冀州記曰奮性清平有識檢 晉諸公贊曰奮體量通雅有寵風也

田豫字國讓漁陽雍奴人也 郡國志幽州漁陽郡雍奴一統志雍奴故城今直隸順天府武清縣東丘家莊南東距白河七十里晉以後皆仍舊名唐始改曰武清 劉備之奔公孫瓚也豫時年少自託於備備甚奇之備爲豫州刺史豫以母老求歸備涕泣與別曰恨不與君共成大事也 李光地曰不留徐庶田豫此先主之大義盛德 公孫瓚使豫守東州令 錢大昕曰東州當作東州縣名屬河閒趙一清曰東州是東州之誤郡國志河閒郡東州故屬勃海陳景雲曰東疑作泉泉州屬漁陽郡弼按陳說是錢趙二說誤當時公孫瓚所據者幽州之地漁陽郡泉州屬幽州河閒郡東州屬冀州爲袁紹所據公孫瓚不能遣吏置守也一統志泉州故城在武清縣東南 瓚將王門叛瓚爲袁紹將萬餘人來攻衆懼欲降豫登城謂門曰卿爲公孫所厚而去意有所

不得已也今還作賊乃知卿亂人耳夫挈瓶之智守不假器 左傳昭公七年晳人來治杞田季孫將以成與之謝息爲孟孫守不可曰人有言曰雖有挈瓶之知守不假器禮也杜注挈瓶汲者喻小知爲人守器猶知不以借人 吾既受之矣何不急攻乎門慙而退瓚雖知豫有權謀而不能任也瓚敗而鮮于輔爲國人所推行太守事 行漁陽太守事也是時鮮于輔等殺公孫瓚所置漁陽太守鄒丹 素善豫以爲長史時雄傑並起輔莫知所從豫謂輔曰終能定天下者必曹氏也宜速歸命無後禍期輔從其計用受封寵 建安四年以輔爲建忠將軍督幽州六郡見公孫瓚傳 太祖召豫爲丞相軍謀掾 建安十三年以魏武爲丞相軍謀掾魏武所置 除穎陰朗陵令 郡國志豫州潁川郡潁陰汝南郡朗陵錢大昕曰漢制大縣置令小縣置長朗陵令田豫朗陵長趙儼當有一誤一統志潁陰故城今河南許州治朗陵故城今河南汝寧府確山縣西南三十五里 遷弋陽太守 錢大昕曰據此傳弋陽置郡當在建安之世晉志謂魏文帝所置恐未然洪亮吉曰弋陽郡魏分江夏汝南置晉志魏文分汝南立弋陽今考田豫傳遷弋陽太守在魏武時後又從鄢陵侯彰平代復遷南陽太守而文帝始嗣位疑郡屬魏武所置非魏文也吳增僅曰曹彰征代在建安二十四年（弼按在二十三年）百官志五注引獻帝起居注建安十八年省州併郡內載豫州六郡尚無弋陽知弋陽之立當在建安十八年後也 所在有治鄢陵侯彰征代郡 幽州代郡治高柳通典云高柳中平中廢一統志高柳故城今山西大同府陽高縣西北 以豫爲相軍次易北 一統志直隸易州西八十里有紫荆嶺峯巒環列嶺上卽紫荆關路達山西大同方輿紀要卷十紫荆關路通宣府大同山谷崎嶇易於控扼趙一清曰曹彰蓋由此關進兵 虜伏騎擊之軍人擾亂莫知所爲豫因地形回車結圜陣弓弩持滿於內疑兵塞其隙胡不能進散去追擊大破之遂前平代皆豫策也 任城威王彰傳彰北征入涿郡界叛胡數千騎卒至時兵馬未集用田豫計固守要隙虜乃散退 遷南陽太守先是郡人侯音反 通鑑建安二十三年南陽吏民苦繇役宛守將侯音反 衆數千人在山中爲羣盜大爲郡患前太守收其黨與五百餘人 前太守東里袞見武紀建安二十四年注曹瞞傳 表奏皆當死豫悉見諸繫囚慰喻開其自新之路一時破械遣之諸囚皆叩頭願自效卽相告語羣賊一朝解散郡內清靜具以狀上

太祖善之文帝初北狄彊盛侵擾邊塞乃使豫持節護烏丸校尉鮮卑傳文帝踐阼田豫爲烏丸校尉持節并護鮮卑屯昌平續百官志護烏丸校尉一人比二千石牽招解儁并護鮮卑自高柳以東濊貊以西鮮卑數十部比能彌加素利御覽素利下有等字割地統御各有分界乃共要誓皆不得以馬與中國市豫以戎狄爲一非中國之利乃先搆離之使自爲讐敵互相攻伐素利違盟出馬千匹與官爲比能所攻求救於豫豫恐遂相兼并爲害滋深宜救善討惡示信衆狄單將銳卒深入虜庭胡人衆多鈔軍前後斷截歸路豫乃進軍去虜十餘里結屯營多聚牛馬糞然之毛本聚作取從他道引去胡見煙火不絕以爲尚在去行數十里乃知之追豫到馬城通鑑太和二年田豫擊鮮卑鬱築鞬鬱築鞬妻父軻比能救之以三萬騎圍豫於馬城胡注馬城縣漢屬代郡魏晉省蓋城邑殘破已棄爲荒外之地矣錢大昭曰馬城魏氏春秋作馬邑故城見劉放傳注趙一淸曰漢志代郡馬城方輿紀要卷四十四馬城在山西大同府東北境十三州志馬城在高柳東二百四十里一淸案牽招傳作故馬邑城城在今朔州東北漢馬邑縣屬雁門郡二傳未知孰是弼按軻比能傳作馬城牽招傳軻比能圍豫於故馬邑城移招求救并州以常憲禁招招以節將見圍不可拘於吏議按此傳文義是爲并州雁門郡之馬邑馬邑漢末已廢故傳言故馬邑城也然招傳下文又言軍到故平城平城在今大同縣東則又似爲幽州代郡之馬城馬邑馬城地雖屬二州相距祇數百里虜騎出沒忽東忽西爲恆有之事而馬城馬邑又僅一字之差故兩傳所書各異也一統志馬邑故城今山西朔平府朔州治馬城故城今直隸宣化府懷安縣北馬城互見鮮卑傳圍之十重豫密嚴使司馬建旌旗鳴鼓吹將步騎從南門出胡人皆屬目往赴之豫將精銳自北門出鼓譟而起兩頭俱發出虜不意虜衆散亂皆棄弓馬步走追討二十餘里僵尸蔽地是役豫幾不免詳見牽招傳軻比能傳及劉放傳注引魏氏春秋本傳諱之通鑑云軻比能由是攜貳數爲邊寇幽并苦之此指豫之失策也韓慕廬曰合不可併吞尤不可莫如兩利而俱存中國自得高枕惜後之籌邊者不知此此以豫之策爲得也又烏丸王骨進桀黠不恭豫因出塞案行單將麾下百餘騎入進部進逆拜遂使左右斬進顯其罪惡以

令衆衆皆怖慴不敢動便以進弟代進自是胡人破膽威震沙漠山賊高艾衆數千人寇鈔爲幽冀害豫誘使鮮卑素利部斬艾傳首京都封豫長樂亭侯爲校尉九年黃初中至太和末其御夷狄恆摧抑兼并乖散彊猾凡逋亡姦宄爲胡作計不利官者豫皆搆刺攪離使凶邪之謀不遂聚居之類不安事業未究而幽州刺史王雄支黨王雄事詳見崔林傳欲令雄領烏丸校尉毀豫亂邊爲國生事遂轉豫爲汝南太守加殄夷將軍殄夷將軍見明紀太和六年太和末公孫淵以遼東叛帝欲征之而難其人中領軍楊暨舉豫應選臣松之案暨字休先滎陽人事見劉曄傳又見張魯傳注引魏名臣奏暨子肇晉荊州刺史山濤啓事山濤啟事見蘇則傳稱肇有才能肇子潭字道元次歆字公嗣潭子彧字長文次經字仲武皆見潘岳集潘岳有楊荊州誄楊仲武誄俱見文選五十六又爲楊長文作弟仲武哀祝文見藝文類聚二十三文選云楊綏字仲武滎陽宛陵人此注作名經未知孰是楊肇字秀初見文選懷舊賦注沈家本曰隋志晉黃門郎潘岳集十卷二唐志同晉書本傳字安仁官散騎侍郎而隋志題曰黃門郎與傳不同乃使豫以本官督青州諸軍假節往討之會吳賊遣使與淵相結帝以賊衆多又以渡海詔豫使罷軍蔣濟傳注引司馬彪戰略云太和六年明帝使平州刺史田豫乘海渡幽州刺史王雄陸道并攻遼東蔣濟諫不聽豫行竟無成而還案豫未爲平州刺史說見蔣濟傳注豫度賊船垂還歲晚風急必畏漂浪東隨無岸通鑑隨作道當赴成山史記秦始皇本紀二十八年窮成山漢書地理志東萊郡不夜縣有成山齊乘成山在文登縣東北一百五十里旁多礁島海道極險處也方輿紀要三十六成山在山東登州府文登縣東北百五十里海濱斗入海中謝鍾英曰成山在今榮城縣東海上成山無藏船之處輒便循海按行地埶各本埶作形及諸山島徼截險要列兵屯守自入成山登漢武之觀漢書武帝太始三年二月幸琅邪禮日成山孟康曰禮日拜日也如淳曰祭日

於成山也 賊還果遇惡風船皆觸山沈沒波蕩著岸無所逃竄盡虜其衆初諸將皆笑於空地待賊及賊破競欲與謀求入海鉤取浪船豫懼窮虜死戰皆不聽初豫以太守督青州青州刺史程喜內懷不服軍事之際多相違錯喜知帝寶愛明珠乃密上豫雖有戰功而禁令寬弛所得器仗珠金甚多放散皆不納官由是功不見列後孫權號十萬衆攻新城 太和六年滿寵築合肥新城趙一清曰是時滿寵都督揚州合肥新城是寵所部兵事各有職司豫爲青州督界隔又遠無緣參與其間此事似有違錯也弼按滿寵時爲征東將軍統青兗徐揚四州刺史田豫督青州諸軍自應受其節制本傳不誤趙說非是 征東將軍滿寵欲率諸軍救之豫曰賊悉衆大舉非徒投射小利欲質新城以致大軍耳宜聽使攻城挫其銳氣不當與爭鋒也城不可拔衆必罷怠罷怠然後擊之可大克也若賊見計 胡三省曰言竊見吾所以待敵之計也 必不攻城

勢將自走若使進兵適入其計又大軍相向當使難知不當使自畫也豫輒上狀天子從之會賊遁走後吳復來寇豫往拒之賊卽退諸軍夜驚云賊復來豫臥不起令衆敢動者斬有頃竟無賊景初末增邑三百并前五百戶正始初遷使持節護匈奴中郎將 續百官志使匈奴將一人比二千石 加振威將軍 宋志振威將軍後漢初宋登爲之 領并州刺史外胡聞其威名相率來獻州界寧肅百姓懷之徵爲衞尉 續百官志衞尉卿一人中二千石掌宮門衞士宮中徼循事 屢乞遜位太傅司馬宣王以爲豫克壯書喩未聽豫書答曰年過七十而以居位譬猶鍾鳴漏盡而夜行不休是罪人也遂固稱疾篤 趙一清曰困學紀聞云文選放歌行注引崔元始正論永寧詔曰鍾鳴漏盡洛陽城中不得有行者永寧漢安帝年號元始崔寔字也後漢紀不載此詔一清案豫所言乃漢家故事想其時尙行此制 拜太中大夫 續百官志太中大夫千石凡大夫議郎皆掌顧問應對無常事漢官曰秩比二千石 食卿祿年八十二薨子彭祖嗣

魏略曰豫罷官歸居魏縣 郡國志冀州魏郡魏一統志魏縣故城今直隸大名府大名縣西 會汝南遣健步詣征北感豫宿恩過拜之豫爲殺雞炊黍送詣至陌頭謂之曰罷老苦汝來過無能有益若何健步愍其貧羸流涕而去還爲故吏民說之汝南爲具資數千匹 御覽八百十七資下有絹字 遣人餉豫豫一不受會病亡 亡疑作亟 戒其妻子曰葬我必於西門豹邊 趙一清曰豹下疑脫祠字水經濁漳水注漳水東北逕西門豹祠前是也魏武營高陵於西門豹祠西原上豫蓋以重臣陪葬耳故知魏略之言爲虛也錢儀吉曰魏武陪陵重臣尙多必不及豫 妻子難之言西門豹古之神人那可葬於其邊乎 水經濁漳水注云漳水又北逕祭陌西戰國之世俗巫爲河伯取婦祭於此陌魏文侯時西門豹爲鄴令約諸三老曰爲河伯娶婦幸來告知吾欲送女皆曰諾至時三老廷掾賦斂百姓取錢百萬巫覡行里中有好女者祝當爲河伯婦以錢三萬聘女沐浴脂粉如嫁狀豹往會之三老巫掾與民咸集赴觀巫嫗年七十從十女弟子豹呼婦視之以爲非妙令巫嫗入報河伯投巫于河中有頃曰何久也又令三弟子及三老入白並投于河豹磬折曰三老不來奈何復欲使廷掾豪長趣之皆叩頭流血乞不爲河伯取婦淫祀雖斷地留祭陌之稱焉

一統志西門豹祠在今河南彰德府臨漳縣西十五里 豫言豹所履行與我敵等耳使死而有靈必與我善妻子從之汝南聞其死也悲之既爲畫像又就爲立碑銘

豫淸約儉素賞賜皆散之將士每胡狄私遺悉簿藏官不入家家常貧匱雖殊類咸高豫節

魏略曰鮮卑素利等數來客見多以牛馬遺豫豫轉送官 書鈔三十八轉作輒 胡以爲前所與豫物顯露不如持金乃密懷金三十斤 書鈔三作四 謂豫曰願避左右我欲有所道豫從之胡因跪曰我見公貧故前後遺公牛馬公輒送官今密以此上公可以爲家資豫張袖受之 趙一清曰三十斤金非可張袖受者似有飾飼弼按亦非可以密懷者 答其厚意胡去之後皆悉付外具以狀聞於是詔褒之曰昔魏絳開懷以納戎 左傳襄公四年無終子嘉父使孟樂如晉因魏莊子納虎豹之皮以請和諸戎絳言和戎有五利公說使魏絳盟諸戎襄公十一年晉侯以樂之半賜魏絳曰子教寡人和諸戎狄以正諸華八年之中九和諸侯如樂之和無所不諧請與子樂之魏絳於是乎

有金石之樂禮也何焯曰册府戎下有賂字 今卿舉袖以受狄金朕甚嘉焉乃卽賜絹五百匹 書鈔絹作靑綾 豫得賜分以其半藏小府後胡復來以半與之

嘉平六年下詔褒揚賜其家錢穀語在徐邈傳

牽招字子經安平觀津人也 郡國志冀州安平國觀津一統志觀津故城今直隸冀州武邑縣東南 年十餘歲詣同縣樂隱受學後隱爲車騎將軍何苗長史招隨卒業値京都亂苗隱見害招俱與隱門生史路等 俱與二字似衍一字 觸蹈鋒刃共殯斂隱屍送喪還歸道遇寇鈔路等皆悉散走賊欲斫棺取釘 趙一淸曰釘直幾何至乃斫棺取之容亦有飾詞弼按取釘開棺乃可掠棺內之物 招垂淚請赦賊義之乃釋而去由此顯名冀州牧袁紹辟爲督軍從事兼領烏丸突騎紹舍人犯令招先斬乃白紹奇其意而不見罪也紹卒又事紹子尙建安九年太祖圍鄴尙遣招

至上黨督致軍糧未還尙破走到中山時尙外兄高幹爲幷州刺史招以幷州左有恆山之險右有大河之固帶甲五萬北阻彊胡勸幹迎尙幷力觀變幹既不能而陰欲害招招聞之閒行而去道隔不得追尙遂東詣太祖太祖領冀州辟爲從事 御覽四百九孫楚牽招碑云初君與劉備少長河朔英雄同契爲刎頸之交有橫波絕流捎翼橫飛之志俄而委質於太祖備遂鼎足於蜀漢所交非常爲時所忌每自酌損于季孟之閒 太祖將討袁譚而柳城烏丸欲出騎助譚太祖以招嘗領烏丸遣詣柳城 今承德府建昌縣北哈喇沁右翼 到値峭王嚴 烏丸傳遼東屬國烏丸大人蘇僕延衆千餘落自稱峭王袁紹矯制賜峭王印綬爲單于嚴者卽下文之罷所嚴騎也 以五千騎當遣詣譚又遼東太守公孫康自稱平州牧 洪亮吉曰建安十二年魏武平幽州（謝鍾英曰平幽州在十年）惟遼東樂浪等五郡爲公孫度所據晉志後漢末公孫度自號平州牧及其子康康子淵並擅據遼東魏分遼東昌黎玄菟帶方樂浪五郡爲平州後還合爲幽州吳增僅曰蔣濟傳注引司馬彪戰略云太和六年明帝遣平州刺史田豫乘海攻遼東考豫傳太和末豫領烏丸校尉以本官督靑州兵（弼按豫以汝南太守督靑州兵）往討遼東不云爲平州刺史謝鍾英曰遼東五郡爲公孫淵所據豫遙領平州刺史耳魏平淵後未嘗更置平州也 遣使韓忠齎單于印綬往假峭王峭王大會羣長 胡三省曰烏桓部落各有君長 忠亦在坐峭王問招昔袁公言受天子之命假我爲單于今曹公復言當更白天子假我眞單于遼東復持印綬來如此誰當爲正招答曰昔袁公承制得有所拜假中閒違錯天子命 胡三省曰違異也背也錯乖也 曹公代之言當白天子更假眞單于是也遼東下郡何得擅稱拜假也忠曰我遼東在滄海之東擁兵百萬又有扶餘濊貊之用當今之勢彊者爲右曹操獨何得爲是也招呵忠曰曹公允恭明哲翼戴天子伐叛柔服寧靜四海汝君臣頑嚚今恃險遠背違王命欲擅拜假侮弄神器方當屠戮何敢慢易咎毀大人 胡三省曰孔安國尙書注允信也左傳曰不道忠信之言爲嚚大人謂曹公 便捉忠頭

頓築拔刀欲斬之峭王驚怖徒跣抱招以救請忠左右失色招乃還坐爲峭王等說成敗之效禍福所歸皆下席跪伏敬受敕教便辭遼東之使罷所嚴騎太祖滅譚於南皮署招軍謀掾從討烏丸至柳城拜護烏丸校尉還鄴遼東送袁尙首縣在馬市招覩之悲感設祭頭下太祖義之舉爲茂才從平漢中太祖還留招爲中護軍事罷還鄴拜平虜校尉將兵督靑徐州郡諸軍事擊東萊賊斬其渠率東土寧靜文帝踐阼拜招使持節護鮮卑校尉屯昌平 班志上谷郡昌平郡國志廣陽郡昌平故屬上谷一統志昌平故城在今昌平州東南魏土地記云薊城東北百四十里有昌平城城西有昌平河又東入㶟餘水水經㶟水注㶟水逕昌平縣故城北昔牽招爲魏鮮卑校尉屯此㶟水又東北逕桑乾縣故城西謝鍾英曰據水經注牽招所屯之昌平非東漢廣陽郡之昌平應屬代郡在今山西大同府廣靈縣西北王先謙曰昌平屬廣陽三國魏屬燕國謝云屬代郡誤弼按郡國志廣陽郡之昌平爲㶟餘水所經在今昌平州東南境水經㶟水所經之昌平爲北魏平昌郡（或作昌平）之昌平在今昌

（平州之西卽謝氏所指之地也）是時邊民流散山澤又亡叛在鮮卑中者處有千數招廣布恩信招誘降附建義中郎將公孫集等（漢志中郎將皆比二千石）率將部曲咸各歸命使還本部又懷來鮮卑素利彌加等十餘萬落皆令款塞大軍欲征吳召招還至值軍罷拜右中郎將出爲雁門太守郡在邊陲雖有候望之備而寇鈔不斷招既教民戰陣又表復烏丸五百餘家租調使備鞍馬遠遣偵候虜每犯塞勒兵逆擊來輒摧破於是吏民膽氣日銳荒野無虞又搆間離散使虜更相猜疑鮮卑大人步度根泄歸泥等與軻比能爲隙（本志鮮卑傳步度根中兄扶羅韓擁衆數萬爲大人軻比能殺扶羅韓扶羅韓子泄歸泥及部衆悉屬比能步度根由是怨比能使人招呼泄歸泥曰汝父爲比能所殺不如還我由是歸泥將其部衆逃歸步度根）將部落三萬餘家詣郡附塞敕令還擊比能殺比能弟苴羅侯及叛烏丸歸義侯王同王寄等大結怨讎是以招自出率將歸泥等討比能於雲中故郡（史記趙武靈王置雲中雁門代郡班志雲中郡治雲中續漢志并州雲中郡十一城魏武紀建安二十年省雲中郡一統志雲中故城在今歸化城西黃河東岸按古雲中在陰山之南黃河自西來折南流之處卽今歸化城以西地漢時雲中郡治雲中縣定襄郡治成樂縣兩地東西相距八十里初不相混後漢始以成樂定襄屬雲中後魏初都成樂號雲中於是定襄有雲中之名隋以雲中置定襄郡大利縣而雲中有定襄之名然猶近故地自唐以後雲中定襄之名移於古雁門太原二郡去故地始遠今謂大同爲雲中又太原府有定襄縣皆唐以後所名非舊郡也）大破之招通河西鮮卑附頭等十餘萬家繕治陘北故上館城（郡國志并州雁門郡陰館賓宇記陰館城今名下館城宋白曰後漢雁門郡理陰館今句注山北下館城是蓋招傳誤以下館爲上館也呂氏春秋天下九塞句注其一李璋河東記句注以山形句轉水勢注流而名亦曰陘嶺自雁門以南謂之陘南以北謂之陘北漢中平以後陘北之地皆爲荒外魏晉中並以句注爲塞分別內外實南北巨防一統志陰館廢縣在山西朔平府朔州東南八十里句注山在朔州東南）置屯戍以鎭內外夷虜大小莫不歸心諸亡叛雖親戚不敢藏匿咸悉收送於是野居晏閉寇賊静息招乃簡選有才識者詣太學受業還相授教

數年中庠序大興郡所治廣武（雁門郡本治陰館魏文帝移雁門郡南度句注治廣武城見寰宇記一統志廣武故城今山西代州西十五里）井水鹹苦民皆擔輦遠汲流水往返七里招準望地勢因山陵之宜鑿原開渠注水城內民賴其益（方輿紀要卷四十雁門渠在代州東南今雁門山下有水東南流經州城外東關廂名東關水又南入於滹沱河或謂之常溪水謝鍾英曰疑卽招所鑿故渠）明帝卽位賜爵關內侯太和二年護烏丸校尉田豫出塞爲軻比能所圍於故馬邑城（馬邑見田豫傳）移招求救招卽整勒兵馬欲赴救豫并州以常憲禁招招以爲節將見圍不可拘於吏議自表輒行又並馳布羽檄稱陳形勢云當西北掩取虜家然後東行會誅虜身檄到豫軍踊躍又移一通於虜蹊要（各本移作遺毛本作移）虜卽恐怖種類離散軍到故平城（郡國志雁門郡平城漢高被圍白登困於平城卽此元和志曹公嶋集荒散復立平城縣屬新興郡晉改屬雁門郡謝鍾英曰據武紀新興郡無平城吉甫說誤宜從漢志屬雁門弼按平城漢末已廢故傳言軍到故平城也一統志平城故城在大同縣東）便皆潰走比能復大合騎來到故平州塞北（陳景雲曰塞北無平州招時守雁門控御北荒以上文故平城故馬邑二事觀之則平當爲武武州亦雁門屬縣也史記單于入武州塞崔浩云在平城西百里弼按趙一清引公孫度稱平州牧謂卽故平州塞說誤不採陳說近是一統志武州故城今山西朔平府左雲縣南）招潛行撲討大斬首級招以蜀虜諸葛亮數出而比能狡猾能相交通表爲防備議者以爲縣遠未之信也會亮時在祁山（今甘肅鞏昌府西和縣北七里）果遣使連結比能比能至故北地石城（郡國志涼州北地郡王先謙曰漢末郡寄寓馮翊舊郡廢三國魏同永和六年徙安定居扶風北地居馮翊見順帝紀北地郡漢末失土寄寓馮翊置富平縣見宋書傅弘之傳魏文帝分馮翊之祋翊置北地郡見地形志是北地郡自永和六年以後不復歸舊土也弼按一統志石城在甘肅蘭州西北水經河水注河水又東逕石城南昔段熲擊羌於石城投河墜坑而死者八百餘人卽於此也范書段熲傳分兵擊石城羌斬首溺死者千六百人蜀志諸葛亮傳注引漢晉春秋曰亮圍祁山比能等至故北地石城以應亮）與相首尾帝乃詔招使從便宜討之時比能已還漢南招與刺史畢軌議曰（并州刺史也）胡虜遷徙無常（毛本胡作虜誤）若勞師遠追

則遲速不相及若欲潛襲則山溪艱險資糧轉運難以密辦可使守新興雁門二牙門牙門見齊王紀正始五年出屯陘北外以鎮撫內令兵田儲畜資糧秋冬馬肥州郡兵合乘釁征討計必全克未及施行會病卒招在郡十二年威風遠振其治邊之稱次於田豫百姓追思之而漁陽傅容在雁門有名績繼招後在遼東又有事功云招子嘉嗣次子弘亦猛毅有招風以隴西太守隨鄧艾伐蜀有功鄧艾傳以牽弘等領蜀中諸郡使於緜竹築臺以爲京觀用彰戰功咸熙中爲振威護軍嘉與晉司徒李胤同母早卒李胤事見公孫度傳注引晉陽秋及晉書李胤傳據胤傳胤母後嫁牽招故胤與嘉同母也又按晉陽秋云李敏子娶妻生子胤而遺妻是胤母改嫁乃其父所遺非其母之無行也御覽四百十二又五百二十一引王隱晉書云胤母更適牽招

按晉書弘後爲揚州涼州刺史以果烈死事於邊嘉子秀字成叔荀綽冀州記曰秀

有儁才馮本儁作嶲誤性豪俠有氣弱冠得美名於太康中爲衞瓘崔洪石崇等所提攜以新安令博士爲司空從事中郎與帝舅黃門侍郎王愷素相輕侮愷諷司隸荀愷令都官誣奏秀夜在道中載高平國守士田興妻秀即表訴被誣陷之由論愷穢行文辭尤厲晉書牽秀傳尤作亢于時朝臣雖多證明秀名譽由是而損後張華請爲長史稍遷至尚書河間王以秀爲平北將軍假節在馮翊遇害晉書牽秀傳秀擁衆在馮翊河間王顒長史楊騰前不應東海王越懼越討之欲取秀以自効遂殺秀於萬年世人玩其辭賦惜其材幹晉書賈充傳渤海石崇歐陽建滎陽潘岳吳國陸機陸雲齊國左思安平牽秀等傳會賈謐號曰二十四友隋志牽秀集四卷嚴可均輯黃帝頌老子頌彭祖頌王喬赤松頌四首

郭淮字伯濟太原陽曲人也郡國志并州太原郡陽曲晉地道記黃河千里一曲此當其陽故曰陽曲王先謙曰前漢縣後漢末廢於縣界僑置九原定襄二縣徙置陽曲縣於晉陽汾陽狼孟三縣地三國魏因一統志漢縣故城今忻州定襄縣治漢末徙置故城今太原府陽曲縣東北四十五里

按郭氏譜淮祖全大司農父緼雁門太守北宋本緼作蘊

建安中舉孝廉除平原府丞續百官志每郡置太守一人丞一人此應作郡丞趙一清曰據史文郡亦稱府文帝爲五官將召淮署爲門下賊曹洪飴孫曰建安十六年文帝爲五官中郎將時副丞相置官屬有長史文學司馬門下賊曹功曹踐阼後不置轉爲丞相兵曹議令史續漢志兵曹主兵事從征漢中太祖還留征西將軍夏侯淵拒劉備以淮爲淵司馬淵與備戰淮時有疾不出淵遇害軍中擾擾淮收散卒推盪寇將軍張郃爲軍主諸營乃定事在建安二十四年杜襲傳夏侯淵爲劉備所沒軍喪元帥襲與張郃郭淮糾攝諸軍事權宜以郃爲督三軍遂定其明日備欲渡漢水來攻諸將議衆寡不敵備便乘勝欲依水爲陣以拒之淮曰此示弱而不足挫敵非算也不如遠水爲陣引而致之半濟而後擊備可破也既陣備疑不渡御覽二百八十五不下有敢字淮遂堅守示無還心以狀聞太祖善之假郃

節復以淮爲司馬文帝即王位賜爵關內侯轉爲鎮西長史由征西將軍司馬轉爲鎮西將軍長史又行征羌護軍洪飴孫曰諸護軍無定員諸要鎮及將軍領兵出征者置此官護左將軍張郃冠軍將軍楊秋楊秋事見武紀建安十六年上尊號奏有冠軍將軍好畤侯臣秋即楊秋討山賊鄭甘盧水叛胡鄭甘盧水胡見文紀延康元年及注皆破平之關中始定民得安業黃初元年奉使賀文帝踐阼而道路得疾故計遠近爲稽留及羣臣歡會帝正色責之曰昔禹會諸侯於塗山防風後至便行大戮竹書紀年帝禹夏后氏五年巡守會諸侯於塗山八年春會諸侯於會稽殺防風氏左傳哀公七年禹合諸侯于塗山執玉帛者萬國杜注諸侯執玉附庸執帛塗山在壽春東北地理通釋曰在壽春東北濠州鍾離縣西九十五里山前有禹會村一統志塗山在懷遠縣東南八里河圖玉板曰禹平天下會諸侯會稽之墊防風氏後到殺之國語吳伐越墮會稽獲骨節專車仲尼曰昔禹致羣神於會稽之山防風氏後至禹戮之其骨節專車此爲大矣吳越春秋登茅山以朝四方羣臣一示中國諸侯防風後至斬以示衆示天下悉屬禹也陳逢衡曰塗山之說不一方以智定爲壽春之塗山從杜預左傳註及王伯厚說也今考紀年禹五年會諸侯于塗山八年會諸侯于會稽是塗山一地會稽又一地前後兩會不得

混合爲一也蓋塗山在壽春爲禹五年會諸侯之地而會稽在山陰爲禹八年會諸
侯之地不得謂塗山有會稽之名亦不得謂會稽有塗山之目也案塗山爲女嬌氏
本國書所謂娶於塗山是也會稽則一名茅山見吳越春秋一名防山一名棟山見
水經注越絕云棟猶鎭也卽周禮職方所謂揚州之鎭也一謂之鍾山又名苗山見
羅苹路史註俱不被以塗山之稱故郭璞於南山經會稽之山註云今在會稽郡山
陰縣南上有禹冢及井又圖贊云禹徂會稽爰朝羣臣不虔是討乃戮長人玉匱表
夏元石勒秦可見其地異其時異而且殺防風在會稽不在塗山在八年不在五年
竹史具存後儒無庸聚訟矣弼按據此則魏文所云禹會塗山戮防風者蓋誤爲一
時一地之事當時蓋徵引舊典示威郭淮一聞唐虞
之言適合禪讓之跡遂轉怒爲喜擢淮雍州刺史矣 今溥天同慶而卿最留
遲何也淮對曰臣聞五帝先教導民以德夏后政衰始用刑辟今臣
遭唐虞之世是以自知免於防風之誅也帝悅之擢領雍州刺史封
射陽亭侯五年爲眞安定羌大帥辟蹏反討破降之每羌胡來降淮
輒先使人推問其親理男女多少年歲長幼及見一二知其款曲訊
問周至咸稱神明太和二年蜀相諸葛亮出祁山遣將軍馬謖至街
亭高詳屯列柳城 祁山今甘肅鞏昌府西和縣北七里街亭今甘肅秦州秦安
縣東北柳城近街亭高詳見明紀太和二年注引魏書作高
詳 張郃擊謖淮攻詳營皆破之 馬謖失敗街亭下獄物故世稱葛相執法之
明然高詳亦見破於柳城不聞有喪師失地
之律同罪異罰何以示公
或爲史之闕文未可知也 又破隴西名羌唐蹏於枹罕 郡國志涼州隴西郡
枹罕師古曰枹讀若
膚一統志枹罕故城今
甘肅蘭州府河州治 加建威將軍 古今刀劍錄郭淮於太原得一刀文曰宜
爲將後遂爲將軍及與蜀將戰敗失此刀
何焯曰後主建興八年當魏太和四年魏延破郭淮于陽谿延傳云使延西入羌中
魏雍州刺史郭淮與延戰於陽谿延大破淮等而此傳諱之弼按蜀志諸葛亮傳建
興七年亮遣陳式攻武都陰平魏雍州
刺史郭淮退還遂平二郡此傳亦未載 五年蜀出鹵城 鹵城詳見夏侯
淵傳楊阜傳 是時
隴右無穀議欲關中大運淮以威恩撫循羌胡家使出穀平其輸調
軍食用足轉揚武將軍青龍二年諸葛亮出斜谷並田于蘭坑 趙一清
曰水經
瀁水注建安川水東與蘭坑水會出西南近溪東北逕蘭坑城西東北流注建安水
建安水又東逕蘭坑城北建安城南其地故西縣之歷城去仇池百二十里後改爲
建安城一清案建安城在成縣西則蘭坑城亦宜在其處弼按趙說以水經注爲據
然證以當日出兵情勢多不合果酈注無誤則必東出兵斜谷西田于蘭坑二事同

時並舉或爲兵家聲東擊西之計故傳言
並田于蘭坑也謝鍾英說見下陽遂注 是時司馬宣王屯渭南淮策亮必
爭北原宜先據之議者多謂不然淮曰若亮跨渭登原連兵北山隔
絕隴道搖盪民夷此非國之利也宣王善之淮遂屯北原塹壘未成
蜀兵大至淮逆擊之 官本考證曰御
覽作逆擊走之 後數日亮盛兵西行諸將皆謂欲
攻西圍 蜀志諸葛亮傳注引漢晉春秋云乃使張郃攻無
當監何平於南圍南圍西圍之名或爲營壘之稱 淮獨以爲此見形
於西欲使官兵重應之必攻陽遂耳 謝鍾英曰陽遂當在渭北蘭坑當在渭
南皆近五丈原又云諸葛亮傳建興十
二年亮悉衆由斜谷口出據武功五丈原與司馬宣王對於渭南水經注五丈原在
郿縣西渭水逕其北鍾英按武功謂武功水卽斜谷水也見水經注弼按謝說陽遂
蘭坑在渭水南北實與當日地望兵勢相合惟與趙說牴牾耳又按晉書宣帝紀靑
龍二年亮帥衆十餘萬出斜谷壘於郿之渭水南原魏遣將軍胡遵雍州刺史郭淮
共備陽遂與亮會於積石臨原而戰亮不得進還於五丈原一統
志五丈原在郿縣西南積石原在郿縣西北據此當以謝說爲是 其夜果攻陽
遂有備不得上 明紀景初二年注引魏書云雍州刺史郭淮遣廣魏太
守王贇南安太守游奕討廖惇爲惇所破本傳未載 正始
元年蜀將姜維出隴西淮遂進軍追至彊中 毛本彊作疆彊中卽彊川闞
駰曰強水出陰平西北強山
一曰强川姜維之還也鄧艾遣王
欣追敗之於强川口卽是地也 維退遂討羌迷當等按撫柔氏三千餘
落 柔字
疑誤 拔徙以實關中遷左將軍涼州休屠胡梁元碧等率種落
二千餘家附雍州淮奏請使居安定之高平 郡國志梁州安定郡高平王
先謙曰安定郡三國魏改隸
雍州謝鍾英曰涼州休屠胡梁元碧等附雍州淮奏請使居安定之高平是魏安
定屬雍州洪亮吉以爲屬涼州非也一統志高平故城今甘肅平涼府固原州治 爲
民保郭其後因置西川都尉 陳景雲曰西川當作西州晉泰始中中丞傳休
奕上疏措置秦隴事請更置郡於高平因安定
西州都尉徙民充之以通北道是其證也弼按仍應作西川郡國志安定郡三水馬
與龍曰安定屬國都尉張煥治此見河水注王先謙曰三國魏改三水曰西川見寰
宇記河水注高平川逕三水縣西肥水注之水東有山山東有三水縣故城
城西南去安定郡三百四十里晉志因曰西川一統志故城今固原州北 轉拜
前將軍領州如故 領雍州
刺史也 五年夏侯玄伐蜀淮督諸軍爲前鋒淮度
勢不利輒拔軍出故不大敗還假淮節八年隴西南安 南安郡漢末
分漢陽置 金

城西平西平郡漢末分金城置諸羌餓何燒戈伐同蛾遮塞等水經注塞作寒詳見下相結
叛亂攻圍城邑南招蜀兵涼州名胡治無戴復叛應之胡三省曰諸胡有治姓曹眞討
破叛胡治元多是也討蜀護軍夏侯霸督諸軍屯爲翅爲翅見陳泰傳錢大昕曰爲翅當作烏翅胡三省云烏翅要地
也魏屯兵守之嘉平元年降蜀將句安於翅上卽此地也陳泰傳亦作爲翅弼按通鑑胡注作爲翅不作烏翅錢說誤淮軍始到狄道郡國
志涼州隴西郡狄道一統志狄道故城今甘肅蘭州府狄道州西南議者僉謂宜先討定枹罕枹罕見前內平惡
羌外折賊謀淮策維必來攻霸遂入渢中謝鍾英曰渢中當在狄道南爲翅北轉南迎霸
維果攻爲翅會淮軍適至維遁退進討叛羌斬餓何燒戈降服者萬
餘落九年遮塞等屯河關白土故城趙一清曰水經河水注左南津西六十里有白土城城在大河之北而爲緣河
濟渡之處魏涼州刺史郭淮破羌遮寒於白土卽此處據此則淮曾爲涼州刺史蓋傳失之弼按聚珍本水經注案語云淮爲雍州刺史此云涼州誤又云遮塞近刻訛
作遮寒郡國志隴西郡河關一統志河關故城今甘肅蘭州府河州西北謝鍾英曰白土兩漢志屬上郡晉志屬金城一統志今甘肅西寧府西寧縣東南鍾英按當在
西寧東南積石山南臨河之地又考漢縣在今陝西楡林府神木縣北其地魏時昭入鮮卑故移縣西寧縣境據河拒軍淮見形上流
密於下渡兵據白土城擊大破之治無戴圍武威郡國志涼州武威郡武威一統志今甘肅涼州
府鎭番縣北家屬留在西海郡國志涼州張掖居延屬國劉昭注獻帝建安末立爲西海郡洪亮吉曰晉志獻帝興平二年武威太守張雅
請置蓋請立於興平中至建安末始置也謝鍾英曰按獻帝起居注建安十八年復禹貢九州雍州部已有西海郡劉昭謂建安末立者誤洪氏從劉昭說非也淮
進軍趣西海欲掩取其累重會無戴折還與戰於龍夷之北謝鍾英曰按當時兵
勢龍夷當在武威西海之閒破走之令居惡虜在石頭山之西令居兩漢志屬金城郡一統志令居故城今甘肅涼
州府平番縣西北當大道止斷絕王使淮還過討大破之姜維出石營一統志石營在
今甘肅鞏昌府西和縣西北從彊川乃西迎治無戴留陰平太守廖化於成重山築
城趙一清曰水經漾水注白水又東逕郭公城南昔郭淮攻廖化於陰平築之故因名焉一清案陝西階州文縣古氐羌地漢武開西南夷置陰平道屬廣漢郡
北部都尉治焉蜀建興七年取魏陰平魏亦遙置其郡屬雍州蜀亡始合爲一屬秦州而四川龍安府東百五十里有陰平城宋白曰文州爲古陰平魏晉之陰平郡及

陰平縣治也文縣南至龍安府三百三十里此魏蜀分置之蹟略有可攷者謝鍾英曰成重山當在狄道之西羌中西傾山之東斂破羌保質
淮欲分兵取之諸將以維衆西接彊胡化以據險古以已通分軍兩持兵
勢轉弱進不制維退不拔化非計也不如合而俱西及胡蜀未集宋本
集作接絕其內外此伐交之兵也淮曰今往取化出賊不意維必狼顧
比維自致足以定化且使維疲於奔命兵不遠西而胡交自離此一
舉而兩全之策也乃別遣夏侯霸等追維於沓中胡三省曰沓中在諸羌中卽沙漒之地方
輿紀要在洮州衛南謝鍾英曰當在舊洮州西南之西傾山南淮自率諸軍就攻化等維果馳還救化皆
如淮計進封都鄉侯嘉平元年遷征西將軍都督雍涼諸軍事是歲
與雍州刺史陳泰協策降蜀牙門將句安等於翅上句安見陳泰傳晉書文帝紀蜀將姜
維寇隴右郭淮攻維別將句安於麴久而不決帝乃進據長城南趣駱谷以疑之維懼退保南鄭安軍絕援帥衆來降二年詔曰昔漢川
之役建安二十四年夏侯淵戰沒於漢中幾至傾覆淮臨危濟難功書王府在關右三十
餘年自建安末至嘉平外征寇虜內綏民夷比歲以來摧破廖化禽虜句安
功績顯著朕甚嘉之今以淮爲車騎將軍儀同三司持節都督如故
進封陽曲侯封本縣侯邑凡二千七百八十戶分三百戶封一子亭侯
世語曰淮妻王淩之妹淩誅妹當從坐御史往收督將及羌胡渠帥數千人叩頭請淮
表留妻淮不從妻上道莫不流涕人人扼腕欲劫留之淮五子叩頭流血請淮淮不忍
視乃命左右追妻於是追者數千騎數日而還淮以書白司馬宣王曰五子哀母不惜
其身若無其母是無五子無五子亦無淮也今輒追還若於法未通當受罪於主者覲
展在近書至宣王亦宥之淮與王淩爲姻又與毌丘父子文欽通書問幸死於正元二年正月在毌丘舉事之前否則亦不免於司馬氏
之株連矣文欽與郭淮書見毌丘儉傳注

正元二年薨淮死於正月三十日癸未追贈大將軍諡曰貞侯御覽居處部引述征記青門外有魏車騎將軍郭淮碑子統嗣統官至荆州刺史薨子正嗣咸熙中開建五等以淮著勳前朝改封汾陽子晉諸公贊曰淮弟配字仲南有重名位至城陽太守裴秀賈充皆配女壻晉書賈充傳充婦廣城君郭槐性妒忌初充子黎民年三歲乳母抱之當閤黎民見充入喜笑充就而拊之槐望見謂充私乳母即鞭殺之黎民戀念發病而死後又生男過朞復爲乳母所抱充以手摩其頭郭疑乳母又殺之兒亦思慕而死充遂無胤及薨槐以外孫韓謐爲黎民子奉充後初充前妻李氏淑美有才行生二女荃濬父豐誅李氏坐流徙後娶城陽太守郭配女即廣城君也郭彰字叔武太原人賈后從舅后專朝彰豫參權勢人稱賈郭謂謐及彰也子展字泰舒有器度幹用歷職著績終於太僕次弟豫字泰寧相國參軍知名早卒女適王衍配弟鎮字季南謁者僕射鎮子奕字泰業時有兩郭奕一爲郭奉孝之子穎川人見郭嘉傳山濤啓事稱奕高簡有雅量歷位雍州刺史尚書趙一清曰晉書郭奕傳奕字大業初爲野王令羊祜常過之奕歎曰羊叔子何必減郭大業少還後往又歎曰羊叔子去人遠矣遂送祜出界數百里坐此免官奕有重名當世朝臣皆出其下太康八年卒賜諡曰簡又魏書郭祚傳淮弟亮之後從高祖南巡車駕幸長安行經渭橋過郭淮廟問祚曰是卿祖宗所承邪祚曰是臣七世伯祖高祖曰先賢後哲頓在一門

評曰滿寵立志剛毅勇而有謀田豫居身清白規略明練牽招秉義壯烈威績顯著郭淮方策精詳垂問秦雍而豫位止小州幷州刺史招終於郡守鴈門太守未盡其用也

魏書二十六　　三國志二十六

魏書二十七　　三國志二十七

徐胡二王傳第二十七

晉 平陽侯相 安漢陳壽 撰

宋 中書侍郎 西鄉侯 聞喜裴松之 注

沔陽盧弼 集解

徐邈字景山燕國薊人也郡國志幽州廣陽郡薊本燕國刺史治洪亮吉曰燕國漢置後國除作廣陽郡至魏太和六年復作國弼按武文世王公傳趙王幹傳黃初二年進爵封燕公是廣陽郡作國在黃初二年也洪說少誤一統志薊縣故城今順天府大興縣西南邈責李敏子娶妻見公孫度傳注引晉陽秋太祖平河朔召爲丞相軍謀掾試守奉高令郡國志兗州泰山郡奉高一統志奉高故城今山東泰安府泰安縣東北十七里入爲東曹議令史魏國初建爲尚書郎時科禁酒而邈私飲至於沈醉校事趙達問以曹事邈曰中聖人達白之

太祖太祖甚怒度遼將軍鮮于輔進曰平日醉客謂酒清者爲聖人濁者爲賢人邈性修慎偶醉言耳趙一清曰左傳襄二十二年臧武仲如晉雨過御叔御叔在其邑將飲酒曰焉用聖人我將飲酒而已雨行何以聖爲此即景山之所謂中聖人也鮮于輔武人不得其說更以清濁分聖賢耳竟坐得免刑後領隴西太守轉爲南安南安郡漢末分漢陽郡置文帝踐阼歷譙相平陽安平太守沛穆王林傳建安二十二年徙封譙譙國之稱始此亦當於是時置相也錢大昕曰晉志平陽郡魏少帝置據此傳則文帝時已有此郡矣或云平陽當爲陽平弼按齊王芳紀正始八年分河東之汾北十縣爲平陽郡不應黃初時即有平陽太守文紀黃初二年以魏郡東部爲陽平郡錢說或爲陽平近是郡國志冀州安平國本志武紀建安十八年以安平等十郡爲魏國是時已除國爲郡矣穎川典農中郎將所在著稱續漢志劉昭注引魏志曰曹公置典農中郎將秩二千石御覽二百四十一引魏略云上以農殖大事將選典農以徐邈爲穎川典農中郎將所在著稱賜爵關內侯車駕幸許昌問邈曰頗復中聖人不邈對曰昔子反斃於穀陽左傳晉楚鄢陵之戰楚王召子反謀穀陽豎獻飲於子反子反醉而不能見王曰天敗楚也夫余不可以待乃宵遁杜注穀陽子反內豎也御叔罰於飲酒御叔

見前杜注御叔魯御邑大夫古者家有國邑故以重賦爲罰臣嗜同二子不能自懲時復中之然宿
瘤以醜見傳而臣以醉見識帝大笑顧左右曰名不虛立遷撫軍大
將軍軍師明帝以涼州絕遠南接蜀寇以邈爲涼州刺史事在太和二年胡三
省曰晉志涼州蓋以其地處西方常寒涼也地勢西北邪出在南山之閒南隔西羌西通西域統金城西平武威張掖西郡酒泉敦煌西海等郡洪亮吉誤以安定郡屬涼州謝鍾英以安定郡屬雍州是使持節領護羌校尉續百官志護羌校尉一人比二千石晉志魏涼州刺史領戊己校尉護西域如漢故事至值諸葛亮出祁山隴右三郡反邈輒遣參軍及金城太守
等擊南安賊破之河右少雨常苦乏穀邈上修武威酒泉鹽池以
收虜穀趙一清曰漢書地理志金城郡臨羌注云西北至塞外有西王母石室僊海鹽池莽曰鹽羌蓋地與武威酒泉二郡相連也又廣開
水田募貧民佃之家家豐足倉庫盈溢乃支度州界軍用之餘以市
金帛犬馬趙一清曰晉書食貨志作及度支州界軍用之餘以市金錦犬馬通供中國之費以漸收斂

民間私仗宋本馮本仗作杖藏之府庫然後率以仁義立學明訓禁厚葬
斷淫祀進善黜惡風化大行百姓歸心焉西域流通官本攷證云御覽流通作通流
荒戎入貢皆邈勳也討叛羌柯吾有功明紀景初二年涼州刺史率諸郡攻討燒當羌斬注詣首當爲邈事
封都亭侯邑三百戶加建威將軍洪飴孫曰建威將軍一人第四品邈與羌胡從事
不問小過若犯大罪先告部帥使知應死者乃斬以徇是以信服畏
威賞賜皆散與將士無入家者妻子衣食不充天子聞而嘉之隨時
供給其家彈邪繩枉州界肅清正始元年還爲大司農遷爲司隸
校尉百寮敬憚之公事去官後爲光祿大夫數歲即拜司空邈歎
曰三公論道之官無其人則缺豈可以老病忝之哉遂固辭不受
晉書鄭袤傳袤曰魏以徐景山爲司空吾時爲侍中受詔譬旨徐公語吾曰三公當上應天心苟非其人實傷和氣不敢以垂死之年累辱朝廷也終不就嘉

平元年年七十八以大夫薨於家用公禮葬謚曰穆侯子武嗣六年
朝廷追思清節之士詔曰夫顯賢表德聖王所重舉善而教仲尼所
美錢大昕曰魏晉人引論語多于教字斷句如倉慈傳注舉善而教恕以待人顧邵傳舉善以教風化大行陸績傳注臣聞唐虞之政舉善而教晉書衛瓘傳聖王崇賢舉善而教皆是也劉馥傳舉善而教不能則勸雖引成文亦似以四字爲句攷應劭風俗通載汝南太守歐陽歙下教云蓋舉善以教則不能者勸則漢時經師句讀已然矣故司空徐邈征東將軍胡質衞尉田豫皆服職前朝官本攷證云職宋本作質歷事四世武文明齊王出統戎馬入贊庶政忠清在公憂國忘私
不營產業身沒之後家無餘財朕甚嘉之其賜邈等家穀二千斛錢
三十萬布告天下邈同郡韓觀曼游有鑒識器幹與邈齊名而在孫
禮盧毓先爲豫州刺史甚有治功卒官
魏名臣奏載黃門侍郎杜恕表稱韓觀王昶信有兼才高官重任不但三州

盧欽著書稱邈曰徐公志高行潔才博氣猛其施之也高而不狷潔
而不介博而守約猛而能寬聖人以清爲難而徐公之所易也或問
欽徐公當武帝之時人以爲通自在涼州及還京師人以爲介何也
欽答曰往者毛孝先崔季珪等用事貴清素之士于時皆變易車服
以求名高而徐公不改其常故人以爲通比來天下奢靡轉相倣效
而徐公雅尚自若不與俗同故前日之通乃今日之介也是世人
之無常而徐公之有常也或曰安得有常之人而與共閱世人之無常也哉趙一清曰御覽卷七百五十引魏氏春秋曰徐邈善畫作走水獺標於水濱羣獺集焉又引續齊諧記曰魏明帝遊洛水水中有白獺靡淨可憐見人輒去帝顧玩終不可得侍臣景山曰臣聞獺嗜鱺魚乃不避死可以此候之乃畫板作兩生鱺魚懸岸於是羣獺競赴一時執得帝嘉之謂曰不聞卿知畫何其妙也答曰臣亦未嘗執筆人之所作者自可庶幾耳帝曰是善用所長者弼按邈傳邈於明帝時未爲侍臣又邈在位百寮敬憚水濱畫板似不相類說部所載或不足據也又按晉書王濬傳刺史燕國徐邈有女才淑擇夫未嫁邈乃大會佐吏

令女於內觀之女指濬告母魏遂妻之

胡質字文德楚國壽春人也錢大昕曰壽春縣兩漢屬九江郡魏以九江爲楚王國故屬楚也吳志蔣欽稱九江壽春人則據漢郡縣言之弼按楚王彪傳太和六年自白馬改封楚蓋魏以九江爲淮南國復改楚國後又爲淮南郡也晉書胡威傳威淮南壽春人威質子也一統志壽春故城今安徽鳳陽府壽州治少與蔣濟朱績俱知名於江淮閒本志蔣濟傳濟楚國平阿人吳志朱績傳績丹陽故鄣人仕州郡蔣濟爲別駕溫恢傳恢出爲揚州刺史太祖曰得無蔣濟爲治中邪乃遣濟還州蔣濟傳以溫恢爲揚州刺史濟爲別駕使見太祖太祖問曰胡通達長者也寧有子孫不濟曰有子曰質規模大略不及於父至於精良綜事過之案胡氏譜胡氏譜隋唐志不著錄通達名敏以方正徵太祖卽召質爲頓丘令魏武曾爲頓丘令見武紀卷首縣民郭政通於從妹殺其夫程他郡吏馮諒繫獄爲證政與妹皆耐掠隱抵諒不勝痛自誣當反

其罪質至官察其情色更詳其事檢驗具服入爲丞相東曹議令史州請爲治中續百官志諸州皆有從事史假佐其功曹從事爲治中從事將軍張遼與其護軍武周有隙張遼傳遼拜征東將軍建安二十一年屯居巢洪飴孫曰諸護軍無定員諸要鎭及將軍領兵出征者皆置此官遼見刺史溫恢求請質質辭以疾遼出謂質曰僕委意於君何以相辜如此質曰古人之交也取多知其不貪奔北知其不怯聞流言而不信故可終也武伯南身爲雅士往者將軍稱之不容於口今以睚眦之恨乃爲嫌隙原注睚五賣反眦士賣反況質才薄豈能終好是以不顧也遼感言復與周平

虞預晉書曰周字伯南沛國竹邑人一統志竹邑故城今安徽鳳陽府宿州北二十五里位至光祿大夫武周爲下邳令見臧霸傳爲侍御史列名勸進見文紀注引禪代衆事晉書武陔傳父周魏衛尉子陔字元夏陔及二弟韶茂皆總角見稱並有器望雖鄉人諸父未能覺其多少時同郡劉公榮晉書王戎傳戎嘗與阮籍飲時兗州刺史劉昶字公榮在坐籍以酒少酌不及昶昶無恨色戎異之晉書隱逸傳范喬傳濟陰劉公榮有知人之鑒丁國鈞晉書校文曰據劉氏譜（世說任誕篇注）公榮沛國人武陔傳言同郡劉公榮有知人之鑒陔亦沛國人作濟陰誤名知人嘗造周周謂曰卿有知人之明欲使三兒見卿卿爲目高下以效郭許之論可乎范書郭太傳太字林宗太原介休人性明知人好獎訓士類郭林宗別傳云林宗有人倫鑒識題品海內之士或在幼童或在里肆後皆成英彥六十餘人范書許劭傳劭字子將汝南平輿人少俊名節好人倫多所賞識故天下言拔士者咸稱許郭劭事又見本志武紀卷首及和洽傳注引汝南先賢傳公榮乃自詣陔兄弟與共言語觀其舉動出語周曰君三子皆國士也元夏器量最優有輔佐之風展力仕宦可爲亞公叔夏季夏不減常伯納言也陔少出仕宦歷職內外泰始初爲吏部尚書遷左僕射右光祿大夫開府儀同三司卒於官陔以在魏已爲大臣本非佐命之數懷遜讓不得已而居位故在官職無所荷任夙夜恭而已終始全潔當世以爲美談陔事見陳泰傳晉書武陔傳陔少好人倫與潁川陳

泰友善魏明帝世累遷下邳太守景帝爲大將軍引爲從事中郎累遷司隸校尉轉太僕卿初封亭侯五等建改封薛縣侯韶歷二官吏部郎陳少章曰官當作宮晉書陔傳韶歷吏部郎太子右衛率散騎常侍山濤啓事稱韶清白有誠終於散騎常侍茂至侍中尚書潁川荀愷宣帝外孫世祖姑子本志荀彧傳彧孫霬妻司馬景王文王之妹也霬薨子愷嗣自負貴戚要與茂交茂拒而不答由是見怒元康元年楊駿被誅局本無被字誤愷時爲尚書僕射以茂駿之姨弟陷爲駿黨晉書楊駿傳侍中傅祗夜白駿請與武茂俱入雲龍門觀察事勢遂枉見殺衆咸寃痛之晉書陔傳侍中傅祗上表申明之後追贈光祿勳

太祖辟爲丞相屬黃初中徙吏部郎爲常山太守遷任東莞東莞見夏侯玄傳注引魏書又見徐奕傳張旣傳士盧顯爲人所殺質曰此士無讎而有少妻所以死乎悉見其比居年少書吏李若見問而色動遂窮詰情狀若卽自首罪人斯得每軍功賞賜皆散之於衆無入家者在郡九年吏民便安

將士用命遷荊州刺史加振威將軍賜爵關內侯吳大將朱然圍樊城質輕軍赴之議者皆以爲賊盛不可迫質曰樊城卑下兵少故當進軍爲之外援不然危矣遂勒兵臨圍城中乃安 吳志朱然傳注引孫氏異同評應參閔 遷征東將軍假節都督青徐諸軍事廣農積穀有兼年之儲置東征臺且佃且守又通渠諸郡利舟楫嚴設備以待敵海邊無事性沈實內察不以其節檢物所在見思嘉平二年薨家無餘財惟有賜衣書篋而已軍師以聞追進封陽陵亭侯邑百戶謚曰貞侯子威嗣六年詔書褒述質清行賜其家錢穀語在徐邈傳 劉咸炘曰兩傳本在一卷而贅此語殊案此與田豫傳同如不贅此語將以何語易之此本史家省文不爲贅語 威咸熙中官至徐州刺史 晉陽秋曰威字伯虎 晉書良吏傳胡威字伯武一名貔潘眉曰此唐人避諱改虎爲武也當以伯虎爲是 少有志尚厲操清

白質之爲荊州也威自京都省之家貧無車馬僮僕威自驅驢單行拜見父停廏中十餘日告歸臨辭質賜其絹一匹爲道路糧威跪曰大人清白不審於何得此絹質曰是吾俸祿之餘故以爲汝糧耳威受之 史通暗惑篇曰古人謂方牧爲二千石以其祿有二千石故也名以定體貴實甚焉設使廉如伯夷介若黔敖苟居此職終不患於貧餒者如胡威之別其父也一縑之財猶且發問則千石之俸其費安施料以牙籌推之借箸察其厚薄知不然矣 辭歸每至客舍自放驢取樵炊爨食畢復隨旅進道 晉書旅作侶 往還如是質帳下都督素不相識先其將歸請假還家陰資裝百餘里要之因與爲伴每事佐助經營之又少進飲食行數百里威疑之密誘問乃知其都督也因取向所賜絹答謝而遣之後因他信具以白質質杖其都督一百除吏名其父子清慎如此於是名譽著聞歷位宰牧晉武帝賜見論邊事語及平生帝歎其父清謂威曰卿清孰與父清威對曰臣不如也帝曰以何爲不如對曰臣父清恐人知 或曰清恐人知何故杖都督一百疑傳者過也 臣清恐人不知是臣

不如者遠也 晉書威傳帝以威言直而婉謙而順累遷監豫州諸軍事右將軍豫州刺史入爲尚書加奉車都尉威嘗諫時政之寬帝曰尚書郎以下吾無所假借威曰臣之所陳豈在丞郎令史正謂如臣等輩始可以肅化明法耳 官至前將軍青州刺史太康元年卒追贈鎮東將軍 御覽卷二百四十引晉武帝起居注云豫州刺史胡威忠素質直思謀深奧其以威爲監軍刺史如故 威弟熊字季象征南將軍 晉書作威弟羆仕至益州刺史安東將軍丁國鈞曰水經沔水注引胡羆碑亦作征南將軍羆爲安東將軍亦見華陽國志李密傳攷羆曾爲荊州刺史意征南之號當在是時後遷益州乃轉安東也 威子奕字次孫平東將軍 晉書作東平將軍誤 並以潔行垂名

有殊績歷三郡守 晉書威傳歷南鄉侯安豐太守不言歷三郡而歷南鄉侯四字不成文晉武帝平吳改南鄉爲順陽郡晉書傳文當有脫誤 所在有名卒於安定 晉書威傳云拜前將軍監青州諸軍事青州刺史以功封平春侯太康元年卒于位謚曰烈此言卒於安定似有誤

王昶字文舒太原晉陽人也 郡國志并州太原郡晉陽刺史治一統志晉陽故城今山西太原府太原縣治

案王氏譜昶伯父柔字叔優父澤字季道 郭林宗傳曰叔優季道幼少之時聞林宗有知人之鑒共往候之請問才行所宜以自處業林宗笑曰卿二人皆二千石才也雖然叔優當以仕宦顯 毛本宦作官誤 季道宜以經術進若違才易務亦不至也叔優等從其言叔優至北中郎將季道代郡太守 范書郭太傳王柔兄弟總角共候林宗以訪才行所宜林宗曰叔優當以仕進顯季道當以經術通然違方改務亦不能至也後果如所言柔爲護匈奴中郎將澤爲代郡太守

少與同郡王淩俱知名 何焯曰觀此同爲太原之王而晉陽與祁非一族 淩年長昶兄事之文帝在東宮昶爲太子文學遷中庶子 昶與司馬昭牋云昔與南陽宗世林共爲東宮官屬世林少得好名州里瞻敬及其年老汲汲自勵恐見廢棄時人咸共笑之若天假其壽致仕之年不爲此公婆娑之事見晉書王述傳 文帝踐阼徙散騎侍郎爲洛陽典農 建安元年州郡例置田官見武紀注引魏書又洛陽典農治在城外見曹爽傳注引魏略桓範傳 時都畿樹木成林昶斫開荒萊勤勸百姓墾田特多遷兗州刺史明帝卽位

加揚烈將軍賜爵關內侯昶雖在外任心存朝廷以爲魏承秦漢之弊法制苛碎不大釐改國典以準先王之風而望治化復興不可得也乃著治論略依古制而合於時務者二十餘篇又著兵書十餘篇言奇正之用 隋書經籍志魏司空王昶集五卷梁有錄一卷嚴可均輯存文九篇

孫子兵法曰兵以正合以奇勝奇正還相生若循環之無端 元本馮本官本端作窮孫子作端見孫子埶篇 張預曰奇亦爲正正亦爲奇變化相生若循環之無本末

靑龍中奏之其爲兄子及子作名字皆依謙實以見其意故兄子默字處靜 晉書卷七十五王嶠傳嶠祖默魏尚書 沈字處道 晉書王沈傳父機魏東郡太守沈少孤養於從叔司徒昶事昶如父奉繼母寡嫂以孝義稱好書善屬文正元中典著作與荀顗阮籍共撰魏書多爲時諱未若陳壽之實錄也時魏高貴鄉公好學有文才引沈及裴秀數於東堂講讌屬文號沈爲文籍先生秀爲儒林丈人及高貴鄉公將攻文帝召沈及王業告之沈業馳白帝以功封安平侯沈旣不忠於主甚爲衆論所非沈子浚字彭祖母趙氏婦良家女也貧賤出入沈家遂生浚沈初不齒之沈薨無子親戚共立浚爲嗣後爲石勒所殺 其子渾字玄沖深字道沖遂書戒之曰夫人爲子之道莫大於寶身全行以顯父母此三者人知其善而或危身破家陷於滅亡之禍者何也由所祖習非其道也夫孝敬仁義百行之首行之而立身之本也 姚範曰行之二字疑衍 孝敬則宗族安之仁義則鄉黨重之此行成於內名著於外者矣人若不篤於至行而背本逐末以陷浮華焉以成朋黨焉浮華則有虛僞之累朋黨則有彼此之患此二者之戒昭然著明而循覆車滋衆逐末彌甚皆由惑當時之譽昧目前之利故也 或曰自漢末至魏晉士純用虛聲自達故昶言之斷斷 夫富貴聲名人情所樂而君子或得而不處何也惡不由其道耳患人知進而不知退知欲而不知足故有困辱之累悔吝之咎語曰如不

知足則失所欲故知足之足常足矣覽往事之成敗察將來之吉凶未有干名要利欲而不厭而能保世持家永全福祿者也欲使汝曹立身行已遵儒者之教履道家之言故以玄默沖虛爲名欲使汝曹顧名思義不敢違越也古者盤杅有銘 杅音于公羊傳宣公十二年何休注杅飲水器也荀子君道篇君者盤也民者水也盤圓而水圓杅方而水方漢書藝文志孔甲盤盂二十六篇王應麟曰文選注七略曰盤盂書者其傳言孔甲爲之孔甲黃帝之史也書盤盂中爲誡法或於鼎銘曰銘蔡邕銘論黃帝有巾机之法孔甲有盤杅之戒 几杖有誡 國語楚語曰左史倚相曰倚几有誦訓之戒誦訓工師所誦之諫書之於几大戴禮曰武王踐阼杖之銘曰惡乎失道於嗜欲相忘於富貴 俯仰察焉用無過行況在己名可不戒之哉夫物速成則疾亡晚就則善終朝華之草夕而零落松柏之茂隆冬不衰是以大雅君子惡速成戒闕黨也若范匄對秦客至武子擊之 宋本至作而 折其委笄惡其掩人也 委冠笄簪也

國語曰范文子暮退於朝武子曰何暮也對曰有秦客廋辭於朝 元本馮本監本吳本廋作庾誤 大夫莫之能對也吾知三焉武子怒曰大夫非不能也讓父兄也爾童子而三掩人於朝吾不在晉國亡無日也擊之以杖折其委笄 臣松之案對秦客者范燮也此云范匄蓋誤也

夫人有善鮮不自伐有能者寡不自矜伐則掩人矜則陵人掩人者人亦掩之陵人者人亦陵之故三郤爲戮於晉 左傳成公十七年晉殺其大夫郤錡郤犨郤至民不與郤氏故書曰晉殺其大夫杜注厲公以私欲殺三郤而三郤死不以無罪書郤氏失民宜其爲國戮 王叔負罪於周 左傳襄公十年王叔陳生與伯輿爭政晉侯使士匄平王室王叔與伯輿訟焉王叔氏不能舉其契 不惟矜善自伐好爭之咎乎故君子不自稱非以讓人惡其蓋人也夫能屈以爲伸讓以爲得弱以爲彊鮮不遂矣夫毁譽愛惡之原而禍福之機也是以聖人愼

之孔子曰吾之於人誰毀誰譽如有所譽必有所試（所譽者輒試以事不虛譽也）又曰子貢方人賜也賢乎哉我則不暇（邢昺疏曰子貢方人者謂比方人也子貢多言嘗舉其人倫以相比方夫知人則哲堯舜猶病故曰賜也賢乎哉所以抑之也）以聖人之德猶尚如此況庸庸之徒而輕毀譽哉昔伏波將軍馬援戒其兄子言聞人之惡當如聞父母之名耳可得而聞口不可得而言也斯戒至矣

臣松之以爲援之此誡可謂切至之言不刊之訓也凡道人過失蓋謂居室之愆人未之知則由己而發者也若乃行事得失已暴於世因其善惡卽以爲誡方之於彼則有愈焉然援誡稱龍伯高之美言杜季良之惡致使事徹時主季良以敗言之傷人孰大於此與其所誡自相違伐（范書馬援傳季良名保京兆人時爲越騎司馬保仇人上書訟保爲行浮薄伏波將軍萬里還書以誡兄子詔免保官伯高名述亦京兆人爲山都長由此擢拜零陵太守李安溪曰凡言當援古以剴今不宜指摘並世）

人或毀己當退而求之於身若己有可毀之行則彼言當矣若己無可毀之行則彼言妄矣當則無怨於彼妄則無害於身又何反報焉且聞人毀己而忿者惡醜聲之加人也人報者滋甚不如默而自修己也諺曰救寒莫如重裘止謗莫如自修斯言信矣若與是非之士凶險之人近猶不可況與對校乎其害深矣夫虛僞之人言不根道行不顧言其爲浮淺較可識別而世人惑焉猶不檢之以言行也（猶由同）近濟陰魏諷（魏諷事見武紀建安二十四年）山陽曹偉皆以傾邪敗沒熒惑當世挾持姦慝驅動後生雖刑於鈇鉞大爲炯戒然所汙染固已衆矣（宋本已作以）可不愼與

世語曰黃初中孫權通章表偉以白衣登江上與權交書求賂欲以交結京師故誅之

若夫山林之士夷叔之倫甘長饑於首陽安赴火於綿山（左傳介子推不言祿遂隱而死晉侯求之不獲以綿上爲之田新序云文公待之不肯出求之不能得以謂焚其山宜出及焚其山遂不出而焚死琴操云介子綏終匿於山文公令燔山求之拾遺記云晉文公焚林以求介子推）雖可以激貪勵俗然聖人不可爲吾亦不願也（姚範曰或謂此因嵇叔夜不免刑戮故云然叔夜以景元中見法文舒甘露四年薨此語不緣嵇也）今汝先人世有冠冕惟仁義爲名守愼爲稱孝悌於閨門務學於師友吾與時人從事雖出處不同然各有所取潁川郭伯益好尚通達敏而有知其爲人弘曠不足輕貴有餘得其人重之如山不得其人忽之如草吾以所知親之昵之不願兒子爲之

伯益名奕郭嘉之子

北海徐偉長不治名高不求苟得澹然自守惟道是務其有所是非（監本作其所有是非誤）則託古人以見其意當時無所褒貶吾敬之重之願兒子師之東平劉公幹博學有高才誠節有大義（宋本馮本義作意）然性行不均少所拘忌（蓋謂平視甄夫人以不敬被刑也）得失足以相補吾愛之重之不願兒子慕之

臣松之以爲文舒復擬則文淵（馬援字文淵）顯言人之失魏諷曹偉事陷惡逆著以爲誡差無可尤至若郭伯益劉公幹雖其人皆往善惡有定然既友之於昔不宜復毀之於今而乃形於翰墨永傳後葉於舊交則違久要之義於子孫則揚人前世之惡於夫鄙懷（官本考證云宋本作于鄙夫懷）深所不取善乎東方之誡子也以首陽爲拙柳下爲工（李慈銘曰漢書東方朔傳作杜下爲工當從此注作柳下爲是蓋以夷惠爲言也杜乃柳之誤注以爲老子非也弼按東方朔傳贊云非夷齊而是柳下惠戒其子以上容自以作柳下爲是）寄旨古人無傷當時方之馬王不亦遠哉（姜宸英曰士有斷弛而大節可觀有拘謹而名譽無

取卽如郭奕劉楨何遽不如徐幹任嘏而概劣之豈爲公論玩此一篇直是父教子詔耳又云毌丘諸葛舉兵以淸君側而昶力效馳驅終成晉纂其後王沈浚高貴鄉公之謀未必不由其家學也姚範曰魏晉之世以此爲全身遠害之術可矣若究其指歸正鄉愿之見耳呂成公王伯厚皆稱之余未以爲允也一篇議論不過以世有冠冕不欲爲山林之枯槁又鑒於何鄧之徒朋黨浮華馴至大戮故以謙實爲寶身持家之術其所云孝敬仁義非思諸極聖訓而沖虛玄默亦略取道家之似但攙和用之爲入世之方耳故身處魏晉纂弒之際而漠然無動於中其平生立訓如此典午之後風節不立廉恥日消此等言語爲之嚆矢弼按魏文與吳質書云古今文人不護細行偉長獨懷文抱質恬淡寡欲則文舒以此訓子姪似亦未可厚非至趨附司馬終成晉纂事實具在又當別論矣

樂安任昭先范書鄭玄傳注云嘏字昭光未知孰是淳粹履道內敏外恕推遜恭讓處不避洿怯而義勇在朝忘身吾友之善之願兒子遵之

昭先名嘏別傳曰任嘏別傳隋唐志不著錄嘏樂安博昌人郡國志靑州樂安國博昌闞駰曰縣處勢故曰博昌一統志博昌故城今山東靑州府博興縣南二十里世爲著姓孫愐曰任姓出樂安黃帝二十五子各以德爲姓第一爲任氏夙智早成宋本早作性故鄉人爲之語曰蔣氏翁任氏童父旐宋本旐作旐下同字子旐以至行稱漢末黃巾賊起天下饑荒人民相食寇到博昌聞旐姓字乃相謂曰宿聞任子旐天下賢人也今雖作賊那可入其鄉邪遂相帥而去由是聲聞遠近州郡並招舉孝廉歷酸棗祝阿令郡國志兗州陳留郡酸棗靑州平原郡祝阿一統志酸棗故城今河南衞輝府延津縣北十五里祝阿故城今山東濟南府長淸縣東北嘏八歲喪母號泣不絕聲自然之哀同於成人故幼以至性見稱年十四始學疑不再問三年中誦五經皆究其義兼包羣言無不綜覽於時學者號之神童范書鄭玄傳玄門人樂安國淵任嘏時並童幼玄稱淵爲國器嘏有道德其所鑒拔皆如其言遂遇荒亂家貧賣魚會官稅魚魚貴數倍嘏取值如常又與人共買生口各雇八匹後生口家來贖時價値六十匹共買者欲隨時價取贖嘏自取本價八匹共買者慙亦還取本價比居者擅耕嘏地數十畝種之監本脫者字人以語嘏嘏曰我自以借之耳耕者聞之慙謝還地及邑中爭訟皆詣嘏質之然後意厭其子弟有不順者父兄竊數之曰汝所行豈可令任君知邪其禮敎所化率皆如此

會太祖創業召海內至德嘏應其舉爲臨菑侯庶子相國東曹屬尚書郎文帝時爲黃門侍郎每納忠言輒手書懷本自在禁省歸書不封帝嘉其淑愼累遷東郡趙郡河東太守郡國志冀州趙國漢末改爲郡桓階傳遷趙郡太守張範傳張承領趙郡太守太和六年曹幹封趙復爲國故下文云趙國也所在化行有遺風餘教嘏爲人淳粹凱悌虛己若不足恭敬如有畏其修身履義皆沈默潛行不顯其美故時人少得稱之著書三十八篇凡四萬餘言隋書經籍志任子道論十卷魏河東太守任嘏撰唐經籍志任子道論十卷任嘏撰侯康曰王昶傳注稱其著書三十八篇凡四萬餘言當卽此書初學記卷十七引任嘏道德論馬國翰輯本序曰馬總意林載任子十卷注云名奕攷諸史志無任奕著書之目奕蓋嘏之僞意林載十七節又從北堂書鈔初學記太平御覽輯得九節參互攷訂並附別傳爲卷初學記引作任嘏道德論他皆引作任子玆依隋唐志題任子道論旣訂名奕之譌因改題魏任嘏焉姚振宗曰嚴可均全三國文以意林稱任子名奕不采其文別從諸類書輯存十一條嘏卒後故吏東郡程威趙國劉固河東上官崇等錄其事行及所著書奏之詔下祕書以貫羣言唐馬總意林曰中論六卷徐偉長作任氏注嚴可均全三國文曰中論序元刊本有之案此序徐幹同時人作舊無名氏意林中論六卷任氏注任嘏與幹同時多著述疑此序及注皆任嘏作無以定之姚振宗曰中論舊序末云故追述其事麤舉其顯露易知之數沈冥幽微深奧廣遠者遺之精通君子將自贊明之也此數語有似乎爲之注者趙一淸曰王坦之令伏滔習鑿齒論靑楚人物滔以任昭先與伏高陽連類並稱伏高陽未詳其人也

若引而伸之觸類而長之汝其庶幾舉一隅耳及其用財先九族其施舍務周急其出入存故老其論議貴無貶其進仕尚忠節其取人務道實宋本道實作實道其處埶戒驕淫元本馮本監本埶作世其貧賤愼無戚其進退念合宜其行事加九思如此而已吾復何憂哉此書爲王昶家誡之一篇武紀建安二十四年注郭嘉傳注俱引王昶家誡具見此書中王昶家誡又略見御覽六百九十四又見藝文類聚二十三云夫立功者有二難功就而身不退一難也退而不靜務伐其功二難也且懷祿之士耽寵之臣苟患失之何所不至若樂毅帥弱燕之衆東破强齊收七十餘城其功盛矣知難而退保身全名張良杖劍建策光濟大漢辭三萬戶封學養性之道棄人間之事卒無咎悔何二賢綽綽有餘裕哉治家亦有患焉積而不能散則有鄙吝之累積而好奢則有驕上之罪大者破家

小者辱身此二患也青龍四年前已書青龍中此青龍二字複詔欲得有才智文章謀慮淵深料遠若近視昧而察籌不虛運策弗徒發端一小心清修密靜乾乾不解志尙在公者無限年齒勿拘貴賤卿校已上各舉一人太尉司馬宣王以昶應選正始中轉在徐州由兗州刺史轉徐州刺史或疑在爲任之誤按王淩傳轉在青州文義相同在字不誤封武觀亭侯遷征南將軍宋本元本馮本吳本監本毛本遷作選誤假節都督荆豫諸軍事昶以爲國有常衆戰無常勝地有常險守無常埶今屯宛去襄陽三百餘里官本考證云苑疑作宛錢大昕曰苑當作宛郡國志荆州南陽郡宛洪亮吉曰沈志魏荆州治江陵今考江陵爲吳荆州治所不得云魏魏荆州治宛謝鍾英曰水經注魏荆州刺史治襄陽通典理宛二說未知孰是弼按郡國志荆州本治武陵郡漢壽劉表徙治襄陽曹仁鎭荆州初屯江陵後屯樊屯宛夏侯尙領荆州刺史黃初三年文帝幸宛爲魏刺史治宛之證太和元年六月司馬懿督荆豫二州屯宛（見晉書宣帝紀）至王昶爲都督乃徙屯新野胡質爲荆州刺史吳將朱然圍樊城質輕車赴之若治襄陽則吳人何能遥至樊城魏刺史之不治襄陽於此可見胡三省曰魏荆州刺史與征南府並屯宛徙屯新野一統志宛縣故城今河南南陽府南陽縣治新野故城今南陽府新野縣治南又按魏荆州刺史治宛互見蜀志楊儀傳注諸軍散屯船在宣池沈欽韓曰宣池當在襄陽宣乃宜之誤卽宜城陂也有急不足相赴乃表徙治新野習水軍於三州三州詳見齊王紀正始二年注引干寶晉紀廣農墾殖倉穀盈積嘉平初太傅司馬宣王既誅曹爽乃奏博問大臣得失昶陳治略五事其一欲崇道篤學抑絕浮華使國子入太學而修庠序其二欲用考試考試猶準繩也未有舍準繩而意正曲直廢黜陟而空論能否也其三欲令居官者久於其職有治績則就增位賜爵其四欲約官實祿勵以廉恥不使與百姓爭利其五欲絕侈靡務崇節儉令衣服有章上下有敍儲穀畜帛反民於樸詔書褒讚或曰五事千古碩畫修之則治反之則亂姜宸英曰昶陳五事全無高堂城翰之慮而迂緩塞責每讀西漢晚年孔光張禹上書爲之氣盡此其類也弼按姜說似苛因使撰百官考課事昶

以爲唐虞雖有黜陟之文而考課之法不垂周制冢宰之職大計羣吏之治而誅賞又無校比之制由此言之聖主明於任賢略舉黜陟之體以委達官之長而總其統紀故能否可得而知也其大指如此御覽二百十二引王昶考課事云尙書侍中考課一曰擧建六材以考官人二曰綜理萬機以考庶績三曰進視惟允以考讜言四曰出納王命以考典政五曰明罰敕法以考典刑書鈔五十九亦引考課事云卿考課一曰擧建邦國以考制治二曰九卿時敍以考事典三曰經綸國體以考奏議四曰共屬衆職以考總攝五曰明愼用刑以考留獄三年宋本三作二齊王紀嘉平二年十二月征南將軍王昶渡江掩攻吳破之三年正月荆州刺史王基新城太守州泰攻吳破之四月以王昶爲征南大將軍此二年冬三年春之事通鑑分繫於二年三年昶奏孫權流放良臣適庶分爭孫權欲廢太子和立少子亮驃騎將軍朱據擁護太子左遷新都郡丞遂廢和立亮可乘釁而制吳蜀白帝夷陵之閒黔巫秭歸房陵皆在江北白帝今四川夔州府奉節縣東十三里夷陵今湖北南漳縣境（此魏之夷陵）巫今夔州府巫山縣秭歸今宜昌府歸州房陵今湖北鄖陽府房縣民夷與新城郡接洪亮吉曰新城郡魏黃初中分漢中置水經注魏文帝合房陵上庸西城立新城郡可襲取也乃遣新城太守州泰胡三省曰州姓也泰名也晉有州綽風俗通云其先食采於州因氏焉襲巫秭歸房陵荆州刺史王基詣夷陵昶詣江陵兩岸引竹絙爲橋渡水擊之胡三省曰絙居登翻大索也吳引沮漳之水浸江陵以北之地以限魏兵故昶爲橋以渡水賊奔南岸鑿七道並來攻於是昶使積弩同時俱發賊大將施績胡三省曰績朱然之子也然本施氏朱治以爲子魏人本其所自出之姓稱之夜遁入江陵城追斬數百級昶欲引致平地與合戰乃先遣五軍按大道發還使賊望見以喜之以所獲鎧馬甲首馳環城以怒之環江陵城也設伏兵以待之績果追軍與戰克之績遁走斬其將鍾離茂許旻收其甲首旗鼓珍寶器仗振旅而還王基州泰皆有功吳志朱績傳赤烏十三年魏征南將軍王昶率衆攻江陵城不克而退績引兵追之及昶於紀南績戰勝而諸葛融不進績失利弼按吳赤烏十三年卽魏嘉平二年水經注江陵西北有紀南城謝鍾英曰在今江陵西北三十里姚範曰東關之敗在嘉平四年此傳云二年豈諸葛誕所言使文舒逼江陵

又一事邪弼按江陵之捷在嘉平二年東關之敗在嘉平四年姚氏誤以兩事爲一事故有是疑於是遷征南大將軍三少帝紀遷大將軍在嘉平三年征吳在四年何焯曰此傳諱言東關之敗儀同三司進封京陵侯潘眉曰由亭鄉進封邑侯此魏朝定制惟昶及諸葛誕鍾會皆以亭侯超封邑侯前此未嘗有也毌丘儉文欽作亂引兵拒儉欽有功封二子亭侯關內侯潘眉曰史例關內侯書賜爵亭侯以上書封傳宜云封一子亭侯賜一子爵關內侯今連文書封非也陳泰傳賜子弟一人亭侯二人關內侯王基傳封子二人亭侯關內侯其亭侯書賜關內侯書封皆非正例進位驃騎將軍諸葛誕反昶據夾石以逼江陵謝鍾英曰夾石當在今遠安縣境持施績全熙使不得東持毛本作侍誤誕既誅詔曰昔孫臏佐趙直湊大梁史記孫武傳孫武既死後百餘歲有孫臏臏生阿鄄之閒臏亦孫武之後世子孫也孫臏嘗與龐涓俱學兵法龐涓既事魏得爲惠王將軍而自以爲能不及孫臏乃陰使召孫臏臏至龐涓以法斷其兩足而黥之齊使者如梁竊載與之齊其後魏伐趙趙急請救於齊齊威王以田忌爲將孫子爲師田忌欲引兵之趙孫子曰不若引兵疾走大梁據其街路衝其方虛彼必釋趙而自救是我一舉解趙之圍而收弊於魏也田忌從之魏果去邯鄲與齊戰於桂陵大破梁軍西兵驟進亦所以成東征之勢也增邑千

戶并前四千七百戶遷司空盧毓推昶爲司空見毓傳持節都督如故甘露四年薨四年六月薨諡曰穆侯子渾嗣咸熙中爲越騎校尉錢大昕曰承祚之志范顥稱其辭多勸戒然如何夔裴潛鄭渾杜畿陳矯衞覬賈逵王昶諸傳頗多溢美之詞蓋由諸人子孫在晉顯達故增加其美而李豐張緝輩忠于曹氏乃不得立傳曹爽何晏鄧颺之惡亦黨于司馬者飾成之初非實錄其亦異于良史之直筆矣

按晉書渾自越騎入晉累居方任平吳有功封一子江陵侯位至司徒晉書渾傳渾襲父爵京陵侯參文帝安東軍事武帝受禪加揚烈將軍遷徐州刺史轉征虜將軍領豫州刺史與吳接境宣布威信降附甚多吳將薛瑩魯淑衆號十萬渾擊破之以功封次子尙爲關內侯遷安東將軍都督揚州諸軍事鎭壽春吳人大佃皖城渾遣揚州刺史應綽督淮南諸軍攻破之焚積穀百八十萬斛稻苗四千餘頃船六百餘艘及大舉伐吳渾率師出橫江斬吳丞相張悌大將軍孫震既而王濬破石頭降孫晧明日渾始濟江致在王濬之後意甚愧恨有不平之色頻奏濬罪狀時人譏之進爵爲公封子澄爲亭侯弟湛爲關內侯轉征東大將軍徵拜尙書左僕射會朝臣立議齊王攸當之藩渾上書切諫不納太熙初遷司徒元康七年薨時年七十五諡曰元渾子濟字武子有儁才令望爲河南尹太僕早卒追贈驃騎將軍晉書濟傳濟少有逸才風姿英爽好弓馬勇力絕人善易及老莊文詞秀茂與姊夫和嶠及裴楷齊名尙常山公主年二十起家拜中書郎累遷侍中濟外弘內忌以父故每排王濬時議譏焉齊王攸當之藩濟既諫又累使公主與甄德妻長廣公主泣諫帝怒曰出齊王自是朕家事甄德王濟連遣婦來生哭人以忤旨左遷國子祭酒數年入爲侍中出爲河南尹未拜坐鞭王官吏免官移第北芒山下以豪侈自終帝謂和嶠曰我將罵濟而後官之嶠曰濟俊爽恐不可屈帝召濟切讓既而曰知愧不濟答曰尺布斗粟之謠常爲陛下恥之他人能令親疏臣不能使親親以此愧陛下耳帝默然尋使白衣領太僕年四十六先渾卒濟尙主主兩目失明而妬忌尤甚然終無子庶子二人卓字文宣嗣渾爵次聿字茂宣襲公主封敏陽侯濟二弟澄字道深汶字茂深皆辯慧有才藻並歷淸顯渾弟深冀州刺史深弟湛字處沖汝南太守晉書湛傳初有隱德人以爲癡其父昶獨異焉兄子濟輕之見湛牀頭有周易問曰用此何爲湛因剖析玄理微妙有奇趣濟乃歎曰家有名士三十年而不知濟之罪也濟有從馬絕難乘湛騎此馬姿容既妙迴策如縈善騎者無以過之濟還白其父曰濟始得一叔乃濟以上人也武帝亦以湛爲癡濟曰臣叔殊不癡山濤以下魏舒以上湛子承字安期東海內史晉書承傳承弱冠知名太尉王衍雅貴異之比南陽樂廣焉預迎大駕功封藍田縣侯遷東海太守政尙淸靜尋去官東渡江渡江名臣王導衞玠周顗庾亮之徒皆出其下爲中興第一自昶至承世有高名論者謂祖不及孫孫不及父承子述字懷祖尙書令衞將軍晉書述傳述少孤事母以孝聞襲父爵庾翼鎭武昌

以累有妖怪又猛獸入府欲移鎭避之述與庾冰牋曰竊聞安西欲移鎭樂鄉不審此爲算邪將爲情邪若謂爲算則彼去武昌千有餘里數萬之衆創造移徙方當興立城壁公私勞擾若信要害之地所宜進據猶當計移徙之煩況非今日之要邪若是情邪則天道玄遠鬼情難言妖祥吉凶誰知其故違人君子直道而行不以情失譏避之道當擇人事之勝理思社稷之長計則天下幸甚時朝議亦不允翼遂不移鎭述補臨海太守代殷浩爲揚州刺史主簿請諱報曰亡祖先君名播海內遠近所知內諱不出門餘無所諱尋加中書監進都督揚州徐州之琅邪諸軍事衞將軍并冀幽平四州大中正刺史如故太和三年卒年六十六諡曰簡述子坦之字文度北中郎將徐兗二州刺史晉書坦之傳弱冠與郗超俱有重名坦之有風格尤非時俗放蕩不敦儒教頗尙刑名學著廢莊論領本州大中正簡文帝臨崩詔大司馬溫依周公居攝故事坦之自持詔入於帝前毀之帝曰天下儻來之運卿何所嫌坦之曰天下宣元之天下陛下何得專之帝乃使坦之改詔焉謝安愛好聲律朞功之慘不廢伎樂頗以成俗坦之非而苦諫之卒年四十六諡曰獻昶諸子中湛最有德譽而承亦自爲名士述及坦之並顯重於世爲時盛門云自湛以下事見晉陽秋也晉書列女傳王渾妻鍾氏字琰魏太傅繇曾孫琰數歲能屬文及長聰慧弘雅博覽記籍美容止善嘯詠禮儀法度爲中表所則渾弟湛妻郝氏亦有德行琰雖貴門與郝雅相親重郝不以賤下琰琰不以貴陵郝時人稱鍾夫人之禮郝夫人之法云

王基字伯輿 范書鄭玄傳注作字伯興 東萊曲城人也 郡國志青州東萊郡曲成一統志曲城故城今山東萊州府掖縣東北 少孤與叔父翁居翁撫養甚篤基亦以孝稱 王脩異王基於幼童世稱知人見脩傳 年十七郡召爲吏非其好也遂去入琅邪界游學 范書鄭玄傳其門人東萊王基著名於世錢大昕曰魏志基卒於元帝景元二年不言年壽若干而基碑云年七十二溯其生年當在初平元年庚午康成以建安五年庚辰卒其時基僅十一歲不得在弟子之列恐范史誤也基治經常申鄭而駮王肅故蔚宗疑爲康成弟子要是私淑鄭學非親受業者也王昶金石萃編說同汪中述學補遺亦曰後漢書特以基據持鄭義與王肅抗衡遂列基于門人不若魏志但言入琅邪界遊學爲得實 黃初中察孝廉除郎中是時青土初定刺史王淩特表請基爲別駕後召爲祕書郎淩復請還頃之司徒王朗辟基淩不遣朗書劾州曰凡家臣之良則升于公輔公臣之良則入于王職是故古者侯伯有貢士之禮今州取宿衞之臣留祕閣之吏所希聞也淩猶不遣淩流稱青土蓋亦由基協和之輔也 主朗爲司徒在黃初七年明帝卽位後王淩任青州刺史淩傳云淩在青州布政施教百姓稱之不容於口卽此傳所云淩流稱青土也淩彊留王官爲佐吏雖爲事擇人然亦難辭專擅之責或曰已爲王官州可請爲佐史官人惟才所宜上不以進退爲嫌下不以淹留爲意猶有淳古之遺風歟 大將軍司馬宣王辟基未至擢爲中書侍郎 沈約宋志云黃初初置通事郎次黃門郎黃門郎已署事過通事乃奉以入爲帝省讀書可晉改曰中書侍郎初學記云中書侍郎魏官沈云晉改謬也胡三省曰魏已改通事郎爲中書侍郎 明帝盛修宮室百姓勞瘁基上疏曰臣聞古人以水喻民曰水所以載舟亦所以覆舟 家語載孔子之言 故在民上者不可以不戒懼夫民逸則慮易苦則思難是以先王居之以約儉俾不至於生患昔顏淵云東野子之御馬力盡矣而求進不已是以知其將敗 荀子魯定公問於顏淵曰東野子善御乎顏淵曰善則善矣雖然其馬將失定公曰何以知之顏淵曰臣以政知之昔舜巧於使民造父巧於使馬舜不窮其民力造父不窮其馬力是舜無失民造父無失馬也今東野畢之御上車執轡御體正矣步驟馳騁朝禮畢矣歷險致遠馬力盡矣然猶求進不已是以知之也 今事役勞苦男女離曠願陛下深察東野

之弊留意舟水之喻息奔駟於未盡節力役於未困昔漢有天下至孝文時唯有同姓諸侯而賈誼憂之曰置火積薪之下而寢其上因謂之安也今寇賊未殄猛將擁兵檢之則無以應敵久之則難以遺後 胡三省曰謂五大在邊尾大不掉非善計以詒後人也 當聖明之世不務以除患若子孫不競 競強也 社稷之憂也使賈誼復起必深切於曩時矣 胡三省曰言不特痛哭流涕長太息而已 散騎常侍王肅著諸經傳解及論定朝儀改易鄭玄舊說而基據持玄義常與抗衡 釋文敍錄鄭玄作毛詩箋王肅更述毛非鄭荊州刺史王基駮王肅申鄭義隋書經籍志毛詩駮一卷魏司空王基撰四庫提要曰王肅作毛詩問難諸書以申毛難鄭王基作毛詩駮以申鄭難王馬國翰輯本序曰基以策敵立功掌統方任而善爲撰述常據持鄭義與王肅抗衡其書唐初尙有完帙今佚從正義釋文輯錄十五節其說依鄭駮王具有根柢侯康曰基說載於孔疏者如采采芣苢一條駮王肅出於西戎之說充耳以素一條駮王肅玄紞無五色之說侵鎬及方一條駮王肅鎬京之說不目爲政一條駮王肅人臣不顯諫之說皆極精當惜全書久佚可攷者無多也趙一清曰基爲鄭玄門人故持玄義 遷安平太守 郡國志冀州安平國三國魏廢國爲郡基爲安平太守管輅往見基令作卦輅言有三怪非妖咎之徵後卒無患見管輅傳 公事去官大將軍曹爽請爲從事中郎 續百官志大將軍從事中郎二人六百石職參謀議 出爲安豐太守 沈志魏文帝分廬江置安豐郡胡三省曰魏安豐郡屬豫州郡國志廬江郡安風馬與龍曰魏安豐郡治此一統志安風故城今安徽潁州府霍丘縣西南二十里互見齊王紀嘉平五年及毌丘儉傳 郡接吳寇爲政清嚴有威惠明設防備敵不敢犯加討寇將軍 洪飴孫曰討寇將軍一人第五品 吳嘗大發衆集建業揚聲欲入攻 通鑑正始八年作揚聲欲入寇 揚州刺史諸葛誕使基策之 策計也 基曰昔孫權再至合肥一至江夏其後全琮出廬江朱然寇襄陽皆無功而還今陸遜等已死而權年老內無賢嗣中無謀主權自出則懼內釁卒起癰疽發潰遣將則舊將已盡新將未信此不過欲補定支黨 通鑑定作綻 還自保護耳後權竟不能出時曹爽專柄風化陵遲基著時

要論以切世事隋書經籍志梁有新書五卷王基撰亡又東萊耆舊傳一卷姚振宗曰時要論當亦在新書中特其文無由考見耳以疾徵還起家爲河南尹未拜爽伏誅事在嘉平元年基嘗爲爽官屬即上文爲爽從事中郎隨例罷其年爲尚書出爲荆州刺史加揚烈將軍侯康曰王基斷碑帝命遷荆州刺史揚武將軍潘眉曰按碑文遷鎭南將軍在賜爵關內侯之前今傳敘在後皆當以碑爲正授堂金石跋云王基碑出土僅刻其半土人傳云下截朱字隱然惜無人辨識遽磨拭以沒今存者凡得三百七十字葉昌熾曰河南於土中得曹魏王基碑僅刻中段上下丹文隱曬此則未立先刻者隨征南王昶擊吳基別襲步協於夷陵協閉門自守基示以攻形而實分兵取雄父邸閣謝鍾英曰邸閣在西陵界今宜昌府西北弼按邸閣爲積穀之所本傳下文云南頓有大邸閣計足軍人四十日糧蜀志後主傳建興十一年諸葛亮運米集於斜谷口治斜谷邸閣魏延傳注引魏略云橫門邸閣與散民之穀足周食也胡三省曰魏置邸閣於橫門以積粟民聞兵至必逃散可收其穀以周食是也吳志孫策傳注引江表傳策渡江攻劉繇牛渚營盡得邸閣糧穀戰具胡三省曰邸至也言所歸至也閣庋置也邸閣謂轉輸之歸至而庋置之也蓋要地置邸閣謝注當云雄父邸閣在西陵界若僅云邸閣未知所指何處之邸閣也收米三十餘萬斛虜安北將軍譚正納

降數千口於是移其降民置夷陵縣梁章鉅曰齊王芳紀嘉平三年二月置南郡之夷陵縣以居降附即此事是夷陵明屬南郡而洪亮吉補三國疆域志南郡領九縣不列夷陵宜都郡領三縣注云西陵漢夷陵縣吳黃武元年改今名而夷陵縣之名遂不知所屬矣（潘眉說同）謝鍾英曰魏無南郡疑置於襄陽郡境襄陽南郡之分也今襄陽南漳縣南蠻河爲古夷水或即以水字縣故城當在南漳縣境吳增僅曰夷陵蓋虛置以處南郡之降民非有實土南郡在吳而曰南郡之夷陵者魏以南郡爲中國土地暫淪異域不以敵國視吳也弼按梁說誤謝吳說是洪志所云乃吳之疆域非魏之夷陵也魏夷陵互見齊王紀嘉平三年吳夷陵見文紀黃初三年賜爵關內侯基又表城上昶徙江夏治之錢儀吉曰基又表城上五字疑有訛脫表城下有脫字徙治事見王昶傳弼按衎石三國志證聞本未成書爲後人所拾輯故誤處極多羅振玉有校本然未校者尚十之八九如此條傳文極明本無訛誤故生疑難轉嫌辭費特爲辨正至若王昶徙治乃荆州都督徙治新野王基徙治爲江夏郡徙治上昶兩不相涉錢氏合爲一事誤以偪夏口元和郡縣志上昶在今安州西北五十三里一統志上昶城在德安府安陸縣西北謝鍾英曰據元和郡縣志上昶去夏口遠甚不足以逼夏口其地當在今孝感縣境疑西北爲東南之譌江夏郡治及夏口均見武紀建安十三年江夏郡治又見文聘傳由是賊不敢輕越江明制度劉家立曰此句上疑有脫誤整軍農兼修學校南方稱之時朝廷議欲

伐吳詔基量進趣之宜基對曰夫兵動而無功則威名折於外財用窮於內故必全而後用也若不資通川聚糧水戰之備則雖積兵江內無必渡之勢矣今江陵有沮漳二水一統志沮水在江陵縣西自襄陽府南漳縣流入遠安縣界又南入安陸府當陽縣界合漳水南至府城西入江應劭曰沮水出漢中房陵東入江師古曰沮千餘里南郡臨沮縣以臨沮水得名水經注沮水逕臨沮縣西又東南逕當陽縣城北又南逕麥城西與漳水合又東南流注於江漑灌膏腴之田以千數安陸左右陂池沃衍郡國志江夏郡安陸一統志今德安府治元和志三國魏江夏郡治安陸王基表城上昶徙江夏治之見上若水陸並農以實軍資然後引兵詣江陵夷陵分據夏口順沮漳資水浮穀而下賊知官兵有經久之勢則拒天誅者意沮而向王化者益固然後率合蠻夷以攻其內精卒勁兵以討其外則夏口以上必拔而江外之郡不守如此吳蜀之交絕交絕而吳禽矣陳仁錫曰諸葛欲合之基欲離之不然兵出之利

未可必矣於是遂止司馬景王新統政基書戒之曰天下至廣萬機至猥誠不可不矜矜業業坐而待旦也或曰是時司馬氏父子篡奪之形已露而基進萬機矜業之言不復以人臣待之矣夫志正則衆邪不生心靜則衆事不躁思慮審定則教令不煩親用忠良則遠近協服故知和遠在身定衆在心許允傅嘏袁侃崔贊皆一時正士有直質而無流心可與同政事者也許允崔贊見夏侯玄傳傅嘏自有傳袁侃見袁渙傳又見夏侯玄傳注引魏略姜宸英曰此輩皆典午之腹心曹宗之蟊賊惑世亂民惟此爲甚史家誇大而不裁之大義皆邪說害民者也弼按傅嘏之袒司馬氏人所共知崔贊曾爲晉吏部尚書大司農可無置辯惟袁侃早卒許允則與李豐夏侯玄等親善魏帝特引以自近不特非司馬氏之私人且爲子元所嫉視收付廷尉徙邊道死而姜氏不加剖析反予惡名使忠魂含冤於地下特表明之亦以戒文人之無輕詆人也景王納其言高貴鄉公即尊位進封常樂亭侯毌丘儉文欽作亂事在正元二年以基爲行監軍假節統許昌軍胡三省曰魏晉之制使持節都督諸軍爲上假節都督次之假節監諸軍又次之假節行監軍又次之魏受漢

褌以許昌爲別宮屯重兵以爲東南二方之根本適與景王會於許昌景王曰君籌儉等何如基曰淮南之逆非吏民思亂也儉等誑脅迫懼畏目下之戮是以尙羣聚耳若大兵臨偪必土崩瓦解儉欽之首不終朝而縣於軍門矣景王曰善乃令基居軍前通鑑作以基爲前軍議者咸以儉欽慓悍難與爭鋒詔基停駐基以爲儉等舉軍足以深入而久不進者是其詐僞已露衆心疑沮也今不張示威形以副民望而停軍高壘有似畏懦非用兵之勢也若或虜略人民通鑑作若儉欽虜略民人以自益又州郡兵家爲賊所得者更懷離心儉等所迫脅者自顧罪重各本罪皆作非誤官本不誤通鑑作罪不敢復還此爲錯兵無用之地胡三省曰錯倉故翻置也停軍不進是置之於無用之地而成姦宄之源吳寇因之則淮南非國家之有譙沛汝豫胡三省曰豫卽潁川也豫州時治潁川故曰譙沛汝豫四郡皆屬豫州

危而不安此計之大失也軍宜速進據南頓郡國志汝南郡南頓本頓國應劭曰頓迫於陳其後南徙故曰南頓一統志南頓故城今河南陳州府項城縣北五十里南頓有大邸閣邸閣見前計足軍人四十日糧保堅城因積穀先人有奪人之心左傳楚令尹孫叔敖之言杜預注曰奪敵戰心先悉薦翻此平賊之要也基屢請乃聽進據濦水水經注濦水東流至南頓縣北入於潁師古曰濦於謹翻又音殷方輿紀要四十七濦水在陳州商水縣北亦曰大濦水自許州郾城縣流入境至縣東二十里而合潁水上有濦橋濦卽溵也既至復言曰兵聞拙速未覩工遲之久通鑑作未覩爲巧之久也孫子作未睹巧之久也方今外有彊寇內有叛臣若不時決則事之深淺未可測也胡三省曰言儉欽之變若不以時定恐吳寇乘之而來則禍之淺深有未可測者議者多欲將軍持重將軍持重是也停軍不進非也持重非不行之謂也進而不可犯耳今據堅城保壁壘以積實資虜縣運軍糧通鑑縣作遠甚非計也景王欲須諸軍集到猶尙未許基曰將在軍君令有所不

受孫子及司馬穰苴皆有是言彼得則利我得亦利是謂爭城通鑑城作地孫子亦作地見九地篇爭地其一也南頓是也遂輒進據南頓儉等從項亦爭欲往郡國志汝南郡項一統志項縣故城今陳州府項城縣東北槐坊店發十餘里發兵行十餘里聞基先到復還保項時兗州刺史鄧艾屯樂嘉水經注潁水過汝陽縣北又東南過南頓縣濦水注之又南逕博陽故城東城在南頓縣北四十里王莽更名樂嘉方輿紀要樂嘉今陳州府商水縣東南四十里儉使文欽將兵襲艾基知其勢分進兵偪項儉衆遂敗欽等已平遷鎭南將軍都督豫州諸軍事領豫州刺史進封安樂鄉侯上疏求分戶二百賜叔父子喬爵關內侯以報叔父拊育之德有詔特聽諸葛誕反事在甘露二年基以本官行鎭東將軍都督揚豫諸軍事時大軍在項以賊兵精詔基斂軍堅壘基累啟求進討會吳遣朱異來救誕軍於安城基又被詔引諸軍轉據北山趙一淸曰吳志孫綝傳云朱異率三萬人屯安豐城爲文欽勢安城在壽州南安豐城在壽州西南兩城相近故二傳各書之方輿紀要卷二十一八公山一名肥陵山亦謂之北山在壽州東北五里謝鍾英曰安城北山並在壽春左右

基謂諸將曰今圍壘轉固兵馬向集但當精修守備毛本修作兵誤通鑑亦作修以待越逸而更移兵守險使得放縱雖有智者不能善後矣通鑑善下有其字御覽同遂守便宜上疏曰今與賊家對敵通典御覽均作今與賊交利對敵當不動如山若遷移依險人心搖蕩於勢大損諸軍並據深溝高壘衆心皆定不可傾動此御兵之要也書奏報聽胡三省曰報基聽行其策時帝在軍故諸軍節度皆稟詔指而裁其可否者實司馬昭也大將軍司馬文王進屯丘頭三少帝紀甘露三年改丘頭爲武丘胡三省曰是役司馬昭改丘頭曰武丘以旌武功鄒安邑曰丘頭在今河南陳州府沈丘縣東南潁水北分部圍守各有所統基督城東城南二十六軍文王敕軍吏入鎭南部界一不得有所遣宋本遣作譴城中食盡晝夜攻壘基輒拒擊破之壽春既拔文王與基書曰初議者云云

求移者甚衆時未臨履亦謂宜然胡三省曰謂前詔諸軍轉據北山臨履謂親臨其地而履行營壘處所也將軍深算利害獨秉固志上違詔命下拒衆議終至制敵禽賊雖古人所述不是過也文王欲遣諸將輕兵深入招迎唐咨等子弟因釁有蕩覆吳之勢基諫曰昔諸葛恪乘東關之勝竭江表之兵以圍新城城既不拔而衆死者太半事見嘉平五年姜維因洮上之利通鑑上作西輕兵深入糧餉不繼軍覆上邽事見甘露元年謂段谷之敗杜佑曰秦州上邽縣有段谷水夫大捷之後上下輕敵輕敵則慮難不深今賊新敗於外毛本局本新作先誤又內患未弭謂孫綝君臣相猜馮本弭作彌是其修備設慮之時也且兵出踰年人有歸志今俘馘十萬罪人斯得謂禽諸葛誕自歷代征伐未有全兵獨克如今之盛者也武皇帝克袁紹於官渡自以所獲已多不復追奔懼挫威也何焯曰魏不能

一天下坐新得荆州乘勝輒進有烏林之敗耳基此論千古持勝之要未有能易之者也弼按魏武赤壁之役坐不習水軍耳非乘勝進攻之咎也文王乃止以淮南初定轉基爲征東將軍都督揚州諸軍事進封東武侯基上疏固讓歸功參佐由是長史司馬等七人皆侯晉書劉毅傳毅字仲雄東萊掖人毅少有孝行少厲清節僑居平陽太守杜恕請爲功曹三魏稱焉爲之語曰但聞劉功曹不聞杜府君同郡王基薦毅於公府曰毅方正亮直挺然不羣言不苟合行不苟容往日僑仕平陽爲郡股肱正色立朝舉綱引墨朱紫有分鄭衞不雜孝悌著于邦族忠貞效于三魏昔孫陽取騏驥于吳坂秦穆拔百里于商旅毅未遇知己無所自呈前已口白謹復申請是歲基母卒詔祕其凶問迎基父豹喪合葬洛陽追贈豹北海太守趙一清曰據此則基竟不持母服矣異哉甘露四年轉爲征南將軍都督荆州諸軍事晉書文帝紀甘露四年分荆州置二都督王基鎭新野州泰鎭襄陽常道鄉公卽尊位增邑千戶并前五千七百戶前後封子二人亭侯關內侯景元二年襄陽太守表吳賊鄧由等欲來歸化基被詔當因此震蕩江表基疑其詐馳驛陳狀且曰嘉平以來累有內難當今之務在於鎭安社稷綏寧百姓未宜動衆以求外利何焯曰此深於爲司馬氏謀者文王報書曰凡處事者多曲相從順鮮能確然共盡理實誠感忠愛每見規示輒敬依來指後由等竟不降

司馬彪戰略載基此事詳於本傳曰景元二年春二月襄陽太守胡烈表上吳賊鄧由李光等同謀十八屯欲來歸化遣將張吳鄧生并送質任克期欲令郡軍臨江迎拔大將軍司馬文王啓聞詔征南將軍王基部分諸軍使烈督萬人徑造沮水沮水見前荆州義陽趙一清曰方輿紀要卷五十義陽城在汝寧府信陽州南四十里漢南陽郡平氏縣之義陽鄉也魏文帝置義陽縣屬義陽郡南屯宜城郡國志荆州南郡宜城三國魏改屬襄陽郡一統志宜城故城今襄陽府宜城縣南承書夙發若由等如期到者便當因此震蕩江表基疑賊詐降誘致官兵馳驛止文王說由等可疑之狀且當清澄胡三省曰謂事

之虛實未定如水之混濁莫測其淺深且當清澄以俟之蓋亦當時常語未宜便舉重兵深入應之又曰夷陵東道當由車御至赤岸乃得度沮宋本度作渡西道當出箭溪口趙一清曰赤岸卽赤谿也方輿紀要卷七十八赤谿在荆州府夷陵州西北五里卽陸抗築城圍步闡處東合大江或謂之東坑陸機辨亡論陸公以偏師三萬北據東坑李善曰東坑在西陵步闡城東北長十餘里抗所築城在東坑上謝鍾英曰赤岸當在今遠安縣沮水東箭溪口當在遠安縣西乃趣平土皆山險狹册府山下有路字通鑑作險陿胡注陿與狹同竹木叢蔚卒有要害卒讀曰猝弩馬不陳胡三省曰謂敵人於要害之地設伏邀擊弩馬不得陳其力也今者筋角弩弱通鑑弩弱作濡弱胡注考工記弓人爲弓冬析幹春液角夏治筋秋合三材春液角夏治筋以陽煦而筋角濡滑也冬析幹秋合三材以陰凝而堅緻也春夏之交陽氣蒸潤筋角濡弱則弓弩之力不勁水潦方降廢盛農之務徼難必之利此事之危者也昔子午之役兵行數百里而値淋雨宋本淋作霖橋閣破壞後糧腐敗前軍縣乏監本乏作之誤姜維深入不待輜重士衆饑餓覆軍上邽文欽唐咨舉吳重兵昧利壽春身沒不反此皆近事之鑒戒也嘉平以來累有內難胡三省曰謂曹爽兄弟既死累有廢立之事毌丘儉諸葛誕相繼而舉兵也

當今之宜當鎮安社稷撫寧上下力農務本懷柔百姓未宜動衆以求外利也得之未足爲多失之傷損威重文王累得基書意疑尋敕諸軍已上道者且權停住所在胡三省曰令各就其所至之地而住軍也須後節度通鑑後作候胡注須待也基又言於文王曰昔漢祖納酈生之說欲封六國寤張良之謀而趣銷印史記留侯世家漢三年項羽急圍漢王滎陽酈食其勸立六國後以橈楚權漢王曰善趣刻印先生因行佩之矣食其未行張良從外來謁漢王方食具以酈生語告子房良曰臣請藉前箸爲大王籌之言不可者八漢王輟食吐哺罵曰豎儒幾敗而公事令趣銷印師古曰橈弱也音女教反其字從木趣讀曰促佩謂受與六國使帶也張晏曰求借所食之箸用指畫也基謀慮淺短誠不及留侯亦懼襄陽有食其之謬文王於是遂罷軍嚴後由等果不降胡三省曰食其音異基是歲基薨周壽昌曰乾隆時洛陽人壍土得斷碑錢竹汀諸人審係王基碑考之傳多合碑云景元二年四月辛丑薨年七十二此可補史所遺潘眉曰推是年四月戊寅朔辛丑二十四日也追贈司空晉書卷一百二劉聰載記聰將納其太保劉殷女使其兼大鴻臚李弘拜殷二女爲左右貴嬪弘曰魏司空東萊王基當世大儒豈不達禮乎爲子納司空太原王沈女以其姓同而源異故也杭世駿趙一淸二氏引此以李弘爲劉弘誤又據御覽引魏氏春秋以王基納王沈女尤誤謚曰景侯子徽嗣早卒御覽二百十五引晉太康起居注曰故司空王基夙爲先帝授任基子沖尙書郎中雖在淸途猶未免楚撻其以沖爲治書侍御史咸熙中開建五等以基著勳前朝改封基孫廙而以東武餘邑賜一子爵關內侯晉室踐阼下詔曰故司空王基既著德立勳又治身清素不營產業久在重任家無私積可謂身沒行顯足用勵俗者也其以奴婢二人賜其家

評曰徐邈淸尙弘通胡質素業貞粹王昶開濟識度王基學行堅白皆掌統方任垂稱著績可謂國之良臣時之彥士矣姜宸英曰徐邈胡質盡忠曹氏猶爲不可若昶基之輸誠司馬鋤害忠良而評云開濟識度學行堅白可謂顚倒是非之極者矣趙一淸曰王基非惟不忠亦且不孝劉咸炘曰此篇合傳深所未喩曹魏之治事尙刑名徐邈通介不隨于俗王昶畏愼求免于禍合而論之尙足見一時之得失加以胡質王基則徒以其皆爲州鎭而已若以徐胡皆淸介二王皆善謀則淸介善謀豈止此數人邪觀其評語亦足見其無一貫之識矣弼按此卷姜氏諸說大都苛論伯輿學有師承駮王申鄭絕不阿附時賢具徵卓識承祚目爲堅白允稱定評其用兵策略老謀深算尤不可及王母死奪情非關本志不忘叔父拊育之德豈肯慈母劬勞之恩詔祕凶問無可如何合葬洛陽追贈亡父亦所以慰人子之心若如東潛所論則世無完人矣至承祚編次良以諸人勳績爲正始嘉平後之人物彙敘諸傳之後王淩毌丘之前非漫無心裁劉氏責之過矣

魏書二十七 三國志二十七

王毌丘諸葛鄧鍾傳第二十八 何焯曰諸人惟鍾會可加以逆名鄧艾有功無罪至於三賢乃心王室事連不就而典午之勢益重諸人之終卽國之終也故次於此焉弼按承祚此卷諸傳皆極精意之作蓋深惜諸人之才不得其死有餘慨焉

晉　平　陽　侯　相　安　漢　陳　壽　撰

宋中書侍郎西鄉侯　聞喜裴松之　注

沔　陽　盧　弼　集　解

王淩監本吳本毛本官本淩作凌誤字彥雲太原祁人也郡國志幷州太原郡祁一統志祁縣故城今山西太原府祁縣東南五里叔父允爲漢司徒誅董卓卓將李傕郭汜等爲卓報仇入長安殺允盡害其家淩及兄晨時年皆少踰城得脫亡命歸鄉里范書王允傳允字子師允以同郡宋翼爲左馮翊王宏爲右扶風李傕等欲殺允懼二郡爲患先徵翼宏遂收允及翼宏並殺之允時年五十六長子侍中蓋次子景定及宗族十餘人

皆見誅害唯兄子晨陵得脫歸鄉里王弘字長文初爲弘農太守汪文臺曰郭泰傳注引謝承書云太原王長文弟子師位至司徒則弘乃允之兄也弼按宋書卷七十六王玄謨傳云六世祖宏河東太守綿竹侯以從叔司徒允之難棄官北居新興仍爲新興雁門太守玄謨幼而不羣其世父蕤謂有太尉彥雲之風據郭泰傳注則弘爲允兄已同被難是否淩父無可考據王玄謨傳則弘爲允姪棄官北居二者未知孰是又宋書卷四十六王懿傳自言漢司徒允弟幽州刺史懋七世孫梁章鉅曰王允全家被難而晨淩得脫亦善人有後之報淩舉孝廉爲發干長郡國志兗州東郡發干一統志發干故城今山東東昌府堂邑縣西南魏略曰淩爲長遇事髡刑五歲當道埽除時太祖車過問此何徒左右以狀對太祖曰此子師兄子也所坐亦公耳於是主者選爲驍騎主簿蓋驍騎校尉之主簿也董卓表曹操爲驍騎校尉不就拜見武紀卷首稍遷至中山太守郡國志冀州中山國治盧奴漢末除國爲郡一統志盧奴故城今直隸定州治所在有治或曰治下疑脫字太祖辟爲丞相掾屬陳思王植傳注云楊修賈逵王淩並爲主簿隋書經籍志孫子兵法一卷魏武王淩集解文帝

遷作拜散騎常侍出爲兗州刺史與張遼等至廣陵郡國志徐州廣陵郡治廣陵漢末徙治射陽尋還治廣陵黃初中徙治淮陰一統志廣陵故城今揚州府東北討孫權臨江夜大風吳將呂範等船漂至北岸事在黃初三年淩與諸將逆擊捕斬首虜獲舟船有功封宜成亭侯加建武將軍洪飴孫曰建武將軍一人第四品魏置轉在靑州趙一淸曰在當作任馬倩雲說同弼按當作在王昶傳轉在徐州與此同例是時海濱乘喪亂之後法度未整淩布政施教賞善罰惡甚有綱紀百姓稱之不容於口後從曹休征吳與賊遇於夾石夾石見臧霸傳在今安徽安慶府桐城縣北四十七里北峽關休軍失利淩力戰決圍休得免難事在太和二年仍徙爲揚豫州刺史咸得軍民之歡心仍字或爲乃字之誤趙一淸曰按文多揚字是時諸葛誕爲揚州刺史誕傳曰出爲揚州刺史王淩之陰謀也司馬宣王東伐以誕爲鎭東將軍都督揚州諸軍事以是知淩不兼領二州也蓋都督或兼二州如王昶都督荊豫諸軍事王基都督揚豫諸軍事也若刺史則無兼領二州之例弼按諸葛誕爲揚州刺史在正始中淩爲揚豫州刺史在太和時與諸葛誕爲揚州刺史前後相距十餘年毫不相涉趙

氏疑傳文衍揚字或不爲無見若以諸葛誕爲揚州刺史證揚字之誤殊爲牽强且下文有咸得軍民歡心一語其爲兼領二州可知否則咸字爲贅辭矣吳志諸葛恪傳加恪荊揚牧亦兼領二州也又按本傳正始初淩爲征東將軍都督揚州是時孫禮爲揚州刺史與王淩同與芍陂之戰見孫禮傳及通鑑是時淩乃不兼領揚州矣沈家本曰傳云仍徙是既徙揚州又徙豫州非謂兼二州也下句云咸得軍民之歡心曰咸得正與仍徙相應非指一州也揚字似非衍至諸葛誕之爲揚州刺史在正始初時淩已爲征東將軍假節都督揚州諸軍事乃趙云是歲諸葛誕爲揚州刺史誤矣始至豫州旌先賢之後求未顯之士各有條教意義甚美初淩與司馬朗賈逵友善及臨兗豫繼其名跡司馬朗爲兗州刺史政化大行百姓稱之見朗傳賈逵爲豫州刺史文帝布告天下當以豫州爲法見逵傳逵屯兵夾石救曹休之敗會逵病死以淩繼任正始初爲征東將軍假節都督揚州諸軍事二年吳大將全琮數萬衆寇芍陂芍陂見武紀建安十四年水經肥水注東北逕白芍亭東積而爲湖謂之芍陂陂周百二十許里在壽春縣南八十里言楚相孫叔敖所造魏太尉王淩與吳將張休戰於芍陂卽此處也一統志今壽州南一名期思陂淩率諸軍逆討與賊爭塘力戰連日賊退走進封南鄉侯邑千三百五十戶遷車騎將軍儀同三司

是時淩外甥令狐愚胡三省曰姓譜魏犨子顆封於令狐爲令狐氏以才能爲兗州刺史屯平
阿平阿見蔣濟傳郡國志揚州九江郡平阿魏晉均屬淮南郡一統志平阿故城今安徽鳳陽府懷遠縣西南弼按兗州刺史治山陽郡昌邑見郡國志興平二
年魏武領兗州牧徙治鄄城又自鄄城移治廩丘見寰宇記沈志地形志均云魏兗州治廩丘惲毓鼎曰正始後兗州刺史治平阿考王淩傳令狐愚爲兗州刺史屯平
阿甥舅並典兵專淮南之重嘉平初愚死黃華代爲刺史三年淩遣將軍楊弘以廢立事告兗州刺史黃華正以平阿近在本郡不得不關白通謀如遠在廩丘治所淩
方謀祕安肯遠事播揚蓋其時因吳寇屢來故移兗州刺史將屯平阿協守淮南也謝鍾英曰今日督撫帶兵出省未嘗以屯兵處爲省治不得因刺史屯平阿遂疑兗
州移治平阿也舅甥並典兵專淮南之重傳文至此全述淩之功績淩就遷爲司空毛本淩作淩誤
司馬宣王既誅曹爽進淩爲太尉通鑑嘉平元年十二月辛卯即拜王淩爲太尉胡注即拜者就壽春拜爲太尉弼按
當時之遷司空進太尉者欲解其兵柄耳甘露元年徵諸葛誕爲司空亦猶是也假節鉞淩愚密協計謂齊王不任
天位楚王彪長而才欲迎立彪都許昌通鑑采漢晉春秋作淩與愚陰謀以帝闇弱制於彊臣聞楚王彪有
智勇欲共立之迎都許昌較合當日情事嘉平元年九月愚遣將張式至白馬與彪相問往

來胡三省曰楚王彪武帝子黃初三年徙王白馬白馬縣屬東郡弼按楚王彪傳黃初七年徙封白馬胡注言黃初三年誤又按彪傳太和六年自白馬改封楚
楚卽淮南郡彥雲都督揚州屯兵壽春與楚王近在咫尺何事不可協商乃必遣將遠至東郡之白馬事之離奇無過於此千古疑獄留此破綻以待後人之推求承祚
之筆亦譎而婉矣淩又遣舍人勞精詣洛陽胡三省曰勞姓也精名也姓譜其先居東海勞山因氏焉後漢有琅邪勞丙
語子廣語牛倨翻廣言廢立大事勿爲禍先
漢晉春秋曰淩愚謀以帝幼制於彊臣不堪爲主楚王長而才欲迎立之以興曹氏淩
使人告廣廣曰凡舉大事應本人情今曹爽以驕奢失民何平叔虛而不治通鑑而作華何晏字
平叔丁畢桓鄧謂丁謐畢軌桓範鄧颺也雖並有宿望皆專競於世加變易朝典政令數改所存雖
高而事不下接胡三省曰言雖存心於高曠而不切事情與下不接也民習於舊衆莫之從故雖勢傾四海聲
震天下同日斬戮名士減半而百姓安之莫或之哀通鑑作莫之或哀失民故也今懿情雖
難量事未有逆而擢用賢能廣樹勝己毛本勝己作聲色誤胡三省曰謂蔣濟高柔孫禮陳泰郭淮鄧艾等修先朝

之政令副衆心之所求爽之所以爲惡者彼莫不必改胡三省曰必當作畢夙夜匪懈以恤民
爲先父子兄弟並握兵要未易亡也淩不從　臣松之以爲如此言之類皆前史所不
載而猶出習氏且制言法體不似於昔疑悉鑿齒所自造者也姚範曰卽云彥威自造而切著事情
其十一月愚復遣式詣彪未還會愚病死令狐愚事詳見本志卷十六倉慈傳注引魏略令狐邵傳
魏書曰愚字公治本名浚黃初中爲和戎護軍洪飴孫曰諸護軍無定員諸要鎭及將軍領兵出征者皆置此官烏
丸校尉田豫討胡有功小違節度愚以法繩之帝怒械繫愚免官治罪詔曰浚何愚遂
以名之正始中爲曹爽長史後出爲兗州刺史　魏略曰愚聞楚王彪有智勇初東郡
有譌言云白馬河出妖馬夜過官牧邊鳴呼衆馬皆應明日見其跡大如斛行數里還
入河中又有謠言白馬素羈西南馳其誰乘者朱虎騎楚王小字朱虎故愚與王淩陰
謀立楚王吳本毛本淩作淩誤乃先使人通意於王言使君謝王天下事不可知願王自愛彪

亦陰知其意答言謝使君知厚意也
二年熒惑守南斗吳志孫權傳赤烏十三年夏五月日至熒惑入南斗秋七月犯魁第二星而東宋書天文志赤烏十三年五月日北至熒
惑逆行入南斗太元二年孫權薨是其應也故國志書於吳而不書於魏也淩謂斗中有星當有暴貴者
魏略曰淩聞東平民浩詳知星呼問詳詳疑淩有所挾欲悅其意不言吳當有死喪而
言淮南楚分也今吳楚同占當有王者興故淩計遂定宋書天文志所載與此同
三年春吳賊塞涂水吳志孫權傳赤烏十三年十一月遣軍十萬作堂邑涂塘以淹北道一統志堂邑故城今江寧府六合縣北王厚齋
曰涂塘卽六合縣瓦梁堰水曰涂河胡三省曰涂水卽堂邑涂塘也楊正衡曰涂音滁淩欲因此發通鑑作欲因此發兵大嚴諸
軍表求討賊詔報不聽淩陰謀滋甚遣將軍楊弘以廢立事告兗州
刺史黃華華弘連名以白太傅司馬宣王宣王將中軍乘水道討淩
晉書宣帝紀帝自帥中軍汎舟沿流九日而到甘城謝鍾英曰甘城當在丘頭西北潁水上何焯曰此中軍猶言禁軍不及徵調外軍故以中軍進也先下

赦淩罪又將尚書廣東卽淩子廣也將之東行使爲書喻淩大軍掩至百尺胡三省曰水經渠水注沙水東南過陳縣又東南流注於潁謂之交口水次有大堰卽古百尺堰司馬宣王討王淩大軍掩至百尺卽此地杜佑曰百尺在陳州宛丘縣不意其至而至曰掩至掩者掩其不備也謝鍾英曰百尺在故項縣東逼淩淩自知勢窮乃乘船單出迎宣王遣掾王彧謝罪送印綬節鉞軍到丘頭通鑑作懿軍到丘頭胡注水經潁水過南頓縣又東逕丘頭丘頭南枕水魏書郡國志曰王淩面縛於此故號武丘趙一淸曰司馬懿雖嘗討淩至丘頭而武丘之名至司馬昭克諸葛誕始改見晉書文帝紀此注誤耳淩面縛水次宣王承詔遣主簿解縛反服見淩慰勞之還印綬節鉞遣步騎六百人送還京都淩至項飲藥死郡國志豫州汝南郡項一統志項縣故城今河南陳州府項城縣槐坊店槐芳店在項城縣東北六十里半在沈丘縣界

魏略載淩與太傅書曰卒聞神軍密發已在百尺雖知命窮盡遲於相見身首分離不以爲恨前後遣使有書未得還報企踵西望無物以譬昨遣書之後便乘船來相迎宿

丘頭旦發於浦口奉被露布赦書又得二十三日況累紙誨示宋本三作二聞命驚愕五內失守不知何地可以自處僕久忝朝恩歷試無效統御戎馬董齊東夏事有闕廢中心犯義罪在二百宋本二作三妻子同縣無所禱矣不圖聖恩天覆地載橫蒙視息復覩日月亡甥令狐愚攜惑羣小之言僕卽時呵抑使不得竟其語旣人已知神明所鑒夫非事無陰卒至發露知此梟夷之罪也生我者父母活我者子也又重曰身陷刑罪毛本罪作戮謬蒙赦宥今遣掾送印綬頃至當如詔書元本頃作須自縛歸命雖足下私之官法有分及到如書太傅使人解其縛淩旣蒙赦加怙舊好不復自疑徑乘小船自趣太傅太傅使人逆止之住船淮中胡三省曰水經注潁水自丘頭東南至鎭縣又東南入於淮懿蓋進軍已至淮相去十餘丈淩知見外胡三省曰淩與懿同爲公初以爲蒙赦而欲趣懿懿逆拒之乃知以罪而見外乃遙謂太傅曰卿直以折簡召我我當敢不至邪而乃引軍來乎太傅曰以卿非肯逐折簡者故也胡三省曰古者簡長二尺四寸短者半之漢制簡長二尺短者半之蓋單執一札謂之簡折簡者折半之簡言其禮輕也又按南史孔闓爲孔珪草表珪以示謝朓朓嗟吟良久手自折簡寫之潘眉曰漢制簡長三尺短者半之謂之折簡北齊書魏收傳尺書徵建鄴折簡召長安南史梁武帝紀隋王止須折簡耳謂禮輕者但須折簡之半也淩曰卿負我太傅曰我寧負卿不負國家遂使人送來西胡三省曰自潁河泝流而西詣洛陽淩自知罪重試索棺釘以觀太傅意太傅給之胡三省曰給棺釘者示之以必死淩行到項夜呼掾屬與決曰行年八十身名並滅邪遂自殺干寶晉紀曰淩到項見賈逵祠在水側淩呼曰賈梁道王淩固忠於魏之社稷者惟爾有神知之水經潁水注谷水逕小城北又東逕魏豫州刺史賈逵祠北王隱言祠在城北非也廟在小城東昔王淩爲司馬懿所執屆廟而歎曰賈梁道王淩魏之忠臣惟汝有靈知之遂仰鴆而死韓慕廬曰八十老翁尙復何求水側之呼故是肝鬲語堪愧死賈充輩劉咸炘曰此與正文所載事相背承祚舍此是沒淩之本心矣其年八月太傅有疾夢淩逵爲癘甚惡之遂薨晉書宣帝紀嘉平三年六月帝寢疾夢賈逵王淩爲祟甚惡之秋八月崩於京師顏之推曰還冤記云宣王有疾白日見淩來並賈逵爲祟因呼字曰彥雲緩我宣王身亦有打處少日遂薨

宣王遂至壽春張式等皆自首乃窮治其事彪賜死諸相連者悉夷三族郭淮妻爲王淩妹淩誅妹當從坐見郭淮傳注引世語

魏略載山陽單固字恭夏爲人有器實正始中兗州刺史令狐愚與固父伯龍善辟固欲以爲別駕固不樂爲州吏辭以疾愚禮意愈厚固不欲應固母夏侯氏謂固曰使君與汝父久善故命汝不止汝亦固當仕進宋本固作故自可往耳固不獲已遂往與兼治中從事楊康並爲愚腹心後愚與王淩通謀康固皆知其計會愚病康應司徒召詣洛陽固亦以疾解祿康在京師露其事太傅乃東取王淩到壽春固見太傅太傅問曰卿知其事爲邪固對不知太傅曰且置近事問卿令狐反乎各本反皆作及局本作反通鑑作反盧明楷曰及字當爲反字之誤蓋謂令狐愚與王淩通謀之事單固知情也固又曰無而楊康白事事與固連胡三省曰康所白愚陰事事與固連也遂收捕固及家屬皆繫廷尉考實數十固故云無有通鑑作固固云無有胡注上固其名下固固執也

太傅錄楊康（錄收也）與固對相詰固辭窮乃罵康曰老庸（通鑑庸作傭胡注傭雇也奴僕受雇者曰傭老傭猶言老奴也周壽昌曰庸卽庸保雜作之庸與呼老奴無異）既負使君（使君謂令狐愚也）又滅我族顧汝當活邪辭定事上須報廷尉以舊皆嚮得與其母妻子相見固見其母不仰視其母知其慙也字謂之曰恭夏汝本自不欲應州郡也我強故耳汝爲人吏自當爾耳此自門戶衰我無恨也汝本意與我語固終不仰又不語以至於死初楊康自以白其事冀得封拜後以辭頗參錯（言獄辭與單固參雜也）亦並斬臨刑俱出獄固又罵康曰老奴汝死自分耳若令死者有知汝何面目以行地下也

朝議咸以爲春秋之義（吳本毛本無以字誤）齊崔杼鄭歸生皆加追戮陳尸斲棺載在方策（左傳襄公二十八年求崔杼之尸將戮之不得崔氏之臣曰與我其拱璧吾獻其柩於是得之齊人遷莊公殯於大寢以其棺尸崔杼於市國人猶知之皆曰崔子也左傳宣公十年鄭人討幽公之尸斲子家之棺而逐其族杜注子家歸生也斲薄其棺使不從卿禮以殺君故也）淩愚罪宜如舊典乃發淩愚冢剖棺暴尸於所近市三日燒其印綬朝服親土埋之（胡三省曰孟子曰比化者無使土親膚親土者贏葬也周壽昌曰親土言卽以土埋其尸不用棺殮者漢書楊王孫傳以身親土是也趙一清曰晉王敦傳郗鑒曰王淩傀土親字誤）

干寶晉紀曰兗州武吏東平馬隆託爲愚家客以私財更殯葬行服三年種植松柏一州之士媿之（晉書馬隆傳隆字孝興東平平陸人少而智勇好立名節魏兗州刺史令狐愚坐事伏誅舉州無敢收者隆以武吏託稱愚客以私財殯葬服喪三年列植松柏禮畢乃還一州以爲美談署武猛從事兗州舉隆才堪良將稍遷司馬督爲武威太守西渡溫水虜樹機能等以衆萬計假節宣威將軍太熙初封奉高縣侯威信振於隴右）

進弘華爵爲鄉侯廣有志尚學行死時年四十餘（嚴衍通鑑補云及淩敗生縛廣麾下引見懿以廣嘗有書諫淩先言不坐且勞之曰彥雲早聽卿言不及也廣正色對曰廣父非反也廣所以勸父弗舉者欲須時耳廣父不幸舉不當而敗廣父太傅之賊而曹氏之忠臣也廣太傅之忠臣而父之賊也賊父以求生廣不爲也伏劍而死）

魏氏春秋曰廣字公淵（世說賢媛篇王公淵娶諸葛誕女入室言語始交王謂婦曰新婦顏色卑下殊不是公休婦曰大丈夫不能仿佛彥雲而令婦人比蹤英傑劉峻注引魏氏春秋曰廣有風量才學名重當世與傅嘏等論才性同異行於世劉峻注云王廣名士豈以妻父爲戲此言非也）弟飛梟金虎並才武過人太傅嘗從容問蔣濟濟曰淩文武俱贍當今無雙廣等志力有美於父耳退而悔之告所親曰吾此言滅人門宗矣（蔣濟因失言於曹爽業已前卒何義門謂此語爲後人增飾信然）

魏末傳曰淩少子字明山最知名善書多技藝人得其書皆以爲法走向太原追軍及之時有飛鳥集桑樹隨枝低卬舉弓射之卽倒追人乃止不復進明山投親家食親家告吏乃就執之

毌丘儉字仲恭（何焯曰漢書高紀下注云曼丘毌丘本一姓也語有緩急耳故知此字作母者傳寫之誤史通中音貫是也李慈銘曰如此說則字當作毌卽古貫字然曼毌音雖同部而語不相轉若母曼則雙聲相轉緩則曰曼急則云母所謂語有緩急也潘眉曰楊愼云複姓有毌丘氏諸姓氏書音毋作母非也漢書有曼丘臣師古曰曼丘毌丘本一姓史記田齊世家伐衛取毌丘索隱曰毌音貫貫丘古國名衛之邑今作毌丘字殘缺耳索隱以毌字爲殘缺亦非蓋古字從省不用貝漢有毌丘興毌丘長毌丘毅魏有毌丘儉皆同族也按升菴之說當矣毌丘興卽毌丘儉之父而以爲同族亦失於不考）河東聞喜人也（聞喜見裴潛傳）父興（趙一清曰水經穀水注穀水東逕魏將作大匠毌丘興盛墓南二碑並存儉父也管輅過其墓而歎謂法應滅族輅本傳云過儉墓誤矣又儉父名興盛此云興亦不同蘇則傳亦單名興潘眉曰儉父實名興水經注誤獨按聚珍本水經注作毌丘興）黃初中爲武威太守伐叛柔服開通河右名次金城太守蘇則討賊張進及討叛胡有功封高陽鄉侯（興爲安定太守見武紀建安十九年蘇則傳張掖張進執太守杜通自稱太守武威三種胡並寇鈔武威太守毌丘興告急於則則發兵救武威降其三種胡與興擊進於張掖破之斬進）

魏名臣奏載雍州刺史張既表曰河右遐遠喪亂彌久武威當諸郡路通喉轄之要（宋本元本馮本監本通作道）加民夷雜處數有兵難領太守毌丘興到官（元本領作頃）內撫吏民外懷羌胡卒使柔附爲官效用黃華張進初圖逆亂扇動左右興志氣忠烈臨難不顧爲將校民夷陳說禍福言則涕泣於時男女萬口咸懷感激形毀髮亂誓心致命尋率精兵

踧脅張掖濟拔領太守杜通西海太守張睦西海見前龐淯傳注張掖番和驪靬二縣吏民郡國志涼州張掖郡驪靬番和一統志驪靬故城今甘肅涼州府永昌縣南番和故城今永昌縣西惠棟曰說文靬從革干聲番如淳音盤驪靬李奇音遲虔師古曰今其俗人呼驪靬疾言之曰力虔及郡雜胡棄惡詣興皆安恤馮本恤作郵使盡力田興每所歷盡竭心力誠國之良吏殿下即位留心萬機苟有毫毛之善必有賞錄臣伏緣聖旨指陳其事

入爲將作大匠續百官志將作大匠一人二千石掌修作宗廟路寢宮室陵園木土之功並樹桐梓之類列於道側儉襲父爵爲平原侯文學明帝紀黃初三年爲平原王儉爲平原王文學故下文有以東宮之舊甚見親待之語非曹植所封之平原侯也此傳侯字當爲王字之誤儉襲父興爵高陽鄉侯謝鍾英謂儉襲父興爵爲平原侯誤王先謙引謝語而指爲洪亮吉說則誤之又誤矣今均不採特辦正於此蔣超伯南漘楛語卷五曰毌丘儉承露盤賦較陳思王鑄詞尤偉有云朵名金于崑丘斬扶桑以爲薪詔燭龍使吐火運混元以陶甄毆陰陽而役神物豈取力于烝民匪雕匪斲天挺之靈雄幹碣以高立干雲霧而上征遼而望之若紫霓下連雙鴟集焉即而視之若璆琳之杜華蓋在端上際辰極下通九原中承仙掌既平且安越古今而無匹信奇異之可觀明帝即位爲尚書郎遷羽林監蔡質漢儀曰尚書郎初從三署詣臺試初上臺稱守尚書郎中歲滿稱尚書郎續百官志羽林右監一人六百石主羽林右騎以東宮之舊甚見親待出爲洛陽典農時取農民以治宮室儉上疏曰臣愚以爲天下所急除者二賊所急務者衣食誠使二賊不滅士民饑凍雖崇美宮室猶無益也遷荆州刺史青龍中帝圖討遼東以儉有幹策徙爲幽州刺史加度遼將軍度遼將軍毌丘儉嘗薦裴秀於大將軍曹爽見裴潛傳注引晉書裴秀傳秀爲河東聞喜人與儉同縣使持節護烏丸校尉率幽州諸軍至襄平郡國志幽州遼東郡襄平一統志襄平故城今奉天府海城縣東鄒安鬯曰今奉天府遼陽州北七十里屯遼隧班志遼隧屬遼東郡建武初省桓靈後復立錢坫曰今奉天府海城縣西之牛莊儉有請定遼東疏見衛臻傳右北平烏丸單于寇婁敦遼西烏丸都督率衆王護留等明紀景初元年作遼西烏丸都督王護留等烏丸傳注引魏略作王護留葉昔隨袁紹奔遼東者宋本紹作尙是率衆五千餘人降寇婁敦遣弟阿羅槃等詣闕朝貢封其渠率二十餘人爲侯王烏丸傳注槃作樊二作三賜輿馬繒采各有差馮本采作綵公孫淵逆與儉戰不利引還事在景初元年傳文應敘明否則下文明年承上文青龍中不知爲何年也明年帝遣太尉司馬宣王統中軍及儉等衆數萬討淵定遼東儉以功進封安邑侯安邑見武紀興平二年食邑三千九百戶毛本無食字誤正始中儉以高句驪數侵叛督諸軍步騎萬人出玄菟郡國志幽州玄菟郡治高句驪謝鍾英曰高句驪縣在今奉天府鐵嶺縣東弼按此指漢魏之高句驪縣境言若高驪之都城則在丸都也從諸道討之句驪王宮宮應作位宮詳見本志東夷傳高句驪傳將步騎二萬人進軍沸流水上一統志沸流江在朝鮮江東郡南自漢江分流西合於大同江弼按沸流水當即今鴨綠江說見本志東夷傳大戰梁口原注梁音渴宮連破走趙一清曰梁口册府作渦口注云渦音過是也此並譌水經濡水注新河又東至九過口枝分南注海即是此地錢大昕曰梁字不當有渴音疑誤沈欽韓曰柳宗元哀家渴記楚越之間方言謂水之反流者曰渴音若衣褐之褐此蓋熊津江口也一統志漢江又名熊津江在國城南十里王城恃以爲險李慈銘曰梁口當作列口漢志樂浪郡有列口縣續志樂浪郡列口縣注引郭璞注山海經曰列水名在遼東蓋列口以水名縣亦稱列水口傳寫誤合列水二字爲梁耳謝鍾英曰梁口即沸流水口王國維曰今太子河即魏志之梁口吳其昌曰太子河源口正當今自鐵嶺南自輯安必經之路則當日之梁口亦正當從玄菟郡治南至丸都城必經之路弼按沸流水既在今朝鮮境丸都又爲高句驪之都則梁口當在二者之間趙沈李說均誤謝王吳說近是儉遂束馬縣車史記封禪書齊桓公曰寡人西伐大夏涉流沙束馬懸車上卑耳之山韋昭曰將上山纏束其馬懸鉤其車也以登丸都本志東夷傳高句驪都於丸都之下一統志丸都山在朝鮮國城東北漢時高句驪王伊夷模都此胡三省曰唐志自鴨綠江口舟行百餘里乃小舫泝流東北行凡五百三十里而至丸都城弼按丸都詳見東夷傳注屠句驪所都北史高句麗傳正始五年毌丘儉出玄菟討位宮大戰于沸流敗走儉追至赬峴懸車束馬登丸都山屠其所都寰宇記卷百七十三儉追至赤峴懸車束馬登丸都山屠其所都斬首萬餘級方輿紀要卷三十八丸都城在沸流水之東斬獲首虜以千數句驪沛者名得來數諫宮

臣松之按東夷傳沛者句驪國之官名

宮不從其言得來歎曰立見此地將生蓬蒿遂不食而死舉國賢之儉令諸軍不壞其墓不伐其樹得其妻子皆放遣之宮單將妻子逃

竄儉引軍還六年復征之宮遂奔買溝沈欽韓曰東夷傳北沃沮一名置溝漊後漢書東夷傳同溝漊者句驪名城也此誤置爲買又脫漊字儉遣玄菟太守王頎追之據丸都山紀功殘石頎爲行裨將軍領玄菟太守世語曰頎字孔碩東萊人晉永嘉中大賊王彌頎之孫晉書王彌傳彌東萊人家世二千石祖頎魏玄菟太守武帝時至汝南太守彌有才幹博涉書記少游俠京都惠帝末妖賊劉伯根起東萊彌率家僮從之彌多權略弓馬迅捷靑土號爲飛豹引兵入寇靑徐進逼洛陽王師進擊大破之彌渡河歸劉元海元海進彌征東大將軍封東萊公彌與劉曜寇襄陽城遂逼京師陷宮城縱兵大掠幽帝於端門逼辱羊皇后殺皇太子詮發掘陵墓焚燒宮廟城府蕩盡百官男女遇害者三萬餘人遂遷帝於平陽彌後爲石勒所殺過沃沮千有餘里至肅愼氏南界刻石紀功刊丸都之山銘不耐之城沃沮有二一曰東沃沮亦曰南沃沮一曰北沃沮去南沃沮八百餘里不耐城東沃沮所居也儉征高句驪至東沃沮又追至北沃沮也一統志古沃沮地今朝鮮東北境不耐城在今朝鮮咸興府北漢縣屬樂浪郡東部都尉治此班志樂浪郡不而卽此而耐古字通胡三省曰魏東夷挹婁之國卽古肅愼氏也諸所誅納八千餘口胡三省曰言誅殺者及納降者總八千餘口論功受賞侯者百餘人事在正始

七年本志東夷傳高句驪傳在正始五年吳其昌丸都山紀功刊石跋尾云毌丘仲恭貞忠亮直繾綣舊主效忠魏室毅然起兵與司馬氏抗至赤其家族以殉其在後世亦文山正學之流其人格有足爲百世欽者不徒此役之豐功偉烈足以遺榮於後世已也萬疊深嶂一拳殘珉天之所以彰潛德慰貞魂者固有在歟穿山溉灌民賴其利遷左將軍假節監豫州諸軍事領豫州刺史轉爲鎭南將軍毛本局本鎭作征誤下文誕儉對換鎭南鎭東及後注文欽與郭淮書云毌丘鎭東可證通鑑嘉平四年征南大將軍王昶征東將軍胡遵鎭南將軍毌丘儉等各獻征吳之計朝廷以三征計異詔問尚書傅嘏胡注漢置四征將軍又置四鎭將軍有功進號則自鎭爲征毌丘儉方爲鎭南而曰三征史槩言之諸葛誕戰於東關胡三省曰今柵江口有兩山濡須山在和州界謂之東關七寶山在無爲軍界謂之西關唐志廬州巢縣東南四十里有故東關不利乃令誕儉對換誕爲鎭南都督豫州儉爲鎭東嘉平六年鎭東將軍毌丘儉上言劉整鄭像子弟宜有差異見齊王紀都督揚州吳太傅諸葛恪圍合肥新城儉與文欽禦之太尉司馬孚督中軍東解圍恪退還通鑑嘉平五年五月諸葛恪圍新城大將軍司馬師敕毌丘儉等案兵自守以新城委吳秋七月恪引軍去晉書景帝紀嘉平五年夏五月諸葛恪圍新城朝議慮其分兵以寇淮泗欲戍諸水口帝曰諸葛恪新得政於吳

欲徼一時之利并兵合肥以冀萬一不暇復爲靑徐患也且水口非一多戍則用兵衆少戍則不足以禦寇恪果并力合肥卒如所度帝使鎭東將軍毌丘儉揚州刺史文欽等拒之儉欽請戰帝曰恪卷甲深入投兵死地其鋒未易當且新城小而固攻之未可拔遂命諸將高壘以弊之相持數月恪攻城力屈死傷太半帝乃敕欽督銳卒趨合榆要其歸路儉帥諸將以爲後繼恪懼而遁欽逆擊大破之斬首萬餘級初儉與夏侯玄李豐等厚善揚州刺史前將軍文欽曹爽之邑人也驍果麤猛數有戰功好增虜獲以徼寵賞多不見許怨恨日甚儉以計厚待欽情好歡洽欽亦感戴投心無貳正元二年正月有彗星數十丈西北竟天起於吳楚之分儉欽喜以爲己祥遂矯太后詔罪狀大將軍司馬景王移諸郡國舉兵反迫脅淮南將守諸別屯者及吏民大小皆入壽春城今安徽鳳陽府壽州治爲壇於城西壽春城西歃血稱兵爲盟分老弱守城儉欽自將五六萬衆渡淮西至項項縣故城今河南陳州府項城縣東北槐坊店詳見高貴鄉公紀正元二年注引世語注儉堅守欽在

外爲游兵何焯曰至項卽堅守不知將何爲無必死之心失勤王之義衆銳一沮卽使逃死敵國亦惡在其爲丈夫乎儉欽等表曰故相國懿匡輔魏室歷事忠貞故烈祖明皇帝授以寄託之任懿戮力盡節以寧華夏又以齊王聰明無有穢德乃心勤盡盡應作藎忠以輔上天下賴之懿欲討滅二虜以安宇內始分軍糧克時同舉未成而薨齊王以懿有輔己大功故遂使師承統懿業委以大事而師以盛年在職無疾託病坐擁彊兵無有臣禮朝臣非之義士譏之天下所聞其罪一也懿造計取賊多舂軍糧克期有日師爲大臣當除國難毛本難作險誤又爲人子當卒父業哀聲未絕而便罷息爲臣不忠爲子不孝其罪二也賊退過東關坐自起衆三征同進喪衆敗績歷年軍實一旦而盡致使賊來天下騷動死傷流離其罪三也賊舉國悉衆號五十萬來向壽春圖詣洛陽會太尉孚與臣等建計乃杜塞要險不與爭鋒還固新城淮南將士衝鋒履刃晝夜相守勤瘁百日死者塗地自魏有軍

以來爲難苦甚莫過於此何焯曰諸葛恪雖挫於新城以此表觀之亦一時之強對也而師遂意自由不論封賞權勢自在無所領錄其罪四也故中書令李豐等以師無人臣節欲議退之師知而請豐其夕拉殺載尸埋棺豐等爲大臣帝王腹心擅加酷暴死無罪名師有無君之心其罪五也懿每歎說齊王自堪人主君臣之義定奉事以來十有五載正始十年嘉平五年始欲歸政按行武庫詔問禁兵不得妄出師自知姦慝人神所不祐矯廢君主加之以罪孚師之叔父性甚仁孝追送齊王悲不自勝見齊王紀嘉平六年注引魏略羣臣皆怒而師懷忍不顧大義其罪六也又故光祿大夫張緝無罪而誅夷其妻子并及母后廢皇后張氏逼恐至尊彊催督遣臨時哀愕莫不傷痛而師稱慶反以歡喜其罪七也陛下踐阼聰明神武事經聖心欲崇省約天下聞之莫不歡慶而師不自改悔修復臣禮而方徵兵募士毀壞宮內列侯自衞陛下卽阼初不朝覲陛下欲臨幸師舍以省其疾復拒不通不奉

法度其罪八也近者領軍許允當爲鎭北以廚錢給賜而師舉奏加辟雖云流徙道路餓殺中領軍許允素與李豐夏侯玄善帝特引以自近有司奏允放散官物收廷尉徙樂浪未至道死見夏侯玄傳天下聞之莫不哀傷其罪九也三方之守一朝闕廢多選精兵以自營衞五營領兵闕而不補多載器杖充聚本營天下所聞人懷憤怨譌言盈路以疑海內其罪十也多休守兵以占高第以空虛四表欲擅彊勢以逞姦心募取屯田加其復賞阻兵安忍壞亂舊法合聚諸藩王公以著鄴欲悉誅之一旦舉事廢主天不長惡使目腫不成司馬師病目瘤胡三省曰肉起疾腫曰瘤其罪十一也臣等先人皆隨從太祖武皇帝征討凶暴獲成大功與高祖文皇帝卽受漢禪開國承家猶堯舜相傳也臣與安豐護軍鄭翼廬江護軍呂宣太守張休錢儀吉曰有兩張休淮南太守丁尊督守合肥護軍王休等議各以累世受恩千載風塵思盡軀命以完全社稷安主爲效斯義苟立雖焚妻子吞炭漆身戰國策豫讓欲爲智伯報讎漆身爲厲滅鬚去眉自刑以變其容又吞炭爲啞變其音死而不恨也按師之罪宜加大辟以彰姦慝春秋之義一世爲善十世宥之懿有大功海內所書依古典議廢師以侯就第弟昭忠肅寬明樂善好士有高世君子之度忠誠爲國不與師同臣等碎首所保可以代師輔導聖躬李安溪曰此豈爲知人者乎太尉孚忠孝小心所宜親寵授以保傅護軍散騎常侍望孚之子忠公親事當官稱能奉迎乘輿有宿衞之功可爲中領軍春秋之義大義滅親故周公誅弟誅管叔蔡叔也石碏戮子左傳隱公三年石碏子厚與州吁游禁之不可四年春衞州吁弒桓公而立九月衞人殺州吁于濮石碏使其宰殺石厚于陳君子曰石碏純臣也惡州吁而厚與焉大義滅親其是之謂乎季友鴆兄左傳莊公三十二年公疾問後於叔牙對曰慶父材問於季友對曰臣以死奉般成季使以君命命僖叔待於鍼巫氏使鍼季鴆之杜注成季季友也子般莊公太子也叔牙慶父同母弟僖叔也公羊傳公子慶父公子牙公子友皆莊公之母弟也上爲國計下全宗族殛鯀用禹聖人明典古今所稱乞陛下下臣等所奏朝堂博議臣言當道使師遜位避賢者罷兵去備如三皇舊法三皇武文明也則天下協同若師負勢恃衆不自退者臣

等率將所領晝夜兼行惟命是授臣等今日所奏惟欲使大魏永存使陛下得行君意遠絕亡之禍百姓安全六合一體使忠臣義士不愧於三王五帝耳宋本王作皇臣恐兵起天下擾亂臣輒上事移三征及州郡國典農毛本典作興誤各安慰所部吏民不得妄動謹具以狀聞惟陛下愛養精神明慮危害以寧海內師專權用勢賞罰自由聞臣等舉衆必下詔禁絕關津使驛書不通擅復徵調有所收捕馮本捕作禁此乃師詔非陛下詔書在所皆不得復承用臣等道遠懼文書不得皆通輒臨時賞罰以便宜從事須定表上也宋本表作集

大將軍統中外軍討之通鑑正元二年儉欽起兵司馬師問計於王肅肅曰淮南將士父母妻子皆在州內但急往禦衞使不得前時師新割目瘤創甚王肅傳嘏鍾會勸師自行嘏曰淮楚兵勁大勢一失則公事敗矣師蹶然起曰我請輿疾而東戊午師率中外諸軍討儉欽召三方兵會於陳許別使諸葛誕督豫州諸軍從安風津擬壽春水經注淮水東過安豐縣東北又東爲安豐津水南有城

故安豐都尉治後立霍丘戍通典安豐津在壽州霍丘城北謝鍾英曰安風津當在今正陽關北潁水入淮處弼按魏安豐郡治安風縣津蓋以縣得名又互見齊王紀嘉平五年及王基傳 征東將軍胡遵 胡遵事見鍾會傳注 督青徐諸軍出於譙宋之閒絕其歸路大將軍屯汝陽 胡三省曰宋謂梁國之地梁國都睢陽故宋都也汝陽縣屬汝陽郡在汝水之北弼按譙宋卽魏豫州譙郡譙宋二縣儉欽兵已西至項宋在項之南故云絕其歸路胡注指宋故都誤一統志宋縣故城今安徽潁州府太和縣北七十里汝陽故城今河南陳州府商水縣北 使監軍王基督前鋒諸軍據南頓以待之 郡國志汝南郡南頓一統志南頓故城今陳州府項城縣北五十里弼按南頓在項之北故云據南頓以待之 令諸軍皆堅壁勿與戰 此鄭袤之策也晉書鄭袤傳袤曰毌丘儉好謀而不達事情文欽勇而無算今大軍出其不意江淮之卒銳而不能固宜深溝高壘以挫其氣通鑑司馬師令諸軍深壁高壘以待諸軍之集諸將請進軍攻項師曰淮南將士本無反志速戰更合其志與持久詐情自露 儉欽進不得鬭退恐壽春見襲不得歸計窮不知所爲淮南將士家皆在北衆心沮喪 宋本喪作散 降者相屬 果如王肅之言 惟淮南新附農民爲之用大將軍遣兗州刺史鄧艾督泰山諸軍萬餘人至樂

嘉示弱以誘之 鄧艾傳毌丘儉作亂遣健步齎書艾斬之兼道進軍先趨樂嘉城作浮橋司馬景王至遂據之胡三省曰水經注潁水過汝陽縣北又東南過南頓縣㶏水注之又南逕博陽故城東城在南頓縣北四十里漢宣帝封丙吉爲侯國王莽更名樂嘉 大將軍尋自洙至 趙一清曰洙疑許之誤弼按洙當作汝上文大將軍屯汝陽是也晉書景帝紀帝屯汝陽潛軍銜枚徑造樂嘉 欽不知果夜來欲襲艾等會明見大軍兵馬盛乃引還

魏氏春秋曰欽中子淑 宋本作俶諸葛誕傳注云鴦一名俶以作俶爲是 小名鴦 馮本名作字 年尚幼勇力絕人 晉書景帝紀欽子鴦年十八勇冠三軍史通卷二十暗惑篇魏世諸小書皆云文鴦侍講殿瓦皆飛案漢書云項王叱咤伏千人然則呼聲之極大者不過使人披靡而已尋文鴦武勇遠慙項籍況侍君側固當屏氣徐言焉能檐瓦皆飛有踰武安鳴鼓且瓦既飄隕則人必震驚而魏帝與其羣臣焉得巋然無害也 謂欽曰及其未定擊之可破也於是作爲二隊夜夾攻軍淑率壯士先至大呼大將軍軍中震擾 晉書景帝紀帝目有瘤疾鴦之來攻也驚而目出懼六軍之恐蒙之以被痛甚嚙被敗而左右莫知焉 欽後期不應會明淑退欽亦引還 晉書景帝紀帝謂諸將曰欽走矣命發銳軍以追之諸將皆曰欽舊將鴦少而銳引軍內入未有失利必不走也帝曰一鼓作氣再而衰三而竭鴦三鼓欽不應其勢已屈不走何待欽將遁鴦曰不先折其勢不得去也乃與驍騎十餘摧鋒陷陣所向皆披靡遂引去通鑑師使左長史司馬班（晉書班作璉）率驍騎八千翼而追之鴦以匹馬入數千騎中輒殺傷百餘人乃出如此者六七 魏末傳曰殿中人姓尹字大目小爲曹氏家奴常侍在帝側 胡三省曰大目時爲殿中校尉趙一清曰此人即司馬懿令其誘曹爽者 大將軍將俱行大目知大將軍一目已突出啓云文欽本是明公腹心但爲人所誤耳又天子鄉里 文欽譙人故云 大目昔爲文欽所信乞得追解語之 謂追欽而爲師自解釋言之也 令還與公復好大將軍聽遣大目單身往乘大馬被鎧冑追及欽 宋本及作文 遙相與語大目心實欲曹氏安 胡三省曰尹大目說曹爽猶未疑司馬氏也至其追語文欽乃覺耳 謬言君侯何苦若不可復忍數日中也 宋本苦作若冊府作何苦無下若字通鑑同胡注蓋謂文欽何不堅忍數日與師相持師病已篤必當有變也 欲使欽解其旨欽殊不悟乃更厲聲罵大目汝先帝家人不念報恩而反與司馬師作逆不顧上天天不祐汝 馮本祐作佑 乃張弓傅矢 傅讀曰附 欲射大目大目涕泣曰世事敗矣善自努力也

大將軍縱驍騎追擊大破之欽遁走是日儉聞欽戰敗恐懼夜走衆潰比至慎縣 郡國志汝南郡慎一統志慎縣故城今安徽潁州府潁上縣西北四十里江口鎭 左右人兵稍棄儉去儉獨與小弟秀及孫重藏水邊草中安風津都尉部民張屬就射殺儉傳首京都屬封侯秀重走入吳將士諸爲儉欽所迫脅者悉歸降

欽與郭淮書曰大將軍昭伯與太傅伯俱受顧命 陳浩曰昭伯曹爽字太傅伯伯字疑衍或爲昔字之訛也 登牀把臂託付天下此遠近所知後以勢利乃絕其祀及其親黨皆一時之俊可爲痛心柰何柰何公侯恃與大司馬公恩親分著 恃疑作特郭淮嘉平二年封曲陽侯故曰公侯也大司馬公指曹眞也太和二年曹眞督諸軍禦諸葛亮張郃擊馬謖於街亭郭淮攻高詳於柳城俱在曹眞部下眞於太和四年遷大司馬後其子爽被害故下文有想忿毒痛之語 義貫金石當此之時想忿毒痛有不可堪也王太尉嫌其專朝潛欲舉兵事竟不捷 監本官本捷作就

復受誅夷害及楚王謂楚王彪王淩同被誅戮也想甚追恨太傅旣亡然其子師繼承父業肆其
虐暴日月滋甚放主殺后殘戮忠良包藏禍心遂至篡弒此可忍也孰不可忍欽以名
義大故事君有節忠憤內發忘寢與食無所吝顧也會毌丘子邦自與父書儉子甸字子邦見後
騰說公侯盡事主之義欲奮白髮郭淮於建安中舉孝廉至正元時當已七八十矣同符太公惟須東問
影響相應闓問之日能不慷慨是以不顧妻孥之痛卽與毌丘鎭東舉義兵三萬餘人
西趨京師欲扶持王室埽除姦逆企踵西望不得聲問魯望高子公羊傳閔公二年齊高子來盟高子
者何齊大夫也何以不稱使我無君也然則何以不名喜之也何喜爾正我也其
正我奈何莊公死子般弒閔公弒比三君死曠年無君設以齊取魯曾不興師徒
以言而已矣桓公使高子將南陽之甲立僖公而城魯或曰自鹿門至于爭門者
是也或曰自爭門至於吏門者是也魯人至今以爲美談曰猶望高子也弼按高
子名傒齊上卿高敬仲也魯有哀姜慶父之亂子般閔公先後被
弒國絕無嗣齊桓公使高傒來盟立魯僖公故魯人喜而望之也不足喻急夫當
仁不讓況救君之難度道遠艱故不果期要耳然同舟共濟安危勢同禍痛已連非言

飾所解自公侯所明也共事曹氏積信魏朝行道之人皆所知見然在朝之士冒利偷
生烈士所恥公侯所賤賈豎所不忍爲也況當塗之士邪軍屯住項小人以閏月十六
日別進兵就於樂嘉城討師師之徒衆尋時崩潰其所斬截不復訾原但當長驅徑至
京師而流言先至毌丘不復詳之更謂小人爲誤諸軍便爾瓦解毌丘還走追尋釋解
無所及小人還項復遇王基等十二軍追尋毌丘進兵討之卽時克破所向全勝要那
後無繼何孤軍梁昌梁昌未詳當在壽春之北進退失所還據壽春壽春復走狼狽躓閡無復他
計惟當歸命大吳借兵乞食繼踵伍員耳不若僕隸如何快心復君之讎永使曹氏少
享血食此亦大國之所祐念也馮本祐作佑想公侯不使程嬰杵臼擅名於前代史記趙世
家屠岸賈滅趙氏趙朔客公孫杵臼朔友人程嬰謀匿趙氏孤兒後卒滅屠岸賈而使大魏獨無鷹揚之士與今大吳敦崇
大義深見愍悼然僕於國大分連接遠同一勢曰欲俱舉宋本日作曰瓜分中國宋本瓜分作分
分官本考證云元本作瓜分不願偏取以爲已有公侯必欲共忍師習懷宋本師作帥此處疑有脫誤宜廣
大勢恐秦川之卒關中之周沃野千里秦之故國謂之秦川郭淮時爲征西將軍都督雍涼諸軍事不可孤舉今者之計
宜屈己伸人託命歸漢東西俱舉爾乃可克定師黨耳深思鄙言若愚計可從宜使漢
軍克制期要使六合校考與周召同封以託付兒孫此亦非小事也大丈夫寧處其落
落是以遠呈忠心時望嘉應時郭淮已卒欽未知故有此書潘眉曰文欽此書作於正元二年閏正月十六
日己亥之後郭淮在正月三十日癸未卒世語曰毌丘儉之誅黨與七百餘人傳侍御史杜友治獄惟
舉首事十人餘皆奏散晉書刑法志儉孫女適劉氏當死以孕繫廷尉司隸主簿
程咸議曰在室之女可從父母之刑旣醮之婦使從夫家
之戮朝廷從之仍著於律令友字季子東郡人仕晉冀州刺史河南尹子默字世玄歷吏部郎衞尉
儉子甸爲治書侍御史先時知儉謀將發私出將家屬逃走新安靈
山上別攻下之趙一清曰水經穀水注阜澗水出新安縣東南流逕毌丘興墓東靈山當在其境甸時蓋還守祖墓也謝鍾英曰靈山在今新

安縣境一統志新安故城今河南河南府澠池縣東今改爲搭泥鎮夷儉三族潘眉曰儉夷族時得免者二人一爲子甸之妻荀氏因族兄顗族父
虞並景帝姻通共表魏帝以匄其命詔聽離婚一爲荀所生女芝爲潁川太守劉子元妻亦坐死以懷姙繫獄荀氏辭詣司隸校尉何曾乞恩乞沒爲官婢以贖芝命曾
騰辭上議朝廷遂改法事見晉書何曾傳及刑法志弼按司隸主簿程咸議改法見前又按毌丘儉孫女爲羽林監王虔前妻見晉書賈充傳
世語曰甸字子邦有名京邑齊王之廢也甸謂儉曰大人居方嶽重任胡三省曰古者天子巡狩
四方其方之諸侯各會朝於方嶽之下堯舜有四岳之官孔安國曰堯命羲和四子分掌四方之諸侯故曰四岳魏晉之時征鎭安平總督諸軍任專方面時因謂
之方嶽重任國傾覆而晏然自守將受四海之責儉然之大將軍惡其爲人也及儉起兵問
屈顔宋本顔作順所在云不來無能爲也儉初起兵遣子宗四人入吳太康中吳平宗兄弟
皆還中國宗字子仁有儉風至零陵太守宗子奧巴東監軍益州刺史習鑿齒曰毌
丘儉感明帝之顧命故爲此役君子謂毌丘儉事雖不成可謂忠臣矣夫竭節而赴義
者我也成之與敗者時也我苟無時成何可必乎忘我而不自必乃所以爲忠也古人

有言死者復生生者不愧若毌丘儉可謂能不愧也馮本無能字隋書經籍志毌丘儉記三卷梁有毌丘儉集二卷錄一卷亡嚴可均輯文九篇馮氏詩紀錄答杜摯詩一首

欽亡入吳吳以欽爲都護假節鎭北大將軍幽州牧譙侯通鑑作吳以文欽爲都護鎭北大將軍胡注以都護爲將軍號均誤諸葛誕傳吳以誕爲左都護假節大司徒驃騎將軍靑州牧壽春侯則都護非將軍號可知

欽降吳表曰稟命不幸常隷魏國兩絕於天馮本局本兩作雨誤雖側伏隅都馮本側作則誤自知無路司馬師滔天作逆廢害二主何焯曰此表後人僞作高貴鄉公之弑昭事也何得預言二主乎辛癸高莽惡不足喻欽累世受魏恩烏鳥之情竊懷憤踊在三之義期於斃仆前與毌丘儉郭淮等俱舉義兵當共討師埽除凶孽誠臣愫愫愚管所執智慮淺薄微節不騁進無所依悲痛切心退惟不能扶翼本朝抱愧俛仰靦所自厝冒緣古義固有所歸庶假天威得展萬一僵仆之日亦所不恨輒相率將歸命聖化慙偷苟生非辭所陳謹上還所受魏使持

節前將軍山桑侯印綬水經陰溝水注北肥水東南流逕山桑邑南俗謂之北平城文欽封山桑侯疑食邑於此一統志山桑故城在今安徽潁州府蒙城縣北臨表惶惑伏須罪誅

魏書曰欽字仲若譙郡人父稷建安中爲騎將有勇力欽少以名將子材武見稱魏諷反欽坐與諷辭語相連及下獄掠笞數百當死太祖以稷故赦之太和中爲五營校督即北軍中候所監之五營也出爲牙門將牙門將見齊王紀嘉平五年欽性剛暴無禮所在倨傲陵上不奉官法輒見奏遣明帝抑之後復以爲淮南牙門將轉爲廬江太守鷹揚將軍洪貽孫曰鷹揚將軍一人第五品王淩奏欽貪殘不宜撫邊求免官治罪由是徵欽還曹爽以欽鄉里厚養待之不治欽事御覽八百七十一引魏略文欽爲廬江太守爲都督王淩所奏欽訴曹爽爽謂曰淩責卿載灰兩船何爲乎曰聞足下起染舍故燒作灰耳復遣還廬江加冠軍將軍洪貽孫曰冠軍將軍一人第三品貴寵踰前欽以故益驕好自矜伐以壯勇高人頗得虛名於三軍曹爽誅後進欽爲前將軍以安其心後代諸葛誕爲揚州刺史自曹爽之誅欽常內懼與諸葛誕相惡無所與謀會誕去兵毌丘儉往乃陰共結謀戰敗走晝夜閒行追者不及遂得入吳孫峻厚待之欽雖在他國不能屈節下人自呂據朱異等諸大將皆憎疾之惟峻常左右之

諸葛誕字公休琅邪陽都人郡國志徐州琅邪郡陽都一統志陽都故城今山東沂州府沂水縣南吳志諸葛瑾傳注引吳書云其先葛氏本琅邪諸縣人後徙陽都陽都先有姓葛者時人謂之諸葛諸葛豐後也漢書諸葛豐傳豐字少季琅邪人以明經爲郡文學名特立剛直貢禹爲御史大夫除豐爲屬舉侍御史元帝擢爲司隷校尉刺舉無所避京師爲之語曰閒何闊逢諸葛上嘉其節加豐秩光祿大夫初以尙書郞爲滎陽令一統志滎陽故城今河南開封府滎陽縣西南十七里太平御覽卷十三引曹嘉之晉紀誕以氣邁稱嘗倚柱讀書霹靂震其柱誕自若

魏氏春秋曰誕爲郞與僕射杜畿試船陶河吳本毛本畿作幾誤本志杜畿傳畿受詔作御樓船於陶河試船遇風沒陶河見杜畿傳注遭風覆沒誕亦俱溺虎賁浮河救誕誕曰先救杜侯誕飄于岸絕而復蘇

入爲吏部郞人有所屬託輒顯其言而承用之御覽承作亟後有當否則公議其得失以爲褒貶自是羣僚莫不愼其所舉何焯曰此絕屬託之一法欲變屬託爲保任仍與中正無殊未若不受之於先爲尤善使失人而後議之貣敗已多矣累遷御史中丞尙書與夏侯玄鄧颺等相善收名朝廷京都翕然言事者以誕颺等修浮華合虛譽漸不可長明帝惡之免誕官或曰晉代風尙萌芽於此魏明禁之可謂杜禍亂之端矣而卒不勝運化遷流可爲長歎

世語曰是時當世俊士散騎常侍夏侯玄尙書諸葛誕鄧颺之徒共相顯表宋本顯作題以玄疇四人爲四聰誕備八人爲八達通鑑玄疇作玄等誕備作誕輩中書監劉放子熙孫資子密吏部尙書衞臻子烈三人咸不及比以父居勢位容之爲三豫胡三省曰比等比也音毗寐翻三豫者容三人得豫於題品之中也凡十五人帝以構長浮華皆免官廢職宋本元本馮本監本官本職作錮太和四年二月詔罷退浮華不務道本者見明紀

會帝崩，正始初，玄等並任職，復以誕爲御史中丞尙書，出爲揚州刺史，加昭武將軍。洪飴孫曰：昭武將軍一人，第五品。王淩之陰謀也，太傅司馬宣王潛軍東伐，以誕爲鎭東將軍、假節都督揚州諸軍事，封山陽亭侯。事在嘉平三年。胡三省曰：王淩死而用諸葛誕，誕亦終於爲魏，以司馬懿之明達，豈不知誕之乃心魏氏哉？大敵在境，帥難其才也。諸葛恪興東關，興字疑誤，否則關下脫之役二字。胡三省曰：東關卽濡須口。東關之南岸，吳築城；西關之北岸，魏置柵。諸葛恪於東關作大隄以遏巢湖，謂之東興隄，卽其地也。漢晉春秋：諸葛恪於東興隄左右結山挾築兩城，諸葛誕言於司馬景王曰：今因吳內侵，使文舒逼江陵，仲恭向武昌，以羈吳之上流，然後簡精卒攻兩城，比救至，可大獲也。景王從之。遣誕督諸軍討之，與戰不利。還，徙爲鎭南將軍。東關之役在嘉平四年。漢晉春秋曰：毌丘儉、王昶聞東軍敗，各燒屯走。朝議欲貶黜諸將，景王曰：我不聽公休，以至於此。此我過也。弼按：東關之役，子元實用公休之策，此言不聽公休，抑別有兵謀乎？後毌丘儉、文欽反，遣使詣誕，招呼豫州士民。誕斬其使，露布天下，令知儉、欽凶逆。姜宸英曰：諸葛誕以見疑謀叛，其死宜矣。若果忠於魏室，則不首發儉、欽之謀，坐成司馬之勢。魏之忠臣，惟毌丘仲恭一人而已，王彥雲事迹猶在

影響之閒。弼按：儉、欽移書郡國，罪狀司馬，天下共知，非由公休露布之咎。當時勤王諸將，惟文欽父子麤猛武夫，反覆無常，彥雲、仲恭皆爲儒將，懋著功勛，事之成否，豈可概論？公休謀定後動，子上至督中外諸軍二十六萬衆臨淮討之，傾全國之力，挾兩宮以行，用兵十月之久，儘乃克之。公休力竭智窮，而麾下壯士數百人拱手爲列，無一降者，田橫得士，何以加茲？此皆魏之忠臣義士，承祚合爲一傳，有微旨焉。君子平情論事，不能以成敗相繩。不佞考訂事實，不爲空論，偶因姜氏之說，特發其凡於此。大將軍司馬景王東征，使誕督豫州諸軍，渡安風津安風津見毌丘儉傳。向壽春。儉、欽之破也，誕先至壽春。壽春中十餘萬口，聞儉、欽敗，恐誅，悉破城門出，流迸山澤，或散走入吳。以誕久在淮南，乃復以爲鎭東大將軍、儀同三司、都督揚州。吳大將孫峻、呂據、留贊等聞淮南亂，會文欽往，乃帥衆將欽徑至壽春。時誕諸軍已至，城不可攻，乃走。誕遣將軍蔣班追擊之，斬贊，傳首，收其印節。高貴鄉公紀：正元二年二月，吳大將孫峻等衆號十萬至壽春，諸葛誕拒擊破之，斬吳左將軍留贊，獻捷於京師。周壽昌曰：吳志裴注引吳書云贊病困，不能整陣，知必敗，乃解曲蓋印綬付子弟以歸。此云收其印節，與吳書不合。進

封高平侯，郡國志：兗州山陽郡高平。一統志：高平故城，今山東兗州府鄒縣西南。邑三千五百戶，轉爲征東大將軍。誕既與玄、颺等至親，又王淩、毌丘儉累見夷滅，懼不自安，傾帑藏振施以結衆心，厚養親附及揚州輕俠者數千人爲死士。

魏書曰：誕賞賜過度，有犯死罪者，虧制以活之。

甘露元年冬，吳賊欲向徐堨，胡三省曰：徐堨卽徐塘，在東關之東。通鑑：丁奉舉帆二日卽至東關，遂據徐塘，卽此。趙一清、錢儀吉皆以徐堨爲涂塘，誤。涂塘在今六合縣西五十五里瓦梁堰，徐塘在今含山縣西南。計誕所督兵馬足以待之，而復請十萬衆守壽春，又求臨淮築城以備寇，內欲保有淮南。朝廷微知誕有自疑心，以誕舊臣，欲入度之。二年五月，徵爲司空。欲奪其兵柄也。誕被詔書，愈恐，遂反。召會諸將，自出攻揚州刺史樂綝，殺之。胡三省曰：征東將軍與揚州刺史同治壽春。魏四征之任，率以其州刺史爲儲帥，故誕疑綝閒己。

世語曰：司馬文王既秉朝政，長史賈充以爲宜遣參佐慰勞四征，胡三省曰：魏置征東將軍鎭淮南，征南將軍鎭襄沔以備吳，征西將軍屯關隴以備蜀，征北將軍屯幽并以備鮮卑，皆授以重兵。司馬昭初當國，故充請慰勞以觀其志。於是遣充至壽春。充還啟文王：「誕再任揚州，宋本任作在。誕先督揚州，東關之敗，改督豫州，毌丘儉既死，復督揚州。有威名，民望所歸。今徵，必不來，禍小事淺；不徵，事遲禍大。」乃以爲司空。書至，誕曰：「我作公當在王文舒後，王昶字文舒，時爲驃騎將軍。今便爲司空！不遣使者，健步齎書，使以兵付樂綝，此必綝所爲。」乃將左右數百人至揚州，揚州人欲閉門，誕叱曰：「卿非我故吏邪！」徑入，綝逃上樓，就斬之。

魏末傳曰：賈充與誕相見，談說時事，因謂誕曰：「洛中諸賢，皆願禪代，君所知也。君以爲云何？」何焯曰：昭初代兄秉政，未有恩威及人，安得卽言禪代？哀誕之志，甚充之惡者爲之也。誕厲色曰：「卿非賈豫州子？充父逵爲豫州刺史，故稱之。世受魏恩，如何負國，欲以魏室輸人乎？非吾所忍聞。若洛中有難，當吾死之。」充默然。誕既被徵，請諸牙門置酒飲宴，呼牙門從兵，馮本從作徒。皆賜酒令醉，謂衆

人曰前作千人鎧仗始成欲以擊賊今當還洛不復得用欲暫出將見人游戲須臾還耳諸軍且止乃嚴鼓將士七百人出樂綝聞之閉州門誕歷南門宣言曰當還洛邑暫出游戲揚州何爲閉門見備前至東門東門復閉（寰宇記壽春縣在州南二十五里有壽春故縣在縣西一里又有諸葛誕城在縣東一里）乃使兵緣城攻門州人悉走因風放火焚其府庫遂殺綝誕表曰臣受國重任統兵在東揚州刺史樂綝專詐說臣（御覽三百六十七引魏末傳曰誕殺綝有典農都尉數譏誕於是收斬之罵曰鼠坐舌先人以竹撟其舌然後殺之）與吳交通又言被詔當代臣位無狀日久臣奉國命以死自立終無異端忿綝不忠輒將步騎七百人以六月六日討綝（宋本六作今）卽日斬首函頭驛馬傳送若聖朝明臣臣卽魏臣不明臣臣卽吳臣不勝發憤有日謹拜表陳愚悲感泣血哽咽斷絕不知所如乞朝廷察臣至誠　臣松之以爲魏末傳所言率皆鄙陋疑誕表言曲不至於此也

斂淮南及淮北郡縣屯田口十餘萬官兵（胡三省曰魏郡縣皆置屯田凡屯田口悉官兵也）揚州新附者勝兵四五萬人（勝音升）聚穀足一年食閉城自守遣長史吳綱將小子靚至吳請救（吳志三嗣主傳太平二年五月魏征東大將軍諸葛誕以淮南之衆保壽春城遣將軍朱成稱臣上疏又遣子靚長史吳綱諸牙門子弟爲質何焯曰倫欽猶出至項誕閉城自守專倚吳救彌爲下矣）

世語曰黃初末吳人發長沙王吳芮冢（漢書吳芮傳芮秦時番陽令甚得江湖閒民心號曰番君項羽以芮率百越佐諸侯立爲衡山王都邾項死徙爲長沙王都臨湘）以其塼於臨湘爲孫堅立廟（郡國志荆州長沙郡治臨湘一統志臨湘故城今長沙府城南何焯曰立廟何事而發死者之塼乎世語之鄙淺不足信如此）芮容貌如生衣服不朽後豫發者見吳綱曰君何類長沙王吳芮但微短耳綱瞿然曰是先祖也君何由見之見者言所由綱曰更葬不答曰卽更葬矣自芮之卒年至冢發四百餘年綱芮之十六世孫矣（水經湘水注湘水右逕臨湘縣故城西縣治湘水濱臨川側故卽名焉漢高祖五年以封吳芮爲長沙王是城卽芮築也縣北有吳芮冢廣踰六十八丈登臨寫目爲廛郭之佳憩也郭頒世語云魏黃初末吳人發芮冢取木於縣立孫堅廟見芮尸容貌衣服並如故吳平後與發冢人於壽春見南蠻校尉吳綱曰君形貌何類長沙王吳芮乎但君微短耳綱瞿然曰是先祖也自芮卒至冢發四百年至見綱又四十餘年矣）

吳人大喜遣將全懌全端唐咨王祚等率三萬衆密與文欽俱來應（宋本應下有誕字）以誕爲左都護（吳本無以誕二字誤）假節大司徒驃騎將軍青州牧壽春侯（晉書文帝紀吳使文欽唐咨全端全懌等三萬餘人來救誕諸將逆擊不能禦將軍李廣臨敵不進泰山太守常時稱疾不出並斬之以徇）是時鎭南將軍王基始至督諸軍圍壽春未合咨欽等從城東北因山乘險得將其衆突入城（胡三省曰壽春城外他無山唯城北有八公山耳）六月車駕東征至項（項見毌丘儉傳）大將軍司馬文王督中外諸軍二十六萬衆臨淮討之（晉書文帝紀帝曰誕以毌丘儉輕疾傾覆今必外連吳寇此爲變大而遲吾當與四方同力以全勝制之乃表曰昔黥布叛逆漢祖親征隗囂違戾光武西伐陛下宜暫臨戎使將士得憑天威今諸軍可五十萬以衆擊寡蔑不剋矣秋七月奉天子及皇太后東征徵兵靑徐荆豫分取關中游軍皆會淮北師次於項）大將軍屯丘

頭（丘頭見王淩傳胡三省曰是役也司馬昭改丘頭曰武丘以旌武功）使基及安東將軍陳騫等四面合圍表裏再重塹壘甚峻（宋本塹作壍）又使監軍石苞兗州刺史州泰等簡銳卒爲游軍備外寇欽等數出犯圍逆擊走之吳將朱異再以大衆來迎誕等渡黎漿水（水經肥水注芍陂瀆水東注黎漿水黎漿水東逕黎漿亭南又東注肥水謂之黎漿水口一統志古黎漿亭在壽州東南）泰等逆與戰每摧其鋒孫綝以異戰不進怒而殺之城中食轉少外救不至衆無所恃將軍蔣班焦彝皆誕爪牙計事者也棄誕踰城自歸大將軍

漢晉春秋曰蔣班焦彝言於諸葛誕曰朱異等以大衆來而不能進孫綝殺異而歸江東外以發兵爲名而內實坐須成敗（須待也）其歸可見矣今宜及衆心尙固士卒思用并力決死攻其一面雖不能盡克猶可有全者（通鑑作猶有可全者空坐守死無爲也胡注言不若決死而求生無爲坐

守而待斃文欽曰江東乘戰勝之威久矣未有難北方者也況公今舉十餘萬之衆內附而欽與全端等皆同居死地父兄子弟盡在江表就孫綝不欲主上及其親戚豈肯聽乎且中國無歲無事軍民並疲今守我一年勢力已困異圖生心變故將起以往準今可計日而望也通鑑作今守我一年內變將起柰何舍此欲乘危徼倖乎彝班固勸之欽怒而誕欲殺班通鑑作誕欲殺班彝二人懼且知誕之必敗也十一月乃相攜而降蔣班事又見吳志孫皓傳天紀四年注引干寶晉紀

大將軍乃使反閒以奇變說全懌等懌等率其衆數千人開門來出城中震懼不知所爲此鍾會之計詳見會傳晉書文帝紀全懌母孫權女也得罪於吳全端兄子褘及儀奉其母來奔儀兄靜時在壽春用鍾會計作褘儀書以譎靜靜兄弟五人帥其衆來降城中大駭三年正月誕欽咨等大爲攻具晝夜五六日攻南圍欲決圍而出

漢晉春秋曰文欽曰蔣班焦彝謂我不能出而走全端全懌又率衆逆降逆迎也此敵無備之時也可以戰矣誕及唐咨等皆以爲然遂共悉衆出攻

圍上諸軍臨高以發石車火箭通鑑無以字胡注石車礮車也逆燒破其攻具御覽三百三十六引王隱晉書曰諸葛誕反淮南孟康王基日宜作土山斂諸侯材板簿櫓以爲攻具弩矢及石雨下死傷者蔽地北宋本無者字血流盈野宋本野作壄復還入城城內食轉竭降出者數萬口欽欲盡出北方人省食與吳人堅守誕不聽由是爭恨欽素與誕有隙徒以計合事急愈相疑胡三省曰誕欽初以詭計苟合事急愈相猜疑欽見誕計事誕遂殺欽晉書文帝紀初誕欽內不相協及至窮蹙轉相疑貳會欽計事與誕忤誕手刃殺欽欽子鴦及虎將兵在小城中胡三省曰鴦虎欽二子時壽春蓋別有小城方輿紀要卷二十一壽春有二城一曰金城壽陽中城也又州東一里有諸葛城相傳諸葛誕所築聞欽死勒兵馳赴之衆不爲用鴦虎單走踰城出自歸大將軍軍吏請誅之大將軍令曰欽之罪不容誅其子固應當戮然鴦虎以窮歸命且城未拔殺

之是堅其心也乃赦鴦虎使將兵數百騎馳巡城呼語城內云文欽之子猶不見殺其餘何懼表鴦虎爲將軍各賜爵關內侯城內喜且擾又日飢困誕咨等智力窮大將軍乃自臨圍四面進兵同時鼓譟登城城內無敢動者晉書文帝紀帝見持弓者不發謂諸將曰可攻矣胡三省曰知其衆無拒守之心也誕窘急單乘馬將其麾下突小城門出大將軍司馬胡奮部兵逆擊斬誕傳首夷三族御覽三百七十六引魏末傳曰諸葛誕殺文欽及城陷欽子鴦虎先入殺誕噉其肝誕麾下數百人坐不降見斬皆曰爲諸葛公死不恨其得人心如此

干寶晉紀曰數百人拱手爲列每斬一人輒降之竟不變至盡時人比之田橫吳將于銓曰宋本銓作詮大丈夫受命其主以兵救人既不能克又束手於敵吾弗取也乃免冑冒陣而死

唐咨王祚及諸裨將皆面縛降胡三省曰唐咨本魏人降吳趙一清曰晉書文帝紀吳將唐咨孫曼孫彌徐韶等率其屬皆降而鍾會傳曰孫靜從子端翩緝則與晉書不同吳宗室又無翩緝其人者曼與彌皆孫靜次子瑜之子又不得爲從子也孫皓之立司馬昭遣降將徐紹孫彧齎書喻皓而諸記傳又無孫彧其差錯如此吳兵萬衆器仗軍實山積初圍壽春議者多欲急攻之大將軍以爲城固而衆多攻之必力屈若有外寇表裏受敵此危道也今三叛相聚於孤城之中三叛謂諸葛誕文欽唐咨也天其或者將使同就戮吾當以全策縻之可坐而制也誕以二年五月反三年二月破滅六軍按甲深溝高壘而誕自困竟不煩攻而克

干寶晉紀曰初壽春每歲雨潦淮水溢常淹城邑故文王之築圍也誕笑之曰是固不攻而自敗也及大軍之攻亢旱踰月城既陷是日大雨圍壘皆毀趙一清曰宋五行志謂之天亡踰月當依宋志作踰年何焯曰外圍既合士衆猥多資糧方竭誕不盡人謀則天棄之矣誕能合虛譽養死士實中情恇怯無遠略者也假使舉淮南之衆直趨洛陽投

命勤王司馬昭徵調未集勝負誠未可知耳誕子靚字仲思吳平還晉靚子恢字道明位至尚書令追贈左光祿大夫開府晉書諸葛恢傳靚奔吳爲大司馬吳平逃竄不出武帝與靚有舊姊又爲琅邪王妃帝知靚在姊間因就見焉靚逃於廁帝又逼見之謂曰不圖今日復得相見靚流涕曰不能漆身皮面復覩聖顏詔以爲侍中固辭不拜歸於鄉里終身不向朝廷而坐世說曰諸葛靚在吳於朝堂大會孫晧問卿字仲思爲何所思對曰在家思孝事君思忠朋友思信如斯而已又注引晉諸公贊曰靚以至孝發名時嵇康亦被法而康子紹死蕩陰之役談者咸曰觀紹靚二人然後知忠孝之道區以別矣御覽卷三百六十三引晉中興書曰諸葛恢弱冠知名避地江左於時潁川荀顯字道明陳留蔡謨字道明俱有名譽號中興三明時人爲之歌曰京都三明各有名蔡氏儒雅荀葛清

及破壽春議者又以爲淮南仍爲叛逆吳兵室家在江南不可縱宜悉坑之大將軍以爲古之用兵全國爲上戮其元惡而已胡三省曰言全其國之人民止戮其君所謂誅其君而弔其民也吳兵就得亡還適可以示中國之弘耳一無所殺分布三河近郡以安處之胡三省曰河南郡也河東河內皆近京師唐咨本利城人黃初

中利城郡反利城縣漢屬東海郡魏武始分置利城郡文紀黃初六年作利成一統志利城故城今江蘇海州贛榆縣西殺太守徐箕文紀作徐質推咨爲主文帝遣諸軍討破之咨走入海遂亡至吳官至左將軍封侯持節誕欽屠戮咨亦生禽三叛皆獲毛本皆作既天下快焉何焯曰唐咨本非巨猾因其面縛生致並張之以爲功耳

傅子曰宋建椎牛禱賽終自焚滅文欽日祠祭事天斬於人手諸葛誕夫婦聚會神巫淫祀求福伏尸淮南舉族誅夷此天下所共見足爲明鑒也

拜咨安遠將軍洪飴孫曰安遠將軍一人第三品其餘裨將咸假號位吳衆悅服江東感之皆不誅其家其淮南將吏士民諸爲誕所脅略者惟誅其首逆餘皆赦之聽鴦虎收斂欽喪給其車牛致葬舊墓胡三省曰文欽譙人也舊墓在焉

習鑿齒曰自是天下畏威懷德矣君子謂司馬大將軍於是役也可謂能以德懷矣宋本懷作攻左傳晉文公城濮之勝君子謂晉於是役也能以德攻夫建業者異矣通鑑作異道各有所尚而不能兼并也故窮武之雄斃於不仁如夫差智伯是也存義之國喪於懦退如宋襄公是也今一征而禽三叛大虜吳衆席卷淮浦俘馘十萬生虜爲俘截耳爲馘古者戰勝馘所格之左耳而獻之可謂壯矣而未及安坐喪王基之功通鑑喪作賞種惠吳人結異類之情書曰皋陶邁種德孔安國曰種布也寵鴦葬欽忘疇昔之隙不咎誕衆使揚士懷愧宋本士作土功高而人樂其成業廣而敵懷其德武昭既敷何焯校改昭作略文算又洽推此道也天下其孰能當之哉胡三省曰鑿齒晉人其辭蓋有溢美者喪王基語在基傳喪應作賞鴦一名俶晉諸公贊曰俶後爲將軍破涼州虜名聞天下太康中爲東夷校尉假節當之職入辭武帝帝見而惡之託以他事免俶官東安公繇諸葛誕外孫欲殺俶因誅楊駿誣俶謀逆遂夷三族姚範曰晉元康元年賈后誅楊駿以文鴦爲駿黨誅之胡三省以爲即此文鴦也

鄧艾集古錄云碑作乂當讀若刈趙明誠金石錄云魏晉史皆名艾而鄧艾碑作乂古艾乂通爲俊乂艾乂乂安之字疑艾名其音如此而今人讀如蕭艾之字恐非是字士載義陽棘陽人也郡國志荊州南陽郡棘陽魏黃初中分南陽置義陽郡見水經淯水注及寰宇記一統志棘陽故城在今河南南陽府新野縣東北棘陽鎭通鑑作汝南鄧艾蓋就其徙地言也少孤太祖破荊州徙汝南爲農民養犢晉書段灼理艾疏曰艾本屯田掌犢人年十二隨母至潁川讀故太丘長陳寔碑文范書陳寔傳陳寔字仲弓潁川許人爲太丘長修德清靜百姓以安年八十四卒於家謚爲文範先生蔡邕碑云傳曰郁郁乎文哉書曰洪範九疇彝倫攸敘文爲德表範爲士則明統志陳寔碑在許州郾縣西三十五里古今刀劍錄曰鄧艾年十二曾讀陳太丘碑碑下掘得一刀黑如漆長三尺餘刀上常有氣淒淒然時人以爲神物言文爲世範行爲士則艾遂自名範字士則後宗族有與同者故改焉爲都尉學士以口吃不得作幹佐幹佐解見司馬芝傳惟艾既以口吃不得作幹佐何以能爲都尉學士案續漢志百官志鄉三老掌教化凡有孝子順孫貞女義婦讓財救患及學士爲民法式者皆扁表其門以旌善行又按本志裴潛傳文帝踐阼潛出爲潁川典農中郎將奏通貢舉比之郡國此傳所云都尉當即潁川典農都尉所云學士當即鄉三老所舉之學士也裴注引世語艾爲襄城典農部民可證襄城潁川屬縣也世說曰艾口

吃語稱艾艾晉文戲曰卿云艾艾定是幾艾對曰鳳兮鳳兮故是一鳳爲稻田守叢草吏同郡吏父憐其家
貧資給甚厚艾初不稱謝每見高山大澤輒規度指畫軍營處所時
人多笑焉後爲典農綱紀上計吏郡綱紀見劉放傳續百官志歲盡遣吏上計趙一清曰綱紀卽注引世語功曹也典
農之官詳此傳注因使見太尉司馬宣王宣王奇之辟之爲掾
世語曰鄧艾少爲襄城典農部民郡國志豫州潁川郡襄城一統志襄城故城今河南許州襄城縣治西與石苞皆
年十二三謁者陽翟郭玄信武帝監軍郭誕元奕之子趙一清曰郭嘉潁川陽翟人子奕字伯益此云武帝監軍
郭誕元奕之子不可曉也弼按郭嘉傳子奕爲太子文學早薨未爲監軍此當別爲一人奉孝死時年最少尙在赤壁戰敗之前不應建安中其孫卽爲謁者也
建安中少府吉本起兵許都趙一清曰依武紀本當作平弼按武紀作本不作平玄信坐被刑在家從典農
司馬求入御入古人字以艾苞與御行十餘里與語悅之謂二人皆當遠至爲佐相晉書石苞
傳縣召爲吏給農司馬會謁者陽翟郭玄信奉使求人爲御司馬以苞及鄧艾給之行十餘里玄信謂二人曰子後並當至卿相艾後爲典農功

曹奉使詣宣王由此見知遂被拔擢
遷尙書郞時欲廣田畜穀爲滅賊資使艾行陳項已東至壽春郡國志豫
州陳國陳一統志陳縣故城今河南陳州府淮寧縣治項縣見王淩傳沈家本曰御覽（三百三十三）此下有小注自今淮陽郡項城縣以東至今壽春郡也十六字
乃唐人語非裴注也淮陽壽春皆唐郡艾以爲田良水少不足以盡地利宜開河渠可以
引水澆溉大積軍糧又通運漕之道乃著濟河論以喩其指又以爲
昔破黃巾因爲屯田積穀於許都以制四方今三隅已定事在淮南
每大軍征舉通鑑作每大軍出征運兵過半功費巨億以爲大役陳蔡之閒土
下田良元本土作上可省許昌左右諸稻田幷水東下汝水潁水蒗蕩渠水渦水皆經陳蔡之閒而東
入淮令淮北屯二萬人淮南三萬人十二分休常有四萬人且田且守
常有四萬人官本作常有四千人李龍官曰淮北二萬淮南三萬共五萬人以十二分休計之止應四千有奇不得云四萬人也弼按李說誤胡三省曰五萬人分一萬

番休迭戍周而復始是常有四萬人屯田身之之說是也安有屯兵五萬僅用四千且田且守豈鄧艾寓兵於農屯田積穀之意乎十二分休者十分之二分休也沈家
本曰下文云計除衆費歲完五百萬斛使田者止四千人是一人之所田歲完一千二百五十斛卽曰土下田良亦安所得此水豐常收三倍
於西水疑作歲御覽作小計除衆費歲完五百萬斛元本完作贏沈家本曰魏時屯田輸穀之制於今無考以四萬
人計之是一人之田歲完一百二十五斛通典言六朝量三升當今一升則一百二十五斛當四十一斛有奇此但以所完之穀而言未及衆費也嵇康養生論曰夫田
種者一畝十斛謂之良田康以魏人言魏事則艾之所籌當亦如是計歲完之數加之以衆費每人所田大約不能過二十畝今日江南水田一人之力能種十畝而已
卽有兼人之力亦未有過二十畝者與魏時情事尙不甚殊也晉書傳玄傳云白田收至十餘斛水田至數十斛而今日收穫之最多江湘不過畝六石卽以一爲三亦
不過十八石安得有數十斛之多哉以爲軍資六七年閒可積三千萬斛於淮上晉書食貨志上作北
此則十萬之衆五年食也以此乘吳無往而不克矣宣王善之事皆
施行事皆施行御覽三百三十三引魏志作皆如艾計下有遂北臨淮水自鍾離西南橫石以西盡沘水四百餘里五里置一營營六十人且田且守兼修廣
淮陽百尺二渠上引河流下通淮潁大治諸陂於潁南潁北穿渠三百餘里溉田二萬頃淮南淮北皆相連接自壽春至京師農官兵屯雞犬之聲阡陌相屬凡九十七

字下接每東南有事云云何焯曰册府引此亦曰鄧艾傳則悉是承祚本書後來所當刋正也嚴長明說同李慈銘曰此晉書食貨志之文承祚本書務在簡絜此傳首
尾完善文相承接且事皆施行云云文亦不同所引必非本傳所脫落者册府以爲鄧艾傳不足信潘眉曰杜氏通典引此一在漕運門一在屯田門一依晉書食貨志
多九十三字一依鄧艾傳册府誤並爲鄧艾傳何嚴二氏以爲鄧艾傳之逸文謬矣沈家本曰以晉食貨志核之御覽此卷所引乃晉志非魏志也故與八百二十二卷
所引不同以爲承祚本書者非御覽旣誤晉爲魏册府並訛作鄧艾傳不足爲據正始二年晉書宣帝紀在正始三四年本傳及通鑑編於正始二年
胡三省曰史究言鄧艾興屯田之利蓋艾倡議於二年興辦於三四年也乃開廣漕渠晉書宣帝紀正始三年三月奏穿廣漕渠引河入汴溉東
南諸陂始大佃於淮北四年九月大興屯守廣開淮陽百尺二渠又修諸陂於潁之南北萬餘頃自是淮北倉庾相望壽陽至於京師農官屯兵連屬焉趙一清曰寰宇
記卷十溵灌城在陳州商水縣東北二十里隋圖經云鄧艾所築西華縣西二十里有柳城故老傳云女媧氏之都本名媧城鄧艾營稻陂時柳舒爲陂長後人因名爲
柳城又卷二十四陂在蔡州西平縣界並鄧艾所置磚城在潁州沈丘縣東北四十五里司馬宣王使鄧艾於此置屯種稻以備東南築城圍倉廩每東南
有事大軍興衆通鑑作大興軍衆晉書食貨志作大軍出征汎舟而下達于江淮資食有儲
而無水害艾所建也農田水利軍資兵謀無一不操勝算孤寒之子有此壯猷殊勛偉績不滅淮陰眞異才也仲達一見稱奇可謂知人

出參征西軍事正始四年夏侯玄爲征西將軍遷南安太守南安郡漢末分漢陽郡置嘉平元年與征西將軍郭淮淮繼玄後拒蜀偏將軍姜維維退通鑑漢衞將軍姜維寇雍州依麴山築二城郭淮使雍州刺史率討蜀護軍徐質南安太守鄧艾圍麴城斷其運道及城外流水淮因西擊羌艾曰賊去未遠或能復還宜分諸軍以備不虞於是留艾屯白水北水經注白水出隴西臨洮縣西南西傾山東南流逕鄧至城卽艾所屯地以鄧艾至此故以名城謝鍾英曰鄧艾城在今甘肅階州文縣東七里趙一清曰寰宇記卷十六鄧艾廟在白水陂上去泗州臨淮縣南一百二十里艾於此置屯田四十九所其陂東西長三十五里去縣一百里方輿紀要卷三十二高郵州寶應縣西八十五里有白水塘圍三十里周二百五十里亦曰白水陂鄧艾所作與盱眙破釜塘相連開八水門立屯溉田萬二千頃弼按趙氏所引之白水陂在今安徽江蘇境應注於上文開河渠之下此乃屯兵於今甘肅境白水之北兩不相涉也三日維遣廖化自白水南向艾結營艾謂諸將曰維今卒還吾軍人少法當來渡而不作橋此維使化持吾令不得還維必自東襲取洮城洮城在水北去艾屯六十里艾卽夜潛軍徑到維果來渡而

艾先至據城得以不敗賜爵關內侯加討寇將軍後遷城陽太守胡三省曰前漢置城陽國後漢省入琅邪國魏武平青州復置城陽郡吳增僅曰獻帝起居注建安十八年省州併郡詳載徐州八郡其一城陽通鑑胡注云置郡時屬徐州後移屬青與起居注合是時并州右賢王劉豹并爲一部通鑑右作左通鑑嘉平三年初南匈奴自謂其先本漢室之甥因冒姓劉氏太祖留單于呼廚泉於鄴分其衆爲五部居并州境內左賢王豹單于於扶羅之子也爲左部帥部族最强李賢曰於扶羅卽前趙劉元海之祖元海爲亂晉之首呼廚泉卽元海之叔祖艾上言曰戎狄獸心不以義親彊則侵暴弱則內附故周宣有玁狁之寇詩小雅六月之章六月宣王北伐也玁狁孔熾我是用急王于出征以匡王國漢祖有平城之困史記高祖紀七年匈奴攻韓王信馬邑信因與同謀反高祖自往擊之會天寒士卒墮指者十二三遂至平城匈奴圍我平城七日而後罷去范書南匈奴傳論曰高祖威加四海而窘平城之圍章懷注引前書云高祖自將兵三十二萬擊韓王信先至平城冒頓縱兵三十萬騎圍帝於白登七日漢兵中外不得相救餉故歌曰平城之事甚大苦七日不得食不能彀弓弩得陳平祕計然後得免也每匈奴一盛爲前代重患自單于在外莫能牽制長卑誘而致之沈家本曰長卑未詳或去卑之譌弼按下文去卑爲別一人使來入侍

由是羌夷失統合散無主以單于在內萬里順軌今單于之尊日疏外土之威寖重胡三省曰謂南單于留鄴雖有尊名日與部落疏而左賢王豹居外部族最彊其威日重也則胡虜不可不深備也聞劉豹部有叛胡可因叛割爲二國以分其勢去卑功顯前朝去卑事見武紀建安二十一年范書南匈奴傳建安元年右賢王去卑侍衞天子拒擊李傕郭汜車駕還洛陽然後歸國章懷注留呼廚泉於鄴而遣去卑歸平陽監其五部國胡三省曰謂去卑侍衞漢獻帝東還也而子不繼業宜加其子顯號使居鴈門離國弱寇離國者離匈奴劉豹之國爲二也追錄舊勳此御邊長計也何焯曰江統郭欽之前輒已有此先覺遠猷又陳羌胡與民同處者宜以漸出之使居民表表外也使居編民之外也崇廉恥之教塞姦宄之路大將軍司馬景王新輔政多納用焉胡三省曰鄧艾所陳先於徙戎論司馬師既從之矣然卒不能杜其亂華之漸抑所謂漸出之者行之而不究邪豈天將啟胡羯氐羌非人之所能爲也遷汝南太守趙一清曰方輿紀要卷二十一博城在鳳陽潁州東北四十里鄧艾於此屯田以備東南蓋倉城也寰宇記卷十一蔡州西平縣界有二十四陂魏典農鄧艾所置也至

則尋求昔所厚己吏父久已死遣吏祭之重遺其母舉其子與計吏與字疑誤艾所在荒野開闢軍民並豐諸葛恪圍合肥新城不克退歸艾言景王曰孫權已沒大臣未附吳名宗大族皆有部曲阻兵仗勢足以建命通鑑作逆命官本考證曰建疑作違恪新秉國政而內無其主不念撫恤上下以立根基競於外事虐用其民悉國之衆頓於堅城死者萬數載禍而歸此恪獲罪之日也昔子胥吳起商鞅樂毅皆見任時君主沒而敗通鑑而作猶史記伍子胥傳吳王闔廬召伍員謀國事吳以伍子胥孫武之謀西破彊楚北威齊晉南服越人闔廬死吳王夫差不聽子胥之諫乃使使賜子胥屬鏤之劍曰子以此死吳起傳吳起之楚楚悼王聞起賢至則相楚南平百越北并陳蔡卻三晉西伐秦諸侯患楚之彊楚之貴戚盡欲加害吳起及悼王死宗室大臣作亂而攻吳起吳起走之王尸而伏之擊起之徒因射吳起並中悼王商君傳商君相秦十年秦孝公卒秦發兵攻商君殺之於鄭黽池秦惠王車裂商君以徇曰莫如商鞅反者遂滅商君之家樂毅傳燕昭王以樂毅爲亞卿樂毅下齊七十餘城皆爲郡縣以屬燕會燕昭王死子惠王自爲太子時嘗不快於樂毅樂毅遂西降趙況

恪才非四賢而不慮大患其亡可待也胡三省曰張緝鄧艾皆料諸葛恪必誅緝死而艾存者緝附李豐而艾爲師用也然艾不死於師而死於昭者功名之際難居重以鍾會之構鬬也恪歸果見誅李光地曰料恪之審與蜀人張嶷同何焯曰觀艾之料恪則知王基之忠於司馬昭所謂撫恤上下以立根基者至言要略也曹爽固豚犢約於必敗然不興駱谷之役則民怨亦未起也遷兗州刺史正元元年殺兗州刺史李翼翼李豐弟也鄧艾繼李翼之後加振威將軍上言曰國之所急惟農與戰國富則兵彊兵彊則戰勝然農者勝之本也孔子曰足食足兵食在兵前也上無設爵之勸則下無財畜之功今使考績之賞在於積粟富民則交游之路絕浮華之原塞矣高貴鄉公即尊位進封方城亭侯趙一清曰水經河水注鄄城縣故城在河南十八里王莽之鄄良也沇州舊治魏武創業始自於此河上之邑最爲峻固城南有魏使持節征西將軍太尉方城侯鄧艾廟廟南有艾碑秦建元十二年廣武將軍沇州刺史關內侯安定彭超立弼按艾後封方城鄉侯進封鄧侯未封方城侯與水經注少異毌丘儉作亂遣健步齎書胡三省曰健步能疾走者今謂之急脚子又謂之快行子欲疑惑大衆艾斬之

兼道進軍先趣樂嘉城樂嘉見毌丘儉傳作浮橋司馬景王至遂據之文欽以後大軍後謂後至也破敗於城下艾追之至丘頭丘頭見王淩傳注欽奔吳吳大將軍孫峻等號十萬衆將渡江鎮東將軍諸葛誕遣艾據肥陽謝鍾英曰肥陽疑即肥水之北今壽州南芍陂北艾以與賊勢相遠非要害之地輒移屯附亭毛本移作以官本攷證曰附亭元本作陽亭趙一清曰附亭即黎漿亭也附近也移屯近此亭也謝鍾英曰附亭當與黎漿相近黎漿亭見諸葛誕傳遣泰山太守諸葛緒等於黎漿拒戰逐走之逐疑作遂其年徵拜長水校尉續百官志長水校尉一人比二千石掌宿衛兵如淳曰長水胡名也韋昭曰長水校尉典胡騎廄近長水故以爲名長水蓋中小水名以破欽等功進封方城鄉侯行安西將軍解雍州刺史王經圍於狄道郡國志涼州隴西郡狄道一統志狄道故城今甘肅蘭州府狄道州西南姜維退駐鍾提蜀志後主傳作鍾題胡三省曰鍾提當在羌中蜀之涼州界也謝鍾英曰鍾提當在狄道州西洮水西乃以艾爲安西將軍假節領護東羌校尉續百官志護羌校尉一人比二千石洪飴孫曰護東

羌校尉魏所置漢無此官議者多以爲維力已竭未能更出艾曰洮西之敗非小失也破軍殺將通鑑作士卒彫殘倉廩空虛百姓流離幾於危亡今以策言之彼有乘勝之勢我有虛弱之實一也彼上下相習五兵犀利管子曰蚩尤受盧山之金而坐五兵孔穎達曰步卒之五兵謂弓矢一殳二矛三戈四戟五也犀堅也古以犀兕爲甲故謂堅爲犀我將易兵新器仗未復二也馮本仗作杖誤胡三省曰將易艾自謂初代王經也兵新謂遣還洮西敗卒更差軍守也彼以船行吾以陸軍何焯校改軍作運勞逸不同三也胡三省曰言蜀船自涪戍白水可以上沮水由沮水入武都下辨自此而西北水路漸峻陿小舟猶可入也魏軍渡隴而西皆陸行狄道隴西南安祁山各當有守彼專爲一我分爲四四也從南安隴西因食羌穀若趣祁山熟麥千頃爲之縣餌通鑑作爲之外倉五也賊有黠數通鑑數作計其來必矣頃之維果向祁山聞艾已有備乃回從董亭趣南安水經注董亭在南安郡西南谷水歷其下東北注於渭謝鍾英曰董亭在今甘肅鞏昌府寧遠縣西南艾據武城

山以相持水經注渭水過豲道南豲道南安郡治也又東逕武城縣西武城川水入焉蓋以山名縣也一統志在今寧遠縣西南維與艾爭險不克其夜渡渭東行緣山趣上邽艾與戰於段谷郡國志涼州漢陽郡上邽三國魏因屬天水郡錢坫曰上邽故城今甘肅秦州東南四十里水經注上邽之南有段溪水杜佑曰秦州上邽縣有段谷水一統志段谷在秦州東南大破之甘露元年詔曰逆賊姜維連年狡黠民夷騷動西土不寧艾籌畫有方忠勇奮發斬將十數馘首千計國威震於巴蜀武聲揚於江岷今以艾爲鎮西將軍都督隴右諸軍事進封鄧侯分五百戶封子忠爲亭侯二年拒姜維於長城水經渭水注洛谷水出南山洛谷北流經長城西魏甘露三年（按本傳作二年）蜀遣姜維出洛谷圍長城即斯地也一統志長城在今陝西西安府盩厔縣南謝鍾英曰其地在芒水西駱谷水東維退還通鑑漢姜維率數萬人出駱谷時長城積穀甚多而守兵少征西將軍司馬望安西將軍鄧艾進兵據之以拒維維壁於芒水數挑戰望艾不應弼按本傳艾時爲鎮西將軍將軍制征鎮安平艾已爲鎮西不應降爲安西也通鑑誤遷征西將軍前後增邑凡六千六百戶景元三年又破維於

侯和維卻保沓中 侯和今甘肅洮洲廳南洮水之南詳見陳留王紀景元三年四年 四年秋詔諸軍征蜀大將軍司馬文王皆指授節度 晉書文帝紀帝將伐蜀乃謀衆曰自定壽春已來息役六年治兵繕甲以擬二虜略計取吳作戰船通水道當用千餘萬功此十萬人百數十日事也又南土下溼必生疾疫今宜先取蜀三年之後因巴蜀順流之勢水陸並進此滅虞定虢吞韓并魏之勢也計蜀戰士九萬居守成都及備他郡不下四萬然則餘衆不過五萬今絆姜維於沓中使不得東顧直指駱谷出其空虛之地以襲漢中彼若嬰城守險兵勢必散首尾離絕舉大衆以屠城散銳卒以略野劍閣不暇守險關頭不能自存以劉禪之闇而邊城外破士女內震其亡可知也征西將軍鄧艾以爲未有釁屢陳異議帝患之使主簿師纂爲艾司馬以喻之艾乃奉命 使艾與維相綴連雍州刺史諸葛緒要維令不得歸 晉書文帝紀使鄧艾自狄道攻姜維於沓中雍州刺史諸葛緒自祁山軍於武街絕維歸路 艾遣天水太守王頎等直攻維營 前漢天水郡後漢改曰漢陽郡魏復曰天水郡王頎見毌丘儉傳 隴西太守牽弘等邀其前 牽弘見牽招傳 金城太守楊欣等詣甘松 晉書楊欣作楊頎胡三省曰甘松本生羌之地張駿置甘松護軍乞伏國仁置甘松郡後魏時白水羌朝貢置甘松縣大和六年改置扶州隋改甘松爲嘉誠縣屬同昌郡唐武德初置松州取甘松嶺爲名且其地產甘松也杜佑曰甘松嶺江水發源之地甘松山在今交川郡境今臨洮和政郡之南及合川郡之地新唐書曰甘松山在洮水之西吐谷渾居山之陽吳熙載曰甘松今甘肅鞏昌府岷州南徼州祟路土司南甘松嶺此自狄道南循岷州洮州至甘松沓中也謝鍾英曰甘松今四川松潘廳西北三百里舊洮州之西南江源處 維聞鍾會諸軍已入漢中引退還欣等追躡於彊川口大戰維敗走 胡三省曰彊川口在彊臺山南彊臺山即臨洮之西傾山闕蹋曰彊水出陰平西北彊山一曰彊川姜維之還也鄧艾遣王頎追敗之於彊口即是地也吳熙載曰彊川今祥楚河即白水源也謝鍾英曰彊川在舊洮州西南之西傾山當和碩特前頭旗之東 聞雍州已塞道屯橋頭 蜀志姜維傳維表後主宜並遣張翼廖化督諸軍分護陽安關口陰平橋頭即此地也水經漾水注白水出臨洮縣西南西傾山東南逕陰平道故城南又東北逕橋頭昔姜維之將還蜀也雍州刺史諸葛緒邀之於此後期不及故維得保劍閣而鍾會不能入也杜佑曰陰平橋頭在文州界通志橋頭在文縣東南一里白水急流中有石二道就石立柱成橋長二十餘丈吳熙載曰橋頭在今甘肅階州文縣南白水上 從孔函谷入北道 孔函谷在今文縣西北 欲出雍州後諸葛緒聞之卻還三十里維入北道三十餘里聞緒軍卻尋還從橋頭過緒趣截維較一日不及 胡三省曰言較遲一日遂不及維也 維遂東引還守劍閣 華陽國志廣漢郡德陽縣有劍閣三十里至險有閣尉水經漾水注又東南逕小劍戍北西去大劍三十里連山絕險飛閣通衢故謂之劍閣也張載銘曰一人守險萬夫趑趄信然故李特至劍閣而歎曰劉氏有如此地而面縛於人豈不奴才也元和志大劍山亦曰梁山姜維拒鍾會於此又石新婦東北一里千人巖之南岸絕壁高數千丈即劍山之危峯見數百里外旁視衆嶺猶平地也巖下高百許丈有石壁紅色方如座席即張載勒銘處也方輿勝覽輿地廣記云山有小石門即秦時所開石牛道亦即鍾會伐蜀之路大劍雖號天險有阨塞可守崇墉之間徑路頗夷小劍鑿石架閣有不容越者寰宇記諸葛武侯相蜀於此立劍閣以大劍山至此有隘東之路故曰劍門吳熙載曰劍閣在今四川保寧府昭化縣南劍州西北 鍾會攻維未能克艾上言今賊摧折宜遂乘之從陰平由邪徑經漢德陽亭 御覽陰平下有江字陰平今甘肅階州文縣治胡三省曰前漢無德陽縣後漢志廣漢郡始有德陽縣蓋因漢故亭而置縣也自蜀分廣漢置梓潼郡之後劍閣縣屬梓潼德陽縣屬廣漢續漢志以爲德陽縣有劍閣今姜維守劍閣拒鍾會而鄧艾欲從德陽亭趣涪則此時分爲兩縣明矣然德陽亭亦非此時德陽縣治蓋前漢德陽亭故處也此道卽所謂陰平景谷道謝鍾英曰胡氏謂德陽亭卽德陽縣非是其地當在今四川緜州北江油之南蜀漢涪縣地吳熙載曰德陽在今四川緜州梓潼縣西北一統志德陽故城後漢初分梓潼縣置在今緜州梓潼縣北後移於今遂寧縣故廣漢界而廢舊縣爲亭卽魏景元四年鄧艾所經之漢德陽亭也蓋魏晉時廣漢之德陽尚存故謂此爲漢德陽也弼按胡三省明言德陽亭非德陽縣治謝氏殆未細審耳德陽亙見蜀志法正傳 趣

涪 胡三省曰趣七喻翻涪音浮 出劍閣西百里 百里御覽作四百里郡國志益州廣漢郡涪三國蜀改屬梓潼郡一統志涪縣故城今緜州東北舊州城東北五里通鑑胡注引陳壽曰涪去成都三百六十里 去成都三百餘里奇兵衝其腹心劍閣之守必還赴涪則會方軌而進劍閣之軍不還則應涪之兵寡矣軍志有之曰攻其不備出其不意今掩其空虛破之必矣冬十月艾自陰平道行無人之地七百餘里 李安溪曰蜀備之疎乃至於此雖欲不亡不可得也 鑿山通道造作橋閣 胡三省曰今隆慶府陰平縣北六十里有馬閣山峻峭崚嶒極爲艱險鄧艾軍行至此路不得通乃懸車束馬造作棧閣始通江油因名馬閣又自文州青塘嶺至龍州百五十里自北而南者右肩不得易所負謂之左擔路亦艾伐蜀路也據鍾會傳艾自漢德陽亭入江油左擔道則德陽亭蓋當馬閣山之路方輿紀要馬閣山在廢陰平縣北六十里廢陰平縣在龍安府東北五十里謝鍾英曰馬閣山在今四川龍安府城東北一百十里西與摩天嶺接當文縣東南 山高谷深至爲艱險又糧運將匱頻於危殆 通鑑頻作瀕 艾以氈自裹推轉而下將士皆攀木緣崖魚貫而進 胡三省曰山崖險隘單行相繼而進如貫魚然弼按承祚此傳敘艾

履險前進堅若卓絕情景如繪先登至江由通鑑由作油胡注江油今龍州江油縣地南至縣州二百餘里縣州古涪城也一統志今四川龍安府江油縣城東蜀守將馬邈降蜀衛將軍諸葛瞻自涪還緜竹胡三省曰緜竹縣屬廣漢郡今緜竹縣東北至緜州百餘里一統志緜竹縣自古爲由涪至成都必經之要道又爲涪江所經當在緜州德陽之閒方輿紀要緜竹故城今緜州德陽縣北三十五里蜀志諸葛瞻傳艾遣書誘瞻瞻斬艾使列陳待艾何焯曰艾軍入死地理無反顧而瞻不知憑城持重何哉韓慕廬曰緜竹之師宜堅守以挫其鋒艾遣子惠唐亭侯忠等出其右司馬師纂等出其左忠纂戰不利並退還曰賊未可擊艾怒曰存亡之分在此一舉何不可之有乃叱忠纂出將斬之宋本無出字北宋本出作等忠纂馳還更戰大破之斬瞻及尚書張遵等首進軍到雒胡三省曰雒縣屬廣漢郡西南至城都八十餘里鄒安僊曰雒縣故城今成都府漢州北劉禪遣使奉皇帝璽綬爲箋詣艾請降艾至成都禪率太子諸王及羣臣六十餘人面縛輿櫬詣軍門杜預曰面縛縛手於後唯見其面也櫬棺也示將受死後主時年四十八弼按當作五十八胡玉縉曰漢書項籍傳馬童面之如淳曰面謂不正視也師古曰如說非也面謂背之不面向也面縛亦謂反背而縛之杜元凱以爲但見其面非也按顏說是也此乃相反爲詁之例夏侯嬰傳面雍樹馳張歐傳爲涕泣面而封之皆是此義舊注不得其說顏俱正之艾執節通鑑執作持解縛焚櫬受而宥之通鑑作延請相見檢御將士無所虜略通鑑所作得綏納降附使復舊業蜀人稱焉承祚此傳深致讚美之辭輒依鄧禹故事承制拜禪行驃騎將軍太子奉車諸王駙馬都尉蜀羣司各隨高下拜爲王官或領艾官屬胡三省曰依鄧禹承制授隗囂故事也後艾由此得罪以師纂領益州刺史隴西太守牽弘等領蜀中諸郡使於緜竹築臺以爲京觀左傳宣公十二年潘黨曰君盍築武庫而收晉尸以爲京觀杜注積尸封土其上謂之京觀觀去聲用彰戰功士卒死事者皆與蜀兵同共埋藏艾深自矜伐謂蜀士大夫曰諸軍賴遭某宋本軍作君通鑑同故得有今日耳如遇吳漢之徒已殄滅矣吳漢破成都夷公孫述妻子放兵大掠焚述宮室又曰姜維自一時雄兒也與某相值故窮耳有

識者笑之十二月詔曰艾曜威奮武深入虜庭斬將搴旗梟其鯨鯢使僭號之主稽首係頸歷世逋誅一朝而平兵不踰時戰不終日雲徹席卷蕩定巴蜀雖白起破強楚史記白起傳白起郿人善用兵事秦昭王白起攻楚拔郢燒夷陵楚王亡去郢秦以郢爲南郡白起遷爲武安君韓信克勁趙史記淮陰侯傳韓信問計於廣武君廣武君曰成安君有百戰百勝之計一旦而失之軍敗鄗下身死泜上今將軍一舉而下井陘不終朝破趙二十萬衆誅成安君名聞海內威震天下此將軍之所長也吳漢禽子陽吳漢事見前公孫述字子陽亞夫滅七國漢書景帝紀三年吳王濞等七國反遣太尉周亞夫將兵擊之破七國計功論美不足比勳也其以艾爲太尉金石錄曰鄧艾碑額題魏使持節征西將軍方城侯鄧公之碑以詞考之碑蓋晉初立艾平蜀卽軍中拜太尉而碑但題爲征西將軍者疑尋被禍未嘗受命艾始封方城侯後改封鄧侯碑尚云方城侯何哉增邑二萬戶潘眉曰魏朝爵土無封二萬戶者宗室諸王惟任城王彰陳思王植曾封萬戶正始中曹爽封武安侯邑萬二千戶羣臣惟張魯以客禮閬中侯邑萬戶滿寵封昌邑侯前後增邑至九千六百戶艾同時鍾會破蜀進封縣侯增邑亦不過萬戶艾獨增邑二萬戶若非傳寫之誤則特典也（司馬氏爵土不在此例）沈家本曰艾先封鄧侯邑六千六百戶會封亭侯邑三百戶破蜀之功艾多於會會由亭侯超封縣侯邑萬戶艾不過增邑稍多耳未嘗厚於會不得以此爲疑封子二人亭侯各食邑千戶

袁子曰諸葛亮重人也而躁用蜀兵此知小國弱民難以久存也今國家一舉而滅蜀自征伐之功未有如此之速者也方鄧艾以萬人入江由之危險鍾會以二十萬衆留劍閣而不得進觀此數語平蜀實爲鄧艾一人之功當時尚有公論三軍之士已飢艾雖戰勝克將使劉禪數日不降則二將之軍難以反矣故功業如此之難也國家前有壽春之役後有滅蜀之勞百姓貧而倉廩虛故小國之慮在於時立功以自存大國之慮在於既勝而力竭成功之後戒懼之時也

艾言司馬文王曰兵有先聲而後實者漢初李左車以是說韓信艾祖其說以言於昭然左車之說用艾則見疑勢異故也今因平蜀之埶以乘吳吳人震恐席卷之時也然大舉之後

將士疲勞不可便用且徐緩之留隴右兵二萬人蜀兵二萬人煮鹽
興治爲軍農要用胡三省曰蜀有鹽井朱提出銀嚴道卭都出銅武陽南安臨卭汚陽皆出鐵漢置鹽官鐵官艾欲復其利弼按艾隨時隨事皆有經國遠猷竟爲鍾衛所忌慘死毒手千秋而下惜此美才並作舟船豫順流之事元本豫下有備字通鑑豫下有爲字
然後發使告以利害吳必歸化可不征而定也今宜厚劉禪以致孫
休安士民以來遠人若便送禪於京都吳以爲流徙則於向化之心
不勸宜權停留須來年秋冬比爾吳亦足平以爲可封禪爲扶風王
錫其資財供其左右郡有董卓塢董卓築塢於扶風郿縣爲之宮舍爵其子爲公
侯食郡內縣以顯歸命之寵何焯曰並封爵皆專自擬定宜乎讒言之得入開廣陵城陽以待
吳人胡三省曰開廣陵城陽爲王國以待孫休也廣陵屬徐州城陽屬青州蓋魏廣陵郡治淮陰故城城陽郡治莒二郡壤界實相接也弼按二郡實不相接胡氏說誤謝鍾英曰據吳志徐盛傳盛琅邪莒人則莒縣應屬琅邪胡氏謂爲城陽郡治誤則畏威懷德望風而從矣文

王使監軍衛瓘喻艾事當須報不宜輒行艾重言曰銜命征行奉指
授之策元惡既服至於承制拜假以安初附謂合權宜今蜀舉衆歸
命地盡南海胡三省曰南中之地東南帶海接於交阯東接吳會宜早鎮定若待國命往復
道途延引日月春秋之義大夫出疆有可以安社稷利國家專之可
也春秋公羊傳之言今吳未賓勢與蜀連不可拘常以失事機兵法進不求
名退不避罪孫子曰將之至任不可不察也進不求名退不避罪唯人是保而利於主國之寶也艾雖無古人之節
終不自嫌以損于國也或曰衛瓘之使計已不行且有見疑之心矣艾專行自如殊昧禍機惟其氣驕故不能審之耳李安溪曰艾驕甚矣昭之殺機生矣雖微會搆艾其能反乎弼按鍾會傳注引世語云會善效人書於劍閣要艾章表白事皆易其言是艾此書是否鍾會改竄不能無疑鍾
會胡烈師纂等皆白艾所作悖逆變釁以結以已古通詔書檻車徵艾事在景元五年正月卽咸熙元年此眞所謂敵國破謀臣亡也是時征西鎭西兩路進兵征西以萬人出奇平蜀鎭西以十餘萬衆阻於姜維留劍閣而不得進故忌征西專有其功師纂因戰不利幾爲艾所殺故同搆艾與田續報江由之辱一也

魏氏春秋曰艾仰天歎曰艾忠臣也一至此乎白起之酷復見於今日矣史記白起傳秦王使使者賜白起劍自裁武安君引劍將自剄曰我何罪于天而至此哉遂自殺武安君死非其罪秦人憐之鄉邑皆祭祀焉
艾父子既囚鍾會至成都先送艾然後作亂會已死艾本營將士追
出艾檻車迎還瓘遣田續等討艾遇於緜竹西斬之子忠與艾俱死
晉書衛瓘傳鄧艾鍾會之伐蜀也瓘持節監艾會軍事行鎭西軍司給兵千人蜀既平艾輒承制封拜會陰懷異志因艾專擅密與瓘俱奏其狀詔使檻車徵之會遣瓘先收艾會以瓘兵少欲令艾殺瓘因加艾罪瓘知欲危己然不可得而拒乃夜至成都檄艾所統諸將稱詔收艾其餘一無所問若來赴官軍爵賞如先敢有不出誅及三族比至雞鳴悉來赴瓘唯艾帳內在焉平旦開門瓘乘使者車徑入至成都殿前艾臥未起父子俱被執艾諸將圖欲刼艾整仗趣瓘營瓘輕出迎之僞作表章將申明艾事諸將信之而止又曰鄧艾本營將士復追破檻車出艾還向成都瓘自以與會共陷艾懼爲變又欲專誅會之功乃遣護軍田續至緜竹夜襲艾於三造亭斬艾及其子忠餘子在洛陽者悉誅徙艾妻子及孫於西域餘子悉誅下文段灼上疏云諸子

並斬宜紹封其孫可證通鑑作徙其妻及孫於西城與本傳作西域異胡注云西城縣屬魏興郡一統志西城故城今陝西興安府安康縣西北
漢晉春秋曰初艾之下江由也以續不進欲斬既而捨之及瓘遣續謂曰可以報江由
之辱矣杜預言於衆曰伯玉其不免乎胡三省曰衛瓘行鎭西軍司而杜預爲鎭西長史則爲同僚而軍事則瓘任之也瓘字伯玉弼按瓘爲監軍行鎭西軍司身爲名士位望已高既無德音又不御下以正謂激田續使報鄧艾而行其私也
是小人而乘君子之器將何以堪其責乎瓘聞之不候駕而謝宋本候作俟世語曰師
纂亦與艾俱死纂性急少恩死之日體無完皮
初艾當伐蜀夢坐山上而有流水以問殄虜護軍爰邵諸護軍無定員第六品
邵曰按易卦山上有水曰蹇蹇繇曰蹇利西南不利東北毛本北作南誤孔
子曰蹇利西南往有功也不利東北其道窮也往必克蜀殆不還乎
艾憮然不樂宋本元本監本吳本憮作撫誤晉書劉寔傳鍾會鄧艾之伐蜀也有客問寔曰二將其平蜀乎寔曰破蜀必矣而皆不還客問其故

笑而不答竟如其言劉寔事見王肅傳評

荀綽冀州記曰邵起自幹吏 幹吏見司馬芝傳 位至衛尉長子翰河東太守中子斂大司農少子倩字君幼寬厚有器局勤於當世歷位冀州刺史太子右衛率翰子兪字世都清貞貴素辯於論議採公孫龍之辭以談微理少有能名辟太尉府稍歷顯位至侍中中書令遷爲監　臣松之按蹇彖辭云蹇利西南往得中也不云有功下云利見大人往有功也

泰始元年晉室踐阼詔曰昔太尉王淩謀廢齊王而王竟不足以守位征西將軍鄧艾矜功失節實應大辟然被書之日罷遣人衆束手受罪比於求生遂爲惡者誠復不同今大赦得還若無子孫者聽使立後令祭祀不絕 寰宇記卷八十七遂州小溪縣鄧艾死葬此郡有祠存何焯曰王彥雲畏其爲厲鄧士載憐其被寃此蓋鄉人立良止之智也

三年議郎段灼上疏理艾曰 趙一清曰晉書段灼傳灼字休然敦煌人果直有才辯少仕州郡稍遷鄧艾鎭西司馬從艾破蜀有功封關內侯累遷議郎一清按鎭西當作征西 艾心懷至忠而荷反逆之名平定巴蜀而受夷滅之誅臣竊悼之惜哉言艾之反也艾性剛急輕犯雅俗不能協同朋類故莫肯理之臣敢言艾不反之狀昔姜維有斷隴右之志艾修治備守積穀彊兵值歲凶旱艾爲區種 吳士鑑晉書斠注云孫玉庭區種五種氾勝之遺書序曰世傳區田之法始於伊尹顧商周之世書多不傳傳者見於氾勝之農書漢藝文志農家氾勝之書十八篇留心民事講求實用於農政言之特詳故周禮草人疏稱漢時農書數家氾勝爲上隋唐二志並著于錄其時尙有傳本自唐以後遂至散佚蓋樹藝之術不講久矣 身被烏衣手執耒耜以率將士上下相感莫不盡力艾持節守邊所統萬數而不離僕虜之勞士民之役非執節忠勤孰能若此故落門段谷之戰以少擊多摧破彊賊先帝知其可任委艾廟勝授以長策艾受命忘身束馬縣車 解見毌丘儉傳 自投死地勇氣陵雲士衆乘勢使劉禪君臣面縛叉手屈膝艾功名以成當書之竹帛傳祚萬世七十老公反欲何求艾誠恃養育之恩心不自疑矯命承制權安社稷雖違常科有合古義原心定罪本在可論 此皆當日實錄 鍾會忌艾威名構成其事忠而受誅信而見疑頭縣馬市諸子幷斬見之者垂泣聞之者歎息陛下龍興闡弘大度釋諸嫌忌受誅之家不拘敍用昔秦民憐白起之無罪吳人傷子胥之寃酷皆爲立祠今天下民人爲艾悼心痛恨亦猶是也臣以爲艾身首分離捐棄草土宜收尸喪還其田宅以平蜀之功紹封其孫使闔棺定謚死無餘恨赦寃魂於黃泉收信義於後世葬一人而天下慕其行埋一魂而天下歸其義 何焯曰埋應作理上云莫肯理之是也 所爲者寡而悅者衆

矣 段灼此疏爲艾雪寃文亦可傳晉書灼傳載此疏較此爲詳然不如承祚刪節之簡絜今全錄於後灼上疏追理艾曰故征西將軍鄧艾心懷至忠而荷反逆之名平定巴蜀而受三族之誅臣竊悼之惜哉言艾之反也以艾性剛急矜功伐善而不能協同朋類輕犯雅俗失君子之心故莫肯理之臣敢昧死言艾所以不反之狀艾本屯田掌犢人宣皇帝拔之於農吏之中顯之於宰府之職處內外之官據文武之任所在輒有名績固足以明宣皇帝之知人矣會值洮西之役官兵失利刺史王經困於圍城之中當爾之時二州危懼隴右懍懍幾非國家之有也先帝以爲深憂重慮思惟可以安邊殺敵莫賢於艾故受之以兵馬解狄道之圍圍解留屯上邽承官軍大敗之後士卒破膽將吏無氣倉庫空虛器械殫盡艾欲積穀彊兵以待有事是歲少雨又爲區種之法手執耒耜率先將士所統萬數而身不離僕虜之勞親執士卒之役故落門段谷之戰能以少擊多摧破彊賊斬首萬計遂委艾以廟勝成圖指授長策艾受命忘身龍驤麟振前無堅敵蜀地阻險山高谷深而艾步乘不滿二萬束馬懸車自投死地勇氣陵雲將士乘勢故能使劉禪震怖君臣面縛軍不踰時而巴蜀蕩定此又固足以彰先帝之善任矣艾功名已成亦當書之竹帛傳祚萬世七十老公復何所求哉艾以禪初降遠郡未附矯命承制權安社稷雖違常科有合古義原心定罪事可詳論故鎮西將軍鍾會有吞天下之心恐艾威名知必不同因其疑似構成其事艾被詔書卽遣彊兵束身就縛不敢顧望誠自知奉見先帝必無當死之理也會受誅之後艾參佐官屬部曲將吏愚戇相聚自共追艾破壞檻車解其囚執艾在困地是以狼狽失據夫反非小事若懷惡心卽當謀及豪傑然後乃能興動大衆不聞艾有腹心一人臨死口無惡言獨受腹背之誅豈不哀哉故見之

者垂涕聞之者歎息此賈誼所以慷慨於漢文天下之事可爲痛哭者良有以也陛下龍興闡弘大度受誅之家不拘敍用聽艾立後祭祀不絕昔秦人憐白起之無罪吳人傷子胥之冤酷皆爲之立祠天下之人爲艾悼心痛恨亦由是也謂可聽艾門生故吏收艾尸柩歸葬舊墓還其田宅以平蜀之功繼封其後使艾闔棺定謚死無所恨赦冤魂於黃泉收信義於後世則天下徇名之士思立功之臣必投湯火樂爲陛下死矣九年詔曰艾有功勳受罪不逃刑而子孫爲民隸馮本民作萌朕常愍之其以嫡孫朗爲郎中艾在西時修治障塞築起城塢泰始中羌虜大叛頻殺刺史涼州道斷吏民安全者皆保艾所築塢焉何焯曰史家於艾有餘惜弼按設艾不死其所造於蜀必多平吳之舉亦不俟後人矣

世語曰咸寧中積射將軍樊震爲西戎牙門趙一清曰宋百官志有積射將軍不言建置之由續志無之當是魏晉間置得見辭武帝問震所由進震自陳曾爲鄧艾伐蜀時帳下將帝遂尋問艾震具申艾之忠言之流涕蜀志諸葛亮傳注引漢晉春秋云給事中樊建對晉武帝曰天下之論皆謂鄧艾見枉先是以艾孫朗爲丹水令由此遷爲定陵令晉書地理志荊州順陽郡丹水豫州襄城郡定陵李兆洛曰丹水今河南南陽府淅川縣西定陵今南陽府舞陽縣北十

五里次孫千秋有時望光祿大夫王戎辟爲掾永嘉中朗爲新都太守未之官在襄陽失火朗及母妻子舉室燒死惟子韜子行得免千秋先卒二子亦燒死何焯曰信乎爲將者道家所忌上云惟子韜子行得免下云二子亦燒死艾之後人罹於火禍非一次矣錢儀吉曰二子言千秋二子與韜行無涉趙一清曰艾以一朝而滅四百餘年之漢祚其得此酷報天道之昭彰也

艾州里時輩南陽州泰亦好立功業善用兵官至征虜將軍假節都督江南諸軍事景元二年薨追贈衞將軍謚曰壯侯州泰事見王昶王基傳

世語曰初荊州刺史裴潛潛爲荊州刺史在黃初時見潛傳以泰爲從事司馬宣王鎭宛潛數遣詣宣王由此爲宣王所知及征孟達司馬懿屯宛及征孟達俱在太和元年泰又導軍遂辟泰泰頻喪考妣祖九年居喪宣王留缺待之至三十六日擢爲新城太守新城郡屬荊州蜀志劉封傳孟達降魏文帝合房陵上庸西城三郡以達領新城太守又見文帝紀延康元年注宣王爲泰會使尚書鍾繇調泰御覽繇作毓陳浩曰鍾繇已卒於太和四年疑調泰者當是鍾毓何焯曰檢毓傳正元中乃爲尚書齊王初方官黃門侍郎世語當是稱其後來所歷之職若當泰典郡時毓已先踐八座恐不得屈滯相嘲矣世語所記疑其不實錢大昕曰陳景雲云宣王擢泰守新城當在輔少帝筦朝政之時鍾繇前卒已久御覽作鍾毓亦非毓正元中爲尚書泰典郡時毓已先踐八座不得以屈滯相嘲當是尚書郎鍾會會正始中爲尚書郎資名尚淺故得以栖遲下仕排之也弼按泰從司馬懿征孟達在太和初除去居喪九年適在青龍之際是泰典郡時毓尚未踐八座也作毓作會俱可通君釋褐登宰府三十六日擁麾蓋守兵馬郡御覽郡上有典字乞兒乘小車一何駛乎泰曰誠有此君名公之子少有文采故守吏職獼猴騎土牛又何遲也衆賓咸悅後歷兗豫州刺史所在有籌算績效州泰甘露四年鎭襄陽見晉書文帝紀

鍾會字士季潁川長社人長社見鍾繇傳太傅繇小子也梁章鉅曰按注黃初六年會始生繇已老矣小子當作少子弼按黃初六年繇年已七十五矣尚納正嫡賈氏會生母張夫人時年二十六歲繇死於太和四年年八十時會已五歲繇猶及見之也少敏慧夙成

會爲其母傳曰會母張夫人傳當爲會集中之一篇夫人張氏字昌蒲太原茲氏人郡國志幷州太原郡茲氏三國魏因改屬西河爲郡治一統志茲氏故城今山西汾州府汾陽縣治太傅定陵成侯之命婦也繇傳明帝卽位進封繇定陵侯遷太傅太和四年薨謚曰成侯世長吏二千石夫人少喪父母克成侯家宋本元本馮本監本克作允吳本毛本作克修身正行非禮不動爲上下所稱述貴妾孫氏攝嫡專家趙一清曰會母庶也孫夫人也繇寵庶出嫡而更納賈氏乃以二母忿爭之故斥孫氏爲貴妾何妄誕邪繇素有明德而於倫理背繆如此傳所爲深山大澤必生龍蛇果由會謀叛赤族哀哉晉書禮志漢魏故事王公羣妾見於夫人夫人不答拜嫡庶之分其嚴如此心害其賢數讒毀無所不至孫氏辯博有智巧言足以飾非文過宋本元本馮本監本文作成吳本毛本作文毛本非作其誤然竟不能傷也及妊娠愈更嫉妒乃置藥食中夫人中食覺而吐之瞑眩者數日或曰何不向公言之答曰嫡庶相害破家危國古今以爲鑒誡假如公信我衆誰能明其事彼以心度我謂我必言固將先我事由彼發顧不快邪遂稱疾不見孫氏果謂成侯曰妾欲其得男故飲以得男之藥反謂毒之成侯曰

得男欒佳事闇於食中與人非人情也遂訊侍者具服孫氏由是得罪出御覽四百五十七王
朗與鍾繇書朗白近聞室人孫氏歸或曰大歸也共經憂樂既久矣曷爲一旦離析以至于歸而不反乎不得面談裁書敘心成侯問夫人何能
不言夫人言其故成侯大驚益以此賢之黄初六年生會恩寵愈隆成侯既出孫氏更
納正嫡賈氏臣松之按鍾繇于時老矣而方納正室蓋禮所云宗子雖七十無無主
婦之義也魏氏春秋曰會母見寵於繇繇爲之出其夫人卞太后以爲言文帝詔繇
復之繇恚憤將引鴆弗獲餐椒致噤帝乃止
中護軍蔣濟著論謂觀其眸子足以知人會年五歲繇遣見濟濟甚
異之曰非常人也御覽作濟大奇之也下有賜官郎中四字及壯有才數技藝而博學書斷云會
善書有父書美兼行草尤工隸書逸致飄然有凌雲之志韋續九品書鍾會八分在上下弼按會後僞爲全輝全儀作書又僞作鄧艾章表白事皆由於善書精
練名理以夜續晝由是獲聲譽正始中以爲秘書郎遷尚書中書侍

郎
世語曰司馬景王命中書令虞松作表虞松事見齊王紀嘉平五年注引漢晉春秋又見高貴鄉公紀甘露元年注引魏氏
春秋再呈輒不可意命松更定以經時以已通松思竭不能改心苦之宋本苦作存形於顏
色會察其有憂問松宋本元本問松下有王所能三字各本均無之當爲下文有此三字之誤松以實答會取視爲定
五字松悅服以呈景王王曰不當爾邪誰所定也松曰鍾會向亦欲啟之會公見問不
敢饕其能王曰如此可大用可令來會問松王所能松曰博學明識無所不貫會乃絕
賓客精思十日平旦入見至鼓二乃出出後王獨拊手歎息曰此眞王佐才也宋本才作材
松字叔茂陳留人也宋本元本無也字九江太守邊讓外孫松弱冠有才從司馬宣王征
遼東宣王命作檄晉書宣帝紀有告公孫淵檄文當爲松作及破賊作露布松從還宣王辟爲掾時年二
十四遷中書郎遂至太守侯康曰竇臮述書賦注曰叔茂終魏中書令大司農松子濬字顯弘晉廷尉臣

松之以爲鍾會名公之子聲譽夙著弱冠登朝已歷顯位宋本位作仕景王爲相局本王作正誤
何容不悉而方於定虞松表然後乃蒙接引乎設使先不相識但見五字而便知可大
用雖聖人其猶病諸而況景王哉
高貴鄉公卽尊位賜爵關內侯毌丘儉作亂大將軍司馬景王東征
會從典知密事衞將軍司馬文王爲大軍後繼景王薨於許昌文王
總統六軍會謀謨帷幄時中詔勅尚書傅嘏胡三省曰詔自中出上意也是時詔命皆以司馬氏之意
行之此詔出於禁中之意故曰中詔以東南新定權留衞將軍屯許昌爲內外之援令嘏
率諸軍還會與嘏謀使嘏表上輒與衞將軍俱發還到雒水南屯住
於是朝廷拜文王爲大將軍輔政晉書文帝紀毌丘儉文欽之亂大軍東征帝兼中領軍留鎭洛陽及景帝疾篤
帝自京都省疾拜衞將軍景帝崩天子命帝鎭許昌尚書傅嘏帥六軍還京師帝用嘏及鍾會策自帥軍而還至洛陽進位大將軍加侍中都督中外諸軍錄尚書事輔

政弼按傅嘏鍾會之策誠忠於司馬氏兵權在握居中扼要篡奪之事成矣又按本志傅嘏傳嘏與司馬文王徑還洛陽文王遂以輔政鍾會由是有自矜色嘏戒之曰
子志大其量而勳業難爲也可不愼哉會遷黃門侍郎封東武亭侯會父繇初亦封此邑三百戶
甘露二年徵諸葛誕爲司空時會喪寧在家策誕必不從命馳白文
王文王以事已施行不復追改
會時遭所生母喪其母傳曰夫人性矜嚴明於教訓會雖童稚勤見規誨年四歲授孝
經七歲誦論語八歲誦詩十歲誦尚書十一誦易十二誦春秋左氏傳國語十三誦周
禮禮記十四誦成侯易記此似漢魏間讀書分年課程世說言語篇注鍾繇爲周易訓姚振宗曰易記疑記爲說訓注等字之譌十
五使入太學問四方奇文異訓謂會曰學猥則倦倦則意怠吾懼汝之意怠故以漸訓
汝今可以獨學矣雅好書籍涉歷衆書特好易老子張夫人特好周易老子殆與鍾元常同好每讀易孔
子說鳴鶴在陰勞謙君子籍用白茅不出戶庭之義每使會反覆讀之曰易三百餘爻

仲尼特說此者以謙恭慎密樞機之發行已至要榮身所由故也順斯術已往足爲君子矣正始八年會爲尚書郎時會年二十三歲夫人執會手而誨之曰汝弱冠見敘人情不能不自足則損在其中矣勉思其戒是時大將軍曹爽專朝政日縱酒沈醉會兄侍中毓馮本毓作統誤宴還言其事夫人曰樂則樂矣然難久也居上不驕制節謹度然後乃無危溢之患今奢僭若此非長守富貴之道嘉平元年車駕朝高平陵水經注大石山在洛陽南山阿有魏明帝高平陵會爲中書郎從行相國宣文侯始舉兵相國宣文侯司馬懿也衆人恐懼而夫人自若中書令劉放劉放各本均作劉表誤官本已改正侍郎衛瓘夏侯和等家皆怪問夫人一子在危難之中何能無憂答曰大將軍奢僭無度吾常疑其不安太傅義不危國必爲大將軍舉耳吾兒在帝側何憂聞且出兵聞且一作且聞無他重器其勢必不久戰果如其言一時稱明會歷機密十餘年頗豫政謀夫人謂曰昔范氏少子爲趙簡子設伐邾之計監本趙作越誤列女傳范獻子之三子遊於趙氏趙簡子乘馬園中園中多株問三子曰柰何長者曰明君不問不爲亂君不問而爲中者曰愛馬足則無愛民力愛民力則無愛馬足少者曰可以三德使民設令伐株於山將有馬爲也已而開囿示之株夫山遠而囿近是民說一矣去險阻之山而伐平林之株民說二矣既畢而賤賣民說三矣簡子從之民果大說少子伐其謀歸以告母母喟然歎曰終滅范氏者必是子也夫伐功恃勞鮮能布仁乘僞行詐莫而久長其後智伯滅范氏弼按據此則邾當作株作邾誤事從民悅可謂功矣然其母以爲乘僞作詐末業鄙事必不能久其識本深遠非近人所言吾常樂其爲人汝居心正吾知免矣監本免作勉古亦通但當修所志以輔益時化不忝先人耳常言人誰能皆體自然但力行不倦抑亦其次雖接鄙賤必以言信取與之閒分畫分明或問此無乃小乎答曰君子之行皆積小以致高大若以小善爲無益而弗爲此乃小人之事耳希通慕大者吾所不好會自幼少衣不過青紺親營家事自知恭儉然見得思義臨財必讓會前後賜錢帛數百萬計悉送供公家之用一無所取年五十有九甘露二年二月暴疾薨比葬天子有手詔命大將軍高都侯厚加賵贈大將軍高都侯司馬昭也晉書文帝紀甘露二年進封高都公喪事無巨細一皆供給議者以爲公侯有夫人有世婦有妻有妾所謂外命婦也依春秋成風定姒之義左傳文公四年冬夫人風氏薨五年春王使榮叔歸含且賵三月葬我小君成風杜注成風莊公妾僖公母風姓也成謚也天子以夫人禮賵之明母以子貴也程子曰自成風以後妾母稱夫人嫡妾亂矣又曰天子成妾母爲夫人亂倫之甚左傳襄公四年秋七月夫人姒氏薨八月葬我小君定姒杜注姒氏成公妾襄公母姒杞姓定謚也赴同祔姑反哭成喪皆以正夫人禮母以子貴宜崇典禮不得總稱妾名於是稱成侯命婦殯葬之事有取於古制禮也

及誕反車駕住項文王至壽春項壽春均見諸葛誕傳會復從行初吳大將全琮孫權之婚親重臣也吳志全琮傳黃龍元年尚公主琮子懌孫靜從子端翩緝等宋本元本吳本毛本緝作諿疑誤胡玉縉曰詩巷伯緝緝翩翩語非美詞翩緝未必取義於此緝宋元各本作諿恐或不誤唐書宰相世系表有唐諿字衷潔全氏命意或亦同於唐歟廣韻有諿字訓和也趙一淸曰端字當在懌字下吳志全夫人傳全懌全端全禕全儀等降魏諸葛誕傳亦作全懌全端可證下文懌兄子輝即是全禕晉書文帝紀亦作禕又吳志孫靜子姪無名翩緝者晉紀作孫彌孫奠二人皆靜次子璲之子故以孫系祖若其從子則彼祖父自有名字何緣稱靜也晉書爲得弼按趙說誤此傳所言孫靜者謂全琮之孫名靜也從子端翩緝者謂全琮之從子也趙氏誤以孫靜之孫爲姓遂穿鑿不可通又誤以端爲琮子遂謂端字當在懌字下此皆未細閱上下文遂有此誤按吳志全琮傳琮尚公主子懌嗣救諸葛誕於壽春出城先降懌兄子禕儀靜等亦降魏是靜爲琮孫可證又按晉書文帝紀全懌母孫權女也得罪於吳全端兄子禕及儀奉其母來奔儀兄靜時在壽春用鍾會計作禕儀書以誘靜靜兄弟五人帥其衆來降此又可爲孫靜之孫非姓之證錢儀吉亦謂東潛此設大誤通鑑全懌兄子輝儀在建業胡注輝儀懌兄全緒之二子輝一作禕此與吳志全夫人傳合通鑑全靜作全靖誤三國志證聞全端作全湍誤皆將兵來救誕懌兄子輝儀留建業與其家內爭訟攜其母將部曲數十家渡江自歸文王會建策密爲輝儀作書使輝儀所親信齎入城告懌等說吳中怒懌等不能拔壽春欲盡誅諸將家故逃來歸命懌等恐懼遂將所領開東城門出降皆蒙封寵詔拜懌平東將軍封臨湘侯端等封拜各有差城中由是乖離壽春之破會謀居多親待日隆時人謂之子房軍還遷爲太僕固辭不就以中郎在大將軍府管記室事爲腹心之任會固辭太

僕而管記室蓋籌畫幃幄參與機要厥後鄧艾被收自謂洞悉底蘊無所忌憚而不料子上之自將兵十萬屯長安也以討諸葛誕功進爵陳侯屢讓不受詔曰會典綜軍事參同計策料敵制勝有謀謨之勳而推寵固讓辭指款實前後累重志不可奪夫成功不處古人所重其聽會所執以成其美遷司隷校尉雖在外司時政損益當世與奪無不綜典宋本典作與嵇康等見誅皆會謀也嵇康被誅事詳見王粲傳注文王以蜀大將姜維屢擾邊陲料蜀國小民疲資力單竭欲大舉圖蜀惟會亦以爲蜀可取豫共籌度地形考論事勢景元三年冬以會爲鎭西將軍假節都督關中諸軍事文王勑青徐兖豫荆揚諸州並使作船又令唐咨作浮海大船外爲將伐吳者四年秋乃下詔使鄧艾諸葛緒各統諸軍三萬餘人艾趣甘松沓中甘松沓中均見鄧艾傳連綴維緒趣武

街橋頭文選李善注引魏志作趣武街高樓橋頭見鄧艾傳吳熙載曰武街今甘肅階州成縣此自西和經成縣至文縣也洪亮吉曰武都郡下辯漢舊縣有武街橋謝鍾英曰司馬昭使諸葛緒出徑道由祁山自武街卽從武街西南走橋頭武街今成縣治橋頭今文縣治東南跨白水上是武街與橋頭劃然兩地無所謂武街橋者洪氏蓋誤絕維歸路會統十餘萬衆分從斜谷駱谷入一統志斜谷在陝西鳳翔府郿縣西南駱谷在西安府盩厔縣西南史記貨殖傳巴蜀四塞然棧道千里唯褒斜綰轂其口宋李子文蜀鑑斜谷在郿縣南谷中皆穴山架木而行郿縣志斜谷在縣西南三十里入谷口二百二十里抵鳳縣界出連雲棧復百五十里出谷抵褒城長四百七十里寰宇記駱谷道漢魏舊道也南通蜀漢近代廢塞唐武德七年復開東北自鄠縣界西南徑盩厔縣又西南入駱谷出谷入洋州興勢縣界地理通釋駱谷在長安西南二百里谷長四百二十里方輿紀要儻駱道南口曰儻在洋縣北三十里北口曰駱在盩厔縣西南百二十里斜谷見武紀建安二十四年又見曹眞傳駱谷見陳留王紀景元四年又見曹爽傳先命牙門將許儀在前治道會在後行而橋穿馬足陷於是斬儀儀者許褚之子有功王室猶不原貸趙一清曰斯時晉已有代魏之勢曹氏子孫且不足存何況其功臣苗裔邪會蓋借儀以立威耳諸軍聞之莫不震竦毛本竦作悚蜀令諸圍皆不得戰退還漢樂二城守通鑑魏明帝太和三年諸葛亮築漢城於沔陽築樂城於城固胡三省曰沔陽城固二縣皆屬漢中郡水經注沔水逕白馬戍城南城卽陽平關也又東逕武侯壘南諸葛武侯所居也又東逕沔陽故城南城南對定軍山又東過南鄭縣又東過城固縣南如此則漢城在南鄭西樂城在南鄭東也謝鍾英曰漢城今陝西漢中府沔縣東南樂城今漢中府城固縣漢樂二城互見蜀志後主傳建興七年魏興太守劉欽趣子午谷三秦記長安正南山名秦嶺谷名子午顏師古曰子北方也午南方也言通南北道相當故謂之子午今京城直南山有谷通梁漢道名子午谷方輿紀要子午谷南口在今漢中府洋縣東一百六十里北口在西安府南百里谷長六百六十里謝鍾英曰在今鎭安寧陝閒諸軍數道平行至漢中蜀監軍王含守樂城護軍蔣斌守漢城兵各五千會使護軍荀愷前將軍李輔各統萬人愷圍漢城晉書文帝紀又使部將易愷攻蔣斌於漢城此作護軍荀愷未知孰是輔圍樂城會徑過西出陽安口趙一清曰陽安口卽陽平關亦曰陽安關水經沔水注謂之濜口城以西帶濜水故名弼按一統志云古陽平關卽白馬城在沔縣界今陽平關乃古陽安關地在寧羌州西北一百里關城東西徑二里南倚雞公山北傍嘉陵江明統志以爲卽古陽平關誤案據此則趙說亦誤陽平關見武紀建安二十年謝鍾英曰法正傳魚復關頭益州禍福之門一名陽安關口姜維傳表請護陽安關口又名關城鍾會傳使護軍胡烈攻破關城亦名關王平傳賊若得關便爲深禍凡四易名皆係一地

弼按謝說少誤詳見法正傳魚服與關頭本兩地遣人祭諸葛亮之墓一統志漢諸葛武侯墓在漢中府沔縣南定軍山蜀志亮遺命葬定軍山弼按鍾會至涪祭蔣琬之墓雖云景仰前賢亦藉收攬人心使護軍胡烈等行前攻破關城關城卽陽安關見上晉書文帝紀會直指陽安護軍胡烈攻陷關城得庫藏積穀姜維自沓中還至陰平合集士衆欲赴關城未到聞其已破退趣白水吳熙載曰此在階州者謝鍾英曰水經白水出西傾山今上源曰祥淁河經階州文縣至昭化會西漢水維退趣白水當在今四川保寧府昭化縣西南與蜀將張翼廖化等合守劍閣拒會劍閣見鄧艾傳會移檄蜀將吏士民曰往者漢祚衰微率土分崩生民之命幾於泯滅太祖武皇帝神武聖哲撥亂反正拯其將墜造我區夏高祖文皇帝應天順民受命踐阼烈祖明皇帝奕世重光恢拓洪業然江山之外異政殊俗率土齊民未蒙皇化此三祖所以顧懷遺恨也文選皇化作王化遺恨作遺志宋本皇作王今主上聖德欽明紹隆前緒宰輔忠肅明允

劬勞王室李善曰文帝爲魏高祖明帝爲魏烈祖主上陳留王奐也宰輔司馬文王也布政垂惠而萬邦協和施德百蠻而肅愼致貢張銑曰肅愼國名致貢謂貢楛矢石砮也悼彼巴蜀獨爲匪民愍此百姓勞役未已是以命授六師龔行天罰征西雍州鎭西諸軍五道並進呂延濟曰征西將軍鄧艾出甘松沓中二道雍州刺史諸葛緒出高樓武街二道鎭西將軍鍾會出駱谷二道合成五道也弼按鄧艾諸葛緒統三萬餘衆艾趣甘松沓中爲一道諸葛緒趣武街橋頭爲一道鍾會統十餘萬衆分從斜谷駱谷入爲二道魏興太守劉興趣子午谷爲一道合爲五道也蓋經甘松沓中者本爲一道之兵不得分爲二道經武街橋頭者亦然呂說誤古之行軍以仁爲本以義治之王者之師有征無戰故虞舜舞干戚而服有苗周武有散財發廩表閭之義今鎭西奉辭銜命攝統戎重文選重作車庶弘文告之訓以濟元元之命毛本命作美誤非欲窮武極戰以快一朝之政文選政作志故略陳安危之要其敬聽話言益州先主以命世英才興兵朔野文選朔作新誤困躓冀徐之郊制命

紹布之手馮本紹作維誤太祖拯而濟之與隆大好文選與作興中更背違棄同即異諸葛孔明仍規秦川胡三省曰關中之地沃野千里秦之故國謂之秦川又曰秦地四塞以爲固渭水貫其中渭川左右沃壤千里世謂之秦川姜伯約屢出隴右姜維字伯約勞動我邊境侵擾我氐羌方國家多故未遑修九伐之征也周禮以九伐之法正邦國今邊境乂淸方內無事蓄力待時幷兵一向孫子兵法曰并敵一向千里殺將而巴蜀一州之衆分張守備難以禦天下之師段谷侯和沮傷之氣毛本侯作候誤段谷侯和俱見鄧艾傳難以敵堂堂之陣比年以來曾無寧歲征夫勤瘁難以當子來之民此昔諸賢所親見也蜀相壯見禽於秦宋本壯作牡文選蜀相壯作蜀侯潘眉曰牡當作壯史記秦本紀有蜀相壯徐廣曰一作狀嚴可均曰史記索隱言蜀王開此作相牡者戰國策使陳莊相蜀牡與莊形近疑陳莊相蜀遂據蜀後見禽於秦也史記及華陽國志皆不言未知其審梁章鉅曰史記秦本紀相壯殺蜀侯來降姜皋曰秦策云起兵伐蜀十月取之遂定蜀蜀主更號爲侯而使陳莊相蜀是莊之相秦所使而蜀侯更號未嘗見禽也華陽國志陳壯反殺蜀侯通國秦遣甘茂張儀司馬錯伐蜀誅壯是壯未嘗來蜀侯且先見殺也壯莊古通而皆與史記異公孫述授首於漢九州之險是非一姓此皆諸賢所備聞也明者見危於無形智者窺禍於未萌宋本窺作規文選窺禍作規福是以微子去商長爲周賓陳平背項立功於漢豈晏安酖毒文選酖作鴆懷祿而不變哉今國朝隆天覆之恩宰輔弘寬恕之德先惠後誅好生惡殺往者吳將孫壹舉衆內附位爲上司寵秩殊異孫壹爲江夏太守降魏魏以壹爲車騎將軍封吳侯文欽唐咨爲國大害叛主讎賊還爲戎首咨困逼禽獲欽二子還降皆將軍封侯咨與聞國事文選與作豫文欽唐咨見諸葛誕傳壹等窮踧歸命猶加盛寵文選盛作上況巴蜀賢知見機而作者哉誠能深鑒成敗邈然高蹈投跡微子之蹤錯身陳平之軌錯與措同則福同古人慶流來裔百姓士民安堵舊業文選舊作樂農不易畝市不回肆呂氏春秋曰桀爲無

道湯立爲天子夏民大悅農不去疇商不變肆去累卵之危就永安之福文選福作計豈不美與若偷安旦夕迷而不反大兵一發文選發作放玉石皆碎雖欲悔之亦無及已其詳擇利害自求多福各具宣布咸使聞知鄧艾追姜維到陰平簡選精銳欲從漢德陽入江由左儋道詣緜竹漢德陽江由緜竹左擔道俱見鄧艾傳方輿紀要七十三晉移德陽而南因謂之曰漢德陽潘眉曰陽下當有亭字鄧艾傳經漢德陽亭趣涪道一淸曰漢德陽即漢德陽亭也詳蜀志張裔傳方輿紀要卷七十三龍安府江油縣漢爲陰平道蜀漢置江油成左擔山在府東百八十里鄧艾伐蜀路經江油因山高江險脩鑿棧閣以通擔負今七里閣是也趣成都與諸葛緒共行緒以本受節度邀姜維西行非本詔遂進軍前向白水白水見前與會合會遣將軍田章等從劍閣西徑出江由未至百里章先破蜀伏兵三校艾使章先登官本登作發遂長驅而前會與緒軍向劍閣吳本毛本緒作諸何焯曰如此則會亦預有其功但使瞻等不敗艾行危地必致飢疲維拒劍閣會莫能前迄於無功耳會欲專軍勢密白

緒畏懦不進檻車徵還軍悉屬會按百官名緒入晉爲太常崇禮衛尉子沖廷尉 荀綽兗州記曰沖子佺宋本佺作詮下同官本作銓字德林玫字仁林並知名顯達佺兗州刺史玫侍中御史中丞晉書后妃傳諸葛夫人傳諸葛夫人名婉父沖字茂長廷尉卿婉以泰始九年春入宮兄銓字德林散騎常侍銓弟玫字仁林侍中御史中丞玫婦弟周穆清河王覃之舅也永嘉初穆與玫勸東海王越廢懷帝立覃越怒遂斬玫及穆

進攻劍閣不克引退蜀志姜維傳姜維廖化張翼董厥合皆還保劍閣以拒會列營守險會不能克糧運縣遠將議還歸蜀軍保險拒守艾遂至緜竹大戰斬諸葛瞻維等聞瞻已破率其衆東入于巴胡三省曰巴卽巴中也吳熙載曰巴疑巴西巴西今四川保寧府閬中縣獨按東字疑南字之誤巴西郡在劍閣之南蜀志姜維傳於是引軍由廣漢郪道以審虛實爲維向西南退兵之證下文從涪南出衛其腹又云西塞成都之路爲會向西南進兵之證會乃進軍至涪遣胡烈田續龐會等追維艾進軍向成都劉禪詣艾降遣使敕維等令降于

會維至廣漢郪縣郪縣故城在今四川潼川府三臺縣南胡三省曰郪縣屬廣漢郡劉昫曰梓州飛烏縣漢郪縣地隋取飛烏山以名縣師古曰郪音妻又音千私翻趙一清曰寰宇記卷八十二漢郪道縣城在梓州郪縣西方輿紀要卷七十一中江縣在潼川州西百二十里漢郪縣地屬廣漢郡三國漢析置伍城縣華陽國志漢時立倉於此發五萬人尉部主之令兵悉放器仗送節傳於胡烈便從東道詣會降會上言曰賊姜維張翼廖化董厥等逃死遁走欲趣成都臣輒遣司馬夏侯咸護軍胡烈等經從劍閣宋本經作徑出新都大渡截其前郡國志益州廣漢郡新都方輿紀要故城今成都府新都縣東二里趙一清曰方輿紀要六十六大渡河出雅州西北生羌界一名沫水水經注南安縣有濛水卽大渡河通釋云大渡河一名羊山江羊一作陽流經嘉定州城東南入大江謝鍾英曰時姜維已至郪縣會恐維西向成都故遣兵截新都大渡疑卽新都東中江渡處非大渡河也馬與龍曰當卽王忳傳之大度亭弼按趙說誤後漢書獨行傳王忳廣漢新都人縣署大度亭長沈欽韓云方輿勝覽大度亭今金堂縣屬成都府參軍爰彰錢大昭曰爰彰疑卽爰劭之子倩倩字君幼見荀綽冀州記趙一清曰爰彰乃殄虜護軍爰邵之子見鄧艾傳注引荀綽冀州記將軍句安等躡其後參軍皇甫闓將軍王買等從涪南出衝其腹臣據涪縣爲東西勢援維等所統步騎四五萬人擐甲厲兵塞川塡谷數百里中首尾相繼憑恃其衆方軌而西臣勑咸闓等令分兵據勢廣張羅罔南杜走吳之道西塞成都之路北絕越逸之徑四面雲集首尾並進蹊路斷絕走伏無地臣又手書申喻開示生路此皆事後鋪張入告之辭蜀志姜維傳會與維書維不答羣寇困逼知命窮數盡解甲投戈面縛委質姜維未被後主勑令未必遽降蜀將士咸怒拔刀斫石豈甘心投戈放甲者益徵士季奏報之誇印綬萬數資器山積昔舜舞干戚有苗自服牧野之師商旅倒戈有征無戰帝王之盛業全國爲上破國次之全軍爲上破軍次之用兵之令典陛下聖德侔蹤前代翼輔忠明齊軌公旦仁育羣生義征不譓漢書司馬相如傳陛下仁育羣生義征不譓文穎曰譓順也王先謙曰史記譓作憓釋言惠順也說文無譓憓字殊俗向化無思不服詩大雅文王有聲之章自西自東自南自北無思不服鄭箋云自四方來觀者皆感

化其德心無不歸服者師不踰時兵無血刃萬里同風九州共貫臣輒奉宣詔命導揚恩化復其社稷安其閭伍舍其賦調弛其征役訓之德禮以移其風示之軌儀以易其俗百姓欣欣人懷逸豫后來其蘇尚書仲虺之誥曰徯予后后來其蘇孔傳曰湯所往之民皆喜曰待我君來其可蘇息義無以過會於是禁檢士衆不得鈔略虛己誘納以接蜀之羣司與維情好歡甚漢晉春秋曰會陰懷異圖維見而知其心謂可構成擾亂以圖克復乃詭說會由是情好歡甚詳見姜維傳注

世語曰夏侯霸奔蜀蜀朝問司馬公如何德霸曰自當作家門京師俊士京師上當有問字曰有鍾士季其人管朝政吳蜀之憂也 漢晉春秋曰初夏侯霸降蜀姜維問之曰司馬懿既得彼政當復有征伐之志不霸曰彼方營立家門未遑外事有鍾士季者其人雖少終爲吳蜀之憂然非非常之人亦不能用也後十五年而會果滅蜀 按習鑿齒

此言非出他書故採用世語而附益也

十二月詔曰會所向摧弊前無彊敵緘制衆城罔羅迸逸蜀之豪帥面縛歸命謀無遺策舉無廢功凡所降誅動以萬計全勝獨克有征無戰拓平西夏方隅淸晏其以會爲司徒進封縣侯增邑萬戶封子二人亭侯邑各千戶會內有異志因鄧艾承制專事密白艾有反狀晉書荀勗傳鍾會謀反審問未至而外人先告之帝待會素厚未之信也勗曰會雖受恩然其性未可許以見得思義不可不速爲之備帝卽出鎮長安主簿郭奕參軍王深以勗是會從甥少長舅氏勸帝斥出之帝不納而使勗陪乘待之如初先是勗啓伐蜀宜以衞瓘爲監軍及蜀中亂賴瓘以濟

世語曰會善效人書於劍閣要艾章表白事胡三省曰要一遙翻章表上之魏朝白事白之晉公皆易其言世說注作皆約其言令辭旨悖傲多自矜伐又毀文王報書手作以疑之也胡三省曰既以怒昭又以疑艾世語巧藝篇鍾會是荀濟北從舅二人情好不協荀有寶劍可値百萬常在母鍾夫人許會善書學荀手跡作書與母取劍仍竊去不還荀勗知是鍾而無由得也思所

以報之後鍾兄弟以千萬起一宅始成甚精麗未得移住荀極善畫乃潛往畫鍾門堂作太傅形象衣冠狀貌如平生二鍾入門便大感慟宅遂空虛

於是詔書檻車徵艾司馬文王懼艾或不從命勑會並進軍成都監軍衞瓘在會前行以文王手筆令宣喻艾軍艾軍皆釋仗遂收艾入檻車瓘收艾事見艾傳注會所憚惟艾艾既禽而會尋至獨統大衆威震西土自謂功名蓋世不可復爲人下加猛將銳卒皆在己手遂謀反欲使姜維等皆將蜀兵出斜谷會自將大衆隨其後既至長安令騎士從陸道步兵從水道順流浮渭入河以爲五日可到孟津與騎會洛陽通鑑騎下有兵字一日天下可定也胡三省曰談何容易會得文王書云恐鄧艾或不就徵今遣中護軍賈充將步騎萬人徑入斜谷屯樂城樂城見前胡三省曰諸葛亮所築成固之樂城也吾自將十萬屯長安相見在近會得書驚呼所親語之曰但取鄧艾相國知我能獨辦之毛本辦作辯誤今來大重必覺我異矣胡三省曰謂昭知會之足以辦取艾之事大讀曰太異變也或曰會已破膽矣故心手俱亂先發制人如此更當速發事成可得天下不成退保蜀漢胡三省曰蜀漢謂漢蜀郡漢中郡之地不失作劉備也我自淮南以來畫無遺策謂毌丘儉諸葛誕之役四海所共知也我欲持此安歸乎此卽姜伯約之言也維詭說會曰聞君自淮南以來算無遺策今復定蜀民高其功主畏其謀欲以此安歸乎會以五年正月十五日至景元五年至成都也其明日悉請護軍郡守牙門騎督以上胡三省曰此皆從會軍在成都者及蜀之故官爲太后發喪於蜀朝堂胡三省曰明元郭太后去年殂蜀都成都有朝堂矯太后遺詔使會起兵廢文王姜維傳會既搆鄧艾因將維等詣成都自稱益州牧以叛皆班示坐上人使下議訖書版署置更使所親信代領諸軍所請羣官悉閉著益州諸曹屋中城門宮門皆閉嚴兵圍守會帳下督丘建胡三省曰風俗通丘魯丘明之後又云齊太公封於營丘支孫以地爲氏本

屬胡烈烈薦之文王會請以自隨任愛之建愍烈獨坐啓會使聽內一親兵出取飲食諸牙門隨例各內一人烈紿語親兵及疏與其子曰烈子名淵詳見下丘建密說消息會已作大坑白棓原注棓與棒同數千欲悉呼外兵入人賜白帢原注苦洽反毛本帢作帽胡三省曰帢魏武帝所製狀如弁缺四角拜爲散將監本官本將作騎以次棓殺坑中通鑑坑上有內字諸牙門親兵亦咸說此語一夜傳相告皆徧或謂會可盡殺牙門騎督以上會猶豫未決十八日日中會於十六日閉圉羣官與衞瓘謀議經宿不眠故遲至十八日而諸軍鼓譟攻會也烈軍兵與烈兒雷鼓出門錢大昭曰烈兒名淵字世元胡遵之孫晉書稱其字避唐高祖諱此不知何以稱爲烈兒諸軍兵不期皆鼓譟出曾無督促之者而爭先赴城時方給與姜維鎧仗通鑑作鎧杖胡注杖與仗同白外有匈匈聲毛晃曰匈匈喧擾之聲似失火有頃白兵走向城會驚謂維曰兵來似欲作惡當云何維

日但當擊之耳會遣兵悉殺所閉諸牙門郡守內人共舉机以柱門監本机作機誤何焯校改柱作拄胡三省曰內人謂會所閉在屋內者机舉綺翻机案也兵斫門不能破斯須門外倚梯登城通鑑門外作城外胡注斯此也須待也言其間無多時於此可待也或燒城屋蟻附亂進矢下如雨牙門郡守各緣屋出與其卒兵相得通鑑卒兵作軍士姜維率會左右戰手殺五六人衆既格斬維爭赴殺會通鑑赴作前會時年四十將士死者數百人通鑑考異曰衞瓘傳曰會留瓘謀議乃書版云欲殺胡烈等舉以示瓘不許因相疑貳瓘如廁見胡烈故給使使宣語三軍言會反會逼瓘定議經宿不眠各橫刀膝上在外諸軍已潛欲攻會瓘既不出未敢先發會使瓘慰勞諸軍瓘便下殿會悔遣之使呼瓘瓘辭眩疾動詐仆地比出閤數十信追之瓘至外廨服鹽湯大吐會遣所親人及醫視之皆言不起會由是無所憚及暮門閉瓘作檄宣告諸軍並已唱義陵旦共攻會殺之常璩華陽國志曰會命諸將發喪因欲誅之諸將半入而南安太守胡烈等知其謀燒成都東門以襲殺會及維今從魏志

晉諸公贊曰胡烈兒名淵字世元遵之孫也遵安定人安定臨涇人以才兼文武累居藩

鎭至車騎將軍趙一清曰晉書胡奮傳亦云魏車騎將軍陰密侯遵一清案三少帝紀遵由征東大將軍遷衞將軍甘露元年七月薨車騎豈贈官邪時車騎將軍在衞將軍四征四鎭之上弼按胡遵見明紀青龍元年子奮字玄威亦歷方任女爲晉武帝貴人有寵太康中以奮爲尚書僕射加鎭軍大將軍開府晉書奮傳時楊駿以后父驕傲自得奮謂駿曰卿恃女更益豪邪歷觀前代與天家婚未有不滅門者但早晚事耳觀卿舉措適所以速禍駿曰卿女不在天家乎奮曰我女與卿女作婢耳何能損益時人皆爲之懼駿雖銜之而不能害後卒於官贈車騎將軍謚曰壯弟廣字宣祖少府次烈字玄武晉書作字武玄誤烈兄字玄威弟字玄嶷以作玄武爲是秦州刺史元本監本秦作泰誤晉書奮傳烈爲秦州刺史及涼州叛烈屯於萬斛堆爲虜所困無援遇害御覽四百六十五引襄陽耆舊傳曰襄陽太守胡烈有惠化百姓歌曰美哉明后寓哲惟嶷陶廣乾坤周孔是則文武播錫威振遐域次岐字玄嶷并州刺史廣子喜涼州刺史淵小字鷂鷂時年十八既殺會救父名震遠近後趙王倫篡位三王興義毛本王作主誤倫使淵與張泓將兵禦齊王屢破齊軍會成都戰克何焯曰成都下當有王字淵乃歸降伏法

初艾爲太尉會爲司徒皆持節都督諸軍如故咸未受命而斃會兄毓以四年冬薨會竟未知問會兄子邕隨會與俱死會所養兄子毅及峻辿原注劬連反等下獄宋本峻作逡下仍作峻當伏誅司馬文王表天子下詔曰峻等祖父繇三祖之世極位台司佐命立勳饗食廟庭父毓歷職內外幹事有績昔楚思子文之治不滅鬭氏之祀左傳宣公四年楚王思子文之治楚國也曰子文無後何以勸善使其孫箴尹克黃復其所改命曰生晉錄成宣之忠用存趙氏之後左傳成公八年韓厥言於晉侯曰成季之勳宣孟之忠而無後爲善者其懼矣乃立趙武而反其田焉杜注成季趙衰也宣孟趙盾也以會邕之罪而絕繇毓之類吾有愍然峻辿兄弟特原有官爵者如故惟毅及邕息伏法或曰毓曾密啓司馬文王言會挾術難保不可專任故宥峻等云晉書列女傳王渾妻鍾氏魏太傅繇曾孫父徽黃門郎趙一清曰徽不知誰之子

漢晉春秋曰文王嘉其忠亮笑答毓曰若如卿言必不以及宗矣

初文王欲遣會伐蜀西曹屬邵悌求見曰漢丞相有東西曹掾屬今遣鍾會率十餘萬衆伐蜀愚謂會單身無重任通鑑作單身無任胡注魏制凡遣將帥皆留其家以爲質任會單身無子弟故曰單身無任不若使餘人行文王笑曰我寧當復不知此邪蜀爲天下作患使民不得安息我今伐之如指掌耳而衆人皆言蜀不可伐夫人心豫怯則智勇並竭智勇並竭而彊使之適爲敵禽耳惟鍾會與人意同今遣會伐蜀必可滅蜀通鑑作蜀必可滅滅蜀之後就如卿所慮當何所能一辦邪通鑑作何憂其不能辦邪胡注言會若爲亂自能辦之也凡敗軍之將不可以語勇亡國之大夫不可與圖存心膽以破故也若蜀以破心膽以破若蜀以破兩以字官本俱作已遺民震恐不足與圖事中國將士各自思歸不肯與同也何焯曰將士思歸此卽其婦翁策淮南事比例得之人但有智識而稍更事便不可當也弼按司馬昭爲王肅之壻司馬師征毌丘儉時問計於肅肅曰淮南將士父母妻子皆在州內但急

往禦衛使不得前必有土崩之勢若作惡胡三省曰言作亂耳祇自族滅耳卿不須憂此愼莫使人聞也李安溪曰觀昭此席言語眞奸雄也及會白鄧艾不軌文王將西悌復曰鍾會所統五六倍於鄧艾但可勑會取艾不足自行通鑑足作須文王曰卿忘前時所言邪而更云可不須行乎雖爾此言不可宣也我要自當以信意待人馮本意作義但人不當負我我豈可先人生心哉然則何以負曹氏近日賈護軍問我賈護軍賈充也時爲中護軍言頗疑鍾會不我答言如今遣卿行寧可復疑卿邪賈亦無以易我語也我到長安則自了矣軍至長安會果已死咸如所策御覽三百四十五引王隱晉書云衛瓘監軍護軍鍾會素與瓘至厚坐則同牀行則同輿會書板上欲殺胡烈等示瓘瓘言不可會自劃棄反問瓘何許聞消息相疑益露瓘廁上見烈故給使令出語三軍會逼瓘不能議定經宿不眠各橫刀膝上又四百二十四引干寶晉紀曰鍾會鄧艾將伐蜀與劉寔別客謂寔曰二將破蜀不寔曰必破蜀但皆不還客問其故寔曰治道在於克讓古今刀劍錄曰鍾會克蜀於成都土中得一刀文曰太一會死入帳下王伯昇伯昇後渡江刀遂飛入水

按咸熙元年百官名沈家本曰隋唐志不著錄邵悌字元伯陽平人　漢晉春秋曰文王聞鍾會功曹向雄之收葬會也召而責之曰往者王經之死卿哭於東市而我不問本志卷九夏侯玄傳注引世語云王經爲司隸校尉辟雄爲都官從事經被誅雄哭之感動一市晉書雄傳云雄爲主簿事太守王經後爲司隸鍾會辟爲都官從事二者未知孰是今鍾會躬爲叛逆而又輒收葬若復相容其如王法何雄曰昔先王掩骼埋胔仁流朽骨禮記月令孟春之月掩骼埋胔鄭玄注曰骨枯曰骼肉腐曰胔陸德明曰露骨曰骼有肉曰胔當時豈先卜其功罪而後收葬哉今王誅既加於法已備雄感義收葬教亦無闕法立於上教弘於下以此訓物雄曰可矣通鑑作不亦可乎何必使雄背死違生以立於時殿下讎對枯骨監本殿作吾誤通鑑殿下作明公胡三省曰言會已誅晉公復以枯骨爲讎對不令收葬捐之中野百歲之後爲臧獲所笑豈仁賢所掩哉王悅與宴談而遣之晉書向雄傳雄河內山陽人初仕郡爲主簿太守劉毅嘗以非罪笞雄及吳奮代毅爲太守又以少譴繫雄於獄司隸鍾會於獄中辟雄

爲都官從事會死無人殯斂雄迎喪而葬之習鑿齒曰向伯茂可謂勇於蹈義也晉書雄傳作字茂伯此作字伯茂未詳孰是哭王經而哀感市人葬鍾會而義動明主彼皆忠烈奮勁知死而往非存生也況使經會處世或身在急難而有不赴者乎故尋其奉死之心可以見事生之情覽其忠貞之節足以愧背義之士矣王加禮而遣可謂明達也

會嘗論易無互體隋書經籍志周易盡神論一卷魏司空鍾會撰梁有周易無互體論三卷鍾會撰亡唐經籍志周易四卷鍾會撰藝文志鍾會周易論四卷晉書荀顗傳難鍾會易無互體見稱於世姚振宗曰冊府元龜作玄體亦甚有義似論王輔嗣之易也然多作互體不能定才性同異世說文學篇鍾會撰四本論始畢甚欲使嵇公一見置懷中既定畏其難懷不敢出于戶外遙擲便回急走注引魏志曰會論才性同異傳于世四本者言才性同才性異才性合才性離也尚書傅嘏論同中書令李豐論異侍郎鍾會論合屯騎校尉王廣論離本志傅嘏傳嘏常論才性同異鍾會集而論之及會死後於會家得書二十篇名曰道論而實刑名家也其文似會姚振宗曰道論疑即芻蕘論五卷隋書經籍志梁有芻蕘論五卷鍾會撰亡唐經籍志芻蕘論五卷鍾會撰通志藝文略諸子儒術類芻蕘語論五卷鍾會撰姚振宗曰宋刻全本意林有芻蕘論二卷釋文敘錄老子鍾會注二卷隋書經籍志老子道德經二卷鍾會注姚振宗曰會父成侯有易說有老子訓會爲其母傳曰雅好書籍涉歷衆書特好易老子則會於易老固家學也文心雕龍檄移篇鍾會檄蜀徵驗甚明壯筆也隋書經籍志魏司徒鍾會集九卷梁十卷錄一卷初會弱冠與山陽王弼並知名世說注引弼別傳云弼山陽高平人弼好論儒道辭才逸辯注易及老子爲尚書郎年二十餘卒釋文敘錄王弼注易上下經六卷其繫辭以下不注相承以韓康伯注續之隋書經籍志魏尚書郎王弼注六十四卦六卷四庫提要曰弼之說易源出費直直易今不可見然荀爽易即費氏學李鼎祚書尙頗載其遺說大抵究爻位之上下辯卦德之剛柔已與弼注略近但弼全廢象數又變本加厲耳平心而論闡明義理使易不雜於術數者弼深爲有功爾尙虛無使易竟入老莊者弼亦不能無過瑕瑜不掩是其定評諸儒偏好偏惡皆門戶之見不足據也又曰易本卜筮之書末派寖流於讖緯王弼乘其極敝而攻之遂能排擊漢儒自標新學隋書經籍志論語釋疑三卷王弼撰余蕭客古經解鉤沈曰釋文引王弼論語音馬國翰輯本序曰王弼釋疑今間見於釋文正義茲更從皇侃義疏采輯共得四十節合爲一卷釋文敘錄弼又注老子又曰其後談論者莫不宗尙玄言唯王輔嗣妙得虛無之旨又曰老子王弼注二卷隋書經籍志老子道德經二卷王弼注唐經籍志玄言新記道德二卷王弼注藝文志王弼注新記玄言道德二卷宋藝文志王弼老子注二卷明白雲霽道藏目錄曰道德眞經四卷山陽王弼注言陰陽道德四庫簡明目錄曰老子注二卷魏王弼撰弼以老莊說易論者

互有異同至於解老則用其所長故是注詞義簡遠妙得徵契老子注本此爲最古釋文敍錄弼又作老子指略一卷唐書經籍志老子指例略二卷不著撰人藝文志王弼老子指例略二卷宋藝文志王弼道德略歸一卷

弼字輔嗣何劭爲其傳曰何劭見何夔傳注又見荀彧傳注劭爲荀粲作傳弼幼而察惠年十餘好老氏通辯能言父業爲尙書郎時裴徽爲吏部郎永嘉流人名曰徽字文季河東聞喜人太常潛少弟也仕至冀州刺史弼未弱冠往造焉徽一見而異之問弼曰夫無者誠萬物之所資也然聖人莫肯致言而老子申之無已者何弼曰聖人體无宋本无作無下同无又不可以訓故不說也老子是有者也故恆言無所不足世說文學篇云弼曰聖人體無無又不可以訓故言必及有老莊未免於有恆訓其所不足尋亦爲傅嘏所知於時何晏爲吏部尙書甚奇弼歎之曰仲尼稱後生可畏若斯人者可與言天人之際乎世說文學篇何晏爲吏部尙書有位望時談客盈坐王弼未弱冠往見之晏聞弼名因條向者勝理語弼曰此理僕以爲極可得復難不弼便作難一坐人便以爲屈於是弼自爲客主數番皆一坐所不及又云何平叔注老子始成詣王輔嗣見王注精奇迺神伏曰若斯人可與論天人之際矣因以所注爲道德二論又云何晏注老子未畢見王弼自說注老子旨何意多所短不復得作聲但應諾諾遂不復注因作道德論正始中黃門侍郎累缺晏既用賈充裴秀朱整又議用弼時丁謐與晏爭衡致高邑王黎於曹爽爽用黎於是以弼補臺郎初除覲爽請閒爽爲屏左右而弼與論道移時無所他及爽以此嗤之時爽專朝政黨與共相進用弼通儁不治名高尋黎無幾時病亡爽用王沈代黎弼遂不得在門下晏爲之歎恨弼在臺既淺事功亦雅非所長益不留意焉淮南人劉陶陶爲劉曄少子詳見曄傳及注善論縱橫爲當時所推每與弼語常屈弼弼天才卓出當其所得莫能奪也性和理樂游宴解音律善投壺其論道附會文辭宋本馮本吳本毛本附作賦不如何晏自然有所拔得多晏也世說文學篇注引魏氏春秋曰弼論道約美不如晏自然出拔過之頗以所長笑人故時爲士君子所疾弼與鍾會善會論議以校練爲家然每服弼之高致何晏以爲聖人無喜怒哀樂其論甚精鍾會等述之弼與不同以爲聖人茂於人者神明也同於人者五情

也神明茂故能體沖和以通無五情同故不能無哀樂以應物然則聖人之情應物而無累於物者也今以其無累便謂不復應物失之多矣弼注易潁川人荀融難弼大衍義弼答其意白書以戲之曰夫明足以尋極幽微而不能去自然之性顏子之量孔父之所預在然遇之不能無樂喪之不能無哀又常狹斯人以爲未能以情從理者也而今乃知自然之不可革是足下之量宋本無是字雖已定乎胸懷之內然而隔踰旬朔何其相思之多乎故知尼父之於顏子可以無大過矣弼注老子爲之指略致有理統注道略論宋本注作著注易往往有高麗言隋書經籍志梁有老子雜論一卷何王等注亡晉書王衍傳正始中何晏王弼等祖述老莊立論以爲天地萬物皆以無爲爲本衍甚重之太原王濟好談病老莊常云見弼易注所悟者多然弼爲人淺而不識物情初與王黎荀融善黎奪其黃門郎於是恨黎與融亦不終正始十年曹爽廢以公事免其秋遇癘疾亡時年二十四正始十年改元嘉平是年爲己巳當生於黃初七年丙午無子絕嗣趙一清曰晉張湛列子序輔嗣女壻趙季子然則弼雖乏嗣亦有女矣水經穀水注尸鄉司馬彪郡國志以爲春秋之尸氏也其澤野負原夾郭多墳壠焉陸機初入洛次河南之偃師時忽結陰望道左若民居者因往逗宿見一少年姿神端遠與機言玄機服其能而無以酬折前至一辯機題緯古今綜檢名實此少年不甚欣解將曉去稅駕逆旅嫗曰君何宿而來自東數十里無村落止有山陽王家墓機乃怪悵還睎昨路空野霾雲攢木蔽日知所遇者審王弼也弼之卒也晉景王聞之嗟歎者累日其爲高識所惜如此　孫盛曰易之爲書窮神知化非天下之至精其孰能與於此世之注解殆皆妄也況弼以附會之辨宋本馮本附作賦何焯校改作傳而欲籠統玄旨者乎故其敍浮義則麗辭溢目造陰陽則妙賾無閒至於六爻變化羣象所效日時歲月五氣相推弼皆擯落多所不關雖有可觀者焉恐將泥夫大道

博物記曰初王粲與族兄凱吳本毛本凱作覬誤俱避地荊州劉表欲以女妻粲而嫌其形陋而用率王粲傳粲容狀短小劉表以粲貌寢而體弱通侻不甚重也連江葉氏本博物志云表嫌其形陋周率乃謂曰君才過人而體兒非女聟才以凱有風貌乃以妻凱凱生業業卽劉表外孫也蔡邕有書近萬卷末年載數車與粲粲傳

蔡邕曰吾家書籍文章盡當與之粲亡後相國掾魏諷謀反粲子與焉粲傳粲二子爲魏諷所引誅後絕既被誅
邕所與書悉入業業字長緒位至謁者僕射子宏宋本元本吳本毛本宏作玄誤字正宗司隸校尉
晉書良吏傳王宏字正宗高平人魏侍中粲之從孫也泰始初爲汲郡太守在郡有殊績司隸校尉石鑒上其政術武帝下詔稱之遷衛尉河南尹大司農太康中
代劉毅爲司隸校尉晉張湛注列子序云正宗輔嗣皆好集文籍先並得仲宣家書幾將萬卷宏弼之兄也王弼年甫弱冠卽爲經學大師當時名公
巨卿驚歎弗及竊疑何以早慧若是蓋緣伯喈藏書萬卷盡入仲宣展轉而歸輔嗣博覽閎通淵源授受有自來矣魏氏春秋曰文帝既
誅粲二子以業嗣粲潘眉曰王粲傳云後絕注亦不言業爲粲嗣據博物志及魏氏春秋二條當引入王粲傳
評曰王淩風節格尙毌丘儉才識拔幹諸葛誕嚴毅威重鍾會精練
策數咸以顯名致茲榮任而皆心大志迂不慮禍難變如發機宗族
塗地豈不謬惑邪鄧艾矯然彊壯立功立事然闇於防患咎敗旋至
豈遠知乎諸葛恪而不能近自見此蓋古人所謂目論者也

史記曰越王無彊與中國爭彊當楚威王時越北伐齊齊威王使人說越云越王不納
齊使者曰幸也越之不亡也吳本毛本越作楚吾不貴其用智之如目目見毫毛而不自
見其睫也史記無下目字今王知晉之失計不自知越之過宋本馮本與史記同各本計作而過作失均誤是目
論也司馬貞曰言越王知晉之失不自覺越之過猶人眼能見毫毛而不自見其睫故謂之目論也

魏書二十八　三國志二十八

魏書二十九　三國志二十九

方伎傳第二十九馮本伎作技

晉　平陽侯相安漢陳壽撰

宋中書侍郎西鄉侯聞喜裴松之注

沔陽盧弼集解

華佗李賢曰佗音徒何反字元化沛國譙人也沛國譙見武紀卷首張華博物志稱譙郡華佗見武紀建安二十五年注
一名旉李賢曰旉音孚
臣松之按古敷字與旉相似寫書者多不能別尋佗字元化其名宜爲旉也毛本旉作孚
游學徐土兼通數經沛相陳珪舉孝廉太尉黃琬辟皆不就曉養性
之術時人以爲年且百歲而貌有壯容冊府以爲下有仙字范書華佗傳亦作時人以爲仙周壽昌曰無仙

字是蓋時人不知其確歲約略計之當有百歲而以有壯容爲異也又精方藥其療疾合湯不過數種惠棟曰王
勃八十一難經序云岐伯以授黃帝黃帝歷九師以授伊尹伊尹以授湯湯歷九師以授太公太公以授文王文王歷九師以授醫和醫和歷六師以授秦越人秦越人
定立章句歷九師以授華佗心解分劑范書佗傳作心識分銖沈欽韓曰陶隱居名醫別錄云古秤惟有銖兩而無分名今則以十黍爲一銖六
銖爲一分四分成一兩不復稱量范書佗傳復作假煮熟便飲語其節度舍去輒愈若
當灸不過一兩處每處宋本每處下有不過二字七八壯內經素問卷十四鍼解篇手如握虎者欲其壯也注云壯
爲持鍼堅定也廣雅釋詁二壯箴也又釋詁四壯傷也方言凡草木刺人者北燕朝鮮之閒謂之壯馬融虞翻注易大壯並云壯傷也郭璞曰淮南呼壯爲傷又醫用艾
灸一灼謂之壯弼按壯專就灸言見下引王氏說病亦應除若當鍼亦不過一兩處范書佗傳作鍼灸不過數
處王先謙曰魏志佗傳每處七八壯壯乃專就灸言范史鍼灸合言止言其處略去灸數鍼候下鍼言當引某許沈欽韓曰某許猶言
某處世說文學篇云孫安國往殷中軍許又康僧淵忽往殷深源許又支道林殷深源俱在相王許若至語人病者言已到應
便拔針病亦行差若病結積在內針藥所不能及當須刳割者便飲

其麻沸散卽今之麻醉藥其疑當作以或曰當是押不廬草草出回回國須臾便如醉死無所知因破取病若在腸中便斷腸湔洗縫腹膏摩四五日差不痛人亦不自寤一月之閒卽平復矣此卽今之解剖術也范書佗傳若疾發結於內鍼藥所不能及者乃令先以酒服麻沸散既醉無所覺因刳破腹背抽割積聚若在腸胃則斷截湔洗除去疾穢既而縫合傳以神膏四五日創愈一月之閒皆平復杭世駿曰玉淵雜書云華佗固神醫然范曄陳壽記其治疾之法此決無之理人之所以爲人者以形而形之所以生者以氣也佗之藥能使人醉無所覺可以受其刳割與能完養使毀者復合則吾所不能知然腹背腸胃既以破裂斷壞則氣何由含安有如是而復生者乎審佗能此則凡受支解之刑者皆可使生王者亦無所復施矣弼按此說誤由於不知人體生理狀態故有此疑解剖治療與受刑者之支解絕然兩事一爲斷其生命一爲延其生命二者不能相提並論今日醫學昌明已視爲平平無奇矣胡玉縉曰漢書王莽傳翟義黨王孫慶捕得莽使太醫尙方與巧屠共刳剝之量度五藏以竹筳導其脈知所終始云可以治病據此則解剖之術其來已久近世有解剖死屍以求醫理者人死則血脈停滯顏色變異恐所得祇在影響閒醫學之進步其惟愛克斯光鏡乎弼按此爲專家之學一日千里有非古人所能夢見者雖起華佗於今日亦當望而卻步矣故甘陵相夫人有娠六月各本皆每事空格馮本不空格腹痛不安佗視脈曰胎已死矣使人

手摸知所在在左則男在右則女人云在左吳本毛本云作爲誤於是爲湯下之果下男形卽愈縣吏尹世苦四支煩口中乾不欲聞人聲小便不利佗曰試作熱食得汗則愈不汗後三日死卽作熱食而不汗出佗曰藏氣已絕於內當啼泣而絕果如佗言府吏兒尋李延共止兒同倪李賢注作倪俱頭痛身熱所苦正同佗曰尋當下之延當發汗或難其異佗曰尋外實延內實故治之宜殊卽各與藥明旦並起鹽瀆嚴昕郡國志徐州廣陵郡鹽瀆吳志孫堅爲鹽瀆丞一統志故城今江蘇淮安府鹽城縣西北與數人共候佗適至佗謂昕曰君身中佳否昕曰自如常佗曰君有急病見於面莫多飮酒坐畢歸行數里昕卒頭眩墮車宋本元本毛本墮作墯人扶將還載歸家中宿死故督郵頓子獻得病已差詣佗視脈曰尙虛未得復馮本作未復復誤勿爲勞事御

內卽死臨死當吐舌數寸其妻聞其病除從百餘里來省之止宿交接中閒三日發病一如佗言督郵徐毅得病佗往省之毅謂佗曰昨使醫曹吏劉租鍼胃管訖官本攷證北宋本作劉祖御覽七百七十二引亦作劉祖便苦欬嗽欲臥不安佗曰刺不得胃管誤中肝也食當日減五日不救遂如佗言東陽陳叔山小男二歲郡國志廣陵郡東陽一統志故城今安徽泗州天長縣西北得疾下利常先啼日以羸困問佗佗曰其母懷軀陽氣內養乳中虛冷兒得母寒故令不時愈佗與四物女宛丸或曰宛丸疑作紫菀元本吳本丸作九十日卽除彭城夫人夜之廁蠆螫其手左傳僖公二十二年臧文仲曰君其無謂邾小蠭蠆有毒而況國乎杜注蠆敕邁反通俗文云蠆長尾謂之蠍班固西京賦流大漢之愷悌盪亡秦之毒螫說文螫行毒也舒亦切音釋呻呼無賴漢書高帝紀九年上曰始大人常以臣亡賴應劭曰賴恃也周壽昌曰亡賴無所恃以資生如今游手白徒也弼按此傳蓋言病痛呻呼無所恃也佗令溫湯近熱漬手其中卒可得寐

但傍人數爲易湯湯令煖之其旦卽愈軍吏梅平得病除名還家家居廣陵未至二百里止親人舍有頃佗偶至主人許主人令佗視平佗謂平曰君早見我可不至此今疾已結促去可得與家相見五日卒應時歸如佗所刻佗行道見一人病咽塞嗜食而不得下家人車載欲往就醫佗聞其呻吟駐車往視語之曰向來道邊有賣餅家蒜齏大酢范書佗傳作蓱齏甚酸沈欽韓曰陶宏景藥總訣云蒜店蒜齏乃下蛇之藥卽是指此云蓱齏誤從取三升飮之病自當去卽如佗言立吐虵一枚縣車邊欲造佗佗尙未還小兒戲門前逆見自相謂曰似逢我公車邊病是也似逢我公九字范書佗傳作客車邊有物必是逢我翁也疾者前入坐見佗北壁縣此虵輩約以十數此卽今之陳列標本也又有一郡守病范書佗傳作又有一郡守篤病久佗以爲其人盛怒則差乃多受其貨而不加

治無何棄去留書罵之郡守果大怒令人追捉殺佗郡守子知之屬使勿逐守瞋恚既甚吐黑血數升而愈何焯曰郡守事似依託呂氏春秋文摯齊王語爲之耦按呂氏春秋卷十一仲冬紀至忠篇齊王疾痏使人之宋迎文摯文摯至視王之疾謂太子曰王之疾必可已也雖然王之疾已則必殺摯也太子曰何故文摯對曰非怒王則疾不可治怒王則摯必死云云謂其事與此相類則可似無所謂依託也又有一士大夫不快佗云君病深監本官本深作甚當破腹取然君壽亦不過十年病不能殺君忍病十歲御覽作君忍痛十年壽俱當盡不足故自刳裂御覽裂下有也字士大夫不耐痛癢必欲除之御覽作士大夫曰余不耐痛必欲除之佗遂下手所患尋差十年竟死廣陵太守陳登得病胸中煩懣面赤不食佗脈之曰府君胃中有蟲數升欲成內疽食腥物所爲也卽作湯二升先服一升斯須盡服之食頃吐出三升許蟲赤頭皆動半身是生魚膾也御覽是上有猶字范史同此奪所苦便愈佗曰此病後三期當發遇良醫乃可濟救依期果發動時佗不在如言而死本志呂布傳注引先賢行狀云陳登由廣陵太守遷東城太守廣陵吏民拔郡隨登登病發當在去廣陵之後故華佗不在其地也何焯曰此孟德之所以果於殺佗也陳元龍三期當發竟不爲除此根源亦所謂養吾病以自重者耳然常人多可療之疾不遇良醫則羅天枉此佗所爲可惜仁恕之人必忍此小忿爲萬民全之也太祖聞而召佗佗常在左右太祖苦頭風每發心亂目眩佗鍼鬲隨手而差

佗別傳曰有人病兩腳躄不能行轝詣佗佗望見云已飽鍼灸服藥矣不復須看脈便使解衣點背數十處相去或一寸或五寸縱邪不相當言灸此各十壯范書佗傳灸十作七創愈卽行後灸處夾脊一寸上下行端直均調如引繩也

李將軍妻病甚沈欽韓曰抱朴子說此事云是李通呼佗視脈曰傷娠而胎不去將軍言聞實傷娠胎已去矣佗曰案脈胎未去也將軍以爲不然佗舍去

婦稍小差百餘日復動更呼佗佗曰此脈故事有胎前當生兩兒一兒先出血出甚多後兒不及生母不自覺旁人亦不寤不復迎遂不得生胎死血脈不復歸必燥著母脊故使多脊痛今當與湯幷鍼一處此死胎必出湯鍼既加婦痛急如欲生者佗曰此死胎久枯不能自出宜使人探之果得一死男手足完具色黑長可尺所馮本所作許古文許所同音通假詩伐木許許說文引作伐木所所史漢言在某所嘗曰某許佗之絕技凡類此也馮本作凡此類也然本作士人以醫見業意常自悔韓慕廬曰元化胸中似有所不可於操者後太祖親理得病篤重使佗專視佗曰此近難濟恒事攻治可延歲月佗久遠家思歸因曰當得家書方欲暫還耳范書佗傳乃就操求還取方到家辭以妻病數乞期不反范書無乞字太祖累書呼又敕郡縣發遣佗恃能厭食事官本攷證曰食字疑衍范書佗傳無食字周壽昌曰食字非衍蓋食事卽食功言厭以事取食厭者厭爲人役也猶不上道太祖大怒使人往檢若妻信病賜小豆四十斛寬假限日若其虛詐便收送之於是傳付許獄考驗首服荀彧請曰佗術實工人命所縣宜含宥之太祖曰不憂天下當無此鼠輩邪遂考竟佗佗臨死出一卷書與獄吏曰此可以活人惠棟曰佗別傳云佗以線爲書褎褎中有祕要之方吏畏法不受佗亦不彊索火燒之佗死杭世駿曰冢記云華佗墓在項城柳從辰曰一統志佗墓在今銅山縣南有碑題曰後漢名醫華佗墓志又載佗墓在今項城縣東六十里與河南通志同不知孰是眞墓也後太祖頭風未除太祖曰佗能愈此小人養吾病欲以自重然吾不殺此子亦終當不爲我斷此根原耳及後愛子倉舒病困太祖歎曰吾悔殺華佗令此兒彊死也初軍吏李成苦欬嗽晝夜不寤范書佗傳瘖作瘵時吐膿血以問佗佗言君病腸臃欬之所吐非從肺來也

與君散兩錢當吐二升餘膿血訖快自養一月可小起好自將愛一年便健十八歲當一小發服此散亦行復差若不得此藥故當死復與兩錢散成得藥去五六歲親中人有病如成者謂成曰卿今彊健我欲死何忍無急去藥臣松之按古語以藏爲去漢書陳遵傳遵善書與人尺牘主皆藏去以爲榮師古曰去以藏也音丘呂反又音舉周壽昌曰去卽弆字王文彬曰訓去爲藏本反言以見意猶治之言亂香之言臭也左傳昭十九年傳以度而去之疏去亦藏也以待不祥先持貸我我差爲卿從華佗更索成與之已故到譙范書佗傳作乃故往譙適值佗見收怱怱不忍從求後十八歲成病竟發無藥可服以至於死

佗別傳曰華佗別傳隋唐志不著錄人有在青龍中見山陽太守廣陵劉景宗景宗說中平日顧炎武曰古人日月之日皆作曰似曰字惟以上曰日爲別耳此曰字乃日字也卽中平年之義弼按范書佗傳注引此作有人見山陽太守廣陵劉景宗說無青龍中及中平曰數字數見華佗其治病手脈之候范書佗傳注手作乎於義爲長其驗若神琅邪劉勳爲河內

太守有女年幾二十左腳膝裏上有瘡癢而不痛瘡愈數十日復發范書佗傳注作創發數十日愈已復發如此七八年迎佗使視佗曰是易治之當得稻糠黃色犬一頭馮本糠作穅好馬二匹以繩繫犬頸使走馬牽犬馬極輒易計馬走三十餘里犬不能行復令步人拖曳計向五十里乃以藥飲女女卽安臥不知人因取大刀斷犬腹近後腳之前以所斷之處向瘡口令去二三寸停之須臾有若蛇者從瘡中而出便以鐵椎橫貫蛇頭蛇在皮中動搖良久須臾不動乃牽出長三尺許范書佗傳注許作所說見前純是蛇但有眼處而無童子范書佗傳注童作瞳又逆鱗耳以膏散著瘡中七日愈趙一清曰獨異志魏國有女子極美麗踰時不嫁以右膝上常患一瘡膿水不絕遇華佗過其父問之佗曰使人乘馬牽一栗色犬走三十里歸而截犬右足挂之俄傾一赤蛇從瘡而出入犬足中其疾遂愈御覽卷七百四十三引志怪云有人得瘕病腹晝夜切痛臨終敕其子曰吾氣絕後可剖視之其子不忍違割之得一銅酒鎗容數合後華佗聞其病而解之便出巾箱中藥以投鎗鎗卽成酒

又有人苦頭眩頭不能舉目不能視兩能字宋本均作得積年佗使悉解衣倒懸令頭去地一二寸濡布拭身體令周帀馮本帀作市誤候視諸脈盡出五色佗令弟子數人以鈹刀決脈五色血盡視赤血范書佗傳注作視赤血出乃下以膏摩被覆汗自出周帀飲以亭歷犬血散立愈又有婦人長病經年世謂寒熱注病者冬十一月中佗令坐石槽中平旦范書佗傳注平旦作旦用寒水汲灌云當滿百始七八灌會戰欲死御覽會作冷灌者懼欲止佗令滿數將至八十灌熱氣乃蒸出囂囂高二三尺滿百灌佗乃使然火溫牀厚覆良久汗洽出著粉汗燥便愈范書佗傳注燥作慘黃山曰慘同燥官本作槮誤何焯曰南史中有一事又依託於此姚範曰此與南史所載徐嗣伯治房伯玉事相類弼按南史卷三十二張邵傳直閤將軍房伯玉服五石散十許劑無益更患冷夏日常復衣徐嗣伯爲診之曰卿伏熱應須以水發之非冬月不可至十一月冰雪大盛令二人夾捉伯玉解衣坐石取冷水從頭澆之盡二十斛伯玉口噤氣絕家人啼哭請止嗣伯又盡水百斛伯玉始能動而見背上彭彭有氣俄而起坐曰熱不可忍乞冷飲嗣伯以水與之一飲一升病都差自爾恆發熱冬月猶單褌衫體更肥壯

又有人病腹中半切痛十餘日中鬚眉墮落元本吳本毛本鬚作鬢馮本墮作墯佗曰是脾半腐可刳腹養治也使飲藥令臥破腹就視脾果半腐壞以刀斷之刮去惡肉以膏傅瘡飲之以藥百日平復

廣陵吳普彭城樊阿皆從佗學普依準佗治范書佗傳治皆作療此章懷避唐諱所易劉攽曰案文當有一病字多所全濟佗語普曰人體欲得勞動但不當使極爾動搖則穀氣得消血脈流通病不得生譬猶戶樞不朽是也是以古之僊者宋本僊作仙爲導引之事熊頸鴟顧范書佗傳頸作經李賢曰熊經若熊之攀枝自懸也鴟顧身不動而迴顧也莊子曰吐故納新熊經鳥申此導引之士養形之人也引輓腰體動諸關節以求難老吾有一術名五禽之戲蔣超伯南漘楛語卷六曰崔寔政論云熊經鳥伸雖延歷之術非傷寒之理呼吸吐納雖度紀之道非續骨之膏然蒙莊之書已稱導引華佗之伎尤重五禽倫能習之亦攝生一法也近人仿隋志導引圖例採易筋經韋馱獻杵等勢分十二圖一稱十二段錦云一曰虎二曰鹿三曰熊

四曰猨五曰鳥李賢曰佗別傳云吳普從佗學微得其方魏明帝呼之使爲禽
戲普以年老手足不能相及粗以其法語諸醫普今年將九十耳不聾目不冥牙
齒完堅飲食無損亦以除疾並利蹏足宋本蹏
作蹄以當導引體中不快起
作一禽之戲沾濡汗出因上著粉范書佗傳作怡而
汗出因以著粉身體輕便腹中欲
食普施行之年九十餘耳目聰明齒牙完堅隋經籍志梁有華佗弟子吳
普本草六卷又華佗方十卷
吳普撰佗後漢人又華佗觀形察色並三部脈經一卷又華佗枕中灸刺經一卷又
梁有華佗內事五卷亡唐經籍志華氏藥方十卷注云華佗方吳普撰藝文志吳普
集華氏藥方十卷注云華佗宋史藝文志道家華佗老子五禽六氣訣一卷陳振孫
書錄解題曰中藏經一卷漢譙郡華佗元化撰姚振宗曰華元化一卷書已自焚於
獄中隋志所載四種及五禽訣大抵皆其弟子吳普樊阿李謐之等所撰錄中藏經
則又以後人綜錄其書爲一袠者趙一清曰困學紀聞唐六典注崔實正論云熊經
鳥伸延年之術故華佗有六禽之戲魏文有五搥
之鍛一清案五禽六禽固異五搥之鍛亦未聞阿善鍼術凡醫咸言背及
胷藏之閒不可妄鍼鍼之不過四分范書佗傳不
下有可字而阿鍼背入一二
寸巨闕胷藏鍼下五六寸范書佗傳作
乃五六寸而病輒皆瘳阿從佗求可服

食益於人者范書佗傳求
下有方字佗授以漆葉青黏散范書佗傳黏作黐下同李
賢曰字書無黐字相傳音
女廉反然今人無識此者甚可恨惜惠棟曰抱朴子作桼云
漆葉青蘘凡弊之草樊阿服之得壽二百歲而耳目聰明漆葉屑一升范書
佗傳
升作斗錢大昕曰當依魏志作升漢
隸斗作斤與升字相似故易混耳青黏屑十四兩以是爲率言久服去
三蟲利五藏輕體使人頭不白阿從其言壽百餘歲漆葉處所而有
青黏生於豐沛彭城及朝歌云
佗別傳曰青黏者一名地節一名黃芝主理五藏吳本毛本
主作大益精氣本出於迷入
山者御覽迷下
有人字見仙人服之以告佗佗以爲佳輒語阿阿又祕之近者人見阿之壽
而氣力彊盛怪之遂責阿所服因醉亂誤道之法一施人多服者皆有大驗沈欽韓
曰本草
圖經陳藏器云青黏一名黃芝一名地節此即萎蕤（別錄萎蕤一名地節）極
似偏精（黃精葉偏生不對生者名偏精功用不如正精正精葉對生）主聰明
調氣血令人强壯即漆葉爲散主五藏服益精去三蟲輕身不老惟有熱不可服
（廣東新語葳蕤補益之功逾黃精方家稱黃芝亦曰青黏以漆葉同爲散可以

延壽）文帝典論論郤儉等事曰趙一清曰博物志魏王所集方士名上黨王眞隴
西封君達甘陵甘始魯王生譙國華佗東郭延年
唐霅冷壽光河南卜式張貂薊子訓汝南費長房解奴辜魏國軍吏河南趙聖卿
陽城郤儉字孟節廬江左慈字元放右十六人魏文帝東阿王仲長統所說皆能
斷穀不食分形隱沒出入不由門戶左慈能變形幻人視聽厭刻鬼魅皆此類也
一清案十六人皆見後漢書方術傳弼按方術傳唐霅作唐虞無卜式趙聖卿有
郝孟節惠棟曰即郗儉傳寫訛爲郝
耳博物志云陽城郗儉字孟節是也潁川郤儉能辟穀餌伏苓范書方術傳孟節
能含棗核不食可
至五年十年又能結氣不息身不動搖狀若死人可至百日半年亦有室家爲人
質謹不妄言似士君子曹操使領諸方士焉漢武內傳云魏武帝爲第舍使領諸
方士晉懷惠之際人故有
見孟節在長安市中者甘陵甘始亦善行氣范書注
亦作名老有少容范書方術傳甘
始東郭延年封
君達三人皆方士也率能行容成御婦人術或飲小便或自倒懸愛嗇精氣不極
視大言甘始元放延年皆爲操所錄問其術而行之君達號青牛師凡此數人皆
百餘歲及二百歲也藝文志云容成陰道二十六卷
神仙傳云甘始依容成元素之法更演益之爲十卷廬江左慈知補導之術並爲
軍吏范書方術傳左慈字元放廬江人少有神道嘗在司空曹操坐操從容顧衆
賓曰今日高會珍羞略備所少吳松江鱸魚耳元放於下坐應曰此可得也
因求銅盤貯水以竹竿餌釣於盤中須臾引一鱸魚出操大拊掌笑會者皆驚後
操出近郊士大夫從者百許人慈乃爲齎酒一升脯一斤手自斟酌百官莫不醉

飽操怪之使尋其故行視諸罏悉亡其酒脯矣操懷不喜因坐上欲收殺之慈乃
卻入壁中霍然不知所在或見於市者又捕之而市人皆變形與慈同莫知誰是
後有人逢慈於陽城山頭因復逐之遂走入羊羣劉知幾史通云范氏增損東觀
一代自謂無慚良直而王喬鳧履出於風俗通左慈羊鳴傳於抱朴子朱紫不別
穢莫大焉蔣超伯南漘楛語卷一云神仙傳東吳徐墮有道術居丹徒左慈過之
墮門下有賓客車牛六七乘欺慈云徐公不在慈知客欺之便去客即見牛在楊
樹杪行適上樹即不見下即復見行樹上客報徐公有一老翁眇目吾見其不急
之人因欺之云云公不在後須臾牛皆如此不知何等意公曰咄咄此是左公過
我汝曹那得欺之又云葛元字孝先從左元放受九
丹金液仙經章懷於慈傳注未引此二條特爲錄出初儉之至市伏苓價暴數倍
議郎安平李覃學其辟穀餐伏苓飲寒水中泄利范書方術傳左慈傳注引典論作
初儉至之所伏苓買暴貴數倍又
寒水下有水寒二字
博物志作飲水中寒殆至隕命後始來衆人無不鴟視狼顧呼吸吐納軍謀祭酒弘
農董芬爲之過差氣閟不通宋本閟作閉范
書方術傳注同良久乃蘇左慈到又競受其補導之
術至寺人嚴峻往從問受閹豎眞無事於斯術也人之逐聲乃至於是何焯曰寺人
受房術殆魏
公恐爲人所竊欲轉從嚴
峻學之子桓乃未喻耳光和中北海王和平亦好道術自以當仙濟南孫邕少事

之此與管寧傳中之孫邕當別爲一人從至京師會和平病死邕因葬之東陶東陶未詳有書百餘卷藥數囊悉以送之後弟子夏榮言其尸解李賢曰尸解者言將登仙假託爲尸以解化也邕至今恨不取其寶書仙藥劉向惑於鴻寶之說漢書劉向傳向字子政本名更生淮南有枕中鴻寶苑祕書書言神僊使鬼物爲金之術更生父德武帝時治淮南獄得其書更生幼而讀誦以爲奇獻之言黃金可成上令典尙方鑄作事費甚多方不驗君游眩於子政之言古今愚謬豈惟一人哉　東阿王作辨道論曰本志陳思王傳太和三年徙封東阿子建此文中有云自家王與太子當在爲臨菑侯時作范書方術傳甘始傳注引此作曹植辯道論不稱東阿王爲是世有方士吾王悉所招致甘陵有甘始廬江有左慈陽城有郤儉始能行氣導引慈曉房中之術儉善辟穀悉號三百歲卒所以集之於魏國者藝文類聚七十八三百作數百無卒字宋本曹子建文集同誠恐斯人之徒接姦宄以欺衆行妖慝以惑民元本吳本毛本慝作隱宋本子建集宄作詭慝作惡豈復欲觀神仙於瀛洲求安期於海島漢書郊祀志李少君曰臣嘗游海上見安期生安期生食巨棗大如瓜安期生仙者通蓬萊中合則見不合則隱釋金輅而履雲輿棄六驥而美

飛龍哉宋本子建集仙作山海島作邊海履作願六作文美作求嚴可均全三國文美作羡自家王與太子及余兄弟咸以爲調笑不信之矣然始等知上遇之有恆奉不過於員吏賞不加於無功海島難得而游六紱難得而佩終不敢進虛誕之言出非常之語余嘗試郤儉絕穀百日躬與之寢處行步起居自若也夫人不食七日則死而儉乃如是然不必益壽可以療疾而不憚饑饉焉左慈善修房內之術差可終命然自非有志至精莫能行也曹植釋疑論曰初謂道術直呼愚民詐僞空言定矣及見武皇帝試閉左慈等令斷穀近一月而顏色不減氣力自若常云可五十年不食正爾復何疑哉甘始者老而有少容自諸術士咸共歸之然始辭繁寡實頗有怪言余常辟左右獨與之談問其所行溫顏以誘之美辭以導之始語余吾本師姓韓字世雄范書方術傳注雄作雅無世字嘗與師於南海作金前後數四投數萬斤金於海又云諸梁時西域胡來獻香罽腰帶割玉刀時悔不取也又言車師之西國兒生擘背出脾欲其食少而努行也范書方術傳注擘作劈努作怒又言取

鯉魚五寸一雙合其一煮藥官本合作令范書同俱投沸膏中有藥者奮尾鼓鰓游行沈浮有若處淵其一者已熟而可噉余時問言率可試不范書注率作寧言是藥去此逾萬里當出塞始不自行不能得也曹植釋疑論曰令甘始以藥含生魚而煑之于沸脂中其無藥者熟而可食其銜藥者游戲終日如在水中也又以藥粉桑以飼蠶蠶乃到十月不老又以往年藥食雞雛及新生犬子皆止不復長以還白藥食白犬百日毛盡黑乃知天下之事不可盡知而以臆斷之不可任也但恨不能絕聲色專心以學長生之道耳此論見抱朴子內篇論仙言不盡於此頗難悉載故粗舉其巨怪者始若遭秦始皇漢武帝則復爲徐市欒大之徒也史記秦始皇本紀三十七年方士徐市等入海求神藥數歲不得漢書武帝紀元鼎四年封方士欒大爲樂通侯五年樂通侯欒大坐誣罔要斬嚴可均全三國文卷十八載此論此下有數百字今錄於下云桀紂殊世而齊惡姦人異代而等僞乃如此邪又世虛然有仙人之說仙人者儻猱玃之屬與世人得道化爲仙人乎夫雉入海爲蛤鷰入海爲蜃當其徘徊其翼差池其羽猶自識也忽然自投神化體變乃更與黿鼈爲羣豈復自識翔林薄巢垣屋之娛乎牛哀病而爲虎逢其兄而噬之若此者何貴于變化邪夫帝者位殊萬國富有天下威尊彰明齊光日月宮殿闕庭燿燿紫微何顧乎王母之宮崑崙之域哉夫三鳥被致不如百官之美也素女常娥不若椒房之麗也雲衣雨裳不若黼黻之飾也駕螭載霓不

若乘輿之盛也瓊蕊玉華不若玉圭之潔也而顧爲匹夫所罔納虛妄之辭信眩惑之說隆禮以招弗臣傾產以供虛求散王爵以榮之清閑館以居之經年累稔終無一驗或沒于沙丘或崩于五柞臨時雖復誅其身滅其族紛然足爲天下一笑矣若夫玄黃所以娛目鏗鏘所以聳耳嬡妃所以紹先芻豢所以悅口也何必甘無味之味聽無聲之樂觀無采之色也然壽命長短骨體強劣各有人焉善養者終之勞擾者半之虛用者夭之其斯之謂矣

杜夔字公良河南人也以知音爲雅樂郎何焯曰杜公良當與王仲宣同傳不宜與方技伍也中平五年疾去官州郡司徒禮辟以世亂奔荊州荊州牧劉表令與孟曜爲漢主合雅樂樂備表欲庭觀之夔諫曰今將軍號不爲天子何焯曰不字衍弼按有不字亦可通合樂而庭作之無乃不可乎表納其言而止後表子琮降太祖太祖以夔爲軍謀祭酒參太樂事宋書百官志太樂令一人丞一人掌凡諸樂事漢西京曰太樂令漢東京曰太予樂令魏復爲太樂令晉書樂志魏武創平劉表始獲杜夔揚鞞摠干式遵前記是以王粲等各造新詩抽其藻思又云魏武平荊州獲漢雅樂郎河南杜夔能識舊法以爲軍謀祭酒使創定雅樂因令創制雅樂夔善鐘律聰思過人冊府聰思作聰慧

絲竹八音漢書禮樂志云習六舞五聲八音之和師古曰八音金石絲竹匏土革木也宋書樂志云一曰金金鐘也鎛也錞也鐲也鐃也鐸也二曰石石磬也三曰土土塤也四曰革革鼓也鞉也節也五曰絲絲琴瑟也筑也箏也琵琶空侯也六曰木木柷也敔也七曰匏匏笙也竽也八曰竹竹律也呂也簫也管也篪也籥也笛也靡所不能潘眉曰荀勗以杜夔所制律呂檢校太樂總章鼓吹八音與律乖錯始知後漢至魏尺度漸長於古四分有奇夔依爲律呂故致失韻然則夔之所制未臻至當本傳過稱殊爲失實惟歌舞非所長時散郞鄧靜尹齊善詠雅樂晉書樂志云散騎侍郞鄧靜尹商善訓雅樂宋志同此作尹齊疑誤歌師尹胡能歌宗廟郊祀之曲舞師馮肅服養曉知先代諸舞夔總統研精遠考諸經近采故事教習講肄備作樂器紹復先代古樂皆自夔始也黃初中爲太樂令協律都尉晉書職官志魏杜夔爲協律都尉晉改爲協律校尉漢鑄鐘工柴玉巧有意思形器之中多所造作亦爲時貴人見知夔令玉鑄銅鐘其聲均清濁宋元本馮本吳本均作鈞監本作韵毛本作均官本作韻梁章鉅曰均卽古韻字宋志無均字多不如法數毀改作玉甚厭之謂夔清濁任意頗拒捍夔夔玉更相白於太祖太祖取所鑄鐘雜錯更試然知夔爲精而玉之妄也於是罪玉及諸子皆爲養馬士宋書卷十一律志序作然後知夔爲精於是罪玉及諸子皆爲養馬士潘眉曰當從宋志作然後文帝愛待玉又嘗令夔與左願等陳景雲曰左願當作左顚見繁欽與魏文帝牋文選李善呂向注引夔傳並與牋合善又云顚與願同音由善注觀之夔傳此字本作顚當是後來傳錄者易爲願而作願者又顚之轉訛也趙一清說同於賓客之中吹笙鼓琴夔有難色由是帝意不悅後因他事繫夔使願等就學夔自謂所習者雅仕宦有本意猶不滿遂黜免以卒或曰藝事乃能守正如此學道君子未免愧之弟子河南邵登張泰桑馥各至太樂丞太樂丞注見前下邳陳頏司律中郞將自左延年等雖妙於音咸善鄭聲其好古存正莫及夔侯康曰晉書卷二十二樂志云杜夔傳舊雅樂四曲一曰鹿鳴二曰騶虞三曰伐檀四曰文王皆古聲辭及太和中左延年改夔騶虞伐檀文王三曲更自作聲節其名雖存而聲實異唯因夔鹿鳴全不改易每正旦大會太尉奉璧羣后行禮東廂雅樂常作者是也後又改三篇之行禮詩第一曰於赫篇

詠武帝聲節與古鹿鳴同第二曰巍巍篇詠文帝用延年所改騶虞聲第三曰洋洋篇詠明帝用延年所作文王聲第四曰復用鹿鳴鹿鳴之聲重用而除古伐檀趙一清曰世說術解篇注引晉後略曰鐘律之器自周之末廢而漢成哀之閒諸儒修而治之至後漢末復隳矣魏氏使協律知音者杜夔造之不能考之典禮徒依於時絲管之聲時之尺寸而制之（謹案疑有脫誤）甚乖失禮度又引干寶晉紀曰後漢至魏尺長於古四分有餘而夔據之是以失韻晉書卷十六律厤志漢末天下大亂樂工散亡器法堙滅魏武始獲杜夔使定樂器聲調夔依當時尺度權備典章時有扶風馬鈞巧思絕世傅玄序之曰沈家本曰傅玄序馬鈞隋唐志不著錄獨按當在玄集中太平御覽經史圖書綱目有馬鈞別傳馬先生意林此句下有鈞字德衡四字天下之名巧也少而游豫不自知其爲巧也當此之時言不及巧焉可以言知乎爲博士居貧乃思綾機之變今之織錦有文采似始於此不言而世人知其巧矣舊綾機五十綜者五十躡白孔六帖卷八綜作絲者作爲意林躡作䉶下均同六十綜者六十躡先生患其喪功費日御覽八百二十五作遺日喪功乃皆易以十二躡其奇文異變因感而作者猶自然之成形陰陽之無窮此輪扁之對不可以言言者又焉可以言校也先生爲給事中趙一清曰寰宇記卷十六馬給事祠在泗州臨淮縣東一里臺子山與常侍高堂隆驍騎將軍秦朗爭論於朝言及指南車嚴可均曰意林此下有見周官亦見鬼谷子八字當是裴有刪節也案周官無此語鬼谷子謀篇曰鄭人之取玉也必載司南之車爲其不惑也北堂書鈔一百四十引鬼谷子注曰肅愼氏獻白雉還恐迷路周公作指南車以送之也案此不知何人注御覽七百七十五直以爲鬼谷子正文非也二子謂古無指南車記言之虛也先生曰古有之未之思耳夫何遠之有二子哂之曰先生名鈞字德衡鈞者器之模而衡者所以定物之輕重輕重無準而莫不模哉先生曰空爭虛言宋本作虛爭空言不如試之易效也於是二子遂以白明帝詔先生作之而指南車成此一異也又不可以言者也從是天下服其巧矣居京都城內有地可以爲園宋本元本馮本監本均同吳本毛本作城內有坡可爲園患無水以灌之傅子灌作漑乃作翻車傅子此句上有先生二字令兒童轉之翻車卽桔槔也范書宦官傳又作翻車渴烏施於橋西用灑南北郊路章懷注翻車設機車以引水渴烏爲曲筒以氣引水上也而灌水自覆更入更出其巧百倍於常傅子巧作功此二異也其後人有上百戲者能

設而不能動也帝以問先生可動否對曰可動帝曰其巧可益否對曰可益受詔作之
以大木彫構 吳本毛本構作搆 使其形若輪平地施之潛以水發焉設爲歌樂舞象 宋本歌作女
至令木人擊鼓吹簫作山嶽使木人跳瓦擲劍 宋本瓦作丸 緣絙倒立出入自在 御覽作自出入
百官行署舂磨鬬雞變巧百端此三異也先生見諸葛亮連弩曰巧則巧矣未
盡善也言作之可令加五倍 御覽無五字 又患發石車敵人之於樓邊縣溼牛皮 宋本溼作濕御覽發下有鈞字人下無之字樓作樹
中之則墮石不能連屬而至欲作一輪縣大石數十以機鼓輪
爲常則以斷縣石飛擊敵城 御覽無以斷二字 使首尾電至嘗試以車輪縣瓴甓數十飛
之數百步矣有裴子者上國之士也精通見理聞而哂之乃難先生先生口屈不對
傳子不下有能字 裴子自以爲難得其要言之不已傅子謂裴子曰子所長者言也所短者
巧也馬氏所長者巧也所短者言也以子所長擊彼所短則不得不屈以子所短難彼
所長則必有所不解者矣夫巧天下之微事也有所不解而難之不已其相擊刺必已
遠矣心乖於內口屈於外此焉氏所以不對也傅子見安鄉侯言及裴子之論安鄉侯
又與裴子同傅子曰聖人具體備物取人不以一揆也有以神取之者有以言取之者
有以事取之者有以神取之者不言而誠心先達德行顏淵之倫是也以言取之者以
變辯是非言語宰我子貢是也 馮本貢作夏誤 以事取之者若政事冉有季路文學子游子
夏雖聖人之明盡物如有所用必有所試然則試冉季以政試游夏以學矣游夏猶然
況自此而降者乎何者懸言物理不可以言盡也施之於事言之難盡而試之易知也
今若馬氏所欲作者國之精器軍之要用也費十尋之木勞二人之力不經時而是非
定難試易驗之事而輕以言抑人異能此猶以己智任天下之事不易其道以御難
盡之物 毛本官本御作遇各本皆作御冊府同 此所以多廢也馬氏所作因變而得是則初所言者不

皆是矣其不皆是因不用之是不世之巧無由出也夫同情者相妒同事者相害中人
所不能免也故君子不以人害人必以考試爲衡石廢衡石而不用此美玉所以見誣
爲石荆和所以抱璞而哭之也於是安鄉侯悟遂言之武安侯武安侯忽之不果試也
此既易試之事又馬氏巧名已定猶忽而不察況幽深之才無名之樸乎 官本攷證曰樸宋本
作璞張照曰無名之樸語本老子宋本作璞非 後之君子其鑒之哉馬先生之巧雖古公輸墨翟王爾 呂氏春秋
云公輸般爲高雲梯欲以攻宋墨子聞之自魯往裂裳裹足日夜不休十日十夜
而至於郢見荆王曰臣北方之鄙人也聞大王將攻宋信有之乎王曰然墨子曰
必得宋乃攻之乎亡其不得宋且不義猶攻之乎王曰必不得宋且有不義則曷
爲攻之墨子曰甚善臣以宋必不可得王曰公輸般天下之巧工也已爲攻宋之
械矣墨子曰請令公輸般試攻之臣請試守之於是公輸般設攻宋之械墨子設
守宋之備九攻之墨子九卻之不能入故荆輟不攻宋墨子能以術禦荆免宋之
難者此之謂也（互見戰國策及墨子）墨子云公輸子削竹木以爲䧿成而飛
之三日不下公輸子自以爲至巧子墨子謂公輸子曰子之爲䧿也不如翟之爲
車轄須臾留三寸之木而任五十石之重故所爲巧利於人謂之巧不利於人謂
之拙梁玉繩清白士集古今人表考卷五云公輸般始見檀弓下戰國宋策般又
作班（列子湯問孟子注）又作斑（隸釋郙閣頌）又作盤（墨子第五十）以爲
公輸是號（宋策呂氏春秋愛類淮南修務本經各注而本書敍傳師古注以爲
氏也）名般（檀弓疏荀子法行注）魯之巧人或以爲魯昭公子（孟子注）
故曰公輸（墨子荀子淮南）亦曰公輸子（孟子）亦曰輸子（鹽鐵論刺復
）亦曰魯般（淮南齊俗及呂愛類淮修務注又孟子宋策淮本經注並作魯班
）亦曰班輸（列子湯問本書敍傳文選曹植七啟）亦曰輸班（易林乾之旣
濟）亦曰公班（潛夫論讚學）案山海海內經言少皞生般始爲弓矢是公輸
取古人命名也而郭茂倩樂府古豔歌行云誰能刻鏤此公輸與魯班唐上官昭
容游長寧公主流杯池詩公輸與班爾從此遂韜聲（王爾古巧匠見韓子姦劫
弑臣淮南本經劉晝新論知人故漢劉歆西京雜記下載鄒陽几賦王爾公輸之
徒中山王文木器賦乃命班爾而昭容詩以班爾對公輸似割截檀弓語用之）
下一與字分作二人師古敍傳注載或說亦引樂府作二人解（日知錄二十三
譏樂府不通殆未之考）李善七發注據檀弓公輸若及若之族般當之但不聞
若亦有巧名又檀弓稱般請以機封季康子母國策諸子稱班輸墨翟攻守事墨
翟在孔子後不並康子時般何以如是長年是可疑者人表考卷四云墨翟始見
孟子戰國齊策宋之大夫（史孟荀傳）魯人（呂氏春秋當染愼大注而神仙
傳以爲宋人）姓墨（廣韻注）本墨台氏所改（通志氏族略四）名翟（漢
書藝文志呂氏當染愼大淮南修務注）亦曰墨氏（孟子）亦曰墨子（孟子
宋策墨子書）亦曰子墨子（墨子書呂覽高義）亦曰翟子（文選齊孔稚圭
北山移文）案孟子楊墨並言諸子每云孔墨抱朴子名實篇稱班墨則墨其姓

也墨子耕柱貴義公孟魯問及呂覽高義多自稱翟則翟其名也乃元伊世珍瑯嬛記引賈子說林（失名）謂墨子姓翟名烏其母夢日中赤烏入室驚覺生烏
遂名之誕不足信 近漢世張平子 范書張衡傳衡字平子南陽西鄂人衡少善屬文通五經貫六藝才高於世而無驕尚之情擬班固兩都作二
京賦善機巧尤致思於天文陰陽歷算常耽好玄經安帝雅聞衡善術學公車特徵拜郎中再遷爲太史令遂乃研覈陰陽妙盡琁璣之正作渾天儀著靈憲算罔
論言甚詳明陽嘉元年復造候風地動儀以精銅鑄成圓徑八尺合蓋隆起形似酒尊飾以篆文山龜鳥獸之形中有都柱傍行八道施關發機外有八龍首銜銅
丸下有蟾蜍張口承之其牙機巧制皆隱在尊中覆蓋周密無際如有地動尊則振龍機發吐丸而蟾蜍銜之振聲激揚伺者因此覺知雖一龍發機而七首不動
尋其方面乃知震之所在驗之以事合契若神自書典所記未之有也嘗一龍發機而地不覺動京師學者咸怪其無徵後數日驛至果地震隴西於是皆服其妙
不能過也公輸般墨翟皆見用於時乃有益於世 何焯校改乃作巧 平子雖爲侍中馬先生
雖給事省中俱不典工官巧無益於世用人不當其才聞賢不試以事良可恨也裴子
者裴秀 劉家立曰秀下應有也字 安鄉侯者曹羲 馮本羲下有也字 武安侯者曹爽也

朱建平沛國人也 潘眉曰三國列傳雙名者惟建平一人然建平傳不書字當以字行耳王鏖和曰荀彧傳戲志才司馬朗傳趙威孫裴潛

傳注王惡陽鄉文信劉廙傳劉望之董卓傳注楊整修劉先主傳劉德然張世平之類皆字也又劉先主傳劉元起後但書起董卓傳注胡文才傳但稱才管輅傳王宏
直後單稱直疑皆有衍文他若諸葛亮傳之石廣元孟公威則名韜名建矣秦宓傳之任定祖則名安矣翁歸倉舒則小字也陶丘一周生烈則複姓也嚴白虎劉雄鳴
則賊號也惟管輅傳注引別傳有徐季龍吳妃嬪傳注引吳書王夫人父名盧九是雙名然非正史不足據弼按董昭傳有袁元長袁春卿管輅傳有劉奉林劉長仁趙
孔曜管孝國管季儒又注引輅別傳有單子春鮑子春蔡元才翟文耀紀玄龍陳承祐又齊王芳紀有孔晏乂（倉慈傳作乂）華佗傳注有劉景宗劉先主傳有劉子
平均雙名 善相術於閭巷之閒效驗非一太祖爲魏公聞之召爲郎文帝
爲五官將坐上會客三十餘人文帝問己年壽又令徧相衆賓建平
曰將軍當壽八十至四十時當有小厄願謹護之 建平所言與高元呂相同見文紀卷首注
引魏略 謂夏侯威曰君四十九位爲州牧 夏侯威官兗州刺史見夏侯淵傳 而當有厄
厄若得過可年至七十致位公輔謂應璩曰君六十二位爲常伯
應璩爲侍中見王粲傳 而當有厄先此一年當獨見一白狗而旁人不見也謂曹

彪曰君據藩國至五十七當厄於兵宜善防之初潁川荀攸鍾繇相
與親善攸先亡子幼 荀攸傳攸從征孫權道薨注引魏書云時建安十九年攸年五十八 繇經紀其門戶欲
嫁其妾與人書曰吾與公達曾共使朱建平相建平曰荀君雖少然
當以後事付鍾君吾時啁之曰惟當嫁卿阿鶩耳何意此子竟早隕
沒戲言遂驗乎今欲嫁阿鶩使得善處追思建平之妙雖唐舉許負
何以復加也 御覽也作邪唐舉相李兌蔡澤見史記蔡澤傳荀子非相篇今之世梁有唐舉相人之形狀顏色而知其吉凶妖祥世俗稱之古之
人無有也史記絳侯世家周亞夫自未侯爲河內守時許負相之曰君後三歲而侯侯八歲爲將相持國秉貴重矣於人臣無兩其後九歲而君餓死後均如其言又許
負相薄姬當生天子見外戚世家又游俠傳郭解善相人者許負外孫也懷慶府志負河內溫人善相人負所著有德器歌五官雜論聽聲相形等篇御覽三百七十一
相書許負曰乳閒闊尺富貴足壽乳黑如墨公侯之相劉知幾史通許負相經當時所聖見傳流俗 文帝黃初七年年四十病
困謂左右曰建平所言八十謂晝夜也吾其決矣頃之果崩夏侯威

爲兗州刺史年四十九十二月上旬得疾念建平之言自分必死豫
作遺令及送喪之備咸使素辦至下旬轉差垂以平復三十日日昃
請紀綱大吏設酒曰吾所苦漸平明日雞鳴年便五十建平之戒眞
必過矣威罷客之後合瞑疾動夜半遂卒璩六十一爲侍中直省內
欻見白狗問之衆人悉無見者於是數聚會幷急游觀田里飲宴自
娛過期一年六十三卒曹彪封楚王年五十七坐與王淩通謀賜死
凡說此輩無不如言不能具詳故粗記數事惟相司空王昶征北將
軍程喜中領軍王肅有蹉跌云肅年六十二疾篤衆醫並以爲不愈
肅夫人問以遺言肅云建平相我踰七十位至三公今皆未也將何
慮乎而肅竟卒 肅傳甘露元年薨 建平又善相馬文帝將出取馬外入建平

道遇之語曰此馬之相今日死矣帝將乘馬馬惡衣香驚齧文帝膝（馮本齧作嚙）帝大怒卽便殺之建平黃初中卒

周宣字孔和樂安人也（郡國志青州樂安國樂安一統志樂安故城今山東青州府博興縣北）爲郡吏太守楊沛夢人曰八月一日曹公當至必與君杖飲以藥酒使宣占之是時黃巾賊起宣對曰夫杖起弱者藥治人病八月一日賊必除滅至期賊果破後東平劉楨夢蛇生四足穴居門中使宣占之宣曰此爲國夢非君家之事也當殺女子而作賊者頃之女賊鄭姜遂俱夷討以蛇女子之祥足非蛇之所宜故也（白孔六帖魏劉楨字公幹嘗夢蛇生四足以不敬伏誅）文帝問宣曰吾夢殿屋兩瓦墮地化爲雙鴛鴦此何謂也宣對曰後宮當有暴死者帝曰吾詐卿耳宣對曰夫夢者意耳苟以形言便占吉

凶言未畢而黃門令奏宮人相殺無幾帝復問曰我昨夜夢青氣自地屬天宣對曰天下當有貴女子冤死是時帝已遣使賜甄后璽書聞宣言而悔之遣人追使者不及帝復問曰吾夢摩錢文（卞后傳注作磨錢文）欲令滅而更愈明此何謂邪宣悵然不對帝重問之宣對曰此自陛下家事雖意欲爾而太后不聽是以文欲滅而明耳時帝欲治弟植之罪偪於太后但加貶爵以宣爲中郎屬太史（太史與中郎同爲六百石中郎屬太史可疑太史令屬官亦無中郎也屬字或爲彙字之誤）嘗有問宣曰吾昨夜夢見芻狗其占何也宣答曰君欲得美食耳有頃出行果遇豐膳後又問宣曰昨夜復夢見芻狗何也宣曰君欲墮車折腳宜戒愼之頃之果如宣言後又問宣昨夜復夢見芻狗何也宣曰君家欲失火當善護之俄遂火起語宣曰前後三時皆不夢也聊試卿耳何以皆驗邪宣對曰此神靈動君使言故與眞夢無異也又問宣曰三夢芻狗而其占不同何也宣曰芻狗者祭神之物故君始夢當得飲食也祭祀既訖則芻狗爲車所轢故中夢當墮車折腳也芻狗既車轢之後必載以爲樵故後夢憂失火也（雖小術亦不能執一方之見）宣之敍夢凡此類也十中八九世以比建平之相矣其餘效故不次列明帝末卒

管輅字公明平原人也（梁章鉅曰此是平原郡之平原縣漢中興後作國建安中國除魏黃初三年復作國七年除爲郡）容貌粗醜（宋本元本貌作皃）無威儀而嗜酒飲食言戲不擇非類故人多愛之而不敬也

輅別傳曰（沈家本曰隋志管輅傳三卷管辰撰二唐志作二卷辰輅之弟裴氏引之甚詳並錄其序又稱近有閻纘伯者名纘補綴遺脫敢以所聞列于

篇左則又補辰之所未詳者）輅年八九歲便喜仰視星辰得人輒問其名夜不肯寐父母常禁之猶不可止自言我年雖小然眼中喜視天文嘗云家雞野鵠猶尙知時況於人乎與鄰比兒共戲土壤中輒畫地作天文及日月星辰每答言說事語皆不常宿學耆人不能折之皆知其當有大異之才（元本大作人誤）及成人果明周易仰觀風角占相之道（隋書經籍志風角集要占十二卷風角要占三卷梁八卷京房撰范書郎顗傳顗父宗字仲綏學京氏易善風角星算六日七分章懷注風角謂候四方四隅之風以占吉凶也）無不精微體性寬大多所含受憎己不讐愛己不褒每欲以德報怨嘗謂忠孝信義人之根本不可不厚廉介細直士之浮飾不足爲務也（何焯曰語似小偏然長者自如是）自言知我者稀則我貴矣安能斷江漢之流爲激石之淸樂與季主論道（史記日者列傳司馬季主者楚人也卜於長安東市索隱云季主見列仙傳）不欲與漁父同舟此吾志也其事父母孝篤兄弟順愛士友皆仁和發中終無所闕臧否之士晚亦服焉父爲琅邪卽丘長（郡國志徐州琅邪國卽丘一統志卽丘故城今山東

沂州府蘭山縣東南 時年十五來至官舍讀書始讀詩論語及易本便開淵布筆 官本攷證云冊府淵作胸
元本作紙 辭義斐然于時黌上 毛本黌作黌誤 有遠方及國內諸生四百餘人 國內謂琅邪國內也 皆服
其才也琅邪太守單子春 琅邪國漢末建安二十一年爲郡魏太和六年復爲國子春爲太守蓋在太和六年前也 雅有材度
聞輅一黌之儁欲得見輅父即遣輅造之大會賓客百餘人坐上有能言之士輅問子
春府君名士加有雄貴之姿輅既年少膽未堅剛若欲相觀懼失精神請先飲三升清
酒然後而言之 而字疑衍 子春大喜便酌三升清酒獨使飲之酒盡之後問子春今欲與
輅爲對者若府君四坐之士邪子春曰吾欲自與卿旗鼓相當輅言始讀詩論易本
論下似奪語字 學問微淺未能上引聖人之道陳秦漢之事但欲論金木水火土鬼神之情
耳子春言此最難者而卿以爲易邪於是唱大論之端遂經於陰陽文采葩流枝葉橫
生少引聖籍多發天然子春及衆士互共攻劫 冊府劫作詰 論難鋒起而輅人人答對言

皆有餘至日向暮酒食不行子春語衆人曰此年少盛有才器 馮本才器作材氣 聽其言論
正似司馬犬子游獵之賦 元本犬作太監本作大均誤史記司馬相如傳相如字長卿少時好讀書擊劍故其親名之曰犬子（孟康曰愛而字之也）相如既學慕藺相如之爲人更名相如上讀子虛賦而善之乃召問相如相如曰請爲天子游獵賦賦成奏之 何其磊落雄壯英
神以茂必能明天文地理變化之數不徒有言也於是發聲徐州 琅邪太守屬徐州 號之神
童

父爲利漕 水經淇水注白溝又東北逕羅勒城東又東北漳水注之謂之利漕口又濁漳水注漢獻帝建安十八年魏太祖鑿渠引漳水東入清洹以通河漕名曰利漕渠弼按即武紀建安十八年鑿渠引漳水入白溝以通河也利漕渠在今直隸廣平府肥鄉縣東大名府元城縣之西北謝鍾英曰在廣平府曲周縣東
利漕民郭恩兄弟三人皆得躄疾 御覽此下有不知何故四字注引輅別傳有此四字 使輅筮其
所由輅曰卦中有君本墓墓中有女鬼非君伯母當叔母也昔饑荒
之世當有利其數升米者 御覽卷七百二十七升作斗周壽昌曰升與斗古文相近 排著井中嘖嘖
有聲推一大石下破其頭孤魂寃痛自訴於天於是恩涕泣服罪
輅別傳曰利漕民郭恩字義博有才學善周易春秋又能仰觀輅就義博讀易數十日
中意便開發言難踰師於此分蓍下卦用思精妙占黌上諸生疾病死亡貧富喪衰初
無差錯莫不驚怪謂之神人也又從義博學仰觀三十日中通夜不臥語義博君但相
語墟落處所耳至於推運會論災異自當出吾天分學未一年義博反從輅問易及天
文事要義博每聽輅語未嘗不推机慷慨 宋本推作椎毛本机作機 自言登聞君至論之時忘
我篤疾明闇之不相違何其遠也義博設主人獨請輅具告辛苦自說兄弟三人俱得
躄疾不知何故試相爲作卦知其所由若有咎殃者天道赦人當爲吾祈福於神明勿
有所愛兄弟俱行此爲更生輅便作卦思之未詳會日夕因留宿至中夜語義博曰吾
以此得之既言其事義博悲涕沾衣曰皇漢之末實有斯事君不名主諱也我不得言

禮也兄弟躄來三十餘載腳如棘子不可復治但願不及子孫耳輅言火形不絕水形
無餘不及後也
廣平劉奉林婦病困已買棺器時正月也使輅占曰命在八月辛卯
日日中之時林謂必不然而婦漸差至秋發動一如輅言
輅別傳曰鮑子春爲列人令 郡國志冀州鉅鹿郡列人三國魏黃初二年以魏郡西部置廣平郡列人移屬廣平一統志列人故城今直隸廣平府肥鄉縣東北 有明思才理與輅相見曰聞君爲劉奉林卜婦死亡日何其詳妙試爲
論其意義輅論爻象之旨說變化之義若規員矩方無不合也子春自言吾少好譚易
又喜分蓍可謂盲者欲視白黑聾者欲聽清濁苦而無功也聽君語後自視體中眞爲
憒憒者也
輅往見安平太守王基基令作卦輅曰當有賤婦人生一男兒墮地

各本𪔂作壇 便走入竈中死又牀上當有一大蛇銜筆小大共視須臾去之也 御覽去之作便去 又烏來入室中與鷰共鬬鷰死烏去有此三怪基大驚問其吉凶輅曰直官舍久遠 馮本官作客 魑魅魍魎爲怪耳兒生便走非能自走直宋無忌之妖 何焯曰急就篇注古有仙人宋無忌此云妖未詳宋無忌見封禪書索隱引白澤圖云火之精曰宋無忌蓋其人火仙也以入竈故指爲火之妖周壽昌說同 將其入竈也大蛇銜筆直老書佐耳烏與鷰鬬直老鈴下耳 鈴下解見吳志吳範傳何焯曰御覽引此語下更有公府閤有繩鈴以傳呼鈴下有吏者也當亦是裴注 今卦中見象 御覽見下有其字 而不見其凶知非妖咎之徵自無所憂也後卒無患 御覽患作恙

輅別傳曰基與輅共論易數日中大以爲喜樂語輅言俱相闓善卜定共淸論君一時異才當上竹帛也輅爲基出卦知其無咎因謂基曰昔高宗之鼎非雉所雊殷之階庭非木所生而野鳥一雊武丁爲高宗 史記殷本紀帝武丁祭成湯明日有飛雉登鼎耳而呴（正義曰呴音構雉鳴也）武丁懼祖巳曰王勿憂先修政事武丁修政行德天下咸驩殷道復興帝武丁崩祖巳嘉武丁之以祥雉爲德立其廟爲高宗 桑穀暫生太戊以興 史記殷本紀亳有祥桑穀共生於朝一暮大拱帝太戊懼問伊陟伊陟曰臣聞妖不勝德帝其修德太戊從之而祥桑枯死而去 焉知三事不爲吉祥願府君安身養德從容光大勿以知神奸汙累天眞 此爲正論

時信都令家 郡國志冀州安平國治信都寰宇記魏黃初中冀州刺史自鄴移治此縣一統志信都故城今直隸冀州治 婦女驚恐更互疾病使輅筮之輅曰君此堂西頭 宋本馮本此作北 有兩死男子一男持矛一男持弓箭頭在壁內腳在壁外持矛者主刺頭故頭重痛不得舉也持弓箭者主射胷腹故心中縣痛不得飲食也晝則浮游夜來病人故使驚恐也於是掘徙骸骨家中皆愈

輅別傳曰王基即遣信都令遷掘其室中入地八尺果得二棺一棺中有矛一棺中有

角弓及箭 詩小雅騂騂角弓正義曰冬官弓人以六材爲弓謂幹角筋膠絲漆也此言角弓蓋別有角弓如今北狄所用者於古亦應有之 箭久遠木皆消爛但有鐵及角完耳及徙骸骨去城一十里埋之無復疾病基曰吾少好讀易玩之以久不謂神明之數其妙如此便從輅學易推論天文輅每開變化之象演吉凶之兆未嘗不纖微委曲盡其精神基曰始聞君言如何可得 何焯曰李安溪以終意改何字作將字 以皆亂 皆疑作瞀 此自天授非人力也於是藏周易絕思慮不復學卜筮之事輅鄉里乃太原 趙一淸曰乃太原三字未詳或疑是人姓名而其字誤耳錢儀吉曰乃姓太原名㹅按趙說是錢說不足據 問輅君往者爲王府君論怪云老書佐爲蛇老鈴下爲烏此本皆人何化之微賤乎爲見於爻象出君意乎輅言苟非性與天道何由背爻象而任胷心者乎 馮本胷心作心胷 夫萬物之化無有常形人之變異無有常體或大爲小或小爲大固無優劣夫萬物之化一例之道也是以夏鯀天子之父趙王如意漢祖之子而鯀爲黃熊 熊馮本作能史記夏本紀舜殛鯀於羽山正義云鯀於羽山化爲黃熊入於羽淵 如意爲蒼狗 史記呂后本紀見物如蒼犬據高后掖忽弗復見卜之云趙王如意爲祟高后遂病掖傷 斯亦至尊之位而爲黔喙之類也況蛇者協辰巳之位烏者棲太陽之精此乃騰黑之明象白日之流景如書佐鈴下各以微軀化爲蛇烏不亦過乎

清河王經去官還家輅與相見經曰近有一怪大不喜之欲煩作卦卦成輅曰爻吉不爲怪也君夜在堂戶前有一流光如燕爵者 孟子爲叢敺爵者鸇也疏云鸇能食鳥雀 入居懷中 宋本馮本居作君 殷殷有聲內神不安解衣彷徉招呼婦人覓索餘光經大笑曰實如君言輅曰吉遷官之徵也其應行至頃之經爲江夏太守

輅別傳曰經欲使輅卜而有疑難之言輅笑而答之曰君備州里達人 元本備作俟 何言之鄙昔司馬季主有言 毛本昔作皆誤司馬季主見前 夫卜者必法天地象四時順仁義伏羲作八

卦周文王三百八十四爻而天下治病者或以愈且死或以生患或以免事或以成嫁女娶妻或以生長豈直數千錢哉以上季主語見史記日者列傳以此推之急務也苟道之明聖賢不讓況吾小人敢以爲難彥緯斂手謝輅王經字彥緯夏侯玄傳注引世語作彥偉當以緯爲是前言戲之耳於是輅爲作卦其言皆驗經每論輅以爲得龍雲之精能養和通幽者非徒合會之才也

輅又至郭恩家有飛鳩來在梁頭鳴甚悲輅曰當有老公從東方來北宋本公作翁攜豚一頭酒一壺主人雖喜當有小故明日果有客如所占恩使客節酒戒肉慎火而射鷄作食鷄或作鳩箭從樹閒激中數歲女子手流血驚怖

輅別傳曰義博從輅學鳥鳴之候郭恩字義博見前注輅言君雖好道天才既少又不解音律恐難爲師也輅爲說八風之變禮記樂記云八風從律而不姦疏云八風八方之風也五音之數孟子師曠之聰不以六律不能正五音五音宮商角徵羽也以律呂爲衆鳥之商漢書律歷志律十有二陽六爲律陰六爲呂律以統氣類物一曰黃鐘二曰太族三曰姑洗四曰蕤賓五曰夷則六曰亡射呂以旅陽宣氣一曰林鐘二曰南呂三曰應鐘四曰大呂五曰夾鐘六曰中呂制十二筩以聽鳳之鳴其雄鳴爲六雌鳴亦六比黃鐘之宮而皆可以生之是爲律本六甲爲時日之端漢書律歷志故日有六甲辰有五子孟康曰六甲之中唯甲寅無子故有五子漢書藝文志風鼓六甲二十四卷范書方術傳注遁甲推六甲之陰而隱遁也反覆譎曲何焯校改譎作繘出入無窮義博靜然沈思馳精數日卒無所得義博言才不出位難以追徵遂於此止宋本作於此遂止

輅至安德令劉長仁家郡國志平原郡安德一統志安德故城今山東濟南府陵縣治有鳴鵲來在閤屋上其聲甚急輅曰鵲言東北有婦昨殺夫牽引西家人夫離婁人夫離婁字疑有誤候不過日在虞淵之際楚辭九歎遠逝云四靈玄於虞淵注虞淵日所入也淮南子天文訓至于虞淵是謂黃昏告者至矣到時果有東北同伍民來告鄰婦手殺其夫詐言西家人與夫有嫌來殺我壻

輅別傳曰勃海劉長仁有辯才初雖聞輅能曉鳥鳴後每見難輅曰夫生民之音曰言鳥獸之音曰鳴故言者則有知之貴靈鳴者則無知之賤名何由以鳥鳴爲語亂神明之所異也孔子曰吾不與鳥獸同羣明其賤也輅答曰夫天雖有大象而不能言故運星精於上流神明於下驗風雲以表異役鳥獸以通靈表異者必有浮沈之候通靈者必有宮商之應是以宋襄失德六鶂並退左傳僖公十六年六鶂退飛過宋都伯姬將焚鳥唱其災左傳襄公三十年或叫於宋太廟曰譆譆出出鳥鳴于亳社如曰譆譆甲午宋火災宋伯姬卒四國未火融風已發左傳昭公十七年冬有星孛於大辰西及漢申須曰諸侯其有火災乎梓愼曰若火作其四國當之在宋衛陳鄭乎十八年夏五月火始昏見丙子風梓愼曰是謂融風火之始也七日其火作乎戊寅風甚壬午宋衛陳鄭皆火梓愼登大庭氏之庫以望之曰宋衛陳鄭也數日皆來告火注云東北曰融風融風木也木火母故曰火之始大庭氏古國名在魯城內魯於其處作庫高顯故登以望氣赤鳥夾日殃在荊楚左傳哀公六年有雲如衆赤鳥夾日以飛三日楚子使問諸周太史周太史曰其當王身乎此乃上天之所使自然之明符考之律呂則音聲有本求之人事則吉凶不失昔在秦祖以功受封史記秦本紀大廉玄孫曰孟戲中衍鳥身人言仲衍之後遂世有功以佐殷國故嬴姓多顯遂爲諸侯葛盧聽音著在春秋左傳僖公二十九年介葛盧聞牛鳴曰是生三犧皆用之矣其音云問之而信斯皆典謨之實非聖賢之虛名也商之將興由一燕卵也史記殷本紀殷契母曰簡狄有娀氏之女爲帝嚳次妃三人行浴見玄鳥墮其卵簡狄取吞之因孕生契契長佐禹治水有功封於商文王受命丹鳥銜書呂氏春秋文王之時天先見火赤鳥銜丹書集於周社此乃聖人之靈祥周室之休祚何賤之有乎夫鳥鳴之聽鳥鳴宋本作鳴鳥精在鶉火妙在入神自非斯倫猶子路之於死生也長仁言君辭雖茂華而不實未之故信宋本作未敢之信成都局本作未之敢信何焯曰按別傳實皆然但陳氏所引用者不外此刪去其迂蔓耳須臾有鳴鵲之驗長仁乃服

輅至列人典農王弘直許列人見前郡縣有屯田者置典農錢大昕曰此宏直二字名而下名單稱直蜀先主傳先書同宗劉德然父元起而後書起孫策傳先書吳人嚴白虎而後書虎皆非史例疑傳寫脫去弘按二字名詳見朱建平傳注有飄風高三尺餘從

申上來在庭中幢幢回轉（張平子東京賦樹羽幢幢薛注幢幢羽貌）息以復起良久乃止直以問輅輅曰東方有馬吏至恐父哭子如何明日膠東吏到直子果亡直問其故輅曰其日乙卯則長子之候也（錢大昕曰於卦位卯屬東方震震爲長男）木落於申斗建申申破寅死喪之候也日加午而風發則馬之候也離爲文章則吏之候也申未爲虎（錢大昕曰虞仲翔說坤爲虎坤位西南在未申之閒也於天文參爲白虎位亦在申）虎爲大人則父之候也有雄雉飛來登直內鈴柱頭（吳本鈴作鈴）直大以不安令輅作卦輅曰到五月必遷時三月也至期直果爲渤海太守

輅別傳曰輅又曰夫風以時動又以象應（馮本又作爻）時者神之驅使象者神之形表（宋本神作時）一時其道不足爲難王弘直亦大學問有道術皆不能精問輅風之推變乃

可爾乎輅言此但風之毛髮何足爲異若夫列宿不守衆神亂行八風橫起怒氣電飛山崩石飛樹木摧傾揚塵萬里仰不見天鳥獸藏竄兆民駭驚於是使梓愼之徒登高臺望風氣（梓愼登高望氣事見前融風注）分災異刻期日然後知神思遐幽靈風可懼

館陶令諸葛原遷新興大守（郡國志冀州魏郡館陶三國魏黃初二年以魏郡東部置陽平郡館陶改屬陽平李兆洛曰館陶故城今山東東昌府館陶縣西南錢坫曰今館陶縣治洪亮吉曰新興郡漢建安二十年省雲中定襄朔方五原四郡各置一縣統其民凡領縣六謝鍾英曰按武帝紀建安二十年省雲中定襄五原朔方郡郡置一縣領其民合以爲新興郡是新興祇領四縣洪氏從元和志錄平城馬邑非也今據移雁門吳增僅曰新興初置但有四縣平城馬邑蓋在置郡之後）輅往祖餞之賓客並會原自起取燕卵蠶窠鼅鼄著器中使射覆（漢書東方朔傳上嘗使諸數家射覆師古曰數家術數之家也於覆器之下而置諸物令闇射之故云射覆覆音芳目反）卦成輅曰第一物含氣須變依乎宇堂（御覽乎作于）雄雉以形（以已古通）翅翼舒張（御覽翅翼作分翅）此燕卵也第二物家室倒縣門戶衆多藏精育毒得秋乃化此蠶窠也第三物觳觫長足（觳音斛觫音速觳觫恐懼貌孟子吾不忍其觳觫）吐絲成羅尋網求食利在昏夜此鼅鼄也舉坐驚喜（御覽喜作歎）

輅別傳曰諸葛原字景春亦學士好卜筮數與輅共射覆不能窮之景春與輅有榮辱之分因輅餞之大有高譚之客諸人多聞其善卜（宋本元本吳本監本諸作知誤）仰觀不知其有大異之才於是先與輅共論聖人著作之源（吳本毛本先作有）又敍五帝三王受命之符輅解景春微旨遂開張戰地示以不固藏匿孤虛以待來攻景春奔北軍師摧衄自言吾覩卿旌旗城池已壞也其欲戰之士於此鳴鼓角舉雲梯弓弩大起牙旗雨集然後登城曜威開門受敵上論五帝如江如漢下論三王如翩如翰其英者若春華之俱發其攻者若秋風之落葉（北宋本攻作坑）聽者眩惑不達其義言者收聲莫不心服雖白起之坑趙卒（史記白起傳趙卒降者數十萬人詐而盡坑之）項羽之塞濉水（史記項羽本紀楚追擊至睢水上多殺漢卒十餘萬人皆入睢水睢水爲之不流）無以尙之于時客皆欲面縛銜璧求束手於軍鼓之下輅猶總干山立（禮記樂記總干而山立武王之事也鄭注總干持盾也山立猶正立也象武王持盾正立待諸侯也）未便許之至明日離別之際然後有腹心始

終一時海內俊士八九人矣蔡元才在朋友中最有淸才在衆人中言本聞卿作狗何意爲龍輅言潛陽未變非卿所知焉有狗耳得聞龍聲乎景春言今當遠別後會何期且復共一射覆輅占既皆中景春大笑卿爲我論此卦意紓我心懷輅爲開爻散理分賦形象言徵辭合妙不可述（宋本述作過）景春及衆客莫不言聽後論之美勝於射覆之樂景春與輅別戒以二事言卿性樂酒量雖溫克然不可保寧當節之卿有水鏡之才所見者妙仰觀雖神禍如膏火不可不愼持卿叡才游於雲漢之閒不憂不富貴也輅言酒不可極才不可盡吾欲持酒以禮持才以愚何患之有也

輅族兄孝國居在厈丘（官本厈作斥惠棟曰斥音尺一音昌夜反闞駰云在魏郡東八十里前漢志及劉寬碑陰皆作㡿郡國志

冀州魏郡斥丘一統志斥丘故城今直隸廣平府成安縣東南輅往從之與二客會客去後輅謂孝國曰此二人天庭及口耳之閒神相全編六神異賦云天庭高聳少年富貴可期注云天庭位印堂之上髮際之下以其處於至高之位故曰天庭又云南方貴宦清高多主天庭豐闊注云南方以天庭爲主天庭爲額乃火星也見古今圖書集成藝術典第六百三十六卷又管輅有人倫淵奧賦專論相術見圖書集成藝術典第六百三十九卷同有凶氣異變俱起雙魂無宅輅別傳曰輅又曰厚味腊毒天精幽夕宋本天作天坎爲棺槨兌爲喪車流魂于海骨歸于家少許時當並死也復數十日二人飲酒醉夜共載車牛驚下道入漳河中御覽驚作渴皆卽溺死也當此之時輅之鄰里外戶不閉無相偷竊者清河太守華表召輅爲文學掾本志華歆傳云子表咸熙中爲尙書晉書華表傳云表年二十拜散騎黃門郎累遷侍中不言爲清河太守也當爲史失載安平趙孔曜薦輅於冀州刺史裴徽曰徽字文季見裴潛傳注輅雅性寬大與世無忌仰觀天文則同

妙甘公石申史記張耳陳餘列傳甘公曰漢王入關五星聚東井東井者秦分也先至必霸楚雖彊後必屬漢故張耳走漢文穎曰善說星者甘氏也天官書云齊甘公藝文志云楚有甘公劉歆七略云公一名德石申未詳俯覽周易則齊思季主司馬季主見前今明使君方垂神幽藪留精九皐輅宜蒙陰和之應得及羽儀之時徽於是辟爲文學從事引與相見大善友之元本善作喜徙部鉅鹿續百官志諸州常以八月巡行所部郡國從部鉅鹿當卽巡行所部至鉅鹿也又按冀州刺史初治鄴黃初中徙治信都無徙治鉅鹿之事徙部當作行部解宋書百官志前漢世刺史乘傳周行郡國無適所治後漢世所治始有定處止八月行部官屬有別駕從事史一人從刺史行部治中從事史一人主財穀簿書此傳言冀州刺史裴徽行部至鉅鹿郡遷管輅爲治中別駕卽從刺史行部也遷治中別駕杜佑曰從行部別乘傳車故曰別駕初應州召與弟季儒共載至武城西趙一清曰郡國志魏郡鄴縣有武城水經濁漳水注以爲卽梁期城當在今彰德府臨漳縣境自卦吉凶語儒云當在故城中見三貍爾者乃顯前到河西故城角正見三貍共踞城側兄弟並喜正始九年舉秀才

輅別傳曰輅爲華清河所召爲北黌文學一時士友無不歎慕安平趙孔曜明敏有思識與輅有管鮑之分史記管晏列傳小白立爲桓公鮑叔遂進管仲管仲曰生我者父母知我者鮑子也天下不多管仲之賢能多鮑叔能知人也故從發干來就郡黌上郡國志兗州東郡發干洪亮吉曰發干建安十七年移屬魏郡謝鍾英曰吳志潘璋東郡發干人是縣還屬東郡晉志屬陽平郡弼按下文冀州裴使君云云白以屬魏郡隸冀州爲是一統志發干故城今山東東昌府堂邑縣西南與輅相見言卿腹中汪汪范書黃憲傳叔度汪汪若千頃波澄之不清淆之不濁不可量也故時死人半今生人無雙當去俗騰飛翺翔昊蒼云何在此閧卿消息使吾食不甘味也冀州裴使君才理清明能釋玄虛每論易及老莊之道未嘗不注精於嚴瞿之徒也嚴君平卜筮於成都見漢書王貢兩龔鮑傳序商瞿魯人字子木孔子傳易於瞿見史記孔子弟子列傳裴徽所注精之嚴瞿未知所指若嚴君平與商瞿一名一姓疑爲不類姑存疑於此又眷吾意重能相明信者今當故往爲卿陳感虎開石之誠輅言吾非四淵之龍安能使白日晝陰卿若能動東風興朝雲吾志所不讓也於是遂至冀州見裴使君使君言君顏色何以消減

於故邪元本馮本吳本監本減作滅誤孔曜言體中無藥石之疾然見清河郡內有一騏驥拘繫後廄歷年去王良伯樂百八十里孟子昔者趙簡子使王良與嬖奚乘趙注云王良善御者也列子說符篇秦穆公謂伯樂曰子之年長矣子姓有可使求馬者乎張湛注伯樂善相馬者不得騁天骨起風塵以此憔悴耳孔曜以騏驥比管輅以王良伯樂比裴徽也使君言騏驥今何在也孔曜言平原管輅字公明年三十六輅死於甘露元年年四十八正始九年爲年四十此言年三十六不知何故若謂趙孔曜之薦輅在裴徽擧輅爲秀才前數年然按下文再見三見四見至十月舉爲秀才直爲一年事耳別傳與陳志互異裴注亦云不相應殊可異也雅性寬大與世無忌可爲士雄仰觀天文則能同妙甘公石申俯覽周易則能思齊季主游步道術開神無窮可爲士英抱荊山之璞懷夜光之寶而爲清河郡所錄北黌文學可爲痛心疾首也使君方欲流精九皐垂神幽藪欲令明主不獨治逸才不久滯高風遐被莫不草靡宜使輅特蒙陰和之應得及羽儀之時必能翼宣隆化揚聲九圍也裴使君聞言則忼慨曰何乃爾邪雖在大州未見異才可用釋

人鬱悶者思還京師得共論道耳況草閒自有清妙之才乎如此便相爲取之莫使騏驥更爲凡馬 毛本馬作鳥誤 荆山反成凡石郎檄召輅爲文學從事一相見淸論終日不覺罷倦天時大熱移牀在庭前樹下乃至雞向晨然後出再相見便轉爲鉅鹿從事三見轉治中四見轉爲別駕至十月舉爲秀才輅辭裴使君使君言丁鄧二尙書有經國才略於物理不精也 世說新語規箴篇注引輅別傳作何鄧二尙書有經國才略於物理無不精也丁作何多一無字於上下文均合當從之 何尙書神明精微 世說注精微作清徹無下二句 言皆巧妙巧妙之志 志疑作至 殆破秋毫君當愼之自言不解易九事必當以相問 趙一清曰南齊書張緒傳云平叔所不解易七事諸卦中所有時義是其一也此云九事二書互異梁章鉅曰南齊書張緒傳及南史何晏傳（弼按何晏魏人何至南史有傳梁氏說誤）並以爲七事誤也梁書伏曼容傳及世說文學篇（弼按見規箴篇）皆作九事與此同 比至洛宜善精其理也輅言何若巧妙以攻難之才游形之表未入於神夫入神者當步天元推陰陽探玄虛極幽明然後覽道無窮未暇細言若欲差次老莊而

參爻象愛微辯而興浮藻可謂射侯之巧非能破秋毫之妙也若九事皆至義者不足勞思也若陰陽者精之以久輅去之後歲朝當有時刑大風風必摧破樹木若發於乾者必有天威不足共淸譚者

十二月二十八日吏部尙書何晏請之鄧颺在晏許晏謂輅曰聞君著爻神妙 著當作蓍世說規箴篇注引輅別傳云聞君非徒善論易至於分蓍思爻亦爲神妙 試爲作一卦知位當至三公不 胡三省曰不讀曰否 又問連夢見靑蠅數十頭來在鼻上 通鑑在作集 驅之不肯去有何意故輅曰夫飛鴞天下賤鳥及其在林食椹則懷我好音 詩魯頌泮水之章翩彼飛鴞集于泮林食我桑黮懷我好音毛傳云翩飛貌鴞惡聲之鳥也黮桑實也鄭箋云言鴞恒惡鳴今來止于泮水之木上食其桑黮爲此之故故改其鳴歸就我以善音喻人感於恩則化也 況輅心非草木敢不盡忠 世說注云況輅心過草木注情葵藿敢不盡忠唯察之耳 昔元凱之弼重華 左傳文公十八年昔高陽氏有才子八人謂之八愷高辛氏有才子八人謂之八元舜臣堯舉八愷使主后土以揆百事莫不時序地平天成舉八元使布五教于四方父義母慈兄友弟共子孝內平外成史記五帝本紀云虞舜者名曰重華 宣慈惠和周公之翼成王坐而待旦 世說注此句下有敬愼之至也 故能流光六合萬國咸寧 世說注此句下有然後據鼎足而登金鉉調陰陽而濟兆民二語 此乃履道休應 御覽道下有之字世說注同 非卜筮之所明也今君侯位重山岳 晏賜爵爲列侯見曹爽傳注引魏略故管輅稱晏爲君侯 埶若雷電 世說注電作霆此句下有望雲赴景萬里馳風二語 而懷德者鮮畏威者衆殆非小心翼翼多福之仁 御覽仁作人世說注作士 又鼻者艮 世說注艮下有也字 此天中之山臣松之案相書 漢書藝文志相人二十四卷隋書經籍志相書四十六卷荀子非相篇楊注相視也視其骨狀以知吉凶貴賤 謂鼻之所在爲天中鼻有山象故曰天中之山也 胡三省曰相書以鼻爲天中自脣以上爲人中 高而不危所以長守貴 馮本貴下有也字世說注同各本均無之孝經諸侯章高而不危所以長守貴也 今靑蠅臭惡 世說注惡下有之物二字 而集之爲位峻者顚輕豪者亡不可不思害盈之

數 册府害作虛 盛衰之期 世說注輕豪者亡下有必至之分也夫變化雖相生極則有害虛滿雖相受溢則有竭聖人見陰陽之性明存亡之理損益以爲衰抑進以爲退數語無不可不思害盈之數盛衰之期十二字 是故山在地中曰謙雷在天上曰壯 世說注作曰大壯下同 謙則裒多益寡 胡三省曰裒蒲侯翻與捂同取也此言晏據權勢揆分爲多當思自減省也 壯則非禮不履未有損已而不光大行非而不傷敗願君侯上追文王六爻之旨下思尼父彖象之義然後三公可決靑蠅可驅也颺曰此老生之常譚輅答曰夫老生者見不生常譚者見不譚 胡三省曰言必見其死也 晏曰過歲更當相見

輅別傳曰輅爲何晏所請果共論易九事九事皆明晏曰君論陰陽此世無雙時鄧颺與晏共坐颺言君見謂善易 通鑑見作自 而語初不及易中辭義何故也輅尋聲答之曰夫善易者不論易也晏含笑而讚之可謂要言不煩也因請輅爲卦輅既稱引鑒誡

馮本誠作戒晏謝之曰知機其神乎古人以爲難交疏而吐其誠馮本無其字今人以爲難君今一面而盡二難之道可謂明德惟馨詩不云乎中心藏之何日忘之世說注引名士傳曰是時曹爽輔政識者慮有危機晏有重名與魏姻戚內雖懷憂而無復退也著五言詩以言志曰鴻鵠比翼遊羣飛戲太清常畏大網羅憂禍一旦并豈若集五湖從流唼浮萍承寧曠中懷何爲怵惕驚蓋因輅言懼而賦詩或曰平叔自是大雅之士惜溺於富貴耳

輅還邑舍胡三省曰邑舍平原邑舍也具以此言語舅氏舅氏責輅言太切至輅曰與死人語何所畏邪舅大怒謂輅狂悖歲朝西北大風監本作風大塵埃蔽天十餘日聞晏颺皆誅然後舅氏乃服晉書五行志下嘉平元年正月壬辰朔西北大風發屋折樹木昏塵蔽天案管輅說此爲時刑大臣執政之憂也是時曹爽區霿自專驕僭過度天戒數見終不改革此思心不睿恆風之罰也後踰旬而爽等誅滅

輅別傳曰舅夏大夫問輅前見何鄧之日爲已有凶氣未也輅言與禍人共會然後知神明交錯與吉人相近又知聖賢求精之妙夫鄧之行步則筋不束骨脈不制肉起立傾倚若無手足謂之鬼躁何之視候則魂不守宅血不華色精爽煙浮容若槁木謂之鬼幽故鬼躁者爲風所收鬼幽者爲火所燒自然之符不可以蔽也輅後因得休裴使君問何平叔一代才名其實何如輅曰其才若盆盎之水所見者清所不見者濁毛本無所字神在廣博志不務學弗能成才欲以盆盎之水求一山之形形不可得則智由此惑故說老莊則巧而多華說易生義則美而多僞華則道浮僞則神虛得上才則淺而流絕得中才則游精而獨出輅以爲少功之才也裴使君曰誠如來論吾數與平叔共說老莊及易常覺其辭妙於理不能折之又時人吸習吸疑作翕皆歸服之焉益令不了相見得清言然後灼灼耳世說文學篇注引管輅傳曰裴使君有高才逸度善言玄妙也

始輅過魏郡太守鍾毓毓以諫曹爽增兵失爽意出爲魏郡太守見毓傳共論易義輅因言卜可知君生死之日毓使筮其生日月如言無蹉跌毓大愕然曰君可

畏也死以付天御覽作君可畏人也命以付天不以付君遂不復筮毓問輅天下當太平否輅曰方今四九天飛利見大人神武升建王道大明宋本元本馮本大作文何憂不平毓未解輅言無幾曹爽等誅乃覺寤云

輅別傳曰魏郡太守鍾毓清逸有才難輅易二十餘事自以爲難之至精也輅尋聲投響言無留滯分張爻象義皆殊妙毓即謝輅輅卜知毓生日月毓愕然曰聖人運神通化連屬事物何聽明乃爾輅言幽明同化死生一道悠悠太極終而復始文王損命不以爲憂呂氏春秋周文王寢疾而地動羣臣皆恐請移之文王曰若何其移之也對曰興事動衆以增國城其可以移之乎文王曰不可夫天之見妖也以罰有罪也我必有罪故天以此罰我也今故興事動衆以增國城是重吾罪也不可文王曰昌也請改行重善以移之其可以免乎無幾何疾乃止仲尼曳杖不以爲懼史記孔子世家孔子病子貢請見孔子方負杖逍遙於門曰賜汝來何其晚也孔子因歎歌曰太山壞乎梁柱摧乎哲人萎乎因以涕下緒煩蓍筮宜盡其意毓曰生者好事死者惡事哀樂之分吾所不能齊且以付天不以付君也石苞爲鄴典農晉書石苞傳苞字仲容渤海南皮人縣召爲吏給農司馬既而又被使到鄴徙鄴典農中郎將與輅相見問曰聞君鄉里翟文耀能隱形其事可信乎輅言此但陰陽蔽匿之數苟得其數則四岳可藏河海可逃況以七尺之形游變化之內散雲霧以幽身布金水以滅迹術足數成不足爲難苞曰欲聞其妙君且善論其數也輅言夫物不精不爲神數不妙不爲術故精者神之所合妙者智之所遇合之幾微可以性通難以言論是故魯班不能說其手魯班詳見前杜夔傳注引傅玄馬鈞序離朱不能說其目梁玉繩古今人名表考云離朱始見列子湯問莊子駢拇天地朱又作珠離氏即離婁亦曰離子黃帝時明目人察箴末於百步之外非言之難孔子曰書不盡言言之細也言不盡意意之微也斯皆神妙之謂也請舉其大體以驗之夫白日登天運景萬里無物不照及其入地一炭之光不可得見三五盈月清耀燭夜可以遠望及其在晝明不如鏡今逃日月者必陰陽之數陰陽之數通於萬類鳥獸猶化況於人乎夫得數者妙得神者靈非徒

生者有驗死亦有徵是以杜伯乘火氣以流精 竹書紀年周宣王四十三年王殺大夫杜伯墨子明鬼篇周宣王殺杜伯而不辜後三年宣王會諸侯田于圃杜伯乘白馬素車朱衣冠執朱弓挾朱矢射宣王中心折脊殪車中伏弢漢書地理志杜陵故杜伯國管輅所云杜伯乘火氣是否杜伯朱衣冠朱弓矢之事不敢臆斷 彭生託水變以立形 胡玉縉曰左傳莊八年齊侯田于貝丘見大豕從者曰公子彭生也公怒曰彭生敢見射之豕人立而啼公懼隊于車易說卦傳坎爲豕又曰坎爲水故曰託水變以立形也 是故生者能出亦能入死者能顯亦能幽此物之精氣化之游魂人鬼相感數使之然也苞曰自見陰陽之理 宋本自作目 不過於君君何以不隱輅曰夫陵虛之鳥愛其清高不願江漢之魚淵沼之魚樂其濡濕不易騰風之鳥由性異而分不同也僕自欲正身以明道直已以親義見數不以爲異知術不以爲奇夙夜研機 官本機作幾 孳孳溫故而素隱行怪未暇斯務也 李安溪曰輅之議論此爲最耆

平原太守劉邠取印囊及山雞毛著器中使筮輅曰內方外員五色成文 錢大昕曰文與章非韻疑成文二字當爲文成 含寶守信出則有章此印囊也高嶽巖巖有鳥朱身羽翼玄黃鳴不失晨此山雞毛也邠曰此郡官舍連有變怪使人恐怖其理何由輅曰或因漢末之亂兵馬擾攘軍尸流血汙染丘山故因昏夕多有怪形也明府道德高妙自天祐之願安百祿以光休寵

輅別傳曰故郡將劉邠字令元清和有思理好易而不能精與輅相見意甚喜歡自說注易向訖也輅言今明府欲勞不世之神經緯大道誠富美之秋然輅以爲注易之急急於水火水火之難登時之驗易之清濁延於萬代不可不先定其神而後垂明思也自旦至今聽採聖論 元本採作探 未有易之一分易安可注也輅不解古之聖人何以處乾位於西北坤位於東南 宋本東作西 夫乾坤者天地之象然天地至大爲神明君父

覆載萬物生長撫育 宋本元本馮本撫育作無首 何以安處二位與六卦同列乾之象象曰大哉乾元萬物資始乃統天夫統者屬也尊莫大焉何由有別位也邠依易繫辭諸爲之理以爲注不得其要輅尋聲下難事皆窮析曰夫乾坤者易之祖宗變化之根源今明府論清濁者有疑疑則無神恐非注易之符也輅於此爲論八卦八卦之道 官本考證云監本爲論八卦下又重八卦二字衍文今去 及爻象之精大論開廓衆化相連邠所解者皆以爲妙所不解者皆以爲神自說欲注易八年用思勤苦歷載靡寧定相得至論 寧定二字疑有一衍 此才不及易不愛久勞喜承雅言如此相爲高枕偃息矣欲從輅學射覆輅言今明府以虛神於注易亦宜絕思於靈蓍靈蓍者二儀之明數陰陽之幽契施之於道則定天下吉凶用之於術則收天下豪纖纖微未可以爲易也邠曰以爲術者易之近數欲求其端耳若如來論何事於斯留輅五日不遑恤官但共清譚邠自言數與何平叔論易及老莊之道至於精神遐流與化周旋清若金水鬱若山林非君侶也邠又曰此郡官舍連有變怪變怪多形使人怖恐君似當達此數者其理何由也輅言此郡所以名平原者本有原山無木石與地自然含陰不能吐雲含陽不能激風陰陽雖弱猶有微神微神不眞 元本眞作貞 多聚凶姧以類相求魍魎成羣或因漢末兵馬擾攘軍尸流血汙染丘嶽彊魂相感變化無常故因昏夕之時多有怪形也昔夏禹文明不怪於黃龍 淮南子禹南省方濟于江黃龍負舟舟中之人五色無主禹乃熙然而稱曰我受命於天竭力而勞萬民生寄也死歸也何足以滑和視龍猶蝘蜓顏色不變龍乃弭耳掉尾而逃楚辭注禹治水時有神龍以尾畫導水徑所當決之因而治之拾遺記禹導川夷岳黃龍曳尾于前玄龜負青泥于後龜頷下有印文禹所穿鑿以青泥封記使龜印其上 周武信時不惑於暴風 史記齊太公世家武王將伐紂卜龜兆不吉風雨暴至而羣公盡懼唯太公彊之勸武王武王於是遂行 今明府道德高妙神不懼妖自天祐之 馮本祐作佑 吉無不利願安百祿以光休寵也 邠曰聽雅論爲近其理每有變怪輒聞鼓角聲音或見弓劍形象夫以土山之精伯有

之魂左傳昭公七年鄭人相驚以伯有曰伯有至矣則皆走不知所往杜注襄公三十年鄭殺伯有言其鬼至實能合會干犯明靈也邠問輅易言剛健篤實輝光日新斯爲同不也輅曰不同之名朝旦爲輝日中爲光晉諸公讚曰邠本名炎犯晉太子諱改爲邠位至太子僕子粹字純嘏侍中次宏字終嘏太常次漢字仲嘏光祿大夫晉書劉惔傳劉潢字沖嘏吏部尚書潢與漢沖與仲字俱相近也漢清沖有貴識名亞樂廣宏子咸徐州刺史次耽晉陵內史耽子恢晉書恢作惔字眞長尹丹陽爲中興名士也晉書劉惔傳惔字眞長沛國相人也祖宏字終嘏光祿勳宏兄粹字純嘏侍中宏弟潢字沖嘏吏部尚書並有名中朝時人語曰洛中雅雅有三嘏父耽晉陵太守亦知名惔少淸遠有標奇王導深器之尙明帝女廬陵公主累遷丹陽尹爲政清整與王羲之雅相友善惔每奇桓溫才而知其有不臣之迹勸帝抑之不納後竟如其言年三十六卒官

清河令徐季龍沈家本曰季龍是雙名東漢時罕見蜀案東漢時雙名甚多見朱建平傳注使人行獵令輅筮其所得輅曰當獲小獸復非食禽雖有爪牙微而不彊雖有文章蔚

而不明非虎非雉其名曰狸獵人暮歸果如輅言季龍取十三種物著大篋中使輅射云器中藉藉有十三種物先說雞子後道蠶蛹宋本蛹作蛹遂一一名之惟以梳爲枇耳

輅別傳曰清河令徐季龍字開明有才機與輅相見共論龍動則景雲起虎嘯則谷風至以爲火星者龍參星者虎火出則雲應參出則風到此乃陰陽之感化非龍虎之所致也輅言夫論難當先審其本然後求其理理失則機謬機謬則榮辱之主若以參星爲虎則谷風更爲寒霜之風寒霜之風非東風之名是以龍者陽精以潛爲陰幽靈上通和氣感神二物相扶故能興雲夫虎者陰精而居於陽依木長嘯動於巽林二氣相感故能運風若磁石之取鐵不見其神而金自來有徵應以相感也況龍有潛飛之化虎有文明之變招雲召風何足爲疑季龍言夫龍之在淵不過一井之底虎之悲嘯不過百步之中形氣淺弱所通者近何能劘景雲而馳東風輅言君不見陰陽燧在掌握之中形不出手乃上引太陽之火下引太陰之水噓吸之閒煙景以集苟精氣相感縣象應乎二燧苟不相感則二女同居志不相得自然之道無有遠近季龍言世有軍事則感雞雉先鳴其道何由復有他占惟在雞雉而已輅言貴人有事其應在天在天則日月星辰也吳本毛本無下在天二字誤監本此數句皆有誤字兵動民憂其應在物在物則山林鳥獸也夫雞者兌之畜金者兵之精雉者離之鳥獸者武之神故太白揚輝則雞鳴熒惑流行則雉驚各感數而動又兵之神道布在六甲六甲推移其占無常是以晉柩牛呴果有西軍左傳僖公三十二年冬晉文公卒庚辰將殯于曲沃出絳柩有聲如牛（注云如牛呴聲呴呼口反）卜偃使大夫拜曰君命大事將有西師過軼我擊之必大捷焉漢書五行志云劉向以爲近鼓妖也喪凶事聲如牛怒象也將有急怒之謀以生兵革之禍鴻嘉石鼓鳴則有兵漢書五行志云成帝鴻嘉三年五月乙亥天水冀南山大石鳴聲隆隆如雷有頃止聞平襄二百四十里壄雞皆鳴石長丈三尺廣厚略等旁著岸脅去地二百餘丈民俗名曰石

鼓石鼓鳴有兵是歲廣漢鉗子謀攻牢不專近在於雞雉也季龍言魯昭公八年有石言於晉師曠以爲作事不時怨讟動於民則有非言之物而言於理爲合不輅言晉平奢泰崇飾宮室斬伐林木殘破金石民力既盡怨及山澤神痛人感二精並作金石同氣則兌爲口舌口舌之妖動于靈石傳曰輕百姓飾城廓官本廓作郭則金不從革此之謂也季龍欽嘉留輅經數日輅占獵既驗季龍曰君雖神妙但不多藏物耳何能皆得之輅言吾與天地參神蓍龜通靈抱日月而游杳冥極變化而覽未然況茲近物能蔽聰明季龍大笑君既不謙又念窮在近矣輅言君尙未識謙言爲能論道夫天地者則乾坤之卦蓍龜者則卜筮之數日月者離坎之象變化者陰陽之爻杳冥者神化之源未然者則幽冥之先則字衍此皆周易之紀綱何僕之不謙季龍於是取十三種物欲以窮之輅射之皆中季龍乃歎曰作者之謂聖述者之謂明豈此之謂乎

輅隨軍西行過毌丘儉墓下倚樹哀吟精神不樂人問其故輅曰林木雖茂無形可久碑誄雖美無後可守玄武藏頭蒼龍無足白虎銜尸朱雀悲哭四危以備法當滅族不過二載其應至矣卒如其言 趙一清曰儉下當有父字周壽昌曰墓上疑脫一先字弼按毌丘儉死於正元二年管輅死於正元三年儉死數月安有林木之茂三族誅夷安有碑誄之美且儉死族滅事已顯著有何豫言之驗本傳卒如其言殊爲不經如作過儉父墓下則得之矣水經穀水注作過毌丘興墓興儉父也 後得休過清河倪太守時天旱倪問輅雨期輅曰今夕當雨是日暘燥晝無形似府丞及令在坐咸謂不然到鼓一中星月皆沒風雲並起竟成快雨於是倪盛修主人禮共爲歡樂 宋本歡作懽

輅別傳曰輅與倪清河相見既刻雨期倪猶未信輅曰夫造化之所以爲神不疾而速不行而至十六日壬子直滿畢星中已有水氣水氣之發動於卯辰此必至之應也又天昨檄召五星 宋本元本天作夫誤 宣布星符剌下東井告命南箕使召雷公電父風伯雨師羣岳吐陰衆川激精雲漢垂澤蛟龍含靈爗爗朱電吐咀杳冥殷殷雷聲噓吸雨靈習習谷風六合皆同欬唾之間品物流形天有常期道有自然不足爲難也倪曰譚高信寡相爲憂之於是便留輅往請府丞及清河令 往疑作住屬上句下文有當住十日之語可證 若夜雨者當爲啖二百斤犢肉若不雨當住十日輅曰言念費損至日向暮了無雲氣衆人並嗤輅輅言樹上已有少女微風樹間又有陰鳥和鳴 毛本又作丈誤 又少男風起衆鳥和翔其應至矣須臾果有艮風鳴鳥日未入東南有山雲樓起黃昏之後雷聲動天到鼓一中星月皆沒風雲並興玄氣四合大雨河傾倪調輅言誤中耳不爲神也輅曰誤中與天期不亦工乎

正元二年弟辰謂輅曰大將軍待君意厚 時司馬昭爲大將軍 冀當富貴乎輅

長歎曰吾自知有分直耳然天與我才明不與我年壽恐四十七八閒不見女嫁兒娶婦也若得免此欲作洛陽令可使路不拾遺枹鼓不鳴但恐至太山治鬼不得治生人如何辰問其故輅曰吾額上無生骨 何焯校改生作主 眼中無守精鼻無梁柱腳無天根背無三甲腹無三壬此皆不壽之驗又吾本命在寅加月食夜生天有常數不可得諱但人不知耳吾前後相當死者過百人略無錯也是歲八月爲少府丞 續漢志百官志少府丞一人比千石 明年二月卒年四十八 玉海藝文引中興書目曰管輅易傳一卷訓解名義不盡流於卜筮宋史藝文志蓍龜類管輅易傳一卷唐書經籍志周易林四卷管輅撰藝文志管輅周易林四卷隋書經籍志周易通靈決二卷魏少府丞管輅撰周易通靈要決一卷管輅撰梁有管公明算占書一卷崇文總目卜筮類管公明隔山照一卷通志藝文略五行雜占家破躁經一卷管輅撰唐書經籍志鳥情逆占一卷管輅撰藝文志管輅鳥情逆占一卷

輅別傳曰既有明才 郝經續後漢書明才作才名 遭朱陽之運于時名勢赫奕若火猛風疾當塗之士莫不枝附葉連賓客如雲無多少皆爲設食賓無貴賤候之以禮京城紛紛非徒歸其名勢而已然亦懷其德焉向不夭命輅之榮華非世所測也弟辰嘗欲從輅學卜及仰觀事輅言卿不可教耳夫卜非至精不能見其數非至妙不能覩其道孝經詩論足爲三公無用知之也於是遂止子弟無能傳其術者辰敘曰夫晉魏之士見輅道術神妙占候無錯以爲有隱書及象甲之數辰每觀輅書傳惟有易林風角及鳥鳴仰觀星書三十餘卷世所共有 隋書經籍志易林十六卷焦贛撰易林變占十六卷焦贛撰易林二卷黃直撰風角書見前鳥情及占星書甚多不勝舉又按隋志所載天文書六百七十五卷歷數書二百六十三卷五行書一千二十二卷知魏晉時存者頗多觀公明所稱引多見於左國史漢所謂世鮮名人皆由無才不由無書也 然輅獨在少府官舍無家人子弟隨之其亡沒之際好奇不哀喪者盜輅書惟餘易林風角及鳥鳴書還耳夫術數有百數十家其書有數千卷書不少

也然而世鮮名人皆由無才不由無書也裴冀州何鄧二尚書及鄉里劉太常潁川兄
弟以輅稟受天才明陰陽之道吉凶之情一得其源遂涉其流亦不爲難常歸服之輅
自言與此五君共語使人精神淸發昏不暇寐（暇疑作假晉書劉寔傳作使人神思淸發昏不假寐）自此以下
殆白日欲寢矣又自言當世無所願欲得與魯梓愼鄭裨竈晉卜偃宋子韋楚甘公魏
石申共登靈臺披神圖步三光明災異運蓍龜決狐疑無所復恨也辰不以闇淺得因
孔懷之親（詩小雅棠棣之章死喪之威兄弟孔懷毛傳云威畏懷思也鄭箋云死喪可畏怖之事維兄弟之親甚相思念）數與輅有所諮
論至於辨人物析臧否說近義彈曲直拙而不功也（何焯校改功作工官本作工趙一清曰功與工古通）若敷
皇羲之典揚文孔之辭周流五曜經緯三度口滿聲溢微言風集若仰眺飛鴻漂漂兮
景沒若俯臨深溪杳杳兮精絕偪以攻難而失其端欲受學求道尋以迷昏無不扼腕
椎指追響長歎也昔京房雖善卜及風律之占卒不免禍（漢書京房傳京房字君明東郡頓丘人治易事梁人

焦延壽延壽字贛贛常曰得我道以亡身者京生也其說長於災變分六十卦更直日用事以風雨寒溫爲候各有占驗房用之尤精初元四年以孝廉爲郎房奏考功課吏法石顯五鹿充宗皆疾房欲遠之建言宜以房爲郡守元帝於是以房爲魏郡太守顯告房與張博通謀非謗政治歸惡天子詿誤諸侯房博皆棄市房本姓李推律自定爲京氏死時年四十一）而輅自知四十八當亡可謂明哲相殊又京房目見遘讒之黨
耳聽靑蠅之聲面諫不從而猶道路紛紜輅處魏晉之際藏智以朴卷舒有時妙不見
求愚不見遺可謂知幾相邈也（宋本幾作機）京房上不量萬乘之主下不避佞諂之徒
欲以天文洪範利國利身困不能用卒陷大刑可謂枯龜之餘智膏燭之末景（馮本景作光）
豈不哀哉世人多以輅疇之京房（疇與儔通）辰不敢許也至於仰察星辰俯定吉凶遠
期不失年歲近期不失日月辰以甘石之妙不先也射覆名物見術流速東方朔不過
也觀骨形而審貴賤覽形色而知生死許負唐舉不超也若夫疏風氣而探微候聽鳥
鳴而識神機亦一代之奇也向使輅官達爲宰相大臣膏腴流於明世華曜列乎竹帛

使幽驗皆舉祕言不遺千載之後有道者必信而貴之無道者必疑而怪之信者以妙
過眞夫妙與神合者得神則無所惑也恨輅才長命短道貴時賤親賢遐潛不宜於良
史而爲鄙弟所見追述既自闇濁又從來久遠所載卜占事雖不識本卦捃拾殘餘十
得二焉至於仰觀靈曜說魏晉興衰及五運浮沈兵革災異十不收一無源何以成河
無根何以垂榮雖秋菊可採不及春英臨文慷慨（馮本慷作忼）伏用哀慚將來君子幸以
高明求其義焉往孟荊州爲列人典農嘗問亡兄昔東方朔射覆得何卦正知守宮蜥
蜴二物者（漢書東方朔傳上嘗使諸數家射覆置守宮盂下射之皆不能中朔自贊曰臣嘗受易請射之迺別蓍布卦而對曰臣以爲龍又無角謂之爲蛇又有足跂跂脈脈善緣壁是非守宮卽蜥蜴上曰善賜帛十匹師古曰守宮蟲名也術家云以器養之食以丹砂滿七斤擣治萬杵以點女人體終身不滅若有房室之事則滅矣言可以防閑淫逸故謂之守宮也今呼俗爲辟宮辟亦禦扞之義耳盂食器也若盋而大今之所謂盋盂也盋音撥又曰跂跂行貌也脈脈視貌也爾雅云蠑螈蜥蜴蜥蜴蝘蜓蝘蜓守宮是則一類耳揚雄方言云其在澤中者謂之蜥蜴故朔曰是非守宮則蜥蜴也蜥音歷反蜴音余赤反蠑音榮螈音原蝘音鳥

典反蜓音殄劉攽曰守宮生屋壁如守宮然故名之何在防淫逸也一蟲之微何能食丹砂七斤人亦安肯捐七斤丹砂以餌一蟲也劉敞曰守宮卽人家屋壁中蝘蜓俗呼爲蝎虎者是也此物唯在屋壁窗戶閒夜亦出蓋用此得名耳術家之說安有此理師古乃信之何哉沈欽韓曰東方朔有靈棊經見藝文志案管輅射覆亦以易卦其卦辭蓋如焦氏易林有立成法也）亡兄於此爲安卦生象辭喻交錯微義豪起變化相推會
於辰巳分別龍蛇各使有理言絕之後孟荊州長歎息曰吾聞君論精神騰躍殆欲飛
散何其汪汪乃至於斯邪　臣松之案辰所稱鄉里劉太常者謂劉寔也辰撰輅傳寔
時爲太常潁川則寔弟智也寔智並以儒學爲名無能言之（之下脫一字）世語稱寔博辯
猶不足以並裴何之流也（晉書劉寔傳寔字子眞平原高唐人少貧苦賣牛衣以自給然好學手約繩口誦書博通古今淸身潔己行無瑕玷參文帝相國軍事封循陽子以廉遜道闕著崇讓論以矯之咸寧中爲太常元康初進爵爲侯累遷太保轉太傅薨年九十一謚曰元位望通顯每崇儉約嘗詣石崇家如廁見有絳紋帳茵褥甚麗兩婢持香囊寔便退笑謂崇曰誤入卿內尤精三傳又撰春秋條例二十卷弟智字子房貞素有兄風出爲潁川太守著喪服釋疑論寔事又見王肅傳評）又按輅自說云本命在寅則建安十五年生也至正始九年應三十

九而傳云三十六（毛本三作二誤）以正元三年卒應四十七傳云四十八皆爲不相應也近有闔續伯者名纘該微通物有良史風（晉書闔纘傳纘字續伯巴西安漢人博覽墳典該通物理父卒繼母不慈纘無怨色孝謹不怠愍懷太子之廢纘輿棺詣闕上書理太子之寃）爲天下補綴遺脫敢以所聞列于篇左皆從受之於大人先哲足以取信者冀免虛誣之譏云爾嘗受辰傳所謂劉太常者曰輅始見聞由於爲鄰婦卜亡牛云當在西面窮牆中縣頭上向敎婦人令視諸丘冢中果得牛婦人因以爲藏已牛告官案驗乃知以術知故裴冀州遂聞焉又云路中小人失妻者（御覽七百二十五路作洛妻作婢）輅爲卜敎使明且於東陽城門中（漢書地理志清河郡東陽王先謙曰續志後漢省一統志東陽故城今山東東昌府恩縣西北六十里衛河南岸）伺擔豚人牽與共鬬具如其言豚逸走卽共追之豚入人舍突破主人甕婦從甕中出（御覽婦作婢）劉侯云甚多此類辰所載纔十一二耳劉侯云辰孝廉才也中書令史紀玄龍輅鄉里人云輅在田舍嘗候遠鄰主人患數失火輅卜敎使

明日於南陌上伺當有一角巾諸生駕黑牛故車必引留爲設賓主此能消之卽從輅戒諸生有急求去不聽遂留當宿意大不安以爲圖己主人罷入生乃把刀出門倚兩薪積閒側立假寐欻有一小物直來過前如獸手中持火以口吹之生驚舉刀斫正斷腰視之則狐自此主人不復有災前長廣太守陳承祐（晉書地理志青州長廣郡咸寧三年置李兆洛曰今山東登州府萊陽縣東）口授城門校尉華長駿語云昔其父爲清河太守時召輅作吏駿與少小後以鄉里遂加恩意常與同載周旋具知其事云諸要驗三倍於傳辰既短才又年縣小又多在田舍故益不詳辰仕宦至州主簿部從事太康之初物故駿又云輅卜亦不悉中十得七八駿問其故輅云理無差錯來卜者或言不足以宣事實故使爾華城門夫人者魏故司空涿郡盧公女也（盧毓之女晉書華廙傳廙字長駿妻父盧毓典選難舉姻親故廙年三十五不得調後拜城門校尉互見本志華歆傳注）得疾連年不差華家時居西城下南纏里中三廄在其東南輅卜當有師從東方來自言能治便聽使之必得其力後無何有南征廄騶當充甲卒來詣盧公占能治女郎（郝經續漢書占作言）公卽表請留之專使其子將詣華氏療疾初用散藥後復用丸治壽有效卽奏除騶名以補太醫又云輅隨父在利漕時有治下屯民捕鹿者其晨行還見毛血人取鹿處（疑有脫字或云處疑作去）來詣廄告輅輅爲卦語云此有盜者是汝東巷中第三家也汝徑往門前伺無人時取一瓦子密發其碓屋東頭第七椽以瓦著下不過明日食時自送還汝其夜盜者父病頭痛壯熱煩疼然亦來詣輅卜輅爲發祟盜者具服輅令擔皮肉藏還著故處病當自愈乃密敎鹿主往取又語使復往如前舉椽棄瓦盜父病差又都尉治內史有失物者輅使明晨於寺門外看當逢一人使指天畫地舉手四向自當得之暮果獲於故處矣

評曰華佗之醫診杜夔之聲樂朱建平之相術周宣之相夢管輅之

術筮誠皆玄妙之殊巧非常之絕技矣昔史遷著扁鵲倉公日者之傳所以廣異聞而表奇事也故存錄云爾（史記有扁鵲倉公傳司馬遷曰扁鵲以其伎見殃倉公乃匿迹自隱而當刑老子曰美好者不祥之器豈謂扁鵲等邪若倉公者可謂近之矣弼按華佗與扁鵲相似而以伎見殃亦相同管輅則類司馬季主不可以卜筮盡之也）

魏書二十九　　三國志二十九

烏丸鮮卑東夷傳第三十

晉　平陽侯相安漢陳壽　撰

宋中書侍郎西鄉侯聞喜裴松之　注

沔陽盧弼　集解

書載蠻夷猾夏尙書舜典蠻夷猾夏孔傳云猾亂也詩稱玁狁孔熾詩小雅玁狁孔熾毛傳云玁狁北狄也熾盛也鄭箋云北狄今匈奴也言北狄來侵甚熾也久矣其爲中國患也秦漢以來匈奴久爲邊害孝武雖外事四夷東平兩越朝鮮史記南越傳漢高帝十一年立尉佗爲南越王武帝元鼎六年平之自尉佗初王後五世九十三歲而國亡東越傳漢高帝五年立無諸爲閩越王武帝建元六年閩越王郢擊南越其弟餘善殺郢漢因立餘善爲東越王元封元年越衍侯吳陽殺餘善降漢於是天子曰東越狹多阻閩越悍數反覆詔軍吏皆將其民徙處江淮閒東越地遂虛朝鮮傳武帝元封三年定朝鮮爲眞番臨屯樂浪玄菟四郡西討貳師大宛史記大宛傳武帝太初元年拜李廣利爲貳師將軍往伐宛期至貳師城取善馬故號貳師將軍開邛莋夜郎之道史記西南夷列傳西南夷君長以什數夜郎最大其西靡莫之屬以什數滇最大自滇以北君長以什數邛都最大自嶲以東北君長以什數徙筰都最大吳熙載曰邛四川邛州筰四川寧遠府鹽源縣夜郎四川敍州府慶符縣及瀘州界王先謙曰邛今邛州治筰都後爲沈黎郡沈黎今雅州府清溪縣東南夜郎今遵義府桐梓縣東二十里丁謙曰漢西南夷爲今四川南貴州西南及雲南全省地夜郎國在今曲靖府境水經注温水出牂柯夜郎縣温水卽今八達江乃南盤江之上游源出曲靖西北知曲靖爲故夜郎縣然皆在荒服之外尙書禹貢五百里荒服孔傳云要服外之五百里言荒又簡略蔡傳云以其荒野故謂之荒服不能爲中國輕重而匈奴最逼於諸夏史記匈奴列傳匈奴其先祖夏后氏之苗裔也曰淳維漢書音義曰匈奴始祖名晉灼曰堯時曰葷粥周曰獫狁秦曰匈奴胡騎南侵則三邊受敵是以屢遣衞霍之將衞靑霍去病也深入北伐窮追單于奪其饒衍之地後遂保塞稱藩世以衰弱建安中呼廚泉南單于入朝遂留內侍使右賢王撫其國史記匈奴傳置左右賢王而匈奴折節過於漢舊然烏丸鮮卑稍更彊盛亦因漢末

之亂中國多事不遑外討故得擅漢南之地陳浩曰漢南疑當作漠南蓋就彼言之漠以南也下文漢南少事誤同寇暴城邑殺略人民北邊仍受其困會袁紹兼河北乃撫有三郡烏丸姚範曰三郡疑三部之訛余疑三郡魏書所云漁陽右北平雁門三郡也朱邦衡曰鮮卑有東西中三部之稱此三郡烏丸似指下文遼西上谷右北平三郡言王□□云按下烏丸傳內皆以郡名分別種類仍當以郡爲是弼按武紀建安十一年三郡烏丸承天下亂云云亦作三郡代郡烏丸不在三郡之內寵其名王而收其精騎其後尙熙又逃於蹋頓蹋頓又驍武邊長老皆比之冒頓史記匈奴傳匈奴單于曰頭曼有太子名冒頓後有所愛閼氏生少子欲廢冒頓而立少子冒頓射殺單于頭曼自立爲單于然至冒頓而匈奴最彊大盡服從北夷而南與中國爲敵國索隱云冒音墨又如字宋祁曰冒音墨頓音毒恃其阻遠敢受亡命以控百蠻宋本馮本控作雄太祖潛師北伐出其不意一戰而定之夷狄懾服威振朔土遂引烏丸之衆馮本烏作鳥誤服從征討而邊民得用安息後鮮卑大人軻比能復制御羣狄盡收匈奴故地自雲中五原以東抵遼水皆

爲鮮卑庭數犯塞寇邊幽幷苦之田豫有馬城之圍畢軌有陘北之敗靑龍中帝乃聽王雄遣劍客刺之然後種落離散互相侵伐彊者遠遁弱者請服由是邊陲差安漢南少事漢當作漠說見前雖時頗鈔盜不能復相扇動矣何焯曰自冒頓倔強一時其後如檀石槐蹋頓軻比能之興皆僅雄長北邊中國無釁人才向用彼固不能有加也劉淵以還皆中國先自敗而後乘之耳謀國之士聞一部新盛卽智勇豫怯是又與兒童之見無異烏丸鮮卑卽古所謂東胡也其習俗前事撰漢記者已錄而載之矣故但舉漢末魏初以來以備四夷之變云

魏書曰各本裴注多連接正文吳本毛本忽於此處裴注提行自亂其例吳本於裴注前一行加烏丸二字竟似以注語爲傳文矣烏丸者東胡也元本吳本胡下有人字史記匈奴傳燕北有東胡山戎服虔曰東胡烏丸之先後爲鮮卑在匈奴東故曰東胡漢初匈奴冒頓滅其國史記匈奴傳冒頓東襲擊東胡東胡初輕冒頓不爲備及冒頓以兵至擊大破滅東胡王餘類保烏丸山因以爲號焉索隱云案

續漢書曰漢初匈奴冒頓滅其國餘類保烏桓山以爲號俗隨水草居無常處桓以之名烏號爲姓父子男女悉髠頭爲輕便也丁謙曰烏桓因山得名烏桓者烏蘭之轉音也蒙古語紅曰烏蘭故傳中又稱爲赤山考游牧記阿嚕科爾沁旗北至烏蘭峯與烏珠穆秦旗接界又云西北有烏遼山卽烏丸山知烏桓烏蘭烏遼烏丸名雖小異實卽一山此山高大爲內興安嶺南行正幹所以部人東走時得據山以自保用是尊之爲神故有人死靈歸是山之語又遼史地理志烏州本烏丸地有遼河夜河烏丸川烏丸山遼河卽錫喇木倫河夜河卽哈喜爾河烏丸川卽烏爾渾河（烏爾渾亦烏丸轉音）而烏丸山居於三水之閒凡此皆烏桓部地在今阿嚕科爾沁之明證弼按一統志云阿祿科爾沁西北有烏聊山或曰卽烏桓山 俗善騎射隨水草放牧居無常處以穹廬爲宅 漢書匈奴傳云匈奴父子同穹廬臥師古曰穹廬旃帳也其形穹隆故曰穹廬 皆東向日弋獵禽獸食肉飲酪 史記匈奴傳云得漢食物皆去之以示不如湩酪之便也集解云湩乳汁也 以毛毳爲衣 鄭玄注周禮曰毛之縟細者爲毳 貴少賤老其性悍驁 范書烏桓傳作悍塞說文云悍勇也 怒則殺父兄 冒頓弒父習俗成風東胡北狄大致相同 而終不害其母以母有族類父兄以己爲種無復報者故也常推募勇健能理決鬬訟相侵犯者爲大人邑落各有小帥不世繼也數百千落自爲一部大人有所召呼刻木爲信邑落傳行無文字而部衆莫敢違犯氏姓無常以大人健者名字爲姓 惠棟曰續漢書云以父名字爲姓弼按史記匈奴傳云其俗有名不諱而無姓字漢書匈奴傳云其俗有名不諱而無字又云單于姓攣鞮氏是匈奴有姓班詳於馬也 大人以下各自畜牧治產不相徭役其嫁娶皆先私通略將女去 范書烏桓傳作其嫁娶則先略女通情杜預注左傳曰不以道取爲略 或半歲百日然後遣媒人送馬牛羊以爲聘娶之禮壻隨妻歸見妻家無尊卑旦起皆拜而不自拜其父母 范書作旦旦拜之而不拜其父母 爲妻家僕役二年 范書作一二年閒 妻家乃厚遣送女居處財物一出妻家 范書作一皆爲辦 故其俗從婦人計至戰鬬時 范書作唯戰鬬之事 乃自決之父子男女相對蹲踞 范書作踞蹲 悉禿頭以爲輕便 宋本馮本禿作髡范書同說文云大人曰髡小人曰鬀 婦人至嫁時乃養髮分爲髻著句決飾以金碧猶中國有冠步搖也 范書作簂步搖章懷注云簂音吉悔反字或爲幗婦人首飾也續漢輿服志曰公卿列侯夫人紺繒幗釋名云皇后首飾上有垂珠步則搖之也 父兄死妻後母執嫂 范書作其俗妻後母報寡嫂弼按史記匈奴傳云貴壯健賤老弱父死妻其後母兄弟死皆取其妻妻之其風俗亦相同也 若無執嫂者則已子

以親之次妻伯叔焉死則歸其故夫俗識鳥獸孕乳時以四節耕種常用布穀鳴爲候 毛本候作侯誤范書作見鳥獸孕乳以別四節爾雅釋鳥鳲鳩鴶鵴郭璞注今之布穀也江東呼爲穫穀廣雅釋鳥鴶鵴布穀也尸鳩戴勝也埤雅釋鳥云戴勝頭上有毛花成勝故曰戴勝也三月飛在桑閒月令所謂戴勝降於桑是也方言曰鳲鳩自關而東謂之戴鵀似誤蓋鳲鳩布穀也按今男事興而布穀鳴女功興而戴鵀鳴則鳲鳩與戴勝異雄之言非唐王建戴勝詞聲聲催我急種穀人家向田不歸宿可憐白鷺滿綠池不如戴勝知天時弼按以戴勝爲趣織之鳥（从鄭玄說）以布穀爲催耕之鳥說較近是戴鵀戴紝戴勝戴南四名皆一鳥也 地宜青穄東牆東牆似蓬草 元本吳本無下東牆二字毛本無下東字范書作其土地宜穄及東牆 實如葵子 范書作實如穄子惠棟曰郭義恭廣志云東牆子色青黑似蓬草粒如葵子十一月熟出涼州烏丸地河西語曰貸我東牆償我白粱也說文穄糜也从禾祭聲又云糜穄也是一物趙一清曰牆一作蘠 至十月熟能作白酒而不知作麴蘗米常仰中國大人能作弓矢鞍勒 范書作男子能作弓矢鞍勒李賢曰勒馬銜也 鍛金鐵爲兵器能刺韋作文繡織縷氈毼 范書作婦人能刺韋作文繡織氀毼廣雅曰氀毼罽也氀音力于反毼音胡達反 有病知以艾灸或燒石自熨燒地臥上或隨痛病處以刀決脈出血及祝天地山川之神無鍼藥貴兵死斂屍有棺始死則哭葬則歌舞相送肥養犬以采繩嬰牽 范書嬰作纓 幷取亡者所乘馬衣物生時服飾皆燒以送之特屬累犬 范書作言以屬累犬李賢曰屬累乃付託也屬音之欲反累音力瑞反惠棟曰爾雅釋言諈諉累也郭璞云以事相屬累爲諈諉 使護死者神靈歸乎赤山赤山在遼東西北數千里 范書祭彤傳匈奴鮮卑及赤山烏桓連和強盛數入塞殺略吏人建武十七年拜彤遼東太守數破走之又云赤山烏桓數犯上谷爲邊害永平元年彤使偏何擊破赤山斬其魁帥彤之威聲暢於北方西自武威東盡玄菟及樂浪胡夷皆來內附方輿紀要卷十八赤山在泰寧衞境弼按王沈魏書范蔚宗後漢書皆言赤山在遼東西北數千里方輿紀要言在泰寧衞境似誤當以丁謙所引游牧記及遼史地理志爲可據丁說見前 如中國人以死之魂神歸泰山也 范書作如中國人死者魂神歸岱山也章懷注引博物志云泰山天帝孫也主召人魂東方萬物始故知人生命 至葬日夜聚親舊員坐牽犬馬歷位或歌哭者擲肉與之使二人口誦呪文 馮本誦作頌 使死者魂神徑至歷險阻勿令橫鬼遮護達其赤山然後殺犬馬衣服燒之敬鬼神祠天地日月星辰山川及先大人有健名者亦同祠以牛羊祠畢皆燒之飲食必先祭其約法違大人言死盜

不止死其相殘殺令部落自相報相報不止詣大人平之有罪者出牛羊以贖死命乃止自殺其父兄無罪其亡叛爲大人所捕者諸邑落不肯受皆逐使至雍狂地地無山元本吳本無下地字有沙漠流水草木多蝮蛇在丁令之西南烏孫之東北以窮困之章懷注前書音義曰丁令匈奴別種也令音零丁謙曰丁零一作丁令部地在今貝加爾湖（古稱北海）東南蘇武傳武居北海丁零盜其牛羊以地相鄰接故烏孫地在今伊犂河南特克斯河濱前人謂卽伊犂未確也自其先爲匈奴所破之後人衆孤弱爲匈奴臣服常歲輸牛馬羊過時不具輒虜其妻子至匈奴壹衍鞮單于時漢書匈奴傳壹作壺衍鞮單于之立在漢昭帝始元二年烏丸轉彊發掘匈奴單于冢將以報冒頓所破之恥范書烏桓傳烏桓自爲冒頓所破衆遂孤弱常臣伏匈奴歲輸牛馬羊皮過時不具輒沒其妻子及武帝遣驃騎將軍霍去病擊破匈奴左地因徙烏桓於上谷漁陽右北平遼東五郡（錢大昕曰案文止有四郡蓋脫遼西二字）塞外爲漢偵察匈奴動靜其大人歲一朝見於是始置烏桓校尉秩二千石擁節監領之使不得與匈奴交通昭帝時烏桓漸強乃發匈奴單于冢墓以報冒頓之怨何焯曰烏丸大人不世繼然必報破國之恥於百年之久此知報讎之道者也恥在一家則一家之子姓報之恥在一國則一國之人民報之豈獨齊襄之復九世已哉壹衍鞮單于大怒發二萬騎以擊烏丸大將軍霍光聞之遣度遼將軍范明友將三萬騎出遼東追擊匈奴比明友兵至匈奴已引去烏丸新被匈奴兵乘其衰弊遂進擊烏丸斬首六千餘級獲三王首還後數復犯塞明友輒征破之漢書匈奴傳匈奴方發二萬騎擊烏桓大將軍霍光欲發兵邀擊之以問護軍都尉趙充國充國以爲烏桓閒數犯塞今匈奴擊之於漢便又匈奴希寇盜北邊幸無事蠻夷自相攻擊而發兵要之招寇生事非計也光更問中郎將范明友明友言可擊於是拜明友爲度遼將軍將二萬騎出遼東匈奴聞漢兵至引去初光誡明友兵不空出卽後匈奴遂擊烏桓烏桓時新中匈奴兵明友卽後匈奴因乘烏桓敝擊之斬首六千餘級獲三王首還封爲平陵侯師古曰後匈奴者言兵遲後邀匈奴不及至王莽末並與匈奴爲寇范書烏桓傳王莽篡位欲擊匈奴興十二部軍使東域將嚴尤領烏桓丁令兵屯代郡皆質其妻子於郡縣烏桓不便水土懼久屯不休數求謁去莽不肯遣遂自亡畔還爲抄盜而諸郡盡殺其質由是結怨於莽匈奴因誘其豪帥以爲吏餘者皆羈縻屬之光武初烏桓與匈奴連兵爲寇代郡以東尤被其害光武定天下遣伏波將軍馬援將三千騎從五原關出塞征之范書烏桓傳其在上谷塞外白山者最爲強富建武二十一年遣伏波將軍馬援將三千騎出五阮關掩擊之章懷注關在代郡惠棟曰說文云阮代郡

五阮關也按關在代郡廣昌縣高誘云卽陽原也趙一清曰五原關今紫荊關後漢書作五阮案阮原音同丁謙曰上谷白山卽今張家口北察罕陀羅海山察罕譯言白陀羅海譯言頭猶言白頭山亦稱白山五阮關章懷原注在代郡漢代郡在今宣化府南則是關當設於懷安北境弼按范書馬援傳援將三千騎出高柳行雁門代郡上谷障塞烏桓候者見漢軍至虜遂散去援無所得而還此傳言援出高柳歷雁門代郡上谷各郡由西而東至右北平郡（見東觀記）皆按前漢地理敘次當時之高柳在今大同府東南蓋出五原關北至高柳逐虜東行與烏桓傳相合又按前漢書成帝紀陽朔二年詔流民欲入函谷天井壺口五阮關者勿苛留地理志代郡有五原關齊召南謂五阮疑卽五原音之轉耳是五原五阮實一地也沈欽韓曰淮南氾論北至飛狐陽原注或曰陽原代郡廣昌東五阮關是也方輿紀要紫荊關在保定府易州西八十里代州廣昌縣東北百里或曰卽古之五阮關愚按五阮蓋在飛狐倒馬閒非紫荊關也無利而殺馬千餘匹烏丸遂盛鈔擊匈奴匈奴轉徙千里漢南地空范書烏桓傳烏桓尾擊援後援遂晨夜奔歸比入塞馬死者千餘匹二十二年匈奴國亂烏桓乘弱擊破之匈奴轉北徙數千里漢南地空帝乃以幣帛賂烏桓建武二十五年烏丸大人郝旦等九千餘人范書作郝旦等九百二十二人此作九千餘人誤觀下文有率衆之語自明官本攷證云旦北宋本後漢書俱作且率衆詣闕毛本闕作關誤范書云率衆向化詣闕朝貢獻奴婢牛馬及弓虎豹貂皮封其渠帥爲侯王者八十餘人范書餘作一使居塞內布列遼東屬國遼西右北平漁陽廣陽上谷代郡雁門太原朔方諸郡界招來種人給其衣食置校尉以領護之遂爲漢偵備范書備作候下有助字擊匈奴鮮卑范書烏桓傳司徒掾班彪上言烏桓天性輕黠好爲寇賊若久放縱而無總領者必復侵掠居人但委主降掾吏恐非所能制於是復置烏桓校尉於上谷甯城開營府幷領鮮卑賞賜質子歲時互市焉至永平中漁陽烏丸大人欽志賁范書欽作歆帥種人叛鮮卑還爲寇害遼東太守祭彤募殺志賁遂破其衆范書鮮卑傳漁陽赤山烏桓歆志賁等數寇上谷永平元年祭肜賂偏何擊歆志賁破斬之明章二世保塞無事烏桓傳亦云明章和三世保塞無事至安帝時漁陽右北平雁門烏丸率衆王無何等范書作無何允劉攽曰魏志名無何無允字復與鮮卑匈奴合鈔略代郡上谷涿郡五原乃以大司農何熙宋本馮本官本作大司農元本吳本毛本作大司馬弼按范書梁慬傳作大司農何熙又按續百官志云世祖卽位爲大司馬建武二十七年改爲太尉蓋東漢自建武時吳漢劉隆爲大司馬後改爲太尉以後無是官至獻帝時劉虞李傕張揚爲大司馬始復有之自以作大司農爲是行車騎將軍左右羽林五營士范書梁慬傳作羽林五校營士續百官志北軍中候掌監五營發緣邊七郡黎陽營兵合二萬

人擊之 范書梁慬傳云發緣邊十郡兵二十餘萬人章懷注緣邊十郡謂五原雲中定襄雁門朔方代郡上谷漁陽遼西右北平與此言七郡二萬人異
匈奴降鮮卑烏丸各還塞外是後烏丸稍復親附拜其大人戎末廆爲都尉 范書烏桓傳安帝永初三年夏漁陽烏桓與右北平胡千餘寇代郡上谷秋雁門烏桓率衆王無何允與鮮卑大人丘倫等及南匈奴骨都侯合七千騎寇五原與太守戰於九原高渠谷漢兵大敗殺郡長吏乃遣車騎將軍何熙度遼將軍梁慬等擊大破之無何乞降鮮卑走還塞外是後烏桓稍復親附拜其大人戎朱廆爲親漢都尉梁慬傳何熙字孟孫陳國人及在軍臨歿遺言薄葬互見本志卷十二何夔傳 至順帝時戎末廆 范書末作朱 率將王侯咄歸去
延等從烏丸校尉耿曄出塞擊鮮卑有功還皆拜爲率衆王賜束帛 范書鮮卑傳陽嘉元年冬耿曄遣烏桓親漢都尉戎朱廆率衆王侯咄歸等出塞抄擊鮮卑大斬獲而還賜咄歸等已下爲率衆王侯長賜綵繒各有差又烏桓傳云順帝陽嘉四年冬烏桓寇雲中遮截道上商賈車牛千餘兩度遼將軍耿曄率二千餘人追擊不利又戰於沙南斬首五百級烏桓遂圍曄於蘭池城於是發積射士二千人度遼營千人配上郡屯以討烏桓烏桓乃退永和五年烏桓大人阿堅羌渠等與南匈奴左部句龍吾斯反畔中郎將張耽擊破斬之桓帝永壽中朔方烏桓畔中郎將張奐擊平之延熹九年夏烏桓復寇緣邊九郡張奐討之皆出塞去

漢末遼西烏丸大人丘力居衆五千餘落上谷烏丸大人難樓衆九千餘落各稱王而遼東屬國烏丸大人蘇僕延 范書烏丸傳作遼東蘇僕延無屬國二字 衆千餘落自稱峭王右北平烏丸大人烏延衆八百餘落自稱汗魯王皆有計策勇健中山太守張純叛入丘力居衆中自號彌天安定王爲三郡烏丸元帥 三郡范書作諸郡事在靈帝中平四年 寇略青徐幽冀四州殺略吏民靈帝末以劉虞爲幽州牧募胡斬純首北州乃定 互見本志公孫瓚傳通鑑中平四年張溫發幽州烏桓突騎三千以討涼州故中山相漁陽張純請將之溫不聽軍到薊中烏桓以牢稟逋縣多叛還本國張純忿不得將乃與同郡故泰山太守張舉及烏桓大人丘力居等連盟劫略薊中殺護烏桓校尉公綦稠右北平太守劉政遼東太守陽終等衆至十餘萬屯肥如舉稱天子純稱彌天將軍安定王五年詔發南匈奴兵配劉虞討張純六年虞遣使至鮮卑責使送張舉張純首厚加購賞三月張純客王政殺純送首詣虞 後丘力居死 在獻帝初平中見范書 子樓班年小從子蹋頓有武略代立總攝三王部衆皆從其教令 范書作總攝三郡衆皆從號令 袁紹與公孫瓚連戰不決蹋頓遣使詣紹求和親助紹擊瓚破之紹矯制賜蹋頓難峭王汗魯王印綬皆以爲單于 范書烏桓傳建安初冀州牧袁紹與前將軍公孫瓚相持不決蹋頓遣使詣紹求和親遂遣兵助擊瓚破之紹矯制賜蹋頓難樓蘇僕延烏桓烏延等皆以單于印綬弼按本傳文難下少一樓字范書傳文蘇僕延下多烏桓二字蓋蹋頓難樓蘇僕延烏延皆烏桓也不得獨於烏延上加此二字潘眉曰前列四大人當作蹋頓難樓峭王汗魯王
英雄記曰紹遣使即拜烏丸三王爲單于 沈家本曰烏丸三王下文所稱遼東率衆王頒下遼西率衆王蹋頓右北平率衆王汗魯也遼東率衆王未書名即峭王也惟正文尚有上谷烏丸大人難樓英雄記未之及似傳文難爲衍文且難樓亦不得但稱難也後文亦但稱三郡烏丸其不及上谷明矣 皆安車華蓋 毛本車作居誤 羽旄黃屋左纛 宋本元本馮本監本旄作覆 版文曰使持節大將軍督幽青并領冀州牧阮鄉侯紹 紹傳封邟鄉侯阮字誤 承制詔遼東屬國率衆王頒下烏丸遼西率衆王蹋頓右北平率衆王汗盧 沈家本曰傳作汗魯注作汗盧魯盧聲相近蓋塞外譯音本無正字也 維乃祖慕義遷善 吳本祖作相毛本祖慕作相募均誤 款塞內附北捍獫狁東拒濊貊世守北陲爲百

姓保障雖時侵犯王略命將徂征厥罪率不旋時悔愆變改方之外夷最又聽惠者也 郝經續後漢書又作爲弼按惠疑作慧 始有千夫長百夫長以相統領用能悉乃心克有勳力於國家稍受王侯之命自我王室多故公孫瓚作難殘夷厥土之君以侮天慢主是以四海之內 宋本海作方 並執干戈以衛社稷三王奮氣裔土忿姦憂國控弦與漢兵爲表裏誠甚忠孝朝所嘉焉然而虎兕長蛇相隨塞路王官爵命否而無聞夫有勳不賞俾勤者怠今遣行謁者楊林齎單于璽綬車服以對爾勞其各綏靜部落 元本綏靜作綬靜誤 敎以謹慎無使作凶作惡 宋本惡作慝 世復爾祀位長爲百蠻長厥有咎有不臧者泯於爾祿而喪於乃庸可不勉乎烏丸單于都護部衆左右單于受其節度他如故事
後樓班大峭王率其部衆 樓班大元本作難樓及潘眉曰樓班大絕句謂樓班年既長也弼按范書烏桓傳作後難樓蘇僕延率其部衆與元本作後難樓及峭王率其部衆合蓋蘇僕延即峭王也難樓蘇僕延均率部衆奉樓班爲單于有公推之意 奉樓班爲單于

蹋頓爲王然蹋頓多畫計策范書作蹋頓猶秉計策廣陽閻柔郡國志幽州廣陽郡廣陽一統志廣陽故城今順天府良鄉縣東北十里弼按廣陽郡前漢爲燕國後國除作郡三國魏復爲燕國故本志卷八公孫瓚傳作燕國閻柔也柔事互見瓚傳少沒烏丸鮮卑中爲其種所歸信范書種下有人字柔乃因鮮卑衆殺烏丸校尉邢舉代之本志公孫瓚傳柔素有恩信共推柔爲烏丸司馬蓋爲司馬在先代校尉在後紹因寵尉范書尉作慰以安北邊後袁尚敗奔蹋頓憑其勢復圖冀州官本考證云元本作借兵欲復圖冀州范書作尚欲憑其兵力復圖中國會太祖平河北柔帥鮮卑烏丸歸附遂因以柔爲校尉猶持漢使節治廣寧如舊郡國志幽州上谷郡廣甯一統志廣甯故城在今直隸宣化府宣化縣西北潘眉曰上谷郡有甯縣又有廣甯縣（前書地理志甯並作寧章懷云寧甯字通）漢置烏桓校尉於上谷甯城則甯縣而非廣甯縣也下鮮卑傳注亦云止烏丸校尉所治甯下（後漢書作甯城下）此廣字疑衍文惲毓鼎曰後漢書烏桓傳光武始復置烏桓校尉於上谷甯城是閻柔所治乃甯縣非廣甯也疑國志衍廣字謝鍾英曰廣甯稱大甯城甯稱小甯城後漢書甯城其爲大小均不可知國志烏丸傳既云治廣甯如舊是後書甯城係指廣甯而言則廣非衍字弼按漢書地理志上谷郡甯縣西部都尉治魏土地記云大甯城西二十里有

小甯城是小甯爲西部都尉治烏桓校尉當治大甯范書之甯城當指廣甯故本傳有治廣甯如舊之文又惠棟於郡國志甯縣下引應劭漢官云永平八年初置烏桓校尉屯此弼按復置烏桓校尉在建武末年不始於永平惟大小甯城相距僅二十里校尉往來屯駐或亦事所恒有也楊桂森考辨云大甯城今張家口則廣甯自古爲重鎭矣建安十一年本志武紀在建安十二年夏此作十一年誤太祖自征蹋頓於柳城漢書地理志遼西郡柳城西部都尉治續志後漢省一統志柳城故城卽後魏及唐之營州遼金之興中府在今錦州邊界丁謙曰柳城漢縣屬遼西昔慕容皝建都於黃龍城實在柳城北黃龍城爲今熱河朝陽縣治則柳城在朝陽南境無疑謝鍾英曰柳城今建昌縣北哈喇沁右翼界馬與龍曰當在建昌縣東北弼按一統志又云柳城故城在土默特右翼旗西十六國春秋慕容皝以柳城之北龍山之南福德之地使陽裕築龍城構宮廟改柳城爲龍城縣據此則漢之柳城在今錦州之西朝陽之南土默特右翼旗之東南丁說是謝馬二說均誤蓋魏武進兵東追柳城當在白狼平岡之東不在今建昌之北也互見武紀建安十二年潛軍詭道未至百餘里虜乃覺尚與蹋頓將衆逆戰於凡城趙一清曰方輿紀要卷十七凡城在營州西南水經濡水注盧龍東越青陘至凡城二百里許自凡城東北出趣平岡故城可百八十里向黃龍則五百里承德府志今平泉州東南謝鍾英曰按地望宜在州西北境丁謙曰凡城無考疑丸城之誤以破烏丸於此故名實漢之白狼縣蓋曹公登白狼山猝遇虜卽擊破之其戰地必在山下正漢白狼縣地弼按凡城見水經注丁云無考誤也承德府志云在平泉州東南是謝說誤馬與龍曰據酈注平岡在凡城東北百八十里時曹公已歷平岡虜軍不應逆於凡城蓋當時虜聞魏軍至倉卒未審所由遂至相左也弼按凡城互見武紀建安十二年白狼山注兵馬甚盛太祖登高望虜陣武紀云登白狼山柳軍未進官本考證云柳疑作抑覩其小動乃擊破其衆臨陣斬蹋頓首死者被野范書作首虜二十餘萬人速附丸樓班烏延等走遼東武紀作速僕丸胡三省曰速僕丸卽蘇僕延語有輕重耳遼東悉斬傳送其首其餘遺迸皆降及幽州幷州柔所統烏丸萬餘落悉徙其族居中國帥從其侯王大人種衆與征伐由是三郡烏丸爲天下名騎姜云一時權變貽禍中原

魏略曰景初元年秋遣幽州刺史毌丘儉率衆軍討遼東右北平烏丸單于寇婁敦元本寇作怨誤下仍作寇遼西烏丸都督率衆王護留葉昔隨袁尚奔遼西聞儉軍至率衆五千餘人降寇婁敦遣弟阿羅獎等元本遣作遺誤毌丘儉傳作阿羅槃詣闕朝貢封其渠帥三十餘爲王

餘下應有人字賜輿馬繒采各有差互見明紀景初元年及毌丘儉傳又案烏丸王骨進桀黠不恭見田豫傳

鮮卑

魏書曰鮮卑亦東胡之餘也別保鮮卑山因號焉晉書載記第八云慕容廆昌黎棘城鮮卑人其先有熊氏之苗裔世居北夷邑於紫蒙之野號曰東胡其後與匈奴並盛控弦之士二十餘萬風俗官號與匈奴略同秦漢之際爲匈奴所敗分保鮮卑山因以爲號魏收魏書一序紀云昔黃帝有子二十五人或內列諸華或外分荒服昌意少子受封北土國有大鮮卑山因以爲號惠棟曰應奉云秦築長城徒役之士亡出塞外依鮮卑山因以爲名隋圖經云山在柳城東南二百里丁謙曰鮮卑與烏桓皆出東胡自東胡爲冒頓所破種人遁走分爲兩部後漢書烏桓傳謂東胡餘種保烏桓山因以爲號是矣但鮮卑傳亦謂東胡之支別依鮮卑山故因號焉則不免臆說無據蓋遼東塞外別無鮮卑之山鮮卑實東胡氏族之名魏書本紀卷一言北國有大鮮卑山因以爲號此鮮卑之種類所由來也鮮卑爲塞北三大種族之一族派繁衍部落極多東胡僅其一支而已大鮮卑山在俄屬伊爾古斯克省北通姑斯河南今外蒙古以北之地西人皆稱爲悉比利亞悉比利亞卽鮮卑轉音以其地皆鮮卑人種所分布故也西儒談人種學者以悉比利亞及東三省人爲通姑斯種通姑斯河卽大鮮卑山所在一以河爲標識一以山爲標識中西所攷若合符節然則鮮卑之名源出大鮮卑山而非由後來之更改彰彰明矣惟拓跋氏爲彼種貴族世

爲君長其南遷也亦較後後漢書鮮卑傳不過彼種中散姓分徙最早因其但有氏族不立部名故中國混以東胡目之自爲匈奴破後生息百年復成部落至前漢末方與中國有交涉此鮮卑入史之始弼按丁說蓋就鮮卑全部立論漢魏之際鮮卑所部實無如是之廣此傳所云自雲中五原以東抵遼水皆爲鮮卑庭又田豫傳自高柳以東濊貊以西鮮卑數十部即當時鮮卑所部一統志云後漢書鮮卑傳以季春月大會於饒樂水上注水在今營州北遼史地理志中京大定府當饒樂河水之南温渝河水之北故大定在喀喇沁右翼南百里老河北則古鮮卑山當相去不遠姚範曰大招小腰秀頸若鮮卑只則鮮卑之名久矣其言

語習俗與烏丸同其地東接遼西宋本西作水西當西城元本城作域常以季春大會作樂

水上范書作饒樂水方輿紀要卷十八饒樂河在大寧衛北源出馬盂山其下流東北入於潢河魏武北征烏桓之後庫莫奚建牙於此丁謙曰饒樂水魏書作弱洛水十六國春秋作澆洛水五代史契丹傳則作梟羅箇沒里梟羅即饒樂沒里即木連轉音譯言河也金史則省稱樂河後轉老河今名老哈河張氏游牧記指爲英金河殊無據弼按一統志潢河即遼水之西一源古名饒樂水嫁女娶婦髡頭飲宴范書作惟婚姻先髡頭其獸異於

中國者野馬羱羊端牛端牛角爲弓世謂之角端者也范書作又禽獸異於中國者野馬原羊角端牛以角爲弓俗謂之角端弓者爾雅釋獸羱如羊注羱羊似吳羊而大角角橢出西方前書音義曰角端似牛角可爲弓惠棟曰說文云角端狀如豕角善爲弓出胡多休國陸璣毛詩疏云李陵嘗以此弓遺蘇武郭璞注爾雅云角端似猪角在鼻上弼按爾雅釋畜野馬注云如馬而小出塞外又有貂豽鼲子皮

毛柔蠕范書蠕作蠉章懷注豽音女滑反鼲音胡昆反貂鼲並鼠屬豽猴屬也黃山曰說文蠉動也於義欠合疑煗之誤故天下以爲名

裘鮮卑自爲冒頓所破遠竄遼東塞外不與餘國爭衡未有名通於漢而猶自與烏丸相接宋本猶作由官本考證曰由字宜衍丁謙曰遼東塞外即今奉天以北科爾沁郭爾羅斯諸部境鮮卑因避匈奴之鋒遁居於此時烏桓所部在其西北故日相接至光武時南北單于更相攻伐匈奴損耗而鮮卑遂盛建武三十年鮮卑大

人於仇賁率衆人詣闕朝貢封於仇賁爲王永平中祭肜爲遼東太守誘賂鮮卑使斬

叛烏丸欽志賁等首范書欽作歆於是鮮卑自燉煌酒泉以東邑落大人皆詣遼東受賞

賜青徐二州給錢歲二億七千萬以爲常范書鮮卑傳光武初匈奴強盛率鮮卑與烏桓寇抄北邊殺掠吏人無有寧歲建武二十一年鮮卑與匈奴入遼東遼東太守擊破之斬獲殆盡由是震怖及南單于附漢北虜孤弱二十五年鮮卑始通驛使其後都護偏何等詣祭肜求自效功因令擊北匈奴左伊育訾部斬首二千餘級其後連歲擊北虜詣遼東受賞賜三十年帝封於仇賁爲王滿頭爲侯祭肜傳肜字次孫潁陽人建武十七年拜遼

東太守二十一年秋鮮卑萬餘騎寇遼東肜率數千人迎擊之斬首三千餘級獲馬數千匹鮮卑畏肜不復闚塞肜以三虜連和（注三虜謂匈奴鮮卑及赤山烏桓也）卒爲邊害二十五年乃使招呼鮮卑示以財利其大都護偏何遣使奉獻肜慰納賞賜其異種滿離高句驪之屬遂駱驛款塞上貂裘好馬帝輒倍其賞賜

和帝時鮮卑大都護校尉廆帥部衆從烏丸校尉任賞擊叛者宋本賞作常李慈銘曰當作尚弼按任尚事見下注封校尉廆爲率衆王范書和帝紀永元六年南單于安國從弟子逢侯率叛胡亡出塞護烏桓校尉任尚率烏桓鮮卑大破逢侯闕顯十三州志曰護烏桓擁節秩比二千石武帝置以護內附烏桓既而并於匈奴中耶將中興初班彪上言宜復此官以招附東胡乃復更置焉范書鮮卑傳和帝永元中大將軍竇憲遣右校尉耿夔擊破匈奴北單于逃走鮮卑因此轉徙據其地匈奴餘種留者尚有十餘萬落皆自號鮮卑鮮卑由此漸盛殤帝延

平中鮮卑乃東入塞殺漁陽太守張顯范書殤帝紀延平元年鮮卑寇漁陽漁陽太守張顯追擊戰沒安帝時鮮

卑大人燕荔陽入朝漢賜鮮卑王印綬赤車參駕胡三省曰赤車者帷裳衡軛皆赤參駕者駕三馬止烏

丸校尉所治甯下范書鮮卑傳作甯城下甯城見前廣甯注通胡市築南北兩部質宮受邑落質者二

十部范書作築南北兩部質館鮮卑邑落百二十部各遣入質是後或反或降或與匈奴烏丸相攻擊范書安帝紀永初三年九月雁門烏桓及鮮卑叛敗五原郡兵於高渠谷元初二年八月遼東鮮卑圍無慮縣九月又攻夫犂營殺縣令四年四月鮮卑寇遼西遼西郡兵與烏桓擊破之五年八月鮮卑寇代郡殺長吏十月鮮卑寇上谷安帝末發緣邊步騎二萬餘人屯列衛要後鮮卑八九

千騎穿代郡及馬城塞入害長吏馬城見田豫傳章懷注馬城縣名屬代郡丁謙曰水經注于延水又東逕馬城縣北于延水今南洋河馬城故址據十三州志在高柳東二百四十里蓋在今懷安縣西北南洋河北東洋河南漢遣度遼將軍鄧遵中郎將馬

續出塞追破之鮮卑大人烏倫其至鞬等七千餘人詣遵降范書鮮卑傳永寧元年遼西鮮卑大人烏倫其至鞬率衆詣鄧遵降奉貢獻惠棟曰史炤釋文烏倫其至鞬鮮卑種名胡氏辨誤云烏倫其至鞬及鮮卑種帥二人之名非種名也弼按下文封二人爲王侯可證

封烏倫爲王其至鞬爲侯賜采帛遵去後其至鞬復反圍烏丸校尉於馬城度遼將軍

耿夔及幽州刺史救解之范書鮮卑傳建光元年秋其至鞬復叛寇居庸雲中太守成嚴擊之兵敗散功曹楊穆以身捍嚴與俱戰歿鮮卑於是圍烏桓校尉徐常於馬城度遼將軍耿夔與幽州刺史龐參發廣陽漁陽涿郡甲卒分爲兩道救之常夜得潛出與夔等并力並進攻賊圍解之其至

鞬遂盛控弦數萬騎數道入塞趣五原寧貊趙一清曰寧貊當作蔓柏兩漢志曼柏縣屬五原郡惠棟曰漢官儀云永

平八年初置度遼將軍屯此馬與龍曰據河水注漢五原郡地在漢朔方郡之東雲中郡之西今套北黃河東流處兩岸境也漢置度遼營以防南北二虜交通是
曼柏縣去郡不遠故城當在今烏喇特旗北境章懷注曼柏今勝州銀城縣李兆洛謂在今榆林府府谷縣北鄂爾多斯黃河西岸皆誤攻匈奴南單
于殺左奧鞬日逐王范書鮮卑傳延光元年冬復寇鴈門定襄遂攻太原掠殺百姓二年冬其至鞬攻南匈奴於蔓柏薁鞬日逐王戰死三年
秋復寇高柳擊破南匈奴殺漸將王順帝時復入塞殺代郡太守漢遣黎陽營兵屯中山冀州中山國與代郡
相接漢官儀曰光武以幽冀并州兵克定天下故於黎陽立營以謁者監領兵騎千人緣邊郡兵屯塞下調五營弩帥令教
戰射南單于將步騎萬餘人助漢擊卻之後烏丸校尉耿曄將率衆王出塞擊鮮卑多
斬首虜於是鮮卑三萬餘落詣遼東降范書鮮卑傳順帝永建元年秋鮮卑其至鞬寇代郡太守李超戰死明年春中郎將
張國遣從事將南單于兵擊破之烏桓校尉耿曄發沿邊諸郡兵及烏桓率衆王出塞擊之鮮卑乃率種衆三萬人詣遼東乞降三年四年鮮卑頻寇漁陽朔方六
年烏桓豪人扶漱官勇健每與鮮卑戰輒陷敵詔賜號率衆君陽嘉元年冬耿曄遣烏桓親漢都尉戎朱廆率衆王侯咄歸等出塞抄擊鮮卑大斬獲而還賜咄歸
己下爲率衆王侯長鮮卑後寇遼東屬國耿曄移屯遼東無慮城拒之後其至鞬死鮮卑抄寇差稀匈奴及北單于遁逃後餘種十
餘萬落詣遼東雜處皆自號鮮卑兵李慈銘曰匈奴上有脫文此追敘和帝初竇憲耿夔破北匈奴北單于遠遁事也弼按此
事已見前注投鹿侯從匈奴軍三年趙一清曰投鹿侯上有脫文後漢書云桓帝時鮮卑檀石槐父投鹿侯初從匈奴軍三年其妻
在家有子范書有作生投鹿侯歸怪欲殺之妻言嘗晝行聞雷震仰天視而雹入其口因
吞之遂妊身十月而產此子必有奇異且長之范書作且宜長視投鹿侯固不信范書作投鹿侯
不聽遂棄之妻乃語家范書乃作私令收養焉號檀石槐范書號作名長大勇健智略絕衆年十
四五異部大人卜賁邑鈔取其外家牛羊檀石槐策騎追擊所向無前悉還得所亡由
是部落畏服施法禁曲直范書作乃施法禁平曲直莫敢犯者遂推以爲大人檀石槐既立乃
爲庭於高柳北三百餘里彈汗山啜仇水上范書汙作汗啜作歠郡國志幽州代郡高柳後漢代郡由桑乾縣徙治於
此一統志高柳故城今大同府陽高縣西北方輿紀要卷四十四高柳城在大同府東南九十里彈汗山在大同府東北吳熙載曰彈汗山疑今察哈爾鑲黃旗諸
山歠仇水疑今張家口外哈柳台河丁謙曰檀石槐建庭處在高柳北三百餘里以地望核之所謂彈汗山必卽昭哈嶺歠仇水必卽昭哈河也弼按水經㶟水注

山海經曰雁門之水出於雁門山雁出其門在高柳北高柳在代中其山重巒疊巘霞舉雲高連山隱隱東出遼塞其水東南流逕高柳縣故城北舊代郡治城在
平城東南六七十里於代爲西北又云地理志有于延水而無雁門脩水之名山海經有雁門之目而無于延河自下亦通謂之于延水矣丁氏所指之昭哈河卽
東洋河上源水經㶟水注之雁門水卽南洋河通謂之于延水亦卽桑乾河上源也水道提綱云東洋河卽古于延水南洋河卽古雁門水桑乾河舊名渾河今名
永定河東西部大人皆歸焉兵馬甚盛南鈔漢邊北拒丁令丁令范書作丁零東卻扶餘宋本扶作
夫下同西擊烏孫丁令烏孫注俱見前盡據匈奴故地東西萬二千餘里范書二作四通鑑同南北七千
餘里罔羅山川水澤鹽池甚廣官本罔作網漢患之桓帝時使匈奴中郎將張奐征之
不克乃更遣使者齎印綬元本更作便卽封檀石槐爲王欲與和親檀石槐拒不肯受寇
鈔滋甚范書鮮卑傳永壽二年秋檀石槐遂將三四千騎寇雲中延熹元年鮮卑寇北邊冬使匈奴中郎將張奐率南單于出塞擊之九年夏分騎數萬人
入緣邊九郡復遣張奐擊之鮮卑乃出塞去張奐傳延熹九年鮮卑招結南匈奴烏桓數道入塞匈奴烏桓聞奐至相率還降凡二十萬口唯鮮卑出塞去乃
分其地范書乃下有自字爲中東西三部從右北平以東至遼東接扶餘貊爲東部遼東各本均作
遼遼范書通鑑作遼東貊范書通鑑均作濊貊二十餘邑其大人曰彌加闕機素利槐頭從右北平以西
至上谷爲中部十餘邑其大人曰柯最闕居慕容等爲大帥官本等作寺毛本帥作人均誤從上谷
以西至燉煌西接烏孫爲西部二十餘邑其大人曰置鞬落羅日律推演宴荔游等皆
爲大帥而制屬檀石槐范書制作皆胡三省曰觀此則夷狄亦有邑居矣檀石槐蓋盡有匈奴故地至靈帝時大鈔略
幽并二州緣邊諸郡范書作幽并涼三州緣邊諸部無歲不被其毒嘉平六年范書作熹平是各本均誤作嘉平
遣護烏丸校尉夏育破鮮卑中郎將田晏匈奴中郎將臧旻與南單于出雁門塞三道
並進徑二千餘里征之范書鮮卑傳遣夏育出高柳田晏出雲中臧旻率南單于出雁門各將萬騎三道出塞二千餘里檀石槐
率部衆逆擊旻等敗走兵馬還者什一而已范書鮮卑傳檀石槐命三部大人各率衆逆戰育等大敗喪其節傳輜重
各將數千騎奔還死者十七八通鑑云育等大敗各將數十騎奔還黃山曰范書鮮卑傳上言各將萬騎下言死者十七八則育等所餘固應各有二三千騎續漢
書但云三將無功還者少半少半仍數千騎也卽魏書謂旻等敗走兵馬還者什一而已亦應不止數十騎且果萬騎而止餘數十騎當書悉爲所沒餘者不必書

又數十騎亦不得尙言將通志仍作數千騎則通鑑之說非也鮮卑衆日多田畜射獵不足給食後檀石槐乃按
行烏侯秦水范書作烏集秦水官本考證云後漢書作烏柔丁謙曰烏侯烏集譯音之轉其水隋書作託紇臣水唐書作土護眞水卽今熱河東北圖
爾根河廣袤數百里范書袤作從渟不流中有魚而不能得聞汗人善捕魚於是檀石槐
東擊汗國范書汗作倭惠棟曰汗當作汙與倭同音魏志云倭人好捕魚鰒水無淺深皆沈沒取之丁謙曰汗人國指朝鮮南境馬韓辰韓弁韓等部范
氏改爲倭人謬甚倭今日本遠隔重洋石槐雖强非所能至安得伐之弼按丁氏謂汗人非倭人誠是然指汗國爲朝鮮南境亦無據得千餘家徙
置烏侯秦水上使捕魚以助糧至于今烏侯秦水上有汗人數百戶檀石槐年四十五
死范書云光和中檀石槐死子和連代立和連材力不及父而貪淫斷法不平衆叛者半靈帝末
年數爲寇鈔攻北地北地庶人善弩射者范書庶作廉章懷注廉縣名屬北地郡郡國志涼州北地郡廉一統志廉縣故
城今寧夏府寧夏縣北射中和連和連卽死其子騫曼小范書小上有年字兄子魁頭代立魁頭旣
立後騫曼長大與魁頭爭國衆遂離散魁頭死弟步度根代立自檀石槐死後諸大人

遂世相襲也
步度根旣立胡三省曰步度根檀石槐之孫也衆稍衰弱中兄扶羅韓亦別擁衆數
萬爲大人建安中太祖定幽州步度根與軻比能等因烏丸校尉閻
柔上貢獻軻比能因柔上貢獻素利彌加厥機亦因柔上貢獻通市後代郡烏丸能臣氐等叛通鑑建安二十
三年夏四月代郡上谷烏桓無臣氐等反本志梁習傳注引魏略云幷州刺史梁習斬鮮卑大人育延又射死太原烏丸王魯昔（在建安二十二年）求屬
扶羅韓扶羅韓將萬餘騎迎之到桑乾郡國志幽州代郡桑乾一統志桑乾故城今宣化府蔚州東北
丁謙曰今直隸西寧縣地氐等議以爲扶羅韓部威禁寬緩恐不見濟更遣人呼
軻比能比能卽將萬餘騎到當共盟誓比能便於會上殺扶羅韓扶
羅韓子泄歸泥及部衆悉屬比能比能自以殺歸泥父特又善遇之
步度根由是怨比能文帝踐阼田豫爲烏丸校尉持節幷護鮮卑屯

昌平昌平見牽招傳注步度根遣使獻馬帝拜爲王後數與軻比能更相攻
擊步度根部衆稍寡弱將其衆萬餘落保太原雁門郡步度根乃使
人招呼泄歸泥曰汝父爲比能所殺不念報仇反屬怨家今雖厚待
汝是欲殺汝計也不如還我我與汝是骨肉至親豈與仇等由是歸
泥將其部落逃歸步度根比能追之弗及牽招傳步度根泄歸泥等殺比能弟苴羅侯至
黃初五年步度根詣闕貢獻厚加賞賜是後一心守邊不爲寇害而
軻比能衆遂彊盛明帝卽位務欲綏和戎狄以息征伐羈縻兩部而
已至青龍元年比能誘步度根深結和親於是步度根將泄歸泥及
部衆悉保比能保疑作從寇鈔幷州殺略吏民帝遣驍騎將軍秦朗征
之明紀作將中軍討之胡三省曰晉職官志驍騎將軍游擊將軍並漢雜號將軍也魏置爲中軍歸泥叛比能將其部衆

降拜歸義王賜幢麾曲蓋鼓吹居幷州如故步度根部落大人戴胡阿狼泥等詣幷州降見明紀
青龍元年步度根爲比能所殺
軻比能本小種鮮卑宋本元本軻比能前有軻比能傳四字一行按步度根軻比能俱包括於鮮卑傳中非專爲軻比能立傳也不應有
此四字且軻比能亦不應提行趙一清曰據晉書軻比能之後卽契丹也以勇健斷法平端不貪財物衆推以
爲大人胡三省曰徒勇健而不廉平未必能制諸部也部落近塞自袁紹據河北中國人多亡
叛歸之敎作兵器鎧楯頗學文字故其勒御部衆擬則中國出入弋
獵建立旌旄宋本旌作麾以鼓節爲進退建安中因閻柔上貢獻太祖
西征關中田銀反河間比能將三千餘騎隨柔擊破銀後代郡烏丸
反比能復助爲寇害太祖以鄢陵侯彰爲驍騎將軍北征大破之比
能走出塞後復通貢獻延康初比能遣使獻馬文帝亦立比能爲附

義王黃初二年比能出諸魏人在鮮卑者五百餘家還居代郡明年比能帥部落大人小子代郡烏丸脩武盧等三千餘騎驅牛馬七萬餘口交市遣魏人千餘家居上谷後與東部鮮卑大人素利及步度根三部爭鬬更相攻擊田豫和合使不得相侵五年比能復擊素利豫帥輕騎徑進掎其後比能使別小帥瑣奴拒豫豫進討破走之由是懷貳 詳見田豫傳 乃與輔國將軍鮮于輔書曰夷狄不識文字故校尉閻柔保我於天子我與素利爲讐往年攻擊之而田校尉助素利我臨陣使瑣奴往聞使君來即便引軍退步度根數數鈔盜又殺我弟 殺比能弟苴羅侯見前 而誣我以鈔盜我夷狄雖不知禮義兄弟子孫受天子印綬牛馬尙知美水草況我有人心邪將軍當保明我於天子輔得書以聞帝帝 帝字衍 復使豫招納安慰比能衆遂彊盛控弦十餘萬騎每鈔略得財物均平分付一決目前終無所私故得衆死力餘部大人皆敬憚之然猶未能及檀石槐也 文紀黃初元年幷州刺史梁習討鮮卑軻比能大破之此傳及梁習傳均不載 太和二年豫遣譯夏舍詣比能女婿鬱築鞬部舍爲鞬所殺其秋豫將西部鮮卑蒲頭泄歸泥出塞討鬱築鞬大破之還至馬城 馬城見前又見田豫傳注 比能自將三萬騎圍豫七日上谷太守閻志柔之弟也素爲鮮卑所信 胡三省曰自漢建安時閻柔已護烏桓故其兄弟爲二虜所信 志往解喻即解圍去 互見劉放傳注引魏氏春秋 後幽州刺史王雄 王雄見崔林傳 幷領校尉撫以恩信比能數款塞詣州奉貢獻 明紀太和五年比能率其種人及丁零大人兒禪詣幽州貢名馬 至靑龍元年比能誘納步度根使叛幷州與結和親自勒萬騎迎其累重於陘北 胡三省曰陘音刑陘北陘嶺之北也居代州雁門縣有東陘關西徑山丁謙曰陘北者井陘之北 幷州刺史畢軌遣將軍蘇尙董弼等擊之 互見明紀青龍元年 比能遣子將騎 明紀作將千餘騎 與尙等會戰於樓煩 郡國志幷州雁門郡樓煩一統志古樓煩國及漢所置樓煩縣俱在今雁門關北胡三省曰樓煩屬雁門晉志無之蓋已棄之荒外矣 臨陣害尙弼至三年中雄遣勇士韓龍刺殺比能 姜宸英曰王雄刺殺比能功在陳湯之上 更立其弟 或曰其弟下當另起李慈銘曰其弟下有脫文素利死於太和二年厥機死於漢時皆在刺殺比能之前

素利彌加厥機 前注引魏書作闕機 皆爲大人在遼西右北平漁陽塞外道遠初不爲邊患然其種衆多於比能建安中因閻柔上貢獻通市 胡三省曰以其土物與中國互市也 太祖皆表寵以爲王厥機死又立其子沙末汗爲親漢王延康初又各遣使獻馬文帝立素利彌加爲歸義王素利與比能更相攻擊 事見田豫傳 太和二年素利死子小以弟成律歸爲王代攝其衆 齊王紀正始五年鮮卑內附置遼東屬國立昌黎縣以居之

書稱東漸于海西被于流沙 書禹貢之辭孔傳云漸入也被及也疏云流沙當是西境最遠者而地理志以流沙爲張掖居延澤是也計三危在居延之西大遠矣志言非也史記五帝本紀顓頊北至于幽陵南至于交阯西至于流沙東至于蟠木漢書地理志張掖郡居延居延澤在東北古文以爲流沙王先謙曰禹貢山水澤地篇流沙地在居延縣東北注云澤在縣故城東北尙書所謂流沙者也形如月生五日弱水入流沙沙與水流行也一統志流沙在今安西府沙州衛陳澧云今蒙古額濟納舊土爾扈特索博鄂模郡國志涼州張掖居延屬國居延有居延澤古流沙章懷注獻帝末立爲西海郡惠棟曰郭義恭廣志云流沙在玉門關外有居延澤居延城高誘呂覽注流沙在敦煌西八百里元和志居延海在張掖縣西北一千七百里方輿紀要居延故城在甘肅鎭西北一千二百里居延海在故城東北李兆洛云今甘肅甘州府張掖縣東北一千五百里禹貢錐指云流沙一在張掖漢志所云是也一在燉煌通典云燉煌即古流沙地其沙風吹流行在郡西八十里是也禹貢言西被于流沙而居延澤乃在張掖之東北則固當主燉煌矣獨王制所謂流沙去西河千里而遙其地甚近蓋又與禹貢漢志所言者異五代史晉天福三年高居誨使于闐還記其山川云沙州南十里鳴沙山冬夏殷殷有聲如雷云禹貢流沙也元和志云鳴沙縣東北至靈州一百二十里王制所謂流沙當在鳴沙廢縣界中其地東距西河遠千里而遙也水道提綱云色爾騰海西即古流沙西北沙中有蒲昌海又云黃木倫河在河套西北角陰山之西北

此水西南有自內地北流出邊至沙漠爲巨澤者曰休屠澤又西曰沙拉池又西最大曰居延海又西爲安西府西流之布勒几隆河又西爲流沙又云涼州永昌甘肅西至河西廳沙州衞古武威張掖酒泉敦煌四郡地水或東北流或西北流或西南流皆至沙漠中匯爲一池而止弼按綜合諸說遠近懸絕蓋流沙東西數千里逾西則沙磧逾廣所謂西不盡流沙未可強指爲一地也

其九服之制可得而言也周禮夏官職方氏辨九服之邦國方千里曰王畿其外方五百里曰侯服又其外方五百里曰甸服又其外方五百里曰男服又其外方五百里曰采服又其外方五百里曰衞服又其外方五百里曰蠻服又其外方五百里曰夷服又其外方五百里曰鎭服又其外方五百里曰藩服鄭注服服事天子也然荒域之外重譯而至非足跡車軌所及未有知其國俗殊方者也自虞暨周西戎有白環之獻世本舜時西王母獻白環及玦東夷有肅愼之貢肅愼詳見明紀靑龍四年注史記肅愼氏貢楛矢石砮長尺有咫武王欲令德致遠銘其括曰肅愼氏之矢以示後世皆曠世而至其遐遠也如此及漢氏遣張騫使西域徐松曰史記大宛傳匈奴奇兵時時遮擊使西國者古時國讀如域廣雅釋詁域國也後書烏桓傳有東域西南夷傳有南域此城郭國界中國之西故曰西域窮河源漢書西域傳西域以孝武時通本三十六國其後稍分至五十餘皆在匈奴之西烏孫之南南北有大山中央有河東西六千餘里南北千餘里東則接

漢阸以玉門陽關西則限以葱嶺其南山東出金城與漢南山屬焉其河有兩源一出葱嶺山一出于闐于闐在南山下其河北流與葱嶺河合東注蒲昌海蒲昌海一名鹽澤者也去玉門陽關三百餘里廣袤三百里其水亭居冬夏不增減皆以爲潛行地下南出於積石爲中國河云丁謙曰中國內地諸山皆發脈於崑崙崑崙東西行今和闐南山是也塞北諸山皆發脈於葱嶺葱嶺南北行今喀喇闊魯穆山是也二山體勢相聯形如曲尺由崑崙迤而東北爲阿勒騰塔格山阿斯騰塔格山卽班氏所謂南山由葱嶺迤而東北爲騰格里山博克達山卽班氏所謂北山漢西域在南北山之閒故疊嶂外環平原中斂但平原內戈壁居其大半惟沿北山及南山近西處一帶溪流交匯土脈膏腴爲當時城郭諸國所錯處其山閒瘠壤不能耕植者始以游牧賚其生焉河之大源二其一出葱嶺凡合水三支卽今葉爾羌河喀什噶爾河及烏什河其一出于闐南山凡合水二支卽今哈喇哈什河玉龍哈什河二源相會名塔里木河東流迤南入蒲昌海蒲昌海一名鹽澤水經注作泑澤今曰羅布泊水經注云泑澤去玉門陽關千三百里此云三百餘里其上當脫千字此泊近年已分爲二東名羅布淖爾西名喀喇布朗湖兩泊相距約三十里羅布泊橫約一百五十餘里縱約四十餘里喀喇布朗湖縱與相等橫則半之然覈以水經注情形喀喇布朗湖古時當爲注賓河河身蓋河水東會阿耨達大水又東逕且末北通稱爲注賓河而注賓河又東逕鄯善北始入於泊酈氏所以稱水積鄯善東北也由此觀之古時泊水必東南北三面視今泊各溢出百餘里故廣袤皆三百里云泊水潛行復出積石古說相傳已久惟西人不之信謂用實測法測得羅布泊高於海平綫二千六百尺鄂凌泊高一萬四千尺至潛源重出之噶達素齊老更高至一萬四千七百尺水卽能潛流千五百里之遠豈能上湧千數百丈之高此亦古今一大問題矣弼按探尋河源以河源紀略爲最精覈有圖有表考證詳明然自丁氏引西人之實測則潛源重出之說竟不可信誠爲古今之一大疑問又按近日國立編譯館新刊黃河志第一篇云黃河發源於青海其地拔海高度在四千米以上是乃西藏高原之一部入甘肅地形稍低降至二千米以下然山西陝西與甘肅東部均爲一千米以上之黃土高原云據此則與丁氏所云西人實測之說相反經歷諸國遂置都護以總領之漢書西域傳都護治烏壘城去陽關二千七百三十八里與渠犂田官相近土地肥饒於西域爲中故都護治焉然後西域之事具存故史官得詳載焉魏興西域雖不能盡至其大國龜茲今庫車于寘今和闐州康居今哈薩克烏孫徐松曰今伊犂丁謙曰在今伊犂河南特克斯河濱前人謂卽伊犂未確疏勒今喀什噶爾月氏漢書西域傳大月氏本行國也隨畜移徙與匈奴同俗控弦十餘萬故强輕匈奴本居敦煌祁連閒至冒頓單于攻破月氏而老上單于殺月氏以其頭爲飲器月氏乃遠去過大宛西擊大夏而臣之都嬀水北爲王庭其餘小衆不能去者保南山羌號小月氏鄯善在今敦煌縣西車師車師前國今土爾番地車師後國今烏魯木齊東之屬無歲不奉朝貢略如漢氏故事而公孫淵仍父祖三世有遼東謂公孫度度子康康子淵也天子爲其絕

域委以海外之事遂隔斷東夷不得通於諸夏景初中大興師旅誅淵本志公孫度傳景初二年遣太尉司馬宣王征淵八月斬淵父子遼東帶方樂浪玄菟悉平又潛軍浮海收樂浪帶方之郡而後海表謐然東夷屈服其後高句麗背叛又遣偏師致討窮追極遠踰烏丸骨都過沃沮踐肅愼之庭丁謙曰按本志毌丘儉傳儉討高句麗束馬縣車以登丸都屠句麗所都攻丸都山名在高句麗都夫餘城北今陳氏衍丸都爲烏丸骨都謬甚蓋烏丸乃北狄部名骨都乃匈奴官名與高句麗何涉又儉傳言儉遣王頎追之過沃沮千有餘里至肅愼南界則未入肅愼國境可知此云踐其庭亦失實東臨大海長老說有異面之人何焯云異當作累後云項中復有面也近日之所出遂周觀諸國采其法俗小大區別各有名號可得詳紀雖夷狄之邦而俎豆之象存中國失禮求之四夷猶信故撰次其國列其同異以接前史之所未備焉

夫餘在長城之北去玄菟千里沈欽韓曰一統志奉天府開原縣扶餘國地丁謙曰夫餘部地在今吉林以西凡長

春府雙城五常賓州諸廳及伯都訥阿勒楚克等城皆是新唐書渤海傳以扶餘故地爲扶餘府遼史太祖平渤海次扶餘府有黃龍見城上更名黃龍府金史太祖克黃龍改濟州利涉軍（弼按滿洲源流考作隆州利涉軍）貞祐初爲隆安府即今吉林農安縣地遼志通州本扶餘王城是也又曰史記蒙恬傳秦築長城起臨洮至遼東知今奉天北境之柳條邊皆秦長城故址夫餘國在今吉林長春府地正古長城北也

南與高句麗東與挹婁西與鮮卑接丁謙曰南之高句麗乃古高句麗非西漢之末新立於朝鮮北境之高句麗也古高句麗即在玄菟郡內見漢地理志及水經注**北有弱水**沈欽韓曰通典營州柳城縣東南有饒樂水即弱水也丁謙曰弱水今稱哈湯東三省樹木叢雜處曰烏稽烏稽之地必有哈湯蓋落葉層積雨水釀之遂爲極深之泥淖人行輒陷萬無生理故曰弱水非別有一河名弱水也其著名者有紅眼哈湯黑龍江外紀齊齊哈爾東北山中隔紅眼哈丹人不敢過齊齊哈爾爲黑龍江省城其東北正夫餘北境傳中弱水指此弼按通典營州柳城縣在今奉天錦西廳見吳廷燮東三省沿革表沈云弱水在此與地望不合丁說近是**方可二千里**范書東夷傳作地方二千里本濊地也**戶八萬其民土著有宮室倉庫牢獄多山陵廣澤於東夷之域最平敞土地宜五穀不生五果其人麤大性强勇謹厚不寇鈔國有君王皆以六畜名官有馬加牛加豬加狗加**范書無豬加二字滿洲源流考御製夫餘國傳訂訛云魏志夫餘傳以六畜名官有馬加牛加豬加狗加諸加別主四出道有敵諸加自戰下戶擔糧飲食之信如其言則所謂加者何所取義乎史稱夫餘善養牲則畜牧必蕃盛當各有官以主之猶今蒙古謂典羊之官曰和尼齊和尼者羊也典馬者曰摩哩齊摩哩者馬也典駝者曰特默齊特默者駝也皆因所牧之物以名其職特百官中之一二誌夫餘者必當時有知夫餘語之人譯其司馬司牛者爲馬家牛家遂訛爲馬加牛加正如周禮之有羊人犬人漢之有狗監耳若必以六畜名官寓相貶則郯子所對少皞氏鳥名官爲鳥師而鳥名又何以稱乎史既訛家爲加又求其說而不得乃强爲之辭總由晉宋間人與外域道里遼阻於一切音譯素所不通率憑耳食爲傳會甚至借惡詞醜字以曲肆其詆毀之私耳**犬使犬使者**宋本犬皆作大官本下犬字作大何焯曰犬使二字疑衍姚範曰犬使疑作大使後言共立麻余牛加兄子爲大使也**使者邑落有豪民民下戶皆爲奴僕**宋本元本馮本官本下民字作名**諸加別主四出道大者主數千家小者數百家**范書無犬使以下數語但云其邑落皆主屬諸加**食飲皆用俎豆會同拜爵洗爵揖讓升降以殷正月祭天**范書作臘月何焯曰用殷正月衣尚白猶箕子之遺教也**國中大會連日飲食歌舞名曰迎鼓**沈欽韓曰天中記謝承書云東夷三韓俗以臘日家家祭祀俗云臘鼓鳴春草生也荊楚歲時記十二月八日爲臘日

於是時斷刑獄解囚徒在國衣尚白白布大袂袍袴官本袴作褲**履革鞜出國則尚繒繡錦罽**宋本罽作罽**大人加狐狸狖白黑貂之裘**官本狖作狖解見後**以金銀飾冒**宋本冒作帽**譯人傳辭皆跪手據地竊語用刑嚴急殺人者死沒其家人爲奴婢竊盜一責十二男女淫**朱邦衡曰女疑作子**婦人妒**范書無此三字宋本妒作妬下同**皆殺之尤憎妒**范書作尤治惡妒婦通志作尤憎妒婦則妬下當有婦字元本監本憎作增誤**已殺尸之國南山上**范書作既殺復尸於山上沈欽韓曰北史豆莫婁國在勿吉北千里舊北夫餘也俗尤惡妒者殺之尸於國南山上至腐女家輸牛馬乃與之**至腐爛女家欲得輸牛馬乃與之兄死妻嫂與匈奴同俗其國善養牲出名馬赤玉貂狖美珠**范書作出名馬赤玉貂豽章懷注豽似豹無前足音奴八反洪頤煊曰釋獸貀無前足釋文字本作豽字林云獸無前足似虎而黑此貂豽連稱當言其皮可爲裘者非豽獸也說文狖鼠屬善旋從豸穴聲篆文作豽與豽字相類而譌注誤證沈家本曰說文無狖狖二文豸部貁鼠屬段桂並云从穴散之穴从穴者誤玉篇狖黑猨狖猨屬尋繹此傳狖與貂並言上文亦言大人加狐狸狖白黑貂之裘若猨屬之狖未聞有以其皮爲衣者後漢書班固傳注文選西都賦注並引倉頡篇云狖似貍據此則狖貍屬非猨狖之狖也沈說極詳文繁不錄黃山曰章懷以豽爲貀誠屬誤注漢律能捕豺貀購百錢貀非奇獸不必重於海外也洪以爲是狖字而引許書鼠屬以明之以貂亦鼠屬取從其類據魏志則本作貂狖又曰狖白黑貂狖猨類楚辭九歌猨啾啾兮狖夜鳴是也狖一作蜼从虫如說文猨之作蝯然說文無狖蜼二字段玉裁以爲即狖字鼠屬善旋當改云禺屬善倒縣以蝯固禺屬又謂字當从冘散之冗不从穴以鼠部有鼨後多譌从穴而讀同鼬故定狖亦譌字此不盡然蓋狖訓鼠屬誠爲禺屬之偶誤善旋即蜼能倒縣之義本非有誤鼨自从冗狖自从穴均不必改也（今魏志狖从冗仍即穴字通志文依魏志而字从冗蓋轉寫之失）狖色本蒼黃而夫餘所產毛有白處可俱爲裘故足珍而與貂並言之非以同爲鼠屬也**珠大者如酸棗**沈欽韓曰東夷考略長白山在開原城東南四百里其巔有潭流水下成湖陂湖中出東珠貴者且千金**以弓矢刀矛爲兵家家自有鎧仗國之耆老自說古之亡人**劉家立曰東明自橐離國逃至夫餘爲主故曰亡人**作城柵皆員**范書作以員柵爲城**有似牢獄行道晝夜無老幼皆歌通日聲不絕有軍事亦祭天殺牛觀蹏以占吉凶蹏解者爲凶合者爲吉有敵諸加自戰下戶俱擔糧飲食之其死夏月皆用冰殺人徇**

葬官本徇作殉范書同多者百數厚葬有棺無槨范書作有椁無棺
魏略曰其俗停喪五月以久爲榮其祭亡者有生有熟喪主不欲速而他人強之常諍
引以此爲節其居喪男女皆純白婦人着布面衣或曰面衣如俗白兜之類去環珮御覽七百八十引作婦人
著布衣而去環珮大體與中國相彷彿也宋本馮本彷作倣
夫餘本屬玄菟漢末公孫度雄張海東威服外夷夫餘王尉仇台更
屬遼東時句麗鮮卑強度以夫餘在二虜之間妻以宗女尉仇台死
范書建武中東夷諸國皆來獻見二十五年夫餘王遣使奉貢光武厚荅報之於是使命歲通至安帝永初五年夫餘王始將步騎七八千人寇鈔樂浪後復歸附永寧
元年遣嗣子尉仇台詣闕貢獻順帝永和元年其王來朝京師桓帝延熹四年遣使朝貢永康元年王夫台將二萬餘人寇玄菟太守公孫域擊破之靈帝熹平三年復
貢獻夫餘本屬玄菟獻帝時其王求屬遼東云簡位居立太平寰宇記卷二百七十四作至孫位居嗣立無適子有孽子
麻余位居死姚範曰簡位居立位居死七字疑衍諸加共立麻余牛加兄子名位居爲

大使輕財善施國人附之歲歲遣使詣京都貢獻正始中幽州刺史
毌丘儉討句麗遣玄菟太守王頎詣夫餘位居遣犬加郊迎供軍糧
季父牛加有二心位居殺季父父子籍沒財物遣使簿斂送官馮本官本簿作薄
舊夫餘俗水旱不調五穀不熟輒歸咎於王或言當易或言當
殺麻余死其子依慮年六歲立以爲王漢時夫餘王葬用玉匣常豫
以付玄菟郡王死則迎取以葬公孫淵伏誅玄菟庫猶有玉匣一具
今夫餘庫有玉璧珪瓚數代之物傳世以爲寶耆老言先代之所
賜也
魏略曰其國殷富自先世以來未嘗破壞
其印文言濊王之印國有故城名濊城蓋本濊貊之地晉書夫餘在玄菟北千餘里其

王印文稱穢王之印國中有古濊城魏書豆莫婁國在勿吉國北千里去洛六千里舊北夫餘也在室韋之東或言本濊地而夫餘王其中
自謂亡人抑有似也何焯曰似當作以
魏略曰舊志又言昔北方有豪離之國者豪宋本作高元本馮本作槖范書作索章懷注索或作槖音度洛反御覽作橐
其王者侍婢有身王欲殺之婢云有氣如雞子來下我故有身後生子王捐之於溷中
豬以喙噓之徙至馬閑閑范書作蘭章懷注蘭即欄也馬以氣噓之不死王疑以爲天子也御覽子作
生乃令其母收畜之名曰東明常令牧馬東明善射王恐奪其國也欲殺之東明走
南至施掩水范書作南至掩㴲水章懷注今高麗中有蓋斯水疑此水是也惠棟曰北史作掩滯水沈欽韓曰隋百濟傳作掩水此乃前志西蓋馬之
馬訾水今鴨淥江也丁謙曰施掩水後漢書作掩㴲水疑刊刻倒誤梁書作掩滯水當即水經注馬訾水新唐書馬訾水出靺鞨長白山色若鴨淥號鴨淥江夫餘
國最平敞與今松花江左右情形甚合以弓擊水魚鼈浮爲橋東明得度魚鼈乃解散追兵不得渡東
明因都王夫餘之地范書東夷傳初北夷索離國王出行其侍兒於後姙身王還欲殺之侍兒曰前見天上有氣大如雞子來降我因以有身

王因之後遂生男王令置於豕牢豕以口氣噓之不死復徙於馬蘭馬亦如之王以爲神乃聽母收養名曰東明東明長而善射王忌其猛復欲殺之東明奔走南
至掩㴲水以弓擊水魚鼈皆聚浮水上東明乘之得度因至夫餘而王之焉隋書夫餘王嘗得河伯女閉於室內爲日光隨而照之感而遂孕生一大卵有一男子
破殼而出名曰朱蒙夫餘之臣咸請殺之其母以告朱蒙朱蒙東南走遇一大水朱蒙曰我是河伯外孫日之子也今有難而追兵且及如何得渡於是魚鼈積而
成橋朱蒙遂渡朱蒙建國號高句麗又云百濟之先出自高麗其王有侍婢生東明及長王忌之東明懼逃至淹水夫餘人共奉之東明之後有仇台者篤於仁信
始立其國於帶方故地漢遼東太守公孫度以女妻之漸以昌盛爲強國初以百家濟海因號百濟北史朱蒙者其俗言善射也夫餘王狩於田以朱蒙善射給一
矢殪獸甚多夫餘之臣謀殺之朱蒙乃與焉違等二人走至紇升骨城居焉號曰高句麗滿洲源流考云高麗出自夫餘夫餘出自索離索讀如橐故又轉爲槖與
高麗實二國也夫餘在高麗北槖離又在夫餘北故東明南走而至夫餘朱蒙亦南走而至高麗其事彷彿相同或傳聞之有一誤隋書謂夫餘王尉仇台始立國
於帶方自後遂稱百濟後魏時百濟所上書亦云先與高麗源出夫餘自晉以後百濟王之姓名有夫餘腆夫餘豐夫餘隆蓋直以夫餘爲姓矣丁謙曰北方有槖
離國一段實紀朝鮮高句驪開國之事自裴松之誤採魏略舊文繫於夫餘傳末而范蔚宗遽纂入正傳誤而又誤矣然其所以致誤由不知至夫餘而王之夫餘
乃城名非國名也攷夫餘在漢北境至於弱水安得復有槖離國在於其北況槖離即高句驪合音傳首明言南與高句驪接何得又指爲北夷今查東國通鑑一

朝鮮史東藩紀要及新出好大王碑所載略同）言太祖朱蒙（卽傳中東明）避害南行度掩淲水至卒本夫餘沸流川上都焉國號高句驪按沸流國名卒本川在其境內故亦稱沸流川卒本夫餘猶言卒本川上之扶餘城與北方扶餘國毫不相涉此城遺址卽今朝鮮平安道成川郡中此段事須刪去移入後文高句驪傳方合

高句麗在遼東之東千里南與朝鮮濊貊東與沃沮北與夫餘接都於丸都之下毛本同本於作與誤丁謙曰高句麗國有二一古高句麗在今奉天省城東北英額邊門外渾河發源處渾河卽地理志及水經注小遼河一新高句麗在今朝鮮北境平安道成川郡地陳氏未悉兩國源流牽混爲一如傳首在遼東之東千里及南接朝鮮濊貊等語乃古高句麗國境都於丸都之下則新高句麗國境此書旣誤范蔚宗後漢書因之但范氏又將本傳後半分爲小水貊傳並將王莽後高句麗與中國交涉諸事盡入小水貊傳中則誤而又誤矣弼按丁說誠辨然以都於丸都之下爲新高句麗國境新高句麗在今朝鮮北境平安道成川郡地似尚有誤胡三省云唐志自鴨淥江口舟行百餘里乃小舫泝流東北行凡五百三十里而至丸都城據此則丸都城在鴨淥江邊其在平安道成川郡者爲平壤城在大同江之北非鴨淥江也近人王國維觀堂集林卷十六魏毌丘儉丸都山紀功刻石跋云魏毌丘儉丸都山紀功殘石光緒丙午署奉天輯安縣事吳大令光國於縣西北九十里之板石嶺開道得之吳大令跋扳石嶺高六百餘丈車馬不通疑卽古之丸都山又近人吳其昌丸都山紀功刊石跋尾（見北平圖書館月刊第三卷第三號）云此刻出輯安縣扳石嶺扳石嶺卽丸都山句驪之都丸都城卽在丸都山下輯安縣正在鴨淥江上流北岸漢魏西安平州在今安東少北玄菟郡治在今鐵嶺左右位宮率步騎二萬進軍沸流水上是從丸都城沸流水上流順流而下以寇西安平州也從今輯安至今安東正從鴨淥江順流而下則沸水之地位正當鴨淥江之地位儉從玄菟直趨丸都是斷其後路位宮回師與戰儉遂乘勢越丸都山屠丸都城後人誤以沸流水爲大同江則諸史東夷傳不可解矣又云劉宋以前高句驪國都在今輯安附近不在今朝鮮之平壤前人以浿水當朝鮮之大同江故以丸都王險諸城當今之平壤（以今之平壤正南臨大同江）一若自衞滿朱蒙以來卽奠居平壤者今考浿水當爲今鴨淥江故王險忽本丸都諸城當在今奉天之輯安懷仁附近直至北魏太武帝末葉始南遷平壤此可以漢書魏志魏書北史唐書好大王碑丸都山紀功石刻證之也

方可二千里戶三萬多大山深谷無原澤隨山谷以爲居食澗水無良田雖力佃作不足以實口腹其俗節食好治宮室於所居之左右立大屋祭鬼神又祀靈星社稷范書作好祠鬼神社稷零星章懷注前書音義龍星左角曰天田則農祥也辰日祀以牛號曰零星風俗通曰辰之神爲零星故以辰日祠於東南也柳從辰曰零星前書及風俗通皆作靈靈霝零古本通吳仲山碑神零有知靈已作零

其人性凶急喜

寇鈔其國有王其官有相加對盧沛者古雛加范書作古鄒大加章懷注古鄒大加高驪掌賓客之官如鴻臚也

主簿優台丞使者皁衣先人范書作優台使者帛衣先人沈欽韓曰唐志帛衣頭大兄所謂帛衣者此字衍先人也通典作皁衣乘國成三歲一易

尊卑各有等級趙一淸曰寰宇記卷一百七十三高麗建官有九等其一曰吐捽舊名大對盧總知國事次曰太大兄次鬱折華言主簿次太大夫使者次皁衣頭大兄東夷相傳所謂皁衣先人者也以前五官掌機密謀政事徵發兵馬選授官爵次大使者次大兄次收位使者次上位使者次小兄次諸兄次過節次不過節次先人又有狀古雛加掌賓客比鴻臚卿以大夫使者爲之又有國子博士太學博士舍人通事典書客皆小兄以上爲之又其諸大城置傳薩比都督諸城置處閭近支比刺史亦謂之道使其武官曰大模達比衞將軍以皁衣頭大兄以上爲之次末客比中郎將以大兄以上爲之其次領千人以下各有差等一淸案此所說與唐書稍異弼按宋徐兢宣和奉使高麗圖經卷七冠服類所載高麗建官唐武德間有九等與寰宇記所載略同

東夷舊語以爲夫餘別種言語諸事多與夫餘同其性氣衣服有異本有五族有涓奴部范書涓作消下同

絕奴部順奴部灌奴部桂婁部章懷注案今高驪五部一曰內部一名黃部卽桂婁部也二曰北部一名後部卽絕奴部也三曰東部一名左部卽順奴部也四曰南部一名前部卽灌奴部也五曰西部一名右部卽消奴部也

本涓奴部爲王稍微弱今桂婁部代之漢時賜鼓吹技人常從玄菟郡受朝服衣幘高句麗令主其名籍元本令主作今王誤

後稍驕恣不復詣郡元本詣作諸誤

於東界築小城置朝服衣幘其中歲時來取之今胡猶名此城爲幘溝漊溝漊者句麗名城也其置官有對盧則不置沛者有沛者則不置對盧王之宗族其大加皆稱古雛加涓奴部本國主今雖不爲王適統大人得稱古雛加亦得立宗廟祠靈星社稷絕奴部世與王婚加古雛之號諸大加亦自置使者皁衣先人名皆達於王如卿大夫之家臣會同坐起不得與王家使者皁衣先人同列其國中大家不佃作坐食者萬餘口下戶遠擔米糧魚鹽供給之其民喜歌舞國中邑落暮夜男女羣聚相就歌戲無大倉庫家

家自有小倉名之爲桴京何焯校改桴作桴弼按郝經續後漢書作桴郁松年曰說文桴棟名桴稖也稖穗也桴京小倉名字當从禾其人潔清自喜善藏釀跪拜申一脚范書申作曳與夫餘異行步皆走以十月祭天國中大會名曰東盟其公會衣服皆錦繡金銀以自飾趙一清曰酉陽雜俎魏時有高句麗客善用針取寸髮斬爲十餘段以針貫取之言髮中空也其妙如此大加主簿頭著幘如幘而無後宋本後作餘其小加著折風形如弁其國東有大穴名隧穴范書隧作襚十月國中大會迎隧神還於國東上祭之置木隧於神坐無牢獄有罪諸加評議便殺之沒入妻子爲奴婢其俗作婚姻言語已定女家作小屋於大屋後名壻屋壻暮至女家戶外自名跪拜乞得就女宿如是者再三女父母乃聽使就小屋中宿傍頓錢帛至生子已長大乃將婦歸家其俗淫男女已嫁娶便稍作送終之衣厚葬金銀

財幣盡於送死積石爲封列種松柏其馬皆小便登山國人有氣力習戰鬭沃沮東濊皆屬焉又有小水貊毛本貊作貊句麗作國依大水而居西安平縣北有小水南流入海句麗別種依小水作國因名之爲小水貊出好弓所謂貊弓是也范書作句驪一名貊耳有別種依小水爲居因名曰小水貊章懷注引魏氏春秋曰遼東郡西安平縣北有小水南流入海句驪別種因名之曰小水貊丁謙曰西安平爲馬訾水入海處（馬訾水卽鴨綠江）乃今九連城東北安平河濱地小水發源縣北則卽靉陽河無疑因中國往高句驪道必經此故陳壽魏志高句驪傳附載其名此部徼末除出好弓外別無他事可紀其下所書仍是高句驪事范蔚宗既本陳志爲高句驪傳又截取小水貊別爲一傳大誤丁氏又云中國與朝鮮通道今由九連城渡鴨綠江入義州古時則在西安平渡江卽賈耽所謂泊汋口也弼按兩漢志西安平屬遼東郡何焯曰涿縣有安平故此加西王先謙曰孫權遣謝宏陳恂封高句驪王宮爲單于恂等到安平口卽此縣海口也據唐書地理志當在鴨綠江北近海處新唐志安東府南至鴨綠江北泊汋城七百里故西安平縣也王莽初發高句麗兵以伐胡范書作伐匈奴不欲行彊迫遣之皆亡出塞爲寇盜遼西大尹田譚追擊之爲所殺州

郡縣歸咎於句麗侯騶范書騶作騶前書王莽傳亦作騶下同嚴尤奏言貊人犯法罪不起於騶且宜安慰今猥被之大罪師古曰猥多也厚也被加也王先謙曰猥猶猝也恐其遂反前書王莽傳此句下云夫餘之屬必有和者匈奴未克夫餘濊貊復起此大憂也莽不聽詔尤擊之尤誘期句麗侯騶至而斬之期字疑誤范書作誘句驪侯騶入塞斬之傳送其首詣長安莽大悅布告天下更名高句麗爲下句麗莽傳云莽下書曰迺者命遣猛將共行天罰誅滅虜知分爲十二部或斷其右臂或斬其左腋或潰其胷腹或紬其兩脅今年刑在東方誅貉之部先縱焉捕斬虜騶平定東域虜知殄滅在于漏刻此乃天地羣神社稷宗廟佑助之福公卿大夫士民同心將率虓虎之力也予甚嘉之其更名高句驪爲下句驪布告天下令咸知焉於是貉人愈犯邊東北與西南夷皆亂云丁謙曰攷朝鮮史此爲高句驪太祖東明王子琉璃王時事史云初漢王莽徵兵於高句麗琉璃王不應降於鮮卑而侵犯漢邊然則姑先應徵旋亡出塞者正用其聯合鮮卑之計乎惟嚴尤誘斬之句麗侯騶當是統兵之員當此時爲侯國漢光武帝八年高句麗王遣使朝貢始見稱王范書光武紀建武八年十二月高句驪王遣使奉貢至殤安之間句麗王宮數寇遼東更屬玄菟遼東

太守蔡風范書風作諷下同玄菟太守姚光以宮爲二郡害興師伐之宮詐降請和二郡不進宮密遣軍攻玄菟焚燒候城入遼隧丁謙曰候城遼隧均漢縣屬遼東郡漢地理志候城爲中部都尉所治惟不知爲今何地遼隧地理志作遼隊水經注遼水入塞經襄平縣西又逕遼隧縣西入大遼水乃由安市入海襄平故城在今奉天省城西南遼隧當在其西南濱遼河處故公孫淵遣兵拒司馬懿於此蓋阻水以自固也錢坫曰今奉天府海城縣西之牛莊殺吏民後宮復犯遼東蔡風輕將吏士追討之軍敗沒范書東夷傳建武八年高句驪遣使朝貢光武復其王號二十三年冬句驪蠶支落大加戴升等萬餘口詣樂浪內屬二十五年春句驪寇右北平漁陽上谷太原而遼東太守祭肜以恩信招之皆復款塞後句驪王宮生而開目能視國人懷之及長勇壯數犯邊境和帝元興元年春復入遼東寇略六縣太守耿夔擊破之斬其渠帥安帝永初五年宮遣使貢獻求屬玄菟元初五年復與濊貊寇玄菟攻華麗城建光元年春幽州刺史馮煥玄菟太守姚光遼東太守蔡諷等將兵出塞擊之捕斬濊貊渠帥獲兵馬財物宮乃遣嗣子遂成將二千餘人逆光等遣使詐降光等信之遂成因據險阸以遮大軍而潛遣三千人攻玄菟遼東焚城郭殺傷一千餘人於是發廣陽漁陽右北平涿郡屬國三千餘騎同救之而貊人已去夏復與遼東鮮卑八千餘人攻遼隊殺掠吏人蔡諷等追擊於新昌戰沒功曹耿耗兵曹掾龍端兵馬掾公孫酺以身扞諷俱沒於陳死者百餘人秋宮遂率馬韓濊貊數千騎

圍玄菟夫餘王遣子尉仇台將二萬餘人與州郡并力討破之斬首五百餘級宮死子伯固立范書宮死子遂成立遂成死子伯固立丁謙曰朝鮮史載宮年老讓位於弟遂成稱次大王以暴戾爲國人所弒因立其弟伯固稱新大王卽傳中伯固傳言宮死子伯固立不獨脫卻遂成而以弟爲子亦誤弼按下文位宮爲宮之曾孫則伯固爲宮之子其世系不誤然與范書及朝鮮史均不合又按惠棟曰蔡邕集云東夷高句驪嗣子伯固逆謀並發亦可爲遂成被弒之證順桓之間復犯遼東寇新安居鄉郝經續後漢書居作民又攻西安平於道上殺帶方令略得樂浪太守妻子范書順帝陽嘉元年置玄菟郡屯田六部質桓之間復犯遼東西安平殺帶方令掠得樂浪太守妻子郡國志帶方屬樂浪郡一統志帶方故城今平壤南境靈帝建寧二年玄菟太守耿臨討之斬首虜數百級伯固降屬遼東嘉平中此敍靈帝時事當作熹平伯固乞屬玄菟公孫度之雄海東也伯固遣大加優居主簿然人等馮本大作犬助度擊富山賊破之伯固死有二子長子拔奇小子伊夷模拔奇不肖國人便共立伊夷模爲王自伯固時數寇遼東又受亡胡五百餘家建安中

公孫康出軍擊之破其國焚燒邑落拔奇怨爲兄而不得立與涓奴加各將下戶三萬餘口詣康降還住沸流水降胡亦叛伊夷模伊夷模更作新國今日所在是也丁謙曰伯固次子伊夷模東藩紀要云名男武稱故國川王伊夷模子位宮紀要云稱東川王惟東川王未立以前尙有山上王名延優爲伊夷模弟立於建安二年在位幾五十年東川王始立此又脫漏且攷位宮乃太祖王宮孫並非曾孫又攷位宮爲毌丘儉所破始移都平壤朝鮮史與東藩紀要所載皆同作新國者指山上王築丸都山城之事吳其昌曰高麗國都在晉以前位於今日鴨綠江北岸奉天境內輯安懷仁附近劉宋以後始南移今日之平壤吳說已略見前詳見北平圖書館月刊姚範曰今日云云疑循舊文拔奇遂往遼東有子留句麗國今古雛加駮位居是也其後復擊玄菟玄菟與遼東合擊大破之伊夷模無子淫灌奴部生子名位宮伊夷模死立以爲王今句麗王宮是也其曾祖宮宋本宮上有名字生能開目視其國人惡之范書作國人懷之黃山曰懷當爲怪之譌古懷多混爲怌故轉寫易譌及長大果凶虐數寇鈔國見殘破今王生墮地

毛本墮作墯錢大昕曰承祚作志之時位宮久已破亡不應云今王蓋承舊史之文亦能開目視人句麗呼相似爲位似其祖故名之爲位宮位宮有力勇趙一淸曰力勇當依寰宇記作勇力便鞍馬善獵射景初二年太尉司馬宣王率衆討公孫淵宮遣主簿大加將數千人助軍宮應作位宮下同北宋本大作犬正始三年宮寇西安平其五年爲幽州刺史毌丘儉所破語在儉傳儉傳正始中儉督諸軍討高句驪六年復征之齊王紀七年儉討高句驪破之蓋用兵數年此傳記其始齊王紀記其終也

東沃沮在高句麗蓋馬大山之東漢書地理志玄菟郡西蓋馬王先謙曰續志誤作西蓋烏章懷注蓋馬縣名屬玄菟郡其山在今平壤城西平壤今王險城也沈欽韓曰明志海州衞本沃沮國地今奉天海城縣又奉天蓋平縣高麗國蓋牟城亦其地李兆洛曰西蓋烏故城今奉天府蓋平縣治丁謙曰蓋馬大山卽朝鮮平安道與咸鏡道分界之山其山南北行千餘里連接不斷弼按丁說是范書東沃沮傳東濱大海其地望可證寰宇記亦云東濱大海若蓋平則西濱大海矣沈李二說均誤濱大海而居其地形東北狹西南長范書作東西夾（夾音狹）南

北長丁謙曰當時國境僅有今咸鏡道東面傍海一帶自小白山以南皆高句麗地也故東北狹而西南長可千里范書作可折方千里北與挹婁夫餘南與濊貊接戶五千無大君王世世邑落各有長帥其言語與句麗大同時時小異漢初燕亡人衞滿王朝鮮時沃沮皆屬焉漢武元封二年趙一淸曰一本武下有帝字伐朝鮮殺滿孫右渠分其地爲四郡漢書朝鮮傳遂定朝鮮爲眞番臨屯樂浪玄菟四郡以沃沮城爲玄菟郡丁謙曰漢地理志無沃沮夫租卽沃沮之譌本傳沃沮城今咸興府治後爲夷貊所侵徙郡句麗西北今所謂玄菟故府是也丁謙曰徙治古高句驪西北在昭帝五年正朱蒙開國後攘斥邊境沃沮與濊貊爲所役屬時傳云爲夷貊所侵實卽高句驪也沃沮還屬樂浪漢以土地廣遠在單單大嶺之東分置東部都尉元本吳本毛本官本置作治治不耐城漢書地理志玄菟郡不而東部都尉治一統志不耐故城在咸興府北隋書外國傳新羅衆有沃沮不而韓濊之地丁謙曰不耐城爲今江原道之江陵府本濊王都別主領東七縣時沃沮亦皆爲縣滿洲源流考卷九云兩漢魏晉時國於東方者爲夫餘挹婁三韓其邑落散處山海間者

又有沃沮濊等名以史傳核之沃沮之在東者東濱大海北接挹婁夫餘又有北沃沮南沃沮並皆散處山林無大君長所云單單大嶺卽長白山單單與滿洲語珊延音同相近也今自長白附近東至海邊北接烏拉黑龍江西至俄羅斯叢林密樹綿亙其間魏毌丘儉討高麗絕沃沮千餘里到肅愼南界則沃沮者實卽今之窩集也濊地君長亦皆分統邑落無所專屬夫餘挹婁皆有其地考其故壤自鳳凰城並海至朝鮮三國以後隋屬高麗唐屬渤海矣丁謙曰武帝所置玄菟郡惟太守所治沃沮縣爲沃沮國地其餘七縣均在濊國界內故范蔚宗删單單大嶺之東一段移入濊國傳位置較合單單大領後書作單大領今江原道中間淮陽郡以東所稱欽嶺朱嚲嶺大關嶺皆古單單大領不耐城漢地理志作不而領東七縣者不而呑列東暆蠶台華麗邪頭昧前莫也蓋前漢樂浪郡所屬共二十五縣後書祇十八縣則除東暆外不而等六縣均東部都尉所舊治無疑沈家本云漢志無沃沮或元始時已省幷疑蠶台華麗邪頭昧前莫夫租及不而沃沮卽所謂領東七縣也 漢光武六年 光武應從范書作建武 省邊郡都尉由此罷 范書云建武六年省都尉官遂棄領東地 其後皆以其縣中渠帥爲縣侯 范書東夷傳云至光武罷都尉官後皆以封其渠帥爲沃沮侯沈欽韓曰沃沮自魏後不復著蓋百濟立國於其境而沃沮亡矣 不耐華麗沃沮諸縣皆爲侯國 漢書地理志樂浪郡華麗王先謙曰續志後漢省東夷傳元初五年句麗王宮寇玄菟攻華麗城則縣故在也洪亮吉云此蓋其舊城 夷狄更相攻伐唯不耐濊侯至今猶置功曹主簿諸曹皆濊民作之沃沮諸邑落渠帥皆自稱三老則故縣國之制也國小迫於大國之間遂臣屬句麗句麗復置其中大人爲主者 宋本主作使范書作使者 使相主領又使大加 北宋本大作犬 統責其租賦貊布魚鹽 范書作責其租稅貊布 海中食物千里擔負致之又送其美女 毛本美作姜誤 以爲婢妾遇之如奴僕其土地肥美背山向海宜五穀善田種人性質直彊勇少牛馬便持矛步戰食飲居處衣服禮節有似句麗

魏略云其嫁娶之法女年十歲已相設許壻家迎之長養以爲婦至成人更還女家女家責錢錢畢乃復還壻 梁玉繩曰此卽今之養媳本夷俗也

其葬作大木槨長十餘丈開一頭作戶新死者皆假埋之 范書皆作先 才使覆形皮肉盡乃取骨置槨中舉家皆共一槨刻木如生形隨死者

爲數又有瓦鑑置米其中編縣之於槨戶邊毌丘儉討句麗句麗王宮奔沃沮遂進師擊之沃沮邑落皆破之斬獲首虜三千餘級宮奔北沃沮北沃沮一名置溝漊 宋本漊作婁丁謙曰溝漊城也猶言置城趙一淸曰毌丘儉傳置作買 去南沃沮八百餘里 丁謙曰以地望核之當在圖門江南北 其俗南北皆同 范書作其俗皆與南同 與挹婁接 范書作南接挹婁 挹婁喜乘船寇鈔北沃沮畏之夏月恒在山巖深穴中爲守備冬月冰凍船道不通乃下居村落王頎別遣追討宮盡其東界問其耆老海東復有人不耆老言國人嘗乘船捕魚遭風見吹數十日東得一島上有人言語不相曉其俗常以七月取童女沈海又言有一國亦在海中純女無男 范書云或傳其國有神井闚之輒生子 又說得一布衣從海中浮出其身如中國人衣 范書作其形如中人衣國字衍 其兩袖長三丈又得一破船隨波出在海岸邊有一人項中復有面 范書項作項 生得之與語不相通不食而死其域皆在沃沮東大海中

挹婁在夫餘東北千餘里濱大海南與北沃沮接未知其北所極 范書挹婁古肅愼之國也沈欽韓曰元史地理志瀋陽路本挹婁故地又開元路古肅愼之地通典其國在不咸山北（晉曰肅愼魏曰勿吉隋曰靺鞨）一統志長白山在吉林烏喇城東南古名不咸山今奉天府鐵嶺縣承德縣及寧古塔黑龍江並挹婁國地挹婁故城在今鐵嶺南六十里滿洲源流考卷二云挹婁之名始於後漢考之史傳卽古肅愼氏晉書所謂肅愼一名挹婁是也至南北朝始別有勿吉靺鞨之稱而舊名之見於簡册者猶有可考如遼之瀋州雙州定理府金之挹婁縣皆僅指一隅非其全部元史稱瀋陽路爲挹婁故地似矣而於開元路則云古肅愼地隋唐曰靺鞨又似歧而二之者蓋魏晉以前部族未分魏晉以後釐而爲七族愈繁而地愈廣容有非舊部之名所能該者矣至金史地理志謂瀋州本遼定理府爲挹婁故壤考遼志則瀋州之外別有定理府亦屬挹婁之地遼之定理實唐時渤海所建至金已廢又金志稱瀋州挹婁縣本遼舊興州常安縣考遼志東丹城北至挹婁縣范河二百七十里則遼時已有挹婁縣蓋郡邑雖移而幅員有定今見於盛京通志者若承德若鐵嶺若吉林若寧古塔自奉天府治極於東北胥挹婁地也又明一統志載洪武二十九年設左右千戶於懿路城永樂八年復設中千戶於懿路城其廢址在

今鐵嶺縣城南六十里又有站名懿路亦作伊魯當卽遼金挹婁縣之遺丁謙曰挹婁古肅愼地肅愼周書王會篇作稷愼山海經大荒中小不咸山有肅愼之國竹書紀年虞舜二十五年息愼氏來朝貢弓矢蓋三代以前東北徼外大國盡有今吉林省東諸地唐地理志附錄賈耽所記渤海王城臨忽汗海其西南三十里有古肅愼城攷此城在寧古塔西南八十五里上馬蓮河畔遺址尚存惟漢之挹婁雖爲古肅愼國舊境而本部實在其西攷唐書渤海傳言高麗滅大氏保挹婁之東牟山與婁河其地在吉林東南敎化縣境奧婁爲挹婁之轉音挹婁國名殆因此水又言以故挹婁地爲定理安邊二府此則奉天東南新設寬甸懷仁諸縣處滿洲地誌謂挹婁爲肅愼之一部極是傳言挹婁在扶餘東北千餘里按扶餘國都爲長春府之農安縣核其方位實居東南而非東北後金人置挹婁縣於遼河東今懿路驛地則因遼徙挹婁人居此而名攷據家竟指爲挹婁國大誤晉書四夷傳肅愼氏一名挹婁在不咸山北去扶餘可六十日行東濱大海西接寇漫汗北極弱水廣袤數千里居深山窮谷車馬不通丁謙曰魏志言挹婁在扶餘東北千里南與北沃沮接不咸山卽長白山惟旣在山北又與北沃沮接則當云扶餘東南非東北矣寇漫汗卽後寇莫汗北史作豆莫婁攷此部爲北扶餘舊壤在今烏蘇里江一帶至云肅愼一名挹婁非是按肅愼爲虞夏以來著名之國挹婁稱號始見於後漢書言國無君長邑落各有大人是挹婁者不過肅愼境中一部族並不足以名國第因生齒繁衍分布各方而肅愼主權日就衰替不足以制馭之其人遂據地自擅互相雄長於是肅愼一國竟在若存若亡之間以余攷之其國至晉實未嘗亡也挹婁本水名卽唐書渤海傳奧婁河今爲敎化縣境渤海立國以故挹婁地立定理安邊等府均在敎化以西至奉天之東南肅愼王城在寧古塔南以挹婁梗於中間致肅愼與中國之交通遂阻故當時史籍但知有挹婁不知有肅愼因以爲挹婁古肅愼也而晉書四夷傳更謂肅愼名挹婁則誤尤甚矣至晉時肅愼云未亡者史雖不載實有確證存焉據鴨綠江北出土高麗好大王碑言其踐阼之八年戊戌偏師出肅愼掠得某城地人民云云戊戌爲東晉安帝隆安二年是晉之末造國尙安然無恙迨後高麗益強肅愼挹婁始俱爲所併觀隋煬帝征高麗分二十四軍其右翼有肅愼道知其時地入高麗已久但不悉亡於何年弼按據一統志挹婁故城在鐵嶺縣南六十里又據一統志表以承德縣爲挹婁國地此與傳文挹婁在扶餘東北千餘里之說不合惟如盛京通志所載若承德若鐵嶺若吉林若寧古塔自奉天府治極於東北皆挹婁地則其說可通矣

其土地多山險其人形似夫餘言語不與夫餘句麗同有五穀牛馬麻布人多勇力無大君長邑落各有大人處山林之閒常穴居大家深九梯以多爲好魏書勿吉築城穴居開口於上以梯出入土氣寒劇於夫餘其俗好養豬食其肉衣其皮冬以豬膏塗身厚數分以禦風寒滿洲源流考卷二十云陶復陶穴古固有之至豕膏得熱氣則融安能塗厚數分夏則裸袒以尺布隱其前後以蔽形體其人不潔作溷在中央人圍其表居范書

云其人臭穢不潔作廁於中圜之而居太平寰宇記卷一百七十五云挹婁國土俗無文墨以言語爲約坐則箕踞以足挾肉啖之得凍肉坐其上令溫煖土無鹽鐵燒木作炭灌之取汁而食俗編髮將嫁娶男以毛羽插女頭女和則將歸然後致禮聘之婦貞而女淫貴壯而賤老死者其日卽葬之於野交木作小槨殺猪積其上以爲死者之糧性凶悍以無憂哀相尙父母死男女不哭泣有哭者謂之不壯相竊盜無多少皆殺之雖野處而不相犯其弓長四尺力如弩矢用楛長尺八寸青石爲鏃古之肅愼氏之國也肅愼貢楛矢詳見明紀青龍四年陳留王紀景元三年孔子家語武王克商肅愼氏貢楛矢史記孔子世家有隼集於陳庭楛矢貫之石砮矢長尺有咫陳湣公使問仲尼仲尼曰隼來遠矣此肅愼之矢也山海經海外西經肅愼之國在白民北郭璞注今肅愼國去襄平三千餘里其人皆工射弓長四尺勁彊箭以楛爲之長尺五寸青石爲鏑此春秋時隼集陳侯之庭所得矢也晉大興三年平州刺史崔毖遣別駕高會使來獻肅愼氏之弓矢箭鏃有似銅骨作者問云轉與海內國通得用此今名之爲挹婁國吳任臣曰案史記作息愼竹書舜二十五載息愼氏來賓汲冢周書云成王之時息愼來賀作賄息愼之命王會解謂之稷愼或作肅眘漢武帝詔海外肅眘徐陵文肅眘茫茫風牛南偃劉會孟云肅愼在漢曰挹婁魏曰勿吉唐曰靺鞨鬼谷子云肅愼氏饋白雉于文王魏志云自唐暨周肅愼之物皆曠世而至青龍四年肅愼氏致楛矢晉紀景元三年咸寧五年太興二年肅愼皆來饋楛矢石砮卽此國也左傳肅愼燕亳吾北土也杜註云肅愼在玄菟北三千餘里江淹遂古篇沃沮肅愼東北邊兮陳逢衡曰世說德之休明肅愼貢其楛矢鄭樵都邑略云古肅愼國都不咸山在夫餘東北千餘里閻百詩曰肅愼氏地卽今寧古塔東去一千里曰混同江江邊有榆樹松樹枝旣枯墮入江爲波浪所激盪不知幾何年化爲石可取以爲箭鏃榆化者上松次之西南去六百里曰長白山山巔之陰及黑松林獨生楛木可取以爲矢質堅而直又有鳥曰海東青卽隼也惠棟曰肅愼國記云石山在國東北取之必先祈神石利入鐵册府元龜魏景元三年肅愼獻其國弓三十張長五尺五寸楛矢長一尺八寸石砮三百枚皮骨鐵雜鎧二十領貂皮四百枚滿洲源流考按云元戚輔之遼東志略云肅愼東北山出石其利如鐵取以爲鏃卽石砮而楊賓柳邊紀略以爲楛木今寧古塔居人或得之呼爾哈河長三四寸色黑或黃或微白有文理非鐵非石相傳爲肅愼故矢云云蓋楊賓誤以石砮爲楛木也

善射射人皆入因范書作又善射發能入人目因字誤矢施毒人中皆死出赤玉好貂今所謂挹婁貂是也滿洲源流考卷十九云混同江產松花玉色淨綠細膩溫潤可中硯材發墨與端溪同烏拉諸山林中多貂索倫人以捕貂爲恆業自漢以來臣屬夫餘夫餘責其租賦重以黃初中叛之夫餘數伐之其人衆雖少所在山險隣國人畏其弓矢卒不能服也其國便乘船寇盜鄰國患之東夷飲食類皆用俎豆唯挹婁不法俗最無綱紀也滿洲源流考卷一肅愼條云范蔚宗謂冠

弁衣錦器用俎豆誠非虛語弼按范書此語見東夷傳序乃泛論東夷非指挹婁而言其挹婁傳云東夷夫餘飲食類皆用俎豆唯挹婁獨無法俗最無紀綱者也據此則滿洲源流考誤

濊南與辰韓陳志此卷分爲烏丸鮮卑東夷三傳各小國均包括於此三傳中宋元本於各國之前有某國傳一行竊意陳志原書必不如是或爲淺學妄增而元本於濊國之前竟書濊南傳一行不辨南爲南北之南其誤尤甚世之佞宋元本者宜鑒別之又按馮本濊國傳與挹婁國傳文接寫因前傳末行無空格遂相銜接而陳本乃亦接連前傳竟不提行合爲一傳矣又宋元本有兩弁辰傳元本於諸國傳有書某國傳者亦有不書者可謂自亂其例附識於此後不復贅北與高句麗沃沮接東窮大海丁謙曰濊亦古國周書王會篇有穢人前兒之文注穢東夷別種穢卽濊也其舊都據文獻通考在朝鮮江原道江陵府東沈欽韓曰一統志朝鮮江原道治江陵府在國城東面本濊貊地漢爲臨屯境今朝鮮之東皆其地也范書云西至樂浪濊及沃沮句驪本皆朝鮮之地也丁謙曰濊國雖在朝鮮東而朝鮮東不獨一濊范氏改爲濊及沃沮句麗本朝鮮地較合戶二萬昔箕子既適朝鮮作八條之教以教之漢書地理志云殷道衰箕子去之朝鮮教其民以禮義田蠶織作樂浪朝鮮民犯禁八條相殺以當時償殺相傷以穀償相盜者男沒入爲其家奴女子爲婢欲自贖者人五十萬師古曰八條不具見無門戶之閉而民不爲盜其後四十餘世朝鮮侯淮僭號稱王官本考證云後漢書淮作準趙一清曰淮字譌後注引魏略作準陳勝等起天下叛秦燕齊趙民避地朝鮮數萬口燕人衛滿魋結夷服復來王之衛滿事詳見後裴注引魏略漢書陸賈傳尉佗魋結箕踞服虔曰魋音椎今兵士魋頭髻也師古曰椎髻者一撮之髻其形如椎漢武帝伐滅朝鮮分其地爲四郡范書燕人衛滿擊破準而自王朝鮮傳國至孫右渠元朔元年濊君南閭等畔右渠率二十八萬詣遼東內屬武帝以其地爲蒼海郡數年乃罷至元封三年滅朝鮮分置樂浪臨屯玄菟眞番四部至昭帝始元五年罷臨屯眞番以并樂浪玄菟玄菟復徙置句驪自是之後胡漢稍別無大君長自漢已來其官有侯邑君三老統主下戶其耆老舊自謂與句麗同種其人性愿慤少嗜欲有廉恥不請句麗言語法俗官本考證云請疑當作諳趙一清曰後漢書句作勾麗字衍朱邦衡曰此誤勾爲句妄增一麗字弼按趙朱說均是濊人無不諳句麗言語法俗之理若爲諳字則與下文相牴矣當承上文有廉恥作勾爲是大抵與句麗同衣服有異男女衣皆著曲領男子繫銀花廣數寸以爲飾自單單大

山領以西趙一清曰單單大嶺見前東沃沮傳後漢書作單大領丁謙曰單大領卽江陵西面一帶南北行大山弼按此作大山領或嶺字析爲二耳屬樂浪自領以東七縣都尉主之范書自單大領已東沃沮濊貊悉屬樂浪後以境土廣遠分復領東七縣置樂浪東部都尉弼按上事見前東沃沮傳丁謙曰領東七縣考前書地理志樂浪郡縣二十五至後漢祇縣十八其所省之東濊不而蠶台華麗邪頭昧前莫夫租七縣必均在領東無疑又武帝紀注臨屯郡治東暆知濊地初立爲蒼海郡後重立爲臨屯而今之江陵府實漢東暆縣也弼按丁氏所舉嶺東七縣一有夫租而無吞列一有吞列而無夫租互見前東沃沮傳皆以濊爲民後省都尉封其渠帥爲侯今不耐濊皆其種也漢末更屬句麗其俗重山川山川各有部分不得妄相涉入范書分作界涉入作干涉同姓不婚多忌諱疾病死亡輒捐棄舊宅更作新居有麻布蠶桑作緜曉候星宿毛本候作侯誤預知年歲豐約不以珠玉爲寶常用十月節祭天晝夜飲酒歌舞名之爲舞天又祭虎以爲神其邑落相侵犯輒相罰責生口牛馬名之爲責禍殺人者償死少寇盜作矛長三丈或數人共持之能步戰樂浪檀弓出其地其海出班魚皮黃山曰班當作魵說文魵魚也出薉邪頭國爾雅釋魚魵鰕郭注出穢邪頭國薉穢皆卽濊也土地饒文豹又出果下馬漢桓時獻之

臣松之案果下馬高三尺乘之可於果樹下行故謂之果下見博物志魏都賦惠棟曰博物志云海出班魚皮陸出文豹管子揆度篇云發朝鮮之文皮又輕重甲篇云發朝鮮不朝請文皮毤服而以爲幣乎一豹之皮容金而金也然後八千里之發朝鮮可得而朝也爾雅太府云東北之美者有斥山之文皮爲郭璞云虎豹之屬皮有縟綵者是文皮卽文豹之皮也劉逵魏都賦注云漢廄舊有樂浪所獻果下馬高三尺以駕輦車明黃洪憲朝鮮國紀云產果下馬長尾雞貂鈉海豹皮姜西溟曰定張車果下馬皆宮內所用

正始六年樂浪太守劉茂帶方太守弓遵以領東濊屬句麗興師伐之不耐侯等舉邑降其八年詣闕朝貢詔更拜不耐濊王居處雜在民間四時詣郡朝謁二郡有軍征賦調供給役使遇之如民丁謙曰上高句麗東

沃沮傳並言濊貊今載濊而遺貊亦疏漏考東藩紀要貊都在江原道春川府北十三里昭陽江北岸

韓在帶方之南東西以海爲限南與倭接方可四千里有三種一曰馬韓二曰辰韓三曰弁韓辰韓者古之辰國也趙一清曰弁韓後漢書作弁辰然弁辰別是一國則此當作弁韓以當三韓之數竊疑范氏爲非王會汾曰晉梁二書皆作弁韓丁謙曰三韓以馬韓爲最大其地當有忠清全羅二道及慶尙道之半辰韓及弁韓惟慶州一帶而已朝鮮史謂三韓雖曰分立實則辰弁二國僅爲馬韓所支配非勢均力敵也弼按漢書朝鮮傳眞番辰國欲上書見天子朝鮮雍閼弗通師古曰辰謂辰韓之國也後漢書光武帝紀建武二十年秋東夷韓國人率衆詣樂浪內附章懷注東夷有辰韓弁韓馬韓謂之三韓國梁書辰韓始有六國稍分爲十二新羅其一也馬韓有五十四國百濟其一也舊唐書百濟國爲馬韓故地

馬韓在西其民土著種植知蠶桑作緜布各有長帥大者自名爲臣智其次爲邑借散在山海閒無城郭有爰襄國牟水國桑外國小石索國大石索國優休牟涿國臣濆活國北宋本活作沽伯濟國伯濟國卽百濟國速盧不斯國日華國古誕者國古離國怒藍國

月支國咨離牟盧國素謂乾國古爰國莫盧國卑離國占離卑國馮本卑作甲誤臣釁國支侵國狗盧國卑彌國監奚卑離國古蒲國致利鞠國冉路國兒林國駟盧國內卑離國感奚國萬盧國辟卑離國臼斯烏旦國宋本臼作臼卽𦥑字臼與臼異未詳孰是一離國不彌國支半國宋本支作犮狗素國捷盧國牟盧卑離國臣蘇塗國莫盧國錢大昭曰莫盧國已見上文此重出古臘國臨素半國臣雲新國如來卑離國楚山塗卑離國一難國狗奚國不雲國不斯濆邪國爰池國乾馬國楚離國凡五十餘國范書云馬韓在西有五十四國其北與樂浪南與倭接滿洲源流考卷二云三韓統名辰國自漢初已見後爲新羅百濟所併其七十八國之名備載於魏志國名多繫以卑離二字如監奚卑離內卑離辟卑離如來卑離以滿洲語考之當爲貝勒之轉音止猶汗之訛爲韓而三汗之統諸貝勒於體制恰相符合也至馬韓亦作慕韓辰韓亦作秦韓弁韓亦作弁辰又作卞韓尙書傳扶餘馯並稱正義謂馯卽韓也當時祇以諸音並非漢語范蔚宗始稱爲韓國韓人魏志遂有韓地韓王之目甚者至訛爲韓氏又如弁韓在三韓中記載獨少考史記眞番注謂番音普寒切遼東有潘汗縣或卽弁韓之轉音亦未可定或有以三韓爲高麗者蓋因宋史高麗傳有崇寧後鑄三韓通寶之文又遼史外紀遼時常以三韓國公爲高麗封號遂謂三韓之地盡入高麗不知高麗之境亦屬三韓所統當時假借用之未經深考耳至遼之三韓縣乃取高麗俘戶所置非其故壤也

大國萬餘家小國數千家毛本小作千誤總十餘萬戶辰王治月支國臣智或加優呼臣雲遣支報安邪踧支濆臣離兒不例拘邪秦支廉之號其官有魏率善邑君歸義侯中郞將都尉伯長侯淮既僭號稱王淮當作準見前濊國傳注爲燕亡人衛滿所攻奪丁謙曰箕淮之王馬韓也據朝鮮史言避衛滿之逼率衆奪金馬郡居之自稱武康王金馬卽本傳王所治月支國今爲全羅道益山郡

魏略曰昔箕子之後朝鮮侯見周衰燕自尊爲王欲東略地朝鮮侯亦自稱爲王欲興兵逆擊燕以尊周室其大夫禮諫之乃止使禮西說燕燕止之毛本下燕字作以不攻攻疑作改後子孫稍驕虐燕乃遣將秦開攻其西方取地二千餘里至滿潘汗爲界趙一清曰潘韓謂兩

漢志俱作番汗朝鮮遂弱及秦幷天下使蒙恬築長城到遼東時朝鮮王否立畏秦襲之略服屬秦不肯朝會否死其子準立二十餘年而陳項起天下亂燕齊趙民愁苦稍稍亡往準準乃置之於西方及漢以盧綰爲燕王朝鮮與燕界於浿水趙一清曰漢書地理志樂浪郡浿水縣水西至增地入海今大同江也浿字誤下同弼按漢書朝鮮傳云至浿水爲界浿水解見前高句驪傳及綰反入匈奴燕人衛滿亡命爲胡服東度浿水詣準降說準求居西界故中國亡命何焯曰故字當作收爲朝鮮藩屏準信寵之拜爲博士賜以圭封之百里令守西邊滿誘亡亡字下似少一字黨衆稍多乃詐遣人告準言漢兵十道至求入宿衛遂還攻準準與滿戰不敵也弼按魏略所云與史記漢書朝鮮傳略同而較詳可補史漢朝鮮傳之缺丁謙曰朝鮮史相傳其國肇自檀君傳一千四十八年至周初箕子代興傳四十世爲燕人衛滿襲據其地班書記漢事故託始於滿眞番本朝鮮附屬番部七國時爲燕所略武帝破朝鮮改爲郡治霅縣在今奉天興京廳邊外東南至鴨綠江地浿水有二唐書高麗傳南涯浿水指大同江而此傳浿水均指鴨綠江今攷據家但知大同江爲浿水不知鴨綠江亦有浿水之名蓋大同江在平壤南衛滿所都王險城卽平壤滿渡浿水而後居此則水在平

壤之北可知證一涉何論右渠還朝必經浿水證二左將軍擊破浿水西軍方得至王險證三右渠太子入謝天子至浿水引歸證四觀此傳中浿水皆指鴨綠江明矣臨屯亦番部後爲郡治東暆今爲朝鮮道江原道江陵府城

將其左右宮人走入海居韓地自號韓王魏略曰其子及親留在國者因冒姓韓氏準王海中不與朝鮮相往來

其後絕滅今韓人猶有奉其祭祀者丁謙曰東藩紀要馬韓立國始朝鮮王箕準在漢惠帝元年後爲百濟王溫祚所滅在新莽二年計傳國二百有三載辰韓弁韓不知始立何時後俱爲新羅王赫居世所滅在漢宣帝五鳳以後是三韓有國均在西漢之世至東漢初三韓已亡何論曹魏陳氏此傳作於晉初乃仍言三韓事若不知有百濟新羅者何也余細核傳文參以朝鮮史知所云其後絕滅者卽滅於百濟也所云韓人猶有奉其祭祀者卽後漢書馬韓人復自立爲王也漢時屬樂浪郡四時朝謁范書東夷傳建武二十年韓人廉斯人蘇馬諟等詣樂浪貢獻光武封蘇馬諟爲漢廉斯邑君使屬樂浪郡四時朝謁章懷注廉斯邑名也

魏略曰初右渠未破時朝鮮相歷谿卿以諫右渠不用東之辰國漢書元封三年夏尼谿相參乃使人殺朝鮮王右渠來降時民隨出居者二千餘戶亦與朝鮮貢蕃不相往來貢疑作眞至王莽地皇時廉斯鑡爲辰韓右渠帥聞樂浪土地美人民饒樂亡欲來降出其邑落見田中驅雀男子一人其語非韓人問之男子曰我等漢人名戶來我等輩千五百人伐材木爲韓所擊得皆斷髮爲奴積三年矣鑡曰我當降漢樂浪汝欲去不戶來曰可辰鑡因將戶來來出詣含資縣兩漢志樂浪郡含資三國魏改爲帶方郡晉志屬帶方郡一統志故城今朝鮮京畿道城之南境官本考證云辰鑡辰字來出來字疑皆衍縣言郡郡卽以鑡爲譯從芩中乘大船入辰韓逆取戶來降伴輩尙得千人其五百人已死鑡時曉謂辰韓汝還五百人若不者樂浪當遣萬兵乘船來擊汝辰韓曰五百人已死我當出贖直耳乃出辰韓萬五千人弁韓布萬五千匹毛本弁作牟誤鑡收取直還郡表鑡功義賜冠幘田宅子孫數世至安帝延光四年時故受復除

桓靈之末韓濊彊盛郡縣不能制民多流入韓國建安中公孫康分

屯有縣以南荒地爲帶方郡兩漢志樂浪郡屯有縣李兆洛云今朝鮮平壤城南丁謙曰帶方郡治所在前人均未言及漢地理志樂浪含資縣有帶水西至帶方入海查京畿道北境有臨津江發源江源道伊川郡北至開城西南入海正在樂浪之南再南卽百濟境以形勢揆之當卽漢時帶水然則伊川郡其漢之含資縣乎辰韓渠帥先詣含資降可知含資實辰韓至樂浪孔道今伊川郡居平壤東南情形尤協以此觀之臨津江於開城西南入海非卽帶方郡地之所在耶今定以開城郡爲帶方或相去不遠矣遣公孫模張敞等收集遺民興兵伐韓濊舊民稍出是後倭韓遂屬帶方景初中明帝密遣帶方太守劉昕樂浪太守鮮于嗣越海定二郡諸韓國臣智加賜邑君印綬其次與邑長其俗好衣幘下戶詣郡朝謁皆假衣幘自服印綬衣幘千有餘人部從事吳林以樂浪本統韓國分割辰韓八國以與樂浪吏譯轉有異同臣智激韓忿攻帶方郡崎離營時太守弓遵樂浪太守劉茂興兵伐之遵戰死二郡遂滅韓丁謙曰百濟雖滅馬韓而馬韓中尙有一二小部仍襲韓王之稱號傳紀桓靈末韓濊彊盛建安後倭韓屬帶方及明帝時二郡滅韓皆指馬韓人自立之小部非三韓全境也但三韓舊時皆土番散部勢分力弱故樂浪可羈屬之迨百濟新羅崛興則地大兵强足與高句麗鼎峙斷非郡縣所能制馭何當時中國竟不聞不問漠然置之絕不道及其事豈以百濟本馬韓列國之一新羅亦弁辰列國之一雖彙併坐大可仍以三韓視之不必特爲之分析耶噫疏亦甚矣何怪晉書後漢書均承其誤而不覺乎

其俗少綱紀國邑雖有主帥邑落雜居不能善相制御無跪拜之禮居處作草屋土室形如冢其戶在上戶在上者或爲古者中霤之遺意舉家共在中無長幼男女之別其葬有棺無槨不知乘牛馬牛馬盡於送死以瓔珠爲財寶或以綴衣爲飾或以縣頸垂耳不以金銀錦繡爲珍其人性彊勇魁頭露紒章懷云魁頭猶科頭也謂以髮縈繞成科結也紒音計如炅兵衣布袍足履革蹻蹋其國中有所爲及官家使築城郭諸年少勇健者皆鑿脊皮以大繩貫之又以丈許木鍤之通日嚾呼作力不以爲痛既以勸作且以爲健常以五月下種訖祭鬼神羣

聚歌舞飲酒晝夜無休其舞數十人俱起相隨踏地低昂手足相應
節奏有似鐸舞十月農功畢亦復如之信鬼神國邑各立一人主祭
天神名之天君又諸國各有別邑名之爲蘇塗立大木毛本木作本誤縣鈴
鼓事鬼神諸亡逃至其中皆不還之好作賊其立蘇塗之義有似浮
屠而所行善惡有異其北方近郡諸國差曉禮俗其遠處直如囚徒
奴婢相聚無他珍寶禽獸草木略與中國同出大栗大如梨又出細
尾雞范書作長尾鷄其尾皆長五尺餘其男子時時有文身又有州胡在馬
韓之西海中大島上丁謙曰州胡卽今之濟州無疑其人差短小言語不與韓同皆髡
頭如鮮卑但衣韋好養牛及豬其衣有上無下略如裸勢乘船往來
市買中韓范書作乘船往來貨市韓中

辰韓在馬韓之東其耆老傳世自言古之亡人避秦役范書作自言秦之亡人避苦役
來適韓國馬韓割其東界地與之有城柵其言語不與馬韓同名國
爲邦弓爲弧賊爲寇行酒爲行觴相呼皆爲徒有似秦人非但燕齊
之名物也名樂浪人爲阿殘東方人名我爲阿錢大昭曰後人名我爲俺俺卽阿也聲之轉耳
謂樂浪人本其殘餘人今有名之爲秦韓者局本無爲字誤始有六國稍分
爲十二國范書辰韓在東十有二國其北與濊貊接
弁辰亦十二國官本考證曰此弁辰疑作弁韓下別有弁辰范書弁辰在辰韓之南亦十有二國其南亦與倭接又有諸小
別邑各有渠帥大者名臣智其次有險側范書險作儉次有樊濊范書作樊秖
次有殺奚次有借邑宋本作邑借范書同章懷注皆其官名也有已柢國不斯國弁辰彌離
彌凍國弁辰接塗國勤耆國難彌離彌凍國弁辰古資彌凍國弁辰

古淳是國冉奚國弁辰半路國弁樂奴國沈家本曰弁下疑奪辰字弁辰十二國前後列其十倘少其一疑卽此樂奴國及下弁軍彌國也軍彌國沈家本曰與下弁軍彌國名同案弁辰韓合二十四國而傳文列二十六國必衍其一疑卽軍彌國與下馬延國也
弁軍彌國弁辰彌烏邪馬國如湛國弁辰甘路國戶路國馮本戶作尸
州鮮國馬延國弁辰狗邪國弁辰走漕馬國馮本走作定弁辰安邪國馬
延國趙一淸曰馬延國重下云二十四國合數之得二十六國也弁辰瀆盧國斯盧國斯盧卽新羅乃譯音之轉優
中國馮本中作由弁辰韓合二十四國丁謙曰辰韓弁韓二國在今朝鮮東南慶州一帶大概辰韓居北弁韓居南中間兩種雜居不易分析故合稱弁辰查二十四國中以弁辰冠首者十有一當爲弁韓所屬其餘皆屬辰韓大國四五千家小國六
七百家總四五萬戶其十二國屬辰王辰王常用馬韓人作之世世
相繼辰王不得自立爲王
魏略曰明其爲流移之人故爲馬韓所制

土地肥美宜移種五穀及稻宋本無移字曉蠶桑作縑布乘駕牛馬嫁娶
禮俗男女有別以大鳥羽送死其意欲使死者飛揚
魏略曰其國作屋橫累木爲之有似牢獄也
國出鐵韓濊倭皆從取之諸市買皆用鐵如中國用錢又以供給二
郡俗喜歌舞飲酒有瑟其形似筑彈之亦有音曲兒生便以石壓其
頭欲其褊今辰韓人皆褊頭范書云兒生欲令其頭扁皆押之以石滿洲源流考卷二云以石押頭壯夫且不能堪而以施之初墮地之小兒實非人情所宜有滿洲舊俗兒生數日卽置臥具令兒仰寢久而腦骨自平頭形似扁斯乃習而自然無足爲異辰韓或亦類是耳漢人生兒常令側臥久而左右角平頭形似狹蒙古人生兒以韋帶束之木板植立於地長則股形微箕若如蔚宗所言豈漢人蒙古亦皆以石押之令其頭狹而股箕乎若夫三韓命名史第列馬韓辰韓弁韓（亦曰弁辰）而不詳所以稱韓之義陳壽魏志直云韓地韓王魚豢魏略且以爲朝鮮王準冒姓韓氏其爲附會尤甚蓋滿洲語及蒙古語皆謂君長爲汗韓與汗音相混史載三韓各數十國意當時必有三汗分統之史家既不知汗之爲君而庸鄙者至譌韓爲族姓何異扣槃捫籥以喻日哉且中外語言不

通不能強爲詮解者勢也今夫天昭昭在上人皆仰之然漢語謂之天滿洲語謂之阿卜喀蒙古語謂之騰格哩西番語謂之那木喀回語謂之阿思滿以彼語此各不相曉而人之所以敬與天之所以感則無弗同若必一一以漢字牽附臆度之能乎不能夫韓與汗音似義殊謬而失之誣猶可也至於以石押頭之謬實悖於理斯不可也

男女近倭亦文身便步戰兵仗與馬韓同其俗行者相逢皆住讓路毛本住作往

弁辰與辰韓雜居亦有城郭衣服居處與辰韓同言語法俗相似祠祭鬼神有異施竈皆在戶西其瀆盧國與倭接界丁謙曰瀆盧當卽今慶尚道南巨濟島此島與日本之對馬島東西相距不遠故曰接界十二國亦有王其人形皆大衣服潔清長髮亦作廣幅細布法俗特嚴峻

倭人在帶方東南大海之中依山島爲國邑舊百餘國漢書地理志云樂浪海中有倭人分爲百餘國以歲時來獻見云魏略云倭在帶方東南大海中依山島爲國度海千里復有國皆倭種漢時有朝見者今使譯所通三十國范書東夷傳自武帝滅朝鮮使驛通於漢者三十許國國皆稱王世世傳統其大倭王居邪馬臺國劉攽曰使驛當作譯黃遵憲曰本國志卷四云日本之遺使於我蓋以崇神時爲始云其時使驛通於漢者三十餘國又云山海經稱南倭北倭屬於燕境史記封禪書云齊威宣王燕昭王皆嘗使人入海至三神山見所謂仙人不死之藥渤海東渡後遂不絕似卽今日本地然彼國尚未通往來也至論衡云周初天下太平越裳獻白雉倭人貢鬯草未知何據又雲笈七籤謂日本有騰黃神獸壽二千歲黃帝得而乘之以周旋六合日本神皇政紀謂孝靈時就秦求三皇五帝之書始皇送之尤爲神仙家誕言惟徐福東渡之後已及百年崇神立國始有規模而其時武帝滅朝鮮聲教遠暨使驛遂通事理可信故今以正史爲斷又云梁書言日本自稱爲吳泰伯後相傳亦稱爲徐福後彼國紀載本以此爲榮其後學者漸染宋學喜言國體寬文中作日本通鑑源光國駁議曰謂泰伯後是以我爲附庸國也遂削之賴襄作政紀幷秦人徐福來亦屏而不書余謂泰伯之後本無所據殆以日本斷髮文身俗類句吳故有此訛傳歟至徐福之事見於三國志後漢書倭國傳意必建武通使時其使臣自言史記稱燕齊遣使求仙所謂白銀宮闕員嶠方壺蓋卽爲今日本地君房方士習聞其說故有男女渡海之請其志固不在小今紀伊國有徐福祠熊野山有徐福墓其明徵也日本傳國重器三曰劍曰鏡曰璽皆秦制也君曰尊臣曰命曰大夫曰將軍又周秦語也自稱神國立教首重敬神國之大事莫先於祭有罪則誦禊詞以自洗濯又方士之術也崇神立國始有規模計徐福東渡已及百年矣當時主政者非其子孫殆其徒黨歟

從郡至倭循海岸水行歷韓國乍

南乍東到其北岸狗邪韓國范書狗作拘丁謙曰帶方郡居朝鮮東境故往倭國須泛海循東岸行乍南乍東者先南行後轉而東行狗邪國見弁辰傳蓋卽今慶尚道極南金海郡地明史所謂釜山是也七千餘里始渡一海千餘里至對馬國日本有對馬島當釜山要道其大官曰卑狗副曰卑奴母離所居絕島方可四百餘里土地山險多深林道路如禽鹿徑有千餘戶無良田食海物自活乘船南北市糴又南渡一海千餘里名曰瀚海至一大國官亦曰卑狗副曰卑奴母離方可三百里多竹木叢林有三千許家差有田地耕田猶不足食亦南北市糴又渡一海千餘里至末盧國有四千餘戶濱山海居丁謙曰當卽今佐世保海口地草木茂盛行不見前人好捕魚鰒何焯校改作鰒魚水無深淺皆沈沒取之東南陸行五百里到伊都國日本國志卷四云日本天明四年筑前那珂郡人掘地得石室中藏蛇紐方寸金印文曰漢委奴國王余嘗於博覽會中親見之日本學者謂那珂郡古爲怡土縣日本仲哀紀所謂伊都縣主卽魏志所謂伊都國也官曰爾支副曰泄謨觚柄渠觚有千餘戶世有王皆統屬女王國郡使往來常所駐東南至奴國百里官曰兕馬觚副曰卑奴母離有二萬餘戶東行至不彌國百里官曰多模副曰卑奴母離有千餘家南至投馬國水行二十日官曰彌彌副曰彌彌那利可五萬餘戶南至邪馬壹國范書作邪馬臺國邪馬臺卽日本語太和二字之譯音此作壹誤日本國志神武天皇卽位於太和之橿原女王之所都日本國志卷一仲哀天皇卒於軍皇后氣長足姬攝位是爲神功皇后后爲男裝率師渡海征新羅降之高麗百濟皆歸款後遂遣使於魏水行十日陸行一月官有伊支馬次曰彌馬升次曰彌馬獲支次曰奴佳鞮可七萬餘戶自女王國以北其戶數道里可略載宋本可下有得字其餘旁國遠絕不可得詳次有斯馬國次有已百支國次有伊邪國次有郡支國宋本郡作都次有彌奴國次有好古都國次有

不呼國次有姐奴國次有對蘇國次有蘇奴國次有呼邑國次有華奴蘇奴國次有鬼國次有爲吾國次有鬼奴國次有邪馬國次有躬臣國次有巴利國次有支惟國次有烏奴國次有奴國此女王境界所盡其南有狗奴國男子爲王其官有狗古智卑狗不屬女王自郡至女王國萬二千餘里男子無大小皆黥面文身 沈家本曰御覽文身下有聞其舊語自謂太伯之後十字 自古以來其使詣中國皆自稱大夫 范書云倭奴國奉貢朝賀使人自稱大夫光武賜以印綬 夏后少康之子封於會稽斷髮文身以避蛟龍之害今倭水人好沈沒捕魚蛤文身亦以厭大魚水禽後稍以爲飾諸國文身各異或左或右或大或小尊卑有差 日本國志卷三十五云文身舊俗今猶有存胸背手足刺爲鳥獸鱗介花草果木之形亦或繪人物故事湼之以藍光怪陸離不可逼視其象蛟龍者作鱗介而軒騰若生云入水可辟水怪圉人僕御十人而九士夫以上罕爲之者 計其道里當在會稽東治之東 治當作冶范書云其地大較在會稽東冶之東與朱崖儋耳相近丁謙曰會稽今江浙地東冶今福建地朱崖儋耳今廣東瓊州地諸處與日本方位均不相應殊屬臆測 其風俗不淫男子皆露紒 露紒見前韓國傳 以木緜招頭其衣橫幅但結束相連略無縫婦人被髮屈紒作衣如單被穿其中央貫頭衣之種禾稻紵麻蠶桑緝績出細紵縑緜其地無牛馬虎豹羊鵲兵用矛楯木弓木弓短下長上竹箭或鐵鏃或骨鏃所有無與儋耳朱崖同倭地溫暖冬夏食生菜皆徒跣有屋室父母兄弟臥息異處以朱丹塗其身體如中國用粉也 日本國志卷三十五云後漢書稱丹朱坋身或古男子喜剃面傳粉搔頭施朱如梁朝貴游子弟耶今女子多傳脂粉襟廣微露胸肩脊亦不盡掩亦傳粉如其面然坋身之說殆謂此歟 食飲用籩豆手食其死有棺無槨 日本國志卷三十四云垂仁帝時始造石棺佛教渡來之後都用梵法貴賤惟樹一碑平民全用火葬故有棺無槨 封土作冢始死停喪十餘日當時不食肉喪主哭泣他人就歌舞飲酒

已葬舉家詣水中澡浴以如練沐其行來渡海詣中國恒使一人不梳頭不去蟣蝨衣服垢汙不食肉不近婦人如喪人名之爲持衰 宋本衰作衰下同 若行者吉善共顧其生口財物 范書作則雇以財物 若有疾病遭暴害便欲殺之謂其持衰不謹出眞珠青玉其山有丹其木有柟杼豫樟楺櫪投橿烏號楓香其竹篠簳桃支有薑橘椒蘘荷不知以爲滋味有獮猴黑雉其俗舉事行來有所云爲輒灼骨而卜以占吉凶 日本國志卷三十四云中古特設神祇省一官知龜卜之令凡灼怪占吉凶是卜部執業而統於神祇省 先告所卜其辭如令龜法視火坼占兆其會同坐起父子男女無別人性嗜酒

魏略曰其俗不知正歲四節 官本節作時 但記春耕秋收爲年紀

見大人所敬但搏手以當跪拜其人壽考或百年或八九十年其俗國大人皆四五婦下戶或二三婦婦人不淫不妒忌不盜竊少諍訟其犯法輕者沒其妻子重者滅其門戶及宗族尊卑各有差序足相臣服收租賦有邸閣國國有市交易有無使大倭監之自女王國以北特置一大率檢察諸國諸國畏憚之常治伊都國於國中有如刺史王遣使詣京都帶方郡諸韓國及郡使倭國皆臨津搜露傳送文書賜遺之物詣女王不得差錯下戶與大人相逢道路逡巡入草傳辭說事或蹲或跪兩手據地爲之恭敬對應聲曰噫比如然諾其國本亦以男子爲王住七八十年 沈家本曰御覽作漢靈帝光和中六字范書作桓靈閒 倭國亂相攻伐歷年乃共立一女子爲王名曰卑彌呼事鬼道能惑衆年已長大無夫壻有男弟佐治國自爲王以來少有見者以婢千人自侍唯

有男子一人給飲食傳辭出入居處宮室樓觀城柵嚴設常有人持兵守衛女王國東渡海千餘里復有國皆倭種范書自女王國東度海千餘里至拘奴國雖皆倭種而不屬女王又有侏儒國在其南人長三四尺丁謙曰據西書印度東南有安達曼島其土番身度恆不滿四尺爲世界人類中最短小者去女王四千餘里又有裸國黑齒國丁謙曰裸與黑齒今南洋島夷形狀皆然以地在熱帶故裸以日食檳榔故齒黑黄遵憲曰日本婦人已嫁則涅齒使黑如漆明治初年下令革舊俗今則齒如貝編矣沈家本曰御覽裸下有墨字無國黑齒三字疑是譌奪范書同復在其東南船行一年可至參問倭地絕在海中洲島之上或絕或連周旋可五千餘里景初二年六月倭女王遣大夫難升米等詣郡求詣天子朝獻沈家本云御覽作景初三年公孫淵死倭女王遣大夫難升米等言帶方郡案公孫淵死於景初二年八月淵死而倭使始得通自當在三年若在二年六月其時遼東方與魏相拒魏尚無帶方太守倭使亦不得通也此文恐當以御覽爲長惟淵死於二年而敘於三年蓋欲明倭使得通之故而追敘之耳又案下文云其年十二月詔書報倭女王云云正始元年太守弓遵遣建中校尉梯儁等奉詔書印綬詣倭國云云是於景初三年十二月下詔

書正始元年到帶方年月甚明若是二年事不應詔書既下事隔一年始到帶方也此尤二年當作三年之明證也太守劉夏遣吏將送詣京都其年十二月詔書報倭女王曰制詔親魏倭王卑彌呼帶方太守劉夏遣使送汝大夫難升米次使都市牛利奉汝所獻男生口四人女生口六人班布二匹二丈以到汝所在踰遠乃遣使貢獻是汝之忠孝我甚哀汝毛本哀作衰今以汝爲親魏倭王假金印紫綬毛本印作銀誤傳雲龍日本金石志載此印尚存裝封付帶方太守假授汝其綏撫種人勉爲孝順汝來使難升米牛利涉遠道路勤勞今以難升米爲率善中郎將牛利爲率善校尉假銀印青綬引見勞賜遣還今以絳地交龍錦五匹臣松之以爲地應爲綈漢文帝著皁衣謂之弋綈是也此字不體非魏朝之失則傳寫者誤也潘眉曰裴說是也攷說文綈厚繒管子輕重訓魯梁之民善爲綈注繒之厚者謂之綈急就章綈絡縑練素帛蟬注綈厚繒之滑澤者也鄴中記錦或青綈或白綈或黃綈或綠綈或蜀綈蓋卽錦之地字皆作綈不作地也周壽昌曰絳地紺地凡三見不應傳寫屢誤按續漢書輿服志乘輿黃赤綬四采注引漢舊儀曰皇帝帶綬黃地六采又百石青紺綸一采注引丁孚漢儀載太僕太中大夫襄言乘輿綬黃地冒白羽諸王綬四采絳地冒白羽公主綬絳地紺縹三采二千石綬羽青地桃華縹三采黑綬羽青地絳二采俱作地無作綈者蓋地猶質也絳地紺地其本質之色交龍皺粟句文則錦罽所織之文裴注自誤非本文誤也姚範曰綈爲厚繒非錦也地字不誤弋黑色地卽白質黑章之質以絳爲質晉人亦有白地光明錦裁爲負販兒袴之語絳地縐粟罽十張蒨絳五十匹紺青五十匹答汝所獻貢直又特賜汝紺地句文錦三匹細班華罽五張白絹五十匹金八兩五尺刀二口銅鏡百枚眞珠鉛丹各五十斤皆裝封付難升米牛利還到錄受悉可以示汝國中人使知國家哀汝故鄭重賜汝好物也正始元年正始元年春正月東倭重譯納貢見晉書宣帝紀太守弓遵遣建中校尉梯儁等奉詔書印綬詣

倭國拜假倭王元本假作爲幷齎詔賜金帛錦罽刀鏡采物倭王因使上表答謝恩詔各本均作詔恩誤馮本不誤其四年正始四年冬十二月倭國女王遣使奉獻見齊王紀倭王復遣使大夫伊聲耆掖邪狗等八人上獻生口倭錦絳青縑緜衣帛布丹木拊短弓矢掖邪狗等壹拜率善中郎將印綬其六年詔賜倭難升米黃幢付郡假授其八年太守王頎到官倭女王卑彌呼與狗奴國男王卑彌弓呼素不和遣倭載斯烏越等詣郡說相攻擊狀遣塞曹掾史張政等陳景雲曰塞疑作奏因齎詔書黃幢拜假難升米爲檄告諭之卑彌呼以死大作冢徑百餘步徇葬者奴婢百餘人更立男王國中不服更相誅殺當時殺千餘人復立卑彌呼宗女壹與寰宇記與作輿年十三爲王國中遂定政等以檄告喻壹與壹與遣倭大夫率善中郎將掖

邪狗等二十人送政等還因詣臺獻上男女生口三十人貢白珠五
千孔青大句珠二枚異文雜錦二十四黃遵憲日本國志卷四云源光國作大日本史青山延光作紀事本末皆謂通使實始於隋而於魏志漢書所敘朝貢封拜概置而弗道余揣其意蓋因推古以降稍習文學略識國體觀於世子草書自稱天皇表仁爭禮不宣帝詔其不肯屈膝稱臣始於是時斷自隋唐所以著其不臣也彼謂推古以前國家並未遣使漢史所述殆出於九州國造任那守帥之所爲余考委奴國印出於國造是則然矣魏志漢書所謂女王卑彌呼以神道惑衆非神功皇后而誰武帝滅朝鮮而此通倭使神功攻新羅而彼受魏詔其因高麗爲鄉導情事確鑿無可疑者神功既已上表貢物豈容遽停使節且自應神以還求縫織於吳求論語千文佛像經典於百濟豈有上國朝廷反吝一介往來之理宋順帝時倭王上表稱東征毛人五十五國西服衆夷六十六國渡平海北九十五國謂有國造守帥能爲此語者乎惟宋齊梁諸書所云倭王讚珍濟興武考之倭史名字年代皆不相符然日本於推古時始用甲子始有紀載東西遼遠年代舛異譯音展轉名字乖午此之不同亦無足怪要之列史紀述溢於簡册苟非僞造不容妄删
評曰史漢著朝鮮兩越東京撰錄西羌魏世匈奴遂衰更有烏丸鮮卑爰及東夷使譯時通記述隨事豈常也哉

魏略曰西戎傳曰官本攷證云上曰字衍張鵬一魏略輯本云御覽實字記引莎車國事作魏略西域傳今從裴注氐人有王所從來久矣史記西南夷傳在蜀之西自冉駹以東北君長以什數白馬最大皆氐類也括地志曰隴右成州武州皆白馬氐其豪族楊氏居成州仇池山上自漢開益州置武都郡後漢書西南夷傳白馬氐者武帝元鼎六年開分廣漢西部合以爲武都氐人勇戇抵冒貪貨死利居於河池一名仇池方百頃四面斗絕王先謙曰今甘肅階州成縣漢白馬氐地弼按郡國志武都郡屬涼州排其種人分竄山谷閒或在福祿宋本作福祿丁謙曰福祿酒泉屬縣漢地理志作祿福縣地當在今甘肅肅州西南洮賴河濱弼按漢地理志武都郡有上祿縣郡國志同章懷注仇池山在今成州上祿縣南一統志上祿故城今成縣西南福祿或爲上祿之誤合以下文汧隴左右皆在今陝甘交界地若酒泉郡之祿福縣則遠在今甘肅之西北邊界然據范書西南夷傳有分徙酒泉郡之語則又當作福祿也或在汧隴左右兩漢志右扶風汧一統志汧縣故城今隴州南趙一清曰後漢書西羌傳注云汧山隴山之閒也在今隴州汧源縣丁謙曰汧今汧陽縣隴今隴州均陝西鳳翔府屬其種非一稱槃瓠之後或號靑氐或號白氐或號蚺氐此蓋蟲之類而處中國人卽其服色而名之也其自相號曰盍稚各有王侯多受中國封拜范書西南夷傳元封三年氐人反叛遣兵破之分徙酒泉郡昭帝元鳳元年氐人復叛遣執金吾馬適建等討破之王莽篡亂氐人亦叛附隴蜀及隗囂滅其酋豪降漢隴西太守馬援上復其王侯君長賜以印綬晉書姚弋仲載記其先禹封舜少子於西戎世爲羌酋其後燒當雄於洮罕之閒七世孫填虞漢中元末寇擾西州爲楊虛侯馬武所敗徙出塞九世孫遷那率種人內附漢朝嘉之假冠軍將軍西羌校尉歸順王處之於南安之赤亭那玄孫柯迴爲魏鎭西將軍綏戎校尉西羌都督迴生弋仲又李特載記其先廩君之苗裔漢末張魯居漢中以鬼道教百姓賨人敬信巫覡多往奉之値天下大亂自巴西之宕渠遷於漢中楊車坂抄掠行旅百姓患之號爲楊車巴魏武帝尅漢中特祖將五百餘家歸之拜爲將軍遷於略陽北土復號之爲巴氐近去建安中去疑作至或近去作而去屬上句讀胡玉縉曰近疑迺之誤姚範曰去字疑訛興國氐王阿貴胡三省曰興國在略陽界一統志今甘肅秦州秦安縣東北白項氐王千萬白項當作百頃胡三省注引此亦作百頃宋書氐胡傳略陽淸水氐楊氏秦漢以來世居隴右爲豪族漢獻帝建安中有楊騰者爲部落大帥騰子駒勇健多計略始徙仇池仇池地方百頃因以百頃爲號四面斗絕高平地方二十餘里羊腸蟠道三十六囘山上豐水泉煮土成鹽駒後有名千萬者魏拜爲百頃氐王千萬子孫名飛龍漸彊盛李賢曰三秦記云仇池縣界本名仇維山上有池故曰仇池山在滄洛二谷之閒常爲水所衝激故下石而上土形似覆壺仇池記曰仇池百頃周囘九千四十步天形四方壁立千仞自然樓櫓卻敵分置調均竦起數丈有蹬人功仇池凡二十一道可攀緣而上東西二門盤道下至上凡有七里上則崗阜低昂泉流交灌酈元注水經云羊腸盤道三十六囘開山圖謂之仇夷所謂積石峨嵯嶔

岑隱阿者也上有平田百頃煮土成鹽因以百頃爲號也胡三省曰氐王千萬略陽淸水氐種也其後是爲仇池之楊各有部落萬餘至十六年從馬超爲亂本志武紀建安十八年十一月馬超在漢陽復因羌胡爲害氐王千萬叛應超屯興國十九年春正月超奔漢中韓遂徙金城入氐王千萬部超破之後阿貴爲夏侯淵所攻滅千萬西南入蜀本志夏侯淵傳淵還略陽進軍圍興國氐王千萬逃奔馬超餘衆降其部落不能去皆降氐王千萬事見武紀建安十八年十九年氐王竇茂事見武紀建安二十年又案晉書宣帝紀靑龍三年武都氐王苻雙強端率衆降國家分徙其前後兩端者置扶風美陽郡國志右扶風美陽洪亮吉曰魏黃初中徙武都於美陽謝鍾英曰揚阜傳建安中徙武都於槐里蓋至文帝復徙美陽也一統志故城今乾州武功縣西南錢坫云漢縣在今扶風縣北二十五里崇正鎭今武功縣西北七里美陽城後魏徙置也乃今之安夷撫夷二部護軍所典是也洪飴孫曰安夷護軍一人第五品治美陽典降氐撫夷護軍一人第五品治雲陽典降氐見元和郡縣志引魏略弼按元和志雲陽縣有魏司馬宣文王撫慰關中罷縣置撫夷護軍之文其太守善太疑作本分留天水南安界胡三省曰魏復漢陽爲天水郡秦川記漢中平五年分漢陽置南安郡今之廣平魏郡所守是也梁章鉅曰平字衍下云近在廣魏卽此晉志略陽郡本名廣魏弼按廣平魏郡當爲廣魏郡之誤魏分漢陽郡爲廣魏郡其西南界卽天水南安也若廣平郡魏郡均在

冀州與此無涉其俗語不與中國同及羌雜胡同或曰上同字疑衍弼按上同字爲句或不誤及字或爲與字之誤胡玉縉曰爾雅釋
詁及與也經傳中及訓與者不一而足及字似不誤各自有姓姓如中國之姓矣其衣服尚青絳俗能織布善
田種畜養豕牛馬驢騾其婦人嫁時著衽露其緣飾之制有似羌衽露有似中國袍皆
編髮多知中國語由與中國錯居故也其自還種落間則自氏語其嫁娶有似於羌此
蓋乃昔所謂西戎在於街冀豲道者也漢書地理志天水郡街泉冀豲道一統志街泉故城今甘肅秦州秦安縣東北冀縣
故城今甘肅鞏昌府伏羌縣南豲道故城今甘肅鞏昌府隴西縣東北渭水北丁謙曰街卽街泉縣後漢省縣爲亭諸葛亮傳作街亭今秦州南街于鎭也弼按豲
道兩漢志均作豲道本志龐悳傳作狟道卽魏南安郡治也毛本作㺐道誤今雖都統於郡國然故自有王侯在其虛落
間又故武都地陰平街左右毛本又作有誤前漢志廣漢郡陰平道郡國志廣漢屬國陰平道一統志陰平故城今甘肅階州文縣西
北丁謙曰陰平街漢志作陰平道在文縣南亦有萬餘落貲虜本匈奴也匈奴名奴婢爲貲丁謙曰貲貨財也匈奴以
奴婢爲貨財可隨時市易故名然其人多由他部虜掠而來故種類不一始建武時匈奴衰分去其奴婢亡匿在金城武

威酒泉北黑水西河東西金城武威酒泉皆漢涼州郡丁謙曰金城今蘭州武威今涼州酒泉今肅州黑水在甘州西北西河謂黃河西
今蘭州西北地畜牧逐水草抄盜涼州部落稍多官本部作郡誤有數萬不與東部鮮卑同也其種非
一有大胡有丁令丁謙曰大胡卽東胡丁令見後或頗有羌雜處由本亡匈奴故也宋本作由本亡奴婢故也官本
作由本匈奴婢故也御覽七百九七作由本匈奴亡奴婢故也當漢魏之際其大人有檀柘死後其枝大人南近在
廣魏廣魏郡見前丁謙曰廣魏在秦州東北卽晉時略陽縣今秦安縣也今居界何焯校改今作令成都局本亦改作令丁謙曰令居漢縣屬金城郡
今莊浪廳境弼按丁氏以令居界三字屬上句讀是一統志令居故城今甘肅涼州府平番縣西北漢書西域傳始築令居以西師古曰令音鈴宋祁曰集韻令音
連徐松曰令連雙聲字匈奴傳漢渡河自朔方以西至令居有秃瑰來數反爲涼州所殺今有劭提或降來或遁
去常爲西州道路患也敦煌郡國志涼州敦煌郡治敦煌一統志敦煌故城今甘肅安西州敦煌縣治應劭曰敦大煌盛也敦音
屯錢坫曰說文作焞煌段玉裁曰左氏音義敦徒門反集韻敦煌郡名敦徒渾切此皆本應劭集韻又云燉煌郡名燉他昆切此亦必出漢書音義當是本作敦淺
人改燉西域之南山中從婼羌漢書西域傳出陽關自近者始曰婼羌去陽關千八百里去長安六千三百里辟在西南不當孔道西與

且末接西北至鄯善乃當道云孟康曰婼音兒師古曰音而遮反風俗通云羌本西戎卑賤者主牧羊故羌字从羊人因以爲號西域圖考云婼羌當在陽關之西
小宛之東今淪爲戈壁丁謙曰婼羌西域雜羌之總名部落散處今川滇邊外直至西藏所稱草地黑帳房番子皆是其地望當在柴達木郭斯特等處弼按西域
當作西南方與上文敦煌二字相接否則西字之上疑有脫簡且氐羌相屬此述婼羌事在氐之後下文方言西域諸國亦猶漢書西域傳之先言婼羌也西
至葱嶺數千里范書西域傳西域內屬諸國東西六千餘里南北千餘里東極玉門陽關西至葱嶺徐松曰今回疆輿地以鳥道法計之南北兩山
間千二百餘里西自和什庫珠克嶺東至黨河五千餘里有月氏餘種葱茈羌白馬黃牛羌各有酋豪風俗通云無君臣上
下健者爲豪文穎云羌胡名大帥爲酋鄭玄云西戎無君名強大有政者爲酋豪丁謙曰葱茈白馬黃牛等羌並當在西寧府西與漢書白馬羌不同地（弼按應
作後漢書前書無西羌傳）北與諸國接不知其道里廣狹傳聞黃牛羌各有種類孕身六月生
南與白馬羌鄰劉奉世曰婼羌小國最近陽關去長安六千里耳在都護之東而渠勒于闐難兜之類去長安且萬里東北行數千里乃至都護安
得與婼羌相接必誤徐松曰通典云敦煌西域之南山中從婼羌西至葱領數千里有月氏餘種曰葱茈羌白馬羌黃牛羌各有酋豪北與諸國接皆不知其道里
廣狹蓋同爲羌種故傳以婼羌目之劉氏以爲誤非也王先謙曰西域圖考云婼羌西與且末接而小宛戎盧渠勒于闐難兜皆南接婼羌此不可解十三州志云

婼羌國帶南山西有葱嶺餘種或虜或羌戶口甚多強則分種爲豪酋更相鈔暴是知沿山布谷種類實繁其附近陽關止去胡來王一種國無治所又不列傳諸
傳亦未指明後書西羌傳亦云濱于賜支至于河首綿地千里南接蜀漢但似未至難兜耳丁謙曰前書西域傳陽關西南有婼羌而戎盧國南渠勒國西難兜國
南均與婼羌相接知婼羌部落自敦煌西南直蔓延至西藏阿里諸境西域諸國漢初開其道時有三十六後分爲五
十餘從建武以來更相吞滅於今有二十漢書西域傳西域以孝武時通本三十六國其後稍分至五十餘後漢書西域傳武
帝時西域內屬有三十六國哀平間自相分割爲五十五國今撰建武以後其事異於先者以爲西域傳弼按西域諸國見於後書者二十二國其事與前書同者
不錄是不僅二十國也此云二十恐誤道從敦煌玉門關入西域前有二道漢書云自玉門陽關出西域有兩道從鄯善傍南山
北波河西行至莎車爲南道南道西踰葱領則出大月氏安息自車師前王廷隨北山波河西行至疏勒爲北道北道西踰葱領則出大宛康居奄蔡焉今有
三道從玉門關西出經婼羌轉西越葱嶺經縣度漢書烏秅國其西則有縣度縣度者石山也師古曰縣繩而度也縣
古懸字河水注引郭義恭曰山谿不通引繩而度故國得其名魏書阿鉤羌國在莎車西南西有縣度山其間四百里中往往有棧道人行以繩索相持而度因以
名之宋本馮本毛本葱嶺作葱領下同兩漢書均作嶺今從之入大月氏爲南道從玉門關西出發都護井回三隴

沙北頭經居盧倉從沙西井轉西北過龍堆王先謙曰後魏書樓蘭北卽白龍堆丁謙曰白龍堆新疆人稱庫穆塔格戈壁到故樓蘭漢書鄯善國本名樓蘭轉西詣龜茲龜茲唐書作丘茲一曰屈茲唐西域記作屈支皆語音變轉也爲今庫車地至蔥嶺爲中道丁謙曰都護井三隴沙居盧倉均在玉門關西白龍堆東今無可考從玉門關西北出經橫坑丁謙曰橫坑當在安西州北辟三隴沙及龍堆出五船北前書車師傳元始中車師後王國有新道出五船北通玉門關往來差近戊己校尉徐普欲開以省道里半避白龍堆之阸丁謙曰五船卽今由安西州北出之小南路也徐松曰今小南路有小山五長各半里許頂上平而首尾截立或謂是五船也又云今哈密至吐魯番經十三間房風戈壁卽龍堆北邊也到車師界西域圖考云廣安城東七十里喀喇和卓卽車師都尉國治也後漢戊己校尉居此亦名高昌壁戊己校尉所治高昌徐松曰百官表戊己校尉元帝初元元年置有丞司馬各一人候五人秩比六百石後書西域傳序元帝置戊己二校尉據傳序言校尉有二人據表言校尉似祇一人徧檢前書如徐普刁護郭欽皆稱戊己無言戊校尉己校尉者獨烏孫傳有己校吳仁傑謂特兵有戊校己校之分尉則兼戊己爲稱吳氏又言兩都設官之制不同先漢有戊校己校兵而尉之官稱則兼戊己後漢有戊己校尉戊校尉己校尉各以校兵爲名顏於表下注云有戊校尉己校尉亦誤至戊己之名顏說有二義一說戊己校尉鎭安西域無常治處猶甲乙等各有方位而戊與己四季寄王故以名官一說戊己位在中央今所置校尉處三十六國之中胡三省以爲車師不當三十六國之中顏前說爲是吳又引馬融傳注謂戊己居中爲中堅二校之說取其居屯田之中又引王彥賓說戊己土也屯田以耕土爲事故取爲名案諸說皆非校尉屯田車師亦非無常治者顏前說亦不爲得唯漢官儀厭勝之說爲近蓋屯田校尉所以攘匈奴而安西域西域在西爲金匈奴在北爲水戊己生金而制水耳周壽昌曰匈奴傳云日上戊己元帝置戊己校尉以制匈奴而護西域其特名曰戊己者用匈奴所上者以制之亦卽厭勝之義也弼按劉攽曰戊己本兩校范書西域傳有戊部候車師傳注中云戊校尉所統又傳云戊校尉閻詳後人不知妄加己字章懷以前失之此又一說也又按范書西域傳自伊吾北通車師前部高昌壁千二百里自高昌壁北通後部金滿城五百里此其西域之門戶也故戊己校尉更互屯焉惠棟曰十三州志云高昌壁故屬敦煌有長谷在東都尉居之李吉甫云隴右道西州本漢車師國之高昌壁也以其地勢高敞人物昌盛因名高昌歐陽忞云西州前庭縣本漢高昌壘壘有八城本中國人也一統志晉張駿置高昌郡蠕蠕以闞伯周爲高昌王至麴伯雅滅於唐以爲西州元爲和卓明曰土爾番徐松曰隋書西域傳高昌國者漢車師前王庭漢武帝遣兵西討師旅頓弊其中尤困者因住爲其地有漢時高昌壘案元歐陽圭齋高昌偰氏家傳云高昌者今哈剌和綽也和綽本言漢高昌高之音近和昌之音近綽遂爲和綽也哈剌黑也其地有黑山也所言高昌最詳今名哈喇和卓漢交河城東二十里爲今吐魯番廣安城廣安城又東六十里爲哈喇和卓卽後漢之柳中由此北入山爲後部東出卽匈奴境丁謙曰高昌壁在今土魯番東南喀喇和卓地轉西與中道合

龜茲爲西道宋本西作新凡西域所出有前史已具詳今故略說南道西行且志國漢書西域傳且末國王治且末城北接尉犂南至小宛可三日行西通精絕二千里李慈銘曰且志兩漢及後魏書皆作且末王先謙曰後書云出玉門經鄯善至且末又云且末爲鄯善所併後國復立梁書稱末國魏書仍稱且末西域圖考云且末在尉犂之南今淪爲戈壁唐辨機西域記云于窴東行入流沙沙礫流漫行人迷路莫知所指行四百餘里至覩貨羅故國從此東行六百餘里至折摩馱那故國卽沮末城也城郭巋然人烟斷絕從此東行千餘里至納縛波國卽樓蘭也是知沙磧二千里國久空燕晉法顯經行已繞道偽彝國（卽喀喇沙）魏宋雲所見有左末（卽且末）末捍麼三城至唐康豔典築城樓蘭開鎭且末今亦不知何在矣河水注南河自精絕國來東逕且末國北又東右會阿耨達大水西域記曰阿耨達大山西北有大水北流注牢蘭海者也南河下入鄯善國阿耨達大水北流逕且末南山又北逕且末城西又東北流逕且末北又流而左會南河董祐誠水經圖說云隋志且末郡在古且末城有且末水唐志渡且末河至且末城蓋皆指阿耨達大水以此注推之當在蒲昌海西南大戈壁中今自和闐以東塔里木河之南西藏北山之北東至青海西北境數千里水皆流入沙中別無大川左會塔里木河者以理推之流沙之地古今互易漢代城郭元奘西域記唐時已爲無人之境今則唐代諸鎭城並淪沙磧水泉之匯爲淖爾者以十數皆潛行入沙矣丁謙曰且末國伽藍記作左末大唐西域記作沮末又作折馱那地在羅布泊西南水經注載南河又東逕且末國北又東右會阿耨達大水其水北流逕且末南山又北逕沮末城西是且末城在塔里木河南車爾成河東岸無疑惟其地今已淪入喀喇布耶湖中蓋此地古時爲河水東流所經而阿耨達水由南入之本無湖也後以戈壁風沙壅於河身河流不暢遂於上游積水成泊且末城址漸沒入焉然致水經注且末城東去鄯善七百二十里接以今圖當在湖之近西岸處小宛國漢書小宛國王治扜零城東與婼羌接辟南不當道師古曰辟讀曰僻丁謙曰小宛距且末祇三日行約不及三百里診其地望當在阿勒騰塔格山南故北與且末接以隔阿勒騰塔格山故辟南不當道精絕國毛本作絕精誤漢書精絕國王治精絕城南至戎盧國四日行地阸陿西通扜彌四百六十里王先謙曰後書云出玉門經鄯善且末至精絕又云精絕爲鄯善所并後復立魏志注三國時屬鄯善水經圖說云當在今和闐極東大戈壁中河水注南河自扜彌國來東逕精絕國北下入且末國丁謙曰精絕地在今車爾成西一帶唐地理志寧彌城東七百里有精絕國可攷故東北距且末近二千里西南與戎盧正西與扜彌皆相通此國北近戈壁南阻託古茲大山地形狹長故曰阸陿樓蘭國皆并屬鄯善也漢書鄯善國本名樓蘭王治扜泥城國最在東垂近漢當白龍堆乏水草傳介子刺其王更名其國爲鄯善國中有伊循城地肥美漢置都尉王先謙曰後書云鄯善并小宛精絕戎盧且末四國三國晉魏仍爲鄯善唐書地理志鄯善在蒲昌海南三百里後書云自敦煌西出玉門陽關涉鄯善北通伊吾千餘里此西域之門戶則蒲昌海以東皆其地今噶順之千里戈壁皆其地丁謙曰鄯善國在今敦煌縣西羅布泊南所都扜泥城據水經注俗謂之東故城蓋以伊循爲新城也新唐書石城鎭卽漢樓蘭國在蒲昌海（卽

羅布泊）南三百里孜中俄交界圖其國都當在今阿斯騰塔格山麓占布拉克地布拉克譯言泉因沙磧中非有水處人不能居故揆度情形當在此處（隋地志鄯善郡治樓蘭城有蒲昌海鄯善水鄯善水殆卽此泉）此與婼羌俗皆游牧隨畜逐水草惟婼羌全爲行國故無城郭善則行國而兼城居者也伊循城（唐書作伊脩）當在國之東北羅布泊南（唐書言伊脩城又西八十里故樓蘭國）水經注敦煌索勱將兵千人至樓蘭召鄯善焉耆龜茲兵各千橫斷注賓河屯田三年積粟百萬卽伊循城地也今羅布泊東南有庫爾干河從南來入之庫爾干譯言城必古時水旁有城因以爲名伊循城當在此河下游

戎盧國漢書戎盧國王治卑品城東與小宛南與婼羌西與渠勒接辟南不當道王先謙曰後書云戎盧爲鄯善所併後復立魏志注三國屬于闐西域圖考云在渠勒之東今淪爲戈壁丁謙曰戎盧當在今車爾成東南烏魯克河源處故東北與小宛正西與渠勒皆相接此婼羌蓋卽今後藏北路番帳故南與之接也以國在山閒故辟不當道

扜彌國漢書扜彌國王治扜彌城南與渠勒東北與龜茲西北與姑墨接西通于闐三百九十里今名寧彌徐松曰史記作扜罙索隱曰扜罙國名也案扜卽扜字之訛彌罙音同王先謙曰後書有傳改號拘彌丁謙曰扜彌國卽史記大宛傳之扜罙今克里雅地一作克勒底雅近置于闐縣於北唐地理志作寧彌城寧彌有建德力河卽克里雅河其地南面爲山渠勒在南山中故相接北面爲大戈壁雖與龜茲姑墨接界然道不能通也西至和闐今四百二十里又云後書拘彌卽前書扜彌拘卽扜字轉音史記作扜彌似誤蜀按此作扜亦誤范書靈帝熹平四年于闐王安國攻拘彌殺其王

渠勒國漢書渠勒國王治鞬都城東與戎盧西與婼羌北與扜彌接王先謙曰後書云渠勒爲于闐所絣後復立西域圖考云今淪爲戈壁丁謙曰渠勒當在今和闐東南之波魯地與戎盧同在南山中故東與相接此婼羌蓋卽今伊瑪木拉河南地阿里北境所屬番帳也故渠勒于闐南均與相接

皮冗國皮冗漢書水經注均作皮山漢書云皮山國王治皮山城西南至烏秅國千三百四十里南與天篤接北至姑墨千四百五十里西南當罽賓烏弋山離道西北通莎車三百八十里王先謙曰後書云皮山爲于闐所絣後復立後魏書作蒲山屬于闐水經圖說云唐書地理志于闐西南三百八十里有皮山城當在今葉爾羌之東南和闐之西丁謙曰皮山國在莎車南于闐西今嘓馬臺西北有皮什南當卽其處現已增設皮山縣治於其近境由其國西南藩納珠地入蔥嶺度喀喇闊隆山口至烏秅爲往印度諸國之通道天篤卽天竺轉音罽賓烏弋北西二天竺地也

皆并屬于寘柳從辰曰寘音致與置同韻目也于窴之窴其字从穴其讀爲塡有平去二音本一作闐前書西域傳序其河有兩源一出蔥嶺山一出于闐師古注云闐字與窴同音徒賢反又音徒見反是其音義與寘迥別矣今各本輒誤窴爲寘卽官本亦未正所當極辨也通鑑于窴其字皆从穴漢書于闐國王治西城南與婼羌接北與姑墨接于闐之西水皆西流注西海其東水東流注鹽澤河原出焉多玉石西通皮山三百八十里丁謙曰于闐國卽今和闐直隸州地西域新唐書作西山城當在今伊里齊城之南近山處故有此名于闐之西句下應有踰蔥領三字方與水皆西流注西海相貫串否則于闐西尙多東北流之水不得云水皆西流也西海指裹海言蓋古時阿母河直入裹海至明時始改入鹹海耳其東水東流卽指車爾成河河原出焉謂車爾成河入羅布泊潛行地中至巴顏哈喇山復出爲中國之黃河也孜西域水道記和闐產玉處凡五曰哈喇哈什曰桑谷日樹雅曰哈瑯歸山而以玉隴哈什產者良（桑谷樹雅均在和闐西南）又西域聞見錄和闐出玉石多於葉爾羌故曰多玉石弼按范書于闐國傳于闐滅莎車從精絕西北至疏勒十三國皆服從而鄯善王亦强盛自是南道自蔥嶺以東唯此二國爲大云云故魏略序南道諸國云皆并屬鄯善于寘也

罽賓國漢書罽賓國王治循鮮城東至烏秅國二千二百五十里東北至難兜國九日行西北與大月氏西南與烏弋山離接王先謙曰後書德若傳下云自皮山西南經烏秅涉懸度歷罽賓魏志注三國時屬大月氏後魏唐仍爲罽賓隋爲漕國明爲撒馬兒罕又唐書箇失密傳箇失密或曰迦釋彌邏西域記迦濕彌邏國舊曰罽賓或當時分爲二國西域圖考云今爲阿富汗地朱一新云明史以賽馬爾堪爲罽賓非也賽馬爾堪在敖罕今爲布哈爾所并漢時屬大宛非罽賓徐松云舊唐書作在蔥嶺南當以南爲是

大夏國史記大宛列傳大月氏王已爲胡所殺立其太子爲王既臣大夏而居又云大夏在大宛西南二千餘里嬀水南其俗土著有城屋與大宛同俗無大王長往往城邑置小長其兵弱畏戰善賈市及大月氏西徙攻敗之皆臣畜大夏大夏民可百餘萬其都曰藍市城郭嵩燾曰漢書西域傳言月氏西擊大夏而臣之都嬀水北爲王庭而大夏傳云都嬀水南嬀水爲今阿母河其地屬布哈爾近多爲俄羅斯侵踞當時皆大夏地月氏變居之盡嬀水以北爲界以兵力臣屬大夏而大夏仍自爲國也弼按漢書西域傳大月氏國王治監氏城（監氏當爲藍市之誤）後漢書西域傳大月氏國居藍氏城分大夏國爲五部翖侯漢書張騫傳月氏旣臣大夏而君之是月氏已據大夏之國都矣郭氏大夏仍自爲國之說蓋保守嬀水以南也丁謙大夏國考云周赧王五十九年後大夏國據土蘭以自立（土蘭者鹹海南地總名以古有土蘭王立國於此也）越六年遂與巴提耳（卽安息）相繼建國都阿母河南波爾克城未幾徙河北之藍市城（後爲大月氏都）其時國境西接安息東抵蔥領南鄰烏弋山離北瀕雜拉數散河實有今布哈爾阿富汗兩國全地迨漢武帝元光五年大月氏自東北來五六年閒阿母河北境盡失未幾遂爲安息所滅惟一王族尙保土蘭南界波達細亞地自立爲國西漢末哀帝初年値大月氏別部之貴霜王兵力驟强南侵安息取高附進滅濮達復乘勝東渡印度河席捲巴格德利亞所立之罽賓屬部於是後大夏國亦亡

高附國後漢書西域傳高附國在大月氏西南天竺罽賓安息三國强則得之弱則失之而未嘗屬月氏漢書以爲五翖侯數非其實也後屬安息及月氏破安息始得高附西域圖考云高附在月氏西南安息東罽賓西北當在今阿母河南布哈爾南境阿富汗西北境丁謙曰高附今爲阿富汗國都喀布爾地

天竺國後漢書西域傳天竺國一名身毒在月氏之東南數千里俗與月氏同而卑溼暑熱其國臨大水乘象而戰其人弱於月氏修浮圖道不殺伐遂以成俗從月氏高附國以西南至西海東至磐起國皆身毒之地身毒有別城數百城置長別國數十國置王雖各小異而俱以身毒爲名其時皆屬月氏月氏殺其王而置將令統其人丁謙曰天竺卽今印度天竺身毒皆印度轉音胡玉縉曰印度卽天竺身毒一聲之轉丁說倒

皆并屬大月氏漢書西域傳大月氏國王治監氏城西至安息四十九日行南與罽

賓接大月氏本行國至冒特單于攻破月氏乃遠去過大宛西擊大夏而臣之都嬀水北爲王庭後漢書西域傳云初月氏爲匈奴所滅遂遷於大夏分其國爲休
密雙靡貴霜肸頓都密凡五部翖侯後貴霜王侯安息取高附地又滅濮達罽賓悉有其國復滅天竺月氏自此之後最爲富盛諸國稱之皆曰貴霜王漢本其故
號言大月氏云本志明紀太和三年大月氏王波調遣使奉獻以調爲親魏大月氏王王先謙曰月氏在嬀水北嬀水卽今阿母河則月氏乃今之布哈爾丁謙曰
大月氏自中國邊界徙居西域一時强盛無敵其國東起後阿頼山西至阿母河又跨河而南幾有今布哈爾及阿富汗北境並葱嶺山中諸小部地以嬀水北爲
王庭所謂藍氏城今布哈爾城也 臨兒國浮屠經云 魏收魏書釋老志云漢開西域遣張騫使大夏還傳其旁有身毒國一名天竺始聞
有浮屠之教哀帝元壽元年博士弟子秦景憲受大月氏王使伊存口授浮屠經中土聞之未之信了也後孝明帝夜夢金人項有白光飛行殿庭乃訪羣臣傅毅
始以佛對帝遣郎中蔡愔博士弟子秦景等使於天竺寫浮屠遺範愔仍與沙門攝摩騰竺法蘭東還洛陽中國有沙門及跪拜之法自此始也愔又得佛經四十
二章及釋迦立像明帝令畫工圖佛像置清涼臺及顯節陵上經緘於蘭臺石室愔之還也以白馬負經而至漢因立白馬寺於洛城雍關西摩騰法蘭咸卒於此
寺浮屠正號曰佛陁佛陁與浮圖聲相近皆西方言其來轉爲二音華言譯之則謂淨覺隋書經籍志云佛經者西域天竺之迦維衛國淨飯王太子釋迦牟尼所
說釋迦當周莊王之九年四月八日自母右脅而生姿貌奇異有三十八相八十二好捨太子位出家學道勤行精進覺悟一切種智而謂之佛亦曰佛陀亦曰浮

屠皆胡言也華言譯之爲淨覺又云漢桓帝時有安息國沙門安靜賫經至洛翻譯最爲通解靈帝時有月支沙門支讖天竺沙門竺佛朔等並翻佛經而支讖所
譯泥洹經二卷學者以爲大得本旨漢末太守竺融亦崇佛法三國時有西域沙門康僧會賫佛經至吳譯之吳主孫權甚大敬信魏黃初中中國人始依佛戒剃
髮爲僧甘露中有朱仕行者往西域至于闐國得經九十章晉元康中至鄴譯之題曰放光般若經太始中有月氏沙門竺法護西游諸國大得佛經至洛翻譯部
數甚多佛教東流自此而盛 其國王生浮屠浮屠太子也父曰屑頭邪母曰莫邪浮屠身服色黃
髮青如青絲乳青宋本無青字 毛蛉赤如銅官本攷證引世說注云髮如青絲爪如銅御覽七百九七蛉作冬或曰蛉疑作晴
始莫邪夢白象而孕及生從母左脅出御覽左作右 生而有結結與髻通世說注作髻 墮地能行
七步此國在天竺城中 史記大宛列傳正義引浮圖經云臨毘國王生隱屠太子父曰屠頭邪母曰莫邪屠身色黃髮如青絲乳有青色爪
赤如銅始莫邪夢白象而孕及生從母右脇出生有髮墮地能行七步又云太子生時有二龍王夾左右吐水一龍水暖一龍水冷遂成二池今猶一冷一暖初行
七步處琉璃上有太子腳跡見在生處名祇洹精舍在舍衛國南四里是長者須達所起又有阿輸迦樹是夫人所攀生太子樹也丁謙曰浮屠卽釋迦文佛佛國
記言迦維羅衛城有白淨王故宮佛生處也攷其地在故烏德國境內今爲英屬西北部哥拉普爾城 天竺又有神人名沙律昔漢

哀帝元壽元年博士弟子景盧 李慈銘曰魏書釋老志作秦景憲然明帝時又有博士秦景弼按惠棟引牟子云遣羽林將軍秦景
博士弟子王遵等十二人之大月氏國寫取佛經四十二部在蘭臺石室與李氏云博士秦景不合 受大月氏王使伊存口受浮屠
經曰復立者其人也 官本攷證云世說注復立作復豆丁謙曰復豆卽浮屠之轉音 浮屠所載臨蒲塞桑門伯聞
疏問白疏閒比丘晨門皆弟子號也浮屠所載與中國老子經相出入蓋以爲老子西
出關過西域之天竺教胡 御覽教胡下有爲字 浮屠屬弟子別號合有二十九不能詳載故略
之如此 車離國一名禮惟特一名沛隸王在天竺東南三千餘里其地卑溼暑熱其
王治沙奇城有別城數十人民怯弱月氏天竺擊服之其地東西南北數千里人民男
女皆長一丈八尺乘象橐駝以戰今月氏役稅之 後漢書西域傳東離國居沙奇城在天竺東南三千餘里大國
也其土氣物類與天竺同列城數十皆稱王大月氏伐之遂臣服焉男女皆長八尺而怯弱乘象駱駝往來鄰國有寇乘象以戰丁謙曰東離國在今孟加拉部加
爾各搭城西南然所都沙奇城似在恆河北卽佛國之沙祇國蓋國境跨有恆河南北人民長一丈八尺殊近荒誕范史删去一丈字甚是今北印度人多長八尺

餘卽其餘種 盤越國一名漢越正在天竺東南數千里 宋本正作王 與益部相近其人小與
中國人等蜀人賈似至焉 丁謙曰盤越後漢書作磐起言從月氏高附以西南至西海東至此國皆身毒地則其國當在東印度境今孟
加拉部地與益部相近蓋當時臆度之語實則中隔藏衛諸地道里甚遠其人小與中國等謂略與華人相類蜀賈似至亦因張騫所言大夏人曾市蜀物於天竺
故疑有蜀賈至此耳 南道而西極轉東南盡矣 丁謙曰南道西極謂由鄯善于闐以至大月氏西行已極乃轉東南入天竺之臨兒車離
盤越等國則其道盡矣以下更言中道所經之國 中道西行尉梨國 尉梨漢書作尉犂後漢書莎車傳作尉黎漢書云尉犂國王治尉犂城南
與鄯善且末接後漢書焉耆傳永元六年都護班超討焉耆危須尉黎山國斬焉耆尉黎二王首立焉耆元孟爲王尉黎危須山國皆更立其王水經圖說云尉犂
蓋在博斯騰淖爾之西庫車之東後漢班超討焉耆自西而東先至尉犂焉耆絕葦橋以拒漢今喀喇沙爾所屬布古爾城有葦湖惟一土橋可渡則尉犂正當今
布古爾地丁謙曰尉犂國新疆識略謂卽庫爾勒非是庫爾勒乃漢渠犂尉犂尚在東北繹水經注知尉犂城當在博斯騰泊西南下開都河東岸惟古城遺址今
已無存耳 危須國 漢書危須國王治危須城西至都護治所五百里至焉耆百里徐松曰危須城當在今博斯騰淖爾東南水經圖說云海都河匯於喀喇
沙爾之南爲博斯騰淖爾東西廣三百餘里南北半之卽敦薨之藪也西域水道記云博斯騰淖爾之側產硝及鹽水復自西南隅溢出故水經注曰溢流爲海也

丁謙曰危須地當在博斯騰泊北今烏沙克塔爾台地攷水經注蒐敦之水二源俱導西源東流東源東南流俱逕焉耆之東導於危須國西又東南流注於敦薨之藪觀此可知危須國地在焉耆之東中隔裕勒都斯河也蒐敦藪即博斯騰泊焉耆西至都護四百里此云五百里則危須在焉耆東百里也 山王國 山王國漢書作山國王念孫云當作墨山國王先謙曰據酈注山上當有墨字然後漢和帝紀及焉耆傳下兩見並作山國則非寫脫蓋所據本異也漢書云山國西至尉犂二百四十里西北至焉耆百六十里西至危須二百六十里東南與鄯善且末接西域圖考云在今羅布淖爾之北廣安城之西南山中國徐松曰墨山國在博斯騰淖爾南岸東南濱蒲昌海海南即鄯善且末境丁謙曰山國一名墨山國水經注河水又東逕墨山國南是也此國當在博斯騰泊南呼爾圖克達山閒故尉犂在其西焉耆在其西北而危須則當在其正北云西者誤也國界博斯騰羅布兩泊之中故南接且末東南接鄯善 皆并屬焉耆 漢書焉耆國王治員渠城南至尉犂百里北與烏孫接後漢書焉耆國王居南河城其國四面有大山與龜茲相連道險阨易守有海水曲入四山之內周匝其城三十餘里班超傳其國有葦橋之險晉書焉耆傳地方四百里四面有大山道險隘百人守之千人不過唐書橫六百里縱四百里東高昌西龜茲南尉犂北烏孫錢大昕曰員渠即焉耆之轉與尉犂國王治尉犂危須國王治危須城初不異也丁謙曰焉耆即喀喇沙爾地水經注城居四山之中是其城當在今喀喇沙爾東南開都河入博斯騰泊處古時開都河分兩支入泊故員渠城在水中閒後書班超傳言其國有葦橋之險必即開都河之橋唐郭孝恪傳言焉耆城四面皆水恃險不設備亦足證也國濱大泊故多魚尉犂在其西南烏孫在其西北蓋溯開都河踰嶺而西可通伊犂南境即烏孫國矣徐松氏言泊之西岸有故城雉堞猶存周九里許殆即員渠城乎 姑墨國 漢書姑墨國王治南城南至于闐馬行十五日北與烏孫接東通龜茲六百七十里後魏書作姑默今爲拜城縣丁謙曰南至于闐馬行十五日蓋溯和闐河西岸行所經多沙漠不能詳其里數北接烏孫者溯和色爾河由阿勒坦蘇山有閒道可通也 溫宿國 漢書溫宿國王治溫宿城西至尉頭三百里北至烏孫赤谷六百一十里東通姑墨二百七十里西域圖考云今阿克蘇境王先謙曰今溫宿直隸州丁謙曰溫宿今阿克蘇地西至烏什今二百四十里北踰木素爾嶺至沙滿台地今六百七十里東至哈喇裕勒袞台今一百六十里 尉頭國 漢書尉頭國王治尉頭谷南與疏勒接山道不通西至捐毒千三百一十四里徑道馬行二日王先謙曰今爲烏什直隸廳 皆屬龜茲也 漢書龜茲國王治延城南與精絕東南與且末西南與扜彌北與烏孫西與姑墨接王先謙曰至宋仍爲龜茲元號別失八里今爲庫車直隸廳丁謙曰龜茲唐書作丘茲一作屈茲西域記作屈支即今庫車地所治延城後漢班超傳注作居延城故址在今庫車東南其地水源輻輳土田膏腴村莊櫛比故漢時戶口之衆迥非屬都護諸國所能並衡南與精絕西南與扜彌中隔大漠雖相接而道不能通東南與且末本隔渠犂因時渠犂已滅故可直接北接烏孫者由庫克納克嶺有閒道可達也 楨中國 後漢書西域傳靈帝建寧三年涼州刺史孟佗遣兵討疏勒攻楨中城惠棟曰班超傳云疏勒王還據損中損中城通鑑胡注即楨中城也丁謙曰楨中本疏勒屬城當在喀什噶爾之西 莎車國 漢書莎車國王治莎車城西至疏勒五百六十里西南至蒲犂七百四十里後漢書莎車國西經蒲犂無雷至大月氏東北至疏勒（一作接疏勒傳南至莎車此云東北誤應作西北）章帝元和三年班超發諸國兵擊莎車大破之由是遂降漢又疏勒傳安帝時莎車連畔于闐屬疏勒丁謙曰莎車即今葉爾羌王先謙曰今新疆莎車府 竭石國 丁謙曰無考 渠沙國 丁謙曰即漢莎車國今葉爾羌城南地 西夜國 漢書西域傳西夜國王號子合王治呼犍谷東與皮山西南與烏秅北與莎車西與蒲犂接蒲犂及依耐無雷國皆西夜類也西夜與胡異其種類羌氐行國而子合土地出玉石後漢書西域傳西夜國一名漂沙地生白草有毒國人煎以爲藥傅箭鏃所中即死漢書中誤云西夜子合是一國今各自有王子合國居呼犍谷去疏勒千里王先謙曰西夜子合前書亦別白言之未溷爲一或當時合爲一國後仍分爲二如今荷蘭比利時瑞典挪威之例亦未可知一統志庫克雅爾在葉爾羌西南三百里後漢子合縣地今葉城縣地丁謙曰西夜王號子合王者蓋其時西夜王兼轄子合地也至後漢時始各自立王西夜當即今綽洛克台地子合當即今裕勒里克地西夜子合蒲犂依耐無雷等國皆處蔥嶺山谷閒無田可耕故其族以游牧爲生有類羌氐西域水道記瑪爾瑚魯克所產玉青質黑暈若血沁然回民自裕勒里克卡倫來葉城鬻之因名裕勒里克玉則子合出玉石確有可徵 依耐國 漢書依耐國東北至莎車五百四十里至無雷五百四十里北至疏勒六百五十里南與子合接徐松曰無雷在依耐西南傳文奪之無雷距蒲犂五百四十里依耐在二國適中里數疑有誤王先謙曰今爲英吉莎爾直隸廳丁謙曰當在今英吉莎爾城西

南金闐勒河源地會典以英吉莎爾爲依耐則距疏勒太近形勢未確 滿犂國 滿犂當即蒲犂字形相近地望與西夜依耐亦相連也漢書蒲犂國王治蒲犂谷東至莎車五百四十里北至疏勒五百五十里南與西夜子合接西至無雷五百五十里水經圖說云在今英吉莎爾葉爾羌之閒丁謙曰新疆近設蒲犂廳於莎車府西南塔什庫爾干城 億若國 後漢書德若國與子合相接一統志塞爾勒克前漢蒲犂後漢德若也在蔥嶺中有小城葉爾羌河北源經流其地李慈銘曰億若後漢書作德若丁謙曰德若國前書所無亦游牧小部當在今果什帖咧克地西夜子合德若三國乃莎車西南踰蔥嶺之路如從于闐西行踰嶺則由皮山烏秅不必經此也 榆令國 丁謙曰無考 捐毒國 漢書捐毒國王治衍敦谷東至疏勒南與蔥嶺屬無人民西上蔥嶺則休循也西北至大宛千三十里北與烏孫接衣服類烏孫隨水草依蔥嶺本塞種也王先謙曰後書無捐毒有天竺云一名身毒或遂以爲即捐毒誤也天竺自是今之五印度在蔥嶺東南捐毒與休循接壤在北道之西迥不相涉西域圖考云今巴爾琿之南地屬薩爾巴噶什布魯特部水經圖說云西部魯特部落西南至喀什噶爾之西葉爾羌之西南博洛爾拔達克山鄂爾善諸部落皆在蔥嶺閒捐毒當今西布魯特地 休脩國 漢書休循國王治烏飛谷在蔥嶺西東至捐毒衍敦谷二百六十里西北至大宛國九百二十里西至大月氏千六百一十里民俗衣服類烏孫因畜隨水草本故塞種也李慈銘曰休脩當作休循徐松曰休循後漢紀作休修丁謙曰休循捐毒二國相距祇二百餘里蓋一在蔥嶺山巔一在蔥嶺平原以西圖冣之當在喀什噶爾至霍罕道閒休循爲蘇約克山口地捐毒爲粲

提爾湖邊地今額德格訥布魯特駐牧處也故西北至大宛東南至疏勒南與葱嶺相連屬山高氣寒故無人民北與烏孫相去雖遠而有徑道可通故云相接攷松筠公綏服紀略伊犂西南經布魯特游牧至喀什噶爾約二千里中有特穆爾圖泊巴爾渾山帖哩葉克達巴罕捐毒即在巴爾渾西帖里葉克北惟烏孫在其東北不在正北因古無實測圖方位不盡可憑也琴國丁謙曰琴國無考皆并屬疏勒漢書疏勒國王治疏勒城南至莎車五百六十里有市列西當大月氏大宛康居道也後漢書疏勒國東北經尉頭溫宿姑墨龜茲至焉耆王先謙曰疏勒卽新疆之喀什噶爾今爲疏勒府丁謙曰前言莎車西至疏勒此言南至莎車蓋互文見義知疏勒實在莎車西北也諸國方向似此者多當善會之有市列者山外諸國皆至此互市至今猶然自是以西大宛漢書大宛國王治貴山城北至康居卑闐城千五百一十里西南至大月氏六百九十里北與康居南與大月氏接宛別邑七十餘城多善馬馬汗血言其先天馬子也西域圖考云由疏勒而西出葱嶺爲大宛月氏大宛在北今浩罕八城皆其地今敖罕地元時所謂賽馬爾罕城也其西北境兼有今布哈爾之地見四裔考及海國圖志敖罕近爲布哈爾所并丁謙曰大宛國北魏號破洛那唐號東曹唐書言東曹或曰率都沙那蘇對沙那劫布呾那蘇都識匿凡四名居波悉山之陰（波悉山卽阿賴山）漢貳師城也（前書李廣利傳期至貳師城取善馬故號貳師將軍）今攷其地在伊犂西南喀什噶爾西北故浩罕國南境近爲俄人所併改設費爾干省（地理新志作費爾加拉俄屬游記作費爾干那）其地東南北三面環山惟西有平路可通他部納林河橫貫其中西人地理志謂河北高坡地皆名費爾加拉河南高坡地皆名蘇的亞納（四裔年表作沙西阿那俄屬遊記作唆西安那）唐書率都沙那等四名皆蘇的亞納之異譯希臘史所謂索克地阿那國也貴山城貳師城均當在浩罕南境然其地今難確指安息漢書安息國王治番兜城北與康居東與烏弋山離西與條支接其屬大小數百城地方數千里最大國也臨嬀水商賈車船行旁國書革旁行爲書記東則大月氏後漢書安息國居和櫝城北與康居接南與烏弋山離接地方數千里小城數百其東界木鹿城號爲小安息和帝永元九年都護班超遣甘英使大秦抵條支臨大海欲渡而安息西界船人謂英曰海水廣大往來者遇善風三月乃得度若遇遲風亦有二歲者英聞之乃止王先謙曰志略云此波斯不欲大秦通漢設辭難英英憚於浮海故中止耳西域圖考云今波斯國北八部之境後書云自安息西行三千四百里至阿蠻國此今東土耳其地從阿蠻西行三千六百里至斯賓國此今中土耳其地從斯賓國南行渡河又西南至于羅國九百六十里此今西土耳其地安息西道極矣由羅美里亞西南至日蘇壹爾而渡海通大秦此地通羅馬本有陸路惟爲亞得亞海所隔須繞北經奥大里亞南境至意大里亞北境又折東南始至羅馬不如至此南乘海越亞得亞海而卽至也甘英得之安息人之言而按之千年後之輿圖毫髮不爽如此條支烏弋烏弋一名排持漢書烏弋山離國大國也東與罽賓北與撲挑西與犂靬條支接行可百餘日乃至條支國臨西海自玉門陽關出南道歷鄯善而南行至烏弋山離南道極矣轉北而東得安息後漢書烏弋山離國地方數千里時改名排持復西南馬行百餘日至條支條支國城在山上周回四十餘里臨西海海水曲

環其南及東北三面路絕唯西北隅通陸道轉北而東復馬行六十餘日至安息後役屬條支王先謙曰徐繼畬瀛寰志略以條支爲今阿剌伯西域圖考駁之謂條支在今俄羅斯國南之擣里達黑海環其三面黑海卽西海也洪鈞元史譯文證補以圖考爲非謂黑海北境古屬希臘後爲羅馬所併固無條支之名亦非安息波斯所轄先謙案條支之爲阿剌伯以今圖證之所謂臨西海者謂國西之海卽紅海也紅海在條支西故稱西海非卽地中海也阿剌伯地形向東突出故阿勒富海轉在其北其東南則阿剌伯海環之故曰海水曲環其南及東北也蘇伊士未通以前紅海地中海之閒尙有陸路可往非洲埃及故曰三面路絕唯西北隅通陸道也又引證補云排持卽今之俾路芝地望同合字音亦符西人言俾路芝之名甚古也此四國次在西本國也無增損前世謬以爲條支在大秦西今其實在東前世又謬以爲彊於安息今更役屬之號爲安息西界前世又謬以爲弱水在條支西今弱水在大秦西前世又謬以爲從條支西行二百餘日近日所入今從大秦西近日所入丁謙曰弱水本荒誕語今歐洲西境不聞有是水惟西史嘗言古人航海皆在地中海四隅從不敢出大西洋以地中海西口北有直布羅陀南有阿比拉兩石山故目此峽爲天柱謂出峽卽天盡處舟往不能反弱水之說想由此起此峽正在大秦西近日所入意亦猶是以古時不知地球爲圓體也弼按此傳之弱水與夫餘傳之弱水同名異地大秦國一號犂靬師古曰犂讀與驪同靬音鉅連反又鉅言反又曰犛靬卽大秦國也張掖驪靬縣蓋取此國爲名耳驪犛聲相近靬讀與軒同史記作黎軒張騫傳作犛軒後書作犂鞬後書桓帝紀延熹九年大秦國王遣使奉獻章懷注時國王安敦獻象牙犀角玳瑁後書西域傳大秦王安敦遣使自日南徼外獻象牙犀角瑇瑁王先謙曰此秦西通中國之始大秦在漢爲羅馬在今爲義大利國西域圖考云犂靬卽後書之大秦兼有今歐羅巴一洲之地國都羅馬拓地直至土耳其東境與安息鄰後書云從安息陸路繞海北行出海西至大秦十里一亭三十里一置又云有飛橋數百里可渡海北諸國其繞黑海之南出海及渡海卽渡他大尼里峽由黑海通地中海處闊僅數里者也過峽爲土耳其西土則入歐羅巴洲境矣犂靬爲葱嶺極西之國丁謙曰犂鞬之名前書僅附見於烏弋山離傳至桓帝延熹九年其王安敦始通中國因得悉其國俗而爲之傳攷西人史書羅馬並無大秦犂鞬之稱以歐洲一統獨有羅馬故中國人取大秦以爲比非彼邦所自號也惟攷西曆延熹九年爲一百六十六年而羅馬王安敦卒於六十一年知其使在道閱五六年方至中國海道交通之難如是蓋是時安息方彊與羅馬爲勍敵陸道被阻不通故耳在安息條支西大海之西從安息界安谷城乘船直截海西遇風利二月到風遲或一歲無風或三歲史記大宛傳注引魏略作三月到風遲或一二歲無下無風句其國在海西故俗謂之海西范書云以在海西亦云海西國有河出其國西又有大海海西有遲散城從國下直北至烏丹城西南又

渡一河乘船一日乃過西南又渡一河一日乃過凡有大都三丁謙曰此大海在安息條支西則爲地中海無疑安谷卽安提阿城攷新約書保羅三次傳道皆從安氏沃起程安氏沃合讀卽安谷安提阿其轉音也仙書或作安特克或作安提古其城在地中海東濱安息自漢元帝永光五年攻取西里亞地故西界至此從安提阿乘船至大秦直截海西知中閒並無陸地前人謂甘英臨海欲渡爲波斯海灣及紅海其誤顯然有河出國西卽法蘭西南之羅尼河又有大海意大利西面海也遲散城當卽漢時羅馬所攻努曼提城努曼與遲散音合故址在西班牙北境自羅馬視之卻在海西此下特敘往遲散城陸道蓋從羅馬直北當先至米蘭城米蘭卽烏丹轉音再西越阿耳魄斯山渡羅尼河再西南越比利尼斯山渡伊伯耳河再西卽遲散城三大部者一米蘭一馬撒利亞一達拉根皆羅馬盛時著名大城也（見歐洲史略）卻從安谷城陸道直北行之海北復直西行之海西復直南行經之烏遲散城渡一河乘船一日乃過周迴繞海凡當渡大海六日乃到其國國有小城邑合四百餘東西南北數千里其王治濱側河海丁謙曰安谷陸行至海北海北地中海北也復直西行至海西海西卽孔士但丁城地不言過海者當時有橋故復直南行謂沿馬海西岸而南過一河過黑布斯河也烏遲散城當在此河東周迴繞海蓋由馬海南經鞏島海北而出其西又踰陸地至阿得拉海東濱東西南北皆傍海行故曰周迴渡大海六日蓋由伊呂利國都亞波羅尼

城西渡至意大利境須六日也大秦國都卽羅馬城其城築於泰庇斯河入海處濱側河海形勢脗合以石爲城郭范書云地方數千里有四百餘城小國役屬者數十以石爲城郭列置郵亭皆堊塈之章懷注塈飾也音火既反郭璞爾雅注曰堊白土也音惡其土地有松柏槐梓竹葦楊柳梧桐宋本梧作胡百草民俗田種五穀畜有馬驢騾駱駝毛本駝作馳桑蠶范書有松柏諸木百草人俗力田作多種樹蠶桑王先謙曰據西書言梁陳之閒羅馬人有航海至中國者攜蠶桑之種以歸試植之與土性宜由是蠶桑之利興焉如漢書言是蠶桑爲歐土所固有西人豈肯讓美不居反謂得自中國之理漢人所述或彼國夸飾之詞紀西土固當以西書爲確也俗多奇幻口中出火自縛自解跳二十丸宋本二十作十二巧妙章懷注引此作巧妙非常師古云卽今吞刀吐火植瓜種樹屠人截馬之術皆是也其國無常主國中有災異輒更立賢人以爲王而放其故王宋本放上有生字王亦不敢怨范書云其王無有常人皆簡立賢者國中災異及風雨不時輒廢而更立受放者甘黜不怨丁謙曰此來使誇飾之詞核之彼史均非事實其俗人長大平正似中國人而胡服自云本中國一別也范書云其人民皆長大平正有類中國故謂之大秦王先謙曰外國以中國爲秦人然因此而自名大秦則無是理常欲通使於中國而安息圖其利不能得過范書云其王常欲通使於漢而安息欲以

漢繒綵與之交飾故遮閡不得自達其俗能胡書其制度公私宮室爲重屋旌旗擊鼓白蓋小車郵驛亭置如中國范書云皆髡頭而衣文繡乘輜軿白蓋小車出入擊鼓建旌旗幡幟從安息繞海北到其國人民相屬十里一亭三十里一置終無盜賊但有猛虎獅子爲害行道不羣則不得過丁謙曰從安息西界來所經均羅馬屬部故人民亭置相連接惟行處大牛山嶺盜賊雖無而虎獅之害不免又云從安谷城周迴繞海乃到大秦何秋濤謂海卽黑海海北卽俄國南境此由未見西史但按地圖而爲此臆度之詞也不知高加索山自古爲野番所居不通人行安能越山至黑海北且黑海北漢時皆細地游牧人種所居性喜鈔掠世與羅馬爲仇敵更不能通行旅又羅馬北界僅及多腦河東漢時德拉旂帝雖得河北達爾西亞一省不久卽失終羅馬之世其聲教卒未訖於俄南觀此情形境外之地斷不能人民相屬十里一亭三十里一置終無盜賊概可知矣其國置小王數十其王所治城周圍百餘里有官曹文書王有五宮一宮閒相去十里其王平旦之一宮聽事至日暮一宿明日復至一宮五日一周置三十六將每議事一將不至則不議也王出行常使從人持一章囊自隨有白言者受其辭投囊中還宮乃省爲決理以水晶作宮柱及器物册府九百

五十八此句上有居字皆以珊瑚爲梲栭琉璃爲牆壁作弓矢范書云所居城邑周圜百餘里城中有五宮相去各十里宮室皆以水精爲柱食器亦然其王日游一宮聽事五日而後徧常使一人持囊隨王車人有言事者卽以書投囊中王至宮發省理其枉直各有官曹文書置三十六將皆會議國事王先謙曰西人以玻璃飾宮室及爲食器中國人見之以爲水精其別枝封小國曰澤散王曰驢分王曰且蘭王曰賢督王曰汜復王曰于羅王其餘小王國甚多不能一一詳之也丁謙曰羅馬盛時各省但有方伯並無分封王國之事及其未造孟革利典卽帝位鑒前此禁軍屢擅廢立之弊始變舊制分其國爲四立奧古斯都二立該撒二其下則有王國王國下則有屬郡屬郡下則有街邑但此事諸書不載祗西洋通史有之又云羅馬封建列國爲西歷二百九十六年卽中國晉惠帝元康六年也事在晉初故魚氏得采入本書時代恰合其國名不符者以輾轉傳譯失其本音故耳國出細絺作金銀錢金錢一當十宋本作當銀十官本作當銀錢十有織成細布言用水羊毳名曰海西布范書云又有細布或言水羊毳野蠶繭所作也此國六畜皆出水或云此理之不可知者弼按疑有誤字胡玉縉曰水下疑奪中字上言水羊此云六畜皆出水中者豈指海馬海牛海豚海狗之類歟姑附肊見於此或云非獨用羊毛也亦用木皮或趙一清曰一本或下有曰字野繭絲作織成氍毹毾㲪罽帳之屬章懷注毾音它闔反

氍音登坤蓍曰毛席也釋名曰施之承大牀前小榻上登以上牀也王先謙曰服虔通俗文云白氍毹細者謂之毲氍說文氍毹毲氍皆氈毯之屬蓋方言也毲从毛翕聲氍从毛登聲皆好其色又鮮於海東諸國所作也書鈔百三十四引魏略其色下有織具以五色毛六七寸中屈朵相次爲鳥獸人物草木雲氣千奇萬變唯意所作上有鸜鵒遠望軒軒若飛云云此本無之又常利得中國絲解以爲胡綾故數與安息諸國交市於海中海水苦不可食故往來者希到其國中山出九色次玉石一曰青二曰赤三曰黃四曰白五曰黑六曰綠七曰紫八曰紅九曰紺今伊吾山中有九色石即其類陽嘉三年時疏勒王臣槃獻海西青石金帶各一書鈔百二十九引魏略作獻大秦赤石帶范書西域傳順帝永建二年疏勒王臣槃遣使奉獻五年臣磐遣侍子與大宛莎車使俱詣闕貢獻陽嘉二年臣磐復獻獅子封牛（封牛即爾雅之犦牛）又今西域舊圖云隋書經籍志已無此書蓋佚已久矣罽賓條支諸國出琦石即次玉石也大秦多金銀銅鐵鉛錫神龜白馬朱髦御覽作鬣駭雞犀御覽七百六六引魏略犀下有角字范書西域傳作駭雞犀章懷注引抱朴子曰通天犀有白理如綖者以盛米置羣雞中雞欲往啄米至輒驚卻故南人名爲駭雞僡咸犀鉤銘曰世稱駭雞之犀瑇瑁師古曰瑇音代瑁音妹如淳曰文甲即瑇瑁也東方朔傳宮人簪瑇瑁玄熊赤螭辟毒鼠大貝車渠廣雅曰車渠石次玉也瑪瑙廣雅曰瑪瑙石次玉也南金翠爵羽翮象牙馮本牙作可誤符采玉明月珠夜光珠三秦記曰始皇冢中以夜光珠爲日月殿懸明月珠晝夜光明眞白珠御覽引魏略云眞白珠大如酸棗虎珀廣雅虎魄生地中其上及旁不生草深者八九尺大如斛削去皮成虎魄如斗初時如桃膠凝堅乃成珊瑚說文曰珊瑚色赤生於海中或生於山也海中經曰珊瑚生海中欲取之先作鐵網沈水底珊瑚貫網而生歲高二三尺有枝無葉形如小樹因絞網出之珊瑚皆摧折在網中元中記曰珊瑚出大秦西海中生水中石上初生白一年黃三年赤四年蟲食敗赤白黑綠黃青紺縹紅紫十種流離孟康曰流離青色如玉師古曰魏略云大秦國出赤白黑黃青綠縹紺紅紫十種流離孟言青色不博通也此蓋自然之物采澤光潤踰於衆玉其色不恆今俗所用皆銷冶石汁加以衆藥灌而爲之尤虛脆不貞實非眞物沈欽韓曰後魏書大月氏國人商販京師自云能鑄石爲五色瑠璃於是採礦山中（弼按御覽作採礦山石）於京師鑄之既成光澤乃美於西方來者乃詔爲行殿容百餘人光色映徹觀者見之莫不驚駭以爲神明所作然大月氏既曉鑄作之法則知本非自然之物璆琳琅玕爾雅曰西北之美者有崑崙之璆琳琅玕焉說文曰琅玕石之似玉者水精廣雅曰水精謂之石英玫瑰廣雅曰神靈滋液百寶用則玫瑰出司馬相如子虛賦曰其石則赤玉玫瑰雄黃雌黃御覽九百八十八引土物志曰丹山草木赫然盡彫雄黃雌黃產煒煌內

含奇寶外發英光昔隸交部今則南康碧五色玉黃白黑綠紫紅絳紺金黃縹留黃十種氍毹五色毾㲪五色九色首下毾㲪金縷繡雜色綾金塗布緋持布發陸布緋持渠布火浣布火浣布詳見齊王紀景初三年注南史曰南海諸薄國東千餘里至自然大洲其上有樹生火中洲左近剝取其皮紡績作布以爲手巾與焦麻無異而色微青黑若小垢污則投火中復見精潔或作燈柱用之不知盡列子火浣之布浣之必投於火布則火色垢則布色出火而振之皓然疑乎雪東方朔十洲記炎洲在南海中有火林山山中有火光獸大如鼠取其毛以緝爲布時人號爲火浣布此是也國人衣服垢污以灰汁浣之終無潔淨唯火燒此衣服兩盤飯間振擺其垢自落潔白如雪阿羅得布巴則布度代布溫色布五色桃布御覽八百二十引魏略作鹿代布溫宿布五色枕布官本作度代布溫宿布絳地金織帳五色斗帳一微木二蘇合范書云合會諸香煎其汁以爲蘇合郭義恭廣志云蘇合香出大秦國或云蘇合國人采之笮其汁以爲香膏乃賣其滓與賈客或云合併香草煎爲蘇合非自然一種傳子曰西國胡人言蘇合香獸便也中國皆以爲怪班固與弟超書曰竇侍中令載雜綵七百疋市月氏蘇合香從征記劉表棺中蘇合消疫之香畢備狄提迷迷官本作迷迭御覽九百八二引魏略云大秦出迷迭廣志曰迷迭出西海中魏文帝應瑒陳琳均有迷迷香賦兜納漢武故事曰西王母當降上燒兜末香未知即兜納否白附子范子計然曰附子出蜀武都中白色者善楚國先賢傳曰孔休傷頰有瘢王莽曰玉屑白附子香消瘢乃以劍璏（音滯）并香與之薰陸吳本薰作黃毛本薰作熏御覽九百八二引魏略云大秦出薰陸抱朴子曰俘焚洲在海中薰陸香之所出薰陸香木膠也南方草木狀曰薰六香出大秦云在海邊鬱金說文曰鬱香草也鄭司農云鬱香草名若蘭唐書曰伽毗國獻鬱金香似麥門冬九月花開狀似芙蓉其色紫碧香聞數十步南州異物志曰鬱金出罽賓國芸膠御覽引魏略曰大秦出芸膠廣志曰芸香膠有安息膠薰草木十二種香大秦道既從海北陸通又循海而南與交阯七郡外夷北北一作比或作接丁謙曰北當作市又有水道通益州永昌故永昌出異物前世但論有水道不知有陸道今其略如此其人民戶數不能備詳也自葱領西此國最大置諸小王甚多故錄其屬大者矣丁謙曰與交阯市謂由埃及（時屬羅馬）入紅海越印度洋而至中國南洋又有水道通益州永昌即緬甸之伊拉瓦諦江也萬國通鑑載亞古斯都時羅馬人民約有萬萬居都城者約二百五十萬此人民戶數之可考者第中國遙遠當時未及詳知耳澤散王屬大秦其治在海中央北至驢分水行半歲風疾時一月到最與安息安谷城相近西南詣大秦都不知里數丁謙曰澤散王治在海中央與安谷城最近則即居伯魯島無疑驢分在其西北由海道往當繞小亞細亞西南二面故須行半歲驢

分王屬大秦其治去大秦都二千里從驢分城西之大秦渡海飛橋長二百三十里（御覽七十三引魏略作長三百四十里范書西域傳大秦國有飛橋數百里可度海北王先謙曰此卽他大尼里海峽波斯王伐希臘渡此西人云昔有石橋丁謙曰驢分在小亞細亞地飛橋在孔士但丁城東他大尼海峽閒）渡海道西南行繞海直西行且蘭王屬大秦從思陶國直南渡河乃直西行之且蘭三千里道出河南乃西行從且蘭復直西行（局本行作河誤）之汜復國六百里南道會汜復乃西南之賢督國（丁謙曰上文言經烏遲散城渡一河烏遲散城當卽思陶國都蓋順黑布斯河東岸行至近海處始渡而西所謂直南渡河及道出河南乃西行也且蘭國以地望核之當卽馬基頓惟驢分至大秦僅二千里思陶至且蘭不應反遠古書道里不盡可據皆此類汜復當卽伊呂利此處爲渡海至大秦要津故東道及由希臘來之南道皆會於此賢督在汜復西南當卽伊貝羅）且蘭汜復直南乃有積石積石南乃有大海出珊瑚眞珠（丁謙曰且蘭汜復直南乃古希臘諸國地希臘境內大半石山曰積石象形也其南皆海故產珊瑚眞珠）且蘭汜復斯賓阿蠻北有一山東西行大秦海東東（東應作西）各有一山皆南北行（丁謙曰且蘭汜復在今土耳其西部斯賓阿蠻在今土耳其東部斯賓卽哈里比阿蠻卽阿米尼亞其山之東西行者在西爲巴爾肯士山在東爲道羅斯山大秦海卽意大利西面之海其南北行山在東爲意大利中閒阿比奈士山在西爲西班牙中閒瓜達拉麻山）賢督王屬大秦其治東北去汜復六百里汜復王屬大秦其治東北（丁謙曰北當作南）去于羅三百四十里渡海也于羅屬大秦其治在汜復東北渡河（丁謙曰北當作南河當作海）從于羅東北又渡河斯羅東北又渡河斯羅國屬安息與大秦接也（丁謙曰此節字句多訛誤難於直解蓋上文所敍皆由東而西之陸道此下由西而東若仍原路何必復衍況于羅去汜復僅三百餘里何能與安息屬地接細心尋繹知此爲陸海彙行之道汜復東南云去于羅三百四十里渡海去往也謂由汜復陸行三百四十里渡海以至于羅也海中里數難確知故不詳記以此論之其渡海處當在倭林都西北海澳于羅卽推羅爲古非尼基首城地中海東大埠也斯羅舊約創世記作示拏撒母耳記作示羅示拏者兩河閒南境地總名卽古加勒底所轄之平原今幼法拉的河西岸尙有示拏城遺址蓋由推羅東行渡約但河可至其地故曰從于羅東北又渡河斯羅也是時斯羅迤西之猶太西北之小亞細亞皆屬大秦故相接）大秦西有海水海水西有河水河水西南北行有大山西有赤水赤水西有白玉山白玉山有西王母西王母西有修流沙流沙西有大夏國（流上應有修字宋本作有誤）堅沙國屬繇國月氏國四國西有黑水所傳聞西之極矣（丁謙曰此段本係山海經之文而加以附會者海內東經云國在流沙中者埻端璽㬇在昆侖虛東南國在流沙外者大夏豎沙居繇月氏之國按此以流沙分中外流沙中既在昆侖東南則流沙外必指蔥嶺西地無疑大夏見史記及漢書其國在今阿富汗北境豎沙周書王會篇作數些此作堅沙乃傳寫之誤梁沈約竹書附注載炎帝時諸侯夙沙氏叛不用命炎帝乃益脩其德夙沙之民自攻其君而來歸卽此此爲波斯古都西書作蘇薩一作塑沙一作書山故城在體格利河東居繇亦屬繇之誤穆天子傳沿水濁繇氏之所食濁繇卽屬繇沿水爲阿母河古名國在河濱故食其利今波爾克城境月氏事詳漢書以上四國均東距蔥嶺不遠乃妄指大秦以西其餘如白玉山西王母修流沙及黑水皆任意牽扯蓋魚氏僅據傳聞書之不足辨也李慈銘曰魏收書作大秦西海水之西有河河西南流河西有南北山山西有赤水西有白玉山玉山西有西王母山此有脫誤當據以校正又西王母西下蓋衍文大夏卽月氏其國尙在安息之東四十九日行安得反在大秦外極西之境且流沙卽瀚海後漢書雖有大秦國西有弱水流沙近西王母所居之語蓋以弱水爲流沙故連言之與禹貢之弱水禮記之流沙皆迥殊然亦謂弱水流沙之外有西王母非弱水轉在西王母之西也史記索隱引魏略云弱水在大秦西知此文有誤漢書云傳聞條支有弱水西王母亦未嘗見也無流沙字）北新道西行（丁謙曰新北道五船道也）東至且彌國（或云當作至東且彌國漢書西域傳東且彌國王治天山東兌虛谷師古曰且音子余反王先謙曰西域圖考云兩且彌在今呼圖璧河至馬納斯河以南一帶）西且彌國（漢書西且彌國王治天山東于大谷徐松曰後書不言疑爲東且彌所幷王先謙曰范書不言蓋已幷爲一彌按魏略西戎傳尙有此國知未爲東且彌所幷然范書載東且彌戶口視前漢時增十倍中閒或有彙幷之事）單桓國（漢書單桓國王治單桓城後書云單桓爲車師所滅後復立西域圖考云在烏魯木齊地）畢陸國（漢書卑陸國王治天山東乾當國師古曰乾音干劉奉世曰下國字當作谷王先謙曰後書云卑陸爲車師六國之二三國時屬車師後部卑作畢字形之誤西域圖考云今之阜康縣地）蒲陸國（漢書蒲類國王治天山西疏榆谷西域圖考云在伊吾北今爲巴里坤地巴爾庫勒淖爾即蒲類海也今屬鎭西廳）烏貪國（漢書烏貪訾離國王治于婁谷東與單桓南與且彌西與烏孫接西域圖考云在今綏來縣地）皆幷屬車師後部王王治于賴城（漢書車師後國王治務圖谷後漢書云後王居務圖谷前後部及東且彌卑陸蒲類移支是爲車師六國北與匈奴接前部西通焉耆北道後部西通烏孫丁謙曰車師後國在今烏魯木齊東後漢書言自高昌壁北通金滿城五百里高昌壁即前部金滿城即後部惟前漢時後王所治尙在山谷閒未築城也至唐始有浮屠城蓋即以務塗谷得名新唐書貞觀十四年即浮屠城置庭州知唐庭州即漢車師後王務塗谷地其地在今阜康縣東二百里烏爾圖河濱烏圖者浮屠務塗之轉音也從前攷據家因濟木薩北護堡子地土人掘地得唐時殘碑二小片中有攝金滿縣令字遽謂漢金滿城唐金滿縣在此殊誤又云後王本治務塗谷此云治于賴城未詳趙一清曰水經河水注龍城故姜賴之虛胡之大國也蒲昌海溢盪覆其國城基尙存而至大晨發西門暮達東門澮其崖岸餘溜

風吹稍成龍形西面向海因名龍城地廣千里一清案婁穎之盧疑即穎城也魏賜其王壹多雜守魏侍中號大都尉受魏
王印轉西北則烏孫康居本國無增損也漢書烏孫國大昆彌治赤谷城東與匈奴西北與康居西與大宛南與城郭諸國接
西域圖考云在今阿克蘇北境木素爾嶺之北伊犂南境特克斯河之南丁謙曰烏孫地在今伊犂河南特克斯河濱前人謂即伊犂未確也唐地理志溫肅州西
北度拔達嶺又五十里至頓多城烏孫所治赤山城也拔達嶺唐西域傳又作凌山即今木素爾達巴罕木素爾譯言冰達巴罕譯言嶺冰嶺猶凌山也過此嶺又
五十里當即今沙圖阿滿台地水經注溫宿城北至烏孫赤谷六百一十里今自阿克蘇至沙圖阿滿台六百七十里道里亦相仿赤山與赤谷同義此烏孫都城
之確有可徵者也漢書康居國王冬治樂越匿地到卑闐城西域圖考云今爲哈薩克右部地丁謙曰康居爲西域游牧行國凡游牧者皆夏居北而冬居南俄屬
游記言喀支司人春間出覓水草自南而北夏日所駐地距冬幾二千里喀支司即哈薩克實康居突厥之後是其俗至今未改卑闐城爲其國都築於都賴水上
都賴水今名盧列阿塔河一名塔拉斯河卑闐城築於此河上當在今盧列阿塔城南徐松曰康居都卑闐城其王冬夏皆不居之猶今哈薩克部以塔什干城爲
都會其汗王冬夏各有游牧之所惟死則反葬於塔什干城也哈薩克部即古之康居北烏伊別國晉書西戎傳作伊列在康居北丁謙
曰今俄烏拉爾省南有烏伊里斯科礮城當即其地又有柳國丁謙曰柳國未詳又有嚴國又有奄蔡國一名阿蘭

皆與康居同俗西與大秦史記大宛傳注引此有通字東南與康居接其國多名貂畜牧逐水草
臨大澤故時羈屬康居今不屬也漢書康居國西北可二千里有奄蔡國控弦者十餘萬大與康居同俗臨大澤無崖蓋北海云
後漢書云嚴國在奄蔡北屬康居奄蔡國改名阿蘭聊國居地城屬康居後魏西戎傳粟特國在蔥嶺之西古之奄蔡一名溫那沙西域圖考云奄蔡屬今俄羅斯
東境西伯利部徐松曰史記正義引漢書解詁云奄蔡即國蘇也丁謙曰嚴國當在烏拉山南境奄蔡即元之阿速地在黑海東北呼得國在蔥嶺
北烏孫西北丁謙曰西北二字衍文康居東北勝兵萬餘人隨畜牧出好馬有貂寰宇記一百八十五貂上
有名字堅昆國在康居西北丁謙曰當作東北勝兵三萬人隨畜牧亦多貂有好馬丁令國在
康居北勝兵六萬人隨畜牧出名鼠皮白昆子青昆子皮御覽九百十二昆子作猈子今之鼲鼠也此上
三國堅昆中央俱去匈奴單于庭安習水七千里南去車師六國五千里西南去康
居界三千里西去康居王治八千里或以爲此丁令卽匈奴北丁令也而北丁令在
烏孫西北應作此丁謙曰應作在烏孫北似其種別也又匈奴北有渾窳國有屈射國有丁令國有

隔昆國有新梨國史記大宛傳作薪犂明北海之南自復有丁令非此烏孫之西丁令也丁謙曰西
當作北又云上三國既以昆堅爲中央則呼得當居東丁令當居西不應堅昆在康居西北而丁令反居康居北知堅昆下西北字乃東北之誤堅昆居烏孫東北
呼得必更在其東北則烏孫下西北二字亦衍觀下文合言三國西南去康居界三千里西去康居王治八千里是三國均在康居東北明甚安得一節中自相牴
牾至此故亟正之唐書黠戛斯傳言堅昆後訛曰結骨結骨轉爲黠戛斯黠戛斯居白山之旁山東有劍河攷白山即唐努山北之汗騰格爾山黠戛斯居其東麓
劍河一作謙河今稱大克穆河元於水旁置謙州元史地理志謙州在唐麓嶺北是也是堅昆國地在今唐努烏梁海境無疑呼得漢書匈奴傳作烏揭今恰克圖
城北有烏的河西北流會色楞格河入拜噶爾湖呼得國地必在此河濱故匈奴旣降烏揭北收丁令（此北丁令）西擊堅昆地勢瞭然傳云在蔥嶺北蓋北徼
中俄交界處大山古人通稱爲蔥嶺也丁令（此西丁令）居堅昆西乃由北丁令分出之一部晉以後所稱高車國者即此魏書高車傳自丁令徙居鹿渾海西
北百餘里鹿渾海在阿爾泰山南即今科布多城西南博洛爾託海西丁令國居此其在烏孫之北不在烏孫之西可知渾窳屈射不知所在新梨逸周書王會篇
附載伊尹所作獻令有纖犂其龍二國名新犂即纖犂龍即其龍今按纖犂新犂新梨皆鮮卑轉音地居匈奴極北即元魏始祖大鮮卑國在今俄屬伊爾古次克
北境隔昆亦即堅昆轉音非別有一國也烏孫長老言北丁令有馬脛國其人音聲似鴈鶩從膝以上身

頭人也文獻通攷四裔門引魏略身下有至字膝以下生毛馬脛馬蹄不騎馬而走疾馬寰宇記一百八十五疾下
有於字其爲人勇健敢戰也短人國在康居西北男女皆長三尺人衆甚多去奄蔡諸國
甚遠寰宇記一百八十五引突厥本末記曰突厥窟北馬行一月有短人國長者不逾三尺亦有二尺者頭少毛髮若羊胞之狀突厥呼爲羊胞頭國其旁無
別種類相侵俗無盜寇但有大鳥高七八尺恆將短人而食之皆持弓矢以爲之備案此亦在西北即魏略曰短人國也康居長老傳聞常有
商度此國去康居可萬餘里寰宇記云常有商旅行北方迷惑失道而到斯國中甚多質珠夜光明月珠見者不知此國名號以意商
度此國去康居可萬餘里魚豢議曰章宗源隋經籍志考證曰豢之論贊實稱曰議裴注多引其詞而西戎傳議尤可考見俗以爲營
廷之魚不知江海之大浮游之物詩蜉蝣之羽衣裳楚楚毛傳云蜉蝣渠略也朝生夕死猶有羽翼以自脩飾不知四
時之氣是何也以其所在者小與其生之短也余今汎覽外夷大秦諸國猶尚曠若發
蒙矣況夫鄒衍之所推出大易太玄之所測度乎徒限處牛蹄之涔淮南子俶眞訓夫牛蹏之涔無尺之
鯉高誘注涔潦水也又無彭祖之年無緣託景風以迅游載騄駬以遐觀但勞眺乎三辰而飛

思乎八荒耳張鵬一魏略輯本序云若夫聲教覃敷鞮象遞聞倭王入貢名傳卑
彌呼（魏略有佚文詳魏志所略）大秦遠聞彙記諸屬國徐市所
親歷甘英所未至魏氏職方實詳裨海此四裔紀載不同者
也又云西戎各傳賴裴注詳錄藉知當時習尙殊方傳聞

魏書三十

三國志三十

蜀書一

高似孫曰劉備父子在蜀四十餘年始終號漢豈可以蜀名哉其曰蜀者一時流俗之言耳壽乃黜正號而從流俗史之公法國之正統輒皆失之黃震曰蜀地名非國名昭烈以漢名未嘗以蜀名孫氏之盟亦曰漢吳是天下未嘗以蜀名也且國有稱號猶人有姓氏未有改人之姓氏而筆之書亦未有改人國號而筆之史謂其偏據歟劉淵自謂漢人猶謂之漢謂未能中興歟元帝南渡世亦謂之晉矣未聞以其居吳而謂之吳也（見黃氏日鈔卷四十八）章學誠曰黃東發謂三國稱漢爲蜀由曹操有心貶抑又坐罪陳壽謂命名不正是則然矣後世文士亦多從之則非有心爲貶抑也蓋緣三國起事漢獻帝尙在其後昭烈據有梁益勢不容兩漢並稱其中朝人士指西爲蜀取便分別初不爲貶抑地也貶抑則稱僞漢必不稱蜀也（見章氏遺書知非札記）劉咸炘曰章氏謂沿稱非貶抑是矣而謂因並稱之嫌則非昭烈卽位魏已篡矣何嫌于並邪魏稱受禪于漢自不容更有漢指西爲蜀亦非僅爲分別也吳人則通稱爲漢其證甚多不獨盟詞吳稱漢而魏獨不稱漢其爲有心明矣推承祚之意蓋以魏既居正二方自不可以國號對之故以地稱一中國而鼎立分割本前此所未有無例可沿名書爲三國志而各自爲書者乃從其不相統屬之實而名爲吳蜀者則示其本一全中國也且晉既承魏亦必不容有漢承祚依時人之意亦自不敢稱爲漢此固非有心貶抑然以魏爲正則明矣潘眉曰先主卽尊繼漢統不以蜀爲國號江表傳載吳主曰前所以名西爲蜀者以漢帝尙存故耳今漢已廢自可名爲漢中王後爲帝遂稱爲漢故其盟文曰自今日漢吳既盟之後戮力一心陳志改漢爲蜀於義未當也周壽昌曰承祚以稱漢易混故名蜀以分三國眉目而於各文中或稱漢或稱蜀漢以存其眞並非改漢爲蜀卽

諸葛殼科條亦自曰蜀科不稱漢科也名山存稿云黃龍元年盟書聯稱漢吳此吳稱漢也毌丘儉傳裴注文欽與郭淮書託命歸漢此魏稱漢也或曰蜀志較吳魏爲略然亦研練甄致謂壽以父故肆情者庸論也或國小才乏抑亦記注不立無所承借耶觀注楊戲諸公贊可明

劉二牧傳第一　三國志三十一

史通編次篇云陳勝項籍見編於高祖之後隗囂孫述不列於光武之前而陳壽蜀書首標二牧次列先主以繼焉瑋豈以蜀是僞朝遂乃不遵恆例或曰既因鼎足立志則此志宜首先主二牧置之妃子傳後如魏志之董袁可也何焯曰二牧不從董袁羣雄之例而列蜀志首非夷昭烈于劉據也王者之興先有驅除評云慶鍾二主卽以漢家故事明統緒所歸天祚眞主卽二牧猶不得以閏千耳其文則若霸國之書其義莫非天子之事遺臣故主之思淵矣哉又曰序吳事則正禮不先于討逆系漢統則二牧乃冠乎興王變其例遜其詞所以待後之人自遇其旨于參錯迷謬之中故非當時所測也李淸植曰焉璋以枝葉之親而陰懷據竊之志漢帝既嘗收戮其二子則亦與於叛亂之數者也蜀志之首二牧所以明先主之取益於義爲可又將以董扶所謂益州有天子氣者爲季興受命之符何焯之論確矣而未盡也劉咸炘曰驅除者一代之所因所勝也凡斷代史書列所因所勝皆在列傳之首未有冠于帝王之前者若如何說則班書陳項當在高紀之前范書更始盆子當在光武之前乎李氏之說彌爲曲謬列于前以示當取借符讖而遂列于前本不成理盆子王郎皆光武所當取何不列于前若謂故取董扶之言以爲符命則當塗之讖袁術以已當之作曹氏書者亦可以袁術列于曹丕之前乎若夫吳志之劉繇士燮仍列權亮休皓之後與魏書董袁諸傳同而不與

此同轉似于蜀示偏方而于吳則同正朝者此自別有其故蓋季漢疆土全因二牧孫氏之于劉士曹氏之于袁陶則不然故二牧之列不與劉士同而示其偏方則尤顯何氏乃反以變例爲天子之事而稱爲旨在參錯迷謬之中果推此論則凡古史之褒者皆可依己意而說爲貶卑者皆可依己意而說爲尊人謂明文不然吾則曰此故爲迷謬如是則世尚復有眞是非邪

晉平陽侯相安漢陳壽撰

宋中書侍郎西鄉侯聞喜裴松之注

沔陽盧弼集解

劉焉字君郎 官本考證云一本作君朗趙一淸曰後漢書作君郎錢儀吉曰華陽國志作君期 江夏竟陵人也 郡國志荆州江夏郡竟陵一統志竟陵故城今湖北安陸府天門縣西北 漢魯恭王之後裔 漢書景十三王傳孝景皇帝十四男程姬生魯共王餘初立爲淮陽王後徙王魯好治宮室壞孔子舊宅以廣其宮於其壁中得古文經傳 章帝元和中徙封竟陵 漢書魯恭王傳哀帝建平三年復立閔爲魯王王莽時絕諸侯王表云王莽簒位貶閔爲公明年獻神書封列侯賜姓王後漢書光武紀建武十三年詔宗室及絕國封侯者凡一百三十七人據此則魯恭王後裔西漢末已國絕遠建武時始得封侯至章帝元和中乃徙封竟陵惟由何地徙封史文不載並非由魯徙封蓋魯地已於建武二年封光武兄子興爲魯王矣沈家本曰西漢王子侯王莽時俱已失國東漢初續封者寥寥安得有徙封竟陵之事范云肅宗時徙竟陵爲得其實又曰范史城陽恭王祉建武十一年薨十三年封祉嫡子平爲蔡陽侯永平五年顯宗更封平爲竟陵侯平後傳四世然則徙封竟陵者乃城陽恭王之後裔或此傳有譌字歟 支庶家焉 御覽五百五十九引盛洪之荆州記曰鄭鄉卽鄭城地也崗南有劉長沙墓益州牧焉之父其南又有漢魏郡太守黃香冢 焉少仕州郡以宗室拜中郎 范書劉焉傳作郎中錢儀吉曰漢制宗室爲佐吏例補四百石而中郎比六百石郎中比三百石疑當作中郎也羅振玉曰御覽引亦作中郎 後以師祝公喪去官

臣松之案祝公司徒祝恬也 范書桓帝紀延熹二年八月光祿大夫中山祝恬爲司徒三年六月司徒祝恬薨章懷注恬字伯休盧奴人

居陽城山 漢書地理志潁川郡陽城陽城山洧水所出東南至長平入潁郡國志豫州潁川郡陽城范書黨錮傳李膺傳膺免歸鄉里居陽城山中陳寔傳寔避隱陽城山中（李膺陳寔俱潁川人）一統志陽城故城今河南河南府登封縣東南陽城山在登封縣東北俗名車嶺山 積學教授舉賢良方正辟司徒府歷雒陽令冀州刺史南陽太守宗正太常焉覩靈帝政治衰缺王室多故乃建議言刺史太守貨賂爲官割剝百姓以致離叛可選清名重臣以爲牧伯鎭安方夏 范書劉焉傳時靈帝政化衰缺四方兵寇焉以爲刺史威輕既不能禁且用非其人輒增暴亂乃建議改置牧伯鎭安方夏清選重臣以居其任續百官志孝武帝初置刺史十三人秩六百石成帝更爲牧秩二千石建武十八年復爲刺史十二人各主一州其一州屬司隸校尉劉昭曰孝武之末始置刺史監糾非法不過六條傳車周流匪有定鎭秩裁數百威望輕寡得有察舉之勤未生陵犯之釁成帝改牧其萌始大既非識治之主故無取焉竊世祖中興監乎政本復約其職還遵舊制斷親奏事省入惜煩漸得自重之路因茲以降彌於歲年母后當朝多以弱守六合危動四海潰弊財盡力竭綱維撓毀而八方不能內侵諸侯莫敢入伐豈非幹強枝弱控制素重之所致乎至孝靈在位橫流既及劉焉徼僞自爲身謀非有憂國之心專懷狼據之策抗論昏世薦議愚主盛稱宜重牧伯謂足鎭壓萬里挾姦樹算苟罔一時豈可永爲國本長期勝術哉夫聖主御世莫不大庇生民承其休謀傳其典制猶云事久弊生無或通貫故變改正服革異質文分爵三五參差不一況在豎騃之君挾姦詐之臣共所創置焉可仍因大建尊州之規竟無一日之治故焉牧益土造帝服于岷峨袁紹取冀下制書于燕朔劉表制南郊天祀地魏祖據兗遂構皇業漢之殄滅禍原乎此及臻後代任寄彌廣委之邦宰之命授之斧鉞之重假之都督之威開之征伐之略晉太康之初武帝亦疑其然詔省州牧雖有其言不卒其事後嗣繼繼牧鎭愈重據地分爭竟覆天下 焉內求交阯牧 范書內作陰交州刺史互見吳志士燮傳郡國志交州蒼梧郡治廣信交阯郡治龍編南海郡治番禺劉昭注引漢官曰廣信刺史治又引王範交廣春秋曰交州治羸𨻻縣元封五年移治蒼梧廣信縣建安十五年治番禺縣詔書以州邊遠使持節幷七郡皆授鼓吹以重威鎭晉書地理志武帝元封中置交阯刺史順帝永和九年（弼按永和止六年九字誤）交阯太守求立爲州朝議不許卽拜敞爲交阯刺史建安八年張津爲刺史士燮爲交阯太守共表立爲州乃拜津爲交州牧十五年移居番禺宋書州郡志漢武帝元鼎六年開百越交阯刺史治龍編獻帝建安八年改曰交州治蒼梧廣信縣十六年徙治南海番禺縣及分爲廣州治番禺交州還治龍編馬與龍曰交州刺史前漢治廣信中興後徙治龍編建安八年以前曰交阯不曰交州吳增僅曰交州漢本定爲交阯刺史不稱州（郡國志作交州乃校者不審）建安八年張津士燮表請始稱交州治廣信十五年徙治番禺一統志廣信故城今廣西梧州府蒼梧縣治番禺故城今廣東廣州府南海縣治龍編故城今廣西太平府憑祥州南七百五十里鄒代鈞云今越南（法蘭西領土）河內道治 欲避世難 胡三省曰以交阯僻遠可以避禍也 議未卽行侍中廣漢董扶私謂焉曰 董扶與任安俱以學行齊聲事見後注又見秦宓傳注引益部耆舊傳 京師將亂益州分野有天子氣 通鑑胡注引蔡邕月令章句晉書天文志解釋分野文繁不錄 焉聞扶言

意更在益州會益州刺史郤儉范書郤作郄胡三省曰春秋晉大夫郤氏蜀按此與魏文帝典論所云之郤儉別爲一人儉郤正祖也賦斂煩擾謠言遠聞華陽國志云刺史河南郄儉賦斂煩擾流言遠聞而并州殺刺史張益梁州殺刺史耿鄙華陽國志益作壹梁作涼此誤耿鄙事見馬超傳注引典略官本考證曰張益宋本作張壹後漢書作張懿梁州後漢書作涼州錢大昕曰後漢書靈帝紀中平五年休屠各胡攻殺并州刺史張懿此作張益蓋避晉宣帝諱改之紀又稱中平四年涼州刺史耿鄙討金城賊韓遂鄙兵大敗不言被殺與此傳異漢時無梁州此稱梁者晉之譌也錢儀吉曰先主穆皇后之兄吳壹華陽國志作懿潘眉曰書中懿師昭炎字皆不諱不應獨改此名當是傳寫之誤焉謀得施元本陳本施作旋誤出爲監軍使者領益州牧華陽國志云漢帝將徵儉加刑以焉爲監軍使尋領益州牧章懷注云前書任安爲監北軍使者封陽城侯陽城見前當收儉治罪潘眉曰此詔旨如此非實事也儉爲馬相所殺郤正傳亦云爲盜賊所殺

續漢書曰是時用劉虞爲幽州劉焉爲益州劉表爲荊州賈琮爲冀州范書賈琮傳琮字孟堅東

郡聊城人中平元年交阯屯兵反執刺史及合浦太守靈帝特敕三府精選能吏有司舉琮爲交阯刺史琮到部誅斬渠帥爲大害者百姓歌曰賈父來晚使我先反今見清平吏不敢飯在事三年爲十三州最徵拜議郎時黃巾新破詔書沙汰刺史二千石更選清能吏迺以琮爲冀州刺史舊典傳車驂駕垂赤帷裳迎於州界及琮之部升車言曰刺史當遠視廣聽糾察美惡何有反垂帷裳以自掩塞乎迺命御者褰之虞等皆海內清名之士或從列卿尚書以選爲牧伯各以本秩居任胡三省曰列卿秩中二千石尚書秩六百石耳東都以後尚書職任重於列卿舊典傳車驂駕施赤爲帷裳惠棟曰風俗通今刺史行部號傳車魏志云漢刺史稱傳車其吏言從事居無常治續志大使車立乘駕駟赤帷持節者重導臣松之案靈帝崩後義軍起孫堅殺荊州刺史王叡然後劉表爲荊州不與焉同時也趙一清曰後漢書有太僕黃琬爲豫州牧無劉表案表傳云李傕郭汜入長安欲連表爲援乃以表爲鎭南將軍荊州牧裴注爲審也漢靈帝紀曰帝引見焉宣示方略加以賞賜勅焉爲益州刺史前刺史劉雋郤儉皆貪殘放濫官本濫作溢取受狼籍元元無聊呼嗟充野焉到便收攝行法以示萬姓勿令漏露使癰疽決潰爲國生梗焉受命而行以道路不通住荊州東界元本此節注文訛誤極多故未列舉

扶亦求爲蜀郡西部屬國都尉續漢志百官志中興建武六年省諸郡都尉唯邊郡往往置都尉及屬國都尉稍有分縣治民比郡郡國志益州蜀郡屬國劉昭注故屬西部都尉延光元年以爲屬國都尉別領四城范書西南夷傳武帝天漢四年以沈黎郡并蜀爲西部置兩都尉一居旄牛主徼外夷一居青衣主漢人安帝延光四年分置蜀郡屬國都尉領四縣如太守靈帝時以蜀郡屬國爲漢嘉郡弼按據此則靈帝時已改爲漢嘉郡傳文應云扶求爲漢嘉郡守何以仍書求爲蜀郡西部屬國都尉按郡國志漢嘉爲故青衣蜀郡西部本有兩都尉一雖改郡尚有一都尉也及太倉令會巴西趙韙棄官俱隨焉續百官志太倉令一人主受郡國傳漕穀屬大司農官本考證云會字疑衍錢大昕曰華陽國志無會字以太倉下屬當從之巴西見魏志武紀建安二十年

陳壽益部耆舊傳曰晉書陳壽傳壽撰益部耆舊傳十篇隋書經籍志雜傳類益部耆舊傳十四卷陳長壽撰舊唐志益部耆舊傳十四卷陳壽撰新唐志同華陽國志卷十一後賢志云益部自建武後蜀郡鄭伯邑太尉趙彥信及漢中陳申伯祝元靈廣漢王文表皆以博學洽聞作巴蜀耆舊傳陳壽以爲不足經遠乃并巴漢撰爲益部耆舊傳十篇散騎常侍文立表呈其傳武帝善之又卷十二序志云陳君承祚別爲耆舊始漢及魏煥乎可觀章宗源隋志考證云漢中士女志曰有陳術字申伯作耆舊傳愚按裴松之顏師古注史皆引陳壽益部耆舊傳（他書所引多不著名）無引陳術者沈家本曰隋唐志卷數增多

未詳其分合之故隋志作長壽者衍長字也蜀志李譔傳時又有漢中陳術字申伯著益部耆舊傳及志此書在陳壽之先裴氏既稱陳壽則所引非術書黃逵元曰漢書注蜀志注水經江水注史記歷書又大宛傳索隱引存書鈔初學記御覽屢引董扶字茂安少從師學兼通數經善歐陽尚書漢書藝文志歐陽章句三十一卷儒林傳歐陽生字和伯千乘人事伏生授倪寬寬授歐陽生子世世相傳由是尚書世有歐陽氏學又事聘士楊厚楊厚見秦宓傳注引益部耆舊傳范書楊厚傳厚字仲桓廣漢新都人祖父春卿善圖讖學爲公孫述將漢兵平蜀春卿自殺臨命戒子統曰吾綈袠中有先祖所傳秘記爲漢家用爾其修之厚少學統業年八十二卒于家策書弔祭鄉人謚曰文父門人爲立廟究極圖讖遂至京師游覽太學還家講授子弟自遠而來宋本作弟子自遠而至范書方術傳董扶廣漢綿竹人少游太學與鄉人任安齊名俱事同郡楊厚學圖讖還家講授弟子自遠而至永康元年日有蝕之詔舉賢良方正之士策問得失左馮翊趙謙等舉扶范書趙典傳典字仲經蜀郡成都人典兄子謙字彥信初平元年代黃琬爲太尉扶以病不詣遂於長安上封事遂稱疾篤歸家前後宰府十辟公車三徵再舉賢良方正博士有道皆不就名稱尤重大將軍何進表薦扶曰資游夏之德述孔氏之風內懷焦董消復之術方今并

涼騷擾西戎蠢叛宜勅公車特詔待以異禮諮謀奇策於是靈帝徵扶卽拜侍中在朝稱爲儒宗甚見器重求爲蜀郡屬國都尉扶出一歲而靈帝崩天下大亂後去官年八十二卒于家始扶發辭抗論益部少雙故號曰致止潘眉曰致當作至言人莫能當所至而談止也後丞相諸葛亮問秦宓以扶所長宓曰董扶褒秋毫之善貶纖芥之惡何焯曰趙岐孟子注云孔子舉毫毛之善貶纖芥之惡故皆錄之於春秋二語必經師成語也惠棟曰謝承書云李咸奏曰春秋之義貶纖芥之惡采毫毛之善

是時涼州逆賊潘眉曰范書作益州下云於綿竹合聚則在益州矣涼州誤馬相趙祇等於綿竹縣自號黃巾郡國志益州廣漢郡緜竹一統志綿竹故城在今四川綿州德陽縣北縣自古爲由涪入成都必經之要道又爲涪江所經當在今羅江德陽之閒合聚疾疫之民疾疫宋本作疲役潘眉曰疾疫當依後漢書作疲役謂疲於徭役怨毒者一二日中得數千人先殺綿竹令李升吏民翕集官本考證云監本訛作翕習今改正弼按宋本亦作翕習合萬餘人便前破雒縣郡國志益州廣漢郡雒州刺史治齊召南曰各州刺史治例無州字此州字衍一統志雒廢縣在今四川成都府漢州北攻益州

殺儉周壽昌曰前云當收儉治罪殆以遠道梗阻命令不通前云收儉者止是虛辭而儉仍在益州爲刺史故爲賊殺也沈家本曰范云進攻雒縣殺郄儉東漢益州刺史治雒雒縣益州非二地此文旣曰破又曰攻語意重沓惠棟曰華陽國志云中平二年涼州黃巾逆賊馬相趙祇等聚衆緜竹募疲役之民一二日得數千人遣王饒趙播等進攻雒城殺刺史儉儉從事史燕邠宋元侯使在葭萌與從事董馥張胤同行聞故哀痛說馥胤赴難二子不可邠歎曰使君已死用生何爲獨死之爲嘉之爲圖象學宮誅馥等又到蜀郡犍爲郡國志益州蜀郡治成都犍爲郡治武陽有彭亡聚章懷注岑彭死處南中志曰縣南二十里彭望山益州記曰縣有王喬仙處王喬祠今在縣下有彭祖冢上有彭祖祠一統志成都故城今四川成都府成都華陽二縣治武陽故城今四川眉州彭山縣東北華陽國志漢太和四年益州刺史任安城武陽後遂爲郡治去成都一百五十里寰宇記武陽城相傳秦惠王時張儀所築旬月之閒破壞三郡趙一清曰水經注益州舊以蜀郡廣漢犍爲爲三蜀所謂旬月之閒破壞三郡者也相自稱天子衆以萬數沈家本曰范書作衆至十餘萬人案馬相破壞三郡衆必不止萬數恐此文有譌奪州從事賈龍素領兵數百人領兵華陽國志作領家兵何焯云素字衍在犍爲東界華陽國志作在犍爲之青衣攝斂吏民得千餘人攻相等數月破走宋本月作日華陽國志作破滅之州界清淨宋本淨作靜龍乃選吏卒迎焉焉徙治綿竹何焯曰東漢益州刺史治雒縣焉以郄儉被殺故徙治綿竹綿竹西漢都尉治也撫納離叛范書劉焉傳焉到以龍爲校尉徙居綿竹龍撫納離叛黃山曰龍字誤衍此斂爲事與龍無涉務行寬惠華陽國志作務行小惠下有時南陽三輔民數萬家避地入蜀焉恣饒之引爲黨與號東州士胡三省曰爲劉焉專制益州張本陰圖異計張魯母始以鬼道又有少容少容見魏志方伎傳華佗傳注引文帝典論云甘始老有少容何焯曰所謂少容蓋能久視之意後漢書作有姿色蓋范欲醜之甚其詞耳常往來焉家故焉遣魯爲督義司馬督義司馬見魏志張魯傳住漢中郡國志益州漢中郡治南鄭一統志南鄭故城今陝西漢中府南鄭縣城東漢中南鄭互見魏志武紀建安十六年及張魯傳斷絕谷閣潘眉曰谷閣謂斜谷及閣道三秦志曰自秦入蜀有三谷四道三谷者其西南曰褒谷南曰駱谷從洋入東南曰斜谷從郿入其所從皆殊舊志謂首尾一谷非是其棧道有四出從成和階文出者爲沓中陰平道鄧艾伐蜀由之從兩當出者爲故道漢高帝攻陳倉由之從褒鳳出者爲連雲棧道漢王之南鄭由之從成固洋縣出者爲斜谷駱道武侯屯渭上由之此四道三谷者關南之險阨攻取所從來固矣殺害漢使焉上書言米賊斷道張魯祖父陵造作道書從受道者出五斗米故世號米賊見魯傳不得復通又託他事殺州中豪彊王咸李權等十餘人以立威刑

益部耆舊雜記曰是書隋志不著錄新唐志益州耆舊雜傳記二卷章宗源隋志考證曰蜀志劉焉傳注先主傳注楊洪傳注楊戲傳注並引益州耆舊雜記初學記人部張松爲人短小而放蕩不理節操二語稱益部雜記省耆舊二字沈家本曰新唐志載是書雜傳二字誤倒楊戲傳末云益部耆舊雜記載王嗣常播衞繼三人皆劉氏王蜀時人故錄于篇據此則雜記在陳壽之先故壽得採之疑卽陳術書也丁國鈞曰華陽國志言常寬續陳壽耆舊傳作梁益篇新志有益州耆舊雜傳記二卷亦卽此書吳士鑑說同弼按沈說是丁吳說誤蓋承祚楊戲傳旣引用此書決非常寬續作之梁益篇也李權字伯豫爲臨邛長郡國志益州蜀郡臨邛一統志臨邛故城今四川邛州治華陽國志秦張儀與張若城臨邛城周迴六里高五丈在蜀郡西南二百里元和志銅官山在臨邛縣南二里鄧通所封後卓王孫買爲陶鑄之所漢書司馬相如傳相如與卓文君俱如臨邛卽此子福見犍爲楊戲輔臣贊

犍爲太守任岐及賈龍由此反攻焉焉擊殺岐龍華陽國志漢獻帝初平二年犍爲太守任岐與賈龍惡焉之陰圖異計也舉兵攻焉燒城都邑下邑襲之東州人多爲致力遂克岐龍婁宸英曰賈能破賊迎焉及焉作逆復攻焉固一時之傑惜其失勢

英雄記曰劉焉起兵不與天下討董卓保州自守犍爲太守任岐自稱將軍與從事陳

超舉兵擊焉焉擊破之董卓使司徒趙謙范書獻帝紀初平三年四月誅董卓六月李傕等殺司徒王允前將軍趙謙爲司徒趙典傳亦云謙代王允爲司徒是謙爲司徒董卓已前死矣此云董卓使司徒趙謙疑誤將兵向州說校尉賈龍使引兵還擊焉焉出青羌與戰故能破殺岐龍等皆蜀郡人

焉意漸盛造作乘輿車具范書具作重章懷注重輜重也千餘乘華陽國志作造乘輿車服千餘僭擬至尊荊州牧劉表表上焉有似子夏在西河疑聖人之論史記仲尼弟子列傳孔子既沒子夏居西河教授禮記檀弓篇子夏喪其子而喪其明曾子弔之子夏哭曰天乎予之無罪也曾子怒曰商女何無罪也吾與女事夫子洙泗之閒退而老于西河之上使西河之民疑女于夫子爾罪一也胡三省曰表蓋言焉在蜀僭擬使蜀人疑爲天子也時焉子範爲左中郎將誕治書御史璋爲奉車都尉皆從獻帝在長安

英雄記曰範聞父焉爲益州牧聞字疑衍董卓所徵發皆不至收範兄弟三人鏁械於郿郿塢見董卓傳爲陰獄以繫之監本繫作擊誤周壽昌曰陰獄即魏志蔣濟傳所云之地獄言置獄於陰處使人不易探也

惟小子別部司馬瑁素隨焉惠棟曰華陽國志云焉聞相者陳留吳懿妹當大貴爲瑁聘之故陳壽劉焉傳評云聽相者之言則求婚吳氏是也弼按事見二主妃子傳獻帝使璋曉諭焉焉留璋不遣

典略曰時璋爲奉車都尉在京師焉託疾召璋璋自表省焉焉遂留璋不還

時征西將軍馬騰屯郿而反焉及範與騰通謀引兵襲長安範謀泄奔槐里騰敗退還涼州範應時見殺於是收誕行刑馬騰劉範事詳見魏志董卓傳范書焉傳興平元年征西將軍馬騰與範謀誅李傕焉遣叟兵五千助之戰敗範及誕並見殺康發祥曰二書所記一謀反一勤王語氣大異陳仁錫曰範誕就戮焉識不如葵沈家本曰是時騰與範等謀誅李傕非反也此承祚承舊文之誤范已刊正

英雄記曰範從長安亡之馬騰營從焉求兵焉使校尉孫肇將兵往助之敗於長安華陽國志治中從事廣漢王商極諫不從謀泄範誕受誅

議郎河南龐羲與焉通家璋長子循妻爲龐羲女見璋傳羲爲巴西太守好士見鄧芝傳乃募將焉諸孫入蜀胡三省曰將如字領也攜也挾也時焉被天火燒城車具蕩盡華陽國志具作乘范書作重延及民家焉徙治成都既痛其子華陽國志其作二又感祅災興平元年癰疽發背而卒說文疽久癰也州大吏趙韙等華陽國志作州帳下司馬趙韙治中從事王商等（王商見許靖傳注）貪璋溫仁共上璋爲益州刺史詔書因以爲監軍使者領益州牧以韙爲征東中郎將率衆擊劉表

英雄記曰焉死子璋代爲刺史會長安拜潁川扈瑁爲刺史入漢中荊州別駕劉闔璋將沈彌婁發甘寧反擊璋潘眉曰此甘寧即甘興霸本傳不載曾仕於璋然吳書稱寧曾客巴郡補蜀郡丞後乃依劉表即在此時弼按甘寧巴郡臨江人不勝走入荊州璋使趙韙進攻荊州屯朐䏰上蠢下如振反朐䏰詳見魏志陳留王紀咸熙二年范書焉傳先是荊州牧劉表表焉僭擬乘輿器服韙以此遂屯兵朐䏰備表趙一清曰上蠢下如振反此六字是裴音釋師古曰朐音劬方輿紀要卷六十九萬縣漢朐䏰縣地三國志漢建興八年置南浦縣屬巴東郡沈約曰時益州牧閻宇表改羊渠立縣是南浦本名羊渠蜀前此所置縣也潘眉曰朐音劬此古音也章懷吳漢傳注引十三州志音春晉書音義引如淳曰音蠢後又改朐爲胊胊既俗字蠢亦非舊音不可從䏰字亦宜從地理郡國二志作忍柳從辰曰朐䏰一作朐忍說文作朐䏰今案前續志皆作朐忍前志顏注朐音劬章懷吳漢傳注從之故䏰亦音忍下復引十三州志朐音春䏰音閏者衆存異說也章懷劉焉傳注䏰音如尹反雖仍是忍音而朐音蠢則又不同音劬則字本从句音春蠢則字當从旬矣然段玉裁據十三州志其地下溼多朐忍蟲字仍朐忍不作朐䏰說文新附增朐䏰二字雖有所本段氏已極論其失至朐字明見許書五音集韻乃謂其俗字眞大謬也沈家本曰上蠢以下六字應作小字雙行

璋字季玉璋祖母黃氏黃琬爲璋祖母之姪見來敏傳璋母費氏見費禕傳既襲焉位而張魯稍驕恣不承順璋璋殺魯母及弟遂爲讎敵璋累遣龐羲等攻魯所破官本考證云通鑑攻魯下多數爲二字魯部曲多在巴西巴東巴西詳見魏志武紀建安二十年及張郃傳趙一清曰續郡國志巴郡注引譙周巴記曰初平六年趙韙分巴爲二郡欲得巴舊名故郡以墊江爲治安漢以下爲永寧郡建安六年劉璋分巴以永寧爲巴東郡以墊江爲巴西郡一清案此引巴記有脫誤是以三巴之說不甚分明全氏祖望曰初平六年趙韙分巴爲二建安六年以蹇胤之訟分巴爲三以永寧爲巴東閬中爲巴西墊江爲巴郡是乃三巴分置之次第也但初平僅四年云六年字誤耳又劉璋嗣位以趙韙爲征東乃興平元年正分巴之歲也誤以爲初平迨建安六年趙韙誅故再分巴耳故以義

為巴西太守領兵禦魯張魯事見魏志張魯傳范書焉傳張魯以璋闇弱不得承順璋怒殺魯母及弟而遣其將龐羲等攻魯數為所破魯部曲多在巴上故以羲為巴郡太守魯因襲取之遂雄於巴漢華陽國志璋懦弱少斷張魯稍驕於漢中巴夷杜濩朴胡袁約等叛詣魯璋怒殺魯母及弟遣和德中郎將龐羲討魯不克巴人日叛乃以羲為巴郡太守屯閬中禦魯羲以宜須兵衞輒召漢昌賨民為兵

英雄記曰龐羲與璋有舊又免璋諸子於難故璋厚德羲毛本羲作義誤下同以羲為巴西太守遂專權勢

後義與璋情好攜隙趙韙稱兵內向衆散見殺皆由璋明斷少而外言入故也華陽國志或攜羲於璋璋與之情好攜隙趙韙數進諫不從亦恚恨也建安五年趙韙起兵數萬將以攻璋璋逆擊之明年韙破敗羲懼遣吏程郁（通鑑郁作郝）宣旨於郁父漢昌令畿索益賨兵畿曰郡合部曲本不為亂縱有讒諛要在盡誠遂懷異志非所聞也羲令郁重往畿曰我受牧恩當為盡節汝自郡吏當為效力不義之事莫有二義羲恨之使人告曰不從太守家將及禍畿曰昔樂羊食子非無父子之恩大義然也今雖羹子畿飲之矣羲乃厚謝於璋璋善畿遷為江陽太守

英雄記曰先是南陽三輔人流入益州數萬家收以為兵名曰東州兵璋性寬柔無威略東州人侵暴舊民璋不能禁政令多闕益州頗怨趙韙素得人心胡三省曰趙韙從焉入蜀璋又韙所立益州之大吏也璋委任之韙因民怨謀叛乃厚賂荊州請和胡三省曰荊州劉表也陰結州中大姓與俱起兵還擊璋蜀郡廣漢犍為皆應韙璋馳入成都城守東州人畏威威當作韙咸同心并力助璋皆殊死戰遂破反者進攻韙於江州郡國志益州巴郡治江州一統志江州故城今四川重慶府巴縣西韙將龐樂李異反殺韙軍斬韙胡三省曰趙韙隨劉焉入蜀將以圖富貴而卒以殺身行險以徼幸不如居易以俟命也

漢獻帝春秋曰漢朝聞益州亂遣五官中郎將牛亶為益州刺史徵璋為卿胡三省曰卿九卿也不至

璋聞曹公征荊州已定漢中何焯曰已定漢中四字不可曉疑有脫文梁章鉅曰操定漢中張魯遁走是建安二十年在此後數年也王鳴盛說同錢儀吉曰是時劉琮降曹公曹公追先主於當陽濟漢至赤壁敗而逃命無緣得至漢中遣河內陰溥致敬於

曹公范書焉傳十三年曹操自將征荊州璋乃遣使致敬華陽國志十年璋聞曹公將征荊州遣中郎將河內陰溥致敬弼按范書敍此事在建安十三年華陽國志在十年案建安十年曹公方平冀州北征幽并無暇南及荊州也加璋振威將軍兄瑁平寇將軍潘眉曰為四子範誕璋及小子瑁瑁乃璋弟稱兄瑁誤沈家本曰璋字季玉則璋乃焉季子似不得遽謂瑁為璋弟也范史亦稱兄瑁其稱小子者或是庶孽之子瑁狂疾物故漢書蘇武傳單于召會武官屬前以降及物故凡隨武還者九人師古曰物故謂死也言其同於鬼物而故也一說不欲斥言但言其所服用之物皆已故耳而說者妄欲改物為勿非也宋祁曰物當作歾音沒王念孫曰釋名漢以來謂死為物故言其諸物皆就朽故也史記張丞相傳集解引高堂隆答魏朝訪曰物無也故事也言無所能於事念孫案宋說近之物與歾同說文歾終也或作歿歾物聲近而字通今吳人言物字聲如沒語有輕重耳物故猶言死亡楚元王傳云物故流離以十萬數夏侯勝傳云百姓流離物故者過半物故與流離對文皆兩字平列諸家皆不知物為歾之借字故求之愈深而失之愈遠也弼按霍光傳光勅左右謹宿衞卒有物故自裁令我負天下有殺主名師古曰物故死也自裁自殺也此則物故與自裁相連屬而言之也

臣松之案魏臺訪物故之義高堂隆答曰聞之先師物無也故事也言無復所能於事也范書儒林傳牟長傳注引此作言死者無復所能於事故也康發祥曰今人謂人死曰物故本此

璋復遣別駕從事蜀郡張肅送叟兵三百人李賢曰漢世謂蜀為叟孔安國注尚書云蜀叟也後漢書劉焉傳官本考證曰孔穎達尚書疏云叟者蜀夷之別名漢世不即謂蜀為叟也光武紀中注引常璩華陽國志云武帝元封二年叟夷反將軍郭昌討平之因開為益州郡是蜀人謂其西南勞深靡莫諸夷為叟乃今雲南地也惠棟曰華陽國志云夷人大種曰昆小種曰叟皆曲頭木耳環鐵裹結并雜御物於曹公曹公拜肅為廣漢太守廣漢郡治雒見前華陽國志載此為十二年事並云拜肅為掾璋復遣別駕張松詣曹公曹公時已定荊州走先主不復存錄松松以此怨松事見先主傳注引益部耆舊雜記華陽國志云十三年仍遣肅弟松為別駕詣公公時已定荊州追劉主不存禮松加表望不足但拜越嶲比蘇令松以是怨公會曹公軍不利於赤壁赤壁詳見魏志武紀建安十三年兼以疫死松還疵毀曹公勸璋自絕

漢晉春秋曰張松見曹公曹公方自矜伐不存錄松松歸乃勸璋自絕習鑿齒曰昔齊桓一矜其功而叛者九國公羊傳曰葵丘之會桓公震而矜之叛者九國曹操暫自驕伐毛本伐作我誤而天

下三分皆勤之於數十年之內而棄之於俯仰之頃豈不惜乎是以君子勞謙日昃慮
以下人功高而居之以讓 監本無之字誤 勢尊而守之以卑情近於物故雖貴而人不厭其
重德洽羣生故業廣而天下愈欣其慶夫然故能有其富貴保其功業隆顯當時傳福
百世何驕矜之有哉君子是以知曹操之不能遂兼天下者也
因說璋曰劉豫州使君之肺腑可與交通璋皆然之遣法正連好先
主尋又令正及孟達送兵數千助先主守禦 華陽國志張松舉扶風法正可使交好劉主璋從之又遣
正同郡孟達將兵助劉主守禦前後賂遺無限 正遂還後松復說璋曰今州中諸將龐羲李異
等皆恃功驕豪 胡三省曰據裴注龐羲免璋諸子於難而李異殺趙韙故各恃功 欲有外意 胡三省曰謂其意欲附外
也 不得豫州則敵攻其外民攻其內必敗之道也 張松法正勸璋結先主互見先主傳及法
正傳華陽國志建安十六年璋聞曹公將遣司隸校尉鍾繇伐張魯有懼心松說璋結先主與先主傳同 璋又從之遣法正請先

主璋主簿黃權陳其利害 權諫阻璋迎先主詳見權傳 從事廣漢王累自倒縣於
州門以諫璋 華陽國志云從事烈至諫君刎首王累廣漢新都人也州牧璋從別駕張松計遣法正迎先主主簿黃權諫不納累爲從事以諫不
入自刎州門以明不可 一無所納勑在所供奉先主先主入境如歸 華陽國志劉主至巴郡巴
郡嚴顏拊心歎曰此所謂獨坐窮山放虎自衛者也 先主至江州北由墊江水 原注墊音徒協反郡國志巴郡墊江宋書州郡
志墊江漢舊縣獻帝建安六年屬巴西劉禪建興十五年復舊一統志今四川重慶府合州治漢書地理志巴郡墊江孟康曰音重疊之疊王先謙曰應劭云音徒浹反
說文墊重衣也从衣執聲巴郡有墊江縣段玉裁云墊江縣爲嘉陵江渠江涪江會合之地水如衣之重複故曰墊江淺人譌作昏墊之墊觀應孟之言則知漢書故從
衣也 詣涪 原注音浮郡國志廣漢郡涪華陽國志涪縣屬梓潼郡去成都三百五十里水通於巴於蜀爲東北之要蜀時大將軍鎭之大司馬蔣琬葬此大姓
楊杜李人士多見耆舊傳也胡三省曰巴郡治江州墊江縣屬巴郡涪縣屬廣漢郡墊江水蓋卽涪內水也庾仲雍曰江州縣對二水口右則涪內水左則蜀外水一統
志涪縣故城今四川綿州東 去成都三百六十里 宋本元本作三百六十里各本三百均誤作三千官本考證盧明楷曰鄧艾傳徑漢
德陽亭趣涪出劍閣西百里去成都三百餘里若云涪至成都三千餘里是不應如此之遠三千或三百之訛錢儀吉李慈銘說同 是歲建安十

六年也璋率步騎三萬餘人車乘帳幔 胡三省曰乘繩證翻幔莫半翻幕也 精光曜日往
就與會 范書備自江陵馳至涪城璋率步騎數萬與備會 先主所將將士更相之適 胡三省曰之往也
歡飲百餘日璋資給先主使討張魯然後分別 張松令法正白先主便於會所襲璋見先主傳
吳書曰璋以米二十萬斛騎千匹車千乘繒絮錦帛以資送劉備
明年先主至葭萌 漢書地理志廣漢郡葭明應劭曰音家盲師古曰明音萌（錢大昕曰古音明如盲）郡國志廣漢郡葭萌華陽國志晉
壽縣本葭萌城劉氏更曰漢壽水通於巴西又入漢川蜀大將軍鎭之大將軍費禕葬此胡三省曰蜀王封其弟葭萌於此因以名邑先主改曰漢壽一統志今四川保
寧府昭化縣南漢壽詳見魏志齊王紀嘉平五年 還兵南向所在皆克 華陽國志載先主貽璋書求益萬兵救孫權見先主傳又載龐
統三策見統傳辭語略同不錄范書焉傳張松勸備於會襲璋備不忍明年出屯葭萌松兄廣漢太守肅懼禍及己乃以松謀白璋收松斬之敕諸關戍無復通備大怒
還兵擊璋所在戰克 十九年進圍成都數十日城中尙有精兵三萬人穀帛支一
年 宋本二作一范書通鑑同華陽國志作穀支二年 吏民咸欲死戰璋言父子在州二十餘年

胡三省曰靈帝中平五年劉焉牧益州至是二十七年 無恩德以加百姓攻戰三年 自建安十七年至十九年 肌
膏草野者以璋故也何心能安遂開城出降 華陽國志璋遂遣張裔奉使詣劉主主許裔禮其君而安
其民劉主又遣從事中郞涿郡簡雍說璋璋素雅敬雍遂與同輿而出降 羣下莫不流涕先主遷璋于南郡公
安 郡國志荊州武陵郡孱陵劉昭注引魏氏春秋曰劉備在荊州所都改曰公安先主傳劉琦死羣下推先主爲荊州牧治公安江表傳周瑜爲南郡太守分南
岸地以給備備別立營於油江口改名爲公安水經江水注江水又東右合油口又東逕公安縣北劉備之奔江陵使築而鎭之一統志孱陵故城今湖北荊州府公安
縣南公安故城今公安縣東北弼按孱陵公安本爲兩縣若如魏氏春秋所云是改孱陵爲公安不知先主所改者乃改油江口爲公安非改孱陵爲公安也孱陵在今
公安西南公安在今公安東北三國吳俱屬南郡故此傳云南郡公安也或謂章懷注引蜀志云先主遷璋於公安南此傳似南字誤倒而又衍郡字然華陽國志云遷
璋於南郡之公安與此傳同也 盡歸其財物 范書作財寶 故佩振威將軍印綬 監本官本故上有及字何焯云
宋本故字在佩字下章懷注引蜀志作猶佩胡三省曰曹公先加璋振威將軍故仍佩其印綬 孫權殺關羽取荊州以璋爲
益州牧駐秭歸 秭歸詳見魏志文紀黃初三年今湖北宜昌府歸州治 璋卒 華陽國志劉主東征璋於吳卒也 南中

豪率雍闓據益郡反附於吳後主傳建興元年先是益州郡有大姓雍闓反郡國志有益州郡此奪州字通鑑黃初四年初益州郡耆帥雍闓殺太守正昂因士燮以求附於吳權復以璋子闡爲益州刺史處交益界首丞相諸葛亮平南土後主傳建興三年丞相亮南征四郡四郡皆平改益州郡爲建寧郡闡還吳爲御史中丞吳書云闡一名緯爲人恭恪輕財愛義有仁讓之風後疾終于家

初璋長子循妻龐義女也先主定蜀義爲左將軍司馬先主時爲左將軍璋時從義啟留循先主以爲奉車中郎將洪貽孫曰奉車中郎將一人建安末蜀所置是以璋二子之後分在吳蜀

評曰昔魏豹聞許負之言則納薄姬於室許負事詳見魏志方伎傳朱建平傳史記外戚世家薄太后父吳人姓薄氏秦時與故魏王宗家女魏媪通生薄姬魏豹立爲魏王魏媪內其女於魏宮媪之許負所相相薄姬云當生天子豹聞許負言心獨喜因背漢漢使曹參等擊虜魏王豹而薄姬輸織室漢王見薄姬有色詔內後宮一幸生男後立爲孝文皇帝

孔衍漢魏春秋曰許負河內溫縣之婦人漢高祖封爲明雌亭侯　臣松之以爲今東人呼母爲負衍以許負爲婦人如爲有似然漢高祖時封皆列侯未有鄉亭之爵疑此封爲不然

劉歆見圖讖之文則名字改易漢書劉歆傳初歆以建平元年改名秀字穎叔云應劭曰河圖赤伏符云劉秀發兵捕不道四夷雲集鬭野四七之際火爲主故改名以趣也終於不免其身而慶鍾二主二主謂漢文帝及光武也此則神明不可虛要馮本虛作妄天命不可妄冀必然之驗也而劉焉聞董扶之辭則心存益土聽相者之言則求婚吳氏事見二主妃子傳遽造輿服圖竊神器其惑甚矣璋才非人雄而據土亂世負乘致寇易解卦之辭負且乘致寇至貞吝象曰負且乘亦可醜也自我致戎又誰咎也正義曰乘者君子之器也負者小人之事也施之於人即在車騎之上而負於物也故寇盜知其非己所有於是競欲奪之故曰負且乘致寇至也自然之理其見奪取非不幸也范蔚宗論曰劉焉覩時方艱先求後亡之所庶乎見幾而作夫地廣則驕奢之心生財衍則僭奢之情用固亦恆人必至之情也璋能閉隘養力守案先圖尚可與歲時推移而遽輸利器靜受流斥所謂羊質虎皮見豺則恐吁哉常璩譔曰劉焉器非英傑圖射僥倖璋才非人雄據土亂世其見奪取陳子以爲非不幸也昔齊侯噬晉魯之使旋蒙易乘之困魏君賤公叔之侍人亦受割地之辱量才懷遠誠君子之先略也觀劉璋曹公之侮慢法正張松二憾既徵同惡相濟或家國覆亡或三分天下古人一饋十起輟沐揮洗良有以也

張璠曰劉璋愚弱而守善言斯亦宋襄公徐偃王之徒左傳僖公二十二年宋公及楚人戰于泓宋師敗績國人皆咎公公曰君子不重傷不禽二毛古之爲軍也不以阻隘也寡人雖亡國之餘不鼓不成列史記趙世家徐偃王反繆王日馳千里馬攻徐偃王大破之後漢書東夷傳序徐夷僭號穆王畏其方熾乃分東方諸侯命徐偃王主之偃王處潢池東地方五百里行仁義陸地而朝者三十六國穆王後得驥騄之乘乃使造父御以告楚令伐徐一日而至於是楚文王大舉兵而滅之偃王仁而無權不忍鬭其人故致於敗尸子曰偃王有筋而無骨故曰偃博物志曰徐王妖異不常自稱偃王穆王使楚伐之偃王仁不忍鬭爲楚所敗北漢書人表徐隱王師古曰即偃王弼案徐偃王事語多不經譙周已有辨正詳見陳逢衡竹書紀年集證卷二十九梁玉繩人表考卷六未爲無道之主也張松法正雖君臣之義不正然固以委名附質進不顯陳事勢若韓嵩劉光之說劉表潘眉曰劉表傳劉光作劉先按先字始宗當名先此光字誤退不告絕奔亡若

陳平韓信之去項羽而兩端攜貳爲謀不忠罪之次也

先主傳第二

史通列傳篇曰陳壽國志載孫劉二帝其實紀也而呼之曰傳司馬光曰漢興學者始推五德生勝以秦爲閏位於是正閏之論興矣臣愚誠不足以知前代之正閏竊以爲苟不能使九州合爲一統皆有天子之名而無其實者也雖華夏仁暴大小強弱或時不同要皆與古之列國無異豈得獨尊奬一國謂之正統而其餘皆爲僭僞哉其地醜德齊莫能相壹名號不異本非君臣者皆以列國之制處之彼此均敵無所抑揚庶幾不誣事實近於至公昭烈之於漢雖云中山靖王之後而族屬疏遠不能紀其世數名位亦猶宋高祖稱楚元王後南唐烈祖稱吳王恪後是非難辨故不敢以光武及晉元帝爲比使得紹漢氏之遺統也郝經曰漢建安末曹氏廢漢自立稱魏孫氏據江左僭號稱吳昭烈以宗子繼漢卽位于蜀討賊恢復卒莫能相一而折入于晉晉平陽侯相陳壽故漢吏也漢亡仕晉作三國志以曹氏繼漢而不與昭烈稱之曰蜀鄙爲偏霸僭僞于是統體不正大義不明紊其綱維故稱號論議皆失其正又曰魏晉自以爲正統相繼故不舉昭烈之謚稱曰先主陳壽遂不以漢爲帝紀曰先主傳非也先主者大夫稱其先大夫之辭也繼漢而不稱漢未嘗稱蜀而稱蜀蔑劣甚矣或曰魏武係追尊猶稱帝稱紀三國鼎立既作蜀志宜稱漢昭烈帝爲是劉咸炘曰史之有紀乃一書之綱領非帝者之上儀然紀必取一時之主三方鼎峙莫適爲主承祚則仍守舊法以一方爲紀而餘二方爲傳然二方主傳又爲彼二方之綱故不得不仍用紀體此實向來未有之例固不可以爲有心貶吳蜀也又曰原承祚本意蓋以三方皆當爲紀而一書不可三紀故既不得不用紀體又不得不名爲傳以爲史法之不得不然也

晉平陽侯相安漢陳壽撰

宋中書侍郎西鄉侯聞喜裴松之注

沔陽盧弼集解

先主姓劉諱備字玄德涿郡涿縣人郡國志幽州涿郡治涿一統志涿縣故城今順天府涿州治漢景帝子中山靖王勝之後也漢書景十三王傳孝景皇帝十四男賈夫人生中山靖王勝中山靖王勝以孝景前三年立勝爲人樂酒好內有子百二十餘人郝經曰武帝詔諸侯王得推恩侯支庶子弟靖王百餘子侯者五人弼按中山靖王子封侯見漢書王子侯表及水經注者七人詳下勝子貞元狩六年封涿縣陸城亭侯坐酎金失侯因家焉漢書王子侯表中山靖王子廣望節侯忠將梁侯朝平薪館侯未央陸城侯貞薪處侯嘉水經滱水注云滱水東過安憙縣南漢武帝元朔五年封中山靖王子劉應爲侯國又云滱水東南逕任丘城南又東南逕安郭亭南漢武帝元朔五年封中山靖王子劉傳富爲侯國又云滱水又東北逕博陵縣故城南卽古陸成漢武帝元朔二年封中山靖王子劉貞爲侯國又云博水又東逕廣望縣故城北漢武帝元朔二年封中山靖王子劉忠爲侯國又北逕清涼城東卽將梁也漢武帝元朔二年封中山靖王子劉朝平爲侯國一統志博陵故城今直隸保定府蠡縣南漢置陸城縣封劉貞爲侯國後漢廢入蠡吾改置博陵史記平準書列侯坐酎金失侯者百餘人如淳曰漢儀注王子爲侯侯歲以戶口酎黃金於漢廟皇帝臨受獻金以助祭大祀日飲酎飲酎受金金少不如斤兩色惡王削縣侯免國漢書景帝紀高廟酎張晏曰正月旦作酒八月成名曰酎酎之言純也至武帝時因八月嘗酎會諸侯廟中出金助祭所謂酎金也師古曰酎三重釀醇酒也味厚故以薦宗廟酎音直救反潘眉曰前漢無鄉亭之封攷漢書王子侯表貞封陸成侯無亭字地理志陸成中山國縣名貞爲中山靖王之後故封中山國之陸成縣侯成字無土旁王子侯表陸成侯下注涿字亦誤又曰失侯在元鼎五年始當家陸成後徙涿耳官本攷證陳浩曰漢書王子侯表陸城侯貞元朔二年六月甲午封元鼎五年坐酎金免此云元狩六年恐誤何焯曰元朔二年封十五年元鼎五年免蓋以始封之明年爲元年也此云元狩六年少十年矣恐誤又曰續漢書百官志宗正卿下注云郡國歲因計上宗室名籍劉昭注引胡廣曰又歲一治諸王世譜差序秩第故西京枝屬其後衰者猶皆可考趙一清曰漢表陸城是縣侯非亭侯也又曰地理志涿郡無陸城陸城中山國之屬縣也博陵史記蠡吾故縣蠡吾屬涿郡故表云涿也二縣川土相鄰矣（趙說見水經注釋卷十一）錢大昕曰陸城本中山之地貞以王子封侯改隸涿郡其後失侯地入於漢爲縣宣元之世中山王絕而更封仍以縣還中山也（錢說見水經注疏要刪）錢儀吉曰涿縣當爲涿郡周壽昌曰華陽國志貞作眞漢武時以酎金失侯者皆元鼎五年事

典略曰備本臨邑侯枝屬也後漢書北海靖王興傳建武三十年封興子復爲臨邑侯郡國志兗州東郡臨邑一統志臨邑故城今山東泰安府東阿縣北弼按興爲光武兄伯升之子興子復封臨邑侯不解先主何以爲臨邑侯枝屬或因與光武同出自景帝乎胡三省曰蜀書云備中山靖王勝子陸城亭侯貞之後然自祖父以上世系不可攷沈家本曰漢表無臨邑而中山靖王子有臨樂敦侯光典略所言或卽指此然與傳文異矣范史北海靖王興傳子復爲臨邑侯注臨邑縣屬東海然則臨邑侯乃齊武王之裔非中山枝屬惟臨邑國在東海不聞還涿典略之說非也

先主祖雄父弘世仕州郡雄舉孝廉官至東郡范令一統志范縣故城今山東曹州府范縣東南二十里先主少孤與母販履織席爲業舍東南角籬上有桑樹生高五丈餘遙望見童童如小車蓋往來者皆怪此樹非凡或謂當出貴人趙一清曰水經巨馬水注督亢溝水東經涿縣酈亭樓桑里南卽劉備之舊里也方輿紀要卷十一樓桑村在涿州西南十五里

漢晉春秋曰涿人李定云此家必出貴人

先主少時與宗中諸小兒於樹下戲言吾必當乘此羽葆蓋車續漢志輿服志

羽蓋華蚤徐廣曰翠羽蓋黃裹所謂黃屋車也東京賦曰樹翠羽之高蓋薛綜曰樹翠羽爲蓋如雲龍矣叔父子敬謂曰錢大昭曰扶風孟達字子敬避先主叔父敬改爲子度見劉封傳汝勿妄語滅吾門也年十五母使行學與同宗劉德然遼西公孫瓚俱事故九江太守同郡盧植植事詳見魏志盧毓傳范書植傳植字子幹涿郡涿人熹平四年九江蠻反四府選植才兼文武拜九江太守蠻寇賓服以疾去官弼按先主年十五爲靈帝熹平四年師事盧植當在植去官歸里之時故傳文云故九江太守也德然父元起常資給先主與德然等元起妻曰各自一家何能常爾邪元起曰宋本馮本吳本毛本無元字吾宗中有此兒非常人也而瓚深與先主相友瓚年長先主以兄事之先主不甚樂讀書喜狗馬音樂美衣服身長七尺五寸垂手下膝華陽國志手作臂通鑑膝作厀胡三省曰厀與膝同言其有異相也顧自見其耳范書呂布傳布目備曰大耳兒最叵信少語言善下人喜怒不形於色好交結豪俠年少爭附之中山大商張世平蘇雙等貲累千金販馬周旋於涿郡見而異之乃多與之金財先主由是得用合徒衆華陽國志河東關羽雲長同郡張飛益德並以壯烈爲禦侮靈帝末黃巾起州郡各舉義兵先主率其屬從校尉鄒靖討黃巾賊有功除安喜尉討賊事在中平元年見華陽國志時先主年二十四歲郡國志冀州中山國安熹本安險章帝更名水經滱水篇滱水又東過安憙縣南酈注云縣故安險也漢章帝改曰安憙中山記曰縣在唐水之曲山高岸險故曰安險邑豐民安改曰安憙一統志安熹故城今直隸定州東三十里續百官志尉大縣二人小縣一人尉主盜賊

典略曰平原劉子平知備有武勇時張純反叛范書靈帝紀中平四年漁陽人張純與同郡張舉舉兵叛青州被詔遣從事將兵討純過平原子平薦備於從事遂與相隨遇賊於野備中創陽死賊去後故人以車載之得免後以軍功爲中山安喜尉

督郵以公事到縣續百官志其監屬縣有五部督郵曹掾一人先主求謁不通直入縛督郵杖二百解綬繫其頸著馬枊原注五葬反說文繫馬柱也康發祥曰蓋解綬繫其頸而著於繫馬柱也棄官亡

命華陽國志以綬繫督郵頭頸著馬枊柱委官亡命

典略曰其後州郡被詔書其有軍功爲長吏者當沙汰之備疑在遣中督郵至縣當遣備備素知之聞督郵在傳舍備欲求見督郵督郵稱疾不肯見備備恨之因還治將吏卒更詣傳舍突入門言我被府君密教收督郵遂就牀縛之元本就牀作就林誤將出到界自解其綬以繫督郵頸縛之著樹鞭杖百餘下欲殺之督郵求哀乃釋去之

頃之大將軍何進遣都尉毌丘毅詣丹陽募兵先主與俱行至下邳遇賊力戰有功除爲下密丞郡國志青州北海國下密一統志下密故城今山東萊州府昌邑縣東續百官志凡縣丞一人復去官後爲高唐尉郡國志青州平原郡高唐一統志今山東濟南府禹城縣西南境遷爲令

英雄記云靈帝末年備嘗在京師復與曹公俱還沛國復宋本作後此爲中平六年事曹操變易姓名間行東歸見魏志武紀卷首是時曹操年三十五歲先主年二十九歲募召合衆會靈帝崩天下大亂備亦起軍從討董卓

爲賊所破往奔中郎將公孫瓚魏志瓚傳瓚追討漁陽張純有功遷騎都尉屬國烏丸貪至王詣瓚降遷中郎將瓚表爲別部司馬續百官志其別領營屬爲別部司馬郝經曰凡曰表表請朝命也使與青州刺史田楷以拒冀州牧袁紹各本與皆作爲錢大昕曰爲字誤當是助字之譌弼按下文先主與田楷東屯齊此亦當作與字郝經續後漢書云初平二年夏六月袁紹逐冀州牧韓馥自領州攻瓚所置青州刺史田楷冬十月瓚表昭烈爲別部司馬使爲楷拒紹仍作爲字數有戰功試守平原令後領平原相郡國志青州平原郡治平原一統志平原故城今山東濟南府平原縣西南五十里平原王石見范書匽后傳章懷注石蠡吾侯翼子桓帝兄也錢大昭後漢書補表云平原王碩建和二年封建安十一年國除弼按桓靈閒平原郡復爲國故先主爲平原相也郡民劉平素輕先主恥爲之下使客刺之客不忍刺語之而去其得人心如此趙一清曰前注引典略言平原劉子平薦先主此言劉平刺之何相反也豈先主失歡於故人邪抑別一人也

魏書曰劉平結客刺備備不知而待客甚厚客以狀語之而去是時人民饑饉屯聚鈔

槩備外禦寇難內豐財施士之下者必與同席而坐同簋而食無所簡擇衆多歸焉華陽國志北海相魯國孔融爲黃巾所圍使太史慈求救於先主先主曰孔文舉聞天下有劉備乎以兵救之廣陵太守下邳陳登元龍太尉球孫也有雋才輕天下士謂功曹陳矯曰雄姿傑出有王霸之略吾敬劉玄德

袁紹攻公孫瓚先主與田楷東屯齊曹公征徐州徐州牧陶謙遣使告急於田楷楷與先主俱救之時先主自有兵千餘人及幽州烏丸雜胡騎又略得饑民數千人既到謙以丹陽兵四千益先主先主遂去楷歸謙謙表先主爲豫州刺史屯小沛李賢曰高祖本泗水郡沛縣人及得天下改泗水爲沛郡小沛即沛縣胡三省曰沛國治相縣而沛自爲縣屬沛國時人謂沛縣爲小沛由此時呼備爲劉豫州豫州刺史本治譙備領刺史而屯小沛按此時又有豫州刺史郭貢朝命不行私相署置者也弼按魏志武紀興平元年陶謙將曹豹與劉備屯郯東要太祖太祖擊破之陶謙死劉備代之又按豫州刺史郭貢見魏志荀彧傳一統志沛縣故城今江蘇徐州府沛縣東謙病篤謂別駕麋竺曰毛本吳本麋作縻誤胡三省曰姓譜楚大夫受封於南郡麋亭因以爲氏

或言工尹麋之後以名爲氏李慈銘曰本作麋从鹿音武悲切漢有麋敬蜀有麋竺麋芳廣韻六脂王應麟姓氏急就章皆同並無作縻之姓非劉備不能安此州也謙死竺率州人迎先主先主未敢當下邳陳登謂先主曰今漢室陵遲海內傾覆立功立事在於今日鄙州殷富戶口百萬各本鄙州皆作彼州華陽國志作鄙州錢大昕曰作鄙州是登下邳人下邳屬徐州故云鄙州也彼字誤沈家本曰續志徐州部戶四十七萬六千五十四口二百七十九萬一千六百八十三此稱百萬已耗其十之六七矣夫徐州經曹操屠戮之餘而遺黎尙有是數則先時之殷富可知若冀州則操克譚尙之後僅得三十萬其屠戮更何如哉欲屈使君撫臨州事先主曰袁公路近在壽春此君四世五公海內所歸君可以州與之登曰公路驕豪非治亂之主今欲爲使君合步騎十萬上可以匡主濟民成五霸之業下可以割地守境書功於竹帛胡三省曰觀登此言固未易才也若使君不見聽許登亦未敢聽使君也北海相孔融謂先主曰袁公路豈憂國忘家者邪冢中枯骨何足介意胡三省曰融言冢中枯骨何足介意正爲四世五公發也今日之事百姓與能天與不取悔不可追胡三省曰易曰人謀鬼謀百姓與能言百姓惟能者是與也前書曰天與不取反受其咎先主遂領徐州是時曹操新失兖州還擊呂布非不欲兼併徐州也

獻帝春秋曰陳登等遣使詣袁紹曰天降災沴官本沴作殄禍臻鄙州州將殂殞生民無主恐懼姦雄一旦承隙元本承作乘以貽盟主日昃之憂盟主謂袁紹也輒共奉故平原相劉備府君以爲宗主永使百姓知有依歸方今寇難縱橫元本難作讎不遑釋甲謹遣下吏奔告于執事紹答曰劉玄德弘雅有信義今徐州樂戴之誠副所望也

袁術來攻先主先主拒之於盱眙漢書地理志臨淮郡盱眙應劭曰音吁怡郡國志徐州下邳國盱台一統志今安徽泗州盱眙縣東北縣東四十里有盱眙山說文張目爲盱舉目爲眙城居山之上可以眺遠故名淮陰漢書地理志臨淮郡淮陰郡國志徐州下邳郡淮陰劉昭注下鄉有南昌亭韓信寄食處王先謙曰三國魏改屬廣陵郡胡三省曰魏廣陵郡治一統志淮陰故城今江蘇淮安府淸河縣東南曹公表先

主爲鎭東將軍建安元年六月曹操遷鎭東將軍同時不得有兩鎭東蓋操之鎭東爲楊奉所表請見魏志董昭傳先主之鎭東爲操所表請羣帥表薦各不相謀也封宜城亭侯郡國志荆州南郡宜城一統志今湖北襄陽府宜城縣南是歲建安元年也先主時年三十六歲先主與術相持經月呂布乘虛襲下邳郡國志徐州下邳國治下邳一統志今江蘇徐州府邳州東三里漢徐州刺史治剡漢末徐州牧徙治下邳下邳守將曹豹反閒迎布布虜先主妻子麋竺進妹於先主在此時見竺傳先主轉軍海西郡國志徐州廣陵郡海西一統志今江蘇海州南

英雄記曰備留張飛守下邳引兵與袁術戰於淮陰石亭謝鍾英曰石亭在今江蘇淮安府山陽縣境更有勝負陶謙故將曹豹在下邳張飛欲殺之豹衆堅營自守使人招呂布招一作召布取下邳張飛敗走備聞之引兵還北至下邳通鑑北作比兵潰收散卒東取廣陵與袁術戰又敗趙一淸曰呂布傳注引英雄記與此異一書自相違伐殆不可解通鑑從彼注

楊奉韓暹寇徐揚閒先主邀擊盡斬之通鑑考異曰暹奉後與呂布同破袁術於時未死也備傳誤弼按暹

奉與呂布同破袁術爲建安二年事魏志董卓傳暹奉不能奉王法各出奔寇徐揚間爲劉備所殺范書董卓傳奉暹要遮車駕不及縱暴揚徐間明年左將軍劉備誘奉斬之暹走幷州爲人所殺當在建安二年末此傳誤書在前沈家本曰范史董卓傳明年左將軍劉備誘奉斬之暹懼走幷州道爲人所殺注引九州春秋曰爲張宣所殺是奉爲先主所斬而暹則非也魏志董卓傳亦云暹奉爲劉備所殺而注引英雄記所言與范史同恐此傳及魏志卓傳特約略之詞耳范史所稱明年指建安二年而證之魏志呂布傳先主屯小沛之後布尙與暹奉共破袁術則暹奉之死又在其後此敘于屯小沛之先誠爲顚倒不免如考異之所譏至魏志卓傳敘此事於建安元年則終言之詞又不必議也

先主求和於呂布布還其妻子先主遣關羽守下邳

先主還小沛通鑑考異曰遣關羽守下邳此在布敗後備傳誤也弼按魏志呂布傳云備東擊術布襲取下邳備還歸布布遣備屯小沛布自稱徐州刺史布旣據有下邳必不容關羽同城共守若關羽守下邳則與下文曹公助先主圍下邳之語相矛盾且與後文先主殺徐州刺史車冑留關羽守下邳而身還小沛之語相復其誤無疑若云布還其妻子遣先主還小沛於當日情勢方合

英雄記曰備軍在廣陵饑餓困敗宋本敗作䟦吏士大小自相啖食窮餓侵偪欲還小沛遂使吏請降布布令備還州幷勢擊術具刺史車馬童僕發遣備妻子部曲家屬於泗水上水經淮水篇淮水又東北至下邳淮陰縣西泗水從西北來流注之酈注云淮泗之會卽角城也左右兩川翼夾二水決入之所所謂泗口也祖道相樂一本相作張毛本缺字魏書曰局本奪曰字誤諸將謂布曰備數反覆難養宜早圖之布不聽以狀語備備心不安而求自託使人說布求屯小沛布乃遣之

復合兵得萬餘人呂布惡之自出兵攻先主先主敗走歸曹公曹公厚遇之監本厚作後誤以爲豫州牧將至沛收散卒給其軍糧益與兵使東擊布布遣高順攻之曹公遣夏侯惇往不能救爲順所敗復虜先主妻子送布曹公自出東征

英雄記曰建安三年春布使人齎金欲詣河內買馬爲備兵所鈔布由是遣中郎將高順北地太守張遼等趙一清曰張遼傳遼從布於徐州時領魯相攻備九月遂破沛城備單身走獲其妻息宋本作獲將士妻息十月曹公自征布備於梁國界中與曹公相遇遂隨公俱東征

助先主圍布於下邳生禽布先主復得妻子從曹公還許表先主爲左將軍禮之愈重出則同輿坐則同席袁術欲經徐州北就袁紹曹公遣先主督朱靈路招要擊術未至術病死范書獻帝紀建安四年夏六月袁術死先主未出時獻帝舅車騎將軍董承

臣松之案董承漢靈帝母董太后之姪於獻帝爲丈人蓋古無丈人之名故謂之舅也

何焯曰按此則古人凡外家大人行通謂之舅趙一清曰董承故董卓壻牛輔部曲將皇甫酈謂李傕曰近董公內有董旻承璜以爲鯁毒旻卓弟璜亦卓兄子則承必其支屬其後有功獻帝又以其女爲貴人故謂之舅邪裴以承爲董太后之姪恐非（趙氏又有說見董卓傳注與此說異）錢儀吉曰曹操之弒伏后范書伏后紀中備載其事其殺董承夷三族董后紀不書蓋承非后族也弼按范書伏后紀董承女爲貴人操誅承而求貴人殺之帝以貴人有妊累爲請不能得本傳稱舅者蓋以女爲貴人也至云承爲董后之姪董卓之支屬均未知何據

辭受帝衣帶中密詔當誅曹公先主未發劉咸炘曰辭字當刪先主未發四字亦贅是時曹公從容謂先主曰今天下英雄惟使君與操耳本初之徒不足數也先主方食失匕箸胡三省曰備以操知其英雄懼將圖己故驚失匕箸也匕匙也箸挾也箸遲助翻

華陽國志云晉書載記第二十一云散騎常侍常璩等勸李勢降桓溫隋書經籍志霸史類華陽國志十二卷常璩撰舊唐志三卷新唐志十三卷高似孫史略云華陽國志十二卷晉常璩志巴漢風俗公孫以後据蜀事宋元豐戊午呂大防華陽國志序云晉常璩作華陽國志於一方人物丁寧反覆如恐有遺雖蠻髦之民井臼之婦苟有可紀皆著於書且云得之陳壽所爲耆舊傳壽嘗爲郡中正故能著述若此之詳自先漢至晉初踰四百歲士女可書者四百人亦可謂衆矣此書雖繁富不及承祚之精微然議論忠篤樂道人之善蜀記之可觀未有過於此者鏤行於世庶有益於風教云嘉泰甲子李塈序云予嘗考其書部分區別各有條理其指歸有三焉首述巴蜀漢中南中之風土次列公孫述劉二牧蜀二主之興廢及晉太康之混一以迄於特雄壽勢之僭竊繼之以兩漢以來先後賢人梁益寧三州士女總贊序志終焉就其三者之間於一方人物尤致深意雖侏離之氓賤俚之婦苟有可取在所不棄此尤足以弘宣風教使善惡知所懲勸豈但屑屑於山川物產以資廣見異聞而已乎四庫提要云晉常璩字道將江原人李勢時官至散騎常侍勸勢降桓溫蓋亦譙周之流也其書所述始於開闢終於永和三年首爲巴志次漢中志次蜀志次南中志次公孫劉二牧志次劉先主志次劉後主志次大同志大同者紀漢晉平蜀之後事也次李特雄期壽勢志

次先賢士女總讚論次後賢志次序志次三州士女目錄宋元豐中呂大防嘗刻於成都大防自爲之序又有嘉泰甲子李𡌴序嘉慶甲戌廖寅序云其書稱華陽者晉代梁益寧三州故禹貢梁州之域爲今四川省及雲南并陝西漢中滙南之境按禹貢華陽黑水惟梁州注疏以華爲華岳恐此華在滙東陽爲荆州非梁州秦本紀武公元年伐彭戲氏至於華山下居平陽封宮正義曰封宮在岐州平陽城內也則此華山在岐州之北其南正值梁益與太華不同黑水據括地志云源出梁州成固縣西北太山亦與三危之黑水殊異說經者誤以此爲滇池之黑水又謂瀘水皆誤然常氏書以此爲名而未記載辨析惟蜀志云五岳則華山表其陽特用補其義云

于時正當雷震備因謂操曰聖人云迅雷風烈必變良有以也胡三省曰論語記孔子之容一震之威乃可至於此也馮本可作何華陽國志下有公亦悔失言之語

遂與承及長水校尉种輯范書獻帝紀作越騎校尉將軍吳子蘭王子服等范書作偏將軍王服趙一清曰武侯表云任用李服而李服圖之服豈別姓李邪同謀會見使未發事覺承等皆伏誅

獻帝起居注曰承等與備謀未發而備出承謂服曰郭多有數百兵壞李傕數萬人馮本傕作傕誤但足下與吾同不耳昔呂不韋之門須子楚而後高史記呂不韋傳呂不韋者陽翟大賈人也秦安國君

中男名子楚質於趙呂不韋賈邯鄲見而憐之曰此奇貨可居乃往見子楚說曰吾能大子之門子楚笑曰且自大君之門而乃大吾門呂不韋曰子不知也吾門待子門而大今吾與子由是也服曰惶懼不敢當且兵又少承曰舉事訖得曹公成兵顧不足邪服曰今京師豈有所任乎承曰長水校尉种輯議郎吳碩是吾腹心辦事者遂定計

先主據下邳靈等還先主乃殺徐州刺史車胄留關羽守下邳而身還小沛通鑑考異引魏志備殺車胄在前董承死在後證蜀志之誤詳見魏志武紀建安四年

胡沖吳歷曰曹公數遣親近密覘諸將有賓客酒食者輒因事害之備時閉門將人種蕪菁曹公使人闚門既去備謂張飛關羽曰吾豈種菜者乎曹公必有疑意不可復留其夜開後栅宋本栅作柵與飛等輕騎俱去所得賜遺衣服悉封留之乃往小沛收合兵衆華陽國志云先主還沛廨公使覘之見其方披葱使厮人爲之不端正舉杖擊之公曰大耳翁未之覺也其夜先主急東行程昱郭嘉復言之公馳使追之不及先主遂殺徐州刺史車胄以叛留關羽行下邳太守事身還小沛而承等謀洩受誅

臣松之案魏武帝遣先主統諸將要擊袁術郭嘉等並諫魏武不從其事顯然非因種菜遁逃而去如胡沖所云何乖僻之甚乎

東海昌霸反昌霸卽昌豨見魏志武紀建安五年郡縣多叛曹公爲先主衆數萬人遣孫乾與袁紹連和曹公遣劉岱王忠擊之不克五年曹公東征先主先主敗績

魏書曰是時公方有急於官渡乃分留諸將屯官渡自勒精兵征備備初謂公與大敵連不得東而候騎卒至言曹公自來備大驚然猶未信自將數十騎出望公軍見麾旌便棄衆而走通鑑考異曰計備必不至此魏書多妄

曹公盡收其衆虜先主妻子幷禽關羽以歸先主走靑州靑州刺史

袁譚先主故茂才也錢大昕曰汝南在豫州部先主領豫州牧得舉譚茂才將步騎迎先主先主隨譚到平原譚馳使白紹紹遣將道路奉迎身去鄴二百里御覽二作三與先主相見

魏書曰備歸紹紹父子傾心敬重

駐月餘日所失亡士卒稍稍來集曹公與袁紹相拒於官渡汝南黃巾劉辟等叛曹公應紹紹遣先主將兵與辟等略許下魏志曹仁傳紹遣劉備徇㶏彊諸縣多舉衆應之自許以南吏民不安關羽亡歸先主曹公遣曹仁將兵擊先主先主還紹軍陰欲離紹乃說紹南連荆州牧劉表紹遣先主將本兵復至汝南與賊龔都等合衆數千人曹公遣蔡陽擊之魏志武紀龔作共陽作揚爲先主所殺事在建安五年曹公既破紹自南擊先主先主遺麋竺孫乾與劉表相聞

表自郊迎以上賓禮待之益其兵使屯新野 事在建安六年郡國志荆州南陽郡新野一統志今河南南陽府新野縣治南詳見魏志武紀建安十三年 荆州豪傑歸先主者日益多 諸葛亮傳先主屯新野諸亮凡三往建興五年亮上疏云受任於敗軍之際爾來二十有一年矣據此以推先主之得亮當在建安十二年此時初屯新野雖豪傑歸附尚未得亮也 表疑其心陰禦之

九州春秋曰備住荆州數年 自建安六年至十三年住荆州八年 嘗於表坐起至廁見髀裹肉生慨然流涕還坐表怪問備備曰吾常身不離鞍 宋本吾作平通鑑同 髀肉皆消今不復騎髀裹肉生日月若馳 通鑑若馳作如流 老將至矣 建安八九年時先主年四十餘矣 而功業不建是以悲耳 胡三省曰史言備志氣不衰所以能成三分之業 世語曰備屯樊城 樊城今湖北襄陽縣北與襄陽隔水對峙胡三省曰樊城在襄陽東北臨漢水周大夫樊仲山甫之邑也 劉表禮焉憚其爲人不甚信用曾請備宴會蒯越蔡瑁欲因會取備備覺之僞如廁潛遁出所乘馬名的盧騎的盧走渡襄陽城西檀溪水中 宋本渡作墮水經沔水注沔水又東合檀溪水又北逕檀溪謂之檀溪水谿之陽有徐元直崔州平故宅谿水旁城北注昔劉備爲景升所謀乘的顱馬西走墜于斯谿西去城里餘北流注于沔趙一清曰御覽卷八百九十七引傳玄乘輿馬賦云劉備之初降也太祖賜之驄馬使自至廐選之名馬以百數莫可意者次至下廐有的盧馬委棄莫視瘦瘁骨立劉備撫而取之衆莫不笑之其後劉備奔於荆州逸足電發追不可逮衆乃服焉世說注引伯樂相馬經馬白額入口至齒者名曰楡雁一名的盧奴乘客死主乘棄市凶馬也 溺不得出備急曰的盧今日厄矣可努力的盧乃一踊三丈遂得過乘桴渡河中流而追者至以表意謝之曰何去之速乎 孫盛曰此不然之言備時羈旅 宋本羈作羇 客主勢殊若有此變豈敢晏然終表之世而無釁故乎此皆世俗妄說非事實也 郝經曰陳志豪傑歸先主者日益多表疑其心陰禦之則越瑁之譖或有之檀溪之急似不爲妄也

使拒夏侯惇于禁等於博望 郡國志荆州南陽郡博望一統志今河南南陽府南陽縣東北六十里弼按博望在新野北在魯陽與南陽之閒 久之先主設伏兵一旦自燒屯僞遁惇等追之爲伏兵所破 劉表使劉備北侵至葉夏侯惇率諸軍追擊戰不利見李典傳

十二年曹公北征烏丸先主說表襲許 毛本許作計誤 表不能用

漢晉春秋曰曹公自柳城還 毛本柳作抑誤 表謂備曰不用君言故爲失此大會備曰今天下分裂日尋干戈事會之來豈有終極乎若能應之於後者則此未足爲恨也 此已見魏志劉表傳注

曹公南征表會表卒 官本攷證盧明楷曰武帝紀建安十三年秋七月公南征劉表八月表卒此云南征表緊於十二年誤恐上更有脫文也（何焯說同）

英雄記曰表病上備領荆州刺史 魏書曰表病篤託國於備顧謂曰我兒不才而諸將並零落我死之後卿便攝荆州備曰諸子自賢君其憂病 馮本病作疾 或勸備宜從表言備曰此人待我厚今從其言人必以我爲薄所不忍也 馮本忍作爲 臣松之以爲表夫妻素愛琮捨適立庶情計久定無緣臨終舉荆州以授備此亦不然之言

子琮代立遣使請降先主屯樊不知曹公卒至至宛 郡國志南陽郡治宛一統志今河南南陽府南陽縣治通鑑輯覽曰宛在新野之北琮降在新野操已過宛而南及備聞知不應復在宛也 乃聞之遂將其衆去過襄陽 郡國志荆州南郡襄陽一統志今湖北襄陽縣治 諸葛亮說先主攻琮荆州可有先主曰吾不忍也 王懋竑曰夫跨有荆益乃隆中之本計而以當日事勢揆之恐諸葛公未必出此是時曹操已在宛軍勢甚盛先主以羈旅之衆乘隙以攻人之國縱琮可取操其可禦乎先主之欲南據江陵人衆數萬操以五千騎追之不戰而敗至棄妻子而走其不能拒操也決矣孔衍漢魏春秋或說備劫劉琮得荆州人士南據江陵而不言諸葛公之計其語爲是通鑑盡載其語而不從陳志然參用陳志二語謂攻劉琮荆州可有據孔衍書或說乃劫劉琮得荆州人士南據江陵耳非攻琮遂能奄有荆州也朱子論此謂先主不攻劉琮而取劉璋爲經權俱失先主之取劉璋自非是乃出於不得已之計若不攻劉琮則固未爲失也此亦朱子未定之論耳

孔衍漢魏春秋曰劉琮乞降不敢告備備亦不知久之乃覺遣所親問琮琮令宋忠詣備宣旨 宋忠事見魏志劉表傳注 是時曹公在宛 宛距樊甚近敵兵已入境秘不相告宜先主驚駭也 備乃大驚駭謂忠

曰卿諸人作事如此不早相語今禍至方告我不亦太劇乎胡三省曰劇甚也引刀向忠曰今斷卿頭不足以解忿亦恥大丈夫臨別復殺卿輩遣忠去乃呼部曲議或勸備劫將琮官本劫作却誤及荆州吏士徑南到江陵郡國志南郡治江陵一統志今湖北荆州府江陵縣治備答曰劉荆州臨亡託我以孤遺胡三省曰無父曰孤遺弃也言父母弃之而去故曰孤遺今人謂孤獨無所依仰者爲孤遺背信自濟吾所不爲死何面目以見劉荆州乎黄以周儆季雜箸史說略四云武侯在隆中爲先主計畫跨有荆益先主深善其言則蜀之欲得荆益二州其處心積慮非一日矣建安十三年曹操南伐劉表表死子琮以荆州降武侯勸先主攻劉琮荆州可有陳志諸葛本傳不載其謀而附見于先主傳先主以表託孤之故而曰吾不忍也魏晉閒議論此事大都如習鑿齒之見皆避先主而不直武侯孔衍作漢魏春秋深爲之諱乃易史文作或勸以爲非武侯策裴注通鑑皆以孔衍之說爲然至程子朱子乃以先主之不攻劉琮爲失權後之論者遂力斥先主之坐失機宜夫以漢之土地降賊臣操是琮有可攻之道也先主駐馬呼琮琮懼不能起是琮有易劫之勢也荆益之取定計於隆中是先主未嘗忘情于荆也以託孤而不忍不過英雄善欺人借此美語以籠絡荆州人士而已劉璋何負於先主先主卒襲而有之是先主亦未見有愛於琮也以久思奪荆之雄才而值此可攻之時以未有愛琮之實意而當此易劫之勢時卽有以荆州不宜

攻諫者亦將謂搖惑軍心斬之以徇則荆州之取初無待武侯之勸矣勸之而猶不從此無他其心實怯於操兵耳操之南下也兵數十萬氣燄甚盛先主部下之兵不過數千奪琮不難拒操非易以其旋得旋失何如養晦待時先主計之熟矣而謂先主之不攻全昧事機哉論者又謂降操之日荆州人士之去琮而附先主者十餘萬人得十餘萬之勇力其勢足以敵操故武侯有此勸此亦似是而非之論也先主聞操兵至宛急引衆避鋒意欲趨江陵以自保及抵當陽操以五千騎追之時先主有十餘萬之衆不戰自潰致妻子不能相顧而謂一時附從之衆可當操之全軍未敢信也然則武侯之勸非其實與是又不然隆中之對已勸取荆州豈有此易劫之勢值此可攻之時而不爲其君勸哉操以秋七月南征劉表八月表卒子琮屯襄陽先主屯樊九月先主引兵走過襄陽而琮已降操時操軍猶在新野也武侯之勸先主在過襄陽時襄陽去新野尙有三百數十里非四日不能至於此數日內號召荆州各郡勢或足以一敵卽不能敵終失襄陽而荆州固劉氏之荆州不至盡入于曹氏也其後赤壁之勝與吳分地是亦分劉氏之地以畀吳非枉取之於孫氏也則當日先主之取荆州可不言借而異日孫氏之議荆州亦無可言索更何至彼此紛爭喪名郡踣大將一蹶幾不克復振也以武侯有先幾之哲而先主之所不及料也夫

乃駐馬呼琮琮懼不能起琮左右及荆州人多歸先主錢振鍠曰夫人情非不得已必不肯棄鄉里況先主奔亡之餘從之未必得生劉琮已降不去未必死乎吾意荆州之民以曹操攻徐州雞犬不留故不憚從先主奔亡不然何以致此

典略曰備過辭表墓表墓在襄陽城東詳見魏志表傳注先主戎馬倉卒猶不忘故人宜其得人心也遂涕泣而去

比到當陽郡國志南郡當陽水經沮水注沮水又東南逕當陽縣故城北城因岡爲阻北枕沮川其故城在東百四十里謂之東城在綠林長阪南長阪卽張翼德橫矛處也一統志當陽故城在今當陽縣東謝鍾英曰在今湖北荆門州當陽縣東一百四十里荆州記曰當陽縣有櫟阪長阪輿地紀勝在當陽縣東北趙一清曰方輿紀要卷七十七長阪在荆門州西北胡氏曰在當陽縣東南百二十里長林城北蓋長阪起於當陽之北而接長林之襟要矣衆十餘萬輜重數千兩日行十餘里別遣關羽乘船數百艘使會江陵或謂先主曰宜速行保江陵今雖擁大衆被甲者少若曹公兵至何以拒之先主曰夫濟大事必以人爲本今人歸吾吾何忍棄去

習鑿齒曰先主雖顚沛險難而信義愈明胡三省曰顚沛猶言顚仆勢偪事危而言不失道追景升之顧則情感三軍戀赴義之士則甘與同敗觀其所以結物情者豈徒投醪撫寒含蓼問疾而已哉其終濟大業不亦宜乎

曹公以江陵有軍實胡三省曰軍實糧儲器械之類恐先主據之乃釋輜重輕軍到襄陽聞先主已過曹公將精騎五千急追之一日一夜行三百餘里及於當陽之長阪長阪見上魏志曹仁傳曹純追劉備於長坂獲其二女輜重收其散卒文聘傳與曹純追討劉備於長坂胡三省曰春秋傳曰楚伐麇穎容釋例曰麇當陽也孔穎達曰陂者曰坂李巡曰陂者謂高峯山陂姚範曰當陽長坂在今縣北六十里先主棄妻子與諸葛亮張飛趙雲等數十騎走曹公大獲其人衆輜重先主斜趨漢津水經沔水注揚水又北注于沔謂之揚口中夏口也曹太祖之追劉備於當陽也張飛按矛於長坂備得與數騎斜趨漢津遂濟夏口是也適與羽船會得濟沔沔卽漢詳見魏志文聘傳注遇表長子江夏太守琦衆萬餘人與俱到夏口夏口詳見魏志武紀建安十三年先主遣諸葛亮自結於孫權

江表傳曰孫權遣魯肅弔劉表二子幷令與備相結肅未至而曹公已濟漢津肅故進前與備相遇於當陽因宣權旨論天下事勢致殷勤之意且問備曰豫州今欲何至胡三

省曰備前爲豫州牧故以稱之備曰與蒼梧太守吳臣有舊郡國志交州蒼梧郡治廣信一統志今廣西梧州府蒼梧縣治官本考證
曰吳臣疑作吳巨下同弼按吳志士燮傳步騭傳薛綜傳均作吳巨通鑑同欲往投之肅曰孫討虜聰明仁惠胡三省曰曹操
表權爲討虜將軍故稱之敬賢禮士江表英豪咸歸附之已據有六郡會稽丹陽豫章廬陵吳郡廬江六郡見孫策傳兵
精糧多足以立事今爲君計莫若遣腹心使自結於東崇連和之好共濟世業胡三省曰荆州
在西吳在東世業猶言世事也而云欲投吳臣臣是凡人偏在遠郡行將爲人所併豈足託乎馮本託作
托備大喜進住鄂縣郡國志荆州江夏郡鄂水經江水注江之右岸有鄂縣故城舊樊楚地世本稱熊渠封其中子紅爲鄂王晉太康地記以
爲東鄂矣九州記曰鄂今武昌也孫權以魏黃初元年自公安徙此改曰武昌縣鄂縣徙治于袁山東又以其年立爲江夏郡分建業之民千家以益之至黃龍元
年權遷都建業以陸遜輔太子鎭武昌孫晧亦都之晧還東令滕牧守之晉惠帝永平中始置江州傳綜爲刺史治此城後太尉庾亮之所鎭也一統志今湖北武
昌府武昌縣治即遣諸葛亮隨肅詣孫權結同盟誓

權遣周瑜程普等水軍數萬與先主并力

江表傳曰備從魯肅計進住鄂縣之樊口胡三省曰住止軍也水經注江水過鄂縣北而東流右得樊口樊山下寒溪水所注
也陸游曰黃州與樊口正相對郡國志鄂縣屬江夏郡孫策破黃祖於此改曰武昌今壽昌軍是也通鑑以爲孫權所改蘇軾詩君不見武昌樊口幽絕處東坡先
生留五年即此方輿紀要樊山在武昌縣西三里下有樊口一統志樊口在武昌縣西北五里諸葛亮詣吳未還備聞曹公軍下恐
懼日遣邏吏於水次候望權軍胡三省曰邏巡也方輿紀要卷七十六陽邏鎭在黃州府西一百二十里與江夏分界相傳三國時
先主約孫權拒操旦夕使人於此邏吳兵之至因名吏望見瑜船馳往白備備曰何以知之非青徐軍邪何焯曰之
字衍吏對曰以船知之備遣人慰勞之瑜曰有軍任不可得委署胡三省曰委弃也署置也儻能屈
威胡三省曰謂自屈其威而來見誠副其所望備謂關羽張飛曰彼欲致我我今自結託於東而不
往非同盟之意也乃乘單舸馮本舸作艑誤往見瑜問曰今拒曹公深爲得計戰卒有幾瑜
曰三萬人備曰恨少瑜曰此自足用豫州但觀瑜破之備欲呼魯肅等共會語瑜曰受
命不得妄委署若欲見子敬可別過之胡三省曰過音戈詩云不我過杜甫詩吟詩許見過皆從平聲又孔明已俱

來不過三兩日到也備雖深愧異瑜而心未許之能必破北軍也故差池在後將二千
人與羽飛俱未肯係瑜蓋爲進退之計也孫盛曰劉備雄才處必亡之地告急於吳
而獲奔助無緣復顧望江渚而懷後計江表傳之言當是吳人欲專美之辭

與曹公戰于赤壁赤壁詳見魏志武紀建安十三年大破之焚其舟船先主與吳軍水
陸並進追到南郡時又疾疫北軍多死曹公引歸

江表傳曰周瑜爲南郡太守分南岸地以給備胡三省曰荆江之南岸則零陵桂陽武昌長沙四郡地也備別立
營於油江口水經油水篇油水出武陵孱陵縣西界東過其縣北又東北入于江酈注云縣有白石山油水所出縣治故城劉備孫夫人權妹也更修
之其城背油向澤油水自孱陵縣之東北逕公安縣西又北流注于大江方輿紀要卷七十八油河在荆州府公安縣西北三里自施州流經松滋縣界（弼按明
施州今湖北施南府恩施縣）至縣西南又東北合於大江爲油口一統志油水在公安縣西自松滋縣流入油古作繇一名白石水今名油河改名爲
公安公安見劉璋傳劉表吏士見從北軍官本從作堤誤多叛來投備備以瑜所給地少不足以安
民後從權借荆州數郡趙一清曰後字何氏校改復何焯曰若從權借者安得自表琦領州事乎亦江表傳大言也姚範曰若非權借者權
安得使使報欲得荆州又當時所云表者皆虛言耳孰爲報可者乎弼按魯肅傳云備詣京見權求都督荆州惟肅勸權借之共拒曹公曹公聞權以土地業備方
作書落筆於地又云魯肅責關羽曰國家區區本以土地借卿家者卿家軍敗遠來無以爲資故也裴注引漢晉春秋云肅勸權宜以荆州借備又引吳書云肅謂
羽曰主上矜愍豫州之身無有處所不愛土地士人之力使有所庇廕呂蒙傳孫權謂子敬勸吾借玄德地是其一短諸葛亮傳亮說權曰豫州遁逃至此將軍量
力而處之據以上云云先主之有荆州數郡實爲權所借也然案本傳下文先主南征四郡四郡皆降又案諸葛亮傳曹公敗于赤壁先主遂收江南使亮督零陵
桂陽長沙三郡據此二傳是四郡皆爲先主自力征服非爲吳借可知然推究當日情勢先主斜趣漢津求援吳會誠如子敬所云赤壁戰勝不爲無功故孫權聽
其自取荆州數郡不加阻力無異假借遂各持一說亦即爲劉孫後日搆釁之因爭此區區數郡而曹氏遂雄據中原葛相表中所謂吳更違盟關羽毀敗秭歸蹉
跌曹丕稱帝者是也又按胡三省云荆州八郡瑜既以江南四郡給備備又欲得江漢閒四郡也弼按荆州八郡南陽章陵非吳所有周瑜領南郡程普領江夏亦
決不肯讓人上文周瑜分南岸地給備者即指油口立營之地非謂江南四郡也若已給江南四郡又欲兼得江漢閒四郡將置周瑜程普於何地乎且公瑾方深
忌先主上疏以猥割土地爲慮豈肯遽給四郡乎是南岸之地僅限於油口立營之地地小不足以安民始從權借荆州數郡身之

此注前後皆誤也王懋竑曰先主南收四郡立營公安公安卽武陵郡孱陵縣與南郡無所與所分南岸地不知所在（胡注以南岸爲南四郡四郡乃備所自取非瑜所分）是時劉琦爲江夏太守自奔江南後魏以文聘爲江夏太守屯沔口吳以程普爲江夏太守治沙羡而先主表琦爲荆州刺史南收四郡各以兵力據而有之孰肯以地分人者且瑜於先主之詣京方力言以土地業備之不可豈肯自以地分與之乎先主之欲都督荆州以據地廣大北可向襄陽以通宛洛西可由巫秭歸以窺蜀非僅爲地少不足以給也陳志蜀先主吳主傳皆不言借荆州魯肅傳肅勸借荆州在周瑜卒之前蓋失其次惟程普傳瑜卒普代領南郡太守權分荆州與備普還領江夏太守此爲分明通鑑瑜以建安十四年十二月據江陵十五年卒其卒不詳何時蓋在夏秋閒也先主之詣京則在春矣其借荆州當在秋冬閒關羽爲襄陽太守駐江北張飛爲宜都太守治秭歸皆得南郡後事參攷諸傳略得其實而江表傳所云以地給備及備借荆州數郡之語皆傳聞之妄不足據也趙翼曰借荆州之說出自吳人事後之論而非當日情事也夫借者本我所有之物而假與人也荆州本劉表地非孫氏故物當操南下時孫氏江東六郡方恐不能自保諸將咸勸權迎操權獨不願會備遣諸葛亮來結好權遂欲藉備共拒操其時但求敵操未敢冀得荆州也亮之說權也權卽曰非劉豫州莫可敵操者乃遣周瑜程普等隨亮詣備幷力拒操（亮傳）是且欲以備爲拒操之主而已爲從矣亮又曰將軍能與豫州同心破操則荆吳之勢强而鼎足之形成矣是此時早有三分之說而非乞權取荆州而借之也赤壁之戰瑜與備共破操（吳志）華容之役備獨追操（山陽公載記）其後圍曹仁于南郡備亦身在行閒（蜀志）未嘗獨出吳之力而備坐享其成也破曹後備詣京見權權以妹妻之瑜密疏請留備于京權不納以爲正當延擥英雄是權方恐備之不在荆州以爲屏蔽也操走出華容之險喜謂諸將曰劉備吾儔也但得計少晚耳（山陽公載記）是操所指數者惟備未嘗及權也程昱在魏聞備入吳論者多以爲權必殺備昱曰曹公無敵于天下權不能當也備有英名權必資之以禦我（昱傳）是魏之人亦只指數備而未嘗及權也卽以兵力而論亮初見權曰今戰士還者及關羽精甲共萬人劉琦戰士亦不下萬人而權所遣周瑜等水軍亦不過三萬人（亮傳）則亦非十倍于備也且是時劉表之長子琦尙在江夏破曹後備卽表琦爲荆州刺史權未嘗有異詞以荆州本琦地也時又南征四郡武陵長沙桂陽零陵皆降琦死羣下推備爲荆州牧（蜀先主傳）備卽遣亮督零陵桂陽長沙三郡收其租賦以供軍實（亮傳）又以關羽爲襄陽太守盪寇將軍駐江北（羽傳）張飛爲宜都太守征虜將軍在南郡（飛傳）趙雲爲偏將軍領桂陽太守（雲傳）遣將分駐惟備所指揮初不關白孫氏以本非權地故備不必白權權亦不來阻備也迨其後三分之勢已定吳人追思赤壁之役實藉吳兵力遂謂荆州應爲吳有而備據之始有借荆州之說抑思合力拒操時備固有資于權權不亦有資于備乎權是時但自救危亡豈早有取荆州之志乎羽之對魯肅曰烏林之役左將軍寢不脫介戮力破曹豈得徒勞無一塊土（肅傳）此不易之論也其後吳蜀爭三郡旋卽議和以湘水爲界分長沙江夏桂陽屬吳南郡零陵武陵屬蜀最爲平允而吳君臣伺羽之北伐襲荆州而有之反捏一借荆州之說以見其取所應得此則吳君臣之狡詞詭說而借荆州之名遂流傳至今幷爲一談牢不可破轉似其曲在蜀者此耳食之論也

先主表琦爲荆州刺史又南征四郡武陵太守金旋長沙太守韓玄桂陽太守趙範 趙雲代趙範領桂陽太守範欲以寡嫂配雲見趙雲傳注 零陵太守劉度皆降 郡國志荆州武陵郡治臨沅長沙郡治臨湘桂陽郡治郴零陵郡治泉陵一統志臨沅故城今湖南常德府武陵縣西（鄖安鬯云在縣西南七十里）臨湘故城今湖南長沙府長沙縣治郴縣故城今湖南郴州治泉陵故城今湖南永州府零陵縣城北二里趙一清曰方輿紀要卷八十劉公城在常德府沅江縣西三里漢昭烈嘗徇武陵長沙桂陽零陵四郡立城於此

三輔決錄注曰金旋字元機京兆人歷位黃門郎漢陽太守徵拜議郎遷中郎將領武陵太守爲備所攻劫死子禕事見魏武本紀 見魏志武紀建安二十三年裴注引三輔決錄注弼按金禕尙欲南援劉備若云其父旋爲劉備所攻劫死似不可信

廬江雷緒率部曲數萬口稽顙 雷緒見魏志夏侯淵傳爲建安十四年事 琦病死 趙一清曰方輿紀要卷七十六江夏城中有劉琦廟及墓 羣下推先主爲荆州牧治公安 錢大昭曰荆州刺史治武陵漢壽先主爲牧改治公安

江表傳曰備立營於油口改名公安 官本攷證曰監本誤作公安縣油口應作油江口已見前此處不應重出

權稍畏之進妹固好 法正傳權妹才捷剛猛有諸兄之風侍婢百餘人皆親執刀侍立先主每入衷心常凜凜趙雲傳注引雲別傳云權妹驕豪多將吳吏兵縱橫不法權聞備西征大遣舟船迎妹夫人欲將後主還吳趙雲張飛勒兵截江乃得後主還一統志云繡林山在湖北荆州府石首縣西南二里漢昭烈娶孫夫人於此錦障如林因名又云劉郎浦在石首縣西北一名劉郎洑胡三省注石首縣沙步有劉郎浦蜀先主納吳女處又云孫夫人城在公安縣西元和志在孱陵縣城東五里漢先主孫夫人所築夫人與先主相疑別築此城居之梁章鉅曰先主納孫夫人事此其始見也王鏊曰此不紀年月大致在建安十三年十二月以十四年春婚於京也弼按建安十四年先主年四十九孫權年二十九其妹年約二十餘嫁此將近五十之老翁史文進妹固好四字大可玩也 先主至京見權 郡國志揚州吳郡丹徒元和志建安十三年孫權自吳徙治丹徒號曰京城十六年遷建業復於此置京口鎭又云吳時或稱京城或稱徐陵胡三省曰京京口城也權時居京故劉備周瑜皆詣京見之後都秣陵於京口置京督又曰徐陵督爾雅絕高曰京其城因山爲壘緣江爲境因謂之京口一統志京城今江蘇鎭江府丹徒縣治三國吳志孫韶伯父河爲將軍屯京城建安九年爲嬀覽等所殺韶收餘衆繕治京城起樓櫓以禦敵 綢繆恩紀 張云此處

必有脫文與下文意不相屬

山陽公載記曰備還謂左右曰孫車騎長上短下 孫權傳建安十四年劉備表權行車騎將軍 其難爲下吾不可以再見之乃晝夜兼行 周瑜勸權留備卽在此時見瑜傳呂範亦密請留備見範傳龐統傳注引江表傳云備歎息曰孤危急不得不往殆不免周瑜之手孔明諫孤莫行亦慮此也康發祥曰先主身長七尺五寸垂手下膝則亦長上短下也雄傑之姿大都如是 臣松之案魏書載劉備與孫權語與蜀志述諸葛亮與權語正同劉備未破魏軍之前尚未與孫權相見不得有此說故知蜀志爲實 宋本實作是

權遣使云欲共取蜀或以爲宜報聽許吳終不能越荆有蜀蜀地可爲己有荆州主簿殷觀進曰若爲吳先驅進未能克蜀退爲吳所乘卽事去矣今但可然贊其伐蜀而自說新據諸郡未可興動 宋本興作與 吳必不敢越我而獨取蜀如此進退之計 郝經續後漢書作進退在我 可以收吳

蜀之利先主從之權果輟計遷觀爲別駕從事 殷觀字孔休見楊戲季漢輔臣贊

獻帝春秋曰孫權欲與備共取蜀遣使報備曰米賊張魯居王巴漢 郝經書作據巴蜀漢 爲曹操耳目規圖益州劉璋不武不能自守若操得蜀則荆州危矣今欲先攻取璋進討張魯首尾相連 郝經書作西連全蜀 一統吳楚雖有十操無所憂也備欲自圖蜀拒答不聽曰益州民富彊土地險阻劉璋雖弱足以自守張魯虛僞未必盡忠於操今暴師於蜀漢轉運於萬里欲使戰克攻取舉不失利此吳起不能定其規孫武不能善其事也曹操雖有無君之心而有奉主之名議者見操失利於赤壁謂其力屈無復遠志也今操三分天下已有其二將欲飲馬於滄海觀兵於吳會 胡三省曰吳會謂吳地爲一都會會讀如字一說吳會爲吳會稽二郡之地會音工外翻 何肯守此坐須老乎今同盟無故自相攻伐借樞於操 胡三省曰樞者門戶所由以運動也言操欲搖動吳蜀而未得其樞若自相攻伐是借之以可動之機也 使敵承其隙 元本承作乘通鑑同 非長計也 華陽國志云先主報曰益州不明得罪左右庶幾將軍高義上匡漢朝下輔宗室若必尋干戈備將放髮於山林未敢聞命 權不聽遣孫瑜率水軍住夏口備不聽軍過謂瑜曰汝欲取蜀吾當被髮入山不失信於天下也 胡三省曰言宗室被攻而不能救無面目以立於天下也周壽昌曰據華陽國志是先主報權語非對瑜言 使關羽屯江陵張飛屯秭歸 毛本秭作梯誤秭歸見劉璋傳 諸葛亮據南郡 胡三省曰南郡本治江陵吳得荆州置南郡於江南晉平吳以江陵爲南郡以江南之南郡爲南平郡亮所據蓋江南之南郡也 備自住潺陵 潺當作孱孱陵見劉璋傳公安注 權知備意因召瑜還 先主自赤壁戰後爲荆州牧三四年至建安十五年已年五十矣

十六年益州牧劉璋遙聞曹公將遣鍾繇等向漢中討張魯內懷恐懼別駕從事蜀郡張松說璋曰曹公兵彊無敵於天下若因張魯之資以取蜀土誰能禦之者乎璋曰吾固憂之而未有計松曰劉豫州使君之宗室而曹公之深讎也善用兵若使之討魯魯必破魯破則益州彊曹公雖來無能爲也璋然之遣法正將四千人迎先主 張松法正

說劉璋結先主互見劉璋傳法正傳嚴衍曰璋使正結備在十三年曹操定荆州之後 前後賂遺以巨億計正因陳益州可取之策 見法正傳或曰方倚人爲腹心人已賣我爲奇貨太行孟門豈云險絕人心亦大可畏哉

吳書曰備前見張松後得法正皆厚以恩意接納 元本意作義馮本作遇通鑑考異作德 盡其殷勤之歡因問蜀中闊狹兵器府庫人馬衆寡及諸要害道里遠近松等具言之又畫地圖山川處所由是盡知益州虛實也 通鑑考異曰按劉璋劉備傳松未嘗先見備吳書誤也

先主留諸葛亮關羽等據荆州 華陽國志據作鎭通鑑作守 將步卒數萬人入益州至涪 涪見劉璋傳趙一淸曰方輿紀要卷七十八巴山在荆州府松滋縣西南十五里山上有馬鬃嶺及射垛崖相傳昭烈入蜀時走馬射的於此又著紫山在枝江縣南五里下有飲馬池先主初入蜀於此息馬更衣愛其林木秀麗建景帝祠於山上 璋自出迎相見甚歡張松令法正白先主及謀臣龐統進說便可於會所襲璋先主曰此大事也不可倉卒 胡三省曰卒讀曰猝 璋推先主行大司馬領司隸校尉先主亦推璋

持鎮西大將軍領益州牧宋本持作行通鑑同華陽國志作領牧如故胡三省曰晉書百官志四鎮通於柔遠謂鎮東鎮西鎮南鎮北也潘眉曰持下當有節字沈家本曰持節之稱起於魏晉蜀中未必遽效魏制璋增先主兵使擊張魯又令督白水軍胡三省曰白水關在廣漢白水縣劉璋置軍屯守卽楊懷高沛之軍也杜佑曰梁川金牛縣漢葭萌縣地縣南有故白水關一統志白水故城在今四川保寧府昭化縣西北白水關在昭化縣西北故白水縣界華陽國志白水縣有關尉通志關東接陰平西達平武北連文縣最爲要隘趙一清曰關在昭化縣北二百五十里與陝西寧羌州接先主幷軍三萬餘人車甲器械資貨甚盛是歲璋還成都先主北到葭萌葭萌見劉璋傳未卽討魯厚樹恩德以收衆心彭羕傳先主泝流北行羕欲納說先主龐統法正並致之先主亦以爲奇識遇日加卽在此時明年曹公征孫權魏志武紀建安十七年冬十月公征孫權權呼先主自救通鑑輯覽曰東吳兵勢方張且有魯肅呂蒙等爲之經略操至濡須何至呼備自救此蓋備藉口請劉璋益兵之辭先主遣使告璋曰曹公征吳吳憂危急孫氏與孤本爲脣齒又樂進在靑泥魏志樂進傳進留屯襄陽擊關羽蘇非等皆走之趙一清曰方輿紀要卷七十九靑泥河在襄陽府西北三十里寰宇記作靑泥池與關羽相

拒今不往救羽進必大克轉侵州界胡三省曰州界謂益州界其憂有甚於魯魯自守之賊不足慮也乃從璋求萬兵及資寶華陽國志作求益萬兵及資實通鑑作資糧欲以東行璋但許兵四千其餘皆給半

魏書曰備因激怒其衆曰吾爲益州征彊敵師徒勤瘁不遑寧居今積帑藏之財而悋於賞功望士大夫爲出死力戰其可得乎劉咸炘曰下文勿關通乃怒此時未有此意王沈造作故承祚不取

張松書與先主及法正曰今大事垂可立通鑑無可字如何釋此去乎松兄廣漢太守肅懼禍及己白璋發其謀於是璋收斬松嫌隙始搆矣張松事互見劉璋傳

益部耆舊雜記曰張肅有威儀容貌甚偉松爲人短小放蕩不治節操然識達精果有才幹劉璋遣詣曹公曹公不甚禮公主簿楊修深器之白公辟松公不納修以公所撰兵書示松松宴飲之閒一看便闇誦御覽三百八十九引益部耆舊傳看作省修以此益奇之宋本奇作異

璋勅關戍諸將文書勿復關通先主先主大怒召璋白水軍督楊懷責以無禮斬之龐統傳作斬楊懷高沛通鑑同胡三省曰責其無客主之禮也趙一清曰御覽三百四十六引零陵先賢傳曰劉璋請劉備璋將楊懷數諫備請璋子緯及懷酒酣備見懷佩匕首備出其匕首謂曰將軍匕首好孤亦有可得觀之懷與之備得匕首謂懷曰汝小子何敢閒我兄弟之好邪懷罵言未訖備斬之弼按先主斬懷沛於白水關不得與劉璋相晤零陵先賢傳似失之乃使黃忠卓膺勒兵向璋黃忠傳忠自葭萌受任還攻劉璋常先登陷陣先主徑至關中通鑑作關頭胡三省曰卽白水關頭也質諸將幷士卒妻子引兵與忠膺等進到涪據其城胡三省曰此用龐統之中計也弼按龐統三計見統傳先主於涪大會置酒作樂亦見統傳璋遣劉璝冷苞張任鄧賢等拒先主於涪通鑑鄧賢下有吳懿懿詣軍降見楊戲季漢輔臣贊胡三省曰璝姑回翻冷魯杏翻姓也本或作冷魯經翻

益部耆舊雜記曰張任蜀郡人家世寒門少有膽勇有志節仕州爲從事

皆破敗退保綿竹綿竹見劉焉傳璋復遣李嚴督綿州諸軍嚴率衆降先主通鑑李嚴下有費觀觀與嚴俱降見楊戲季漢輔臣贊先主軍益强分遣諸將平下屬縣諸葛亮張飛趙雲等將兵泝流定白帝江州江陽諸葛亮傳先主自葭萌還攻璋亮與張飛趙雲等率衆泝江分定郡縣與先主共圍成都張飛傳飛與諸葛亮等泝流而上至江州破璋將巴郡太守嚴顏所過戰克與先主會成都趙雲傳諸葛亮率雲等泝江西上至江州分遣雲從外水上江陽與亮會成都郡國志巴郡江州魚復犍爲郡江陽水經江水篇江水又東北至巴郡江州縣東强水涪水漢水白水宕渠水五水合南流注之酈注云庾仲雍所謂江州縣對二水口右則涪內水左則蜀外水卽是水也又云江水又東逕魚服縣故城南公孫述名之爲白帝蜀章武二年劉備爲吳所破改白帝爲永安巴東郡治也又云江陽縣枕帶雙流據江洛會江陽郡治故犍爲枝江都尉建安十八年劉璋立胡三省曰江陽縣本屬犍爲郡劉璋分立江陽郡一統志魚復故城今四川夔州府奉節縣東北白帝故城今奉節縣東江州故城今四川重慶府巴縣西江陽故城今瀘州治蓋諸葛亮等沿江而上經今夔府重慶瀘州會兵成都也惟關羽留鎮荊州先主進軍圍雒雒見劉焉傳時璋子循守城被攻且一年龐統圍雒中流矢卒見統傳華陽國志圍雒在建安十八年

十九年夏元本馮本未提行雒城破益部耆舊雜記曰劉璋遣張任劉璝率精兵拒捍先主於涪爲先主所破退與璋子循守雒城任勒兵出於雁橋胡三省曰雁江在雒縣南曾有金雁故名爲雁橋一統志雁橋在成都府漢州北一里跨雁江水上戰復敗禽任先主聞任之忠勇令軍降之任厲聲曰老臣終不復事二主矣乃殺之先主歎息焉宋本息作惜

進圍成都數十日璋出降互見劉璋傳

傅子曰初劉備襲蜀丞相掾趙戩曰劉備其不濟乎拙於用兵每戰必敗宋本必作則奔亡不暇何以圖人蜀雖小區險固四塞獨守之國難卒并也徵士傅幹曰幹事見魏志武紀建安十九年注引九州春秋又見鍾繇傳注引司馬彪戰略劉備寬仁有度能得人死力諸葛亮達治知變正而有謀而爲之相張飛關羽勇而有義皆萬人之敵而爲之將此三人者皆人傑也以備之

略三傑佐之何爲不濟也典略曰趙戩字叔茂京兆長陵人也郡國志司隸京兆尹長陵一統志今陝西西安府咸陽縣東北四十里質而好學言稱詩書愛恤於人馮本恤作惜不論疏密辟公府入爲尚書選部郎董卓欲以所私並充臺閣戩拒不聽卓怒召戩欲殺之觀者皆爲戩懼而戩自若及見卓引辭正色御覽引作列陳說是非卓雖凶戾屈而謝之遷平陵令郡國志司隸右扶風平陵一統志今咸陽縣西北十五里故將王允被害莫敢近者戩棄官收斂之范書王允傳李傕殺王允天子感慟百姓喪氣莫敢收允尸者唯故吏平陵令趙戩棄官營喪李賢曰戩音蘄惠棟曰戩歧從子也三輔亂戩客荆州劉表以爲賓客范書王允傳戩初平中爲尚書典選舉董卓數欲有所私授戩輒堅拒不聽言色強厲卓怒召將殺之衆人悚慄而戩辭貌自若卓悔謝釋之長安之亂客於荆州劉表厚禮焉惠棟曰典略云時禰衡來游京師詆訾朝士及南見戩歎之曰所謂劍則干將莫邪木則椅桐梓漆人則顏冉仲弓也曹公平荆州執戩手曰何相見之晚也遂辟爲掾後爲五官將司馬相國鍾繇長史年六十餘卒

蜀中殷盛豐樂先主置酒大饗士卒取蜀城中金銀毛本蜀作出通鑑作蜀分賜將士還其穀帛華陽國志賜諸葛亮法正關羽張飛金五百斤銀千斤錢五千萬錦段萬疋其餘各有差胡三省曰凡城中公私所有金銀悉取以分賜將士至於穀帛則各還所主也先主復領益州牧康發祥曰復字疑衍弼按傳文前領荆州牧故云復也康說誤華陽國志以亮爲軍師將軍署左將軍府事正揚武將軍蜀郡太守關羽督荆州事張飛爲巴西太守馬超平西將軍不用許靖法正說曰有獲虛譽而無實者靖也然其浮名稱播海內人將謂公輕士乃以爲長史龐羲爲司馬李嚴爲犍爲太守費觀爲巴郡太守徵益州太守南部董和爲掌軍中郎將太守漢嘉王謀爲別駕廣漢彭羕爲治中辟零陵劉巴爲西曹掾廣漢長黃權爲偏將軍諸葛亮爲股肱法正爲謀主關羽張飛馬超爲爪牙許靖麋竺簡雍爲賓友及董和黃權李嚴等本璋之所授用也胡三省曰璋以和爲益州太守權爲府主簿嚴爲護軍吳壹費觀等又璋之婚親也胡三省曰璋兄瑁娶吳懿妹璋母費氏彭羕馮本羕作義誤又璋之所排擯也胡三省曰羕仕益州不過書佐人毀之於璋髡鉗爲徒隸劉巴者宿昔之所忌恨也先主奔江南劉巴北詣曹公先主深以爲恨見巴傳皆處之顯任盡其器能有志之士無不競勸通鑑此句下有益州之民是以大和二語李光地曰規模何讓高光

二十年孫權以先主已得益州使使報欲得荆州孫權令諸葛瑾從求荆州見吳主傳先主言須得涼州當以荆州相與權忿之乃遣呂蒙襲奪長沙零陵桂陽三郡通鑑輯覽曰荆州東南門戶吳蜀勢所必爭然兩雄相爭而操挾天子以令諸侯遂晏然得移漢祚權固無足論自私之罪備不能辭

先主引兵五萬下公安令關羽入益陽郡國志長沙郡益陽水經資水篇資水又東北過益陽縣北酈注云縣有關羽瀨所謂關侯灘也南對甘寧故壘昔關羽屯軍水北孫權令魯肅甘寧拒之于是水寧謂肅曰羽聞吾咳唾之聲不敢渡也渡則成擒矣羽夜聞寧處分曰興霸聲也遂不渡弼按互見甘寧傳一統志益陽故城今湖南長沙府益陽縣東後漢建安二十年孫權與蜀爭荆州遣魯肅將兵拒關羽於益陽是城肅所築是歲曹公定漢中張魯遁走巴西漢中巴西俱見劉焉傳先主聞之與權連和分荆州江夏長沙桂陽東屬南郡零陵武陵西屬魯肅傳備遂割湘水爲界於是罷軍胡三省曰班志湘水出零陵陽海山至酃入江過郡二行二千五百三十里吳蜀分荆州長沙桂陽零陵武陵以湘水爲界耳南郡江夏各自依其郡界弼按是役分界蜀失長沙桂陽而有南郡吳則已襲奪零陵而復還蜀耳然至建安二十四年關羽敗亡又全爲吳所有矣引軍還江州遣黃權將兵迎

張魯 黃權傳權曰若失漢中則三巴不振此爲割蜀之股臂也於是先主以權爲護軍率諸將迎魯 張魯已降曹公曹公使夏侯淵張郃屯漢中數數犯暴巴界先主令張飛進兵宕渠 宕渠見魏志張郃傳胡三省曰宕渠本屬巴郡時屬巴西郡一統志宕渠故城在今四川順慶府渠縣東北王先謙曰三國蜀置宕渠郡尋省爲縣改屬巴西郡 與郃等戰於瓦口 水經沔水注沔水又南汎水注之水出梁州閬陽縣魏遣夏侯淵與張郃下巴西進軍宕渠劉備軍汎口卽是水所出張飛自別道襲張郃于此水郃敗棄馬升山走還漢中汎水又東逕巴西歷巴渠北新城上庸東逕汎陽縣故城南晉分筑陽立自縣以上山深水急枉渚奔湍水陸徑絕汎水又東流注于沔謂之汎口趙一清曰按寰宇記房州房陵縣下引水經注汎水作筑水汎口作筑口校勘爲之辨證曰按今記房陵穀城二縣所載則筑水自房陵流至穀城入沔其會沔處謂之筑口穀城卽漢之筑陽距房陵尙三百餘里又自房陵至南鄭千二百餘里夏侯淵張郃屯漢中數暴犯巴界先主令張飛進兵宕渠與郃等戰于瓦口郃等敗收兵還南鄭漢宕渠故城乃在今渠州流江縣界時張飛以巴西太守拒郃等還南鄭則當取道今巴西無緣相拒于穀城之筑口意宕渠自有瓦口而水經注誤以爲汎口今記又誤以爲筑口也宋書州郡志閬陽屬新城郡郡治房陵去閬陽必不遠汎水不應自閬陽東過巴西更歷巴渠上庸復逕筑陽水經之誤審矣筑口汎水皆當在穀城之閒竊謂校勘之言似是而非也蓋張飛自拒淵郃于宕渠先主軍汎口以爲聲援非張飛與戰于是處也汎口左接巴西故駐軍以應接之蜀志之瓦口乃是汎口之誤而樂史之改筑口則又非矣弼按先主傳先主引兵下公安又引軍還江州乃泝江水而上非循漢水而上江州爲今四川重慶筑陽爲今湖北穀城兩地相距極遠無緣駐軍筑陽之汎口爲宕渠之聲援且本傳明言張飛進兵宕渠與張郃戰於瓦口並非先主駐軍瓦口細審傳文瓦口必與宕渠相近酈注趙說均誤也熊會貞曰汎水自滴水巖以西毫無其迹一統志遂謂今上流已堙然審注云自汎陽以上山深水急枉渚奔湍水陸徑絕明示可知不可知之意酈氏蓋因宕渠有汎口而牽連敘之於此讀者須善會之謝鍾英曰瓦口卽渠縣東流江河入渠水之口 破郃等收兵還南鄭 收兵上當有郃字張郃傳郃進軍宕渠爲備將張飛所拒引還南鄭可證是時漢中南鄭爲夏侯淵張郃屯兵之地通鑑亦云郃走還南鄭 先主亦還成都

二十三年先主率諸將進兵漢中 法正傳二十三年正說先主曰曹操定漢中身遽北還必有內憂今策淵郃才略舉衆往討必可克之 分遣將軍吳蘭雷同等入武都 武都郡治下辨在今甘肅階州成縣西詳見魏武紀建安二十年及夏侯淵傳宋本同作銅官本武作成誤錢大昕曰周羣傳作雷銅錢大昭曰魏武紀有任夔而無雷同 皆爲曹公所沒 事見魏武紀建安二十三年 先主次于陽平關 陽平關在今陝西漢中府沔縣西北詳見魏武紀建安二十年 與淵郃等相拒 徐晃傳晃與夏侯淵拒劉備於陽平備遣陳式等十餘營絕馬鳴閣道晃別征破之

二十四年春自陽平南渡沔水緣山稍前於定軍山勢作營 各本皆作山勢局本作興勢誤定軍山在今陝西漢中府沔縣東南十里興勢山在今漢中府洋縣北二十里詳見夏侯淵傳注引魏略又見曹爽傳注引漢晉春秋趙一清曰法正傳作於定軍興勢作營興勢地名水經沔水注漢水東逕小成固南城北百二十里有興勢坂方輿紀要卷五十六興勢山在洋縣北二十里亦曰興勢坂山形如盆外甚險中有大谷爲蜀漢之重鎭潘眉曰山勢當是興勢之訛興勢亦山名在成固縣通典謂內有大谷盤道者是也法正傳不誤姚範說同弼按定軍山在陽平關之南亦在沔水之南傳文明言自陽平南渡沔水緣山稍前其爲定軍山無疑陽平關在今沔縣西北定軍山在今沔縣東南故云緣山稍前若興勢山則在沔水之北漢中之東距陽平關數百里漢中爲夏侯淵張郃屯兵之地先主縱善用兵決不能入敵境爲營此傳勢字當爲衍文趙潘二氏惑於法正傳有定軍興勢之語不審地勢遽謂此傳爲誤不知黃忠傳云於漢中定軍山擊夏侯淵一戰斬淵華陽國志云先主進軍攻漢中至定軍淵郃顒來戰大爲先主所破將軍黃忠斬淵顒首通鑑云營於定軍山考異亦云法正傳誤胡注亦云興勢去沔陽地里相遠是皆爲定軍山之證勢字與下文郃字當同爲衍文也定軍山又見黃忠傳 淵將兵來爭其地先主命黃忠乘高鼓譟攻之大破淵軍斬淵郃及曹公所署益州刺史趙顒等 通鑑備使討虜將軍黃忠乘高鼓譟攻之淵軍大敗斬淵及益州刺史趙顒張郃引兵還陽平胡三省曰張郃自廣石還陽平顒刺益州操所命也淵軍旣敗顒亦死顒魚容翻李龍官曰張郃死於建興九年此云淵郃恐誤錢大昕錢大昭王鳴盛說同何焯曰華陽國志云斬夏侯淵張郃率吏民內徙則此郃及曹公所署益州刺史趙顒等之下爲有脫字郃字非衍也通鑑刪郃字而以斬淵屬下及字讀亦誤趙一清曰定軍之戰只斬夏侯淵耳張郃於木門靑封見殺郃字衍潘眉曰郃字當爲等字法正傳大破淵軍淵等授首沈家本曰下文旣云趙顒等則上文不得云淵等潘以法正傳推之則郃字自是衍文何說亦未必是承祚之書不必與常璩同 曹公自長安舉衆南征 趙一淸曰南征疑當作西征錢儀吉曰自長安至漢中云南亦可 先主遙策之曰曹公雖來無能爲也我必有漢川矣及曹公至先主斂衆拒險終不交鋒積月不拔亡者日多 胡三省曰亡逃亡也 夏曹公果引軍還 魏武紀建安二十四年三月王自長安出斜谷臨漢中備因險拒守夏五月引軍還長安 先主遂有漢中遣劉封孟達李平等 趙一淸曰李嚴傳嚴改名平在後主建興八年是時尙名嚴下表中列銜仍曰嚴不應豫書如是而嚴傳又無攻申耽事此或別是一人潘眉曰李嚴建安十九年爲犍爲太守至章武二年乃徵詣永安宮當劉孟攻上庸時嚴方在犍爲也蜀又不聞有兩李平疑此爲衍 攻申耽於上庸 申耽事詳見劉封傳及注引魏略上庸今湖北鄖陽府竹山縣東南詳見魏武紀建安二十年 秋羣下上先主爲漢中王 曹操已於

建安二十一年五月爲魏王二十二年設天子旌旗出入警蹕久已目無漢帝矣羣下推尊先主雖曰權宜之制亦乘操漢中大敗之後藉此以樹聲威耳 表

於漢帝曰平西將軍都亭侯臣馬超 晉書百官志四平立於喪亂謂平東平西平南平北四將軍也章學誠曰此表以馬超冠首許靖龐羲射援諸名皆列於諸葛亮前殆不可解見章氏遺書知非日記蔣超伯南漘楛語卷四曰此奏先列超者蓋馬氏爲西州右族曹瞞所畏新來歸附故首列之吳志薛綜傳稱零陵賴恭先輩仁謹不曉時事是奏列名法正之上蓋亦有時望者 左將軍領長史鎭軍將軍臣許靖 錢大昕曰領字衍彼傳不書鎭軍將軍史之漏也梁章鉅曰靖爲左將軍長史在建安十九年此領字疑當在鎭軍之上李慈銘曰先主爲左將軍辟靖爲長史更領軍號也 營司馬臣龐羲 左將軍之營司馬也續百官志其別營領屬爲別部司馬趙雲傳注雲領留營司馬（洪表以爲大司馬之營司馬誤） 議曹從事中郎軍議中郎將臣射援 洪飴孫曰軍議中郎將一人蜀所置

三輔決錄注曰援字文雄扶風人也其先本姓謝與北地諸謝同族始祖謝服爲將軍出征天子以謝服非令名改爲射子孫氏焉 錢大昭曰射與謝古字通用漢書功臣侯表寧陵侯謝史記作射是其證摯虞不識古文采此妄說猶是氏古通以氏爲民無上乃戲諱之詞非是儀之惡此而改是也承祚亦信此說過矣 兄堅字文固少有美名辟

公府爲黃門侍郎獻帝之初三輔饑亂堅去官與弟援南入蜀依劉璋璋以堅爲長史劉備代璋以堅爲廣漢蜀郡太守援亦少有名行太尉皇甫嵩賢其才而以女妻之丞相諸葛亮以援爲祭酒遷從事中郎卒官 李慈銘曰先主爲漢中王時射援署官曰議曹從事中郎者左將軍之議曹從事中郎也後諸葛亮以援爲祭酒者丞相祭酒也遷從事中郎者丞相之從事中郎也

軍師將軍臣諸葛亮 諸葛亮傳先主收江南以亮爲軍師中郎將成都平以亮爲軍師將軍署左將軍府事胡三省曰軍師亦古將軍號曹操初置軍師祭酒而備置軍師中郎將皆以一時軍事創置官名也然軍師祭酒止決軍謀中郎將則有兵柄洪飴孫曰軍師中郎將一人軍師將軍一人皆蜀所置 盪寇將軍漢壽亭侯臣關羽 關羽傳羽斬顏良曹公表封羽爲漢壽亭侯先主收江南諸郡以羽爲盪寇將軍郡國志荊州武陵郡漢壽刺史治宋書州郡志武陵太守領縣漢壽吳曰吳壽晉復舊王先謙曰獻帝封關羽漢壽亭侯當即縣亭一統志故城今湖南常德府武陵縣東北六十里弼按此爲荊州武陵郡之漢壽與益州廣漢郡葭萌改名之漢壽同名異地葭萌改名之漢壽晉改曰晉壽武陵之漢壽吳改曰吳壽晉仍爲漢壽熊方後漢書補表作壽亭侯誤互見關羽傳 征虜將軍新亭侯臣張飛征西將軍臣黃忠鎭遠將軍臣賴恭揚武將軍臣法正興業將軍臣李嚴等 洪飴孫曰鎭遠興業各一人皆蜀所置 一百二十八人上言曰 金石萃編卷二十三引蛾術編云曹魏受禪表大饗碑公卿上尊號奏陳壽盡削不載若蜀志於先主爲漢中王羣下上漢帝表全載之約六百三四十字爲漢中王先主上言漢帝亦全載之約五百字卽皇帝位君臣述符命上言亦全載之約八百字卽位告天下亦全載之凡二百字共二千二三百言此其全予蜀以繼漢甚明陋儒尙言壽全以正統與魏而斥漢爲蜀豈不謬哉（互見魏文紀卷首改延康爲黃初注引獻帝傳）何焯據後注此表乃廣漢李朝所造此文在西京亦不多得疑諸葛公潤色也李安溪曰此文妙絕千古弼按李朝見季漢輔臣贊朝撰此文見華陽國志 昔唐堯至聖而四凶在朝 尙書舜流共工于幽州放驩兜于崇山竄三苗于三危殛鯀于羽山四罪而天下咸服左氏傳舜臣堯流四凶族 周成仁賢而四國作難 史記成王少周公攝政當國管叔蔡叔霍叔與殷武庚作亂周公東征殺武庚管叔放蔡叔霍叔以微子啓代殷後國于宋 高后稱制而諸呂竊命 漢書呂后以周呂侯子台爲呂王台弟產爲梁王相國建成侯釋之子祿爲趙王上將軍各領南北軍呂后崩祿產因謀作亂太尉勃與朱虛侯章等共誅之遂滅呂氏立文帝 孝昭幼沖而上官逆謀 漢書孝昭上官皇后上官安之女也安父桀爲左將軍與霍光皆受遺詔輔少主昭帝立安女爲皇后以安爲車騎將軍桀安遂與燕王旦謀殺霍光因廢帝立桀事覺皆伏誅 皆馮世

寵藉履國權窮凶極亂社稷幾危非大舜周公朱虛博陸則不能流放禽討安危定傾伏惟陛下誕姿聖德統理萬邦而遭厄運不造之艱董卓首難蕩覆京畿曹操階禍竊執天衡皇后太子鴆殺見害剝亂天下殘毀民物久令陛下蒙塵憂厄幽處虛邑人神無主遏絕王命厭昧皇極欲盜神器左將軍領司隸校尉豫荊益三州牧宜城亭侯備受朝爵秩念在輸力以殉國難覩其機兆赫然憤發與車騎將軍董承同謀誅操將安國家克寧舊都會承機事不密令操游魂得遂長惡殘泯海內臣等每懼王室大有閻樂之禍小有定安之變

趙高使閻樂殺二世 史記二世齋于望夷宮趙高使其壻咸陽令閻樂將吏卒千餘人入宮前卽二世數曰足下驕恣誅殺無道天下共畔足下足下其自爲計其兵進二世自殺 王莽廢孺子以爲定安公 漢書平帝崩立宣帝玄孫嬰爲皇太子號曰孺子安漢公莽居攝踐

阼稱攝皇帝及莽卽眞天子位封嬰爲定安公敕阿乳母不得與語常在四壁中至于長大不能名六畜
夙夜惴惴戰慄累息昔在虞書敦序九族周監二代封建同姓詩著
其義歷載長久漢興之初割裂疆土尊王子弟是以卒折諸呂之難
而成大宗之基宋本大作太是漢文帝廟號太宗臣等以備肺腑枝葉宗子藩翰詩大雅板
之章价人爲藩大師維垣大邦維屏大宗維翰毛傳云价善也藩屏也垣牆也翰榦也鄭箋云王當用公卿諸侯及宗室之貴者爲藩屏垣榦爲輔弼心存
國家念在弭亂自操破於漢中海內英雄望風蟻附而爵號不顯九
錫未加非所以鎭衞社稷光昭萬世也奉辭在外禮命斷絕昔河西
太守梁統等値漢中興限於山河位同權均不能相率咸推竇融以
爲元帥卒立效績摧破隗囂後漢書更始以竇融爲張掖屬國都尉酒泉太守梁統等推融行河西五郡大將軍事遣使奉
書獻馬于光武率步騎數萬與大軍會高平共破隗囂與五郡太守詣雒陽上涼州牧安豐侯印綬拜冀州牧遷大司空今社稷之難急於

隴蜀操外吞天下內殘羣寮朝廷有蕭牆之危而禦侮未建可爲寒
心臣等輒依舊典封備漢中王拜大司馬董齊六軍糾合同盟埽滅
凶逆以漢中巴蜀廣漢犍爲爲國所署置依漢初諸侯王故典夫權
宜之制苟利社稷專之可也然後功成事立臣等退伏矯罪雖死無
恨遂於沔陽設壇場郡國志漢中郡沔陽水經沔水注沔水又東逕沔陽縣故城南城舊言漢祖在漢中蕭何所築也漢建安二十四年
劉備北定漢中始立壇卽漢中王位于此其城南臨漢水北帶通達南對定軍山諸葛亮遺令葬于其山塋東卽八陣圖也一統志沔陽故城今陝西漢中府沔縣東南
陳兵列衆羣臣陪位讀奏訖御王冠於先主胡三省曰王冠遠游冠也先主上言漢
帝曰何焯曰前一篇是西京此一篇西京氣味東京節奏臣以具臣之才荷上將之任董督三軍
奉辭于外不能埽除寇難靖匡王室久使陛下聖教陵遲六合之內
否而未泰惟憂反側疢如疾首曩者董卓造爲亂階自是之後羣兇

縱橫殘剝海內賴陛下聖德威靈人神同應或忠義奮討或上天降
罰暴逆並殪以漸冰消惟獨曹操久未梟除侵擅國權恣心極亂臣
昔與車騎將軍董承圖謀討操機事不密承見陷害臣播越失據忠
義不果遂得使操窮凶極逆主后戮殺皇子鴆害雖糾合同盟念在
奮力懦弱不武歷年未效常恐殞沒孤負國恩寤寐永歎夕惕若厲
今臣羣寮以爲在昔虞書敦敘九族庶明厲翼尙書皋陶謨之辭孔傳云厚次敘九族則衆庶皆明
其教而自勉勵翼戴上命鄭玄注曰庶衆也厲作也敘次序也序九族而親之以衆明作羽翼之臣也馮本毛本臣作親誤
五帝損益此道不廢周監二代並建諸姬實賴晉鄭夾輔之福左氏傳昔

武王克商光有天下兄弟之國者十有五人姬姓之國者四十八皆舉親也史記犬戎殺幽王晉文侯鄭武公立故太子宜臼是爲平王高祖龍興尊
王子弟大啓九國九國燕代齊趙梁楚吳淮南淮陽也卒斬諸呂以安太宗太當作大今操惡
直醜正寔繁有徒包藏禍心簒盜已顯既宗室微弱帝族無位斟酌
古式依假權宜上臣大司馬漢中王臣伏自三省受國厚恩荷任一
方陳力未效所獲已過不宜復忝高位以重罪謗羣寮見逼迫臣以
義臣退惟寇賊不梟國難未已宗廟傾危社稷將墜成臣憂責碎首
之負郝經續後漢書成作誠若應權通變以寧靖聖朝雖赴水火所不得辭敢
慮常宜以防後悔輒順衆議拜受印璽以崇國威仰惟爵號位高寵
厚俯思報效憂深責重驚怖累息如臨于谷盡力輸誠獎厲六師率
齊羣義應天順時撲討凶逆以寧社稷以報萬分謹拜章因驛上還

所假左將軍宜城亭侯印綬胡三省曰左將軍及宜城亭侯皆操所表授也於是還治成都何焯曰還治成都當時未必懷安但與高祖氣燄差異或以得其地不得其民故不久駐邪拔魏延爲都督鎭漢中典略曰備於是起館舍築亭障從成都至白水關四百餘區白水關見前時關羽攻曹公將曹仁禽于禁於樊俄而孫權襲殺羽取荆州互見吳志孫權傳呂蒙傳陸遜傳時在建安二十四年十二月至是南郡零陵宜都武陵四郡全爲吳有矣

二十五年元本馮本未提行魏文帝稱尊號改年曰黃初或傳聞漢帝見害

先主乃發喪制服追謚曰孝愍皇帝李清植曰綱目既以蜀漢爲正統則當以此謚爲正今綱目不書愍而書獻蓋猶沿通鑑之誤周壽昌曰獻帝殂於魏明帝青龍二年此尙是建安二十五年山陽公尙存也敵國兵爭傳聞無實此謚自不得據爲典要故綱目特取孝獻之謚以紀實後世因之並非沿誤梁章鉅曰本書甘皇后傳及晉書劉元海載記並稱孝愍此外無聞是後在所劉家立曰在所似是所在並言衆瑞日月相屬韓慕盧曰是時正位名號甚正率引圖書得毋辭費弼按此皆沿光武尙圖讖之習故議郎陽泉侯劉

豹靑衣侯向舉趙一淸曰宋書州郡志廣漢太守領縣有陽泉蜀分綿竹立續郡國志蜀郡屬國漢嘉故靑衣陽嘉二年改沈家本曰續志廬江郡有陽泉侯國未詳所封何人疑豹卽是其後蓋以王子封侯而傳國者至廣漢之陽泉蜀時所分非此侯國邑先主未稱尊之時惟張飛封新亭侯黃忠封關內侯至如漢壽之封出于孝愍馬超爲都亭侯亦因其舊他未聞承制封拜此陽泉侯必非蜀所封其國邑不必定在蜀續志既有陽泉侯國豹是其後可無疑也下靑衣侯向舉當亦東漢末所封其始終不可得而詳矣偏將軍張裔黃權沈家本曰裔傳不言爲偏將軍大司馬屬殷純大司馬之屬也華陽國志殷作陰益州別駕從事趙莋治中從事楊洪從事祭酒何宗潘眉曰按常璩言宗通推步圖讖讚立先主楊羲亦言宗援引圖讖勸先主卽尊號然則勸進表卽宗所撰歟議曹從事杜瓊勸學從事張爽尹默譙周等何焯曰顧亭林言譙周傳建興中丞相領益州牧命周爲勸學從事與此前後不同案周卒于晉泰始六年年七十二當昭烈卽位之初年僅二十三未必與勸進之列從本傳爲是趙一淸曰周羣傳羣子巨此表不知何人所作而云臣父羣豈周氏之子列名于中傳寫者誤爲譙周邪沈家本曰譙周疑周羣之譌下文臣父羣當作臣羣父惟羣本傳言爲儒林校尉不言爲勸學從事錢儀吉曰譙周當爲周巨上言臣聞河圖洛書五經讖緯孔子所甄驗應自遠謹案洛書甄曜度曰赤三日潘眉曰赤家有三日高祖光武先主也昔王莽嫌三日見於讖改疊字爲曡至是卒符三日之讖德昌九世會備合爲帝際洛書寶號命曰天度帝道備稱皇以統握契百成不敗洛書錄運期曰九侯七傑爭命民炊骸道路籍籍履人頭誰使主者玄且來孝經鉤命決錄曰帝三建九會備臣父羣未亡時錢大昕曰此奏列名者有劉豹向舉張裔黃權殷純趙莋楊洪何宗杜瓊張爽尹默譙周等而忽稱臣父果何人之父邪華陽國志云周羣父未亡時似當從之又案周羣傳云子巨亦傳其術或臣爲巨之誤而上脫周字邪潘眉曰華陽國志作周羣父未亡時則周舒也然周舒亦著名于時何以不竟稱周舒宋書符瑞志云先是術士周羣言云云爲羣無疑非舒也臣父羣父字當改周錢儀吉曰上文譙周卽周巨之誤此文臣當爲巨巨上無周字又按華陽國志羣是年舉茂才如謂羣甫亡則巨方居憂不得與於勸進之列周羣傳父舒少學術於廣漢楊厚名亞董扶任安然据宋符瑞志先是術士周羣云云則華陽國志亦未足據沈家本曰凡奏中列名稱臣而不書姓不列名者稱名而不稱臣其大較也如改臣父羣爲臣周羣若奏中未列名則不必加臣字若奏中列名不必言周潘說進退皆未當也竊疑父羣二字傳寫誤倒當云臣羣父未亡時與華陽國志之言亦不相悖上文譙周之名則周羣之譌傳寫奪羣字而又誤添譙字也若周巨則傳中未言爲何官而先主王漢中之時周羣見在距此時不過一年未必遽卒恐又不當作周巨也

言西南數有黃氣直立數丈見來積年時時有景雲祥風從璿璣下來應之此爲異瑞又二十二年中數有氣如旗從西竟東中天而行圖書曰必有天子出其方加是年太白熒惑塡星常從歲星相追近漢初興五星從歲星謀歲星主義漢位在西義之上方故漢法常以歲星候人主當有聖主起於此州以致中興時許帝尙存故羣下不敢漏言頃者熒惑復追歲星見在胃昴畢昴畢爲天綱經曰帝星處之衆邪消亡聖諱豫覩推揆期驗符合數至若此非一臣聞聖王先天而天不違後天而奉天時故應際而生與神合契願大王應天順民速卽洪業以寧海內太傅許靖安漢將軍糜竺軍師將軍諸葛亮太常賴恭光祿勳黃權少府王謀等錢大昕曰上文已有偏將軍黃權不應重見考楊戲輔臣贊注先主爲漢

中王用零陵賴恭爲太常南陽王柱爲光祿勳漢嘉王謀爲少府此傳三人連名必是王柱非黃柱也黃權傳亦無除光祿勳事潘眉曰王柱當作黃柱上言曹丕篡弒湮滅漢室竊據神器劫迫忠良酷烈無道人鬼忿毒咸思劉氏今上無天子海內惶惶靡所式仰羣下前後上書者八百餘人潘眉曰前載一百二十人後十二人及此六人而已攷太平御覽十五引蜀志云劉毅白攣等上言建安二十二年必有天子出其方今蜀志無此文然則譌脫不少矣咸稱述符瑞圖讖明徵閒黃龍見武陽赤水九日乃去犍爲郡治武陽見劉焉傳趙一清曰寰宇記卷七十四云黃龍廟在眉州彭山縣東二十八里長江村導江東岸華陽國志云建安二十四年黃龍見武陽赤水仍立廟今有石碑存鼎錄曰時龍見武陽之水九日因鑄一鼎像龍形沉水中孝經援神契曰德至淵泉則黃龍見龍者君之象也易乾九五飛龍在天毛本五作三誤大王當龍升登帝位也又前關羽圍樊襄陽襄陽男子張嘉王休獻玉璽璽潛漢水伏於淵泉暉景燭燿靈光徹天夫漢者高祖本所起定天下之國號也大王襲先帝軌跡

亦興於漢中也今天子玉璽神光先見璽出襄陽漢水之末明大王承其下流授與大王以天子之位瑞命符應非人力所致昔周有烏魚之瑞史記武王渡河白魚入于王舟有火自上復于下至王屋流爲烏其色赤其聲魄云咸曰休哉二祖受命圖書先著以爲徵驗今上天告祥羣儒英俊並進河洛孔子讖記咸悉具至伏爲大王宋本爲作惟出自孝景皇帝中山靖王之胄本支百世宋本支作枝乾祇降祚聖姿碩茂元本姿作哲神武在躬仁覆積德愛人好士是以四方歸心焉考省靈圖啓發讖緯神明之表名諱昭著宜即帝位以纂二祖紹嗣昭穆天下幸甚臣等謹與博士許慈議郎孟光建立禮儀擇令辰上尊號即皇帝位於成都武擔之南郝經續後漢書即字上有王乃二字弼按按文應增此二字通鑑亦云漢中王即皇帝位於武擔之南諸葛亮傳二十六年羣下勸先主稱尊號先主未許亮進言先主於是即帝位費詩傳羣臣議推漢中王稱尊號詩上疏諫忤指左遷

蜀本紀曰華陽國志序志曰司馬相如嚴君平揚子雲陽城子玄鄭伯邑尹彭城譙常侍任給事等各集傳記以作本紀略舉其隅侯康曰蜀志秦宓傳注引譙周蜀本紀曰禹本汶山廣柔縣人也生於石紐其地名刳兒坪先主傳注亦引之其文與揚雄蜀王本紀同則無以定其必爲譙書也姚振宗曰蜀本紀之書據常道將言則司馬長卿倡爲之諸家遞有增益鄭伯邑名廑尹彭城名貢並詳見後漢藝文志地理類任給事名熙入晉不仕見後賢志自司馬氏以迄任氏爲蜀本紀者凡八家沈家本曰蜀本紀隋唐志不著錄別有揚雄蜀王本紀一卷武都有丈夫化爲女子顏色美好蓋山精也蜀王娶以爲妻不習水土疾病欲歸國蜀王留之無幾物故蜀王發卒之成都宋本作武都擔土於成都郭中葬蓋地數畝高七丈宋本作十丈號曰武擔也後漢書方術傳任文公傳公孫述時蜀武擔石折章懷注武擔山在今益州成都縣北百二十步揚雄蜀王本紀云武都丈夫化爲女子顏色美絕蓋山精也蜀王納以爲妃無幾物故乃發卒之武都擔土葬於成都郭中號曰武擔以石作鏡一枚表其墓華陽國志曰王哀念之遣五丁之武都擔土爲妃作冢蓋地數畝高七丈其石俗今名爲石筝臣松之案武擔山在成都西北蓋以乾位在西北故就之以即阼一統志武擔山在今四川成都府成都縣城內西北隅

爲文曰此文劉巴所作見巴傳惟建安二十六年四月丙午康發鮮曰建安本無二十六年蓋其年爲章武元年魏黃初二年也文未便遽稱章武故云弼按不用延康年號者或以延康爲曹氏所改也郭宗昌金石史謂綱目不應削去延康近於迂論皇帝備趙一清曰備上當依宋書禮志三校增臣字敢用玄牡昭告皇天上帝后土神祇漢有天下歷數無疆曩者王莽篡盜光武皇帝震怒致誅社稷復存今曹操阻兵安忍戮殺主后滔天泯夏罔顧天顯操子丕載其凶逆竊居神器羣臣將士以爲社稷隳廢備宜修之嗣武二祖龔行天罰備雖否德雖字宋書禮志作惟懼忝帝位詢于庶民外及蠻夷君長僉曰天命不可以不答祖業不可以久替四海不可以無主率土式望在備一人備畏天明命又懼漢邦將湮于地官本考證曰邦疑作祚周壽昌曰高祖諱邦此必不能稱漢邦應是室字之誤謹擇元日

與百寮登壇受皇帝璽綬修燔瘞告類于天神惟神饗宋本饗作嚮饗上宋書禮志有尚字祚于漢家永綏四海

魏書曰備聞曹公薨遣掾韓冉奉書弔之宋本之作并屬下句讀致賻贈之禮文帝惡其因喪求好勑荊州刺史斬冉絕使命　典略曰備遣軍謀掾韓冉齎書弔并貢錦布冉稱疾住上庸上庸致其書適會受終有詔報答以引致之備得報書遂稱制郝經曰此皆魏自夸之辭非實事也昭烈與操丕不共戴天方討賊修復豈弔喪致貢與修好乎潘眉曰魏書言斬冉絕使命典略言有詔報答以引致之二說不同典略爲確考王朗與許靖書云得因無嫌道初開通展敘舊情以達聲問又曰正値天命受于聖主之會正在此時

章武元年夏四月大赦改年改年卽改元宋書歷志劉氏在蜀不見改歷當是仍用漢四分法蔣超伯曰陶宏景刀劍錄蜀主劉備以章武元年歲次辛丑採金牛山鐵鑄八劍各長三尺六寸一備自服一與太子禪一與梁王理一與魯王永一與諸葛亮一與關雲長一與張飛一與趙雲唐尚書郎李章武本名方古因理第掘得一劍上有章武字以爲孔明所佩劍也乃改名章武卽八劍之一也以諸葛亮爲丞相許靖

爲司徒置百官立宗廟祫祭高皇帝以下

臣松之以爲先主雖云出自孝景而世數悠遠昭穆難明既紹漢祚不知以何帝爲元祖以立親廟于時英賢作輔儒生在官宗廟制度必有憲章而載記闕略良可恨哉宋書禮志三云備紹世而起亦未辨繼何帝爲禰亦無祖宗之號劉禪面縛北地王諶哭於昭烈之廟此則備廟別立也李清植曰光武中興繼體元帝故成哀平三帝以及南頓君以上四親皆別立廟先主行輩尊於孝愍又當別有四親之廟故裴注云然但是時舊郡未復諸事草創所謂祫祭高皇帝以下者殆循東京同堂異室之制而行之耳至于稽古禮文之事疑未遑暇故隋王通曰諸葛亮而無死禮樂其有興乎蓋指此類未必記載之有闕略也何焯曰臣子一例昭烈當日蓋以孝愍爲禰而於本生則仍光武南頓君之例此可以意推而知也

五月立皇后吳氏子禪爲皇太子六月以子永爲魯王理爲梁王皆遙領也後同晉書地理志上云劉備章武元年亦以郡國封建諸王或遙採嘉名不由撿土地所出其戶二十萬男女口九十萬孫權亦取中州嘉號封建諸王胡三省曰自此迄於南北朝大率類此晉志又云建安二十一年劉備分巴郡立固陵郡蜀章武元年又改固陵爲巴東郡巴西郡爲巴郡又分廣漢立梓潼郡分犍爲立江陽郡以蜀郡屬國爲漢嘉郡以犍爲屬國爲朱提郡車騎將軍張飛爲其左右所害初先主忿孫權之襲關羽將東征秋七月遂帥諸軍伐吳趙雲傳注引雲別傳雲諫曰國賊是曹操非孫權也且先滅魏則吳自服不應置魏先與吳戰先主不聽遂東征于愼行曰諸葛瑾牋云陛下以關羽之親何如先帝荊州大小孰與海內俱應仇疾孰當先後此數言者卽腹心之臣借箸熟數亦何以踰而先主不悟甘心失策豈非天哉黃恩彤曰外結孫權隆中之對早策及此矣乃荊州之失伐吳之舉頓與初策相左當亦武侯所扼腕太息者也故虢亭既敗卽許吳以和建興元年復遣鄧芝同好不得不用初策矣孫權遣書請和遣一本作遺先主盛怒不許吳將陸議陸議卽陸遜李異趙一清曰此李異疑卽劉璋將降吳者劉阿等屯巫秭歸郡國志荊州南郡巫西有白帝城郭璞曰有巫山水經江水注江水又東逕巫縣故城南縣故楚之巫郡也秦省郡立縣以隸南郡吳孫休分爲建平郡治巫城城緣山爲墉周十二里一百一十步東西北三面皆帶傍深谷南臨大江故夔國也胡三省曰巫縣漢屬南郡吳初屬宜都郡後孫休分立建平郡巫屬焉一統志巫縣故城今四川夔州府巫山縣東蓋吳蜀之界也秭歸詳見魏志文紀黃初三年今湖北宜昌府歸州治將軍吳班馮習自巫攻破異等軍次秭歸武陵五谿蠻夷遣使請兵武陵蠻爲槃瓠之種落見范書南蠻傳事涉荒誕文繁不錄馬援傳劉尚擊武陵五

溪蠻夷卽此水經沅水注武陵有五溪謂雄溪樠溪無溪酉溪辰溪夾溪悉是蠻左所居（刊誤曰六朝人稱蠻郡曰左郡蠻縣曰左縣故稱蠻左爲五溪蠻也）故謂此蠻五溪蠻也洪亮吉曰太平寰宇記引蜀志蜀先主於武陵五溪立黔安郡領五縣後主又增一縣謝鍾英曰三國志無先主置黔安郡事先主敗後五陵屬吳後主亦無由增縣宋黔州今彭水縣五溪蠻在辰州府境相去五百餘里而樂史云先主於五溪蠻置黔安郡卽今黔州五溪黔州混而爲一道里未晰何知郡縣洪氏不辨其妄亦信古之過也

二年春正月先主軍還秭歸將軍吳班陳式水軍屯夷陵夾江東西岸夷陵詳見魏志文紀黃初三年今湖北宜昌府東湖縣東江水自此南行故云夾江東西岸也二月先主自秭歸率諸將進軍緣山截嶺通鑑嶺作領胡三省曰領古嶺字通於夷道猇原注許交反亭駐營郡國志荊州南郡夷道水經江水篇江水又東南過夷道縣北夷水從佷山縣南東北注之酈注云夷道縣漢武帝伐西南夷路由此出故曰夷道魏武分南郡置臨江郡劉備改曰宜都郡治在縣東四百步故城吳丞相陸遜所築爲二江之會習鑿齒曰魏武平荊州分南郡枝江以西爲臨江郡建安十五年劉備改爲宜都吳錄劉備分南郡立宜都郡領夷道佷山夷陵三縣孫權傳建安二十四年陸遜別取宜都屯夷陵守峽口以備蜀郡遂入吳一統志夷道故城今湖北荊州府宜都縣西北猇亭在宜都縣北三十里

大江北岸一名興善坊今名虎腦背市方輿紀要猇亭今宜都縣西地險隘古戍守處也自佷原注佷音恒山通武陵水經夷水注夷水又東逕佷山縣故城南縣卽山名也孟康曰佷音恒出藥草今世以銀爲音也胡三省曰佷山縣前漢屬武陵郡後漢屬南郡吳屬宜都郡一統志佷山在今湖北宜昌府長陽縣西北八十里方輿紀要佷山城在長陽縣西六十五里同昌市武陵郡見前遣侍中馬良安慰五谿蠻夷咸相率響應馬良傳先主東征吳遣良入武陵招納五溪蠻夷蠻夷渠帥皆受印號咸如意指陸遜傳備以金銀爵賞誘動諸夷鎭北將軍黃權督江北諸軍與吳軍相拒於夷陵道黃權傳權督江北軍以防魏師先主自在江南及吳將軍陸議乘流斷圍南軍敗績先主引退而道隔絕權不得還故率將所領降于魏夏六月黃氣見自秭歸十餘里中廣數十丈宋書五行志云近黃祥也後十餘日陸議大破先主軍於猇亭將軍馮習張南等皆沒陸遜傳備從巫峽建平連圍至夷陵界使將軍馮習爲大督張南爲前部陸遜斬張南馮習破其四十餘營姚範曰魏志武紀建安十年袁熙大將焦觸張南叛攻熙尙卽此張南邪先主自猇亭還秭歸收合離散兵遂棄船舫由步道還魚復改魚復縣曰永安魚復見前陸遜傳備因夜遁僅得入白帝城備大慙恚曰吾乃爲遜所折辱豈非天邪孫桓傳

桓投刀奮命與遜努力備踰山越險僅乃得免忿恚歎曰吾昔初至京城桓尙小兒而今迫孤乃至此也錢振鍠曰猇亭之役不用魏延吳懿而用馬謖自以致敗夷陵之役吳雖用新進之陸遜然其下朱然潘璋韓當徐盛等大致宿將也先主所用則爲馮習張南輔匡趙融傅彤吳班又有杜路劉寧等絕不知名宜其敗矣吳遣將軍李異劉阿等踵躡先主軍屯駐南山謝鍾英曰南山當在奉節縣東北秋八月收兵還巫巫見前司徒許靖卒冬十月詔丞相亮營南北郊於成都孫權聞先主住白帝甚懼遣使請和先主許之遣太中大夫宗瑋報命冬十二月漢嘉太守黃元聞先主疾不豫疾字疑衍郡國志益州蜀郡屬國治漢嘉范書西南夷傳靈帝時以蜀郡屬國爲漢嘉郡晉志以爲蜀章武元年置漢嘉郡誤（謝鍾英以漢嘉縣爲陽嘉縣亦誤）胡三省曰漢嘉郡本前漢青衣縣地屬蜀郡後漢順帝陽嘉二年改爲漢嘉縣屬蜀郡屬國蜀分爲漢嘉郡弼按胡云蜀分爲漢嘉郡蓋沿晉志之誤一統志漢嘉故城在今四川雅州府雅安縣北舉兵拒守三年春二月丞相亮自成都到永安三月黃元進兵攻臨邛縣臨邛見劉焉傳注胡三省曰臨邛縣漢屬蜀郡蜀既分置漢嘉郡則此時當屬漢嘉邛渠容翻趙一淸曰方輿紀要卷七十二臨邛廢縣今邛州治秦置縣屬蜀郡漢因之三國漢屬漢嘉郡一淸案臨邛漢晉皆屬蜀郡竊謂黃元舉兵攻臨邛城未可卽據爲臨邛屬漢嘉也遣將軍陳曶原注晉笏討元元軍敗順流下江爲其親兵所縛生致成都斬之互見楊洪傳康發祥曰猇亭敗後賴有此捷陳曶之功大可存錄先主病篤託孤於丞相亮尙書令李嚴爲副夏四月癸巳潘眉曰先主以四月二十四日殂四月朔戊午二十四日辛巳非癸巳也先主殂于永安宮水經江水注江水又東逕南鄉峽東逕永安宮南劉備終于此諸葛亮受遺處也其間平地可二十許里江山迴闊入峽所無城周十餘里背山面江寰宇記先主於永安縣七里別置永安宮在平地入蜀記夔州在山麓沙上所謂魚復永安宮也一統志永安宮城今四川夔州府奉節縣治方輿紀要今夔州府學宮黃恩彤曰吳志于權書薨魏志于丕書崩史爲晉諱强以大王書崩之例予之耳于蜀獨書先主殂于永安宮蓋書崩則礙于帝魏之嫌是二帝也書薨則沒其帝蜀之義是無帝也故祖尙書帝乃殂落之文以尊異之時年六十三姚範曰先主生於桓帝延熹四年辛丑

諸葛亮集諸葛亮傳亮言教書奏多可觀別爲一集陳壽奏上諸葛集云刪除重複隨類相從凡爲二十四篇文心雕龍詔策篇諸葛孔明之詳約教之善也又章表篇云孔明之辭後主志盡文暢表之英也隋書經籍志蜀丞相諸葛亮集二十五卷梁二十四卷唐經籍志諸葛亮集二十四卷藝文志同宋史藝文

志諸葛亮集十四卷武威張澍輯本序曰明王士騏集武侯全書二十卷楊時偉以王書蕪累更撰諸葛忠武全書十卷亦無財擇本朝朱璘輯諸葛武侯集二十卷遂寧張鵬翮之忠武誌全襲之庸俗詩文盈汗篇牘侯之著作反多遺漏澍搜采散佚較諸本增益倍蓰編文集四卷附錄二卷別撰諸葛故事五卷都爲十一卷姚振宗曰諸葛集張氏所舉四本之外又有明崇禎時武侯三十六世孫羲輯本二十三卷道藏輯要中刻之嚴氏全三國文輯本二卷凡教軍令表疏上書上言公文牋書誡論議算計兵要兵法木牛流馬法記序贊銘雜文五十五篇綜九十一首沈家本曰傳中詳錄其書之篇名古未有此式足見陳壽之重諸葛氏也傳中多隱微之詞壽自以蜀人又對晉人而言不得不如此粗心人讀之輒以壽爲輕視武侯皆不諒作史者之苦心也載先主遺詔勑後主曰朕初疾但下痢耳後轉雜他病殆不自濟人五十不稱夭短折曰夭年已六十有餘何所復恨不復自傷但以卿兄弟爲念射君到何焯曰射君卽射援見上表中列名錢大昭曰卽扶風射文雄也說丞相歎卿智量甚大增修過於所望審能如此吾復何憂勉之勉之勿以惡小而爲之勿以善小而不爲何焯曰易繫辭下傳云善不積不足以成名惡不積不足以滅身小人以小善無益而弗爲也以小惡無傷而勿去也故惡積而不可掩罪大而不可解昭烈以此爲誡則不甚樂讀書特少年之事其後則知書之要矣賈誼新書審微篇善不可謂小而無益不善不可謂小而無傷此二語亦繫

傳惟賢惟德能服於人通鑑作可以服人汝父德薄勿效之通鑑作不足效也胡三省曰自漢以下所以詔勅嗣君者能有此言否可讀漢書禮記漢書爲本朝之掌故禮記爲治身之要籍閒暇歷觀諸子及六韜商君書益人意智聞丞相爲寫申韓管子六韜一通已畢姜宸英曰武侯以軍師將軍文事武備倥傯未暇而能手寫申韓管子六韜以遺後主今書生反不能之可愧孰甚又云後主庸弱故先主與武侯欲其讀此書可見古人讀書皆以致用儒生佔畢以資口談雖多亦奚以爲唐庚曰學者責孔明不以經書輔導少主乃用六韜管子申韓之書吾謂不然人君不問撥亂守文要以智略爲先後主寬厚仁義襟量有餘而權略智謀是其所短當時識者咸以爲憂六韜述兵權略計管子貴輕重權衡申子覈名實韓子引繩墨切事情施之後主正中其病矣未送道亡可自更求聞達臨終時呼魯王與語吾亡之後汝兄弟父事丞相令卿與丞相共事而已

亮上言於後主曰劉咸炘曰此等書法皆本紀之制伏惟大行皇帝邁仁樹德覆燾無疆昊天不弔寢疾彌留今月二十四日奄忽升遐臣妾號咷若喪考妣乃顧遺詔事惟太宗郝經續後漢書作大宗或曰太宗當作大宗謂後主也章學誠曰漢昭烈皇帝廟號太宗見本傳諸葛亮請宣遺詔表人多習而不察按孝文帝廟號太宗不嫌重邪見章氏遺書知非日札弼按章說似不足據如廟號太宗本傳無不書之理動容損益或曰動容句未詳百寮發哀滿三日除服到葬期復如禮其郡國太守相都尉縣令長三日便除服宋書禮志曰蜀喪禮異於漢也臣亮親受勅戒震畏神靈宋本畏作威不敢有違臣請宣下奉行五月梓宮自永安還成都謚曰昭烈皇帝秋八月葬惠陵寰宇記卷七十二云益州成都縣有東陵卽蜀先主陵也今有祠存號曰東陵神又云惡陵東西七十步齊高帝夢益州有天子鹵簿詔刺史傅單修立而卑小故相國李回在鎭更改置守陵戶四時祭祀

葛洪神仙傳曰晉書葛洪傳洪字稚川丹陽句容人洪少好學家貧躬自伐薪以貿紙筆夜輒寫書誦悉遂以儒學知名尤好神仙導養之法從祖玄吳時學道得仙號曰葛仙公以其鍊丹秘術授弟子鄭隱洪就隱學悉得其法後師事南海太守鮑玄玄亦內學逆占將來以女妻洪洪傳玄業兼綜練醫術太安中洪破石冰別率還伏波將軍元帝爲丞相辟爲掾賜爵關內侯干寶薦洪才堪國史洪以年老欲鍊丹以祈遐壽聞交阯出丹求爲句扁令止羅浮山煉丹自號抱朴子因以名所著書言黃白之事名內篇駁難通釋名外篇其餘所著碑誄詩賦百卷移檄章表三十卷神仙良吏隱逸集異等傳各十卷又抄經史百家方

技雜事三百一十卷金匱藥方百卷肘後要急方四卷洪博聞深洽江左絕倫著述篇章富於班馬精辯玄賾析理入微卒時年八十一顏色如生世以爲尸解得仙云四庫提要云晉葛洪撰神仙傳十卷據洪自序蓋於抱朴子內篇既成之後因其弟子滕升問仙人有無而作所錄凡八十四人諸家著錄皆作十卷與今本合惟隋志稱葛洪列仙傳其名獨異新舊唐書並作葛洪神仙傳知今本隋志殆承上列仙傳讚之文偶然誤刊非書有二名也裴松之蜀志先主傳注引李意其一條吳志士燮傳注引董奉一條吳範劉惇趙達傳注引介象一條並稱葛洪所記近爲惑衆其書文頗行世故撮舉數事載之篇末是徵引此書以三國志注爲最古也仙人李意其蜀人也傳世見之云是漢文帝時人先主欲伐吳遣人迎意其意其到先主禮敬之問以吉凶意其不答而求紙筆畫作兵馬器仗數十紙已便一一以手裂壞之又畫作一大人掘地埋之便徑去先主大不喜而自出軍征吳大敗還忿恥發病死衆人乃知其意其畫作大人而埋之者卽是言先主死意

評曰先主之弘毅寬厚知人待士蓋有高祖之風英雄之器焉及其舉國託孤於諸葛亮而心神無貳誠君臣之至公古今之盛軌也或曰誠古今盛事三代而下未多見也機權幹略不逮魏武是以基宇亦狹然折而不撓終不爲下者抑揆彼之量毛本抑作仰誤必不容已非唯競利且以避害云爾華陽國志譔曰漢末大亂雄桀並起若董卓呂布二袁韓馬張楊劉表之徒兼州連郡衆踰萬計叱咤之閒皆自謂漢祖可踵桓文易邁而魏武神武幹略戡屠盪盡於時先主名微人鮮而能興鳳舉伯豫君徐假翼荊楚翻飛梁益之地克胤漢祚而吳魏與之鼎峙非英才命世孰克如之然必以曹氏替漢宜扶信順以明至公還乎名號爲義士所非及其寄死託孤於諸葛亮而心神無貳陳子以爲君臣之至公古今之盛軌也藝文類聚卷二十二太平御覽卷四百四十七並引張輔名士優劣論云世人見魏武皇帝處（當作據）有中土莫不謂勝劉玄德也余以玄德爲勝夫撥亂之主當先以能收相獲將爲本一身善戰不足恃也世人以玄德爲呂布所襲爲武帝所走舉軍東下爲陸遜所覆雖曰爲呂布所襲未若武帝爲徐榮所敗失馬被創之危也玄德還據徐州形勢未合在荊州劉景升父子不能用其計舉州降魏手下步騎不滿數千爲武帝大衆所走未若武帝爲呂布北騎所擒突火之急也玄德爲陸遜所覆未若武帝爲張繡所困挺身逃遁以喪二子也若令高祖死于彭城世人方之不及項羽遠矣武帝獲于宛下將復謂不及張繡矣而其安忍無親荀文若楊德祖之徒多見賊害孔文舉桓文林等以宿恨見殺董公仁賈文和恆以佯愚自免良將不能任行兵三十餘年無不親征功臣謀士曾無列土之封仁愛不加親戚惠澤不流百姓豈若玄德威而有恩勇而有義寬宏而大略乎諸葛孔明達治知變

殆王佐之才玄德無强盛之勢而令委質張飛關羽皆人傑也服而使之夫明闇不相爲用臧否不相爲使武帝雖處安强不爲之用也況在危急之間勢弱之地乎若令玄德據有中州將與周室比隆豈徒三傑而已哉郝經議曰三王家天下其子若孫與其族屬傳繼紹復則統紀在焉不幸而草竊開武攘奪叩據終非其有故羿浞割夏則少康興犬戎斃周則平王立吳楚僭號諸侯不王孔子作春秋加王于正以大一統歷五伯迄顯赧二周王室餘七邑天下羣起而稱王稱帝周之統自若也漢得天統莽篡而在光武操竊而在昭烈魏吳雖僭猶夫吳楚也昭烈天資仁厚宇量弘毅巋然一世之雄以興復漢室爲己任崎嶇百折僨而益堅顛沛之際信義逾明故能終繫景命信大義于天下任賢使能洒落誠盡使諸葛亮以死自效復見三代君臣高光爲不亡矣國賊未討境土未復而僨軍崩殂哀哉贊曰於赫漢道滅于閹醜運踰百六載罹陽九裂土分曬孶樞解紐兇婪詐慝攙據叩有嚴翼昭烈仁誠迪哲弘我炎止桓桓秉鉞纂高系光討賊立國權競請盟丕豈其敵燕南三士隆中一賢左提右挈百折彌堅屹巇返照騰輝揭天皇矣帝統既絕復傳

姜宸英曰先主傳始終無貶詞與孫權傳不同尚有故君之思

後主傳第三

晉平陽侯相安漢陳壽撰

宋中書侍郎西鄉侯聞喜裴松之注

沔陽盧弼集解

後主諱禪 宋書五行志二云劉禪嗣位譙周引晉穆侯漢靈帝命子事譏之曰先主諱備其訓具也後主諱禪其訓授也若言劉已具矣當授與人甚於穆侯靈帝之祥也蜀果亡此言之不從也 字公嗣 後主小名阿斗見劉封傳一字升之見魏志明帝紀太和二年注引魏略周壽昌曰後主小名阿斗故有升之之字 先主子也 建安十二年甘皇后生於荆州 建安二十四年先主爲漢中王立爲王太子及卽尊號册曰惟章武元年五月辛巳皇帝若曰太子禪朕遭漢運艱難賊臣篡盜社稷無主格人羣正 尚書西伯戡黎篇格人元龜孔疏云格訓爲至至人謂至道之人有所識解者也 以天明命朕繼大統今以禪爲皇太子以承宗廟祗肅社稷使使持節丞相亮授印綬敬聽師傅行一物而三善皆得焉可不勉與

禮記曰行一物而三善者惟世子而已其齒於學之謂也鄭玄曰物猶事也 此禮記文王世子篇之辭又云故世子齒於學國人觀之曰將君我而與我齒讓何也曰有父在則禮然然而衆知父子之道矣其二曰將君我而與我齒讓何也曰有君在則禮然然而衆著於君臣之義也其三曰將君我而與我齒讓何也曰長長也然而衆知長幼之節矣

三年夏四月先主殂于永安宮五月後主襲位于成都時年十七尊皇后曰皇太后 華陽國志曰尊皇后吳氏曰皇太后 大赦改元 宋書五行志二云劉備卒劉禪卽位未葬亦未踰月而改元爲建興此言之不從也習鑿齒曰禮國君卽位踰年而後改元者緣臣子之心不忍一年而有二君也今可謂亟而不知禮矣君子是以知蜀之不能東遷也後又降晉吳孫亮亦然唐庚曰人君繼體踰年改元而章武三年五月改爲建興此陳壽所以短孔明也以吾觀之似不爲過古者人君雖立尚未卽位也明元正月行卽位之禮然

後書卽位而稱元年後世承襲之初固已卽位矣稱元年不亦可乎故曰不爲過也古者人君襲位未踰年不稱君故子猛不書王子般子赤不書公後世承襲之初固已稱君矣稱元不亦可乎故曰不爲過也春秋之時未有一年而二名者如隱公之末年卽名之爲十一年矣不可復名爲桓公元年自紀元以來有一歲而再易三四易者矣豈復以二名爲嫌而曰不可乎故曰不爲過也**是歲魏黃初四年也**史通探賾篇曰班書之載吳項必係漢年陳志之敍孫劉皆宗魏世趙翼曰蜀吳二志於本國之君之卽位必明記魏之年號如蜀後主卽位書是歲黃初四年也吳孫亮之卽位書是歲魏嘉平四年也此亦何與於魏而必繫以魏年欲以見正統之在魏也劉咸炘曰此說明矣既以魏爲紀故於二方之傳參以世家之法耳

魏略曰初備在小沛不意曹公卒至遑遽棄家屬後奔荆州禪時年數歲竄匿隨人西入漢中爲人所賣及建安十六年關中破亂扶風人劉括避亂入漢中買得禪問知其良家子遂養爲子與娶婦生一子初禪與備相失時識其父字玄德比舍人有姓簡者及備得益州而簡爲將軍趙一清曰簡豈謂簡雍乎雍拜昭德將軍備遣簡到漢中舍都邸禪乃詣簡簡相檢訊事皆符驗簡喜以語張魯魯乃洗沐元本乃作爲送詣益州備乃立以爲太子初

備以諸葛亮爲太子太傅及禪立以亮爲丞相委以諸事謂亮曰政由葛氏祭則寡人元本祭作卽誤亮亦以禪未閑於政遂總內外宋本總作揔臣松之案二主妃子傳曰後主生於荆州後主傳云初卽帝位年十七則建安十二年生也十三年敗於長阪備棄妻子走趙雲傳曰雲身抱弱子以免卽後主也如此備與禪未嘗相失也又諸葛亮以禪立之明年領益州牧其年與主簿杜微書曰朝廷今年十八與禪傳相應理當非虛而魚豢云備敗於小沛禪時年始生錢儀吉曰時當作是及奔荆州能識其父字玄德計當五六歲備則敗於小沛時趙一清曰則字疑衍建安五年也至禪初立首尾二十四年禪應過三十矣以事相驗理不得然此則魏略之妄說乃至二百餘言異也又案諸書記及諸葛亮集亮亦不爲太子太傅

建興元年夏牂柯太守朱褒擁郡反宋本牂柯作牂牁胡三省曰牂柯音臧哥漢書地理志牂柯郡武帝元鼎六年開屬益州郡國志益州牂牁郡治故且蘭應劭曰臨牂柯江也故且蘭侯邑也且音苴師古曰牂柯係船杙也華陽國志云楚頃襄王時遣莊蹻伐夜郎軍至且蘭椓船於岸而步戰既滅夜郎以且蘭有椓船牂柯處乃改其名爲牂柯牂音弋水經溫水注豚水東北流逕談槀縣東逕牂柯郡且蘭縣謂之牂柯水水廣數里縣臨江上故且蘭侯國也一名頭蘭牂柯郡治也楚將莊蹻泝沅伐夜郎椓牂柯繫船因名且蘭爲牂柯矣牂柯亦江中兩山名也左思吳都賦云吐浪牂柯者也（王先謙曰今吳都賦無之）元鼎五年武帝伐南越發夜郎精兵下牂柯江同會番禺是也王先謙曰牂柯南夷國名見管子小匡篇是春秋時已有非至楚頃襄王時改名鄭珍云果如常說且蘭自蹻後名牂柯何以終西漢世止稱且蘭不一及牂柯蓋秦以前牂柯自爲國後臣屬夜郎史記西南夷傳所稱此諸國及夜郎旁小邑者異物志云有一山在海內小而高似繫船筏俗人謂之越王牂柯交州記云侯石孤絕高數丈名爲牂柯在海中與酈注言江中兩山異要是山似繫船牂柯故以爲名在其國境卽以名國漢開郡取管書舊名耳一統志牂柯江在貴陽府定番州南一名都泥江源出州西北三十里亂山中曰濛潭經州南界地名破壟又南入廣西泗城府界名勝志牂柯江南流入泗城界爲右江至潯州與左江合下番禺入南海洪亮吉貴州水道考云以沅無二水出黃平州金鳳山證之縣在黃平州以西都勻府以北左近界中檢諸地志貴筑貴定清平皆注云故且蘭地圖經云且蘭在湄甕黃施之交明漢時縣大自黃平州西南貴筑縣東北皆其地也知且蘭卽知牂柯郡治所在並可因此正漢晉地志之誤矣鄭珍云貴州鎭遠一府及貴陽之龍里貴定平越州之甕安餘慶諸縣都勻府之麻哈州清平縣石阡府之烏江以南境皆且蘭地元和志以

播州爲且蘭後人因以遵義地當之誤也阮元云且蘭縣在今安順府等境馬與龍云故且蘭縣舊說今平越州而實非也平越州東有清水江下流入沅莊蹻泝沅或至此當爲且蘭縣東境故水經云沅水出且蘭縣也夜郎豚水當爲今北盤江酈注豚水東北流逕談槀縣又東逕牂柯郡且蘭縣又東南逕毋斂縣西談槀今曲靖府陸涼州地毋斂今貴陽府定番州西南皆北盤江所經若指且蘭在今平越則東西易位川流懸隔矣今據酈注縣臨江上之文漢且蘭縣故城當在今安順府永寧州西南境

魏氏春秋曰元本氏作書誤初益州從事常房行部華陽國志常房作常頎聞褒將有異志收其主簿案問殺之褒怒攻殺房誣以謀反諸葛亮誅房諸子徙其四弟於越巂郡國志益州越巂郡治邛都劉昭注南中志曰縣東南數里有水名邛廣都河（廣字衍）從廣二十里深百餘丈有魚長一二丈頭特大遙視如戴鐵釜狀一統志邛都廢縣在今四川寧遠府西昌縣東南古西夷邛都國也史記西南夷傳自滇以北君長以什數邛都最大漢書西南夷傳且蘭君反乃發兵誅且蘭邛君以邛都爲越巂郡應劭曰有嶲水言越此水以章休盛也師古曰嶲音先蘂反孟康音髓越嶲事又見張嶷傳謝鍾英曰邛都在今西昌縣西北一百四十里打沖河東岸欲以安之褒猶不悛改遂以郡叛應雍闓臣松之案以爲房爲褒所誣執政所宜澄察安有

妄殺不辜以悅奸慝斯殆妄矣

先是益州郡有大姓雍闓反漢書地理志益州郡武帝元封二年開屬益州應劭曰古滇王國也師古曰滇音顛郡國志益州益州郡治滇池一統志滇池故城今雲南雲南府晉寧州東阮元雲南通志稿云漢滇池治當在宜良縣地**流太守張裔於吳據郡不賓越巂夷王高定亦背叛**華陽國志云先主薨後越巂叟帥高定元殺郡將軍焦璜舉郡稱王以叛益州大姓雍闓亦殺太守正昂更以蜀郡張裔爲太守闓假鬼教曰張裔府君如瓠壺外雖澤而內實麤殺之不可縛與吳於是執送裔於吳吳主孫權遙用闓爲永昌太守遣故劉璋子闡爲益州刺史處交益州際牂柯郡丞朱提朱褒領太守恣睢丞相諸葛亮以初遭大喪未便加兵遣越巂太守巴西龔祿住安上縣遙領郡從事蜀郡常頎行部南入以都護李嚴書曉喻闓闓答曰愚聞天無二日土無二王今天下泒分正朔有三遠人惶惑不知所歸其傲慢如此頎至牂柯收郡主簿考訊姦褒因煞頎爲亂益州夷復不從闓闓使建寧孟獲說夷叟曰官欲得烏狗三百頭膺前盡黑蟎腦三斗斷木構三丈者三千枚汝能得不夷以爲然皆從闓斷木堅剛性委曲高不至二丈故獲以欺夷

是歲立皇后張氏華陽國志立皇后張氏車騎將軍飛女也封丞相亮武鄉侯中護軍李嚴假節加光祿勳封都鄉侯督永安事中軍師衛尉魯國劉琰亦都鄉侯中護軍趙雲江州都督費觀屯騎校尉丞相長史王連中部督襄陽向寵及魏延吳懿皆封都亭侯楊洪王謀等關內侯**遣尚書郞鄧芝固好於吳**鄧芝傳入爲尚書郞字衍**吳王孫權與蜀和親使聘是歲通好**鄧芝傳權遂絕魏與蜀連和遣張溫報聘於蜀蜀復令芝重往

二年宋本二年下有春字馮本毛本無之**務農殖穀閉關息民**此卽孔子足食足兵之意胡三省曰閉越巂之靈關也李安溪曰大書特書故仲淹謂陳壽史乎史乎華陽國志二年丞相亮開府領益州牧事無巨細咸決於亮辟尚書郞蔣琬及廣漢李邵巴西馬勳爲掾南陽宗預爲主簿皆德舉也秦宓爲別駕犍爲五梁爲功曹梓潼杜微爲主簿皆州俊彥也而江夏費禕南郡董允郭攸之始爲侍郞贊揚日月

三年春三月丞相亮南征四郡益州永昌牂柯越巂四郡也有今四川西部及雲南貴州二省地**四郡皆平**諸葛亮傳三年春亮率衆南征其秋悉平軍資所出國以富饒弼按漢代西南夷反覆無常最爲難治葛相數月之間平定今日數省之地恩威並用純爲王者之師後路無虞國用饒足終亮之世夷不復反遠謀碩畫夐乎不可及已**改益州郡爲建寧郡**宋書州郡志建寧太守漢益州郡漢王國劉氏更名水經溫水注溫水又西逕昆澤縣南又逕味縣縣故滇國都也諸葛亮討平南中劉禪建興三年分益州郡置建寧郡於此水側皆是高山山水之間悉是木耳夷居語言不同嗜欲亦異郡國志益州郡味孟康音昧何焯云味字從末不從未王先謙曰味蜀建寧郡治此一統志在今雲南曲靖府南寧縣西十五里

鄒安鬯云當在今雲南府宜良縣南蓋據溫水注阮元云溫水注又逕味縣一段當在又西逕昆澤縣之上**分建寧永昌郡**郡國志益州永昌郡治不韋范書明帝紀永平十二年益州徼外夷哀牢王相率內屬於是置永昌郡又西南夷傳注引孫盛蜀譜曰初秦徙呂不韋子弟宗族於蜀漢武帝開西南夷置郡縣徙呂氏以充之因置不韋縣華陽國志曰武帝通博南置不韋縣徙南越相呂嘉子孫宗族實之因名不韋以章其先人之惡行也水經葉榆水注永昌郡治不韋縣秦始皇徙呂不韋子孫於此故名洪亮吉曰史記不韋傳明言不韋宗族徙蜀而呂嘉之爲不韋後馬班二史無明文恐當以世譜爲是一統志不韋廢縣在今雲南永昌府保山縣北三十里鳳溪山下**爲雲南郡**宋書州郡志雲南太守晉太康地志云故屬永昌何志劉氏分建寧永昌立郡國志益州郡梇棟寰宇記蜀漢時雲南郡治梇棟一統志梇棟故城今雲南楚雄府姚州治**又分建寧牂柯爲興古郡**宋書州郡志興古太守漢舊郡晉太康地志故牂柯何志劉氏分建寧牂柯立則是後漢末省也華陽國志溫縣興古郡治水經溫水注劉禪建興三年分牂柯置興古郡治溫縣（常志郡注均云溫縣不云宛溫縣）郡國志牂柯郡宛溫劉昭注引南中志曰宛溫縣北三百里有盤江廣數百步深十餘丈此江有毒氣王先謙曰蜀興古郡治此謝鍾英曰水經注又引地道記云興古郡治律高蓋兩存其說李兆洛云宛溫故縣今貴州興義府普安廳西一百里汪士鐸云今雲南曲靖府羅平州北**十二月亮還成都**經營南中近一年矣華陽國志云建興三年春亮南征自安上由水路入越巂別遣馬忠伐牂柯李恢向益州以犍爲太守廣陵王士爲益州太守高定元自旄牛定筰卑水多爲壘守亮欲俟定元軍衆集合并討之軍卑水定元部曲殺雍闓及士庶等孟獲代闓爲主亮旣斬定元而馬忠破牂柯李恢敗于南中夏五月亮渡瀘進征益州生虜孟獲秋遂平四郡改益州爲建寧以李恢爲太守加安漢將軍領交州刺史移治味縣分建寧越巂置雲南郡以呂凱爲太守又分建寧牂柯置興古郡以馬忠爲牂柯太守移南中勁卒青羌萬餘家于蜀爲五部所當無前號爲飛軍分其羸弱配大姓焦雍婁爨孟量毛李爲部曲置五部都尉號五子故南人言四姓五子也以夷多剛狠不賓大姓富豪乃勸令出金帛聘策惡夷爲家部曲得多者奕世襲官于是夷人貪貨物以漸服屬于漢成夷漢部曲亮收其俊傑建寧爨習朱提孟琰及獲爲官屬習官至領軍琰輔漢將軍獲御史中丞出其金銀丹漆耕牛戰馬給軍國之用都督常用重人

四年春都護李嚴自永安宮還住江州永安宮見先主傳江州見劉璋傳注**築大城**李嚴傳諸葛亮欲出軍漢中嚴當知後事移屯江州華陽國志永安都護李嚴還督江州城巴部（弼按部當作郡）大城以征西將軍汝南陳到督永安封亭侯是歲魏文帝崩明帝立

今巴郡故城是華陽國志秦惠文王遣張儀滅巴城江州漢世郡治江州巴水北有甘橘宮今北府城是也後乃還南城劉先主初以江夏費觀爲太守領江州都督後都護李嚴更城大城周迴十六里欲穿城後山自汶江通水入巴江諸葛亮將北征召嚴漢中故穿山不逮然造蒼龍白虎門元和志巴縣在

岷江之西漢水之南卽李嚴所修古巴城也

五年春丞相亮出屯漢中營沔北陽平石馬 漢中見劉焉傳沔北沔水之北也水經沔水注沔水又東逕武侯壘南諸葛武侯所居也南枕沔水水南有亮壘背山向水寰宇記隋開皇三年置白馬鎭於古諸葛亮城是也陽平見魏志武紀建安二十年胡三省曰水經注沔水逕白馬戍南謂之白馬城一名陽平關又有白馬山山石似馬望之逼眞謝鍾英曰疑卽石馬其地當與陽平相近方輿紀要卷五十六石馬城在陝西漢中府沔縣東二十里或以爲諸葛壘亦曰諸葛城

諸葛亮集載禪三月下詔曰朕聞天地之道福仁而禍淫善積者昌惡積者喪古今常數也是以湯武修德而王桀紂極暴而亡曩者漢祚中微網漏凶慝董卓造難震蕩京畿曹操階禍竊執天衡殘剝海內懷無君之心子丕孤豎敢尋亂階盜據神器更姓改物世濟其凶當此之時皇極幽昧天下無主則我帝命隕越于下昭烈皇帝體明叡之德光演文武應乾坤之運出身平難經營四方人鬼同謀百姓與能兆民欣戴奉順符讖建位易號丕承天序補弊興衰存復祖業膺誕皇綱 郝經續後漢書（下省作郝書）膺誕作誕膺弼按作誕膺是尙書武成篇誕膺天命以撫方夏 不墜於地萬國未靜 宋本靜作定 早世遐殂朕以幼沖繼統鴻基未習保傅之訓而嬰祖宗之重六合壅否社稷不建永惟所以念在匡救光載前緒未有攸濟朕甚懼焉是以夙興夜寐不敢自逸每崇菲薄以益國用勸分務穡以阜民財授方任能以參其聽斷私降意以養將士欲奮劍長驅指討凶逆朱旗未舉而丕復隕喪斯所謂不然我薪而自焚也殘類餘醜又支天禍恣睢河洛阻兵未弭諸葛丞相弘毅忠壯忘身憂國先帝託以天下以勖朕躬今授之以旄鉞之重付之以專命之權統領步騎二十萬衆董督元戎龔行天伐 宋本伐作罰 除患寧亂克復舊都在此行也昔項籍總一彊衆跨州兼土所務者大然卒敗垓下死於東城宗族如焚 或曰如焚疑作焚如 爲笑千載皆不以義 或曰皆疑作彊 陵上虐下故也 史記項羽本紀太史公曰項羽乘勢拔起隴畝之中三年遂將五諸侯兵滅秦

分裂天下而封王侯政由羽出號爲伯王位雖不終近古以來未嘗有也及羽背關懷楚放逐義帝而自立怨王侯畔己難矣自矜功伐奮其私智而不師古謂伯王之業欲以力征經營天下五年卒亡其國身死東城尙不覺寤而不自責過矣 今賊傚尤天人所怨奉時宜速庶憑炎精祖宗威靈相助之福所向必克吳王孫權同恤災患潛軍合謀掎角其後涼州諸國王各遣月支康居胡侯支富康植等二十餘人詣授節度大軍北出便欲率將兵馬奮戈先驅天命既集人事又至師貞勢并必無敵矣夫王者之兵有征無戰尊而且義莫敢抗也故鳴條之役兵不血刃 史記湯本紀桀奔於鳴條括地志云高涯原在蒲州安邑縣北三十里南坂口卽古鳴條陌也鳴條戰地在安邑西 牧野之師商人倒戈 尙書武成篇會于牧野罔有敵于我師前徒倒戈攻于後以北血流漂杵 今旍麾首路其所經至亦不欲窮兵極武有能棄邪從正簞食壺漿以迎王師者 孟子簞食壺漿以迎王師者豈有他哉避水火也正義曰曲禮圓曰簞方曰笥飯器也何休云壺禮器腹方口圓曰壺釋名曰漿水也飲也或云漿酒也 國有常典封寵大小各有品限及魏之宗族支葉中外有能規利害審逆順之數來詣降者皆原除之昔輔果絕親於智氏而蒙全宗之福 戰國策智伯與韓魏圍趙襄子于晉陽張孟談陰見韓魏之君曰智伯伐趙趙亡則二君爲之次二君乃與孟談陰約夜遣人入晉陽智果見二君說智伯曰二主色動而變必背君矣不如殺之智伯曰不可智果出易姓爲輔氏 微子去殷項伯歸漢皆受茅土之慶 史記微子數諫紂不聽乃持其祭器奔周周公誅武庚立微子于宋以續殷後漢王以魯公禮葬項王于穀城封項伯等四人皆爲列侯賜姓劉氏 此前世之明驗也若其迷沈不反將助亂人 郝書將作獎 不式王命戮及妻孥罔有攸赦廣宣恩威貸其元帥 郝書作誅其元惡 弔其殘民他如詔書律令丞相其露布天下使稱朕意焉 華陽國志五年魏太和元年也春丞相亮將北伐上疏以尙書南陽陳震爲中書令治中張裔爲留府長史與參軍蔣琬公琰知居府事

六年春亮出攻祁山 祁山在今甘肅鞏昌府西和縣西北詳見魏志明紀青龍二年 不克冬復出散關圍陳倉 散關在今陝西鳳翔府寶雞縣西南陳倉在今寶雞縣東二十里散關陳倉均詳見魏志武紀建安二十年 糧盡退魏將王雙率軍追亮亮與戰破之斬雙還漢中 魏志明紀太和二年蜀大將諸葛亮寇邊天水南安安定三郡叛應亮遣曹眞進兵張郃擊亮於街亭大破之亮敗走三郡平華陽國志六年春丞相亮揚聲由斜谷道取郿使鎭東將軍趙雲中監軍鄧芝據箕谷爲疑軍魏大將軍曹眞

舉衆當之亮身率大衆攻祁山賞罰肅而號令明天水南安安定三郡叛魏應亮關中響震魏明帝西鎭長安命張郃拒亮亮使參軍襄陽馬謖裨將軍巴西王平及張休李盛黃襲等在前違亮節度爲郃所破平獨斂衆爲殿而雲芝亦不利亮拔將西縣千餘家還漢中戮謖及休盛以謝衆奪襲兵貶雲秩長史向朗以不時臧否免罷超遷平參軍亮上疏請自貶三等辟天水姜維爲倉曹掾

七年春亮遣陳式攻武都陰平武都郡治下辨今甘肅階州成縣西詳見魏志武紀建安二十年及夏侯淵傳胡三省曰陰平道前漢屬廣漢郡後漢屬廣漢屬國都尉魏分置陰平郡郡國志廣漢屬國都尉陰平道王先謙曰蜀作陰平縣陰平郡治此一統志陰平故城今甘肅階州文縣治遂克定二郡華陽國志魏雍州刺史郭淮出將擊式亮自至建威淮退遂平二郡冬亮徙府營於南山下原上南山當在今陝西漢中府沔縣南四川保寧府南江縣北張魯傳曹公破陽平關魯奔南山入巴中卽此築漢樂二城漢城在沔縣東南樂城在漢中府城固縣詳見魏志鍾會傳華陽國志蜀時以沔陽爲漢城成固爲樂城通鑑築漢城於沔陽築樂城於成固水經沔水注沔水又東逕西樂城北城在山上周三十里甚險固城側有谷謂之容裘谷道通益州山多羣獠諸葛亮築以防遏（沔水注亦引華陽國志云蜀以成固爲樂城縣也）方輿紀要卷五十六云西樂城卽漢城對樂城而言故云西樂城本志王平傳固守漢樂二城姜維傳監軍王含守樂城護軍蔣斌守漢城卽此是歲孫權稱帝

與蜀約盟共交分天下吳志孫權傳吳黃龍元年六月蜀遣衛尉陳震慶權踐位權參分天下豫靑徐幽屬吳兗冀幷涼屬蜀其司州之土以函谷關爲界

八年秋魏使司馬懿由西城西城在今陝西興安府西北漢末爲西城郡魏改爲魏興郡詳見魏志武紀建安二十年晉書宣帝紀太和四年與曹眞伐蜀帝自西城斫山開道水陸並進泝沔而上至於朐䏰拔其新豐縣軍次丹口遇雨班師張郃由子午子午谷在今陝西西安府長安縣南百里詳見魏志張魯傳曹眞由斜谷原注斜余奢反斜谷在今陝西鳳翔府郿縣西南詳見魏志武紀建安二十四年及曹眞傳欲攻漢中丞相亮待之於城固赤阪郡國志漢中郡城固一統志城固故城今陝西漢中府城固縣西北水經沔水注漢水又東逕小城固南州治大城固移縣北故曰小城固城北百二十里有興勢坂諸葛亮出洛谷戍興勢置烽火樓處通照漢水胡三省曰赤坂在今洋州東二十里龍亭山坂色正赤魏兵泝漢水及從子午道入者皆會於成固故於此待之輿地紀勝赤坂在洋州東二十里龍亭山色甚赭蜀漢建興八年魏曹眞張郃司馬懿侵漢武侯次於城固赤坂以待之卽此方輿紀要卷五十六龍亭山在漢中府洋縣東二十里乃入子午谷之口其山坂頳色亦名赤坂曹眞司馬懿兩道並進此爲總會之地也大雨道絕眞等皆還曹眞傳眞以八月發長安從子午道南入司馬宣王泝漢水當會南鄭會大霖雨三十餘日或棧道斷絕詔眞還軍王肅傳肅上疏言曹眞發已踰月行裁半谷卽指此事華陽國志丞相亮軍成固表進江州都護李嚴驃騎將軍將二萬人赴漢中以嚴子豐爲江州都督曹眞等還因留嚴漢中署留府事嚴改名平是歲魏延破魏雍州刺史郭淮于陽谿魏延傳建興八年使延西入羌中魏後將軍費瑤雍州刺史郭淮與延戰于陽谿延大破淮等華陽國志丞相司馬魏延將軍吳懿西入羌中大破魏後將軍費曜雍州刺史郭淮於陽谿延遷前軍師封南鄭侯懿左將軍高陽鄉侯徙魯王永爲甘陵王梁王理爲安平王皆以魯梁在吳分界故也

九年春二月亮復出軍圍祁山始以木牛運木牛詳見亮傳注引亮集魏司馬懿張郃救祁山夏六月亮糧盡退軍郃追至靑封張郃傳亮還保祁山郃追至木門御覽引魏末傳亮糧盡軍還至於靑封木門是靑封木門實一地也一統志木門山在甘肅秦州西南水經注有木門谷水北流入藉水胡三省曰木門去今天水縣十里弼按唐初析上邽置天水縣仍在今秦州西也與亮交戰被箭死秋八月都護李平廢徙梓潼郡華陽國志九年春丞相亮復出圍祁山慮糧運不繼設三策告都護李平曰上計斷其後道中計與之持久下計還住黃土時盛夏雨水平恐漕運不給書白亮宜振旅秋八

月亮還漢中平懼亮以運不辦見責欲殺督運領岑述驚問亮何故來還又表後主言亮僞退亮怒表廢平爲民徙梓潼郡平子豐兵以爲從事中郎與長史蔣琬共知居府事郡國志廣漢郡梓潼劉昭注建安二十二年劉備以爲郡華陽國志建安二十二年分廣漢置梓潼郡以霍峻爲太守謝鍾英曰置郡當在建安十九年一統志梓潼故城今四川緜州梓潼縣治

漢晉春秋曰元本官本晉作書誤冬十月江陽至江州今瀘州至重慶有鳥從江南飛渡江北不能達墮水死者以千數趙一淸曰宋書五行志是時諸葛亮連年動衆志呑中夏而終死渭南所圖不遂又諸將分爭頗喪徒旅鳥北飛不能達墮水死皆有其象也亮竟不能過渭又其應乎弼按此無稽之談

十年亮休士勸農於黃沙元本馮本勸作勤誤水經沔水注漢水又東黃沙水左注之水北出遠山山谷邃險人跡罕交谿曰五丈溪水側有黃沙屯諸葛亮所開也其水南注漢水輿地紀勝沔縣東有靑陽峽黃沙水所出方輿紀要卷五十六黃沙成在漢中府褒城縣南五十里今爲黃沙驛棧道至此始出險就平漢中府志黃沙河在沔縣東四十里源出雲濛山南至褒城界入漢作流馬木牛畢教兵講武流馬詳見亮傳注引亮集

十一年 是年魏青龍元年 冬亮使諸軍運米集於斜谷口治斜谷邸閣 邸閣儲糧之所也詳見魏志王基傳通鑑息民休士三年而後用之胡三省曰明年亮出斜谷所謂三年者通自再攻祁山之後至是凡三年也馮本閣作閤沈家本曰當作閣史記高紀去輒燒絕棧道索隱棧道閣道也崔浩云險絕之處傍鑿山巖而施版梁為閣若閤字乃門旁戶與此異義弼按沈說當作閣是惟邸閣與閣道為兩事不可不辨

是歲南夷劉冑反將軍馬忠破平之 詳見張嶷傳

十二年春二月亮由斜谷出始以流馬運秋八月亮卒于渭濱 華陽國志亮從斜谷道出武功據五丈原與司馬宣王對於渭南分兵屯田耕者雜於渭濱居民之閒百姓安堵軍無私焉秋八月亮疾病卒於軍時年五十四還葬漢中定軍山謚曰忠武侯 征西大將軍魏延與丞相長史楊儀爭權不和舉兵相攻延敗走斬延首儀率諸軍還成都大赦 詳見魏延傳楊儀傳費禕傳華陽國志亮既恃延勇猛又惜儀籌畫不能偏廢為作甘戚論二子不感延常舉刃擬儀費禕和解終亮之世盡其器用 以左將軍吳壹為車騎將軍假節督漢中以丞相留府長史蔣琬為尚書令總統國事

十三年春正月中軍師楊儀廢徙漢嘉郡 漢嘉郡見先主傳章武二年 夏四月進蔣琬位為大將軍 華陽國志十三年拜尚書令蔣琬為大將軍領益州刺史以費禕為尚書令侍郎董允秉虎賁中郎將統宿衛兵軍師楊儀自以年宦在琬前更處琬下怨望廢徙漢嘉吳以亮卒增巴丘守蜀亦益白帝軍

十四年夏四月後主至湔 華陽國志文翁為蜀守穿湔江口溉灌繁田千七百頃

臣松之案湔縣名也屬蜀郡音翦

登觀阪看汶水之流 水經江水注江水又逕汶江道汶出徼外岷山西玉輪坂下而南行又東逕其縣而東注于大江故蘇代告楚曰蜀地之甲浮船于汶乘夏水而下江五日而至郢謂是水也又有湔水入焉江水又歷都安縣李冰作大堰於此俗謂之都安大堰亦曰湔堰又謂之金堤左思蜀都賦云西踰金堤者也諸葛亮北征以此堰農本國之所資以征丁千二百人主護之有堰官益州刺史皇甫晏至都安屯觀坂從事何旅曰今所安營地名觀坂上觀下反（一作自上覲下反上之象）其徵不祥不從果為牙門張和所殺胡三省曰湔即漢之湔氏道屬蜀郡汶水即岷江水也岷江出氐道西徼外岷山東流歷都安縣沈約曰縣蜀所立水經注都安縣有桃關蜀守李冰作大堰于此謂之湔堋亦曰湔堰觀坂在其上晉書音義汶讀與岷同諸葛亮既沒漢主游觀莫之敢止潘眉曰汶即岷字說文作𡿊漢志作崏即𡿊字之省又省作岷隸又作汶與青州朱虛萊蕪二汶音文者自別楊守敬水經注疏要刪補遺卷三十三云楊升菴曰岷江岷字說文作𡿊省作岷漢人隸書作汶史記冉駹為汶山郡司馬溫公類篇曰汶音岷據史記引禹貢岷嶓既藝及岷山之陽岷山導江皆作汶蓋古字通用是岷江即汶江酈氏於岷江之西別出汶水蓋因漢志涀汶分出故依志釋之是岷與汶為二矣非也洪亮吉曰湔漢舊縣謝鍾英曰兩漢志無湔縣係桓靈後所置蜀後主傳後主至湔登觀坂看汶水之流裴松之注湔縣名也屬蜀郡水經注即都安縣方輿紀要都安故城今灌縣東二十里胡三省謂即漢湔氏道今考湔氏道在松潘廳蜀汶山郡地與湔縣相隔胡說非是洪氏謂湔漢舊縣蓋為胡說所誤又曰都安沈志蜀立屬汶山輿地廣記蜀置都安縣屬汶山郡鍾英按水經注皇甫晏至都安屯觀坂與蜀志後主至湔登觀坂之文合準其地望都安與湔實為一地晉志蜀郡無湔縣汶山郡有都安是湔縣改名都安移屬汶山非蜀漢復立都安縣縣易虛設地不能誣按之於圖沈志之誤自見輿地廣記因沈志而為之說不足辨也楊守敬水經注疏要刪卷三十三云都安宋志蜀立屬汶山郡蜀志後主至湔登觀坂看汶水之流裴注湔縣名屬蜀郡觀皇甫晏至都安屯觀坂則都安即湔湔是地名（以湔水名）非縣名裴氏誤也縣名都安宋志可據姚範曰此即蜀漢之都安縣唐之導江今之灌縣也若漢之湔氏道今之松潘矣揚雄蜀都賦湔山巖巖觀上岑嵓觀坂即觀上也何焯曰大書此事譏其不恤國事盤游于外自此始也後不書者不可諫則不足譏劉咸炘曰此等豈可盡書自當止書其始非以不可諫也弼按汶水即岷江潘楊二說均是胡注以湔為湔氏道誠誤姚謝說是惟謝氏以都安為湔縣改名亦誤案兩漢志晉宋志水經注俱無湔縣華陽國志亦云大江自湔堰下至犍為有五津亦無湔縣之名以湔為縣殆為裴注之誤一統志觀坂在今成都府灌縣西都安堰亦曰湔堰亦曰犍尾堰亦在灌縣西方輿紀要云湔堰即離堆漢書溝洫志蜀守李冰鑿離𡹎避沫水之害穿二江成都中晉灼曰𡹎古堆字𡹎岸也師古曰沫水出蜀西南徼外東南入江後主之登觀坂或疑為考究水利似不盡如胡何所云不知譙周傳云後主頗出游觀增廣聲樂即指此事也 旬日還成都徙武都氐王苻健及氐民四百餘戶於廣都 郡國志蜀郡廣都揚雄蜀本紀蜀王本治廣都之樊鄉後徙成都蜀以成都新都廣都為三都號名城華陽國志廣都在郡西三十里有鹽井魚田之饒一統志廣都故城有二一在華陽縣東南一在雙流縣東南據章懷注參考岑彭吳漢傳漢縣當在府東南江北岸據寰宇記續通典漢縣又當在今雙流縣界華陽國志武都氐王苻健請降將軍張尉迎過期不至大將軍琬憂之牙門將巴西張嶷曰健求附款至必無返滯聞健弟狡不能同功各將乖離是以稽耳健弟果叛就魏健率四百家隨尉居廣都縣胡三省曰以此觀之諸氐固先有苻姓矣不待蒲堅以背文草付之祥乃姓苻也杜佑曰氐者西戎別種漢武帝開武都郡排其種人分竄山谷或在上祿或在河隴左右魏令夏侯淵討叛氐阿貴千萬等後因拔棄漢中遂徙武都之種於秦川是曰楊氏苻堅之先是曰苻氏楊氏苻氏同出略陽世為婚姻

十五年 魏景初元年 夏六月皇后張氏薨 華陽國志云謚曰敬哀是歲車騎將軍吳懿卒以王平領漢中太守代懿督漢軍

中事懿從弟班漢大將軍何進官屬吳匡之子也名常亞懿官至驃騎將軍時南郡輔匡元弼零陵劉邕南和官亦至鎮南將軍潁川袁綝南郡高翔至大將軍綝征西將軍

延熙元年春正月立皇后張氏敬哀皇后妹趙一清曰時左將軍向朗行丞相事見後主張皇后册文大赦改元立子璿爲太子子瑤爲安定王華陽國志以典學從事巴西譙周爲太子家令梓潼李譔爲僕射皆名儒也冬十一月大將軍蔣琬出屯漢中是年詔琬屯住漢中又命開府見琬傳

二年春三月進蔣琬位爲大司馬杭世駿曰古今刀劍錄曰後主禪延熙二年造一大劍長一丈二尺鎮劍口山往往人見光輝後人求之不獲

三年魏正始元年春使越巂太守張嶷平定越巂郡詳見嶷傳越巂郡見前建興元年注

四年冬十月尚書令費禕至漢中與蔣琬諮論事計歲盡還

五年春正月監軍姜維督偏軍胡三省曰蜀諸軍時皆屬蔣琬姜維所領偏軍耳自漢中還屯涪縣涪見劉璋傳華陽國志大司馬琬以丞相亮數入秦川不克欲順沔東下征三郡朝臣咸以爲不可安南將軍馬忠自建寧還朝因至漢中宣詔旨於琬琬亦連疾動輟計還忠鎮南大將軍封彭鄉侯

六年冬十月大司馬蔣琬自漢中還住涪華陽國志琬上疏曰臣既闇弱加嬰疾疹奉辭六年規方無成夙夜憂慘今魏跨帶九州除之未易如東西掎角但當蠶食然吳期二三連不克果輒與費禕馬忠議以爲涼州胡塞之要宜以姜維爲涼州刺史銜持河右今涪水陸四通惟急是赴東北之便應之不難冬十月琬還鎮涪以王平爲鎮北大將軍督漢中事姜維鎮西大將軍涼州刺史遷江州都督鄧芝車騎將軍十一月大赦以尚書令費禕爲大將軍

七年春閏二月宋本作閏月誤魏大將軍曹爽夏侯玄等向漢中鎮北大將軍王平拒興勢圍興勢在今陝西漢中府洋縣北二十里詳見夏侯淵傳曹爽傳大將軍費禕督諸軍往赴救魏軍退詳見王平傳通鑑費禕進據三嶺以截爽爽爭險苦戰僅乃得過失亡甚衆關中爲之虛耗夏四月安平王理卒秋九月禕還成都華陽國志大司馬琬以病故讓州職於費禕董允以是禕領益州刺史允守尚書令於時蜀人以諸

葛亮蔣費及允爲四相一號四英宦人黃皓便僻佞慧畏允不敢爲非後主欲採擇允曰妃后之數不可過十二

八年秋八月皇太后薨吳太后也通鑑作甘太后胡注已證誤十二月大將軍費禕至漢中行圍守胡三省曰魏延鎮漢中實兵諸圍以禦敵所謂圍守也

九年夏六月費禕還成都秋大赦冬十一月大司馬蔣琬卒華陽國志中書令董允亦卒弼按琬允傳均同通鑑均繫於魏正始六年卽蜀延熙八年誤何焯曰董允亦卒於是年蜀內外之政始壞

魏略曰琬卒禪乃自攝國事華陽國志超遷蜀郡太守南陽呂乂爲尚書令進姜維爲衞將軍維出隴西與魏將郭淮夏侯霸戰克之郝經曰後主卽位年已十七使諸葛亮南征北伐故亮言當親賢而遠小人若猶未聽政亮其爲是言哉魏略之言殆不其然

十年涼州胡王白虎文治無戴等率衆降胡三省曰據姜維傳則白虎文與治無戴二人也魏志曹眞討破叛胡治元多蓋諸胡有治姓也衞將軍姜維迎逆安撫居之于繁縣郡國志蜀郡繁舊唐志劉禪時加新字寰宇記後主居涼州降人於繁縣而移繁縣戶於新繁一統志繁縣故城在成都府新繁縣東北舊唐志寰宇記皆非蓋遷治或在蜀漢時改名在後周時耳

是歲汶山平康夷反范書西南夷傳冉駹夷者武帝所開元鼎六年以爲汶山郡至地節三年夷人以立郡賦重宣帝乃省并蜀郡爲北部都尉靈帝時復分蜀郡北部爲汶山郡本志陳震傳震隨先主入蜀爲蜀郡北部都尉因易郡名爲汶山太守蓋自靈帝置郡後不知何時復合爲蜀郡北部都尉至蜀漢又復分置爲郡也謝鍾英王先謙說同楊守敬曰後漢立郡旋廢省也水經江水注湔水出綿虒道亦曰綿虒縣之玉壘山縣卽汶山郡治劉備之所置也互見陳震傳郡國志蜀郡緜虒道鄒安甿曰綿虒道今四川茂州汶川縣西洪亮吉曰平康蓋蜀漢時立周濟曰平康在今四川松潘廳西南百五十里維往討破平之郝經續後漢書帝數出游觀增廣聲樂太子家令譙周諫不聽

十一年夏五月大將軍費禕出屯漢中秋涪陵屬國民夷反郡國志巴郡涪陵華陽國志建安六年三巴既分於是涪陵謝本白劉璋求以丹興漢髮二縣爲郡初以爲巴東屬國後遂爲涪陵郡又云涪陵郡巴之南鄙漢後恆有都尉守之東接巴東南接武陵西接牂柯北接巴郡土地山險水灘人戇勇多獽蜑之民漢時赤甲軍常取其民蜀丞相亮亦發其勁卒三千人爲連弩士遂移家漢中又云涪陵縣郡治胡三省曰涪陵縣漢屬巴郡蜀分置涪陵郡宋白曰蜀先主以地控江源於此立涪陵郡領漢平漢葭二縣（弼按當作漢髮）四夷縣道記云故城在蜀江之南涪江之西洪亮吉曰涪陵郡漢建安六年劉璋分巴郡置水經注魏武分巴郡爲涪陵郡寰宇記謝本以涪陵廣大白州牧劉璋分置丹興漢髮二縣璋又分涪陵立永寧縣合

四縣置屬國都尉治涪陵蜀先主改爲涪陵郡蓋創始於璋先主特改郡名耳說或近之楊守敬水經注疏要删說同朱謀瑋曰晉書地理志蜀置涪陵郡水經云魏武分所未詳也全祖望曰晉志又云涪陵是劉璋置劉璋之末巴郡入于張魯魯降曹氏更入魏魏或嘗立涪陵郡未可知也弼按洪朱全三說皆據水經云魏武分巴郡爲涪陵郡然案水經此語見延江水注其原文云涪陵水出縣東故巴郡之南鄙王莽更名巴亭魏武分邑立爲涪陵郡公孫述擊張堪小別江卽此水也據水經此注魏武當爲光武之訛按上下文皆爲光武時事洪朱全三家似皆未細審也一統志涪陵故城今四川酉陽州彭水縣治車騎將軍鄧芝往討監本芝作艾誤皆破平之詳見芝傳華陽國志十一年鎮北將軍王平卒以中監軍胡濟爲驃騎將軍代平督漢中事

十二年魏嘉平元年春正月魏誅大將軍曹爽等右將軍夏侯霸來降夏四月大赦秋衛將軍姜維出攻雍州不克而還將軍句安李韶降魏詳見魏志陳泰傳郭淮傳泰傳李韶作李歆

十三年姜維復出西平西平今甘肅西寧府西寧縣治詳見魏志武紀建安十九年維傳復出西平在十二年不克而還

十四年夏大將軍費禕還成都冬復北駐漢壽漢壽卽葭萌見劉璋傳五見魏志齊王紀嘉平五年胡三省曰葭萌縣漢屬廣漢郡蜀先主改曰漢壽縣屬梓潼郡大赦

十五年吳王孫權薨華陽國志吳主孫權薨子亮立來告赴如古義也何焯曰不書吳主書吳王恐字誤周壽昌曰不書殂而書薨是仍以王之例待之王字非誤也弼按後文景耀元年吳孫綝廢其主亮王當作主傳寫之訛立子琮爲西河王華陽國志命大將軍禕開府尚書令呂乂卒以侍中陳祗守尚書令弼按呂乂傳乂卒在延熙十四年通鑑同常志誤

十六年春正月大將軍費禕爲魏降人郭循所殺于漢壽詳見魏志齊王紀嘉平四年郭循作郭脩夏四月衛將軍姜維復率衆圍南安南安郡治獂道今甘肅鞏昌府隴西縣東北渭水北詳見魏志武紀建安十九年不克而還華陽國志費禕承諸葛亮之成規故能邦家和壹自禕歿後閹宦秉權姜維自負才兼文武謂自隴以西可制而有禕常裁制至是無禕屢出師旅功績不立政刑失措矣

十七年魏正元元年春正月姜維還成都大赦夏六月維復率衆出隴西冬拔狄道河閒臨洮三縣民官本考證曰河閒當作河關姜維傳誤同郡國志涼州隴西郡狄道臨洮河關一統志狄道故城今甘肅蘭州府狄道州西南臨洮故城今甘肅鞏昌府岷州治河關故城今蘭州府河州西北胡三省曰河閒當作河關河關縣前漢屬金城郡後漢屬隴西郡以地理考之河關臨洮在狄道西姜維自狄道西拔河關臨洮蓋欲收魏之邊縣以自廣耳弼按臨洮在狄道南河關在狄道西北居于綿竹繁縣綿竹見劉焉傳繁縣見前延熙十年華陽國志維復出隴西魏狄道長李簡舉縣降維圍襄武魏大將徐質救之是歲魏帝齊王廢高貴鄉公卽位通鑑漢姜維自狄道進拔河關臨洮將軍徐質與戰殺其盪寇將軍張嶷漢兵乃還詳見張嶷傳姜維傳

十八年春姜維還成都夏復率諸軍出狄道與魏雍州刺史王經戰于洮西洮水之西也大破之經退保狄道城維卻住鍾題鄧艾傳題作提鍾提在狄道西華陽國志十八年維復議出征征西大將軍張翼廷爭不聽維出狄道大破王經于洮西經衆死數萬退保狄道城翼曰可矣不宜進或毀此成功爲蛇畫足維必進魏征西將軍陳泰救狄道維退住鍾題詳見陳泰傳

十九年魏甘露元年春進姜維位爲大將軍督戎馬與征西將軍胡濟期

會上邽宋本征西作鎮西是姜維傳亦作鎮西通鑑同是時征西爲張翼也上邽在今甘肅秦州東南四十里詳見鄧艾傳濟失誓不至華陽國志誓作期通鑑同秋八月維爲魏大將軍鄧艾所破于上邽艾是時爲安西將軍大字疑衍維退軍還成都詳見鄧艾傳華陽國志維大爲魏將鄧艾所破死者衆士庶由是怨維而隴以西亦無寧歲冬維還謝過引負求自貶削於是以維爲後將軍行大將軍事是歲立子瓚爲新平王大赦

二十年聞魏大將軍諸葛誕據壽春以叛誕時爲征東大將軍疑軍字衍姜維復率衆出駱谷駱谷在今陝西西安府盩厔縣西南詳見魏志陳留王紀景元四年及曹爽傳鍾會傳至芒水胡三省曰水經注駱谷水出郿塢東南山駱谷北流逕長城西又北流注于渭渭水又東芒水從南來注之水出南山芒谷北逕盩厔縣竹圃中又北流注于渭予按駱谷在今洋州眞符縣屈曲八十里凡八十四盤吳熙載曰芒水在駱谷水之東是歲大赦

景耀元年魏甘露三年姜維還成都華陽國志維以誕破退還成都復拜大將軍史官言景星見周壽昌曰史官言景星見是蜀有史官矣或但紀禨祥明占驗而於一國君臣治亂之迹典章文物之大未遑紀載故後世以蜀無史官爲諸葛譏也於是

大赦改年宦人黃皓始專政華陽國志黃皓與尚書令陳祗相表裏始豫政皓自黃門丞至今年爲奉車都尉中常侍姜維雖班在祗右權任不如蜀人無不追思董允者時兵車久駕百姓疲弊太中大夫譙周著仇國論言可爲文王難爲漢祖人莫察焉姜維議退據漢樂二城何焯曰皓專政五年而國亡吳大將軍孫綝廢其主亮立琅邪王休華陽國志吳大臣廢其主亮立孫休來告難如同盟也

二年夏六月立子諶爲北地王恂爲新興王虔爲上黨王二王妃子傳注引孫盛蜀世譜恂作詢虔作璩華陽國志以張翼爲左車騎將軍廖化爲右車騎將軍閻宇爲右衛大將軍陳祗卒諡曰忠侯祗上希主指下接閹宦後主甚善焉以董厥爲尚書令

三年魏景元元年秋九月追諡故將軍關羽張飛馬超龐統黃忠華陽國志追諡故前將軍關羽曰壯繆侯車騎將軍張飛曰桓侯驃騎將軍馬超曰威侯軍師龐統曰靖侯後將軍黃忠曰剛侯是歲魏帝高貴鄉公卒常道鄉公卽帝位蔣超伯曰華陽國志書法極爲微婉如勳臣補諡之運侯臣得諡之速牽連書之其失自見

四年春三月追諡故將軍趙雲華陽國志追諡故鎭軍趙雲曰順平侯拜丞相亮子武鄉侯瞻中都護衛將軍遷董厥輔國大將軍與瞻輔政以樊建守尚書令自瞻厥用事黃皓秉權無能矯正者冬十月大赦

五年春正月西河王琮卒是歲姜維復率衆出侯和侯和今甘肅洮州廳南洮水之南見魏志陳留王紀景元三年爲鄧艾所破還住沓中沓中在今洮州西南西傾山之南見魏志陳留王紀景元四年華陽國志姜維惡黃皓恣擅啓後主欲殺之後主勑皓詣維陳謝維誘皓求沓中種麥以避內逼皓協比閻宇欲廢維樹宇故維懼不敢還趙一清曰景耀五年宮中大樹無故自折此蜀亡之驗事見杜瓊傳

六年夏魏大興徒衆命征西將軍鄧艾鎭西將軍鍾會雍州刺史諸葛緒數道並攻詳見鄧艾傳鍾會傳姜維傳於是遣左右車騎將軍張翼廖化輔國大將軍董厥等拒之董厥附諸葛亮傳大赦改元爲炎興魏景元四年趙一清曰宋書五行志炎興元年蜀地震此黃皓見任之應是冬蜀亡冬鄧艾破衞將軍諸葛瞻於綿竹用光祿大夫譙周策降於艾奉書曰限分江漢遇値深遠階緣蜀土宋本階作偕斗絕一隅干運犯冒漸苒歷載遂與京畿攸隔萬里每惟黃初中文皇帝命虎牙將軍鮮于輔宣溫密之詔申三好之恩開示門戶大義炳然而否德暗弱竊貪遺緒俛仰累紀未率大教天威既震人鬼歸能之數官本考證曰此句上下疑有闕文怖駭王師神武所次敢不革面順以從命輒勑羣帥投戈釋甲官府帑藏一無所毁百姓布野餘糧棲畝以俟后來之惠全元元之命伏惟大魏布德施化宰輔伊周含覆藏疾謹遣私署侍中張紹光祿大夫譙周駙馬都尉鄧良奉齎印綬請命告誠敬輸忠款存亡勑賜惟所裁之輿櫬在近不復縷陳是日北地王諶傷國之亡先殺妻子次以自殺

漢晉春秋曰後主將從譙周之策北地王諶怒曰若理窮力屈禍敗必及便當父子君臣背城一戰同死社稷以見先帝可也後主不納遂送璽綬是日諶哭於昭烈之廟先殺妻子而後自殺左右無不爲涕泣者胡三省曰曾謂庸禪有子如此乎郝經曰嗚呼親王義兼臣子國有難猶當死義以先諸臣先主所以封建宗子而固維城也西漢之亡獨劉更生諄諄勸戒晻曖而卒其餘諸侯稱說符命勸進于莽者以千數故莽晏然盜國坐追虞黃未聞一人獨不從而死之也東漢之亡封國亦既盡除墮姦祝胤劉氏無噍類故操丕居然爲西伯舜禹未聞一人獨從容就義而死之也惟朔易一遐孤與隆中一草茅士素無封爵不階尺土一民萬折而與操爭肉薄血拼者三十餘年力竭而繼之以死及其遂亡昭烈之一孫孔明之一子及孫慨然赴義與國俱滅巍巍義烈高視兩京五百年所無有也壯哉諶也後主爲有愧矣勇哉尙也過夫瞻矣通鑑輯覽曰北地王慷慨捐軀凜凜有生氣劉禪犂牛固不足論姜維以下諸將士平日咸以恢復自命乃俱聞風而靡無復具人心者不啻譙周鬻國罪不容誅矣

紹良與艾相遇於雒縣雒見劉焉傳胡三省曰雒縣屬廣漢郡西南至成都八十餘里周壽昌曰華陽國志載勸降是譙周而遣使則爲張紹鄧良二人無周名觀紹良與艾相遇語則常志爲信艾得書大喜先主攻雒且一年攻成都數十日今艾不攻而禪降宜其大喜

也
卽報書王隱蜀記曰艾報書云王綱失道羣英並起龍戰虎爭終歸眞主此蓋天命去就之道也自古聖帝爰逮漢魏受命而王者莫不在乎中土河出圖洛出書聖人則之以興洪業其不由此未有不顚覆者也隗囂憑隴而亡范書隗囂傳建武六年隗囂據隴坻公孫述以囂爲朔寧王九年囂死子純爲王明年純降公孫述據蜀而滅范書公孫述傳建武元年公孫述僭號號成家十二年吳漢克成都滅之此皆前世覆車之鑒也聖上明哲宰相忠賢將比隆黃軒侔功往代銜命來征思聞嘉嚮果煩來使告以德音此非人事豈天啓哉昔微子歸周實爲上賓君子豹變義存大易來辭謙沖以禮輿櫬皆前哲歸命之典也全國爲上破國次之自非通明智達何以見王者之義乎

禪又遣太常張峻益州別駕汝超受節度遣太僕蔣顯有命勑姜維又遣尙書郎李虎送士民簿領戶二十八萬男女口九十四萬帶甲將士十萬二千吏四萬人趙一清曰通典

云魏武據中原劉備割巴蜀孫權盡有江東之地三國鼎立戰爭不息劉備章武元年有戶二十萬男女口九十萬及平蜀得戶二十八萬口九十四萬帶甲將士十萬二千吏四萬通計戶九十四萬三千四百二十三口五百三十七萬二千二百八十一除平蜀所得當時魏氏唯有戶六十六萬三千四百二十三有口四百四十三萬二千八百八十一一清案續郡國志注云景元四年與蜀通計民戶九十四萬三千四百二十三口五百三十七萬二千八百九十一人姚範曰以續漢志攷之但以巴蜀二郡校之此已不足當其一郡之戶口毋論彙餘郡矣又晉志章武時戶二十萬男女口九十萬攷晉時梁州戶七萬六千三百益州戶十四萬九千三百寧州戶八萬三千杭世駿曰通典云蜀劉禪炎興元年則魏常道鄉公景元四年歲次癸未是歲魏滅蜀至晉武帝太康元年歲次庚子凡十八年戶增九十八萬六千三百八十一口增八百四十九萬九百八十二則當三國鼎峙之時天下通計戶百四十七萬三千四百三十三口七百六十七萬二千八百八十一以奉三主斯以勤矣

米四十餘萬斛金銀各二千斤錦綺綵絹各二十萬匹餘物稱此何焯曰蜀窮匱至此固難以支久矣姚範曰先主入蜀賜葛相法孝直關張四人金各五百斤銀千斤錢五千萬錦千匹其餘頒賜各有差可知當時蜀土之饒

遣紹良先還艾至城北後主輿櫬自縛詣軍壘門通鑑作面縛輿櫬詣軍門胡三省曰杜預云面縛縛手於後唯見其面也櫬棺也示將受死後主時年四十八弼按後主年十七卽位在位四十一年時年五十八胡注云四十八誤艾解縛焚櫬延請相見晉諸公贊曰劉禪乘騾車詣艾不具亡國之禮因承制拜後主爲驃騎將軍諸圍守悉被後主勑胡三省曰圍守卽魏延所置漢中諸圍之守也然後降下或曰見士猶有戰心也弼按姜維傳尋被後主敕令乃投戈放甲詣會於涪軍前將士咸怒拔刀斫石華陽國志軍士莫不奮激以刃斫石胡三省曰漢先主以獻帝建安十九年得蜀魏文帝黃初二年卽帝位傳二世四十三年而亡艾使後主止其故宮身往造爲資嚴未發潘眉曰漢避明帝諱莊凡莊字亦改作嚴莊同字也吳漢傳辦嚴上道章懷注嚴卽裝也陳紀傳不復辦嚴章懷注嚴讀曰裝也惟許靖與曹公書復共嚴裝欲北上荆州彼嚴字作治字解與茲不同明年春正月艾見收鍾會自涪至成都作亂會既死蜀中軍衆鈔略死喪狼籍數日乃安集後主舉家東遷沈家本曰御覽下有在位凡四十年六字疑是注文佚去既至洛陽策命之曰惟景元五年三月丁亥皇帝臨軒使太常嘉命劉禪爲安樂縣公安樂今順天府順義縣西南詳見魏志明紀景初二

年華陽國志卷二云上庸郡安樂縣咸熙元年爲公國封劉後主也又卷十一云安樂思公世子早沒次子宜嗣而思公立所愛者文立諫之不納及愛子立驕暴二州人士皆欲表廢立止之曰彼自暴其一門不及百姓當以先公故得爾也後安樂公淫亂無道何攀與上庸太守王崇涪陵太守張寅爲書諫責稱當思立言晉書地理志幽州燕國安樂國相蜀主劉禪封此縣公與華陽國志異未知孰是

於戲其進聽朕命蓋統天載物以咸寧爲大光宅天下以時雍爲盛故孕育羣生者君人之道也乃順承天者坤元之義也上下交暢然後萬物協和庶類獲乂乃者漢氏失統六合震擾我太祖承運龍興弘濟八極是用應天順民撫有區夏于時乃考因羣傑虎爭九服不靜乘閒阻遠保據庸蜀遂使西隅殊封方外壅隔自是已來干戈不戢元元之民不得保安其性幾將五紀朕永惟祖考遺志思在綏緝四海率土同軌故爰整六師耀威梁益公恢崇德度深秉大正不憚屈身委質以愛民全國爲貴降心回

慮應機豹變履信思順以享左右無疆之休豈不遠歟朕嘉與君公長饗顯祿用考咨前訓開國胙土率遵舊典錫茲玄牡苴以白茅永爲魏藩輔往欽哉公其祗服朕命克廣德心以終乃顯烈食邑萬戶賜絹萬匹奴婢百人他物稱是子孫爲三都尉封侯者五十餘人華陽國志云弟兄子孫爲郡都尉侯者五十餘人沈欽韓曰三都尉謂奉車駙馬騎都尉也並漢武帝置沈家本曰二主妃子傳永及輯並拜奉車都尉封鄉侯餘無可考尚書令樊建侍中張紹光祿大夫譙周秘書令郤正殿中督張通並封列侯華陽國志云以譙周全國濟民封城陽亭侯秘書令郤正舍妻子隨侍後主相導威儀封關內侯於是尚書令樊建殿中督張通侍中張紹亦封侯劉氏凡得蜀五十年正稱尊號四十二年趙一清曰隋書經籍志梁有蜀平記十卷蜀漢僞官故事一卷又晉書地理志曰濟南郡或云魏平蜀徙其豪將家於濟河北故改爲濟岷郡而太康地理志無此郡名未之詳方輿紀要卷二十二濟岷城在邳州宿遷縣北東蜀時以蜀西濟北流人置濟岷郡咸和三年濟岷太守劉闓等殺下邳內史夏侯嘉以下邳叛入後趙郡尋廢

漢晉春秋曰司馬文王與禪宴爲之作故蜀技胡三省曰蜀技蜀樂也如巴渝舞之類也技與伎同旁人皆爲之感愴而禪喜笑自若王謂賈充曰人之無情乃可至於是乎可字疑衍雖使諸葛亮在不能輔之久全而況姜維邪充曰不如是殿下何由幷之他日王問禪曰頗思蜀否禪曰此閒樂不思蜀郤正聞之求見禪曰或曰求疑作來一曰禪在晉爲虜防護必嚴豈能輕見當作求若王後問宜泣而答曰先人墳墓遠在隴蜀乃心西悲無日不思胡三省曰西悲用詩東山語此儒生搜章摘句也因閉其目會王復問對如前王曰何乃似郤正語邪禪驚視曰誠如尊命左右皆笑于愼行曰劉禪之對司馬昭未爲失策也郤正教之淺矣思蜀之心昭之所不欲聞也幸而先以己意對再問之時已慮有教之者禪卽以正指對左右雖笑不知禪之免死正以是矣黃恩彤曰先主遺詔勅後主曰丞相歎卿智量甚大增修過于所望審能如此吾復何憂云云武侯非面諛先主非譽兒足見後主本非不肖也陳志以爲任賢相則爲循理之君惑閹豎則爲昏闇之主洵然

公太始七年太當作泰薨於洛陽在魏晉八年凡六十六歲寰宇記卷三後主冢在芒山周壽昌曰此與魏志明帝紀青龍二年二月庚寅山陽公薨書法同若吳歸命侯則書皓死於洛陽矣蜀紀云宋本紀作記諡曰思公通鑑考異曰晉春秋云禪諡惠公今從王隱蜀記子恂嗣

評曰後主任賢相則爲循理之君惑閹豎則爲昏闇之后傳曰素絲無常唯所染之信矣哉晉書李密傳張華問密曰安樂公何如密曰可次齊桓華問其故對曰齊桓得管仲而霸用豎刁而蟲流安樂公得諸葛亮而抗魏任黃皓而喪國是知成敗一也禮國君繼體踰年改元而章武之二年宋本二作三是則革稱建興考之古義體理爲違宋庚三國雜事駁陳說見卷首李清植曰是時皇綱解紐先主遽喪民志必生惶惑未踰年而改元雖違古義實遵漢舊藉此以新視聽而悚遠邇奠民心以濟大業應權通變計宜出此史家以是譏亮毋乃失之拘乎何焯曰介於二寇加之南中煽動必執踰年之禮非所以繫屬人心鎭撫方夏也又國不置史注記無官是以行事多遺災異靡書諸葛亮雖達於爲政凡此之類猶有未周焉史通曲筆篇曰黃氣見於秭歸羣鳥墮於江水成都言有景星出益州言無宰相氣若史官不置此事從何而書蓋由父辱受髡故加茲謗議也又史官篇曰蜀志稱王崇補東觀許蓋掌禮儀又郤正爲祕

書郎廣求益部書籍斯則典校無闕屬辭有所矣而陳壽評云蜀不置史官得非厚誣諸葛乎李安溪曰不置史官朱文公謂其志大而有所未暇是矣且百度具舉記注雖略奚害乎何焯曰吳蜀之主雖均曰傳然皆編年紀事於史家之例實亦紀也紀則災異當詳書而舊史闕其承傳是以作者用此自明非欲持此以詆毀葛相錢儀吉曰何說未是如果有史官而遭亂湮滅當云舊史失傳不當云史官不置也梁章鉅曰後主景耀元年明載史官言景星見於是大赦改年此蜀有史官之顯證劉咸炘曰郝懿行筆記又舉華陽國志後主志稱大長秋南陽許慈普記載籍典章舊文又舉西州後賢志王化弟崇蜀時東觀郎陳壽祕書郎不知此皆不足駁陳氏也陳氏所言無官者乃記注之史黃氣羣鳥不必史官所言蓋蜀本多術數之學主奏景星見者乃占天之史官許慈王崇郤正則掌書之官皆非記注之史知幾所謂典校無闕乃掌書之謂而屬辭有所則臆度之詞東觀乃眞記注之職然沿舊制而有此官未必有其地行其職不然則承祚躬爲祕書郎豈善忘至此卽誣諸葛又何如是之拙乎弼按季漢輔臣贊所頌述皆當時可傳之人承祚自注多云失其行事故不爲傳評語所謂注記無官行事多遺者此也劉說爲允然經載十二而年名不易軍旅屢興而赦不妄下不亦卓乎自亮沒後茲制漸虧優劣著矣

華陽國志曰丞相亮時有言公惜赦者亮答曰治世以大德不以小惠故匡衡吳漢不

願爲赦 漢書匡衡上疏曰比年大赦使百姓得改行自新天下幸甚臣竊見大赦之後姦邪不爲衰止今日大赦明日犯法相隨入獄此殆導人未得其務也後漢書吳漢病篤車駕親臨問所欲言對曰臣愚無所知識惟願陛下愼無赦而已 先帝亦言吾周旋陳元方鄭康成閒每見啓告治亂之道悉矣 何焯曰陳元方鄭康成皆避地徐州而先主以建安元年領徐州牧其啟告以治亂之道在此時也 曾不語赦也若劉景升季玉父子歲歲赦宥何益於治 臣松之以爲赦不妄下誠爲可稱至於年名不易猶所未達案建武建安之號皆久而不改未聞前史以爲美談經載十二蓋何足云豈別有他意求之未至乎亮歿後延熙之號數盈二十茲制漸虧事又不然也 錢大昭曰赦不妄下亦謂諸葛亮爲相時耳亮卒之後延熙元年六年九年十四年十七年二十年景耀元年四年皆大赦矣孟光責費禕以爲赦者偏枯之物非明世所宜有衰敝窮極不得已然後乃可權而行之今有何旦夕之危倒懸之急而數施非常之恩以惠姦宄之惡不其然哉錢大昕曰昭烈之沒政由葛氏禮樂征伐自下出者十餘年以曹馬之輩當此其改元自立必矣自古大臣握重權者身死之後嗣君親政亦必改元更革其舊後主信任孔明不以存歿有閒張邈上書詆亮下獄誅死其任賢勿疑有足稱者孔明卒于建興十二年前此不改元孔明事君之忠也繼此不改元後主知人之哲也君明臣忠此承祚所謂卓也不然建興之號終于十五何不云十五而云十二乎裴氏所譏殊未達其旨趣也梁章鉅引袁枚後主論文繁不錄

二主妃子傳第四

梁章鉅曰標題雖稱二主妃子而列傳則大書先主甘皇后穆皇后後主敬哀皇后張皇后皆稱皇后而孫吳諸后則降稱夫人可見承祚厚以天子之制予蜀也（本錢大昕說）潘眉曰陳承祚不爲孫夫人立傳夫人還吳同於大歸錢大昕曰蜀志稱昭烈曰先主安樂公曰後主後主之太子璿特爲立傳且正其太子之號吳志則曰權曰亮曰休曰晧皆斥其名可見承祚未嘗儕蜀於吳也

晉平陽侯相安漢陳壽撰
宋中書侍郎西鄉侯聞喜裴松之注
沔陽盧弼集解

先主甘皇后沛人也先主臨豫州住小沛 小沛見先主傳 納以爲妾先主數喪嫡室 康發祥曰先主轉軍海西守小沛之日妻子屢爲呂布高順所虜究不知何氏史失其實矣 常攝內事隨先主於荊州產後主值曹公軍至追及先主於當陽長阪 當陽長阪見先主傳 于時困偪棄后及後主賴趙雲保護得免於難 拾遺記卷八云先主甘后沛人也生於賤微里中相者云此女後貴位極宮掖及后長而體貌特異至十八玉質柔肌態媚容冶先主召入綃帳中於戶外望者如月下聚雪河南獻玉人高三尺乃取玉人置后側晝則講說軍謀夕則擁后而玩人常稱玉之所貴德比君子況爲人形而不可玩乎后與玉人潔白齊潤觀者殆相亂惑嬖寵者非惟嫉於甘后亦妬於玉人也后常欲琢毀壞之乃誡先主曰昔子罕不以玉爲寶春秋美之今吳魏未滅安以妖玩繼懷凡淫惑生疑勿復進焉先主乃撤玉人像嬖者皆退當斯之時君子議以甘后爲神智婦人焉 后卒葬于南郡章武二年追謚皇思夫人 康發祥曰先主轉軍廣陵海西糜竺進妹於先主爲夫人糜夫人不聞與謚史亦不爲立傳何也 遷葬於蜀未至而先主殂隕丞相亮上言皇思夫人履行修仁淑愼其身大行皇帝昔在上將嬪妃作合 宋本妃作配 載育聖躬大命不融大行皇帝存時篤義垂恩念皇思夫人神柩在遠飄颻特遣使者奉迎會大行皇帝崩今皇思夫人神柩以到又梓宮在道園陵將成安厝有期臣輒與太常臣賴恭等議禮記曰立愛自親始教

民孝也立敬自長始教民順也不忘其親所由生也春秋之義母以子貴昔高皇帝追尊太上昭靈夫人爲昭靈皇后 太毛本作大誤漢書高帝紀五年追尊先媪曰昭靈夫人高后紀七年尊昭靈夫人曰昭靈后梁章鉅曰高祖之母死於小黃高祖五年追謚昭靈夫人呂后七年尊爲昭靈皇后皇后之稱呂后所加此謂高祖追尊恐係信筆之誤 孝和皇帝改葬其母梁貴人尊號曰恭懷皇后 范書和帝紀永元九年追尊皇妣梁貴人爲皇太后改葬恭懷皇后于西陵 孝愍皇帝亦改葬其母王夫人尊號曰靈懷皇后 范書獻帝紀興平元年追尊謚皇妣王氏爲靈懷皇后改葬于文昭陵錢大昭曰孝愍皇帝卽漢獻帝也在章武元年獻帝見害追謚孝愍猶可託之傳聞至後主嗣位已閱二年之久山陽公之存歿豈不知之而猶稱爲孝愍皇帝者不過欲因此以討魏室篡弒之罪有以藉口耳不然獻帝見在大敵未克而玄德晏然自立嗣主繼體踐祚雖曰漢帝子孫與魏文之僭位何以異乎所謂掩耳盜鈴也劉咸炘曰此說非也不可無君昭烈不得不立愍帝雖不死亦失國之君昭身賊中受其公爵豈可遙奉耶知其尗死而無以稱之卽以上謚爲號禮以義起也 今皇思夫人宜有尊號以慰寒泉之思 詩邶風凱風之章爰有寒泉在浚之下有子七人母氏勞苦 輒與恭等 太常賴恭也 案謚法宜曰昭烈皇后

詩曰穀則異室死則同穴 詩王風大車之章毛傳云穀生也生在於室則外內異死則神合同爲一也

禮云上古無合葬中古後因時方有

故昭烈皇后宜與大行皇帝合葬臣請太尉告宗廟 洪飴孫曰太尉不詳何人蓋置而不常設可考者一人上官勝見唐書宰相世系表 布露天下具禮儀別奏制曰可

先主穆皇后 穆皇后敬哀皇后皆未書姓以下有兄吳壹張飛長女之文似宜書姓下文云兄壹飛長女方合 陳留人也兄吳壹 壹事見季漢輔臣贊 少孤壹父素與劉焉有舊是以舉家隨焉入蜀焉有異志而聞善相者相后當大貴焉時將子瑁自隨遂爲瑁納后瑁死后寡居先主既定益州而孫夫人還吳 梁章鉅曰孫夫人之事此爲再見王鏊曰此不明敘所以還吳之故則法正已進劉瑁妻吳氏于宮中舟船之迎實夫人見幾之哲是歲建安之二十年乙未正權襲取長沙分界連和之日可想見蜀主與夫人同牢已七年矣此陳壽所以有綢繆恩紀之筆也

漢晉春秋曰先主入益州吳遣迎孫夫人夫人欲將太子歸吳諸葛亮使趙雲勒兵斷江留太子乃得止 趙雲別傳孫夫人以權妹驕豪權聞備西征大遣舟船迎妹而夫人內欲將後主還吳雲與張飛勒兵截江乃得後主還何焯曰漢晉春秋所云爲妄先主定益州時諸葛公與張趙等泝流至蜀孫夫人還吳當在建安二十年爭荆州時弼按趙雲別傳權聞備西征乃迎妹正爲爭荆州之時漢晉春秋所云亦謂先主入益州之後非謂定益州之時何說似泥康發祥曰孫夫人一見先主傳再見穆皇后傳三見法正傳承祚不爲立傳豈以故劍未還故闕而不書邪

羣下勸先主娉后先主疑與瑁同族 毛本瑁作媢誤 法正進曰論其親疏何與晉文之於子圉乎 左傳僖公十七年晉太子圉爲質於秦秦歸河東而妻之二十二年圉逃歸惠公卒圉立是爲懷公晉文公至秦秦伯納女五人懷嬴與焉杜注懷嬴子圉妻子圉謚懷公故號爲懷嬴錢大昭曰何與猶言何如也 於是納后爲夫人 梁章鉅曰法正導君以非禮先主始疑而終遂之君臣均失諸葛公亦不匡正何也

習鑿齒曰夫婚姻人倫之始王化之本匹夫猶不可以無禮 監本匹作焉誤 而況人君乎晉

文廢禮行權以濟其業故子犯曰有求於人必先從之將奪其國何有於妻 事見國語 非無故而違禮教者也今先主無權事之偪而引前失以爲譬非導其君以堯舜之道者先主從之過矣

建安二十四年立爲漢中王后章武元年夏五月策曰朕承天命奉至尊臨萬國今以后爲皇后遣使持節丞相亮授璽綬承宗廟母天下皇后其敬之哉建興元年五月後主卽位 毛本復卽字誤 尊后爲皇太后稱長樂宮壹官至車騎將軍封縣侯延熙八年后薨合葬惠陵

孫盛蜀世譜曰 沈家本曰蜀世譜隋唐志不著錄此傳引二條一條記後主太子璿弟六人一條記吳壹之孫喬費詩傳一條記詩子立呂凱傳二條一記呂氏之徙不韋縣一記凱子詳張嶷傳一條記嶷孫奕後書蠻夷傳注引不韋縣事與呂凱傳同是其書體例不專蜀主之世系凡士大夫世系悉詳之與隋志所錄之漢氏帝世譜齊梁帝譜不同矣 壹孫喬沒李雄中三十年不爲雄屈也

後主敬哀皇后車騎將軍張飛長女也 張飛妻夏侯霸從妹 章武元年納爲太子妃建興元年立爲皇后十五年薨葬南陵

後主張皇后前后敬哀之妹也建興十五年入爲貴人延熙元年春正月策曰朕統承大業君臨天下奉郊廟社稷今以貴人爲皇后使行丞相事左將軍向朗持節授璽綬 周壽昌曰故事持節册封使臣例書名不書姓前後册文可證向字疑衍 勉修中饋恪肅禋祀皇后其敬之哉咸熙元年隨後主遷于洛陽

漢晉春秋曰魏以蜀宮人賜諸將之無妻者李昭儀曰我不能二三屈辱乃自殺

劉永字公壽先主子後主庶弟也章武元年六月使司徒靖立永爲魯王 姚範曰梁魯皆虛名策中遂有龜蒙畿甸之言亦不典也杭世駿曰鼎錄章武三年先主作二鼎一與魯王文曰富貴昌宜侯王一與梁王文曰大吉羊宜王公並古隸書高二尺 策曰小子永 宋本小作少官本考證曰當作小 受茲青土朕承天序繼統

大業遵脩稽古建爾國家封于東土奄有龜蒙世爲藩輔嗚呼恭朕之詔惟彼魯邦 周壽昌曰邦字宜避此與先主祭天文漢邦字誤同 一變適道風化存焉人之好德世茲懿美 周壽昌曰承祚晉臣此懿字亦當避疑字有誤 王其秉心率禮綏爾士民是饗是宜其戒之哉建興八年改封爲甘陵王初永憎宦人黃皓皓既信任用事譖構永於後主後主稍疎外永至不得朝見者十餘年咸熙元年永東遷洛陽拜奉車都尉封爲鄉侯

劉理字奉孝亦後主庶弟也與永異母章武元年六月使司徒靖立理爲梁王策曰小子理朕統承漢序祗順天命遵脩典秩建爾于東爲漢藩輔惟彼梁土畿甸之邦民狎教化易導以禮往悉乃心懷保黎庶以永爾國王其敬之哉建興八年改封理爲安平王 馬超女配安平王理見超傳 延熙七年卒諡曰悼王子哀王胤嗣十九年卒子殤王承嗣二十年卒景耀四年詔曰安平王先帝所命三世早夭國嗣頹絕朕用傷悼其以武邑侯輯襲王位輯理子也咸熙元年東遷洛陽拜奉車都尉封鄉侯

後主太子璿 錢大昕曰此承祚特筆且正其爲太子之號視吳志之曰權曰亮曰休曰晧者判然矣 字文衡母王貴人本敬哀張皇后侍人也延熙元年正月策曰在昔帝王繼體立嗣副貳國統古今常道今以璿爲皇太子昭顯祖宗之威命使行丞相事左將軍朗持節授印綬其勉脩茂質祗恪道義諮詢典禮敬友師傅斟酌衆善翼成爾德可不務脩以自勗哉時年十五 璿好騎射出入無度見霍峻傳費禕長女配太子璿爲妃見禕傳 景耀六年冬蜀亡咸熙元年正月鍾會作亂於成

都璿爲亂兵所殺 宋本殺作害諸葛瞻尚公主見本傳費禕子恭尚公主見禕傳關羽孫統尚公主見羽傳

孫盛蜀世譜曰璿弟瑤琮瓚諶詢璩六人 潘眉曰依後主傳及蜀紀詢當爲恂璩當爲虔諶恂虔意義不相遠又詢璩說文無並俗字 蜀敗諶自殺 周壽昌曰北地王諶何以不爲立傳僅於後主傳中紀其事乎若非裴注引漢晉春秋數語則王之武烈忠憤幾無可見通鑑雖不帝蜀而此數語全引之則承祚良史之筆於此不無闕失也康發祥曰北地王諶慷慨激昂洵賢王也不爲作傳殊不可解 餘皆內徙值永嘉大亂子孫絕滅唯永孫玄奔蜀李雄僞署安樂公以嗣禪後永和三年討李勢盛參戎行見玄於成都也

評曰易稱有夫婦然後有父子夫人倫之始恩紀之隆莫尙於此矣是故紀錄以究一國之體焉 潘眉曰陳仁錫本脫評語三十五字俗本之陋如此劉咸炘曰此評無謂極矣豈以吳志不書太子而蜀志書之故自明乎或曰諸王不知其母注記無官信矣

蜀書四　　三國志三十四

蜀書五　　三國志三十五

諸葛亮傳第五

晉　平陽侯相安漢陳壽撰

宋中書侍郎西鄉侯聞喜裴松之注

沔陽盧弼集解

諸葛亮字孔明琅邪陽都人也也字衍陽都今山東沂州府沂水縣南詳見魏志諸葛誕傳漢司隸校尉諸葛豐後也諸葛豐事亦見諸葛誕傳錢大昕曰亮瑾誕兄弟分仕三國各爲立傳傳首皆著其郡縣亮誕兩傳又皆云諸葛豐之後蓋三書可分可合取其首尾完具不嫌重複也魏志鍾繇與子會各有傳傳首俱云潁川長社人則重沓無當矣父珪字君貢元本君作子漢末爲太山郡丞郡國志作泰山郡百官志每郡置太守一人二千石丞一人亮早孤從父玄爲袁術所署豫章太守郡國志揚州豫章郡治南昌一統志南昌故城今江西南昌府南昌縣東玄將亮及亮弟均之

官會漢朝更選朱晧代玄玄素與荆州牧劉表有舊往依之

獻帝春秋曰初豫章太守周術病卒劉表上諸葛玄爲豫章太守治南昌漢朝聞周術死遣朱晧代玄馮本朱作周誤晧從揚州太守劉繇求兵擊玄揚州刺史不得言太守此誤玄退屯西城胡三省曰西城在豫章南昌縣西通鑑考異曰袁暐獻帝春秋云劉表上玄領豫章太守范書陶謙傳亦云劉表所用而陳志諸葛亮傳云術所用按許劭勸繇依表必不攻其所用也今從亮傳弼按范書陶謙傳無此語不知考異何據趙一清曰方輿紀要八十四豫章城有西城在子城西子城亦名牙城晧入南昌建安二年正月西城民反殺玄送首詣繇此書所云與本傳不同吳志劉繇傳笮融殺太守朱晧繇進討融融爲民所殺繇尋病卒通鑑獻帝興平二年笮融殺晧代領郡事劉繇討融融爲民所殺詔以前太傅掾華歆爲豫章太守此皆興平二年事此云建安二年殺玄送首詣繇與事實違異宜承祚之不取也互見吳志孫策傳

玄卒亮躬畊隴畝後成都種桑亦治之有素好爲梁父吟史記秦始皇本紀二十八年禪梁父正義曰父音甫在兖州泗水縣北八十里范書光武紀中元元年禪于梁父章懷注梁父太山下小山也一統志梁父山在山東泰安府南一百十里水經汶水注汶水又東逕樂山北昔諸葛亮好爲梁甫吟每所登遊故俗以樂山爲名藝文類聚卷十九吟部引蜀志諸葛亮梁父吟云步出齊城門遙望蕩陰里里中有三墳纍纍正相似問是誰家墓田疆古冶子力能排南山文能絕地理（一作紀）一朝被讒言二桃殺三士誰能爲此謀國相齊晏子（弼按田疆古冶子事見晏子）郝經曰或謂此吟專譏晏子以二桃殺三士指爲譏曹操之殺孔融輩按曹操殺孔融在建安十三年則抱膝長吟之意固不在融也蓋傷漢季名士往往失身于人爲閹豎賊臣禁錮卒之風節委地而漢遂亡所以高臥不起也何焯曰蔡中郎琴頌云（弼按當作琴賦）梁父悲吟周公越裳武鄉之志其有取於此乎今所傳之詞蓋非其作梁章鉅曰此吟雖傳自唐以前別無深意諸葛公又何取此乎何氏所疑殆不虛也又曰姚寬西溪叢語云梁父吟不知何義張衡四愁詩云欲往從之梁父艱注云泰山東岳也君有德則封此山願輔佐君王致於有道而爲小人讒邪之所阻梁父泰山下小山名諸葛好爲此吟恐取此義弼按藝文類聚十九引陳武別傳曰陳武字國本休屠胡人常騎驢牧羊諸家牧豎十數人或有知歌謠者武遂學太山梁父吟幽州馬客吟及行路難之屬是梁父吟本爲古歌謠諸葛吟之遺興耳

漢晉春秋曰亮家于南陽之鄧縣郡國志南陽郡鄧一統志鄧縣故城今湖北襄陽府襄陽縣北方輿紀要在府城東北二十里鄧城鎮文選出師表注引荆州圖曰鄧城舊縣西南一里隔沔有諸葛宅是劉備三顧處在襄陽城西二十里號曰隆中水經沔水注沔水又東逕隆中歷孔明舊宅北亮語劉禪云先帝三顧臣於草廬之中咨臣以當世之事卽此宅也車騎沛國劉季和之鎮襄陽也與犍爲人李安共觀此宅

命安作宅銘（弼按文見本傳末裴注）後六十餘年習鑿齒又爲其宅銘焉藝文類聚六十四初學記三十四載習鑿齒諸葛武侯宅銘云達人有作振此頹風雕薄蔚采鴟闌唯豐義範蒼生道格時雄自昔爰止於焉盤桓躬耕西畝永嘯東巒迹逸中林神凝巖端罔窺其奧誰測斯歡堂堂偉匠婉翮揚朝傾巖搜寶高羅九霄慶雲集矣鸞駕亦招胡三省曰東坡詩萬山西北古隆中故其萬山詩云回頭望西北隱隱龜背起傳云古隆中萬樹桑柘美元和志諸葛亮宅在襄陽縣西北二十里輿地紀勝在襄陽縣西隆村一統志在襄陽縣西隆中山東縣志隆中山畔爲草廬山半爲抱膝石隆起如墩可坐十數人下爲躬耕田寰宇記諸葛宅有井深四丈廣尺五寸迄今壘砌如初縣志隆中山畔孔明隱處有智井名六角井

身長八尺每自比於管仲樂毅時人莫之許也惟博陵崔州平博陵詳見魏志張燕傳夏侯玄傳州平史失其名潁川徐庶元直與亮友善謂爲信然水經沔水注沔水又東合檀谿水谿之陽有徐元直崔州平故宅悉人居故習鑿齒與謝安書云每省家舅縱目檀谿念崔徐之交未嘗不撫膺躊躇惆悵終日矣名勝志徐庶宅地名甘耳沖今清虛菴是乃其故址一統志徐庶宅在襄陽縣東

按崔氏譜崔氏譜隋唐志均不著錄州平太尉烈子烈監本毛本誤作列均之弟也范書崔駰傳駰字亭伯涿郡安平人子瑗

孫實實從兄烈有重名於北州歷位郡守九卿靈帝時開鴻都門榜賣官爵烈因傳母入錢五百萬得爲司徒及拜日帝曰悔不小靳可至千萬程夫人曰崔公冀州名士豈肯買官賴我得是反不知姝邪烈於是聲譽衰減久之不自安從容問其子鈞曰吾居三公於議者何如鈞曰論者嫌其銅臭烈後拜太尉鈞少交結英豪有名稱爲西河太守獻帝初鈞與袁紹俱起兵山東董卓收烈付郿獄卓既誅拜烈城門校尉及李傕入長安爲亂兵所殺惠棟曰摯虞文章志烈字威考翢之孫瑗之兄子世系云翢子盤生烈案博陵太守孔彪碑陰有司徒掾博陵崔烈字威考也世系又云鈞字州平九州春秋曰鈞字元平案崔氏譜州平爲鈞之弟世系誤梁祚魏國統曰州平兒元平爲議郎以忠直稱董卓之亂烈爲卓兵所害元平常思有報復之心會病卒 魏略曰亮在荊州以建安初與潁川石廣元 廣元名韜見後注引魏略 徐元直汝南孟公威等 孟公威事見魏志溫恢傳注引魏略 俱游學三人務於精熟而亮獨觀其大略每晨夜從容常抱膝長嘯而謂三人曰卿三人仕進可至刺史郡守也三人問其所至 宋本至作志 亮但笑而不言後公威思鄉里欲北歸亮謂之曰中國饒士丈夫遨遊何必故鄉邪 宋本丈作大 臣松之以爲魏略此言謂諸葛亮爲公威計者可也若謂兼爲已言可謂未達其心矣老氏稱知人者智自知者

明凡在賢達之流固必兼而有焉以諸葛亮之鑒識豈不能自審其分乎夫其高吟俟時情見乎言志氣所存既已定於其始矣若使游步中華騁其龍光豈夫多士所能沈翳哉委質魏氏展其器能誠非陳長文司馬仲達所能頡頏而況於餘哉苟不患功業不就道之不行雖志恢宇宙而終不北向者蓋以權御已移漢祚將傾方將翊贊宗傑以興微繼絕克復爲已任故也豈其區區利在邊鄙而已乎此相如所謂鵾鵬已翔於遼廓而羅者猶視於藪澤者矣 世期此論可謂諸葛知已 公威名建在魏亦貴達

時先主屯新野 新野見先主傳 徐庶見先主先主器之 胡三省曰物之有用者謂之器器之者器重之也重其才之足以用世也 謂先主曰諸葛孔明者臥龍也將軍豈願見之乎

襄陽記曰 沈家本曰隋志襄陽耆舊記五卷習鑿齒撰二唐志卷同記作傳宋志卷同傳作記文選南都賦注引亦作記崇文總目三卷今佚有任兆麟心齋十種本有脫誤章宗源曰郡齋讀書後志曰記五卷前載襄漢人物中載山川城邑後載牧守觀其記錄叢雜非傳體名當從隋志愚按續漢郡國志注蔡陽有松子亭下有神陂引襄陽耆舊傳文選兩都賦引之則稱耆舊記劉昭生處劉梁代其所引在隋志前則知稱傳之名其來已久三國志注多省文稱襄陽記 備訪世事於司馬德操德操曰儒生俗士豈識時務識時務者在乎俊傑此閒自有伏龍鳳雛備問爲誰曰諸葛孔明龐士元也

先主曰君與俱來庶曰此人可就見不可屈致也將軍宜枉駕顧之由是先主遂詣亮凡三往乃見 胡三省曰備以梟雄之才聞徐庶一言三枉駕以見孔明此必庶之才器有以取重於備備遂信之也庶自辭備歸操之後寂無所聞今觀其捨舊從新之言質天地而無愧則其人從可知矣或曰有莘之後此爲僅見眞足以光史册長人志氣 因屏人曰漢室傾頹姦臣竊命主上蒙塵孤不度德量力欲信大義於天下 胡三省曰屏必郢翻度徒洛翻量音良信讀曰申 而智術淺短遂用猖獗 通鑑獗作蹶胡注猖披猖蹶顚蹶 至于今日然志猶未已君謂計將安出亮答曰自董卓已來豪傑並起跨州連郡者不可勝數曹操比於袁紹則名微而衆寡然操遂能

克紹以弱爲強者非惟天時抑亦人謀也今操已擁百萬之衆挾天子以令諸侯 宋本以作而通鑑同 此誠不可與爭鋒孫權據有江東已歷三世國險而民附賢能爲之用此可以爲援而不可圖也荊州北據漢沔利盡南海 胡三省曰謂自桂陽蒼梧跨有交州則利盡南海也 東連吳會 胡三省曰吳會者言吳爲東南一都會也 西通巴蜀此用武之國而其主不能守此殆天所以資將軍將軍豈有意乎益州險塞沃野千里天府之土高祖因之以成帝業劉璋闇弱張魯在北民殷國富而不知存恤智能之士思得明君 胡三省曰張松法正之徒雖未與亮交際亮固逆知之矣 將軍既帝室之胄 冑裔也 信義著於四海總攬英雄思賢如渴若跨有荊益保其巖阻西和諸戎南撫夷越外結好孫權內修政理 通鑑理作治 天下有變則命一上將將荊州之軍以向宛洛 毛本洛作落誤 將軍身率

益州之衆以出秦川宋本作出於秦川百姓孰敢不簞食壺漿以迎將軍者乎誠如是則霸業可成漢室可興矣當時大勢瞭如指掌胡三省曰所謂俊傑者量時審勢規畫定於胸中儻非其人未易與之言也通鑑輯覽曰孔明於備方寓身無所表又尙在之時早識荆州爲起事之地北向宛洛西出秦川二言早爲後日六出祁山張本眞不愧王佐之才三分割據良非本願杜甫可謂知言或曰後事已如鐙取影隆中居平籌畫遇識者而陳之坐言起行求志達道三代下孔明庶幾不負先主曰善於是與亮情好日密關羽張飛等不悅先主解之曰孤之有孔明猶魚之有水也胡三省曰魚有水則生無水則死願諸君勿復言羽飛乃止

魏略曰劉備屯於樊城是時曹公方定河北亮知荆州次當受敵而劉表性緩不曉軍事亮乃北行見備備與亮非舊又以其年少以諸生意待之坐集既畢衆賓皆去而亮獨留備亦不問其所欲言備性好結毦馮本毦作毦仍吏切讀若餌潘眉曰通俗文云毛飾曰毦按旄牛毦出冉駹靑衣道夷等處古但施于犬馬至漢季始用于軍中故韋昭注晉語曰若今將軍負毦甘寧負毦帶鈴武侯與吳主書所送白毦薄少與兄瑾書先主帳下白毦是也說文

從毛耳聲曹憲廣雅音音二後俗本訛二爲毛故今淺學亦有誤讀若毳者時適有人以髦牛尾與備者備因手自結之亮乃進曰明將軍當復有遠志但結毦而已邪備知亮非常人也乃投毦而言曰宋本言作答是何言與我聊以忘憂耳亮遂言曰將軍度劉鎭南孰與曹公邪備曰不及亮又曰將軍自度何如也備曰亦不如曰今皆不及而將軍之衆不過數千人以此待敵得無非計乎備曰我亦愁之當若之何亮曰今荆州非少人也而著籍者寡平居發調則人心不悅可語鎭南令國中凡有游戶皆使自實因錄以益衆可也備從其計故衆遂強備由此知亮有英略乃以上客禮之九州春秋所言亦如之　臣松之以爲亮表云先帝不以臣卑鄙猥自枉屈三顧臣於草廬之中諮臣以當世之事則非亮先詣備明矣雖聞見異辭各生彼此然乖背至是亦良爲可怪

劉表長子琦亦深器亮表受後妻之言蔡諷長女爲黃承彥妻小女爲劉表後婦黃承彥女孔明婦也愛少子琮不悅於琦琦每欲與亮謀自安之術亮輒拒塞未與處畫琦乃將亮游觀後園共上高樓飲宴之閒令人去梯元和志劉琦臺琦與諸葛亮登臺去梯之所一統志臺在襄陽縣東弼按傳言共上高樓非臺也後人傅會點綴名勝耳因謂亮曰今日上不至天下不至地言出子口入於吾耳可以言未亮答曰君不見申生在內而危重耳在外而安乎胡三省曰申生晉獻公之太子爲驪姬所譖自縊而死重耳申生之弟懼驪姬之讒出奔獻公卒後重耳入是爲文公遂爲霸主重直龍翻或曰於此見亮之愼密亦善處人骨肉之道琦意感悟陰規出計會黃祖死得出遂爲江夏太守俄而表卒琮聞曹公來征遣使請降先主在樊聞之率其衆南行亮與徐庶並從爲曹公所追破獲庶母庶辭先主而指其心曰本欲與將軍共圖王霸之業者以此方寸之地也今已失老母方寸亂矣無益於事請從此別遂詣曹公李安溪曰千古處變合於道者一人而已或曰較王陵溫嶠爲何如是得

竊負家法者

魏略曰庶先名福本單家子錢大昕曰魏略列傳以徐福嚴幹李義等十人共卷幹義皆馮翊東縣人馮翊東縣舊無冠族故二人並單家（見裴潛傳注）又魏略儒宗傳薛夏天水人也天水舊有姜閻任趙四姓常推於郡中而夏爲單家隗禧京兆人也世單家（見王肅傳注）魏略吳質傳始質爲單家少游遨貴戚閒（見王粲傳注）張既傳既世單家（見既傳注）凡云單家者猶言寒門非郡之著姓耳徐庶爲單家子與此一例流俗讀單爲善疑其本姓單後改爲徐妄之甚矣後漢書趙壹傳恩澤不逮於單門亦單家之意也潘眉曰單音單複之單猶言寒家魚豢單家字屢用林暢園曰魏志注中言單家非一猶言單寒之家以別於大姓右族耳裴潛傳注引魏略列傳以徐福嚴幹李義等同卷亦云幹義二人並單家而明代小說乃以徐庶自隱姓名別稱單福則似以單爲姓可笑也少好任俠擊劍中平末嘗爲人報讎白堊突面堊音惡塗飾也被髮而走爲吏所得問其姓名宋本名作字閉口不言吏乃於車上立柱維磔之擊鼓以令於市鄽莫敢識者而其黨伍共篡解之得脫於是感激棄其刀戟更疏巾單衣趙一淸曰巾乃布之譌折節學問始詣精舍諸生聞其前作賊不肯與共止福乃卑躬早起常獨埽除動靜先意

驪習經業義理精熟遂與同郡石韜相親愛初平中中州兵起乃與韜南客荆州到又與諸葛亮特相善及荆州內附孔明與劉備相隨去福與韜俱來北至黃初中韜仕歷郡守典農校尉福至右中郎將御史中丞逮大和中諸葛亮出隴右聞元直廣元仕財如此潘眉曰馮本廣誤作龐汲古本又將元仕二字誤倒遂誤爲龐士元矣士元之士既非仕士元亦未爲魏臣此皆淺人妄改財與裁同弼按宋本元本不誤歎曰魏殊多士邪何彼二人不見用乎或曰抱膝長嘯時已以刺史郡守相許又何怪歎之有庶後數年病卒有碑在彭城今猶存焉水經獲水注彭城郡內有魏中郎將徐庶碑植於街右曾爲楚相也

先主至於夏口夏口卽今湖北漢口詳見魏志武紀建安十三年亮曰事急矣請奉命求救於孫將軍時權擁軍在柴桑郡國志揚州豫章郡柴桑胡三省曰柴桑縣屬豫章郡晉置尋陽郡於江南卽此柴桑縣地也今江西德化縣西南九十里有柴桑山一統志柴桑故城今江西九江府德化縣西南三國吳改屬武昌郡晉咸和中移尋陽郡來治其後江州亦治此觀望成敗亮說權曰海內大亂將軍起兵據有江東劉豫州亦收衆漢南與

曹操並爭天下今操芟夷大難杜預曰芟刈也夷殺也芟所銜翻難乃旦翻略已平矣遂破荆州威震四海英雄無所用武故豫州遁逃至此將軍量力而處之若能以吳越之衆與中國抗衡胡三省曰衡以取平上下相當無所卑屈曰抗不如早與之絕若不能當何不案兵束甲北面而事之今將軍外託服從之名而內懷猶豫之計事急而不斷禍至無日矣權曰苟如君言劉豫州何不遂事之乎亮曰田橫齊之壯士耳猶守義不辱況劉豫州王室之胄英才蓋世衆士慕仰若水之歸海若事之不濟此乃天也安能復爲之下乎權勃然曰胡三省曰勃然作色慍怒也吾不能舉全吳之地十萬之衆受制於人吾計決矣非劉豫州莫可以當曹操者然豫州新敗之後安能抗此難乎亮曰豫州軍雖敗於長阪今戰士還者及關羽水軍精甲萬人劉琦合江夏戰士亦不下萬人曹操之衆遠來疲弊聞追豫州輕騎一日一夜行三百餘里此所謂强弩之末勢不能穿魯縞者也胡三省曰前書韓安國云衝風之衰不能起毛羽強弩之末力不能入魯縞師古注曰縞素也曲阜之地俗善作之尤爲輕細故以取喩也故兵法忌之曰必蹶上將軍元本馮本蹶作蹷兵法百里而趨利者蹶上將且北方之人不習水戰又荆州之民附操者偪兵勢耳非心服也今將軍誠能命猛將統兵數萬與豫州協規同力破操軍必矣操軍破必北還如此則荆吳之勢彊鼎足之形成矣胡三省曰荆謂備吳謂權鼎足之形謂天下三分也成敗之機在於今日權大悅卽遣周瑜程普魯肅等水軍三萬隨亮詣先主并力拒曹公梁章鉅曰周瑜傳劉備爲曹公所破欲引南渡江與魯肅遇於當陽遂共圖計因進住夏口遣諸葛亮詣權權遂遣瑜及程普等與備并力逆曹公云云與此傳所載是一事蜀吳通好之時瑜亮二人會合蹤跡見于史者不過如此而小說家鋪張其事遂使二人居然有不能並立之勢可謂厚誣前賢王應奎柳南續筆云旣生瑜何生亮二語出三國

演義實正史所無而王阮亭古詩凡例尤悔菴滄浪亭詩序並襲用之以二公之博雅且猶不免此誤今之臨文者可不愼歟杭世駿引說寶孔明借風事乃小說附會之辭不錄

袁子曰張子布薦亮於孫權亮不肯留人問其故曰孫將軍可謂人主然觀其度能賢亮而不能盡亮吾是以不留　臣松之以爲袁孝尼著文立論元本監本尼作居誤論見本傳末甚重諸葛之爲人至如此言則失之殊遠觀亮君臣相遇可謂希世一時終始之分誰能閒之寧有中違斷金甫懷擇主設使權盡其量便當翻然去就乎葛生行已豈其然哉關羽爲曹公所獲遇之甚厚可謂能盡其用矣猶義不背本曾謂孔明之不若雲長乎世期此論亦極明通

曹公敗于赤壁赤壁詳見魏志武紀建安十三年引軍歸鄴先主遂收江南以亮爲軍師中郎將軍師中郎將見先主傳使督零陵桂陽長沙三郡三郡均見先主傳調其

賦稅以充軍實

零陵先賢傳曰亮時住臨烝晉書地理志孫權分長沙立衡陽湘東二郡又云湘東郡臨烝宋書州郡志湘東太守臨烝吳屬衡陽晉太康地志屬湘東元和志臨烝本漢酃縣地吳分置臨蒸屬衡山郡又云故城東傍湘江北背蒸水水經湘水注承水至湘東臨承縣北東注于雲謂之承口臨承卽故酃縣也縣卽湘東郡治也郡舊治在湘水東故以名郡耒水注酃縣故城西北去臨承縣十五里一統志臨烝故城今湖南衡州府衡陽縣治後漢置縣烝一作承謝鍾英曰諸葛亮住臨蒸是縣爲桓靈後所置吳增僅曰亮屯臨烝縣疑漢末立弼按謝吳二說與一統志合晉宋志元和志水經注所云皆長沙郡屬吳以後事當建安十三年赤壁戰後諸葛亮住臨蒸爲漢末置縣無疑此縣居長沙零陵桂陽三郡之中調其賦稅最爲要地也趙一清曰蒸當作烝方輿紀要卷八十衡州府衡陽縣漢承陽酃二縣地後漢改承陽曰烝陽三國吳析二縣地置臨烝縣又耒陽縣有侯計山相傳武侯憩此計兵一名侯憩山安仁縣西有相公山寨相傳武侯屯兵處又紀要卷八十一永州府東安縣南有諸葛嶺先主遣武侯督長沙三郡賦曾屯駐於此沅州黔陽縣西有鐔成廢縣縣有諸葛古城二一在城南四十里其地有臥龍嶺一在城東五十里之安江堡俗亦謂之諸葛營相傳武侯撫綏谿洞諸蠻嘗駐於此又紀要卷七十八萬乘湖在荆州石首縣東四十里相傳武侯屯兵處

建安十六年益州牧劉璋遣法正迎先主使擊張魯亮與關羽鎮荆州先主自葭萌還攻璋葭萌見劉璋傳亮與張飛趙雲等率衆泝江分定郡縣趙一清曰寰宇記八十二梓州銅山縣會軍堂山高三里先主入蜀諸葛亮張飛等分定州界略地至此百姓以牛酒犒師亮因會軍士於此後傳爲會軍堂山與先主共圍成都成都平何焯曰兵勢已合豈得中息若議公不當泝流合規者眞迂儒俗士也智能之士思得明君如張松法正之情固夙昔所畫亦未有逆拒不往者耳以亮爲軍師將軍署左將軍府事先主外出亮常鎮守成都足食足兵趙一清曰寰宇記七十二讀書臺在成都縣北一里諸葛亮相蜀築此臺以集諸儒兼以待四方賢士何焯曰當先主時但寄以蕭何之任二十六年羣下勸先主稱尊號先主未許亮說曰昔吳漢耿弇等初勸世祖卽帝位世祖辭讓前後數四耿純進言曰天下英雄喁喁冀有所望如不從議者士大夫各歸求主無爲從公也范書光武紀建武元年諸將議上尊號光武曰寇賊未平四面受敵何遽欲正位號乎耿純進曰天下士大夫捐親戚棄土壤從大王於矢石之間者其計固望其攀龍鱗附鳳翼以成其所志耳今功業卽定天人亦應而大王留時逆衆不止號位純恐士大夫望絕計窮則有去歸之思無爲久自苦也大衆一散難可復合時不可留衆不可逆純言甚誠切袁宏後漢紀所載亦同然皆與葛公所引意同辭異東觀漢記光武紀耿純說帝曰天時人事已可知矣僅此二語史通正史篇述後漢諸史云會董卓作亂大駕西遷史臣廢弃舊文散佚故漢記殘缺至晉無成未知葛公當時所見何本由此可推知蔚宗踵事增華勝於前史然亦可爲葛公讀書觀大略之證世祖感純言深至遂然諸之今曹氏篡漢天下無主陳仁錫本作曹氏無主大誤大王劉氏苗族紹世而起今卽帝位乃其宜也士大夫隨大王久勤苦者亦欲望尺寸之功如純言耳先主於是卽帝位策亮爲丞相曰劉咸炘曰錢大昭云史於諸葛傳及張馬許靖諸傳均載策餘俱不載按丞相司徒車騎驃騎固當有策餘將軍以下本無策非有載有不載也朕遭家不造奉承大統兢兢業業不敢康寧思靖百姓懼未能綏於戲丞相亮是悉朕意宋本是作其無怠輔朕之闕助宣重光以照明天下君其勖哉亮以丞相錄尚書事假節張飛卒後領司隸校尉丞相而兼司隸校尉蜀漢人才之乏歟抑別有他故歟

蜀記曰晉初扶風王駿鎭關中臧榮緒晉書曰扶風王駿字子臧宣帝第七子也晉書扶風王駿傳駿遷鎭西大將軍代汝南王亮鎭關中司馬高平劉寶高平漢屬山陽郡晉置國以縣屬今山東兗州府鄒縣西南長史滎陽桓隰滎陽漢屬河南尹晉置郡以縣屬今河南開封府滎澤縣西南詳見魏志武紀初平元年諸官屬士大夫共論諸葛亮于時談者多譏亮託身非所勞困蜀民力小謀大不能度德量力金城郭沖金城見魏志武紀卷首郭沖見杜畿傳注以爲亮權智英略有踰管晏功業未濟論者惑焉條亮五事隱沒不聞於世者沈家本曰隋志不著錄二唐志有諸葛亮隱沒五事一卷郭沖撰裴氏本於王隱蜀記五事全引而逐事難之二唐志所錄疑亦後人從蜀記錄出者寶等亦不能復難扶風王慨然善沖之言臣松之以爲亮之異美誠所願聞然沖之所說實皆可疑謹隨事難之如左章學誠曰五事實皆可疑其一事曰亮刑法峻急刻剝百姓或曰嚴明有之刻剝則言者過也自君子小人咸懷怨歎法正諫曰昔高祖入關約法三章秦民知德今君假借威

力跨據一州初有其國未垂惠撫且客主之義宜相降下顧緩刑弛禁以慰其望亮答曰君知其一未知其二秦以無道政苛民怨匹夫大呼天下土崩高祖因之可以弘濟劉璋暗弱自焉以來有累世之恩文法羈縻互相承奉德政不舉威刑不肅蜀土人士專權自恣君臣之道漸以陵替寵之以位位極則賤順之以恩恩竭則慢所以致弊實由於此吾今威之以法法行則知恩限之以爵爵加則知榮榮恩並濟上下有節爲治之要於斯而著難曰案法正在劉主前死今稱法正諫則劉主在也諸葛職爲股肱事歸元首劉主之世亮又未領益州慶賞刑政不出於己尋沖所述亮答專自有其能有違人臣自處之宜以亮謙順之體殆必不然李安溪曰先主外出既常鎭守成都則不嫌於專制矣此雖未確又云亮刑法峻急刻剝百姓未聞善政以刻剝爲稱其二事曰曹公遣刺客見劉備方得交接開論伐魏形勢甚合備計稍欲親近刺者尙未得便會既而亮入魏客神色失措亮因而察之亦知非常人須臾客如廁備謂亮曰向得奇士足以助君補益亮問所在備曰起者其人也亮徐歎曰觀客色動而神懼視低而忤數姦形外漏邪心內藏必曹氏刺客也追之已越牆而走難曰凡爲刺客皆暴虎馮河死而無悔者也劉主有知人之鑒而惑於此客則此客亦一時之奇士也宋本亦作必又語諸葛云足以助君補益則亦諸葛之流亞也凡如諸葛之儔鮮有爲人作刺客者矣時主亦當惜其器用必不投之死地也且此人不死要應顯達爲魏潘眉曰爲當作於竟是誰乎何以寂蔑而無聞

章武三年春先主於永安病篤永安見先主傳召亮於成都屬以後事謂亮曰君才十倍曹丕必能安國終定大事若嗣子可輔輔之如其不才君可自取胡三省曰自古託孤之主無如照烈之明白洞達者通鑑輯覽曰昭烈於亮平日以魚水自喻亮之忠貞豈不深知受遺時何至作此猜疑語三國人情以譎詐相尙鄙哉亮涕泣曰臣敢竭股肱之力效忠貞之節繼之以死胡三

省曰用晉荀息答獻公語意先主又爲詔勅後主曰汝與丞相從事事之如父詔勅互見先主傳注引亮集彼詳此略

孫盛曰夫杖道扶義體存信順然後能匡主濟功終定大業語曰弈者舉棊不定猶不勝其偶況量君之才否而二三其節何以摧服強鄰囊括四海者乎宋本何作可備之命亮亂孰甚焉世或有謂備欲以固委付之人宋本人作誠且以一蜀人之志君子曰不然苟所寄忠賢則不須若斯之誨如非其人不宜啓篡逆之塗是以古之顧命必貽話言詭僞之辭非託孤之謂幸値劉禪闇弱無猜險之性諸葛威略足以檢衞異端故使異同之心無由自起耳不然殆生疑隙不逞之釁謂之爲權不亦惑哉或曰以其不肖者敗之不若能者成之昭烈睹嗣子之不肖慮成業之傾敗發憤授賢亦情之所出何疑爲僞乎先主於孔明投分何如於臨終反欲以詐牢籠之乎且豈不度孔明之爲人與以詐牢籠何若誠感而顧舍此就彼乎蓋實有所感於中不覺言之如是啓釁之說容暇計乎堯舜之公道以天下與人幷不沾戀嗣子可輔一言余尙以凝滯大器無不與之心顧乃疑於其子大恝邪孫盛特未之思耳

建興元年封亮武鄉侯寰宇記武鄉谷在南鄭縣東北三十一里卽諸葛孔明受封之地趙一淸曰方輿紀要卷五十六武鄉谷在漢中府南鄭縣蜀漢封丞相亮爲武鄉侯蓋邑於此又褒城縣十七里有武鄉城後魏延昌初置武鄉縣屬褒中郡潘眉曰十道記以南鄭之武鄉谷爲諸葛武侯受封地近洪氏補疆域志從之眉按諸葛功在魏延上延尙封南鄭邑侯不應諸葛僅封南鄭之鄉侯考武鄉乃縣名前漢屬琅邪郡中興省至建安中嚴榦已封武鄉侯可知武鄉侯雖省改於中興而實復置於漢末矣三國時封爵之制皆以本郡邑爲封土如魏張郃鄚人封鄚侯徐晃楊人封楊侯吳文欽譙郡人封譙侯濮陽興陳留人封外黃侯時譙郡陳留不屬吳亦遙領之諸葛琅邪郡人因以琅邪之武鄉封之猶張桓侯涿郡人封西鄉侯西鄉涿郡縣名皆邑侯非鄉侯也惲毓鼎說同弼按潘說極是開府治事頃之又領益州牧政事無巨細咸決於亮南中諸郡裴注云時未有寧州號爲南中晉泰始中始分爲寧州見李恢傳晉書地理志泰始七年分益州之建寧興古雲南交州之永昌合四郡爲寧州並皆叛亂亮以新遭大喪故未便加兵且遣使聘吳因結和親遂爲與國遣鄧芝脩好於吳見芝傳

亮集曰是歲魏司徒華歆司空王朗尚書令陳羣太史令許芝謁者僕射諸葛璋各有書與亮陳天命人事欲使舉國稱藩（唐庚曰魏之羣臣可謂不學無術而昧於識慮矣使其學術識慮有如漢蕭望之者當不爲此舉動也漢宣帝時呼韓款塞稱藩望之議以客禮待之使他日遁去於漢不爲叛臣宣帝從之蓋是時匈奴雖衰素號敵國非東甌南粵比也名號一正遂不可易他日叛去何以處之此非徒示以謙德將爲後日久遠之慮也魏之自視何如宣帝吳蜀雖弱尚勝呼韓彼來稱藩猶當待以不臣況未服而强之邪前此加權封爵爲權所戲侮今復喻蜀稱藩宜爲亮所不報矣）亮遂不報書作正議曰昔在項羽起不由德雖處華夏秉帝者之勢卒就湯鑊爲後永戒魏不審鑒今次之矣免身爲幸戒在子孫而二三子各以耆艾之齒承僞指而進書有若崇竦稱莽之功（漢書王莽傳陳崇時爲大司徒司直與張敞孫竦相善竦者博通士爲崇草奏稱莽功德崇奏之）亦將偪于元禍苟免者邪昔世祖之創迹舊基奮羸卒數千摧莽彊旅四十餘萬於昆陽之郊夫據道討淫不在衆寡及至孟德以其譎勝之力舉數十萬之師救張郃於陽平勢窮慮悔僅能自脫辱其鋒銳之衆遂喪漢中之地深知神器

不可妄獲旋還未至（或曰還疑作轅）感毒而死子桓淫逸繼之以篡縱使二三子多逞蘇張詭靡之說奉迎驩兜滔天之辭（尚書堯典驩兜曰都共工方鳩僝功帝曰吁靜言庸違象恭滔天孔傳云驩兜臣名都於歎美之辭共工官稱鳩聚僝見也歎共工能方方聚見其功靜謀滔漫也言共工自爲謀言起用行事而違背之貌象恭敬而心傲很言不可用）欲以誣毀唐帝諷解禹稷所謂徒喪文藻煩勞翰墨者矣夫大人君子之所不爲也又軍誡曰萬人必死橫行天下昔軒轅氏整卒數萬制四方定海內況以數十萬之衆據道而臨有罪（宋本道上有正字）可得干擬者哉

三年春亮率衆南征（趙一清曰方輿紀要卷七十郁鄢廢縣在敘州府西南漢縣屬犍爲郡後漢省諸葛武侯南征置郁鄢戍晉曰存駹縣改屬建寧郡）詔賜亮金鈇鉞一具曲蓋一（古今注曲蓋太公所作也武王伐紂大風折蓋太公因折蓋之形而制曲蓋焉）前後羽葆鼓吹各一部虎賁六十人事在亮集

其秋悉平軍資所出國以富饒（互見後主傳華陽國志四云諸葛亮乃爲夷作圖譜先畫天地日月君長城府次畫神龍龍生夷及牛馬羊後畫部主吏乘馬幡蓋巡行安卹又畫牽牛負酒齎金寶詣之之象以賜夷夷甚重之許致生口直又與瑞錦鐵券今皆存每刺史校尉至齎以呈詣動亦如之）

漢晉春秋曰亮在南中所在戰捷（宋本在作至）聞孟獲者爲夷漢並所服（宋本無並字劉家立曰疑作所並服非衍文）募生致之既得使觀於營陣之閒問曰此軍何如獲對曰向者不知虛實故敗今蒙賜觀看營陣（通鑑無看字）若祇如此即定易勝耳亮笑縱使更戰七縱七禽（局本誤作七禽七縱通鑑輯覽曰七縱七擒爲記載所豔稱無識已甚蓋蠻夷固當使之心服然以縛渠屢遣直同兒戲一再爲甚又可七乎即云几上之肉不足慮而脫韝試鷹發柙當虎終非善策且彼時亮之所急者欲定南而伐北豈宜屢縱屢擒躭延時日之理知其必不出此劉家立曰張若驌滇雲紀略七擒孟獲一擒於白崖今趙州定西嶺一擒於鄧賧豬洞今鄧川州一擒於佛光寨今浪穹縣巡檢司東二里一擒於治渠山一擒於愛甸今順寧府地一擒於怒江邊今保山縣騰越州之間一以火攻擒於山谷即怒江之蟠蛇谷弼按滇雲紀略所云俱在今雲南大理府永昌府境）而亮猶遣獲獲止不去曰公

天威也南人不復反矣（此用馬謖攻心之策所以成功也）遂至滇池（胡三省曰滇池縣屬益州郡池周回二百餘里水源深廣而末更淺狹有似倒流故謂之滇池滇音顛一統志滇池在雲南府昆明縣南呈貢縣西晉寧州西北昆陽州北一名滇南澤亦曰昆明池史記西南夷傳楚威王時將軍莊蹻至滇池地方三百里旁平地肥饒數千里雲南通志去雲南府城西南八十里曰海口與昆陽州接界即螳螂川之口也滇池瀠迴至此惟此一河洩之若咽喉然沿海財賦歲以萬計利害由其通塞）南中平皆即其渠率而用之（胡三省曰即就也渠大也渠率大率也率與帥同錢振鍠曰李恢傳丞相亮南征後軍還南夷復叛殺害守將恢身撲討鉏盡惡類徙其豪帥于成都譙周傳周上疏云南方遠夷之地平常無所供爲猶數反叛自丞相南征兵勢逼之窮乃幸從是後供出官賦取以給兵以爲愁怨此患國之人也觀此二傳則知亮傳注引漢晉春秋南人不復反之說（馬良傳注亦有此語）七禽七縱之說即其渠帥而用之說皆不可信馬謖攻心之說亦未眞收其效承祚一概不取蓋有故矣）或以諫亮亮曰若留外人則當留兵兵留則無所食一不易也加夷新傷破父兄死喪留外人而無兵者必成禍患二不易也又吏累有廢殺之罪（宋本馮本吏作夷元本毛本作吏胡三省曰殺讀曰弒殺其郡將是亦弒也）自嫌釁重若留外人終不相信三不易也今吾欲使不留兵（毛本作今欲吾誤）不運糧而綱紀粗定

夷漢粗安故耳趙一淸曰水經江卷三十七葉榆水又東逕漏江縣洑流山下復出蝮口謂之漏江諸葛亮之平南中也戰於是水之南又東與盤江合盤水出律高縣東南墜町山北入葉榆水諸葛亮入南中戰於盤東是也寰宇記卷七十四嘉州犍爲縣有石人蜀記云昔諸葛亮南征蠻中十里刻一石人今黎嶲之路尙有存者又卷七十七周公山在雅州嚴道縣東南山勢屹然上有龍穴常多陰雲耆老傳云昔諸葛亮征南於此夢見周公遂爲立廟方輿紀要卷七十二蔡山在雅州東五里禹貢蔡蒙旅平卽此蔡山也武侯祀周公於蔡山今亦名周公山又卷一百十三潞江在永昌府潞江安撫司東北五十里本名怒江以波濤洶湧而名也滇記諸葛武侯六擒孟獲駐兵怒江之滸卽此又卷一百十七鄧川州東二十里豪豬洞山頂有石牆遺址下有龍潭滇志孔明縱孟獲於白厓獲引所部至銀坑坑一名豪豬洞險絕非人力可到孔明出奇策擒之洞南有諸葛寨又卷一百十八諸葛營在永昌府城南七里一名諸葛村舊記孔明旣擒孟獲移師永昌卽金齒也城南八里西山下武侯嘗屯兵其閒師還民搆祠祀之又永平縣東北五里有關索寨周迴二里俗傳蜀漢將關索所築寨下有洞首尾相通樵牧過之常聞洞中有戈戟聲一淸案西南夷謂爺爲索關索寨卽關爺寨皆尊稱也辰州府城南二西山下有伍夷灘以伍胥得名亦其類爾非別有關索其人壯繆子興爲武侯所器異官侍中中監軍或從南征寨以此名歟又古今刀劍錄曰諸葛亮定黔中從青石祠過遂抽刀刺山頭不拔而去行人莫測

乃治戎講武以俟大舉五年率諸軍北駐漢中臨發上疏曰此疏文選題曰出師表疏首有臣亮言三字先帝創業未半而中道崩殂今天下三分益州疲弊此誠危急存亡之秋也然侍衛之臣不懈於內忠志之士忘身於外者蓋追先帝之殊遇文選無殊字李善曰遇謂以恩相接也史記豫讓傳曰以國士遇我欲報之於陛下也誠宜開張聖聽以光先帝遺德恢弘志士之氣不宜妄自菲薄引喻失義以塞忠諫之路也宮中府中俱爲一體李周翰曰宮中禁中也府中大將軍幕府也胡三省曰蜀後主建興元年命亮開府治事所謂府中蓋丞相府也王鳴盛曰府者卽三公之府見前漢書宮中者黃門常侍也宏恭石顯排擊蕭望之周堪曹節王甫輩反噬陳蕃竇武此宮府不一體之禍也時雖以攸之禕允分治宮中政令猶恐後主柔暗或有所暱故首以爲言其後董允旣卒黃皓事政而國亡矣當與允傳同觀趙紹祖曰府中通諸官府言之故下云不宜偏私使內外異法也黃皓之事孔明蓋先見之陟罰臧否李周翰曰陟升也臧否善惡也胡三省曰否皮鄙翻不宜異同若有作奸犯科胡三省曰科律條也何焯曰高明光大之本涵養成就之功主於遠小人故先以作奸犯科爲言及爲忠善者宜付有司論其刑賞以昭陛下平明之理文選理作治不宜偏

私使內外異法也胡三省曰觀孔明所謂兩不宜則後主之爲君可知矣侍中侍郎郭攸之費禕董允等李善曰楚國先賢傳郭攸之南陽人以器業知名胡三省曰時攸之禕爲侍中允爲黃門侍郎錢大昕曰諸葛出師疏本傳已載其全文而侍中郭攸之費禕侍郎董允等復載允傳將軍向寵云云復載向朗傳亦重出也此皆良實志慮忠純是以先帝簡拔以遺陛下愚以爲宮中之事事無大小悉以咨之然後施行必能裨補闕漏有所廣益將軍向寵性行淑均曉暢軍事試用於昔日先帝稱之曰能是以衆議舉寵爲督愚以爲營中之事悉以咨之必能使行陣和睦優劣得所何焯曰馳驅於外可以使貪使詐故魏延可任若宿衛之選必以性行爲本也親賢臣遠小人此先漢所以興隆也親小人遠賢臣此後漢所以傾頹也先帝在時每與臣論此事未嘗不歎息痛恨於桓靈也侍中尙書長史參軍李善曰蜀志建興二年陳震拜尙書又曰諸葛亮出駐漢中張裔領留府長史又曰蔣琬遷參軍統留府事此悉貞良死節之臣文選良作亮何焯曰攸之等管機密陳震等統政事其職各異以內外分言之後但言攸之等者內職諸臣專以成就君德爲務震等代理留府事皆唯公裁決也或曰統留府事易於專權召猜表其皆貞良死節之臣明所守之不可奪親之信之則小人之閒無自生也願陛下親之信之則漢室之隆可計日而待也何焯曰以不懈於內任羣司以忘身於外自效以修身正家納諫任人責難其主又興復之本也眞王佐之才與伊訓說命相表裏臣本布衣躬耕於南陽杭世駿曰殷芸小說南陽是襄陽墟名非南陽郡也（見困學紀聞）全祖望曰漢晉春秋云亮家於南陽之鄧縣在襄陽城西二十里號曰隆中則非墟明矣苟全性命於亂世不求聞達於諸侯梁章鉅曰此節有引裴松之注曹操欲用孔明事誤也曹操欲用之孔明乃潁川胡昭字孔明見管寧傳非諸葛亮也先帝不以臣卑鄙猥自枉屈李善曰猥猶曲也言已曲蒙先帝自枉屈而來也三顧臣於草廬之中諸臣以當世之事由是感激遂許先帝以驅馳後値傾覆受任於敗軍之際奉命於危難之閒爾來二十有一年矣胡三省曰自建安十二年至是年凡二十一年

臣松之按劉備以建安十三年敗遣亮使吳亮以建興五年抗表北伐自傾覆至此整

二十年然則備始與亮相遇在敗軍之前一年時也

先帝知臣謹慎故臨崩寄臣以大事也受命以來夙夜憂歎恐託付不效以傷先帝之明故五月渡瀘深入不毛 李善曰史記鄭襄公曰君王錫不毛之地使復得改善君王何休曰墝埆不生五穀曰不毛胡三省曰地不生草木爲不毛御覽六十五引十道記不毛下有之地二字 漢書地理志曰瀘惟水 水經若水篇若水又東北至犍爲朱提縣西爲瀘江水鄽注云瀘津東去朱提縣八十里水廣六七百步深十數丈多瘴氣鮮有行者瀘峯最爲傑秀孤高三千餘丈水之左右馬步之徑裁通而時有瘴氣三月四月逕之必死非此時猶令人悶吐五月以後行者差得無害故諸葛亮表言五月渡瀘并日而食臣非不自惜也顧王業不可偏安於蜀故也益州記曰瀘水源出曲羅巂下三百里曰瀘水兩峯有殺氣暑月舊不行故武侯以夏渡爲難瀘水又下合諸水而總其目焉故有瀘江之名矣寰宇記卷八十巂州會川縣本漢邛都縣地有瀘水按十道記云水出蕃中入黔府歷郡界出拓州至此有瀘沽關關上有石岸高三千丈四時多瘴氣三四月間發人衝之死非此時中則人多悶吐惟五月上伏卽無害故諸葛武侯征越巂上疏云五月渡瀘深入不毛又按地志云今昆明道渡所見有武侯道在按十道記水峻急而多巉石土人以牛皮爲船方涉津涘會無川在瀘水之南又有大冢武侯軍此士卒遭瘟癘以

大冢葬之在縣南朱國楨湧幢小品云今以渡瀘爲瀘州非也瀘州古之江陽瀘水乃今之金沙江卽黑水也齊召南水道提綱曰鴉礱江卽古若水又名打沖河卽古瀘水其北卽西番界金沙江自西南來會其會處在會川衞西百十里南岸雲南大姚縣此江源遠不及金沙而流盛相似也潘眉曰瀘水卽今之金沙江也在滇蜀之交自雲南昭通府北流入四川雷波廳界其水黑故以爲瀘耳在漢爲越巂郡地若今瀘州在漢爲犍爲江陽縣地非孔明所渡之瀘水也謝鍾英曰金沙江合打沖河後通得瀘水之名寰宇記以瀘水隸會川縣下卽指今會理州西南之金沙江而言今四川寧遠府會理州西一百五十里官本瀘惟水作瀘津水李龍官曰水經注禁水北注瀘津水惟字爲津字之訛沈家本曰漢志作盧唯水唯惟字通此注未必訛津字轉訛耳文選注引漢書但言瀘水 出牂柯郡句町縣 應劭曰故句町國師古曰音劬挺王先謙曰句町縣三國蜀改屬興古郡汪士鐸云句町故縣今貴州興義府興義縣治案當在雲南廣南府北境

今南方已定兵甲已足當獎率三軍北定中原庶竭駑鈍攘除奸凶興復漢室還于舊都此臣所以報先帝而忠陛下之職分也至於斟酌損益進盡忠言則攸之禕允之任也願陛下託臣以討賊興復之效不效則治臣之罪以告先帝之靈責攸之禕允等之慢以彰其咎 文選此句上有若無興德之言則七字本志董允傳同梁章鉅曰文選初本亦闕此七字後李善補足之注云無此七字於義有闕蓋據董允傳補之也 陛下亦宜自謀以諮諏善道察納雅言 胡三省曰諮事爲諏雅正也 深追先帝遺詔臣不勝受恩感激今當遠離臨表涕零不知所言遂行屯于沔陽 沔陽見先主傳

郭沖三事曰亮屯于陽平 陽平今陝西漢中府沔縣西北詳見魏志武紀建安二十年 遣魏延諸軍并兵東下亮惟留萬人守城晉宣帝率二十萬衆拒亮而與延軍錯道徑至前當亮六十里所偵候白宣帝說亮在城中兵少力弱亮亦知宣帝垂至已與相偪欲前赴延軍相去又遠迴迹反追 宋本迴作回 勢不相及將士失色莫知其計亮意氣自若勑軍中皆臥旗息鼓不得妄出菴幔 草蓋曰菴布帳曰幔 又令大開四城門埽地卻洒宣帝常謂亮持重而猥見勢

弱疑其有伏兵於是引軍北趣山明日食時亮謂參佐拊手大笑曰司馬懿必謂吾怯將有彊伏循山走矣候邏還白如亮所言宣帝後知深以爲恨難曰案陽平在漢中亮初屯陽平宣帝尚爲荆州都督鎭宛城 建興五年魏太和元年也晉書宣帝紀太和元年六月天子詔帝屯於宛魏志明帝紀太和元年十二月新城太守孟達反詔司馬宣王討之二年春正月宣王攻破新城斬達 至曹眞死後始與亮於關中相抗禦耳魏嘗遣宣帝自宛由西城伐蜀值霖雨不果 此太和四年事 此之前後無復有於陽平交兵事就如沖言宣帝既舉二十萬衆已知亮兵少力弱若疑其有伏兵正可設防持重何至便走乎案魏延傳云延每隨亮出輒欲請精兵萬人與亮異道會于潼關亮制而不許延常謂亮爲怯歎己才用之不盡也亮尚不以延爲萬人別統豈得如沖言頓使將重兵在前而以輕弱自守乎且沖與扶風王言顯彰宣帝之短對子毀父理所不容而云扶風王慨然善沖之言故知此書舉引皆虛 舉引一校作衆引

六年春揚聲由斜谷道取郿斜谷見後主傳建興八年郿今陝西鳳翔府郿縣東北胡三省曰班志斜水出衙嶺山北至郿入渭褒水沿山則斜谷之路可知矣郿師古音媚郿故城陳倉縣東北十五里故郿城是弼按郿縣故城在陳倉東南相距約百餘里身之此注誤使趙雲鄧芝爲疑軍據箕谷胡三省曰今興元府褒縣北十五里有箕山鄭子眞隱於此趙雲鄧芝所據即此谷也又據後漢書馮異傳箕谷當在陳倉之南漢中之北一統志箕山在今陝西漢中府褒城縣西北後漢建武四年公孫述將程焉出屯陳倉馮異迎擊破之焉退走漢川異追戰於箕谷輿地紀勝箕山在褒城縣北十五里上有池四時不涸俗號秦王獵池山內有穴號丙穴有谷號道人谷卽鄭子眞隱處沈欽韓曰紀要箕谷在鳳翔府寶雞縣東南四十里谷口有石如門曰石門廣二步深八步高一丈相傳蜀五丁所開漢高通之以避子午之險魏大將軍曹眞舉衆拒之亮身率諸軍攻祁山祁山見後主傳戎陣整齊賞罰肅而號令明姜宸英曰戎陣整齊號令嚴肅此名將之事柰何謂亮短於將略南安天水安定三郡叛魏應亮關中響震南安郡治豲道今甘肅鞏昌府隴西縣東北天水郡治冀今鞏昌府伏羌縣南安定郡治臨涇今甘肅涇州鎮原縣南五十里三郡均詳見魏志明紀太和元年

魏略曰始國家以蜀中惟有劉備備既死數歲寂然無聞是以略無備預胡三省曰謂不預爲之備也而卒聞亮出卒讀曰猝朝野恐懼隴右祁山尤甚故三郡同時應亮

魏明帝西鎭長安命張郃拒亮亮使馬謖督諸軍在前與郃戰于街亭街亭在今甘肅秦州秦安縣東北詳見魏志明紀太和二年趙一清曰方輿紀要卷五十九戎丘城在秦州西城武侯使馬謖與張郃戰于街亭親引大軍屯於戎丘卽此街泉城在秦安縣東北漢置縣屬天水郡後漢省入略陽縣謖違亮節度舉動失宜大爲郃所破亮拔西縣千餘家還于漢中西縣在今甘肅秦州西南一百二十里詳見魏志閻溫傳胡三省曰續漢志西縣前漢屬隴西郡後漢屬漢陽郡有嶓冢山西漢水趙一清曰寰宇記卷一百三十三梁州西縣有諸葛城卽孔明拔隴西千餘家還漢中築此城以處之因取名焉

郭沖四事曰亮出祁山隴西南安二郡應時降圍天水拔冀城虜姜維驅略士女數千人還蜀人皆賀亮亮顏色愀然有戚容謝曰普天之下莫非漢民國家威力未擧使百姓困於豺狼之吻一夫有死皆亮之罪以此相賀能不爲愧李安溪曰此言是諸葛心中語不必難也於是蜀人咸知亮有吞魏之志非惟拓境而已難曰亮有吞魏之志久矣不始於此衆人方知也且于時師出無成傷缺而反者衆三郡歸降而不能有姜維天水之匹夫耳獲之則於魏何損拔西縣千家不補街亭所喪以何爲功而蜀人相賀乎

戮謖以謝衆上疏曰臣以弱才叨竊非據親秉旄鉞以厲三軍不能訓章明法臨事而懼至有街亭違命之闕箕谷不戒之失咎皆在臣授任無方臣明不知人恤事多闇春秋責帥臣職是當華陽國志作職臣是當蓋本職汝之由請自貶三等以督厥咎於是以亮爲右將軍行丞相事所總統如前

漢晉春秋曰或勸亮更發兵者亮曰大軍在祁山箕谷皆多於賊而不能破賊爲賊所破者則此病不在兵少也姚範曰趙雲傳兵弱敵強失利於箕谷在一人耳胡三省曰謂兵之勝敗在將也今欲減兵損將宋本損作省通鑑同明罰思過校變通之道於將來若不能然者雖兵多何益自今已

後諸有忠慮於國但勤攻吾之闕則事可定賊可死功可蹻足而待矣於是考微勞甄烈壯通鑑作甄壯烈胡三省曰甄察也別也引咎責躬布所失於天下通鑑天下作境內厲兵講武以爲後圖戎士簡練民忘其敗矣胡三省曰善敗者不亡此之謂也姜維之敗則不可復振矣

亮聞孫權破曹休魏兵東下關中虛弱十一月上言曰先帝慮漢賊不兩立王業不偏安故託臣以討賊也以先帝之明量臣之才故知臣伐賊才弱敵強也然不伐賊王業亦亡惟坐待亡通鑑坐下有而字孰與伐之是故託臣而弗疑也臣受命之日寢不安席食不甘味思惟北征宜先入南故五月渡瀘深入不毛幷日而食臣非不自惜也顧王業不可得偏全於蜀都故冒危難以奉先帝之遺意也而議者謂爲非計今賊適疲於西又務於東胡三省曰疲於西謂郿縣祁山之師務於東謂江陵東關石亭之師也兵法乘勞此進趨之時也謹陳其事如左元本如作於高帝明並日月謀臣淵深然涉險被創危然後安今陛下未及高帝謀臣不如良平而欲以長計

取勝坐定天下此臣之未解一也 胡三省曰解讀曰懈言未敢懈怠也後皆同 劉繇王朗各據州郡論安言計動引聖人羣疑滿腹衆難塞胸今歲不戰明年不征使孫策坐大遂并江東此臣之未解二也 胡三省曰坐大言坐致彊大也策破劉繇在漢獻帝興平二年破王朗在建安元年何焯曰遂并江東下有脫文當是指斥孫權之語吳臣諱而削之錢大昭曰劉繇爲豫章太守在興平中王朗爲會稽太守在建安初又孫策之卒在建安五年此疏既上于孫權破曹休之時則建興五年也相隔二三十年似不必贅述且云任用李服而李服圖之魏志亦無此人竊疑是表爲後人僞撰承祚不采此文其識高人一等矣 曹操智計殊絕於人其用兵也髣髴孫吳 胡三省曰以操之善兵亮謂之髣髴孫吳孫吳固未易才也 然困於南陽險於烏巢危於祁連偪於黎陽幾敗北山 宋本北作伯錢大昕曰古伯白通趙一清曰作北山是北山謂張燕也弼按曹操無與張燕交戰事燕號黑山非北山趙說誤姚範曰當作北山蓋攻張魯陽平有南北山也 殆死潼關然後僞定一時耳 胡三省曰困於南陽謂攻穰爲張繡所敗也險於烏巢謂攻袁紹將淳于瓊時也偪於黎陽謂攻袁譚兄弟時也幾敗伯山謂與烏桓戰于白狼山時也殆死潼關謂與馬超戰時也危於祁連當考或曰圍袁尚於祁山時也僞定者言雖定一時之功而有心於篡漢故曰僞幾居希翻趙一清曰祁連謂鄴下滏口之戰也 況臣才弱而欲以不危而定之此臣之未解三也曹操五攻昌霸不下四越巢湖不成任用李服而李服圖之委夏侯而夏侯敗亡 胡三省曰昌霸昌豨也操累攻不下後命于禁擊斬之四越巢湖不成謂攻孫權也李服蓋王服也與董承謀殺操被誅夏侯謂夏侯淵守漢中爲先生所敗也姚範曰後漢獻紀及蜀志先主傳不云王服爲李服張遼于禁等傳不云昌豨爲昌霸先主傳作昌霸 先帝每稱操爲能猶有此失況臣駑下何能必勝此臣之未解四也 胡三省曰駑下者自謙以馬爲喻若駑駘下乘也 自臣到漢中中閒期年耳然喪趙雲陽羣馬玉閻芝丁立白壽劉郃鄧銅等及曲長屯將七十餘人 胡三省曰喪息浪翻郃古合翻又曷閤翻曲長一曲之長也軍行有部部下有曲曲各有長長丁丈翻屯將將屯者也將卽亮翻何焯曰趙雲以建興七年卒散關之役乃在六年後人或據此疑此表爲僞非也以元遜傳觀之自明第此表乃劇論時勢之蠱非若發漢中時所陳得以激厲士衆不妨宣洩于外失之蜀而傳之吳或伯松寫留箱篋元遜鈞致之于身後耳集不載者益明武侯之愼非由陳氏之疏若趙雲傳七年字當爲六年雲本信臣宿將箕谷失利遠由兵弱既貶雜號將軍以明法散關之役使其尙在必別統萬衆使復所負而不聞再出其必歿于是冬之前無疑也李慈銘曰元遜鈞得後表者以諸葛恪傳恪論出軍之意有云近見家叔父表陳與賊爭競之計故謂實有後表也 突將無前賨叟青羌散騎武騎一

千餘人 胡三省曰蜀兵謂之叟賨叟巴賨之兵也青羌亦羌之一種散騎武騎當是騎兵分部之名賨藏宗翻何焯曰後漢書董卓傳注云叟兵卽蜀兵也漢代呼蜀爲叟又劉焉傳注引孔安國尙書傳云蜀叟也然光武紀注引華陽國志云武帝元封二年叟夷反將軍郭昌討平之因開爲益州郡則叟者蜀之西南夷尙書疏亦云叟蜀夷之別名卽今之雲南也又李恢傳賦出叟濮耕牛戰馬此叟之在滇顯證也青羌則青衣羌耳 此皆數十年之內所糾合四方之精銳非一州之所有若復數年則損三分之二也當何以圖敵此臣之未解五也 胡三省曰言不戰而將士耗損已如此也 今民窮兵疲而事不可息事不可息則住與行勞費正等而不及虛圖之 官本及盧作及今本集作及蚤胡三省曰亮意欲及魏與吳連兵未解乘虛圖之也 欲以一州之地與賊持久 通鑑作與賊支久胡三省曰支持也 此臣之未解六也夫難平者事也昔先帝敗軍於楚當此時曹操拊手謂天下已定 宋本已作以胡三省曰拊手乘快之意發見於外也 然後先帝東連吳越西取巴蜀舉兵北征夏侯授首此操之失計而漢事將成也然後吳更違盟關羽毀敗 胡三省曰此兩然後之然轉語之辭與他文然後之義不同 秭歸蹉跌曹丕稱帝凡事如是難可逆見臣鞠躬盡力死而後已至於成敗利鈍非臣之明所能逆覩也 胡三省曰自祁山之敗亮益知魏人情僞故其所言如此 於是有散關之役此表亮集所無出張儼默記 晉書文苑傳張翰傳翰字季鷹吳郡吳人父儼吳大鴻臚史記伍子胥傳注張勃晉人吳鴻臚儼之子作吳錄裴注引之是儼父子三人皆能文之士也儼字子節見吳志孫晧傳寶鼎元年注引吳錄沈家本曰隋志嘿記三卷吳大鴻臚張儼撰亡二唐志張儼默記三卷亦先亡後出者裴氏此傳引二條一爲後出師表一稱儼述佐篇是其書各有篇名也袁枚曰此非孔明作也夫兵危事也伐國大謀也張皇六師者有之一鼓作氣者有之拊馬而食以肥應客者有之未有先自危怯昭布上下而後出師者也若果爲亮作是亮之氣餒而其精已消亡矣其前表曰復興漢室還于舊都不效則治臣之罪何其壯也後表曰坐而待亡不如伐之成敗利鈍非臣所能逆覩何其衰也當是時街亭雖敗猶拔西縣千家以歸蜀之山河天險如故後主任賢勿貳非亡國之君亮再舉而斬王雙殺張郃宜王畏蜀如虎大勢所在有成無敗有利無鈍已較然矣何至戚戚嗟嗟遽以才弱敵強民窮兵疲之語上危主志下懈軍心而又稱難平者事以豫解其日後無功之罪雖至愚者不爲而謂亮之賢而爲之乎表中六難屢言曹操之敗再言先帝之敗以歸命于天此日者家言也將軍出師而爲此言無謂已不解而欲後主解無益胸中抱六不解而貿貿出師悖矣按此表上于建興六年亮此時年未五十非當死時也後死于十二年天也非亮之所當知也諸賢死盡而勸降之譙周老而不死天也又非亮之所當知也亮不特知漢之必亡且知已與諸賢之中年必死豈理也哉

當鄧艾入蜀時使後主聽姜維之言早備陰平及陽安關口則艾不能入縱入後其時羅憲霍弋猶以重兵據要害故孫盛以爲乞師東國徵兵南中則蜀不遽亡將士在劍閣者聞後主降咸怒拔刀斫石然則亮死後十餘年蜀猶未可亡而亮出兵時乃先云坐而待亡何邪然則此表誰作曰此蜀亡後好亮者附會董廣川明道不計功之說以夸亮之賢且智而不知適以毁亮也裴松之稱此表本集所無出張儼默記陳壽削之眞良史也錢振鍠曰或疑孔明後出師表不眞殆不然諸葛恪謂近見家叔父表陳與賊爭競之計按前表未嘗有與賊爭競語後表差近之恪謂賊民歲月繁滋諸語分明襲用後表後表雖出張儼默記然儼爲吳大鴻臚非僞作孔明表者也且又安肯曰孫策坐大遂并江東乎謂恪所謂近見者卽默記之本則有然矣黃以周曰武侯內治蜀外征魏其勳績赫赫昭人耳目然當時好大言者以武侯不能卒厥功輒短其才儼作述佐篇狩諸葛抑司馬而難者又謂諸葛處孤絕之地戰士不滿五萬不如閉關守險無事空勞師旅儼以爲討賊事不可息成敗利鈍非所逆睹乃託其辭於諸葛以爲後出師表已自道之其意欲爲諸葛解嘲也而後世僨軍之將反從此藉口昔吾先君子儆居集力辯此表之贋與前表辭氣迥別且據趙雲傳雲卒於建興七年六年出師雲尙未卒不得云趙雲之喪後表不載武侯集裴注引此表而云出張儼默記則此表爲張儼擬作明矣孫晧謂儼有出境才儼亦自以皇華不辱命爲言儼有此擧自能擬此表於趙雲事少有參錯亦無足怪也

冬亮復出散關圍陳倉散關陳倉均見後主傳建興六年曹眞拒之亮糧盡而還胡三省曰曹眞使郝昭先守故亮不能克魏將王雙率騎追亮亮與戰破之斬雙七年亮遣陳式攻武都陰平宋本作陳戒通鑑同武都陰平均見後主傳建興七年魏雍州刺史郭淮率衆欲攻式宋本攻作擊亮自出至建威水經漾水注漢水又西建安川水入焉其水導源建威西北山白石戍東南二源合注東逕建威城南又東逕蘭坑城北建安城南其地故西城之歷城也一統志建威城在今甘肅階州成縣西後漢末所置戍守處景耀初姜維請於西安建威立諸圍戍張翼傳延熙中翼稍遷建威督卽此淮退還遂平二郡詔策亮曰街亭之役咎由馬謖而君引愆深自貶抑重違君意聽順所守前年燿師馘斬王雙今歲爰征郭淮遁走降集氐羌興復二郡威震凶暴功勳顯然方今天下騷擾元惡未梟君受大任幹國之重而久自挹損非所以光揚洪烈矣今復君丞相君其勿辭

漢晉春秋曰是歲孫權稱尊號其羣臣以並尊二帝來告議者咸以爲交之無益而名體弗順宜顯明正義絕其盟好胡三省曰天無二日土無二王古今之正義也亮曰權有僭逆之心久矣國家所以略其釁情者求掎角之援也胡三省曰釁隙也情欲也左傳戎子駒支對范宣子曰譬如捕鹿晉人角之諸戎掎之與晉踣之杜預注曰掎其足也今若加顯絕讎我必深便當移兵東戍官本考證曰戍當作伐與之角力須并其土乃議中原彼賢才尙多將相緝穆通鑑緝作輯未可一朝定也頓兵相持坐而須老須待也使北賊得計北賊謂魏也非算之上者昔孝文卑辭匈奴先帝優與吳盟胡三省曰優饒也今人猶謂寬假爲優饒皆應權通變弘思遠益通鑑弘作深非匹夫之爲分者也官本也作比通鑑作非若匹夫之忿者也胡三省曰言所計者大也今議者咸以權利在鼎足不能併力且志望以滿通鑑以作已無上岸之情官本岸作進胡三省曰謂孫權之志在保江不能上岸而北向也推此皆似是而非也何者其智力不侔故限江自保權之不能越江猶魏賊之不能渡漢胡三省曰言魏不能渡漢而圖江陵也非力有餘而利不取也若大軍致討彼上當分裂其地宋本上作高通鑑同以爲後規下當略民廣境示武於內非端坐者也胡三省曰言蜀若破魏吳亦將分功若就其不動而睦於我我之北伐無東顧之憂河南之衆不得盡西此之爲利亦已深矣胡三省曰言蜀與吳和則雖傾國北伐不須東顧以備吳而魏河南之衆欲留備吳不得盡西以抗蜀兵也權僭逆之罪未宜明也乃遣衛尉陳震慶權正號唐庚曰孫權稱尊議者以爲交之無益而名體弗順宜絕之惟孔明以爲未可或問孔明之不絕吳權邪正邪曰正也非權也六國之時諸侯皆僭矣孟子以爲有王者作不皆比而誅之必教之不從而後誅之然則未教之罪王者有所不誅孔明之勢既未能有以教吳則吳之僭擬未可以遽責此王者之法也非權也

九年亮復出祁山以木牛運通鑑輯覽曰木牛流馬世稱神奇殊不思巧工設機只可炫異目前豈能藉以任重致遠西法其明徵也意亮當時軍實未繕眞馬牛或不給於用因權宜制器以濟其窮不過如秧馬繅車之類非偃師幻人所可同日而道

漢晉春秋曰亮圍祁山招鮮卑軻比能比能等至故北地石城以應亮北地郡見魏志傅嘏傳元和志曹魏於馮翊舊祋祤縣置北地郡石城未詳魏志明紀太和五年軻比能詣幽州貢名馬卽爲建興九年事恐葛公未必能招致也於是魏大司馬曹眞有疾司馬宣王自荊州入朝魏明帝曰西方事重非君莫可付者乃使西屯長

安督張郃費曜戴陵郭淮等 戴陵事見魏志文紀黃初元年 宣王使曜陵留精兵四千守上邽 上邽今甘肅秦州西南詳見魏志明紀太和五年 餘衆悉出西救祁山郃欲分兵駐雍郿 胡三省曰雍郿二縣皆屬扶風郡一統志雍縣故城今陝西鳳翔府鳳翔縣南郿縣見前 宣王曰料前軍能獨當之者將軍言是也若不能當而分爲前後此楚之三軍所以爲黥布禽也 通鑑漢高帝十一年楚爲三軍欲以相救爲奇或說楚將曰布善用兵今別爲三彼敗吾一軍餘皆走安能相救不聽布果破其一軍其二軍散走胡三省曰觀懿此言蓋自知其才不足以敵亮矣 遂進亮分兵留攻 通鑑下有祁山二字 自逆宣王于上邽郭淮費曜等徼亮 徼讀曰邀 亮破之因大芟刈其麥與宣王遇于上邽之東斂兵依險軍不得交亮引而還宣王尋亮至於鹵城 鹵城在西縣冀縣之閒在今甘肅鞏昌府伏羌縣及秦州之閒詳見魏志夏侯淵傳閻温傳楊阜傳 張郃曰彼遠來逆我我請戰不得 通鑑無下我字是 謂我利在不戰欲以長計制之也且祁山知大軍以在近 通鑑以作已 人情自固可止屯於此分爲奇兵示出其後不宜進前而不敢偪坐失民望也今亮縣軍食少 通鑑縣作孤 亦行去矣宣王不從故尋亮 胡三省曰有意爲之曰故尋者隨而躡其後 既至又登山掘營不肯戰賈詡魏平數請戰 賈詡黃初四年已死此蓋爲別一人通鑑作賈栩晉書宣帝紀作賈嗣沈家本曰詡字誤栩與嗣則未知孰是 因曰公畏蜀如虎柰天下笑何宣王病之 胡三省曰懿實畏亮又以張郃嘗再拒亮名著關右不欲從其計及進而不敢戰情見勢屈爲諸將所笑 諸將咸請戰五月辛巳乃使張郃攻無當監何千於南圍 宋本千作平通鑑同胡三省曰無當蓋蜀軍部之號言其軍精勇敢人無能當者使平監護之故名官曰無當監南圍蜀兵圍祁山之南屯 自案中道向亮 胡三省曰案據也懿分道進兵欲以解祁山之圍自據中道與亮旗鼓相向也 亮使魏延高翔吳班赴拒大破之獲甲首三千級玄鎧五千領角弩三千一百張宣王還保營 互見魏明紀太和五年

糧盡退軍與魏將張郃交戰射殺郃

郭沖五事曰魏明帝自征蜀幸長安遣宣王督張郃諸軍雍涼勁卒三十餘萬潛軍密進規向劍閣 劍閣在今四川保寧府昭化縣南詳見魏志鄧艾傳 亮時在祁山旌旗利器守在險要十二更下在者八萬 趙一清曰周官小司徒均土地以稽其人民而周知其數上地家七人可任也者家三人中地家六人可任也者二家五人下地家五人可任也者家二人宋王與之周禮訂義引呂伯恭云司馬法曰六尺爲步步百爲畝畝百爲夫夫三爲屋屋三爲井井十爲通通爲匹馬三十家士一人徒二人以小司徒參之司徒之可任者如此其多司馬法之出士徒數如彼其少古人用兵皆爲不勝計以慮敗也故不盡用之雖敗尙可扶持故小司徒只言其可任者非實數也自此以後調發者皆用實數幸而一勝不幸而一敗則皆不可救矣晉作州兵乃是盡數調發甚非先王之制他如魯城作丘甲蘇秦以齊王臨淄之中七萬戶不下戶三男子而卒已二十一萬曹操謂崔琰曰昨案戶籍可得三十萬衆故爲大州是皆以實數調發惟諸葛孔明備有此意一蜀之大其兵多不過十二萬孔明所用八萬常留四萬以爲更代蜀之所以彊者以孔明不盡用之及蜀之亡尙有十萬二千數年之閒所折者不過二萬耳（王鳴盛說同）何焯曰蜀戶二十八萬男女口九十四萬於二十八萬戶中二家零三分之餘出一人於五十六萬四千男女口中四丁零四分發一人其不忍盡民之力如此又蜀吏四萬人除四戶復除則是二家出一也除其中老弱則是每丁發一人也（何說似有誤字） 時魏軍始陳幡兵適交參佐咸以賊衆强盛非力不制 馮本不作所 宜權停下兵一月以并聲勢亮曰吾統武行師以大信爲本得原失信古人所惜 左傳晉侯圍原命三日之糧原不降命去之諜出曰原將降矣軍吏曰請待之公曰信國之寶也民之所庇也得原失信何以庇之所亡滋多退一舍而原降 去者束裝以待期 郝經續後漢書去者作更者 妻子鶴望而計日雖臨征難義所不廢皆催遣令去於是去者感悅願留一戰住者憤踊思致死命相謂曰諸葛公之恩死猶不報也臨戰之日莫不拔刃爭先以一當十殺張郃卻宣王一戰大剋此信之由也難曰臣松之案亮前出祁山魏明帝身至長安耳此年不復自來且亮大軍在關隴魏人何由得越亮徑向劍閣亮既出戰場 宋本出作在 本無久住之規而方休兵還蜀皆非經通之言孫盛習鑿齒搜求異同罔有所遺而並不多載沖言 多字衍 知其乖刺多矣 宋本無矣字馮本無多字郝經曰世期謂無徑向劍閣之理是也更兵番下而亮不失信御衆之道也故衆爲盡其死力而亦以爲不然非也

十二年春亮悉大衆由斜谷出以流馬運據武功五丈原 郡國志右扶風武功左傳昭公九年杜注駘在武功縣所治斄城括地志故斄城一名武功城寰宇記後漢省斄縣復自渭水南移武功縣於斄故城因謂之武功城一統志漢武功縣在今郿縣界即斄縣故城今武功縣西南三十里水經渭水注渭水又東逕五丈原北魏氏春秋曰諸葛亮據渭水南原司馬懿謂諸將曰亮若出武功依山東轉者是其勇也若

西上五丈原諸君無事矣亮果屯此原與懿相禦渭水又東逕郿縣故城南斜水出武功縣西南衙嶺山北歷斜谷逕五丈原東諸葛亮與步騭書曰僕前軍在五丈原原在武功西十里餘水出武功縣故亦謂之武功水也是以諸葛亮表云臣遣虎步監孟琰據武功水東司馬懿因水長攻琰營臣作竹橋越水射之橋成馳去其水北流注于渭一統志五丈原在今陝西鳳翔府郿縣西南與岐山縣接界

與司馬宣王對於渭南亮每患糧不繼使己志不伸是以分兵屯田爲久住之基 宋本住作駐通鑑同 耕者雜於渭濱居民之閒而百姓安堵軍無私焉 趙一清曰晉書宣帝紀青龍二年亮又率衆十餘萬出斜谷壘於郿之渭水南原天子憂之遣征蜀護軍秦朗督步騎二萬受帝節度諸將欲住渭北以待之帝曰百姓積聚皆在渭南此必爭之地也遂引軍而濟背水爲壘因謂諸將曰亮若勇者當出武功依山而東若西上五丈原則諸軍無事矣亮果上原將北渡渭帝遣將軍周當屯陽遂以餌之數日亮不動帝曰亮欲爭原而不向陽遂此意可知也遣將軍胡遵雍州刺史郭淮共備陽遂與亮會於積石臨原而戰亮不得進還於五丈原世說曰諸葛武侯與司馬宣王治軍渭濱克日交戰宣王戎服蒞事使人視武侯獨乘素輿葛巾毛扇指麾三軍隨其進止宣王歎曰諸葛君可謂名士矣又史通敘事篇云王隱稱諸葛亮挑戰冀獲曹咎之利（弼按曹咎見史記項羽本紀）其事相符言之讖矣一清按武侯數挑戰懿不出因遺以巾幗婦女之飾以激怒之知幾所指卽此事也梁章鉅曰公北伐者四凡再出祁山一出散關一出斜谷

漢晉春秋曰亮自至數挑戰宣王亦表固請戰使衛尉辛毗持節以制之姜維謂亮曰辛佐治仗節而到賊不復出矣亮曰彼本無戰情所以固請戰者以示武於其衆耳將在軍君命有所不受 胡三省曰孫武子及司馬穰苴之言也 苟能制吾豈千里而請戰邪 互見魏志明紀青龍二年注引魏氏春秋通典卷一百五十兵三云司馬宣王使二千餘人就軍營東南角大聲稱萬歲亮使問之答曰吳朝有使至請降亮謂曰計吳朝必無降法卿是六十老翁何煩詭誑如此

魏氏春秋曰亮使至問其寢食及其事之煩簡不問戎事使對曰諸葛公夙興夜寐罰二十以上皆親覽焉 宋本馮本覽作擥趙一清曰此條與魏志明帝紀複出何焯曰罰二十以上豈無參佐可以平之孔明雖蹇蹇夙夜不若是之不諳政體也 所噉食不至數升宣王曰亮將死矣

相持百餘日其年八月亮疾病卒于軍時年五十四 梁章鉅曰以建興十二年公卒年五十四推之知其生於漢靈帝辛酉光和四年也弼按梁氏有諸葛公年譜見三國志旁證卷二十一文繁不錄或曰天下有方踐亨涂而遽生意外使可成之志不遂讀之每爲雪涕竟日

魏書曰亮糧盡勢窮憂恚嘔血一夕燒營遁走入谷道發病卒 漢晉春秋曰亮卒於郭氏塢 晉陽秋曰有星赤而芒角自東北西南流投于亮營三投再還往大還小俄而亮卒 晉書宣帝紀會有長星墜亮之營 臣松之以爲亮在渭濱魏人躡跡勝負之形未可測量而云嘔血蓋因亮自亡而自誇大也夫以孔明之略豈爲仲達嘔血乎及至劉琨喪師與晉元帝箋亦云亮軍敗嘔血此則引虛記以爲言也其云入谷而卒緣蜀人入谷發喪故也

及軍退宣王案行其營壘處所曰天下奇才也 胡三省曰方亮之出也懿以爲若西上五丈原諸將無事矣及亮既死退軍懿案行其營壘處所以爲天下奇才觀此則知懿已料亮之必屯五丈原而力不能制姑爲此言以安諸將之心耳或曰此皆極愛惜推崇之意何云承祚有不足於武侯邪

漢晉春秋曰楊儀等整軍而出百姓奔告宣王宣王追焉姜維令儀反旗鳴鼓若將向宣王者宣王乃退不敢偪 胡三省曰猶恐亮未死也 於是儀結陣而去入谷然後發喪 胡三省曰入斜谷也 宣王之退也百姓爲之諺曰死諸葛走生仲達 胡三省曰司馬懿字仲達以當日百姓之諺觀之時人之於孔明何如也 或以告宣王宣王曰吾能料生不便料死也 通鑑作不能料死故也杜佑曰孔明料吳不降明矣司馬不料亮死暗矣

晉書宣帝紀關中多蒺蔾（通典云楊儀多布鐵蒺蔾）帝使軍士二千人著軟材平底木屐前行蒺蔾悉著屐然後馬步俱進追到赤岸乃知亮死

亮遺命葬漢中定軍山因山爲墳冢足容棺斂以時服不須器物 水經沔水注沔水又東逕武侯壘南諸葛武侯所居也南枕沔水水南有亮壘沔水又東逕沔陽縣故城南其城南臨漢水北帶通逵南對定軍山諸葛亮之死也遺令葬于其山因其地勢不起墳壟惟深松茂柏攢蔚川阜莫知墓塋所在山東名高平是亮宿營處有亮廟亮薨百姓野祭習隆向充共表立廟沔陽鍾士季征蜀枉駕設祠塋東卽八陣圖也遺基略在崩礪難識一統志定軍山在陝西漢中府沔縣東南十里兩峯對峙山上平坂可駐萬軍何焯曰葬漢中者欲後人嗣事於魏也

詔策曰惟君體資文武明叡篤誠受遺託孤匡輔朕躬繼絕興微志存靖亂爰整六師無歲不征神武赫然威震八荒將建殊功於季漢參

伊周之巨勳如何不弔事臨垂克遘疾隕喪朕用傷悼肝心若裂夫崇德序功紀行命謚所以光昭將來刊載不朽今使使持節左中郎將杜瓊贈君丞相武鄉侯印綬謚君爲忠武侯魂而有靈嘉茲寵榮嗚呼哀哉嗚呼哀哉初亮自表後主曰成都有桑八百株薄田十五頃子弟衣食自有餘饒至於臣在外任無別調度隨身衣食悉仰於官不別治生以長尺寸若臣死之日不使內有餘帛外有贏財以負陛下及卒如其所言亮性長於巧思損益連弩木牛流馬皆出其意推演兵法作八陣圖咸得其要云水經江水注江水又東逕諸葛亮圖壘南石磧平曠望兼川陸有亮所造八陣圖東跨故壘皆累細石爲之自壘西去聚石八行行間相去二丈因曰八陣既成自今行師庶不覆敗皆圖兵勢行藏之權自後深識者所不能了今夏水漂蕩歲月消損高處可二三尺下處磨滅殆盡王觀國學林云後漢竇憲傳班固作燕然山銘曰勒以八陣蒞以威神章懷太子注曰兵法有八陣圖由此觀之則八陣圖蓋古法也

非亮創爲之也亮能得古法之意而推行之耳劉禹錫嘉話錄夔州西市俯臨江岸沙石下有諸葛亮八陣圖箕張翼舒鵝形鸛勢聚石分布宛然尙存峽水大時巴蜀雪消之際瀕湧滉瀁大木枯楂隨波而下及乎水落山平萬物皆失故態諸葛亮小石之堆行列依然如是迨今六七百年東原錄謂孫紹先言武侯夔州八陣圖用八以石壘漢州八陣圖用六以沙壘皆近千年不泯用六在用八之後以其兵少未能足其數也或謂八陣之勢天地風雲飛龍翔鳥虎翼蛇蟠也郡經曰八陣集跡荆州圖經云在奉節縣西南七里又云在永安宮南一里渚下平磧上有孔明八陣圖聚細石圖之各高五尺皆棋布相當中間相去九尺正中開南北巷悉廣五尺凡六十四聚或爲人散亂或爲夏水所沒及水退復依然如故又有二十四聚作兩層其後每層各十二聚成都圖經云武侯之八陣凡三在夔者六十有四方陣法也在瀰牟鎭者一百二十有八當頭陣法也其在棋盤市者二百五十有六下營法也興元志興元西縣亦有八陣則八陣凡四矣潘眉曰宋神宗云黃帝始制八陣法敗蚩尤于涿鹿諸葛亮造八陣圖于魚復平沙之上壘石爲八行晉桓溫見之曰常山蛇勢也文武皆莫能識之此卽九軍陣法也後至隋韓擒虎深明其法以授其甥李靖靖以時遇久亂將臣深曉其法者頗多故造六花陣以變九軍之法使世人不能曉之大抵八陣卽九軍九軍者方陣也六花陣卽七軍七軍者圓陣也又云八陣圖有四一在廣都之八陣鄉一百二十有八當頭陣法也一在魚復永安宮南江灘水上六十有四方陣法也一在沔陽之高平舊壘二百五十六下營法也一在益州城東南隅棋盤市亦二百五十有六楊愼曰八陣圖在蜀者二一在夔州之永安宮一在新都之彌牟鎭在新都者其地象城門四起中列土壘約高六尺耕者或剗平之經旬餘復突出此乃其精誠之貫天之所支而不可或壞者蓋非獨人愛惜之而已顧祖禹曰漢時都肄已有孫吳六十四陣竇憲常勒八陣擊匈奴晉馬隆用八陣以復涼州陳勰持白虎幡以武侯遺法教五營士後魏柔然犯塞刁雍上表採諸葛八陣之法爲平地禦寇之方李靖對太宗言六花陣法本于八陣是則武侯之前既有八陣後亦未嘗亡也

魏氏春秋曰亮作八務七戒六恐五懼皆有條章以訓厲臣子又損益連弩謂之元戎以鐵爲矢矢長八寸一弩十矢俱發 亮集載作木牛流馬法曰木牛者方腹曲頭一腳四足頭入領中舌著於腹載多而行少宜可大用不可小使特行者數十里羣行者二十里也曲者爲牛頭雙者爲牛腳橫者爲牛領轉者爲牛足覆者爲牛背方者爲牛腹垂者爲牛舌曲者爲牛肋刻者爲牛齒立者爲牛角細者爲牛鞅攝者爲牛鞦軸牛仰雙轅人行六尺牛行四步載一歲糧日行二十里而人不大勞流馬尺寸之數肋長三尺五寸廣三寸厚二寸二分左右同前軸孔分墨去頭四寸徑中二寸前腳孔分墨

二寸去前軸孔四寸五分廣一寸前杠孔去前腳孔分墨二寸七分孔長二寸廣一寸後軸孔去前杠分墨一尺五分大小與前同後腳孔分墨去後軸孔三寸五分大小與前同後杠孔去後腳孔分墨二寸七分後載剋去後杠孔分墨四寸五分前杠長一尺八寸廣二寸厚一寸五分後杠與等板方囊二枚厚八分長二尺七寸長一尺六寸五分廣一尺六寸每枚受米二斛三斗從上杠孔去肋下七寸前後同上杠孔去下杠孔分墨一尺三寸孔長一寸五分廣七分八孔同前後四腳廣二寸厚一寸五分形制如象靬長四寸徑面四寸三分孔徑中三腳杠長二尺一寸廣一寸五分厚一寸四分同杠耳通鑑胡注引此流馬尺寸字句少異

亮言教書奏多可觀別爲一集隋書經籍志正史類論前漢事一卷蜀丞相諸葛亮撰唐書藝文志諸亮葛論前漢事一卷又音一卷通志藝文略漢書音一卷諸葛亮撰唐日本國人佐世見在書目雜家諸葛武侯上事九卷諸葛亮法正劉巴李嚴伊籍共造蜀科見本志伊籍傳唐書藝

文志諸葛亮貞潔記一卷諸葛亮哀牢國譜見華陽國志隋志儒家類諸葛武侯集誡二卷又總集類諸葛武侯誡一卷又兵法類梁有諸葛亮兵法五卷通志藝文略武侯八陣圖一卷隋志蜀丞相諸葛亮集二十五卷**景耀六年春詔爲亮立廟於沔陽**困學紀聞卷十三云昭烈謂武侯之才十倍曹丕以丕之盛終身不敢議蜀也司馬懿畏蜀如虎非武侯之敵史通云陸機晉史虛張拒葛之鋒又云蜀老猶存知葛亮之多枉然則武侯事蹟湮沒多矣（杭世駿趙一清均引之）

襄陽記曰亮初亡所在各求爲立廟朝議以禮秩不聽百姓遂因時節私祭之於道陌上硯北雜志曰漢中之民當春月男女行哭首載白楮幣上諸葛公墓其哭甚哀**言事者或以爲可聽立廟於成都者後主不從步兵校尉習隆中書郎向充等**元本向作尙又一本充作允均誤充爲向寵弟見寵傳**共上表曰臣聞周人懷召伯之德甘棠爲之不伐**詩召南甘棠之章蔽芾甘棠勿翦勿伐召伯所茇毛傳云蔽芾小貌甘棠杜也翦去伐擊也茇草舍也鄭箋云召伯聽男女之訟不重煩勞百姓止舍小棠之下而聽斷焉國人被其德說其化思其人敬其樹**越王思范蠡之功鑄金以存其像**國語范蠡乘輕舟以浮於五湖莫知其所終極王命金工以良金寫范蠡之狀而朝禮之浹日而令大夫朝之**自漢興以來小**

善小德而圖形立廟者多矣況亮德範遐邇勳蓋季世興王室之不壞實斯人是賴水經沔水注引此作亮德軌遐邇勳蓋來世王室之不壞實賴斯人字句少異較此爲允**而烝嘗止於私門廟像闕而莫立使百姓巷祭戎夷野祀非所以存德念功述追在昔者也今若盡順民心則瀆而無典**沔水注瀆作黷**建之京師又偪宗廟此聖懷所以惟疑也臣愚以爲宜因近其墓立之於沔陽使所親屬以時賜祭凡其臣故吏欲奉祠者皆限至廟斷其私祀以崇正禮於是始從之**宋書禮志四何承天曰周禮凡有功者祭于太烝故代遂之以元勳配饗允等恃不是式禪又從之並非禮也

秋魏鎭西將軍鍾會征蜀至漢川祭亮之廟令軍士不得於亮墓所左右芻牧樵採亮弟均官至長水校尉亮子瞻嗣爵

襄陽記曰黃承彥者高爽開列爲沔南名士謂諸葛孔明曰聞君擇婦身有醜女黃頭黑色而才堪相配孔明許卽載送之時人以爲笑樂鄉里爲之諺曰莫作孔明擇婦止得阿承醜女元本止作正陳本止得作正訓襄陽耆舊傳漢末諸蔡最盛蔡諷姊適太尉張溫長女爲黃承彥妻小女爲劉景升後婦瑁之姊也

諸葛氏集目錄

右二十四篇凡十萬四千一百一十二字

臣壽等言臣前在著作郎姚範曰在疑佐字弼按晉書壽傳云除佐著作郎出補陽平令撰蜀相諸葛亮集奏之是撰諸葛集時正官佐著作郎也**侍中領中書監濟北侯臣荀勗**晉書荀勗傳勗字公曾潁川潁陰人漢司空爽曾孫武帝受禪封濟北郡公固辭爲侯拜中書監加侍中領著作帝素知太子闇弱遣勗及和嶠往觀之勗還盛稱太子之德而嶠云太子如初於是天下貴嶠而賤勗**中書令關內侯臣和嶠**晉書和嶠傳嶠字長輿汝南西平人遷中書令舊監令共車入朝時荀勗爲監嶠鄙爲人每同乘高抗專車而坐乃使監令異車自嶠始也**奏使臣定故蜀丞相諸葛亮故事**華陽國志十一陳壽再爲著作郎吳平後壽乃鳩合三國史著

魏吳蜀三書六十五篇號三國志又著古國志五十篇品藻典雅中書監荀勖令張華深愛之以班固史遷不足方也出爲平陽侯相華又表令次定諸葛亮故事集爲二十四篇時壽良亦集故頗不同唐庚曰魏文帝卽位求孔融之文以爲不減班揚晉武帝踐阼詔定諸葛亮故事融既魏武之讎恨亮亦晉宣之對敵二人之言宜非當時之所欲聞而並見收錄惟恐其墜失蕩然無忌猶有先王大公至正之道存焉亮毗佐危國詩大雅天子是毗鄭箋云毗輔也負阻不賓論衡化不賓爲齊民然猶存錄其言恥善有遺誡是大晉光明至德澤被無疆自古以來未之有倫也輒刪除複重隨類相從凡爲二十四篇篇名如右亮少有逸羣之才英霸之器身長八尺容貌甚偉時人異焉遭漢末擾亂隨叔父玄避難荆州躬耕于野不求聞達時左將軍劉備以亮有殊量乃三顧亮於草廬之中亮深謂備雄姿傑出遂解帶寫誠厚相結納及魏武帝南征荆州劉琮舉州委質而備失勢衆寡無立錐之地亮時年二十七沈家本曰亮之見權在建安十三年以建興十二年時年五十四推之則其時年二十八恐此七字誤也乃建奇策身使孫權求援吳會權既宿服仰備又覩亮奇雅甚敬重之卽遣兵三萬人以助備備得用與武帝交戰大破其軍乘勝克捷江南悉平後備又西取益州益州既定以亮爲軍師將軍備稱尊號拜亮爲丞相錄尚書事及備殂沒嗣子幼弱事無巨細亮皆專之於是外連東吳內平南越立法施度整理戎旅工械技巧毛本技作枝誤物究其極科教嚴明賞罰必信無惡不懲無善不顯至於吏不容奸人懷自厲道不拾遺彊不侵弱風化肅然也或曰此皆極美之詞無屈抑之意可知壽非脩怨當此之時亮之素志進欲龍驤虎視苞括四海退欲跨陵邊疆震蕩宇內或曰深得武侯之心又自以爲無身之日則未有能蹈涉中原抗衡上國者是以用兵不戢屢耀其武然亮才於治戎爲長奇謀爲短

理民之幹優於將略而所與對敵或值人傑加衆寡不侔攻守異體故雖連年動衆未能有克或曰可雪不戢之謗抑中仍褒昔蕭何薦韓信漢書韓信傳蕭何曰諸將易得至如信國士無雙必欲爭天下非信無可與計事者漢王乃拜信爲大將管仲舉王子城父新序卷四管仲言齊桓公曰平原廣囿車不結軌士不旋踵鼓之而三軍之士視死若歸則臣不若王子成甫請置以爲大司馬左傳文公十一年齊襄公之二年鄋瞞伐齊齊王子成父獲其弟榮如杜注王子成父齊大夫梁玉繩曰王子成父又作城父（管子小匡呂覽勿躬史齊魯世家並古通用字）案城父不知何王之子韓昌黎王仲舒神道碑通志略五以爲姬姓魏王基碑以爲王子比干之後（錢大昕金石文跋尾二）未知孰是皆忖己之長未能兼有故也亮之器能政理抑亦管蕭之亞匹也而時之名將無城父韓信故使功業陵遲大義不及邪蓋天命有歸不可以智力爭也何焯曰上云人傑在其子孫之朝故耳歸之天命則仍東之也青龍二年春亮帥衆出武功分兵屯田爲久駐之基其秋病卒黎庶追思以爲口實至今梁益之民咨述亮者言猶在耳雖甘棠之詠召公解見前鄭人之歌子產左傳襄公三十年輿人誦之曰我有子弟子產誨之我有田疇子產殖之子產而死誰其嗣之無以遠譬也孟軻有云以逸道使民雖勞不怨以生道殺人雖死不忿信矣何焯曰上云用兵不戢蓋對敵國之詞此又申明其眞王者之師也論者或怪亮文彩不豔而過於丁寧周至臣愚以爲咎繇大賢也周公聖人也考之尚書咎繇之謨略而雅周公之誥煩而悉何則咎繇與舜禹共談周公與羣下矢誓故也亮所與言盡衆人凡士故其文指不及得遠也馮本作不得及遠也晉書李密傳張華問密曰孔明言教何碎密曰昔舜禹皐陶相與語故得簡雅大誥與凡人言宜碎孔明與言者無己敵言教是以碎耳華善之然其聲教遺言皆經事綜物公誠之心形于文墨足以知其人之意理而有補於當世或曰觀此表而猶疑壽者可謂失言伏惟陛下邁縱古聖宋本縱作蹤蕩然無忌故雖敵國誹謗之言咸肆其辭而無所革諱所以明大通之道也謹錄寫上

詣著作臣壽誠惶誠恐頓首頓首死罪死罪泰始十年二月一日癸
巳平陽侯相臣陳壽上宋本泰始以下低一字（元本低二字）別爲一行弼按不必論本傳即此表文已可爲武侯一篇佳傳
宋廣漢張栻亦撰武侯傳事雖詳備文則遠遜於此也又按承祚上表自署平陽侯相與華陽國志合惟與晉書本傳云補陽平令異錢大昕亦疑壽傳爲誤案晉書地
理志平陽郡平陽舊堯都侯國平陽在漢爲曹參封邑子孫襲封後漢末張濟封平陽侯晉元帝時李矩封平陽侯至晉初何人封平陽侯未詳也

喬字伯松亮兄瑾之第二子也本字仲慎與兄元遜俱有名於時論
者以爲喬才不及兄而性業過之初亮未有子求喬爲嗣瑾啓孫權
遣喬來西亮以喬爲己適子故易其字焉拜爲駙馬都尉隨亮至漢
中

亮與兄瑾書曰喬本當還成都今諸將子弟皆得傳運思惟宜同榮辱今使喬督五六
百兵與諸子弟傳於谷中書在亮集

年二十五建興元年卒何焯曰公北駐漢中在建興五年元字誤思遠之生即在建興五年也詳元字當作六伯松亦以轉運之
勤死於王事錢大昭曰按霍峻傳云亮北駐漢中請爲記室使與子喬共周旋游處與喬傳合然北駐漢中之事後主傳及諸葛亮向朗等傳皆在建興五年則所云建
興元年卒者誤矣子攀官至行護軍翊武將軍洪飴孫曰翊武將軍一人蜀所置亦早卒諸
葛恪見誅於吳子孫皆盡而亮自有胄裔故攀還復爲瑾後

瞻字思遠建興十二年亮出武功與兄瑾書曰瞻今已八歲聰慧可
愛嫌其早成恐不爲重器耳藝文類聚二十三載武侯誡子書云夫君子之行靜以修身儉以養德非澹泊無以明志非寧
靜無以致遠夫學須靜也才須學也非學無以廣才非靜無以成學慆慢則不能勵精險躁則不能治性年與時馳意與歲去遂成枯落多不接世悲守窮廬將復何及
年十七延熙六年尚公主拜騎都尉其明年爲羽林中郎將元本馮本監本吳本毛本羽作
翰宋本作羽趙一清曰何焯云翰林名官始此邪然其職爲中郎將則猶之羽林也後因親信宿衛遂使才藻兹能之士皆待詔焉及後學士代掌王言乃取翰林子墨
客卿之辭爲美名恐反失其本也又云宋本正作羽林一清案周羣爲儒林校尉則翰林中郎將未足致疑不必以宋本作羽林字爲證也潘眉曰唐以前無翰林官況

冠於中郎之上此翰字乃羽字之譌羽林中郎將漢舊官也弼按何說本疑詞趙說牽強潘說是羽林中郎將見魏志后妃傳毛后傳屢遷射聲
校尉射聲校尉見魏志齊王紀嘉平六年侍中尚書僕射加軍師將軍瞻工書畫彊識念
蜀人追思亮咸愛其才敏每朝廷有一善政佳事雖非瞻所建倡百
姓皆傳相告曰葛侯之所爲也是以美聲溢譽有過其實景耀四年
爲行都護衞將軍與輔國大將軍南鄉侯董厥並平尚書事六年冬
魏征西將軍鄧艾伐蜀自陰平由景谷道旁入陰平今甘肅階州文縣治魏志鄧艾傳從陰平
由邪徑經漢德陽亭胡三省曰此道即所謂陰平景谷道華陽國志自景谷有步道徑江油左擔行出涪鄧艾從之伐蜀謝鍾英曰景谷道在文縣南瞻督
諸軍至涪亭住宋本元本馮本亭作停涪今四川綿州東見劉璋傳又見鄧艾傳前鋒破退還住綿竹
綿竹今綿州德陽縣北見劉焉傳又見鄧艾傳本志黃權傳黃崇隨衞將軍諸葛瞻拒鄧艾到涪縣瞻盤桓未進崇勸瞻宜速行據險瞻猶豫未納崇至于流涕會艾長
驅而前瞻却戰至綿竹艾遣書誘瞻曰若降者必表爲琅邪王胡三省曰諸葛氏本琅邪人故以此誘之

瞻怒斬艾使遂戰大敗臨陣死時年三十七衆皆離散艾長驅至成
都瞻長子尚與瞻俱沒其隨瞻戰死綿竹者張飛孫遵見飛傳黃權子崇見權傳李恢弟子球見恢傳杜佑曰漢州德縣鄧艾破
諸葛瞻於此因爲京觀趙一清曰元和郡縣志初瞻在涪而艾已入江油瞻曰吾內不除黃皓外不制姜維進不守江油吾有三罪何面而反遂就綿竹埋人腳而戰父
子死焉寰宇記卷七十三綿竹縣故城在漢州德陽縣北三十五里李膺益州記云石子頭二十里即故綿竹縣城諸葛瞻埋人腳戰處也

干寶曰瞻雖智不足以扶危勇不足以拒敵而能外不負國內不改父之志忠孝存焉

華陽國志曰尚歎曰父子荷國重恩不早斬黃皓以致傾敗用生何爲乃馳赴魏軍
而死困學紀聞云朱晦翁欲傳末略載瞻及子尚死節事以見善善及子孫之義南軒不以爲然以爲瞻任兼將相而不能極諫以去黃皓諫而不聽又不能
奉身而退以冀主之一悟可謂不克肖矣兵敗身死雖能不降僅勝於賣國者耳以其猶能如此故書子瞻嗣爵以微見善善之長以其智不足稱故不詳其事不
足法也何焯云思遠於景耀四年以尚書僕射軍師將軍行都護衞將軍與董厥共平尚書事至六年冬亡國其任事未久董厥閻宇位皆在其上所謂任兼將相
者恐未悉當時事勢也姜維略言之而後主不納逃讖沓中思遠少爲主壻亦蜀之宮子奇也能必入乎趙一清曰朱子之論最爲平允南軒則近於苛矣周壽昌

日南軒此論可謂不揣本末而權輕重者矣瞻尙父子世臣任兼將相豈能以一黃晧而輕爲去就卽尙戰死時猶以不早斬黃晧爲歎此亦臨難憤語彼時若眞斬晧不又一袁紹邪卽裴後注引蜀史常璩說長老云陳壽嘗爲瞻吏爲瞻所辱故因此事惡黃晧而云瞻不能匡矯也是瞻傳所云將護黃晧瞻無能匡矯之語未可全信國敗主降父子同時赴敵死難尙謂非忠武侯之肖子將北地王哭廟殺妻子旋自殺亦謂其不能挽回危敗徒捐生以塞責非先主之賢孫也宋儒執論迂謬令人憤懣不平多類此但不知朱子是作何傳若是修綱目則無傳若蜀志則瞻有專傳在後其子尙卽附其父傳內何煩略載邪

次子京及攀子顯等咸熙元年內移河東

案諸葛氏譜云 諸葛氏譜隋志未著錄 京字行宗 元本行作仲 晉泰始起居注 沈家本曰隋志晉泰始起居注二十卷李軌撰二唐志同 載詔曰諸葛亮在蜀盡其心力其子瞻臨難而死義天下之善一也其孫京隨才署吏後爲郿令 郿見前 尙書僕射山濤啟事曰郿令諸葛京祖父亮遇漢亂分隔父子在蜀雖不達天命要爲盡心所事京治郿自復有稱臣以爲宜以補東宮舍人以明事人之理副梁益之論京位至廣州刺史 宋本廣作江

董厥者丞相亮時爲府令史亮稱之曰董令史良士也吾每與之言思愼宜適徙爲主簿亮卒後稍遷至尙書僕射代陳祗爲尙書令遷大將軍平臺事 錢大昭曰大將軍上當有輔國二字 而義陽樊建代焉 義陽今河南南陽府桐柏縣東見魏志武文世王公傳彭城王據傳

案晉百官表 沈家本曰隋志梁有荀綽百官表注十六卷亡 董厥字龔襲亦義陽人建字長元

延熙二十四年以校尉使吳值孫權病篤 何焯曰孫權歿於延熙十五年二字衍文且延熙止二十年亦無二十四年也權寢疾召諸葛恪於武昌正延熙十四年事 不自見建權問諸葛恪曰樊建何如宗預也恪對曰才識不及預而雅性過之後爲侍中守尙書令 錢儀吉曰史傳董厥忽入樊建使吳事語似不倫且上文稱厥代陳祗爲尙書令此景耀元年祗卒而厥代也又云遷大將軍平臺事而義陽樊建代焉此景耀四年厥遷輔國大將軍平尙書事而建代厥爲尙書令也既言建代厥爲尙書令此又言建後爲侍中守尙書令前後重出必非承祚本書疑此五十字（弼按應作五十四字）本在註建字長元之下而誤爲正文者惟他書引晉百官表但有名字爵里而此獨記事或延熙以上更有脫文

自瞻厥建統事姜維常征伐在外宦人黃晧竊弄機柄 劉咸炘曰特書此見亮死而漢亡無人繼之也 咸共將護無能匡矯 胡三省曰揉曲使直曰矯

孫盛異同記曰瞻厥等以維好戰無功國內疲弊宜表後主召還爲益州刺史奪其兵權蜀長老猶有瞻表以閻宇代維故事晉永和三年蜀史常璩說蜀長老云陳壽嘗爲瞻吏爲瞻所辱故因此事歸惡黃晧而云瞻不能匡矯也

然建特不與晧和好往來蜀破之明年春厥建俱詣京都同爲相國參軍其秋並兼散騎常侍使蜀慰勞 劉咸炘曰尙云厥建附此者以其與瞻將護黃晧不守亮親小人之戒蜀漢所以傾頹也按此二人若合于陳震董允呂乂陳祗傳中則首尾完具

漢晉春秋曰樊建爲給事中晉武帝問諸葛亮之治國建對曰聞惡必改而不矜過賞

罰之信足感神明帝曰善哉使我得此人以自輔豈有今日之勞乎建稽首曰臣竊聞天下之論皆謂鄧艾見枉陛下知而不理此豈馮唐之所謂雖得頗牧而不能用者乎 史記馮唐傳唐事文帝上曰嗟乎吾獨不得廉頗李牧時爲吾將吾豈憂匈奴哉唐曰主臣陛下雖得廉頗李牧弗能用也 帝笑曰吾方欲明之卿言起我意於是發詔治艾焉 元本治作理

評曰諸葛亮之爲相國也撫百姓示儀軌 胡三省曰儀度也軌法也 約官職從權制開誠心布公道盡忠益時者雖讎必賞犯法怠慢者雖親必罰服罪輸情者雖重必釋游辭巧飾者 馮本飾作飭誤 雖輕必戮善無微而不賞惡無纖而不貶庶事精練物理其本 胡三省曰言事事物物必從其本而治之 循名責實虛僞不齒終於邦域之內咸畏而愛之刑政雖峻而無怨者以其用心平而勸戒明也可謂識治之良才管蕭之亞匹矣 胡三省曰亞次也匹偶也 然

連年動衆未能成功蓋應變將略非其所長歟 常璩曰諸葛亮雖資英霸之能而主非中興之器欲以區區之蜀假已廢之命北吞强魏抗衡上國不亦難哉似宋襄求霸者乎然亮政脩民理威武外振爰迄琬禕遵修弗革攝乎大國之間以弱爲强猶可自保姜維才非亮匹志繼洪軌民嫌其勞家國亦喪矣袁宏三國名臣序贊曰孔明盤桓俟時而動遐思管樂遠明風流治國以禮民無怨聲刑罰不濫沒有餘泣雖古之遺愛何以加茲及夫臨終顧託受遺作相劉后授之無疑心武侯處之無懼色繼體納之無貳情百姓信之無異辭君臣之際良可詠矣又曰堂堂孔明基宇宏邈器同生民獨稟先覺標榜風流遠期管樂初九龍盤雅志彌確百六道喪干戈迭用苟非命世孰埽雰雺宗子思寧薄言解控釋褐中林鬱爲時棟張溥曰諸葛亮之說先主借荊州取益州也其道皆雜王霸行之及受顧命輔後主則行事純乎王矣以王霸雜行者師出於奇純乎王者師出於正出於奇者非大勝卽大敗出於正者無大勝亦無大敗輔英主以奇輔弱主以正昭烈既崩亮敢用奇哉魏延子午之策彷彿孫吳亮危而不用者知彼知己計慮審矣亮所能者曰用兵而民不知兵曰調賦而國不知賦軍農並興若行無事以周公之法寓於管子之令而天下莫能窺其閒是以神也混一之朝有征無戰角立之國有戰有守蜀守國也非戰國也後主爲君守而不足諸葛亮爲相戰且守而有餘西晉降而東汴宋降而南時可爲十倍蜀矣其如無亮何李安溪曰武侯實仁義節制王者之師壽以爲短於奇謀此其識見之差非有所懟憾王鳴盛曰晉書稱陳壽作三國志善敍事有良史之才又云壽父爲馬謖參軍謖爲諸葛亮所誅壽父亦坐髡壽爲亮傳謂將略非長無應敵之才議者每以此少之晉

書好引雜說故多蕪穢此亦其一也街亭之敗壽直書馬謖違亮節度爲張郃所破初未嘗以私隙咎亮至謂亮將略非長則張儼袁準之論皆然非壽一人之私言也壽入晉後撰次亮集表上之推許甚至本傳特附其目錄並上書表創史家未有之例尊亮極矣評中反覆盛稱其刑賞之當則必不以父坐罪爲嫌廖立李平爲亮廢黜徙能感泣無怨明達如壽顧立平之不若邪亮六出祁山（弼按武侯再出祁山此云六出誤）終無一勝則可見爲節制之師於進取稍鈍白是實錄于愼行曰魏延請假精兵五千從褒中取長安而孔明不用正使延不可使者諸將之中更無可使者邪坐失良圖以正取勝數出無功繼之以死陳壽之短其用兵言不漫矣黃恩彤曰王伯厚謂武侯不用魏延之計非短于將略在易師之上六曰小人勿用何義門謂魏延雖雄猛不可專任蜀兵寡分則不可以臨敵王論其理何論其勢盡之矣至謂陳壽因此短其用兵則亦未嘗詳讀本傳也按建興六年武侯攻祁山以馬謖違節制敗然猶拔西縣反是年冬復出散關以糧盡退斬魏將王雙九年復出祁山以糧盡退射殺魏將張郃蓋自出師以來多因饋餉不繼致撓其銳然每退輒擒馘上將全師振旅而還不可謂短于用兵也且陳壽之推武侯亦至矣其初出祁山也則曰戎陣整齊賞罰肅而號令明其沒而軍退也則曰宣王案行其營壘歎爲天下奇才序述如此雖孫吳何以過哉壽以晉臣論敵國之相揚之乎懼乖立言之體抑之乎又失是非之眞是以隱約低昂以見意一則曰所以對敵或值人傑爲仲達之受巾幗諱也又曰天命有歸不可以智力爭以見司馬非諸葛之敵諸葛非用兵之失也讀者不察反謂譖武侯短于用兵豈知其意者哉劉咸炘曰黃氏此論乃據上文集表文以釋評語應變將略非長之疑也然表中亦言治戎爲長奇謀爲短理民之幹優於將略是豈皆詭詞邪尙氏亦據表文言壽之評亮正以蜀人仕晉不得不爲司馬懿回護耳夫爲懿回護不書懿短可矣何必貶亮乎蔣超伯曰兪文豹云古今論孔明者莫不以忠義許之然謂之識時務則可謂之明大義則未也其說有四備雖稱中山靖王之後服屬疏遠世數難考猶宋高祖自稱楚元王後故通鑑不以紹漢統周瑜以梟雄目之司馬懿以詐力鄙之亮獨何見而委身焉一也備之枉駕草廬也曰主上蒙塵欲伸大義於天下其詞甚正亮開之以跨荊益成霸業之利而備之志始移無復以獻帝爲念未嘗使一介行李詣行在所二也求救於吳無一言及獻帝而說以鼎足之說當三國時而爲是說獻帝無復染指之望矣三也備之稱王漢中則建安二十四年也獻帝尙在敢於自王聞獻帝遇害亮不能仗大義連孫吳聲罪討賊遽請卽位費詩以爲大敵未克便先自立恐人心疑惑亮反怒而黜之四也兪說雖刻然元遺山詩意亦同豐山懷古云吳人操等耳忍與分河潼二民淡遺黎尺地漢故封一券損半產二祖寧汝容端本一以失孤唱誰當從至今有遺恨蒯柏號陰風

袁子曰或問諸葛亮何如人也袁子曰張飛關羽與劉備俱起爪牙腹心之臣而武人也晚得諸葛亮因以爲佐相而羣臣悅服劉備足信亮足重故也 局本信作相誤 及其受六尺之孤攝一國之政事凡庸之君專權而不失禮行君事而國人不疑如此卽以爲君

臣百姓之心欣戴之矣 官本考證曰君臣疑作羣臣 行法嚴而國人悅服用民盡其力而下不怨及其兵出入如賓行不寇芻蕘者不獵如在國中其用兵也止如山進退如風兵出之日天下震動而人心不憂亮死至今數十年國人歌思如周人之思召公也孔子曰雍也可使南面諸葛亮有焉又問諸葛亮始出隴右南安天水安定三郡人反應之若亮速進則三郡非中國之有也而亮徐行不進既而官兵上隴三郡復亮無尺寸之功失此機何也袁子曰蜀兵輕銳 銳當作脫 良將少亮始出未知國中强弱 國中宋本作中國 是以疑而嘗之且大會者不求近功所以不進也曰何以知其疑也袁子曰初出遲重屯營重複後轉降未進兵欲戰亮勇而能鬬三郡反而不速應此其疑徵也曰何以知其勇而能鬬也袁子曰亮之在街亭也前軍大破亮屯去數里不救官兵相接又徐行此其勇也亮之行軍安靜而堅重安靜則易動堅重則可以進退亮法令明賞罰信士卒用

命赴險而不顧此所以能鬬也曰亮率數萬之衆其所興造若數十萬之功是其奇者
也所至營壘井竈圊溷藩籬障塞皆應繩墨一月之行去之如始至勞費而徒爲飾好
何也袁子曰蜀人輕脫亮故堅用之曰何以明其然也 宋本明作知 袁子曰亮治實而不
治名志大而所欲遠非求近速者也曰亮好治官府次舍橋梁道路此非急務何也袁
子曰小國賢才少故欲其尊嚴也亮之治蜀田疇辟倉廩實器械利蓄積饒朝會不譁
宋本元本譁作華 路無醉人夫本立故末治有餘力而後及小事此所以勸其功也曰子之
論諸葛亮則有證也以亮之才而少其功何也袁子曰亮持本者也其於應變則非所
長也 姜宸英曰以亮之才而陳袁之徒皆有不能應變之論信乎人不可以無年 故不敢用其短曰然則吾子美之何
也袁子曰此固賢者之遠矣安可以備體責也夫能知所短而不用此賢者之大也知
所短則知所長矣夫前識與言而不中 或曰前識句未詳 亮之所不用也此吾之所謂可

也 吳大鴻臚張儼作默記其述佐篇論亮與司馬宣王書曰漢朝傾覆天下崩壞
御覽作天下分崩 豪傑之士競希神器魏氏跨中土劉氏據益州並稱兵海內爲世霸王諸
葛司馬二相遭值際會託身盟主 册府盟作明 或收功于蜀漢或册名於伊洛丕備既沒
後嗣繼統各受保阿之任輔翼幼主不負然諾之誠亦一國之宗臣 御覽宗作守 霸王之
賢佐也歷前世以觀近事二相優劣可得而詳也孔明起巴蜀之地蹈一州之土方之
大國其戰士人民蓋有九分之一也而以貢贄大吳 此吳人之辭不足異也 抗對北敵至使耕
戰有伍刑法整齊提步卒數萬長驅祁山慨然有飲馬河洛之志仲達據天下十倍之
地仗兼并之衆據牢城擁精銳無禽敵之意務自保全而已使彼孔明自來自去若此
人不亡終其志意連年運思刻日興謀則涼雍不解甲中國不釋鞍勝負之勢亦已決
矣昔子產治鄭諸侯不敢加兵蜀相其近之矣方之司馬不亦優乎或曰兵者凶器戰

者危事也有國者不務保安境內綏靜百姓而好開闢土地征伐天下未爲得計也諸
葛丞相誠有匡佐之才然處孤絕之地戰士不滿五萬 沈家本曰前注引郭沖五事云十二更下在者八萬
沖言雖不可信而後主降魏之時帶甲將士十萬二千乃蜀兵實數也此稱五萬蓋非其實至建興五年詔中稱統領步騎二十萬衆乃是虛數 自可閉
關守險君臣無事空勞師旅無歲不征未能進咫尺之地開帝王之基而使國內受其
荒殘西土苦其役調魏司馬懿才用兵衆未易可輕量敵而進兵家所慎若丞相必有
以策之 宋本策作筭下同 則未見坦然之勳若無策以裁之則非明哲之謂海內歸向之意
也余竊疑焉請聞其說答曰蓋聞湯以七十里文王以百里之地而有天下皆用征伐
而定之揖讓而登王位者惟舜禹而已今蜀魏爲敵戰之國勢不俱王自操備時彊弱
縣殊而備猶出兵陽平禽夏侯淵羽圍襄陽將降曹仁生獲于禁當時北邊大小憂懼
孟德身出南陽樂進徐晃等爲救圍不即解故蔣子通言彼時有從許渡河之計會國

家襲取南郡 國家謂吳也 羽乃解軍玄德與操智力多少士衆衆寡用兵行軍之道不可
同年而語猶能暫以取勝是時又無大吳掎角之勢也今仲達之才減於孔明當時之
勢異於曩日玄德尚與抗衡孔明何以不可出軍而圖敵邪昔樂毅以弱燕之衆兼從
五國之兵 史記樂毅傳樂毅於是幷護趙楚韓魏燕之兵以伐齊索隱云護謂總領之也 長驅彊齊下七十餘城今蜀漢
之卒不少燕軍君臣之接信於樂毅加以國家爲脣齒之援東西相應首尾如虵形勢
重大不比於五國之兵也何憚於彼而不可哉夫兵以奇勝制敵以智土地廣狹人馬
多少未可偏恃也余觀彼治國之體當時既肅整遺教在後及其辭意懇切陳進取之
圖忠謀謇謇義形於主雖古之管晏何以加之乎 蜀記曰晉永興中 晉惠帝末年 鎭南
將軍劉弘 弘事見魏志劉馥傳注引晉陽秋 至隆中觀亮故宅立碣表閭命大傅掾犍爲李興爲文
曰 晉書孝友傳李密傳密字令伯犍爲武陽人二子賜興興字雋石亦有文才刺史羅尙辟別駕尙爲李雄所攻使興詣鎭南將軍劉弘求救興因願留爲弘參

軍而不還尙白弘弘卽奪其手版而遣之興之在弘府弘立諸葛孔明羊叔子碣使興俱爲之文甚有辭理華陽國志十一曰興太傅參軍晉書斟注曰劉弘未爲太傅蓋以弘受東海王節制故誤以爲太傅參軍也天子命我于沔之陽聽鼓鞞而永思元本馮本毛本鞞作鞞誤禮記樂記篇君子聽鼓鼙之聲則思將帥之臣庶先哲之遺光登隆山以遠望軾諸葛之故鄉蓋神物應機大器無方通人靡滯大德不常故谷風發而騶虞嘯詩邶風谷風之章習習谷風以陰以雨毛傳云東風謂之谷風陰陽合而谷風至詩召南騶虞之章于嗟乎騶虞毛傳云騶虞義獸也白虎黑文不食生物有至信之德則應之鄭箋云于嗟美之也雲雷升而潛鱗驤摯解褐于三聘史記湯本紀伊尹名阿衡索隱云孫子兵書伊尹名摯孔安國亦曰伊摯然解音以阿衡爲官名孟子伊尹耕于有莘之野湯三使往聘故就湯而說之尼得招而褰裳史記孔子世家孔子字仲尼季康子以幣迎孔子孔子歸魯管豹變于受命史記管晏列傳管仲事公子糾及小白立爲桓公公子糾死管仲囚焉鮑叔遂進管仲管仲既用任政於齊齊桓公以霸貢感激以回莊漢書貢禹傳禹字少翁瑯邪人上書曰臣禹犬馬之齒八十一願乞骸骨及身生歸鄉里天子報曰傳曰亡懷土何必思故鄉後以禹爲御史大夫列於三公異徐生之摘寶釋臥龍於深藏偉劉氏之傾蓋史記鄒陽傳諺曰有白頭如新傾蓋如故何則知與不知也索隱曰服虔云人不相知才能交

至白頭猶如新也傾蓋如故如吳札季僑也家語孔子遇程子於途傾蓋而語又志林云傾蓋者道行相遇軿車對語兩蓋相切小欹之義故云傾蓋也文穎曰傾蓋猶交蓋駐車也嘉吾子之周行詩小雅鹿鳴之章人之好我示我周行毛傳云周至行道也鄭箋云周行周之列位也言己維賢是用也夫有知己之主則有竭命之良固所以三分我漢鼎宋本漢作九跨帶我邊荒抗衡我北面馳騁我魏疆者也英哉吾子獨含天靈豈神之祇豈人之精何思之深何德之清異世通夢恨不同生推子八陣不在孫吳或校改在作亞木牛之奇則亦般模官本考證曰宋本作則非言非前人所規也禮記檀弓下季康子之母死公輸若方小斂般請以機封鄭注云公輸若匠師般若之族多技巧孟子公輸子之巧弼按上文舉孫吳爲二人此云般模亦當爲二人般模未詳神弩之功一何微妙千井齊甃易井卦六四井甃无咎象曰井甃无咎修井也甃側舊反馬云爲瓦裏下達上也干云以甎壘井曰甃字林云井壁也子夏傳云甃亦治也又何祕要昔在顚夭史記周本紀太顚閎夭皆執劍以衛武王有名無迹孰若吾儕儕字疑作俟良籌妙畫臧文既沒以言見稱左傳襄公二十四年穆叔對范宣子曰魯有先大夫曰臧文仲既沒其言立此之謂不朽又未若子言行並徵夷吾反坫論語邦君爲兩君之好有反坫管氏亦有反坫正義曰管仲齊大夫管夷吾也反坫反爵之坫在兩楹之閒人君與鄰國爲好會其獻酢之禮更酌酌畢則各反爵於坫上大夫則無之今管仲亦有反爵之坫僭濫如此是不知禮也樂毅不終史記樂毅傳樂毅下齊七十餘城以屬燕會燕昭王死子惠王立得齊反閒乃召樂毅樂毅畏誅遂西降趙奚比於爾明哲守沖臨終受寄讓過許由韓非子堯以天下讓許由許由逃之負扆蒞事民言不流荀子儒效篇武王崩成王幼周公屛成王而及武王履天子之籍負扆而坐諸侯趨走堂下爾雅牖戶之閒謂之扆扆於宜反晉依尙書金縢篇武王既喪管叔及其羣弟乃流言於國曰公將不利於孺子刑中於鄭教美於魯蜀民知恥河渭安堵匪皐則伊寧比管晏豈徒聖宜局本徒作徙誤慷慨屢歎昔爾之隱卜惟此宅仁智所處能無規廓日居月諸時殞其夕誰能不歿貴有遺格惟子之勳移風來世詠歌餘典懦夫將厲遐哉邈矣厥規卓矣凡若吾子難可究已已或作矣噂昔之乖萬里殊塗今我來思覿爾故墟漢高歸魂於豐沛元本作魂歸史記高祖本紀高祖謂沛父兄曰吾雖都關中萬歲後吾魂魄猶樂思沛太公五世而反周禮記太公封於營丘比及五世皆反葬於周鄭玄曰太公受封留爲太師死葬於周五世之後乃葬齊想魍魎以髣髴冀影響之有餘魂而有靈豈其識諸

王隱晉書云李興密之子一名安

蜀書五　　三國志三十五

關張馬黃趙傳第六

晉　平陽侯相安漢陳壽　撰

宋中書侍郎西鄉侯　聞喜裴松之　注

沔陽盧弼　集解

關羽字雲長本字長生梁章鉅曰王棠知新錄云當時有范長生亦事昭烈至李特時猶存年一百三十歲羽先字長生豈因同范而改邪河東解人也郡國志司隸河東郡解一統志解縣故城今山西蒲州府臨晉縣東南梁章鉅引關羽祖墓碑記載羽祖考名字生卒甲子大略又云僅見宋犖筠廊隨筆中他無佐證祇可存備異聞亡命奔涿郡涿郡見先主傳先主於鄉里合徒衆而羽與張飛爲之禦侮詩大雅緜之章予曰有禦侮毛傳曰武臣折衝曰禦武先主爲平原相平原見先主傳以羽飛爲別部司馬續百官志別領營屬爲別部司馬分統部曲先主與二人寢則同牀恩若兄弟梁章鉅曰世俗桃園結義之事卽本此語而稠人廣坐侍立終日隨先主周旋不避艱險李安溪曰大抵東漢之末識義理之人極多加以智勇便爲當世之傑矣

蜀記曰曹公與劉備圍呂布於下邳下邳見先主傳關羽啓公布使秦宜祿行求救華陽國志秦宜祿爲布求救於張楊乞娶其妻公許之潘眉曰華陽國志關羽啓公下有妻無子三字較明晰臨破又屢啓於公公疑其有異色先遣迎看因自留之魏志明紀青龍元年注引獻帝傳曰秦宜祿爲呂布使詣袁術術妻漢宗室女其前妻杜氏留下邳關羽求以杜氏爲妻太祖疑其有色乃自納之又按秦宜祿子名朗詳見魏志明紀青龍元年注及曹爽傳注引魏略羽心不自安此與魏氏春秋所說異也異上宋本有無字

魏書云以羽領徐州

先主之襲殺徐州刺史車冑使羽守下邳城行太守事而身還小沛小沛見先主傳建安五年曹公東征先主奔袁紹曹公禽羽以歸拜爲偏將軍禮之甚厚紹遣大將軍顏良官本考證曰軍字疑衍攻東郡太守劉延於白馬白馬今河南衛輝府滑縣東二十里詳見魏志武紀建安五年曹公使張遼及羽爲先鋒擊之羽望見良麾蓋胡三省曰戎車大將所乘者設幢麾張蓋策馬刺良於萬衆之中斬其首還紹諸將莫能當者遂解白馬圍力寫神勇曹公卽表封羽爲漢壽亭侯郡國志荊州武陵郡漢壽故索陽嘉三年更名刺史治魏曰魏壽（見賈詡傳）吳曰吳壽（見沈志）晉仍曰漢壽（見晉志）此與益州廣漢郡葭萌改名之漢壽同名異地水經沅水注漢壽縣治索城卽索縣之故城也漢順帝陽嘉中改從今名一統志漢壽故城今湖南常德府武陵縣東北六十里空籠城卽古漢壽城舊址也互見先主傳姚範趙翼梁章鉅周壽昌皆有說辨明兩漢壽文繁不錄趙一清曰羽爲佐命元勳特改葭萌爲漢壽以寵異之沈家本曰漢壽乃亭名也王氏鳴盛趙氏翼並謂續漢書志武陵屬縣有漢壽關羽所封卽其地熊方後漢書年表異姓侯內有壽亭關羽其下格注云武陵壽上少一漢字當是傳寫脫去是熊方亦謂漢壽在武陵也然武陵之漢壽乃縣名非亭名亭侯之號不得襲用縣名恐別有漢壽亭不可考耳初曹公壯羽爲人而察其心神無久留之意謂張遼曰卿試以情問之既而遼以問羽羽歎曰吾極知曹公待我厚然吾受劉將軍厚恩誓以共死不可背之吾終不留吾要當立效以報曹公乃去康發祥曰決言不可留又不諱言其去以示不欺遼以羽言報曹公曹公義之

傅子曰遼欲白太祖恐太祖殺羽不白非事君之道乃歎曰公君父也羽兄弟耳遂白之太祖曰事君不忘其本天下義士也度何時能去遼曰羽受公恩必立效報公而後去也

及羽殺顏良曹公知其必去重加賞賜羽盡封其所賜拜書告辭而奔先主於袁軍胡三省曰袁紹軍也左右欲追之曹公曰彼各爲其主勿追也

臣松之以爲曹公知羽不留而心嘉其志去不遣追以成其義自非有王霸之度孰能至於此乎斯實曹公之休美唐庚曰羽爲曹公所厚而忠不忘其君可謂賢矣然戰國之士亦能之曹公得羽不殺厚待而用其力可

謂賢矣然戰國之君亦能之至羽必欲立效以報曹公然後封還所賜拜書告辭而去進退去就雍容可觀則殆非戰國之士矣曹公內能平其氣不以彼我爲心外能成羽之忠不私其力于己是猶有先王之遺風焉吾嘗論曹公曰是人能爲善而不能不爲惡能爲善是以能享國不能不爲惡是以不能取天下

從先主就劉表表卒曹公定荊州先主自樊將南渡江別遣羽乘船數百艘會江陵曹公追至當陽長阪先主斜趣漢津適與羽船相值共至夏口 當陽長坂漢津夏口均見先主傳

蜀記曰初劉備在許與曹公共獵獵中衆散羽勸備殺公備不從及在夏口飄颻江渚羽忿曰往日獵中若從羽言可無今日之困備曰是時亦爲國家惜之耳若天道輔正安知此不爲福邪 臣松之以爲備後與董承等結謀但事泄不克諧耳若爲國家惜曹公其如此言何 毛本誤作其言如言何 羽若果有此勸而備不肯從者將以曹公腹心親戚實繁有徒事不宿構非造次所行曹雖可殺身必不免故以計而止何惜之有乎既往之事故託爲雅言耳 何焯曰蜀記語多淺妄恐不足信

孫權遣兵佐先主拒曹公曹公引軍退歸先主收江南諸郡乃封拜元勳以羽爲襄陽太守盪寇將軍駐江北先主西定益州拜羽董督荊州事羽聞馬超來降舊非故人羽書與諸葛亮問超人才可誰比類亮知羽護前 吳志朱桓傳桓性護前恥爲人下 乃答之曰孟起兼資文武 馬超字孟起 雄烈過人一世之傑黥彭之徒當與益德並驅爭先猶未及髯之絕倫逸羣也羽美鬚髯故亮謂之髯羽省書大悅以示賓客 寫其矜尚 羽嘗爲流矢所中貫其左臂 魏志龐悳傳悳親與羽交戰射羽中額當在建安二十四年 後創雖愈每至陰雨骨常疼痛醫曰矢鏃有毒毒入于骨當破臂作創刮骨去毒然後此患乃除耳羽便伸臂令醫劈之時羽適請諸將飲食相對臂血流離盈於盤器而羽割炙引酒言笑自若 寫其神勇 二十四年先主爲漢中王拜羽爲前將軍假節鉞 羽不肯受拜見費詩傳 是歲羽率衆攻曹仁於樊曹公遣于禁助仁秋大霖雨漢水汎溢禁所督七軍皆沒禁降羽羽又斬將軍龐悳梁郟陸渾羣盜或遙受羽印號爲之支黨 南陽守將侯音執太守與關羽連和見魏志武紀建安二十四年注引曹瞞傳陸渾民孫狼等殺縣主簿南附關羽見魏志管寧傳附胡昭傳關羽遣別將已在郟下自許以南百姓擾擾見魏志滿寵傳通鑑二十二年時關羽彊盛京兆金禕等謀挾天子以攻魏南引關羽爲援侯康曰魏橫海將軍呂君碑云關羽蕩搖邊鄙虔劉民人而洪水播溢氾沒樊城平原十刃外潰潛通猛將驍騎載沈載浮于是不逞作慝羣兇鼎沸或保城而叛或率衆負旍自卽敵門中人以下並生異心據各傳及此碑文可以覘當日情勢 羽威震華夏曹公議徙許都以避其銳司馬宣王蔣濟以爲關羽得志孫權必不願也可遣人勸權躡其後許割江南以封權則樊圍自解曹公從之先是權遣使爲子索羽女羽罵辱其使不許婚權大怒

典略曰羽圍樊權遣使求助之勅使莫速進又遣主簿先致命於羽羽忿其淹遲又自已得于禁等乃罵曰狢子敢爾 玉篇狢狢 如使樊城拔吾不能滅汝邪權聞之知其輕己僞手書以謝羽許以自往 臣松之以爲荊吳雖外睦而內相猜防故權之襲羽潛師密發按呂蒙傳云伏精兵於𦩍𦪇之中使白衣搖櫓作商賈服以此言之羽不求助於權權必不語羽當往也若許相援助何故匿其形迹乎

又南郡太守糜芳在江陵 芳糜竺之弟 將軍傅士仁屯公安 何焯曰楊戲輔臣贊孫權傳呂蒙傳皆作士仁傳字衍陳浩說同王鳴盛曰吳志有士燮當時固有士姓潘眉曰輔臣贊糜士郝潘爲一贊皆姓也姚範曰通鑑亦誤增傳字李慈銘曰東漢無二名此下亦屢言芳仁則單名仁可知弼按華陽國志亦言傅士仁通鑑前文云傅士仁後文僅云士仁又單云仁非全誤也東漢二名甚多見魏志方伎傳朱建平傳注李說未審 素皆嫌羽自輕己 通鑑無自字 羽之出軍芳仁供給軍資不悉相救 通鑑作救

及吳志呂蒙傳注引吳錄云南郡城中失火頗焚燒軍器羽言還當治之芳仁咸懷懼不安於是權陰誘芳仁 呂蒙令虞翻說降士仁見蒙傳注引吳書 芳仁使人迎權 趙一清曰方輿紀要卷七十八擲甲山在荊州府城西龍山門西北隅相傳關壯繆還救南郡聞麋芳已降憤而擲甲於此 而曹公遣徐晃救曹仁 詳見晃傳

蜀記曰羽與晃宿相愛遙共語但說平生不及軍事須臾晃下馬宣令得關雲長頭賞金千斤羽驚怖謂晃曰大兄是何言邪晃曰此國之事耳

羽不能克引軍退還權已據江陵盡虜羽士衆妻子羽軍遂散 詳見呂蒙傳潘璋傳水經江水注江陵舊城關羽所築羽北圍曹仁呂蒙襲而據之羽曰此城吾所築不可攻也乃引而退 權遣將逆擊羽斬羽及子平于臨沮 呂蒙傳羽自知孤窮乃走麥城西至漳鄉衆皆委羽而降權使朱然潘璋斷其徑路卽父子俱獲潘璋傳璋與朱然斷羽走道到臨沮住夾石璋部下司馬馬忠禽羽幷羽子平都督趙累等郡國志荊州南郡臨沮水經漳水注漳水又南歷臨沮縣之章鄉南昔關羽保麥城詐降而遁潘璋斬之于此漳水又南逕當陽縣又南逕麥城東一統志臨沮故城今湖北當陽縣西北章鄉在當陽縣東北麥城在當陽縣東南五十里古今刀劍錄關羽爲先主所重不惜身命自採都山鐵爲二刀銘曰萬人敵及羽敗羽惜刀投之水中

蜀記曰權遣將軍擊羽獲羽及子平權欲活羽以敵劉曹左右曰狼子不可養後必爲害曹公不卽除之自取大患乃議徙都今豈可生乃斬之 臣松之按吳書孫權遣將潘璋逆斷羽走路羽至卽斬且臨沮去江陵二三百里豈容不時殺羽方議其生死乎又云權欲活羽以敵劉曹此之不然可以絕智者之口 吳歷曰權送羽首於曹公以諸侯禮葬其屍骸 錢大昕金石文跋尾閻若璩潛丘劄記均考訂關羽及子平生日近於星命之說不錄

追謚羽曰壯繆侯 程敏政曰先主時惟法正見謚後主時諸葛功德蓋世蔣琬費禕亦見謚至是關羽張飛馬超龐統黃忠趙雲皆得追謚時論以爲榮按繆穆古通用若秦穆魯穆在孟子漢穆生晉穆彤在史皆爲繆宋岳飛謚武穆意與此同今乃以爲惡謚如謚法武功不成曰繆蔡邕獨斷名實過爽曰繆豈理也哉若果爲惡謚則史不應云追謚之典時論以爲榮矣考謚法布德執義曰穆中情見貌曰穆禮記大傳以序昭穆古本穆作繆左傳穆多作繆是穆繆古今皆通梁章鉅曰壯繆並非美謚不知當時何以取此今殿本改爲忠義傳末刊載乾隆諭旨云云弼按程說極允梁說非是後代易謚原無不可更易本傳則不可也黃恩彤曰方關羽之斬龐德虜于禁也曹仁幾遁操欲遷都避之陸渾民孫狼等遙受印號自許以南望風景附史稱其威震華夏此破竹之勢千載一時也乃蜀之君臣但喜其勝不虞其敗權以陸遜屯漳口呂蒙用奇兵而蜀不防操以徐晃爲將軍將殷署等十二營之兵以救樊城而蜀不聞遣一將將一旅以援羽致使徐晃掎之于前呂陸躡之于後首尾狼狽勢遂不支豈非失事機也哉厥後武侯北征屢出祁山功卒不就則以荊州既失宛洛路梗不克別遣一軍兩道並進以分敵之勢而張我之氣也以武侯之才措置荊州乃不能如其隆中之初計又非千載下所敢臆度者矣姚範曰呂蒙之襲江陵遣陸遜別取宜都屯夷陵守峽口以備蜀而蜀人當時之疏如此吳人之眈眈於荊州而忌羽之成功不待智者而知而當時若付之度外劉封傳中略有其緒蜀之謀士當不若是之疏陳氏或不能詳耳

蜀記曰羽初出軍圍樊夢豬嚙其足語子平曰吾今年衰矣然不得還 梁章鉅曰呂蒙蒙字下爲豕嚙足則變後之兆也弼按此說亦近於迷信 江表傳云羽好左氏傳 馮本無傳字誤 諷誦略皆上口 梁章鉅曰羽好左氏史有明文世俗卽謂志在春秋而不知其非事實也黃奭曰羽祖石磐父道遠並羽三世皆習春秋張大本有墓銘言其事然無徵不可信也

子興嗣興字安國少有令問丞相諸葛亮深器異之弱冠爲侍中中監軍數歲卒子統嗣尚公主官至虎賁中郎將卒無子以興庶子彝

續封 蜀記曰龐德子會隨鍾鄧伐蜀蜀破盡滅關氏家

張飛字益德 梁章鉅曰飛字益德甚明呂布傳注引英雄記周瑜傳注引吳錄及楊戲傳張益德贊並同李商隱詩益德冤魂終報主亦是一證錢大昕金石文跋尾續有金永安四年重修蜀先主廟碑亦是益德惟吳琯本華陽國志及近刻水經注世說並作翼德蓋以翼與飛生義皆妄人所爲也趙一清曰水經沮水注當陽縣城在綠林長坂南卽張翼德橫矛處也是翼字弼按法正傳亦作張益德 涿郡人也 涿郡見先主傳 少與關羽俱事先主羽年長數歲飛兄事之 梁章鉅曰此亦爲俗傳兄弟之一證潘眉曰近世星家書推關羽以四戊午生張飛以四癸亥生此無稽之言考先主起兵在鄉里合徒衆關張往從之時獻帝初平元年若關戊午生是年十三歲張止八歲至初平三年關張爲別部司馬是年關十五歲張十歲如星家言是飛以八歲從軍十歲爲別部司馬也殆不足據關僅長張數歲張非癸亥關亦必非戊午初平三年先主已三十二歲關張與先主年當相若耳錢大昕曰關張二人史不載其卒年志於蜀臣書年者自諸葛亮龐統法正馬超而外勳德如蔣琬董允費禕武略如關張黃忠趙雲皆不書年許靖譙周年逾七十於敘事偶及之初不關乎義例杜瓊年八十餘孟光年九十餘以上壽故書馬良兄弟死於非命故亦書之皆隨便文非以爲襃貶也弼按霍峻年四十卒見峻傳亦敘事

及之 先主從曹公破呂布 下邳之役益德大敗失先主妻子見先主傳注 隨還許曹公拜飛爲中郎將先主背曹公依袁紹劉表表卒曹公入荆州先主奔江南曹公追之一日一夜及於當陽之長阪 當陽長阪見先主傳 先主聞曹公卒至棄妻子走 曹純追劉備於長阪獲其二女輜重見曹仁傳 使飛將二十騎拒後 胡三省曰拒後卽古之殿也 飛據水斷橋 趙一清曰方輿紀要七十七當陽縣北六十里有倒流橋沮漳二水合流其下卽張飛據水斷橋處 瞋目橫矛曰身是張益德也 胡三省曰瞋七人翻自此迄於梁陳士大夫率自謂曰身 可來共決死敵皆無敢近者故遂得免先主既定江南以飛爲宜都太守 宜都見先主傳 征虜將軍封新亭侯後轉在南郡 趙一清曰方輿紀要卷七十八張屯湖在荆州石首縣西四十里相傳張飛嘗屯於此古今刀劍錄曰張飛初拜新亭侯自命匠鍊赤朱山鐵爲一刀銘曰新亭侯蜀大將也後被范彊所殺彊將此刀入吳弼按益德鑄刀爲銘當自署漢將必不曰蜀將濛山勒石自書漢將可證 先主入益州還攻劉璋飛與諸葛亮等泝流而上分定郡縣至江州破璋將

巴郡太守嚴顏 巴郡江州見劉璋傳 生獲顏飛呵顏曰大軍至何以不降而敢拒戰顏答曰卿等無狀侵奪我州 我州謂益州也 我州但有斷頭將軍無有降將軍也飛怒令左右牽去斫頭 斫音酌 顏色不變曰斫頭便斫頭何爲怒邪飛壯而釋之 或曰說得撫劍疾視人爽然自失 引爲賓客

華陽國志曰初先主入蜀至巴郡顏拊心歎曰此所謂獨坐窮山放虎自衞也

飛所過戰克與先主會於成都益州既平賜諸葛亮法正飛及關羽金各五百斤銀千斤錢五千萬錦千匹其餘頒賜各有差以飛領巴西太守 巴西見劉璋傳又詳見魏志武紀建安二十年 曹公破張魯留夏侯淵張郃守漢川郃別督諸軍下巴西欲徙其民於漢中進軍宕渠蒙頭盪石 宕渠見先主傳建安二十年潘眉曰蒙當爲濛宕渠山東北有八濛山卽古濛頭也沈欽韓曰輿地紀勝八濛山在渠州流江縣東北七里起伏八處有水環之不匝者一里常有烟霧濛其上故名卽張飛破張郃處又名勝志碑目有流江縣題名云漢將張飛率精兵萬人大破賊首張郃於八濛立馬勒石蓋飛所親書也趙一清曰方輿紀要卷六十八先主嘗分巴郡之宕渠宣漢漢昌三縣置宕渠晉省入巴西廣安州渠縣卽宕渠縣地縣東北七里有八濛山八峯起伏其下平曠十餘里江水環之不匝者一里常有烟霧濛其上山下有勒石云漢將張飛大破賊首張郃於八濛飛所自題也謝鍾英曰蒙頭盪石在今四川順慶府渠縣東七里 與飛相拒五十餘日飛率精卒萬餘人從他道邀郃軍交戰山道迮狹 迮音讁 前後不得相救飛遂破郃郃棄馬緣山獨與麾下十餘人從閒道退引軍還南鄭巴土獲安 林暢園曰巴土不安則漢中不可得漢中不得則蜀中不固巴土安桓侯破郃之功也漢中下剛侯斬淵之效也 先主爲漢中王拜飛爲右將軍假節 趙一清曰魏志武帝紀建安二十二年劉備遣張飛馬超吳蘭屯下辨遣曹洪拒之明年曹洪破吳蘭斬其將任夔等五月張飛馬超走漢中陰平氐彊端斬吳蘭傳其首先主傳先主率諸將進兵漢中分遣吳蘭雷銅等入武都皆爲曹公軍所沒事亦見楊阜傳而此傳及馬超曹洪傳俱略之方輿紀要卷五十九鞏昌府成縣漢武都郡下辨道地後漢爲武都郡治縣東南有固山先主取漢中使張飛屯下辨軍於固山卽此矣弼按曹休傳張飛屯固山曹洪破吳蘭飛退走是飛雖武猛亦時爲强敵所敗也 章武元年遷車騎將軍領

司隷校尉進封西鄉侯 趙一清曰漢書地理志涿郡西鄉侯國在今涿州西北二十里張侯涿郡人故以本土寵之也潘眉曰涿郡前漢有西鄉後漢省此有西鄉者蜀漢時復置弼按蜀漢僻在西陲相隔縣遠安能於涿郡置縣蓋遙封此邑錫以嘉名耳 策曰 錢大昭曰史於諸葛亮張飛馬超許靖並載策文餘俱不載弼按封張皇后魯王梁王立太子皆有策文 朕承天序嗣奉洪業除殘靖亂未燭厥理今寇虜作害民被荼毒思漢之士延頸鶴望朕用怛然坐不安席食不甘味整軍誥誓將行天罰以君忠毅侔蹤召虎 召虎召穆公也 名宣遐邇故特顯命高墉進爵兼司于京其誕將天威柔服以德伐叛以刑稱朕意焉詩不云乎匪疚匪棘王國來極 詩大雅江漢之章鄭箋云疚病棘急極中也命召公使以王法征伐非可以兵病害之也非可以兵急躁切之也使來於王國受政教之中正而已 肇敏戎功用錫爾祉 毛傳云肇謀敏疾戎大公事也鄭箋云戎猶女也今謀女之事乃有敏德我用是故將賜女福慶也 可不勉歟初飛雄壯威猛亞於關羽魏謀臣程昱等咸稱羽飛萬人之敵也羽善待卒伍而驕於士

大夫潘濬與關羽不睦見季漢輔臣贊羽罵辱孫權之使不許婚又輕視麋芳士仁俱見本傳飛愛敬君子而不恤小人此漢中之守所以捨益德而拔魏延也先主常戒之曰卿刑殺既過差胡三省曰差次也過差猶今人言過次也又日鞭撾健兒宋本撾作檛通鑑同胡三省曰檛陟加翻箠也而令在左右此取禍之道也飛猶不悛胡三省曰悛丑緣翻改也先主伐吳飛當率兵萬人自閬中會江州巴西郡治閬中見魏志武紀建安二十年又見張魯傳江州見前胡三省曰此亦由內水下江州也臨發其帳下將張達范彊殺飛持其首順流而奔孫權沈欽韓曰保寧府閬中縣城南二里有嘉陵江至重慶府合渠江涪江至府城北東南入岷江此云順流者謂嘉陵江也飛營都督表報先主先主聞飛都督之有表也曰噫飛死矣胡三省曰表當自飛上而都督越次上之故知其必死也凡用兵必觀人事既失關羽又喪張飛兵可以無出矣追謚飛曰桓侯飛妻爲夏侯霸從妹建安五年爲飛所得產息女爲劉禪皇后見魏志夏侯淵傳注引魏略寰宇記八十六閬州閬中縣有張飛冢在刺史廳東二十步高一丈九尺長子苞早夭次子紹嗣官至侍中尙書僕射苞子遵爲尙書隨諸葛

瞻於緜竹與鄧艾戰死

馬超字孟起右扶風茂陵人也錢大昕曰兩漢書例惟官名稱左右若稱人籍貫但云馮翊扶風而已此傳云右扶風茂陵人及法正傳右扶風郿人右字皆當省潘眉曰張既傳馮翊高陵人無左字蘇則傳扶風武功人無右字攷後漢書劉焉傳注引蜀志法正傳無右字則章懷所見者古本也此右字係後人妄增耳父騰靈帝末與邊章韓遂等俱起事於西州邊章韓遂事詳見魏志武紀卷首初平三年遂騰率衆詣長安漢朝以遂爲鎭西將軍遣還金城騰爲征西將軍遣屯郿後騰襲長安敗走退還涼州司隸校尉鍾繇鎭關中移書遂騰爲陳禍福騰遣超隨繇討郭援高幹於平陽超將龐悳親斬援首互見魏志龐悳傳後騰與韓遂不和求還京畿於是徵爲衞尉以超爲偏將軍封都亭侯領騰部曲韓遂馬騰事又見魏志董卓傳

典略曰騰字壽成馬援後也桓帝時其父字子碩趙一清曰後漢書董卓傳注引獻帝紀騰父名平嘗爲天水蘭干尉天水郡詳見魏志明紀太和二年郡國志涼州漢陽郡蘭干王先謙曰蘭干縣三國魏省晉志無李兆洛云今地闕後失官因留隴西與羌錯居家貧無妻遂娶羌女生騰騰少貧無產業常從鄣山中斫材木趙一清曰郡國志隴西郡鄣縣鄣山鄣縣之山也禹貢西傾山在其境一統志鄣縣故城今甘肅鞏昌府漳縣西南負販詣城市以自供給騰爲人長八尺餘身體洪大面鼻雄異而性賢厚人多敬之靈帝末涼州刺史耿鄙任信姦吏民王國等耿鄙事見劉焉傳范書傳燮傳刺史耿鄙委任治中程球球爲通姦利士人怨之中平六年鄙率六郡兵討金城賊王國韓遂等傳燮知鄙失衆必敗行至狄道果有反者先殺程球次害鄙及氐羌反叛州郡募發民中有勇力者欲討之騰在募中州郡異之署爲軍從事典領部衆宋本馮本從作行誤討賊有功拜軍司馬後以功遷偏將軍又遷征西將軍常屯汧隴之閒郡國志司隸右扶風汧一統志汧縣故城今陝西鳳翔府隴州南初平中拜征東將軍是時西州少穀騰自表軍人多乏求就穀於池陽郡國志司隸左馮翊池陽一統志池陽故城今陝西西安府涇陽縣西北遂移屯長平岸頭長平詳見魏志董卓傳注范書獻帝紀興平元年韓遂馬騰與郭汜樊稠戰於長平觀遂騰敗績章懷注

長平阪名也上有觀在池陽宮南去長安五十里而將王承等恐騰爲己害乃攻騰營時騰近出無備遂破走西上會三輔亂不復來東而與鎭西將軍韓遂結爲異姓兄弟始甚相親後轉以部曲相侵又更爲讎敵騰攻遂遂走合衆還攻騰殺騰妻子連兵不解建安之初國家綱紀始弛毛本始作殆沈家本曰綱紀之弛不始於建安恐當以殆字爲是乃使司隸校尉鍾繇涼州牧韋端和解之徵騰還屯槐里扶風郡治槐里今西安府興平縣東南十里轉拜爲前將軍假節封槐里侯北備胡寇東備白騎姚範曰十六國春秋前秦錄云秦人呼鮮卑爲白虜待士進賢矜救民命三輔甚安愛之十五年徵爲衞尉侯康曰五當作三通鑑考異云張既傳曹公將征荆州令既說騰入朝蓋三字誤爲五耳騰自見年老遂入宿衞初曹公爲丞相辟騰長子超不就超後爲司隸校尉督軍從事討郭援爲飛矢所中乃以囊囊其足而戰破斬援首詔拜徐州刺史後拜諫議大夫及騰之入因詔拜爲偏將軍使領騰營又拜超弟休奉車都尉休弟鐵騎都尉徙其家屬皆詣鄴惟超獨留

超既統衆遂與韓遂合從及楊秋李堪成宜等相結進軍至潼關潼關
今陝西同州府潼關廳東南 曹公與遂超單馬會語超負其多力陰欲突前捉曹公
趙一清曰御覽卷七百四引江表傳云魏太祖與馬超單馬會語超負其多力嘗製六斛米囊東西走馬輒提米囊以量太祖輕重太祖尊知之曰幾爲狡虜所欺 曹
公左右將許褚瞋目盻之盻音係李慈銘曰說文盻恨視也从目兮聲胡計切孟子使民盻盻然音義五禮切 超乃
不敢動曹公用賈詡謀離閒超遂更相猜疑軍以大敗詳見魏志武紀建安十六
年
山陽公載記曰初曹公軍在蒲阪蒲阪今山西蒲州府城東南 欲西渡超謂韓遂曰宜於渭北
拒之不過二十日河東穀盡彼必走矣遂曰可聽令渡蹙於河中顧不快耶超計不得
施曹公聞之曰馬兒不死吾無葬地也
超走保諸戎曹公追至安定涼州安定郡治涇原今甘肅涇州鎮原縣南五十里 會北方有事引

軍東還魏志楊阜傳馬超之戰敗渭南也走保諸戎太祖追至安定而蘇伯反河閒引軍東還 楊阜說曹公曰超有
信布之勇甚得羌胡心若大軍還不嚴爲其備隴上諸郡非國家之
有也胡三省曰隴西南安漢陽永陽皆隴上諸郡也獻帝起居注初平四年分漢陽爲永陽郡弼按魏志武紀建安十九年省永陽郡是旋置旋廢也 超
果率諸戎以擊隴上郡縣隴上郡縣皆應之殺涼州刺史韋康據冀
城有其衆漢陽郡治冀又爲涼州刺史治故城今甘肅鞏昌府伏羌縣南 超自稱征西將軍領并州牧
督涼州軍事康故吏民楊阜姜敍梁寬趙衢等合謀擊超阜敍起於
鹵城鹵城詳見魏志夏侯淵傳閻溫傳楊阜傳故城在今甘肅秦州西南百二十里 超出攻之不能下寬衢閉冀
城門超不得入進退狼狽乃奔漢中詳見楊阜傳 依張魯魯不足與計事
內懷於邑師古曰於邑短氣貌讀並如字又於音烏邑音烏合翻 聞先主圍劉璋於成都密書請降
本志李恢傳遣恢至漢中交好馬超超遂從命

典略曰建安十六年超與關中諸將侯選程銀李堪張橫梁興成宜馬玩楊秋韓遂等
凡十部俱反其衆十萬同據河潼建立營陣是歲曹公西征與超等戰於河渭之交超
等敗走超至安定遂奔涼州詔收滅超家屬超復敗於隴上後奔漢中張魯以爲都講
祭酒胡三省曰魯爲五斗米道自號師君其來學者初名鬼卒後號祭酒各領部衆都講祭酒者魯使學者都習老子五千文置都講祭酒位次師君弼按此
事見魏志張魯傳 欲妻之以女超妻楊氏見魏志楊阜傳注引皇甫謐列女傳超妻當死於冀城亦見阜傳 或諫魯曰有人若
此不愛其親焉能愛人魯乃止初超未反時其小婦弟种留三輔趙一清曰後注引典略曰超庶妻董
則种疑姓董也 及超敗种先入漢中正旦种上壽於超超搥胸吐血曰闔門百口一旦同命
今二人相賀邪後數從魯求兵欲北取涼州魯遣往無利又魯將楊白等通鑑作魯將楊昂魏
志武紀亦作昂本志霍峻傳作楊帛 欲害其能超遂從武都逃入氐中轉奔往蜀是歲建安十九年也
先主遣人迎超超將兵徑到城下城中震怖璋即稽首

典略曰備聞超至喜曰我得益州矣乃使人止超而潛以兵資之超到令引軍屯城北
超至未一旬而成都潰
以超爲平西將軍督臨沮臨沮見關羽傳 因爲前都亭侯錢大昕曰前字疑衍先主傳亦稱都亭侯
趙一清曰超本封都亭侯入蜀後不更封故云爲都亭侯此與關壯繆之漢壽亭侯但改奉邑而不別封可以互證前爲二字譌倒梁章鉅曰上已云以超爲偏將軍封都亭侯此或當作因前爲都亭侯也
山陽公載記曰超因見備待之厚與備言常呼備字關羽怒請殺之備曰人窮來歸我
卿等怒以呼我字故而殺之何以示於天下也張飛曰如是當示之以禮明日大會請
超入羽飛並杖刀立直超顧坐席不見羽飛見其直也乃大驚遂一不復呼備字明日
歎曰我今乃知其所以敗爲呼人主字幾爲關羽張飛所殺自後乃尊事備 臣松之
按以爲超以窮歸備受其爵位何容傲慢而呼備字且備之入蜀留關羽鎮荆州羽未

嘗在益土也故羽聞馬超歸降以書問諸葛亮超人才可誰比類不得如書所云羽焉得與張飛立直乎凡人行事皆謂其可也知其不可則不行之矣超若果呼備字亦謂於理宜爾也就令羽請殺超超不應聞但見二子立直 毛本但作俱誤 何由便知以呼字之故云幾爲關張所殺乎言不經理深可忿疾也袁暐樂資等諸所記載穢雜虛謬若此之類殆不可勝言也 觀此益信陳志之從裴注於樂資山陽公載記袁暐獻帝春秋二書極斥其誣罔前於魏志袁紹傳注論審配事已痛言之

先主爲漢中王拜超爲左將軍假節章武元年遷驃騎將軍領涼州牧進封斄鄉侯 斄音離又音來音邰董卓封斄鄉侯見魏志董卓傳又見諸葛亮傳武功注 策曰朕以不德獲繼至尊奉承宗廟曹操父子世載其罪朕用慘怛疢如疾首海內怨憤歸正反本暨于氐羌率服獯鬻慕義 孟子敘太王事獯鬻史記周本紀獯育戎狄攻之欲得財物 以君信著北土威武並昭是以委任授君抗颺虓虎兼董萬里求民之瘼其明宣朝化懷保遠邇肅慎賞罰以篤漢祜以對于天下 詩大雅皇矣之章以篤于周祜以對于天下鄭箋云以厚周當王之福以答天下鄉周之望

二年卒時年四十七臨沒上疏曰臣門宗二百餘口爲孟德所誅略盡惟有從弟岱當爲微宗血食之繼深託陛下餘無復言追諡超曰威侯子承嗣岱位至平北將軍進爵陳倉侯 趙一清曰晉書宣帝紀青龍三年蜀將馬岱入寇帝遣將軍牛金擊走之一清案此是漢建興十三年丞相亮薨之次年也 超女配安平王理

典略曰初超之入蜀其庶妻董及子秋留依張魯魯敗曹公得之以董賜閻圃 閻圃見魏志張魯傳 以秋付魯魯自手殺之

黃忠字漢升 官本考證云御覽升作叔 南陽人也荊州牧劉表以爲中郎將與表從子磐共守長沙攸縣 郡國志荊州長沙郡攸一統志攸縣故城今湖南長沙府攸縣治趙一清曰長沙府志黃忠故宅今爲長沙衞署其盔甲器械貯北門城樓上明後巡案查驗登報後燬於兵 及曹公克荊州假行裨將軍仍就故任統屬長沙太守韓玄 先主傳先主南征四郡長沙太守韓玄等皆降趙一清曰府志韓玄墓在督學署左側有韓公祠 先主南定諸郡忠遂委質 左傳僖公二十三年狐突曰子之能仕父教之忠古之制也策名委質貳乃辟也杜注名書於所臣之策屈膝而君事之則不可以貳辟罪也 隨從入蜀自葭萌受任 葭萌見劉璋傳 還攻劉璋忠常先登陷陣勇毅冠三軍益州既定拜爲討虜將軍建安二十四年於漢中定軍山擊夏侯淵 定軍山見先主傳水經沔水注沔水東逕沔陽縣故城南南對定軍山曹公南征漢中張魯降乃命夏侯淵等守之劉備自陽平關南渡沔水遂斬淵首保有漢中又云沔水又東逕西樂城北城在山上周三十里甚險固城側有谷謂之容裘谷容裘谿水注之水左有故城憑山即險四面阻絕昔先主遣黃忠據之以拒曹公杭世駿曰古今刀劍錄云黃忠從先主定南郡得一赤刀如血於漢中擊夏侯淵一日之中手刃百數 淵衆甚精忠摧鋒必進 宋本毛本摧作推 勸率士卒金鼓震天歡聲動谷一戰斬淵淵軍大敗遷征西將軍是歲先主爲漢中王欲用忠爲後將軍諸葛亮說先主曰忠之名望素非關馬之倫也而今便令同列馬張在近親見其功尚可喩指關遙聞之恐必不悅 錢大昭曰兩漢將軍以大將軍驃騎將軍車騎將軍衞將軍前後左右將軍爲貴張飛爲車騎馬超爲驃騎尚在章武元年拜忠時先主方爲漢中王尚未設車騎驃騎等官惟以前後左右爲重也時關爲前將軍馬爲左將軍張爲右將軍今以忠爲後將軍故云同列費詩傳遣詩拜羽爲前將軍羽聞忠爲後將軍怒曰大丈夫終不與老兵同列詩解之乃受拜關羽之意諸葛已料之審矣 得無不可乎先主曰吾自當解之遂與羽等齊位賜爵關內侯明年卒追諡剛侯子敍早沒無後

趙雲字子龍常山眞定人也 郡國志冀州常山國眞定一統志眞定故城今直隸正定府正定縣南 本屬公孫瓚瓚遣先主與田楷拒袁紹 與各本皆作爲趙一清曰爲字誤沈家本曰爲讀去聲詩鳧鷖箋爲猶助也此言助楷拒紹非誤字也弼按公孫瓚以田楷爲青州袁紹破瓚乃以長子譚爲青州 雲遂隨從爲先主主騎

雲別傳曰趙雲別傳隋唐志不著錄雲身長八尺姿顏雄偉爲本郡所舉將義從吏兵詣公孫瓚
時袁紹稱冀州牧瓚深憂州人之從紹也善雲來附元本善作喜嘲雲曰聞貴州人皆願
袁氏君何獨迴心迷而能反乎雲答曰天下訩訩未知孰是民有倒縣之厄鄙州論議
從仁政所在不爲忽袁公私明將軍也遂與瓚征討時先主亦依託瓚每接納雲雲得
深自結託雲以兄喪辭瓚暫歸先主知其不反捉手而別雲辭曰終不背德也先主就
袁紹雲見於鄴何焯曰本傳先主爲平原相時雲已隨從主騎別傳謂就袁紹雲見於鄴則在建安五年後此違反不可信也先主與雲
同牀眠臥密遣雲合募得數百人皆稱劉左將軍部曲紹不能知遂隨先主至荊州
及先主爲曹公所追於當陽長阪當陽長阪見先主傳棄妻子南走雲身抱弱
子卽後主也保護甘夫人卽後主母也皆得免難遷爲牙門將軍先
主入蜀雲留荊州

雲別傳曰初先主之敗有人言雲已北去者先主以手戟擿之曰子龍不棄我走也頃
之雲至從平江南以爲偏將軍領桂陽太守代趙範先主傳先主南征四郡桂陽太守趙範等降範寡嫂
曰樊氏有國色範欲以配雲雲辭曰相與同姓卿兄猶我兄固辭不許時有人勸雲納
之雲曰範迫降耳心未可測天下女不少遂不取樊氏國色且爲寡居而子龍不取賢於關羽之乞娶秦宜祿妻者遠
矣範果逃走雲無纖介先是與夏侯惇戰於博望博望見先主傳生獲夏侯蘭蘭是雲鄉里
人少小相知雲白先主活之薦蘭明於法律以爲軍正雲不用自近其慎慮類如此
李光地曰雲之美德皆見別傳而本傳略不及之何哉先主入益州雲領留營司馬此時先主孫夫人以權妹
驕豪多將吳吏兵縱橫不法先主以雲嚴重必能整齊特任掌內事權聞備西征大遣
舟船迎妹而夫人內欲將後主還吳雲與張飛勒兵截江乃得後主還互見先主穆后傳注引漢
晉春秋

先主自葭萌還攻劉璋葭萌見劉璋傳召諸葛亮亮率雲與張飛等俱泝江
西上平定郡縣至江州分遣雲從外水上江陽江州江陽俱見先主傳胡三省曰江陽縣本屬
犍爲郡劉璋分立江陽郡唐爲瀘州犍爲郡唐爲資簡嘉眉之地今渝州亦漢巴郡地也對二水口右則涪內水左則蜀外水自渝上合州至綿州者謂之內水自渝上
戎瀘至蜀者謂之外水趙一淸曰外水卽岷江也對涪內水故曰外與亮會于成都成都既定以雲爲翊軍
將軍胡三省曰翊軍將軍備所創置也
雲別傳曰益州既定時議欲以成都中屋舍及城外園地桑田分賜諸將雲駮之曰霍
去病以匈奴未滅無用家爲今國賊非但匈奴未可求安也須天下都定各反桑梓
胡三省曰都定猶言皆定也桑梓謂其故鄉祖父之所樹者詩云維桑與梓必恭敬止歸耕本土乃其宜耳益州人民初罹
兵革田宅皆可歸還令安居復業然後可役調得其歡心先主卽從之夏侯淵敗曹公
爭漢中地運米北山下數千萬囊黃忠以爲可取雲兵隨忠取米官本考證曰御覽作雲遣兵多遣字

忠過期不還雲將數十騎輕行出圍迎視忠等值曹公揚兵大出監本出作山誤雲爲公前
鋒所擊方戰其大衆至勢偪遂前突其陣且鬭且卻公軍散已復合雲陷敵還趣圍將
張著被創雲復馳馬還營迎著公軍追至圍此時沔陽長張翼錢大昕曰沔陽當作江陽在雲圍
內翼欲閉門拒守而雲入營更大開門偃旗息鼓公軍疑雲有伏兵引去雲雷鼓震天
惟以戎弩於後射公軍通鑑戎作勁公軍驚駭自相蹂踐墮漢水中死者甚多先主明旦
自來至雲營圍視昨戰處曰子龍一身都是膽也胡三省曰言其膽大能以孤軍亢操大兵作樂飲宴
至暝軍中號雲爲虎威將軍孫權襲荊州先主大怒欲討權雲諫曰國賊是曹操非孫
權也且先滅魏則吳自服操身雖斃子丕篡盜當因衆心早圖關中居河渭上流以討
凶逆關東義士必裹糧策馬以迎王師不應置魏先與吳戰兵勢一交不得卒解也先
主不聽元本聽作應遂東征通鑑輯覽曰趙雲數語深切事勢獨怪諸葛亮隆中之對已云吳可與爲援而不可圖何此日東伐竟不能止至事

後乃追思法正乎　留雲督江州先主失利於秭歸雲進兵至永安　秭歸見劉璋傳永安見先主傳　吳軍已退

何焯曰雲之駁分賜議甚忠正然經國之務有諸葛公在必得其當未應反待武臣駁議殆家傳掠美耳其諫伐吳則又諸葛公所不能得之其主追思孝直恐散號列將非所及也別傳大抵依倣諸葛子瑜書及孫權稱尊號諸葛公不明絕其僭之義爲之

建興元年爲中護軍征南將軍封永昌亭侯遷鎭東將軍五年隨諸葛亮駐漢中明年亮出軍揚聲由斜谷道曹眞遣大衆當之亮令雲與鄧芝往拒而身攻祁山雲芝兵弱敵彊失利於箕谷　箕谷見諸葛亮傳　然斂衆固守不至大敗軍退貶爲鎭軍將軍　胡三省曰據晉書職官志鎭軍將軍在四征四鎭將軍之上今趙雲自鎭東將軍貶鎭軍將軍蓋蜀漢之制以鎭東爲專鎭方面而以鎭軍爲散號故爲貶也弼按宋書百官志鎭軍將軍比四鎭在四鎭之次晉志之鎭軍將軍爲鎭軍大將軍（下文有大字）故在四征四鎭之上也

雲別傳曰亮曰街亭軍退　街亭見諸葛亮傳　兵將不復相錄　胡三省曰錄收拾也　箕谷軍退兵將初

不相失何故芝答曰雲身自斷後軍資什物略無所棄兵將無緣相失雲有軍資餘絹亮使分賜將士雲曰軍事無利何爲有賜其物請悉入赤岸府庫　通鑑無府字胡三省曰水經注褒水西北出銜嶺山東南逕大石門歷故棧道下谷俗謂千梁無柱也諸葛亮與兄瑾書曰前趙子龍退軍燒壞赤崖閣道緣谷一百餘里其閣梁一頭入山腹一頭立柱於水中今水大而急不得安柱又云頃大水暴出赤崖以南橋閣悉壞時趙子龍與鄧伯苗一伐赤崖屯田一伐赤崖口但得緣崖與伯苗相聞而已後亮死于五丈原魏延先退而焚之卽是道也赤崖卽赤岸蜀置庫於此以儲軍實趙一清曰方輿紀要卷五十五箕谷在寶雞縣東南四十里又卷五十六赤崖在漢中府城西北亦曰赤岸　須十月爲冬賜　胡三省曰須待也　亮大善之　何焯曰諸葛賞罰之肅雲猶貶號其下安得濫賜又足以明其不然

別傳類皆子孫溢美之言故承祚不取

七年卒　趙一清曰城冢記南陽縣南十五里爲蜀偏將軍趙雲墓有石碑一清案子龍卒於蜀無由葬於南陽疑記爲誤　追謚順平侯初先主時惟法正見謚後主時諸葛亮功德蓋世蔣琬費禕荷國之重亦見謚陳祗寵待特加殊獎夏侯霸遠來歸國故復得謚於是關羽張飛馬超龐統黃忠及雲乃追謚時論以爲榮　李慈銘曰傳言夏侯霸遠來歸國得謚故追謚關張等是六人得謚由於霸而霸謚不見於志所謂國不立史蓋所失者多矣華陽國志亦不著霸謚弼按龐統謚曰靖侯是先主時亦不止法正見謚也

雲別傳載後主詔曰雲昔從先帝功績既著朕以幼沖涉塗艱難賴恃忠順濟於危險夫謚所以敍元勳也外議雲宜謚大將軍姜維等議以爲雲昔從先帝勞績既著經營天下遵奉法度功效可書當陽之役義貫金石忠以衞上君念其賞禮以厚下臣忘其死死者有知足以不朽生者感恩足以殞身謹按謚法柔賢慈惠曰順執事有班曰平克定禍亂曰平應謚雲曰順平侯

雲子統嗣官至虎賁中郞督行領軍次子廣牙門將隨姜維沓中臨陣戰死　姜宸英曰趙關張及武侯之後先後殉國一時君臣相得之雅奕世猶同休戚千載而下爲之慨慕不已

評曰關羽張飛皆稱萬人之敵爲世虎臣羽報效曹公飛義釋嚴顏並有國士之風然羽剛而自矜飛暴而無恩以短取敗理數之常也

王鳴盛曰關羽之所以爲國士者以其乃心王室耳若其策馬刺顏良於萬衆之中羽之所以爲國士者豈專在此哉且其報曹正爲歸劉地也若徒以報曹爲羽義舉未爲知羽之心此贊稍嫌不稱卽張桓侯之美亦不宜以釋嚴顏一事當之趙翼曰漢以後稱勇者必推關張其見於二人本傳者袁紹遣顏良攻劉延關羽望見良麾蓋卽策馬刺良於萬人之中斬其首還當陽之役先主棄妻子走使張飛以二十騎拒後飛據水斷橋瞋目橫矛曰身是張益德可來共決死二人之勇見於傳記者止此而當其時無有不震其威名者魏程昱曰劉備有英名關張皆萬人敵（魏志昱傳）劉曄勸曹操乘取漢中之勢進取蜀曰若小緩之諸葛亮明于治國而爲相關張勇冠三軍而爲將則不可犯矣（魏志曄傳）此魏人之服其勇也周瑜密疏孫權曰劉備以梟雄之志而有關張熊虎之將必非久屈爲人用者（吳志瑜傳）此吳人之服其勇也其他見於後世各史者甚多不惟同時之人望而畏之身後數百年亦無人不震而驚之威聲所垂至今不朽天生神勇固不虛也

馬超阻戎負勇以覆其族惜哉能因窮致泰不猶愈乎　郝經曰馬超父子勇冠西州與韓遂頡頏爲寇殘滅三輔墜傷漢室董卓因之肆其蛇豕漢遂以亡天下分裂不能歸命有德卒墮操手闔門誅夷僨踣不悔有勇無義君子悼諸然潼關之役操幾不免孤劍來

歸卽廁關張之列超亦人豪也哉何焯曰超幸得所歸不終名爲賊黃忠趙雲强摯壯猛並作爪牙其灌滕之徒歟李光地曰灌擂項羽於垓下滕脫孝惠於彭城比之定軍當陽之事

龐統法正傳第七

晉平陽侯相安漢陳壽撰

宋中書侍郎西鄉侯聞喜裴松之注

沔陽盧弼集解

龐統字士元襄陽人也少時樸鈍未有識者潁川司馬徽淸雅有知人鑒世說言語篇劉孝標注引司馬徽別傳曰徽字德操潁川陽翟人有人倫鑒識居荆州知劉表性暗必害善人乃括囊不談議時人有以人物問徽者初不辨其高下每輒言佳其婦諫曰人質所疑君宜辨論而一皆言佳豈人所以咨君之意乎徽曰如君所言亦復佳其婉約遜遁如此嘗有妄認徽豬者便推與之後得其豬叩頭來還徽又厚辭謝之劉表子琮往候徽遣問在不會徽自鋤園琮左右問司馬君在邪徽曰我是也琮左右見其醜陋罵曰死傭將軍諸郎欲求見司馬君汝何等田奴而自稱是邪徽歸刈頭著幘出見琮左右見徽故是向老翁恐向琮道之琮起叩頭辭謝徽乃謂曰卿眞不可然吾甚羞之此自鋤園唯卿知之耳有人臨蠶

求簇箔者徽自棄其蠶而與之或曰凡人損己以贍人者謂彼急我緩也今彼此正等何爲與人徽曰人未嘗求己求之不與將慚何有以財物令人慚者人謂劉表曰司馬德操奇士也但未遇耳表後見之曰世閒人爲妄語此直小書生耳其智而能愚皆此類荆州破爲曹操所得操欲大用會其病死通鑑建安十二年劉備在荆州訪士於襄陽司馬徽又云徽同縣龐德公素有重名徽兄事之是通鑑以德操爲襄陽人與此傳所云潁川人異當爲原籍潁川流寓襄陽遂爲襄陽人耳統弱冠往見徽徽採桑於樹上坐統在樹下共語自晝至夜徽甚異之稱統當爲南州士之冠冕世說言語篇注引此士下有人字由是漸顯世說言語篇南郡龐士元聞司馬德操在潁川故二千里候之至遇德操採桑士元從車中謂曰吾聞丈夫處世當帶金佩紫焉有屈洪流之量而執絲婦之事德操曰子且下車子適知邪徑之速不慮失道之迷昔伯成耦耕不慕諸侯之榮原憲桑樞不易有官之宅何有坐則華屋行則肥馬侍女數十然後爲奇此乃許父所以忼慨夷齊所以長歎雖有竊秦之爵千駟之富不足貴也士元曰僕生出邊垂寡見大義若不一叩洪鐘伐雷鼓則不識其音響也弼按郡國志潁川郡在雒陽東南五百里南郡在雒陽南一千五百里襄陽在南郡之北距潁川不過數百里世說云士元二千里往潁川候德操可證其語之失實又按司馬徽別傳德操時居荆州襄陽故劉琮求見且與龐德公望衡對宇見水經沔水注益證士元二千里往潁川候德操之語爲誣至本傳所云亦多可疑後生謁見長者何必坐之樹下自晝至夜豈不饑渴樹上採桑何時不可奚必於接

兒賓客之際旣負知人之鑒又深買士元之器識自應引之入室竭誠盡歡何必白晝卜夜共語桑間亦豈所以優禮南州冠冕之士此皆事之不近人情者大抵魏晉之間習尙超逸以放誕簡傲爲風雅遂不覺忘其言之失實雖承祚亦不免也

襄陽記曰諸葛孔明爲臥龍龐士元爲鳳雛司馬德操爲冰鏡宋元本皆作水鏡通鑑同皆龐德公語也德公襄陽人孔明每至其家獨拜牀下德公初不令止胡三省曰觀孔明獨拜德公於牀下孔明所以事德公者爲何如邪德公初不令止德公所以自居者爲何如邪德公於是不可及矣德操嘗造德公値其渡沔上祀先人墓范書龐公傳注引此無祀字趙一淸曰水經沔水注沔水中有魚梁洲龐德公所居士元居漢之陰在南白沙世故謂是地爲白沙曲矣司馬德操宅洲之陽望衡對宇懽情自接泛舟褰裳率爾休暢豈特還桂柁於千里貢深心於永思哉後漢書逸民傳龐公居峴山之南未嘗入城府躬耕田里夫妻相敬如賓荊州刺史劉表數延請不能屈乃就候之遂攜其妻子登鹿門山因採藥不反宋書武二王傳論曰襄陽龐公謂劉表曰若使周公與管蔡居茅屋之下藜藿之羹豈有若斯之難夫天倫由子共氣分彤寵愛之分雖同富貴之情則異也追味尙長之言以爲太息尙長豈龐公字乎弼按水經沔水注又云沔水又逕峴山東又東南逕蔡洲漢長水校尉蔡瑁居之故名有洄湖停水數十畝長數里廣減百步水色常綠楊儀居上洄楊顒居下洄與蔡洲相對在峴山南水經注疏要刪補遺曰

文苑英華皮日休洒箴序自戲云醉士居襄陽之洞湖注洞湖去襄陽南二十里龐德公之舊隱也襄沔記曰龐公居上洞楊顒居下洄作洞李白詩嘗聞龐德公家住洞湖水孟浩然詩聞就龐公隱移居住洞湖又作洄是洄洞洞錯出未知孰是熊會貞曰水經注敍魚粱洲於峴山前則在峴山東北而後漢書逸民傳云龐公居峴山之南德操徑入其室呼德公妻子使速作黍徐元直向云有客當來就我范書龐公傳注無有客二字與龐公譚其妻子皆羅列拜於堂下奔走供設須臾德公還直入相就不知何者是客也德操年小德公十歲兄事之呼作龐公故世人遂謂龐公是德公名非也德公子山民各本皆作德公字山民盧明楷曰後漢書注作德公子字山民可知仕魏者非德公也各本皆脫去子字不然幾疑德公爲遁操不終矣或字字卽爲子字之誤周壽昌曰盧說是也而尙有未盡攷注引襄陽記先已云德公襄陽人下有一大段何至此始出其字并云亦有令名宜從後漢書注作德公子方合惟其爲德公子故承言爲亦有也梁章鉅曰後漢書注亦引襄陽記山民作山人蓋唐時避諱也趙一淸曰劉表傳注引司馬彪戰略有龐季水經沔水注宜城縣有太山此山以建安三年崩聲聞五六十里雉皆屋雊縣人惡之以問侍中龐季季云山崩川竭國土將亡之占也十三年魏武平荊州沔南彫散龐季豈卽山民歟沈均瑲曰陳本眉間標龐山民德公幾於厚誣先哲亦有令名娶諸葛孔明小姊范書注無小字監本姊作妹梁玉繩瞥記作小妹蓋據監本也爲魏黃門吏部郎早卒子渙字世文周壽昌曰後漢書龐公傳末云登鹿門山采藥不返則必非早卒可知故知山民是龐公之子名渙者是山民之子其情事皆可推測而知恐疑德公子下字山民上並脫去其名覩書子渙字世文可證不能於其父反不稱名突出其字也然此傳注後漢書注所引同無可攷矣晉太康中爲牂柯太守襄陽耆舊傳渙去官歸鄉里居荊州南白沙鄉里人宗敬之相語曰我家池中龍種來歸鄉里仰其德讓少壯皆代老者擔負一統志云龐德公宅有二一在襄陽縣南卽後漢書龐公傳所云居峴山之南者也一在襄陽縣東北卽水經注所云魚粱洲龐德公所居者也按龐德公居峴山南後入鹿門山採藥不返魚粱洲乃其孫渙所居水經注似誤也一統志又云司馬徽宅在襄陽縣東北漢水北龐統宅在襄陽縣東輿地紀勝士元德操二宅俱在呼鷹臺側

統德公從子也少未有識者惟德公重之年十八使往見德操德操與語旣而歎曰德公誠知人此實盛德也

後郡命爲功曹南郡之功曹也沈家本曰此傳統爲功曹在周瑜領南郡之先不言何人所命當在劉表之世而世說注四引蜀志云周瑜領南郡士元爲功曹與今文不同下文注引江表傳亦云統爲公瑾功曹疑統先爲功曹至瑜領郡時尙任事故瑜卒而統得送喪也御覽二百六十四引荊州先德傳云周瑜領南郡以龐士元名重州里所信乃逼爲功曹任以大事瑜垂拱而已是統爲功曹由瑜所逼恐未可信性好人倫本傳評謂龐統雅好人流

許靖傳靖與從弟劭並有人倫臧否之稱評謂許靖以人物爲意魏志司馬朗傳朗雅好人倫典籍鄉人李覿等盛得名譽朗常顯貶下之楊俊傳俊自少及長以人倫自任同郡審固陳留衞恂本皆出自兵伍俊資拔獎致咸作佳士吳志顧邵傳邵好樂人倫陸瑁傳子喜好人倫范書郭太傳太性明知人好獎訓士類郭林宗別傳云林宗有人倫鑒識題品海內之士或在幼童或在里肆後皆成英彥范書許劭傳劭好人倫多所賞識若樊子昭和陽士者並顯名於世故天下言拔士者咸稱許郭又云劭與從兄靖俱有高名好共覈論鄉黨人物每月輒更其品題故汝南俗有月旦評焉勤於長養每所稱述多過其才時人怪而問之統答曰當今天下大亂雅道陵遲善人少而惡人多方欲興風俗長道業不美其譚卽聲名不足慕企不足慕企而爲善者少矣今拔十失五猶得其半而可以崇邁世教使有志者自勵不亦可乎何焯曰士元此論東漢之風流已耳欲興世教非務實不可也參取其意則足以參獎勸孔子曰如有所譽者其有所試矣有所試而誘之使竟其志勿徒以浮聲競爍斯得者多吳將周瑜助先主取荊州因領南郡太守瑜領南郡太守在建安十四年次年卽死於巴丘瑜卒統送喪至吳郡國志揚州吳郡治吳一統志吳縣故城今江蘇蘇州府吳縣治吳人多聞

其名及當西還西還荊州也並會昌門吳縣之昌門也世說品藻篇注作並會閶門與士人言陸績顧劭全琮皆往陸績顧劭皆吳郡吳人全琮吳郡錢唐人吳志陸績傳龐統荊州令士年亦差長與績友善顧劭傳劭好樂人倫少與舅陸績齊名全琮傳中州士人辟亂而南依琮居者以百數琮傾家接濟與共有無遂顯名遠近統曰陸子可謂駑馬有逸足之力世說品藻篇力作用顧子可謂駑牛能負重致遠也張勃吳錄曰史記伍子胥傳索隱云張勃晉人吳鴻臚儼之子作吳錄故裴氏注引之張儼有默記見諸葛亮傳注隋志正史類晉有張勃吳錄三十卷亡二唐志雜史類吳錄三十卷張勃撰章宗源曰通志略入編年類史通書志篇張勃曰錄水經浪水注文選蕪城賦注謝靈運登臨海嶠詩注張衡七命注初學記獸部並題吳錄地理志類聚御覽寰宇記所引題地理志尤多是知史通之言誤以吳錄總名相混不知錄內分篇實仍名志也世說賞譽篇注引吳錄士林曰吳郡有顧陸朱張三國之間四姓盛焉士林二字或其列傳標目如魏略儒宗之稱有志有傳其體不似編年類沈家本曰是書蓋先亡後出隋志入正史最是趙一清曰左傳宣二年正義引吳錄地理志是唐時此書尚存黃逢元曰據晉書索靖傳張勃爲敦煌人弼按索靖傳云同郡張勃當爲吳郡之誤或問統曰如所目陸子爲勝乎統曰駑馬雖精所致一人耳世說注精下有速字所作能駑牛一日行三

百里官本考證曰元修本作三十里所致豈一人之重哉世說注作行百里無下之重二字沈家本曰牛行遲未聞有一日行三百里者況駑牛邪此文有訛衍無疑但未知世說與元本果孰是也劭就統宿語因問卿名知人吾與卿孰愈統曰陶冶世俗甄綜人物吾不及卿顧邵傳自州郡庶幾及四方人士往來相見或言議而去或結厚而別風聲流聞遠近稱之論帝王之祕策攬倚伏之要最吾似有一日之長劭安其言而親之

謂全琮曰卿好施慕名有似汝南樊子昭蔣濟萬機論云蔣濟萬機論詳見魏志蔣濟傳沈家本曰文選注引稱蔣子萬機論與隋志同裴注但稱蔣濟不稱蔣子許子將褒貶不平以拔樊子昭而抑許文休許子將事詳見魏志武紀卷首注引世語及和洽傳注引汝南先賢傳樊子昭事亦見和洽傳注子將與文休不協見許靖傳劉曄曰世說注曰上有難字子昭拔自賈豎年至耳順退能守靜官本考證曰監本訛作退難進能不苟世說注引此作進不苟競濟答曰子昭誠自長幼貌潔世說注作子昭誠自幼至長容貌完潔然觀其臿齒牙樹頰胲吐脣吻自非文休敵也胲音改世說注作頦潘眉曰說文胲足大指毛也此云頰胲非許君義東方朔傳臿齒牙樹頰胲吐脣吻師古曰頰肉曰胲音改以音解之耳一切經音義胲胡賣反腦縫解也無上依經云項骨無頦此頦字近之沈家本曰案胲說文足大指毛肉也與頰不相聯屬當從世說注作頦玉篇頦胡來切頤下又記在切廣韻十六咍頦戶來切頤下十五海胲古亥切頰頦此注音改卽廣韻之古亥切音也胲字玉篇古才切廣韻十六咍古哀切無上聲又案此語本漢書亦作胲段若膺以胲字爲臏字之假借弼按吳志顧雍傳注引吳書曰雍母弟徽有脣吻

雖智力不多亦一時之佳也績劭謂統曰使天下太平當與卿共料四海之士深與統相結而還先主領荊州統以從事守耒陽令郡國志荊州桂陽郡耒陽一統志耒陽故城今湖南衡州府耒陽縣治在縣不治免官吳將魯肅遺先主書曰龐士元非百里才也使處治中別駕之任始當展其驥足耳胡三省曰百官志司隸校尉從事史十二人功曹從事主選署及衆事別駕從事校部行部則奉引錄衆事州牧則改功曹從事爲治中從事杜佑曰別駕從事史從刺史行部別乘一乘傳車故謂之別駕治中從事史居中治事主衆曹功曹主選用諸葛亮亦言之於先主先主見與善譚胡三省曰善譚者劇論當世事也譚與談同弼按此卽士元自謂論帝王之祕策有一日之長者也惜其語不傳耳大器之以爲治中從事

江表傳曰先主與統從容宴語問曰卿爲周公瑾功曹孤到吳聞此人密有白事勸仲謀相留有之乎在君爲君卿其無隱統對曰有之備歎息曰孤時危急當有所求故不得不往殆不免周瑜之手天下智謀之士所見略同耳時孔明諫孤莫行其意獨篤亦慮此也孤以仲謀所防在北當賴孤爲援故決意不疑也此誠出於險塗非萬全之計也周瑜上疏謂宜徙劉備置吳見瑜傳

親待亞於諸葛亮魏志劉表傳注引傅子曰傅巽目龐統爲半英雄統遂附劉備見待次於諸葛亮遂與亮並爲軍師中郎將

九州春秋曰統說備曰荊州荒殘人物殫盡東有吳孫北有曹氏鼎足之計難以得志今益州國富民彊戶口百萬沈家本曰案郡國志益州部戶一百五十二萬五千三百五十七口七百二十四萬二千二十八此云百萬未分別是戶是口後主降魏時惟有戶二十八萬男女口九十四萬恐此所言百萬者是口而非戶也四部兵馬所出必具寶貨無

求於外今可權借以定大事備曰今指與吾爲水火者曹操也胡三省曰言水火者性相反也操以急吾以寬操以暴吾以仁操以譎吾以忠每與操反事乃可成耳今以小故而失信義於天下者吾所不取也統曰權變之時固非一道所能定也兼弱攻昧尚書仲虺之言五霸之事逆取順守陸賈曰湯武逆取而順守報之以義事定之後封以大國何負於信今日不取終爲人利耳備遂行通鑑輯覽曰凡事與操相反雖爲矯枉之計亦屬沽名之舉龐統之言自是達識彼拘文牽義坐失事機者罕不爲子莫執中之流何焯曰皇極幽昧漢祚將墜較其輕重則取璋不爲非唐庚曰龐統說先主取益州先主告之如此夫寬勝急仁勝暴忠勝譎然操强而備弱宜勝而反不如者何也操荑稗也備五穀之不熟者也五穀不熟不如荑稗非謂寬仁忠不能勝急暴譎也備不能勝操耳故曰苟非其人道不虛行亮留鎭荆州統隨從入蜀益州牧劉璋與先主會涪涪見劉璋傳統進策曰今因此會便可執之則將軍無用兵之勞而坐定一州也先主曰初入他國恩信未著此不可也或曰先主之不許士元亦正慮此非不忍於璋也璋既還成都先主當爲璋北征漢中統復說曰陰選精兵晝夜兼道徑襲成都璋既不武又素無預備大軍卒至卒讀曰猝一舉便定此上計也楊懷高沛璋之名將各杖彊兵據守關頭胡三省曰卽白水關頭也弼按白水關詳見先主傳建安十六年聞數有牋諫璋使發遣將軍還荆州將軍未至遣與相聞說荆州有急欲還救之並使裝束外作歸形此二子既服將軍英名又喜將軍之去計必乘輕騎來見將軍因此執之進取其兵乃向成都此中計也退還白帝白帝見先主傳胡三省曰白帝卽巴東魚服縣城也公孫述據成都自稱白帝改魚服曰白帝城連引荆州徐還圖之此下計也若沈吟不去將致大困不可久矣先主然其中計通鑑輯覽曰劉璋無能爾時若聽龐統上計成都可立得然備雖稱英雄亦實內怯宜其聽中計耳卽斬懷沛還向成都所過輒克於涪大會置酒作樂謂統曰今日之會可謂樂矣統曰伐人之

國而以爲歡非仁者之兵也先主醉怒曰武王伐紂前歌後舞非仁者邪華陽國志云周武王伐紂實得巴蜀之師巴師勇鋭歌舞以淩殷人前徒倒戈故世稱之曰武王伐紂前歌後舞也又云閬中有渝水賨民多居水左右天性勁勇初爲漢前鋒陷陣鋭氣喜舞高帝善之曰此武王伐紂之歌也乃令樂人習學之今所謂巴渝舞也或曰趙岐孟子注亦曰殷民厥角周師歌舞卿言不當宜速起出於是統逡巡引退先主尋悔請還統復故位初不顧謝飲食自若先主謂曰向者之論阿誰爲失統對曰君臣俱失先主大笑宴樂如初

習鑿齒曰夫霸王者必體仁義以爲本監本體作休誤杖信順以爲宗一物不具則其道乖矣今劉備襲奪璋土權以濟業負信違情德義俱愆雖功由是隆宜大傷其敗譬斷手全軀何樂之有龐統懼斯言之泄宜知其君之必悟故衆中匡其失而不脩常謙之道矯然太當周壽昌曰按文義太字疑是失字之誤盡其蹇諤之風夫上失而能正是有臣也納勝而無執是從理也有臣則陛隆堂高從理則羣策畢舉一言而三善兼明暫諫而義彰百代可謂達乎大體矣若惜其小失而廢大益宋本廢下有其字矜此過言自絕遠讜能成業濟務者未之有也　臣松之以爲謀襲劉璋計雖出於統然違義成功本由詭道心既內疚則歡情自戢故聞備稱樂之言不覺率爾而對也備宴酣失時宋本作酣宴事同樂禍自比武王曾無愧色此備有非而統無失其云君臣俱失蓋分謗之言耳習氏所論雖大旨無乖然推演之辭近爲流宕也

進圍雒縣雒縣見劉焉傳統率衆攻城爲流矢所中卒水經江水注洛水南逕洛縣故城南廣漢郡治也劉備自將攻洛龐士元中流矢死于此時年三十六唐庚曰龐德公以孔明爲臥龍以士元爲鳳雛則士元之齒當少於孔明孔明卒時年五十四而士元先卒二十二年則士元物故尚未三十也豈不惜哉建安二十四年先主始王漢中是歲關羽卒明年黃忠法正卒又明年張飛卒又明年馬超馬良卒基業未就而一時功臣相繼淪謝若有物奪之者明年後主踐阼而舊人獨有孔明趙雲後七年雲卒又五年孔明卒而勳舊於是乎盡正卒時年四十五超四十七良三十五

自餘不著其年飛傳稱少與關羽俱事先主羽年長數歲飛兄事之則飛卒時年幾
五十許霍峻年四十此數傑者皆以高才早逝而譙周獨年垂七十餘而終天不祚
漢明矣沈家本曰臥龍鳳雛祗是當日品題如此非以年之長少分也傳明言統卒
年三十六安得云尙未三十乎梁章鉅曰士元死於雒縣城下而小說家演爲落鳳
坡之事明廣輿志已誤收之王士禎詩集中亦有落鳳坡弔龐士元之題皆非正史所有也先主痛惜言則流涕康發祥曰華陽國志
云廣漢太守南陽張存曰統雖可惜違大雅之體先主怒曰統殺身成仁非仁者乎卽免存官弼按張存名處仁見楊戲輔臣贊拜統父議郎
遷諫議大夫諸葛亮親爲之拜康發祥曰統父既因子拜官諸葛親爲之拜豈無名字可傳志曰統父何也追
賜統爵關內侯諡曰靖侯統子宏字巨師錢大昭曰洪适隸續有漢故涪陵太守龐厷神道么卽宏也當
以碑爲正潘眉曰王象之涪州碑目有漢涪陵太守龐肱闕其文云肱龐士元子也宏當依碑作肱沈家本曰以宏字巨師推之恐不當作肱剛簡有臧
否輕傲尙書令陳祗爲祗所抑卒於涪陵太守涪陵郡見後主傳延熙十一年統弟林
以荊州治中從事參鎭北將軍黃權權下疑有脫文征吳值軍敗隨權入
魏魏封列侯至鉅鹿太守

襄陽記曰林婦同郡習禎妹禎字文祥名亞龐統禎事在楊戲輔臣贊曹公之破荊州林婦
與林分隔守養弱女十有餘年後林隨黃權降魏始復集聚魏文帝聞而賢之賜牀帳
衣服以顯其節義

法正字孝直右扶風郿人也右字衍文解見馬超傳郿見諸葛亮傳祖父眞有淸節高名
眞父雄范書有傳雄字文彊齊襄王法章之後秦滅齊子孫不敢稱田姓故以法爲
氏宣帝時徙三輔世爲二千石雄初仕郡功曹後爲靑州刺史州界淸靜遷南郡太
守子眞在逸民傳
三輔決錄注曰眞字高卿章懷注高一作喬少明五經兼通讖緯學無常師名有高才范書逸民
傳法眞南郡太守雄之子好學而無常家博通內外圖典爲關西大儒弟子自遠方至者陳留范冉等數百人性恬靜寡欲不交人事常幅巾見扶
風守幅巾解見魏志華歆傳守曰哀公雖不肖猶臣仲尼左傳哀公十一年魯人以幣召孔子乃歸史記孔子世家魯終不能
用孔子孔子亦不求仕莊子哀公告閔子曰吾與孔丘非君臣也德友而已矣左傳哀公十六年孔丘卒哀公誄之子貢曰生不能用死而誄之非禮也是皆與扶

風守所言不合柳下惠不去父母之邦列女傳柳下惠處魯三黜而不去欲相屈爲功曹何如眞曰以明
府見待有禮故四時朝覲若欲吏使之眞將在北山之北南山之南矣扶風守遂不敢
以爲吏初眞年未弱冠父在南郡步往候父已欲去父留之待正旦使觀朝吏會會者
數百人眞於牕中闚其與父語畢問眞孰賢眞曰曹掾胡廣有公卿之量范書胡廣傳廣字伯
始南郡華容人入郡爲散吏太守法雄之子眞從家來省其父眞頗知人會歲終應舉雄勅眞助其求才雄因大會諸吏眞自於牕閒密占察之乃指廣以白雄遂
舉孝廉既到京師試以章奏安帝以廣爲天下第一旬月拜尙書郎五遷尙書僕射其後廣果歷九卿三公之位世以服眞
之知人以下當有此字范書胡廣傳廣在公台三十餘年歷事六帝凡一履司空再作司徒三登太尉又爲太傅其所辟命皆天下名士與故吏陳蕃李咸
並爲三司年八十二熹平元年薨漢興以來人臣之盛未嘗有也前後徵辟皆不就范書逸民傳帝虛心欲致眞前後四徵深自隱絕終不降
屈抱朴子曰法高卿再舉孝廉本州五辟公府八辟九舉賢良博士三徵皆不就友人郭正美之號曰玄德先生范書逸民傳眞
友人郭正稱之曰法眞名可得聞身難得而見逃名而名我隨避名而名我追可謂百世之師者矣乃共刊石號曰玄德先生年八十九中平五

年卒胡廣徵士法高卿碑云言滿天下發成篇章行光宇宙動爲儀表四海英儒履義君子企望來臻者不可勝紀也翻然鳳舉匿耀遠遁名不可得而聞身
難可得而覩爲堯舜所不知不飲洗耳之水超越靑雲之上德踰巢許之右所謂逃名而名我隨避聲而聲我追者已揆君分量輕寵傲俗乃百世之師也其辭曰
巍元□膺懿資宏聖典研道機彪童蒙作世師辭皇命確不移亞洪匡超由夷垂英名揚景暉正父衍字季謀司徒掾廷尉左監
建安初天下飢荒正與同郡孟達俱入蜀依劉璋久之爲新都令
郡國志廣漢郡新都水經江水注洛水南逕新都縣與緜水合蜀有三都謂成都廣都此其一焉方輿紀要新都舊城在今成都府新都縣治東二里漢屬廣漢郡蜀漢
嘗置新都郡謝鍾英曰晉志新都郡晉太始六年置言蜀置者誤也後召署軍議校尉胡三省曰軍議校尉使之議軍事蓋時議必推正之
善謀璋能官之而不能用耳既不任用又爲其州邑俱僑客者所謗無行志意不得
通鑑作又爲其州里俱僑客者所鄙正邑邑不得志胡注僑寄也益州別駕張松與正相善忖璋不足與
有爲胡三省曰忖度也思也忖寸本翻常竊歎息或曰此皆輟耕壟上時也璋之禍伏於此矣故曰好勇疾貧亂也爲國者可坐視此
輩之失志而泰然不爲之所哉松於荊州見曹公還勸璋絕曹公而自結先主璋曰誰

可使者松乃舉正正辭讓不得已而往華陽國志扶風法正留客在蜀不見禮恨望張松舉正可使交好劉主璋從之使正將命正佯爲不得已而行又遣正同郡孟達將兵助劉主守禦前後賂遺無限正既還爲松稱說先主有雄略密謀協規願共戴奉而未有緣後因璋聞曹公欲遣將征張魯之有懼心也毛本將下脫征字誤松遂說璋宜迎先主使之討魯復令正銜命趙一清曰方輿紀要卷七十八使君灘在夷陵州西一百十里大江中或曰益州牧劉璋遣法正迎先主於此正既宣指宣達劉璋之指也先主傳注引江表傳魯肅與劉備遇於當陽因宣孫權旨意亦正同陰獻策於先主曰以明將軍之英才乘劉牧之懦宋本懦下有弱字通鑑同張松州之股肱胡三省曰別駕州之上佐故曰股肱以響應於內然後資益州之殷富馮天府之險阻華陽國志三云蜀沃野千里號爲陸海旱則引水浸潤雨則杜塞水門故記曰水旱從人不知飢饉時無荒年天下謂之天府也又曰地稱天府原曰華陽以此成業猶反掌也先主然之泝江而西與璋會涪北至葭萌涪葭萌均見劉璋傳南還取璋鄭度說璋曰

華陽國志曰度廣漢人爲州從事華陽國志又云鄭度進規忠諫莫受雖云天時抑由人咎度廣漢緜竹人

左將軍縣軍襲我左將軍謂劉備也兵不滿萬士衆未附野穀是資軍無輜重通鑑作軍無輜重野穀是資其計莫若盡驅巴西梓潼民內涪水以西胡三省曰梓潼縣屬廣漢郡漢武帝元鼎元年置以縣倚梓林而枕潼水爲名建安二十二年劉備分立梓潼郡班志梓潼有五婦山馳水所出南入涪應劭曰涪水出廣漢南入漢水經曰涪水出廣漢涪縣西北東至廣漢與梓潼水合又西南流又南入于墊江注云涪水出廣漢屬國剛氏道徼外梓潼水卽五婦水也同入于墊江卽所謂內水也其倉廩野穀一皆燒除高壘深溝靜以待之彼至請戰勿許久無所資不過百日必將自走走而擊之則必禽耳先主聞而惡之以問正正曰終不能用無可憂也璋果如正言謂其羣下曰吾聞拒敵以安民未聞動民以避敵也於是黜度不用其計及軍圍雒城正牋與璋曰正受性無術性疑作任盟好違損懼左右不明本末必並歸咎蒙恥沒身辱及執事是以捐身於外不敢反命恐聖聽穢惡其聲故中間不有牋敬顧念宿遇瞻望悢悢悢音諒宮本考證曰監本悢悢作恨恨今改正然惟前後披露腹心自從始初以至於終實不藏情有所不盡但愚闇策薄精誠不感以致於此耳今國事已危禍害在速雖捐放於外言足憎尤猶貪極所懷以盡餘忠明將軍本心正之所知也實爲區區不欲失左將軍之意而卒至於是者左右不達英雄從事之道謂可違信黷誓而以意氣相致日月相遷各本遷作選誤趨求順耳悅目吳本毛本趨作趍誤隨阿遂指不圖遠慮爲國深計故也事變既成又不量彊弱之勢以爲左將軍縣遠之衆糧穀無儲欲得以多擊少曠日相持而從關至此所歷輒破離宮別屯日自零落雒下雖有萬兵皆壞陣之卒破軍之將若欲爭

一旦之戰則兵將勢力實不相當各欲遠期計糧者各字疑若字之誤今此營守已固穀米已積而明將軍土地日削百姓日困敵對遂多所供遠曠愚意計之謂必先竭將不復以持久也或曰前退游詞後張虛聲讀之生忿然皆在理勢之中此爲奸人之雄空爾相守猶不相堪今張益德數萬之衆已定巴東入犍爲界犍爲見劉焉傳分平資中德陽三道並侵監本三作二潘眉曰考郡國志資中德陽皆漢舊縣惟無平縣平卽平州也宋志謂晉太康元年以野民歸化立平州者非蓋漢建安中巴西郡已有平州沈家本曰按下文今此全有巴東廣漢犍爲過半已定巴西一郡非復明將軍之有是則三道並侵者分向廣漢犍爲巴西也郡國志資中屬犍爲德陽屬廣漢則平必屬巴西劉璋分墊江爲巴西郡郡國志有平都縣在墊江下當屬巴西疑此平下奪都字未必如潘說宋志言平州乃晉置當有所本亦未可遽議其非弼按沈說甚辨謂三道並侵爲分向廣漢犍爲巴西所指亦是惟云平爲平都似無確據平都遠在資中德陽之東既已進至資中德陽不必並舉平都愚意分平資中德陽者謂已分別平定資中德陽也似不必泥於三道並侵之語指平爲平都也華陽國志云趙雲自江州分定江陽犍爲張飛攻巴西諸葛亮定德陽通鑑云分遣趙雲從外水定江陽犍爲張飛定巴西德陽亦與分別平定資中德陽相合一統志資中故城今四川資

州資陽縣北臨中江水德陽詳見魏志鄧艾傳一統志云按蜀志張飛自荊州由墊江入定巴西蜀將張裔拒之德陽陌下其時德陽已在廣漢其在梓潼郡界鄧艾傳謂之漢德陽者自是季漢時所置亭名晉以後爲漢德縣即華陽國志梓潼郡之德陽實與廣漢之德陽無涉也馬與龍曰據張裔傳飛由墊江入裔拒之於德陽知是時德陽已徙而南非梓潼北之舊縣也弼按此傳之德陽在今四川潼川府遂寧縣界將何以禦之本爲明將軍計者必謂此軍縣遠無糧饋運不及兵少無繼今荊州道通衆數十倍加孫車騎遣弟及李異甘寧等劉備表孫權行車騎將軍見權傳建安十四年此李異與劉璋傳之李異別爲一人爲其後繼若爭客主之勢以土地相勝者今此全有巴東廣漢犍爲過半已定巴西一郡復非明將軍之有也計益州所仰惟蜀蜀郡也蜀亦破壞三分亡二吏民疲困思爲亂者十戶而八若敵遠則百姓不能堪役敵近則一旦易主矣廣漢諸縣是明比也又魚復與關頭魚復見先主傳關頭即白水關亦見先主傳龐統傳楊懷高沛劉璋名將各杖彊兵據守關頭先主斬懷沛則劉璋已失關頭故法正云爾謝鍾英謂關頭一名陽安關

口又名關城亦名關凡四易名皆係一地詳見魏志鍾會傳注弼按此傳之關頭乃指白水關是時張魯猶據漢中劉璋兵力不能及陽安關也謝說謂陽安關口又名關城亦名關是也謂關頭即陽安關口誤也趙一清曰方輿紀要卷六十六瞿唐關在夔州府城東八里以瞿唐峽而名峽在城東三里或謂之西陵峽或謂之廣漢峽三峽之一也志云瞿唐關即故江關巴楚相攻時置漢有江關都尉治魚復華陽國志江關舊在赤甲城後移在江南岸對白帝城或謂之捍關弼按法正明言魚服與關頭實爲兩地趙氏似以江關爲關頭誤爲一地也實爲益州福禍之門毛本禍作福誤文類福禍作禍福今二門悉開堅城皆下諸軍並破兵將俱盡而敵家數道並進已入心腹坐守都雒趙一清曰都雒謂成都雒縣也存亡之勢昭然可見斯乃大略其外較耳其餘屈曲難以辭極也以正下愚猶知此事不可復成況明將軍左右明智用謀之士豈當不見此數哉旦夕偷幸求容取媚不慮遠圖莫肯盡心獻良計耳若事窮勢迫將各索生求濟門戶展轉反覆與今計異不爲明將軍盡死難也而尊門猶當受其憂胡三省曰尊門謂璋家門正雖獲不忠之謗然心自謂不負聖德顧惟分義實竊痛心左將軍從本舉來舊心依依實無薄意胡三省曰蓋時人以璋倚備爲用備反襲璋議備之薄也愚以爲可圖變化以保尊門十九年進圍成都璋蜀郡太守許靖將踰城降劉咸炘曰尚云老蘇極稱史漢與善隱惡之法而不及三國志案魏高堂隆傳累載其忠懇之諫疏至以張掖異石爲祥瑞之失則見於張掖傳郭淮傳累載其用兵之勝算至陽谿之敗則書於蜀志蜀許靖傳累載其待人篤厚之事至踰城出降之惡則書於法正傳即史漢之遺法也吳志張昭傳隱其勸迎曹操之謀至呂蒙傳末乃見亦是此法按史本多互見老蘇誤以爲與善隱惡既已書之復何隱乎碑頌行狀皆不書惡豈遂可爲史法乎尚氏又沿之陋矣事覺不果璋以危亡在近故不誅靖璋既稽服先主以此薄靖不用也何焯曰薄靖而不薄李嚴是先主之所見以其虛名無實用不爲大節正說曰天下有獲虛譽而無其實者許靖是也胡三省曰許靖與弟劭並有高名汝南月旦評二人者爲之也然今主公始創大業胡三省曰主公之稱始於東都改明公稱主公尊事之爲主也天下之人不可戶說胡三省曰不可戶戶而說之也靖之浮稱播流四海若其不禮

天下之人以是謂主公爲賤賢也宜加敬重以眩遠近通鑑作以慰遠近之望弼按不如陳志原文四字爲得其實追昔燕王之待郭隗先主於是乃厚待靖

孫盛曰夫禮賢崇德爲邦之要道封墓式閭先王之令軌故必以體行英邈高義冠世宋本冠作蓋然後可以延視四海振服羣黎苟非其人道不虛行靖處室則友于不穆出身則受位非所語信則夷險易心論識則殆爲釁首安在其可寵先而有以感致者乎若乃浮虛是崇偷薄斯榮則秉直杖義之士將何以禮之正務眩惑之術違貴尚之風譬之郭隗非其倫矣　臣松之以爲郭隗非賢猶以權計蒙寵況文休名聲夙著天下謂之英偉雖末年有瑕而事不彰徹若不加禮何以釋遠近之惑乎法正以靖方隗未爲不當而盛以封墓式閭爲難何其迂哉然則燕昭亦非豈唯劉翁周壽昌曰松之稱先主爲劉翁亦太隨筆不檢至於友于不穆失由子將尋蔣濟之論知非文休之尤盛又譏其受任非所何焯

校改任作位將謂仕於董卓卓初秉政顯擢賢俊受其策爵者森然皆是文休爲選官在卓未至之前後遷中丞不爲超越以此爲貶則荀爽陳紀之傳皆應擯棄於世矣

以正爲蜀郡太守揚武將軍外統都畿（胡三省曰備都成都以蜀郡爲都畿）內爲謀主一飧之德睚眦之怨無不報復擅殺毀傷己者數人（何焯曰所殺卽前所云州里俱僑客者）或謂諸葛亮曰法正於蜀郡太縱橫將軍宜啓主公抑其威福亮答曰主公之在公安也北畏曹公之彊東憚孫權之逼近則懼孫夫人生變於肘腋之下當斯之時進退狼跋法孝直爲之輔翼令翻然翺翔不可復制（胡三省曰謂迎備入益州也）如何禁止法正使不得行其意邪（通鑑得下有少字何焯曰艱難之初權以濟事未宜以常道論也）初孫權以妹妻先主妹才捷剛猛有諸兄之風侍婢百餘人皆親執刀侍立先主每入衷心常凜凜（胡三省曰恐爲所圖

也康發祥曰衷字義內也先主每入衷入閨內也此以衷字屬上句別爲一解）亮又知先主雅愛信正故言如此（林暢園曰以孫夫人之橫而但任趙雲法正二人便足以制之賢者之有益於人國如此）

孫盛曰夫威福自下亡家害國之道刑縱於寵毀政亂理之源安可以功臣而極其陵肆嬖幸而藉其國柄者哉故顛頡雖勤不免違命之刑（晉公子重耳出奔顛頡從重耳反晉國卽位伐曹令無入僖負羈之宮報施也顛頡曰勞之不圖報於何有爇僖負羈氏殺顛頡以徇于師事見左傳僖公二十八年）楊干雖親猶加亂行之戮（左傳襄公三年晉侯之弟楊干亂行於曲梁魏絳戮其僕）夫豈不愛王憲故也諸葛氏之言於是乎失政刑矣（唐庚曰秦昭王以范雎之故至質平原君移書趙王以購魏齊之首李廣誅霸陵尉上書自劾武帝曰報恩復讎朕之所望於將軍也復何疑哉國家郭進爲西山巡檢民訴進掠奪其女太祖怒曰汝小民配女當得小民今得吾貴臣顧不可邪驅出之而三人者卒皆有以報國古之英主所以役使豪傑彼自有道孔明之於法正亦是此意孫盛所見者小矣何焯曰先主初定益州與晉君祖宗世守之國勢殊且諸葛公方以審配不容許攸爲鑒也）

二十二年正說先主曰曹操一舉而降張魯定漢中不因此勢以圖巴蜀而留夏侯淵張郃屯守身遽北還此非其智不逮而力不足也必將內有憂偪故耳今策淵郃才略不勝國之將帥舉衆往討則必可克之克之之日（通鑑作必可克之克之之日何焯曰則必可克爲句下作克之之日）廣農積穀觀釁伺隙上可以傾覆寇敵尊獎王室中可以蠶食雍涼廣拓境土（胡三省曰晉志云漢改周之雍州爲涼州以地處西方常寒涼也地勢西北邪出在南山之間南隔西羌西通西域于時號爲斷匈奴右臂獻帝時涼州數亂河西五郡去州隔遠乃別立雍州末又依古典爲九州乃令關右盡爲雍州魏時復分以爲涼州）下可以固守要害爲持久之計此蓋天以與我時不可失也（何焯曰孝直智術不下公瑾且猶知尊獎王室非碌碌程郭惟思攀附孟德者也）先主善其策乃率諸將進兵漢中正亦從行二十四年先主自陽平南渡沔水緣山稍前於定軍興勢作營（定軍興勢詳見先主傳建安二十四年）淵將兵來爭其地正曰可擊矣先主命黃忠乘高鼓譟攻之大破淵軍淵等授首曹公西

征聞正之策曰吾故知玄德不辦有此（宋元本辦作辨康發祥曰此孟德解嘲語耳況天下英雄唯使君與操前言猶在豈忘之乎）必爲人所教也（華陽國志云曹公曰吾收姦雄略盡獨不得正邪）

臣松之以爲蜀與漢中其由脣齒也劉主之智豈不及此將計略未展（元本將作特）正先發之耳夫聽用嘉謀以成功業霸王之主誰不皆然魏武以爲人所教亦豈劣哉此蓋恥恨之餘辭非測實之常言也（宋元本常作當）

先主立爲漢中王以正爲尚書令護軍將軍（護軍將軍蜀所置）明年卒時年四十五（士元孝直俱以英才而不永年合傳之意其在斯乎）先主爲之流涕者累日謚曰翼侯賜子邈爵關內侯官至奉車都尉漢陽太守（錢大昕曰漢陽卽天水也三國屬魏更名天水法邈蓋遙領之若楊儀遙署弘農太守張翼領扶風太守之類耳弼按郡國志犍爲屬國有漢陽蜀嘗置郡說見費詩傳）諸葛亮與正雖好尚不同以公義相取亮每奇正智術（孝直人品才幹具見此數語中）先主旣稱尊號（宋元本稱作卽）

將東征孫權以復關羽之恥羣臣多諫一不從章武二年大軍敗績還住白帝亮歎曰法孝直若在則能制主上令不東行就復東行必不傾危矣於此見蜀中人才之少胡三省曰觀孔明此言不以漢主伐吳爲可然而不諫者以漢主怒盛而不可阻且得上流可以勝也兵埶無常在於觀變出奇故曰孝直在必不傾危陳景雲曰評後注當在此裴氏以葛相有孝直若在之歎故引此事爲證見正智術有餘能冋人主之意今誤移評後並脫所引書名皆傳錄之失也李龍官姜宸英說同

評曰龐統雅好人流楊戲輔臣贊王輔好人流言議或曰人流猶人倫也謂流敘人物也經學思謀于時荆楚謂之高俊法正著見成敗有奇畫策算然不以德素稱也儗之魏臣統其荀彧之仲叔正其程郭之儔儷邪周壽昌曰仲叔言其亞儔儷言其侶

先主與曹公爭勢有不便宜退而先主大怒不肯退無敢諫者矢下如雨正乃往當先主前先主云孝直避箭正曰明公親當矢石況小人乎先主乃曰孝直吾與汝俱去遂退潘眉曰凡注皆先標書目人名裴氏自注亦必署臣松之云云此注獨不詳係脫誤

許麋孫簡伊秦傳第八劉咸炘曰此卷皆名士談客惟秦子勑似宜與杜微等合傳

晉　平　陽　侯　相　安　漢　陳　壽　撰

宋中書侍郎西鄉侯　聞喜裴松之　注

沔陽盧　弼集解

許靖字文休汝南平輿人郡國志豫州汝南郡治平輿一統志平輿故城今河南汝寧府汝陽縣東南六十里少與從弟劭俱知名並有人倫臧否之稱人倫解見龐統傳而私情不協許劭事詳見魏志武紀卷首及和洽傳注引汝南先賢傳范書許劭傳劭少俊名節好人倫多所賞識故天下言拔士者咸稱許郭與從兄靖不睦時議以此少之初劭與靖俱有高名好共覈論鄉黨人物每月輒更其品題故汝南俗有月旦評焉典論云劭與族兄靖俱避地江東保吳郡爭論於太守許貢座至於手足相加沈家本曰范史許劭傳稱劭南到廣陵復投揚州刺史劉繇於曲阿及孫策平吳劭與繇南奔豫章而卒吳志劉繇傳注引漢紀繇將奔會稽許子將曰不如豫章繇從之是劭渡江後始終在劉繇所繇先以揚州刺史駐曲阿不在吳郡則劭亦未當保吳郡何緣於吳郡太守前與靖爭論哉典論之言恐非其實又考靖與曹公書言昔在會稽得所貽書迫於袁術津塗四塞欲行靡由正禮師退術兵前進會稽傾覆景興失據是劉繇與孫策相持之時靖已在會稽不在吳其不得與劭相遇明矣周壽昌曰典論本多不足信此言恐亦因排擯而過甚其辭也劭爲郡功曹毛本劭作邵誤排擯靖不得齒敘以馬磨自給潁川劉翊爲汝南太守乃舉靖計吏察孝廉除尚書郎典選舉靈帝崩董卓秉政以漢陽周毖爲吏部尚書周毖事詳見魏志董卓傳注錢大昭曰西漢置尚書四人分爲四曹曰常侍曹曰二千石曹曰民曹曰客曹靈帝以侍中梁鵠爲選部尚書非吏部也主曹魏時始改選部爲吏部主選部事蔡質漢儀云世祖改常侍曹爲吏曹亦非吏部是獻帝時尚未有吏部尚書此疑傳寫有誤又曰傳以毖爲漢陽人而董卓傳注引英雄記以毖爲武威人亦未知孰是也與靖共議謀進退天下之士宋本議謀作謀議沙汰穢濁顯拔幽滯何焯曰此靖所以名盛一時進用潁川荀爽韓融陳紀等爲公卿郡守范書董卓傳卓雖行無道而猶忍性矯情擢用羣士乃任吏部尚書漢陽周珌侍中汝南伍瓊尚書鄭公業長史何顒等以處士荀爽爲司空其染黨錮者陳紀韓融之徒皆爲列卿幽滯之士多所顯拔拜尚書韓馥爲冀州

牧侍中劉岱爲兗州刺史潁川張咨爲南陽太守陳留孔伷爲豫州刺史東郡張邈爲陳留太守而遷靖巴郡太守不就補御史中丞馥等到官各舉兵還向京都欲以誅卓卓怒毖曰諸君言當拔用善士卓從君計應作卓從諸君計不欲違天下人心而諸君所用人至官之日還來相圖卓何用相負叱毖令出於外斬之靖從兄陳相瑒又與伷合規靖懼誅奔伷伷事見魏志武紀初平元年

蜀記曰靖後自表曰黨賊求生情所不忍守官自危死不成義竊念古人當難詭常權以濟其道

伷卒依揚州刺史陳禕毛本禕作禕揚州刺史陳温見魏志武紀初平元年又見袁術傳與陳禕是否一人未詳禕死吳郡都尉許貢孫策傳作吳郡太守許貢會稽太守王朗素與靖有舊故往保焉

何焯曰文休與子魚景興文物相等使處平世猶不失爲公望靖收恤親里姚範曰親里又見譙周傳末注經紀振贍出於仁厚孫策東渡江皆走交州以避其難靖身坐岸邊先載附從疏親悉發乃從後去當時見者莫不歎息既至交阯太守士燮厚加敬待陳國袁徽以寄寓交州袁徽事見魏志袁渙傳又見吳志士燮傳徽與尚書令荀彧書曰許文休英才偉士智略足以計事自流宕已來與羣士相隨每有患急常先人後己與九族中外同其饑寒其紀綱同類仁恕惻怛宋本怛作隱皆有效事不能復一二陳之耳鉅鹿張翔

萬機論云翔字元鳳

銜王命使交部乘勢募靖募疑作慕欲與誓要靖拒而不許靖與曹公書曰世路戎夷禍亂遂合駑怯偷生自竄蠻貊成闊十年吉凶禮廢昔在會稽得所貽書辭旨款密久要不忘迫於袁術方命圮族尚書堯典方命圮族孔傳云圮毁族類也言鯀性很戾好此方名命而行事輒毁敗善類蔡沈曰方命者逆命而不行也王氏曰圓則行方則止方命猶今言廢閣詔令也蓋鯀之爲人悻戾自用不從上令也扇動羣逆津塗四塞雖縣心北風欲行靡由正禮師退術兵前進劉繇字正禮術兵孫策也會稽傾覆景興失據王朗字景興三江五湖尚書禹貢淮海惟揚州三江既入震澤底定韋昭曰三江謂吳松江錢塘江浦陽江也吳地記云松江東北行七十里得三江口東北入海爲婁江東南入海爲東江並松江爲三江國語子胥曰吳之與越三江環之民無所移范蠡曰與我爭三江五湖之利者非吳邪韋昭曰三江吳江錢唐江浦陽江也五湖今太湖也史記河渠書於吳則通渠三江五湖集解引韋昭曰五湖湖名耳實一湖今太湖是也在吳西南索隱曰三江按地理志北江從會稽毗陵縣北東入海中江從丹陽蕪湖縣東北至會稽陽羨縣東入海南江從會稽吳縣南東入海故禹貢有北江中江也五湖郭璞江賦云具區洮滆彭蠡青草洞庭又云太湖周五百里故曰五湖漢書地理志注師古曰三江謂北江中江南江也震澤在吳西即具區也范書馮衍傳章懷注引越絕書曰太湖周三萬六千頃虞翻云太湖有五湖故謂之五湖滆湖洮湖射湖貴湖及太湖爲五湖並太湖之小支俱連太湖故太湖兼得五湖之名在今湖州東也孫詒讓周禮正義卷六十三職方氏篇引證三江五湖極詳文繁不錄此傳所指之三江五湖自以在吳越境者爲是

皆爲虜庭臨時困厄無所控告便與袁沛鄧子孝等浮涉滄海南至交州經歷東甌閩越之國行經萬里不見漢地漂薄風波絕糧茹草飢殍荐臻死者大半宋本大作太既濟南海與領守兒孝悳相見知足下忠義奮發整勅元戎宋本勅作飭西迎大駕巡省中嶽承此休問且悲且憙即與袁沛及徐元賢復共嚴裝欲北上荆州會蒼梧諸縣蒼梧見魏志陶謙傳夷越蠭起州府傾覆道路阻絕元賢被害老弱並殺靖尋循渚岸五千餘里復遇疾癘伯母隕命並及羣從自諸妻子一時略盡復相扶侍何焯云自當作洎侍當作持並從冊府改前到此郡計爲兵害及病亡者十遺一二生民之艱辛苦之甚豈可具陳哉

臣松之以爲孔子稱賢者避世其次避地蓋貴其識見安危去就得所也許靖羈客會

稽閡闍之士孫策之來於靖何爲而乃泛萬里之海入疫癘之鄉致使尊弱塗炭百罹備經可謂自貽矣謀臣若斯難以言智孰若安時處順端拱吳越與張昭張紘之儔同保元吉者哉（李龍官曰謀臣疑當作謀身蓋譏文休避地交州室家顛沛無保身之哲也何焯曰袁術僭盜策爲其部曲文休避地未可厚非又曰文休雖曰羈客然名滿八區誠畏爲袁氏僞命所汚當時誰能預料伯符絶術厥後兄弟相繼開吳鼎立哉卽於季玉非有君臣之分慕仰宗傑希欲歸命亦與臨難邀利殊科論者原其本末可也康發祥曰文休可譏不在蹈海而在踰城如必以泛海爲口實則邴根矩管幼安之往依公孫又何稱焉）懼卒顚仆永爲亡虜憂瘁慘慘忘寢與食欲附奉朝貢使自獲濟通歸死闕庭而荆州水陸無津交部驛使斷絶欲上益州復有峻防故官長吏一不得入前令交阯太守士威彥（士燮字威彥）深相分託於益州兄弟又靖亦自與書辛苦懇惻而復寂寞未有報應雖仰瞻光靈延頸企踵何由假翼自致哉知聖主允明（官本考證曰冊府允作光）顯授足下專征之任凡諸逆節多所誅討想力競者一心順從者同規矣又張子雲昔在京師志匡王室今雖臨荒域不得參與本朝亦國家之藩鎭足下之外援也

子雲名津南陽人爲交州刺史見吳志（張津事見孫策傳士燮傳薛綜傳何焯曰張津卽袁紹使說何進誅宦官者故云志匡王室）

若荆楚平和王澤南至足下忽有聲命於子雲勤見保屬令得假途由荆州出不然當復相紹介於益州兄弟使相納受儻天假其年人緩其禍得歸死國家解逋逃之負泯軀九泉將復何恨若時有險易事有利鈍人命無常隕沒不達者則永銜罪責入於裔土矣昔營丘翼周杖鉞專征（史記齊太公世家周武王已平商而王天下封師尙父於齊營丘及周成王少時管蔡作亂淮夷畔周乃使召康公命太公曰

東至海西至河南至穆陵北至無棣五侯九伯實得征之齊由此得征伐爲大國都營丘）博陸佐漢虎賁警蹕（漢書霍光傳武帝遺詔封光爲博陸侯漢書霍光傳曰光出都肄郎羽林（宋本肄作肄誤）道上稱警蹕（漢書光傳無警字蹕作趩孟康曰都試也肄習也師古曰謂總閱試習武備也王先謙曰都大總也肄試習也若今軍營大操也）未詳虎賁所出也）今日足下扶危持傾爲國柱石秉師望之任兼霍光之重五侯九伯制御在手自古及今人臣之尊未有及足下者也夫爵高者憂深祿厚者責重足下據爵高之任當責重之地言出於口卽爲賞罰意之所存便爲禍福行之得道卽社稷用寧行之失道卽四方散亂國家安危在於足下百姓之命縣於執事自華及夷顒顒注望足下任此豈可不遠覽載籍廢興之由榮辱之機棄忘舊惡寬和羣司審量五材爲官擇人苟得其人雖讐必舉苟非其人雖親不授以寧社稷以濟下民事立功成則繫音於管絃勒勳於金石願君勉之爲國自重爲民自愛翔恨靖之不自納搜索靖所寄書疏盡投之于水後劉璋遂使使招靖靖來入蜀璋以靖爲巴郡廣漢太守南陽宋仲子於荆州與蜀郡太守王商書曰文休倜儻瑰瑋有當世之具足下當以爲指南（王商初爲治中從事上劉璋爲益州刺史見璋傳注商事又見秦宓傳華陽國志卷三云蜀郡太守著德垂績者廣漢王商犍爲楊洪皆見詠懷又卷十云文表汜博提攜士彥王商字文表廣漢人也博學多聞州牧劉璋辟爲治中試守蜀郡太守荆州牧劉表大儒南陽宋仲子遠慕其名皆與交好許文休稱商中夏王景興璧也商勸璋攬奇拔雋甚善匡捄薦致名士安漢趙韙及陳實盛先塾江龔楊趙敏黎景閬中王瀆江州孟彪皆至州右職郡守又爲嚴李立祠正諸祀典在官一十年而卒）

益州耆舊傳曰商字文表廣漢人以才學稱聲問著于州里劉璋辟爲治中從事是時

王塗隔絕州之牧伯猶七國之諸侯也而璋懦弱多疑不能黨信大臣（黨字疑誤）商奏記諫璋璋頗感悟初韓遂與馬騰作亂關中數與璋父焉交通信（疑有脫誤）至騰子超復與璋相聞有連蜀之意（何焯校改蜀作屬）商謂璋曰超勇而不仁見得不思義不可以爲脣齒老子曰國之利器不可以示人今之益部士美民豐寶物所出斯乃狡夫所欲傾覆超等所以西望也若引而近之則由養虎（由當作猶）將自遺患矣璋從其言乃拒絕之荆州牧劉表及儒者宋忠咸聞其名遺書與商敘致殷勤許靖號爲臧否至蜀見商而稱之曰設使商生於華夏雖王景興無以加也璋以商爲蜀郡太守成都禽堅有至孝之行商表其墓追贈孝廉（華陽國志十云孟由至孝遇葉晞風禽堅字孟由成都人也父信爲縣使越嶲爲夷所得傳賣歷十一種去時堅方妊六月生母更嫁堅壯乃知父湮沒鬻力傭賃求碧珠以求父一至漢中三出徼外周旋萬里經六年四月突瘴毒狼虎乃至夷中得父父相見悲感夷徼哀之即將父歸迎母致養州郡嘉其孝召功曹辟從事列上東觀太守王商追贈孝廉令李苾爲立碑銘迄今祠之）又與嚴君平李弘立祠作銘

以旌先賢（漢書王吉傳序谷口有鄭子眞蜀有嚴君平皆修身自保君平卜筮於成都市以爲卜筮賤業而可以惠衆人有邪惡非正之問則依蓍龜爲言利害揚雄著書言當世士稱此二人師古曰地理志謂君平爲嚴遵三輔決錄云子眞名樸君平名尊則君平子遵皆其字也高士傳蜀有富人羅沖者問君平曰君何以不仕君平曰無以自發沖爲君平具車馬衣糧君平曰吾病耳非不足也我前宿子家人定而役未息晝夜汲汲未嘗有足今我以卜爲業不下床而錢自至猶餘數百塵埃厚寸不知所用此非我有餘而子不足邪沖大慚君平歎曰益我貨者損我神生我名者殺我身竟不仕華陽國志卷十云嚴平恬泊皓然沈冥嚴遵字君平成都人也雅性澹泊學業加妙專精大易躭於老莊常卜筮於市假蓍龜以教與人子卜教以孝與人弟卜教以悌與人臣卜教以忠於是風移俗易上下茲和日閱人得百錢則閉肆下簾授老莊著指歸爲道書之宗揚雄少師之稱其德杜陵李强爲益州刺史謂雄曰吾眞得君平矣雄曰君但可見不能屈也强以爲不然至州脩禮交遵遵見之强服其清高而不敢屈也歎曰揚子雲眞知人也年九十卒雄稱之曰不慕夷卽由矣不作苟見不治苟得久幽而不改其操雖隨和何以加諸又云仲元抑抑邦家儀形李弘字仲元成都人少讀五經不爲章句處陋巷淬勵金石之志威儀容止邦家師之以德行爲郡功曹一月而去子贇以見辱殺人太守曰賢者之子必不殺人放之贇自以枉語家人弘遣亡命太守怒讓弘弘對曰贇爲殺人之賊明府私弘枉法君子不誘而誅也石碏殺厚春秋譏之孔子稱父子相隱直在其中弘實遣贇太守無以詰也州命從事常以公正諫爭爲志揚子雲稱之曰李仲元爲人也不屈其志不累其身不夷不惠可否之閒見其貌者肅如也觀其行者穆如也聞其言者愀如也非正不言非正不行非正不聽吾先師之所畏）修學廣農百姓便之在郡十載卒於官許靖代之

建安十六年轉在蜀郡（靖爲蜀郡太守將踰城降見法正傳）

山陽公載記曰建安十七年漢立皇子熙爲濟陰王懿爲山陽王敦爲東海王（錢大昕曰東海王祗以建安五年薨子羨嗣魏受禪始除不應別封皇子當是北海之譌）靖聞之曰將欲歙之必固張之（范書獻帝紀章懷注引此固作姑下固字同）將欲取之必固與之其孟德之謂乎（何焯曰斯時稍覺悟操之將篡非復歸死國家故意故應優於劉子初也）

十九年先主克蜀以靖爲左將軍長史先主爲漢中王靖爲太傅（靖列名勸進見先主傳）及卽尊號策靖曰朕獲奉洪業君臨萬國夙宵惶惶懼不能綏百姓不親五品不遜汝作司徒其敬敷五教在寬（此尚書堯典之辭孔傳云五品謂五常遜順也布五常之教務在寬所以得人心正義曰品謂品秩也一家之內尊卑之差卽父母兄弟子是也教之義慈友恭孝此事可常行乃爲五常耳五常據教爲言不據品也左傳文十八年布五教於四方父義母慈兄友弟恭子孝是布五常之教也）君其勖哉秉德無怠稱朕意焉

靖雖年逾七十愛樂人物誘納後進清談不倦丞相諸葛亮皆爲之拜（何焯曰文休一生不逾漢末名士風格求之以知幾望之以匡世誠所不暇若以諸葛公所敬而輕相詆毀亦安國輩之不自量也）章武二年卒子欽先靖夭沒欽子游景耀中爲尚書始靖兄事潁川陳紀與陳郡袁渙（魏志本傳作渙）平原華歆東海王朗等親善歆朗及紀幷子羣（沈家本曰陳紀之卒在建安初時魏國猶未建也此傳幷字乃衍文弼按古文苑邯鄲淳鴻臚陳君碑云建安四年六月卒沈說是）魏初爲公輔大臣咸與靖書申陳舊好情義款至文多故不載

魏略王朗與文休書曰（趙一清曰此書諸葛公所謂偪於元禍而苟免者也）文休足下消息平安甚善甚善豈意脫別三十餘年而無相見之緣乎詩人比一日之別於歲月豈況悠悠歷累紀之

年者哉自與子別若沒而復浮若絕而復連者數矣而今而後居升平之京師攀附於飛龍之聖主儔輩略盡幸得老與足下並爲遺種之叟而相去數千里加有邅蹇之隔時聞消息於風聲託舊情於思想眇眇異處與異世無以異也往者隨軍到荆州見鄧子孝桓元將粗聞足下動靜云夫子既在益州執職領郡德素規矩老而不墮是時侍宿武皇帝於江陵劉景升聽事之上共道足下於通夜拳拳飢渴誠無已也自天子在東宮及卽位之後每會羣賢論天下髦儁之見在者豈獨人盡易爲英士鮮易取最故乃猥以原壤之朽質感夫子之情聽每敍足下以爲謀首豈其注意乃復過於前世書曰人惟求舊易稱同聲相應同氣相求劉將軍之與大魏兼而兩之總此二義前世邂逅以同爲睽非武皇帝之旨頃者蹉跌其泰而否亦非足下之意也深思書易之義利結分於宿好故遣降者逡吳所獻致名馬貂罽得因無嫌道初開通展敍舊情以達聲

問久闊情愫非夫筆墨所能寫陳亦想足下同其志念今者親生男女凡有幾入年並幾何僕連失一男一女今有二男大男名蕭宋本男作兒年二十九以蕭生年計之此書當在黃初四年生於會稽小兒裁歲餘臨書愴恨恨疑作悢有懷緬然又曰過聞受終於文祖之言於尙書官本考證曰册府過作愚又聞歷數在躬允執其中之文於論語婁宸英曰王景興漢室舊臣中原名士而豔稱禪受之事誇張富貴之樂與華子魚輩同一賊耳豈自意得於老耄之齒正值天命受於聖主之會親見三讓之弘辭觀衆瑞之總集覩升堂穆穆之盛禮瞻燔燎焜曜之青烟于時忽自以爲處唐虞之運際於紫微之天庭也徒慨不得攜子之手共列於世有二子之數李慈銘曰世當作廿此用舜典之咨汝二十有二人也以聽有唐欽哉之命也或曰無恥之極小人視故君如弁髦可爲長歎子雖在裔土想亦極目而迴望册府迴作面側耳而遐聽延頸而鶴立也昔汝南陳公初拜不依故常讓上卿於李元禮李膺字元禮范書陳蕃傳蕃字仲舉汝南平輿人延熹八年代楊秉爲太尉蕃讓曰聰明亮達文武兼姿臣不如弛刑徒李膺以此推之吾宜退身以避子位也苟得避子以竊讓名然後綬帶委質册府綬作綏游談於平勃之間與子共陳往時避地之艱辛樂酒酣讌高談大噱亦足遺憂而忘老捉筆陳情隨以喜笑又曰前夏有書而未達今重有書而并致前問何焯曰靖亡於章武二年則此書不及見矣皇帝既深悼劉將軍之早世李清植曰本傳靖於章武二年卒此書乃在先主既喪之後則靖不及見矣豈異國乖隔靖雖歿而朝不知邪諸葛集云朗等有書與亮陳天命人事亮不答而作正議此書當是一時事又愍其孤之不易又惜使足下孔明等士人氣類之徒册府士作四遂沈溺於羌夷異種之閒永與華夏乖絕而無朝聘中國之期緣睎故土桑梓之望也故復運慈念而勞仁心重下明詔以發德音申勅朗等使重爲書與足下等以足下聰明揆殷勤之聖意亦足悟海岱之所常在知百川之所宜注矣昔伊尹去夏而就殷陳平違楚而歸漢猶曜德於阿衡著功於宰相若足下能弼人之遺孤定人之猶豫去非常之僞號事受命之大魏客主兼不世之榮名上下蒙不

朽之常耀功與事並聲與勳著考績效足以超越伊呂矣李慈銘曰考下當脫一其字旣承詔直何焯校改直作旨且服舊之情情不能已若不言足下之所能陳足下之所見則無以宣明詔命弘光大之恩敍宿昔夢想之思若天啓衆心子導蜀意誠此意有攜手之期若險路未夷子謀不從則懼聲問或否復面何由前後二書文類二作三言每及斯希不切然有動於懷足下周游江湖以暨南海歷觀夷俗可謂徧矣想子之心結思華夏可謂深矣爲身擇居猶願中土爲主擇居安豈可以不繫意於京師潘眉曰居字涉上文而衍或曰居安豈三字必有一衍而持疑於荒裔乎詳思愚言速示還報也

糜竺糜姓解見先主傳元本糜本竺作笁誤下同字子仲東海朐人也朐音渠郡國志徐州東海郡朐一統志朐縣故城今江蘇海州南祖世貨殖僮客萬人僮家僮客客作也貲產鉅億趙一清曰寰宇記卷二十二牛欄村在都州島上郡國志云糜竺放牧之所今民祭祀猶呼云糜堆（弼按今本郡國志無此語）山海經曰都洲在海中都音都水經注曰朐縣東北海中有大洲謂之都洲昔

有道者學徒十人遊於鬱州蒼梧之上四百年皆得至道其山自蒼梧徙至東海之上今猶有南方草木生焉故崔琰遂初賦曰郁州者故蒼梧山也古老傳言此島上人皆先是糜家之隸今有牛欄村舊有糜家莊祀祭呼曰糜郎臨祭之日著犂鐸執耕鞭又言初取婦者必先見糜郎否則爲祟又曰朐縣糜竺冢郡國志云刻石爲人馬禽獸之狀名之爲鬼神市一清按竺死於蜀中安能返海州蓋記事者失實之辭或是竺先世之墳塋耳

搜神記曰竺嘗從洛歸未達家數十里路傍見一婦人從竺求寄載行可數里婦謝去謂竺曰我天使也當往燒東海糜竺家感君見載故以相語竺因私請之婦曰不可得不燒如此君可馳去我當緩行日中火當發竺乃還家遽出財物日中而火大發 趙一清曰拾遺記云糜竺用陶朱計術日益億萬之利貨擬王家有寶庫千間竺性能振生卹死家內馬廐屋側有古冢中有伏尸夜聞涕泣聲竺乃尋其泣聲之處忽見一婦人袒背而來訴云昔漢末妾爲赤眉所害扣棺見剝今袒在地羞晝見人垂二百年今就將軍乞更深埋幷弊衣以掩形骸竺許之卽命爲棺槨以青布爲衣衫置於冢中設祭旣畢歷一年行於路西忽見前婦人所著衣皆是青布語竺曰君財寶可支一世合遭火厄今以青蘆杖一枚長九尺報君棺槨衣服之惠竺挾杖而歸所住鄰中常見竺家有青氣如龍蛇之形或有人謂竺曰將非怪也竺乃疑此異問其家僮云時見青蘆杖自出門閒疑其神不敢言也竺爲性多忌信厭術之事有言中忤卽加刑戮故家僮不敢言竺貨財如山不可算計內以方諸盆缾設大珠如卵散滿於庭謂之寶庭而外人不得窺數日忽青衣童子數十人來云糜竺家當有火厄萬不遺一賴君能卹斂枯骨天道不辜君德故來禳卻此火當使財物不盡自今以後亦宜防衛竺乃掘溝渠周繞其庫旬日火從庫內起燒其珠玉十分之一皆是陽燧旱燥自能燒物火盛之時見數十青衣童子來撲火有青氣如雲覆於火上卽滅童子又云多聚鸛鳥之類以禳火災鸛能聚水巢上也家人乃收鵁鶄數千頭養於池渠中以厭火竺歎曰人生財運有限不得盈溢懼爲身之患害時三國交鋒軍用萬倍乃輸其寶物車服以助先主黃金一億斤錦繡氈罽積如丘壠駿馬萬疋及蜀破後無復所有飲恨而終

後徐州牧陶謙辟爲別駕從事謙卒竺奉謙遺命迎先主於小沛建安元年呂布乘先主之出拒袁術襲下邳虜先主妻子先主轉軍廣陵海西 小沛下邳海西均見先主傳 竺於是進妹於先主爲夫人奴客二千 奴客見魏志文德郭后傳 金銀貨幣以助軍資于時困匱賴此復振後曹公表竺領嬴郡太守 郡國志兗州泰山郡嬴一統志嬴縣故城今山東泰安府萊蕪縣西北錢大昕曰嬴郡蓋分泰山所置竺既去官嬴亦旋廢故晉志不及之吳增僅曰嬴縣漢末別立郡尋省還魏武表云宜分五縣爲嬴郡今考嬴南武陽南城牟平陽五縣均泰山郡極南地地形長狹錯居東莞琅邪東海魯郡之間晉以之立南城郡疑卽漢末嬴郡之五縣矣謝鍾英曰五縣嬴博奉高梁甫鉅平弼按謝說不知何據奉高爲泰山郡治不至劃歸嬴郡似以吳說爲可信然旋置旋省亦無足深考也 曹公集載公表曰 魏武集見魏志武紀建安二十五年注引魏書沈家本曰二唐志三十卷殆梁時之本復出歟裴氏稱曹公者當是魏未受禪以前之本 泰山郡界廣遠 馮本廣作曠 舊多輕悍權時之宜可分五縣爲嬴郡揀選清廉以爲守將偏將軍糜竺素履忠貞文武昭烈請以竺領嬴郡太守撫慰吏民

竺弟芳爲彭城相皆去官隨先主周旋先主將適荊州遣竺先與劉表相聞以竺爲左將軍從事中郎益州既平 御覽平作定 拜爲安漢將軍班在軍師將軍之右 通鑑劉備入成都以從事中郎糜竺爲安漢將軍簡雍爲昭德將軍北海孫乾爲秉忠將軍胡三省曰漢大將軍府有從事中郎職參謀議安漢昭德秉忠皆劉所置將軍號也 竺雍容敦雅而幹翮非所長 御覽幹作翰 是以待之以上賓之禮未嘗有所統御然賞賜優寵無與爲比芳爲南郡太守與關羽共事而私好攜貳叛迎孫權羽因覆敗竺面縛請罪先主慰諭以兄弟罪不相及崇待如初竺慙恚發病歲餘卒子威官至虎賁中郎將威子照虎騎監 洪飴孫曰虎騎監一人蜀所置掌宿衛士此官蓋與虎步監同如漢武騎常侍之類 自竺至照皆便弓馬善射御云

孫乾字公祐北海人也先主領徐州辟爲從事

鄭玄傳云 鄭玄別傳見魏志高貴鄉公紀甘露三年此云鄭玄傳是否一書未詳 玄薦乾於州乾被辟命玄所舉也

後隨從周旋先主之背曹公遣乾自結袁紹將適荊州乾又與糜竺俱使劉表皆如意指後表與袁尚書說其兄弟分爭之變曰每與劉左將軍孫公祐共論此事未嘗不痛心入骨相爲悲傷也 章樵注本古文苑卷十載劉表與袁尚書云表與左將軍及北海孫公祐共說此事未嘗不痛心入骨相爲悲傷也樵注云左將軍劉玄德北海太守孫公祐時在荊州弼按孫公祐爲北海人非

北海太守也 其見重如此 劉咸炘曰此與劉巴傳引陳羣書皆引他人不足重之語爲重類俗之行狀 先主定益州乾自從事中郎爲秉忠將軍見禮次麋竺與簡雍同等頃之卒

簡雍字憲和涿郡人也少與先主有舊隨從周旋先主至荆州雍與麋竺孫乾同爲從事中郎常爲談客往來使命先主入益州劉璋見雍甚愛之後先主圍成都遣雍往說璋璋遂與雍同輿而載出城歸命先主拜雍爲昭德將軍優游風議性簡傲跌宕在先主坐席猶箕踞傾倚威儀不肅自縱適諸葛亮已下則獨擅一榻項枕臥語無所爲屈 何焯曰視恃舊不虞見誅者度量相越是以當困厄而歸之多也 時天旱禁酒釀者有刑吏於人家索得釀具論者欲令與作酒者同罰雍與先主游觀見一男女行道謂先主曰彼人欲行淫何以不縛先主曰卿何以知之雍對曰彼有

其具與欲釀者同先主大笑而原欲釀者雍之滑稽皆此類也 康發祥曰雍傳無甚建白不過傳其諫禁釀酒刑酒具一事語近滑稽而已其譎諫之旨以視漢東方曼倩有所不逮或附於他傳可耳陳壽特爲立傳似可不必

或曰雍本姓耿幽州人語謂耿爲簡 吳本毛本謂作諸誤 遂隨音變之

伊籍字機伯山陽人 潘眉曰山陽郡名其邑未詳下云少依邑人劉表然則籍山陽高平人也 少依邑人鎭南將軍劉表先主之在荆州籍常往來自託表卒遂隨先主南渡江從入益州益州既定以籍爲左將軍從事中郎見待亞於簡雍孫乾等遣東使於吳孫權聞其才辯欲逆折以辭籍適入拜權曰勞事無道之君乎籍卽對曰一拜一起未足爲勞籍之機捷類皆如此權甚異之 康發祥曰籍傳亦無事績其對孫權不過拜起一語便捷已耳陳壽爲之立傳其以與孔明等共造蜀科乎 後遷昭文將軍 洪飴孫曰蜀置昭文將軍一人 與諸葛亮法正劉巴李嚴共造蜀科蜀科之制由此五人焉 諸葛亮集有科令篇當爲當時涉於科令之文周壽昌曰蜀科雖一時之律令而以諸葛公諸人所造必在律章句之上惜後世無傳也

秦宓字子勑 范書董扶傳作秦密華陽國志作宓錢大昕曰蜀志作宓字子勑當取謹宓之宓世俗借用堂密字 廣漢緜竹人也 緜竹見劉焉傳 少有才學州郡辟命輒稱疾不往奏記州牧劉焉薦儒士任定祖曰昔百里蹇叔以耆艾而定策 史記秦本紀百里傒年已七十餘秦繆公釋其囚與語國事三日大悅授之國政百里傒讓曰臣不及臣友蹇叔繆公使人厚幣迎蹇叔以爲上大夫尚書秦誓篇尚猷詢茲黃髮則罔所愆亦指蹇叔也 甘羅子奇以童冠而立功 史記甘茂傳茂下蔡人羅茂孫年十二事秦相文信侯呂不韋秦封甘羅以爲上卿太史公曰甘羅年少然出一奇計聲稱後世說苑子奇年十八齊君使治阿既行齊君悔遣使追之使者返曰子奇必能矣共載者皆白首者也子奇至阿以私兵戰遂敗魏師 故書美黃髮而易稱顏淵固知選士用能不拘長幼明矣乃者以來海內察舉率多英儁而遺舊齒衆論不齊異同相半此乃承平之翔步非亂世之急務也夫欲救危撫亂修己以安人則宜卓犖超倫與時殊趣震

驚鄰國駭動四方上當天心下合人意天人既和內省不疚雖遭凶亂何憂何懼昔楚葉公好龍神龍下之好僞徹天何況於眞今處士任安 不應州郡辟命曰處士 仁義直道流名四遠如令見察 毛本令作今 則一州斯服昔湯舉伊尹不仁者遠何武貢二龔雙名竹帛 漢書何武傳武字君公蜀郡郫縣人武爲人仁厚好進士奬稱人之善爲楚內史厚兩龔在沛郡厚兩唐及爲公卿薦之朝廷此人顯於世者何侯力也世以此多焉師古曰兩龔龔勝龔舍也兩唐唐林唐遵也 故貪尋常之高而忽萬仞之嵩樂面前之飾而忘天下之譽斯誠往古之所重愼也甫欲鑿石索玉剖蚌求珠今乃隨和炳然有如皎日復何疑哉誠知晝不操燭自有餘光 宋本毛本自作日 但餘情區區 宋本餘作愚 貪陳所見

益部耆舊傳曰安廣漢人少事聘士楊厚 楊厚事見劉焉傳注 究極圖籍游覽京師還家講

授與董扶俱以學行齊聲董扶事見劉焉傳注郡請功曹州辟治中別駕終不久居舉孝廉茂
才太尉載辟除博士公車徵皆稱疾不就州牧劉焉表薦安味精道度厲節高邈揆其
器量國之元寶宜處弼疑之輔以消非常之咎玄纁之禮所宜招命王塗隔塞遂無聘
命年七十九建安七年卒范書儒林傳任安字定祖廣漢緜竹人少游大學受孟氏易兼通數經又從同郡楊厚學圖讖究極其術學終
還家教授諸生自遠而至州牧劉焉表薦之經典釋文序錄後漢任安傳孟氏易門人慕仰爲之碑銘宋本之作立華陽國志云董任循志
束帛戔戔又云弟子杜微何宗杜瓊皆名士至卿佐後丞相亮問秦宓以安所長宓曰記人之善忘人之過
劉璋時宓同郡王商爲治中從事王商事見許靖傳注與宓書曰貧賤困苦亦
何時可以終身卞和衒玉以耀世史記鄒陽傳昔卞和獻寶楚王刖之應劭曰卞和得玉璞獻之武王武王示玉人曰
石也刖右足復獻文王玉人復曰石也刖左足至成王時卞和抱璞哭於郊乃使玉尹攻之果得寶玉宜一來與州尊相見宓
答書曰昔堯優許由非不弘也洗其兩耳楚聘莊周非不廣也執竿
不顧易曰確乎其不可拔夫何衒之有且以國君之賢子爲良輔不
以是時建蕭張之策未足爲智也僕得曝背乎隴畝之中誦顏氏之
簞瓢詠原憲之蓬戶時翺翔於林澤與沮溺之等儔聽玄猿之悲吟
察鶴鳴於九皋安身爲樂無憂爲福處空虛之名居不靈之龜趙一清曰
二語管輅亦云疑古語也知我者希則我貴矣斯乃僕得志之秋也何困苦之戚焉
後商爲嚴君平李弘立祠詳見許靖傳注宓與書曰疾病伏匿甫知足下爲
嚴李立祠可謂厚黨勤類者也觀嚴文章冠冒天下由夷逸操山嶽
不移使揚子不歎固自昭明如李仲元不遭法言令名必淪其無虎
豹之文故也可謂攀龍附鳳者矣如揚子雲潛心著述有補於世泥
蟠不滓行參聖師于今海內談詠厥辭邦有斯人以耀四遠怪子替

茲不立祠堂蜀本無學士文翁遣相如東受七經還教吏民於是蜀
學比於齊魯漢書循吏傳文翁廬江舒人也景帝末爲蜀郡守見蜀地僻陋有蠻夷風文翁欲誘進之乃選郡縣小吏開敏有材者張叔等十餘
人親自飭厲遣詣京師受業博士或學律令蜀地學於京師者比齊魯焉沈欽韓曰常璩蜀志文翁遣雋士張叔等十八人東詣博士受七經還叔爲博士明天文災異
始作春秋章句官至侍中揚州刺史齊召南曰秦宓云文翁遣司馬相如東受七經還教吏民然則相如即文翁所拔以爲蜀人師者其語與地理志所云文翁倡其教
相如爲之師正合但文翁傳及相如傳並無明文蔣超伯曰文翁傳云遣張叔等十餘人宓傳謂遣相如未知何據故地里志曰文翁倡
其教相如爲之師漢書地理志云景武閒文翁爲蜀守教民讀書法令未能篤信道德反以好文刺譏貴慕權勢及司馬相如游宦京師諸
侯以文辭顯於世鄉黨慕循其迹後有王褒嚴遵揚雄之徒文章冠天下繇文翁倡其教相如爲之師漢家得士盛於其世仲
舒之徒不達封禪相如制其禮何焯曰相如雖爲封禪書臨歿乃成未與諸儒共定其禮蜀士多誇往往過實夫
能制禮造樂移風易俗非禮所秩有益於世者乎雖有王孫之累謂相
如與卓王孫女文君通殷勤文君夜亡奔相如也猶孔子大齊桓之霸公羊賢叔術之讓公羊傳昭公三
十一年賢者孰謂謂叔術也何賢乎叔術讓國也叔術有妻嫂之事僕亦善長卿之化司馬相如字長卿蜀郡成都人宜立祠
堂速定其銘先是李權從宓借戰國策宓曰戰國從横用之何爲權
曰仲尼嚴平沈家本曰嚴君平而曰嚴平史中罕見弼按華陽國志即云嚴平恬泊會聚衆書以成春秋指
歸之文錢大昭曰隋書經籍志嚴遵老子指歸十一卷陸德明作十四卷嚴平即嚴君平也故海以合流爲大君子
以博識爲弘宓報曰書非史記周圖仲尼不采道非虛無自然嚴平
不演海以受淤歲一蕩清君子博識非禮不視今戰國反覆儀秦之
術殺人自生亡人自存經之所疾故孔子發憤作春秋大乎居正復
制孝經廣陳德行杜漸防萌預有所抑是以老氏絕禍於未萌豈不
信邪成湯大聖覩野魚而有獵逐之失定公賢者見女樂而棄朝事
史記孔子世家齊人曰孔子爲政必霸霸則吾地近焉我之爲先幷矣於是選齊國中女子好者八十人皆衣文衣而舞康樂文馬三十駟遺魯君往觀終日怠於政事

何焯曰湯𡱝未詳

臣松之案書傳魯定公無善可稱馮本善作業誤宓謂之賢者淺學所未達也趙一清曰定公能用孔子故稱之爲賢者若此輩類爲可勝陳道家法曰不見所欲使心不亂是故天地貞觀元本貞作眞日月貞明其直如矢君子所履洪範記災發於言貌何戰國之譎權乎哉或謂宓曰足下欲自比於巢許四皓何故揚文藻見瓌穎乎康發祥曰宓作遠遊篇其辭曰遠遊何所見所見邈難紀巖穴非我鄰林麓無知己虎則豹之兄鷹則鷂之弟困獸走環岡飛鳥驚巢起猛氣何咆屬陰風起千里遠遊長太息太息遠遊子其辭之瓌穎大都如是宓答曰僕文不能盡言言不能盡意管輅傳注亦有此二語官本考證曰册府作僕聞書不能盡言言不能盡意或曰本文自佳册府反失其意何文藻之有揚乎昔孔子三見哀公言成七卷事蓋有不可嘿嘿也

劉向七略曰漢書藝文志成帝時以書頗散亡使謁者陳農求遺書於天下詔光祿大夫劉向校經傳諸子詩賦步兵校尉任宏校兵書太史令尹咸校數術侍醫李柱國校方技每一書已向輒條其篇目撮其指意錄而奏之會向卒哀帝使向子侍中奉車都尉歆卒父業歆於是總羣書而奏其七略故有輯略有六藝略有諸子略有詩賦略有兵書略有術數略有方技略師古曰輯與集同謂諸書之總要也隋書經籍志七略別錄二十卷劉向撰七略七卷劉歆撰又云漢時劉向別錄劉歆七略剖析條流各有其部山陰姚振宗有七略別錄佚文極詳文繁不備錄孔子三見哀公作三朝記七篇今在大戴禮漢書藝文志孔子三朝七篇師古曰今大戴禮有其一篇蓋孔子對哀公語也三朝見公故曰三朝王應麟曰七篇千乘四代虞戴德誥志小辨用兵少閒也臣松之案中經部中經部詳見魏志王肅傳注有孔子三朝八卷一卷目錄餘者所謂七篇

接輿行且歌論家以光篇漁父詠滄浪賢者以耀章此二人者非有欲於時者也夫虎生而文炳鳳生而五色豈以五采自飾畫哉天性自然也蓋河洛由文興六經由文起君子懿文德采藻其何傷以僕之愚猶恥革子成之誤況賢於己者乎臣松之案今論語作棘子成漢書藝文志論語古二十一篇齊二十二篇魯二十篇傳十九篇經典釋文敘錄云論語者孔子應答弟子及時人所言或弟子相與言而接聞於夫子之語也當時弟子各有所記夫子既終微言已絕弟子恐離居以後各生異見而聖言永滅故相與論撰因輯時賢及古明王之語合成一法謂之論語鄭康成云仲弓子夏等所撰定漢興傳者則有三家魯論語者魯人所傳卽今所行篇次是也齊論語者齊人所傳古論語者出自孔氏壁中張禹受魯論又受齊論擇善而從號曰張侯論行於漢世鄭玄就魯論考之齊古爲之注何晏爲之集解盛行於世子成曰君子質而已矣何以文爲屈於子貢之言故謂之誤也

先主既定益州廣漢太守夏侯纂請宓爲師友祭酒領五官掾師友祭酒五官掾皆郡職稱曰仲父宓稱疾臥在茅舍宋本茅作第趙一清曰寰宇記卷七十三漢州德陽縣有秦宓宅李膺記云三造亭秦子勑之舊宅也守夏侯纂三造門故爲名其宅綿水衝毀僅有餘迹纂將功曹古朴主簿王普廚膳卽宓第宴談宓臥如故纂問朴曰至於貴州養生之具實絕餘州矣不知士人何如餘州也朴對曰乃自先漢以來其爵位者或不如餘州耳至於著作爲世師式不負於餘州也嚴君平見黃老作指歸錢大昭曰嚴氏於黃帝書未見指歸之作疑因老而連及黃耳揚雄見易作太玄見論語作法言司馬相如爲武帝制封禪之文于今天下所共聞也纂曰仲父何如宓以簿擊頰簿手版也趙一清曰春秋左氏傳疏引徐廣車服儀制曰古者貴賤皆執笏今手版也然則笏與簿手版之異名耳秦宓見太守以簿擊頰則漢魏以來皆執手版周壽昌曰左傳衰冕黻珽杜注珽玉笏也若今吏之持簿是魏晉閒稱笏爲簿之證曰願明府勿以仲父之言假於小草民請爲明府陳其本紀蜀有汶阜之山江出其腹帝以會昌神以建福故能沃野千里水經江水注岷山卽瀆山也又謂之汶阜山在徼外江水所導也

河圖括地象曰隋書經籍志河圖二十卷又云光武以圖讖興遂盛行於世宋大明中始禁圖讖隋高祖受禪禁之踰切煬帝卽位搜天下書籍與讖緯相涉者皆焚之自是無復其學矣岷山之地上爲東井絡水經江水注引此作岷山之精上爲井絡帝以會昌神以建福上爲天井左思蜀都賦曰左思集見管寧傳注遠則岷山之精上爲井絡天地運期而會昌景福肹蠁而興作李善注岷山之地上爲東井維絡岷山之精上爲天之井星也上林賦曰肹蠁布寫呂向曰肹蠁濕生蟲蚊類是也其羣望之如氣之布寫也言大福之興有如此蟲羣飛而多也興作皆起也淮濟四瀆江爲其首爾雅釋水篇江河淮濟爲四瀆四瀆者發源注海者也華陽國志卷三云夏書曰岷山導江東別爲沱泉源深盛爲四瀆之首此其一也禹生石紐今之汶山郡是也汶山郡詳見後主傳延熙十年

帝王世紀曰隋書經籍志雜史類帝王世紀十卷皇甫謐撰起三皇盡漢魏二唐志世作代宋志九卷列編年類今存輯本一卷章宗源曰尙書堯典正義曰晉書皇甫謐傳云姑子外弟梁柳得古文尙書故作帝王世紀往往載孔傳五十八篇之書（今晉書謐傳無此語當是逸晉書）玉海書目曰晉正始初安定皇甫謐以漢紀殘缺博案經傳旁觀百家著帝王世紀並年曆合十二篇起太昊帝訖漢獻帝史通論贊篇曰皇甫謐葛洪列具所號續漢志注云蔡邕分星

次與皇甫謐不同謐所列在郡國志史記索隱（五帝紀）云皇甫謐號玄晏先生今所引者是其所作帝王代紀也又云（補三皇紀）案神農之後凡八代事見帝王代紀及古史然古典亡矣譙（譙周）皇二氏皆前代博聞君子考校古書而爲此說豈至今鑿空乎愚按周易繫辭正義引謐紀太皞神農皇帝少皞帝嚳堯舜事禮記正義初學記帝王部類聚帝王部並引之而御覽皇王部所引尤詳（左傳昭公正義引窮桑少皞之號神農本起烈山）其言放勳重華文命爲堯舜禹名尙書正義從之惟取易卦以制象九事謐皆以爲黃帝之功易正義云若如所論則堯舜無事易繫何須連言則皇甫之言未可用也類聚職官部穆王命伯臩（古冏字）爲太僕今尙書君牙伯冏二篇是也此與書序不同（書序命君牙爲大司徒作君牙命伯冏爲周太僕正作冏命）後漢書野王二老傳注鳴條之地謐謂孔安國書注之說爲近御覽州郡部載謐所記都邑其書徵引春秋傳世本戰國策國語秦本紀漢地理志體裁主於考證若仲丁徙囂河亶甲居相祖乙圮於耿謐皆用書序至葛伯仇餉初征自葛則稱古文仲虺之誥又謐言封帝摯於高辛氏本於東海衞宏所傳（二語見御覽皇親部）衞宏從杜林受古文尙書謐得其傳則不徒資諸梁柳矣篇終論贊稱玄晏先生曰羈勒英雄鞭驅天下乃漢高論贊平暴反正遂建中興乃光武論贊（二事見御覽皇王部列玄晏號）是可與史通相證初學記帝王部引魏武進爵魏文受禪御覽皇王部引高貴鄉公爲成濟所害陳留王就國治鄴正符隋志盡漢魏之語宋人書目謂訖漢獻帝誤也宋志入編年類考御覽諸書所引似謐記乃分類爲篇體裁惟在博考故隋唐志並入雜史宋志恐誤鯀納有莘氏女曰志

是爲脩己上山行見流星貫昴夢接意感又吞神珠臆圮胸坼毛本坼作折而生禹於石紐大戴禮記顓頊產鯀鯀產文命是爲禹又曰鯀娶於有莘氏有莘氏之子謂之女志氏產文命吳越春秋鯀娶於有莘氏之女名曰女嬉年壯未孳嬉於砥山得薏苡而吞之因而姙孕剖脅而產高密家於西羌地曰石紐石紐在蜀西川也譙周蜀本紀曰禹本汶山廣柔縣人也生於石紐其地名刳兒坪見世帝紀郡國志蜀郡廣柔劉昭注引帝王世紀曰禹生石紐縣有石紐邑王先謙曰廣柔縣三國蜀改屬汶山郡一統志廣柔故城今四川茂州汶川縣西北石紐村在汶川縣西北方輿紀要七十三石紐山在龍安府石泉縣治南一里

昔堯遭洪水鯀所不治禹疏江決河東注于海爲民除害生民已來功莫先者此其二也天帝布治房心決政參伐參伐則益州分野何焯曰漢書地理志蜀系秦分統于輿鬼東井參伐乃魏地星也此云參伐則益州分野未詳三皇乘祇車出谷口今之斜谷是也白虎通三皇謂伏羲神農燧人也或曰伏羲神農祝融也

蜀記曰三皇乘祇車出谷口未詳宓所由知爲斜谷也

此便鄙州之阡陌明府以雅意論之何若於天下乎於是夤逡巡無以復答益州辟宓爲從事祭酒先主既稱尊號將東征吳宓陳天時必無其利坐下獄幽閉然後貸出貸原也赦也建興二年丞相亮領益州牧選宓迎爲別駕尋拜左中郎將長水校尉吳遣使張溫來聘百官皆往餞焉衆人皆集而宓未往亮累遣使促之溫曰彼何人也亮曰益州學士也及至溫問曰君學乎宓曰五尺童子皆學何必小人溫復問曰天有頭乎宓曰有之溫曰在何方也宓曰在西方詩曰乃眷西顧以此推之頭在西方溫曰天有耳乎宓曰天處高而聽卑詩云鶴鳴九皋宋本鳴下有于字聲聞于天若其無耳何以聽之溫曰天有足乎宓曰有詩云天步艱難之子不猶若其無足何以步之溫曰天有

姓乎宓曰有溫曰何姓宓曰姓劉溫曰何以知之答曰天子姓劉故以此知之溫曰日生於東乎宓曰雖生於東而沒於西答問如響應聲而出於是溫大敬服宓之文辯皆此類也遷大司農四年卒初宓見帝系之文五帝皆同一族宓辯其不然之本又論皇帝王霸養龍之說何焯曰養當作象甚有通理譙允南少時數往諮訪記錄其言於春秋然否論潘眉曰此五經然否論之一文多故不載

評曰許靖夙有名譽既以篤厚爲稱又以人物爲意雖行事舉動未悉允當蔣濟以爲大較廊廟器也

萬機論論許子將曰許文休者大較廊廟器也而子將貶之若實不貴之是不明也誠令知之蓋善人也盧明楷曰善人或疑作人善然此句文義殊晦夫文休本廊廟之器而子將貶之不知則咎在不明知之又近於蔽善兩

無當也

麋竺孫乾簡雍伊籍皆雍容風議見禮於世秦宓始慕肥遯之高而無若愚之實然專對有餘文藻壯美可謂一時之才士矣何焯曰承祚此書大趣簡質而獨推秦子勅之文藻異於諸傳斯則文無定體之謂邪劉咸炘曰陳壽師譙周而宓乃周所嚴事從聞其文論而載之耳其文皆佳載之可代文苑傳

蜀書八　三國志三十八

蜀書九　三國志三十九

董劉馬陳董呂傳第九

劉咸炘曰董和參署府事馬良董允陳祗皆爲侍中劉巴陳震董允陳祗呂乂俱爲尚書令故合之

晉 平 陽 侯 相 安 漢 陳 壽 撰

宋 中 書 侍 郎 西 鄉 侯 聞 喜 裴 松 之 注

沔 陽 盧 弼 集 解

董和字幼宰南郡枝江人也郡國志荆州南郡枝江一統志枝江故城今湖北荆州府枝江縣東謝鍾英曰當在今松滋縣北當陽縣南劉家立曰距枝江縣有鎮曰董市今尙題曰漢董幼宰故里其先本巴郡江州人巴郡治江州見劉璋傳漢末和率宗族西遷沈家本曰此文疑有脫誤若由巴郡是東遷非西遷也且和既遷南郡又安得仕於益州牧劉璋哉疑本云巴郡江州人也其先本南郡枝江人於下文方合弼按解作由南郡西遷亦可通益州牧劉璋以爲牛鞞原注音髀江原長郡國志益州犍爲郡牛鞞蜀郡江原一統志牛鞞故城今成都府簡州東江原故城今成都府重慶州東南成都令蜀土富實毛本實作貴

時俗奢侈貨殖之家侯服玉食婚姻葬送傾家竭產和躬率以儉惡衣蔬食防遏踰僭爲之軌制所在皆移風變善畏而不犯然縣界豪彊憚和嚴法說璋轉和爲巴東屬國都尉巴東屬國見後主傳延熙十一年涪陵屬國注吳增僅曰建安六年劉璋分巴郡置巴東屬國治涪陵建安末先主改屬國爲涪陵郡吏民老弱相攜乞留和者數千人璋聽留二年還遷益州太守其清約如前與蠻夷從事務推誠心南土愛而信之先主定蜀徵和爲掌軍中郎將掌軍中郎將一人蜀所置與軍師將軍諸葛亮並署左將軍大司馬府事胡三省曰署府事者總錄軍府事也何焯曰董和並署李嚴並託皆所慰蜀士大夫之心特幼宰端良正方傾邪耳若使黃公衡不因喪敗隔絕則受遺當屬斯人不傷昭烈之明矣獻可替否共爲歡交自和居官食祿外牧殊域內幹機衡幹疑作斡二十餘年死之日家無儋石之財亮後爲丞相教與羣下曰夫參署者集衆思廣忠益也胡三省曰參署謂所行之

事參其同異畧而行之也 若遠小嫌難相違覆曠闕損矣 胡三省曰違異也覆審也難於違異難於覆審則事有曠闕損矣遠于願翻 違覆而得中猶棄弊蹻而獲珠玉 胡三省曰蹻訖約翻屐也草履也 然人心苦不能盡惟徐元直處茲不惑又董幼宰參署七年事有不至至于十反來相啟告 胡三省曰此所謂相違覆也 苟能慕元直之十一幼宰之殷勤有忠於國則亮可少過矣又曰昔初交州平 胡三省曰亮躬耕隴畝與崔州平徐庶等友善 屢聞得失後交元直勤見啟誨前參事於幼宰每言則盡後從事於偉度數有諫止雖姿性鄙暗不能悉納然與此四子終始好合亦足以明其不疑於直言也其追思和如此 或曰和傳末無子允自有傳之語何也

偉度者 趙一清曰此注脫書名 姓胡名濟義陽人 義陽見魏志明紀景初元年 爲亮主簿 此與姜維傳之鎭西大將軍胡濟或別爲一人 有忠藎之效故見褒述亮卒爲中典軍統諸軍封成陽亭侯遷中監軍前將軍督漢中假節領兗州刺史至右驃騎將軍濟弟博歷長水校尉尚書

劉巴字子初零陵烝陽人也 郡國志荆州零陵郡烝陽顧祖禹曰吳改屬衡陽郡故城在今湖南衡州府衡陽縣西一百七十里 少知名 零陵先賢傳曰巴祖父曜蒼梧太守父祥江夏太守盪寇將軍時孫堅舉兵討董卓以南陽太守張咨不給軍糧殺之祥與同心南陽士民由此怨祥舉兵攻之與戰敗亡劉表亦素不善祥拘巴欲殺之 李清植曰本傳下文云荆州牧劉表連辟及舉茂才皆不就則表初未必有欲殺巴之事此蓋零陵先賢傳傳訛之談 數遣祥故所親信人密詐謂巴曰劉牧欲相危害可相隨逃之如此再三巴輒不應具以報表 監本具作且 表乃不殺巴年十八郡署戶曹史主記主簿劉先主欲遣周不疑就巴學 陳浩曰主記疑作主計劉先主主字疑衍劉表傳中別駕劉先是其人也周壽昌曰記亦通計且疑其時有主記一官猶書記也先主主字似非衍觀巴辭謝書有云欲令賢甥擢鸞鳳之翼游燕雀之宇此豈對常人語乎惜周不疑無考劉先亦別無所見也弼按劉先之甥周不疑事詳見魏志劉表

傳注引零陵先賢傳是劉先之下主字宜衍周說誤 巴答曰昔游荆北時涉師門記問之學不足紀名內無楊朱守靜之術外無墨翟務時之風猶天之南箕虛而不用賜書乃欲令賢甥擢鸞鳳之翼游燕雀之宇將何以啓明之哉愧於有若無實若虛何以堪之

荆州牧劉表連辟及舉茂才皆不就表卒曹公征荆州先主奔江南荆楚羣士從之如雲而巴北詣曹公曹公辟爲掾使招納長沙零陵桂陽 三郡俱見先主傳 零陵先賢傳曰曹公敗於烏林 烏林詳見魏志武紀建安十三年赤壁注吳志魯肅傳注引吳書云關羽曰烏林之役左將軍身在行閒胡三省曰卽謂赤壁之戰也 還北時欲遣桓階階辭不如巴巴謂曹公曰劉備據荆州不可也公曰備如相圖孤以六軍繼之也

會先主略有三郡巴不得反使遂遠適交阯 交阯見劉焉傳 零陵先賢傳云巴往零陵事不成欲游交州道還京師時諸葛亮在臨烝 臨烝見諸葛亮傳注 巴與亮書曰乘危歷險到值思義之民自與之衆承天之心順物之性非余身謀所能勸動若道窮數盡將託命於滄海不復顧荆州矣亮追謂曰劉公雄才蓋世據有荆土莫不歸德天人去就已可知矣足下欲何之巴曰受命而來不成當還此其宜也足下何言邪

先主深以爲恨巴復從交阯至蜀 零陵先賢傳曰巴入交阯更姓爲張與交阯太守士燮計議不合乃由牂牁道去 元本道作逌 爲益州郡所拘留太守欲殺之主簿曰此非常人不可殺也主簿請自送至州見益州牧劉璋璋父焉昔爲巴父祥所舉孝廉見巴驚喜每大事輒以咨訪 臣松之案劉焉在漢靈帝時已經宗正太常出爲益州牧祥始以孫堅作長沙時爲江夏太守不得

舉爲孝廉明也

俄而先主定益州巴辭謝罪負先主不責何焯曰昭烈初定蜀士人懷反側其加意於劉子初即高帝封雍齒之意也

零陵先賢傳曰璋遣法正迎劉備巴諫曰備雄人也何焯校改作人雄入必爲害不可內也既入巴復諫曰若使備討張魯是放虎於山林也璋不聽巴閉門稱疾備攻成都令軍中曰其有害巴者誅及三族毛本誅作夷及得巴甚喜

而諸葛孔明數稱薦之潘眉曰史例宜稱名此非是先主辟爲左將軍西曹掾

零陵先賢傳曰張飛嘗就巴宿巴不與語飛遂忿恚諸葛亮謂巴曰張飛雖實武人敬慕足下主公今方收合文武馮本合作拾以定大事足下雖天素高亮官本考證曰元本作天分素高亮多宜少降意也巴曰監本曰作日誤大丈夫處世當交四海英雄如何與兵子共語乎備

聞之監本聞作問誤怒曰孤欲定天下而子初專亂之其欲還北假道於此豈欲成孤事邪備又曰子初才智絕人如孤可任用之非孤者難獨任也亮亦曰運籌策於帷幄之中吾不如子初遠矣何焯曰子初粗有筆耳此助而張之遺作劉葛之語也若提枹鼓會軍門使百姓喜勇當與人議之耳初攻劉璋備與士衆約若事定府庫百物孤無預焉及拔成都士衆皆捨干戈赴諸藏競取寶物軍用不足備甚憂之巴曰易耳但當鑄直百錢平諸物賈令吏爲官市備從之數月之閒府庫充實何焯曰必無此事錢至直百豈復可以通行初得一州公私罄然是五均之續也以張益德傳中頒賜之差觀之則聽其赴藏競取亦不然矣梁章鉅曰洪遵泉志云蜀直百錢建安十九年劉備鑄舊譜云徑七分重四銖又直百五銖錢徑一寸一分重八銖文曰五銖直百又有傳形五銖錢顧烜曰傳形五銖今所謂蜀錢時有勒爲直百者亦有勒爲五銖者大小稱量如一三吳諸縣行之

建安二十四年先主爲漢中王巴爲尚書後代法正爲尚書令躬履清儉不治產業又自以歸附非素懼見猜嫌恭默守靜退無私交非公事不言

零陵先賢傳曰是時中夏人情未一聞備在蜀四方延頸而備銳意欲即眞巴以爲如此示天下不廣且欲緩之與主簿雍茂諫備備以他事殺茂由是遠人不復至矣李清植曰本傳下文凡諸文誥冊命皆巴所作則先主之稱尊號巴亦未以爲非也零陵先賢傳蓋勸敵國謗誹之辭亦不足信劉家立曰此注與正傳情事不合不足爲信松之偶疏於刊正耳

先主稱尊號昭告于皇天上帝后土神祇凡諸文誥策命皆巴所作也文誥冊命固尚書所典也章武二年卒卒後魏尚書僕射陳羣與丞相諸葛亮書問巴消息稱曰劉君子初甚敬重焉

零陵先賢傳曰輔吳將軍張昭嘗對孫權論巴褊阨不當拒張飛太甚權曰若令子初隨世浮沈宋本作沈浮容悅玄德交非其人何足稱爲高士乎

馬良字季常襄陽宜城人也宜城見先主傳又見魏志杜夔傳注三國魏改屬襄陽郡兄弟五人並有才名鄉里爲之諺曰馬氏五常白眉最良良眉中有白毛故以稱之先主領荊州辟爲從事及先主入蜀諸葛亮亦從後往良留荊州與亮書曰聞雒城已拔此天祚也尊兄應期贊世配業光國魄兆見矣尚書武成篇旁死魄又曰既生魄康誥曰惟三月哉生魄陸德明音義云月始生魄然貌

臣松之以爲良蓋與亮結爲兄弟或相與有親亮年長良故呼亮爲尊兄耳周壽昌曰後漢書趙岐之稱皇甫爲仁兄此傳馬良之稱諸葛爲尊兄展敬聯情均此誼也

夫變用雅慮審貴垂明於以簡才宜適其時若乃和光悅遠邁德天壤使時閑於聽世服於道齊高妙之音正鄭衞之聲並利於事無相奪倫此乃管絃之至牙曠之調也雖非鍾期敢不擊節先主辟良爲

左將軍掾後遣使吳良謂亮曰今銜國命協穆二家幸爲良介於孫將軍亮曰君試自爲文良卽爲草曰寡君遣掾馬良通聘繼好以紹昆吾豕韋之勳 史記楚世家陸終生子六人其長一曰昆吾昆吾氏夏之時嘗爲侯伯國語鄭語大彭豕韋爲商伯矣韋注云豕韋彭姓之別封於豕韋者也殷衰二國相繼爲商伯 其人吉士 宋元本其作奇 荆楚之令 爾雅釋詁令善也 鮮於造次之華 機辯捷對皆造次之華也 而有克終之美願降心存納以慰將命權敬待之先主稱尊號以良爲侍中及東征吳遣良入武陵招納五溪蠻夷 武陵五溪蠻夷均詳見先主傳水經沅水注沅水又東與序溪合水出武陵郡義陵縣縣治序溪其城劉備之秭歸馬良出五溪綏撫蠻夷良率諸蠻所築也所治序溪最爲沃壤趙一清曰義陵縣後漢廢先主軍次秭歸遣馬良安撫五溪蠻夷良所築城卽故義陵城也之猶往也 蠻夷渠帥皆受印號咸如意指 監本官本指作旨 會先主敗績於夷陵 夷陵見魏志文紀黃初三年 良亦遇害先主拜良子秉爲騎都尉良弟謖字幼常以荆州從事隨先主入蜀除緜

竹成都令越巂太守才器過人好論軍計丞相諸葛亮深加器異先主臨薨謂亮曰馬謖言過其實不可大用君其察之亮猶謂不然 毛本官本無謂字宋本有之朱璘曰先主於永安病篤始召孔明於成都託孤之外不聞品評一人何於馬謖諄諄邪且孔明之事先主極其謹愼平日無一事任意而行者設果有是命必詳加審察何至竟云亮以爲不然是可疑也知人則哲古帝難之馬謖之敗孔明引咎所謂日月之食也惟此數語若出於事後之附會不可不辨朱邦衡曰當日託孤事勢危迫宿將如子龍時望如陳震董和不聞一及馬謖是時名位卑微亦未顯有過失先主何以預爲丁寧朱氏之辨甚是 以謖爲參軍每引見談論自晝達夜

襄陽記曰建興三年亮征南中謖送之數十里亮曰雖共謀之歷年今可更惠良規 局本可作曰誤 謖對曰南中恃其險阻 宋本阻作遠通鑑同 不服久矣雖今日破之明日復反耳今公方傾國北伐以事彊賊彼知官勢內虛 胡三省曰漢俗謂天子爲縣官亦謂爲國家官執猶言國執也 其叛亦速若殄盡遺類以除後患既非仁者之情且又不可倉卒也夫用兵之道攻心爲上攻城爲下心戰爲上兵戰爲下願公服其心而已 胡三省曰此馬謖所以爲善論軍計者也 亮納其策赦孟獲以服南方故終亮之世南方不敢復反

建興六年亮出軍向祁山 祁山見後主傳 時有宿將魏延吳壹等論者皆言以爲宜令爲先鋒而亮違衆拔謖統大衆在前與魏將張郃戰于街亭 街亭今甘肅秦州秦安縣東北見諸葛亮傳 爲郃所破 謖至街亭高詳屯列柳城張郃擊謖郭淮攻詳營皆破之見魏志郭淮傳 士卒離散亮進無所據退軍還漢中謖下獄物故 物故詳見劉璋傳注趙一清曰同時敗者尙有高詳又謖之受誅亦以軍敗而逃耳見向朗傳潘眉曰劉琰傳書琰竟棄市周羣傳書裕遂棄市或云伏辜或云伏誅無書物故者輔臣贊注馬謖敗績亮殺之王平傳丞相亮誅馬謖諸葛亮傳戮謖以謝衆謖之見殺明矣物故之稱似乖史例周壽昌曰街亭之敗戮謖謝衆已見於諸葛本傳矣卽此注引襄陽記謖引殛鯀之語蔣琬述楚殺得臣之言習鑿齒爲殺有益之人之論是謖被誅無可疑者此傳忽稱謖下獄物故似是獄中瘦死者然疑物故是誅之二字之誤 亮爲之流涕良死時年三十六謖年三十九

襄陽記曰謖臨終與亮書曰明公視謖猶子謖視明公猶父願深惟殛鯀興禹之義使平生之交不虧於此謖雖死無恨於黃壤也于時十萬之衆爲之垂泣亮自臨祭待其遺孤若平生 胡三省曰殺之者王法也恩之者故人之情不忘也 蔣琬後詣漢中謂亮曰昔楚殺得臣然後文公喜可知也 胡三省曰左傳晉文公及楚子玉得臣戰于城濮楚師敗績晉入楚軍三日穀文公猶有憂色曰得臣猶在憂未歇也及楚殺得臣然後喜可知也杜預曰謂喜見於顏色 天下未定而戮智計之士豈不惜乎 胡三省曰觀此則蔣琬亦重謖矣 亮流涕曰孫武所以能制勝於天下者用法明也 胡三省曰孫子始計篇曰法令孰行言法令行者必勝也故其教吳宮美人兵必殺吳王寵姬二人以明其法 是以楊干亂法魏絳戮其僕 胡三省曰左傳曰悼公合諸侯其弟楊干亂行魏絳戮其僕悼公謂魏絳能以刑佐民使佐新軍 四海分裂兵交方始若復廢法何用討賊邪 習鑿齒曰諸葛亮之不能兼上國也豈不宜哉夫晉人規林父之後濟故廢法而收功楚成闇得臣之益己故殺之以重敗今蜀僻陋一方才少上國而殺其俊傑退收駑下之用明法勝才不師三敗之

道將以成業不亦難乎且先主誡謖之不可大用豈不謂其非才也亮受誡而不獲奉承明謖之難廢也爲天下宰匠欲大收物之力而不量才節任隨器付業知之大過則違明主之誡裁之失中卽殺有益之人難乎其可與言智者也何焯曰魏延吳壹輩皆蜀之宿將亮不用爲先鋒而違衆用謖其心已不樂矣今謖敗而不誅則此輩必益曉曉而後來者將有以藉口豈不惜一人而亂大事乎凡亮之治蜀所以能令人無異議者徒以其守法嚴而用情公也習氏之論亦不達於當時之勢矣錢振鍠曰向朗傳朗素與馬謖善謖逃亡朗知情不舉亮恨之免官據此則謖軍敗後嘗畏罪而逃逃而被獲於是乎其罪不可赦不然未必見戮也馬良傳謂謖下獄物故蓋馬氏私書而未改

陳震字孝起南陽人也先主領荊州牧辟爲從事部諸郡隨先主入蜀蜀既定爲蜀郡北部都尉因易郡名爲汶山太守汶山郡詳見後主傳延熙十年錢大昕曰據後漢書西南夷傳汶山立郡其來已久或漢末仍復并省至先主定蜀後復爲郡也趙一清曰晉太康地志云蜀漢時復置沈家本曰宋書州郡志亦云汶山郡劉氏立而范史西南夷傳云靈帝時復分蜀郡北部爲汶山郡未詳孰是轉在犍爲犍爲郡見劉焉傳建興三年入拜

尚書遷尚書令奉命使吳七年孫權稱尊號以震爲衞尉賀權踐阼諸葛亮與兄瑾書曰孝起忠純之性老而益篤及其贊述東西歡樂和合有可貴者震入吳界移關候曰東之與西驛使往來冠蓋相望申盟初好日新其事東尊應保聖祚告燎受符剖判土宇天下響應各有所歸於此時也以同心討賊則何寇不滅哉西朝君臣引領欣賴震以不才得充下使奉聘敘好踐界踊躍入則如歸獻子適魯犯其山諱周壽昌曰左傳申繻曰先君獻武廢二山蓋具敖魯兩山名獻公名具武公名敖此魯之山諱也又案晉語范獻子聘於魯問具山敖山魯人以其鄉對獻子曰不爲具敖乎對曰先君獻武之諱也春秋譏之望必啟告使行人睦爲卽日張旍誥衆各自約誓順流漂疾國典異制懼或有違幸必斟誨示其所宜震到武昌孫權與震升壇歃盟盟詞見孫權傳黃龍元年交分天下以徐豫幽青屬吳并涼冀兗屬蜀其司州之土以函谷關爲界胡三省曰漢武帝置司隸校尉所部三輔三河諸郡其界西得雍州之京兆扶風馮翊三郡北得冀州之河東河內二郡東得豫州之河南弘農二郡位望隆乎牧伯銀印青綬在十三部刺史之上後漢省朔方刺史以隸并州合司隸於十三部之數魏以司隸所部河東河南河內弘農并冀州之平陽合五郡置司州以三輔還屬雍州此言司州以函谷關爲界以漢司隸所部分之也震還封城陽亭侯九年都護李平坐誣罔廢諸葛亮與長史蔣琬侍中董允書曰孝起前臨至吳爲吾說正方腹中有鱗甲李嚴字正方鄉黨以爲不可近吾以爲鱗甲者但不當犯之耳不圖復有蘇張之事出於不意胡三省曰謂蘇秦張儀捭闔其說以反覆諸侯之閒今李平復爲之通鑑輯覽曰腹中鱗甲不圖蘇張云云語涉恢諧賢如孔明倘有此語可知其時人心風俗也可使孝起知之十三年震卒子濟嗣

董允字休昭掌軍中郎將和之子也先主立太子允以選爲舍人徙洗馬太子舍人見魏志明紀青龍三年太子洗馬見倉慈傳趙一清曰漢書百官公卿表太子太傅少傅屬官有先馬舍人後漢百官志舍人二百石更直宿

衞如三署郎中洗馬比六百石職如謁者太子出則當直者在前導威儀後主襲位遷黃門侍郎丞相亮將北征住漢中慮後主富於春秋朱紫難別以允秉心公亮欲任以宮省之事上疏曰何焯曰此疏已載諸葛本傳此傳及向寵傳中可勿重出侍中郭攸之費禕侍郎董允等先帝簡拔以遺陛下至於斟酌規益進盡忠言則其任也愚以爲宮中之事事無大小悉以咨之必能裨補闕漏有所廣益若無興德之言則戮允等以彰其慢亮尋請禕爲參軍允遷爲侍中領虎賁中郎將統宿衞親兵攸之性素和順備員而已何焯曰既任宮省兼統宿衞孔明蓋用周公立政之言治內也時來敏爲中郎將丞相駐漢中請爲軍祭酒故休昭兼領之和順與公亮者相參並在左右則剛之使平徐以養成君德無睽否之憂矣趙一清曰廖立傳立曰中郎郭演長從人者耳不足以經大事而作侍中演豈攸之之名乎康發祥曰承祚不爲攸之立傳於此二語可見楚國先賢傳曰攸之南陽人以器業知名於時

獻納之任允皆專之矣允處事爲防制甚盡匡救之理後主常欲采擇以充後宮允以爲古者天子后妃之數不過十二今嬪嬙已具不宜增益終執不聽後主益嚴憚之尚書令蔣琬領益州刺史上書以讓費禕及允宋本書作疏又表允內侍歷年翼贊王室宜賜爵土以褒勳勞允固辭不受後主漸長大愛宦人黃皓皓便僻佞慧僻當作辟欲自容入允常上則正色匡主下則數責於皓皓畏允不敢爲非終允之世皓位不過黃門丞康發祥曰此數語寫得方正嚴恪裁抑閹寺最得大臣之體嗣是陳祗代允爲侍中與黃皓互相表裏操弄威福終至覆國噫進退之權操於宰執興亡之機勢不旋踵黃皓之佞幸不足責陳祗身爲大臣相與朋比易曰開國承家小人勿用陳祗之謂也詩曰人之云亡邦國殄瘁董允之謂也先後相形厥旨微矣允嘗與尚書令費禕中典軍胡濟等胡濟見董和傳注共期游宴嚴駕已辦而郎中襄陽董恢詣允脩敬恢年少官微見允停出逡巡求去允不許曰本所以出者欲與同好游談也今君已自屈方展闊積捨此之談就彼之宴非所謂也乃命解驂禕等罷駕不行其守正下士凡此類也

襄陽記曰董恢字休緒襄陽人入蜀以宣信中郎副費禕使吳孫權嘗大醉問禕曰楊儀魏延牧豎小人也雖嘗有鳴吠之益於時務然既已任之勢不得輕若一朝無諸葛亮必爲禍亂矣諸君憒憒胡三省曰憒古對翻釋曰心亂也曾不知防慮於此豈所謂貽厥孫謀乎禕愕然四顧視不能即答費禕傳云諸葛恪羊衜等論難鋒至禕據理以答終不能屈此蓋襄陽記欲彰董恢之美遂不覺其辭之誣設禕不能專對何以諸葛亮妙簡使才而禕類煩至吳乎恢目禕曰可速言儀延之不協起於私忿耳而無黥韓難御之心也黥布韓信也方今埽除强賊宋本作今方混一區夏功以才成業由才廣若捨此不任防其後患是猶備有風波而逆廢舟楫非長計也權大笑樂諸葛亮聞之以爲知言還未滿三日辟爲丞相府屬遷巴郡太守　臣松之案漢晉春秋亦載此語不云董恢所教辭亦小異此二書俱出習氏而不同若此本傳云恢年少官微若已爲丞相府屬出作巴郡毛本出則巴郡則字誤則官不微矣以此疑習氏之言爲不審的也

延熙六年加輔國將軍七年以侍中守尚書令允代禕爲尚書令欲斆禕之所行事多愆滯見費禕傳注爲大將軍費禕副貳九年卒

華陽國志曰時蜀人以諸葛亮、蔣琬費禕及允爲四相一號四英也

陳祗代允爲侍中與黃皓互相表裏皓始預政事祗死後皓從黃門令爲中常侍奉車都尉操弄威柄終至覆國蜀人無不追思允或曰民思主怨不言端而端自見又曰此篇多因事附見殊有深微之旨不特綜事無遺爲貴也及鄧艾至蜀聞皓姦險收閉將殺之而皓厚賂艾左右得免祗字奉宗汝南人許靖兄之外孫也少孤長於靖家弱冠知名稍遷至選曹郎矜厲有威容多技藝挾數術費禕甚異之故超繼允內侍呂乂卒祗又以侍中守尚書令胡三省曰祗爲尚書令黃皓自此愈用事矣弼按事在延熙十四年魏嘉平三年也加鎮軍將軍大將軍姜維雖班在祗上常率衆在外希親朝政祗上承主指下接閹豎深見信愛權重於維景耀元年卒後主痛惜發言流涕乃下詔曰祗統職一紀柔嘉惟則幹肅有章和義利物庶績允明命不融遠朕用悼焉夫存有令問則亡加美謚謚曰忠侯賜子粲爵關內侯拔次子裕爲黃門侍郎自祗之有寵後主追怨允日深謂爲自輕由祗媚茲一人皓搆閒浸潤故耳允孫宏晉巴西太守

臣松之以爲陳羣子泰陸遜子抗傳皆以子繫父不別載姓及王肅杜恕張承顧劭之

流莫不皆然惟董允獨否未詳其意當以允名位優重事跡踰父故邪何焯曰允事關蜀存亡故與和傳別出沈家本曰允既與父和同傳自當幷於和傳之後中閒不應隔以劉巴等三人如謂允位望重於一時應立專傳似不便與父和同在一卷此似可議裴氏回互之辭未必是也何義門以爲允事關蜀存亡故與和傳別出其說誠爲有見惟旣別出卽不當同卷也周壽昌曰允以名位優重事跡踰父專爲一傳猶可言也獨以陳祗之佞黃皓之奸附列傳內題曰書名則驥蹇同驅蘭艾並進未免不倫允之傳允之辱也劉咸炘曰倘云陳祗黃皓附董允傳者以允旣卒祗皓互相表裏皓始預政事著皓之覆國實祗爲罪魁也允不與父同傳者以其係漢之存亡如漢書之元后不與外戚同傳也史例隨時而變初無定體裴氏不察以爲子應係父不可別載然鍾會與繇諸葛恪與父瑾亦未嘗同傳但隔卷耳按陳董呂相代司樞機故連文此圖神之遺也不必如倘說元后更非此比夏侯玄陳表並有騂角之美論語子謂仲弓曰犂牛之子騂且角雖欲勿用山川其舍諸集解云犂雜文騂赤也角者角周正中犧牲雖欲以其所生犂而不用山川寧肯舍之乎言父雖不善害於子之美而亦如泰者魏書總名此卷云諸夏侯曹傳故不復稍加品藻陳武與表俱至偏將軍以位不相過故也

呂乂字季陽南陽人也父常送故將軍劉焉入蜀朱邦衡曰軍字當衍焉爲南陽太守乂之郡將也

値王路隔塞遂不得還乂少孤好讀書鼓琴初先主定益州置鹽府校尉王連傳作司鹽校尉較鹽鐵之利後校尉王連請乂及南陽杜祺南鄉劉幹等南鄉見魏志鍾繇傳注引先賢行狀晉書地理志建安十三年魏武盡得荊州之地分南陽西界立南鄉郡輿地廣記魏置南鄉郡治南鄉水經丹水注丹水又南逕南鄉縣故城東北漢建安中割南陽右壤爲南鄉郡逮晉封宣帝孫暢爲順陽王因立爲順陽郡而南鄉爲縣舊治酇城馬與龍曰舊治酇城者謂順陽郡治酇也晉志可證未改順陽以前南鄉爲郡治也並爲典曹都尉錢大昭曰典曹疑典農之誤沈家本曰此鹽府校尉所請則非典農事者曹字未必誤王連傳云遷司鹽校尉於是簡取良材以爲官屬若呂乂杜祺劉幹等此典曹都尉官屬也乂遷新都緜竹令乃心隱卹百姓稱之爲一州諸城之首遷巴西太守丞相諸葛亮連年出軍調發諸郡多不相救乂募取兵五千人詣亮慰喩檢制無逃竄者徙爲漢中太守兼領督農供繼軍糧亮卒累遷廣漢蜀郡太守蜀郡一都之會戶口衆多又亮卒之後士伍亡命更相重冒周壽昌曰卽今虛籍僞名項替冒充之類姦巧非一乂到官爲之防禁開喩勸導數年之中漏脫自出者萬餘口後入爲尚書代董允爲尚書令衆事無留門無停賓乂歷職內外治身儉約謙靖少言爲政簡而不煩號爲清能然持法刻深好用文俗吏故居大官名聲損於郡縣延熙十四年卒子辰景耀中爲成都令辰弟雅謁者雅清厲有文才著恪論十五篇宋本恪作格姚振宗曰當從傳注引襄陽記羅憲於泰始中薦高陽呂雅高陽實南陽之譌則雅當爲晉人杜祺歷郡守監軍大將軍司馬劉幹官至巴西太守皆與乂親善亦有當時之稱而儉素守法不及於乂

評曰董和蹈羔羊之素詩召南羔羊篇序云召南之國化文王之政在位皆節儉正直德如羔羊也劉巴履清尙之節馬良貞實稱爲令士陳震忠恪老而益篤董允匡主義形於

色皆蜀臣之良矣呂乂臨郡則垂稱處朝則被損亦黃薛之流亞矣漢書循吏傳黃霸字次公淮陽陽夏人爲潁川太守外寬內明得吏民心戶口歲增治爲天下第一代邴吉爲丞相霸材長於治民及爲丞相總綱紀號令風采不及丙魏于定國功名損於治郡時又薛宣傳宣字贛君東海郯人爲臨淮太守政教大行後代張禹爲丞相官屬譏其煩碎無大體不稱賢也

劉彭廖李劉魏楊傳第十

晉　平陽侯相　安漢　陳壽　撰

宋　中書侍郎　西鄉侯　聞喜　裴松之　注

沔陽　盧弼　集解

劉封者本羅侯寇氏之子左傳桓公十三年楚屈瑕伐羅杜注羅熊姓國在宜城縣西山中後徙南郡枝江縣漢書地理志長沙國羅應劭曰楚文王徙羅子自枝江居此郡國志南郡枝江侯國本羅國長沙郡羅水經江水注枝江故羅國蓋羅徙也羅故居宜城西山楚文王又徙之于長沙今羅縣是矣湘水注汨水又西逕羅縣北本羅子國也故在襄陽宜城縣西楚文王移之于此秦立長沙郡因以爲縣水亦謂之羅水一統志羅縣故城在今湖南長沙府湘陰縣東北弼按宜城爲羅故國一遷於枝江再遷於長沙也趙一清曰羅侯地名傳言繼統羅國豈寇恂之後有封於羅者乎沈家本曰寇恂封雍奴侯其後有徙封者無可考郡國志長沙郡屬縣羅不言是侯國則羅國之封在永和五年後也長沙劉氏之甥也先主至荊州以未有繼嗣養封爲子及先主入蜀自葭萌還攻劉璋時封年二十餘有武藝氣力過人將兵俱與諸葛亮張飛等泝流西上所在戰克益州既定以封爲副軍中郎將何焯曰副軍之名失之尊寵太過是以事當慎始洪飴孫曰副軍中郎將一人蜀所置

初劉璋遣扶風孟達副法正達爲孟他之子詳見明紀太和元年注引三輔決錄各將兵二千人使迎先主先主因令達并領兵衆宋本兵作其郝書作正留屯江陵蜀平後以達爲宜都太守宜都郡見先主傳章武元年張勃吳錄云劉備分南郡立宜都郡領夷道佷山夷陵三縣建安二十四年命達從秭歸北攻房陵秭歸見劉璋傳房陵今湖北鄖陽府房縣治詳見魏志文紀延康元年注引魏略以孟達領新城太守注房陵太守蒯祺爲達兵所害胡三省曰房陵縣本屬漢中郡此郡疑劉表所置使蒯祺守之否則祺自立也達將進攻上庸上庸今湖北鄖陽府竹山縣東南詳見魏志武紀建安二十年注先主陰恐達難獨任乃遣封自漢中乘沔水下統達軍與達會上庸上庸太守申耽舉衆降

遣妻子及宗族詣成都先主加耽征北將軍領上庸太守員鄉侯如故周壽昌曰員鄉卽鄖鄉縣水經沔水注漢水又東逕長利谷南入谷有長利故城舊縣也又云漢水又東逕鄖鄉縣故城南謂之鄖鄉灘縣故黎也卽長利之鄖鄉矣蓋長利在前漢屬漢中郡後漢省并於錫縣晉太康五年始立爲鄖鄉縣此時已爲鄉侯之邑矣以耽弟儀爲建信將軍西城太守西城郡卽漢西城縣在今陝西興安府西北詳見魏志武紀建安二十年趙一清曰方輿紀要卷七十九鄖陽府房縣秦爲房陵縣漢屬漢中郡先主置房陵郡於此或云郡劉表所置竹山縣秦上庸縣地建安末置上庸郡建安二十四年上庸太守申耽降蜀蓋是時已分漢中爲上庸郡也又卷五十六漢中府城固縣舊城在縣東八里有南北二城北城漢縣治也南城蜀將劉封所築水經沔水注鄖鄉縣卽長利之鄖鄉晉太康五年立爲縣西城故漢中郡之屬縣也漢末爲西城郡遷封爲副軍將軍自關羽圍樊城襄陽連呼封達令發兵自助封達辭以山郡初附未可動搖不承羽命會羽覆敗先主恨之又封與達忿爭不和封尋奪達鼓吹胡三省曰樂纂曰司馬法軍中之樂鼓笛爲上使聞之者壯勇而樂和細絲高竹不可用也慮悲聲感人士卒思歸之故也唐紹曰鼓吹之樂以爲軍容昔黃帝涿鹿有功以爲警衛劉昫曰鼓吹本軍旅之音馬上奏之自漢以來北狄之樂總歸鼓吹署余按漢制萬人將軍給鼓吹吹昌瑞翻達既懼罪又忿恚封遂發表辭先主率所領降魏魏略載達辭先主表曰伏惟殿下將建伊呂之業追桓文之功大事草創假勢吳楚是以有爲之士深覩歸趣臣委質已來愆戾山積臣猶自知況于君乎今王朝以興英俊鱗集臣內無輔佐之器外無將領之才列次功臣誠自愧也臣聞范蠡識微浮于五湖國語越滅吳范蠡乘輕舟以浮於五湖莫知其所終極咎犯謝罪逡巡于河上左傳僖公二十四年秦伯納公子重耳及河子犯以璧授公子曰臣負羈絏從君巡於天下臣之罪甚多矣臣猶知之而況君乎請由此亡夫際會之閒請命乞身何則欲絜去就之分也況臣卑鄙無元功巨勳自繫于時竊慕前賢早思遠恥昔申生至孝見疑于親子胥至忠見誅于君蒙恬拓境而被大刑樂毅破齊而遭讒佞臣每讀其書未嘗不慷慨流涕而親當其事益以傷絕何者荊州覆敗大臣失節百無一還惟臣尋事自致房陵上庸而復乞身自放于外伏想殿下聖恩感悟愍臣之心悼臣之舉臣誠小人不能

始終知而爲之敢謂非罪臣每聞交絕無惡聲去臣無怨辭臣過奉教于君子 或疑過作故

願君王勉之也

魏文帝善達之姿才容觀 毛本容作雄魏志劉曄傳延康元年蜀將孟達率衆降達有容止才觀文帝甚器愛之 以爲散騎常侍建武將軍 洪飴孫曰建武將軍一人第四品魏置 封平陽亭侯 趙一清曰方輿紀要卷五十六魏置平陽縣屬魏興郡在今興安州東謝鍾英曰平陽沈志魏立晉改曰興晉一統志今鄖西縣西北鍾英按當在今鄖陽府鄖西縣西甲河西谿按此與山西之平陽同名異地 合房陵上庸西城三郡 三郡下當有爲新城郡四字水經沔水注及通鑑皆有之 達領新城太守 魏文帝與達書見魏志明帝紀太和元年注引魏略 遣征南將軍夏侯尚右將軍徐晃與達共襲封達與封書曰古人有言疏不閒親新不加舊此謂上明下直讒慝不行也若乃權君譎主賢父慈親猶有忠臣蹈功以罹禍孝子抱仁以陷難種商白起孝已伯奇皆其類也 史記越王句踐世家范蠡遺大夫種書曰蜚鳥盡良弓藏

狡兔死走狗烹越王爲人長頸鳥喙可與共患難不可與共樂子何不去種見書稱病不朝人或讒種且作亂越王乃賜種劍曰子教寡人伐吳七術寡人用其三而敗吳其四在子子爲我從先王試之種遂自殺又商君傳商君者衞之諸庶孽公子也名鞅姓公孫氏變法治秦秦人富彊天子致胙封之於商十五邑號曰商君秦孝公卒公子虔之徒告商君欲反車裂商君以徇又白起傳白起者郿人也善用兵攻楚拔郢秦以郢爲南郡白起遷爲武安君秦王使使者賜之劍自裁武安君曰長平之戰趙卒降者數十萬人我詐而盡阬之是足以死遂自殺家語曾參遺妻告其子曰高宗以後妻殺孝已尹吉甫以後妻殺伯奇 其所以然非骨肉好離親親樂患也或有恩移愛易亦有讒閒其閒雖忠臣不能移之于君孝子不能變之於父者也勢利所加改親爲讎況非親親乎故申生衞伋禦寇楚建稟受形之氣當嗣立之正 馮本正作政 而猶如此 左傳莊公二十八年晉獻公烝於齊姜生秦穆夫人及太子申生僖公四年晉獻公欲以驪姬爲夫人驪姬譖太子太子縊于新城史記衞世家衞宣公愛夫人夷姜夷姜生子伋以爲太子爲取齊女未入室宣公自取之生子壽及朔太子伋母死宣公使伋於齊而令盜遮界上殺之（事見左傳桓公十六年）史記陳世家陳宣公有嬖姬生子款欲立之乃殺其太子禦寇（事見左傳莊公二十二年）史記楚世家楚平王使費無極如秦爲太子建娶婦平王自娶之無忌讒太子太子亡奔宋（事見左傳昭公二十年） 今足下與漢中王道路之人耳親非骨血而據勢權義非君臣而處上位征則有偏任之威居則有副軍之號遠近所聞也自立阿斗爲太子已來 陳景雲曰斗當作升後主一字升之見魏志明帝紀注古升斗字易混觀漢書食貨志可見潘眉曰此太子是漢中王太子非皇太子魏立五官中郎將丕爲魏太子載魏武本紀吳立登爲王太子載吳主傳蜀漢立王太子先主傳獨不書而於此傳見之 有識之人相爲寒心如使申生從子輿之言必爲太伯 左傳閔公元年晉使太子城曲沃士蔿曰太子不得立矣不如逃之無使罪至爲吳太伯不亦可乎士蔿字子輿 衞伋聽其弟之謀無彰父之譏也 伋弟壽告之使行伋不從 且小白出奔入而爲霸 左傳莊公八年齊襄公立無常鮑叔牙奉公子出奔莒亂作桓公自莒先入 重耳踰垣卒以克復 左傳僖公五年公使寺人披伐蒲（重耳居蒲城）重耳踰垣而走 自古有之非獨今也夫智貴免禍明尚夙達僕揆漢中王慮定於內疑生於外矣慮定則心固疑生則心懼亂禍之興作未嘗不由廢立之閒也私怨人情

不能不見恐左右必有以閒于漢中王矣然則疑成怨聞其發若踐機耳今足下在遠尚可假息一時若大軍遂進足下失據而還竊相爲危之昔微子去殷智果別族違難背禍猶皆如斯

國語曰智宣子將以瑤爲後 韋注智宣子晉卿荀躒之子甲也瑤宣子之子襄子智伯 智果曰不如霄也 霄國語作宵下同韋注智果晉大夫智氏之族宵宣子之庶子也 宣子曰霄也佷 韋注佷佷戾不從人也 對曰霄也佷在面 國語作宵之佷在面瑤之佷在心心佷敗國面佷不害沈家本曰無下文十三字則文義不全疑係傳寫奪去非裴刪 瑤之賢于人者五其不逮者一也 韋注不仁也 美鬢長大則賢 國語鬚作鬢韋注鬢髮類也 射御足力則賢技藝畢給則賢 韋注給足也 巧文辯慧則賢 國語慧作惠慧惠古通韋注巧文巧於文辭也 強毅果敢則賢如是而甚不仁以其五賢陵人 宋本作以五者賢陵人 而不仁行之 國語而下有以字此奪 其誰能待之 韋注待猶假也 若果立瑤也智宗必滅不聽智果別族于太史氏爲輔氏 國語無上氏字韋注太史掌氏姓 及智氏亡惟輔

果在爲韋注善其知人

今足下棄父母而爲人後非禮也知禍將至而留之非智也見正不從而疑之非義也自號爲丈夫爲此三者何所貴乎以足下之才棄身來東繼嗣羅侯不爲背親也北面事君以正綱紀不爲棄舊也怒不致亂以免危亡不爲徒行也加陛下新受禪命虛心側席以德懷遠若足下翻然內向非但與僕爲倫受三百戶封繼統羅國而已當更剖符大邦爲始封之君陛下大軍金鼓以震當轉都宛鄧郡國志荊州南陽郡宛鄧一統志宛縣故城今河南南陽府南陽縣治鄧縣故城今湖北襄陽府襄陽縣北蓋言魏將向西南進兵也若二敵不平軍無還期足下宜因此時早定良計易有利見大人詩有自求多福行矣今足下勉之無使狐突閉門不出國語晉公使太子申生伐東山申生欲戰狐突諫不聽果敗狄於稷桑而反讒言益起狐突閉門不出君子曰善深謀也封不從達言申儀叛封封破走還成都申耽降魏魏假耽懷集將軍洪飴孫曰懷集將軍一人第五品徙居南陽儀魏興太守魏興郡見魏志武紀建安二十年封員鄉侯屯洵口洵口今陝西興安府洵陽縣東南趙一清曰晉書宣帝紀申儀久在魏興專威疆埸輒承制刻印多所假授達既誅有自疑心時諸郡守以帝新克捷奉禮求賀皆聽之帝使人諷儀儀至問承制狀執之歸於京師水經沔水注漢水東合旬水水北出旬山東南注漢謂之旬口一清案儀襲兄封員鄉侯員字爲誤弼按司馬懿斬孟達事見魏志明紀太和二年

魏略曰申儀兄名耽字義舉初在西平上庸閒趙一清曰西平誤當作西城聚衆數千家後與張魯通又遣使詣曹公曹公加其號爲將軍因使領上庸都尉至建安末爲蜀所攻以其郡西屬黃初中儀復來還詔卽以兄故號加儀因拜魏興太守封列侯太和中儀與孟達不和數上言達有貳心于蜀及達反儀絕蜀道使救不到達死後儀詣宛見司馬宣王宣王勸使來朝儀至京師詔轉拜儀樓船將軍洪飴孫曰樓船將軍一人第五品在禮請中趙一清曰

禮請卽後世之所謂奉朝請也

封既至先主責封之侵陵達又不救羽諸葛亮慮封剛猛易世之後終難制御勸先主因此除之於是賜封死使自裁何焯曰先主無他枝葉後嗣庸弱封地處疑逼又嘗將兵一朝作難則禍生肘腋國祚方危故不得不因其罪速斷也後代如潞王從珂事可以參鑒或曰封雖有罪然爲孟達所誘終無二心脫身歸蜀不失爲忠亮勸先主除之過矣錢振鍠曰以不救關羽誅封封復何辭若慮後難制御是殺無罪也孔明此事乃爲孟達所料甚哉申韓之害人也先主爲之流涕爲其所不爲亦甚矣封歎曰恨不用孟子度之言先主爲之流涕達本字子敬避先主叔父敬改之劉咸炘曰尙云孟達乃反覆無恥之小人故以其始末附見劉封費詩兩傳而譏其無款誠之心按譏達是也若其不立傳則止以事少不須別立耳若以小人之故則史之所立傳者豈皆君子乎

封子林爲牙門將咸熙元年內移河東達子興爲議督軍是歲徙還扶風馮本還作環誤達後事見費詩傳何焯曰按此則孟達家且不誅況黃公衡乎其不承信王沖之言不虛也

彭羕字永年廣漢人何焯曰如永年者自可不爲立傳身長八尺容貌甚偉姿性驕傲多所輕忽有此二語足以敗身惟敬同郡秦子勅薦之于太守許靖曰昔高宗夢傳說周文求呂尙爰及漢祖納食其於布衣史記酈生傳酈生食其者陳留高陽人好讀書家貧落魄無以爲衣食業爲里監門吏沛公至高陽傳舍使人召酈生酈生長揖不拜因言六國縱橫時遂下陳留號酈食其爲廣野君此乃帝王之所以倡業垂統緝熙厥功也今明府稽古皇極允執神靈體公劉之德鄭箋云公劉后稷之曾孫也有居民之道行勿翦之惠詩召南蔽芾甘棠勿翦勿伐召伯所茇淸廟之作於是乎始褒貶之義於是乎興然而六翮未之備也伏見處士緜竹秦宓膺山甫之德履雋生之直枕石漱流吟詠縕袍偃息于仁義之途恬惔于浩然之域高概節行守貞不虧宋本貞作員郝書作守直雖古人潛遁宋本遁作道郝書作遯蘉以加旃若明府能招致此人必有忠讜落落之譽

豐功厚利建跡立勳宋本立作之然後紀功于王府飛聲于來世不亦美哉劉咸炘曰承祚韙秦子勅故錄此文羕仕州不過書佐後又爲衆人所謗毀於州牧劉璋璋髡鉗羕爲徒隸會先主入蜀泝流北行羕欲納說先主乃往見龐統統與羕非故人又適有賓客羕徑上統牀臥謂統曰須客罷當與卿善談統客既罷往就羕坐羕又先責統食然後共語因留信宿至于經日統大善之而法正宿自知羕遂並致之先主先主亦以爲奇數令羕宣傳軍事指授諸將奉使稱意識遇日加成都既定先主領益州牧拔羕爲治中從事羕起徒步一朝處州人之上形色囂然自矜得遇滋甚諸葛亮雖外接待羕而內不能善屢密言先主羕心大志廣難可保安先主既敬信亮加察羕行事意以稍疏左遷羕

爲江陽太守羕聞當遠出私情不悅往詣馬超超問羕曰卿才具秀拔主公相待至重謂卿當與孔明孝直諸人齊足並驅寧當外授小郡失人本望乎羕曰老革荒悖可復道邪

楊雄方言曰漢書楊雄傳雄字子雲蜀郡成都人其意欲求文章成名於後世以爲經莫大於易故作太玄傳莫大於論語作法言史篇莫善於蒼頡作訓纂箴莫善於虞箴作州箴賦莫深於離騷反而廣之辭莫麗於相如作四賦華陽國志云典莫正於爾雅故作方言劉歆與楊雄從取方言書略曰屬聞子雲獨采集先代絕言異國殊語以爲十五卷其所解略多矣而不知其目非子雲澹雅之才沈鬱之思不能經年銳集以成此書良爲勤矣今聖朝留心典誥適子雲攟意之秋也今謹使密人奉手書願頗與其最目得使入錄云隋志方言十三卷漢楊雄撰郭璞注附論語類唐志小學類楊雄別國方言十三卷四庫提要曰漢書楊雄傳備列所著之書不及方言藝文志亦無方言東漢一百九十年中亦無稱雄作方言者至漢末應劭風俗通序始稱雄作方言劭注漢書亦引楊雄方言一條魏孫炎注爾雅晉杜預注左傳遞相徵引沿及東晉郭璞遂注其書沈欽韓曰藝文志載訓纂而不及方言應劭序風俗通始言之常璩志不言四賦而云典莫正於爾雅作方言應劭云凡九千字其所發明猶未若爾雅之閎麗也亦以比爾雅則班序脫之耳盧文弨曰劉歆求方言入錄子雲不與故藝文志無之沈家本曰雄作法言謂賦乃童子雕蟲篆刻壯夫不爲而復擬麗辭於相如何自相矛盾邪恐常氏所言爲得其實也至漢志小學家有別字十三卷或卽以爲方言似不足據悈鰓乾都耇革老也方言本書與此同宋元本馮本悈作減耇作耆誤郭璞注曰皆老者何焯校改皆作革皮色枯瘁之形也毛本色作毛臣松之以爲皮去毛曰革古者以革爲兵故語稱兵革革猶兵也羕罵備爲老革猶言老兵也周壽昌曰老革非但如松之言罵爲老兵也易云鞏用黃牛之革傳曰殺老牛莫之敢尸而況君乎蓋直以老牛詈其主矣觀下文羕與亮書以主公未老自解不敢承受革字之失也周樹模曰松之謂革爲兵殊失之繹下文羕獄中書有被酒脫失老語主公殊未老也立業豈在老少等語以訓革爲老爲是不得謂革爲兵沈均瑲曰革從方言訓老爲是

又謂超曰卿爲其外我爲其內天下不足定也超羈旅歸國常懷危懼聞羕言大驚默然不荅羕退具表羕辭于是收羕付有司羕于獄中與諸葛亮書曰僕昔有事于諸侯以爲曹操暴虐孫權無道振威闇弱振威劉璋也其惟主公有霸王之器可與興業致治故乃翻然有輕

舉之志會公來西僕因法孝直自衒鬻龐統斟酌其閒遂得詣公于葭萌指掌而譚論治世之務講霸王之義建取益州之策公亦宿慮明定卽相然贊遂舉事焉僕於故州不免凡庸憂於罪罔得遭風雲激矢之中求君得君志行名顯從布衣之中擢爲國士盜竊茂才分子之厚誰復過此

臣松之以爲分子之厚者羕言劉主分兒子厚惠宋本惠作恩施之于己故其書後語云負我慈父罪有百死也

羕一朝狂悖自求葅醢爲不忠不義之鬼乎先民有言左手據天下之圖右手刎咽喉愚夫不爲也況僕頗別菽麥者哉所以有怨望意者不自度量苟以爲首興事業而有投江陽之論不解主公之意意

卒咸激頗以被酒侻失老語元本侻作脫此僕之下愚薄慮所致主公實未老也且夫立業豈在老少西伯九十寧有衰志負我慈父罪有百死至于內外之言欲使孟起立功北州戮力主公共討曹操耳寧敢有他志邪孟起說之是也但不分別其閒痛人心耳昔每與龐統共相誓約庶託足下末蹤盡心于主公之業追名古人載勳竹帛統不幸而死僕敗以取禍自我墮之宋本墮作惰將復誰怨康發祥曰彭文回護最妙但其罪莫贖哀哉或曰事後申辯何如當時謹言足下當世伊呂也宜善與主公計事濟其大猷天明地察神祇有靈復何言哉貴使足下明僕本心耳行矣努力自愛自愛羕竟誅死時年三十七

廖原注音理救反胡三省曰廖力弔反姓也姓譜廖姓周文王子伯廖之後後漢有廖湛風俗通曰古有廖叔安左傳作飂蓋其後也姚範曰集韻廣韻廖方照切音料惟後漢方術傳廖扶有力弔力救二音今廖姓俱從前音立字公淵武陵臨沅人武陵郡治臨沅見先主傳先主領荊州牧辟爲從事年未三十擢爲長沙太守先主入蜀諸葛亮鎮荊土孫權遣使通好於亮因問士人皆誰相經緯者亮答曰龐統廖立楚之良才當贊興世業者也建安二十年權遣呂蒙奄襲南三郡長沙零陵桂陽三郡也立脫身走自歸先主先主素識待之不深責也以爲巴郡太守二十四年先主爲漢中王徵立爲侍中後主襲位徙長水校尉立本意自謂才名宜爲諸葛亮之貳而更游散在李嚴等下常懷怏怏後丞相掾李郃蔣琬至盧明楷曰楊戲輔臣贊注云李邵字永南建興元年丞相亮辟爲西曹掾此作李郃未詳孰是趙一清曰作邵是觀其字永南知之下文郃琬亦應改邵李慈銘有說見輔臣贊注立計曰軍當遠出卿諸人好諦其事周壽昌曰說文諦審也魏志明紀注引魏略君諦視之勿誤也昔先主不取漢中劉咸炘曰主當作帝他處亦多誤走

與吳人爭南三郡卒以三郡與吳人徒勞役吏士無益而還既亡漢中使夏侯淵張郃深入于巴幾喪一州後至漢中使關侯身死無孑遺上庸覆敗徒失一方是羽怙恃勇名作軍無法直以意突耳故前後數喪師衆也此雖忿言然當日情勢實如此何焯曰此實前事之失亦當參取觀之當呂蒙襲奪三郡即與吳追好棄惡先收漢中以圖關隴於時生齒殷盛錄其客戶爲兵聲勢十倍也如向朗文恭凡俗之人耳錢大昭曰華陽國志丞相參軍文恭字仲寶梓潼人沈家本曰文恭即杜微傳之文仲寶也恭作治中無綱紀朗昔奉馬良兄弟謂爲聖人今作長史素能合道中郎郭演長從人者耳錢大昕曰演長當是攸之字不足與經大事而作侍中今弱世也欲任此三人爲不然也王連流俗苟作掊克使百姓疲弊以致今日郃琬具白其言於諸葛亮亮表立曰長水校尉廖立坐自貴大臧否羣士毛本羣作郡誤公言國家不任賢達而任俗吏又言萬人率者皆小子也誹謗先帝疵毀衆臣人有言國家兵衆簡練部伍分明者立舉頭視屋憤咤作色曰何足言凡如是者不可勝數羊之亂羣猶能爲害況立託在大位中人以下識眞僞邪劉咸炘曰此及李平傳皆載葛公之表所以表其公忠亮集有亮表曰立奉先帝無忠孝之心守長沙則開門就敵領巴郡則有闇昧闒茸其事郝書有作尤李慈銘曰有當作乂隨大將軍李慈銘曰疑衍將字則誹謗譏訶侍梓宮則挾刃斷人頭于梓宮之側陛下即位之後普增職號立隨比爲將軍面語臣曰我何宜在諸將軍中不表我爲卿上當在五校李慈銘曰上疑作止臣答將軍者隨大比耳至于卿者正方亦未爲卿也且宜處五校潘眉曰漢制以步兵校尉屯騎校尉越騎校尉長水校尉射聲校尉爲五校魏制與漢同羣臣奏永寧宮五校連名蜀亦沿漢制步兵校尉見輔臣贊注屯騎校尉見孟光傳越騎校尉見楊洪傳射聲校尉見向朗傳長水校尉見廖立傳時立爲長水校尉故云且宜處五校

其餘如司隸校尉儒林校尉典學校尉昭信校尉司鹽校尉等不在五校之列也自是之後怏怏懷恨詔曰三苗亂政有虞流宥廢立狂惑朕不忍刑亟徙不毛之地何焯曰方受付託主少國疑不得不廢立以懲不恪非度之未宏也於是廢立為民徙汶山郡汶山郡見後主傳延熙十年立躬率妻子耕殖自守聞諸葛亮卒垂泣歎曰吾終為左衽矣後監軍姜維率偏軍經汶山往詣立稱立意氣不衰言論自若立遂終于徙所妻子還蜀

李嚴字正方南陽人也少為郡職吏以才幹稱趙一清曰御覽四百九十六引江表傳曰嚴少為郡職吏用情深刻苟利其身鄉里為嚴諺曰難可狎李鱗甲荊州牧劉表使歷諸郡縣曹公入荊州時嚴宰秭歸遂西詣蜀劉璋以為成都令復有能名建安十八年署嚴為護軍拒先主於緜竹嚴率衆降先主先主拜嚴裨將軍成都既定為犍為太守華陽國志云犍為郡去成都百五十里渡大江昔人作大橋曰漢安橋廣一里半每秋夏水盛斷絕歲歲修理百姓苦之建安二十

一年太守南陽李嚴乃鑿天社山尋江通車道省橋梁三津吏民悅之嚴因更造起府寺觀壯麗為一州勝宇云興業將軍洪飴孫曰興業將軍一人蜀所置二十三年盜賊馬秦高勝等起事于郪原注音淒郪今四川潼川府三臺縣南見魏志鍾會傳合聚部伍數萬人到資中縣資中見法正傳時先主在漢中嚴不更發兵但率將郡士五千人討之斬秦勝等首枝黨星散悉復民籍又越巂夷率高定越巂郡見後主傳遣軍圍新道縣潘眉曰兩漢無新道縣蜀漢置屬越巂郡謝鍾英曰時李嚴為犍為太守犍為西接越巂新道當在今四川敘州府雷波廳西北境何焯改新道為新城考三國蜀無新城縣南齊寧州西平郡始有之在今曲靖府境為蜀建寧郡地與犍為地形隔絕兵勢不相及義門誤改不足據嚴馳往赴救馮本監本吳本毛本赴作起誤賊皆破走加輔漢將軍洪飴孫曰蜀置輔漢將軍一人領郡如故領犍為郡也章武二年先主徵嚴詣永安宮永安宮見先主傳拜尚書令三年先主疾病嚴與諸葛亮並受遺詔輔少主以嚴為中都護統內外軍事留鎮永安何焯曰李嚴所以並當大任者既蜀土故臣宜加獎慰又南陽人諸葛公倚客茲郡有鄉黨之分必能協規荊土歸操嚴獨西奔似有志操理民治戎幹略亦優是故取之然自其歸降卽領郡於外不共帷幄何由得其腹心昭烈用人必由試可嚴特未試之于左右周旋歷年所以猶有失也又曰武帝失之於弘羊昭烈失之於李嚴人固難知而權位相逼猜嫌易搆亦事勢之常矣建興元年封都鄉侯假節加光祿勳四年轉為前將軍以諸葛亮欲出軍漢中嚴當知後事移屯江州巴郡治江州見劉璋傳留護軍陳到駐永安趙一清曰陳到字叔至見楊戲輔臣贊侯康曰陳到汝南人官征西將軍見華陽國志皆統屬嚴嚴與孟達書曰吾與孔明俱受寄託憂深責重思得良伴亮亦與達書曰部分如流趨捨罔滯正方性也何焯曰使正方胸無鱗甲則文偉匹也其見貴重如此

諸葛亮集有嚴與亮書勸亮宜受九錫進爵稱王亮答書曰吾與足下相知久矣可不復相解郝書可作何足下方誨以光國戒之以勿拘之道是以未得默已吾本東方下士誤用于先帝位極人臣祿賜百億今討賊未效知己未答而方寵齊晉坐自貴大非其

義也若滅魏斬叡帝還故居與諸子並升雖十命可受況于九邪何焯曰孔明恭遜十命之語未必出自其口諸葛氏集當以承祚敘錄者為正或曰上公九命言十則何所至邪此辭過激壯之失也

八年遷驃騎將軍以曹眞欲三道向漢川魏三道進兵見後主傳曹眞傳太和四年八月眞發長安從子午道南入司馬宣王泝漢水當會南鄭諸軍或從斜谷道或從武威入亮命嚴將二萬人赴漢中亮表嚴子豐為江州都督督軍典嚴後事胡三省曰李嚴本都督江州今赴漢中令其子為督軍以典後事亮以明年當出軍命嚴以中都護署府事胡三省曰蜀置左右中三都護署府事署漢中留府事也嚴改名為平康發祥曰傳中不宜前後異名宜始終以平名之以從馬忠陳遜諸傳之例九年春亮軍祁山平催督運事秋夏之際或改作夏秋之際值天霖雨運糧不繼平遣參軍狐忠狐忠卽馬忠見馬忠傳姓譜狐周王子狐之後又晉有狐突督軍成藩毛本藩作平誤喻指呼亮來還胡三省曰喻以後主指言運糧不繼亮承以退軍平聞軍退乃更陽驚說軍糧饒足何以便歸欲以解己不

辦之責顯亮不進之愆也又表後主說軍僞退欲以誘賊與戰胡三省曰此又欲解以上指喻亮之罪也亮具出其前後手筆書疏本末平違錯章灼平辭窮情竭首謝罪負于是亮表平曰自先帝崩後平所在治家尙爲小惠安身求名無憂國之事臣當北出欲得平兵以鎭漢中平窮難縱橫無有來意而求以五郡爲巴州刺史去年臣欲西征欲令平主督漢中平說司馬懿等開府辟召臣知平鄙情欲因行之際偪臣取利也是以表平子豐督主江州隆崇其遇以取一時之務華陽國志嚴初求以五郡爲巴州訾告亮言魏大臣陳羣司馬懿並開府亮乃加嚴中都護以嚴子豐爲江州都督平至之日都委諸事羣臣上下皆怪臣待平之厚也正以大事未定漢室傾危伐平之短莫若褒之然謂平情在於榮利而已不意平心顚倒乃爾若事稽留將致禍敗是臣

不敏言多增咎

亮公文上尙書曰平爲大臣受恩過量不思忠報橫造無端危恥不辦迷罔上下論獄棄科導人爲姧挾情志狂宋本挾作狹或改作情狹志狂或疑挾情作猜狹若無天地自度姧露嫌心遂生閙軍臨至西鄕託疾還沮漳沮漳疑誤下文沮字同此時沮漳皆爲吳地李平安能還至沮漳也軍臨至沮復還江陽江陽疑作江州平參軍狐忠勤諫乃止勤疑作勸今篡賊未滅社稷多難國事惟和可以克捷不可苞含以危大業輒與行中軍師車騎將軍都鄕侯臣劉琰使持節前軍師征西大將軍領涼州刺史南鄭侯臣魏延前將軍都亭侯臣袁綝左將軍領荆州刺史高陽鄕侯臣吳壹吳壹吳班俱見輔臣贊督前部右將軍玄鄕侯臣高翔督後部後將軍安樂亭侯臣吳班領長史綏軍將軍臣楊儀督左部行中監軍揚武將軍臣鄧芝行前監軍征南將軍臣劉巴盧明楷曰此別一劉巴若子初已卒於章武二年且並未爲征南將軍也潘眉說同行中護軍偏將軍臣費禕行前護軍偏將軍漢成亭侯臣許允此又一許允行左護軍篤信中郎將臣丁咸洪飴孫曰篤信中郎將一人蜀置行右護軍偏將軍臣劉敏劉敏見蔣琬傳行護軍征南將軍當陽亭侯臣姜維錢大昕曰征南當作征西行中典軍討虜將軍臣上官雝行中參軍昭武中郎將臣胡濟胡濟見董和傳注洪飴孫曰昭武中郎將一人蜀置行參軍建義將軍臣閻晏洪飴孫曰蜀置建義將軍一人行參軍偏將軍臣爨習華陽國志四云諸葛亮平南中收其俊傑建寧爨習朱提孟琰建寧孟獲爲官屬習官至領軍琰按習事又見李恢傳行參軍裨將軍臣杜義行參軍武略中郎將臣杜祺杜祺見呂乂傳洪飴孫曰武略中郎將一人蜀置行參軍綏戎都尉臣盛勃洪飴孫曰綏戎都尉一人蜀置領從事中郎武略中郎將臣樊岐等議輒解平任免官祿節傳印綬符策何焯校改祿作錄削其爵土胡三省曰平蓋嘗封侯也

乃廢平爲民徙梓潼郡互見後主傳建興九年通鑑輯覽曰李平曾受詔輔遺而督糧不繼更設計傾亮視國事如秦越罪之宜也

諸葛亮又與平子豐敎曰同時二李豐吾與君父子戮力以奬漢室此神明所聞非但人知之也表都護典漢中委君於東關者胡三省曰東關謂江州不與人議也謂至心感動終始可保何圖中乖乎昔楚卿屢絀亦乃克復思道則福應自然之數也願寬慰都護勤追前闕今雖解任或曰古人廢爲民亦稱解任形業失故奴婢賓客百數十人君以中郎參軍居府何焯曰平既見廢豐猶居留府非公之公忠無此量也方之氣類猶爲上家若都護思負一意胡三省曰思負謂思其罪負也一意謂一意於爲國無復詭變以自營也君與公琰推心從事者否可復通逝可復還也詳思斯戒明吾用心臨書長歎涕泣而已

十二年平聞亮卒發病死平常冀亮當自補復策後人不能故以激憤也

習鑿齒曰昔管仲奪伯氏駢邑三百沒齒而無怨言聖人以爲難胡三省曰見論語鄭氏曰小國之下

大夫采地方一成其定稅三百家故三百戶也其實大國下大夫亦三百戶故論語云管仲奪伯氏駢邑三百一成所以三百家者一成九百夫宮室塗巷山澤三分去一餘有六百夫又不易再易通率一家受二夫之田是定稅三百家也 諸葛亮之使廖立垂泣李平致死豈徒無怨言而已哉 監本官本無怨字誤 夫水至平而邪者取法鏡至明而醜者亡怨 宋本亡作無元本作忘通鑑同 水鏡之所以能窮物而無怨者以其無私也水鏡無私猶以免謗況大人君子懷樂生之心流矜恕之德法行于不可不用刑加乎自犯之罪爵之而非私誅之而不怒天下有不服者乎諸葛亮于是可謂能用刑矣自秦漢以來未之有也

豐官至朱提太守 漢書犍爲郡朱提山出銀應劭曰朱提山在西南蘇林曰朱音銖提音時北方人名匕曰匙郡國志益州犍爲屬國治朱提山出銀銅華陽國志朱提郡本犍爲南部孝武帝元封二年置建武後省爲犍爲屬國至建安二十年鄧方爲都尉先主因易名太守水經若水篇若水又東北至犍爲朱提縣西爲瀘江水酈注云朱提山名也建安二十年立朱提郡郡治縣故城郡西南二百里得所綰堂琅縣西北行上高山羊腸繩屈八十餘里或攀木而升或繩索相牽而上洪亮吉曰朱提郡之立當從華陽國志水經注在建安二十年爲是晉志章武元年始置元和志諸葛亮南征時所置恐皆誤楊守敬說同一統志朱提故城在今四川敘州府屏山縣境朱提山在敘州府宜賓縣西五十里

蘇林漢書音義曰 蘇林事詳見魏志劉劭傳注引魏略沈家本曰顏師古漢書敘例與魏略所序蘇林官職先後不同高堂隆傳稱散騎常侍林與劉劭傳合是林之官終于散騎常侍師古序散騎常侍于先者誤文紀注魏受禪時有給事中博士蘇林上表是亦在勸進之列故得侯也魏略雖不言林撰漢書音義而云通古今字指書傳危疑皆釋之是林精于小學所撰當不止漢書音義一書隋志錄爲漢書音訓者如服虔韋昭劉顯夏侯詠蕭該諸家皆係單行則林書當亦必單行故裴氏獨引之也其後臣瓚集注諸家並已採入而單行之本遂漸亡矣 朱音銖提音如北方人名匕曰提也 宋本匕作七姚範曰地理志蘇林曰提音時北方人名匕曰匙何屺瞻以如字爲句非又也字上疑脫提音時三字錢坫曰余得漢漢安洗朱提字作提案玉篇提卽匙字是義與蘇林合諸葛武侯云漢嘉金朱提銀采之不足以自食謂此徐松曰爨龍顏碑陰有功曹參軍朱提李融之又作緹

劉琰字威碩魯國人也先主在豫州辟爲從事以其宗姓有風流善談論厚親待之遂隨從周旋常爲賓客先主定益州以琰爲固陵太守 華陽國志獻帝初平元年益州牧劉璋以朐忍至魚服爲固陵郡建安六年魚服蹇胤爭巴名璋乃改固陵爲巴東郡又云巴東郡先主入益州改爲江關都尉建安二十一年以朐忍魚服等六縣爲固陵郡武陵康立爲太守章武元年朐忍徐惠魚服蹇機以失巴名上表自訟先主聽復爲巴東南郡輔匡爲太守錢大昕曰固陵卽巴東也據此傳知先主定蜀復爲固陵吳增僅曰劉璋分巴郡置固陵郡建安六年改名巴東建安二十一年先主復改爲固陵郡章武元年復改名巴東 後主立封都鄉侯班位每亞李嚴爲衛尉中軍師後將軍遷車騎將軍然不豫國政但領兵千餘隨丞相亮諷議而已車服飲食號爲侈靡侍婢數十皆能爲聲樂又悉教誦讀魯靈光殿賦 魯靈光殿賦見文選卷十一序云魯靈光殿者蓋景帝程姬之子共王餘之所立也恭王好治宮室遭漢中微西京未央建章之殿皆見隳壞而靈光巋然獨存范書云王逸字叔師南郡宜城人子延壽字文考有雋才游魯作靈光殿賦何焯曰誦靈光者以宗姓隨從惟琰一人也本出魯國文考此賦自負若爲己作又於侈靡中炫其風流耳 建興十年與前軍師魏延不合言語虛誕亮責讓之琰與亮牋謝曰琰稟性空虛本薄操行加有酒荒之病自先帝以來紛紜之論殆將傾覆頗蒙明公本其一心在國原其身中穢垢扶持全濟致其祿位以至今日閒

者迷醉言有違錯慈恩含忍不致之于理使得全完保育性命雖必克己責躬改過投死以誓神靈無所用命則靡寄顏于是亮遣琰還成都官位如故琰失志慌惚十二年正月琰妻胡氏入賀太后太后令特留胡氏經月乃出胡氏有美色琰疑其與後主有私呼卒五百撾胡 潘眉曰卒字當衍按漢書鼂錯傳四里一連連有假五百注服虔曰五百帥名也後漢書禰衡傳令五百將出注五百猶今之問事也宦者曹節傳越騎營五百妻有美色注引韋昭辯釋名曰五百本爲伍伯伍當也伯導也使之導引當道陌中以驅除也今俗呼行杖人爲五百宋百官志云諸官府至郡各置五百又禮志云車前五百者卿行旅從五百人爲一旅漢氏一統故去其人留其名也據諸說五百卽卒也傳旣呼卒五百旣云卒又云五百於文爲複魏志荀彧傳顏伍伯捉頭出梁習傳注便使伍伯曳五官掾孫獮入並不加卒字 至于以履搏面而後棄遣胡具以告言琰 疑作胡具以琰言告郝書無言琰二字姚範曰琰下疑有脫字 琰坐下獄有司議曰卒非撾妻之人面非受屨之地琰竟棄市 或曰丞相未亡遂有斯事此固休昭之防制匡救意外所不及也至棄市者當別有醜惡之語 自是大臣

妻母朝慶遂絕劉家立曰劉琰因撾妻罪至棄市不知上何律得毋失刑豈後主果與胡氏有私乎

魏延字文長義陽人也義陽見魏志明紀景初元年胡三省曰魏文帝分南陽郡立義陽郡又立義陽縣屬焉此在延入蜀之後史追書也以部曲隨先主入蜀數有戰功遷牙門將軍先主爲漢中王還治成都還各本均作遷官本考證曰當作還當得重將以鎮漢川監本川作州誤衆論以爲必在張飛飛亦以心自許先主乃拔延爲督漢中鎮遠將軍胡三省曰鎮遠將軍備所創置領漢中太守一軍盡驚何焯曰拔延而益德不見怨望非君臣相信之深何以能然先主大會羣臣問延曰今委卿以重任卿居之欲云何延對曰若曹操舉天下而來請爲大王拒之偏將十萬之衆至請爲大王吞之先主稱善衆咸壯其言先主踐尊號進拜鎮北將軍建興元年封都亭侯五年諸葛亮駐漢中更以延爲督前部領丞相司馬胡三省曰漢丞相有長史而無司馬是時用兵故置司馬涼州刺史趙一清曰蜀涼州只有武都陰平二郡蓋亦遙領八年使延西入羌中魏後將軍費瑤雍州刺史郭淮與延戰于陽谿延大破淮等遷爲前軍師征西大將軍假節進封南鄭侯互見後主傳建興八年延每隨亮出輒欲請兵萬人與亮異道會于潼關如韓信故事姚範曰延此計蓋在建興六年武鄉初出祁山之時是年爲魏太和二年魏明西征召楙爲尚書韓信故事史記未詳亮制而不許延常謂亮爲怯歎恨己才用之不盡

魏略曰夏侯楙爲安西將軍鎮長安亮于南鄭與羣下計議延曰聞夏侯楙少主壻也楙爲魏武壻尙清河公主見夏侯惇傳當以少字爲句通鑑無少字惟誤作夏侯淵子陳本以少主壻也爲句誤怯而無謀今假延精兵五千負糧五千直從褒中出循秦嶺而東當子午而北胡三省曰褒中縣屬漢中郡子午道通褒斜路三秦記曰子午長安正南山名秦嶺谷一名樊川吳熙載曰欲由陝西漢中府褒城縣漢中城固洋縣石泉鄠縣至西安也循南山不由諸棧道方輿紀要褒中今陝西漢中府褒城縣北十里褒谷中不過十日可到長安楙聞延奄至必乘船逃走通鑑作必弃城逃走長安中惟有

御史京兆太守耳胡三省曰時遣督軍御史與京兆太守共守長安晉志曰文帝受禪改漢京兆尹爲太守橫門邸閣潘眉曰邸閣貯糧之所也李傕謂我邸閣儲偫少王基分兵取雄父邸閣收米三十餘萬斛又南頓有大邸閣計足軍人四十日糧孫策渡江攻牛渚營盡得邸閣糧穀戰具吳主遣全琮燒安城邸閣諸葛公運米治斜谷邸閣與散民之穀足周食也胡三省曰魏置邸閣於橫門以積粟民聞兵至必逃散可收其穀以周食橫音光比東方相合聚尙二十許日而公從斜谷來必足以達通鑑必作亦如此則一舉而咸陽以西可定矣亮以此爲縣危通鑑縣危作危計不如安從坦道可以平取隴右十全必克而無虞故不用延計胡三省曰由今觀之皆以亮不用延計爲怯凡兵之動知敵之主知敵之將亮之不用延計者知魏主之明略而司馬懿輩不可輕也亮欲平取隴右且不獲如志況欲乘險僥倖盡定咸陽以西邪

延既善養士卒勇猛過人又性矜高當時皆避下之唯楊儀不假借延延以爲至忿有如水火胡三省曰言不可同處也錢振鍠曰費禕傳魏延與楊儀相憎惡延或舉刃擬儀初謂延儀交惡不直在儀及觀延舉刃擬儀則於儀無怪也延之鹵莽如此豈堪大任孔明之不大用延亦以此哉十二年亮出北谷口延爲前鋒出亮營十里延夢頭上生角以問占夢趙直直詐延曰夫麒麟有角而不用此不戰而賊欲自破之象也退而告人曰角之爲字刀下用也潘眉曰此解從俗體頭上用刀其凶甚矣秋亮病因密與長史楊儀司馬費禕護軍姜維等宋本因作困通鑑同作身歿之後退軍節度令延斷後史炤釋文曰斷都玩切絕也胡三省辨誤曰斷後者爲殿也勒兵在後以斷追兵斷丁管反姜維次之若延或不從命軍便自發胡三省曰亮固知延非儀所能令矣亮適卒祕不發喪儀令禕往揣延意指通鑑儀字在祕字上延曰丞相雖亡吾自見在胡三省曰此魏延矜高之語也府親官屬便可將喪還葬胡三省曰府親官屬謂長史以下也吾自當率諸軍擊賊云何以一人死廢天下之事邪或曰文長自是鬬將語雖不合氣自足壯且魏延何人當爲楊儀所部勒作斷後將乎因與禕共作行留部分令禕手書與己連名告下諸將胡三省曰時禕爲亮司馬延知儀必不已

從故因禕來劫與共作行留處分行謂當從亮喪還者留謂當留拒敵者延欲令禕手書處分之語告其下諸將也禕紿延曰當爲君還解楊長史長史文吏稀更軍事必不違命也禕出門馳馬而去延尋悔追之已不及矣通鑑馳馬作奔馬胡三省曰尋繼也言繼時而悔也延遣人覘儀等遂使欲按亮成規使疑作便通鑑無使欲二字諸營相次引軍還延大怒纔儀未發通鑑纔作攙胡三省曰攙初銜翻自後爭前曰攙今人猶言攙先率所領徑先南歸所過燒絕閣道趙一淸曰水經沔水注云閣道緣谷百餘里其閣梁一頭入山腹一頭立柱於水中魏延焚之自後案舊修路者悉無復水中柱逕涉者浮梁振動無不搖心眩目也周壽昌曰沔水注引諸葛亮與兄瑾書云前趙子龍退軍燒壞赤崖以北閣道緣谷百餘里其閣梁一頭入山腹其一頭立柱於水中今水大而急不得安柱此其窮極不可強也又云頃大水暴至赤崖以南橋閣悉壞時趙子龍與鄧伯苗一戍赤崖屯田一戍赤崖口但將緣崖與伯苗相聞而已後諸葛亮死于五丈原魏延先退而焚之謂是道也延儀各相表叛逆一日之中羽檄交至後主以問侍中董允留府長史蔣琬琬允咸保儀疑延儀等槎山通道毛本槎作樣誤胡三省曰槎仕下翻邪斫木也或曰所過燒絕閣道故槎山通道

晝夜兼行亦繼延後延先至據南谷口胡三省曰南谷卽褒谷也南口曰褒北口曰斜長四百七十里同爲一谷遣兵逆擊儀等儀等令何平在前禦延胡三省曰何平卽王平也本養外家何氏後復姓王此從其初姓平叱延先登曰公亡身尚未寒汝輩何敢乃爾延士衆知曲在延莫爲用命軍皆散何焯曰丞相之澤數十年追思不忘況此日乎順逆一明則延雖蓄養士卒一叱卽散矣延獨與其子數人逃亡奔漢中儀遣馬岱追斬之馬岱見馬超傳致首于儀儀起自踏之曰庸奴復能作惡不遂夷延三族郝經曰楊儀有幹略而不知義不能自附廉藺先國家之急新喪元帥以私憾殺大將罪浮於延矣劉家立曰魏延特與楊儀相仇故忤然其功不可沒夷其三族亦太甚矣初蔣琬率宿衞諸營赴難北行行數十里延死問至胡三省曰問音訊也乃旋原延意不北降魏而南還者但欲除殺儀等平日諸將素不同冀時論必當以代亮本指如此不便背叛胡三省曰延雖無反意使其輔政是速蜀之亡也

魏略曰諸葛亮病謂延等云我之死後但謹自守愼勿復來也李光地曰亮如遺命不來者公琰極謹愼遵亮遺規不應仍惓惓於興復也令延攝行己事密持喪去延遂匿之行至褒口乃發喪亮長史楊儀宿與延不和見延攝行軍事懼爲所害乃張言延欲與衆北附宋本與作舉遂率其衆攻延延本無此心不戰軍走追而殺之臣松之以爲此蓋敵國傳聞之言不得與本傳爭審

楊儀字威公襄陽人也水經沔水注云蔡州東岸西有溷湖停水數十畝長數里廣減百步水色常綠楊儀居上溷楊顒居下溷與蔡洲相對在峴山南廣昌里趙一淸曰松陵集皮日休答陸龜蒙讀襄陽耆舊傳詩云偉哉溷上隱卓爾隆中耨卽指儀顒所居之地集韻溷烏猛切音警與溷字音畫異而義同弼按楊儀里居互見龐統傳注引襄陽記下建安中爲荊州刺史傅羣主簿錢大昕曰傅羣蓋曹公所授趙一淸曰此是魏荊州治穰楊守敬曰水經沔水注魏武平荊州分南郡立爲襄陽郡荊州刺史治鄳氏於淯水篇言荊州刺史治宛雖不言魏治而舍魏無可指者故通典言魏荊州治宛此又云治襄陽何耶按夏侯尙傳假鉞進荊州牧荊州荒殘外接蠻夷而與吳阻漢水爲境則荊州治宛審矣若襄陽則已在淡水之南又按王昶傳正始

中都督荊豫昶以爲今屯宛去襄陽三百餘里諸軍散屯云云亦荊州刺史治宛之證劉表爲荊州牧則治襄陽弼按魏荊州刺史治宛詳見魏志王昶傳注背羣而詣襄陽太守關羽錢大昭曰建安十三年魏武分南郡以北置襄陽郡邊寇爲太守時郡已西屬羽命爲功曹遣奉使西詣先主遣奉二字必有一誤先主與語論軍國計策政治得失大悅之因辟爲左將軍兵曹掾及先主爲漢中王拔儀爲尙書先主稱尊號東征吳儀與尙書令劉巴不睦左遷遙署弘農太守建興三年丞相亮以爲參軍署府事將南行五年隨亮漢中八年遷長史加綏軍將軍洪飴孫曰綏軍將軍一人蜀所置亮數出軍儀常規畫分部籌度糧穀不稽思慮斯須便了胡三省曰斯此也須待也言卽此待之便可辦事軍戎節度取辦于儀亮深惜儀之才幹憑魏延之驍勇常恨二人之不平不忍有所偏廢也孫權論楊儀魏延之必爲禍見董允傳注十二年隨亮出屯谷口亮卒于敵場儀既領軍還又誅討延自

以爲功勳至大宜當代亮秉政呼都尉趙正以周易筮之卦得家人默然不悅而亮平生密指以儀性狷狹胡三省曰密指蓋亮密以語諸僚佐特儀不知耳狷吉掾翻意在蔣琬琬遂爲尙書令益州刺史儀至拜爲中軍師無所統領從容而已初儀爲先主尙書琬爲尙書郎後雖俱爲丞相參軍長史儀每從行當其勞劇自惟年宦先琬宋本宦作官通鑑同才能踰之於是怨憤形于聲色歎咤之音發于五內胡三省曰咤叱稼翻噴也叱怒也五內五藏之內也時人畏其言語不節莫敢從也惟後軍師費禕往慰省之各本惟作爲誤儀對禕恨望前後云云云云師古曰猶言如此如此也又語禕曰往者丞相亡沒之際吾若舉軍以就魏氏處世寧當落度如此邪史記酈食其傳家貧落魄無以爲衣食業應劭曰落魄志行衰惡之貌也晉灼曰落薄落託義同胡三省曰度徒洛翻落度失意也李慈銘曰度當讀鐸落度猶落拓卽落魄也令人追悔不可復及通鑑輯覽曰魏延之叛楊儀實

激成之繼復嫉琬秉政怨憤不休舉軍就魏云云與韓信悔不聽蒯通語相似劉禪憒憒安能明正其悖逆之罪耶何焯曰何乃無賴自棄至此然公琰亦有以致之稍崇其祿位以答前勞不亦優乎自審不能駕馭唯勿寄以重任可耳禕密表其言十三年廢儀爲民徙漢嘉郡漢嘉郡見先主傳儀至徙所復上書誹謗辭指激切遂下郡收儀儀自殺其妻子還蜀

楚國先賢傳云儀兄慮字威方少有德行爲江南冠冕襄陽耆舊記江作沔州郡禮召諸公辟請皆不能屈年十七夭鄉人號曰德行楊君襄陽耆舊記所云與此同楊慮事又見魏志呂布傳注

評曰劉封處嫌疑之地而思防不足以自衛彭羕廖立以才拔進李嚴以幹局達魏延以勇略任楊儀以當官顯劉琰舊仕並咸貴重覽其舉措迹其規矩招禍取咎無不自己也或曰諸人皆有超拔之才而同致廢除蓋無器識以將之則才多反以致患也

蜀書十

三國志四十

霍王向張楊費傳第十一

晉　平陽侯相　安漢　陳壽　撰
宋　中書侍郎　西鄉侯　聞喜　裴松之　注
沔陽　盧弼　集解

霍峻字仲邈南郡枝江人也枝江見董和傳兄篤於鄉里合部曲數百人各本部皆作郡誤宋元本不誤潘眉曰部曲是也凡領兵營有五部部有校尉及軍司馬部下有曲曲有軍候篤卒荊州牧劉表令峻攝其衆表卒峻率衆歸先主先主以峻爲中郎將先主自葭萌南還襲劉璋留峻守葭萌城張魯遣將楊帛誘峻求共守城峻曰小人頭可得城不可得帛乃退去後璋將扶禁向存等帥萬餘人由閬水上

胡三省曰扶姓禁名帥讀曰率閬水即西漢水禹貢所謂嶓冢導漾東流爲漢者也水經注漾水出隴西氐道縣嶓冢山謂之西漢水東南至廣漢白水縣西又東南至葭萌縣又東南過巴郡閬中縣與閬水會水出閬陽縣而東逕其縣南又東注漢水昔劉璋攻霍峻於葭萌也自此水上又東南入漢州江津縣東南入于江余據此水今謂之嘉陵江攻圍峻且一年不能下峻城中兵纔數百人伺其怠隙選精銳出擊大破之即斬存首先主定蜀嘉峻之功乃分廣漢爲梓潼郡梓潼郡見後主傳建興九年以峻爲梓潼太守裨將軍在官三年年四十卒還葬成都先主甚悼惜乃詔諸葛亮曰峻既佳士加有功於國欲行酹遂親率羣僚臨會弔祭因留宿墓上當時榮之子弋字紹先先主末年爲太子舍人後主踐阼除謁者丞相諸葛亮北駐漢中請爲記室使與子喬共周旋游處亮卒爲黃門侍郎後主立太子璿以弋爲中庶子後主猶用弋爲宮僚則慣選家法之善可知璿好騎射出入無度弋援引古義盡言規諫甚得切磋之體後爲參軍庲降屯副貳都督本志李恢傳章武元年庲降都督鄧方卒以恢爲庲降都督住平夷縣裴注云庲降地名去蜀二千餘里時未有寧州號爲南中立此職以總攝之晉泰始中始分爲寧州馬忠傳故都督常住平夷縣至忠乃移治味縣華陽國志卷四云建安十九年劉先主定蜀遣南郡鄧方以朱提太守庲降都督治南昌縣方亡先主用李恢爲都督治平夷縣諸葛亮平四郡改益州爲建寧以李恢爲太守移治味縣李恢卒以張翼爲都督翼帥劉胄反以馬忠代之忠卒以張表代之以楊羲爲參軍副貳之後以閻宇爲都督霍弋爲參軍弋甚善參毗之禮代宇爲監軍安南將軍撫和異俗爲之立法施教輕重允當夷晉安之又云建寧郡治味縣故庲降都督屯也胡三省曰平夷縣屬牂柯郡余據蜀志庲降督治平夷蓋僑治非庲降之本地也至馬忠爲庲降督乃自平夷移住建寧味縣後遂爲寧州治所又云水經注寧州建寧縣故庲降都督屯蜀後主建興三年分益州郡置之吳增僅曰建安十九年先主定蜀置庲降都督統南中諸郡初治南昌旋徙治平夷延熙中又徙治味縣又云蜀置四都督惟庲降都督統南中諸郡異於永安江州漢中三都督洪亮吉曰建寧郡本漢益州郡蜀漢建興三年改今名郡治味縣蜀漢庲降都督自平夷縣移治此謝鍾英曰南昌縣蜀立地缺一統志平夷廢縣今雲南曲靖府平夷縣境又云平夷廢縣在今貴州遵義府仁懷縣西南唐志有平夷縣在今雲南陸涼州界非此縣也二說未知孰是建寧郡味縣見後主傳建興三年又轉護軍統事如前時永昌郡夷獠永昌郡見後主傳建興三年恃險不賓數爲寇害乃以弋

領永昌太守率偏軍討之遂斬其豪帥破壞邑落郡界寧靜遷監軍翊軍將軍領建寧太守還統南郡事趙一清曰南郡字誤蜀稱益州爲南中非漢荊州之南郡或是南中郡縣史省文景耀六年進號安南將軍是歲蜀并于魏弋與巴東領軍襄陽羅憲各保全一方舉以內附咸因仍前任寵待有加漢晉春秋曰霍弋聞魏軍來弋欲赴成都後主以備敵既定不聽及成都不守弋素服號哭大臨三日諸將咸勸宜速降弋曰今道路隔塞未詳主之安危大故去就不可苟也若主上與魏和見遇以禮則保境而降不晚也若萬一危辱吾將以死拒之何論遲速邪得後主東遷之問始率六郡將守上表曰胡三省曰南中七郡而此言六郡者蓋越巂已降魏也臣聞人生於三事之如一胡三省曰無父母烏生無君烏以爲生所謂人生在三也惟難所在則致其命今臣國敗主附守死無所是以委質不敢有二宋本二作貳通鑑同晉文王善之又拜南中都督委以本任後

遣將兵救援呂興平交阯日南九眞三郡呂興事及三郡均見魏志陳留王紀咸熙元年功封列侯進號崇

賞爲弋孫彪晉越巂太守 襄陽記曰羅憲字令則胡三省曰姓譜羅本顓頊末胤受封於羅國爲楚所滅子孫以爲氏父蒙避亂于蜀官至廣漢太守憲少以才學知名年十三能屬文晉書羅憲傳早知名師事譙周周門人稱爲子貢後主立太子爲太子舍人遷庶子尙書吏部郎以宣信校尉洪飴孫曰宣信校尉一人蜀所置主使命再使於吳吳人稱羨焉宋本羨作美晉書無羨字時黄皓預政衆多附之憲獨不與同皓恚左遷巴東太守時右大將軍閻宇都督巴東爲領軍後主拜憲爲宇副貳魏之伐蜀召宇西還閻宇事見馬忠傳姜維傳留宇二千人令憲守永安城尋聞成都敗城中擾動江邊長吏皆棄城走憲斬稱成都亂者一人百姓乃定得後主委質問至乃帥所統臨于都亭三日胡三省曰都亭永安之都亭也吳聞蜀敗起兵西上外託救援內欲襲憲憲曰本朝傾覆吳爲脣齒不恤我難而徼其利背盟違約且漢已亡吳何得久寧能爲吳降虜乎保城繕甲

告誓將士厲以節義莫不用命吳聞鍾鄧敗百城無主有兼蜀之志而巴東固守兵不得過使步協率衆而西胡三省曰協步騭子吳以爲撫軍將軍憲臨江拒射不能禦遣參軍楊宗突圍北出告急安東將軍陳騫又送文武印綬任子詣晉王協攻城憲出與戰大破其軍孫休怒復遣陸抗等帥衆三萬人增憲之圍胡三省曰時吳以陸抗爲鎭軍將軍都督西陵被攻凡六月日而救援不到城中疾病大半或說憲奔走之計晉書憲傳或勸南出牂柯北奔上庸可以保全憲曰夫爲人主百姓所仰危不能安急而棄之君子不爲也畢命於此矣陳騫言於晉王遣荊州刺史胡烈救憲抗等引退吳志孫休傳永安七年二月鎭軍陸抗撫軍步協征西將軍留平建平太守盛曼率衆圍巴東守將羅憲七月魏使將軍胡烈步騎二萬侵西陵以救羅憲陸抗等引軍退晉王卽委前任拜憲淩江將軍晉書通鑑淩作陵胡三省曰沈約志魏置淩江將軍爲四十號之首言欲陵駕江流以蕩平吳會也封萬年亭侯會武陵四縣舉衆叛吳以憲爲武陵太守巴東監軍泰始元年改封西鄂縣侯西鄂見魏志杜襲傳沈家本曰羅憲由亭侯封縣侯乃進封非改封改字疑誤憲遣妻子居洛陽武帝以子襲爲給事中三年冬入朝進位冠軍將軍假節晉書憲傳泰始初入朝詔曰憲忠烈果毅有才策器幹可給鼓吹又賜山玄玉佩劍四年三月從帝宴於華林園詔問蜀大臣子弟後問先帝宜時敍用者憲薦蜀郡常忌華陽國志卷十一云常勖字修業蜀郡江原人從父閎漢中廣漢太守勖少與閎子忌齊名忌字茂通蜀郡謁者黄門侍郎喪親以致孝聞察孝廉爲郎使吳稱職晉武帝踐阼拜騎都尉除河內令杜軫華陽國志云杜軫字超宗蜀郡成都人父雄字伯休安漢雒令軫少師譙周發明高經於譙氏之門郡命爲功曹壽良華陽國志云壽良字文淑蜀郡成都人父祖二世犍爲太守良少與犍爲張微費緝並知名治春秋三傳貫通五經澡身貞素州從事散騎黄門侍郎巴西陳壽華陽國志云陳壽字承祚巴西安漢人也少受學於散騎常侍譙周治尙書三傳銳精史漢聰警敏識屬文富豔初應州命衞將軍主簿東觀祕書郎散騎黄門侍郎大同後察孝廉爲本郡中正益部自建武後蜀郡鄭伯邑大尉趙彥信及漢中陳中伯祝元靈廣漢王文表皆以博學洽聞作巴蜀耆舊傳壽以爲不足經遠乃并巴漢撰爲益部耆舊傳十篇散騎常侍文立表呈其傳武帝善之再爲著作郎吳平後壽乃鳩合三國史著魏吳蜀三書六十五篇號三國志又著古國志五十篇品藻典雅中書監荀勖令張華深愛之以班固史遷不足方也出爲平陽侯相華又表令次定諸葛亮故事集爲二十四篇時壽良亦集故頗不同復入爲著作鎭南將軍杜預表爲散騎侍郎詔曰昨適用蜀人壽良具員且可以爲侍御史上官司論

七篇依據典故議所因革又上釋諱廣國論華表令兼中書郎而壽魏志有失勗意勗不欲其處內表爲長廣太守繼母遺令不附葬以是見譏數歲除太子中庶子再兼散騎常侍惠帝謂司空張華曰壽才宜眞不足久兼也華表欲登九卿會受誅忠賢排擯壽遂卒洛下位望不充其才當時寃之南郡高軌沈家本曰軌疑高翔之後高陽呂雅宋本高作南是南陽呂雅見前呂乂傳許國沈家本曰國疑許慈之後江夏費恭費恭見費禕傳琅邪諸葛京諸葛京見諸葛亮傳汝南陳裕裕陳祗子見董允傳卽皆敍用咸顯於世憲還襲取吳之巫城巫城見先主傳章武元年因上伐吳之策憲方亮嚴正待士不倦輕財好施不治產業六年薨贈安南將軍諡曰烈侯子襲以淩江將軍領部曲早卒追贈廣漢太守襲子徽順陽內史永嘉五年爲王如所殺此作猷名與本傳不同未詳孰是也何焯曰觀裴注所云知襄陽記本作猷今爲後人追改注爲贊矣晉書校文云襄陽耆舊傳作猷以字令則推之當從此傳作憲趙一清曰晉書羅尙傳憲兄子尙字敬之一名仲父式牂柯太守尙太康末爲梁州刺史假節平西將軍益州刺史西戎校尉性貪少斷蜀人言曰尙之所愛非邪則佞尙之所憎非忠則正富擬魯衞家成市里貪如豺狼無復極已又曰蜀賊尙可羅尙殺我平西將軍反更爲禍尙破斬李特特子雄僭號都於郫城尙卒雄遂據有蜀土

王連字文儀南陽人也劉璋時入蜀爲梓潼令梓潼見後主傳建興九年先主起
事葭萌葭萌見劉璋傳進軍來南連閉城不降先主義之不强偪也及成都
既平以連爲什邡令邡國志益州廣漢郡什邡一統志故城今四川成都府什邡縣南轉在廣都廣都見後主傳建興
十四年所居有績遷司鹽校尉呂乂傳作鹽府校尉沈家本曰司鹽校尉領鹽府故亦稱鹽府校尉較鹽鐵之
利利入甚多有裨國用於是簡取良才以爲官屬若呂乂杜祺劉幹
等杜祺劉幹均見呂乂傳終皆至大官自連所拔也遷蜀郡太守興業將軍領
鹽府如故蔣超伯南滑楛語卷一曰三國時吳蜀皆資鹽賦吳有司鹽校尉章武亦設是官蜀志王連傳云遷司鹽校尉較鹽鐵之利利入甚多有裨國
用迨連遷蜀郡太守興業將軍領鹽府如故利權一而信任專此蜀之所以能立國乎其以典戎之官管牢盆之政隨地巡緝盜無所容尤權時之要策也建
興元年拜屯騎校尉領丞相長史封平陽亭侯時南方諸郡不賓諸
葛亮將自征之連諫以爲此不毛之地疫癘之鄉不宜以一國之望

冒險而行亮慮諸將才不及己意欲必往而連言輒懇至故停留者
久之會連卒子山嗣官至江陽太守
向朗字巨達襄陽宜城人也宜城見先主傳
襄陽記曰朗少師事司馬德操與徐元直韓德高龐士元皆親善
荆州牧劉表以爲臨沮長臨沮見關羽傳表卒歸先主先主定江南使朗督
秭歸夷道巫山夷陵四縣軍民事秭歸今湖北宜昌府歸州治詳見魏志文紀黃初三年夷道今湖北荆州府宜都縣
西北詳見先主傳章武二年巫山當爲巫縣沈欽韓曰寰宇記巫縣故城在今巫山縣北隋加山字是隋志以前皆無山字此則後人妄加也夷陵今湖北宜昌府東湖
縣東詳見魏志文紀黃初三年蜀既平以朗爲巴西太守巴西見魏志武紀建安二十年頃之轉任牂
柯牂柯見後主傳建興元年又徙房陵新城郡治房陵今湖北鄖陽府房縣治詳見魏志文紀延康元年錢大昭曰房陵郡晉志所無不知
置於何時劉封傳建安二十四年命達從秭歸北攻房陵房陵太守蒯祺爲達所害趙一清曰孟達殺太守蒯祺朗徙房陵當在此時但孟達以房陵降魏在章武元年

如朗在郡何得有此失抑或召還非後主時於事有參錯矣梁章鉅曰元和郡縣志漢末以房陵縣爲房陵郡後主踐阼爲步兵校
尉代王連領丞相長史丞相亮南征朗留統後事五年隨亮漢中朗
素與馬謖善謖逃亡朗知情不舉亮恨之何焯曰謖逃亡之事本傳無之此又不詳只一及耳朱邦衡曰
此即街亭之役謖違命致敗朗不諫故耳若在官私逸中材所不屑爲況謖素負才名爲丞相器異者乎此非文有脫誤即承祚屬辭晦澀故也周壽昌曰街亭之敗
在建興六年若五年則武侯駐軍漢中馬謖正參軍事不容無故逃亡若軍敗後事何以諸葛公傳及謖傳俱未敍及又何誤作五年耶免官還成都
數年爲光祿勳亮卒後徙左將軍何焯曰朗爲左將軍行丞相事見後主張皇后册文中而此傳失之追論
舊功封顯明亭侯位特進初朗少時雖涉獵文學然不治素檢以吏
能見稱自去長史優游無事垂三十年
臣松之案朗坐馬謖免長史則建興六年中也朗至延熙十年卒整二十年耳此云三
十字之誤也何焯曰二十年之功何書不可讀朗去長史已六十餘老而好學正吾儕過時者所宜師法也雖公淵之口終能以凡俗批詆邪弼按廖
立字公淵論向朗凡俗見立傳

乃更潛心典籍孜孜不倦年踰八十猶手自校書刊定謬誤積聚篇
卷於時最多藏書既富又治校勘之學開門接賓誘納後進但講論古義不干時
事以是見稱上自執政下及童冠皆敬重焉延熙十年卒
襄陽記曰朗遺言戒子曰傳稱師克在和不在衆此言天地和則萬物生君臣和則國
家平九族和則動得所求靜得所安是以聖人守和以存以亡也吾楚國之小子耳而
早喪所天爲二兄所誘養使其性行不隨祿利以墮今但貧耳貧非人患惟和爲貴汝
其勉之
子條嗣景耀中爲御史中丞
襄陽記曰條字文豹亦博學多識入晉爲江陽太守南中軍司馬

朗兄子寵先主時爲牙門將秭歸之敗寵營特完建興元年封都亭侯後爲中部督典宿衛兵諸葛亮當北行表與後主曰將軍向寵性行淑均曉暢軍事試用於昔先帝稱之曰能是以衆論舉寵爲督愚以爲營中之事悉以咨之必能使行陣和睦優劣得所也遷中領軍延熙三年征漢嘉蠻夷遇害寵弟充歷射聲校尉尚書 向充上表請爲諸葛亮立廟見亮傳注充事又見來敏傳

襄陽記曰魏咸熙元年六月鎭南將軍衞瓘 宋本南作西晉書瓘傳同 至於成都得璧玉印各一枚文似成信字魏人宣示百官藏于相國府充聞之曰吾聞譙周之言先帝諱備其訓具也後主諱禪其訓授也如言劉已具矣當授與人也今中撫軍名炎而漢年極於炎興瑞出成都而藏之於相國府此殆天意也是歲拜充爲梓潼太守明年十二月而晉武帝卽尊位炎興於是乎徵焉 何焯曰此語卽漢晉春秋之所由作也 孫盛曰昔公孫述自以起成都號曰成氏二玉之文殆述所作乎 何焯曰此語已見魏書三少帝紀此重出

張裔字君嗣蜀郡成都人也治公羊春秋博涉史漢汝南許文休入蜀謂裔幹理敏捷是中夏鍾元常之倫也劉璋時舉孝廉爲魚復長 魚服見先主傳建安十六年 還州署從事領帳下司馬張飛自荆州由墊江入璋授裔兵拒張飛於德陽陌下 德陽詳見法正傳趙一淸有說乃陰平道之德陽亭說誤不錄 軍敗還成都爲璋奉使詣先主先主許以禮其君而安其人也裔還城門乃開先主以裔爲巴郡太守還爲司金中郎將 司金中郎將見魏志王脩傳 典作農戰之器 裔列名勸進見先主傳裔爲偏將軍本傳未書 先是益州郡殺太守正昂耆率雍闓恩信著于南土 事見後主傳建興元年通鑑益州郡耆率雍闓殺太守正昂因士燮以求附於吳胡三省曰正姓也秦有正先耆渠伊翻長也老也今嵊剡之閒猶謂閭里之長曰耆雍於用翻姓也闓音開又可亥翻闓自交州道求附於吳 使命周旋遠通孫權乃以裔爲益州太守徑往至郡闓遂趦趄不賓假鬼教曰張府君如瓠壺外雖澤而內實麤不足殺令縛於吳 宋本於作與 於是遂送裔於權會先主薨諸葛亮遣鄧芝使吳亮令芝言次可從權請裔裔自至吳數年流徙伏匿權未之知也故許芝遣裔裔臨發權乃引見問裔曰蜀卓氏寡女亡奔司馬相如貴土風俗何以乃爾乎裔對曰愚以爲卓氏之寡女猶賢於買臣之妻 漢書司馬相如傳相如字長卿蜀郡成都人卓王孫有女文君新寡好音相如飲卓氏弄琴文君竊從戶窺心悅而好之夜亡奔相如朱買臣傳買臣字翁子吳人家貧好讀書不治產業妻求去買臣爲會稽太守入吳界見其故妻妻夫治道買臣駐車呼令後車載其夫妻到太守舍置園中給食之居一月妻自經死此蓋權以卓氏寡女譏蜀裔以買臣之妻譏吳也 權又謂裔曰君還必用事西朝終不作田父於閭里也將何以報我裔對曰裔負罪而歸將委命有司若蒙徼倖得全首領五十八已前父母之年也自此已後大王之賜也 劉咸炘曰蜀書多載應對書疏殆以事少之故 權言笑歡悅有器裔之色裔出閤深悔不能陽愚卽便就船倍道兼行權果追之裔已入永安界數十里 已入永安則入蜀境矣 追者不能及既至蜀丞相亮以爲參軍署府事又領益州治中從事亮出駐漢中裔以射聲校尉領留府長史 何焯曰既重裔幹理亦不欲但用公琰文緯署府事一府皆楚人失蜀士心也 常稱曰公賞不遺遠罰不阿近爵不可以無功取刑不可以貴勢免此賢愚之所以僉忘其身者也其明年北詣亮諮事送者數百車乘盈路裔還書與所親曰近者涉道晝夜接賓不得寧息人自敬丞相長史男子張君嗣附之疲倦欲死其談啁流速 啁與嘲同 皆此類也 何焯曰語頗輕薄然深悟此理卽無死權之愚也豈惟長史卽貴極公侯亦猶是耳戀慕外物藹然疲役不無謂乎

臣松之以爲談啁貴於機捷書疏可容留意今因書疏之巧以著談啁之速非其理也

少與犍爲楊恭友善恭早死遺孤未數歲裔迎留與分屋而居事恭母如母恭之子息長大爲之娶婦買田宅產業使立門戶撫恤故舊振贍衰宗行義甚至 何焯曰行義如此故諸葛公以貞良死節許之不綠季休之言遂與戚公一視弼按楊洪字季休楊儀字威公 加輔漢將軍領長史如故建興八年卒子毣嗣 毛本無嗣字誤宋本有之 毣音忙角反見字林曰毣思貌也 毣音木沈家本曰隋志字林七卷晉弦令呂忱撰唐志同宋志五卷是此書宋世尙存不知亡於何時元魏書江式傳晉世義陽王典祠令任城呂忱表上字林六卷尋其況趣附託許氏說文而按偶章句隱別古籀奇惑之字文得正隸不差篆意也 歷三郡守監軍毣弟郁太子中庶子

楊洪字季休犍爲武陽人也 犍爲郡治武陽見劉焉傳 劉璋時歷部諸郡先主定蜀太守李嚴命爲功曹 犍爲郡之功曹 嚴欲徙郡治舍洪固諫不聽遂辭

功曹請退嚴欲薦洪於州 劉家立曰此欲字乃涉上文欲字而誤衍者當删去 爲蜀部從事 蜀疑作益 或曰部疑作郡 先主爭漢中急書發兵軍師將軍諸葛亮以問洪洪曰漢中則益州咽喉存亡之機會若無漢中則無蜀矣 潘眉曰黃權亦曰若失益州則三巴不振此爲割蜀之股臂也先主殺夏侯淵據漢中爲蜀重鎭建安二十四年拔魏延爲都督鎭漢中後主建興五年諸葛亮出屯漢中十二年亮卒吳壹假節督漢中十五年王平代壹督漢中延熙元年蔣琬出屯漢中六年還住涪王平統漢中十一年費禕出屯漢中景耀元年姜維始令督漢中胡濟卻住漢壽使將分守漢樂二城於舊法爲一變蓋卽王平守漢中時諸將之策也 此家門之禍也方今之事男子當戰女子當運發兵何疑時蜀郡太守法正從先主北行亮於是表洪領蜀郡太守衆事皆辦遂使卽眞頃之轉爲益州治中從事 洪列名勸進見先主傳 先主既稱尊號征吳不克還住永安漢嘉太守黃元素爲諸葛亮所不善聞先主疾病懼有後患舉郡反燒臨邛城 永安漢嘉臨邛俱見先主傳 時亮東行省疾成都單虛是以元益無所憚洪卽啟太子遣其親兵使將軍陳曶鄭綽討元衆議以爲元若不能圍成都當由越巂據南中 胡三省曰南中漢益州永昌二郡之地弼按南中解見諸葛亮傳 洪曰元素性凶暴無他恩信何能辦此不過乘水東下冀主上平安面縛歸死如其有異奔吳求活耳敕曶綽但于南安峽口遮卽便得矣 卽疑作擊郡國志益州犍爲郡南安水經江水注江水又東南逕南安縣西有熊耳峽縣治青衣江會䍀帶二水矣縣南有峨眉山有濛水卽大渡水也一統志南安故城今四川嘉定府夾江縣西北二十里南安鎭錢坫曰今嘉定府城謝鍾英曰今嘉定府樂山縣治胡三省曰此順蜀青衣水東下也水經注青衣水出青衣縣西蒙山東至蜀郡臨邛縣與沫水合又東至犍爲南安入於江所謂南安峽口也謝鍾英曰按當在今嘉定府城南青衣江入江處 曶綽承洪言果生獲元洪 趙一清曰此洪字是史羨文 建興元年賜爵關內侯復爲蜀郡太守忠節將軍 洪飴孫曰忠節將軍一人蜀置 後爲越騎校尉領郡如故五年丞相亮北住漢中欲用張裔爲留府長史問洪何如洪對曰裔天

姿明察長于治劇才誠堪之然性不公平恐不可專任不如留向朗朗情僞差少裔隨從目下效其器能於事兩善初裔少與洪親善裔流放在吳洪臨裔郡裔子郁給郡吏微過受罰不特原假裔後還聞之深以爲恨與洪情好有損及洪見亮出至裔許具說所言裔答洪曰公留我了矣明府不能止 或曰部民謂郡將爲明府卽故交猶然當日已如此 時人或疑洪意自欲作長史或疑洪知裔自嫌不願裔處要職典後事也後裔與司鹽校尉岑述不和至于忿恨亮與裔書曰君昔在柏下營壞 柏宋本作栢元本作栢趙一清曰當作陌下卽張裔傳所謂德陽陌下也 吾之用心食不知味後流迸南海相爲悲歎寢不安席及其來還委付大任同獎王室自以爲與君古之石交也石交之道舉讎以相益割骨肉以相明猶不相謝也況吾但委意于

元儉 宋本噫作意官本考證曰監本訛作委噫今改正沈家本曰元儉蓋岑述字弼按廖化字元儉爲丞相參軍見宗預傳 而君不能忍邪論者由是明洪無私洪少不好學問而忠清款亮憂公如家事繼母至孝六年卒官始洪爲李嚴功曹嚴未至犍爲 錢大昭曰至疑當作去弼按通鑑作去 而洪已爲蜀郡洪迎門下書佐何祇 迎字疑衍通鑑作舉何祇見張嶷傳 有才策功幹 胡三省曰漢制郡閤下及諸曹各有書佐幹主文書靈帝光和二年樊毅復華下民租口筭碑載其上尚書奏牘前書年月朔日弘農太守臣毅頓首死罪上尚書後書臣毅誠惶誠恐頓首頓首死罪死罪上尚書後繫掾臣條屬臣淮書佐臣謀 舉郡吏數年爲廣漢太守時洪亦尚在蜀郡是以西土咸服諸葛亮能盡時人之器用也 因事推美諸葛

益部耆舊傳雜記曰每朝會祇次洪坐嘲祇曰君馬何駛祇曰故吏馬不敢駛但明府未著鞭耳衆傳之以爲笑 祇字君肅少寒貧爲人寬厚通濟體甚壯大又能飲食好聲色不持節儉 何焯曰儉疑作檢 故時人少貴之者嘗夢井中生桑 宋本桑作桒沈家本曰作桒方與四十下八之語合 以問占夢趙直 趙直見魏延傳楊儀傳呼都尉趙正以周易筮之當別爲一人 直曰桑非井中之物會當移植然桑字四十下八君壽恐不過此祇笑言得此足矣初仕郡 毛本仕作往 後爲督軍從事時諸葛亮用法峻密陰聞祇游戲放縱不勤所職常奄往錄獄 馮本常作當 衆人咸爲祇懼祇密聞之夜張燈火見囚讀諸解狀諸葛晨往祇悉已闇誦答對解釋無所凝滯亮甚異之出補成都令時郫縣令缺 郡國志益州蜀郡郫一統志郫縣故城今四川成都府郫縣治古蜀王杜宇所都 以祇兼二縣二縣戶口猥多切近都治饒諸姦穢每比人常眠睡值其覺寤輒得姦詐衆咸畏祇之發擿或以爲有術無敢欺者使人投算祇聽其讀而心計之不差升合其精如此汶山夷不安以祇爲汶山太守 汶山郡見後主傳延熙十年 民夷服信遷廣漢後夷反叛辭令得前何府君乃能安我耳時難屈祇拔祇族人爲汶山復得安 御覽二百六十一辭下有曰字難下有復字爲下有之字 轉祇爲犍爲年四十八卒如直所言後有廣漢王離字伯元亦以才幹顯爲督軍從事推法平當稍遷代祇爲犍爲太守治有美績雖聰明不及祇而文采過之也

費詩字公舉犍爲南安人也 南安見楊洪傳 劉璋時爲緜竹令 緜竹見劉焉傳 先主攻緜竹時詩先舉城降成都既定先主領益州牧以詩爲督軍從事出爲牂柯太守還爲州前部司馬先主爲漢中王遣詩拜關羽爲前將軍羽聞黃忠爲後將軍羽怒曰 御覽怒上無羽字 大丈夫終不與老兵同列不肯受拜詩謂羽曰夫立王業者所用非一昔蕭曹與高祖少小親舊而陳韓亡命後至論其班列韓最居上 胡三省曰謂陳平韓信自楚而來韓信王而蕭曹侯故曰韓最居上 未聞蕭曹以此爲怨今漢王以一時之功隆崇於漢室 陳浩曰漢王御覽作漢中王漢室疑當作漢升黃忠字也趙一清曰先主時爲漢中王不應單稱漢王或曰御覽作漢叔叔字草書似升字耳 然意之輕重寧當與君侯齊乎 胡三省曰言備以一時使忠與羽班而意之輕重則不在此曹操嘗表羽爲漢壽亭侯故稱之爲君侯 且王與君侯譬猶一體同休等戚禍福共之愚爲君侯不宜計官號之高下爵祿之多少爲意也僕一介之使銜命之人君侯不受拜如是便還但相爲惜此舉動恐有後悔耳羽大感悟遽即受拜後羣臣議欲推漢中王稱尊號詩上疏曰殿下以曹操父子偪主篡位故乃羇旅萬里糾合士衆將以討賊今大敵未克而先自立恐人心疑惑昔高祖與楚約先破秦者王及屠咸陽獲子嬰猶懷推讓況今殿下未出門庭便欲自立邪愚臣誠不爲陛下取也由是忤指左遷部永昌從事 胡三省曰爲益州刺史部從事部永昌郡何焯曰費詩左遷雍茂見殺固由不宏亦其碁氣

習鑿齒曰夫創本之君須大定而後正己 官本須作俟 纂統之主俟速建以係衆心 官本俟作

須是故惠公朝虜而子圉夕立 左傳僖公十五年秦獲晉侯以歸晉陰飴甥會秦伯盟于王城對秦伯曰小人恥失其君不憚征繕以立圉也杜注圉惠公太子懷公也 更始尚存而光武舉號 范書光武紀更始遣侍御史立光武爲蕭王悉令罷兵詣行在所光武辭以河北未平不就徵自是始貳於更始諸將議上尊號光武於是命有司設壇場於鄗南卽皇帝位 夫豈忘主徼利社稷之故也今先主糾合義兵將以討賊賊彊禍大主沒國喪二祖之廟絕而不祀苟非親賢孰能紹此嗣祖配天非咸陽之譬杖正討逆何推讓之有於此時也不知速尊有德 宋本知作如誤 以奉大統使民欣反正世覩舊物杖順者齊心附逆者同懼可謂闇惑矣其黜降也宜哉

臣松之以爲鑿齒論議惟此議最善 李光地曰詩正論習通論也不可相無或曰縞素犒師故爵統衆三軍之氣或更倍也大義旣申人自戴之何不足以繫衆心乎光武擕貳更始豈可引喻子圉固守本國未聞卽尊苟漢帝旣亡吾業漸立徐踐大位未便後也不然與人同行而目之爲賊誰能服焉習氏目爲闇惑松之復審其識不知果何見也

建興三年隨諸葛亮南行歸至漢陽縣 郡國志益州犍爲屬國漢陽一統志漢陽故縣在今四川敘州府慶符縣南漢置屬犍爲郡爲都尉治後漢屬犍爲屬國蜀漢屬朱提郡法正子邈爲漢陽太守蓋嘗置郡又云漢陽山在慶符縣北八十里諸葛武侯南征駐軍此山今崖壁上鐫武侯征蠻故道六字猶存又云石門山在慶符縣南卽古石門道水經江水注唐蒙鑿石開閣以通南中迄于建寧二千餘里山道廣丈餘深三四丈塹鑿之迹猶存馬與龍曰以蜀志李恢費詩傳觀之諸葛亮南征由越巂渡越巂河而歸從漢陽石門道也 降人李鴻來詣亮亮見鴻時蔣琬與詩在坐鴻曰閒過孟達許適見王沖從南來言往者達之去就明公切齒欲誅達妻子賴先主不聽耳達曰諸葛亮見顧有本末終不爾也盡不信沖言委仰明公無復已已亮謂琬詩曰還都當有書與子度相聞 孟達字子度 詩進曰孟達小子昔事振威不忠 振威劉璋也 後又背叛先主反覆之人何足與書邪亮默然不答亮欲誘達以爲外援 劉咸炘曰此節當入劉封傳孟達事中 竟與達書曰往年南征歲未及還 姜宸英曰未及當作末乃後主傳亮以建興三年二月南征十二月還成都 適與李鴻會於漢陽承知消息慨然永歎以存足下平素之志豈徒空託名榮貴爲華離乎 宋本華作乖通志冊府同 嗚呼孟子斯實劉封侵陵足下以傷先主待士之義又鴻道王沖造作虛語云足下量度吾心不受沖說尋表明之言追平生之好依依東望故遣有書 書詞動人諸葛公亦譎矣其默然不答非費詩所能知也 達得亮書數相交通辭欲叛魏魏遣司馬宣王征之卽斬滅達亮亦以達無款誠之心故不救助也 趙一清曰晉書宣帝紀蜀吳各遣其將向西城安橋木蘭塞以救達又克達之後蜀將姚靜鄭他等帥其屬七千餘人來降水經沔水注木蘭塞吳朝遣軍救孟達於此則蜀吳皆有救達之事此云不救何也 蔣琬秉政以詩爲諫議大夫卒於家王沖者廣漢人也爲牙門將統屬江州督李嚴爲嚴所疾懼罪降魏魏以沖爲樂陵太守

孫盛蜀世譜曰詩子立 監本立作在誤 晉散騎常侍自後益州諸費有名位者多是詩之後也

評曰霍峻孤城不傾王連固節不移向朗好學不倦張裔膚敏應機 詩大雅文王之篇殷士膚敏毛傳曰殷士殷侯也膚美敏疾也鄭箋云殷之臣壯美而敏也 楊洪乃心忠公費詩率意而言皆有可紀焉以先主之廣濟諸葛之準繩詩吐直言猶用陵遲 毛本陵作淩 況庸后乎哉 馮本無哉字或曰感諷無限古人所以比直言於藥石也

杜周杜許孟來尹李譙郤傳第十二

晉　平陽侯相　安漢　陳壽　撰

宋　中書侍郎　西鄉侯　聞喜　裴松之　注

沔陽　盧弼　集解

杜微字國輔錢大昭曰漢季輔臣贊作字輔國梓潼涪人也梓潼郡見後主傳建興九年涪見劉璋傳少受學於廣漢任安任安見秦宓傳注引益部耆舊傳劉璋辟爲從事以疾去官及先主定蜀微常稱聾閉門不出建興二年丞相亮領益州牧選迎皆妙簡舊德以秦宓爲別駕五梁爲功曹周壽昌曰五郎伍姓也漢書藝文志伍子胥俱作五子胥錢大昕曰五古伍字呂氏春秋五員亡荆人表伍參亦作五參非文之譌微爲主簿微固辭轝而致之既至亮引見微微自陳謝亮以微不聞人語於坐上與書曰服聞德行饑渴歷時淸濁異流無緣咨覯王元泰李伯仁王文儀楊季休丁君幹李永南兄弟文仲寶等王謀字元泰見季漢輔臣贊王連字文儀楊洪字季休均有傳李永南兄弟亦見輔臣贊文恭字仲寶見廖立傳李伯仁丁君幹未詳錢大昕曰君幹疑卽出師表所稱丁立也每歎高志未見如舊猥以空虛統領貴州德薄任重慘慘憂慮朝廷主公今年始十八朱邦衡曰主公二字疑衍亭林云武侯集中凡稱先主本稱先帝傳入中原魏人追改是也此處旣有朝廷字則此二字定屬衍文天姿仁敏愛德下士天下之人思慕漢室欲與君因天順民輔此明主以隆季興之功著勳於竹帛也以謂賢愚不相爲謀故自割絕守勞而已不圖自屈也微自乞老病求歸亮又與書答曰曹丕篡弒自立爲帝是猶土龍芻狗之有名也欲與羣賢因其邪僞以正道滅之怪君未有相誨便欲求還於山野丕又大興勞

役以向吳楚今因丕多務且以閉境勤農元本勤作勸育養民物並治甲兵以待其挫然後伐之可使兵不戰民不勞而天下定也君但當以德輔時耳不責君軍事何爲汲汲欲求去乎其敬微如此李光地曰三代以下宰相誰有此盛德事乎聲教遺言猶足振興乎百世況親受乎拜爲諫議大夫以從其志五梁者字德山犍爲南安人也南安見楊洪傳以儒學節操稱從議郎遷諫議大夫五官中郎將

周羣字仲直錢大昭曰季漢輔臣贊作字仲宣巴西閬中人也巴西郡治閬中見魏志武紀建安二十年父舒字叔布少學術於廣漢楊厚名亞董扶任安楊厚董扶均見劉焉傳注任安見秦宓傳注數被徵終不詣時人有問春秋讖曰代漢者當塗高此何謂也舒曰當塗高者魏也范書公孫述傳帝與述書曰代漢者當塗高君豈高之身邪東觀記曰光武與述書曰承赤者黃也姓當塗其名高也文選景福殿李注引獻帝紀以爲故白馬令李雲之言當塗高互見魏志文紀延康元年注引禪代衆事鄉黨學者私傳其語羣少受學於舒專心候業於庭中作小樓家富多奴常令奴更直於樓上視天災纔見一氣即白羣羣自上樓觀之不避晨夜故凡有氣候無不見之者是以所言多中拾遺記卷八云周羣妙閑算術讖說游岷山採藥見一白猿從絕峯而下對羣而立羣抽所佩書刀抗猿猿化爲一老翁握中有玉版長八寸以授羣羣問曰公是何年生答曰已衰邁也忘其年月猶憶軒轅時始學厤數風后容成皆黃帝之史就余授厤術至顓頊時考定日月星辰之運尤多差異及春秋時有子韋子野裨竈之徒權略雖驗未得其門邇來世代興亡不復可記因以相襲至大漢時有洛下閎頗得其旨羣服其言更精勤算術及考校年厤之運驗於圖緯知蜀應滅及明年歸命奔吳皆云周羣詳陰陽之精妙也蜀人謂之後聖白猿之異有似越人所記而事皆迂誕似是而非州牧劉璋辟以爲師友從事師友從事見吳志士燮傳續漢書曰建安七年越巂有男子化爲女人時羣言哀帝時亦有此將易代之祥也續漢志五行志五所載與此同惟云時周羣上言按此乃羣自言占驗非上言也至二十五年獻帝果封于山陽十二年十月

有星孛于鶉尾荊州分野羣以爲荊州牧將死而失土明年秋劉表卒曹公平荊州十
七年十二月星孛于五諸侯羣以爲西方專據土地者皆將失土是時劉璋據益州張
魯據漢中韓遂據涼州宋建據枹罕明年冬曹公遣偏將擊涼州十九年獲宋建韓遂
逃于羌中被殺其年秋璋失益州二十年秋曹公攻漢中張魯降
先主定蜀署儒林校尉（洪飴孫曰儒林校尉一人蜀所置）先主欲與曹公爭漢中問
羣羣對曰當得其地不得其民也若出偏軍必不利當戒慎之時州
後部司馬蜀郡張裕亦曉占候而天才過羣（原注裕字南和）諫先主曰不可
爭漢中軍必不利先主竟不用裕言果得地而不得民也（或曰曹操自至漢中引出張郃等諸軍未聞移其民也羣言得地不得民妄甚弼按魏志杜襲傳襲隨太祖到漢中討張魯太祖還襲留督漢中軍事綏懷開導百姓自樂出徙洛鄴者八萬餘口此爲得地不得民之證）遣將軍吳蘭雷銅等入武都皆沒不還（事見魏志武紀建安二十三年先主傳作雷同）
悉如羣言於是舉羣茂才裕又私語人曰歲在庚子天下當易代
劉氏祚盡矣主公得益州九年之後寅卯之閒當失之（潘眉曰先主以建安十九年得益州至章武二年壬寅凡九年明年癸卯殂故云九年之後寅卯之閒當失之非謂失益州也）人密白其言初先主與劉璋
會涪時裕爲璋從事侍坐其人饒鬚先主嘲之曰昔吾居涿縣特多
毛姓東西南北皆諸毛也涿令稱曰諸毛繞涿居乎裕卽答曰昔有
作上黨潞長遷爲涿令涿令者去官還家時人與書欲署潞則失涿
欲署涿則失潞乃署曰潞涿君先主無鬚故裕以此及之（何焯曰及字當作反劉咸炘曰此等嘲語載之無謂下開晉書之弊執謂承祚爲簡絜邪）先主嘗銜其不遜加忿其漏言乃顯裕諫
爭漢中不驗下獄將誅之諸葛亮表請其罪先主答曰芳蘭生門不
得不鉏裕遂棄市（或曰昭烈以蜀方新造恐其煽惑人心俾無罔志誅之是也裕知數而不知愼密之義未聞道耳耆術者當以杜瓊爲法）

後魏氏之立先主之薨皆如裕所刻（或曰先主雖殂益州未失何得云如裕所刻乎）又曉相術（張裕善相見鄧芝傳或曰先主英雄曹操畏之自有出羣之表張裕不識焉得曉相術乎）每舉鏡視面自知刑死未嘗不
撲之于地也羣卒子巨頗傳其術
杜瓊字伯瑜蜀郡成都人也少受學於任安精究安術劉璋時辟爲
從事先主定益州領牧以瓊爲議曹從事（瓊列名勸進見先主傳）後主踐阼（毛本阼作祚）拜諫議大夫遷左中郞將（後主使瓊持節贈諸葛亮武鄉侯印綬見亮傳）大鴻臚太常爲
人靜默少言闔門自守不與世事蔣琬費禕等皆器重之雖學業入
深初不視天文有所論說後進通儒譙周常問其意瓊答曰欲明此
術甚難須當身視識其形色不可信人也晨夜苦劇然後知之復憂
漏泄不如不知是以不復視也周因問曰昔周徵君以爲當塗高者
魏也其義何也瓊答曰魏闕名也當塗而高聖人取類而言耳又問
周曰寧復有所怪邪周曰未達也瓊又曰古者名官職不言曹始自
漢已來名官盡言曹吏言屬曹卒言侍曹此殆天意也（劉咸炘曰蜀中內學本盛周舒以當塗高爲魏其子羣則又以黃氣證西有天子（見先主傳）譙周孰聞其緒言故以漢數當亡而勸降承祚師譙周具載其讖語直至常道將猶津津言周之讖蜀之不能中大義者以圖讖也）瓊年八十餘延熙十三年卒著韓詩章句十餘萬言不
教諸子內學無傳業者周緣瓊言乃觸類而長之曰春秋傳著晉穆
侯名太子曰仇弟曰成師師服曰異哉君之名子也嘉耦曰妃怨耦
曰仇今君名太子曰仇弟曰成師始兆亂矣兄其替乎其後果如服
言及漢靈帝名二子曰史侯董侯既立爲帝後皆免爲諸侯與師服
言相似也先主諱備其訓具也後主諱禪其訓授也如言劉已具矣

當授與人也意者甚於穆侯靈帝之名子何焯曰君子好仇豈怨耦之謂師服已屬附會後人不必持此自喜爲知微也宋明帝之多諱皆譏叟鞶敢之何關治亂興亡乎錢振鍠曰妖言惑衆其罪死勸降乂其小者後宮人黃皓弄權於內景耀五年宮中大樹無故自折周深憂之無所與言乃書柱曰衆而大期之會具而授若何復言曹者衆也魏者大也衆而大天下其當會也具而授如何復有立者乎蜀既亡咸以周言爲驗周曰此雖已所推尋然有所因由杜君之辭而廣之耳殊無神思獨至之異也

許慈字仁篤南陽人也師事劉熙隋書經籍志梁有謚法三卷後漢安南太守劉熙注亡釋名八卷劉熙撰直齋書錄解題釋名八卷漢徵士北海劉熙成國撰凡二十七篇四庫提要云釋名八卷漢劉熙撰熙字成國北海人其書二十篇以同聲相諧推論稱名辨物之意中間頗傷於穿鑿然可因以考見古音又去古未遠所釋器物亦可因以推求古人制度之遺又後漢書劉珍傳稱珍撰釋名五十篇（五當作三）其書名相同姓又相同然歷代相傳無引劉珍釋名者則珍書久佚不得以此書當之也畢沅釋名疏證序云劉熙釋名其自序云二十七篇案後漢書文苑傳劉珍字秋孫一名寶撰釋名三十篇以擬萬物之稱號而韋曜顏之推等皆云劉熙製釋名熙或作熹案三國吳志曜傳曜在獄中上辭有云見劉熙所作釋名信多佳者然物類衆多難得詳究故時有得失而爵位之事又有非是云云玩曜之語則熙之書吳末乃始流布是熙之去曜年代必當不遠一也舊本題安南太守劉熙撰近時校者以二漢無安南郡或云當作南安今考劉昭注續漢書稱三秦記曰中平五年分漢陽置南安郡元和郡縣志亦云漢靈帝立是郡置已在漢末二也此書釋州國篇有司州案魏志又晉書地理志魏以漢司隸所部河南河東河內宏農幷冀州之平陽合五郡置司州是建安以前無司州之名三也又云西海郡海在其西據劉昭注則西海郡亦獻帝建安末立其時去魏受禪不遠四也釋天等篇於光武列宗之諱均不避五也以此而推則熙爲漢末或魏受禪以後之人無疑又自序云二十七篇而文苑劉珍傳云三十篇篇目亦不甚縣遠疑此書兆于劉珍踵成于熙至韋曜又補官職之缺也其書參校方俗考合古今晰名物之殊辨典禮之異洵爲爾雅說文以後不可少之書今分觀其所釋亦時有與爾雅說文諸書異者明區大任百越先賢志云劉熙字成國交州人先北海人也博覽多識名重一時薦辟不就避地交州人謂之徵士往來蒼梧南海客授生徒數百人著謚法三卷行於世建安末卒於交州崇山下有劉熙墓云（自注據交廣春秋文獻通考參修）又云劉熙卽名物以釋義推揆事原致意精微作釋名二十七篇自爲之序嚴可均曰劉熙字成國北海人官位未詳後漢文苑劉珍傳撰釋名三十篇蓋別有一書或珍創始而劉熙踵成之也隋唐志作劉熙撰不書官位今所見舊刻本或題安南太守或題徵士隋志大戴禮注梁有謚法三卷後漢安南太守劉熙注則舊刻本亦有所據然恐不確唐調露元年始改交州總管府爲安南

都護府前此交趾並無安南之稱近人或云當作南安亦不確南安本漢天水東漢改爲漢陽續志漢陽郡注補引秦州記中平二年分置南安郡魏爲廣魏晉爲略陽其地屬涼州刺史部而劉熙久居交州陳壽言之再四蜀志許慈傳師事劉熙建安中自交州入蜀吳志韋曜傳見劉熙所作釋名信多佳者程秉傳避亂交州與劉熙考論大義遂博通五經薛綜傳少避地交州從劉熙學計熙在交州値獻帝初年或先士燮爲太守殆未可知然不當稱安南其爲徵士亦不見于史故皆不從乂案後漢光武十五王傳別有劉熙建安十一年嗣瑯邪王魏志劉馥傳馥孫熙嘉平六年嗣建成鄉侯姓名偶同非卽其人也又云世說言語篇注引伏滔靑楚人物論以劉成國爲靑士有才德者洪亮吉曉讀書齋初錄云釋名舊本題安南太守劉熙撰考據家並云漢無安南郡今考晉書循吏傳魯芝當魏時行安南太守則舊本所言不誤姚振宗曰按湖廣舊志云劉珍撰釋名三十篇以辨萬物之稱號劉熙序之然攷熙自序止二十七篇亦絕不言前人有是作豈今本劉熙非全文佚其本末歟序末有云其於答難解惑王父幼孫朝夕侍問以塞可謂之士聊可省諸其語不甚明白豈劉熙爲劉珍之孫幼時嘗質問其義後踵成其王父之書如嚴氏所說歟疑不能明也弼按劉珍爲南陽蔡陽人劉熙爲北海人畢嚴二氏皆謂熙踵成珍書殊無佐證嚴氏謂南安屬涼州駮畢說之誤誠是其歷引蜀志吳志謂劉熙之久居交州實爲信而有徵畢氏謂劉熙生漢魏之際其說亦是安南太守疑爲日南太守之誤日南屬交州或較南安爲近是歟善鄭氏學治易尙書三禮毛詩論語范書鄭玄傳玄字康成北海高密人也凡玄所注周易尙書毛詩儀禮禮記論語孝經尙書大傳凡百餘萬言經典釋文敍錄云鄭玄注易尙書三禮論語尙書大傳五經中候箋毛詩作毛詩譜錢大昕曰三禮皆康成注流傳至今乃鄭玄傳有儀禮禮記而無周禮此轉寫之脫漏弼按經典釋文云鄭注三禮此傳亦云許慈善鄭氏學治三禮可證范書之誤何焯曰鄭氏尙書注今與易皆僅存於正義中姚範曰唐世禮記爲大經詩周禮儀禮爲中經易尙書爲小經建安中與許靖等俱自交州入蜀時又有魏郡胡潛字公興不知其所以在益土潛雖學不沾洽然卓犖彊識祖宗制度之儀喪紀五服之數皆指掌畫地舉手可采先主定蜀承喪亂歷紀學業衰廢乃鳩合典籍沙汰衆學慈潛並爲博士馮本博作學誤傳末子勛復爲博士作博是與孟光來敏等典掌舊文値庶事草創動多疑議慈潛更相克伐謗讟忿爭形於聲色書籍有無不相通借時尋楚撻以相震撼原注撼虛晚反姚範曰撼廣韻軒上聲此作歡上聲周壽昌曰撼虛偃切博雅擬也一曰手約物也通雅震撼猶搴挐也或曰以學相商竟至於此士君子當愼其初念無名心無矜氣其矜己妒彼乃至於此先主愍其若斯羣僚大會使倡家假爲二子之容傚

其訟鬩之狀酒酣樂作以爲嬉戲（元本戲作笑）初以辭義相難終以刀杖相屈用感切之（錢振鍠曰此事不惟爲漢儒門戶之紛且爲後世梨園之始）潛先沒慈後主世稍遷至大長秋卒（何焯曰大長秋掌奉宣中宮命西京或用士人中興常用宦者今皆用通經之士爲之則可以修周官內宰之職一隅之制其善如此）

孫盛曰蜀少人士故慈潛等並見載述（何焯曰仁篤通大經四小經三郎在中土亦烏可無述）

子勛傳其業復爲博士

孟光字孝裕河南洛陽人漢太尉孟郁之族（梁章鉅曰後漢書靈帝紀太常河南孟戫卽此人戫古郁字說文戫戫乎文今論語亦作郁錢大昕曰按成陽堯廟碑濟陰太守河南偃師孟府君諱郁字敬達治尚書經歷典六郡威教若神卽其人也戫與郁同碑立於永康元年至熹平六年相距十年矣注云字叔達而碑云敬達叔敬二文相似碑已亡失莫能決其然否何焯曰蜀志孟光傳注引續漢書云郁中常侍孟賁之弟惠棟曰案郁當作戫郁字敬達河南偃師人桓帝永嘉初爲濟陰太守見隸釋蜀志誤以郁爲戫也侯康曰後漢書考異及補表皆以孟戫孟郁爲一人惠氏分之是也蜀志孟光

傳河南洛陽人漢太尉孟郁之族若濟陰太守碑則偃師人是縣不同也章懷注戫字叔達濟陰太守碑字敬達是字不同也戫郁雖可相通而實分二字故說文兩收之是名不同也蜀志之誤無疑今案袁紀孟戫之戫卽皆作郁則援說文爲之分辨終是不確蓋後漢實有兩孟郁蜀志孟光傳所引本卽後漢書靈帝紀之孟戫三國志注所稱中常侍孟賁之弟也明年戫能太常山張顥繼爲太尉顥亦卽中常侍張奉之弟宦族方盛事同一轍蜀志初不誤至濟陰太守碑立於桓帝永康元年碑中明言諱郁則前卒已久抑無爲太尉之事固與范書陳志皆不相涉自別爲一人弼按侯說詳明分辨極是竹汀素稱精審此亦偶誤然亦有莫決然否之語亦懷疑之詞也）

續漢書云郁中常侍孟賁之弟

靈帝末爲講部吏獻帝遷都長安遂逃入蜀劉焉父子待以客禮博物識古無書不覽尤銳意三史長於漢家舊典（沈家本曰此文稱長於漢家舊典則所謂三史者皆屬漢史惟後漢書並魏晉以後人所作必不在三史之數豈馬班之外兼數東觀漢記歟）好公羊春秋而譏呵左氏每與來敏爭此二義光常譊譊讙咋（原注譊音奴交反讙音休袁反咋音徂格反）先主定益

州拜爲議郎與許慈等並掌制度後主踐阼爲符節令屯騎校尉長樂少府遷大司農（潘眉曰太后三卿衛尉少府太僕後主皇太后稱長樂宮此長樂少府其一卿也魏制在同名卿下羣臣奏永寧宮永寧衛尉太僕署名在衛尉太僕後蜀制在同名卿上與漢中興制同故光由長樂少府遷大司農）延熙九年秋大赦光於衆中責大將軍費禕曰夫赦者偏枯之物（胡三省曰木之一邊碩茂一邊焦槁者謂之偏枯赦者赦有罪也有罪者赦則姦惡之人抵法而獲免於罪良善之人受抑而不獲伸故謂之偏枯之物）非明世所宜有也衰弊窮極必不得已然後乃可權而行之耳今主上仁賢百僚稱職有何旦夕之危倒縣之急而數施非常之恩以惠姦宄之惡乎又鷹隼始擊而更原宥有罪上犯天時（或曰此非赦時蓋秋正用刑也）下違人理老夫耄朽不達治體竊謂斯法難以經久豈具瞻之高美（詩小雅節南山之章赫赫師尹民具爾瞻毛傳云具俱瞻視也鄭箋云言天下之民俱視女之所爲也）所望於明德哉禕但顧謝踧踖而已（論語君在踧踖如也何晏集解馬曰踧踖恭敬

之貌）光之指擿痛癢多如是類故執政重臣心不能悅爵位不登每直言無所回避爲代所嫌（或曰承祚不應以世爲代蓋承唐人寫本未及改正耳）太常廣漢鐔承

華陽國志曰承字公文歷郡守少府（華陽國志贊云優游容與特進太常又云承郪人也時費姜秉政孟光來敏皆棲遲承以和獨立特進之也）

光祿勳河東裴儁等年資皆在光後而登據上列處光之右蓋以此也

傳暢裴氏家記曰（沈家本曰是書隋唐志不著錄隋志別有裴氏家傳四卷裴松之撰二唐志作家記三卷梁書裴子野傳子野續裴氏家傳三卷）儁字奉先魏尚書令潛弟也儁姊夫爲蜀中長史儁送之時年十餘歲遂遭漢末大亂不復得還既長知名爲蜀所推重也子越字令緒爲蜀督軍蜀破遷還洛陽拜議郎

後進文士祕書郎郤正數從光諮訪（胡三省曰東漢以馬融爲祕書郎詣東觀典校書祕書郎蓋自融始）

光問正太子所習讀并其情性好尚正答曰奉親虔恭夙夜匪懈有古世子之風接待羣僚舉動出於仁恕光曰如君所道皆家戶所有耳胡三省曰謂其才行不踰中人也吾今所問欲知其權略智調何如也通鑑調作譎下同正曰世子之道在於承志竭歡胡三省曰承志謂承君父之志竭歡謂左右就養承順顏色以盡親之歡既不得妄有所施爲且智調藏於胸懷權略應時而發此之有無焉可豫設也通鑑設作知光解正慎宜官本考證曰宜疑作密胡三省曰慎宜者謹言語擇其所宜言乃言也周壽昌曰從慎字斷句言光解郤正之慎下云宜不爲放談言職分宜爾也不爲放談乃曰吾好直言無所回避每彈射利病爲世人所譏嫌疑省君意李慈銘曰疑字似衍以嫌疑二字習見而誤亦不甚好吾言然語有次今天下未定智意爲先智意雖有自然然不可力強致也李光地曰可下有不字李慈銘曰不疑作亦此儲君讀書官本考證曰儲君監本作諸君誤寧當傚吾等竭力博

識以待訪問如博士探策講試以求爵位邪胡三省曰按漢書音義作簡策難問例置案上在試者意投射取而答之謂之射策卽探策也若錄政化得失顯而問之謂之對策當務其急者正深謂光言爲然後光坐事免官年九十餘卒

來敏世系云來氏出自子姓商之支孫食采於郲因以爲氏其後避難去邑秦末徙新野字敬達義陽新野人義陽郡見魏志明紀景初元年新野見魏志武紀建安十三年來歙之後也范書來歙傳歙字君叔南陽新野人父仲娶光武祖姑生歙歙後攻公孫述爲刺客所害沈家本曰案范書歙傳豔爲歙之來孫則敏乃歙之曇孫父豔爲漢司空范書靈帝紀建寧四年四月太常來豔爲司空尋免光和元年復拜尋卒章懷注豔字季德南陽新野人

華嶠後漢書曰豔好學下士開館養徒衆少歷顯位靈帝時位至司空

漢末大亂敏隨姊夫奔荊州姊夫黃琬是劉璋祖母之姪錢大昕曰此又一黃琬李慈銘曰黃琬死於董卓之亂無奔荊州事上句姊夫夫字涉下句而衍弼按李說是下文敏遂與姊入蜀可證錢說誤故璋遣迎琬妻敏遂俱與姊入蜀常爲璋賓客涉獵書籍善左氏春秋尤精於倉雅訓詁潘眉曰同時爲倉雅之學者有魏博士張揖埤倉廣雅來敏學失傳弼按三蒼詳見魏志武紀建安五年注好是正文字先主定益州署敏典學校尉洪飴孫曰典學校尉一人蜀所置及立太子以爲家令後主踐阼毛本阼作祚爲虎賁中郎將丞相亮住漢中請爲軍祭酒輔軍將軍洪飴孫曰輔軍將軍一人蜀所置坐事去職何焯曰請敏軍職而以董允領宿衞此楊洪勸留向朗之意故敏言奪我榮資也

亮集有教曰將軍來敏對上官顯言新人有何功德而奪我榮資與之邪諸人共憎我何故如是敏年老狂悖生此怨言昔成都初定議者以爲來敏亂羣姚範曰宋書王微與江湛書云諸葛孔明云來敏亂羣過於孔文舉先帝以新定之際故遂含容無所禮用後劉子初選以爲太子家令先帝不悅而不忍拒也後主卽位周壽昌曰後主二字恐誤觀教中稱先帝不稱先主可見又案姜維傳諸葛與張裔蔣琬書有云當遣詣宮觀主上不稱後主也沈家本曰主下疑奪上字吾闇於知人遂復擢爲將軍祭酒違議者之審見

背先帝所疏外自謂能以敦厲薄俗帥之以義今既不能表退職使閉門思愆蔣超伯南漘楛語卷一曰來敏家世三公長于文學傳稱其尤精倉雅善左氏春秋爲當時宿學士卽或言語不節何至目爲狂悖禍哉亮也所以亮卒而李邈上書詆爲身仗強兵狼顧虎視也其後敏與孟光壽俱近百當干戈俶擾之際而成都二老九十不衰可云人瑞矣弼按諸葛卒後來敏復坐過黜前後數貶此不能責葛公之褊也蔣說失之

亮卒後還成都爲大長秋潘眉曰大長秋皇后卿後漢用宦者爲之蜀選用士人變漢制又免後累遷爲光祿大夫敏爲光祿大夫與費禕對奕見禕傳復坐過黜前後數貶削皆以語言不節舉動違常也時孟光亦以樞機不慎議論干時然猶愈于敏俱以其耆宿學士見禮於世而敏荊楚名族東宮舊臣特加優待是故廢而復起後以敏爲執慎將軍洪飴孫曰執慎將軍一人蜀所置周壽昌曰執慎將軍因時立名非官號也前漢初有慎將見功臣表欲令以官重自警戒也年九十七景耀中卒子忠亦博覽經學

有敏風與尙書向充等向充見向朗傳並能協贊大將軍姜維維善之以爲參軍

尹默字思潛梓潼涪人也梓潼郡見後主傳建興九年涪見劉璋傳益部多貴今文而不崇章句范書桓譚傳譚徧習五經習詁訓大義不爲章句尤好古學章懷注說文曰詁訓古言也章句謂離章辨句委曲枝派也沈欽韓曰賈逵爲古學而教授仍用今文蓋利祿之徒非是則莫肯來學終漢之世兼通五經古學者惟賈馬鄭三君耳默知其不博乃遠游荆州從司馬德操宋仲子等受古學司馬德操見諸葛亮傳宋仲子見魏志劉表傳王肅傳皆通諸經史又專精于左氏春秋自劉歆條例鄭衆賈逵父子陳元方服虔注說咸略誦述不復按本漢書劉向傳向字子政本名更生少子歆最知名歆字子駿歆校祕書見古文春秋左氏傳大好之初左氏傳多古字古言學者傳訓故而已及歆治左氏引傳文以解經轉相發明由是章句義理備焉歆以爲左丘明好惡與聖人同親見夫子而公羊穀梁在七十子後傳聞之與親見之其詳略不同歆數以難向向不能非閒也歆欲建立左氏春秋列於學官哀帝令歆與五經博士講論其義諸博士或不肯置對歆因移書太常博士責讓之范書鄭興傳興字少贛河南開封人少學公羊春秋晚善左氏傳將門人從劉歆講正大義歆美興才使撰條例章句訓詁興好古學尤明左氏周官世言左氏者多祖於興而賈逵自傳其父業故有賈鄭之學興子衆衆字仲師年十二從父受左氏春秋作春秋難記條例其後受詔作春秋删十九篇又賈逵傳逵字景伯扶風平陵人父徽從劉歆受左氏春秋作左氏條例二十一篇逵悉傳父業弱冠能誦左氏傳及五經本文雖爲古學兼通五家穀梁之說尤明左氏傳國語爲之解詁五十一篇又陳元傳元字長孫蒼梧廣信人父欽習左氏春秋事黎陽賈護與劉歆同時而別自名家元少傳父業爲之訓詁建武初元與桓譚杜林鄭興俱爲學者所宗時議欲立左氏傳博士范升奏以爲左氏淺末不宜立元上疏爭之帝卒立左氏學太常選博士四人元爲第一又儒林傳服虔傳虔字子愼河南熒陽人作左氏春秋傳解行之至今何焯曰陳元方衍方字陳浩潘眉說同弼按父子二字似應在陳元下緣鄭衆賈逵陳元皆父子治左氏傳也先主定益州領牧以爲勸學從事默列名勸進見先主傳及立太子以默爲僕射趙一清曰續漢書百官志太子僕一人千石注曰主車馬職如太僕此射字似衍文譙周傳云後主立太子以周爲僕是也李譔傳遷爲僕射射字亦羨文以左氏傳授後主後主踐阼毛本阼作祚拜諫議大夫丞相亮住漢中請爲軍祭酒亮卒還成都拜太中大夫卒子宗傳其業爲博士

宋仲子後在魏魏略曰其子與魏諷謀反伏誅魏太子答王朗書曰昔石厚與州吁游父碏知其與亂左傳隱公三年衞公子州吁嬖人之子也有寵而好兵衞莊公弗禁石碏諫弗聽碏子厚與州吁游禁之不可桓公立乃老四年春衞州吁弑桓公而立九月衞人使殺州吁于濮石碏使殺石厚于陳君子曰石碏純臣也惡州吁而厚與焉大義滅親其是之謂乎韓子昵田蘇穆子知其好仁左傳襄公七年晉韓獻子告老穆子有廢疾將立之辭曰無忌不才讓其可乎請立起也與田蘇游而曰好仁立之不亦可乎杜注穆子名無忌韓厥長子也起無忌弟宣子也田蘇晉賢人也蘇言起好仁故君子游必有方居必就士誠有以也嗟乎宋忠無石子先識之明老罹此禍今雖欲願行滅親之誅立純臣之節尙可得邪

李譔字欽仲梓潼涪人也經典釋文敍錄云梓潼李仲欽著左氏指歸此作字欽仲與華陽國志同父仁字德賢與同縣尹默俱游荆州從司馬徽宋忠等學華陽國志梓潼士女贊云章武之興亦迪才倫德賢好古瀹心藝文仁受古學以修文自終也何焯曰司馬二人於前傳稱字於此傳稱名似疏錢大昕曰一稱名一稱字雖文可互見要爲體例未一且不免重出之病譔具傳其業又從默講論義理五經諸子無不該覽加博好技藝算術卜數醫藥弓弩機械之巧皆致思焉始爲州書佐尙書令史延熙元年後主立太子以譔爲庶子遷爲僕射射字疑衍見尹默傳轉中散大夫右中郎將猶侍太子太子愛其多知甚悅之然體輕脫好戲啁故世不能重也著古文易尙書毛詩三禮左氏傳太玄指歸皆依準賈馬異於鄭玄與王氏殊隔初不見其所述而意歸多同或曰王肅名著李譔不傳譔位微而肅顯也景耀中卒時又有漢中陳術字申伯亦博學多聞著釋問七篇益部耆舊傳及志陳術益部耆舊傳亦見劉焉傳注引陳壽益部耆舊傳位歷三郡太守華陽國志云陳術字申伯作耆舊傳失其行事歷新城魏興上庸三郡太守

譙周字允南巴西西充國人也郡國志巴郡充國永元二年分閬中置宋書州郡志云巴西太守西充國令漢書地理志巴郡有充國縣續漢郡國志和帝永元二年分閬中立充國縣二志不同晉太康地志有西南二充國屬巴西王先謙曰後漢初省入閬中和帝復置三國蜀改曰西充

國屬巴西郡一統志故城今四川保寧府南部縣西北沈欽韓曰晉志巴西郡有西充國南充國二縣案續志注巴記曰初平四年復分爲南充國縣言南則舊充國卽西矣是季漢本有西充國也太平寰宇記果州西充縣亦云取得漢西充縣爲名而唐以來地志但敘武德四年析南充置西充了不及漢晉本有此縣矣趙一清曰今據此傳蜀漢已有西充國之名不始於晉楊戲輔臣贊李福注云爲西充國長張嶷傳云巴郡南充國人此二縣分立之確證也父岍何焯云岍宋本作峅字榮始治尚書兼通諸經及圖緯州郡辟請皆不應州就假師友從事周幼孤與母兄同居既長耽古篤學家貧未嘗問產業誦讀典籍欣然獨笑以忘寢食研精六經尤善書札頗曉天文而不以留意諸子文章非心所存不悉偏視也身長八尺體貌素朴性推誠不飾無造次辯論之才然潛識內敏建興中丞相亮領益州牧命周爲勸學從事周列名勸進見先主傳顧亭林駁之

蜀記曰周初見亮左右皆笑既出有司請推笑者亮曰孤尚不能忍況左右乎周壽昌曰諸葛

丞相必不肯自稱孤此孤字疑誤弼按公孤之稱自古有之三公三孤見尚書周官篇

亮卒於敵庭周壽昌曰諸葛卒於營中不過臨敵之時不能謂之敵庭也觀後張嶷傳注致身敵庭云云卒以臨敵隕身可知敵庭是死敵也周在家聞問卽便奔赴尋有詔書禁斷惟周以速行得達大將軍蔣琬領刺史徙爲典學從事胡三省曰典學從事典學校及部諸郡文學掾漢諸州刺史有孝經師主監試經月令師主時節祭祀魏晉合其職爲典學從事總州之學者後主立太子以周爲僕轉家令時後主頗出游觀增廣聲樂何焯曰延熙元年立子璿爲皇太子至八年冬蔣琬始卒然則自琬之存後主已荒縱矣故傳於建興十四年至湔看汶水旬日而還譏其不恤國事盤游無度自此始也傷大臣不能正書以示譏後不書者不可諫則不足譏也周上疏諫曰昔王莽之敗豪傑並起跨州據郡欲弄神器於是賢才智士思望所歸未必以其勢之廣狹惟其德之薄厚也通鑑狹作陿薄厚作厚薄是故於時更始公孫述及諸有大衆者多已廣大然莫不快情恣欲怠於爲善游獵飲食不恤民物世祖初入河北馮異等勸之曰當行人所不能爲遂務理冤獄節儉飲食動遵法度故北州歌歎聲布四遠范書馮異傳異進說曰更始諸將縱橫暴虐所至虜掠百姓失望無所依戴今公專命方面施行恩德夫有桀紂之亂乃見湯武之功人久飢渴易爲充飽宜亟分遣官屬循行郡縣理冤結布惠澤光武納之於是鄧禹自南陽追之吳漢寇恂未識世祖遙聞德行遂以權計舉漁陽上谷突騎迎于廣阿范書寇恂傳上谷太守耿況遣恂到漁陽結謀彭寵恂遂與況子弇等俱南及光武於廣阿漢書鉅鹿郡廣阿續志後漢省光武初拔廣阿登城樓與鄧禹披輿地圖其時尙有此縣高誘以鉅鹿澤爲卽廣阿澤知後廣阿幷入鉅鹿矣一統志廣阿故城今直隸趙州隆平縣東十二里舊城村其餘望風慕德者邳彤耿純劉植之徒至于輿病齎棺繈負而至者不可勝數局本繈作襁范書邳彤傳彤聞世祖自薊還失軍欲至信都乃選精騎二千餘匹緣路迎世祖軍又耿純傳純謁見世祖求自結納老病者皆載木自隨奉迎於育又劉植傳植聞世祖從薊還迺開門迎故能以弱爲強屠王郎吞銅馬折赤眉而成帝業也及在洛陽嘗欲小出車駕已御銚期諫曰天下

未寧臣誠不願陛下細行數出卽時還車范書銚期傳帝嘗輕與期門近出期頓首車前曰臣聞古今之戒變生不意誠不願陛下徵行數出帝爲之回輿而還及征隗囂潁川盜起世祖還洛陽但遣寇恂往恂曰潁川以陛下遠征故姦猾起叛未知陛下還恐不時降陛下自臨潁川賊必卽降遂至潁川竟如恂言范書寇恂傳潁川盜賊羣起帝謂恂曰潁川迫近京師當以時定惟念獨卿能平之耳恂對曰潁川剽輕聞陛下遠踰阻險有事隴蜀故狂狡乘閒相詿誤耳如聞乘輿南向賊必惶怖歸死臣願執銳前驅卽日車駕南征恂從至潁川盜賊悉降故非急務欲小出不敢至於急務欲自安不爲故帝者之欲善也如此故傳曰百姓不徒附誠以德先之也今漢遭厄運天下三分雄哲之士思望之時也胡三省曰言思望賢主混一陛下天姿至孝喪踰三年言及隕涕雖曾閔不過也敬賢任才使之盡力有踰成康故國內和一大小勠力臣所不能陳然臣不勝大願願復廣人所不能者夫輓

大重者其用力苦不衆拔大艱者其善術苦不廣且承事宗廟者非徒求福祐所以率民尊上也至於四時之祀或有不臨池苑之觀或有仍出臣之愚滯私不自安夫憂責在身者不暇盡樂先帝之志堂構未成（尚書大誥曰若考作室既底法厥子乃弗肯堂矧肯構）誠非盡樂之時願省減樂官後宮所增造但奉修先帝所施下爲子孫節儉之教徙爲中散大夫（胡三省曰續漢志曰中散大夫秩六百石漢官曰秩比二千石胡廣曰光祿大夫本爲中大夫武帝元狩五年置諫大夫爲光祿大夫世祖中興以爲諫議大夫又有太中中散大夫此四等於古者爲天子之下大夫視列國之上卿）猶侍太子於時軍旅數出百姓彫瘁周與尚書令陳祗論其利害退而書之謂之仇國論其辭曰因餘之國小而肇建之國大並爭於世而爲仇敵因餘之國有高賢卿者問於伏愚子曰今國事未定上下勞心往古之事能以弱勝强者其術何如伏愚子曰吾聞之處大無患者恒多慢處小有憂者恒思善多慢則生亂思善則生治理之常也故周人養民（官本考證曰宋本人作文弼按以下文可爲文王之語證之作文爲是）以少取多句踐卹衆以弱斃彊此其術也（胡三省曰文王治岐由方百里起三分天下有其二所謂以少取多也句踐歸越弔死問疾十年生聚十年教訓以弱越斃强吳）賢卿曰曩者項彊漢弱相與戰爭無日寧息然項羽與漢約分鴻溝爲界各欲歸息民張良以爲民志既定則難動也尋帥追羽終斃項氏豈必由文王之事乎肇建之國方有疾疢我因其隙陷其邊陲覬增其疾而斃之也伏愚子曰當殷周之際王侯世尊（胡三省曰言世世居尊位也）君臣久固民習所專（胡三省曰民習見君臣之分明故專於戴上）深根者難拔據固者難遷當此之時雖漢祖安能杖劒鞭馬而取天下乎當秦罷侯置守之後（官本考證曰宋本當作及胡三省曰謂罷列國諸侯分置三十六郡郡置守也）民疲秦

役天下土崩或歲改主或月易公鳥驚獸駭莫知所從於是豪彊並爭虎裂狼分疾搏者獲多遲後者見吞今我與肇建皆傳國易世矣既非秦末鼎沸之時實有六國並據之勢故可爲文王難爲漢祖夫民疲勞則騷擾之兆生上慢下暴則瓦解之形起諺曰射幸數跌不如審發（胡三省曰跌差也射數差而不中不如審而後發也書曰若虞機張往省括于度則釋）是故智者不爲小利移目不爲意似改步（孔穎達曰舉足謂之步）時可而後動數合而後舉故湯武之師不再戰而克（胡三省曰湯伐桀鳴條一戰而革夏命武王伐紂一戎衣而天下大定）誠重民勞而度時審也如遂極武黷征（胡三省曰征伐不欲數數則黷）土崩勢生不幸遇難雖有智者將不能謀之矣（胡三省曰姜維以數戰亡蜀卒如譙周之言）若乃奇變縱橫出入無間衝波截轍超谷越山不由舟楫而濟盟津者我愚子也實所不及後遷光祿大夫位亞九列周雖不與政事以儒行見禮時訪大議輒據經以對而後生好事者亦咨問所疑焉景耀六年冬魏大將軍鄧艾克江由（軍字疑衍由當作油江由今四川龍安府江由縣城東見鄧艾傳）長驅而前而蜀本謂敵不便至不作城守調度及聞艾已入陰平（陰平今甘肅階州文縣治見鄧艾傳何焯曰黃崇云速行拒險無令敵得入平地後人誤加陰字）百姓擾擾皆迸山野（通鑑野作澤）不可禁制後主使羣臣會議計無所出或以爲蜀之與吳本爲和國宜可奔吳或以爲南中七郡（胡三省曰南中七郡越巂朱提牂柯雲南興古建寧永昌也）阻險斗絕易以自守宜可奔南惟周以爲自古已來無寄他國爲天子者也今若入吳固當臣服（通鑑固作亦）且政理不殊則大能吞小此數之自然也由此言之則魏能并吳吳不能并魏明矣等爲小稱臣孰與爲大（通鑑作等爲稱臣爲小孰與爲大）再辱之恥何與一辱（胡三省曰謂今

降魏一辱而已若奔吳稱臣是一辱矣與吳俱亡又將臣服於魏是爲再辱且若欲奔南則當早爲之計然後可果胡三省曰果決也克也今大敵已近禍敗將及羣小之心無一可保恐發足之日其變不測何至南之有乎胡三省曰謂衆心已離既行之後中道潰散必不能至南中羣臣或難周曰今艾以不遠恐不受降如之何周曰方今東吳未賓事勢不得不受之受之後不得不禮通鑑作事勢不得不受受之不得不禮若陛下降魏魏不裂土以封陛下者周請身詣京都胡三省曰京都謂洛陽魏都晉景王諱師晉人避之率謂京師爲京都蜀方議降譙周已爲晉人諱矣吁以古義爭之衆人無以易周之理後主猶疑於入南周上疏曰或說陛下以北兵深入有欲適南之計臣愚以爲不安何者南方遠夷之地平常無所供爲胡三省曰言其民既不出租稅以供上用又不出力爲上有所施爲猶數反叛自丞相亮南征兵勢偪之窮乃幸從通鑑幸作率是後供出官賦取以給兵以爲愁怨此患國之人也今以窮迫欲往依恃恐必復反叛一也北兵之來非但取蜀而已若奔南方必因人勢衰及時赴追二也若至南方外當拒敵內供服御費用張廣他無所取耗損諸夷必甚耗宋本作秏甚必速叛三也昔王郎以邯鄲僭號時世祖在信都畏偪于郎欲棄還關中邳肜諫曰明公西還則邯鄲城民不肯捐父母背城主而千里送公其亡叛可必也世祖從之遂破邯鄲今北兵至陛下南行誠恐邳肜之言復信於今四也事見范書邳肜傳萬承蒼曰王郎方據邯鄲其民安得送光武還長安邯鄲城三字必傳寫之訛考異作邯鄲勢成下文城主作成主亦於事理不切邯鄲城民當作二郡之民謂和成信都二郡也蓋承上文奮二郡之兵而言王補曰蜀志譙周傳引此文與范史無一字之異故漢春秋哀紀及淮陽王紀俱有改易於義未安竊意邯鄲城城字當從通鑑作成三字句絕謂光武西則邯鄲成也民字屬下句讀城主仍從范史作城謂信都和成也民亦自主二郡言不待訓釋如此則范史非有誤也黃山曰邯鄲猶言王郎耳光武如棄信都之城不守則城與民卽爲邯鄲城民

邯鄲便爲城主矣城民之充兵者顧重父母自不肯背城主而陷其父母是傳文本自明白易曉邯鄲城民本對上信都之兵言城主亦對上城民言則如撫我則后虐我則讎之則都不須改字願陛下早爲之圖可獲爵土何焯曰此所料皆是奔南亦歸于亡不若以此勸之死守君臣共殉社稷不亦爲四百年之光乎邳肜之言世祖從之以破邯鄲豈從之以降王郎何周之昧于義而愚于術必使其主蹈軹道之轍也若遂適南勢窮乃服其禍必深何焯曰此則不然但爲張魯之入巴則再辱耳易曰亢之爲言知得而不知喪知存而不知亡知得失存亡而不失其正者其惟聖人乎言聖人知命而不苟必也或曰周知命而不知義義者何曰效死勿去故堯舜以子不善知天有授而求授人子雖不肖禍尚未萌而迎授與人況禍以至乎此尤引喻失倫故微子以殷王之昆面縛銜璧而歸武王豈所樂哉不得已也於是遂從周策劉氏無虞一邦蒙賴周之謀也何焯曰從周之謀則蜀人免屠戮之慘故鄉邦韙之非萬世公議也劉咸炘曰竟贊其功承祚之陋師承所在奚足怪哉

孫綽評曰孫綽事見魏志劉放傳注引晉陽秋孫綽評見夏侯玄傳譙周說後主降魏可乎曰自爲天子而乞降請命何恥之深乎夫爲社稷死則死之爲社稷亡則亡之先君正魏之篡不與同天矣推過於其父俛首而事讎可謂苟存豈大居正之道哉　孫盛曰春秋之義國君死社稷卿大夫死位況稱天子而可辱於人乎周謂萬乘之君偷生苟免亡禮希利要冀微榮惑矣且以事勢言之理有未盡何者禪雖庸主實無桀紂之酷戰雖屢北未有土崩之亂縱不能君臣固守背城借一自可退次東鄙以思後圖是時羅憲以重兵據白帝霍弋以強卒鎮夜郎蜀土險狹山水峻隔絕巘激湍非步卒所涉若悉取舟楫保據江州徵兵南中乞師東國如此則姜廖五將自然雲從吳之二師宋本二作三承命電赴何投寄之無所而慮於必亡邪魏師之來褰國大舉欲追則舟楫靡資欲留則師老多虞且屈伸有會情勢代起徐因思奮之民以攻驕惰之卒此越王所以敗闔閭田單所以

摧騎劫也何爲恖恖遽自囚虜下堅壁於敵人致斫石之至恨哉葛生有云事之不濟則已耳安能復爲之下壯哉斯言可以立懦夫之志矣觀古燕齊荆越之敗或國覆主滅或魚縣鳥竄終能建功立事康復社稷豈曰天助抑人謀也向使懷苟存之計納譙周之言何邦基之能構令名之可獲哉禪既闇主周實駑臣方之申包胥宋元本無胥字田單范蠡大夫種不亦遠乎何焯曰指畫實自了了從來轉亡爲存因敗爲功苟有可資務盡人事則事機俄返此非書生事外作好語也然而能爲此者必其君之有志者也公嗣非所及也時羣臣但以恐不受降爲難則退次東鄙亦無可俱達之臣矣

時晉文王爲魏相國以周有全國之功封陽城亭侯華陽國志作城陽亭侯隋志作義陽亭侯又下書辟周周發至漢中困疾不進咸熙二年夏巴郡文立從洛陽還蜀過見周周語次因書板示立曰典午忽兮月酉沒兮典午者謂司馬也月酉者謂八月也至八月而文王果崩

華陽國志曰文立字廣休少治毛詩三禮兼通羣書刺史費禕命爲從事入爲尙書郎復辟禕大將軍東曹掾稍遷尙書蜀并于魏梁州建首爲別駕從事馮本梁作涼誤沈家本曰晉志泰始三年分益州立梁州於漢中文立巴郡人也郡屬梁州故文立首爲別駕從事也又云若據此注則梁州之立在泰始之前矣弼按分益州置梁州見魏志陳留王紀景元四年又見華陽國志本在泰始之前也舉秀才晉泰始二年拜濟陰太守遷太子中庶子立上言故蜀大官及盡忠死事者子孫雖仕郡國或有不才同之齊民爲劇又諸葛亮蔣琬費禕等子孫流徙中畿各宜量才敘用以慰巴蜀之心傾吳人之望事皆施行轉散騎常侍獻可替否多所補納稍遷衞尉中朝服其賢雅爲時名卿咸寧末卒立章奏詩賦論頌凡數十篇毛本頌作誦誤晉書儒林傳文立字廣休巴郡臨江人蜀時游太學專毛詩三禮師事譙周門人以立爲顏回陳壽李虔爲游夏羅憲爲子貢仕至尙書蜀平舉秀才除郎中泰始初拜濟陰太守入爲太子中庶子詔曰太子中庶子文立忠貞淸實有思理器幹前在濟陰政事修明後事東宮盡輔導之節昔光武平隴蜀皆收其賢才以敘之蓋所以拔幽滯而濟殊方也其以立爲散騎常侍蜀故尙書犍爲程瓊雅有德業與立深交武帝聞其名以問立對曰臣至知其人但年垂八十稟性謙退無復當時之望不以上聞耳瓊聞之曰廣休可謂不黨矣故吾善夫人也華陽國志又云立咸寧末卒帝緣立有懷舊性乃送葬於蜀使者護喪事郡縣修墳塋當時榮之

晉室踐阼累下詔所在發遣周周遂輿疾詣洛泰始三年至以疾不起就拜騎都尉周乃自陳無功而封求還爵土皆不聽許五年予嘗爲本郡中正淸定事訖求休還家周壽昌曰周傳中陳壽忽自敘還來亦史中僅見往與周別錢大昕曰承祚撰蜀志不立敘傳惟於此傳一見爲郡中正事又泰始十年撰定諸葛集上表一篇附見亮傳自署平陽侯相晉書云補陽平令者誤周語予曰昔孔子七十二趙一清曰春秋哀公十六年夏四月己丑孔丘卒杜注魯襄二十二年生至今七十三也陸氏釋文本或作魯襄二十三年生至今七十二則與孔子世家異非也五代史馮道傳道卒年七十三時以與孔子同壽而此言七十二蓋誤以魯襄公二十三年生也劉向楊雄七十一而沒今吾年過七十王應麟曰君子小人之壽天可以占世道之否泰諸葛孔明年止五十四法孝直纔四十五龐士元僅三十六而年過七十者乃奉書乞降之譙周也天果厭漢德哉庶慕孔子遺風可與劉楊同軌恐不

出後歲必便長逝不復相見矣疑周以術知之假此而言也六年秋爲散騎常侍疾篤不拜至冬卒

晉陽秋載詔曰朕甚悼之賜朝服一具衣一襲錢十五萬周息熙上言周臨終屬熙曰久抱疾未曾朝見若國恩賜朝服衣物者勿以加身李淸植曰周雖勸降然不仕魏晉至臨終所囑又如此則其勸降也蓋度殉國之義非後主所辦故姑以此爲全君計耳視大誤其君以榮其身者則有間矣當還舊墓道險行難豫作輕棺殯斂已畢上還所賜詔曰還衣服曰字衍給棺直

凡所著述撰定法訓隋書經籍志譙子法訓八卷譙周撰兩唐志同馬國翰法訓輯本序曰此書稱法訓者擬於古之格言亦如楊子雲書稱法言之類隋唐志並八卷原書散佚陶宗儀說郛輯錄十節其輓歌一節文句不全又雜入譙周喪服圖一條頗爲疏略茲更蒐采得十三節合訂一卷嚴可均全晉文曰譙子法訓御覽四百六引齊交篇其他如齊民要術自序北堂書鈔文選注初學記御覽所引無篇名者凡二十條姚振宗曰宋刻全本意林有譙子法訓五條馬嚴二家輯本皆未采入張介侯蜀典著作類輯存二十二條亦不及意林黃以周曰譙周勸後主降魏推過於其父傀首而事讎孫綽子謂之苟存然法訓一書初不

可以是撿也 **五經論** 隋書經籍志五經然否論五卷晉散騎常侍譙周撰兩唐志同王謨輯本序曰周書已久亡羣書稱引絕少御覽亦不載其目經義攷鈔出後漢書注通典三條今從穀梁傳注鈔出一條詩正義一條禮記正義二條其他引譙周說但當屬五經然否論悉附錄之馬國翰輯本序曰此書隋唐志皆五卷今佚穀梁傳疏引一節通典引二十餘節內有明標五經然否論者三節參以後漢補志注劉昭通鑑外紀所引並同又引譙周禮記集志二節縗服圖集圖各一節說祭禮喪服似是論之篇目餘只標蜀譙周省文也合輯一帙以明言書名者列前其標集志集圖及止稱名者附後周經說長於禮服宜陳壽以潛識內敏稱之也

古史考書之屬 書字衍隋書經籍志正史類古史考二十五卷晉義陽亭侯譙周撰兩唐志同史通正史篇譙周作古史考二十五篇今與史記並行於代又摹擬篇曰當秦有天下地廣殷周變諸侯爲帝王目宰輔爲丞相而譙周撰古史考思欲擯抑馬記師放孔經其書李斯之棄市也乃云秦殺其大夫李斯夫以諸侯之大夫名天子之丞相以此而擬春秋所謂貌同而心異也晉書司馬彪傳初譙周以司馬遷史記書周秦以上或采俗語百家之言不專據正經周于是作古史考二十五篇皆憑舊典以糾遷之謬誤彪復以周爲未盡善也條古史考中凡百二十二事爲不當多據汲冢紀年之義亦行於世云姚振宗隋志攷證卷十一云按蜀志本傳周卒於泰始六年之冬後十一年爲太康二年汲冢竹書始出是汲冢紀年爲周所不及見然晉書引司馬彪之言則甚可信而陳壽記其師卒之歲亦不當有誤豈今本蜀志泰始當作太康周卒於太康六年得見汲冢紀年因据以爲是攷歟弼按晉書司馬彪傳所云多據汲冢紀年之義謂彪條列古史考中不

當之事據汲冢紀年以正之非謂譙周據汲冢紀年爲古史考也姚說誤章宗源古史考輯本序曰史通外篇稱古史考與史記並行於代觀知幾所言雖與史記並論證以史考之名檢其逸篇體例實異正史唐志列於雜史者是也文選王元長詩注引公孫述竊位蜀人任永記目盲一事蔚宗書亦載之是又兼及後漢事不獨糾遷書矣章宗源隋志考證曰詞意多主辨駁體裁實異正史唐志列諸雜史類得之姚振宗曰隋唐人以此爲考史之書故附史記以行隋志亦從而錄於諸家注義之後史通所言蓋卽指此猶漢書之後系以劉寶駁議姚察定疑三國志之後系以何常侍之論徐爰之評一例其書實史評之屬列之雜史亦未盡當姚振宗隋志考證卷十一云是書專爲考史記百三十篇而作每篇皆有所考就所存佚文觀之其體例略可想見蜀人任永一事或其論辨中語所引世本作篇則其攷補之辭隋志列史記一類之末正得體裁章氏一再言唐志入雜史爲得實未得也

百餘篇 隋志梁有譙周注論語十卷亡釋文敘錄論語譙周注十卷馬國翰輯本序曰七錄有譙周論語注十卷唐志不著錄而釋文敘錄有之今佚晉書司馬彪傳漢氏中興訖於建安忠臣義士亦以昭著而時無良史記述煩雜譙周雖已刪除然猶未盡安順以下亡缺者多彪乃討論衆書綴其所聞號曰續漢書司馬彪續漢書五行志序曰故泰山太守應劭給事中董巴散騎常侍譙周並撰建武以來災異今合而論之以續前志續漢禮儀志劉昭注謝承書曰太傅胡廣博綜舊儀立漢制度蔡邕因以爲志譙周後改定以爲禮儀志續漢天文志劉昭注謝沈書曰蔡邕撰建武以後星驗著明以續前志譙周接繼其下者晉書天文志序曰及班固敘漢史馬續述天文而蔡邕譙周各有撰錄司馬彪采之以繼前志姚振宗曰譙允南刪補東觀漢記見於晉書及續漢志稿有明證蜀志本傳但檃括其詞曰所著述撰定古史考書之屬百餘篇其云撰定則有此書在內也其書殆亡於永嘉之亂不至江左故梁七錄亦不著侯康曰御覽五百四十引譙周喪服圖又通典八十一引譙周縗服圖蓋卽一書喪服其大名縗服則其中之一也通典凶禮門中屢引譙周又九十四卷引譙周喪服集圖必皆出此書矣余蕭客古經解鉤沈敘錄曰晉譙周喪服集圖通典引之馬國翰玉函山房敘錄曰周經說長於禮服高似孫子略曰意林目錄云譙周五教五卷並是禮記語隋志梁有譙子五教志五卷亡姚振宗曰尚書敬敷五教注五常之教是書命名以此潘眉曰五經論卽五經然否論古史考書字衍文玉海四十二引此文作法訓五經論古史考之屬無書字想見宋板之善

法訓古史考太平御覽諸書多引之五經然否劉昭注禮儀志引之

益部耆舊傳曰益州刺史董榮圖畫周像於州學命從事李通頌之曰抑抑譙侯詩大雅抑抑威儀維德之隅毛傳云抑抑密也鄭箋云人密審於威儀抑抑然是其德必嚴正也好古述儒寶道懷眞鑒世盈虛雅名美迹終始是書我后欽賢無言不讐讐音餘攀諸前哲丹青是圖嗟爾來葉鑒茲顯模

周三子熙賢同少子同頗好周業亦以忠篤質素爲行舉孝廉除錫令錫縣見魏志武紀建安二十年趙一清曰郡國志漢中郡錫師古曰卽春秋所謂錫穴沈家本曰案陳壽志凡魏臣仕晉者祇載其魏時仕履而止不以晉事

攙入魏也則蜀志體例必無乖異同除錫令錫縣三國時曾爲郡又廢爲縣後主之世早屬於魏則此云爲錫令者當在晉世而不在蜀時也晉時仕履必不附見於蜀志致與魏志體例相乖然則此傳自少子同云云以下皆非陳氏原文蓋皆裴氏注文傳寫誤耳東宮洗馬召不就周長子熙熙子秀字元彥何焯曰元彥之去承祚遠矣周長子熙以下十字皆裴注之文錢大昕曰桓溫以晉穆帝永和三年丁未歲平蜀上表薦秀秀年及八十而承祚修史大約在太康之世卽云在太康末秀亦纔弱冠又無名位何用書其名字當是裴注後來攙入正史也李龍官曰上文既云周三子熙賢同此又云周長子熙於文義爲贅其爲裴注無疑

晉陽秋曰秀性淸靜不交於世知將大亂豫絕人事從兄弟及諸親里不與相見州郡辟命及李雄盜蜀安車徵秀又雄叔父驤驤子壽辟命皆不應常冠鹿皮躬耕山藪官本山作田晉書隱逸傳秀少而靜默郡察孝廉州舉秀才皆不就常冠皮弁弊衣躬耕山藪永和三年安西將軍桓溫平蜀表薦秀曰臣聞大朴既虧則高尚之標顯道喪時昏則忠貞之義彰故有洗耳投淵以振玄邈之風郝經曰荀子負石而赴河是行之難爲者也而申徒能之注曰申徒狄恨道不行發憤負石自沈于河莊子音義曰殷時人韓詩外傳曰申徒狄將自投

于河崔熹聞而止之不從 亦有秉心矯迹以惇在三之節是以上代之君莫不崇重斯軌所以篤
俗訓民靜一流競伏惟大晉應符御世運無常通時有屯蹇神州丘墟三方圮裂兔罝
絕響於中林詩周南肅肅兔罝施于中林毛傳云肅肅敬也兔罝兔罟也中林林中也鄭箋云兔罝之人鄙賤之事猶能恭敬則是賢者衆多也白
駒無聞于空谷詩小雅皎皎白駒在彼空谷毛傳曰宣王之末不能用賢賢者有乘白駒而去者空大也斯有識之所悼心大
雅之所歎息者也陛下聖德嗣興方恢天緒臣昔奉役有事西土鯨鯢既縣思宣大化
訪諸故老搜揚潛逸庶武羅於羿浞之墟想王蠋於亡齊之境左傳羿棄武羅伯因熊髡尨圉而用寒浞
史記樂毅勝齊聞畫邑王蠋賢令軍中環畫邑三十里無入使人請蠋蠋謝不往燕人曰不來吾且屠畫邑蠋曰忠臣不事二君烈女不更二夫齊王不用吾諫故
退而耕于野國破君亡吾不能存而又劫之以兵吾與其不義而生不若死遂經其頸于樹枝自奮絕脰而死竊聞巴西譙秀植操貞固
抱德肥遁揚清渭波于時皇極遘道消之會羣黎蹈顛沛之艱中華有顧瞻之哀幽谷
無遷喬之望凶命屢招姦威仍偪身寄虎吻危同朝露而能抗節玉立誓不降辱杜門

絕迹不面僞庭進免龔勝亡身之禍漢書龔勝傳王莽遣使者奉璽書迎勝勝不受勅以棺斂喪事遂不復開口飲食積十四日死
死時七十九矣有父老來弔哭甚哀既而曰嗟虖薰以香自燒膏以明自銷龔生竟夭天年非吾徒也周壽昌曰七十九死而謂之夭悲其不能隱去與不令終也
退無薛方詭對之譏漢書鮑宣傳薛方嘗爲郡掾祭酒嘗徵不至及莽以安車迎方方因使者辭謝曰堯舜在上下有巢由今明主方隆唐虞
之德小臣欲守箕山之節也使者以聞莽說其言不强致雖園綺之棲商洛管寧之默遼海方之於秀殆無以過
於今西土以爲美談夫旌德禮賢化道之所先崇表殊節聖哲之上務方今六合未康
豺狼當路遺黎偷薄義聲弗聞益宜振起道義之徒以敦流遁之弊若秀蒙蒲帛之徵
足以鎮靜積風軌訓囂俗幽遐仰流九服知化矣晉書隱逸傳桓溫滅蜀上疏薦之朝廷以秀年在篤老兼道遠故不
徵遣使敕所在四時存問及蕭敬叛亂避難宕渠川中鄉人宗族馮依者以百數秀年八十衆人
以其篤老欲代之負擔秀拒曰各有老弱當先營救吾氣力自足堪此不以垂朽之年
累諸君也後十餘年卒於家趙一清曰元和郡縣志譙周墓在巴西縣南十六里周將亡戒諸子曰吾後嗣當有黃頭黑齒幾亡吾族

及周孫縱之生也頭黃齒黑皆表刺史毛璩使縱領白徒七百人由涪水下討桓玄西人不樂遠征乃逼縱爲主攻陷巴西遂居益州既害毛璩自號成都王義熙
九年朱齡石討平之卒如周言弼按晉書譙縱傳縱巴西南充人祖獻之有重名於西土縱少而謹愼蜀人愛之云云不言其爲允南之孫也
郤正字令先河南偃師人也郤國志司隸河南尹偃師一統志故城今河南河南府偃師縣治祖父儉靈
帝末爲益州刺史爲盜賊所殺錢大昭曰儉賦歛煩擾貪殘放濫詳見劉焉傳及劉艾靈帝紀盜賊謂涼州馬相趙祗也
會天下大亂故正父揖因留蜀揖爲大將軍孟達營都督大字衍孟達未爲大將軍
隨達降魏爲中書令史洪飴孫曰中書令史員數無考第八品正本名纂少以父死母嫁
單煢隻立而安貧好學博覽墳籍御覽覽作涉弱冠能屬文入爲祕書吏
御覽吏作史轉爲令史遷郎至令洪飴孫曰蜀置祕書令一人六百石掌校祕書郤正傳官不過六百石是蜀秩與漢制同也祕書郎
四人四百石第六品令史員數無考第八品性澹於榮利而尤耽意文章自司馬王楊班傅
張蔡之儔遺文篇賦及當世美書善論益部有者則鑽鑿推求略皆

寓目自在內職與宦人黃皓比屋周旋胡三省曰比毗至翻近也並也聯也又簿必翻相次也經
三十年皓從微至貴操弄威權正既不爲皓所愛亦不爲皓所憎是
以官不過六百石而免於憂患依則先儒假文見意號曰釋譏錢大昕曰
承祚志以闡賢勝然如曹植貞躬應詔之詩郤正之釋譏華覈之草文薛瑩之獻詩魏文帝策吳王九錫文吳主罪張溫之令許靖與曹公之書周魴誘曹休之詞駱統
理張溫之表胡綜托吳質之文事無繫乎興亡語不關於勸戒準之史例似可從刪楊戲季漢輔臣贊既全錄其文而志不立傳者復注其行事於下西州文獻藉以不
墜厥功誠偉矣然自我作古亦非前史之例也梁章鉅曰承祚書以辭多勸戒苦能簡質稱於世若如此傳之全載釋譏則似可以已矣劉咸炘曰載此以存一朝之文
不爲蕪也他處蕪者尚多梁氏不知摘而摘此亦淺矣其文繼于崔駰達旨范書崔駰傳駰字亭伯涿郡安平人駰年十三能通詩易
春秋博學有偉才盡通古今訓詁百家之言善屬文少游太學與班固傅毅同時齊名常以典籍爲業時人或譏其太玄靜將以後名失實駰擬揚雄解嘲作達旨以答
焉其辭曰或有譏余者曰聞之前記夫事與時並名與功偕然則名
之與事前哲之急務也是故創制作範匪時不立流稱垂名匪功不

記名必須功而乃顯事亦俟時以行止身沒名滅君子所恥是以達
人研道探賾索微觀天運之符表考人事之盛衰辯者馳說智者應
機謀夫演略武士奮威雲合霧集風激電飛量時揆宜用取世資小
屈大申存公忽私雖尺枉而尋直終揚光以發輝也今三方鼎跱九
有未乂悠悠四海嬰丁禍敗嗟道義之沈塞愍生民之顚沛此誠聖
賢拯救之秋烈士樹功之會也吾子以高朗之才珪璋之質兼覽博
闚留心道術無遠不致無幽不悉挺身取命幹茲奧祕躊躇紫闥喉
舌是執九考不移有入無出
尚書曰三載考績三考黜陟幽明九考則二十七年
究古今之眞僞計時務之得失雖時獻一策偶進一言釋彼官責慰

此素餐固未能輸竭忠款盡瀝胸肝排方入直惠彼黎元俾吾徒草
鄙並有聞焉也盍亦綏衡緩轡回軌易塗輿安駕肆思馬斯徂詩魯頌駉之章思無邪思馬斯徂鄭箋云徂猶行也思遵伯禽之法專心無復邪意也牧馬使可走行
審厲揭以投濟詩邶風匏有苦葉之章匏有苦葉濟有深涉深則厲淺則揭毛傳云以衣涉水爲厲謂由帶以上也揭褰裳也遭時制宜如遇水深則厲淺則揭矣
要夷庚之赫憮左傳成公十八年以塞夷庚杜注云夷庚吳晉往來之要道孔疏云夷平也詩序云由庚萬物得由其道是以庚爲道也文選束晳補亡詩蕩蕩夷庚物則由之陸機辨亡論旋皇輿於夷庚何焯曰憮疑作膴
播秋蘭以芳世副吾徒之彼圖官本攷證曰彼冊府作披
不亦盛與
余聞而歎曰嗚呼有若云乎邪夫人心不同實若其面子雖光麗既
美且豔管闚筐舉守厥所見未可以言八紘之形埒信萬事之精練
也或人率爾仰而揚衡曰蔡邕釋誨揚衡含笑左思魏都賦乃盱衡而誥曰李善注眉上曰衡
是何言與
是何言與余應之曰虞帝以面從爲戒孔聖以悅己爲尤若子之言
良我所思將爲吾子論而釋之昔在鴻荒曚昧肇初三皇應籙五帝
承符爰暨夏商前典攸書姬衰道缺霸者翼扶嬴氏慘虐吞嚼八區
於是從橫雲起狙詐如星馮本毛本狙作徂誤
奇邪蠭動智故萌生或飾眞以
讎僞或挾邪以干榮或詭道以要上或鬻技以自矜背正崇邪棄直
就佞忠無定分義無常經故鞅法窮而慝作斯義敗而姦成呂門大
而宗滅韓辯立而身刑夫何故哉利回其心寵耀其目赫赫龍章鑠
鑠車服媮幸苟得如反如仄淫邪荒迷恣睢自極和鸞未調而身在
轅側庭宁未踐而棟折榱覆天收其精地縮其澤人弔其躬鬼芟其
額初升高岡終隕幽壑朝含榮潤夕爲枯魄是以賢人君子深圖遠
慮畏彼咎戾超然高舉寧曳尾於塗中穢濁世之休譽彼豈輕主慢

民而忽於時務哉蓋易著行止之戒詩有靖恭之歎乃神之聽之而
道使之然也自我大漢應天順民政治之隆皓若陽春俯憲坤典仰
式乾文播皇澤以熙世揚茂化之醲醇君臣履度各守厥貞上垂詢
納之弘下有匡救之責士無虛華之寵民有一行之迹粲乎亹亹亹同亹
尚此忠益然而道有隆窳窳音與
物有興廢有聲有寂有光有翳朱
陽否於素秋玄陰抑於孟春羲和逝而望舒係運氣匿而耀靈陳沖
質不永桓靈墜敗英雄雲布豪傑蓋世家挾殊議人懷異計故從橫
者歎披其胸狙詐者暫吐其舌也毛本狙作徂誤
今天綱已綴德樹西鄰丕
顯祖之宏規縻好爵於士人興五教以訓俗豐九德以濟民肅明祀
以礿祭幾皇道以輔眞雖跱者未一僞者未分聖人垂戒蓋均無貧

故君臣協美于朝黎庶欣戴于野動若重規靜若疊矩濟濟偉彥元凱之倫也有過必知顏子之仁也侃侃庶政冉季之治也鷹揚鷙騰伊望之事也總羣俊之上略含薛氏之三計 史記黥布傳滕公言之上曰臣客故楚令尹薛公者有籌筴之計可問上迺召見問薛公薛公對曰黥布反不足怪也使布出於上計山東非漢之有也出於中計勝敗之數未可知也出於下計陛下安枕而臥矣 敷張陳之祕策故力征以勤世援華英而不遑豈暇修枯籜于榛穢哉然吾不才在朝累紀託身所天心焉是恃樂滄海之廣深歎嵩嶽之高時聞仲尼之贊商感鄉校之益已彼平仲之和羹亦進可而替否故蠓冒聲說時有攸獻譬遒人之有采於市閭游童之吟詠乎疆畔庶以增廣福祥輸力規諫若其合也則以闇協明進應靈符如其違也自我常分退守己愚進退任數不矯不誣循性樂天夫何恨諸此

其所以既入不出有而若無者也狹屈氏之獨醒濁漁父之必醉溷柳季之卑辱褊夷叔之高懟合不以得違不以失得不充詘失不慘悸不樂前以顧軒不就後以慮輊不鬻譽以干澤 官本攷證曰元本鬻作徼 不辭愆以忌絀何責之釋何飱之卹何方之排何直之入九考不移固其所執也方今朝士山積髦俊成羣猶鱗介之潛乎巨海毛羽之集乎鄧林游禽逝不爲之尟浮魴臻不爲之殷且陽靈幽于唐葉陰精應爲商時 宋本爲作於 陽盱請而洪災息桑林禱而甘澤滋

淮南子曰 沈家本曰漢志雜家淮南內二十一篇淮南外三十三篇顏注內篇論道外篇雜說隋志淮南子二十一卷漢淮南王劉安撰許慎注又二十一卷高誘注舊唐志淮南商詁二十一卷劉安撰不言何人注又高誘注二十一卷新志列許慎高誘二注並二十一卷又高誘淮南鴻烈音二卷舊志稱何誘撰疑何誘乃高誘之訛也宋志許慎注卷同高誘注十三卷今則高注存而許注亡矣漢書本傳招致賓客方術之士數千人作爲內書二十一篇外書甚衆又有中篇八卷言神仙黃白之術亦二十餘萬言高誘序此書其旨近老子大較歸之於道號曰鴻烈鴻大也烈明也以爲大明道之言也 禹爲水以身請于陽盱之河 見淮南子修務訓請作解高誘注爲治水解禱以身爲質解讀解除之解陽盱河蓋在秦地 湯苦旱以身禱于桑林之際 今本淮南子作桑山之林高誘注桑山之林能興雲致雨故禱之莊逵吉曰御覽引作桑林之下 聖人之憂民如此其明矣 宋本矣作也淮南子同

呂氏春秋曰昔殷湯克夏桀而天下大旱三年不收 今本呂氏春秋作五年說苑作七年 湯乃以身禱于桑林曰余一人有罪無及萬方萬方有罪在余一人無以一人之不敏使上帝毀傷民之命 宋本作使上帝鬼神傷民之命今本呂氏春秋同 湯於是翦其髮攦其爪 攦音列 自以爲犧牲用祈福于上帝民乃甚悅雨乃大至

行止有道啟塞有期我師遺訓不怨不尤委命恭己我又何辭辭窮路單將反初節綜墳典之流芳尋孔氏之遺藝綴微辭以存道憲先軌而投制覲叔肸之優游 羊舌肸字叔向左傳襄公二十一年范宣子殺羊舌虎囚叔向人謂叔向曰子離於罪其爲不知乎叔

叔向曰與其死亡若何詩曰優哉游哉聊以卒歲知也杜注云詩小雅言君子優游於衰世所以辟害卒其壽是亦知也 美疏氏之遐逝 漢書疏廣傳廣字仲翁東海蘭陵人廣兄子受字公子父子並爲師傅（周壽昌曰漢時從父從子稱父子）廣謂受曰吾聞知足不辱知止不殆功遂身退天之道也今仕宦至二千石官成名立如此不去懼有後悔豈如父子相隨出關歸老故鄉以壽命終不亦善乎 收止足以言歸汎皓然以容裔欣環堵以恬娛免咎悔于斯世顧茲心之未泰懼末塗之泥滯仍求激而增憤肆中懷以告誓昔九方考精于至貫秦牙沈思于殊形

淮南子曰 以下爲淮南子道應訓之辭 秦穆公謂伯樂曰子之年長矣子姓有可使求馬者乎 高誘注子姓謂伯樂子 對曰良馬者可以形容筋骨相也相天下之馬者若滅若沒若失若亡 今本淮南子無若沒二字高誘注若滅其相不可見也若失乍入乍出也若亡形絕不及也 其一若此馬者絕塵卻轍 今本淮南子卻作弭 高誘注絕塵不及也弭轍引迹疾也 臣之子皆下材也可告以良馬而不可告以天下之馬天下之馬

臣有所與共儋纆采薪九方堙 今本淮南子薪下有者字高誘注纆索也九方堙人姓名 此其相馬非臣之下也請見之穆公見之使之求馬三月而反報曰已得馬矣在于沙丘穆公曰何馬也對曰牝而黃使人往取之牡而驪穆公不悅召伯樂而問之曰敗矣子之所使求馬者也 今本淮南子無也字 毛物牝牡尙弗能知又何馬之能知伯樂喟然太息曰一至此乎是乃所以千萬里臣而無數者也 宋本臣作馬今本淮南子作是乃其所以千萬臣而無數者也 若堙之所觀者天機也得其精而忘其麤 馮本麤作麁誤 在其內而忘其外見其所見而不見其所不見視其所視而固遺其所不視 馮本無固字 若彼之所相者乃有貴乎馬者馬至而果天下之馬也

淮南子又曰伯樂寒風秦牙葛青所相各異其知馬一也蓋九方觀其精秦牙察其形

薛燭察寶以飛譽

越絕書曰 史記孫武傳注索隱云越絕書子貢所著恐非也其書多記吳越亡後土地或後人所錄正義云七錄越絕十六卷或云伍子胥撰隋書經籍志雜史類越絕記（一記當作書）十六卷子貢撰舊唐志越絕書十六卷子貢撰新唐志同直齋書錄解題亦作十六卷無撰人名氏相傳以爲子貢者非也其書雜記吳越事下及秦漢直至建武二十八年蓋戰國後人所爲而漢人又附益之耳四庫提要曰越絕書十五卷不著撰人名氏書中吳地傳稱句踐徙琅邪到建武二十八年凡五百六十七年則後漢初人也書末敍外傳記以庾詞隱其姓名其云以去爲姓得衣乃成是袁字也厥名有米覆之以庚是康字也禹來東征死葬其疆是會稽人也又云文詞屬定自于邦賢以口爲姓承之以天是吳字也楚相屈原與之同名是平字也然則此書爲會稽袁康所作同郡吳平所定也隋唐志皆云子貢作非其實矣其文縱橫曼衍與吳越春秋相類而博麗奥衍則過之中如計倪內經軍氣之類多雜術數家言皆漢人專門之學非後來所能依託也周中孚鄭堂讀書記云崇文目通考宋志俱作十五卷與今傳本同者首篇外傳本事不入卷數而隋唐諸志俱入卷數也 昔越王句踐有寶劒五枚聞於天下客有能相劒者名薛燭王召而問之吾有寶劒五請以示子乃取其豪曹巨闕薛燭曰皆非也又取純鉤湛盧燭曰觀其劒鈔爛爛如列宿之行 沈家本曰今本越絕書作觀其鈲爛如列星之行案鈔乃鈲之訛劍亦衍字 觀其光渾渾如水之將溢于塘觀其文渙渙如冰將釋此所謂純鉤邪王曰是也王曰客有直之者有市之鄉三駿馬千匹千戶之都二可乎薛燭曰不可當造此劒之時赤堇之山破而出錫若邪之谿涸而出銅雨師埽灑雷公擊鼓 沈家本曰今本越絕鼓作橐 太一下觀天精下之歐冶乃因天之精悉其伎巧一曰純鉤二曰湛盧 沈家本曰今本越絕作一曰湛盧二曰純鉤 今赤堇之山已合若邪之谿深而不測歐冶子已死雖傾城量金珠玉竭河獨不得此一物 沈家本曰今本越絕獨作猶 有市之鄉三駿馬千匹千戶之都二亦何足言與

瓠梁託弦以流聲

淮南子曰瓠巴鼓瑟而鱏魚聽之又曰瓠梁之歌可隨也而以歌者不可爲也

齊隸拊髀以濟文

臣松之曰按此謂孟嘗君田文下坐客能作雞鳴以濟其厄者也凡作雞鳴必先拊髀以傚雞之拊翼也

楚客潛寇以保荆

淮南子曰 下文亦見道應訓 楚將子發好求技道之士 莊逵吉曰御覽此下有注云士有術者無不養 楚有善爲偷者往見曰聞君求技道之士臣偷也願以技備一卒 御覽作臣楚市偷也願以技該一卒注該備也卒一人 子發聞之衣不及帶冠不暇正出見而禮之左右諫曰偷者天下之盜也何爲禮之君曰此非左右之所得與後無幾何齊興兵伐楚子發將師以當之兵三卻楚賢大夫 今本淮南子賢下有良字 皆盡其計而悉其誠齊師愈强於是卒偷進請曰 今本淮南子卒作市 臣有薄技願爲君行之君曰諾 今本淮南子作子發曰諾不問其辭而遣之 偷卽夜出解齊將軍之帳 今本淮南子作幬帳 而獻之子發子發使人歸之曰卒有出採薪者得將軍之帳使使歸於執事明日又復往取枕子發又使歸之明日又復往取簪子發又使歸之齊師聞之大駭將軍與軍吏謀曰今日不去楚軍恐取吾頭矣卽旋師而去

雍門援琴而挾說

桓譚新論曰范書桓譚傳譚字君山沛國相人譚好音律善鼓琴博學多通尤好古學爲六安郡丞譚著書言當世行事二十九篇號曰新論上書獻之世祖善焉琴道一篇未成肅宗使班固續成之隋書經籍志儒家桓子新論十七卷後漢六安丞桓譚撰二唐志同嚴可均曰此書宋時不著錄今依羣書治要意林次第以類相從定爲三卷諸引但琴道有篇名餘無篇名今望文分繫仍加各篇舊名取便檢閱君山博學多通同時劉子駿七略徵引其琴道篇揚子雲難窮立毀所作蓋天圖其後班孟堅漢書據用甚多王仲任論衡超奇篇佚文篇定賢篇案書篇對作篇皆極推崇至謂子長子雲論說之徒君山爲甲則其書漢時早有定論惜久佚失所得見者僅此然其尊王賤霸非圖讖無仙道綜覈古今偭僾失得以反儀象典章人文樂律精華略具則雖謂此書未嘗佚失可也黃以周儆季雜箸子敘篇曰桓譚新論十六篇本造閔友琴道各一篇餘皆分上下故亦偁二十九篇其標題篇第具見范史本傳及章懷注王充作論衡睥睨一切而獨折服是書嘗謂君山作新論論世間事辨照然否虛妄之辭僞飾之辭莫不證定甚且謂新論之義與春秋會一其推譽可謂至矣孫鳳卿輯是書殺雜無倫重復迭見無由見本書之檃括嚴鐵橋更爲編輯其書未見讀其漫稾中所載自序乃以羣書治要所錄十五事意林所錄三十五事爲綱而以義之相類者比附其閒是豈能一復本書之舊哉武斷之譏恐不能免矣然魏馬二書所錄皆仍本書次第今以類相從而不標題篇目殘文片語別附書後豈不愈於孫輯之雜陳疊見

哉雍門周以琴見孟嘗君曰嚴可均曰據文選笙賦注別賦注豪士賦序注孟嘗君下重孟嘗君三字劉惠注無之轉寫脫也先生鼓琴亦能令文悲乎對曰臣之所能令悲者先貴而後賤昔富而今貧擯壓窮巷不交四鄰不若身材高妙懷質抱眞逢讒罹謗毛本謗作誘誤怨結而不得信不若交歡而結愛無怨而生離遠赴絕國無相見期不若幼無父母壯無妻兒出以野澤爲鄰入用堀穴爲家官本穴作坎誤困于朝夕無所假貸若此人者但聞飛鳥之號秋風鳴條李陵答蘇武書注鳥作烏鳴作蕭則傷心矣臣一爲之援琴而長太息別賦注援作揮未有不悽惻而涕泣者也別賦注作未有不悽愴而流涕者也今若足下居則廣廈高堂連闥洞房陸士衡日出東南隅行注闥作邃說苑書說篇亦作邃下羅帷來清風倡優在前諂諛侍側揚激楚舞鄭妾流聲以娛耳練色以淫目水戲西京賦注七命注戲作嬉則舫龍舟建羽旗鼓釣乎不測之淵官本釣作鉤誤沈約宋書樂志一作吹野游則登平原馳廣囿強弩下高鳥勇士格猛獸置酒娛樂沈醉忘歸方此之時視天地曾不若一指雖有善鼓琴未能動足下也孟嘗君曰固然雍門周曰然臣竊爲足下有所常悲夫角帝而困秦者君也連五國而伐楚者又君也天下未嘗無事不從即衡從成則楚王衡成則秦帝夫以秦楚之彊而報弱薛猶磨蕭斧而伐朝菌也有識之士莫不爲足下寒心天道不常盛寒暑更進退千秋萬歲之後宗廟必不血食高臺既已傾曲池又已平墳墓生荊棘狐狸穴其中游兒牧豎七哀詩注游作樵躑躅其足而歌其上七哀詩注此句下有行人見之悽愴六字曰孟嘗君之尊貴亦猶若是乎於是孟嘗君喟然太息涕淚承睫而未下雍門周引琴而鼓之徐動宮徵叩角羽終而成曲孟嘗君遂歔欷而就之曰先生鼓琴令文立若亡國之人也

韓哀秉轡而馳名

呂氏春秋曰韓哀作御　王褒聖主得賢臣頌曰李善曰漢書曰王襃既爲益州刺史王襃作中和樂職宣布詩襃因

奏言襃有軼才上乃徵襃既至詔爲聖主得賢臣頌及至駕齧膝參乘旦應劭曰馬怒有餘氣常齧膝而行也張晏曰齧膝乘旦皆良馬名駕則旦至故以爲名孟康曰良馬低頭口至膝故曰齧膝王良執靶韓哀附輿張晏曰王良郵無卹也或曰靶晉羇謂轡也韓哀韓文侯也縱馳騁騖忽如景靡文選景作影過都越國蹶如歷塊追奔電逐遺風李善曰遺風風之疾者也周流八極萬里一息何其遼哉人馬相得也

盧敖翱翔乎玄闕若士竦身於雲清

淮南子曰下文亦見道應訓盧敖游乎北海高誘注盧敖燕人秦始皇召以爲博士使求神仙亡而不反也經乎太陰入乎玄闕至于蒙轂之上高誘注太陰北方也玄闕北方之山也蒙轂山名轂作穀見一士焉深目而玄準戾頸而鳶肩豐上而殺下軒軒然方迎風而舞顧見盧敖慢然下其臂遁逃乎碑下高誘注慢然止舞也罷於碑陰盧敖俯而視之方卷龜殼而食合梨今本淮南子俯作就卷作倦合作蛤高誘注楚人謂倨爲倦龜殼龜甲也蛤梨海蚌也盧敖乃與之語曰惟敖爲背羣離黨窮觀於六合之外者非敖而已乎敖幼而

好游長不喻解 今本淮南子作至長不渝莊逵吉曰御覽此下有注云渝解也劉家立曰應有解字 周行四極惟北陰之不闚今卒睹夫子於是子殆可與敖爲交乎 今本淮南子交作友 若士者齤然而笑曰嘻乎子中州民寧肯而遠至此此猶光乎日月而戴列星 高誘注言太陰之地尙見日月也 陰陽之所行四時之所生此其比夫不名之地猶突奥也 突音要今本淮南子突作窔高誘注言我所游不可字名之地以盧敖所行比之則如窔奥中也 若我南游乎罔㝗之野 㝗音浪 北息于沈墨之鄉 宋本于作乎 西窮冥冥之黨 今本淮南子冥冥作窅冥莊逵吉曰黨所也方言云 東貫鴻濛之光 今本淮南子貫作開 此其下無地而上無天聽焉無聞視焉則眴 眴音楦目搖也又同瞬今本淮南子則眴作無矚 此其外猶有沈沈之汜 今本淮南子沈沈作汰汰高誘注汰汰四海與天之際水流聲也汜涯也 其餘一舉而千萬里 高誘注千萬里汰汜之外也 吾猶未能之在 高誘注吾尙未至此地 今子游始至于此 今本淮南子無至字 乃語窮觀豈不亦遠哉然子處矣吾與汗漫期於九垓之上 今本淮南子上作外高誘注汗漫不可知之也九垓九天之外 吾不可以久 今本淮南子久下有駐字 若士舉臂而竦身

遂入雲中盧敖仰而視之弗見乃止 今本淮南子此句下有駕柸治悖若有喪也八字高誘注止其所駕之車楚人謂恨不得爲柸治也 曰吾比夫子也猶黃鵠之與壤蟲 毛本與作輿誤 終日行不離咫尺 高誘注壤蟲蟲之幼也八尺爲咫十寸爲尺 自以爲遠不亦悲哉

余實不能齊技于數子故乃靜然守己而自寧景耀六年後主從譙周之計遣使請降於鄧艾其書正所造也 梁章鉅曰陸游籌筆驛詩一種人間管城子不堪譙叟作降箋不知造書者爲郤正也 明年正月鍾會作亂成都後主東遷洛陽時擾攘倉卒蜀之大臣無翼從者 胡三省曰姜維既死張翼廖化董厥必亦死於亂兵矣弼按張翼隨鍾會至成都爲亂兵所殺廖化內徙洛陽道病卒董厥詣京都爲相國參軍使蜀慰勞均見各本傳是三人惟張翼死於亂兵胡氏謂廖化董厥亦死者誤也 惟正及殿中督汝南張通捨妻子單身隨侍後主賴正相導宜適舉動無闕 郤正相導後主事見後主傳注引漢晉春秋胡三省曰宜當也適亦當也禪初入洛見魏君臣其禮各有所當嗚呼使正東帶立於朝上而擯贊漢主下而與賓客言事事合宜而無闕失豈非人臣之至願哉周壽昌曰宜適應作儀適宜儀音近而誤也 乃慨然太息恨知正之晚時論嘉之賜爵關內侯泰始中除安陽令 安陽今陝西漢中府城固縣東見魏志武紀建安二十年 遷巴西太守泰始八年詔曰正昔在成都顚沛守義不違忠節及見受用盡心幹事有治理之績其以正爲巴西太守 上文有泰始中遷巴西太守下文不應又載泰始八年之詔當爲裴注誤入正文也 咸寧四年卒 錢大昭曰泰始中以下至咸寧四年卒五十七字皆入晉後事可不必載 凡所著述詩論賦之屬垂百篇 隋書經籍志晉巴西太守郤正集一卷二唐志同嚴可均錄存爲後主作降書姜維論釋譏凡三篇姚振宗曰史言郤令先著百篇隋唐志著錄乃祇一卷所佚多矣

評曰杜微修身隱靜不役當世庶幾夷皓之概周羣占天有徵杜瓊沈默愼密諸生之純也許孟來李博涉多聞尹默精于左氏雖不以德業爲稱信皆一時之學士譙周詞理淵通爲世碩儒有董揚之規

李光地曰以揚雄比周可也但多一董字 郤正文辭粲爛有張蔡之風加其行止君子有取焉二子處晉事少在蜀事多故著于篇 劉咸炘曰但贊諸儒學業又推其師擬於董揚然據傳中所錄之事諸儒僻好術數忿爭褊躁或陳曹氏之符或獻勸降之策皆陋劣鄙儒也吾蜀不幸無人可紀乃使諸儒列名史策

張璠以爲譙周所陳降魏之策蓋素料劉禪懦弱心無害戾故得行也如遇忿肆之人雖無他算然矜殉鄙恥或發怒妄誅以立一時之威快其斯須之意者此亦夷滅之禍云 何焯曰張璠識陋旨迂注家何以取諸劉家立曰此注應在譙周傳中今附總評下疑誤

蜀書十二　　三國志四十二

黃李呂馬王張傳第十三

晉 平 陽 侯 相 安 漢 陳 壽 撰

宋中書侍郎西鄉侯 聞喜裴松之 注

沔陽盧弼集解

黃權字公衡巴西閬中人也（巴西郡治閬中今四川保寧府閬中縣西詳見魏志武紀建安二十年）少爲郡史（宋本史作吏梁章鉅曰楊戲輔臣贊稱黃權爲越騎弼按輔臣贊稱楊季休爲越騎非贊黃公衡也梁說誤）州牧劉璋召爲主簿時別駕張松建議宜迎先主使伐張魯權諫曰左將軍有驍名（范書劉焉傳黃權諫曰劉備有梟名章懷注梟卽驍也胡三省曰曹操表劉備爲左將軍故稱之）今請到欲以部曲遇之則不滿其心欲以賓客禮待則一國不容二君若客有泰山之安則主有累卵之危可但閉境以待河清（通鑑作不若閉境以待時淸）璋不聽竟遣使迎先主出權爲廣漢長（郡國志益州廣漢郡廣漢水經涪水南至小廣魏與梓潼水合注小廣魏卽廣漢縣地舊志云漢時縣名與郡同者類加小字以別之今縣屬廣漢郡亦宜曰小廣漢水經本曹魏時人所作故改漢爲魏也一統志故城今四川潼川府遂寧縣東北）及先主襲取益州將帥分下郡縣郡縣望風景附權閉城堅守須劉璋稽服（胡三省曰稽音啟言稽顙服從也）乃詣降先主（章懷注引此無降字）先主假權偏將軍（何焯曰先主奬拔公衡故霍弋羅憲皆不失事君之禮）

徐衆評曰（趙一淸曰衆當作眾弼按詳見魏志臧洪傳注）權旣忠諫於主又閉城堅守（宋本堅作拒）得事君之禮武王下車封比干之墓表商容之閭所以大顯忠賢之士而明示所貴之旨先主假權將軍善矣然猶薄少未足彰忠義之高節而大勸爲善者之心

及曹公破張魯魯走入巴中權進曰若失漢中則三巴不振此爲割

蜀之股臂也（胡三省曰三巴巴東巴西巴郡也錢大昭曰漢中爲益州咽喉最稱要害故楊洪亦以爲若無漢中則無蜀矣按初平六年以臨江屬永寧郡建安六年劉璋改永寧爲巴東郡分巴郡墊江置巴西郡合之巴郡是爲三巴也弼按三巴詳見魏志武紀建安二十年注）於是先主以權爲護軍率諸將迎魯魯已還南鄭北降曹公然卒破杜濩朴胡（杜濩朴胡亦見魏志武紀建安二十年）殺夏侯淵據漢中皆權本謀也先主爲漢中王猶領益州牧以權爲治中從事（權列名勸進見先主傳）及稱尊號將東伐吳權諫曰吳人悍戰又水軍順流進易退難臣請爲先驅以嘗寇（通鑑順流作沿流嘗寇作當寇）陛下宜爲後鎭先主不從以權爲鎭北將軍督江北軍以防魏師先主自在江南及吳將軍陸議（陸議卽陸遜）乘流斷圍（章懷注引此流作虛）南軍敗績先主引退而道隔絕權不得還故率將所領降于魏有司執法白收權妻子先主曰孤負黃權權不負孤也（胡三省曰以不能用權言也）待之如初

臣松之以爲漢武用虛罔之言滅李陵之家劉主拒憲司所執宥黃權之室二主得失縣邈遠矣（遠字疑衍）詩云樂只君子保艾爾後（詩小雅南山有臺之辭毛傳云艾養保安也宋本艾作乂）其劉主之所謂也（宋本無所字）

魏文帝謂權曰君捨逆效順欲追蹤陳韓邪（胡三省曰陳韓謂韓信陳平去楚歸漢）權對曰臣過受劉主殊遇降吳不可還蜀無路是以歸命且敗軍之將免死爲幸何古人之可慕也文帝善之拜爲鎭南將軍封育陽侯（胡三省曰自此以後皆名號侯不復注其國邑）加侍中使之陪乘（胡三省曰陪乘猶驂乘也弼按權降魏事詳見魏志文紀黃初三年及注引魏書）蜀降人或云誅權妻子權知其虛言未便發喪

漢魏春秋曰文帝詔令發喪權答曰臣與劉葛推誠相信明臣本志疑惑未實請須後問（胡三省曰葛謂諸葛孔明也須待也）

後得審問果如所言及先主薨問至魏羣臣咸賀而權獨否文帝察權有局量欲試驚之 元本作欲驚試之 遣左右詔權 監本無遣字誤 未至之閒累催相屬馬使奔馳交錯於道官屬侍從莫不碎魄而權舉止顏色自若後領益州刺史徙占河南 趙一清曰水經注清水南逕預山東山南有魏車騎將軍黃權夫妻二冢地道潛通其冢前有四碑其二魏明帝立二是其子及臣吏所樹者也 大將軍司馬宣王深器之問權曰蜀中有卿輩幾人權笑而答曰不圖明公見顧之重也宣王與諸葛亮書曰黃公衡快士也每坐起歎述足下不去口實景初三年蜀延熙二年權遷車騎將軍儀同三司 范書鄧騭傳非騭車騎將軍儀同三司始自騭也惠棟曰東觀記儀同三司有開府之號始自騭也李涪云騭爲開府儀同三司謂別開一府得比三公侯康曰晉志云漢殤帝延平元年鄧騭爲車騎將軍儀同三司儀同之名始自此也及魏黃權以車騎將軍開府儀同三司開府之名起于此也則鄧騭但稱儀同不稱開府東觀記本無有開府之號句惠誤引黃山曰今案以儀同三司及開府名官雖或如晉志自鄧騭黃權始而其事則已具見於前蓋漢以司馬司徒司空爲三公亦名三司司馬主兵即太尉又稱三府掾屬皆得自辟召至開府儀同三司則將軍制也前漢武帝亟用兵大將軍衞青驃騎將軍霍去病皆乘大司馬位光武中興吳漢亦以大將軍爲大司馬均在三司之中故不另開府及明帝以弟東平王蒼爲驃騎大將軍輔政置長史掾史員四十人位在三公上開東閣延英雄班固奏記說王一則曰幕府新開廣延羣俊再則曰宜及府開以慰遠方是爲後漢開府之始然儀淩三司固不必下同三司也章帝建初三年令舅車騎將軍馬防與九卿絕席班同三司是又卽爲後漢儀同三司之始旣同三司自得開府辟召故明帝並令防置掾吏十人歲舉吏二人騭之以車騎將軍儀同三司明卽用防故事觀黃權雖實開府而蜀志權傳仍止云遷車騎將軍儀同三司而已固不待明言開府也弼按儀同三司互見魏志高貴鄉公紀甘露二年

蜀記曰魏明帝問權天下鼎立當以何地爲正權對曰當以天文爲正往者熒惑守心而文皇帝崩吳蜀二主平安此其徵也 王應麟曰三國鼎峙司馬公通鑑以魏爲正統朱子綱目以蜀漢爲正統然稽於天文則熒惑守心魏文帝殂而吳蜀無它此黃權對魏帝之言也若可以魏爲正矣月犯心大星王者惡之漢昭烈殂而魏吳無它權又將何辭以對乎何焯曰公衡舍統系而以天文爲詞所謂文與而實不與也大凡取精多而用物宏者皆能上應天象太白入太微而漢兵誅莽何嘗非僭竊之應公衡亦姑爲遜詞耳又曰三國史並無熒惑守心之文黃初六年五月十六日壬戌熒惑入太微至二十七日癸酉乃出疑是太微非守心也弼按此皆無稽之言不足徵信

明年卒諡曰景侯子邕嗣邕無子絕權留蜀子崇爲尙書郎隨衞將軍諸葛瞻拒鄧艾到涪縣瞻盤桓未進崇屢勸瞻宜速行據險無令敵得入平地 元本無地字梁章鉅曰姜維傳亦有使敵不得入平之語 瞻猶豫未納 潘眉曰瞻豈以崇父權降魏遂不信其言邪 崇至于流涕會艾長驅而前瞻卻戰至緜竹崇帥厲軍士期於必死臨陣見殺 何焯曰黃崇死國此劉葛推誠之效也

李恢字德昂建寧俞元人也 後主傳建興三年改益州郡爲建寧郡郡國志益州郡俞元國蜀改屬建寧郡一統志故縣在今雲南澂江府河陽縣境李恢墓在河陽縣西五里 任郡督郵 宋本任作仕督郵見魏志董卓傳 姑夫爨習爲建伶令 爨習見李嚴傳注郡國志益州郡建伶三國蜀改屬建寧郡一統志故縣今雲南雲南府昆明縣西北 有違犯之事 宋本犯作法 恢坐習免官太守董和 董和傳劉璋時和爲益州太守 以習方土大姓寢而不許 華陽國志卷四云分羸弱配大姓焦雍婁爨孟量毛李爲部曲華陽國志云習後官至領軍

後貢恢於州涉道未至聞先主自葭萌還攻劉璋恢知璋之必敗先主必成乃託名郡使北詣先主遇於緜竹先主嘉之從至雒城遣恢至漢中交好馬超超遂從命成都旣定先主領益州牧以恢爲功曹書佐主簿後爲亡虜所誣引恢謀反有司執送先主明其不然更遷恢爲別駕從事章武元年庲降都督鄧方卒 庲降都督詳見霍峻傳 先主問恢誰可代者恢對曰人之才能各有長短故孔子曰其使人也器之且夫明主在上則臣下盡情是以先零之役趙充國曰莫若老臣臣竊不自揆 宋本揆作量 惟陛下察之先主笑曰孤之本意亦已在卿矣遂以恢爲庲降都督使持節領交州刺史 趙一清曰此是遙領顧祖禹謂蜀漢分益州置交州非是沈家本曰按下

文云建興七年以交州屬吳解恢刺史更領建寧太守蓋是年與吳盟交分天下見後主及陳震傳交州屬吳故遙領之職亦因之而改也晉書地理志云蜀以李恢爲建寧太守遙領交州刺史此趙稱遙領之證據顧說誠誤住平夷縣平夷見霍峻傳

臣松之訊之蜀人云庲降地名去蜀二千餘里時未有寧州號爲南中立此職以總攝之晉泰始中始分爲寧州晉書地理志寧州於漢魏爲益州之域泰始七年武帝以益州地廣分益州之建寧興古雲南交州之永昌合四郡爲寧州

先主薨高定恣睢于越巂雍闓跋扈于建寧潘眉曰建寧本益州郡建興三年丞相亮南征後始改此名今敘雍闓事不宜先書建寧也馬忠傳建寧郡殺太守正昂失與此同朱褒反叛于牂柯三事均詳見後主傳建興元年丞相亮南征先由越巂而恢案道向建寧諸縣大相糾合圍恢軍於昆明昆明即滇池滇池詳見諸葛亮傳注引漢晉春秋趙一清曰郡國志益州郡滇池出鐵有池澤劉昭注補曰澤在縣西見前書南中志曰池周二百五十里方輿紀要卷百十三滇池在雲南府城南一名昆明池亦曰滇南澤滇地記云郡城金馬碧雞二山東西夾護商山北來而環列於前中開一大都會滇池受邵甸牧羊山諸泉及黑门龍潭海源洞諸水匯爲巨浸延袤三百餘里軍民田廬環列其旁而洩於稍西一小河又折而北不見其去故又名滇海時恢衆少敵倍又未得亮聲息紿謂南人曰官軍糧盡欲規退還吾中間久斥鄉里斥音尺遠也乃今得旋不能復北欲還與汝等同計謀故以誠相告南人信之故圍守怠緩於是恢出擊大破之追犇逐北南至槃江水經葉榆水注葉榆水東北逕滇池縣南又東逕同並縣南又東逕漏江縣伏流山下復出蝮口謂之漏江諸葛亮之平南中也戰于是水之南葉榆水又逕賁古縣北東與盤江合盤水出律高縣東南盢町山東逕梁水郡北賁古縣南水廣百餘步深處十丈甚有瘴氣朱褒之反李恢追至盤江者也盤水北入葉榆水諸葛亮入南戰于盤東是也楊守敬水經注疏要删云酈氏之所謂溫水者即今之南盤江酈氏之所謂盤江者今無其水據其所敘似今彌勒瀑布河倒流入葉榆者東接牂柯與亮聲勢相連南土平定恢軍功居多封漢興亭侯趙一清曰水經葉榆水注盤水又東逕漢興縣此縣不見晉宋史志疑是蜀立在今雲南省臨安府境加安漢將軍安漢將軍見糜竺傳後軍還南夷復叛何焯曰觀此傳及馬忠張嶷二傳中皆有南夷復反事蓋雖諸葛公猶不能要其終不反也殺害守將恢身往撲討鉏盡

惡類徙其豪帥于成都賦出叟濮叟兵詳見劉璋傳注華陽國志卷四云李恢遷濮民數千落於雲南建寧界以實二郡耕牛戰馬金銀犀革充繼軍資于時費用不乏建興七年以交州屬吳解恢刺史更領建寧太守以還居本郡徙居漢中九年卒子遺嗣恢弟子球羽林右部督洪飴孫曰蜀置羽林左右部督各一人有右部督則有左可知隨諸葛瞻拒鄧艾臨陣授命死於緜竹

呂凱字季平永昌不韋人也永昌郡治不韋詳見後主傳建興三年

孫盛蜀世譜曰初秦徙呂不韋子弟宗族於蜀漢漢武帝時開西南夷置郡縣徙呂氏以充之因曰不韋縣

仕郡五官掾功曹時雍闓等聞先主薨于永安驕黠滋甚都護李嚴與闓書六紙解喻利害闓但答一紙曰蓋聞天無二日土無二王今天下鼎立正朔有三是以遠人惶惑不知所歸也其桀慢如此闓又降於吳吳遙署闓爲永昌太守錢大昭曰永昌郡在益州郡西非吳所有也故云遙署蜀楊儀亦遙署弘農太守永昌既在益州郡之西道路壅塞與蜀隔絕而郡太守改易凱與府丞蜀郡王伉帥厲吏民閉境拒闓趙一清曰方輿紀要卷百十八永昌金雞村北有將臺高丈餘廣倍之相傳呂凱築以拒雍闓闓數移檄永昌稱說云云凱答檄曰天降喪亂姦雄乘釁天下切齒萬國悲悼臣妾大小莫不思竭筋力肝腦塗地以除國難伏維將軍世受漢恩以爲當躬聚黨衆率先啓行上以報國家下不負先人書功竹帛遺名千載何期臣僕吳越背本就末乎昔舜勤民事隕于蒼梧史記五帝本紀舜南巡狩崩於蒼梧之野葬於江南九疑是爲零陵皇覽曰舜冢在零陵營浦縣其山九谿皆相似故曰九疑書籍嘉之流聲無窮崩于江浦何足可悲文武受命成王乃平先帝龍興海

內崖風宰臣聰睿自天降康而將軍不覩盛衰之紀成敗之符譬如野火在原蹈履河冰火滅冰泮將何所依附曩者將軍先君雍侯造怨而封（史記留侯世家上曰雍齒與我故數嘗窘辱我我欲殺之爲其功多故不忍留侯曰今急先封雍齒以示羣臣乃封爲什方侯周壽昌曰據此傳雍闓是雍齒之後後主傳內所云益州郡大姓也）竇融知興歸志世祖皆流名後葉世歌其美今諸葛丞相英才挺出深覩未萌受遺託孤翊贊季興（潘眉曰次於中興曰季興魏武帝紀注引三輔決錄曰覩漢祚將移謂可季興吳鳴鈞曰時人以後漢爲中漢蜀漢爲季漢故楊戲作贊名季漢輔臣贊序曰自我中漢之末王綱棄柄）與衆無忌錄功忘瑕將軍若能翻然改圖易跡更步古人不難追鄙土何足宰哉蓋聞楚國不恭齊桓是責（左傳僖公四年齊侯伐楚管仲曰爾貢包茅不入王祭不共無以縮酒寡人是徵）夫差僭號晉人不長（左傳哀公十三年吳晉爭先吳人曰於周室我爲長晉人曰於姬姓我爲伯乃先晉人）況臣于非主誰肯歸之邪竊惟古義臣無越境之交是以前後有來無往重承

告示發憤忘食故略陳所懷惟將軍察焉凱威恩內著爲郡中所信故能全其節及丞相亮南征討闓既發在道而闓已爲高定部曲所殺亮至南上表曰永昌郡吏呂凱府丞王伉等執忠絕域十有餘年雍闓高定偪其東北而凱等守義不與交通臣不意永昌風俗敦直乃爾以凱爲雲南太守（雲南郡見後主傳建興三年）封陽遷亭侯會爲叛夷所害子祥嗣而王伉亦封亭侯爲永昌太守

蜀世譜曰呂祥後爲晉南夷校尉祥子及孫世爲永昌太守李雄破寧州諸呂不肯附舉郡固守（華陽國志四云凱子祥太康中獻光珠五百斤還臨本郡遷南夷校尉祥子元康末爲永昌太守值南夷作亂閩濮反乃南移永壽去故郡千里遂與州隔絕呂氏世官領郡於今三世矣）王伉等亦守正節

馬忠字德信巴西閬中人也（閬中見黃權傳）少養外家姓狐名篤後乃復姓改名忠爲郡吏建安末舉孝廉除漢昌長（譙周巴西記曰和帝永元中分宕渠之地置漢昌縣屬巴郡郡國志巴郡漢昌三國蜀改屬巴西郡一統志故城今四川保寧府巴州治）先主東征敗績猇亭（猇亭見先主傳）巴西太守閻芝發諸縣兵五千人以補遺闕遣忠送往先主已還永安見忠與語謂尚書令劉巴曰雖亡黃權復得狐篤此爲世不乏賢也建興元年丞相亮開府以忠爲門下督三年亮入南拜忠牂柯太守郡丞朱褒反（後主傳建興元年牂柯太守朱褒擁郡反此傳云郡丞未知孰是官本丞作承趙一清曰承卽丞也晉同通用）叛亂之後忠撫育恤理甚有威惠八年召爲丞相參軍副長史（李平遺參軍狐忠喩指呼諸葛亮還軍見李嚴傳）蔣琬署留府事又領州治中從事明年亮出祁山忠詣亮所經營戎事軍還督將軍張嶷等討汶山郡叛羌（汶山郡見後主傳延熙十年張嶷事見後）十一年南夷豪帥劉胄反擾亂諸郡徵庲降都督張翼還（庲降都督詳見霍峻傳張翼事見翼傳）以

忠代翼忠遂斬胄平南土加忠監軍奮威將軍封博陽亭侯初建寧郡殺太守正昂縛太守張裔于吳（此建寧郡應作益州郡說見李恢傳錢大昕曰後主傳張裔傳俱作益州郡考益州郡之改建寧在丞相亮南征以後此時不當云建寧也）故都督常駐平夷縣至忠乃移治味縣（平夷見霍峻傳味縣見後主傳建興三年）處民夷之閒又越巂郡亦久失土地（越巂郡見後主傳建興元年）忠率將太守張嶷開復舊郡由此就加安南將軍進封彭鄉亭侯（錢大昭曰亭字衍文潘眉曰常志作彭鄉侯）延熙五年還朝因至漢中見大司馬蔣琬宣傳詔旨加拜鎭南大將軍七年春大將軍費禕北禦魏敵留忠成都平尚書事禕還忠乃歸南十二年卒子修嗣

修弟恢恢子義晉建寧太守（此注未引書名華陽國志四云建寧爨谷爲交阯太守谷死晉更用馬忠子融代谷據此是馬忠尚有一子名融也）

忠爲人寬濟有度量但詼啁大笑忿怒不形於色然處事能斷威恩並立是以蠻夷畏而愛之及卒莫不自致喪庭流涕盡哀爲之立廟祀迄今猶在 華陽國志卷四云忠在南柔遠能邇甚垂惠愛卒後南人爲之立祠水旱禱之一統志馬忠祠在今曲靖府南寧縣 張表時名士 趙一清曰時上有脫文錢儀吉改作時名士張表 清望踰忠閻宇宿有功幹於事精勤繼踵在忠後其威風稱績皆不及忠 姜維傳有右大將軍閻宇霍峻傳注有閻宇事趙一清曰宋書州郡志巴東領縣有南浦令建興八年十月益州牧閻宇表改羊渠立羊渠不詳何志吳立方輿紀要卷六十九夔州府萬縣漢朐䏰縣地三國漢建興八年置南浦縣屬巴東郡本名羊渠蜀前此所置縣也

益部耆舊傳曰張表肅子也　華陽國志云表張松子未詳 張松見劉璋傳張表見楊戲傳華陽國志卷四云馬忠卒後以蜀郡張表爲代加安南將軍　閻宇字文平南郡人也

王平字子均巴西宕渠人也 宕渠見先主傳建安二十年 本養外家何氏後復姓王隨杜濩朴胡詣洛陽 杜濩朴胡見魏志武紀建安二十年 假校尉從曹公征漢中因降先主拜牙門將裨將軍建興六年屬參軍馬謖先鋒謖舍水上山舉措煩擾平連規諫謖謖不能用大敗於街亭 街亭見諸葛亮傳 衆盡星散惟平所領千人鳴鼓自持魏將張郃疑其伏兵不往偪也於是平徐徐收合諸營遺迸率將士而還 胡三省曰據王平傳平所識不過十字觀其收馬謖敗散之兵拒曹爽猝至之師則用兵方略固不在於多識字也迸北孟翻 丞相亮既誅馬謖及將軍張休李盛奪將軍黃襲等兵平特見崇顯加拜參軍統五部兼當營事 胡三省曰既總統五部兵時亮屯漢中又使之兼當營屯之事 進位討寇將軍封亭侯 胡三省曰後漢之制列侯有縣侯鄉侯亭侯 九年亮圍祁山 祁山見後主傳建興七年 平別守南圍魏大將軍司馬宣王攻亮張郃攻平平堅守不動郃不能克十二年亮卒於武功 武功見諸葛亮傳 軍退還魏延作亂一戰而敗

平之功也 魏延傳中之何平卽王平也 遷後典軍安漢將軍 安漢將軍見糜竺傳 副車騎將軍 蜀置左右車騎將軍又有副車騎將軍 吳壹住漢中又領漢中太守 漢中郡見劉焉傳 十五年進封安漢侯 郡國志巴郡安漢三國蜀改屬巴西郡一統志故城今四川順慶府南充縣北 代壹督漢中延熙元年大將軍蔣琬住沔陽 沔陽見先主傳建安二十四年 平更爲前護軍 洪飴孫曰蜀置前後左右護軍各一人 署琬府事六年琬還住涪 涪見劉璋傳 拜平前監軍 胡三省曰蜀置前監軍後監軍中監軍位三軍師之下 鎭北大將軍統漢中七年春魏大將軍曹爽率步騎十餘萬向漢川前鋒已在駱谷 駱谷見魏志曹爽傳胡三省曰駱谷在漢中成固縣東北北達扶風郿縣 時漢中守兵不滿三萬諸將大驚或曰今力不足以拒敵聽當固守漢樂二城 漢樂二城見後主傳建興五年 遇賊令入 宋本今作令 比爾閒涪軍足得救關 胡三省曰自蔣琬屯涪蜀之重兵在焉關關城也杜佑曰關城俗名張魯城在西縣西四十里趙一清曰關謂陽安關城也蜀按關城詳見魏志鍾會傳據杜說關城俗名張魯城則當爲陽平關（陽平關詳見魏志武紀建安二十年）據趙說則爲陽安關然審當日情勢此傳之關城當以杜說爲是杜云在西縣西四十里唐之西縣在沔縣西非漢之西縣也 平曰不然漢中去涪垂千里賊若得關便爲禍也 通鑑作便爲深禍胡三省曰垂及也嗚呼王公設險以守其國其後關城失守鍾會遂平行至漢中王平謂賊若得關便爲深禍斯言驗矣 今宜先遣劉護軍 劉護軍卽劉敏也見蔣琬傳 杜參軍據興勢 杜參軍杜祺也見李嚴傳注興勢見先主傳建安二十四年 平爲後拒若賊分向黃金 胡三省曰黃金谷在興道縣山有黃金峭黃金谷有黃金戍傍山依峭險折七里杜佑曰黃金戍在洋州黃金縣西北八十里張魯所築南接漢川北枕古道險固之極潘眉曰黃金谷名元和志黃金谷去黃金縣九里其谷水陸艱險語曰山水艱阻黃金子午洪亮吉曰黃金魏黃初中分安陽立後屬蜀漢有黃金戍梁州記張魯所築南接漢川北枕故道俗號爲鐵城有黃金谷魏遣曹爽由駱谷伐蜀蜀將王平拒之於興勢張旗幟於此谷謝鍾英曰元和郡縣志黃金縣本漢安陽縣地後魏文帝於此分置黃金縣寰宇記後魏大統十二年置黃金縣因縣界黃金水爲名洪氏以元魏爲曹魏誤甚輿地紀勝柳隱爲黃金督魏鍾會伐蜀別將攻之不能克後主既降以手令敕隱乃降水經注漢水東逕大小黃金南北對黃金谷有黃金戍南齊書高帝紀黃金山張魯舊戍南接漢川北枕驛道險要之極通典在黃金縣西北八十里漢中府志今洋縣東八十里漢水逕其中亦謂之黃金峽灘石迅惡舟楫難通元和志又云張旗幟於黃金谷卽黃金戍也一統志黃金戍在今陝西漢中府

洋縣東北沈家本曰晉書地理志漢中郡有黃金縣疑此縣是蜀置而晉因之千率千人下自臨之比爾閒涪軍行至此計之上也惟護軍劉敏與平意同即便施行涪諸軍及大將軍費禕自成都相繼而至魏軍退還如平本策費禕進兵據三嶺以截曹爽見魏志曹爽傳注引漢晉春秋是時鄧芝在東監本芝作艾誤鄧芝督江州故云在東馬忠在南平在北境咸著名迹劉咸炘曰何不以此三人合傳平生長戎旅手不能書其所識不過十字宋本其作而而口授作書皆有意理使人讀史漢諸紀傳聽之備知其大義往往論說不失其指遵履法度言不戲謔從朝至夕端坐徹日憶無武將之體周壽昌曰憶廣韻集韻並音怨麥切玉篇乖戾也頑也然性狹侵疑毛本狹作狡誤或改侵作猜爲人自輕此語疑有誤與上文言不戲謔相反以此爲損焉十一年卒子訓嗣初平同郡漢昌句原注句古侯反扶潘眉曰侯當作候廣韻句收去聲注前有王句後有張廖廖力救切句與廖叶應爲古候反句扶字孝興見華陽國志忠勇寬厚

數有戰功功名爵位亞平官至左將軍封宕渠侯華陽國志曰後張翼廖化並爲大將軍時人語曰前有王句後有張廖華陽國志卷一云漢昌縣和帝時置大姓句氏

張嶷字伯岐巴西郡南充國人也錢大昭曰郡國二字疑皆衍文沈家本曰續漢志巴郡充國永元二年分閬中置劉昭注引巴記曰初平四年復分爲南充國縣是此縣由充國而分故加南字以別之迨後至梁代改曰南部而南充國之名遂廢至隋志巴西郡之南充縣乃安漢縣改名與漢時之南充國異地疑國字爲衍文者非也王先謙曰巴西郡領漢舊縣五改充國曰西充國分置南充國沈志巴西太守南充國令譙周巴記初平六年分充國爲南充國一統志故城今四川保寧府南部縣治

益部耆舊傳曰嶷出自孤微而少有通壯之節

弱冠爲縣功曹先主定蜀之際山寇攻縣縣長捐家逃亡嶷冒白刃攜負夫人夫人得免由是顯名州召爲從事時郡內士人龔祿姚伷龔祿字德緒巴西安漢人見季漢輔臣贊姚伷字子緒巴西閬中人見輔臣贊注位二千石當世有聲名皆與嶷友善建興五年丞相亮北住漢中廣漢緜竹山賊張慕等鈔盜軍資劫略吏民嶷以都尉將兵討之嶷度其鳥散難以戰禽乃詐與和親克期置酒酒酣嶷身率左右因斬慕等五十餘級渠帥悉殄尋其餘類朱邦衡曰尋下脫散字或討字旬日清泰後得疾病困篤家素貧匱廣漢太守蜀郡何祗何祗見楊洪傳及注名爲通厚嶷宿與疎闊乃自轝詣祗託以治疾祗傾財醫療數年除愈其黨道信義皆此類也拜爲牙門將屬馬忠北討汶山叛羌汶山郡見後主傳延熙十年南平四郡蠻夷輒有籌畫戰克之功

益部耆舊傳曰嶷受兵馬三百人隨馬忠討叛羌嶷別督數營在先至他里邑潘眉曰他里汶山縣名沈家本曰晉宋二志汶山郡屬縣皆無他里縣名未知潘氏所據所在高峻嶷隨山立上四五里羌於要阨

作石門於門上施牀積石於其上過者下石搥擊之無不糜爛趙一清曰方輿紀要卷七十三四川松潘衞至茂州三百里山嶮險惡一蠻擲石百人不能過其路嶷度不可得攻乃使譯告曉之曰汝汶山諸種反叛害傷良善天子命將討滅惡類汝等若稽顙過軍資給糧費福祿永隆其報百倍若終不從大兵致誅雷擊電下雖追悔之亦無益也耆帥得命即出詣嶷給糧過軍軍前討餘種餘種聞他里已下悉恐怖失所或迎軍出降或奔竄山谷放兵攻擊軍以克捷後南夷劉冑又反以馬忠爲督庲降討冑庲降都督見霍峻傳嶷復屬焉戰鬬常冠軍首遂斬冑平南事訖牂柯興古獠種復反牂柯郡見後主傳建興元年興古郡見後主傳建興三年忠令嶷領諸營往討嶷內招降得二千人悉傳詣漢中

十四年武都氐王苻健請降官本苻作苻下同此與晉書載記前秦之苻健同姓名詳見後主傳建興十四年注遣將軍張尉往迎過期不到大將軍蔣琬深以爲念嶷平之曰潘眉曰平同評

高誘淮南時則訓注平正讀評議之評又同辯堯典平章今文尙書作辯章又可作料字解武侯表曰夫難平者事也符健求附款至必無他變素聞健弟狡黠又夷狄不能同功將有乖離是以稽留耳數日問至健弟果將四百戶就魏晉書宣帝紀青龍四年武都氐王苻雙強端率其屬六千餘人來降獨健來從初越巂郡自丞相亮討高定之後事在建興三年叟夷數反叟夷解見李恢傳殺太守龔祿焦璜輔臣贊注建興三年龔祿爲越巂太守隨丞相亮南征爲蠻夷所害此傳云殺龔在丞相亮討高定之後是後太守不敢之郡只住安定縣去郡八百餘里華陽國志章武三年越巂高叟大帥高定元稱王恣睢遣都督李承之殺將軍梓潼焦璜破沒郡土丞相亮遣越巂太守龔祿住安上縣遙領太守安上去郡八百里有名而已錢大昕曰兩漢晉宋諸志益州郡無安定縣以華陽國志考之蓋安上縣也安上縣屬越巂晉志亦不載潘眉曰定字譌當爲安上縣安上蜀新置縣屬越巂郡下云更由安上卽此安上縣也其郡徒有名而已時論欲復舊郡除嶷爲越巂太守嶷將所領往之郡誘以恩信蠻夷皆服頗來降附北徼捉馬最驍勁不承節度嶷乃往討生縛

其帥魏狼又解縱告喻使招懷餘類表拜狼爲邑侯種落三千餘戶皆安土供職諸種聞之多漸降服嶷以功賜爵關內侯蘇祁邑君冬逢郡國志越巂郡蘇示惠棟曰示當作亓與祇同錢大昕曰蘇祁漢志作蘇示趙一清曰師古云示讀曰祇卽蘇祁邑也弼按范書西南夷傳蘇祁叟二百餘人章懷注引續漢書志曰蘇祁縣屬越巂郡是范書及續志均作蘇祁也一統志故縣今四川寧遠府西昌縣北逢弟隗渠等已降復反嶷誅逢逢妻旄牛王女郡國志蜀郡屬國旄牛劉昭注引華陽國志曰旄地也在邛崍山表邛人自蜀入度此山甚險難南人毒之故名邛郲有鮮水若水一名洲江范書西南夷傳莋都夷者武帝所開元鼎六年以爲沈黎郡至天漢四年幷蜀爲西部置兩都尉一居旄牛主徼外夷一居青衣主漢人永平中益州刺史梁國朱輔宣示漢德威懷遠夷自汶山以西白狼槃木唐菆等百餘國舉種奉貢和帝永元十二年旄牛徼外白狼樓薄蠻夷王唐繒等遂率種人十七萬口歸義內屬延光二年春旄牛夷叛攻零關益州刺史張喬擊破之於是分置蜀郡屬國都尉靈帝時以蜀郡屬國爲漢嘉郡一統志旄牛故城在今四川雅州府清溪縣南五十里嶷以計原之而渠逃入西徼渠剛猛捷悍悍宋本作捍爲諸種深所畏憚遣所親二人詐降嶷實取消息嶷覺之許以重賞使爲

反閒二人遂合謀殺渠渠死諸種皆安又斯都耆帥李求承沈家本曰斯都疑邛都之誤昔手殺龔祿嶷求募捕得數其宿惡而誅之始嶷以郡郛宇穨壞更築小塢在官三年徙還故郡越巂郡治邛都邛都者帥既誅故得還故郡也繕治城郭夷種男女莫不致力定莋莋晉昨郡國志越巂郡定莋劉昭注引華陽國志云縣在郡西度瀘水賓岡徼白摩沙夷有鹽坑積薪以齊水灌而後焚之成白鹽漢末夷等習錮之惠棟曰常璩云莋笮夷也汶山曰夷南中曰昆明漢嘉越巂曰笮蜀曰邛皆夷種也說文莋從草作筰王先謙曰元和志凡言笮者夷人於大江水上置藤橋謂之笮定笮大笮皆是近水置藤橋處一統志定莋廢縣在今四川寧遠府鹽源縣南臺登郡國志越巂郡臺登出鐵劉昭注引華陽國志曰有孫水一曰白沙江山有砮火燒成鐵惠棟曰今華陽國志曰山有砮石火燒成鐵剛利禹貢厥賦砮是也一統志臺登廢縣在今寧遠府冕寧縣東卑水郡國志越巂郡卑水孟康曰卑音班華陽國志曰水通馬湖一統志卑水廢縣在今寧遠府會理州東北謝鍾英曰卑水卽今會通河故城在會通河西舊會理州東北熊會貞曰錢氏漢志斠注以今之芭蕉溪當卑水是也汪士鐸謝鍾英謂卽今之會通河誤（說見水經注疏要删卷三十六）弼按卑水據謝說在越巂郡東南據熊說在越巂郡東北未知孰是然均距郡三百餘里三縣去郡三百餘里舊出鹽鐵及漆

而夷徼久自固食趙一清曰固當作錮從後漢書校改嶷率所領奪取署長吏焉嶷之到定莋定莋率豪狼岑槃木王舅甚爲蠻夷所信任忿嶷自侵不自來詣嶷使壯士數十直往收致撻而殺之持尸還種厚加賞賜喻以狼岑之惡且曰無得妄動動卽殄矣種類咸面縛謝過嶷殺牛饗宴重申恩信遂獲鹽鐵器用周贍漢嘉郡界漢靈帝時以蜀郡屬國爲漢嘉郡見前旄牛注互見先主傳章武二年旄牛夷種類四千餘戶其率狼路欲爲姑壻冬逢報怨遣叔父離將逢衆相度形勢嶷逆遣親近齎牛酒勞賜又令離姊逆逢妻潘眉曰姊字衍文逢妻卽離姊不當更有姊字在逆字上也下云離既受賜幷見其姊姊弟歡悅可見宣暢意旨離既受賜幷見其姊姊弟歡悅悉率所領將詣嶷嶷厚加賞賜宋本賜作待遣還旄牛由是輒不爲患郡有舊道經旄牛中至成都既平且近自旄牛絕道已百

餘年更由安上既險且遠謝鍾英曰華陽國志丞相亮南征由安上水路入越巂張嶷延熙二年自安上還舊郡興復七縣鍾英按故城當在嶲邊越巂兩廳之閒武侯所由水路卽自今嶲邊廳越巂河至越巂復自冕寧縣順安寧河渡金沙江也唐志武德元年置安上縣七年改爲朱提蜀典謂安上卽今屏山縣地今考屏山之安上係唐縣非蜀漢時故址蜀漢安上果在屏山水路便由金沙江而下當日瀘水瘴毒渡瀘且難況舟行瀘水中幾及千里邪錢大昭曰郡越巂郡也安上縣去郡八百餘里故云險遠嶷遣左右齎貨幣賜路重令路姑喩意路乃率兄弟妻子悉詣嶷嶷與盟誓開通舊道千里肅清復古亭驛奏封路爲旄牛㽛毗王㽛音渠遣使將路朝貢後主于是加嶷撫戎將軍洪飴孫曰撫戎將軍一人蜀所置領郡如故嶷初見費禕爲大將軍恣性汎愛胡三省曰汎廣也言無所不愛也待信新附太過嶷書戒之曰昔岑彭率師來歙杖節咸見害於刺客岑彭傳蜀刺客詐爲亡奴降夜刺殺彭來歙傳蜀人使刺客刺歙歙抽刃而絕今明將軍位尊權重宜鑒前事少以爲警後禕果爲魏降人郭脩所害吳太傅諸葛恪以初破魏軍大興兵衆以圖攻取侍中諸葛瞻丞相亮之子恪從弟也嶷與書曰東主初崩帝實幼弱太傅受寄託之重胡三省曰吳在蜀東故謂其君爲東主帝謂吳主亮諸葛恪爲太傅故稱之亦何容易親以周公之才猶有管蔡流言之變胡三省曰謂周公之才而有叔父之親且不能免於管蔡之流言霍光受任亦有燕蓋上官逆亂之謀漢書昭帝紀元鳳元年九月鄂邑長公主燕王旦與左將軍上官桀桀子安謀反伏誅賴成昭之明以免斯難耳昔每聞東主殺生賞罰不牟下人宋本牟作任通鑑同又今以垂沒之命卒召太傅卒讀曰猝屬以後事誠實可慮加吳楚剽急乃昔所記胡三省曰周亞夫云吳楚剽輕太史公云楚俗剽輕易發怒自漢以來皆有是言而太傅離少主履敵庭恐非良計長算之術也雖云東家綱紀肅然上下輯睦胡三省曰東家亦謂吳立國於東也百有一失非明者之慮邪通鑑邪作也取古則今今則古也胡三省曰則刌劘也檥也言取古事以刌劘今之事今猶古也自非郞君進忠言于太傅

胡三省曰自漢以來門生故吏率稱恩門子弟爲郞君誰復有盡言者也通鑑也作邪旋軍廣農務行德惠數年之中東西竝舉實爲不晚願深採察恪竟以此夷族嶷識見多如是類錢振鍠曰張嶷戒費禕防刺客勸諸葛瞻進忠言於諸葛恪嶷非有言責非有親故於禕恪而忠誠款款如此此豈自愛潔身者所能及哉在郡十五年邦域安穆屢乞求還乃徵詣成都夷民戀慕御覽作民夷戀慕扶轂涕泣過旄牛邑邑君繦負來迎及追尋至蜀郡界其皆督率隨嶷朝貢者百餘人其皆督率宋本作其督相率朱邦衡曰督率乃耆率之誤蠻夷君長曰耆率不名督也嶷至拜盪寇將軍慷慨壯烈士人咸多貴之然放蕩少禮人亦以此譏焉

益部耆舊傳曰時車騎將軍夏侯霸謂嶷曰雖與足下疏闊然託心如舊宜明此意嶷答曰僕未知子子未知我大道在彼何云託心乎願三年之後徐陳斯言有識之士以爲美談

是歲延熙十七年也魏狄道長李簡密書請降隴西郡狄道今甘肅蘭州府狄道州西南見魏志武紀建安十九年衞將軍姜維率嶷等因簡之資以出隴西

益部耆舊傳曰嶷風溼固疾至都寖篤扶杖然後能起李簡請降衆議狐疑而嶷曰必然姜維之出時論以嶷初還股疾不能在行中由是嶷自乞肆力中原致身敵庭臨發辭後主曰臣當值聖明受恩過量加以疾病在身常恐一朝隕沒辜負榮遇天不違願得豫戎事若涼州克定臣爲藩表守將若有未捷殺身以報後主慨然爲之流涕

既到狄道簡悉率城中吏民出迎軍軍前與魏將徐質交鋒嶷臨陣隕身然其所殺傷亦過倍康發祥曰是歲延熙十七年應在此句下既亡封長子瑛西鄉侯次子護雄襲爵南土越嶲民夷聞嶷死無不悲泣爲嶷立廟四時水旱輒祀之梁章鉅曰一統志張嶷墓在褒城縣南柏香街世呼爲褒德將軍墓

益部耆舊傳曰余觀張嶷儀貌辭令不能駭人而其策略足以入算果烈足以立威爲臣有忠誠之節處類有亮直之風而動必顧典後主深崇之雖古之英士何以遠踰哉

蜀世譜曰嶷孫奕晉梁州刺史

評曰黃權弘雅思量李恢公亮志業呂凱守節不回馬忠擾而能毅

尙書曰擾而毅 臯陶謨之辭 鄭玄注曰擾馴也致果曰毅 孔傳云擾順也致果爲毅孔疏云和順而能果毅也周禮太宰云以擾萬民鄭玄云擾猶馴也司徒云安擾邦國鄭云擾亦安也擾是安馴之義故爲順也致果爲毅謂能致果敢殺敵之心是爲强毅也

王平忠勇而嚴整張嶷識斷明果咸以所長顯名發迹遇其時也

蜀書十三　三國志四十三

蜀書十四　三國志四十四

蔣費姜傳第十四

晉平陽侯相安漢陳壽撰

宋中書侍郎西鄉侯聞喜裴松之注

沔陽盧弼集解

蔣琬字公琰零陵湘鄉人也 零陵郡治泉陵見先主傳湘鄉縣後漢屬零陵郡三國吳改屬衡陽郡一統志湘鄉故城今湖南長沙府湘鄉縣治 弱冠與外弟泉陵劉敏俱知名 趙一清曰永州府志蔣珩泉陵人仕吳始興太守廣州都督後仕晉開基江表中原庶士相率歸化珩有力焉疑亦是琬之昆季而分仕二國耳 琬以州書佐隨先主入蜀 趙一清曰寰宇記卷七十二蔣琬宅在益州華陽縣東七里又犀浦縣有蔣橋蔣琬宅於此因以名橋 除廣都長 廣都見後主傳建興十四年 先主常因游觀奄至廣都見琬衆事不理時又沈醉 胡三省曰沈醉言爲酒所沈滯也 先主大怒將加罪戮軍師將軍諸葛亮請曰蔣琬社稷之器非百里之才也其爲政以安民爲本不以修飾爲先願主公重加察之 胡三省曰言再三加察也 先主雅敬亮乃不加罪倉卒但免官而已琬見推之後夜夢有一牛頭在門前流血滂沲意甚惡之呼問占夢趙直直曰夫見血者事分明也牛角及鼻公字之象君位必當至公大吉之徵也頃之爲什邡令 什邡見王連傳 先主爲漢中王琬入爲尙書郎建興元年丞相亮開府辟琬爲東曹掾舉茂才琬固讓劉邕陰化龐延廖淳 劉邕字南和見季漢輔臣贊陰化見鄧芝傳廖淳卽廖化見宗預傳龐延未詳 亮教答曰思惟背親捨德以殄百姓衆人既不隱於心實又使遠近不解其義是以君宜顯其功舉以明此選之清重也遷爲參軍五年亮住漢中 毛本住作位誤 琬與長史張裔統留府事八年代

裔爲長史加撫軍將軍（洪飴孫曰蜀置撫軍將軍一人）亮數外出琬常足食足兵以相供給（公琰既足食足兵何以武侯屢因糧盡退軍）亮每言公琰託志忠雅當與吾共贊王業者也密表後主曰臣若不幸後事宜以付琬亮卒以琬爲尙書令俄而加行都護假節領益州刺史遷大將軍錄尙書事封安陽亭侯時新喪元帥遠近危悚琬出類拔萃（胡三省曰類倫也萃聚也）處羣僚之右既無戚容又無喜色神守舉止有如平日由是衆望漸服延熙元年詔琬曰寇難未弭曹叡驕凶遼東三郡苦其暴虐遂相糾結與之離隔叡大興衆役還相攻伐曩秦之亡勝廣首難今有此變斯乃天時君其治嚴總帥諸軍屯住漢中須吳舉動東西掎角以乘其釁又命琬開府明年就加爲大司馬東曹掾楊戲素性簡略琬與言論時不應答或欲

搆戲於琬曰公與戲語而不見應戲之慢上不亦甚乎琬曰人心不同各如其面（胡三省曰左傳鄭子產謂子皮曰人心不同各如其面吾豈謂子面如吾面乎）面從後言古人之所誡也（胡三省曰尙書舜禹君臣之相告戒其言曰汝無面從退有後言）戲欲贊吾是邪則非其本心欲反吾言則顯吾之非是以默然是戲之快也又督農楊敏曾毀琬曰作事憒憒（胡三省曰督農猶魏吳之典農也憒古悔翻悶也又云憒古對翻釋云心亂也）誠非及前人（通鑑非作不）或以白琬主者請推治敏琬曰吾實不如前人無可推也（何焯曰自反必期於當理此伊傳之心非獨寬厚）主者重據聽不推則乞問其憒憒之狀琬曰苟其不如則事不當理（通鑑無當字下句同）事不當理則憒憒矣復何問邪後敏坐事繫獄衆人猶懼其必死琬心無適莫（論語孔子曰君子之於天下也無適也無莫也義之與比謝顯道曰適可也莫不可也）得免重罪（通鑑得上有敏字胡三省曰此諸葛孔明所以屬琬也）其好惡存道皆此類也琬以爲昔

諸葛亮數闚秦川（胡三省曰關中之地沃野千里秦之故國謂之秦川）道險運艱竟不能克不若乘水東下乃多作舟船（宋本船作舩）欲由漢沔襲魏興上庸（胡三省曰漢沔之水自漢中東歷魏興上庸以達於襄陽欲爭天下則當出兵秦川魏興上庸非其地也）會舊疾連動未時得行而衆論咸謂如不克捷還路甚難非長策也（何焯曰此卽黃公衡所諫先主者衆論不爲非也）於是遣尙書令費禕中監軍姜維等喩指（胡三省曰中監軍卽中護軍之任也）琬承命上疏曰芟穢弭難臣職是掌自臣奉辭漢中已經六年（延熙元年詔琬屯住漢中）臣既闇弱加嬰疾疢規方無成夙夜憂慘今魏跨帶九州（司豫冀兖徐靑涼幷幽共九州也然魏當時尙有揚州荆州之半又分置雍州秦州實不止九州也）根蔕滋蔓平除未易若東西幷力首尾掎角雖未能速得如志且當分裂蠶食先摧其支黨然吳期二三連不克果（胡三省曰克能也果決也言不能決然進兵也）俯仰惟艱實忘寢食輒與費禕等議以涼州胡塞

之要進退有資賊之所惜且羌胡乃心思漢如渴又昔偏軍入羌郭淮破走（事在建興八年見魏延傳）算其長短以爲事首宜以姜維爲涼州刺史（胡三省曰涼州之地蜀惟得武都陰平二郡而已）若維征行銜持河右（通鑑持作制）臣當帥軍爲維鎭繼今涪水陸四通惟急是應若東北有虞（通鑑北作西）赴之不難（何焯曰蜀本僻在一隅必圖關中則義聲可以震動天下若能克敵則洛陽皆有匡勷之勢今入羌圖隴借使挫之未爲壞其心腹中原念舊者漸無所繫屬矣昔三郡嘗反應王師而丞相不速行赴利蓋不欲舉我之全力顧用於彼之偏師魏延入羌蓋聊欲掩其不備斷賊右臂仍不階此爲進取雖勝敵而不再往也維先琬繼所規則小矣維耕跨渭遺蹟未遠若之何計止於略民廣境與東吳之士共矜邊角之勢哉雖然君子猶有取焉異乎蹈丞相所料坐而待亡者也）由是琬遂還住涪（涪見劉璋傳胡三省曰涪縣漢屬廣漢郡蜀屬梓潼郡涪音浮）疾轉增劇至九年卒謚曰恭（應作謚曰恭侯）子斌嗣爲綏武將軍（洪飴孫曰綏武將軍一人蜀所置）漢城護軍（漢城卽漢樂二城之漢城也見後主傳建興五年）魏大將軍鍾會至漢城（軍字衍或衍大字）與斌書曰巴蜀賢智文武之士多矣至

於足下諸葛思遠諸葛瞻字思遠譬諸草木吾氣類也桑梓之敬古今所敦西到欲奉瞻尊大君公侯墓公疑作恭琬諡曰恭寰宇記卷八十三蔣琬墓在綿州西七里鍾會傳會出陽安口遣人祭諸葛亮之墓當洒埽塋墳宋本作墳塋奉祠致敬願告其所在斌答書曰知惟臭味意眷之隆雅託通流未拒來謂也亡考昔遭疾疢亡於涪縣卜云其吉遂安厝之知君西邁乃欲屈駕脩敬墳墓視予猶父宋本子作予是此論語孔子之辭邢昺疏云言顏回師事於己視予猶其父也顏子之仁也聞命感愴以增情思會得斌書報嘉歎意義及至涪如其書云後主既降鄧艾斌詣會於涪待以交友之禮隨會至成都爲亂兵所殺斌弟顯爲太子僕會亦愛其才學與斌同時死劉敏左護軍揚威將軍與鎭北大將軍王平俱鎭漢中魏遣大將軍曹爽襲蜀時議者或謂但可守城不出拒敵必自引退

敏以爲男女布野農穀栖畝若聽敵入則大事去矣遂帥所領與平據興勢多張旗幟彌亙百餘里亙見王平傳宋本亙作亘會大將軍費禕從成都至魏軍卽退敏以功封雲亭侯趙一清曰永州府志劉優零陵人父綽起家彭城出補零陵太守遂家焉優少有儁聲舉孝廉獻帝時爲御史大夫遷尙書僕射孫敏弱冠與蔣琬俱知名舉孝廉後主時除侍御史糾察名實廷中稱當以功封雲亭侯加中書侍郎拜成都尹

費禕毛本禕作褘誤趙明誠金石錄卷十七漢梁相費汎碑跋尾云予家所收姓氏文字蟲備以諸書參考頗多牴梧不合姓苑云費氏禹後漢有長房蜀志有丞相禕又云今琅邪亦有此姓音父位反李利涉編古命氏云費氏出自魯桓公少子季友有勳於社稷賜汶陽之田封邑於費子孫氏焉漢有費將軍其後有費忠費柔柔適蜀爲寧蜀人忠之孫徙於荊州後還江夏忠十代孫奕奕孫禕又家於蜀晉平蜀禕之子承復歸江夏林寶元和姓纂云費氏亦音祕史記紂幸臣費中夏禹之後楚有無極漢有直蜀有禕晉有詩又云琅邪費氏直之後也陳湘姓林云費氏音蜚夏禹之後余嘗考之此字有兩姓音讀不同源流亦異其一音蜚嬴姓出於伯翳史記所載費昌費中楚費無極漢費將軍費直費長房蜀費禕之徒是其後也其一音祕姬姓出於魯季友姓苑所載琅邪費氏而此碑所謂梁相費君是其後也然則姓苑姓纂姓林皆云夏禹之後姓纂又云亦音祕及謂琅邪費氏爲直之後皆其差誤而編古命氏以費將軍費禕之徒出於魯季友亦非也余又按春秋傳公賜季友汶陽之田及費而左傳亦以謂季友有功於魯受費以爲上卿今以爲季文有功封費者蓋碑之誤字文偉江夏鄳人也原注鄳音盲郡國志荊州江夏郡鄳劉昭注引史記曰無忌說魏安僖王曰秦不敢攻冥阸之塞徐廣云卽此縣也一統志鄳縣故城在今河南汝寧府羅山縣西南九十里卽春秋楚冥阸之地平靖關在今汝寧府信陽州東南九十里南至湖北應山縣亦九十里其地爲天下九塞之一有大小石門鑿山通道極爲險隘卽春秋時冥阸也少孤依族父伯仁伯仁姑益州牧劉璋之母也趙一清曰楊戲輔臣贊注云費賓伯名觀江夏鄳人劉璋母觀之族姑豈卽伯仁耶璋遣使迎仁錢大昭曰上言伯仁下單言仁非史例也仁將禕游學入蜀會先主定蜀禕遂留益土與汝南許叔龍南郡董允齊名時許靖喪子允與禕欲共會其葬所允白父和請車和遣開後鹿車給之允有難載之色禕便從前先上及至喪所諸葛亮及諸貴人悉集車乘甚鮮允猶神色未泰而禕晏然自若持車人還和問之知其如此乃謂允曰吾常疑汝於文偉優劣未別也而今而後吾意了矣先主立太子禪

與允俱爲舍人遷庶子後主踐位爲黃門侍郎丞相亮南征還羣寮於數十里逢迎年位多在禕右而亮特命禕同載由是衆人莫不易觀華陽國志卷七云建興三年十二月諸葛亮至羣臣皆道迎而亮命侍郎費禕參乘禕官小年幼衆士於是莫不易觀何焯曰御覽無人字亮以初從南歸以禕爲昭信校尉毛本昭作照誤錢大昭曰吳呂岱爲昭信中郎將亦其類也洪飴孫曰昭信校尉一人蜀所置主使命使吳趙一清曰寰宇記卷七十二萬里橋在益州南二里亦名篤泉橋橋之南有篤泉費禕聘吳諸葛亮祖之禕歎曰萬里之路始於此橋故曰萬里橋御覽卷七百七十八引荊州先賢傳曰吳與蜀和遣使張溫來修好溫辨論鮮有抑之者諸葛亮以禕有俊才宜遣報溫使以禕爲奉信校尉權時竊尊號意猶豫不決禕爲陳興亡之由畫開國建家之策權甚悅權性滑稽時知名士皆在會並使各發異端之難禕應輒答坐席稱之由是愛敬焉弼按鄧芝傳孫權請和先主屢遣宗瑋費禕等報答後主卽位初遣鄧芝往吳次年吳遣張溫報聘蜀復令芝重往荊州先賢傳云遣禕報溫者誤也又按權稱尊號在吳黃龍元年卽蜀建興七年是時蜀遣衛尉陳震往賀禕之使吳在權未稱尊號以前當在蜀建興三四五年吳黃武四五六年史言頻煩至吳卽此數年閒事蓋繼鄧芝之後而在陳震之前也孫權性既滑稽嘲啁無方諸葛恪羊衜等才博果辯論難鋒至禕辭順

義篤據理以答終不能屈吳志薛綜傳注引江表傳諸葛恪傳注引恪別傳皆載與禕嘲笑之語何焯曰仲謀氣象無異子桓雖昭烈猶不免以諸毛繞喙取侮豈漢末風氣使然

禕別傳曰費禕別傳隋唐志不著錄孫權每別酌好酒以飲禕視其已醉然後問以國事幷論當世之務辭難累至禕輒辭以醉退而撰次所問事事條答無所遺失孫權嘗大醉問禕楊儀魏延之爲人禕答儀延不協起於私忿無難御之事見董允傳注引襄陽記

權甚器之謂禕曰君天下淑德必當股肱蜀朝恐不能數來也

禕別傳曰權乃以手中所執寶刀贈之宋本中下有常字禕答曰臣以不才何以堪明命然刀所以討不庭禁暴亂者也但願大王勉建功業同奬漢室臣雖闇弱終不負東顧

還遷爲侍中此卽建興五年諸葛出師表中所謂侍中費禕志慮忠純者也亮北住漢中請禕爲參軍以奉使稱旨頻煩至吳建興八年轉爲中護軍後又爲司馬値軍師魏

延趙一清曰文長未爲軍師或是帥字之誤弼按建興八年魏延爲前軍師見延傳趙說誤與長史楊儀相憎惡每至並坐爭論延或舉刃擬儀儀泣涕橫集禕常入其坐閒諫喻分別終亮之世各盡延儀之用者禕匡救之力也亮卒禕爲後軍師頃之代蔣琬爲尙書令

禕別傳曰于時軍國多事宋本軍作戰通鑑同胡三省曰戰國者謂國日有戰爭也公務煩猥猥雜也禕識悟過人每省讀書記通鑑作每省讀文書舉目暫視已究其意旨其速數倍於人終亦不忘常以朝晡聽事其閒接納賓客飲食嬉戲加之博奕每盡人之歡事亦不廢董允代禕爲尙書令欲斅禕之所行旬日之中事多愆滯愆違也允乃歎曰人才力相縣若此甚遠此非吾之所及也聽事終日猶有不暇爾通鑑輯覽曰子賤鳴琴而單父治巫馬期日夜不處而單父亦治此久爲記載家蹈襲套語禕雖才優于允其不逮諸葛甚明諸葛猶孜孜奉國食少事煩而禕乃欲以淸靜名高豈可爲法

琬自漢中還涪禕遷大將軍錄尙書事延熙七年魏正始五年魏軍次于興勢興勢見先主傳建興二十四年假禕節率衆往禦之光祿大夫來敏至禕許別求共圍棊于時羽檄交馳人馬擐甲擐胡貫翻貫甲也嚴駕已訖禕與敏留意對戲色無厭倦敏曰向聊觀試君耳君信可人必能辦賊者也通鑑辨作辦通鑑輯覽曰曹爽興師不以正且失地勢故禕得用逸待勢耳若以從容圍棊爲足能辦賊器量較詡安矯情鎭物尤爲不及矣禕至敵遂退禕進據三嶺以截曹爽見魏志曹爽傳注引漢晉春秋晉書文帝紀大將軍曹爽之伐蜀也以帝爲征蜀將軍副夏侯玄出駱谷次于興勢蜀將王林夜襲帝營帝堅臥不動林退帝謂玄曰費禕以據險距守進不獲戰攻之不可宜亟旋軍以爲後圖爽等引旋禕果馳兵趣三嶺爭險乃得過遂還封成鄉侯

殷基通語曰吳志顧邵傳雲陽殷禮零陵太守裴注禮子基作通語曰禮字德嗣與張溫俱使蜀諸葛亮甚稱歎之文士傳曰禮子基著通語數十篇又吳志張溫傳權罪溫幽之有司下令曰殷禮本占候召而溫乞將到蜀扇揚異國爲之譚論又趙達傳闞澤殷禮皆名儒善士隋書經籍志儒家通語十卷晉尙書左丞殷興撰舊唐志通語十卷文禮撰殷興續新唐志文禮通語十卷殷興續侯康曰殷興續者是先有其書而興續之蓋卽續殷基之書而二書遂合爲一裴

注費禕傳顧邵傳朱據傳孫和傳俱引殷基通語意林載通語八卷不署名疑亦引殷基書姚振宗曰嚴可均全晉文云殷興一作殷基雲陽人吳零陵太守殷禮子仕吳爲無難督入晉遷尙書左丞有春秋釋滯十卷通語十卷按嚴氏之說蓋據隋志春秋儒家兩類又證以裴注所稱引定殷興卽殷基信如所言則兩唐志稱殷興續者卽殷基續其父禮書也蜀志費禕傳注引殷基通語司馬懿誅曹爽禕設甲乙論平其是非云云禮與張溫使蜀故得見禕此論筆之通語中弼按張溫使蜀在蜀建興二年卽魏黃初五年司馬懿誅曹爽在魏嘉平元年相去二十餘年費禕豈能於二十餘年前預知司馬懿誅曹爽之事而設甲乙之論乎姚氏謂殷禮與張溫使蜀故得見費禕此論筆之通語中眞可謂時日顚倒事實錯誤矣黃以周儆季雜箸子敍云文士傳晉張隱所作松之宋人二家所見當得其實隋唐志載通語十卷多意林標目二卷蓋殷基通語本止八卷殷興續之爲十卷舊唐志云殷興續當亦得其實其以爲文禮撰者蓋以基自敍其書有父禮字惠嗣云云讀者誤仞爲文禮也禮吳零陵太守基吳無難督與晉尙書左丞馬竹吾輯是書以興爲基之字誤又以其官職不符遂謂吳亡入晉官至左丞未免武斷矣然書成當在吳亡後觀其斥言孫權可知御覽引殷興通語較裴注詳蓋卽興之所修而續者意林標目八卷爲基書非興書也司馬懿誅曹爽禕設甲乙論平其是非平與評同見張嶷傳甲以爲曹爽兄弟凡品庸人苟以宗子枝屬得蒙顧命之任而驕奢僭逸交非其人私樹朋黨謀以亂國懿奮誅討一朝殄盡此所以

稱其任副士民之望也乙以爲懿憾曹仲 宋本憾作感誤 附己不一 宋本附作付 豈爽與相干事勢不專以此陰成疵瑕初無忠告侃爾之訓一朝屠戮讒其不意 讒當作攙 豈大人經國篤本之事乎若爽信有謀主之心大逆已搆而發兵之日更以芳委爽兄弟懿父子從後閉門舉兵蹙而向芳必無悉寧忠臣爲君深慮之謂乎 宋本閉作閈何焯曰李氏以門字向字悉字爲讀然 似忠臣上有脫文當以兵字芳字爲讀悉下元本尙有一字不辨寧字屬下句讀 以此推之爽無大惡明矣若懿以爽奢僭廢之刑之可也滅其尺口被以不義絕子丹血食及何晏子魏之親甥亦與同戮爲僭濫不當矣

琬固讓州職禕復領益州刺史禕當國功名略與琬比

禕別傳曰禕雅性謙素 馮本毛本雅作推誤 家不積財兒子皆令布衣素食出入不從車騎無異凡人

十一年出住漢中自琬及禕雖自身在外慶賞刑威皆遙先諮斷 胡三省曰諮斷者諮之使斷決也 然後乃行其推任如此後十四年夏還成都成都望氣者云都邑無宰相位故冬復北屯漢壽 胡三省曰以禕之才識乃復信望氣者之說邪葭萌漢屬廣漢郡蜀先主改曰漢壽屬梓潼郡通鑑輯覽曰禕秉鈞專閫當以君國爲重豈宜自計乃惑于術數率爾還屯鄙陋若此安足與任大事亮素以忠純目禕失精鑒哉 延熙十五年 前有延熙二字此衍 命禕開府十六年歲首大會魏降人郭循在坐 循魏志三少帝紀本志張嶷傳皆作修官本亦作修循修二字隸書相近易誤 禕歡飲沈醉爲循手刃所害 禕待新附太過張嶷以書戒之見嶷傳通鑑輯覽曰光武推心置腹何嘗不信任新附或且因以建功要之駕馭有道耳禕之于郭循平日既非深知且爲將而沈湎于酒以致遭患其失在禕更非岑來可比 謚曰敬侯子承嗣爲黃門侍郎承弟恭尙公主

禕別傳曰恭爲尙書郎顯名當時 宋本時作世 早卒

禕長女配太子璿爲妃

姜維字伯約天水冀人也 天水郡卽漢陽郡漢陽郡治冀冀縣在今甘肅鞏昌府伏羌縣南又爲涼州刺史治天水郡詳見魏志明紀太和二年及王肅傳注引魏略薛夏傳一統志鐵堂莊在甘肅秦州西元一統志姜維鐵堂莊在天水縣東十里鐵堂峽內四山環抱對面有孤塚相傳爲維祖塋一統志又云姜維墓在伏羌縣西南五十里又有姜氏墓去維墓不數武維先塋也 少孤與母居好鄭氏學

傅子曰維爲人好立功名陰養死士不修布衣之業

仕郡上計掾州郡爲從事 宋本郡作辟 以父冏昔爲郡功曹値羌戎叛亂身衞郡將沒于戰場 毛本場作塲 賜維官中郎參本郡軍事建興六年丞相諸葛亮軍向祁山 祁山在今甘肅鞏昌府西和縣西北七十里詳見魏志明紀靑龍二年 時天水太守適出案行 太守馬遵見注 維及功曹梁緒主簿尹賞主記梁虔等從行太守聞蜀軍垂至而諸縣響應疑維等皆有異心於是夜亡保上邽 上邽在今甘肅秦州西南見魏志明紀太和五年 維等覺太守去追遲至城門城門已閉不納維等相率還冀冀亦不入維等 宋本無等字 維等乃俱詣諸葛亮會馬謖敗於街亭 街亭在今甘肅秦州秦安縣東北見魏志明紀太和二年 亮拔將西縣千餘家及維等還 西縣在今甘肅秦州西南一百二十里見諸葛亮傳 故維遂與母相失

魏略曰天水太守馬遵將維及諸官屬隨雍州刺史郭淮偶自西至洛門案行 西西縣也 郡國志漢陽郡冀縣有雒門聚劉昭注來歙破隗囂處一統志落門聚在鞏昌府伏羌縣西 會聞亮已到祁山淮顧遵曰是欲不善遂驅東還上邽遵念所治冀縣界乎西偏 宋本乎作在 又恐吏民樂亂亦隨淮去時維謂遵曰明府當還冀遵謂維等曰卿諸人回復信皆賊也 宋本回作叵 各自行維亦無如遵何而家在冀遂與郡吏上官子修等還冀冀中吏民見維等大喜便令見亮 宋本便下有推字 二人不獲已乃共詣亮亮見大悅未及遣迎冀中人會亮前鋒爲張郃費繇等所破 繇當作瑤 遂將維等卻縮維不得還遂入蜀諸軍攻冀皆得維母妻子亦以維本無去意故

不沒其家宋本沒作殺但繫保官以延之梁章鉅曰官當作宮漢書蘇武傳老母繫保宮少府官屬有保宮令丞主領工徒役作案彼時刑獄繁多郡邸官寺皆別置獄故保宮亦有獄也沈家本曰魏書明紀太和元年注保官空虛初無資任何義門曰魏制凡鎮守部曲將及外官長吏並納質任有家口應從坐者收繫保官此資當作質然則保官乃收質任之所未必爲保宮之誤 此語與本傳不同亮辟維爲倉曹掾續漢志丞相倉曹掾主倉穀事加奉義將軍洪飴孫曰蜀置奉義將軍一人封當陽亭侯時年二十七亦諸葛武侯從先主之年亮與留府長史張裔參軍蔣琬書曰姜伯約忠勤時事思慮精密考其所有永南季常諸人不如也李永南名邵見季漢輔臣贊馬良字季常有傳見前其人涼州上士也又曰須先教中虎步兵五六千人梁章鉅曰水經渭水注云諸葛亮表曰臣遺虎步監孟琰據武功水東案蜀官有虎步監蓋羽林監之比有中左右三營姜伯約甚敏於軍事既有膽義深解兵意此人心存漢室而才兼於人畢教軍事當遣詣宮覲見主上

孫盛雜記曰初姜維詣亮與母相失復得母書令求當歸維曰良田百頃不在一畝但有遠志不在當歸也通鑑考異曰維粗知學術恐不至此梁章鉅曰晉書五行志在作計古今注云相招召贈之以文無文無名當歸廣雅釋草蕀蒬遠志也其上謂之小草王念孫疏證云上謂臺也後還中監軍征西將軍十二年亮卒維還成都爲右監軍輔漢將軍統諸軍進封平襄侯延熙元年隨大將軍蔣琬住漢中琬既遷大司馬以維爲司馬數率偏軍西入六年遷鎮西大將軍領涼州刺史十年遷衞將軍與大將軍費禕共錄尚書事是歲汶山平康夷反汶山平康俱見後主傳延熙十年維率衆討定之杭世駿曰舊唐書地理志云維州薛城縣漢已前徼外羌冉駹之地蜀劉禪時蜀將姜維馬忠等討汶山叛羌卽此地也今州城卽姜維故壘又出隴西南安金城界與魏大將軍郭淮夏侯霸等戰於洮西大字衍或衍軍字胡三省曰水經注洮水與蜀白水俱出西傾山山南卽白水源山東卽洮水源洮水東流逕吐谷渾中又東逕臨

洮安故狄道又北至枹罕入於河諸縣皆在洮東若洮西則羌虜所居也胡王治無戴等舉部落降維將還安處之此皆蜀延熙十年事卽魏正始八年也互見後主傳及魏志郭淮傳十二年假維節復出西平西平見後主傳不克而還維自以練西方風俗胡三省曰姜維本天水冀人故自以爲練西方風俗練習也兼負其才武欲誘諸羌胡以爲羽翼謂自隴以西可斷而有也每欲興軍大舉費禕常裁制不從與其兵不過萬人何焯曰欲斷隴則當及曹爽初誅衆志二三未遑外事之時文偉身駐漢川以牽關中之救伯約以萬衆招誘羌胡披割西鄙過相裁制又失事機亢遜輕舉于東文偉坐待于西皆若天之假助典午以成其奸者可長太息漢晉春秋曰費禕謂維曰吾等不如丞相丞相謂諸葛亮亦已遠矣丞相猶不能定中夏況吾等乎且不如保國治民敬守社稷通鑑敬作謹如其功業以俟能者無以爲希冀徼倖而決成敗於一舉通鑑無以字而字若不如志悔之無及通鑑及禕死維得行其志胡三省曰費禕死蜀諸臣皆出維下故不能裁制之又曰此爲維以勞民亡蜀張本通鑑輯覽曰禕之言似是而非試思後主昏庸信任奸宦安能保國治民若姜維雖近冒昧然其志固在乘機恢復

也少與之兵自是敗國事安得謂忠庸腐者流但言息兵則撫掌大悅宜其以禕爲是耳十六年魏嘉平五年春禕卒夏維率數萬人出石營毛本營作營誤石營在今甘肅鞏昌府西和縣西北見魏志陳泰傳郭淮傳胡三省曰石營在董亭西南維蓋自武都出石營也經董亭董亭在鞏昌府寧遠縣西南見魏志鄧艾傳圍南安南安見後主傳延熙十六年魏雍州刺史陳泰解圍至洛門洛門見前胡三省曰卽天水冀縣落門聚維糧盡退還明年加督中外軍事復出隴西隴西郡治狄道安帝永初五年徙治襄武襄武故城在今鞏昌府城東南五里守狄道守字疑誤宋本無下狄道二字狄道長李簡舉城降進圍襄武與魏將徐質交鋒斬首破敵魏軍敗退維乘勝多所降下拔河關狄道臨洮三縣民還河閒當作河關河關狄道臨洮均詳見後主傳延熙十七年後十八年復與車騎將軍夏侯霸等俱出狄道大破魏雍州刺史王經於洮西經衆死者數萬人經退保狄道城維圍之魏征西將軍陳泰進兵解圍維卻住鍾題鍾題見後

乇傳延熙十八年是時張翼勸維不宜復進見翼傳何焯曰此功若在秦川不亦偉哉吳殷禮言於仲謀曰民疲威消時往力竭不能不相爲惜此小用也十九年春就遷維爲大將軍更整勒戎馬與鎭西大將軍胡濟期會上邽上邽在今甘肅秦州東南見鄧艾傳何焯曰此胡濟又一人非胡偉度弼按胡偉度見董和傳注濟失誓不至故維爲魏大將鄧艾所破於段谷段谷在甘肅秦州東南見鄧艾傳趙一清曰寰宇記卷百五十段谷水出秦州清水縣東南山下星散流離死者甚衆胡三省曰言士卒迸散如星不能收拾成隊伍衆庶由是怨讟而隴已西亦騷動不寧維謝過引負求自貶削爲後將軍行大將軍事二十年魏征東大將軍諸葛誕反于淮南分關中兵東下維欲乘虛向秦川胡三省曰秦地四塞以爲固渭水貫其中渭川左右沃壤千里世謂之秦川復率數萬人出駱谷駱谷在今陝西西安府盩厔縣西南見後主傳建興二十年徑至沈嶺沈嶺在盩厔見曹爽傳三嶺注趙一清曰寰宇記卷三十姜維嶺本名沈嶺在盩厔縣南五十里時長城積穀甚多而守兵乃少聞維方到衆皆惶懼魏大將軍司馬望

拒之鄧艾亦自隴右皆軍於長城長城在今盩厔縣東南見鄧艾傳維前住亡水亡水在駱谷東見後主傳延熙二十年趙一清曰水經渭水注芒水出南山芒谷北流逕玉女房又北逕盩厔縣之竹圃中分爲二水此亡字誤梁章鉅曰盩厔縣志黑水谷在縣東南卽芒谷也水黑色故亦名黑水谷明監本誤作亡水殿本已據鄧艾傳改正皆倚山爲營皆字疑衍望艾傍渭堅圍維數下挑戰望艾不應景耀元年維聞誕破敗乃還成都復拜大將軍胡三省曰維以段谷之敗貶行大將軍事初先主留魏延鎭漢中皆實兵諸圍以禦外敵敵若來攻使不得入及興勢之役王平捍拒曹爽皆承此制維建議以爲錯守諸圍雖合周易重門之義然適可禦敵不獲大利不若使聞敵至諸圍皆斂兵聚穀退就漢樂二城諸葛亮築漢樂二城見後主傳建興七年卽魏明帝太和三年使敵不得入平通鑑作聽敵入平胡三省曰謂縱敵使入平地也且重關鎭守以捍之通鑑作重關頭鎭守以捍之有事之日令游軍並進通鑑並進作旁出以伺其虛敵攻關不克野無散穀千里縣糧自然疲乏引退之日然後諸城並出與游軍幷力搏之此殄敵之術也通鑑輯覽曰外戶不守而卻屯以引敵且欲俟其退而出搏之寘開門揖盜之見劉友益以爲維之失計漢所以亡良然於是令督漢中胡濟卻住漢壽監軍王含守樂城護軍蔣斌守漢城胡三省曰姜維自棄險要以開狡焉啟疆之心書此爲亡蜀張本又于西安建威武衛石門武城建昌臨遠皆立圍守西安圍見楊戲輔臣贊末王嗣傳建威在甘肅階州成縣北見諸葛亮傳武城在甘肅鞏昌府寧遠縣西南見鄧艾傳餘未詳趙一清曰諸城在今階成鳳沔閒五年維率衆出漢侯和侯和今甘肅洮州廳南見魏志陳留王紀景元三年爲鄧艾所破還住沓中沓中在今洮州西南見陳留王紀景元四年維本羇旅託國累年攻戰功績不立而宦臣黃皓等弄權於內右大將軍閻宇閻宇見馬忠傳又見霍峻傳注引襄陽記與皓協比而皓陰欲廢維樹宇維亦疑之故自危懼不復還成都

華陽國志曰維惡黃皓恣擅啓後主欲殺之後主曰皓趨走小臣耳往董允切齒吾常

恨之君何足介意維見皓枝附葉連懼於失言遜辭而出後主勑皓詣維陳謝維說皓求沓中種麥以避內逼爾胡三省曰司馬昭因是決計絆維於沓中而伐蜀

六年維表後主聞鍾會治兵關中欲規進取宜並遣張翼廖化督諸軍分護陽安關口陰平橋頭陽安關口在寧羌州西北一百里詳見鍾會傳陰平橋頭在甘肅階州文縣南詳見鄧艾傳胡三省曰陽安關口意卽陽平關也以防未然何焯曰此密表而不關尙書故思遠不能力爭伯約不貽思遠書言其事當以素非同心故也皓徵信鬼巫謂敵終不自致胡三省曰致至也又詣也送也啓後主寢其事而羣臣不知通鑑輯覽曰會艾方銳意圖蜀蜀之君臣卽防守阨塞尙恐不足禦之反以闇豎信巫致使從中掣肘不亡何待禪之庸闇更不止於燕雀處堂矣及鍾會將向駱谷鄧艾將入沓中然後乃遣右車騎廖化詣沓中爲維援左車騎張翼輔國大將軍董厥等詣陽安關口以爲諸圍外助比至陰平聞魏將諸葛緒向建威故住待之月餘維爲鄧艾所摧還住

陰平 趙一清曰方輿紀要卷五十九文縣東七里麻關谷口有鄧艾城艾入蜀時所築旁有姜維城爲維與艾相守處 鍾會攻圍漢樂二城遣別將進攻關口蔣舒開城出降傅僉格鬬而死 僉傅彤子先主征吳彤戰死見季漢輔臣贊注

漢晉春秋曰蔣舒將出降乃詭謂傅僉曰今賊至不擊而閉城自守非良圖也僉曰受命保城惟全爲功今違命出戰若喪師負國死無益矣舒曰子以保城獲全爲功我以出戰克敵爲功請各行其志遂率衆出僉謂其戰也 通鑑此句下有不設備三字胡三省曰使舒果迎戰亦未可保其必勝僉何爲不設備邪關城失守僉亦有罪焉 至陰平以降胡烈烈乘虛襲城僉格鬬而死魏人義之

蜀記曰蔣舒爲武興督在事無稱 胡三省曰宋白曰武興漢武都沮縣地元和興州城即古武興城也蜀以處當衝要置武興督以守之無稱言其庸庸無可稱者謝鍾英曰水經注漢水東逕武興城南元和志即興州城城周五百許步惟開西北一門外有倉壘三面周匝方輿紀要今陝西漢中府略陽縣治 蜀令人代之因留舒助漢中守舒恨故開城出降

會攻樂城不能克聞關口已下長驅而前翼厥甫至漢壽維化亦舍陰平而退適與翼厥合皆還保劍閣以拒會 劍閣今四川保寧府昭化縣南詳見鄧艾傳杭世駿曰益州記姜維抗鍾會故壘其山峭壁千丈下臨絕澗 會與維書曰公侯以文武之德懷邁世之略功濟巴漢聲暢華夏遠近莫不歸名每惟疇昔嘗同大化吳札鄭僑能喻斯好 宋本僑作喬監本僑作有均誤左傳襄公二十九年吳季札聘于鄭見子產如舊相識與之縞帶子產獻紵衣焉僑字子產 維不答書列營守險會不能克糧運縣遠將議還歸而鄧艾自陰平由景谷道傍入 胡三省曰陰平景谷道即漢德陽亭故處詳見鄧艾傳 遂破諸葛瞻於緜竹 緜竹見劉焉傳 後主請降於艾艾前據成都維等初聞瞻破或聞後主欲固守成都或聞欲東入吳或聞欲南入建寧 建寧郡治味今雲南曲靖府南寧縣西十五里詳見後主傳建興三年 於是引軍由廣漢郪道以審虛實 郪縣今四川潼川府三臺縣南見鍾會傳謝鍾英曰郪道郪縣之道也或曰審虛實已有去就之意矣與諸葛緜竹之師不同 尋被後主敕令乃投戈放甲詣會於涪軍前將士咸怒拔刀斫石 胡三省曰觀此則蜀之將士豈肯下人哉其主不能用之耳

干寶晉紀云會謂維曰來何遲也維正色流涕曰今日見此爲速矣會甚奇之

會厚待維等皆權還其印號節蓋 通鑑號作綬 會與維出則同轝坐則同席謂長史杜預曰 杜預事見魏志杜畿傳注 以伯約比中土名士公休太初 諸葛誕字公休夏侯玄字太初 不能勝也

世語曰時蜀官屬 趙一清曰蜀上疑落征字 皆天下英俊無出維右

會既搆鄧艾艾檻車徵因將維等詣成都自稱益州牧以叛 鍾會傳會內有異志因鄧艾承制專事密白艾有反狀於是詔書檻車徵艾會所憚惟艾艾既禽而會獨統大衆遂謀反

漢晉春秋曰會陰懷異圖維見而知其心謂可搆成擾亂以圖克復也乃詭說會曰聞

君自淮南已來算無遺策 謂毌丘儉諸葛誕之役 晉道克昌皆君之力今復定蜀威德振世民高其功主畏其謀欲以此安歸乎 此蒯通說韓信語也漢書蒯通傳通說信曰足下挾不賞之功戴震主之威歸楚楚人不信歸漢漢人震恐足下欲持是安歸乎師古曰安焉也 夫韓信不背漢于擾攘以見疑於既平大夫種不從范蠡於五湖卒伏劍而妄死彼豈闇主愚臣哉 馮本主作王誤 利害使之然也今君大功既立大德已著何不法陶朱公泛舟絕迹全功保身 胡三省曰越大夫范蠡既與越王句踐滅吳以雪會稽之恥乃扁舟五湖汎海而止於陶欲絕其迹乃號曰陶朱公 登峨嵋之嶺 一統志峨嵋山在今四川嘉定府峨眉縣西南有大峨中峨小峨三山左思蜀都賦抗峨眉之重阻華陽國志南安縣南有峨眉山水經注峨眉山去成都千里然秋日清澄望見兩山相峙如峨眉焉 而從赤松遊乎 漢書張良傳良曰今以三寸舌爲帝者師封萬戶位列侯此布衣之極於良足矣願棄人閒事欲從赤松子遊耳師古曰赤松子仙人號也神農時爲雨師服水玉教神農能入火自燒至昆山上常止西王母石室隨風雨上下炎帝少女追之亦得仙俱去 會曰君言遠矣我不能行且爲今之道或未盡於此也 此時士季年方四十血氣正盛又習見曹氏司馬氏篡奪之事自謂强兵在握大功可成操之過急變生倉卒則爲士季所不及料耳 維曰其他

則君智力之所能無煩于老夫矣（胡三省曰言爲亂也維之智固足以玩弄鍾會於掌股之上迫於時制於命柰之何哉弼按會之用維以其非司馬氏之黨且爲亡國之將而其才亦可用也）由是情好歡甚（劉咸炘曰維之忠謀承祚不能發明不如習孫尙舉其事此本不須諱何爲不書耶蓋素不喜維之私見也）華陽國志曰維教會誅北來諸將既死徐欲殺會盡坑魏兵還復蜀祚（監本還作遠誤）密書與後主曰願陛下忍數日之辱臣欲使社稷危而復安日月幽而復明（胡三省曰姜維之心始終爲漢千載之下炳炳如丹陳壽孫盛干寶之譏貶皆非也）孫盛晉陽秋曰盛以永和初（何焯曰永和三年李勢破滅是年丁未去蜀亡景耀六年癸未凡六十五年）從安西將軍平蜀（晉書孫盛傳庾翼代庾亮以盛爲安西諮議參軍會桓溫代翼留盛爲參軍與俱伐蜀蜀平賜爵安懷縣侯）見諸故老及姜維既降之後密與劉禪表疏說欲偽服事鍾會因殺之以復蜀土會事不捷遂至泯滅蜀人於今傷之盛以爲古人云非所困而困焉名必辱非所據而據焉身必危既辱且危死其將至其姜維之謂乎鄧艾之入江由士衆鮮少維進不能奮節緜竹之下退不能總帥五將擁衛蜀主思後圖之

計而乃反覆於逆順之閒希違情於難冀之會以衰弱之國而屢觀兵於三秦已滅之邦冀理外之奇舉不亦闇哉（王崇曰鄧艾以疲兵二萬溢出江油姜維舉十萬之師案道南歸艾爲成禽禽艾已訖復還拒會則蜀之存亡未可量也乃迴道之巴遠至五城使艾輕進徑及成都兵分家滅已自招之然以鍾會之智略稱爲子房姜維陷之莫至尅鞬讐筭相應優劣惜哉愚以爲維徒能謀一會不慮窮兵十萬難爲制御美意播越矣見華陽國志七）臣松之以爲盛之譏維又爲不當於時鍾會大衆既造劍閣維與諸將列營守險會不得進已議還計全蜀之功幾乎立矣但鄧艾詭道傍入出於其後諸葛瞻既敗成都自潰維若回軍救內則會乘其背當時之勢焉得兩濟而責維不能奮節緜竹擁衛蜀主非其理也會欲盡坑魏將以舉大事授維重兵使爲前驅若令魏將皆死兵事在維手殺會復蜀不爲難也（宋元本也作矣何焯曰殺會易復蜀難）夫功成理外然後爲奇不可以事有差手（宋本手作牙按當作互）而抑謂不然設使田單之計邂逅不會（元本會作集）復可謂之愚闇哉

欲授維兵五萬人使爲前驅（鍾會傳會欲使姜維等皆將蜀兵出斜谷會自將大衆隨其後）魏將士憤發殺會及維維妻子皆伏誅（詳見鍾會傳）

世語曰維死時見剖膽如斗大（胡三省曰斗非身所能容恐當作升何焯曰古升字與斗字相類亭林亦云）

郤正著論論維曰姜伯約據上將之重處羣臣之右宅舍敝薄資財無餘側室無妾媵之褻後庭無聲樂之娛衣服取供輿馬取備飲食節制不奢不約官給費用隨手消盡察其所以然者非以激貪厲濁抑情自割也直謂如是爲足不在多求凡人之談常譽成毀敗扶高抑下咸以姜維投厝無所身死宗滅以是貶削不復料擿異乎春秋褒貶之義矣如姜維之樂學不倦清素節約自一時之儀表也（或曰幽滯之人當感泣地下也安得世有斯人使負絫之士一爲伸眉也哉劉咸炘曰此論捨大而贊其細正乃譙周之黨宜其言如此）

孫盛曰異哉郤氏之論也夫士雖百行操業萬殊至於忠孝義節百行之冠冕也姜維策名魏室而外奔蜀朝違君徇利不可謂忠捐親苟免不可謂孝害加舊邦不可謂義敗不死難不可謂節且德政未敷而疲民以逞居禦侮之任而致敵喪守於夫智勇莫可云也凡斯六者維無一焉實有魏之逋臣亡國之亂相而云人之儀表斯亦惑矣縱維好書（宋本維作雅馮本作雖）而微自藻潔（馮本潔作絜）豈異夫盜者分財之義而程鄭降階之善也（史記貨殖傳程鄭山東遷虜也亦冶鑄賈椎髻之民富埒卓氏俱居臨邛）臣松之以爲郤正此論取其可稱不謂維始終行事皆可準則也所云一時儀表止在好學與儉素耳本傳及魏略皆云維本無叛心以急逼歸蜀盛相譏貶惟可責其背母餘既過苦（何焯校改苦作苛）又非所以難郤正也

維昔所俱至蜀梁緒官至大鴻臚尹賞執金吾梁虔大長秋皆先蜀

亡沒

評曰蔣琬方整有威重費禕寬濟而博愛咸承諸葛之成規因循而不革是以邊境無虞邦家和一或曰因事推美決知陳壽無致憾諸葛之事然猶未盡治小之宜居靜之理也

臣松之以爲蔣費爲相克遵畫一未嘗徇功妄動有所虧喪外御駱谷之師內保寧緝之實治小之宜居靜之理何以過於此哉今譏其未盡而不著其事故使覽者不知所謂也何焯曰此皆承祚在晉之遜詞裴注駁之或未喻其指也

姜維粗有文武志立功名而翫衆黷旅明斷不周終致隕斃老子有云治大國者猶烹小鮮見老子六十章王弼注云不擾也躁則多害靜則全眞故其國彌大而其主彌靜然後乃能廣得衆心矣況于區區蕞爾而可屢擾乎哉何焯曰宮中府中理民治戎立國一不可闕今伯約孤立後主昏蔽其本已搖加之政刑

非昔不能使民忘其敗上邽之役甚於街亭伯約但見前人裁制之過不知失文偉之助亦不復可以有爲此誠志士爲之深悲者也劉咸炘曰尙云維虐用其民開門揖盜評責其黷衆黷旅一切僞降之謀皆刪而不載所以深罪之按尙說是陳意陳之貶姜乃承其師譙周之論

干寶曰姜維爲蜀相國亡主辱弗之死而死於鍾會之亂惜哉非死之難處死之難也是以古之烈士見危授命投節如歸非不愛死也固知命之不長而懼不得其所也

毛本所作死王鳴盛曰姜維志在復蜀不成被殺其赤心則千載如生陳壽蜀人而入晉措詞之際有難焉者史評於其死事反置不論而但譏其黷衆黷旅以致隕斃壽豈不知不伐賊王業亦亡惟坐而待亡孰與伐之特敵國之詞云爾若以維之謀殺鍾會爲非則壽不肯爲此言此其所以展轉詭說以避咎也維之於蜀猶張世傑陸秀夫之於宋耳何焯曰蜀事以葛始以姜終十卷實相爲首尾其末卷則特爲楊戲之贊而設也蜀都賦曰匪葛匪姜疇能是恤劉咸炘曰何說似是而實不然楊戲與鄧張諸人實不相連貫鄧張諸人固當居蔣費之後自不得終於姜以楊贊終固有意而鄧張次此卷則非特置也

蜀書十四　三國志四十四

蜀書十五　三國志四十五

鄧張宗楊傳第十五

晉 平 陽 侯 相 安 漢 陳 壽 撰

宋中書侍郎西鄉侯 聞喜裴松之 注

沔陽盧 弼集解

鄧芝字伯苗義陽新野人錢大昕曰義陽不在蜀境內漢末亦未有義陽郡蓋史據魏晉之郡縣書之來敏傳同弼按義陽郡詳見魏志明紀景初元年新野縣見魏志武紀建安十三年漢司徒禹之後也漢末入蜀未見知待時益州從事張裕善相張裕曉占候見周羣傳芝往從之裕謂芝曰君年過七十位至大將軍沈家本曰大字衍封侯芝聞巴西太守龐羲好士往依焉龐羲見劉焉傳先主定益州芝爲郫邸閣督郫縣見楊洪傳先主出至郫與語大奇之擢爲

郫令遷廣漢太守所在淸嚴有治績入爲尙書先主薨於永安先是吳王孫權請和先主累遣宋瑋費禕等與相報答官本考證曰先主傳作宗瑋丞相諸葛亮深慮權聞先主殂隕恐有異計未知所如芝見亮曰今主上幼弱初在位宜遣大使重申吳好胡三省曰申亦重也所以申固盟約也亮答之曰吾思之久矣未得其人耳今日始得之芝問其人爲誰亮曰卽使君也乃遣芝修好於權權果狐疑不時見芝芝乃自表請見權曰臣今來亦欲爲吳非但爲蜀也權乃見之語芝曰孤誠願與蜀和親然恐蜀主幼弱國小勢偪爲魏所乘不自保全以此猶豫耳芝對曰吳蜀二國四州之地胡三省曰四州荆揚梁益也弼按四州荆揚益交也是時未有梁州胡注誤大王命世之英諸葛亮亦一時之傑也蜀有重險之固胡三省曰重險謂外有斜駱子午之險內有劍閣之險也吳有

三江之阻三江詳見許靖傳合此二長共爲脣齒進可兼并天下退可鼎足而立此理之自然也大王今若委質於魏魏必上望大王之入朝下求太子之内侍若不從命則奉辭伐叛蜀必順流通鑑必作亦見可而進如此江南之地非復大王之有也權默然良久曰君言是也遂自絕魏與蜀連和遣張溫報聘於蜀蜀復令芝重往權謂芝曰若天下太平二主分治不亦樂乎芝對曰夫天無二日土無二王如并魏之後大王未深識天命者也君各茂其德臣各盡其忠將提枹鼓則戰爭方始耳沈欽韓曰史記吳王濞傳膠西王相諫王曰今大王與吳西鄉第令事成兩主分爭患乃始結芝語本此權大笑曰君之誠款乃當爾邪權與亮書曰丁厷掞張

掞音夷念反或作豔臣松之案漢書禮樂志曰長離前掞光耀明今本漢志作長麗前掞光耀明晉灼曰掞即光炎字也臣瓚曰長麗靈鳥也故相如賦曰前長麗而後矞皇舊說云鸞也張衡思玄賦亦曰前長麗使拂羽師古曰晉瓚二說是也麗音離掞音豔左思蜀都賦摛藻掞天庭孫權蓋謂丁厷之言多浮豔也

陰化不盡陰化見蔣琬傳華陽國志丁厷作丁宏不盡作不實和合二國唯有鄧芝及亮北住漢中以芝爲中監軍揚武將軍建興六年芝失利於箕谷見趙雲傳亮卒遷前軍師前將軍領兗州刺史封陽武亭侯頃之爲督江州趙一清曰寰宇記卷百二十黔州彭水縣三峿山鄧芝曾大戰於此水經江水注曰巴之三關陽關一也延熙中蜀車騎將軍鄧芝爲江州都督治此權數與芝相聞饋遺優渥延熙六年就遷爲車騎將軍後假節十一年涪陵國人殺都尉反叛芝率軍征討卽梟其渠帥百姓安堵後主傳延熙十一年涪陵屬國民夷反此脫屬字華陽國志云延熙十三年涪陵大姓徐巨反車騎將軍鄧芝討平之乃移其豪徐蔺謝危五千家於蜀爲獵射官分羸弱配督將韓蔣名爲助郡軍遂世掌部曲爲大姓

華陽國志曰芝征涪陵見玄猿緣山芝性好弩手自射猿中之猿拔其箭卷木葉塞其創芝曰嘻吾違物之性其將死矣一日芝見猿抱子在樹上引弩射之中猿母其子爲拔箭以木葉塞創芝乃歎息投弩水中自知當死

十四年卒趙一清曰寰宇記卷八十七遂州青石縣以界内有青石山爲名鄧芝見此山美之後遂葬焉又魏書地形志恆農郡北陝縣有鄧芝祠一清案伯苗無聞於中土疑是鄧艾祠芝字誤也芝爲大將軍二十餘年錢大昕曰芝止爲車騎將軍未嘗爲大將軍大字衍沈家本曰芝以建興五年爲揚武將軍十二年遷前將軍延熙六年遷車騎將軍十四年卒凡爲將軍二十五年未嘗爲大將軍也賞罰明斷善卹卒伍身之衣食資仰於官不苟素儉然終不治私產妻子不免饑寒死之日家無餘財性剛簡不飾意氣不得士類之和芝性驕傲見宗預傳於時人少所敬貴唯器異姜維云子良襲爵景耀中爲尚書左選郎洪飴孫曰蜀郎中有吏部左選右選度支諸曹晉朝廣漢太守梁章鉅曰此六字殊贅錢大昭曰此敘蜀事不必說到晉沈家本曰此六字疑是裴注之文傳寫誤入正文者

張翼字伯恭犍爲武陽人也犍爲郡治武陽見劉焉傳高祖父司空浩范書浩作晧字叔明爾雅釋天釋文云晧光明也曾祖父廣陵太守綱皆有名迹華陽國志卷十云張翼文紀孫也似當作文紀曾孫

益部耆舊傳曰浩字叔明治律春秋游學京師范書張晧傳六世祖良高帝時爲太子少傅封留侯與廣漢鐔粲華陽國志卷十中云鐔顯字子誦郪人與張霸李郃張晧陳禪爲友事跡相同而名異或爲一人未可知也漢中李郃范書方術傳李郃字孟節漢中南鄭人郃歲中舉孝廉五遷尚書令又拜太常代袁敞爲司空數陳得失有忠臣節復爲司徒謀立順帝封涉都侯辭讓不受年八十餘卒於家蜀郡張霸張霸字伯饒蜀郡成都人年數歲而知孝讓鄉人號爲張曾子七歲通春秋復欲進餘經父母曰汝小未能也霸曰我饒爲之故字曰饒焉永元中爲會稽太守郡中爭厲志節習經者以千數道路但聞誦聲後當爲五更會疾卒共結爲友善大將軍鄧騭辟浩稍遷尚書僕射出爲彭城相薦隱士閭丘遵等華陽國志遵作遷徵拜廷尉延光三年安帝議廢太子唯浩與太常桓焉太僕來歷議以爲不可順帝初立拜浩司空年八十三卒華陽國志贊云張公執憲克智克聰極位青紫實作司空又云清河趙騰坐謗訕當誅所引八十餘人晧以聖賢明義爭之咸稱平當續漢書曰綱字文紀少

以三公子經明行修舉孝廉不就司徒辟以高第爲侍御史漢安元年拜光祿大夫與
侍中杜喬等八人同日受詔持節分出案行天下貪廉墨綬有罪便收刺史二千石以
驛表聞威惠清忠名振郡國號曰八雋范書順帝紀漢安元年八月丁卯遣侍中杜喬光祿大夫周舉守光祿大夫郭遵馮羨欒
巴張綱周栩劉班等八人分行州郡班宣風化舉實臧否周舉傳拜舉爲侍中與侍中杜喬守光祿大夫周栩前青州刺史馮羨尚書欒巴侍御史張綱兗州刺史
郭遵太尉長史劉班並守光祿大夫分行天下其刺史二千石有臧罪顯明者驛馬上之墨綬以下便輒收舉其有清忠惠利爲百姓所安宜表異者皆以狀上於
是八使同時俱拜天下號曰八俊胡三省曰刺史二千石大吏驛馬上奏其罪取旨黜免驛馬欲速達京闕也墨綬縣令長也令長以下便收案舉劾惠棟曰案漢
法墨綬有罪先請今權時定制如前漢呂步舒治淮南獄顓斷於外不請也沈家本曰威惠清忠句上下疑有奪文以周舉傳證之司馬雖不必與范史同然上文
旣云案行天下貪廉下文不應偏舉一事也是時大將軍梁冀侵擾百姓喬等七人皆奉命四出唯綱獨
埋車輪于洛陽都亭不去范書張綱傳漢安元年選遣八使徇行風俗皆耆儒知名多歷顯位唯綱年少官次最微餘人受命之部而綱
獨埋其車輪於洛陽都亭蘇輿曰案孫子九地篇方馬埋輪注埋輪持不動也馬融傳埋根行道以先吏士注埋根言不退傳亦謂駐車輪於此不肯之部非眞埋

之於地也曰豺狼當路安問狐狸章懷注前書京兆督郵侯文之辭遂上書曰大將軍梁冀河南尹不疑
蒙外戚之援荷國厚恩以芻蕘之姿安居阿保范書作居阿衡之任不能敷揚五教翼贊日月
而專爲封豕長蛇肆其貪饕左傳申包胥曰吳爲封豕長蛇薦食上國也甘心好貨縱恣無厭多樹諂諛以
害忠良誠天威所不赦大辟所宜加也謹條其無君之心十五事於左皆忠臣之所切
齒也書奏御章懷注御進也京師震悚時冀妹爲皇后內寵方盛冀兄弟權重於人主順帝
雖知綱言不誣然無心治冀冀深恨綱會廣陵賊張嬰等衆數萬人殺刺史二千石冀
欲陷綱乃諷尚書以綱爲廣陵太守華陽國志卷十中云綱出宮埋車先奏太尉桓焉司徒劉壽尸祿素餐不堪其職出城又
奏司隸校尉趙峻河南尹梁不疑汝南太守梁乾等贓汚濁亂檻車送廷尉治罪天子以乾梁冀叔父貶秩免峻等又奏魯相寇儀儀自殺威風大行郡縣莫不肅
懼還冀恨之出爲廣陵太守若不爲嬰所殺則欲以法中之前太守往輒多請兵及綱受拜詔問當
得兵馬幾何綱對曰無用兵馬遂單車之官徑詣嬰壘門示以禍福嬰大驚懼走欲閉

門綱又於門外罷遣吏兵留所親者十餘人以書語其長老素爲嬰所信者請與相見
問以本變因示以詔恩使還請嬰王補曰其事與韓愈曹成王碑討良相類嬰見綱意誠卽出見綱綱
延置上坐王先謙曰蓋卽嬰營外別爲會所以延之問其疾苦禮畢乃謂之曰前後二千石二千石謂太守也
多非其人杜塞國恩肆其私求鄉郡遠天子不能朝夕聞也故民人相聚以避害二千
石信有罪矣爲之者乃非義也忠臣不欺君以自榮孝子不捐父以求福馮本捐作損天
子聖人范書作今主上仁聖欲文德以來之故使太守來思以爵祿相榮不願以刑也今誠轉禍
爲福之時也若聞義不服天子赫然發怒范書發作震下有荆揚兗豫四字大兵雲合豈不危乎范書
此句下云若不料強弱非明也棄善取惡非智也去順效逆非忠也身絕血嗣非孝也背正從邪非直也見義不爲非勇也六者成敗之幾利害所從公其深計之
宜深計其利害嬰聞泣曰荒裔愚人數爲二千石所侵枉不堪其困故遂相聚偷生
明府仁及草木乃嬰等更生之澤但恐投兵之日不免孥戮耳綱曰豈其然乎要之以

天地誓之以日月方當相顯以爵位何禍之有乎嬰曰苟赦其罪得全首領以就農畝
則抱戴沒齒爵祿非所望也嬰雖爲大賊起於狂暴自以爲必死及得綱言曠然開明
乃辭還營明日遂將所部萬餘人與妻子面縛詣綱降綱悉釋縛慰納謂嬰曰卿諸人
一旦解散方垂盪然當條名上之必受封賞嬰曰乞歸故業不願以穢名汙明時也綱
以其至誠乃各從其意親爲安處居宅子弟欲爲吏者隨才任職欲爲民者勸以農桑
田業並豐南州晏然或曰廣陵屬徐州刺史部距雒陽千里而近而曰荒裔曰南州豈以徐戎淮夷卽謂之裔地歟沈欽韓曰寰宇記張綱溝
在廣陵縣東三十里從岱石湖入四里至溝中心與海陵分界綱爲廣陵太守勸課農桑於東陵村東開此溝引湖水灌田以此立名論功綱當封
爲冀所遏絕故不得侯天子美其功徵欲用之嬰等上書乞留在郡二歲建康元年病
卒官時年三十六袁宏紀作四十六嬰等三百餘人皆衰杖送綱喪至雒陽范書綱傳百姓老幼相攜詣府
赴哀者不可勝數綱自被疾吏人咸爲祠祀祈福皆言千秋萬歲何時復見此君張嬰等五百餘人制服行喪送到犍爲負土成墳弼按范書本傳云葬犍爲績漢

書云送綱喪至犍陽犍字或爲武字之誤方輿勝覽綱墓在眉州犍爲縣岷崍山東葬訖爲起冢立祠四時奉祭思慕如喪考妣天子追念不已下詔褒揚除一子爲郎范書綱傳詔曰故廣陵太守張綱大臣之苗剖符統務正身導下班宜德信降集劇賊未升顯爵不幸早卒朕甚愍焉拜綱子續爲郎中賜錢百萬

先主定益州領牧翼爲書佐建安末舉孝廉爲江陽長江陽見先主傳建安十六年翼爲汧陽長見趙雲傳注錢大昕曰當作江陽徙涪陵令涪陵見後主傳延熙十一年遷梓潼太守累遷至廣漢蜀郡太守建興九年爲庲降都督庲降都督見霍峻傳綏南中郎將洪飴孫曰綏南中郎將一人蜀所置翼性持法嚴毛本持作恃誤不得殊俗之歡心耆率劉胄背叛作亂翼舉兵討胄胄未破會被徵當還羣下咸以爲宜便馳騎即罪通鑑作其人謂翼宜速歸即罪胡注其人謂召翼者也即就也翼曰不然吾以蠻夷蠢動不稱職故還耳然代人未至吾方臨戰場毛本場作塲當運糧積穀爲滅賊之資豈可以黜退

之故而廢公家之務乎於是統攝不懈代到乃發馬忠因其成基以破殄胄丞相亮聞而善之亮出武功以翼爲前軍都督領扶風太守亮卒拜前領軍追論討劉胄功賜爵關內侯延熙元年入爲尚書稍遷督建威建威見諸葛亮傳假節進封都亭侯征西大將軍十八年與衛將軍姜維俱還成都維議復出軍唯翼廷爭以爲國小民勞不宜黷武維不聽將翼等行進翼位鎭南大將軍維至狄道狄道見後主傳延熙十七年大破魏雍州刺史王經經衆死於洮水者以萬計翼曰可止矣不宜復進進或毀此大功維大怒曰爲蛇畫足通鑑爲蛇畫足在進或毀此大功之下亦爲翼語華陽國志同此傳失之劉家立曰維大怒曰四字疑衍文胡三省曰戰國策昭陽爲楚伐魏覆軍殺將移師攻齊陳軫爲齊王使見昭陽曰楚有祠者賜其舍人酒一卮舍人相謂曰數人飲之不足一人飲之有餘請各畫地爲蛇先成者飲酒一人先成引酒飲之乃左手持卮右手畫蛇曰吾能爲之足爲足未成一人之蛇後成奪其卮曰蛇固無足子安能爲之足遂飲酒今君攻魏既勝復移師攻齊是爲蛇足者也昭陽悟乃還軍維竟圍經於狄道城不能克自翼建異論維心與翼不善然常牽率同行翼亦不得已而往景耀二年遷左車騎將軍領冀州刺史六年與維咸在劍閣共詣降鍾會于涪明年正月隨會至成都爲亂兵所殺

華陽國志曰翼子微篤志好學官至廣漢太守

宗預字德豔南陽安衆人也安衆今河南南陽府鎭平縣東南見魏志武紀建安二年建安中隨張飛入蜀建興初丞相亮以爲主簿遷參軍右中郎將及亮卒吳慮魏或承衰取蜀增巴丘守兵萬人巴丘見魏志武紀建安十三年胡三省曰此巴丘即巴陵也今岳州巴陵縣有天岳山臨大江一名幕阜前有培塿謂之巴蛇冢相傳以爲羿屠巴蛇於洞庭其骨若陵因謂之巴陵一欲以爲救援二欲以事分割也蜀聞之亦益永安之守永安見先主傳章武二年以防非常何焯曰永安益守則圖關中者力又

減矣此劉葛所以優與吳盟然斯時公琰未有遠名於事勢宜然預將命使吳孫權問預曰東之與西譬猶一家而聞西更增白帝之守何也預對曰臣以爲東益巴丘之戍西增白帝之守皆事勢宜然俱不足以相問也權大笑嘉其抗直御覽直作蘁通鑑作蘁胡三省曰謂抗言不爲吳屈又盡情無所隱也甚愛待之見敬亞于鄧芝費禕胡三省曰蜀先主殂諸葛亮當國始遣鄧芝使吳弼按先主未殂以前已遣宗瑋費禕使吳矣不始於鄧芝也遷爲侍中徙尚書延熙十年爲屯騎校尉時車騎將軍鄧芝自江州還來朝謂預曰禮六十不服戎而卿甫受兵何也預答曰卿七十不還兵我六十何爲不受邪

臣松之以爲芝以年嘲預是不自顧然預之此答觸人所忌載之記牒近爲煩文

芝性驕傲自大將軍費禕等皆避下之而預獨不爲屈預復東聘吳孫權捉預手涕泣而別曰君每銜命結二國之好今君年長孤亦衰

老恐不復相見遺預大珠一斛 吳歷曰預臨別謂孫權曰蜀土僻小雖云鄰國東西相賴吳不可無蜀蜀不可無吳君臣憑恃唯陛下重垂神慮又自說年老多病恐不復得奉聖顏 孫盛曰夫帝王之保 元本保作寶 唯道與義道義既建雖小可大殷周是也苟任詐力雖彊必敗秦項是也況乎居偏鄙之城恃山水之固而欲連橫萬里求相資賴哉 宋本求作永 昔九國建合從之計而秦人卒併六國 史記秦始皇本紀索隱云六國者韓魏趙燕楚齊是也與秦爲七雄又六國與宋衛中山爲九國其三國蓋微又前亡 囂述營輔車之謀 范書隗囂傳囂遣使稱臣於公孫述述以囂爲朔寧王 而光武終兼隴蜀夫以九國之彊隴漢之大莫能相救坐觀屠覆何者道德之基不固而彊弱之心難一故也而云吳不可無蜀蜀不可無吳豈不諂哉

乃還遷後將軍督永安就拜征西大將軍 華陽國志征西作征北 賜爵關內侯

景耀元年以疾徵還成都後爲鎮軍大將軍領兗州刺史時都護諸葛瞻初統朝事廖化過預欲與預共詣瞻許預曰吾等年踰七十所竊已過但少一死耳何求於年少輩而屑屑造門邪遂不往廖化字元儉本名淳 廖淳爲陰平太守見魏志明紀景初二年注引魏書作惇潘眉曰惇乃淳字之譌 襄陽人也 襄陽耆舊傳云中廬人 爲前將軍關羽主簿羽敗屬吳思歸先主乃詐死時人謂爲信然因攜持老母晝夜西行會先主東征遇于秭歸 秭歸今湖北宜昌府歸州治詳見魏志文紀黃初三年 先主大悅以化爲宜都太守 宜都郡見先主傳章武二年 先主薨爲丞相參軍後爲督廣武 廣武未詳其地當如姜維傳所云西安建威諸圍守又如張翼傳督建威之例 稍遷至右車騎將軍假節領并州刺史封中鄉侯以果烈稱官位與張翼齊而在宗預之右

漢晉春秋曰景耀五年姜維率衆出狄道廖化曰兵不戢必自焚 左傳魯衆仲曰兵猶火也不戢將自焚 伯約之謂也知不出敵而力少於寇用之無厭何以能立 通鑑作將何以存胡三省曰謂較智則不出敵人之上而較力則又弱小也 詩云不自我先不自我後今日之事也

咸熙元年春化預俱內徙洛陽道病卒

楊戲 潘眉曰華陽國志作楊羲羲戲古字通伏羲莊荀俱作宓戲然則楊戲之戲當讀作平聲 字文然犍爲武陽人也 犍爲郡治武陽見劉焉傳 少與巴西程祁公弘 祁程畿子見輔臣贊注 巴郡楊汰季儒蜀郡張表伯達 張表見馬忠傳 並知名戲每推祁以爲冠首 馮本每作毋誤 丞相亮深識之戲年二十餘從州書佐爲督軍從事職典刑獄論法決疑號爲平當府辟爲屬主簿亮卒爲尚書右選部郎 洪飴孫曰蜀郎中有吏部左選右選度支諸曹 刺史蔣琬請爲治中從事史琬以大將軍開府又辟爲東曹掾 蔣琬傳東曹掾楊戲素性簡略琬與言論時不應答 遷南中郎參軍副貳庲降都督 庲降都督見霍峻傳 領建寧太守 建寧郡治味見後主傳建興三年 以疾徵還成都拜護軍監軍出領梓潼太守入爲射聲校尉所在清約不煩延熙二十年隨大將軍姜維出軍至亡水 亡水見後主傳延熙二十年又見姜維傳 戲素心不服維酒後言笑每有傲弄之辭維外寬內忌意不能堪 宋本竟作意 軍還有司承旨奏戲免爲庶人 或校改作奏免戲爲庶人何焯曰伯約於此不及公琰遠矣 後景耀四年卒戲性雖簡惰省略未嘗以甘言加人過情接物書符指事希有盈紙然篤於舊故居誠存厚與巴西韓儼黎韜童幼相親厚後儼痼疾廢頓韜無行見捐戲經紀振卹恩好如初又時人謂譙周無當世才少歸敬者唯戲重之嘗稱曰吾等後世終自不如此長兒也 譙周身長八尺故云 有識以此貴戲張表有威儀風觀始名位與戲齊後至尚書督庲降後將軍先戲沒祁汰各早死

戲同縣後進有李密者華陽國志密作宓晉書孝友傳密一名虔文選李注同梁章鉅曰虔字當是虙字之誤沈家本曰密宓古通用本書秦宓范史作密此其證也若密宓虙則義不同晉書傳虙字有誤作宓者疑此乃密又誤虙虙又誤虔字也字令伯華陽國志曰密祖父光朱提太守朱提郡見李嚴傳父早亡母何氏更適人晉書孝友傳李密傳密時年數歲感戀彌至烝烝之性遂以成疾密見養于祖母治春秋左氏傳博覽多所通涉晉書密傳密師事譙周周門人方之游夏機警辨捷事祖母以孝聞其侍疾則泣涕側息日夜不解帶膳飲湯藥必自口嘗本郡禮命不應州辟從事事下疑脫一字尚書郎大將軍主簿太子洗馬奉使聘吳吳主問蜀馬多少對曰官用有餘人閒自足吳主與羣臣汎論道義謂寧爲人弟密曰願爲人兄矣今本常志無矣字吳主曰何以爲兄密曰爲兄供養之日長吳主及羣臣皆稱善晉書密傳密少仕蜀爲郎數使吳有才辯吳人稱之蜀平後征西將軍鄧艾聞其名請爲主簿及書招欲與相見皆不往以祖母年老心在色養魏志呂虔傳注王祥性至孝事後母色養無怠今本常志此句下有拒州郡之命獨奬學立旌授生二語晉武帝立太子徵爲太

子洗馬詔書累下郡縣偪遣於是密上書曰宋本書作疏臣以險釁沈家本曰馮本毛本官本釁作亹並誤晉書文選作舋舋釁同字夙遭閔凶李善注賈逵國語注曰釁兆也左氏傳楚少宰曰寡君少遭閔凶生孩六月慈父見背行年四歲舅奪母志祖母劉愍臣孤弱躬親撫養臣少多疾病九歲不行零丁孤苦至於成立既無伯叔終鮮兄弟門衰祚薄李善注字書曰祚福也晚有兒息外無朞功强近之親內無應門五尺之童煢煢孑立形影相弔而劉早嬰疾病常在牀蓐臣侍湯藥未嘗廢離逮奉聖朝沐浴淸化前太守臣逵察臣孝廉後刺史臣榮舉臣秀才臣以供養無主辭不赴命詔書特下拜臣郎中尋蒙國恩除臣洗馬李善注如淳漢書注曰凡言除者除故官就新官也漢書曰太子屬官有洗馬如淳曰前驅也猥以微賤當侍東宮非臣隕首所能上報李善注廣雅曰猥頓也漢書谷永上書王鳳曰齊客隕首公門以報恩施史記曰孟嘗君相齊使其舍人魏子收邑三反而不致孟嘗君問其故對曰有賢竊假之數年或毀孟嘗孟嘗乃奔魏子所與粟賢者聞之乃上書言孟嘗不作亂請身盟遂自刎宮門以明孟嘗臣具表聞晉書文選具下有以字辭不就職詔書切峻責臣逋慢

郡縣逼迫催臣上道州司臨門急於星火臣欲奉詔奔馳則劉病日篤苟順私情文選苟上有欲字晉書順作徇則告訴不許臣之進退實爲狼狽李善注孔叢子孔子曰吾於狽狽見聖人之志荀悅漢紀論曰周勃狽狽失據塊然囚執伏惟聖朝以孝治天下凡在故老猶蒙矜愍晉書愍作卹文選作育爾雅曰矜憐也況臣孤苦特爲尤甚晉書作尫羸之極且臣少仕僞朝歷職郎署本圖宦達不矜名節禮記鄭玄注曰矜謂自尊大也何焯曰此明非有僞託以解逋慢之責葉樹藩曰僞朝一語前人共惜其悖楊用修引釋藏謂本作荒朝其曰僞者蓋晉人改之入史耳然張燧求爲諸孫置守冢人表亦稱僞烈皇帝則又何說帝魏寇蜀昉自陳壽後儒如司馬溫公且以昭烈於漢世系荒忽擬之南唐李昇之列況當時亡國俘臣體例固應爾邪今臣亡國賤俘至微至陋賈逵國語注曰伐人取國曰俘猥蒙拔擢寵命優渥文選猥作過毛詩曰既優且渥豈敢盤桓有所希冀但以劉日薄西山氣息奄奄人命危淺朝不慮夕李善注揚雄反騷曰臨汨羅而自隕兮恐日薄于西山廣雅曰奄困迫也左傳趙孟曰朝不謀夕何其長也臣無祖母無以至今日祖母無臣亦無以終餘年晉書文選無亦字母孫二人更相爲命是以區區不敢廢遠文選敢作能晉書廢作棄臣今年四十有四

晉書文選臣下有密字祖母劉今年九十有六是臣盡節於陛下之日長報養劉之日短也烏鳥私情願乞終養毛詩曰蓼莪孝子不得終養也翁方綱曰後世乞終養之名殆始於此晉書取密此節列於孝友傳郝經乃置之高士傳豈不知其始事漢終事晉而第以其乞養不出爲高邪臣之辛苦非徒蜀之人士及二州牧伯文選五臣注二州謂益州梁州牧伯謂榮逵也所見明知皇天后土實所共鑒願陛下矜愍愚誠聽臣微言宋本言作志晉書文選同庶劉僥倖保卒餘年臣生當隕首死當結草左傳晉魏顆敗秦師于輔氏獲杜回秦之力人也初魏武子有嬖妾無子武子疾命顆曰吾死嫁之及困曰以殉顆嫁之曰疾病則亂吾從其治也及輔氏之役魏顆見老人結草以亢杜回杜回躓而顛故獲之夜夢之曰余乃所嫁婦人之父也臣不勝犬馬怖懼之情文選此句下有謹拜表以聞五字武帝覽表曰密不空有名也嘉其誠款賜奴婢二人下郡縣供養其祖母奉膳及祖母卒服終從尚書郎今本常志從作徙爲河內溫縣令溫縣今河南懷慶府溫縣西南三十里見魏志司馬芝傳晉書李密傳後劉終服闋復以洗馬徵至洛司空張華問之曰安樂公何如密曰可次齊桓華問其故對曰齊桓得管仲而霸用豎刁而蟲流安樂公得諸葛亮而抗魏任黃皓而喪國是知成敗一也（次問孔明事密答語見諸葛亮傳注）華善之出爲溫

令政化嚴明中山諸王每過溫縣必責求供給溫吏民患之及密至中山王過縣欲求
芻茭薪蒸密牋引高祖過沛賓禮老幼桑梓之供一無煩擾伏惟明王孝思惟則動識
先戒本國望風式歌且舞誅求之碎所未聞命自後諸王過不敢有煩隴西王司馬子
舒深敬友密而貴勢之家憚其公直密去官爲州大中正性方直不曲意勢位後失荀
勖張華指左遷漢中太守諸王多以爲寃一年去官年六十四卒晉書密傳密有才能常望內轉而朝
廷無援乃遷漢中太守自以失分懷怨及賜餞東堂詔密令賦詩末章曰人亦有言有因有緣官無中人不如歸田明明在上斯語豈然武帝忿之於是都官從事
奏免密官後卒於家著述理論十篇安東將軍胡熊與皇甫士安並善之胡熊一作胡羆詳見魏志胡質傳注引晉
陽秋皇甫謐字士安詳見魏志武紀建安十三年注引皇甫謐逸士傳今本常志云密著述理論論中和仁義儒學道化之事凡十篇又與士安論夷齊及司馬文
中杜超宗郗令先文廣休等議論往返言經訓詁衆人服其理趣釋河內趙子聲譏詩賦之屬二十餘篇壽良李驤與陳承祚相長短密公議其得失而切責之常
言吾獨立於世顧景爲疇而不懼者心無彼此於人故也密六子皆英挺秀逸號曰六龍長子賜字宗碩州別駕舉秀才汶山太守少與東海王司馬元超友昵每

書詩往返雅有新聲少子興字雋碩太傳參軍幼子盛□碩寧浦太守晉書密傳密二子賜興賜字宗石少能屬文嘗爲玄鳥賦詞甚美州辟別駕舉秀才未行而
終李興事見諸葛亮傳注引蜀記
戲以延熙四年著季漢輔臣贊既贊昭烈不應曰輔臣輔字疑爲君字之誤且篇末尚有叛臣不盡爲輔臣也其
所頌述今多載于蜀書是以記之于左何焯曰承祚身入晉室奉命修史彼自謂三禪相承同符舜禹不得
不以魏爲正乃于蜀書之末記文然之贊假託網羅散軼陰著中漢季漢皇統斯在躋蜀于曹氏之上大書贊昭烈皇帝則己之所述曰先主傳者明其遜詞實以文然
所贊代己序傳也自此之後卒者則不追謚錢大昕曰追謚猶言追美也蔣公琰費文偉鄧伯苗宗德豔馬德信王子均張
伯岐之屬皆卒于延熙四年以後故不著於贊沈家本曰白虎通謚之爲言引也此云追謚猶言追引耳訓謚爲美書傳未見故或有應見稱
紀而不在乎篇者也其戲之所贊而今不作傳者余皆注疏本末於
其辭下何焯曰注中凡引他書者皆裴注卷末所採益部耆舊雜記載王嗣常播衛繼三人亦然潘眉曰輔臣贊注陳壽作其王元泰習文祥注引襄陽記
李永南李偉南注引華陽國志李孫德李偉南注引益部耆舊記張文進注引蜀記皆裴松之注可以粗知其髣髴云爾宋元本皆

與下文接連馮本毛本另提行
昔文王歌德武王歌興夫命世之主樹身行道非唯一時亦由開基
植緒光于來世者也自我中漢之末王綱棄柄雄豪並起役殷難結
生人塗地於是世主感而慮之朱邦衡曰世主二字疑本作先帝而晉人追改也初自燕代則
仁聲洽著行自齊魯則英風播流寄業荊郢則臣主歸心顧援吳越
則賢愚賴風奮威巴蜀則萬里肅震厲師庸漢則元寇斂迹故能承
高祖之始兆復皇漢之宗祀也然而姦凶懟險天征未加猶孟津之
翔師史記周本紀諸侯不期而會孟津者八百諸侯諸侯皆曰紂可伐矣武王曰女未知天命未可也乃還師復須戰于鳴條也史記殷本紀桀敗於有娀之虛桀犇於鳴條夏師敗績括地志云高涯原在蒲州安邑縣北三十里南坂口即古鳴條陌也鳴條戰地在安邑西天祿有
終奄忽不豫雖攝歸一統萬國合從者當時儁乂扶攜翼戴明德之

所懷致也蓋濟濟有可觀焉遂乃並述休風動于後聽其辭曰
皇帝遺植爰滋八方別自中山靈精是鍾順期挺生傑起龍驤始于
燕代伯豫君荊吳越憑賴望風請盟挾巴跨蜀庸漢以并乾坤復秩
宗祀惟寧躡基履迹播德芳聲華夏思美西伯其音開慶來世歷載
攸興

贊昭烈皇帝

忠武英高獻策江濱攀吳連蜀權我世眞受遺阿衡整武齊文敷陳
德教理物移風賢愚競心僉忘其身誕靜邦內四裔以綏屢臨敵庭
實耀其威研精大國恨於未夷

贊諸葛丞相

司徒清風是咨是臧識愛人倫孔音鏘鏘

贊許司徒

關張赳赳出身匡世扶翼攜上雄壯虎烈藩屏左右翻飛電發濟于艱難贊主洪業侔迹韓耿齊聲雙德交待無禮並致姦慝悼惟輕慮隕身匡國

贊關雲長張益德

驃騎奮起連横合從首事三秦保據河潼宗計於朝或異或同敵以乘釁家破軍亡乖道反德託鳳攀龍

贊馬孟起

翼侯良謀料世興衰委質于主是訓是諮暫思經算覩事知機

贊法孝直

軍師美至雅氣曄曄致命明主忠情發臆惟此義宗亡身報德

贊龐士元

將軍敦壯摧鋒登難立功立事于時之幹

贊黃漢升

掌軍清節亢然恆常讜言惟司民思其綱

贊董幼宰

安遠彊志允休允烈輕財果壯當難不惑以少禦多殊方保業

贊鄧孔山

孔山名方南郡人也 此爲陳壽自注沈家本曰官本改此注爲中字單行殆以其爲承祚語也然此贊中如所引襄陽記華陽國志等皆裴注乃一律改爲中字單行殊與全書體例不合 以荆州從事隨先主入蜀蜀既定爲犍爲屬國都尉 監本屬作蜀誤 因易郡名爲朱提太守 朱提郡見李嚴傳 遷爲安遠將軍 宋本遷作還是 庲降都督 庲降都督見霍峻傳 住南昌縣 南昌見霍峻傳錢大昕曰南昌不見於兩漢志華陽國志朱提郡有南昌縣故都督治有鄧安遠城此縣蓋先主所置矣宋書州郡志南秦縣本名南昌晉太康元年更名據常璩書朱提屬縣五有南昌又有南秦據蜀人所言當不誤宋志未可信也 章武二年卒失其行事故不爲傳 劉咸炘曰洪云凡志無傳而有贊者皆以失其行事爲詞案吳壹位則大將誼兼外戚又注其姓氏官階本末無不備具若列作大字不減於孫乾伊籍等傳有何遺缺而言失其行事乎承祚於蜀志闕略甚即此一端可知按徒有姓氏官階便可立傳乃後史之陋古無是也孫伊之傳已爲濫矣

揚威才幹 錢大昕曰按注費觀爲振威將軍二文當有一誤 欷歟文武當官理任衎衎辯舉圖殖財施有義有敘

贊費賓伯

賓伯名觀江夏鄳人也 鄳見費禕傳 劉璋母觀之族姑璋又以女妻觀觀建安十八年參

李嚴軍拒先主於緜竹與嚴俱降先主既定益州拜爲裨將軍後爲巴郡太守江州都督建興元年封都亭侯加振威將軍觀爲人善於交接都護李嚴性自矜高護軍輔匡等年位與嚴相次而嚴不與親褻觀年少嚴二十餘歲而與嚴通狎如時輩云年三十七卒失其行事故不爲傳 或曰賓伯蓋文偉之羣從於正方又故主之壻安得不如時輩也

屯騎主舊固節不移既就初命盡心世規軍資所恃是辨是裨

贊王文儀

尚書清尚敕行整身抗志存義味覽典文倚其高風好侔古人

贊劉子初

安漢雍容或婚或賓 馮本婚作昏 見禮當時是謂循臣

贊麋子仲

少府脩愼

王元泰名謀漢嘉人也王元泰見杜微傳漢嘉郡見先主傳章武二年有容止操行劉璋時爲巴郡太守還爲州治中從事先主定益州領牧以爲別駕先主爲漢中王用荆楚宿士零陵賴恭爲太常劉表遣賴恭代張津爲刺史吳巨逐恭恭還零陵見吳志士燮傳南陽王柱爲光祿勳宋本王作黃謀爲少府王謀賴恭列名勸進見先主傳建興初賜爵關內侯後代賴恭爲太常恭柱謀皆失其行事故不爲傳恭子厷爲丞相西曹令史隨諸葛亮於漢中早夭亮甚惜之與留府長史參軍張裔蔣琬書曰令史失賴厷掾屬喪楊顒爲朝中損益多矣顒亦荆州人也後大將軍蔣琬問張休曰漢嘉前輩有王元泰今誰繼者休對曰至於元泰州里無繼況鄙郡乎其見重如此劉咸炘曰此等事瑣故承祚不立傳然其立傳者亦仍有瑣語也弼按諸葛之惜楊顒通鑑亦採錄之不得謂爲瑣事也劉說多偏襄陽記曰凡引他書者皆裴注識者能辨不必以中字小字別異之也楊顒字子昭楊儀宗人也入蜀爲巴郡太守丞相諸

葛亮主簿亮嘗自校簿書顒直入諫曰爲治有體上下不可相侵請爲明公以作家譬之今有人使奴執耕稼婢典炊爨雞主司晨犬主吠盜牛負重載馬涉遠路私業無曠所求皆足雍容高枕飲食而已忽一旦盡欲以身親其役不復付任勞其體力爲此碎務形疲神困終無一成豈其智之不如奴婢雞犬哉宋本犬作狗通鑑同失爲家主之法也是故古人稱坐而論道謂之王公何焯校改王作三作而行之謂之士大夫胡三省曰周官考工記之言故邴吉不問橫道死人而憂牛喘胡三省曰丙吉相漢宣帝嘗出逢清道羣鬬者死傷橫道吉過之不問前行逢人逐牛牛喘吐舌吉使騎吏問逐牛行幾里矣掾史謂丞相前後失問吉曰民鬬相殺傷長安令京兆尹職也方春少陽用事未可大熱恐牛近行用暑故喘此時氣失節有所傷害三公調和陰陽職當憂是以問之掾史乃服以吉知大體陳平不肯知錢穀之數云自有主者彼誠達於位分之體也今明公爲治乃躬自校簿書流汗竟日不亦勞乎亮謝之後爲東曹屬典選舉顒死亮垂泣三日通鑑輯覽曰楊顒之言似是而非蓋當時主少國疑之日非亮躬親整頓國事何賴觀其發教所稱集思廣益足見其忠赤矣不知此又何足與言鞠躬盡瘁之義弼按楊顒之言眞識治體宜其死後諸葛垂泣三日輯覽所論實似是而非矣

鴻臚明眞

何彥英名宗蜀郡郫人也郫見楊洪傳事廣漢任安任安事見秦宓傳注學精究安術與杜瓊同師而名問過之劉璋時爲犍爲太守先主定益州領牧辟爲從事祭酒後援引圖讖勸先主即尊號踐阼之後遷爲大鴻臚建興中卒失其行事故不爲傳子雙字漢偶滑稽談笑有淳于髡東方朔之風爲雙柏長郡國志益州郡雙柏出銀王先謙曰三國蜀改屬建寧郡汪士鐸云故縣今雲南雲南府昆陽州西北早卒

諫議隱行儒林天文宣班大化或首或林

贊王元泰何彥英杜輔國本傳作國輔周仲宣本傳作仲直

車騎高勁惟其泛愛以弱制彊不陷危墜

贊吳子遠

子遠名壹陳留人也隨劉焉入蜀劉璋時爲中郎將將兵拒先主於涪詣降先主定益州以壹爲護軍討逆將軍納壹妹爲夫人見二主妃子傳章武元年爲關中都督關疑作閬建興八年與魏延入南安界破魏將費瑤徙亭侯何焯曰壹前未有封而云徙亭侯於事爲疑趙一淸曰何說非也郡國志蜀郡屬國有徙縣顧祖禹曰徙陽廢縣在雅州南徙音斯漢元鼎中始置縣屬蜀郡即斯楡地也吳壹蓋初封於徙梁章鉅曰即據此說徙上亦必有脫文劉家立曰徙字或爲從字之訛進封高陽鄉侯遷左將軍十二年丞相亮卒以壹督漢中車騎將軍假節領雍州刺史進封濟陽侯十五年卒失其行事故不爲傳壹族弟班字元雄大將軍何進官屬吳匡之子也吳匡事見魏志董卓傳注引英雄記以豪俠稱官位常與壹相亞先主時爲領軍後主世稍遷至驃騎將軍假節封緜竹侯

安漢宰南奮擊舊鄉翦除蕪穢惟刑以張廣遷蠻濮國用用强

贊李德昂

輔漢惟聰既機且惠因言遠思切問近對贊時休美和我業世

贊張君嗣

鎭北敏思籌畫有方導師禳穢遂事成章偏任東隅末命不祥（馮本末作永）哀悲本志放流殊疆

贊黃公衡

越騎惟忠厲志自祗職于內外念公忘私

贊楊季休

征南厚重征西忠克統時選士猛將之烈

贊趙子龍陳叔至

叔至名到汝南人也自豫州隨先主名位常亞趙雲俱以忠勇稱建興初官至永安都督征西將軍封亭侯

鎭南粗强

輔元弼名匡襄陽人也隨先主入蜀益州既定爲巴郡太守（錢大昕曰巴郡當作巴東華陽國志章武元年南郡輔匡爲巴東太守）建興中徙鎭南爲右將軍封中鄉侯

監軍尙篤

劉南和名邕義陽人也（劉邕見蔣琬傳）隨先主入蜀益州既定爲江陽太守（江陽郡見先主傳建安十六年）建興中稍遷至監軍後將軍賜爵關內侯卒子式嗣少子武有文與樊建齊名（樊建見諸葛亮傳）官亦至尙書

並豫戎任任自封裔

贊輔元弼劉南和

司農性才敷述允章藻麗辭理斐斐有光

贊秦子敕

正方受遺豫聞後綱不陳不僉造此異端斥逐當時任業以喪

贊李正方

文長剛粗臨難受命折衝外禦鎭保國境不協不和忘節言亂疾終

惜始實惟厥性

贊魏文長

威公狷狹取異衆人閑則及理逼則傷侵舍順入凶大易之云

贊楊威公

季常良實文經勤類士元言規處仁聞計

文經士元皆失其名實行事郡縣處仁本名存南陽人也以荆州從事隨先主入蜀南攻至雒（宋本攻作攻）以爲廣漢太守存素不服龐統統中矢卒先主發言嘉歎存曰統雖盡忠可惜然違大雅之義先主怒曰統殺身成仁更爲非也（也當作邪）免存官頃之病卒失其行事故不爲傳

孔休文祥或才或臧

孔休名觀爲荆州主簿別駕從事見先主傳失其郡縣文祥名禎襄陽人也隨先主入蜀歷雒郫令南廣漢太守（錢大昕曰蜀有南廣郡延熙中置無南廣漢郡潘眉曰南廣漢誤廣漢本漢郡後主延熙中分四縣置東廣漢郡則南廣漢當是東廣漢又漢犍爲郡有南廣縣後主延熙中卽南廣縣置南廣郡則南廣漢當作南廣衍漢字或漢字乃郡字之誤謝鍾英曰按水經注南廣郡後主延熙中置先主時無之承祚注衍南字耳錢氏說非）失其行事子忠官至尙書郎 襄陽記曰習禎有風流

善談論名亞龐統而在馬良之右子忠亦有名忠子隆爲步兵校尉掌校祕書

播播述志楚之蘭芳

贊馬季常衞文經韓士元張處仁殷孔休習文祥

國山休風

國山名甫廣漢郪人也（郪縣今四川潼川府三臺縣南見鍾會傳）好人流言議（或曰人流猶人倫意謂流敍人物也）劉璋時爲州書佐先主定蜀後爲緜竹令遷爲荊州議曹從事隨先主征吳軍敗於秭歸遇害子祐有父風官至尚書右選郎

永南耽思

永南名邵廣漢郪人也先主定蜀後爲州書佐部從事建興元年丞相亮辟爲西曹掾（李慈銘曰下文偉南名朝永南兄而華陽國志云別駕從事李朝字永南郪人丞相西曹李邵字偉南朝弟永南偉南彼此互易然李邵之名則無可疑廖立傳作李部明是字誤）亮南征留邵爲治中從事是歲卒　華陽國志曰邵兄邈字漢南劉璋時爲牛鞞長（牛鞞見董和傳）先主領牧爲從事正旦命行酒得進見讓先主曰振威以將軍宗室肺腑（振威謂劉璋也）委以討賊元功未效先寇而滅邈以將軍之取鄙州甚爲不宜也先主曰知其不宜何以不助之邈曰匪不敢也力不足耳有司將殺之諸葛亮爲請得免久之爲犍爲太守丞相參軍安漢將軍建興六年亮西征馬謖在前敗績亮將殺之邈諫以秦赦孟明用伯西戎楚誅子玉二世不競失亮意還蜀十二年亮卒後主素服發哀三日邈上疏曰呂祿霍禹未必懷反叛之心（毛本反作及誤）孝宣不好爲殺臣之君直以臣懼其偪主畏其威故姦萌生亮身杖强兵狼顧虎視五大不在邊臣常危之今亮殞沒蓋宗族得全西戎靜息大小爲慶後主怒下獄誅之（周壽昌曰五丈原頭大星夜隕至今千載下猶有餘恫廖元儉李正方俱爲武侯貶退侯死皆痛泣而卒李邈何人敢爲此疏直是全無心肝使非後主之明斷則讒慝生心乘間搆釁恐唐魏元成仆碑之覈明張太岳籍沒之慘不待死肉寒而君心早變矣見疏生怒立正刑誅君子謂後主之賢於是乎不可及或曰以諸葛之忠純尙有以此言進者）

盛衡承伯言藏言時

盛衡名勳承伯名齊皆巴西閬中人也（閬中見黃權傳）勳劉璋時爲州書佐先主定蜀辟爲左將軍屬後轉州別駕從事卒齊爲太守張飛功曹飛貢之先主爲尙書郎建興中從事丞相掾遷廣漢太守復爲飛參軍（沈家本曰馬勳先爲張飛功曹建興中飛早卒此云復爲飛參軍飛字必誤或是亮字）卒爲尙書勳齊皆以才幹自顯見（自此句以下疑爲裴注之文末語在作贊之後可證）歸信于州黨不如姚伷（伷音胄）伷字子緒亦閬中人（姚伷見張嶷傳）先主定益州後爲功曹書佐（梁玉繩曰後一本作復恐並譌當作伷沈家本曰此傳定蜀後定益州後之文前後屢見後字不誤）建興元年爲廣漢太守丞相亮北駐漢中辟爲掾（丞相掾也）並進文武之士亮稱曰忠益者莫大於進人進人者各務其所尙今姚掾各存剛柔（宋本各作並通鑑同）以廣文武之用可謂博雅矣願諸掾各希此事以屬其望（胡三省曰希慕也鄭氏周禮注屬合也）遷爲參軍亮卒稍遷爲尙書僕射時人服其眞誠篤粹延熙五年卒在作贊之後

孫德果銳

孫德名福梓潼涪人也（李福父權爲劉璋所殺見蔿傳及注）先主定益州後爲書佐西充國長（西充國見譙周傳）成都令建興元年徙巴西太守（由令爲守是遷也徙字誤）爲江州督揚威將軍入爲尙書僕射封平陽亭侯延熙初大將軍蔣琬出征漢中福以前監軍領司馬卒　益部耆舊雜記曰諸葛亮於武功病篤後主遣福省侍遂因諮以國家大計福往具宣聖旨聽亮所言至別去數日忽馳思未盡其意遂卻馳騎還見亮亮語福曰孤知君還意近日言語雖彌日有所不盡更來一決耳（宋本馮本一作亦誤册府來作求通鑑作更來求決耳）君所問者公琰其宜也福謝前實失不諮請公如公百年後誰可任大事者故輒還耳乞復請蔣琬之後

誰可任者亮曰文偉可以繼之又復問其次亮不答 胡三省曰費禕字文偉亮不答繼禕之人非高帝此後亦非乃所知之意蓋亦見蜀之人士無足以繼禕者矣嗚呼或曰公琰傳言密表後主者是也以公之謹慎無口相傳之理 福還奉使稱旨 通鑑輯覽曰聞病篤而使人諮大計所謂大計孰有重於此者福豈宜忘且福卽不問亮亦自當及之何待別去復還邪此陳壽所以不入正史特附見於楊戲贊中也 福爲人精識果銳敏於從政子驤字叔龍亦有名官至尚書郎廣漢太守

偉南篤常

偉南名朝永南兄郡功曹舉孝廉臨邛令入爲別駕從事隨先主東征吳章武二年卒於永安 益部耆舊雜記曰朝又有一弟早亡各有才望時人號之李氏三龍 華陽國志曰羣下上先主爲漢中王其文朝所造也 能爲此文不負三龍之譽 臣松之按耆舊所記以朝邵及早亡者爲三龍邈之狂直不得在其數

德緒義彊志壯氣剛

德緒名祿巴西安漢人也 龔祿見張嶷傳 安漢見王平傳 先主定益州爲郡從事牙門將建興三年爲越嶲太守隨丞相亮南征爲蠻夷所害時年三十一弟衡景耀中爲領軍義彊名士廣漢郪人國山從兄也從先主入蜀後舉孝廉 或曰士爲郪人前此未聞相從也從字衍 爲符節長 郡國志犍爲郡荷節錢大昕曰前志有符無荷節疑荷乃符之譌而衍一節字也水經江水東過符縣注引符有先絡僰道有張帛是後漢亦名符縣矣或謂東京改名符節晉時復爲符者非也王先謙曰前漢縣作符三國蜀作符節改屬江陽郡見常志洪志作符吳表作符節謝云輿地廣記東漢符節晉始曰符洪氏從晉志作符非按常志水經皆作符縣據蜀志作符節今從之晉志作符屬江陽郡一統志故縣今瀘州合江縣西 遷牙門將出爲宕渠太守 宕渠見先主傳建安二十年 徙在犍爲會丞相亮南征轉爲益州太守將南行爲蠻夷所害

濟濟修志蜀之芬香

贊王國山李永南馬盛衡馬承伯李孫德李偉南龔德緒王義彊

休元輕寇損時致害

休元名習南郡人隨先主入蜀先主東征吳習爲領軍統諸軍大敗于猇亭 猇亭見先主傳章武二年

文進奮身同此顛沛

文進名南亦自荊州隨先主入蜀領兵從先主征吳與習俱死時又有義陽傅肜 義陽郡詳見魏志明紀景初元年胡三省曰魏文帝分南陽郡立義陽郡又立義陽縣屬焉此在肜入蜀之後史追書也 先主退軍斷後拒戰兵人死盡 通鑑人作衆 吳將語肜令降肜罵曰吳狗何有漢將軍降者遂戰死拜子僉爲左中郎後爲關中都督景耀六年又臨危授命 傳僉死事見姜維傳 論者嘉其父子奕世忠義 傅氏父子何以不爲立傳 蜀記載晉武帝詔曰蜀將軍傅僉前在關城身拒官軍致死不顧僉父肜復爲劉備戰亡天下之善一也豈由彼此以爲異僉息著募後沒入奚官 周禮天官序官奚三百人鄭注云古者從坐男女沒入縣官爲奴其少才知以爲奚今之侍史官婢 免爲庶人

患生一人至于弘大

贊馮休元張文進

江陽剛烈立節明君兵合遇寇不屈其身單夫隻役隕命于軍

贊程季然

季然名畿巴西閬中人也 閬中見黃權傳 劉璋時爲漢昌長 漢昌見馬忠傳 縣有賨人 夷人歲入賨錢口四十謂之賨民 種類剛猛昔高祖以定關中巴西太守龐羲以天下擾亂郡宜有武衛頗招合部曲有讒於璋說羲欲叛者璋陰疑之羲聞甚懼將謀自守遣畿子郁宣旨 常志作郁通鑑作祁趙一清曰下云公弘名祁季然之子此云郁當別一子也 索兵自助畿報曰郡合部曲本不爲叛 通鑑叛作亂 雖有交搆 常志作縱有讒訣 要在盡誠若必以懼遂懷異志非畿之所聞并敕郁曰我受州恩當

爲州牧盡節汝爲郡吏當爲太守效力 胡三省曰謂父子當各盡節於所事也 不得以吾故有異志
也義使人告畿曰爾子在郡不從太守家將及禍畿曰昔樂羊爲將飲子之羹非父子
無恩大義然也今雖復羹子吾必飲之 通鑑作今雖羹祁以賜畿畿啜之矣 義知畿必不爲己厚陳謝
於璋以致無咎璋聞之遷畿江陽太守 江陽見先主傳建安十七年胡三省曰劉璋分犍爲爲江陽郡宋白曰瀘州之瀘川江安
縣本江陽地 先主領益州牧辟爲從事祭酒 胡三省曰從事祭酒諸從事之長也 後隨先主征吳遇大軍
敗績泝江而還或告之曰後追已至解船輕去 常志作後追以至宜解舫輕行胡三省曰方舟曰舫又並兩舟曰舫 乃
可以免畿曰吾在軍未曾爲敵走 常志曾作習敵下有之字通鑑同胡三省曰況言擐甲執兵以臨敵固欲就死未嘗習走也
從天子而見危哉追人逐及畿船 宋本逐作遂 畿身執戟戰敵船有覆者衆大至共擊之
乃死

公弘後生卓爾奇精夭命二十悼恨未呈

贊程公弘

公弘名祁 宋元本吳本毛本無公字誤馮本此行頂格亦誤 季然之子也

古之奔臣禮有來偪怨興司官 司疑作同 不顧大德靡有匡救倍成奔北
自絕于人作笑二國

贊麋芳士仁郝普潘濬 宋元本吳本毛本無贊字何焯曰四子叛臣故獨書名蜀按諸葛丞相許司徒書官不書字亦與衆異

麋芳字子方東海人也 芳東海朐人麋竺之弟見竺傳 爲南郡太守士仁 關羽傳作傅士仁衍傅字 字君義廣
陽人也 廣陽屬幽州 爲將軍住公安統屬關羽與羽有隙叛迎孫權 麋芳士仁事均見呂蒙傳注引吳書及孫權傳建安二十四年麋芳又見孫權傳黃武二年 郝普字子太義陽人 義陽見前傳彤傳 先主自荊州入蜀以普
爲零陵太守爲吳將呂蒙所譎開城詣蒙 郝普事見孫權傳建安十九年又見呂蒙傳 潘濬字承明武陵
人也先主入蜀以爲荊州治中典留州事亦與關羽不穆孫權襲羽遂入吳普至廷尉 普事又見吳志胡綜傳及注 濬至太常封侯 濬吳志有傳何焯曰傷天下三分不歸一統始於荊州失關侯敗故以三叛人終之並及郝普者呂蒙襲奪南三郡荊吳之釁所由成也略孟達而專言此意有所寓矣先之以馮張程者恨其不能報吳先主由此崩殂也係之以季然公弘有良子而夭若後主之壽考昭烈不得謂之有子也

益部耆舊雜記 宋元本馮本益部標目頂格 載王嗣常播衛繼三人皆劉氏王
蜀時人故錄于篇 何焯曰益部以下疑皆裴注潘眉曰三人皆裴松之引附非陳承祚本書毛本凡裴注皆小字而此獨用大字蓋誤以爲陳志也錢大昕曰輔臣贊有贊無傳者附注爵於下注亦承祚本文也贊最後益部耆舊二十六字及下王嗣常播衛繼三傳皆裴松之注今刊本皆升作大字讀者亦認爲承祚正文則大誤矣承祚作益部耆舊傳見于晉書本傳及隋經籍志若雜記則隋志無之或云陳術撰亦必晉人不應承祚遽引其書蓋裴氏于李孫德李偉南二人注下既各引雜記以補本注之闕而王嗣等三人姓名不見於承祚書故附錄以傳異聞此亦裴注之恆例今承譌已久特爲辨正之姚範曰李譔傳末言陳術著益部耆舊傳及志承祚或取其書非裴注亦未可定李慈銘曰古人著書無此體承祚既有取于此三人何不爲之立傳而忽羼它人著作于

戲贊之末乎錢說是也李譔傳僅言陳術著益部耆舊傳及志無雜記之名華陽國志曰自建武後蜀郡鄭伯邑太尉趙彥信及漢中陳申伯祝元靈廣漢王文表皆以博學洽聞作巴蜀耆舊傳陳壽以爲不足經遠乃並巴漢撰爲益部耆舊傳十篇又曰陳術字申伯作耆舊傳者也是術書本不稱雜記明矣惟術實季漢人常璩列之後漢燕邠趙嵩之後承祚附之蜀李譔傳亦云歷三郡太守而錢氏以爲晉人則偶未考及耳劉咸炘曰倘氏謂目錄以此三人附戲傳明係陳氏原文陳術著益部耆舊傳在壽之先安知非引術書此說非也諸史目錄皆非原本所有不可爲據陳術所作名耆舊傳非益部耆舊雜記也

王嗣字承宗犍爲資中人也 資中見法正傳 其先延熙世以功德顯著舉孝
廉 舉上疑奪嗣字 稍遷西安圍督 西安圍見姜維傳 汶山太守 汶山郡見後主傳延熙十年 加安
遠將軍綏集羌胡咸悉歸服諸種素桀惡者皆來首降嗣待以恩信
時北境得以寧靜大將軍姜維每出北征羌胡出馬牛羊氈毦及義
穀裨軍糧國賴其資遷鎭軍故領郡後從維北征爲流矢所傷數月
卒戎夷會葬贈送數千人號呼涕泣嗣爲人美厚篤至衆所愛信嗣

子及孫羌胡見之如骨肉或結兄弟恩至於此

常播字文平蜀郡江源人也江源見董和傳源作原播仕縣主簿功曹縣長廣都朱游廣都見後主傳建興十四年建興十五年中被上官誣劾以逋沒官穀當論重罪播詣獄訟爭身受數千杖肌膚刻爛毒痛慘至更歷三獄幽閉二年有餘每將考掠吏先驗問播不答言但急行罰無所多問辭終不撓事遂分明長免刑戮時唯主簿楊玩亦證明其事與播辭同衆咸嘉播忘身爲君節義抗烈舉孝廉除郪長郪縣今四川潼川府三臺縣南見鍾會傳年五十餘卒書於舊德傳後縣令潁川趙敦圖其像贊頌之

衛繼字子業漢嘉嚴道人也漢嘉郡見先主傳章武二年郡國志蜀郡屬國嚴道蜀記曰秦滅楚徙嚴王之族於此故謂之嚴道一統志嚴道故城今四川雅州府榮經縣治兄弟五人繼父爲縣功曹繼爲兒時與兄弟隨

父游戲庭寺中縣長蜀郡成都張君無子數命功曹呼其子省弄甚憐愛之張因言宴之閒語功曹欲乞繼功曹即許之遂養爲子繼敏達夙成學識通博進仕州郡歷職清顯而其餘兄弟四人各無堪當世者父恆言已之將衰張明府將盛也時法禁以異姓爲後故復爲衛氏屢遷拜奉車都尉大尚書官本攷證曰大字疑衍沈欽韓曰大尚書疑首曹若今吏部隸釋祝睦劉寬二碑皆有大尚書也潘眉曰晉書魯芝傳遷大尚書掌刑理忠篤信厚爲衆所敬鍾會之亂遇害成都

評曰鄧芝堅貞簡亮臨官忘家張翼抗姜維之銳宗預禦孫權之嚴咸有可稱楊戲商略略疑作搉意在不羣何焯曰意在不羣承祚自譽信乎其不羣也然智度有短馮本智作制誤殆罹世難云

蜀書十五　三國志四十五

吳書一　三國志四十六

孫破虜討逆傳第一

潘眉曰吳書有本紀故孫晧欲爲父和立本紀韋昭執以和不登帝位宜名爲傳陳壽修志乃悉改爲傳劉咸炘曰尙氏云堅討黃巾功大使張溫聽堅誅董卓則漢不致亂使諸郡如堅討董卓則長安不至遷此壽所以題爲孫破虜而詳序其起義兵拒和親修漢陵諸事許以有忠壯之烈也按堅固當表章然題破虜則非爲此堅策在吳本有帝王之追號而是書不題權亮等爲帝又不直題其名而稱主故于堅策亦題其生前之官若如尙氏言策題討逆又何功乎沈均瑲曰既云吳書而武烈桓王俱通篇稱名與臣下一律似非體若標題稱破虜討逆或猶可

晉平陽侯相安漢陳壽撰

宋中書侍郎西鄉侯聞喜裴松之注

沔陽盧弼集解

孫堅字文臺吳郡富春人漢書地理志會稽郡富春郡國志揚州吳郡富春孫權傳黃武五年置東安郡郡治富春以全琮爲太守七年罷東安郡宋書州郡志吳郡太守富陽令漢舊縣本曰富春晉簡文鄭太后諱春孝武改曰富陽水經漸江水注漸江又東北入富陽縣故富春也晉后名春

改曰富陽也浙江又東北逕富春縣南江南有山孫武皇之先所葬也漢末墓上有光如雲氣屬天黃武五年孫權以富春爲東安郡浙江又東北逕亭山西山上有孫權父冢元和志富陽縣東北去杭州七十三里本漢富春縣晉孝武太元中避鄭太后諱改春爲陽一統志故城在今浙江杭州府富陽縣治西北隅楊守敬曰水經漸江水注云山上有孫權父冢權字爲堅字之訛若是權父則直稱孫堅冢蓋鍾名晦而堅名顯也弼按孫策傳堅薨還葬曲阿吳錄云尊堅廟曰始祖墓曰高陵孫權傳太元元年吳高陵松柏斯拔晉陽秋惠帝元康中吳令謝詢表爲孫氏二君墓置守冢五人吳地記盤門東北二里有孫堅及孫策墳一統志孫王墓在江蘇蘇州府吳縣南按據各書所載文臺初葬曲阿後遷葬吳楊氏謂水經漸江水注當作堅父冢誠無疑矣蓋孫武之後也史記孫武傳孫子武者齊人也以兵法見於吳王闔廬闔廬以爲將西破彊楚入郢北威齊晉顯名諸侯孫子與有力焉裴駰曰越絕書云吳縣巫門外大冢孫武冢也去縣十里弼按孫武之後傳於吳越當原於此互見胡綜傳宋書符瑞志上云孫堅之祖名鍾家在吳郡富春獨與母居性至孝遭歲荒以種瓜爲業忽有三少年詣鍾乞瓜鍾厚待之三人謂鍾曰此山下善可作冢葬之當出天子君可下山百步許顧見我去即可葬也鍾去三十步便反顧見三人並乘白鶴飛去鍾死即葬其地地在縣城東冢上數有光怪雲氣五色上屬天衍數里父老相謂此非凡氣孫氏其興矣御覽卷五百五十九引幽明錄所載孫鍾事略同潘眉曰陳志不詳破虜父祖名字裴注亦略之趙一清曰張習孔雲谷臥餘云劉敬叔異苑載堅父名鍾因施瓜供異人而獲吉地敬叔劉宋時人而宋書以鍾爲堅祖與幽明錄同一清案此傳不稱父名似當依異苑以鍾爲堅父寔

宇記卷九十三謂堅居陽平山其祖種瓜於此郡縣志謂堅其玄孫恐非鄭蘇年曰蓋孫武之後乃疑詞與魏武紀前云曹參之後後云莫能審其生出本末者同一用意劉咸炘曰王云蓋者疑詞尙云此與魏武紀同一傳疑使先主世系難明亦必曰其先蓋中山靖王之後矣

吳書曰堅世仕吳家于富春葬于城東冢上數有光怪雲氣五色上屬於天曼延數里衆皆往觀視父老相謂曰是非凡氣孫氏其興矣及母懷姙堅夢腸出繞吳閶門寤而懼之以告鄰母鄰母曰安知非吉徵也宋書符瑞志堅母生堅夢腸出繞吳昌門以告鄰母鄰母曰安知非吉祥也昌門吳郭門也趙一清曰昌門本曰閶閭門亦曰閶門 堅生容貌不凡性闊達好奇節

少爲縣吏年十七時爲漢靈帝建寧四年 與父共載船至錢唐漢書地理志會稽郡錢唐西部都尉治晉書地理志吳郡錢唐一統志錢唐故城在今浙江杭州府錢塘縣西秦始皇三十七年東遊過丹陽至錢唐漢爲西部都尉治後漢省中平二年封朱雋爲錢唐侯蓋是時復置也孫策入會稽以程普爲吳郡都尉治錢唐吳增僅曰錢唐中興後省吳志闞澤傳除錢唐長在建安初年蓋漢末復立吳郡南部都尉治謝鍾英曰全琮傳琮吳郡錢唐人黃武元年封錢唐侯王先謙曰隋以前皆作錢唐至唐以字係國號加土爲錢塘弼按水經漸江水注浙江又東逕靈隱山山下有錢唐故縣浙江逕

其南錢唐記曰防海大塘在縣東一里許郡議曹華信家議立此塘以防海水始開募有能致一斛土者卽與錢一千旬月之閒來者雲集塘未成而不復取于是載土石者皆棄而去塘以之成故改名錢塘焉范書朱雋傳封錢塘侯章懷注引錢塘記御覽卷七十四引劉道眞錢塘記所載均同是則唐以前已有錢塘之名王說似未可信

會海賊胡玉等從匏里上掠取賈人財物謝鍾英曰匏里宜近錢唐 方於岸上分之行旅皆住船不敢進堅謂父曰此賊可擊請討之父曰非爾所圖也堅行操刀上岸以手東西指麾若分部人兵以羅遮賊狀賊望見以爲官兵捕之卽委財物散走堅追斬得一級以還父大驚由是顯聞府召署假尉會稽妖賊許昌起於句章郡國志揚州會稽郡治山陰會稽山在南上有禹冢有浙江胡三省曰句章縣屬會稽郡十三州志句踐之地南至句無其後并吳因大城之章霸功以示子孫故曰句章句音章句之句潘眉曰史炤通鑑釋文句音鉤胡三省據經典釋文音九具反如淳韋昭皆音拘然按闞駰十三州志史炤音是也一統志山陰故城范蠡所築見越絕書今浙江紹興府山陰縣治句章故城今浙江寧波府慈谿縣西南 自稱陽明皇帝靈帝紀曰昌以其父爲越王也馮本王作主誤 與其子韶扇動諸縣衆以萬數范書靈帝紀熹平元年十一月會稽人許生自稱越王寇郡縣章懷注引東觀記曰會稽許昭聚衆自稱大將軍立父生爲越王攻破郡縣何焯曰許生吳志作許昌許昭作許韶惠棟曰天文志臧洪傳皆作許生晉諱昭故作韶潘眉曰昌韶字誤討逆傳注嚴白虎投許昭於虜中亦不作韶可證弼按范書朱雋傳會稽太守尹端討許昭失利亦作許昭 堅以郡司馬募召精勇得千餘人與州郡合討破之胡三省曰百官志郡有丞長史而無司馬蓋是時以盜起置司馬以主兵也 是歲熹平元年也是年孫堅年十八歲 刺史臧旻列上功狀臧旻事詳魏志臧洪傳注引謝承書范書靈帝紀熹平元年遣揚州刺史臧旻丹陽太守陳夤（通鑑作寅）討破之三年十一月大破許生於會稽斬之趙一清曰咸淳臨安志皇甫嵩在於潛東一十五里近平越城舊志云皇甫嵩破妖賊許生於此故名考皇甫嵩傳止載討黃巾張角之事而不及許昭贊中所云儁捷陳潁亦弭於越是時陳國潁川各有賊起朱儁與皇甫嵩共平之嵩曾駐兵於此史逸不載亦未可知弼按皇甫嵩朱儁傳贊注謂平許昭也 詔書除堅鹽瀆丞郡國志徐州廣陵郡鹽瀆一統志鹽瀆故城今江蘇淮安府鹽城縣西北 數歲徙盱眙丞馮本眙作咍誤郡國志徐州下邳國盱台一統志盱眙故城今安徽泗州盱眙縣東北孫策生

於熹平四年堅年二十一歲當在爲盱眙丞時 又徙下邳丞郡國志下邳國治下邳一統志下邳故城今江蘇徐州府邳州東三里孫堅爲下邳丞生權見權傳注引江表傳是歲光和五年堅年二十八歲

江表傳曰堅歷佐三縣所在有稱吏民親附鄉里知舊好事少年往來者常數百人堅接撫待養有若子弟焉

中平元年是年孫堅年三十歲子翊生 黃巾賊帥張角起於魏郡託有神靈遣八使以善道教化天下而潛相連結自稱黃天泰平三月甲子三十六萬一旦俱發天下響應燔燒郡縣殺害長吏范書靈帝紀中平元年鉅鹿人張角自稱黃天其部師有三十六萬皆著黃巾同日反叛皇甫嵩傳鉅鹿張角自稱大賢良師奉事黃老道畜養弟子跪拜首過符水呪說以療病角因遣弟子八人使於四方以善道教化天下轉相誑惑十餘年閒衆徒數十萬連結郡國自靑徐幽冀荊揚兗豫八州之人莫不畢應遂置三十六方方猶將軍號也大方萬餘人小方六七千各立渠帥訛言蒼天已死黃天當立一時俱起皆著黃巾爲標幟時人謂之黃巾亦名爲蛾賊何焯曰三十六方不知何自沿寫爲万惠棟曰袁宏紀作坊方與坊古字通蓋張角列部署爲

三十六坊各有甲乙以別之也

獻帝春秋曰角稱天公將軍角弟寶稱地公將軍寶弟良稱人公將軍通鑑考異曰司馬彪九州春秋云角弟梁梁弟寶袁紀云角弟良寶弼按皇甫嵩傳作角弟寶寶弟梁靈帝紀亦云獲張角弟梁

漢遣車騎將軍皇甫嵩中郎將朱儁將兵討擊之范書皇甫嵩傳以嵩爲左中郎將持節與右中郎將朱儁各統一軍共討潁川黃巾錢大昭曰嵩以北地太守爲左中郎將與朱儁共討黃巾黃巾已平乃拜左車騎將軍此時尚未爲車騎也疑傳有誤儁表請堅爲左軍司馬宋本作佐軍山陽公載記作佐軍見後注江表傳注亦作佐軍見孫策傳注儁爲會稽上虞人與堅同州里鄉里少年隨在下邳者皆願從堅又募諸商旅及淮泗精兵合千許人與儁幷力奮擊所向無前

吳書曰堅乘勝深入於西華失利郡國志豫州汝南郡西華一統志西華故城今河南陳州府西華縣南堅被創墮馬臥草中軍衆分散不知堅所在堅所騎驄馬馳還營踣地呼鳴馮本踣作倍誤將士隨馬於草中得堅堅還營十數日創少愈乃復出戰

汝潁賊困迫走保宛城郡國志荆州南陽郡治宛一統志宛縣故城今河南南陽府南陽縣治堅身當一面登城先入衆乃蟻附遂大破之范書朱儁傳南陽黃巾數萬殺郡守屯宛下賊更以趙弘爲帥衆十餘萬據宛城儁擊弘斬之賊餘帥韓忠復據宛拒儁儁又大破之賊遂解散文臺從朱儁力戰當在此時沈家本曰儁自將精卒五千掩其東北乘城而入卽此事范史不言堅者統於儁耳儁具以狀聞上拜堅別部司馬上字當屬上句讀如後注引吳錄以狀上是也拜堅別部司馬如下文拜堅議郎是也陳本上字屬下句讀誤續百官志其別領營屬爲別部司馬

續漢書曰儁字公偉會稽人朱儁事略見魏志武紀初平元年少好學爲郡功曹察孝廉舉進士何焯曰史傳言舉進士始見於此梁章鉅曰此與後人由科舉出身者相仿周壽昌曰後漢書儁作爲云太守徐珪舉爲孝廉再遷除蘭陵令其斂爲出身是也若舉進士兩漢無此制卽司馬彪時亦不能有也進士兩字恐是高第之誤沈家本曰兩漢無進士之名此云舉進士未詳其義梁氏欲以今制擬之殊非其實漢朝以討黃巾功姚範曰漢朝當本吳人注記紹統之書何以云爾拜車騎將軍累遷河南尹董卓見儁外甚親納而心忌之儁亦陰備焉關東兵起卓議移都儁輒止卓卓雖憚儁然貪其名重乃表拜太僕以自副儁被召不肯受拜因進曰國不宜遷必孤天下望成山東之結范書儁傳結作釁臣不見其可也有司詰曰召君受拜而君拒之不問徙事而君陳之何也儁曰副相國非臣所堪也遷都非計臣之所急也范書作遷都計非事所急也辭所不堪進臣所急范書作言所非急臣之所宜也有司曰遷都之事初無此計也就有未露何所受聞儁曰相國董卓爲臣說之臣聞之於相國有司不能屈朝廷稱服焉後爲太尉徐州刺史陶謙等推儁爲太師見魏志陶謙傳注范書儁傳初平四年代周忠爲太尉錄尙書事明年免李傕郭汜相攻劫質天子公卿儁性剛卽發病而卒范書儁傳獻帝詔儁與太尉楊彪等十餘人譬郭汜令與李傕和汜不肯遂留質儁等儁素剛卽日發病卒陳仁錫曰儁不死於卓得其死所弼按儁不死於董卓而死於郭汜奚以別乎陳說謬甚

邊章韓遂作亂涼州邊章韓遂事詳見魏志武紀卷首韓遂事又見武紀建安二十年注引典略中郎將董卓

拒討無功中平三年前已書中平元年此中平二字衍遣司空張溫行車騎將軍西討章等錢大昕曰後漢書靈帝紀在二年溫表請堅與參軍事胡三省曰參軍事之官始見於此杜佑曰漢靈帝時陶謙以幽州刺史參司空車騎將軍張溫軍事時孫堅亦爲參軍晉時軍府乃置爲官員又云參軍事昉於魏晉之閒位望頗重孫楚謂石苞曰天子命我參卿軍事自是以後位望輕矣見通鑑六十二以王朗參司空軍事注周壽昌曰與參軍事言使參議其軍事非設官之稱時堅仍官別部司馬也胡氏三省謂參軍設官之始殆非也又按通典載漢靈帝時陶謙以幽州刺史參司空張溫軍事杜佑謂晉時乃置爲官員壽昌案三國時卽置參軍如楊儀馬謖皆諸葛丞相之參軍他固未遑攷也晉書職官志諸公及開府位從公爲持節都督增參軍又領軍出征則置參軍是此官因時置無定員也又案建安十九年吳獲魏參軍董和是參軍設官當三國時漢末尙未定制也弼按魏志曹休傳以休參曹洪軍事太祖謂休曰汝雖參軍其實帥也是爲權重之證屯長安溫以詔書召卓卓良久乃詣溫溫責讓卓卓對應不順宋本對應作應對堅時在坐前耳語謂溫曰胡三省曰耳語附耳而語也卓不怖罪而鴟張大語宜以召不時至陳軍法斬之溫曰卓素著威名於隴蜀之閒通鑑隴蜀作河隴今日殺之西行無依

堅曰明公親率天兵宋本天作王通鑑同威震天下何賴於卓觀卓所言不假明公輕上無禮一罪也章遂跋扈經年當以時進討而卓云未可沮軍疑衆二罪也卓受任無功應召稽留而軒昂自高三罪也古之名將仗鉞臨衆未有不斷斬以示威者也是以穰苴斬莊賈史記司馬穰苴傳齊景公時晏嬰薦田穰苴景公召穰苴與語兵事大說之以爲將軍穰苴曰臣素卑賤願得君之寵臣國之所尊以監軍乃可景公使莊賈往穰苴與莊賈約曰旦日日中會於軍門穰苴先馳至軍立表下漏待賈日中而賈不至夕時乃至穰苴召軍正問曰軍法期而後至者云何對曰當斬遂斬賈以徇三軍三軍之士皆振慄魏絳戮楊干左傳襄公三年晉侯之弟楊干亂行於曲梁魏絳戮其僕今明公垂意於卓胡三省曰垂意猶言降意也不卽加誅虧損威刑於是在矣溫不忍發舉通鑑無舉字乃曰君且還卓將疑人錢大昭曰張溫不聽破虜之言卽斬董卓致令職爲亂階小不忍則亂大謀矣堅因起出章遂聞大兵向至黨衆離散皆乞降軍還議者以軍未臨敵不斷功賞沈家本曰范史靈紀中平二年張溫破北宮伯玉於美陽因遣盪寇將軍周慎追擊之圍榆中又遣中郎將董卓討先零羌慎卓並不克董卓傳三年冬徵溫還京師然則溫以被徵而還非軍勝而還當時之不斷功賞自以師出無功非以軍未臨敵且其時溫破賊於美陽不得謂軍未臨敵章遂敗走榆中亦無黨衆離散皆乞降之事此傳與范史全不符合恐是承祚之謬然聞堅數卓三罪勸溫斬之無不歎息拜堅議郎時長沙賊區星自稱將軍胡三省曰區烏侯翻姓也又如字通鑑考異曰范書作觀鵠按范書獻紀中平四年十月零陵人觀鵠自稱平天將軍寇桂陽長沙太守孫堅擊斬之按此卽下文起於零桂之賊非長沙之賊也考異似誤以區星卽觀鵠也趙一清曰方輿紀要卷八十鍾武城在衡州府西八十里漢縣屬零陵郡後漢改爲重安初平中賊區星嘗據此孫堅討平之三國吳屬衡陽郡衆萬餘人攻圍城邑乃以堅爲長沙太守郡國志荆州長沙郡治臨湘一統志臨湘故城今湖南長沙府長沙縣治寰宇記卷九十三富春縣前有沙漲孫堅爲郡吏趙府鄉人餞之洲上父老曰此沙狹而長君其爲長沙太守乎後如其言因名孫州御覽六十九引吳錄地理志所云與此同一統志孫洲在浙江杭州府富陽縣西南四十二里弼按堅爲長沙太守通鑑編入中平四年時堅年三十三歲堅舉長沙桓階爲孝廉見階傳到郡親率將士施設方略旬月之閒克破星等

魏書曰堅到郡郡中震服任用良吏勑吏曰謹遇良善治官曹文書必循治以盜賊付太守

周朝郭石亦帥徒衆起於零桂朱治傳中平五年治從孫堅討長沙零桂等三郡賊周朝蘇馬等有功與星相應遂越境尋討三郡肅然長沙零陵桂陽也漢朝錄前後功封堅烏程侯郡國志揚州吳郡烏程孫晧傳寶鼎元年注載晧詔曰今吳郡陽羨永安餘杭臨水及丹陽故鄣安吉原鄉於潛諸縣地勢水流之便悉注烏程既宜立郡以鎭山越且以藩衞明陵其亟分此九縣爲吳興郡治烏程一統志烏程故城今浙江湖州府烏程縣治梁章鉅曰吳以烏程侯始以烏程侯終弼按此爲事之偶合如漢以陳留王終魏亦以陳留王終事亦相類與天命歷數毫不相涉如謂以烏程興者必以烏程亡則疑忌巫蠱之事相沿而生讖緯術數遂得以施其伎矣

吳錄曰是時廬江太守郡國志揚州廬江郡治舒弼按此東漢末之廬江郡治也一統志舒縣故城今安徽廬州府廬江縣西互見魏志武紀建安四年及臧霸傳吳增僅曰後漢廬江郡治舒建安四年劉勳始移治皖（吳志孫策傳）通鑑胡注魏廬江治陽泉皇輿表及周氏晉略表又云魏廬江治六安吳平徙治陽泉今按諸說皆各據一時言耳魏志滿寵傳太和六年吳將陸遜向廬江滿寵云賊舍船二百里來後尾空懸整兵趨揚宜口賊聞大兵東下卽遁走據水經注揚宜口卽陽泉水之口據此則陽泉爲廬江郡治無可疑也吳志孫權傳嘉禾六年全琮襲六安又朱異傳魏廬江太守文欽營住六安（時在正始中）據此則六安亦魏廬江郡治無可疑也汪士鐸三國廬江郡考云建安十九年吳破朱光拔皖城魏廬江太守遂治陽泉竊疑建安末徙治陽泉自齊王芳時又徙六安吳平又徙陽泉也楊守敬曰吳君謂魏太和時魏廬江郡治陽泉其實非也陸遜向廬江論者以爲宜速赴之謂速赴六安也故滿寵云廬江雖小將勁兵精守則經時乃整衆趨陽宜口陽宜口去六安尙百餘里此其從容整軍可見若廬江治陽泉則寵已趨赴治所與寵所云云不應矣弼按吳楊所云魏廬江郡治也一統志陽泉故城今安徽潁州府霍丘縣西六安故城今安徽六安州北洪亮吉曰呂蒙傳吳破皖後卽拜蒙廬江太守還屯尋陽則吳廬江郡蓋從尋陽遙領也謝鍾英曰建安四年孫策拔廬江（時廬江治皖）五年權攻李術於皖城梟術首十九年權克皖城黃武四年皖口言木連理六年曹休斬吳皖守將審德七年權至皖口使陸遜破曹休於石亭嘉禾六年諸葛恪屯廬江赤烏六年恪自皖還於柴桑是吳廬江郡治皖洪氏謂遙領非也天紀二年吳人大田皖城王渾攻破之見晉書渾傳是皖城終魏世屬吳弼按洪謝所云吳廬江郡治也一統志皖縣故城今安徽安慶府懷寧縣治互見魏志明紀太和二年趙一清曰方輿紀要卷二十六胡氏曰漢文帝分淮南爲廬江國在江南班志廬江郡則在江北蓋兩漢廬江郡皆治舒三國時吳擊魏廬江滿寵曰權舍船二百里懸軍深入恐其走不及耳蓋是時廬江郡改治陽泉縣也孫氏亦置廬江郡治皖陸康范書陸康傳康字季寧吳郡吳人康少仕郡以義烈稱刺史臧旻舉爲茂才徵

拜議郎會廬江賊黃穰等攻沒四縣拜康廬江太守康申明賞罰擊破穰等弼按康事互見孫策傳康少子績自有傳見後從子作宜春長郡國志揚州豫章郡宜春晉書地理志荊州安成郡宜春宋書州郡志江州刺史安成太守孫晧分豫章廬陵長沙立領宜陽本名宜春屬豫章晉孝武改名一統志宜春故城今江西袁州府宜春縣治弼按此與汝南郡之宜春同名異地汝南郡之宜春前漢曰宜春後漢曰北宜春爲賊所攻遣使求救於堅堅整嚴救之主簿進諫堅答曰太守無文德以征伐爲功越界攻討由長沙郡至豫章郡之宜春縣故曰越界以全異國國者郡國也以此獲罪何媿海內乎乃進兵往救賊聞而走

靈帝崩卓擅朝政橫恣京城諸州郡並興義兵欲以討卓此爲獻帝初平元年事是時孫堅年三十六歲

江表傳曰堅聞之拊膺歎曰張公昔從吾言朝廷今無此難也

堅亦舉兵荊州刺史王叡素遇堅無禮堅過殺之後注引吳錄云周喁與孫堅爭豫州堅慨然歎曰同舉義兵而各若此言發涕下然堅與叡亦同舉義兵何以擅殺荊州刺史南陽太守也魏志劉表傳表代王叡爲荊州刺史

案王氏譜叡字通耀晉太保祥伯父也王祥事見魏志高貴鄉公紀甘露三年乂見呂虔傳及注

吳錄曰叡先與堅共擊零桂賊以堅武官言頗輕之及叡舉兵欲討卓素與武陵太守曹寅不相能郡國志荊州武陵郡治臨沅一統志臨沅故城今湖南常德府武陵縣西揚言當先殺寅寅懼詐作案行使者光祿大夫溫毅檄移堅說叡罪過令收行刑訖以狀上堅卽承檄勒兵襲叡叡聞兵至登樓望之遣問欲何爲堅前部答曰兵久戰勞苦所得賞不足以爲衣服詣使君更乞資直耳胡三省曰據吳錄資直者衣資之直也叡曰刺史豈有所吝便開庫藏使自入視之知有所遺不兵進及樓下叡見堅驚曰兵自求賞孫使君何以在其中馮本使作府誤堅曰被使者檄誅君叡曰我何罪堅曰坐無所知叡窮迫刮金飲之而死胡三省曰陶弘景云生金有毒不鍊服之殺人

比至南陽陳本比作北郡國志荊州南陽郡治宛今河南南陽府南陽縣治衆數萬人南陽太守張咨聞軍至晏然自若張咨爲董卓所用到官興義兵討卓見范書卓傳

英雄記曰咨字子儀宋本儀作議周壽昌曰作議是議與咨義訓相合潁川人亦知名

獻帝春秋曰袁術表堅假中郎將堅到南陽移檄太守請軍糧咨以問綱紀南陽郡之綱紀也郡綱紀見魏志劉放傳綱紀曰堅鄰郡二千石不應調發咨遂不與

堅以牛酒禮咨咨明日亦答詣堅酒酣長沙主簿入白堅前移南陽而道路不治軍資不具請收主簿推問意故康發祥曰上主簿孫堅之主簿也下主簿張咨之主簿也周壽昌曰請收咨歸主簿推問也意造意故事故咨大懼欲去兵陳四周不得出有頃主簿復入白堅南陽太守稽停義兵使賊不時討請收出案軍法從事便牽咨於軍門斬之郡中震慄無求不獲

吳歷曰初堅至南陽咨既不給軍糧又不肯見堅堅欲進兵恐有後患范書袁術傳引此注作恐爲後害乃詐得急疾舉軍震惶迎呼巫醫禱祀山川遣所親人說咨言病困欲以兵付

咨咨聞之心利其兵卽將步騎五六百人詣營省望宋本望作堅范書袁術傳注省望作看望堅臥與相見無何卒然而起按劍罵咨遂執斬之此語與本傳不同

前到魯陽郡國志南陽郡魯陽今河南汝州魯山縣治互見魏志劉表傳及毛玠傳韓暨傳與袁術相見術表堅行破虜將軍領豫州刺史通鑑考異曰范書術傳云劉表上術爲南陽太守表傳云術阻兵屯魯陽表不得至荊州魏志術傳孫堅殺張咨術得據南陽魏武紀此年二月術屯南陽蓋術初奔魯陽此春孫堅取南陽術乃據之猶以魯陽爲治所也蘇輿曰此已在刺史改牧之後此傳仍作刺史蓋由羣雄競起朝制不一遂有參差非由史誤遂治兵於魯陽城當進軍討卓遣長史公仇稱將兵從事還州督促軍糧施帳幔於城東門外祖道送稱官屬並會卓遣步騎數萬人逆堅輕騎數十先到堅方行酒談笑勅部曲整頓行陣無得妄動後騎漸益堅徐罷坐導引入城乃謂左右曰向堅所以不卽起者恐兵相蹈藉諸君不得入耳卓兵見堅士衆甚整不敢

攻城乃引還

英雄記曰初堅討董卓到梁縣之陽人 郡國志司隸河南尹梁劉昭注有陽人聚史記曰秦滅東周不絕其祀以陽人地賜周君水經汝水注汝水又東與廣成澤水合水出狼皐山北澤中汝水又東得魯公水口水上承陽人城東魯公陂城古梁之陽人聚也秦滅東周徙其君於此胡三省曰陽人聚故城在梁縣西一統志梁縣故城今河南汝州西四十里陽人聚今汝州西八十五里 卓亦遣兵步騎五千迎之陳郡太守胡軫爲大督護 趙一清曰後漢書董卓傳注引九州春秋作東郡太守續志有陳國無陳郡至曹魏始廢國爲郡陳乃東之譌 呂布爲騎督其餘步騎將校都督者甚衆軫字文才 胡軫事見魏志董卓傳注引九州春秋又見張既傳注引三輔決錄 性急預宣言曰今此行也要當斬一青綬 潘眉曰丁孚漢儀曰二千石綬羽青地桃華縹續漢志曰九卿中二千石二千石青綬 乃整齊耳諸將聞而惡之軍到廣成 郡國志河南尹新城有廣城聚方輿紀要卷五十一廣成澤在汝州西四十里有廣成聚靈帝置河南八關之一也 去陽人城數十里日暮士馬疲極當止宿又本受卓節度宿廣成秣馬飲食以夜進兵投曉攻城諸將惡憚軫欲賊敗其事布等宣言陽人城中賊已走當追尋之不然失之矣便夜進軍城中守備甚設不可掩襲於是吏士飢渴人馬甚疲且夜至又無塹壘釋甲休息而布又宣言相驚云城中賊出來軍衆擾亂奔走皆棄甲失鞍馬行十餘里定無賊 周壽昌曰定無賊三字詞意不足疑定上有驚字也 會天明便還拾取兵器欲進攻城城守已固穿塹已深軫等不能攻而還 沈家本曰此注當在下合戰於陽人之下此時堅治兵於魯陽城未到陽人也堅之進屯陽人在初平二年范史紀傳可證而其在魯陽及移屯梁東則皆在元年不得混而爲一

堅移屯梁東大爲卓軍所攻堅與數十騎潰圍而出 沈家本曰范史卓傳卓先遣將徐榮李蒙四出虜掠榮遇堅於梁與戰破堅生禽潁川太守李旻亨之卽此事時初平元年也 堅常着赤罽幘 續漢志輿服志云武吏常赤幘成其威也劉昭注引獨斷曰幘古者卑賤執事不冠者之所服也董仲舒止雨書曰執事者皆赤幘知不冠者之所服也康發祥曰幘音責說文髮有巾曰幘罽音猘爾雅注氂毛所以爲罽疏織毛爲之若今之毛氍毹也赤罽幘謂以赤色之罽爲幘也後漢輿服志秦加武將首飾爲絳帕東觀漢記段熲滅羌詔賜赤幘大冠一具似此 乃脫幘令親近將祖茂著之卓騎爭逐茂故堅從閒道得免茂困迫

下馬以幘冠冢閒燒柱 馮本柱作著誤或曰燒柱疑華柱之誤 因伏草中卓騎望見圍繞數重定近覺是柱乃去堅復相收兵合戰於陽人大破卓軍梟其都督華雄等 潘眉曰督當爲尉華當爲葉廣韻二十九葉引吳志孫堅傳有都尉葉雄知宋本如此今本誤也宜從廣韻 是時或閒堅於術術懷疑不運軍糧

江表傳曰或謂術曰堅若得洛不可復制此爲除狼而得虎也故術疑之

陽人去魯陽百餘里堅夜馳見術畫地計校曰所以出身不顧上爲國家討賊下慰將軍家門之私讎堅與卓非有骨肉之怨也而將軍受譖潤之言 通鑑譖潤作侵潤胡三省曰侵潤之譖出論語 還相嫌疑

江表傳載堅語曰大勳垂捷而軍糧不繼此吳起所以歎泣於西河 吳本泣作息史記吳起傳吳起衞人也魏文侯以起善用兵以爲西河守秦兵不敢東鄉韓趙賓從公叔爲相害吳起起懼得罪遂去之楚 樂毅所以遺恨於垂成也 馮本成作戍毛本作戊均誤史記樂毅傳樂毅下齊七十餘城皆爲郡縣以屬燕唯獨莒卽墨未服田單縱反閒於燕燕惠王使騎劫代將而召樂毅毅畏誅遂西降趙 願將軍深思之

術踧踖 踧踖不自安貌 卽調發軍糧堅還屯卓憚堅猛壯乃遣將軍李傕等來求和親令堅列疏子弟任刺史郡守者許表用之堅曰卓逆天無道蕩覆王室今不夷汝三族縣示四海 縣讀曰懸 則吾死不瞑目豈將與乃和親邪 乃汝也 復進軍大谷 大谷爲漢靈帝置八關之一在今河南洛陽縣東南詳見魏志武紀初平元年章懷注大谷口在故嵩陽西北八十五里北出對雒陽故城張衡東京賦云盟津達其後大谷通其前是也 拒雒九十里 拒范書董卓傳作距章懷注距至也

山陽公載記曰卓謂長史劉艾曰 毛本卓誤作車 關東軍敗數矣皆畏孤 毛本畏作謂 無能爲也惟孫堅小戇 說文曰戇愚也音都降翻 頗能用人當語諸將使知忌之孤昔與周愼西征愼圍

邊韓於金城孤語張溫求引所將兵爲愼作後駐溫不聽孤時上言其形勢知愼必不克臺今有本末事未報溫又使孤討先零叛羌以爲西方可一時蕩定孤皆知其不然而不得止遂行留別部司馬劉靖將步騎四千屯安定以爲聲勢叛羌更還宋本更作便欲截歸道孤小擊輒開畏安定有兵故也虜謂安定當數萬人不知但靖也時又上章言狀而孫堅隨周愼行謂愼求將萬兵造金城使愼以二萬作後駐邊韓城中無宿穀當於外運畏愼大兵不敢輕與堅戰而堅兵足以斷其運道兒曹用必還羌谷中通鑑作兒曹用其言涼州或能定也溫既不能用孤愼又不用堅自攻金城壞其外垣馳使語溫自以克在旦夕溫時亦自以計中也而渡遼兒果斷葵園范書董卓傳作葵園狹通鑑作葵園峽渡遼兒謂邊章韓遂也愼棄輜重走果如孤策事在靈帝中平二年范書董卓傳邊章韓遂敗走楡中溫乃遣周愼將三萬人追討之溫參軍事孫堅說愼曰賊城中無穀當外轉糧食堅願得萬人斷其運道將軍以大兵繼後賊必困乏而不敢戰若走入羌中并力討之則涼州可定也愼不從引軍圍楡中城

而章遂分屯葵園狹反斷愼運道愼懼乃棄車重而退方輿紀要卷六十葵園峽在蘭州西臺以此封孤都鄉侯魏志范書董卓傳俱作封虋鄉侯堅以佐軍司馬所見與人同自爲可耳通鑑見下有略字下句作固自爲可胡注言其才可用也通鑑又云但無故從諸袁兒終亦死耳艾曰堅雖時見計故自不如李傕郭汜閩在美陽亭北美陽今陝西乾州武功縣西南將千騎步與虜合殆死亡失印綬此不爲能也卓曰堅時烏合義從兵不如虜精且戰有利鈍但當論山東大勢終無所至耳艾曰山東兒驅略百姓以作寇逆其鋒不如人堅甲利兵彊弩之用又不如人亦安得久卓曰然但殺二袁劉表孫堅天下自服從孤耳

卓尋徙都西入關焚燒雒邑魏志董卓傳初平元年二月徙天子都長安焚燒洛陽宮室悉發掘陵墓取寶物或曰尋字畏堅逼也堅乃前入至雒修諸陵平塞卓所發掘范書董卓傳卓自出與堅戰於諸陵墓閒卓敗走卻屯澠池聚兵於陝堅進洛陽宣陽城門更擊呂布布復破走堅乃埽除宗廟平塞諸陵分兵出函谷關至新安澠池閒以截卓後或曰視韓馥輩足令愧死

江表傳曰舊京空虛數百里中無煙火范書卓傳盡徙陽人數百萬人口於長安悉燒宮廟官府居家二百里內無復孑遺堅前入城惆悵流涕吳書曰堅入洛埽除漢宗廟祠以太牢堅軍城南甄官井上甄音堅解見魏志后妃傳甄后傳胡三省曰甄官署之井中也晉職官志少府之屬有甄官令而續漢志無之蓋屬於他署未置專官也甄官掌琢石陶土之事方輿紀要卷四十八甄官井在故洛陽城中一統志甄官井在洛陽縣東南旦有五色氣毛本旦作且誤官本攷證曰文選作每旦有五色氣舉軍驚怪莫有敢汲堅令人入井探得漢傳國璽范書袁術傳注引吳書云漢室大亂天子北詣河上六璽不自隨掌璽者以投井中孫堅北討董卓頓軍城南甄官署有井每旦有五色氣從井中出使人浚井得漢傳國玉璽（續漢志輿服志注引吳書與此同）文曰受命于天既壽永昌方圜四寸上紐交五龍上一角缺文選注上字上有龍字初黃門張讓等作亂劫天子出奔左右分散掌璽者以投井中傳國璽事詳見魏志武紀建安十三年注引先賢行狀山陽公載記曰袁術將僭號聞堅得傳國璽乃拘堅夫人而奪之范書袁術傳術有僭逆之謀又聞孫堅得傳國璽遂拘堅妻奪之弼按袁術僭號在建安二年是時孫策已遣將詣阜陵迎母至曲阿術安得而拘之江表傳曰案漢獻帝起居注

云天子從河上還得六璽於閣上又太康之初孫晧送金璽六枚無有玉明其僞也虞喜志林曰晉書儒林傳虞喜字仲寧會稽餘姚人喜博學好古屢徵不就專心經傳兼覽讖緯著安天論又釋毛詩略注孝經爲志林三十篇凡所注述數十萬言行於世年七十六卒隋書經籍志儒家類虞喜志林新書三十卷廣林二十四卷後林三卷今存馬國翰輯本志林一卷天子六璽者文曰皇帝之璽皇帝行璽皇帝信璽天子之璽天子行璽天子信璽此六璽所封事異故文字不同下文獻帝起居注與應氏漢官二條馮本俱空一格元本毛本獻帝起居注空一格宋本俱接連不空格沈均瑲曰按文義前後相連以駮江表傳無玉璽之說裴注俱指爲喜言三者似止志林一條而刻本誤分之獻帝起居注云從河上還得六玉璽於閣上此之謂也傳國璽者乃漢高祖所佩秦皇帝璽世世傳受號曰傳國璽案傳國璽不在六璽之數安得總其說乎應氏漢官馮本官作宮誤下同隋書經籍志漢官五卷應劭注漢官儀十卷應劭撰見魏志王粲傳注皇甫世紀帝王世紀皇甫謐撰見蜀志秦宓傳注其論六璽文義皆符漢官傳國璽文曰受命于天既壽且康且康永昌二字爲錯馮本無下且康二字未知兩家何者爲得金玉之精

率有光氣加以神器祕寶 毛本器作氣誤 輝耀益彰蓋一代之奇觀將來之異聞而以不解之故强謂之僞不亦誣乎陳壽爲破虜傳亦除此說俱惑起居注不知六璽殊名與傳國爲七者也吳時無能刻玉 趙一清曰中華古今注孫文臺獲靑玉馬鞍其光照於衢路 故天子以金爲璽璽雖以金於文不異吳降而送璽者送天子六璽曩所得玉璽乃古人遺印不可施用天子之璽今以無有爲難不通其義者耳　臣松之以爲孫堅於興義之中最有忠烈之稱若得漢神器而潛匿不言此爲陰懷異志豈所謂忠烈者乎 宋本烈作臣 吳史欲以爲國華而不知損堅之令德如其果然以傳子孫縱非六璽之數要非常人所蓄孫晧之降亦不得但送六璽而實藏傳國也受命于天奚取於歸命之堂若如喜言則此璽今倘在孫門匹夫懷璧猶曰有罪而況斯物哉 趙一清曰孫堅於井中得傳國璽堅死袁術逼其夫人而奪之術死軍破徐璆得而獻之後漢書徐璆傳云得其盜國璽及還許上之是也章懷注引堅事以證之而裴世期猶以吳亡不見此璽相詰難可謂得其一而忘其二也又曰北

齊書辛術傳術移鎭廣陵獲傳國璽送鄴此璽卽秦所制方四寸上紐交盤龍其文曰受命於天既壽永昌二漢相傳又傳魏晉懷帝敗沒於劉聰聰敗沒於石氏石氏敗晉穆帝永和中濮陽太守戴僧施得之遣督護何融送於建鄴歷宋齊梁梁敗侯景得之景敗侍中趙思賢以璽投景南兗州刺史郭元建送於術故術以進焉魏書太武紀太平眞君七年鄴城毀五層佛圖於泥像中得玉璽二其文皆曰受命於天既壽永昌其一刻其傍曰魏所受漢傳國璽

訖引軍還住魯陽

吳錄曰是時關東州郡務相兼幷以自彊大袁紹遣會稽周喁爲豫州刺史來襲取州堅慨然歎曰同舉義兵將救社稷逆賊垂破而各若此吾當誰與戮力乎言發涕下喁字仁明周昕之弟也　會稽典錄曰初曹公興義兵遣人要喁喁卽收合兵衆得二千人從公征伐以爲軍師後與堅爭豫州屢戰失利會次兄九江太守昂爲袁術所攻喁往助之軍敗還鄉里爲許貢所害 通鑑初平二年袁紹以會稽周昂爲豫州刺史襲奪孫堅陽城錢大昕趙一清均辨其誤見魏志公孫瓚傳今再列舉見於各書者如下以資參證焉丹陽太守周昕助魏武兵（見魏志武紀初平元年）袁術以吳景領丹陽太守討故太守周昕遂據其郡

（見吳志妃嬪傳）王朗遣故太守周昕與孫策戰策破昕斬之（見吳志孫靜傳及注引會稽典錄）此周昕事之始末也袁術遣孫堅屯陽城拒董卓袁紹使周昂奪其處術堅攻昂（見魏志公孫瓚傳）袁紹用會稽周昂爲九江太守袁術遣孫賁攻破昂於陰陵術表賁領豫州刺史（見吳志孫賁傳）此周昂事之始末而賁之攻昂在孫堅死後也至周喁事則見本傳裴注所引吳錄及會稽典錄三人事跡分明各不相涉也

初平三年術使堅征荆州擊劉表表遣黃祖逆於樊鄧之閒 樊鄧均在湖北襄陽縣北樊城見魏志武紀建安十三年鄧縣見蜀志諸葛亮傳胡三省曰鄧縣屬南陽郡樊城周仲山甫之邑在漢水北杜佑曰樊城今襄州安養縣劉昫曰鄧城縣漢之鄧縣古樊城也宋改安養縣天寶元年改爲臨漢縣貞元二十一年移縣古鄧城乃改爲鄧城縣趙一清曰樊樊城鄧鄧城也方輿紀要卷七十九樊城在襄陽府城北漢江上與襄陽城隔江對峙後漢末爲戍守處鄧城在襄陽府東北二十里唐貞元末移臨漢縣治古鄧城遂爲鄧城縣又元和志鄧塞故城在臨漢縣東南二十二里南臨宛口阻一小山號曰鄧塞孫堅破黃祖於此山下魏嘗於此治舟艦伐吳陸士衡辨亡論魏氏浮鄧塞之舟下漢陰之衆謂此也鄧塞見孫晧傳注引陸機辨亡論

堅擊破之追渡漢水遂圍襄陽單馬行峴山 胡三省曰峴山去襄陽十里趙一清曰方輿紀要卷七十九峴山在襄陽府城南七里亦曰南峴又曰峴首山 爲祖軍士所射殺 通鑑考異曰范書初平三年春堅死吳志孫堅傳亦云初

平三年英雄記曰初平四年五月七日死袁紀初平三年五月山陽公載記載策表曰臣年十七喪失所怙裴松之按策以建安五年卒時年二十六計堅之亡策應十八而此表云十七則爲不符張璠漢紀及胡沖吳歷並以堅初平二年死此爲是而本傳誤也今從之潘眉曰裴注以破虜在初平二年卒是也此傳云三年英雄記云四年皆誤弼按周瑜傳建安三年瑜年二十四瑜與孫策同年計初平二年實爲十七歲孫策表云十七失怙孫堅之死實在初平二年無可疑也

典略曰堅悉其衆攻表表閉門夜遣將黃祖潛出發兵祖將兵欲還堅逆與戰祖敗走竄峴山中堅乘勝夜追祖祖部兵 通鑑作部曲兵 從竹木閒暗射堅殺之 魏志桓階傳堅擊劉表戰死階冒難詣表乞堅喪表義而與之 吳錄曰堅時年三十七 以堅死於初平二年計之當生於桓帝永壽元年堅死時孫策年十七歲孫權年十一歲策長權六歲 英雄記曰堅以初平四年正月七日死　又云劉表將呂公 後漢書劉表傳注公作介下同 將兵緣山向堅堅輕騎尋山討公公兵下石中堅頭應時腦出物故 物故解見蜀志劉璋傳 其不同如此也 魏志劉表傳堅爲流矢所中死

兄子賁帥將士衆就術術復表賁爲豫州刺史堅四子策權翊匡權

既稱尊號諡堅曰武烈皇帝
吳錄曰尊堅廟曰始祖墓曰高陵趙一清曰方輿紀要卷二十五丹陽縣治曲阿吳陵在縣西十五里孫堅葬此弼按堅墓在吳說見前
志林曰堅有五子策權翊匡吳氏所生少子朗庶生也一名仁
策字伯符堅初興義兵策將母徙居舒盧江郡治舒見堅傳注周瑜爲舒人與周瑜相
友周瑜傳策與瑜同年獨相友善瑜推道南大宅以舍策升堂拜母有無通共收合士大夫江淮閒人咸向之
文臺初起鄉里少年皆願相從伯符年未弱冠已交結知名轉鬭江東士民樂爲致死太史子義一見解縛孫氏父子兄弟皆善於招致英雄據有江東非偶然也
江表傳曰堅爲朱儁所表爲佐軍留家著壽春郡國志揚州九江郡壽春今安徽鳳陽府壽州治詳見魏志武紀初平元
年揚州刺史注又見初平四年九江郡注策年十餘歲已交結知名聲譽發聞有周瑜者與策同年周瑜
傳注引江表傳云公瑾與伯符同年小一月耳亦英達夙成胡三省曰夙早也聞策聲聞宋本作聲聞通鑑同自舒來造
焉便推結分好胡三省曰分扶問翻推分而結好也好扶到翻義同斷金易繫辭二人同心其利斷金勸策徙居舒

策從之
堅薨還葬曲阿郡國志揚州吳郡曲阿吳曰雲陽今江蘇鎭江府丹陽縣治詳見魏志王朗傳通鑑堅死策年十七還葬曲阿趙一清曰水經
湘水注引郭頒世語云魏黃初末吳人發吳芮冢取木於縣立孫堅廟宋書禮志孫權不立七廟以父堅嘗爲長沙太守長沙臨湘縣立堅廟而已權既不親祠直是依
後漢奉南頓君故事使太守祠也堅廟見尊曰始祖廟而不在京師又以民人所發吳芮冢材爲屋未之前聞也又水經漸江水注浙江逕亭山西山上有孫權父冢一
清案亭山在吳郡富春孫堅不葬此也策傳云還葬曲阿而權傳太元元年秋八月大書吳高陵松柏斯拔參之謝詢請置守冢之文則文臺定葬於吳也吳地記云堅
墓在盤門內劉昭續志注於吳郡吳縣下引皇覽曰縣東門外孫武冢蓋春秋時孫武子耳於文臺何與吳地記亦爲謬也已乃渡江居江
都郡國志徐州廣陵郡江都本志趙達傳注引吳錄皇象廣陵江都人宋書州郡志廣陵太守江都令漢舊縣三國時廢晉武帝太康六年復立寰宇記故城在
今縣東南四十六里城臨江水爲水所侵無復餘址一統志故城在今江蘇揚州府江都縣西南
魏書曰策當嗣侯讓與弟匡
徐州牧陶謙深忌策策舅吳景時爲丹陽太守郡國志揚州丹陽郡治宛陵本志呂範傳孫權
破關羽還都武昌封範宛陵侯領丹陽太守治建業建業本漢秣陵縣屬丹陽郡其地本名金陵秦始皇改見劉昭注又見張紘傳注引江表傳建安十七年孫權改秣
陵爲建業見權傳沈約曰秣陵其地本名金陵本治去京邑六十里今故城邨是也元豐九域志江寧府江寧縣有秣陵鎭一統志宛陵故城今安徽寧國府宣城縣治
秣陵故城今江蘇江寧府上元縣南本志妃嬪傳袁術上吳景領丹陽太守討故太守周昕遂據其郡丹陽郡互見孫權傳嘉禾三年策乃載母
徙曲阿復渡江而南也與呂範孫何俱就景呂範自有傳孫何見宗室傳孫韶傳因緣召募得
數百人興平元年從袁術術甚奇之以堅部曲還策策時年二十歲
吳歷曰初策在江都時張紘有母喪策數詣紘紘爲廣陵人策居江都故數詣紘咨以世務曰方今
漢祚中微天下擾攘英雄俊傑各擁衆營私未有能扶危濟亂者也先君與袁氏共破
董卓功業未遂卒爲黃祖所害策雖暗稚竊有微志欲從袁揚州求先君餘兵就舅氏
於丹陽收合流散東據吳會報讎雪恥爲朝廷外藩君以爲何如紘答曰既素空劣方
居衰絰之中無以奉贊盛略策曰君高名播越遠近懷歸今日事計決之於君何得不

紆慮啓告副其高山之望若微志得展馮本若作君誤血讎得報此乃君之勳力策心所
望也因涕泣橫流顏色不變紘見策忠壯內發辭令慷慨感其志言乃答曰昔周道陵
遲齊晉並興王室已寧諸侯貢職今君紹先侯之軌有驍武之名若投丹陽收兵吳會
則荊揚可一讎敵可報據長江奮威德局本德作得誤誅除羣穢匡輔漢室功業侔於桓
文豈徒外藩而已哉方今世亂多難若功成事立當與同好俱南濟也策曰一與君同
符合契同有永固之分同字疑衍今便行矣以老母弱弟委付於君策無復回顧之憂
江表傳曰策徑到壽春見袁術涕泣而言曰亡父昔從長沙入討董卓與明使君會於
南陽同盟結好不幸遇難勳業不終策感惟先人舊恩欲自憑結願明使君垂察其誠
術甚貴異之然未肯還其父兵術謂策曰孤始用貴舅爲丹陽太守賢從伯陽爲都尉
孫賁字伯陽堅從子策從兄也彼精兵之地胡三省曰丹陽號爲天下精兵處可還依召募策遂詣丹陽依舅監本

舅作舊誤　得數百人而爲涇縣大帥祖郎所襲　郡國志丹陽郡涇孫策執太史慈於此韋昭曰涇水出蕪湖蓋因水立名一統志涇縣故城今安徽寧國府涇縣西謝鍾英曰涇水卽今清弋江在涇縣城西胡三省曰姓譜祖商祖已之後弼按祖郎事詳見孫輔傳及注　幾至危殆　卽斫孫策馬鞍事　於是復往見術術以堅餘兵千餘人還策

太傅馬日磾杖節安集關東在壽春　范書獻帝紀初平三年八月遣太傅馬日磾及太僕趙岐持節慰撫天下興平元年十二月太傅馬日磾薨于壽春　以禮辟策表拜懷義校尉　錢大昕曰漢時城門校尉司隸校尉任寄最重而屯騎越騎步兵長水射聲諸校尉亦典兵之官號爲五校西京更有胡騎虎賁二校尉故云七校若命將出征則大將軍營五部部皆有校尉不常置也邊塞則有護羌校尉護烏桓校尉西域有戊己校尉靈帝置西園八校尉有上軍中軍下軍典軍助軍左助軍右左校右校之名自後校尉漸多曹操爲驍騎校尉周瑜爲督軍校尉蓋勳爲討虜校尉公孫瓚亦爲討虜校尉應劭爲袁紹軍謀校尉皆見於後漢書其見於魏志者夏侯惇折衝校尉曹仁厲鋒校尉曹洪鷹揚校尉賈詡討虜校尉樂進討寇校尉于禁平虜校尉見於吳志者孫策爲懷義校尉又爲折衝校尉孫權爲奉義校尉劉基輔義校尉孫靜魯肅皆奮武校尉孫瑜恭義校尉孫輔揚武校尉孫韶承烈校尉張紘正議校尉陸遜定威校尉陸抗陸凱皆建武校尉賀齊平東校尉全琮奮威校尉周魴昭義校尉是儀忠義校尉見於蜀志者法正軍議校尉費禕昭信校尉來敏典學校尉周羣儒林校尉大率皆武職也蜀先主置司鹽校尉較鹽鐵之利亦名鹽府校尉則名雖爲校尉實非典軍之職王連呂乂岑述皆嘗爲之弼按三國校尉之官尚不止此具見洪飴孫三國職官志表文繁不錄　術大將喬蕤張勳皆傾心敬焉　范書袁術傳建安二年術僭號遣將張勳橋蕤攻呂布大敗曹操征術術走渡淮操擊斬蕤而勳退走卽此二人也　術常歎曰使術有子如孫郎死復何恨　梁章鉅曰此如魏武歎生子當如孫仲謀同一口吻亦足見孫郎之動人矣　策騎士有罪逃入術營隱於內廏策指使人就斬之訖詣術謝　胡三省曰謝入術營專殺也　術曰兵人好叛當共疾之何爲謝也由是軍中益畏憚之術初許策爲九江太守已而更用丹陽陳紀　錢大昕曰此別是一人非潁川陳紀也　後術欲攻徐州從廬江太守陸康求米三萬斛康不與術大怒策昔曾詣康康不見使主簿接之策嘗銜恨術遣策攻康謂曰前錯用陳紀　胡三省曰錯誤也　每恨本意不遂今若得康廬江眞卿有也策攻康拔之　廬江見孫堅傳注引吳錄陸康事亦見堅傳注范書陸康傳袁術屯兵壽

春部曲饑餓遣使求委輸兵甲康以其叛逆閉門不通內修戰備將以禦之術大怒遣其將孫策攻康圍城數重康固守吏士有先受休假者皆遁伏還赴暮夜緣城而入受敵二年城陷月餘發病卒年七十宗族百餘人遭離饑戹死者將半朝廷愍其守節拜子儁爲郎中少子績仕吳爲鬱林太守博學善政見稱當時幼年曾謁袁術懷橘墮地者也有名稱弼按孫策之攻廬江非出本意見太史慈傳注引江表傳　術復用其故吏劉勳爲太守策益失望先是劉繇爲揚州刺史州舊治壽春　胡三省曰續漢志揚州本治歷陽蓋中世已後徙治壽春也　壽春術已據之繇乃渡江治曲阿時吳景尚在丹陽策從兄賁又爲丹陽都尉繇至皆迫逐之　劉繇傳詔書以繇爲揚州刺史時袁術在淮南繇畏憚不敢之州欲南渡江吳景孫賁迎置曲阿術圖爲僭逆攻沒諸郡縣繇遣樊能張英屯江邊以拒之以景賁術所授用乃迫逐使去王朗遺孫策書云劉正禮臨州未能自達實賴尊門濟江成治後以袁氏之嫌稍更乖刺更以同盟還爲讎敵卽指此也朱治傳是時吳景已在丹陽而策爲術攻廬江於是劉繇恐爲袁孫所幷遂搆嫌隙　景賁退舍歷陽　通鑑舍作屯郡國志揚州九江郡歷陽侯國刺史治晉書地理志揚州淮南郡歷陽宋書州郡志晉武帝復立歷陽當塗浚遒諸縣二年復立鍾離縣並二漢舊縣也三國時江淮爲戰爭之地其閒不居者各數百里此諸縣並在江北淮南盧其地無復民戶吳平民還故復立焉洪亮吉曰據沈志三國時魏吳俱無此數縣也吳增僅曰歷陽故屬漢九江郡興平中孫策平江東縣遂入吳建安十七年孫權作濡須塢又於此置濡須督遂爲重鎭又云孫策起兵歷陽平定江東其後橫江當利濱江諸隘皆有戍守沈志云太康元年復立歷陽則知吳未置縣也王先謙曰孫策傳策至歷陽衆五六千江表傳歷陽有山石臨水歷陽長表上孫晧傳天璽元年歷陽山石文理成字是歷陽縣屬吳洪氏據沈志謂太康元年復立非也謝鍾英曰歷陽自漢歷魏吳至晉不廢沈志誤弼按謝王二說是一統志歷陽故城今安徽和州治　繇遣樊能于麋陳橫屯江津張英屯當利口以距術　通鑑作繇遣將樊能于麋屯橫江張英屯當利口以拒之胡注橫江渡在今和州正對江南之釆石卽今之楊林渡口當利浦在今和州東十二里趙一清曰寰宇記卷一百二十四橫江浦在和州歷陽縣東南二十六里當利浦在和州城東十二里本名揚浦建安初孫策自壽春欲經略江東揚州刺史劉繇遣將樊能于麋屯橫江孫策破之於此一清案此則橫江江津名也而吳夫人傳及此注引江表傳亦只有樊能于麋二人無陳橫姓名則陳字疑東字之譌橫屯二字當互倒謝鍾英曰元和志橫江浦在歷陽縣東南二十五里直江南釆石渡處自昔濟江津要鍾英按在今和州東南二十五里地宜屬吳洪亮吉曰歷陽有當利浦晉書王濬平吳水軍揚帆順流於此而下報王渾書曰風利不得泊後因以爲名謝鍾英曰周瑜傳從攻橫江當利皆拔之是當利之名不始於王濬一統志今和州東南大江之別浦也鍾英按地宜屬吳　術自用故吏琅邪惠衢爲揚州刺史　胡三省曰惠姓也戰國時梁有惠施　更以景爲督軍中郎

將與賁共將兵擊英等連年不克策乃說術乞助景等平定江東朱治傳治知術政德不立勸策還平江東胡三省曰大江東北流自歷陽至濡須口謂之江西建業謂之江東江表傳曰策說術云家有舊恩在東願助舅討橫江橫江拔因投本土召募胡三省曰策本江東人故謂之本土可得三萬兵以佐明使君匡濟漢室通鑑作以佐明使君定天下術知其恨胡三省曰謂許以九江廬江而不用也而以劉繇據曲阿王朗在會稽謂策未必能定故許之術表策爲折衝校尉行殄寇將軍胡三省曰殄寇將軍號蓋始於此兵財千餘騎數十四史言其少也賓客願從者數百人比至歷陽由壽春至歷陽衆五六千策母先自曲阿徙於歷陽朱治傳策家門盡在州下治乃使人於曲阿迎太妃及權兄弟供奉輔護甚有恩紀策又徙母阜陵郡國志九江郡阜陵吳增僅曰孫韶傳徐泗江淮之地不居者各數百里阜陵諸縣并在江北淮南知魏初皆廢爲境上地矣謝鍾英曰孫權傳黃龍三年孫布詐降魏將王淩以軍迎布權以大兵潛伏於阜陵淩覺而走卽此晉志漢明帝時淪爲湖是三國時已非舊縣矣在今和州西三十里地宜屬吳弼按據謝說吳仍置

縣也呂布擊袁術於阜陵卽此互見魏志袁渙傳一統志阜陵故城今安徽滁州全椒縣東十五里渡江轉鬬所向皆破莫敢當其鋒而軍令整肅百姓懷之周瑜傳瑜從父尙爲丹陽太守策將東渡到歷陽馳書報瑜瑜將兵迎策遂從攻橫江當利皆拔之

江表傳曰策渡江攻繇牛渚營郡國志揚州丹陽郡秣陵南有牛渚杜佑曰牛渚沂卽當塗縣采石胡三省曰太平州當塗縣北三十里有牛渚山山下有牛渚磯與和州橫江渡相對一統志牛渚山在今安徽太平府當塗縣西北二十里一名采石孫權使孫瑜自溧陽移兵屯牛渚自是以後常爲重鎭李賢曰牛渚山名突出江中謂之牛渚圻元和志在當塗縣北三十五里古津渡處也有采石戍在山上寰宇記牛渚山北謂之采石對采石渡口商旅於此取石至都輪造石渚故名舊志采石山在當塗縣西北二十五里東北至江寧八十里渡江西至和州二十五里周十五里高百仞西接大江三面俱繞姑溪一名翠羅山山下突入江處名采石磯盡得邸閣糧穀戰具胡三省曰邸至也閣庋置也邸閣謂轉輸之歸至而庋置之也是歲興平二年也通鑑考異曰魏志袁紀皆云初平四年策受袁術使渡江漢獻帝紀吳志孫策傳皆云興平元年虞溥江表傳云策興平二年渡江按術初平四年始得壽春策傳云術欲攻徐州從陸康求米事必在劉備得徐州後也劉繇傳稱吳景攻繇歲餘不克則策渡江不應在興平元年已前今依江表傳爲定潘眉曰二年當爲元年後漢書獻帝紀興平元年劉繇與孫策戰繇軍敗績孫策遂據江東考是年策以朱治爲吳郡太守治在郡三十一年黃武三年卒若興平二年至黃武三年止得三十年不得云三十一年故當以元年爲確策渡江在初平四年明年乃爲興平元年見魏武紀時彭城相薛禮彭城國治彭城今江蘇徐州府銅山縣治下邳相笮融下邳見孫堅傳薛禮笮融事見劉繇傳胡三省曰丁度集韻笮側格切姓也風俗通楚有笮倫依繇爲盟主禮據秣陵城秣陵見前丹陽郡注融屯縣南此句承上文當爲秣陵之縣南妃嬪傳云吳景擊笮融薛禮於秣陵是薛禮笮融俱屯據江南之秣陵孫策旣已渡江攻劉繇之牛渚營又攻笮融於秣陵縣南是俱在江南用兵何以下文又云渡江攻禮不無可疑策先攻融融出兵交戰斬首五百餘級融卽閉門不敢動因渡江攻禮禮突走而樊能于麋等復合衆襲奪牛渚屯策聞之還攻破能等獲男女萬餘人復下攻融爲流矢所中傷股不能乘馬因自輿還牛渚營或叛告融曰孫郎被箭已死融大喜卽遣將于茲鄉策趙一清曰于茲人姓名鄉與嚮通用策遣步騎數百挑戰各本均無下策字宫本有之設伏於後賊出擊之鋒刃未接而僞走賊追入伏中乃大破之斬首千餘級策因往到融營下令左右大呼曰孫

郎竟云何賊於是驚怖夜遁融聞策尙在更深溝高壘繕治守備策以融所屯地勢險固乃舍去攻破繇別將於海陵海陵今江蘇揚州府泰州治詳見魏志張遼傳通鑑興平二年孫策破劉繇別將於梅陵胡注唐書地理志宣州南陵縣有梅根鎭今有梅根港趙一清曰方輿紀要卷二十兩花臺在應天府城南一里據岡阜高處俯瞰城闕江山四極無不在目卽聚寶山之東嶺也山麓爲梅岡或謂之梅陵相傳漢梅鋗屯兵處也孫策破劉繇別將卽此然則海陵乃梅陵之誤或曰湖孰江乘屬丹陽在江南海陵在江北前志屬臨淮郡遠不相及策方略定丹陽屬縣無緣分兵轉向江北其誤無疑轉攻湖孰江乘皆下之郡國志揚州丹陽郡胡孰江乘前書作湖孰宋書州郡志湖孰江乘吳省爲典農都尉九城志江寧府上元縣有湖孰鎭謝鍾英曰呂範領湖孰相見範傳朱據領兵屯湖孰見據傳徐盛傳爲疑城自石頭城至江乘二縣蓋黃龍後省晉志俱屬丹陽郡一統志湖孰故城今江蘇江寧府上元縣東南江乘故城今江寧府句容縣北六十里江乘互見孫權傳黃武二年

策爲人美姿顏好笑語性闊達聽受善於用人是以士民見者莫不盡心樂爲致死劉繇棄軍遁逃馮本作逃遁諸郡守皆捐城郭奔走劉繇傳孫策東渡破英能等繇奔丹徒太史慈傳慈到曲阿見繇卒遇策便前鬬慈與繇俱奔豫章

江表傳曰策時年少雖有位號而士民皆呼為孫郎百姓聞孫郎至皆失魂魄長吏委城郭竄伏山草 胡三省曰山草言深山茂草之中也李固對策曰臣伏從山草痛心傷臆則山草二字當時常談也周壽昌曰山草猶山僻也 及至 通鑑作及策至 軍士奉令不敢虜略雞犬菜茹 胡三省曰茹亦菜也 一無所犯民乃大悅競以牛酒詣軍 通鑑詣作勞 劉繇既走策入曲阿勞賜將士遣將陳寶詣阜陵迎母及弟發恩布令告諸縣其劉繇笮融等故鄉部曲來降首者一無所問樂從軍者一身行復除門戶 胡三省曰一人以身行除其門戶賦役也 不樂者勿強也旬日之閒四面雲集得見兵二萬餘人馬千餘匹威震江東形勢轉盛

吳人嚴白虎等衆各萬餘人處處屯聚吳景等欲先擊破虎等乃至會稽 會稽見孫堅傳 策曰虎等羣盜非有大志此成禽耳遂引兵渡浙江據會稽 詳見孫靜傳及魏志王朗傳 屠東冶 馮本吳本毛本冶作治誤東冶今福建福州府閩縣東北冶山之麓詳見魏志王朗傳 乃攻破虎等

吳錄曰時有烏程鄒他錢銅 烏程見孫堅傳通鑑他作佗胡注佗徒何反姓譜彭祖裔孫孚為周錢府上士因官命氏 及前合浦太守 郡國志交州合浦郡治合浦今廣東廉州府合浦縣東北見魏志陳留王紀咸熙元年 嘉興王晟等 郡國志吳郡由拳劉昭注左傳曰越敗吳于檇李杜預曰縣南醉李城也干寶搜神記曰秦始皇東巡望氣者云五百年後江東有天子氣始皇至令囚徒十萬人掘汙其地表以惡名故改曰由拳縣孫權傳黃龍三年由拳野稻自生改為禾興赤烏五年立子和為太子改禾興為嘉興宋書州郡志吳郡太守嘉興令此地本名長水秦改曰由拳吳孫權黃龍四年由拳縣生嘉禾改曰禾興孫晧父名和又改名曰嘉興弼按沈志黃龍三年誤作四年又似以赤烏五年事為孫晧事通鑑胡注沿其誤（見卷六十三建安四年注）洪亮吉又承其訛謝鍾英復誤以赤烏五年作黃龍五年一縣更名之沿革乃訛誤如此皆由未檢閱孫權傳也一統志故城今浙江嘉興府嘉興縣南五里趙一清曰嘉興之名至孫權立子和為太子時始改不應於伯符之時先有此稱寰宇記卷九十五引吳錄地理志歛說分明 各聚衆萬餘或數千引兵撲討 通鑑引兵上有策字 皆攻破之策母吳氏曰晟與汝父有升堂見妻之分今其諸子兄弟皆已梟夷獨餘一老翁何足復憚乎乃舍之餘咸族誅 局本誅誤作諸 策自討虎虎高壘堅守使其弟輿請和許之輿請獨與策會面約既會策引白刃斫席 御覽斫作斮 輿體動策笑曰聞卿能坐躍勦捷不常聊戲卿耳輿曰我見刃乃然策知其無能也乃以手戟投之立死輿有勇力虎衆以其死也 官本考證曰宋本以作聞 甚懼進攻破之虎奔餘杭 郡國志吳郡餘杭吳改屬吳興郡一統志故城今浙江杭州府餘杭縣治 投許昭於虜中 虜中字疑誤沈家本曰上文會稽妖賊許昌之子韶下潘眉引此以證韶當作昭按妖賊許昭於熹平元年起句章三年臧旻破平之獲昭父子是昭久已破滅策之破虎在興平元年上距破昭之時已二十一年則是時之許昭當別一人非許生之子注云許昭有義於舊君舊君謂盛憲憲為吳郡太守則此許昭乃吳郡人妖賊許昭則會稽人明非一人 程普請擊昭策曰許昭有義於舊君有誠於故友此丈夫之志也乃舍之 臣松之案許昭有義於舊君謂濟盛憲也事見後注 盛憲事詳見孫韶傳注引會稽典錄 有誠於故友則受嚴白虎也

盡更置長吏策自領會稽太守 賀齊傳齊會稽人建安元年孫策臨郡察齊孝廉 復以吳景為丹陽太守 景初本為丹陽太守為劉繇所迫袁術以景為廣陵太守術僭號景委郡東歸策復以景為丹陽太守 以孫賁為豫章太守 郡國志揚州豫章郡治南昌應劭漢官云荆揚江南七郡唯有臨湘南昌吳三令見百官志注有劉繇城繇自曲阿奔豫章築城自保見豫章記孫策已平吳會二郡與孫賁征廬江太守劉勳江夏太守黃祖軍還聞劉繇病死過定豫章上賁領太守見孫賁傳弼按豫章太守初為周術術病卒袁術署諸葛玄為豫章太守漢朝更選朱晧代玄晧為笮融所殺融代領郡事旋為劉繇所破漢朝拜華歆為豫章太守孫策使虞翻說歆歆讓郡策遂得有豫章此豫章太守前後更迭之始末也見諸葛亮傳劉繇傳華歆傳虞翻傳及各傳注一統志南昌故城今江西南昌府南昌縣東灌城鄉城隍橋西互見魏志陳留王紀咸熙元年 分豫章為廬陵郡 郡國志豫章郡廬陵劉昭注興平元年孫策分立廬陵郡晉書地理志獻帝興平中孫策分豫章立廬陵郡宋書州郡志廬陵本縣名屬豫章漢獻帝興平元年孫策分豫章立吳增僅曰按孫策傳置廬陵郡在領會稽太守時策領會稽為建安元年事則郡為建安元年立也謝鍾英曰豫章記靈帝末揚州刺史劉遵上書請置廬陵鄱陽二郡獻帝興平元年始立郡江表傳時丹陽僮芝自署廬陵太守策留賁弟輔領兵住南昌周瑜到巴丘輔遂進據廬陵鍾英按孫策分置廬陵蓋承僮芝之舊楊守敬曰郡國志豫章記並云立郡在興平元年然據江表傳孫策渡江在興平二年則不得元年有立郡事按水經注漢和帝永平九年分廬陵立石陽獻帝興平二年吳長沙桓王立廬陵郡治此然則石陽為郡治立郡亦非建安元年也弼按吳謝楊諸說言廬陵置郡之時當以謝楊二說為是至郡

治何地則晉志云治西昌宋志水經贛水注云治石陽寰宇記云治高昌一統志從之一統志廬陵故城在今江西吉安府廬陵縣南高昌故城在今廬陵縣西本廬陵縣地寰宇記言孫策改廬陵爲高昌以今志縣境古跡考之差爲近是則吳時及晉初郡治當是高昌也西昌故城在今吉安府泰和縣西石陽故城在今吉安府吉水縣東北弼按孫策初定豫章分置廬陵郡戎馬倥傯必不暇移治所當就廬陵爲郡治然晉宋二志無廬陵縣當如寰宇記所云改爲高昌是廬陵高昌實一地也元和志云晉太康中移郡石陽則又與酈注云吳長沙桓王立廬陵郡治石陽之說歧異矣廬陵郡互見魏志陳留王紀咸熙元年

以賁弟輔爲廬陵太守丹陽朱治爲吳郡太守朱治傳治從錢唐欲進到吳吳郡太守許貢拒之於由拳治與戰大破之貢南就山賊嚴白虎等治遂入郡領太守事郡國志揚州吳郡治吳本國震澤在西後名具區澤劉昭注爾雅十藪吳越之閒有具區郭璞曰縣南太湖也中有句山山下有洞庭穴道潛行水底去無所不通號爲地脈越絕書曰湖周三萬六千頃又有大雷山小雷山周處風土記曰舜漁澤之所臣昭按此僻在成陽是也又吳伐越敗之夫椒杜預曰太湖中椒山是也一統志吳縣故城今江蘇蘇州府吳縣治彭城張昭廣陵張紘秦松陳端等爲謀主張昭張紘自有傳秦松陳端見紘傳何焯曰伯符以勇銳摧破繇朗然能繫屬士民修其政理遂創霸圖亦子布三四公之助

江表傳曰策遣奉正都尉劉由洪飴孫曰奉正都尉一人吳所置五官掾高承奉章詣許拜獻

方物此爲建安元年所獻見後注通鑑考異曰策貢獻在二年非元年也時袁術僭號術僭號在建安二年策以書責而絕之何焯曰策前此猶爲術部曲自絕術乃正名漢藩得以自立矣後曹公亦以策絕術授討逆之號

吳錄載策使張紘爲書曰蓋上天垂司過之星潘眉曰鬼料𥫗云文昌六星五曰司命以司諸過聖王建敢諫之鼓設非謬之備急箴闕之言何哉凡有所長必有所短也去冬傳有大計無不悚懼旋知供備貢獻萬夫解惑頃聞建議復欲追遵前圖即事之期便有定月益使憮然毛本憮作憮沈家本曰廣韻憮同憮想是流妄設其必爾民何望乎曩日之舉義兵也天下之士所以響應者董卓擅廢置害太后弘農王略烝宮人毛本烝作蒸誤發掘園陵暴逆至此故諸州郡雄豪聞聲慕義神武外振卓遂內殲元惡旣斃幼主東顧俾保傅宣命欲令諸軍振旅於河北通謀黑山於字衍於上下文俱難通或校改作乃字陳景雲曰振旅句絕於字疑然字之誤後漢書袁術傳載此書作然而河北異謀於黑山章懷注謂袁紹爲冀州牧與黑山賊相連蓋與術書不可顯斥其書故微其詞曹操放毒東齊宋本齊作徐范書袁術傳同劉表稱亂南荆范書稱作僭公孫瓚炰烋北幽范書作公孫叛逆於朔北劉繇決力江滸劉備爭盟淮隅是以未獲承命櫜弓戢戈也今備繇既破操等饑餒謂當與天下合謀以誅醜類捨而不圖有自取之志非海內所望一也昔成湯伐桀稱有夏多罪尚書湯誓曰有夏多罪天命殛之武王伐紂曰殷有罪罰重哉史記武王徧告諸侯曰殷有重罰不可不伐此二王者雖有聖德宜當君世如使不遭其時亦無繇興矣幼主非有惡於天下徒以春秋尚少脅於彊臣若無過而奪之懼未合於湯武之事二也卓雖狂狡至廢主自興宋本馮本興作與通鑑作興亦猶未也而天下聞其桀虐攘臂同心而疾之以中土希戰之兵當邊地勁悍之虜所以斯須游魂也今四方之人皆玩敵而便戰鬬矣可得而勝者以彼亂而我治彼逆而我順也見當世之紛若欲大舉以臨之適足趣禍三也天下神器不可虛干必須天贊與人

力也殷湯有白鳩之祥周武有赤烏之瑞漢高有星聚之符世祖有神光之徵皆因民困悴於桀紂之政毒苦於秦莽之役故能芟去無道致成其志今天下非患於幼主未見受命之應驗而欲一旦卒然登即尊號未之或有四也天子之貴四海之富誰不欲爲義不可勢不得耳陳勝項籍王莽公孫述之徒皆南面稱孤莫之能濟帝王之位不可橫冀五也幼主岐嶷若除其偪去其鯁必成中興之業夫致主於周成之盛自受旦奭之美此誠所望於尊明也縱使幼主有他改異猶望推宗室之譜屬論近親之賢良以紹劉統以固漢宗皆所以書功金石圖形丹青流慶無窮垂聲管絃捨而不爲爲其難者想明明之素必所不忍六也五世爲相李賢曰安生京京生湯湯生逢逢生術凡五代權之重勢之盛天下莫得而比焉文類焉作爲忠貞者必曰宜夙夜思惟所以扶國家之躓頓念社稷之危殆以奉祖考之志以報漢室之恩其忽履道之節而强進取之欲者將曰天下

之人非家吏則門生也孰不從我四方之敵非吾匹則吾役也誰能違我盍乘累世之勢起而取之哉二者殊數不可不詳察者也宋本者作七所貴於聖哲者以其審於機宜愼於舉措若難圖之事難保之勢以激羣敵之氣以生衆人之心馮本生作先公義故不可馮本故作旣私計又不利明哲不處八也世人多惑於圖緯而牽非類牽下何焯校增引字比合文字以悅所事苟以阿上惑衆終有後悔者自往迄今未嘗無之不可不深擇而熟思九也九者尊明所見之餘耳庶備起予補所遺忘忠言逆耳幸留神聽袁宏後漢紀載此文較簡絜今全錄之於下書云昔者董卓無道陵虐王室禍加太后暴及弘農天子播越宗廟焚毀是以豪傑發憤赫然俱起元惡旣斃幼主東顧乃使王人奉命宣明朝恩偃武修文與之更始而河北異謀黑山不順劉表僭亂於南公孫叛逆於北劉繇阻兵劉備爭盟是以未獲承命櫜弓戢戈也當謂使君與國同規舍是不卹完然有自取之志懼非海內企望之意昔湯伐桀稱有夏多罪武王伐紂曰殷有重罰此二王者雖有聖德假使時無失道之過何由逼而奪之也今主上豈有惡於天下徒以幼小脅於僭臣異於湯武之時也又聞幼主明智聰敏有夙成之德天下雖未被恩威以歸心焉若輔而興之旦奭之美率土之所望也使君

五世相承爲漢宰輔榮寵之盛莫與爲比宜効忠守節以報漢室世人多惑圖緯之言妄牽非類之文苟以悅主爲美不顧成敗之計今古所愼也忠言逆耳駮議致憎苟有益於尊明則無所敢辭術始自以爲有淮南之衆料策必與己合及得其書遂愁沮發疾范書袁術傳所載與此同典略云張昭之辭袁紀云彭城人張昭避亂淮南策賓禮之及策東略遂爲之謀主聞袁術僭號昭爲策書諫術臣松之以爲張昭雖名重然不如紘之文也此書必紘所作或曰子布論舊君諱事無此朗潤可見文不出其手

曹公表策爲討逆將軍封爲吳侯胡三省曰討逆將軍亦創置也由烏程徙封吳進其封也周壽昌曰王輔承制假策明漢將軍策上表稱袁術以臣行殄寇將軍至被詔書乃知詐擅一則承制一則假詔惟建安三年制書轉拜討逆將軍是眞拜故兩將軍號不入傳惟討逆擅名也弼按殄寇將軍入傳周說誤

江表傳曰建安二年夏漢朝遣議郎王輔宋本輔作誧下同妃嬪傳亦作誧音普通鑑同奉戊辰詔書曰通鑑考異曰奉戊辰詔書不知其何月也董卓逆亂凶國害民先將軍堅念在平討雅意未遂毛本未作恭誤厥篹著聞宋本馮本篹作美策遵善道求福不回今以策爲騎都尉襲爵烏程侯胡三省曰策父堅以討賊功封烏程侯領會稽太守又詔勑曰故左將軍袁術不顧朝恩坐創凶逆造合虛僞欲因兵亂詭詐百姓聞其言官本考證曰北宋本作始聞其言以爲不然定得使持節平東將軍領徐州牧溫侯布上術所造惑衆妖妄知術鴟梟之性遂其無道遂疑作逞修治王宮署置公卿郊天祀地殘民害物爲禍深酷布前後上策乃心本朝欲還討術爲國効節乞加顯異夫懸賞俟功惟勤是與故便寵授承襲前邑重以大郡榮耀兼至是策輸力竭命之秋也其亟與布及行吳郡太守安東將軍陳瑀戮力一心同時赴討策自以統領兵馬但以騎都尉領郡爲輕欲得將軍號及使人諷輔及疑作乃輔便承制假策明漢將軍胡三省曰明漢將軍亦權宜置此號言明於逆順知尊漢室也是時陳瑀屯海西郡國志揚州廣陵郡海西一統志故城今江蘇海州南見魏志梁習傳策奉詔治嚴胡三省曰嚴裝也當與布瑀參同形勢行到錢塘錢塘見孫堅傳瑀陰圖襲策馮本圖襲二字誤倒遣都尉萬演等密渡江使持印傳三十餘細賊郝書細作紐沈家本曰細賊二字疑有誤

與丹陽郡國志丹陽郡丹陽今安徽太平府當塗縣東少北五十里詳見魏志陶謙傳注宣城漢書地理志丹陽郡宣城續志後漢省一統志故城今安徽寧國府南陵縣東四十里淸弋江上通鑑建安三年孫策定宣城以東二十年孫權使蔣欽屯宣城皆卽故城也洪亮吉曰郡國志無此縣疑吳時復立涇涇縣見前陵陽郡國志丹陽郡陵陽劉昭注陵陽子明得仙於此縣山故以爲名孫輔傳輔從孫策討陵陽生得祖郎等卽此一統志故城今安徽池州府石埭縣東北始安謝鍾英曰賀齊傳建安二十一年陵陽始安涇縣皆與鄱陽民尤突相應齊討破突丹陽三縣皆降是丹陽郡有始安縣地缺黟漢書地理志丹陽郡黝師古曰黝音伊字本作黟其音同郡國志丹陽郡黝劉昭注魏氏春秋有林歷山王念孫曰說文黟黑水也從黑多聲丹陽有黟縣又云漸水出丹陽黟南蠻中東入海則地理志本作黟明矣水經注引此亦作黟黟從多聲於古音屬歌部於今音屬支部若黝從幼聲則古今音皆屬幽部幽之字無與支歌部通者黟字不得借作黝也此因字形有似而誤耳各史志或作黟或作黝其作黝者皆爲誤本漢志所惑玉篇黝字無伊音廣韻黝於脂切縣名屬歙州誤與各史志同王先謙曰漸江水注縣居黟山之陽故縣氏之一統志墨嶺在縣南山出石墨縣名以此謝鍾英曰賀齊傳黟帥陳僕祖山等二萬戶屯林歷山方輿紀要今黟縣南十里寰宇記故城在黟縣東五里因黟川爲名一統志今安徽徽州府黟縣東吳改屬新都郡晉志屬新安郡歙漢書地理志丹陽郡歙都尉治師古曰歙音攝郡國志丹陽郡歙劉昭注山海經曰三天子鄣山在閩西海北郭璞曰在縣東今謂之玉山吳改屬新都郡晉志屬新安

郡一統志故城今徽州府歙縣治 諸險縣大帥祖郎焦已及吳郡烏程嚴白虎等使爲內應伺策軍發欲攻取諸郡策覺之遣呂範徐逸攻璝於海西大破璝獲其吏士妻子四千人 互見呂範傳 山陽公載記曰璝單騎走冀州自歸袁紹紹以爲故安都尉 郡國志幽州涿郡故安一統志故城今直隸易州東南見魏武紀建安九年 吳錄載策上表謝曰臣以固陋孤持邊陲陛下廣播高澤不遺細節以臣襲爵兼典名郡仰榮寵顧 宋本作仰榮顧寵 所不克堪興平二年十二月二十日於吳郡曲阿得袁術所呈表以臣行殄寇將軍至被詔書乃知詐擅雖輒捐廢猶用悚悸臣年十七喪失所怙懼有不任堂構之鄙 尚書大誥厥子乃弗肯堂矧肯構 以忝析薪之戒 左傳其父析薪其子弗克負荷 誠無去病十八建功 漢書霍去病傳去病年十八爲侍中善騎射再從大將軍大將軍受詔予壯士爲票姚校尉與輕勇騎八百直棄大將軍數百里赴利斬捕首虜過當上以二千五百戶封去病爲冠軍侯 世祖列將弱冠佐命臣初領兵年未弱冠雖駑懦不武然思竭微命惟術狂惑爲惡深重臣憑威靈奉辭伐罪庶必獻捷以報所授 馮本伐作罰誤 臣松之案本傳云孫堅以初平三年卒策以建安五年卒策死時年二十六計堅之亡策應十八而此表云十七則爲不符張璠漢記及吳歷並以堅初平二年死此爲是而本傳誤也 何焯曰以二爲三傳寫之誤 江表傳曰建安三年策又遣使貢方物倍於元年所獻其年制書轉拜討逆將軍改封吳侯 通鑑建安三年孫策遣正議校尉張紘獻方物本志張紘傳云建安四年策遣紘奉章至許宮通鑑考異云紘傳誤

後術死 范書獻帝紀建安四年六月袁術死 長史楊弘大將張勳等將其衆欲就策盧江太守劉勳要擊悉虜之收其珍寶以歸 袁術使孫策攻廬江太守陸康策已拔廬江術復用故吏劉勳爲太守術死而勳背之勳固不義術亦可謂昧於知人矣 策聞之僞與勳好盟勳新得術衆時豫章上繚宗民萬餘家在江東 趙一清曰水經贛水注繚水導源建昌縣東逕新吳縣又逕海昏縣謂之上繚水胡三省曰上繚在建昌界繚讀曰僚宗民卽所謂江南宗賊 策勸勳攻取之勳既行策輕軍晨夜襲拔廬江 策攻廬江

劉勳在建安四年見孫權傳 勳衆盡降勳獨與麾下數百人自歸曹公 劉勳事見魏志武紀建安四年魏志劉曄傳劉勳兵彊於江淮之閒孫策惡之遣使卑辭厚幣說勳攻上繚勳信之興兵伐上繚策果襲其後勳窮蹙遂奔太祖

江表傳曰策被詔勅與司空曹公衞將軍董承益州牧劉璋等并力討袁術劉表軍嚴當進會術死術從弟胤女壻黃猗等畏懼曹公不敢守壽春乃共舁術棺柩扶其妻子及部曲男女就劉勳於皖城 皖城見孫堅傳廬江郡注趙一清曰方輿紀要卷二十六皖城在安慶府西北建安四年孫策襲克之旣而曹操取其地操恐江表郡縣爲孫權所略徙民東渡西江遂虛合肥以南唯有皖城建安十九年權攻皖城克之遂爲重鎮 勳糧食少無以相振乃遣從弟偕告糴於豫章太守華歆歆部素少穀遣吏將偕就海昏上繚 郡國志豫章郡海昏侯國劉昭注在昌邑城豫章記曰城東十三里縣列江邊名慨口出豫章大江之口也昌邑王每乘流東望輒憤慨而還故謂之慨口一統志故城今江西南康府建昌縣治謝鍾英曰當在今建昌縣東南南昌府城北慨江口之西一統志謂卽建昌縣治與水經注不合上繚今建昌縣南十七里海昏上繚互見太史慈傳 使諸宗帥共出三萬斛米以與偕偕往歷月纔得數千斛偕乃報勳具說形狀使勳來襲取之勳得偕書便潛軍到海昏邑下宗帥知之空壁逃匿勳了無所得時策西討黃祖行及石城 郡國志丹陽郡石城胡三省曰賢曰在今蘇州西南予據水經石城縣在牛渚東酈道元注又云牛渚在石城東減五百里未知孰是又據五代志宣城秋浦縣舊曰石城宋白曰池州貴池石埭二縣皆漢石城縣之地一統志石城故城在今安徽池州府貴池縣西程普爲丹陽都尉屯石城孫權封韓當爲石城侯縣志故城在縣西七十里地名鐵店亦曰蒼埠潭以東西兩石山夾河如城而名趙一清曰寰宇記卷一百十二黃石城在鄂州西北二百九十里劉勳爲孫策所破遂奔曹公卽此城也胡三省注通鑑引水經注牛渚爲城及貴池石埭二縣爲漢石城縣地誤弼按胡注本存疑趙說誤當以一統志爲是互見程普傳 聞勳輕身詣海昏便分遣從兄賁輔率八千人於彭澤待勳 郡國志豫章郡彭澤彭蠡澤在西宋白曰彭澤縣取彭蠡澤爲名漢屬豫章郡今江州彭澤縣南康軍都昌縣皆漢彭澤縣地一統志彭澤故城在今江西九江府湖口縣東三十里建安中孫權置彭澤郡以呂範爲太守尋廢晉陶潛爲彭澤令卽此王先謙曰彭蠡澤卽鄱陽湖 自與周瑜率二萬人步襲皖城卽克之得術百工及鼓吹部曲三萬餘人并術勳妻子表用汝南李術爲廬江太守 李術事見孫權傳建安五年注 給兵三千人以守皖皆徙所得人東詣吳賁輔又於彭澤破勳勳走入楚

江從尋陽步上 郡國志廬江郡尋陽南有九江東合爲大江劉昭注有置馬亭劉勳士衆散處釋慧遠廬山記略曰山在尋陽南南賓宮亭湖北對
小江山去小江三十餘里有匡俗先生者出殷周之際隱遯潛居其下受道於仙人而共嶺時謂所止爲仙人之廬而命焉其山大嶺凡七重圓基周迴垂三五百
里其南嶺臨宮亭湖下有神廟七嶺會同莫升之者東南有香爐山其上氛氳若香煙西南中石門前有雙闕壁立千餘仞而瀑布流焉其中鳥獸草木之美靈藥
芳林之奇所稱名代豫章舊志匡俗字君平夏禹之苗裔也胡三省曰尋陽縣本在大江之北尋水之陽一統志故城今湖北黃州府黃梅縣北互見魏志明紀卷
首及曹休傳又見孫權傳黃初二年又見諸葛恪傳 到置馬亭 方輿紀要卷八十五置馬亭在九江府西 聞策等已克皖乃投西
塞 潘眉曰西塞山名在今湖北大冶縣東三國吳時爲陽新縣地 至沂 通鑑作勳走保流沂胡注流沂地名近西塞趙一清曰方輿紀要卷七十六西
塞山在武昌縣東百三十里圖經云山高百六十丈周三十七里吳楚分界處也既險且峻橫嶼枕江危峯對岸長江東注高浪飛翻建安四年孫策破黃祖子射
處也沂字上有脫誤當作流沂西塞山有流沂城劉勳走保流沂求救於黃祖卽此 築壘自守告急於劉表求救於黃祖祖遣
太子射船軍五千人助勳 周壽昌曰祖尙爲劉表屬並未僭號子安能稱太子疑是長子之訛胡三省曰船軍卽舟師也 策復就
攻大破勳勳與偕北歸曹公射亦遁走策收得勳兵二千餘人船千艘遂前進夏口

夏口今湖北漢口詳見魏志武紀建安十三年 攻黃祖時劉表遣從子虎南陽韓晞將長矛五千來爲黃祖
前鋒策與戰大破之 吳錄載策表曰臣討黃祖以十二月八日到祖所屯沙羨縣
通鑑作十二月辛亥策軍至沙羨郡國志荊州江夏郡沙羨晉灼曰羨音夷水經江水篇江水又東北至江夏沙羨縣西北沔水從北來注之一統志沙羨故城今
湖北武昌府江夏縣西南 劉表遣將助祖並來趣臣臣以十一日平旦 通鑑作甲寅策與戰大破之 部所領
江夏太守行建威中郎將周瑜 江夏郡見魏志武紀建安十三年及文聘傳建威中郎將一人吳置 領桂陽太守行
征虜中郎將呂範 桂陽郡見蜀志先主傳範傳不言領桂陽太守蓋遙領也征虜中郎將一人吳置 領零陵太守行蕩寇
中郎將程普 零陵郡見蜀志先主傳蕩寇中郎將一人吳置 行奉業校尉孫權 孫權傳作奉義校尉 行先登校尉
韓當 先登校尉一人吳置 行武鋒校尉黃蓋等 武鋒校尉一人吳置蓋傳未言此官 同時俱進身跨馬櫟陳手
擊急鼓以齊戰勢吏士奮激踴躍百倍心精意果各競用命越渡重塹迅疾若飛火放
上風兵激煙下弓弩並發流矢雨集日加辰時祖乃潰爛鋒刃所截猋火所焚 宋本馮本猋作

焱 前無生寇惟祖迸走獲其妻息男女七人斬虎狼韓晞以下二萬餘級 何焯曰虎卽劉表從
子猥字疑誤盧明楷曰猥字衍潘眉說同 其赴水溺者一萬餘口船六千餘艘財物山積雖表未禽祖宿
狡猾爲表腹心出作爪牙表之鴟張以祖氣息而祖家屬部曲埽地無餘表孤特之虜
成鬼行尸誠皆聖朝神武遠振臣討有罪得效微勤
是時袁紹方彊 魏志武紀建安四年是時袁紹既幷公孫瓚兼四州之地衆十餘萬將進軍攻許 而策幷江夏 策是
時亦未有江夏郡全境 曹公力未能逞且欲撫之
吳歷曰曹公聞策平定江南意甚難之常呼猘兒難與爭鋒也 猘音制本作狾或作瘈說文狂犬也
乃以弟女配策小弟匡又爲子彰取賁女 彰各本均作章官本考證曰章當作彰鄢陵侯也 皆
禮辟策弟權翊又命揚州刺史嚴象 潘眉曰魏志荀彧傳注亦有嚴象御覽卷一百十八引吳志作众众卽衆
字蓋宋本作嚴衆今本或訛衆爲象耳沈家本曰彧傳注引三輔決錄象字文則是其名當作象不應作衆鮑本御覽作象未知潘氏所據何本 舉權茂

才 董卓令孫堅列疏子弟仕刺史郡守者許表用之曹操不能制孫策乃與之結親而禮辟其弟孫權畏劉備之強進妹固好權奸心事大略相同 建
安五年曹公與袁紹相拒於官渡策陰欲襲許迎漢帝
吳錄曰時有高岱者隱於餘姚 郡國志會稽郡餘姚山海經句餘之山無草木多金玉郭璞注今在餘姚縣南句章縣北故此二縣
因以爲名水經沔水注江水又東逕餘姚縣故城南縣城是吳將朱然所築南臨江津北背巨海縣西去會稽百四十里因句餘山以名縣山在餘姚之南句章之
北江水又東注於海風土記舜支庶所封舜姚姓故曰餘姚一統志餘姚故城今浙江紹興府餘姚縣治晉地志餘姚有句餘山卽四明山在縣南一百十里山東
北跨寧波府鄞縣界方輿紀要餘姚故城與今紹興府餘姚縣隔江相對 策命出使會稽丞陸昭逆之策虛己候爲聞
其善左傳乃自玩讀欲與論講或謂之曰高岱以將軍但英武而已無文學之才若與
論傳而或云不知者則某言符矣 馮本某作其誤 又謂岱曰孫將軍爲人惡勝己者若每
問當言不知乃合意耳如皆辨義比必危殆 宋本比作此 岱以爲然及與論傳或答不
知策果怒以爲輕己乃囚之知交及時人皆露坐爲請策登樓望見數里中塡滿策惡

其收衆心遂殺之岱字孔文吳郡人也受性聰達輕財貴義其友士拔奇取於未顯所友八人皆世之英偉也太守盛憲以爲上計舉孝廉許貢來領郡岱將憲避難於許昭家求救於陶謙何焯曰許劭嘗依陶謙此昭字似劭之誤弼按裴注云許昭有義於舊君謂濟盛憲事此作許昭不誤謙未卽救岱憔悴泣血水漿不入口謙感其忠壯有申包胥之義許爲出軍以書與貢岱得謙書以還而貢已囚其母吳人大小皆爲危竦以貢宿忿往必見害岱言在君則爲君且母在牢獄期於當往若得入見事自當解遂通書自白貢卽與相見才辭敏捷好自陳謝貢登時出其母岱將見貢與友人張允沈暱暱音閔令豫具船以貢必悔當追逐之出便將母乘船易道而逃貢須臾遣人追之令追者若及於船江上便殺之或校改作若及船於江上已過則止使與岱錯道遂免被誅時年三十餘　江表傳曰時有道士琅邪于吉馮本于作干誤先寓居東方往來吳會立精舍燒香讀道書制作符水以治病吳會人多事之策嘗於郡城門樓上集會諸將賓客吉乃盛服杖小函漆畫之名爲仙人鏵鏵胡瓜切鍪也官本考證曰鏵一作鐮或作鑠趨度門下諸將賓客三分之二下樓迎拜之掌賓者禁呵不能止策卽令收之諸事之者悉使婦女入見策母請救之母謂策曰于先生亦助軍作福醫護將士不可殺之策曰此子妖妄能幻惑衆心遠使諸將不復相顧君臣之禮盡委策下樓拜之不可不除也諸將復連名通白事陳乞之策曰昔南陽張津爲交州刺史張津事見士燮傳薛綜傳又見蜀志許靖傳舍前聖典訓廢漢家法律常著絳帕頭續漢志輿服志秦雄諸侯乃加其武將首飾爲絳袙以表貴賤胡三省曰著涉略翻帕莫白翻項安世家說頭巾一名幧音陗一名帕陸游曰袙頭者巾幘之類猶今言幞頭韓文公云以紅袙首已爲失之東坡云絳袙蒙頭讀道書增一蒙字其誤尤甚鼓琴燒香讀邪俗道書云以助化卒爲南夷所殺此甚無益諸君但未悟耳今此子已在鬼籙勿復費紙筆也卽催斬之縣首於市諸事之者尙不謂其死而云尸解焉復祭祀求福　志林曰初順帝時琅邪宮崇詣闕上師于吉所

得神書於曲陽泉水上白素朱界號太平青領道凡百餘卷趙一清曰漢書地理志東海九江皆有曲陽縣應劭並云在淮曲之陽後漢以東海曲陽屬下邳於九江曰西曲陽此則東海之曲陽也青當作清後漢書襄楷傳宮崇所獻遣書百七十卷號太平清領書其言以陰陽五行爲家而多巫覡雜語有司奏崇所上妖妄不經乃收藏之後張角頗有其書焉注云神書卽今道家太平經也其經以甲乙丙丁戊己庚辛壬癸爲部每部一十七卷順帝至建安中五六十歲于吉是時近已百年年在耄悼禮不加刑又天子巡狩問百年者就而見之敬齒以親愛聖王之至教也吉罪不及死而暴加酷刑是乃謬誅非所以爲美也喜推考桓王之薨建安五年四月四日是時曹袁相攻未有勝負案夏侯元讓與石威則書夏侯惇字元讓魏志有傳袁紹破後也書云授孫賁以長沙業張津以零桂此爲桓王於前亡張津於後死不得相讓譬言津之死意矣　臣松之案太康八年廣州大中正王範上交廣二州春秋新唐志地理類王範交廣二州記一卷續漢書郡國志交州注水經泿水注引存作交廣春秋呂岱傳注王範誤作王隱建安六年張津猶爲交州牧江表傳之虛如志林所云　搜神記曰策欲渡江襲許與吉俱行時大旱所在熇厲策催諸將士使速引船或身自早出督切見將吏多在吉許策因此激怒言我爲不如于吉邪而先趨務之便使收吉至呵問之曰天旱不雨道塗艱澀不時得過故自早出而卿不同憂戚安坐船中作鬼物態敗吾部伍今當相除令人縛置地上暴之使請雨若能感天日中雨者當原赦不爾行誅俄而雲氣上蒸膚寸而合比至日中大雨總至溪澗盈溢將士喜悅以爲吉必見原並往慶慰策遂殺之將士哀惜共藏其尸天夜忽更興雲覆之明旦往視不知所在

案江表傳搜神記于吉事不同未詳孰是

密治兵部署諸將未發會爲故吳郡太守許貢客所殺通鑑輯覽曰田豐說袁紹劉備說劉表同欲乘虛襲許而紹表皆庸才不能用卽令其說行亦未必能集事也孫策用兵足與操埒使鼓行直入操將有首尾不相顧者適會策卒操遂得從事中原亦時數爲之歟先是策殺貢貢小子與客亡匿江邊策單騎出卒與客遇客

擊傷策 何焯曰策本袁氏部曲覩其喪敗乃始暌貳於漢則江外之大賊也貢既忠臣其客亦無愧高漸離矣康發祥曰孫策之死有似父堅蓋策爲許貢客所殺堅爲黃祖軍士所射是可爲輕躁者鑒戒

江表傳曰廣陵太守陳登治射陽 郡國志徐州廣陵郡治廣陵王先謙曰三國魏吳分據漢郡廢魏廣陵徙治淮陰見通鑑胡注馬與龍云建安中魏武以陳登爲廣陵太守治射陽建安末吳主權以孫韶爲廣陵太守治京城見吳志韶傳此則吳徙置廣陵治京城也一統志廣陵故城今江蘇揚州府東北射陽故城今江蘇淮安府山陽縣東南淮陰故城今江蘇淮安府清和縣南京城今江蘇鎭江府丹徒縣治射陽詳見魏志臧洪傳京城詳見蜀志先主傳建安十三年 登卽瑀之從兄子也策前西征登陰復遣閒使以印綬與嚴白虎餘黨圖爲後害以報瑀見破之辱 毛本破作被誤 策歸復討登軍到丹徒 郡國志吳郡丹徒劉昭注春秋曰朱方孫權傳嘉禾三年改丹徒曰武進一統志故城今鎭江府丹徒縣東南十八里胡三省曰秦時望氣者云其地有天子氣始皇使赭徒二千人鑿城以敗其勢改曰丹徒通鑑考異曰據策傳云策謀襲許未發而死陳矯傳云登爲孫權所圍於匡奇登令矯求救於太祖太祖遣赴救吳軍既退登設伏追奔大破之先賢行狀云登有吞滅江南之志孫策遣軍攻登於匡奇城登大破之斬虜萬數賊忿喪軍尋復大興兵向登登使功曹陳矯求救於太祖此數者參差不同孫盛異同評云按袁紹以建安五年至黎陽策以四月遇害而志云策聞曹公與紹相拒於官渡謬矣伐登之言爲有證也今從之 須待運糧策性好獵將步騎數出策驅馳逐鹿所乘馬精駿從騎絕不能及初吳郡太守許貢上表於漢帝曰孫策驍雄與項籍相似宜加貴寵召還京邑若被詔不得不還若放於外必作世患策候吏得貢表以示策策請貢相見以責讓貢貢辭無表策卽令武士絞殺之 通鑑考異曰許貢先爲朱治所迫已去郡依嚴白虎安能復爾蓋策破白虎時殺貢耳 貢奴客潛民閒 奴客見魏志文德郭后傳 欲爲貢報讎獵日卒有三人 卒讀曰猝 卽貢客也策問爾等何人答云是韓當兵在此射鹿耳策曰當兵吾皆識之未嘗見汝等因射一人應弦而倒餘二人怖急便舉弓射策 馮本射字下空格誤 中頰後騎追至皆刺殺之 九州春秋曰策聞曹公北征柳城 毛本北下空格無征字誤柳城見魏志武紀建安十二年 悉起江南之衆自號大司馬將北襲許恃其勇行不設備故及於難 孫盛異同評曰凡此數書各有所失孫策雖威行江外略有六郡 策已有丹陽會稽吳郡豫章四郡分置廬陵一郡九江廬江江夏三郡僅各割據其半耳 然黃祖乘其上流陳登閒其心腹且深險彊宗未盡歸復曹袁虎爭勢傾山海策豈暇遠師汝潁而遷帝於吳越哉斯蓋庸人之所鑒見況策達於事勢者乎又案袁紹以建安五年至黎陽而策以四月遇害而志云策聞曹公與紹相拒於官渡繆矣伐登之言爲有證也 又江表傳說策悉識韓當軍士疑此爲詐便射殺一人夫三軍將士或有新附策爲大將何能悉識以所不識便射殺之非其論也又策見殺在五年柳城之役在十二年九州春秋乖錯尤甚矣 臣松之案傅子亦云曹公征柳城將襲許記述若斯何其疏哉然孫盛所譏未爲悉是黃祖始被策破魂氣未反但劉表君臣 何焯曰但字安溪改且 本無兼并之志雖在上流何辦規擬吳會策之此舉理應先圖陳登但舉兵所在不止登而已于時彊宗驍帥祖郎嚴虎之徒禽滅已盡所餘山越蓋何足慮然則策之所規未可謂之不暇也若使策志獲從大權在手淮泗之閒所在皆可都何必畢志江外其當遷帝於揚越哉案魏武紀武帝以建安四年已出屯官渡 馮本渡字下空格誤 策未死之前 宋元本無策字誤陳本策上有乃字 久與袁紹交兵則國志所云不爲謬也許貢客無聞之小人而能感識恩遇臨義忘生卒然奮發有侔古烈矣詩云君子有徽猷小人與屬貢客其有焉

創甚請張昭等謂曰 通鑑請作召案請字是 中國方亂夫以吳越之衆三江之固 三江詳見蜀志許靖傳 足以觀成敗公等善相吾弟呼權佩以印綬謂曰舉江東之衆決機於兩陳之閒與天下爭衡 胡三省曰衡所以平輕重也爭衡言分爭之世兵力所加天下大勢爲之輕重也 卿不如我 趙一淸曰此文全用吳錄善相吾弟下尙有愼勿北渡四字蓋策之遺教而張昭幾背之何邪 舉賢任能各盡其心以保江東我不如卿至夜卒 通鑑建安五年四月丙午策卒蓋本虞喜策以四月四日死之語通鑑考異曰策傳策陰欲襲許迎漢帝密治兵部署未發爲許貢客所殺郭嘉傳曰策渡江北襲許衆聞皆懼嘉料之曰策輕而無備必死於匹夫之手果爲貢

客所殺嘉雖先見安能知策死於未襲許之前乎蓋時人見策臨江治兵疑其襲許嘉料其不能爲耳潘眉曰班史宗室例書薨陳志於討逆傳書卒於吳主傳及周瑜程普等傳又書策薨體例未能畫一亦是一病 時年二十六 由建安五年年二十六推之策生於靈帝熹平四年年十七喪父十年之閒建立大業少年英邁勇銳無前眞一時豪傑之士也輕躁隕身享年不永惜哉

吳歷曰策既被創醫言可治當好自將護百日勿動策引鏡自照謂左右曰面如此尙可復建功立事乎推几大奮創皆分裂須臾卒 官本考證曰推几宋本作椎几須臾卒宋本作其夜卒 搜神記曰策既殺于吉每獨坐彷彿見吉在左右意深惡之頗有失常後治創方差而引鏡自照見吉在鏡中顧而弗見如是再三因撲鏡大叫創皆崩裂須臾而死

權稱尊號追謚策曰長沙桓王 趙一清曰吳地記盤門內東北二里有後漢破虜將軍孫堅墳又有討逆將軍孫策墳一清案御覽卷百九十引異苑曰餘姚縣倉封閉完密而年年輒大損耗後伺之乃是富陽縣桓王陵上雙石龜所食卽斷毀龜口於是無復虧減則伯符亦還葬祖墓不在吳也矣敬叔之言爲有徵也又宋書禮志孫權於建業立兄長沙桓王府於朱爵橋南權疾太子所禱卽策廟也 封子紹爲吳侯 策女一適顧邵見顧雍傳一適朱紀見朱治傳一適陸遜見遜傳 後改封上虞侯 郡國志會稽郡上虞水經漸江水注江水東逕上虞縣南本司鹽都尉治地名虞賓晉太康地記曰舜避丹朱於此故以名縣百官從之故縣北有百官橋亦云禹與諸侯會事訖因相虞樂故曰上虞二說不同未知孰是南有曹娥碑娥父盱迎濤溺死娥時年十四哀父尸不得乃號踴江介因解衣投水祝曰若値父尸衣當沈若不値衣當浮裁落便沈娥遂于沈處赴水而死縣令度尙使外甥邯鄲子禮爲碑文以彰孝烈一統志上虞故城今浙江紹興府上虞縣西北 紹卒子奉嗣孫晧時訛言謂奉當立誅死

評曰孫堅勇摯剛毅孤微發迹導溫戮卓山陵杜塞有忠壯之烈策英氣傑濟猛銳冠世覽奇取異志陵中夏然皆輕佻果躁隕身致敗且割據江東策之基兆也而權尊崇未至子止侯爵於義儉矣

孫盛曰孫氏兄弟皆明略絕羣創基立事策之由也

王懋竑曰孫策創業江東自藉攻戰之力而於張昭張紘虞翻俱待以師友之禮委而用之所謂爪牙信布腹心良平不專以武力也至權時張昭張紘雖見尊禮而不復任用昭且幾不免而翻竟以黨死惟顧雍潘濬輩從容

諷議得安有位陸遜有大功而以數直諫憤恚而卒周瑜魯肅幸已死不與陸遜同禍而亦恩不及嗣有所愛重者惟呂蒙淩統甘寧周泰輩以視策萬萬不逮矣其保有江東者以有呂蒙輩爲之用得其死力而其不能廓大基業窺中原者亦以此孫盛之評蓋得其實矣而通鑑不著其語故附論之 且臨終之日顧命委權夫意氣之閒猶有刎頸況天倫之篤愛豪達之英鑒豈吝名號於既往違本情之至實哉 本情馮本作情本誤 抑將遠思虛盈之數而愼其名器者乎夫正本定名爲國之大防杜絕疑貳消釁之良謨是故魯隱矜義終致羽父之禍 左傳隱公十一年羽父請殺桓公將以求太宰公曰爲其少故也吾將授之矣羽父懼反譖公于桓公而請弒之十一月壬辰羽父使賊弒公于寪氏立桓公 宋襄懷仁卒有殤公之哀 左傳隱公三年宋穆公疾召大司馬孔父而屬殤公焉曰先君舍與夷而立寡人寡人弗敢忘對曰羣臣願奉馮也公曰不可使公子馮出居于鄭宋穆公卒殤公卽位杜注先君穆公兄宣公也與夷宣公子卽所屬殤公穆公子莊公也桓公二年宋督殺孔父而弒殤公召莊公于鄭而立之 皆心存小善而不達經綸之圖求釁當年而不思貽厥之謀可謂輕千乘之國蹈道則未也孫氏因擾攘之際得奮其縱橫之志業非積德之基邦無磐石之固勢一則祿祚可終情乖則禍亂塵起安可不防微於未兆慮難於將來壯哉策爲首事之君有吳開國之主將相在列皆其舊也而嗣子弱劣析薪弗荷奉之則魯桓田市之難作崇之則與夷子馮之禍興是以正名定本使貴賤殊邈然後國無陵肆之責後嗣罔猜忌之嫌羣情絕異端之論不逞杜覬覦之心於情雖違於事雖儉至於括囊遠圖永保維城可謂爲之于其未有治之于其未亂者也陳氏之評其未達乎 李光地曰陳評自是情理亦何必累紙贊頌如此使權果能防微慮遠亦無子孫相殘之禍矣盛之虛詞迂氣皆是類也趙一清曰容齋續筆云孫盛說迂謬漢室中興出於伯升光武感其功業之不終建武二年首封其二子爲王而帝子之封乃在一年之後司馬昭繼兄師秉魏政以次子攸爲師後常云天下者景王之天下欲以大業歸攸以孫權視之不可同日論也杭世駿亦引此說

吳主傳第二 劉咸炘曰尙云傳名吳主而傳首直名孫權不冠吳主與蜀志書先主諱備者異矣

晉　平陽侯相安漢陳壽撰

宋中書侍郎西鄉侯聞喜裴松之注

沔陽盧弼集解

孫權字仲謀兄策既定諸郡時權年十五 時爲漢獻帝建安元年 以爲陽羨長 郡國志揚州吳郡陽羨三國吳改屬吳興郡孫亮傳五鳳二年陽羨離里山大石自立（謝王引此作太元二年誤）孫晧傳天璽元年吳興陽羨山有空石長十餘丈名曰石室在所表爲大瑞封禪國山改元天紀以協石文一統志陽羨故城今江蘇常州府宜興縣南五里國山在常州府荆溪縣西南五十里寰宇記國山本名離里山山有九峯相連亦名九斗山孫晧封禪爲中嶽改爲國山謝鍾英曰在今宜興縣南五十里弼按陽羨國山互見孫亮傳五鳳二年孫晧傳天璽元年

江表傳曰堅爲下邳丞時權生 時在漢靈帝光和四年詳見孫堅傳 方頤大口目有精光堅異之以

爲有貴象 宋書符瑞志孫堅妻吳氏初姙子策夢月入其懷後孕子權又夢日入懷告堅曰昔姙策夢月入懷今又夢日入懷何也堅曰日月陰陽之精極貴之象吾子孫其興乎妃嬪傳注引搜神記所載與此同 及堅亡策起事江東權常隨從性度弘朗仁而多斷好俠養士始有知名侔於父兄矣每參同計謀策甚奇之自以爲不及也每請會賓客常顧權曰此諸君汝之將也 趙一清曰此言未實策之英武何遽不及權且亦未便自料年只二十六倉卒爲人所害也又曰韋續九品書孫權行草在中中行隸草在中下 行郡察孝廉州舉茂才 權年十五吳郡太守朱治舉權爲孝廉見朱治傳又見諸葛瑾傳揚州刺史嚴象舉權茂才見孫策傳 行奉義校尉 孫策傳注引吳錄作奉業校尉 漢以策遠修職貢遣使者劉琬加錫命琬語人曰吾觀孫氏兄弟雖各才秀明達然皆祿祚不終惟中弟孝廉形貌奇偉骨體不恆有大貴之表年又最壽爾試識之 宋書符瑞志孫權方頤大口紫髯長上短下漢世有劉琬者能相人見權兄弟曰孫氏兄弟雖各才智明達然祿胙不終惟中弟孝廉形貌奇偉骨體不恒有大貴之表年又最壽爾其識之

建安四年從策征廬江太守劉勳勳破進討黃祖於沙羨 廬江沙羨俱見孫策傳 五年策薨以事授權權哭未及息策長史張昭謂權曰孝廉此寧哭時邪且周公立法而伯禽不師非欲違父時不得行也

臣松之按禮記曾子問 禮記曾子問篇 子夏曰三年之喪金革之事無避也者禮與初有司與 鄭注疑有司初使之然 孔子曰吾聞諸老聃曰昔者魯公伯禽有爲爲之也鄭玄注曰 宋元本鄭字上空格誤 周人卒哭而致事 鄭注致事還其職位於君也 時有徐戎作難伯禽卒哭而征之急王事也 正義曰周公致政之後成王卽位之時周公猶在則此云伯禽卒哭者爲母喪也 昭所云伯禽不師蓋謂此也

況今姦宄競逐豺狼滿道乃欲哀親戚顧禮制是猶開門而揖盜未可以爲仁也乃改易權服扶令上馬使出巡軍是時惟有會稽吳郡丹陽豫章廬陵 潘眉曰廬陵下似脫廬江一郡沈家本曰孫策時已得廬江而此不及者豈以李術不肯事權邪又云建安十九年權征皖城

克之獲廬江太守朱光是權雖破李術未能得其地也弼按通鑑有廬江二字是時孫策實力只有會稽吳郡丹陽豫章四郡及分置廬陵一郡至淮南廬江江夏三郡終吳之世爲魏吳分據故承祚不及之也 然深險之地猶未盡從而天下英豪布在州郡 監本官本脫布字誤 賓旅寄寓之士以安危去就爲意未有君臣之固張昭周瑜等謂權可與共成大業故委心而服事焉 張昭傳孫策臨亡以弟權託昭昭率羣僚立而輔之周瑜傳五年策薨權統事瑜將兵赴喪遂留吳以中護軍與長史張昭共掌衆事 曹公表權爲討虜將軍 曹公欲因喪伐吳從張紘之言表權爲討虜將軍見紘傳胡三省曰討虜將軍之號創置於此 領會稽太守屯吳使丞之郡行文書事 會稽太守本治山陰屯吳者當爲軍事便利計且圖進取也顧雍傳孫權領會稽太守不之郡以雍爲丞行太守事趙一清曰時以顧雍爲丞代陸昭弼按陸昭爲會稽丞見孫策傳注引吳錄 待張昭以師傅之禮而周瑜程普呂範等爲將率招延俊秀聘求名士魯肅諸葛瑾等始爲賓客分部諸將鎭撫山越討不從命

江表傳曰初策表用李術爲廬江太守 策表用汝南李術爲廬江太守見策傳注引江表傳 策亡之後術不

肯事權而多納其亡叛權移書求索術報曰有德見歸無德見叛不應復還權大怒乃以狀白曹公曰嚴刺史昔爲公所用又是州舉將 揚州刺史嚴象舉權爲茂才見策傳 而李術凶惡輕犯漢制殘害州司 嚴象爲李術所殺見魏志荀彧傳注引三輔決錄 肆其無道宜速誅滅以懲醜類今欲討之進爲國朝埽除鯨鯢退爲舉將報塞怨讎此天下達義夙夜所甘心術必懼誅復詭說求救明公所居阿衡之任 胡三省曰以伊尹況操 海內所瞻願勑執事勿復聽受是歲舉兵攻術於皖城術閉門自守求救於曹公曹公不救糧食乏盡婦女或丸泥而吞之 宋本泥作土 遂屠其城梟術首徙其部曲三萬餘人 通鑑三作二孫韶傳注引吳書云孫河從權討李術術破領廬江太守

七年權母吳氏薨 吳夫人傳注引志林云吳后十二年薨

八年權西伐黃祖破其舟軍 孫策傳注引江表傳黃祖遣船軍五千人助劉勳胡三省曰船軍卽舟師也弼按下文有舟兵舟軍舟兵皆今之水師也 惟城未克而山寇復動 胡三省曰丹陽豫章廬陵皆有山越 還過豫章使呂

範平鄱陽會稽 郡國志揚州豫章郡鄱陽劉昭注建安十五年孫權分立鄱陽郡治縣宋書州郡志鄱陽太守孫權分豫章立治鄱陽一統志故城今江西饒州府鄱陽縣東沈家本曰範平鄱陽在策征江夏之時與此傳不同胡三省曰呂範傳止云鄱陽孫權傳則有會稽二字以地理考之會稽二字衍弼按孫策早已據有會稽無俟呂範之平也鄱陽互見呂範傳 程普討樂安 晉宋志鄱陽郡有樂安縣吳立元和志樂安本漢餘汗地後漢靈帝於此置樂平南臨樂安江北接平林因名樂平寰宇記樂安廢縣靈帝時築一統志故城今饒州府德興縣東方輿紀要卷八十五樂平縣在饒州府東百二十里漢餘汗縣地建安中孫氏析置屬豫章郡孫休永安中改屬鄱陽郡洪亮吉曰漢末置樂平縣吳改名樂安楊守敬曰樂平樂安疑當時二縣並立至吳乃併樂平於樂安洪說本意度之辭吳增僅乃謂沈志云漢末置樂平誤矣謝鍾英曰今饒州府樂平縣治 太史慈領海昏 海昏今江西南康府建昌縣治見孫策傳 韓當周泰呂蒙等爲劇縣令長 胡三省曰劇艱也甚也言其地當山越之要最爲艱劇之甚者也沈家本曰是時韓當爲樂安長周泰爲宜春長呂蒙爲廣德長然恐是總敘之詞未必皆一年之事弼按是年賀齊平建安漢興南平見齊傳

九年權弟丹陽太守翊爲左右所害 翊傳建安八年翊領丹陽太守時年二十後卒爲左右邊鴻所殺詳見孫韶傳注引吳歷孫權兄弟四人策翊匡均早死權獨享大年劉琬之言驗矣 以從兄瑜代翊

吳錄曰是時權大會官寮沈友有所是非令人扶出謂曰人言卿欲反友知不得脫乃曰主上在許有無君之心者可謂非反乎遂殺之友字子正吳郡人年十一 沈友死於建安九年時年二十九則年十一當在靈帝中平三年是時靈帝猶存華歆決無自桓靈以來之語又按華歆傳靈帝時歆亦無行風俗至吳郡之事吳錄所云前後矛盾如此 華歆行風俗見而異之因呼曰沈郎可登車語乎友逡巡卻曰君子講好會宴以禮今仁義陵遲聖道漸壞先生銜命將以裨補先王之教整齊風俗而輕脫威儀猶負薪救火無乃更崇其熾乎歆慙曰自桓靈以來雖多英彥未有幼童若此者弱冠博學多所貫綜善屬文辭兼好武事注孫子兵法 隋書經籍志梁有孫子兵法二卷吳處士沈友撰亡唐經籍志孫子兵法二卷沈友注藝文志沈友注孫子二卷 又辯於口每所至衆人皆默然莫與爲對咸言其筆之妙舌之妙刀之妙三者皆過絕於人權以禮聘既至論王霸之略當時之務權斂容敬焉陳荊州宜幷之計納之正色立朝清議峻厲爲庸臣所譖誣以謀反權亦以終不爲己用故害之

時年二十九

十年權使賀齊討上饒分爲建平縣 錢大昕曰晉志無上饒及建平縣宋志鄱陽郡有上饒縣吳立太康地志有王隱地道無疑初立縣名建平後改爲上饒也趙一清曰晉志無上饒蓋廢省建平之名兩史志皆不載方輿紀要八十五上饒故城在今江西廣信府上饒縣城西北天津橋之原孫吳時置縣於此隋廢今社稷壇卽其故址也洪亮吉曰建平漢建安初分東候官立元和志又云本上饒縣吳分置建平謝鍾英曰寰宇記平東校尉賀齊討上饒乘舊桐鄉置建平縣晉太元四年改爲建陽方輿紀要今福建建寧府建陽縣治互見賀齊傳建安十一年擊山賊麻保二屯平之見周瑜傳孫瑜傳

十二年西征黃祖虜其人民而還 通鑑載權母吳氏死於是年

十三年春權復征黃祖 權征黃祖用甘寧計見寧傳 祖先遣舟兵拒軍 祖橫兩蒙衝挾守沔口見董襲傳趙一清曰方輿紀要卷七十六黃州府東有武磯山相傳黃祖屯兵陽邏鎭蒐武其上又卻月城在漢陽府治北六里與魯山相對形如卻月後漢末黃祖所守處建安十三年孫權奪沔口攻屠其城水經注魯山左卽沔水口沔左有卻月城亦曰偃月壘是也 都尉呂蒙破其前鋒 蒙爲平北都尉勒前鋒梟黃祖都督陳就首將士乘勝水陸並進見蒙傳 而淩統董襲等盡銳攻之遂屠其城 詳見董襲傳

祖挺身亡走 胡三省曰挺拔也 騎士馮則追梟其首虜其男女數萬口 如是則吳之水軍習之有素矣宜其戰勝於赤壁也 是歲使賀齊討黟歙 原注黟音伊歙音攝黟歙俱見孫策傳注引江表傳 分歙爲始新新定 賀齊傳齊表言以葉鄉爲始新縣復表分歙爲新定黎陽休陽并黟歙凡六縣權遂割爲新都郡齊爲太守立府於始新元和志始新本歙縣東鄉方輿紀要始新今浙江嚴州府淳安縣西六十里之威平鎭（始新互見孫休傳永安五年）寰宇記新定本歙縣南鄉安定里謝鍾英曰今嚴州府遂安縣東浙江北

吳錄曰晉改新定爲遂安 宋本脫此十字毛本遂安作遂定誤晉志新安郡遂安水經注浙江又東逕遂安縣南

犂陽休陽縣 宋本脫此五字賀齊傳犂作黎晉志同一統志今安徽徽州府休寧縣東南府志東南有犂陽鄉在屯溪率口之閒寰宇記孫休改休陽爲海陽晉改爲海寧一統志在今休寧縣東七里

吳錄曰晉改休陽爲海寧

以六縣爲新都郡 晉改新都郡爲新安郡 荆州牧劉表死魯肅乞奉命弔表二子且以觀變肅未到而曹公已臨其境表子琮舉衆以降劉備欲南濟江肅與相見因傳權旨爲陳成敗備進住夏口 夏口今漢口詳見魏志武紀建安十三年 使諸葛亮詣權權遣周瑜程普等行是時曹公新得表衆形勢甚盛諸議者皆望風畏懼多勸權迎之

江表傳載曹公與權書曰近者奉辭伐罪旄麾南指 通鑑旄作旌 劉琮束手今治水軍八十萬衆 八十萬衆夸辭耳諸葛恪傳云操率三十萬衆可證 方與將軍會獵於吳權得書以示羣臣莫不嚮震失色 通鑑嚮作響

惟瑜肅執拒之議意與權同 詳見周瑜魯肅傳君臣協謀不爲威懾破除危疑英勇果斷而又時值隆冬北軍不利吳楚之舟師精於水戰天時地利人和兼而有之遂能一戰功成雄視江表赤壁之役所以垂聲千古也 瑜普爲左右督各領萬人與備俱進遇於赤壁 赤壁今湖北武昌府嘉魚縣東北江濱詳見魏志武紀建安十三年 大破曹公軍公燒

其餘船引退士卒饑疫死者大半備瑜等復追至南郡曹公遂北還留曹仁徐晃於江陵使樂進守襄陽時甘寧在江陵 宋本江陵作夷陵吳改曰西陵屬宜都郡今湖北宜昌府東湖縣東見魏志文紀黃初三年甘寧傳寧建計先逕進取夷陵往卽得其城曹仁乃令五六千人圍寧呂蒙傳周瑜使甘寧前據夷陵曹仁分衆攻寧據此二傳自以作夷陵爲是各本作江陵誤 爲仁黨所圍用呂蒙計留凌統以拒仁以其半救寧軍以勝反權自率衆圍合肥 合肥今安徽廬州府合肥縣金斗城詳見魏志武紀建安十三年 使張昭攻九江之當塗 郡國志揚州九江郡當塗劉昭注帝王世紀曰禹會諸侯塗山皇覽曰楚大夫子思冢在縣東山鄉西去縣四十里子思造芍陂輿地志三國時當塗荒廢宋志太康元年屬淮南郡一統志當塗故城今安徽鳳陽府懷遠縣東南 昭兵不利權攻城踰月不能下曹公自荆州還遣張喜將騎赴合肥 魏志武紀喜作熹 未至權退 魏志蔣濟傳孫權圍合肥張喜單將千騎解圍濟密白刺史僞得喜書云步騎四萬已到雩婁權信之遽燒圍走城用得全

十四年瑜仁相守歲餘所殺傷甚衆仁委城走權以瑜爲南郡太守劉備表權行車騎將軍領徐州牧備領荆州牧屯公安 公安今湖北荆州府公安縣東北見蜀志劉璋傳是年七月曹操治水軍自渦入淮出肥水軍合肥置揚州郡縣長吏開芍陂屯田十二月軍還譙見魏武紀通鑑孫權以周瑜領南郡太守屯據江陵程普領江夏太守治沙羨呂範領彭澤太守呂蒙領尋陽令會劉琦卒權以備領荆州牧周瑜分南岸地以給備備立營於油口改名公安權以妹妻備

十五年分豫章爲鄱陽郡 豫章郡見孫策傳鄱陽郡見前建安八年 分長沙爲漢昌郡 長沙見孫堅傳胡三省曰鄱陽今饒州地沈約志長沙郡有吳昌縣漢末之漢昌也吳更名至隋廢吳昌入羅縣唐武德八年又省羅縣入湘陰則知吳立漢昌郡在唐岳州湘陰縣界錢大昕曰是時長沙爲劉備所據建安十九年權始得長沙三郡漢昌仍幷入長沙不別立郡矣弼按魯肅傳肅建安二十二年卒呂蒙傳魯肅卒蒙屯陸口肅軍屬蒙又拜漢昌太守是漢昌未幷入長沙也竹汀說誤錢大昭曰漢志無漢昌縣隸釋周憬碑陰有長沙漢昌饔祇字宜節碑立於靈帝熹平時則此縣必桓靈時置至是時又立爲郡也謝鍾英曰寰宇記後漢分羅縣爲漢昌孫權於縣立郡又改爲吳昌縣方輿紀要今湖南岳州府平江縣東 以魯肅爲太守屯陸口 水經江水注江水左逕烏林南又東右岸得蒲磯口卽陸口也水出下雋縣西三山溪入蒲圻縣北逕呂蒙城西昔孫權征長沙零桂所鎭也寰宇記蒲圻縣泝流八十里謝鍾英曰今蒲圻縣西北八十里陸溪口弼按是年周瑜卒於巴丘魯肅代瑜領兵肅初住江陵後下屯陸口見肅傳又是年孫權遣步騭爲交

州刺史交阯太守士燮率兄弟奉承節度由是嶺南始服屬於權見士燮傳

十六年權徙治秣陵 秣陵見孫策傳徙治秣陵事見張紘傳及注沈欽韓曰元和郡縣志云秣陵故縣在潤州上元縣東南四里案州郡志秣陵本治去京邑六十里今故治郁是也晉安帝義熙九年移治京邑在鬭場恭帝元熙元年省揚州府禁防參軍縣移治其處李吉甫所指乃晉世所移者耳顧祖禹曰秣陵城在江寧東南五十里潘眉曰本傳云五年屯吳至是云徙治秣陵似從吳徙秣陵矣王伯厚地理通釋云建安十三年鎮丹徒築京城十六年徙治秣陵眉按王說是也周瑜魯肅呂範傳並云備詣京見權是年爲十三年又胡綜傳云權爲車騎將軍都京是權實鎮丹徒此徙治秣陵乃從京口徙秣陵耳吳鳴鈞曰或據孫韶傳孫河爲將軍屯京城河子韶繕治京城權甚器之以爲鎮丹徒築京城者孫河父子非吳主也不知孫河與孫翊同時被害權定丹陽過京城甚器孫韶尙在建安九年至十三年權則自鎮丹徒更修築京城與孫河父子治京城相去已四年矣蜀先主傳亦云先主至京見權綢繆恩紀然則權住京城屢有明證本傳失載史官之失也王鳴盛曰策初謂瑜欲以衆取吳會又瑜自居巢還吳策親自迎瑜是策之始立在吳也又策薨權統事瑜將兵赴喪遂留吳是權之始立在吳也吳即今江蘇府治蓋自闔廬夫差以來吳兵甚强漢魏時猶有遺風非如今日吳人之柔脆不足爲用武地也孫策傳言策引兵渡浙江據會稽自領會稽太守以朱治爲吳郡太守但會稽治山陰吳郡治吳策雖領會稽而志量實在江淮上游在吳猶近之若居山陰則太遠不及事矣故下文即云曹公表策爲討逆將軍封吳侯孫權傳亦云曹公表

權爲討虜將軍領會稽太守屯吳自此以下屯吳凡十二年赤壁破曹之後方徙治秣陵改爲建業張紘傳亦云紘建計宜都秣陵權從之令還吳迎家後居建業者又十年得荊州之後又徙武昌至黃龍元年乃仍還建業惟中間曾居京口兩年自此至薨皆在建業唐許嵩建康實錄云建安十三年權始自吳還於京口十六年權自京口徙治秣陵十七年城楚金陵邑地號石頭改秣陵爲建業敘次較陳志分明也弼按孫權徙治秣陵固以此爲都城要地然亦未嘗宴處按權傳建安十九年權征皖城克之又住陸口爲諸軍節度反自陸口遂征合肥二十四年權征關羽屯公安二十五年自公安都鄂改名武昌黃武五年權征江夏圍石陽七年權至皖口破曹休於石亭黃龍元年權還都建業嘉禾二年權向合肥新城三年權率大衆圍合肥新城若如王說則似權徙建業後深居簡出語意似少晦也趙一清曰漢志秣陵屬丹陽郡其地本名金陵方輿紀要卷二十今江寧府城六朝時故都也舊志云吳大帝築都城東晉至陳皆因之其城近覆舟山去秦淮五里內爲宮城又紀要卷二十五京城今鎮江府治建安十三年孫權自吳徙鎮於此築京城周三百六十步於南面西面各開一門因京峴山爲名號曰京鎮尋移秣陵復於此置京督爲重鎮郡有子城周六百三十步即吳所築內外皆甃以甓號鐵甕城

明年城石頭改秣陵爲建業 晉地理志丹陽郡建鄴本秣陵孫氏改爲建業武帝平吳以爲秣陵太康二年分秣陵北爲建鄴改業爲鄴胡三省曰秣陵屬丹陽郡本金陵也秦始皇改孫權改曰建業後避晉愍帝諱改曰建康石頭城在今建康城西二里金陵志石頭城去臺城九里南合秦淮水張舜民曰石頭城者天生城壁有如城然在淸涼寺北覆舟山上江行自北來者循石頭城轉入秦淮陸游曰龍灣望石頭山不甚高然峭立江中繚繞如垣牆淸涼寺距石頭里餘西望宜化渡及歷陽諸山宋白曰晉平吳分爲二邑自淮水南爲秣陵北爲建業趙一淸曰吳都賦戎車盈於石城劉淵林注石城石頭隖也在建業西臨江其中有庫藏軍儲寰宇記卷九十石頭城楚威王滅越置金陵邑即城也吳大帝加修改名石頭城用貯軍糧器械沈欽韓曰元和郡縣志云石頭城在縣西四里楚之金陵城也丹陽記石頭城吳時悉土隖義熙中始加磚累石因山爲城元和郡縣志又云建康故城在上元縣南三里建安中改秣陵爲建業晉復爲秣陵武帝又分秣陵水北爲建業避愍帝諱改名建康

聞曹公將來侵作濡須塢 呂蒙勸權作塢見蒙傳濡須塢在今安徽無爲州東北五十里詳見魏志武紀建安十八年趙一淸曰水經淮水自濡溪逕安豐縣北流注于淠亦謂之濡須口一淸案濡溪水即漢志六安國六縣下之如溪水也班固云首受沘東北至壽春入芍陂濡如音同王先謙曰沔水注江水自濡須口又東左會柵口水導巢湖酈注言濡須水注淠而今水注江此古今水道變遷不能强合者（王說見班志六安國安豐注）弼按酈注云北流注淠亦謂之濡須口者別於巢湖東南注江之濡須口也注淠者在合肥之東北注江者在合肥之東南孫權尙不能進據合肥豈能在合肥之東北作塢乎趙王二說均誤趙氏又曰寰宇記卷一百二十四濡須塢在和州歷陽縣西南一百八十里南臨須水狀如偃月陸士衡辨亡論曰濡須之戰臨川摧銳即此處也何焯云城石頭以備陸作濡須塢以備水然後建業勢壯弼按是年七月曹操西征馬超十月北征楊秋十七年正月還鄴十月征孫權

十八年正月曹公攻濡須權與相拒月餘曹公望權軍歎其齊肅乃退 魏武紀攻破權江西營獲權都督公孫陽乃還通鑑曹操進軍濡須口號步騎四十萬權率衆七萬禦之相守月餘操徹軍還

吳歷曰曹公出濡須作油船 胡三省曰油船蓋以牛皮爲之外施油以扞水 夜渡洲上權以水軍圍取得三千餘人其沒溺者亦數千人權數挑戰公堅守不出權乃自來乘輕船從濡須口入公軍諸將皆以爲是挑戰者欲擊之公曰此必孫權欲身見吾軍部伍也勅軍中皆精嚴弓弩不得妄發權行五六里迴還作鼓吹公見舟船器仗軍伍整肅喟然歎曰生子當如孫仲謀劉景升兒子若豚犬耳權爲牋與曹公說春水方生公宜速去別紙言足下不死孤不得安曹公語諸將曰孫權不欺孤乃徹軍還 魏略曰權乘大船來觀軍公使弓弩亂發箭著其船船偏重將覆權因迴船復以一面受箭箭均船平乃還 李光地曰此不可信何焯曰此出敵國口或有之當時無火器故能不懼也

初曹公恐江濱郡縣爲權所略徵令內移 據魏志蔣濟傳當爲建安十四五年間事 民轉相驚自廬江九江蘄春廣陵戶十餘萬 蔣濟傳作十餘萬戶通鑑從之胡三省曰蘄春縣本屬江夏郡沈志吳立蘄春郡此據吳志書之也蘄音祁方輿紀要卷七十六建安十二年吳分置蘄春郡吳增僅曰建安十三年孫權擊斬黃祖遂得江夏南境蘄春郡當卽是時分江夏立建安十八年蘄春廣陵等郡十餘萬戶皆東渡江則是時蘄春又屬魏矣其後魏使謝奇爲蘄春郡典農屯皖呂蒙襲破之據蒙傳在建安十九年以前雖破奇實未得蘄春地也黃武二年魏以吳降將晉宗爲蘄春太守賀齊等生虜宗吳於是復置蘄春郡蘄州志謂建安中魏置郡不知劉琮未降前荆州悉隸劉表曹氏安得置郡乎今從沈志謝鍾英曰方輿紀要建安十二年吳分江夏置蘄春郡考建安十二年江夏屬劉表顧氏謂吳分者誤賀齊傳齊督扶州以上至皖是揚州西境至皖蘄春在皖西宜屬荆州洪志屬揚州誤也一統志蘄春故城今湖北黃州府蘄州西北互見後黃武二年及呂蒙傳 皆東渡江江西遂虛 胡三省曰大江東北流故自歷陽至濡須口皆謂之江西而建業謂之江東 合肥以南惟有皖城 皖縣見孫堅傳移民事互見魏志蔣濟傳宋書州郡志晉復立歷陽當塗諸縣三國時江淮爲戰爭之地其閒不居者各數百里此諸縣並在江北淮南虛其地無復民戶吳平各還本故復立焉趙一清曰射陽廣陵海陵高郵江都鹽城諸縣皆云三國時廢蓋自陳登爲廣陵太守屢破孫策之兵不似華歆王朗輩束手就斃後登還東城太守以去孫氏遂跨有江表曹公移民以避其鋒每臨大江而歎恨用登之不終也

十九年五月權征皖城閏月克之獲廬江太守朱光及參軍董和男女數萬口 孫權嘉呂蒙拔皖城之功拜蒙廬江太守詳見蒙傳錢大昕曰此又一董和非蜀之董和也 是歲劉備定蜀權以備已得益州令諸葛瑾從求荆州諸郡 蜀志先主傳建安二十年孫權使使報欲得荆州按此下皆爲二十年事 備不許曰吾方圖涼州涼州定乃盡以荆州與吳耳權曰此假而不反而欲以虛辭引歲 胡三省曰謂延引歲時也孟子曰久假而不歸焉知其非有也 遂置南三郡長吏 長沙零陵桂陽三郡也 關羽盡逐之 是時先主新得益州意氣方盛驕傲之辭流露不覺關羽一介武夫本無遠謀既背諸葛結吳爲援之策又無魯肅消弭邊釁之能鹵莽滅裂貽誤事機種此惡因遂致後日麥城之禍此眞可爲歎息者也 權大怒乃遣呂蒙督鮮于丹徐忠孫規等兵二萬取長沙零陵桂陽三郡使魯肅以萬人屯巴丘

巴丘今曰巴陵 監本曰作日誤巴丘今湖南岳州府巴陵縣治詳見魏志武紀建安十三年及蜀志宗預傳 以禦關羽權住陸口 陸口見前十五年 爲諸軍節度蒙到二郡皆服惟零陵太守郝普未下會備到公安使關羽將三萬兵至益陽 馮本陽作楊誤益陽在今湖南長沙府益陽縣東詳見蜀志先主傳建安十九年 權乃召蒙等使還助肅蒙使人誘普普降 詳見呂蒙傳郝普事見蜀志楊戲季漢輔臣贊注 盡得三郡將守因引軍還與孫皎潘璋幷魯肅兵並進拒羽於益陽未戰 魯肅與關羽會語肅責數羽詳見肅傳及注引吳書 會曹公入漢中備懼失益州使使求和權令諸葛瑾報更尋盟好遂分荆州長沙江夏桂陽以東屬權南郡零陵武陵以西屬備 解見蜀志先主傳 備歸而曹公已還權反自陸口遂征合肥 張遼傳權率十萬衆圍合肥 合肥未下徹軍還兵皆就路權與淩統甘寧等在津北 甘寧傳建安二十年從攻合肥會疫疾軍吏引出唯呂蒙蔣欽淩統及寧從權逍遙津北水經注合肥東有逍遙津水上舊有梁方輿紀要今安徽廬州府治東肥水枝津

爲魏將張遼所襲 詳見張遼傳 統等以死扞權權乘駿馬越津橋得去 謝鍾英曰寰宇記西津橋在合肥西北五里鍾英按在古津水上 獻帝春秋曰張遼問吳降人向有紫髯將軍長上短下便馬善射是誰降人答曰是孫會稽遼及樂進相遇言不早知之急追自得舉軍歎恨 江表傳曰權乘駿馬走津橋 宋本馮本走作上 橋南已見徹丈餘無版谷利在馬後使權持鞍緩控 胡三省曰控卽馬控 利於後著鞭以助馬勢遂得超度 周壽昌曰御覽兵部引環氏吳紀大帝合肥之圍谷利助渡津北 權既得免卽拜利都亭侯谷利者本左右給使也以謹直爲親近監 胡三省曰谷姓也利名也親近監官也 性忠果亮烈言不苟且權愛信之 谷利事又見後黃武五年注引江表傳 二十一年冬曹公次于居巢 居巢今安徽廬州府巢縣東北五里詳見魏武紀建安二十二年 遂攻濡須 呂蒙傳曹公又大出濡須蒙據塢置彊弩萬張拒曹公曹公前鋒屯未就蒙攻破之曹公引退

二十二年春權令都尉徐詳詣曹公請降 徐詳見胡綜傳何焯曰請降者規以全力取荆也 公報使修好誓重結婚 曹孫前已結婚見孫策傳是年魯肅卒以呂蒙代之

二十三年十月 十月上宜有冬字 權將如吳親乘馬射虎於庱亭 原注庱攄陵反宋本庱下有音字元和郡縣志庱亭壘在丹陽東四十七里寰宇記卷九十二庱亭舖在常州武進縣西五里方輿紀要今鎭江府丹陽縣東四十七里王鳴盛曰庾信哀江南賦飛鏃於吳亭之虎謂此事也 馬爲虎所傷權投以雙戟虎卻廢常從張世擊以戈獲之

二十四年關羽圍曹仁於襄陽曹公遣左將軍于禁救之會漢水暴起羽以舟兵盡虜禁等步騎三萬送江陵 官本攷證曰御覽作生虜禁等多生字 惟城未拔權內憚羽外欲以爲己功牋與曹公乞以討羽自效 魏志溫恢傳建安二十四年孫權攻合肥案權於二十二年已降曹公是年又乞討羽自效似無攻合肥之事或邊界小有接觸溫恢傳欲誇大其功遂不覺其辭之誕也 曹公且欲

使羽與權相持以鬬之 韓菼曰襄樊危急操尙作如是遠慮史云明略最優當矣乃魏欲兩存孫劉而吳不欲兩存蜀魏何其誤也自此吳獨當曹兵矣按陸遜戰勝先主決計輒還不復窮追者計亦出此自劉孫失歡諸葛一軍向宛洛之策不行終身惟有出秦川而已此則不能不歸咎於關羽之開釁於吳人也又按是年春閒先主戰勝陽平據有漢中設無關羽之敗吳蜀犄角足以制魏失此良機惜哉 驛傳權書 此用董昭之策詳見昭傳 使曹仁以弩射示羽羽猶豫不能去 胡三省曰羽雖見權書自恃江陵公安守固非權旦夕可拔又因水勢結圍以臨樊城有必破之勢釋之而去必喪前功此其所以猶豫也 閏月權征羽 趙一清曰集古錄鍾繇法帖者曹公破關羽賀捷表也其後書云建安二十四年閏月九日南蕃東武亭侯鍾繇上集賢校理孫思恭精於厤學余問孫君建安二十四年閏在何月思恭謂余以漢家所用四分乾象厤推之是歲閏十月三國志所書時月雖爲簡略然以思恭言考之則合魏志是歲冬十月軍還洛陽其下遂書孫權請討關羽自效於吳志則書閏月權討羽以魏吳二志參校是閏十月矣然則鍾繇安得於閏十月先賀捷也此表疑非眞弼按通鑑編於是年十月 先遣呂蒙襲公安獲將軍士仁 士仁在公安拒守呂蒙令虞翻說降見蒙傳注引吳書 蒙到南郡南郡太守麋芳以城降蒙據江陵撫其老弱釋于禁之囚陸遜別取宜都 宜都郡治夷道今湖北荆州府宜都縣西北詳見蜀志先主傳章武二年

獲秭歸枝江夷道 秭歸今湖北宜昌府歸州治見蜀志劉璋傳枝江今湖北荆州府枝江縣東見蜀志董和傳 還屯夷陵 夷陵吳改曰西陵今湖北宜昌府東湖縣東見魏志文紀黃初三年 守峽口 胡三省曰峽口西陵峽口也宜都記曰自黃牛灘東入西陵界至峽口一百許里山水紆曲兩岸高山重嶂非日中夜半不見日月三峽此其一也謝鍾英曰西陵峽今東湖縣西二十五里峽長二十里 以備蜀關羽還當陽 當陽今湖北荆門州當陽縣東一百四十里見蜀志先主傳建安十三年 西保麥城 荆州記曰南郡當陽縣東南有麥城水經沮水注沮水又東南逕驢城西磨城東又南逕麥城西昔關雲長詐降處自此遂叛傳云子胥造驢磨二城以攻麥邑諺云東驢西磨麥城自破者也元和郡縣志麥城在當陽縣東五十里沮漳二水閒一統志當陽縣東南五十里或曰荆州記麥城在當陽東南與傳文西保之文不合弼按漢當陽故城在麥城之東故曰西保當日關羽向西退走也 權使誘之羽僞降立幡旗爲象人於城上因遁走兵皆解散尙十餘騎 通鑑尙作纔 權先使朱然潘璋斷其徑路十二月璋司馬馬忠 當時有兩馬忠 獲羽及其子平都督趙累等於章鄉 水經漳水篇漳水出臨沮縣東荆山東南過蓼亭又東過章鄉南酈注云漳水又南歷臨沮縣之章鄉南昔關羽保麥城詐降而遁潘璋斬之于此漳水又南逕當陽縣又南逕麥城東一統志章鄉在當陽縣東北 遂

定荆州 自是荆州全爲吳有互見蜀志先主傳 是歲大疫盡除荆州民租稅曹公表權爲驃騎將軍假節領荆州牧封南昌侯權遣校尉梁寓奉貢于漢及令王惇市馬 王惇事又見三嗣主傳太平元年 又遣朱光等歸 朱光卽十九年權征皖城所獲者遣朱光而不遣于禁者權揣知于禁爲曹操所重視也操死則亦遣之歸矣後權致曹丕牋述及此事見黃武元年注引魏略權是時上書曹操稱臣稱說天命見魏武紀建安二十四年注引魏略

魏略曰梁寓字孔儒吳人也權遣寓觀望曹公曹公因以爲掾尋遣南還 宋本作尋遣還南

二十五年春正月曹公薨 周壽昌曰承祚於魏武紀書王崩是書於本國也於蜀志是年不書但書先主卽位瑞應等事獨於此書公書薨隱抑操爲漢臣使與吳並列也 太子丕代爲丞相魏王改年爲延康秋魏將梅敷使張儉求見撫納南陽陰酇筑陽 原注筑音逐 山都中廬五縣民三千家來附 郡國志荆州南陽郡陰酇筑陽山都南郡中廬一統志陰縣故城今湖北襄陽府光化縣西酇縣故城今光化縣北筑陽故城今襄陽府穀城縣東山都故城今襄陽縣西北中廬故城今襄陽西南陰酇筑陽三國魏屬南鄉郡山都中廬三國魏屬襄陽郡 冬魏嗣王稱尊號改元

爲黃初二年四月劉備稱帝於蜀李淸植曰於丕書嗣王書稱尊號明其爲漢之王而僭稱尊也於先主則書名書稱帝而已卽此亦見書法之不苟劉咸炘曰此乃曲說書王非褒書名稱帝彌見無位而竊據耳何不書漢中王邪弼按吳志於魏稱帝於蜀稱名前後一致不如李劉所云也沈家本曰二年當提行各本皆誤連上文改元爲黃初句下一似建安二十五年改爲黃初二年者殊誤朱邦衡曰前稱漢帝年號此改書魏朔二年上當有魏黃初三字另提一行否則以二年爲明年以示無統歷一年而自紀黃武亦史法也但權受丕冊封自應紀其元

魏略曰各本略作啓誤宋元本不誤權聞魏文帝受禪而劉備稱帝乃呼問知星者已分野中星氣何如遂有僭意而以位次尚少無以威衆又欲先卑而後踞之爲卑則可以假寵後踞則必致討致討然後可以怒衆衆怒然後可以自大故深絕蜀而專事魏唐庚曰是歲吳蜀相攻大戰於夷陵吳人卑辭事魏受其封爵恐魏之議其後耳而魏略以爲權有僭意而自顧位輕故先卑而後踞之先卑者規得封爵以成僭竊之基後踞者冀見討伐以激怒其衆夫吳至權三世矣其勢足以自立尚何以封爵爲哉受封爵則君臣矣供職貢矣彼藩國同然無足怪者一不從命則王師至討有詞矣然後發兵拒戰是抗上矣尙安能激怒其衆哉旣而魏責任子權不能堪卒叛之而爲天下笑方其危急之時羣臣無魯仲連之策出一切之計以寬目前之急而陳壽猶以勾踐奇之勾踐事吳則嘗聞之矣受吳封爵則未之聞也弼按唐說誠是惟吳蜀大戰夷陵在黃初三年不在是歲也

權自公安都鄂改名武昌郡國志荆州江夏郡鄂水經江水篇江水又東過邾縣南鄂縣北酈注云江之右岸有鄂縣故城舊樊楚地世本稱熊渠封其中子紅爲鄂王晉太康地記以爲東鄂矣九州記曰鄂今武昌也孫權以魏黃初元年自公安徙此改曰武昌縣鄂縣徙治於袁山東又以其年立爲江夏郡分建業之民千家以益之至黃龍元年權遷都建業以陸遜輔太子鎭武昌孫晧亦都之晧還東令滕牧守之今武昌郡治南有袁山卽樊山也城西有郊壇權告天卽位於此弼按孫權自公安都鄂改名武昌爲黃初二年事酈注云黃初元年誤也又按孫權以武昌等六縣爲武昌郡傳文極爲明顯酈注云是年立江夏郡亦誤孫權傳黃龍元年四月夏口武昌並言黃龍鳳皇見丙申南郊卽皇帝位九月遷都建業太子登掌武昌留事晉志孫權分江夏立武昌郡沈志武昌太守太康元年改江夏爲武昌是武昌江夏二郡分立吳未省武昌併江夏也自酈注有此二誤後世地志多沿其訛又史文二年四月四字讀者忽略遂多指爲建安末年事洪吳謝楊諸家皆誤舉不勝舉備列其說於此一統志鄂縣故城今湖北武昌府武昌縣治以武昌下雉郡國志江夏郡下雉一統志故城今武昌府興國州東南下雉潭尋陽尋陽今湖北黃州府黃梅縣北見孫賁傳注引江表傳沈志吳立蘄春郡尋陽縣屬焉洪亮吉曰縣當由武昌移屬蘄春沈志太康元年省蘄春郡復以尋陽屬武昌謝鍾英曰周瑜傳進攻尋陽破劉勳呂蒙傳蒙渡江立屯曹仁退走蒙領尋陽令明帝紀黃初七年曹休破諸葛瑾別將於尋陽曹休傳太和二年休向尋陽深入不利衞臻傳權攻合肥帝自東征到尋陽權退（一事在青龍二年）諸葛恪傳恪圖起田於尋陽晉書太康元年王渾克吳尋陽是終魏世尋陽屬吳陽新楊守敬曰水經江水注富水西北流逕陽新縣故豫章之屬縣矣宋本寰宇記吳大帝分鄂立陽新縣未立武昌以前屬豫章洪亮吉曰陽新吳分鄂縣立甘寧傳拜西陵太守領陽新下雉二縣吳增僅曰陽新建安末屬西陵後又屬武昌謝鍾英曰陽新沈志吳立元和志吳分鄂縣立方輿紀要今興國州西南五十里陽新里柴桑郡國志揚州豫章郡柴桑吳改屬武昌郡晉志同胡三省曰柴桑縣漢屬豫章郡吳屬武昌郡有柴桑山在今江州德化西九十里杜佑曰江州尋陽縣南楚城驛卽古之柴桑縣宋白曰江州瑞昌縣蓋柴桑之舊城一統志故城今江西九江府德化縣西南沙羨沙羨今湖北武昌府江夏縣西南見孫策傳注引吳錄六縣爲武昌郡吳增僅三國郡縣表考證論吳武昌郡併於江夏文繁不錄然其舉證多誤

五月建業言甘露降八月城武昌下令諸將曰夫存不忘亡安必慮危古之善教昔雋不疑漢之名臣於安平之世而刀劍不離於身蓋君子之於武備不可以已漢書雋不疑傳雋不疑字曼倩勃海人也暴勝之爲直指使者至勃海請不疑相見不疑冠進賢冠帶櫑具劍佩環玦褒衣博帶盛服至門上謁門下欲使解劍不疑曰劍者君子武備所以衞身不可解請退吏白勝之勝之開閤延請況今處身疆畔

豺狼交接而可輕忽不思變難哉頃聞諸將出入各尙謙約不從人兵魏志高貴鄉公紀甘露五年高貴鄉公率將從駕人兵甚非備慮愛身之謂夫保已遺名以安君親孰與危辱宜深警戒務崇其大副孤意焉周壽昌曰武烈桓王父子俱以輕佻被害易曰弗過防之從或戕之吳主深鑒覆車故諄諄然以此誡其臣下然合肥之致敵陵亭之射虎幾蹈危辱其亦掩睫而忘目者歟自魏文帝踐阼權使命稱藩及遣于禁等還十一月策命權曰蓋聖王之法以德設爵以功制祿勞大者祿厚德盛者禮豐故叔旦有夾輔之勳太公有鷹揚之功並啟土宇幷受備物所以表章元功殊異賢哲也近漢高祖受命之初分裂膏腴以王八姓斯則前世之懿事後王之元龜也朕以不德承運革命君臨萬國秉統天機思齊先代坐而待旦惟君天資忠亮命世作佐深覩歷數達見廢興遠遣行人浮于潛漢

禹貢曰沱潛既道注曰水自江出爲沱漢爲潛 孔傳云沱江別名潛水名皆復其故道孔疏曰鄭注此引爾雅釋水陸德明曰馬云沱湖也其中泉出而不流者謂之潛
望風影附抗疏稱藩兼納纖絺南方之貢普遣諸將來還本朝忠肅
內發款誠外昭信著金石義蓋山河朕甚嘉焉今封君爲吳王使使
持節太常高平侯貞 潘眉曰貞邢貞 授君璽綬策書金虎符第一至第五左
竹使符第一至第十以大將軍使持節督交州領荊州牧事錫君青
土苴以白茅對揚朕命以尹東夏其上故驃騎將軍南昌侯印綬符
策今又加君九錫其敬聽後命以君綏安東南綱紀江外民夷安業
無或攜貳是用錫君大輅戎輅各一玄牡二駟君務財勸農倉庫盈
積是用錫君袞冕之服赤舃副焉君化民以德禮教興行是用錫君
軒縣之樂君宣導休風懷柔百越是用錫君朱戶以居君運其才謀
官方任賢是用錫君納陛以登君忠勇並奮清除姦慝是用錫君虎
賁之士百人 錢大昭曰此九錫文與權授公孫淵同若魏晉九錫皆云軒縣之樂六佾之舞虎賁之士三百人 君振威陵邁
宣力荊南梟滅凶醜罪人斯得是用錫君鈇鉞各一君文和於內武
信於外是用錫君彤弓一彤矢百玈弓十玈矢千君以忠肅爲基恭
勤爲德是用錫君秬鬯一卣圭瓚副焉欽哉敬敷訓典以服朕命以
勖相我國家永終爾顯烈 何焯曰特載魏朝策命於傳蓋醜之也弼按自曹瞞爲九錫之文歷晉宋齊梁陳沿襲無改往轍相尋權奸心迹古今一致史臣備載其文在當時必以爲榮若以爲醜者必不一再摹擬也至曹丕之於孫權孫權之於公孫淵皆用此術以爲牢籠之計而所遇皆譎詐殆所謂君以此始亦以此終矣或曰三國奉漢吳先受封終不免於兼并蜀雖先亡不受魏封小國僻處而能守義者羣賢輔佐之力也
江表傳曰權羣臣議以爲宜稱上將軍九州伯 胡三省曰王制九州其一州爲天子之縣八州八伯 不應受魏

封權曰九州伯於古未聞也昔沛公亦受項羽拜爲漢王此蓋時宜耳復何損邪遂受
之 李光地曰沛公受項羽封時義帝尚在 孫盛曰昔伯夷叔齊不屈有周魯仲連不爲秦民夫以匹
夫之志猶義不辱況列國之君三分天下而可二三其節或臣或否乎余觀吳蜀咸稱
奉漢至於漢代莫能固秉臣節 何焯曰盛何所見言蜀於漢代臣節不固與操異即爲貳漢乎大司馬漢中王之號非是無以繫屬人心異乎因危自擅也 君子是以知其不能克昌厥後卒見吞於大國也向使權從羣臣之義 宋本義作讖
終身稱漢將豈不義悲六合 悲疑作被 仁感百世哉 或曰是猶責盜跖以仁義望倚門以守貞誠正論而不近情矣
是歲劉備帥軍來伐至巫山秭歸 巫山今四川夔州府巫山縣東見蜀志先主傳章武元年秭歸今湖北宜昌府歸州治見魏志文紀黃初三年 使使誘導武陵蠻夷假與印傳許之封賞於是諸縣及五
谿民皆反爲蜀 互見蜀志先主傳馬良傳 權以陸遜爲督督朱然潘璋等以拒之
遣都尉趙咨使魏魏帝問曰吳王何等主也咨對曰聰明仁智雄略
之主也帝問其狀咨曰納魯肅於凡品是其聰也拔呂蒙於行陣是
其明也 李光地曰此聰明二字何別何焯曰此特取給一時然聰字對品字言凡品指衆口所見凡愚故曰聰也張昭譽毀魯肅謂其年少麤疏其不爲品藻所歸 獲于禁而不害是其仁也取荊州而兵不血刃是其智也據三
州虎視於天下 御覽州下有而字三州荊揚交也 是其雄也屈身於陛下是其略也
吳書曰 各本無曰字誤 咨字德度南陽人 錢大昭曰魏志司馬朗傳有趙咨亦字德度河內溫人此別是一人也梁章鉅說同弼按河內趙咨字君初錢說誤 博聞多識應對辯捷權爲吳王擢中大夫使魏魏文帝善之嘲咨曰吳王
頗知學乎咨曰吳王浮江萬艘 胡三省曰艘蘇刀翻 帶甲百萬任賢使能志存經略雖有餘閒博
覽書傳歷史籍採奇異 通鑑作采微異 不效書生尋章摘句而已 胡三省曰帝好文學故趙咨以此言譏之摘蜀本作擿 帝曰吳可征不咨對曰大國有征伐之兵小國有備禦之固 胡三省曰此二語本管子又曰

吳雖魏不吝曰帶甲百萬江漢爲池何難之有又曰吳如大夫者幾人咨曰聰明特達者八九十人如臣之比車載斗量不可勝數通鑑輯覽曰此等問答或出於使者自記以見己長未可盡信且以曹丕求珍責任子不明時勢之人安能有屢更其端之問如出一手之文乎咨頻載使北人敬異朱邦衡曰北下疑脫魏字或作頻載奉使北人敬異權聞而嘉之拜騎都尉咨言曰觀北方終不能守盟今日之計朝廷承漢四百之際應東南之運宜改年號正服色以應天順民權納之

帝欲封權子登權以登年幼上書辭封重遣西曹掾沈珩陳謝胡三省曰姓譜沈姓出吳興本自周文王第十子聃季食采於沈卽汝南平輿沈亭是也子孫以國爲氏又楚莊王之子公子眞封於沈鹿其後有沈尹戌沈諸梁珩音行并獻方物

吳書曰珩字仲山吳郡人少綜經藝宋本綜作綜尤善春秋內外傳權以珩有智謀能專對乃使至魏魏文帝問曰吳嫌魏東向乎珩曰不嫌曰何以曰信恃舊盟言歸于好是以不嫌若魏渝盟自有豫備又問聞太子當來寧然乎珩曰臣在東朝朝不坐宴不與胡三省曰吳在江東故曰東朝朝不坐宴不與禮記檀弓記尹商陽之言若此之議無所聞也文帝善之乃引珩自近談語終日珩隨事響應無所屈服珩還言曰臣密參侍中劉曄數爲賊設姦計終不久愸臣聞兵家舊論不恃敵之不我犯恃我之不可犯今爲朝廷慮之且當省息他役惟務農桑以廣軍資修繕舟車增作戰具令皆兼盈撫養兵民使各得其所擥延英俊馮本擥作覽獎勵將士則天下可圖矣以奉使有稱封永安鄉侯趙一清曰宋書州郡志吳興太守領武康令吳分烏程餘杭立永安縣晉武帝太康元年更名官至少府趙一清曰御覽八百二十引笑林曰沈珩弟峻字叔山有譽而性儉張溫使蜀辭峻峻入內良久出語溫曰向擇一端布欲以送卿而無粗者溫嘉其能顯非

立登爲王太子以諸葛恪張休顧譚陳表爲中庶子謂之四友通鑑載權於武昌臨釣臺飲酒大醉及手劍欲擊虞翻皆爲是年事

江表傳曰是歲魏文帝遣使求雀頭香大貝明珠象牙犀角瑇瑁孔雀翡翠鬭鴨長鳴

雞胡三省曰本草以香附子爲雀頭香此物處處有之非珍也恐別是一物貝質白如玉紫點爲文皆行列相當明珠出合浦大者徑寸象出交趾雄者有兩長牙長丈餘犀亦出交趾惟通天犀最貴角有白理如綫置米羣雞中雞往啄米見犀輒驚卻南人呼爲駭雞犀瑇瑁狀如龜腹背甲有烘點其大者如盤盂諸蕃志玳瑁形如龜黿背甲十三片黑白斑文閒錯邊欄缺齧如鋸無足而有四鬣前長後短以鬣棹水而行鬣與首斑文如甲老者甲厚而黑白分明少者甲薄而花字模糊世傳鞭血成斑者妄也孔雀生羅州雄者尾金翠色光耀可愛埤雅曰博物志云孔雀尾多變色或紅或黃諭如雲霞其色不定人拍其尾則舞尾有金翠五年而後成始生三年金翠尚小初春乃生三四月後復凋與花萼俱衰榮人採其尾以飾扇拂生取則金翠之色不減南人取其尾者握刀蔽于叢竹潛隱之處伺過急斬其尾若不卽斷回首一顧金翠無復光彩每欲小棲先擇置尾之地故欲生捕候雨甚則往擒之尾霑而重不能高翔人雖至且愛其尾不復騫揚也翡翠大小一如雀雄赤曰翡雌青曰翠羽可爲飾鴨馴狎能鬭者難得長鳴雞者其鳴聲長也羣臣奏曰荊揚二州貢有常典胡三省曰禹別九州任土作貢此常典也魏所求珍玩之物非禮也宜勿與權曰昔惠施尊齊爲王客難之曰公之學去尊今王齊何其倒也惠子曰有人於此欲擊其愛子之頭而石可以代之子頭所重而石所輕也以輕代重何爲不可乎惠施宋人客者匡章也事見呂氏春秋方有事於西北胡三省曰謂與蜀相拒復須備魏也江表元元恃主爲命非我愛子邪彼所求者於我瓦石耳孤何惜焉彼在諒闇之中而所求若此寧可與言禮哉皆具以與之胡三省曰史言魏文帝爲敵國所窺

黃武元年是年魏黃初三年蜀章武二年時孫權年四十一歲胡三省曰吳改元黃武亦以五德之運承漢爲土德也春正月陸遜部將軍宋謙等攻蜀五屯何焯曰軍字疑衍皆破之斬其將三月鄱陽言黃龍見蜀軍分據險地前後五十餘營魏文紀帝聞備兵東下樹柵連營七百餘里陸遜傳備從巫峽建平連圍至夷陵界立數十屯遜隨輕重以兵應拒自正月至閏月潘眉曰是年閏六月大破之臨陳所斬及投兵降首數萬人劉備奔走僅以身免詳見陸遜傳

吳歷曰權以使聘魏具上破備獲印綬及首級所得土地并表將吏功勤宜加爵賞之意文帝報使致鼲子裘說文鼲鼠出丁零胡皮可爲裘鼲音魂明光鎧北史蔡祐傳祐著明光鐵鎧所向無敵齊人咸曰此鐵猛獸也皆避之騑馬騑音非驂馬也又以素書所作典論及詩賦與權互見魏文紀黃初七年注潘眉曰許愼解彙白

緻繒也蔡中郎非流執豐棄不輕下鏁卽此棄字典論亦見魏文紀注魏略載詔答曰老虜邊窟越險深入曠日持久內迫罷弊外困智力故見身於雞頭趙一淸曰方輿紀要卷七十七雞頭山在荆門州北六十里最高諺云雞頭馬仰去天一丈分兵擬西陵西陵卽夷陵見前建安二十四年其計不過謂可轉是前迹宋本是作足以搖動江東根未著地摧折其支雖未剝備五藏使身首分離其所降誅亦足使虜部衆兇懼昔吳漢先燒荆門後發夷陵而子陽無所逃其死公孫述字子陽范書吳漢傳建武十一年漢率岑彭等伐公孫述彭破荆門長驅入江關漢留夷陵來歙始襲略陽文叔喜之而知隗囂無所施其巧光武字文叔范書來歙傳建武八年歙伐山開道逕至略陽斬囂守將金梁因保其城囂大驚曰何其神也今討此虜正似其事將軍勉建方略務全獨克

初權外託事魏而誠心不款魏欲遣侍中辛毗尚書桓階往與盟誓幷徵任子權辭讓不受梁章鉅曰御覽一百十八引欲作乃是也沈家本曰辛毗桓階二傳並無使吳事蓋以權辭讓不受欲遣而未行也欲字不當作乃梁說誤下文文帝報書云遣尙書侍中踐修前言以定任子君遂設辭不欲使進是毗階未至吳之證秋九月魏乃

命曹休張遼臧霸出洞口曹休臧霸二傳作洞浦蕭昭傳作洞浦口呂範傳作洞口洞口今安徽和州西南臨江見魏志曹休傳胡三省曰據張遼傳帝遣遼與曹休至海陵臨江與諸將破呂範又據賀齊傳齊督扶州以上至皖黃武初魏使曹休來伐齊住新市會洞口諸軍遭風流溺齊未濟諸將倚以爲勢休等憚之遂引軍還又據王淩傳遼等至廣陵臨江蓋廣陵卽海陵也蕭子顯曰南兗州刺史每以秋月出海陵觀濤與京口對岸又據晉書譙王尙之傳桓玄攻尙之于歷陽使馮該斷洞浦焚舟艦則洞口在歷陽江邊明矣曹仁出濡須濡須今安徽無爲州東北見魏武紀建安十八年曹眞夏侯尙張郃徐晃圍南郡曹眞傳眞擊牛渚屯破之夏侯尙傳使尙與眞共圍江陵是時三道進兵曹眞等攻上游以擊下游之牛渚屯曹仁傳仁督諸軍據烏江然則破牛渚屯者或爲曹仁之軍乎權遣呂範等督五軍以舟軍拒休等呂範傳範督徐盛全琮孫韶等以舟師拒休等於洞口時遭大風船人覆溺死者數千諸葛瑾潘璋楊粲救南郡夏侯尙傳尙攻瑾諸軍破之朱桓以濡須督拒仁桓軍戰勝見後又見桓傳是役呂範諸葛瑾兩軍皆敗時揚越蠻夷多未平集內難未弭故權卑辭上書求自改悔宋本馮本悔作厲通鑑同若罪在難除必不見置當奉還土地民人乞寄命交州以終餘年李光地曰眞奸雄狡猾蓋句踐之流風餘習也此處與蜀人迥異文帝報曰君生於擾攘之際本有從橫之志降身奉國以享茲祚自君策名已來貢獻盈路討備之功國朝仰成埋而掘之古人之所恥國語曰貍埋之貍掘之是以無成功宋本貍作狸此國語吳語之辭國語云狐埋之而狐搰之是以無成功韋注埋藏也搰發也搰戶骨切掘地也朕之與君大義已定豈樂勞師遠臨江漢廊廟之議王者所不得專三公上君過失皆有本末朕以不明雖有曾母投杼之疑史記甘茂傳茂曰魯人有與曾參同姓名者殺人人告其母曰曾參殺人其母織自若也頃之一人又告之其母尙織自若也頃又一人告之其母投杼下機踰牆而走夫以曾參之賢與其母信之也三人疑之其母懼焉猶冀言者不信以爲國福故先遣使者犒勞又遣尙書侍中踐修前言以定任子君遂設辭不欲使進議者怪之

魏略載魏三公奏曰趙一淸曰隋志梁有魏時羣臣表伐吳策一卷臣聞枝大者披心尾大者不掉有國有家之所愼也昔漢承秦弊天下新定大國之王臣節未盡以蕭張之謀不備錄之至使六王前後反叛已而伐之戎車不輟又文景守成忘戰戢役驕縱吳楚養虺成蛇既爲社稷大憂蓋前事之不忘後事之師也吳王孫權幼豎小子馮本豎作竪誤無尺寸之功遭遇兵亂因父兄之緒少蒙翼卵昫伏之恩宋本昫作煦文類作育長含鴟梟反逆之性背棄天地宋本地作施罪惡積大復與關羽更相覘伺逐利見便挾爲卑辭陳仁錫曰八字是吳作用先帝知權姦以求用時以于禁敗於水災等當討羽等疑作本郝書作分何曰宋本作籌因以委權先帝委裘下席權不盡心誠在惻怛誠字疑誤郝書作不欲因大喪寡弱王室希託董桃傳先帝令錢儀吉曰董桃未詳乘未得報許擅取襄陽及見驅逐乃更折節邪辟之態巧言如流雖重驛累使發遣禁等內包隗囂顧望之姦外欲緩誅支仰蜀賊聖朝含弘既加不忍優而赦之與

之更始猥乃割地王之使南面稱孤兼官累位禮備九命名馬百駟以成其勢光寵顯赫古今無二權爲犬馬之姿橫被虎豹之文不思靜力致死之節 靜疑作盡何焯曰宋本作靖 以報無量不世之恩臣每見所下權前後章表又以愚意採察權旨 旨疑作指 自以阻帶江湖負固不服狃挾累世 宋本挾作忕 詐僞成功 元本僞作爲誤 上有尉佗英布之計 史記南越尉佗傳南越王尉佗者眞定人也姓趙氏佗秦時爲南海龍川令至二世時行南海尉事秦已破滅佗卽自立爲南越武王索隱云尉官也佗名也史記黥布傳黥布者六人也姓英氏漢立布爲淮南王布反書聞薛公曰布反不足怪也使布出上計山東非漢之有也出中計勝敗之數未可知也出下計陛下安枕而臥矣 下誦伍被屈彊之辭 漢書伍被傳被楚人也或言其先伍子胥後也被以材能稱爲淮南中郎淮南王安好學折節下士招致英雋以百數被爲冠首淮南王陰有邪謀被數微諫王恐陰事泄謂被曰事至吾欲遂發被曰東保會稽南通勁越屈彊江淮閒可以延歲月之壽耳未見其福也 終非不侵不叛之臣以爲晁錯不發削弱王侯之謀 宋本以爲上多臣字 則七國同衡禍久而大 史記晁錯傳錯潁川人爲御史大夫請諸侯之罪過削其地收其枝郡吳楚七國果反以誅錯爲名 蒯通不決襲歷下之策則田橫自慮罪深變

重 史記田儋列傳韓信用蒯通計度平原襲破齊歷下軍因入臨淄韓信遂平齊乞自立爲齊假王漢因而立之田橫懼誅而與其徒屬五百餘人入海居島中 臣謹考之周禮九伐之法 周禮大司馬以九伐之法正邦國鄭注云諸侯有違王命則出兵以征伐之所以正之也諸侯之于國如樹木之有根本是以言伐云 平權凶惡逆節萌生 馮本節作罪 見罪十五昔九黎亂德黃帝加誅 史記五帝本紀蚩尤最爲暴莫能伐黃帝禽殺蚩尤孔安國曰九黎君號蚩尤是也 項羽罪十漢祖不捨 史記高祖本紀漢王數項羽十罪 權所犯罪釁明白非仁恩所養宇宙所容臣請免權官鴻臚削爵土 毛本土作士誤 捕治罪敢有不從移兵進討以明國典好惡之常以靜三州元元之苦 三州荆揚交也 其十五條文多不載

又前都尉浩周勸君遣子乃實朝臣交謀以此卜君君果有辭外引隗囂遣子不終 范書隗囂傳囂遣長子恂隨來歙入質以爲胡騎校尉後囂終不降於是誅其子恂 內喻竇融守忠而已 范書竇融傳融行河西五郡大將軍事與五郡太守共砥厲兵馬上書請師期帝深嘉美之 世殊時異人各有心浩周之還口陳指麾益令議者發明衆嫌終始之本無所據杖故遂俛仰從羣臣議今省上事款誠深至心用慨然悽愴動容卽日下詔敕諸軍但深溝高壘不得妄進若君必效忠節以解疑議登身朝到夕召兵還此言之誠有如大江 或曰曹丕無如孫權何而妄自夸大如此

魏略曰浩周 胡三省曰浩姓也姓譜漢有靑州刺史浩賞 字孔異上黨人 上黨治長子今潞安府長子縣城西 建安中仕爲蕭令 蕭縣今徐州府蕭縣西北 至徐州刺史後領護于禁軍軍沒爲關羽所得權襲羽幷得周甚禮之及文帝卽王位權乃遣周爲牋魏王曰昔討關羽獲于將軍卽白先王當發遣之此乃奉款之心不言而發先王未深留意而謂權中閒復有異圖愚情慺慺用未果決遂値先王委離國祚殿下承統下情始通公私契闊未獲備舉是令本誓未卽昭顯梁寓傳命委曲周至深知殿下以爲意望權之赤心不敢有他願垂明恕保權所執謹

遣浩周東里袞 胡三省曰東里之先以居里爲氏 至情至實皆周等所具又曰權本性空薄文武不昭昔承父兄成軍之緖得爲先王所見奬飾遂因國恩撫綏東土而中閒寡慮庶事不明畏威忘德以取重戾先王恩仁不忍遐棄旣釋其宿罪且開明信雖致命虜廷梟獲關羽功效淺薄未報萬一事業未究先王卽世殿下踐阼威仁流邁私懼情願未蒙昭察梁寓來到具知殿下不遂疏遠必欲撫錄追本先緖權之得此欣然踴躍心開目明不勝其慶權世受寵遇分義深篤今日之事永執一心惟察慺慺重垂含覆又曰先王以權推誠已驗軍當引還故除合肥之守著南北之信令權長驅不復後顧近得守將周泰全琮等白事過月六日有馬步七百徑到橫江 橫江今安徽和州東南二十五里直江南采石渡處見孫策傳 又督將馬和 宋本馮本督作篤 復將四百人進到居巢 居巢今安徽廬州府巢縣東北五里 琮等聞有兵馬渡江視之爲兵馬所擊臨時交鋒大相殺傷卒得此問情用恐懼權實在遠不豫聞知

約敕無素敢謝其罪又聞張征東朱橫海張遼拜征東將軍沈家本曰朱橫海不知何名朱靈爲後將軍附徐晃傳不言爲橫
海也洪飴孫職官表橫海將軍列朱靈似失闕疑之義今復還合肥先王盟要由來未久且權自度未獲罪釁
不審今者何以發起牽軍遠次事業未訖甫當爲國討除賊備重聞斯問深使失圖凡
遠人所恃在於明信願殿下克卒前分開示坦然使權誓命得卒本規凡所願言周等
所當傳也初東里袞爲于禁軍司馬前與周俱沒又俱還到有詔皆見之帝問周等周
以爲權必臣服而東里袞謂其不可必服帝悅周言以爲有以知之是歲冬魏王受漢
禪遣使以權爲吳王詔使周與使者俱往周既致詔命時與權私宴謂權曰陛下未信
王遣子入侍也周以闔門百口明之權因字謂周曰浩孔異卿乃以舉家百口保我我
當何言邪遂流涕霑襟及與周別又指天爲誓周還之後權不遣子而設辭帝乃久留
其使到八月權上書謝又與周書曰自道路開通不忘修意既新奉國命加知起居假

歸河北故使情問不獲果至望想之勞曷云其已毛本曷作偈誤孤以空闇分信不昭中閒
招罪以取棄絕幸蒙國恩復見赦宥喜乎與君克卒本圖傳不云乎毛本不作注誤雖不能
始善終可也又曰昔君之來欲令遣子入侍于時傾心歡以承命徒以登年幼欲假年
歲之閒耳而赤情未蒙招信遂見討責常用慙怖自頃國恩復加開導忘其前愆取其
後效喜得因此尋竟本誓前以有表具說遣子之意想君假還已知之矣毛本矣作也又
曰今子當入侍而未有妃耦昔君念之以爲可上連綴宗室若夏侯氏雖中閒自棄常
奉戢在心毛本常作當誤當垂宿念爲之先後使獲攀龍附驥永自固定其爲分惠豈有量
哉如是欲遣孫長緒孫邵字長緒見四年注引吳錄與小兒俱入奉行禮聘成之在君又曰小兒年
弱加教訓不足念當與別爲之緬然父子恩情豈有已邪又欲遣張子布追輔護之
張昭字子布孤性無餘凡所欲爲今盡宣露惟恐赤心不先暢達官本考證曰冊府先作克是以具爲

君說之宜明所以於是詔曰權前對浩周自陳不敢自遠樂委質長爲外臣又前後辭
旨頭尾擊地此鼠子自知不能保爾許地也又今與周書請以十二月遣子復欲遣孫
長緒張子布隨子俱來彼二人皆權股肱心腹也又欲爲子於京師求婦此權無異心
之明效也李龍官曰諸本皆脫無字誤惟冊府有之帝既信權甘言且謂周爲得其眞而權但華僞竟無
遣子意自是之後帝既彰權罪周亦見疎遠終身不用

權遂改年臨江拒守趙一清曰隋書薛道衡傳郭璞云江表偏王三百年還與中國合案江南偏王者起吳大帝孫權黃武元年盡歸命侯晧天紀四年共五十九年又起晉元帝建武元年盡陳後主禎明九年共二百七十七年合得三百三十六年又鼎錄曰孫權黃武元年於彭蠡水沈一鼎其文曰百神助陽侯伏三足大篆書冬十一月大風範等兵溺死者數千餘軍還江南曹休使
臧霸以輕船五百敢死萬人襲攻徐陵趙一清曰方輿紀要卷二十五京口先爲徐陵鎭其地蓋丹徒縣西鄉京口里也通釋徐陵丹徒京城其實一也吳以其臨江津因置督守之謝鍾英曰通鑑咸寧五年吳主遣徐陵督陶濬將七千人從西道與交州牧陶璜共擊郭馬胡

三省曰徐陵與洞浦對岸吳主權將呂範洞浦之敗魏臧霸渡江攻徐陵全琮徐盛擊卻之又華覈封徐陵亭侯則徐陵蓋亭名吳以其臨江津置督守之鍾英按今太平府西南東梁山之北燒攻城車殺略數千人將軍全琮徐盛追斬魏將尹盧
殺獲數百十二月權使太中大夫鄭泉聘劉備于白帝始復通也
江表傳曰權云近得玄德書已深引咎求復舊好前所以名西爲蜀者以漢帝尚存故
耳今漢已廢自可名爲漢中王也何焯曰此非惟以通好亦謂漢帝改步可以各王其地自爲計也弼按此時先主已稱帝何以尚名漢中王又據孫權名西爲蜀之言可知蜀爲魏吳所加非劉氏自稱之名後日兩國盟詞（見黃龍元年）亦稱爲漢陸機辨亡論亦稱漢主可證蜀爲魏晉所稱
吳書曰鄭泉字文淵陳郡人博學有奇志而性嗜酒其閒居每曰願得美酒滿五
百斛船毛本斛作斗誤以四時甘脆置兩頭史記聶政傳政曰旦夕得甘毳以養親集解此芮反索隱鄒氏音脃二義相通也呂氏春秋越王三年苦心勢力有甘肥不敢食肥俗作脆讀如翠說文小耎易斷蓋柔之義反覆沒飲之憊即住而啖肴膳酒有斗
升減隨即益之不亦快乎權以爲郎中嘗與之言卿好於衆中面諫或失禮敬寧畏龍

鱗乎對曰臣聞君明臣直今儻朝廷上下無諱實恃洪恩不畏龍鱗後侍讌權乃怖之使提出付有司促治罪泉臨出屢顧權呼還笑曰卿言不畏龍鱗何以臨出而顧乎對曰實恃恩覆知無死憂至當出閤感惟威靈不能不顧耳使蜀劉備問曰吳王何以不答吾書得無以吾正名不宜乎泉曰曹操父子陵轢漢室終奪其位殿下既爲宗室有維城之責不荷戈執殳爲海內率先而於是自名未合天下之議是以寡君未復書耳鄭泉之言與費詩之見相同此亦當時之公論也備甚慙恧泉臨卒謂同類曰必葬我陶家之側庶百歲之後化而成土幸見取爲酒壺實獲我心矣

然猶與魏文帝相往來何焯曰待西鄰之固也至後年乃絕兩國交兵復相往來此亦畸形外交然仲謀胸有策略非漫無主宰者曾丕劉備均爲其所玩弄矣是歲改夷陵爲西陵夷陵見前建安二十四年晉武帝太康元年復曰夷陵見沈志

二年春正月曹眞分軍據江陵中州詳見朱然傳胡三省曰去年吳將孫盛據中洲據潘璋傳江陵中洲卽百里洲也其洲自枝江縣西至上明東及江津江津北岸卽江陵故城趙一淸曰凡曰中洲皆江中之洲也下文濡須中洲正同是月城江夏山趙一淸曰水經注江水逕魯山古翼際山也山中有吳江夏太守陸渙所治城蓋取二水之名地理志曰夏水過郡入江故曰江夏也舊治安陸漢高帝六年置吳乃徙此又黃鵠山東北對夏口城魏黃初二年孫權所築依山傍江開勢明遠憑墉藉阻高觀枕流對岸則入沔津故城以夏口爲名亦沙羨縣治也一淸案齊書州郡志郢州鎭夏口舊要害也吳置督將爲魯口屯對魯山岸因爲名也程普傳領江夏太守治沙羨此吳置郡立屯之始又方輿紀要卷七十六武昌縣西五十里有梅城居平川中相傳黃武中所築西二十里有仔城皆廢改四分用乾象厤潘眉曰宋書厤志云光和中穀城門候劉洪始悟四分於天疏闊更以五百八十九爲紀法百四十五爲斗分造乾象法又制遲疾厤法以步月行方於太初四分轉精微矣（魏太史丞韓翊以爲乾象厤減斗分太過後當先天）吳中書令闞澤受劉洪乾象法於東萊徐岳故孫吳用乾象厤至於吳亡

江表傳曰權推五德之運以爲土行用未祖辰臘志林曰土行以辰臘得其數矣土盛於戌而以未祖毛本盛作成戌作戍祖作祀均誤其義非也土生於未故未爲坤初是以月令建未之月祖黃精於郊祖用其盛今祖用其始豈應運乎

三月曹仁遣將軍常彫等朱桓傳彫作雕以兵五千乘油船胡三省曰油船蓋以牛皮爲之外施油以扞水晨渡濡須中州濡須見前黃武元年中州朱桓傳作中洲中洲者朱桓部曲妻子所在地見桓傳仁子泰因引軍急攻朱桓桓兵拒之遣將軍嚴圭等擊破彫等詳見朱桓傳桓傳事在黃武元年

是月魏軍皆退夏四月權羣臣勸卽尊號權不許

江表傳曰權辭讓曰漢家堙替不能存救亦何心而競乎羣臣稱天命符瑞固重以請權未之許而謂將相曰往年孤以玄德方向西鄙故先命陸遜選衆以待之聞北部分欲以助孤孤內嫌其有挾若不受其拜是相折辱而趣其速發便當與西俱至二處受敵於孤爲劇故自抑按就其封王低屈之趣諸君似未之盡今故以此相解耳

劉備薨于白帝鄭蘇年曰後書權聞魏文帝崩征江夏圍石陽不克而還但用帝斂之筆未必非承詐徼旨所在或謂因春秋赴告則書之例

不以此爲重輕恐未必然劉咸炘曰或說是鄭說謬

吳書曰權遣立信都尉馮熙聘于蜀洪飴孫曰立信都尉一人吳所置弔備喪也熙字子柔潁川人馮異之後也范書馮異傳異字公孫潁川父城人爲光武佐命功臣權之爲車騎熙歷東曹掾使蜀還爲中大夫後使于魏文帝問曰吳王若欲修宿好宜當厲兵江關江關今四川夔州府奉節縣東見魏志文紀黃初三年縣旍巴蜀而聞復遣修好必有變故熙曰臣聞西使直報問且以觀釁非有謀也又曰聞吳國比年災旱人物彫損以大夫之明觀之何如熙對曰吳王體量聰明善於任使賦政施役每事必咨敬養賓旅親賢愛士賞不擇怨仇而罰必加有罪臣下皆感恩懷德惟忠與義帶甲百萬穀帛如山稻田沃野民無饑歲所謂金城湯池彊富之國也以臣觀之輕重之分未可量也帝不悅以陳羣與熙同郡使羣誘之啗以重利熙不爲迴撓至摩陂摩陂今河南汝州郟縣東南見魏志武紀建安二十四年欲困苦之後又召還未至熙懼見迫不

從必危身辱命乃引刀自刎〔官本考證曰御覽自刎下多中乳房三字〕御者覺之不得死權聞之垂涕曰此與蘇武何異竟死于魏〔周壽昌曰吳志未爲馮熙立傳並未載其事僅見松之此注中昔吳初丞相孫邵史無其傳虞喜聞劉升叔云與張惠恕不能後韋氏作史蓋惠恕之黨故不見書韋卽韋曜也然則馮熙無傳豈亦無援於承祚乎弼按周說非是國志之有傳者豈皆有援於承祚乎〕

五月曲阿言甘露降〔曲阿見孫策傳〕先是戲口守將晉宗殺將王直以衆叛如魏魏以爲蘄春太守〔蘄春見前建安十八年胡三省曰蘄春縣漢屬江夏郡吳分立蘄春郡卽蘄陽也東晉避諱改爲水經蘄水出江夏蘄春縣北山注云卽蘄山也西南流逕蘄山又南對蘄陽會于大江亦謂之蘄河口錢大昕曰宋書州郡志吳立蘄春郡尋陽縣屬焉據此志則蘄春郡蓋魏所置而吳因之耳宋志晉太康元年省蘄春郡以尋陽屬武昌改蘄春之安豐爲高陽及邾縣皆屬武昌然則吳之蘄春郡領蘄春尋陽安豐邾四縣也洪亮吉曰吳志建安十八年自廬江九江蘄春廣陵戶十餘萬皆東渡江江西遂虛蘄春之名始見於此是吳於此年前分廬江置此郡也〕數犯邊境六月權令將軍賀齊督麋芳劉邵等襲蘄春邵等生虜宗〔互見賀齊胡綜傳〕十一月〔宋本十一月上有冬字〕蜀使中郎將鄧芝來聘〔李清植曰後主傳云遣尚書郎鄧芝固好於吳芝本傳於時芝正入爲尚書此作中郎將蓋異國紀錄之誤而編史者因之〕

吳歷曰蜀致馬二百匹錦千端及方物自是之後聘使往來以爲常吳亦致方土所出以答其厚意焉〔周壽昌曰御覽布帛部引環氏吳紀蜀遣使獻重錦千端觀注引吳歷大約卽此一事〕

三年夏遣輔義中郎將張溫聘于蜀〔洪飴孫曰輔義中郎將一人吳所置〕秋八月赦死罪九月魏文帝出廣陵〔廣陵見孫策傳〕望大江曰彼有人焉未可圖也乃還〔梁章鉅曰此魏文第一次臨江是黃武三年九月事至四年冬復至廣陵臨江觀兵〕

干寶晉紀曰魏文帝之在廣陵吳人大駭〔監本無大字官本無人字均誤〕乃臨江爲疑城自石頭至于江乘〔江乘見孫策傳胡三省曰江乘縣屬丹陽郡吳省爲典農都尉治其地在建業東北〕車以木楨衣以葦席加采飾爲一夕而成〔通鑑吳安東將軍徐盛建計植木衣葦爲疑城假樓自石頭至于江乘聯緜相接數百里一夕而成胡三省曰植木於內以蘆撥遮其外爲疑城假樓今淮甸諸郡城敵樓皆以蘆撥遮護之〕魏人自江西望甚憚之遂退軍權令趙達算之曰〔趙達後有傳〕曹丕走矣雖然吳衰庚子歲權曰幾何達屈指而計之曰五十八年〔吳亡於庚子歲自黃武三年至天紀四年爲五十七年〕權曰今日之憂不暇及遠此子孫事也〔孫權是時年四十三歲何其言之無遠謀也〕吳錄曰是歲蜀主又遣鄧芝來聘重結盟好權謂芝曰山民作亂江邊守兵多徹慮曹丕乘空弄態而反求和議者以爲內有不暇幸來求和於我有利宜當與通以自辨定恐西州不能明孤赤心用致嫌疑孤土地邊外閒隙萬端而長江巨海皆當防守丕觀釁而動〔毛本丕作不誤〕惟不見便寧得忘此復有他圖

四年夏五月丞相孫邵卒〔錢大昭曰自孫邵至濮陽興皆爲丞相至寶鼎元年以陸凱爲左丞相常侍萬彧爲右丞相始分爲左右兩丞相矣洪飴孫曰建衡中復舊〕

吳錄曰邵字長緒北海人長八尺爲孔融功曹融稱曰廊廟才也〔或曰孫邵獲器於文舉顧雍見歎於伯喈相繼爲開吳宰輔〕從劉繇於江東〔毛本江東作酒來誤〕及權統事數陳便宜以爲應納貢聘權卽從

之拜廬江大守遷車騎長史黃武初爲丞相威遠將軍封陽羨侯〔陽羨見卷首〕張溫暨豔奏其事邵辭位請罪權釋令復職年三十六卒　志林曰吳之創基邵爲首相史無其傳竊嘗怪之嘗問劉聲叔〔毛本問作倚誤〕聲叔博物君子也云推其名位自應立傳項峻吳孚時已有注記〔趙一清曰吳當作丁二人亦見薛瑩傳丁孚又見齊書禮志又隋書經籍志始學十二卷吳項中項峻撰〕此云與張惠恕不能〔張溫字惠恕或曰云疑作公〕後韋氏作史蓋惠恕之黨故不見書

六月以太常顧雍爲丞相〔百寮舉張昭爲丞相孫權不從見昭傳〕

吳書曰以尚書令陳化爲太常化字元燿汝南人博覽衆書氣幹剛毅長七尺九寸〔毛本尺作八誤〕雅有威容爲郎中令使魏〔此卽本傳所謂猶與魏文帝相往來也〕魏文帝因酒酣嘲問曰吳魏峙立誰將平一海內者乎化對曰易稱帝出乎震加聞先哲知命舊說紫蓋黃旗運在東南〔趙一清曰宋書符瑞志漢世術士言黃旗紫蓋見於斗牛之閒江東有天子氣寰宇記卷九十司馬德操與劉嗣恭書曰黃旗紫蓋恆見東南終能

成天下之功者揚州之君子乎謂斗牛之間有此氣一清案庾信哀江南賦作黃旗紫氣帝曰昔文王以西伯王天下豈復在東乎化曰周之初基太伯在東是以文王能興於西帝笑無以難心奇其辭使舉當還禮送甚厚連年交兵而又使命往來亦異事也權以化奉命光國拜犍爲太守犍爲郡見劉志劉焉傳趙一清曰此郡亦是遙領置官屬頃之遷太常兼尚書令正色立朝勸子弟宋本勸作勱廢田業絕治產仰官廩祿不與百姓爭利妻早亡化以古事爲鑒乃不復娶權聞而貴之以其年壯敕宗正妻以宗室女化固辭以疾權不違其志年出七十乃上疏乞骸骨遂爰居章安郡國志揚州會稽郡章安故治閩越地光武更名劉昭注引晉太康記曰本鄞縣南之迴浦鄉章帝章和元年立未詳宋書州郡志臨海太守本會稽東部都尉前漢都尉治鄞後漢分會稽爲吳郡疑是都尉徙治章安也孫亮太平二年立領章安孫亮傳太平二年以會稽東部爲臨海郡三年封故齊王奮爲章安侯王先謙曰三國吳置臨海郡以縣屬一統志章安故城今浙江台州府臨海縣東一百五十里章安市章安互見孫奮傳或曰爰者爰居爰處之義邪抑直取爰居避風之義邪弼按鍾離牧傳少爰居永興卒於家子爈字公熙少有志操能計算衛將軍全琮表稱爈任大將軍大將軍三字疑誤赴召道卒

皖口言木連理皖口今安徽安慶府懷寧縣西十五里皖水入江之口胡三省曰皖水自灊山縣東南流三百四十里入大江謂之皖口一統志皖水今名長河源出潛山縣西北天堂山東南流至縣東三里會潛水又南至石牌與太湖諸水合又南逕懷寧縣西十五里入江卽皖口也互見諸葛恪傳冬十二月鄱陽賊彭綺自稱將軍攻沒諸縣衆數萬人魏志劉放傳注引孫資別傳曰時吳人彭綺又舉義江南議者以爲因此伐之必有所克資曰鄱陽宗人前後數有舉義者衆弱謀淺旋輒乖散以此推綺懼未能爲權腹心大疾也綺果尋敗亡是歲地連震趙一清曰晉書五行志黃武四年江東地連震是時權受魏爵命爲大將軍吳王改元專制不修臣節

吳錄曰是冬魏文帝至廣陵臨江觀兵兵有十餘萬旌旗彌數百里有渡江之志趙一清曰方輿紀要卷二十三初自廣陵揚子鎭濟江江面闊相拒四十餘里唐立伊婁埭江闊猶二十餘里宋時瓜州渡口猶十八里今瓜州渡至京口不過七八里又紀要卷二十宋嘉定五年建康守臣王度言府境北據大江是爲天險上自采石下達瓜步千有餘里共置六渡一曰烈山渡二曰南渡浦三曰龍灣渡四曰東陽渡五曰丈城渡六曰岡沙渡權嚴設固守時大寒冰舟不得入江帝見波濤洶涌歎曰嗟乎固天所以隔南北也通鑑隔作限遂歸孫韶又遣將高壽等率敢死之士五百人於徑路夜要之帝大驚壽等獲副車羽蓋以還

五年春令曰軍興日久民離農畔父子夫婦不能相卹孤甚愍之今北虜縮竄方外無事其下州郡有以寬息趙一清曰刀劍錄黃武五年採武昌銅鐵作千口劍萬口刀各長三尺九寸刀頭方皆是南銅越炭作之文曰大吳小篆書中華古今注曰吳大帝有寶刀三寶劍六一曰白蛇二曰紫電三曰辟邪四曰奔星五曰青冥六曰百里刀一曰百鍊二曰青犢三曰漏景又寰宇記卷百五十七引南越志云趙佗之墓黃武五年孫權使交趾治中從事呂瑜訪鑿佗墓功費彌多卒不能得掘嬰齊墓卽佗之子得珠襦玉匣之具金印三十六一皇帝信璽一皇帝行璽餘文天子也又得印三紐銅劍三枚並爛若龍文其一刻曰純鉤二曰干將三曰莫邪皆雜玉爲匣水經泿水注引王範交廣春秋曰南越王趙佗之葬也因山爲墳其壟塋可謂奢大葬積珍玩吳時遣使發掘其墓求索棺柩鑿山破石費日損力卒無所獲一清案此殆與發丘中郎摸金校尉同其酷暴也是時陸遜以所在少穀表令諸將增廣農畝權報曰甚善今孤父子親自受田車中八牛以爲四耦胡三省曰耒廣五寸爲伐二伐爲耦漢制后稷始甽田以

二耜爲耦注云並兩耜而耕也趙一清曰宋書禮志犢車軿車之流也孫權云車中八牛卽犢車也雖未及古人亦欲與衆均等其勞也秋七月權聞魏文帝崩征江夏圍石陽石陽今湖北德安府應城縣東南詳見魏志文聘傳胡三省以石陽爲沔陽誤趙一清以石陽屬廬陵郡亦誤不克而還蒼梧言鳳皇見馮本蒼作倉誤蒼梧縣治廣信今廣西梧州府蒼梧縣治見魏志陶謙傳分三郡惡地十縣置東安郡全琮傳丹陽吳會山民復爲寇賊攻沒屬縣權分三郡險地爲東安郡胡三省曰吳會吳郡會稽也三郡豫章丹陽新都也或曰三郡丹陽吳會稽也弼按豫章丹陽新都三郡相距太遠以丹陽吳郡會稽三郡爲是何焯曰三郡上不著丹陽吳會稽疑是脫文趙一清曰方輿紀要卷九十東安城在杭州富陽縣北十八里郡守全琮築城一清案十縣之名不可攷宋書州郡志以吳郡之新城爲吳立又建德桐廬壽昌三縣皆是吳分富春立疑皆屬東安後罷郡以縣屬吳也錢大昕曰水經注黃武四年孫權以富春爲東安郡分置諸縣沈約州郡志亦云黃武四年以富春爲東安郡與此相差一歲蓋分郡之議在四年以全琮爲守在五年也郡治富春縣其九縣無考太平寰宇記建德桐廬二縣俱黃武四年分富春置當是東安屬縣也

吳錄曰郡治富春也富春見孫堅傳何焯曰北宋本無也字

以全琮爲太守平討山越冬十月陸遜陳便宜勸以施德緩刑寬賦息調又云忠讜之言 胡三省曰讜晉黨善言也 不能極陳 錢大昭曰不能疑是不敢尋下文自見 求容小臣數以利聞權報曰夫法令之設欲以遏惡防邪儆戒未然也焉得不有刑罰以威小人乎此爲先令後誅不欲使有犯者耳君以爲太重者孤亦何利其然但不得已而爲之耳今承來意當重諸謀務從其可且近臣有盡規之諫親戚有補察之箴所以匡君正主明忠信也書載予違汝弼汝無面從孤豈不樂忠言以自裨補邪而云不敢極陳何得爲忠讜哉若小臣之中有可納用者寧得以人廢言而不採擇乎假若諂媚取容 宋本假若作但 雖闇亦所明識也至於發調者徒以天下未定事以衆濟若徒守江東修崇寬政兵自足用復用多爲

顧坐自守可陋耳若不豫調恐臨時未可便用也又孤與君分義特異榮戚實同來表云不敢隨衆容身苟免此實甘心所望於君也 何焯曰魏方大喪未能議遣故勸及時息民以固基本而權嗣已有猜焉所以末年自用益甚 於是令有司盡寫科條 嘉禾三年孫登表定科令見登傳五年設盜鑄之科六年定長吏奔喪科文見本傳胡綜傳初以內外多事特立科綜議吏遭喪宜定科文遂用綜言此吳科之有明文者 使郎中褚逢齎以就遜及諸葛瑾意所不安令損益之 赤烏四年孫登臨終上疏云可令諸葛瑾等陳上便宜蠲除煩苛見登傳 是歲分交州置廣州 士燮傳燮黃武五年卒權以交阯縣遠乃分合浦以北爲廣州呂岱爲刺史交阯以南爲交州戴良爲刺史呂岱傳岱表分海南三郡爲交州以將軍戴良爲刺史海東四郡爲廣州岱自爲刺史晉書地理志吳黃武五年分交州之南海蒼梧鬱林高梁四郡立爲廣州俄復舊永安六年復分交州置廣州胡三省曰海南三郡交阯九眞日南也海東四郡蒼梧南海鬱林合浦也趙一清曰方輿紀要卷百孫吳廣州治番禺交州還治龍編 俄復舊 是歲諸葛瑾等圍襄陽司馬懿擊破之見魏志明紀卷首

江表傳曰權於武昌新裝大船名爲長安試泛之釣臺圻 宋本圻作沂趙一清曰當作圻谿巖橘柚曰孫權命工人濟芳造船夜夢一老父謂曰船將下參弊桷徹（桷之下水處）宜殺其角徵羸（枕離水處曰羸）宜更殺其頓（羸上曲處曰頓）則日行千里矣言舉化赤龍飛去如法果然中華古今注孫權時號舸爲赤龍小船爲馳馬言如龍之飛於天馬之走陸地也吳都賦弘舸連軸巨艦接艫飛雲蓋海制非常模劉淵林云飛雲蓋海吳樓船之有名者李善云江表傳孫權乘飛雲大船張銑云飛雲船上樓名方輿紀要卷七十六釣臺在武昌縣北門外大江中大江回曲處在樊口者曰大回在釣臺下者曰小回唐元結歌欸石橫大江又云是釣臺水石相衝擊此中爲小回是也 時風大盛谷利令柂工取樊口權曰當張頭取羅州 水經江水注鄂城南對蘆洲舊吳時築客舍於洲上方便惟所止焉亦謂之羅洲矣 利拔刀向柂工曰不取樊口者斬工卽轉柂入樊口風遂猛不可行乃還權曰阿利畏水何怯也利跪曰大王萬乘之主輕於不測之淵戲於猛浪之中船樓裝高邂逅顚危奈社稷何是以利輒敢以死爭權於是貴重之自此後不復名之常呼曰谷 谷利事見前建安二十年注引江表傳趙一清曰寰宇記卷百十二敗船灣在武昌縣西北水路七里武昌記權與羣臣泛船中流值風至樊口十餘里便敗因名敗船灣水經注江水樊口之北有灣昔孫權裝大船名之曰長安亦曰大船載坐直之士三千人與羣臣泛舟江津屬值風起權欲西取蘆洲谷利不從令取樊口薄船船至岸而敗故名其處爲敗船灣因鑿樊山爲

路以上人卽名其處爲吳造峴在樊口上一里今厥處尚存

六年 是年爲魏太和元年蜀建興五年 春正月諸將獲彭綺 周魴生禽綺見魴傳趙一清曰水經漸江水注萬善歷曰吳黃武六年獲彭綺是歲由拳西鄉有產兒墮地便能語云天方明河欲淸鼎腳折金乃生因是詔爲語兒鄉非也禦兒之名遠矣蓋無智之徒因藉地名生情穿鑿耳國語曰句踐之地北至禦兒是也安得引黃武證地哉 閏月韓當子綜 綜宋本作琮誤 以其衆降魏 綜降魏事見韓當傳 韓菼曰晉宗彭綺韓綜翟丹叛者凡四宜伯言以緩刑請也

七年春三月封子慮爲建昌侯 郡國志揚州豫章郡建昌一統志故城今江西南昌府奉新縣西互見太史慈傳 罷東安郡夏五月鄱陽太守周魴僞叛誘魏將曹休 詳見周魴傳 秋八月權至皖口 皖口見前黃武四年 使將軍陸遜督諸將大破休於石亭 石亭在今安徽省安慶府潛山縣東北見魏志明紀太和二年是時曹休向皖司馬懿向江陵賈逵向東關三道俱進而休大敗見陸遜傳 大司馬呂範卒是歲改合浦爲珠官郡 合浦郡治合浦今廣東廉州府合浦縣東北見魏志陳留王紀咸熙元年趙一清曰宋書州郡志合浦太守漢武帝立孫

權黃武七年更名珠官孫亮復舊朱官長吳立朱作珠朱盧長吳立一清案續郡國志合浦郡五城合浦徐聞高涼臨允朱崖劉昭注建安二十五年孫權立高涼郡晉書地理志高涼屬高涼郡蓋仍吳之舊臨允屬蒼梧郡疑亦吳所更合浦郡領縣六有南平毒質宋志無其建置處所不詳也方輿紀要卷一百五瓊州府東南有瑇瑁廢縣豈卽晉之毒質乎又紀要一百四珠母海在廉州府東南八十里巨海中中有七珠池曰青鶯曰楊梅曰烏泥曰白沙曰平江曰斷望曰海渚後爲五池其東爲斷望對達二池無珠西爲平江楊梅青鶯三池有大蚌剖而有珠今止以三池名所謂合浦珠也

江表傳曰是歲將軍翟丹叛如魏權恐諸將畏罪而亡馮本亡作去乃下令曰自今諸將有重罪三然後議毛本今作令誤

黃龍元年是年魏太和三年蜀建興七年權年四十八歲春公卿百司皆勸權正尊號夏四月夏口武昌並言黃龍鳳皇見胡綜傳黃武八年夏黃龍見舉口於是權稱尊號因瑞改元丙申南郊卽皇帝位趙一清曰水經江水注武昌城西有郊壇權告天卽位於此又武昌記曰樊口南有大姥廟孫權嘗獵樊山下依夕見一姥問權獵何所得曰正得一豹姥曰何不豎豹尾忽然不見權事應在此故爲立廟也鼎錄曰權爲姥立廟幷作一鼎文曰豹尾鼎又方輿紀要卷八十一道州江華縣南吳望山舊名秦山孫權未建號時山忽開洞穴石有文采權以爲瑞

吳錄載權告天文曰胡綜傳自權統事文告册命鄰國書符皆綜所造皇帝臣權敢用玄牡昭告于皇皇后帝漢享國二十有四世歷年四百三十有四宋書禮志載此文無有四二字行氣數終祿祚運盡普天弛絕率土分崩孽臣曹丕遂奪神器丕子叡繼世作慝淫名亂制權生於東南遭値期運承乾秉戎志在平世奉辭行罰舉足爲民羣臣將相州郡百城執事之人咸以爲天意已去於漢漢氏已絕祀於天宋志無祀字皇帝位虛郊祀無主休徵嘉瑞前後雜沓歷數在躬不得不受權畏天命不敢不從謹擇元日登壇燎祭卽皇帝位惟爾有神饗之左右有吳永綏天祿宋志作永綏天極是日大赦改年追尊父破虜將軍堅爲武烈皇帝母吳氏爲武烈皇后兄討逆將軍策爲長沙桓王吳王太子登爲皇太子將吏皆進爵

加賞初興平中吳中童謠曰黃金車班蘭耳闓昌門宋書符瑞志闓作開出天子

昌門吳西郭門夫差所作趙一清曰寰宇記卷九十一閶闔門吳城西門也以天門通閶闔故名之又郡國志云吳由此伐楚國改爲破楚門

五月使校尉張剛管篤之遼東六月蜀遣衞尉陳震慶權踐位權乃參分天下潘眉曰參分者參酌以分天下與世所稱三分異蜀志謂之交分天下也自是以後蜀徙魯王永爲甘陵王梁王理爲安平王以魯梁在吳分界故也吳亦解步隲冀州牧職又解朱然兖州牧職以冀兖在蜀分界故也其實魯梁冀兖當時皆是魏地也豫青徐幽屬吳兖冀幷涼屬蜀其司州之土以函谷關爲界胡三省詳釋司州見蜀志陳震傳造爲盟曰天降喪亂皇綱失敘逆臣乘釁劫奪國柄始於董卓終於曹操窮凶極惡以覆四海至令九州幅裂普天無統民神痛怨靡所戾止及操子丕局本誤作及丕子操桀逆遺醜荐作姦回偷取天位而叡么麼毛本么作厶尋丕凶蹟阻兵盜土未伏厥誅昔共工亂象而高辛行師賈逵注共工侵陵諸侯與高辛爭王遂爲高辛所滅三苗干度而虞舜征焉尚書舜典竄三苗于三危孔傳云三苗國名縉雲氏之後爲諸侯號饕餮三危西裔今日滅叡禽其徒黨非漢與吳將復誰任宋本毛本任作在夫討惡翦暴必聲其罪宜先分裂奪其土地使士民之心各知所歸是以春秋晉侯伐衞先分其田以畀宋人斯其義也事見左傳僖公二十八年且古建大事必先盟誓故周禮有司盟之官周禮秋官司盟掌盟載之法鄭注云載盟辭也盟者書其辭於策殺牲取血坎其牲加書於上而埋之謂之載書尚書有告誓之文漢之與吳雖信由中然分土裂境宜有盟約諸葛丞相德威遠著翼戴本國典戎在外信感陰陽誠動天地重復結盟廣誠約誓使東西士民咸共聞知李光地曰吳人既暑諸葛之來賀又知其信足倚場之如此何焯曰讀其載書不悖

先歃者漢而主是盟者惟丞相盛德之所及遠哉或曰此胡綜之詞推諸葛若此張温一表又足罪乎故立壇殺牲昭告神明再歃加書副之天府天高聽下靈威棐諶司慎司盟羣臣羣祀宋本臣作神莫不臨之自今日漢吳既盟之後勠力一心同討魏賊救危恤患分災共慶好惡齊之無或攜貳若有害漢則吳伐之若有害吳則漢伐之各守分土無相侵犯傳之後葉克終若始凡百之約皆如載書信言不豔周壽昌曰不豔言不爲浮美之辭也實居于好有渝此盟創禍先亂違貳不協慆慢天命明神上帝是討是督山川百神是糾是殛俾墜其師無克祚國于爾大神其明鑒之秋九月權遷都建業因故府不改館趙一清曰此卽長沙桓王故府太康地記所稱太和宮也徵上大將軍陸遜輔太子登掌武昌留事胡三省曰吳於大將軍之上復置上大將軍

二年春正月魏作合肥新城合肥新城今安徽合肥縣西北三十里見魏志明紀青龍二年及滿寵傳是年吳築東興隄見諸葛恪傳詔立都講祭酒以教學諸子遣將軍衞溫諸葛直將甲士萬人浮海求夷洲及亶洲潘眉曰亶洲後漢書東夷傳作澶洲澶亶同字也韓昌黎送鄭尚書序夷亶之州亦作亶不從水旁夷洲亶洲並國名亶洲在海中長老傳言秦始皇帝遣方士徐福將童男童女數千人入海求蓬萊神山毛本山作仙及仙藥止此洲不還世相承有數萬家其上人民時有至會稽貨布會稽東縣人海行錢大昭曰東縣當作東冶見魏志王朗傳亦有遺風流移至亶洲者所在絕遠卒不可得至但得夷洲數千人還後漢書東夷傳會稽海外有夷洲及亶洲傳言秦始皇遣方士徐福將童男女數千人入海求蓬萊神仙不得徐福畏誅不敢還遂止此洲世世相承有數萬家人民時至會稽市會稽東冶縣人有入海行遭風流移至澶洲者所在絕遠不可往來沈瑩臨海水土志曰夷洲在臨海東南去郡二千里土地無霜雪草木不死四面是山谿人皆髡髮穿耳女人不穿耳土地饒沃既生五穀又多魚肉有犬尾短如麕尾狀此夷舅姑子婦臥息共一大牀略不相避地有銅鐵唯用鹿格爲矛以戰鬬摩礪青石以作弓矢取生魚肉雜貯大瓦器以鹽鹵之歷月餘日乃啖食之以爲上肴也胡三省曰今人相傳倭人卽徐福止王之地其國中至今廟祀徐福按陸遜傳云權征夷洲得不補失

三年春二月遣太常潘濬率衆五萬討武陵蠻夷馮本陵作靈誤武陵蠻夷見蜀志先主傳章武元年衞溫諸葛直皆以違詔無功下獄誅陸遜傳權欲遣偏師取夷洲及珠崖遜上疏諫不從權遂征夷洲得不補失全琮傳權將圍珠崖及夷洲琮言不可權不聽軍行經歲士衆疾疫死者十有八九權深悔之或曰求之於無益悖矣因而妄殺其惡尚可言哉夏有野蠶成繭大如卵由拳野稻自生改爲禾興縣由拳見孫策傳今浙江嘉興府嘉興縣南五里赤烏五年改嘉興中郎將孫布詐降以誘魏將王淩淩以軍迎布冬十月權以大兵潛伏於阜陵俟之阜陵今安徽滁州全椒縣東十五里見魏志袁渙傳胡三省曰阜陵縣漢屬九江郡魏改九江爲淮南郡晉志曰阜陵縣漢明帝時淪爲麻湖麻湖在今和州歷陽縣西三十里杜佑曰漢阜陵縣在滁州全椒縣南淩覺而走事見魏志滿寵傳會稽南始平言嘉禾生元和志南始平吳分章安立寰宇記吳初置屬會稽輿地廣記吳屬臨海方輿紀要今浙江台州府天台縣治

本漢章安吳析置南始平或曰後漢興平四年孫氏析置也互見虞翻傳注引會稽典錄始平注十二月丁卯大赦改明年元也

嘉禾元年魏太和六年蜀建興十年是時孫權年五十一歲趙一清曰御覽卷百七十六引金陵地記嘉禾元年於桂林落星山起重樓名曰落星樓吳都賦數軍實於桂林之苑饗戎旅乎落星之樓注云吳有桂林苑落星樓樓在建業東北十里春正月建昌侯慮卒慮太子登之弟年二十三月遣將軍周賀校尉裴潛時有兩裴潛乘海之遼東秋九月魏將田豫要擊斬賀于成山成山今山東登州府文登縣東北百五十里見魏志田豫傳冬十月魏遼東太守公孫淵遣校尉宿舒胡三省曰姓譜宿本風姓伏羲之後封於宿風俗通漢有鴈門太守宿詳郎中令孫綜宋本毛本郎作閬誤胡三省曰晉志王國置郎中令淵未封王僭置之也潘眉曰遼東無閬中公孫淵傳注作郎中令稱藩于權公孫淵表權見魏志公孫淵傳注引吳書幷獻貂馬權大悅加淵爵位是年陸遜引兵向廬江見魏志滿寵傳

江表傳曰是冬羣臣以權未郊祀奏議曰頃者嘉瑞屢臻馮本臻作徵遠國慕義天意人

事前後備集宜修郊祀以承天意權曰郊祀當於土中今非其所於何施此重奏曰昔
天之下莫非王土王者以天下爲家昔周文武郊於酆鎬非必土中權曰武王伐紂即
祚于鎬京而郊其所也文王未爲天子立郊於酆見何經典復書曰宋本作復奏曰伏見漢
書郊祀志匡衡奏徙甘泉河東郊於長安宋本作匡衡奏徙甘泉河東郊於酆誤言文王郊於酆漢書郊祀
志成帝初即位丞相衡奏言昔者周文武郊於豐鄗成王郊於雒邑由此觀之天隨王者所居而饗之可見也甘泉泰畤河東后土之祠宜可徙置長安權曰
文王德性謙讓宋本無德字誤處諸侯之位明未郊也經傳無明文匡衡俗儒意說非典籍
正義不可用也趙一清曰宋書五行志權稱帝三十年竟不於建業創七廟但有父堅一廟遠在長沙而郊禋禮闕嘉禾初羣臣奏宜郊祀又弗許
末年雖一南郊而北郊遂無聞焉且三江五湖衡霍會稽皆吳楚之望亦不見秩反禮羅陽妖神以求福助禮志何承天云權建號繼天而郊享有闕固非也末年
雖一南郊而遂無北郊之禮環氏吳紀權思崇嚴父配天之義追上父堅尊號爲始祖如此說則權末年所郊堅配天也權卒後三嗣主終吳世不郊祀則權不享
配帝之禮矣何焯曰仲謀既自擅尊號以天子臨其臣民而不修郊祀是子不事父野哉志林曰吳王糾駮郊祀之奏追貶匡

衡謂之俗儒凡在見者莫不慨然以爲統盡物理達於事宜至於稽之典籍乃更不通
毛氏之說云堯見天因邰而生后稷故國之於邰命便事天宋本便作使是此誤毛傳云邰姜嫄之國也堯
見天因邰而生后稷故國后稷於邰命使事天以顯神順天命耳故詩曰后稷肇祀庶無罪悔以迄于今毛本悔作侮誤此大
雅生民篇之辭鄭箋云庶衆也后稷肇祀上帝於郊而天下衆民咸得其所無有罪過也子孫蒙其福以至於今故推以配天焉言自后稷以來
皆得祭天猶魯人郊祀也是以棫樸之作有積燎之薪詩大雅芃芃棫樸薪之槱之毛傳云芃芃木盛貌棫白桵
也樸枹木也槱積也山木茂盛萬民得而薪之鄭箋云白桵相樸屬而生者枝條芃芃然豫斫以爲薪至祭皇天上帝及三辰則聚積以燎之文王郊酆
經有明文匡衡豈俗而枉之哉文王雖未爲天子然三分天下而有其二伐崇戡黎祖
伊奔告詩大雅皇矣章以伐崇墉毛傳云墉城也鄭箋云崇侯虎倡紂爲無道罪尤大也尚書西伯既戡黎祖伊恐奔告於王王肅云文王爲西伯黎侯無
道文王伐而勝之天既棄殷乃眷西顧太伯三讓以有天下文王爲王於義何疑然則匡衡
之奏有所未盡按世宗立甘泉汾陰之祠皆出方士之言非據經典者也方士以甘泉

汾陰黃帝祭天地之處故孝武因之遂立二畤漢治長安而甘泉在北謂就乾位而衡
云武帝居甘泉祭於南宮此既誤矣祭汾陰在水之脽呼爲澤中而衡云東之少陽失
其本意此自吳事於傳無非恨無辨正之辭故矯之云脽音誰見漢書音義漢書武帝紀元鼎四
年十一月立后土祠于汾陰脽上蘇林曰脽音誰如淳曰脽者河之東岸特堆掘長四五里廣一里餘高十餘丈汾陰縣治脽之上后土祠在縣西汾在脽之北西
流與河合師古曰二說皆是也脽者以其形高起如人尻脽故以名云一說此臨汾水之上地本名鄈音與葵同彼鄉人呼葵音如誰故轉而爲脽字耳故漢舊儀
云葵上錢大昭曰說文鄈河東臨汾地即漢之所祭后土處从邑癸聲鄈正字脽借用字漢舊儀又作葵司馬貞云蓋河東呼誰與葵同耳酈道元分鄈邱與脽爲
二失之顧千里曰吳大帝之論自不可易虞喜傳會經傳强爲之說此乃所謂俗儒也
二年魏青龍元年春正月詔曰朕以不德肇受元命夙夜兢兢不遑假寢
思平世難救濟黎庶上答神祇下慰民望是以眷眷勤求俊傑將與
勠力共定海內苟在同心與之偕老今使持節督幽州領青州牧遼

東太守燕王久嚐賊虜嚐音脅隔在一方雖乃心於國其路靡緣今因
天命遠遣二使款誠顯露章表殷勤朕之得此何喜如之雖湯遇伊
尹周獲呂望世祖未定而得河右方之今日豈復是過普天一統於
是定矣書不云乎一人有慶兆民賴之尚書呂刑篇之辭其大赦天下與之
更始何焯曰爲之下赦此氣湧如山所由迫也權自稱尊號一無可觀矣史家鋪陳其事亦醜之也其明下州郡咸使聞知
特下燕國奉宣詔恩令普天率土備聞斯慶三月遣舒綜還使太常
張彌執金吾許晏將軍賀達等將兵萬人金寶珍貨九錫備物乘海
授淵何焯曰此舉本欲蓋其身受魏封之恥然下詔可以少儒人衆但遣數百亦自足也其後朱然征祖中預表必勝權抑其表不出其鑑於是哉
江表傳載權詔曰故魏使持節車騎將軍遼東太守平樂侯魏志明紀太和二年以公孫淵領遼東太守四
年以淵爲車騎將軍又公孫度傳文帝封公孫恭爲平郭侯淵奪恭位當亦襲恭侯爵平郭屬遼東郡公孫氏爲遼東人此詔平樂當爲平郭之誤前漢平樂屬山

陽郡後漢省併此縣其誤無疑天地失序皇極不建元惡大憝作害于民海內分崩羣生堙滅雖周餘黎民靡有孑遺方今之日亂有甚焉朕受歷數君臨萬國夙夜戰戰念在弭難若涉淵水罔知攸濟是以把旄杖鉞翦除凶虐自東徂西靡遑寧處苟力所及民無災害雖賊虜遺種未伏辜誅猶繫囚枯木待時而斃惟將軍天姿特達兼包文武觀時覩變審於去就踰越險阻顯致赤心肇建大計爲天下先元勳巨績侔於古人雖昔竇融背棄隴右卒占河西卒占或改作率先河西宋本馮本毛本皆作西河以定光武定字疑誤休名美實豈復是過欽嘉雅尚朕實欣之自古聖帝明王建化垂統以爵褒德以祿報功功大者祿厚德盛者禮崇故周公有夾輔之勞太師有鷹揚之功並啓土宇兼受備物今將軍規萬年之計建不世之略絕僭逆之虜順天人之肅濟成洪業功無與比齊魯之事奚足言哉詩不云乎無言不讐無德不報今以幽青二州十七郡七十縣潘眉曰郡國志幽州郡國十一青州郡國六并之計

十七郡幽州涿郡七縣廣陽郡五縣代郡十一縣上谷郡八縣漁陽郡九縣右北平郡四縣遼西郡五縣遼東郡十一縣玄菟郡六縣樂浪郡十八縣遼東屬國六縣青州濟南郡十縣平原郡九縣樂安國九縣北海國十八縣東萊郡十三縣齊國六縣共得一百五十五縣此注云七十縣多寡不符疑七十上脫百字建安末頗有分立縣合之當得百七十縣耳封君爲燕王使持節守太常張彌授君璽綬策書金虎符第一至第五竹使符第一至第十錫君玄土苴以白茅爰契爾龜用錫冢社方有戎事典統兵馬以大將軍曲蓋麾幢督幽州青州牧遼東太守如故今加君九錫其敬聽後命以君三世相承保綏一方寧集四郡訓及異俗民夷安業無或攜貳是用錫君大輅戎輅玄牡二駟君務在勸農嗇人成功倉庫盈積官民俱豐是用錫君袞冕之服赤舄副焉君正化以德敬下以禮敦義崇謙內外咸和是用錫君軒縣之樂君宣導休風懷保邊遠遠人迴面莫不影附是用錫君朱戶以居君運其才略官方任賢顯直錯枉羣善必舉是用錫君虎賁之士百人潘眉曰此九錫文只有八錫當是古本相沿脫去一行耳君運其才略四句下當云是以錫君納陛以登再加四句然後接是用錫君虎賁之士百人然安知非五句連屬而吾以爲脫在羣善必舉之下是用錫君虎賁之上者以魏武九錫文云君研其明哲思帝所難官才任賢羣善必舉是用錫君納陛以登吳主九錫文云君運其才謀官方任賢是用錫君納陛以登晉文九錫文云君簡賢料材營求俊逸爰升多士寘彼周行是用錫公納陛以登晉武九錫文云公官方任能網羅幽滯九皋辭野髦士盈朝是用錫公納陛以登齊高九錫文云公明鑒人倫澄辨涇渭官方與能英乂克舉是用錫君納陛以登梁武九錫文云公揚清抑濁官方有序多士聿興棫樸流詠是用錫公納陛以登陳武九錫文云以公抑揚清濁褒德進賢髦士盈朝幽人虛谷是用錫公納陛以登合諸文觀之則此任賢舉善云云其爲錫納陛之辭無疑也納陛者孟康曰納內也鑿殿基際爲陛使不露也君戎馬整齊威震遐方糾虔天刑彰厥有罪是用錫君鈇鉞各一君文和於內武信於外禽討逆節折衝掩難是用錫君彤弓一彤矢百玈弓十玈矢千君忠勤有效溫恭爲德明允篤誠感于朕心是用錫君秬鬯二卣宋本二作一珪瓚副焉欽哉敬茲訓典寅亮天工相我國家永終爾休

舉朝大臣自丞相雍已下皆諫以爲淵未可信而寵待太厚但可遣

吏兵數百護送舒綜權終不聽張昭彊諫權終不從見昭傳

臣松之以爲權愎諫違衆信淵意了非有攻伐之規重複之慮宜達錫命乃用萬人是何不愛其民昏虐之甚乎此役也非惟闇塞實爲無道或曰遣衆太多淵亦猜焉

淵果斬彌等送其首于魏沒其兵資權大怒欲自征淵李光地曰不深自悔而繼之以怒醜哉趙一清曰世說注引列女傳曰趙姬者桐鄉令虞韙妻潁川趙氏女也才敏多覽韙既沒大皇帝敬愛其文才詔入宮省上欲自征公孫淵姬上疏以諫作列女傳解號趙母注賦數十萬言赤烏六年卒江表傳載權怒曰朕年六十權是時年五十二不得云六十世事難易靡所不嘗近爲鼠子所前卻胡三省曰嘗試也謂稱臣以誘吳使同前既又斬其使以卻之也令人氣湧如山宋本湧作踴通鑑同不自截鼠子頭以擲於海無顏復臨萬國就令顛沛不以爲恨胡三省曰知其不可而欲興忿兵也

尚書僕射薛綜等切諫乃止陸遜陸瑁先後上疏諫各見本傳是歲權向合肥新城

權因遣水不敢下船見魏志滿寵傳胡三省曰卽太和六年滿寵所築新城也華夷對境圖魏合肥新城今爲廬州謝步鎭遣將軍全琮征六安六安今安徽六安州北見孫堅傳廬江郡注皆不克還吳書曰初張彌許晏等俱到襄平襄平今奉天府遼陽州北見魏志明紀景初元年胡三省曰襄平縣遼東郡治所淵所都也官屬從者四百許人淵欲圖彌晏先分其人衆置遼東諸縣以中使秦旦張羣杜德黃彊等及吏兵六十人置玄菟郡玄菟郡治高句驪（非高句驪國）今奉天府鐵嶺縣東見魏志公孫度傳玄菟郡在遼東北相去二百里胡三省曰此非玄菟郡舊治也太守王贊領戶二百兼重可三四百人旦等皆舍於民家仰其飲食積四十許日旦與疆等議曰吾人遠辱國命自棄於此與死亡何異今觀此郡形勢甚弱若一旦同心焚燒城郭殺其長吏爲國報恥然後伏死足以無恨孰與偷生苟活長爲囚虜乎疆等然之於是陰相約結當用八月十九日夜發其日中時爲部中張松所告贊便會士衆閉城門旦羣德疆等皆踰城得走時羣病疽創著

膝不及羣旅德常扶接與俱崎嶇山谷行六七百里創益困不復能前臥草中相與悲泣宋本與作守羣曰吾不幸創甚死亡無日卿諸人宜速進道冀有所達空相守俱死於窮谷之中何益也德曰萬里流離死生共之不忍相委委棄也於是推旦疆使前德獨留守羣捕菜果食之旦疆別數日得達句驪王宮王宮二字誤通鑑無此二字因宣詔於句驪王宮通鑑作王位宮位宮漢高句驪王宮之曾孫也詳見魏志高句驪傳及其主簿詔言有賜爲遼東所攻奪宮等大喜卽受詔命使人隨旦還迎羣德其年宮遣皁衣二十五人送旦等還奉表稱臣貢貂皮千枚鶡雞皮十具郭璞注山海經曰鶡雞似雉而大青色有毛角鬬敵死乃止鶡何葛反旦等見權悲喜不能自勝權義之皆拜校尉閒一年遣使者謝宏中書陳恂拜宮爲單于加賜衣服珍寶宋本服作物恂等到安平口安平口見魏志高句驪傳先遣校尉陳奉前見宮而宮受魏幽州刺史諷旨毛本旨作晉誤令以吳使自效奉聞之到還宋本到作倒宮遣主簿笮咨帶固等出安平與宏相見宏

卽縛得三十餘人質之宮於是謝罪上馬數百匹宏乃遣咨固奉詔書賜物歸與宮是時宏船小載馬八十匹而還魏志明紀靑龍四年七月高句驪王宮斬送孫權使胡衛等首詣幽州此卽吳嘉禾五年事吳志未書魏志明紀又云初孫權遣使浮海與高句驪通欲襲遼東是孫權始終未忘遼東然越國鄙遠當時又無航海駕馭之術故先後俱無利不若魏之陸地可通也

三年春正月詔曰兵久不輟民困於役歲或不登其寬諸逋勿復督課夏五月權遣陸遜諸葛瑾等屯江夏沔口沔口卽夏口見魏志文聘傳趙一清曰方輿紀要卷七十六鳳棲山在漢陽郡治後今郡城環其上迤西之山亦曰魯山志云郡城東北有吳王磯吳魏相持時皆以沔口爲重鎭吳守此磯以爲險固有鐵門關在其旁孫韶張承等向廣陵淮陽通鑑作淮陰魏廣陵郡治淮陰今江蘇淮安府淸河縣南趙一淸曰宋書州郡志廣陵太守晉武帝太康三年治淮陰故城後又治射陽屬縣海陵高郵江都鹽城俱三國時廢一淸案上云江夏沔口一地也下云合肥新城亦一地也此云廣陵淮陽書法不例考後漢書廣陵郡治廣陵三國屬魏爲重鎭陳登爲太守徙治射陽又移治淮陰而以故城爲邊邑黃初五年伐吳自壽春至廣陵登故城臨江觀兵胡三省曰廣陵故城卽蕪城矣後吳人得其地孫峻使馮朝城廣陵是也淮陽後漢爲陳國今開封府陳州去廣陵甚遠淮陽是淮陰之誤無疑方輿紀要卷二十二淮陰城在淮安府西北四十里漢屬臨

淮郡後漢改屬下邳國晉爲廣陵郡治則宋志云廣陵晉太康時治淮陰或仍魏置耳權率大衆圍合肥新城魏志滿寵傳靑龍二年權自將號十萬至合肥新城寵射殺權弟子孫泰是時蜀相諸葛亮出武功武功今陝西乾州武功縣西南三里見魏志蘇則傳是年諸葛亮死權謂魏明帝不能遠出而帝遣兵助司馬宣王拒亮自率水軍東征未至壽春壽春今安徽鳳陽府壽州治見魏志文紀黃初五年趙一淸曰晉地志江西廬江九江之地自合肥之北至壽春悉屬魏權退還孫韶亦罷秋八月以諸葛恪爲丹陽太守丹陽郡治宛陵今安徽寧國府宣城縣治見孫策傳吳增僅曰洪志云郡治建業今考後漢丹陽治宛陵建安八年孫翊爲太守遇害孫河馳赴宛陵則是時仍舊治也孫權遷都武昌以呂範爲丹陽太守治建業時在黃武初及嘉禾三年諸葛恪爲太守討平山越時太守營府當已徙近山越又孫休居虎林諸葛恪秉政不欲諸王在濱江兵馬之地徙休丹陽郡建業濱江明是時郡治非建業矣沈志云晉太康二年分丹陽爲宣城郡治宛陵而丹陽移治建業以是參考知嘉禾初年實已還治宛陵也趙一淸曰晉書地理志丹陽郡統縣十一有建鄴秣陵二縣注云建鄴本秣陵孫氏改爲建業武帝平吳以爲秣陵太康三年分秣陵北爲建業改業爲鄴一淸案宋書州郡志云孫權改秣陵爲建業秣陵其地本名金陵秦始皇改然則吳時有建業無秣陵至晉乃分立故晉志兩書之又孫權嘗分丹陽爲臨川郡以朱然爲太守其地不知在何所諸葛恪爲丹陽太守斬白

陽長胡伉似亦丹陽屬縣其建置處所不詳弼按臨川郡治南城解見朱然傳臼陽解見諸葛恪傳討山越九月朔隕霜殺穀宋本殺作傷趙一淸曰宋書五行志是時校事呂壹專作威福與漢元帝時石顯用事隕霜同應班固書九月二日陳壽言朔皆明未可以傷穀也冬十一月太常潘濬平武陵蠻夷事畢還武昌黃龍三年濬往討見前還武昌共掌留事見濬傳詔復曲阿爲雲陽曲阿今江蘇鎭江府丹陽縣治見孫策傳丹徒爲武進丹徒今鎭江府丹徒縣東南十八里見孫策傳廬陵賊李桓羅厲等作亂

四年夏遣呂岱討桓等毛本桓作恒誤秋七月雨雹宋本雨作有趙一淸曰宋書五行志作雨雹志曰七月雨雹又隕霜是時呂壹作威用事詆毀重臣排陷無辜自太子登以下咸患毒之漢安帝信讒多殺無辜亦雨雹魏使以馬求易珠璣翡翠瑇瑁通鑑瑇作玳胡三省曰珠不圜者爲璣又曰蟲蠵爲瑇權曰此皆孤所不用而可得馬何苦而不聽其交易

五年春鑄大錢一當五百杜佑曰孫權嘉禾五年鑄大泉一當五百文曰大泉五百徑一寸三分重十二銖趙一淸曰泉志大

泉五百錢舊譜曰徑寸二分重十二銖文曰大泉五百此泉徑寸一分重四銖六黍今世有之方輿紀要卷二十冶城在江寧府西石城門內本吳冶鑄處詔使吏民輸銅計銅畀直設盜鑄之科二月宋本二作三武昌言甘露降於禮賓殿輔吳將軍張昭卒輔吳將軍班亞三司昭時年八十一中郎將吾粲獲李桓將軍唐咨獲羅厲等自十月不雨至於夏冬十月彗星見于東方鄱陽賊彭旦等爲亂

六年魏景初元年春正月詔曰夫三年之喪天下之達制人情之極痛也賢者割哀以從禮不肖者勉而致之世治道泰上下無事君子不奪人情故三年不逮孝子之門至於有事則殺禮以從宜要絰而處事故聖人制法有禮無時則不行遭喪不奔非古也蓋隨時之宜以義斷恩也前故設科長吏在官當須交代而故犯之雖隨糾坐猶已廢曠方事之殷國家多難凡在官司宜各盡節先公後私而不恭承甚非謂也中外羣寮其更平議務令得中詳爲節度顧譚議以爲奔喪立科輕則不足以禁孝子之情重則本非應死之罪雖嚴刑益設違奪必少若偶有犯者加其刑則恩所不忍有減則法廢不行愚以爲長吏在遠苟不告語勢不得知比選代之閒若有傳者必加大辟則長吏無廢職之負孝子無犯重之刑將軍胡綜議以爲喪紀之禮雖有典制苟無其時所不得行方今戎事軍國異容而長吏遭喪知有科禁公敢干突苟念聞憂不奔之恥不計爲臣犯禁之罪此由科防本輕所致忠節在國孝道立家出身爲臣焉得兼之故爲忠臣不得爲孝子宜定科文示以大辟若故違犯有罪無赦以殺止殺行之一

人其後必絕何焯曰身在疆場與强敵對親老不預陳請棄軍敗國不俟交代宜嚴立科禁若內地守令自無事限制也加罪傳者尤爲謬濫譚綜之議吳朝可謂無治趙一淸曰晉書五行志吳之風俗相驅以急言論彈射以刻薄相尙居三年之喪往往有致毀以死諸葛患之著正交論雖不可以經訓整亂蓋亦救時之作也或曰此猶禁人之奔赴今則驅之不去矣無謂世道無古今之異丞相雍奏從大辟其後吳令孟宗喪母奔赴孟宗事見孫晧傳建衡三年注引吳錄已而自拘於武昌以聽刑陸遜陳其素行因爲之請權乃減宗一等後不得以爲比因此遂絕或曰顧譚之論有若兒戲胡綜顧雍則違禮滅天矣嗚呼痛哉以死刑驅人於逆異乎先王以孝敎天下矣二月陸遜討彭旦等其年皆破之冬十月遣衞將軍全琮襲六安不克諸葛恪平山越事畢北屯廬江嘉禾三年恪討山越

赤烏元年魏景初二年蜀延熙元年權時年五十七春鑄當千大錢杜佑曰孫權赤烏元年鑄一當千大錢徑一寸四分重十六銖趙一淸曰晉書食貨志孫權鑄當千錢故呂蒙定荆州賜錢一億錢既太貴但有空名人閒患之晉自中原喪亂元帝過江用孫氏舊錢輕重雜行大者謂之比輪

中者謂之四文泉志曰此泉有二品大者徑寸五分重十二銖六黍字文夷漫輪郭重厚頗艱得之小者徑寸三分重七銖二黍世多有之通鑑輯覽曰五銖輕重適中行之最爲無弊周景王鑄大錢不久卽廢乃幣重之明驗也圜法流通貴乎利用直百且不可況當千乎何焯曰錢當五百已不可通行又鑄當千徒爲妄作有以知吳之無制也

夏呂岱討廬陵賊畢嘉禾四年遣岱往討還陸口陸口今湖北蒲圻縣西北八十里陸溪口見前建安十五年嘉禾三年呂岱領潘璋士衆屯陸口見岱傳今討廬陵賊畢還屯陸口秋八月武昌言麒麟見趙一清曰宋書符瑞志又云白麟見建業有司奏言麒麟者太平之應宜改年號詔曰閒者赤烏集於殿前朕所親見若神靈以爲嘉祥者改年宜以赤烏爲元羣臣奏曰昔武王伐紂有赤烏之祥史記周本紀武王渡河有火自上復于下至于王屋流爲烏其色赤其聲魄云君臣觀之遂有天下聖人書策載述最詳者以爲近事既嘉親見又明也於是改年

步夫人卒追贈皇后初權信任校事呂壹壹性苛慘用法深刻太子登數諫權不納大臣由是莫敢言後壹姦罪發露伏誅呂壹事見顧雍潘濬闞澤傳又見孫休傳永安元年注引襄陽記權引咎責躬乃使中書郎袁禮告謝諸大將因問時事所當損益禮還復有詔責數諸葛瑾步騭朱然呂岱等曰袁禮還云與子瑜子山義封定公相見諸葛瑾字子瑜步騭字子山朱然字義封呂岱字定公並以時事當有所先後通鑑並下有咨字胡注謂時事所當行何者爲先何者爲後也各自以不掌民事不肯便有所陳悉推之伯言承明陸遜字伯言潘濬字承明伯言承明見禮泣涕懇惻辭旨辛苦至乃懷執危怖有不自安之心聞此悵然通鑑此作之深自刻怪胡三省曰刻怪也何者夫惟聖人能無過行明者能自見耳人之舉厝何能悉中獨當已有以傷拒衆意忽不自覺故諸君有嫌難耳不爾何緣乃至於此乎自孤興軍五十年權自黃龍元年稱尊之後詔書稱朕此詔何以稱孤此後稱朕稱孤互見爲例不一是時權年五十七亦不得云興軍五十年所役賦凡百皆出於民天下未定孼類猶存士民勤苦誠所

貫知然勞百姓事不得已耳與諸君從事自少至長髮有二色二色謂斑白也以謂表裏足以明露公私分計足用相保盡言直諫所望諸君拾遺補闕孤亦望之昔衞武公年過志壯勤求輔弼每獨歎責江表傳曰權又云天下無粹白之狐而有粹白之裘衆之所積也夫能以駁致純不惟積乎故能用衆力則無敵於天下矣能用衆智則無畏於聖人矣或曰至言也權恐不及此且布衣韋帶相與交結分成好合尙汚垢不異今日諸君與孤從事雖君臣義存猶謂骨肉不復是過榮福喜戚相與共之忠不匿情智無遺計事統是非胡三省曰言行事是則君臣同其是非則同其非也諸君豈得從容而已哉局本得從二字誤倒同船濟水將誰與易齊桓諸侯之霸者耳有善管子未嘗不歎有過未嘗不諫諫而不得終諫不止今孤自省無桓公之德而諸君諫諍未出於口仍執嫌難以此言之孤於齊桓良優未知諸君於管子何如耳胡三省曰下之於上不從其令而從其意孫權自謂優於齊桓而責其臣以管子使吳誠有管子亦不敢盡言於權觀諸陸遜可見矣久不相見因事當笑共定大業整齊天下當復有誰凡百事要所當損益樂聞異計匡所不逮何焯曰魏吳皆有校事而適生奸無政而好察何如劉氏之平明也權既迷謬于前引咎方新責數隨至不思反求所以致此之由洞然無猜更始納誨惟思歸過于下又何怪乎國之日亂民之日瘠哉

二年春趙一清曰方輿紀要卷二十七廬江縣西北四十里金牛山嶺有塔吳赤烏二年造又有馬槽山上有寨壘相傳曹魏所作蓋南北相持故各建樹以爲升高瞭望之所又明史禮志蕪湖城隍祠赤烏二年建江表傳曰宋本馮本毛本曰作載權正月詔曰郎吏者宿衞之臣古之命士也閒者所用頗非其人自今選三署皆依四科不得以虛辭相飾

三月遣使者羊衜羊衜事見魏志公孫淵傳注引漢晉春秋又見本志孫霸傳康發祥曰羊衜無傳附見孫登鍾離牧等傳（弼按登傳見

注引吳錄吳書江表傳牧傳見注引會稽典錄）同時有二羊衜始與太守吳羊衜也上黨太守魏羊衜也魏羊衜爲晉景王之舅生祜及景獻羊皇后后母卽漢左中
郎將蔡邕之女也 鄭胄將軍孫怡之遼東擊魏守將張持高慮等虜得男女
通鑑夏四月吳督軍使者羊衜擊遼東守將俘人民而去胡注督軍使者漢官也魏黃初二年罷督軍官而吳猶仍漢制
文士傳曰 監本士作字誤 胄字敬先沛國人父札才學博達權爲驃騎將軍以札爲從事中
郞與張昭孫邵共定朝儀 陳浩曰張昭傳注引吳錄曰昭與孫紹滕胤鄭禮等採周漢撰定朝儀孫紹此作孫邵鄭禮此作鄭札疑有一
誤陳景雲曰札字當作礼礼與禮古今字異耳周壽昌曰礼本古禮字禮之誤札容或有之特攷四年注引漢晉春秋作零陵太守殷札顧邵傳作雲陽殷禮官零
陵太守張溫傳作殷禮者本占候召逵傳作殷禮獨此作鄭胄之父札定朝儀與張昭傳注之鄭禮定朝儀同是札固疑作礼而或爲殷或爲鄭豈一人有二姓
如前漢之陳武一爲柴武乎又案顧邵傳注云雲陽殷禮子基爲無難督著通語本傳注稱鄭胄爲沛國人是鄭禮與殷禮異籍確是兩人而殷札與鄭札又歧出
無攷則札礼兩字亦姑從蓋闕可也 胄其少子有文武資局 宋本資作姿 少知名舉賢良稍遷建安太守
賀齊傳侯官既平而建安漢興南平復亂齊進兵建安立都尉府是歲建安八年也孫休傳永安三年以會稽南部爲建安郡晉書地理志孫休分會稽立建安郡

又云建安郡故秦閩中郡漢高帝五年以立閩越王及武帝滅之徙其人名爲東冶又更名東城後漢改爲侯官都尉吳置建安郡郡治建安宋書州郡志會稽冶
縣分爲會稽東南二部都尉東部臨海是也南部建安是也輿地廣記福建泉南劍汀漳六州皆建安郡地胡三省曰建安中分東侯官置建安縣用漢年號也一
統志建安故城今福建建寧府治趙一清曰孫休永安三年始立建安郡是時尚爲會稽南部都尉地不應先有建安之名 呂壹賓客於郡犯
法胄收付獄考竟壹懷恨後密譖胄權大怒召胄還潘濬陳表並爲請得釋後拜宣信
校尉往救公孫淵已爲魏所破還遷執金吾 胄事又見孫亮傳太平二年 子豐字曼季有文學操
行與陸雲善與雲詩詞往反 宋本馮本毛本詞作相 司空張華辟未就卒 臣松之聞孫怡者
東州人非權之宗也
零陵言甘露降 宋書符瑞志云在元年春誤 夏五月城沙羡 沙羡今湖北武昌府江夏縣西南趙一清曰沙羡卽
江夏也黃武二年城之今復築晉書五行志赤烏二年五月地再震是時呂壹專事按壹於元年已伏誅此爲誤也 冬十月將軍蔣祕南
討夷賊祕所領都督廖式殺臨賀太守嚴綱等 郡國志交州蒼梧郡臨賀晉書地理志孫權分蒼梧

立臨賀郡治臨賀屬廣州胡三省曰臨賀縣漢屬蒼梧郡縣臨賀水因以爲名吳分立爲臨賀郡唐爲賀州一統志臨賀故城今廣西平樂府賀縣治 自稱
平南將軍與弟潛共攻零陵桂陽 零陵郡治泉陵今湖南永州府零陵縣城北二里桂陽郡治郴今湖南郴州治均見
蜀志先主傳建安十三年 及搖動交州蒼梧鬱林諸郡 蒼梧郡治廣信交州刺史治今廣西梧州府蒼梧縣治見魏志陶謙
傳郡國志交州鬱林郡治布山一統志布山故城今廣西潯州府貴縣治方輿紀要今潯州府桂平縣西五十里 衆數萬人遣將軍呂
岱唐咨討之歲餘皆破 詳見呂岱傳
三年 魏正始元年 春正月 宋本正作二 詔曰蓋君非民不立民非穀不生頃者
以來民多征役歲又水旱年穀有損而吏不良 宋本吏下有或字 侵奪民時
以致饑困自今以來督軍郡守其謹察非法當農桑時以役事擾民
者舉正以聞夏四月大赦詔諸郡縣治城郭起譙樓穿塹發渠以備
盜賊冬十一月民饑詔開倉廩以賑貧窮

四年春正月大雪平地深三尺鳥獸死者大半 馮本大作太侯康曰晉書五行志下是年夏全琮等
四將軍攻略淮南襄陽戰死者千餘人其後權以讒邪數責讓陸議議憤恚致卒 夏四月遣衞將軍全琮略淮南決
芍陂 芍陂在今安徽鳳陽府壽州南詳見魏志武紀建安十四年 燒安城邸閣 安城在壽春左右見魏志王基傳邸閣亦見王基傳
收其人民威北將軍諸葛恪攻六安 洪飴孫曰威北將軍一人吳所置六安見前嘉禾二年 琮與魏
將王淩戰于芍陂中郞將秦晃等十餘人戰死車騎將軍朱然圍樊
大將軍諸葛瑾取柤中 柤中距襄陽城一百五十里南漳縣東南六十里見魏志齊王紀正始二年
漢晉春秋曰零陵太守殷禮言于權曰 禮官本作札通鑑同胡三省曰札一作禮盧明楷曰殷札疑作殷禮張溫傳載權罪溫令
曰又殷禮者本占候召而溫先後乞將到蜀又顧邵傳稱雲陽殷禮官零陵太守合二傳參校作禮爲是蓋禮之於札爲傳寫而互異也 今天棄曹氏
喪誅累見 胡三省曰喪誅謂魏累有大喪蓋天誅也 虎爭之際而幼童涖事陛下身自御戎取亂侮亡 書仲
虺之誥之辭 宜滌荆揚之地 胡三省曰滌洗也言舉國興師後無留者其地如洗也 舉彊贏之數使彊者執戟贏

者轉運西命益州軍于隴右益州謂蜀也授諸葛瑾朱然大衆直指襄陽直指宋本作指事通鑑作直指陸遜朱桓別征壽春大駕入淮陽歷青徐胡三省曰前漢之淮陽後漢章帝改曰陳郡此直謂淮水之陽耳弼按淮陽見前嘉禾五年襄陽壽春困於受敵長安以西務對蜀軍宋本對作禦許洛之衆勢必分離掎角瓦解通鑑瓦解作並進民必內應將帥對向或失便宜毛本宜作益一軍敗績則三軍離心便當秣馬脂車陵蹈城邑乘勝逐北以定華夏若不悉軍動衆循前輕舉則不足大用易於屢退民疲威消時往力竭非出兵之策也通鑑作非上策也權弗能用之胡三省曰傾國出師決勝負於一戰苻堅之所以亡也吳主非不能用殷禮之計不肯用也李光地曰此人有大略公瑾之後一人耳蜀之跨渭虎爭蓋以十年教訓仲謀審已避所短也韓菼曰當日南北之勢大抵足以相持而不足以相斃權老矣更事多宜不見用也

五月太子登卒是月魏太傅司馬宣王救樊詳見魏志齊王紀正始二年注引干寶晉紀六月軍還閏月大將軍瑾卒秋八月陸遜城邾郡國志荊州江夏郡邾水經江水篇江水又東過邾縣南鄂縣北酈注云江水又東逕邾縣故城南楚宣王滅邾徙居於此故曰邾也漢高帝元年項羽封吳芮爲衡山王都此寰宇記邾縣故城在黃州東三十里臨江與武昌相對三國時初屬魏吳赤烏三年使陸遜攻邾城常以三萬兵守之宋白曰黃州邾縣一統志邾縣故城今湖北黃州府黃岡縣治吳增僅曰吳初爲魏吳境上地赤烏四年陸遜城邾其地始爲吳有趙一清曰方輿紀要卷七十六邾城今黃州府城也三國初屬魏吳赤烏四年陸遜拔邾築城置戍以爲重鎭一清案此事遜傳不載晉書陶侃傳議者以武昌北岸有邾城宜分兵鎭之侃曰邾城隔在江北吳時此城乃三萬兵守之王先謙曰三國吳邾縣改屬蘄春郡沈約云晉省蘄春郡邾縣屬武昌

五年春正月立子和爲太子大赦改禾興爲嘉興禾興見前黃龍三年百官奏立皇后及四王趙一清曰晉書地理志孫權赤烏五年亦取中州嘉號封建諸王其戶五十二萬三千男女口二百四十萬通典曰戶五十二萬男女口二百三十萬梁章鉅曰藝文類聚卷五十一封爵部引吳胡綜請立諸王表云受命之主繫天而王建化垂統爲一代制雖禮有損益事有質文至於崇建懿親列土封爵內蕃國朝外鎭天下古今同契其揆一也周室之興寵秩子弟姬姓之國五十有五諸王子受國者漸多光武中興四海擾攘衆諸制度未備而九子受國明章卽位男則封王女爲公主故詩曰既受帝祉施於孫子陛下踐祚以來十有二載皇后無號公主無邑臣下歎息遠近失望是以屢獻愚懷依據典禮庶請具陳足瘝聖心深辭固拒不蒙進納恐天下有識之士將謂吳臣闇於禮制不知陛下謙以失之也加今仰夏盛德在上大吳之慶於是乎始開國建號吉莫大焉唯陛下割

謙之德副兆民之望留臣祐許天下幸甚案胡綜表中有踐祚十二載之語則當在赤烏三年上距黃龍元年權稱尊號實十二載也蓋胡綜表不見納故是年有司復有此奏詔曰今天下未定民物勞瘁且有功者或未祿饑寒者尚未恤猥割土壤以豐子弟崇爵位以寵妃妾孤甚不取其釋此議三月海鹽縣言黃龍見漢書地理志會稽郡海鹽故武原鄉郡國志揚州吳郡海鹽劉昭注案今計偕簿縣之故治順帝時陷而爲湖今謂爲當湖大旱湖竭城郭之處可識水經沔水注谷水又東南逕鹽官縣故城南舊吳海昌都尉治谷水右有馬皐城故司鹽都尉城吳王濞煑海爲鹽于此縣也是以漢書地理志曰縣有鹽官東出五十里有武原鄉故越地也秦于其地置海鹽縣地理志曰縣故武原鄉也後縣淪爲柘湖又徙治武原鄉改曰武原縣漢安帝時武原之地又淪爲湖今之當湖也後乃移此縣南一統志海鹽故城今浙江嘉興府平湖縣東南當湖在今平湖縣東門外周四十餘里一名鸚鵡湖俗呼東湖卽海鹽縣陷處

夏四月禁進獻御減太官膳續漢志百官志太官令一人六百石掌御飲食秋七月遣將軍聶友校尉陸凱以兵三萬討珠崖儋耳漢書武帝紀元鼎六年定越地以爲南海蒼梧鬱林合浦交阯九眞日南珠崖儋耳郡又地理志序云自合浦徐聞南入海得大州東西南北方千里武帝元封元年略以爲儋耳珠崖郡元帝時罷棄之又賈捐之傳捐之字君房賈誼之曾孫也初武帝征南越元封元年立儋耳珠崖郡皆在南方海中洲居廣袤可千里至昭帝始元五年罷儋耳郡并屬珠崖元帝初元三年從賈捐之議罷珠崖郡應劭曰二郡在大海中崖岸之邊出眞珠故曰珠厓儋耳者種大耳渠率自謂王者耳尤緩下肩三寸張晏曰異物志二郡在海中東西千里南北五百里珠崖言珠若崖矣儋耳之云鏤其頰皮上連耳匡分爲數支狀似雞腸累耳下垂臣瓚曰茂陵書珠崖郡治瞫都去長安七千三百一十四里儋耳去長安七千三百六十八里領縣五師古曰儋音丁甘反字本作瞻瞫音審水經溫水注引林邑記曰漢置九郡儋耳與焉民好徒跣耳廣垂以爲飾雖男女褻露不以爲羞暑褻薄日自使人黑積習成常以黑爲美離騷所謂玄國矣然則儋耳卽離耳也王氏交廣春秋曰朱崖儋耳二郡與交州俱開皆漢武帝所置大海中南極之外對合浦徐聞縣清朗無風之日徑望朱崖州如囷廩大從徐聞對渡北風舉帆一日一夜而至周迴二千餘里徑度八百里人民可十萬餘家皆殊種異類被髮雕身而女多姣好白晳長髮美鬢犬羊相聚不服德教儋耳先廢朱崖數叛元帝以賈捐之議罷郡楊氏南裔異物志曰儋耳朱崖俱在海中分爲東蕃故山海經曰在鬱水南也一統志珠崖故郡在今廣東瓊山縣東南儋耳故郡在今瓊州府儋州西王先謙曰二郡今瓊州府境洪亮吉以珠崖爲郡治吳增僅引方輿勝覽以徐聞爲珠崖郡治謝鍾英據元和志謂吳無朱崖故地蓋自赤烏五年用兵士衆多死遂棄朱崖耳弼按諸說均誤據漢書紀傳地理志序及水經注二郡疆域在海南確爲今瓊州府境不在雷州府境也謝說與吳志不合王先謙已辨之洪氏又云陸凱傳除儋耳太守蓋因討珠崖郡使虛領其名耳是歲大疫有司又奏立后及諸王八月立

子霸爲魯王霸爲太子和弟寵愛崇特與和無殊見霸傳是儀疏諫不從見儀傳

六年春正月新都言白虎見新都郡治始新始新今浙江嚴州府淳安縣西六十里之威平鎭見前建安十三年諸葛恪征六安六安見孫堅傳胡三省曰漢六安國都六縣後漢爲六安侯國屬廬江郡晉爲六縣屬廬江郡破魏將謝順營收其民人冬十一月丞相顧雍卒十二月扶南王范旃遣使獻樂人及方物趙一清曰南史扶南國日南郡之南海西大灣中在林邑西南三千餘里其國廣輪三千餘里以女人爲王號曰柳葉其南有激國有事鬼神者字混塡夢神賜之弓乘賈人舶入海混塡晨起詣廟於神樹下得弓便乘舶入海至扶南外邑柳葉人衆見舶至欲劫取之混塡張弓射其舶穿度一面矢及侍者柳葉懼舉衆降混塡遂君其國納柳葉爲妻其後王盤盤以國事委其大將范蔓盤盤死國人共舉蔓爲王蔓姊子旃篡蔓自立旃大將范尋又代立吳時遣中郎康泰宣化從事朱應使於尋國國人猶裸唯婦人著貫頭泰應謂曰國中實佳但人褻露可怪耳尋始令男子著横幅横幅今干漫也大家乃截錦爲之貧者乃用布又中天竺傳吳時扶南王范旃遣親人蘇勿使其國從扶南發投拘利口循海大灣中正西北入歷灣邊數國可一年餘到天竺江口逆水行七千里乃至焉天竺王驚曰海濵極遠猶有此人乎卽令觀視國內仍差陳宋等二人以月支馬四匹報旃勿積四年方至其時吳遣中郎康泰使扶南及見陳宋等具問天竺土俗云佛道所興國也一統志眞

臘本扶南屬國亦名占臘其後并扶南而有之隋大業中始通中國是歲司馬宣王率軍入舒漢末廬江郡治舒舒縣今安徽廬州府廬江縣西見孫堅傳胡三省曰春秋之故國也時在吳魏境上棄而不耕去皖口甚近諸葛恪自皖遷于柴桑吳廬江郡治皖皖縣今安徽安慶府懷寧縣治見孫堅傳柴桑今江西九江府德化縣西南見前黃初二年晉書宣帝紀正始四年九月帝督諸軍擊諸葛恪軍次於舒恪焚燒積聚棄城而遁本志諸葛恪傳魏司馬宣王謀欲攻恪權方發兵應之望氣者以爲不利於是徙恪屯於柴桑弼按恪由今安慶而退屯今九江望氣之說諱敗之飾詞耳

七年春正月以上大將軍陸遜爲丞相秋宛陵言嘉禾生丹陽郡治宛陵今安徽寧國府宣城縣治見孫策傳是歲步騭朱然等各上疏云自蜀還者咸言欲背盟與魏交通多作舟船繕治城郭又蔣琬守漢中聞司馬懿南向不出兵乘虛以掎角之反委漢中還近成都事已彰灼無所復疑宜爲之備權揆其不然曰吾待蜀不薄聘享盟誓無所負之何以致此又司馬懿前來入舒旬日便退蜀在萬里何知緩急而便出兵乎昔魏欲入漢川胡三省曰曹眞欲入漢中在明帝太和四年此閒始嚴亦未舉動胡三省曰謂嚴兵而未發也會聞魏還而止蜀寧可復以此有疑邪又人家治國舟船城郭何得不護各本護均作獲李龍官曰按文義當作護卽指上多作舟船繕治城郭而言謂此不過爲保護境土之常非有他意也今此閒治軍寧復欲以禦蜀邪人言苦不可信毛本苦作若誤朕爲諸君破家保之沈家本曰御覽作劵案破家非權所肯言當從御覽作破劵爲長蜀竟自無謀如權所籌或曰孫權所言可謂恕己而亮人人能每事卽已以平觀自然不至有忿悁而人世亦可以無怨尤矣

江表傳載權詔曰毛本詔作傳誤督將亡叛而殺其妻子是使妻去夫子棄父甚傷義敎自今勿殺也

八年春二月丞相陸遜卒遜傳遜上疏陳太子正統宜有磐石之固魯王藩臣當使寵秩有差書三四上權累遣中使責讓遜遜憤恚致卒夏雷霆犯宮門柱又擊南津大橋楹趙一清曰方輿紀要卷二十今聚寶門內鎭淮橋卽孫吳

之南津橋晉之朱雀桁也胡氏曰橋在孫吳建業宮城朱雀門南跨秦淮水南北岸以渡行人亦謂之南航以在臺城南也亦謂之大航以秦淮諸航此爲最也茶陵縣鴻水溢出毛本溢作益郡國志荆州長沙郡茶陵三國吳改屬湘東郡一統志故城今湖南長沙府茶陵州東五十里流漂居民二百餘家秋七月將軍馬茂等圖逆夷三族

吳歷曰茂本淮南鍾離長郡國志揚州九江郡鍾離侯國沈志晉武帝太康二年復立鍾離縣是鍾離縣三國時已廢洪亮吉曰據吳歷所云則縣蓋自魏中葉始廢一統志故城今安徽鳳陽府臨淮縣東謝鍾英曰在鳳陽府臨淮鄉司而爲王淩所失叛歸吳吳以爲征西將軍九江太守趙一清曰宋書州郡志淮南太守秦立爲九江郡兼得廬江豫章漢高帝四年更名淮南國分立豫章郡文帝又分爲廬江郡武帝元狩元年復爲九江郡治壽春縣後漢徙治陰陵縣魏復曰淮南徙治壽春晉武帝太康元年復立歷陽當塗逡遒諸縣二年復立鍾離縣並二漢舊縣也三國時江淮爲戰爭之地其閒不居者各數百里此諸縣並在江北淮南虛其地無復民戶吳平民各還本故復立焉晉書地理志吳揚州統十四郡江西廬江九江之地自合肥之北至壽春悉屬魏然則此九江郡亦虛號耳故晉志不數也弼按九江卽淮南魏已據有淮南故吳復漢九江郡之名晉志已列淮南郡非不數九江也趙說誤外部督洪飴孫曰吳於瀕江要地置都督權輕者但稱督弼按下文無難督同封侯領千兵權數出苑中

與公卿諸將射茂與兼符節令朱貞符節令見魏志杜襲傳無難督虞欽牙門將朱志等牙門將見魏志齊王紀嘉平五年合計伺權在苑中毛本中作守誤公卿諸將在門未入令貞持節稱詔悉收縛之茂引兵入苑擊權分據宮中及石頭塢遣人報魏事覺皆族之

八月大赦遣校尉陳勳將屯田及作士三萬人鑿句容中道自小其至雲陽西城通會市作邸閣郡國志揚州丹陽郡句容一統志句容故城今江蘇江寧府句容縣治雲陽卽曲阿今江蘇鎭江府丹陽縣治見孫策傳胡三省曰沈約曰句容漢舊縣屬丹陽郡今在建康府南九十里有茅山亦謂之句曲山班固曰會稽曲阿縣本秦雲陽縣也後漢屬吳郡沈約曰曲阿本曰雲陽秦始皇改曰曲阿吳嘉禾三年復曰雲陽今相傳秦時或言其地有天子氣始皇鑿坑以敗其勢截直道使阿曲故謂之曲阿劉昫曰潤州金壇縣本曲阿縣地會市者作市以會商旅句如字何焯曰今道當是孫氏所鑿雲陽卽今丹陽（見官本考證）趙一清曰何云宋本作鑿句容中道山直至雲陽西城方輿紀要卷二十五曲阿古曰雲陽今丹陽縣治陳勳蓋鑿茅山之麓以通道也破岡瀆在丹陽縣西南輿地志延陵有東雲陽西雲陽二瀆相去七里與句容縣接境吳赤烏中所鑿自延陵以至江寧上下各七埭長岡埭在縣西南卽破岡瀆中七埭之一又紀要卷二十方山埭在江寧府東南四十五里建康實錄吳赤烏八年使校尉陳

勳發屯兵於方山南絕淮立埭是也運瀆在上元縣治西北赤烏八年發兵鑿句容中道至雲陽西城以通吳會船艦號破岡瀆又使郗儉鑿城西南自秦淮北抵倉城以達吳越運船蓋引破岡瀆由方山埭接於秦淮以避大江之險又自秦淮而東北達於苑倉也舊有六橋跨其上又潮溝在上元縣西四里赤烏中所鑿引江潮抵青溪接秦淮水西通運瀆北連後河謝鍾英曰方輿紀要破岡瀆在句容縣東南二十五里至丹陽縣西南六朝時轉輸運道也吳赤烏八年鑿句容中道至雲陽西城以通吳會舡艦上下凡一十四埭鍾英按此鑿茅山之麓以通運道也今亦名運河王鳴盛曰太平御覽引吳志岑昏鑿丹徒至雲陽杜野小辛閒皆斬絕陵襲施力艱辛杜野屬丹陽小辛屬曲阿今水道自常州府城外經奔牛呂城以至鎭江府丹陽縣城外自此再西北行至府治丹徒縣城外入江大約卽孫權所鑿至今此道舟行望兩岸高如山正所云斬絕陵襲者小其當作小辛傳寫誤也鍾英按孫權傳明言自句容至雲陽不云自雲陽至丹徒岑昏鑿丹徒至雲陽或別一事與陳勳所鑿無涉王氏因小其小辛牽合爲一以丹陽至鎭江運河當之誤甚又云小其自句容縣至丹陽縣之運河

九年春二月車騎將軍朱然征魏祖中祖中距襄陽城一百五十里南漳縣東南六十里見魏志齊王紀正始二年胡三省曰祖讀如祖楊正衡側瓜翻斬獲千餘夏四月武昌言甘露降秋九月以驃騎將軍步騭爲丞相車騎朱然爲左大司馬衞將軍全琮爲右大司馬鎭南呂岱爲上大將軍錢大昭曰此篇雖爲列傳當從本紀之例不可不謹嚴齊整驃騎車騎鎭南下皆當有將軍二字又三嗣主傳太平元年驃騎呂據車騎劉纂鎭南朱異永安七年鎭軍陸抗撫軍步協亦不應省將軍二字弼按通鑑有將軍二字威北將軍諸葛恪爲大將軍呂岱傳權分武昌爲兩部岱督右部自武昌上至蒲圻遷上大將軍通鑑吳主分荊州爲二部以呂岱督右部諸葛恪督左部代陸遜鎭武昌趙一清曰方輿紀要卷七十六赤烏九年分武昌爲兩部自武昌至蒲圻爲右部始置蒲圻縣以湖畔多蒲故名也

江表傳曰是歲權詔曰謝宏往日陳鑄大錢云以廣貨故聽之今聞民意不以爲便其省息之鑄爲器物官勿復出也私家有者敕以輸藏計畀其直勿有所枉也

十年春正月右大司馬全琮卒琮傳云琮十二年卒此云十年卒未知孰是

江表傳曰是歲權遣諸葛壹僞叛以誘諸葛誕誕以步騎一萬迎壹於高山權出涂中遂至高山潛軍以待之誕覺而退趙一清曰滁州高山惟州西北二十二里清流山最爲險峻南唐於此置清流關今行旅猶稱關山疑是史所謂涂中高山也吳增僅曰高山今地未詳當近東城今滁州定遠閒也謝鍾英曰高山在今盱眙來安閒弼按涂中見後十三年涂塘注涂水今六

合縣瓦梁堰見魏志王淩傳當時魏吳進兵在今六合滁州之閒自以趙說爲是謝云在盱眙來安閒吳兵或未至此也

二月權適南宮三月改作太初宮胡三省曰晉太康地記曰吳有太初宮方三百丈杭世駿曰建康宮闕傳云赤烏殿在縣東北五里吳昭明宮內制度上應星宿求所以永安也又曰太初宮中有神龍殿去縣三里左太沖吳都賦云抗神龍之華殿施榮楯而捷獵諸將及州郡皆義作胡三省曰以下奉上義當助作宮室趙一清曰方輿紀要卷二十南宮在秦淮上吳太子宮也吳大帝遷都建業徙武昌宮室材瓦繕太初宮其正殿曰神龍中門曰公車中門之東曰昇賢又東曰左掖中門之西曰明揚又西曰右掖又東面門曰蒼龍西面門曰白虎北面門曰玄武繼又於宮中作臨海赤烏等殿彎碕臨硎等門左思吳都賦云抗神龍之華殿施榮楯而捷獵崇臨海之崔嵬飾赤烏之韡曄東西膠葛南北崢嶸房櫳對櫎連閣相經閽闥譎詭異出奇名左稱彎碕右號臨硎

江表傳載權詔曰建業宮乃朕從京來京卽京城今江蘇鎭江府丹徒縣治見孫策傳所作將軍府寺耳材柱率細皆以腐朽常恐損壞今未復西可徙武昌宮材瓦更繕治之有司奏言曰武昌宮已二十八歲胡三省曰吳以漢獻帝建安二十四年都武昌至是已二十八年朱邦衡曰權於黃武元年前一年自公安都鄂至是凡二十七年

宋本二作一誤恐不堪用宜下所在通更伐致胡三省曰伐致謂伐材木而致之通者凡吳境內悉然也權曰大禹以卑宮爲美今軍事未已所在多賦若更通伐妨損農桑徙武昌材瓦毛本徙作徒誤自可用也或曰權老而無遠志然不妄費亦治小之宜

夏五月丞相步騭卒騭傳作十一年卒冬十月赦死罪

十一年春正月朱然城江陵二月地仍震趙一清曰晉書五行志二月江東地仍震是時權聽讒尋出朱據廢太子又天文志二月白虹貫日權發詔戒懼弼按出朱據廢太子和皆赤烏十三年事與赤烏十一年之地震何涉趙氏屢引天文五行符瑞諸志無當也

江表傳載權詔曰朕以寡德過奉先祀莅事不聰獲譴靈祇夙夜祗戒若不終日羣僚其各厲精思朕過失勿有所諱

三月宮成太初宮成也夏四月雨雹雲陽言黃龍見雲陽卽曲阿今江蘇鎭江府丹陽縣治見孫策傳趙一清曰宋書符瑞志黃龍又見武陵吳壽光色炫燿五月鄱陽言白虎仁鄱陽見前建安八年梁章鉅曰仁疑當作見恐因注中有白虎

仁字而誤周壽昌曰赤烏六年書新都白虎見無注此書白虎仁而注引瑞應圖以釋仁之爲瑞下詔又云云亦以明白虎仁爲瑞之故是此書不誤也

瑞應圖曰隋志子部五行類瑞應圖二卷白虎仁者王者不暴虐則仁虎不害也

詔曰古者聖王積行累善修身行道以有天下故符瑞應之所以表德也朕以不明何以臻茲書云雖休勿休尚書呂刑之辭孔傳云雖見美勿自謂有德美公卿百司其勉修所職以匡不逮

十二年魏嘉平元年春三月左大司馬朱然卒四月有兩烏銜鵲墮東館丙寅驃騎將軍朱據領丞相燎鵲以祭梁章鉅曰晉書五行志中云是時權意溢德衰信讒好殺二子將危將相俱殆覩妖不悟加之以燎昧道之甚明年太子和廢魯王霸賜死朱據左遷陸議憂卒是其應也

吳錄曰六月戊戌寶鼎出臨平湖洪亮吉曰鹽官縣有臨平湖吳錄湖自漢末草穢壅塞至吳天璽元年復開俄而晉平吳謝鍾英曰孫晧傳天璽元年吳郡臨平湖開水經注浙江又東合臨平湖湖水上通浦陽江下注浙江名曰東江寰宇記鹽官縣西五十里胡三省曰今臨安府仁和縣界有臨平鎭在臨安府城西北四十八里方輿紀要臨平山在杭州府東北六十里臨平湖在山東南五里通志湖在仁和縣東長樂鄉僅存小河今上塘河是也

八月癸丑白鳩見於章安章安今浙江台州府臨海縣東一百十五里章安市見前黃武四年趙一清曰宋書符瑞志寶鼎又出東郡鄮縣又云孫權時靈龜出會稽章安

十三年夏五月日至熒惑入南斗魏志王淩傳作熒惑守南斗又見宋書天文志趙一清曰晉書天文志案占熒惑入南斗三月吳王死一曰熒惑逆行其地有死君太元二年權薨是其應也秋七月犯魁第二星而東八月丹陽句容及故鄣寧國諸山崩鴻水溢丹陽今安徽太平府當塗縣東少北五十里見孫策傳句容今江蘇江寧府句容縣治見前赤烏八年郡國志揚州丹陽郡故鄣劉昭注秦鄣郡所治師古曰鄣音章王先謙曰三國吳改屬吳興郡謝鍾英曰朱治封故鄣侯治傳云丹陽故鄣人係仍舊言之一統志故鄣故城今浙江湖州府安吉縣西北十五里宋書州郡志宣城太守寧國令吳立方輿紀要今安徽寧國府寧國縣治趙一清曰晉書五行志劉歆以爲國主山川山崩川竭亡之徵也後二年而權薨又二十六年而吳亡詔原逋責給貸種食廢太子和處故鄣魯王霸賜死詳見孫和孫霸傳裴松之云孫權立和而復寵霸坐生亂階自搆家禍方之袁紹劉表昏悖甚矣冬十月魏將

文欽僞叛以誘朱異權遣呂據就異以迎欽異等持重欽不敢進十一月立子亮爲太子遣軍十萬作堂邑涂塘以淹北道郡國志廣陵郡堂邑故屬臨淮有鐵春秋時曰堂一統志堂邑故城今江蘇江寧府六合縣北胡三省曰堂邑縣前漢屬臨淮郡後漢屬廣陵郡魏吳在兩界之閒爲棄地李賢曰堂邑今揚州六合縣杜佑曰揚州六合縣春秋楚之棠邑漢爲堂邑淹北道以絕魏兵之窺建業吳主老矣良將多死爲自保之規摹而已魏志王淩傳嘉平三年春吳賊塞涂水胡三省曰涂水卽堂邑涂塘涂讀曰滁謝鍾英曰元和志滁州卽滁中滁水在全椒縣南六十里源出廬州梁縣東流經滁州六合縣至瓜步入大江王厚齋曰涂塘卽六合縣瓦梁堰水曰涂河鍾英按六合縣西五十五里西距滁州八十五里吳增僅曰寰宇記云愼縣東北六十四里有滁陽城吳赤烏十三年孫權遣兵斷涂作堰以淹北道遂築此城爲守備考愼縣今廬州府東北堂邑今六合相距太遠不合事實且吳不能有合肥豈能越境築此城乎惟今滁州東有滁陽驛當卽吳滁陽城其地近出古磚有赤烏字亦可證也趙一清曰方輿紀要卷二十六合縣春秋時楚之棠邑三國時爲吳魏分界處有瓦梁壘在縣西五十五里亦曰瓦梁堰卽涂塘也堰上有瓦梁城卽孫權屯兵處一清案棠堂古通涂音除十二月魏大將軍王昶圍南郡是時王昶爲征南將軍非大將軍也魏志齊王紀及昶傳可證荊州刺史王基攻西陵西陵卽夷陵今湖北宜昌府東湖縣東吳改曰西陵屬宜都郡見魏志文紀黃初三年

遣將軍戴烈陸凱往拒之趙一清曰晉書戴若思傳若思廣陵人祖烈吳左將軍皆引還是役爲王昶所破見魏志齊王紀嘉平二年及昶傳

庾闡揚都賦注曰晉書文苑傳庾闡字仲初潁川鄢陵人闡好學九歲能屬文拜給事中領著作作揚都賦爲世所重隋志晉給事中庾闡集九卷梁十卷錄一卷世說文學篇曰庾闡始作揚都賦道溫庾云溫挺義之標庾作民之望方響則金聲比德則玉亮庾公聞賦成求看兼贈貺之闡更改望爲儁以亮爲潤云注中興書曰爲揚都賦邈絕當時文學篇又曰庾仲初作揚都賦成以呈庾亮亮以親族之懷大爲其名價云可三二京四三都於是人人競寫都下紙爲之貴吳志孫權傳注水經沔水注世說文學篇注文選月賦注書鈔類聚初學記御覽均引揚都賦晉書曾吡傳吡著揚都賦亞於庾闡藝文類聚六十一引庾闡揚都賦嚴可均曰庾闡揚都賦注未審他人爲之注抑闡自注也烽火以炬置孤山頭皆緣江相望或百里或五十三十里類聚御覽作或五十里或三十里寇至則舉以相告一夕可行萬里孫權時合暮舉火於西陵鼓三竟達吳郡南沙宋書州郡志晉陵太守南沙令本吳縣司鹽都尉署隋書地理志吳郡領常熟縣舊曰南沙一統志南沙廢縣在今江蘇蘇州府常熟縣西北

是歲神人授書告以改年立后顧千里曰此等矯誣之事宜詳著其實否則不書可也

太元元年魏嘉平三年權年七十梁章鉅曰藝文類聚卷九十九祥瑞部引吳歷云吳王爲神王表立廟蒼龍門外有兩足烏銜一鵲置神座前或得神書說改號之意乃改赤烏爲大元弼按改元在五月迎王表在七月吳歷誤夏五月立皇后潘氏大赦改年初臨海羅陽縣有神臨海郡治章安見前黃武四年趙一清曰宋書州郡志臨海太守本會稽東部都尉孫亮太平二年立此云臨海羅陽縣蓋史家追書之又永嘉太守領縣五安固令吳立曰羅陽孫晧改曰安陽晉太康元年更名謝鍾英曰臨海郡立於孫亮太平二年而太元元年稱臨海羅陽係史家駁文不得因是疑臨海爲孫權所置郡羅陽晉改安固寰宇記瑞安縣也方輿紀要今浙江溫州府瑞安縣治自稱王表

吳錄曰羅陽今安固縣

周旋民閒語言飲食與人無異然不見其形又有一婢名紡績是月遣中書郎李崇齎輔國將軍羅陽王印綬迎表表隨崇俱出與崇及所在郡守令長談論崇等無以易所歷山川輒遣婢與其神相聞秋七月崇與表至權於蒼龍門外爲立第舍蒼龍門吳建業宮之東門也數使近臣齎酒食往表說水旱小事往往有驗周壽昌曰蜀之亡也因黃晧信鬼巫邪說不肯設備魏明帝之將崩也則有壽春農民妻自言爲天神所下飲水治疾卒以治帝無驗殺之不踰年帝崩今吳復有王表一事踰年而大帝崩吳亦隨以亡矣國將亡聽於神古語眞不可易足見桓王之殺于吉不媿一代英雄

孫盛曰盛聞國將興聽於民國將亡聽於神權年老志衰讒臣在側廢適立庶以妾爲妻可謂多涼德矣而僞設符命求福妖邪將亡之兆不亦顯乎

秋八月朔大風江海涌溢平地深八尺吳高陵松柏斯拔孫堅墓曰高陵侯康曰晉書五行志上權時信納僭訴雖陸遜勳重子和儲貳猶不得其終與漢安帝聽讒免楊震廢太子同事也且赤烏中無年不用兵百姓愁怨八年秋將軍馬茂等又圖逆此其應矣趙一清曰宋書五行志拔高陵樹二株石碑蹉動案華覈對役繁賦重匱瞀不叡之罰也明年權薨郡城南門飛落吳郡城也

冬十一月大赦權祭南郊侯康曰宋書禮志一孫權始都武昌及建業不立郊兆至末年太元元年十一月祭南郊其地今秣

陵縣南十餘里郊中是也又禮志三何承天曰權建號繼天而郊享有闕固非也末年雖一南郊而遂無北郊之禮案環氏吳紀權思崇嚴父配天之義追上父堅尊號爲吳始祖如此說則權末年所郊堅配天也周壽昌曰通典四十二禮二注孫權初稱尊號於武昌祭南郊告天用玄牡後自以非土中不修設末年南郊追上父堅尊號爲吳始祖以配天則宋書禮志所引環氏吳紀之語當在此年還寢疾

吳錄曰權得風疾

十二月驛徵大將軍恪拜爲太子太傅詳見恪傳詔省繇役減征賦除民所患苦

二年沈家本曰是年既改元爲神鳳則此文二年當改書神鳳元年乃仍承太元稱二年似於史例不合春正月立故太子和爲南陽王居長沙子奮爲齊王居武昌子休爲琅邪王居虎林胡三省曰虎林濱大江吳置督守之其後孫綝遣朱異自虎林襲夏口兵至武昌而夏口督孫壹奔魏則虎林又在武昌之下弼按虎林督朱熊見孫綝傳一統志武林城在今安徽池州府貴池縣西六十五里吳孫休居虎林諸葛恪不欲諸王在濱江兵馬之地徙休於丹陽其後陸胤何遜並爲虎林督弼按遜當作邈互見妃嬪傳何姬傳二

月大赦改元爲神鳳皇后潘氏薨詳見妃嬪傳諸將吏數詣王表請福表亡去夏四月權薨錢大昕曰蜀志稱先主後主而不名吳主權亮休晧皆斥其名蜀先主稱殂而吳主稱薨此承祚書法之別也時年七十一權疾困召諸葛恪孫弘滕胤呂據孫峻屬以後事見諸葛恪傳諡曰大皇帝沈約曰諡大諡法所不載秋七月葬蔣陵趙一淸曰寰宇記卷九十陵在上元縣東北蔣山八里丹陽記蔣陵因山爲名蔣山古曰金陵山亦曰鍾山吳大帝時有蔣子文發神異於此封子文爲蔣侯改曰蔣山子文事見搜神記及幽明錄梁章鉅曰藝文類聚卷七引山謙之丹陽記云京師南北並有連嶺而蔣山獨隆崛峻異其形象龍實揚都之鎭也孫權葬山南因山爲名號曰蔣陵潘眉說同弼按一統志吳大帝蔣陵在江寧府上元縣東北十五里鍾山南麓鍾山在上元縣東北朝陽門外諸葛亮嘗使建業謂孫權曰鍾山龍蟠其後權避祖諱改名蔣山

傅子曰孫策爲人明果獨斷勇蓋天下以父堅戰死少而合其兵將以報讎轉鬭千里盡有江南之地誅其名豪威行鄰國及權繼其業有張子布以爲腹心有陸遜諸葛瑾步騭以爲股肱有呂範朱然以爲爪牙分任授職乘閒伺隙兵不妄動故戰少敗而江南安

評曰孫權屈身忍辱任才尙計有句踐之奇唐庚曰吳之受爵乃由與蜀相攻恐魏議其後耳陳壽乃以句踐比之句踐未嘗受吳封爵也弼按史記越王句踐世家句踐使大夫種行成於吳膝行頓首曰句踐請爲臣妻爲妾又按吳越春秋云越王句踐五年五月與大夫種范蠡入臣於吳於是入吳見夫差稽首再拜稱臣此與受封爵何異竊謂有句踐之志則可無句踐之志則終爲奴虜而已南宋其已事也仲謀操縱其閒以江東而抗衡大國承祚方之句踐其信然矣英人之傑矣故能自擅江表成鼎峙之業王鳴盛曰孫權稱臣事魏已久及黃武元年春大破蜀劉備奔走勢愈强盛則魏欲與盟而不受九月魏兵來征又卑辭上書求自改悔乞寄命交州乃隨又改年臨江拒守彼此互有殺傷不分勝負十二月又通聘於蜀乃既和於蜀又不絕於魏且業已改元而仍稱吳王五年令曰北虜縮竄方外無事乃益務農畝稱帝之舉直隱忍以至魏明帝太和三年而後發反覆傾危惟利是視用柔勝剛陰謀狡猾史評以句踐相比非虛語也然性多嫌忌果於殺戮暨臻末年彌以滋甚至于讒說殄行胤嗣廢斃馬融注尙書曰殄絕也絕君子之行豈所謂貽厥孫謀以燕翼子者哉何焯曰總上嫌忌殺戮言之承祚蓋謂晧之昏虐此其貽謀也其後葉陵遲遂至覆國未必不由此也

臣松之以爲孫權橫廢無罪之子雖爲兆亂然國之傾覆自由暴晧若權不廢和晧爲世適終至滅亡有何異哉此則喪國由於昏虐不在於廢黜也設使亮保國祚休不早死則晧不得立晧不得立則吳不亡矣郝經曰東漢之衰孫權承父兄之烈尊禮英賢撫納豪右誅黃祖走曹操襲關侯遂奄有荆揚今年出濡須明年戰合肥嶷然勢常北嚮而以守爲攻稱臣于魏結援于漢始忍句踐之辱終爲熊通之譖保據江淮奄征南海卒與漢魏鼎峙而立先起而後亡非惟智勇足抗衡亦國勢便利然也

三嗣主傳第三

晉平陽侯相安漢陳壽撰

宋中書侍郎西鄉侯聞喜裴松之注

沔陽盧弼集解

孫亮字子明權少子也權春秋高而亮最少故尤留意姊全公主嘗譖太子和子母心自不安 宋本作心不自安 因倚權意欲豫自結數稱述全尚女勸為亮納 官本考證曰御覽作勸權為亮納為妃弼按從本傳為是觀上下文自知 赤烏十三年和廢權遂立亮為太子以全氏為妃太元元年夏亮母潘氏立為皇后冬權寢疾徵大將軍諸葛恪為太子太傅會稽太守滕胤為太常並受詔輔太子明年四月權薨太子即尊號 何焯校改號作位 大赦改元是歲於魏嘉平四年也閏月 何焯曰改元下脫建興二字以後永安元年例之則閏月上脫建興元年或尚有他文未可知也錢大昕說同李龍官曰未有嗣君改元而不書其紀元之理潘眉曰是年改元為建興諸葛恪以建興元年作東興隄陸抗以建興元年拜奮威將軍即此年也御覽一百十八引吳志大赦改元建興元年然則宋本有建興元年四字今本譌脫耳沈家本曰大赦改元應在閏月之上御覽刪是歲一句故與改元相接趙一清曰晉書五行志建興元年九月桃李華鼎錄云孫亮建興元年於武昌鑄一鼎其文曰鎮山鼎小篆書三足杭世駿曰中華古今注云孫亮作金螭屏風鏤作瑞應圖一百二十種之祥物也 以恪為帝太傅胤為衛將軍領尚書事上大將軍呂岱為大司馬諸文武在位皆進爵班賞冗官加等冬十月太傅恪率軍遏巢湖 原注巢音祖了反巢湖在今安徽廬州府巢縣西十里詳見魏志武紀建安二十二年及明紀青龍二年潘眉曰郡縣志巢湖在巢縣西五十里周迴五百里南出於東關口合肥界東南有石渠鑿山通水是名關口一號東興其地高峻險狹實守阨之所天下有事是必爭之地 城東興 東興今安徽和州含山縣西南七十里濡須塢之北與廬州府巢縣接界詳見魏志齊王紀嘉平四年 使將軍全端守西城都尉留略守東城 胡三省曰留姓也漢

功臣表有張團侯留盻姓譜曰衛大夫留封人之後漢末避地會稽遂居東陽為郡豪族 十二月朔丙申大風雷電魏使將軍諸葛誕胡遵等步騎七萬圍東興將軍王昶攻南郡毌丘儉向武昌甲寅恪以大兵赴敵戊午兵及東興交戰大破魏軍殺將軍韓綜桓嘉等 此所謂東關之役也互見魏志齊王紀嘉平四年及注引漢晉春秋又詳見本志諸葛恪傳韓綜事見孫權傳黃武六年又見韓當傳 是月雷雨天災武昌端門改作端門又災內殿 侯康曰晉書五行志上云門者號令所出殿者聽政之所是時諸葛恪執政而矜慢放肆孫峻總禁旅而險害終著武昌孫氏尊號所始天戒若曰宜除其貴要之首者恪果喪眾殄人峻授政於綝綝廢亮也或曰孫權毀徹武昌以增太初宮諸葛恪有遷都意更起門殿事非時宜故見災也 臣松之案孫權赤烏十年詔徙武昌宮材瓦以繕治建康宮而此猶有端門內殿吳錄云 元本馮本吳作實誤 諸葛恪有遷都意更起武昌宮今所災者恪所新作

二年 趙一清曰刀劍錄孫亮以建興二年鑄一劍文曰流光小篆書寰宇記卷一百十二鳳栖山在鄂州武昌縣西北二百二十五里吳建興年中鳳皇降此山因名山有石鼓鳴則雨 春正月丙寅立皇后全氏大赦庚午王昶等皆退二月軍還自東興大行封賞三月恪率軍伐魏夏四月圍新城 合肥新城也 大疫兵卒死者大半 宋本毛本大作太 秋八月恪引軍還 詳見恪傳 冬十月大饗武衛將軍孫峻伏兵殺恪於殿堂大赦以峻為丞相封富春侯 富春見孫堅傳 十一月有大鳥五見于春申 趙一清曰史記春申君傳考烈王元年以黃歇為相封春申君賜淮北地十二縣後歇請封於江東因城故吳墟以為都邑一清案春申本以斬春申息得名至徙江東城故吳墟則今蘇州也松江之黃浦一名春申浦蓋亦以歇得名 明年改元 陳景雲曰黃龍二年會稽言嘉禾生改明年元孫晧建衡三年西苑言鳳皇集改明年元此亦當作改明年元

五鳳元年 魏正元元年 夏大水 趙一清曰晉書五行志夏大水亮即位四年乃立權廟又終吳之世不上祖宗之號不修嚴父之禮昭穆之數有闕亮及休晧又並廢二郊不秩羣神此簡宗廟不祭祀之罰也又是時孫峻專政陰勝陽之應乎 秋吳侯英謀殺峻覺英自殺 英為太子登次子封吳侯見登傳司馬桓慮謀殺峻立英事覺見殺見登傳注引吳歷 冬十一月星茀于斗牛 趙一

清曰此卽王肅所指蚩尤之旗也占驗在魏正元元年江表傳曰是歲交阯稗草化爲稻趙一清曰晉書五行志是六月占曰昔三苗將亡五穀變種此草妖也其後亮廢

二年春正月魏鎭東將軍毋丘儉前將軍文欽以淮南之衆西入戰于樂嘉樂嘉在今河南陳州府商水縣東北四十里見魏志高貴鄉公紀正元二年閏月壬辰峻及驃騎將軍呂據左將軍留贊率兵襲壽春壽春今安徽鳳陽府壽州治軍及東興聞欽等敗壬寅兵進于橐皋胡三省曰橐皋在廬江居巢縣春秋會吳于橐皋卽其地今曰柘皋在濡須北余按班志橐皋縣屬九江郡孟康音拓姑杜預曰橐皋在淮南逡遒縣東南陸德明云橐章夜翻又音託一統志橐皋故城今安徽廬州府巢縣西北方輿紀要今巢縣西北六十里拓皋鎭謝鍾英曰縣漢末所立魏吳境上爲陳地欽詣峻降淮南餘衆數萬口來奔魏諸葛誕入壽春峻引軍還二月及魏將軍曹珍遇于高亭謝鍾英曰高亭當與橐皋相近交戰珍敗績留贊爲誕別將蔣班所敗於菰陂元本馮本脫去贊爲二字誤留贊事見孫峻傳注引吳書又見魏志諸葛誕傳贊及

將軍孫楞蔣修等皆遇害三月使鎭南將軍朱異襲安豐安豐在今安徽潁州府霍丘縣西南見魏志齊王紀嘉平五年及王基傳毋丘儉傳不克秋七月將軍孫儀張怡林恂等謀殺峻何焯校改張作孫弼按通鑑作張怡發覺儀自殺恂等伏辜陽羨離里山大石自立陽羨離里山見孫權傳卷首又見孫晧傳天璽元年潘眉曰離里當爲離壘古仙人名也離壘山一名國山張壽昌曰明統志國山本名離壘山有九岑相連亦名陞山沈欽荆溪外紀云孫亮五鳳二年離壘山大石自立愼蒙名山紀勝云離壘山石無故自立並作離壘趙一清曰宋書五行志引京房易傳云庶士爲天子之祥也其說曰石立於山同姓平地異姓干寶以爲孫晧承廢故之家得位其應也或曰孫休見立之祥也使衛尉馮朝城廣陵馮朝子純見妃嬪傳何姬傳注引江表傳胡三省曰魏之廣陵郡治淮陰漢之廣陵廢而不治趙一清曰孫峻傳云峻欲城廣陵朝臣知其不可城而畏之莫敢言惟滕胤諫止不從而功竟不就一清案廣陵城在揚州府城東北秦置縣漢因之吳王濞都此劉昭曰濞築廣陵城周十四里半後江都國及廣陵國皆治焉後漢爲廣陵郡治三國魏移郡治淮陰而以故城爲邊邑後入於吳晉滅吳廣陵郡仍治淮陰宋書州郡志臨淮太守屬縣廣陵令前漢屬泗水後漢屬廣陵三國時廢太康二年又立屬廣陵然則吳時始終不得居其城邑吳穰爲太守亦虛有其號耳拜將軍吳穰爲廣陵太守留略爲東海太守趙一清曰

孫晧傳是南海太守且東海郡屬徐州吳時亦不得有其地此東海是南海之誤弼按孫晧傳作劉略是歲大旱十二月作太廟通鑑初吳大帝不立太廟以武烈嘗爲長沙太守立廟於臨湘使太守奉祠而已冬十二月始作太廟於建業尊大帝爲太祖胡注吳大帝謚其父堅曰武烈皇帝長沙郡治臨湘縣以馮朝爲監軍使者督徐州諸軍事民饑軍士怨畔

太平元年魏甘露元年春

吳歷曰正月爲權立廟元本馮本權作鍾稱太祖廟何焯曰吳歷作爲鍾立廟孫堅父名鍾見宋書志然北宋諸本皆作權字弼按孫堅傳注引吳錄云尊堅廟曰始祖旣尊堅爲始祖自不得稱堅父鍾爲太祖也周壽昌曰宋書禮志正月於宮東立權廟旣不在宮南又無昭穆之序案吳歷在此年宋書則云亮卽位之明年

二月朔建業火峻用征北大將軍文欽計將征魏八月先遣欽及驃騎呂據車騎劉纂鎭南朱異前將軍唐咨軍自江都入淮泗江都今江蘇揚州府江都縣西南見孫策傳胡三省曰江都縣屬廣陵郡此自邗溝入淮自淮入泗也九月丁亥峻卒以從弟偏將軍

綝爲侍中武衛將軍領中外諸軍事召還據等聞綝代峻大怒陳浩曰按文義似應作召還據等據等聞綝代峻大怒應重書據等二字趙一清曰聞字上落一據字蓋不服者惟一呂據故綝遣告欽咨取之而據獨受其敗也弼按趙說是通鑑作召呂據等還己丑大司馬呂岱卒壬辰太白犯南斗據欽咨等表薦衛將軍滕胤爲丞相綝不聽癸卯更以胤爲大司馬代呂岱駐武昌據引兵還欲討綝綝遣使以詔書告喻欽咨等使取據馮本喻作諭冬十月丁未遣孫憲及丁奉施寬等以舟兵逆據於江都康發祥曰孫綝傳云遣從兄慮將兵逆據於江都逆據事一而人不同且孫慮於嘉禾元年已卒豈慮卽憲字之訛邪弼按當作憲說見孫綝傳遣將軍劉丞督步騎攻胤胤兵敗夷滅己酉大赦改年或校改作改元按後多稱改年辛亥獲呂據於新州趙一清曰方輿紀要卷二十新州今之珠金沙也在江寧府北四十里一云在京口西大江中一清案呂據及孫綝傳皆有逆據江都之文則謂在京口西者近是沈家本曰據傳云據自殺與此異弼按或先獲據而據後自殺十一月以綝爲大將軍假節封永康侯潘眉曰永康侯當依本傳

作永寧侯時張布封永康侯永康吳新立永寧漢舊縣吳屬臨海孫憲與將軍王惇謀殺綝事覺綝殺惇迫憲令自殺十二月使五官中郎將刁玄告亂于蜀刁玄事見孫晧傳建衡三年胡三省曰姓譜刁姓齊大夫豎刁之後予按豎刁安得有後漢書貨殖傳有刁閒

二年元本馮本誤作三年又誤不提行春二月甲寅大雨震電乙卯雪大寒侯康曰晉書五行志云天戒若曰爲君失時賊臣將起先震電而後雪者陰見閒隙起而勝陽逆弒之禍將成也亮不悟尋見廢此與春秋魯隱同以長沙東部爲湘東郡西部爲衡陽郡長沙郡治臨湘見孫堅傳晉書地理志湘東郡治酃宋書州郡志湘東太守吳孫亮太平二年分長沙東部都尉立衡陽內史分長沙西部都尉立水經湘水注承水至湘東臨承縣北東注于湘謂之承口臨承卽故酃縣也縣卽湘東郡治也郡舊治在湘水東故以名郡又云湘水又東北逕湘南縣東衡陽郡治吳孫亮分長沙西部立治晉湘南太守何承天徙治湘西矣一統志酃縣故城今湖南衡州府清泉縣東十二里湘南故城今湖南長沙府湘潭縣西六十里會稽東部爲臨海郡會稽郡治山陰見孫堅傳臨海郡治章安見孫權傳黃武四年太元元年豫章東部爲臨川郡豫章郡治南昌見孫策傳宋書州郡志臨川內史吳孫亮太平二年分豫章東部都尉立洪亮吉曰記纂淵海吳臨川郡

治南城一統志南城故城今江西建昌府南城縣東南吳增僅曰此與朱然傳周魴傳之臨川同名異地詳見朱然傳周魴傳夏四月亮臨正殿大赦始親政事綝所表奏多見難問又科兵子弟年十八已下十五已上得三千餘人胡三省曰科程也程其長短小大也或曰科當作料音聊量度也選大將子弟年少有勇力者爲之將帥亮曰吾立此軍欲與之俱長日於苑中習焉

吳歷曰亮數出中書視孫權舊事問左右侍臣先帝數有特制胡三省曰特制謂特出上意以手詔宣行也今大將軍問事胡三省曰問事猶言奏事不言奏者自卑抑之意但令我書可邪胡三省曰書可畫可也亮後出西苑方食生梅通鑑方作嘗使黃門至中藏取蜜漬梅胡三省曰中藏中藏府也掌幣帛金銀諸貨物蜜蜂糖也藏徂浪翻蜜中有鼠矢召問藏吏藏吏叩頭宋本馮本毛本叩作扣誤亮問吏曰黃門從汝求蜜邪吏曰向求胡三省曰謂向者嘗求蜜也實不敢與黃門不服侍中刁玄張邠啓黃門藏吏辭語不同請付獄推盡亮曰此易知耳令破鼠矢矢裏燥通鑑裏作中亮大笑謂玄邠曰若矢先在蜜中中外當俱溼今外溼裏燥必是黃門所爲黃門首服左右莫不驚悚江表傳曰亮使黃門以銀椀幷蓋就中藏吏取交州所獻甘蔗餳宋本馮本毛本餳作錫誤何焯曰此時已有甘蔗餳而言唐時始自蜀僧作之何其謬也黃門先恨藏吏以鼠矢投餳中啓言藏吏不謹亮呼吏持餳器入問曰此器既蓋之且有掩覆無緣有此黃門將有恨於汝邪吏叩頭曰嘗從某求宮中莞席宮席有數不敢與亮曰必是此也覆問黃門具首伏卽於目前加髡鞭斥付外署臣松之以爲鼠矢新者亦表裏皆溼黃門取新矢則無以得其姦也緣遇燥矢故成亮之慧宋本馮本慧作惠官本考證曰今從毛本作慧然晉宋以下史慧惠多通用然猶謂吳歷此言不如江表傳爲實也梁章鉅曰此注傳聞異辭而裴松之以爲鼠矢新者亦表裏皆溼緣遇燥矢故成亮之慧則未見其必然也顧千里曰亮辨鼠矢燥溼黃門本不料及此況新矢豈倉卒可覓松之此論苛矣

五月魏征東大將軍諸葛誕以淮南之衆保壽春城遣將軍朱成稱

臣上疏又遣子靚長史吳綱諸牙門子弟爲質胡三省曰牙門諸將之子弟也六月使文欽唐咨全端等步騎三萬救誕馮本三作二誤朱異自虎林率衆襲夏口虎林今安徽池州府貴池縣西見孫權傳太元二年夏口今漢口見魏志武紀建安十三年夏口督孫壹奔魏秋七月綝率衆救壽春次于鑊里胡三省曰後吳主責孫綝以留湖中不上岸一步則鑊里當在巢縣界方輿紀要今巢縣西北瀕焦湖謝鍾英曰今拓皋東南濱巢湖吳熙載曰今安徽廬州府巢縣朱異至自夏口綝使異爲前部督與丁奉等將介士五萬解圍八月會稽南部反殺都尉鄱陽新都民爲亂鄱陽郡治鄱陽見孫權傳建安八年新都郡治始新見孫權傳建安十三年及赤烏六年新都郡在鄱陽郡之東二郡連界謝鍾英謂新都爲鄱陽屬縣又云地缺均誤鍾離牧傳云會建安鄱陽新都三郡山民作亂可證其爲郡非縣也廷尉丁密步兵校尉鄭胄毛本步誤作部監本官本胄誤作曹鄭胄事見孫權傳赤烏二年注引文士傳將軍鍾離牧率軍討之互見牧傳朱異以軍士乏食引還綝大怒九月朔己巳殺異於鑊里辛未綝自鑊里還建業胡三

省曰壽春之圍已固雖使周瑜呂蒙陸遜復生不能解也若孫綝能舉荆揚之衆出襄陽以向宛洛壽春城下之兵必分歸以自救諸葛誕文欽等於此時決圍力戰猶
庶幾焉弼按綝傳亦云綝既不能拔出誕而喪敗士衆自戮名將莫不懲之 甲申大赦十一月全緒子禕儀以
其母奔魏 互見魏志鍾會傳 十二月全端懌等自壽春城詣司馬文王
三年春正月諸葛誕殺文欽三月司馬文王克壽春誕及左右戰死
將吏以下皆降秋七月封故齊王奮爲章安侯 章安見孫權傳黃武四年 詔州郡
伐宮材 馮本毛本宮作官 自八月沈陰不雨四十餘日亮以綝專恣與太常
全尚將軍劉丞 孫綝傳作劉承通鑑作丞 謀誅綝九月戊午綝以兵取尚遣弟恩
攻殺丞於蒼龍門外召大臣會宮門黜亮爲會稽王時年十六 詳見孫綝
傳亮在位七年卽位時年僅十歲孫權立此幼子當國可謂老耄昏憒矣亮爲會稽王二年廢爲侯官侯自殺死時年十八如不立爲帝或不至速死可哀也
孫休字子烈權第六子 孫權七子登慮和霸奮休亮南陽王夫人生休 年十三從中書郎射慈

郎中盛沖受學 陳景雲曰射慈疑謝慈見孫奮傳裴注慈爲碩儒故休從受學錢大昭曰孫奮傳傳相謝慈疑卽此射慈也射謝古字通用李
慈銘曰經典釋文序錄射慈字孝宗彭城人吳中書侍郎齊王傳著禮記音一卷而孫奮傳云傳相謝慈等諫奮奮殺之注云慈字孝宗彭城人見禮論撰喪服圖及變
除行於世奮初封齊王是射慈謝慈爲一人矣陳氏景雲謂射氏系出北地當孫吳之世不聞有幷涼舊姓仕於江東者當依孫奮傳作謝慈爲是然陸氏何以亦作射
慈此當闕疑姚振宗曰廣韻射字注射又姓三輔決錄曰漢末大鴻臚射咸本姓謝名服天子以爲出征姓謝名服不祥改之爲射氏名咸今按吳志一作射慈一作謝
慈自來傳寫莫衷一是而射出於謝從可知矣弼按改謝爲射見蜀志先主傳建安二十四年注互見孫奮傳注孫休死於永安七年年三十當生於嘉禾四年年十三
受學時爲赤烏十年太元二年封琅邪王時年十八卽位時年二十四 太元二年正月封琅邪王居虎林 虎林見孫權傳
四月權薨休弟亮承統諸葛恪秉政不欲諸王在濱江兵馬之地
徙休於丹陽郡太守李衡數以事侵休休上書乞徙他郡詔徙會稽
居數歲夢乘龍上天顧不見尾覺而異之孫亮廢己未孫綝使宗正
孫楷與中書郎董朝迎休 胡三省曰楷以吳同姓爲宗正中書郎卽晉中書侍郎之職 休初聞問意

疑楷朝具述綝等所以奉迎本意留一日二夜遂發十月戊寅行至
曲阿 曲阿吳曰雲陽今江蘇鎭江府丹陽縣治見孫策傳 有老公干休叩頭曰 馮本毛本干作于誤康發祥曰今人以闌人之
老者爲老公其本於此乎 事久變生天下喁喁 胡三省曰喁魚容翻師古曰喁喁衆口向上也又相應和聲 願陛下速
行休善之 孫綝曰初廢少主時多勸吾自爲之者見綝傳綝欲入宮圖爲不軌見虞翻傳注所謂事久變生也 是日進及布塞
亭 吳熙載曰宜在江蘇江寧府句容縣 武衛將軍恩行丞相事率百僚以乘輿法駕迎
於永昌亭 方輿紀要在江寧府東吳熙載曰在上元縣東 築宮以武帳爲便殿設御坐己卯休
至望便殿止住使孫楷先見恩楷還休乘輦進羣臣再拜稱臣休升
便殿謙不卽御坐止東廂戶曹尚書前卽階下讚奏丞相奉璽符休
三讓羣臣三請休曰將相諸侯咸推寡人寡人敢不承受璽符羣臣
以次奉引休就乘輿百官陪位綝以兵千人迎於半野 趙一淸曰太平寰宇記卷九十

云土山在昇州上元縣南三十里山無巖石有林木臺觀娛游之所卽半野也 拜於道側休下車答拜卽日御正
殿大赦改元是歲於魏甘露三年也 蜀景耀元年
永安元年 周壽昌曰蜀昭烈帝崩於永安宮而吳孫休卽位以永安紀元蓋以敵國事祕未得聞之也 冬十月壬午詔曰
夫褒德賞功古今通義其以大將軍綝爲丞相荆州牧增食五縣 孫綝
傳載詔語較此爲詳胡三省曰綝遷大將軍封永寧侯今休以援立之功增其封邑 武衛將軍恩爲御史大夫 錢大昭曰大帝
時未見有御史大夫之職孫休時蓋特置以寵異孫恩耳至五年又以廷尉丁密光祿勳孟宗爲左右御史大夫 衛將軍中軍督封縣
侯威遠將軍授 按孫綝傳授當作據 爲右將軍縣侯偏將軍幹雜號將軍亭侯
孫綝兄弟五人綝恩據幹闓一門五侯皆典禁兵見綝傳 長水校尉張布輔導勤勞以布爲輔義將軍
封永康侯 沈志東陽太守永康令赤烏八年分烏傷上浦立方輿紀要今浙江金華府永康縣治 董朝親迎封爲鄉侯
又詔曰丹陽太守李衡以往事之嫌自拘有司夫射鉤斬袪在君爲

君（齊桓公與公子糾爭國管仲射桓公中帶鉤子糾死桓公以管仲爲相遂霸諸侯晉獻公使寺人披伐蒲公子重耳踰垣而走披斬其袪及重耳反國與披謀國事發呂郤之謀薦趙衰守原）遣衡還郡勿令自疑（王應麟曰孫休之遺李衡有高帝之風度吳之賢君也）

襄陽記曰衡字叔平本襄陽卒家子也漢末入吳爲武昌庶民聞羊衜有人物之鑒（羊衜事見孫權傳赤烏二年）往干之衜曰多事之世尚書劇曹郎才也是時校事呂壹（監本官本作校事郎郎字衍）操弄權柄大臣畏偪莫有敢言衜曰非李衡無能困之者遂共薦爲郎權引見衡口陳壹奸短數千言權有愧色數月壹被誅而衡大見顯擢後常爲諸葛恪司馬幹恪府事恪被誅求爲丹陽太守時孫休在郡治衡數以法繩之妻習氏每諫衡（胡三省曰習姓按風俗通漢有外黃令習一禑按習氏爲襄陽巨族侯康曰御覽四百四十四引襄陽耆舊記稱羊衜勸衡筮仕以女配之則衡妻乃羊氏也習氏豈再娶邪）衡不從會休立衡憂懼謂妻曰不用卿言以至於此遂欲奔魏妻曰不可君本庶民耳先帝相拔過重既數作無禮而復逆自猜嫌逃叛求活以此北歸何面見中國人乎衡曰計

何以出妻曰琅邪王素好善慕名方欲自顯於天下終不以私嫌殺君明矣可自囚詣獄表列前失顯求受罪如此乃當逆見優饒（胡三省曰逆迎也言將優加其官以饒益之）非但直活而已衡從之果得無患又加威遠將軍授以棨戟（續漢志輿服志公以下至二千石騎吏四人千石以下至三百石縣長二人皆帶劍持棨戟爲前列范書郭躬傳躬曰漢制棨戟即爲斧鉞杜詩傳世祖召見賜以棨戟章懷注漢雜事曰漢制假棨戟以代斧鉞崔豹古今注曰棨戟前驅之器也以木爲之後代刻僞無復典刑以赤油韜之亦謂之油戟亦曰棨戟王公以下通用之以前驅也胡三省曰果如習氏所料）衡每欲治家妻輒不聽後密遣客十人於武陵龍陽汎洲上作宅種甘橘千株（武陵郡見孫策傳龍陽吳立屬武陵見沈志趙一清曰汎洲水經注作氾洲是也顧祖禹曰常德府龍陽縣後漢爲漢壽縣地吳析置屬武陵郡氾洲在縣西五十里長二十里吳李衡種橘其上因名橘洲亦謂之柑洲）臨死勑兒曰汝母惡吾治家故窮如是然吾州里有千頭木奴（武陵襄陽同屬荊州故曰州里）不責汝衣食歲上一匹絹亦可足用耳衡亡後二十餘日（宋本無餘字）兒以白母母曰此當是種甘橘也汝家失十戶客來七八年必汝父遣爲宅汝父恆稱太史公言江陵千

樹橘當封君家（此史記貨殖傳語謂其人與千戶侯等）吾答曰且人患無德義不患不富若貴而能貧方好耳用此何爲吳末衡甘橘成歲得絹數千匹家道殷足（李安溪曰食母之賢賚父之橘）晉咸康中其宅址枯樹猶在（韓慕廬曰橘奴何在妻言哲矣）

己丑封孫晧爲烏程侯（杭世駿曰萬歷湖州府志烏程侯井在府西吳孫晧爲侯時所鑿趙一清曰寰宇記卷九十四引括地志云烏程東北有孫晧井一所口圓徑一丈六尺）晧弟德錢唐侯謙永安侯（烏程錢唐均見孫堅傳沈志永安吳分烏程餘杭二縣立謝鍾英曰吳興記興平二年太守許貢奏分烏程爲永安寰宇記分烏程之餘不鄉立即武康縣方輿紀要今浙江湖州府武康縣治）

江表傳曰羣臣奏立皇后太子詔曰朕以寡德奉承洪業蒞事日淺恩澤未敷加后妃之號（通鑑無加字）嗣子之位非所急也有司又固請休謙虛不許

十一月甲午風四轉五復（周壽昌曰四轉五復殆即今之所謂旋風也）蒙霧連日綝一門五侯皆典禁兵權傾人主有所陳述敬而不違於是益忞休恐其有變

數加賞賜丙申詔曰大將軍忠款內發（馮本款作敬）首建大計以安社稷卿士內外咸贊其議並有勳勞昔霍光定計百僚同心無復是過亟案前日與議定策告廟人名依故事應加爵位者促施行之戊戌詔曰大將軍掌中外諸軍事事統煩多其加衛將軍御史大夫恩侍中與大將軍分省諸事（胡三省曰分綝之權也）壬子詔曰諸吏家有五人三人兼重爲役父兄在都子弟給郡縣吏既出限米軍出又從至於家事無經護者朕甚愍之其有五人三人爲役聽其父兄所欲留爲留一人除其米限軍出不從（藉收人心）又曰諸將吏奉迎陪位在永昌亭者皆加位一級（安綝之心）頃之休聞綝逆謀陰與張布圖計（康發祥曰據丁奉傳誅綝謀成於奉不應稱布而遣奉）十二月戊辰臘百僚朝賀公卿升殿詔武士縛綝即日伏誅（互見）

孫綝傳趙一清曰晉書五行志十二月丁卯夜有大風發木揚沙明日綝誅 己巳詔以左將軍張布討姦臣加
布爲中軍督封布弟惇爲都亭侯給兵三百人惇弟恂爲校尉詔曰
古者建國教學爲先所以道世治性爲時養器也自建興以來 孫亮卽位改元建興見前 時事多故吏民頗以目前趨務去本就末不循古道夫所尚
不惇則傷化敗俗其案古置學官立五經博士核取應選加其寵祿
科見吏之中及將吏子弟有志好者各令就業一歲課試差其品第
加以位賞使見之者樂其榮聞之者羨其譽以敦王化以隆風俗
二年春正月震電三月備九卿官詔曰朕以不德託于王公之上夙
夜戰戰亡寢與食今欲偃武修文以崇大化推此之道當由士民之
贍必須農桑管子有言倉廩實知禮節衣食足知榮辱夫一夫不耕

有受其饑一婦不織有受其寒饑寒並至而民不爲非者未之有也
自頃年以來州郡吏民及諸營兵多違此業皆浮船長江賈作上下
良田漸廢見穀日少欲求大定豈可得哉亦由租入過重農人利薄
使之然乎今欲廣開田業輕其賦稅差科彊羸 科疑作料 課其田畝務令
優均官私得所使家給戶贍足相供養則愛身重命不犯科法然後
刑罰不用風俗可整以羣僚之忠賢若盡心於時雖太古盛化未可
卒致漢文升平庶幾可及及之則臣主俱榮不及則損削侵辱何可
從容俯仰而已諸卿尚書可共咨度務取便佳田桑已至不可後時
事定施行稱朕意焉 或曰此詔甚得務本之意權稱尊之後何以不聞有此
三年春三月西陵言赤烏見 西陵卽夷陵吳改曰西陵見魏志文紀黃初三年晉書五行志中云孫休永安三年將守質子

羣聚嬉戲有異小兒忽來言曰三公鋤司馬如又曰我非人熒惑星也言畢上昇仰視若曳一匹練有頃沒干寶曰後四年而蜀亡六年而魏廢二十一年而吳平於是九服歸晉魏與吳蜀並戰國三公鋤司馬如之謂也互見孫晧傳末注引搜神記 秋用都尉嚴密議作浦里塘 胡三省曰據范書方術傳浦里塘在丹陽郡宛陵縣界陳志濮陽興傳亦云嚴密建丹陽湖田作浦里塘弼按范書方術傳李南傳使者曰向度宛陵浦里航章懷云宛陵縣屬丹陽郡此卽胡注所據又按作浦里塘事見濮陽興傳謝鍾英曰在今江蘇江寧府高淳縣西之丹陽湖吳熙載曰疑今安徽寧國府宣城縣之灣址穎也 會稽
郡謠言王亮當還爲天子而亮宮人告亮使巫禱祠有惡言有司以
聞黜爲侯官侯 侯官見魏志王朗傳東冶注胡三省曰吳置建安郡以侯官縣屬焉謝鍾英曰今福建福州府城西北三十里 遣之
國道自殺衞送者伏罪
吳錄曰或云休鴆殺之至晉太康中吳故少府丹陽戴顒迎亮喪葬之賴鄉 趙一清曰賴鄉在尋陽界晉書武帝紀太康元年王渾克吳尋陽賴鄉是也弼按此賴鄉當在今江寧府西南尋陽之賴鄉一作瀨鄉
以會稽南部爲建安郡 南部各本皆作南郡誤會稽南部見孫亮傳太平二年建安郡見孫權傳赤烏二年注引文士傳 分

宜都置建平郡 宜都郡見蜀志先主傳章武二年注建平郡治巫水經江水注巫縣故楚之巫郡也秦省郡立縣以隸南郡吳孫休分爲建平郡治巫城巫縣見蜀志先主傳章武元年建平互見孫晧傳天紀四年注引干寶晉紀
吳歷曰是歲得大鼎於建德縣 宋書州郡志吳郡太守建德令吳分富春立晉書地理志吳郡建德元和志建德本漢富春縣地吳黃武四年分置建德縣謝鍾英曰孫韶傳權爲吳王韶封建德侯洪氏謂建德爲黃武四年立者非也弼按洪說本元和志黃武四年正權爲吳王之時元和志不誤謝說失之方輿紀要建德今浙江嚴州府建德縣治
四年夏五月大雨水泉涌溢 趙一清曰宋書五行志云昔歲作浦里塘功費無數而田不可成士卒死叛或自賊殺百姓愁怨陰氣盛也弼按作浦里塘與大雨水泉涌溢截然兩事趙氏屢引五行志以爲休咎之徵前己辨之 秋八月遣光祿大夫周
奕石偉巡行風俗察將吏清濁民所疾苦爲黜陟之詔
楚國先賢傳曰石偉字公操南郡人少好學修節不怠介然獨立有不可奪之志舉茂
才賢良方正皆不就孫休卽位特徵偉累遷至光祿勳及晧卽位朝政昏亂偉方辭老

耄痼疾乞身就拜光祿大夫吳平建威將軍王戎親詣偉太康二年詔曰吳故光祿大夫石偉秉志淸白皓首不渝雖處危亂廉節可紀年已過邁不堪遠涉其以偉爲議郎加二千石秩以終厥世偉遂陽狂及盲不受晉爵年八十三太熙元年卒或曰如偉志操而不見錄尙謂史可信乎

九月布山言白龍見鬱林郡治布山見孫權傳赤烏二年是歲安吳民陳焦死宋書州郡志宣城太守晉武帝太康元年分丹陽立領安吳令吳立洪亮吉曰丹陽郡安吳吳立程普傳討宣城涇安吳陵陽春穀諸賊皆破之事在孫桓王時則此縣吳王過江時卽分置也謝鍾英曰輿地廣記吳分宛陵立舊志故城在寧國府涇縣西南五十里藍山南今有安吳市埋之六日更生穿土中出周壽昌曰續漢志五行志獻帝初平中長沙有桓姓死棺殮月餘復生占者謂至陰爲陽下人爲上其後曹操由庶士起予謂此占者就事以驗占非能預占以料事也如吳此事又作何驗總之沴氣非常爲國家之咎徵則斷可信耳予又案再生事後世常有之不關災祥如塔寺記載後魏時發墓得一人名崔涵死十二年復活時太后與孝明帝在華林堂以爲妖異問黃門郞徐紇紇曰昔魏時發冢得霍光女壻范明友家奴說漢朝廢立於史書相符（此事亦見博物志）其他如搜神記通幽記酉陽

雜俎法苑珠林諸書所載指不勝僂至於秦穆公趙簡子夢七日而醒幾於死後再生史家紀其夢語述爲美談晉殺秦諜六日而蘇明載經典無所爲異五行志之占語不足信也

五年春二月白虎門北樓災趙一淸曰晉書五行志白虎門城西門也秋七月始新言黃龍見始新見孫權傳建安十三年趙一淸曰方輿紀要卷九十始新城在嚴州府淳安縣西六十里威平鎭吳賀齊本置縣於此隋徙置雉山下雉山在縣治西南隔江形如蹲雉隋以此名縣又有靈巖山在縣東北六里吳永安中有黃龍見名曰龍山唐元和中改今名與雉山對峙八月壬午大雨震電水泉涌溢乙酉立皇后朱氏朱氏朱公主之女也戊子立子𩅦爲太子宋本太子下有大赦二字胡三省曰𩅦烏關翻據吳志吳主休爲四子作名字非先有此音也

吳錄載休詔曰人之有名以相紀別長爲作字憚其名耳禮名子欲令難犯易避五十稱伯仲古或一字今人競作好名好字又令相配所行不副此譬字伯明者也孤常哂之或師友父兄所作或自己爲師友尙可父兄猶非自爲最不謙孤今爲四男作名字

太子名𩅦𩅦音如湖水灣澳之灣字莔莔音如迄今之迄馮本毛本莔作曾何焯曰小名錄作蔄宋本作莔潘眉曰廣韻九迄莔字註云吳王孫休長子字知宋本作莔明本譌爲曾也然莔字見爾雅釋艸張衡西征賦蔡邕述行賦多用之吳主詔曰皆用新造字不應仍用舊字知莔字亦非也向嘗以此字問嘉定錢同人錢云小名錄作蔄今當以蔄字爲正眉按蔄字字書所無俗本小名錄謬誤甚多不可爲典要使果字蔄何廣韻不別收蔄字亦未敢定也今姑從廣韻校改莔字猶爲與宋板書同耳次子名𩃬𩃬音如兕觥之觥字羿羿音如玄礥首之礥何焯曰羿宋本作羿廣韻作羿在先韻潘眉曰𩃬見廣韻十二庚羿見一先俱不誤次子名壾壾音如草莽之莽馮本壾壾作相同誤毛本壾作柜潘眉曰廣韻三十七蕩有壾字注云吳王孫休子名當以壾字爲正字昷昷音如舉物之舉宋本昷作昷潘眉曰昷昷亦舊字廣韻昷字注不云吳王孫休子字惟司馬溫公類篇皿部昷字又云苟許切吳王孫休子字別無辨證姑從之次子名𠅨𠅨音如褒衣下寬大之褒字𩃙𩃙音如有所擁持之擁潘眉曰𠅨字見廣韻六豪𩃙字見集韻云委勇切音臃吳王孫休子字然則四子名字共八字當作𩅦莔𩃬羿壾昷𠅨𩃙爲正此都不與世所用者同故鈔舊文會合作之夫書八體損益因事而生今造此名字既不相配又字但一庶易棄避其普告天下使咸聞知

臣松之以爲傳稱名以制義義以出禮禮以體政政以治民宋本治作正是以政成而民聽宋本則作聽易則生亂此晉大夫師服之言見左傳杜注云反易禮義則亂生也斯言之作豈虛也哉然欲令難犯宋本然作休何患無名而乃造無況之字制不典之音違明誥於前脩垂嗤騃於後代不亦異乎是以墳土未乾而妻子夷滅師服之言於是乎徵矣左傳桓公二年晉穆侯之夫人姜氏以條之役生太子命之曰仇其弟以千畝之戰生命之曰成師師服曰異哉君之名子也夫名以制義義以出禮禮以體政政以正民是以政成而民聽易則生亂嘉耦曰妃怨耦曰仇古之命也今君命太子曰仇弟曰成師始兆亂矣兄其替乎杜注師服晉大夫

冬十月以衞將軍濮陽興爲丞相胡三省曰濮陽以邑爲姓陳留風俗傳漢有長沙太守濮陽逸吳主休居會稽時興爲太守深與相結及卽位遂與張布並見信用廷尉丁密丁密見孫亮傳太平二年又見孫晧傳元興元年注引吳歷又見虞翻傳注引會稽典錄光祿勳孟宗孟宗事見孫權傳嘉禾六年又見孫晧傳建衡三年注引吳錄爲左右御史大夫胡三省曰漢成帝綏和元年罷御史大夫置大司空世祖中興因之獻帝建安十三年罷司空復置御史大夫未嘗分左右也蓋吳分之弼按孫休傳永安元年以孫恩爲御史大夫至

是乃分左右孫晧傳建衡三年以左右御史大夫丁固孟仁爲司徒司空固卽密仁卽宗也 休以丞相興及左將軍張布有舊恩委之以事布典宮省興關軍國 濮陽興傳興遷爲丞相與休寵臣張布共相表裏邦內失望 休銳意於典籍欲畢覽百家之言 何焯曰齊梁以下人主都類此蓋未知所學之要也 尤好射雉春夏之閒常晨出夜還唯此時舍書 杭世駿曰世說云孫休好射雉至其時則晨去夕反羣臣莫不止諫此爲小物何足甚躭休曰雖爲小物耿介過人朕所以好之劉峻注條列吳事云休在位烝烝無有遺事唯射雉可譏 休欲與博士祭酒韋曜 韋曜見魏志武紀興平元年本志有傳通鑑作韋昭續百官志博士祭酒一人六百石本僕射中興轉爲祭酒胡廣曰官名祭酒皆一位之元長者也古禮賓客得主人饌則老者一人舉酒以祭於地舊說以爲示有先 博士盛沖講論道藝曜沖素皆切直布恐入侍發其陰失令已不得專因妄飾說以拒遏之休答曰孤之涉學羣書略徧所見不少也其明君闇主姦臣賊子古今賢愚成敗之事無不覽也今曜等入但欲與論講書耳不爲從曜等始更受學也縱

復如此亦何所損君特當以曜等恐道臣下姦變之事以此不欲令入耳如此之事孤已自備之不須曜等然後乃解也此都無所損君意特有所忌故耳布得詔陳謝重自序述又言懼妨政事休答曰書籍之事患人不好好之無傷也此無所爲非而君以爲不宜是以孤有所及耳政務學業 宋本政作王通鑑同胡注王務猶言王事也 其流各異不相妨也不圖君今日在事更行此於孤也良所不取 宋本所作其誤通鑑作甚 布拜表叩頭 胡三省曰據陳壽志自孤之涉學已下皆詔答之語布得詔惶恐以表陳謝重自序述吳主又面答之自王務學業已下皆面答之語也所謂今日在事更行此於孤蓋比之孫綝以綝擅權之時不使吳主親近儒生也於是布拜叩頭未嘗再上表也此表字衍在事者在官任事也 休答曰聊相開悟耳何至叩頭乎如君之忠誠遠近所知往者所以相感今日之巍巍也 通鑑作吾今日之巍巍皆君之功也 詩云靡不有初鮮克有終 詩大雅蕩之辭 終之實難君其終

之初休爲王時布爲左右將督 通鑑作左右督將 素見信愛及至踐阼厚加寵待專擅國勢多行無禮自嫌瑕短懼曜沖言之故尤患忌休雖解此旨心不能悅更恐其疑懼竟如布意廢其講業不復使沖等入 沖應作曜韋曜傳孫休欲延曜侍講而左將軍張布近習寵幸行事多玷憚曜侍講儒士又性精确懼以古今警戒休意固爭不可休深恨布 是歲使察戰到交阯調孔爵大豬 察戰交阯均詳見魏志陳留王紀咸熙元年王鳴盛曰沈約宋書作察戰或遂疑爲人姓名但孫奮傳注引江表傳孫晧遣察戰齎藥賜奮死未必察戰一人至晧時又受此使宋書特傳寫誤耳潘眉曰是年所使察戰其人爲鄧荀也見晉書陶璜傳調孔雀三千頭荀在交阯爲呂興所殺汪繼熊曰吳之察戰中使也觀孫奮傳注及晉書五行志所載當是以奄宦爲之弼按通鑑作察戰鄧荀蓋亦以察戰爲官名也胡注調徒弔翻 臣松之案察戰吳官名號今揚都有察戰巷 康發祥曰俗誤呼爲夾截巷 六年夏四月泉陵言黃龍見 零陵郡治泉陵見蜀志先主傳建安十三年 五月交阯郡吏呂興等反殺太守孫諝 呂興事見魏志陳留王紀咸熙元年梁章鉅曰晉書陶璜傳亦作諝華陽國志作孫靖弼按通鑑作孫諝 諝

先是科郡上手工千餘人送建業而察戰至恐復見取故興等因此扇動兵民招誘諸夷也冬十月蜀以魏見伐來告癸未建業石頭小城火燒西南百八十丈 侯康曰晉五行志上云是時嬖人張布專擅國勢多行無禮而韋曜盛沖終斥不用兼遣察戰等爲內史驚擾州郡致使交阯反亂是其咎也 甲申使大將軍丁奉督諸軍向魏壽春將軍留平別詣施績於南郡議兵所向將軍丁封孫異如沔中皆救蜀 胡三省曰沔中時爲魏境吳兵未能至也擬其所向耳吳之巫秭歸等縣皆在江北與魏之新城接境自此行兵亦可以達沔中然亦猶激西江之水以救涸轍之魚耳 蜀主劉禪降魏問至然後罷 華覈傳蜀爲魏所幷覈詣宮門上表 呂興既殺孫諝使使如魏請太守及兵 梁章鉅曰晉書陶璜傳晉文帝卽拜呂興爲安南將軍交阯太守弼按興爲下人所殺見魏志陳留王紀咸熙元年是年武陵太守鍾離牧平五谿見牧傳 丞相興建取屯田萬人以爲兵分武陵爲天門郡 武陵郡見蜀志先主傳建安十三年晉書地理志孫休分武陵立天門郡統縣五零陽漊中充臨澧澧陽宋書州郡志天門太守吳孫休永安六年分武陵立充縣有松梁山山有石石開處數十丈其高以

弩仰射不至其上名天門因此名郡充縣後省水經澧水注澧水又東逕澧陽縣南南臨澧水晉太康四年立天門郡治也吳永安六年武陵郡嵩梁山高峯孤竦素壁千尋望之苕亭有似香爐其山洞開玄朗如門高三百丈廣二百丈門角上各生一竹倒垂下拂謂之天箒孫休以爲嘉祥分武陵置天門郡輿地廣記吳天門郡治零陽一統志天門故城今湖南澧州石門縣治吳置天門郡晉置澧陽縣爲郡治零陽故城今澧州慈利縣東天門山在澧州安福縣西即古松梁山一名嵩梁山弼按據沈志所云吳孫休立天門郡實因充縣有松梁山其上名天門因以名郡據此則天門郡治似應在充縣又據水經澧水注充縣廢省臨澧即其地縣即充縣之故治充縣在今澧州永定縣西（鄒漢勛曰充縣今酉陽州鄒安鬯曰今桑植縣界）天門山卽在永定縣南似吳天門郡治在充縣卽臨澧縣晉天門郡治移澧陽一統志謂充縣及天門山皆在安福縣西者蓋誤以晉天門郡治爲吳天門郡治也

吳歷曰是歲青龍見於長沙白燕見於慈湖馮本官本湖作胡趙一淸曰方輿紀要卷二十七慈湖水在太平府北六十五里江行記自建康泝江而上過白土磯入慈湖夾是也吳將笮融嘗屯兵於此又紀要卷九十四浙江温州府永嘉縣南二十五里亦有慈湖然其名不著梁章鉅曰慈胡當作慈湖元和志慈湖在宣州當塗縣北六十五里赤雀見於豫章

七年春正月大赦二月鎭軍陸抗撫軍步協鎭軍卽鎭軍將軍撫軍卽撫軍將軍陸抗傳永安二年拜鎭軍將軍都督西陵步騭傳赤烏十一年子協加撫軍將軍征西將軍留平平事又見王蕃傳建平太守盛曼建平郡見前永安三年率衆圍蜀巴東守將羅憲羅憲事詳見蜀志霍峻傳注引襄陽記夏四月魏將新附督王稚胡三省曰新附督蓋以吳人新附者別爲一部置督以領之浮海入句章句章今浙江寧波府慈谿縣西南見孫堅傳略長吏賞林及男女二百餘口將軍孫越徼得一船獲三十人秋七月海賊破海鹽海鹽見孫權傳赤烏五年殺司鹽校尉駱秀洪飴孫曰司鹽校尉一人吳所置治海鹽使中書郎劉川發兵廬陵豫章民張節等爲亂衆萬餘人魏使將軍胡烈步騎二萬侵西陵西陵見魏志文紀黃初三年以救羅憲陸抗等引軍退復分交州置廣州孫權傳黃武五年分交州置廣州俄復舊此時又復分也胡三省曰漢武帝元鼎六年開百越置交趾州刺史治龍編獻帝建安八年改曰交州治蒼梧廣信縣十六年徙治南海番禺縣至是分爲二州廣州治番禺交州還治龍編壬午大赦癸未休薨

江表傳曰休寢疾口不能言宋本口作曰誤乃手書呼丞相濮陽興入令子𩅦出拜之休把興臂而指𩅦以託之曹叡把司馬懿之臂雖政柄潛移而齊王尙享國十餘年孫休把濮陽興之臂而子𩅦竟不克踐阼甚矣託孤之難此諸葛之所以稱賢相也

時年三十謚曰景皇帝

葛洪抱朴子曰晉書葛洪傳洪字稚川丹楊句容人洪少好學家貧躬自伐薪以貿紙筆夜輒寫書誦習遂以儒學知名元帝爲丞相辟爲掾以平賊功賜爵關內侯干寶薦洪才堪國史選爲散騎常侍領大著作洪固辭不就以年老欲鍊丹求爲句漏令止羅浮山鍊丹著述不輟其自序曰予所著子言黃白之事名曰內篇其餘駁難通釋名曰外篇大凡內外一百一十六篇自號抱朴子因以名書嚴可均鐵橋漫稿代繼蓮龕爲抱朴子敍曰隋志道家抱朴子內篇二十一卷晉一卷雜家抱朴子外篇三十篇梁有五十一卷舊唐志內篇二十卷外篇五十卷新唐志內篇十卷外篇二十卷意林內篇二十卷外篇二十卷崇文總目內篇二十卷外篇二十卷郡齋讀書志內篇二十卷外篇十卷直齋書錄解題內篇二十卷無外篇引館閣書目有外篇五十卷天一閣書目內篇二十卷外篇十卷（刊本）世善堂書目亦內篇二十卷外篇十卷今世見存抱朴子以道藏本爲差善起疲字號六乾志字號七內篇十四册凡二十篇爲二十卷外篇十九册凡五十二篇爲五十卷頃間收藏家都無宋刊本孫觀察星衍收得舊人校本係照天一閣所藏刊本用硃筆塗改者驗與道藏本大同嘉慶十七年余駐江寧顧秀才廣圻與孫觀察遞校定內篇而方督部維甸復校再過余爲之付梓而外篇未曾校也余復取是書讀之內篇神仙家言應驗與否所未敢知外篇駁難通釋稽古正今于持身接物之宜言當而理濟又顯通達治體爲政者當置座右刻內篇而不刻外篇猶登山者未涉其巔也乃始據盧舜治本以道藏本及照天一閣藏本及顧秀才所藏舊寫本并意林羣書治要手自改正刪補千餘字又據北堂書鈔補足酒誡篇三十四字更取外篇并往年所刻之內篇重校之廣搜羣書所引見攷覈異同擇其精善別爲校勘記一卷尙多不可通者闕疑未敢臆定是書久殘缺以隋志視梁七錄則外篇少二十一卷以新唐志視隋志則內篇少十一卷外篇少十卷以郡齋讀書志視新唐志則外篇復少十卷今本僅內篇之十五六外篇之十三四耳晉書本傳載洪自敍大凡內外一百一十六篇今本內外七十二篇往往有短篇僅二三百字或百數十字亦一篇各爲卷又于洪自敍刪去內外一百一十六篇之語以泯其迹蓋由官爲購募一卷一二篇遂虛張卷第以取賞耳卽以外篇驗之意林從刺驕以後重言以前遂引三十二事今本皆無則覩馬總所據明少一二十篇無論梁隋本矣乃剩取羣書引見而今本所無者并復重得百四十五條爲內篇佚文外篇佚文各一卷略存隋唐梗槩焉四庫提要曰其書內篇論神仙吐納符籙尅治之術純爲道家之言外篇則論時政得失人事臧否詞旨辨博饒有名理而究其大旨亦以黃老爲宗故併入之道家焉吳景帝時戍將於廣陵一作江陵掘諸冢取版

以治城所壞甚多復發一大冢內有重閤 宋本馮本閤作閣是 戶扇皆樞轉可開閉四周爲徼道通車其高可以乘馬又鑄銅爲人數十枚長五尺皆大冠朱衣執劍列侍靈座皆刻銅人背後石壁言殿中將軍或言侍郎常侍似王公之冢破其棺棺中有人髮已班白衣冠鮮明面體如生人棺中雲母厚尺許以白玉璧三十枚藉尸兵人輩共舉出死人以倚冢壁有一玉長一尺許形似冬瓜從死人懷中透出墮地兩耳及鼻孔中皆有黄金如棗許大此則骸骨有假物而不朽之効也 何焯曰不知注家何所取而濫載于此弼按裴注蓋以其爲吳景帝時事此則廣異聞之過也

孫晧 宋本晧作皓 字元宗權孫和子也 孫和傳見五十九卷趙一清曰鄭康成弟子亦有孫晧與吳歸命侯同姓名而詩七月正義遂云吳志孫晧問月令季夏火星中不知此出鄭小同所作鄭志而妄因孫晧字改云吳志耳康成不與歸命同時也春秋正義亦因康成荅弟子孫晧問此事王深寧困學紀聞辨正之 一名彭祖字晧宗孫休立封晧爲烏程侯 見孫休傳永安元年 遣就

國西湖民景養相晧當大貴 趙一清曰寰宇記卷九十四西湖在湖州長興縣西五里一名吳城湖周迴七十里昔吳王闔閭築城聚土於此浸而爲湖闔閭弟夫概王因而創之湖中出佳蓴 晧陰喜而不敢泄休薨是時蜀初亡而交阯攜叛 胡三省曰謂呂興反也 國內震懼貪得長君 通鑑震作恐貪作欲 左典軍萬彧 吳置中左右三典軍張休平三典軍事見張昭傳 昔爲烏程令與晧相善稱晧才識明斷是長沙桓王之疇也 胡三省曰孫策諡長沙桓王 又加之好學奉遵法度屢言之於丞相濮陽興左將軍張布興布說休妃太后朱欲以晧爲嗣朱曰我寡婦人安知社稷之慮苟吳國無隕宗廟有賴可矣 胡三省曰賴恃也利也 於是遂迎立晧時年二十三 潘眉曰二十三當爲二十五考是年魏咸熙元年甲申至晉太康元年庚子凡十七年晧以是歲死于洛陽年四十二則此作二十五方合弼按據吳錄晧以太康四年死時年四十二據本傳晧於太康五年死是卽位時年二十三不誤潘氏蓋誤以太康四年爲太康元年也 改元大赦是歲於魏咸熙元年也

元興元年八月以上大將軍施績大將軍丁奉爲左右大司馬張布爲驃騎將軍加侍中諸增位班賞一皆如舊九月貶太后爲景皇后 胡三省曰貶其號從夫而自父其父母其母何焯曰貶太后而興布不爭其死宜矣晧蓋又甚于明世宗也 追謚父和曰文皇帝尊母何爲太后 孫和嫡妃張氏張承女也孫和徙居新都賜死張妃自殺何姬生晧見妃嬪傳吳錄曰晧初尊和爲昭獻皇帝俄改曰文皇帝弼按孫晧止尊生母嫡母張妃死難不聞追謚 十月封休太子𩅦爲豫章王次子汝南王次子梁王次子陳王 錢大昭曰班史於諸王書立書薨紀其年月日且作表以經緯之最爲盡善後之作史者所當法也吳志內諸王惟赤烏五年書立子霸爲魯王太元二年立故太子和爲南陽王子奮爲齊王休爲琅邪王皆書名自是而後或地而不名或名地俱缺此條太子以下三人卽𩅦𩃎𠅨也並不書名外如建衡元年立子瑾爲太子及淮陽東平王鳳凰二年改封淮陽爲魯東平爲齊又封陳留章陵等九王天紀二年立成紀宣威等十一王四年立中山代等十一王皆是也而于蜀漢則章武元年以子永爲魯王理爲梁王建興八年徙魯王永爲甘陵王梁王理爲安平王延熙元年立子瑤爲安定王十五年立子琮爲西河王十九年立子瓚爲新平王景耀二年立子諶爲北地王恂爲新興王虔爲上黨王皆備書之而西河王琮并書其卒何詳略之不均也若云抑吳而不書則霸奮等又何以書

若云闕疑而不書則承祚作志時又未至文獻無徵也 立皇后滕氏江表傳曰晧初立發優詔恤士民開倉廩振貧乏科出宮女 胡三省曰科條也 以配無妻禽獸擾於苑者皆放之當時翕然稱爲明主

晧既得志麤暴驕盈多忌諱好酒色大小失望興布竊悔之或以譖晧十一月誅興布 晧既誅布復以布女爲美人見妃嬪傳何姬傳注引江表傳 十二月孫休葬定陵 朱彝尊曰吳志不言定陵所在順治中海寧邵灣山居民穴地得隧道行數百步道窮有碑乃孫休陵也冶銅爲門門有獸鐶兩撥猊夾門左右堅不可入未發而爲怨家所首亟以土掩之此地志所不載也 封后父滕牧爲高密侯 牧胤之族人也胤爲孫綝所殺

吳歷曰牧本名密避丁密改名牧丁密避牧改名爲固 梁章鉅曰虞翻傳注引會稽典錄亦云丁覽子固字子賤本名密避滕密改作固二人何以如此互避或滕牧之名因封高密而改丁固乃避滕而改耳沈家本曰據此說則避丁密當作避高密然古未有因封爵而改名者

舅何洪等三人皆列侯 何氏驕僭見何姬傳 是歲魏置交阯太守之郡 晉書陶璜傳孫晧時交阯太守孫諝貪暴郡吏呂興殺諝以郡內附武帝拜興交阯太守尋為其功曹李統所殺帝更以建寧爨谷為交阯太守谷又死更遣巴西馬融代之融病卒南中監軍霍弋又遣犍為楊稷代融自蜀出交阯破吳軍於古城華陽國志四云霍弋表遣爨谷為交阯太守泰始元年谷徑至郡撫和初附無幾谷卒晉更用馬忠子融代谷融卒遣犍為楊稷代之弼按據二書所載本傳所云是歲魏置交阯太守之郡當為爨谷蓋由蜀中徑往交阯也 晉文帝為魏相國遣昔吳壽春城降將徐紹孫彧銜命齎書陳事勢利害以申喻晧 詳見魏志 陳留王紀咸熙元年

漢晉春秋載晉文王與晧書曰聖人稱有君臣然後有上下禮義是故大必字小小必事大然後上下安服羣生獲所逮至末塗純德既毀勦民之命以爭彊於天下違禮順之至理則仁者弗由也方今主上聖明覆幬無外僕備位宰輔屬當國重唯華夏乖殊方隅圮裂六十餘載金革亟動無年不戰暴骸喪元困悴罔定每用悼心坐以待旦將

欲止戈興仁為百姓請命故分命偏師平定蜀漢役未經年全軍獨克于時猛將謀夫朝臣庶士咸以奉天時之宜就既征之軍藉吞敵之勢宜遂回旗東指以臨吳境舟師泛江順流而下陸軍南轅取徑四郡兼成都之械 潘眉曰械謂器械時新并蜀軍故云兼成都之械 漕巴漢之粟然後以中軍整旅二方雲會 宋本二作三 未及浹辰可使江表底平南夏順軌然國朝深惟伐蜀之舉雖有靜難之功亦悼蜀民獨罹其害戰於緜竹者自元帥以下並受斬戮伏尸蔽地血流丹野一之於前猶追恨不忍況重之於後乎是故旋師按甲思與南邦共全百姓之命夫料力忖勢度資量險遠考古昔廢興之理近鑒西蜀安危之効隆德保祚去危即順屈己以寧四海者仁哲之高致也履危偷安隕德覆祚而不稱於後世者非智者之所居也今朝廷遣徐紹孫彧獻書喻懷若書御於前必少留意回慮革算結歡弭兵共為一家惠矜吳會施及中土豈不泰哉此昭心之大願也敢不承受若不獲命則普天率土期於大同雖重干戈固不獲已也 潘眉曰孫楚傳載文王與晧書與此不同又云劭等至吳不敢為通然則文王令楚所作之書至吳未通其所通者又是一篇此漢晉春秋所載者是也此書不知何人所作弼按孫楚傳將軍石苞令楚作書遺孫晧是孫楚為石苞作非為晉文王作文選載孫子荊為石仲容與孫晧書是也潘說誤又按荀勖傳時發使聘吳並遣當時文士作書與孫晧帝用勖所作晧既報命和親帝謂勖曰君前作書使吳思順勝十萬之衆也是此書為荀勖所作潘說又誤又按是書措詞和婉又為司馬昭之書使者將命不敢不達若孫楚代石苞之書語極憤激易致僨事紹等不敢為通或以此歟

甘露元年 魏高貴鄉公以甘露紀元吳豈不知邪 三月晧遣使隨紹彧報書曰知以高世之才處宰輔之任漸導之功勤亦至矣孤以不德階承統緒思與賢良共濟世道而以壅隔未有所緣嘉意允著深用依依今遣光祿大夫紀陟五官中郎將弘璆宣明至懷 魏志陳留王紀咸熙二年夏四月吳遣使紀陟弘璆請和晉書文帝紀孫晧使紀陟來聘且獻方物弼按魏志云請和晉書云獻方物參以本傳報書之辭孫晧已漸屈服矣迨晉方受禪不暇治邊丁忠使還言北方無備弋陽可取晧遂與晉相絕矣

江表傳曰晧書兩頭言白稱名言而不著姓 吳錄曰陟字子上丹陽人初為中書郎孫峻使詰南陽王和令其引分 引分引決也引決自殺也史記不能引決自裁漢書王嘉傳君侯宜引決師古曰令自殺也文選寡婦賦甘捐生而自引李善注自引自殺也 陟密使令正辭自理峻怒陟懼閉門不出孫休時 官本攷證曰孫休時御覽作景皇時 父亮為尚書令 梁章鉅曰是時陟父安得猶名亮可疑 而陟為中書令 趙一清曰隋書經籍志有吳中書令紀騭集三卷騭疑即陟也 每朝會詔以屏風隔其座出為豫章太守 干寶晉紀曰陟璆奉使如魏入境而問諱入國而問俗壽春將王布示之馬射既而問之曰吳之君子亦能斯乎陟曰此軍人騎士肄業所及士大夫君子未有為之者矣 周禮地官保氏掌養國子教之六藝一曰五禮二曰六樂三曰五射四曰五馭五曰六書六曰九數禮記射義篇詳載天子諸侯卿大夫士之射禮故曰射者所以觀盛德也惟賁軍之將亡國之大夫不為人所齒者不得與射蓋古者尚武精神寓於揖讓周旋進退之中吳處東南習於文弱紀陟乃謂此軍人騎士肄業所及真不知古義可謂行人失辭矣此可以覘風尚所趨亦為國家積弱

之原學者通經致用不可不辨 布大慙既至魏帝見之使儐問曰來時吳主何如陟對曰來時皇帝臨軒百寮陪位御膳無恙晉文王饗之百寮畢會使儐者告曰某者安樂公也某者匈奴單于也陟曰西主失土 毛本主作王誤 爲君王所禮位同三代莫不感義匈奴邊塞難羈之國君王懷之親在坐席此誠威恩遠著又問吳之戍備幾何對曰自西陵以至江都五千七百里 齊召南水道提綱江水篇云江自夔府始東南流至岳州巴陵凡一千二百里自岳州巴陵東北流至武昌徑五百數十里自武昌東南流至江西湖口計六百餘里大江至此其勢遂向東北自江西湖口東北流至江都徑一千二百里弼按據齊氏所推算自夔府至江都按江流曲折（非由鳥道）計三千六百里而夔府尚在西陵之上數百里是自西陵至江都不過三千里此云五千七百里似言大而夸 又問曰道里甚遠難爲堅固對曰疆界雖遠而其險要必爭之地不過數四猶人雖有八尺之軀靡不受患其護風寒亦數處耳文王善之厚爲之禮 臣松之以爲人有八尺之體靡不受患防護風寒豈唯數處取譬若此未足稱能若曰譬如金城萬雉所急防者四門而已方陟此對不猶愈乎 吳錄曰晧以諸父與和相連及者家屬皆徙東冶 東冶見魏志王朗傳 唯陟以有密旨特封子孚都亭侯孚弟瞻字思遠入仕晉驃騎將軍弘璆曲阿人 曲阿見孫策傳 弘咨之孫權外甥也 諸葛瑾傳孫權姊壻曲阿弘咨趙一清曰璆若是權外甥當是咨之子弼按外甥應作外孫 璆後至中書令太子少傅

紹行到濡須 濡須見魏志武紀建安十八年 召還殺之徙其家屬建安 建安見孫權傳赤烏二年 始有白紹稱美中國者故也夏四月蔣陵言甘露降 趙一清曰方輿紀要卷十九鍾山在應天府城東北朝陽門外諸葛武侯所云鍾山龍蟠者也一名蔣山吳大帝祖諱鍾因改曰蔣以漢末秣陵尉蔣子文逐賊有功因葬於此也因名晉咸和三年蘇峻反於歷陽自橫江濟從南道出蔣陵胡氏曰蔣山之陵阜也弼按吳大帝葬蔣陵蔣陵詳見孫權傳太元二年趙說少誤 於是改年大赦秋七月晧逼殺景后朱氏亡不在正殿於苑中小屋治喪衆知其非疾病莫不痛切又送休四子於吳小城 趙一清曰方輿紀要卷二十四史記春申君城吳故墟以自爲都邑孔氏曰今蘇州也又於城內小城西北別築城以居云 尋復追殺大者二人九月從西陵督步闡表徙都武昌 闡騭之子後有傳孫權時騭爲西陵督闡衆世在西陵胡三省曰西陵卽夷陵吳主權黃武元年改夷陵曰西陵宜都郡治焉 御史大夫丁固 丁固卽丁密注見前 右將軍諸葛靚 靚諸葛誕小子誕遣至吳請救見魏志誕傳干寶晉紀云靚字仲思吳平還晉詳見誕傳注 鎭建業陟璆至洛遇晉文帝崩十一月乃遣還晧至武昌又大赦以零陵南部爲始安郡桂陽南部爲始興郡 零陵桂陽均見蜀志先主傳建安十三年始安郡治始安謝鍾英曰沈志吳始安屬廣州晉志謂吳屬荊州今考始安零陵之分宜與零陵並屬荊州一統志始安故城今廣西桂林府治始興郡治曲江屬荊州水經溱水注瀧水又南逕曲江縣東始興郡治也魏文帝咸熙二年（弼按文帝應作陳留王）孫晧分桂陽南部立一統志曲江故城今廣東韶州府曲江縣西十

二月晉受禪

寶鼎元年正月遣大鴻臚張儼 張儼事見蜀志諸葛亮傳注 五官中郎將丁忠弔祭晉文帝及還儼道病死 趙一清曰晉書武帝紀泰始二年三月戊戌吳人來弔祭有司奏爲答詔帝曰昔漢文光武懷撫尉佗公孫述皆未正君臣之儀所以羈縻未賓也晧遣使之始未知國慶但以書答之隋經籍志張儼集一卷梁二卷又撰嘿記三卷一清案諸葛武侯建興六年十一月表蓋出此書弼按丁忠使晉還孫晧大會羣臣王蕃沈醉晧斬之見蕃傳 吳錄曰儼字子節吳人也弱冠知名歷顯位 何焯曰御覽歷上有早字 以博聞多識拜大鴻臚使於晉晧謂儼曰今南北通好以君爲有出境之才故相屈行對曰皇皇者華蒙其榮耀無古人延譽之美 何焯曰御覽蒙上有臣字耀作懼 磨厲鋒鍔思不辱命既至車騎將軍賈充尚書令裴秀侍中荀勖等欲傲以所不知而不能屈尚書僕射羊祜尚書何楨 宋本楨作禎趙一清曰魏志胡昭傳注引文士傳云何楨字元幹當從木作楨弼按何楨見齊王紀嘉平六年注又見晉書文帝紀甘露二年 並結縞帶之好 左傳襄公二十九年吳公子札聘於鄭見子產如舊相識與之縞帶子產獻紵衣焉杜注大帶也吳地貴縞鄭地貴紵故各獻已所貴示損已而不爲彼貨利陸德明音義縞古老反紵直呂反孔穎達正義曰玉藻說大帶之制大夫以素爲帶居士錦帶弟子縞帶季札吳卿也而以縞帶與子產者是其當時之所有耳吳始通上國未必服章依禮也杜以縞是中國所有紵是南邊之物非土所有各是其貴知其示損已耳不爲彼貨利也鄭玄禮記注曰白經赤緯曰縞黑經白緯曰纖

忠說皓曰北方守戰之具不設弋陽可襲而取弋陽見魏志楚王彪傳胡三省曰弋陽縣漢屬汝南郡魏文帝分立弋陽郡皓訪羣臣鎮西大將軍陸凱曰夫兵不得已而用之耳且三國鼎立已來更相侵伐無歲寧居今彊敵新幷巴蜀有兼土之實而遣使求親欲息兵役不可謂其求援於我今敵形勢方彊而欲徼幸求勝未見其利也車騎將軍劉纂曰天生五才誰能去兵宋本無誰字誤譎詐相雄有自來矣若其有闕庸可棄乎宜遣閒諜以觀其勢皓陰納纂言且以蜀新平故不行然遂自絕八月所在言得大鼎於是改年大赦以陸凱爲左丞相常侍萬彧爲右丞相冬十月永安山賊施但等聚衆數千人永安見孫休傳永安元年

吳錄曰永安今武康縣也沈志晉武帝太康元年更名武康屬吳興郡宋白曰永安縣本漢烏程縣之餘不鄉

劫皓庶弟永安侯謙出烏程烏程見孫堅傳取孫和陵上鼓吹曲蓋古今注曲蓋太公所作武王伐紂大風折蓋太公因折蓋之形而成曲蓋焉比至建業衆萬餘人丁固諸葛靚逆之於牛屯胡三省曰據吳歷牛屯去建業城二十一里方輿紀要今江寧府東南趙一清曰固靚前到九里蓋牛屯之別稱也大戰但等敗走獲謙謙自殺互見孫和傳注引吳歷

漢晉春秋曰初望氣者云荊州有王氣破揚州而建業宮不利故皓徙武昌遣使者發民掘荊州界大臣名家冢與山岡連者以厭之既聞但反自以爲徙土得計也宋本土作上使數百人鼓譟入建業殺但妻子云天子使荊州兵來破揚州賊以厭前氣直等兒戲

分會稽爲東陽郡會稽郡見孫堅傳沈志東陽太守本會稽西部都尉吳孫皓寶鼎元年立東陽郡治長山劉昭注引英雄交爭記云初平三年分烏傷縣南鄉爲長山縣水經注穀水又東逕長山縣南與永康溪水合縣卽東陽郡治城居山之陽輿地廣記東陽郡治長山一統志今浙江金華府城分吳丹陽爲吳興郡吳丹陽吳興俱見孫堅傳

皓詔曰古者分土建國所以褒賞賢能廣樹藩屏秦毀五等爲三十六郡漢室初興闓立乃至百五闓未詳馮本五作王因事制宜蓋無常數也今吳郡陽羨馮本陽作楊誤陽羨見孫權傳卷首周處風土記本名荊溪寰宇記故城在宜興縣南一名蝦虎城永安見孫休傳永安元年孫謙自殺國除餘杭餘杭見孫策傳臨水本志賀齊傳建安十六年齊表言分餘杭爲臨水吳錄曰晉改爲臨安沈志吳分餘杭爲臨水晉武帝太康元年更名臨安謝鍾英曰今杭州府臨安縣治及丹陽故鄣見孫權傳赤烏十三年安吉沈志吳興太守安吉令漢靈帝中平二年分故鄣立郡國志劉昭注引吳興記曰中平年分故鄣縣南置安吉縣光和末張角亂此鄉守險助國漢嘉之故立縣中平二年又分立原鄉縣謝鍾英曰今湖州府安吉縣西南原鄉沈志原鄉令漢中平二年分故鄣立方輿紀要今湖州府孝豐縣東以縣在山中高原而名於潛郡國志丹陽郡於潛王先謙曰前漢縣潛作朁音潛三國吳改屬吳興郡洪亮吉曰吳錄舊朁字無水至隋始加一統志今杭州府於潛縣治諸縣地勢水流之便悉注烏程既宜立郡以鎮山越且以藩衞明陵孫和改葬明陵奉承大祭不亦可乎其亟分此九縣爲吳興郡治烏程

以零陵北部爲邵陵郡晉志孫皓分零陵立邵陵郡治邵陵沈志邵陵太守吳孫皓寶鼎元年分零陵北部都尉立郡國志長沙

郡昭陵王先謙曰三國吳置昭陵郡治此水經資水東北過邵陵縣之北注孫皓分零陵北部立邵陵郡于邵陵縣縣故昭陵也沈志邵陵太守下云邵陵何志屬長沙按二漢無吳錄屬邵陵今按晉世避諱改昭爲邵沈約錄邵陵竟忘二漢之昭陵矣吳增僅云以昭爲邵係晉武時避諱而改如零陵郡之昭陽改曰邵陽建安郡之昭武改曰邵武之類是也昭陵本漢縣吳既因之立郡無緣改昭爲邵吳志孫皓傳分零陵北部置邵陵承祚由後言之故作邵陵如晉改吳新興爲新昌而皓傳已作新昌是其例也輿地廣記云昭陵晉改曰邵陵縣名爲晉改則郡名亦晉改無疑矣一統志故城今湖南寶慶府邵陽縣治十二月皓還都建業衞將軍滕牧留鎮武昌

二年春大赦右丞相萬彧上鎮巴丘巴丘見魏志武紀建安十三年夏六月起顯明宮

太康三年地記曰裴注引是書已見魏志陳羣傳注畢沅有輯本序云晉太康地志不著撰人舊唐書五卷云太康三年撰新唐書十卷其稱太康三年地志者一見於宋書州郡志會稽郡始寧令下一見裴松之三國志注孫皓起顯明宮下晉初輿地之學最著者裴司空秀繼之以京相璠摯虞是書或成於數君之手同時杜預注經晉灼注史其精核皆有所不及沈約止稱爲地志酈道元稱爲地記司馬貞張守節稱爲地理記新唐書稱爲土地記其實一也黃奭

漢學堂叢書亦有輯本 吳有太初宮方三百丈權所起也昭明宮方五百丈晧所作也避晉諱故曰顯明 吳歷云顯明在太初之東 江表傳曰起營新宮二千石以下皆自入山督攝伐木通鑑無攝字 又破壞諸營大開園囿通鑑園作苑 起土山樓觀窮極伎巧工役之費以億萬計陸凱固諫不從華覈上疏亦不聽見覈傳

冬十二月晧移居之是歲分豫章廬陵長沙爲安成郡晉志孫晧分長沙立安成郡治平都沈志安成太守孫晧寶鼎二年分豫章廬陵長沙立治平都通典吳安成郡治平都水經贛水注十三州志稱廬水西出長沙安成縣吳寶鼎中立以爲安成郡楊氏沿革圖安成郡治安成一統志平都故城今江西吉安府安福縣東南安成故城今安福縣西弼按平都與廬陵郡治高昌相距極近安成較遠當日分設郡治應在安成酈注較爲有據當從之趙一清曰寰宇記卷一百九吳分豫章之新喻宜春廬陵之平都永新長沙之安城萍鄉六縣爲安城郡宋書州郡志安城太守領縣有新喻永新萍鄉俱吳立

三年春二月以左右御史大夫丁固孟仁爲司徒司空丁固孟仁事見孫休傳永安五年

吳書曰初固爲尚書夢松樹生其腹上謂人曰松字十八公也後十八歲吾其爲公乎卒如夢焉

秋九月晧出東關東關見魏志齊王紀嘉平四年 丁奉至合肥晉書武帝紀泰始四年十一月吳將丁奉等出芍陂安東將軍汝陰王駿與義陽王望擊走之晉書校文曰是役晉救未至而奉退見望傳擊走失實弼按丁奉傳奉與晉大將石苞書搆而間之苞以徵還 是歲遣交州刺史劉俊前部督修則等通鑑作大都督修則胡注姓譜元冥之佐有修氏漢有屯騎校尉修炳 入擊交阯爲晉將毛炅等所破皆死兵散還合浦合浦見魏志陳留王紀咸熙元年趙一清曰晉書武帝紀吳將顧容寇鬱林太守毛炅大破之斬其交州刺史劉俊將軍修則顧和傳和曾祖容吳荊州刺史讀史舉正曰按陶璜傳交阯太守楊稷與將軍毛炅等出交阯破吳軍於古城斬修則劉俊通鑑亦云劉俊修則顧容三攻交阯稷拒破之鬱林九眞皆附於稷稷遣毛炅董元攻合浦戰於古城殺修則稷表炅爲鬱林太守元爲九眞太守然則修死於合浦非鬱林容之攻鬱林非此時毛炅時亦未爲太守也弼按通鑑本華陽國志當時晉吳各分立故紀載各殊也晉書武帝紀泰始四年

冬十月吳將施績入江夏萬彧寇襄陽遣太尉義陽王望屯龍陂荊州刺史胡烈擊敗彧吳志未書

建衡元年杭世駿曰古今刀劍錄云孫晧以建衡元年鑄一劍文曰皇帝吳王小篆書 春正月立子瑾爲太子及淮陽東平王冬十月改年大赦十一月左丞相陸凱卒陸凱傳凱乃心公家忠懇內發晧嘗銜凱數犯顏忤旨竟徙凱家於建安 遣監軍虞汜汜虞翻第四子見翻傳及注引會稽典錄胡三省曰汜音祀 威南將軍薛珝洪飴孫曰威南將軍一人吳所置胡三省曰珝況羽翻 蒼梧太守陶璜蒼梧郡見陶謙傳趙一清曰郡國志蒼梧郡領十一城吳時析爲臨賀郡惟有廣信高要端谿猛陵鄣平五縣其臨賀謝沐馮乘富川屬臨賀以荔浦屬始安而以合浦之臨允來屬宋志又云蒼梧太守領建陵寧新吳立蓋增二縣也王先謙曰三國吳蒼梧郡領漢舊縣五分置豐城建寧元溪武城入合浦之臨允爲十城 由荊州監軍李勖督軍徐存從建安海道建安詳見孫權傳赤烏二年注引文士傳胡三省曰從荊州道踰嶺而入交廣也從建安道汎海而南也 皆就合浦擊交阯

二年春趙一清曰寰宇記卷一百十二神人山在鄂州武昌縣西水路一百八十里歷代帝紀云吳建衡二年有神人騎白鹿從此山出晉書武帝紀太始六年春正月吳將丁奉入渦口揚州刺史牽宏擊走之晉書校文曰丁奉傳是年無伐晉事孫晧傳同惟前年奉曾攻晉穀陽當卽其事而誤列於是年也弼按通鑑考異曰吳志丁奉傳建衡元年攻晉穀陽晉帝紀不載奉傳不言入渦口疑是一事

萬彧還建業自巴丘還也 李勖以建安道不通利殺導將馮斐引軍還三月天火燒萬餘家死者七百人侯康曰晉書五行志上云時晧制令詭暴蕩棄法度勞臣名士誅斥甚衆後宮萬餘女謁數行其中隆寵佩皇后璽紱者多矣故有火災或曰天火曰災人火曰火此天火疑大火之誤 夏四月左大司馬施績卒陸抗傳施績卒以抗都督信陵西陵夷道樂鄉公安諸軍事 殿中列將何定何定事見後鳳凰元年注 白少府李勖馮本白作曰誤 枉殺馮斐擅徹軍退還勖及徐存家屬皆伏誅秋九月何定將兵五千人上夏口獵都督孫秀奔晉秀孫權弟匡之孫事見匡傳 是歲大赦

三年春三月晦晧舉大衆出華里胡三省曰華里在建業西趙一清曰方輿紀要卷二十華里在江寧府西南晉書武帝紀太始七年三月孫晧率衆趨壽陽遣大司馬望屯淮北以距之三月孫秀部將何崇帥衆五千人來降 晧母及妃妾皆行東

觀令華覈等固爭乃還胡三省曰東觀令典校圖書及記述觀古玩翻華戶化翻覈戶革翻弼按通鑑作華覈等固諫不聽江表傳曰初丹陽刁玄使蜀刁玄使蜀見孫亮傳太平元年玄事又見孫登傳得司馬徽與劉廙論運命歷數事玄詐增其文以誑國人曰黃旗紫蓋見於東南終有天下者荆揚之君乎姚範曰黃旗紫蓋之語合以前卷注中陳化之對魏文及晉宋後禪授似亦不得以此爲誣宋書符瑞志漢世術士言黃旗紫蓋見於斗牛之間江東有天子氣弼按陳化對魏文語見孫權傳黃武四年注引吳書陳化據舊說以答魏文刁玄詐增讖文以誑國人何足爲據姚說失之又得國中降人宋本國中作中國言壽春下有童謠曰吳天子當上晧聞之喜曰此天命也卽載其母妻子及後宮數千人從牛渚陸道西上牛渚詳見孫策傳注引江表傳云青蓋入洛陽以順天命行遇大雪道塗陷壞兵士被甲持仗百人共引一車寒凍殆死兵人不堪皆曰若遇敵便當倒戈耳胡三省曰紂發兵與周武王會戰於牧野前徒倒戈攻其後以北晧聞之乃還

是歲汜璜破交阯禽殺晉所置守將晉書武帝紀泰始七年夏四月九眞太守董元爲吳將虞汜所攻軍敗死之通鑑夏四月吳交州刺史陶璜襲九眞太守董元殺之楊稷以其將王素代之通鑑考異曰璜傳云出其不意徑至交趾按元乃九眞太守非交趾也華陽國志云元病亡楊稷更以王素代之按武帝紀四月九眞太守董元爲吳將虞汜所攻軍敗死之則元非病亡蓋稷雖以素代元未至郡而元死也趙一清曰晉書陶璜傳璜字世英丹陽秣陵人也父基吳交州刺史璜仕吳歷顯位孫晧時交阯太守孫諝貪暴爲百姓所患會察戰鄧荀至擅調孔雀三千頭遣送秣陵既苦遠役咸思爲亂郡吏呂興殺諝及荀以郡內附武帝拜興安南將軍交阯太守尋爲其功曹李統所殺帝更以建寧爨谷爲交阯太守谷又死更遣巴西馬融代之融病卒南中監軍霍弋又遣犍爲楊稷代融與將軍毛炅九眞太守董元牙門孟幹孟通李松王業爨能等自蜀出交阯破吳軍於古城斬大都督修則交州刺史劉俊吳遣虞汜爲監軍薛珝爲威南將軍大都督璜爲蒼梧太守距稷戰於分水璜敗退保合浦亡其二將珝怒謂璜曰若自表討賊而喪二帥其責安在璜曰下官不得行意諸軍不相順故致敗耳珝怒欲引軍還璜夜以數百兵襲董元獲其寶物船載而歸珝乃謝之以璜領交州爲前部督璜從海道出於不意徑至交阯元距之諸將將戰璜疑斷牆內有伏兵列長戟於其後兵纔接元僞退璜追之伏兵果出長戟逆之大破元等以前所得寶船上錦物數千匹遺扶嚴賊帥梁奇奇將萬餘人助璜元有勇將解系同在城內璜誘其弟象使爲書與系又使象乘璜軺車鼓吹導從而行元等曰象尙若此系必有去志乃就殺之珝璜遂陷交阯吳因用璜爲交州刺史璜子威威弟淑子綏後並爲交州自基至綏四世爲交州者五人一清案遣察戰調孔雀乃孫休非晧也傳誤又晉書解系傳系字少連濟南著人此別是一人非董元所殺者又寰宇記卷一百七十一引交州記云陶璜築城於土穴中得一物白色形如蠶蛹無頭長數丈大十圍蝡蝡動割腹肉如豬脂遂以爲膳香美璜啖一杯於是三軍皆食焉潘眉曰禽殺晉守將謂殺毛炅禽楊稷孟幹爨能李松等也弼按孟幹逃返洛陽潘說誤

九眞日南皆還屬九眞日南均見魏志陳留王紀咸熙元年趙一清曰寰宇記一百七十一驩州秦屬象郡漢屬九眞郡吳置九德郡治九德縣宋州郡志九德太守故屬九眞吳分立領縣有陽城九德越常皆吳立日南太守秦象郡漢帝更名吳省晉太康三年復置一清案傳中明有日南郡之名似吳未嘗廢省也蓋以屬國都尉領之不別置太守爾水經温水注晉太康三年省日南郡屬國都尉以其所統盧容縣置日南郡及象林縣之故治宋書百官志郡守秦官漢末三國多以諸部都尉爲郡可知日南省置之義矣王先謙曰洪亮吉云沈志日南太守吳省晉太康三年復置按孫晧傳建衡三年虞汜陶璜破交趾九眞日南還屬華覈傳云日南孤危魏少帝紀九眞日南郡聞呂興去逆效順晉志吳黃武五年以交趾日南九眞合浦四郡爲交州則吳時有日南郡沈志云吳省蓋誤案温水注由門浦至古戰灣吳赤烏十一年魏正始九年交州與林邑于灣大戰初失區粟也區粟卽日南郡城據此似吳時失此郡水經注與沈志合吳志所云日南疑虛領其土耳

漢晉春秋曰初霍弋遣楊稷毛炅等戍與之誓曰若賊圍城未百日而降者家屬誅若過百日而城沒者刺史受其罪稷等日未滿而糧盡乞降於璜璜不許而給糧使守吳人並諫璜曰霍弋已死無能來者可須其糧盡然後乃受使彼來無罪而我取有義內訓吾民外懷隣國不亦可乎稷炅糧盡救不至乃納之通鑑考異曰漢晉春秋所云如是華陽國志則云稷等破被囚稷歐血死炅罵賊死二者相戾不可得合而晉陶璜傳乘載之按孫晧猜暴恐璜不敢以糧資敵今從華陽國志華陽國志曰稷犍爲人馮本犍作揵誤犍爲見蜀志劉焉傳炅建寧人馮本建作揵誤建寧見蜀志後主傳建興三年稷等城中食盡死亡者半將軍王約反降吳人得入城獲稷炅皆囚之孫晧使送稷下都稷至合浦歐血死晉追贈交州刺史初毛炅與吳軍戰殺前部督修則陶璜等以炅壯勇欲赦之而則子允固求殺炅炅亦不爲璜等屈璜等怒面縛炅詰之曰晉兵賊趙一清曰兵字衍弼按陶璜傳無兵字炅厲聲曰吳狗何等爲賊吳人生剖其腹允割其心肝罵曰庸復作賊炅猶罵不止曰尙欲斬汝孫晧汝父何死狗也乃斬之晉武帝聞而哀矜卽詔使炅長子襲爵餘三子皆關內侯此與漢晉春秋所說不同今本華陽國志所載與此少異茲錄於下泰始七年春吳王孫晧遣大都督薛珝交州刺史陶

璜帥二十萬軍輿扶嚴惡夷合十萬伐交阯稷遣吳及將軍建寧孟岳等禦之戰于封溪衆寡不敵吳等敗績僅以身還交阯圍城自守破敗之後衆才千人并新附可有四千男女萬餘口陶璜圍之杜塞蹊徑救援不至雖斑糧約食猶不供繼至秋七月城中食盡病餓死者大半交阯人廣野將軍王約反應陶璜以梯援外吳人遂得入城得稷等皆囚之卽斬稷長史張登將軍孟通及吳并交阯人邵暉等二千餘人受晧詔傳稷秣陵故梏稷及孟幹爨熊李松四人於吳通四遠消息稷至合浦發病歐血死傳首秣陵棄其屍喪於海幹松熊至吳將加斬刑或說晧宥覓幹等可以勸邊將晧原之欲徙付臨海郡初稷等私誓不能死節困辱虜手若蒙未死必當思求北歸稷既路死幹等恐北路轉遠以吳人愛蜀側竹弓弩言能作之晧轉付部爲弓工九年幹自吳逃返洛陽松熊爲晧所殺初晉武帝以稷爲交州刺史大封半道稷城陷或傳降故不錄幹至表狀乃追贈交州刺史封松熊後嗣侯焉吳士鑑曰陶璜傳云稷等糧盡救兵不至乃納之是降於吳也故華陽國志言將軍王約反降吳人得入城稷吳既降脩則之子允欲復父讎乃剖割吳之腹心既久斬之追送稷等至合浦吳已前死此事前後甚明裴注謂華陽國志與漢晉春秋所說不同殆未深攷何焯曰華陽國志欲見蜀士之多耳當從習氏趙一清曰脩則又有子曰湛晉新昌太守迎之主交州事陶侃誘湛詣交州刺史王諒爲諒所殺見晉書忠義傳弼按修允爲合浦桂林太守見後天紀三年

大赦分交阯爲新昌郡 晉書地理志交州新昌郡吳置統縣六治麊泠郡國志交阯郡麊泠惠棟曰麊說文作䴢從米尼聲小顏

音樂零王先謙曰吳改屬新昌郡謝鍾英曰薛綜傳稱交阯麊泠時未置新昌故云郡代鈞曰今越南太原道境洪志吳表從通典謂吳置新興郡非也**諸將破扶嚴** 潘眉曰時梁奇爲扶嚴賊帥見陶璜傳**置武平郡** 晉書地理志交州武平郡吳置統縣七治武寧洪亮吉曰武寧沈志吳立通典安南府屬有武平注舊縣疑當時復有武平縣或晉省也謝鍾英曰輿地廣記武平縣本東漢封溪縣地吳置武寧縣及立武平郡晉以後因之鍾英按武寧係武平之譌晉志武平郡武寧輿地廣記吳置武寧縣並當作平作寧者傳寫之誤今地缺吳增僅曰晉志交阯武平二郡各有武寧縣二郡界連未應無別沈志云武寧吳立何志武帝立太康地志無此縣而交阯有輿地廣記吳立武寧縣及武平郡以是參考疑吳初立武寧屬交阯後又移屬武平也洪志疑誤據楊守敬曰沈志武寧屬九眞不屬武平據其言則晉時交阯郡有武寧武平郡無武寧此晉志之誤不用調停輿地廣記卽本晉志不足據弼按晉志交阯武平二郡宋志交阯九眞二郡俱有武寧必有一誤謝吳楊所疑皆是晉書陶璜傳孫晧以璜爲使持節都督交州諸軍事前將軍交州牧武平九德新昌土地阻險夷獠勁悍歷世不賓璜征討開置三郡及九眞屬國三十餘縣據璜傳所云其開置南服之功謀略遠著吳增僅歷舉璜所置三十餘縣文繁不備錄**以武昌督范愼爲太尉** 范愼事見孫登傳及注引吳錄吳錄作武昌左部督吳於瀕江要地皆置都督**右大司馬丁奉司空孟仁卒** 通鑑九月吳司空孟仁卒十二月右將軍司馬丁奉卒胡三省曰據丁奉傳當書右大司馬左軍師

吳錄曰仁字恭武江夏人也 江夏見魏志文聘傳 **本名宗避晧字易焉** 錢大昭曰古者避名不避字晧字元宗似無可避然吳錄載休詔云今造此名字既不相配又字但一庶易棄避則孫吳時似有避字之說矣 **少從南陽李肅學** 李肅事見步隲傳及注引吳書 **其母爲作厚褥大被** 馮本褥作縟 **或問其故母曰小兒無德致客學者多貧故爲廣被庶可得與氣類接也其讀書夙夜不懈肅奇之曰卿宰相器也初爲驃騎將軍朱據軍吏將母在營既不得志又夜雨屋漏因起涕泣以謝其母母曰但當勉之何足泣也據亦稍知之除爲鹽池司馬** 馮本鹽作監趙一清曰作監是也孟宗時爲雷池監司馬方輿紀要卷二十六雷池在南直安慶府望江縣東三十里源出宿松縣界東流二百餘里經縣東南積而爲池又東十五里入江亦曰雷港亦曰雷江口亦曰大雷江 **自能結網手以捕魚作鮓寄母母因以還之曰汝爲魚官而以鮓寄我非避嫌也遷吳令時皆不得將家之官每得時物來以寄母常不先食及聞母亡犯禁委官語在權傳特爲減死一等復使爲官蓋優之也** 趙一清曰世說注引孟嘉別傳曰宗葬武昌子孫家焉御覽卷四百十三引孟宗別傳曰宗事母至孝母亦能訓之以禮宗初爲雷池監

奉魚於母母還其所寄遂絕不復食魚後宗典和糴穀乃表陳曰臣昔爲雷池監母三年不食魚臣若典糴穀臣母不可以三年不食米臣敢以死守之又卷二百六十二引宗別傳曰宗爲豫章太守人思其惠路有行歌故時人生子以孟爲名又卷二百二十九引別傳曰宗爲光祿勳大會宗先少飲酒後有彊之飲者一杯便吐傳詔司察宗吐麥飯察者以聞詔問麥飯意答言臣家足有米麥飯愚臣所安是以食之上乃歎息曰至德清純如此 **楚國先賢傳曰宗母嗜筍冬節將至時筍尚未生宗入竹林哀歎而筍爲之出得以供母皆以爲至孝之所致感累遷光祿勳遂至公矣** 趙一清曰寰宇記卷一百二十五孟宗宅在舒州望江縣北一里卽哭竹生筍之處方輿紀要卷九十一嘉興府東南有孟宗堰蓋宗爲吳令時所築也

西苑言鳳皇集改明年元

鳳皇元年秋八月徵西陵督步闡闡不應據城降晉 夷陵吳改曰西陵屬宜都郡見魏志文紀黃初三年本志步闡傳鳳皇元年召闡爲繞帳督闡累世在西陵卒被徵命自以失職又懼有讒禍於是據城降晉水經江水注江水出峽東南流逕故城洲洲附北岸洲頭曰郭洲長二里廣一里上有步闡故城方圓稱洲周迴略滿故城洲上城周五里吳西陵督步隲所築也孫晧鳳皇元年隲息闡復爲西陵督據此城降晉晉

遣太傅羊祜接援未至爲陸抗所陷也江水又東逕故城北所謂陸抗城也城卽山爲墉四面天險遣樂鄉都督陸抗圍取闡陸抗傳建衡二年拜抗都督信陵西陵夷道樂鄉公安諸軍事治樂鄉水經江水注江水又逕南平郡孱陵縣之樂鄉城北吳陸抗所築後王濬攻之獲吳水軍督陸景於此渚也江水又東右合油口又東逕公安縣北晉書杜預傳太康元年杜預遣奇兵八百夜渡襲樂鄉多張旗幟起火巴山吳樂鄉督孫歆與江陵督任延書曰北來諸軍乃飛渡江也宋白曰樂鄉者春秋鄀國之地其城陸抗所築在松滋縣界胡三省曰樂鄉城在松滋縣東樂鄉城北江中有沙磧對岸踏淺可渡江津要害之地也方輿紀要樂鄉城今松滋縣東七十里三國吳所築朱然嘗鎭此陸抗改築屯兵於此弼按春秋鄀國地兩漢爲南郡鄀縣（前漢作若）在今湖北襄陽府宜城縣東南宋白指爲樂鄉殆因括地志故鄀城在樂鄉東北元和志春秋鄀國城在樂鄉縣北而誤此唐之樂鄉縣非三國吳之樂鄉也趙一淸引方輿紀要云樂鄉在荆門州北者其誤亦同闡衆悉降抗破闡事詳見抗傳闡及同計數十人馮本計作討誤皆夷三族陸抗之克步闡晧意張大乃使尙廣筮幷天下見本傳末注引干寶晉紀大赦是歲右丞相萬彧被譴憂死潘眉曰自鳳皇二年至天紀二年不書何人爲丞相攷吳禪國山碑有丞相沈時在天璽元年然則鳳皇後天紀前有名沈者爲丞相史闕不書碑又不詳其姓不可攷矣又按眞誥注引許長史世譜云吳丞相許晏字孝然長史四世族祖也攷許晏仕吳官至執金吾未爲丞相嘉禾二年使遼東爲公孫淵所斬時則顧雍方爲丞相也徙其子

弟於廬陵廬陵見孫策傳

江表傳曰初晧游華里華里見上年彧與丁奉留平密謀曰此行不急若至華里不歸社稷事重不得不自還趙一淸曰陸凱傳注引吳錄言平與奉有隙故所謀不行江表傳之言未得爲實弼按據吳錄所云爲寶鼎元年孫晧謁廟時事據江表傳所云爲建衡三年孫晧游華里時事前爲陸凱主謀後爲萬彧主謀與謀者皆爲丁奉留平通鑑考異謂陸凱藎忠執義必不爲此事況晧殘酷猜忌留平庸人若聞凱謀必不能不泄殆虛語耳云云其說誠爲近理惟徙陸凱家於建安徙萬彧子弟於廬陵其事相同或爲一再密謀之因趙說似指爲一事誤又按留平諫殺王蕃實非庸人通鑑考異似失之此語頗泄晧聞知以彧等舊臣且以計忍而陰銜之後因會以毒酒飲彧傳酒人私減之又飲留平平覺之服他藥以解得不死彧自殺平憂懣懣音悶又音滿月餘亦死沈家本曰獨不及丁奉者蓋奉已先卒奉傳建衡三年或有毀之者晧追以前出軍事徙奉家於臨川傳不言所毀何語殆卽華里之謀歟

何定奸穢發聞胡三省曰聞音問伏誅晧以其惡似張布追改定名爲布

江表傳曰定汝南人本孫權給使也後出補吏定佞邪僭媚自表先帝舊人求還內侍晧以爲樓下都尉洪飴孫曰樓下都尉一人吳置典知酤糴事專爲威福而晧信任委以衆事定爲子求少府李勖女不許定挾忿譖勖於晧晧尺口誅之焚其尸殺李勖事見前建衡二年定又使諸將各上好犬通鑑好作御皆千里遠求一犬至直數千匹通鑑直下有錢字御犬率具纓通鑑纓下有紲字胡注紲私列翻係也直錢一萬一犬一兵養以捕兔供廚所獲無幾吳人皆歸罪於定而晧以爲忠勤賜爵列侯陸凱面責何定見凱傳賀邵上疏言何定恃寵放恣見邵傳吳歷曰中書郎奚熙譖宛陵令賀惠丹陽郡治宛陵見孫策傳惠邵弟也邵有傳遣使者徐粲訊治熙又譖粲顧護不卽決斷晧遣使就宛陵斬粲收惠付獄會赦得免趙一淸曰此注當在三年殺奚熙下錯簡於此弼按三年奚熙爲臨海太守吳歷云爲中書郎其事或在是年非錯簡也熙事又見孫和何姬傳注引江表傳

二年春三月以陸抗爲大司馬司徒丁固卒趙一淸曰世說注引會稽後賢記丁潭字世康山陰人吳司徒固會孫沈婉有雅望少與孔愉齊名仕至光祿大夫晉陽秋曰孔敬康丁世康張偉康俱著名時謂會稽三康寰宇記卷九十四丁固墓在湖州武康縣東十五里

秋九月趙一淸曰晉書武帝紀太始九年七月吳將魯淑圍弋陽征虜將軍王渾擊敗之王渾傳曰渾假節領豫州刺史吳將薛瑩魯淑衆號十萬淑向弋陽瑩向新息時州兵並放休息衆裁一旅浮淮潛濟出其不意擊破之改封淮陽爲魯東平爲齊又封陳留章陵等九王凡十一王胡三省曰十一王史逸其名王給三千兵大赦晧愛妾或使人至市劫奪百姓財物司市中郎將陳聲洪飴孫曰司市中郎將一人吳置素晧幸臣也恃晧寵遇繩之以法妾以愬晧胡三省曰愬與訴同晧大怒假他事燒鋸斷聲頭投其身於四望之下胡三省曰據晉書溫嶠傳嶠討蘇峻於石頭結壘於四望磯又據南史石頭有四望山蓋山下有磯也趙一淸曰寰宇記卷九十四望山在昇州上元縣西北十五里高十七丈可望四方以爲名梁章鉅曰四望山名元和志四望山在上元縣西北八里是歲太尉范愼卒

三年會稽妖言章安侯奮當爲天子太平三年封故齊王奮爲章安侯見孫亮傳章安見孫權傳黃武四年奮

孫權第五子臨海太守奚熙臨海郡治章安見孫權傳太元元年與會稽太守郭誕書非論國政誕但白熙書不白妖言送付建安作船建安見孫權傳赤烏二年宋白曰吳分侯官之地立建安縣又立曲郍都尉主謫徒之人作舟船趙一清曰宋書州郡志晉安太守晉武帝分建安立領縣有原豐令太康三年省建安典船校尉立溫麻令太康四年以溫麻船屯立又永嘉太守領縣有橫陽令太康四年以橫藇船屯爲始陽後更名此又一作船處也方輿紀要卷九十四作橫嶴與嶼字同會稽邵氏家傳曰沈家本曰隋志不著錄二唐志十卷不題會稽亦無撰人書鈔設官部御覽職官部人事部文部方術部火部並引邵氏家傳邵疇字溫伯時爲誕功曹誕被收惶遽無以自明疇進曰疇今自在疇之事明府何憂遂詣吏自列云胡三省曰自列猶自陳也不白妖言事由於已非府君罪吏上疇辭晧怒猶盛疇慮誕卒不免遂自殺以證之臨亡置辭曰疇生長邊陲不閑教道得以門資廁身本郡蹤越儕類位極朝右胡三省曰郡功曹位居郡曹之右不能贊揚盛化養之以福今妖訛橫興干國亂紀疇以噂嗒之語胡三省曰噂祖本翻嗒遂合翻噂嗒聚語也本非事實雖家誦人詠不足有慮天

下重器而匹夫橫議疾其醜聲不忍聞見欲含垢藏疾左傳曰川澤納汙山藪藏疾國君含垢不彰之翰筆通鑑筆作墨鎮躁歸靜使之自息愚心勤勤每執斯旨故誕屈其所是默以見從胡三省曰謂誕從疇之說默而不白妖言也此之爲愆實由於疇謹不敢逃死歸罪有司唯乞天鑒特垂淸察吏收疇喪監本吏作更誤得辭以聞晧乃免誕大刑送付建安作船疇亡時年四十晧嘉疇節義詔郡縣圖形廟堂

遣三郡督何植收熙胡三省曰江表傳作備海督蓋督臨海建安會稽三郡也熙發兵自衞通鑑衞作守斷絕海道熙部曲殺熙送首建業夷三族孫奮傳誅奮及其五子國除孫和何姬傳注引江表傳云晧舅子何都顏狀似晧云都代立臨海太守奚熙信譌言舉兵欲還誅都都叔父信時爲備海督擊殺熙夷三族云云案江表傳所云奚熙舉兵事與此互異彼作何信此作何植亦異錢大昕曰孫奮被誅并及其五子當書於晧傳秋七月趙一清曰晉書武帝紀泰始十年秋七月壬午吳平虜將軍孟泰偏將軍王嗣等率衆降九月癸亥以大將軍陳騫爲太尉攻拔吳枳里城獲吳立信校尉莊祐吳將孫遵李承帥衆寇江夏太守稽喜擊破之十二月吳威北將軍嚴聰揚威將軍嚴整偏將軍朱買來降一清案朱買下史落臣字弼按朱買臣爲漢人朱買爲吳人趙說誤遣使者二十五人分至州郡科出亡叛大司馬陸抗卒自改年及是歲鳳皇元年至三年連大疫分鬱林爲桂林郡鬱林見孫權傳赤烏二年宋書州郡志桂林太守本縣名屬鬱林吳孫晧鳳皇三年分鬱林治武熙武熙令本曰武安應是吳立晉武帝太康元年更名晉志桂林郡治潭中洪亮吉曰蓋平吳後移治潭中一統志武安故城今廣西柳州府象州境

天册元年陳本提行各本均未提行誤沈家本曰鳳皇三年甲午天册元年乙未梁章鉅謂鳳皇三年卽天册元年亦誤弼按天册元年卽晉武帝咸寧元年吳郡言掘地得銀長一尺廣三分刻上有年月字於是大赦改年晉書武帝紀咸寧元年六月吳人寇江夏

天璽元年吳郡言臨平湖臨平湖見孫權傳赤烏十二年注引吳錄自漢末草穢壅塞今更開通長老相傳此湖塞天下亂此湖開天下平趙一清曰晉書藝術傳陳訓字道元歷陽人少好祕學孫晧以爲奉禁都尉使其占候晧政嚴酷訓知其必敗而不敢言時錢唐湖開或言天下當太平靑蓋入洛陽晧以問訓訓曰臣止能望氣不能達湖之開塞退

而告其友曰靑蓋入洛將有輿櫬銜璧之事非吉祥也尋而吳亡訓隨例內徙拜諫議大夫一淸案續漢志輿服志曰皇太子皇子皆安車朱班輪靑蓋金華蚤黑櫨文畫轓文輈金塗五末皇子爲王錫以乘之故曰王靑蓋車吳旣建號爲帝而有靑蓋入洛之謠非降黜而何又於湖邊得石函中有小石潘眉曰按禪國山碑云旃蒙協洽之歲受上天玉璽文曰吳眞皇帝乃以柔兆涒灘之歲紀號天璽用彰明命是得璽在天璽前一年今書得函在本年者非靑白色長四寸廣二寸餘刻上作皇帝字於是改年大赦會稽太守車浚胡三省曰車姓出於田千秋車昌遯翻趙一淸曰劉氏小說云陸遜聞車浚令名請與相見謂曰早欽風彩何乃龍蟠鳳峙不肯降顧邪答曰誠知公侯敎公旦之博納同尼父之善誘然蜥蜴不能假重雲以升舉鷃雀不能從激風以飛揚是以無因爾時坐上賓客多是吳人皆相顧謂曰武陵蠻夷郡乃有此彥人也浚曰吳太伯端委之化以改被髮文身之俗今乃上挺聖主下生賢佐亦何常之有遜歎曰國其昌也乃有斯人湘東太守張詠湘東郡見孫亮傳太平二年不出算緡就在所斬之徇首諸郡江表傳曰浚在公淸忠値郡荒旱民無資糧表求振貸晧謂浚欲樹私恩遣人梟首又尙書熊睦胡三省曰黃帝有熊氏姓譜楚鬻熊之後此以名爲氏者也見晧酷虐微有所諫晧使人以刀環撞殺

之身無完肌胡三省曰史詳言吳主之昏虐撞直江翻

秋八月京下督孫楷降晉楷事見孫韶傳晉書武帝紀楷降在六月胡三省曰京下督鎭京口楷孫韶之子鄱陽言歷陽山石文理成字凡二十云楚九州渚吳九州都揚州士作天子四世治太平始鄱陽見孫權傳建安八年歷陽見孫策傳胡三省曰晉志鄱陽郡無歷陽縣有歷陽縣當作陵今饒州圖經亦載鄱陽歷陵縣有石印山趙一淸曰方輿紀要卷八十五鄱陽山在饒州府西北百十五里鄱陽湖中初名力士山又名石印山三國志孫晧天璽元年鄱陽歷陵有山石文理成字卽鄱陽山也歷陵今九江府德安縣孫吳時山蓋當二縣之閒一淸案陽字以寰宇記校當作陵歷陽今和州也不屬鄱陽士卽土字古通梁章鉅曰輿地紀勝云歷陽山在和州西北四十里卽孫晧所祭之石印山案沈志晉武帝太康元年復立歷陽是吳魏時爲戰爭之地其縣已廢亦不爲吳有且亦不屬鄱陽沈欽韓曰歷陵今九江府德安縣陽字蓋陵字之誤謝鍾英曰寰宇記石印山在鄱陽縣北沈家本曰按文歷陽乃歷陵之誤歷陵縣兩漢並屬豫章（兩漢志）建安十五年孫權分豫章立鄱陽郡（吳主傳）故歷陵屬鄱陽晉志歷陵屬鄱陽郡此其確證也梁氏以和州歷陽山當之故妄自生疑而不得其實弼按呂範傳亦誤以歷陵爲歷陽其誤與此同吳增僅有說詳見呂範傳

江表傳曰歷陽縣有石山臨水沈欽韓曰石下當脫印字潘眉曰石山當作歷山下云祭歷山是也弼按沈說是潘說非高百丈其三十丈所有七穿駢羅官本攷證曰宋本七作土穿中色黃赤不與本體相似俗相傳謂之石印又云石印發封天下當太平下有祠屋巫祝言石印神有三郎時歷陽長表上言石印發晧遣使以太牢祭歷山沈欽韓曰歷下脫陵字巫言石印三郎說或曰石印三郎與羅陽王表可謂祖武孫繩弼按羅陽王表見孫權傳太元元年天下方太平使者作高梯上看印文詐以朱書石作二十字還以啓晧晧大喜曰吳當爲九州作都渚乎官本攷證曰宋本無爲字從大皇帝逮孤四世矣太平之主非孤復誰重遣使以印綬拜三郎爲王又刻石立銘褒贊靈德以答休祥

又吳興陽羨山有空石吳興見孫堅傳陽羨見孫權傳卷首長十餘丈名曰石室在所表爲大瑞馮本大作人乃遣兼司徒董朝兼太常周處至陽羨縣封禪國山國山見孫權傳陽羨注又見孫亮傳五鳳二年明年改元大赦以協石文集古錄曰吳國山碑孫晧天册元年（弼按當作天璽元年）禪於國山改元天璽（弼按當作改元天紀）因紀其所獲瑞物刊石於山陰是歲晉咸寧元年（弼按當作二年）後五年晉遂滅吳矣（弼按當作後四年）金石錄曰國山碑敍孫晧卽位以後郡國祥瑞凡千餘言雲麓漫鈔曰國山封禪碑土人目爲囤碑以其石圓八出如米廩云字畫奇古歲久多磨滅訪得舊刻以今文寫之碑中大概言符瑞初無可取姑備錄之以見晧之亡有自矣盧熊跋曰按碑云旃蒙協洽之歲月次陬訾日惟重光大淵獻遂受玉璽文曰吳眞皇帝乃天册元年乙未正月辛亥又云柔兆涒灘之歲月正革元郊天祭地紀號天璽先行禪禮紀勒天命則歲丙申矣太尉璆卽宏璆曲阿人祖咨孫權外甥璆官至中書令太子少傅大司空朝史稱兼司徒董朝國史瑩覈卽光祿勳薛瑩東觀令華覈熊參攷傳記蓋以吳郡掘銀而改天册海鹽玉璽有文曰吳眞皇帝而改天璽歷陽山石文字而改天紀碑云湖澤開通卽臨平湖開之事石室山石開發卽海鹽陽羨之事當時海鹽亦屬吳郡舊有六里山石篆刻其略曰旃蒙協洽之歲得玉璽文曰吳眞皇帝與此碑合疑陳壽所書石函小石刻皇帝字誤合臨平湖開之文史云於歷陽刻銘今世亦不見有此文字如嚴山神讖海鹽玉璽國山刻文史家不能備載此文歐趙二家皆有著論矣其字畫形勢絶與神讖相似第石質堅頑土人就其上鐫刻故行款廣狹長短微有不同宋黃伯思謂皇象書字勢雄偉殊不審皇象在孫權時與嚴範鄭姥等號八絶則神讖碑亦蘇建無疑也東漢碑碣多尚隸書獨此二篆有周秦遺意神讖險勁峻拔國山純古秀茂可與崔子玉書張平子碑相頡頏若永建麟鳳贊魏石經中篆文弗足論也兩漢金石記曰是碑侈陳符瑞詞多誣誕卽後人或取以考核史志前後年月究無確據皆無關於著錄之大者惟篆勢遒勁爲三國

孫吳時之蹟是爲古物可翫耳是碑玉皆書作王一皆書作弌四或作亖七皆作桼皆古體之僅存者桼字則洪氏嘗說之矣廿卅字則古本左傳已然惟筵字篆勢不甚可解而又極分明姑從諸家錄作筵耳吳騫國山碑考曰碑形微圓而橢東西二面廣南北狹四之一字徑二寸文起東北而南而西訖于西北凡千餘言碑首上銳而微窪石色紺碧風雨剝蝕東與北二面文字尤多漫滅南面下方石碎脫去十餘字而西面上截泐紋尤深更歷歲月當折一角矣按吳志所紀合之碑文頗多疑義志於臨平湖得函改元大赦下歷陽山石成字又云改元大赦兩言改元蓋上所云乃改本年爲天璽元年下所云明年改元則改次年爲天紀元年也據碑旃蒙協洽乙未之歲得玉璽文曰吳眞□帝以柔兆涒灘之歲改元天璽是以海鹽六里山得石璽在天册元年而改次年爲天璽元年非因臨平石函而改本年爲天璽元年臨平湖事碑中故有之第言湖澤闓通却未因之以改年也兼司徒董朝碑作大司空兼太常五字疑亦羨文蓋當日實祇遣董朝一人至陽羨封禪國山觀碑後列諸臣名而處獨不預可見處素剛正必不藉此以阿其主既見泛舟錄毘陵志等所說多同其諸家辨說中盧公武跋攷覈較詳第謂此碑字畫絶與神讖相似則仍踵長睿之論所不解也至若碑所列諸臣名自宏璆至華覈諸人外如執金吾脩當卽滕循循與脩古通故三國志晧傳作滕循而呂岱傳注及晉書並作滕脩隸釋謂二字止爭一畫恐非餘若丞相沈大司徒燮城門校尉歆尙書直晃昌俱未見於國志惟晉書杜預傳有吳都督孫歆甘卓傳父昌吳太子太傅此城門校尉歆尙書昌豈卽其人乎俟更考之王昶曰神讖國山刻碑之事不載吳志惟裴松之注於孫晧傳歷陽山石文理成字之下採江表傳有刻石立銘語其碑今已不見甚矣金石之與史相

表裏也然續漢志祭祀志注引陽羨封禪碑云神魚吐書白鯉騰船者二靈絜神竇彌被原野者三梁書許懋傳亦論及國山封禪事則唐以前此碑甚顯而陳志裴注皆遺之何哉志紀當時符瑞止吳郡得銀臨平湖得石函歷陽山石諸異而碑中所敘者至一千二百八十有一蓋晧淫酗殘虐大命將墜天出反常者以戒之而侈然自喜妄意爲太平之兆于是羣臣百姓造作奇詭爭相獻媚以至繁夥不可勝數理必然矣國山距宜興西南五十里此碑實在其上太平寰宇記述陳暄記云土人相傳碣下埋金函玉璧銀龍銅馬之屬晧疑有王氣故以此物鎭之俗呼爲董山以董朝所封故耳吳志稱封禪之役朝與周處奉使宋周必大史能之諸人並以碑無處名斷史之誤近海鹽吳君騫著國山碑攷因謂處素剛正必不藉此阿主且謂史有羨文誤矣覩少時嘗至碑所審其方位前十四行文爲碑起處卽周所謂碑字東面剝裂模糊者也今拓文前半雖多缺蝕而雲麓漫鈔載丞相沇下有兼太常處奉迎之文則處名自見前幅後不再署者或緣事中返或未與議禮因而從略不得于此致疑也趙一清曰此卽孫亮傳之離里山大石也太平寰宇記卷九十二國山在常州宜興縣西南五十里輿地志云本名離里山山有九峯相連亦名九斗山亦名升山吳五鳳二年其山墮大石自立高九尺三寸大十三圍三寸歸命侯又封禪爲中岳改名國山改元以叶石文石今見存王鳴盛曰吳禪國山碑見趙氏金石錄其文久漫滅趙跋約舉其文僅百許字吳搢金石存云此碑篆書甚巨今存者止二十行行九字而皆不可辨識惟趙彥衛雲麓漫鈔載之頗詳約八九百字前歷言諸祥瑞後云旃蒙協洽之歲月次陬訾之舍日惟重光大淵獻受上天玉璽文曰吳眞皇帝乃以柔兆涒灘之歲欽若上天月正革元郊天祭地紀號天璽實彰明命于是丞相

沇太尉璆大司徒燮大司空朝執金吾脩城門校尉歆屯騎校尉悌尚書令忠尚書昬直晃昌國史瑩等僉以爲衆瑞畢至宜行禪禮遂于吳興國山之陰告祭刊石云云考旃蒙協洽爲乙未陬訾之舍爲亥月據碑則得石文本是天册元年十月事是年歲在乙未故于明年改元天璽柔兆涒灘是丙申月正革元是正月也其年八月行禪禮故明年改元天紀也大司空朝卽兼司徒董朝而碑無周處晉書處傳言處仕吳爲東觀左丞孫晧末爲無難督則是武臣而此乃云兼太常蓋其所兼之虛銜耳潘眉曰碑稱大司空董朝考建衡三年司空孟仁卒朝當以是年爲司空鳳凰二年司徒丁固卒朝當以司空兼司徒故碑稱大司空而史稱兼司徒也

天紀元年 晉咸寧三年 **夏夏口督孫慎出江夏汝南燒略居民** 孫慎事見孫桓傳注引吳書晉書武帝紀是年夏五月吳將邵凱夏祥帥衆七千餘人來降十二月吳將孫慎入江夏汝南略千餘家而去通鑑同胡注江夏郡屬荊州汝南郡屬豫州相去甚遠沈約宋志江夏太守治汝南縣本沙羨地晉末汝南郡民流寓夏口因立爲汝南則此時江夏郡未有汝南縣也無亦史追書乎晉書羊祜傳吳人寇弋陽江夏略戶口詔詰祜不追討之意祜曰江夏去襄陽八百里比知賊問賊去已經多日矣步軍方往安能救之哉 **初騶子張俶** 局本張作孫誤 **多所譖白累遷爲司直中郞將** 洪飴孫曰司直中郞將一人吳置主彈劾非法 **封侯甚見寵愛是歲奸情發聞伏誅**

江表傳曰俶父會稽山陰縣卒也知俶不良上表云若用俶爲司直有罪乞不從坐晧許之俶表立彈曲二十人 宋本立作正通鑑作置 專糾司不法於是愛惡相攻互相謗告彈曲承言收繫囹圄 官本攷證曰監本訛收累今改正 聽訟失理獄以賄成人民窮困無所措手足俶奢淫無厭取小妻三十餘人 宋本三十作二十小妻解見魏志文德郭后傳 擅殺無辜衆奸並發父子俱見車裂

二年秋七月立成紀宣威等十一王王給三千兵大赦 晉書武帝紀咸寧四年十一月吳昭武將軍劉翻厲武將軍祖始來降通鑑吳人大佃皖城欲謀入寇都督揚州諸軍事王渾遣揚州刺史應綽攻破之斬首五千級焚其積穀百八十餘萬斛踐稻田四千餘頃毀船六百餘艘是年羊祜以病求入朝面陳伐吳之計祜疾篤舉杜預自代祜卒預至鎭襲吳西陵督張政大破之

三年夏郭馬反馬本合浦太守修允部曲督 合浦郡見魏志陳留王紀咸熙元年修允事見前建衡三年注部曲督見魏志明紀太和二年 **允轉桂林太守** 桂林郡見前鳳皇三年 **疾病住廣州** 廣州見孫休傳永安

七年 **先遣馬將五百兵至郡安撫諸夷允死兵當分給馬等累世舊軍不樂離別晧時又科實廣州戶口** 通鑑科作料 **馬與部曲將何典王族吳述殷興等因此恐動兵民合聚人衆攻殺廣州督虞授** 吳於要地置督 **馬自號都督交廣二州諸軍事安南將軍興廣州刺史述南海太守典攻蒼梧族攻始興** 郡國志南海郡治番禺一統志故城今廣州府南海縣治互見蜀志劉焉傳交阯牧蒼梧見魏志陶謙傳始興見前甘露元年王蕃家屬蕃二弟不爲馬用見害見蕃傳

漢晉春秋曰先是吳有說讖者曰 監本先作下誤 吳之敗兵起南裔亡吳者公孫也 監本官本亡作世誤 晧聞之文武職位至于卒伍有姓公孫者皆徙於廣州不令停江邊及聞馬反大懼曰此天亡也

八月以軍師張悌爲丞相牛渚都督何植爲司徒 牛渚見孫策傳 **執金吾滕**

循爲司空 趙一清曰循當作脩晉書列傳滕脩字顯先南陽西鄂人仕吳爲將帥封西鄂侯孫晧時代熊睦爲廣州刺史甚有威惠徵爲執金吾廣州部曲督郭馬等爲亂晧以脩爲嶺表所伏以爲使持節都督廣州軍事鎭南將軍廣州牧以討之未尅而王師伐吳脩率衆赴難至巴丘而晧已降乃縞素流涕而還與廣州刺史閭豐蒼梧太守王毅各送印綬詔以脩爲安南將軍廣州牧持節都督如故封武當侯加鼓吹委以南方事在南積年爲邊夷所附太康九年卒諡曰聲子竝上表訴賜諡曰忠吳士鑑曰呂岱傳注引王隱交廣記作滕脩禕國山碑亦作滕循脩與循字形相近易譌如後漢書袁紹傳吳循魏志袁紹傳作吳脩魏志三少帝紀注引魏書蜀志張嶷傳皆有郭脩而費禕傳作郭循皆是譌按通鑑作滕脩 未拜轉鎭南將軍假節領廣州牧率萬人從東道討馬興族 局本興作與誤 遇於始興未得前馬殺南海太守劉略 趙一清曰劉略卽留贊子見前孫亮傳五鳳二年留略爲東海太守趙氏謂東海應作南海是也留贊二子略平竝爲大將見孫峻傳注引吳書留平事見前鳳皇元年注引江表傳又見王蕃傳然俱不云留略爲太守也略名雖同而姓則異趙氏謂劉略卽留贊子似不能無疑又案晉書武帝紀太康元年殺吳西陵都督留憲杜預傳作劉憲王濬傳作留憲當時留劉頗易相混廣韻十八尤云留亦姓出會稽本自衞大夫留封人之後後漢末避地會稽遂居東陽爲郡豪族據此則留贊爲會稽人自以作留爲是 逐廣州刺史徐旗晧又遣徐陵督陶濬將七千人 徐陵見孫權傳黃武元年 從西道命交州牧陶璜部伍所領及合浦鬱林諸郡兵 鬱林見孫權傳赤烏二年 當與東西軍共擊馬有鬼目菜生工人黃耇家依緣棗樹長丈餘莖廣四寸厚三分又有買菜生工人吳平家高四尺厚三分如枇杷形上廣尺八寸下莖廣五寸兩邊生葉 馮本葉作菜誤 綠色 晉宋五行志黃耇作黃狗引干寶說曰黃狗者吳以土運承漢故初有黃龍之瑞及其季年而有鬼目之妖託黃狗之家黃稱不改而貴賤大殊天道精微之應也潘眉曰干寶以黃狗對黃龍故曰貴賤大殊又曰鬼目見爾雅郭璞云子如耳璫赤色叢生神農本草謂之羊蹄陶隱居云今人呼爲秃菜蓋無長丈餘者蕢菜卽苦蕢菜通藝錄云苦蕢菜八九月生葉皆從根出不生莖亦無高至四尺者今鬼目長丈餘苦蕢長四尺如枇杷形此皆所以爲妖也 東觀案圖 通鑑作東觀案圖書 胡三省曰吳有東觀令觀古玩翫 名鬼目作芝草買菜作平慮草 潘眉曰揚雄甘泉賦注如淳曰幷閭其葉隨時政政平則平政不平則傾顏師古曰如氏所說自是平慮耳今東觀以蕢菜爲平慮亦以生于吳平家因附會爲瑞稱耳然黃狗固土德之衰徵而吳平亦歸命之惡讖也 遂以耇爲侍芝郎平爲平慮郎皆銀印青綬 胡三省曰以漢制言之銀印青綬中二千石服之

冬晉命鎭東大將軍司馬伷向涂中 胡三省曰伷音胄吳主權作堂邑涂唐卽其地弼按堂邑涂塘見孫權傳赤烏十三年伷事見魏志高貴鄉公紀甘露五年注引漢晉春秋晉書琅邪王伷傳伷字子將出爲鎭東大將軍封琅邪王平吳之役率衆數萬出涂中孫晧奉箋送璽綬詣伷請降 安東將軍王渾 渾事見魏志王昶傳及注 揚州刺史周浚 晉書周浚傳浚字開林汝南安成人隨王渾伐吳攻破江西屯戍與孫晧中軍大戰斬偽丞相張悌等首級數千俘馘萬計進軍屯于橫江時聞龍驤將軍王濬既破上方別駕何惲說浚宜速渡江浚使白渾渾曰受詔但令江北抗衡吳軍且令龍驤受我節度惲曰龍驤剋萬里之寇來受節度未之聞也居無何濬至渾召不來孫晧遂降於濬渾深恨之欲與濬爭功浚諫止渾渾不能納 向牛渚 晉武紀作出江西通鑑同胡注今和州橫江渡路 建威將軍王戎 戎事見魏志崔林傳注 向武昌平南將軍胡奮 奮事見魏志鍾會傳注引晉諸公贊晉書奮傳累遷征南將軍 向夏口 夏口見魏志武紀建安十三年 鎭南將軍杜預 預事見魏志杜畿傳及注引杜氏新書晉書本傳作鎭南大將軍 向江陵龍驤將軍王濬 宋書百官志龍驤將軍晉武帝始以王濬居之晉書王濬傳濬字士治弘農湖人家世二千石濬博涉墳典美姿貌恢廓有大志燕國徐邈妻以女參征南軍事遷益州刺史除大司農車騎將軍羊祜雅知濬有奇略密表留濬重拜益州刺史武帝謀伐吳詔濬修舟艦濬乃作大船連舫方百二十步受二千餘人以木爲城起樓櫓開四出門其上皆能馳馬來往又畫鷁首怪獸於船首以懼江神舟楫之盛自古未有尋以謠言拜濬爲龍驤將軍監梁益諸軍事時朝議咸諫伐吳濬上疏曰孫晧荒淫凶逆宜速征伐令晧卒死更立賢主則强敵也臣作船七年日有朽敗臣年已七十死亡無日三者一乖則難圖也帝深納焉梁章鉅曰宋書五行志云孫晧天紀中童謠曰阿童復阿童銜刀游渡江不畏岸上虎但畏水中龍武帝聞之加王濬龍驤將軍及征吳江西衆軍無過者而王濬先定秣陵晉書羊祜傳云祜聞童謠云此必水軍有功但當思應其名者耳濬小字阿童因表留濬監益州諸軍事 廣武將軍唐彬 宋志廣武將軍魏置晉書唐彬傳彬字儒宗魯國鄒人益州東接吳寇監軍位缺朝議用彬監巴東諸軍事加廣武將軍上征吳之策甚合帝意後與王濬共伐吳彬屯據衝要爲衆軍前驅 浮江東下 通鑑作下巴蜀 太尉賈充爲大都督 充事見魏志賈逵傳及注宋志魏明帝太和四年晉宣帝征蜀加號大都督晉書武帝紀以行冠軍將軍楊濟爲副總統衆軍 量宜處要盡軍勢之中 文館詞林六百六十二載晉伐吳詔文繁未錄 陶濬至武昌聞北軍大出停駐不前初晧每宴會羣臣無不咸令沈醉置黃門郎十人特不與酒侍立終日爲司過之吏宴罷之後各奏其闕失迕視之咎謬言之愆罔有不舉大者卽加威刑小者輒以爲罪 通鑑作小者記錄爲罪御

覽輒作咸後宮數千而采擇無已又激水入宮宮人有不合意者輒殺流
之或剝人之面或鑿人之眼通鑑賈充謂孫皓曰聞君在南方鑿人目剝人面皮此何等刑也皓曰人臣有弒其君及姦回
不忠者則加此刑耳胡注斥充世受魏恩而姦回附晉弒高貴鄉公也杭世駿曰語林云賈充問孫皓何以好剝人之面皓曰憎其顏之厚趙一清曰晉書王濟傳帝嘗
與濟奕棊而孫皓在側謂皓曰何以好剝人面皮皓曰見無禮於君者則剝之濟時伸腳局下而皓譏焉岑昬險詖貴幸致位九
列胡三省曰九列九卿也好興功役衆所患苦周壽昌曰初學記居處部引環濟吳紀天紀二年衛尉岑氏表修百府
是以上下離心莫爲皓盡力蓋積惡已極不復堪命故也
吳平後晉侍中庾峻等問皓侍中李仁曰庾峻事見魏志高貴鄉公紀甘露元年又見管寧傳注引庾氏譜聞吳主
披人面刖人足有諸乎仁曰以告者過也馮本也作此誤君子惡居下流毛本惡作是誤天下之惡
皆歸焉此論語子貢之辭蓋此事也若信有之亦不足能怪陳本無能字昔唐虞五刑三代七
辟肉刑之制未爲酷虐皓爲一國之主秉殺生之柄罪人陷法加之以懲何足多罪夫

受堯誅者不能無怨毛本怨作爲誤受桀賞者不能無慕此人情也又問曰云歸命侯乃惡
人橫睛逆視皆鑿其眼有諸乎仁曰亦無此事傳之者謬耳曲禮曰視天子由袷以下
視諸侯由頤以下視大夫由衡局本由作出誤視士則平面得游目五步之內視上於衡則傲
下於帶則憂旁則邪今本禮記曲禮篇云天子視不上於袷不下於帶國君綏視大夫衡視士視五步凡視上於面則敖下於帶則憂傾則姦
鄭注袷交領也天子至尊臣視之目不過此視國君彌高綏讀爲妥妥視謂視上於袷視大夫又彌高衡平也平視謂視面也士視得旁游目五步之中也視大夫
以上上下游目不得旁敖則仰憂則低辟頭旁視心不正也傾或爲側以禮視瞻高下不可不慎況人君乎哉視人君
相迕是乃禮所謂傲慢傲慢則無禮無禮則不臣不臣則犯罪犯罪則陷不測矣正使
有之將有何失凡仁所答峻等皆善之文多不悉載
四年晉太康元年春立中山代等十一王大赦濬彬所至則土崩瓦解靡
有禦者晉書王濬傳太康元年正月濬發自成都率巴東監軍廣武將軍唐彬攻吳丹陽剋之（胡三省曰丹陽城在秭歸縣東八里）擒其丹陽監盛紀

吳人於江險磧要害之處並以鐵鏁橫截之又作鐵錐長丈餘暗置江中以逆距船先是羊祜獲吳閒諜具知情狀濬乃作大筏數十亦方百餘步縛草爲人被甲持杖
令善水者以筏先行筏遇鐵錐錐輒著筏去又作火炬長十餘丈大數十圍灌以麻油在船前遇鏁然炬燒之須臾融液斷絕於是船無所礙二月庚申剋吳西陵獲其
鎮南將軍留憲征南將軍成據宜都太守虞忠壬戌剋荊門夷道二城獲監軍陸晏乙丑剋樂鄉獲水軍督陸景平西將軍施洪等來降乙亥詔進濬爲平東將軍假節
都督益梁諸軍事濬自發蜀兵不血刃攻無堅城夏口武昌無相支抗於是順流鼓棹徑造三山皓遣游擊將軍張象率舟軍萬人禦濬象軍望旗而降皓聞濬軍旌旗
器甲屬天滿江威勢甚盛莫不破膽預又斬江陵督伍延晉書杜預傳預以太康元年陳兵於江陵遣參軍樊顯尹林鄧圭襄陽太守周
奇等率衆循江西上授以節度旬日之閒累剋城邑皆如預策焉又遣牙門管定周旨伍巢等率奇兵八百泛舟夜渡以襲樂鄉多張旗幟起火巴山出於要害之地以
奪賊心吳都督孫歆震恐與伍延書曰北來諸軍乃飛渡江也吳之男女降者萬餘口旨巢等伏兵樂鄉城外歆遣軍出距王濬大敗而還旨等發伏兵隨歆軍而入歆
不覺直至帳下虜歆而還故軍中爲之謠曰以計代戰一當萬於是進逼江陵吳督將伍延僞請降而列兵登陴預攻剋之既平上流於是沅湘以南至於交廣吳之州
郡皆望風歸命奉送印綬預仗節稱詔而綏撫之凡所斬及生獲吳都督監軍十四牙門郡守百二十餘人又因兵威徙將士屯戍之家以實江北南郡故地各樹之長
吏荊土肅然吳人赴之如歸矣王濬先列上得孫歆頭預後生送歆洛中以爲大笑時衆軍會議或曰百年之寇未可盡剋今向暑水潦方降疾疫將起宜俟來冬更爲

大舉預曰昔樂毅藉濟西一戰以并強齊今兵威已振譬如破竹數節之後皆迎刃而解無復著手處也遂指授羣帥徑造秣陵所過城邑莫不束手議者乃以書謝之
渾復斬丞相張悌丹陽太守沈瑩等所在戰克晉書王渾傳吳丞相張悌大將軍孫震等率衆數萬
指城陽渾遣司馬孫疇揚州刺史周浚擊破之臨陣斬二將及首虜七千八百級吳人大震孫皓司徒何植建威將軍孫晏送印節詣渾降晉書武帝紀王渾周浚與吳
丞相戰于版橋大破之斬悌及其將孫震沈瑩傳首洛陽
干寶晉紀曰吳丞相軍師張悌護軍孫震丹陽太守沈瑩帥衆三萬濟江圍城陽都尉
張喬於楊荷橋局本荷作倚誤城陽見魏志武紀建安三年胡三省曰張喬蓋以渾部將領青州之城陽都尉也趙一清曰方輿紀要卷二十九楊
荷橋在和州東南二十里衆才七千閉柵自守舉白接告降通鑑作喬衆纔七千閉柵請降吳副軍師諸葛靚
欲屠之局本靚作觀誤靚事見魏志諸葛誕傳注引干寶晉紀悌曰彊敵在前不宜先事其小且殺降不祥靚
曰此等以救兵未至而力少故且僞降以緩我非來伏也胡三省曰伏屈伏也或曰伏當作服因其無
戰心而盡阬之可以成三軍之氣若舍之而前必爲後患悌不從撫之而進與討吳護

軍張翰 何焯曰此又一張翰非季鷹也 揚州刺史周浚成陣相對 通鑑成作結 沈瑩領丹陽鋭卒刀楯五千號曰青巾兵前後屢陷堅陣於是以馳淮南軍三衝不動退引亂薛瑩蔣班 蔣班見魏志諸葛誕傳 因其亂而乘之吳軍以次土崩將帥不能止張喬又出其後大敗吳軍于版橋 趙一清曰方輿紀要卷二十板橋浦在江寧府西南三十里吳熙載曰板橋疑在今和州弼按是時晉軍尚未渡江吳軍仍在江北以在今和州爲是趙說誤謝鍾英曰晉略王渾斬張悌於滁口板橋鍾英按據此板橋當在今含山縣北滁河口楊荷橋當在含山縣東當日軍行由采石渡江歷和州至含山境地均屬吳弼按謝說是含山在和州之西又按晉武紀王渾克吳尋陽賴鄉諸城王渾傳渾遣參軍陳愼都尉張喬攻尋陽瀨鄉皆破之尋陽屬蘄春郡在江北 獲悌震瑩等 襄陽記曰悌字巨先襄陽人少有名理孫休時爲屯騎校尉魏伐蜀吳人問悌曰司馬氏得政以來大難屢作 胡三省曰謂王淩毌丘儉諸葛誕舉兵也 智力雖豐而百姓未服也今又竭其資力遠征巴蜀兵勞民疲而不知恤敗於不暇何以能濟昔夫差伐齊非不克勝所以危亡不憂其本也 史記吳太伯世家吳王夫差聞齊景公死乃興師北伐齊子胥諫曰越王句踐不死必爲吳患今越在腹心疾而王不先而務齊不亦謬乎吳王不聽遂北伐齊敗齊師於艾陵 況彼之爭地乎悌曰不然曹操雖功蓋中夏威震四海崇詐杖術征伐無已民畏其威而不懷其德也丕叡承之繼以慘虐內興宮室外懼雄豪東西驅馳無歲獲安彼之失民爲日久矣司馬懿父子自握其柄累有大功除其煩苛而布其平惠爲之謀主而救其疾民心歸之亦已久矣故淮南三叛而腹心不擾 胡三省曰邵陵厲公嘉平元年王淩叛高貴鄉公正元元年毌丘儉叛甘露二年諸葛誕叛 曹髦之死四方不動摧堅敵如折枯蕩異同如反掌任賢使能各盡其心非智勇兼人孰能如之其威武張矣本根固矣羣情服矣奸計立矣今蜀閹宦專朝國無政令而玩戎黷武民勞卒弊競于外利不修守備彼彊弱不同智算亦勝因危而伐殆其克乎若其不克不過無功終無退北之憂覆軍之慮也何爲不可哉昔楚劍利而秦昭懼 史記范雎傳秦昭王臨朝歎息曰吾聞楚之鐵劍利而倡優拙夫鐵劍利則士勇倡優拙則思慮遠夫以遠思而御勇士吾恐楚之圖秦也 孟明用而晉人憂 左傳文公二年秦伯猶用孟明孟明增修國政重施

於民趙成子言於諸大夫曰秦師又至將必辟之懼而增德不可當也 彼之得志故我之大患也吳人笑其言而蜀果降于魏晉來伐吳晧使悌督沈瑩諸葛靚率衆三萬渡江逆之至牛渚沈瑩曰晉治水軍於蜀久矣今傾國大舉萬里齊力必悉益州之衆浮江而下我上流諸軍無有戒備名將皆死幼少當任 胡三省曰謂陸晏陸景留憲孫歆等 恐邊江諸城盡莫能禦也晉之水軍必至於此矣宜畜衆力待來一戰若勝之日江西自清 胡三省曰大江北流自建業言之歷陽皖城皆爲江西 上方雖壞可還取之 何焯曰宋王權還師保江而金亮卒敗退瑩計不爲非但孫晧已在必亡故張悌勉強一戰耳 今渡江逆戰勝不可保若或摧喪則大事去矣悌曰吳之將亡賢愚所知非今日也吾恐蜀兵來至此衆心必駭懼不可復整今宜渡江可用決戰力爭若其敗喪則同死社稷無所復恨若其克勝則北敵奔走兵勢萬倍便當乘威南上逆之中道不憂不破也若如子計恐行散盡相與坐待敵到君臣俱降無復一人死難者不亦辱乎 胡三省曰如悌之言吳人至此爲計窮矣然悌之志節亦可憐也 遂渡江戰吳軍大敗諸葛靚與五六百人退走使過迎悌悌不肯去靚自往牽之謂曰且夫天下存亡有大數 陳景雲曰且夫二字當作巨先盧明楷曰且夫二字疑衍或爲巨先之譌巨先張悌字也下文悌曰仲思今日是我死日也明爲彼此相字 豈卿一人所知如何故自取死爲 通鑑作存亡自有大數非卿一人所支柰何故自取死 悌垂涕曰仲思 諸葛靚字仲思 今日是我死日也且我作兒童時便爲卿家丞相所拔 通鑑拔上有識字胡注丞相謂諸葛亮也或曰謂諸葛瑾余謂張悌襄陽人蓋亮在荆州識之於童幼也弼按諸葛瑾未爲丞相張悌指武侯無疑 常恐不得其死負名賢知顧 何焯曰孔明一顧使人自厲如此 今以身徇社稷復何遁邪 通鑑遁作道胡注道言也 莫牽曳之如是靚流涕放之去百餘步已見爲晉軍所殺 吳錄曰悌少知名及處大任希合時趣將護左右清論譏之 搜神記曰臨海松陽人柳榮 臨海郡見孫權傳太元元年謝鍾英曰松陽沈志吳立屬永嘉吳錄取松楊木爲名寰宇記本章安縣之南鄉漢獻帝建安八年吳立爲縣今白龍縣是賀齊傳有松楊長丁蕃卽此方輿紀要松楊縣也龍泉青田皆是其地一統志今處州府松楊縣西二十里古紫荆村故址猶存民多聚居於此 從悌至楊府 楊府一本校改作揚州弼按張悌經行之地皆揚州

也恐非楊府未詳榮病死船中二日時軍已上岸無有埋之者忽然大呼言人縛軍師人縛軍師聲激揚遂活人問之榮曰上天北斗門下卒見人縛張悌意中大愕不覺大呼言何以縛張軍師門下人怒榮叱逐使去榮便去怖懼口餘聲發揚耳其日悌戰死榮至晉元帝時猶在

三月丙寅殿中親近數百人叩頭請晧殺岑昏晧惶憒從之或曰馬嵬請誅國忠幾於相似

干寶晉紀曰晧殿中親近數百人叩頭謂晧曰宋本謂作請北軍日近而兵不舉刃陛下將如之何晧曰何故對曰坐岑昏晧獨言若爾當以奴謝百姓衆因曰唯遂並起收昏晧駱驛追止已屠之也胡三省曰獨言謂其言止此耳唯諾也駱驛言相繼遣人不絕也

戊辰陶濬從武昌還郎引見問水軍消息對曰蜀船皆小胡三省曰陶濬蓋以

尋常蜀船言之隣候不明亦可見矣弼按王濬造船七年連舫木城馳馬來往舟楫之盛自古未有乃謂蜀船皆小吳之君臣可謂昏憒矣今得二萬兵乘大戰船自足擊之於是合衆授濬節鉞明日當發其夜衆悉逃走而王濬順流將至司馬伷王渾皆臨近境晧用光祿勳薛瑩中書令胡沖等計分遣使奉書於濬伷渾曰晉書王濬傳作降文於濬曰下有吳郡孫晧叩頭死罪二語昔漢室失統九州分裂先人因時略有江南遂分阻山川與魏乖隔今大晉龍興德覆四海闇劣偷安未喻天命至於今者猥煩六軍衡蓋路次遠臨江渚舉國震惶假息漏刻敢緣天朝含弘光大謹遣私署太常張夔等奉所佩印綬委質請命惟垂信納以濟元元濬傳失統作失御分裂作瓜裂路次作露次

江表傳載晧將敗與舅何植書曰昔大皇帝以神武之略孫權諡曰大皇帝奮三千之卒割據江南席卷交廣開拓洪基欲祚之萬世至孤末德嗣守成緒不能懷集黎元多爲咎闕以違天度闇昧之變反謂之祥致使南蠻逆亂征討未克聞晉大衆遠來臨江庶竭勞瘁衆皆摧退而張悌不反喪軍過半孤甚愧悵于今無聊得陶濬表云武昌以西並復不守不守者非糧不足非城不固兵將背戰耳兵之背戰豈怨兵邪孤之罪也天文縣變於上士民憤歎於下觀此事勢危如累卵吳祚終訖何其局哉天匪亡吳孤所招也瞑目黃壤當復何顏見四帝乎孫堅諡曰武烈皇帝權諡曰大皇帝亮廢爲侯官侯休諡曰景皇帝不得稱四帝也或以晧父和追尊爲文皇帝故稱四帝乎公其勖勉奇謀亡國降人有何奇謀飛筆以聞晧又遺羣臣書曰孤以不德忝繼先軌處位歷年政教凶悖遂令百姓久困塗炭至使一朝歸命有道社稷傾覆宗廟無主慙愧山積沒有餘罪自惟空薄過偷尊號才瑣質穢任重王公故周易有折鼎之誡易曰鼎折足覆公餗其形渥凶王弼注曰知小謀大不堪其任受其至辱災及其身詩人有彼其之譏詩曹風候人篇彼其之子不稱其服

鄭箋云不稱者言德薄而服尊自居宮室仍抱篤疾計有不足思慮失中多所荒替邊側小人因生酷虐虐毒橫流忠順被害闇昧不覺尋其壅蔽孤負諸君事已難圖覆水不可收也今大晉平治四海勞心務於擢賢誠是英俊展節之秋也管仲極讐桓公用之良平去楚入爲漢臣舍亂就理非不忠也莫以移朝改朔用損厥志嘉勖休尚愛敬動靜夫復何言投筆而已

壬申王濬最先到五字爲定讞渾濬之爭是非判然於是受晧之降解縛焚櫬延請相見晉書武帝紀孫晧窮蹙請降送璽綬於琅邪王伷三月壬申王濬以舟師至于建業之石頭孫晧大懼面縛輿櫬降于軍門濬杖節解縛焚櫬送于京都王濬傳壬寅濬入於石頭晧乃備亡國之禮素車白馬肉袒面縛銜璧牽羊大夫衰服士輿櫬率其僞太子瑾瑾弟魯王虔等二十一人造于壘門濬躬解其縛受璧焚櫬送于京師收其圖籍封其府庫軍無私焉帝遣使者犒濬軍初詔書使濬下建平受杜預節度至秣陵受王渾節度預至江陵謂諸將帥曰若濬得下建平則順流長驅威名已著不宜令受制於我若不能剋則無緣得施節度濬至西陵預與之書曰足下既摧其西藩便當徑取秣陵討累世之逋寇釋吳人於塗炭自江入淮逾于泗汴泝

河而上振旅還都亦曠世一事也濬大悅表呈預書及濬將至秣陵王渾遣信要令暫過論事濬舉帆直指報曰風利不得泊也寰宇記一百二十四日當利浦在鄂州東十二里本名揚浦晉王濬平吳水軍揚帆順流於此而下王渾以旗招不往濬報云風利不得泊遂先入石頭後因以當利爲名潘眉曰推是年三月戊子朔無丙寅戊辰壬申此三日皆誤也晉書王濬傳壬寅濬入于石頭後上書云十四日至牛渚去秣陵二百里又云臣以十五日至秣陵今以三月朔戊子推之十五日恰得壬寅此傳壬申當依濬傳作壬寅爲確三日事在一時丙寅是丙申戊辰是戊戌

晉陽秋曰濬收其圖籍領州四潘眉曰荆揚交廣也通典云吳置交廣荆郢揚五州周瑜傳云走曹仁於郢都是有郢也魏文帝紀黃初三年復郢州爲荆州蓋黃初中廢弼按魏志文紀黃初三年五月以荆揚江表八郡爲荆州孫權領牧故也荆州江北諸郡爲郢州九月孫權復叛復郢州爲荆州是郢州爲魏置置數月旋廢至周瑜傳走曹仁於郢都是時曹仁守江陵郢都指江陵非謂吳時有郢州也晉書武帝紀云克州四宋書州郡志序云三國鼎跱吳得揚荆交三州又分交爲廣是四州也潘說誤郡四十二宋本作郡四十三御覽作郡三十三誤晉書武帝紀云郡四十三地理志云吳生大皇帝初置郡五臨賀武昌珠崖新安廬陵南部少帝景帝各四少臨川臨海衡陽湘東景天門建安建平合浦北部歸命侯亦置十有二郡始安始興邵陵安成新昌武平九德吳興東陽桂林滎陽（弼按滎陽當作營陽）宜都得漢郡者十有八焉潘眉曰初學記八引括地志云平吳得郡四十三謝鍾英曰今考諸書得四十五

郡縣三百一十三吳增僅曰就余所輯之數縣三百三十一謝鍾英曰今考諸書得三百五十二縣又曰孫策渡江奄有揚州權并荆收交亮略取廣陵踰江而北以漢郡大代有分置訖晧之末州四郡四十五都尉治二屬國一縣三百五十有二吳疆域全有漢交州荆州惟零陵桂陽武陵長沙四郡北割江夏南郡之半揚州惟丹陽會稽吳豫章四郡北割廬江九江之半徐州僅有廣陵濱江數縣戶五十二萬三千趙一淸曰劉昭補志注云正始五年揚威將軍朱照日所上吳之所領兵戶九十三萬二千推其民數不能多蜀矣蓋蜀亡領戶九十四萬三千四百二十三口五百三十七萬二千八百九十一人也魏正始五年吳赤烏七年吏三萬二千兵二十三萬男女口二百三十萬米穀二百八十萬斛舟船五千餘艘後宮五千餘人胡三省曰吳有荆揚交廣四州漢獻帝興平二年孫策始取江東魏文帝黃初三年吳王孫權始稱帝傳四主五十七年而亡弼按孫權稱帝在吳黃龍元年爲魏太和三年胡云魏黃初三年孫權稱帝誤伷以晧致印綬於己遣使送晧據晉書武紀及王濬傳皆云濬送晧京都晧舉家西遷所謂青蓋入洛陽者竟如是以太康元年五月丁亥集于京邑五月丁亥集于京邑應在四月甲申詔之下曰京邑不曰京師者避晉諱也四月甲申詔曰孫晧窮迫歸降前詔待之以不死今晧垂至意猶愍之其賜號爲歸命侯進給衣服車乘田三十頃歲給穀五千斛錢五十萬絹五百匹緜五百斤晧太子瑾拜中郎諸子爲王者拜郎中官本考證曰御覽作皆拜郎中晉書武帝紀五月辛亥封孫晧爲歸命侯拜其太子爲中郎諸子爲郎中吳之舊望隨才擢敘孫氏大將戰亡之家徙於壽陽將吏渡江者復十年百姓及百工復二十年通鑑五月丁亥朔晧至與其太子瑾等泥首面縛詣東陽門詔遣謁者解其縛賜給甚厚庚寅引見晧晧登殿稽顙帝謂晧曰朕設此座以待卿久矣晧曰臣於南方亦設此座以待陛下胡注武王伐紂斬其首懸於太白之旗如孫晧之凶暴斬之以謝吳人可也世說排調篇曰晉武帝問孫晧聞南人好作爾汝歌頗能爲否晧正飲酒因舉觴勸帝而言曰昔與汝爲鄰今與汝爲臣上汝一杯酒令汝壽萬春帝悔之通鑑考異詳述孫晧傳晉武紀王濬傳三十國春秋晉春秋（卽晉陽秋）月日之互異不合長歷文繁未錄

搜神記曰吳以草創之國信不堅固邊屯守將皆質其妻子名曰保質童子少年以類相與嬉遊者日有十數永安二年三月有一異兒長四尺餘年可六七歲衣青衣來從羣兒戲諸兒莫之識也皆問曰爾誰家小兒今日忽來答曰見爾羣戲樂故來耳詳而

視之眼有光芒爚爚外射諸兒畏之重問其故兒乃答曰爾惡我乎我非人也乃熒惑星也將有以告爾三公鉏司馬如互見孫休傳永安三年注錢大昕曰鉏如二字難解搜神記云三公歸于司馬語意較明白或曰三公指三國之君諸兒大驚或走告大人大人馳往觀之兒曰舍爾去乎竦身而躍卽以化矣仰而視之若引一匹練以登天大人來者猶及見焉飄飄漸高有頃而沒時吳政峻急莫敢宣也後五年而蜀亡六年而晉興至是而吳滅司馬如矣

干寶晉紀曰王濬治船於蜀吾彥取其流柹晉書吾彥傳彥字士則吳郡吳人有文武才幹陸抗奇其勇乃擢用焉稍遷建平太守時王濬將伐吳造船於蜀彥覺之請增兵爲備晧不從彥乃輒爲鐵鎖橫斷江路及師臨境緣江諸城皆望風降附或見攻而拔唯彥堅守大衆攻之不能剋乃退舍禮之吳亡彥始歸降武帝以爲金城太守帝嘗從容問薛瑩曰孫晧所以亡國者何也瑩對曰歸命侯臣晧之君吳昵近小人刑罰妄加大臣大將無所親信人人憂恐各不自安敗亡之釁由此而作矣其後帝又問彥對曰吳主英俊宰輔賢明帝笑曰君明臣賢何爲亡國彥曰天祿永終歷數有屬所以爲陛下擒此蓋天時豈人事也胡三省曰姓譜吾本己姓夏昆吾氏之後柹芳廢翻說文削木札樸也以呈孫晧曰晉必有攻吳之計宜增建平兵建平見孫休傳

永安三年胡三省曰建平郡漢南郡之巫縣吳主權分置宜都郡孫休分宜都立建平郡杜佑曰建平今巴東郡吳置建平郡於秭歸謝鍾英曰吳夾江置守上游要害尤重建平建平不下終不敢渡江晧弗從陸抗之克步闡晧意張大乃使尙廣筮并天下胡三省曰姓譜尙姓師尙父之後後漢有高士尙子平遇同人之頤李光地曰乾爲天君離者南面皆尊象也艮山岳公侯之兆震于易亦占建侯此明君降爲臣位矣同人者主天下大同也頤者養也示爲晉并吞而得寄食偸生之意筮之告晧亦顯矣對曰吉庚子歲靑蓋當入洛陽胡三省曰其後吳亡晧入洛歲在庚子故晧不修其政而恆有窺上國之志是歲也實在庚子

五年晧死于洛陽趙一淸曰婁云晧已降矣譏爲五年乎當書晉年號爲得潘眉曰吳亡於天紀四年三月安得更有五年況晧卽以是年死此五年字當衍弼按此五年卽晉太康五年承上文太康元年而言也吳已亡矣安得復紀年乎趙潘二氏皆未細審上文也潘氏於本傳首年二十三作二十五其誤與此同惟據吳錄晧實死於太康四年通鑑亦於太康四年末書歸命侯孫晧卒也李淸植曰蜀志於安樂公書曰公太始七年薨於洛陽而晧則書名書死亦見史法

吳錄曰晧以四年十二月死時年四十二潘眉曰蕭常續漢書考異引世紀晧以赤烏五年壬戌生太康四年癸卯死如是則於登位年二十三亦合蓋吳錄之所謂四年者晉太康年也葬河南縣界趙一淸曰寰宇記卷三芒山在河南縣北十里吳後主蜀後主皆有冢在此鼎錄孫晧鑄一鼎於蔣山紀吳之歷數八分書章續書九品曰下中孫晧行隸

評曰孫亮童孺而無賢輔其替位不終必然之勢也休以舊愛宿恩任用興布不能拔進良才改絃易張雖志善好學何益救亂乎又使既廢之亮不得其死友于之義薄矣晧之淫刑所濫隕斃流黜者蓋不可勝數是以羣下人人惴恐皆日日以冀朝不謀夕其熒惑巫祝交致祥瑞以爲至急昔舜禹躬稼至聖之德官本考證曰稼字疑衍弼按論語憲問篇禹稷躬稼而有天下蓋謂身親稼穡之事也此評昔舜禹躬稼爲句至聖之德爲句官本沿陳本之誤以舜禹躬稼至聖之德爲句故疑稼字爲衍也猶或矢誓衆臣予違女弼尙書益稷篇予違汝弼汝無面從退有後言孔傳云我違道汝當以義輔正我無面從我違而退後有言我不可弼或拜昌言尙書皋陶謨禹拜昌言曰俞孔傳云以皋陶言爲當故拜受而然之常若不及況晧凶頑肆行殘暴忠諫者誅讒諛者進虐用其民窮淫極侈宜腰首分離以謝百姓既蒙不死之詔復加歸命之寵豈非曠蕩之恩過厚之澤也哉

孫盛曰夫古之立君所以司牧羣黎故必仰協乾坤覆燾萬物若乃淫虐是縱酷彼羣生剮天人殛之宋本無人字勦絕其祚奪其南面之尊加其獨夫之戮是故湯武抗鉞不犯不韙之譏漢高奮劍而無失節之議何者誠四海之酷讐而人神之所擯故也況晧罪爲逋寇虐過辛癸史記殷本紀子辛立是爲帝辛天下謂之紂夏本紀子帝履癸立是爲桀梟首素旗史記殷本紀周武王斬紂頭縣之白旗猶不足以謝寃魂洿室𢑱社禮記檀弓下殺其人壞其室洿其宮而豬焉鄭注明其大逆不欲人復處之尙書用命賞於祖不用命戮於社未足以紀暴迹而乃優以顯命寵錫仍加豈龔行天罰伐罪弔民之義乎是以知僭逆之不懲而凶酷之莫戒詩云取彼譖人投畀豺虎詩小雅巷伯篇之辭聊諭猶然矧僭虐乎毛本僭作譖趙一淸曰當作僭且神旗電埽兵臨僞窟理窮勢迫然後請命不赦之罪既彰三驅之義又塞易比卦王用三驅失前禽王弼注夫三驅之禮禽來趣己則舍之背己而走則赦之愛於來而惡於去也故其所施常失前禽也極之權道亦無取焉

陸機著辨亡論言吳之所以亡晉書陸機傳機字士衡吳郡人祖遜吳丞相父抗吳大司馬機身長七尺其聲如鐘少有異才文章冠世年二十而吳滅以孫氏在吳祖父世爲將相有大勳於江表深慨孫晧舉而棄之乃論權所以得晧所以亡又欲述其祖父功業遂作辨亡論二篇李善曰孫盛云陸機著辯亡論辯吳之所以亡弼按此二語乃裴注非孫盛之言李注殆因上文孫盛曰而誤李周翰曰辨亡者所以辨吳興亡之事也其上篇曰昔漢氏失御姦臣竊命劉良曰御理也李善曰姦臣謂董卓也禍基京畿毒徧宇內皇綱弛紊晉書陸機傳作弛頓呂延濟曰弛廢紊亂也王室遂卑於是羣雄蜂駭晉書文選六臣注本蜂均作鋒廣雅云駭起也義兵四合吳武烈皇帝慷慨下國電發荆南張銑曰慷慨壯志也下國諸侯之國也電發言威如雷電也孫堅起兵於荆州故云荆南也權卽皇帝位追諡爲武烈皇帝權略紛紜忠勇伯世威稜則夷羿震蕩兵交則醜虜授馘李善曰李奇云神靈之威曰稜左傳魏莊子謂晉侯曰寒浞伯明氏之讒子弟也夷羿收之以爲已相杜注夷氏也羿善射毛詩云仍執醜虜箋云馘所格者之左耳也遂埽淸宗祊馮本監本祊誤作枋蒸禋皇祖李善曰毛詩祝祭于祊毛傳云祊廟門內之祭也爾雅冬祭曰蒸尙書孔傳云

精意以饗謂之禋皇祖謂漢祖也吳書云堅入洛埽除漢宗廟祠以太牢 於是雲興之將帶州飆起之師跨邑 各本飆作颷誤 或曰師宋本作帥爲是機在入洛後作此句宜避晉諱弼按下文張昭爲之雄晉書機傳作張公似亦因避晉諱然上文之權略紛紜下文之師無謀律懿度深遠何以均不避蓋論史事與章奏有別不似後世忌諱之深也 哮闞之羣風驅熊羆之族霧集 宋本闞作嚻文選族作衆晉書集作合李善曰毛詩闞如虓虎李周翰曰哮嚻虎振聲也梁章鉅曰說文虎部虓虎鳴也口部唬虎聲也讀若暠哮豕驚聲也玉篇哮唬同呼交切一切經音義二引通俗文曰虎聲謂之哮唬風俗通正失篇引詩已作闞如哮虎 雖兵以義合 晉書合作動 同盟勠力 賈逵曰戮力幷力也 然皆包藏禍心阻兵怙亂 左傳州吁阻兵而安忍杜預曰阻恃也 或師無謀律喪威稔寇 杜預曰稔熟也 忠規武節未有若此其著者也武烈既沒長沙桓王 孫策諡長沙桓王 逸才命世弱冠秀發招擥遺老與之述業神兵東驅奮寡犯衆攻無堅城之將戰無交鋒之虜誅叛柔服而江外底定飾法修師 晉書飾作飭文選考異曰飾當作飭李善注引周易曰先王明罰勅法則飾字非矣 而威德翕赫賓禮名賢而張昭爲之雄交御豪俊而周瑜爲之傑彼二君子皆弘敏而多奇雅達而聰哲故同方者以類附等契者以氣集而江東蓋多士矣將北伐諸華誅鉏干紀 毛本干作于誤左傳無或如臧孫干國之紀 旋皇輿於夷庚 左傳成公十八年披其地以塞夷庚杜注披猶分也夷庚吳晉往來之要道孔疏云夷平也詩序云由庚萬物得由其道是以庚爲道也李善注繁欽辨惑曰吳人以船楫爲輿馬以巨海爲夷庚臧榮緒晉書曰司徒王謐議曰夷庚未入乘輿旋館然夷庚者藏車之所 反帝座於紫闥挾天子以令諸侯清天步而歸舊物戎車既次羣凶側目大業未就中世而隕用集我大皇帝 孫權諡曰大皇帝 以奇蹤襲於逸軌叡心發乎令圖從政咨於故實播憲稽乎遺風而加之以篤固 晉書固作敬 申之以節儉疇咨俊茂好謀善斷束帛旅於丘園旌命交於塗巷故豪彥尋聲而響臻志士希光而影騖異人輻湊 晉書湊作輳 猛士如林於是張昭爲師傅周瑜陸公魯肅呂蒙之疇 李周翰曰陸公謂陸遜也爲丞相機之祖也故不言名疇類也 入爲腹心出作股肱甘寧淩統程普賀齊朱桓朱然之徒 毛本桓作恒誤 奮其威韓當潘璋黃蓋蔣欽周泰之屬宣其力風雅則諸葛瑾張承步騭以聲名光國政事則顧雍潘濬呂範呂岱

以器任幹職奇偉則虞翻陸績張溫張惇以諷議舉正 上列諸人本志各有傳不注下同惟張惇見顧邵傳及注引吳錄惇作敦諷議舉正晉書作風義舉正李善注引吳錄曰張惇字叔方吳郡人德量淵懿清虛淡泊又善文辭孫權以爲車騎將軍出補海昏令弼按吳錄云敦善文辭孫權爲車騎將軍辟西曹掾轉主簿出補海昏令云云蓋權爲車騎時辟爲掾李注誤加以字又略去辟西曹掾二語遂不可通矣豈有官至車騎而外出補令者乎一字之誤如此 奉使則趙咨沈珩以敏達延譽 趙咨沈珩均見孫權傳黃初二年及注引吳書 術數則吳範趙達以禨祥協德 李善注呂忱字林曰禨祆祥也居衣切呂氏春秋曰荊人鬼而越人禨今之巫祝禱祀之比也晉灼曰禨音珠璣之璣 董襲陳武殺身以衞主駱統劉基強諫以補過謀無遺算 晉書算作計文選作諝廣雅曰諝智也 舉不失策故遂割據山川跨制荆吳而與天下爭衡矣 鄭玄周禮注曰稱上曰衡李善曰爭衡謂角其輕重也李周翰曰衡平也 魏氏嘗藉戰勝之威率百萬之師浮鄧塞之舟 鄧塞在今湖北襄陽府鄧城鎮東南詳見孫堅傳樊鄧之閒注魏志張既傳注引魏略云正始二年朱然圍樊城夏侯儒進屯鄧塞以兵少不敢進去然六七里翱翔而還水經淯水注淯水右合濁水濁水東逕鄧塞北即鄧城東南小山也方俗名之爲鄧塞昔孫文臺破黃祖于其下濁水東流注于淯淯水又南經鄧塞東李善注引孔安國尙書傳曰順流曰浮 下漢陰之衆 李善注漢陰漢水之南也莊子曰子貢南游於楚過漢陰 羽楫萬計龍躍順流銳騎千旅 晉書騎作師 虎步原隰 爾雅廣平曰原下溼曰隰 謀臣盈室武將連衡 李善曰包咸論語注衡軛也戎車武將所駕故以連衡喻多也 喟然有吞江滸之志 毛傳曰水涯曰滸 一宇宙之氣而周瑜驅我偏師黜之赤壁喪旗亂轍僅而獲免收迹遠遁漢王亦馮帝王之號 局本漢王作漢主誤晉書文選馮作憑本一字 率巴漢之民乘危騁變結壘千里志報關羽之敗圖收湘西之地而我陸公亦挫之西陵覆師敗績困而後濟絕命永安續以濡須之寇臨川摧銳 李善注引吳歷曰曹公出濡須作油船夜渡洲上權以水軍圍取得三千餘人其沈溺者數千人 蓬籠之戰子輪不返 蓬籠今安慶城之集賢關見魏志臧霸傳作逢龍李善曰楚辭登蓬籠而下隕兮王逸曰蓬籠山名也 由是二邦之將喪氣摧鋒 晉書文選摧作挫 勢衄財匱而吳藐然 宋本馮本藐作莧晉書文選作莞論語釋文作莧文選考異曰吳志注作藐卽莧之誤 坐乘其弊故魏人請好漢氏乞盟遂躋天號鼎峙而立 宋本峙作峙晉書文選作跱 西屠庸蜀之郊 晉書作西界庸益之郊梁章鉅曰屠作界恐誤西屠與北裂爲偶句也弼按李善注引王逸楚辭注屠裂也 北裂淮漢之涘東苞百越

之地南括羣蠻之表賈誼過秦論曰南取百越之地薛君韓詩章句曰括約束也李周翰曰括通也表外也梁章鉅曰史記東越列傳閩越王
無諸及越東海王搖者其先皆越王句踐之後也蓋閩越卽今永嘉等縣顧氏祖禹曰臨海郡吳太平二年分會稽東部都尉置建安郡吳永安三
年分會稽南部都尉置東陽郡吳寶鼎中分會稽郡置洪氏亮吉曰吳會稽郡領縣十臨海郡領縣七建安郡領縣九東陽郡領縣九大約皆百越之境羣蠻當指
交廣二州晉志云吳黃初二年分交州之南海蒼梧鬱林高涼四郡立爲廣州俄復舊永安七年復分交州置廣州云於是講八代之禮蒐
三王之樂李善注八代三皇五帝也杜預曰蒐閱也蒐與搜古字通三王夏殷周也告類上帝拱揖羣后尙書肆類于上帝呂向曰
告類祭祀也帝天也拱揖羣后謂拱手以揖諸侯示無事也虎臣毅卒循江而守長戟勁鎩文選戟作棘爾雅棘戟也說文鎩鈹
有鐔也亦曰長刃矛刀之類也山列切音殺望颷而奮李周翰曰颷風也奮振動也望風而奮者勇於鬭也颷必遙切庶尹盡規於上
四民展業於下化協殊裔風衍遐圻杜預曰一圻方千里圻界也乃俾一介行人俾使也撫循外域
巨象逸駿擾於外閑擾順也周禮天子十有二閑鄭玄曰每廏爲一閑明珠瑋寶輝於內府珍瑰重跡而至
奇玩應響而赴輶軒騁於南荒衝輣息於朔野衝輣兵車也蒲萌切齊民免干戈之患如淳曰齊等無

有貴賤日齊民戎馬無晨服之虞呂向曰晨服晨朝裝整戎服以備不虞汪師韓曰晨服猶云夙駕也而帝業固矣大皇既
歿幼主莅朝幼主孫亮也亮爲權少子奸回肆虐景皇聿興孫休謚曰景帝聿遂也虔修遺憲政無大闕
守文之良主也降及歸命之初典刑未滅故老猶存大司馬陸公呂延濟曰陸公謂陸抗也機之父故
不言名以文武熙朝左丞相陸凱以謇諤盡規而施績范慎以威重顯丁奉鍾離斐以武
毅稱鍾離斐文選作離斐李善注魏將諸葛誕據壽春降魏人圍之使奉與黎斐解圍奉爲先登黎斐力戰有功拜左將軍黎與離音相近是一人但字不同
弼按本志丁奉傳奉爲先登屯於黎漿力戰有功拜左將軍云云是黎漿爲地名力戰有功拜左將軍者丁奉也李注以黎漿爲黎斐誤何焯曰李注所見之本必
可徵信但此斐字恐牧字之訛鍾離牧爲武陵太守以少衆討五谿事在蜀并於魏之後作牧爲得也（陳浩說本此）潘眉曰此卽丁奉傳之黎斐也孫綝傳亦
云丁奉黎斐史記秦後有終黎氏世本作終離氏黎離古字通弼按何潘二說均可通晉書亦作鍾離斐此文非衍鍾字卽誤斐字也孟宗丁固之
徒爲公卿樓玄賀劭之屬掌機事元首雖病股肱猶良文選良作存爰及末葉晉書及作逮羣
公既喪然後黔首有瓦解之志皇家有土崩之釁歷命應化而微王師躡運而發李善注歷

命歷數天命也王師謂晉師也卒散於陣民奔于邑城池無藩籬之固山川無溝阜之勢非有工輸
雲梯之械何焯校改工作公智伯灌激之害楚子築室之圍燕人濟西之隊李善注墨子曰公輸班爲雲梯
必取宋史記曰晉智伯攻晉陽歲餘引汾水灌其城不沒者三版左傳楚子圍宋將去之申叔時曰築室反耕者宋必聽命宋人乃懼遂與楚平史記曰燕昭王使
樂毅爲上將軍伐齊破之濟西軍未浹辰而社稷夷矣杜預曰浹辰十二日也浹相牒切夷滅也雖忠臣孤憤烈士死
節將奚救哉夫曹劉之將非一世之選向時之師無曩日之衆李善注向時謂太康之役也曩日謂昔日
之曹劉也戰守之道抑有前符也符法也險阻之利俄然未改而成敗貿理廣雅曰貿易也古今詭趣
說文曰詭變也何哉彼此之化殊授任之才異也全篇摹擬賈誼過秦論其下篇曰昔三方之王也魏
人據中夏漢氏有岷益吳制荆揚而有交廣曹氏雖功濟諸華虐亦深矣其民怨矣劉
翁因險飾智文選翁作公功已薄矣其俗陋矣吳桓王基之以武太祖成之以德呂向曰太祖謂
孫權也聰明叡達懿度深遠矣其求賢如不及恤民如稚子接士盡盛德之容親仁罄丹

府之愛劉良曰丹府謂赤心也拔呂蒙於戎行識潘濬於係虜毛本濬作璿誤推誠信士不恤人之我
欺量能授器不患權之我逼執鞭鞠躬以重陸公之威悉委武衛以濟周瑜之師卑宮
非食以豐功臣之賞披懷虛已以納謨士之算故魯肅一面而自託士燮蒙險而效命
高張公之德孫志祖曰上篇兩稱張昭此竟與其祖遜父抗一例者吳志注引江表傳曰孫權於羣臣多呼其字惟呼張昭曰張公士衡之稱或卽因
此梁章鉅曰上篇兩昭字晉書皆作公此仍是避晉諱後人追改未盡者耳而省游田之娛賢諸葛之言而割情欲之歡
李善曰諸葛瑾事未詳感陸公之規陸公謂遜也而除刑政之煩奇劉基之議而作三爵之誓屏氣
跼蹐以伺子明之疾分滋損甘以育淩統之孤登壇慷慨歸魯肅之功削投惡言金甡曰左
傳宋左師請賞公與之邑六十以示子罕子罕削而投之信子瑜之節以上諸人事均各見本傳是以忠臣競盡其謀志士咸
得肆力肆陳也洪規遠略固不厭夫區區者也李善注言其規略宏遠不安茲小國也方言曰厭安也故百官
苟合庶務未遑初都建業羣臣請備禮秩天子辭而不許曰天下其謂朕何宮室輿服

蓋慊如也爰及中葉天人之分既定百度之缺𧎢修 宋本修作精 雖醲化懿綱 文選綱作網 未齒乎上代抑其體國經民之具亦足以爲政矣地方幾萬里帶甲將百萬其野沃其民練其財豐其器利東負滄海西阻險塞長江制其區宇峻山帶其封域國家之利未見有弘於茲者矣借使中才守之以道善人御之有術敦率遺憲勤民謹政循定策守常險則可以長世永年未有危亡之患 晉書文選患下有也字 或曰吳蜀脣齒之國蜀滅則吳亡理則然矣夫蜀蓋藩援之與國 如淳曰相與友善爲與國 而非吳人之存亡也何則其郊境之接重山積險陸無長轂之徑 范寧曰長轂兵車也 川阨流迅水有驚波之艱雖有銳師百萬啓行不過千夫舳艫千里前驅不過百艦故劉氏之伐陸公喻之長蛇其勢然也昔蜀之初亡朝臣異謀或欲積石以險其流或欲機械以御其變天子總羣議而諮之大司馬陸公陸公以四瀆天地之所以節宣其氣固無可遏之理而機械則彼我之所共彼若棄長伎以就所屈卽荆揚而爭舟楫之用是天贊我也將謹守峽口以待禽耳逮步闡之亂憑保城以延彊寇 晉書文選保作寶胡克家曰保城與資幣偶句蓋保卽今之堡字保是寶非也 重資幣以誘羣蠻 晉書作資重幣 于時大邦之衆 呂向曰大邦謂晉也 雲翔電發縣旌江介 晉書文選旌作旆 築壘遵渚 毛詩曰鴻飛遵渚毛傳曰遵循也 襟帶要害以止吳人之西而巴漢舟師沿江東下陸公以偏師三萬北據東坑 李善注東坑在西陵步闡城東北長十餘里陸抗所築之城在東坑上而當步闡城之北其迹並存弼按步闡城見前鳳皇元年注引水經江水注趙一淸曰東坑顧承陳武傳俱作章坑弼按章坑別爲一地趙說誤謝鍾英曰東坑卽陸抗城荆州圖記夷陵縣南岸有陸抗故城周迴十里三百四十步方輿紀要夷陵城東五里鍾英按今宜昌府東湖縣東五里 深溝高壘案甲養威反虜踠跡待斃 呂延濟曰踠跡謂俯伏也 而不敢北闚生路彊寇敗績宵遁 顧炎武日知錄曰陸機辨亡論其稱晉軍上篇謂之王師下篇謂之彊寇此古文未正之隱 喪師大半 晉書文選大作太 分命銳師三千 宋本三作五文選晉書同 西禦水軍東西同捷獻俘萬計信哉賢人之謀豈欺我哉 何焯曰士衡欲誇祖父之有功於吳故著辨亡二論上篇爲國紀下篇爲家乘 自是烽燧罕警封域寡虞陸公沒而

潛謀兆吳釁深而六師駭夫太康之役衆未盛乎曩日之師廣州之亂禍有愈乎向時之難而邦家顛覆宗廟爲墟嗚呼人之云亡邦國殄瘁不其然與 詩大雅之辭 易曰湯武革命順乎天 周易革卦之辭 或曰亂不極則治不形 文選或作玄李善注引太玄經曰陰不極則陽不生亂不極則治不形潘眉曰當依文選作玄梁章鉅曰上引易下引玄正一例也晉書亦誤 言帝王之因天時也古人有言曰天時不如地利易曰王侯設險以守其國言爲國之恃險也 周易坎卦之辭 又曰地利不如人和在德不在險言守險之由人也吳之興也參而由焉孫卿所謂合其參者也 李善注孫卿子曰天有其時地有其財人有其治夫是之謂能參合所以參而顛覆所參則惑矣李周翰曰言吳之興也天時地利人和三者並用也參三也由用也合其三者謂道合於天地人 及其亡也 局本及作又誤 恃險而已又孫卿所謂舍其參者也夫四州之氓非無衆也大江之南非乏俊也山川之險易守也勁利之器易用也先政之業易循也 文選政作攻業作策晉書循作脩 功不興而禍遘者 遘及也 何哉所以用之者失也 毛本失作夫誤 故先王達經國之長規審存亡之至數恭已以安百姓敦惠以致人和寬冲以誘俊乂之謀慈和以結士民之愛是以其安也則黎元與之同慶及其危也則兆庶與之同患安與衆同慶則其危不可得也危與下同患 宋本同作共 則其難不足恤也夫然故能保其社稷而固其土宇麥秀無悲殷之思黍離無愍周之感矣 李善注尚書大傳曰微子將朝周過殷之故墟見麥秀之蘄蘄曰此父母之國宗廟社稷之所立也志動心悲欲哭則朝周俯泣則婦人推而廣之作雅聲毛詩序曰黍離閔宗周也周大夫行役過故宗廟宮室盡爲禾黍故爲黍離之詩

劉繇太史慈士燮傳第四

毛本局本無第字誤康發祥曰劉繇太史慈士燮三傳若從魏志董卓袁紹之例亦應列在嬪妃傳之後不應列之於前且劉繇爲劉岱之弟與袁術陶謙等一時並見當載在魏志公孫瓚陶謙之下不入吳志可也太史慈士燮皆臣於吳卽與張昭顧雍等同傳可也三人同傳而列於嬪妃之上是所不解劉咸炘曰梁章鉅云魏志於三少帝後卽繼以后妃蜀志亦於後主後卽列二主妃子而吳志於嗣主後獨爲劉太史士三傳然後逃妃嬪宗室不知於例若何也倘曰慈燮皆仕吳自當入吳志繇則不可且列於妃嬪之前尤爲非禮案二說皆非也斷代書必先書所因劉繇士燮之於孫氏猶袁劉之於曹氏焉璋之於季漢也太史慈則以繇將連書後此諸傳皆本孫氏之臣僚惟慈本敵人故附此耳魏志后妃用王朝例故不在董袁後吳志則變以示降若蜀之二牧則全境授昭烈又與紹表繇燮殊故列於首雖其用意未善要非隨手無例也凡一代所因先驅之人例不在后妃皇子之後馬班本然然自后妃立紀始在所因前耳或曰三人或爲之驅除或委質未純故傳列妃嬪之先

晉平陽侯相安漢陳壽撰

宋中書侍郎西鄉侯聞喜裴松之注

沔陽盧弼集解

劉繇字正禮東萊牟平人也郡國志青州東萊郡牟平一統志牟平故城在今山東登州府黃縣東南十五里馬嶺山又云在蓬萊縣東南者爲魏以前之故城在黃縣馬嶺山者爲北齊以後之故城沈欽韓曰登州府志牟平城在府城東南九十里漢縣北齊天保元年移縣於黃縣東南馬嶺山此城遂廢五見魏志何夔傳齊孝王少子封牟平侯子孫家焉繇伯父寵爲漢太尉范書劉寵傳寵字榮祖東萊牟平人齊悼惠王之後也悼惠王子孝王將閭少子封牟平侯子孫家焉章懷注悼惠王肥高祖子也沈家本曰漢表牟平共侯渫齊孝王子

續漢書曰繇祖父本師受經傳博學羣書號爲通儒范書劉寵傳父丕博學號爲通儒梁章鉅曰本丕字形相近不能斷其孰是周壽昌曰作本字者避曹丕諱也與吉平事同舉賢良方正爲般長郡國志青州平原郡般一統志般縣故城今山東濟南府德平縣東北互見魏志公孫瓚傳榮河注又見荀彧傳注引禰衡傳注卒官寵字祖榮范書作榮祖受父業以經明行修舉孝廉光祿大夫察四行沈家本曰大夫二字疑衍弼按沈說是宋書百官志上云漢東京三署郎有行應四科者歲舉茂才二人四行二人及三署郎罷省光祿勳猶依舊舉四行衣冠子弟充之三署者五官署左署右署也各置中郎將以司之郡舉孝廉以補三署郎除東平陵令濟南郡治東平陵詳見魏志武紀卷首視事數年以母病棄官惠棟曰續漢書云是時民俗奢泰寵到官躬儉訓民以禮上下有序都郡有章視事數年以母病棄官歸百姓士民攀輿拒輪充塞道路車不得前乃止亭輕服潛遁歸修供養後辟大將軍府稍遷會稽太守范書寵傳四遷爲豫章太守又三遷拜會稽太守正身率下郡中大治徵入爲將作大匠山陰縣民去治數十里馮本毛本民作氏誤有若邪中在山谷閒范書寵傳山陰縣有五六老叟尨眉皓髮自若邪山谷閒出章懷注若邪在今越州會稽縣東南也一統志若邪山在浙江紹興府會稽縣南四十四里若耶溪在會稽縣東南二十八里若耶山下北流入鏡湖寰宇記若邪溪古歐冶子鑄劍之所趙一清曰中字疑衍五六老翁年皆七八十聞寵遷相率共送寵人齎百錢寵見勞來曰父老何乃自苦遠來皆對曰山谷鄙老生未嘗至郡縣范書作山谷鄙生未嘗識郡朝通鑑同他時吏發求不去民閒或夜不絕犬吠宋本馮本官本犬作狗竟夕民不得安范書作他守時吏發求民閒至夜不絕或狗吠竟夕民不得安通鑑同自明府下車以來狗不夜吠吏稀至

民閒年老遭值聖化范書化作明通鑑同今聞當見棄去故戮力來送范書作故自扶奉送通鑑同寵謝之爲選受一大錢胡三省曰今越州城西四十五里錢清鎮卽父老送寵處一統志錢清鎮在今浙江紹興府山陰縣西五十里故會稽號寵爲取一錢太守其清如是寵前後歷二郡入居九列宋本入作八九列九卿也范書寵傳徵爲將作大匠轉爲宗正大鴻臚又拜將作大匠復爲宗正又云累登卿相四登三事三事三公也范書寵傳延熹四年代黃瓊爲司空建寧元年代王暢爲司空頻遷司徒太尉家不藏賄范書作家無貨積無重寶器恆菲飯食宋本飯作飲菲薄也薄衣服弊車羸馬號爲寠陋三去相位輒歸本土往來京師常下道脫驂過人莫知爲寵嘗欲止亭亭吏止之曰整頓傳舍以待劉公不可得止寵因過去其廉儉皆此類也以老病卒于家范書寵傳弟方官至山陽太守方有二子岱字公山繇字正禮兄弟齊名稱

繇兄岱字公山歷位侍中兗州刺史岱事見魏志武紀初平元年三年

續漢書曰繇父輿一名方山陽太守岱繇皆有俊才英雄記稱岱孝悌仁恕以虛己受

人繇年十九宋本無年字從父韙爲賊所劫質繇篡取以歸由是顯名舉孝廉爲郎中除下邑長下邑見魏志臧洪傳時遷三署郎補縣長琅邪趙昱爲呂長東萊劉繇下邑長東海王朗菑丘長臧洪卽丘長時郡守以貴戚託之遂棄官去州辟部濟南續百官志諸郡常以八月巡行所部郡國皆有從事史所謂部郡國從事也此蓋青州刺史所辟蜀志費詩傳左遷部永昌從事胡三省曰爲益州刺史部從事部永昌郡此云州辟部濟南者蓋靑州刺史部從事部濟南也濟南相中常侍子貪穢不循官本攷證曰册府循作脩弼按作循亦可通沈均瑲曰郝書作貪穢不法通志循下有法字繇奏免之平原陶丘洪薦繇陶丘洪事見魏志荀攸傳注引漢末名士錄又見華歆傳欲令舉茂才刺史曰前年舉公山奈何復舉正禮乎洪曰若明使君用公山於前擢正禮於後所謂御二龍於長塗騁騏驥於千里不亦可乎會辟司空掾除侍御史不就避亂淮浦詔書以爲揚州刺史時袁術在淮南繇畏憚不敢之州欲南渡江吳景孫賁迎置曲阿曲阿見孫策傳術圖爲僭逆攻沒諸郡縣繇遣樊能張英屯江邊以拒之以景賁術所授用乃迫逐使去於是術乃自置揚州刺史與景賁幷力攻英能等歲餘不下孫策傳先是劉繇爲揚州刺史州舊治壽春壽春術已據之繇乃渡江治曲阿時吳景尙在丹陽策從兄賁又爲丹陽都尉繇至皆迫逐之繇遣樊能張英等拒術術自用故吏琅邪惠衢爲揚州刺史更以景賁擊英等連年不克此事通鑑編入漢獻帝興平元年漢命加繇爲牧振武將軍范書劉寵傳興平中繇爲揚州牧振威將軍時袁術據淮南繇乃移居曲阿値中國喪亂士友多南奔繇攜接收養與同優劇甚得名稱袁術遣孫策攻破繇因奔豫章病卒魏志荀彧傳興平二年太祖欲取徐州彧曰先破呂布然後南結揚州共討袁術胡三省曰謂南結劉繇也衆萬餘人宋本作衆數萬人孫策東渡破英能等孫策傳注引江表傳曰策渡江攻劉繇牛渚營盡得邸閣糧穀戰具是歲興平二年也時彭城相薛禮下邳相笮融依繇爲盟主禮據秣陵城融屯縣南策皆擊破之繇奔丹徒丹徒見孫策傳趙一淸曰方輿紀要卷二十五丹陽縣治西南有故城址曰劉繇城相傳繇所築也

袁宏漢紀曰劉繇將奔會稽會稽見孫堅傳許子將曰許劭事見魏志武紀卷首注引世語又見和洽傳注引汝南先賢傳范書許劭傳劭字子將汝南平輿人少峻名節好人倫多所賞識若沛國樊子昭和陽士者並顯名於世避地到廣陵徐州刺史陶謙禮之甚厚劭不自安復投揚州刺史劉繇於曲阿及孫策平吳劭與繇南奔豫章而卒時年四十六會稽富實策之所貪且窮在海隅不可往也馮本往作生誤不如豫章豫章見孫策傳北連豫壤西接荊州若收合吏民遣使貢獻與曹兗州相聞雖有袁公路隔在其閒其人豺狼不能久也胡三省曰豫章在大江東南豫兗之壤在淮北袁術時據九江廬江之閒故云隔在其中足下受王命孟德景升必相救濟繇從之遂泝江南保豫章駐彭澤郡國志揚州豫章郡彭澤一統志彭澤故城今江西九江府湖口縣東南三十里洪亮吉曰呂範傳範爲彭澤太守屯柴桑蓋權宜所立後範領丹陽太守此郡卽省趙一淸曰寰宇記卷一百六云劉繇城在南昌縣東北三十八里孫策略地於曲阿攻劉繇敗奔豫章築城自保今人號爲劉繇城笮融先至殺太守朱皓笮融事見孫策傳注引江表傳范書朱儁傳儁子皓亦有才行官至豫章太守笮音壯力反李賢曰笮音側格反獻帝春秋曰是歲繇屯彭澤又使融助皓討劉表所用太守諸葛玄諸葛玄事見蜀志諸葛亮傳及注引獻帝春秋許子將謂繇曰笮融出軍不顧命名義者也官本攷證曰册府無命字弼按通鑑亦無命字朱文明善推誠以信人胡三省曰朱皓字文明惠棟曰皓字文淵見獻帝春秋宜使密防之融到果詐殺晧代領郡事代領豫章郡事也豫章太守更迭始末詳見孫策傳注入居郡中繇進討融爲融所破更復招合屬縣攻破融融敗走入山爲民所殺繇尋病卒時年四十二趙一淸曰水經沔水注毗陵縣舊會稽之屬縣也丹徒縣北二百步有故城本毗陵郡治舊去江三里岸稍毀遂至城下城北有劉繇墓淪於江江卽北江也笮融者丹陽人初聚衆數百往依徐州牧陶謙謙使督廣陵彭城運漕范書陶謙傳作謙使督廣陵下邳彭城運糧通鑑同遂放縱擅殺坐斷三郡委輸以自入三郡廣陵下邳彭城也陳景雲曰上言廣陵彭城下言三郡殊不相應後漢書廣陵下有下邳二字疑此脫胡三省曰斷讀曰短流所聚曰委毛晃曰凡以物送之曰輸則音平聲指所送之物曰輸則音去聲委輸之委亦音去聲乃大起浮圖祠范書祠作寺章懷注浮屠佛也范書西域傳天竺國修浮圖道不殺伐遂以成俗趙一淸曰晉書佛圖澄傳石季龍著作郞王度曰佛外國之神非諸華

所應祠奉漢代初傳其道惟聽西域人得立寺都邑以奉其神漢人皆不出家魏承漢制亦循前軌以銅爲人黃金塗身衣以錦采垂銅槃九重下爲重樓閣道可容三千餘人悉課讀佛經令界內及旁郡人有好佛者聽受道復其他役以招致之由此遠近前後至者五千餘人戶人戶二字必有一衍通鑑作招致旁郡好佛者至五千餘戶每浴佛胡三省曰釋氏謂佛以四月八日生事佛者以是日爲浴佛會多設酒飯布席於路經數十里民人來觀及就食且萬人費以巨億計胡三省曰巨億計言以億億計也曹公攻陶謙徐土搔動或曰騷此書多作搔古字通融將男女萬口馬三千匹走廣陵廣陵太守趙昱趙昱事見魏志陶謙傳待以賓禮先是彭城相薛禮爲陶謙所偪屯秣陵融利廣陵之衆因酒酣殺昱官本攷證曰監本誤作阻誅殺昱放兵大略因載而去或曰因載疑困載之誤過殺禮然後殺晧或曰至殺晧而止此以前接後法也後策西伐江夏監本誤作路住江夏還過豫章收載繇喪

善遇其家王朗遺策書曰劉正禮昔初臨州未能自達實賴尊門爲之先後用能濟江成治有所處定踐境之禮感分結意情在終始後以袁氏之嫌稍更乖剌顧千里曰剌音辣與刺字不同更以同盟還爲讐敵原其本心實非所樂康寧之後常念渝平更成復踐宿好一爾分離款意不昭奄然殂隕可爲傷恨知敦以厲薄德以報怨收骨育孤哀亡愍存捐既往之猜報六尺之託誠深恩重分美名厚實也昔魯人雖有齊怨不廢喪紀春秋善之謂之得禮魯桓公爲齊所殺桓公之喪至自齊魯人葬桓公事見左傳誠良史之所宜藉鄉校之所歎聞正禮元子致有志操想必有以殊異威盛刑行施之以恩不亦優哉繇長子基字敬輿年十四居繇喪盡禮故吏餽餉皆無所受

吳書曰基遭多難嬰丁困苦潛處味道不以爲戚與羣弟居馮本羣作詳誤常夜臥早起妻妾希見其面諸弟敬憚事之猶父不妄交游門無雜賓姿容美好孫權愛敬之權爲驃騎將軍辟東曹掾拜輔義校尉建忠中郎將洪飴孫曰輔義校尉一人建忠中郎將一人均吳置權爲吳王遷基大農錢大昭曰大下疑有司字虞翻張溫傳並作大司農（梁章鉅說同）近人某氏藏燉煌出土舊鈔吳志殘卷跋云大農劉基舊鈔作大農刊本皆誤作大司農大農漢官名大司農魏官名吳承漢制不沿魏稱云云弼按建安十八年魏國初置大農（魏都賦注）魏志文紀黃初元年改爲大司農是大司農爲魏官名誠然然續百官志大司農卿一人中二千石應劭漢官儀云大司農古官也初秦置治粟內史掌穀貨漢因之景帝更名大農令武帝更名大司農王莽改曰羲和又改爲納言東漢復爲大司農是大司農實爲漢官名也吳志劉繇傳遷劉基爲大農虞翻張溫傳並作大司農樓玄傳亦云入爲大司農是吳官名亦實爲大司農也是漢魏吳官名皆名曰大司農不如某氏所云也漢大司農見於范書紀傳者極多不可勝舉某氏云漢官名大農誤權嘗宴飲騎都尉虞翻醉酒犯忤權欲殺之威怒甚盛由基諫爭翻以得免詳見虞翻傳權大暑時嘗於船中宴飲於

船樓上値雷雨權以蓋自覆又命覆基餘人不得也其見待如此徙郎中令權稱尊號改爲光祿勳分平尙書事或曰分平尙書事若後之同平章事年四十九卒後權爲子霸納基女賜第一區四時寵賜與全張比基二弟鑠尙皆騎都尉

太史慈胡三省曰太史以官爲氏字子義東萊黃人也東萊郡治黃今山東登州府黃縣東南見魏志臧洪傳趙一清曰方輿紀要三十六故黃縣在登州府黃縣東十五里一名東黃城卽古萊子國都也後漢爲東萊郡治少好學仕郡奏曹史續百官志郡置諸曹掾史諸曹略如公府曹弼按公府者三公府也三公有奏曹主奏議事會郡與州有隙東萊郡守與靑州刺史也曲直未分以先聞者爲善時州章已去郡守恐後之求可使者慈年二十一以選行晨夜取道到洛陽詣公車門續百官志公車司馬令一人掌宮闕南門凡吏民上章四方貢獻及徵詣公車者見州吏始欲求通慈問曰馮本慈作態孫志祖曰言其狀始欲求通也弼按以作慈爲是君欲通章

邪吏曰然問章安在曰車上慈曰章題署得無誤邪 沈欽韓曰蔡邕獨斷凡羣臣上書於天子者有四名一曰章需頭稱稽首上書謝恩陳事詣闕通者也凡章表皆啓封其言密事得皁囊盛又曰釋名書文書檢曰署（檢禁也禁閉諸物不得開露也）署予也題所予者官號也 取來視之吏殊不知其東萊人也因爲取章慈已先懷刀便截敗之吏踊躍大呼言人壞我章慈將至車閒與語曰向使君不以章相與吾亦無因得敗之是爲吉凶禍福等耳吾不獨受此罪豈若默然俱出去可以存易亡無事俱就刑辟吏言君爲郡敗吾章已得如意欲復亡爲慈答曰初受郡遣但來視章通與未耳吾用意太過乃相敗章今還亦恐以此見譴怒故俱欲去爾吏然慈言卽日俱去慈既與出城因遯還通郡章州家聞之更遣吏通章 馮本通作有誤 有司以格章之故不復見理州受其短由是知名而爲州家所疾恐受

其禍乃避之遼東北海相孔融聞而奇之數遣人訊問其母幷致餉遺時融以黃巾寇暴出屯都昌 北海國治劇今山東青州府昌樂縣西五十五里見魏志武紀建安三年孔融蓋移屯都昌郡國志青州北海國都昌一統志都昌故城今山東萊州府昌邑縣西二里范書孔融傳時黃巾復來侵暴融乃出屯都昌章懷注都昌縣屬北海郡故城在今青州臨朐縣東北王先謙曰今萊州府昌邑縣西二里漢青州北海國都昌縣也若青州臨朐縣東北之都昌乃後魏青州北海郡屬章懷蓋誤謝鍾英曰都昌郡國志北海郡治水經注濰水又東北逕都昌故城東又東北入於海鍾英案沈志云北海都昌寄治州下蓋劉宋時寄治非魏制也弼按郡國志青州北海國治劇謝云治都昌或因沈志北海太守都昌而誤趙一清曰方輿紀要卷三十六都昌城在萊州府昌邑縣西漢縣屬北海郡今城南五里有大營城北五里有小營城俗爲大營小營二村相傳卽孔融與黃巾相拒處 爲賊管亥所圍慈從遼東還母謂慈曰汝與孔北海未嘗相見至汝行後贍恤殷勤過於故舊今爲賊所圍汝宜赴之慈留三日單步徑至都昌 自黃縣至都昌約三百六十里 時圍尚未密夜伺閒隙得入見融因求兵出斫賊融不聽欲待外救外救未有至者 陳本無下外救二字誤 而圍

日偪融欲告急平原相劉備城中人無由得出慈自請求行融曰今賊圍甚密衆人皆言不可卿意雖壯無乃實難乎慈對曰昔府君傾意於老母老母感遇遣慈赴府君之急固以慈有可取而來必有益也今衆人言不可慈亦言不可豈府君愛顧之義老母遣慈之意邪事已急矣願府君無疑融乃然之於是嚴行蓐食須明便帶鞬攝弓上馬 左傳僖公二十三年右屬櫜鞬杜注鞬以受弓 將兩騎自隨各作一的持之開門直出外圍下左右人並驚駭兵馬互出慈引馬至城下塹內植所持的各一出射之射之畢徑入門明晨復如此圍下人或起或臥慈復植的射之畢復入門明晨復出如此無復起者於是下鞭馬直突圍中馳去 康發祥曰此段序事中著徑入門句又著復入門句又兩着明晨復如此句以故圍者不疑時或起或臥旋無復起者而慈得以鞭馬突圍馳去也慈固妙人而承祚敘事亦復有雖起韻落之觀洵是妙文或曰此所謂未起意先改也無人態妙爲寫出或起或臥妙盡情理 比賊覺知慈行已過

又射殺數人皆應弦而倒故無敢追者遂到平原說備曰慈東萊之鄙人也與孔北海親非骨肉比非鄉黨 比近鄰之稱也周禮地官五家爲比使之相保五比爲閭使之相受 特以名志相好有分災共患之義今管亥暴亂北海被圍孤窮無援危在旦夕以君有仁義之名能救人之急故北海區區延頸恃仰使慈冒白刃突重圍從萬死之中自託於君惟君所以存之備斂容答曰孔北海知世閒有劉備邪卽遣精兵三千人隨慈 范書孔融傳融逼急乃遣東萊太史慈求救於平原相劉備備驚曰孔北海乃復知天下有劉備邪卽遣兵三千救之弼按蜀志先主傳先主領平原相自有兵千餘人及幽州烏丸雜胡騎又略得飢民數千人據先主傳所云安得有精兵三千救北海之圍或張大其詞耳 賊聞兵至解圍散走融既得濟益奇貴慈曰卿吾之少友也 劉家立曰少疑作小 事畢還啓其母母曰我喜汝有以報

孔北海也 或曰東漢名士風流如是如是子義尤傑出者不在李元禮之下若許子將豈瞠乎後矣 揚州刺史劉繇與慈同郡 同爲東萊人 慈自遼東還 慈自遼東歸邴原以劉政付慈見邴原傳 未與相見暫渡江到曲阿見繇未去會孫策至或勸繇可以慈爲大將軍 大字疑衍或衍軍字通鑑作或勸繇可以慈爲大將 繇曰我若用子義許子將不當笑我邪 胡三省曰以其嚴論人品也或曰徇名用人醜習可嗤濁流之投亦是千古快事 但使慈偵視輕重 胡三省曰偵丑正翻候視也 時獨與一騎 官本一作二誤各本皆作一通鑑同 卒遇策 通鑑作卒遇策於神亭胡三省曰卒讀曰猝 策從騎十三 從才用反 皆韓當宋謙黃蓋輩也 通鑑作皆堅舊將遼西韓當零陵黃蓋輩也 慈便前鬭正與策對策刺慈馬而擥得慈項上手戟 胡三省曰刺七亦翻擥與攬同 慈亦得策兜鍪 廣雅兜鍪謂之冑說文冑兜鍪首鎧也左傳邾人獲公冑杜注冑兜鍪也御覽三百五十六引獻帝春秋曰孫策獲太史慈謂曰孤昔與卿神亭之役若爲卿先如何慈謂曰不敢面欺若兜鍪帶不斷未可量也又引吳志曰太史慈與孫策戰於神亭策得慈兜鍪弼按此引吳志與本傳相反疑誤 會兩家兵騎並各來赴於是解散

慈當與繇俱奔豫章而遁於蕪湖 胡三省曰若隆技擊則慈策適相當耳然慈終困於策何也 當字疑誤郡國志揚州丹陽郡蕪湖一統志蕪湖故城今安徽太平府蕪湖縣東 亡入山中稱丹陽太守是時策已平定宣城以東惟涇以西六縣未服 毛本惟作推誤宣城涇均見孫策傳胡三省曰蕪湖涇縣皆屬丹陽郡宣城縣前漢亦屬丹陽後漢省晉太康元年分丹陽立宣城郡復置縣屬焉 慈因進住涇縣立屯府大爲山越所附 胡三省曰山越越民依阻山險而居者 策躬自攻討遂見囚執策即解縛捉其手曰寧識神亭時邪 胡三省曰神亭在今鎮江府丹陽縣界沈欽韓曰古神亭在潤州延陵縣西北二十五里元豐九域志省延陵縣爲鎮延陵鎮在丹陽縣南三十五里一統志在今鎮江府金壇縣西北 若卿爾時得我云何慈曰未可量也 胡三省曰量音良 策大笑曰今日之事當與卿共之

吳歷云慈於神亭戰敗爲策所執策素聞其名即解縛請見咨問進取之術慈答曰破軍之將不足與論事策曰昔韓信定計於廣武 史記淮陰侯傳成安君不用廣武君策漢兵夾擊大破虜趙軍斬成安君韓信令軍中毋殺廣武君有縛廣武君而致戲下者信解其縛東鄉坐西鄉對師事之 今策決疑於仁者君何辭焉慈曰州軍新破士卒離心若儻分散難復合聚欲出宣恩安集恐不合尊意策長跪答曰誠本心所望也明日中望君來還諸將皆疑策曰太史子義青州名士以信義爲先終不欺策明日大請諸將豫設酒食立竿視影日中而慈至策大悅常與參論諸軍事 臣松之案吳歷云慈於神亭戰敗爲策所得與本傳大異疑爲謬誤 杭世駿曰厄林云慈若於神亭見囚則策方解縛而遽云寧識神亭何其倉卒不夾又當言今日得我云何不宜言爾時也按呂範傳範從孫策攻太史慈於勇里乃知神亭時慈獲策兜鍪而勇里時策致慈縲紲也裴蓋未之深核也弼按神亭在今江蘇金壇勇里在今安徽涇縣神亭之役劉繇尙在曲阿勇里之戰慈乃爲策所敗裴注指吳歷之誤誠是厄林謂未深核失之

江表傳曰策謂慈曰聞卿昔爲太守劫州章赴文舉請詣玄德皆有烈義天下智士也但所託未得其人 宋本人下有耳字通鑑同 射鉤斬袪 齊管仲射桓公中鉤晉寺人披斬文公之袪俱見左傳杜注袪袂也 古人不嫌孤是卿知己勿憂不如意也出教曰龍欲騰翥先階尺木者也 元本官本木作水梁章鉅曰當作木酉陽雜俎云龍頭上有一木如博山形名尺木龍無尺木不能升天

即署門下督 討逆將軍之門下督也 還吳授兵拜折衝中郎將 洪飴孫曰折衝中郎將一人吳置 後劉繇亡於豫章士衆萬餘人未有所附策命慈往撫安焉 通鑑會劉繇卒於豫章士衆萬餘人欲奉豫章太守華歆爲主歆以爲因時擅命非人臣所宜衆守之連月卒謝遣之其衆未有所附策命太史慈往撫安之劉咸炘曰遙接繇傳此即合傳之故

江表傳曰策謂慈曰劉牧往責吾爲袁氏攻廬江 胡三省曰劉繇奉王命牧揚州故以稱之 其意頗猥理恕不足何者先君手下兵數千餘人盡在公路許孤志在立事不得不屈意於公路求索故兵再往纔得千餘人耳仍令孤攻廬江爾時事勢不得不爲行但其後不達臣節 宋本達作違通鑑同 自棄作邪僭事諫之不從丈夫義交苟有大故不得不離孤交求公路及絕之本末如此今劉繇喪亡恨不及其生時與共論辯今兒子在豫章不知華子魚待

遇何如其故部曲復依隨之否卿則州人太史慈與劉繇同爲青州東萊人昔又從事寧能往視其
兒子並宣孤意於其部曲部曲樂來者便與俱來不樂來者且安慰之并觀察子魚所
以牧禦方規何似通鑑禦作御視廬陵鄱陽人民親附之否卿手下兵宜將多少自由意
通鑑作卿須幾兵多少隨意慈對曰慈有不赦之罪將軍量同桓文待遇過望古人報主以死馮本
主作生誤期於盡節沒而後已今並息兵兵不宜多將數十人自足以往還也
左右皆曰慈必北去不還策曰子義捨我當復與誰通鑑與作從餞送昌
門胡三省曰孫權記注曰吳西郭門曰閶門夫差作以天門通閶闔故名之後春申君改曰昌門把腕別曰何時能還答
曰不過六十日果如期而反
江表傳曰策初遣慈也議者紛紜謂慈未可信或云與華子魚州里華歆青州平原高唐人與太史
慈同州里恐留彼爲籌策或疑慈西託黃祖假路還北多言遣之非計策曰諸君語皆非

也孤斷之詳矣太史子義雖氣勇有膽烈然非縱橫之人其心有士謨志經道義貴重
然諾胡三省曰然是也決辭也諾應也許辭也重不輕也一以意許知己死亡不相負諸君勿復憂也慈從豫
章還議者乃始服慈見策曰華子魚良德也然非籌略才無他方規自守而已又丹陽
僮芝胡三省曰僮姓也風俗通漢有交趾刺史僮尹一曰僮卽童也顓頊子老童之後或從人自擅廬陵廬陵見孫策傳詐言被詔書
爲太守鄱陽民帥別立宗部阻兵守界不受子魚所遣長吏言我以別立郡須漢遣眞
太守來當迎之耳子魚不但不能諸廬陵鄱陽近自海昏有上繚壁有五六千家相結
聚作宗伍惟輸租布於郡耳海昏上繚均見孫策傳胡三省曰宗部卽所謂江南宗賊也海昏縣屬豫章郡時縣民數千家自相結聚
作宗伍壁於上繚水經注繚水導源建昌縣漢元帝永光二年分海昏立僚水又東逕新吳縣漢中平中立僚水又逕海昏縣謂之上僚水繚讀曰僚發召
一人遂不可得子魚亦覩視之而已策拊掌大笑馮本拊作附誤仍有兼并之志矣通鑑仍作遂册
府作乃頃之遂定豫章

劉表從子磐驍勇數爲寇於艾西安諸縣郡國志揚州豫章郡艾劉昭注左傳哀公二十年吳公子慶忌
所居一統志艾縣故城今江西南昌府義寧州西新志在州西百里龍岡坪故城猶存宋書州郡志豫章太守豫寧侯相漢獻帝建安中立吳曰要安（弼按要當作西
）晉武帝太康元年更名水經贛水注循水出艾縣西東北逕豫寧縣故西安也晉太康元年更從今名寰宇記後漢建安中分海昏立西安縣晉太康元年改爲豫寧
一統志豫寧故城今江西南昌府武寧縣西謝鍾英曰潘璋傳璋遷豫章西安長卽此趙一清曰方輿紀要卷八十四艾城在南昌府寧州西百里地名龍岡坪左傳吳
公子慶忌出居於艾卽此西安今武寧縣建安中分建昌縣置又太史城在奉新縣西二十里城周圍三里西南有城角山東南有盤山北枕江水其地險固基址尚存
寰宇記卷一百六幕浮山一名募阜山在洪州分寧縣西一百九十里高一千餘丈周圍一百二十里太史慈拒劉磐於此山置營幕乃以名焉又方輿紀要建昌縣東
四里有鎮邊營漢建安八年太史慈築以拒劉磐謝鍾英曰浮幕山在南昌府義寧州西北百九十里接湖北通城湖南平江界周圍數百里策於是分
海昬建昌左右六縣海昏見孫策傳建昌見孫權傳黃武七年郡國志豫章郡建昌永元十六年分海昏置王先謙曰寰宇記有太史城
在奉新縣西四十里太史慈瓶置周迴三里西南有城角山東南有盤山北枕江水其地險固基址尚存蓋卽建昌故城也晉志因一統志故城今南昌府奉新縣西鄒
安鬯云今奉新縣西百四十里謝云卽太史城以慈爲建昌都尉治海昬并督諸將拒磐磐絕

迹不復爲寇慈長七尺七寸美鬚髯猨臂善射弦不虛發嘗從策討
麻保賊通鑑建安十一年孫權擊山賊麻保二屯平之胡三省曰水經注江水過陸口而東左得麻屯口南直蒲圻洲水北入百有餘里吳所屯也
賊於屯裏緣樓上行詈以手持樓棼班固兩都賦虹霓回帶於棼楣章懷注說文曰棼棟也爾雅曰楣謂之梁
郭璞云門戶上橫梁也蔣超伯曰棟謂之桴何晏景福殿賦雙枚既修重桴乃飾又謂之棼廣韻棼複屋棟也潘眉曰許愼解棼複屋棟也徐鍇讀若曾參之參慈
引弓射之監本官本引作以誤矢貫手著棼圍外萬人莫不稱善其妙如此曹
公聞其名遺慈書以篋封之發省無所道而但貯當歸謂其當北歸青州也韓菼曰子
義故多知已郡守知之孔北海知之孫郎知之孟德亦知之復何恨孫權統事以慈能制磐遂委南方之事
年四十一建安十一年卒
吳書曰慈臨亡歎息曰丈夫生世當帶七尺之劒以升天子之階今所志未從奈何而
死乎陳本無乎字誤權甚悼惜之

子亨馮本監本亨作享注同官至越騎校尉
吳書曰亨字元復歷尚書吳郡太守
士燮元本馮本吳本燮作爕誤字威彥蒼梧廣信人也交州蒼梧郡治廣信今廣西梧州府蒼梧縣治見魏志陶謙傳
注引吳書趙一清曰方輿紀要卷一百八梧州府蒼梧縣漢置廣信縣今府治東有廣信故城其先本魯國汶陽人郡國志豫州魯國汶
陽一統志汶陽故城今山東兗州府寧陽縣東北至王莽之亂避地交州六世至燮父賜桓帝時
爲日南太守交州日南郡治西卷今越南歸仁富安廣和平順四道見魏志陳留王紀咸熙元年燮少游學京師事
潁川劉子奇局本川作州誤范書劉陶傳陶字子奇一名偉潁川定陵人濟北貞王勃之後陶明尚書春秋爲之訓詁推三家尚書及古文是正
文字三百餘事名曰中文尚書靈帝詔陶次第春秋條例治左氏春秋釋文序錄士燮注春秋經十一卷隋書經籍志春秋經十三卷吳衞將軍
士燮注唐經籍志春秋經十一卷士燮撰唐藝文志士燮注春秋經十一卷侯康補
三國藝文志引眉山李氏古經後序謂士燮注春秋經與公穀卷數相同疑爲注公
穀姚振宗隋志攷證駮之云士燮於桓靈時師劉陶治左氏春秋本傳言之甚詳釋
文亦載是書於左氏傳家其事本甚分明勿庸疑惑隋志十三卷釋文唐志通志略

皆十一卷篇卷分合不一故著錄亦互有不同斯常有
之事亦勿庸深究不必疑此十一卷爲公穀之經也察孝廉補尚書郎公
事免官父賜喪闋後闋音缺終也止也舉茂才除巫令巫縣今四川夔州府巫山縣東詳見蜀志先主傳章
武元年遷交阯太守交阯郡治龍編今廣西太平府憑祥州南七百五十里見魏志陳留王紀咸熙元年弟壹初爲郡督
郵刺史丁宮徵還京都丁宮事見魏志董卓傳注引獻帝起居注壹侍送勤恪局本侍作待誤宮感
之臨別謂曰刺史若待罪三事三事三公也當相辟也後宮爲司徒辟壹
比至宮已免黃琬代爲司徒范書靈帝紀中平四年光祿勳沛國丁宮爲司空五年司空丁宮爲司徒六年七月司徒丁宮
罷九月豫州牧黃琬爲司徒（見獻帝紀）甚禮遇壹董卓作亂壹亡歸鄉里
吳書曰琬與卓相害范書黃琬傳卓議遷都長安琬與司徒楊彪同諫不從琬退而駮議之竟坐免而壹盡心於琬甚有
聲稱卓惡之乃署敎曰司徒掾士壹不得除用故歷年不遷會卓入闕宋本闕作關壹乃亡
歸

交州刺史朱符爲夷賊所殺錢大昕曰薛綜傳故刺史會稽朱符多以鄉人分作長吏侵虐百姓强賦於民百姓怨叛山賊
並出攻州符走入海流離喪亡不云爲賊所殺兩傳蓋互見也州郡擾亂燮乃表壹領合浦太守合浦郡治
合浦今廣東廉州府合浦縣東北見魏志陳留王紀咸熙元年次弟徐聞令䵋領九眞太守郡國志交州合浦郡徐聞三國
吳改屬珠崖郡一統志徐聞故城今廣東雷州府海康縣治寰宇記故城在海康
縣南二百四十里方輿紀要今徐聞縣西北九眞郡治胥浦見孫晧傳建衡三年
䵋音于鄙反胡三省曰䵋胡慊反見字林
䵋弟武領南海太守馮本吳本官本毛本南海作海南誤通鑑作南海南海郡治番禺見孫晧傳天紀三年潘眉曰交州無海南郡燮
體器寬厚局本器作氣誤謙虛下士中國士人往依避難者以百數蜀志許靖傳孫策東
渡江皆走交州以避其難魏志袁渙傳渙從弟徽以儒素稱遭天下亂避難交州本志薛綜傳少依族人避地交州耽玩春秋爲之注解
陳國袁徽袁徽事見魏志袁渙傳又見蜀志許靖傳與尚書令荀彧書曰交阯士府君既學
問優博又達於從政處大亂之中保全一郡二十餘年疆場無事民

不失業羈旅之徒皆蒙其慶雖竇融保河西曷以加之范書竇融傳融字周公扶風平
陵人爲張掖屬國都尉撫結雄傑懷輯羌虜河西翕然歸之五郡共推融行河西五郡大將軍事官事小闋輒玩習書傳春
秋左氏傳尤簡練精微吾數以咨問傳中諸疑皆有師說意思甚密
又尚書兼通古今大義詳備聞京師古今之學是非忿爭今欲條左
氏尚書長義上之其見稱如此燮兄弟並爲列郡雄長一州偏在萬
里威尊無上胡三省曰天下殺亂燮雄據偏州人但知威尊無復知有天子也長知兩翻彌按似言威尊無出乎其上者出入鳴
鍾磬備具威儀笳簫鼓吹車騎滿道胡人夾轂焚燒香者常有數十
妻妾乘輜軿子弟從兵騎當時貴重震服百蠻尉他不足踰也史記南越
尉佗傳南越王尉佗者眞定人也姓趙氏佗秦時用爲南海龍川令至二世時南海
尉任囂病且死佗行南海尉事秦已破滅佗自立爲南越武王東西萬餘里乘黃屋
左纛稱制與中國侔章懷注佗行南海尉遂王有南越故曰尉佗也或曰他佗古雖
通用然尉佗佗字不宜作他弼按晉書地理志任囂趙他攻越遂定南越乃置南海

尉以典之所謂東南一尉也亦作趙他或說誤

葛洪神仙傳曰燮嘗病死已三日仙人董奉以一丸藥與服以水含之捧其頭搖稍之 李龍官曰搖稍二字不可解稍疑作捎廣韻搖捎動也蓋謂捧其頭搖動之也李慈銘曰稍當作消搖消卽消搖也 食頃卽開目動手顏色漸復半日能起坐四日復能語遂復常奉字君異侯官人也 侯官詳見魏志王朗傳東冶注趙一淸曰寰宇記卷一百二十八杏山在濠州南六十里神仙傳董奉吳時居此山爲人治病惟令種杏五株數年杏至萬株後服杏金丹得仙

武先病沒朱符死後漢遣張津爲交州刺史 交阯牧詳見蜀志劉焉傳胡三省曰據史自賈琮以前皆爲交阯刺史未得爲交州侯康曰晉書地理志下建安八年張津爲交阯刺史士燮爲交阯太守共表立爲州乃拜津爲交州牧藝文類聚卷六引苗恭交廣記曰建安二年南陽張津爲交阯太守士燮表言伏見十二州皆稱曰州而交獨爲交阯刺史何天恩不平乎若普天之下可爲十二州者獨不可爲十三州乎詔報聽許拜津爲交州牧加以九錫彤弓彤矢禮樂征伐威震南夏與中州方伯齊同自津始也按二書所戰事同而一以爲建安八年（沈約亦以爲八年）一以爲二年攷孫討逆傳注引王範交廣春秋建安六年張津已爲交州牧則云八年者非也又此傳上文稱交州刺史朱符此是史臣追稱符爲刺史時實未名州也楊雄有交州箴此乃文人

之詞非當時實錄沈家本曰晉宋二志並以交州之名改自建安八年然以兩漢志攷之班氏於南海鬱林蒼梧交阯合浦日南六郡並注云屬交州獨九眞郡不言屬交州蓋奪文也班所據乃元始二年版籍是元始時已名交州矣楊子雲十二州箴有交州姚姬傳以爲漢武帝元封五年初置刺史部十三州晉書地志以冀幽并兗徐靑揚荆豫益涼及朔方交阯是爲十三部至平帝元始三年始更十二州名分界郡國所屬其州名史亦不詳獨賴子雲是箴而知之爾蓋設雍州以易涼州而朔方所部歸於幷州而交阯謂之交州王莽奏改州名云漢家十三州州名及界多不應經此箴首必引禹貢所謂應經也平帝元始二年黃支國獻犀牛其交州箴內亦述及焉然則其文必平帝時作當時王莽旣改州名頗張其事蓋使人定爲地理之書今漢書地志所本者是也故地理志書戶口獨舉元始二年知其與州箴同時有也由是言之則侯氏以子雲之箴爲非實錄未免孟浪而交州之名實起西漢之末固信而有徵也司馬氏續志據順帝永和五年版籍稱交州刺史部疑東漢之初已承用元始之制矣是兩漢志與晉宋志頗相牴牾或順帝以後交州之名曾經改易故復有建安之事乎周壽昌曰士燮請改交阯爲交州本傳並無此語且云燮先人因王莽之亂避地交州是西漢末已稱交州卽漢書地理志屢書屬交州是班氏時久稱交州皆建安以前事 津後又爲其將區景所殺 張津事見蜀志許靖傳及裴注本志薛綜傳南陽張津與荆州牧劉表爲隙兵弱敵强歲歲興軍諸將厭患去留自在津小檢攝威武不足爲所陵侮遂至殺沒又本志孫策傳注引江表傳孫策曰昔南陽張津爲交州刺史舍前聖典訓廢漢家法律常著絳帕頭鼓琴燒香讀邪俗道書云以助化卒爲南夷所殺胡三省曰區烏侯翻姓也又虧于翻周壽昌曰江表傳云張津爲南夷所殺此云爲其將所殺蓋道阻兵亂傳述有歧載筆者各就所聞書之也 而荆州牧劉表遣零陵賴恭代津 零陵見蜀志先主傳建安十三年胡三省曰姓譜賴爲楚所滅子孫以國爲氏風俗通漢有交阯太守賴先錢大昭曰賴恭爲先主鎭遠將軍官至太常弼按賴恭見先主傳甘后傳及楊戲季漢輔臣贊王元泰注 是時蒼梧太守史璜死表又遣吳巨代之 錢大昭曰薛綜步騭傳亦作吳巨惟蜀先主傳注引江表傳作吳臣疑誤 與恭俱至 薛綜傳零陵賴恭先輩仁謹不曉時事劉表又遣長沙吳巨爲蒼梧太守巨武夫輕悍不爲恭服所取相怨恨逐出恭 漢聞張津死賜燮璽書曰交州絕域南帶江海上恩不宣下義壅隔知逆賊劉表又遣賴恭闚看南土今以燮爲綏南中郞將董督七郡 南海蒼梧鬱林合浦交阯九眞日南凡七郡 領交阯太守如故 或曰下云道路斷絕此璽書乃燮僞託以自重弼按許靖傳亦云交部驛使斷絕惟此傳下文又云燮遣張旻奉貢特復下詔是道路仍通也趙一淸曰續郡國志補注引王範交廣春秋曰交州治羸𨻻縣元封五年移治蒼梧廣信縣建安十五年治番禺縣詔書以州邊遠使持節幷七郡皆受鼓吹以重威鎭一淸案此漢朝所命詔士燮不詔步騭也宋書州郡志十六年徙治番禺與交廣春秋差越一年又宋志交阯太守領縣有吳興軍平武寧武安並吳立 後燮

遣吏張旻奉貢詣京都是時天下喪亂道路斷絕而燮不廢貢職特復下詔拜安遠將軍封龍度亭侯後巨與恭相失舉兵逐恭恭走還零陵建安十五年孫權遣步騭爲交州刺史騭到燮率兄弟奉承節度而吳巨懷異心騭斬之 步騭傳建安十五年騭出領鄱陽太守歲中徙交州刺史劉表所置蒼梧太守吳巨外附內違騭降意懷誘請相見因斬徇之士燮兄弟相率供命南土之賓自此始也 權加燮爲左將軍建安末年燮遣子廞入質權以爲武昌太守燮壹諸子在南者皆拜中郞將燮又誘導益州豪姓雍闓等率郡人民使搖東附 搖宋本元本官本作遙是益州在西故曰東附步騭傳益州大姓雍闓等殺蜀所署太守正昂與燮相聞求欲內附騭因承制遣使宣恩撫納 權益嘉之遷衞將軍封龍編侯弟壹偏將軍都鄉侯燮每遣使詣權致雜香細葛輒以千數明珠大貝流離翡翠瑇瑁犀象之珍 潘眉曰流離卽瑠璃古字通漢書西域傳珠璣珊瑚虎魄碧流離師古引魏略曰大秦國出赤白黑黃靑綠縹紺紅

紫十種流離𥻗按餘均見魏志東夷傳注引魏略西戎傳奇物異果蕉邪龍眼之屬邪卽椰廣雅曰益智龍眼也謝承後漢書曰交阯七郡獻龍眼廣志曰龍眼樹葉似荔枝蔓延緣木生子大如酸棗色異純甘無酸交州記曰龍眼樹高五六丈似荔枝而小廣州記曰龍眼子似荔枝七月熟無歲不至壹時貢馬凡數百匹權輒爲書厚加寵賜局本賜作錫以答慰之燮在郡四十餘歲燮蓋以靈帝中平時爲交阯太守黃武五年年九十卒權以交阯縣遠乃分合浦以北爲廣州呂岱爲刺史交阯以南爲交州戴良爲刺史又遣陳時代燮爲交阯太守呂岱傳延康元年岱代步隲爲交州刺史交阯太守士燮卒權以燮子徽爲安遠將軍領九眞太守以校尉陳時代燮岱表分海南三郡爲交州以將軍戴良爲刺史海東四郡爲廣州岱自爲刺史岱留南海良與時俱前行到合浦而燮子徽自署交阯太守發宗兵拒良胡三省曰自漢末之亂南方之人率宗黨相聚爲兵以自衞良留合浦交阯桓鄰燮舉吏也叩頭諫徽使迎良徽怒笞殺鄰鄰兄治子發又合宗兵擊徽徽閉門城守治等攻之數月不

能下乃約和親各罷兵還而呂岱被詔誅徽自廣州將兵晝夜馳入過合浦與良俱前壹子中郞將匡與岱有舊岱署匡師友從事師友從事見蜀志周羣傳胡三省曰師友從事者署爲從事而待以師友之禮先移書交阯告喻禍福又遣匡見徽說令服罪雖失郡守保無他憂岱尋匡後至徽兄祗弟幹頌等六人肉袒奉迎岱謝令復服前至郡下明日早施帳幔請徽兄弟以次入賓客滿坐岱起擁節讀詔書數徽罪過左右因反縛以出卽皆伏誅傳首詣武昌呂岱傳遣戴良與陳時南入而徽不承命舉兵戍海口以拒良等岱上疏請討徽罪督兵三千人晨夜浮海過合浦與良俱進徽率兄弟六人肉袒迎岱岱皆斬送其首

孫盛曰夫柔遠能邇莫善於信保大定功莫善於義故齊桓創基德彰於柯會公羊傳莊公十三年公會齊侯盟于柯曹子曰願請汶陽之田管子顧曰君許諾桓公曰諾曹子請盟桓公下與之盟已盟曹子摽劍而去之要盟可犯而桓公不欺曹子可讎而桓公不怨桓公之信著乎天下自柯之盟始焉杜預曰柯今濟北東阿晉文始伯義顯於伐原左傳僖公二十五年晉侯圍原命三日之糧原不降命去之諜出曰原將降矣原吏曰請待之公曰信國之寶也民之所庇也得原失信何以庇之所亡滋多退一舍而原降故能九合一匡世主夏盟令問長世貽範百王呂岱師友士匡使通信誓徽兄弟肉袒推心委命岱因滅之以要功利胡三省曰要讀曰邀君子是以知孫權之不能遠略而呂氏之祚不延者也胡三省曰呂岱子孫無聞

壹䵋匡後出權原其罪及燮質子廞皆免爲庶人數歲壹䵋坐法誅廞病卒無子妻寡居詔在所月給俸米賜錢四十萬趙一清曰隋書經籍志有交州雜事九卷記士燮陶璜事

評曰劉繇藻厲名行好尙臧否至於擾攘之時據萬里之土非其長也太史慈信義篤烈有古人之分士燮作守南越優游終世至子不

愼自貽凶咎蓋庸才玩富貴而恃險使之然也宋本險上有阻字

吳書四　　三國志四十九

妃嬪傳第五（劉咸炘曰既貶稱夫人何爲題曰妃嬪是篇敘吳景徐琨等事仍馬班外戚傳法）

晉　平　陽　侯　相　安　漢　陳　壽　撰

宋中書侍郎西鄉侯　聞喜裴松之　注

沔陽盧　弼集解

孫破虜吳夫人吳主權母也本吳人徙錢唐（吳錢唐均見孫堅傳）早失父母與弟景居（趙一淸曰寰宇記卷九十一云姑蘇山西北十二里胥口東岸有漢奉車都尉衡州刺史吳煇墓（弼按寰宇記衡作衡漢時無衡州亦無衡州二者均誤）煇字光脩丹陽太守吳景父也）孫堅聞其才貌欲娶之吳氏親戚嫌堅輕狡將拒焉堅甚以慙恨夫人謂親戚曰何愛一女以取禍乎如有不遇命也於是遂許爲婚生四男一女（錢大昭曰諸葛瑾傳云孫權姊婿曲阿弘咨見而異之疑卽此一女之夫也弼按孫堅傳堅四子策權翊匡潘濬傳注引吳書云權以姊陳氏女妻潘祕蜀志先主傳權進妹固好據此數傳是吳夫人所生不止一女也或爲庶生之女乎）

搜神記曰初夫人孕而夢月入其懷既而生策及權在孕又夢日入其懷以告堅曰昔妊策夢月入我懷今也又夢日入我懷何也堅曰日月者陰陽之精極貴之象吾子孫其興乎（宋書符瑞志所載與此同已見孫權傳注）

景常隨堅征伐有功拜騎都尉袁術上景領丹陽太守（丹陽郡見孫策傳）討故太守周昕（周昕事見孫靜傳又見魏志武紀初平元年）遂據其郡孫策與孫河呂範依景（孫河孫堅族子見孫韶傳注引吳書孫策傳策舅吳景時爲丹陽太守策與呂範孫河俱就景）合衆共討涇縣山賊祖郎（涇縣見孫策傳祖郎事見孫策傳注引江表傳又詳見孫輔傳注引江表傳）郎敗走會景爲劉繇所迫（孫策傳劉繇爲揚州刺史渡江治曲阿時吳景尙在丹陽策從兄賁又爲丹陽都尉繇至皆迫逐之）復北依術術以爲督軍中郎將與孫賁共討樊能于麋於橫江又擊笮融薛禮於秣陵（橫江秣陵俱見孫策傳笮融薛禮事見劉繇傳）時策被創牛渚（牛渚見孫策傳策攻牛渚爲流矢所中見策傳注引江表傳）降賊復反景攻討盡禽之從討劉繇繇奔豫章（豫章見孫策傳）策遣景賁到壽春報術術方與劉備爭徐州以景爲廣陵太守術後僭號策以書喩術術不納便絕江津不與通使人告景景卽委郡東歸策復以景爲丹陽太守漢遣議郎王誧（原注音普）銜命南行（王誧於建安二年南行見孫策傳注引江表傳）表景爲揚武將軍領郡如故及權少年統業夫人助治軍國甚有補益（周瑜傳注引江表傳曰曹公新破袁紹建安七年下書責孫權質任子權召羣臣會議不能決乃獨將瑜詣母前定議權母曰公瑾議是也遂不送質張紘傳注引吳書曰權初承統太夫人以方外多難深懷憂勞數有優令辭謝付屬以輔助之義紘輒拜牋答謝張昭傳昭曰昔太后桓王以陛下屬老臣是以思盡臣節以報厚恩董襲傳權年少初統事太妃憂之引見張昭及襲等問江東可保安否據此數傳所云皆爲夫人助治軍國之證）

會稽典錄曰（章宗源曰晉書虞預傳預著會稽典錄二十篇史通採撰篇曰郡國之記譜諜之書務欲矜其州里誇其士族如江東五儁始自會稽典錄穎川八龍出於荀氏家傳苟不別加研覆何以詳其是非雜述篇曰若圈稱陳留耆舊周裴汝南先賢陳壽益部耆舊虞預會稽典錄此之謂郡書者也愚案吳志虞翻傳注引山陰朱育對太守濮陽興述初平末年王府君問士於虞仲翔仲翔具答其言會稽人士最詳至江東五儁逸篇中未見徵引沈家本曰隋志會稽典錄二十四卷虞豫撰二唐志卷同豫作預晉書本傳作預傳云著會稽典錄二十篇與隋唐志篇卷不同黃逢元曰國志注世說各篇注書鈔初學記御覽屢引此書弼按虞預事見魏志王粲傳注引虞預晉書會稽典錄輯本見說郛及古今說部叢書）

策功曹魏騰（官本攷證曰御覽作魏勝盧明楷曰吳範傳作魏滕注引忤策幾殆賴太妃救得免事與此合蓋騰與滕音同勝則滕字之譌耳）以迕意見譴將殺之士大夫憂恐計無所出夫人乃倚大井而謂策曰汝新造江南其事未集方當優賢禮士捨過錄功魏功曹在公盡規（毛本功作公誤）汝今日殺之則明日人皆叛汝吾不忍見禍之及當先投此井中耳策大驚遽釋騰夫人智略權譎類皆如此

建安七年臨薨（梁章鉅曰此書七年者當因下文八年景卒官之文而誤弼按孫權傳亦云七年薨）引見張昭等屬以後事合葬高陵（孫堅墓曰高陵見孫堅傳注引吳錄）

志林曰案會稽貢舉簿建安十二年到十三年闕無舉者云府君遭憂此則吳后以十二年薨也八年九年皆有貢舉斯甚分明

八年景卒官子奮授兵爲將封新亭侯卒

吳書曰權征荆州拜奮吳郡都督以鎭東方

子安嗣安坐黨魯王霸死奮弟祺

吳書曰祺與張溫顧譚友善權令關平辭訟事

封都亭侯卒子纂嗣纂妻卽滕胤女也胤被誅并遇害

吳主權謝夫人會稽山陰人也會稽山陰見孫堅傳父煚官本煚作煛沈家本曰作煚是廣韻二十八梗煚俱永切火也何焯曰煚音警漢尚書郎徐令郡國志徐州下邳國徐李兆洛曰今安徽泗州盱眙縣西北八十里

煚子承撰後漢書謝承書詳見魏志武紀初平元年趙一清曰困學紀聞云謝承父煚爲尚書郞每讀高祖及光武之後將相名臣策文通訓條

在南宮祕於省閣唯臺郞升複道取急因得開覽漢尚書作詔文尚書郞乃令中書舍人闞若璩曰謝書一百三十卷陽曲傅山謂永樂閒揚州曾有刊本一清案傳徵君非妄言者曾與莆田鄭王臣晤於京師渠云閩中舊家有此書彼親見來記此以爲他日訪求之迹稱煚幼以仁孝爲行明達

有令才煚弟貞履蹈法度篤學尙義舉孝廉建昌長建昌見孫權傳黃武七年卒官

權母吳爲權聘以爲妃愛幸有寵後權納姑孫徐氏欲令謝下之何焯曰三國之君皆不知正家納再婚之女而反使聘嫡下之此權晚年所以繼嗣不定也謝不肯由是失志早卒孫霸傳霸二子基壹與祖母謝姬徙會稽烏傷據霸傳則霸爲謝姬所生然非此謝夫人也後十餘年弟承拜五官郞中稍遷長沙東部都尉孫亮傳太平二年以長沙東部爲湘東郡武陵太守武陵郡見蜀志先主傳建安十三年撰後漢書百餘卷

會稽典錄曰承字偉平博學洽聞嘗所知見終身不忘子崇揚威將軍崇弟勖吳郡太守並知名

吳主權徐夫人吳郡富春人也富春見孫堅傳祖父眞與權父堅相親堅以妹妻眞生琨琨少仕州郡漢末擾亂去吏隨堅征伐有功拜偏將軍堅薨隨孫策討樊能于麋等於橫江擊張英於當利口橫江當利口俱見孫策傳而船少欲駐軍更求琨母時在軍中謂琨曰恐州家多發水軍來逆人劉繇爲揚州刺史故稱爲州家則不利矣如何可駐邪宜伐蘆葦以爲泭佐船渡軍琨母卽孫堅妹亦可謂有諸兄風

泭音敷郭璞注方言曰泭水中簰也今本方言泭謂之䉀䉀謂之筏筏秦晉之通語也今本無郭注此文說文泭編木以渡也釋言舫泭也孫炎注云方木置水中爲泭筏也釋文泭字或作柎又作桴楚辭九章乘氾泭以下流兮王逸注云編竹木曰泭

琨具啓策策卽行之衆悉俱濟遂破英擊走笮融劉繇事業克定或曰此策渡江第一戰功乃散見於不經意處隆窪高下因物施劊史家鴻鈞手然也策表琨領丹陽太守會吳景委廣

陵來東復爲丹陽守

江表傳曰初袁術遣從弟胤爲丹陽袁胤事見孫策傳注引江表傳策令琨討而代之會景還以景前任仕丹陽宋本任作在仕字當衍文寬仁得衆吏民所思而琨手下兵多監本手作下誤策嫌其太重且方攻伐宜得琨衆乃復用景召琨還矣宋本矣作吳

琨以督軍中郞將領兵從破廬江太守李術李術事見孫權傳建安五年注引江表傳封廣德侯晉志揚州宣城郡廣德宋志宣城太守廣德令何志云漢舊縣二漢志並無疑是吳所立元和志後漢分故鄣置洪亮吉曰縣是漢末立故二漢志未錄當以何承天志爲是謝鍾英曰呂蒙傳孫權統事蒙領廣德長卽此方輿紀要今安徽廣德州治遷平虜將軍平虜將軍一人第三品後從討黃祖中流矢卒琨生夫人初適同郡陸尙尙卒權爲討虜將軍在吳聘以爲妃使母養子登後權遷移以夫人妒忌廢處吳積十餘年權爲吳王及卽尊號登爲太子羣臣請立夫人爲后權意在步氏

卒不許孫登傳登所生庶賤徐夫人少有母養之恩後徐氏以妬廢處吳登將拜太子辭曰欲立太子宜先立后權曰卿母安在對曰在吳權默然後以疾卒兄矯嗣父琨侯討平山越拜偏將軍先夫人卒無子弟祚襲封亦以戰功至于蕪湖督官本攷證曰漢丹陽郡蕪湖縣東晉始改名于湖此于字疑衍錢儀吉曰漢丹陽郡有蕪湖而于湖至晉太康二年始分丹陽縣立此于字當衍謝鍾英曰丹陽郡有于湖城沈志于湖縣三國吳爲督農校尉治弼按蕪湖見太史慈傳晉志丹陽郡有于湖蕪湖二縣吳於濱江要地置督以作蕪湖督爲是于湖非蕪湖所改官本攷證誤平魏將軍梁章鉅曰此所謂雜號將軍惟吳置之徐祚及朱績鍾離牧三人

吳主權步夫人臨淮淮陰人也臨淮淮陰見步騭傳與丞相騭同族漢末其母攜將徙廬江廬江爲孫策所破皆東渡江以美麗得幸於權寵冠後庭御覽庭作宮生二女長曰魯班字大虎前配周瑜子循後配全琮少曰魯育字小虎前配朱據後配劉纂梁章鉅曰以金枝玉葉之貴同時再醮恬不爲怪當時之風尚可知矣侯康曰抱朴子譏惑篇云吳之善書則有皇象劉纂岑伯然朱季平皆一代之絕手也弼按劉纂爲車騎見孫峻傳公主魯班與孫峻私通孫峻殺公主魯育亦見孫峻傳

吳歷曰纂先尚權中女早卒故又以小虎爲繼室左傳惠公元妃孟子孟子卒繼室以聲子杜注元妃死次妃攝治內事猶不得稱夫人故謂之繼室何焯曰繼室之名于時已謬故委巷之書君子所慎周壽昌曰三國時重左氏學繼室二字卽本左氏不得謂爲委巷卽晉胡冲吳厤亦古矣何得謂爲委巷之書

夫人性不妬忌御覽忌作嫉多所推進故久見愛待監本待作侍誤權爲王及帝意欲以爲后而羣臣議在徐氏權依違者十餘年或曰權以晏昵之私妃匹不正以致嗣子不定卒致顚覆此孔子所以以二南教子也然宮內皆稱皇后親戚上疏稱中宮及薨臣下緣權指御覽指作旨請追正名號乃贈印綬策命曰惟赤烏元年閏月戊子潘眉曰是年魏閏十一月吳閏十月蓋魏用景初厤吳自用夏正蜀與吳同時魏景初二年也皇帝曰嗚呼皇后惟后佐命共承天地虔恭夙夜與朕均勞內教脩整禮義不愆寬容慈惠有淑懿之德民臣縣望遠近歸心朕以世難未夷大統未一緣后雅志每懷謙損是以于時未授名號亦必謂后降年有永永與朕躬對揚天休不寤奄忽大命近止朕恨本意不早昭顯傷后殂逝不終天祿愍悼之至痛于厥心今使使持節丞相醴陵亭侯雍錢大昭曰顧雍傳雍初封陽遂鄉侯進封醴陵侯子裕襲醴陵侯蓋由鄉侯進封縣侯也亭字衍奉策授號配食先后魂而有靈嘉其寵榮嗚呼哀哉葬於蔣陵杭世駿曰六朝事迹云今蔣子文廟相對向西有曰孫陵岡是爲蔣陵赤烏元年追拜夫人步氏爲皇后後合葬蔣陵今蔣廟西南孫陵岡上有步夫人墩墩之側有夫人冢乃其地也

吳主權王夫人琅邪人也

吳書曰夫人父名盧九

夫人以選入宮黃武中得幸以孫和赤烏五年年十九推之當生於黃武三年夫人當於黃武二年前選入宮生孫和孫字衍寵次步氏步氏薨後和立爲太子權將立夫人爲后而全

公主素憎夫人稍稍譖毀及權寢疾言有喜色由是權深責怒以憂死孫和傳少以母王有寵見愛赤烏五年立爲太子時年十九是後王夫人與全公主有隙全公主言王夫人見上寢疾有喜色權由是發怒夫人憂死和子晧立追尊夫人曰大懿皇后封三弟皆列侯

吳主權王夫人南陽人也以選入宮嘉禾中得幸生孫休孫字衍孫休死於永安七年年三十當生於嘉禾四年及和爲太子和母貴重諸姬有寵者御覽姬作妃皆出居外趙一清曰拾遺記吳主趙夫人丞相達之妹善畫巧妙無雙能於指間以綵絲織雲霞龍蛇之錦大則盈尺小則方寸宮中謂之機絕孫權常歎魏蜀未夷軍旅之隙思得善畫者使圖山川地勢軍陣之像達乃進其妹權使寫九州江湖方嶽之勢夫人曰丹青之色甚易歇滅不可久寶妾能刺繡作列國方帛之上寫以五嶽河海城邑行陣之形既成乃進於吳主時人謂之針絕雖棘刺木猴雲梯飛鳶無過此麗也權居昭陽宮倦暑乃褰紫綃之帷夫人曰此不足貴也權使夫人指其意思焉答曰妾欲窮慮盡思能使下綃帷而清風自入視外無有蔽礙列侍者飄然自涼若馭風而行也權稱善夫人乃折髮以神膠續之神膠出鬱夷國接弓弩之斷絃百斷百續也乃織爲羅縠累月而成裁爲幔內外視之飄飄如煙氣輕動而房內自涼時權常在軍旅每以此幔自隨以爲征幕舒之則廣縱一丈卷之則可內於枕中時人謂之絲

絕故吳有三絕四海無儔其妙後有貪寵求媚者言夫人幻耀於人主因而致退黜雖見疑墜猶存錄其巧工吳亡不知所在弼按趙達未爲丞相可證拾遺記之虛僞

夫人出公安卒因葬焉公安見蜀志劉璋傳休卽位遣使追尊曰敬懷皇后御覽懷作華改葬敬陵王氏無後封同母弟文雍爲亭侯

吳主權潘夫人會稽句章人也句章見孫堅傳父爲吏坐法死夫人與姊俱輸織室漢書五行志織室所以奉宗廟衣服權見而異之召充後宮得幸趙一清曰拾遺記吳主潘夫人父坐法夫人輸入織室容態少儔爲江東絕色同幽者百餘人謂夫人爲神女敬而遠之有司聞於吳主使圖其容貌夫人憂戚不食減瘦改形工人寫其眞狀以進吳主見而喜悅以琥珀如意撫案卽折嗟曰此神女也愁容尙能感人況在歡樂乃命雕輪就織室納於後宮果以姿色見寵每以夫人遊昭宣之臺恣意幸適旣盡酣醉唾於玉壺中使侍婢瀉於臺下得火齊指環卽挂石榴枝上因其處起臺名曰環榴臺時有諫者云今吳蜀爭雄還劉之名將爲妖矣權乃翻其名曰榴環臺又與夫人遊釣臺得大魚吳主大喜夫人曰昔聞泣魚今乃爲喜有喜必有憂以爲深戒至末年漸相譖毀稍見離退時人謂夫人知幾其神釣臺基今尙存焉弼按拾遺記所載與本傳異秦嘉生於隴西與河洛隔絕文獻無徵事多附會不足以參證史籍四庫提要亦謂其言荒誕證以史傳皆不合也有娠御覽娠作身夢有

似龍頭授己者元本官本似作以劉家立曰以似古字通己以蔽膝受之遂生孫亮孫字衍或曰亮不終兆於初生數有前定邪抑後人傳會邪赤烏十三年亮立爲太子孫亮傳亮姊全公主譖太子和子母赤烏十三年和廢權遂立亮爲太子是時亮僅八歲權已六十九矣暮年倒行逆施立此幼子溺愛之私一致如是請出嫁夫人之姊權聽許之明年太元元年立夫人爲皇后性險妒容媚自始至卒譖害袁夫人等甚衆

吳錄曰袁夫人者袁術女也魏志袁術傳術女入孫權宮有節行而無子權數以諸姬子與養之輒不育及步夫人薨權欲立之夫人自以無子固辭不受

權不豫夫人使問中書令孫弘御覽孫弘作張昭誤弘爲會稽人見張昭傳注引吳錄中書令孫弘附魯王霸見孫和傳注引殷基通語朱據傳中書令孫弘譖潤據權寢疾弘爲詔書追賜據死弘後爲諸葛恪所殺見恪傳呂后專制故事侍疾疲勞因以羸疾諸宮人伺其昏臥共縊殺之託言中惡胡三省曰中惡暴病而死也中竹仲翻後事泄坐死者六七人胡三省曰斯事也實吳用事之臣所爲也潘后欲求稱制左右小人正當相與從臾爲之安有不勝其虛而縊殺之之理吳史緣飾後人遂因而書之云爾權尋薨合葬蔣陵孫亮卽位以夫人姊壻譚紹爲騎都尉授兵亮廢紹與家屬送本郡廬陵孫權尙有仲姬見孫奮傳

孫亮全夫人全尙女也全尙妻卽孫峻姊見朱夫人傳孫綝傳亮妃綝從姊女也通鑑會稽潘夫人有寵於吳主生少子亮吳主愛之全公主旣與太子和有隙欲豫自結數稱亮美以其夫之兄子尙女妻之胡三省曰爲後孫綝殺尙廢亮還全公主張本尙從祖母公主愛之此卽謂全公主也全公主爲全尙女之從祖母此尙字衍每進見輒與俱及潘夫人母子有寵公主自以與孫和母有隙公主宋元本馮本作全主乃勸權爲潘氏男亮納夫人全公主蓋以其夫家之姪孫女爲母家之弟婦亮遂爲嗣夫人立爲皇后趙一清曰拾遺記孫亮作琉璃屏風甚薄而瑩徹每於月下清夜舒之常與愛姬四人皆振古絕色一名朝姝二名麗居三名洛珍四名潔華使坐屛風內而外望之如無隔唯香氣不通於外爲四人合四氣香殊方異國所出凡經踐躡宴息之處香氣沾衣歷年彌甚百浣不歇因名曰百濯香或以人名香故有朝姝香麗居香洛珍香潔華香亮每遊此四人皆同輿席來侍皆以香名前

後爲次不得亂之所居室名爲思香媚寢蔣超伯曰敘小志麗居孫亮愛姬也鬢髮香淨一生不用洛成洛成乃梳篦別名以尙爲城門校尉當在建興初封都亭侯代滕胤爲太常衞將軍當在太平元年滕胤爲大司馬在太平元年進封永平侯宋書州郡志丹陽尹永世令吳分溧陽爲永平縣晉武帝太康元年更名方輿紀要今江蘇鎭江府溧陽縣南十五里錄尙書事時全氏侯有五人全琮因功封錢唐侯在尙主之前不緣外戚餘人封侯史無明文並典兵馬其餘爲侍郎騎都尉宿衞左右自吳興監本興作典誤外戚貴盛莫及及魏大將諸葛誕以壽春來附而全懌全端全禕全儀等並因此際降魏諸全降魏事詳見魏志鍾會傳全熙謀泄見殺由是諸全衰弱會孫綝廢亮爲會稽王後又黜爲侯官侯侯官見孫休傳永安三年夫人隨之國居侯官尙將家屬徙零陵零陵見蜀志先主傳建安十三年迫見殺宋本迫作追官本作道

吳錄曰亮妻惠解有容色居侯官吳平乃歸永寧中卒已至晉惠帝時矣

孫休朱夫人朱據女休姊公主所生也卽朱公主魯育之女也權納姑孫休妻其甥臣松之以爲休妻其甥事同漢惠荀悅前漢紀惠帝四年立皇后張氏帝長姊魯元公主女也太后欲爲重親故配帝荀悅譏之已當故不復廣言荀悅曰夫婦之際人道之大倫也詩稱刑于寡妻至于兄弟以御于家邦易稱正家道家道正而天下大定矣姊子而爲后昏於禮而黷於人情非所以示天下作民則也羣臣莫諫過哉

赤烏末權爲休納以爲妃時休年十六歲休爲琅邪王孫權傳太和二年立子休爲琅邪王居虎林隨居丹陽隨疑作徙孫休傳諸葛恪不欲諸王在濱江兵馬之地徙休於丹陽郡建興中孫峻專政公族皆患之全尙妻卽峻姊故惟全主祐焉初孫和爲太子時全主譖害王夫人欲廢太子立魯王朱主不聽由是有隙五鳳中孫儀謀殺峻事覺被誅事見孫亮傳五鳳二年全主因言朱主與儀同謀峻枉殺朱主是時朱據已死魯育改適劉纂何以尙稱朱主孫峻傳將軍孫儀等欲因會殺峻事泄儀等自殺死者數十人幷及公主魯育休懼遣夫人還建業執手泣別既至峻遣還休太平中陳本太上有後字誤孫亮知朱主爲全主所害問朱主死意胡三省曰問公主見殺之意全主懼曰我實不知皆據二子熊損所白亮殺熊損朱據傳孫亮時二子熊損各復領兵爲全公主所譖皆死孫綝傳亮推魯育見殺本末責怒虎林督朱熊熊弟外部督朱損不匡正孫峻乃令丁奉殺熊於虎林殺損於建業損妻是峻妹也孫峻姊爲全尙妻卽全公主之姪婦孫峻妹爲朱損妻卽朱公主之子婦孫綝益忌亮遂廢亮立休永安五年立夫人爲皇后休卒羣臣尊夫人爲皇太后孫休有太子濮陽興張布說休妃太后朱以孫晧爲嗣見孫晧傳孫晧卽位月餘貶爲景皇后稱安定宮甘露元年七月見逼薨事見孫晧傳甘露元年合葬定陵孫休葬定陵見孫晧傳元興元年

搜神記曰孫峻殺朱主埋於石子岡諸葛恪傳建業南有長陵名曰石子岡葬者依焉孫峻殺恪投其尸於此胡三省曰今高座寺後卽石子岡寺在建康城南門外寰宇記岡在江寧縣南十五里周二十里府志今城南高座寺後卽石子岡之地歸命卽位將欲改葬之冢墓相亞不可識別而宮人頗識主亡時所著衣服乃使兩巫各住一處以伺其靈陳本伺作祠使察鑒之不得相近久時二人俱白見一女人年可三十餘上著青錦束頭紫白袷裳丹綈絲屨從石子岡上半岡而以手抑膝長太息小住須臾進一冢便止宋本作進一冢上便住徘徊良久奄然不見二人之言不謀而同於是開冢衣服如之

孫和何姬丹陽句容人也句容見孫權傳赤烏八年父遂本騎士孫權嘗游幸諸營而姬觀於道中御覽姬上有何字權望見異之命宦者召入以賜子和生男權喜名之曰彭祖卽晧也太子和既廢後爲南陽王居長沙孫和傳太元二年封和爲南陽王遣居長沙孫亮卽位孫峻輔政峻素媚事全主全主與和母有隙遂勸峻徙和居新都遣使賜死嫡妃張氏亦自殺張妃爲張昭之孫女張承之女孫權令和修敬於承執子壻之禮見張昭傳孫和傳孫峻奪和璽綬徙新都又遣使者賜死和與張妃辭別張曰吉凶當相隨終不獨生活也亦自殺舉邦傷焉何姬曰若皆從死誰當養孤通鑑養作字胡注說文曰字乳也愛也遂拊育晧及其三弟通鑑拊作撫時在建興二年晧年十二歲晧卽位尊和爲昭獻皇帝

吳錄曰晧初尊和爲昭獻皇帝俄改曰文皇帝

何姬爲昭獻皇后稱升平宮嚴凱爲升平少府見嚴峻傳注引吳書月餘進爲皇太后封弟洪永平侯永平見全夫人傳蔣溧陽侯郡國志揚州丹陽郡溧陽晉志丹陽郡溧陽溧水所出宋志丹陽尹溧陽令漢舊縣吳省爲屯田晉武帝太康元年復立謝鍾英曰呂範傳範以溧陽爲奉邑潘璋傳璋封溧陽侯並在建安二十五年妃嬪傳何蔣封溧陽侯在孫晧卽位之後據此則吳有溧陽沈說蓋非今江寧府高淳縣東南固城鎭一統志故城今鎭江府溧陽縣西北四十五里植宣城侯宣城見孫策傳錢大昕曰宣成當作宣城洪卒子邈嗣爲武陵監軍武林應作虎林見孫權傳太元二年趙一淸曰寰宇記卷一百五武陵城在池州貴池縣東北二十五里孫休爲琅邪王鎭武林城其後何邈爲武陵城都督卽此地林陵音同通用然邈爲監軍樂記云都督非也爲晉所殺植官至大司徒見孫晧傳天紀三年孫晧與舅何植書見晧傳天紀四年注引江表傳吳末昏亂何氏驕僭子弟橫放

百姓患之故民譌言晧久死立者何氏子云何焯曰甲申南渡福邸不君民閒亦訛言非朱氏子立者福邸李件讀云

江表傳曰晧以張布女爲美人張布爲孫晧所殺見孫晧傳元興元年有寵晧問曰汝父何在答曰賊以殺之晧大怒棒殺之後思其顏色使巧工刻木作美人形象恆置座側問左右布復有女否答曰布大女適故衛尉馮朝子純馮朝事見孫亮傳五鳳二年卽奪純妻入宮大有寵拜爲左夫人晝夜與夫人房宴不聽朝政使尙方以金作華燧步搖假髻以千數令宮人著以相撲朝成夕敗輒出更作工匠因緣偷盜府藏爲空會夫人死晧哀愍思念葬於苑中大作冢使工匠刻柏作木人內冢中以爲兵衛以金銀珍玩之物送葬不可稱計已葬之後晧治喪於內半年不出國人見葬大奢麗皆謂晧已死所葬者是也孫奮傳建衡二年孫晧左夫人王氏卒晧哀念過甚朝夕哭臨數月不出由是民閒或訛晧死晧舅子何都顏狀似晧云都代立臨海太守奚熙信譌言奚熙事見孫晧傳鳳皇三年舉兵欲還誅都宋本還下有秣陵二字都叔父信宋本信作植時爲備海督孫晧傳作三郡督擊殺熙夷三族譌言乃息而人心猶疑

孫晧滕夫人故太常胤之族女也胤夷滅夫人父牧以疏遠徙邊郡孫休卽位大赦得還以牧爲五官中郎晧既封烏程侯局本封下有爲字誤聘牧女爲妃宋本聘作娉晧卽位立爲皇后封牧高密侯拜衞將軍錄尙書事後朝士以牧尊戚頗推令諫爭御覽爭作諍而夫人寵漸衰晧滋不悅晧母何恆左右之又太史言於運歷后不可易晧信巫覡故得不廢常供養升平宮牧見遣居蒼梧郡雖爵位不奪其實裔也裔疑作謫遂道路憂死長秋官僚備員而已受朝賀表疏如故而晧內諸寵姬佩皇后璽紱者多矣

江表傳曰晧又使黃門備行州郡科取將吏家女其二千石大臣子女皆當歲歲言名年十五六一簡閱簡閱不中乃得出嫁後宮千數而採擇無已晉書武帝紀太康二年三月召還孫晧妓妾五千人入宮是不止千人也

天紀四年隨晧遷于洛陽吳公主之可紀者孫權姊一適弘咨一適陳氏妹適劉備長女前適周循後適全琮中女適劉纂少女前適朱據後適劉纂又滕胤傳弱冠尙公主注引吳書云權以胤故增重公主之賜則亦當爲權女也朱據傳據孫宣尙公主不知爲何人之女陸抗傳抗子景尙公主景妻孫晧適妹

評曰易稱正家而天下定易家人卦之辭家人女正位乎內男正位乎外男女正天地之大義也家人有嚴君焉父母之謂也父父子子兄兄弟弟夫夫婦婦而家道正正家而天下定矣詩云刑于寡妻至于兄弟以御于家邦詩大雅思齊篇之辭毛傳云刑法也寡妻適妻也御迎也鄭箋云寡妻寡有之妻言賢也御治也文王以禮法接待其妻至於宗族以此又能爲政治於家邦也誠哉是言也遠觀齊桓近察孫權皆有識士之明傑人之志而嫡庶不分閨庭錯亂遺笑古今殃流後嗣由是論之惟以道義爲心平一爲主者然後克免斯累邪

吳書五　三國志五十

宗室傳第六 劉咸炘曰諸曹尙不稱宗室此何爲稱當云諸孫乃歸一例

晉平陽侯相安漢陳壽撰

宋中書侍郎西鄉侯聞喜裴松之注

沔陽盧弼集解

孫静字幼臺 馮本幼作幼誤 堅季弟也堅始舉事静糾合鄉曲及宗室五六百人以爲保障 劉家立曰宗室疑作宗族 衆咸附焉策破劉繇定諸縣進攻會稽遣人請静静將家屬與策會于錢唐 會稽錢唐均見孫堅傳 是時太守王朗拒策於固陵 水經漸江水注浙江又逕固陵城北昔范蠡築城于浙江之濱言可以固守謂之固陵今之西陵也浙江又東逕柤塘謂之柤瀆昔太守王朗拒孫策數戰不利孫静果說策曰朗負阻城守難可卒拔柤瀆去此數十里是要道也若從此攻其無備破之必矣策從之破朗于固陵一統志固陵在今浙江紹興府蕭山縣西十二里 策數度水戰 宋本度作渡通鑑同 不能克静說策曰朗負阻城守難可卒拔查瀆南去此數十里 查瀆酈注作柤瀆見上方輿紀要卷九十二查瀆在蕭山縣西南九里謝鍾英曰據水經注當在蕭山東南 而道之要徑也宜從彼據其内所謂攻其無備出其不意者也吾當自帥衆爲軍前隊破之必矣策曰善乃詐令軍中曰頃連雨水濁兵飲之多腹痛令促具罌缶數百口澄水 康發祥曰罌音英同罌說文缶也廣雅瓶也師古曰謂瓶之大腹小口者也 至昏暮四維然火誑朗 宋本四維作羅通鑑作夜多然火爲疑兵 便分軍夜投查瀆道襲高遷屯 胡三省曰蔡邕嘗經會稽高遷亭取椽竹以爲笛即其處也方輿紀要高遷屯在蕭山縣東北五十里亦曰高遷亭又名柯亭東南去紹興府四十里

臣松之案今永興縣有高遷橋 宋書州郡志會稽太守永興令漢舊餘暨縣吳更名謝鍾英曰餘暨兩漢志屬會稽沈志吳更名永興水經注漢末童謡云天子當興三餘之閒故孫權改曰永興縣濱浙江方輿紀要今紹興府蕭山縣治一統志今蕭山縣長興鄉 查音祖加反

朗大驚遣故丹陽太守周昕等帥兵前戰 周昕事見魏志武紀初平元年及本志妃嬪傳 策破昕等斬之遂定會稽

會稽典錄曰昕字大明少游京師師事太傅陳蕃博覽羣書明於風角善推災異辟太尉府舉高第稍遷丹陽太守曹公起義兵昕前後遣兵萬餘人助公征伐袁術之在淮南也昕惡其淫虐絕不與通

獻帝春秋曰袁術遣吳景攻昕未拔景乃募百姓敢從周昕者死不赦昕曰我則不德百姓何罪遂散兵還本郡

表拜静爲奮武校尉欲授之重任静戀墳墓宗族不樂出仕求留鎮守策從之權統事就遷昭義中郎將 奮武校尉昭義中郎將各一人皆吳置 終於家有五子暠 暠事見虞翻傳注引吳書 瑜皎奐謙 此與孫晧之弟謙同名 暠三子綽超恭超爲偏將軍恭生峻綽生綝 康發祥曰峻綝皆静之曾孫怙侈滅義因而不終以覗静之戀墳墓宗族不樂出仕迥不相侔豈不有忝厥祖邪

瑜字仲異 錢大昭曰以下文孫皎孫奐例之瑜上當有孫字 以恭義校尉始領兵衆 恭義校尉一人吳置 是時賓客諸將多江西人 江西解見魏志武紀初平四年 瑜虛心綏撫得其歡心建安九年領丹陽太守 孫權弟丹陽太守翊爲左右所害以瑜代之 爲衆所附至萬餘人加綏遠將軍 綏遠將軍一人吳置胡三省曰沈約志魏置將軍四十號綏遠第十四 十一年與周瑜共討麻保二屯破之 水經江水注江水又東得白沙口一名沙屯即麻屯口也本名蔑默口江浦矣南直蒲圻洲水北入百餘里吳所屯也方輿紀要卷七十六麻屯口在武昌嘉魚縣陸口東保屯地蓋相近謝鍾英曰在今嘉魚縣江北沔陽州東弼按建安十五年瑜率水軍住夏口見蜀志先主傳注引獻帝春秋 後從權拒曹公於濡須 濡須見孫權傳建安十六年 權欲交戰瑜說權持重權不從軍果無功遷奮威將軍領郡如故自溧陽徙屯牛渚 溧陽見妃嬪傳何姬傳牛渚見孫策傳 瑜以永安人饒助爲襄安長 永安見孫休傳永安元年郡國志揚州廬江郡襄安一統志故城今安徽無爲州南四十里襄安鎮 無錫人顏連爲居巢長 郡國志揚州吳郡無錫一統志故城今江蘇常州府無錫縣治居巢見魏志武紀建安二十二年 使招

納廬江二郡或曰二郡上疑有九江二字各得降附濟陰人馬普篤學好古瑜厚
禮之使二府將吏子弟數百人就受業遂立學官何校本官作宮朱邦衡曰漢時無學宮之
稱學官是臨饗講肄是時諸將皆以軍務爲事而瑜好樂墳典雖在戎旅
誦聲不絕年三十九建安二十年卒瑜五子彌趙一清曰瑜子名彌皎子亦名彌二者必有一
誤熙燿曼紘曼至將軍封侯
孫皎字叔朗始拜護軍校尉護軍校尉一人吳置領衆二千餘人是時曹公數
出濡須皎每赴拒號爲精銳遷都護征虜將軍胡三省曰征虜將軍始於光武以命祭遵代
程普督夏口夏口見魏志武紀建安十三年黃蓋及兄瑜卒又并其軍賜沙羨雲杜
南新市竟陵爲奉邑沙羨見孫策傳郡國志荆州江夏郡雲杜南新市一統志雲杜故城今湖北漢陽府沔陽州西北南新市故城今湖
北安陸府京山縣東北竟陵見蜀志劉焉傳自置長吏輕財能施善於交結與諸葛瑾至厚

委廬江劉靖以得失趙一清曰劉靖之名一見孫堅傳注引山陽公載記爲董卓別部司馬一見魏志劉馥傳馥之子也與此爲三江
夏李允以衆事廣陵吳碩河南張梁以軍旅劉靖李允吳碩張梁事見後孫奐傳而傾心
親待莫不自盡皎嘗遣兵候獲魏邊將吏美女以進皎皎更其衣服
送還之下令曰今所誅者曹氏其百姓何罪自今以往不得擊其老
弱由是江淮閒多歸附者嘗以小故與甘寧忿爭或以諫寧寧曰臣
子一例征虜雖公子何可專行侮人邪吾値明主但當輸効力命以
報所天誠不能隨俗屈曲矣權聞之以書讓皎曰自吾與北方爲敵
中閒十年初時相持年小今者且三十矣建安五年孫權統事時年二十歲此書蓋作於建安十五年
孔子言三十而立非但謂五經也授卿以精兵委卿以大任都護諸
將於千里之外欲使如楚任昭奚恤揚威於北境昭奚恤楚宣王之相也戰國策荆宣王問

羣臣曰吾聞北方之畏昭奚恤也果誠何如非徒相使逞私志而已近聞卿與甘興霸飲甘寧字興
霸因酒發作侵陵其人其人求屬呂蒙督中此人雖麤豪有不如人
意時然其較略大丈夫也吾親之者非私之也吾親愛之卿疎憎之
卿所爲每與吾違其可久乎興霸有禽黃祖破曹公之功其人有豪俠之氣故仲謀優禮之夫居敬而行
簡可以臨民愛人多容可以得衆二者尚不能知安可董督在遠禦
寇濟難乎卿行長大特受重任上有遠方瞻望之視宋本視作觀下有部
曲朝夕從事何可恣意有盛怒邪人誰無過貴其能改宜追前愆深
自咎責今故煩諸葛子瑜重宣吾意臨書摧愴心悲淚下皎得書上
疏陳謝遂與寧結厚後呂蒙當襲南郡權欲令皎與蒙爲左右部大
督蒙說權曰若至尊以征虜能宜用之以蒙能宜用蒙昔周瑜程普

爲左右部督共攻江陵雖事決於瑜普自恃久將且俱是督遂共不
睦幾敗國事此目前之戒也或曰知二三之不可以集事侃侃爲明主言之不以嫉忌是嫌古人肝膽如雪可敬可愧權
寤謝蒙曰以卿爲大督命皎爲後繼禽關羽定荆州皎有力焉建安
二十四年卒權追錄其功封子胤爲丹陽侯胤卒無子弟晞嗣領兵
有罪自殺國除弟咨彌儀皆將軍封侯錢大昭曰皎與瑜皆孫靜子瑜子既名彌皎子必不同名且下文但
曰咨儀不及彌疑彌字衍文咨羽林督儀無難督羽林督無難督皆吳置咨爲滕胤所殺儀爲孫
峻所害孫峻傳將軍孫儀等欲因會殺峻事泄儀等自殺
孫奐字季明兄皎既卒代統其衆以揚武中郎將領江夏太守揚武中郎
將一人吳置江夏郡見魏志武紀建安十三年及文聘傳在事一年遵皎舊迹禮劉靖李允吳碩張梁
及江夏閭舉等並納其善奐訥於造次而敏於當官軍民稱之黃武

五年權攻石陽石陽見文聘傳奐以地主使所部將軍鮮于丹帥五千人先斷淮道淮字疑誤自帥吳碩張梁五千人爲軍前鋒降高城漢書地理志南郡高成徐松曰說文作高城顧祖禹曰高城後漢廢入孱陵一統志故城今湖北荆州府松滋縣南得三將大軍引還權詔使在前住駕過其軍見奐軍陣整齊權歎曰初吾憂其遲鈍今治軍諸將少能及者吾無憂矣拜揚威將軍封沙羨侯沙羨見孫策傳吳碩張梁皆裨將軍賜爵關內侯

江表傳曰初權在武昌欲還都建業而慮水道泝流二千里一旦有警不相赴及以此懷疑及至夏口於塢中大會百官議之詔曰諸將吏勿拘位任其有計者爲國言之諸將或陳宜立栅栅夏口馮本無下栅字或言宜重設鐵鎖者權皆以爲非計時梁爲小將未有知名乃越席而進曰臣聞香餌引泉魚重幣購勇士今宜明樹賞罰之信遣將入沔與敵爭利形勢既成彼不敢干也使武昌有精兵萬人付智略者任將常使嚴整一旦有警應聲相赴作甘水城輕艦數千諸所宜用皆使備具如此開門延敵敵自不來矣權以梁計爲最得即超增梁位後稍以功進至沔中督吳於要地置督

奐亦愛樂儒生復命部曲子弟就業後仕進朝廷者數十人年四十嘉禾三年卒子承嗣以昭武中郎將代統兵領郡赤烏六年卒無子封承庶弟壹奉奐後魯王霸子亦名壹二者必有一誤襲業爲將孫峻之誅諸葛恪也壹與全熙施績攻恪弟公安督融融見恪傳融自殺壹從鎭南遷鎭軍假節督夏口及孫綝誅滕胤呂據據胤皆壹之妹夫也壹弟封又知胤據謀自殺綝遣朱異潛襲壹異至武昌壹知其攻己率部曲千餘口過將胤妻奔魏魏以壹爲車騎將軍儀同三司封吳侯以故主芳貴人邢氏妻之邢美色妒忌下不堪命遂共殺壹及邢氏壹入魏黃初三年死錢大昕曰壹以孫亮太平二年奔魏卽魏甘露二年也距文帝黃初三年已三十六年矣此云黃初必誤魏志高貴鄉公紀甘露四年十一月車騎將軍孫壹爲婢所殺蓋壹入魏三年而死耳黃初二字當是衍文顧炎武盧明楷說同何焯曰黃初疑首尾之誤

孫賁字伯陽父羌字聖壹郝經續漢書作字聖臺孫堅字文臺孫靜字幼臺羌爲堅兄作臺是堅同產兄也賁早失二親弟輔嬰孩賁自贍育友愛甚篤爲郡督郵守長郡督郵吳郡之督郵也守長二字疑誤堅於長沙舉義兵賁去吏從征伐堅薨賁攝帥餘衆扶送靈柩後袁術徙壽春賁又依之術從兄紹用會稽周昂爲九江太守紹與術不協術遣賁攻破昂於陰陵陰陵見魏志袁術傳術表賁領豫州刺史轉丹陽都尉行征虜將軍討平山越爲揚州刺史劉繇所追逐因將士衆還住歷陽頃之術復使賁與吳景共擊樊能張英等未能拔及策東渡助賁景破英能等遂進擊劉繇繇走豫章策遣賁景還壽春報術值術僭號署置百官除賁九江太守賁不就棄妻孥還江南

曹公爲子彰取賁女見孫策傳

江表傳曰袁術以吳景守廣陵策族兄香亦爲術所用作汝南太守而令賁爲將軍領兵在壽春策與景等書曰今征江東未知二三君意云何耳景卽棄守歸賁因而後免宋本因作困香以道遠獨不得還　吳書曰香字文陽父儒宋本儒作孺字仲孺堅再從弟也仕郡主簿功曹香從堅征伐有功拜郎中後爲袁術驅馳加征南將軍死於壽春

時策已平吳會二郡賁與策征廬江太守劉勳江夏太守黃祖軍旋聞繇病死過定豫章上賁領太守領豫章太守也

江表傳曰時丹陽僮芝自署廬陵太守或曰按孫策傳策定豫章分置廬陵郡是前此未爲郡也此云僮芝自署廬陵太守何歟

豈芝實創之策因分置賦當日私據一城自署太守者所在有之如孟達之爲宜都太守申眈之爲上庸太守是也弼按廬陵郡詳見孫策傳又按太史慈傳注引
江表傳慈見策曰丹陽僮芝自擅廬陵詐言被詔書爲太守此亦自署之證策留賁弟輔領兵住南昌南昌見孫策傳策謂賁
曰兄今據豫章是扼僮芝咽喉而守其門戶矣但當伺其形便因令國儀杖兵而進
孫輔字國儀使公瑾爲作勢援周瑜字公瑾一舉可定也後賁聞芝病卽如策計周瑜到巴丘
當時有兩巴丘名同處異詳見周瑜傳裴注輔遂得進據廬陵
後封都亭侯建安十三年使者劉隱奉詔拜賁爲征虜將軍領郡如
故朱治傳孫權從兄豫章太守賁女爲曹公子婦及曹公破荊州威震南土賁畏懼欲遣子入質治聞之求往見賁爲陳安危賁由此遂止在官十
一年卒子鄰嗣鄰年九歲代領豫章何焯曰九歲無領郡理疑脫十字錢儀吉曰魏晉以來刺史郡守父死子
代往往有之此正以九歲領郡故史異之而著其年若十九歲則文義爲贅進封都鄉侯
吳書曰鄰字公達雅性精敏幼有令譽

在郡垂二十年討平叛賊功績修理宋本功作政召還武昌爲繞帳督洪飴
孫曰繞帳督一人吳所置掌宿衛兵時太常潘濬掌荊州事潘濬傳濬與陸遜俱駐武昌共掌留事重安長陳
留舒燮郡國志荊州零陵郡重安三國吳因改屬衡陽郡謝鍾英曰在今湖南衡州府西六十里有罪下獄濬嘗失燮欲
寘之於法論者多爲有言官本作多有爲言郝經續漢書作多爲言之濬猶不釋鄰謂濬曰
舒伯膺兄弟爭死海內義之以爲美譚仲膺又有奉國舊意今君殺
其子弟若天下一統靑蓋北巡中州士人必問仲膺繼嗣答者云潘
承明殺燮潘濬字承明於事何如濬意卽解燮用得濟
博物志曰仲膺名邵初伯膺親友爲人所殺仲膺爲報怨事覺兄弟爭死皆得免袁術
時邵爲阜陵長阜陵見孫權傳黃龍三年亦見江表傳
鄰遷夏口沔中督威遠將軍洪飴孫曰威遠將軍一人第五品所居任職赤烏十二年

卒子苗嗣苗弟旅及叔父安熙績皆歷列位
吳歷曰鄰又有子曰述爲武昌督平荊州事震無難督諸城門校尉歆樂鄉督趙一淸曰晉書
杜預傳遣牙門率奇兵襲樂鄉至吳都督孫歆帳下虜歆而還王濬先列上得歆頭預後生送歆洛中以爲大笑樂鄉見孫晧傳鳳皇元年震後爲晉
軍與張悌俱死張悌死事見孫晧傳天紀四年及注引襄陽記賁曾孫惠字德施惠別傳曰孫惠別傳隋唐志不
著錄惠好學有才智晉永寧元年赴齊王冏義以功封晉興侯辟大司馬賊曹屬晉書孫惠
傳惠赴齊王冏義討趙王倫以功封晉興縣侯辟大司馬戶曹掾轉東曹屬沈家本曰賊字疑誤冏驕矜僭侈天下失望惠獻言
於冏諷以五難四不可惠諫齊王書見晉書齊王冏傳文繁不錄勸令委讓萬機歸藩靑岱辭甚深切冏
不能納頃之果敗成都王穎召爲大將軍參軍是時穎將有事於長沙晉書惠傳成都王穎薦惠爲大
將軍參軍領奮威將軍白沙督是時穎將征長沙王乂以陸機爲前鋒都督惠與機鄉里親厚同爲吳郡人憂其
致禍謂之曰子盍讓都督於王粹乎晉書王濬傳濬太康六年卒子矩嗣矩弟暢暢子粹太康十年武帝詔粹尙潁川公主仕至魏

郡太守機曰將謂吾避賊首鼠更速其害機尋被戮二弟雲耽亦見殺惠甚傷恨之機雲事見
陸抗傳注引機雲別傳晉書陸機傳太安初成都王穎與河閒王顒起兵討長沙王乂假機後將軍河北大都督督北中郞將王粹冠軍牽秀等諸軍二十餘萬人
機以三世爲將道家所忌又羇旅入宦頓居羣士之右而王粹牽秀等皆有怨心固辭都督穎不許機鄉人孫惠亦勸機讓都督於粹機曰將謂吾爲首鼠避賊適
所以速禍也遂行穎謂機曰若功成事定當爵爲郡公位以台司將軍勉之矣機曰昔齊桓任夷吾以建九合之功燕惠疑樂毅以失垂成之業今日之事在公不
在機也穎左長史盧志心害機寵言於穎曰陸機自比管樂擬君闇主自古命將遣師未有臣陵其君而可以濟事者也穎默然機始臨戎而牙旗折意甚惡之列
軍自朝歌至于河橋鼓聲聞數百里漢魏以來出師之盛未嘗有也長沙王乂奉天子與機戰於鹿苑機軍大敗赴七里澗而死者如積焉水爲之不流宦人孟玖
譖機於穎遂遇害於軍中時年四十三陸雲傳機之敗也并收雲穎有宥雲色孟玖扶穎入催令殺雲時年四十二雲弟耽爲平東祭酒亦有淸譽與雲同遇害大
將軍參軍孫惠與淮南內史朱誕書曰不意三陸相攜闇朝一旦湮滅道業淪喪痛酷之深荼毒難言國喪儁望悲豈一人其爲州里所痛悼如此後東海王越討
穎移檄天下亦以機雲兄弟張枉害罪狀穎云晉書孫惠傳惠擅殺穎牙門將梁儁懼因改姓名以遁永興元年乘輿幸鄴司空東海
王越治兵下邳惠以書干越詭其姓名自稱南岳逸民秦祕之勉以勤王匡世之略辭

義甚美書見晉書孫惠傳文繁不錄越省其書牓題道衢招求其人惠乃出見越卽以爲記室參軍專掌文疏豫參謀議每造書檄越或驛馬催之應命立成皆有辭旨累遷顯職晉書惠傳越誅周穆等夜召參軍王廙造表廙戰懼壞數紙不成時惠不在越歎曰孫中郎在表久就矣後爲廣武將軍安豐內史年四十七卒晉書惠傳以迎大駕之功封臨湘縣公何銳爲安豐太守惠攻殺銳奔入蠻中尋病卒惠文翰凡數十首隋書經籍志晉安豐太守孫惠集八卷梁十一卷錄一卷唐新舊志十卷今存嚴可均輯本

孫輔字國儀賁弟也以揚武校尉佐孫策平三郡策討丹陽七縣孫策傳注引江表傳云陳瑀遣都尉萬演等密渡江使持印傳三十餘細賊與丹陽宣城涇陵陽始安黟歙諸險縣大帥祖郎等使爲內應策所討者卽此諸縣也使輔西屯歷陽歷陽見孫策傳以拒袁術并招誘餘民鳩合遺散又從策討陵陽陵陽見孫策傳生得祖郎等

江表傳曰策既平定江東逐袁胤袁術遣從弟胤爲丹陽孫策令徐琨討而代之會吳景還乃復用景見妃嬪傳徐夫人傳注引江表傳袁術深怨策乃陰遣閒使齎印綬與丹陽宗帥陵陽祖郎等使激動山越大合衆圖共攻策策自率將士討郎生獲之策謂郎曰爾昔襲擊孤斫孤馬鞍孫策傳注引江表傳曰策詣丹陽依舅得數百人而爲涇縣大帥祖郎所襲幾至危殆今創軍立事除棄宿恨惟取能用與天下通耳非但汝汝莫恐怖通鑑莫作勿郎叩頭謝罪卽破械賜衣服署門下賊曹及軍還郎與太史慈俱在前導軍人以爲榮

策西襲廬江太守劉勳輔隨從身先士卒有功策立輔爲廬陵太守策傳立輔爲廬陵太守在前破劉勳在後與此少異蓋書更署長吏連類及之當以此傳爲是觀孫賁傳賁與策征劉勳軍旋過定豫章上賁領太守可證更置長吏在平定劉勳之後也策傳注引江表傳云策分遣從兄賁輔率八千人於彭澤待劉勳賁輔於彭澤破勳撫定屬城分置長吏遷平南將軍假節領交州刺史遣使與曹公相聞事覺權幽繫之

典略曰輔恐權不能保守江東因權出行東冶各本冶均作治乃遣人齎書呼曹公行人以告陳景雲曰輔之得罪史不著其年以阮瑀代曹公與權書攷之蓋在赤壁之役後也是時江東乘戰勝之勢霸業已安輔不當復有懼心其通使曹公殆自有他志非慮權之不克保國也權雖領會稽太守然自以將軍屯吳不過使丞之郡行文書而已攷之吳志終權之世未嘗一至會稽況東冶僻在海隅何暇遠涉其地此魚豢所紀殆不可信權乃還僞若不知與張昭共見輔權謂輔曰兄厭樂邪何爲呼他人輔云無是權因投書與昭昭示輔輔慚無辭乃悉斬輔親近亦其部曲亦宋本作分是徙輔置東胡三省曰置之吳東也趙一清曰東下疑有冶字數歲卒子興昭偉昕皆歷列位

孫翊字叔弼權弟也驍悍果烈有兄策風太守朱治舉孝廉治既舉權復舉翊司空辟

典略曰翊名儼趙一清曰於文當云一名儼性似策策臨卒張昭等謂策當以兵屬儼而策呼權佩以印綬仲謀之不滿意於子布者在此

建安八年以偏將軍領丹陽太守翊領丹陽太守蓋繼吳景之後時年二十翊當生於中平元年後卒爲左右邊鴻所殺宋元本卒作年翊性峭急見朱治傳鴻亦卽誅

吳歷載翊妻徐節行宜與嬀覽等事相次劉咸炘曰承祚不書徐氏事似未知也故所書殺翊不以嬀戴爲主謀故列於後孫韶傳中監本韶作晧誤

子松爲射聲校尉都鄉侯

吳錄曰松善與人交輕財好施鎭巴丘巴丘見周瑜傳數咨陸遜以得失嘗有小過遜面責松松意色不平遜觀其少釋謂曰君過聽不以其鄙官本其作某按作其亦可通數見訪及是以承來意進盡言便變色何也松笑曰屬亦自忿行事有此豈有望邪陸遜傳射聲校尉松於公子中最親戲兵不整遜對之髠其職吏

黃龍三年卒孫翊建安八年年二十爲邊鴻所殺其子松死於黃龍三年亦不過年二十餘歲耳蜀丞相諸葛亮與

兄瑾書曰既受東朝厚遇依依於子弟又子喬良器爲之惻愴見其
所與亮器物感用流涕其悼松如此由亮養子喬咨述故云何焯曰孔明爲之感
涕惜其早亡乃使畯緐敗國錢大昭曰子喬疑是松之字也亮兄瑾子喬自吳至蜀故咨述松而亮傷之也亮以喬爲己適子當云兄子不當謂之養子趙翼曰吳孫輔
傳其子松一段最不可解子喬乃瑾子出繼亮爲後者蓋子喬嘗爲亮述松之爲人也然所謂依依於子弟及與亮器物果何謂也豈亮前奉使至吳時與松相識其後
松又託喬附致器物於亮耶然文義究不明晰潘眉曰書中言子喬良器子喬卽松之字松字子喬猶喬字伯松字義相應也養子喬者亮養子名喬喬自吳來爲亮述
子喬事甚詳故素知其爲良器因其沒而悼之如此又曰松乃孫翊子在翊傳不在輔傳趙氏因二傳相連遂以爲孫輔傳誤一也子喬者松也喬者亮之養子也合兩
子喬爲一誤二也養子喬三子成文當於養子二字略讀（去聲）若截子喬二字爲名則亮養二字作何解誤三也使書中子喬卽是亮養子則亮自與兄書言其子
之爲人與孫翊何涉乃不載于亮瑾二人傳而載於此邪況傳明言悼松如此顯以子喬爲松而以爲文義不明晰竊所未解松以黃龍三年卒亮養子喬已沒九年弼
按潘駮趙說極是然尙有未盡者諸葛亮使吳在建安十三年是時孫翊方死孫松不過數歲何能與亮相識趙說之誤顯然無疑又按畯緐敗國在孫亮之時武侯已
前卒亦不及見何說亦稍失之李慈銘曰趙氏翼廿二史劄記以此數語爲不可解今按子喬當是松字蓋松嘗遺亮器物也松爲權弟之子故曰依依於子弟志不明

言松字子喬者蓋史駮文或闕誤也下云由亮養子喬咨述故云者言亮之知松由於喬之咨述也喬本瑾子爲亮後亮爲之改字伯松蓋亦由器松故名字皆象之趙
氏以兩喬字同遂以子喬爲亮自稱其子非也弼按喬本字仲愼亮以喬爲己適子故易其字曰伯松與孫松初不相涉李說謂亮器松故名字皆象之其說亦誤
傳
孫匡字季佐翊弟也舉孝廉茂才未試用卒時年二十餘曹操以弟女配匡見孫策
江表傳曰曹休出洞口洞口卽洞浦見魏志曹休傳呂範率軍禦之時匡爲定武中郎將定武中郎
將一人吳置遣範令放火何焯校改遣作違弼按呂範時爲大將豈孫匡所能遣作違是燒損茅芒以乏軍用範卽啓
送匡還吳權別其族爲丁氏禁固終身何焯校改固作錮臣松之按本傳曰匡未試用卒時
年二十餘而江表傳云呂範在洞口匡爲定武中郎將既爲定武非爲未試用且孫堅
以初平二年卒洞口之役在黃初三年堅卒至此合三十一年匡時若尙在本傳不得
云卒時年二十餘也此蓋權別生弟朗江表傳誤以爲匡也朗之名位見三朝錄及虞

喜志林也三朝錄未詳志林云堅有五子少子朗庶生見孫堅傳注
子泰曹氏之甥也爲長水校尉嘉禾三年從權圍新城孫權傳嘉禾三年權率大衆圍合肥新城
中流矢死泰子秀爲前將軍夏口督秀公室至親提兵在外宋本提作
提馮本作握晧意不能平建衡二年晧遣何定將五千人至夏口獵先是
民閒僉言秀當見圖而定遠獵秀遂驚夜將妻子親兵數百人奔晉
互見孫晧傳晉以秀爲驃騎將軍儀同三司封會稽公胡三省曰厚其封賞以攜吳人
江表傳曰晧大怒追改秀姓曰厲　干寶晉紀曰秀在晉朝初聞晧降羣臣畢賀秀稱
疾不與南向流涕曰昔討逆弱冠以一校尉創業今後主舉江南而棄之宗廟山陵於
此爲墟悠悠蒼天此何人哉朝廷美之世說新語惑溺篇孫秀降晉晉武帝厚存寵之妻以姨妹蒯氏室家甚篤妻嘗妬乃罵秀
爲貉子秀大不平遂不復入蒯氏大自悔責請救於帝時大赦羣臣咸見既出帝獨留秀從容謂曰天下曠蕩蒯夫人可得從其例不秀免冠而謝遂爲夫婦如初

劉孝標注引太原郭氏錄曰秀字彥才吳郡吳人爲夏口督甚有威恩孫晧憚欲除之遣將軍何定溯江而上辭以捕鹿三千口供廚秀預知謀遂來歸化世祖喜
之以爲驃騎將軍交州牧　晉諸公贊曰吳平降爲伏波將軍開府如故永寧中卒追贈驃騎開
府子儉字仲節給事中趙一淸曰晉書孝友傳孫晷字文度吳伏波將軍秀之曾孫也晷爲兒童未嘗被呵怒顧榮見而稱之謂其外祖薛
兼曰此兒神用淸審志氣貞立非常童也司空何充爲揚州檄晷爲主簿司徒蔡謨辟爲掾屬並不就尙書張國明州土之望表薦晷公車特徵會卒朝野嗟痛之
孫韶字公禮伯父河字伯海本姓俞氏亦吳人也孫策愛之賜姓爲
孫列之屬籍續百官志宗正卿一人中二千石掌序錄王國嫡庶之次及諸宗室親屬遠近郡國歲因計上宗室名籍惠棟曰禮記大傳云繫之
以姓而弗別鄭氏云繫之弗別若今宗室屬籍也
吳書曰河堅族子也出後姑俞氏後復姓爲孫河質性忠直訥言敏行論語君子欲訥於言而敏於行
正義曰訥遲鈍也敏疾也君子但欲遲鈍於言敏疾於行有氣幹能服勤少從堅征討常爲前驅後領左右兵典
知內事待以腹心之任又從策平定吳會呂範傳時唯範與孫河常從策跋涉辛苦危難不避從權討李術孫策

表用汝南李術爲廬江太守見策傳注引江表傳孫權攻術於皖城見權傳建安五年注引江表傳術破拜威寇中郎將威寇中郎將一人吳置領廬江太守

後爲將軍屯京城京城見蜀志先主傳建安十三年胡三省曰京城卽漢吳郡丹徒縣也孫權自吳徙居之命曰京城亦曰京口予謂此京取爾雅丘絕高曰京之義趙一清曰方輿紀要卷二十五鎭江府後漢屬吳郡三國吳曰京口鎭建安十三年孫權自吳徙治丹徒號曰京城十六年遷建業復於此置京督爲重鎭京城今府治春秋之朱方也秦曰丹徒漢爲縣治初孫權殺吳郡太守盛憲

會稽典錄曰憲字孝章器量雅偉舉孝廉補尚書郎稍遷郡太守文選注作遷吳郡太守以疾去官孫策平定吳會誅其英豪憲素有高名策深忌之初憲與少府孔融善李周翰曰初盛憲爲臺郎路逢童子容貌非常憲怪而問之答曰魯國孔融時年十餘歲憲以爲異乃載歸與之言知其奇才便結爲兄弟升堂見親也融憂其不免禍李周翰曰會稽典錄云孫策定江東以憲江東首望恐人歸之囚禁欲殺之故融作書論之欲使曹公致書於吳以救之書未至已誅矣乃與曹公書曰歲月不居時節如流五十之年忽焉已至公爲始滿融又過二是書殆作於建安九年是時曹操年

五十孔融年五十二也（建安十三年孔融爲曹操所殺時年五十六）李善注云言曹操年始滿五十融過於二歲也海內知識零落殆盡張銑曰零落死也惟會稽盛孝章尚存何焯曰時憲避難於許昭家竊按時已爲孫氏囚禁下文身不免幽縶可證其人困於孫氏妻孥湮沒單子獨立呂延濟曰無右臂曰子言無援助如無右臂孤危愁苦若使憂能傷人此子不得復永年矣春秋傳曰諸侯有相滅亡者桓公不能救則桓公恥之公羊傳曰邢亡孰亡之蓋狄滅也曷爲不言狄滅之爲桓公諱也曷爲爲桓公諱上無天子下無方伯天下諸侯有相滅亡者桓公不能救則桓公恥之今孝章實丈夫之雄也天下譚士依以揚聲而身不免於幽執文選執作縶命不期於旦夕是吾祖不當復論損益之友吾祖謂孔子也論語益者三友損者三友而朱穆所以絕交也李善曰後漢朱穆感世澆薄莫尚敦厚著絕交論以矯之公誠能馳一介之使加咫尺之書則孝章可致友道可弘也文選也作矣今之少年喜謗前輩或能譏平原注皮柄反文選作評孝章孝章要爲有天下大名九牧之民李善曰九牧猶九州也所共稱歎燕君市駿馬之骨非欲以騁道里乃當以招絕足也李善注引戰國策郭隗謂燕昭王曰臣聞古之人君

有市千里馬者三年而不得於是遣使者賷千金之貨將市於他國未至而千里馬已死使者乃以五百金買死馬之骨以歸其君大怒曰所求者本不市死馬何故損金市死馬乎將誅之使者對曰死馬尚市況生者乎天下必知君之好也馬將至矣於是朞年而千里馬至者三焉惟公匡復漢室宗社將絕又能正之正之之術實須得賢珠玉無脛而自至者文選脛作踁以人好之也況賢者之有足乎李善注引韓詩外傳曰蓋胥謂晉平公曰珠出於海玉出於山無足而至者好之也士有足而不至者君不好也昭王築臺以尊郭隗隗雖小才而逢大遇竟能發明主之至心故樂毅自魏往劇辛自趙往鄒衍自齊往李善注引史記曰燕昭王於破燕之後卑身厚幣以禮賢者謂郭隗曰齊因孤之國亂而襲破燕孤知國小力少不足以報然誠得賢士與共圖以雪先王之讎也願先生視可者得身事之隗曰王必欲致士先從隗始況賢於隗者豈遠千里哉於是昭王爲隗改築宮而師事之樂毅自魏往鄒衍自齊往劇辛自趙往向使郭隗倒縣而王不解臨溺而王不拯則士亦將高翔遠引莫有北首燕路者矣凡所稱引自公所知而有云者文選作而復有云者欲公崇篤斯義也因表不悉劉良曰言因孝章以表見志不盡所懷也悉盡也由是徵爲騎都尉制命未至果爲權所害子匡奔魏位至征東司馬

憲故孝廉嬀覽戴員胡三省曰嬀覽戴員盛憲之黨也嬀俱爲翻姓也舜居嬀汭其後因以爲氏員音云亡匿山中孫翊爲丹陽皆禮致之覽爲大都督督兵員爲郡丞及翊遇害河馳赴宛陵宛陵丹陽郡治責怒覽員以不能全權權疑作翊令使奸變得施二人議曰伯海與將軍疏遠孫河字伯海孫翊爲偏將軍而責我乃耳耳疑作爾討虜若來孫權時爲討虜將軍吾屬無遺矣遂殺河使人北迎揚州刺史劉馥通鑑曹操表沛國劉馥爲揚州刺史時揚州獨有九江胡三省曰時廬江丹陽會稽吳郡豫章皆屬孫氏令住歷陽以丹陽應之胡三省曰歷陽與丹陽隔江使馥來屯以爲聲援會翊帳下徐元孫高傅嬰等殺覽員

吳歷曰嬀覽戴員親近邊洪等官本洪作鴻下同與孫翊傳合數爲翊所困常欲叛逆因吳主出征遂其奸計時諸縣令長並會見翊翊以妻徐氏頗曉卜翊入語徐吾明日欲爲長吏作

主人卿試卜之徐言卦不能佳可須異日翊以長吏來久宜速遣乃大請賓客翊出入常持刀爾時有酒色空手送客洪從後斫翊郡中擾亂或曰郡中疑作座中變起倉卒不及待郡中之救也無救翊者遂爲洪所殺迸走入山徐氏購募追捕中宿乃得覽員歸罪殺洪諸將皆知覽員所爲而力不能討覽入居軍府中悉取翊嬪妾及左右侍御欲復取徐恐逆之見害乃紿之曰乞須晦日胡三省曰月終爲晦陰之盡也紿蕩亥翻設祭除服時月垂竟覽聽須祭畢徐潛使所親信語翊親近舊將孫高傅嬰等說覽已虜略婢妾今又欲見偪所以外許之者欲安其意以免禍耳欲立微計願二君哀救高嬰涕泣答言受府君恩遇所以不卽死難者以死無益欲思惟事計事計未立未敢啓夫人耳今日之事實夙夜所懷也乃密呼翊時侍養者二十餘人胡三省曰侍養謂侍翊左右而厚蒙給養者以徐意語之共盟誓合謀到晦日設祭徐氏哭泣盡哀畢乃除服薰香沐浴更於他室安施幃帳言笑歡悅示無戚容大小

悽愴胡三省曰悽悲也痛也愴傷也晉初亮翻怪其如此覽密覘視無復疑意徐呼高嬰與諸婢羅住戶內使人報覽說已除凶卽吉惟府君勅命覽盛意入徐出戶拜覽適得一拜徐便大呼二君可起高嬰俱出共得殺覽餘人卽就外殺員夫人乃還縗絰胡三省曰復著衰絰也奉覽員首以祭翊墓舉軍震駭以爲神〔一〕吳主續至悉族誅覽員餘黨擢高嬰爲牙門胡三省曰牙門將也其餘皆加賜金帛殊其門戶

韶年十七收河餘衆繕治京城起樓櫓脩器備以禦敵權聞亂從椒丘還椒丘見魏志華歆傳過定丹陽引軍歸吳夜至京城下營試攻驚之兵皆乘城傳檄備警讙聲動地頗射外人權使曉喻乃止明日見韶甚器之卽拜承烈校尉宋本承作丞承烈校尉一人吳置統河部曲食曲阿丹徒二縣曲阿吳改曰雲陽丹徒吳改曰武進均見孫策傳自置長吏一如河舊後爲廣陵太守監本陵作陸誤吳廣陵徙治京城見孫策傳注偏將軍權爲吳王遷揚威將軍封建德侯建德見孫休傳永安三年權稱尊號爲鎭北將軍韶爲邊將數十年善養士卒得其死力常以警疆埸遠斥候爲務先知動靜而爲之備故鮮有負敗青徐汝沛頗來歸附淮南濱江屯候皆徹兵遠徙徐泗江淮之地不居者各數百里自權西征還都武昌潘眉曰陳仁錫本以征字絕句今案還字當屬上西征爲句吳主初屯兵吳建安十六年徙治秣陵十七年改秣陵爲建業黃武二年都鄂改鄂爲武昌武昌至是始都不得云還都武昌也吳主傳黃龍元年遷都建業因故府不改似當云還都而云還都者以前此徙治建業猶未卽尊未得都名故不曰還都孫晧甘露元年徙都武昌寶鼎元年還都建業則書還都矣韶不進見者十餘年權還建業乃得朝覲權問靑徐諸屯要害遠近人馬衆寡魏將帥姓名盡具識之所問咸對身長八尺儀貌都雅權歡悅曰吾久不見公禮不圖進益乃爾魏志明紀青龍二年五月孫權遣將陸議孫韶各將萬餘人入淮沔加領幽州牧遙領也假節赤烏四年

卒子越嗣至右將軍越兄楷武衞大將軍武衞將軍見魏志明紀景初二年臨成侯晉書地理志揚州宣城郡臨城宋書州郡志揚州宣城太守晉武帝太康元年分丹陽立臨城令吳立寰宇記臨城吳赤烏中置方輿紀要今青陽縣南五里臨城鎭李兆洛曰今安徽池州府青陽縣南五里代越爲京下督胡三省曰京下督鎭京口弼按卽上文之京城也楷弟異至領軍將軍奕宗正卿恢武陵太守天璽元年徵楷爲宮下鎭胡三省曰宮下鎭在建業驃騎將軍初永安賊施但等劫晧弟謙襲建業施但事見孫晧傳寶鼎元年或白楷二端不卽赴討者晧數遣詰楷楷常惶怖而卒被召遂將妻子親兵數百人歸晉晉以爲車騎將軍封丹陽侯

晉諸公贊曰吳平降爲渡遼將軍永安元年卒　吳錄曰楷處事嚴整不如孫秀而人閑知名過也

孫桓字叔武河之子也

吳書曰河有四子長助曲阿長曲阿見孫策傳次誼海鹽長海鹽見孫權傳赤烏五年並早卒次桓儀容端正器懷聰朗博學彊記能論議應對馮本議作義誤權常稱爲宗室顏淵擢爲武衞都尉從討關羽於華容華容見魏志武紀建安十三年誘羽餘黨得五千人牛馬器械甚衆

年二十五拜安東中郎將安東中郎將一人吳置與陸遜共拒劉備事在黃武元年蜀章武二年備軍衆甚盛彌山盈谷陸遜傳備從巫峽建平連營至夷陵界立數十屯桓投刀奮命與遜勠力備遂敗走陸遜傳孫桓別討備前鋒於夷道爲備所圍求救於遜遜曰安東得士衆心不救自解備果奔潰桓斬上兜道截其徑要水經江水注江水又東逕石門灘灘北岸有山山上合下開洞達東西緣江步路所由劉備爲陸遜所破走逕此門追者甚急備乃燒鎧斷道孫桓爲遜前驅奮不顧命斬上夔道截其要徑備踰山越險僅乃得免忿恚而歎曰吾昔至京桓尚小兒而今迫孤乃至于此遂發憤而薨矣趙一清曰兜當作夔（沈欽韓潘眉說同）方輿紀要卷七十八石門山在歸州巴東縣東北三十五里山有石徑深若重門其下爲石門灘謝鍾英曰左傳僖公二十六年楚令尹子玉城夔服虔曰在巫之陽秭歸之鄉水經注江水又東南逕夔城南其地在今歸州東斬上夔道卽截備上夔城之道三國志作上兜係字之譌沈欽韓曰上當是土謂劃土壤道耳

備踰山越險僅乃得免忿恚歎曰吾昔初至京城京城見前桓尚小兒備至京城在建安十三年桓年十一歲而今迫孤乃至此也桓以功拜建武將軍建武將軍一人吳置封丹徒侯下督牛渚牛渚見孫策傳作橫江塢會卒

吳書曰桓弟俊馮本陳本俊作峻誤字叔英性度恢弘才經文武爲定武中郎將屯戍薄落趙一清曰薄落圍見徐盛傳赤烏十三年卒長子建襲爵平虜將軍少子愼鎭南將軍愼子丞何焯曰丞當從晉書本傳作拯下同丁國鈞晉書校文曰通鑑攷異引晉春秋作承文館詞林（百五十六）載有孫承贈陸機詩及機答承詩當卽一人三字形聲都近不知孰是字顯世文士傳曰丞好學有文章作螢火賦行於世爲黃門侍郎與顧榮俱爲侍臣顧榮見顧雍傳注雍孫爲黃門侍郎歸命世內侍多得罪尤惟榮丞獨獲全常使二人記事承答顧問乃下詔曰自今已後用侍郎皆當如今宗室丞顧榮儔也何焯曰如今御覽作令如吳平赴洛爲范陽涿令涿見魏志盧毓傳甚有稱績永安中陸機爲成都王大都督請丞爲司馬與機俱被害晉書孫拯傳陸機旣爲孟玖等所誣收拯考掠兩踝骨見終不變辭門生費慈宰意二人詣獄明拯拯譬遣之曰吾義不可誣枉知故卿何宜復爾二人曰僕亦安得負君拯遂死獄中而慈意亦死吳士鑑曰御覽三百七十二陸機別傳曰孟玖欺成都王穎曰陸機司馬孫拯備知機情可考驗也穎於是收拯父子五人考掠備加踝骨皆脫出終不誣機又四百二十引三十國春秋曰初機之專征請孫承爲後軍司馬至是收承下獄考捶數百兩髁骨見終言機寃吏知承義烈謂承曰二陸之痛誰不知枉君何不愛身承仰天曰陸君兄弟今之奇士有顧於吾吾危不能濟死復相誣非吾徒也乃夷三族承門人費慈自詣穎明承之寃承喻之曰吾唯不負二陸死自吾分卿何爲爾耶慈曰僕又安負君而生乎固明承寃玖又疾之亦幷見害又四百三十八張隲文士傳曰收承付刺奸獄考掠千餘兩髁骨見終不自誣獄吏作承服辭謀反狀成都乃下令夷承三族

評曰夫親親恩義古今之常宗子維城詩人所稱詩大雅板之章大邦維屏大宗維翰懷德維寧宗子維城況此諸孫或贊興初基或鎭據邊陲克堪厥任不忝其榮者乎故詳著云

吳書六

三國志五十一

張顧諸葛步傳第七

晉平陽侯相安漢陳壽撰

宋中書侍郎西鄉侯聞喜裴松之注

沔陽盧弼集解

張昭字子布彭城人也彭城見魏志武紀建安三年少好學善隸書從自侯子安受左氏春秋博覽衆書與琅邪趙昱趙昱事見魏志陶謙傳及注又見本志劉繇傳昱就處士東莞綦毋君受公羊傳東海王朗朗以通經拜郎中著易春秋孝經周官傳傳世見魏志朗傳俱發名友善弱冠察孝廉不就與朗共論舊君諱事州里才士陳琳等皆稱善之陳琳廣陵人見魏志王粲傳彭城廣陵均屬徐州故曰州里

時汝南主簿應劭議應劭事見魏志武紀興平元年注引世語宜爲舊君諱論者皆互有異同事在風俗通劭撰風俗通事見魏志王粲傳注引華嶠漢書劭議舊君諱事今本風俗通無之嚴可均輯本云周穆王名滿晉厲公名州滿是同名不諱見春秋成公十年正義昭著論曰客有見大國之議士君子之論云起元建武已來舊君名諱五十六人自光武至東漢末舊君不得有五十六人以爲後生不得協也取乎經論譬諸行事義高辭麗甚可嘉羨愚意褊淺竊有疑焉蓋乾坤剖分萬物定形肇有父子君臣之經故聖人順天之性制禮尚敬在三之義君實食之國語晉語欒共子曰民生於三事之如一父生之師教之君食之韋注云食謂祿也在喪之哀君親臨之厚莫重焉恩莫大焉誠臣子所尊仰萬夫所天恃馮本毛本恃作侍焉得而同之哉然親親有衰尊尊有殺故禮服上不盡高祖下不盡玄孫又傳記四世而緦麻服之窮也五世袒免降殺同姓也六世而親屬竭矣又曲禮有不逮事之義則不諱禮記曲禮上云逮事父母則諱王父母不逮事父母則不諱王父母不諱者蓋名之謂鄭玄曰諱避也生者不相避名衛侯名惡大夫有石惡君臣同名春秋不非見曲禮注屬絕之義不拘於協況乃古君五十六哉郳子會盟春秋魯隱公元年三月公及邾儀父盟于蔑杜注云附庸之君未王命例稱名能自通于大國繼好息民故書字貴之季友來歸春秋魯閔公元年八月季子來歸杜注云季子公子友之字季子忠於社稷爲國人所思故賢而字之不稱其名咸書字者是時魯人嘉之也何解臣子爲君父諱乎周穆王諱滿至定王時有王孫滿者其爲大夫是臣協君也又厲王諱胡及莊王之子名胡史記周本紀作莊王子釐王胡齊其比衆多夫類事建議經有明據傳有徵案然後進攻退守萬無奔北垂示百世永無咎失今應劭雖上尊舊君之名而下無所斷齊猶歸之疑云曲禮之篇疑事無質觀省上下闕義自證文辭可爲倡而不法將來何觀言聲一放猶拾瀋也瀋汁也過辭在前悔其何追

刺史陶謙舉茂才不應謙以爲輕己遂見拘執昱傾身營救方以得免陶謙病死子布爲撰哀辭見魏志陶謙傳注引吳書當時之敬禮舉主如此不以拘執爲憾也漢末大亂徐方士民多

避難揚土昭皆南渡江何焯校改皆作偕孫策創業命昭爲長史撫軍中郎將洪飴孫曰撫軍中郎將一人比二千石第四品升堂拜母周壽昌曰升堂拜母語始此後周瑜傳亦有之孫策傳注引吳錄吳夫人謂孫策曰王晟與汝父有升堂見妻之分升堂見妻語亦僅見如比肩之舊文武之事一以委昭孫策傳策以彭城張昭等爲謀主吳書曰策得昭甚悅謂曰吾方有事四方以士人賢者上謂表上也吾於子不得輕矣乃上爲校尉待以師友之禮

昭每得北方士大夫書疏專歸美於昭昭欲嘿而不宣則懼有私宜之則恐非宜進退不安策聞之歡笑曰昔管仲相齊一則仲父二則仲父而桓公爲霸者宗新序曰有司請吏於齊桓公公曰以告仲父有司又請公曰以告仲父在側者曰一則告仲父二則告仲父易哉爲君公曰吾未得仲父則難已得仲父曷爲其不易故王者勞於求賢佚於得人今子布賢我能用之其功名獨

不在我乎胡三省曰策任張昭昭何足以當管仲策之斯言蓋因北方人士書疏從而歸重耳英雄胸次可易測邪或曰休休之度因短成長爲人上者皆宜體之策臨亡以弟權託昭事見策傳昭率羣僚立而輔之事見權傳建安五年

吳歷曰策謂昭曰若仲謀不任事者君便自取之或曰吳蜀之主託孤皆有自取之語梁章鉅曰此與昭烈付託後主之言如出一轍然阿斗昏稚先主自不失知人之明而仲謀英勇蓋世乃兄亦作此語將誰欺乎可見當日君臣都以權術相尙恐孔明子布亦早應竊笑矣正復不克捷緩步西歸亦無所慮周壽昌曰昭之終不得爲相者正坐此數語耳權狹中多忌徒以昭老臣練事創業功多恐廢棄則羣情不服計隱以全終始觀後案刀而怒之言豈曾須臾置念哉異日擁號稱尊於策不過諡號桓王並未追尊帝號待其子孫者亦甚薄皆由此言橫耿於中而不釋江表傳謂昭之不相因駮肅瑜等議而然此猶見其一端而未測權之險忍也吾所以於季漢後主之待武侯而斷其爲賢君也弼按孫權之不滿意於張昭在昭謂策當以兵屬孫翊事見翊傳注引典略周說極是然亦止見其一端也

上表漢室下移屬城中外將校各令奉職權悲感未視事昭謂權曰夫爲人後者貴能負荷先軌克昌堂構尙書大誥曰厥子乃弗肯堂矧肯構孔傳云以作室喻治政也父已致法子乃不肯爲堂基況肯構立屋乎

以成勳業也方今天下鼎沸羣盜滿山孝廉何得寢伏哀戚肆匹夫之情哉乃身自扶權上馬陳兵而出然後衆心知有所歸昭復爲權長史授任如前此與孫權傳所載事同而辭異周瑜傳建安五年策薨權統事瑜將兵赴喪遂留吳以中護軍與長史張昭共掌衆事魯肅傳張昭非肅謙下不足頗訾毁之

吳書曰是時天下分裂擅命者衆孫策蒞事日淺恩澤未洽一旦傾隕士民狼狽頗有同異及昭輔權綏撫百姓諸侯賓旅寄寓之士得用自安權每出征留昭鎭守領幕府事後黃巾賊起昭討平之權征合肥命昭別討匡琦匡琦見魏志卷七陳登傳注引先賢行狀又見魏志卷二十二陳矯傳注又督領諸將攻破豫章賊率周鳳等於南城郡國志揚州豫章郡南城三國吳改屬臨川郡一統志故城今江西建昌府南城縣東南方輿紀要云以在豫章郡城之南而名自此希復將帥監本帥作領常在左右爲謀謨臣權以昭舊臣待遇尤重

後劉備表權行車騎將軍事在建安十四年見孫權傳昭爲軍師權每田獵常乘馬射虎虎常突前攀持馬鞍昭變色而前曰將軍何有當爾夫爲人君者謂能駕御英雄驅使羣賢豈謂馳逐於原野校勇於猛獸者乎如有一旦之患柰天下笑何權謝昭曰年少慮事不遠以此慚君時權已年三十矣不爲少也然猶不能已乃作射虎車爲方目閒不置蓋一人爲御自於中射之時有逸羣之獸輒復犯車而權每手擊以爲樂昭雖諫爭常笑而不答魏黃初二年遣使者邢貞拜權爲吳王魏志程昱傳昱與中尉邢貞爭威儀卽此人貞入門不下車昭謂貞曰夫禮無不敬故法無不行而君敢自尊大豈以江南寡弱無方寸之刃故乎貞卽遽下車互見徐盛傳胡三省曰觀貞以張昭之言而下車則其氣已奪矣拜昭爲綏遠將軍綏遠將軍見孫瑜傳潘眉曰陸績述玄稱安遠將軍彭城張子布考雜號有綏遠無

安遠魏于禁曾爲安遠將軍或是三國時有此號今當以綏字爲正梁章鉅曰建安中士燮士徽魏唐咨蜀鄧方王嗣皆曾爲安遠將軍不止于禁一人不得謂雜號有綏遠無安遠也封由拳侯由拳吳黃龍三年改禾興赤烏五年改嘉興詳見孫策傳注引吳錄注

吳錄曰昭與孫紹滕胤鄭禮等趙一淸曰孫紹卽孫長緒本作劭弼按孫邵事見孫權傳黃武四年注引吳錄鄭禮事見孫權傳赤烏二年注引文士傳采周漢撰定朝儀

權於武昌臨釣臺飲酒大醉武昌見孫權傳黃初二年水經江水注武昌郡治南有樊山北背大江江上有釣臺權常極飲其上曰墮臺醉乃已張昭盡言處趙一淸曰方輿紀要卷七十六樊山下有寒溪中有蟠龍石山北背大江江上有釣臺卽孫權與羣臣會飲處又有避暑宮在寒谿上相傳孫吳所置釣臺在武昌縣北門外大江中孫權嘗駐兵於此又縣有大小回乃大江回曲處在樊口者曰大回在釣臺下者曰小回唐元結歌曰樊水欲東流大江又北來樊山當其南此中爲大回疊石橫大江人云是釣臺水石相衝擊此中爲小回權使人以水灑羣臣胡三省曰醉者以水灑之醒然後能飮曰今日酣飲惟醉墮臺中乃當止耳昭正色不言出外車中坐權遣人呼昭還謂曰爲共作樂耳公何爲怒乎錢大昭曰江表傳初權與屬多呼其字惟

呼張昭曰公本傳權歎曰使張公在坐彼不折自廢又曰孤與張公言不敢妄也又諸葛恪傳權曰卿其能令張公詞屈乃當飲之耳皆稱爲公（顧雍大帝亦嘗稱公曰顧公在坐令人不樂）昭對曰昔紂爲糟丘酒池長夜之飲胡三省曰紂以酒爲池糟丘足以望一里一鼓而牛飲者三千人懸肉爲林使男女倮逐於其閒爲長夜之飲當時亦以爲樂不以爲惡也權默然有慙色遂罷酒初權當置丞相衆議歸昭權曰方今多事職統者責重非所以優之也後孫邵卒百寮復舉昭權曰孤豈爲子布有愛乎領丞相事煩官本考證曰通鑑領作顧弼按通鑑亦作領官本考證誤而此公性剛所言不從怨咎將興非所以益之也韓慕廬曰眞愛張君者或曰君臣之閒護其短而用之眞如骨肉之愛令人生感弼按孫權始終不滿意於張昭此皆託詞耳乃用顧雍權既稱尊號昭以老病上還官位及所統領

江表傳曰權既即尊位請會百官歸功周瑜昭舉笏欲褒贊功德未及言權曰如張公之計今已乞食矣胡三省曰歸功周瑜以能拒曹公而成三分之業也乞食謂張昭欲迎曹公也昭大慚伏地流汗王懋竑白田草堂存稿卷四云此江表傳之謬也昭以剛直見憚權稱爲張公而不敢字之何得於衆中公肆攉折即後按刀責怒之時亦未嘗及此也昭之議迎操乃過爲權計不欲以孤注一擲亦用策緩步西歸之言耳雖爲失策然未至誤大計權即尊位不當追仇前語昭以師傅自居於權未嘗有所降屈何至以一語之故遂伏地流汗乎其必不然也明矣陳志不載而通鑑取之私所未曉弼按孫權始終不滿意於張昭說已見前王說謂迎操不誤大計殊不謂然

昭忠謇亮直有大臣節權敬重之然所以不相昭者蓋以昔駁周瑜魯肅等議爲非也周瑜傳注引江表傳云孫權撫周瑜背曰子布文表諸人各顧妻子挾持私慮深失所望又按周瑜傳載議者勸迎曹公之語通鑑直書長史張昭等曰蓋亦以昭爲力主迎曹者設無孫權拔刀斫案之決心則與劉琮等耳然亦賴公瑾子敬熟權利害深知彼我以程普黃蓋諸將之猛勇故能一戰而霸雄視江東耳孫權之歸功周瑜豈無故哉王懋竑曰權初置丞相衆舉昭權言非所以優之及顧雍卒（弼按當作及孫邵卒）衆再舉昭權又言此公性剛非所以益之其語自明正陳志所云以嚴見憚以高見外者江表傳所言非其實也弼按此爲託詞說見前

臣松之以爲張昭勸迎曹公所存豈不遠乎夫其揚休正色委質孫氏誠以厄運初遘塗炭方始自策及權才略足輔是以盡誠匡弼以成其業上藩漢室下保民物鼎峙之計本非其志也曹公仗順而起功以義立冀以清

一諸華拓平荊郢大定之機在於此會若使昭議獲從則六合爲一豈有兵連禍結遂爲戰國之弊哉雖無功於孫氏有大當於天下矣昔竇融歸漢與國升降張魯降魏賞延于世況權舉全吳望風順服寵靈之厚其可測量哉然則昭爲人謀豈不忠且正乎

曹操果忠於漢室則松之之言是也無如操乃周瑜所謂託名漢相其實漢賊迎漢相可也降漢賊不可也李安溪曰松之之言粗有理恐如此則曹氏革命不待子桓昭亦與華歆輩爲魏佐命也何當輔漢邪厲鶚曰孫氏初起江東有會稽丹陽豫章吳郡之地桓王不幸死於貢客昭受遺輔政奉孝廉於戎馬閒犯顏强諫有大臣風而位亞三司不登丞相權眞多忌哉將毋烏林之戰昭勸迎操委質策名之義安在權之秉衡炯如也夫昭習春秋覽羣書寧不如瑜之知操爲漢賊也特懾於稚琮以荊土降曹兵號八十萬將有水陸席捲之勢不勝欲保妻子遂舉討逆破虜之遺烈一旦思灰滅之壽雖不書江表傳言之詳矣然壽雖良史魯肅吳之鄧禹謀定鼎足與武侯埒乃討祖戡表斥爲少年麤疏者昭也厥後勸迎操者衆非昭誰倡邪裴松之以此段爲忠且正駟其可追邪使昭之言得行吳之君臣將稽顙許下求守舊國之不得昭烈安能據上游帝全蜀邪是操之迎不迎吳蜀興亡共之矣天祐孫劉以敵曹故生肅瑜並時耳軍旅之事將軍後酒食之事將軍先恪之嘲昭有愧焉迨公孫淵在遼東懼魏稱藩昭策兩使之不返有如蓍蔡彼利害不切於身已所見誠遠且大以瓦注者巧以金注者昏人臣之懷二心未有如昭者也壽猶以爲忠謇方直動不爲已夫以方盛之吳而欲折入於魏彼譙叟將笑之矣顧千里曰子布輔佐孫氏其心豈爲漢室而謂鼎峙非其本志一何迂也當時勸權降操不過謂勢力不敵耳裴氏諸論多當而此論特乖剌亦可怪矣劉咸炘曰昭本漢末名士短於智計本傳不書勸降事蓋原文諱之錢振鍠曰裴注論張昭如此而於諸葛瑾與先主牋云義旗所指宜在孫氏二說水火豈有立言之値哉

更拜輔吳將軍輔吳將軍一人吳置世說排調篇云於張輔吳坐中相遇劉注引環濟吳紀曰張昭忠正有才義仕吳爲輔吳將軍（周壽昌云爲輔將軍誤）班亞三司改封婁侯郡國志揚州吳郡婁一統志故城今江蘇蘇州府崑山縣東北三里胡三省曰婁古縣也前漢屬會稽郡東漢分屬吳郡今蘇州崑山縣地吳以封昭非眞國於婁而君國子民也弼按建安二十四年封陸遜爲婁侯破劉備改封江陵侯見陸遜傳至吳黃龍元年改封張昭爲婁侯趙一清曰寰宇記卷九十婁湖在昇州江寧縣東南十里灌田二十餘頃水入艦澳通秦淮方輿紀要卷二十婁湖張昭所濬昭封婁侯故名又紀要卷二十四婁城在今崑山縣治東孫權封張昭於此食邑萬戶在里宅無事乃著春秋左氏傳解此本子布少時所學及論語注魏文帝以素書所著典論及詩賦餉孫權又以紙寫一通與張昭見魏文紀黃初七年注引吳歷權嘗問衛尉嚴畯畯傳見後寧念小時所闇書不畯因誦孝經仲尼居畯著孝經傳見本傳

潘眉曰孝經正義引古文孝經作仲尼閒居彼所謂古文僞古文也三國時僞書未出故畯所引仲尼居無閒字與說文所引合居說文作凥古今字異耳近見日本國鄭注孝經亦作仲尼居無閒字 昭曰嚴畯鄙生臣請爲陛下誦之乃誦君子之事上咸以昭爲知所誦 趙一清曰南史王儉傳齊高帝使陸澄誦孝經起自仲尼居儉曰澄所謂博而寡要臣請誦之乃誦君子之事上章蓋襲張子布事也 昭每朝見辭氣壯厲義形於色曾以直言逆旨 宋本曾作會通鑑同 中不進見後蜀使來稱蜀德美而羣臣莫拒 通鑑作羣臣莫能屈 權歎曰使張公在坐彼不折自廢 通鑑自作則 安復自誇乎 胡三省曰折屈也李奇曰廢失氣也晉灼曰廢不收也 明日遣中使勞問因請見昭昭避席謝權跪止之昭坐定仰曰昔太后桓王 胡三省曰太后謂權母吳氏也 不以老臣屬陛下而以陛下屬老臣是以思盡臣節以報厚恩使泯沒之後有可稱述而意慮淺短違逆聖旨自分幽淪長棄溝壑不圖復蒙引見得奉帷幄然臣愚心所以事國志在

忠益畢命而已若乃變心易慮以偷榮取容此臣所不能也權辭謝焉權以公孫淵稱藩遣張彌許晏至遼東拜淵爲燕王 事在吳嘉禾二年 昭諫曰淵背魏懼討遠來求援非本志也若淵改圖欲自明於魏兩使不反不亦取笑於天下乎權與相反覆昭意彌切權不能堪案刀而怒曰 通鑑刀作劒 吳國士人入宮則拜孤出宮則拜君孤之敬君亦爲至矣而數於衆中折孤孤嘗恐失計 胡三省曰失計謂不能容昭而殺之也 昭孰視權 宋本孰作熟通鑑同胡三省曰古孰熟字通 曰臣雖知言不用每竭愚忠者誠以太后臨崩呼老臣於牀下遺詔顧命之言故在耳 吳夫人傳夫人臨薨引見張昭等屬以後事 因涕泣橫流權擲刀致地與昭對泣然卒遣彌晏往昭忿言之不用稱疾不朝權恨之土塞其門昭又於內以土封之 胡三省曰張昭事吳有古大臣之節 淵果殺彌晏

權數慰謝昭昭固不起權因出過其門呼昭昭辭疾篤權燒其門欲以恐之昭更閉戶權使人滅火住門良久昭諸子共扶昭起權載以還宮深自克責昭不得已然後朝會

習鑿齒曰張昭於是乎不臣矣夫臣人者三諫不從則奉身而退身苟不絕何忿懟之有且秦穆違諫卒霸西戎 左傳僖公三十三年晉敗秦師於殽秦伯鄉師而哭曰孤違蹇叔以辱二三子孤之罪也文公三年秦伯伐晉遂霸西戎用孟明也 晉文暫怒終成大業 左傳僖公二十三年狐偃從重耳在秦（狐偃子犯也重耳晉文也）重耳至齊齊桓公妻之重耳安之姜氏與子犯謀醉而遣之醒以戈逐子犯 遺誓以悔過見錄 秦穆公悔過作秦誓 狐偃無怨絕之辭君臣道泰上下俱榮今權悔往之非而求昭後益迴慮降心不遠而復是其善也昭爲人臣不度權得道匡其後失夙夜匪懈以延來譽乃追忿不用歸罪於君閉戶拒命坐待焚滅豈不悖哉

昭容貌矜嚴有威風權嘗曰孤與張公言不敢妄也舉邦憚之年八十一嘉禾五年卒 子布當生於漢桓帝永壽二年小孫堅一歲 遺令幅巾素棺 幅巾解見魏志武紀建安二十五年注引傅子又見華歆傳 斂以時服 斂以時服解見魏志司馬朗傳 權素服臨弔謚曰文侯

典略曰余曩聞劉荊州嘗自作書欲與孫伯符以示禰正平正平蚩之言如是爲欲使孫策帳下兒讀之邪將使張子布見乎如正平言以爲子布之才高乎雖然猶自蘊藉典雅不可謂之無筆迹也加聞吳中稱謂之仲父如此其人信一時之良幹恨其不於嵩岳等資而乃播殖於會稽

長子承已自封侯少子休襲爵昭弟子奮年二十造作攻城大攻車 官本考證曰下攻字疑衍 爲步騭所薦昭不願曰汝年尚少何爲自委於軍旅乎奮對曰昔童汪死難 禮記檀弓下云公叔禺人與其鄰重汪踦往（鄭注云重當爲童童未冠者之稱姓汪名踦）皆死焉魯人欲

勿殤重汪踦閭於仲尼仲尼曰能執干戈以衞社稷雖欲勿殤也不亦可乎子奇治阿新序曰昔子奇年十八齊君使之治阿既行矣悔之使使追曰未至阿及之還之已至勿還也使者及之而不還君問其故對曰臣見所與共載者白首也夫以老者之智以少者之決必能治阿矣是以不還奮實不才耳於年不爲少也遂領兵爲將軍連有功效至平州都督趙一淸曰平州在遼東此是遙領陳景雲曰吳無平州當是半州之誤吳主子建昌侯慮嘗鎭半州又大將甘寧潘璋亦嘗屯此乃中流重地故特置都督如西陵濡須之比也紀昀曰平州晉書作半洲見庾懌褚裒二傳元和郡縣志晉太康十年分豫章鄱陽廬江等郡之地置江州惠帝分廬江之潯陽武昌之柴桑置潯陽郡自東晉元帝至蕭齊或理半洲隋改潯陽爲湓城縣武德五年復改爲潯陽縣半洲故城在縣西九十里吳孫慮出鎭於此築城云云據吉甫所志合之褚裒除江州刺史鎭半洲卽吳志之半州無疑洪飴孫曰半州在蘄春尋陽縣見通典一統志半洲城在今江西九江府德化縣西半州五見薛綜傳沈家本曰州牧郡守三國時遙領者甚多而都督則無遙領者趙說誤封樂鄉亭侯樂鄉見孫皓傳鳳皇元年承字仲嗣少以才學知名與諸葛瑾步隲嚴畯相友善權爲驃騎將軍辟西曹掾出爲長沙西部都尉趙一淸曰兩漢無長沙西部都尉疑是吳立孫亮太平二年分爲衡陽郡弼按長沙西部都尉爲吳立詳見孫亮傳太平二年衡陽郡注討平山寇得精

兵萬五千人後爲濡須都督奮威將軍潁川周昭稱張承爲奮武將軍見後步隲傳封都鄉侯領部曲五千人承爲人壯毅忠讜能甄識人物拔彭城蔡款南陽謝景於孤微童幼後並爲國士款至衞尉景豫章太守

吳錄曰款字文德錢大昭曰周昭論作蔡文至與吳錄互異盧明楷曰卽名求義作文至於款更協歷位內外以淸貞顯於當世後以衞尉領中書令封留侯郡國志徐州彭城國留劉昭注引西征記曰城中有張良廟一統志今江蘇徐州府沛縣東南弼按是時吳不能有其地蓋遙封之耳二子條機條孫皓時位至尚書令太子少傅機爲臨川太守

謝景事在孫登傳

又諸葛恪年少時衆人奇其英才承言終敗諸葛氏者元遜也勤於長進篤於物類凡在庶幾之流錢大昕曰王弼以庶幾爲慕聖何晏解論語亦云庶幾聖道王充論衡云孔子之門講習五經五經皆習庶幾之才也顧邵傳自州郡庶幾及四方人士往來相見王褒之傳母兄鞠育得漸庶幾蓋魏晉人好用庶幾字無不造門年六十七赤烏七年卒當生於漢靈帝光和元年長孫權四歲謚曰定侯子震嗣初承喪妻昭欲爲索諸葛瑾女承以相與有好難之權聞而勸焉遂爲婚

臣松之案承與諸葛瑾同以赤烏中卒諸葛瑾傳赤烏四年卒年六十八卒計承年小瑾四歲耳

生女權爲子和納之孫和張夫人見妃嬪傳又見孫和傳權數令和修敬於承執子壻之禮承又有女爲陸抗妻見陸抗傳注引文士傳震諸葛恪誅時亦死休字叔嗣弱冠與諸葛恪顧譚等俱爲太子登僚友以漢書授登孫登傳登爲太子銓簡秀士以爲賓友於是諸葛恪張休顧譚陳表以選入侍講詩書權欲登讀漢書使休從張昭受讀還以受登

吳書曰休進授指摘文義分別事物並有章條每升堂宴飲酒酣樂作登輒降意與同歡樂休爲人解達登甚愛之常在左右

從中庶子轉爲右弼都尉孫登傳登爲皇太子以恪爲左輔休右弼譚爲輔正表爲翼正都尉是爲四友權嘗游獵迨暮乃歸休上疏諫戒權大善之以示於昭及登卒後爲侍中拜羽林都督漢志羽林中郎將主羽林郎此亦當主宿衞者平三典軍事吳置中左右三典軍左典軍萬彧見孫皓傳遷揚武將軍爲魯王霸友黨所譖與顧譚承俱以芍陂論功事芍陂見魏志武紀建安十四年或曰按顧譚傳止承與休北征此處疑衍一譚字休承與典軍陳恂通情詐增其伐互見顧譚傳注引吳錄並徙交州中書令孫弘佞僞險詖孫弘附魯王霸見孫和傳注引殷基通語休素所忿毛本少此四字誤

吳錄曰弘會稽人也

弘因是譖訴下詔書賜休死時年四十一芍陂之役在魏正始二年卽吳赤烏四年賜休死通鑑編入魏正始六年卽吳赤烏八年休當生於建安十年張昭二十四歲生承五十一歲生休承長休二十八歲故承與諸葛瑾等爲友休與諸葛恪等爲友也趙一淸曰晉書張

閭傳昭曾孫閭字敬緒以佐翼元帝勳賜爵丹陽縣侯以討蘇峻功由尚書加散騎常侍賜爵宜陽伯遷廷尉拜金紫光祿大夫

顧雍字元歎吳郡吳人也吳郡治吳見孫策傳趙一清曰顧炎武顧氏譜系考云越王句踐七世孫閩君搖漢封東甌搖別封其子爲顧余侯漢初居會稽爲顧氏顧族之著乃自東漢至孫吳時稱爲四姓自分會稽爲吳郡而後三國晉宋見於史者皆吳郡吳人一清按文選吳都賦高門鼎貴魁岸豪傑虞魏之昆顧陸之裔虞顧陸三姓皆見吳書而魏則無聞陸機吳趨行八族未足侈四姓實名家注引張勃吳錄云八族陳桓呂竇公孫司馬徐傅也四姓朱張顧陸也此四姓爲近之鼎錄曰顧雍鑄一鼎文曰顧元歎鼎八分書三足弼按世說賞譽篇曰吳四姓舊目云張文朱武陸忠顧厚劉孝標注引吳錄士林曰吳郡有顧陸朱張爲四姓三國之間四姓盛焉

吳錄曰監本無日字誤雍曾祖父奉字季鴻潁川太守趙一清曰後漢書張霸傳霸爲會稽太守表用郡人處士顧奉公孫松等奉後爲潁川太守松爲司隸校尉並有名稱又儒林程曾傳曾還家講授會稽顧奉等數百人常居門下弼按范書順帝紀永建四年分會稽爲吳郡是吳郡各縣初屬會稽故顧奉爲會稽郡人又按范書黃瓊傳云自頃徵聘之士胡元安薛孟嘗朱仲昭顧季鴻等其功業皆無所採是故俗論皆言處士純盜虛聲

蔡伯喈從朔方還嘗避怨於吳雍從學琴書范書蔡邕傳邕字伯喈陳留圉人特詔以邕經學深奧密

特稽問以阜囊封上邕奏對帝覽而歎息因起更衣曹節於後竊視之悉宣語左右其爲邕所裁黜者皆側目思報後徙邕朔方帝嘉其才高會大赦宥邕還本郡邕慮卒不免乃亡命江海遠跡吳會往來依太山羊氏積十二年在吳吳人有燒桐以爨者邕聞火烈之聲知其良木因請而裁爲琴果有美音而其尾猶焦故時人名曰焦尾琴焉章懷注引張騭文士傳曰邕告吳人曰吾昔常經會稽高遷亭見屋椽竹東間第十六可以爲笛取用果有異聲

江表傳曰雍從伯喈學專一清靜敏而易教伯喈貴異之謂曰卿必成致今以吾名與卿故雍與伯喈同名也宋本作故雍與伯喈同名由此也吳本毛本無由此二字潘眉曰雍邕古字通用吳錄曰陳本吳錄曰提行誤雍字元歎言爲伯喈之所歎伯喈各本皆作蔡雍故以爲字焉

州郡表薦弱冠爲合肥長合肥見魏志武紀建安十三年趙一清曰方輿紀要卷二十六建安四年孫策取合肥以顧雍爲合肥長五年曹操表劉馥爲揚州刺史時揚州獨有九江馥單馬造合肥建州治一清按自後孫權屢攻合肥不克遂爲重鎭太和六年滿寵更置新城終吳之世不能有淮南尺寸之土也後轉在婁曲阿上虞婁縣見張昭傳曲阿上虞均見孫策傳皆有治迹孫權領會稽太守不之郡以雍爲丞行太守事續百官志每郡置太守一人二千石丞一人孫權傳曹公表權爲討虜將軍領會稽太守屯吳使丞之郡行文書事討除寇賊郡界寧靜吏民歸服數年入爲左司馬當爲討虜將軍之左司馬權爲吳王累遷大理奉常領尚書令封陽遂鄉侯晉書地理志交州九德郡陽遂宋書州郡志九德太守故屬九眞吳分立陽遠（弼按遠當作遂）吳立曰陽成太康二年更名李兆洛曰當在今安南國境弼按據宋志則吳時爲陽成未知顧雍所封爲今何地似不應封邊裔之鄉侯也拜侯還寺胡三省曰寺官舍也潘眉曰一切經音義引三倉曰寺官寺也又漢九卿謂之九寺時雍累遷大理奉常職在九卿故曰還寺而家人不知後聞乃驚黃武四年迎母於吳既至權臨賀之親拜其母於庭公卿大臣畢會後太子又往慶焉雍爲人不飲酒寡言語舉動時當權嘗歎曰顧君不言言必有中至飲宴歡樂之際左右恐有酒失而雍必見之是以不敢肆情權亦曰顧公在坐使人不樂其見憚如此是歲改爲太常趙一清曰魏黃初元年改奉常爲太常吳朝官制亦如之蓋孫權奉魏正朔時也弼按權自黃武改年以後臨江拒守三年遂與魏絕此時已至黃武四年非遵魏之官制也進封醴陵侯郡國志荆州長

沙郡醴陵水經湘水注湘水又北過醴陵縣西一統志故城今湖南長沙府醴陵縣治代孫劭爲丞相平尚書事宋書百官志漢武帝世使左右曹諸吏分平尚書事昭帝卽位霍光領尚書事成帝初王鳳錄尚書事漢東京每帝卽位輒置太傅錄尚書事薨輒省錄尚書職無不總洪飴孫曰吳或曰領尚書事（滕胤傳）或曰平尚書事（顧雍顧譚傳）或曰分平尚書事（劉繇子基傳）或曰省尚書事（是儀傳）無常員其所選用文武將吏各隨能所任心無適莫胡三省曰適音的心之所主爲適心之所否爲莫時訪逮民閒及政職所宜輒密以聞若見納用則歸之於上不用終不宣泄胡三省曰宣明也布也泄漏也權以此重之然於公朝有所陳及辭色雖順而所執者正趙一清曰御覽卷四百五十四引梁祚魏國統曰雍諫權曰公孫淵未可信後必悔也權入禁中雍後隨之頓首曰此國之大事臣以死爭之權令左右扶出弼按孫權傳舉朝大臣自丞相雍已下皆諫以爲淵未可信權嘗咨問得失張昭因陳聽采聞或曰采下應有風字頗以法令太稠刑罰微重宜有所蠲損權默然顧問雍曰君以爲何如雍對曰臣之所聞亦如昭所陳於是權乃議獄輕刑

江表傳曰權常令中書郎詣雍 胡三省曰中書郎魏曰通事郎晉爲中書侍郎 有所咨訪若合雍意事可施行卽與相反覆 通鑑作卽相與反覆 究而論之爲設酒食如不合意雍卽正色改容默然不言無所施設卽退告權曰顧公歡悅是事合宜也其不言者是事未平也孤當重思之其見敬信如此江邊諸將各欲立功自效多陳便宜有所掩襲權以訪雍雍曰臣聞兵法戒於小利此等所陳欲邀功名而爲其身非爲國也陛下宜禁制苟不足以曜威損敵所不宜聽也權從之軍國得失行事可不自非面見口未嘗言之

久之呂壹秦博爲中書典校諸官府及州郡文書 馮本毛本諸作詣誤官作宮宋本作官通鑑同何焯校本云宮指太子諸王或是官字 壹等因此漸作威福遂造作權酤障管之利 漢書武帝紀天漢三年初權酒酤如淳曰權音較應劭曰縣官自酤權賣酒小民不得復酤也韋昭曰以木渡水曰權謂禁民酤釀獨官開置如道路設木爲權獨取利也師古曰權者步渡橋爾雅謂之石杠今之略彴是也禁閉其事總利入官而下無由以得有若渡水之權因立名焉韋說如音是也酤音工護反彴音酌禮記王制篇名山大澤不以封鄭注云名山大澤不以封者與民同財不得障管亦賦稅之而已正義曰旣不封諸侯其諸侯不得障塞管領禁民取物民旣取物隨其所取賦稅而已梁章鉅曰蕭常續後漢書謂王莽設六管之利酤酒賣鹽鐵器鑄錢名山大澤也此卽權酤障管之利 舉罪糾姦纖介必聞重以深案醜誣毀短大臣排陷無辜雍等皆見舉白用被譴讓 潘濬傳時校事呂壹操弄威柄奏案丞相顧雍左將軍朱據等皆見禁止黃門侍郎謝厷語壹潘太常常切齒於君壹大懼遂解散雍事 後壹姦罪發露收繫廷尉雍往斷獄壹以囚見雍和顏色問其辭狀臨出又謂壹曰君意得無欲有所道 胡三省曰道言也 壹叩頭無言時尚書郎懷敘 胡三省曰懷姓敘名姓譜無懷氏之後 面詈辱壹雍責敘曰官有正法何至於此 何焯曰國體當爾壹之死於此益無所展矣權多猜不使壹得盡其情則疑大臣銜前事而周內之矣弼按此與滿寵之考訊楊彪事相反而用意相同

江表傳曰權嫁從女女顧氏甥故請雍父子及孫譚譚時爲選曹尚書 洪飴孫曰吳尚書有選曹（見顧譚薛綜張溫傳）戶曹（見孫休傳）左曹（見濮陽興傳）賊曹（見薛綜傳） 見任貴重是日權極歡譚醉酒三起舞舞不知止雍內怒之明日召譚訶責之曰君王以含垢爲德 王疑作上 臣下以恭敬爲節昔蕭何吳漢並有大功何每見高帝似不能言漢奉光武亦信恪勤汝之於國寧有汗馬之勞可書之事邪但階門戶之資遂見寵任耳何有舞不復知止雖爲酒後亦由恃恩忘敬謙虛不足損吾家者必爾也因背向壁臥譚立過一時乃見遣 徐衆評曰 趙一清曰衆當作爰弼按解見魏志臧洪傳 雍不以呂壹見毀之故而和顏悅色誠長者矣然開引其意問所欲道此非也壹姦險亂法毀傷忠賢吳國寒心自太子登陸遜以下切諫不能得是以潘濬欲因會手劒之 宋本作是以潘濬欲因會同手劒之馮本毛本作是以潘濬欲同手劒之弼按潘濬傳濬乃大請百寮欲因會手刃殺壹 以除國患疾惡忠主義形於色而今乃發起令言若壹稱枉邪不申理則非錄獄本旨若承辭而奏之吳主儻以敬丞相所言而復原宥伯言承明不當悲慨哉 陸遜傳時中書典校呂壹竊弄權柄擅作威福遜與太常潘濬同心憂之言至流涕 懷敘本無私恨無所爲嫌故詈辱之疾惡意耳

惡不仁者其爲仁也季武子死曾點倚其門而歌 禮記檀弓下季武子寢疾及其喪也曾點倚其門而歌鄭注云季武子魯大夫季孫夙也世爲上卿強且專政周壽昌曰據此則點非但狂直於季武子有樂其死之心矣此亦漢經師之訓有異於今者 子皙創發子產催令自裁 左傳昭公二年鄭公孫黑將作亂（公孫黑字子皙）傷疾作而不果子產使吏數之曰不速死大刑將至 以此言之雍不當責懷敘也 何焯曰引季武子事不倫不爲子產地異也呂壹狐鼠亦非子皙強家怙亂當急除之以防他變也沈家本曰雍之斷獄蓋得聖人哀矜勿喜之意衆之所譏未必是也懷敘之詈辱豈官有正法哉弼按何沈二說均是沈精法律所言尤允

雍爲相十九年 黃武四年至赤烏六年 年七十六赤烏六年卒 十一月卒見孫權傳當生於漢靈帝建寧元年 初疾微時權令醫趙泉視之拜其少子濟爲騎都尉雍聞悲曰泉善別死生吾必不起故上欲及吾目見濟拜也權素服臨弔諡曰肅侯長子邵早卒 世說雅量篇云豫章太守顧邵是雍之子邵在郡卒雍盛集僚屬自圍棊外啟信至而無兒書雖神氣不變而心了其故以爪掐掌血流沾褥賓客旣散方歎曰已無延陵之高豈可有喪明之責於是豁情散哀顏色自若 次子裕有篤疾 潘眉曰雍次子名裕母弟

徽之子亦名裕必有一誤或疑注中子裕即雍次子是一人然既云有篤疾不能襲爵而又云少知名位至鎭東將軍當是兩人也弼按下文裕後襲爵注引吳錄云裕一名穆終宜都太守似與位至鎭東將軍者爲兩人晉書顧榮傳榮父穆宜都太守與吳錄合然注引吳書云裕字季則與顧邵之字孝則似爲昆仲也周壽昌曰裕或因徽子名裕遂改名穆而史仍書其初名也少子濟嗣無後絕永安元年詔曰故丞相雍至德忠賢輔國以禮而侯統廢絕朕甚愍之其以雍次子裕襲爵爲醴陵侯以明著舊勳

吳錄曰裕一名穆終宜都太守宜都郡見蜀志先主傳章武二年裕子榮晉書曰湯球輯本王隱晉書云裴注此條未標王隱姑錄侯考榮字彥先爲東南名士仕吳爲黃門郎晉書顧榮傳榮爲南土著姓祖雍吳丞相父穆宜都太守榮機神朗悟弱冠仕吳爲黃門侍郎太子輔義都尉吳平與陸機兄弟同入洛時人號爲三俊世說德行篇云顧榮在洛陽嘗應人請覺行炙人有欲炙之色因輟己施焉同坐嗤之榮曰豈有終日執之而不知其味者乎後遭亂渡江每經危急常有一人左右已問其所以乃受炙人也劉孝標注引文士傳曰榮字彥先吳郡人其先越王句踐之支庶封於顧邑子孫遂氏焉世爲吳著姓大父雍吳丞相父穆宜都太守榮少朗俊機警風穎標徽歷廷尉正曾在省與同僚共飲見行

炙者有異於常僕乃割炙以噉之後趙王倫篡位其子爲中領軍逼用榮爲長史及倫誅榮亦被執凡受戮等輩十有餘人或有救榮者問其故曰某省中受炙臣也榮乃悟而歎曰一餐之惠恩今不忘古人豈虛言哉初學記十二云顧榮少有珪璋符采朗徹仕吳弱冠舉賢良爲黃門侍郎當時後進盡相推謝稱榮有大才令望在晉歷顯位晉書顧榮傳趙王倫篡位以榮爲大將軍長史倫敗齊王冏召爲大司馬主簿轉中書侍郎封嘉興伯轉太子中庶子長沙王乂召爲驃騎長史轉成都王穎丞相從事中郎入兼侍中惠帝西遷避亂還吳陳敏據江東以爲右將軍丹陽內史尋起兵攻敏事平復還吳懷帝徵侍中不就元帝初鎭江東以榮爲軍司馬禮遇甚重類聚卷七十一云顧榮徵拜侍中見王路塞絕便乘船而還過下邳遂解舫爲單舸一日一夜行五六百里遂得免御覽卷四百四十五云顧榮謂中宗曰陸士元貞正清貴金相玉質甘季思忠款盡誠加以膽幹殊快殷慶元質略有明規文武可施用榮族兄公讓明亮守節困不易操會稽楊彥明謝行言皆服膺儒教足爲民望賀生沈潛青雲之士陶恭兄弟才力雖少實事極佳凡此諸人皆南金也中宗納之卒表贈侍中驃騎將軍儀同三司晉書顧榮傳榮素好琴及卒家人常置琴於靈座吳郡張翰哭之慟既而上牀鼓琴數曲撫琴而歎曰顧彥先復能賞此不因又慟哭不弔喪主而去子毗嗣官至散騎侍郎范成大吳郡志云陳敏反南渡江榮起兵攻敏敏率萬餘人出榮以羽扇麾之皆潰永嘉初召拜侍中禍難方作輕舟而還元帝鎭江東以爲軍司謀畫皆諮焉朝野推敬之卒官散騎常侍安東軍司嘉興伯贈侍中驃騎將軍開府儀同三司

諡曰元榮經德體道謀猷洪遠忠正之節在困彌厲榮兄子禺字孟著御覽卷四百五引蘇州志云通賢橋東有吳丞相顧雍宅自雍至孟名著四代常居此宅門無雜賓投刺攝齊者不過一時英俊范成大吳郡志云顧禺字孟著雍諸孫而榮兄子也弼按蘇州志自雍至孟或係自雍至禺之誤少有名望爲散騎侍郎早卒吳書曰雍母弟徽字子歎少游學有脣吻漢書東方朔傳朔曰臣觀其脣齒牙樹頰胲吐脣吻擢項頤結股腳連脽尻遺蛇其迹行步偊旅臣朔雖不肖尙兼此數子者蜀志龐統傳注引蔣濟萬機論曰樊子昭吐脣吻自非許文休敵也孫權統事聞徽有才辯召署主簿嘗近出行見營軍將一男子至市行刑問之何罪云盜百錢徽語使住須臾馳詣闕陳啟方今畜養士衆馮本士作亡誤以圖北虜視此兵丁壯健兒且所盜少愚乞哀原權許而嘉之轉東曹掾或傳曹公欲東權謂徽曰卿孤腹心今傳孟德懷異意莫足使揣之卿爲吾行拜輔義都尉輔義都尉一人吳置到北與曹公相見公具問境內消息徽應對婉順因說江東大豐山藪宿惡皆慕化爲善義出作兵公笑曰孤與孫將軍一結婚姻孫策傳曹公以弟女配策小弟匡又爲子彰取賁女共輔漢室義如一家君何爲

道此徽曰正以明公與主將義固磐石馮本磐作盤誤休戚共之必欲知江表消息是以及耳公厚待遣還權問定云何徽曰敵國隱情卒難探察然徽潛采聽方與袁譚交爭此當在建安九年未有他意乃拜徽巴東太守巴東郡見魏志武紀建安二十年趙一清曰是時巴漢尙屬劉璋此亦遙領欲大用之會卒子裕字季則趙一清曰雍次子名裕徽子不應又名裕此爲誤也少知名位至鎭東將軍雍族人悌字子通以孝悌廉正聞於鄉黨年十五爲郡吏除郎中稍遷偏將軍權末年嫡庶不分悌數與驃騎將軍朱據共陳禍福言辭切直朝廷憚之待妻有禮常夜入晨出希見其面嘗疾篤妻出省之悌命左右扶起御覽右下有自字冠幘加襲起對趣令妻還其貞潔不瀆如此悌父向歷四縣令年老致仕悌每得父書常灑埽整衣服更設几筵舒書其上拜跪讀之每句應諾畢後再拜若父有疾耗之問至則臨書垂涕聲語哽咽父以壽終悌飲漿不入口五日權爲作布衣一襲皆摩絮著之强令悌釋服悌雖以公議自

割猶以不見父喪常畫壁作棺柩象設神座於下每對之哭泣服未闋而卒悌四子彥
禮議祕祕晉交州刺史文選贈顧交阯公眞詩注引晉百官名曰交州刺史顧祕字公眞祕子衆尙書僕射晉書顧衆傳衆字長始驃騎將軍榮之族弟也父祕交州刺史有文武才幹衆出後伯父早終事伯母以孝聞元帝爲鎭東將軍命爲參軍以討華軼功封東鄕侯辟丞相掾祕卒交州州人立衆兄壽爲刺史尋爲州人所害衆往交州迎喪値杜弢之亂崎嶇六年乃還除鄱陽太守王敦搆逆令衆出軍以軍期召衆還辭色甚厲衆不爲動蘇峻反王師敗績衆還吳潛圖義舉吳中人士同時響應與賊戰破之以功封鄱陽縣伯遷尙書僕射永和二年卒諡曰靖長子昌嗣爲建康令第三子會中軍諮議參軍時稱美士晉書顧和傳和字君孝侍中衆之族子也曾祖容吳荊州刺史祖相臨海太守和總角有清操族叔榮雅重之曰此吾家麒麟興吾宗者必此子也王導謂和珪璋特達機警有鋒不徒東南之美實爲海內之俊咸康初拜御史中丞劾奏尙書左丞戴抗贓汙百萬付法議罪帝以保母周氏有阿保之功欲假其名號內外皆奉詔和獨上疏以爲若假名號記籍未見明比惟漢靈帝以乳母趙嬈爲平氏君此末代之私恩非先代之令典帝從之遷尙書僕射以母老固辭詔書特聽暮出朝還其見優遇如此

邵字孝則官本考證曰御覽作孝時弼按詩大雅下武之章云永言孝思孝思維則與邵字義亦相應自以作則爲是顧裕字季則可爲則字之證御覽刊本多誤字官本考證亦多疏陋也博覽書傳好樂人倫人倫解見蜀志龐統傳少與舅陸績齊名績亦吳郡吳人後有傳邵爲績甥則其母爲陸康之女也而陸遜張敦卜靜等皆亞焉陸遜傳遜少孤隨從祖廬江太守康在官袁術與康有隙將攻康康遣遜及親戚還吳遜年長於康子績數歲爲之綱紀門戶吳錄曰敦字叔方靜字玄風並吳郡人敦德量淵懿清虛淡泊又善文辭孫權爲車騎將軍辟西曹掾轉主簿出補海昏令海昏見孫策傳甚有惠化年三十一卒敦子純見孫和傳及注引吳錄卜靜終於郯令郯當作剡見賀齊傳自州郡庶幾庶幾解見張昭傳及四方人士往來相見或言議而去或結厚而別世說品藻篇注引此作或諷議而去或結友而別風聲流聞遠近稱之蜀志龐統傳統送周瑜喪至吳吳人多聞其名及當西還並會昌門陸績顧邵全琮皆往統曰陸子可謂駑馬有逸足之力顧子可謂駑牛能負重致遠也世說品藻篇顧劭嘗與龐士元宿語問曰聞子名知人吾與足下孰愈曰陶冶世俗與時浮沈吾不如子論王霸之餘策覽倚仗之要害吾似有一日之長劭亦安其言權妻以策女年二十七

起家爲豫章太守豫章郡見孫策傳下車祀先賢徐孺子之墓優待其後范書徐穉傳穉字孺子豫章南昌人家貧常自耕稼非其力不食恭儉義讓所居服其德屢辟公府不起時陳蕃爲太守以禮請署功曹穉不免之旣謁而退蕃在郡不接賓客唯穉來特設一榻去則縣之世說德行篇陳仲舉爲豫章太守至便問徐孺子所在欲先看之主簿白羣情欲府君先入廨陳曰武王式商容之閭席不暇煗吾之禮賢有何不可豫章記徐孺子墓在郡南十四里曰白社亭吳嘉禾中太守長沙徐熙于墓隧種松太守南陽謝景于墓側立碑永安中太守梁郡夏侯嵩于碑邊立思賢亭松碑亭今並在松大合抱亭世世修治至今謂之聘君亭禁其淫祀非禮之祭者趙一清曰志怪云顧劭爲豫章崇學校禁淫祀風化大行歷毀諸廟至廬山廟一郡悉諫不從夜聞有排大門聲怪之忽一人開閤逕前狀若方相自說是廬君劭獨對之鬼卽入坐劭善左傳鬼遂與劭談春秋彌夜不能相屈劭歎其精辨謂曰傳載晉景公所夢大厲者古今同有是物也鬼笑曰今大則有之厲則不然燈火盡劭不命取乃隨燒左傳以續之鬼頻請退劭輒留之鬼本欲陵劭劭神氣湛然不可得乘鬼反和遜求復廟言旨懇至劭笑而不答鬼發怒而退顧謂劭曰今夕不能讐君三年之內君必衰矣當因此時相報劭曰何事怱怱且復留談論鬼乃隱而不見視門閤悉閉如故如期劭果篤疾恆夢見此鬼來擊之並勸復廟劭曰邪豈勝正終不聽後遂卒小吏資質佳者輒令就學御覽令作獎擇其先進擢置右職舉善以教風化大行初錢唐

丁諝錢唐見孫堅傳出於役伍陽羨張秉陽羨見孫權傳生於庶民御覽作民庶烏程吳粲烏程見孫堅傳官本吳作吾何焯曰吳粲卽吾粲庾信作吳明徹墓誌用吾彥事對吳起豈吾吳同邪古書吾丘壽王多作虞丘而虞仲亦爲吳仲則吾吳通也錢大昕曰吳吾音相似潁川周昭著書稱吾粲由於牧豎豫章楊其善以並陸全之列謂此也雲陽殷禮雲陽卽曲阿見孫策傳殷禮事見孫權傳赤烏四年注引漢晉春秋又見張溫傳趙達傳起乎微賤邵皆拔而友之爲立聲譽秉遭大喪親爲制服結絰邵當之豫章發在近路値秉疾病時送者百數邵辭賓客曰張仲節有疾苦不能來別恨不見之暫還與訣諸君少時相待其留心下士惟善所在皆此類也或曰有憚舉足之勞而失縕衣之義者吾恐之又曰此數事非難行者然人鮮至焉中庸不可能正在爾許諝至典軍中郎吳有典軍故有典軍中郎秉雲陽太守趙一清曰雲陽丹陽曲阿縣也豈權旣復縣名又立郡邪錢儀吉說同弼按雲陽屬吳郡不屬丹陽趙說誤錢大昕曰雲陽縣卽漢吳郡之曲阿嘉禾三年更名其置郡當在嘉禾以後也晉志敘吳所置郡不及雲陽蓋不久卽省矣洪亮吉曰據顧邵傳張秉爲雲陽太守則吳時又嘗作郡後旋廢也楊守敬說同禮零陵太守零陵

見蜀志先主傳建安十三年禮子基作通語曰殷基通語詳見蜀志費禕傳注禮字德嗣弱不好弄潛識過人少爲郡吏年十九守吳縣丞孫權爲王召除郎中後與張溫俱使蜀諸葛亮甚稱歎之稍遷至零陵太守卒官 文士傳曰禮子基無難督以才學知名著通語數十篇有三子巨字元大有才器初爲吳偏將軍統家部曲城夏口吳平後爲蒼梧太守少子祐字慶元吳郡太守

粲太子少傅世以邵爲知人在郡五年卒官子譚承云

譚字子默侯康曰御覽卷三百八十九引顧譚別傳曰譚字子嘿嘗慕賈誼之爲人身長七尺八寸少言笑容貌矜整有珪璋威重未嘗失色於物非其人或終日不言弼按孫登傳注引江表傳云子嘿精而佷亦作子嘿弱冠與諸葛恪等爲太子四友從中庶子轉輔正都尉太子四友及輔正都尉解見張昭傳陸機爲譚傳曰陸機顧譚傳隋唐志不著錄宣太子正位東宮孫登謚曰宣太子天子方隆訓導之義

妙簡俊彥講學左右時四方之傑畢集太傅諸葛恪等雄奇蓋衆宋本等作以而譚以清識絕倫獨見推重自太尉范愼謝景楊鑑之徒宋本元本馮本楊鑑作羊徽吳本毛本作楊鑑均誤孫登傳謝景范愼刁玄羊衜等皆爲賓客似以作羊衜爲是皆以秀稱其名而悉在譚下而字疑衍

赤烏中代恪爲左節度周壽昌曰諸葛恪傳注引江表傳曰權爲吳王初置節度官使典掌軍糧非漢制也初用侍中偏將軍徐詳詳死將用恪本傳云令守節度則亦非眞拜恪出此拜撫越將軍領丹陽太守譚代恪當是此時案稱左節度是尙有右節度也後世節度之名官實始於此吳書曰譚初踐官府上疏陳事譚議奔喪立科見孫權傳嘉禾六年權輟食稱善以爲過於徐詳徐詳見孫權傳建安二十二年又見諸葛恪傳注引江表傳雅性高亮不修意氣或以此望之望怨也然權鑒其能見待甚隆數蒙賞賜特見召請

每省簿書未嘗下籌徒屈指心計盡發疑謬下吏以此服之加奉車都尉薛綜爲選曹尙書固讓譚曰譚心精體密貫道達微才照人物德允衆望誠非愚臣所可越先後遂代綜祖父雍卒數月拜太常代雍平尙書事是時魯王霸有盛寵與太子和齊衡譚上疏曰臣聞有國有家者必明嫡庶之端異尊卑之禮使高下有差階級踰邈如此則骨肉之恩生覬覦之望絕昔賈誼陳治安之計論諸侯之勢以爲勢重雖親必有逆節之累勢輕雖疏必有保全之祚故淮南親弟不終饗國失之於勢重也史記淮南王傳淮南厲王長者高祖少子也孝文帝初卽位淮南王自以爲最親驕蹇數不奉法上以親故常寬赦之厲王有材力自袖鐵椎椎辟陽侯孝文爲親故弗治赦厲王厲王益驕恣不用漢法丞相張蒼等請處蜀郡嚴道邛郵淮南王不食死吳芮疏臣傳祚長沙得之於勢輕也漢書吳芮傳芮秦時番陽令也項羽以芮率百越佐諸侯立爲衡山王上以芮將梅鋗有功徙爲長沙王昔漢文帝使愼夫人與皇后同席袁盎退夫人之座帝有怒色及盎辨上下之儀陳人彘之戒帝既悅懌夫人亦悟史記袁盎傳上幸上林皇后愼夫人

從其在禁中常同席坐及坐郎署長布席袁盎引卻愼夫人坐愼夫人怒不肯坐上亦怒起入禁中盎因前說曰臣聞尊卑有序則上下和今陛下既已立后愼夫人乃妾妾主豈可與同坐哉且陛下幸之卽厚賜之陛下所以爲愼夫人適所以禍之陛下獨不見人彘乎於是上乃說召語愼夫人愼夫人賜盎金五十斤今臣所陳非有所偏誠欲以安太子而便魯王也由是霸與譚有隙時長公主壻衛將軍全琮子寄爲霸賓客長公主卽魯班字大虎前配周瑜子循後配全琮所謂全公主也寄素傾邪陸遜傳全琮子寄阿附魯王輕爲交構譚所不納先是譚弟承與張休俱北征壽春全琮時爲大都督與魏將王淩戰於芍陂軍不利魏兵乘勝陷沒五營將秦兒軍孫權傳赤烏四年四月遣衛將軍全琮略淮南琮與魏將王淩戰于芍陂中郎將秦晃等十餘人戰死錢大昕曰秦兒當作秦晃（潘眉說同）休承奮擊之遂駐魏師時琮羣子緒端通鑑云全琮子端緒與之爭功胡三省曰端緒琮之二子弼按琮長子緒見琮傳注引吳書琮從子端見魏志鍾會傳通鑑及胡注均誤亦並爲將因敵既住乃進擊之淩軍用退時論功行賞以爲駐敵之功大退敵之功小休承並爲雜

號將軍緒端偏裨而已寄父子益恨共搆會譚吳錄曰全琮父子屢言芍陂之役爲典軍陳恂詐增張休顧承之功而休承與恂通情休坐繫獄權爲譚故沈吟不決欲令譚謝而釋之及大會以問譚譚不謝而曰陛下讒言其興乎　江表傳曰有司奏譚誣罔大不敬罪應大辟權以雍故不致法皆徙之譚坐徙交州趙一清曰御覽卷七百七十五引顧譚別傳曰譚徙交阯初吳以罪徙者皆收家財入官及下獄簿其資唯有犢車一乘牛數頭奴婢不滿十人無尺帛珠金之寶上聞而嘉之皆以家財付叔文後幽而發憤著新言二十篇隋書經籍志顧子新語十二卷吳太常顧譚撰唐經籍志顧子新語五卷顧譚撰藝文志顧子新論五卷注云顧譚馬國翰輯本序曰吳志本傳云著新言二十篇隋志作新語唐志作新論皆非原目今惟太平御覽引數節又本傳載疏一篇隋志無譚集疏當在新言中如賈誼治安疏在新書董仲舒天人策在春秋繁露之類合訂爲卷黃以周曰馬輯本旣據本傳新言二十篇有知難篇其敍則據隋志云新言十二篇篇爲一卷說更矛盾馬氏又以本傳所載疏爲知難篇文御覽所引新言爲顧譚語此亦未可知之辭也今姑從其說以意林所引補之其知難篇蓋以自悼傷也見流二年年四十二卒於交阯

阯當作州通鑑吳主徙譚承休於交州編入魏正始六年卽吳赤烏八年按孫權傳赤烏四年太子登卒五年立子和爲太子立子霸爲魯王六年丞相顧雍卒七年以陸遜爲丞相八年丞相陸遜卒十三年廢太子和處故鄣魯王霸賜死自太子和與魯王霸同宮禮秩如一遂爲兩宮交搆之端而全公主之與太子和母王夫人有隙尤爲禍亂之本顧雍陸遜先後云亡譚承兄弟與張休皆勳臣之子壯年英俊流徙黨死曾不少惜借端於芍陂之役以遂全主誣罔之譖孫權暮年昏憒自貽伊戚可慨也已

承字子直嘉禾中與舅陸瑁俱以禮徵陸瑁爲丞相遜弟遜傳遜外生顧譚顧承姚信並以親附太子枉見流徙是也顧邵少與舅陸績齊名顧承又與舅陸瑁同徵顧陸兩世婚姻俱有令子獨惜譚承以直臣貶黨陸遜以憤恚致卒讒人高張謂之何哉權賜丞相雍書曰貴孫子直令問休休尚書秦誓其心休休焉孔傳云其心休休焉樂善正義引王肅云休休好善之貌至與相見過於所聞爲君嘉之拜騎都尉領羽林兵後爲吳郡西部都尉趙一清曰吳郡西部都尉漢時未有亦吳所置沈約曰吳時分吳郡無錫以西爲毗陵典農校尉或先爲西部都尉後乃更爲典農校尉耳諸葛瑾傳注引吳書云新都都尉陳表吳郡都尉顧承各率所領人會佃毗陵是其證也王先謙曰沈志晉陵太守吳時分吳郡無錫以西爲毗陵典農校尉太康二年省校尉立以爲毗陵郡洪氏從沈志以毗陵武進雲陽三縣隸毗陵典農謝氏據吳志書華覈吳郡武進人韋曜吳郡雲陽人蓋嘉禾中以顧承爲吳郡西部都尉其後省都尉幷吳郡故承祚據其終言之沈志謂太康二年省校尉立毗陵郡誤矣今以三縣還屬吳郡與諸葛恪等共平山越別得精兵八千人還屯軍章阬章阬宋本作章阮趙一清曰陳武傳亦作章坑陸機辨亡論作東坑（錢儀吉說同）沈欽韓曰呂覽九塞高誘注冥阨荆阮方城皆在楚章阮當卽荆阮蓋章山也方輿紀要內方山在荆門州東百八十里弼按章坑與東坑爲兩地解見孫晧傳末注引陸機辨亡論顧承討平山越還屯軍章阬陳武爲新安都尉討平鄱陽亂民北屯章阬參合二傳章坑當在新都之北丹陽之南決不遠在荆州也趙沈均誤拜昭義中郎將入爲侍中芍陂之役拜奮威將軍出領京下督數年與兄譚張休等俱徙交州年三十七卒張休賜死時年四十一顧譚顧承流徙而死一年四十二一年三十七史備書之深致慨惜又按顧承妻爲張溫中妹有節行見溫傳注引文士傳一門忠節朝野嘉歎可貴也

諸葛瑾字子瑜琅邪陽都人也陽都見魏志諸葛誕傳

吳書曰其先葛氏本琅邪諸縣人郡國志徐州琅邪國諸一統志故城今山東青州府諸城縣西南三十里後徙陽都

陽都先有姓葛者時人謂之諸葛官本考證曰廣韻注作時人謂徙居者爲諸葛因以爲氏瑾少游京師治毛詩尚書或曰尚書上疑脫古文二字于時謂之古學左氏春秋遭母憂居喪至孝諸葛亮傳云亮早孤事繼母恭謹甚得人子之道　風俗通曰葛嬰爲陳涉將軍有功而誅史記陳涉世家陳勝自立爲將軍令符離人葛嬰將兵徇蘄以東葛嬰至東城立襄彊爲楚王嬰後聞陳王已立因殺襄彊還報至陳陳王誅殺葛嬰孝文帝追錄封其孫諸縣侯因并氏焉此與吳書所說不同何焯曰孝文時侯者十人無姓葛者高祖封樂毅後於一鄉嬰何功德而其孫乃食一縣此風俗通傳聞之謬也周壽昌曰葛嬰爲陳涉將有功漢無與也況亦被誅乎孝文錄封必不寬濫至此考功臣表內無之應氏此言恐未足信也

漢末避亂江東董卓之亂曹嵩避難琅邪爲陶謙所害曹操志在復讎所過多所殘滅見魏志武紀興平元年值孫策卒孫權姊壻曲阿弘咨孫晧傳甘露元年注引吳錄曰弘璆曲阿人弘咨之孫權外甥也（甥當作孫）見而異之薦之於權與魯肅等並見賓待後爲權長史轉中司馬胡三省曰時權署置諸將有別部司馬則中司馬者蓋中軍司馬也瑾自長史轉中司馬位任蓋不輕矣弼按孫權傳建安十四年劉備表權行車騎將軍瑾蓋爲車騎將軍之中司馬也建安

二十年權遣瑾使蜀通好劉備孫權傳建安十九年權以備已得益州令諸葛瑾從求荊州諸郡備不許與其弟亮俱公會相見退無私面與權談說諫喩未嘗切愕微見風采粗陳指歸如有未合則捨而及他徐復託事造端以物類相求於是權意往往而釋吳郡太守朱治權舉將也朱治傳權年十五治舉爲孝廉權歷位上將及爲吳王治每進見權常親迎執版交拜權曾有以望之梁章鉅曰漢書汲黯傳云黯褊心不能無少望音義望怨也趙一清曰孫權有望於朱治殆謂暨豔見張溫傳而素加敬難自詰讓忿忿不解周壽昌曰權之忿治治傳未載僅此一見亦互文見義之法瑾揣知其故而不敢顯陳乃乞以意私自問遂於權前爲書泛論物理因以已心遙往忖度之畢以呈權權喜笑曰孤意解矣顏氏之德使人加親梁章鉅曰史記仲尼弟子列傳孔子曰自吾有回門人益親豈謂此邪權又怪校尉殷模罪至不測羣下多爲之言權怒益甚與相反覆惟瑾默然權曰子瑜何獨不言

瑾避席曰瑾與殷模等遭本州傾覆生類殄盡棄墳墓攜老弱披草萊歸聖化在流隸之中蒙生成之福不能躬相督厲陳荅萬一至令模孤負恩惠自陷罪戾臣謝過不暇誠不敢有言權聞之愴然乃曰特爲君赦之後從討關羽封宣城侯宣城見孫策傳以綏南將軍綏南將軍一人吳置代呂蒙領南郡太守住公安郡國志荊州南郡治江陵吳增僅曰洪志南郡治江陵今考周瑜領南郡太守屯江陵（瑜傳）及呂蒙襲破荊州領南郡太守時江陵未城（吳志赤烏十一年始城江陵）遂住公安（據蒙傳云蒙發疾時權在公安迎置內殿云云可見）諸葛瑾代蒙亦即住此（瑾傳）是後魏人攻圍南郡皆須渡江（以夏侯尙王昶傳觀之可見）沈志云吳南郡治江南又云晉改公安曰江安通鑑胡注云晉平吳以江南之南郡爲南平郡治江安參證史志知吳之南郡始終治公安也（諸葛瑾傳注引江表傳公安靈鼉鳴童謠有曰南郡城中可長生云云亦足證南郡治公安也）王先謙曰江陵前漢縣三國吳因沈志魏荊州刺史治江陵（謝云沈說非是）通典吳荊州理江陵（馬與龍云吳江陵設督其荊州牧駐武昌及樂鄉巴丘見吳志呂岱諸葛恪等傳無駐江陵者）案江陵屬吳南郡治晉志南郡漢置首江陵沈志南郡太守下同吳表引沈志南平內史吳南郡治江南（馬與龍云沈志言治皆謂縣地江南非縣名亦非地名南字當卽陵字之訛）又謂呂蒙領南郡太守住公安諸葛瑾代蒙亦住公安是後魏人攻圍南郡皆須渡江知吳之南郡始終治公安今考吳志南郡太守惟諸葛瑾住公安旋遷左將軍督公安瑾以前各太守周瑜魯肅程普呂蒙皆治江陵也吳謂魏攻南郡皆須渡江說尤非是謝云赤烏九年朱然城江陵見孫權傳有百里洲董昭傳夏侯尙攻江陵欲將步騎入渚中安屯築浮橋南北往來潘璋傳夏侯尙圍南郡（按據此南郡卽江陵知吳云魏攻南郡皆須渡江之謬）築浮橋渡百里洲上謝云其地在江陵南江津戍之西有中洲孫權傳曹眞分軍據江陵中洲張郃傳夏侯尙擊江陵郃別督軍渡江（案謂渡江至洲上非謂至南岸）取洲上屯塢胡三省云卽百里洲其洲自枝江縣西至上明東及江津江津北岸卽江陵故城江陵縣志明嘉靖中江水衝斷分爲上百里洲下百里洲晉志因一統志江陵故城今湖北荊州府江陵縣治公安見蜀志劉璋傳劉備東伐吳吳王求和蜀志先主傳章武元年先主忿孫權之襲關羽遂帥諸軍伐吳孫權遣書請和先主盛怒不許瑾與備牋曰奄聞旗鼓來至白帝白帝見蜀志先主傳或恐議臣郝經續書議作羣以吳王侵取此州危害關羽怨深禍大不宜荅和此用心於小未留意於大者也試爲陛下論其輕重及其大小陛下若抑威損忿暫省瑾言者計可立決不復咨之於羣后也陛下以

關羽之親何如先帝胡三省曰時蜀人傳漢帝已遇害因稱之爲先帝荊州大小孰與海內俱應仇疾誰當先後若審此數易如反掌胡三省曰諸葛瑾之言天下之公也使漢主因此與吳解仇繼好魏氏其旰食乎何焯曰及昭烈之時以大義討賊則人心尤易於聳動子瑜之言至言也股肱或虧何痛如之願可以先元首乎後儒謂孫權亦漢賊也則誠如裴氏所論又云於此時也責以犄角討賊同好棄惡告諸天地騰書遠近爲文祭羽曉示士衆旋師北向身出秦川若克關中漢業可復權卽稱藩矣弼按劉孫之釁始於關羽之剛愎呂蒙之圖近功蔣濟之爲曹操畫策許割江南以封權權內憚羽外欲以爲已功遂致關羽毀敗秭歸蹉跌皆由於此子瑜之牋雖爲孫氏釋怨求和然權衡當日大勢實爲名論與趙雲謂國賊是曹操非孫權當先滅魏則吳自服不應置魏先與吳戰皆所見者大惜玄德之不納也

臣松之云以爲劉后以庸蜀爲關河何焯曰關河謂關中河內也荊楚爲維翰詩大雅板之章大邦維屏大宗維翰鄭箋云爲屏藩垣幹也關羽揚兵沔漢志陵上國雖匡主定霸功未可必要爲威聲遠震有其經略孫權潛包禍心助魏除害是爲翦宗子勤王之師行曹公移都之計官本行作紓李龍官曰當作紓當日雲長威震華夏孟德恐懼欲遷都以避之今荊州爲權所破羽死而操安遷都之計可以緩也拯漢之規於茲而止義旗

所指宜其在孫氏矣瑾以大義責備答之何患無辭且備羽相與有若四體股肱橫虧
憤痛已深豈此奢闊之書所能迴駐哉載之於篇實爲辭章之費
時或言瑾別遣親人與備相聞權曰孤與子瑜有死生不易之誓子
瑜之不負孤猶孤之不負子瑜也
江表傳曰瑾之在南郡人有密讒瑾者此語頗流聞於外陸遜表保明瑾無此宜以散
其意權報曰子瑜與孤從事積年恩如骨肉深相明究其爲人非道不行非義不言玄
德昔遣孔明至吳胡三省曰蓋謂亮至吳求救時也孤嘗語子瑜曰卿與孔明同產且弟隨兄於義
爲順何以不留孔明孔明若留從卿者孤當以書解玄德意自隨人耳胡三省曰意自料度也權
自言料度備意必當相從子瑜答孤言弟亮以失身於人宋本失作身誤通鑑以作已委質定分義無二心
弟之不留猶瑾之不往也此言足貫神明宋本此作其通鑑同今豈當有此乎孤前得妄語文

疏即封示子瑜并手筆與子瑜即得其報論天下君臣大節一定之分孤與子瑜可謂
神交非外言所閒也知卿意至輒封來表以示子瑜使知卿意胡三省曰觀孫權君臣之閒推誠相與讒
閒不行於其閒所以能保有江東也
黃武元年遷左將軍督公安吳於瀕江要地皆置督假節封宛陵侯宛陵見孫策傳
吳錄曰曹眞夏侯尚等圍朱然於江陵又分據中州中州見前南郡治江陵注是役在吳黃武元年魏黃初三年詳
見孫權傳瑾以大兵爲之救援瑾性弘緩推道理任計畫無應卒倚伏之術兵久不解權以
此望之魏志夏侯尚傳黃初三年尚率諸軍與曹眞共圍江陵權將諸葛瑾與尚軍對江瑾渡入江中渚而分水軍於江中尚於下流潛渡攻瑾諸軍夾江
燒其舟船水陸並攻破之會大疫尚引諸軍還及春水生潘璋等作水城於上流瑾進攻浮橋眞等退走
潘璋傳夏侯尚等圍南郡作浮橋渡百里洲上諸葛瑾楊粲並會兵赴救未知所出魏兵日渡不絕璋於上流伐葦數百萬束縛作大筏欲順流放火燒敗浮橋作
筏適畢尚便引退雖無大勳亦以全師保境爲功魏明紀黃初七年諸葛瑾圍襄陽司馬懿擊破之本傳未載

虞翻以狂直流徙虞翻傳翻數犯顏諫爭權不能悅又性不協俗多見謗毀權積怒非一遂徙翻交州惟瑾屢爲之
說翻與所親書曰諸葛敦仁則天活物比蒙清論有以保分官本考證曰保
分册府作保全惡積罪深見忌殷重雖有祁老之救德無羊舌解釋難冀也
左傳襄公二十一年范宣子囚叔向於是祁奚老矣聞之乘馹而見宣子曰夫謀而鮮過惠訓不倦者叔向有焉社稷之固也猶將十世宥之以勸能者宣子說以言諸
公而免之不見叔向而歸叔向亦不告免焉而朝杜注羊舌肸叔向也瑾爲人有容貌思度諸葛恪傳恪父瑾面長似驢于
時服其弘雅權亦重之大事咨訪又別咨瑾曰劉咸炘曰特載此書亦互見之法近
得伯言表陸遜字伯言以爲曹丕已死毒亂之民當望旌瓦解而更靜然
聞皆選用忠良寬刑罰布恩惠薄賦省役以悅民心趙一淸曰晉書楊駿傳駿自知素無
美望懼不能輯和遠近乃依魏明帝卽位故事遂大開封賞欲以悅衆則知曹叡嗣統之初曲媚人情宜其見輕於敵國也其患更深於操
時孤以爲不然操之所行其惟殺伐小爲過差及離閒人骨肉以爲

酷耳至於御將宋本毛本御將作將御誤自古少有比之於操何焯校改比作丕萬不及
也今叡之不如丕猶丕不如操也其所以務崇小惠必以其父新死
自度衰微恐困苦之民一朝崩沮故彊屈曲以求民心欲以自安住
耳寧是興隆之漸邪聞任陳長文曹子丹輩陳羣字長文曹眞字子丹魏文帝疾篤召曹眞陳羣曹休
司馬懿受遺詔輔嗣主或文人諸生或宗室戚臣寧能御雄才虎將以制天下乎
夫威柄不專則其事乖錯如昔張耳陳餘非不敦睦至於秉勢自還
相賊乃事理使然也史記張耳陳餘列傳太史公曰張耳陳餘始居約時相然信以死豈顧問哉及據國爭權卒相滅亡何鄉者相慕之
用誠後相倍之戾也豈非以利哉素隱述贊曰張耳陳餘天下豪俊忘年羈旅刎頸相信耳圍鉅鹿餘兵不進張既望深陳乃去印勢利傾奪隙末成釁又長
文之徒昔所以能守善者以操笮其頭沈欽韓曰一切經音義笮猶壓也畏操威嚴
故竭心盡意不敢爲非耳逮丕繼業年已長大承操之後以恩情加

之用能威義令叡幼弱隨人東西此曹等輩必當因此弄巧行態阿黨比周各助所附如此之日姦讒並起更相陷懟轉成嫌貳一爾已往 官本一作自 羣下爭利主幼不御其爲敗也焉得久乎所以知其然者自古至今安有四五人把持刑柄而不離刺轉相踣躓者也彊當陵弱弱當求援此亂亡之道也 朱邦衡曰此必指斥仲達乃爲切中承祚在晉特爲隱其詞耳 子瑜卿但側耳聽之伯言常長於計校恐此一事小短也 此書敘在權稱尊號之前當在吳黃武六七年

魏太和元二年

臣松之以爲魏明帝一時明主政自己出孫權此論竟爲無徵而史載之者將以主幼國疑威柄不一亂亡之形有如權言宜其存錄以爲鑒戒或當以雖失之於明帝而事著於齊王齊王之世可不謂驗乎不敢顯斥抑足表之微辭 陳本足作聊曹叡託孤仲達魏以是亡

權稱尊號拜大將軍左都護 陸遜傳黃龍元年拜上大將軍右都護是遜與瑾同時並拜一爲上大將軍一爲大將軍一爲右都護一爲左都護也胡三省曰吳於大將軍之上復置上大將軍洪飴孫曰吳黃龍元年初置上大將軍又置大將軍後皆並設韋昭辨釋名曰大將軍位在三公上弼按吳置左右都護洪氏三國職官表失載 領豫州牧 洪飴孫曰黃龍元年與蜀約參分天下以豫青徐幽屬吳故四州置州牧遙領之諸葛瑾陸凱豫州朱桓青州賀齊丁奉徐州孫韶幽州案以此年之約故領兗州牧朱然領冀州牧步騭皆以地在蜀分共解牧職乃永安三年陸抗即爲益州牧則亦未能如約矣 及呂壹誅權又有詔切磋瑾等語在權傳瑾輒因事以答辭順理正瑾子恪名盛當世權深器異之然瑾常嫌之謂非保家之子每以憂戚 諸葛恪傳瑾歎曰恪不大興吾家將大赤吾族也

吳書曰初瑾爲大將軍而弟亮爲蜀丞相二子恪融皆典戎馬督領將帥族弟誕又顯名於魏一門三方爲冠蓋天下榮之 世說品藻篇云瑾弟亮及從弟誕並有盛名各在一國於時以爲蜀得其龍吳得其虎魏得其狗弼按以公休之忠不得謂之狗世說之評未爲允也 瑾才略雖不及弟而德行尤純妻死不改娶有所愛妾生子不舉其篤慎皆如此 何焯曰生子不舉此非人情果崇不邇之德無姬侍可也顧千里曰裴氏謂瑾之才略不及弟而德行尤純吾恐德行亦不及弟卽如出處一節瑾能待三顧而出者邪弼按裴引吳書非裴說也

赤烏四年年六十八卒 閏六月卒見孫權傳何焯曰天不祚漢武侯不同乃兄之壽弼按瑾當生於漢靈帝熹平三年（長孫策一歲）弟亮生於漢靈帝光和四年（與孫權同歲）瑾長亮七歲亮卒於蜀建興十二年卽吳嘉禾三年年五十四先瑾九年而死惜哉 遺命令素棺斂以時服事從省約恪已自封侯 恪出山民功封都鄉侯見恪傳 故弟融襲爵 襲宛陵侯 攝兵業 胡三省曰攝領也承也領父之兵承父之業也 駐公安 瑾女爲張承妻見前張昭傳

吳書曰融字叔長生於寵貴少而驕樂學爲章句博而不精性寬容多技藝數以巾褐奉朝請後拜騎都尉赤烏中諸郡出部伍新都都尉陳表 新都郡見孫權傳赤烏六年 吳郡都尉顧承各率所領人會佃毗陵 郡國志揚州吳郡毗陵季札所居北江在北劉昭注引越絕曰縣南城在荒連上湖中冢者季子冢也名延陵墟皇覽曰暨陽鄉晉志改屬毗陵郡一統志故城今江蘇常州府武進縣治洪亮吉以毗陵典農校尉爲卽吳郡西部都尉說誤解見顧承傳 男女各

數萬口表病死權以融代表 代陳表爲新都都尉也 後代父瑾領攝融部曲吏士親附之疆外無事 何焯曰融部曲以下十二字疑係承祚本文連下秋冬弼按此十二字作正文或作注文當衍融字 秋冬則射獵講武春夏則延賓高會休吏假卒或不遠千里而造焉每會輒歷問賓客各言其能乃合榻促席量敵選對或有博奕或有摴蒱投壺弓彈部別類分於是甘果經進 宋本經作繼 清酒徐行融周流觀覽終日不倦融父兄質素雖在軍旅身無采飾而融錦罽文繡獨爲奢綺孫權薨徙奮威將軍後恪征淮南假融節令引軍入沔以擊西兵恪既誅遣無難督施寬就將軍施績孫壹全熙等取融融卒聞兵士至惶懼猶豫不能決計兵到圍城飲藥而死三子皆伏誅

江表傳曰先是公安有靈鼉鳴童謠曰白鼉鳴龜背平南郡城中可長生守死不去義

無成及悋被誅融果刮金印龜服之而死

步騭字子山臨淮淮陰人也漢書地理志臨淮郡淮陰郡國志徐州下邳國淮陰劉昭注武帝置臨淮郡永平十五年更爲下邳國淮陰下鄉有南昌亭韓信寄食處宋書州郡志臨淮太守淮陰令前漢屬臨淮後漢屬下邳晉太康地志屬廣陵胡三省曰魏廣陵郡治淮陰謝鍾英曰吳志步騭步夫人傳並云臨淮淮陰人蓋仍舊言之又曰晉志漢章帝以臨淮合下邳太康元年以下邳縣在淮南者置臨淮郡荀凱傳又云咸熙中封臨淮侯係史家駁文胡三省據之遂謂魏徐州有臨淮郡誤矣一統志淮陰故城今江蘇淮安府清河縣南謝鍾英曰今淮安府山陽縣西北四十里

吳書曰晉有大夫楊食采於步通志氏族略步氏姬姓晉公族郤氏之後步楊食采於步遂以爲氏胡三省曰姓譜晉有步楊食采于步因氏焉後有步叔與七十子師事仲尼史記仲尼弟子列傳步叔乘字子車鄭玄曰齊人秦漢之際有爲將軍者以功封淮陰侯騭其後也沈家本曰漢功臣表無姓步者

世亂避難江東單身窮困與廣陵衛旌同年相善俱以種瓜自給晝勤四體夜誦經傳避難而能敏學眞不可及

吳書曰騭博研道藝靡不貫覽性寬雅沈深能降志辱身

會稽焦征羌郡之豪族錢大昭曰史家敘事例得稱名志中如蔡伯喈（邕）劉子奇（陶）司馬德操（徽）宋仲子（忠）劉伯安（虞）許文休（靖）任定祖（安）秦子勅（宓）之類不可枚舉此又稱其官更非史例臧洪傳稱劉兗州公山（岱）孔豫州公緒（伷）則又官字並舉尤爲變格也劉咸炘曰征羌二字亦未及改

吳錄曰征羌名矯嘗爲征羌令郡國志豫州汝南郡征羌一統志今河南許州郾城縣東南

人客放縱騭與旌求食其地懼爲所侵乃共修刺奉瓜以獻征羌征羌方在內臥駐之移時旌欲委去騭止之曰本所以來畏其彊也馮本畏作長誤而今舍去欲以爲高祇結怨耳良久征羌開牖見之身隱几坐帳中設席致地坐騭旌於牖外旌愈恥之騭辭色自若征羌作食身享大案殽膳重沓以小盤飯與騭旌惟菜茹而已旌不能食騭極飯致飽乃辭出旌怒騭曰何能忍此騭曰吾等貧賤是以主人以貧賤遇之固其宜也當何所恥此眞飽經世態識透人情之語大有韓信忍辱袴下之風同產淮陰習聞有自逭斬徇吳巨實服南土又與韓信之國士無雙一軍皆驚者何異或曰步騭與衛旌不能無大小之分然所界甚微易致失足一失足則廉恥盡矣事學衛旌無效步騭

吳錄曰衛旌字子旗官至尚書

孫權爲討虜將軍孫權傳建安五年曹操表權爲討虜將軍召騭爲主記

吳書曰歲餘騭以疾免與琅邪諸葛瑾彭城嚴畯俱游吳中並著聲名爲當時英俊

除海鹽長海鹽見孫權傳赤烏五年還辟車騎將軍東曹掾孫權傳建安十四年劉備表權行車騎將軍領徐州牧

吳書曰權爲徐州牧以騭爲治中從事舉茂才

建安十五年出領鄱陽太守鄱陽郡見孫權傳建安八年歲中徙交州刺史立武

中郎將立武中郎將一人吳置領武射吏千人便道南行明年追拜使持節征南中郎將征南中郎將一人吳置劉表所置蒼梧太守吳巨蒼梧見魏志陶謙傳陰懷異心外附內違騭降意懷誘請與相見因斬徇之威聲大震士燮兄弟相率供命南土之賓自此始也五見士燮傳趙一清曰水經泿水注引王氏交廣春秋曰建安十六年吳遣臨淮步騭爲交州刺史將武吏四百人之交州道路不通蒼梧太守長沙吳巨擁衆五千騭有疑於巨先使諭巨巨迎之於零陵遂得進州巨既納騭而後有悔騭以兵少恐不存立巨有都督區景勇略與巨同士爲用騭惡之陰使人請巨巨往告景勿詣騭騭請不已景又往乃於廳事前中庭俱斬以首徇衆又曰騭殺吳巨區景使嚴舟船合兵二萬下取南海蒼梧人衡毅錢博宿巨部伍興軍逆騭於蒼梧高要峽口兩軍相逢於是遂交戰毅與衆投水死者千有餘人一清案錢博後降於呂岱見岱傳水經注又引鄧德明南康記曰昔有盧耽仕州爲治中少棲仙術善解雲飛每夕輒淩虛歸家曉則還州嘗於元會至朝不及朝列化爲白鵠至闕前迴翔欲下威儀以石擲之得一隻履耽驚還就列內外左右莫不駭異時步騭爲廣州意甚惡之便以狀聞遂至誅滅侯康曰本傳云騭爲交州南康記作廣州者據其後名之蓋步騭爲交州在建安十六年其時交州治番禺後因呂岱之請分交州置廣州交州治龍編廣州治番禺然則步騭時之交州卽後來之廣州也益州大姓雍闓等

殺蜀所署太守正昂 互見蜀志後主傳建興元年注 與燮相聞求欲內附騭因承制遣使宣恩撫納 互見士燮傳 由是加拜平戎將軍 平戎將軍一人吳置 封廣信侯 蒼梧郡治廣信見魏志陶謙傳 延康元年 沈家本曰范書獻紀書建安二十五年而不冠延康於歲首觀此稱延康元年則當時海內實遵用之 權遣呂岱代騭騭將交州義士萬人出長沙會劉備東下武陵蠻夷蠢動 蜀志先主傳章武元年（魏黃初二年）先主軍次秭歸武陵五谿蠻夷遣使請兵 權逆命騭上益陽 官本逆作遂考證云監本訛作逆今改正沈家本曰上文云騭將交州義士萬人出長沙是騭猶在道也權遣使逆而命之則作逆自通不必改字 備既敗績而零桂諸郡 長沙武陵零陵桂陽均見蜀志先主傳建安十三年益陽見先主傳建安十九年 猶相驚擾處處阻兵騭周旋征討皆平之黃武二年遷右將軍左護軍 洪飴孫曰吳置中左右護軍各一人騭按詳見周瑜傳 權改封臨湘侯 長沙郡治臨湘 五年假節徙屯漚口 呂岱傳黃龍三年岱屯長沙漚口謝鍾英曰地缺 權稱尊號拜驃騎將軍領冀州牧是歲都督西陵 西陵見孫晧傳鳳皇元年胡三省曰吳保江南凡邊要之地皆置督獨西陵稱都督以國之西門統攝要重也杜佑云西陵今夷陵郡洪飴孫曰吳於瀕江要地皆置都督權輕者但稱督 代陸遜撫二境 孫權傳黃龍元年權遷都建業徵陸遜輔太子登掌武昌留事 頃以冀州在蜀分解牧職 解見諸葛瑾傳 時權太子登駐武昌愛人好善與騭書曰夫賢人君子所以興隆大化佐理時務者也受性闇蔽不達道數雖實區區 宋本區區作驅驅誤 欲盡心於明德歸分於君子至於遠近士人先後之宜猶或緬焉未之能詳 錢大昭曰緬猶泯也言泯泯焉未能詳沈欽韓曰廣韻緬遠也韋昭楚語注緬猶邈也弼按魏志夏侯尚傳緬緬紛紛未聞整齊尚書呂刑篇泯泯棼棼逸周書祭公篇汝無泯泯芬芬錢沈二說皆通 傳曰愛之能勿勞乎忠焉能勿誨乎 此論語憲問篇之辭蘇氏曰愛而勿勞禽犢之愛也忠而勿誨婦寺之忠也愛而知勞之則其爲愛也深矣忠而知誨之則其爲忠也大矣 斯其義也豈非所望於君子哉騭於是條于時事在荊州界者 宋元本事下有業字通鑑同 諸葛瑾陸遜朱然程普潘濬裴玄夏侯承衞旌 諸葛瑾時督公安陸遜潘濬俱駐武昌掌留事朱然鎮江陵各見本傳衞旌官武陵太守見潘濬傳注引江表傳此皆在荊州界者裴玄見嚴畯傳夏侯承未詳陳景雲曰騭所條上諸臣皆當時有聲績於荊州者程普之卒在吳主稱尊號前不應亦列其中恐傳錄誤也時呂岱在荊州其名迹亦葛陸之儔騭獨遺之爲不可曉或程普乃呂岱之譌如魏志夏侯惇傳中以雲長爲呂布也 李肅

吳書曰肅字偉恭南陽人少以才聞善論議臧否得中甄奇錄異薦述後進題目品藻曲有條貫衆人以此服之 孟宗從李肅學見孫晧傳建衡三年注引吳錄 權擢以爲選舉號爲得才 何焯曰以爲下御覽有選曹尚書四字 求出補吏爲桂陽太守吏民悅服徵爲卿會卒知與不知並痛惜焉

周條石幹十一人甄別行狀 周壽昌曰甄別二字昉此此即後世甄別官員之法 因上疏獎勸曰

臣聞人君不親小事百官有司各任其職故舜命九賢 胡三省曰舜命九官禹作司空宅百揆契作司徒棄后稷皋陶作士益作朕虞垂共工夷作秩宗龍作納言夔典樂 則無所用心彈五弦之琴詠南風之詩 尸子曰帝舜彈五弦之琴以歌南風其詩曰南風之薰兮可以解吾民之慍兮南風之時兮可以阜吾民之財兮禮記疏曰南風孝子之詩舜以教天下之孝琴清英曰舜彈五弦之琴而天下治堯加二弦以合君臣之恩也 不下堂廟而天下治也齊桓用管仲被髮載車 沈欽韓曰韓非子外儲說右下桓公之霸也內事屬鮑叔外事屬管仲桓公被髮而御婦人日游於市論衡書虛篇桓公貢婦人而朝諸侯說苑鮑叔言桓公姪娣不離懷衽此皆襄公下流之謗而集於桓公耳 齊國既治又致匡合 論語齊桓公九合諸侯一匡天下 近漢高祖擥三傑以興帝業 錢大昭曰漢三傑之稱始此謂蕭何韓信張良也 西楚失雄俊以喪成功 史記項羽本紀項王疑范增與漢有私稍奪之權范增大怒曰天下事大定矣君王自爲之願賜骸骨歸卒伍項王許之 汲黯在朝淮南寢謀 史記汲黯傳淮南王謀反憚黯曰好直諫守節死義難惑以非至如說丞相弘如發蒙振落耳 郅都守邊匈奴竄迹 史記酷吏傳郅都爲雁門太守匈奴素聞郅都節居邊爲引兵去竟郅都死不近雁門匈奴至爲偶人象郅都令騎馳射之莫能中見憚如此匈奴患之 故賢人所在折衝萬里 胡三省曰晏子春秋云晉平公欲攻齊使范昭觀焉景公觴之范昭曰願請君之棄爵景公曰諾已飲晏子命徹尊更之范昭歸以報晉平公曰齊未可伐也吾欲恥其君而晏子知之仲尼聞之曰起於尊俎之閒而折衝千里之外漢何武上封事曰虞有宮之奇晉獻不寐衞青在位淮南寢謀故賢人立朝折衝厭難勝於無形 信國家之利器崇替之所由也方今王化未被於漢北河洛之濱尚有僭逆之醜誠擥英雄拔俊任賢之時也願

明太子重以經意則天下幸甚後中書呂壹典校文書多所糾舉騭上疏曰伏聞諸典校擿抉細微吹毛求瑕重案深誣趣欲陷人馮本趣作趣錢儀吉曰從宋五行志校作輒欲陷人以成威福無罪無辜橫受大刑是以使民跼天蹐地誰不戰慄昔之獄官惟賢是任故皋陶作士尚書舜典篇帝曰皋陶汝作士五刑有服孔傳云士理官也五刑墨劓剕宮大辟服從也言得輕重之中正呂侯贖刑書序云呂命穆王訓夏贖刑作呂刑孔傳云呂侯見命爲天子司寇以穆王命作書訓暢夏禹贖刑之法更從輕以布告天下呂侯後爲甫侯故或稱甫刑史記周本紀諸侯有不睦者甫侯言於王作修刑辟命曰甫刑張于廷尉民無冤枉漢書于定國傳定國爲廷尉其決疑平法務在哀鰥寡罪疑從輕加審慎之心朝廷稱之曰張釋之爲廷尉天下無冤民于定國爲廷尉民自以不冤休泰之祚實由此興今之小臣動與古異獄以賄成輕忽人命歸咎于上爲國速怨夫一人吁嗟王道爲虧甚可仇疾明德慎罰哲人惟刑錢大昕曰哲當作折用呂刑折民惟刑語㢢按呂刑篇前文有伯夷降典折民惟刑之語後文有哲人惟刑無疆之辭之語孔傳云言智

人惟用刑乃有無窮之譽辭漢書于定國傳贊云于定國父子哀鰥哲獄爲任職臣應劭曰哲智也鄭氏曰當言折獄師古曰哀鰥哀恤鰥寡也哲獄知獄情也劉奉世曰古文鰥矜音字蓋通用此乃哀矜折獄爾是哲折亦可通也書傳所美自今蔽獄都下則宜諮顧雍武昌則陸遜潘濬平心專意務在得情騭黨神明受罪何恨又曰天子父天母地故宮室百官動法列宿若施政令欽順時節官得其人則陰陽和平七曜循度至於今日官寮多闕雖有大臣復不信任如此天地焉得無變故頻年枯旱亢陽之應也又嘉禾六年五月十四日赤烏二年正月一日及二十七日地皆震動地陰類臣之象陰氣盛故動臣下專政之故也夫天地見異所以警悟人主可不深思其意哉又曰丞相顧雍上大將軍陸遜太常潘濬憂深責重志在竭誠夙夜兢兢寢食不寧念欲安國利民建久長之計可謂心膂股肱社稷之臣矣宜各委任不使他官監其所司責其成效課其負殿通鑑作課其殿最胡注賢曰殿軍後也課居後也最凡要之先也課居先也此三臣者思慮不到則已豈敢專擅威福欺負所天乎胡三省曰君天也㢢按步騭傳諸疏非一時所上承祚彙敘於誅呂壹之前通鑑編入魏景初二年卽吳赤烏元年呂壹固以赤烏元年伏誅然上文疏中敘及赤烏二年事則確在誅呂壹後上也騭前疏泛言諸典校亦未專指呂壹故壹誅後孫權有詔責數騭也又曰縣賞以顯善設刑以威姦任賢而使能審明於法術則何功而不成何事而不辨何聽而不聞何視而不覩哉若今郡守百里皆各得其人共相經緯如是庶政豈不康哉竊聞諸縣並有備吏吏多民煩俗以之弊沈欽韓曰此所謂散吏也隸續南陽郡吏題名從掾位者南鄉王晧等五十六人從史位順陽五龐等十人容齋隨筆晉南鄉太守司馬整碑陰故吏題名從掾位李奉等十五人費鳳碑溧陽校官碑皆有之則縣之備吏久矣但小人因緣銜命不務奉公而作威福無益視聽更爲民害愚以爲可一切罷省權亦覺悟遂誅呂壹騭前

後薦達屈滯救解患難書數十上權雖不能悉納然時采其言多蒙濟賴

吳錄云騭表言曰北降人王潛等說北相部伍圖以東向多作布囊欲以盛沙塞江以大向荊州夫備不豫設難以應卒宜爲之防權曰此曹衰弱何能有圖必不敢來若不如孤言當以牛千頭爲君作主人後有呂範諸葛恪爲說騭所言官本考證曰有疑作與何校本改作向云每讀步騭表輒失笑此江與開闢俱生寧有可以沙囊塞理也

赤烏九年代陸遜爲丞相猶誨育門生手不釋書猶是少年夜誦經傳之習尙被服居處有如儒生然門內妻妾服飾奢綺頗以此見譏騭附魯王霸見孫和傳注引殷基通語世期著論極言騭之失本傳一字不載在西陵二十年鄰敵敬其威信性寬弘得衆喜怒不形於聲色而外內肅然十一年卒錢大昭曰吳主傳步騭卒於赤烏十年五月一字疑衍趙一清曰吳

地記步隲墳在縣東北三里有石碑見存臨頓橋西南子協嗣統隲所領加撫軍將軍協卒子璣嗣侯協弟闡繼業爲西陵督加昭武將軍封西亭侯鳳皇元年召爲繞帳督闡累世在西陵卒被徵命自以失職又懼有讒禍於是據城降晉遣璣與弟璿詣洛陽爲任晉以闡爲都督西陵諸軍事衞將軍儀同三司加侍中假節領交州牧封宜都公璣監江陵諸軍事左將軍加散騎常侍領廬陵太守改封江陵侯璿給事中宣威將軍封都鄉侯命車騎將軍羊祜荊州刺史楊肇往赴救闡孫晧使陸抗西行祜等遁退抗陷城斬闡等抗破闡事見孫晧傳鳳皇元年及抗傳何焯曰隲有君子之名而二宮相搆不能守正闡之作逆或其餘殃邪步氏泯滅惟璿紹祀潁川周昭著書周昭與韋曜薛瑩華覈等共撰吳書見薛瑩傳李慈銘曰潁川周昭以下辭既太繁與他傳不類上已敘至隲之子孫何又著此一大篇文字且以隲與嚴畯等四人並論傳非同卷評亦重出承祚貴簡絕無此等體例必是裴氏之注誤

作正文觀傳文步氏泯滅惟璿紹祀文氣已完且此末又附見周昭本末而目錄步隲下並不出周昭姓名則傳文止于惟璿紹祀句無疑而此段是寫者混小字爲大字耳至評中有周昭之論稱之甚美故詳錄焉三句亦甚可疑昭所論並不及張承顧邵二人何以此三句綴於評承邵之後且與下文評顧譚張休顧承者語氣開隔疑三句亦是裴氏之注文本在見器當世句下皆傳寫者所亂弼按周昭書中所云張奮威卽張承論之甚詳李云昭未論及者誤也其論及嚴畯則以諸葛瑾步隲嚴畯皆友善也承祚書中往往有取他人議論本傳人物載入正文如呂蒙傳末載孫權與陸遜論周瑜魯肅呂蒙書例亦相同評語亦云孫權之論優劣允當故載錄焉與此傳評語云周昭之論稱之甚美故詳錄焉事同一例李說似辯而實未允也劉咸炘曰周昭書藉作總論中論諸葛瑾步隲顧邵張承皆在此篇嚴畯在下篇此論所稱亦卽漢末名士器量之風稱步隲及嚴畯等曰古今賢士大夫所以失名喪身傾家害國者其由非一也然要其大歸總其常患四者而已急論議一也爭名勢二也重朋黨三也務欲速四也急論議則傷人爭名勢則敗友重朋黨則蔽主務欲速則失德此四者不除未有能全也文類也上有者字當世君子能不然者亦比有之豈獨古人乎然論其絕異未若顧豫章諸葛使君步丞相嚴衞尉張奮威之爲美也謂顧邵諸葛瑾步隲嚴畯張承也論語言夫子恂恂然善誘人今本論語恂恂作循循次序貌誘進也又曰成人之美不成人之惡邢昺疏曰君子之於人嘉善而矜不能反復仁恕故成人之美不成人之惡也豫章有之矣望之儼然卽之也溫聽其言也厲論語子張篇子夏之辭邢昺疏曰人遠望之則正其衣冠尊其瞻視常儼然也就近之則顏色溫和及聽其言辭則嚴正而無佞邪也使君體之矣恭而安威而不猛邢昺曰雖爲恭遜而能安泰儼然人望而畏之而無剛暴丞相履之矣學不求祿心無苟得衞尉蹈之矣此五君者雖德實有差輕重不同至於趨舍大檢宋本大作太不犯四者急論議爭名勢重朋黨務欲速俱一揆也昔丁諝出於孤家吾粲由於牧豎豫章揚其善以並陸全之列是以人無幽滯而風俗厚焉使君丞相衞尉三君昔以布衣俱相友善諸論者因各敘其優劣初先衞尉次丞相而後有使君也其後並

事明主經營世務出處之才御覽才下有儀字有不同先後之名須反其初此世常人所決勤薄也御覽勤下無薄字至於三君分好卒無虧損豈非古人交哉又魯橫江昔杖萬兵魯肅拜橫江將軍屯據陸口陸口見孫權傳建安十五年當世之美業也能與不能孰不願焉而橫江既亡衞尉應其選自以才非將帥深辭固讓終於不就事見嚴畯傳後徙九列遷典八座畯爲尚書令當時以五曹尚書二僕射一令爲八座榮不足以自曜祿不足以自奉至於二君皆位爲上將窮富極貴衞尉既無求欲二君又不稱薦各守所志保其名好孔子曰君子矜而不爭羣而不黨斯有風矣又奮威之名亦三君之次也當一方之戍受上將之任與使君丞相不異也然歷國事論功勞實有先後故爵位之榮殊焉而奮威將處此何焯校云將處下有脫誤決能明其部分

心無失道之欲事無充詘之求每升朝堂循禮而動辭氣謇謇罔不惟忠元遜雖親貴言憂其敗元遜各本皆作叔嗣盧明楷曰傳稱張承能甄識人物又言終敗諸葛氏者元遜也叔嗣爲承弟休之字傳無憂敗之文叔嗣二字當作元遜周壽昌曰叔嗣爲承弟休之字安知承非平日慮家門之禍而有此言特史未傳耳後休卒被賜死其言亦驗錢儀吉曰休後亦被禍焉知周昭所指必與史同乎蔡文至雖疏賤談稱其賢女配太子受禮若弔慷慨之趨惟篤人物成敗得失皆如所慮可謂守道見機好古之士也若乃經國家若乃以下當是統論諸人當軍旅於馳騖之際立霸王之功此五者何焯校五下增君字未爲過人至其純粹履道求不苟得升降當世保全名行邈然絕俗實有所師所疑作可故粗論其事以示後之君子周昭者字恭遠與韋曜薛瑩華覈並述吳書後爲中書郎坐事下獄覈表救之孫休不聽遂伏法云姚振宗曰隋書經籍志梁有周子九卷吳中書郎周昭撰亡嚴可均全三國文編曰周昭有周子新論九卷御覽二百四十一引周昭新論卽昭之誤又四百六引周昭新撰亦新論之誤今存四篇一贈孫奇詩序二論步騭嚴畯等三論薛瑩等四立交並見御覽及步騭傳馬國翰輯本序曰七錄儒家有周子九卷隋志云亡唐志不著錄佚已久御覽引論交一節稱周昭新撰白六帖引二語而已吳志載其論步騭嚴畯等猶爲完篇茲據合輯其論平情準理不爲低昂則在當時臧否人物當具有特識遇暴主不以善終惜哉侯康曰昭一作招抱璞子正郭篇引中書郎周恭遠論郭林宗當出此書

評曰張昭受遺輔佐功勳克舉忠謇方直動不爲己而以嚴見憚以高見外或曰憚則外此事理之必然然士君子自立寧爲人之所憚勿貪人之不外既不處宰相又不登師保從容閭巷養老而已以此明權之不及策也王懋竑曰孫策創業江東以張昭爲長史待以師友之禮文武之事一以委之以策之雄略而所以任昭者如此則昭之才必有大過人者矣策傳創甚請張昭等謂曰公等善相吾弟吳歷云策謂昭曰若仲謀不任事者君便自取之此與昭烈之託孔明蓋無以異昭傳亦云策臨卒以權託昭昭率羣僚立而輔之則昭固獨任託孤寄命之責而權以建安五年嗣位至十三年規模大定力能拒操此昭佐佑鎮撫之功亦不細矣而權之能嗣守江東之業者皆昭力也及曹操之來昭與瑜等異議瑜既成功而昭别攻當塗亦不克昭遂以自絀矣其拒曹操攻朱光借荆州取荆州昭未有一言史失之邪抑竟不與議也權卽尊位昭以老病上還官位蓋以不用之故權更以爲輔吳將軍改封婁侯外雖尊寵而實疏遠之以此明權之不及策也陳壽之評允矣顧雍依杖素業而將之智局故能究極榮位諸葛瑾步騭並以德度規檢見器當世張承顧邵虛心長者好尚人物周昭之論稱之甚美故詳錄焉元本詳作辭誤譚獻納在公有忠貞之節休承脩志咸庶爲善愛惡相攻流播南裔哀哉劉咸炘曰四人及其子弟皆以德器稱以周昭之論合之

吳書七　三國志五十二

吳書八　三國志五十三

張嚴程闞薛傳第八 劉咸炘曰諸人皆以文學進猶蜀之有劉巴秦宓杜瓊許慈輩薛瑩則如蜀之郤正

晉平陽侯相安漢陳壽撰

宋中書侍郎西鄉侯聞喜裴松之注

沔陽盧弼集解

張紘字子綱廣陵人 廣陵見孫策傳 少游學京師 宋本無少字

吳書曰紘入太學事博士韓宗治京氏易 毛本京作綡誤經典釋文序錄云京房受易梁人焦延壽房爲易章句說長於災異 由是前漢多京氏學 歐陽尚書 釋文序錄云歐陽氏世傳業至曾孫高作尚書章句爲歐陽氏學 又於外黃從濮陽闓受韓詩 郡國志兗州陳留郡外黃一統志外黃故城今河南開封府杞縣東釋文序錄云燕人韓嬰推詩之意作內外傳數萬言號曰韓詩 及禮記左氏春秋

還本郡舉茂才公府辟皆不就

吳書曰大將軍何進太尉朱儁司空荀爽三府辟爲掾皆稱疾不就

避難江東孫策創業遂委質焉 孫策傳注引吳歷云策在江都張紘有母喪策數詣紘咨以世務 表爲正議校尉 胡三省曰正議校尉亦孫策私所署置

吳書曰紘與張昭並與參謀常令一人居守 孫策傳注引吳歷云策謂紘曰一與君同符合契以老母弱弟委付於君策無復回顧之憂 一人從征討呂布襲取徐州 宋本呂布上有後字 因爲之牧不欲令紘與策從事追舉茂才移書發遣紘紘心惡布恥爲之屈策亦重惜紘欲以自輔答記不遣曰海產明珠所在爲寶楚雖有才晉實用之英偉君子所游見珍何必本州哉 不欲令其還徐州也孫策傳時袁術僭號策以書責而絕之吳錄載策使張紘爲書

從討丹陽 丹陽見孫策傳 策身臨行陣紘諫曰夫主將乃籌謨之所自出三軍之所繫命也不宜輕脫自敵小寇願麾下重天授之姿副四海之望無令國內上下危懼 虞翻亦諫孫策輕出微行策終不納遂爲許貢客所害 建安四年策遣紘奉章至許宮留爲侍御史 虞翻傳注引江表傳策謂翻曰卿博學洽聞故前欲令卿一詣許卿不願行便使子綱是役蓋策初令翻行翻不願乃遣紘也 少府孔融等皆與親善 孫策傳注引江表傳曰建安三年策又遣使貢方物倍於元年所獻其年制書轉拜討逆將軍改封吳侯通鑑考異曰策貢獻在二年非元年也又陳志紘傳曰建安四年遣紘奉章詣許按吳書紘述策材略忠款曹公乃優文褒崇改號加封然則紘來在策封吳侯前本傳誤也

吳書曰紘至與在朝公卿及知舊述策材略絕異平定三郡風行草偃加以忠敬款誠乃心王室時曹公爲司空欲加恩厚以悅遠人至乃優文褒崇改號加封辟紘爲掾舉高第補侍御史後以紘爲九江太守 九江見魏志武紀初平四年 紘心戀舊恩思還反命以疾固辭

曹公聞策薨 策薨於建安五年 欲因喪伐吳紘諫以爲乘人之喪既非古義 胡三省曰古不伐喪 若其不克成讎棄好不如因而厚之曹公從其言即表權爲討虜將軍領會稽太守曹公欲令紘輔權內附出紘爲會稽東部都尉 孫亮傳太平二年以會稽東部爲臨海郡臨海郡治章安見孫權傳黃武四年太元元年何焯曰漢地理志會稽但有西部南部都尉趙明誠金石錄有永平八年所造會稽東部都尉路君闕銘在未分吳郡之前蓋班書略之也其居是官者惟紘見於史焉沈家本曰續志會稽郡屬縣有東部侯官宋志臨海太守本會稽東部都尉孫亮太平二年立建安太守本閩越後立爲冶縣屬會稽後分冶地爲東南二部都尉東部臨海是也南部建安是也此並會稽有東部之證也惟分冶爲東南二部不知始於何時班志不書疑西漢尚無東部東京始分立耳非班氏之略王先謙曰會稽典錄陽朔元年徙東部都尉治鄞或有寇害後徙句章金石錄載永平八年會稽東部都尉路君闕銘吳志張紘全琮潘濬傳並有會稽東部都尉是此官至後漢三國時未經省併前漢當有之明證矣

吳書曰權初承統春秋方富太夫人以方外多難深懷憂勞數有優令辭謝付屬以輔助之義紘輒拜牋答謝思惟補察每有異事密計及章表書記與四方交結常令紘與

張昭草創撰作紘以破虜有破走董卓扶持漢室之勳討逆平定江外建立大業宜有紀頌以昭公義 宋本義作美 既成呈權權省讀悲感曰君眞識孤家門閥閱也乃遣紘之部或以紘本受北任嫌其志趣不止於此權不以介意 胡三省曰介閒也纖微也言其意不以纖微嫌閒也 初琅邪趙昱爲廣陵太守察紘孝廉昱後爲笮融所殺 見劉繇傳 紘甚傷憤而力不能討昱門戶絕滅及紘在東部遣主簿至琅邪設祭并求親戚爲之後以書屬琅邪相臧宣宣以趙宗中五歲男奉昱祀權聞而嘉之及討江夏以東部少事命紘居守遙領所職孔融遺紘書曰聞大軍西征足下留鎭不有居者誰守社稷深固折衝亦大勳也無乃李廣之氣倉髮益怒樂一當單于以盡餘憤乎 史記李將軍傳廣自請曰臣結髮而與匈奴戰今乃一得當單于臣願居前先死單于 南北並定世將無事孫叔投戈 何焯校改作叔孫投戈 絳灌俎豆 漢書賈誼傳絳灌之屬盡害之師古曰絳絳侯周勃也灌灌嬰也 亦在今日但用離析無緣會面爲愁歎耳道直途淸相見豈復難哉權

以紘有鎭守之勞欲論功加賞紘厚自挹損不敢蒙寵權不奪其志每從容侍燕微言密指常有以規諷 王懋竑曰張紘與張昭俱爲策謀謨之臣策待之亞於張昭爲策將命入爲王官權之嗣業紘亦有力焉言操以紘爲東部都尉吳書曰權初統事太夫人屬以輔助之義常令紘與張昭草創撰作蓋猶如策指時未之部也後權遺紘之部當在建安七年太夫人卒後至十二年征黃祖始令紘居守遙領所部十三年秋九月後操東下紘不與議則破黃祖後紘又遣之部矣十二月權以紘爲長史從征合肥是時張昭別將兵攻當塗是已罷長史也吳書又曰每從容侍燕微言密指常有以規諷則權之外尊禮而內疏之亦與昭同紘以十七年卒留牋與權大抵爲昭言亦自況也權之不及策此又一徵矣

江表傳曰初權於羣臣多呼其字惟呼張昭曰張公紘曰東部所以重二人也

後權以紘爲長史從征合肥 在建安十三年

吳書曰合肥城久不拔紘進計曰古之圍城開其一面以疑衆心今圍之甚密攻之又急誠懼幷命戮力死戰之寇固難卒拔及救未至可小寬之以觀其變議者不同會救騎至數至圍下馳騁挑戰權率輕騎將往突敵紘諫曰夫兵者凶器戰者危事也 胡三省曰兵凶器戰危事前書鼂錯之言 今麾下恃盛壯之氣 胡三省曰以權在軍中故稱麾下 忽彊暴之虜三軍之衆莫不寒心雖斬將搴旗威震敵場此乃偏將之任非主將之宜也願抑賁育之勇懷霸王之計權納紘言而止既還明年將復出軍紘又諫曰自古帝王受命之君雖有皇靈佐於上文德播於下亦賴武功以昭其勳然而貴於時動乃後爲威耳今麾下值四百之厄有扶危之功宜且隱息師徒廣開播殖任賢使能務崇寬惠順天命以行誅可不勞而定也於是遂止不行紘建計宜出都秣陵權從之 秣陵見孫權傳建安十六年

江表傳曰紘謂權曰秣陵楚武王所置名爲金陵地勢岡阜連石頭訪問故老云昔秦

始皇東巡會稽經此縣望氣者云金陵地形有王者都邑之氣故掘斷連岡改名秣陵 趙一淸曰方輿紀要卷二十秦淮水在上元縣治東南三里秦始皇掘斷連岡接石頭城處今方山石淺橫瀆是也建康實錄云秦淮水舊名龍藏浦有二源一發句容縣北六十里之華山南流一發溧水縣東南十五里之東廬山北流合於方山西經府城中至石頭城注大江其水經流三百里地勢高下屈曲自然不類人功疑非始皇所鑿也孫吳至六朝都城皆去秦淮五里其時夾淮立柵十餘里史所稱柵塘是也 今處所具存地有其氣天之所命宜爲都邑權善其議未能從也後劉備之東宿於秣陵周觀地形亦勸權都之權曰智者意同遂都焉 獻帝春秋云劉備至京 京見蜀志先主傳建安十三年 謂孫權曰吳去此數百里卽有警急 毛本警作驚誤 赴救爲難將軍無意屯京乎權曰秣陵有小江百餘里可以安大船吾方理水軍當移據之備曰蕪湖近濡須亦佳也權曰吾欲圖徐州宜近下也

臣松之以爲秣陵之與蕪湖道理所校無幾 朱邦衡曰理當作里 於北侵利便亦有何意 宋本意作異 而云欲闚徐州貪秣陵近下非其理也 錢大昕曰秣陵與廣陵隔江相對而廣陵屬徐州部權意欲都秣陵以圖廣陵故云

欲圖徐州裴氏譏之殆未審於地理矣諸書皆云劉備勸都秣陵而此獨云權自欲都之又爲虛錯

令還吳迎家道病卒權於建安十六年徙治秣陵令紘還吳迎家紘道病卒當卒於是年通鑑編入魏太和三年卽吳黃龍元年誤也隋書經籍志後漢討虜長史張紘集一卷則其官止於孫權爲討虜將軍之時不及權稱尊號之時也通鑑因孫權傳黃龍元年有還都建業之文遂誤以爲紘卒於是年也王懋竑曰權以魏文帝黃初三年改元置丞相衆舉張昭而不及紘則紘之前卒可知矣臨困授子靖留牋曰胡三省曰留牋猶今遺表也弼按此時權未稱尊故書曰留牋自古有國有家者咸欲脩德政以比隆盛世至於其治多不馨香尚書君陳篇曰至治馨香感於神明非無忠臣賢佐闇於治體也官本攷證曰闇疑作諳周壽昌曰此非字亦貫下句讀言非無忠臣賢佐亦非闇於治體也古人文法多如此由主不勝其情弗能用耳夫人情憚難而趨易好同而惡異與治道相反傳曰從善如登從惡如崩言善之難也人君承奕世之基據自然之勢操八柄之威甘易同之歡

周禮太宰職曰以八柄詔王馭羣臣一曰爵以馭其貴二曰祿以馭其富三曰予以馭其幸四曰置以馭其行五曰生以馭其福六曰奪以馭其貧七曰廢以馭其罪八曰誅以馭其過鄭注云柄所秉執以起事者也詔告也助也爵爲公侯伯子男卿大夫士也詩云誨爾序爵言教王以賢否之第次也班祿所以富臣下書曰凡厥正人旣富方穀幸謂言行偶合於善則有以賜予之以勸後也生猶養也賢臣之老者王有以養之成王封伯禽於魯曰生以養周公死以爲周公後是也五福一曰壽奪謂臣有大罪沒入家財者六極四曰貧廢猶放也舜殛鯀于羽山是也誅責讓也曲禮曰齒路馬有誅凡言馭者所以毆之內之於善無假取於人而忠臣挾難進之術吐逆耳之言其不合也不亦宜乎雖則有釁通鑑雖作離胡注言納忠而不合於上則上下之情離釁隙由此而生也巧辯緣閒眩於小忠戀於恩愛賢愚雜錯長幼失序通鑑作黜陟失序其所由來情亂之也故明君悟之求賢如饑渴受諫而不厭抑情損欲以義割恩上無偏謬之授下無希冀之望宜加三思含垢藏疾以成仁覆之大時年六十卒前已書卒此卒字爲贅權省書流涕紘著詩賦銘誄十餘篇隋書經籍志後漢討虜長史張紘集一卷梁二卷錄一卷唐書經籍志張紘集一卷藝文志同嚴可均曰張紘有集二卷隋志及類聚御覽皆列於後漢今輯五篇

吳書曰紘見柟榴枕愛其文爲作賦嚴可均曰諸書所引有瓌材枕賦未知卽柟榴枕賦否俟考梁章鉅曰藝文類聚七十張紘瓌材枕賦疑卽此篇紘又有瓌材枕箴亦載類聚陳琳在北見之以示人曰此吾鄉里張子綱所作也後紘見陳琳作武庫賦類聚御覽作武軍賦應機論與琳書深歎美之嚴可均曰此書今亡琳答曰自僕在河北與天下隔此閒率少於文章易爲雄伯故使僕受此過差之譚非其實也今景興在此足下與子布在彼所謂小巫見大巫何焯曰莊子逸篇云小巫見大巫拔茅而棄此其所以終身弗如神氣盡矣紘旣好文學又善楷篆書宋本無書字嘗與孔融書自書馮本無嘗字融遺紘書曰前勞手筆多篆書毛本多作名誤每舉篇見字欣然獨笑如復覩其人也

子玄官至南郡太守尚書潘眉曰前云臨困授子靖留牋則紘子實名靖此作玄者疑因靖旁脫誤又誤立成玄耳

江表傳曰玄清介有高行而才不及紘

玄子尚

江表傳曰稱尚有俊才曰字疑衍

孫晧時爲侍郞以言語辯捷見知擢爲侍中中書令晧使尚鼓琴尚對曰素不能勅使學之後宴言次說琴之精妙尚因道晉平公使師曠作清角曠言吾君德薄不足以聽之晧意謂尚以斯喻已不悅後積他事下獄皆追以此爲詰梁章鉅曰晧本使尚鼓琴尚旣對以不能而復說此事宜爲晧所不容也此事見韓非十過篇云晉平公曰清角可得而聞乎師曠曰不可昔者黃帝合鬼神于太山之上駕象車而六蛟龍大合鬼神作爲清角今主君德薄聽之將恐有敗平公曰寡人老矣所好者音也願遂聽之師曠不得已而鼓之一奏而有玄雲從西北方起再奏之大風至大雨隨之裂帷幕破俎豆坐者散走平公恐懼伏於廊室之閒晉國大旱三年平公之身遂癃病

環氏吳紀曰 隋書經籍志正史類吳紀九卷晉太學博士環濟撰新舊唐志作十卷均列編年類史略卷同通志校讎略云吳紀九卷唐志類於編年是隋志類於正史非黃逢元曰是書吳志各注宋書禮志世說政事雅量品藻規箴排調各篇注初學記六御覽書目均引存 晧嘗問詩云汎彼柏舟惟柏中舟乎尚對曰詩言檜楫松舟則松亦中舟也 汎彼柏舟詩邶風柏舟篇之辭檜楫松舟詩衞風竹竿篇之辭毛傳云柏木所以宜於爲舟也檜柏葉松身楫所以櫂舟也 又問鳥之大者惟鶴小者惟雀乎尚對曰大者有禿鶖 詩有鶖在梁說文曰鶖禿鶖也 小者有鷦鷯 爾雅釋鳥篇桃蟲鷦其雌鴱郭璞注鷦䳤桃雀也俗呼爲巧婦詩曰肇允彼桃蟲拚飛惟鳥注桃蟲鷦鷯是也微小黃雀其雛化爲雕故俗語曰鷦鷯生雕雀易林亦謂桃蟲生雕或云布穀生子鷦鷯養之 晧性忌勝已而尚談論每出其表積以致恨後問孤飲酒可方誰 方比也 尚對曰陛下有百觚之量晧云尚知孔丘之不王而以孤方之 胡三省曰孔叢子曰趙平原君與孔子高飲强子高酒曰諺云堯飲千鍾孔子百觚子路嗑嗑尚飲十榼古之聖賢無不能飲子何辭焉觚飲器也受二升王于況翻 因此發怒收尚尚書岑昏率公卿已下百餘人詣宮叩頭請罪尚得減死 宋本作叩頭請尚罪得減死通鑑考異曰三十國春秋云岑昏等泥頭請代尚死尚得免死徙廣州今從尚傳參取環氏吳紀

胡三省曰余觀尚之爲人蓋以辯給得親近於孫晧而亦以辯給取怒請其死者必岑昏之徒三十國春秋所書蓋得其實

送建安作船 建安見孫權傳赤烏二年趙一清曰寰宇記卷百云福州古閩越地漢立冶縣以越王冶鑄爲名屬會稽郡尋爲東冶縣後漢改爲候官都尉後分冶地爲會稽東南二都尉此爲南部都尉東部今臨海是也吳於此立典船都尉主謫徙之人作船於此宋書州郡志晉安太守晉太康三年分建安立領縣有原豐令太康三年省建安典船校尉立又有温麻令太康四年以温麻船屯立是 久之又就加誅初紘同郡秦松字文表 孫權謂子布文表諸人各顧妻子挾持私慮深失所望卽此人見周瑜傳注引江表傳 陳端字子正並與紘見待於孫策參與謀謨 孫策傳以彭城張昭廣陵張紘秦松陳端等爲謀主 各早卒

嚴畯字曼才彭城人也少耽學善詩書三禮又好說文避亂江東與諸葛瑾步騭齊名友善性質直純厚其於人物忠告善道志存補益張昭進之於孫權權以爲騎都尉從事中郎及橫江將軍魯肅卒權以畯代肅督兵萬人鎭據陸口 陸口見孫權傳建安十五年 衆人咸爲畯喜畯前後固辭樸素書生不閑軍事 胡三省曰閑習也 非才而據咎悔必至發言慷慨 通鑑作發言懇惻 至於流涕 或曰此非崇讓以避咎也可爲力弱任重貪利冒昧者戒

志林曰權又試畯騎上馬墮鞍 康發詳曰辭職情形雖分眞僞將以爲僞邪畯畏葸規避事君不忠將以爲眞邪權無知人之明漫將重任付予兩失之矣何得以此爲佳事載之傳中乎

權乃聽焉 權乃以呂蒙代魯肅見蒙傳 世嘉其能以實讓 王懋竑曰孫權所用皆智謀勇力之士陸口重地不當以付嚴畯此必肅舉畯以自代肅之意欲協和吳蜀以拒操而不用呂蒙之計也權雖用其言而意實不在畯畯亦知之故力辭而卒以授呂蒙史謂衆嘉畯之能以實讓蓋以肅之薦畯爲非是乃諱之而不著其語此其情事曲折雖於諸史略無所見而千百載後猶可以意度之也 權爲吳王及稱尊號畯嘗爲衞尉使至蜀蜀相諸葛亮深善之不蓄祿賜皆散之親戚知故家常不充廣陵劉穎與畯有舊穎精學家巷權聞徵之以疾不就其弟略爲零陵太守 趙一清曰有兩劉略一見孫晧傳大紀三年 卒官穎往赴喪權知其詐病

急驛收錄畯亦馳語穎使還謝權權怒廢畯而穎得免罪久之以畯爲尚書令後卒

吳書曰畯時年七十八二子凱爽凱官至升平少府 孫和何姬稱升平宮見妃嬪傳蓋太后三卿也

畯著孝經傳 畯誦孝經見張昭傳侯康曰畯所習者今文也據邢疏三國時王肅蘇林何晏劉邵韋昭徐整諸家所注亦皆今文 潮水論 姚振宗三國藝文志列入河渠之屬 又與裴玄張承論管仲季路皆傳於世 裴玄見步騭傳

玄字彥黃下邳人也亦有學行 隋書經籍志裴氏新言五卷吳大鴻臚裴玄撰唐經籍志新言五卷裴玄撰藝文志裴玄新言五卷馬國翰輯本序曰裴氏新言五卷隋志以爲梁有今亡唐志復著錄今佚輯錄八節中一條論管仲奪伯氏駢邑三百吳志嚴畯傳所謂與裴玄張承論管仲季路者佚說勵存至問子欽齊桓晉文夷惠四人優劣反覆各有文理則泯絕不可見矣侯康曰文選羊叔子讓開府表注引裴氏新語藝文類聚卷四引裴玄新語御覽八百十四引裴玄新言據此三條皆考證故事其體例與風俗通古今注略同亦有用書也餘見御覽引者尚多或稱新語或稱新言或稱新書姚振宗曰宋刻全本意林有裴玄新言二條馬輯本未采 官至太中大夫問子欽齊桓晉文夷惠四人優劣欽

答所見與玄相反覆各有文理欽與太子登游處登稱其翰采 孫登傳登臨終上疏曰裴欽博記翰采足用據此則欽爲玄子也

程秉字德樞汝南南頓人也 南頓見魏志王基傳 逮事鄭玄後避亂交州與劉熙考論大義 劉熙事詳見蜀志許慈傳 遂博通五經士燮命爲長史權聞其名儒以禮徵秉既到拜太子太傅 續百官志太子太傅一人中二千石職掌輔導太子禮如師不領官屬 黃武四年權爲太子登娉周瑜女秉守太常迎妃於吳權親幸秉船深見優禮既還秉從容進說登曰婚姻人倫之始王教之基是以聖王重之所以率先衆庶風化天下故詩美關雎以爲稱首願太子尊禮教於閨房存周南之所詠則道化隆於上頌聲作於下矣登笑曰將順其美匡救其惡誠所賴於傅君也病卒官著周易摘尚書駮論語弼凡

三萬餘言 三書隋唐志均未著錄 秉爲傅時率更令河南徵崇 續百官志太子率更令一人千石主庶子舍人更直職似光祿李祖楙曰前書顏注率更掌知漏刻晉志主宮殿門戶及掌罰事西京率更令有丞 亦篤學立行云

吳錄曰崇字子和治易春秋左氏傳兼善內術本姓李遭亂更姓遂隱於會稽躬耕以求其志好尚者從學所教不過數人輒止欲令其業必有成也所交結如丞相步騭等咸親爲嚴畯薦崇行足以厲俗學足以爲師初見太子登以疾賜不拜東宮官僚皆從諮詢太子數訪以異聞年七十而卒

闞澤 胡三省曰闞姓也齊有大夫闞止 字德潤會稽山陰人也 山陰見孫堅傳趙一清曰御覽卷四及卷三百六十引會稽先賢傳曰澤在母胞八月叱聲震外年十三夢見名字炳然在月中 家世農夫 趙一清曰方輿紀要卷九十一敢山在湖州府德清縣東北二十一里本名闞山吳丞相闞澤所居後譌爲敢弼按澤未爲丞相 至澤好學居貧無資常爲人傭書以供紙筆所寫既畢誦讀亦遍追思論講 宋本思作師 究覽羣籍兼通歷數由是顯名察孝廉除錢唐長 錢唐見孫堅傳 遷郴令 桂陽郡治郴見蜀志先主傳建安十三年 孫權爲驃騎將軍 在建安二十四年見孫權傳 辟補西曹掾及稱尊號以澤爲尚書嘉禾中爲中書令加侍中赤烏五年拜太子太傅 潘眉曰法苑珠林破邪篇引韋曜吳書澤以赤烏四年拜太子太傅按四年太子登也五年太子和也登傳不載澤爲太傅和傳云赤烏五年立爲太子闞澤爲太傅然則韋曜書云四年者非也黃凱鈞曰韋曜吳書以康僧會來到遂感舍利下敕闞澤澤曰諸佛設教天法奉行不敢違佛吳主大悅以澤爲太子太傅愚謂澤以儒學勤勞封侯不應以佞佛拜太傅陳志削之是也 領中書如故澤以經傳文多難得盡用乃斟酌諸家刊約禮文及諸注說以授二宮 此卽節本及提要之意亦卽羣書治要之濫觴 爲制行出入及見賓儀 孫和傳注引殷基通語曰初權既立和爲太子而封霸爲魯王初拜猶同宮室禮秩未分羣公之議以爲太子國王上下有序禮秩宜異於是分宮別僚而隙端開矣又是儀傳云南魯二宮初立儀領魯王傳儀嫌二宮相近切乃上疏言二宮宜有降殺正上下之序姚振宗曰孫和傳云赤烏五年立爲太子時年十九闞澤爲太傅澤是書蓋作於是時其後和廢而霸亦賜死又據澤傳則尚有刊約禮文之書大抵是禮記之屬今不可攷 又著乾象厤注以正時日 姚振宗曰吳志孫權傳黃

武二年春正月改四分用乾象歷晉書宋書歷志曰劉氏在蜀不見改歷當是仍用漢四分法吳中書令闞澤受劉洪乾象法於東萊徐岳又加解注中常侍王蕃以洪術精妙用推渾天之理以制儀象及論故孫氏用乾象歷至於吳亡北周甄鸞數術記遺注曰漢會稽太守劉洪付乾象歷於東萊徐岳（按此稱會稽太守當是會稽都尉之偶誤）岳授吳中書闞澤澤甚重焉爲注解隋書經籍志乾象歷三卷吳太子太傅闞澤撰梁有乾象厤五卷漢會稽都尉劉洪等注又有闞澤注五卷亡唐經籍志乾象厤三卷闞澤撰（按此當是劉洪撰闞澤注轉寫亂之）藝文志劉洪乾象歷術三卷闞澤注汪曰楨古今推步諸術攷後漢劉洪乾象術自吳大帝黃武二年癸卯始用此術迄歸命侯天紀四年庚子凡行用五十八年趙一清曰劉昭補注律厤志引袁山松書曰劉洪字元卓泰山蒙陰人魯王之宗室也延熹中以校尉應太史徵拜郎中還常山長史後爲上計掾拜郎中檢東觀著作律厤記遷謁者穀城門候會稽東郡都尉徵還未至領山陽太守卒官洪善算當世無偶作七曜術及在東觀與蔡邕共述律厤記攷驗天官及造乾象術十餘年攷驗日月與象相應皆傳於世 每朝廷大議經典所疑輒諮訪之以儒學勤勞封都鄉侯 周壽昌曰以勤學封侯亦是異典 性謙恭篤慎官府小吏 宋本官府作宮府 呼召對問皆爲抗禮人有非短口未嘗及容貌似不足者然所聞少窮 周壽昌曰少窮言少能窮之謂所聞之富也 權嘗問書傳篇賦何者爲美澤

欲諷喩以明治亂因對賈誼過秦論最善權覽讀焉初以呂壹姦罪
發聞有司窮治奏以大辟或以爲宜加焚裂用彰元惡胡三省曰殷紂用炮烙之刑項
羽燒殺紀信漢武帝焚蘇文於橫橋然未以爲刑名也王莽作焚如之刑後世不復遵用裂謂車裂古之轘刑權以訪澤澤曰盛明
之世不宜復有此刑權從之不字下八字馮本吳本無之陳本改作不宜有此舉動宜寬宥任意改易大誤又諸
官司有所患疾欲增重科防以檢御臣下澤每曰宜依禮律其和而
有正皆此類也
吳錄曰虞翻稱澤曰闞生矯傑蓋蜀之楊雄又曰闞子儒術德行亦今之仲舒也初魏
文帝卽位權嘗從容問羣臣曰曹丕以盛年卽位恐孤不能及之諸卿以爲何如羣臣
未對澤曰不及十年丕其沒矣大王勿憂也權曰何以知之澤曰以字言之不十爲丕
此其數也文帝果七年而崩　臣松之計孫權年大文帝五歲孫權生於光和四年曹丕生於中平四年

當云大六歲　其爲長幼也微矣宋本矣作耳
六年冬卒權痛惜感悼食不進者數日澤州里先輩丹陽唐固姚振宗曰
唐書宰相世系表唐林王莽時封建德侯六世至翔爲丹陽太守因家焉翔二子固滂固吳尚書僕射滂有唐子十卷見隋志亦修身積學稱
爲儒者著國語公羊穀梁傳注隋書經籍志春秋外傳國語二十一卷唐固注唐經籍志同藝文志唐固注國語二十一
卷韋昭國語注序曰建安黃武之閒故侍御史會稽虞君尚書僕射丹陽唐君皆英才碩儒洽聞之士也采摭所見因賈爲主而損益之觀其辭義信多善者然所理釋
猶有異同經義攷曰固注國語初學記引之餘見韋注者多侯康曰史記集解亦屢引唐注王謨賈氏解詁輯本序錄曰內附唐注三十餘條馬氏玉函山房輯存唐氏
注一卷釋文敍錄唐固穀梁注十二卷吳尚書僕射隋書經籍志春秋穀梁傳十三卷吳僕射唐固注二唐志均作十二卷講授常數十人
權爲吳王拜固議郞自陸遜張溫駱統等皆拜之黃武四年爲尚書
僕射卒
吳錄曰固字子正姚振宗曰册府作字世正或音聲之誤或唐人避諱改爲子正卒時年七十餘矣

薛綜字敬文沛郡竹邑人也郡國志豫州沛國竹邑一統志竹邑故城今安徽鳳陽府宿州北二十五里互見魏志明紀景
初二年及胡質傳注
吳錄曰其先齊孟嘗君封於薛秦滅六國而失其祀子孫分散史記孟嘗君列傳孟嘗君名文姓田氏文
之父曰靖郭君田嬰相齊十一年封於薛嬰卒文代立於薛是爲孟嘗君文卒諸子爭立而齊魏共滅薛孟嘗絕嗣無後也弼按據此傳是孟嘗君早無嗣矣漢
祖定天下過齊求孟嘗後得其孫陵國二人欲復其封陵國兄弟相推莫適受乃去之
竹邑因家焉故遂氏薛何焯曰此因求信陵後事（弼按信陵應作孟嘗）從而僞造果有之則馬遷亦載之傳後矣自國至綜
世與州郡爲著姓宋本與作典綜少明經善屬文有秀才
少依族人辟地交州從劉熙學劉熙見蜀志許慈傳士燮既附孫權召綜爲五
官中郎官本攷證曰元本中郎下有將字除合浦交阯太守時交土始開刺史呂岱率
師討伐綜與俱行越海南征及到九眞合浦交阯九眞均見魏志陳留王紀咸熙元年事畢還

都守謁者僕射西使張奉於權前列尚書闞澤姓名以嘲澤澤不能
答綜下行酒因勸酒曰蜀者何也有犬爲獨無犬爲蜀橫目苟身虫
入其腹
臣松之見諸書本苟身或作句身以爲既云橫目則宜曰句身
奉曰不當復列君吳邪綜應聲曰無口爲天有口爲吳君臨萬邦天
子之都於是衆坐喜笑而奉無以對其樞機敏捷皆此類也
江表傳曰費禕聘於吳陛見公卿侍臣皆在坐酒酣禕與諸葛恪相對嘲難言及吳蜀
禕問曰蜀字云何恪曰有水者濁無水者蜀橫目苟身虫入其腹禕復問吳字云何恪
曰無口者天有口者吳下臨滄海天子帝都與本傳不同蜀志費禕傳諸葛恪羊衜等才博果辯論難鋒至禕
辭順義篤據理以答終不能屈權甚器之蓋當時兩國記載各自誇耀遂互相歧異耳

呂岱從交州召出綜懼繼岱者非其人上疏曰昔帝舜南巡卒於蒼
梧史記五帝本紀舜踐帝位三十九年南巡狩崩於蒼梧之野禮記檀弓舜葬于蒼梧之野秦置桂林南海象郡史記秦始皇本
紀三十三年發諸嘗逋亡人贅壻賈人略取陸梁地爲桂林象郡南海以適遣戍韋昭曰桂林今鬱林象郡今日南賈誼過秦論南取百越之地以爲桂林象郡然
則四國之內屬也有自來矣趙佗起番禺南海郡治番禺見孫晧傳天紀三年史記南越尉佗傳南越王
尉佗眞定人姓趙氏佗秦時行南海尉事秦已破滅佗卽擊幷桂林象郡自立爲南越武王懷服百越之君珠官之南是
也錢大昭曰珠官卽合浦也黃武七年更名宋志云孫亮復舊漢武帝誅呂嘉呂嘉南越王丞相也反漢武帝遣兵誅之開
九郡史記南越已平遂爲九郡徐廣曰儋耳珠崖南海蒼梧九眞鬱林日南合浦交阯也設交阯刺史以鎭監之山
川長遠習俗不齊言語同異重譯乃通民如禽獸長幼無別椎結徒
跣漢書陸賈傳尉佗魋結箕踞見賈服虔曰魋音椎今兵士椎頭髻也師古曰結讀曰髻椎髻者一撮之髻其形如椎漢書蕭何傳何徒跣入謝謂赤足步行也
貫頭左衽漢書地理志民皆服布如單被穿中央爲貫頭師古曰著時從頭而貫之論語微管仲吾其被髮左衽矣邢昺疏曰衽謂衣衿衣衿向左謂之

左衽夷狄之人被髮左衽長吏之設雖有若無自斯以來頗徙中國罪人雜居其閒
稍使學書粗知言語使驛往來何焯校改驛作譯觀見禮化元本見作其及後錫光
爲交阯任延爲九眞太守乃敎其耕犂使之冠履爲設媒官始知聘
娶建立學校導之經義范書循吏傳任延字長孫南陽宛人建武初詔徵爲九眞太守光武引見賜馬雜繒令妻子留洛陽九眞俗以
射獵爲業不知牛耕民常告糴交阯每致困乏延乃令鑄作田器教之墾闢田疇歲歲開廣百姓充給又駱越之民無嫁娶禮法各因淫好無適對匹不識父子之性夫
婦之道延乃移書屬縣各使男年二十至五十女年十五至四十皆以年齒相配其貧無禮聘令長吏以下各省奉祿以賑助之同時相娶者二千餘人是歲風雨順節
穀稼豐衍其產子者始知種姓咸曰使我有是子者任君也多名子爲任於是徼外蠻夷夜郎等慕義保塞延遂止罷偵候戍卒初平帝時漢中錫光爲交阯太守教導
民夷漸以禮義化聲侔於延王莽末閉境拒守建武初遣使貢獻封鹽水侯領南華風始於二守焉延視事四年徵詣洛陽以病稽留左轉睢陽令九眞吏人生爲立祠
由此已降四百餘年何焯曰自錫光任延至此尚未及三百年四字恐二字之譌頗有似類郝經續漢書似作士自
臣昔客始至之時珠崖除州縣嫁娶皆須八月引戶李龍官曰除一本作餘按文義似謂

州縣之中猶存禮化除此之外則嫁娶由己不由父母也作餘非弼按各本皆作除無作餘者不知李說何據梁章鉅曰引戶卽古之案比周官司徒職注鄭司農云漢
時八月案比後漢書江革傳縣當案比注猶今兒閱也册府元龜卷四百八十三隋開皇三年四方疲人或詐老或少規免雜賦高祖乃令州縣大索貌閱戶口不實者
正口遠配人民集會之時男女自相可適乃爲夫妻父母不能止交阯糜
泠九眞都龐二縣吳分交阯爲新昌郡治麊泠見孫晧傳建衡三年潘眉曰麊泠漢書地理志續漢郡國志並作麊泠麊字皆誤也攷說
文米部麊字許慎曰交阯有麊泠縣從米尼聲知字當爲麊也都龐前漢舊縣後漢省此有都龐當是漢末復置耳龐音龍王先謙曰都龐前漢縣續志無沈志九眞太
守下云漢舊縣吳錄有疑漢末復置李兆洛曰在安南清化府境皆兄死弟妻其嫂世以此爲俗長吏恣
聽不能禁制日南郡男女倮體史記南越王傳其西甌駱裸國亦稱王索隱曰裸音和寡反裸露形也不以
爲羞由此言之可謂蟲豸有靦面目耳然而土廣人衆阻險毒害易
以爲亂難使從治縣官羈縻毛本縻作糜誤示令威服田戶之租賦裁取供
辦貴致遠珍名珠香藥象牙犀角玳瑁珊瑚琉璃鸚鵡翡翠孔雀奇

物充備寶玩不必仰其賦入以益中國也然在九甸之外長吏之選
類不精覈漢時法寬多自放恣故數反違法珠崖之廢起於長吏覩
其好髮髡以爲髲漢書賈捐之傳賈捐之字君房賈誼之曾孫也元帝初卽位上疏言得失召待詔金馬門初武帝征南越元封元年立儋
耳珠厓郡皆在南方海中洲居廣袤可千里合十六縣戶二萬三千餘其民暴惡自以阻絕數犯吏禁吏亦酷之率數年壹反殺吏漢輒發兵擊定之自初爲郡至昭帝
始元元年二十餘年閒凡六反叛至其五年罷儋耳郡幷屬珠厓至宣帝神爵三年珠厓三縣復反反後七年甘露元年九縣反輒發兵擊定之元帝初元元年珠厓又
反發兵擊之諸縣更叛連年不定上與有司議大發軍捐之建議以爲不當擊願遂棄珠厓上從之遂下詔罷珠厓郡互見孫權傳赤烏五年及臣所見
南海黃蓋爲日南太守錢大昕曰此別是一人非黃公覆也弼按公覆爲零陵人此爲南海人下車以供
設不豐撾殺主簿仍見驅逐九眞太守儋萌毛本萌作明下仍作明爲妻父周京
作主人幷請大吏酒酣作樂功曹番歆起舞屬京京不肯起歆猶迫
彊萌忿杖歆亡於郡內歆弟苗帥衆攻府毒矢射萌萌至物故交阯

太守士燮遣兵致討卒不能克又故刺史會稽朱符多以鄉人虞褒劉彥之徒分作長吏侵虐百姓彊賦於民黃魚一枚收稻一斛百姓怨叛山賊並出攻州突郡符走入海流離喪亡士燮傳交州刺史朱符爲夷賊所殺次得南陽張津與荆州牧劉表爲隙兵弱敵彊歲歲興軍諸將厭患去留自在津小檢攝威武不足爲所陵侮遂至殺沒後得零陵賴恭先輩仁謹不曉時事張津賴恭均見士燮傳錢大昕曰賴恭仕蜀官至太常而志不立傳以士燮傳及此傳參攷之蓋建安中劉表承制授恭交州刺史爲蒼梧太守吳巨所逐乃歸先主也表又遣長沙吳巨爲蒼梧太守吳巨見劉先主傳又見士燮傳步騭傳巨武夫輕悍不爲恭服所取相怨恨官本攷證曰册府所字衍取作輒逐出恭求步騭是時津故將夷廖錢博之徒尚多呂岱傳高涼賊帥錢博乞降岱承制以博爲都尉騭以次鉏治毛本騭字空格誤綱紀適定會仍召出呂岱既至有士氏之變宋本毛本氏作民誤趙一清曰謂士

燮子徽也越軍南征平討之日改置長吏據士燮傳呂岱傳更置長吏在平士氏之前章明王綱威加萬里大小承風由此言之綏邊撫裔實有其人牧伯之任既宜清能荒流之表禍福尤甚今日交州雖名粗定尙有高涼宿賊高涼見呂岱傳又見陸胤傳及鍾離牧傳注引會稽典錄其南海蒼梧鬱林珠官四郡界未綏依作寇盜專爲亡叛逋逃之藪若岱不復南新刺史宜得精密檢攝八郡孫權傳黃武五年分交州置廣州俄復舊是時有珠官（卽合浦）交阯九眞日南南海蒼梧鬱林高涼（建安末吳分合浦置見沈志）八郡方略智計能稍稍以漸能治高涼者下能字衍假其威寵借之形勢或云宋本借作備責其成效庶幾可補復如但中人近守常法無奇數異術者則羣惡日滋久遠成害故國之安危在於所任不可不察也竊懼朝廷忽輕其選故敢竭愚情以廣聖思何焯曰此文當與韓退之送鄭權尙書序參觀蔣超伯曰交阯九眞漢末事蹟史多脫略吳志士燮步騭二傳亦不甚詳

惟薛綜請留呂岱一疏極爲條暢此疏於漢末牧守言之羅縷可補越史所遺劉咸炘曰此疏可當交阯傳趙一清曰綜言後多驗水經溫水注古戰灣吳赤烏十一年魏正始九年交州與林邑於灣大戰初失區粟林邑建國起自漢末初平之亂象林功曹姓區有子名逵攻其縣殺令自號爲王值世亂離林邑遂立後乃襲代傳位子孫三國鼎爭未有所附吳有交土與之鄰接進侵壽泠以爲疆界皆在呂岱召還之後亦見陸胤傳黃龍三年建昌侯慮爲鎭軍大將軍孫權傳黃武七年封子慮爲建昌侯孫慮傳黃龍二年爲鎭軍大將軍假節開府治半州嘉禾元年卒屯半州半州見張昭傳趙一清曰半州卽半洲城在九江府西九十里錢大昭曰半州地名孫慮傳假節開府治半州甘寧傳注因令寧將兵遂徙屯于半州潘璋傳遂領百校屯半州朱績傳恪向新城要績幷力而留置半州以綜爲長史外掌衆事內授書籍慮卒入守賊曹尙書遷尙書僕射時公孫淵降而復叛權盛怒欲自親征綜上疏諫曰夫帝王者萬國之元首天下之所繫命也是以居則重門擊柝以戒不虞周禮天官宮正掌王宮之戒令糾禁夕擊柝而比之鄭注云夕莫也莫行夜以比直宿者爲其有解惰離部署比校次其人之在否鄭司農云柝戒守者所擊也易曰重門擊柝以待暴客行則清道案節以養威嚴續百官志式道左右中候三人六百石車駕出掌在前清道還

持麾至宮門宮門乃開漢書百官公卿表武帝更名爲執金吾蓋所以存萬安之福鎭四海之心昔孔子疾時託乘桴浮海之語各本皆脫海字元本官本有之季由斯喜拒以無所取才論語公冶長篇子曰道不行乘桴浮于海從我者其由與子路聞之喜子曰由也好勇過我無所取材何晏集解云馬曰桴編竹木大者曰栰小者曰桴鄭曰子路信夫子欲行故言好勇過我無所取材者無所取於桴材以子路不解微言故戲之耳一曰子路聞孔子欲浮海便喜不復顧望故孔子數其勇曰過我無所取哉言唯取於己古字材哉同漢元帝欲御樓船薛廣德請刎頸以血染車漢書薛廣德傳廣德字長卿沛郡相人爲御史大夫上欲御樓船廣德當乘輿車免冠頓首曰宜從橋詔曰大夫冠廣德曰陛下不聽臣臣自刎以血汙車輪張猛進曰臣聞主聖臣直乘船危就橋安聖主不乘危御史大夫言可聽上乃從橋何則水火之險至危非帝王所宜涉也諺云千金之子坐不垂堂況萬乘之尊乎今遼東戎貊小國無城池之固通鑑池作隍備禦之術器械銖鈍胡三省曰銖者十分黍之重言其輕也潘眉曰銖亦鈍也淮南齊俗訓云其兵戈銖而無刃高誘注楚人謂刃爲銖犬羊無政往必禽克誠如明詔然其方土寒埆胡三省曰埆克角翻墝瘠也穀稼不殖

民習鞍馬轉徙無常卒聞大軍之至自度不敵胡三省曰卒讀曰猝度徒洛翻烏驚獸駭長驅奔竄一人匹馬不可得見雖獲空地守之無益此不可一也加又洪流淣瀁胡三省曰淣瀁水深廣貌淣戶廣翻瀁以兩翻又余亮翻有成山之難成山見魏志明紀太和六年海行無常風波難免倏忽之閒人船異勢雖有堯舜之德智無所施賁育之勇力不得設此不可二也毛本作此二不可也誤加以鬱霧冥其上鹹水蒸其下善生流腫轉相洿染胡三省曰洿烏故翻流腫者謂毒氣下流足爲之腫古人謂之重腿今人謂之脚氣凡行海者稀無斯患通鑑斯作此此不可三也天生神聖顯以符瑞當乘平喪亂通鑑作當乘時平亂康此民物嘉祥日集海內垂定逆虜凶虐滅亡在近中國一平遼東自斃但當拱手以待耳今乃違必然之圖尋至危之阻忽九州之固肆一朝之忿既非社稷之重計又開闢以來所未嘗有斯誠羣僚所以傾身側息胡三省曰謂傾身而臥側鼻而息不得展布四體安於偃仰也食不甘味寢不安席者也惟陛下抑雷霆之威忍赫斯之怒詩大雅皇矣章王赫斯怒遵乘橋之安乘橋事見前遠履冰之險詩小雅小旻章如履薄冰則臣子賴祉天下幸甚時羣臣多諫權遂不行正月乙未權勑綜祝祖不得用常文綜承詔卒造文義信辭粲爛謂綜倉猝所造所造文義信辭粲爛也郝經改作文義誠信辭藻粲爛失之權曰復爲兩頭使滿三也綜復再祝辭令皆新衆咸稱善赤烏三年徙選曹尙書綜讓顧譚見譚傳五年爲太子少傅領選職如故

吳書曰後權賜綜紫綬囊綜陳讓紫色非所宜服何焯曰左傳渾良夫紫衣狐裘杜預注紫衣君服權曰太子年少涉道日淺君當博之以文約之以禮茅土之封非君而誰是時綜以名儒居師傅之位仍兼選舉甚爲優重

六年春卒凡所著詩賦難論數萬言名曰私載隋書經籍志梁又有太子少傅薛綜集三卷錄一卷亡唐經籍志薛綜集二卷藝文志三卷嚴可均輯文十一篇又定五宗圖述隋志梁有五宗圖一卷嚴可均曰通典卷七十三引薛綜述鄭氏禮五宗圖二京解文心雕龍指瑕篇曰若夫注解爲書所以明正事理然謬於研求或率意而斷西京賦稱中黃育獲之疇而薛綜謬注謂之閹尹是不聞執雕虎之人也隋書經籍志梁有薛綜注張衡二京賦二卷亡唐經籍志二京賦音二卷薛綜撰藝文志薛綜二京賦音二卷通志藝文略張衡二京賦二卷薛綜注并音皆傳於世子珝官至威南將軍威南將軍吳置一人征交阯還道病死晉書吾彥傳將軍薛珝杖節南征軍容甚盛陶璜傳吳遣虞汜爲監軍薛珝爲威南將軍大都督陶璜爲蒼梧太守距楊稷戰于分水璜敗退保合浦亡其二將珝怒謂璜曰若自表討賊而喪二帥其責安在璜曰下官不得行意諸軍不相順故致敗耳珝怒欲引軍還璜夜以數百兵襲董元獲其寶物船載而歸珝乃謝之以璜領交州珝璜遂陷交阯互見本志孫晧傳建衡三年注

漢晉春秋曰孫休時孫休永安時卽蜀後主景耀時去蜀亡之日不遠矣珝爲五官中郎將遣至蜀求馬及還休問蜀政得失對曰主闇而不知其過臣下容身以求免罪入其朝不聞正言經其野民皆菜色臣聞燕雀處堂子母相樂自以爲安也突決棟焚而燕雀怡然不知禍之將及其是之謂乎胡三省曰魏相子順引先人之言也嗚呼蜀之亡形成矣薛珝見而知之濮陽興張布用事浦里塘之役吳民愁怨韋昭盛沖以切直而不得居王所珝亦知之否邪知而不言無亦容身而求免罪邪

珝弟瑩字道言初爲祕府中書郎洪飴孫曰吳有祕府郎掌祕書韋曜傳曜所撰書乞上祕府卽此華覈傳覈以文學入爲祕府郎孫休卽位爲散騎中常侍數年以病去官孫晧初爲左執法洪飴孫曰吳置中左右執法各一人平諸官事遷選曹尙書及立太子又領少傅建衡三年晧追歎瑩父綜遺文且命瑩繼作瑩獻詩曰惟臣之先昔仕于漢奕世緜緜頗涉臺觀官本攷證曰涉疑作陟暨臣父綜遭時之難卯金失御邦家毀亂適茲樂土庶存子遺天啓其心東南是歸厥初流隸困于蠻垂大皇開基恩德遠施特蒙招命拯擢泥汙釋放巾褐受職剖符作守合浦

在海之隅遷入京輦遂升機樞枯瘁更榮絕統復紀自微而顯非願之始亦惟寵遇心存足止重値文皇孫皓傳元興元年追諡父和曰文皇帝建號東宮孫和乃作少傅傳赤烏五年立爲太子薛綜爲少傅光華益隆明明聖嗣謂孫皓也至德謙崇禮遇兼加惟渥惟豐哀哀先臣念竭其忠洪恩未報委世以終嗟臣蔑賤惟昆及弟幸生幸育託綜遺體過庭既訓頑蔽難啟堂構弗克志存耦耕豈悟聖朝仁澤流盈追錄先臣愍其無成是濟是拔被以殊榮璵忝千里受命南征旌旗備物金革揚聲及臣斯陋實闇實微既顯前軌人物之機復傳東宮繼世荷輝才不逮先是忝是違乾德博好文雅是貴追悼亡臣冀存遺類如何愚胤曾無髣髴瞻彼舊寵顧此頑虛孰能忍媿臣實與居夙夜反側克心自論父子兄弟累世蒙恩死惟結草左傳宣公十五年魏顆敗秦師于輔氏獲杜回秦之力人也初魏武子有嬖妾無子武子疾命顆曰必嫁是疾病則曰必以爲殉及卒顆嫁之曰疾病則亂吾從其治也及輔氏之役顆見老人結草以亢杜回杜回躓而顛故獲之夜夢之曰余而所嫁婦人之父也爾用先人之治命余是以報生誓殺身宋本殺作投雖則灰隕無報萬分或曰詩亦由幹衍枝清暢可諷是歲何定建議鑿聖谿以通江淮何定事見孫皓傳建衡二年鳳皇元年及注引江表傳沈欽韓曰聖谿卽青谿之古名江南通志潮溝在江寧府治西客座贅語云吳赤烏中鑿潮溝以引江水連青溪南抵秦淮西通運瀆北接後湖今舊內城下流入竹橋者其故迹也案赤烏年無此事當是孫皓時也謝鍾英曰方輿紀要青谿在上元縣東六里溪發源鍾山下入秦淮吳赤烏四年鑿東渠通北塹以洩玄武湖水南接於秦淮逶迤十五里名曰青溪鍾英按今江寧府城中吳增僅曰聖谿疑卽今盱眙縣東聖人山下禹王河一名古河南至六合縣有河身可辨六合縣人相傳名爲聖人河其下多石似是興工而未成者與吳志薛綜傳合又云三國之際淮南江北墟無人戶是以呂據督軍可以直入淮泗丁奉襲晉可以直攻穀陽何定建議鑿聖谿以通江淮其閒魏無縣戍可證皓令瑩督萬人往遂以多盤石難施工罷還出爲武昌左部督呂岱傳諸葛恪代陸遜孫權分武昌爲兩部岱督右部自武昌上至蒲圻後定被誅皓追聖谿事下瑩獄陸抗傳抗聞武昌左部督薛瑩徵下獄上疏曰瑩父綜納言先

帝傳弼文皇及瑩承基內厲名行今之所坐罪在可宥如復誅戮益失民望乞原赦瑩罪徙廣州右國史華覈上疏曰洪飴孫曰吳置左右國史二人掌修國史臣聞五帝三王皆立史官敘錄功美垂之無窮漢時司馬遷班固咸命世大才所撰精妙與六經俱傳大吳受命建國南土大皇帝末年命太史令丁孚郎中項峻始撰吳書孚峻俱非史才其所撰作不足紀錄至少帝時更差韋曜周昭薛瑩梁廣及臣五人周昭見步騭傳訪求往事所共撰立備有本末昭廣先亡曜負恩蹈罪瑩出爲將復以過徙其書遂委滯迄今未撰奏臣愚淺才劣適可爲瑩等記注而已或曰此言後人所雜竄按覈連疏救韋曜見曜傳若使撰合必襲孚峻之跡懼墜大皇帝之元功監本功作坊誤損當世之盛美瑩涉學既博文章尤妙同寮之中瑩爲冠首今者見吏雖多經學記述之才如瑩者少是以慺慺爲國惜之實欲使卒垂成之功編於前史之末奏上之後退塡溝壑無所復恨皓遂召瑩還爲左國史韋曜吳書詳見魏志武紀興平元年沈家本曰史通正史篇當歸命時覈表請召曜瑩續成前史其後曜獨終其書定爲五十五卷今案曜傳曜於鳳皇二年付獄華覈救之不得遂被誅薛因何定事下獄被徙何定之誅在鳳皇元年薛之徙當在此時華蓋因救韋不得乃請召還薛迨後書成曜亡已久史通云曜終其書殊非事實惟書非成于韋之手而仍屬之于韋者大約此書體例皆韋手定不爲孫和作紀乃其一端韋在時稿本已具特未裁定奏上耳故書之成也華薛皆不敢居以爲功華薛二傳亦不言作吳書也頃之選曹尚書同郡繆禕毛本禕作褘誤以執意不移爲羣小所疾左遷衡陽太守衡陽見孫亮傳太平二年旣拜又追以職事見詰責拜表陳謝因過詣瑩復爲人所白云禕不懼罪多將賓客會聚瑩許乃收禕下獄徙桂陽桂陽見蜀志先主傳建安十三年瑩還廣州毛本州作川誤未至召瑩還復職是時法政多謬舉措煩苛瑩每上便宜陳緩刑簡役以濟育百姓事或施行遷光祿勳天紀四年晉軍征皓

晧奉書於司馬伷王渾王濬請降其文瑩所造也書見孫晧傳天紀四年或曰郤令先薛道言皆不幸而有文瑩既至洛陽特先見敘爲散騎常侍答問處當皆有條理晉書陸喜傳喜有較論格品篇曰或問余薛瑩最是國士之第一者乎答曰以理推之在乎四五之間問者愕然請問答曰夫孫晧無道肆其暴虐若龍蛇其身沈默其體潛而勿用趣不可測此第一人也避尊居卑祿代耕養玄靜守約沖退澹然此第二人也侃然體國思治心不辭貴以方見憚執政不懼此第三人也斟酌時宜在亂猶顯意不忘忠時獻微益此第四人也溫恭修慎不爲諂首無所云補從容保寵此第五人也過此以往不足復數故第二已上多淪沒而遠悔吝第三已下有聲位而近咎累是以深識君子晦其明而履柔順也問者曰始聞高論終年啓寤矣

干寶晉紀曰武帝從容問瑩曰孫晧之所以亡者何也瑩對曰歸命侯臣晧之君吳也昵近小人刑罰妄加大臣大將無所親信人人憂恐各不自保危亡之釁實由於此瑩對晉武帝語亦見晉書吾彥傳與此相同又見孫晧傳末注引干寶晉紀帝遂問吳士存亡者之賢愚瑩各以狀對

太康三年卒著書八篇名曰新議隋書經籍志後漢記六十五卷本一百卷梁有今殘缺晉散騎常侍薛瑩撰唐經籍志後漢記一百卷薛瑩作藝文志薛瑩後漢記一百卷汪文臺輯本一卷嚴可均輯後漢記贊六篇（汪輯本有之）姚之駰輯本序曰瑩所著漢書當是私作故吳志本傳不載余靖表云瑩作後漢記百卷今他本直云後漢書也瑩書大半弗存未經拂耳瞥目然讀世祖顯宗二論波鬬雲委灝瀚蒼鬱洵良史手他稱是矣袁彥伯竟未采及何邪姚振宗曰吳志本傳未載瑩作後漢記此史文偶爾疏漏不關公私弼按自唐章懷注范書范存而諸家微此亦文人之有幸有不幸也隋志晉散騎常侍薛瑩集三卷唐經籍志晉薛瑩集二卷藝文志吳薛瑩集三卷

王隱晉書曰瑩子兼字令長清素有器宇資望故如上國不似吳人歷位二宮丞相長史元帝踐阼累遷丹陽尹尚書又爲太子少傅自綜至兼三世傳東宮晉書薛兼傳兼丹楊人父瑩有名吳朝吳平爲散騎常侍兼少與同郡紀瞻廣陵閔鴻吳郡顧榮會稽賀循齊名號爲五儁初入洛司空張華見而奇之曰皆南金也自綜至兼三世傳東宮談者美之吳世鑑曰綜爲沛郡竹邑人其後仕吳故子孫著籍於丹陽也

評曰張紘文理意正爲世令器孫策待之亞於張昭誠有以也嚴程闞生一時儒林也至畯辭榮濟舊不亦長者乎薛綜學識規納爲吳

良臣及瑩纂蹈允有先風然於暴酷之朝屢登顯列君子殆諸

吳書八

三國志五十三

周瑜魯肅呂蒙傳第九韓菼曰呂蒙貪功喜事無遠略至計其去周魯不可以道里計合傳似少史識劉咸炘曰三人相繼屯荆州以權之論合之

晉平陽侯相安漢陳壽撰

宋中書侍郎西鄉侯聞喜裴松之注

沔陽盧弼集解

周瑜字公瑾廬江舒人也廬江郡治舒見孫堅傳注從祖父景景子忠皆爲漢太尉范書桓帝紀延熹九年九月光祿勳周景爲太尉靈帝紀建寧元年四月太尉周景薨獻帝紀初平三年十二月光祿大夫周忠爲太尉錄尙書事四年六月太尉周忠免又按周景傳景代陳蕃爲太尉建寧元年薨中子忠代皇甫嵩爲太尉錄尙書事以災異免袁宏後漢紀所載亦同各本皆作周忠局本作周思誤章懷注引吳書曰忠字嘉謀與朱儁共敗李傕於曹陽也

謝承後漢書曰景字仲嚮范書周景傳作字仲饗惠棟曰嚮饗古字通見大嚮記殘碑前書宣帝紀曰上帝嘉嚮讀爲饗也又案仲饗名景若讀爲影響之影則當作嚮嚮又與響通見易繫辭傳及鄭烈碑也少以廉能見稱以明學察孝廉辟公府後爲豫州刺史范書橋玄傳豫州刺史周景行部到梁國玄謁景言陳相羊昌罪惡乞爲部陳從事窮按其姦景壯玄意署而遣之辟汝南陳蕃爲別駕潁川李膺荀緄杜密沛國朱寓爲從事皆天下英俊之士也稍遷至尙書令遂登太尉范書景傳景辟大將軍梁冀府稍遷豫州刺史河內太守後徵入爲將作大匠及梁冀誅景以故吏免官禁錮朝廷以景素著忠正頃之復引拜尙書令遷太僕衞尉代劉寵爲司空是時宦官任人及子弟充塞列位景初視事與太尉楊秉舉奏諸姦猾自將軍牧守以下免者五十餘人朝廷莫不稱之視事二年以地震策免歲餘復代陳蕃爲太尉張璠漢紀曰景父榮趙一清曰據後漢書周榮傳當作景祖父榮榮字平孫子興爲郞中興子景章和世爲尙書令范書周榮傳肅宗時舉明經辟司徒袁安府安舉奏竇景及與竇憲爭立北單于事皆榮所具草由此顯名自郾令擢爲尙書令出爲潁川太守坐法當下獄和帝思榮忠節左轉共令歲餘復以爲山陽太守所歷郡縣皆見稱紀以老病卒于家初景歷位牧守好善愛士每歲舉孝廉延請入上後堂與家人宴會如此者數四及贈送既備又選用其子弟常稱曰移臣作子於政何有各本政作之先是司徒韓縯爲河內太守在公無私所舉一辭而已後亦不及其門戶曰我舉若可矣不令恩偏稱一家也當時論者或兩譏焉范書周景傳景遷河內太守好賢愛士其拔才薦善常恐不及每至歲時延請舉吏入上後堂與共宴會如此數四乃遣之贈送什物無不充備既而選其父兄子弟事相優異嘗稱曰臣子同貫若之何不厚先是司徒韓演在河內志在無私舉吏當行一辭而已恩亦不及其家曰我舉若可矣豈可令偏積一門故當時論者議此二人

父異洛陽令周忠子暉亦爲洛陽令兄弟好賓客雄江淮閒爲董卓所害見范書周景傳瑜長壯有姿貌初孫堅興義兵討董卓徙家於舒趙一清曰方輿紀要卷二十六周瑜城在廬州舒城縣西十八里瑜從孫策舉兵徙家於舒因築此城今爲淨梵寺堅子策與瑜同年吳夫人謂公瑾與伯符同年小一月見後注獨相友善孫策傳堅初興義兵策將母徙居舒與周瑜相友江表傳堅留家著壽春策年十餘歲已交結知名周瑜自舒來造焉便推結分好勸策徙居舒瑜推道南大宅以舍策升堂拜母有無通共瑜從父尙爲丹陽太守瑜往省之周壽昌曰時爲

丹陽太守者瑜之從父周尙耳瑜往省之何以便能將兵迎策及策戰勝拓地復謂瑜曰卿還鎭丹陽絕不及尙一語逮袁術遣從弟胤代尙爲太守瑜與尙俱還壽春及瑜求爲居巢長還吳爲策迎去而尙之生卒始末遂不見傳中矣又按江表傳策令瑜有云前在丹陽發衆及船糧以濟大事其時太守爲周尙則衆與糧皆尙主之瑜爲從子不過稟命而行策稱瑜之功而無一言及尙豈瑜全掠其美以爲恩耶會策將東渡到歷陽歷陽見孫策傳馳書報瑜瑜將兵迎策策大喜曰吾得卿事諧也各本皆作吾得卿諧也通鑑同惟元本有事字胡三省曰諧偶也合也史言推結分好正當於此觀之又當於此別分好二字英雄相遇於草澤一見之頃靡然爲之服役此豈聲音笑貌所能爲哉遂從攻橫江當利皆拔之橫江當利俱見孫策傳蕭常曰在江北孫策征劉繇濟於橫江大破之於牛渚卽采石磯周瑜從攻橫江當利乃東渡擊秣陵則知在江北或曰此功爲大每以語簡而忽之遂令烏林之役獨傳乃渡江擊秣陵各本皆無江字誤破笮融薛禮笮融薛禮見劉繇傳轉下湖孰江乘進入曲阿秣陵湖孰江乘曲阿俱見孫策傳趙一清曰方輿紀要卷二十周郞橋在江寧府東八十里相傳周瑜從孫策破秣陵下湖孰此其所經云劉繇奔走而策之衆已數萬矣因謂瑜曰吾以此衆取吳會平山越已足或曰此云已足則前之不足可知非瑜兵迎其不濟乎是以服其功大卿還

鎭丹陽瑜還頃之袁術遣從弟胤代尚爲太守而瑜與尚俱還壽春術欲以瑜爲將瑜觀術終無所成故求爲居巢長居巢見魏志武紀建安二十二年趙一清曰居巢後入魏建安二十二年操軍居巢尋引還留夏侯惇督二十六軍屯居巢是也弼按魯肅南到居巢就周瑜卽此欲假塗東歸術聽之遂自居巢還吳是歲建安三年也策親自迎瑜授建威中郎將洪飴孫曰建威中郎將一人吳置卽與兵二千人騎五十匹

江表傳曰策又給瑜鼓吹爲治館舍贈賜莫與爲比策令曰周公瑾英俊異才宋本俊作雋與孤有總角之好骨肉之分如前在丹陽發衆及船糧以濟大事論德酬功此未足以報者也

瑜時年二十四建安三年年二十四當生於靈帝熹平四年與孫策同歲吳中皆呼爲周郎沈欽韓曰此六朝以前呼年少者之通稱故袁術呼陸績爲陸郎王僧虔爲御史中丞曰此是烏衣諸郎坐處弼按孫策傳注引江表傳曰策時年少雖有位號而士民皆呼爲孫郎百姓聞

孫郎至皆失魂魄又云或告笮融曰孫郎被箭已死策往到營下令左右大呼曰孫郎竟云何此皆呼少年爲郎之證以瑜恩信著於廬江出備牛渚牛渚見孫策傳潘眉曰通典當塗縣有牛渚圻亦謂之采石吳爲重鎭吳氏曰大江之南上自荊岳下至常潤不過十郡十郡之閒其要不過七渡上流最緊者三荊南之公安石首岳之北津中流最緊者二鄂之武昌太平之采石下流最緊者二建康之宣化鎭江之瓜州後領春穀長郡國志揚州丹陽郡春穀馬與龍曰春穀長周瑜黃蓋周泰見吳志本傳洪亮吉曰有赭圻城吳所置屯處見元和郡縣志謝鍾英曰桓溫表稱春穀縣赭圻城在江東岸臨江西當濡須口二十里今繁昌縣西四十里赭圻嶺下方輿紀要今太平府繁昌縣西南通志作西北非是頃之策欲取荊州以瑜爲中護軍胡三省曰秦置護軍都尉漢因之高祖以陳平爲護軍中尉武帝復以爲護軍都尉屬大司馬三國虎爭始有中護軍之官東觀記曰漢大將軍出征置中護軍一人魏晉以後資輕者爲中護軍資重者爲護軍將軍然吳又有左右護軍則吳制自是分中左右爲三部領江夏太守江夏郡治詳見魏志武紀建安十三年及文聘傳從攻皖皖見孫堅傳廬江郡注拔之孫策傳注引江表傳袁術死術從弟胤等就劉勳於皖城策自與周瑜率二萬人步襲皖城卽克之得術百工及鼓吹部曲三萬餘人幷術勳妻子表用李術爲廬江太守守皖時得橋公兩女皆國色也策自納大橋瑜納小橋趙一清曰寰宇記卷百二十五舒州懷寧縣有橋公亭在縣北隅皖水一里漢末橋公有二女孫策與周郎各納其一女今亭溪爲雙溪寺沈欽韓曰橋公者太尉橋玄也漢制爲三公者方稱公弼按孫權呼張昭曰張公時人呼程普爲程公世人呼龐德公爲龐公河南守吳公治平爲天下第一見漢書賈誼傳于公治孝婦獄郡中大敬重于公見漢書于定國傳是皆不必三公始稱公也又按本傳橋公二女爲攻皖時所得據寰宇記橋公爲舒州懷寧人卽漢之廬江郡皖縣人范書橋玄傳玄爲梁國睢陽人兩不相涉果爲玄女則阿瞞方受知於玄銅雀春深早已如願相償伯符公瑾不得專此國色矣范書陳志絕無一字及之沈說之誤無疑矣

江表傳曰策從容戲瑜曰橋公二女雖流離得吾二人作壻亦足爲歡

復進尋陽尋陽見孫策傳破劉勳討江夏孫策傳注引江表傳曰劉勳走入楚江從尋陽步上求救於黃祖策復就攻大破勳遂前進夏口攻黃祖大破之還定豫章廬陵留鎭巴丘瑜留鎭之巴丘爲晉揚州廬陵郡巴丘縣在今江西臨江府峽江縣北瑜病卒之巴丘爲晉荊州長沙郡巴陵縣在今湖南岳州府巴陵縣治互見魏志武紀建安十三年

臣松之案孫策于時始得豫章廬陵尚未能得定江夏瑜之所鎭應在今巴丘縣也與後所卒巴丘處不同卒各本皆作平官本考證盧明楷曰本傳後云瑜還江陵爲行裝而道於巴丘病卒裴注云瑜所卒之處在今之巴陵與

瑜所鎭之巴丘名同地異據此則平字當作卒沈欽韓曰留鎭巴丘卽一統志所云巴丘故城在臨江府峽江縣北隋開皇中倂入新淦縣是也道於巴丘病卒則一統志所云巴丘故城卽今岳州府治是也趙一清曰寰宇記卷一百九故巴山縣吳後主分新淦石陽兩縣置巴丘郡吳志周瑜鎭巴丘瑜堞今在新淦縣南方輿紀要卷八十七巴丘城今江西臨江府峽江縣治舊志在新淦縣南八十里峽江之東謝鍾英曰沈志晉志無巴丘郡蓋旋卽省倂也

五年策薨權統事瑜將兵赴喪遂留吳以中護軍與長史張昭共掌衆事孫權傳是時惟有會稽吳郡丹陽豫章廬陵然深險之地猶未盡從而天下英豪布在州郡以安危去就爲意未有君臣之固張昭周瑜等謂權可與共成大業故委心而服事焉

江表傳曰曹公新破袁紹兵威日盛建安七年下書責權質任子胡三省曰操蓋以此覘孫權而觀其所以應之權召羣臣會議張昭秦松等猶豫不能決權意不欲遣質乃獨將瑜詣母前定議瑜曰昔楚國初封於荊山之側不滿百里之地繼嗣賢能廣土開境立基於郢遂據荊陽宋本陽作揚至於南海傳業延祚九百餘年胡三省曰周成王封熊繹於楚以子男之田國於丹陽漢南郡枝江縣是也其

後浸强至若敖蚡冒封畛於汝武王文王奄有江漢之閒莊王以後與中國爭盟威王破越至於南海及秦而滅凡九百餘年今將軍承父兄餘資馮本今作令誤兼六郡之衆胡三省曰父謂孫堅兄謂孫策六郡會稽吳丹陽豫章廬陵廬江也兵精糧多將士用命鑄山爲銅煑海爲鹽境內富饒人不思亂汎舟擧帆朝發夕到士風勁勇官本士作土所向無敵有何偪迫而欲送質質一入不得不與曹氏相首尾與相首尾則命召不得不往便見制於人也極不過一侯印僕從十餘人車數乘馬數匹豈與南面稱孤同哉胡三省曰建安十三年操自荆州東下約孫權會獵時周瑜未至魯肅說權其意亦與此同不如勿遣徐觀其變若曹氏能率義以正天下將軍事之未晚若圖爲暴亂兵猶火也不戢將自焚將軍韜勇抗威以待天命何送質之有胡三省曰此數語所謂相時而動也然瑜之言不悖於大義魯肅呂蒙輩不能及也通鑑輯覽曰瑜不獨持論偉爽規略實中事理使瑜不死東吳必無稱臣質子之事孫權亦中材耳權母曰公瑾議是也公瑾與伯符同年小一月耳我視之如子也汝其兄事之遂不送質或曰先主使子父事孔明權母使子兄事公瑾安得不使子孫蒙業而安乎弼按曹操責權送質爲建安七年

事自是年至建安十二年方與袁譚袁尙連兵不暇兼顧迨北方已平乃始轉兵南下非置孫權於度外也

十一年督孫瑜等討麻保二屯麻保二屯見宗室傳孫瑜傳梟其渠帥囚俘萬餘口還備宮亭趙一清曰官亭當作宮亭卽宮亭湖也水經廬江水注廬山之北有石門水水出嶺端南嶺卽彭蠡澤西天子鄣也峯磴險峻人跡罕及嶺南有大道順山而下有若畫焉傳云匡先生所通至江道巖上有宮殿故基者三以次而上最上者極於山峯山下又有神廟號曰宮亭廟故彭湖亦有宮亭之稱焉爾雅大山曰宮宮之爲名蓋起於此不必一由三宮也蔣超伯曰高僧傳云孫權時宮亭湖神能分風送舟江夏太守黃祖遣將鄧龍將兵數千人入柴桑柴桑見孫權傳黃初二年瑜追討擊生虜龍送吳十三年春權討江夏瑜爲前部大督前部大督出征時置非常制其年九月曹公入荆州劉琮擧衆降曹公得其水軍船步兵數十萬孫權傳注引江表傳云曹公與權書今治水軍八十萬衆與將軍會獵於吳將士聞之皆恐懼懼字衍權延見羣下馮本官本無權字誤據毄注引傳文當有權字問以計策議者咸曰通鑑作長史張昭等曰曹公豺虎也然託名漢相挾天子以征四方動以朝廷爲辭今日拒之事更不順且將軍大勢可以拒操者長江也今操得荆州奄有其地劉表治水軍蒙衝鬬艦乃以千數胡三省曰釋名云船狹而長曰蒙衝以衝突敵船杜佑云蒙衝以生牛皮蒙船覆背兩廂開掣棹孔左右有弩窗矛穴敵不得近矢石不能敗此不用大船務於速疾乘人之所不及非戰船也鬬艦船上設女牆可高三尺牆下開掣棹孔船內五尺又建棚與女牆齊棚上又建女牆重列戰敵上無覆背前後左右樹牙旗幟旛金鼓此戰船也操悉浮以沿江兼有步兵水陸俱下此爲長江之險已與我共之矣而勢力衆寡又不可論愚謂大計不如迎之魯肅傳權與諸將議皆勸權迎之肅請無用衆人之議時周瑜受使至鄱陽肅勸追召瑜還瑜曰不然操雖託名漢相其實漢賊也李安溪曰二語卓然所謂名其爲賊敵乃可服或曰破的之語使顧名義者亦可釋然無疑將軍以神武雄才兼杖父兄之烈割據江東地方數千里兵精足用英雄樂業胡三省曰英雄之士猶樂其業言無他志也尙當橫行天下爲漢家除殘去穢況操自送死而可迎之邪請爲將軍籌之

今使北土已安操無內憂能曠日持久來爭疆場又能與我校勝負於船楫可乎李安溪校改可作閒李慈銘曰乎疑作也今北土既未平安加馬超韓遂尙在關西爲操後患且舍鞍馬杖舟楫與吳越爭衡胡三省曰舍讀曰捨北人便於鞍馬南人便於舟楫言操舍長就所短本非中國所長又今盛寒據魏志武紀赤壁之戰在十二月馬無藁草說文曰禾莖爲藁驅中國士衆遠涉江湖之閒不習水土必生疾病此數四者用兵之患也而操皆冒行之將軍禽操宜在今日瑜請得精兵三萬人進住夏口夏口見魏志武紀建安十三年保爲將軍破之李安溪曰可謂算無遺策與諸葛公見孫將軍語大同小異所謂智謀之士所見略同弼按公瑾生長江淮諳識險要出入彭蠡久涉波濤橫江當利而後戰無不勝而又洞悉敵情熟籌彼我用能以寡擊衆遁走阿瞞一戰而霸克建大勳玄德謂爲文武籌略萬人之英者豈虛語哉權曰老賊欲廢漢自立矣宋本立下有久字通鑑同徒忌二袁呂布劉表與孤耳今數雄已滅惟孤尙存孤與老賊勢不兩立君言當

擊甚與孤合此天以君授孤也江表傳曰權拔刀斫前奏案曰諸將吏敢復有言當迎操者局本當作常誤與此案同胡三省曰言欲斫之也及會罷之夜瑜請見曰諸人徒見操書言水步八十萬而各恐懾不復料其虛實便開此議甚無謂也胡三省曰謂迎操之議也今以實校之彼所將中國人不過十五六萬且軍已久疲所得表衆亦極七八萬耳尚懷狐疑夫以疲病之卒御狐疑之衆胡三省曰言新附之人心懷狐疑未能出死命而爲之力戰也衆數雖多甚未足畏何焯曰此則多採諸葛語增飾之故陳氏略焉得精兵五萬自足制之願將軍勿慮權撫背曰公瑾卿言至此甚合孤心子布文表諸人張昭字子布秦松字文表見張紘傳各顧妻子挾持私慮深失所望獨卿與子敬與孤同耳此天以卿二人贊孤也五萬兵難卒合胡三省曰卒讀曰猝已選三萬人船糧戰具俱辦可謂辦之有素卿與子敬程公胡三省曰程公程普也時江東諸將普年最長人皆呼程公便在前發孤當續發人衆多載資糧爲卿後援卿能辦

之者誠決胡三省曰謂能辦操則誠爲能決勝也邂逅不如意胡三省曰不期而會曰邂逅謂兵之勝負或有不如本心之所期者也便還就孤孤當與孟德決之臣松之以爲建計拒曹公實始魯肅于時周瑜使鄱陽肅勸權呼瑜瑜使鄱陽還但與肅闇同故能共成大勳本傳直云權延見羣下問以計策瑜擺撥衆人之議獨言抗拒之計了不云肅先有謀殆爲攘肅之善也子敬之謀已具本傳互文見義複出爲贅周壽昌曰肅傳亦未敘及瑜語只云召瑜還豈亦攘瑜之美耶江表傳明述權語卿與子敬與孤同耳此天以卿二人贊孤也皆是瑜與肅并舉時劉備爲曹公所破欲引南渡江與魯肅遇於當陽當陽見蜀志先主傳建安十三年遂共圖計因進住夏口遣諸葛亮詣權權遂遣瑜及程普等與備并力逆曹公遇於赤壁赤壁見魏志武紀建安十三年時曹公軍衆已有疾病通鑑病作疫初一交戰公軍敗退引次江北瑜等在南岸瑜部將黃蓋曰今寇衆我寡難與持久然觀操軍方連船艦宋本無方連二字通鑑有之首尾相接可燒而走也乃取蒙衝鬬艦數十艘通鑑無數字胡注艘蘇曹翻船之總名實以薪草膏油灌其中裹以帷幕上建牙旗通鑑作載燥荻枯柴灌油其中裹以帷幕上建旌旗先書報曹公欺以欲降江表傳載蓋書曰蓋受孫氏厚恩常爲將帥見遇不薄然顧天下事有大勢用江東六郡山越之人六郡見前以當中國百萬之衆衆寡不敵海內所共見也東方將吏無有愚智皆知其不可惟周瑜魯肅偏懷淺戇意未解耳今日歸命是其實計瑜所督領自易摧破交鋒之日蓋爲前部當因事變化效命在近曹公特見行人密問之口勑曰但恐汝詐耳蓋若信實當授爵賞超於前後也又豫備走舸各繫大船後胡三省曰杜佑云走舸舷上立女牆置棹夫多戰卒少皆選勇力精銳者往返如飛鷗乘人之所不及金鼓旗幟列之於上此戰船也因引次俱前曹公軍吏士皆延頸觀望指言蓋降蓋放諸船同時發火時風盛猛悉延燒岸上營落頃之煙炎張天宋本張作漲

張通鑑同胡注炎與燄同以贍翻張知亮翻何焯曰煙御覽作熛熛是飛火作煙誤人馬燒溺死者甚衆軍遂敗退還保南郡江表傳曰至戰日蓋先取輕利艦十舫載燥荻枯柴積其中灌以魚膏赤幔覆之建旌旗龍幡於艦上時東南風急因以十艦最著前中江舉帆蓋舉火白諸校或曰白字可疑使衆兵齊聲大叫曰降焉操軍人皆出營立觀去北軍二里餘同時舉火宋本舉作發火烈風猛往船如箭通鑑作船往如箭飛埃絕爛官本絕作絕何焯曰埃字從安溪改煖言火之飛煖極其爛熳或言飛揚之灰絕滅之火也燒盡北船延及岸邊營砦宋本砦作柴通鑑作延及岸上營落瑜等率輕銳尋繼其後雷鼓大進通鑑雷作靁胡注靁盧對翻疾擊鼓也北軍大壞曹公退走魏志武紀注引山陽公載記曰曹公船艦爲劉備所燒引軍從華容道步歸趙一清曰御覽卷七百七十一引英雄記曰曹操進軍至江上欲從赤壁渡江無船作竹簰使部曲乘之從漢水來下出大江注浦口未卽渡周瑜夜密使輕船走舸百艘艘有五十人施棹人持炬火持火者數千人萃於簰乃放火火然卽回船遠去須臾燒數千簰火起光上照天操乃夜走

備與瑜等復共追曹公留曹仁等守江陵城徑自北歸瑜與程普又進南郡與仁相對各隔大江趙一清曰方輿紀要卷七十八大江在荊州府西南七里自四川夔州府巫山縣流入府界經巴東歸州夷陵宜都枝江縣境東南經府城城南七里又東經公安石首而入岳州府界兵未交鋒吳錄曰備謂瑜云仁守江陵城城中糧多足爲疾害使張益德將千人隨卿卿分二千人追我相爲從夏水入截仁後趙一清曰方輿紀要夏水在荊州府東南三十五里有夏水口乃夏水之首江之汜也亦謂之豫章口水經注江水又東得豫章口夏水所通也西北有豫章岡蓋因岡而得名仁聞吾入必走瑜以二千人益之瑜卽遣甘寧前據夷陵夷陵吳改曰西陵見魏志文紀黃初三年仁分兵騎別攻圍寧寧告急於瑜瑜用呂蒙計留淩統以守其後身與蒙上救寧寧圍既解乃渡屯北岸克期大戰瑜親跨馬櫟陣宋本櫟作擽潘眉曰櫟當從手旁作擽與掠通擽陣猶言擊陣也唐書胡證傳證膂力絕人取鐵鐙槷擽合其跗橫膝上卽此擽字从木旁誤會流矢中右脅瘡甚便還後仁聞瑜

臥未起勒兵就陣瑜乃自興案行軍營激揚吏士仁由是遂退權拜瑜偏將軍領南郡太守杭世駿曰荊州先賢傳云周瑜領南郡以龐士元名重州所信乃逼爲功曹任以大事瑜垂拱而已（弼按此事互見龐統傳注）古今刀劍錄云周瑜作南郡太守造一刀背上有邊寇將軍字八分書弼按周瑜未爲邊寇將軍刀劍錄誤以下雋郡國志荊州長沙郡下雋一統志故城今湖北武昌府通城縣西今湖南岳州府巴陵縣東北境漢昌見孫權傳建安十五年漢昌郡劉陽宋書州郡志長沙內史瀏陽吳立水經瀏水注瀏水出瀏陽縣東首禪山西北流逕其縣南縣憑溪以卽名又西北注於臨湘縣元和志以縣南瀏陽水爲名吳谷朗碑劉旁無水潘濬傳權稱尊號封濬劉陽侯方輿紀要今湖南長沙府瀏陽縣東州陵郡國志荊州南郡州陵宋書州郡志巴陵太守州陵漢舊縣屬南郡太康元年復立疑是吳所省王先謙曰周瑜呂蒙傳皆以此縣爲奉邑是吳有此縣謝鍾英曰杜預云華容縣東南有州國水經注江之右岸有雍口亦謂之港口東北流爲長洋港又東北逕石子岡岡之上有故城州陵縣故城也莊辛所謂左州侯國矣鍾英按據杜說州陵在今監利縣東據酈說在沔陽州東南今從杜說方輿紀要今荊州府監利縣東三十里一統志今漢陽府沔陽州東南爲奉邑潘眉曰奉邑字見史記河渠書謂官所食與封邑異後魯肅代領瑜兵則四邑屬肅肅卒呂蒙亦食四邑屯據江陵劉備以左將軍領荊州牧治公安公安見蜀志劉璋傳先主傳劉琦病死羣下推先主爲荊州牧治公安江表傳曰周瑜爲南郡太守分南岸地以給備備別立營於油江口改名公安胡三省曰荊州之南岸則零陵桂陽武陵長沙四郡也（弼按胡注見先主傳注引江表傳在建安十三年）備詣京見權京見先主傳建安十三年魯肅傳備詣京見權求都督荊州惟肅勸權借之共拒曹公通鑑劉表故吏士多歸劉備備以周瑜所給地少不足以容其衆乃自詣京見孫權求都督荊州瑜上疏曰劉備以梟雄之姿而有關羽張飛熊虎之將必非久屈爲人用者何以不論及諸葛愚謂大計宜徙備置吳盛爲築宮室多其美女玩好以娛其耳目分此二人各置一方使如瑜者得挾與攻戰大事可定也今猥割土地以資業之胡三省曰謂資之土地使成霸業聚此三人俱在疆場恐蛟龍得雲雨終非池中物也龐統傳注引江表傳曰先主問曰卿爲周公瑾功曹孤到吳聞此人密有白事勸仲謀相留有之乎統對曰有之備歎息曰孤殆不免周瑜之手呂範傳範密請留備又見魯肅傳注權以曹公在北方當廣擥英雄毛本擥作擊誤胡三省曰擥魯敢翻手取也又恐備難卒制故不納胡三省曰不從瑜範之言也是時劉璋爲益州牧外有張魯寇侵瑜乃詣

京見權曰今曹操新折衄方憂在腹心胡三省曰謂操以赤壁之敗威望頓損中國之人或欲因其敗而圖之是憂在腹心未能與將軍連兵相事也胡三省曰相事謂相與從事於戰攻也乞與奮威俱進取蜀孫堅季弟靜子瑜爲奮威將軍得蜀而幷張魯因留奮威固守其地好與馬超結援瑜還與將軍據襄陽以蹙操北方可圖也李安溪曰規圖荊益及制曹劉之策著著幾先眞英物也權許之瑜還江陵爲行裝而道於巴丘病卒巴丘解見前臣松之案瑜欲取蜀還江陵治嚴所卒之處應在今之巴陵與前所鎭巴丘名同處異也胡三省曰據水經注巴丘山在湘水右岸晉武帝太康元年立巴陵縣宋文帝元嘉十六年置巴陵郡今岳州也趙一清曰方輿紀要卷七十七巴丘城今岳州郡治相傳孫吳所築故城也初爲巴陵邸閣尋置巴陵縣吳地記周瑜墳在縣東二里時年三十六通鑑考異曰按江表傳瑜與策同年策以建安五年死年二十六瑜死時年三十六故知在建安十五年也或曰公瑾不死操之憂也先主亦安能定蜀乎權素服舉哀感動左右喪當還吳龐統送周瑜喪至吳見統傳又迎之蕪

湖 蕪湖見太史慈傳 衆事費度一爲供給後著令曰故將軍周瑜程普其有人客皆不得問初瑜見友於策太妃又使權以兄奉之 杭世駿曰吳書云孫權每賜周瑜衣寒暑皆白領諸將皆不及 是時權位爲將軍諸將賓客爲禮尙簡而瑜獨先盡敬便執臣節性度恢廓大率爲得人惟與程普不睦

江表傳曰普頗以年長數陵侮瑜瑜折節容下終不與校普後自敬服而親重之乃告人曰與周公瑾交若飮醇醪不覺自醉 胡三省曰酒不澆爲醇醪淳汁酒 時人以其謙讓服人如此

初曹公聞瑜年少有美才謂可游說動也乃密下揚州遣九江蔣幹往見瑜幹有儀容以才辯見稱獨步江淮之閒莫與爲對 胡三省曰言江淮人士無能敵其才辯者 乃布衣葛巾自託私行詣瑜瑜出迎之立謂幹曰子翼良苦遠涉江湖 胡三省曰蔣幹字子翼 爲曹氏作說客邪幹曰吾與足下州里 九江廬江同屬揚州故曰州里 中閒隔別遙聞芳烈故來叙闊幷觀雅規而云說

客無乃逆詐乎 論語子曰不逆詐邢昺疏曰戒人不可逆知人之詐也 瑜曰吾雖不及夔曠 尙書舜典篇帝曰夔命汝典樂孟子曰師曠之聰不以六律不能正五音注云師曠晉樂師知音者也 聞弦賞音足知雅曲也因延幹入爲設酒食畢遣之曰適吾有密事且出就館事了別自相請後三日瑜請幹與周觀營中行視倉庫軍資器仗訖還宴飮示之侍者服飾珍玩之物因謂幹曰丈夫處世遇知己之主外託君臣之義內結骨肉之恩言行計從禍福共之假使蘇張更生酈叟復出 謂蘇秦張儀酈食其也 猶撫其背而折其辭豈足下幼生所能移乎幹但笑終無所言幹還稱瑜雅量高致非言辭所閒中州之士亦以此多之劉備之自京還也權乘飛雲大船與張昭秦松魯肅等十餘人共追送之大宴會叙別昭肅等先出權獨與備留語因言次歎瑜曰公瑾文武籌略萬人之英顧其器量廣大恐不久爲人臣耳 李安溪曰先主亦深得識人之術可畏 瑜之破魏軍也 是時尙不得稱魏 曹公曰孤不羞走後書與權曰赤壁之役值有疾病孤燒船自退橫使周瑜虛獲此名 阿瞞譖 瑜威聲遠著故曹公劉備咸欲疑譖之及卒權流涕曰公瑾有王佐之資今忽短命孤何賴哉後權稱尊號謂公卿曰孤非周公瑾不帝矣

瑜少精意於音樂雖三爵之後其有闕誤 宋本無有字 瑜必知之知之必顧故時人謠曰曲有誤周郎顧 杭世駿曰古今刀劒錄云赤烏年中有人得淮陰侯韓信劒帝以賜周瑜弼按瑜死於建安十五年安有赤烏年中賜劒之事杭氏喜引此書而不細審特辨正之 瑜兩男一女女配太子登男循尙公主 循尙主郎魯班循死改嫁全琮 拜騎都尉有瑜風早卒循弟胤初拜興業都尉 興業都尉一人吳置 妻以宗女授兵千人屯公安黃龍元年封都鄉侯後以罪徙廬陵郡赤烏二年諸葛瑾步騭連名上疏曰故將軍周瑜子胤昔蒙粉飾受封爲將不能養之以福思立功效至縱情欲招速罪辟臣竊以瑜昔見寵任入作心膂出爲爪牙銜命出征身當矢石盡節用命視

死如歸故能摧曹操於烏林 烏林見魏志武紀建安十三年赤壁注 走曹仁於郢都 郢城江陵也趙一清曰方輿紀要卷七十八荆州府江陵縣附郭本秦南郡之郢縣地輿地志秦分郢爲江陽縣漢景帝三年改曰江陵爲臨江國治尋爲南郡治後漢因之郢城在府治東北三里楚舊都也漢爲郢縣後漢省入江陵 揚國威德華夏是震蠢爾蠻荆莫不賓服雖周之方叔 詩小雅采芑之章顯允方叔征伐玁狁蠻荆來威毛傳云方叔卿士也受命而爲將也鄭箋云方叔先與吉甫征伐玁狁今特往伐蠻荆皆使來服於宣王之威美其功之多也 漢之信布 韓信英布也 誠無以尙也夫折衝扞難之臣自古帝王莫不貴重故漢高帝封爵之誓曰使黃河如帶太山如礪國以永存爰及苗裔 誓辭見史記高祖功臣侯年表序又見漢書高惠高后文功臣表序應劭曰封爵之誓國家欲使功臣傳祚無窮也帶衣帶也厲砥厲石也河當何時如衣帶山當何時如厲石言如帶厲國猶永存以及後世之子孫也王念孫曰黃字乃後人所加欲以黃河對泰山耳不知西漢以前無謂河爲黃河者且此誓皆以四字爲句也北堂書鈔藝文類聚封爵部引此皆有黃字則所見本已誤漢紀及吳志周瑜傳有黃字亦後依誤本漢書加之史表無黃字如淳注高紀引功臣表誓詞云使河如帶大山若厲此引漢表非引史表也（史表作如厲漢表作若厲）而亦無黃字則黃字爲後人所加甚明 申以丹書

漢書高帝紀與功臣剖符作誓丹書鐵契金匱石室胡三省曰以鐵爲契以丹書之謂以丹書盟誓之言於鐵券沈欽韓曰秋官司約鄭注今俗語有丹書鐵券然則約誓之詞刻在鐵券也重以盟詛漢書作重以白馬之盟師古曰謂刑白馬歃其血以爲盟也藏于宗廟傳于無窮欲使功臣之後世世相踵非徒子孫乃關苗裔報德明功勤勤懇懇如此之至欲以勸戒後人用命之臣死而無悔也況於瑜身沒而未久馮本無而字而其子胤降爲匹夫益可悼傷竊惟陛下欽明稽古隆於興繼爲胤歸訴乞匃餘罪還兵復爵使失旦之雞復得一鳴抱罪之臣展其後效權答曰腹心舊勳與孤協事公瑾有之誠所不忘昔胤年少初無功勞橫受精兵爵以侯將胡三省曰橫戶孟翻謂既受侯爵又將兵也蓋念公瑾以及於胤也而胤恃此酗淫自恣前後告喩曾無悛改李安溪曰度胤必有言父當年之功洩漏上聞者故權恨之如此若但以酗酒自可悛改何至廢絕也孤於公瑾義猶二君胡三省曰二君謂諸葛瑾步騭也樂

胤成就豈有已哉追胤罪惡未宜便還且欲苦之使自知耳今二君勤勤援引漢高河山之誓孤用恧然雖德非其疇猶欲庶幾事亦如爾故未順旨以公瑾之子而二君在中閒苟使能改亦何患乎瑾騭表比上朱然及全琮亦俱陳乞權乃許之會胤病死瑜兄子峻亦以瑜元功爲偏將軍領吏士千人峻卒全琮表峻子護爲將權曰昔走曹操拓有荊州皆是公瑾常不忘之初聞峻亡仍欲用護聞護性行危險用之適爲作禍故便止之孤念公瑾豈有已也各本也作乎通鑑作哉

魯肅字子敬臨淮東城人也臨淮郡見步騭傳東城見魏志呂布傳注引先賢行狀陳登爲東城太守胡三省曰東城縣前漢屬九江郡後漢省當是袁術復置也弼按郡國志下邳國有東城卽臨淮之東城下邳本臨淮也胡注誤生而失父與祖母居家富於財性好施與爾時天下已亂肅不治家事大散財貨摽賣田地孟子萬章下摽使者出諸大門之外注摽麾也以賑窮弊結士爲務甚得鄉邑歡心周瑜爲居巢長將數百人故過候肅幷求資糧肅家有兩囷米詩魏風伐檀之章胡取禾三百囷兮毛傳云圓者爲囷蓋倉廩之圓者各三千斛肅乃指一囷與周瑜瑜益知其奇也遂相親結定僑札之分左傳襄公二十九年吳公子札聘於鄭見子產如舊相識與之縞帶子產獻紵衣焉鄭大夫國僑字子產袁術聞其名就署東城長肅見術無綱紀不足與立事乃攜老弱將輕俠少年百餘人南到居巢就瑜瑜之東渡因與同行

吳書曰肅體貌魁奇少有壯節好爲奇計天下將亂乃學擊劍騎射招聚少年給其衣食往來南山中射獵一統志鳳陽縣西三里有西魯山相傳爲魯肅屯兵處陰相部勒講武習兵父老咸曰魯氏世衰乃生此狂兒後雄傑並起中州擾亂肅乃命其屬曰中國失綱寇賊橫暴淮泗閒非遺種之地吾聞江東沃野萬里民富兵彊可以避害寧肯相隨俱至樂土以觀時

變乎其屬皆從命乃使細弱在前彊壯在後男女三百餘人行州追騎至肅等徐行勒兵持滿謂之曰卿等丈夫當解大數今日天下兵亂有功弗賞不追無罰何爲相偪乎又自植盾引弓射之矢皆洞貫貫穿也中也騎既嘉肅言且度不能制乃相率還肅渡江往見策策亦雅奇之李清植曰本傳後文肅以劉子揚言欲往依鄭寶周瑜勸止乃薦之於權則不得有先自見策之事以策之收納英俊若早見肅必不令其栖遲吳書所云蓋傳訛也梁章鉅曰還曲阿欲北行會瑜已徙肅母到吳肅具以狀語瑜時孫策已薨是肅先未渡江亦未嘗見策也

留家曲阿曲阿見孫策傳會祖母亡還葬東城劉子揚與肅友善遺肅書曰通鑑攷異曰劉子揚招肅往依鄭寶肅將從之瑜以權可輔止肅案劉曄殺鄭寶以其衆與劉勳勳爲策所滅寶安得及權時也梁章鉅曰子揚卽劉曄之字據曄傳曄爲鄭寶驅逼欲赴江表曄謀殺之是曄本非鄭寶黨與豈有勸魯肅從寶之事宜爲溫公所不取也方今天下豪傑並起吾子姿才尤宜今日急還迎老母無事滯於東城近鄭寶者今在巢湖巢湖見魏志明紀青龍二年擁衆萬餘處地肥饒廬江閒人多依就之況吾徒乎觀

其形勢又可博集時不可失足下速之肅答然其計葬畢還曲阿欲北行會瑜已徙肅母到吳肅具以狀語瑜時孫策已薨權尙住吳瑜謂肅曰昔馬援答光武云當今之世非但君擇臣臣亦擇君今主人親賢貴士納奇錄異且吾聞先哲祕論承運代劉氏者必興于東南推步事勢當其歷數終構帝基以協天符李安溪曰果何驗乎且存此心則亦曹操之心也是烈士攀龍附鳳馳騖之秋吾方達此足下不須以子揚之言介意也肅從其言瑜因薦肅才宜佐時當廣求其比以成功業不可令去也權卽見肅與語甚悅之衆賓罷退肅亦辭出乃獨引肅還合榻對飲胡三省曰榻牀也有坐榻有臥榻今江南又呼几案之屬爲卓牀卓高也以其比坐榻臥榻爲高也合榻猶言合卓也因密議曰今漢室傾危四方雲擾孤承父兄餘業思有桓文之功君既惠顧何以佐之

肅對曰昔高帝區區欲尊事義帝而不獲者以項羽爲害也今之曹操猶昔項羽將軍何由得爲桓文乎肅竊料之漢室不可復興曹操不可卒除爲將軍計惟有鼎足江東通鑑鼎足作保守何焯曰此時何緣便知爲鼎足乎亦事後傅會之詞或曰是時先主無尺土何云鼎足以觀天下之釁規模如此亦自無嫌何者北方誠多務也因其多務勦除黃祖進伐劉表竟長江所極據而有之胡三省曰江東君臣上下本謀不過此耳然後建號帝王以圖天下此高帝之業也李安溪曰人懷此心故知荀文若猶賢者也權曰今盡力一方冀以輔漢耳此言非所及也或曰權此時窺覦之心已動張昭非肅謙下不足頗訾毀之云肅年少麤疏未可用權不以介意益貴重之賜肅母衣服幃帳居處雜物富擬其舊胡三省曰魯肅家本饒富先嘗指囷以賚周瑜矣劉表死肅進說曰夫荊楚與國鄰接水流順北外帶江漢內阻山陵有金城之固沃野萬里士民殷富若據而有之此帝王之資也今表新亡二子素不輯睦軍中諸將各有彼此胡三省曰謂有附琦者有附琮者加劉備天下梟雄與操有隙胡三省曰梟堅驁前書張良曰九江王布楚梟將師古曰梟言最勇健也有隙謂備欲殺操不遂也寄寓於表表惡其能而不能用也若備與彼協心上下齊同則宜撫安與結盟好如有離違胡三省曰離違言人有離心互相違異也宜別圖之以濟大事肅請得奉命弔表二子并慰勞其軍中用事者及說備使撫表衆同心一意共治曹操備必喜而從命如其克諧天下可定也今不速往恐爲操所先李安溪曰肅始終本末大計與劉氏合規此處頗異公瑾耳權卽遣肅行到夏口聞曹公已向荊州晨夜兼道比至南郡而表子琮已降曹公備惶遽奔走欲南渡江肅逕迎之到當陽長阪當陽長阪見先主傳建安十三年與備會宣騰權旨通鑑無騰字及陳江

東彊固勸備與權併力先主傳注引江表傳曰肅宣權旨論天下事勢致殷勤之意通鑑同備甚歡悅時諸葛亮與備相隨肅謂亮曰我子瑜友也諸葛瑾字子瑜亮兄也卽共定交備遂到夏口遣亮使權肅亦反命

臣松之案劉備與權併力共拒中國皆肅之本謀又語諸葛亮曰我子瑜友也則亮已亟聞肅言矣而蜀書亮傳云亮以連橫之略說權權乃大喜如似此計始出於亮若二國史官各記所聞競欲稱揚本國容美各取其功今此二書同出一人而舛互若此非載述之體也或曰肅雖語亮亮非因肅始解此也權聞肅謀參之於亮始決也雖若相襲實各成說也

會權得曹公欲東之問與諸將議皆勸權迎之而肅獨不言權起更衣肅追於宇下胡三省曰韓詩云屋霤爲宇陸德明曰屋四垂爲宇又陛下曰宇考工記曰宇欲卑權知其意執肅手曰卿欲何言肅對曰向察衆人之議專欲誤將軍不足與圖大事

今肅可迎操耳如將軍不可也何以言之今肅迎操操當以肅還付鄉黨品其名位猶不失下曹從事胡三省曰下曹從事諸曹從事之最下者乘犢車胡三省曰晉志云犢車牛車也古之貴者不乘牛車漢武帝推恩之末諸侯寡弱貧者至乘牛車其後稍貴之自靈獻以來天子至士遂爲常乘從吏卒交游士林胡三省曰士林多士之林謂京邑大都四方賢士所聚也累官故不失州郡也將軍迎操欲安所歸願早定大計莫用衆人之議也通鑑輯覽曰肅論力破羣疑識見與周瑜伯仲張昭輩庸懦無能豈足與計大事哉權歎息曰此諸人持議甚失孤望今卿廓開大計正與孤同此天以卿賜我也

魏書及九州春秋曰曹公征荊州孫權大懼魯肅欲勸權拒曹公乃激說權曰彼曹公者實嚴敵也新并袁紹兵馬甚精乘戰勝之威伐喪亂之國克可必也不如遣兵助之且送將軍家詣鄴不然將危權大怒欲斬肅肅因曰今事已急卽有他圖何不遣兵助

劉備而欲斬我乎權然之卽遣周瑜助備　孫盛曰吳書及江表傳魯肅一見孫權便說拒曹公而論帝王之略劉表之死也又請使觀變無緣方復激說勸迎曹公也又是時勸迎者衆而云獨欲斬肅非其論也

時周瑜受使至鄱陽鄱陽見孫權傳建安八年肅勸追召瑜還通鑑追作權胡注瑜已受命出使蓋行未遠也遂任瑜以行事以肅爲贊軍校尉孫權傳建安五年魯肅諸葛瑾等始爲賓客蓋以前未受官也胡三省曰使之贊軍謀因以爲官稱助畫方略曹公破走肅卽先還權大請諸將迎肅肅將入閤拜權起禮之因謂曰子敬孤持鞍下馬相迎足以顯卿未肅趨進曰未也衆人聞之無不愕然就坐徐舉鞭言曰願至尊威德加乎四海錢振鍠曰甘寧魯肅呂蒙陸遜傳類尊權曰至尊其時權未稱尊號區區之吳王尙待曹丕之封何至尊之有凡此皆吳人記載而承祚直錄之未及改也總括九州克成帝業是時漢帝猶存而欲克成帝業與曹操何異更以安車軟輪徵肅始當顯耳權撫掌歡笑後備詣京見權求都督荊州惟肅勸權借之共拒曹公借荊州事詳見蜀志先主傳建安十三年注引江表傳袁枚曰孫權以荊州資劉備肅實勸之荊州不還權深爲肅病或曰肅心不忘漢故資蛟龍以雲雨或曰是肅之失計公瑾在必不爲此是二說者皆不明天下之大計而熟籌夫當日之形勢者也肅果忠於漢則去孫歸劉可矣何必懷二心以事君若以爲失計則當日之深于爲吳而得計者莫如肅淺于爲吳而失計者莫如呂蒙陸遜惜乎孫權之智短量小而不能用也三國時最強者操耳赤壁之戰權能獨力以破曹乎抑合力于劉以共破曹乎荊州得矣權能兼取蜀以獨立乎抑終不免于依草附木以自立乎孔明之謀蜀也先結孫權而後攻魏魯肅之謀吳也先結劉備而後攻魏魏可滅操可誅天下事未可量也魏未可滅操未可誅而唇齒已固外難不侵大丈夫將三分鼎足南面而稱帝耳安肯受人封拜屈節一朝局促如轅下駒哉英雄所見大抵同也惟孫權見不及此然後襲取荊州通和于魏而從此稱臣質子無虛日矣亦惟昭烈見不及此然後因荊州之故而白帝稱兵一敗嘔血矣不特此也曹操據形勝之地擁百萬之衆又得孫權爲之外應宜若無所卻顧者然趙儼襄陽之役不肯窮追關羽勸留之爲權害操深然其說權請擒關羽自效操發露其奏射以示羽而使之走夫以操之強猶欲舉兩國兩利而俱存之說使自樹其敵而以區區之吳乃欲外絕蜀援孤軍當操不已悖乎力不能當操勢不得不稱臣旣稱臣勢不得不納貢而受封爵心有所不甘又不得不詭詞阿諛而陰爲反覆邢貞一匹夫耳敢于稱霸僭傲坐車自若而權以江東兩世之王業至於俯首鄴亭羣臣流涕此皆伯符父子之

所傷心于地下而魯肅之所逆料者也得十荊州足償其辱否肅之言曰宜撫輔備與之同仇曰總括九州先成帝業權雖有此言然黃初以後魏好不絕蜀使仍通事到無可奈何終不出肅之所料而徒然挂叛名于魏國竊尊號于暮年先王之姊妹不終合肥之號令不遠自埋自搰形同狐鼠不用良謀祇取辱焉且權絕蜀好之後其不亡于魏者幸也蜀修關羽之怨伐吳吳求救于魏劉曄勸魏之賴魏主不從以免出兵後魏僞助討備仍欲襲之賴陸遜收兵以免及至鍾會伐蜀吳不力救遂致兩亡此皆日後之明驗也然則知此者孔明子敬而外無人乎曰史稱曹操方作書聞權以荊州資劉備不覺落筆于手夫荊州已非曹有矣以一家物與一家與操何與而乃駭然震驚者正恐魯肅之計行兩雄相倚而天下難爭故也嗚呼操之才所以終出孫劉上哉

漢晉春秋曰呂範勸留備肅曰不可將軍雖神武命世然曹公威力實重初臨荊州恩信未洽宜以借備使撫安之多操之敵而自爲樹黨計之上也權卽從之

曹操聞權以土地業備方作書落筆於地通鑑考異曰恐操不至于是今不取何焯曰著此句以見肅計非左李安溪曰周瑜在則可如無瑜者權必不能獨當操無玄德卽無吳耳子敬之謀未爲非也周瑜病因上疏曰宋本因作困當今天下方有事役是瑜乃心夙夜所憂願至尊先慮未然然後康樂

今既與曹操爲敵劉備近在公安邊境密邇百姓未附宜得良將以鎭撫之魯肅智略足任乞以代瑜瑜隕踣之日所懷盡矣

江表傳載初瑜疾困與權牋曰瑜以凡才昔受討逆殊特之遇委以腹心遂荷榮任統御兵馬志執鞭弭自效戎行規定巴蜀次取襄陽憑賴威靈謂若在握至以不謹道遇暴疾昨自醫療日加無損人生有死修短命矣誠不足惜但恨微志未展不復奉教命耳方今曹公在北疆埸未靜劉備寄寓有似養虎 胡三省曰言養虎虎將自遺患 天下之事未知終始 宋本未上有而字誤通鑑無之 此朝士旰食之秋 胡三省曰旰古旦翻晚也 至尊垂慮之日也魯肅忠烈臨事不苟可以代瑜人之將死其言也善儻或可採瑜死不朽矣案此牋與本傳所載意旨雖同 宋本無同字誤 其辭乖異耳 冊府乖作徵官本耳作矣

卽拜肅奮武校尉代瑜領兵瑜士衆四千餘人奉邑四縣 卽下雋漢昌劉陽州陵四縣也 皆屬焉令程普領南郡太守肅初住江陵後下屯陸口 陸口見孫權傳建安十五年顧祖禹曰昌江山在岳州府平江縣東南二里一名魯德山魯肅嘗屯兵於此後人德之因名 威恩大行衆增萬餘人拜漢昌太守 漢昌見孫權傳建安十五年 偏將軍十九年從權破皖城轉橫江將軍 橫江將軍一人吳置 先是益州牧劉璋綱維頹弛周瑜甘寧並勸權取蜀權以咨備備內欲自規乃僞報曰備與璋託爲宗室冀憑英靈以匡漢朝今璋得罪左右備獨竦懼非所敢聞願加寬貸若不獲請備當放髮歸於山林 互見先主傳及注引獻帝春秋 後備西圖璋留關羽守權曰猾虜乃敢挾詐 通鑑下有如此二字 及羽與肅鄰界數生狐疑 通鑑作數生疑貳 疆埸紛錯肅常以歡好撫之備既定益州權求長沙零桂 長沙零陵桂陽也孫權傳建安十九年權令諸葛瑾從求荊州數郡 備不承旨權遣呂蒙率衆進取備聞自還公安遣羽爭三郡肅住益陽 益陽見先主傳建安二十年又見後呂蒙傳趙一淸曰元和郡縣志益陽縣魯肅築也東門登之望見長沙城邑人馬形色宛然相去三百里故老云長沙益陽一時相望方輿紀要卷八十龜臺山在長沙益陽縣東南二里相傳魯肅曾駐兵於此又卷七十六太平城在武昌蒲圻縣西南八十里孫權遣魯肅征零陵時所築 與羽相拒肅邀羽相見 何焯曰本傳曰相見吳書曰趨就徵異 各駐兵馬百步上但諸將軍單刀俱會肅因責數羽曰國家區區本以土地借卿家者卿家軍敗遠來無以爲資故也今已得益州既無奉還之意但求三郡又不從命語未究竟坐有一人曰夫土地者惟德所在耳何常之有肅厲聲呵之辭色甚切羽操刀起謂曰此自國家事是人何知目使之去

吳書曰肅欲與羽會語諸將疑恐有變議不可往肅曰今日之事宜相開譬劉備負國是非未決羽亦何敢重欲干命乃趨就羽羽曰烏林之役左將軍身在行閒寢不脫介戮力破魏 通鑑魏作敵是此時尙不得曰魏也胡三省曰卽謂赤壁之戰也 豈得徒勞無一塊壤 通鑑壤作土 而足下來欲收地邪肅曰不然始與豫州覲於長阪 宋本覲作觀通鑑同 豫州之衆不當一校計窮慮極志勢摧弱圖欲遠竄 胡三省曰謂欲圖吳巨也 望不及此主上矜愍豫州之身無有處所不愛土地士人之力 通鑑士作民 使有所庇廕以濟其患而豫州私獨飾情愆德隳好 通鑑隳作墮胡注私獨謂私其一己之所獨也墮讀曰隳 今已藉手於西州矣 胡三省曰謂得益州有以藉手也 又欲翦并荊州之土斯蓋凡夫所不忍行而況整領人物之主乎肅聞貪而棄義必爲禍階吾子屬當重任曾不能明道處分以義輔時而負恃弱衆 元本弱作彊 以圖力爭師曲爲老將何獲濟羽無以答

備遂割湘水爲界於是罷軍 孫權傳會曹公入漢中備懼失益州使使求和權令諸葛瑾報更尋盟好遂分荊州長沙江夏桂陽以東屬權南郡零陵武陵以西屬備 肅年四十六建安二十二年卒 肅當生於熹平元年長孫策三歲長諸葛亮九歲王懋竑曰魯肅首建議拒操周瑜與之同而肅欲與昭烈協力瑜意則少異瑜卒薦肅勸權借荊州至呂蒙直欲圖取關羽蓋與肅反矣瑜薦肅自代而肅不薦蒙自代

也肅卒代者自在呂蒙而權更用嚴畯畯書生不閑軍旅固辭然後以授蒙蓋或肅之遺意抑欲以誤羽也肅卒時年四十六使肅不死則樊圍必無後患而操可璧北方可圖曹丕不敢稱帝矣事勢如此亦天爲之也權爲舉哀又臨其葬諸葛亮亦爲發哀何焯曰既交分不苟而結好孫氏專力治操惟子敬克諸故也趙一清曰寰宇記卷八十九云潤州丹徒縣有魯肅墓續搜神記云王伯陽者家在京口東有大冢傳是魯肅墓伯陽妻卒乃平其壙以葬焉經數年忽一日伯陽方在廳事中見一人乘肩輿從者數十輩逕前怒謂伯陽曰我魯子敬也冢在此二百許年矣君何敢輒相毁壞因目左右與之毒手從者遂牽伯陽下以刀環築之數百而去登時卽死良久乃蘇其環築處皆發疽潰爛尋卒

吳書曰肅爲人方嚴寡於玩飾內外節儉不務俗好治軍整頓禁令必行雖在軍陳手不釋卷御覽卷作書又善談論能屬文辭思度弘遠有過人之明周瑜之後肅爲之冠

權稱尊號臨壇顧謂公卿曰昔魯子敬嘗道此可謂明於事勢矣肅遺腹子淑既壯濡須督張承謂終當到到上疑脫一遠字至永安中爲昭武將軍都亭侯武昌督建衡中假節遷夏口督所在嚴整有方幹鳳皇

三年卒子睦襲爵領兵馬宋本馬作焉

呂蒙字子明汝南富陂人也郡國志豫州汝南郡富波侯國永元中復惠棟曰十三州志云和帝永元九年分汝陰置案富波漢舊縣建武中省并汝陰和帝復舊也酈元云縣多陂塘以溉稻故曰富陂案孫叔敖碑波與陂古字通一統志今河南潁州府阜陽縣南謝鍾英曰當在今河南汝寧府新蔡縣東北少南渡依姊夫鄧當當爲孫策將數討山越蒙年十五六竊隨當擊賊趙一清曰寰宇記卷九十四湖州烏程縣西南三十里有石城山昔烏程豪族嚴白虎於山下壘石爲城與呂蒙戰所今山上有弩臺烽火樓之迹猶存當顧見大驚呵叱不能禁止歸以告蒙母母恚欲罰之蒙曰貧賤難可居脫誤有功富貴可致且不探虎穴安得虎子或曰數語一生精神在此母哀而舍之蒙素至孝見甘寧傳時當職吏以蒙年小輕之曰彼豎子何能爲此欲以肉餧虎耳他日與蒙會又蚩辱之蚩侮也蒙大怒引刀殺吏出走逃邑子鄭長家出因校尉袁雄自首承閒爲言策召見奇之引置左右數歲鄧當死張昭薦蒙代當或曰子布不識子敬獨識子明然亦未聞以大將許之也拜別部司馬權統事料諸小將兵少而用薄者欲并合之蒙陰賖貰爲兵作絳衣行縢及簡日陳列赫然兵人練習權見之大悅增其兵從討丹陽所向有功趙一清曰方輿紀要卷二十五呂城在丹陽縣東五十四里相傳呂蒙所築城址尚存拜平北都尉平北都尉一人吳置領廣德長廣德見本志妃嬪傳徐夫人傳從征黃祖祖令都督陳就逆以水軍出戰蒙勒前鋒親梟就首將士乘勝進攻其城祖聞就死委城走兵追禽之權曰事之克由陳就先獲也互見孫權傳建安十三年以蒙爲橫野中郎將橫野中郎將一人吳置胡三省曰橫野本將軍號以資序未至故爲中郎將賜錢千萬元本千作十是歲又與周瑜程普等西破曹公於烏林圍曹仁於南郡益州將襲肅舉軍來附元本襲作龔通鑑作襲胡注甘寧先取夷陵則與益州爲鄰故襲肅舉軍以降襲姓肅名瑜表以肅兵益蒙蒙盛稱肅有膽用且慕

化遠來於義宜益不宜奪也何焯曰此舉徵其爲萬人督矣權善其言還肅兵瑜使甘寧前據夷陵曹仁分衆攻寧寧困急使使請救諸將以兵少不足分蒙謂諸將曰宋本作蒙謂瑜普曰留淩公績淩統字公績蒙與君行解圍釋急勢亦不久蒙保公績能十日守也又說瑜分遣三百人柴斷險道賊走可得其馬瑜從之軍到夷陵卽日交戰所殺過半敵夜遁去行遇柴道騎皆舍馬步走兵追蹙擊獲馬三百匹方船載還於是將士形勢自倍乃渡江立屯與相攻擊曹仁退走遂據南郡撫定荆州還拜偏將軍領尋陽令尋陽見孫策傳趙一清曰方輿紀要卷八十五九江府德化縣有尋陽城漢縣屬廬江郡吳屬蘄春郡三國時爲督護要津魯肅代周瑜當之陸口陸口見孫權傳建安十五年過蒙屯下肅意尚輕蒙或說肅曰呂將軍功名日顯不可以故意待也君宜顧之遂往詣蒙酒酣蒙問

肅曰君受重任與關羽爲鄰將何計略以備不虞肅造次應曰臨時施宜或曰寫所輕之人見問不思而答神理活見蒙曰今東西雖爲一家而關羽實熊虎也計安可不豫定李安溪曰算定於豫因爲肅畫五策肅於是越席就之拊其背曰呂子明吾不知卿才略所及乃至於此也遂拜蒙母結友而別

江表傳曰初權謂蒙及蔣欽曰卿今並當塗掌事胡三省曰當塗猶言當路也宜學問以自開益蒙曰在軍中常苦多務恐不容復讀書權曰孤豈欲卿治經爲博士邪但當令涉獵見往事耳師古曰涉若涉水獵若獵獸言歷覽之不專精也卿言多務孰若孤孤少時歷詩書禮記左傳國語惟不讀易至統事以來省三史諸家兵書何焯曰三史似指戰國策史記漢書潘眉曰是時謝承後漢書尚未成吳主所謂三史史記漢書及東觀漢記也韋昭吳書稱留贊好讀三史亦同隋書經籍志有吳太子太傅張溫撰三史略二十九卷劉知幾史通目漢書東觀漢記爲班東二史自以爲大有所益如卿二人意性朗悟學必得之寧當不爲乎宜急讀孫子六韜左傳

國語及三史孔子言終日不食終夜不寢以思無益不如學也光武當兵馬之務手不釋卷孟德亦自謂老而好學或曰孟德自語其兒此言何從援引明其爲增飾也卿何獨不自勉勖邪蒙始就學篤志不倦其所覽見舊儒不勝趙一清曰陳芬芸窗私記呂蒙讀書開西館以延俊髦共相扢揚識見日進孫權益重之今西館橋是也拾遺記呂蒙入吳吳主勸其學業蒙乃博覽羣籍以易爲宗常在孫策座上酣醉忽臥於夢中誦周易一部俄而驚起衆人皆問之蒙曰向夢見伏羲文王周公與我論世祚興亡之事日月貞明之道莫不精窮極妙未該元旨故空誦其文耳衆座皆云呂蒙囈語通周易弼按是時孫策已早死呂蒙安得復在策坐上乎就令策未死蒙能於策坐上酣醉乎此眞可謂囈語矣趙氏喜採是書無一不誤梁章鉅每轉錄之亦無一字辨正可異也後魯肅上代周瑜過蒙言議常欲受屈肅拊蒙背曰吾謂大弟但有武略耳周壽昌曰大弟大兄史傳中僅見至於今者學識英博非復吳下阿蒙蒙曰士別三日卽更刮目相待大兄今論何一稱穰侯乎或曰穰侯句未詳兄今代公瑾既難爲繼且與關羽爲鄰斯人長而好學讀左傳略皆上口梗亮有雄氣然性頗自負好陵人今與爲對當有單複本志周魴傳云臣知無古人單複之術魏志文紀注引典論自敘云以單攻複以卿待之卿當作鄕同嚮各本皆誤密爲肅陳三策肅敬受之祕而不宣權常歎曰人長而進益如呂蒙蔣欽蓋不可及也富貴榮顯更能折節好學耽悅書傳輕財尙義所行可迹並作國士不亦休乎

時蒙與成當宋定徐顧屯次比近三將死子弟幼弱權悉以兵幷蒙蒙固辭陳啓顧等皆勤勞國事子弟雖小不可廢也書三上權乃聽蒙於是又爲擇師使輔導之其操心率如此魏使廬江謝奇爲蘄春典農蘄春見孫權傳建安十八年黃武二年謝鍾英曰謝奇事在魯肅代周瑜之後瑜卒於建安十五年則謝奇事當在十五年後弼按謝奇事在立塢之前立塢在建安十六年則謝奇事當在是年屯皖田鄉數爲邊寇蒙使人誘之不從則伺隙襲擊奇遂縮退其部伍孫子才宋豪等皆攜負老弱詣蒙降孫權傳建安十八年初曹公恐濱江郡縣爲權所略徵令內徙民轉相驚自廬江九江蘄春廣陵戶十餘萬皆東渡江江西遂虛合肥以南惟有皖城後從權拒曹公

於濡須數進奇計又勸權夾水口立塢所以備御甚精梁章鉅曰元和郡縣志云初呂蒙守濡須聞曹公將來夾水築塢形如偃月名曰偃月塢輿地志云柵江口古濡須口也吳築兩城於北岸魏置柵於南岸趙一清曰方輿紀要卷二十九王氏希先曰三國鼎立南北瓜分之際兩淮間常爲戰場孫仲謀立塢濡須曹操先計後戰不能爭也觀王氏之言則知子明之謀善矣今人豔稱其襲取荊州之奇譎而不知其保障江淮之功大也互見孫權傳建安十八年

吳錄曰權欲作塢諸將皆曰上岸擊賊洗足入船何用塢爲呂蒙曰兵有利鈍戰無百勝如有邂逅敵步騎蹙人不暇及水其得入船乎權曰善遂作之

曹公不能下而退曹公遣朱光爲廬江太守屯皖大開稻田趙一清曰寰宇記卷百二十五吳塘陂在舒州懷寧縣西二十里皖水所注此塘卽朱光所開一清案劉馥爲揚州刺史興治吳塘則不始於光也記又云呂蒙鑿石通水注稻田三百餘頃功利及人先未立廟里人以灊山廟在吳陂之側因指名以祀焉又令閒人招誘鄱陽賊帥使作內應蒙曰皖田肥美若一收孰彼衆必增胡三省曰收孰謂稻成熟而收之也有糧則可以增衆孰古熟字通如是

數歲操態見矣宜早除之乃具陳其狀於是權親征皖引見諸將問以計策吳書曰諸將皆勸作土山添攻具蒙趨進曰治攻具及土山必歷月乃成宋本月作日通鑑同城備既脩外救必至不可圖也且乘雨水以入通鑑且下有吾字若留經日何焯校改日作月水必向盡還道艱難蒙竊危之今觀此城不能甚固以三軍銳氣四面並攻不移時可拔及水以歸全勝之道也權從之蒙乃薦甘寧為升城督升城督戰時置非常制督攻在前甘寧傳寧手持練身緣城為吏士先卒破獲朱光計功呂蒙為最寧次之蒙以精銳繼之侵晨進攻蒙手執枹鼓枹音膚士卒皆騰踊自升食時破之互見孫權傳建安十九年既而張遼至夾石夾石卽夾口見魏志蔣濟傳胡三省曰夾石在今安慶府桐城縣北四十七里今名西峽山趙一清曰方輿紀要卷二十六南硤戍在桐城縣西北四十七里卽夾石山也漢建安十九年孫權攻皖張遼馳救至硤石聞城已破築壘硤石南而還寰宇記卷一百二十五南硤戍是古南廬州因名南聞城已拔乃退權嘉其功卽拜廬江太守所得人馬皆分與之別賜尋陽屯田六百戶官屬三十人蒙還尋陽未期而廬陵賊起諸將討擊不能禽權曰鷙鳥累百不如一鶚鶚監本作鴞誤周壽昌曰漢書鄒陽諫吳王曰臣聞鷙鳥累百不如一鶚吳主正引此語弼按此語見鄒陽傳孟康曰鶚大鵰也師古曰鷙擊之鳥鷹鸇之屬也鶚自大鳥而鷙者耳非鶚也復令蒙討之蒙至誅其首惡餘皆釋放復為平民是時劉備令關羽鎭守專有荆土權命蒙西取長沙零桂三郡蒙移書二郡望風歸服何焯曰孫氏自武烈為長沙太守討平區星任用良吏又越境尋討零桂諸賊以全異國三郡懷之故移書卽下雖以昭烈之得人心不如其素服從於孫氏也子明小數豈得貪天之功哉惟零陵太守郝普城守不降郝普見蜀志季漢輔臣贊而備自蜀親至公安遣羽爭三郡權時住陸口陸口見孫權傳建安十五年趙一清曰水經江水注江水又入蒲圻縣北逕呂蒙城西昔孫權征長沙零桂所鎭也寰宇記卷百十二呂蒙城在鄂州蒲圻縣西北卽呂蒙所築屯兵於此使魯肅將萬人各本皆作

使普肅萬人誤元本作使魯肅萬人亦誤通鑑作使魯肅將萬人是屯益陽拒羽益陽見蜀志先主傳建安十九年又見前魯肅傳胡三省曰益陽縣屬長沙郡應劭曰在益水之陽輿地志今潭州安化縣本漢益陽縣杜佑曰潭州益陽縣漢故城在今縣東宋白曰益陽故城在今益陽縣東八十里其城魯肅所築而飛書召蒙使舍零陵急還助肅初蒙既定長沙當之零陵過酃湘東郡治酃見孫亮傳太平二年趙一清曰方輿紀要卷八十一永州府零陵縣有呂蒙城是蒙所築又卷八十酃湖在衡州府城東二十里湖水周三里深八尺湛然綠取水醸酒極甘美晉武帝平吳薦酃酒於太廟吳都賦飛輕觴而酌酃淥是也載南陽鄧玄之玄之者郝普之舊也欲令誘普及被書當還蒙祕之夜召諸將授以方略晨當攻城攻零陵城也顧謂玄之曰郝子太聞世閒有忠義事錢大昭曰楊戲輔臣贊郝普字子大此太字誤下同弼按輔臣贊作子太通鑑同錢說誤亦欲為之而不知時也左將軍在漢中為夏侯淵所圍關羽在南郡今至尊身自臨之近者破樊本屯救酃逆為孫規所破此皆目前之事君所親見也彼方首尾倒縣救死不給或曰此語不可解疑有脫誤

豈有餘力復營此哉今吾士卒精銳人思致命至尊遣兵相繼於道今子以旦夕之命宋本子作予誤元本作子太陳浩曰子字下疑落太字待不可望之救猶牛蹄中魚冀賴江漢其不可恃亦明矣若子太必能一士卒之心保孤城之守尚能稽延旦夕以待所歸者可也今吾計力度慮而以攻此曾不移日而城必破城破之後身死何益於事而令百歲老母戴白受誅豈不痛哉度此家不得外問胡三省曰此家謂郝普也謂援可恃故至於此耳君可見之為陳禍福玄之見普具宣蒙意普懼而聽之玄之先出報蒙普尋後當至蒙豫勑四將各選百人普出便入守城門須臾普出蒙迎執其手與俱下船語畢出書示之因拊手大笑普見書知備在公安而羽在益陽慙恨入地蒙留孫河委以後事通鑑考異曰孫河已死或他人同姓名耳朱邦衡曰

河疑作皎通鑑考異不得其人而强爲之說也弼按孫權傳權召蒙助肅蒙誘普降盡得三郡將守因引軍還與孫皎潘璋并魯肅兵並進拒羽於益陽自以作孫皎爲
是卽日引軍赴益陽劉備請盟權乃歸普等趙一淸曰郝普入吳仕至廷尉以隱蕃事見責自殺見胡
綜傳而楊戲傳以麋芳士仁郝普潘濬四叛同贊其不歸蜀可知矣此云權歸普等恐未實也弼按輔臣贊亦云普入吳爲廷尉割湘水以零
陵還之以尋陽陽新爲蒙奉邑尋陽陽新見孫權傳黃初二年師還遂征合肥既徹兵
爲張遼等所襲蒙與淩統以死扞衛後曹公又大出濡須權以蒙爲
督據前所立塢置彊弩萬張於其上以拒曹公曹公前鋒屯未就蒙
攻破之曹公引退拜蒙左護軍虎威將軍胡三省曰虎威蓋孫權置沈約志曹魏置四十號將軍虎威第
三十四洪飴孫曰虎威將軍一人第五品魯肅卒建安二十二年卒蒙西屯陸口肅軍人馬萬餘盡以
屬蒙又拜漢昌太守漢昌郡見孫權傳建安十五年食下雋劉陽漢昌州陵此四縣爲周瑜奉邑瑜死
後屬魯肅肅死後屬蒙與關羽分土接境知羽驍雄有并兼心且居國上流其勢

難久初魯肅等以爲曹公尙存禍難始搆宜相輔協與之同仇不可
失也蒙乃密陳計策曰令征虜守南郡孫皎時爲征虜將軍潘璋住白帝白帝見先
主傳建安十七年胡三省曰此卽甘寧據楚關之計也蔣欽將游兵萬人循江上下應敵所在蒙爲
國家前據襄陽如此何憂於操何賴於羽且羽君臣矜其詐力所在
反覆不可以腹心待也今羽所以未便東向者以至尊聖明蒙等尙
存也今不於彊壯時圖之一旦僵仆胡三省曰僵仆謂死也欲復陳力其可得
邪何焯曰規取荆州是蒙本謀然此傳之語多不可信前據襄陽或取荆州之後復向襄樊若白帝在蜀潘璋何緣便可往住乎又此時蒙始踰四十亦未應便
計一旦僵仆也李安溪曰人之識見意計不同如此若專爲割據竊號謀者則蒙爲忠矣韓慕廬曰如子敬意豈欲劃長江而守之哉無一刻忘操也呂蒙所窺者小不
恤遠患而甘近利開吳蜀之兵端成曹氏之篡奪而權亦稱臣屈膝歲歲被兵嗟乎貪功召釁誤國不細矣權深納其策又聊復與
論取徐州意胡三省曰自廣陵以上皆徐州之地蒙對曰今操遠在河北新破諸袁撫

集幽冀未暇東顧何焯曰尙熙之死在建安十二年魯肅歿於十年之後而此方云新破諸袁撫集幽冀不乖錯乎卽蒙陳此計在代肅之
先曹公亦不得遠在河北甚矣作史之難也周壽昌曰操之破袁距此已前十年何云新破此時操方駐軍居巢何云遠在河北縱敵國傳聞不實而幽冀久定天下皆
知何撫集之有不知陳氏何忽有此誤語徐土守兵聞不足言胡三省曰曹操審定天下之勢慮此熟矣此兵法所謂地有所不守也
往自可克然地勢陸通驍騎所騁至尊今日得徐州操後旬必來爭
雖以七八萬人守之猶當懷憂胡三省曰呂蒙自量吳國之兵力不足北向以爭中原者知車騎之地非南兵之所便也
不如取羽全據長江形勢益張權尤以此言爲當及蒙代肅初至陸
口外倍修恩厚與羽結好呂蒙陸遜皆以術譎羽而驕矜之武夫遂墮其術中矣惜哉後羽討樊留
兵將備公安南郡蒙上疏曰羽討樊而多留備兵必恐蒙圖其後故
也蒙常有病乞分士衆還建業以治疾爲名羽聞之必撤備兵盡赴
襄陽大軍浮江晝夜馳上襲其空虛則南郡可下而羽可禽也胡三省曰

此南郡謂江陵遂稱病篤權乃露檄召蒙還胡三省曰露檄欲使羽知之陰與圖計羽果信
之稍撤兵以赴樊胡三省曰果墮蒙計魏使于禁救樊羽盡禽禁等人馬數萬
託以糧乏擅取湘關米胡三省曰吳與蜀分荆州以湘水爲界故置關趙一淸曰方輿紀要卷七十五吳蜀分荆州以湘水爲界
置關水上以通商旅謂之湘關又卷八十一湘口關在永州府北十里瀟湘二水合流處也權聞之遂行先遣蒙在前蒙
至尋陽盡伏其精兵𦪇艫中胡三省曰𦪇居侯翻艫盧谷翻博雅曰𦪇艫舟也趙一淸曰水經贛水注谷鹿洲卽蓼子洲也
舊作大艑處北堂書鈔云豫章城西南有𦨴艫洲是呂蒙作𦨴艫大艑處使白衣搖櫓作商賈人服晝夜兼行
至羽所置江邊屯候盡收縛之是故羽不聞知胡三省曰屯候雖被收縛使麋傅無叛心羽猶
可得聞知也遂到南郡士仁麋芳皆降士仁麋芳均見季漢輔臣贊
吳書曰將軍士仁在公安拒守輔臣贊云仁住公安統屬關羽與羽有隙叛迎孫權蒙令虞翻說之虞翻傳呂蒙圖
取關羽稱疾還建業以翻兼知醫術請以自隨翻至城門謂守者曰吾欲與汝將軍語仁不肯相見乃爲書

曰明者防禍於未萌智者圖患於將來知得知失可與爲人知存知亡足別吉凶大軍之行斥候不及施烽火不及舉此非天命必有內應將軍不先見時時至又不應之獨守縈帶之城而不降死戰則毀宗滅祀爲天下譏笑呂虎威欲徑到南郡 呂蒙時爲虎威將軍 斷絕陸道生路一塞案其地形將軍爲在箕舌上耳 詩小雅大東篇維南有箕載翕其舌鄭箋云翕猶引也引舌者謂上星相近 奔走不得免降則失義竊爲將軍不安幸熟思焉仁得書流涕而降翻謂蒙曰此譎兵也 胡三省曰謂蒙以詭計行兵也 當將仁行留兵備城遂將仁至南郡南郡太守麋芳城守蒙以仁示之遂降 何焯曰觀仲翔之辱芳則吳書爲不審矣 吳錄曰初南郡城中失火頗焚燒軍器羽以責芳芳內畏懼權聞而誘之芳潛相和及蒙攻之乃以牛酒出降 蜀志關羽傳麋芳士仁素皆嫌羽輕己羽之出軍芳仁供給軍資不悉相救羽言還當治之芳仁咸懷懼不安於是權陰誘芳仁芳仁使人迎權

蒙入據城盡得羽及將士家屬皆撫慰約令軍中不得干歷人家有所求取蒙麾下士是汝南人取民家一笠以覆官鎧官鎧雖公蒙猶以爲犯軍令不可以鄉里故而廢法遂垂涕斬之於是軍中震慄道不拾遺蒙旦暮使親近存恤耆老問所不足疾病者給醫藥饑寒者賜衣糧羽府藏財寶皆封閉以待權至羽還在道路數使人與蒙相聞 或曰漢祖入彭城項羽晝夜兼行以破漢呂蒙入南郡關羽不速還又使人探問宜其敗也弼按關羽此時大敵在前進退失據縱還救江陵已無及矣 蒙輒厚遇其使 蒙前初至陸口外倍脩恩厚與羽結好今已得公安南郡仍厚遇羽使甚矣蒙之譎也 周游城中家家致問或手書示信羽人還私相參訊 胡三省曰訊問也 咸知家門無恙見待過於平時故羽吏士無鬭心 胡三省曰呂蒙所以禽關羽者攜之而已 會權尋至羽自知孤窮乃走麥城西至漳鄉 麥城漳鄉均見孫權傳建安二十四年（孫權傳漳作章） 衆皆委羽而降權使朱然潘璋斷其徑路卽父子俱獲 關羽傳權遣將逆擊羽斬羽及子平於臨沮孫權傳潘璋司馬馬忠

獲羽及其子平都督趙累等於章鄉 荆州遂定 李安溪曰緣此遂令仲謀稱臣子桓責質徼朝幾至狼狽向非先主君臣大義皦明難得屈意和魏者則白帝之戍不撤東西之好不修權之折而入於魏不久矣蒙徼幸之策亦殆矣哉安可以成敗論人而謂魯子敬之見眞短於蒙乎 以蒙爲南郡太守封孱陵侯 孱陵見蜀志劉璋傳注趙一淸曰方輿紀要卷七十八呂蒙城在荆州府公安縣北二十五里蒙嘗屯孱陵築城於此又孱陵城在公安縣西二十五里漢縣屬武陵郡

江表傳曰權於公安大會呂蒙以疾辭權笑曰禽羽之功子明謀也今大功已捷慶賞未行豈邑邑邪 邑邑與悒悒同悒悒不樂也 乃增給步騎鼓吹 鼓吹解見蜀志劉封傳趙一淸曰宋書樂志鼓吹軍樂也今之從行鼓吹爲騎吹二曲異也魏晉世假諸將帥及牙門曲蓋鼓吹斯其時謂之鼓吹矣 勑選虎威將軍官屬幷南郡廬江二郡威儀 蒙前以破皖功拜廬江太守此時又以破公安江陵功拜南郡太守故幷具二郡威儀也續百官志太子洗馬職如謁者太子出則當直者在前導威儀晉陶侃傳備威儀迎母官舍鄉里榮之 拜畢還營兵馬導從前後鼓吹光耀于路

賜錢一億黃金五百斤蒙固辭金錢權不許封爵未下會蒙疾發權時在公安迎置內殿所以治護者萬方募封內有能愈蒙疾者賜千金時有鍼加權爲之慘慼欲數見其顏色又恐勞動常穿壁瞻之見小能下食則喜顧左右言笑不然則咄唶 胡三省曰咄當沒翻咨也唶子夜翻嘆也 夜不能寐 何焯曰權眞有句踐之風雖晚謬多猜於時欸不爲盡死得乎 病中瘳 瘳病瘉也 爲下赦令羣臣畢賀後更增篤權自臨視命道士於星辰下爲之請命年四十二遂卒於內殿 蒙死於建安二十四年當生於光和元年長孫權四歲何焯曰周公瑾年止三十六魯子敬四十六呂子明四十二使子敬十年不死吳盟倘固襄樊舉而漢室復興矣此孔明所以發哀也王懋竑曰綱目書冬十月呂蒙襲取江陵十二月蒙卒而削其官蓋快之也趙一淸曰寰宇記卷百十二鄂州嘉魚縣有呂蒙墓江夏記云蒲圻縣南對陸溪陸路口一名刀環山泝流八十里有呂蒙城城中有蒙墓盛宏之荆州記長沙蒲圻縣有呂蒙冢中有一髑髏極大蒙形長偉疑卽蒙髑髏也 時權哀痛甚爲之降損蒙未死時所得金寶諸賜盡付府藏勑主者命絕之日皆上還喪事務約權聞之益以悲感蒙少不修書傳每陳大

事常口占爲牋疏常以部曲事爲江夏太守蔡遺所白蒙無恨意及豫章太守顧邵卒權問所用蒙因薦遺奉職佳吏權笑曰君欲爲祁奚耶左傳襄公三年祁奚請老晉侯問嗣焉稱解狐其讎也於是用之甘寧麤暴好殺既嘗失蒙意甘寧殺廚下兒事詳見寧傳又時違權令權怒之蒙輒陳請天下未定鬭將如寧難得宜容忍之權遂厚寧卒得其用朱然傳虎威將軍呂蒙病篤權問曰卿如不起誰可代者蒙對曰朱然膽守有餘愚以爲可任蒙卒權假然節鎮江陵蒙子霸襲爵與守冢三百家復田五十頃霸卒兄琮襲侯琮卒弟睦嗣孫權與陸遜論周瑜魯肅及蒙曰公瑾雄烈膽略兼人遂破孟德開拓荊州邈焉難繼通鑑作貌焉寡儔君今繼之公瑾昔要子敬來東致達於孤孤與宴語便及大略帝王之業此一快也後孟德因獲劉琮之勢張言方率數十萬衆水步俱下胡三省曰張言者張大而言之

孤普請諸將咨問所宜無適先對胡三省曰無適先對猶言莫適先對也適音的至子布文表秦松字文表見張紘傳俱言宜遣使修檄迎之子敬即駮言不可胡三省曰駮異也立異議以糾駮衆議之非駮北角翻勸孤急呼公瑾付任以衆逆而擊之此二快也且其決計策意出張蘇遠矣後雖勸吾借玄德地是其一短李安溪曰子敬勸借玄德地此策亦未爲短蓋荊州新附其勢宜然若兩雄相爭北敵之利何焯曰魯呂各以其時當操氣未衰屢出巢湖當共劉氏結好以分其勢及操老而無舉吳之志鼎足勢成不據上游亦非所以立國也但當與蜀申約規取襄樊徐方議及耳不足以損其二長也周公不求備於一人論語載周公語魯公之言故孤忘其短而貴其長常以比方鄧禹也胡三省曰鄧禹建策以開光武中興之業而其後不能定赤眉故以肅比之韓菼曰子敬總是大段了了不在小小成敗得失計較其比公瑾英發或不及之其沈靜似較勝也比方鄧禹自是知己語鄧之不急取關中亦是籌萬全耳非其才果不若馮異也又子明少時孤謂不辭劇易劇難也果敢有膽而已馮本膽作瞻誤及身長大學問開益籌略奇至可以次於公瑾但言議英發不及之耳圖取關羽勝於子敬子敬答孤書云帝王之起皆有驅除羽不足忌胡三省曰謂關羽之強適足爲吳之驅除也此子敬內不能辨通鑑作辦外爲大言耳孤亦恕之不苟責也然其作軍屯營不失令行禁止部界無廢負胡三省曰謂部界之內無有廢職以爲罪負也或曰負疑作務路無拾遺其法亦美也何焯曰子敬作軍幾於孔明之法二人故足相友

評曰曹公乘漢相之資挾天子而埽羣桀新盪荊城仗威東下宋本下作夏于時議者莫不疑貳周瑜魯肅建獨斷之明出衆人之表實奇才也呂蒙勇而有謀斷識軍計譎郝普禽關羽最其妙者何焯曰譎普細務而與禽關羽並論者其取南郡亦譎兵也初雖輕果妄殺終於克己有國士之量豈徒武將而已乎孫權之論優劣允當故載錄焉王懋竑曰孫權之遣周瑜與先主併力拒曹操而赤壁之戰瑜獨有其功其攻南郡亦不與先主俱先主顧以其閒南收四郡非瑜意也瑜乘戰勝之威以操爲不足畏而疑忌先主特甚權則以新破操操必來攻仍欲指先主以併力其意少異故權以

妹妻先主而先主亦詣京見權勸權徙治秣陵陳志所云綢繆恩紀蓋其實然權固曰非劉豫州莫可以當曹操而隆中定計亦云權可與爲援而不可圖是時絕未有相圖之意也權既不納瑜之言而瑜卒後卒從魯肅而以南郡借先主蓋慮程普之不能以守南郡而操之所憚惟先主天下所共知故欲藉其力以拒操操之南征向濡須而不向南郡乃避先主而不攻則權之計未爲不得也至建安十八年操攻濡須不克而退十九年權又克廬江禽朱光操不能與爭於是權亦知操之不足畏而無所藉於先主遂有圖取荊州之意會先主已得益州而不以南郡還吳權之忿恨益甚又以關羽在南郡度未可攻故遣呂蒙襲取三郡後卒中分荊州而呂蒙之計自是得行未嘗一日忘南郡而羽疎不之防蒙遂乘其隙而取之凡此閒隙之開始於周瑜而成於呂蒙若權之前後自有猾計其或從或不從亦非因人爲轉移也而使周瑜不以道病卒則必取蜀而先主幾無駐足之地又使權得荊州後而曾操不死則當先主伐吳時操必以大軍躡吳魏攻其外蜀攻其內江東成敗之機殆未可料此皆天爲非人力之所與也世皆以圖取荊州爲呂蒙之功而不知其幾敗江東之業是特有天幸耳大抵吳之諸臣周瑜雄略似孫伯符有幷吞中原之志而不專於自守魯肅明於大勢欲合吳蜀以拒操爲三分之計至呂蒙則一以譎詭爲自利計而不顧其後雖有攻戰之材非瑜肅比也權自得南郡請降於魏屈辱已甚使不圖南郡而與蜀交好其屈辱豈至於此其後權卒絕魏而與蜀交好者終其身蓋亦有鑒於此也

吳書十　三國志五十五

程黃韓蔣周陳董甘淩徐潘丁傳第十 劉咸炘曰程普最長黃韓從堅蔣周陳董從策甘淩潘徐則權所用也丁奉行輩最後

晉　平　陽　侯　相　安　漢　陳　壽　撰

宋中書侍郎西鄉侯聞喜裴松之注

沔　陽　盧　弼　集　解

程普字德謀右北平土垠人也右北平郡土垠見魏志明紀景初元年初爲州郡吏有容貌計略善於應對從孫堅征伐討黃巾於宛鄧破董卓於陽人宛鄧陽人均見孫堅傳攻城野戰身被創夷堅薨復隨孫策在淮南從攻廬江拔之還俱東渡策到橫江當利破張英于麋等轉下秣陵湖熟句容曲阿

普皆有功橫江當利秣陵湖熟曲阿均見孫策傳句容見孫權傳赤烏八年增兵二千騎五十匹馮本吳本監本毛本官本匹作四誤或曰疑是駟字脫去馬字潘眉曰當爲五十匹韓當傳授兵二千騎五十匹呂範增兵二千騎五十匹可證弼按潘說是進破烏程石木波門陵傳餘杭烏程見孫堅傳餘杭見孫策傳沈欽韓曰石木波門陵傳當在烏程餘杭之閒今湖州府志無此地名普功爲多策入會稽以普爲吳郡都尉治錢唐錢唐見孫堅傳吳郡西部都尉見顧承傳後徙丹陽都尉居石城郡國志揚州丹陽郡石城一統志故城今安徽池州府貴池縣西七十里鐵店亦曰蒼埠潭以東西兩石山夾河如城而名貴池建德並漢石城地吳黃武二年韓當封石城侯元和志云吳大帝封韓當爲石埭城侯因置石埭縣本漢丹陽郡地有兩橫石壅江如埭因名潘眉曰石埭是縣名當爲石埭侯不爲城侯封制無城侯周壽昌曰吳時尚未有石埭名乂石城本縣名非城名謝鍾英曰丹陽郡無石埭縣元和志誤吳增僅曰丹陽都尉治石城韓當封此當卒子綜降魏國除於縣境置虎林督爲重鎭楊守敬曰寰宇記石埭本吳石城韓當爲石城侯遂置石埭場乃知元和志石下衍埭字下縣字爲場字之誤石城互見孫策傳注此與魏志文聘傳之石梵（卽石城）牽招傳之石城同名異地復討宣城涇安吳陵陽春穀諸賊皆破之宣城涇陵陽見孫策傳安吳見孫休傳永安四年春穀見周瑜傳策嘗攻祖郎大爲所圍普與一

騎共蔽扞策驅馬疾呼以矛突賊賊披策因隨出後拜盪寇中郎將盪寇中郎將一人吳置領零陵太守從討劉勳於尋陽進攻黃祖於沙羨尋陽沙羨均見孫策傳還鎭石城策薨與張昭等共輔孫權遂周旋三郡平討不服又從征江夏還過豫章別討樂安樂安見孫權傳建安八年樂安平定代太史慈備海昬海昬見孫策傳與周瑜爲左右督破曹公於烏林杭世駿曰湘中記云君山有地道楂渚對岸古城孫權遣程普所立弼按孫皎傳呂蒙說權曰周瑜程普爲左右部督共攻江陵雖事決於瑜普自恃久將且俱是督遂共不睦又進攻南郡走曹仁拜裨將軍領江夏太守治沙羨食四縣先出諸將普最年長時人皆呼程公性好施與喜士大夫周瑜卒代領南郡太守權分荆州與劉備普復還領江夏遷盪寇將軍卒

吳書曰普殺叛者數百人皆使投火卽日病癘百餘日卒

權稱尊號追論普功封子咨爲亭侯

黃蓋字公覆零陵泉陵人也零陵郡治泉陵見蜀志先主傳建安十三年

吳書曰故南陽太守黃子廉之後也何焯曰風俗通義穎川黃子廉每飲馬輒投錢於水然則公覆之祖自穎川徙零陵也杭世駿曰黃溍筆記云陶靖節詩昔在黃子廉彈冠佐名州湯伯紀注云三國志黃蓋傳注南陽太守子廉之後劉潛夫詩話亦云子廉之名僅見蓋傳按後漢尙書令黃香之孫守亮字子廉爲南陽太守注及詩話舉其孫而遺其祖豈未深攷歟子廉乃守亮之字亦非名也趙一淸曰黃香是江夏安陸人香子瓊瓊子琬無守亮其人者且東京人二名者亦少不知黃氏何從爲此說也枝葉分離自祖遷于零陵遂家焉蓋少孤嬰丁凶難辛苦備嘗然有壯志雖處貧賤不自同於凡庸常以負薪餘閒學書疏講兵事

初爲郡吏察孝廉辟公府孫堅舉義兵蓋從之堅南破山賊北走董卓拜蓋別部司馬堅薨蓋隨策及權擐甲周旋蹈刃屠城諸山越不賓有寇難之縣輒用蓋爲守長石城縣吏石城見程普傳特難檢御蓋乃署

兩掾分主諸曹教曰令長不德徒以武功爲官不以文吏爲稱今賊
寇未平有軍旅之務一以文書委付兩掾當檢攝諸曹糾擿謬誤兩
掾所署事入諾出若有姦欺終不加以鞭杖宜各盡心無爲衆先初
皆怖威夙夜恭職久之吏以蓋不視文書漸容人事蓋亦嫌外懈怠
時有所省各得兩掾不奉法數事乃悉請諸掾吏賜酒食因出事詰
問兩掾辭屈皆叩頭謝罪蓋曰前已相勅終不以鞭杖相加非相欺
也遂殺之縣中震慄後轉春穀長尋陽令 春穀見周瑜傳尋陽見孫策傳 凡守九縣所
在平定遷丹陽都尉 丹陽都尉見程普傳 抑彊扶弱山越懷附蓋姿貌嚴毅善
於養衆每所征討士卒皆爭爲先建安中隨周瑜拒曹公於赤壁建
策火攻語在瑜傳 趙一清曰方輿紀要卷七十六百人山在漢陽府西南七十里相傳周瑜與黃蓋詐曹公大軍所起處也南濱江有百人

磯水經江水注鸚鵡州之下尾江水溠洄洑浦是曰黃軍浦昔吳將黃蓋軍師所屯故浦得其名
吳書曰赤壁之役蓋爲流矢所中時寒墮水爲吳軍人所得不知其蓋也置廁牀中 漢書汲黯傳大將軍青侍中上踞廁視之孟康曰廁牀邊側也 蓋自彊以一聲呼韓當當聞之曰此公覆聲也向之垂
涕解易其衣遂以得生
拜武鋒中郎將 蓋行武鋒校尉見孫策傳注引吳錄洪飴孫曰武鋒中郎將一人吳置沈家本曰孫策傳注載策表稱行武鋒校尉黃蓋是時策討黃祖於沙羨縣蓋從行乃建安四年也本傳不敘爲武鋒校尉及討黃祖事攷策表同列名者周瑜呂範程普孫權韓當各傳皆敘征劉勳討黃祖事而蓋傳獨未之及乃史文之疏也 武陵蠻夷反亂攻守城邑乃以蓋領太守時郡兵才五百人
自以不敵因開城門賊半入乃擊之斬首數百餘皆奔走盡歸邑落
誅討魁帥附從者赦之自春訖夏寇亂盡平 何焯曰我整彼亂以練習擊烏合乃可如此用奇
諸幽邃巴醴由誕邑侯君長 潘眉曰巴醴當是巴陵醴陵由誕未詳趙一清曰巴醴油誕四水名由卽油水誕卽澹水也水

經注澧水又東澹水出焉王仲宣贈士孫文始詩所云悠悠澹澧者也 皆改操易節奉禮請見郡境遂清後
長沙益陽縣爲山賊所攻蓋又平討加偏將軍病卒於官蓋當官決
斷事無留滯國人思之
吳書曰又圖畫蓋形四時祠祭
及權踐阼追論其功賜子柄爵關內侯
韓當字義公遼西令支人也 遼西令支見魏志公孫瓚傳
令音郎定反支音巨兒反
以便弓馬有膂力幸於孫堅從征伐周旋數犯危難陷敵禽虜爲別
部司馬
吳書曰當勤苦有功以軍旅陪隸分於英豪 官本攷證曰分疑作介 故爵位不加終於堅世爲

別部司馬
及孫策東渡從討三郡 太史慈傳孫策從騎十三皆韓當宋謙黃蓋輩也 遷先登校尉 先登校尉一人吳置
授兵二千騎五十匹從征劉勳破黃祖還討鄱陽領樂安長 鄱陽樂安均見孫權傳建安八年 山越畏服後以中郎將與周瑜等拒破曹公又與呂蒙襲取
南郡遷偏將軍領永昌太守 永昌郡見蜀志後主傳建興三年錢大昕曰永昌郡屬益州蓋遙領之下文領冠軍太守冠軍屬南陽權亦未有其地 宜都之役 宜都郡治夷道見蜀志先主傳章武二年 與陸遜朱然等共攻蜀軍於
涿鄉 謝鍾英曰涿鄉當在夷陵縣西今宜昌府西 大破之徙威烈將軍 威烈將軍一人吳置 封都亭侯曹
眞攻南郡當保東南在外爲帥厲將士同心固守又敬望督司奉遵
法令權善之黃武二年封石城侯 石城詳見程普傳 遷昭武將軍領冠軍太守
冠軍見魏志鄧哀王沖傳 後又加都督之號將敢死及解煩兵萬人 吳有解煩督錢大昭曰解煩兵猶陳

表傳言無難士也張温傳特以繞帳帳下解煩兵五千人付之陳修當爲解煩督胡綜傳立解煩二部詳領左部綜領右部督 討丹陽賊破之

會病卒子綜襲侯領兵其年權征石陽 石陽見孫策傳 以綜有憂使守武昌

而綜淫亂不軌權雖以父故不問綜內懷懼

吳書曰綜欲叛恐左右不從因諷使劫略示欲饒之轉相放效爲行旅大患後因詐言被詔以部曲爲寇盜見詰讓云將吏以下當並收治又言恐罪自及 官本攷證曰自及元本作及已 左右因曰惟當去耳遂共圖計以當葬父盡呼親戚姑姊悉以嫁將吏所幸婢妾皆賜與親近殺牛飲酒歃血與共盟誓

載父喪將母家屬部曲男女數千人奔魏 五見孫權傳黃武六年 魏以爲將軍

封廣陽侯 廣陽見魏志荀彧傳潘眉曰廣陽晉縣名陳承祚據晉時縣名書之耳當爲陵陽侯晉咸康四年以避杜皇后諱始改廣陽三國時不得爲廣陽也此是魏封吳則封周泰爲陵陽侯弼按郡國志幽州廣陽郡廣陽三國魏屬燕國荀彧孫顗封廣陽鄉侯是漢魏皆有廣陽也潘說誤 數犯邊境

殺害人民權常切齒東興之役綜爲前鋒 趙一清曰水經沔水注云柵水東南積而爲竇湖湖東有韓綜山山上有城綜卽綜也 軍敗身死諸葛恪斬送其首以白權廟

蔣欽字公奕九江壽春人也 壽春見魏志文紀黃初五年 孫策之襲袁術 陳景雲曰襲字當作依或就字之誤盧明楷曰孫策傳袁術僭號策止以書責而絕之未有襲術之事疑有誤趙一清曰何焯校改袁術爲李術案孫權傳注引江表傳策表用李術爲廬江太守則不應以兵襲之袁術李術皆於本傳不相合或襲字誤周壽昌曰李術本策所表用因策亡背叛孫權始討誅之 欽隨從給事及策

東渡拜別部司馬 古今刀劍錄云蔣欽拜別部司馬造一刀文曰司馬隸書 授兵與策周旋平定三

郡又從定豫章調授葛陽尉 趙一清曰宋書州郡志葛陽吳立屬鄱陽內史洪亮吉曰葛陽吳分餘汗東界立太平寰宇記城在葛水之北故名謝鍾英曰寰宇記建安十五年置卽弋陽縣方輿紀要今廣信府弋陽縣治鍾英按蔣欽從策平豫章調授葛陽尉在興平元年樂史謂建安十五年置者誤也 歷三縣長討平盜賊遷西部都尉 傳言遷西部都尉未言何郡以下文平會稽冶賊事推之當爲會稽西部都尉也或西部上失會稽二字或會稽二字誤倒在西部都尉下然以賀齊傳領南部都尉例之則本文自如是也漢書地理志會稽郡錢唐西部都尉治後漢分

會稽爲吳郡程普爲吳郡都尉治錢唐見普傳宋書州郡志會稽太守秦立治吳漢順帝永建四年分會稽爲吳郡會稽移治山陰東陽太守本會稽西部都尉吳孫皓寶鼎元年立宋鄭緝之東陽記云此境於會稽西部嘗置都尉理於此吳寶鼎元年始分會稽置東陽郡 會稽冶賊呂合秦狼等

爲亂 宋本冶作治何焯云卽東冶也弼按五見呂岱傳作東冶 欽將兵討擊遂禽合狼五縣平定從

討越中郎將 討越中郎將一人吳置討山越也 以經拘昭陽爲奉邑 錢大昕曰按吳諸將食邑如孫皎賜沙羨雲杜南新市竟陵爲奉邑孫韶食曲阿丹徒二縣呂蒙食下雋劉陽漢昌州陵徐盛陽臨城縣爲奉邑朱治以婁由拳無錫毗陵爲奉邑呂範以彭澤柴桑歷陽爲奉邑又改溧陽懷安寧國之類皆縣名也經拘昭陽漢時無此縣名宋志邵陵郡有邵陽縣吳立曰昭陽卽欽所食邑矣經拘未詳趙一清曰方輿紀要卷八十一昭陽在寶慶府東五十里後漢析昭陵縣置屬零陵郡一清案經拘晉宋志皆不載疑此文有誤蓋欽屯宣城故其子壹封宣城侯其食邑當在丹陽不得遠居湘郢也漢丹陽郡有涇縣有句容經拘昭陽或是鄉亭之名下云以蕪湖田給欽妻子是也又凡封侯乃有奉邑蔣欽不侯或史失之弼按奉邑解在周瑜傳 賀齊討黟

賊 黟各本均作黝誤元本作黟是黟見孫策傳賀齊討黟欽見孫權傳建安十三年 欽督萬兵與齊幷力黟賊平

定從征合肥魏將張遼襲權於津北 水經注合肥東有逍遙津水上舊有梁 欽力戰有功

遷盪寇將軍領濡須督 濡須要地置督 後召還都拜津右護軍 此建安二十年事見孫權傳津字疑衍吳置中左右護軍各一人 典領辭訟權嘗入其堂內母疏帳縹被 說文縹帛青白色也 妻

妾布裙權歎其在貴守約卽勅御府爲母作錦被改易帷帳妻妾衣

服悉皆錦繡 權謂蔣欽富貴榮顯更能折節好學見呂蒙傳注引江表傳 初欽屯宣城 宣城見孫策傳 嘗討

豫章賊蕪湖令徐盛 蕪湖見太史慈傳 收欽屯吏表斬之權以欽在遠不許

盛由是自嫌於欽曹公出濡須欽與呂蒙持諸軍節度盛常畏欽因

事害己而欽每稱其善盛既服德論者美焉

江表傳曰權謂欽曰盛前白卿卿今舉盛欲慕祁奚邪 祁奚事解見呂蒙傳沈家本曰此與呂蒙傳權謂蒙語相同恐一事而傳之不同耳 欽對曰臣聞公舉不挾私怨盛忠而勤彊有膽略器用 毛本用作一誤 好萬人督也今大事未定臣當助國求才豈敢挾私恨以蔽賢乎權嘉之

權討關羽欽督水軍入沔還道病卒權素服舉哀以蕪湖民二百戶田二百頃給欽妻子子壹封宣城侯領兵拒劉備有功還赴南郡與魏交戰臨陣卒壹無子弟休領兵後有罪失業

周泰字幼平九江下蔡人也 下蔡見魏志蔣濟傳 與蔣欽隨孫策爲左右服事恭敬數戰有功策入會稽署別部司馬授兵權愛其爲人請以自給策討六縣山賊權住宣城 宣城見孫策傳 使士自衞不能千人意尚忽略不治圍落而山賊數千人卒至權始得上馬而賊鋒刃已交於左右或斫中馬鞍衆莫能自定惟泰奮擊投身衞權 官本考證曰監本訛作奮激沒身今改正弼按馮本亦擊誤作激 膽氣倍人左右由泰並能就戰賊既解散身被十二創良久乃蘇是日無泰權幾危殆策深德之補春穀長 春穀見周瑜傳 後從攻皖及討

江夏還過豫章復補宜春長 皖宜春均見孫堅傳 所在皆食其征賦從討黃祖有功後與周瑜程普拒曹公於赤壁攻曹仁於南郡荊州平定將兵屯岑 趙一清曰水經灃水注涔水出作唐縣西南天門郡界南流逕涔坪屯蓋屯戍之名在今灃州東北本文似有脫誤 曹公出濡須泰復赴擊曹公退留督濡須拜平虜將軍 刀劍錄云周幼平擊曹公軍勝拜平虜將軍因造一刀銘背曰幼平胡三省曰平虜將軍蓋孫氏創置弼按漢有平虜將軍劉勳見魏志武紀建安十八年注非孫氏創置也 時朱然徐盛等皆在所部並不伏也權特爲案行至濡須塢因會諸將大爲酣樂權自行酒到泰前命泰解衣權手自指其創痕問以所起泰輒記昔戰鬭處以對畢使復服歡讌極夜其明日遣使者授以御蓋

江表傳曰權把其臂因流涕交連 元本連作漣 字之曰幼平卿爲孤兄弟戰如熊虎不惜軀命被創數十膚如刻畫孤亦何心不待卿以骨肉之恩委卿以兵馬之重乎卿吳之功臣孤當與卿同榮辱等休戚幼平意快爲之 各本皆作威平誤 勿以寒門自退也 胡三省曰寒門言所出微也 卽勅以已常所用御幘青縑蓋賜之坐罷住駕使泰以兵馬導從出鳴鼓角作鼓吹 鼓吹解見蜀志劉封傳

於是盛等乃伏後權破關羽欲進圖蜀拜泰漢中太守 趙一清曰此是遙領 奮威將軍封陵陽侯 陵陽見孫策傳 黃武中卒子邵以騎都尉領兵曹仁出濡須戰有功又從攻破曹休進位裨將軍黃龍二年卒弟承領兵襲侯

陳武字子烈廬江松滋人 漢書地理志廬江郡松茲侯國一統志松茲廢縣在今安徽安慶府宿松縣北晉志屬安豐郡又江西九江湖廣荊州俱有松茲與此不同錢大昕曰班志廬江郡有松茲縣續漢志無之則東京已省此縣疑漢末復置也今荊州府之松滋縣蓋沿其名非漢魏之松滋也謝鍾英曰松滋縣今霍丘縣東十五里弼按按文人下少也字董襲傳同 孫策在壽春武往脩謁時年十八長

七尺七寸 趙一清曰御覽卷四百四十六引陳武別傳云武時人無樂者頓邱閻遐薦之於軍府或問武當今可與誰爲輩遐曰方謝道堅不足比徐世璋有餘道堅世璋皆同時知名士也武聞之笑曰乃處我季孟閒乎 因從渡江征討有功拜別部司馬策破劉勳多得廬江人料其精銳乃以武爲督所向無前及權統事轉督五校 續百官志北軍中候掌監五營卽屯騎越騎步兵長水射聲五校尉也劉昭注大駕鹵簿五校在前各有鼓吹一部是時權尚未卽尊不得有五校或亦如無難督解煩督耳 仁厚好施鄉里遠方客多依託之尤爲權所親愛數至其家累有功勞進位偏將軍建安二十年從擊合肥奮命戰死權哀之自臨其葬

江表傳曰權命以其愛妾殉葬復客二百家 孫盛曰昔三良從穆秦師以之不征 左傳文公六年秦伯任好卒（任好秦穆公名）以子車氏之三子爲殉皆秦之良也國人哀之爲之賦黃鳥君子是以知秦之不復東征也 魏妾既出杜回以之僵仆 左傳宣公十五年魏顆敗秦師于輔氏獲杜回秦之力士也初魏武子有嬖妾無子武子疾命顆曰必嫁是疾病則曰必以爲殉及卒顆

嫁之及輔氏之役顆見老人結草以亢杜回杜回躓而顛故獲之夜夢之曰余而所嫁婦人之父也鷸龘之報如此之效也權杖計任術以生從死世祚之促不亦宜乎 何焯曰殉妾之事固非孫盛之論亦奢闊無當

子脩有武風年十九權召見奬厲拜別部司馬授兵五百人時諸將新兵多有逃叛而脩撫循得意不失一人權奇之拜爲校尉建安末追錄功臣後封脩都亭侯爲解煩督 韓當傳有解煩兵當有解煩督 黃龍元年卒弟表字文奧武庶子也少知名與諸葛恪顧譚張休等並侍東宮皆共親友尙書曁豔亦與表善後豔遇罪時人咸自營護信厚言薄表獨不然士以此重之徙太子中庶子拜翼正都尉 陳景雲曰徙當作從中庶子乃陳表初除之官非遷改也此與張休從中庶子轉右弼都尉同 兄脩亡後表母不肯事脩母表謂其母曰兄不幸早亡表統家事當奉嫡母母若能爲表屈情承順嫡母者是至願

也若母不能直當出別居耳 或曰按表是語必武妻性嚴而無出之妾難望其容畜者命愛妾殉葬或其妾本有從死之志而權特假之以爲名耳 表於大義公正如此由是二母感寤雍穆表以父死敵場求用爲將領兵五百人表欲得戰士之力傾意接待士皆愛附樂爲用命時有盜官物者疑無難士施明明素壯悍收考極毒惟死無辭 元本惟作雖 廷尉以聞權以表能得健兒之心詔以明付表使自以意求其情實表便破械沐浴易其衣服厚設酒食歡以誘之明乃首服具列支黨表以狀聞權奇之欲全其名特爲赦明誅戮其黨遷表爲無難右部督 洪飴孫曰無難督吳所立營兵之名 封都亭侯以繼舊爵表皆陳讓乞以傳脩子延權不許嘉禾三年諸葛恪領丹陽太守討平山越以表領新安都尉 陳景雲曰安當作都是時新都猶未改新安又諸葛瑾傳注引吳書亦云新都都尉陳表亢明證也錢大昕曰孫權於建安十三年立新都郡晉太康平吳始改新安此云新安蓋新都之譌因下文有會稽新安縣相涉而誤耳弼按陳錢說均是宋書州郡志新安太守漢獻帝建安十三年孫權分丹陽立曰新都晉武帝太康元年更名是本傳應作新都也新都郡見孫權傳建安十三年梁章鉅謂陳志作於晉時郡名宜從晉云云說謬不錄 與恪參勢初表所受賜復人得二百家 何焯曰所謂復人者不知是有罪之人乎若以正戶羸民補其處是眞以平民賞將家爲僮僕較之後世所謂驅戶其虐又有甚焉江左遺黎又何堪孫氏之政乎 在會稽新安縣 趙一清曰宋書州郡志東陽太守領新安是時尙未立東陽郡故新安仍屬會稽錢大昕曰此新安卽衢州信安縣沈約志東陽郡信安縣漢獻帝初平三年分太末立曰新安晉武帝太康元年更名東陽本會稽西部都尉故云會稽新安縣若新都郡本丹陽之地不得係以會稽也謝鍾英曰方輿紀要今浙江衢州府城西 表簡視其人皆堪好兵乃上疏陳讓乞以還官充足精銳詔曰先將軍有功於國國家以此報之卿何得辭焉表乃稱曰今除國賊報父之仇以人爲本空枉此勁銳以爲僮僕非表志也皆輒料取以充部伍所在以聞權甚嘉之下郡縣料正戶羸民以補其處表在官三年廣開降納得兵萬餘人事捷當出

會鄱陽民吳遽等爲亂攻沒城郭屬縣搖動表便越界赴討遽以破敗遂降陸遜拜表偏將軍進封都鄉侯北屯章阬 章阬解見顧承傳 年三十四卒家財盡於養士死之日妻子露立太子登爲起屋宅子敖年十七拜別部司馬授兵四百人敖卒脩子延復爲司馬代敖延弟永將軍封侯始施明感表自變行爲善遂成健將致位將軍

董襲字元代會稽餘姚人 餘姚見孫策傳 長八尺武力過人

謝承漢書稱襲志節慷慨武毅英烈

孫策入郡 會稽郡也 襲迎於高遷亭 高遷亭見孫靜傳 策見而偉之到署門下賊曹時山陰宿賊黃龍羅周勃聚黨數千人 錢大昭曰以下文斬羅勃首證之則周字衍弼按羅勃如爲二人名則周字不衍 策自出討襲身斬羅勃首還拜別部司馬授兵數千遷揚武

都尉 揚武都尉一人吳置 從策攻皖又討劉勳於尋陽伐黃祖於江夏策薨權
年少初統事太妃憂之引見張昭及襲等問江東可保安不襲對曰
江東地勢有山川之固而討逆明府恩德在民討虜承基 錢大昭曰曹公表權
爲討虜將軍故有是稱 大小用命張昭秉衆事襲等爲爪牙此地利人和之時
也萬無所憂衆皆壯其言鄱陽賊彭虎等衆數萬人襲與淩統步騭
蔣欽各別分討襲所向輒破虎等望見旌旗便散走旬日盡平拜威
越校尉 威越校尉一人吳置 遷偏將軍建安十三年權討黃祖祖橫兩蒙衝 蒙衝
解見周瑜傳 挾守沔口 何焯曰挾御覽作俠朱邦衡曰挾俠夾古字通儀禮士喪禮婦人俠牀東西漢書叔孫通傳殿下郎中俠陛是皆挾守之義也
趙一清曰方輿紀要卷七十六漢水東與大江會於大別山北其地名漢口山陰石上有石穴二處謂之鎖穴黃祖橫兩蒙衝守沔口卽此穴也弼按沔口卽夏口見魏
志武紀建安十三年又見文聘傳 以栟閭大紲繫石爲矴 胡三省曰栟閭欆櫚也郭璞曰落穫也中作器索栟卑盈翻紲音薛

長繩也矴丁安翻錘舟石 上有千人以弩交射飛矢雨下軍不得前襲與淩統俱
爲前部各將敢死百人人被兩鎧乘大舸船 胡三省曰方言南楚江湘凡船大者謂之舸小者謂
之艖艖嘉我翻 突入蒙衝裏襲身以刀斷兩紲蒙衝乃橫流大兵遂進祖便
開門走兵追斬之 騎士馮則追梟祖首見孫權傳 明日大會權舉觴屬襲曰今日之會
斷紲之功也 此與王濬然燒鐵鎖之功何異彼乃順流而下如入無人之境此則逆流而上身爲衆矢之的非董襲武力過人不能抽刀斷紲孫
權之舉觴相屬固足以獎厲士氣然別無旌功錄異之典或史有闕文歟趙一清曰刀劍錄董元代少果勇自打鐵作一刀後討黃祖於蒙衝河元代引刀斷衝頭爲二
流拜大司馬號斷蒙刀一淸案蒙衝舟艦名也今以爲河名云斷爲二流妄誕甚矣弼按趙氏引書辨正極少此爲僅見所論極是 曹公出濡須
襲從權赴之使襲督五樓船住濡須口夜卒暴風五樓船傾覆左右
散走舸 走舸解見周瑜傳 乞使襲出襲怒曰受將軍任在此備賊何等委去也
敢復言此者斬於是莫敢干其夜船敗襲死權改服臨喪供給甚厚

甘寧字興霸巴郡臨江人也 郡國志益州巴郡臨江一統志今四川忠州治
吳書曰寧本南陽人 史記甘茂傳茂下蔡人晉書甘卓傳卓秦丞相茂之後曾祖寧爲吳將據此二傳寧爲甘茂之後初亦下蔡人也 其
先客於巴郡寧爲吏舉計掾補蜀郡丞 趙一清曰蜀志劉焉傳注引英雄記曰璋將沈彌婁發甘寧反擊璋不勝走入荆州正寧
爲蜀郡丞時也 頃之棄官歸家
少有氣力好游俠招合輕薄少年爲之渠帥羣聚相隨挾持弓弩負
毦帶鈴 毦字解見蜀志諸葛亮傳注引魏略國語晉攻狄叔虎被羽先升敗之韋昭云羽鳥羽繫於背若今將軍負毦矣 民聞鈴聲卽
知是寧
吳書曰寧輕俠殺人藏舍亡命聞於郡中其出入步則陳車騎水則連輕舟侍從被文
繡所如光道路住止常以繒錦維舟去或割棄以示奢也
人與相逢及屬城長吏接待隆厚者乃與交歡不爾卽放所將奪其

資貨於長吏界中有所賊害作其發負 或曰發疑作廢廢負見呂蒙傳胡三省謂廢是廢職事負是罪負
至二十餘年 劉璋於興平元年爲益州刺史甘寧擊璋走荆州依劉表在建安初年中閒安得有二十餘年疑衍二字否則史文爲誤 止
不攻劫頗讀諸子乃往依劉表因居南陽不見進用後轉託黃祖祖
又以凡人畜之 胡三省曰畜養也
吳書曰寧將僮客八百人就劉表表儒人不習軍事 監本作不智也事大誤 時諸英豪各各起
兵寧觀表事勢終必無成恐一朝土崩 通鑑土崩作衆散 并受其禍 胡三省曰衆而不用其禍必至 欲東入
吳黃祖在夏口 夏口見魏志武紀建安十三年 軍不得過乃留依祖三年祖不禮之 宋本作祖三年不禮之 權
討祖祖軍敗奔走追兵急寧以善射將兵在後射殺校尉淩操 胡三省曰姓譜衞康叔支子爲周淩人子
孫以爲氏 祖既得免軍罷還營待寧如初祖都督蘇飛數薦寧祖不用令人化誘其客客稍
亡寧欲去恐不獲免獨憂悶不知所出飛知其意乃要寧爲之置酒謂曰吾薦子者數

矣主不能用 馮本毛本主作王誤 日月逾邁人生幾何宜自遠圖庶遇知己寧良久乃曰雖有其志未知所由飛曰吾欲白子爲郛長 郛縣見孫權傳赤烏四年胡三省曰郛縣屬江夏郡地道記曰楚滅郛徙其君於此賢曰郛故城在今復州竟陵縣東飛蓋開其奔吳之路也長知兩翻宋白曰黃州漢郛縣也弼按以在黃州者爲是 於是去就孰與臨版轉丸乎寧曰幸甚飛白祖聽寧之縣招懷亡客并義從者得數百人於是歸吳 通鑑建安十三年追述甘寧入吳事通鑑攷異曰吳志孫權傳建安八年十二年皆嘗討黃祖淩統傳父操死時統年十五攝父兵後擊麻保屯刺殺陳勤按周瑜孫瑜傳以十一年擊麻保屯則操死似在八年然後五年寧乃奔權似晚今無年月可據追言之 周瑜呂蒙皆共薦達孫權加異同於舊臣寧陳計曰今漢祚日微曹操彌憍終爲簒盜南荆之地山陵形便江川流通誠是國之西勢也 胡三省曰謂在吳之西據上流之形勢 寧已觀劉表慮既不遠兒子又劣 胡三省曰言又弱於表也 非能承業傳基者也至尊當早規之不可後操圖之 通鑑作至尊當早圖之不可後操胡注言若不先圖劉表必爲操所圖也 圖之之

計宜先取黃祖祖今年老昏耄已甚財穀並乏左右欺弄務於貨利侵求吏士吏士心怨舟船戰具頓廢不脩 胡三省曰頓壞也左傳甲兵不頓頓讀曰鈍 怠於耕農軍無法伍至尊今往其破可必一破祖軍鼓行而西西據楚關 胡三省曰楚關扞關也蜀伐楚楚爲扞關以拒之故曰楚關弼按扞關詳見魏志文紀黃初三年注引魏書 大勢彌廣即可漸規巴蜀 此郎公瑾圖蜀之策宜其識拔推薦也 權深納之張昭時在坐難曰吳下業業 胡三省曰業業危懼之意 若軍果行恐必致亂寧謂昭曰國家以蕭何之任付君君居守而憂亂奚以希慕古人乎 胡三省曰言固有攸當者張昭不得以張辭距也 權舉酒屬寧曰興霸今年行討如此酒矣決以付卿卿但當勉建方略令必克祖則卿之功何嫌張長史之言乎 胡三省曰昭爲權長史權之此言既以奬甘寧之氣又以全張昭之體不有居者誰守社稷不有行者誰扞牧圉 權遂西果禽祖盡獲其士衆遂授寧兵屯當口 通鑑云淩統怨甘寧殺其父操常欲殺寧孫權令寧屯於他所弼按後文注引吳書云權令寧徙屯半州是屯當口在先徙屯半州在後通鑑似誤爲一事也趙一清曰寧屯始屬孫皎皎督夏口後因酒失求屬呂蒙蒙督濡須觀本傳後文知之當口必在夏口相近或曰當口或即當利口

吳書曰初權破祖先作兩函欲以盛祖及蘇飛首飛令人告急於寧寧曰飛若不言吾豈忘之權爲諸將置酒寧下席叩頭血涕交流爲權言飛疇昔舊恩 胡三省曰舊恩謂薦而不用又開之使奔吳也 寧不值飛固已捐骸於溝壑 宋本捐作殞毛本骸作駭誤 不得致命於麾下今飛罪當夷戮特從將軍乞其首領 本傳稱至尊此稱將軍此時權未即尊似以稱將軍爲是 權感其言謂曰今爲君致之若走去何 通鑑致作置何焯校改作赦官本攷證曰致疑作置陳范二史此二字多通用若走去何監本訛作若走云何今改正弼按作置是作赦非下文有赦字也 寧曰飛免分裂之禍受更生之恩逐之尚必不走豈當圖亡哉若爾 胡三省曰亡謂亡走也爾猶言如此也 寧頭當代入函權乃赦之 毛本乃作當誤

後隨周瑜拒破曹公於烏林攻曹仁於南郡未拔寧建計先徑進取

夷陵 夷陵漢屬南郡吳改曰西陵屬宜都郡見魏志文紀黃初元年趙一清曰方輿紀要卷七十八夷陵州本楚地秦屬南郡兩漢因之魏武平荆州置臨江郡蜀改爲宜都郡吳黃武元年改夷陵曰西陵以爲重鎭何焯曰既取夷陵則江路通利進可以戰退可以守 往即得其城因入守之時手下有數百兵并所新得僅滿千人曹仁乃令五六千人圍寧寧受攻累日敵設高樓雨射城中士衆皆懼惟寧談笑自若遣使報瑜瑜用呂蒙計帥諸將解圍後隨魯肅鎭益陽拒關羽羽號有三萬人自擇選鋭士五千人投縣上流十餘里淺瀨云欲夜涉渡肅與諸將議寧時有三百兵乃曰可復以五百人益吾吾往對之保羽聞吾欬唾不敢涉水涉水即爲吾禽 宋本爲作是 肅便選千兵益寧寧乃夜往羽聞之住不渡而結柴營今遂名此處爲關羽瀨 按孫權傳呂蒙傳皆云破朱光在前拒關羽在後與此傳異趙一清曰水經資水注云益陽縣有關羽瀨所謂關羽灘也南對甘寧故壘昔關羽屯軍水北孫權令魯肅甘寧拒之於是甘寧謂肅曰羽聞吾欬唾

之聲不敢渡也渡則成禽矣羽夜聞寧處分曰興霸聲也遂不渡權嘉寧功拜西陵太守領陽新下雉兩
縣陽新下雉二縣見孫權傳黃初二年此西陵與夷陵改名之西陵同名異地建安二十年置郡黃初二年陽新下雉屬武昌郡西陵郡卽廢省矣楊守敬曰此西陵郡當在江南疑水經注桑步下所謂南陽者卽此西陵郡之誤錢大昕曰此西陵郡蓋漢分江夏郡之地陽新縣亦吳置今興國州地也陸抗拜鎭軍將軍都督西陵步闡爲西陵督此西陵卽漢之夷陵縣黃武元年改名與此非一地趙一清曰西陵郡後併入武昌見孫韶傳方輿紀要卷二十八甘公城在寧國府南陵縣北七里甃甓甚工緣以漳水可容數千人四旁門址猶有存者或曰吳將甘寧嘗屯此俗譌爲甘羅城後從攻皖爲升城督寧手持
練身緣城爲吏士先卒破獲朱光計功呂蒙爲最寧次之互見呂蒙傳拜
折衝將軍洪飴孫曰折衝將軍一人第五品後曹公出濡須寧爲前部督受勅出斫敵
前營權特賜米酒衆殽寧以料賜手下百餘人食宋本以作乃食畢寧先
以銀盌酌酒自飲兩盌乃酌與其都督都督伏不肯時持寧引白削
置膝上削有二義一爲簡札之義後漢書蘇竟傳走昔以摩研編削之才章懷注說文曰編次也削謂簡也一曰削書刀也惠棟曰顏之推云古者書誤則

削之故左傳云削而投之是也或卽謂札爲削王褒童約曰書削代牘王先謙曰削謂簡是也一爲劍削之義方言云劍削自河而北燕趙之閒謂之室自關而東或謂之廓或謂之削自關而西謂之鞞錢繹箋疏云說文削鞞也玉篇鞘刀鞘也鞘與削同廣雅室郭劍削也燕策云拔劍劍長操其室郭廓古今字案削室廓鞞皆外衛之通名釋名云刀室曰削削峭也其形峭殺裹刀體也史記貨殖傳洒削薄技也顏師古注漢書曰削謂刀劍室也主爲洒刷之去其垢也是刀亦名削也弼按甘寧引白削置膝上二義皆可通以後義爲近是呵謂之曰卿見知於至尊孰與甘寧甘寧尚不惜
死卿何以獨惜死乎都督見寧色厲卽起拜持酒通酌兵各一銀盌
宋本作卽起拜待酒次通酌兵各一銀盌至二更時銜枚出斫敵敵驚動遂退寧益貴重增
兵二千人何焯曰甘寧可爲特將督萬兵臨敵場吳人未竟其用
江表傳曰曹公出濡須號步騎四十萬臨江飲馬權率衆七萬應之使寧領三千人爲
前部督馮本毛本部作都誤權密勅寧使夜入魏軍寧乃選手下健兒百餘人徑詣曹公營下
使拔鹿角踰壘入營斬得數十級北軍驚駭鼓譟舉火如星寧已還入營作鼓吹稱萬
歲因夜見權權喜曰足以驚駭老子否聊以觀卿膽耳卽賜絹千匹刀百口權曰孟德
有張遼孤有興霸足相敵也停住月餘北軍便退
寧雖麤猛好殺各本麤作麄誤寧麤暴好殺又見呂蒙傳然開爽有計略輕財敬士能厚養
健兒健兒亦樂爲用命建安二十年從攻合肥會疫疾軍旅皆已引
出唯車下虎士千餘人幷呂蒙蔣欽淩統及寧從權逍遙津北張遼
覘望知之卽將步騎奄至寧引弓射敵與統等死戰寧厲聲問鼓吹
何以不作壯氣毅然權尤嘉之杭世駿曰江表傳云孫權攻合肥不下而還休兵皆上道權與呂蒙等在後魏將張遼奄至鼓吹驚怖不能復鳴甘寧刀欲斫之於是始作
吳書曰淩統怨寧殺其父操寧常備統不與相見權亦命統不得讎之嘗於呂蒙舍會
酒酣統乃以刀舞寧起曰寧能雙戟舞蒙曰寧雖能未若蒙之巧也因操刀持楯元本楯作

揗以身分之後權知統意因令寧將兵遂徙屯於半州半州見張昭傳薛綜傳甘寧淩統分別將兵遂各爲名將魏延楊儀互不相下遂爲亂階諸葛不忍偏廢或亦蜀中人才之乏歟
寧廚下兒曾有過走投呂蒙蒙恐寧殺之故不卽還後寧齎禮禮蒙
母臨當與升堂乃出廚下兒還寧寧許蒙不殺斯須還船縛置桑樹
自挽弓射殺之此亦麤猛好殺之一端畢勅船人更增舸纜解衣臥船中蒙大
怒擊鼓會兵欲就船攻寧寧聞之故臥不起蒙母徒跣出諫蒙曰至
尊待汝如骨肉屬汝以大事何有以私怒而欲攻殺甘寧寧死之日
縱至尊不問汝是爲臣下非法蒙素至孝聞母言卽豁然意釋自至
寧船笑呼之曰興霸老母待卿食急上寧涕泣歔欷曰負卿與蒙俱
還見母歡宴竟日寧卒權痛惜之潘眉曰甘寧之勇烈功績與魏典韋相上下韋不封侯寧亦不封侯闕功之典

均爲未副也陳志以程黃韓蔣周陳董甘淩徐潘丁爲一卷攷韓當封石城侯周泰封陵陽侯徐盛封蕪湖侯潘璋封溧陽侯丁奉封安豐侯皆及身封侯追論程普功封子咨爲亭侯追論黃蓋功賜子柄爵關內侯追錄淩統功封子烈爲亭侯烈有罪弟封復襲爵又蔣欽子壹封宣城侯陳武子脩封都亭侯表封都鄉侯皆封其子不侯者惟董襲甘寧襲傳不言有子或其人本無胤嗣若甘寧則身未封侯而其子於未得罪前亦不加追錄則所以待寧者不亦薄乎子瓌以罪徙會稽無幾死潘眉曰晉書甘卓傳寧子名述仕吳爲尙書述子昌太子太傅述當是瓌之弟史缺不書亦其疏也

淩統字公績吳郡餘杭人也餘杭見孫策傳吳改屬吳興郡謝鍾英曰淩統墓在吳縣東北二十五里碑云統字公績吳興餘杭人據此可證承祚書吳郡餘杭爲仍舊也父操輕俠有膽氣孫策初興每從征伐常冠軍履鋒守永平長永平見妃嬪傳全夫人傳平治山越姦猾斂手遷破賊校尉破賊校尉一人吳置及權統軍從征江夏入夏口先登破其前鋒輕舟獨進中流矢死操爲甘寧所射殺見寧傳注引吳書統年十五左右多稱述者權亦以操死國事拜統別部司馬行破賊都尉破賊都尉一人吳置使攝父兵後從擊山賊郝經續書後作復

權破保屯先還餘麻屯萬人麻保二屯見孫瑜傳統與督張異等留攻圍之克日當攻先期統與督陳勤會飲酒勤剛勇任氣因督祭酒何焯校改祭作䌺陵轢一坐舉罰不以其道統疾其侮慢面折不爲用勤怒詈統及其父操統流涕不荅衆因罷出勤乘酒凶悖又於道路辱統統不忍引刀斫勤數日乃死及當攻屯統曰非死無以謝罪乃率厲士卒身當矢石所攻一面應時披壞諸將乘勝遂大破之還自拘於軍正權壯其果毅使得以功贖罪後權復征江夏統爲前鋒與所厚健兒數十人共乘一船常去大兵數十里行入右江斬黃祖將張碩盡獲船人宋本復作獲或曰疑作覆還以白權引軍兼道水陸並集時呂蒙敗其水軍而統先搏其城於是大獲權以統爲承烈都尉承烈都尉一人吳置與周瑜等拒破曹公於烏林遂攻曹仁遷爲校尉雖在軍旅親賢接士輕財重義有國士之風又從破皖拜盪寇中郎將領沛相與呂蒙等西取三郡反自益陽從往合肥何焯校改往作征爲右部督時權徹軍何焯校改徹作撤前部已發魏將張遼等奄至津北合肥東逍遙津北權使追還前兵兵去已遠勢不相及統率親近三百人陷圍扶扞權出敵已毀橋橋之屬者兩版權策馬驅馳統復還戰左右盡死身亦被創所殺數十人度權已免乃還橋敗路絕統被甲潛行權既御船見之驚喜統痛親近無反者悲不自勝權引袂拭之謂曰公績亡者已矣苟使卿在何患無人

吳書曰統創甚權遂留統於舟盡易其衣服其創賴得卓氏良藥故得不死

拜偏將軍倍給本兵時有薦同郡盛暹於權者以爲梗槩大節馮本梗作便誤

有過於統權曰且令如統足矣後召暹夜至時統已臥聞之攝衣出門執其手以入其愛善不害如此統以山中人尙多壯悍可以威恩誘也權令東占且討之命勅屬城凡統所求皆先給後聞統素愛士士亦慕焉得精兵萬餘人過本縣餘杭縣也步入寺門官寺門也見長吏懷三版蔡質漢儀曰三署郎見光祿勳執版拜本志朱治傳執版交拜恭敬盡禮親舊故人恩意益隆事畢當出會病卒時年四十九陳景雲曰統父操以建安八年戰沒統時年十五及十一年即預討麻屯之捷至年四十九則吳赤烏中也統自攝領父兵屢立戰功若赤烏中尙在則從合肥還二十年閒統之宜力行閒多矣何更無功可錄乎據駱統傳淩統死復領其兵在陸遜破蜀以前計統之年殆未踰三十此四字當是二字之誤權聞之拊牀起坐哀不能自止數日減膳言及流涕朱然傳自創業功臣疾病權意之所鍾呂蒙淩統最重然其次矣使張承爲作銘誄趙一淸曰寰宇記卷九十一皐亭山在蘇州吳縣東北二十五里山東有吳淩統墓有石碑云忠毅果敢常爲前鋒潘眉曰漢法有諡始有誄故鄭君檀弓注云誄其行以爲諡又云誄其赴敵之功以爲諡今淩

統無諡而作誄非古也黃安濤曰東吳將相有諡者甚少致陳志惟張昭諡曰文侯昭子承諡曰定侯顧雍諡曰肅侯其餘如周瑜魯肅諸人皆無諡陸遜至孫休時始追諡曰昭侯顧諡者止此四人若蜀漢則諸葛亮蔣琬費禕關羽張飛馬超龐統黃忠趙雲法正陳祗夏侯霸等皆得美諡宜時論以爲榮也 二子烈封年各數歲權內養於宮愛待與諸子同賓客進見呼示之曰此吾虎子也及八九歲令葛光教之讀書十日一令騎馬追錄統功封烈亭侯還其故兵後烈有罪免封復襲爵領兵

孫盛曰觀孫權之養士也傾心竭思以求其死力泣周泰之夷殉陳武之妾請呂蒙之命育淩統之孤卑曲苦志如此之勤也是故雖令德無聞仁澤內著 何焯校改內作罔 而能屈彊荆吳僭擬年歲者抑有由也然霸王之道期於大者遠是以先王建德義之基恢信順之宇制經略之綱明貴賤之序易簡而其親可久體全而其功可大豈委瑣近務 宋本委作瑣李龍官曰瑣音窩訓折足也於瑣義無涉當作委 邀利於當年哉語曰雖小道必有可觀者焉致遠恐泥其是之謂乎 何焯曰仲謀之事惟殉妾失禮其他亦王者所不廢但非其本也一部周禮至纖至悉矣孫盛之論意則遠而未審也

徐盛字文嚮琅邪莒人也 莒見魏志呂布傳 遭亂客居吳以勇氣聞孫權統事以爲別部司馬授兵五百人守柴桑長 柴桑見孫權傳黃初二年 拒黃祖祖子射嘗率數千人下攻盛盛時吏士不滿二百與相拒擊傷射吏士千餘人已乃開門出戰大破之射遂絕迹不復爲寇 元本復作敢 權以爲校尉蕪湖令 蕪湖令徐盛收蔣欽屯吏表斬之見蔣欽傳 復討臨成南阿山賊 成當作城臨城見孫韶傳 有功徙中郎將督校兵曹公出濡須從權禦之魏嘗大出橫江盛與諸將俱赴討時乘蒙衝遇迅風船落敵岸下諸將恐懼未有出者盛獨將兵上突斫敵敵披退走有所傷殺風止便還權大壯之及權爲魏稱藩魏使邢貞拜權爲吳王權出都亭候貞 趙一清曰寰宇記卷九十蔡州在昇州江寧縣西十二里周迴五十里丹陽記云吳時客館在蔡州上以舍遠使又有臨滄觀在上元縣勞山上有亭七間名曰新亭吳所築古送別所 貞有驕色張昭既怒 互見張昭傳 而盛忿憤顧謂同列曰盛等不能奮身出命爲國家并許洛吞巴蜀而令吾君與貞盟不亦辱乎因涕泣橫流貞聞之謂其旅曰江東將相如此非久下人者也 胡三省曰觀貞此言眘覘國者也使還之日嘗以復於魏主否 後遷建武將軍封都亭侯領廬江太守賜臨城縣爲奉邑劉備次西陵盛攻取諸屯所向有功曹休出洞口 馮本口作呂誤洞口見曹休傳 盛與呂範全琮渡江拒守遭大風船人多喪盛收餘兵與休夾江休使兵將就船攻盛盛以少禦多敵不能克 杭世駿曰吳書稱徐盛與曹休戰賊積茅草欲焚盛盛燒船而去賊一無所得 各引軍退遷安東將軍封蕪湖侯後魏文帝大出有渡江之志盛建計從建業築圍作薄落 康發祥曰草叢生曰薄落藩也蓋以叢草爲藩籬也 圍上設假樓江中浮船 事見孫權傳黃武二年 諸

將以爲無益盛不聽固立之文帝到廣陵望圍愕然彌漫數百里而江水盛長便引軍退諸將乃伏

干寶晉紀所云疑城已注孫權傳 魏氏春秋云文帝歎曰魏雖有武騎千羣無所用也

黃武中卒子楷襲爵領兵

潘璋字文珪東郡發干人也 發干見魏志管輅傳 孫權爲陽羨長 陽羨見孫權傳卷首 始往隨權性博蕩嗜酒居貧好賒酤債家至門輒言後豪富相還權奇愛之因使召募 毛本募作璋誤 得百餘人遂以爲將討山賊有功署別部司馬後爲吳大市刺姦盜賊斷絕由是知名遷豫章西安長 西安詳見太史慈傳錢大昕曰兩漢晉宋志豫章郡並無西安縣太平寰宇記西安縣故城在分寧縣西二十里漢獻帝建安中分

海昏縣立西安縣晉太康元年改爲豫寧劉表在荆州民數被寇自璋在事寇不入境比縣建昌起爲賊亂轉領建昌建昌見孫權傳黃武七年又見太史慈傳加武猛校尉武猛校尉一人吳置討治惡民旬月盡平召合遺散得八百人將還建業合肥之役張遼奄至諸將不備陳武鬬死宋謙徐盛皆披走璋身次在後便馳進橫馬斬謙盛兵走者二人兵皆還戰權甚壯之拜偏將軍遂領百校潘眉曰百校當爲五校屯半州半州見張昭傳權征關羽璋與朱然斷羽走道到臨沮住夾石臨沮見關羽傳夾石見王昶傳璋部下司馬馬忠禽羽并羽子平都督趙累等權卽分宜都至秭歸二縣爲固陵郡錢大昕曰至當作巫魏氏春秋云建安二十四年吳分巫秭歸爲固陵郡是也吳增僅曰吳志潘璋傳權分宜都巫秭歸二縣爲固陵郡以璋爲太守攷其時爲建安二十一年今考華陽國志先主改巴東爲固陵郡是時宜都屬先主故以宜都之巫縣移入固陵二十四年關羽敗後巫縣當入吳還屬宜都故是年權分巫秭歸二縣與蜀對置固陵也及章武元年先主伐吳復得巫秭歸二縣地似吳之固陵當以是廢

二年猇亭之役吳復有二縣宜又還屬宜都故孫休時又分宜都置建平也宜都郡見先主傳章武二年巫見先主傳章武元年秭歸見劉璋傳又見魏志文紀黃初三年拜璋爲太守振威將軍封溧陽侯溧陽見妃嬙傳何姬傳甘寧卒又并其軍劉備出夷陵璋與陸遜幷力拒之璋部下斬備護軍馮習等所殺傷甚衆拜平北將軍洪飴孫曰平北將軍一人第三品襄陽太守魏將夏侯尚等圍南郡分前部三萬人作浮橋渡百里洲上百里洲卽江陵中洲見魏志張郃傳諸葛瑾楊粲並會兵赴救未知所出而魏兵日渡不絕璋曰魏勢始盛江水又淺未可與戰便將所領到魏上流五十里伐葦數百萬束縛作大筏欲順流放火燒敗浮橋作筏適畢伺水長當下尙便引退璋下備陸口陸口見孫權傳建安十五年權稱尊號拜右將軍璋爲人麤猛禁令肅然好立功夫官本功夫作功業官本攷證云各本皆誤今改正何焯曰夫字疑所領兵馬不過數千而其所在常如萬人征

伐止頓便立軍市他軍所無皆仰取足然性奢泰末年彌甚服物僭擬吏兵富者或殺取其財物數不奉法監司舉奏權惜其功而輒原不問黃武六年孫權攻石陽及至旋師潘璋斷後夜出錯亂見朱然傳嘉禾三年卒子平以無行徙會稽璋妻居建業賜田宅復客五十家

丁奉字承淵廬江安豐人也安豐見魏志齊王紀嘉平五年又見王基傳毌丘儉傳少以驍勇爲小將屬甘寧陸遜潘璋等數隨征伐戰鬬常冠軍每斬將搴旗身被創夷稍遷偏將軍孫亮卽位爲冠軍將軍封都亭侯魏遣諸葛誕胡遵等攻東興東興見魏志齊王紀嘉平四年諸葛恪率軍拒之諸將皆曰敵聞太傅自來上岸必遁走奉獨曰不然彼動其境內悉許洛兵大舉而來必有成規豈虛還哉無恃敵之不至恃吾有以勝之及恪上岸奉與將

軍唐咨呂據留贊等俱從山西上毛本山作上誤奉曰今諸軍行遲若敵據便地則難與爭鋒矣通鑑此句下有我請趨之四字乃辟諸軍使下道胡三省曰辟讀如闢辟諸軍使避路而已軍前進也帥麾下三千人徑進時北風奉舉帆二日至遂據徐塘通鑑作二日卽至東關遂據徐塘胡注徐塘蓋近東關趙一淸曰方輿紀要卷二十六徐塘在濡須水東亦曰徐塌諸葛誕傳吳賊欲向徐塌卽徐塘也蓋在東關之東互見魏志諸葛誕傳或曰徐塘當是涂塘孫權傳遣軍十萬作堂邑涂塘以淹北道弼按涂塘在今六合縣地徐塘在今含山縣東南實爲兩地不得以字形相近而相混也或說誤天寒雪敵諸將置酒高會通鑑作時天雪寒胡遵等方置酒高會奉見其前部兵少相謂曰通鑑作謂其下曰取封侯爵賞正在今日乃使兵解鎧著胄持短兵敵人從而笑焉諸葛恪傳恪遣將軍留贊呂據唐咨丁奉爲前部時天寒雪魏諸將會飲見贊等兵少而解置鎧甲不持矛戟但兜鍪刀楯倮身緣遏大笑之不爲設備奉縱兵斫之大破敵前屯會據等至魏軍遂潰遷滅寇將軍滅寇將軍一人吳置進封都亭侯陳景雲曰亭當作鄉奉已封亭侯更封鄉侯斯爲進耳如陳武是儀進封都鄉侯是也潘眉曰前已

〔封都亭侯此則都鄉侯也亭字誤〕魏將文欽來降以奉爲虎威將軍從孫峻至壽春迎之與敵追軍戰於高亭〔高亭見孫亮傳五鳳二年〕奉跨馬持矛突入其陣中斬首數百獲其軍器進封安豐侯〔封本縣侯〕太平二年魏大將軍諸葛誕據壽春來降魏人圍之〔各本皆脫將軍諸葛誕據壽春來降魏人十二字惟元本有之官本攷證及王鳴盛云元修宋本有此十二字非也〕遣朱異唐咨等往救復使奉與黎斐解圍奉爲先登屯於黎漿力戰有功拜左將軍〔王鳴盛曰各本太平二年下作魏大圍之似所圍者即奉也下文何云復使奉解圍乎元修宋板魏大下有將軍諸葛誕據壽春來降魏人凡十二字然後接圍之云云此脫去故不可解文選陸機辨亡論李善注引吳志正與宋板同而善所引於奉爲先登之下即云黎斐力戰有功云云此作史者因黎斐無傳故於丁奉傳中帶敘黎斐事耳俗刻誤衍屯於二字又誤斐爲漿遂以黎漿爲地名而力戰有功拜左將軍似皆爲奉事矣豈知上文奉先爲偏將軍冠軍將軍滅寇將軍封都亭侯又爲虎威將軍進封安豐侯何待此時方拜左將軍乎下文敘建衡元年戰事畢即云三年卒其下乃又說奉有功驕矜云云俗刻脫卒字又不可讀矣侯康曰王氏據宋本及文選注補十二字是矣至以屯於二字爲衍文改黎漿爲黎斐則恐不然通鑑亦作進屯黎漿水經肥水注芍陂瀆水東注黎漿水黎漿東逕黎

漿亭南文欽之叛吳軍北入諸葛緒拒之于黎漿即此水也（案此事載鄧艾傳）東注肥水謂之黎漿水口也是黎漿實有其地又諸葛誕傳稱誕等渡黎漿水晉書石苞傳諸葛誕舉兵淮南吳遣大將朱異丁奉等來迎誕等留輜重於都陸輕兵渡黎水黎水即黎漿水之省文諸葛誕所以渡此者正以丁奉屯黎漿水故也參攷諸傳佐證顯明選注乃涉上文黎斐而誤未可據彼單詞輕改舊史也（孫晧傳注引辨亡論及晉書陸機傳皆作鍾離斐何焯疑爲鍾離牧之譌）弼按王氏據元本補脫文侯氏辨正王說之誤均是惟於王氏所云拜左將軍事未論及按前後左右將軍在各雜號將軍之上丁奉由虎威將軍因力戰有功進拜左將軍史文無誤王氏失辭矣黎漿見魏志諸葛誕傳沈家本曰侯氏之考黎漿也詳矣然謂選注爲誤恐又不然李善因黎斐而引吳志則所云力戰有功者自謂黎斐非謂丁奉也恐今本屯於黎漿之下尙有奪文耳〕孫休卽位與張布謀欲誅孫綝布曰丁奉雖不能吏書而計略過人能斷大事休召奉告曰綝秉國威將行不軌欲與將軍誅之奉曰丞相兄弟友黨甚盛恐人心不同不可卒制可因臘會有陛下兵以誅之也〔通鑑作有陛兵以誅之胡注卒讀曰猝陛兵宿衞之兵夾殿陛者所謂陛戟之士〕休納其計因會請綝奉與張布目左右斬之遷大將軍加左右都護永安三年假

節領徐州牧六年魏伐蜀奉率諸軍向壽春爲救蜀之勢蜀亡軍還休薨奉與丞相濮陽興等從萬彧之言共迎立孫晧遷右大司馬左軍師〔洪飴孫曰吳以三公領之不屬丞相〕寶鼎三年晧命奉與諸葛靚攻合肥奉與晉大將石苞書構而閒之苞以徵還〔晉書石苞傳自諸葛誕破滅苞便鎭撫淮南士馬彊盛邊境多務苞旣勤庶事又以威惠服物淮北監軍王琛輕苞素微又聞童謠曰宮中大馬幾作驢大石壓之不得舒因是密表苞與吳人交通先時望氣者云東南有大兵起及琛表至武帝甚疑之會荆州刺史胡烈表吳人欲大出爲寇苞亦聞吳師將入乃築壘遏水以自固帝聞之謂羊祜曰吳人每來常東西相應無緣偏爾豈石苞果有不順乎祜深明之而帝猶疑焉會苞子喬爲尙書郎上召之經日不至帝謂爲必叛欲討苞而隱其事遂下詔以苞不料賊勢築壘遏水勞擾百姓策免其官遣太尉義陽王望率大軍徵之以備非常又勅征東將軍琅邪王伷自下邳會壽春苞用掾孫鑠計放兵步出住都亭待罪帝聞之意解及苞詣闕以公還第苞自恥受任無効而無怨色〕建衡元年奉復帥衆治徐塘因攻晉穀陽〔郡國志豫州沛國穀陽一統志今安徽鳳陽府靈璧縣西南趙一清曰方輿紀要卷二十一穀陽城在宿州靈璧縣西北七十五里漢縣屬沛郡應劭曰縣在穀水之陽穀水即睢水也晉省〕穀陽民知之引去奉無

所獲晧怒斬奉導軍三年卒〔各本皆無卒字陳景雲曰三年下各本均脫卒字奉卒於建衡三年見孫晧傳（錢大昕說同）趙一清曰宋書五行志孫晧寶鼎元年野豕入右司馬丁奉營後奉見遣攻穀陽無功晧怒斬其導軍及舉大衆北出奉及萬彧等相謂曰若至華里不得不各自還也此謀泄奉時雖已死晧追討穀陽事殺其子溫家屬皆遠徙事亦見陸凱傳注〕奉貴而有功漸以驕矜或有毀之者晧追以前出軍事徙奉家於臨川〔互見孫晧傳鳳皇元年注引江表傳臨川見孫亮傳太平二年沈家本曰萬彧留平與丁奉同謀而奉先卒故晧之毒酒獨不及飲奉然奉家之徒當以此或之毀蓋泄其密語也宋書五行志亦載其事言晧追討穀陽事殺其子溫家屬皆遠徙此傳不言殺子溫事恐陳氏之疏也又奉與陸凱丁固謀廢晧不果事見凱傳〕奉弟封官至後將軍先奉死〔杭世駿曰宋書王僧綽傳初太社西空地一區吳時丁奉宅孫晧流徙其家江左初爲周顗蘇峻宅其後爲袁悅宅又爲章武王司馬秀宅皆以凶終後給臧燾亦頗遇喪禍故是稱爲凶地僧綽嘗以正達自居謂地無吉凶請以爲第始就造作未及成而敗〕

評曰凡此諸將皆江表之虎臣孫氏之所厚待也以潘璋之不脩權能忘過記功其保據東南宜哉陳表將家支庶而與胄子名人比翼

齊衡拔萃出類不亦美乎

朱治朱然呂範朱桓傳第十一 局本脊傳字劉咸炘曰當云三朱呂範合傳之意卽評中所謂將領之才也

晉平陽侯相安漢陳壽撰

宋中書侍郎西鄉侯聞喜裴松之注

沔陽盧弼集解

朱治字君理丹陽故鄣人也 故鄣見孫權傳赤烏十三年梁章鉅曰寰宇記卷九十四云故鄣城即秦時鄣郡城今俗號府頭是也在湖州長興縣西南八十里 初爲縣吏後察孝廉州辟從事隨孫堅征伐中平五年拜司馬從討長沙零桂等三郡賊周朝蘇馬等有功 孫堅傳長沙賊區星攻圍城邑乃以堅爲長沙太守克破星等周朝郭石亦起零桂與星相應遂越境尋討三郡肅然 堅表治行都尉從破董卓於陽人 陽人見孫堅傳 入洛陽表治行督軍校尉 督軍校尉一人吳置 特將步騎東助徐州牧陶謙討黃巾會堅薨治扶翼策依就袁術後知術政德不立乃勸策還平江東時太傅馬日磾在壽春辟治爲掾遷吳郡都尉 吳郡都尉治錢唐見程普傳 是時吳景已在丹陽而策爲術攻廬江於是劉繇恐爲袁孫所并遂搆嫌隙 或曰說劉繇搆隙甚詳此亦大節目 而策家門盡在州下 劉繇爲揚州刺史治曲阿州下者曲阿也 治乃使人於曲阿 曲阿見孫策傳吳改曰雲陽 迎太妃及權兄弟所以供奉輔護甚有恩紀治從錢唐欲進到吳吳郡太守許貢拒之於由拳 由拳見孫策傳吳黃龍三年改禾興赤烏五年改嘉興 治與戰大破之貢南就山賊嚴白虎治遂入郡領太守事 佔領吳郡實爲朱治之功然孫策殺許貢貢客復仇其因皆種於此 策既走劉繇東定會稽權年十五 時在興平二年 治舉爲孝廉 權爲吳郡富春人故郡察孝廉也 後策薨治與張昭等共尊奉權 策領會稽治領吳郡地位相埒策死權繼年方二十而治乃與張昭等共相尊奉者實因與孫氏父子久相周旋攻破嚴白虎亦由伯符勘定而張昭周瑜等謂權可共成大

業故委心服事權雖領會稽而仍屯吳久已畛域不分矣建安七年權表治爲九眞太守潘眉曰此九眞太守當爲吳郡太守初孫策以治爲吳郡太守尙未表於漢帝至是權始表聞下云割婁由拳無錫毗陵爲奉邑皆吳郡屬城證一也又云權優異之自令督軍御史典屬城文書治領四縣租稅而已明是吳郡太守非九眞太守證二也又云思戀土風自表屯故鄣（治丹陽故鄣人）歲餘還吳既云還吳則始自吳移屯故鄣可知歲餘即還又非交州所能往返證三也又云在郡三十一年攷後漢書獻帝紀孫策以興平元年據江東是歲策即以朱治爲吳郡太守自興平元年至黃武三年（治以黃武三年卒）正得三十一年則治始終爲吳郡太守未嘗遷轉證四也況是時吳止有會稽吳郡丹陽豫章廬陵廬江六郡未得九眞士燮弟䵍方爲九眞太守證五也沈家本曰治前以吳郡都尉領太守事至是始表爲眞太守傳文衍一九字耳不必改九眞爲吳郡也弼按孫賁傳過定豫章上賁領太守此孫策上賁領豫章太守也吳夫人傳策復以吳景爲丹陽太守漢遣議郎王誧銜命南行表景爲揚武將軍領郡如故是孫策渡江所更置長吏皆已表聞矣不必待權始表也或其時漢已命陳瑀行吳郡太守（見孫策傳注引江表傳）策與瑀相攻故未及表聞歟行扶義將軍扶義將軍一人吳置割婁由拳無錫毗陵爲奉邑婁見張昭傳由拳見前無錫見孫瑜傳毗陵見諸葛瑾傳奉邑解見周瑜傳置長吏征討夷越佐定東南禽截黃巾餘類陳敗萬秉等黃武元年封毗陵侯領郡如故領吳

郡也二年拜安國將軍安國將軍一人吳置杭世駿曰刀劍錄云朱君理拜安國將軍作一佩刀文曰安國金印紫綬續漢志輿服志云韍佩既廢秦乃以采組連結於璲光明章表轉相結受故謂之綬又云公侯將軍紫綬劉昭注引前書曰太尉金印紫綬將軍亦金印漢官儀曰馬防爲車騎將軍銀印青綬和帝以竇憲爲車騎將軍始加金紫徙封故鄣封本縣侯權歷位上將及爲吳王治每進見權常親迎執版交拜饗宴贈賜恩敬特隆至從行吏皆得奉贄私覿其見異如此諸葛瑾傳吳郡太守朱治權舉將也權曾有以望之而素加敬難自詰讓瑾揣知其故爲書泛論權喜笑曰孤意解矣

初權弟翊性峭急喜怒快意治數責數諭以道義錢大昭曰治爲翊舉主弼按翊爲左右邊鴻所殺見翊傳權從兄豫章太守賁女爲曹公子婦曹公爲子彰取賁女見孫策傳及曹公破荆州威震南土賁畏懼欲遣子入質治聞之求往見賁爲陳安危

江表傳載治說賁曰破虜將軍昔率義兵入討董卓聲冠中夏義士壯之討逆繼世宋本馮本繼作係誤廓定六郡會稽吳郡丹陽豫章廬陵及九江廬江之半特以君侯骨肉至親器爲時生故表漢朝剖符大郡兼建將校仍關綜兩府孫賁傳建安十三年使者劉隱奉詔拜賁爲征虜將軍領郡如故榮冠宗室此時權未即尊不得有宗室之稱爲遠近所瞻加討虜聰明神武繼承洪業宋本馮本繼作係誤攬結英雄周濟世務軍衆日盛事業日隆雖昔蕭王之在河北范書光武紀更始遣侍御史持節立光武爲蕭王悉令罷兵詣行在所光武辭以河北未平不就徵無以加也必克成王基應運東南故劉玄德遠布腹心求見拯救此天下所共知也前在東闢道路之言云將軍有異趣毛本趣作之誤良用憮然今曹公阻兵傾覆漢室幼帝流離百姓元元未知所歸而中國蕭條或百里無煙城邑空虛毛本無邑字誤道殣相望餓死爲殣士歎於外毛本士作十誤婦怨乎室加之以師旅因之以饑饉以此料之豈能越長江與我爭利哉將軍當斯時也而欲背骨肉之親違萬安之計割同氣之膚啖虎狼之口爲一女子改慮易圖失機毫釐差以千里豈不惜哉

賁由此遂止權常歎治憂勤王事性儉約雖在富貴車服惟供事供字

上下疑有脫字權優異之自令督軍御史典屬城文書治領四縣租稅而已即婁由拳無錫毗陵也然公族子弟及吳四姓多出仕郡郡吏常以千數治率數年一遣詣王府所遣數百人每歲時獻御權答報過厚是時丹陽深地頗有姦叛亦以年向老思戀土風自表屯故鄣鎮撫山越諸父老故人莫不詣門治皆引進與共飲宴鄉黨以爲榮在故鄣歲餘還吳黃武三年卒在郡三十一年年六十九當生於桓帝永壽二年小孫堅一歲子才素爲校尉領兵既嗣父爵遷偏將軍

吳書曰才字君業爲人精敏善騎射權愛異之常侍從游戲少以父任爲武衛校尉武衛校尉一人吳置領兵隨從征伐屢有功捷本郡議者以才少處榮貴未留意於鄉黨才乃歎曰我初爲將謂跨馬蹈敵當身履鋒足以揚名不知鄉黨復追迹其舉措乎於是更折節

為恭留意於賓客輕財尙義施不望報又學兵法名聲始聞於遠近會疾卒才弟紀權以策女妻之亦以校尉領兵紀弟緯萬歲皆早夭才子琬襲爵爲將至鎭西將軍

朱然字義封治姊子也本姓施氏 趙一清曰昌黎作太學博士施士丏墓銘曰先生之祖氏自施父其後施常事孔子以彰讎爲博士延爲太尉太尉之孫始爲吳人曰然曰續亦載其迹然則是延之裔也 初治未有子然年十三乃啓策乞以爲嗣策命丹陽郡以羊酒召然然到吳策優以禮賀然嘗與權同學書 各本均作同詧學 結恩愛 然赤烏十二年卒年六十八當生於光和五年與孫權同歲 至權統事 孫權統事在建安五年 以然爲餘姚長 餘姚見孫策傳趙一清曰方輿紀要卷九十二餘姚縣有新舊二城舊城築於吳將朱然周不及二里後廢 時年十九後遷山陰令 山陰見孫策傳 加折衝校尉 折衝校尉一人吳置 督五縣權奇其能分丹陽爲臨川郡然爲太守

臣松之案此郡尋罷非今臨川郡 吳增僅曰吳志朱然傳權分丹陽爲臨川郡時當在建安末裴注云此郡尋罷又周魴傳魴譎曹休牋云賊帥董嗣負阻劫鈔豫章臨川并受其害裴注云孫亮太平二年始置臨川郡是時未有臨川今案魴譎曹休在黃武七年去建安末不過十年疑彼時立郡黃武中郡猶未省故魴牋與豫章并言之至黃武以後郡始廢省如彼時無臨川魴安得言之裴注偶出誤記未敢信也今據魴傳列之於表其所屬諸縣大約西接豫章東接丹陽南接新都如臨城石城等縣皆是其地與太平二年所置之臨川名同而地異也弼按本傳分丹陽郡在曹公出濡須之前當在建安十年間不在建安末也餘詳周魴傳

授兵一千人會山賊盛起然平討旬月而定曹公出濡須然備大塢及三關屯 趙一清曰大隖卽濡須隖也三關屯卽東興關也關當三面之險故吳人置屯於此 拜偏將軍建安二十四年從討關羽別與潘璋到臨沮禽羽 見潘璋傳 還昭武將軍封西安鄉侯 西安見太史慈傳 虎威將軍呂蒙病篤權問曰卿如不起誰可代者蒙對曰朱然膽守有餘愚以爲可任 李安溪曰蒙舉陸議朱然可謂知人 蒙卒權假然節鎭江陵黃武元年劉備舉兵攻宜都 宜都見先主傳章武二年 然督五千人與陸遜并力拒備然別攻破備前鋒斷其後道備遂破走拜征北將軍封永安侯 永安見孫休傳永安元年 魏遣曹眞夏侯尙張郃等攻江陵魏文帝自住宛 南陽郡治宛見魏志武紀卷首 爲其勢援 魏文紀黃初三年十月孫權復叛帝自許昌南征諸軍兵並進十一月行幸宛四年三月行自宛還洛陽宮 連屯圍城 圍江陵城也 權遣將軍孫盛督萬人備州上立圍塢爲然外救 通鑑吳將孫盛督萬人據江陵中州以爲南郡外援胡三省曰據潘璋傳江陵中洲卽百里州也 郃渡兵攻盛盛不能拒卽時卻退 通鑑黃初四年春正月曹眞使張郃擊破吳兵遂奪據江陵中洲 郃據州上圍守然中外斷絕權遣潘璋楊粲等解而圍不解 錢儀吉曰解下脫圍字弼按無圍字亦可通潘璋傳魏將夏侯尙等圍南郡分前部三萬人作浮橋渡百里洲上諸葛瑾楊粲並會兵赴救未知所出而魏兵日渡不絕通鑑曹眞等圍江陵破孫盛吳王遣諸葛瑾等將兵往解圍夏侯尙擊卻之江陵中外斷絕 時然城中兵多腫病堪戰者裁五千人眞等起土山鑿池道 宋本池作地通鑑同 立

樓櫓臨城弓矢雨注將士皆失色然晏如而無恐意 宋本恐作怨誤胡三省曰呂蒙所謂膽守於此見之 方厲吏士伺閒隙攻破兩屯 通鑑作攻破魏兩屯 魏攻圍然凡六月日未退 或曰此舉則於魏郝昭之流也 江陵令姚泰領兵備城北門見外兵盛城中人少穀食欲盡 通鑑作穀食且盡 因與敵交通謀爲內應垂發事覺然治戮泰尙等不能克乃徹攻退還由是然名震於敵國改封當陽侯 當陽見蜀志先主傳建安十三年 六年權自率衆攻石陽 孫權傳黃武五年秋七月權聞魏文帝崩征江夏圍石陽不克而還魏志明紀黃初七年八月孫權攻江夏郡太守文聘堅守權退走弼按黃初七年卽吳黃武五年此傳云六年誤石陽見魏志文聘傳 及至旋師潘璋斷後夜出錯亂敵追擊璋璋不能禁然卽還住拒敵使前船得引極遠徐乃後發黃龍元年拜車騎將軍右護軍領兗州牧頃之以兗州在蜀分解牧職嘉禾三年權與蜀克期大舉權自向新城 孫權傳嘉禾三年五月權率大衆圍合肥新城

然與全琮各受斧鉞爲左右督會吏士疾病故未攻而退沈家本曰魏志明帝紀景初元年孫權遣將朱然等二萬人圍江夏郡荆州刺史胡質等擊之然退走案景初元年吳之嘉禾六年也在赤烏之前此傳及吳主傳並不書赤烏五年征祖中此爲赤烏四年事潘眉有說見後祖中見魏志齊王紀正始二年襄陽記曰祖音如租稅之租祖中在上黃界趙一淸曰寰宇記卷百四十五引襄陽記黃下有西字方輿紀要卷七十九上黃城在襄陽府南漳縣東南五十里酈道元云晉平吳割中廬之南鄉臨沮之北鄉置上黃縣治軨鄉去襄陽一百五十里魏時夷王梅敷兄弟三人部曲萬餘家屯此分布在中廬宜城西山鄢沔二谷中馮本沔作汚誤中廬見魏志劉表傳宜城見魏志明紀景初元年土地平敞宜桑麻有水陸良田沔南之膏腴沃壤謂之祖中魏將蒲忠胡質各將數千人要遮險隘各本要上皆有忠字吳本毛本無之誤圖斷然後質爲忠繼援時然所督兵將先四出聞問不暇收合便將帳下見兵八百人逆掩忠戰不利質等皆退魏志胡質傳吳大將朱然圍樊城質輕軍赴之議者皆以爲賊盛不可迫質曰樊城

卑下兵少故當進軍爲之外援不然危矣遂勒兵臨圍城中乃安此與本傳所載互異蓋兩國兵爭伐功諱敗故記載各殊也孫氏異同評曰魏志及江表傳云陳景雲曰志當作書此謂王沈等所撰之魏書也然以景初元年正始二年再出爲寇所破胡質蒲忠在景初元年魏志承魏書依違不說質等爲然所破而直云然退耳吳志說赤烏五年於魏爲正始三年魏將蒲忠與朱然戰忠不利質等皆退按魏少帝紀及孫權傳是歲並無事當是陳壽誤以吳嘉禾六年爲赤烏五年耳潘眉曰陳志之誤在以赤烏四年爲五年魏少帝紀正始二年五月吳將朱然等圍襄陽之樊城襄陽記祖中去襄陽一百五十里此一證也晉書宣帝紀魏正始二年吳將全琮寇芍陂朱然孫倫圍樊城諸葛瑾步騭抄祖中二證也宋書天文志正始二年五月吳將朱然圍樊城諸葛瑾入祖中三證也魏志王淩傳正始二年吳大將全琮寇芍陂即此事四證也魏正始二年於吳爲赤烏四年吳主傳赤烏四年書車騎將軍朱然圍樊大將軍諸葛瑾取祖中此又灼然一顯證故此傳之誤在以四年爲五年孫盛謂魏少帝記孫權傳無此事蓋可謂視睫不見裴世期引之全無辨證最是疏處弼按潘說極是魏志齊王紀正始二年五月吳將朱然等圍襄陽之樊城太傅宣王率衆拒之六月辛丑退干寶晉紀詳述宣王退兵事亦與本傳互異

九年復征祖中魏將李興等聞然深入率步騎六千斷然後道然夜出逆之軍以勝反魏志齊王紀正始七年注引漢晉春秋曰是年吳將朱然入祖中斬獲數千趙一淸曰御覽卷八百六十七引吳書云朱然破魏將李興等軍斬首五百級得鼓車三乘拜然左大司馬加賜御織絨帽先是歸義馬茂懷姦覺誅孫權傳赤烏八年七月將軍馬茂等圖逆夷三族權深忿之然臨行上疏曰馬茂小子敢負恩養臣今奉天威事蒙克捷欲令所獲震耀遠近方舟塞江使足可觀以解上下之忿惟陛下識臣先言責臣後效權時抑表不出然既獻捷羣臣上賀權乃舉酒作樂而出然表曰此家前初有表孤以爲難必今果如其言可謂明於見事也遣使拜然爲左大司馬右軍師洪飴孫曰吳以三公領之不屬丞相然長不盈七尺氣候分明內行修絜其所文采惟施軍器餘皆質素終日欽欽胡三省曰毛萇云欽欽言使人樂進也常在戰場通鑑常作若臨急膽定尤過絕

人通鑑作過絕於人雖世無事每朝夕嚴鼓胡三省曰嚴鼓疾擊鼓也今人謂之擂鼓兵在營者咸行裝就隊以此玩敵使不知所備故出輒有功胡三省曰雖不出兵而常爲行備敵人之覘者玩以爲常則不知所以備豫矣諸葛瑾子融步騭子協雖各襲任官本攷證曰宋本各作名權特復使然總爲大督又陸遜亦本功臣名將存者惟然陳景雲曰本當作卒孫權傳遜先然五年卒云亦者承上葛步二人言之莫與比隆寢疾二年後漸增篤權晝爲減膳夜爲不寐中使醫藥口食之物相望於道然每遣使表疾病消息權輒召見口自問訊入賜酒食出送布帛自創業功臣疾病權意之所鍾呂蒙淩統最重然其次矣年六十八赤烏十二年卒三月卒見孫權傳權素服舉哀爲之感慟子績嗣

績字公緒監本緒作續誤以父任爲郎後拜建忠都尉建忠都尉一人吳置叔父才卒績

領其兵隨太常潘濬討五溪 五溪蠻夷見蜀志先主傳章武元年 以膽力稱遷偏將軍營下督 洪飴孫曰出征時置非常制弼按下文云領盜賊事非出征時置也 領盜賊事持法不傾魯王霸注意交績嘗至其廨就之坐欲與結好績下地住立辭而不當然卒績襲業拜平魏將軍樂鄉督 樂鄉見孫晧傳鳳皇元年吳於瀕江要地皆置督 明年 赤烏十三年 魏征南將軍王昶率衆攻江陵城不克而退績與奮威將軍諸葛融書曰昶遠來疲困馬無所食力屈而走此天助也今追之力少可引兵相繼吾欲破之於前足下乘之於後豈一人之功哉宜同斷金之義 易繫辭二人同心其利斷金正義曰二人若同齊其心其纖利能斷截於金金是堅剛之物能斷而截之甚言利之甚也此謂二人心行同也 融答許績績便引兵及昶於紀南 水經注江陵西北有紀南城趙一淸曰方輿紀要紀南城在荊州府北十里史記索隱楚都郢今江陵北紀南城是謝鍾英曰在今江陵西北三十里是也 紀南去城三十里績先戰勝而融不進績後失利 魏志王昶

傳昶詣江陵賊大將施績夜遁入江陵城追斬數百級昶欲引至平地與合戰績果追軍與戰克之績遁走 權深嘉績盛責怒融融兄大將軍恪貴重故融得不廢初績與恪融不平及此事變爲隙益甚建興元年遷鎭東將軍二年春恪向新城要績并力而留置半州 半州見張昭傳 使融兼其任冬恪融被害績復還樂鄉假節太平二年拜驃騎將軍孫綝秉政大臣疑貳績恐吳必擾亂而中國乘釁乃密書結蜀使爲并兼之慮蜀遣右將軍閻宇將兵五千增白帝守 白帝見蜀志先主傳建安十六年 以須績之後命永安初遷上大將軍都護督自巴丘上迄西陵 自今湖南岳州至今湖北宜昌也魏志陳留王紀咸熙元年自平蜀之後吳寇屯逼永安遣荊豫諸軍掎角赴救賊皆遁退 元興元年就拜左大司馬 孫晧寶鼎三年績入江夏見晉書武帝紀泰始四年 初然爲治行喪竟乞復本姓權不許績以五鳳中表還爲施氏建衡二年卒

呂範字子衡汝南細陽人也 郡國志豫州汝南郡細陽一統志今安徽潁州府太和縣東茨河西岸 少爲縣吏有容觀姿貌邑人劉氏家富女美範求之女母嫌欲勿與劉氏曰觀呂子衡寧當久貧者邪遂與之婚後避亂壽春孫策見而異之範遂自委昵將私客百人歸策時太妃在江都 江都見孫策傳 策遣範迎之徐州牧陶謙謂範爲袁氏覘候諷縣掠考範範親客健兒篡取以歸時唯範與孫河常從策跋涉辛苦危難不避策亦親戚待之 元本亦作以 每與升堂飲宴於太妃前後從策攻破廬江還俱東渡到橫江當利破張英于麋下小丹陽 小丹陽詳見魏志陶謙傳 湖熟領湖熟相 漢末湖熟爲侯國故置相 策定秣陵曲阿收笮融劉繇餘衆增範兵二千騎五十匹後領宛陵令討破丹陽賊 橫江當利湖熟秣陵曲阿宛陵丹陽均見孫策傳 還吳遷都督

江表傳曰策從容獨與範棊範曰今將軍事業日大士衆日盛範在遠聞綱紀猶有不整者範願蹔領都督 通鑑蹔作暫 佐將軍部分之策曰子衡卿既士大夫 毛本士作上誤 加手下已有大衆立功於外 胡三省曰範先領宛陵令破丹陽賊而還 豈宜復屈小職知軍中細碎事乎範曰不然今捨本土而託將軍者非爲妻子也 胡三省曰呂範汝南人 欲濟世務猶同舟涉海一事不牢即俱受其敗此亦範計非但將軍也策笑無以答範出便釋褠著袴褶 胡三省曰褠居侯翻單衣也著陟略翻褶席入翻袴褶騎服也 執鞭詣閣下啓事 局本閣作閤誤 自稱領都督 毛本自作曰誤沈欽韓曰漢魏以來領兵將軍帳下有護軍有都督呂範願暫領都督佐將軍部分是也 策乃授傳 胡三省曰傳株戀翻符傳也 委以衆事由是軍中肅睦威禁大行 胡三省曰老子云盜亦有道儻無其道安能爲盜哉

是時下邳陳瑀 瑀字公瑋下邳淮浦人陳球之子陳登之從父也瑀事詳見魏志袁術傳注引英雄記又見魏志呂布傳注引先賢行狀又見本志孫策傳注引江表傳 自號吳郡太守 據江表傳漢朝詔勑行吳郡太守安東將軍陳瑀則非自號可知蓋瑀陰圖襲策互相攻擊故謂其

假借朝命也住海西海西見孫策傳與彊族嚴白虎交通策自將討虎別遣範與徐逸攻瑀於海西梟其大將陳牧九州春秋曰初平三年揚州刺史陳禕死宋本禕作偉據英雄記云揚州刺史陳温病死袁術使瑀領揚州牧後術爲曹公所敗於封丘封丘見魏志武紀初平四年南人叛瑀瑀字似應作術瑀拒之術走陰陵陰陵見魏志袁術傳好辭以下瑀瑀不知權而又怯不即攻術術於淮北集兵向壽春瑀懼使其弟公琰請和於術范書陳球傳瑀弟琮汝陰太守公琰當是琮字也術執之而進瑀走歸下邳英雄記云瑀既領州而術敗於封丘南向壽春瑀拒術不納術退保陰陵更合軍攻瑀瑀懼走歸下邳

又從攻祖郎於陵陽陵陽見孫策傳吳夫人傳孫策與孫河呂範依吳景合衆共討涇縣山賊祖郎郎敗走孫輔傳輔從策討陵陽生得祖郎等案祖郎事詳見孫輔傳注引江表傳又按孫策傳注引江表傳祖郎嚴白虎等皆爲陳瑀所煽誘圖攻孫策者也太史慈於勇里太史慈傳孫策已平定宣城以東惟涇以西六縣未服慈住涇縣策躬自攻討遂見囚執胡三省曰勇里在涇縣方輿紀要今涇縣西北七縣平定趙一清曰太史慈傳涇西六縣未服連涇數之得七縣拜征虜中郎將征虜中郎將一人吳置征江夏孫策攻黃祖時呂範領桂陽太守見孫策傳還平鄱陽鄱陽見孫權傳建安八年趙一清曰方輿紀要卷八十五鄱陽城在饒州府東六十里故縣渡漢縣蓋治此即吳芮所居也後漢時縣亦治焉建安八年鄱陽山越亂孫權使呂範討平之自晉以後皆爲鄱陽郡治志云今府城本吳芮築廣周七里吳時周魴增九里三十步或曰此即鄱陽故城非今郡城也郡城蓋唐初所築策薨奔喪于吳後權復征江夏範與張昭留守曹公至赤壁與周瑜等俱拒破之拜裨將軍領彭澤太守彭澤見孫策傳劉繇傳趙一清曰彭澤郡後廢入豫章方輿紀要卷八十五建安十四年孫權置彭澤郡以呂範領太守尋廢吳增僅曰彭澤疑漢末曾作郡後復省以彭澤柴桑歷陽爲奉邑柴桑見孫權傳黃初二年歷陽見孫策傳趙一清曰陽當作陵吳時歷陵屬鄱陽三縣地相連不應遠取九江弼按趙說是歷陵見孫晧傳天璽元年彼傳亦誤以歷陵爲歷陽也吳增僅曰歷陵縣屬豫章漢志續志同建安中移屬鄱陽孫晧傳天璽元年鄱陽言歷陽山石文理成字裴注引江表傳云歷陽縣有石山臨水歷陽長表上言石印發通鑑胡注云鄱陽無歷陽縣陽當作陵又引饒州圖經云鄱陽歷陵有石印山洪志據之然呂範傳以彭澤柴桑歷陽爲奉邑彭澤柴桑與歷陵地接去漢九江郡之歷陽縣隔大江數百里不應志注並誤作歷陽疑吳既省廬江之歷陽而於鄱陽置郡時又改豫章之歷陵爲歷陽也惟實

字記引吳志晧傳作鄱陽歷陵未知孰是今姑從寰宇記劉備詣京見權京見先主傳建安十三年範密請留備亦見魯肅傳注引漢晉春秋此與周瑜所見相同後遷平南將軍洪飴孫曰平南將軍一人第三品屯柴桑權討關羽過範館謂曰昔早從卿言無此勞也今當上取之卿爲我守建業權破羽還都武昌沈家本曰還疑當作遷權得荆州後始都鄂改名武昌弼按還字屬上句讀不誤拜範建威將軍封宛陵侯丹陽郡治宛陵見孫策傳領丹陽太守治建業丹陽郡徙治建業詳見孫權傳嘉禾三年督扶州以下至海賀齊傳出鎮江上督扶州以上至皖謝鍾英曰扶州當係江寧西南江中之洲未能確指其地轉以溧陽懷安寧國爲奉邑溧陽見何姬傳宋書州郡志宣城太守太康元年分丹陽立懷安令吳立晉志宣城郡懷安洪亮吉曰懷安吳分宛陵立方輿紀要今寧國縣東四十里寧國見孫權傳赤烏十三年曹休張遼臧霸等來伐此爲吳黃武元年魏黃初三年事範督徐盛全琮孫韶等以舟師拒休等於洞口洞口見曹休傳遷前將軍假節改封南昌侯時遭大風船人覆溺死者數千還軍拜揚州牧魏志文紀黃初四年注載詔云征東諸軍與權黨呂範等水戰斬首四萬獲船萬艘曹休傳休爲征東大將軍督張遼等及諸州郡二十餘軍擊權大將呂範等於洞浦破之董昭傳暴風吹賊船悉詣休等營下斬首獲生賊遂迸散據魏志紀傳所載範軍大挫此雖敵國夸張之辭然孫權傳及本傳俱云船人覆溺死者數千亦不諱敗是範軍無功可證而封侯拜牧儼若戰勝酬庸者何也蓋當時曹休率二十六軍而來顧將銳卒虎步江南魏文且躬自督師敕諸軍促渡軍未前進竟無所獲吳則疆域無虞魏則尹盧戰死以少擊衆退走敵軍保境之功誠不可沒徐盛全琮同進爵賞仲謀之善於御將此亦其一端也性好威儀州民如陸遜全琮及貴公子皆脩敬虔肅不敢輕脫康發祥曰遜吳郡吳人琮吳郡錢唐人皆隸揚州故稱州民弼按範辟陸遜爲別駕從事舉茂才見遜傳其居處服飾於時奢靡然勤事奉法故權悅其忠不怪其侈

江表傳曰人有白範與賀齊奢麗夸綺服飾僭擬王者權曰昔管仲踰禮論語邦君樹塞門管氏亦樹塞門邦君爲兩君之好有反坫管氏亦有反坫桓公優而容之無損於霸今子衡公苗賀齊字公苗身無夷吾之失管仲字夷吾但其器械精好舟車嚴整耳此適足作軍容或曰作罷作壯何損於治哉

告書乃不敢復言

初策使範典主財計權時年少私從有求範必關白不敢專許當時以此見望 胡三省曰望責望也怨望也 權守陽羨長 陽羨見孫權傳卷首 有所私用策或料覆 胡三省曰覆審校也 功曹周谷輒爲傳著簿書 通鑑傳作傳胡三省曰傳謂日附著直略翻 使無譴問權臨時悅之及後統事以範忠誠厚見信任以谷能欺更簿書不用也 胡三省曰周世宗之待周美我朝太祖之重寶儀事亦類此 黃武七年範遷大司馬印綬未下疾卒權素服舉哀遣使者追贈印綬及還都建業權過範墓呼曰子衡言及流涕祀以太牢

江表傳曰初權移都建業大會將相文武時謂嚴畯曰 宋本時作特 孤昔歎魯子敬比鄧禹呂子衡方吳漢閒卿諸人未平此論今定云何畯退席曰臣未解指趣謂肅範受饒

褒歎過實權曰昔鄧仲華初見光武 鄧禹字仲華 光武時受更始使撫河北行大司馬事耳未有帝王志也禹勸之以復漢業是禹開初議之端矣 范書鄧禹傳禹聞光武安集河北杖策北渡追及於鄴光武見之甚歡禹進說曰諸將皆庸人崛起志在財帛朝夕自快而已於今之計莫如延攬英雄務悅民心立高祖之業救萬民之命以公而慮天下不足定也 子敬英爽有殊略孤始與一語便及大計與禹相似故比之呂子衡忠篤亮直性雖好奢然以憂公爲先不足爲損避袁術自歸於兄兄作大將別領部曲故憂兄事乞爲都督辦護脩整加之恪勤與吳漢相類故方之 吳漢不肯附王郎而從光武呂範避袁術而歸孫策事正相同 皆有旨趣非孤私之也畯乃服

範長子先卒次子據嗣據字世議以父任爲郎 據爲孫壹之妹夫見孫奐傳 後範寢疾拜副軍校尉 副軍校尉一人吳置 佐領軍事範卒遷安軍中郎將 趙一清曰軍疑作東 數討山賊諸深惡劇地所擊皆破隨太常潘濬討五谿 五谿見蜀志先主傳章武元年 復有功朱然攻樊據與朱異破城外圍 馮本吳本毛本異作冀誤 還拜偏將軍入補馬閑右部督 杜佑曰周官有校人圉師趣馬掌十二閑之馬 遷越騎校尉太元元年大風江水溢流 何焯校本水下增盛字 漸淹城門權使視水獨見據使人取大船以備害 官本攷證曰御覽害作宮 權嘉之拜盪魏將軍 吳置盪魏將軍一人 權寢疾以據爲太子右部督 洪飴孫曰太子右部督一人吳置此官疑典太子宿衛 太子卽位拜右將軍 孫和傳注引殷基通語云左將軍呂據附魯王本傳云拜右將軍不云拜左將軍 魏出東興 東興見魏志齊王紀嘉平四年 據赴討有功明年孫峻殺諸葛恪 建興二年也 遷據爲驃騎將軍平西宮事五鳳二年假節與峻等襲壽春還遇魏將曹珍破之於高亭 高亭見孫亮傳五鳳二年 太平元年帥師侵魏未及淮聞孫峻死以從弟綝自代據大怒引軍還欲廢綝綝聞之使中書奉詔詔文欽劉纂 馮本纂作纂誤 唐咨等使取據又遣從兄慮 孫亮傳慮

作憲 以都下兵逆據於江都 詳見孫亮傳太平元年 左右勸據降魏據曰恥爲叛臣遂自殺 胡三省曰據父範佐孫策以造吳故恥爲叛臣自殺以明節 夷三族

朱桓字休穆吳郡吳人也 吳縣見孫策傳 孫權爲將軍桓給事幕府 幕府解見魏志袁紹傳注引魏氏春秋載紹檄州郡文 除餘姚長 餘姚見孫權傳 往遇疫癘穀食荒貴桓分部良吏隱親醫藥飧粥相繼士民感戴之遷盪寇校尉 盪寇校尉一人吳置 授兵二千人使部伍吳會二郡 吳郡會稽二郡也 鳩合遺散期年之閒得萬餘人後丹陽鄱陽山賊蜂起攻沒城郭殺略長吏處處屯聚桓督領諸將周旋赴討應皆平定稍遷裨將軍封新城亭侯 宋書州郡志揚州吳郡太守新城令浙江西南名爲桐溪吳立爲新城縣後并桐廬一統志今浙江杭州府新城縣治 後代周泰爲濡須督黃武元年魏使大司馬曹仁步騎數萬向濡須仁欲以兵襲取州上僞先揚聲欲東攻羨溪

羨溪見魏志蔣濟傳桓分兵將赴羨溪既發卒得仁進軍拒濡須七十里問宋本問作
間李龍官曰當作問言仁揚聲攻羨溪實欲攻取濡須此時卒得其進軍音問也桓遣使追還羨溪兵兵未到而仁
奄至時桓手下及所部兵在者五千人諸將業業各有懼心孔安國曰業業危懼
意桓喩之曰凡兩軍交對勝負在將不在衆寡諸君聞曹仁用兵行
師孰與桓邪兵法所以稱客倍而主人半者謂俱在平原無城池之
守通鑑池作隍又謂士衆勇怯齊等故耳今仁既非智勇馮本仁作人誤加其士
卒甚怯又千里步涉人馬罷困胡三省曰罷讀曰疲桓與諸君共據高城宋本君作軍
南臨大江北背山陵濡須山在和州界謂之東關七寶山在無爲界謂之西關以逸待勞爲主制客此
百戰百勝之勢也雖曹丕自來尚不足憂況仁等邪桓因偃旗鼓外
示虛弱以誘致仁仁果遣其子泰攻濡須城分遣將軍常雕錢大昭曰吳主傳作
常彫古字通督諸葛虔王雙等趙一清曰此別一王雙乘油船別襲中洲胡三省曰油船蓋以油皮爲之
外施油以扞水中洲者部曲妻子所在也通鑑部曲上有桓字仁自將萬人留橐皋橐皋見孫
亮傳五鳳二年復爲泰等後拒桓部兵將攻取油船或別擊雕等桓等身自
拒泰燒營而退遂梟雕生虜雙送武昌潘眉曰魏將王雙於蜀後主建興六年爲諸葛亮所斬此傳云生虜
雙送武昌當是雙初被虜至權稱藩於魏時與于禁等同遣還故仍爲魏將後乃爲亮所斬也弼按權稱藩遣于禁等還在黃初元年生虜王雙在吳黃武二年卽魏黃
初四年孫權改年臨江拒守之後潘說誤臨陣斬溺死者千餘魏志蔣濟傳黃初三年與大司馬曹仁征吳濟別襲羨谿仁欲攻濡須洲
中濟曰賊據西岸列船上流而兵入舟中是謂自內地獄危亡之道也仁不從果敗互見孫權傳黃武三年權嘉桓功封嘉興侯嘉興
見孫策傳遷奮武將軍領彭城相趙一清曰此亦遙領黃武七年鄱陽太守周魴譎誘
魏大司馬曹休休將步騎十萬至皖城以迎魴皖城見魏志明紀太和二年時陸遜
爲元帥全琮與桓爲左右督各督三萬人擊休休知見欺當引軍還

自負衆盛徼於一戰宋本徼作邀桓進計曰休本以親戚見任非智勇名
將也今戰必敗敗必走走當由夾石挂車胡三省曰元豐九域志舒州桐城縣北有挂車鎭有挂車嶺鎭
因嶺而得名趙一清曰方輿紀要卷二十六淮南有兩硤石在壽州淮水上者曰北硤石在桐城者曰南硤石薛氏謂淮西山澤無水隔者有六安舒城走南硤之路南
硤所以蔽皖也漢建安十九年孫權攻皖張遼自合肥馳救至硤石聞城已破築壘硤石南而還謂之南硤戍吳黃武六年曹休攻皖陸遜朱桓等拒之休敗追至硤石
斬獲無算今山爲控扼要口北拒廬鳳南指江黃此爲通道挂車嶺在懷寧府桐城縣西四十里上有挂車石漢都長安江淮往來此爲要路九域志桐城縣有挂車鎭
以挂車嶺而名一清案惜哉此謀之不用也君子是以知吳之不能跨涉中原也明矣夾石互見魏志蔣濟傳臧霸傳本志呂蒙傳此兩道皆險
阨若以萬兵柴路胡三省曰柴路謂以柴塞路也則彼衆可盡而休可生虜臣請將所
部以斷之若蒙天威得以休自效便可乘勝長驅進取壽春割有淮
南以窺許洛胡三省曰漢末都許魏時都洛此萬世一時不可失也胡三省曰言歷萬世惟有此一時機
會可乘也權先與陸遜議遜以爲不可故計不施行蔣濟滿寵上疏言曹休深入必敗各見魏志本傳孫
權傳黃武七年八月權至皖口使將軍陸遜督諸將大破休於石亭黃龍元年拜桓前將軍領青州牧假節
嘉禾六年魏廬江主簿呂習請大兵自迎欲開門爲應桓與衛將軍
全琮俱以師迎既至事露軍當引還城外有溪水去城一里所廣三
十餘丈深者八九尺淺者半之諸軍勒兵渡去桓自斷後時廬江太
守李膺整嚴兵騎欲須諸軍半渡因迫擊之及見桓節蓋在後卒不
敢出其見憚如此是時全琮爲督權又令偏將軍胡綜宣傳詔命參
與軍事琮以軍出無獲孫權傳嘉禾六年十月遣衛將軍全琮襲六安不克議欲部分諸將有所掩
襲桓素氣高恥見部伍乃往見琮問行意感激發怒與琮校計琮欲
自解因曰上自令胡綜爲督綜意以爲宜爾劉家立曰綜疑作琮桓愈恚恨還
乃使人呼綜綜至軍門桓出迎之顧謂左右曰我縱手汝等各自去

或曰寫伎躁人如見髮眦張眉惟用一縱字有一人旁出語綜使還桓出不見綜知左右所
爲因斫殺之桓佐軍進諫刺殺佐軍遂託狂發詣建業治病權惜其
功能故不罪
孫盛曰書云臣無作威作福作威作福則凶于而家害于而國尚書洪範篇之辭孔傳云言惟君得專威
福也桓之賊忍殆虎狼也人君且猶不可況將相乎語曰得一夫而失一國縱罪虧刑失
孰大焉或曰孫盛論自當然亦視事勢何如耳主威方行羣臣効命區區一眚違壞長城則亦未爲得也故曰未可與權康發祥曰桓恚恨胡綜部分軍事
使氣擅殺跋扈之跡凶暴之行所謂不待教而誅者也孫權既不能伸司馬之威已失刑政而承祚作傳復賞其義勇尤屬寡識記曰勇能害上不登於明堂桓雖
驍勇何所取譏
使子異攝領部曲令醫視護數月復遣還中洲桓爲濡須督部曲妻子皆在中洲權自
出祖送詩大雅烝民篇仲山甫出祖鄭箋云祖者將行犯軷之祭也謂曰今寇虜尚存王塗未一孤當

與君共定天下欲令君督五萬人專當一面以圖進取想君疾未復
發也或曰將將之術權可無愧桓曰天授陛下聖姿當君臨四海猥重任臣以除
姦逆臣疾當自愈
吳錄曰桓奉觴曰臣當遠去願一捋陛下鬚無所復恨權馮几前席桓進前捋鬚曰臣
今日眞可謂捋虎鬚也權大笑
桓性護前蜀志關羽傳諸葛亮知羽護前恥爲人下每臨敵交戰節度不得自由輒嗔
恚憤激然輕財貴義兼以彊識與人一面數十年不忘部曲萬口妻
子盡識之愛養吏士贍護六親俸祿產業皆與共分及桓疾困舉營
憂戚年六十二赤烏元年卒當生於熹平六年小孫策二歲吏士男女無不號慕又家
無餘財權賜鹽五千斛以周喪事子異嗣

異字季文以父任除郎
文士傳曰張惇子純張純事見孫和傳及注引吳錄又顧邵傳注引吳錄云張敦字叔方吳郡人卽張惇下文張儼朱異皆吳郡吳人三人皆
童少又同里故同往見朱據也張儼事見蜀志諸葛亮傳注引張儼默記與張儼及異俱童少往見驃騎將軍朱據據聞
三人才名欲試之告曰老鄙相聞饑渴甚矣夫騕褭以迅驟爲功吳本毛本褭作馬誤爾雅釋畜玄駒
褭驂郭璞注玄駒小馬別名褭驂耳或曰此卽騕褭古之良馬名陸德明音義云褭奴了反字林云騕褭良馬騕烏了反郭注上林賦云騕褭神馬日行萬里鷹
隼以輕疾爲妙爾雅釋鳥鷹隼醜其飛也翬郭璞注鼓翅翬翬然疾陸德明音義云鷹字或作應隼西尹反其爲吾各賦一物
然後乃坐儼乃賦犬曰守則有威出則有獲韓盧宋鵲書名竹帛廣雅釋獸韓獹宋浞犬屬疏證初學
記引字林云獹韓良犬也浞宋良犬也獹通作盧齊風盧令篇傳云盧田犬也秦策云譬若馳韓盧而逐蹇兔也少儀守犬田犬則授擯者既受乃問犬名鄭注云
名謂若韓盧宋鵲之屬正義云戰國策云韓子盧者天下之壯犬也又魏文帝說諸方物亦云狗於古則韓盧宋鵲則浞鵲音同字異耳孔叢子執節篇申叔問曰
犬馬之名皆因其形色而名焉惟韓盧宋鵲獨否何也子順答曰盧黑色鵲白黑色純賦席曰席以冬設簟爲夏施詩小雅斯干篇

下莞上簟乃安斯寢鄭箋云莞小蒲之席也竹葦曰簟揖讓而坐君子攸宜異賦弩曰南嶽之幹鍾山之銅應
機命中獲隼高墉詩大雅皇矣篇以伐崇墉毛傳云墉城也三人各隨其目所見而賦之皆成而後坐據
大歡悅
後拜騎都尉代桓領兵赤烏四年隨朱然攻魏樊城建計破其外圍
還拜偏將軍魏廬江太守文欽營住六安六安見孫堅傳多設屯砦砦音寨蒲落也又壘
也通作柴寨置諸道要以招誘亡叛爲邊寇害異乃身率其手下二千人
掩破欽七屯斬首數百遷揚武將軍權與論攻戰辭對稱意權謂異
從父驃騎將軍據曰本知季文懀定見之復過所聞趙一清曰唐人詩有乖覺字卽懀也
乖懀同音今人習用之蓋吳語也李龍官曰懀訓悶訓惡與語意不合應作獪言其狡獪也弼按懀字疑爲膽字之誤定字屬上句讀朱然傳臨急膽定尤過絕人本傳
上文孫權與論攻戰辭對稱意當亦謂其膽定也顧承傳孫權與顧雍書曰貴孫子直令問休休至於相見過於所聞與此傳見之復過所聞語意相同若定字屬下句

似不成語孫權所以告朱據者乃嘉獎季文之詞若云狡猾恐不然也 十三年文欽詐降密書與異欲令自迎異表呈欽書因陳其僞不可便迎權詔曰方今北土未一欽云欲歸命宜且迎之若嫌其有譎者但當設計網以羅之盛重兵以防之耳乃遣呂據督二萬人與異幷力至北界 胡三省曰北界謂魏吳分界之地在魏廬江郡南於吳爲北 欽果不降建興元年遷鎭南將軍是歲魏遣胡遵諸葛誕等出東興 東興見魏志齊王紀嘉平四年 異督水軍攻浮梁壞之魏軍大破

吳書曰異又隨諸葛恪圍新城 合肥新城也 城既不拔異等皆言宜速還豫章襲石頭城 趙一淸曰方輿紀要卷八十四石頭驛在南昌府章江門外十里有石頭渚水經注贛水經豫章郡北水之西岸有盤石謂之石頭津步之處汪藻曰自豫章郡絕江而西有山屹然並江而出者石頭渚也阻江負城十里而近謝鍾英曰石頭卽豫章郡按此與秣陵之石頭城同名異地 不過數日可拔 是時吳兵正攻合肥新城何以云宜速還豫章豫章本爲吳地何以云襲石頭城殊不可解 恪以書曉譬異異投書於地曰不用我計

而用傒子言 宋本傒作傒江右人曰傒或曰異苑云諸葛恪爲丹陽太守獵西山之閒有物如小兒伸手引人恪令民去故地參佐問之恪曰此事在白澤圖曰西山之閒有神如小兒名傒此所云傒子疑卽用此 恪大怒立奪其兵遂廢還建業 諸葛恪傳恪恥城不下忿形於色將軍朱異有所是非恪怒立奪其兵

太平二年假節爲大都督救壽春圍不解還軍爲孫綝所枉害 孫綝殺異於鑊里見孫亮傳太平二年通鑑魏甘露二年吳朱異率三萬人進屯安豐魏兗州刺史州泰擊破朱異於陽淵復遣朱異前解壽春之圍異留輜重於都陸進屯黎漿石苞州泰又擊破之太山太守胡烈以奇兵五千襲都陸盡焚異資糧異將餘兵食葛葉走歸孫綝綝使異更死戰異以士卒乏食不從綝命綝怒斬異於鑊里綝既不能拔出諸葛誕而喪敗士衆自戮名將由是吳人莫不怨之

吳書曰綝要異相見將往恐陸抗止之異曰子通家人耳 孫綝字子通 當何所疑乎遂往綝使力人於坐上取之異曰我吳國忠臣有何罪乎乃拉殺之

評曰朱治呂範以舊臣任用朱然朱桓以勇烈著聞呂據朱異施績咸有將領之才克紹堂構若範桓之越隘 呂範居處服飾於時奢靡謂之越禮朱桓素氣高恥見部伍又性護前恥爲人下皆爲隘 得以吉終至於據異無此之尤而反罹殃者所遇之時殊也

虞陸張駱陸吾朱傳第十二 劉咸炘曰此皆以剛直遭忌害者其人實非同類共事也弼按駱統陸瑁未遭忌害劉說稍誤

或曰此傳大約以直諫爲綫索窮困爲歸宿反覆讀之如小雅之變音離騷之苦調

晉　平　陽　侯　相　安　漢　陳　壽　撰

宋　中　書　侍　郎　西　鄉　侯　裴　松　之　注

沔　陽　盧　弼　集　解

虞翻字仲翔會稽餘姚人也 餘姚見孫策傳

吳書曰翻少好學有高氣年十二客有候其兄者不過翻翻追與書曰僕聞虎魄不取腐芥磁石不受曲鍼過而不存不亦宜乎客得書奇之由是見稱 何焯曰陳琳檄吳文虞文繡砥礪清節耽學好古仲翔能負析薪文繡之名注家未及詳翻別傳自序云臣亡考日南太守歆侯康曰北堂書鈔卷一百二引會稽典錄云虞歆字文肅歷郡守節操高厲魏曹植爲東阿王東阿先有三十碑銘多非實植皆毀除之以歆碑不虛獨全焉按文肅當作文繡文選吳都賦注又作文秀

太守王朗命爲功曹孫策征會稽翻時遭父喪衰絰詣府門朗欲就之翻乃脫衰入見勸朗避策朗不能用拒戰敗績亡走浮海翻追隨營護到東部侯官侯官長閉城不受翻往說之然後見納 賀齊傳建安元年孫策臨郡（臨會稽郡）時王朗奔東冶侯官長商升爲朗起兵卽此事侯官詳見魏志王朗傳浮海至東冶注侯官東冶辨論極多劉昭沈約已涉疑似然王朗傳云朗浮海至東冶本傳云朗亡走浮海虞翻追隨營護到東部侯官則已至今福州界卽如續漢志所云章安故冶爲不誤亦已至今台州界然據賀齊傳所載進兵情形則確至今福州界矣侯康有說見後漢書補注續三國志補注續沈家本有說見諸史瑣言卷十六均以文繁不錄惟胡三省注詳引古書敍次有條貫且分別辨正茲全錄之胡三省曰前漢志冶縣屬會稽郡師古曰故閩越地光武改曰章安晉志曰建安郡故秦閩中郡漢高祖五年以立閩越王及武帝滅之徙其人名爲東冶後漢改爲侯官都尉及吳置建安郡洪氏隸釋據西漢志曰會稽西部都尉治錢唐南部都尉治回浦李宗諤圖經曰文帝時以山陰爲都尉治元狩中徙治錢唐爲西部元鼎中又立東部都尉治冶光武改回浦爲章安以冶立東候官吳孫亮傳曰五鳳中以會稽東部爲臨海郡孫休傳永安中以會稽南部爲建安郡沈約宋志曰東陽太守本會稽西部都尉又曰臨海太守本會稽東部都尉前漢都尉治鄞後漢分會稽爲吳郡疑是都尉徙治章安續漢志章安故冶光武更名晉太康記本鄞縣南之回浦鄉章帝立未詳孰是又曰司馬彪云章安是故冶然則臨海亦冶地也張勃吳錄曰是句踐冶鑄之所後分爲會稽東南二部都尉東部臨海是也南部建安是也杜佑通典曰後漢改冶縣爲侯官都尉後分冶縣爲會稽東南二都尉今福州是南部台州是東部又曰二漢會稽西部都尉理婺州數說異同各有脫誤嘗參訂之自秦置會稽郡其治在今吳門至順帝分置吳郡而會稽徙郡於山陰以浙江爲兩郡之境故錢唐在西漢時屬會稽所以爲西部治所及會稽移於浙東則西部亦移於婺女回浦後改章安乃會稽之東部今台州蓋其地冶縣則是南部在吳屬建安郡至唐遂爲福州太康記嘗云回浦本鄞之南鄉或云東部治鄞因致休文之疑然鄞及回浦皆西漢縣名謂西漢割鄞而置縣或未可知至章帝時回浦已非鄉矣太康所紀亦誤也前志注會稽之冶縣云本閩越地續志曰章安故冶閩越地光武更名因脫其中數字故劉昭補注惑於太康記而休文復不能剖判也當云章安故回浦章帝更名東侯官故冶閩越地光武更名於文乃足此郡之末有東部侯國四字卻是衍文侯與候相近而南部所治故文有錯亂班史注回浦爲南部司馬彪謂章安是故冶張勃謂分冶爲東南二都尉杜佑謂二漢西部皆在婺女圖經以冶爲東部皆誤也余按洪說甚詳其言錢唐西漢時屬會稽所以爲西部治所此語亦恐有未安處

吳書曰翻始欲送朗到廣陵朗惑王方平訊 宋本訊作記一作計 言疾來邀我南岳相求故遂南行既至侯官又欲投交州翻諫朗曰此妄書耳交州無南岳安所投乎乃止 魏志王朗傳朗詣策策詰讓而不害

朗謂翻曰卿有老母可以還矣

翻別傳曰 虞翻別傳隋唐志未著錄章宗源曰虞翻別傳見三國志注亦見太平御覽侯康曰虞翻別傳見本傳注書中直稱孫策孫權名則非吳人撰然亦當三國時人也 朗使翻見豫章太守華歆圖起義兵翻未至豫章聞孫策向會稽翻乃還會遭父喪以臣使有節不敢過家星行追朗至侯官朗遣翻還然後奔喪 以上爲別傳語以下爲裴注語 而傳云孫策之來翻衰絰詣府門勸朗避策則爲大異

翻既歸策復命爲功曹待以交友之禮身詣翻第 或曰策謂權曰舉賢任能我不如卿此言謙也權不能容翻而策待之甚厚有過之無不及也

江表傳曰策書謂翻曰今日之事當與卿共之 此與語太史慈之語相同 勿謂孫策作郡吏相待

也

策好馳騁游獵翻諫曰明府用烏集之衆驅散附之士皆得其死力雖漢高帝不及也至於輕出微行從官不暇嚴吏卒長苦之 宋本長作常通鑑同 夫君人者不重則不威 胡三省曰重尊重威威嚴言不尊重則無威嚴 故白龍魚服困於豫且 胡三省曰張衡東京賦之辭注云說苑曰吳王欲從民飲酒伍子胥諫曰不可昔白龍下淸泠之淵化爲魚漁者豫且射中其目白龍上訴天帝天帝曰當是之時若安置而形白龍對曰我下淸泠之淵化爲魚天帝曰魚固人之所射也豫且何罪夫白龍天帝貴畜也豫且宋國之賤臣也白龍不化豫且不射今棄萬乘之位而從布衣之士飲酒臣恐其有豫且之患矣王乃止且子余翻 白虵自放劉季害之 史記高祖本紀高祖姓劉氏字季夜徑澤中令一人行前行前者還報曰前有大蛇當徑願還高祖醉曰壯士行何畏乃前拔劍擊斬蛇有一老嫗夜哭曰吾子白帝子也化爲蛇當道今爲赤帝子斬之故哭 願少留意 胡三省曰爲孫策死於輕出張本 策曰君言是也然時有所思端坐悒悒 悒音邑不安也猶鬱鬱也 有裨諶草創之計 論語子曰爲命裨諶草創之何晏集解孔曰裨諶鄭大夫氏名也謀於野則獲於國則否鄭國將有諸侯之事則使乘車

以適野而謀作盟會之辭正義曰使裨諶適草野以創制之左傳襄公三十一年裨諶能謀謀於野則獲謀於邑則否杜注此才性之蔽也 是以行耳

吳書曰策討山越斬其渠帥悉令左右分行逐賊獨騎與翻相得山中翻問左右安在策曰悉行逐賊翻曰危事也令策下馬此草深卒有驚急馬不及縈策但牽之執弓矢以步翻善用矛請在前行得平地勸策乘馬策曰卿無馬柰何答曰翻能步行日可三百里 馮本監本三作二 自征討以來吏卒無及翻者明府試躍馬翻能疏步隨之行一大道 宋本一作及 得一鼓吏策取角自鳴之部曲識聲大小皆出遂從周旋平定三郡 江表傳曰策討黃祖旋軍欲過取豫章特請翻語曰華子魚自有名字 胡三省曰華歆字子魚自有名字言其名聞當時也 然非吾敵也加聞其戰具甚少若不開門讓城金鼓一震不得無所傷害卿便在前具宣孤意翻卽奉命辭行徑到郡請被褠葛巾與歆相見謂歆曰君自料名聲之在海內孰與鄙郡故王府君 謂會稽太守王朗也 歆曰不及也翻曰豫章資糧多少器仗精否士民勇果孰與鄙郡又曰不如也翻曰討逆將軍智略超世用兵如神前走劉揚州 劉繇也 君所親見南定鄙郡亦君所聞也今欲守孤城自料資糧已知不足不早爲計悔無及也今大軍已次椒丘 椒丘見華歆傳 僕便還去明日日中迎檄不到者與君辭矣翻旣去歆明旦出城遣吏迎策策旣定豫章引軍還吳饗賜將士計功行賞謂翻曰孤昔再至壽春見馬日磾及與中州士大夫會語我東方人多才耳但恨學問不博語議之閒有所不及耳孤意猶謂未耳卿博學洽聞故前欲令卿一詣許交見朝士以折中國妄語兒卿不願行便使子綱 張紘字子綱 恐子綱不能結兒輩舌也翻曰翻是明府家寶而以示人人儻留之則去明府良佐故前不行耳策笑曰然因曰孤有征討事未得還府卿復以功曹爲吾蕭何 監本吾作善誤 守會稽耳後三日便遣翻還郡 臣松之以爲王華二公於擾攘之時抗猛銳之鋒俱非所能歆之名德實高於朗而江表傳述翻說華云海內

名聲孰與於王此言非也然王公拒戰華逆請服實由孫策初起名微衆寡故王能舉兵豈武勝哉策後威力轉盛勢不可敵華量力而止非必用仲翔之說也若使易地而居亦華戰王服耳 按吳歷載翻謂歆曰竊聞明府與王府君齊名中州海內所宗雖在東垂常懷瞻仰歆答曰孤不如王會稽翻復問不審豫章精兵何如會稽對曰大不如也翻曰明府言不如王會稽謙光之譚耳 胡三省曰易云謙尊而光 精兵不如會稽實如尊教因述孫策才略殊異用兵之奇歆乃答云當去此說爲勝也翻出歆遣吏迎策二說有不同 魏志華歆傳孫策略地江東歆知策善用兵乃幅巾奉迎歆傳注引吳歷華嶠譜敘江表傳與此傳注所引互有詳略

翻出爲富春長 富春見孫堅傳 策薨諸長吏並欲出赴喪翻曰恐鄰縣山民或有姦變遠委城郭必致不虞因留制服行喪諸縣皆效之咸以安寧

吳書曰策薨權統事定武中郎將暠策之從兄也屯烏程烏程見孫堅傳整帥吏士欲取會稽會稽聞之使民守城以俟嗣主之命因令人告諭暠會稽典錄載翻說暠曰討逆明府不竟天年今攝事統衆宜在孝廉翻已與一郡吏士嬰城固守必欲出一旦之命爲孝廉除害執事圖之宋本執事上有惟字於是暠退　臣松之案此二書所說策亡之時翻猶爲功曹與本傳不同

後翻州舉茂才漢召爲侍御史曹公爲司空辟皆不就趙一清曰寰宇記卷九十六御史床在會稽縣東南四里虞翻爲長沙桓王所重特設此床以表賢翻仕漢至御史故梁元帝玄覽賦云御史之床猶在都護之門不修一清案漢以侍御史徵翻翻不就蓋未嘗一日立漢庭也記云仕漢誤耳南史竟陵王子良傳爲會稽太守郡閣下有虞翻舊床罷任還乃致以歸姚振宗曰隋志易家稱吳侍御史虞翻與集部稱後漢侍御史虞翻集異本傳云漢召爲侍御史不就孫權以爲騎都尉徙交州卒是翻仕吳至騎都尉未嘗爲侍御史然致釋文敍錄稱後漢侍御史又傳注引會稽典錄孫亮時太守濮陽興與睿佐朱育問答興稱翻爲御史育亦稱翻爲侍御史又韋昭注國語亦稱爲故侍御史此從後追述之詞類皆以漢所授官爲稱號今仍從隋志

題後漢侍御史其稱吳者非其實也

吳書曰翻聞曹公辟曰馮本聞作開誤盜跖欲以餘財汙良家邪遂拒不受

翻與少府孔融書并示以所著易注釋文敍錄周易虞翻注十卷字仲翔會稽餘姚人後漢侍御史隋書經籍志周易九卷吳侍御史虞翻注唐經籍志周易九卷虞翻注藝文志周易虞翻注九卷平湖孫堂輯本序曰三國志本傳載其五世傳易獻帝時作易注奏上之其書久佚集解所錄以經文準之殆不能半然虞之大義至今未泯者不可謂非李氏之功今以集解爲主而更采他書附益之釐爲十卷武進張惠言周易虞氏義序曰虞氏之學既世又具見馬鄭荀宋氏書考其是否故其義爲精又古書亡而漢魏師說可見者十餘家惟鄭荀虞三家略有梗概可指說而虞又較備然則求七十子之微言田何楊叔丁將軍之所傳者舍虞氏之注其何所自焉故求其條貫明其統例釋其疑滯信其亡缺爲虞氏義九卷融答書曰聞延陵之理樂謂吳季札覩吾子之治易乃知東南之美者非徒會稽之竹箭也又觀象雲物察應寒溫原其禍福與神合契可謂探賾窮通者也會稽東部都尉張紘又與融書曰虞仲翔前頗爲論者所侵美寶爲質雕磨益光宋本雕作彫不足以損孫權以爲騎都尉翻數犯顏諫爭權不能悅又性不協俗多見謗毀坐徙丹陽涇縣涇縣見孫策傳呂蒙圖取關羽稱疾還建業以翻兼知醫術請以自隨亦欲因此令翻得釋也此節後世保舉開復之意愛惜人才用心如此後蒙舉軍西上南郡太守麋芳開城出降呂蒙傳注引吳書云將軍士仁在公安蒙令虞翻說降翻謂蒙曰此譎兵也遂將仁至南郡太守麋芳城守蒙以仁示之遂降蒙未據郡城而作樂沙上翻謂蒙曰今區區一心者麋將軍也城中之人豈可盡信何不急入城持其管籥乎蒙卽從之時城中有伏計賴翻謀不行關羽既敗權使翻筮之得兌下坎上節五爻變之臨翻曰不出二日必當斷頭果如翻言李安溪曰孔融稱其觀雲物察寒溫蓋學於京焦之法者趙一清曰卦變又與今說不同節五爻陽也動則變陰二陽在下四陰在上臨之象也臨卦辭云至于八月有凶自二至五乃隔三四兩爻不出二日是以一爻當一日也權曰卿不及伏羲可與東方朔爲比

矣魏將于禁爲羽所獲繫在城中權至釋之請與相見他日權乘馬出引禁併行翻呵禁曰爾降虜何敢與吾君齊馬首乎欲抗鞭擊禁通鑑作抗鞭欲擊禁胡注抗舉也權呵止之後權於樓船會羣臣飲禁聞樂流涕翻又曰汝欲以僞求免邪權悵然不平曹丕踐阼孫權稱藩方藉于禁爲通好之郵翻屢斥禁宜其不平

吳書曰後權與魏和欲遣禁還歸北翻復諫曰禁敗數萬衆身爲降虜又不能死北習軍政元本北作比得禁必不如所規還之雖無所損猶爲放盜不如斬以令三軍示爲人臣有二心者權不聽羣臣送禁翻謂禁曰卿勿謂吳無人吾謀適不用耳左傳文公十三年繞朝贈士會以策曰子無謂秦無人吾謀適不用也禁雖爲翻所惡然猶盛歎翻魏文帝常爲翻設虛坐

權既爲吳王歡宴之末自起行酒翻伏地陽醉不持權去翻起坐胡三省曰翻爲是者所以諫也權於是大怒手劍欲擊之胡三省曰手劍手援劍也記曰子手弓侍坐者莫不

遑遽 宋本遑作惶通鑑同 惟大司農劉基起抱權諫曰 劉繇傳權爲吳王遷基大農不作大司農近人某氏藏燉煌出土舊鈔吳志殘卷自惟大農以下至張温傳臣自遠境止凡七十九行某氏歷舉大司農爲刊本之誤已於劉繇傳及魏志文紀黃初元年辨正舊鈔所舉多不足據如本傳手殺善士卽指權手劍欲擊翻之事鈔本無手字雖翻有罪天下孰知之此言天下無人知翻之罪也鈔本作天下誰不知之則語意相反矣又如曹孟德尚殺孔文舉孤於虞翻何有哉本極明顯鈔本删去尚字有字則語氣索然矣其他多類是好古敏求則可佞古而爲古愚則不可也 大王以三爵之後 胡三省曰古者臣侍君宴不過三爵懼其失節也 手殺善士雖翻有罪天下孰知之且大王以能容賢畜衆 通鑑畜作蓄 故海內望風今一朝棄之可乎權曰曹孟德尚殺孔文舉孤於虞翻何有哉基曰孟德輕害士人天下非之大王躬行德義欲與堯舜比隆何得自喻於彼乎翻由是得免 互見劉繇傳 權因勑左右自今酒後言殺皆不得殺 何焯曰則前此之殺者有矣孫晧嘗虐權之貽也 翻嘗乘船行與麋芳相逢芳船上人多欲令翻自避先驅曰避將軍船翻厲聲曰失忠與信何以事君傾人二城而稱將軍可乎芳闔戶不應而遽避之後翻乘車行又經芳營門吏閉門車不得過翻復怒曰當閉反開當開反閉豈得事宜邪芳聞之有慙色翻性疏直數有酒失 何焯曰自有酒失何以正君此權之所以不能容也 權與張昭論及神仙翻指昭曰彼皆死人而語神仙世豈有仙人也權積怒非一遂徙翻交州 趙一淸曰御覽卷百八十引樓承先別傳曰樓玄到廣州密步虞仲翔故宅出遂徘徊躑躅哀喉慘愴不能自勝耳杭世駿曰會稽記云昔虞翻嘗登緒山望四郭誡子孫曰可留江北居後世祿位當過於我聲名不及爾然相繼代興居江南必不昌 雖處罪放而講學不倦門徒常數百人 諸葛瑾傳虞翻以狂直流徙惟瑾屢爲之說

翻別傳曰權卽尊號翻因上書曰陛下膺明聖之德體舜禹之孝歷運當期順天濟物奉承策命 宋本策作革 臣獨抃舞罪棄兩絕 馮本兩作雨誤 拜賀無階仰瞻宸極且喜且悲臣伏自刻省命輕雀鼠性輶毫釐 詩大雅烝民篇德輶如毛鄭箋云輶輕也 罪惡莫大不容于誅昊天罔極全宥九載 姚振宗曰權稱尊號翻上書言全宥九載則被放在魏文帝黃初二年又言臣年耳順至年七十當卒於吳赤烏二年在南凡十九年也弼按鈔本作年七十九卒果如所言則在南二十九年矣與上文在南十餘年不合不問而知其誤矣 退當念戮 疑作退念當戮 頻受生活復偷視息臣年耳順思咎憂憤形容枯悴髮白齒落雖未能死自悼終沒不見宮闕百官之富不覩皇輿金軒之飾仰觀巍巍衆民之謠傍聽鍾鼓侃然之樂永隕海隅棄骸絕域不勝悲慕逸豫大慶悅以忘罪

又爲老子論語國語訓注皆傳於世 釋文敘錄老子虞翻注二卷論語虞翻注十卷隋書經籍志梁有虞翻注老子二卷亡梁有虞翻注論語十卷亡春秋外傳國語二十一卷虞翻注二唐志同侯康曰韋昭解內時稱賈唐二君或稱三君則兼虞仲翔也姚振宗曰錢塘汪遠孫有國語三君注輯存四卷馬氏玉函山房輯虞氏注一卷弼按仲翔所著書老子論語國語訓注外尚有多種今彙錄於下隋書經籍志梁有周易日月變例六卷虞翻陸績撰亡虞翻孝經注隋唐志皆不載唐玄宗御注孝經序曰韋昭王肅先儒之領袖虞翻劉邵抑又次焉虞翻奏上鄭注五經違失事因見後注引翻別傳虞翻川瀆記章宗源隋志考證曰太平寰宇記江南東道虞仲翔川瀆記曰太湖東通長洲松江水南通烏程霅谿水西通義興荊谿水北通晉陵滆湖水東連嘉興韭谿水凡五通謂之五湖姚振宗曰李兆洛地理今釋晉陵郡縣始於南宋非吳時所當有又吳大帝以立太子和改禾興爲嘉興事在赤烏五年時翻已前卒亦非翻所及知此或爲樂史改稱或別有虞仲翔其人虞翻太玄注十四卷本傳注引翻別傳曰又以宋氏解玄頗有繆誤更爲立注幷著明揚釋宋以理其滯隋書經籍志梁有揚子太玄經十四卷虞翻注亡唐經籍志揚子太玄經十四卷虞翻注隋書經籍志易律歷一卷虞翻撰周易集林律歷一卷虞翻撰宋史藝文志虞翻注京房周易律歷一卷隋書經籍志後漢侍御史虞翻集二卷梁三卷錄一卷

翻別傳曰翻初立易注奏上曰臣聞六經之始莫大陰陽是以伏羲仰天縣象而建八卦觀變動六爻爲六十四以通神明以類萬物臣高祖父故零陵太守光少治孟氏易 漢書藝文志易經十二篇施孟梁丘三家儒林傳孟喜字長卿東海蘭陵人從田王孫受易釋文敘錄孟喜章句十卷 曾祖父故平輿令成 汝南郡治平輿見魏志武紀卷首 纘述其業至臣祖父鳳爲之最密臣先考故日南太守歆 宋本先作亡日南郡見魏志陳留王紀咸熙元年歆字文繡注見前 受本於鳳 所謂有本之學 最有舊書世傳其業至臣五世前人通

講多玩章句雖有祕說於經疏闊臣生遇世亂長於軍旅習經於枹鼓之閒講論於戎馬之上蒙先師之說依經立注又臣郡吏陳桃夢臣與道士相遇放髮被鹿裘布易六爻撓其三以飲臣臣乞盡吞之道士言易道在天三爻足矣豈臣受命應當知經所覽諸家解不離流俗義有不當實輒悉改定以就其正孔子曰乾元用九而天下治聖人南面蓋取諸離斯誠天子所宜協陰陽致麟鳳之道矣謹正書副上惟不罪戾姚振宗曰此奏稱聖人天子蓋上之漢朝而并示孔融考孔融被殺在獻帝建安十三年則奏上此書及奏論荀諝馬融鄭玄宋忠易注得失又奏鄭玄解尚書違失事因及玄注五經違義諸章奏皆在建安十三年之前翻按翻奏中有臣没之後一語若諸奏在建安十三年以前則翻尚止三十餘歲必不爲此語仲翔潛心著述當在流徙交州之後此奏或在是時觀其評論孔融鄭玄宋忠似在諸人死後至文舉見其易注或爲少年草創之本翻又奏曰經之大者莫過於易自漢初以來海內英才其讀易者解之率少至孝靈之際潁川荀諝號爲知易范書荀淑傳淑字季和潁川潁陰人子爽字慈明一名諝幼而好學年十二能通春秋論語潁川爲之語曰荀氏八龍慈明無雙著禮易傳荀悅漢紀云臣悅叔父故司空爽著易傳據爻象承應陰陽變化之義以十篇之文解說經意由是兖豫之言易者咸傳荀氏學隋書經籍志周易十一卷漢司空荀爽注臣得其注有愈俗儒至所說西南得朋東北喪朋顚倒反逆了不可知孔子歎易曰知變化之道者其知神之所爲乎以美大衍四象之作而上爲章首尤可怪笑又南郡太守馬融名有俊才其所解釋復不及諝范書馬融傳融字季長扶風茂陵人融才高博洽爲世通儒施養諸生嘗有千數涿郡盧植北海鄭玄皆其徒也融注孝經論語詩易三禮尚書荀悅漢紀曰孝桓帝時故南郡太守馬融著易解頗生異說頗行於世釋文敘錄扶風馬融爲易傳又曰馬融傳十卷七錄云九卷隋書經籍志梁有漢南郡太守馬融注周易一卷亡（姚振宗曰此引七錄與釋文九卷異或經傳各自爲編七錄別有此一本）唐經籍志周易十卷馬融章句唐藝文志周易馬融章句十卷歷城馬國翰輯本序曰周易馬氏傳宋元以來無傳茲就釋文正義集解三書所引并他書閒見者輯錄爲三卷姚振宗曰又有張惠言易義別錄平湖孫堂漢魏廿一家易注輯本各一卷孔子曰可與共學未可與適道豈不其然若乃北海鄭玄范書鄭玄傳玄字康成北海高密人先始通京氏易西入關因涿郡盧植事扶風馬融玄注周易稱爲純儒儒林傳陳元鄭衆皆傳費氏易其後馬融亦爲其傳融授鄭玄玄作易注隋書經籍志周易九卷後漢大司農鄭玄注南陽宋忠宋忠事見魏志劉表傳雖各立注忠小差

玄而皆未得其門難以示世又奏鄭玄解尚書違失事因因疑曰字之誤宋本因作目范書儒林傳扶風杜林傳古文尚書林同郡賈逵爲之作訓馬融作傳鄭玄注解由是古文尚書遂顯於世釋文敘錄古文尚書鄭玄注九卷隋書經籍志尚書九卷鄭玄注唐經籍志古文尚書九卷鄭玄注藝文志鄭玄注古文尚書九卷鄭學錄曰唐陸元朗撰釋文孔沖遠撰正義皆以僞孔傳爲主鄭注由是寖亡宋末王應麟采輯爲一卷侯康曰虞翻奏鄭注尚書違失四事近王鳴盛江聲孫星衍諸家皆申鄭難虞臣聞周公制禮以辨上下孔子曰有君臣然後有上下有上下然後禮義有所錯是故尊君卑臣禮之大司也伏見故徵士北海鄭玄所注尚書以顧命康王執瑁古月錢大昕曰卽冒字與日月之月異似同從誤作同既不覺定復訓爲杯謂之酒杯錢大昕曰今本尚書同瑁連文同爲爵名瑁爲天子執瑁之瑁各是一物仲翔謂古月似同鄭氏從誤作同又訓爲酒杯以此譏鄭之失則古本只有瑁字古文作冃而鄭作同也今本尚書出於梅賾或亦習聞仲翔說兼取二文以和合鄭虞之義乎馬融本亦作同漢人又有加金旁作銅字者並見仲翔說成王疾困憑几洮頮爲濯以爲澣衣成事洮字虛更作濯以從其非錢大昕曰濯卽古洮字周禮春官守祧古文祧爲濯詩佻佻公子韓詩作嬥嬥蓋古文兆旁與翟旁多相通用仲翔譏鄭更字非也又古大篆卯字讀當爲柳古柳卯同字而以爲昧錢大昕曰說文卯象開門丣象閉門卯爲春門萬物已出丣爲秋門萬物已入卯丣二文相似漢人往往誤讀堯典宅西曰昧谷伏生今文本作柳穀鄭康成依賈逵所奏定爲昧谷昧卯聲相近故仲翔譏之謂其誤卯爲丣也攷周禮縫人衣翣柳之材鄭注引書度西曰柳穀爲證又尚書大傳秋祀柳穀鄭注柳聚也齊人語則康成亦讀爲柳未嘗與丣混也分北三苗北古別字錢大昕曰說文兆別也从二八兆北字形相似故誤爲北又訓北言北猶別也若此之類誠可怪也王人職曰天子執瑁以朝諸侯謂之酒杯天子頮面謂之澣衣古篆卯字反以爲昧甚違不知蓋闕之義於此數事誤莫大焉宜命學官定此三事又馬融訓注亦以爲同者大同天下今經益金就作銅字詁訓言天子副璽雖皆不得猶愈於玄然此不定臣沒之後而奮乎百世雖世有知者懷謙莫或奏正又玄所注五經違義尤甚者百六十七事不可不正行乎學校傳乎將來臣竊恥之翻放棄南方云自恨疏節骨體不媚犯上獲罪當長沒海隅生無可與語死以青蠅爲弔客使天下一人知己者足以不恨以典籍自慰依易設象以占

吉凶又以宋氏解玄頗有繆錯更爲立注馮本毛本注作法幷著明楊釋宋以理其滯　臣松之案翻云古大篆丣字讀當言桺古桺丣同字竊謂翻言爲然故劉𦊨聊桺同用此字以從聲故也與日辰卯字字同音異然漢書王莽傳論卯金刀故以爲日辰之卯今未能詳正然世多亂之故翻所說云荀諝荀爽之別名何焯曰丣即大篆酉字與丣不同古文作爽𤕤謂字同音異誤矣詳說文第十五卷

初山陰丁覽山陰見孫堅傳太末徐陵郡國志會稽郡太末惠棟曰太當作大孟康音闥王先謙曰三國吳改屬東陽郡一統志故城今浙江衢州府龍游縣治或在縣吏之中或衆所未識翻一見之便與友善終成顯名

會稽典錄曰覽字孝連八歲而孤家又單微清身立行用意不苟推財從弟以義讓稱仕郡至功曹守始平長宋書州郡志臨海太守始豐令吳立曰始平晉武帝太康元年更名互見孫權傳南始平注爲人精微

潔淨門無雜賓孫權深貴待之未及擢用會病卒甚見痛惜殊其門戶覽子固字子賤本名密避滕密改作固見孫晧傳元興元年注引吳歷固在襁褓中闞澤見而異之曰此兒後必致公輔固少喪父獨與母居家貧守約色養致敬族弟孤弱與同寒溫翻與固同僚書曰丁子賤塞淵好德堂構克舉野無遺薪斯之爲懿其美優矣令德之後惟此君嘉耳歷顯位孫休時固爲左御史大夫孫晧即位遷司徒晧悖虐固與陸凱孟宗同心憂國年七十六卒丁固事見孫晧傳寶鼎三年注引吳書子彌字欽遠仕晉至梁州刺史孫潭光祿大夫晉書丁潭傳潭字世康元帝稱制潭上書陳時事損益及帝踐阼拜駙馬都尉爲琅邪王裒郎中令會裒薨潭上書求行終喪詔使除服心喪三年遷王導驃騎司馬出爲東陽太守以清潔見稱成帝踐阼以爲散騎常侍侍中蘇峻作亂帝蒙塵於石頭唯潭及侍中鍾雅劉超等隨從不離帝側峻誅以功賜爵永安伯累遷光祿大夫王導嘗謂孔敬康有公才而無公望丁世康有公望而無公才子話位至散騎侍郎徐陵字元大歷三縣長所在著稱遷零陵太守時朝廷俟以列卿之位故翻書曰元大受上卿之遇叔向在晉未若於今其見重如此陵卒僮客土田或見侵奪駱統爲陵家訟之求與丁覽卜清等爲比清疑作靜卜靜見顧邵傳權許爲陵子平字伯先童亂知名翻甚愛之屢稱歎焉諸葛恪爲丹陽太守討山越以平威重思慮可與効力請平爲丞稍遷武昌左部督傾心接物士卒皆爲盡力初平爲恪從事意甚薄及恪輔政待平益疏余紹宋曰上云恪以平威重思慮可與効力請爲丞此又云待之甚薄益疏似相矛盾按余說見龍游縣志卷十七人物傳恪被害子建亡走爲平部曲所得平使遣去別爲他軍所獲平兩婦歸宗陳景雲曰婦當作姊既曰歸宗敬奉必女兄也朱邦衡曰或姑或姊未可知統曰婦爲是敬奉情過乎厚其行義敦篤皆此類也

在南十餘年年七十卒鈔本作年七十九誤辨正見前

吳書曰翻雖在徙棄心不忘國常憂五谿宜討五谿見蜀志先主傳章武元年吳黃龍三年潘濬討武陵蠻夷以遼東海絕官本攷證曰海絕疑作絕海聽人使來屬尚不足取今去人財以求馬宋本入作人吳嘉禾元年孫權加公

孫淵爵位既非國利又恐無獲欲諫不敢作表以示呂岱岱不報爲愛憎所白胡三省曰讒佞之人有愛有憎而無公是非故謂之愛憎白陳奏也復從蒼梧猛陵郡國志交州蒼梧郡猛陵劉昭注引地道記曰龍山合水所出一統志故城今廣西梧州府蒼梧縣西北馬與龍曰據酈水注當在蒼梧縣西南江表傳曰後權遣將士至遼東於海中遭風多所沒失何焯曰遭風沒失乃泊成山而爲田豫所破弱按此事在魏太和六年吳嘉禾元年權悔之乃令曰昔趙簡子稱諸君之唯唯不如周舍之諤諤史記趙世家趙簡子有臣曰周舍好直諫周舍死簡子每聽朝常不說大夫請辠簡子曰大夫無辠吾聞千羊之皮不如一狐之腋諸大夫朝徒聞唯唯不聞周舍之諤諤是以憂也簡子由此能附趙邑而懷晉人韓詩外傳趙簡子有臣曰周舍立於門下三日三夜簡子使問之曰子欲見寡人何事周舍對曰願爲諤諤之臣墨筆操牘從君之過而日有記也月有成也歲有効也簡子居則與之居出則與之出居無幾何而周舍死簡子如喪子後與諸大夫飲於洪波之臺酒酣簡子涕泣諸大夫皆出走曰臣有罪而不自知簡子曰大夫皆無罪昔者吾有周舍有言曰千羊之皮不若一狐之腋衆人諾諾不若一士之諤諤昔者商紂默默而亡武王諤諤而昌今自周舍之死吾未嘗聞吾過也吾亡無日矣是以寡人泣也虞翻亮直善於盡言國之周舍也前使翻在此此役不成促下問交州翻若尚存者給其人船發遣還

郁若以亡者送喪還本郡使兒子仕宦會翻已終翻卒於赤烏二年在吳遣使還東之後故孫權有歎悔之言何焯曰悔赦虞翻泣謝陸抗此權所以稍過於亡國之主

歸葬舊墓妻子得還

會稽典錄曰孫亮時有山陰朱育山陰見孫堅傳少好奇字凡所特達依體象類造作異字千名以上隋書經籍志梁有異字二卷朱育撰亡姚振宗曰據廣韻玉篇引當作異字苑馬國翰輯本序曰郭忠恕汗簡引朱育集字朱育集古字朱育集奇字朱育字略凡二十一條玉篇廣韻引異字苑七條異字晉二要是一書而引者意爲標題故互有參差也今並輯各依所引錄之隋書經籍志又有幼學二卷朱育撰亡唐經籍志初學篇一卷朱嗣卿撰藝文志朱嗣卿幼學篇一卷小學攷曰隋志云朱育唐志云朱嗣卿蓋育字也潘眉曰朱育字嗣卿見唐書藝文志官至侍中東觀令見會稽典錄好奇字著幼學篇蓋爰歷博學之流也見梁七錄名卽字也周禮外史掌達書名于四方大行人九歲屬瞽史諭書名聘禮記百名以上書於策不及百名書於方弼按周禮鄭注云古曰名今曰字又云書名書文字也古曰名聘禮曰百名以上至十一歲又偏省爲朱育事又見鍾離牧傳注引會稽典錄仕郡門下書佐太守濮陽興正旦宴見掾吏言次問太守昔聞朱潁川問士於

鄭召公范書鄧騭傳朱寵字仲威京兆人初辟鄧騭府稍遷潁川太守治理有聲袁宏後漢紀朱寵京兆杜陵人初爲潁川太守表孝悌儒義理冤獄撫孤老功曹主簿皆選明經有高行者每出行縣使文學祭酒佩經書前驅頓止亭傳輒復教授周旋阡陌勸課農桑寵以正月歲首宴賜羣吏問功曹吏鄭凱曰聞貴郡山川多產奇士前賢往哲可得聞乎對曰鄙郡炳嵩山之靈受中岳之精是以聖賢龍蟠俊乂鳳集昔許由巢父恥受堯禪洗耳河濱重道輕帝遁世高時樊仲父者志潔心遐恥飲山河之功賤天下之重抗節參雲公儀許由俱出陽城留侯張良奇謀輔世玄算入微濟生民之命恢帝王之略功成而不居爵厚而不受出于輔成胡元安體曾參之至行履樂正之純業喪親泣血骨立形存精誠洞于神明雉兔集其左右出于潁陽彪義山英姿秀偉逸才挺出究孔聖之房奧存文武于將墜文麗春華辭蔚藻績出于昆陽杜伯夷經學稱于師門政事熙于國朝清身不苟有於陵之操損已存公有公儀之節以榮華爲塵埃以富貴爲厚累草廬蓬門藜藿不供出于定陵寵曰太原周伯況汝南周彥祖皆辭徵聘之寵隱林藪之中淸邁夷齊節擬古人恐貴郡之士未有如此者也凱對曰此二賢但讓公卿之榮耳若許由不受堯位樊仲父不屈當世以此准之不以遠乎寵徵入爲大鴻臚拜太尉惠棟曰鄭凱字召公見會稽典錄韓吳郡問士於劉聖博未詳王景興問士於虞仲翔陳本虞作王誤曾見鄭劉二答而未覩仲翔對也欽聞國賢思覩盛美有日矣書佐寧識之乎育對曰往過習之昔初平末年王府君以淵妙之才

超遷臨郡思賢嘉善樂采名俊問功曹虞翻曰聞玉出崑山珠生南海遠方異域各生珍寶且曾聞士人歎美貴邦舊多英俊徒以遠於京畿含香未越耳功曹雅好博古寧識其人邪翻對曰夫會稽上應牽牛之宿漢書地理志粵地牽牛婺女之分壄也其君禹後帝少康之庶子云封於會稽下當少陽之位東漸巨海西通五湖五湖見蜀志許靖傳南暢無垠北渚浙江南山攸居實爲州鎭昔禹會羣臣官本攷證曰羣臣疑作羣后元本臣作日誤因以命之山有金木鳥獸之殷水有魚鹽珠蚌之饒海嶽精液善生俊異是以忠臣繼踵宋本元本馮本繼作係誤孝子連閭下及賢女靡不育焉王府君笑曰地勢然矣士女之名可悉聞乎翻對曰不敢及遠略言其近者耳往者孝子句章董黯句章見孫堅傳盡心色養喪致其哀單身林野鳥獸歸懷怨親之辱白日報讎海內聞名昭然光著或曰仲翔論士首孝子侯康曰御覽三百七十八及四百八十二引會稽典錄云董黯字孝治句章人家貧採薪供養得甘果奔走以獻母母甚肥悅鄰人家富有子不孝母甚瘦不孝子疾孝治母肥常苦辱之孝治不報及母終負土成墳鳥獸助其悲號喪竟殺

不孝子置冢前以祭詣獄自繫會赦得免太中大夫山陰陳囂漁則化盜居則讓鄰感侵退藩遂成義里攝養車嫗行足厲俗自揚子雲等上書薦之粲然傳世侯康曰御覽一百五十七引會稽典錄云陳囂與民紀伯爲鄰伯夜竊藩囂地自益囂見之伺伯去後密拔其藩一丈以地益伯伯覺之慙惶旣還所侵又卻一丈太守周府君高囂德義刻石旌別其閭號曰義里又卷四百十九引典錄云陳囂同縣車嫗年八十餘無子慕囂仁義欲求寄命囂迎嫗出家財以供餠膳嫗以壽終殯斂皆免其奴令守嫗墓財物付與嫗內外衣服不入殯者以植櫬中制服三日由是著名流稱上國矣又卷四百七十四引典錄云陳囂山陰人宗正劉向黃門侍郎楊雄薦囂行義可厲薄俗孝成皇帝特以公車徵囂時已年七十每朝請上常待以師傅之禮又卷九百三十五引謝承後漢書云會稽陳囂少時於郭外水邊捕魚人有盜取之者囂見避之草中追以魚遺之盜慚不受自是無復盜其魚太尉山陰鄭公淸亮質直不畏彊禦范書鄭弘傳弘字巨君會稽山陰人少爲鄉嗇夫太守第五倫行春見而深奇之召署督郵舉孝廉弘師同郡河東太守焦貺貺被收捕疾病於道亡沒弘獨上章爲貺訟罪由是顯名建初八年代鄭衆爲大司農舊交阯七郡貢獻轉運皆從東冶汎海而至風波艱阻沈溺相係弘奏開零陵桂陽嶠道於是夷通在職二年所息省三億萬計元和元年代鄧彪爲太尉時舉將第五倫爲司空班次在下帝聽置雲母屏風以爲故事魯相山陰鍾離意稟殊特之姿孝家忠朝宰縣相國所在遺惠

鍾離意事詳見本志鍾離牧傳注故取養有君子之耆魯國有丹書之信及陳宮費齊趙一清曰此別一陳宮皆上契天心功德治狀記在漢籍有道山陰趙曄范書儒林傳趙曄傳曄字長君會稽山陰人詣杜撫受韓詩卒業迺歸州召補從事不就舉有道卒於家曄著吳越春秋詩細歷神淵蔡邕至會稽讀詩細而歎息以爲長於論衡邕還京師傳之學者咸誦習焉徵士上虞王充上虞見孫策傳范書王充傳充字仲任會稽上虞人充少孤鄉里稱孝後到京師受業太學師事扶風班彪博通衆流百家之言後歸鄉里屏居教授仕郡爲功曹以數諫爭不合去充好論說始若詭異終有理實以爲俗儒守文多失其眞乃閉戶潛思絕慶弔之禮戶牖牆壁各著刀筆著論衡八十五篇二十餘萬言釋物類同異正時俗嫌疑刺史董勤辟爲從事轉治中自免還家友人同郡謝夷吾上書薦充才學肅宗特詔公車徵病不行謝承書曰夷吾薦充曰充之天才非學所加雖前世孟軻孫卿近漢楊雄劉向司馬遷不能過也各洪才淵懿學究道源著書垂藻絡繹百篇釋經傳之宿疑解當世之槃結或上窮陰陽之奧祕下據人情之歸極宋本據作據交阯刺史上虞綦毋俊俊治左氏春秋永初中舉孝廉拜左校令士爲交州刺史見萬姓統譜拔濟一郡讓爵土之封決曹掾上虞孟英三世死義侯康曰王充論衡齊世篇云會稽孟章父英爲郡決曹掾郡將撾殺非辜事至復攷英引罪自予卒代將死章後復爲郡功曹從役攻賊兵卒北敗爲賊所射以身代將卒死不去又太平御覽卷四百二十一引會稽典錄云孟英子公房上虞人爲郡掾史王憑坐罪未應死太守下縣殺憑憑家詣闕稱冤詔書下州檢考英出定文書悉著英名楚毒慘至辭色不變言太守病不關衆事英以冬至日入占病因竊印以封文書下縣殺憑非太守意也繫歷冬夏肉皆消爛遂不食而死又後漢書循吏傳孟嘗字伯周會稽上虞人也其先三世爲郡吏並伏節死難孟英疑卽孟嘗之先世矣主簿句章梁宏功曹史餘姚駟勳侯康曰御覽六百四十九引會稽典錄云梁宏句章人也太守尹興召署主簿是時楚王英謀反妄疏天下牧守謀發興在數中徵詣廷尉宏與門下掾陸續等傳考詔獄掠毒慘至辭氣益壯又宏勳事亦見後漢書陸續傳惠棟曰駟姓春秋時鄭大夫公子駟之後主簿句章鄭雲皆敦終始之義引罪免居門下督盜賊餘姚伍隆鄮原注莫候反主簿任光錢大昕曰各本作鄮縸候主簿任光攷字書無鄮字蓋鄮字之譌鄮莫候反本小字夾注誤入正文又誤合莫反二字爲縸也（趙一清潘眉說同）李龍官曰鄮音茂縣名屬會稽今之寧波慈谿按郡國志會稽郡鄮說文鄮從邑貿聲一統志故城今浙江寧波府鄞縣東此任光與南陽之任光同名別爲一人章安小吏黃他章安見孫權傳黃武四年身當白刃濟君於難揚州從事句章王脩此與北海之王脩同姓名委身授命垂聲來世河內太守上虞魏少英遭世屯蹇忘家憂國列在八俊爲世英彥范書黨錮傳序李膺

荀昱杜密王暢劉佑魏朗趙典朱寓爲八俊俊者言人之英也魏朗傳朗字少英會稽上虞人少爲縣吏兄爲鄉人所殺朗白日操刃報讎於縣中遂亡命詣太學授五經京師長者李膺之徒爭從之後竇武等誅朗以黨被急徵行至牛渚自殺惠棟曰會稽典錄云朗被徵乃慷慨曰丈夫與陳仲舉李元禮俱死得非乘龍上天乎海內列名八俊黃以周儆季雜箸子敘曰朗著書數十篇號魏子意林仍庾仲容子鈔舊題十卷隋唐志入儒家止存三卷原書之散佚久矣今搜集其說僅得十八事幸箸書之意尚見於殘編斷簡中朗持己矜嚴深有誠於李膺之徒也喜怒不見容治病用道術似又致力於黃老家言者黃老家嗇保身朗卒死於黨錮爲其與李膺陳蕃相善也讀其書知其與陳李之婞直大不相侔矣范書竟從當時陷害之言入之黨錮謬哉尚書烏傷楊喬郡國志會稽郡烏傷三國吳改屬東陽郡一統志故城今浙江金華府義烏縣治桓帝妻以公主辭疾不納范書楊璇傳璇字機平會稽烏傷人父扶交阯刺史兄喬爲尚書容儀偉麗數上言政事桓帝愛其才貌詔妻以公主喬固辭不聽遂閉口不食七日而死近故太尉上虞朱公天姿聰亮欽明神武策無失謨征無遺慮是以天下義兵思以爲首范書朱雋傳雋字公偉會稽上虞人少孤母常販繒爲業雋以孝養致名本縣長山陽度尚見而奇之光和元年拜雋交阯刺史斬梁龍降者數萬人旬月盡定以功封都亭侯及黃巾起公卿多薦雋有才畧與皇甫嵩討潁川汝南陳國諸賊悉破平之董卓擅政以雋宿將外甚親納而心實忌之及關東兵盛卓議徙都長安雋輒止之卓後入關留雋守洛陽徐州刺史陶謙以雋名臣數有戰功可委以大事乃與諸豪桀共推雋爲太師同討李傕等奉迎天子會李傕用周忠賈詡策徵雋入朝雋遂就徵爲太僕郭汜留質雋雋素剛卽日發病卒上虞女子曹娥父溺江流投水而死立石碑紀炳然著顯范書列女傳孝女曹娥者會稽上虞人也父盱能弦歌爲巫祝漢安二年五月五日於縣江泝濤迎婆娑神溺死不得屍骸娥年十四乃沿江號哭晝夜不絕聲旬有七日遂投江而死至元嘉元年縣長度尚改葬娥於江南道旁爲立碑焉王府君曰是既然矣潁川有巢許之逸軌吳有太伯之三讓貴郡雖士人紛紜於此足矣翻對曰故先言其近者耳若乃引上世之事及抗節之士亦有其人昔越王翳讓位逃于巫山之穴錢大昕曰會稽志巫山在山陰縣北十八里越人薰而出之斯非太伯之儔邪史記越世家王翁卒子王翳立索隱曰莊子云越人三弒其君子搜患之逃乎丹穴不肯出越人薰之以艾乘以王輿淮南子云子搜越王翳也且太伯外來之君非其地人也若以外來言之則大禹亦巡於此而葬之矣史記夏本紀帝禹東巡狩至于會稽而崩鄞大里黃公潔已暴秦之世郡國志會稽郡鄞一統志故城今浙江寧波府奉化縣東高祖卽阼不能一致惠帝恭讓出則濟難錢大昕曰陳留志夏黃公姓崔名廣字少通齊人隱居夏里修道故號曰夏黃公仲

翔以爲會稽鄞人仲翔去西京未遠當得其實弼按此卽商山四皓之一　徵士餘姚嚴遵　何焯曰嚴遵是君平育於先賢之名亦有誤乎范史云一
名遵者亦惑於此語也　王莽數聘抗節不行光武中興然後俯就矯手不拜志陵雲日　范書逸民傳嚴
光字子陵一名遵會稽餘姚人少有高名與光武同游學及光武卽位光乃變名姓隱身不見帝思其賢乃令以物色訪之除爲諫議大夫不屈乃耕於富春山後
人名其釣處爲嚴陵瀨焉　皆著於傳籍較然彰明豈如巢許流俗遺譚不見經傳者哉王府君笑
曰善哉話言也賢矣非君不著太守未之前聞也　以上爲朱育述王景與虞仲翔問答之語　濮陽府君曰
御史所云既聞其人　虞翻爲漢侍御史故以稱之　亞斯以下書佐寧識之乎育曰瞻仰景行敢不
識之近者太守上虞陳業絜身淸行志懷霜雪貞亮之信同操柳下遭漢中微委官棄
祿遁迹黟歙以求其志　李慈銘曰水經漸江篇注云漸江又北歷黟山會稽陳業潔身清行遁迹此山　高邈妙蹤天下所
聞故桓文遺之尺牘之書比竟三高　侯康曰初學記人部五引謝承會稽先賢傳云業字文理兄渡海傾命時依止者五六十
人骨肉消爛不可辨別業仰皇天誓后土曰聞親戚者必有異焉因割臂流血以洒骨上應時歃血餘皆流去又太平御覽卷四百二十一引會稽先賢傳云郡守
蕭府君卒業與書佐魯雙奉禮送喪雙道溺於水業因掘泥揚波援出其尸又水經漸江水注云沛國桓儀避地會稽聞陳業履行高潔往候不見儀後浮東海入
交州臨去遺書與業繫白樓亭柱而去（儀書載藝文類聚三十一）案此卽朱育所謂桓文遺之尺牘之書比竟三高者也文下脫林字文林桓儀字陳景雲訓
桓文當作桓王非是李慈銘曰三國志辨誤云文當作王謂長沙桓王也慈銘案此上文云近者太守上虞陳業潔身清行遁迹黟歙云云予初校三國志亦疑桓
文當作桓王後讀水經漸江篇注云沛國桓儀避地會稽聞陳業履行高潔往候不見儀後浮海南入交州臨去遺書與業不因行李繫白樓亭柱而去考後漢書
桓曄字文林一名嚴（注引東觀記嚴作礹）初平中避地會稽遂浮海客交阯曄卽儀也嚴礹皆儀之誤乃知此注所云桓文者當作桓文林脫去一字耳非桓
王也李清植曰比竟三高句詞旨不明疑指上文所引越王翳鄞大里黃公餘姚嚴遵而比竟三高或當作竟比三高　其聰明大略忠直謇
諤則侍御史餘姚虞翻偏將軍烏傷駱統其淵懿純德則太子少傅山陰闞澤學通行
茂作帝師儒其雄姿武毅立功當世則後將軍賀齊勳成績著其探極祕術言合神明
則太史令上虞吳範　以上諸人本志有傳　其文章之事　宋本事作士　立言粲盛則御史中丞句章
任爽　宋本馮本爽作奕黃以周曰意林任子十卷名奕仍庾仲容子鈔舊題也高似孫子略載庾原目作任弁弁乃奕之誤奕吳句章人王伯厚四明七觀賦

注引會稽典錄朱育語嚴鐵橋據魏志王昶傳注任嘏著書三十八卷及隋志道家有任子道論十卷遂謂意林任子名奕奕當作嘏不知嘏自有書名道論非此
任子也任奕之言尙儒術任嘏之言述黃老其書意恉迥異意林所錄爲任奕原注不誤　鄱陽太守章安虞翔各馳文檄曄若春
榮處士鄧盧敘　陳景雲曰鄧當作鄞否或鄧字之誤朱育舉上虞陳業以下十餘人應郡守之問其人皆不出本郡鄧乃汝南屬縣與會稽無預侯
康曰乾道四明圖經正作鄮然會稽三賦云鄮斯祈樊自殺以代舉卽用此注鄮盧敘斯敦祁庚樊正事而以鄮爲姓則宋時已有誤本矣錢大昕曰鄮非會稽屬
縣當是鄮字之譌乾道四明圖經亦以爲鄮人惟盧作虞爲異二字形相涉正史罔多舛譌圖經亦傳寫之本未能決其是非也　弟犯公憲自殺
乞代吳寧斯敦　宋書州郡志東陽太守吳寧令漢獻帝興平二年孫氏分諸暨立郡國志諸暨注引越絕曰興平二年分立吳寧縣水經注吳寧溪
出吳寧縣經烏傷縣爲烏傷溪方輿紀要今浙江金華府東陽縣東二十七里　山陰祁庚上虞樊正咸代父死罪其女則松
楊柳朱　松楊見孫晧傳天紀四年注引搜神記潘眉曰松楊當爲松陽說見賀齊傳　永寧瞿素　郡國志會稽郡永寧永和三年以章安縣東甌
鄉爲縣三國吳改屬臨海郡宋書州郡志永嘉太守晉明帝太寧元年分臨海立永寧令漢順帝永建四年分章安東甌鄉立或云順帝永和三年立賀齊爲永寧
長孫綝封永寧侯卽此一統志故城今浙江温州府永嘉縣治李慈銘曰官本攷證云瞿一作翟慈銘案藝文類聚人部二引列女傳曰會稽翟素者翟氏之女也
受聘未及配適遭亂賊欲犯之臨之以刃素曰我可得而殺不可得而辱賊遂殺素又人部十九引皇甫謐列女後傳曰會稽翟素婢名青乞代素賊遂殺素復欲
犯青青曰向欲代素者恐被恥獲害耳今素已死我何以生爲賊復殺之初學記人部太平御覽人事部引亦皆作翟素弼按官本攷證無瞿亦作翟四字不知李
氏何所據　或一醮守節　禮記少儀篇醮者鄭注云酌始冠曰醮又昏義篇父親醮子而命之迎鄭注云酌而無酬酢曰醮　喪身不顧或
遭寇刼賊死不虧行皆近世之事尙在耳目　虞翻朱育之答可作會稽郡人物志　府君曰皆海內之英
也吾聞秦始皇二十五年以吳越地爲會稽郡治吳　史記秦始皇本紀二十五年王翦遂定荆江南地降越君置會
稽郡　漢封諸侯王以何年復爲郡而分治於此育對曰劉賈爲荆王賈爲英布所殺又以
劉濞爲吳王　漢書高帝紀六年以故東陽郡鄣郡吳郡五十三縣立劉賈爲荆王十一年淮南王布反東擊殺荆王劉賈十二年詔曰吳古之建國也
日者荆王兼有其地今死亡後朕欲復立吳王其議可者長沙王臣等言沛侯濞厚重請立爲吳王地理志會稽郡秦置高帝六年爲荆國十二年更名吳　景
帝四年濞反誅乃復爲郡治於吳　漢書景帝紀三年正月吳王濞等舉兵反二月諸將破七國追斬吳王濞於丹徒史記漢書誅
吳王濞皆在景帝三年此云四年誤　元鼎五年除東越因以其地爲治　何焯校改治當作冶漢書閩粵王傳漢五年復立無諸爲

閩粤王閩中故地都冶（史記作都東冶）師古曰地名卽侯官縣是也冶音戈者反何焯曰按朱育傳漢滅東粤以爲冶冶之爲縣在國滅之後又其民盡徙故領於會稽之東部都尉史因後日之名書之并屬於此而立東部都尉漢書武帝紀元鼎六年秋東越王餘善反元封元年東越殺王餘善降詔曰東越險阻反覆爲後世患遷其民於江淮閒遂虛其地後徙章安陽朔元年又徙治鄞漢書地理志會稽郡無章安續漢志章安故冶閩粤地光武更名劉昭注引晉太康記云本鄞縣南之迴浦鄉章帝章和元年立未詳云云此則徙章安在成帝陽朔元年之前是前漢已有章安異一章安與冶爲兩地異二是朱育所云與兩漢志全不相符宜學者多疑兩漢志之有誤詳見本傳侯官注或有寇害復徙句章沈家本曰東越以元封元年滅元鼎五年尙不得云除也御覽職官部三十九引臨海記曰漢元鼎五年立都尉府於侯官以鎭撫二越所謂東南一尉者也州郡部引郡國志則云元鼎六年立都尉居侯官以禦兩越五年與六年雖不同而曰鎭撫曰禦則都尉爲兩越未滅時所立朱育之言固不足信矣且兩越未滅侯官既爲冶地則閩越王所都漢安得卽其都立都尉哉則臨海記及郡國志之言恐亦未足信也東部之立諸書既並言在元鼎中其言或有所據第都尉所治未必在侯官漢志東部都尉治回浦疑都尉初立卽在其地至東漢時更曰章安始終未嘗徙也到永建四年劉府君上書浙江之北以爲吳郡會稽還治山陰水經漸江水注永建中陽羨長周嘉上書以縣遠赴會至難求得分置遂以浙江西爲吳以東爲會稽元和志蘇州

下後漢順帝永建四年陽羨令周嘉山陰令殷重上書求分爲二郡遂割浙江以東爲會稽浙江以西爲吳郡又越州下後漢順帝時陽羨令周嘉上書以吳越二國周旋一萬一千里以浙江山川險絕求得分置遂分浙江以西爲吳郡以東爲會稽郡自永建四年歲在己巳以至今年積百二十九歲府君稱善是歲吳之太平三年三應作二吳太平二年歲在丁丑歲在丁丑育後仕朝常在臺閣爲東觀令東觀令見孫晧傳建衡三年遙拜清河太守加位侍中推刺占射文藝多通姚振宗曰推刺占射者善推逆刺占候及射覆之術也隋書經籍志梁又有毛詩答雜問七卷吳侍中韋昭侍中朱育等撰亡會稽土地記一卷朱育撰唐經籍志雜傳類會稽記四卷朱育撰藝文志雜傳類朱育會稽記四卷案朱育對太守濮陽興訪本郡人物及吳會分郡始末凡千數百言似卽此書之緣起隋志土地記一卷兩唐志似合人物土地爲一書故四卷又以其書人物爲多故入傳記類

翻有十一子御覽四百九十又七百三十九載虞翻與某書云此中小兒年四歲矣似欲聰哲雖蝦不生鯉子此子似人欲爲求婦不知所向君爲訪之忽怪老癡響此兒也御覽五百四十一載虞翻與弟書云長子容當爲求婦其父如此誰肯嫁之者造求小姓足使生子天其福人不在舊族楊雄之才非出孔氏之門芝草無根醴泉無源家聖受禪父頑母嚚虞家世法出癡子御覽九百七十四載虞翻書云有數頭男皆如奴僕伯安雖癡諸兒不及觀我所生有兒無子伯安三男阿思似父思其兩弟有似人也去日南遠恐如甘蔗近杪卽薄第四子汜最知名胡三省曰汜音祀永安初從選曹郎爲散騎中常侍後爲監軍使者討扶嚴扶嚴見孫晧傳建衡三年病卒汜破交阯見孫晧傳建衡元年三年

會稽典錄曰汜字世洪生南海南海郡見孫晧傳天紀三年年十六父卒還鄉里孫綝廢幼主迎立琅邪王休休未至綝欲入宮圖爲不軌召百官會議皆惶怖失色徒唯唯而已汜對曰明公爲國伊周伊尹周公也處將相之位通鑑位作任擅廢立之威將上安宗廟各本將作勢屬上句讀誤宋本作將通鑑同下惠百姓大小踊躍自以伊霍復見伊尹霍光也今迎王未至而欲入宮如是羣下搖蕩衆聽疑惑非所以永終忠孝揚名後世也綝不懌竟立休休初卽位汜與賀邵王蕃薛瑩俱爲散騎中常侍以討扶嚴功拜交州刺史冠軍將軍餘姚侯封本縣侯尋卒

汜弟忠宜都太守宜都見蜀志先主傳章武二年

會稽典錄曰忠字世方翻第五子貞固幹事好識人物造吳郡陸機於童齔之年稱上虞魏遷於無名之初終皆遠致元本致作敢一云作到爲著聞之士交同縣王岐於孤宦之族岐一作歧仕進先至宜都太守忠乃代之晉征吳忠與夷道監陸晏晏弟中夏督景毛本景作京誤堅守不下城潰被害晉書虞潭傳父忠仕至宜都太守吳之亡也堅壁不降遂死之王濬傳剋吳西陵獲宜都太守虞忠剋荆門夷道二城獲監軍陸晏剋樂鄉獲水軍督陸景又見本志陸抗傳忠子譚宋本譚作潭晉書本傳同字思奧晉陽秋稱譚淸貞有檢操外如退弱內堅正有膽幹仕晉歷位內外終於衛將軍追贈侍中左光祿大夫開府儀同三司晉書虞潭傳潭舉秀才爲醴陵令張昌之亂郡縣多從之潭獨起兵斬昌賜爵都亭侯陳敏反潭討敏弟贊於江州領廬陵太守又與諸軍共平陳恢轉南康太守進爵東鄉侯元帝召補丞相軍諮祭酒帝爲晉王徙右衛將軍遷宗正卿以疾告歸沈充等攻逼京都潭於本縣起義軍赴國難明帝手詔潭爲冠軍將軍領會稽內史會充已擒徵拜尙書成帝卽位出爲吳興太守進封零陵縣侯蘇峻反加潭督五郡軍事峻平以母老去官詔轉吳國內史進爵武昌縣

侯潭修濿濆壘以防海抄百姓賴之咸康中進衞將軍晉書列女傳虞潭母孫氏孫權族孫女也適虞忠忠亡遺孤貌爾孫氏誓不改節訓潭以忠義傾資產以餽戰士貿環佩以爲軍資拜武昌侯太夫人加金章紫綬潭立養堂於家王導以下皆就拜謁咸和末卒年九十五成帝遣使弔祭謚曰定夫人

聳越騎校尉累遷廷尉湘東河間太守

會稽典錄曰聳字世龍翻第六子也清虛無欲進退以禮在吳歷清官入晉除河間相 趙一清曰晉書天文志虞喜作安天論喜族祖河間相聳立穹天論吳太常姚信造昕天論虞喜虞聳姚信皆好奇狥異之說非極數談天者也困學紀聞曰月令正義穹天虞氏所說不知其名天文錄云虞昺作穹天論晉志虞聳立穹天論非昺也 王素聞聳名厚敬禮之聳抽引人物務在幽隱孤陋之中時王岐難聳以高士所達必合秀異聳書與族子察曰世之取士曾不招未齒於丘園索良才於總猥所譽依已成所毀依已敗此吾所以歎息也聳疾俗喪祭無度弟昺卒祭以少牢酒飯而已當時族黨並遵行之

昺廷尉尚書濟陰太守 錢大昕曰河閒濟陰二郡不在吳封內蓋入晉後所授官於史例不當書弼按會稽典錄已言明河閒相

濟陰太守爲晉官惟陳壽不應入傳耳

會稽典錄曰昺字子文 宋本作字世文 翻第八子也少有倜儻之志仕吳黃門郎以捷對見異超拜尚書侍中晉軍來伐遣昺持節都督武昌已上諸軍事昺先上還節蓋印綬然後歸順在濟陰抑彊扶弱甚著威風

陸績字公紀吳郡吳人也 監本官本奪吳郡二字誤吳縣見孫策傳 父康漢末爲廬江太守 陸康事見孫堅傳注引吳錄范書陸康傳康祖父續在獨行傳父褒有志操連徵不至靈帝欲鑄銅人詔調民田畝斂十錢康上疏諫書奏檻車徵詣廷尉侍御史劉岱爲表陳解釋免歸田里會廬江賊攻沒四縣拜康廬江太守康擊破賊獻帝卽位天下大亂康蒙險遣孝廉計吏奉貢朝廷詔書策勞加忠義將軍秩中二千石袁術遣將孫策攻康事見孫策傳注廬江郡見孫堅傳

謝承後漢書曰康字季寧少惇孝悌勤修操行太守李肅察孝廉肅後坐事伏法康斂尸送喪還潁川行服禮終舉茂才歷三郡太守所在稱治 范書陸康傳康少仕郡以義烈稱除高成令以恩信爲治寇盜亦息州郡表上其狀光和元年遷武陵太守轉守桂陽樂安二郡所在稱之 後拜廬江太守

績年六歲於九江見袁術 據孫權傳陸遜傳遜卒於吳赤烏八年年六十三當生於漢光和六年遜長績數歲績當生於中平五年至初平四年袁術據淮南（見范書獻紀）淮南卽九江績於九江見術正年六歲也孫策於興平元年從袁術術遣策攻陸康當在此時（見孫策傳）康遣陸遜及親戚還吳遜爲之綱紀門戶（見陸遜傳）則績與遜還吳矣 術出橘績懷三枚去拜辭墮地術謂曰陸郎作賓客而懷橘乎績跪答曰欲歸遺母術大奇之 范書陸康傳少子績當時幼年曾謁袁術懷橘墮地者也有名稱 孫策在吳張昭張紘秦松爲上賓共論四海未泰須當用武治而平之績年少末坐 孫策死於建安五年績建安五年年十三歲已與上賓同坐可異也陸康爲孫策所攻破而其子乃爲坐上客似覺離奇不知策之攻康本爲袁術所遣非出本謀術死嫌釋績之處境與劉基相同無足異也 遙大聲言曰昔管夷吾相齊桓公九合諸侯一匡天下不用兵車孔子曰遠人不服則脩文德以來之今論者不務道德懷取之術而惟尚武績雖童蒙竊

所未安也昭等異焉 趙一清曰御覽卷二百六十四引陸績別傳曰太守王朗命爲功曹風化肅穆郡內大治弼按孫策取會稽在建安元年王朗命陸績爲功曹當在初平興平之際是時績方數歲何能爲功曹別傳所云似不可信 績容貌雄壯博學多識星歷算數 馮本算作等誤 無不該覽 趙一清曰隋書天文志北極辰也其紐星天之樞也天運無窮三光迭耀而極星不移故曰居其所而衆星拱之賈逵張衡陸績王蕃皆以北極紐星爲樞是不動處也 虞翻舊齒名盛龐統荊州令士年亦差長皆與績友善孫權統事辟爲奏曹掾 續百官志郡國皆置諸曹掾史諸曹略如公府曹孫權是時爲討虜將軍領會稽太守辟績爲奏曹掾當爲會稽郡之奏曹掾也 以直道見憚出爲鬱林太守 鬱林郡見孫權傳赤烏二年鬱林屬交州孫權出績爲鬱林太守當在建安十五年士燮奉承節度之後趙一清曰唐書陸龜蒙傳陸氏在姑蘇其門有巨石遠祖績爲鬱林守罷歸無裝舟輕不可越海取石爲重人號鬱林石世保其居 加偏將軍給兵二千人績既有躄疾 禮記王制篇瘖聾跛躄釋文云跛彼我反躄必亦反兩足不能行也 又意在儒雅非其志也雖有軍事著述不廢作渾天圖 姚振宗曰晉書天文志諸論天者雖多然精于陰陽者張平子陸公紀之徒咸以爲推步七曜之道度歷象昏明之證候校以四八之氣考以漏刻之分占晷景之往來

求形驗于事情莫密于渾象者也張平子既作銅渾天儀其後陸績亦造渾象開元占經卷二後漢末吳人陸績字公紀于孫權時又作渾天儀說造渾天圖嘗于土室居令不覺晝夜已在內推步度數擊鼓與外相應而不失毫釐弼按開元占經一又二載陸績渾天儀說開元占經六十七載陸績渾天圖

注易 釋文序錄後漢偏將軍鬱林太守陸績述十三卷七志云錄一卷隋書經籍志周易十五卷吳鬱林太守陸績注唐經籍志周易十三卷陸績注藝文志陸績注十三卷四庫提要曰陸氏易解一卷吳陸績撰原本散佚明姚士粦采釋文集解及績京氏易傳注輯爲此本凡一百五十條昔宋王應麟輯鄭氏易注爲學者所重士粦此本雖不及應麟蒐討之勤博而掇殘賸存什一於千百亦可以見陸氏易注之大略矣張惠言易義別錄輯本序曰公紀注京氏易傳則其易京氏也余嘗以爲京氏既爲易章句又別爲易傳飛候之書以謂易合萬象不可執一隅然則積算之法殆不用之章句以易傳飛候求易者爲京氏者之末失也今觀公紀所述凡納甲六親九族四氣刑德生尅未嘗一言及之至言六爻發揮旁通卦爻之變有與孟氏相出入者京氏自言其易卽孟氏學公紀儻得之耶京氏章句既亡由公紀之說京氏之大恉庶幾見之公紀以年少與仲翔爲友觀其書亦幾欲與荀虞頡頏矣又曰余嘗善陸績治易京氏而其言純粹與干寶絕不相類又曰隋經籍志續又與虞翻同撰日月變例六卷

釋玄 陸績述玄曰績習常見同郡鄒邠字伯岐與邑人書歎楊子雲所述太玄連推求玄本不能得也鎭南將軍劉景升遣梁國成奇修好鄙州奇將玄經自隨時雖輻寫一通年尚暗稚甫學書毛詩王誼人事未能深索玄道眞故不爲也後數年專精讀之半歲閒粗覺其意於是草創注解未能也章陵宋仲子爲作解詁後

奇復銜命尋盟仲子以所解付奇與安遠將軍彭城張子布績得覽焉仲子之思慮誠爲深篤然玄道廣遠淹廢歷載師讀斷絕難可一備故往往有違本錯誤績智慧豈能弘裕顧聖人有所不知匹夫誤有所達加緣先王詢于芻蕘之誼故遂卒有所述就以仲子解爲本其合於道者因仍其說其失者因釋而正之所以不復爲一解欲令學者瞻覽彼此論其曲直故合聯之爾夫玄之大義揲蓍之謂而仲子失其指歸休咎之占靡所取定雖得文間義說大體乖矣書曰若網在綱有條而弗紊今綱不正欲弗紊不可得已績不敢苟好著作以虛譽也庶合道眞使玄不爲後世所尤而已常璩蜀郡楊雄贊云其玄淵源懿後世大儒張衡崔子玉宋仲子王子雍（按王肅字子雍魏人）皆爲注解吳郡陸公紀尤善于玄稱雄聖人隋書經籍志楊子太玄經十卷陸績宋衷譔（按譔當爲注）唐經籍志楊子太玄經十二卷楊雄撰陸績注藝文志陸績注楊子太玄經十二卷宋志玄測一卷漢宋衷解吳陸績釋之

皆傳於世豫自知亡日乃爲辭曰有漢志士吳郡陸績幼敦詩書長玩禮易受命南征遘疾遇厄遭命不幸嗚呼悲隔又曰從今已去六十年之外車同軌書同文恨不及見也年三十二卒 當卒於建安二十四年故自述曰有漢志士 長子宏會稽南部都尉 會稽南部卽建安郡詳見孫權傳赤烏二年 次子叡長水校尉 陸瑁傳瑁從父績早亡二男一女皆數歲以還瑁迎攝養至長乃別

績於鬱林所生女名曰鬱生適張溫弟白 姚信集有表稱之曰 釋文敍錄周易姚信注十卷字德祐七錄云十二卷字元直吳興人吳太常卿隋書經籍志周易十卷吳太常姚信注唐經籍志周易十卷姚信注藝文志姚信注十卷秀水朱彝尊經義考曰阮孝緒云姚信字元直陸德明云信字德祐按吳志陸績傳注引姚信集有表請賜績女鬱生以義姑之號又陸遜傳姚信以親附太子枉見流徙又孫和傳寶鼎二年十二月遣守丞相孟仁太常姚信等備官僚中軍步騎二千人以靈輿法駕東迎神於明陵又晉書范平傳平研覽墳索徧該百氏姚信賀邵之徒皆從受業又南史姚察傳察讓選部書曰臣九世祖信名高往代云云姚振宗曰陸遜傳云遜外生顧譚顧承姚信並以親附太子枉見流徙似與二顧並爲遜之外生孫權時嘗爲太子和官屬孫晧卽位謚父和爲文皇帝改葬明陵時信以太常奉使迎神云隋書經籍志梁又有姚信集二卷錄一卷今亡唐經籍志姚信集十卷嚴可均曰姚信有士緯十卷姚氏新書二卷集二卷陸績傳注引姚信集晉宋隋書天文志引姚氏昕天論藝文類聚二十三引姚信誡子

臣聞唐虞之政舉善而教旌德擢異三王所先是以忠臣烈士顯名國朝淑婦貞女表迹家閭蓋所以闡崇化業廣殖清風使苟有令性 爾雅釋詁令善也 幽明俱著苟懷懿姿士女同榮故王蠋建寒松之節而齊王表其里 史記田單列傳燕之初入齊聞晝邑人王蠋賢令軍中曰環晝邑三十里無入以王蠋之故已而使人謂蠋曰

齊人多高子之義吾以子爲將封子萬家蠋固謝燕人曰子不聽吾引三軍而屠晝邑王蠋曰忠臣不事二君貞女不更二夫齊王不聽吾諫故退而耕於野國既破亡吾不能存今又劫之以兵爲君將是助桀爲暴也與其生而無義固不如烹遂經其頸於樹枝自奮絕脰而死齊亡大夫聞之曰王蠋布衣也義不北面於燕況在位食祿者乎乃相聚如莒求諸子立爲襄王 義姑立殊絕之操而魯侯高其門 列女傳曰魯孝義保者魯孝公稱之保母初孝公父武公與長子括中子戲朝周宣王宣王立戲爲魯太子武公薨戲立是爲懿公孝公於時號公子稱括之子伯御與魯人作亂攻殺懿公而自立求稱于宮中將殺之義保聞伯御欲殺稱乃衣其子以稱之衣臥於稱之臥處伯御殺之義保遂抱稱以逃周天子殺伯御立稱爲孝公魯人高義保之義故謂之義保

臣竊見 毛本竊作切誤 故鬱林太守陸績女子鬱生少履貞特之行幼立匪石之節 詩邶風柏舟篇我心匪石不可轉也毛傳云石雖堅尙可轉 年始十三適同郡張白侍廟三月婦禮未卒白遭罹家禍遷死異郡鬱生抗聲昭節義形於色冠蓋交橫誓而不許奉白姊妹嶮巇之中蹈履水火志懷霜雪義心固於金石體信貫於神明送終以禮邦士慕則臣聞昭德以行顯行以爵苟非名爵則勸善不嚴故士之有誄魯人志其勇 禮記檀弓上曰魯莊公及宋人戰於乘丘縣賁父御卜國爲右

馬驚敗績公墜佐車受綏公曰末之卜也縣賁父曰他日不敗績而今敗績是無勇也遂死之圉人浴馬有流矢在白肉公曰非其罪也遂誄之士之有誄自此始也杞婦見書齊人哀其哭孟子曰華周杞梁之妻善哭其夫而變國俗列女傳曰齊人杞梁襲莒戰而死其妻乃就夫尸於城下哭之七日而城崩妻遂投淄水而死乞蒙聖朝斟酌前訓上開天聰下垂坤厚褒鬱生以義姑之號以厲兩髦之節詩鄘風柏舟篇髧彼兩髦毛傳云髧兩髦之貌髦者髮至眉子事父母之飾則皇風穆暢士女改視矣

張溫字惠恕吳郡吳人也監本官本作吳郡人也誤父允以輕財重士名顯州郡爲孫權東曹掾卒溫少脩節操容貌奇偉權聞之以問公卿曰溫當今與誰爲比大司農劉基曰可與全琮爲輩太常顧雍曰基未詳其爲人也溫當今無輩權曰如是張允不死也徵到延見御覽延作廷文辭占對觀者傾竦權改容加禮罷出張昭執其手曰老夫託意君宜明之拜議郎選曹尚書徙太子太傅甚見信重時年三十二以輔義中郎將使蜀五見孫權傳黃武三年趙一清曰御覽卷四百七引吳錄曰溫英才瓌瑋拜中郎將聘蜀與諸葛亮結金蘭之好焉權謂溫曰卿不宜遠出恐諸葛孔明不知吾所以與曹氏通意孫權傳黃武元年時揚越蠻夷多未平集內難未弭故權卑辭上書求自改悔又云然猶與魏文帝相往來至後年乃絕以故屈卿行若山越都除便欲大構於蜀鈔本蜀作丕集氏謂孫權當日和蜀圖魏之策略得此一字正之瞭然在心目間所云誠是鈔本亦惟此一字可取然猶有疑者張溫使蜀在吳黃武三年自黃武元年曹丕三路進兵孫權改元臨江拒守江陵洞浦苦戰連年已大構矣何謂便欲惟吳蜀初通舊嫌未釋公瑾遺謀西規凉益行人覘國授以密謀證以仲謀之反覆操縱亦爲情理中應有之事則作蜀字亦可通後見諸葛治國有經專主聯吳攻魏遂寢斯議亦在意中據此推論似亦不得謂蜀字爲誤也行人之義受命不受辭也溫對曰臣入無腹心之規出無專對之用懼無張老延譽之功國語晉語悼公知張老之智而不詐也使爲元候始合諸侯于虛朾以救宋使張老延君譽于四方且觀道逆者韋注云張老晉大夫張孟元候中軍候奄延陳也陳君之稱譽於四方且觀察諸侯之有道德與逆亂者又無子產陳事之效然諸葛亮達見計數必知神慮屈申之宜加受朝廷天覆之惠推亮之心

必無疑貳溫至蜀詣闕拜章曰昔高宗以諒闇昌殷祚於再興尚書說命篇王宅憂亮陰三祀孔傳云陰默也正義云陰者幽闇之義釋文云亮本又作諒成王以幼沖隆周德於太平功冒溥天聲貫罔極今陛下以聰明之姿等契往古總百揆於良佐參列精之炳耀遐邇望風莫不欣賴吳國勤任旅力清澄江滸願與有道平一宇內委心協規有如河水軍事興煩使役乏少是以忍鄙倍之羞論語曾子曰出辭氣斯遠鄙倍矣集解云能順而說之則無惡戾之言入於耳使下臣溫通致情好陛下敦崇禮義未便恥忽臣自入遠境及即近郊頻蒙勞來恩詔輒加以榮自懼悚怛若驚謹奉所齎函書一封何焯曰以當日人心思漢有不自知其出諸口者然於敵國之體則失辭矣以殷宗傳說稱漢君臣則勤任旅力者不自同東藩乎或曰此章失體又自稱下臣非所謂不辱君命者蜀甚貴其才還御覽八百十五載溫上表云劉禪送臣溫熟錦五端頃之使入豫章部伍出兵事業未究權既陰銜溫稱美蜀政銜憾也王鳴盛曰權下令歷數溫罪所謂欲加之罪何患無辭然絕不言其稱美蜀政惟責其將殷禮到蜀扇揚異國亦是借題影射略綂申理亦不及美蜀政作史者探權隱情表而出之最妙李安溪曰揣權之意銜溫在稱蜀德太美耳扇揚蜀人爲禮譚論此從而爲之辭耳但權意不顯故綂無由致辨獨作史者忖度數言爲深探情實耳又嫌其聲名大盛顧雍謂當今無輩衆庶炫惑恐終不爲已用思有以中傷之張溫沈友皆以多才見忌惜哉沈友事見孫權傳建安九年注引吳錄會暨豔事起胡三省曰暨居乙翻姓也葉夢得石林燕語曰元豐五年黃冕仲榜唱名有暨陶者主司初以洎音呼之三呼不應蘇子容時爲試官神宗顧蘇蘇曰當以入聲呼之果出應上曰何以知爲入聲蘇言三國志吳有暨豔陶恐其後遂問陶鄉貫曰崇安人上喜曰果吳人也何焯曰陶九成云暨當音結遂因此發舉豔字子休亦吳郡人也錢大昭曰豔事詳見此傳而陸瑁朱據傳皆載之失之繁矣劉咸炘曰瑁據傳所載與此相備不爲繁但豔可作傳而不作殆由吳書本無耳因仍舊記不能更加鎔裁則承祚之失也溫引致之以爲選曹郎至尚書胡三省曰漢置四曹尚書其一曰常侍曹主丞相御史公卿事光武改常侍爲吏部曹主選舉祠祀靈帝以梁鵠爲選部尚書魏復改選部爲吏部吳蓋循東都之制豔性狷厲御覽狷作峭好爲清議見時郎署混濁淆雜多非其人欲臧否區別賢愚異

貫彈射百僚御覽彈作指覈選三署通鑑選作奏胡注三署謂五官左右三署郎也率皆貶高就下降損數等其守故者十未能一其居位貪鄙志節汙卑者皆以爲軍吏置營府以處之何焯曰置營府以處之是自合其黨而使聚以謀我也而怨憤之聲積浸潤之譖行矣張温暨豔奏丞相孫邵事見孫權傳黃武四年注引吳錄競言豔及選曹郎徐彪

吳錄曰彪字仲虞廣陵人也宋元本馮本此注在憎愛不由公理下

專用私情憎愛不由公理御覽作愛憎豔彪皆坐自殺胡三省曰坐自殺謂賜死也隋書經籍志吳選曹尚書暨豔集二卷梁三卷錄一卷唐經籍志暨豔集二卷御覽三百四十八引暨豔集云角弩旣調射者又工多獲鶉鳥能無懇傷溫宿與豔彪同意數交書疏聞問往還卽罪溫藝文類聚九十四御覽八百九十九載張溫自理表云昔百里奚賢秦穆公欲干之穆公好牛奚因賃官以養牛躡上乘肉三寸公使禽息行牛息入言之公不信怒息後言之公又怒吏曰再怒其主罪當使守門公出游登車禽息跪而請之曰夫養牛者願君勿忘也公乃問百里奚曰臣之所長非養牛者也乃養民也公視牛察之乃知賢人也遂與同車而出謝禽息息曰所以不死者君未知客也今已知之矣乃觸門而死云云惜其文不全權幽之有司下令曰昔令召張溫虛己待之旣至顯

授有過舊臣何圖凶醜專挾異心昔暨豔父兄附于惡逆寡人無忌故進而任之欲觀豔何如察其中間形態果見而溫與之結連死生豔所進退皆溫所爲頭角更相表裏共爲腹背非溫之黨卽就疵瑕爲之生論又前任溫董督三郡指撝吏客及殘餘兵時恐有事欲令速歸故授棨戟獎以威柄乃便到豫章表討宿惡寡人信受其言特以繞帳帳下解煩兵五千人付之洪飴孫曰帳下左右部督各一人吳所置掌宿衛兵後聞曹丕自出淮泗吳黃武三年四年魏文皆出廣陵見孫權傳及注引吳錄故豫勅溫有急便出而溫悉內諸將布於深山被命不至賴丕自退不然已往豈可深計又殷禮者本占候召而溫先後乞將到蜀扇揚異國爲之譚論李安溪曰恨只在此何焯曰此吳王假以示意其刻骨之恨故在表辭以暨豔事坐溫者溫方衆望所歸欲移衆之怨豔者使之怨溫又吳王之譎術也暨徐之獄類魏崔毛誅廢事惟蜀無之又禮之還當親本職而令守尚書戶曹郎如此署置在溫而已又溫語賈原當薦卿作御史語蔣康當用卿代賈原專衒賈國恩爲已形勢揆其姦心無所不爲不忍暴於市朝今斥還本郡官本郡作部誤以給廝吏胡三省曰廝音斯賤也嗚呼溫也免罪爲幸將軍駱統表理溫曰伏惟殿下天生明德神啓聖心招髦秀於四方置俊乂於宮朝多士旣受普篤之恩張溫又蒙最隆之施而溫自招罪讁孤負榮遇念其如此誠可悲疚然臣周旋之間爲國觀聽深知其狀故密陳其理溫實心無他情事無逆迹但年紀尚少鎮重尚淺溫年三十二不得謂之少而戴赫烈之寵體卓偉之才亢臧否之譚效襃貶之議於是務勢者妒其寵爭名者嫉其才

玄默者非其譚瑕釁者諱其議此臣下所當詳辨明朝所當究察也李安溪曰切深著明果可危哉果可危哉昔賈誼至忠之臣也漢文大明之君也然而絳灌一言賈誼遠退何者疾之者深譖之者巧也然而誤聞於天下失彰於後世李安溪曰引喻頗切近故孔子曰爲君難爲臣不易也溫雖智非從橫武非虓虎然其弘雅之素英秀之德文章之采論議之辨卓躒冠羣煒曄曜世世人未有及之者也故論溫才卽可惜言罪則可恕若忍威烈以赦盛德宥賢才以敦大業固明朝之休光四方之麗觀也國家之於暨豔不內之忌族姜宸英曰忌族卽尚書圮族猶等之平民是故先見用於朱治朱治爲吳郡太守豔蓋先爲郡吏也次見舉於衆人中見任於明朝亦見交於溫也君臣之義義之最重朋友之交交之最輕者也國家不嫌與豔爲

最重之義是以溫亦不嫌與豔爲最輕之交也時世寵之於上溫竊親之於下也韓菼曰統所謂意巧者也亦嫌歸過君上夫宿惡之民放逸山險則爲勁寇將置平土則爲健兵故溫念在欲取宿惡以除勁寇之害而增健兵之銳也但自錯落功不副言然計其送兵以比許晏數之多少溫不減之用之彊羸溫不下之至於遲速溫不後之故得及秋冬之月赴有讐之期不敢忘恩而遺力也溫之到蜀共譽殷禮雖臣無境外之交亦有可原也境外之交謂無君命而私相從非國事而陰相聞者也若以命行既脩君好因敘已情亦使臣之道也故孔子使鄰國則有私覿之禮論語鄉黨篇私覿愉愉如也集解鄭曰覿見也既享乃以私禮見正義曰此記爲君使聘問鄰國之禮容也季子聘諸夏亦有燕譚之義也吳季札歷聘諸國古人有言欲知其君觀其所使見其下之明明知其上之赫赫溫若譽禮能使彼歎之誠所以昭我臣之多良明使之得其人顯國美於異境揚君命於他邦是以晉趙文子之盟于宋也稱隨會於屈建左傳襄公二十七年宋公及諸侯之大夫盟于蒙門之外子木問於趙孟曰范武子之德何如（楚屈建字子木趙孟趙文子范武子隨會也）對曰夫子之家事治言於晉國無隱情其祝使陳信於鬼神無愧辭楚王孫圉之使于晉也譽左史於趙鞅國語楚大夫王孫圉聘于晉定公饗之趙鞅鳴玉以相問於圉曰楚之白珩猶在乎對曰楚之爲寶者有左史倚相能道訓典以敘百物以朝夕獻善敗于寡君使寡君無忘先王之業又能上下說乎鬼神順道其欲惡使神無有怨痛于楚國亦向他國之輔而歎本邦之臣經傳美之以光國而不譏之以外交也王靖內不憂時外不趨事溫彈之不私推之不假於是與靖遂爲大怨此其盡節之明驗也靖兵衆之勢幹任之用皆勝於賈原蔣康溫尙不容私以安於靖豈敢賣恩以協原康邪又原在職不勤當事不堪溫數對以

醜色彈以急聲若其誠欲賣恩作亂則亦不必貪原也凡此數者校之於事既不合參之於衆亦不驗臣竊念人君雖有聖哲之姿非常之智然以一人之身御兆民之衆從層宮之內瞰四國之外照羣下之情求萬機之理猶未易周也固當聽察羣下之言以廣聰明之烈今者人非溫既殷勤臣是溫又契闊辭則俱巧意則俱至各自言欲爲國誰其言欲爲私倉卒之間猶難卽別然以殿下之聰叡察講論之曲直若潛神留思纖粗研核情何嫌而不宣事何昧而不昭哉溫非親臣臣非愛溫者也昔之君子皆抑私忿以增君明彼獨行之於前臣恥廢之於後故遂發宿懷於今日納愚言於聖德宋本德作聽實盡心於明朝非有念於溫身也韓菼曰權特借端中傷耳統詞意雖佳顧就事折辨不足挽救必如子瑜之解殷模或庶幾乎劉咸炘曰載此表明其冤也權終不納後六年溫病卒隋書經籍志雜史類三史略二十九卷吳太子太傅張溫撰唐經籍志雜史類三史要略三十卷張溫撰姚振宗曰三史者史記漢書東觀記也蜀孟光銳意三史三史之學盛行於時隋志吳輔義中郎將張溫集六卷二弟祇白亦有才名張白事見陸績傳注引姚信集與溫俱廢

會稽典錄曰餘姚虞俊歎曰侯康曰御覽卷四百九十一引會稽典錄云邵員字德方餘姚人與同縣虞俊鄰居員先不知俊十餘年俊至吳與張溫朱據等會淸談于雲溫等敬服于是吳中盛爲俊談員聞而愧曰吾與仲明遊居比屋曾不能甄其英秀播其風烈而令他邦稱我之傑張惠恕才多智少華而不實怨之所聚有覆家之禍吾見其兆矣諸葛亮聞俊憂溫意未之信及溫放黜亮乃歎俊之有先見亮初聞溫敗未知其故李安溪曰未之信者以蜀待吳也未知其故者欲決之於天也思之數日曰吾已得之矣其人於淸濁太明善惡太分臣松之以爲莊周云名者公器也不可以多取張溫之廢豈其取名之多乎多之爲弊古賢既知之矣是以遠見之士退藏於密不使名浮於德不以華傷其實既不能被褐韞寶挫廉逃譽使才映

一世聲蓋人上沖用之道庸可暫晉溫則反之能無敗乎權既疾溫名盛而駱統方驟言其美至云卓躒冠羣煒曄曜世世人未有及之者也斯何異燎之方盛又揠膏以熾之哉　文士傳曰溫姊妹三人皆有節行爲溫事已嫁者皆見錄奪其中妹先適顧承官以許嫁丁氏成婚有日遂飲藥而死吳朝嘉歎鄉人圖畫爲之贊頌云張溫姊妹三人皆有節行張白之婦陸鬱生年十三卽守義可謂一門節義

駱統字公緒會稽烏傷人也烏傷見虞翻傳父俊官至陳相爲袁術所害范書孝明八王傳獻帝初義兵起陳王寵屯陽夏國相會稽駱俊素有威恩時天下飢荒鄰郡人多歸就之俊傾資振贍並得全活後袁術求糧於陳而俊拒絕之術忿恚遣客詐殺俊及寵陳由是破敗章懷注引謝承書曰俊拜陳國相人有產子厚致米肉達府主意生男女者以駱爲名袁術使部曲將張闓陽私行到陳之俊所俊往從飲酒因詐殺俊一郡吏人哀號如喪父母會稽典錄云俊孝靈皇帝擢拜陳相汝南葛陂盜賊並起陳與接境四面受敵俊厲吏民爲保障之計出倉見穀以贍貧民鄰郡士庶咸往歸之身捐奉祿給其衣食

謝承後漢書曰俊字孝遠有文武才幹少爲郡吏察孝廉補尚書郎擢拜陳相值袁術僭號兄弟忿爭天下鼎沸羣賊並起陳與北界何焯校改北作比姧慝四布俊厲威武保疆境賊不敢犯養濟百姓災害不生歲獲豐稔後術軍衆饑困就俊求糧俊疾惡術初不應答術怒密使人殺俊

統母改適爲華歆小妻小妻解見魏志文德郭后傳周壽昌曰駱統之母本統父俊之小妻也觀下云事適母甚謹可知統時八歲遂與親客歸會稽其母送之拜辭上車面而不顧其母泣涕於後御者曰夫人猶在也梁章鉅曰此御者稱統母爲夫人耳然古者子之稱母皆曰夫人列女傳珠厓二義傳女初曰夫人哀初之孤後漢書劉表以書諫袁譚今仁君見憎於夫人文苑英華載獨孤良弼路公碑年八歲丁尊夫人艱是唐時猶沿此稱也統曰不欲增母思故不顧耳事適母甚謹時饑荒鄉里及遠方客多有困乏統爲之飲食衰少其姊仁愛有行寡居無子宋本居作歸故私粟得自主也見統甚哀之數問其故統曰士大夫糟糠不足我何心獨飽姊曰誠如是何不告我而自苦若此乃自以私粟與統又以告母母亦賢之遂使分施由是顯名孫權以將軍領會稽太守統年二十試爲烏程相烏程見孫堅傳民戶過萬咸歎其惠理權嘉之召爲功曹行騎都尉妻以從兄輔女統志在補察茍所聞見夕不待旦常勸權以尊賢接士勤求損益饗賜之日可人人別進問其燥溼胡三省曰人之居處避溼就燥問其燥溼者問其居處何如也加以密意誘諭使言察其志趣令皆感恩戴義懷欲報之心權納用焉出爲建忠中郎將各本皆奪中字領武射吏三千人及淩統死復領其兵是時徵役繁數重以疫癘民戶損耗統上疏曰臣聞君國者以據疆土爲彊富制威福爲尊貴曜德義爲榮顯永世胤爲豐祚然財須民生彊賴民

力威恃民勢福由民殖德俟民茂義以民行六者既備然後應天受祚保族宜邦李安溪曰合道之言書曰衆非后無能胥以寧后非衆無以辟四方或曰統所引書非後出古文也推是言之則民以君安君以民濟不易之道也今彊敵未殄海內未乂三軍有無已之役宋本有作以誤江境有不釋之備徵賦調數由來積紀加以殃疫死喪之災郡縣荒虛田疇蕪曠聽聞屬城民戶浸寡又多殘老毛本殘作賤誤少有丁夫聞此之日心若焚燎思尋所由小民無知既有安土重遷之性且又前後出爲兵者生則困苦無有溫飽死則委棄骸骨不反是以尤用戀本畏遠同之於死每有徵發羸謹居家重累者先見輸送毛本見作是誤小有財貨傾居行路不顧窮盡輕剽者則迸入險阻黨就羣惡百姓虛竭嗷然愁擾愁擾

則不營業不營業則致窮困致窮困則不樂生故口腹急則姦心動
而攜叛多也又聞民閒非居處小能自供生產兒子多不起養屯田
貧兵亦多棄子天則生之而父母殺之既懼干逆和氣感動陰陽且
惟殿下開基建國乃無窮之業也彊鄰大敵非造次所滅疆場常守
非期月之戍而兵民減耗後生不育非所以歷遠年致成功也夫國
之有民猶水之有舟停則以安擾則以危 李安溪曰此蓋以舟喻民與古載舟覆舟之譬相反 愚
而不可欺弱而不可勝是以聖王重焉禍福由之故與民消息觀時
制政方今長吏親民之職惟以辦具爲能 宋本辦作辨 取過目前之急 或曰
過疑作適 少復以恩惠爲治副稱殿下天覆之仁勤恤之德者官民政俗
日以彫敝漸以陵遲勢不可久夫治疾及其未篤除患貴其未深願

殿下少以萬機餘閒留神思省補復荒虛深圖遠計育殘餘之民阜
人財之用參曜三光等崇天地臣統之大願足以死而不朽矣權感
統言深加意焉以隨陸遜破蜀軍於宜都 宜都見蜀志先主傳章武二年 遷偏將軍黃
武初曹仁攻濡須使別將常雕等襲中洲統與嚴圭共拒破之封新
陽亭侯 新陽在汝南郡境疑爲陽新之誤陳景雲曰凡列侯之歿其有子嗣爵與否史必詳書之而駱統與是儀傳獨闕疑有脫文統子名秀爲時顯士見
陸遜傳注又孫休傳中有司鹽校尉駱秀卽其人也則駱統非無後者 後爲濡須督數陳便宜前後書數十
上所言皆善文多故不悉載尤以占募在民閒長惡敗俗生離叛之
心急宜絕置 何焯曰時兵民初分故統言若此今則漸以相安又雖變矣 權與相反覆終遂行之年
三十六黃武七年卒 隋書經籍志吳偏將軍駱統集十卷梁有錄一卷唐經籍志駱統集十卷
陸瑁 胡三省曰瑁音冒 字子璋丞相遜弟也 錢大昭曰陸績傳既在同卷中此當云績從子下卷遜傳當云瑁兄乃承

詐於遜傳則書里居於瑁則書遜弟疑其顚倒失次弼按朱據爲朱桓之弟（據爲桓子異從父見異傳）賀邵爲賀齊之孫均各書籍貫其失亦同 少好
學篤義陳國陳融 隋書經籍志梁又有陳子要言十四卷吳豫章太守陳融撰亡唐經籍志陳子要言十四卷陳融撰藝文志同馬國翰輯
本序曰融陳國人附見吳志陸瑁傳僅載里居隋志題吳豫章太守此官爵之可見者七錄法家載陳子要言十四卷隋志云亡唐志復著錄今惟御覽引二節附攷爲
卷姚振宗曰宋刻全本意林有陳子要言一條馬氏輯本失采 陳留濮陽逸 逸子興有傳見後 沛郡蔣纂廣陵袁
迪等皆單貧有志就瑁遊處
迪孫曄字思光作獻帝春秋云 袁曄獻帝春秋見魏志武紀興平元年 迪與張紘等俱過江 迪紘皆廣陵人
迪父綏爲太傅掾張超之討董卓 超爲廣陵太守討董卓見魏志臧洪傳 以綏領廣陵事
瑁割少分甘與同豐約及同郡徐原 趙一清曰原字德淵見呂岱傳 爰居會稽素不
相識臨死遺書託以孤弱 呂岱稱徐原爲益友原死哭之甚哀何以徐原託孤於素不相識之陸瑁原官侍御史何以爰居會
稽此皆事之可疑者 瑁爲起墳立墓 宋本作起立墳墓 收導其子又瑁從父績早亡一男

一女 宋本作二男一女各本皆誤朱良裘曰陸績傳長子宏次子叡此作一男疑誤 皆數歲以還瑁迎攝養至長
乃別州郡辟舉皆不就時尚書暨豔盛明臧否差斷三署 胡三省曰三署謂五
官左右三署也 頗揚人闇昧之失以顯其謫 謫罰也 瑁與書曰夫聖人嘉善矜
愚 胡三省曰論語君子嘉善而矜不能 忘過記功以成美化加今王業始建將一大統
此乃漢高棄瑕錄用之時也 胡三省曰謂棄其瑕玷而錄其材用 若令善惡異流貴汝
潁月旦之評 胡三省曰漢末汝南許劭與從兄靖俱有高名好共覈論鄉黨人物每月輒更其品題故汝南俗有月旦評 誠可以
厲俗明教然恐未易行也宜遠模仲尼之汎愛 胡三省曰論語載孔子之言曰汎愛衆而親仁
中則郭泰之弘濟 通鑑中作近下句近作庶胡三省曰郭泰耆人倫而不爲危言覈論獎拔士人成名者甚衆而不絕左原賈淑之陰惡所
謂容濟也 近有益於大道也豔不能行卒以致敗嘉禾元年公車徵瑁拜
議郎選曹尚書 胡三省曰吳選曹尚書卽魏選部尚書 孫權忿公孫淵之巧詐反覆欲親

征之瑁上疏諫曰臣聞聖王之御遠夷羈縻而已不常保有故古者制地謂之荒服言慌惚無常不可保也今淵東夷小醜屛在海隅雖託人面與禽獸無異國家所爲不愛貨寶遠以加之者非嘉其德義也誠欲誘納愚弄以規其馬耳淵之驕黠恃遠負命此乃荒貊常態豈足深怪昔漢諸帝亦嘗銳意以事外夷馳使散貨充滿西域雖時有恭從然其使人見害財貨幷沒不可勝數今陛下不忍悁悁之忿欲越巨海身踐其土羣臣愚議竊謂不安何者北寇與國壤地連接苟有閒隙應機而至夫所以越海求馬曲意於淵者爲赴目前之急除腹心之疾也而更棄本追末捐近治遠忿以改規激以動衆斯乃猾虜所願聞胡三省曰北寇猾虜皆謂魏也非大吳之至計也又兵家之術以功役相疲勞逸相待得失之閒所覺輙多胡三省曰兵法以逸待勞又曰逸則能勞之言敵人用智以疲我苦不自覺比我覺知則得失之閒相去多矣且沓渚去淵道里尙遠沓渚見魏志齊王紀景初三年及公孫度傳胡三省曰遼東郡有沓氏縣西南臨海渚應劭曰沓長答翻又據陳壽志景初三年以遼東東沓縣吏民渡海居齊郡界爲新沓縣卽沓渚之民也今到其岸兵勢三分使彊者進取次當守船又次運糧行人雖多難得悉用加以單步負糧經遠深入賊地多馬邀截無常若淵狙詐與北未絕動衆之日脣齒相濟胡三省曰此慮魏乘吳伐遼之閒而南侵也若實孑然無所憑賴通鑑作了然胡三省曰了然猶言曉然也蜀本作孑然文義尤長孑孤孑也謂淵孤立孑然無援也其畏怖遠迸或難卒滅胡三省曰迸北孟翻卒讀曰猝使天誅稽於朔野山虜承閒而起通鑑承作乘胡三省曰山虜謂丹陽豫章鄱陽廬陵新都等郡山越也乘蜀本作承恐非萬安之長慮也權未許瑁重上疏曰夫兵革者固前代所以誅暴亂威四夷也然其役皆在姦雄已除天下無事從容廟堂之上以餘

議議之耳至於中夏鼎沸九域槃互之時宋本互作牙通鑑作盤互胡三省曰盤互謂各盤據而互爲敵也劉家立曰古互字俱作牙漢書谷永傳百官盤互顏注盤結而交互也弼按後漢書滕撫傳磐牙連歲章懷注磐牙謂相連結惠棟曰孫愐云互俗作㸦前書劉向傳宗族磐互易大畜豶豕之牙鄭康成讀爲互易說互體亦作牙音吾率須深根固本愛力惜費務自休養以待鄰敵之闕未有正於此時舍近治遠以疲軍旅者也胡三省曰舍讀曰捨昔尉佗叛逆僭號稱帝于時天下乂安百姓殷阜帶甲之數糧食之積可謂多矣然漢文猶以遠征不易重興師旅告喻而已史記南越尉佗列傳南越王尉佗者眞定人也姓趙氏佗秦時用爲南海龍川令南海尉任囂死佗行南海尉事秦已破滅佗自立爲南越武王迺乘黃屋左纛稱制與中國侔及孝文帝元年召陸賈往使因讓佗自立爲帝佗爲書謝今凶桀未殄疆埸猶警雖蚩尤鬼方之亂史記五帝本紀黃帝乃徵師諸侯與蚩尤戰於涿鹿之野遂禽殺蚩尤易乾鑿度孔子曰既濟九三高宗伐鬼方三年克之故當以緩急差之未宜以淵爲先願陛下抑威住計宋本住作任暫寧六師潛神嘿規以爲後圖天下幸甚韓菼曰此疏更爲剴切能規大勢權再覽瑁書嘉其詞理端切遂不行初瑁同郡聞人敏見待國邑憂於宗脩宋本憂作優惟瑁以爲不然後果如其言梁章鉅曰此事他無所見此又不具本末似可刪赤烏二年瑁卒子喜亦涉文籍御覽亦作頗好人倫人倫解見蜀志龐統傳孫晧時爲選曹尙書

吳錄曰喜字文仲瑁第二子也入晉爲散騎常侍晉書陸喜傳喜字恭仲父瑁吳吏部尙書喜仕吳累遷吏部尙書少有聲名好學有才思嘗爲自敘其略曰劉向省新語而作新序桓譚詠新序而作新論余不自量感子雲之法言而作言道覩賈子之美才而作訪論觀子政洪範而作古今歷覽蔣子通萬機而作審機讀幽通思玄四愁而作娛賓九思眞所謂忍愧者也其書近百篇吳平又作西州清論傳於世借稱諸葛孔明以行其書也太康中詔以喜爲散騎常侍子育爲尙書郞弋陽太守瑁孫曄字士光至車騎將軍儀同三司晉書陸曄傳曄伯父喜吳吏部尙書父英高平相員外散騎常侍曄少有雅望從兄機每稱之曰我家世不乏公矣預討華軼功封平望亭侯時帝以侍中皆北士宜兼用南人曄以清貞著稱遂拜侍中明帝卽位以平錢鳳功進爵江陵伯帝不豫遺詔曄錄尙書事成帝踐阼開府儀同三司蘇峻之亂隨帝在石頭舉動方正不以凶威變節峻平加衞

將軍以勳進爵爲公封亥子嘏新康子咸和中歸里拜墓以疾卒年七十四追贈侍中車騎大將軍謚曰穆子謐散騎常侍 曄弟玩字士瑤 晉陽秋稱玩器量淹雅位至司空追贈太尉 晉書陸玩傳玩弱冠有美名元帝引爲丞相參軍王導請婚於玩玩却之蘇峻之亂與兄曄俱守宮城玩潛說匡術歸順以功封興平伯尋王導郗鑒庾亮相繼薨以玩有德望遷侍中司空玩謙讓不辟掾屬成帝聞而勸之乃辟寒素有行之士誘納後進謙若布衣薨年六十四謚曰康子始嗣歷侍中尚書

吾粲 胡三省曰姓譜吾本己姓夏昆吾氏之後 字孔休吳郡烏程人也 烏程見孫堅傳 吳錄曰粲生數歲孤城嫗見之 盧明楷曰趙達傳注云孤城鄭嫗能相人此云孤城嫗卽其人也疑脫一鄭字孤城或當作菰城烏城縣舊因名爲菰城也 謂其母曰是兒有卿相之骨 孫河爲縣長粲爲小吏河深奇之河後爲將軍得自選長吏表粲爲曲阿丞 曲阿見孫策傳 遷爲長史治有名迹雖起孤微與同郡陸遜卜靜等比肩齊聲矣 步騭傳潁川張昭云吾粲由於牧豎顯豫章揚其眷 孫權爲車騎將軍召爲主簿出

爲山陰令還爲參軍校尉 參軍校尉一人吳置 黃武元年與呂範賀齊等俱以舟師拒魏將曹休於洞口值天大風諸船緶紲斷絕 通鑑作綆纜悉斷胡注綆古杏翻纜盧瞰翻皆索也所以維舟者也 漂沒著岸爲魏軍所獲或覆沒沈溺其大船尙存者水中生人皆攀緣號呼他吏士恐船傾沒皆以戈矛撞擊不受粲與黃淵獨令船人以承取之左右以爲船重必敗粲曰船敗當俱死耳人窮柰何棄之粲淵所活者百餘人還遷會稽太守召處士謝譚爲功曹譚以疾不詣粲教曰夫應龍以屈伸爲神鳳皇以嘉鳴爲貴何必隱形於天外潛鱗於重淵者哉粲募合人衆拜昭義中郎將與呂岱討平山越 粲獲廬陵賊李桓見孫權傳嘉禾五年 入爲屯騎校尉少府遷太子太傅遭二宮之變抗言執正明嫡庶之分 詳見孫和傳 欲使魯王霸出駐夏口遣楊

竺不得令在都邑又數以消息語陸遜遜時駐武昌連表諫爭由此爲霸竺等所譖害下獄誅 互見陸遜傳

朱據字子範吳郡吳人也有姿貌膂力又能論難黃武初徵拜五官郎中補侍御史是時選曹尙書暨豔疾貪汙在位欲沙汰之據以爲天下未定宜以功覆過棄瑕取用舉清厲濁足以沮勸若一時貶黜懼有後咎豔不聽卒敗權咨嗟將率發憤歎息追思呂蒙張溫以爲據才兼文武可以繼之由是拜建義校尉 建義校尉一人吳置 領兵屯湖熟 湖熟見孫策傳 黃龍元年權遷都建業徵據尙公主 據尙公主卽魯育字小虎據死後公主改配劉纂據女爲孫休夫人見妃嬪傳孫休朱夫人傳 拜左將軍封雲陽侯 雲陽卽曲阿見孫策傳 謙虛接士輕財好施祿賜雖豐而常不足用 據稱隱蕃有王佐才後蕃謀叛伏誅據禁止歷時乃解見胡綜傳 嘉禾中始鑄大錢

一當五百後據部曲應受三萬緡工王遂詐而受之典校呂壹疑據實取考問主者 胡三省曰主者據軍吏也 死於杖下據哀其無辜厚棺斂之壹又表據吏爲據隱故厚其殯權數責問據據無以自明藉草待罪數月 通鑑月作日 典軍吏劉助覺言王遂所取 胡三省曰劉助覺其事而言之 權大感悟曰朱據見枉況吏民乎乃窮治壹罪賞助百萬赤烏九年遷驃騎將軍遭二宮搆爭據擁護太子言則懇至義形於色守之以死 互見孫和傳 殷基通語載據爭曰臣聞太子國之本根雅性仁孝天下歸心今卒責之將有一朝之慮昔晉獻用驪姬而申生不存 晉獻公嬖驪姬驪姬譖太子申生太子自縊于新城見左傳僖公四年 漢武信江充而戾太子冤死 漢書武帝紀征和二年江充等掘蠱太子宮太子與皇后謀斬充太子亡皇后自殺太子自死于湖戾太子傳武帝末江充用事充與太子有隙充典治巫蠱遂至太子宮掘蠱得桐木人太子收捕充斬充以徇太子亡至湖自經上憐太子無辜乃作思子宮爲歸來望思之臺於湖天下聞而悲

之臣竊懼太子不堪其憂雖立思子之宮無所復及矣

遂左遷新都郡丞新都郡見孫權傳建安十三年未到中書令孫弘譖潤據因權寢疾弘爲詔書弘疑作私追賜死此赤烏十三年事赤烏十二年據猶領丞相見孫權傳何焯曰魏有孫資吳有孫宏皆敗國政蜀用黃允何可比也時年五十七孫亮時二子熊損各復領兵爲全公主所譖皆死熊損死事詳見孫綝傳損妻爲孫峻妹見孫休朱夫人傳錢大昕曰妃嬪傳太平中孫亮知朱主爲全主所害問朱主死意全主懼曰我實不知皆據二子熊損所白亮殺熊損孫綝傳云亮內嫌綝乃推魯育見殺本末責怒虎林督朱熊熊弟外部督朱損不匡正孫峻乃令丁奉殺熊於虎林殺損於建業以二傳推之熊損之死出於亮意非由全主所譖謂全主譖罪二人則可謂之譖不可也永安中追錄前功以熊子宣襲爵雲陽侯尙公主孫晧時宣至驃騎將軍

評曰虞翻古之狂直固難免乎末世然權不能容非曠宇也陸績之於楊玄是仲尼之左丘明老聃之嚴周矣史記老莊申韓列傳老子者楚苦縣厲鄉曲仁里人也姓李氏

名耳字伯陽諡曰聃著書上下篇言道德之意五千餘言而去莫知其所終莊子者蒙人也名周周嘗爲蒙漆園吏與梁惠王齊宣王同時其學無所不闚然其要歸本於老子之言故其著書十餘萬言大抵率寓言也漢書王貢兩龔鮑傳序云蜀有嚴君平依老子嚴周之指著書十餘萬言師古曰嚴周卽莊周以瑚璉之器論語子貢問曰賜也何如子曰女器也曰何器也曰瑚璉也何晏集解包曰瑚璉黍稷之器夏曰瑚殷曰璉周曰簠簋宗廟之器貴者而作守南越不亦賊夫人歟論語子路使子羔爲費宰子曰賊夫人之子張溫才藻俊茂而智防未備用致艱患駱統抗明大義辭切理至値權方閉不開陸瑁篤義規諫君子有稱焉吾粲朱據遭罹屯蹇以正喪身悲夫

吳書十二　　三國志五十七

吳書十三　　三國志五十八

陸遜傳第十三子抗

晉平陽侯相安漢陳壽撰

宋中書侍郎西鄉侯聞喜裴松之注

沔陽盧弼集解

陸遜字伯言吳郡吳人也本名議魏志明紀太和二年青龍二年皆書陸議蜀志先主傳黃權傳亦書陸議世江東大族

陸氏世頌曰隋唐志未著錄遜祖紆字叔盤敏淑有思學守城門校尉父駿字季才淳懿信厚爲邦族所懷官至九江都尉九江郡之都尉也續百官志唯邊郡往往置都尉稍有分縣治民比郡應劭曰每有據賊郡臨時置都尉事訖罷之范書滕撫傳朝廷博求將帥三公舉撫有文武才拜爲九江都尉

遜少孤隨從祖廬江太守康在官陸康事見陸績傳袁術與康有隙將攻康康遣遜及親戚還吳遜年長於康子績數歲爲之綱紀門戶孫權爲將軍遜年二十一遜卒於吳赤烏八年年六十三當生於漢光和六年年二十一當在建安八年也始仕幕府幕府解見魏志袁紹傳歷東西曹令史出爲海昌屯田都尉海昌都尉解見孫權傳赤烏五年海鹽注續百官志邊郡置農都尉主屯田殖穀並領縣事

陸氏祠堂像贊曰沈家本曰陸氏祠堂像贊隋唐志不著錄未詳何人之詞海昌今鹽官縣也宋書州郡志吳郡太守鹽官令漢舊縣吳記云鹽官本屬嘉興吳立爲海昌都尉治此後改爲縣非也水經沔水注谷水又東南逕鹽官縣故城南舊吳海昌都尉治晉太康中分嘉興立太康地道記吳有鹽官縣吳增僅曰寰宇記引吳錄地理云鹽官本名海昌後改爲鹽官屬吳郡今考吳志陸遜傳遜初爲海昌都尉并領縣事裴注引陸氏祠堂像贊曰海昌今鹽官縣夫曰并領縣事則承上海昌言之謂以海昌都尉領海昌縣事也蓋吳初立縣曰海昌後改曰鹽官故吳錄曰本名海昌也晉沿吳舊仍曰鹽官故陸氏祠堂像贊曰海昌今鹽官也參合史志疑吳錄爲確今從之楊守敬曰水經注兩說並存吳錄地理卽沈志所引之吳記觀寰宇記又引沈約非之之語可見

至陸氏祠堂像贊當必晉時之書不足以證吳有鹽官洪亮吉曰沈志云鹽官漢舊縣非吳立今考漢地理志郡國志俱無此縣疑當以吳記爲是又陸氏祠堂像贊海昌今鹽官縣云今則舊爲都尉治新改爲縣可知方輿紀要鹽官今浙江嘉興府海鹽縣南二十里

縣連年亢旱遜開倉穀以振貧民勸督農桑百姓蒙賴時吳會稽丹陽多有伏匿遜陳便宜乞與募焉與募焉三字疑有誤會稽山賊大帥潘臨舊爲所在毒害歷年不禽遜以手下召兵討治深險召字疑誤所向皆服部曲已有二千餘人鄱陽賊帥尤突作亂復往討之拜定威校尉胡三省曰定威校尉孫權創置軍屯利浦趙一清曰利浦卽當利浦見孫策傳權以兄策女配遜數訪世務遜建議曰方今英雄棊跱豺狼闚望克敵寧亂非衆不濟而山寇舊惡胡三省曰舊惡謂自舊爲惡者依阻深地夫腹心未平難以圖遠可大部伍取其精銳胡三省曰言可大爲部伍擇取精銳也或曰取疑作收權納其策以爲帳下右部督帳下左右部督見張溫傳會丹陽賊

帥費棧胡三省曰費父沸翻姓也棧士限翻受曹公印綬扇動山越爲作內應權遣遜討棧棧支黨多而往兵少遜乃益施牙幢分布鼓角夜潛山谷閒鼓譟而前應時破散遂部伍東三郡胡三省曰東三郡丹陽新都會稽也彊者爲兵羸者補戶胡三省曰羸倫爲翻得精卒數萬人宿惡蕩除所過肅清還屯蕪湖宋本作無湖以宋書校之良是蕪湖見太史慈傳會稽太守淳于式表遜枉取民人愁擾所在胡三省曰言遜之所在人民皆愁擾也或曰當是所在愁擾傳寫訛倒耳遜後詣都言次稱式佳吏胡三省曰孫權時都秣陵言次謂言論之次猶今言語次權曰式白君而君薦之何也遜對曰式意欲養民是以白遜若遜復毀式以亂聖聽不可長也權曰此誠長者之事顧人不能爲耳呂蒙稱疾詣建業遜往見之謂曰關羽接境如何遠下後不當可憂也蒙曰誠如來言然我病篤遜曰羽矜其驍氣陵轢於人始有大功意驕

志逸得務北進宋本得作但通鑑同未嫌於我有相聞病必益無備今出其不意自可禽制不見至尊宋本不作下通鑑同宜好爲計胡三省曰英雄之士所見略同呂蒙所以知其慮思深長也蒙曰羽素勇猛既難爲敵且已據荊州恩信大行兼始有功膽勢益盛未易圖也胡三省曰兵事尙密遜之言雖當蒙之心蒙未敢容易爲遜言之蒙至都權問誰可代卿者蒙對曰陸遜意思深長才堪負重觀其規慮終可大任而未有遠名非羽所忌無復是過若用之當令外自韜隱內察形便然後可克權乃召遜拜偏將軍右部督代蒙遜至陸口陸口見孫權傳建安十五年書與羽曰前承觀釁而動以律行師小舉大克一何巍巍敵國敗績利在同盟聞慶拊節想遂席卷共獎王綱近以不敏受任來西延慕光塵思稟良規或曰書詞字字斟酌眞是玩敵於掌又曰于禁等見獲遐邇欣歎以爲將軍之勳

足以長世雖昔晉文城濮之師晉文公城濮之戰楚師敗績見左傳僖公二十八年淮陰拔趙之略史記淮陰侯列傳淮陰侯韓信者淮陰人也韓信與張耳以兵數萬欲東下井陘擊趙選輕騎二千人人持一赤幟從閒道草山而望趙軍誡曰趙見我走必空壁逐我若疾入趙壁拔趙幟立漢赤幟蔑以尙茲聞徐晃等步騎駐旌馮本步作少趙一清曰下云恐潛增衆則少字義長闚望麾葆操猾虜也忿不思難恐潛增衆以逞其心雖云師老猶有驍悍且戰捷之後常苦輕敵古人杖術軍勝彌警願將軍廣爲方計以全獨克僕書生疏遲忝所不堪喜鄰威德樂自傾盡雖未合策猶可懷也儻明注仰有以察之或曰妙又效忠言益使不疑蓋英雄未可以非道罔也又曰句句是推獎以驕之卑屈以玩之羽覽遜書有謙下自託之意意大安無復所嫌胡三省曰果墮蒙計遜具啓形狀陳其可禽之要權乃潛軍而上使遜與呂蒙爲前部至卽克公安南郡遜徑進領宜都太守宜都見蜀志先主傳章武二年趙一清曰宋書州郡志宜都太守太康地志王隱地道記何志

並云吳分南郡立張勃吳錄云劉備立案吳志呂蒙平南郡據江陵陸遜別取宜都獲秭歸枝江夷道縣初權與備分荆州而南郡屬備則是備分南郡立宜都非吳立也習鑿齒云魏武平荆州分南郡枝江以西爲臨江郡建安十五年劉備改爲宜都一淸案劉封傳以孟達爲宜都太守是也**拜撫邊將軍**撫邊將軍一人吳置**封華亭侯**潘眉曰華亭至唐始置縣吳時則亭侯也郡縣志華亭谷在華亭縣西三十五里陸遜封於此吳士鑑曰御覽一百七十引輿地志曰吳大帝以陸遜爲華亭侯以其所居爲封也華亭谷出佳魚蓴菜故陸機云千里蓴菜末下鹽豉又曰敦煌石室殘本修文殿御覽引晉八王故事曰陸機爲成都王所誅顧左右而歎曰今日欲聞華亭鶴唳不可復得華亭吳由拳縣郊外野也有淸泉茂林吳平後機兄弟素游於此十有餘年耳元和郡縣圖志二十五曰華亭谷在華亭縣西三十五里陸遜陸抗宅在其側遜封華亭侯陸機云華亭鶴唳此地是也讀史方輿紀要二十四曰崑山在松江府西北二十三里其西爲長谷亦曰華亭谷杜佑曰華亭縣以華亭谷而名世說尤悔篇注語林曰機爲河北都督聞警角之聲謂孫丞曰聞此不如華亭鶴唳故臨刑而有此歎**備宜都太守樊友委郡走諸城長吏及蠻夷君長皆降遜請金銀銅印以假授初附是歲建安二十四年十一月也遜遣將軍李異謝旌等將三千人攻蜀將詹晏陳鳳**胡三省曰詹姓也周有詹父楚有詹尹**異將水軍旌將步兵斷絕險要**

即破晏等生降得鳳又攻房陵太守鄧輔房陵郡詳見魏志文紀延康元年新城太守注吳增僅曰房陵縣漢屬漢中郡華陽國志元和志皆云漢末爲郡通鑑先主遣孟達攻房陵殺太守蒯祺胡注云此郡疑劉表所置使蒯祺領之今考劉表據有荆州八郡內無房陵疑建安二十年張魯來降時魏武所置至黃初元年復合於新城也**南鄉太守郭睦**南鄉見魏志鍾繇傳注及蜀志呂乂傳洪亮吉曰南鄉郡漢建安十三年魏武分南陽西界置謝鍾英曰孫權傳建安二十五年秋尚無南鄉郡水經注建安中南鄉建國碑云建安末置南鄉郡太康三年地記建安中分南陽立南鄉郡沈志魏分南陽立南鄉郡考文帝紀建安二十五年二月改元延康十月受禪改元黃初十一月郡國縣道多所改易南鄉置郡當在此時建國碑據一歲之始故云漢末沈志據一歲之終則云魏置兩說雖異其實則一太康地記混言建安中立猶未得實洪氏不詳繹國志而從舊圖經晉志序例容齋隨筆謂建安十三年置非也又陸遜傳云建安二十四年攻南鄉太守郭睦大破之今考孫權傳建安二十四年牋與曹公乞討羽自效十二月獲羽定荆州是其時吳方請降無緣與魏交兵則陸遜傳所云南鄉太守者係字之譌不足爲據弼按本傳所云房陵太守鄧輔南鄉太守郭睦皆蜀所置也與上文陸遜領宜都太守而劉備宜都太守樊友委城走情事相同當時三方各相署置不盡爲曹氏所命也又按隸續載晉南鄉太守司馬整碑陰中曹掾有南陽人將吏有陰酇諸縣人是魏之南鄉有南陽縣（一本楊守敬說）可以釋謝氏據孫權傳建安二十五年尚無南鄉郡之惑**大破之秭歸大姓文布鄧凱等**監本官本文作艾秭歸見魏志文紀黃初三年**合夷兵數千人首尾西方遜復部旌討破布凱布凱脫走蜀以爲將遜令人誘之布帥衆還降前後斬獲招納凡數萬計權以遜爲右護軍鎭西將軍進封婁侯**婁縣見張昭傳

吳書曰權嘉遜功德欲殊顯之雖爲上將軍列侯猶欲令歷本州舉命乃使揚州牧呂範就辟別駕從事舉茂才或曰已封侯而猶以茂才爲榮選

時荆州士人新還仕進或未得所遜上疏曰昔漢高受命招延英異光武中興羣俊畢至苟可以熙隆道教者未必遠近今荆州始定人物未達臣愚慺慺乞普加覆載抽拔之恩令並獲自進然後四海延頸思歸大化權敬納其言黃武元年劉備率大衆來向西界權命遜爲大都督胡三省曰孫權始命呂蒙爲大督以取關羽今又復命陸遜爲大都督以拒劉備大都督之號蓋昉此**假節督朱然**

潘璋宋謙韓當徐盛鮮于丹孫桓等五萬人拒之備從巫峽建平連圍至夷陵界通鑑圍作營建平見孫休傳永安三年孫晧傳天紀四年注引干寶晉紀胡三省曰水經注巫峽首尾一百六十里巫縣屬建平郡則巫峽正在建平郡界至夷陵則爲宜都郡界然孫休永安三年始分宜都立建平郡此時未有建平也史追書耳杜佑曰吳建平今巴東郡**立數十屯以金錦爵賞誘動諸夷使將軍馮習爲大督張南爲前部輔匡趙融廖淳傅肜等各爲別督先遣吳班將數千人於平地立營欲以挑戰諸將皆欲擊之遜曰此必有譎且觀之**

吳書曰諸將並欲迎擊備遜以爲不可曰備舉軍東下銳氣始盛且乘高守險難可卒攻攻之縱下猶難盡克若有不利損我大勢非小故也今但且獎厲將士廣施方略以觀其變若此閒是平原曠野當恐有顚沛交馳之憂今緣山行軍勢不得展自當罷於木石之閒徐制其弊耳諸將不解以爲遜畏之各懷憤恨

備知其計不可通鑑不可作不行乃引伏兵八千從谷中出遜曰所以不聽諸君擊班者揣之必有巧故也遜上疏曰夷陵要害國之關限胡三省曰自三峽下夷陵連山疊嶂江行其中迴旋湍激至西陵峽口始漫爲平流夷陵正當峽口故以爲吳之關限雖爲易得亦復易失失之非徒損一郡之地荆州可憂今日爭之當令必諧備干天常不守竄穴而敢自送臣雖不材憑奉威靈以順討逆破壞在近尋備前後行軍多敗少成推此論之不足爲戚臣初嫌之水陸俱進今反舍船就步處處結營察其布置必無他變何焯曰水陸並進則及鋒而用舍船就步則師老運艱漸見釁隙敵得以逸待勞伺變擊怠也伏願至尊高枕不以爲念也錢振鍠曰長江上流建瓴之勢舫船載卒不費汗馬之勞先主有上流之勢而不用舍船就步吾不得其說也意者恐順流而下將逆流而反軍若不利將不善其歸也然則先主非致死之軍直畏死不敢進也相持至七八月此豈報仇雪恨之師哉正孫子所謂縻軍非忿兵也諸將並曰攻備當在初今乃令入五六百里相銜持經

七八月通鑑作相守經七八月其諸要害皆以固守擊之必無利矣遜曰備是猾虜更嘗事多其軍始集思慮精專未可干也今住已久不得我便兵疲意沮計不復生掎角此寇胡三省曰左傳晉人角之諸戎掎之角者當前與之角掎者從後掎其足也正在今日乃先攻一營不利諸將皆曰空殺兵耳遜曰吾已曉破之之術乃勑各持一把茅以火攻拔之一爾勢成胡三省曰言一拔營之頃而兵之勝勢成也一爾猶言一如此也通率諸軍同時俱攻斬張南馮習及胡王沙摩柯等首趙一清曰方輿紀要卷七十四定莋廢縣漢屬越巂郡華陽國志云摩沙夷所居沙摩疑是摩沙破其四十餘營李安溪曰吳人只有火攻一策耳伯言久已籌及故偵其傍巖依樹結營既密而後用之表權及告諸將猶不肯顯言也錢振鍠曰陸遜破先主無他奇策只令軍士各持一把茅耳意先主連營皆伐山木爲之故易火若土石爲之遜其如之何備將杜路劉寧等窮逼請降備升馬鞍山胡三省曰今峽州夷陵縣有馬鞍山趙一清曰方輿紀要卷七十八馬鞍山在夷陵州西北二十里陳兵自繞遜督促諸軍四面蹙之土崩

瓦解死者萬數備因夜遁驛人自擔燒鐃鎧斷後僅得入白帝城白帝城見蜀志先主傳建安十七年胡三省曰漢主初遣兵入夷陵界沿路置驛以達于白帝及兵敗諸軍潰散惟驛人自擔所棄鐃鎧燒之于隘以斷後僅得脫也據水經注燒鎧斷道處地名石門在秭歸縣西杜佑曰歸州巴東縣有石門山劉備斷道處鐃尼交翻如鈴無舌而有秉周禮以金鐃止鼓軍中所用也斷丁管翻趙一清曰江表傳備舍船步走燒皮鎧以斷道使兵以錦挽車走入白帝其舟船器械水步軍資一時略盡尸骸漂流塞江而下備大慚恚曰吾乃爲遜所折辱豈非天邪胡三省曰依險行兵敵扼其衝情見勢屈敵乘其懈至於失師此非天也初孫桓別討備前鋒於夷道宜都郡治夷道見蜀志先主傳章武二年爲備所圍求救於遜遜曰未可諸將曰孫安東公族孫桓爲安東中郎將桓爲孫河之子河本姓俞孫策愛之賜姓爲孫列之屬籍故曰公族見圍已困柰何不救遜曰安東得士衆心城牢糧足無可憂也待吾計展欲不救安東安東自解及才略大施宋本才作方通鑑同備果奔潰桓後見遜曰前實怨不見救定至今日胡三省曰言至今日而事始定

乃知調度自有方耳當禦備時諸將軍或是孫策時舊將或公室貴戚各自矜恃不相聽從遜案劍曰劉備天下知名曹操所憚今在境界此彊對也胡三省曰彊對猶言彊敵諸君並荷國恩當相輯睦共翦此虜上報所受胡三省曰高爵厚祿受恩多矣總兵扞敵受任重矣皆當有以上報而不相順非所謂也僕雖書生受命主上國家所以屈諸君使相承望者以僕有尺寸可稱能忍辱負重故也胡三省曰忍辱言能容諸將負重則自任也各任其事宋本任作在通鑑作任豈復得辭軍令有常不可犯矣通鑑矣作也胡三省曰言將行軍法及至破備計多出遜諸將乃服權聞之曰君何以初不啓諸將違節度者邪遜對曰受恩深重任過其才又此諸將或任腹心或堪爪牙或是功臣皆國家所當與共克定大事者臣雖駑懦竊慕相如寇恂相下之義以濟國事史記廉頗藺相如列傳趙以相如功大拜爲上

卿位在廉頗之右廉頗曰我爲趙將有攻城野戰之大功而藺相如徒以口舌爲勞而位居我上宣言曰我見相如必辱之相如聞不肯與會每朝時常稱病不欲與廉頗爭列告其舍人曰兩虎共鬭勢不俱生吾所以爲此者以先國家之急而後私讎廉頗聞之肉袒負荆卒相與驩爲刎頸之交范書寇恂傳恂拜潁川太守執金吾賈復在汝南部將殺人於潁川恂戮之於市復以爲恥歎還過潁川謂左右曰今見恂必手劍之恂知其謀不欲與相見帝曰天下未定兩虎安得私鬭今日朕分之於是並坐極歡遂共車同出結友而去權大笑稱善加拜遜輔國將軍胡三省曰晉職官志輔國大將軍位從公其號蓋始於漢獻帝以命伏完然猶未加大領荆州牧即改封江陵侯又備既住白帝徐盛潘璋宋謙等各競表言備必可禽乞復攻之權以問遜遜與朱然駱統以爲曹丕大合士衆外託助國討備內實有姦心謹決計輒還胡三省曰曹公不追關羽陸遜不再攻劉備其所見固同也以智遇智三國所以鼎立歟何焯曰大勝之後將驕卒惰泝流仰攻轉饋又難一有失利前功盡棄昭烈老于兵得蜀已固非若曹仁之在南郡可懼而走也連兵于西主客異勢決還者中人所能知也盛璋謙如豕突耳無幾魏軍果出三方受敵也

吳錄曰劉備聞魏軍大出書與遜云賊今已在江陵通鑑作江漢吾將復東將軍謂其能

然不遜答曰但恐軍新破創痍未復始求通親胡三省曰通親謂通使而交親也創初良翻且當自補未暇窮兵耳若不推算宋本推作惟復以傾覆之餘遠送以來者無所逃命備尋病亡子禪襲位諸葛亮秉政與權連和時事所宜權輒令遜語亮並刻權印以置遜所權每與禪亮書常過示遜輕重可否有所不安便令改定以印封行之胡三省曰釋名云印信也所以封物以爲驗也亦曰因也封物相因付也七年吳黃武七年魏太和二年權使鄱陽太守周魴各本周作孫誤宋元本不誤譎魏大司馬曹休休果舉衆入皖乃召遜假黃鉞爲大都督逆休陸機爲遜銘曰陸機所作銘當在機集中魏大司馬曹休侵我北鄙乃假公黃鉞統御六師及中軍禁衛而攝行王事主上執鞭百司屈膝吳錄曰假遜黃鉞吳王親執鞭以見之胡三省曰此猶古之王者遣將跪而推轂之意也

休既覺知恥見欺誘自恃兵馬精多遂交戰遜自爲中部令朱桓全琮爲左右翼三道俱進果衝休伏兵因驅走之追亡逐北徑至夾石夾石見朱桓傳斬獲萬餘牛馬騾驢車乘萬兩軍資器械略盡胡三省曰休蓋未嘗整陳交戰而敗也乘蠅證翻兩音亮休還疽發背死諸軍振旅過武昌權令左右以御蓋覆遜入出殿門凡所賜遜皆御物上珍於時莫與爲比遣還西陵趙一清曰御覽卷六百八十七引吳書云陸遜破曹休於石亭還上脫翠帽以遺遜又卷六百九十六引吳書云上脫御金校帶以賜遜又親以帶之爲鉤絡帶又卷七百七十引吳書云遜破休當還西陵公卿並爲祖道上賜御船一舫緡綵舟也一清案是役也孫權儻從朱桓之謀則曹休幾至隻輪不返惜爲遜所阻耳傳專敍彼長不言其短是爲曲筆黃龍元年拜上大將軍上大將軍解見諸葛瑾傳周壽昌曰此官是似吳爲陸遜創置遜卒惟呂岱一拜之不聞有他人也或謂魏曹眞曾拜此官考眞傳是拜上軍大將軍後轉中軍大將軍非此官也弼按施績於永安初遷上大將軍見績傳右都護吳置左右都護是歲權東巡建業留太子皇子及尚書九官徵遜輔太子並掌荆州及豫章三

郡事董督軍國胡三省曰三郡豫章鄱陽廬陵也三郡本屬揚州而地接荆州又有山越易相扇動故使遜兼掌之時建昌侯慮孫權傳黃武七年封子慮爲建昌侯於堂前作鬭鴨欄魏文帝遣使求鬭鴨見孫權傳黃初二年注引江表傳趙一清曰方輿紀要卷七十七鴨欄磯在岳州府臨湘縣東北十五里相傳吳孫慮作鬭鴨欄於此今有鴨闌水水經江水注右歷鴨蘭磯北江中山也東得鴨蘭治浦二口夏浦也周壽昌曰今尚名鴨欄在臨湘縣城陵磯之下游再下則爲茅埠屬湖北武昌地界矣弼按茅埠爲今沔陽新堤頗施小巧遜正色曰君侯宜勤覽經典以自新益用此何爲慮即時毀徹之射聲校尉松於公子中最親戲兵不整遜對之髡其職吏南陽謝景謝景事見孫登傳及注引江表傳善劉廙之先刑後禮之論上之字衍或曰魏志劉廙南陽安衆人與丁儀共論刑禮傳於世蓋謝景鄉里前輩也遜呵景曰禮之長於刑久矣廙以細辯而詭先聖之教皆非也君今侍東宮宜遵仁義以彰德音若彼之談不須講也遜雖身在外乃心於國上疏陳時事曰臣以爲科法嚴峻下犯者多頃年以來將吏罹罪

雖不愼可責然天下未一當圖進取小宜恩貸以安下情且世務日興良能爲先自不姦穢入身難忍之過 官本攷證曰自不元本作自非 乞復顯用展其力效此乃聖王忘過記功以成王業昔漢高舍陳平之愆用其奇略終建勳祚功垂千載夫峻法嚴刑非帝王之隆業有罰無恕非懷遠之弘規也權欲遣偏師取夷州及朱崖 宋本朱作珠下同夷州見孫權傳黃龍二年州作洲珠崖見孫權傳赤烏五年 皆以諮遜遜上疏曰臣愚以爲四海未定當須民力以濟時務今兵興歷年見衆損減陛下憂勞聖慮忘寢與食將遠規夷州以定大事臣反覆思惟未見其利萬里襲取風波難測民易水土必致疾疫今驅見衆經涉不毛 不毛解見蜀志諸葛亮傳 欲益更損欲利反害又珠崖絕險民猶禽獸得其民不足濟事無其兵不足虧衆今江東見衆自

足圖事但當畜力而後動耳 局本當作常誤 昔桓王創基 孫權傳黃龍元年追尊兄討逆將軍策爲長沙桓王 兵不一旅而開大業陛下承運拓定江表臣聞治亂討逆須兵爲威農桑衣食民之本業而干戈未戢民有飢寒臣愚以爲宜育養士民寬其租賦衆克在和義以勸勇則河渭可平九有一統矣權遂征夷州得不補失 孫權傳云得夷洲數千人還事在黃龍二年魏太和六年陸遜引兵向廬江見魏志滿寵傳魏青龍元年陸議入淮沔見魏明紀本傳均未載 及公孫淵背盟權欲往征 事在嘉禾二年 遜上疏曰淵憑險恃固拘留大使名馬不獻實可讎忿蠻夷猾夏未染王化鳥竄荒裔拒逆王師至令陛下爰赫斯怒欲勞萬乘汎輕越海不慮其危而涉不測方今天下雲擾羣雄虎爭英豪踊躍張聲大視陛下以神武之姿誕膺期運破操烏林敗備西陵禽羽荊州斯三虜者當世雄傑皆摧其

鋒聖化所綏萬里草偃 胡三省曰言如風行而草偃也 方蕩平華夏總一大猷 胡三省曰猷道也 今不忍小忿而發雷霆之怒違垂堂之戒 胡三省曰千金之子坐不垂堂以喻權不當自越海而加兵於遼東 輕萬乘之重此臣之所惑也臣聞志行萬里者 通鑑志作之 不中道而輟足圖四海者匪懷細以害大彊寇在境荒服未庭陛下乘桴遠征 胡三省曰桴芳無翻編竹木渡水大者曰栰小者曰桴 必致闚闟感至而憂悔之無及若使大事時捷則淵不討自服今乃遠惜遼東衆之與馬 胡三省曰謂權所以遠惜遼東而不忍棄絕之者以其民衆與其地產馬也 柰何獨欲捐江東萬安之本業而不惜乎乞息六師以威大虜早定中夏垂耀將來權用納焉 薛綜陸瑁均上疏諫何焯曰伯言固有遠猷此則中智所悉其文可不載

嘉禾五年權北征使遜與諸葛瑾攻襄陽 據孫權傳權遣陸遜諸葛瑾等屯江夏沔口權率大衆圍合肥新城爲嘉禾三年事此事通鑑編於魏青龍二年（卽吳嘉禾三年）嘉禾五年吳無北征事本傳五年當爲三年之誤 遜遣親人韓扁齎

表奉報還遇敵於沔中鈔邏得扁 胡三省曰扁補典翻又音篇邏郎佐翻 瑾聞之甚懼書與遜云大駕已旋賊得韓扁具知吾闊狹且水乾 胡三省曰乾音干 宜當急去遜未答方催人種葑豆 胡三省曰葑菜也謂之蔓菁豆菽也 與諸將奕棊射戲如常瑾曰伯言多智略其當有以自來見遜遜曰賊知大駕以旋無所復慼 通鑑慼作憂 得專力於吾又已守要害之處兵將意動 胡三省曰謂敵既知權還料遜兵當退已分守要害之處欲以遮截遜所部兵既無進取之氣而有遮截之慮則其意恐動將至於或降或潰也 且當自定以安之施設變術然後出耳今便示退賊當謂吾怖仍來相蹙必敗之勢也乃密與瑾立計令瑾督舟船遜悉上兵馬以向襄陽城敵素憚遜遽還赴城瑾便引船出遜徐整部伍張拓聲勢步趨船敵不敢干 通鑑干作逼 軍到白圍 胡三省曰蓋立圍屯於白河口因以爲名趙一清曰方輿紀要卷七十九白河在襄陽府東北十里其上流卽河南南陽府湍淯諸水所匯流也白

新野縣流入界經光化縣東至故鄧城東南入於沔水三國時於河口立圍屯魏青龍二年吳陸遜引兵向襄陽不克而還行到白圍是也一清案安陸是時屬魏而周魴傳魴譎曹休牋云別遣從弟孫奐治安陸城修立邸閣則漢安陸縣故城也蓋其地爲魏吳邊邑故一彼一此疆場無常所也 託言住獵潛遣將軍周峻張梁等擊江夏新市安陸石陽 新市見孫皎傳安陸見魏志蔣濟傳石陽見魏志文聘傳胡三省曰新市安陸二縣皆屬江夏郡魏初以文聘爲江夏太守屯石陽舟車湊焉頗爲繁富沈約曰江夏曲陵縣本名石陽晉武帝太康元年改名曲陵宋明帝泰始六年併曲陵入安陸縣 石陽市盛峻等奄至人皆捐物入城城門噎不得關敵乃自斫殺己民然後得闔斬首獲生凡千餘人 通鑑輯覽曰孫吳人才周瑜而後當推陸遜白圍之戰持以鎮靜實不可及若瑾之舉措驚皇適足僨事耳

臣松之以爲遜慮孫權已退魏得專力於己既能張拓形勢使敵不敢犯方舟順流無復怵惕矣何爲復潛遣諸將奄襲小縣 本傳言石陽市盛胡三省亦云石陽繁富何得謂之小縣 致令市人駭奔自相傷害俘馘千人未足損魏徒使無辜之民橫罹荼酷與諸葛渭濱之師何其殊哉用

兵之道既違失律之凶宜應其祚無三世及孫而滅豈此之餘殃哉 何焯曰渭濱之規模自遠此舉聊以解權之忿恥但詆其無遠略可也觀朱桓傳與胡綜相激事足明遜非得已矣韓菼曰江東諸將率皆踔厲風發趨時赴功若鷙鳥之擊欲如老將持重守便宜規遠略者不多見伯言之敵先主或庶幾焉他如鄱陽之誘敵石陽之潛師無足取也

其所生得皆加營護不令兵士干擾侵侮將家屬來者使就料視若亡其妻子者卽給衣糧厚加慰勞發遣令還或有感慕相攜而歸者鄰境懷之

臣松之以爲此無異殘林覆巢而全其遺鷇曲惠小仁何補大虐

江夏功曹趙濯弋陽備將裴生及夷王梅頤等並帥支黨來附遜遜傾財帛周贍經恤又魏江夏太守逯式 原注逯音錄 兼領兵馬頗作邊害而與北舊將文聘子休宿不協遜聞其然卽假作答式書云得報懇惻知與休久結嫌隙勢不兩存欲來歸附輒以密呈來書表聞撰衆相迎宜潛速嚴更示定期以書置界上式兵得書以見式式惶懼遂自送妻子還洛由是吏士不復親附遂以免罷 何焯曰此自爲將者所不廢但作史者可不載大抵吳志繁長未刪者多裴注之論尤乖錯

臣松之以爲邊將爲害蓋其常事使逯式得罪代者亦復如之自非狡焉思肆將成大患何足虧損雅慮尙爲小詐哉 毛本何作自宋本雅作唯均誤 以斯爲美又所不取

六年中郎將周祗乞於鄱陽召募事下問遜遜以爲此郡民易動難安不可與召恐致賊寇而祗固陳取之郡民吳遽等果作賊殺祗攻沒諸縣豫章廬陵宿惡民並應遽爲寇遜自聞輒討卽破遽等相率降遜料得精兵八千餘人三郡平 鄱陽豫章廬陵三郡 時中書典校呂壹 洪飴孫曰吳置

校事典校文書屬中書顧雍傳呂壹秦博爲中書典校諸官府及州郡文書壹等因此漸作威福遂造作榷酤障管之利舉罪糾姦纖介必聞重以深案醜誣毀短大臣排陷無辜雍等皆見舉白用被譴讓步隲傳亦云中書呂壹典校文書多所糾舉隲上疏曰伏聞諸典校擿抉細微吹毛求瑕重案深誣趨欲陷人以成威福無罪無辜橫受大刑朱據傳稱典校呂壹陸遜傳中書典校呂壹是儀傳又稱典校郞惟赤烏元年傳及陸凱傳稱校事蓋與魏志約略相同 竊弄權柄擅作威福遜與太常潘濬同心憂之言至流涕後權誅壹深以自責語在權傳 見權傳赤烏元年 時謝淵謝厷等各陳便宜欲興利改作 謝厷事又見潘濬傳

會稽典錄曰謝淵字休德少修德操躬秉耒耜既無慼容又不易慮由是知名舉孝廉稍遷至建武將軍雖在戎旅猶垂意人物駱統子名秀被門廷之謗衆論狐疑莫能證明淵聞之歎息曰公緒早夭同盟所哀聞其子志行明辨而被闇昧之謗望諸夫子烈然高斷而各懷遲疑非所望也秀卒見明無復瑕玷終爲顯士淵之力也 侯康曰御覽五百十六引會稽典錄云謝淵字休德山陰人其先鉅鹿太守夷吾之後也世漸微替仕進不繼至淵兄弟一時俱與兄咨字休度少以質行自立幹局見稱官至海昌都尉淵

起於衰末兄弟修德貧無慼容歷位建威將軍按裴注亦引典錄與此不同故復錄之　吳歷稱云謝厷才辯有計術

以事下遜遜議曰國以民爲本彊由民力財由民出夫民殷國彊民瘠國彊者未之有也故爲國者得民則治失之則亂若不受利而令盡用立効亦爲難也是以詩歎宜民宜人受祿于天乞垂聖恩寧濟百姓數年之閒國用少豐然後更圖赤烏七年代顧雍爲丞相詔曰朕以不德應期踐運王塗未一姦宄充路夙夜戰懼不遑鑒寐官本攷證曰鑒寐元本作假寐　惟君天資聰叡明德顯融統任上將匡國弭難夫有超世之功者必膺光大之寵懷文武之才者必荷社稷之重昔伊尹隆湯呂尚翼周內外之任君實兼之今以君爲丞相使使持節守太常傅常授印綬君其茂昭明德修乃懿績敬服王命綏靖四方於乎總司三

事以訓羣寮可不敬與君其勖之其州牧都護領武昌事如故先是二宮並闕中外職司多遣子弟給侍全琮報遜遜以爲子弟苟有才不憂不用不宜私出以要榮利胡三省曰私出謂出私門也　若其不佳終爲取禍且聞二宮勢敵必有彼此此古人之厚忌也琮子寄果阿附魯王輕爲交構遜書與琮曰卿不師日磾而宿留阿寄漢書金日磾傳弄兒壯大不謹自殿下與宮人戲日磾適見之惡其淫亂遂殺弄兒弄兒卽日磾長子也上聞之大怒日磾頓首謝具言所以殺弄兒狀上甚哀爲之泣已而心敬日磾師古曰磾音丁奚反胡三省曰宿音秀留音溜阿相傳從安入聲　終爲足下門戶致禍矣琮既不納更以致隙及太子有不安之議遜上疏陳太子正統宜有盤石之固趙一清曰盤當作磐　魯王藩臣當使寵秩有差彼此得所上下獲安謹叩頭流血以聞書三四上及求詣都欲口論適庶之分以匡得失既不聽許而遜外生顧譚顧承姚

信顧承傳嘉禾中承與舅陸瑁俱以禮徵瑁遜弟也通鑑太常顧譚遜之甥也姚信事見陸續傳注引姚信集　並以親附太子枉見流徙太子太傅吾粲坐數與遜交書下獄死顧譚顧承吾粲事各見本傳　權累遣中使責讓遜遜憤恚致卒胡三省曰恚於避翻　時年六十三遜赤烏八年二月卒見孫權傳趙一清曰寰宇記卷九十五引吳地記云二陸宅在長谷谷在吳縣東北二百里有崑山遜父祖墓在焉故陸機思鄉詩號彝谷水陽婉孌崑山陰崑山有陸遜墓　家無餘財初暨豔造營府之論遜諫戒之以爲必禍又謂諸葛恪曰在我前者吾必奉之同升在我下者則扶持之今觀君氣陵其上意蔑乎下胡三省曰蔑者視之若無　非安德之基也又廣陵楊竺少獲聲名而遜謂之終敗勸竺兄穆令與別族其先覩如此長子延早夭次子抗襲爵孫休時追諡遜曰昭侯

抗字幼節孫策外孫也孫權以兄策女配遜見遜傳　遜卒時年二十拜建武校尉建武校尉一人吳置　領遜衆五千人送葬東還胡三省曰自荊州東還葬吳　詣都謝恩孫權以楊竺所白遜二十事問抗禁絕賓客中使臨詰抗無所顧問事事條答權意漸解赤烏九年遷立節中郎將立節中郎將一人吳置　與諸葛恪換屯柴桑柴桑見孫權傳黃初二年　抗臨去皆更繕完城圍葺其牆屋居廬桑果不得妄敗恪入屯儼然若新而恪柴桑故屯頗有毀壞深以爲慚太元元年就都治病病差胡三省曰差楚懈翻病瘳也　當還權涕泣與別謂曰吾前聽用讒言與汝父大義不篤以此負汝前後所問一焚滅之莫令人見也胡三省曰一一焚滅之言一切悉焚滅之也　建興元年拜奮威將軍太平二年魏將諸葛誕舉壽春降拜抗爲柴桑督赴壽春破魏牙門將偏將軍遷征北將軍永安二年拜鎮軍將軍都督西陵自關羽至白帝關羽瀨見甘寧傳白帝城見蜀志先主傳建安十七年顧炎武曰此於文難曉按甘

（寧傳曰隨魯肅鎮益陽拒關羽羽號有三萬人自擇選銳士五千人投縣上流十餘里淺瀨云欲夜涉渡肅以兵千人益寧寧乃夜往羽聞之住不渡而結柴營今遂名此處爲關羽瀨據此則當云自益陽至白帝也趙一清曰關羽瀨與白帝城文義相對上刪瀨字下去城字史之省文然不可通也潘眉曰關羽下當有瀨字卽甘寧傳所云關羽瀨也在益陽茱萸江上水經注益陽縣西有關羽瀨南對甘寧故壘也弼按孫吳於沿江要地置督分段管轄自關羽瀨至白帝城卽西陵督之轄境）三年假節孫晧卽位加鎮軍大將軍領益州牧（是時蜀已亡故遙領益州牧也）建衡二年大司馬施績卒拜抗都督信陵西陵夷道樂鄉公安諸軍事治樂鄉（晉書地理志建平郡信陵宋書州郡志信陵疑是吳立會稽典錄鍾離牧子盛戍西陵謂宜城信陵爲建平援水經注江水又東逕信陵城南一統志信陵故城今湖北宜昌府歸州東胡三省曰水經注樂鄉城在南平郡之孱陵縣江水逕其北江水又東逕公安縣北宋白曰樂鄉者春秋郡國之地其城陸抗所築在松滋縣界晉地理志信陵縣屬建平郡沈約曰疑是吳立水經注曰江水自夔城而東逕信陵縣南又東過夷陵縣南夷陵卽西陵也樂鄉城在今江陵府松滋縣東樂鄉城北江中有沙磧對岸踏淺可渡江津要害之地也趙一清曰寰宇記卷百四十六云東晉孝武帝時荆州刺史桓沖以苻堅彊盛自襄陽退屯上疏云孱陵縣界地名上明田土膏粱可以資業軍人在吳時樂鄉城以上四十餘里樂鄉城卽吳時陸抗所築在松滋縣界）抗聞都下政令多闕憂深慮遠

乃上疏曰臣聞德均則衆者勝寡力侔則安者制危蓋六國所以兼并於彊秦西楚所以北面於漢高也今敵跨制九服非徒關右之地割據九州豈但鴻溝以西而已國家外無連國之援內非西楚之彊庶政陵遲黎民未乂（陳本乂作久誤）而議者所恃徒以長川峻山限帶封域此乃守國之末事（宋本守國作書傳）非智者之所先也臣每遠惟戰國存亡之符近覽劉氏傾覆之釁考之典籍驗之行事中夜撫枕臨餐忘食昔匈奴未滅去病辭館（漢書霍去病傳上爲治第令視之對曰匈奴不滅無以家爲也由是上益重愛之）漢道未純賈生哀泣（漢書賈誼傳誼數上疏陳政事多所欲匡建其大略曰臣竊惟時勢可爲痛哭者一可爲流涕者二可爲長太息者六）況臣王室之出（錢大昭曰抗爲桓王外孫故云）世荷光寵身名否泰與國同感死生契闊義無苟且夙夜憂怛念至情慘夫事君之義犯而勿欺人臣之節匪躬是殉謹陳時宜十七條如左十七條失本故不載時何定弄權閹官預政抗上疏曰臣聞開國承家小人勿用（易師卦大君有命開國承家小人勿用象曰大君有命以正功也小人勿用必亂邦也）靖譖庸回唐書攸戒（左傳文公十八年少皞氏有不才子毀信廢忠崇飾惡言靖譖庸回服讒蒐慝以誣盛德杜注崇聚也靖安也庸用也回邪也服行也蒐隱也慝惡也盛德賢人也）是以雅人所以怨刺仲尼所以歎息也春秋已來爰及秦漢傾覆之釁未有不由斯者也小人不明理道所見既淺雖使竭情盡節猶不足任況其姦心素篤而憎愛移易哉苟患失之無所不至今委以聽明之任假以專制之威而冀雍熙之聲作肅清之化立不可得也方今見吏殊才雖少然或冠冕之冑少漸道教或淸苦自立資能足用自可隨才授職抑黜羣小然後俗化可清庶政無穢也鳳皇元年西陵督步闡據城以叛遣使降晉抗聞之

日部分諸軍令將軍左奕吾彥蔡貢等徑赴西陵勑軍營更築嚴圍自赤谿至故市（水經江水注江水出西陵峽東南流逕故城洲洲附北岸洲頭曰郭洲長二里廣一里上有步闡故城方圓稱洲周迴略滿故城洲上城周五里吳西陵督步隲所築也孫晧鳳凰元年隲息闡復爲西陵督據此城降晉晉遣太傅羊祜接援未至爲陸抗所陷也江水又東逕故城北所謂陸抗城也城卽山爲墉四面天險北對夷陵縣之故城城南臨大江胡三省曰遠安縣在江北有孤山有陸抗故城有丹山時有赤氣赤溪當出於丹山故市卽步隲故城所居成市而闡別築城故曰故市謝鍾英曰步隲城今湖北宜昌府東湖縣城南赤谿今東湖縣西北五里吳熙載曰赤谿疑巴東縣故市疑巫山縣東弼按謝說是吳說誤）內以圍闡外以禦寇晝夜催切（胡三省曰切迫也）如敵以至衆甚苦之諸將咸諫曰今及三軍之銳亟以攻闡比晉救至闡必可拔何事於圍而以弊士民之力乎抗曰此城處勢既固糧穀又足且所繕修備禦之具皆抗所宿規（胡三省曰抗先嘗督西陵）今反身攻之（通鑑無身字）既非可卒克（通鑑作不可猝拔）且北救必至至而無備表裏受難何以禦之諸將咸欲攻闡抗

每不許宜都太守雷譚言至懇切抗欲服衆聽令一攻攻果無利圍備始合晉車騎將軍羊祜率師向江陵諸將咸以抗不宜上胡三省曰自樂鄉而西赴西陵爲上抗曰江陵城固兵足無所憂患通鑑作無可憂者假令敵沒江陵通鑑沒作得必不能守所損者小如使西陵槃結通鑑作如晉據西陵則南山羣夷皆當擾動胡三省曰南山謂江南諸山羣夷所依阻則所憂慮難可而言也陳本而作竟通鑑作其患不可量也吾寧棄江陵而赴西陵況江陵牢固乎趙一清曰此卽江陵城東北所謂北海之地也說見魏志王昶傳初江陵平衍道路通利通鑑作初抗以江陵之北道路平易抗勅江陵督張咸作大堰遏水漸漬平中以絕寇叛通鑑平中作平土胡注堰於扇翻今江陵有三海八櫃引諸湖及沮漳之水注之瀰漫數百里卽作堰之故智也漸將廉翻吳熙載曰江陵東北諸湖所匯祜欲因所遏水浮船運糧揚聲將破堰以通步軍抗聞使咸亟破之諸將皆惑屢諫不聽祜至當陽當陽見蜀志先主傳建安十三年聞堰

敗乃改船以車運大費損功力晉巴東監軍徐胤率水軍詣建平建平郡見孫休傳永安三年荊州刺史楊肇至西陵抗令張咸固守其城公安督孫遵巡南岸禦祜胡三省曰防托南岸使祜軍不得渡而已水軍督留慮鎭西將軍朱琬拒胤胡三省曰恐胤順流東下故以水軍拒之身率三軍憑圍對肇胡三省曰憑長圍以對之則彼爲客我爲主將軍朱喬營都督兪贊胡三省曰姓譜兪古善醫兪跗之後亡詣肇抗曰贊軍中舊吏知吾虛實者吾常慮夷兵素不簡練若敵攻圍必先此處卽夜易夷民通鑑民作兵皆以舊將充之通鑑作皆以精兵守之明日肇果攻故夷兵處抗命旋軍擊之矢石雨下肇衆傷死者相屬肇至經月計屈夜遁抗欲追之而慮闡畜力項領項領解見魏志蘇則傳注引魏名臣奏伺視間隙兵不足分於是但鳴鼓戒衆若將追者肇衆兇懼悉解甲挺走胡三省曰兇許拱翻恐懼聲挺待鼎翻拔也挺走拔身而走也抗使輕兵躡

之肇大破敗祜等皆引軍還抗遂陷西陵城誅夷闡族及其大將吏自此以下所請赦者數萬口胡三省曰元非同謀而脅從者請而赦之修治城圍東還樂鄉貌無矜色謙沖如常故得將士歡心

晉陽秋曰抗與羊祜推僑札之好解見孫晧傳寶鼎元年注引吳錄抗嘗遺祜酒祜飲之不疑抗有疾祜饋之藥抗亦推心服之晉書羊祜傳祜與陸抗相對使命交通抗稱祜之德量雖樂毅諸葛孔明不能過也抗嘗病祜饋之藥抗服之無疑心人諫抗抗曰羊祜豈酖人者水經江水注江津戍南對馬頭岸昔陸抗屯此與羊祜相對大宏信義盛弘之荊州記灌羊湖西三十里有馬頭戍吳大司馬陸抗所屯於時以爲華元子反復見於今公羊傳宣公十五年楚莊王圍宋軍有七日之糧爾盡此不勝將去而歸爾於是使司馬子反乘堙而闚宋城宋華元亦乘堙而出見之司馬子反曰子之國何如華元曰易子而食之析骸而炊之司馬子反曰吾軍亦有七日之糧爾反于莊王莊王怒曰吾使子往視之子曷爲告之司馬子反曰以區區之宋猶有不欺人之臣可以楚而無乎是以告之也漢晉春秋曰羊祜既歸增修德信以懷吳人晉書羊祜傳石城以西盡爲晉有自是前後降者不絕乃增修德信以懷柔初附慨然有吞幷之心陸抗每告其

邊戍曰彼專爲德我專爲暴是不戰而自服也各保分界無求細益而已晉書羊祜傳作各保分界而已無求細利於是吳晉之間陳本晉作楚誤餘糧棲畝而不犯牛馬逸而入境可宣告而取也沔上獵吳獲晉人先傷者皆送而相還晉書羊祜傳每會衆江沔遊獵常止晉地若禽獸先爲吳人所傷而爲晉兵所得者皆封還之抗嘗疾求藥於祜祜以成合與之曰此上藥也近始自作未及服以君疾急故相致抗得而服之諸將或諫抗不答孫晧聞二境交和以詰於抗抗曰夫一邑一鄉不可以無信義之人而況大國乎臣不如是正足以彰其德耳於祜無傷也或以祜抗爲失臣節兩譏之通鑑輯覽曰羊祜刈穀償絹送還獵獸特用是愚弄邊界之人豈眞所云修德信者甚至遺酒饋藥使命頻通不惟身犯外交直廢棄軍律矣論者率以此事爲賢故不可以不辨習鑿齒曰夫理勝者天下之所保信順者萬人之所宗雖大猷既喪義聲久淪狙詐馳於當塗權略周乎急務負力從橫之人臧獲牧豎之智未有不憑此以創功捨茲而獨立者也是故晉文退舍而原城請命左傳僖公二十五年晉侯圍原命三日之糧原不降命去

之謀出曰原將降矣軍吏曰請待之公曰信國之寶也民所庇也得原失信何以庇之所亡滋多退一舍而原降穆子圍鼓訓之以力以上下文推之訓上當有而字左傳昭公十五年晉荀吳帥師伐鮮虞圍鼓鼓人或請以城叛穆子弗許鼓人告食竭力盡而後取之克鼓而反不戮一人春秋大事表云鼓在今直隸正定府晉州西今州治卽漢志所云鼓聚也冶夫獻策而費人斯歸左傳昭公十三年叔弓圍費弗克敗焉季平子怒令見費人執之以爲囚俘冶區夫曰非也若見費人寒者衣之饑者食之爲之令主而共其乏困費來如歸南氏亡矣平子從之費人叛南氏樂毅緩攻而風烈長流史記樂毅傳樂毅留徇齊五歲下齊七十餘城皆爲郡縣以屬燕觀其所以服物制勝者豈徒威力相詐而已哉毛本徒作徒誤自今三家鼎足四十有餘年矣吳人不能越淮沔而進取中國中國不能陵長江以爭利者力均而智侔道不足以相傾也夫殘彼而利我未若利我而無殘振武以懼物未若德廣而民懷匹夫猶不可以力服而況一國乎力服猶不如以德來而況不制乎是以羊祜恢大同之略思五兵之則漢書吾丘壽王傳臣聞古者作五兵非以相害以禁暴討邪也師古曰五兵謂矛戟弓劍戈齊其民人均其施澤振義綱以羅彊吳明兼愛以革暴俗易生民之視聽馳不戰乎江表故能德音悅暢而襁負雲集殊鄰異域義讓交弘自吳之遇敵未有若此者也抗見國小主暴而晉德彌昌人積兼己之善而己無固本之規百姓懷嚴敵之德闔境有棄主之慮思所以鎭定民心緝寧外內奮其危弱抗權上國者莫若親行斯道以侔其勝使彼德靡加吾而此善流聞歸重邦國弘明遠風折衝於枕席之上校勝於帷幄之內傾敵而不以甲兵之力保國而不浚溝池之固信義感於寇讎丹懷體於先日豈設狙詐以危賢徇己身之私名貪外物之重我闇服之而不備者哉由是論之苟守局而保疆一卒之所能協數以相危官本考證曰協數北宋本作挾數小人之近事積詐以防物臧獲之餘慮威勝以求安明哲之所賤賢人君子所以拯世垂範舍此而取彼者其道良弘故也

加拜都護胡三省曰吳官有左右都護盡護諸將也聞武昌左部督薛瑩徵下獄抗上疏曰

夫俊乂者國家之良寶社稷之貴資庶政所以倫敘四門所以穆清也尙書舜典賓于四門四門穆穆孔傳云穆穆美也四門四方之門四方諸侯來朝者舜賓迎之皆有美德故大司農樓玄散騎中常侍王蕃少府李勖樓玄王蕃各見本傳李勖見孫晧傳建衡元年二年皆當世秀穎一時顯器既蒙初寵從容列位而並旋受誅殛或圮族替祀尙書堯典方命圮族孔傳云圮毀也族類也或投棄荒裔蓋周禮有赦賢之辟春秋有宥善之義書曰與其殺不辜寧失不經而蕃等罪名未定大辟以加心經忠義身被極刑豈不痛哉且已死之刑固無所識至乃焚爍流漂棄之水濱懼非先王之正典或甫侯之所戒也尙書有呂刑篇孔傳云後爲甫侯故或稱甫刑是以百姓哀聳士民同感蕃勖永已悔亦靡及誠望陛下赦召玄出而頃聞薛瑩卒見逮錄瑩父綜納言先帝傳弼文皇孫晧追謚父和曰文皇帝和爲太子薛綜爲少傅及瑩承基內厲名行今之所坐罪在可宥臣懼有司未詳其事如復誅戮益失民望乞垂天恩原赦瑩罪哀矜庶獄淸澄刑網則天下幸甚

時師旅仍動百姓疲弊抗上疏曰臣聞易貴隨時易隨卦隨大亨貞无咎而天下隨時隨時之義大矣哉傳美觀釁左傳宣公十二年隨武子曰會聞用師觀釁而動故有夏多罪而殷湯用師紂作淫虐而周武授鉞胡三省曰湯數夏之罪曰有夏多罪天命殛之武王數紂之罪曰淫酗肆虐穢德彰聞戎商必克苟無其時玉臺有憂傷之慮新序桀作瑤臺罷民力殫民財孟津有反旆之軍史記周本紀是時諸侯不期而會盟者八百諸侯諸侯皆曰紂可伐矣武王曰女未知天命未可也乃還師今不務富國彊兵力農畜穀使文武之才效展其用百揆之署無曠厥職明黜陟以厲庶尹審刑賞以示勸沮各本賞作罰宋本作賞訓諸司以德胡三省曰諸司謂百執事之人有司存者而撫百姓以仁然後順天乘運席卷宇內而聽諸將徇名窮兵黷武動費萬計士卒彫瘁寇不爲衰

而我已大病矣今爭帝王之資而昧十百之利此人臣之姦便非國家之良策也昔齊魯三戰魯人再剋 宋本剋作克下克字同 而亡不旋踵何則大小之勢異也 胡三省曰祖張儀說齊湣王之言而略變其文 況今師所剋獲不補所喪哉且阻兵無衆古之明鑒誠宜暫息進取小規以畜士民之力觀釁伺隙庶無悔吝二年春就拜大司馬荆州牧三年夏疾病 胡三省曰疾有加而無瘳曰病 上疏曰西陵建平國之蕃表 胡三省曰蕃籬也表外也謂二郡爲蕃籬於外也 既處下流 通鑑作上流 受敵二境 胡三省曰謂二郡之境西距巴夔北接魏興上庸二面皆受敵也處昌呂翻 若敵汎舟順流舳艫千里星奔電邁俄然行至非可恃援他部以救倒縣也此乃社稷安危之機非徒封疆侵陵小害也臣父遜昔在西垂陳言以爲西陵國之西門雖云易守亦復易失若有不守非但失一郡則荆州非吳有也如其有虞當傾國爭之臣往在西陵得涉遜迹前乞精兵三萬而至者循常 通鑑作主者胡注主者謂居本兵之職者也 未肯差赴自步闡以後益更損耗今臣所統千里受敵四處外禦彊對 胡三省曰彊對猶言彊敵也 內懷百蠻而上下見兵財有數萬羸弊日久難以待變臣愚以爲諸王幼沖未統國事可且立傅相輔導賢姿無用兵馬以妨要務 胡三省曰謂十一王各給三千兵也 又黃門豎宦 宋本豎宦作豎官通鑑作宦官 開立占募兵民怨役 通鑑怨作避 逋逃入占乞特詔簡閱一切料出以補疆場受敵常處使臣所部足滿八萬省息衆務信其賞罰雖韓白復生 韓信白起也 無所展巧若兵不增此制不改而欲克諸大事此臣之所深慼也若臣死之後乞以西方爲屬 胡三省曰陸抗固知吳之將亡特就職分上言之耳 願陛下思覽臣言則臣死且不朽秋遂卒 藝文類聚四十七載陸機作吳大司馬陸抗誄云我

公承軌高風肅邁明德繼體徽旨奕世昭德伊何克俊克仁德周能事體合機神禮交徒候敬陸白屋踧踖曲躬吐食揮沐爰及鰥寡賑此惸獨孚厥惠心脫黲分祿乃命我公誕作元輔位表百辟名茂羣后因是剕人造我寧宇備物典策玉冠及斧龍旂飛藻靈鼓樹羽質文殊塗百行異轍人翫其華鮮識其實於穆我公因心則哲經綸至道終始自結德與行滿英與言溢 子晏嗣晏及弟景玄機雲分領抗兵 通鑑輯覽曰善屬文而無臨敵才乃命分將父兵國之不恤又豈所以恤抗乎代斲傷手莫甚于此 晏爲裨將軍夷道監 宜都郡治夷道 天紀四年晉軍伐吳龍驤將軍王濬順流東下所至輒剋終如抗慮 詳見孫皓傳 景字士仁以尚公主拜騎都尉封毗陵侯 毗陵見諸葛瑾傳 既領抗兵拜偏將軍中夏督 水經江水篇江水又東至華容縣西夏水出焉酈注云江水左迤爲中夏水右則中郎浦出焉又云江水又逕南平郡孱陵縣之樂鄉城北吳陸抗所築後王濬攻之獲吳水軍督陸景于此渚也晉書武紀王濬克夷道樂鄉城殺夷道監陸晏水軍都督陸景蓋中夏爲水軍駐屯之所故又稱水軍督也 澡身好學著書數十篇也 隋書經籍志梁有典語十卷典語別二卷並吳中夏督陸景撰亡唐經籍志典訓十卷陸景撰藝文志陸景典訓十卷史通自敘篇夫開國承家立身立事一文一武或出或處雖賢愚壞隔善惡區分苟時無品藻則理難銓綜故陸景典語生焉嚴可均輯本序曰陸景有典語十卷典語別二卷舊唐志有典語無典語別新唐志作典訓皆十卷其書宋不著錄而民間僅或流傳三年前聞紹興王君理堂游幕山左攜有宋寫殘本二卷余未獲見之僅從羣書治要寫出七篇益以各書所載爲一卷凡十七條馬國翰輯本序曰徐堅初學記卷九引陸景典語太平御覽卷七十八作陸景典略又歐陽詢藝文類聚卷二十三引吳陸景誠盈疑是典語中之一篇合輯爲卷凡十一條姚振宗曰宋本意林有陸景典語二條嚴馬二家皆未采又馬氏諸輯本皆不及羣書治要故此所輯止十一條黃以周曰是書耿耿於任賢恤民語皆切至朱邦衡曰澡身以下十字疑爲裴注

文士傳曰陸景母張承女諸葛恪外甥 張承妻爲諸葛瑾女見張昭傳 恪誅景母坐見黜景少爲祖母所育養及祖母亡景爲之心喪三年

二月壬戌晏爲王濬別軍所殺癸亥景亦遇害 本傳晏景壬戌癸亥兩日先後死晉書武紀均繫於壬戌日王濬傳壬戌剋荆門夷道二城獲監軍陸晏乙丑剋樂鄉獲水軍督陸景蓋當時兵亂記載各殊故時日互有歧異也晏景遇害事又見虞翻傳注引會稽典錄 時年三十一景妻孫皓適妹與景俱張承外孫也 張昭傳張承生女孫權爲子和納之孫和張夫人見妃嬪傳又見孫和傳孫和陸抗皆張承之壻故孫皓陸景皆爲張承外孫也

景弟機字士衡雲字士龍機雲事見孫皓傳末注引陸機辨亡論又見宗室傳孫賁傳注引孫惠別傳機雲別傳曰
沈家本曰機雲別傳隋唐志未著錄晉太康末俱入洛晉書陸機傳機父抗卒領父兵爲牙門將年二十而吳滅退居舊里閉門勤學積有十年
弼按吳亡於晉太康元年機雲至太康末入洛適十年也造司空張華華一見而奇之曰伐吳之役利在獲二儁
遂爲之延譽薦之諸公晉書陸機傳造太常張華華素重其名如舊相識文選文賦注引臧榮緒晉書曰機譽流京華聲溢四表被徵爲太
子洗馬與弟雲俱入洛司空張華素重其名相見如舊識以文呈華天才綺練當時獨絕新聲妙句係蹤張蔡機妙解情理識文體故作文賦太傅楊駿
辟機爲祭酒轉太子洗馬尚書著作郎雲爲吳王郎中令出宰浚儀浚儀見魏志陳思王植傳甚
有惠政吏民懷之生爲立祠晉書陸雲傳雲出補浚儀令縣居都會之要名爲難理雲到官肅然下不能欺市無二價人有見殺者主
名不立雲錄其妻而無所問十許日遣出密令人隨後謂曰其去不出十里當有男子候之與語便縛來既而果然問之具服云與此妻通共殺其夫聞妻得出欲
與語憚近縣故遠相候於是一縣稱其神明郡守害其能屢譴責之雲乃去官百姓追思之圖畫形象配食縣社寰宇記云陸雲祠在浚儀縣東北三里後並
歷顯位晉書陸機傳吳王晏出鎮淮南以機爲郎中令趙王倫輔政引爲相國參軍豫誅賈謐功賜爵關中侯倫將篡位以爲中書郎倫之誅也齊王冏以
機職在中書九錫文及禪詔疑機與焉遂收機等九人付廷尉賴成都王穎吳王晏並救理之得減死徙邊遇赦而止時中國多難顧榮戴若思等咸勸機還吳機
負其才望而志匡世難故不從時成都王穎推功不居勞謙下士機既感全濟之恩遂委身焉機天才綺練文藻之美獨冠於時雲
亦善屬文清新不及機而口辯持論過之于時朝廷多故機雲並自結於成都王穎穎
用機爲平原相雲清河內史錢大昕曰晉時郡置太守王國則置內史行太守事然名稱率相亂如陸雲稱清河內史亦稱太守（陸
氏異林）尋轉雲右司馬甚見委仗無幾而與長沙王搆隙遂舉兵攻洛以機行後將軍督
王粹宋本粹作粹晉書同此本誤牽秀等諸軍二十萬士龍著南征賦以美其事陸雲南征賦序云太安二年秋
八月奸臣羊玄之皇甫商敢行稱亂淩逼乘輿天子蒙塵于外自秋徂冬大將軍敷命肆后同恤社稷乃身統三軍以謀國難自義聲所及四海之內朔漠之表蒸
徒贏糧而請奮胡馬擬塞而思征四方之會衆以百萬軍旅之盛威靈之著自古已來未之有也粵十月軍次于朝歌講武治戎以觀兵于殷墟于是美義征之舉
壯師徒之盛乃作南征賦以揚匡霸之勳云爾機吳人羇旅單宦頓居羣士之右多不厭服機屢戰失利死
散過半初宦人孟玖顥所嬖幸乘寵豫權雲數言其短穎不能納玖又從而毀之是役

也玖弟超亦領衆配機不奉軍令機繩之以法超宣言曰陸機將反及牽秀等譖機於
穎以爲持兩端玖又搆之於內穎信之遣收機並收雲及弟耽並伏法機兄弟既江南
之秀亦著名諸夏並以無罪夷滅天下痛惜之機雲死事詳見宗室傳孫賁傳注引孫惠別傳世說新語尤悔篇云陸平
原河橋敗爲盧志所讒被誅臨刑歎曰欲聞華亭鶴唳可復得乎劉孝標引王隱晉書曰成都王穎討長沙王乂使陸爲都督前鋒諸軍事機別傳曰成都王長史
盧志與機弟雲趣舍不同又黃門孟玖求爲邯鄲令於穎穎教付雲雲時爲左司馬曰刑餘之人不可以君民玖聞此怨雲與志讒搆日至及機於七里澗大敗玖
譖機謀反所致穎乃使牽秀斬機先是夕夢黑幰繞車手決不開惡之明旦秀兵奄至機解戎服箸衣帢見秀容貌自若遂見害時年四十三軍士莫不流涕是日
天地霧合大風折木平地尺雪八王故事曰華亭吳由拳縣郊外墅也有清泉茂林吳平後陸機兄弟共游於此十餘年語林曰機爲河北都督聞警角之聲謂孫
丞曰聞此不如華亭鶴唳故刑而有此歎機文章爲世所重晉書陸機傳機天才秀逸辭藻宏麗張華嘗謂之曰人之爲文常恨才少而子更患
其多弟雲嘗與書曰君苗見兄文輒欲燒其筆硯後葛洪著書稱機文猶玄圃之積玉無非夜光焉五河之吐流泉源如一焉其弘麗姸贍英銳漂逸亦一代之絕
乎其爲人所推服如此然好游權門與賈謐親善以進趣獲譏所著文章凡三百餘篇並行於世吳士鑑曰書鈔一百四陸雲與兄平原書云前集兄文爲二十卷
書不工紙不精恨之隋志陸機集十四卷注云梁有四十七卷錄一卷亡唐志作十五卷黃逢元曰陸機集宋志十卷百三家集存二卷又存嚴輯本又曰晉紀四
卷陸機撰隋志列古史新舊唐志作晉帝紀列編年元案史通本紀篇云陸機晉書列紀三祖直序其事竟不編年年既不編何紀之有漢學堂叢書輯存四事題
言晉書又曰洛陽記一卷陸機撰見隋志水經穀水注文選閑居賦注後漢書光武紀注書鈔一百四十五寰宇記河南道引存御覽一百七十九又引作洛陽地
記又曰要覽三卷陸機撰見唐新舊志題云陸士衡撰元陶宗儀說郛輯存一卷馬國翰又補輯元案玉海五十四藝文載機自序云省直之暇乃集要覽之篇上
曰連璧集其嘉名取其連類中曰述聞實述余之所聞下曰析名乃搜同辨異也雲所著亦傳於世晉書陸雲傳雲有二女無男門生故吏迎
喪葬清河修墓立碑四時祠祭所著文章三百四十九篇又撰新書十篇並行於世吳士鑑曰隋志陸雲集十二卷唐志直齋書錄解題並十卷崇文總目作八卷
蓋宋時止存十卷或八卷也又云御覽六百二抱朴子外篇（今本佚）曰陸子二篇誠爲快書其辭之富者雖覃思不可損也其理之約者雖鴻筆不可益也又
曰陸平原作子書未成吾門生有在陸君軍中常在左右說陸君臨亡曰窮通時也遭遇命也古人貴立言以爲不朽吾所作子書未成以此爲恨耳余謂仲長統
作昌言未竟而亡後繆襲撰次之桓譚新論未備而終班固爲其成譏道今才士何不贊成陸公子書案隋志道家類陸雲陸子十卷即新書也初抗之
克步闡也誅及嬰孩識道者尤之曰後世必受其殃及機之誅三族無遺世說新語注引干寶

晉紀曰初陸抗誅步闡百口皆盡有識尤之及機雲見害三族無遺何焯曰步氏夷滅出於國典本傳云自將吏以下所請赦者數萬口如別傳所言又當以此責福報乎但三世爲將由來所忌且機雲本當與吳存亡國亡之後不思野哭自屛而彈冠敵國自結強藩終致斯咎爲可嗟惜耳姜宸英曰關羽擒于禁據荆州威震鄰邦曹操膽落此漢室將興之一機也陸遜首創難端致使劉氏君臣狼狽受斃而操因得坐收漁人之利成其篡謀遜之罪也機雲之死三族受殃天道豈不好還哉弼按何說通姜說迂 孫惠與朱誕書曰馬援擇君 范書馬援傳建武四年隗囂使援奉書洛陽援至引見於宣德殿世祖笑迎謂援曰卿遨遊二帝間今見卿使人大慙援頓首辭謝因曰當今之世非獨君擇臣也臣亦擇君矣 凡人所聞不意三陸相攜暴朝殺身傷名可爲悼歎 晉書陸雲傳載孫惠語已見孫賁傳注引孫惠別傳 事亦並在晉書

評曰劉備天下稱雄一世所憚陸遜春秋方壯威名未著摧而克之 毛本摧作權誤 罔不如志予既奇遜之謀略又歎權之識才所以濟大事也及遜忠誠懇至憂國亡身庶幾社稷之臣矣抗貞亮籌幹咸有父風 吳本陳本脫去籌幹咸有父風六字 奕世載美具體而微可謂克構者哉 各本皆脫去者哉二字誤宋元本不誤或

曰陸遜忠純良實諸葛之亞非顧步匹也特爲作傳史家有識又曰總遜生平不出意思深長四字劉咸炘曰此評與周魯呂傳筆勢相近蓋赤壁夷陵二戰實孫氏之所以立國也評中直稱先主爲劉備可知壽之於舊主未深尊也

吳主五子傳第十四

劉咸炘曰稱子仿漢書武五子以中有太子也

晉平陽侯相安漢陳壽撰

宋中書侍郎西鄉侯聞喜裴松之注

沔陽盧弼集解

孫登字子高權長子也 登不知所出周壽昌有說見後注 魏黃初二年以權爲吳王拜登東中郎將 東中郎將見魏志董卓傳 封萬戶侯 侯康曰藝文類聚卷五十一魏文帝冊孫權太子登爲東中郎將封侯文云蓋河洛寫天意符讖述聖心昭晰著明與天談也故易曰河出圖洛出書聖人則之孫將軍歸心國朝忠亮之節同功佐命而其子當爲魏將軍著在圖讖猶漢光武受命李氏爲輔王粱孫咸並見符緯也斯乃皇天啟祜大魏永令孫氏仍世爲佐其以登爲東中郎將封縣侯萬戶昔周嘉公旦祚流七胤漢禮蕭何一門十侯今孫將軍亦當如斯若夫長平之榮安豐之寵方斯蔑如 登辭侯不受 宋本侯作疾 是歲立登爲太子 吳王太子也黃武四年權

爲太子登娉周瑜女見程秉傳周瑜傳又權爲子登揀擇淑媛娉芮玄女爲妃見潘濬傳注引吳書 選置師傅 程秉爲太子太傅見秉傳 銓簡秀士以爲賓友於是諸葛恪張休顧譚陳表等 表陳武子事見武傳 以選入侍講詩書出從騎射權欲登讀漢書習知近代之事以張昭有師法重煩勞之乃命休從昭受讀 命各本皆作令范書列女傳扶風馬融伏於閣下從班昭受讀王鳴盛曰漢人讀書必有師法無師不能讀三國吳志吳主欲登讀漢書使張昭之子休從昭受讀可見 還以授登 唐庚曰劉備教禪以漢書而權亦令張休從昭受讀還以授登世以權備之智不足以知二帝三王故所貽謀止於如此是大不然伊尹之訓太甲稱有夏先后而不及唐虞周公之戒成王稱商三宗而不及唐虞豈伊周之智不足以知堯舜禹亦取其近於時切於事者已權備之教子不忽近而慕遠不貴名而賤實此亦伊尹周公之遺法也 登待接寮屬略用布衣之禮與恪休譚等或同輿而載或共帳而寐太傅張溫言於權曰夫中庶子官最親密切問近對宜用雋德於是乃用表等爲中庶子 中庶子見魏志鮑勛傳 後又以庶子禮拘復令整巾侍坐 東觀記云以中庶子入侍講沈志中庶子漢置古者世祿卿大

夫之子既爲副倅謂之國子天子諸侯必有庶子官以掌教之 黃龍元年權稱尊號立爲皇太子 趙一清曰方輿紀要卷二十引宮苑記云西池吳宣明太子孫登所鑿亦謂之太子池在建康宮西隅因名一清案傳云諡宣而記云宣明誤也 以恪爲左輔休右弼譚爲輔正表爲翼正都尉 胡三省曰輔正及翼正都尉皆吳自創置之潘眉曰左輔右弼輔正亦都尉名與翼正均東宮官屬 是爲四友而謝景范愼 范愼見孫晧傳建衡三年 刁玄 刁玄事見孫晧傳建衡三年注引江表傳何焯曰古無刁字宜從宋本作刀 羊衜等 原注衜音道胡三省曰衜古道字馮本音作首誤 皆爲賓客於是東宮號爲多士 侯康曰藝文類聚卷十六載吳張儼請立太子師傅表曰昔賈誼爲漢文帝陳周成王爲太子以周公爲太傅召公爲太保呂望爲太師又立三少皆上大夫使與太子居處左右前後皆正人也明禮義以導習之故能光熙文武興隆周室伏惟陛下命世應期順乾作主皇太子以天然之姿爲國上嗣朝廷以四海未定國家多事師傅之官闕而未備臣愚以爲高祖初基天下造創引張良叔孫通出爲師表入與朝政宜博采周漢依舊儀用將相名官輔弼太子於是以熙贊洪業增輝日月實爲光大也按儼此表年月不可考其稱權爲陛下則在權稱尊號後姑附於此又曰釋慧皎高僧傳支謙字恭明一名越本月支人博覽經籍莫不精究世間伎藝多所綜習徧學異書通六國語其爲人細長黑瘦眼多白而睛黃時人爲之語曰支郎眼中黃形軀雖細是智囊漢獻末亂避地於吳權召見悅之拜爲博士使輔導東宮與韋曜諸人共盡匡益但生自外域故吳志不載

吳錄曰愼字孝敬廣陵人竭忠知己之君纏綿三益之友時人榮之著論二十篇 毛本十作士誤 名曰矯非 隋志梁有尚書王氏傳問二卷尚書義二卷范愼問吳太尉劉毅答亡侯康曰隋志當云吳太尉范順問劉毅答順愼古通 後爲侍中出補武昌左部督治軍整頓孫晧移都甚憚之詔曰愼勳德俱茂朕所敬憑宜登上公以副衆望以爲太尉愼自恨久爲將遂託老耄軍士戀之舉營爲之隕涕鳳皇三年卒子耀嗣玄丹陽人衜南陽人 吳書曰衜初爲中庶子年二十時廷尉監隱蕃交結豪傑自衛將軍全琮等皆傾心敬待惟衜及宣詔郎豫章楊迪拒絕不與通時人咸怪之而蕃後叛逆衆乃服之 江表傳曰登使侍中胡綜 毛本綜作琮誤 作賓友目曰英才卓越超踰倫匹則諸葛恪精識時機 官本攷證曰御覽時作知 達幽究微則顧譚凝辨宏達 何焯曰魏氏春秋凝作淑弼按通鑑辨作辯 言能釋結則謝景 胡三省曰凝堅定也宏闊遠也達明通也好辯者每不能堅定其所守故以能凝辯而證據宏遠明通者可以釋難疑之糾結也 究學甄微游夏同科則范愼 胡三省曰究窮竟也甄察別也 衜乃私駮綜曰元遜才而疏 諸葛恪字元遜 子嘿精而很 顧譚字子嘿譚傳作默 叔發辨而浮 謝景字叔發宋本辨作辯通鑑同 孝敬深而狹 范愼字孝敬通鑑狹作陿胡注陿與狹同 所言皆有指趣而衜卒以此言見咎不爲恪等所親後四人皆敗 何焯曰景愼未嘗敗也 吳人謂衜之言有徵位至桂陽太守卒 桂陽見蜀志先主傳建安十三年

權遷都建業徵上大將軍陸遜輔登鎮武昌領宮府留事登或射獵當由徑道常遠避良田不踐苗稼至所頓息又擇空閑之地其不欲煩民如此嘗乘馬出有彈丸過左右求之有一人操彈佩丸咸以爲是辭對不服從者欲捶之登不聽使求過丸比之非類乃見釋又失盛水金馬盂 或曰水盂於時已有 覺得其主左右所爲不忍致罰呼責數之長

遣歸家勑親近勿言後弟慮卒 孫權傳嘉禾元年建昌侯慮卒 權爲之降損登晝夜兼行到賴鄉 賴鄉見孫休傳永安三年 自聞卽時召見見權悲泣因諫曰慮寢疾不起此乃命也方今朔土未一四海喁喁天戴陛下而以下流之念 下流解見魏志閻溫傳及武文世王公傳樂陵王茂傳 減損太官殺饌 續百官志太官令一人六百石掌御飲食 過於體制臣竊憂惶權納其言爲之加膳住十數日欲遣西還深自陳乞以久離定省子道有闕 禮記曲禮曰凡爲人子之禮冬温而夏凊昏定而晨省 又陳陸遜忠勤無所顧憂權遂留焉嘉禾三年權征新城 合肥新城也 使登居守總知留事時年穀不豐頗有盜賊乃表定科令所以防禦甚得止姦之要初登所生庶賤徐夫人少有母養之恩 妃嬪傳吳主權徐夫人傳使母養子登後權遷移以夫人妒忌廢處吳周壽昌曰孫登立爲太子而不知所出母以子貴之說衰世亦有所不行左傳州吁嬖人之子也州吁雖寵其母雖嬖而卒莫詳其姓氏只以嬖人兩字書之此古之所謂賤妾也 後

徐氏以妬廢處吳而步夫人最寵步氏有賜登不敢辭拜受而已徐氏使至所賜衣服必沐浴服之登將拜太子辭曰本立而道生欲立太子宜先立后權曰卿母安在對曰在吳權默然 或曰有防微之慮者當在此時

吳書曰弟和有寵於權登親敬待之如兄常有欲讓之心

立凡二十一年年三十三卒 登立於魏黃初二年卒於吳赤烏四年當生於漢建安十四年孫權二十八歲始生長子登年六十而登死赤烏五年立和爲太子赤烏十三年廢太子和處故鄣魯王霸賜死立亮爲太子孫權自登死後信任讒閒殺戮忠良老耄昏憒倒行逆施吳國之亡已肇於此矣 臨終上疏曰臣以無狀嬰抱篤疾自省微劣懼卒隕斃臣不自惜念當委離供養埋胔后土長不復奉望宮省朝覲日月生無益於國死貽陛下重慼以此爲哽結耳臣聞死生有命長短自天周晉顏回有上智之才而尚夭折 國語周語靈王二十二年穀洛鬭將毀王宮王欲壅之太子晉諫曰不可韋注晉靈王太子也早卒

不立史記孔子弟子列傳顏回者魯人也字子淵少孔子三十歲回年二十九髮盡白蚤死 況臣愚陋年過其壽生爲國嗣沒享榮祚於臣已多亦何悲恨哉方今大事未定逋寇未討萬國喁喁係命陛下危者望安亂者仰治願陛下棄忘臣身割下流之恩 下流見前 修黃老之術篤養神光加羞珍膳廣開神明之慮以定無窮之業則率土幸賴臣死無恨也皇子和仁孝聰哲德行清茂宜早建置以繫民望諸葛恪才略博達器任佐時張休顧譚謝景皆通敏有識斷入宜委腹心出可爲爪牙范慎華融矯矯壯節有國士之風羊衜辯捷有專對之材刁玄優弘志履道貞裴欽博記 裴欽見嚴畯傳 翰采足用蔣修虞翻 何焯曰此虞翻字疑誤於時仲翔沒交州已十餘年矣且未嘗廁迹官僚也官本攷證陳晧說同弼按虞翻死於赤烏二年孫登死於赤烏四年五月相距年餘遠道或不及知此翻字或不誤何云已沒十餘年誤 志節分明凡此諸臣或宜廊廟或任將帥皆練時事明習法令守信固義有不可奪之志此皆陛下日月所照選置臣宮得與從事備知情素敢以陳聞臣重惟當今方外多虞師旅未休當厲六軍以圖進取軍以人爲衆衆以財爲寶竊聞郡縣頗有荒殘民物凋敝姦亂萌生是以法令繁滋刑辟重切臣聞爲政聽民律令與時推移誠宜與將相大臣詳擇時宜博采衆議寬刑輕賦均息力役以順民望陸遜忠勤於時出身憂國謇謇在公有匪躬之節 易蹇卦之辭王臣蹇蹇匪躬之故正義曰蹇難也有險在前畏而不進故稱爲蹇志匡王室能涉蹇難而往濟蹇故曰王臣蹇蹇也盡忠於君匪以私身之故而不往濟君故曰匪躬之故 諸葛瑾步隲朱然全琮朱據呂岱吾粲闞澤嚴畯張承孫怡忠於爲國通達治體可令陳上便宜蠲除苛煩愛養士馬撫循百姓五年之外十年之內遠者歸復近者盡力兵不血刃而大

事可定也臣聞鳥之將死其鳴也哀人之將死其言也善 論語曾子之辭 故子囊臨終遺言戒時君子以爲忠 左傳襄公十四年楚子囊還自伐吳卒將死遺言謂子庚必城郢君子謂子囊忠君薨不忘增其名將死不忘衛社稷可不謂忠乎 豈況臣登其能已乎願陛下留意聽采臣雖死之日猶生之年也既絕而後書聞權益以摧慼言則隕涕是歲赤烏四年也 陳本無也字誤 謝景時爲豫章太守不勝哀情棄官奔赴拜表自劾權曰君與太子從事異於他吏使中使慰勞聽復本職發遣還郡諡登曰宣太子

吳書曰初葬句容 句容見孫權傳赤烏八年 置園邑奉守如法後三年改葬蔣陵 孫權葬蔣陵

子璠希皆早卒次子英封吳侯五鳳元年英以大將軍孫峻擅權謀誅峻事覺自殺國除

吳歷曰孫和以無罪見殺衆庶皆懷憤歎前司馬桓慮因此招合將吏欲共殺峻立英事覺皆見殺英實不知

謝景者字叔發南陽宛人在郡有治迹吏民稱之以爲前有顧劭其次卽景數年卒官 趙一清曰水經贛水注白社有徐孺子墓吳嘉禾中太守長沙徐熙於墓隧種松太守南陽謝景於墓側立碑

孫慮字子智登弟也少敏慧有才藝權器愛之黃武七年封建昌侯 建昌見孫權傳黃武七年又見太史慈傳趙一清曰寰宇記卷百十一孫慮城在建昌縣南一百里城南有青石井可深十丈常冬夏有水 後二年 黃龍二年 丞相雍等奏慮性聰體達所尙日新比方近漢 監本官本比作北誤 宜進爵稱王權未許 慮作鬬鴨欄陸遜諫止慮卽時毁徹之見遜傳慮納潘濬女見濬傳 久之尙書僕射存上疏曰 李龍官曰存上有脫文乙則失其姓也錢大昭曰史失其姓建衡元年有督軍徐存與監軍李勖從建安海道擊交阯未知是否 帝王之興莫不褒崇至親以光羣后故魯衞於周寵冠諸侯 周公封於魯康叔封於衞皆武王同母弟也 高帝五王封列于漢 漢高帝八男此言五王者漢書有高五王傳惠帝文帝有紀淮南王別有傳也 所以藩屏本朝爲國鎭衞建昌侯慮稟性聰敏才兼文武於古典制宜正名號陛下謙光未肯如舊羣寮大小咸用於邑 於邑鬱結也 方今奸寇恣睢金鼓未弭腹心爪牙惟親與賢輒與丞相雍等議咸以慮宜爲鎭軍大將軍授任偏方以光大業權乃許之於是假節開府治半州 半州見張昭傳薛綜傳慮以薛綜爲長史見綜傳事在黃龍三年趙一清曰方輿紀要卷八十五半洲城在九江府西九十里晉所築一清案孫慮封建昌侯今南康府之建昌縣也北去九江尋陽僅九十里耳故開府於此然必有城治或晉時因其舊基修築之耳

吳書載權詔曰期運擾亂凶邪肆虐威罰有序干戈不戢以慮氣志休懿武略夙昭必能爲國佐定大業故授以上將之位顯以殊特之榮寵以兵馬之勢委以偏方之任外欲威振敵虜厭難萬里內欲鎭撫遠近慰卹將士誠慮建功立事竭命之秋也慮其內

修文德外經武訓持盈若沖 毛本盈作隱誤 則滿而不溢敬愼乃心無忝所受

慮以皇子之尊富於春秋遠近嫌其不能留意及至臨事遵奉法度敬納師友過於衆望年二十嘉禾元年卒 當生於漢建安十八年小孫登四歲先登死十年 無子國除

孫和字子孝慮弟也少以母王有寵見愛 妃嬪傳王夫人傳黃武中得幸生和和當生於黃武三年說見王夫人傳 年十四 嘉禾六年 爲置宮衞使中書令闞澤教以書藝好學下士甚見稱述赤烏五年立爲太子時年十九闞澤爲太傅薛綜爲少傅 闞澤薛綜皆以赤烏六年卒爲傅不過一年此後吾粲爲太傅自此遂二宮交搆陸遜上疏言太子正統魯王藩臣宜寵秩有差書三四上權不聽許且累遣中使責讓遜遜以赤烏八年憤恚致卒和亦幽閉直至赤烏十三年徙和於故鄣魯王霸賜死兩敗俱傷而吳遂立幼主矣 而蔡穎張純封俌嚴維等皆從容侍從

吳書曰和少岐嶷有智意 岐嶷解見魏志明紀卷首注引魏書 故權尤愛幸常在左右衣服禮秩雕玩珍異之賜諸子莫得比爲好文學善騎射承師涉學精識聰敏尊敬師傅愛好人物穎等每朝見進賀和常降意歡以待之講校經義綜察是非及訪諸朝臣考績行能以知優劣各有條貫後諸葛豐僞叛以誘魏將諸葛誕 李龍官曰諸葛誕卽諸葛豐之後此何以云諸葛豐吳主赤烏十年傳注引江表傳作諸葛壹是豐字乃壹字之訛 權潛軍待之和以權暴露外次又戰者凶事常憂勞憯怛不復會同飲食數上諫戒令持重務在全勝權還然後敢安 張純字元基敦之子 張純事見顧邵傳及注引吳錄又見朱異傳注引文士傳 吳錄曰純少厲操行學博才秀切問捷對容止可觀拜郎中補廣德令 廣德見妃嬪傳徐夫人傳 治有異績擢爲太子輔義都尉 輔義都尉一人吳置純事又見後注

是時有司頗以條書問事和以爲奸妄之人將因事錯意以生禍心

不可長也表宜絕之又都督劉寶白庶子丁晏晏亦白寶和謂晏曰文武在事當能幾人因隙搆薄圖相危害豈有福哉遂兩釋之使之從厚常言當世士人宜講修術學校習射御以周世務而但交游博弈以妨事業非進取之謂後羣寮侍晏言及博弈以爲妨事費日而無益於用勞精損思而終無所成非所以進德修業積累功緒者也且志士愛日惜力君子慕其大者高山景行詩小雅車舝之章高山仰止景行行止鄭箋云王亦庶幾古人有高德者則慕仰之有明行者則而行之恥非其次夫以天地長久而人居其閒有白駒過隙之喻漢書魏豹傳人生一世閒如白駒過隙師古曰言其速疾也白駒謂日景也隙壁際也沈欽韓曰莊子盜跖篇忽然無異騏驥之馳過隙也墨子兼愛篇人之生乎地上無幾何也譬猶駟馳而過郤也據此則謂馬也年齒一暮榮華不再凡所患者在於人情所不能絕誠能絕無益之欲以奉德義之塗棄不急之務以修功業之基其於名行豈不善哉夫人情固不能無嬉娛宋本固作猶嬉娛之好亦在於飲宴琴書射御之閒何必博弈然後爲歡乃命侍坐者八人各著論以矯之於是中庶子韋曜退而論奏曜論見本傳和以示賓客時蔡穎好弈直事在署者頗斆焉故以此諷之是後王夫人與全公主隙宋本隙上多有字權嘗寢疾和祠祭於廟通鑑吳主寢疾遣太子禱於長沙桓王廟胡注孫策追謚長沙桓王杜佑曰孫權都建業立兄長沙桓王廟於朱雀橋南和妃叔父張休居近廟張承生女權爲子和納之張休承弟也均見張昭傳邀和過所居全公主使人覘視胡三省曰過工禾翻覘丑廉翻窺也因言太子不在廟中專就妃家計議又言王夫人見上寢疾有喜色權由是發怒夫人憂死互見妃嬪傳而和寵稍損懼於廢黜魯王霸覬覦滋甚左傳桓公二年是以民服事其上而下無覬覦杜注下不冀望上位覬音冀覦羊朱翻陸遜吾粲顧譚等數陳適庶之義理不可奪各見本傳

全寄楊竺爲魯王霸支黨周壽昌曰是時黨霸者霸本傳內尙有吳安孫奇並無步隲隲傳內亦無此事即周昭論步隲亦無一言及此疑注引通語之言未可信譖愬日興粲遂下獄誅譚徙交州權沈吟者歷年胡三省曰沈吟者欲決而未決之意今人猶有此語沈持林翻

殷基通語曰初權既立和爲太子而封霸爲魯王初拜猶同宮室禮秩未分羣公之議以爲太子國王上下有序禮秩宜異於是分宮別寮而隙端開矣胡三省曰和霸之隙亦兩宮僚屬交搆成之自侍御賓客造爲二端仇黨疑貳滋延大臣丞相陸遜大將軍諸葛恪太常顧譚驃騎將軍朱據會稽太守滕胤大都督施績績未爲大都督朱然爲大督尙書丁密等奉禮而行宗事太子馮本毛本事作祀誤驃騎將軍步隲鎭南將軍呂岱大司馬全琮左將軍呂據中書令孫弘等附魯王中外官僚將軍大臣舉國中分權患之謂侍中孫峻曰子弟不睦臣下分部胡三省曰分部謂各分部黨若漢甘陵南北部將有袁氏之敗爲天下笑一人立者安得不亂於是有改嗣之規矣韓菼曰袁劉固無論矣如孟德仲謀目覩禍敗而旋蹈其轍多少英雄到此便有兒女子氣臣松之以爲袁紹劉表謂尙琮爲賢本有傳後之意異於孫權既以立和而復寵霸坐生亂階自搆家禍方之袁劉昏悖甚矣步隲以德度著稱爲吳良臣而阿附於霸事同楊竺何哉和既正位適庶分定就使才德不殊猶將義不黨庶況霸實無聞而和爲令嗣乎夫邪僻之人豈其舉體無善但一爲不善衆美皆亡耳隲若果有此事則其餘不足觀矣呂岱全琮之徒蓋所不足論耳

後遂幽閉和於是驃騎將軍朱據尙書僕射屈晃率諸將吏泥頭自縛連日詣闕請和互見朱據傳或曰速之廢耳益知批鱗之無益哲哉子房權登白爵觀見甚惡之胡三省曰白爵觀在建業宮中觀古玩翻勑據晃等無事忩忩監本官本忩忩作怱怱誤通鑑作悤悤胡注悤悤急遽不諦細也權欲廢和立亮無難督陳正五營督陳象胡三省曰吳主置左右無難營兵又置五營營兵各置督領之

上書稱引晉獻公殺申生立奚齊晉國擾亂朱據傳注引殷基通語載據諫爭亦引晉獻事又
據晃固諫不止權大怒族誅正象據晃牽入殿杖一百何焯曰老悖昏惑吳亡不待晧而決潘眉曰此陳正陳象朱據屈晃四人當以象字絕句言族誅陳正陳象牽據晃入殿杖各一百弼按通鑑作族誅正象牽據晃入殿據晃猶口諫杖之各一百是廷杖之風由來已遠正象忠諫家族誅夷朱據初尚公主近復兼領丞相貴戚重臣辱之殿陛專制淫威無殊桀紂矣
吳歷曰晃入口諫曰太子仁明顯聞四海今三方鼎跱實不宜搖動太子以生衆心願
陛下少垂聖慮老臣雖死猶生之年叩頭流血辭氣不撓權不納晃言斥還田里孫晧
即位詔曰故僕射屈晃志匡社稷忠諫忘身封晃子緒爲東陽亭侯東陽見魏志呂布傳弟幹
恭爲立義都尉立義都尉吳置緒後亦至尚書僕射晃汝南人見胡沖答問沖著吳歷見魏志文紀黃初七年沈家本曰隋唐志不著裴所引屈晃事似傳記之屬沖胡綜子見綜傳吳天紀中爲中書令後仕晉
吳書曰張純亦盡言極諫
權幽之遂棄市

竟徙和於故鄣故鄣見孫權傳赤烏十三年趙一清曰方輿紀要卷九十一故鄣城在湖州府長興縣西南八十里秦滅楚置鄣縣爲鄣郡漢爲故鄣縣屬丹陽郡吳屬吳興郡一清案是時尚未置吳興縣仍屬丹陽羣司坐諫誅放者十數衆咸冤之
吳書曰權寢疾意頗感寤欲徵和還立之全公主及孫峻孫弘等固爭之胡三省曰爭者恐和復立爲己患也乃止
太元二年正月封和爲南陽王遣之長沙
吳書曰和之長沙行過蕪湖有鵲巢于帆檣故官寮聞之皆憂慘以爲檣末傾危非久
安之象或言鵲巢之詩有積行累功以致爵位之言今王至德茂行復受國土儻神靈
以此告寤人意乎趙一清曰方輿紀要卷九十嚴州府淳安縣西三十里有普慈山上有太子城孫和嘗避難於此
四月權薨諸葛恪秉政恪即和妃張之舅也張承諸葛瑾壻也和妃張承女也爲瑾之外孫女恪之甥女
妃使黃門陳遷之建業上疏中宮并致問於恪臨去恪謂遷曰爲

我達妃期當使勝他人此言頗泄又恪有徙都意使治武昌宮民閒
或言欲迎和及恪被誅孫峻因此奪和璽綬胡三省曰南陽王璽綬也徙新都新都郡治始新見孫權傳建安十三年又遣使者賜死和與妃張辭別張曰吉凶當相隨終不
獨生活也通鑑無活也二字亦自殺舉邦傷焉孫休立封和子晧爲烏程侯烏程見孫堅傳
自新都之本國休薨晧即祚其年追謚父和曰文皇帝改葬
明陵趙一清曰寰宇記卷九十四烏程縣西陵山孫晧改葬父和於此號曰明陵即卞山之別嶺也置園邑二百家令丞奉
守後年正月又分吳郡丹陽九縣爲吳興郡治烏程詳見孫晧傳寶鼎元年十月及注引晧詔潘眉曰後年者明年之明年也正月當爲十月分吳郡之烏程陽羨永安餘杭臨水及丹陽郡之故鄣安吉原鄉於潛共九縣爲吳興郡其烏程陽羨餘杭故鄣於潛五縣皆漢舊縣其永安縣吳時分烏程餘杭立臨水縣吳時分餘杭立安吉原鄉二縣漢靈帝中平二年分故鄣立置太守四時奉祠
有司奏言宜立廟京邑寶鼎二年七月使守大匠薛珝毛本珝作翊誤珝爲薛綜子見

綜傳營立寢堂號曰清廟十二月遣守丞相孟仁孟仁事見孫晧傳注引吳錄太常姚
信等姚信事見陸績傳注備官僚何校本官作宮宋本僚作寮中軍步騎二千人以靈輿法駕
東迎神於明陵晧引見仁親拜送於庭劉咸炘曰備載儀節蓋吳所希有耳
吳書曰比仁還中使手詔日夜相繼日夜各本皆誤作曰使奉問神靈起居動止巫覡言見和
被服顏色如平生日宋書禮志無生字晧悲嘉涕淚宋本嘉作喜悉召公卿尚書詣闕門下受賜
靈輿當至使丞相陸凱奉三牲祭於近郊晧於金城外露宿趙一清曰方輿紀要卷二十金城在上元縣北三十五里括地志在江乘蒲洲上相傳孫吳所築明日望拜於東門之外其翌日拜
廟薦祭歔欷悲感比七日三祭倡技晝夜娛樂侯康曰宋書樂志一何承天曰世咸傳吳朝無雅樂案孫晧迎父喪明陵唯云倡技晝夜不息則無金石登歌可知矣承天曰或云今之神弦孫氏以爲宗廟登歌也史臣案陸機孫權誄肆夏在廟雲翹承缺機不容虛設此言又韋昭於孫休世上鼓吹鐃歌十二曲表曰當付樂官善歌者習歌然則吳朝非無樂官善歌者乃能以歌辭被絲管寧容止以神弦爲廟樂而已乎按韋昭所撰

十二曲見宋書樂志四有司奏言祭不欲數數則黷宜以禮斷情然後止
吳歷曰和四子晧德謙俊孫休卽位封德錢塘侯謙永安侯俱見孫休傳永安元年俊拜騎
都尉晧在武昌吳興施但因民之不堪命聚萬餘人劫謙將至秣陵欲立之未至三十
里住擇吉日但遣使以謙命詔丁固諸葛靚靚卽斬其使但遂前到九里趙一淸謂九里卽牛
屯見孫晧傳寶鼎元年又云方輿紀要卷二十引史作九里汀固靚出擊大破之但兵裸身無鎧甲臨陣皆披散謙
獨坐車中遂生獲之固不敢殺以狀告晧晧酖之母子皆死俊張承外孫云俊爲張承外孫者
當係俊爲張妃所生也晧爲何姬所生餘未詳聰明辨惠宋本辨作辯爲遠近所稱晧又殺之昆弟相殘慘無人道
孫霸字子威和同母弟也何焯曰同母二字衍傳後云霸二子與祖母謝姬俱徙烏傷則和出自王霸出自謝矣（盧明楷說
同）和爲太子霸爲魯王孫權爲子霸納劉基女見劉繇傳寵愛崇特與和無殊頃之
和霸不穆之聲聞於權耳權禁斷往來假以精學督軍使者羊衜

上疏曰臣聞古之有天下者皆先顯別適庶封建子弟所以尊重祖
宗爲國藩表也二宮拜授海內稱宜斯乃大吳興隆之基頃聞二宮
並絕賓客遠近悚然大小失望竊從下風聽采衆論咸謂二宮智達
英茂自正名建號於今三年和立於赤烏五年此疏當上於赤烏七年德行內著美稱外昭
西北二隅胡三省曰蜀在西魏在北久所服聞謂陛下當副順遐邇所以歸德勤
命二宮賓延四遠使異國聞聲思爲臣妾今既未垂意於此而發明
詔省奪備衞抑絕賓客使四方禮敬不復得通雖實陛下敦尚古義
欲令二宮專志於學不復顧慮觀聽小宜期於溫故博物而已何焯校本
以聽字爲句一本以宜字爲句弼按宜字疑誤然非臣下傾企喁喁之至願也或謂二宮不遵
典式此臣所以寢息不寧就如所嫌猶宜補察密加斟酌不使遠近

得容異言臣懼積疑成謗久將宣流而西北二隅去國不遠異同之
語易以聞達之日聲論當興將謂二宮有不順之愆不審陛下
何以解之若無以解異國則亦無以釋境內境內守疑異國興謗非
所以育巍巍鎭社稷也願陛下早發優詔使二宮周旋禮命如初則
天淸地宴萬國幸甚矣時全寄吳安孫奇楊竺等陰共附霸圖危太
子譖毀既行太子以敗霸亦賜死流竺尸于江兄穆以數諫戒竺得
免大辟猶徙南州霸賜死後又誅寄安奇等咸以黨霸搆和故也霸
二子基壹陳景雲曰此傳霸次子名壹而孫奐庶子亦名壹疑此傳壹字誤錢大昕陳浩說同五鳳中封基爲吳侯
壹宛陵侯基侍孫亮在內太平二年盜乘御馬收付獄亮問侍中刁
玄曰盜乘御馬罪云何玄對曰科應死然魯王早終惟陛下哀原之

亮曰法者天下所共何得阿以親親故邪當思惟可以釋此者柰何
以情相迫乎玄曰舊赦有大小或天下亦有千里五百里赦隨意所
及亮曰解人不當爾邪乃赦宮中基以得免孫晧卽位追和霸舊隙
削基壹爵土與祖母謝姬俱徙會稽烏傷縣烏傷見虞翻傳
孫奮字子揚霸弟也母曰仲姬太元二年立爲齊王居武昌奮娶袁術孫女見魏
志袁術傳權薨太傅諸葛恪不欲諸王處江濱兵馬之地孫休傳作不欲諸王在濱江兵馬之地
徙奮於豫章趙一淸曰水經贛水注王步側有城云是孫奮爲齊王鎭此城之渚今謂之王步蓋齊王之渚步也郡東南二十餘里又有一城號曰齊
王城築道相遠蓋其離宮也寰宇記卷一百六齊城在洪州南昌縣東陸路二十里諸葛恪徙齊王奮居於此奮怒不從命又數越法
度恪上牋諫曰帝王之尊與天同位是以家天下臣父兄四海之內
皆爲臣妾仇讎有善不得不舉親戚有惡不得不誅所以承天理物

先國後身蓋聖人立制百代不易之道也昔漢初興多王子弟至於太彊輒爲不軌上則幾危社稷胡三省曰謂吳楚七國淮南濟北燕廣陵也下則骨肉相殘其後懲戒以爲大諱自光武以來諸王有制惟得自娛於宮內不得臨民干預政事其與交通皆有重禁胡三省曰光武設科禁藩王不得交通賓客遂以全安各保福祚此則前世得失之驗也近袁紹劉表各有國土土地非狹人衆非弱以適庶不分遂滅其宗祀此乃天下愚智所共嗟痛大行皇帝覽古戒今防芽遏萌慮於千載是以寢疾之日分遣諸王各早就國詔策殷勤科禁嚴峻其所戒勑無所不至誠欲上安宗廟下全諸王使百世相承無凶國害家之悔也書洪範曰凶于而國害於而家大王宜上惟太伯順父之志周太王三子長曰太伯次曰仲雍次曰季歷季歷之子曰昌有聖德太王欲傳國季歷以及昌太伯仲雍遂逃之荆蠻讓國季歷以成父之志惟思也中念河閒獻王東海王彊恭敬之節胡三省曰漢河閒獻王德於武帝兄也東海王彊於明帝異母兄也二王之事二帝極爲恭順下當裁抑驕恣荒亂宋本裁作存通鑑作下存前世驕恣荒亂之王以爲警戒而聞頃至武昌以來多違詔勑不拘制度擅發諸將兵治護宮室又左右常從有罪過者當以表聞公付有司而擅私殺事不明白胡三省曰吳諸王有常從吏兵置常從督以領之明顯也白奏也謂不顯奏其罪而擅殺之也從才用翻大司馬呂岱親受先帝詔勑輔導大王既不承用其言令懷憂怖華錡先帝近臣忠良正直其所陳道當納用之而聞怒錡有收縛之語又中書楊融親受詔勑所當恭肅云正自不聽禁通鑑作乃云正自不聽禁胡注謂不聽禁約也當如我何聞此之日大小驚怪莫不寒心里語曰明鏡所以照形古事所以知今大王宜深以魯王爲戒改易其行戰戰兢兢盡敬朝廷通鑑敬作禮弼按作敬是周瑜傳瑜

獨先盡敬如此則無求不得若棄忘先帝法教懷輕慢之心臣下寧負大王不敢負先帝遺詔寧爲大王所怨疾豈敢忘尊主之威而令詔勑不行於藩臣邪此古今正義大王所照知也夫福來有由禍來有漸漸生不憂將不可悔向使魯王早納忠直之言懷驚懼之慮胡三省曰驚當作兢享祚無窮豈有滅亡之禍哉夫良藥苦口惟疾者能甘之忠言逆耳惟達者能受之今者恪等慺慺胡三省曰慺盧侯翻慺慺恭謹貌欲爲大王除危殆於萌芽廣福慶之基原是以不自知言至胡三省曰至極也切也願蒙三思奮得牋懼遂移南昌胡三省曰南昌縣豫章郡治所游獵彌甚官屬不堪命及恪誅奮下住蕪湖欲至建業觀變傅相謝慈等諫奮殺之謝慈一作射慈見孫休傳

慈字孝宗彭城人見禮論釋文敍錄射慈字孝宗彭城人吳中書侍郎齊王傅禮記音一卷隋書經籍志禮記音義隱一卷謝氏撰又曰梁有鄭玄王肅射慈射貞孫毓繆炳音各一卷亡唐經籍志禮記音二卷謝慈撰藝文志射慈小戴禮記音二卷通志藝文略禮記音義隱二卷謝慈撰王模輯本序曰經典序錄禮記音十三家內有射慈禮記音無義隱字隋志有謝氏禮記音義隱一卷又有射慈音一卷則謝氏與射慈當爲二人其禮記音與音義隱亦當爲二書也經義攷竟作射慈音義隱今從之而以正義釋文所引隱義並鈔入焉凡二十八條馬國翰輯本序曰唐時射音尙在故正義及引之然引稱謝玆謝玆卽射慈其所說下室之饋音彙乎義此又謝氏卽射慈之一證也唐志二卷之音卽隋志一卷之音義隱唐志標題書目多與隋志不合幸存射慈之名猶可尋繹而參攷之也今從釋文正義輯錄爲卷撰喪服圖及變除行於世隋書經籍志梁有喪服變除圖五卷吳齊王傅射慈撰亡唐經籍志喪服天子諸侯圖二卷謝慈撰藝文志射慈喪服天子諸侯圖一卷嚴可均全三國文曰射慈字孝宗彭城人一作謝慈爲中書郎領齊王奮傳以諫被殺有喪服圖及變除五卷又曰喪服變除今見於通典者凡二十條馬國翰輯本序曰裴松之注云撰喪服圖及變除行於世蓋二書也七錄合之云喪服變除圖五卷唐藝文志有喪服天子諸侯圖一卷已非梁時之舊本今佚從杜佑通典采得二十七節又從御覽南史禮記正義各采一節合而錄之與徐整答問爲多整當是慈之門人其書體例亦鄭志之類

坐廢爲庶人徙章安縣章安見孫權傳黃武四年胡三省曰章安前漢冶縣也故閩越地光武更名章安屬會稽郡沈約宋志曰

臨海太守本會稽東部都尉前漢治鄞後漢分會稽爲吳郡疑是都尉徙治章安也晉太康記曰章安本鄞縣南之回浦鄉余謂太康志所云卽吳臨海郡之章安縣地今台州黃巖縣章安鎭是也奮徙章安卽臨海之章安也

太平三年封爲章安侯

江表傳載亮詔曰齊王奮前坐殺吏廢爲庶人連有赦令 局本令作命誤 獨不見原縱未宜復王何以不侯又諸孫兄弟作將列在江渚孤有兄獨爾云何有司奏可就拜爲侯

建衡二年孫晧左夫人王氏卒 錢大昭曰妃嬪傳注引江表傳則以左夫人爲張布女卽所奪衛尉馮朝子純妻也此云王氏爲不同矣 晧哀念過甚朝夕哭臨數月不出由是民閒或謂晧死訛言奮與上虞侯奉當有立者奮母仲姬墓在豫章豫章太守張俊 趙一清曰此人卽造豫章變鬭者 疑其或然埽除墳塋晧聞之車裂俊夷三族誅奮及其五子國除 官本五作三誤

江表傳曰豫章吏十人乞代俊死晧不聽奮以此見疑本在章安徙還吳城禁錮使男

女不得通婚或年三十四十不得嫁娶奮上表乞自比禽獸使男女自相配偶晧大怒遣察戰齎藥賜奮 察戰見孫休傳永安五年 奮不受藥叩頭千下曰 千或改作于 老臣自將兒子治生求活無豫國事乞丐餘年晧不聽父子皆飲藥死　臣松之案建衡二年至奮之死孫晧卽位尚猶未久若奮未被疑之前兒女年二十左右至奮死時不得年三十四十也若先已長大自失時未婚娶則不由晧之禁錮矣此雖欲增晧之惡然非實理

評曰孫登居心所存足爲茂美之德慮和並有好善之姿規自砥礪或短命早終或不得其死哀哉霸以庶干適奮不遵軌度固取危亡之道也然奮之誅夷橫遇飛禍矣 劉咸炘曰此論倘當暢言其兄弟嫌隙叔姪誅殺之禍

賀全呂周鍾離傳第十五

劉咸炘曰合傳之意評已著之皆平東南蠻賊者猶蜀志之李恢呂凱馬忠張嶷也

晉　平　陽　侯　相　安　漢　陳　壽　撰

宋　中　書　侍　郎　西　鄉　侯　聞　喜　裴　松　之　注

沔　陽　盧　弼　集　解

賀齊字公苗會稽山陰人也 山陰見孫堅傳

虞預晉書曰賀氏本姓慶氏齊伯父純儒學有重名漢安帝時爲侍中江夏太守去官與江夏黃瓊漢中楊厚 潘眉曰漢中當爲廣漢後漢書本傳云厚廣漢新都人也蜀志周羣傳舒學術於廣漢楊厚 俱公車徵避安帝父孝德皇帝諱 官本考證曰帝字爲後人妄增 改爲賀氏 宋本無氏字誤范書黃瓊傳瓊字世英江夏安陸人魏郡太守香之子也永建中公卿多薦瓊者於是會稽賀純廣漢楊厚俱公車徵瓊至卽拜議郞瓊上疏順帝曰臣前薦光祿大夫樊英太中大夫薛包及會稽賀純廣漢楊

厚未蒙御省范書李固傳固上疏曰陛下撥亂龍飛初登大位聘南陽樊英江夏黃瓊廣漢楊厚會稽賀純策書嗟歎章懷注引謝承書曰賀純字仲眞會稽山陰人少爲博士博極羣藝十辟公府三舉賢良方正五徵博士四公車徵皆不就後徵拜議郞數陳災異上便宜數百事多見省納遷江夏太守晉書賀循傳循字彥先會稽山陰人其先慶普漢世傳禮世所謂慶氏學族高祖純博學有重名漢安帝時爲侍中避安帝父諱改爲賀氏曾祖齊仕吳爲名將祖景滅賊校尉父邵中書令爲孫晧所殺徙家屬邊郡

齊父輔永寧長 永寧見虞翻傳

少爲郡吏守剡長 馮本毛本剡作郯誤郡國志揚州會稽郡剡惠棟曰張勃吳錄縣有天姥岑李善云剡植琰切潘眉曰齊會稽郡人少爲郡吏守剡長此剡乃會稽郡之剡縣字正作剡音上冉反與東海郡之郯縣音談者異今本作郯從邑旁誤觀下云威震山越可見梁章鉅曰剡卽會稽郡之剡縣世所稱剡中也別本作郯失之遠矣謝鍾英曰孔曄記縣本在江東賀齊爲剡令移於今剡縣一統志故城今浙江紹興府嵊縣西南 縣吏斯從輕俠爲奸 官本考證曰御覽斯作期朱良裘曰斯姓從名然期亦姓也沈家本曰廣韻斯字注中正引此文且斯姓至今爲大族御覽非 齊欲治之主簿諫曰從縣大族山越所附今日治之明日寇至齊聞大怒便立斬從從族黨遂相糾合衆千餘人舉兵攻縣齊率吏民開城門突

擊大破之威震山越後太末豐浦民反 太末見虞翻傳漢晉志皆無豐浦郡國志太末縣劉昭注建安四年孫氏分立豐安縣沈志東陽太守豐安令漢獻帝興平二年孫氏分諸暨立（錢大昕曰二說互異未知孰是）一統志豐安廢縣在浙江金華府浦江縣西南（今之浦江卽唐之浦陽縣）後日之豐安浦陽殆卽由漢末之豐浦相沿而來準以地望介在太末諸暨之閒與史文相合特地志無明文耳 轉守太末長誅惡養善期月盡平建安元年孫策臨郡 臨會稽郡也 察齊孝廉時王朗奔東治 馮本毛本冶作治誤東冶見魏志王朗傳 侯官長商升爲朗起兵 侯官見虞翻傳 策遣永寧長韓晏領南部都尉 此卽會稽南部都尉也會稽南部卽建安郡詳見孫權傳赤烏二年 將兵討升以齊爲永寧長晏爲升所敗齊又代晏領都尉事升畏齊威名遣使乞盟齊因告喩爲陳禍福升遂送上印綬出舍求降賊帥張雅詹彊等不願升降反共殺升雅稱無上將軍彊稱會稽太守賊盛兵少未足以討齊住軍息兵雅與女壻何雄爭勢兩乖齊令越人因事交構遂致疑隙阻兵相圖齊乃進討一戰大破雅彊黨震懼率衆出降侯官既平而建安漢興南平復亂 建安見孫權傳赤烏二年胡三省曰建安本冶縣地會稽南部都尉治焉建安中分東侯官置建安縣用漢年號也今建寧府地漢興縣沈約曰漢末立吳更名吳興晉武平吳改曰延平時皆屬南部都尉一統志漢興故城今福建建寧府浦城縣治南平故城今福建延平府南平縣西南錢大昕曰漢興卽吳興此別一吳興非烏程之吳興也梁章鉅曰漢曰漢興吳曰吳興唐曰唐興 齊進兵建安立都尉府 潘眉曰立都尉府者立會稽南部都尉府於建安也洪亮吉曰會稽都尉府建安八年置吳永安三年廢（弼按蓋改爲建安郡也）謝鍾英曰會稽都尉府寰宇記在建安縣東南三百里鍾英按今建寧府東南三百里 是歲八年也 何焯校增建安二字弼按前有建安元年此不必增 郡發屬縣五千兵各使本縣長將之皆受齊節度賊洪明洪進苑御吳免華當等五人率各萬戶連屯漢興吳五 原注姓吳名五 六千戶別屯大潭 一統志大潭志今福建建寧府建陽縣治相傳古閩越王築城於此以拒漢下瞰溪潭因名方輿紀要九十七大潭山山勢蟠屈 鄒臨六千戶別屯蓋竹 一統志蓋竹鎭在建陽縣南二十五里漢建安中賊鄒臨別屯蓋竹卽此趙一淸曰台州府黃巖縣溫州府平陽縣皆有

蓋竹山俱非建陽之蓋竹也 大潭 大潭二字何焯校衍 同出餘汗 原注音干謝鍾英曰按當時兵勢當在今建寧府松溪縣西非鄱陽郡之餘汗縣 軍討漢興經餘汗齊以爲賊衆兵少深入無繼恐爲所斷令松陽長丁蕃留備餘汗 陽松宋本作松陽松陽見孫晧傳天紀四年潘眉曰楊松晉宋志皆作松陽李吉甫云縣有大松樹因以爲名後分章安縣立時齊爲永寧長永寧亦分章安縣東甌鄉立故云鄰城梁章鉅曰虞翻傳注引會稽典錄有節女松楊柳朱古字楊陽通用益證此楊松爲誤倒也 蕃本與齊鄰城恥見部伍辭不肯留齊乃斬蕃於是軍中震慄無不用命遂分兵留備進討明等連大破之臨陣斬明其免當進御皆降轉擊蓋竹軍向大潭三將又降 陳浩曰三將疑作二將上云屯大潭蓋竹者吳五鄒臨也 凡討治斬首六千級名帥盡禽復立縣邑料出兵萬人拜爲平東校尉 平東校尉一人吳置 十年轉討上饒分以爲建平縣 上饒建平見孫權傳建安十年 十三年遷威武中郎將 威武中郎將一人吳置 討丹楊黟歙 丹楊黟歙俱見孫策傳 時武彊葉鄉東陽豐浦四鄉先降 趙一淸曰方輿紀要卷九十嚴州府淳安縣漢丹陽郡歙縣葉鄉地孫吳析置始新縣爲新都郡治城在今縣西六十里威平鎭武彊山在遂安縣西六十里與歙之白際諸嶺相錯武彊溪在城南源出武彊山水經漸江水注云立始新之府於歙之華鄉華鄉卽葉鄉也弼按葉鄉改名始新卽新都郡治見孫權傳建安十三年東陽郡見孫晧傳寶鼎元年豐浦見前 齊表言以葉鄉爲始新縣而歙賊帥金奇萬戶屯安勤山毛甘萬戶屯烏聊山黟帥陳僕祖山等二萬戶屯林歷山 趙一淸曰郡國志注引魏氏春秋歙有安勒烏邪山黟有林歷山烏邪卽烏聊也弼按據此則安勤山當作安勒山一統志飛布山在安徽徽州府歙縣北一名勒山亦名主簿山元和志作布射山在縣北二十里卽吳時金奇屯處烏聊山在歙縣城內東南隅元和志謂山上有毛甘故城林歷山在徽州府黟縣西南 林歷山四面壁立高數十丈徑路危狹不容刀楯賊臨高下石不可得攻軍住經日 通鑑日作月 將吏患之齊身出周行觀視形便陰募輕捷士爲作鐵戈密於隱險賊所不備處以戈拓斬山爲緣道 何焯曰戈當作杙杙所以緣而上也舊刻譌作戈今以水經注校正斬山字亦誤當作塹以杙拓塹不然拓斬二字連文義可通乎官本考證曰杙音亦所以緣而上也新安志作鐵弋以戈拓斬山作

以戈拓蹔無山字綠道下太平御覽有道成二字潘眉曰兩戈字俱是弋字今本譌爲戈攷太平御覽三百三十七引韋昭吳書云乃作鐵弋又云以弋拓山爲道字正作弋收弋部不收戈部蓋弋本是攻具說文機弋也左傳襄公十七年以弋抉其傷卽此 夜令潛上乃多縣布以援下人 胡三省曰縣讀曰懸援于元翻引也 得上百數人 通鑑作得上者百餘人 四面流布俱鳴鼓角齊勒兵待之賊夜聞鼓聲四合謂大軍悉已得上驚懼惑亂不知所爲守路備險者皆走還依衆大軍因是得上大破僕等其餘皆降凡斬首七千 趙一清曰方輿紀要卷七十柵源在淳安縣東北四十里吳賀齊與山越戰樹柵於此因名

抱朴子曰昔吳遣賀將軍討山賊賊中有善禁者每當交戰官軍刀劍不得拔弓弩射矢皆還自向輒致不利賀將軍長情有思乃曰吾聞金有刃者可禁 官本考證曰御覽引此吾聞下有雄黃勝五兵還丹能威敵十字 蟲有毒者可禁其無刃之物無毒之蟲則不可禁彼必是能禁吾兵者也必不能禁無刃物矣乃多作勁木白棓 魏志鍾會傳云已作白棓裴注云棓與棒同 選有力精卒

五千人爲先登盡捉棓彼山賊恃其有善禁者了不嚴備於是官軍以白棓擊之彼禁者果不復行所擊殺者萬計 水經漸江水注孫權使賀齊討黟歙山賊賊固黟之林歷山山甚峻絕又工禁五兵齊以鐵杙椓山升出不意又以白棓擊之氣禁不行遂用奇功平賊於是立始新之府于歙之華鄉令齊守之

齊復表分歙爲新定黎陽休陽并黟歙凡六縣 新定黎陽休陽均見孫權傳建安十三年胡三省曰權分歙縣爲始新新定休陽黎陽并黟爲六縣置新都郡晉武帝太康元年更名新安郡唐睦州是也宋改爲徽州 權遂割爲新都郡齊爲太守 錢大昭曰新都郡已見大帝傳此處可省弼按彼略此詳討平山越齊功爲最本傳詳述實爲得宜 立府於始新加偏將軍十六年吳郡餘杭民郎稚合宗起賊復數千人 餘杭見孫策傳趙一清曰宗宗賊也此言合宗起賊蓋合宗起共作賊而章懷後書劉表傳注以宗黨共爲賊解之非矣 齊出討之卽復破稚表言分餘杭爲臨水縣 臨水見孫晧傳寶鼎元年注

吳錄曰晉改爲臨安

被命詣所在 孫權傳建安十六年權徙治秣陵被命詣所在當詣秣陵也 及當還郡 還新都郡也 權出祖道作樂舞象 吳書曰權謂齊曰今定天下都中國使殊俗貢珍狡獸率舞非君誰與 尚書益稷篇百獸率舞庶尹允諧正義曰百獸相率而舞鳥獸感德如此衆正官長信皆和諧矣 齊曰殿下以神武應期廓開王業臣幸遭際會得驅馳風塵之下佐助末行效鷹犬之用臣之願也若殊俗貢珍狡獸率舞宜在聖德非臣所能 賜齊軿車駿馬罷坐住駕使齊就車齊辭不敢權使左右扶齊上車令導吏卒兵騎如在郡儀權望之笑曰人當努力非積行累勤此不可得去百餘步乃旋十八年豫章東部民彭材李玉王海等起爲賊亂衆萬餘人齊討平之誅其首惡餘皆降服揀其精健爲兵次爲縣

戶遷奮武將軍二十年從權征合肥時城中出戰徐盛被創失矛齊引兵拒擊得盛所失 官本考證曰御覽引此作徐盛被創失牙齊引兵拒擊得盛所失牙潘眉曰御覽引入牙部不入矛部今本作矛誤 趙一清曰牙謂牙旗也權作黃龍大牙見胡綜傳 江表傳曰權征合肥還爲張遼所掩襲於津北 逍遙津也 幾至危殆齊時率三千兵在津南迎權權既入大船會諸將飲宴齊下席涕泣而言曰至尊人主常當持重今日之事幾至禍敗羣下震怖若無天地 局本天作人誤 願以此爲終身誡權自前收其淚曰大慙 胡三省曰權慙謝賀齊也 謹以尅心 通鑑作謹以刻心 非但書諸紳也 胡三省曰論語子張問於孔子以孔子之言書諸紳故以答賀齊何晏集解孔曰紳大帶也正義曰書之紳帶意其佩服無忽忘也以帶束腰垂其餘以爲飾謂之紳 二十一年鄱陽民尤突受曹公印綬化民爲賊陵陽始安涇縣皆與突相應 陵陽始安涇縣俱見孫策傳梁章鉅曰始安縣本屬零陵郡屬吳甘露元年改始安縣當非此始安且不與鄱陽相近洪亮吉補疆域志丹陽郡領

十六縣有陵陽涇無始安程普傳討宣城涇安吳陵陽春穀諸賊州郡志謂安吳吳立一統志謂在涇縣西南因疑始安爲安吳之誤如是則三縣皆爲丹陽所屬矣
齊與陸遜討破突 陸遜傳鄱陽賊帥尤突作亂遜往討之 斬首數千 毛本千作十誤 餘黨震服
丹陽三縣皆降 潘眉曰三縣謂陵陽始安涇縣也然始安初屬零陵郡後又屬始安郡非丹陽屬縣也弼按據梁章鉅說始安爲安吳則皆爲丹陽屬縣矣 料得精兵八千人拜安東將軍封山陰侯 封本縣侯 出鎮江上督
扶州以上至皖 扶州見呂範傳皖見孫堅傳呂範丹陽太守治建業督扶州以下至海 黃武初魏使曹休來
伐齊以道遠後至因住新市爲拒 監本住作往誤 會洞口諸軍 洞口見魏志曹休傳 遭
風流溺所亡中分將士失色賴齊未濟偏軍獨全諸將倚以爲勢齊
性奢綺尤好軍事兵甲器械極爲精好所乘船雕刻丹鏤青蓋絳襜
干櫓戈矛葩瓜文畫 宋本瓜作爪 弓弩矢箭咸取上材蒙衝鬭艦之屬望
之若山休等憚之遂引軍還遷後將軍假節領徐州牧初晉宗爲戲

口將以衆叛如魏還爲蘄春太守圖襲安樂 趙一清曰方輿紀要卷七十六安樂磯在武昌縣
取其保質權以爲恥忿因軍初罷六月盛夏出其不意詔齊督麋芳
鮮于丹等襲蘄春 毛本蘄作斬誤 遂生虜宗 互見孫權傳黃武二年又見胡綜傳 後四年卒 當卒於黃武六年 子達及弟景皆有令名爲佳將 景子邵傳見卷六十五
會稽典錄曰景爲滅賊校尉 滅賊校尉一人吳置 御衆嚴而有恩兵器精飾爲當時冠絕早卒
達頗任氣多所犯迕故雖有征戰之勞而爵位不至然輕財貴義膽烈過人子質位至
虎牙將軍 洪飴孫曰虎牙將軍一人第三品 景子邵別有傳 趙一清曰此六字是承祚本書非注也
全琮字子璜吳郡錢唐人也 錢唐見孫堅傳 父柔漢靈帝時舉孝廉補尚書
郎右丞 續百官志尚書左右丞各一人四百石魏志武紀建安十八年注有尚書左丞潘勖此傳郎字疑衍趙一清曰此有脫誤 董卓之亂
棄官歸州 歸揚州也 辟別駕從事詔書就拜會稽東部都尉 會稽東部都尉見張紘傳

孫策到吳柔舉兵先附策表柔爲丹陽都尉 丹陽都尉見程普傳 孫權爲車騎
將軍以柔爲長史徙桂陽太守 桂陽郡見蜀志先主傳建安十三年 柔嘗使琮齎米數
千斛到吳有所市易琮至皆散用空船而還柔大怒琮頓首曰愚以
所市非急而士大夫方有倒縣之患故便振贍不及啓報柔更以奇
之
徐衆評曰 趙一清曰衆當作爰 禮子事父無私財又不敢私施所以避尊上也棄命專財而以
邀名未盡父子之禮 臣松之以爲子路問聞斯行諸子曰有父兄在琮輒散父財誠
非子道然士類縣命憂在朝夕權其輕重以先人急斯亦馮諼市義 毛本諼作媛誤史記作馮驩戰
國策云孟嘗君使馮諼收責於薛辭曰責畢收以何市而反孟嘗君曰視吾家所寡有者驅而之薛使吏召諸民當償者悉來合券券徧合起矯命以責賜諸民因
燒其券民稱萬歲長驅到齊孟嘗君曰以何市而反馮諼曰竊爲君市義孟嘗君曰市義奈何曰臣竊矯君命以責賜諸民因燒其券民稱萬歲乃臣所以爲君市

義也 汲黯振救之類 史記汲黯列傳汲黯字長孺濮陽人也河南失火延燒千餘家上使黯往視之反報曰家人失火屋比延燒不足憂也臣過河
南河南貧人傷水旱萬餘家或父子相食臣謹以便宜持節發河南倉粟以振貧民臣請歸節伏矯制之罪上賢而釋之 全謂邀名或負其心
是時中州士人避亂而南依琮居者以百數琮傾家給濟與共有無
遂顯名遠近後權以爲奮威校尉 奮威校尉一人吳置 授兵數千人使討山越
因開募召得精兵萬餘人出屯牛渚 牛渚見孫策傳 稍遷偏將軍建安二十
四年劉備將關羽圍樊襄陽琮上疏陳羽可討之計權時已與呂蒙
陰議襲之恐事泄故寢琮表不答 呂蒙詭對陸遜孫權不答全琮軍事尙密不得不爾 及禽羽權
置酒公安顧謂琮曰君前陳此孤雖不相答今日之捷抑亦君之功
也於是封陽華亭侯 當時無陽華地名陽華疑爲陽羨之誤黃武元年琮進封錢唐侯遂封孫邵爲陽羨侯見孫權傳黃武四年注引吳
錄郝經續書陽華作新華 黃武元年魏以舟軍大出洞口 洞口見魏志曹休傳 權使呂範督

諸將拒之軍營相望敵數以輕船鈔擊琮常帶甲仗兵伺候不休頃之敵數千人出江中琮擊破之梟其將軍尹盧 互見孫權傳黃武元年 遷琮綏南將軍 胡三省曰綏南將軍吳所創置 進封錢唐侯四年假節領九江太守七年權到皖使琮與輔國將軍陸遜擊曹休破之於石亭 石亭見魏志明紀太和二年 是時丹陽吳會 吳郡會稽也 山民復爲寇賊攻沒屬縣權分三郡險地爲東安郡 三郡解見孫權傳黃武五年 琮領太守

吳錄曰琮時治富春 富春見孫堅傳

至明賞罰招誘降附數年中得萬餘人權召琮還牛渚罷東安郡 據孫權傳黃武五年秋置東安郡七年春罷皆在破曹休石亭之前此傳蓋追書之也破曹休於石亭在黃武七年八月魏志明紀在太和二年九月錢大昕曰蓋琮從陸遜擊曹休在罷郡還牛渚之後此傳於破曹休下始敘分置東安郡云云失其次矣

江表傳曰琮還經過錢唐脩祭墳墓麾幢節蓋曜於舊里請會邑人平生知舊宗族六親施散惠與千有餘萬本土以爲榮

黃龍元年遷衞將軍左護軍徐州牧

吳書曰初琮爲將甚勇決當敵臨難奮不顧身及作督帥養威持重每御軍常任計策不營小利 江表傳曰權使子登出征已出軍次于安樂 安樂見賀齊傳 羣臣莫敢諫琮密表曰古來太子未嘗偏征也故從曰撫軍守曰監國今太子東出非古制也 左傳閔公二年晉侯使太子申生伐東山皋落氏里克諫曰太子奉冢祀社稷之粢盛以朝夕視君膳者也故曰冢子君行則守有守則從從曰撫軍守曰監國古之制也故君之嗣適不可以帥師 臣竊憂疑權卽從之命登旋軍議者咸以爲琮有大臣之節也 婁宸英曰通語謂琮阿附魯王則諫太子出征未爲實錄趙一清曰蓋不欲其獲兵權及有功耳琮眞奸臣也弼按此爲孫登之事非孫和之事婁趙皆以後事推測前事誤矣

尙公主 琮尙公主卽魯班前配周瑜子循循死後配琮卽所謂全公主也魯班與孫峻私通見孫峻傳 嘉禾二年督步騎五萬征六安 六安見孫堅傳 六安民皆散走諸將欲分兵捕之琮曰夫乘危徼倖舉不百全者非國家大體也今分兵捕民得失相半豈可謂全哉縱有所獲猶不足以弱敵而副國望也如或邂逅虧損非小與其獲罪琮寧以身受之不敢徼功以負國也 孫權傳嘉禾二年全琮征六安不克嘉禾六年全琮襲六安不克赤烏四年琮略淮南決芍陂燒安成邸閣收其人民亦見孫權傳 赤烏九年遷右大司馬左軍師爲人恭順善於承顏納規言辭未嘗切迕初權將圍珠崖及夷州 圍疑作圖珠崖見孫權傳赤烏五年夷州見孫權傳黃龍二年 皆先問琮琮曰以聖朝之威何向而不克然殊方異域隔絕障海 趙一清曰障當作瘴說文無瘴字古叚障爲之潘眉曰障古瘴字陸凱傳蒼梧南海歲有舊風障氣之害通作鄣魏志公孫瓚傳云日南鄣氣後漢書作瘴俗字也 水土氣毒自古有之兵入民出必生疾病轉相汙染往者懼不能反所獲何可多致猥虧江岸之兵以冀萬一

之利愚臣猶所不安權不聽軍行經歲士衆疾疫死者十有八九權深悔之後言次及之琮對曰當是時羣臣有不諫者臣以爲不忠琮既親重 趙一清曰御覽卷七百十引吳書曰全琮年高賜以履杖 宗族子弟並蒙寵貴賜累千金 琮附魯王黨見孫和傳注引殷基通語琮子寄阿附魯王見陸遜傳 然猶謙虛接士貌無驕色十二年卒 孫權傳赤烏十年正月全琮卒錢大昭曰二字疑誤 子懌嗣後襲業領兵救諸葛誕於壽春出城先降魏以爲平東將軍封臨湘侯 長沙郡治臨湘見蜀志先主傳建安十三年 懌兄子禕儀靜等亦降魏皆歷郡守列侯 趙一清曰全琮諸孫無名靜者此是因孫靜之孫曰彌曰曼同降而誤寫入耳彌曼二人見晉書文帝紀而紀云全端兄子禕及儀等奉其母來奔儀兄靜時在壽春用鍾會計作禕儀書以譎靜靜兄弟五人帥其衆來降亦誤也魏志鍾會傳作密爲輝儀書使親信入城告懌懌開東門出降諸葛誕傳亦作全懌則靜字爲誤無疑弼按趙說全誤解在魏志鍾會傳

吳書曰琮長子緒幼知名奉朝請出授兵稍遷揚武將軍牛渚督孫亮卽位遷鎭北將

軍東關之役絡與丁奉建議引兵先出以破魏軍封一子亭侯年四十四卒亥子寄坐
阿黨魯王霸賜死小子吳孫權外孫封都鄉侯

呂岱字定公廣陵海陵人也海陵見魏志張遼傳爲郡縣吏避亂南渡孫權統事岱詣幕府幕府解見魏志袁紹傳出守吳丞吳縣之丞也續百官志縣丞一人署文書典知倉獄權親斷諸縣倉庫及囚繫長丞皆見縣長縣丞皆見也岱處法應問甚稱權意召署錄事將軍府之錄事也出補餘姚長餘姚見孫策傳召募精健得千餘人會稽東冶馮本冶作治誤五縣賊呂合秦狼等爲亂互見蔣欽傳權以岱爲督軍校尉與將軍蔣欽等將兵討之遂禽合狼五縣平定拜昭信中郎將昭信中郎將一人吳置

吳書曰建安十六年岱督郎將尹異等以兵二千人西誘漢中賊帥張魯到漢興寋城漢興郡見魏志張既傳注引三輔決錄注寋音蹇見爾雅魯嫌疑斷道事計不立權遂召岱還

建安二十年督孫茂等十將從取長沙三郡長沙零陵桂陽三郡也又安成郡國志荊州長沙郡安城惠棟曰前志及州郡志皆作成王先謙曰成城通作三國吳改屬安城郡洪亮吉曰王烈之安城記縣有兩鄉漢縣理西鄉吳縣理東鄉弼按安成郡治安成見孫皓傳寶鼎二年攸見蜀志黃忠傳永新洪亮吉曰永新吳寶鼎二年分廬陵縣立謝鍾英曰永新沈志吳立屬安成寰宇記吳寶鼎中分廬陵立鍾英按據呂岱傳永新爲漢末所置洪氏從樂史說非也方輿紀要今江西吉安府永新縣西三十五里茶陵茶陵見孫權傳赤烏八年四縣吏共入陰山城郡國志荊州桂陽郡陰山宋書州郡志湘東太守陰山令陰山乃漢舊縣而屬桂陽吳湘東郡有此陰山縣疑是吳所立水經注湘水東北過陰山縣西洙水從東南來注之一統志今湖南長沙府攸縣西北六十里合衆拒岱岱攻圍即降三郡克定長沙零桂也權留岱鎮長沙安成長吳碭及中郎將袁龍等首尾關羽復爲反亂碭據攸縣龍在醴陵醴陵見顧雍傳權遣橫江將軍魯肅攻攸碭得突走岱攻醴陵遂禽斬龍蔣超伯曰吳碭袁龍皆蜀漢純臣前將軍之心膂也急宜表而出之遷廬陵太守廬陵郡見孫策傳延康元年代步騭爲交州刺史到州高涼賊帥錢博乞降郡國志交州合浦郡高涼劉昭注建安二十五年孫權立高梁郡（馬與龍曰吳志宋志皆作高涼涼梁聲近致譌）宋書州郡志高涼太守二漢有高涼縣屬合浦漢獻帝建安二十三年吳分立治思平縣御覽卷一百七十二引南越志云高涼本合浦縣也吳建安十六年衡毅錢博拒步騭於高安峽毅投水死博與其屬亡於高涼呂岱爲刺史博既請降承制以博爲高涼都尉於是置郡焉侯康曰傳言延康元年即建安二十五年也蓋衡毅死於建安十六年而錢博降於建安二十五年是時始置郡宋書州郡志繫之漢建安二十三年非續漢志注亦作二十五年寰宇記嶺南道交州條下云錢博乞降多送金銀贖其罪吳增僅曰南越志與吳志呂岱傳合則郡爲建安二十五年置也惟晉志又云漢桓帝分交阯立高興靈帝改曰高涼沈志云吳又分合浦置高興郡曰又置者明先有此郡也疑桓帝初置高興靈帝改名高涼後爲夷賊殘破其郡遂廢建安二十五年呂岱到州賊帥既降於是復置高涼孫晧初年廣州新置於是又分合浦置高興晉志序例云歸命侯置郡十二其一宜都宜都爲劉氏所置史志俱詳未應晉志舛誤至此此宜都疑高興誤文也（吳氏尙有說見後）謝鍾英曰據呂岱傳是延康元年高涼爲合浦西部都尉則沈志謂建安二十三年吳置高涼郡者誤也晉志高涼郡吳置今姑仍之然置郡之年不可考矣投荒錄高涼郡土厚而山瓌繞高而稍涼故以爲名洪亮吉曰沈志高涼郡治恩平一統志恩平今廣東肇慶府恩平縣北岱因承制以博爲高涼西部都尉宋本郡作部

又鬱林夷賊鬱林見孫權傳赤烏二年攻圍郡縣岱討破之是時桂陽湞陽賊王金郡國志荊州桂陽郡湞陽蘇林云湞音檉柱之檉音丈庚反王先謙曰吳改屬始興郡一統志今廣東韶州府英德縣治合衆於南海界上南海郡治番禺見孫晧傳天紀三年首亂爲害權又詔岱討之生縛金傳送詣都斬首獲生凡萬餘人侯康曰寰宇記交州條下云時桂陽湞陽中宿臨賀荔浦馮乘謝水諸城賊王金黃肅梅伊梅常陳尤等蜂起劫掠州郡權詔岱討之岱自討金將軍曹枉翟陽討尤遂生獲金等斬之遷安南將軍假節封都鄉侯交阯太守士燮卒燮卒於黃武五年權以燮子徽爲安遠將軍領九眞太守九眞郡見孫晧傳建衡三年以校尉陳時代燮岱表分海南三郡爲交州以將軍戴良爲刺史海東四郡爲廣州岱自爲刺史互見孫權傳黃武五年又見士燮傳趙一清曰晉書地理志黃武五年割南海蒼梧鬱林三郡立廣州交阯日南九眞合浦四郡爲交州據此三當作四四當作三又晉志云分交州之南海蒼梧鬱林高涼四郡立廣州則海東亦四郡也高涼爲吳所立此但數漢舊郡故以四爲三吳增僅曰呂岱傳海南三郡海東四郡此七郡即交阯日南九眞合浦南海蒼梧鬱林也惟無高涼郡高涼置於漢末而傳乃云七郡

百蠻雲合響應似吳初已省高涼然薛綜傳黃武中綜上疏云今日交州雖名粗定尙有高涼宿賊若岱不復南新刺史宜得精密檢攝八郡治高涼者假其威寵庶可補復云云陸胤傳赤烏十一年高涼渠帥黃吳等降云云是吳初郡實未省蓋因高涼本分合浦所置仍舉漢之舊郡以爲言也遣良與時南
入而徽不承命舉兵戍海口以拒良等岱於是上疏請討徽罪督兵
三千人晨夜浮海或謂岱曰徽藉累世之恩爲一州所附未易輕也
岱曰今徽雖懷逆計未虞吾之卒至卒讀曰猝若我潛軍輕舉掩其無
備破之必也稽留不速使得生心嬰城固守七郡百蠻雲合響應雖
有智者誰能圖之遂行過合浦合浦見魏志陳留王紀咸熙元年與良俱進徽聞岱至
果大震怖不知所出卽率兄弟六人肉袒迎岱岱皆斬送其首詳見士燮傳
徽大將甘醴桓治等率吏民攻岱岱奮擊大破之進封番禺侯於
是除廣州復爲交州如故岱既定交州復進討九眞斬獲以萬數又

遣從事南宣國化暨徼外扶南林邑堂明諸王各遣使奉貢郡國志交州日南郡象林劉昭注今之林邑國李兆洛云在占城西北晉書四夷傳云扶南去林邑三千餘里在大海灣中其境廣袤三千里王本女子字葉柳有外國人混潰擊降之納以爲妻而據其國後裔衰微其將范尋復世王扶南矣武帝時頻來貢丁謙曰扶南卽古猨臘驃國北史謂其國在林邑西南三千餘里方位較合蓋卽今暹羅國地無疑晉書四夷傳又云林邑國本漢象林縣馬援鑄銅柱處也去南海三千里後漢時功曹區姓有子曰連殺令自立爲王其後王嗣絕外孫范熊代立其國太康中始來貢丁謙曰林邑卽越南所都富春地古爲越裳漢置日南郡象林縣晉改林邑南齊書夷貊傳云扶南國在日南之南大海西灣（原作蠻誤）中廣袤三千餘里有大江水西流入海其先有女人名柳葉爲王爲激國人混塡所征服因以爲妻王其國子孫相傳至吳晉時國亂別立大將范尋爲王自是時通職貢丁謙曰扶南在日南郡南海西大灣中（今通稱暹羅灣）卽今暹羅及東浦寨地大江西流入海語似有誤南史作有大江廣十里從西流東入海方爲正確蓋此指湄公河發源於四川西北土司境名瀾滄江歷雲南至老撾乃由暹羅北界東流至法屬西貢地入海胡三省曰扶南在海大灣中北距日南七千里林邑國本漢象林縣地直交趾海行三千里堂明卽道明國在眞臘北徼吉弔翻弼按水經溫水注載林邑事極詳文繁未錄權嘉其功進拜鎭南將軍黃龍
三年以南土清定召岱還屯長沙漚口漚口見步騭傳

王隱交廣記曰吳後復置廣州以南陽滕脩爲刺史或語脩蝦鬚長一丈脩不信其人
後故至東海取蝦鬚長四丈四尺封以示脩脩乃服之
會武陵蠻夷蠢動岱與太常潘濬共討定之孫權傳黃龍三年二月遣太常潘濬討武陵蠻夷嘉禾三年事畢還武昌嘉禾三年權令岱領潘璋士衆屯陸口潘璋傳璋備陸口嘉禾三年卒後徙
蒲圻晉書地理志長沙郡蒲圻（原誤作沂）宋書州郡志江夏太守蒲圻晉武帝太康元年立本屬長沙胡三省曰水經注陸水出長沙下雋縣西逕蒲圻縣北又逕蒲磯山北入大江謂之陸口江水又逕蒲磯山北對蒲磯洲洲頭即蒲圻縣治武昌志曰蒲磯山今在嘉魚縣境蓋蒲圻縣初置于此宋白曰蒲圻縣漢沙羨縣地吳黃武二年於沙羨縣置蒲圻縣在荊江口因湖以稱故曰蒲圻寰宇記吳黃武二年置在競江口一統志蒲圻故城在湖北武昌府嘉魚縣西南三國吳置屯晉太康初置縣隋移縣於鮑口而此城廢鮑口卽今治也洪亮吉曰蒲圻吳黃武五年分沙羨立元和郡縣志因蒲圻湖以名謝鍾英曰按呂岱傳潘濬卒岱代濬領荊州文書與陸遜並在武昌故督蒲圻陸遜卒分武昌爲二部岱督右部自武昌上至蒲圻是蒲圻吳屬武昌洪氏從沈志隸長沙非也元和郡縣志吳大帝分沙羨立宋白曰黃武二年立在荊江口方輿紀要今武昌府蒲圻縣北吳增僅曰據寰宇記黃武二年分沙羨置屬長沙吳於此置督爲重鎭據沈志晉太康元年立疑吳末所廢至

晉復立四年廬陵賊李桓路合會稽東冶賊隨春南海賊羅厲等一時
竝起權復詔岱督劉纂唐資等宋本資作咨後文亦作咨此誤分部討擊春卽時首
降岱拜春偏將軍使領其衆遂爲列將桓厲等皆見斬獲傳首詣都
互見孫權傳嘉禾三年四年五年赤烏元年權詔岱曰厲負險作亂自致梟首桓凶狡反覆
已降復叛前後討伐歷年不禽自嘉禾三年至赤烏元年始平非君規略誰能梟之
忠武之節於是益著元惡既除大小震慴其餘細類埽地族矣自今
已去國家永無南顧之虞三郡晏然廬陵會稽南海三郡也無怵惕之驚又得
惡民以供賦役重用歎息賞不踰月國之常典制度所宜君其裁之
孫權傳赤烏元年呂岱討廬陵賊畢還陸口潘濬卒潘濬赤烏二年卒岱代濬領荊州文書與陸遜
竝在武昌陸遜傳黃武元年遜領荊州牧孫權傳黃龍元年徵陸遜輔太子登掌武昌留事潘濬傳濬與陸遜俱駐武昌共掌留事據諸傳所載是

岱代濬領荊州文書也非領荊州牧也下文張承書亦云文書鞅掌可證故督蒲圻趙一清曰故當作改弼按陸口蒲圻皆爲呂岱屯地故仍督屯地也故字不誤頃之廖式作亂攻圍城邑互見孫權傳赤烏二年零陵蒼梧鬱林諸郡擾攘岱自表輒行星夜兼路權遣使追拜岱交州牧及遣諸將唐咨等駱驛相繼攻討一年破之斬式及遣諸所僞署臨賀太守費楊等臨賀郡見孫權傳赤烏二年并其支黨郡縣悉平復還武昌時年已八十赤烏三年岱年八十然體素精勤躬親王事奮威將軍張承與岱書曰昔旦奭翼周周公旦召公奭二南作歌周南召南也今則足下與陸子也忠勤相先勞謙相讓功以權成化與道合君子歎其德小人悅其美加以文書鞅掌賓客終日罷不舍事勞不言倦又知上馬輒自超乘不由跨躡如此足下過廉頗也史記廉頗傳趙王思復得廉頗廉頗亦思復用於趙趙王使使者視廉頗尚可用否趙使者既見廉頗廉頗爲之一飯斗米肉十斤披甲上馬以示尚可用何其事事快也周易有之禮言恭德言盛足下何有盡此美邪

及陸遜卒陸遜赤烏八年卒諸葛恪代遜權乃分武昌爲兩部岱督右部自武昌上至蒲圻遷上大將軍拜子凱副軍校尉監兵蒲圻呂岱附魯王霸見孫和傳注引殷基通語孫亮卽位拜大司馬孫奮傳諸葛恪上齊王牋云大司馬呂岱親受先帝詔勅輔導大王岱清身奉公所在可述初在交州歷年不餉家妻子饑乏權聞之歎息以讓羣臣曰呂岱出身萬里爲國勤事家門內困而孤不早知官本考證曰御覽無門字股肱耳目其責安在於是加賜錢米布絹歲有常限始岱親近吳郡徐原徐原事見陸瑁傳慷慨有才志岱知其可成賜巾褠胡三省曰釋名巾謹也二十成人士冠庶人巾言當自謹脩於四教褠單衣漢魏以來士庶以爲禮服褠古侯翻與共言論後遂薦拔官至侍御史原性忠壯好直言岱時有得失原輒諫諍又公論之胡三省曰公然於衆中論其得失

人或以告岱岱歎曰是我所以貴德淵者也及原死岱哭之甚哀曰德淵呂岱之益友論語孔子曰益者三友今不幸論語曰不幸短命死矣岱復於何聞過談者美之太平元年年九十六卒九月己丑卒見孫亮傳周壽昌曰岱卒於孫亮卽位之五年岱長權二十歲子凱嗣遺令殯以素棺疏巾布褠馮本作疏布巾褠葬送之制務從約儉宋本作儉約凱皆奉行之

周魴胡三省曰魴符方翻字子魚吳郡陽羨人也陽羨見孫權傳卷首少好學舉孝廉爲寧國長寧國見孫權傳赤烏十三年轉在懷安懷安見呂範傳錢唐大帥彭式等馮本帥作師誤蟻聚爲寇以魴爲錢唐侯相黃武元年全琮封錢唐侯旬月之閒斬式首及其支黨遷丹楊西部都尉程普傳後徙丹陽都尉居石城石城在丹陽郡之西當卽丹陽西部都尉治所也黃武中鄱陽大帥彭綺作亂互見孫權傳黃武四年六年蔣超伯曰漢季稱賊渠爲大帥如彭式彭綺是也綺事別見魏志劉放傳注攻沒

屬城乃以魴爲鄱陽太守與胡綜戮力致討官本考證曰御覽綜下有等字官本致作攻遂生禽綺送詣武昌加昭義校尉昭義校尉一人吳置被命密求山中舊族名帥胡三省曰所謂山越宗帥也爲北敵所聞知者令譎挑魏大司馬揚州牧曹休胡三省曰魏揚州止得漢之九江廬江二郡地而江津要害之地多爲吳所據魴答恐民帥小醜不足杖任事或漏泄不能致休乞遣親人齎牋七條以誘休此黃武七年魏太和二年事何焯曰譎休七條凡鄙褻要何事塵穢簡牘人才如魴卽傳可以不立此與胡綜傳所載僞爲吳質三表豈故鋪陳其事以見吳人智略本疎好行小慧君臣皆草竊一時耶劉咸炘曰何說前隘後鑿魴事於吳重要自不可不書史豈當止書人才高者耶此牋自當書亦非別有譏意但失於不删省耳弼按石亭之役曹休大敗設無買遠之援休幾不免兵家譎詐多建奇功魴之七牋休果墮計史文備載不爲無故也其一曰魴以千載徼幸得備州民吳郡隸揚州故稱州民遠隔江川敬恪未顯瞻望雲景天寔爲之精誠微薄名位不昭雖懷焦渴曷緣見明狐死首丘人情戀本禮記檀弓上太公封於營丘比及五世皆反葬於周君子曰樂樂其所自生禮不忘

其本古之人有言曰狐死正丘首仁也鄭注正丘首正首丘也而逼所制奉觀禮違每獨矯首西顧未嘗
不寤寐勞歎展轉反側也今因隙穴之際得陳宿昔之志非神啓之
豈能致此不勝翹企萬里託命謹遣親人董岑邵南等託叛奉牋時
事變故列於別紙惟明公君侯垂日月之光照遠民之趣永令歸命
者有所戴賴其二曰魴遠在邊隅江汜分絕恩澤教化未蒙撫及而
於山谷之間遙陳所懷懼以大義未見信納夫物有感激計因變生
古今同揆魴仕東典郡始願已獲銘心立報永矣無貳矣疑作矢豈圖
頃者中被橫讒禍在漏刻危於投卵進有離合去就之宜退有誣罔
枉死之咎雖志行輕微存沒一節顧非其所能不悵然敢緣古人因
知所歸拳拳輸情陳露肝膈乞降春天之潤哀拯其急不復猜疑絕
其委命事之宜泄受罪不測一則傷慈損計二則杜絕向化者心惟
明使君遠覽前世矜而愍之留神所質速賜祕報魴當候望舉動俟
須嚮應俟疑作事嚮當作響其三曰魴所代故太守廣陵王靖往者亦以郡民
爲變以見譴責靖勤自陳釋而終不解因立密計欲北歸命不幸事
露誅及嬰孩魴既目見靖事且觀東主一所非薄嬧不復厚或曰嬧呼麥乎
麥二切說文云靜好也雖或蹔舍終見翦除今又令魴領郡者是欲責後效必
殺魴之趣也雖尚視息憂惕焦灼未知軀命竟在何時人居世間猶
白駒過隙而常抱危怖其可言乎惟當陳愚重自披盡馮本官本惟作推誤懼
以卑賤未能采納願明使君小垂詳察宋本小作少忖度其言今此郡民
雖外名降首是時獲鄱陽賊帥彭綺而故在山草後文所謂山栖草藏也看伺空隙欲復

爲亂爲亂之日魴命訖矣東主頃者潛部分諸將圖欲北進呂範孫
韶等入淮全琮朱桓趨合肥諸葛瑾步騭朱然到襄陽陸議潘璋等
討梅敷梅敷見孫權傳延康元年東主中營自掩石陽石陽見魏志文聘傳別遣從弟孫奐
孫奐孫堅季弟孫靜子也治安陸城修立邸閣安陸見魏志蔣濟傳邸閣解見魏志王基傳輦貲運糧以
爲軍儲又命諸葛亮進指關西江邊諸將無復在者才留三千所兵
守武昌耳蔣超伯曰所許古字通見說文若明使君以萬兵從皖南首江渚魴便從
此率厲吏民以爲內應此方諸郡前後舉事垂成而敗者由無外援
使其然耳若北軍臨境傳檄屬城思詠之民誰不企踵願明使君上
觀天時下察人事中參蓍龜則足昭往言之不虛也其四曰所遣董
岑邵南少長家門親之信之有如兒子是以特令齎牋託叛爲辭目
語心計不宣脣齒骨肉至親無有知者又已勅之到州當言往降欲
北叛來者得傳之也魴建此計任之於天若其濟也則有生全之福
邂逅泄漏則受夷滅之禍常中夜仰天告誓星辰精誠之微豈能上
感然事急孤窮惟天是訴耳遣使之日載生載死形存氣亡魄爽恍
惚私恐使君未深保明岑南二人可留其一以爲後信一齎教還教
還故當言悔叛還首東主有常科悔叛還者皆自原罪如是彼此俱
塞永無端原縣命西望涕筆俱下其五曰鄱陽之民實多愚勁帥之
赴役未即應人倡之爲變聞聲響抃今雖降首盤節未解山栖草藏
亂心猶存而今東主圖興大衆舉國悉出江邊空曠屯塢虛損惟有
諸刺姦耳若因是際而騷動此民一旦可得便會然要恃外援表裏

機牙不爾以往無所成也今使君若從皖道進住江上魴當從南對岸歷口爲應（歷口地未詳曹休由廬江郡皖縣進兵卽今日安慶府懷寧縣南岸爲丹陽郡石城縣在今池州府貴池縣西意歷口或在此方輿紀要卷二十七貴池縣城西五里有池口河其東源出石埭縣西百六十里之櫟山一統志作歷山所謂歷口未知卽池口否然無佐證不敢臆斷也）若未徑到江岸可住百里上（趙一清曰百里洲名也水經江水注枝江縣舊治沮中後移出百里洲西去郡一百六十里縣左右有數十洲槃布江中其百里洲最大中有桑田甘果映江依洲弼按此百里當指皖縣百里上非謂枝江縣之百里洲也下文令此閑民知北軍在彼謂鄱陽郡民也若遠在上游枝江之百里洲鄱陽之民何得知之）令此閑民知北軍在彼卽自善也此閑民非苦飢寒而甘兵寇苦於征討樂得北屬但窮困舉事不時見應尋受其禍耳如使石陽及靑徐諸軍首尾相銜牽綴往兵使不得速退者則善之善也魴生在江淮長於時事見其便利百舉百捷時不再來敢布腹心其六曰東主致恨前者不拔石陽（孫權傳黃武五年秋七月權聞魏文帝崩征江夏圍石陽不克而還）今此後舉大合新兵并使潘濬發夷民人數甚多聞豫設科條當以新羸兵置前好兵在後攻城之日云欲以羸兵塡塹使卽時破雖未能然是事大趣也私恐石陽城小不能久留往兵明使君速垂救濟誠宜疾密王靖之變其鑒不遠今魴歸命非復在天正在明使君耳若見救以往則功可必成如見救不時則與靖等同禍前彭綺時聞旌麾在逢龍（逢龍見魏志臧霸傳）此郡民大小歡喜並思立效若留一月日間事當大成恨去電速東得增衆專力討綺綺始敗耳願使君深察此言其七曰今舉大事自非爵號無以勸之乞請將軍侯印各五十紐郎將印百紐校尉都尉印各二百紐得以假授諸魁帥獎勵其志并乞請幢麾數十以爲表幟使山兵吏民目瞻見之知去就之分已決

承引所救畫定又彼此降叛日月有人閣狹之閒輒得聞知今之大事事宜神密若省魴牋乞加隱祕伏知智度有常防慮必深魴懷憂震灼啓事蒸仍（蒸仍未詳）乞未罪怪魴因別爲密表曰方北有逋寇固阻河洛久稽王誅自擅朔土臣曾不能吐奇舉善上以光贊洪化下以輸展萬一憂心如擣假寐忘寢聖朝天覆含臣無效猥發優命勅臣以前誘致賊休恨不如計令於郡界求山谷魁帥爲北賊所聞知者令與北通臣伏思惟喜怖交集竊恐此人不可卒得假使得之懼不可信不如令臣譎休於計爲便此臣得以經年之冀願逢值千載之一會輒自督竭竭盡頑蔽撰立牋草以誑誘休者如別紙臣知無古人單複之術（魯肅傳注引江表傳云當有單複魏志文紀末注引典論自序云以單攻複）加卒奉大略（卒讀曰猝）伀矇狼狽（潘眉曰伀與忪同廣雅釋詁伀懼也揚子方言瀾沐征伀遑遽也）懼以輕愚忝負特施豫懷憂灼臣聞唐堯先天而天弗違博詢芻蕘以成盛勳朝廷神謨欲必致休於步度之中靈贊聖規休必自送使六軍囊括虜無孑遺威風電邁天下幸甚謹拜表以聞并呈牋草懼於淺局追用悚息被報施行休果信魴帥步騎十萬輜重滿道徑來入皖魴亦合衆隨陸遜橫截休（此傳前書陸議後書陸遜）休幅裂瓦解斬獲萬計魴初建密計時頻有郎官奉詔詰問諸事魴乃詣部郡門下（通鑑無部字胡注鄱陽郡門下）因下髮謝（胡三省曰吳主之詰周魴之謝皆所以譎曹休也）故休聞之不復疑慮事捷軍旋權大會諸將歡宴酒酣謂魴曰君下髮載義成孤大事君之功名當書之竹帛加裨將軍賜爵關內侯

徐衆評曰趙一清曰衆當作爰夫人臣立功效節雖非一塗然各有分也爲將執桴鼓則有必死之義志守則有不假器之義死必得所義在不苟魴爲郡守職在治民非君所命自占誘敵髡剔髮膚以徇功名雖事濟受爵非君子所美

賊帥董嗣負阻劫鈔豫章臨川並受其害臣松之案孫亮太平二年始立臨川郡是時未有臨川臨川郡見孫亮傳太平二年吳增僅有說見朱然傳注弼按裴注不誤朱然傳之臨川太守分丹陽郡置也孫亮傳之臨川郡分豫章東部置也吳云名同地異是也惟以朱然周魴兩傳之臨川同指爲丹陽郡所分則似不然周魴傳所指之豫章臨川地勢相連故史云並受其害其地與丹陽隔絕亦惟鄱陽太守足以控制史文遂連類而書不必以置郡在後遂疑其地爲丹陽所分之臨川也吾粲唐咨嘗以三千兵攻守連月不能拔魴表乞罷兵得以便宜從事魴遣間諜授以方策誘狙殺嗣嗣弟怖懼詣武昌降於陸遜乞出

平地自改爲善由是數郡無復憂惕魴在郡十三年卒魴黃武中爲鄱陽太守當卒於赤烏初年賞善罰惡威恩並行子處亦有文武材幹天紀中爲東觀令無難督處官太常見孫晧傳天璽元年晉書周處傳處字子隱義興陽羨人（陽羨漢屬吳郡吳屬吳興郡晉元帝時處子玘三定江南始立義興郡治陽羨）父魴吳鄱陽太守處少孤未弱冠膂力絕人不修細行州曲患之處謂父老曰今時和歲豐何苦而不樂邪父老歎曰三害未除何樂之有處曰何謂也答曰南山白額虎（唐人避虎字改作猛獸）長橋下蛟并子爲三矣處曰若此爲患吾能除之處乃入山射殺虎投水搏殺蛟乃入吳尋二陸（勞格校勘記言晉書周處傳處尋二陸之誤持論極是）朞年州府交辟仕吳爲東觀左丞孫晧末爲無難督

處預晉書曰處入晉爲御史中丞多所彈糾不避彊禦晉書周處傳及吳平王渾登建業宮讌吳人曰諸君亡國之餘得無慼乎處對曰漢末分崩三國鼎立魏滅於前吳亡於後亡國之慼豈惟一人渾有慙色入洛稍遷新平太守徵拜散騎常侍及居近侍多所規諷遷御史中丞凡所糾劾不避寵戚梁王肜違法處深文案之齊萬年反以處爲建威將軍西征衆寡不敵處臨陣慷慨奮不顧命遂死於戰場追贈平西將軍晉書周處傳氐人齊萬年反朝臣惡處彊直皆曰處吳之名將子也忠烈果毅乃使隸夏侯駿西征萬年聞之曰周府君昔臨新平我知其爲人才兼文武若專斷而來不可當也如受制於人此成擒耳既而梁王肜爲征西大將軍處知必當陷己慇慨卽路志不生還時賊屯梁山有衆七萬而駿逼處以五千兵擊之肜復命處進討攻萬年於六陌自旦及暮斬首萬計弦絕矢盡遂力戰而沒追贈平西將軍處著默語三十篇及風土記并撰集吳書證曰孝有三子玘靖札靖早卒玘札並知名

處子玘札皆有才力中興之初並見寵任晉書周玘傳玘字宣佩彊毅沈斷有父風太安初妖賊張昌等反昌別率石冰略有揚土玘潛結江東人士同起義兵徐揚並平玘不言功賞散衆還家陳敏反于揚州玘與顧榮甘卓等斬敏吳興人錢璯謀反玘復率合鄉里義衆斬之玘三定江南開復王略帝嘉其勳以玘行建威將軍吳興太守封烏程縣侯帝以玘頻興義兵乃以陽羨及長城之西鄉丹楊之永世別爲義興郡以彰其功焉玘宗族彊盛人情所歸帝疑憚之于時中州人士佐佑王業而玘不得調內懷怨望復恥爲刁協所輕時鎮東將軍祭酒王恢亦爲周顗所侮乃與玘陰謀誅諸執政推玘及戴若思共奉帝後謀泄憂憤而卒將卒謂子勰曰殺我者諸傖子能復之乃吾子也吳人謂中州人曰傖故云耳晉書周札傳札字宣季性矜險好利以討錢璯功賜爵漳浦亭侯改封東遷縣侯都督石頭水陸軍事王敦舉兵攻石頭札開門應敦故王師敗績其諸子姪悉處列位爲揚土豪右晉書周札傳札一門五侯並居列位吳士貴盛莫與爲比王敦深忌之而札凶淫放恣爲百姓所苦秦寧中王敦誅之滅其族

鍾離牧惠棟曰世本云鍾離與秦同祖其後因封爲姓字子幹會稽山陰人山陰見孫堅傳漢魯相意七世孫也范書鍾離意傳意字子阿少爲郡督郵時部縣亭長有受人酒禮者府下記案考之意封還記入言於太守曰春秋先內後外今宜先清府內太守甚賢之遂任以縣事建武十四年會稽大疫意獨身自隱親經給醫藥所部多蒙全濟舉孝廉再遷辟大司徒侯霸府光武見霸曰君所使掾何乃仁於用心誠良吏也顯宗卽位徵爲尙書時交阯太守張恢坐臧千金徵還伏法以資物簿入大司農詔班賜羣臣意得珠璣悉以委地而不拜賜帝怪而問其故對曰臣聞孔子忍渴於盜泉之水曾參回車於勝母之閭惡其名也此臧穢之寶誠不敢拜帝嗟歎曰清乎尙書之言乃更以庫錢三十萬賜意轉爲尙書僕射永平三年夏旱而大起北宮意詣闕免冠上疏諫出爲魯相後德陽殿成百官大會帝思意言謂公卿曰鍾離尙書若在此殿不立意視事五年以愛利爲化人多殷富以久病卒官

會稽典錄曰牧父緒樓船都尉兄駰上計吏少與同郡謝贊吳郡顧譚齊名牧童齓時號爲遲訥駰常謂人曰牧必勝我不可輕也時人皆以爲不然

少爰居永興永興見孫靜傳注錢大昕曰爰易也春秋傳晉於是作爰田說文爰作趄趄田易居也陸瑁傳同郡徐原爰居會稽躬自墾田種稻二十餘畝臨熟縣民有識認之牧曰本以田荒故墾之耳

遂以稻與縣人縣長聞之召民繫獄欲繩以法牧爲之請長曰君慕承宮自行義事世本承姓衛大夫成叔承之後續漢書曰宮字少子琅邪人嘗在蒙陰山中漢書地理志泰山郡蒙陰續志後漢省一統志故城今山東沂州府蒙陰縣西南十五里耕種禾黍臨熟人就認之宮便推與而去由是發名位至左中郎將侍中范書承宮傳宮琅邪姑幕人少孤年八歲爲人牧豕鄉人徐子盛者以春秋經授諸生數百人宮過息廬下樂其業因就聽經遂請留門下爲諸生拾薪執苦數年勤學不倦經典既明乃歸家教授後與妻子之蒙陰山肆力耕種禾黍將熟人有認之者宮不與計推之而去由是顯名僕爲民主當以法率下何得寢公憲而從君邪馮本官本寢作擬誤牧曰此是郡界緣君意顧故來蹔住今以少稻而殺此民何心復留遂出裝還山陰長自往止之爲釋繫民民慙懼率妻子舂所取稻得六十斛米送還牧牧閉門不受民輸置道旁莫有取者牧由此發名

徐衆評曰趙一清曰衆當作眾牧蹈長者之規問者曰如牧所行猶而不校論語曾子曰犯而不校何晏集解包云校報也言見侵犯不報又從而救之直而不有又還而不受可不謂之仁讓乎哉答曰異乎吾所聞原憲之問於孔子曰克伐怨欲不行焉可以爲仁乎何晏集解馬云克好勝人伐自伐其功怨忌小怨欲貪欲也孔子曰可以爲難矣仁則吾不知也何晏集解包云四者行之難未足以爲仁惡不仁者其爲仁矣今小民不展四體而認人之稻不仁甚矣而牧推而與之又救其罪斯爲讓非其義所救非人非所謂惡不仁者苟不惡不仁安得爲仁哉蒼梧澆娶妻而美讓於其兄蒼梧澆事未詳尾生篤信水至不去而死莊子盜跖篇尾生與女子期於梁下女子不來水至不去抱梁柱而死又云直躬證父尾生溺死信之患也直躬好直證父攘羊論語葉公語孔子曰吾黨有直躬者其父攘羊而子證之孔子曰吾黨之直者異於是父爲子隱子爲父隱直在其中矣申鳴奉法盡忠於君而執其父韓詩外傳楚有士曰申鳴治圃以養父母孝聞於楚王召之申鳴辭其父曰王欲用汝何謂辭之鳴曰何舍爲子乃爲臣乎其父曰我欲汝之仕也鳴曰諾遂之朝受命王以爲左司馬白公之亂鳴以兵之衞白公謂石乞曰申鳴天下勇士也今將兵爲之柰何乞曰吾聞申鳴孝劫其父以兵使謂申鳴曰與我則與子楚國不與我則殺乃父鳴流涕而應之曰始則父之子今則君之臣已不得爲孝子矣安得不爲忠臣乎援桴鼓之遂殺白公其父亦死王歸賞之鳴曰受君之祿避君之難非忠臣也正君之法以殺其父非孝子也若此而生亦何以示天下之士哉遂自刎而死忠信直讓此四行者聖賢之所貴也然不貴蒼梧之讓非讓道也不取尾生之信非信所也不許直躬之直非直體也不嘉申鳴之忠非忠意也今牧犯而不校還而不取可以爲難矣未得爲仁讓也夫聖人以德報德以直報怨而牧欲以德報怨非也必不得已二者何從吾從孔子也

赤烏五年從郎中補太子輔義都尉遷南海太守會稽典錄曰高涼賊率仍弩等高涼見呂岱傳破略百姓殘害吏民牧越界撲討旬日降服又揭陽縣賊率曾夏等郡國志交州南海郡揭陽一統志故城今廣東潮州府揭陽縣西衆數千人歷十餘年以侯爵雜繒千匹下書購募絕不可得牧遣使慰譬登皆首服登字疑誤自改爲良民始興太守羊衜始興郡見孫晧傳甘露元年與太常滕胤書曰鍾離子幹吾昔知之不熟定見其在南海威恩部伍智勇分明加操行清純有古人之風其見貴如此在郡四年以疾去職

還爲丞相長史轉司直洪飴孫曰司直一人比二千石遷中書令會建安鄱陽新都三郡山民作亂建安見孫權傳赤烏二年鄱陽見孫權傳建安八年新都見孫權傳建安十三年出牧爲監軍使者討平之賊帥黃亂常俱等出其部伍以充兵役封秦亭侯各地志無秦縣當闕疑

拜越騎校尉永安六年蜀并于魏武陵五谿夷與蜀接界時論懼其叛亂乃以牧爲平魏將軍領武陵太守往之郡魏遣漢葭縣長郭純試守武陵太守率涪陵民入蜀遷陵界宋本葭作髮官本作復涪陵郡見蜀志後主傳延熙十一年胡三省曰沈約云漢獻帝建安六年劉璋以涪陵縣分立丹興漢葭二縣立巴東屬國都尉後爲涪陵郡遷陵縣屬武陵郡吳境也錢大昕曰當作漢葭縣漢葭屬涪陵郡通鑑作漢葭蓋溫公所見本不誤弼按華陽國志涪陵郡有漢髮無漢葭漢復晉書地理志涪陵郡有漢復漢葭無漢髮太康地記有漢復漢葭謝鍾英曰蓋

蜀漢髮至晉改名漢葭楊守敬曰漢葭漢髮均不可解皆太康地志所云漢復之誤一統志漢葭廢縣在今四川酉陽州彭水縣東郡國志荆州武陵郡遷陵一統志今湖南永順府保靖縣治潘眉曰遷陵屬吳入蜀當是入吳之譌屯于赤沙誘致諸夷邑君或起應純又進攻酉陽縣胡三省曰赤沙蓋在遷陵酉陽之間酉陽縣屬武陵郡縣在酉溪之陽劉昫曰黔州彭水縣漢酉陽縣地吳分酉陽置黔陽郡隋於郡置彭水縣尋爲黔州九域志曰漢武陵郡酉陽縣古城在今辰州界杜佑曰思州治務川縣亦漢酉陽地謝鍾英曰赤沙在今湖南永綏廳北酉陽兩漢志屬武陵水經注酉水又東逕遷陵故縣界與酉鄉溪合又東逕酉陽故縣南九域志故城在辰州界方輿紀要今辰州府西北一百二十里鄒安鬯曰今永順縣南鍾英按劉煦曰黔州彭水縣漢酉陽縣地吳分酉陽置黔陽郡隋於郡置彭水縣尋爲黔州洪氏因之遂謂永順府永順龍山思南府安化印江婺川彭水皆酉陽縣地今考三國志彭水蜀涪陵郡地吳不能於蜀地置郡劉氏說誤弼按吳無置黔陽郡事一統志酉陽故城今湖南永順府永順縣南郡中震懼牧問朝吏曰胡三省曰朝郡朝也西蜀傾覆邊境見侵何以禦之皆對曰今二縣山險諸夷阻兵不可以軍驚擾驚擾則諸夷盤結宜以漸安可遣恩信吏宣教慰勞牧曰不然外境內侵誑誘人民當及其根柢未深而撲取之此

救火貴速之勢也敕外趣嚴胡三省曰趣讀曰促嚴裝也掾吏沮議者趙一清曰史當作吏弼按史字不誤便行軍法撫夷將軍高尚說牧曰昔潘太常督兵五萬然後以討五谿夷耳又是時劉氏連和諸夷率化今既無往日之援而郭純已據遷陵而明府以三千兵深入尚未見其利也牧曰非常之事何得循舊卽率所領晨夜進道緣山險行垂二千里從塞上斬惡民懷異心者魁帥百餘人及其支黨凡千餘級純等散五谿平趙一清曰方輿紀要卷八十一辰州府漵浦縣南一里有車靈城靈吳叛臣也入漵谿以自保吳將鍾離牧討殺之城址尙存遷公安督陽武將軍宋本陽作揚各本皆誤封都鄉侯徙濡須督

會稽典錄曰牧之在濡須深以進取可圖而不敢陳其策與侍中東觀令朱育宴朱育事見虞翻傳注慨然歎息育謂牧曰官本考證云此多曰字今去恨於策爵未副因爲牧曰宋本爲作謂朝廷諸君以際會坐取高官亭侯功無與比不肯在人下或曰肯字疑誤見顧者猶以於邑楚辭氣於邑而不可止胡三省曰於邑短氣貌讀如本字或曰於音烏邑烏合翻沈於侯也宋本沈作況牧笑而答曰卿之所言未獲我心也馬援有言人當功多而賞薄范書馬援傳援軍還將至故人多迎勞之援曰昔伏波將軍路博德開置七郡裁封數百戶今我微勞猥饗大縣功薄賞厚何以能長久乎吾功不足錄而見寵已過當豈以爲恨國家不深相知而見害朝人是以默默不敢有所陳若其不然當建進取之計以報所受之恩不徒自守而已憤歎以此也育復曰國家已自知侯以侯之才無爲不成愚謂自可陳所懷牧曰武安君謂秦王云非成業難得賢難非得賢難用之難非用之難任之難武安君欲爲秦王幷兼六國恐授事而不見任故先陳此言秦王既許而不能卒隕將成之業賜劍杜郵史記白起傳白起者郿人也善用兵事秦昭王攻楚拔郢秦以郢爲南郡白起遷爲武安君趙軍長平武安君爲上將軍秦軍射殺趙括括軍敗卒四十萬人降武安君盡坑之韓趙恐使蘇代厚幣說秦相應侯應侯言於秦王許韓趙割地以和武安君由是與應侯有隙諸侯攻秦軍急秦

王乃使人遣白起不得留咸陽中武安君既行出咸陽西門十里至杜郵秦昭王與應侯羣臣議曰白起之遷其意尙怏怏不服有餘言秦王乃使使者賜之劍自裁今國家知吾不如秦王之知武安而害吾者有過范睢范睢封應侯大皇帝時陸丞相討鄱陽謁本丞作承以二千人授吾潘太常討武陵吾又有三千人而朝廷下議棄吾於彼使江渚諸督不復發兵相繼蒙國威靈自濟今日何爲常官本考證曰句內疑有脫字向使吾不料時度宜苟有所陳至見委以事不足兵勢終有敗績之患何無不成之有

復以前將軍假節領武陵太守卒官家無餘財士民思之子禕嗣宋本禕作禕代領兵

會稽典錄曰牧次子盛亦履恭讓爲尙書郎弟徇領兵爲將拜偏將軍戍西陵西陵卽夷陵見魏志文紀黃初三年與監軍使者唐盛論地形勢謂宜城信陵爲建平援信陵見陸抗傳建平郡治巫巫見蜀志先主傳章武元年官本考證曰北宋本作與建平接若不先城敵將先入盛以施績留建平陳景雲曰留下衍建

字此因上有建平字而複出也留平見孫休傳平以永安六年以平西將軍率衆圍巴東數月乃還則平之經信陵者屢矣智略名將屢經於
彼無云當城之者不然衍計後半年晉果遣將修信陵城晉軍平吳衍領水軍督臨陣
戰死也

評曰山越好爲叛亂難安易動是以孫權不遑外禦卑辭魏氏凡此諸臣皆克寧內難綏靖邦域者也呂岱淸恪在公周魴譎略多奇鍾離牧蹈長者之規全琮有當世之才貴重於時然不檢姦子獲譏毀名云蔣超伯曰以江左爲國者非包括山越奄有荆蠻不能持久今人但知瑜肅有功於吳甚偉吳所以能與曹氏抗者賀齊呂岱力爲多也齊平太末侯官蓋竹餘汗丹陽黟歙烏聊林歷諸賊岱定高涼鬱林數州斬士徽而交阯清破九眞而徼外服設非二將八閩百粵豈權有哉無閩粵則江表一隅四面受敵一彈指頃强者併之矣李重光錢俶是也有閩粵則負山阻海外以江淮爲限而內饒財賦之區所以孫吳有國較長而南宋亦支持百餘歲也

吳書十五　　三國志六十

潘濬陸凱傳第十六

晉　平　陽　侯　相　安　漢　陳　壽　撰

宋　中　書　侍　郎　西　鄉　侯　聞　喜　裴　松　之　注

沔　陽　盧　弼　集　解

潘濬字承明武陵漢壽人也漢壽見蜀志關羽傳弱冠從宋仲子受學宋仲子見魏志劉表傳王肅傳蜀志尹默傳默遠游荆州從司馬德操宋仲子等受古學李譔傳父仁與同縣尹默俱游荆州從司馬徽宋忠等學吳書曰濬爲人聰察對問有機理山陽王粲見而貴異之王粲時避地荆州由是知名爲郡功曹

年未三十荆州牧劉表辟爲部江夏從事續百官志諸州皆有從事續郡國志荆州刺史部郡七故云部江夏從事也胡三省曰漢制州牧刺史部諸郡各郡置部從事時沙羨長贓穢不修沙羨見孫策傳濬按殺之一郡震竦後爲湘鄉令湘鄉見蜀志蔣琬傳治甚有名劉備領荆州以濬爲治中從事備入蜀典留州事互見蜀志楊戲季漢輔臣傳注孫權殺關羽并荆土拜濬輔軍中郎將吳置輔軍中郎將一人授以兵

江表傳曰權克荆州將吏悉皆歸附而濬獨稱疾不見權遣人以牀就家輿致之何焯校改輿作舉濬伏面著牀席不起涕泣交橫哀咽不能自勝宋本咽作哽通鑑同何焯曰濬是漢之叛臣此略之者已見楊戲輔臣贊也江表傳爲不實權慰勞與語呼其字曰承明昔觀丁父鄀俘也武王以爲軍帥彭仲爽申俘也文王以爲令尹左傳觀丁父者鄀俘也武王以爲軍率克州蓼服隨唐大啓羣蠻彭仲爽者申俘也文王以爲令尹縣申息朝陳蔡封畛于汝局本爽作樊誤此二人卿荆國之先賢也初雖見囚後皆擢用爲楚名臣卿獨不然未肯降意將以孤異古人之量邪使親近以手巾拭其面濬起下地拜謝卽以爲治中

荊州諸軍事一以諮之 胡三省曰郝普糜芳傅士仁之在吳未有所聞也而潘濬所以自見者與陸遜諸葛瑾班識者當於此而觀人 武
陵部從事樊伷 胡三省曰伷與冑同 誘導諸夷圖以武陵屬劉備外白差督督萬人往討之 胡三
省曰差初佳翻擇也督將也 權不聽特召問濬濬答以五千兵往足可以擒伷權曰卿何以輕之
濬曰伷是南陽舊姓 胡三省曰南陽之樊光武之母黨故謂之舊姓 頗能弄脣吻而實無辯論之才 胡三省曰
今人以辨給觀人才何其謬也吻武粉翻口邊曰吻 臣所以知之者伷昔嘗為州人設饌比至日中食不可得
而十餘自起此亦侏儒觀一節之驗也 桓譚新論侏儒觀一節而長短可知胡三省曰侏儒優人以能諧笑取寵觀其一節
足以驗其技 權大笑而納其言即遣濬將五千往果斬平之 趙一清曰方輿紀要卷八十軍山在常德府龍陽縣東八
十里潘濬攻樊伷時屯兵於此因名唐庚曰權克荊州將吏悉降濬獨堅臥不屈權輿致之濬伏牀而泣悲不自勝其於所事何厚也既而樊伷欲以武陵自拔歸
蜀濬為權畫策卒自將討平之其所厚又何薄也吾聞樂毅去燕適趙趙欲與之伐燕毅泣曰昔之事燕猶今之事趙也毅若獲戾放在他國終身不敢謀趙之徒
隸況其國乎使樂毅愚人也則可樂毅少知事君則濬不得無罪矣王懋竑曰劉備領荊州以濬為治中從事備入蜀典留州事孫權殺關羽并荊土拜濬輔軍中

郎將授以兵楊戲季漢諸臣贊列濬於糜芳傅士仁郝普陳注濬亦與關羽不協孫權襲羽遂入吳按濬為昭烈治中又典留州事職任甚不輕矣與士仁共守公
安士仁之叛降濬豈得不知之自典留州事而聽其迎降可乎即如江表傳所言亦僅稱疾不見而已及權慰勞之遽下地拜謝更為權用且樊伷以武陵郡從事
誘導諸夷圖以武陵附備為不失舊臣之義而濬自請兵往斬平之此豈有人心者與樂毅所云終身不敢謀趙之徒隸迥乎異矣故濬當與糜芳傅士仁同戲之
譏貶自不為過通鑑盡載江表傳語而刪陳志注與關羽不協其事遂不著故附論之
遷奮威將軍封常遷亭侯 或曰常疑作高彄按高遷為屯名非縣名見宗室傳孫靜傳常遷見宋志寧州南廣郡江左立當時
無此縣作高遷常遷均非
吳書曰芮玄卒濬并領玄兵屯夏口玄字文表丹陽人父祉字宣嗣從孫堅征伐有功
堅薦祉為九江太守後轉吳郡所在有聲玄兄良字文鸞隨孫策平定江東策以為會
稽東部都尉 會稽東部都尉見張紘傳 卒玄領良兵拜奮武中郎將 奮武中郎將一人吳置 以功封溧陽
侯 溧陽見妃嬪傳何姬傳 權為子登揀擇淑媛羣臣咸稱玄父祉兄良並以德義文武顯名三

世故遂娉玄女為妃焉黃武五年卒權甚愍惜之
權稱尊號拜為少府進封劉陽侯 劉陽見周瑜傳
江表傳曰權數射雉 周壽昌曰景帝休之好射雉實大帝析薪之訓也 濬諫權權曰相與別後時時蹔出
耳不復如往日之時也濬曰天下未定萬機務多射雉非急弦絕括破 矢末曰括 皆能為
害乞特為臣故息置之濬出見雉翳故在 凡隱蔽之物曰翳 乃手自撤壞之權由是自絕
不復射雉
遷太常五谿蠻夷叛亂盤結 五谿蠻夷見蜀志先主傳章武元年 權假濬節督諸軍討之
孫權傳黃龍三年春遣太常潘濬率衆五萬討武陵蠻夷嘉禾三年冬太常潘濬平武陵蠻夷事畢還武昌 信賞必行法不可干
斬首獲生蓋以萬數自是羣蠻衰弱一方寧靜 趙一清曰方輿紀要卷八十常德府武陵縣有
臨沅城三國吳潘濬以郡城大難固又築障城移郡治之水經沅水注西水東逕沅陵縣北又東南逕潘承明壘西承明討五谿蠻營軍所築也長沙耆舊傳曰夏隆仕

郡時潘濬南征太守遣隆修書致禮濬飛帆中流力所不及隆乃於岸邊拔刀大呼指濬為賊因此被收濬奇其權變自通解縛賜以酒食
吳書曰驃騎將軍步騭屯漚口 漚口見步騭傳 求召募諸郡以增兵權以問濬濬曰豪將在
民間耗亂為害加騭有名勢在所所媚不可聽也 官本考證張照曰在所言騭身所在也猶言所到之處人皆媚之云
耳
權從之中郎將豫章徐宗有名士也嘗到京師與孔融交結然儒生誕節部曲寬縱
不奉節度為衆作殿濬遂斬之其奉法不憚私議皆此類也歸義隱蕃以口辯為豪傑
所善 隱蕃事見胡綜傳 濬子翥亦與周旋饋餉之 胡三省曰翥章庶翻杜預云周旋相追逐也 濬聞大怒疏責
翥曰吾受國厚恩志報以命 胡三省曰言志在致命以報國恩 爾輩在都當念恭順親賢慕善何故
與降虜交以糧餉之在遠聞此心震面熱惆悵累旬疏到急就往使受杖一百促責所
餉 胡三省曰濬欲布其子之罪於國中以絕後禍也 當時人咸怪濬而蕃果圖叛誅夷衆乃歸服 何焯曰濬本二劉舊
人故尤懼降人反覆為己累也 江表傳曰時濬姨兄零陵蔣琬 胡三省曰同出為姨母之姊妹曰姨妻之姊妹亦曰姨若母之兄弟

則當呼爲舅此蓋妻之兄弟也爲蜀大將軍通鑑作爲諸葛亮長史是江表傳誤濬討武陵蠻夷在黃龍三年卽魏太和五年蜀建興九年是時正諸葛亮復出祁山蔣琬代張裔爲長史之時或有閒濬於武陵太守衛旍者步騭傳作衛旌古今字通通鑑作旍胡注旍與旌通云濬遣密使與琬相聞欲有自託之計旍以啓權權曰承明不爲此也卽封旍表以示於濬而召旍還免官

先是濬與陸遜俱駐武昌共掌留事還復故時校事呂壹操弄威柄奏按丞相顧雍左將軍朱據等皆見禁止胡三省曰禁止者雖未下之獄使人守之禁其不得出入止不得與親黨交通也鄭樵通志曰禁止謂禁入殿省也符所屬行之盤洲洪氏曰魏晉以來三台奏劾則符光祿勳加禁止解禁止亦如之禁止者身不得入殿省光祿勳主殿門故也黃門侍郎謝厷語次問壹謝厷事見陸遜傳胡三省曰厷與宏同乎萌翻顧公事何如壹答不能佳或云佳疑作解厷又問若此公免退誰當代之壹未答厷厷曰得無潘太常得之乎壹良久曰君語近之也厷謂曰潘太常常切齒

於君但道遠無因耳通鑑無遠字胡注謂欲奏舉其罪而非太常之職故其道無因也今日代顧公恐明日便擊君矣胡三省曰漢制丞相御史舉奏百官有罪者何焯曰此厷之巧于解元歎之結也壹大懼遂解散雍事濬求朝詣建業胡三省曰濬本留武昌欲盡辭極諫至聞太子登已數言之胡三省曰至建業而知太子數言壹事而不見從濬乃大請百寮欲因會手刃殺壹以身當之胡三省曰以身當擅殺之罪爲國除患壹密聞知稱疾不行濬每進見無不陳壹之奸險也由此壹寵漸衰後遂誅戮權引咎責躬因誚讓大臣語在權傳見孫權傳赤烏元年赤烏二年濬卒王懋竑曰通鑑景初二年冬十月太常潘濬卒吳主以鎭南將軍呂岱代濬綱目書冬十月吳遣將軍呂岱鎭武昌而不書濬卒代濬蓋刪之也太和五年吳主假太常潘濬節督軍討五溪蠻綱目書吳遣潘濬擊五溪蠻不書官亦貶之子翥嗣濬女配建昌侯孫慮慮卒於嘉禾元年已先濬八年死矣

吳書曰翥字文龍拜騎都尉後代領兵早卒翥弟祕權以姊陳氏女妻之權姊陳氏女事應參閱妃嬪傳吳夫人傳調湘鄉令襄陽記曰襄陽習溫爲荊州大公平大公平今之州都潘眉曰當作大公平今之州都中正周壽昌曰晉承其制遂有大中正之設祕過辭於溫問曰先君昔因君侯當爲州里議主宋本因作曰何焯校改因作目今果如其言不審州里誰當復相代者溫曰無過於君也後祕爲尙書僕射代溫爲公平甚得州里之譽

陸凱字敬風吳郡吳人也宋本無也字丞相遜族子也黃武初爲永興諸暨長永興見孫靜傳郡國志揚州會稽郡諸暨一統志諸暨故城今浙江紹興府諸暨縣治所在有治迹拜建武都尉建武都尉一人吳置領兵雖統軍衆手不釋書好太玄論演其意以筮輒驗赤烏中除儋耳太守討朱崖儋耳珠崖均見孫權傳赤烏五年錢大昕曰儋耳郡晉宋二志皆不載洪亮吉曰吳時未嘗復儋耳郡陸傳除儋耳太守者蓋因討珠崖使虛領之耳斬獲有功遷爲建武校尉五鳳二年討山賊陳毖於零陵斬毖克捷拜巴丘督偏將軍封都鄉侯轉爲武昌右部

督與諸將共赴壽春還累遷盪魏綏遠將軍盪魏將軍一人吳置孫休卽位拜征北將軍假節領豫州牧遙領也孫晧立遷鎭西大將軍都督巴丘領荊州牧進封嘉興侯嘉興見孫策傳孫晧與晉平使者丁忠自北還說晧弋陽可襲馮本弋作戈誤凱諫止語在晧傳見孫晧傳寶鼎元年寶鼎元年遷左丞相晧性不好人視己羣臣侍見皆莫敢迕通鑑作莫敢舉目凱說晧曰夫君臣無不相識之道若卒有不虞不知所赴晧聽凱自視晧時徙都武昌揚土百姓泝流供給以爲患苦胡三省曰吳武昌屬荊州而丹陽宣城毗陵吳興會稽東陽新都臨海建安豫章臨川鄱陽廬陵皆屬揚州故苦於西上泝流以供給又政事多謬黎元窮匱凱上疏曰臣聞有道之君以樂樂民無道之君以樂樂身樂民者其樂彌長樂身者不久而亡夫民者國之根也誠宜重其食愛其命民安則君安民樂則君樂自

頃年以來君威傷於桀紂君明闇於姦雄君惠閉於羣孽無災而民命盡無爲而國財空辜無罪賞無功使君有謬誤之愆天爲作妖而諸公卿媚上以求愛困民以求饒導君於不義敗政於淫俗臣竊爲痛心今鄰國交好四邊無事當務息役養士實其廩庫以待天時而更傾動天心搔擾萬姓使民不安大小呼嗟此非保國養民之術也臣聞吉凶在天猶影之在形響之在聲也形動則影動形止則影止此分數乃有所繫非在口之所進退也昔秦所以亡天下者但坐賞輕而罰重政刑錯亂民力盡於奢侈目眩於美色志濁於財寶邪臣在位賢哲隱藏百姓業業天下苦之是以遂有覆巢破卵之憂漢所以彊者躬行誠信聽諫納賢惠及負薪躬請巖穴廣采博察以成其

謀此往事之明證也近者漢之衰末三家鼎立曹失綱紀晉有其政又益州危險兵多精彊閉門固守可保萬世而劉氏與奪乖錯賞罰失所君恣意於奢侈民力竭於不急是以爲晉所伐（官本考證曰監本伐作代誤）君臣見虜此目前之明驗也臣闇於大理文不及義智慧淺劣無復冀望竊爲陛下惜天下耳臣謹奏耳目所聞見百姓所爲煩苛刑政所爲錯亂願陛下息大功損百役務寬盪忽苛政（元本作思庶政梁章鉅曰忽或勿字之譌言政勿苛也周壽昌曰詩大雅是絕是忽傳忽滅也此忽字卽是除滅之意元本作思庶政恐是淺夫妄改）又武昌土地實危險而塉确（胡三省曰塉秦昔翻土薄也确克角翻山多大石也）非王都安國養民之處船泊則沈漂陵居則峻危且童謠言寧飲建業水不食武昌魚寧還建業死不止武昌居（胡三省曰此言於泝流供給而爲是謠也）臣聞翼星爲變熒惑作妖童謠之言生於天心乃以安居而比死足明天意知民所苦也臣聞國無三年之儲謂之非國而今無一年之蓄（禮記王制國無六年之蓄曰急無三年之蓄曰國非其國也況無一年之蓄乎）此臣下之責也而諸公卿位處人上祿延子孫曾無致命之節匡救之術苟進小利於君以求容媚荼毒百姓不爲君計也自從孫弘造義兵以來耕種既廢所在無復輸入而分一家父子異役廩食日張畜積日耗民有離散之怨國有露根之漸（胡三省曰以木爲喻也木之所以能生殖者以有根本也根漸露則其本將撥）而莫之恤也民力困窮鬻賣兒子調賦相仍日以疲極所在長吏不加隱括加有監官既不愛民務行威勢所在搔擾更爲煩苛民苦二端財力再耗此爲無益而有損也願陛下一息此輩矜哀孤弱以鎭撫百姓之心此猶魚鼈得免毒螫之淵鳥獸得離羅網之綱四方之

民繈負而至矣如此民可得保先王之國存焉臣聞五音令人耳不聰五色令人目不明此無益於政有損於事者也自昔先帝時後宮列女及諸織絡數不滿百米有畜積貨財有餘先帝崩後幼景在位（通鑑作景帝在位周壽昌曰幼卽指亮卽位十歲廢時十六也景指休後謚景帝也）更改奢侈不蹈先迹伏聞織絡及諸徒坐乃有千數計其所長不足爲國財然坐食官廩歲歲相承此爲無益願陛下料出賦嫁給與無妻者如此上應天心下合地意天下幸甚臣聞殷湯取士於商賈（鶡冠子伊尹酒保立爲世師）齊桓取士於車轅（列女傳甯戚欲見桓公乃爲人僕將車宿齊東門之外桓公因出甯戚擊牛角而商歌甚悲桓公異之使管仲迎之）周武取士於負薪大漢取士於奴僕明王聖主取士以賢不拘卑賤故其功德洋溢名流竹素非求顏色而取好服捷口容悅者也臣伏見當今內寵之臣位非

其人任非其量不能輔國匡時羣黨相扶害忠隱賢願陛下簡文武之臣各勤其官州牧督將藩鎮方外公卿尚書務修仁化上助陛下下拯黎民各盡其忠拾遺萬一則康哉之歌作刑錯之理清願陛下留神思臣愚言時殿上列將何定佞巧便僻（何定事見孫晧傳建衡二年鳳皇元年作殿中列將便僻當作便辟）貴幸任事凱面責定曰卿見前後事主不忠傾亂國政寧有得以壽終者邪何以專爲姦邪（宋本姦作佞）穢塵天聽宜自改厲不然方見卿有不測之禍矣定大恨凱思中傷之凱終不以爲意乃心公家義形於色表疏皆指事不飾（胡三省曰皆指實事不爲文飾也）忠懇內發建衡元年疾病晧遣中書令董朝問所欲言凱陳何定不可任用宜授外任不宜委以國事奚熙小吏建起浦里田欲復嚴密故迹亦不可聽（胡三省曰吳主休之時嚴密嘗建此議熙蓋祖其說）姚信樓玄賀邵張悌郭逴（胡三省曰逴敕角翻又勅略翻）薛瑩滕修及族弟喜抗（錢大昭曰姚信寶鼎二年爲太常張悌字巨先襄陽人見晧傳郭逴未詳薛瑩附綜傳滕修疑即滕循孫晧傳執金吾滕循爲司空陸喜附瑁傳玄邵抗自有傳）或清白忠勤或姿才卓茂（通鑑姿作資）皆社稷之楨幹國家之良輔願陛下重留神思訪以時務各盡其忠拾遺萬一遂卒（凱卒於建衡元年見孫晧傳）時年七十二子禕初爲黃門侍郎出領部曲拜偏將軍凱亡後入爲太子中庶子右國史華覈表薦禕曰禕體質方剛器幹彊固董率之才魯肅不過及被召當下徑還赴都道由武昌曾不迴顧器械軍資一無所取在戎果毅臨財有節夫夏口賊之衝要宜選名將以鎭戍之臣竊思惟莫善於禕初晧常銜凱數犯顏忤旨（胡三省曰有所恨怒蓄而不發者爲銜）加何定譖構非一（宋本構作搆）既以重臣難繩以法（世說曰孫晧問丞相陸凱曰卿一宗

在朝有幾人陸曰二相五侯將軍十餘人晧曰盛哉陸曰君賢臣忠國之盛也父慈子孝家之盛也今政荒民弊覆亡是懼臣何敢言盛）又陸抗時爲大將在疆場故以計容忍抗卒後（抗卒於鳳皇三年）竟徙凱家於建安（建安見孫權傳赤烏二年）或曰寶鼎元年十二月凱與大司馬丁奉御史大夫丁固謀因晧謁廟欲廢晧立孫休子時左將軍留平領兵先驅故密語平平拒而不許誓以不泄是以所圖不果（通鑑考異曰凱盡忠執義必不爲此事況晧殘酷猜忌留平庸人若聞凱謀必不能不泄殆虛語耳今不取）太史郎陳苗奏晧久陰不雨風氣迴逆將有陰謀晧深警懼云

吳錄曰舊拜廟選兼大將軍領三千兵爲衞凱欲因此兵以圖之令選曹白用丁奉晧偶不欲曰更選凱令執據雖蹔兼然宜得其人晧曰用留平凱令其子禕以謀語平平素與丁奉有隙禕未及得宣凱旨平語禕曰聞野豬入丁奉營此凶徵也有喜色禕乃不敢言還因具啓凱故輟止（參閱孫晧傳鳳皇元年注引江表傳郝經曰凱欲廢晧以安社稷乃生平大節也以平見拒故不能行平之不泄亦知言出禍及爾）

予連從荊揚來者（郝經續書予作子）得凱所諫晧二十事博問吳人多云不聞凱有此表又按其文殊甚切直恐非晧之所能容忍也或以爲凱藏之篋笥未敢宣行病困晧遣董朝省問欲言因以付之虛實難明故不著于篇然愛其指擿晧事足爲後戒故鈔列于凱傳左云（何焯曰此閭閻之人恨晧之虐思凱之慇私造此書以爲口實事辭俱無足徵陳氏錄之蓋其識卑也劉咸炘曰傳明言愛其足爲戒非遂信之周壽昌曰凱前疏峻直無所迴護至云君威傷於桀紂而晧猶容忍之則所陳二十事病付董朝或亦可信）晧遣親近趙欽口詔報凱前表曰孤動必遵先帝有何不平君所諫非也又建業宮不利故避之而西宮室宇摧朽須謀移都何以不可徙乎凱上疏曰臣竊見陛下執政以

來陰陽不調五星失晷職司不忠姦黨相扶是陛下不遵先帝之所致江表傳載凱此表曰臣拜受明詔心與氣結陛下何心之難悟意不聽之甚也夫王者之興受之於天修之由德豈在宮乎而陛下不諮之公輔便盛意驅馳六軍流離悲懼逆犯天地天地以災童歌其謠縱令陛下一身得安百姓愁勞何以用治此不遵先帝一也臣聞有國以賢爲本夏殺龍逢韓詩外傳桀爲酒池可以運舟糟丘足以望十里而牛飲者三千人關龍逢進諫桀囚而殺之殷獲伊摯伊尹名摯見荀子居伊水有莘氏命之曰伊尹見呂氏春秋伊尹耕於有莘之野湯三使往聘故就湯而說之見孟子斯前世之明效今日之師表也局本今作令誤中常侍王蕃黃中通理黃中通理解見魏志劉廙傳處朝忠謇斯社稷之重鎮大吳之龍逢也而陛下忿其苦辭惡其直對梟之殿

堂屍骸暴棄宋本屍作尸邦內傷心有識悲悼咸以吳國夫差復存伍員直諫吳王夫差賜之屬鏤以死先帝親賢陛下反之是陛下不遵先帝二也臣聞宰相國之柱也不可不彊是故漢有蕭曹之佐先帝有顧步之相而萬彧瑣才凡庸之質昔從家隸超步紫闥於彧已豐於器已溢而陛下愛其細介不訪大趣榮以尊輔越尚舊臣賢良憤惋智士赫咤是不遵先帝三也先帝憂民過於嬰孩民無妻者以妾妻之見單衣者以帛給之枯骨不收而取埋之何焯校改作取而埋之而陛下反之是不遵先帝四也昔桀紂滅由妖婦桀之亡由末喜紂之亡由妲己幽厲亂在嬖妾史記周厲王三十年好利近榮夷公大夫芮良夫諫厲王不聽又云幽王嬖愛褒姒先帝鑒之以爲身戒故左右不置淫邪之色後房無曠積之女今中宮萬數不備嬪嬙外多鰥夫女吟於中風雨逆度正

由此起是不遵先帝五也先帝憂勞萬機猶懼有失陛下臨阼以來游戲後宮眩惑婦女乃令庶事多曠下吏容姦是不遵先帝六也先帝篤尚朴素服不純麗宮無高臺物不雕飾故國富民充姦盜不作而陛下徵調州郡竭民財力土被玄黃宮有朱紫是不遵先帝七也先帝外杖顧陸朱張內近胡綜薛綜是以庶績雍熙邦內清肅今者外非其任內非其人陳聲曹輔陳聲見孫晧傳鳳皇三年曹輔未詳斗筲小吏論語斗筲之人何足算也邢昺疏曰斗量名容十升筲竹器容斗二升算數也言斗筲小器之人何足數也先帝之所棄而陛下幸之是不遵先帝八也先帝每宴見羣臣抑損醇醴孫權酒後欲殺虞翻又於釣臺飲酒以水灑羣臣此豈能抑損醇醴者以是知身後追美多爲虛辭臣下終日無失慢之尤百寮庶尹並展所陳而陛下拘以視瞻之敬懼以不盡之酒夫酒以成禮過則敗德此無異商辛

長夜之飲也是不遵先帝九也昔漢之桓靈親近宦豎大失民心今高通詹廉羊度黃門小人而陛下賞以重爵權以戰兵趙一清曰權字當時何以不避若江渚有難烽燧互起則度等之武不能禦侮明也是不遵先帝十也今宮女曠積而黃門復走州郡條牒民女有錢則舍無錢則取怨呼道路母子死訣是不遵先帝十一也先帝在時亦養諸王太子若取乳母其夫復役賜與錢財給其資糧時遣歸來視其弱息今則不然夫婦生離夫故作役兒從後死家爲空戶是不遵先帝十二也先帝歎曰國以民爲本民以食爲天衣其次也三者孤存之於心今則不然農桑並廢是不遵先帝十三也先帝簡士不拘卑賤任之鄉閭效之於事舉者不虛受者不妄今則不然浮華者登朋黨者進是不

遵先帝十四也先帝戰士不給他役使春惟知農秋惟收稻江渚有事責其死效今之戰士供給衆役廩賜不贍是不遵先帝十五也夫賞以勸功罰以禁邪賞罰不中則士民散失今江邊將士死不見哀勞不見賞是不遵先帝十六也今在所監司已爲煩猥兼有內使擾亂其中一民十吏何以堪命昔景帝時交阯反亂寔由茲起是爲遵景帝之闕不遵先帝十七也夫校事吏民之仇也先帝末年雖有呂壹錢欽尋皆誅夷以謝百姓今復張立校曹縱吏言事是不遵先帝十八也先帝時居官者咸久於其位然後考績黜陟今州郡職司 宋本郡作縣誤 或莅政無幾便徵召遷轉迎新送舊紛紜道路傷財害民於是爲甚是不遵先帝十九也先帝每察竟解之奏常留心推按 馮本毛本按作接 是以獄無冤囚死者吞聲今則違之是不遵先帝二十也 或曰浮泛瑣雜取盈二十之數 若臣言可錄藏之盟府如其虛妄治臣之罪願陛下留意

江表傳曰晧所行彌暴凱知其將亡上表曰臣聞惡不可積過不可長積惡長過喪亂之源也是以古人懼不聞非故設進善之旌立敢諫之鼓武公九十思聞警戒詩美其德士悅其行 國語楚語左史倚相曰昔衛武公年數九十有五矣猶箴儆於國於是乎作懿戒以自警也韋昭曰懿讀爲抑詩大雅抑之篇也詩序抑衛武公刺厲王亦以自警也馬驌曰衛武公不與厲王同時朱子據國語左史倚相之言以爲序稱厲王者失之而曰自警者得之也 臣察陛下無思警戒之義而有積惡之漸臣深憂之此禍兆見矣故略陳其要寫盡愚懷陛下宜克己復禮述履前德 宋本履作修 不可捐棄臣言而放奢意意奢情至 情疑作情 吏日欺民民離則上不信下下當疑上 元本當作常 骨肉相克公子相奔臣雖愚闇於天命以心審之敗不過二十稔也臣常忿亡國之人夏桀殷紂亦不可使後人復忿陛下也臣受國恩

奉朝三世復以餘年值遇陛下不能循俗與衆沈浮若比干伍員 史記殷本紀王子比干强諫紂紂怒曰吾聞聖人心有七竅剖比干觀其心伍員事見前 以忠見戮以正見疑自謂畢足無所餘恨灰身泉壤無負先帝願陛下九思社稷存焉初晧始起宮凱上表諫不聽凱重表曰臣聞宮功當起夙夜反側是以頻煩上事往往留中不見省報於邑歎息 於邑短氣也 企想應罷昨食時被詔曰君所諫誠是大趣然未合鄙意如何此宮殿不利宜當避之乃可以妨勞役長坐不利宮乎父之不安子亦何倚臣拜紙詔伏讀一周不覺氣結於胸而涕泣雨集也臣年已六十九 凱卒於建衡元年年七十二年六十九卽寶鼎元年也 榮祿已重於臣過望復何所冀所以勤勤數進苦言者臣伏念大皇帝創基立業勞苦勤至白髮生於鬢膚黃耇被於甲胄天下始靜晏駕早崩自含息之類能言之倫無不歔欷如喪考妣幼主嗣統柄在臣下軍有連征之費民有彫殘之損賊臣干政公家空竭今彊敵當塗西州傾覆孤罷之民宜當畜養廣力肆業以備有虞且始徙都 甘露元年孫晧徙都武昌 屬有軍征戰士流離州郡擾擾而大功復起徵召四方斯非保國致治之漸也臣聞爲人主者禳災以德 各本禳作攘誤 除咎以義故湯遭大旱身禱桑林 呂氏春秋湯克夏而正天下天大旱五年不熒收湯乃以身禱于桑林民乃甚悅雨乃大至 熒惑守心宋景退殿 呂氏春秋宋景公有疾司星子韋曰熒惑守心心宋之分野君當之若祭可移於相公曰相寡人之股肱豈可除心腹之疾移於股肱乎曰可移於民公曰民者國之本國無民何以爲國如何傷本而救吾身乎曰可移於歲公曰歲所以養民歲不登何以畜民子韋曰君善言三熒惑必退三舍延命二十一年視之信 是以旱魃銷亡 毛本魃作魅誤 妖星移舍今宮室之不利但當克己復禮篤湯宋之至道愍黎庶之困苦何憂宮之不安災之不銷乎陛下不務修德而務築宮室若德之不修行之不貴雖殷辛之瑤臺秦皇之阿房何止而不喪身覆國宗廟作墟乎夫興土功高臺榭既致水旱民又多疾其不疑也爲父長安使子無倚此乃子離於父臣離於陛下之象也臣子一離雖念克骨茅茨不翦復何益焉是以大皇帝居於南宮

自謂過於阿房故先朝大臣以爲宮室宜厚備衛非常大皇帝曰逆虜遊魂當愛育百姓何聊趣於不急然臣下懇惻由不獲已故裁調近郡苟副衆心比當就功猶豫三年當此之時寇鈔懾威不犯我境師徒奔北且西阻岷漢南州無事尙猶沖讓未肯築宮況陛下危側之世又乏大皇帝之德可不慮哉願陛下留意臣不虛言 郝經曰傳載凱所上疏動以桀紂之滅爲言此諸表疏其切直有過之者第史失其奏上之次或晧惡其直留中不下故史不得而載沒後子連始出其藁爾

胤字敬宗凱弟也始爲御史尙書選曹郎太子和聞其名待以殊禮會全寄楊竺等阿附魯王霸與和分爭陰相譖搆胤坐收下獄楚毒備至終無他辭 吳錄曰太子自懼黜廢而魯王覬覦益甚 覬音冀 覦音俞 權時見楊竺辟左右而論霸之才竺深述霸有文武英姿宜爲嫡嗣於是權乃許立焉有給使伏於牀下具聞之以告太

子胤當至武昌往辭太子太子不見而微服至其車上與共密議欲令陸遜表諫既而遜有表極諫權疑竺泄之竺辭不服權使竺出尋其由竺白頃惟胤西行必其所道又遣問遜何由知之遜言胤所述召胤考問胤爲太子隱曰楊竺向臣道之遂共爲獄竺不勝痛毒服是所道初權疑竺泄之及服以爲果然乃斬竺 竺事見吾粲傳孫霸傳陸遜傳

後爲衡陽督軍都尉 衡陽郡見孫亮傳太平二年 赤烏十一年交阯九眞夷賊攻沒城邑交部擾動以胤爲交州刺史 趙一淸曰寰宇記卷百五十七廣州南海縣有菖蒲澗一名甘溪裴氏廣州記菖蒲生盤石上水從山過味甘冷異於常流南越志昔交州刺史陸胤之所開也至今重之每旦日輒傾州連汲以充日用雖有井泉不足食趙氏又引水經溫水注見薛綜傳注侯康曰御覽卷三百七十一引劉欣期交州記云趙嫗者九眞軍安縣女子也乳長數尺不嫁入山聚羣盜遂攻郡常著金擒蹤屐戰退輒張幧帷與少男通刺史吳郡陸胤平之 安南校尉 安南校尉一人吳置 胤入南界喩以恩信務崇招納高涼渠帥黃吳等支黨三千餘家 高涼見呂岱傳 皆出降引軍而南重宣至誠遺以財幣賊帥百餘人民五萬餘家深幽不羈莫不稽顙交域清泰就加安南將軍復討蒼梧建陵賊 建陵沈志吳立屬蒼梧方輿紀要今廣西平樂府修仁縣治 破之前後出兵八千餘人以充軍用永安元年徵爲西陵督封都亭侯後轉左虎林 陳景雲曰左當作在如王昶從兗州轉在徐州張飛從宜都轉在南郡是也 中書丞華覈表薦胤曰胤天姿聰朗才通行絜昔歷選曹遺迹可紀還在交州奉宣朝恩流民歸附海隅肅清蒼梧南海歲有舊風障氣之害 何焯曰舊字當從册府作暴盧明楷曰舊風障氣之害疑有誤觀下文折木飛砂轉石則舊風當作暴風霧鬱飛鳥不經則障氣當爲瘴氣也郝經續書攷證云舊疑作颶投荒雜錄云嶺南諸郡皆颶風蔣超伯曰舊疑飄字之譌集韻飄急風也 風則折木飛砂轉石氣則霧鬱飛鳥不經自胤至州風氣絕息商旅平行民無疾疫田稼豐稔州治臨海海流秋鹹 或曰秋字疑誤 胤又畜水民得甘食惠風橫被化感人神遂憑天威招合遺散至被詔書

當出民感其恩以忘戀土負老攜幼甘心景從衆無攜貳不煩兵衞自諸將合衆皆脅之以威未有如胤結以恩信者也銜命在州十有餘年賓帶殊俗寶玩所生而內無粉黛附珠之妾家無文甲犀象之珍方之今臣實難多得宜在輦轂股肱王室以贊唐虞康哉之頌江邊任輕不盡其才虎林選督堪之者衆若召還都寵以上司則天工畢修庶績咸熙矣胤卒子式嗣爲柴桑督揚武將軍天策元年 錢大昕曰天策當作天册見三嗣主傳 與從兄禕俱徙建安天紀二年召還建業復將軍侯 復揚武將軍都亭侯

評曰潘濬公淸割斷陸凱忠壯質直皆節槩梗梗有大丈夫格業胤身絜事濟著稱南土可謂良牧矣 劉咸炘曰二人實不相似殆徒以濬惡呂壹凱諫孫晧而合之耳濬與陸遜同鎭武

昌凱又遜之族子與抗並輔爲吳重臣能匡其君與國存亡此傳實陸遜傳之餘正宜合之遜傳乃別爲一篇宜其評語之膚廓也

是儀胡綜傳第十七 劉咸炘曰同典尚書辭訟爲侍中

晉　平陽侯相安漢陳壽撰

宋中書侍郎西鄉侯聞喜裴松之注

沔陽盧弼集解

是儀字子羽北海營陵人也營陵見魏志王脩傳本姓氏初爲縣吏後仕郡郡相孔融嘲儀北海本爲國孔融爲北海相建安十一年國除爲郡此書郡相似失之言氏字民無上可改爲是乃遂改爲

徐衆評曰趙一清曰衆當作爰古之建姓或以所生或以官號或以祖名皆有義體以明氏族故曰胙之以土而命之氏此先王之典也所以明本重始彰示功德子孫不忘也今離

文析字橫生忌諱使儀易姓忘本誣祖不亦謬哉教人易姓從人改族融既失之儀又不得也何焯曰古之氏族本出上賜漢吏皆成君臣未足深責錢大昕曰氏是本一字猶姒與弋嬴與盈姞與郅可以互用徐衆譏其忘本誣祖由於未通古文

後依劉繇避亂江東繇軍敗儀徙會稽孫權承攝大業優文徵儀到見親任專典機密拜騎都尉呂蒙圖襲關羽權以問儀儀善其計勸權聽之從討羽拜忠義校尉忠義校尉一人吳置儀陳謝權令曰孤雖非趙簡子卿安得不自屈爲周舍邪韓詩外傳趙簡子有臣曰周舍立於門下三日三夜簡子使問之曰子欲見寡人何事周舍對曰願爲諤諤之臣既定荊州都武昌拜裨將軍後封都亭侯守侍中欲復授兵儀自以非材固辭不受黃武中遣儀之皖就將軍劉邵欲誘致曹休休到大破之遷偏將軍入闕省尙書事元本闕作關誤外總平諸官兼領

辭訟又令教諸公子書學大駕東還太子登留鎮武昌使儀輔太子太子敬之事先諮詢然後施行進封都鄉侯後從太子還建業復拜侍中中執法平諸官事領辭訟如舊典校郎呂壹誣白故江夏太守刁嘉謗訕國政權怒收嘉繫獄悉驗問時同坐人皆怖畏壹其時與嘉同坐者並言聞之儀獨云無聞於是見窮詰累日詔旨轉厲羣臣爲之屛息胡三省曰爲于僞翻屛必郢翻屛息不敢舒氣也儀對曰今刀鋸已在臣頸臣何敢爲嘉隱諱自取夷滅爲不忠之鬼顧以聞知當有本末據實答問辭不傾移權遂舍之嘉亦得免何焯曰若辭有傾移亦並得禍巧者不皆可幸也

徐衆評曰是儀以羈旅異方客仕吳朝値讒邪殄行說文殄盡也一曰絕也尙書舜典朕堲讒說殄行孔傳云堲疾也殄絕也言疾讒說絕君子之行也當嚴毅之威命縣漏刻禍急危機不雷同以害人不苟免以傷義可謂忠勇公正之士雖祁奚之免叔向左傳襄公二十一年范宣子殺羊舌虎（羊舌虎叔向弟）囚叔向於是祁奚老矣乘馹而見宣子宣子說與之乘以言諸公而免之不見叔向而歸叔向亦不告免焉而朝慶忌之濟朱雲漢書朱雲傳雲字游魯人也雲上書求見請斬安昌侯張禹上大怒曰小臣廷辱師傅罪死不赦左將軍辛慶忌免冠解印綬叩頭殿下曰此臣素著狂直於世使其言是不可誅其言非固當容之臣敢以死爭慶忌叩頭流血上意解何以尙之忠不諂君宋本諂作謟誤勇不懾聳公不存私正不黨邪資此四德加之以文敏崇之以謙約履之以和順保傅二宮存身愛名不亦宜乎

蜀相諸葛亮卒權垂心西州遣儀使蜀申固盟好奉使稱意後拜尙書僕射南魯二宮初立錢大昕曰赤烏五年立子和爲太子霸爲魯王權寵愛霸與和無殊故有二宮之稱和廢徙後二年乃封南陽王則霸已賜死久矣南魯之文於義不通當云東宮與魯王初立下文乃稱二宮斯得之趙一清曰南宮吳太子宮也權傳赤烏十年二月適南宮是也儀以本職領魯王傅儀嫌二宮相近切乃上疏曰臣竊以魯王天挺懿德兼資文武當今之宜宜鎭四方爲國藩輔宣揚德美廣耀威靈乃國家之良規海內所瞻望但臣言辭鄙野不能究盡其意愚以二宮宜有降殺正上下之序明教化之本書三四上爲傳盡忠動輒規諫事上勤與人恭不治產業不受施惠爲屋舍財足自容鄰家有起大宅者權出望見問起大室者誰左右對曰似是儀家也權曰儀儉必非也問果他家其見知信如此服不精細食不重膳拯贍貧困家無儲畜權聞之幸儀舍求視蔬飯親嘗之對之歎息卽增俸賜益田宅儀累辭讓以恩爲戚時時有所進達未嘗言人之短權常責儀以不言事無所是非儀對曰聖主在上臣下守職懼於不稱實不敢以愚管之言潘眉曰司馬貞云愚陋管見也華覈傳臣以愚管賀邵傳注不勝愚管並用愚管字後如顧臻表司馬與之議裴駰集解序並用愚管字上干天聽毛本干作于誤事國數十年未嘗有過韓菼曰典機密傳兩宮皆劇任也而數十年無過又持正得大體吾不能名其物也又云時校事橫行是君故妙於悟主所謂以不言言也呂壹歷白將相大臣宋本無歷字或一人以罪聞者數四獨無以白儀權歎曰使人盡如是儀當安用科法爲及寢疾遺令素棺斂以時服務從省約年八十一卒

胡綜字偉則汝南固始人也郡國志豫州汝南郡固始一統志今河南陳州府沈丘縣東南三十里少孤母將避難江東孫策領會稽太守綜年十四爲門下循行續漢志輿服志公卿以下至縣三百石長導從置門下五吏續百官志劉昭注引漢官曰循行二百三十人留吳與孫權共讀書策薨權爲討虜將軍以綜爲金曹從事續百官志金曹主貨幣鹽鐵事從討黃祖拜鄂長鄂見孫權傳黃初二年權爲車騎將軍都京京見孫韶傳召綜還爲書部車騎將軍之書部也與是儀徐詳俱典軍國密事徐詳見孫權傳建安二十二年趙一清曰吳地記吳主遣徐詳至魏魏太祖謂詳曰孤比者願齊橫江之津與孫將軍遊姑蘇之上獵長洲之苑吾志足矣對曰若越橫江而遊姑蘇是蹈亡秦而蹤夫差恐天下亦去矣太祖笑曰徐生無乃逆詐乎劉備下白帝白帝

見劉志先主傳建安十七年權以見兵少使綜料諸縣得六千人立解煩兩部詳領
左部綜領右部督胡三省曰督督將也吳將晉宗叛歸魏魏以宗爲蘄春太守
晉宗事見孫權傳黃武二年去江數百里數爲寇害權使綜與賀齊輕行掩襲生
虜得宗互見賀齊傳黃武中胡綜與周魴討彭綺見周魴傳加建武中郎將建武中郎將一人吳置魏拜權爲
吳王封綜儀詳皆爲亭侯黃武八年夏孫權傳無黃武八年蓋黃武八年卽黃龍元年因黃龍見而改元年
黃龍見舉口孫權傳黃龍元年夏四月夏口武昌並言黃龍鳳皇見官本舉口作夏口李龍官曰毛本作舉口御覽作樊口舉口蓋樊口之誤然
據孫權傳作夏口則御覽所云樊口未爲得之趙一清曰舉口宋書符瑞志作樊口非也舉口舉水入江之口春秋之柏舉也字亦作洰見水經注三十五弼按孫權傳
云夏口武昌並言黃龍鳳皇見是所見者不止夏口一地不必改作夏口也樊舉二字形相似故又有誤作樊口者一統志舉水今名岐亭河出麻城縣東北西南流至
黃岡縣西三十里團風鎭入江謝鍾英曰舉口卽團風鎭於是權稱尊號因瑞改元又作黃龍大牙
文選張衡東京賦牙旗繽紛薛綜注引兵書曰牙旗者將軍之旌謂古者天子出建大牙旗竿上以象牙飾之故云牙旗繽紛風吹貌弼按據此則吾國龍旗由來已久

常在中軍諸軍進退視其所向命綜作賦曰乾坤肇立爾雅釋詁肇始也三
才是生狼弧垂象實惟兵精史記天官書秦之疆也候在太白占於狼弧漢書天文志其東有大星曰狼狼角變色多盜賊
下有四星曰弧晉書天文志上狼一星在東井東南狼爲野將主侵掠色有常不欲動也弧九星在狼東南天弓也主備盜賊常向於狼聖人觀法
是效是營始作器械爰求厥成黃農創代拓定皇基上順天心下息
民災高辛誅共史記五帝本紀帝嚳帝辛者黃帝之曾孫也帝嚳生放勛是爲帝堯讙兜進言共工堯曰不可而試之工師共工果淫辟舜言
於帝流共工于幽陵舜征有苗尙書大禹謨帝曰咨禹惟時有苗弗率汝徂征三旬苗民逆命帝乃誕敷文德舞干羽于兩階七旬有苗格啟
有甘師史記夏本紀夏后帝啟禹之子有扈氏不服啟伐之大戰於甘將戰作甘誓遂滅有扈氏馬融曰甘有扈氏南郊地名索隱云夏啟所伐鄠南有甘
亭地理志云鄠縣古扈國有戶亭訓纂云戶扈鄠三字一也古今字不同耳湯有鳴條史記殷本紀桀犇於鳴條括地志云高涯原在蒲州安邑
縣北三十里南坂口卽古鳴條陌也鳴條戰地在安邑西周之牧野史記周本紀武王朝至於商郊牧野乃誓括地志云衞州城故老云周武王伐
紂至于商郊牧野乃築此城酈元注水經云自朝歌南至淸水土地平衍據皐跨澤悉牧野也括地志又云紂都朝歌在衞州東北七十三里朝歌故城是也漢

之垓下史記項羽本紀項王軍壁垓下兵少食盡漢軍及諸侯兵圍之數重夜聞漢軍四面皆楚歌應劭曰垓音該李奇曰沛洨縣聚邑名也張揖三蒼注
云垓堤名在沛郡正義云垓下是高岡絕巖今猶高三四丈其聚邑及堤在垓之側因取名焉今在亳州眞源縣東十里靡不由兵克定厥
緒明明大吳實天生德神武是經惟皇之極乃自在昔元本自作聞黃虞
是祖通志氏族略云又有孫氏嬀姓齊陳敬仲四世孫孫桓子無宇之後也桓子曾孫武以齊之田鮑四族謀爲亂奔吳爲將武之子明食邑於富春自是世
爲富春人互見孫堅傳越歷五代繼世在下應期受命發迹南土將恢大繇官本考證
曰繇疑作猷下同沈家本曰案繇猷通詩巧言秩秩大猷漢書敍傳注作秩秩大繇文選幽通賦讀先聖之大猷兮注猷或作繇爾雅釋詁云繇道也釋宮云猷道也此
繇猷相通之證也革我區夏乃律天時制爲神軍取象太一宋本一作乙史記天官書中宮天極星其
一明者太一常居也春秋合誠圖云紫微大帝室太一之精也正義云泰一天帝之別名也劉伯莊云泰一天帝之最尊貴者也五將三門疾
則如電遲則如雲進止有度約而不煩四靈既布黃龍處中周制日
月實曰太常續漢志輿服志天子建太常十有二斿九仞曳地日月升龍象天明也劉昭注引鄭衆曰太常九旗之畫日月者鄭玄曰七尺爲仞

天子之旗高六丈三尺桀然特立六軍所望仙人在上鑒觀四方神寔使之爲
國休祥軍欲轉向黃龍先移金鼓不鳴寂然變施闇謨若神可謂祕
奇在昔周室赤烏銜書呂氏春秋文王之時天先見火赤烏銜丹書集于周社今也大吳黃龍吐
符合契河洛動與道俱天贊人和僉曰惟休蜀聞權踐阼遣使重申
前好綜爲盟文文義甚美語在權傳權下都建業詳綜並爲侍中進
封鄉侯兼左右領軍胡三省曰吳置中領軍及左右領軍時魏降人或云魏都督河北振
威將軍吳質頗見猜疑綜乃僞爲質作降文三條其一曰天綱弛絕
四海分崩羣生憔悴士人播越兵寇所加邑無居民風塵煙火往往
而處自三代以來大亂之極未有若今時者也臣質志薄處時無方
繫於土壤不能翻飛遂爲曹氏執事戎役遠處河朔天衢隔絕雖望

風慕義思託大命媿無因緣得展其志每往來者竊聽風化伏知陛下齊德乾坤同明日月神武之姿受之自然敷演皇極流化萬里自江以南戶受覆燾英雄俊傑上達之士莫不心歌腹詠樂在歸附者也今年六月末奉聞吉日龍興踐阼恢弘大繇整理天綱將使遺民覩見定主昔武王伐殷殷民倒戈 尙書武成篇會于牧野罔有敵于我師前徒倒戈攻于後以北 高祖誅項四面楚歌 見前 方之今日未足以喻臣質不勝昊天至願謹遣所親同郡黃定恭行奉表及託降叛閒關求達其欲所陳載列于左其二曰昔伊尹去夏入商 史記殷本紀伊尹去湯適夏旣醜有夏復歸于亳 陳平委楚歸漢 史記陳丞相世家項羽略地至河上陳平往歸之從入破秦賜平爵卿項王將誅定殷者將吏陳平懼誅乃身閒行杖劍亡渡河遂至修武降漢 書功竹帛遺名後世世主不謂之背誕者以爲知天命也臣昔爲曹氏所見交

接外託君臣內如骨肉恩義綢繆有合無離遂受偏方之任總河北之軍當此之時志望高大永與曹氏同死俱生惟恐功之不建事之不成耳及曹氏之亡後嗣繼立幼沖統政讒言彌興同儕者以勢相害異趣者得閒其言而臣受性簡略素不下人視彼數子意實迫之此亦臣之過也遂爲邪議所見搆會招致猜疑誣臣欲叛雖識眞者保明其心世亂讒勝餘嫌猶在常懼一旦橫受無辜憂心孔疚如履冰炭昔樂毅爲燕昭王立功於齊惠王卽位疑奪其任遂去燕之趙休烈不虧 史記樂毅傳燕昭王屈身下士以招賢者樂毅遂委質爲臣燕昭王以爲亞卿樂毅留徇齊五歲下齊七十餘城皆爲郡縣以屬燕會燕昭王死子立爲燕惠王燕惠王固已疑樂毅得齊反閒乃使騎劫代將而召樂毅樂毅畏誅遂西降趙 彼豈欲二三其德蓋畏功名不建而懼禍之將及也昔遣魏郡周光以賈販爲名 監本販作敗誤 託

叛南詣宣達密計時以倉卒未敢便有章表使光口傳而已以爲天下大歸可見天意所在非吳復誰此方之民思爲臣妾延頸舉踵惟恐兵來之遲耳若使聖恩少加信納當以河北承望王師疑心赤實 冊府疑作款 天日是鑒而光去經年不聞咳唾未審此意竟得達不瞻望長歎日月以幾魯望高子 公羊傳閔公二年冬齊高子來盟莊公死子般弑閔公弑比三君死曠年無君設以齊取魯曾不興師徒以言而已矣桓公使高子將南陽之甲立僖公而城魯魯人至今以爲美談曰猶望高子也 何足以喻又臣今日見待稍薄蒼蠅之聲緜緜不絕必受此禍遲速事耳臣私度陛下未垂明慰者必以臣質貫穿仁義之道不行若此之事謂光所傳多虛少實或謂此中有他消息不知臣質搆讒見疑恐受大害也且臣質若有罪之日自當奔赴鼎鑊束身待罪此蓋人臣之宜也今日無罪橫見

譖毀將有商鞅白起之禍 史記商君傳商君者衞之諸庶孼公子也名鞅姓公孫氏聞秦孝公求賢求見孝公定變法之令行之十年秦民大悅居五年秦人富彊天子致胙於孝公諸侯畢賀衞鞅旣破魏還秦封之於商十五邑號爲商君商君相秦十年宗室貴戚多怨望者秦孝公卒秦惠王車裂商君以殉史記白起傳白起者郿人也善用兵事秦昭王攻楚拔郢燒夷陵秦以郢爲南郡遷爲武安君攻趙軍於長平趙卒四十萬人降盡坑殺之秦昭王使使者賜之劍自裁 尋惟事勢去亦宜也死而弗義不去何爲樂毅之出吳起之走 樂毅事見前史記吳起傳吳起者衞人也好用兵魏文侯以爲將擊秦拔五城以爲西河守魏文侯卒其子武侯疑之吳起懼得罪遂去卽之楚 君子傷其不遇未有非之者也願陛下推古況今不疑怪於臣質也又念人臣獲罪當如伍員奉己自效不當徼幸因事爲利然今與古厥勢不同南北悠遠江湖隔絕自不舉事何得濟免是以忘志士之節而思立功之義也且臣質又以曹氏之嗣非天命所在政弱刑亂柄奪於臣諸將專威於外各自爲政莫或同心士卒衰耗帑藏空虛綱

紀毀廢上下並昏想前後數得降叛具聞此問兼弱攻昧宜應天時此實陛下進取之秋是以區區敢獻其計今若內兵淮泗據有下邳荆揚二州聞聲響應臣從河北席卷而南形勢一連根牙永固關西之兵繫於所衞靑徐二州不敢徹守許洛餘兵衆不滿萬誰能來東與陛下爭者此誠千載一會之期可不深思而熟計乎及臣所在既自多馬加諸羌胡何焯校改諸作以常以三四月中美草時驅馬來出隱度今者可得三千餘匹陛下出軍當投此時多將騎士來就馬耳此皆先定所一二知凡兩軍不能相究虛實今此閒實羸易可克定陛下舉動應者必多上定洪業使普天一統下令臣質建非常之功此乃天也若不見納此亦天也願陛下思之不復多陳其三曰昔許子遠舍袁就曹規畫計較應見納受遂破袁軍以定曹業許子遠事見魏志武紀建安五年注引曹瞞傳又見魏志崔琰傳注引魏略向使曹氏不信子遠懷疑猶豫不決於心則今天下袁氏有也願陛下思之閒聞界上將閻浮趙楫欲歸大化唱和不速以取破亡今臣款款遠授其命若復懷疑不時舉動令臣孤絕受此厚禍卽恐天下雄夫烈士欲立功者不敢復託命陛下矣願陛下思之皇天后土實聞其言此文既流行而質已入爲侍中矣李安溪曰吳人專作此狡獪如周魴胡綜之流卽伯言亦不免也不知承祚載此等文字於志欲以何爲劉咸炘曰此較周魴之賤更無關係弼按吳質事見魏志王粲傳末及注引魏略世語質別傳質以文才爲魏文帝所善廢簏受絹早畫密謀股肱心腹相契至深魏明又爲明主豈敵國所能離閒者惟質以太和四年入爲侍中則適爲吳黃龍二年也二年黃龍二年也靑州人隱蕃歸吳隱蕃事見潘濬傳注引吳書胡三省曰姓譜隱以諡爲氏上書曰臣聞紂爲無道微子先出胡三省曰商紂無道微子抱祭器而奔周高祖寬明陳平

先入陳平事見前臣年二十二委棄封域歸命有道賴蒙天靈得自全致胡三省曰言蒙天之靈得自全而致身於吳也臣至止有日而主者同之降人胡三省曰此主者謂主客之官也未見精別使臣微言妙旨不得上達於邑三歎胡三省曰於邑短氣貌讀如本字或云於音烏邑烏合翻曷惟其已胡三省曰用詩人語謹詣闕拜章乞蒙引見李安溪曰詐人者人亦詐之陳氏以蕃附綜傳有以也權卽召入蕃謝答問通鑑謝上有進字及陳時務甚有辭觀胡三省曰言其敏於言辭美於儀觀也綜時侍坐權問何如綜對曰蕃上書大語有似東方朔巧捷詭辯有似禰衡而才皆不及權又問可堪何官綜對曰未可以治民且試以都輦小職胡三省曰國都在輦轂下故曰都輦權以蕃盛論刑獄用爲廷尉監胡三省曰自漢以來廷尉有正有監有平何焯曰蕃蓋投權之多猜也左將軍朱據廷尉郝普郝普事見呂蒙傳又見蜀志季漢輔臣贊稱蕃有王佐之才普尤與之親善常怨歎其屈後蕃謀叛事覺伏誅

吳錄曰蕃有口才魏明帝使詐叛如吳令求作廷尉職重案大臣以離閒之既爲廷尉監衆人以據普與蕃親善常車馬雲集賓客盈堂及至事覺蕃亡走捕得考問黨與蕃無所言局本蕃作審誤吳主使將入謂曰何乃以肌肉爲人受毒乎蕃曰孫君丈夫圖事豈有無伴烈士死不足相牽耳遂閉口而死　吳歷曰權問普卿前盛稱蕃又爲之怨望朝廷使蕃反叛皆卿之由孫登傳注引吳書云廷尉監隱蕃交結豪傑衞將軍全琮等皆傾心接待惟羊衜楊迪拒絕不與通

普見責自殺據禁止禁止解見潘濬傳歷時乃解拜綜偏將軍綜爲偏將軍宣傳詔命見朱桓傳兼左執法領辭訟遼東之事輔吳將軍張昭以諫權言辭切至權亦大怒其和協彼此使之無隙綜有力焉性嗜酒酒後歡呼極意或推引杯觴搏擊左右權愛其才弗之責也凡自權統事諸文誥策命

鄰國書符略皆綜之所造也 趙一清曰御覽卷八百五引胡綜別傳曰吳時掘得銅印以琉璃蓋畫布雲母於其上開之得白玉如意大帝因問綜綜曰秦皇以金陵有天子氣象處處埋寶物以當王者之氣此即是也章宗源曰胡綜別傳見類聚御覽侯康曰類聚卷七十及八十三引綜別傳其事本傳不載 初以內外多事特立科長吏遭喪皆不得去而數有犯者權患之使朝臣下議綜議以爲宜定科文示以大辟行之一人其後必絕遂用綜言由是奔喪乃斷 綜議見孫權傳嘉禾六年此傳複出者刊削不盡也李安溪曰悖謬甚矣 赤烏六年卒 隋書經籍志吳侍中胡綜集二卷梁有錄一卷唐經籍志胡綜集二卷嚴可均全三國文錄存六篇太子賓友目亦綜所作見孫登傳注引江表傳綜請立諸王表見類聚卷五十一孫權傳赤烏五年注已引之 子沖嗣沖平和有文幹 沖著吳歷詳見魏志文紀黃初七年注胡沖答問見孫和傳注 天紀中爲中書令 侯康曰御覽卷二百二十引薛瑩條列吳事曰胡沖意性調美心趣解暢有刀筆才閑於時事爲中書令雖不能匡矯亦自守不苟求容媚

吳錄曰沖後仕晉尚書郎吳郡太守

徐詳者字子明吳郡烏程人也 烏程見孫堅傳 先綜死

評曰是儀徐詳胡綜皆孫權之時幹興事業者也儀清恪貞素詳數通使命綜文采才用各見信任辟之廣夏 或曰夏疑作廈案詩夏屋渠渠韻會廈通夏引禮記檀弓見若覆夏屋者矣廈夏本通 其榱椽之佐乎 陳景雲曰志中凡不立傳而附見他傳者雖有事跡可稱評中皆不及之綜傳次是儀傳詳事又附綜傳後而陳氏評詳乃與是儀胡綜同目爲孫權時幹興事業者而尤稱詳之數通使命無傳有評疑乖史例且詳通使曹公惟一見孫權傳中如陳氏之評則詳固屢嘗奉使稱旨矣前既不著其事而後忽出此評更所未喻也觀評中先詳後綜則非附見綜傳者甚明意詳當自有傳在綜傳之前而偶逸之今綜傳後數語則出自後人附益也據江表傳詳嘗以侍中偏將軍爲節度官掌典軍糧亦可略見其幹略餘則無從攷證矣朱邦衡曰徐詳本應立傳失其行事而特存其大略於評論中此亦史家互見法也馬班論贊往往有之陳氏謂乖史例竊所未詳潘眉曰陳志本以是儀胡綜徐詳三人爲一卷故評曰是儀徐詳胡綜皆孫權之時幹興事業者也又曰儀清恪貞素詳數通使命綜文采才用徐詳應有專傳今佚輒爲摭拾聞見補於左徐詳字子明吳郡烏程人也孫權爲車騎將軍都京詳與胡綜是儀俱典軍國密事（本胡綜傳）建安二十二年遷都尉權令詣曹公請降（本吳主傳）太祖與詳曰孤比者願越橫江之津與孫將軍遊姑蘇之上獵長洲之苑吾志足矣詳對曰大王欲奉王順以合諸侯若越橫江而遊姑蘇是蹷亡秦而躡夫差恐天下之事去矣太祖笑曰徐生得無逆詐耶（本御覽六十九引吳地記）因報使修好誓重結婚（本吳主傳）劉備下白帝權以詳領解煩左部督魏拜權爲吳王封詳亭侯（本胡綜傳）爲侍中偏將軍權初置節度官使典掌軍糧非漢制也初用詳詳死用諸葛恪代詳（本諸葛恪傳注引江表傳）權踐阼都建業進封鄉侯與綜爲左右領軍先綜死（本胡綜傳）劉咸炘曰此本以綜詳合傳正是圓融之遺非無傳也固非附見亦不勞補傳末乃書詳字里亦行文之宜非後人附益

吳書十七 三國志六十二

吳範劉惇趙達傳第十八

或曰吳魏俱有方伎傳蜀亦有趙直等承祚蜀人何以不爲立傳弼按趙直見魏延蔣琬傳劉咸炘曰此猶魏書之方伎傳而不直題方伎猶有馬班遺意蜀書無方伎傳者言讖數者皆儒生也

晉　平陽侯相　安漢　陳壽　撰

宋　中書侍郎　西鄉侯　聞喜　裴松之　注

沔陽　盧弼　集解

吳範字文則會稽上虞人也 上虞見孫堅傳 以治歷數知風氣聞於郡中舉有道 後漢書左雄周舉黃瓊傳范蔚宗論曰漢初詔舉賢良方正州郡察孝廉秀才斯亦貢士之方也中興以後復增敦朴有道賢能直言獨行高節質直清白敦厚之屬榮路既廣觖望難裁 詣京都世亂不行會孫權起於東南範委身服事每有災祥輒推數言狀其術多效遂以顯名初權在吳欲討黃祖範曰今茲少利不如明年明年戊子 戊子爲漢獻帝建安十三年 荊州劉表亦身死國亡權遂征祖卒不能克明年軍出行及尋陽範見風氣因詣船賀催兵急行至即破祖祖得夜亡權恐失之範曰未遠必生禽祖至五更中果得之劉表竟死荊州分割 孫權傳建安十三年權復征黃祖祖挺身亡走騎士馮則追梟其首荊州牧劉表死 及壬辰歲 建安十七年 範又白言 毛本白作曰誤 歲在甲午 建安十九年 劉備當得益州後呂岱從蜀還遇之白帝說備部衆離落死亡且半事必不克 何焯曰先主入蜀自葭萌還攻璋無緣復在白帝與岱相遇承祚蜀人宜知道里違錯故載之以見吳人僞妄耳劉咸炘曰此是承祚之疏耳如何氏言則凡史之謬皆可云故載之以見妄乎 權以難範範曰臣所言者天道也而岱所見者人事耳備卒得蜀權與呂蒙謀襲關羽議之近臣多曰不可權以問範範曰得之後羽在麥城 麥城見孫權傳建安二十四年 使使請降權問範曰竟當降否範曰彼有走氣

言降詐耳權使潘璋邀其徑路覘候者還白羽已去範曰雖去不免問其期曰明日日中權立表下漏以待之及中不至權問其故範曰時尚未正中也頃之有風動帷範拊手曰 宋本拊作柎誤 羽至矣須臾外稱萬歲傳言得羽 孫權傳關羽西保麥城權使誘之羽僞降因遁走朱然潘璋斷其徑路十二月璋司馬馬忠獲羽及其子平韓菼曰磊落軒天地不免爲氣數牢縛乃至時日亦不誤令人邑邑氣盡弼按關羽之敗由於人謀不臧不能委之氣數也 後權與魏爲好範曰以風氣言之彼以貌來其實有謀宜爲之備劉備盛兵西陵範曰後當和親終皆如言其占驗明審如此權以範爲騎都尉領太史令數從訪問欲知其決 官本考證曰御覽決作訣 範祕惜其術不以至要語權權由是恨之

吳錄曰範獨心計所以見重者術術亡則身棄矣故終不言

初權爲將軍時範嘗白言江南有王氣亥子之閒有大福慶 亥子之閒爲建安二十四五年孫權封吳王在黃初二年吳範說已不驗矣 權曰若終如言以君爲侯及立爲吳王範時侍宴曰昔在吳中嘗言此事大王識之邪權曰有之因呼左右以侯綬帶範範知權欲以厭當前言輒手推不受及後論功行封以範爲都亭侯詔臨當出權恚其愛道於己也削除其名範爲人剛直頗好自稱然與親故交接有終始素與魏滕同邑相善 何焯曰陳琳檄吳文作魏周榮吳夫人傳注作魏騰余蕭客曰會稽典錄云滕爲魏朗孫與陳琳檄文所云堂構析薪不合故李善注從缺 滕嘗有罪權責怒甚嚴敢有諫者死範謂滕曰與汝偕死滕曰死而無益何用死爲範曰安能慮此坐觀汝邪乃髡頭自縛詣門下使鈴下以聞 續漢志輿服志黃綬武官伍百文官辟車鈴下（一范書明帝紀注引此作鈴下）侍閤門闌部署街里走卒皆有程品多少隨所典領范書酷吏傳周紆傳又問鈴下章懷注引漢官儀曰鈴下侍閤辟車此皆以名自定者也魏志管輅傳所謂老鈴下也晉書羊祜傳鈴閤之下侍衛者不過十數人蓋公府閤有繩鈴以傳呼鈴下有吏者也 鈴下不敢曰必死

不敢白範曰汝有子邪曰有曰使汝爲吳範死子以屬我鈴下曰諾乃排閤入言未卒權大怒欲便投以戟逡巡走出範因突入叩頭流血言與涕並良久權意釋乃免滕滕見範謝曰父母能生長我不能免我於死丈夫相知如汝足矣何用多爲

會稽典錄曰滕字周林祖父河內太守朗字少英三君八俊錄云語曰天下忠平魏少英列在八俊范書黨錮傳序指天下名士爲之稱號上曰三君次曰八俊李膺魏朗等爲八俊俊者言人之英也大長秋曹節諷有司奏捕前黨河內太守魏朗等百餘人皆死獄中滕性剛直行不苟合雖遭困偪終不迴撓初亦迕策幾殆賴太妃救得免語見妃嬪傳

歷歷山潘陽山陰三縣令潘眉曰歷山當爲歷陽潘陽當爲鄱陽梁章鉅曰吳時無歷山縣潘陽縣也鄱陽太守

黃武五年範病卒隋書經籍志歷術一卷吳太史令吳範撰黃帝四神歷一卷吳範撰吳有道占出軍決勝負事一卷梁二卷又黃帝出軍雜用決十二卷風氣占軍決勝戰二卷太史令全範撰對敵權變一卷吳氏撰姚振宗曰魏志陶謙傳注引謝承書有揚州從事會稽吳範當即此人按吳範舉有道見本傳傳載其占出軍決勝負事尤顯著者數條大抵皆采自有道此書知隋志稱吳有道者即吳範吳人錄其占驗者筆之於書其下引七錄稱太史令全範者全乃吳字之誤又隋志列此書在黃帝老子諸書之後皆兵陰陽一類之書以時代言之則又近似緣是證知此書及下二書皆出吳範無復可疑又曰隋志載風氣占軍決勝戰於吳有道占決之下而此書之下又有吳氏對敵權變一書以是證知此書即吳太史令吳範撰刊本誤爲全範耳範領太史令多年史又稱其善風氣歷舉軍戰決勝占事其出吳範似無可疑太平御覽經史圖書綱目有吳軌占候風氣祕訣蓋即此書而誤範爲軌隋志引七錄此書之前又有黃帝出軍雜用訣十二卷疑亦是吳範所裒錄者又云隋志對敵權變一卷云吳氏撰者即蒙上文指吳有道其人也長子先死少子尚幼於是業絕權追思之募三州有能舉知術數如吳範趙達者三州荊揚交也封千戶侯初封吳範都亭侯何以削除其名卒無所得此尚不若孫策之不信于吉宜其有羅陽王表爲世所笑也

吳錄曰範先知其死日謂權曰陛下某日當喪軍師權曰吾無軍師焉得喪之範曰陛下出軍臨敵須臣言而後行臣乃陛下之軍師也至其日果卒臣松之案範死時權未稱帝此云陛下非也

劉惇字子仁平原人也遭亂避地客遊廬陵事孫輔以明天官達占數顯於南土每有水旱寇賊皆先時處期無不中者輔異焉以爲軍師軍中咸敬事之號曰神明建安中孫權在豫章時有星變以問惇惇曰災在丹陽權曰何如曰客勝主人到某日當得問是時邊鴻作亂卒如惇言何焯曰時孫翊名位甚微安能星躔示變此又吳人之誇也弼按名位崇高亦與星躔無涉惇於諸術皆善尤明太乙潘眉曰太乙緯書也以一爲太極因之生二目二目生四輔又有計神與太乙合之爲八將其以歲月日時爲綱而以八將爲緯三臺五福十精之類爲經法以八將推其掩迫囚擊關格之類占人君將相內外災福又推四神所臨分野占水旱兵喪饑饉疾疫又推三基五福大小游二限易卦大運占古今治亂天下離合如遇凶神陽九百六交限之際卦運災變之限大數凶者其凶發於八將掩迫囚擊關格之年如遇吉星所會之分卦象和平之運非陽九百六交會之際大數吉者八將雖有掩迫之類其災不發故占家以爲聖書私相傳習弼按怪力亂神皆孔子所不語皆能推演其事窮盡要妙著書百餘篇名儒刁玄稱以爲奇刁玄見孫亮傳太平元年惇亦寶愛其術不以告人故世莫得而明也

趙達河南人也少從漢侍中單甫受學用思精密謂東南有王者氣可以避難故脫身渡江治九宮一算之術究其微旨是以能應機立成對問若神至計飛蝗射隱伏無不中效或難達曰飛者固不可校誰知其然此殆妄耳達使其人取小豆數斗播之席上立處其數驗覆果信嘗過知故知故爲之具食食畢謂曰倉卒乏酒又無嘉肴無以敘意如何達因取盤中隻箸再三從橫之乃言卿東壁下有美酒一斛又有鹿肉三斤何以辭無時坐有他賓內得主人情主人慚曰以卿善射有無欲相試耳竟效如此遂出酒酣飲又有書簡上作千萬數著空倉中封之令達算之達處如數云但有名無實其精微若

是達寶惜其術自闞澤殷禮皆名儒善士親屈節就學達祕而不告太史丞公孫滕少師事達勤苦累年達許教之者有年數矣臨當喻語而輒復止滕他日齎酒具候顏色拜跪而請達曰吾先人得此術欲圖爲帝王師至仕來三世不過太史郎誠不欲復傳之且此術微妙頭乘尾除一算之法父子不相語然以子篤好不倦今眞以相授矣飲酒數行達起取素書兩卷大如手指達曰當寫讀此則自解也吾久廢不復省之今欲思論一過數日當以相與滕如期往至乃陽求索書驚言失之云女壻昨來必是渠所竊遂從此絕初孫權行師征伐每令達有所推步皆如其言權問其法達終不語由此見薄祿位不至 達推算事見孫權傳黃武三年注引干寶晉紀

吳書曰初權即尊號令達算作天子之後當復幾年達曰高祖建元十二年 漢高祖也 陛下倍之 自黃龍元年至太元二年適爲二十四年 權大喜左右稱萬歲果如達言

達常笑謂諸星氣風術者曰當迴算帷幕不出戶牖以知天道而反晝夜暴露以望氣祥 氣疑作氛 不亦難乎閒居無爲引算自校乃歎曰吾算訖盡某年月日其終矣達妻數見達效聞而哭泣達欲弭妻意乃更步算言向者謬誤耳尚未也後如期死權聞達有書求之不得乃錄問其女及發達棺 宋本無達字劉家立曰達字疑在下法字上傳寫誤倒 無所得法術絕焉 何焯曰發棺求書可爲術家之戒趙一清曰寰宇記卷一百七饒州鄱陽縣有螺洲一名鼈在舊縣東三里鄱陽記云吳太平二年大饑猛獸害人孫權使趙達占之曰天地山川如人四體患蚵灸腳其疾即愈而鄱陽水口暴起一洲形如鼈可食此郡風氣宜祀以太牢掘其背其掘處今猶存焉一清案太平爲孫亮紀年孫權薨於太元二年達又卒於權薨之前此有誤

吳錄曰皇象字休明廣陵江都人 江都見孫策傳 幼工書 趙一清曰寰宇記卷九十折石岡在昇州江寧縣南二十里有大碣石折爲三段故以名岡即吳皇象書碣也侯康曰王僧虔能書人名錄云吳人皇象能草書世稱沈著痛快袁昂書評云皇象書如歌聲繞梁琴人捨徽竇息述書賦注云象終侍中吳青州刺史張懷瓘書斷云右軍隸書以一形而衆相萬字皆別休明章草雖相衆而形一萬字皆同各造其極王昶曰天發神讖碑張勃吳錄以爲華覈撰文皇象書也書斷及法書要錄並以象官至侍中梁書及南史皇侃傳並云青州刺史惜吳志不爲立傳不能定其孰是矣 時有張子並陳梁甫能書 後漢書文苑傳張超傳超字子並河閒鄭人留侯良之後有文才善於草書妙絕時人世共傳之侯康曰陳梁甫無考書斷作良輔 甫恨逋並恨峻象斟酌其閒甚得其妙中國善書者不能及也 抱朴子譏惑篇云吳之善書則有皇象劉纂岑伯然朱季平皆一代之絕手也 嚴武字子卿衛尉峻再從子也 毛本峻作峻誤 圍棊莫與爲輩宋壽占夢十不失一曹不興善畫權使畫屛風誤落筆點素因就以作蠅既進御權以爲生蠅舉手彈之 侯康曰謝赫古畫品錄云不興之迹殆莫獲傳祕閣之內一龍而已觀其風骨名豈虛成張彥遠歷代名畫記云吳赤烏中不興之青谿見赤龍出水上寫獻孫晧晧送祕府至宋朝陸探微見畫歎其妙因取不興龍置水上應時蓄水成霧累日霶霈 孤城鄭嫗能相人 孤城嫗見吾粲傳注

引吳錄菰城烏程縣舊名孤疑作菰趙一清曰寰宇記卷九十四湖州烏程南十八里有吳孤城吳時鄭嫗善相人者居此春申君黃歇立菰城青樓連延十里及範惇達八人世皆稱妙謂之八絕云 晉陽秋曰吳有葛衡字思眞 潘眉曰御覽卷二引晉陽秋作葛衡字思眞衡古道字字曰思眞似當爲衡字衡字誤 明達天官能爲機巧作渾天使地居于中以機動之天轉而地止以上應晷度 趙一清曰晉天文志漢順帝時張衡制渾象其後陸績亦造渾象至吳時中常侍廬江王蕃傳劉洪乾象歷依其法而制渾儀與衡時相後先然渾天之制當始於衡

評曰三子各於其術精矣其用思妙矣然君子算役心神 宋本算作等或改作專 宜於大者遠者是以有識之士舍彼而取此也

孫盛曰夫玄覽未然逆鑒來事雖裨竈梓愼 裨竈鄭大夫梓愼魯大夫皆善推災祥見左傳皆魯襄公時人 其猶病諸況術之下此者乎吳史書達知東南當有王氣故輕舉濟江魏承漢緒受命中畿達不能豫覩兆萌而流竄吳越又不知吝術之鄙見薄於時安在其能逆覩天道而審帝

王之符瑞哉昔聖王觀天地之文以畫八卦之象故亹亹成於蓍策變化形乎六爻是以三易雖殊卦繇理一安有迴轉一籌可以鉤深測隱意對逆占而能遂知來物者乎流俗好異妄設神奇不幸之中仲尼所棄是以君子志其大者無所取諸何焯曰盛言是也若嫌魏得不以正亦當崎嶇入蜀 臣松之以爲盛云君子志其大者無所取諸故評家之旨非新聲也其餘所識則皆爲非理自中原酷亂至于建安數十年閒生民殆盡比至小康皆百死之餘耳江左雖有兵革不能如中國之甚也焉知達不算其安危知禍有多少利在東南以全其身乎而責不知魏氏將興流播吳越在京房之籌猶不能自免刑戮漢書京房傳房字君明東郡頓丘人也治易事梁人焦延壽延壽字贛贛常曰得我道以亡身者必京生也其說長於災變分六十四卦更直日用事以風雨寒溫爲候各有占驗房用之尤精及出守郡石顯告房與張博通謀非謗政治房博皆棄市房本姓李推律自定爲京氏死時年四十一 況達但以祕術見薄在悔吝之閒乎古之道術蓋非一方探賾之功豈惟六爻苟得其要則可以易而知之矣迴轉一籌胡足怪哉達之推算窮其要妙以知幽測隱何愧於古而以裨梓限之謂達爲妄非篤論也 抱朴子曰時有葛仙公者晉書葛洪傳洪丹陽句容人也從祖玄吳時學道得仙號曰葛仙公隋書經籍志梁有老子序次一卷葛仙公撰嚴可均全三國文曰葛玄字孝先大帝時方士有道德經序見老子河上公注本又略見太平御覽六百六十 每飲酒醉常入人家門前陂水中臥竟日乃出曾從吳主別到洌洲馮本洲作州誤 還遇大風百官船多沒仙公船亦沈淪吳主甚悵恨明日使人鉤求公船而登高以望焉久之見公步從水上來馮本水作木誤 衣履不沾而有酒色既見而言曰臣昨侍從而伍子胥見請暫過設酒忽忽不得卽委之委棄也 又有姚光者有火術吳主身臨試之積荻數千束使光坐其上又以數千束荻裹之因猛風而爇之荻了盡謂光當以化爲燼而光端坐灰中振衣而起把一卷書吳主取其書視之不能解也 又曰吳景帝有疾求覡視者得一人景帝欲試之乃殺鵝而埋於苑中架小屋官本架作築 施牀几以婦人屐履服物著其上

乃使覡視之告曰若能說此冢中鬼婦人形狀者當加賞而卽信矣竟日盡夕無言帝推問之急乃曰實不見有鬼但見一頭白鵝立墓上所以不卽白之疑是鬼神變化作此相當候其眞形而定無復移易不知何故不敢不以實上聞景帝乃厚賜之然則鵝死亦有鬼也何焯曰此必覡者先得之左右待推問急而始言之則休信爲實見其狀耳鵝微物氣當旋散安得埋著土中復有相耶 葛洪神仙傳曰仙人介象字元則會稽人有諸方術吳主聞之徵象到武昌甚敬貴之稱爲介君爲起宅以御帳給之賜遺前後累千金從象學蔽形之術試還後宮及出殿門莫有見者又使象作變化種瓜菜百果皆立生可食吳主共論鱠魚何者最美象曰鯔魚爲上或曰鯔法帖作鱸 吳主曰論近道魚耳此出海中安可得邪象曰可得耳乃令人於殿庭中作方埳汲水滿之幷求鉤象起餌之垂綸於埳中須臾果得鯔魚吳主驚喜問象曰可食不象曰故爲陛下取以作生鱠安敢取不可食之物乃使廚下切之吳主曰聞蜀使來得蜀薑作齏甚好恨爾時無此象曰蜀薑豈不易得願差所使者可付直宋本可作幷 吳主指左右一人以錢五十付之象書一符以著青竹杖中使行人閉目騎杖杖止便買薑訖復閉目此人承其言騎杖須臾止已至成都不知是何處問人人言是蜀市中乃買薑于時吳使張溫先在蜀既於市中相識甚驚便作書寄其家何焯曰張溫使蜀時權方爲吳王何以得稱陛下且正當魏軍頻出廣陵洞口權亦不在武昌也 此人買薑畢捉書負薑騎杖閉目須臾已還到吳廚下切鱠適了趙一清曰事與魏志所載相似總屬妄誕耳 臣松之以爲葛洪所記近爲惑衆其書文頗行世故撮取數事載之篇末也神仙之術詎可測量臣之臆斷以爲惑衆所謂夏蟲不知冷冰耳

吳書十八 三國志六十三

諸葛滕二孫濮陽傳第十九 何焯曰諸葛恪傳雖孟堅當無以過吳書中惟陸伯言事似稍煩冗他傳亦篇篇可觀想周韋華薛之徒其書本勝經其整比乃遂逼前良耳尙曰此傳仿史記廉頗藺相如合傳及魏其武安合傳體也廉頗傳附傳趙奢趙括李牧以廉藺連貫魏其武安傳附傳灌夫以灌夫聯貫諸葛滕二孫傳以滕孫連貫至濮陽之附尾以其爲丞相猶李牧之附廉藺以其爲良將文不屬而意相承也雖離奇變幻不及司馬遷之才然意匠亦極經營自壽以後此體不多見於史矣

晉平陽侯相安漢陳壽撰

宋中書侍郎西鄉侯聞喜裴松之注

沔陽盧弼集解

諸葛恪字元遜瑾長子也少知名 江表傳曰恪少有才名發藻岐嶷 岐嶷解見魏志明帝紀卷首注 辯論應機莫與爲對權見而奇之謂瑾曰藍田生玉眞不虛也 漢書地理志京兆尹藍田山出美玉水經注霸水出藍田縣藍田谷所謂多玉者也元和志藍田山一名玉山長安志藍田山在藍田縣東南三十里 吳錄曰恪長七尺六寸少鬚眉折頞廣額 頞音遏鼻莖也 大口高聲

弱冠拜騎都尉與顧譚張休等侍太子登講論道藝並爲賓友 諸葛恪張休顧譚陳表爲四友見孫登傳 從中庶子轉爲左輔都尉恪父瑾面長似驢孫權大會羣臣使人牽一驢入長檢其面題曰諸葛子瑜恪跪曰乞請筆益兩字因聽與筆恪續其下曰之驢舉坐歡笑乃以驢賜恪他日復見權問恪曰卿父與叔父孰賢對曰臣父爲優權問其故對曰臣父知所事叔父不知以是爲優權又大噱命恪行酒至張昭前昭先有酒色不肯飲曰此非養老之禮也權曰卿其能令張公辭屈乃當飲之耳

恪難昭曰昔師尙父九十秉旄仗鉞猶未告老也 史記齊太公世家太公望呂尙者東海上人蓋嘗窮困年老矣周西伯遇於渭之陽曰吾先君太公望子久矣故號之曰太公望載與俱歸立爲師武王卽位師行師尙父左杖黃鉞右把白旄以誓譙周曰武王號爲師尙父則尙父官名劉向別錄曰師之尙之父之故曰師尙父父亦男子之美號也 今軍旅之事將軍在後酒食之事將軍在先何謂不養老也昭卒無辭遂爲盡爵後蜀使至羣臣並會權謂使曰此諸葛恪雅好騎乘還告丞相爲致好馬恪因下謝權曰馬未至而謝何也恪對曰夫蜀者陛下之外廐今有恩詔馬必至也安敢不謝恪之才捷皆此類也 李安溪曰才捷之人必不可當大任劉咸炘曰書其才捷所以著其非大器

恪別傳曰 諸葛恪別傳隋唐志不著錄 權嘗饗蜀使費禕先逆勑羣臣使至伏食勿起禕至權爲輟食而羣下不起禕嘲之曰 宋本嘲作啁 鳳皇來翔騏驎吐哺 爾雅釋獸麐麕身牛尾一角陸德明音義麐字林力人反本又作麟牝麒也一音力珍反說文麒麟仁獸也何法盛徵祥記曰麒麟者毛蟲之長也仁獸也牝曰麒牡曰麟弼按見於各書皆從鹿旁與此異 驢

騾無知伏食如故恪答曰爰植梧桐以待鳳皇有何燕雀自稱來翔何不彈射使還故鄉禕停食餠索筆作麥賦恪亦請筆作磨賦咸稱善焉權嘗問恪頃何以自娛而更肥澤恪對曰臣聞富潤屋德潤身臣非敢自娛修己而已又問卿何如滕胤恪答曰登階躡履臣不如胤迴籌轉策胤不如臣恪嘗獻權馬先鐫其耳 鐫刺也 范慎時在坐 范慎見孫登傳 嘲恪曰馬雖大畜 何焯校改大作六 稟氣於天今殘其耳豈不傷仁恪答曰母之於女恩愛至矣穿耳附珠何傷於仁太子嘗嘲恪諸葛元遜可食馬矢恪曰願太子食雞卵權曰人令卿食馬矢卿使人食雞卵何也恪曰所出同耳權大笑 江表傳曰曾有白頭鳥集殿前權曰此何鳥也恪曰白頭翁也張昭自以坐中最老疑恪以鳥戲之因曰恪欺陛下未嘗聞鳥名白頭翁者試使恪復求白頭母恪曰鳥名鸚母 元本鸚作鸎何焯校改作嬰 未必有對試使輔吳復求鸚父昭不能答坐中皆歡笑 水經漸江水注引劉敬叔異苑曰孫權時永康縣有人入

山遇一大龜卽東之以歸龜便言曰游不量時爲君所得擔者怪之載出欲上吳王夜宿越里纜船於大桑樹宵中樹忽呼龜曰元緒奚事爾也龜曰行不擇日今方見烹雖盡南山之樵不能潰我樹曰諸葛元遜識性淵長必致相困令求如我之徒計將安治龜曰子明無多辭既至建業權將烹之燒柴萬車龜猶如故諸葛恪曰燃以老桑乃熟獻人仍說龜言權使伐桑取烹之卽爛故野人呼龜曰元緒侯康曰太平廣記卷一百七十三引劉氏小說云（據唐志爲劉義慶撰）孫權暫巡狩武昌語羣臣曰在後好共輔導太子太子有益諸君厚賞如其無益必有重責張昭薛綜並未能對諸葛恪曰今太子精微特達比靑蓋來旋太子聖叡之姿必聞一知十豈爲諸臣虛當受賞孫權嘗問恪君何如丞相恪曰臣勝之權曰丞相受遺輔政國富刑淸雖伊尹格於皇天周公光於四表無以遠過且爲君叔何以言勝之邪恪對曰實如陛下明詔但仕於汚君甘於僞主闇於天命則不如臣從容淸泰之朝讚揚天下之君也權復問恪君何如步隲答曰臣不如之又問何如朱然亦曰不如之又問何如陸遜亦曰不如之權曰君不如此三人而言勝叔者何恪曰小國之有君不如諸夏之亡是以勝也趙一淸曰御覽卷八百九十四引吳書曰諸葛恪爲將伐蜀未至上謂使曰元遜爲將軍若還蜀可報丞相爲致佳馬一淸案恪未嘗爲將伐蜀當從本志爲得又御覽卷八百三十引諸葛元遜傳曰對南陽韓文晃誤呼其父字晃難之曰何人子前呼人父字是禮乎諸葛笑容曰向天穿針而不見天何者不輕天意有所在耳卽罰文晃酒一杯世說諸葛瑾爲豫州遣別駕到臺語云小兒知談卿可與語連往詣恪恪不與相見後與張輔吳坐中相遇別駕喚恪咄咄郎君恪因嘲之曰豫州亂矣何咄咄之有答曰

君明臣賢未聞其亂恪曰昔唐堯在上四凶在下答曰非惟四凶亦有丹朱於是一座大笑杭世駿所引同或曰凡此諸事皆口給禦人或抵侮大臣或敢譽鄰好甚至君臣相嘲父子爲笑人道無復可論矣何足以辱簡牘哉史家無識可笑弼按史家美惡兼書以昭勸懲或說失之

權甚異之欲試以事令守節度節度之名始此節度掌軍糧穀文書繁猥非其好也

江表傳曰權爲吳王初置節度官使典掌軍糧非漢制也初用侍中偏將軍徐詳詳死將用恪諸葛亮聞恪代詳書與陸遜曰家兄年老而恪性疏李安溪曰終難逃疏之一字哲鑒遠矣疏與謹愼正相反今使典主糧穀糧穀軍之要最僕雖在遠竊用不安足下特爲啓至尊轉之遜以白權卽轉恪領兵

恪以丹楊山險民多果勁雖前發兵徒得外縣平民而已陸遜傳遜建議曰山寇舊惡依阻深地可大部伍取其精銳會丹陽賊帥扇動山越遜破散之得精卒數萬人其餘深遠莫能禽盡屢自求乞爲官出之胡三省曰爲于僞翻三年可得甲士四萬陳本以屢自求乞爲官爲句出之三年爲句大誤衆議咸以丹楊地勢險阻與吳郡會稽新都鄱陽四郡鄰接周旋數千里山谷萬重其幽邃民人未嘗入城邑對長吏皆仗兵野逸白首於林莽胡三省曰草深曰莽逋亡宿惡咸共逃竄山出銅鐵自鑄甲兵俗好武習戰高尙氣力其升山赴險抵突叢棘若魚之走淵猨狖之騰木也胡三省曰狖余救翻說文曰狖鼠屬善旋時觀閒隙出爲寇盜每致兵征伐尋其窟藏其戰則蠭至敗則鳥竄自前世以來不能羈也皆以爲難恪父瑾聞之亦以事終不逮胡三省曰逮及也謂恪所出山民終不能及四萬之數也歎曰恪不大興吾家將大赤吾族也

恪盛陳其必捷權拜恪撫越將軍胡三省曰以招撫山越爲將軍號領丹楊太守何焯曰張溫未竟之緒元遜收之授棨戟續漢志輿服志公以下至二千石騎吏四人千石以下至三百石縣長二人皆帶劍持棨戟爲前列范書郭躬傳漢制棨

戟卽爲斧鉞章懷注有衣之戟曰棨漢雜事云漢制假棨戟以當斧鉞武騎三百拜畢命恪備威儀作鼓吹導引歸家時年三十二時爲吳嘉禾三年恪到府丹陽太守府也乃移書四部屬城長吏胡三省曰四部當作四郡謂吳郡會稽新都鄱陽皆與丹陽鄰接山越依阻出沒故令各保其疆界也或曰四部謂東西南北四部都尉也令各保其疆界明立部伍局本部作郡誤其從化平民悉令屯居乃分內諸將羅兵幽阻胡三省曰使諸將入扼幽阻之地故謂之內內讀曰納但繕藩籬不與交鋒候其穀稼將熟輒縱兵芟刈使無遺種舊穀既盡新田不收通鑑作新穀不收平民屯居略無所入於是山民飢窮漸出降首何焯曰先使之無所略然後困之則不得不出矣恪乃復勅下曰胡三省曰勅下者出教令約敕其下也山民去惡從化皆當撫慰徙出外縣不得嫌疑有所執拘臼陽長胡伉胡三省曰臼陽既置長必以爲縣其地當在丹陽郡而今無所考錢大昕曰丹陽郡無臼陽縣恐有譌字吳增僅曰漢志無臼陽疑漢末孫氏立楊守敬曰臼陽蕭常續漢書作丹陽或蕭所見古善本如是楊文蓀曰漢晉志無臼陽未知蕭氏

何據弼按通鑑作臼陽胡注存疑爲是 得降民周遺遺舊惡民困迫暫出內圖叛逆伉縛送言府 何焯校改言作官或曰縛送而言其舊惡於府也 恪以伉違教遂斬以徇以狀表上民聞伉坐執人被戮知官惟欲出之而已於是老幼相攜而出歲期人數皆如本規 卽三年得甲士四萬也 恪自領萬人餘分給諸將權嘉其功遣尙書僕射薛綜勞軍綜先移恪等曰山越恃阻不賓歷世緩則首鼠急則狼顧皇帝赫然命將西征神策內授武師外震兵不染鍔 鍔五閣切刀刃也 甲不沾汗元惡既梟種黨歸義蕩滌山藪獻戎十萬野無遺寇邑罔殘姦既埽兇慝又充軍用藜蓧稂莠化爲善草魑魅魍魎更成虎士雖實國家威靈之所加亦信元帥臨履之所致也雖詩美執訊 詩小雅采芑篇方叔率止執訊獲醜鄭箋云方叔率其士衆執其可言問所獲敵人之衆以還歸也 易嘉折首 易有嘉折首獲匪其醜劉向疏言誅首惡之人

而諸不順者皆來從也 周之方召 方叔召虎也 漢之衞霍 衞青霍去病也 豈足以談功軼古人勳超前世主上歡然遙用歎息感四牡之遺典 詩序云四牡勞使臣之來也有功而見知則悅矣 思飮至之舊章 左傳三年而治兵入而振旅歸而飮至 故遣中臺近官 綜爲尙書僕射故云 迎致犒賜以旌茂功以慰劬勞拜恪威北將軍 胡三省曰威北將軍亦孫氏所創置 封都鄉侯 王鳴盛曰自周秦以來南蠻總稱百越伏處深山故名山越山越二字自恪傳外又見吳主孫權傳建安五年嘉禾三年又見太史慈孫賁吳主權徐夫人周瑜黃蓋韓當朱治張温賀齊等傳中或言鎭撫或言討平或言山越懷附畏服云云孜吳所有者揚荊交廣四州交廣山越必多然距京都甚遠彼既不來我亦不往任其獸伏鳥竄而已荊州南境零陵桂陽等郡亦稍遠惟揚是所都揚所轄各郡中丹楊一郡正是秣陵所都之地稅斂調發舉足輒及而山越爲梗故吳世恆以此爲事秣陵今江蘇江寧府而漢丹楊郡之境兼今安徽之寧國池州太平徽州等府廣德一州又得浙江湖州杭州二府之西北境郡之東南境皆與吳會稽二郡爲界吳人於建安十三年分丹楊之黟歙爲新都郡又於十五年分豫章郡爲鄱陽郡故諸葛恪傳言丹楊與吳會稽新都鄱陽四郡鄰接也然山越頑抗大約尤在與新都鄱陽鄰接處今徽寧二府與江西饒州界萬山環繞正山民負固不服地故孫策平定宣城以東惟涇以西六縣未服太史慈住涇縣立屯府大爲山越所附策躬自攻討始見囚執見慈傳程普爲吳郡都尉治錢塘徙丹楊都尉居石城復討宣城涇安吳陵陽春穀諸賊破之見本傳又歙賊屯安勤山及烏聊山黟賊屯林歷山賀齊破之建安鄱陽新都三郡山民作亂鍾離牧爲監軍使者討平之亦各見本傳可見山越莫盛於此處予曾兩至旌德縣癸巳由浙江湖州府長興縣之四安鎭登陸行過安徽廣德州渡河瀝溪過寧國府寧國縣行亂山中過石凫山以至旌德皆自東而西此路荒僻行人甚少疊嶂盤回險仄殊甚中有前明萬歷閒開路碑蓋自古爲行旅所苦直至明方開乙未則從荊溪過東壩渡固城湖至宣城自北而南過涇縣琴溪以往此路差大然亦險甚自此而南至新安山愈深矣宜三國時爲賊所據也此在吳爲心腹之疾故張温傳權謂温曰若山越都除便欲大構蜀而陳壽於賀全等傳評云山越好爲叛亂難安易動是以孫權不遑外禦卑詞魏氏蓋山越之爲害如此又云後漢度尙傳抗徐字伯徐丹陽人守宣城長移深林遠藪椎髻鳥語之人置於縣下此可見宜歙閒在後漢爲蠻夷與外閒隔絕不通至三國而頑梗如故此吳人所以重勞經營陳書三卷世祖本紀授會稽太守山越深險皆不賓附新唐書百八十二卷裴休傳貞元時浙東劇賊栗鍠誘山越爲亂然則山越歷六朝至唐爲害未息 恪乞率衆佃廬江皖口 皖口見孫權傳黃武四年潘眉曰皖口皖水入江之口也今有皖口鎭趙一清曰方輿紀要卷二十六吳廬江大守治皖城安慶府西十五里有皖口鎭恪所屯也 因輕兵襲舒 舒見孫堅傳 掩得其民而還 孫權傳赤烏四年威北將軍諸葛恪攻六安 復遠遣斥候觀相徑要欲圖壽春權以爲不可 何焯曰以爲不可者蓋以此地

南北襟喉雖得其地非十萬之衆不足屯守若魏傾國來爭恐致利鈍其後恪出新城欲卒此規又輕用大衆圖不以漸遂致師老民愁家族傾覆也 赤烏中魏司馬宣王謀欲攻恪權方發兵應之望氣者以爲不利於是徙恪屯於柴桑 柴桑見孫權傳黃初二年晉書宣帝紀先是吳遣將諸葛恪屯皖邊鄙苦之正始四年九月帝督諸軍擊恪軍次於舒恪焚積聚棄城而遁孫權傳赤烏六年春諸葛恪征六安破魏將謝順營收其民人是歲司馬宣王率軍入舒諸葛恪自皖遷于柴桑 與丞相陸遜書曰 遜爲丞相在赤烏七年 楊敬叔傳述清論以爲方今人物彫盡守德業者不能復幾宜相左右更爲輔車 左傳僖公五年宮之奇曰諺所謂輔車相依脣亡齒寒者其虞虢之謂也杜注輔頰輔車牙車（牙車牙下骨之名也） 上熙國事下相珍惜又疾世俗好相謗毀使已成之器中有損累將進之徒意不歡笑聞此喟然誠獨擊節愚以爲君子不求備於一人 論語周公謂魯公曰無求備於一人邢昺疏曰任人當隨其才無得責備於人也 自孔氏門徒大數三千其見異者七十二人至于子張子路子貢等七十之徒亞聖之德 錢大

昕曰今人皆以孟子爲亞聖蓋本於趙岐題辭不知子張子路子貢諸賢當時皆有亞聖之目也 然猶各有所短師僻由喭 論語師也辟由也喭賜不受命何晏集解馬曰子張才過人失在邪辟文過鄭曰子路之行失於畔喭正義曰喭失容也言子路性行剛强常昄喭失於禮容也今本昄作畔王弼曰剛猛也 賜不受命 論語賜不受命而貨殖焉集解云賜不受教命唯財貨是殖 豈況下此而無所闕且仲尼不以數子之不備而引以爲友不以人所短棄其所長也加以當今取士宜寬於往古何者時務從橫而善人單少國家職司常苦不充苟令性不邪惡志在陳力 論語周任有言曰陳力就列不能者止馬曰言當陳其才力度己所任以就其位不能則當止 便可獎就騁其所任若於小小宜適私行不足皆宜闊略不足纏責且士誠不可纖論苛克苛克則彼賢聖猶將不全況其出入者邪故曰以道望人則難以人望人則易賢愚可知自漢末以來中國士大夫如許子將輩 許劭字子將見魏志武紀卷首注引世語 所以更相謗訕或至於禍原其本起非爲大讐惟坐克己不能盡如禮而責人專以正義夫己不如禮則人不服責人以正義則人不堪內不服其行外不堪其責則不得不相怨相怨一生則小人得容其閒得容其閒則三至之言 史記甘茂傳昔曾參之處費魯人有與曾參同姓名者殺人人告其母曰曾參殺人其母織自若也頃之一人又告之曰曾參殺人其母尚織自若也頃又一人告之曰曾參殺人其母投杼下機踰牆而走夫以曾參之賢與其母信之也三人疑之其母懼焉 浸潤之譖 論語子張問明子曰浸潤之譖膚受之愬不行焉可謂明也已矣鄭曰譖人之言如水之浸潤漸以成之 紛錯交至雖使至明至親者處之猶難以自定況已爲隙且未能明者乎 李安溪曰此亦至言 是故張陳至於血刃 史記張耳陳餘列傳張耳陳餘大梁人兩人相與爲刎頸交漢三年遣張耳與韓信擊破趙井陘斬陳餘泜水上太史公曰張耳陳餘始居約時相然信以死豈顧問哉及據國爭權卒相滅亡何鄉者相慕用之誠後相倍之戾也豈非以利哉 蕭朱不終其好 漢書蕭望之傳望之欲自殺其夫人止之以爲非天子意望之以問門下生朱雲雲者好節士勸望之自裁 本由於此而已夫不舍小過 宋本舍作捨 纖微相責久乃至

於家戶爲怨一國無復全行之士也恪知遜以此嫌己故遂廣其理而贊其旨也會遜卒 遜卒於赤烏八年 恪遷大將軍 恪遷大將軍在赤烏九年見孫權傳 假節駐武昌代遜領荊州事久之權不豫而太子少乃徵恪以大將軍領太子太傅中書令孫弘領少傅權疾困召恪弘及太常滕胤將軍呂據侍中孫峻屬以後事

吳書曰權寢疾議所付託時朝臣咸皆注意於恪而孫峻表恪器任輔政可付大事權嫌恪剛很自用峻以當今朝臣皆莫及遂固保之乃徵恪 困學紀聞云孫峻薦諸葛恪可付大事而恪終死於峻之手易曰比之無首無所終也漢昭烈帝託孤於孔明而權乃託孤於恪劉孫之優劣於此可見矣胡三省曰此時通吳國上下皆以恪爲才而峻薦之峻本無殺恪之心也恪死於峻手其罪在恪峻既竊權授之弟綝以亂吳國其罪在峻讀史者其審諸何焯曰峻始保恪而後乃相圖權勢之難共如此 後引恪等見臥內受詔牀下權詔曰吾疾困矣恐不復相見諸事一以相委恪歔欷流涕曰臣等皆受厚恩當以死奉詔願陛下安精神損思慮無以外事爲念權詔有司諸事一統於恪惟殺生大事然後以聞爲治第館設陪衛羣官百司拜揖之儀各有品序 胡三省曰諸葛恪本盛氣者也吳主既任之又爲制百司拜揖之儀品是其氣愈盛矣使無東關之捷合肥之敗恪亦不能濟吳之國事也 諸法令有不便者條列以聞權輒聽之 何焯曰及權在時改紀此有遠見不當以成敗論 中外翕然人懷歡欣

翌日權薨弘素與恪不平懼爲恪所治祕權死問欲矯詔除恪峻以告恪恪請弘咨事 胡三省曰課事曰咨 於坐中誅之乃發喪制服與弟公安督融書曰 融事見諸葛瑾傳 今月十六日乙未 潘眉曰吳主以四月薨推神鳳元年四月乙未乃二十六日傳文脫二字也 大行皇帝委棄萬國羣下大小莫不傷悼至吾父子兄弟並受殊恩非徒凡庸之隸是以悲慟肝心圮裂皇太子以丁酉踐尊號哀喜交并不知所措吾身受顧命輔相幼主竊自揆度才非博陸 霍光封博陸侯 而

受姬公負圖之託 荀子武王崩成王幼周公屏成王而及武王履天子之籍負扆而坐諸侯趨走堂下禮記明堂位篇昔者周公朝諸侯于明堂之位天子負斧依南鄉而立鄭玄注周公攝王位以明堂之禮儀朝諸侯也不於宗廟避王也天子周公也負之言背也斧依爲斧文屏風於戶牖之間周公於前立焉 懼忝丞相輔漢之效恐損先帝委付之明是以憂慼惶惶所慮萬端且民惡其上動見瞻覩何時易哉今以頑鈍之姿處保傅之位艱多智寡任重謀淺誰爲脣齒近漢之世燕蓋交遘有上官之變 漢書霍光傳光與左將軍上官桀結婚相親光長女爲桀子安妻有女年與帝相配桀因帝姊鄂邑蓋主內安女後宮爲倢伃數月立爲皇后桀父子既尊盛而德長公主公主內行不修近幸河間丁外人桀安欲爲外人求封光不許長主大以是怨光桀安亦慙燕王旦自以昭帝兄常懷怨望桑弘羊欲爲子弟得官亦怨恨光於是蓋主上官桀安及弘羊皆與燕王旦通謀詐令人爲燕王上書言光專權自恣疑有非常上不聽桀等酒謀令長公主置酒請光伏兵格殺之因廢帝迎立燕王爲天子事發覺光盡誅桀安弘羊外人宗族燕王蓋主皆自殺 以身值此何敢怡豫邪又弟所在與賊犬牙相錯 公安與魏接壤 當於今時整頓軍具率厲將士警備過常念出萬死無顧一生以報朝廷無忝爾先又諸將備守各有境界猶恐賊虜聞諱恣睢寇竊邊邑諸曹已別下約勑所部督將不得妄委所戍徑來奔赴雖懷愴怛不忍之心公義奪私伯禽服戎 伯禽事見孫權傳建安五年 若苟違戾非徒小故以親正疏古人明戒也恪更拜太傅於是罷視聽息校官 胡三省曰吳主權置校官典校諸官府及州郡文書專任以爲耳目今息校官卽所謂罷視聽也周壽昌曰視聽卽聲色也弼按罷視聽以胡義爲長二語相連屬與下文二語相類也 原逋責除關稅 胡三省曰古者關譏而不征後世始征之關之有稅非古也除之是也 事崇恩澤衆莫不悅恪每出入百姓延頸思見其狀初權黃龍元年遷都建業二年築東興隄 築東興隄事互見魏志齊王紀嘉平四年注引漢晉春秋 遏湖水 潘眉曰遏巢湖也 後征淮南敗以內船由是廢不復修 胡三省曰謂正始二年（卽嘉禾四年）芍陂之敗也遏巢湖所以利舟師而反爲湖內之船所敗故廢而不治弼按全琮略淮南決芍陂燒安城邸閣收其人民（見孫權傳嘉禾四年）不得謂之敗也魏志孫禮傳禮禦琮戰於芍陂將士死傷過半王淩傳全琮寇芍陂淩率諸軍

逆討與賊爭塘力戰連日賊退走合觀二傳全琮深入敵地力戰連日敵死傷過半後乃退還亦不得謂之敗也胡云爲湖內之船所敗似不作如是解內或讀曰納蔣濟傳曹仁欲攻濡須洲中濟曰賊據西岸列船上流而兵入洲中是爲自內地獄危亡之道也內字或與此同 恪以建興元年十月會衆於東興更作大隄 周氏曰魏之重鎭在合肥孫氏既夾濡須而立塢矣又隄東興以遏巢湖又堰涂塘以塞北道總之不過於合肥巢縣左右力遏魏人之東而已 左右結山俠築兩城 潘眉曰結山魏志齊王芳紀注引漢晉春秋亦作結山通鑑地理通釋作依山胡三省曰今柵江口有兩山濡須山在和洲界謂之東關七寶山在無爲軍界謂之西關兩山對峙中爲石梁鑿石通水唐志廬州巢縣東南四十里有故東關俠讀曰夾古者俠夾二字通漢靈帝光和二年華山亭碑其文有云吏卒俠路晉宋書諸正有俠轂陛皆以夾爲俠趙一清曰水經沔水注江水自濡須口又東左會柵口水柵水又東南積而爲竇湖又東逕右塘穴北爲中塘塘卽東興隄也方輿紀要卷三十六東關在無爲州巢縣東南三十里卽濡須山麓也又西關在縣東南三十里七寶山上三國時爲吳魏相持之要地七寶山與濡須山對峙相距十里魏人築西關於此以距吳濡須水口亦曰柵江口東關之南岸吳築城西關之北岸魏置柵 各留千人使全端留略守之 通鑑使將軍全端守西城都尉留略守東城胡三省曰留姓也漢功臣表有疆圉侯留肹姓譜曰衞大夫留封人之後漢末避地會稽遂居東陽爲郡豪族 引軍而還魏以吳軍入其疆土恥於受侮命大將胡遵諸葛誕等率衆七萬欲攻圍兩塢圖壞隄遏恪興軍四萬晨夜赴救遵等勑其諸軍作浮橋度 通鑑橋下有以字 陳於隄上分兵攻兩城城在高峻不可卒拔 胡三省曰卒讀曰猝 恪遣將軍 陳本將作諸誤 留贊呂據唐咨丁奉爲前部 互見丁奉傳 時天寒雪 齊王紀孫亮傳皆云東關之役在十二月 魏諸將會飲見贊等兵少而解置鎧甲不持矛戟但兜鍪刀楯倮身緣遏 通鑑作緣堨胡注兜鍪首鎧鍪莫侯翻楯食尹翻倮魯果翻堨阿葛翻 大笑之不卽嚴兵兵得上便鼓譟亂斫魏軍驚擾散走爭渡浮橋橋壞絕自投於水更相蹈藉樂安太守桓嘉等同時幷沒 樂安見魏志夏侯淵傳嘉桓階子見魏志桓階傳 死者數萬故叛將韓綜爲魏前軍督亦斬之 綜爲韓當子互見韓當傳 獲車乘牛馬驢騾各數千資器山積振旅而歸進封恪陽都侯 諸葛氏爲琅邪陽都人恪蓋封本縣侯琅邪時爲魏領殆亦遙封然當時以封本縣侯爲榮也 加荊揚州牧

督中外諸軍事賜金一百斤馬二百匹繒布各萬匹恪遂有輕敵之心以十二月戰克明年春復欲出軍 監本官本無年字明年卽吳建興二年魏嘉平五年蜀延熙十六年也 漢晉春秋曰恪使司馬李衡往蜀說姜維令同舉曰古人有言聖人不能爲時時至亦不可失也今敵政在私門 時魏政在司馬氏 外內猜隔兵挫於外而民怨於內自曹操以來彼之亡形未有如今者也若大舉伐之使吳攻其東漢入其西 此爲稱蜀爲漢之證 彼救西則東虛重東則西輕以練實之軍乘虛輕之敵破之必矣 何焯曰誠有是形但亦當審己 維從之 是年姜維亦出圍狄道見魏志齊王紀嘉平五年注蜀志後主傳延熙十六年衞將軍姜維圍南安不克而還 諸大臣以爲數出罷勞 胡三省曰數所角翻罷讀曰疲 同辭諫恪恪不聽中散大夫蔣延或以固爭扶出 通鑑作中散大夫蔣延固爭恪命扶出胡注漢制大夫議郎皆掌顧問應對無常事中散大夫秩六百石在諫議大夫上按中散大夫王莽所置後漢因之 恪乃著論諭衆意曰 何焯曰此論祖述武侯出散關表 夫天無二日土無二王王者不務兼幷天下而欲垂祚後世古今未之有也昔戰國之時諸侯自恃兵彊地廣互有救援謂此足以傳世人莫能危恣情從懷憚於勞苦使秦漸得自大遂以幷之此既然矣近者劉景升在荆州有衆十萬財穀如山不及曹操尚微與之力競坐觀其彊大吞滅諸袁北方都定之後操率三十萬衆來向荆州當時雖有智者不能復爲畫計於是景升兒子交臂請降遂爲囚虜凡敵國欲相吞卽仇讎欲相除也有讎而長之禍不在己則在後人不可不爲遠慮也昔伍子胥曰越十年生聚十年教訓二十年之外吳其爲沼乎 伍員語見左傳哀公元年杜注生民聚財富而後教之吳宮室廢壞當爲汙也 夫差自恃彊大聞此邈然是以誅子

胥而無備越之心至於臨敗悔之豈有及乎越小於吳尚爲吳禍況其彊大者邪昔秦但得關西耳 胡三省曰謂函谷關以西也 倘以幷吞六國今賊皆得秦趙韓魏燕齊九州之地地悉戎馬之鄉士林之藪今以魏比古之秦土地數倍以吳與蜀比古六國不能半之然今所以能敵之但以操時兵衆於今適盡而後生者未悉長大正是賊衰少未盛之時 胡三省曰是時魏興三十餘年生聚教訓精兵良將分鎭方面諸葛蔣費陸遜朱然相繼凋謝吳蜀蓋小懦矣恪不能兢懼以保勝恃一戰之捷遽謂魏人爲衰少未盛之時其輕敵甚矣 加司馬懿先誅王淩續自隕斃 事見魏志齊王紀嘉平三年 其子幼弱而專彼大任雖有智計之士未得施用當今伐之是其厄會 胡三省曰既以司馬師爲幼弱又謂其未能用人葢可謂不善料敵者矣 聖人急於趨時誠謂今日若順衆人之情懷偷安之計以爲長江之險可以傳世 毛本傳作博 不論魏之終始而以今日遂輕其後此吾所以長歎息者也 胡三省曰恪自謂其才足以辦魏不欲以賊遺後人吾不知其自視與叔父亮果何如也孔明累出師以攻魏每言一州之地不足以與賊支久卒無成功齎志以沒恪無孔明之才而輕用其民不唯不足以彊吳適足以滅其身滅其家而已 自本以來務在產育 王曰本疑作丕趙一清曰本字疑誤梁章鉅曰下文云今者賊民則本字疑是古字之誤 今者賊民歲月繁滋但以尚小未可得用耳若復十數年後 馮本十作大誤 其衆必倍於今而國家勁兵之地皆已空盡唯有此見衆可以定事若不早用之端坐使老復十數年略當損半而見子弟數不足言若賊衆一倍而我兵損半雖復使伊管圖之未可如何今不達遠慮者必以此言爲迂夫禍難未至而豫憂慮此固衆人之所迂也及於難至然後頓顙雖有智者又不能圖此乃古今所病非獨一時昔吳始以伍員爲迂故難至而不可救劉景升不能慮十年之後故無以詒其子孫

今恪無具臣之才論語可謂具臣矣具臣謂備臣數而已而受大吳蕭霍之任蕭何霍光也智
與衆同思不經遠若不及今日爲國斥境俛仰年老而讐敵更彊欲
刎頸謝責寧有補邪元本頸作頭何焯曰此用沈尹戌事弼按左傳定公四年楚左司馬沈尹戌謂其臣曰誰能免吾首吳句卑曰臣賤可乎句卑布裳剄而裹之藏其身而以其首免杜注司馬已死剄取其首今聞衆人或以百姓尚貧欲務閒息
此不知慮其大危而愛其小勤者也昔漢祖幸已自有三秦之地何
不閉關守險以自娛樂空出攻楚身被創痍介冑生蟣蝨將士厭困
苦豈甘鋒刃而忘安寧哉慮於長久不得兩存者耳每覽荊邯說公
孫述以進取之圖范書公孫述傳述騎都尉平陵人荊邯說述曰漢祖起於行陣之中軍敗復合創愈復戰何則前死而成功踰於卻就於滅亡也隗囂不及時推危乘勝以爭天命令漢帝釋關隴之憂臣之愚計以爲宜及天下之望未絕豪傑尚可招誘急以此時發國內精兵據江陵傳檄吳楚長沙以南必隨風而靡出漢中定三輔天水隴西拱手自服海內震搖冀有大利近見家叔父表陳與賊爭競之計未

嘗不喟然歎息也何焯曰元遜但知忠武頻煩出師而不規其務農殖穀閉關息民三年而後南征還師之後又畜力一年乃屯漢中其明年始攻祁山耳惡有狃於一勝主少國疑羣情未一遽謀輕舉者乎是役也雖克新城歸將不免而況違衆玩寇弗戢自焚斁非馬謖不請貶三等謝創夷之衆塞同異之口乃更思與作愈治威嚴虹繞纛鳴身分族赤畫虎類狗元遜之謂矣夙夜反側所慮如此故聊疏愚言以
達二三君子之末元本末作思若一朝隕歿志畫不立貴令來世知我所
憂可思於後衆皆以恪此論欲必爲之辭然莫敢復難丹楊太守聶
友聶友見孫權傳赤烏五年素與恪善書諫恪曰大行皇帝本有遏東關之計胡三省曰吳主之喪未踰年故稱之爲大行皇帝計未施行今公輔贊大業成先帝之志寇遠自
送胡三省曰謂寇兵遠來而自送死也將士憑賴威德出身用命一旦有非常之功豈
非宗廟神靈社稷之福邪胡三省曰聶友此言所以抑恪之盛氣者婉而當有古朋友切偲之義焉宜且案兵
養銳胡三省曰案抑也觀釁而動今乘此勢欲復大出天時未可而苟任盛
意私心以爲不安恪題論後爲書答友曰胡三省曰卽前所著以論衆之論也足下雖有
自然之理然未見大數胡三省曰謂勝負存亡之大數也熟省此論可以開悟矣胡三省曰恪之所以待舊友者驕倨如此吳主嫌其剛狠自用蓋已見之矣於是違衆出軍大發州郡二十萬衆
百姓騷動始失人心恪意欲曜威淮南驅略民人何焯曰若不過驅略民人曜武邊界但還督將伺利而動足矣何必發二十萬衆耶今旣大舉又惑于諸將之言頓兵堅城之下是徒爾好大乃素無成算者也而諸將或難之曰
今引軍深入疆場之民必相率遠遁恐兵勞而功少不如止圍新城
新城困救必至至而圖之乃可大獲恪從其計迴軍還圍新城攻守
連月城不拔是時魏張特守新城詳見魏志齊王紀嘉平五年注引魏略士卒疲勞因暑飲水泄下
流腫病者大半死傷塗地諸營吏日白病者多恪以爲詐欲斬之自
是莫敢言恪內惟失計胡三省曰惟思也而恥城不下忿形於色或曰失意人易著此

病將軍朱異有所是非恪怒立奪其兵互見朱異傳注引吳書都尉蔡林數陳
軍計數所角反恪不能用策馬奔魏魏知戰士罷病乃進救兵恪引軍而
去魏志齊王紀嘉平五年夏五月吳太傅諸葛恪圍合肥新城詔太尉司馬孚拒之秋七月恪退還本志孫亮傳建興二年三月恪率軍伐魏四月圍新城大疫兵卒死者大半八月恪引軍還士卒傷病流曳道路或頓仆坑壑胡三省曰流者放而不能自收也曳者羸困不能自扶相率引而行頓仆顚頓而僵仆也壑溝也或見略獲存亡忿痛大小呼嗟而恪晏然自若
出住江渚一月胡三省曰渚水中洲也圖起田於潯陽潯陽見孫策傳注引江表傳又見孫權傳黃初二年胡三省曰漢潯陽故縣地也在大江之北潯陽記曰潯陽春秋爲吳之西境楚之東境本在大江之北今蘄州界古蘭城是也詔召相銜胡三省曰言召命相繼也舟行以舳艫不絕爲相銜陸行以馬首尾相接爲相銜徐乃旋師由此衆庶失望而怨黷興矣通鑑黷作讟胡三省曰痛怨而謗曰讟王應麟曰楚莫敖狃於蒲騷之役將自用也諸葛恪東關之勝亦以此敗其失在於自用或曰敘次類霍光傳狂悖如此死不足惜與峻同傳甚當弼按鄧艾論恪事極當見魏志鄧艾傳秋八月軍還陳兵導從歸入府館胡三省曰從才用翻府館

卽府舍也 卽召中書令孫嘿厲聲謂曰卿等何敢妄數作詔 胡三省曰怒其數作詔召之也
數所角翻 嘿惶懼辭出因病還家恪征行之後曹所奏署令長職司一罷
更選 通鑑作一更罷選胡注曹選曹也罷選者罷而更選也或曰一罷謂一切罷去而更選也 愈治威嚴多所罪責常
進見者 宋本常作當通鑑同 無不竦息又改易宿衞用其親近復勑兵嚴欲向
青徐 胡三省曰凡此者皆恪所以速死復勑兵嚴者戒兵士使嚴裝也 孫峻因民之多怨 或曰峻之圖恪必因民怨可見得人
者昌 衆之所嫌構恪欲爲變 或曰雖峻搆恪然實無君謂之爲變非全誣也 與亮謀置酒請恪恪
將見之夜精爽擾動 通鑑作將入之夜胡注引左傳鄭子產曰人生始化曰魄既生魄陽曰魂用物精多則魂魄強是以有精爽至於神
明杜預曰爽明也擾動言不安也 通夕不寐 胡三省曰死期將至故然 明將盥漱聞水腥臭侍者授衣
衣服亦臭恪怪其故易衣易水其臭如初意惆悵不悅嚴畢趨出犬
銜引其衣恪曰犬不欲我行乎還坐頃刻乃復起犬又銜其衣 毛本犬作

大誤 恪令從者逐犬遂升車初恪將征淮南有孝子著縗衣入其閤中
從者白之令外詰問孝子曰不自覺入時中外守備亦悉不見衆皆
異之出行之後所坐廳事屋棟中折自新城出住東興有白虹見其
船還拜蔣陵 孫權葬蔣陵 白虹復繞其車及將見 或曰此接上文中間乃插敘法也史家多用此法
駐車宮門峻已伏兵於帷中恐恪不時入事泄自出見恪曰使君若
尊體不安自可須後 胡三省曰須待也 峻當具白主上欲以嘗知恪 通鑑恪下有意字胡
注嘗試也 恪答曰當自力入 胡三省曰言當自力疾而入見吳主也 散騎常侍張約朱恩等密
書與恪曰今日張設非常疑有他故恪省書而去未出路門逢太常
滕胤恪曰卒腹痛不任入胤不知峻陰計謂恪曰君自行旋未見今
上置酒請君君已至門宜當力進恪躊躇而還劍履上殿謝亮還坐

設酒恪疑未飲峻因曰使君病未善平 胡三省曰言病未良已也 當有常服藥酒
自可取之恪意乃安別飲所齎酒
吳歷曰張約朱恩密疏告恪恪以示滕胤胤勸恪還恪曰峻小子何能爲邪但恐因酒
食中人耳乃以藥酒入 孫盛評曰恪與胤親厚約等疏非常大事勢應示胤共謀安
危然恪性强梁加素侮峻自不信故入豈胤微勸便爲之冒禍乎吳歷爲長 通鑑考異曰孫
盛以本傳爲不然今從吳歷
酒數行亮還內峻起如廁解長衣著短服出曰有詔收諸葛恪
吳錄曰峻提刀稱詔收恪亮起立曰非我所爲非我所爲乳母引亮還內 吳歷云峻
先引亮入然後出稱詔與本傳同 臣松之以爲峻欲稱詔宜如本傳及吳歷不得如
吳錄所言

恪驚起拔劍未得而峻刀交下 趙一淸曰御覽卷百七十九引建康宮闕簿曰建業宮有迎風觀在縣南十五里孫峻殺
諸葛恪於此 張約從旁斫峻裁傷左手峻應手斫約斷右臂武衞之士皆
趨上殿 胡三省曰武衞之士武衞將軍領之 峻曰所取者恪也今已死悉令復刃 胡三省曰令內
刀於鞘也 乃除地更飲
搜神記曰恪入已被殺 馮本被作披誤 其妻在室使婢語曰 疑作語使婢曰 汝何故血臰 臰俗臭字 婢
曰不也有頃愈劇又問婢曰汝眼目視瞻何以不常婢蹶然起躍頭至于棟 監本于作字 攘
臂切齒而言曰 元本攘作榱誤 諸葛公乃爲孫峻所殺於是大小知恪死矣而吏兵尋至
志林曰初權病篤召恪輔政臨去大司馬呂岱戒之曰世方多難子每事必十思恪答
曰昔季文子三思而後行夫子曰再思可矣 見論語季文子魯大夫季孫行父也論語下思字作斯 今君令恪
十思明恪之劣也岱無以答當時咸謂之失言 馮本失言二字誤作四小字 虞喜曰夫託以天下

至重也以人臣行主威至難也兼二至而管萬機能勝之者鮮矣自非採納羣謀詢於芻蕘虛己受人恆若不足則功名不成勳績莫著況呂侯國之元耆胡三省曰元耆元老也智度經遠而甫以十思戒之而便以示劣見拒此元遜之疎乃機神不俱者也胡三省曰機者逢事會而發神者人之靈明逢事會而靈明無以應之則爲不俱矣若因十思之義廣諮當世之務聞善速於雷動從諫急於風移豈得隕首殿堂死凶豎之刃胡三省曰謂恪爲孫峻所殺也世人奇其英辯造次可觀而哂呂侯無對爲陋不思安危終始之慮是樂春藻之繁華而忘秋實之甘口也昔魏人伐蜀蜀人禦之精嚴垂發或曰精疑作整晉相近故訛耳六軍雲擾士馬擐甲羽檄交馳費禕時爲元帥荷國任重元本作重任而與來敏圍棋意無厭倦敏臨別謂禕君必能辨賊者也言其明略內定貌無憂色況長寧以爲君子臨事而懼好謀而成者胡三省曰臨事而懼好謀而成論語記孔子之言而所謂長寧者未知其爲誰也且蜀爲蕞爾之國胡三省曰蕞祖外翻而方向大敵所規所圖

唯守與戰何可矜己有餘晏然無戚斯乃性之寬簡通鑑乃下有禕字不妨細微卒爲降人郭修所害通鑑修作循豈非兆見於彼而禍成於此哉往聞長寧之甄文偉甄別也費禕字文偉今觀元遜之逆呂侯二事體同故並而載之可以鏡譏于後譏疑作機一作誠永爲世鑒

先是童謠曰諸葛恪蘆葦單衣篾鉤落於何相求成子閤成子閤者反語石子岡也建業南有長陵名曰石子岡葬者依焉石子岡見妃嬪傳朱夫人傳潘眉曰成當讀若常范蠡曰得時不成反受其殃古成常字同音晉書五行志於何相求常子閤竟作常字亦通讀成爲常反語乃爲岡宋書五行志於何相求楊子閤又作楊蓋童謠本無正字也石子岡岡字晉志作堈鉤落者校飾革帶世謂之鉤絡帶潘眉曰鉤落與鉤絡同落絡字通用亦謂之郭洛帶古制革帶有鉤管仲射桓公中帶鉤後漢楊賜賜金錯鉤佩以金錯飾鉤也此謂以竹篾爲之戴吉旋曰國策黃金師比慈鮮若鮮卑只漢書匈奴傳黃金犀毗顏師古曰犀毗胡帶之鉤也亦曰鮮卑亦謂師比總一物也語有輕重耳魏晉人謂之鉤落亦謂之鉤鰈恪果以葦席裹其身而篾束其署投之於此岡恪弟公安督融自殺見孫奐傳又見諸葛瑾傳

吳錄曰恪時年五十一恪死於吳建興二年當生於漢建安八年諸葛瑾生於漢熹平三年年三十生恪瑾謂恪非保家之子每以憂戚見瑾傳隋書經籍志梁有諸葛子五卷吳太傅諸葛恪撰亡馬國翰輯本序曰諸葛子唐志不著錄佚已久北堂書鈔太平御覽引三節考恪傳載其與陸遜及弟公安督融二書又諸大臣諫伐魏著論諭衆意一篇恪無文集當皆采自本書中並據輯錄爲一卷夫恪抱才氣而以驕矜致敗陳壽評云若躬行所與陸遜及弟融之書則悔吝不至何尤禍之有哉蓋惜其人未嘗不取其言也姚振宗曰宋刻全本意林有諸葛子一條馬氏未采又抱璞子正郭篇引故太傅諸葛元遜論郭林宗一條當亦采自本書

恪長子綽騎都尉以交關魯王事權遣付恪令更教誨恪鴆殺之此與金日磾之殺長子弄兒事相類中子竦長水校尉少子建步兵校尉聞恪誅車載其母而走峻遣騎督劉承追斬竦於白都趙一清曰承當作丞寰宇記卷九十白都山在昇州江寧縣西南八十里西臨大江昔有白仲都於此學道白日飛昇因以爲名一統志今江蘇江寧府江寧縣西南七十里建得渡江欲北走魏行數十里爲追兵所逮諸葛建亡走爲徐平部曲所得平使遣去別爲他軍所獲見虞翻傳注引會稽典錄恪外甥都鄉

侯張震震爲張承子張承諸葛瑾壻也見張昭傳及常侍朱恩等皆夷三族初竦數諫恪恪不從常憂懼禍及亡臨淮臧均表乞收葬恪曰臣聞震雷電激不崇一朝鄭康成曰崇終也言不終一朝也大風衝發希有極日然猶繼以雲雨因以潤物是則天地之威不可經日浹辰胡三省曰浹卽協翻周也辰十二辰也十二日辰一周曰浹辰帝王之怒不宜訖情盡意訖亦盡也臣以狂愚不知忌諱敢冒破滅之罪謂破家滅身之罪以邀風雨之會伏念故太傅諸葛恪得承祖考風流之烈伯叔諸父遭漢祚盡九州鼎立分託三方並履忠勤熙隆世業爰及於恪生長王國陶育聖化致名英偉服事累紀禍心未萌先帝委以伊周之任屬以萬機之事恪素性剛愎矜己凌人不能敬守神器穆靜邦內興功暴師未期三出虛秏士民空竭府藏專擅國憲廢易由意假刑劫

衆大小屛息侍中武衞將軍都鄉侯謂孫峻也俱受先帝囑寄之詔見其姦虐日月滋甚將恐蕩搖宇宙傾危社稷奮其威怒精貫昊天計慮先於神明智勇百於荊聶荊軻聶政也躬持白刃梟恪殿堂勳超朱虛朱虛侯劉章也功越東牟東牟侯劉興居國之元害一朝大除馳首徇示六軍喜踊日月增光風塵不動斯實宗廟之神靈天人之同驗也今恪父子三首縣市積日觀者數萬詈聲成風國之大刑無所不震長老孩幼無不畢見人情之於品物胡三省曰品衆也庶也樂極則哀生見恪貴盛世莫與貳身處台輔中閱歷年今之誅夷無異禽獸觀訖情反能不憯然胡三省曰憯七感翻痛也且已死之人與土壤同域鑿掘斫刺無所復加願聖朝稽則乾坤胡三省曰稽考也則法也怒不極旬使其鄉邑若故吏民收以士伍之服

胡三省曰秦漢之制奪官爵者爲士伍惠以三寸之棺胡三省曰禮記云夫子制於中都四寸之棺五寸之椁鄭康成注云此庶人之制也按禮上大夫棺八寸椁六寸下大夫棺六寸椁四寸無三寸棺制也孟子曰中古棺七寸椁稱之墨子尙儉桐棺三寸左傳趙簡子曰桐棺三寸不設屬辟下卿之罰也昔項籍受殯葬之施史記項羽本紀以魯公禮葬項王穀城漢王爲發哀泣之而去韓信獲收斂之恩胡三省曰斂韓信事史無所考史云帝聞信死且喜且憐之是必收斂之也斯則漢高發神明之譽也惟陛下敦三皇之仁胡三省曰上古送死棄之中野後世聖人易之以棺椁此所謂三皇之仁也垂哀矜之心使國澤加於辜戮辜戮之骸馮本無下辜戮二字通鑑同復受不已之恩於以揚聲遐方沮勸天下豈不弘哉昔欒布矯命彭越史記欒布傳漢召彭越責以謀反夷三族已而梟彭越頭於雒陽下詔曰敢有收視者輒捕之布從齊還奏事彭越頭下祠而哭之吏捕布以聞上召布罵曰若與彭越反邪吾禁人勿收若獨祠而哭之與越反明矣趣亨之方提趣湯布顧曰願一言而死上曰何言布曰彭王反形未見以苛小案誅滅之臣恐功臣人人自危也今彭王已死臣生不如死請就亨於是上迺釋布罪拜爲都尉臣竊恨之不先請主上而專名以肆情其得不誅實爲幸耳今臣不敢章宣愚情以露天恩謹伏手書冒昧陳聞胡三省曰古之人臣進言於君率曰冒死曰昧死謂人君之威難犯冒昧其死罪而言也乞聖朝哀察通鑑朝作明於是亮峻聽恪故吏斂葬遂求之於石子岡

江表傳曰朝臣有乞爲恪立碑以銘其勳績者毛本銘作名誤博士盛沖以爲不應盛沖見孫休傳卷首孫休曰盛夏出軍士卒傷損無尺寸之功不可謂能受託孤之任死於豎子之手不可謂智沖議爲是遂寢

始恪軍退還聶友知其將敗書與滕胤曰當人彊盛河山可拔一朝羸縮人情萬端言之悲歎恪誅後孫峻忌友欲以爲鬱林太守鬱林郡見孫權傳赤烏二年友發病憂死友字文悌豫章人也趙一清曰搜神記聶友新淦人少好射獵見一白鹿射之中尋蹤血盡不知所在飢困臥樟樹下仰見所射鹿箭著樹枝怪之於是還家賫糧命子弟持斧伐之樹有血遂截爲二板牽置陂中常沈時復浮出友欲迎賓客常乘此板

或於中流欲沒客大懼友呵之復浮仕宦如願位至丹陽太守其板復忽隨至石頭友驚曰此陂中板來必有意因解職還家二板挾兩邊一日至自爾後板出或爲凶禍今新淦北二十里餘曰封谿有聶友截樟樹板戕柯處御覽卷百五十七引豫章記曰封谿有聶友所用樟木戕柯者遂生爲樹今猶存其木合抱始倒置植之枝葉皆垂下寰宇記一百九吉州安福縣有聶友祠墓

吳錄曰友有脣吻少爲縣吏虞翻徙交州縣令使友送之翻與語而奇焉爲書與豫章太守謝斐趙一清曰晉書謝沈傳沈字行思會稽山陰人曾祖斐吳豫章太守父秀吳翼正都尉令以爲功曹郡時見有功曹斐見之問曰縣吏聶友可堪何職對曰此人縣閒小吏耳猶可堪曹佐何焯校本佐上御覽有吏字斐曰論者以爲宜作功曹君其避之當時重虞仲翔至此乃用爲功曹使至都諸葛恪友之時論謂顧子嘿子直馮本直作眞誤子嘿子直顧譚顧承也其閒無所復容恪欲以友居其閒由是知名後爲將討儋耳討儋耳事見孫權傳赤烏五年還拜丹陽太守年三十三卒虞翻徙交州在黃初二年(說見翻別傳注卽吳黃武前一年)是時聶友已爲縣吏年約二十至吳建興二年當年五十三此文上三字決爲五字之誤若年三十三則在黃武前

一年方爲初生小兒決不能爲縣吏也

滕胤字承嗣北海劇人也 北海國治劇見魏志武紀建安三年 伯父耽父胄與劉繇州里通家 劉繇爲東萊牟平人與北海同屬青州故曰州里 以世擾亂渡江依繇孫權爲車騎將軍拜耽右司馬以寬厚稱早卒無嗣胄善屬文權待以賓禮軍國書疏常令損益潤色之亦不幸短命權爲吳王追錄舊恩封胤都亭侯少有節操美儀容

吳書曰胤年十二而孤單煢立能治身厲行爲人白皙威儀可觀每正朔朝賀修勤在位大臣見者無不歎賞

弱冠尚公主 孫奐傳滕胤呂據皆孫壹之妹夫也 年三十起家爲丹楊太守徙吳郡會稽所在見稱

吳書曰胤上表陳及時宜及民閒優劣多所匡弼權以胤故增重公主之賜屢加存問胤每聽辭訟斷罪法察言觀色務盡情理人有窮冤悲苦之言對之流涕

太元元年權寢疾詣都留爲太常與諸葛恪等俱受遺詔輔政孫亮卽位加衞將軍恪將悉衆伐魏胤諫恪曰君以喪代之際受伊霍之託入安本朝出摧強敵名聲振於海內天下莫不震動萬姓之心冀得蒙君而息今猥以勞役之後 胡三省曰勞役謂內有山陵營作外有東關之師也 興師出征民疲力屈遠主有備 胡三省曰左傳秦大夫蹇叔諫穆公曰勞師以襲遠師勞力屈遠主備之無乃不可乎 若攻城不克野略無獲是喪前勞而招後責也不如案甲息師觀隙而動且兵者大事 左傳曰國之大事在祀與戎 事以衆濟衆苟不悅君獨安之 胡三省曰胤之言可謂深切著明矣 恪曰諸云不可者皆不見計算懷居苟安者也而子復以爲然吾何

望乎 宋本乎作焉 夫以曹芳闇劣 劣弱也 而政在私門 私門謂司馬氏 彼之臣民固有離心今吾因國家之資藉戰勝之威則何往而不克哉 胡三省曰談何容易 以胤爲都下督 都下督吳置 掌統留事胤白日接賓客夜省文書或通曉不寐 錢大昭曰此傳未全疑有脫文或曰此仿張耳陳餘魏其武安傳體劉咸炘曰曾云胤傳峻傳末皆作未了之勢猶有史記意度按此本合傳後人誤提行耳曾氏不知史篇圓神之體故有此言孫峻不附靜傳亦有馬班之遺

吳書曰胤寵任彌高接士愈勤 宋本勤作下 表奏書疏皆自經意不以委下 何焯曰經意處卽疏處也上相出征其門如市卽同異之嫌專擅之咎將自此搆矣胤與恪特未久故無敗耳

孫峻字子遠孫堅弟靜之曾孫也靜生暠暠生恭爲散騎侍郞恭生峻少便弓馬精果膽決孫權末徙武衞都尉爲侍中權臨薨受遺輔政領武衞將軍故典宿衞封都鄉侯既誅諸葛恪遷丞相大將軍督

中外諸軍事假節進封富春侯 封本縣侯也富春見孫堅傳 滕胤以恪子竦妻父辭位峻曰鯀禹罪不相及 舜之罪也殛鯀其舉也興禹 滕侯何爲峻胤雖內不沾洽 胡三省曰言其情不浹洽也 而外相包容進胤爵高密侯 高密見魏志王修傳高密屬北海時爲魏領蓋虛封耳 共事如前

吳錄曰羣臣上奏共推峻爲太尉議胤爲司徒時有媚峻者以爲大統宜在公族若滕胤爲亞公 胡三省曰司徒位亞太尉故曰亞公 聲名素重衆心所附不可貳也 通鑑貳作量 乃表以峻爲丞相又不置御史大夫士人皆失望矣 胡三省曰漢承秦制置御史大夫以副丞相理衆事今峻爲丞相而不置御史大夫則專吳國之政故國人失望

峻素無重名驕矜險害多所刑殺百姓囂然又姦亂宮人與公主魯班私通 康發祥曰峻爲孫權之從孫通於魯班是以猶子而通於姑也 五鳳元年吳侯英謀殺峻英事泄

死英爲孫登之子英死事互見登傳司馬桓慮欲殺峻立英亦死見吳歷二年魏將毌丘儉文欽以衆叛
監本官本無將字與魏人戰於樂嘉樂嘉見魏志高貴鄉公紀正元二年峻帥驃騎將軍呂據左
將軍留贊襲壽春會欽敗降軍還互見孫亮傳五鳳二年
吳書曰留贊字正明會稽長山人長山見孫晧傳寶鼎元年少爲郡吏與黃巾賊帥吳桓戰手
斬得桓贊一足被創遂屈不伸然性烈好讀兵書及三史元本史作略每覽古良將戰攻
之勢輒對書獨歎因呼諸近親謂曰今天下擾亂英豪並起歷觀前世富貴非有常人
而我屈躄在閭巷之閒存亡無以異今欲割引吾足幸不死而足申幾復見用死則已
矣親戚皆難之有閒贊乃以刀自割其筋血流滂沱氣絶良久家人驚怖亦以既爾遂
引申其足足申創愈以得蹉步馮本蹉作差淩統聞之馮本毛本統下多之字誤請與相見甚奇之
乃表薦贊遂被試用有戰功宋本作累有戰功稍遷屯騎校尉時事得失每常規諫好直言

不阿旨權以此憚之諸葛恪征東興事見恪傳贊爲前部合戰先陷陣大敗魏師遷左
將軍孫峻征淮南授贊節拜左護軍未至壽春道路病發峻令贊將車重先還車重卽輜重
魏將蔣班以步騎四千追贊贊病困不能整陣知必敗乃解曲蓋印綬古今注曲蓋太公所作也
武王伐紂大風折蓋太公因折蓋之形而制曲蓋焉付弟子以歸曰吾自爲將破敵搴旗搴音愆拔也未嘗負敗
今病困兵羸衆寡不敵汝速去矣俱死無益於國適所以快敵耳弟子不肯受拔刀欲
斫之乃去初贊爲將臨敵必先被髮叫天因抗音而歌左右應之畢乃進戰戰無不克
及敗歎曰吾戰有常術今病困若此固命也遂被害時年七十三衆庶痛惜焉二子略
平並爲大將留略事見孫亮傳建興元年又見諸葛恪傳留平事見孫晧傳鳳皇元年注引江表傳又見王蕃傳
是歲蜀使來聘將軍孫儀孫邵綝恂等孫亮傳五鳳二年秋七月將軍孫儀張怡林恂等謀殺峻發覺儀自殺恂等伏辜通鑑亦作孫儀張怡林恂當爲此傳之誤（李龍官趙一清所云皆同）欲因會殺峻事泄儀等自殺死

者數十人并及公主魯育卽朱公主違朱據者也康發祥曰峻與魯班私通因魯班之譖而殺魯育也傳中陰言其事而未明
正其罪峻欲城廣陵孫亮傳使衛尉馮朝城廣陵朝臣知其不可城而畏之莫敢言
唯滕胤諫止不從而功竟不就其明年本應書太平元年因十月始改元故書明年也文欽說
峻征魏峻使欽與呂據車騎劉纂鎮南朱異前將軍唐咨自江都入
淮泗江都見孫策傳胡三省曰江都縣屬廣陵郡此自邗溝入淮自淮入泗也以圖青徐胡三省曰魏青州統齊南樂安城陽東萊徐州統
下邳彭城東海琅邪東莞東安廣陵臨淮晉志曰周禮曰正東曰青州蓋取土居少陽其色爲青徐州取舒緩之義或云因徐丘以立名弼按魏青州尙有北海胡注漏
書魏徐州無臨淮胡注殆據晉志而誤然晉志臨淮郡下已云漢置章帝以合下邳太康元年復立胡氏殆未細審耳峻與胤至石頭石頭
見孫權傳建安十六年因餞之領從者百許人入據營據御軍齊整峻惡之稱心
痛去遂夢爲諸葛恪所擊恐懼發病死時年三十八以後事付綝
孫綝字子通與峻同祖綝父綽爲安民都尉安民都尉吳置一人綝始爲偏將

軍及峻死爲侍中武衛將軍領中外諸軍事代知朝政呂據聞之大
恐恐當作怒呂據傳太平元年帥師侵魏未及淮聞孫峻死以從弟綝自代據大怒引軍還欲廢綝通鑑亦云呂據聞孫綝代孫峻輔政大怒與諸
督將連名共表薦滕胤爲丞相綝更以胤爲大司馬代呂岱駐武昌
據引兵還使人報胤欲共廢綝綝聞之遣從兄慮將兵逆據於江都
錢大昕曰下文云峻從弟慮蓋峻之從弟於綝爲從兄實一人也三嗣主傳作孫憲憲與慮字形相涉而誤當以憲爲正孫權之次子慮封建昌侯此峻從弟不應與同名也官本考證及趙一清說同通鑑亦作憲使中使勅文欽劉纂唐咨等合衆擊據遣侍中
左將軍華融中書丞丁晏胡三省曰魏晉之制中書無丞此吳所置華戶化翻告胤取據曾云此處應將據自殺敘出或曰語在據傳或敘於殺滕胤後亦可并喻胤宜速去意胡三省曰言宜速往武昌否則且有誅罰胤自以禍
及因留融晏勒兵自衛召典軍楊崇將軍孫咨胡三省曰楊崇蓋胤帳下典軍告以綝
爲亂迫融等使有書難綝胡三省曰有者對無之稱於此則文義爲不通通鑑既因三國志舊文今亦不欲輕改難乃旦翻

綝不聽表言胤反許將軍劉丞以封爵使率兵騎急攻圍胤胤又劫融等使詐詔發兵 通鑑詐下有爲字 融等不從胤皆殺之

文士傳曰華融字德蕤廣陵江都人祖父避亂居山陰蕊山下時皇象亦寓居山陰皇象事見趙達傳注引吳錄象亦江都人與華融同縣 吳郡張溫來就象學欲得所舍或告溫曰蕊山下有華德蕤者雖年少美有令志可舍也溫遂止融家朝夕談講俄而溫爲選部尚書乃擢融爲太子庶子遂知名顯達融子諝黃門郎與融幷見害次子譚以才辯稱晉祕書監 趙一清曰晉書華譚傳祖融吳左將軍錄尚書事父諝吳黃門郎據此傳則譚是融之次子與史異弼按次子譚當作諝子譚方與晉書合

胤顏色不變譚笑若常或勸胤引兵至蒼龍門 胡三省曰蒼龍門吳建業宮之東門也 將士見公出必委綝就公 宋本必下有皆字 胡三省曰委棄也 時夜已半胤恃與據期又難舉兵向宮乃約令部曲 胡三省曰約勒而號令之 說呂侯已在近道故皆爲

胤盡死無離散者時大風比曉據不至綝兵大會遂殺胤及將士數十人夷胤三族

臣松之以爲孫綝雖凶虐與滕胤宿無嫌隙胤若且順綝意出鎭武昌豈徒免當時之禍仍將永保元吉而犯機觸害自取夷滅悲夫

綝遷大將軍假節封永寧侯 錢大昕曰三嗣主傳作永康侯誤也同時張布封永康侯弼按永寧見虞翻傳永康見孫休傳永安元年 負貴倨傲多行無禮初峻從弟慮 慮當作憲說見前下同 與誅諸葛恪之謀峻厚之至右將軍無難督授節蓋平九官事 授節蓋爲句陳本句讀誤 綝遇慮薄於峻時慮怒 宋本無怒字 與將軍王惇謀殺綝綝殺惇慮服藥死 互見孫休傳太平元年 魏大將軍諸葛誕舉壽春叛保城請降吳遣文欽唐咨全端全懌等帥三萬人救之魏鎭南將軍王基圍誕欽等突圍入城 魏志諸葛誕傳是時鎭南將軍王基始至督諸軍圍壽春未合咨欽等從城東北因山乘險得將其衆突入城 魏悉中外軍二十餘萬增誕之圍 魏志諸葛誕傳大將軍司馬文王督中外諸軍二十六萬衆臨淮討之使王基與安東將軍陳騫等四面合圍表裏再重 朱異帥三萬人屯安豐城 安豐見魏志齊王紀嘉平五年胡三省曰安豐縣漢屬廬江郡魏分屬安豐郡今安豐縣在壽春南八十里 爲文欽勢 通鑑作爲文欽外勢 魏兗州刺史州泰拒異於陽淵 胡三省曰水經注決水出廬江雩婁縣北過安豐縣東又北右會陽泉水水西有陽泉縣故城故陽泉鄉也漢靈帝封黃琬爲侯國決水又北入于淮趙一清曰方輿紀要卷二十一陽淵卽陽泉亦卽滿寵傳之陽宜口也在壽州霍丘縣西八十里謝鍾英曰水經注施水支津下注爲陽淵其地在芍陂東南與安豐兵勢不相接州泰所屯之陽淵當在今霍丘東壽州西 異敗退爲泰所追死傷二千人綝於是大發卒出屯鑊里 鑊里見孫亮傳太平二年趙一清曰方輿紀要卷二十四鑊里在無爲州巢縣西北濱巢湖 復遣異率將軍丁奉黎斐等五萬人攻魏留輜重於都陸 胡三省曰水經注博鄉縣王莽改曰楊陸泄水出焉北過芍陂又西北入於淮意者都陸卽楊陸歟又據晉紀都陸在黎漿南謝鍾英曰都陸當在壽州芍陂東南 異屯黎漿 黎漿見魏志諸葛誕傳 遣將軍任度張震等募勇敢六千

人於屯西六里爲浮橋夜渡築偃月壘爲魏監軍石苞及州泰所破軍卻退就高異復作車箱圍趣五木城苞泰攻異異敗歸而魏太山太守胡烈以奇兵五千詭道襲都陸 局本誤作陸都 盡焚異資糧 趙一清曰晉書文帝紀異之餘卒餒甚食葛葉而遁 綝授兵三萬人使異死戰異不從綝斬之於鑊里 互見孫亮傳太平二年及朱異傳注引吳書 而遣弟恩救會誕敗引還綝既不能拔出誕而喪敗士衆自戮名將莫不怨之綝以孫亮始親政事多所難問甚懼還建業稱疾不朝築室於朱雀橋南 方輿紀要朱雀橋今江寧府聚寶門內鎭淮橋 使弟威遠將軍據入蒼龍宿衞 通鑑龍下有門字 弟武衞將軍恩偏將軍幹長水校尉闓 胡三省曰闓音開又苦亥翻 分屯諸營欲以專朝自固 通鑑無專朝二字 亮內嫌綝乃推魯育見殺本末 胡三省曰尋問朱公主所以見殺之意 責怒虎林督朱熊 虎林見孫權傳太元二年 熊弟外部

督朱損（胡三省曰吳外部督建業外營兵）不匡正孫峻乃令丁奉殺熊於虎林殺損於建業綝入諫不從亮遂與公主魯班太常全尚將軍劉承（胡三省曰劉承卽劉丞趙一清曰前後兩承字俱當作丞）議誅綝亮妃綝從姊女也以其謀告綝綝率衆夜襲全尚遣弟恩殺劉承於蒼龍門外遂圍宮

江表傳曰亮召全尚息黃門侍郎紀密謀曰孫綝專勢輕小於孤（胡三省曰謂輕視之以爲幼小也）孤見勅之（通鑑見作前）使速上岸爲唐咨等作援而留湖中不上岸一步又委罪朱異擅殺功臣不先表聞築第橋南（築第朱雀橋南也）不復朝見此爲自在無復所畏（胡三省曰自在謂居處自如不復知有君上）不可久忍今規取之（規圖也）卿父作中軍都督（胡三省曰衛將軍督中軍）使密嚴整士馬孤當自出臨橋帥宿衞虎騎左右無難一時圍之（胡三省曰吳有左右無難督督無難營兵）作版詔勅綝所領皆解散不得舉手（馮本舉作奉誤）正爾（胡三省曰正爾猶言正如此也）自得之（通鑑作自當得之）無卿

去（無字衍）但當使密耳卿宣詔語卿父（通鑑無語字）勿令卿母知之女人既不曉大事且綝同堂姊邂逅泄漏誤孤非小也紀承詔以告尚尚無遠慮以語紀母母使人密語綝綝夜發嚴兵廢亮比明兵已圍宮亮大怒上馬帶鞬執弓欲出（胡三省曰鞬居言翻弢弓矢器）曰孤大皇帝之適子（胡三省曰適讀曰嫡）在位已五年誰敢不從者侍中近臣及乳母共牽攀止之乃不得出（通鑑無乃字）歎咤二日不食罵其妻曰（通鑑作歎咤不食罵全后曰）爾父憒憒（胡三省曰憒烏外翻類篇曰悶也）敗我大事又呼紀（通鑑作又遣呼紀）紀曰臣父奉詔不謹負上無面目復見因自殺

孫盛曰亮傳稱亮少聰慧（宋本慧作惠）勢當先與紀謀不先令妻知也江表傳說漏泄有由（馮本毛本由作白誤一本作自）於事爲詳矣（通鑑輯覽曰不密害成亮之所以屬紀也然終以婦人漏泄不密孰甚于此鼠矢燭奸則所謂小事不糊塗耳）

使光祿勳孟宗告廟廢亮（何焯曰孟宗於此恨無大節可取與王祥皆一行而已）召羣司議曰少帝荒病昏亂不可以處大位承宗廟以告先帝（宋本無此四字通鑑有之）廢之諸君若有不同者下異議皆震怖曰唯將軍令綝遣中書郎李崇奪亮璽綬以亮罪狀班告遠近（宋本無班字通鑑有之）尚書桓彝不肯署名（趙一清曰困學紀聞云吳有桓彝晉亦有桓彝此忠臣名氏之同者）綝怒殺之

漢晉春秋曰彝魏尚書令階之弟　吳錄曰晉武帝問薛瑩吳之名臣瑩對稱彝有忠貞之節

典軍施正（胡三省曰吳制中營置左右典軍）勸綝徵立琅邪王休綝從之遣宗正楷奉書於休曰綝以薄才見授大任不能輔導陛下頃月以來多所造立親近劉承悅於美色發吏民婦女料其好者留於宮內取兵子弟十八已下三千餘人習之苑中連日續夜大小呼嗟敗壞藏中矛戟五

千餘枚以作戲具朱據先帝舊臣子男熊損皆承父之基以忠義自立昔殺小主自是大主所創帝不復精其本末便殺熊損諫不見用諸下莫不側息帝於宮中作小船三百餘艘成以金銀師工晝夜不息太常全尚累世受恩不能督諸宗親而全端等委城就魏尚位過重曾無一言以諫陛下而與敵往來使傳國消息懼必傾危社稷推案舊典運集大王輒以今月二十七日擒尚斬承以帝爲會稽王遣楷奉迎百寮喁喁立住道側綝遣將軍孫耽送亮之國徙尚於零陵遷公主於豫章（全公主也）綝意彌溢侮慢民神遂燒大橋頭伍子胥廟（史記伍子胥列傳吳人憐之爲立祠於江上吳地記曰越軍於蘇州東南三十里三江口又向下三里臨江北岸立壇殺白馬祭子胥杯動酒盡後因立廟於此江上今其側有浦名上壇浦至晉會稽太守麋豹移廟吳郭東門內道南今廟見在一統志吳郡志云伍子胥廟有二一在胥口胥江上一在盤門內城西隅）又壞浮

屠祠斬道人 何焯曰釋子稱僧到赤烏年此是其證笮融丹楊人意其所煽也梁章鉅曰法苑珠林舍利篇云吳孫權赤烏四年有外國沙門康僧會創達江表設像行道吳人以爲妖異權召會問佛有何靈瑞曰佛晦靈迹遺骨舍利應現無方神迹感通祈求可獲權曰若得舍利當爲興寺經三七日至誠求請遂獲瓶中且呈於權光照宮殿權使力者盡力擊之椎砧俱陷舍利不損又以火燒騰光上涌權大發信乃爲立寺名爲建初改所住地名佛陀里孫綝所壞當卽此寺矣又云孫晧虐政欲屏除佛法燔經夷塔按晧事不見史疑卽綝也 休旣卽位稱草莽臣 何焯曰劉宗周南渡時上書號草莽臣自是不觀史書之失 詣闕上書曰臣伏自省才非幹國因緣肺腑 宋本肺作胏是各本皆誤 位極人臣傷錦敗駕 左傳子產謂子皮曰子有美錦不使人學製焉大官大邑身之所庇而使學者製焉其爲美錦不亦重乎范書劉玄傳軍師將軍李淑諫曰敗材傷錦所宜致慮晉書庾冰傳策敗駕之蹶以冀萬里之功非天眷之隆將何以至此 罪負彰露尋愆惟闕 惟思也 夙夜憂懼臣聞天命棐諶 詩大雅蕩之章天生烝民其命匪諶毛傳云諶誠也鄭箋云天之生此衆民其教導之非當以誠信使之忠厚乎今則不然尙書大誥篇天棐忱辭其考我民孔傳云言我周家有大化誠辭爲天所輔其成我民矣正義曰釋詁云棐輔也忱誠也 必就有德是以幽厲失度周宣中興陛下聖德纂承大統 馮本纂作纂誤 宜得良輔以協雍熙雖堯之盛猶求稷契之佐以協明聖之德古人有言陳力就列不能者止臣雖自展竭無益庶政謹上印綬節鉞退還田里以避賢路 胡三省曰謂他有賢者進用恐妨其路求引身避之 休引見慰喩又下詔曰朕以不德守藩于外值茲際會羣公卿士暨于朕躬以奉宗廟朕用憮然若涉淵冰大將軍忠計內發扶危定傾安康社稷功勳赫然昔漢孝宣踐阼霍光尊顯襃德賞功古今之通義也其以大將軍爲丞相荊州牧食五縣 胡三省曰綝遷大將軍封永寧侯今休以援立之功增其封邑 恩爲御史大夫衞將軍據右將軍皆縣侯幹雜號將軍亭侯闓亦封亭侯綝一門五侯皆典禁兵權傾人主自吳國朝臣未嘗有也綝奉牛酒詣休休不受齎詣左將軍張布酒酣出怨言曰初廢少主時多勸吾自爲之者吾以陛下賢明故迎之帝非我不立今上禮見拒是與凡臣無異當復改圖耳布以言聞休 胡三省曰綝以布爲吳主所信倚故詣之酒酣失言遂以買禍綝之凶愚其赤族宜矣 休銜之恐其有變數加賞賜又復加恩侍中與綝分省文書 胡三省曰分綝之權也 或有告綝懷怨侮上欲圖反者休執以付綝綝殺之由是愈懼因孟宗求出屯武昌休許焉盡勑所督中營精兵萬餘人皆令裝載 胡三省曰中營兵卽中軍也吳人謂裝船爲裝載綝欲以此兵自隨上武昌車船裝物皆曰載詩云載輸爾載 所取武庫兵器咸令給與 或曰孫休頗有屈伸異於曹髦孫亮多矣

吳歷曰綝求中書兩郎典知荊州諸軍事主者奏中書不應外出休特聽之其所請求一皆給與 一皆給與通鑑作一無違者

將軍魏邈說休曰綝居外必有變武衞士施朔 宋本無士字胡三省曰武衞士武衞之士也 又告綝欲反有徵休密問張布布與丁奉謀於會殺綝永安元年十二月丁卯建業中謠言明會有變 胡三省曰謂會明日臘會也吳以土德王用辰臘 綝聞之不悅夜大風發木揚沙 通鑑木作屋 綝益恐戊辰臘會綝稱疾休彊起之使者十餘輩綝不得已將入衆止焉綝曰國家屢有命不可辭可豫整兵令府內起火因是可得速還遂入尋而火起 胡三省曰尋繼時也 綝求出休曰外兵自多不足煩丞相也綝起離席奉布目左右縛之綝叩頭曰 宋本頭作首 願徙交州休曰卿何以不徙滕胤呂據 通鑑下有於交州乎四字 綝復曰願沒爲官奴休曰何不以胤據爲奴乎遂斬之 趙一清曰還寃記徐光嘗過孫綝門褰衣而趨左右唾踐或問其故答曰流血臭腥不可耐綝聞而殺之斬其首無血及綝廢幼帝更立景帝將拜陵上車車爲之傾因顧見徐光在松柏樹上指揮嗤笑之綝問侍從無見者綝惡之俄而景帝誅綝 以綝首令其衆曰諸與綝同謀皆赦放仗者五千人闓乘船欲北降追殺之 胡三省曰綝之諸弟據恩幹蓋已就誅獨闓走欲投北 夷三族發孫峻棺取其

印綬斲其木而埋之胡三省曰古者棺槨厚薄皆有度斲而薄之以示貶以殺魯育等故也綝死時年二十八休恥與峻綝同族特除其屬籍稱之曰故峻故綝云休又下詔曰諸葛恪滕胤呂據蓋以無罪爲峻綝兄弟所見殘害可爲痛心促皆改葬各爲祭奠其羅恪等事見遠徙者一切召還劉成炘曰此總上諸人足見文本一貫

濮陽興字子元陳留人也父逸漢末避亂江東官至長沙太守胡三省曰濮陽以邑爲姓陳留風俗傳漢有長沙太守濮陽逸逸事見陸瑁傳事字疑衍

興少有士名孫權時除上虞令上虞見孫策傳稍遷至尚書左曹吳尚書有左曹以五官中郎將使蜀還爲會稽太守興爲會稽太守事見虞翻傳注引會稽典錄時琅邪王休

居會稽興深與相結及休卽位徵興爲太常衞將軍平軍國事平軍國事始見於此封外黃侯郡國志兗州陳留郡外黃一統志今河南開封府杞縣東范書爰延傳延陳留外黃人縣令禮請延爲延掾濮陽潛爲主簿是濮陽爲外黃人興蓋封本縣侯永安三年都尉嚴密建丹楊湖田作浦里塘浦里塘見孫休傳永安三年詔百官會議咸以爲用功多而田不保成唯興以爲可成遂會諸兵民就作功傭之費不可勝數士卒死亡或自賊殺百姓大怨之興遷爲丞相見孫休傳永安五年與休寵臣左將軍張布共相表裏布典宮省興關軍國邦內失望七年七月休薨左典軍萬彧素與烏程侯孫晧善乃勸興布於是興布廢休適子而迎立晧晧既踐阼加興侍郎宋本作侍中錢大昕曰興位爲丞相何緣更加侍郎此必誤宋本作中郎亦未可據官本考證同弼按宋本作侍中錢說誤沈欽韓曰興已爲丞相當加官侍中作侍郎者誤也李慈銘曰此蓋侍中之誤傳言綝弟恩爲御史大夫復加侍中卽此比也丞相與御史大夫爲兩府官尊相亞而加侍中則兼內職爲親臣六朝三公必加侍中此其濫觴矣領青州牧

俄彧譖興布追悔前事十一月朔入朝晧因收興布徙廣州道追殺之夷三族孫晧納張布女見何姬傳注引江表傳

評曰諸葛恪才氣幹略邦人所稱然驕且吝周公無觀況在於恪矜己陵人能無敗乎若躬行所與陸遜及弟融之書則悔吝不至何尤禍之有哉滕胤厲修士操遵蹈規矩而孫峻之時猶保其貴必危之理也峻綝凶豎盈溢固無足論者濮陽興身居宰輔慮不經國協張布之邪納萬彧之說誅夷其宜矣

吳書十九　　三國志六十四

王樓賀韋華傳第二十

晉平陽侯相安漢陳壽撰

宋中書侍郎西鄉侯聞喜裴松之注

沔陽盧弼集解

王蕃字永元廬江人也博覽多聞兼通術藝潘眉曰蕃明於天文宋志云吳時爲中常侍善數術傳劉洪乾象歷依乾象法而制渾儀立論考度古舊渾象以二分爲一度凡周七尺三寸半分張衡更制以四分爲一度凡周二丈四尺六寸蕃以古制局小星辰稠概衡器傷大難可轉移更制渾象以三分爲一度凡周天一丈九寸五分四分分之三也始爲尚書郎去官孫休卽位與賀邵薛瑩虞汜賀邵傳見後薛瑩見薛綜傳虞汜見虞翻傳俱爲散騎中常侍皆加駙馬都尉時論淸之趙一淸曰方輿紀要卷九十七建安城今建寧府城也志云三國吳永安三年郡守王蕃始築城於溪南覆船山下一淸案本傳不言蕃爲建安守也遣使至蜀蜀人稱焉還爲夏口監軍孫晧初復入爲常侍與萬彧同官彧與晧有舊俗士挾侵宋本士作王誤謂蕃自輕郁松年曰通志作挾主自尊謂蕃輕己語較明晰又中書丞陳聲陳聲見孫晧傳鳳皇二年晧之嬖臣數譖毀蕃蕃體氣高亮不能承顏順指時或迕意積以見責甘露二年甘露二年卽寶鼎元年丁忠使晉還晧大會羣臣蕃沈醉頓伏晧疑而不悅轝蕃出外胡三省曰轝羊茹翻頃之請還通鑑請作召酒亦不解蕃性有威嚴通鑑作蕃好治威儀行止自若晧大怒呵左右於殿下斬之衞將軍滕牧征西將軍留平請不能得

江表傳曰晧用巫史之言謂建業宮不利乃西巡武昌仍有遷都之意恐羣臣不從乃大請會賜將吏問蕃射不主皮爲力不同科其義云何蕃思惟未答卽於殿上斬蕃出登來山胡三省曰水經注武昌城南有來山卽樊山也吳孫晧登之使親近擲王蕃首而虎爭之使親近將跳蕃首通鑑跳作擲無將字

官本考證曰跳字疑衍或作挑作虎跳狼爭咋齧之胡三省曰跳它弔翻咋側革翻唊也齧魚結翻噬也頭皆碎壞欲以示威使衆不敢犯也此與本傳不同　吳錄曰晧每於會因酒酣輒令侍臣嘲謔公卿以爲笑樂萬彧既爲左丞相蕃嘲彧曰魚潛於淵出水煦沫何則物有本性不可橫處非分也彧出自谿谷羊質虎皮虛受光赫之寵跨越三九之位范書郞顗傳三九之位未見其人章懷注三公九卿也犬馬猶能識養周壽昌曰論語鄭注包咸曰犬能守禦馬能代勞皆能養人合此所言足證漢經師古訓如此將何以報厚施乎或曰唐虞之朝無謬舉之才造父之門無駑蹇之質史記趙世家造父幸於周繆王造父取驥之乘匹與桃林盜驪驊騮綠耳獻之繆王繆王使造父御西巡狩見西王母樂之忘歸而徐偃王反繆王日馳千里馬攻徐偃王大破之乃賜造父以趙城由此爲趙氏蕃上誣明選下訕楨幹亦何傷於日月適多見其不知量耳論語人雖欲自絕其何傷於日月乎多見其不知量也

臣松之案本傳云丁忠使晉還晧爲大會於會中殺蕃檢忠從北還在此年之春彧時尚未爲丞相至秋乃爲相耳吳錄所言爲乖互不同

丞相陸凱上疏曰錢大昕曰凱疏已見本傳此重出常侍王蕃黃中通理知天知物處朝忠蹇斯社稷之重鎭大吳之龍逢也韓詩外傳關龍逢事桀桀爲酒池可以運舟糟丘足以望十里而牛飲者三千人關龍逢進諫桀囚而殺之昔事景皇納言左右景皇欽嘉歎爲異倫而陛下忿其苦辭惡其直對梟之殿堂尸骸暴棄郡內傷心宋本郡作邦陸凱傳亦作邦有識悲悼其痛蕃如此蕃死時年三十九晉書天文志吳時中常侍廬江王蕃善數術傳劉洪乾象歷依其法而制渾儀立論攷度又歷志曰中常侍王蕃以洪術精妙用推渾天之理以制儀象及論隋書天文志蕃以古製局小以布星辰相去稠概不得了察張衡所作又復傷大難可轉移蕃今所作以三分爲一度周一丈九寸五分四分分之三長古法三尺六寸五分四分分之一減衡法亦三尺六寸五分四分分之一開元占經二吳時廬江王蕃字興元爲中常侍善歷數之學嘗造渾儀及渾天象說隋書經籍志渾天象注一卷吳散騎常侍王蕃撰唐經籍志渾天象注一卷王蕃撰藝文志王蕃渾天象注一卷阮元疇人傳論曰蕃立論攷度通達平正可謂言天家之圭臬矣嚴可均全三國文曰王蕃渾天象說晉書宋書隋書天文志北堂書鈔一百三十開元占經一太平御覽二並引之晧徙蕃家屬廣州二弟著延皆作佳器作字疑衍郭馬起事

不爲馬用見害郭馬事見孫皓傳天紀三年
樓玄字承先沛郡蘄人也蘄縣見魏志武紀建安十八年侯康曰御覽七百五十七引婁玄別傳云昔山越民反所過殘毀至婁氏之里往中庭顧見釜甑尙著於竈曰恐他遠寇取之仍爲取洗沈著井中而去婁家後還皆盡得之孫休時爲監農御史監農御史一人吳置孫皓卽位與王蕃郭連萬彧宋本連作逵陸凱傳亦作逵俱爲散騎中常侍出
爲會稽太守入爲大司農舊禁中主者自用親近人作之彧陳親密
近職宜用好人皓因敕有司求忠清之士以應其選遂用玄爲宮下
鎭宮下鎭見孫韶傳禁中侯沈欽韓曰侯當作候蓋與漢北軍中候同名此誤主殿中事胡三省曰吳舊事禁中主者自用親近人皓以彧言用玄主殿中事玄從九卿玄官大司農九卿也持刀侍衞正身率衆奉法而行應
對切直數迕皓意漸見責怒後人誣白玄與賀邵相逢駐共耳語大
笑胡三省曰駐駐車也謗訕政事遂被詔詰責送付廣州東觀令華覈上疏曰

臣竊以治國之體其猶治家主田野者皆宜良信又宜得一人總其
條目爲作維綱衆事乃理論語曰無爲而治者其舜也與恭己正南
面而已此論語孔子之辭何晏集解云言在官得其人故無爲而治言所任得其人故優游而自逸也
今海內未定天下多事事無大小皆當關聞動經御坐勞損聖慮陛
下既垂意博古綜極藝文加勤心好道隨節致氣宜得閑靜以展神
思呼翕清淳與天同極臣夙夜思惟諸吏之中任幹之事足委杖者
無勝於樓玄玄清忠奉公冠冕當世衆服其操無與爭先夫清者則
心平而意直忠者惟正道而履之如玄之性終始可保乞陛下赦玄
前愆使得自新擢之宰司責其後效使爲官擇人隨才授任則舜之
恭己近亦可得皓疾玄名聲復徙玄及子據付交阯將張奕使以戰

自效陰別敕奕令殺之據到交阯病死玄一身隨奕討賊持刀步涉
見奕輒拜奕未忍殺會奕暴卒玄殯斂奕於器中見敕書還便自殺
江表傳曰皓遣將張奕追賜玄鴆奕以玄賢者不忍卽宣詔致藥玄陰知之謂奕曰當
早告玄玄何惜邪卽服藥死　臣松之以玄之清高必不以安危易操無緣驟拜張奕
以虧其節且禍機既發豈百拜所免江表傳所言於理爲長
賀邵字興伯會稽山陰人也錢大昕曰邵爲後將軍賀齊之孫依史例當於篇首著其世系不應更書郡縣也或於齊傳末書孫邵有傳陳景雲曰邵果齊孫應係齊傳如顧譚附祖傳之比不別立傳矣弼按錢說是陳說誤邵乃齊孫也
吳書曰邵賀齊之孫景之子何焯曰景賀齊之弟邵乃從子非孫也吳書誤盧明楷曰賀齊傳云子達及弟景皆有令名爲佳將則邵乃齊之從子非孫也弼按賀齊傳云子達及弟景者謂達之弟名景也例如陸抗傳子晏嗣晏及弟景玄機雲分領抗兵亦同此例何盧二說皆誤又按晉書賀循傳循曾祖齊仕吳爲名將祖景滅賊校尉父邵中書令爲孫皓所殺云云是邵之世系明白顯然毫無疑義也又按邵弟惠見孫皓傳鳳皇元年注引吳歷

孫休卽位從中郎爲散騎中常侍趙一清曰御覽卷三百八十九引會稽典錄曰賀邵著容止止其衣冠肇其瞻視動靜有常與人交久益敬之至於宮府左右莫見其跣坐常著襪希見其足晉書儒林傳范平字子安錢塘人研覽墳索遍該民氏姚信賀邵之徒皆從受業太康中卒詔加諡號曰文貞先生賀循勒碑紀其德行出爲吳郡太守趙一清曰世說政事篇賀太傅作吳郡初不出門吳中諸彊族輕之乃題府門曰會稽鷄不能啼賀聞故出行至門反顧索筆足之曰不可啼殺吳兒於是至諸屯邸檢校諸顧陸役使官兵及藏逋亡悉以事言上罪者甚衆陸抗時爲江陵都督故下請孫皓然後得釋孫皓時入爲左典軍遷中書令領太子太傅皓凶暴驕矜政
事日弊邵上疏諫曰古之聖王所以潛處重闈之內而知萬里之情
垂拱衽席之上明照八極之際者任賢之功也陛下以至德淑姿統
承皇業宜率身履道恭奉神器旍賢表善旍同旌以康庶政自頃年以
來朝列紛錯眞僞相貿通鑑作貿貿音茂貿猶亂也交互之義貿與貿同上下空任文武曠位
外無山嶽之鎭內無拾遺之臣佞諛之徒拊翼天飛干弄朝威盜竊

榮利而忠良排墜信臣被害是以正士摧方胡三省曰摧方言刓稜角而爲圓也而庸臣苟媚先意承指各希時趣人執反理之評監本執作埶誤士吐詭道之論胡三省曰詭違也異也遂使清流變濁忠臣結舌陛下處九天之上隱百重之室通鑑重作里胡注管子曰堂上遠於百里言出風靡令行景從親洽寵媚之臣日聞順意之辭將謂此輩實賢而天下已平也臣心所不安敢不以聞臣聞興國之君樂聞其過荒亂之主樂聞其譽聞其過者過日消而福臻聞其譽者譽日損而禍至是以古之人君揖讓以進賢虛己以求過譬天位於乘犇尚書五子之歌予臨兆民懔乎若朽索之馭六馬以虎尾爲警戒尚書君牙篇若蹈虎尾涉于春冰至於陛下嚴刑法以禁直辭黜善士以逆諫臣通鑑臣作口眩燿毀譽之實沈淪近習之言昔高宗思佐夢寐得賢尚書說命篇夢帝賚予良弼而陛下求之如忘忽之如遺故常侍王蕃忠恪在公才任輔弼以醉酒之閒加之大戮近鴻臚葛奚先帝舊臣偶有逆迕昏醉之言耳三爵之後禮所不諱沈欽韓曰燕禮司正升受命皆命君曰無不醉賓及卿大夫皆興對曰諾敢不醉此則獻酬之後禮所不諱也陛下猥發雷霆謂之輕慢飲之醇酒官本考證曰醇疑作酖中毒隕命自是之後海內悼心朝臣失圖仕者以退爲幸居者以出爲福誠非所以保光洪緒熙隆道化也又何定本趨走小人僕隸之下身無錙銖之行能無鷹犬之用而陛下愛其佞媚假其威柄使定恃寵放恣自擅威福口正國議手弄天機上虧日月之明下塞君子之路夫小人求入必進姦利定閒妄興事役發江邊戍兵以驅麋鹿結罝山陵馮本毛本罝作置誤芟夷林莽殫其九野之獸聚於重圍之內上無益時之分下有損耗之費而兵士

罷於運送人力竭於驅逐老弱饑凍大小怨歎臣竊觀天變自比年以來陰陽錯謬四時逆節日食地震中夏隕霜參之典籍皆陰氣陵陽小人弄勢之所致也臣嘗覽書傳驗諸行事災祥之應所爲寒慄昔高宗修己以消鼎雉之異史記殷本紀武丁祭成湯明日有飛雉登鼎耳而呴武丁懼祖己曰王勿憂先修政事武丁修政行德天下咸驩殷道復興武丁崩祖己嘉武丁之以祥雉爲德立其廟爲高宗宋景崇德以退熒惑之變史記宋微子世家熒惑守心心宋之分野也景公憂之司星子韋曰可移於相景公曰相吾之股肱曰可移於民景公曰君者待民曰可移於歲景公曰歲饑民困吾誰爲君子韋曰天高聽卑君有君人之言三熒惑宜有動於是候之果徙三度願陛下上懼皇天譴告之誚下追二君禳災之道宋本禳作攘誤遠覽前代任賢之功近寤今日謬授之失清澄朝位旌敘俊乂放退佞邪抑奪姦勢如是之輩官本考證曰是疑作定指上何定也一勿復用廣延淹滯容受直辭祇承乾指敬奉先業則大化光敷天人望塞也傳曰國之興也視民如赤子其亡也以民爲草芥左傳陳逢滑曰國之興也視民如傷其亡也以民爲土芥陛下昔韜神光潛德東夏以聖哲茂姿龍飛應天四海延頸八方拭目以成康之化必隆於旦夕也自登位以來法禁轉苛賦調益繁中官內豎宋本作中宮內豎官本考證曰疑作中官周壽昌曰孫晧鳳皇二年傳云晧愛妾或使人至市劫奪百姓財物正此疏所指中宮也既云內豎無容先說中官分布州郡橫興事役競造姦利百姓罹杼軸之困詩小雅大東小東大東杼柚其空朱傳云小東大東東方小大之國也杼持緯者也柚受經者也空盡也言東方小大之國杼柚皆已空矣黎民罷無已之求罷讀曰疲老幼饑寒家戶菜色而所在長吏迫畏罪負嚴法峻刑苦民求辦是以人力不堪家戶離散呼嗟之聲感傷和氣又江邊戍兵遠當以拓土廣境近當以守界備難宜時優育宋本時作特以待有事而徵發賦調煙至雲集衣不全裋褐食不贍朝夕毛本贍誤作瞻出當鋒鏑之

難入抱無聊之感是以父子相棄叛者成行願陛下寬賦除煩振恤窮乏省諸不急盪禁約法則海內樂業大化普洽夫民者國之本食者民之命也今國無一年之儲家無經月之畜而後宮之中坐食者萬有餘人內有離曠之怨外有損耗之費使庫廩空於無用士民饑於糟糠又北敵注目伺國盛衰陛下不恃己之威德而怙敵之不來忽四海之困窮而輕虜之不爲難誠非長策廟勝之要也昔大皇帝勤身苦體創基南夏割據江山拓土萬里雖承天贊實由人力也餘慶遺祚至於陛下陛下宜勉崇德器以光前烈愛民養士保全先軌何可忽顯祖之功勤輕難得之大業忘天下之不振替興衰之巨變哉臣聞否泰無常吉凶由人長江之限不可久恃苟我不守一葦可

航也通鑑航作杭胡注詩云誰謂河廣一葦杭之毛氏曰杭渡也鄭玄曰言一葦加之則可以渡也昔秦建皇帝之號據殽函之阻德化不修法政苛酷毒流生民忠臣杜口是以一夫大呼社稷傾覆近劉氏據三關之險潘眉曰張瑩漢南記蜀陽平江關白水爲三關（見方輿紀要卷五十六）沈欽韓曰漢中有興勢廣漢有葭萌梓潼有劍閣守重山之固可謂金城石室萬世之業任授失賢一朝喪沒君臣係頸共爲羈僕此當世之明鑒目前之炯戒也願陛下遠考前事近覽世變豐基彊本割情從道則成康之治興而聖祖之祚隆矣胡三省曰聖祖謂孫權也書奏晧深恨之邵奉公貞正親近所憚乃共譖邵與樓玄謗毀國事俱被詰責玄見送南州廣州在南故曰南州邵原復職後邵中惡風口不能言去職數月晧疑其託疾收付酒藏掠考千所通鑑所作數胡注中竹仲翻藏徂浪翻掠音亮邵卒無一語竟見殺害錢大昕曰晉書賀循傳元帝與循言及吳時事因問曰孫晧嘗燒鋸截一賀頭是誰邪循未及言帝悟曰是賀邵也循流涕曰先父遭遇無道循創巨痛深無以上答此傳不載燒鋸截頭事裴注亦不之及林國贊曰按晧傳燒鋸截頭是陳聲事非賀邵事但晧淫刑所及被害非一或聲邵均遭鋸頭亦未可知晉書校文三曰吳志但言邵中風不能言晧疑其託疾掠考致死無鋸截事世說誤以聲事屬之邵注言邵中風不能言爲晧考殺蓋亦以燒鋸事不足信故引邵傳正之晉書猶復采錄可謂好奇矣家屬徙臨海并下詔誅玄子孫是歲天册元年也邵年四十九

邵子循字彥先虞預晉書曰循丁家禍流放海濱吳平還鄉里節操高厲童齔不羣言行舉動必以禮讓好學博聞尤善三禮晉書賀循傳循少玩篇籍善屬文博覽衆書尤精禮傳吳士鑑曰御覽二百四十三引晉中興書曰行有餘力則精書學由是博覽羣書尤明三禮爲江表儒宗隋經籍志梁有賀循要記六卷亡通典八十一一百二引之舉秀才晉書賀循傳國相丁乂請爲五官掾刺史嵇喜舉秀才除陽羨武康令陽羨見孫權傳卷首晉書地理志揚州吳興郡武康縣宋書州郡志吳興太守武康令吳分烏程餘杭立永安縣晉武帝太康元年更名一統志今浙江湖州府武康縣西顧榮陸機陸雲表薦循曰伏見吳興武康令賀循德量邃茂才鑒清遠服膺道素風操凝峻歷踐三城晉書循傳作歷試二城潘眉曰當爲

二城謂陽羨武康也刑政肅穆守職下縣編名凡萃出自新邦朝無知己晉書循傳循爲武康令政教大行鄰城宗之然無援於朝久不進序恪居遐外志不自營年時倏忽而邈無階緒實州黨愚智所爲悵然臣等並以凡才累授飾進被服恩澤忝豫朝末知良士後時而守局無言懼有蔽賢之咎是以不勝愚管謹冒死表聞久之召爲太子舍人石冰破揚州各本冰作沐誤循亦合衆事平杜門不出晉書循傳逆賊李辰起兵江夏征鎮不能討皆望塵奔走辰別帥石冰略有揚州逐會稽相張景冰大將抗寵有衆數千屯郡講堂循移檄於寵爲陳順逆寵遂遁走一郡悉平循迎景還郡卽謝兵士杜門不出論功報賞一無豫焉陳敏作亂以循爲丹陽內史循稱疾固辭敏不敢逼於是江東豪右宋本是作時無不受敏爵位惟循與同郡朱誕不挂賊網潘眉曰晉書賀循傳作吳郡朱誕賀循會稽人非同郡吳士鑑曰寰宇記九十一朱誕墓在婁門外一里晉光祿大夫朱誕字永長父恩本國中正少有奇名藏跡吳中晉陽秋云陳敏亂三吳知名之士皆受爵祿賀循朱誕不辱其身後除吳國內史不就元皇帝爲鎮東將軍請循爲軍司馬沈家本曰晉書循傳以軍司顧榮卒引循代之則此注馬字疑衍帝爲晉王以循爲中書令固讓不

受轉太常領太子太傅時朝廷初建動有疑義宗廟制度皆循所定朝野諮詢爲一時儒宗年六十太興二年卒 馮本二作工陳本作五均誤 追贈司空謚曰穆循諸所著論並傳於世 隋經籍志司空賀循集十八卷梁二十卷兩唐志二十卷 子隰臨海太守 李慈銘越縵堂日記曰通典六十七載尚書張闓駁議云故司空賀循取從子紘爲子循後有晚生子遺紘歸本此事晉書賀循傳不載止云有子隰耳

韋曜字弘嗣吳郡雲陽人也 雲陽見孫策傳曲阿注潘眉曰曲阿至吳嘉禾三年始改名雲陽曜在鳳皇年閒已七十許蓋生於建安時當作曲阿人此据後縣名追改之非是 曜本名昭史爲晉諱改之 錢大昕曰三國志於晉諸帝諱多不回避如后妃傳不本淑懿高堂隆傳留其淑懿吳主王夫人傳追尊大懿皇后步夫人傳有淑懿之德以至太師軍師昭烈昭獻昭文昭德昭告之類不勝枚舉蜀後主傳景耀六年改元炎興亦未回避而諸臣傳但稱景耀六年不書炎興之號最爲得體此韋曜之名注家以爲避晉諱然攷書中段昭董昭胡昭公孫昭張昭周昭輩皆未追改何獨於曜避之疑弘嗣本有二名也 少好學能屬文 趙一清曰晉書樂志吳使韋昭制十二曲名以述功德受命宋樂志何承天曰世咸傳吳朝無雅樂案孫晧迎父喪明陵惟云倡伎晝夜不息則無金石登哥可知矣承天曰或云今之神絃孫氏以爲宗朝登哥也史臣案陸機孫權誄肆夏在廟雲翹承機不容虛設此言又韋昭孫休世上鼓吹鐃哥十二曲表曰當付樂官善哥者習哥然則吳朝非無樂官善哥者乃能以哥辭被絲管寧容止以神絃爲廟樂而已乎隋禮儀志韋昭著西蠶頌則孫氏亦有其禮 從丞相掾除西安令 西安見太史慈傳 還爲尚書郎遷太子中庶子時蔡穎亦在東宮 蔡穎見孫和傳 性好博奕 文選李善注系本曰烏曹作博許愼說文曰博局戲也六著十二棊也揚雄方言曰圍棊自關而東齊魯之閒爲之奕 太子和以爲無益命曜論之 何焯曰此事已載和傳似可省也弼按此傳以文美見傳不嫌複也 其辭曰蓋聞君子恥當年而功不立疾沒世而名不稱故曰學如不及猶恐失之 皆論語之辭 是以古之志士悼年齒之流邁而懼名稱之不立也 文選立作建 故勉精厲操 文選無故字 晨興夜寐不遑寧息經之以歲月累之以日力若甯越之勤董生之篤 李善注呂氏春秋曰甯越中牟之鄙人也苦耕稼之勞謂其友曰何爲而可以免此苦耕也其友曰莫如學學三十歲則可達矣甯越曰請以十五歲人將休吾將不休人將臥吾將不敢臥十五歲而周威王師之漢書曰董仲舒修春秋三年不窺園圃

其精如此 漸漬德義之淵棲遲道藝之域且以西伯之聖姬公之才猶有日昃待旦之勞 尚書周公曰文王自朝至于日中昃不遑暇食用協和萬民孟子曰周公思兼三王其有不合者仰而思之夜以繼日幸而得之坐以待旦 故能隆興周道垂名億載況在臣庶而可以已乎歷觀古今立功名之士皆有累積殊異之迹勞身苦體 文選無立字累積作積累身作神 契闊勤思平居不墮其業 文選墮作惰 窮困不易其素是以卜式立志於耕牧而黃霸受道於囹圄終有榮顯之福以成不朽之名 李善注漢書曰卜式河南人以田畜爲事入山牧羊十餘年羊致千餘頭又曰黃霸字次公淮陽人遷丞相長史宣帝欲褒先帝夏侯勝曰武帝不宜爲立廟樂勝坐非議詔書霸坐阿縱勝不舉劾皆下獄勝霸既久繫霸欲從勝受經勝辭以罪死霸曰朝聞道夕死可矣勝賢其言遂受之繫更再冬講論不怠 故山甫勤於夙夜而吳漢不離公門豈有游惰哉 李善注毛詩曰肅肅王命仲山甫將之夙夜匪懈以事一人東觀漢記曰吳漢字子顏南陽人鄧禹及諸將多薦舉者再三召見其後勤勤不離公門上亦以其南陽人漸親之 今世之人多不務經術好翫博奕廢事棄業忘寢與食窮日盡明繼以脂燭當其臨局交爭雌雄未決專精銳意心勞體倦 文選心勞作神迷 人事曠而不修賓旅闕而不接雖有太牢之饌韶夏之樂不暇存也至或賭及衣物徙棊易行廉恥之意弛而忿戾之色發然其所志不出一枰之上所務不過方罫之閒 李善注罫古買切方言曰投博謂之枰皮兵切桓譚新論曰俗有圍棊或言是兵法之類也及爲之上者張置疏遠多得道而爲勝中者務相絕遮要以爭便利下者守邊趨作罫目生於小地猶薛公之言黥布反也上計取吳楚道廣者也中計塞城絕遮要爭利者也下計據長沙以臨越此守邊隅趨作罫者也更始將相不能防衛而令罫中死棊皆生梁章鉅曰集韻罫博局方目也字本作罫彙苑枰綫道也案古文苑班固奕旨云一棊破罫亡地復還則罫本作罫 勝敵無封爵之賞獲地無兼土之實技非六藝 文選技作伎 用非經國立身者不階其術 廣雅曰階因也 徵選者不由其道求之於戰陣則非孫吳之倫也 李善注劉向圍棊賦曰略觀圍棊法於用兵怯者無功貪者先亡漢書曰孫子兵法八十二篇吳起三十八篇 考之於道藝則非孔氏之門也以變詐爲務則

非忠信之事也以劫殺爲名梁章鉅曰水經汲水注云阮簡爲開封令縣有劫賊外白云劫急簡方圍棊曰局上劫亦甚急馬融圍棊賦云深入貪地殺亡士卒狂攘相救先後並沒則非仁者之意也尹文子曰以智力求者喻如奕棊進退取與攻劫殺舍在我者也而空妨日廢業終無補益是何異設木而擊之置石而投之哉且君子之居室也勤身以致養其在朝也竭命以納忠臨事且猶旰食而何博奕之足耽文選何下有暇字左傳伍奢曰楚君大夫其旰食乎班固漢書述曰媚茲一人日旰忘食夫然故孝友之行立貞純之名彰也方今大吳受命海內未平聖朝乾乾周易曰君子終日乾乾務在得人勇略之士則受熊虎之任儒雅之徒則處龍鳳之署李善注熊虎猛捷故以譬武龍鳳五彩故以喻文尙書曰如虎如貔如熊如羆于商郊蘇武荅李陵書曰其于學人皆如鳳如龍百行兼苞文武並騖博選良才旌簡髦俊設程試之科垂金爵之賞誠千載之嘉會百世之良遇也當世之士宜勉思至道愛功惜力以佐明時使

名書史籍勳在盟府乃君子之上務當今之先急也夫一木之枰孰與方國之封枯棊三百梁章鉅曰文選注引邯鄲淳藝經云棊局縱橫各十七道合二百八十九道白黑棊子各一百五十枚按沈括筆談云奕棊古用十七道與後世法不同今世棊局縱橫各十九道未詳何人所加錢大昕云嘗見宋李逸民忘憂清樂集棊譜首載孫策賜呂範晉武帝賜王武子兩局皆十九道疑是後人假託藝文類聚七十四晉蔡洪圍棊賦算塗授卒三百惟羣是晉時棊局猶未加也孰與萬人之將衮龍之服金石之樂足以兼棊局而貿博奕矣文選貿作貿李善注周禮曰三公自衮冕而下鄭玄曰衮龍九章衣也東都賦曰修衮龍之法服左氏傳曰晉侯以樂之半賜魏絳始有金石之樂廣雅曰貿易之也假令世士移博奕之力而用之於詩書是有顏閔之志也用之於智計是有良平之思也用之於資貨是有猗頓之富也顏閔顏回閔子騫也良平張良陳平也猗頓巨富人也用之於射御是有將帥之備也如此則功名立而鄙賤遠矣和廢後爲黃門侍郎孫亮即位諸葛恪輔政表曜爲太史令撰吳書華覈薛瑩等皆與參同韋曜吳書詳見魏志武紀興平元年注撰吳書事互見薛瑩傳右國史華覈疏孫休踐阼爲中書郎博士祭酒命曜依劉向故事校定衆書漢書劉向傳詔向領校中五經祕書劉歆傳河平中受詔與父向領校祕書又欲延曜侍講而左將軍張布近習寵幸事行多玷憚曜侍講儒士又性精确懼以古今警戒休意固爭不可休深恨布語在休傳然曜竟止不入詳見孫休傳永安五年孫晧即位封高陵亭侯高陵屬魏雍州馮翊郡非吳屬地疑誤遷中書僕射中書僕射吳置職省爲侍中常領左國史胡三省曰吳有左右國史皆掌記述時在所官本作所在承指數言瑞應晧以問曜曜答曰此人家筐篋中物耳通鑑人家作家人胡三省曰言祥瑞而謂之家人筐篋中物者蓋稱引圖緯以言祥瑞之應故謂其書爲家人筐篋中物也又晧欲爲父和作紀曜執以和不登帝位宜名爲傳如是者非一漸見責怒曜益憂懼自陳衰老求去侍史二官侍中左國史也乞欲成所造書以後業別有所付宋本後作從

晧終不聽時有疾病醫藥監護持之愈急晧每饗宴無不竟日坐席無能否率以七升爲限雖不悉入口皆澆灌取盡曜素飲酒不過三升宋本三作二初見禮異時常爲裁減或密賜茶荈以當酒梁章鉅曰陸羽茶經云茶周公云檟苦荼揚執戟雄云蜀西南人謂荼曰蔎郭宏農云早采者爲荼晚取者爲茗一名曰荈案古文苑王褒僮約云武陽買荼則荼已見漢世陸氏茶經所未盡志也至於寵衰更見偪彊彊其兩翻輒以爲罪又於酒後使侍臣難折公卿以嘲弄侵克發摘私短以爲歡時有愆過或誤犯晧諱輒見收縛至於誅戮曜以爲外相毀傷內長尤恨使不濟濟非佳事也故但示難問經義言論而已通鑑作使羣臣不睦不爲佳事故但難問經義而已晧以爲不承用詔命意不忠盡遂積前後嫌忿收曜付獄是歲鳳皇二年也曜因獄吏上辭曰囚荷恩見哀無與爲比曾無芒氂猶言毫釐也漢書司馬遷傳差以毫氂續漢志律歷志損益毫氂有以上

報孤辱恩寵自陷極罪念當灰滅長棄黃泉愚情慺慺竊有所懷貪令上聞囚昔見世閒有古歷注潘眉曰此指周長生之洞歷論衡稱其上自黃帝下至漢朝莫不紀載故曜撰洞紀亦起庖犧至秦漢其所紀載既多虛無各本既作紀誤宋本不誤在書籍者亦復錯謬囚尋按傳記考合異同采摭耳目所及以作洞紀起自庖犧至于秦漢凡爲三卷當起黃武以來別作一卷事尚未成隋書經籍志洞紀四卷韋昭撰記庖犧以來至漢建安二十七年姚振宗曰按建安二十五年改元延康元年是年十月魏受禪是爲黃初元年黃初三年之九十月閒吳改年黃武黃武未改之前吳仍稱建安之號故止於二十七年也唐經籍志洞紀九卷韋昭撰藝文志韋昭洞紀四卷史通表歷篇如韋昭洞紀陶弘景帝代年歷皆因表而作用成其書非國史之流章宗源隋志攷證曰陸德明莊子說劍篇釋文初學記樂部北堂書鈔樂部太平御覽皇王部並引韋昭洞紀又作洞歷記開元占經引十八事皆紀周漢日蝕星變事潘眉曰曜洞紀終於漢建安二十七年曜云事尚未成故後有臧榮緒續一卷又見劉熙所作釋名信多佳者劉熙釋名詳見蜀志許慈傳然物類衆多難得詳究故時有得失而爵位之事又有非是愚以官

爵今之所急不宜乖誤囚自忘至微又作官職訓及辯釋名各一卷隋書經籍志梁有韋昭官儀職訓一卷亡又云辯釋名一卷韋昭撰唐藝文志韋昭辯釋名一卷畢沅辯釋名補遺序曰韋昭官職訓及辯釋名據昭自言各一卷則捋然成帙今雖亡失其引見唐宋人書者當不止於是而予之所見僅此而已馬國翰輯本序曰韋昭辯釋名今輯錄二十五節其二十三節皆論辯官制先列釋名原文後加辯曰以別之其無者引文脫也今釋名內無釋官篇當是後人緣昭辯而刪之而劉熙之說亦借此以存其缺佚任大椿小學鉤沈亦輯錄一卷欲表上之新寫始畢會以無狀幽囚待命泯沒之日恨不上聞謹以先死列狀乞上言祕府於外料取呈內以聞追懼淺蔽不合天聽抱怖雀息北史高麗傳高麗王左右皆雀息乞垂哀省曜冀以此求免而晧更怪其書之垢故胡三省曰垢塵也故舊也又以詰曜曜對曰囚撰此書實欲表上懼有誤謬數數省讀不覺點汚被問寒戰形氣吶吃禮記其言吶吶然如不出諸其口史記韓非傳爲人口吃不能道說而善著書謹追辭叩頭五百下兩手自搏而華覈連上疏救曜曰姚振宗曰按此知華覈疏救凡兩次本傳合並載之故曰連上疏其初被罪黜得覈疏救而解召還史館得以續成前書其事當在鳳皇二年之前至是年收付獄覈又疏救以吳書未述敘贊爲言而事不可解矣以是知吳書敘贊終未底於成焉弼按姚說因史通正史篇有華覈表請召韋曜薛瑩續成前史其後曜獨終其書云云不知劉知幾之說已誤本志薛瑩傳華覈救瑩疏云曜負恩蹈罪瑩以過徙書遂委滯迄未撰奏據此則曜書實未成又據本傳亦無初被罪黜得覈疏救而解之事姚說殆誤解連字耳曜運值千載宋本無運字特蒙表識馮本毛本表作哀以其儒學得與史官貂蟬內侍承合天問宋本合作答或云天作大聖朝仁篤慎終追遠迎神之際垂涕勅曜曜愚惑不達不能敷宣陛下大舜之美而拘繫史官使聖趣不敘至行不彰實曜愚蔽當死之罪然臣慺慺見曜自少勤學雖老不倦探綜墳典溫故知新及意所經識古今行事外吏之中少過曜者昔李陵爲漢將軍敗不還而降匈奴司馬遷不加疾惡爲陵游說漢武帝以遷有良史之才欲使畢成所撰忍不加誅書卒成立垂之無窮今曜在吳

亦漢之史遷也伏見前後符瑞彰著神指天應繼出累見一統之期庶不復久事平之後當觀時設制三王不相因禮五帝不相沿樂質文殊塗損益異體宜得曜輩依準古義有所改立漢氏承秦則有叔孫通定一代之儀曜之才學亦漢通之次也又吳書雖已有頭角敘贊未述昔班固作漢書文辭典雅劉咸炘曰尙云吳志以華覈傳爲殿而薛瑩韋曜兩傳屢載覈論史之疏稱許馬班壽蓋以馬班自況而信其三國志文詞典雅必傳於後也按此亦曲說史家載人文字豈以自寓稱許馬班何與己書乎後劉珍劉毅等作漢記范書文苑傳劉珍傳珍字秋孫一名寶南陽蔡陽人也永初中爲謁者僕射永寧元年鄧太后詔珍與劉騊駼作建武以來名臣傳又劉毅傳毅北海敬王子也少有文辯稱時劉珍鄧耽尹兌馬融共上書稱其美安帝嘉之拜議郎史通正史篇詔史官謁者僕射劉珍及諫議大夫李尤襍作紀表名臣節士儒林外戚諸傳起自建武訖乎永初事業垂竟而珍尤繼卒隋書經籍志東觀漢記一百四十三卷起光武記注至靈帝長水校尉劉珍等撰四庫輯本提要云東漢之初著述在蘭臺至章和以後圖籍盛於東觀修史者皆在是焉故以名書晉時以此書與史記漢書爲三史人多習之姚振宗曰范書文苑李尤傳安帝時爲諫議大夫受詔與謁者

僕射劉珍等俱撰漢記玉海藝文亦云安帝永初永寧間劉珍劉騊駼張衡李尤等撰集爲漢記漢記之名蓋始於此隋志題劉珍等所本（史通謂桓帝元嘉時邊韶崔寔朱穆曹壽延篤等著作以後綜其書爲百十有四篇號曰漢記漢記之名實定於安帝時）或謂不當題劉珍然珍之前未定書名珍之時乃奉詔有此目且安知非本書題署如此者是不得不題劉珍等也或又謂珍未嘗爲長水校尉則史文簡略此亦據本書題署歟弼按據劉珍傳珍爲越騎校尉越騎長水皆五營校尉也 遠不及固敘傳尤劣今吳書當垂千載編次諸史後之才士論次善惡非得良才如曜者實不可使闕不朽之書 元本闕作關 如臣頑蔽誠非其人曜年已七十餘數無幾乞赦其一等之罪 梁章鉅曰漢書何並傳云鍾廷尉兌冠爲弟威請一等之罪願蚤就髡鉗如淳曰減死罪一等也 爲終身徒使成書業永足傳示垂之百世謹通進表叩頭百下晧不許遂誅曜 隋書經籍志梁又有毛詩答雜問七卷吳侍中韋昭侍中朱育等撰亡孝經解讚一卷韋昭解漢書音義七卷韋昭撰春秋外傳國語注二十二卷韋昭注梁又有韋昭集二卷錄一卷亡嚴可均輯存雲陽賦上鼓吹鐃歌十二曲表因獄吏上辭國語解敘博奕論凡五篇馮氏詩紀錄存鼓吹鐃歌十二曲宋庠國語補音序曰先儒自鄭衆賈逵王肅虞翻唐固韋昭之徒並治其章句申之以注釋今惟韋氏所解傳於世韋氏

以鄭賈虞唐爲主而增損之故其注備而有體可謂一家之名學黃震曰鈔曰國語文宏衍精潔韋昭注文亦簡切稱之四庫提要曰昭自序稱凡所發正三百七事今考注文之中昭自立義者不過六十七事合以所正譌字衍文錯簡亦不足三百七事之數其傳寫有誤以六十爲三百歟崇文總目作三百十事又七事轉譌也自鄭衆解詁以下諸書並亡國語注存於今者惟昭爲最古黃震日鈔嘗稱其簡潔而先儒舊訓亦往往散見其中蔣超伯曰韋昭吳鼓吹曲第四曰伐烏林第六曰關背德蓋當時彼此相詩猶之南北朝索虜島夷詆諆互出也見麗澳叢錄趙一清曰寰宇記卷八十九韋昭墓在潤州延陵縣西南七里 徙其家零陵子隆亦有文學也

華覈 胡三省曰華戶化翻覈戶革翻 字永先吳郡武進人也 吳改丹徒曰武進丹徒見孫策傳 始爲上虞尉典農都尉 上虞見孫策傳何焯校上虞下尉字衍錢儀吉李慈銘說同弼按續百官志尉大縣二人小縣一人則覈爲上虞縣尉本不誤梁章鉅曰宋書州郡志吳省丹陽江乘縣典農都尉又分吳郡無錫以西爲毗陵典農都尉弼按宋志作毗陵典農校尉梁引作都尉誤梁襲潘眉說潘亦作校尉也當時郡縣有屯田者置典農都尉則覈或爲上虞尉又爲上虞典農都尉故史文並書之梁氏引江乘毗陵與此無涉 以文學入爲祕府郎 洪飴孫曰吳有祕府郎掌祕書韋曜傳乞上祕府於外料取呈內以聞即此 遷中書丞 胡三省曰魏有中書監令無中書丞此官蓋吳置也 蜀爲魏所幷覈詣宮門發表曰閒聞賊衆蟻聚向西境西境艱險 各本艱作報 謂當無虞定聞陸抗表至 李慈銘曰定疑作旋 成都不守臣主播越社稷傾覆昔衛爲翟所滅而桓公存之 左傳閔公元年狄人伐衛懿公及狄人戰於滎澤衛師敗績遂滅衛立戴公以廬于曹齊侯使公子無虧帥車三百乘甲士三千人以戍曹僖之元年齊桓公遷邢于夷儀二年封衛于楚丘邢遷如歸衛國忘亡 今道里長遠不可救振失委附之土棄貢獻之國臣以草芥竊懷不寧陛下聖仁恩澤遠撫卒聞如此必垂哀悼臣不勝忡悵之情 胡三省曰卒讀曰猝勝音升忡丑中翻憂也 謹拜表以聞 胡三省曰左傳楚人滅江秦伯爲之降服出次不舉過數大夫諫公曰同盟滅敢不矜乎吾自懼也蜀吳之與國蜀亡岌岌乎爲吳矣吳之君臣不知懼故華覈拜表以儆之 孫晧卽位封徐陵亭侯 徐陵見孫權傳黃武元年 寶鼎二年晧更營新宮 孫晧傳寶鼎二年起顯明宮江表傳晧營新宮窮極伎巧陸凱固諫不從 制度弘廣飾以珠玉所費甚多是時盛夏興工農守並廢覈上疏諫曰臣聞漢文之世九州晏然秦

民喜去慘毒之苛政歸劉氏之寬仁省役約法與之更始分王子弟以藩漢室當此之時皆以爲泰山之安無窮之基也至於賈誼獨以爲可痛哭及流涕者三可爲長歎息者六乃曰當今之勢何異抱火於積薪之下而寢其上火未及然而謂之安其後變亂皆如其言臣雖下愚不識大倫竊以曩時之事揆今之勢誼云復數年閒諸王方剛漢之傅相稱疾罷歸欲以此爲治雖堯舜不能安今大敵據九州之地有大半之衆習攻戰之餘術乘戎馬之舊勢欲與中國爭相吞之計 通鑑作欲與國家爲相吞之計 其猶楚漢勢不兩立非徒漢之諸王淮南濟北而已誼之所欲痛哭比今爲緩抱火臥薪之喻於今而急 官本考證曰而急冊府作爲急 大皇帝覽前代之如彼察今勢之如此故廣開農桑之業積不訾之

儲（梁章鉅曰說文訾不思稱意也管子君臣篇注訾限也史記貨殖傳家亦不訾言所積務多不限其數也）恤民重役務養戰士
是以大小感恩各思竭命期運未至早棄萬國自是之後彊臣專政
上詭天時下違衆議亡安存之本邀一時之利數興軍旅傾竭府藏
兵勞民困無時獲安今之存者乃創夷之遺衆哀苦之餘民耳遂使
軍資空匱倉廩不實布帛之賜寒暑不周重以失業家戶不贍而北
積穀養民專心東向（胡三省曰自洛進師而造江濱自蜀下兵而臨荆楚皆東向也）無復他警蜀爲西藩
土地險固加承先主統御之術謂其守御足以長久不圖一朝奄至
傾覆脣亡齒寒古人所懼交州諸郡國之南土交阯九眞二郡已沒
日南孤危存亡難保合浦以北民皆搖動（孫休傳永安六年五月交阯郡吏呂興等反殺太守孫諝使使如魏請太守及兵孫晧傳是時蜀初亡而交阯攜叛國內震懼元興元年魏置交阯太守之郡通鑑交阯郡吏呂興等殺太守孫諝九眞日南皆應之）因運

避役多有離叛而備戍減少威鎮轉輕常恐呼吸復有變故昔海虜
窺窬東縣多得離民地習海行狃於往年鈔盜無日今胸背有嫌首
尾多難乃國朝之厄會也誠宜住建立之役先備豫之計勉墾殖之
業爲饑乏之救惟恐農時將過東作向晚有事之日整嚴未辦（宋本辦作辨）
若舍此急（通鑑急下有務字）盡力功作卒有風塵不虞之變（胡三省曰難乃旦翻舍讀曰捨卒讀曰猝）
當委版築之役應烽燧之急驅怨苦之衆赴白刃之難此乃大敵
所因爲資也如但固守（馮本如作扣誤）曠日持久則軍糧必乏不待接刃而
戰士已困矣昔太戊之時桑穀生庭懼而修德怪消殷興（史記殷本紀帝太戊立伊陟爲相亳有祥桑穀共生於朝一暮大拱帝太戊懼問伊陟伊陟曰臣聞妖不勝德帝之政其有闕歟帝其修德太戊從之而祥桑枯死而去）熒惑守心
宋以爲災景公下從瞽史之言（朱邦衡曰下當作不史記宋世家作司星子韋）而熒惑退舍景

公延年（見賀邵傳）夫修德於身而感異類言發於口而通神明臣以愚蔽
誤忝近署不能翼宣仁澤以感靈祇仰慙俯愧無所投處退伏思惟
熒惑桑穀之異天示二主至如（宋本如作於）他餘錙介之妖（梁章鉅曰淮南子詮言注云六兩曰錙按說山注又云六銖曰錙八銖曰錘楊倞注荀子云八兩爲錙風俗通銖六則錘三錘則錙韻會纖芥細微也通作介後漢書竇融傳長無纖介之惡趙岐注孟子一介草也）近是門庭小神所爲驗之天地無有他變而徵祥符瑞前後
屢臻明珠既覿白雀繼見萬億之祚實靈所挺以九域爲宅天下爲
家不與編戶之民轉徙同也又今之宮室先帝所營卜土立基非爲
不祥又楊市土地與宮連接若大功畢竟輿駕遷住門行之神皆當
轉移猶恐長久未必勝舊屢遷不可留則有嫌此乃愚臣所以夙夜
爲憂灼也臣省月令季夏之月不可以興土功不可以會諸侯不可

以起兵動衆舉大事必有大殃今雖諸侯不會諸侯之軍與會無異
六月戊己土行正王既不可犯加又農月時不可失昔魯隱公夏城
中丘春秋書之垂爲後戒（左傳隱公七年夏城中丘書不時也中丘琅邪臨沂縣東今山東兗州府沂州東北三十里有中丘城）
今築宮爲長世之洪基而犯天地之大禁襲春秋之所書廢敬授
之上務（尚書堯典敬授人時）臣以愚管竊所未安又恐所召離民或有不至討
之則廢役興事不討日月滋慢（宋本不討下有則字冊府慢作蔓）若悉並到大衆聚會
希無疾病且人心安則念善苦則怨叛江南精兵北土所難欲以十
卒當東一人天下未定深可憂惜之如此宮成死叛五千則北軍之
衆更增五萬若到萬人則倍益十萬病者有死亡之損叛者傳不善
之語此乃大敵所以歡喜也今當角力中原以定彊弱正於際會彼

益我損加以勞困此乃雄夫智士所以深憂臣聞先王治國無三年之儲曰國非其國安寧之世戒備如此況敵彊大而忽農忘畜今雖頗種殖閒者大水沈沒其餘存者當須耘穫 馮本穫作獲誤 而長吏怖期上方諸郡身涉山林盡力伐材廢農棄務士民妻孥羸小墾殖又薄若有水旱則永無所獲州郡見米當待有事宂食之衆仰官供濟若上下空乏運漕不供而北敵犯彊使周召更生良平復出不能爲陛下計明矣臣聞君明者臣忠主聖者臣直是以懷懷昧犯天威乞垂哀省書奏晧不納後遷東觀令領右國史覈上疏辭讓晧答曰得表以東觀儒林之府當講校文藝處定疑難漢時皆名學碩儒乃任其職乞更選英賢聞之 趙一清曰聞字疑誤或曰按文義似當作典 以卿研精墳典博覽多聞可

謂悅禮樂敦詩書者也當飛翰騁藻光贊時事以越楊班張蔡之疇怪乃謙光厚自菲薄宜勉修所職以邁先賢勿復紛紛時倉廩無儲世俗滋侈覈上疏曰今寇虜充斥征伐未已居無積年之儲出無應敵之畜此乃有國者所宜深憂也夫財穀所生當出於民趨時務農國之上急而都下諸官所掌別異各自下調不計民力輒與近期長吏畏罪晝夜催民委舍佃事遑赴會日 梁章鉅曰官與刻日爲期也公羊隱元年傳會猶最也注最之爲言聚若今聚民爲投最 定送到都或蘊積不用而徒使百姓消力失時到秋收月督其限入奪其播殖之時而責其今年之稅如有逋懸則籍沒財物故家戶貧困衣食不足宜暫息衆役專心農桑古人稱一夫不耕或受其饑一女不織或受其寒 梁章鉅曰呂氏春秋愛類云神農之教曰士有當年而不耕者天下或受其饑女有當年而不織者天下或受其寒賈誼策所引與此同 是以先王治國惟農是務軍興以來已向百載農人廢南畝之務女工停機杼之業推此揆之則蔬食而長饑薄衣而履冰者固不少矣臣聞主之所求於民者二民之所望於主者三二謂求其爲已勞也求其爲已死也三謂饑者能食之勞者能息之有功者能賞之民以致其二事而主失其三望者 官本主作王誤 則怨心生而功不建今帑藏不實民勞役猥主之二求已備民之三望未報且饑者不待美饌而後飽寒者不俟狐貉而後溫 宋本貉作狢 爲味者口之奇 通志爲味作滋味官本考證曰爲字疑誤 文繡者身之飾也今事多而役繁民貧而俗奢百工作無用之器婦人爲綺靡之飾不勤麻枲並繡文黼黻轉相倣效恥獨無有兵民之家猶復逐俗 胡三省曰言下至兵民之家亦隨俗好而事奢侈也 內無擔石之儲

宋本擔作儋通鑑作甔胡注應劭曰齊人名小甖曰甔受二斛晉灼曰石斗石也師古曰甔音都濫翻 而出有綾綺之服至於富賈商販之家重以金銀奢恣尤甚天下未平百姓不贍宜一生民之原豐穀帛之業而棄功於浮華之巧妨日於侈靡之事上無尊卑等級之差下有耗財費力之損 陳本費作物誤 今吏士之家少無子女多者三四少者一二通令戶有一女十萬家則十萬人人織績一歲一束則十萬束矣使四疆之內同心戮力數年之閒布帛必積恣民五色惟所服用但禁綺繡無益之飾且美貌者不待華采以崇好豔姿者不待文綺以致愛五采之飾足以麗矣若極粉黛窮盛服未必無醜婦廢華采去文繡未必無美人也若實如論有之無益廢之無損者何愛而不暫禁以充府藏之急乎此救乏之上務富國之本業也使

管晏復生無以易此漢之文景承平繼統天下已定四方無虞猶以彫文之傷農事宋本傷作妨錦繡之害女工開富國之利杜饑寒之本況今六合分乖豺狼充路兵不離疆甲不解帶而可以不廣生財之原充府藏之積哉晧以覈年老敕令草表覈不敢又敕作草文潘眉曰草謂草書也停立待之覈爲文曰咨覈小臣草芥凡庸遭眷値聖受恩特隆越從朽壤蟬蛻朝中熙光紫闥靑瑣是憑錢大昕曰憑依字古作馮本讀如蓬後轉爲符風切此文以憑與庸隆中風崇重融穹爲韻馮翊之馮唐人亦列東韻慈挹淸露沐浴凱風效無絲氂負闕山崇滋潤含垢恩貸累重穢質被榮局命得融欲報罔極委之皇穹聖恩雨注哀棄其尤猥命草對潤被下愚不敢違敕懼速罪誅冒承詔命魂逝形留覈前後陳便宜及貢薦良能解釋罪過書百餘上皆有補益文

多不悉載覈疏救薛瑩韋曜見瑩曜傳或曰覈氣稍靜下意更懇誠所以卒免嗚呼亦危矣天册元年以微譴免數歲卒曜覈所論事章疏咸傳於世也隋書經籍志梁又有東觀令華覈集三五卷錄一卷亡唐經籍志華覈集三卷藝文志五卷嚴氏全三國文錄存車賦奏薦陸胤表薦陸禕聞蜀亡詣宮門上表諫盛夏興工疏上農務禁侈疏乞赦樓玄疏上疏請召還薛瑩上疏救韋曜奉勅草對凡十一篇

評曰薛瑩稱王蕃器量綽異弘博多通樓玄淸白節操才理條暢賀邵厲志高潔何焯曰御覽高作貞機理淸要韋曜篤學好古博見羣籍有記述之才胡沖以爲玄邵蕃一時淸妙略無優劣必不得已玄宜在先邵當次之華覈文賦之才有過於曜而典誥不及也予觀覈數獻良規期於自盡庶幾忠臣矣然此數子處無妄之世而有名位強死其理得免爲幸耳潘眉曰此汲古本評語如此陳仁錫本云然此數子處無道之世或顯戮於殿廷或賜死於遐荒或誅夷于胤嗣晧之惡浮于桀紂而止於亡國猶存其軀亦幸也夫陳本誤改不可從南監本與汲古本同梁章鉅曰戰國楚策朱英謂春申君曰今君處無妄之世以事無妄之主左氏昭七年傳匹夫匹婦強死注強死不病也何焯曰瑩言既不及覈沖又謂樓宜在先故評家爲之折衷劉咸炘曰王樓賀同爲常侍韋華同爲史官又同以直諫被誅謫觀評語蓋薛瑩吳書本以五人同傳瑩之於此五人亦猶承祚之於譙周郤正也或曰無道富貴尙以爲恥況至於殺其身乎數子之趣蓋可知也此傳固表諸賢之華藻亦示士君子以進退之節嗚呼尙鑒茲哉又曰此傳大約以守正致禍爲主而文采又其枝葉此同傳意也危邦不入亂邦不居有道則見無道則隱眞仕人之律令也

吳書二十　　三國志六十五

三國志集解補卷上

沔陽盧弼

卷一武紀第三頁第六行小注書名也下補小注

又如武紀初平元年袁遺注鮑信注建安二十年夏侯淵屯漢中注文紀黄初三年椑音扶歷反皆未引書名皆爲自注

又第十四頁第三行由此遂絶下補小注

應劭風俗通曰自琅邪青州六郡及渤海都邑鄉亭聚落皆爲立祠轉相誑曜言有神明其譴問禍福立應歷歲彌久莫之匡糾唯樂安太傅陳蕃濟南相曹操一切禁絶肅然政清陳曹之後稍復如故

又第十七頁後第三行中牟令也下補小注

水經渠水注昔魏太祖之背董卓也間行出中牟爲亭長所錄郭長公世語云爲縣所拘功曹請釋焉

又第二十七頁第十行小注自此始下補小注

弼按初平二年黄巾三十萬人入渤海公孫瓚破之於東光界斬首三萬見范書瓚傳及水經淇水注

又第三十六頁第六行小注良史也下補小注

顧炎武日知錄卷二十云非三公不得稱公史家之文如鄧公禹吴公漢伏公湛宋公弘第五公倫牟公融袁公安李公固陳公寵橋公玄劉公寵崔公烈胡公廣王公龔楊公彪荀公爽皇甫公嵩董公卓曹公操非在三公之位無書公者弼按顧説是何説本此然亦有非三公而稱公者詳見吴志周瑜傳橋公注

又第三十七頁第八行小注任峻傳下補小注

洪邁容齋隨筆卷十二云曹操爲漢鬼蜮君子所不道然知人善任使實後世之所難及荀彧荀攸郭嘉皆腹心謀臣共濟大事無待贅説其餘智效一官權分一郡無大無小卓然皆稱其職恐關中諸將爲害則屬鍾繇以西事而馬騰

韓遂遣子入侍當天下亂離諸軍乏食以棗祗任峻建立屯田而軍國饒裕遂芟羣雄欲復鹽官之利使衛覬鎮撫關中而諸將服河東未定以杜畿爲太守而衛固范先束手禽戮并州削平以梁習爲刺史而邊境肅清揚州陷於孫權獨有九江一郡付之劉馥而恩化大行馮翊困於鄜盜付之鄭渾而民安寇滅三單于恃力驕恣裴潛單車之郡而單于讋服方得漢中命杜襲督留事而百姓自樂出徙於洛鄴者至八萬口方得馬超之兵聞當發徙驚駭欲變命趙儼爲護軍而相率還降致於東方者亦二萬口凡此十者其爲利豈不大哉張遼走孫權於合肥郭淮拒蜀軍於陽平徐晃卻關羽於樊皆以少制衆分方面憂操無敵於建安之時非幸也

又第三十九頁後第一行公還許下補小注

胡三省曰攻張繡而還也

又第四十四頁後第八行婁子伯下補小注

婁圭字子伯見崔琰傳注

又第四十六頁後第四行小注一人之功下補小注

水經河水注袁紹遣顏良攻東郡太守劉延于白馬關羽爲曹公斬良以報效即此處也

又第五十三頁後第六行小注有所避矣下補小注

顧炎武曰陳思王上書言陛下既爵臣百寮之右居藩國之任屋名爲宮冢名爲陵是人臣稱陵古多有之不以爲異呂東萊大事記墓之稱陵古無貴賤之別國語管仲曰定民之居成民之事陵爲之終是凡民之墓亦得稱陵水經注言秦名天子冢曰山漢曰陵又引風俗通言王公墳壠稱陵書中有子夏陵老子陵及諸王公妃之陵甚多西京雜記董仲舒之墓稱下馬陵

又第五十九頁後第三行何所可據下補小注

胡三省曰輯猶集也集成也觀紹此言則起兵之時固無勤王之心而有割據之志矣

又第六十一頁第五行走保南皮下補小注

水經淇水注清河逕南皮縣故城西建安中魏武擒袁譚于此城

又第六十三頁後第五行小注互見袁紹傳下補小注

是時魏武有明罰令云聞太原上黨西河雁門冬至後百五日絕火寒食云爲介之推北方沍寒將有不堪之患令到人不得寒食犯者有刑此令當在拔壺關之時

又第六十六頁後第二行小注陡峙邊外下補小注

聚珍本水經注卷首灤河考證云無終爲今玉田林蘭陘蓋今喜峯口清陘即今冷口即此以證不特塞垣疆界了然即田疇引曹操迴軍盧龍塞之處亦可得其大槪矣

又第七十七頁第十行亦避唐諱下補小注

胡三省曰管仲富擬公室築三歸之臺塞門反坫鏤簋朱紘桓公用之而霸

又第八十九頁第一行小注謂之江東下補小注

顧炎武曰大江自歷陽斜北下京口故有東西之名史紀項羽本紀江西皆反吳主傳自廬江九江蘄春廣陵戶十餘萬皆東渡江江西遂虛今之江北昔之江西也晉地理志以廬江九江自合肥以北至壽春皆謂之江西

又第九十七頁第七行旅矢千下補小注

胡三省曰旅與盧同黑色也

又第九十七頁後第四行小注更不足道矣下補小注

顧炎武日知錄卷十九云有王莽之篡弒則必有揚雄之美新有曹操之禪代則必有潘勖之九錫世說謂潘元茂作魏武册命人謂與訓誥同風是故亂之所由生也犯上者爲之魁巧言者爲之輔故大禹謂巧言令色孔壬與驩兜有苗同類也

又第一百八頁第四行帳下所殺下補小注

林國贊曰據王脩傳注引魏略張既傳注引典略周羣傳注引續漢書韓遂實病死諸將不過於身後斬送其首耳又此作麴演蔣石魏略作田樂陽逵亦互異

又第一百二十七頁第六行小注兵書十三卷下補小注

隋志梁又有太公陰謀三卷魏武帝解文選理學權輿曰選注所引羣書有曹操司馬法注

又第一百三十一頁第三行小注引世說新語已見前第六十八頁第十行小注此宜删

卷二文紀第二頁第一行小注一人矣下補小注
胡三省曰操以温辟其子怒而免之觽言選舉不以實耳
又第七頁第三行小注避晉諱改下補小注
姚振宗曰續漢輿服志有侍中鄭偁答魏武帝問金輅一事其注孝經亦惟徐彦公羊昭十五年疏云何氏解孝經與
鄭偁同與康成異一語爲據別無他證
又第十七頁第一行小注五年注下補小注
李雲事詳見本志王肅傳注又水經淇水注清河之右有李雲墓雲字行祖甘陵人好學善陰陽舉孝廉遷白馬令中
常侍單超等立掖庭民女亳氏爲后后家封者四人賞賜巨萬雲上書移副三府曰孔子曰帝者諦也今尺一拜用不
經御省是帝欲不諦乎帝怒下獄殺之後冀州刺史賈琮使行部過祠雲墓刻石表之今石柱尙存
又第五十三頁第四行非帝者之宏議哉下補小注
張宗泰魯巖所學集云魏文帝喪未踰年大設宴樂又猜忌骨肉動見貶削倫紀之際蓋多悖德乃踐阼後詔令多可
昭法守如宦人爲官不得過署令天地有眚勿劾三公海內初定有復私仇者族之羣臣不得奏事太后后族不得輔
政尤關社稷大計觀三國以後賈后亂政而司馬氏之外患迭起胡后擅國而拓跋氏之大業遂傾武則天濁亂朝廷
而唐之天下遂更姓改物而爲周文帝此詔若預睹禍敗爲先事之防而孫盛立論不能表揚其杜亂弭患之深心乃
謂婦女不妨預政后族不當斥遠可謂不達古今之變者矣
又第六十五頁後第七行西北十八里下補小注
胡三省曰葬于洛陽東北首陽山因以名陵
又第七十四頁後第三行百餘篇者不合下補小注
隋書經籍志海內士品一卷不著撰人唐經籍志海內士品錄二卷魏文帝撰
又後第六行謬矣下補小注
唐經籍志臯博經一卷魏文帝撰
卷三明紀第五十一頁第十行亦此義下補小注

李治敬齋古今黈卷四云穿方者穿土爲方也黃帝九章五曰商功以御功程積實其術皆以立方定率穿土爲方則穿空作立方以程功也

又第五十一頁後第一行摧敝之貌下補小注

李治曰了鳥當並音去聲今世俗人謂腰膂不支不相收拾者謂之了鳥即此語也音料掉

又第五十二頁第八行一年足矣下補小注

顧炎武曰自雒陽出軍不過三千餘里司馬懿所云猶是古人師行日三十里之遺意

又第五十八頁第二行小注失刑賞矣下補小注

水經河水注自砥柱以下合有十九灘自古爲患魏景初二年二月帝遣都督沙丘部監運諫議大夫寇慈帥工五千人歲常脩治以平河阻今錄是年末可補史闕

卷四齊王紀第二頁後第九行小注有所本也下補小注

俞正燮癸巳存稿卷十有火浣布說辭繁未錄亦有與以上所引互見者

又第十六頁第六行九十里下補小注

水經伊水注伊水逕大石嶺南開山圖所謂大石山也山在洛陽南山阿有魏明帝高平陵

又第二十六頁後第十行大臣會議下補小注

胡三省曰矯太后令以召羣臣

又第三十一頁後第十行太后意折下補小注

胡三省曰折屈也

卷四高貴鄉公紀第四十五頁第八行小注二十四篇下補小注

姚振宗曰文心雕龍諧讔篇云魏文陳思約而密之高貴鄉公博舉品物雖有小巧用乖遠大然文辭之有諧讔譬九流之有小說云按劉勰言則文帝陳王高貴鄉公集中皆有謎語至公博舉品物尤多於前云

又第五十六頁後第九行臣之罪也下補小注

林國贊曰司馬孚爲司馬懿弟懿害曹爽孚實與聞孚在齊王芳時爲太尉在高貴鄉公時爲太傅芳廢孚僅一哭送

之高貴弒孚又僅一哭盡之七年之間兩見此事入晉後又父子並爲上公名教掃地至此極矣又曰蜀無叛臣亦無以下謀上者黃元之反漢嘉彭羕楊儀之肆逆言卒就刑戮皆彼人自取非國有缺事也魏吳則弒逆廢立紛如弈棋矣又殉義之士惟蜀獨多如趙廣殉姜維沓中之敗馬良傳彤程畿王國山殉先主秭歸之敗其亡也北地王諶李昭儀諸葛瞻諸葛尚張遵董崇李球傅僉皆死之昭儀以妃嬪自殺固爲奇節北地王之言尤千古有生氣武侯與瞻尚三世死國關張父子彤僉父子皆兩世死國吳之亡死國者惟張悌一人魏之亡死國者並無其人惟王裒范粲司馬順等能不事異姓而已魏以篡逆得國未亡之前雖有毋丘儉諸葛誕發憤討賊然旋起旋滅卒糜凶燄剷至覆亡則篡弒相仍絕不爲怪矣

又第五十七頁第六行以此知世語之言爲誣也下補小注

李治敬齋古今黈卷四云士大夫大節不必觀其所爲但觀其所不爲足矣當髦圖昭之際使沈業如經之不言則髦必得志昭必先誅魏祚必不傾司馬氏亦無自而王也成敗之機在於呼吸沈業反覆變詐眞魏之賊也沈業以不泄謀爲賊則王經之不泄信爲魏之忠臣矣斯時魏如綴旒誠不暇甄錄已死之人然秉董狐之筆者可不特爲一傳以勸後之人乎然魏史不傳王經晉史傳沈等千載而下終不能廢經之美而沈等之惡借東海之波亦莫得而濯之

卷四陳留王紀第六十九頁第四行吾不爲也下補小注

王夫之曰縣聞此言未有不以爲嶽立屹屹可以爲社稷臣者馮道之勞郭威曰侍中此行不易亦猶是也炎篡而祥爲太保於晉威篡而道爲中書令於周則其亢矯以立名而取合於新主大略可知設遇朱溫豈能爾哉

又第七十一頁第八行爲部曲將下補小注

林國贊曰據鍾會傳胃謀盡阬魏軍胡烈密語其子淵淵因聚會衆殺會陳留紀則云賈輔密語王起起因宣傳輔言是年凡嬰會害者皆與輔起並被爵賞淵烈最爲功首猥無名字會傳注引晉諸公贊亦不言其見錄

又第七十八頁第十行小注紋而婉矣下補小注

顧炎武曰晉無公族而六卿分秦無子弟而閻樂弒魏削藩王而陳留篡於司馬宋卑宗子而二帝辱於金人皆是道也

卷五后妃傳第十二頁第五行小注沈均瑲曰上補小注

顧炎武曰此諱字明帝名當時史家之文也宋書武帝紀劉諱龍行虎步後周書柳慶傳宇文諱忠誠奮發並合稱名史不敢斥之爾

又第二十五頁第三行棧潛之論下補小注

林國贊曰潛諫立郭后見此傳羣諫追封平原公主見陳羣傳此傳一字未及而傳評忽云首尾殊不應他如劉放傳譏放抑辛毗而助王思實見辛毗傳據放傳則於毗等一字未及又劉焉傳評譏焉求婚吳氏實見二主妃子傳據焉傳則求婚事一字未及

卷六董卓傳第十六頁第四行足以畢老下補小注

洪邁容齋隨筆卷十四云董卓一敗掃地豈容老於郿耶公孫瓚築京於易以爲足以待天下之變不知衝梯舞於樓上城豈可保耶曹爽自謂不失作富家翁不知誅滅在旦暮耳

又第二十頁後第七行遂至尙書下補小注

胡三省曰邕舉高第補侍御史又轉治書御史遷尙書三日之間周歷三臺

又第二十五頁後第七行乃悉載置其營下補小注

李冶敬齋古今黈卷四云邸閣者乃軍屯蹊要儲蓄資糧之所此二字他書無有見於漢末及三國志其所明著者凡十一董卓傳注引獻帝紀李傕曰我邸閣儲偫少又張既傳請置烽燧邸閣以備胡又王基傳取雄父邸閣收米三十餘萬斛又毋丘儉傳南頓有大邸閣計足軍人四十日糧又蜀後主建興十一年運米集斜谷口邸閣又魏延傳横門邸閣與散民之穀足周食也又鄧芝傳芝爲郫邸閣督又孫策傳盡得邸閣糧穀戰具又孫權傳赤烏四年燒安成邸閣又赤烏八年通會市作邸閣又周魴傳修立邸閣輦貲運糧以爲軍儲云云餘詳見王基傳注

又第三十一頁後第六行小注北貌也下補小注

水經河水注李傕郭汜追戰于弘農澗天子露次曹陽楊奉董承外與傕和内引白波李樂等破傕乘輿得進復來戰奉等大敗兵相連綴四十餘里方得達陝

卷六袁紹傳第三十八頁後第八行而後得免下補小注

嚴衍曰自發露者自解下衣舉其陰以示人明非宦官也

又第四十八頁後第七行陳説誤下將陳説誤三字删去補小注

林國贊曰獻帝傳所云與本傳相反獻帝傳是也授初見紹已勸紹迎天子計授凡六出奇策紹率不從授諫紹勿興官渡之役圖力折其説紹遂舉兵尋又惑譖分授兵與圖及瓊尋又銜授辭疾復盡省其兵屬圖圖於授無一不相水火袁氏諸臣田豐外莫忠於授後以身殉然正惟策出於授紹故不從若圖則無不從矣圖無計不左末搆譚攻尚譚尚擬和又堅沮之竟覆冀州生平憒憒焉能辨此范書從獻帝傳似較精覈

又第五十一頁後第二行禍其始此乎下補小注

胡三省曰譚尚之爭沮授固知之矣

又第五十一頁第四行故載錄之下補小注

水經河水注袁紹與曹操相禦于官渡紹逼大司農鄭玄載病隨軍屆此而卒郡守以下受業者衰絰赴者千餘人弼按謂鄭玄卒於元氏縣之沙邱堰

又第五十三頁後第六行州郡文曰下補小注

胡三省曰案文選陳琳爲袁紹檄豫州蓋帝都許許屬潁川郡豫州部屬也故還專以檄豫州爲言

又第五十六頁第三行松柏桑梓下補小注

顧炎武曰容齋隨筆謂小雅維桑與梓必恭敬止並無鄉里之説後人文字作鄉里事用愚考之張衡南都賦云永世克孝懷桑梓焉眞人南巡覩舊禮焉漢人之文必有所據魏鍾會與蔣斌書桑梓之敬古今所敦按古人桑梓之説不過敬老之義此於詩爲興體言桑梓猶當敬養而況父母爲人子之所瞻依

又第五十七頁後第八行將驕主忲下補小注

胡三省曰忲他蓋翻侈也

又第六十二頁第七行車騎將軍下補小注

胡三省曰袁紹初起兵自號車騎將軍故譚亦稱之

又第六十四頁後第七行商奄之師下補小注

史記蚩尤作亂黃帝徵師諸侯與蚩尤戰於涿鹿之野禽殺蚩尤周公東伐淮夷踐奄遷其君蒲姑

又第六十八頁第九行小注建安九年下補小注
水經濁漳水注引獻帝春秋曰司空鄴城圍周四十里初淺而狹如或可越審配不出爭利望而笑之司空一夜增修廣深二丈引漳水以灌之遂拔鄴
卷六袁術傳第七十七頁後第九行擁有四州下補小注
李賢曰青冀幽幷
卷六劉表傳第八十六頁第三行故失此大會也下補小注
胡三省曰猶言大機會也
又第四行未足爲恨也下補小注
胡三省曰豪傑之言故自與常人不同
卷七臧洪傳第二十八頁第二行小注君父者矣下補小注
王夫之曰張邈兄弟黨呂布以奪曹操之兗州其時天子蒙塵超無能恤彼於袁曹均耳洪以私恩爲一曲之義奮不顧身而一郡之生齒爲之併命殆所謂任俠者與於義未也而食人之罪不可逭矣弼按此說是
卷八公孫瓚傳第二頁第八行瓚乃退入空亭中下補小注
顧炎武日知錄卷二十二云秦制十里一亭十亭一鄉風俗通云漢家因秦大率十里一亭亭留也蓋行旅宿會之所
又第五頁後第二行小注封薊侯下補小注
水經淇水注初平二年黃巾三十萬人入渤海公孫瓚破之于東光界退奔是水斬首三萬血流丹水
又第十一頁第七行小注幽州上谷郡居庸下補小注
水經㶟水注滄河又西逕居庸縣故城南魏上谷郡治昔劉虞攻公孫瓚不克北保此城爲瓚所擒
又第十一頁後第十行還易京固守下補小注
水經鮑丘水注鮑丘水又西南流公孫瓚既害劉虞烏丸思劉氏之德迎其子和合衆十萬破瓚于是水之上斬首二萬
又第十二頁第六行乃築京固守下補小注

水經濕餘水注濕餘水東流易荆水注云公孫瓚之敗于鮑丘也走保易荆疑阻此水也聚珍本水經注案語瓚走保易京在今雄縣界非易荆水也此誤引

卷八公孫度傳第二十七頁後第九行越海而收之下補小注

顧炎武曰海道用師古人蓋屢行之矣吳徐承率舟師自海入齊此蘇州下海至山東之路越王勾踐命范蠡率師沿海泝淮以絶吳路此浙東下海至淮上之路漢楊僕從齊浮渤海擊朝鮮魏田豫督青州諸軍自海道討公孫淵此山東下海至遼東之路公孫度越海收東萊諸縣此又遼東下海而至山東也

卷八張魯傳第四十四頁後第一行犯法三原下補小注

胡三省曰原赦也

又第四十五頁後第五行非其父也下補小注

弼按惠說本通鑑考異

卷九夏侯惇傳第二頁第三行責以寶貨下補小注

林國贊曰布與惇爲敵既執惇豈不剌殺而但責寶貨耶此未可信

又第三頁第六行二十六軍下補小注

胡三省曰晉志云光武建武初征伐四方始置督軍御史事竟罷建安中魏武爲相始遣大將軍督之二十一年命夏侯惇督二十六軍是也蕭子顯曰漢順帝時御史中丞馮赦討九江賊督揚徐二州軍事何徐宋志云起魏武王珪之職儀云起光武並非也

卷九夏侯淵傳第六頁第九行六日一千下補小注

顧炎武曰此可偶用之於二三百里之近不然百里而趨利者蹶上將固兵家所忌也

卷九曹洪傳第十七頁後第七行中郎將下補小注

胡三省曰西漢有中郎將東漢分置三署虎賁羽林中郎將建安之後羣雄兵爭自相署置始有名號中郎將

又第十八頁後第八行小注貪淫可知下補小注

文選四十一陳孔璋爲曹洪與魏文帝書李善注引文帝集序曰上平定漢中族父都護還書與余盛稱彼方土地形

勢觀其辭知陳琳所敘爲也云云上文引曹洪與丕書當在此注之下

卷九曹休傳第二十頁第十行騎都尉下補小注

　胡三省曰漢武帝置三都尉騎都尉其一也

又後第四行飛果走下補小注

　胡三省曰情見勢屈宜其走也

卷九曹爽傳第三十一頁第六行不敢專行下補小注

　胡三省曰或問使爽能守此不變可以免魏室之禍否曰貓鼠不可以同穴使爽能率此而行之亦終爲懿所啖食耳

又第三十九頁後第五行賜爵關內侯下補小注

　林國贊曰舉號謂稱尊號即魯傳所謂羣下欲尊魯爲漢中王休直勸魯僭王所云勸魯內附誤弼按因勸魯內附乃賜爵或前勸舉號後勸內附亦未可知

又第四十五頁第四行姚說是下補小注

　隋經籍志職官篇官族傳十四卷何晏撰

又第四十六頁第三行乃收晏下補小注

　通鑑考異曰宣王方治爽黨安肯使晏典其獄就令有之晏豈不自知與爽最親而冀獨免乎此殆孫盛承說者之妄耳

又第四十六頁第四行小注何公之墓下補小注

　俞正燮癸巳存稿云通鑑注言寒食散始於何晏

卷九夏侯玄傳第五十頁第二行官才之來下補小注

　郝經續後漢書之作以

又第五十八頁後第八行毓所正下補小注

　郝書正作上

又第五十九頁第五行小注建安十四年下補小注

袁宏三國名臣序贊曰玉生雖麗光不踰把德積雖微道映天下淵哉泰初宇量高雅器範自然標准無假全身由直迹洿必僞處死匪難理存則易萬物波蕩孰任其累六合徒廣容身靡寄

又第六十三頁後第三行何恨之有哉下補小注

胡三省曰非此母不生此子袁宏三國名臣序贊曰君親自然匪由名教敬愛既同情理兼到烈烈王生知死不撓求仁不遠期在忠孝

卷十荀彧傳第五頁第五行小注李傕所殺略下補小注

洪邁容齋隨筆卷十二云漢自中平黃巾之亂天下震擾士大夫莫不擇所從然非豪傑不能也荀彧之去袁就曹和洽南之武陵高柔舉家之河北郭嘉趙儼邢顒之依曹操呂範之從孫策周瑜之事孫權諸葛亮之事劉備諸人識見如此安得困於亂世哉

又第五頁後第四行督將大吏下補小注

胡三省曰督將領兵大吏通掌州郡事者

又第十三頁第八行遂爲超所殺下補小注

林國贊曰如此文康直一死報國非不稱職

又第二十三頁第二行劉劭傳下補小注

林國贊曰張璠漢紀訛爲俁叔祖俁弟似不宜同名疑誤弼按范書訛作汪章懷注同

卷十賈詡傳第四十頁後第一行情景如畫下補小注

胡三省曰解曉也

又第四十一頁後第二行皆難卒謀也下補小注

胡三省曰據險守要謂蜀汎舟江湖謂吳卒讀曰猝

又後第三行而有苗服下補小注

舜誕敷文德舞干羽於兩階七旬有苗格

又第六行謚曰肅侯下補小注

隋書經籍志鈔孫子兵法一卷魏太尉賈詡鈔日本國見在書目孫子兵書一卷臣詡撰隋志吳起兵法一卷賈詡注

又第四十四頁第二行其良平之亞歟下補小注

袁宏三國名臣序贊曰公達潛朗思同蓍蔡運用無方動攝羣會爰初發跡遘此顛沛神情玄定處之彌泰愔愔幕裏筭無不理亹亹通韻跡不暫停雖懷尺璧顧哂連城知能拯物愚足全生

卷十一袁渙傳第四頁後第十行小注錄一卷下補小注

袁宏三國名臣序贊曰郎中溫雅器識純素貞而不諒通而能固恂恂德心汪汪軌度志成弱冠道數歲暮仁者必勇德亦有言雖遇履虎神氣恬然行不修飾名節無愆操不激切素風愈鮮

卷十一國淵傳第九頁第七行字子尼下補小注

胡三省曰姓譜齊有國氏世爲上卿又鄭七穆子國之後爲國氏

卷十一田疇傳第十一頁後第十行五千餘家下補小注

水經鮑丘水注庚水出右北平徐無縣北塞中歷徐無山昔田子泰避難居之衆至五千家

又第十四頁後第一行許而不奪下補小注

胡三省曰不奪其志也孔子曰匹夫不可奪其志

又第十六頁後第三行逃竄之人耳下補小注

胡三省曰謂不能爲劉虞報讎自竄於徐無山也

卷十一王脩傳第二十頁後第十行小注改爲太常下補小注

隋志梁有魏國奉常王脩集二卷亡

又第二十一頁第四行非赴難之義下補小注

水經濁漳水注中曰銅雀臺魏武望奉常王叔治之處時人以爲美談矣九卿各居其府下水經注有卿何來也四字

卷十一邴原傳第二十五頁第九行合葬非禮也下補小注

通鑑作嫁殤非禮也胡注未成人而死曰殤未爲配偶而死合葬故曰非禮

又第二十七頁第六行語云下補小注

西漢人稱論語曰傳後漢及三國時人引論語或曰論或曰語淩統傳注引語曰雖小道必有可觀者焉此單稱語者也趙岐孟子章句稱論語曰論王通中説論失於齊魯此單稱論者也

卷十一管寧傳第三十頁後第七行代居郡外下補小注

郝經續後漢書作度父子代居海外

又第三十七頁第三行小注箕股也下補小注

顧炎武曰古人席地而坐西漢尚然古人之坐皆以兩膝著席有所敬引身而起則爲長跪矣禮記坐皆訓跪管寧坐木榻榻上當膝處皆穿以此

又第三十七頁第六行宋本作隆興下補小注

國語周文王時鸑鷟鳴于岐説文曰鸑鷟鳳屬神鳥也

又第三十八頁後第三行追迹洪崖下補小注

神仙傳衞叔與數人博其子度曰向與博者爲誰叔卿曰洪崖先生也

又第三十九頁後第二行會寧卒下補小注

隋志梁又有魏徵士管寧集三卷錄一卷

又第四十二頁第八行三十里下補小注

胡三省曰秦晉遷陸渾之戎於此宋白曰陸渾河南府伊陽縣地師古曰渾音胡昆翻

卷十二崔琰傳第五頁第四行意指不遜下補小注

胡三省曰以會當有變爲意指不遜

又第六頁第三行類皆如此下補小注

袁宏三國名臣序贊曰邈哉崔生體正心直天骨疏朗牆宇高嶷忠存軌跡義形風色思樹芳蘭翦除荊棘人惡其上時不容哲琅琅先生雅仗名節雖遇塵霧猶振霜雪運極道消碎此明月

又第六頁後第一行靈帝時人下補小注

丁紹基求是齋金石跋卷一云太山都尉孔宙碑碑在今曲阜縣孔廟後漢有豫州刺史孔伷字公緒見臧洪傳又見

符融傳薦達郡士范冉韓卓孔伷等三人符融係陳留浚儀人則孔伷係陳留郡人與此碑係孔融之父孔宙有別

又第八頁後第十行張磔網羅下補小注

胡三省曰磔陟格翻開也

又第十一頁後第五行去州九里下補小注

薛壽學詁齋文集卷上有揚州孔融宅墓考文繁不錄

卷十二毛玠傳第十四頁第九行遂仕魯陽下補小注

通鑑仕作往

又第十四頁後第四行夫兵義者勝下補小注

胡三省曰魏相嘗有是言

又守位以財下補小注

胡三省曰易大傳何以聚人曰財何以守位曰仁

又畜軍資下補小注

胡三省曰操之所以芟羣雄者在迎天子都許屯田積穀而已二事乃玠發其謀也

又第十六頁後第二行師興而雨下補小注

左傳衞人伐邢以報菟圃之役于是衞大旱卜有事於山川不吉寗莊子曰昔周饑克殷而年豐今邢方無道諸侯無伯天其或者欲使衞討邢乎從之師興而雨

又後第七行飲鴆自殺下補小注

郝書縊死作飲藥陳志作縊死誤

卷十二何夔傳第二十一頁第九行遷長廣太守下補小注

胡三省曰長廣縣前漢屬琅邪郡後漢屬東萊郡此蓋操遣樂進入青州新收以爲郡

卷十二邢顒傳第二十五頁第七行民之先覺也下補小注

胡三省曰伊尹曰予天民之先覺者也此以道自任者也若邢顒之先覺特見幾耳

又後第六行頤防閑以禮下補小注
胡三省曰防隄也閑闌也防以止水閑以制獸皆禁止之義也
卷十二鮑勛傳第二十九頁後第五行日費千金下補小注
兵法曰興師十萬日費千金
又後第六行黷虜玩威下補小注
國語祭公謀父曰先王耀德不觀兵夫兵戢而時動動則威觀則玩玩則無震
卷十三鍾繇傳第六頁第五行詔不聽下補小注
洪邁容齋續筆卷六云近世士大夫自劾者不過云乞將臣重行竄黜闔門待罪而已如繇此章蓋與爲他人所糾亡異也豈非身爲司隸職在刺舉故如是乎
卷十三華歆傳第二十三頁後第七行雖有二賊負險延命下補小注
胡三省曰魏以吳蜀爲二賊
又第二十四頁第四行二祖勞於前世下補小注
胡三省曰二祖謂太祖武皇帝世祖文皇帝也
卷十三王朗傳第三十五頁第八行冉季載下補小注
郝經曰左傳富辰曰管蔡郕霍魯衛毛聃郜雍曹滕畢原酆郇文之昭也並伯邑考武王共十八子與此不同
又第八行鮮於兄弟下補小注
郝經曰左傳邘晉應韓武之穆也並成王共五子
卷十三王肅傳第三十九頁後第五行惟泰極以前下補小注
胡三省曰泰極謂泰極殿也
又後第八行勞而不怨矣下補小注
易曰說以使民民忘其勞
又第四十頁第三行營成而罷下補小注

胡三省曰此營壘之營
又第四行徒營其目前之利下補小注
胡三省曰此營求之營
又第六行無或失信下補小注
胡三省曰謂始焉於甲處營造發民就役次焉於乙處營造不可仍用甲處就役之民寧使更發民以供乙處之役也
又第八行鈞其死也下補小注
胡三省曰鈞與均同
又後第四行反可以惑謬乎下補小注
胡三省曰斯論誠足以矯張釋之之失言
又第四十四頁第五行又明堂議三卷王肅撰亡下補小注
隋志春秋類春秋外傳章句一卷王肅撰梁二十一卷唐經籍志春秋外傳國語章句二十二卷王肅注姚振宗曰韋注國語但述鄭賈虞唐四家則當時王子雍孫叔然之注不行於江表
又第四十四頁後第三行小注(唐志同)下補小注
舊唐書元行沖傳張說奏言禮記是前漢戴德戴聖所編錄至魏孫炎始改舊本以類相比有同鈔書先儒所非貞觀中魏徵因孫炎所修更加整次兼爲之注恐不可用帝然之書留中不出行沖著釋疑曰鄭學有孫炎雖扶鄭義乃易前編條例支分箴石間起魏氏采衆説之精簡刊正芟礱王應麟曰朱文公惜魏徵書之不復見此張説文人不通經之過也姚振宗曰大小戴可以删存後儒無不可以取裁張燕公駮魏徵類禮并詆孫炎之書非通論也宜元行沖作釋疑以自解焉
卷十四程昱傳第二頁後第四行靳允曰下補小注
胡三省曰過工禾翻靳居焮翻姓也戰國楚有幸臣靳尙
又後第九行不能相君也下補小注
胡三省曰相如字言不能相與定君臣之分也

又第六頁後第六行小注東廠之類下補小注

俞正燮癸巳存稿卷七云魏吳有校事官似北魏之候官明之廠衞徐邈傳云邈爲尚書郎私飲沈醉校事趙達問以曹事邈曰中聖人達白之太祖高柔傳云宜陽典農劉龜於禁地內射兔功曹張京詣校事言之帝匿京名收龜付獄衞臻傳云殿中監擅收蘭臺令史臻言校事官類皆如此常林傳注魏略載校事劉肇事是黄初中其制未革吳之校事尤橫見潘濬傳朱據傳是儀傳校事或謂之典校（顧雍步騭朱據傳）或謂之校曹（陸凱傳）或謂校郎（是儀傳）或謂之校官（諸葛恪傳）又有察戰徵調交州孔雀又齎藥賜孫奮亦明廠衞校尉之流弼按察戰見陳留王紀咸熙元年注與此無涉

卷十四郭嘉傳第八頁後第九行周公之下士下補小注

郝經曰韓詩外傳周公一沐三握髮一飯三吐哺猶恐失天下之士

又第九頁第九行懾作攝下補小注

胡三省曰攝整也左傳曰書於伐秦攝也杜預注能自攝整

又後第七行浸潤不行下補小注

胡三省曰論語浸潤之譖不行焉可謂明也已矣言譖人者如水之浸潤以漸而入也

又後第八行不知兵要下補小注

胡三省曰荀子與臨武君議兵於趙孝成王前曰請問兵要

又第十頁後第六行正反也下補小注

林國贊曰武帝紀程昱傳正與傅子同魏書非是

又第十三頁第一行幷前千戶下補小注

水經潁水注潁水逕陽翟縣故城北故潁川郡治城西有郭奉孝碑

卷十四董昭傳第十五頁第八行謂因事而結之下補小注

嚴衍曰用意曰故

又第十六頁第六行遠近跂望下補小注

胡三省曰跂渠宜翻舉足也
又第二十頁後第二行臣私慼之下補小注
胡三省曰慼憂也
又第二十一頁第十行但求人道不勤下補小注
嚴衍曰求疑作患
卷十四劉曄傳第二十五頁後第二行而不能安也下補小注
通鑑考異曰按備傳云備下公安聞曹公定漢中乃還如此則備時猶在公安也
又第二十七頁後第八行又不從下補小注
胡三省曰史言帝再不聽劉曄之言爲後伐吳無功張本
又第二十九頁第四行作黨誤下補小注
胡三省曰有黨故能奪恭位與之爲仇者則恭之黨也
卷十四蔣濟傳第三十一頁後第六行語城中守將下補小注
嚴衍曰三部猶言三輩使三輩使者持僞書報合肥城中一以安城中之人一欲令孫權得之驚之使走也
卷十四劉放傳第四十二頁後第九行參司空軍事下補小注
胡三省曰爲劉放因此管魏機密以亂魏張本
又四十三頁第四行鄚縣鄉下補小注
胡三省曰或曰贊相也凡出令使之贊相因以爲官名蓋魏武霸府所置窮按本傳明言出爲各縣令下文言孫資亦歷縣令胡注誤引或說不足據
又第四十五頁後第五行常讓事於帝曰下補小注
讓疑作議
又第四十七頁第五行堪其事不下補小注
胡三省曰不讀曰否

卷十五劉馥傳第二頁第六行建安十三年卒下補小注

文選四十二阮元瑜爲曹公作書與孫權云抑遏劉馥相厚益隆李善注引魏志云太祖任劉馥爲揚州刺史每請伐吳太祖常遏絕不許今按本傳無此文是時劉馥已死魏武殆虛設此詞以招徠孫權耳

又第二頁第十行不能過也下補小注

戰國策張孟談曰夫董閼安于簡子之才臣也世治晉陽而尹鐸循之其餘政教猶存君其定居晉陽

卷十五司馬朗傳第七頁後第八行宜及此時復之下補小注

顧炎武日知錄卷十九云天下事有言在一時效見於數百年之後者司馬朗復井田之議當時未行及拓跋氏有中原令戶絕者虛宅桑榆盡爲公田以給授而口分世業之制自此而起迄於隋唐守之

卷十五張既傳第二十二頁第十行可得乎下補小注

胡三省曰緝料恪雖中緝亦卒爲師所殺師方專政忌才智而疾異己況以緝而耀明於師乎

卷十五賈逵傳第三十三頁後第三行賜其生口十人下補小注

趙翼陔餘叢考卷四十三云生口本軍前生擒之人漢書蘇武傳李陵爲言捕得生口太守以下皆白服王莽傳陳歆言捕虜生口知犯邊者皆單于咸子角所爲後漢書袁安傳和親以來有得邊生口輒以歸漢魏略太祖賜楊沛生口十人皆謂捕獲生人也今北方人乃謂驢馬之類爲生口此亦有所本魏志王昶傳注任嘏常與人共買生口則以牛馬爲生口三國時已有此語矣

又第三十三頁第一行乃還報命下補小注

胡三省曰李孚小才也挾才以求知非懷才以待聘者也

卷十六杜畿傳第十頁第四行亦曰東張城下補小注

嚴衍曰張辟當是人名想辟爲壁壘之時其人可託其衆可守故畿單將數十騎赴之耳不然止此數十騎雖得堅壁何能守也

又吏民多舉城助畿者下補小注

胡三省曰舉城謂舉屬縣城也

又第十二頁第六行小注孟津之日下補小注
又河水注引晉陽秋曰杜預造河橋于富平津又謂之爲陶河魏尙書僕射杜畿以帝將幸許試樓船覆于陶河謂此也
卷十六杜恕傳第十三頁後第九行當爲巽下補小注
隋志梁又有魏徵士呂安集二卷錄一卷亡
又第十七頁後第七行處重爲恭下補小注
嚴衍曰處重者養重也自處於重而一置人言於不辨有似於恭者觽不敢也
又第二十頁第一行小注不可解下補小注
俞正燮癸巳存稿卷七云伊尹之制與惡吏守門非治世之具也伊尹當是人名
又第二十二頁第七行起家爲河東太守下補小注
李治敬齋古今黈卷四云起家者蓋在家中而起爲此官也傳嘏起家拜滎陽太守王基起家爲河南尹是也
卷十七張遼傳第五頁第七行特爲遼母作殿下補小注
顧炎武曰後漢書蔡茂傳夢坐大殿注屋之大者古通呼爲殿左思魏都賦都護之室殿居綺窗是人臣亦得稱殿也
卷十七樂進傳第七頁第七行進折衝下補小注
胡三省曰折衝將軍始此
卷十七徐晃傳第十六頁第二行拜裨將軍下補小注
胡三省曰按沈約志曹魏置將軍四十號偏將軍裨將軍居其末
又第十六頁後第二行横野將軍下補小注
胡三省曰横野大將軍光武以命王常
又第十八頁後第六行二十年下補小注
林國贊曰彼時劉封在上庸先主在成都如此文則似先主在上庸矣據夏侯尙傳尙奏劉備别軍在上庸本傳備下當亦有别軍二字疑傳寫脱去曹眞傳擊劉備别將於下辯又云破劉備别將高詳於陽平未直書討劉備也

卷十八李通傳第四頁第四行羣賊瞿恭下補小注
胡三省曰瞿姓也王僧孺百家譜有蒼梧瞿寶
卷十八呂虔傳第十二頁第二行虔將家兵到郡下補小注
顧炎武曰古之爲將者必有素豫之卒春秋傳冉求以武城人三百爲己徒卒後漢書朱儁傳令過本郡簡募家兵張燕寇河内儁以家兵擊卻之
又第十三頁第四行漢晉春秋下補小注
林國贊曰末句是裴氏語云少帝紀即指本志齊王芳等紀惟鮑勛傳注引魏書稱語在紹傳語在武紀崔琰傳注引魏略亦稱語在紹傳而本志武紀紹傳無此語此皆魏書魏略語非裴語吳範傳注引會稽典錄稱語在妃嬪傳亦同此例
卷十八龐悳傳第十九頁第三行箭不虛發下補小注
胡三省曰射必中也
又第九行不跪下補小注
胡三省曰示不屈伏
卷十八龐淯傳第二十一頁第二行隔以河寇下補小注
胡三省曰涼州刺史本治漢陽郡冀縣時寇賊繁興遂與河西隔絕河寇蓋羣盜阻河爲寇者
又爲雍州刺史下補小注
胡三省曰風俗通邯鄲以國爲姓余謂邯鄲非國也蓋以邑爲姓左傳晉有邯鄲午時置雍州治武威
又第二十二頁第二行白日刺讎於都亭前訖下補小注
顧炎武日知錄卷二十二云都亭如今之關廂司馬相如往臨邛舍都亭嚴延年母止都亭不肯入府孫權出都亭候邢貞是也
卷十八閻温傳第二十五頁第九行故曰下流之愛下補小注
嚴衍曰父上而子下以父而愛子是慈惠之澤從上而流及於下故曰下流之愛非常流下等之說也不然孫登之將

死也上疏於父權曰願陛下棄忘臣身割下流之愛豈謂其父有下等人識見耶想魏晉間恆言自是如是非獨就以此規其父也

卷十九任城王傳第二頁後第九行使劉封下挑戰下補小注

林國贊曰按武紀張郃先主傳乃先主保險不戰操引還言挑戰者誤

又第三頁第六行不足信下補小注

林國贊曰操於植始憐終棄迄無稍悔且操未卒前一年遣植救樊城圍植因丕逼醉失指操方盛怒尋銜楊修黨植又殺修臨歿召彰度亦計與彰決焉得復有欲立植事彰爲丕毒殺植亦幾不免魏略欲甚彰植罪輒巧爲誣搆見其非所宜言耳

卷十九陳思王傳第七頁第三行晉史之誣下補小注

何屺瞻曰文帝即王位誅丁儀丁廙并其男口安得晉時猶有子在覓米事誣

又第十二頁後第八行賜髦轂帛下補小注

林國贊曰修黨曹植丕即位植黨殺幾盡修若在當亦坐殺謂殺後而猶追思其過薄豈非讕語

又第二十八頁第七行錐囊之喻下補小注

史記平原君傳毛遂自贊於平原君平原君曰賢士處世譬若錐處囊中其末立見今先生處勝之門下三年勝未有所聞遂曰使遂蚤處囊中乃穎脫而出非特其末立見而已也

又第三十八頁後第七行列女傳頌一卷曹植撰下補小注

畫讚五卷漢明帝殿閣畫魏陳思王讚

卷二十武文世王公傳第八頁第七行男子不卒婦人之手下補小注

通鑑卒作死胡三省曰喪大記之言

又後第一行當造膝諫之下補小注

胡三省曰造膝詣膝前也

又第十五頁後第二行行之乎前代下補小注

郝經曰漢書淮南厲王長文帝時謀反遷于蜀而死帝憐淮南王封子四人爲列侯後漢書楚王英光武子明帝時謀反有司請誅之帝以親親不忍廢英徙丹陽涇縣英自殺章帝封英子五人皆爲列侯阜陵王延謀反章帝詔貶爵爲阜陵侯後復爲阜陵王

又第十八頁後第九行則其弊也劫奪下補小注

胡三省曰謂威權陵逼劫其君而奪之也

又第十九頁第二行歷紀長久下補小注

胡三省曰紀年紀也

又第五行謹撰合所聞下補小注

胡三省曰撰具也述也音雛免翻

又第七行同其憂下補小注

呂延濟曰與天下共其民謂建立諸侯與之共理共有其利也故天下有難則諸侯同憂

又第二十頁第三行立郡縣之官下補小注

呂向曰秦皇觀周所以敝者乃以勢弱而諸侯奪其國也遂廢五等之爵而立郡縣之吏五等公侯伯子男也

又第四行以自毘輔下補小注

毘亦輔也

又後第十行理勢然也下補小注

胡三省曰用班固漢宗室諸侯王表文意

又第二十一頁第八行鍾作成下補小注

胡三省曰鍾聚也

又尾大難掉下補小注

左傳田無宇之言

又第十行齊分爲七下補小注

郝經曰謂齊城陽濟北濟南淄川膠西膠東也
又趙分爲六下補小注
郝經曰謂趙平原眞定中山廣川河間也
又淮南三割下補小注
郝經曰謂淮南衡山廬江也
又梁代五分下補小注
郝經曰謂梁濟川濟東山陽濟陰也代未嘗分此言五分未詳
又第二十二頁第一行宫室變爲榛藪下補小注
胡三省曰謂董卓之亂也
又第四行于今二十有四年矣下補小注
胡三省曰自黄初受禪至此二十四年
又第五行觀五代之存亡下補小注
胡三省曰五代夏商周秦漢也
又第六行君有不使之民下補小注
胡三省曰空虚謂有封國之名實不能有其地也君不使之民謂抗藩王之尊於國民之上不得而臣使也
又第七行外無磐石宗盟之助下補小注
呂延濟曰磐石大石也以其堅重不可轉易也宗盟謂同姓諸侯盟會者也
又後第一行百人之上下補小注
張銑曰言宗室位卑也百人之上百夫長也
又後第十行爽不能納下補小注
胡三省曰以明帝之明且不能用陳思王之言況曹爽之愚闇哉
卷二十一王粲傳第四頁第五行丞相掾下補小注

胡三省曰漢公府並有掾屬東西曹掾比四百石餘曹比三百石其屬比二百石三公爲天子之股肱掾屬則三公之喉舌魏晉置多者或數十人

又置酒漢濱下補小注

通鑑考異曰操恐劉備據江陵至襄陽即過日行三百里引用名士皆至江陵後所爲不得更置酒漢濱恐誤

又第六頁後第八行陳留尉氏人下補小注

胡三省曰姓譜殷有阮國在岐渭之間周詩有侵阮阻楚辭子孫以國爲姓後漢有已吾令阮敦

又第八頁第八行時有惻怛下補小注

隋志魏太子文學徐幹集五卷梁有錄一卷亡

又第九頁第九行管記室下補小注

胡三省曰漢公府有記室令史主上章表報書記

又第十二頁後第十行燭衆士之好下補小注

淮南子隋侯之珠高誘注曰隋侯見大蛇傷斷以藥傅而塗之後蛇於江中銜珠以報因曰隋侯珠

又登窈窕之首下補小注

詩泮水大賂南金鄭箋云荆揚之州貢金三品

又綴侍臣之幘下補小注

漢侍中常侍加黃金璫附蟬爲文貂尾爲飾謂之趙惠文冠

又第十六頁後第九行繁欽下補小注

欽見奇劉表見杜襲傳胡三省曰左傳殷民七族有繁氏西漢有御史大夫繁延壽

又第十六頁後第十行繁音婆下補小注

顧炎武曰漢書建昭三年李延壽爲御史大夫一姓繁師古曰繁音蒲元反陳湯傳御史大夫繁延壽師古曰繁音蒲胡反蕭望之傳師古音婆谷永傳師古音蒲河反蒲元則音盤蒲胡則音蒲蒲河則音婆三音互見

又第十七頁第三行無可考矣下補小注

弼按魏文帝答繁欽書有云固非車子喉轉長吟所能逮也之語嚴可均輯藝文初學記御覽各書所載爲一篇

又第二十五頁第六行箕踞而鍛下補小注

胡三省曰康性巧而好鍛鍛都玩翻小冶也

又後第一行聞而怒焉下補小注

胡三省曰湯武革命而康非薄之故昭聞而怒

又第二十八頁後第八行小注引世語下補小注

文選四十二載曹子建與吳季重往還書有墨子朝歌迴車之語正質爲朝歌長之時也

又第三十一頁後第三行本郡所饒下補小注

俞正燮癸巳存稿卷七云饒容也北齊書樊遜傳云遜少學常爲兄仲優饒隋書劉光伯傳自序云性本愚蔽家業窶爲父兄所饒厠搢紳之末後漢書鄭康成傳戒子益恩書云吾家舊貧不爲父母羣弟所容唐宋以前本無不字（引證甚詳文繁未錄）宋以後字匠誤多也康成以學成歸美父兄羣弟故爲此言

卷二十一劉廙傳第三十八頁後第五行仲尼回輪下補小注

胡三省曰史記孔子將西見趙簡子至河而聞竇鳴犢舜華之死臨河而嘆曰丘之不濟命也夫子貢進曰何謂也孔子曰竇鳴犢舜華晉之賢大夫也趙簡子未得志之時須此兩人而後從政丘聞之刳胎殺夭則麒麟不至竭澤而漁則蛟龍不合陰陽覆巢毀卵則鳳凰不翔何則君子諱傷其類夫鳥獸之於不義也尙知避之而況乎丘哉乃還

又第三十九頁第十行遷化於外下補小注

史記越世家范蠡事越王勾踐滅吳以勾踐爲人可與共患難與處安乃乘舟浮海以行終不反胡三省曰謂蠡扁舟五湖卒居於陶隨其遷而自爲變化也

卷二十一劉劭傳第四十八頁第五行唯以造哀爾下補小注

隋志魏散騎常侍繆襲集五卷梁有錄一卷

又第八行仲突仲忽下補小注

又曰仲長複姓

又後第九行幹雅自多下補小注
胡三省曰自以爲多才也
又第五十二頁後第二行衞氏下補小注
李治敬齋古今黈卷四云魏明帝之爲人人主中俊健者也興工造事必不孟浪況淩雲殿非小小營搆匠氏必極天下之工將作必極當時之選樓觀題榜宜必先定豈有大殿已成而使匠石輩遽挂白榜哉誤釘後書之說萬無此理而名書錄載之晉書又載之是皆好事者之過也晉書又稱誕書比訖鬚髮盡白此尤不可信前人記周興嗣一夕次千文鬚髮變白已屬繆妄而誕之書榜特茶頃耳危懼雖甚安能遽白乎
又第五十三頁第七行信來給一丸下補小注
顧炎武曰東觀餘論引晉武帝王右軍陶隱居帖及謝宣城傳謂凡言信者皆爲使人楊用修引古樂府有信數寄書無信長相憶爲證良是然此語起於東漢以下楊太尉夫人袁氏答曹公卞夫人書云輒付往信古詩有焦仲卿妻作自可斷來信徐徐更謂之以使人爲信始見於此若古人所謂信者乃符驗之別名如今人言印信信牌之信不得謂爲使人也
卷二十一傅嘏傳第五十四頁後第四行利口覆邦國之人也下補小注
論語孔子曰惡利口之覆邦家者
又後第五行妬前無親下補小注
胡三省曰鄧颺字玄茂妬前者忌前也人忌勝己則無親之者嚴衍曰妬前者忌人之在己前也
又後第五行況昵之乎下補小注
胡三省曰昵尼質翻比也近也
又第五十六頁第一行不念務本下補小注
通鑑內下有躁字胡注銛思廉翻利也
又第六十頁第七行如水盡涸也下補小注
顧炎武曰乾沒大抵是徼幸取利之意史記春申君傳沒利於前而易患於後也即此意

卷二十二桓階傳第三頁第四行以自全保下補小注
胡三省曰左右讀曰佐佑
卷二十二陳羣傳第十二頁後第八行長者矣下補小注
袁宏三國名臣序贊曰長文通雅義格終始思戴元首擬伊同恥民未知德懼若在己嘉謀肆庭讜言盈耳
卷二十二陳泰傳第十八頁第一行小注歸而自殺下補小注
袁宏三國名臣序贊曰玄伯剛簡大存名體志在高構增堂及陛端委虎門正言彌啓臨危致命盡其心禮
卷二十二陳矯傳第十九頁第八行七十里下補小注
林國贊曰考陳登守廣陵孫策猶未歿據矯傳矯辭策就登隨即有匡奇之圍是時策在可知下忽作孫權豈不自戾
徐宣傳稱宣辭孫策之命還本郡與陳矯並爲綱紀俱見器於太守陳登云云亦足互證
又第二十頁第九行謂鄢陵侯彰也下補小注
林國贊曰操所最愛者倉舒植良倉舒久死植更不必論良之母乃力勸立丕者然則矯語殊無徵皆妄爲臆測以迎
合丕意不足信
又第二十一頁後第三行字休元下補小注
世說方正篇夏侯泰初與廣陵陳本善本與玄在本母前宴飲本弟騫行還徑入堂戶泰初因起曰可得同不可得而
雜名士傳曰玄以鄉黨貴齒本不論德位年長者必爲拜與陳本母前飲騫來而出其可得同不可得而雜者也
卷二十二徐宣傳第二十二頁後第三行門下督下補小注
胡三省曰門下督督將之居門下者
卷二十二衞臻傳第二十五頁後第五行爲上將下補小注
胡三省曰謂韓信
又後第六行爲太師下補小注
胡三省曰謂呂望
又布衣斷養下補小注

胡三省曰廝音斯養羊尙翻
又後第八行喻斷虵於文景下補小注
胡三省曰謂草創之規略不可同於承平之時也
又宋本律作津下補小注
通鑑同胡三省曰經常也津江河濟渡之要故以爲喻
又第二十六頁後第四行無用之士下補小注
胡三省曰卒讀曰猝鄭玄曰聊且略之辭
卷二十二盧毓傳第二十九頁後第十行封商容之閭下補小注
張宗泰魯巖所學集讀三國志校字云封當作式黃權傳注表商容之閭表亦誤
又第三十二頁第五行出毓爲廷尉下補小注
胡三省曰尙書內朝官九卿外朝官故云出
又後第五行甘露二年薨下補小注
隋志梁有九州人士論一卷魏司空盧毓撰亡
又第三十三頁後第九行段末波下補小注
張宗泰曰即段末伓柸波聲相近也
卷二十三趙儼傳第十八頁後第二行李通同治下補小注
胡三省曰調徒釣翻戶出縣絹謂之調錄收拾也
卷二十三裴潛傳第二十三頁後第一行參丞相軍事下補小注
胡三省曰時方用兵故丞相府置參軍事職官分紀漢三公府有參軍事蓋亦謂此時所置耳
又後第四行一方主下補小注
林國贊曰曹操新定荆州前此與先主周旋已有天下英雄惟使君之論是操知先主已久原不待問疑從後附會之
詞

卷二十四韓曁傳第三頁第四行事見說苑下補小注

禮記曾子曰晏子可謂知禮也已恭敬之有焉有若曰晏子一狐裘三十年遣車一乘及墓而反國君七个遣車七乘大夫五个遣車五乘晏子焉知禮遣乘戰反

又後第四行病卒下補小注

丁紹基求是齋金石跋云故散騎常侍驃騎將軍南陽堵陽韓□□神道碑額此碑爲韓壽神道碑額據晉書賈后傳韓壽伏誅壽果誅死誰爲立碑今既有碑額當以晉諸公贊病卒之說爲有據

卷二十四崔林傳第七頁第三行舉其綱下補小生

胡三省曰以網爲譬也

又振其領下補小注

胡三省曰以裘爲譬也

又不仁者遠下補小注

胡三省曰用論語子夏答樊遲之言陶晉遜

卷二十四高柔傳第十二頁後第八行民所具瞻下補小注

詩曰赫赫師尹民具爾瞻

又後第十行替否之謂也下補小注

左傳齊晏子曰君所謂可而有否焉臣獻其否以成其可君所謂否而有可焉臣獻其可而去其否

又第十四頁第二行不營小臺之娛下補小注

漢書孝文嘗欲作露臺召匠計之直百金上曰百金中人十家之產也吾奉先帝宮室嘗恐羞之何以臺爲

卷二十四孫禮傳第二十一頁後第一行便以封之下補小注

史記成王與叔虞戲削桐葉爲圭以與叔虞曰以此封若史佚因請擇日立叔虞成王曰吾與之戲爾史佚曰天子無戲言於是遂封叔虞於唐

又二十二頁第一行慈母投其杼下補小注

戰國策龐葱與太子質於邯鄲謂魏王曰今一人言市有虎王信之乎王曰否二人言市有虎王信之乎王曰寡人疑之矣三人言市有虎王信之乎王曰寡人信之矣史記魯有與曾參同姓名者殺人人告其母曰曾參殺人其母織自若也頃又一人告之曰曾參殺人其母投杼下機踰牆能走

卷二十五辛毗傳第二頁第九行取亂侮亡下補小注

胡三省曰見尚書孔安國注曰亂則取之有亡形則侮之

又第四頁第八行進封潁鄉侯下補小注

水經潁水南逕潁鄉城西魏明帝封侍中辛毗爲侯國也

卷二十五高堂隆傳第二十一頁後第一行社稷之位下補小注

胡三省曰所謂圜丘方澤南北郊及社稷神位也

又後第二行居室爲後下補小注

胡三省曰記曲禮之言

又後第六行自我民明威下補小注

書臯陶謨之言孔安國注曰言天因民而降之福民所歸者天命之天視聽人君之行用民爲聰明天明可畏亦用民成其威民所叛者天討之是天明可畏之效也

又第十行犯昊天也下補小注

胡三省曰采椽即采來之木爲椽不加斲削也張藴古曰彼昏不知瑤其臺而瓊其室文選東都賦注曰紂爲瓊室以瓊瑤飾之

卷二十六滿寵傳第四頁第六行表不罷兵下補小注

胡三省曰上表言敵情請不罷兵也

又第七頁後第三行有寵風也下補小注

世說言語篇滿奮畏風在晉武帝坐北窗作琉璃屏實密似疏奮有難色帝笑之奮答曰臣猶吳牛見月而喘劉孝標注引冀州記云奮自吏部郎出爲冀州刺史又引晉諸公贊云奮遷尚書令爲荀顗所害文選四十沈約彈王源文云

滿奮身殞西朝胤嗣殄殁武秋之後無聞東晉李善注晉初都洛陽故曰西朝後在江東故曰東晉干寶晉紀曰苗願殺司隸校尉滿奮荀綽冀州記曰滿奮字武秋

卷二十六田豫傳第九頁後第九行爲得也下補小注

林國贊曰考鮮卑傳及劉放傳注引魏氏春秋素利求救於豫豫率兵進討破走比能事在黃初五年既而豫復討比能還至馬城被圍七日用孫資計虜乃解去事在太和二年本傳合二事而爲一又云比能爲豫大破殊誤

卷二十六牽招傳第十四頁後第二行招乃還坐下補小注

水經灤水注雁門水逕高柳縣故城北舊代郡治昔牽招斬韓忠于此處弼按招傳無斬韓忠事地望亦遠不知酈注何據

卷二十六郭淮傳第二十一頁後第六行破走之下補小注

水經河水注逆水出允吾縣東南逕廣武城西故廣武都尉治郭淮破叛羌治無戴於此處也允吾爲金城郡治廣武在其北此可補史闕

卷二十七徐邈傳第二頁後第九行無其人則缺下補小注

書云三公論道經邦燮理陰陽官不必備惟其人

又第三頁後第五行比來天下奢靡下補小注

胡三省曰比來猶言近來也

又後第七行而徐公之有常也下補小注

袁宏三國名臣序贊曰景山恢誕韻與道合形器不存方寸海納和而不同通而不雜遇醉忘辭在醒貽答

卷二十七王昶傳第九頁第九行戒闕黨也下補小注

論語闕黨童子將命或問之曰益者歟孔子曰吾見其居於位也見其與先生並行也非求益者也欲速成者也

又第十頁後第四行斯言信矣下補小注

胡三省曰昶之所以戒子姪如此然高貴鄉公之難王沈陷於不忠平吳之役王渾與王濬爭功馬伏波萬里貽書以戒兄子固無益於兄子也

又第十二頁後第七行共買生口下補小注
生口詳見賈逵傳注楊沛傳
卷二十七王基傳第十九頁後第十行定作碇下補小注
胡三省曰碇丈澗翻縫也
又第二十頁第三行出爲荆州刺史下補小注
釋文序錄魏荆州刺史王基注解左氏傳
又第二十二頁第八行更懷離心下補小注
胡三省曰言州郡兵其家有爲賊所得者必懷反顧而有離散之心也
卷二十八王淩傳第六頁後第一行遂至壽春下補小注
水經渠水注渠水右合五池溝謂之五池口魏嘉平三年司馬懿帥中軍討太尉王淩于壽春自彼而還帝使侍中韋誕勞軍于五池者也
卷二十八毋丘儉傳第十三頁第四行自堪人主下補小注
郝書作眞爲令主
又第十六頁第八行解其旨下補小注
胡三省曰解喻也曉也
又第十七頁後第四行更謂小人爲誤下補小注
郝書小人作僕
又後第五行全勝要下補小注
郝書要作而
又後第六行要那後無繼何下補小注
顧炎武曰六朝人多書奈爲那宋書劉敬宣傳牢之曰平玄之後令我那驃騎何唐人詩多以無奈爲無那
又後第七行不若僕隸下補小注

郝書作不若是

卷二十八鄧艾傳第三十頁後第六行小注連屬焉下補小注

水經渠水注沙水南與廣漕渠合上承龐官陂云鄧艾所開也

又第三十七頁第五行出其左下補小注

胡三省曰姓譜師古者掌樂之官因以爲氏

又第三十八頁第七行爲太尉下補小注

水經河水注鄄城城南有魏使持節征西將軍太尉方城侯鄧艾廟廟南有艾碑秦建元十二年廣武將軍沇州刺史關內侯彭超立

卷二十八鍾會傳第四十八頁後第七行不能拔壽春下補小注

胡三省曰言不能拔壽春之衆於重圍也

又第五十一頁第十行益州先主下補小注

林國贊曰鍾會檄蜀時必不稱先主此陳承祚追改

又第五十八頁後第四行如指掌耳下補小注

胡三省曰指掌言易也

又第五十九頁第六行頗疑鍾會不下補小注

胡三省曰不讀曰否

又第七行則自了矣下補小注

胡三省曰了辦也決也

又第六十一頁第二行道德略歸一卷下補小注

隋志梁又有王弼集五卷錄一卷亡

卷二十九華佗傳第六頁第九行以至於死下補小注

湖廣通志方伎傳張機字仲景棘陽人著傷寒論華佗讀而喜曰此眞活人書也

卷二十九杜夔傳第十一頁後第六行合雅樂下補小注
胡三省曰蔡邕曰漢樂四品一曰太子樂典郊廟上陵殿擧之樂二曰周頌雅樂典辟雍饗射六宗社稷之樂三曰黃門鼓吹天子所以宴羣臣四曰短簫鐃歌軍樂也
卷二十九朱建平傳第十八頁第二行黃初中卒下補小注
文選注所引羣書有朱建平相書
卷二十九周宣傳第十九頁第六行明帝末卒下補小注
隋志五行家占夢書一卷周宣等撰唐經籍志占夢書周宣撰
卷二十九管輅傳第二十二頁第五行小注周壽昌說同下補小注
俞正燮癸巳存稿卷十三有竈神說詞繁不錄
又第三十二頁後第二行不可以蔽也下補小注
胡三省曰管輅之與何鄧言也其陳義近於古人至答其舅論何鄧之所以敗則相者之說耳何前後之相戾也
又第三十九頁第三行不得治生人如何下補小注
顧炎武曰博物志所云泰山一爲天孫主召人魂魄知生命之長短者其見於史者後漢書方術傳許峻自云嘗篤病三年不愈乃謁泰山請命烏桓傳死者神靈歸赤山赤山在遼東西北數千里如中國人死者魂神歸泰山也
卷三十東夷傳第四十八頁第五行小注皃袴之語下補小注
俞正燮癸巳存稿卷十云綈爲厚繒錦爲織采絲罽爲氈字今作毯亦織采毛也既爲綈則不得爲錦爲罽矣凡繪畫之事皆有地錦罽皆織畫當有地地字正體也

三國志集解補卷下

沔陽盧弼

卷三十二先主傳第一頁第八行小注蔑劣甚矣下補小注

顧炎武曰春秋時稱卿大夫曰主南唐降號江南國主亦以奉中國正朔自貶其號若劉玄德帝蜀謚昭烈葬惠陵初無貶絀末帝降魏封安樂公自可以本封爲號陳壽創先主後主之名當璩蜀志因之千載之後猶沿此稱殊爲不當如杜甫詩中稱蜀主非知人論世之學也

又第四頁後第五行仍作爲字下補小注

林國贊曰武紀呂布復爲袁術呂布傳布復叛爲術本傳郡縣多叛曹公爲先主凡此皆爲猶助也趙雲傳瓚遣先主爲田楷拒袁紹正與此同爲字似不必改助

又第十頁後第二行御覽二作三下補小注

胡三省曰紹遠出迎備重敬之也

又第十六頁第一行備雖深愧異瑜下補小注

通鑑作備深愧喜胡注愧者自愧呼肅之非喜者喜瑜之整也

又第三十九頁後第四行昭烈皇帝下補小注

胡三省曰謚法昭德有勞曰昭有功安民曰烈

又第三十九頁後第六行四時祭祀下補小注

嚴衍曰酉陽雜俎云近有盜發先主墓者見兩人張鐙對弈侍衞十餘人盜驚懼拜謝一人顧曰爾欲飲乎乃各飲以一杯並乞以玉腰帶數條各與束之而出盜至外口已漆矣帶乃巨蛇也視其穴已平復如故弼按盜已口漆所見爲誰傳說部荒誕不足據又按嚴衍資治通鑑補云初吳既求和吳王權乃送其妹孫夫人歸漢至濼江而帝崩夫人乃投江死土人哀之爲築臺於磯而祀之又按一統志云蟂磯在蕪湖縣西七里江中磯上有靈澤夫人祠俗傳以爲昭烈夫人孫權妹云黃庭堅文云磯有靈澤夫人廟相傳蜀先主孫夫人葬此弼按孫夫人有如此節烈何以陳志不

載裴注喜搜異聞亦無一字宋蕭常續後漢書爲孫夫人立傳亦未言及一統志謂爲俗傳誠有見矣顧炎武曰孫夫人還吳後不知所終梟磯之傳殆妄

卷三十三後主傳第十三頁第七行殆不其然下補小注

林國贊曰費禕傳稱琬卒禕顓政後主仍未自攝國事也魏略出敵國傳聞失之

卷三十五諸葛亮傳第二頁後第六行莫之許也下補小注

胡應麟少室山房筆叢史書佔畢四云管九合一匡才誠不世而所輔桓公所用齊國挾天子令諸侯其勢易舉績用易成武侯扶弱主藉偏邦人心去漢迴不侔也至規模局量則檻車三顧寵辱異觀五畝三歸宏隘殊域不待言矣樂策士之雄耳內襲燕昭之銳外因齊湣之湛中入蘇代之間即他帥行師臨淄反掌何艱於毅而武侯匹哉大抵孔明爲當時言不容大盡

又第三頁後第六行亦貴達下補小注

胡應麟曰抱朴子逸民篇云魏武帝刑法嚴峻果於殺戮乃心欲用乎孔明孔明自陳不樂出仕武帝謝遣之曰義不使高世之士辱於汙君之朝也其鞭撻九有草創皇基宜哉稚川去魏未遙孔明傳注俱不載或曰孔明謝遣仲達逼出天將亡魏即孟德亦有莫知其然而然者耶

又第五頁第六行羽飛乃止下補小注

胡應麟曰莘野躬耕南陽抱膝處同也成湯三聘豫州三顧出同也伐桀弔民出師復漢心同也德感嗣王誠格庸主道同也尹奮乎千載之上故人亡異詞亮崛起三代之後故家肆臆喙杜詩謂伯仲之間見伊呂千載論孔明者至是始定

又第七頁後第六行王室之胄下補小注

胡三省曰胄系也

又第九頁後第五行署左將軍府事下補小注

胡三省曰署府事者總錄軍府事也

又第十一頁第一行且客主之義下補小注

胡三省曰以亮等初至爲客益州人士則主也
又第六行於斯而著下補小注
胡三省曰孔子謂政寬則濟之以猛孔明其知之
又第十六頁後第九行危難之間下補小注
顧炎武曰所謂敗軍乃當陽長坂之敗其云奉命則求救於江東也胡注謂事見黄初四年誤
又第十八頁後第十行作衆引下補小注
嚴衍曰此事乃晉初郭沖對扶風王駿之言沖去亮未遠言必有據但沖謂此乃亮在陽平時事夫陽平關在漢中懿自從魏武破張魯後未嘗復至漢中裴松之駁之是也然因陽平二字謂沖爲妄言則又不然何也駿懿之子也使沖言果妄駿豈不能爲父辨誣而乃慨然善沖之言即在坐劉寶桓隰輩皆思尋隙索瑕以詆亮諛懿者終亦不能復難乃知沖言不妄矣但非陽平時事耳
又第二十一頁第一行後皆同下補小注
嚴衍曰解者曉也舊注訓作懈怠之懈非是
又第三行破王朗在建安元年下補小注
王士騏曰此段有借影而無照應先後文勢俱不如此此下定有一轉似以劉繇王朗自譬而以孫策譬曹氏
又第二十二頁第七行夫難平者事也下補小注
嚴衍曰難平猶言難料
又第三十一頁第七行步兵校尉習隆下補小注
胡三省曰姓譜習國名後以爲姓風俗通漢有習響爲陳相
又第三十九頁第五行鬱爲時棟下補小注
洪邁容齋隨筆卷八云諸葛孔明千載人用兵行師本仁義節制三代以降未有也操心制行一出於誠生於亂世躬耕隴畝使無徐庶一言玄德三顧必不求聞達始見玄德論荆益可取言如著龜終身不易二十餘年之間君信之士大夫仰之夷夏服之敵人畏之司馬懿歎爲奇才鍾會祭其墓此豈智力策慮所能致哉

卷三十六關羽傳第四頁後第六行形迹乎下補小注

林國贊曰權方欲潛襲荊州若勒兵前往不益令羽疑乎

卷三十六馬超傳第十二頁後第三行平西將軍下補小注

胡三省曰晉百官志四平立於喪亂謂平東平西平南平北四將軍也

卷三十六趙雲傳第十五頁後第七行留營司馬下補小注

胡三省曰留營司馬掌留營軍事也

又第十六頁後第九行不得卒解也下補小注

胡三省曰趙雲之言可謂知所先後矣卒讀曰猝

卷三十七龐統傳第二頁第二行亦不免也下補小注

李治敬齋古今黈卷四云共語之下宜云徽頗驚賞因延揖再與談論自晝至夜若是則言意兩足矣或謂徽與統齒相懸不可以苛禮責徽曰此不然昔盛孝章爲臺郎路逢孔融年十餘歲孝章以爲異乃載歸與之言知其奇才便結爲兄弟統見徽時蓋已成人徽雖年高不應倨傲若此

又第七頁第五行阿誰爲失下補小注

顧炎武曰阿爲不定何人之辭古詩道逢鄉里人家中有阿誰三國志龐統傳阿誰爲失晉書沈充傳敦作色曰小人阿誰是也

又第八頁第六行諡曰靖侯下補小注

袁宏三國名臣序贊曰士元弘長雅性內融崇善愛物觀始知終喪亂備矣勝塗未隆先生標之振起清風綢繆哲后無妄惟時夙夜匪懈義在緝熙三略既陳霸業已基

卷三十七法正傳第十三頁後第十行隨筆不檢下補小注

林國贊曰孫皓傳注陸機辨亡論亦稱劉翁文選改作公殆未知彼時原有此稱謂

又第十六頁第九行先主與曹公爭下補小注

林國贊曰正佐先主與夏侯淵爭言曹公誤

卷三十八許靖傳第七頁後第五行章武二年卒下補小注
隋志梁又有蜀司徒許靖集二卷錄一卷亡
卷三十八秦宓傳第十七頁第五行盛行於世下補小注
張宗泰曰詩匪棘其欲禮記引作匪革其猶革棘聲相近非誤也
又第十九頁第五行南一里下補小注
近人陳志良著禹生石紐考見説文月刊第一卷合訂本五三九頁
又後第二行益州辟宓爲從事祭酒下補小注
通鑑作廣漢處士秦宓胡注不應州郡辟命故曰處士弼按宓已官從事祭酒非處士也通鑑誤
卷三十九董和傳第一頁後第五行遷益州太守下補小注
胡三省曰此益州太守非漢武帝所開置之益州郡也武帝所置之益州郡劉蜀爲南中地宅蓋劉璋置益州太守與蜀郡太守並治成都郭下弼按本傳下文與蠻夷從事務推誠心南土愛而信之是仍爲南中之益州郡後改爲建寧郡者是也胡注誤
卷三十九劉巴傳第四頁後第五行但當鑄直百錢下補小注
胡三省曰直百錢一錢直百也杜佑曰蜀鑄直百錢文曰直百亦有勒爲五銖者大小稱兩如一焉並徑七分重四銖
卷三十九馬良傳第五頁後第十行敢不擊節下補小注
李治敬齋古今黈卷四云擊節猶今節樂拍手及用拍板也馬良謂敢不擊節謂敢不賞音也吳諸葛恪與丞相陸遜書云誠獨擊節恪意獨擊節以賞之耳
又第六頁後第六行自晝達夜下補小注
胡三省曰以孔明之明略所以待謖者如此亦足以見其善論軍計矣觀孔明南征之時謖陳攻心之論豈悠悠坐論者所能及哉
又第七頁第二行不敢復反下補小注
林國贊曰此耳食之言也據後主傳武侯以建興三年平南方十一年南夷復反馬忠破之又閱一年武侯裁歿豈得

謂終亮之世南方不敢復反況據李恢張嶷傳實則亮軍既還南夷隨叛殺害太守莫可誰何蓋其反不始十一年而亦不僅一二次矣

卷四十劉封傳第六頁第六行亦甚矣下補小注

林國贊曰襄陽圍封不能救上庸破封不能死均罪不容誅即非剛猛戮之可也徒因剛猛戮之豈非失刑且武侯不難制魏延於身後何難制封於易世後耶

卷四十一霍峻傳第二頁後第二行還統南郡事下補小注

蕭常續後漢書音義曰南郡屬吳無還統之理時弋領永昌復領建寧故曰兩郡

卷四十一張裔傳第八頁後第四行蜀境矣下補小注

林國贊曰是時吳蜀通好無緣更遣追裔以挑嫌隙況蜀使如費禕鄧芝宗預有口辯者頗多權皆不留何獨追裔此未可信

卷四十一楊洪傳第九頁後第八行遂使即眞下補小注

胡三省曰遂使之代法正

卷四十一費詩傳第十四頁第二行待士之義下補小注

林國贊曰彼時蜀臣稱先主曰先帝稱後主曰陛下或主上無稱先主後主者費詩廖立杜瓊各傳稱先主杜瓊傳及來敏傳注引諸葛亮集稱後主皆追改

卷四十二許慈傳第六頁第九行爲近是歟下補小注

宋翔鳳孟子劉注序云隋書經籍志孟子七卷劉熙注劉注不傳唐人注書時引劉說南河牛山諸注考其地形並勝於趙劉字成國見世說新語

卷四十二來敏傳第十頁第二行建安五年注下補小注

侯康曰水經注二十七又三十三並引來敏本蜀論據此兩條則是地記之書寰宇記益州條下亦引之

卷四十二尹默傳第十一頁後第六行小注左氏傳也下補小注

俞正燮曰不復案本言能背誦也

卷四十二李譔傳第十二頁後第六行小注肅顯也下補小注

俞正燮癸巳存稿卷十四云魏王肅字子雍何晏字平叔王弼字輔嗣晉皇甫謐字士安唐啖助字叔佐趙匡字伯循陸質字伯仲宋孫復字明復王安石字介甫此九人蔑棄典文幽沈仁義游辭浮說波蕩後生使易書禮春秋論語舊說盡亂王肅最爲精悍兼采馬融賈逵之與鄭異者羅織之時蜀李譔亦依準賈馬與王氏殊隔而意歸多同

卷四十二譙周傳第十八頁後第八行承命電赴下補小注

林國贊曰五將雲從是也二師電赴恐未然據孫休傳及霍峻傳注引襄陽記吳聞蜀破不惟不救且遣兵西上外託赴援內徼分劃及爲羅憲敗又增兵圍憲吳人惟利是視如此如盛說與開門揖盜何異

又第二十二頁第五行禮儀志引之下補小注

隋志三巴記一卷譙周撰文選蜀都賦注引譙周益州記

又後第十行之風下補小注

文選李善注洗耳許由也琴操曰堯大許由之志禪爲天子由以其不善乃臨河洗耳莊子曰舜以天下讓其友北人無擇無擇曰異哉后之爲人也欲以其辱行慢我吾羞見之因自投淸冷之淵

又第二十三頁第一行在三之節下補小注

國語人生於三事之如一父生之師教之君食之韋昭曰三君父師也

卷四十二郤正傳第二十六頁後第六行朱陽否於素秋下補小注

蕭常曰朱陽朱夏也猶言朱明望舒月也

又第二十八頁第二行蓋在秦地下補小注

水經注河水篇自陽紆西自河首四千里又云河水又出于陽紆陵門之山穆天子傳曰天子西征至陽紆之山淮南子曰昔禹治洪水具禱陽紆蓋于此也高誘以爲陽紆秦藪非也趙一淸曰陽盱卽陽紆漢志冀州藪曰陽紆爾雅作陽陓又一陽紆也

又後第四行容裔下補小注

蕭常曰容裔自適之貌

又後第七行道應訓之辭下補小注
　李治敬齋古今黈卷四云九方相馬事具列子列子前淮南子數百年列子作九方皋淮南子作九方堙裴據淮南子
　而不引列子非也凡注解文字當引前人在後者略之可也
卷四十三黃權傳第二頁第八行自在江南下補小注
　郝書在作軍
又第四頁第一行謚曰景侯下補小注
　袁宏三國名臣序贊曰公衡沖達秉心塞淵媚茲一人臨難不惑疇昔不造假翮鄰國進能輝音退不失德
卷四十三呂凱傳第七頁後第二行已爲高定部曲所殺下補小注
　通鑑諸葛亮由越嶲入斬雍闓及高定弼按據呂凱傳雍闓爲高定部曲所殺非亮所斬通鑑誤
卷四十三馬忠傳第八頁第六行音同通用下補小注
　林國贊曰反字衍蓋謂忠承褒叛亂之後能撫育耳弼按當作郡承朱褒叛亂之後
卷四十三張嶷傳第十三頁第三行餘人來降下補小注
　林國贊曰據後主傳建興十四年徙武都氐王苻健及氐民四百餘戶於廣都與此相反
又第七行有名而已下補小注
　胡三省曰安定縣不見於志當是因越嶲移治而暫立也
卷四十四蔣琬傳第三頁後第八行應作謚曰恭侯下補小注
　袁宏三國名臣序贊曰公琰植根不忘中正豈曰模擬實在雅性亦既羈勒負荷時命推賢恭己久而可敬隋書經籍
　志喪服要記一卷蜀丞相蔣琬撰
卷四十四費禕傳第六頁第十行頻煩至吳下補小注
　顧炎武曰晉書刑法志詔旨使問頻繁山濤傳手詔頻繁文選庾亮讓中書令表頻繁省闥潘尼詩頻繁登二宮杜甫
　詩三顧頻繁天下計費禕山濤二傳繁作煩蓋後人減筆書也
卷四十四姜維傳第十頁後第六行偏軍西入下補小注

胡三省曰蜀諸軍時皆屬蔣琬姜維所領偏軍耳
又第十三頁第六行鳳沔間下補小注
蕭常曰皆巴漢之境范書光武紀十一年注武衞即下辨屬武都郡今成州同谷縣舊名武衞城石門即龍門杜甫龍門鎭詩石門雲雷隘古鎭峯巒集
卷四十五張翼傳第三頁後第六行小注張霸字伯饒上補小注
范書張霸傳
卷四十五楊戲傳第二十二頁第二行相傳之理下補小注
林國贊曰亮平生猍楊儀器蔣琬已密表後主決於身後用琬具見儀琬本傳
又第二十三頁後第一行侍史官婢下補小注
胡三省曰息子也著與募二子之名也少府有奚官令凡男女沒入者屬焉魏以來鄴都又有奚官督
卷四十六孫堅傳第六頁後第三行無不歎息下補小注
林國贊曰是時卓逆未著無所歎息且旣歎息何後來復召卓也疑從後附會之詞
又第八頁後第七行小注馮本使作府誤字删去下補小注
顧炎武曰府君者漢時太守之稱孫策進軍豫章華歆爲太守策謂歆曰府君年德名望遠近所歸
又第九頁第八行無求不獲下補小注
洪邁容齋續筆卷十云長沙爲荆州屬部受督於刺史王叡孫堅以私忿殺之南陽太守張咨鄰郡二千石也堅又收斬之是以區區一郡守乘一時兵威輒害方伯鄰守豈得爲勤王乎劉表在荆州乃心王室袁術志於逆亂堅乃奉其命而攻之自速其死皆可議也
又第十三頁第三行小注甄后傳下補小注
文選三十八求爲諸孫置守塚人表濟神器於甄井李善注甄音眞葉樹藩曰李注誤陳與郊云惟甄堅音叶故孫堅以甄井神器爲受命之符權旣君吳尊堅曰帝江左遂爲吳諱厥後秦緣苻避隋爲楊吏沿襲以來至忘堅讀及宋甄徹登進士林攄唱名讀甄爲堅上稱眞韻以爭辨不遜落職

卷四十六孫策傳第二十四頁後第四行司過之星下補小注

郝經曰天官虛次有司非二星主司過失

又第五行敢諫之鼓下補小注

郝經曰鄧析子堯有敢諫之鼓舜立誹謗之木

又第二十五頁後第一行神光之徵下補小注

郝經曰漢書元年冬十月五星聚於東井沛公至霸上後漢書南頓君生光武于縣舍有赤光照室中

卷四十七孫權傳第二頁第三行孝廉此寧哭時耶下補小注

胡三省曰孫權先爲陽羨長郡察孝廉故以稱之

又第八行乃欲哀親戚下補小注

顧炎武日知錄卷二十四云古人稱其父兄子弟亦曰親戚韓詩外傳曾子曰親戚既沒雖欲孝誰爲孝此謂其父母左傳僖公二十四年封建親戚以蕃屏周此謂其子弟昭公二十年棠君尚謂其弟員曰親戚爲戮不可以莫之報也三國志張昭謂孫權曰乃欲哀親戚此謂其父兄

又第十頁第七行使使求和下補小注

通鑑考異曰備傳云曹公定漢中孫權傳云入漢中按操以七月入漢中備未應即聞之而八月權已攻合肥蓋聞曹公兵始欲向漢中即引兵還耳

又第十三頁後第一行是歲也下補小注

林國贊曰權前後兩臣魏前則掩襲荆州之故後則禦兵猇亭之故最後魏師臨江權猶乞哀則以吳患莫甚於山越洎山越削平權遂僭號安所謂怒衆舉事耶

又第十四頁第七行城武昌下補小注

胡三省曰既城石頭又城武昌此吳人保江之根本也

又後第八行以壬八姓下補小注

郝經曰楚王韓信梁王彭越九江王英布韓王信趙王張耳燕王盧綰長沙王吳芮越王無諸

又第二十六頁後第四行使于魏下補小注
林國贊曰先主鄧芝傳及權傳權自敗先主猇亭隨即請和先主崩蜀遣鄧芝來聘遂絶魏不得弔喪後復有使魏事
弼按孫權譎詐二國覷釁不得謂再無使魏之事
又第三十五頁後第二行諸葛恪傳下補小注
林國贊曰魏作合肥新城書於吳主傳魏明紀一字不及殊非史法吳黄龍二年即魏太和四年據滿寵傳合肥新城作於青龍元年爾時猶未作也即年數覈之已有差舛不惟撰述非體
又第三十七頁第一行以承天意下補小注
林國贊曰本傳權於黄龍元年南郊繼此即循例舉行不復更書直至權卒前一年復因寢疾一書是前此四年權已舉行南郊注誤弼按權不修郊祀宋書禮志五行志可證林説誤裴注不誤
又第三十七頁後第九行於義何疑下補小注
張宗泰魯巖所學集云中庸追王太王王季文王大傳追王太王亶父王季歷文王昌謂文王及身而王是並禮記未讀也
卷四十八孫亮傳第一頁後第一行號作位下補小注
胡三省曰即位時年十歲
卷四十八孫休傳第十一頁第一行孫綝傳下補小注
王應麟曰孫休之討孫綝有叔孫昭子之斷
卷四十九太史慈傳第九頁後第二行丹陽郡蕪湖下補小注
胡三省曰春秋吳鳩茲之地宋白曰以其地卑畜水非深而生蕪藻故曰蕪湖
卷四十九士燮傳第十三頁後第一行爲公穀之經也下補小注
隋志梁有士燮集五卷亡
又第十八頁後第一行有阻字下補小注
郝經曰士燮子弟皆漢室牧守權遣呂岱誘而滅之則士氏忠於漢室而罪在權矣承祚譏之非也

卷五十妃嬪傳第三頁後第九行終身不忘下補小注

隋志會稽先賢傳七卷謝承撰梁又有謝承集四卷今亡

又第五頁後第五行依違者十餘年下補小注

胡三省曰依違不決也

又第十一頁後第二行而人心猶疑下補小注

林國贊曰本傳晧母何族爲民患故民譌言晧死立者何氏子此一說也晧傳鳳皇三年妖言孫奮當爲天子奚熙坐夷三族此一說也孫奮傳建衡二年晧左夫人王氏卒民間或傳晧死奮當立張俊坐夷三族此又一說也考本傳晧祇一滕夫人晧傳建衡二年亦無此事史稱晧內多寵姬或別有王夫人然一作鳳皇三年一作建衡二年本傳先已自戾大約因都而傳晧死爲一事因晧哀王夫人而傳晧死又傳奮當立而熙俊夷族又一事特奮傳誤鳳皇三年爲建衡二年耳本注既誤王夫人爲張夫人復合都熙爲一事故膠葛如此

又後第七行晧信巫覡下補小注

胡三省曰在女曰巫在男曰覡覡刑狄翻

又後第八行常供養升平宮下補小注

胡三省曰晧尊其母何太后宮曰升平宮

卷五十一宗室傳第一頁第二行小注一例下補小注

顧炎武曰今人以皇族爲宗室考之於古不盡然凡人之同宗者即相謂曰宗室左傳昭六年宋華亥譖華合比而去之左師曰女喪而宗室於人何有北齊書邢邵傳十歲便能屬文族兄巒有人倫鑒謂子弟曰宗室中有此兒非常人也

又後第六行小口者也下補小注

顧炎武曰史記淮陰侯傳從陽夏以木罌缻渡軍服虔曰以木押傳罌缻以渡是也古文簡不言縛爾孫策詐令軍中促具罌缶數百口分軍夜投查瀆亦此法也其狀圖於喻龍德兵衡謂之甖筏

又第十五頁後第九行統河部曲下補小注

胡三省曰史言孫權能用人以保江東

卷五十二張昭傳第一頁後第九行親屬竭矣下補小注

鄭玄注四世共高祖五世高祖昆弟六世以外親盡無屬名

又第八頁後第七行於會稽下補小注

袁宏三國名臣序贊曰子布擅名遭時方擾撫翼桑梓息肩江表王略威夷吳魏同寶遂獻宏謀匡此霸道桓王之薨大業未純把臂託孤惟賢與親輟哭止哀臨難忘身成此南面實由老臣

又第九頁後第十行好用庶幾字下補小注

論衡超奇篇造論助思極窅冥之深非庶幾之才不能成也文選吳質與魏太子牋抑亦懍懍有庶幾之心李治敬齋古今黈卷四云庶幾者所謂凡有可以成材者皆是也

卷五十二顧雍傳第十一頁後第六行爲字焉下補小注

林國贊曰雍母弟徽字子歎又將誰歎耶

又第十四頁後第七行小注建寧元年下補小注

袁宏三國名臣序贊曰元歎穆遠神和形檢如彼白圭質無塵玷立行以恆匡主以漸清不增潔濁不加染

又第十六頁後第七行希見其面下補小注

俞正燮癸巳存稿卷十四云漢書朱博傳博夜寢早起妻罕見其面吳志劉繇傳注引吳書云劉基常夜臥早起妻妾希見其面此史傳相襲不致思之詞其妻即驕惰亦不當以婦人日日早寢而晏起至不見其面也

卷五十二諸葛瑾傳第二十八頁第五行事從省約下補小注

袁宏三國名臣序贊曰子瑜都長體性純懿諫而不犯正而不毅將命公庭退忘私位豈無鶺鴒固慎名器

卷五十二步騭傳第三十一頁後第九行通鑑同下補小注

嚴衍曰詳味上文語意及下文疏中大指似騭於太子別無所以啓誨但條列時賢姓名與其行狀以教之任賢使能而已不必身親小事也但條于時事四字於下文不貫疑于字當作列字事字當作士字則上下文明暢矣想通鑑求其說而不得乃於事字下增一業字又於者字下刪去十一人姓名而易其辭曰及諸寮吏行能以報之但分時事與

薦賢爲二事矣恐與疏意不合
卷五十三闞澤傳第十一頁後第二行先輩丹陽唐固下補小注
顧炎武日知錄卷十七云先輩乃同試而先得第者之稱通典魏文帝黄初五年立太學於雒陽通五經者擢高第不通者隨後輩復試故唐時舉人呼已第者爲先輩今考吳志闞澤傳言州里先輩薛綜傳言零陵賴恭先輩仁謹晉書羅憲傳詔問先輩宜敍用者是先輩之稱起於三國之時
卷五十三薛綜傳第二十頁第四行太史令丁孚下補小注
唐書藝文志丁孚漢官儀式選用一卷
又郎中項峻下補小注
隋志始學十二卷吳郎中項峻撰亡唐經籍志始學篇十二卷項峻撰
卷五十四周瑜傳第二頁第九行道南大宅下補小注
通鑑道南作道旁
又第四頁第四行無疑矣下補小注
又按三國疑年錄云周瑜破皖城納橋太尉小女在建安三年時瑜年二十四歲橋太尉薨於靈帝光和六年年七十五縱使二橋爲太尉七十外所生其嫁之年亦在二十以外矣建安十三年周瑜赤壁之戰時小橋年約已三十矣曹公最感橋太尉知己之恩豈有鎖其二女之心即使平吳斷無此事牧之之詩是爲失言
又第七頁後第二行孟德決之下補小注
嚴衍曰決者決戰也言卿自料能辦此事則誠當與之決一勝負不然當還報孤孤自與孟德決勝負也兩決字前後正相應
又第八頁後第二行還保南郡下補小注
邁容齋隨筆卷五云說者謂天無大風黄蓋不進計周瑜未必勝此不善觀人者也方孫權問計於周瑜瑜已言操行四患將軍禽之宜在今日劉備見瑜恨其兵少瑜曰此自足用豫州但觀瑜破之正使無火攻之說其必有以制矣

又第十二頁第二行孤非周公瑾不帝矣下補小注
袁宏三國名臣序贊曰六合紛紜民心將變鳥擇高梧臣須顧眄公瑾英達朗心獨見披草求君定交一面桓桓魏武外託霸迹志掩衡霍持戰忘敵卓卓若人曜奇赤壁三光參分宇宙暫隔
又第十三頁第八行又將兵也下補小注
嚴衍曰橫受謂無功而受也
卷五十四魯肅傳第二十一頁第七行肅爲之冠下補小注
袁宏三國名臣序贊曰才爲世出世亦須才得而能任貴在無猜昂昂子敬拔跡草萊荷擔吐奇乃構雲臺
卷五十四呂蒙傳第二十二頁第三行作絳衣行縢下補小注
顧炎武曰詩邪幅在下箋云如今行縢也偪束其脛自足至膝釋名偪所以自逼束今謂之行縢言以裹腳可以跳騰輕便也
又後第七行撫定荆州下補小注
林國贊曰南郡爲荆州之一郡如本傳似南郡爲蒙據荆州亦賴蒙定此在關羽破後言之則可若在曹仁破後言之則誤矣
又第二十三頁後第八行吳下阿蒙下補小注
顧炎武曰抱朴子禰衡游許下自公卿國士以下衡初不稱其官皆名之曰阿某或以姓呼之爲某兒三國志注非復吳下阿蒙世說注阮籍謂王渾曰與卿語不如與阿戎語（渾子戎）皆是其小時之稱也
又第二十四頁第一行以單攻複下補小注
嚴衍曰單複猶言表裏也此以著衣爲喻言國家雖與西蜀連和然人心難測不可信外而忘內其防人爲己處須存兩條心如著衣者有表必有裏也
又第三十頁後第二行時有鍼加下補小注
嚴衍曰病勢若鍼線之加也通鑑作加鍼誤
卷五十五程普傳第二頁第八行皆呼程公下補小注

顧炎武日知錄卷二十云方言凡尊老周晉秦隴謂之公戰國策孟嘗君問馮公有親乎史記文帝謂馮唐公柰何衆辱我吳志時人呼程公蓋尊老之稱
卷五十五周泰傳第七頁後第六行並不伏也下補小注
通鑑伏作服下文於是盛等乃伏通鑑亦作服
卷五十五丁奉傳第二十四頁第十行晉省下補小注
通鑑晉泰始六年春吳丁奉入渦口考異曰吳志丁奉傳建衡元年攻晉穀陽晉帝紀不載本傳不言入渦口疑是一事
卷五十六朱然傳第八頁第三行嘗至其廨下補小注
胡三省曰廨居隘翻公宇也
卷五十六朱桓傳第十四頁後第二行以扞水下補小注
嚴衍曰此中洲乃濡須入江之中洲非江陵之中洲也
卷五十七虞翻傳第十一頁第五行小注詳說文第十五卷下補小注
詁經精舍文集卷十有論吳志虞翻傳論鄭馬違失數事當否文三篇辭繁未錄
又第十二頁後第二行小注陳奏也下補小注
顧炎武曰愛憎憎也言憎而並及愛古人之辭寬緩不迫故也
又第十三頁第三行妻子得還下補小注
袁宏三國名臣序贊曰仲翔高亮性不和物好是不羣折而不屈屢摧逆鱗直道受黜嘆過孫陽放同賈屈
又第二十頁第五行徒唯唯而已下補小注
胡三省曰唯唯諾也
卷五十八陸遜傳第四頁後第十行尚無南鄉郡之惑下補小注
弼又按通鑑建安二十四年荆州刺史胡脩南鄉太守傅方皆降於關羽是建安二十五年以前有南鄉郡之證胡脩傅方降羽事見晉書文帝紀

又第五頁後第十行徐制其弊耳下補小注
胡三省曰罷讀曰疲魏人言陸議見兵勢正由此耳
又第九頁第十行及尚書九官下補小注
胡三省曰九官九卿也
又第十五頁第九行謚曰昭侯下補小注
袁宏三國名臣序贊曰伯言蹇蹇以道佐世出能勤功入能獻替謀寧社稷解紛挫鋭正以招疑忠而獲戾
卷五十八陸抗傳第二十三頁後第四行疑爲裴注下補小注
隋志梁又有陸景集一卷亡
卷五十九孫登傳第二頁後第八行作賓友目下補小注
胡三省曰目者因其人之才品爲之品題也
又第三頁第十行金馬盂下補小注
蕭常曰盛音成馬盂言其大也
卷五十九孫奮傳第十六頁第八行掃除墳塋下補小注
胡三省曰掃糞掃也除芟除荆棘
又後第二行小注改作于下補小注
俞正燮癸巳存稿卷七云叩頭千下其事可憫韋曜傳云曜下獄置對曰囚被問叩頭五百下華覈救曜表曰謹通進表叩頭百下蓋其時卑乞常語公羊春秋鄭伯乞盟何休注云使吾叩頭乞盟然知東漢末常語若此形容之文非眞叩頭千叩頭五百也稽首有定儀式叩首則隨地匍匐自叩無定儀式也
卷六十呂岱傳第十二頁第九行大破之下補小注
林國贊曰據士燮傳桓治攻徽徽伏誅後無攻岱事此傳云治攻岱岱破之則易攻徽爲攻岱其誤甚矣弼按攻徽在前攻岱在後本爲兩事不得以士燮傳未載此事遽指陳志爲誤也
又第十四頁第五行郡縣悉平下補小注

胡三省曰當方面者當如呂岱委人以方面者當如孫權

卷六十周魴傳第二十頁後第六行孫晧末爲無難督下補小注

世說新語自新篇處知爲人情所患有自改意乃自吳尋二陸具以情告清河曰古人貴朝聞夕死況君前途尚可且人患志之不立何憂令名不彰邪處遂改勵終爲忠臣孝子

卷六十一潘濬傳第二頁第二行武陵部從事下補小注

通志部作郡

又第三行督將也下補小注

嚴衍曰上督是督將下督是統率

又第七行足以驗其技下補小注

嚴衍曰侏儒短人觀其體中之一節便知其身之短矣胡注非

又第三頁後第五行歸義隱蕃下補小注

通志作歸義人郝書作降人

卷六十一陸凱傳第五頁第七行以筮輒驗下補小注

隋志梁有揚子太玄經十三卷陸凱注亡

又後第四行遷左丞相下補小注

隋志吳先賢傳四卷吳左丞相陸凱撰吳丞相陸凱集五卷

卷六十一陸胤傳第十五頁後六行胤卒下補小注

唐書經籍志廣州先賢傳七卷陸胤撰藝文志陸胤志廣州先賢傳一卷

卷六十三吳範傳第三頁後第八行焉得喪之下補小注

林國贊曰朱然全琮丁奉張悌諸葛靚劉惇皆爲吳軍師而莫先於張昭黃武五年權有軍師已十八年昭後此一年裁歿範歿時昭猶在不得言無軍師也注誤

卷六十四諸葛恪傳第十一頁後第八行有讎而長之下補小注

左傳晉先軫曰墮軍實而長寇讎
又第十三頁第十行爭競之計下補小注
胡三省曰家叔父謂諸葛亮
又第十四頁第六行止圍新城下補小注
胡三省曰合肥新城也
又第七行乃可大獲下補小注
胡三省曰此即諸葛誕言於司馬師之計也
卷六十四孫峻傳第二十三頁後第六行戰無不克下補小注
俞正燮癸巳存稿卷七云洛陽伽藍記北魏田僧超能吹笳爲壯士歌項羽吟征西將軍崔延伯討万俟醜奴每臨陣令僧超爲壯士聲遂單馬入陳五代史補云唐莊宗用軍前後隊伍皆以所撰詞授之使揚聲作唱至於入陣不論勝負馬頭纔轉則衆聲齊作凡所戰鬭人忘其死斯亦用軍之一奇也
卷六十四孫綝傳第二十五頁後第七行平九官事下補小注
胡三省曰九官即九卿也魏明帝太和二年吳主還建業留尚書九官于武昌
又第二十七頁後第九行不糊塗耳下補小注
林國贊曰孫亮妃即全尚女據本傳則泄亮謀者尚女注引江表傳則云尚妻考妃嬪傳此謀既泄尚女與亮俱廢故自無恙尚家屬概見遷殺向令泄謀者尚妻非尚女綝詎肯殺彼釋此然要謂尚女亦可疑此不與綝姦即未知父母與天子合謀否則目睹父母合謀而反泄之令父母遇害身亦與天子俱廢庸非大愚乎孫盛取江表傳不取本傳可謂無識弼按全尚妻即孫峻姊見朱夫人傳亮妃爲全尚女江表傳誤
又第二十九頁第十行周宣中興下補小注
張宗泰魯巖所學集云幽王尚在宣王之後此語誤
卷六十五賀邵傳第九頁第二行追贈司空下補小注
世說新語規箴篇元皇帝時廷尉張闓在小市居私作都門蚤閉晚開羣小患之詣府州訴不得理遂至撾登聞鼓猶

不被判聞賀司空出至破岡連名詣賀訴賀曰身被徵作禮官不關此事羣小叩頭曰若府君復不見治便無所訴賀未語令且去見張廷尉當爲及之張聞即毀門自至方山迎賀

卷六十五韋曜傳第十一頁後第四行小注猶未加也下補小注

俞正燮癸巳存稿卷十一有闇棋說詞繁未錄

又第十二頁後第九行曜因獄吏上辭曰下補小注

胡三省曰辭獄辭也

又第十五頁後第四行見麗譩薈錄下補小注

章宗源隋志考證曰寰宇記江南東道引韋昭三吳郡國志輿地碑記目曰吳興錄韋昭作